Weitemeyer · Schauhoff · Achatz

**Umsatzsteuerrecht für den Nonprofitsektor**

# Umsatzsteuerrecht für den Nonprofitsektor

*MwStSystRL, deutsches und österreichisches UStG*

herausgegeben von

Prof. Dr. Birgit Weitemeyer
Bucerius Law School
Hochschule für Rechtswissenschaft, Hamburg

Prof. Dr. Stephan Schauhoff
Rechtsanwalt
Fachanwalt für Steuerrecht, Bonn

Univ.-Prof. Dr. Markus Achatz
Johannes Kepler Universität, Linz
Steuerberater

2019

ottoschmidt

## Bearbeiter

**Univ.-Prof. Dr. Markus Achatz**
Professor an der Universität Linz,
Steuerberater

**Univ.-Prof. Dr. Tina Ehrke-Rabel**
Professorin an der Universität Graz

**Prof. Dr. Joachim Englisch**
Professor an der Universität Münster

**Dr. Caroline Heber**
Max-Planck-Institut für Steuerrecht
und Öffentliche Finanzen, München

**Dr. Hans-Hermann Heidner**
Richter am Bundesfinanzhof,
München

**Thomas von Holt**
Rechtsanwalt und Steuerberater, Bonn

**Prof. Dr. Rainer Hüttemann**
Professor an der Universität Bonn,
Dipl.-Volksw.

**Prof. Dr. David Hummel**
Professor an der Universität Leipzig,
Referent am EuGH, Luxemburg

**Dr. Christian Kirchhain, LL.M.**
Rechtsanwalt, Fachanwalt
für Steuerrecht, Steuerberater, Bonn

**Prof. Dr. Thomas Küffner**
Rechtsanwalt, Fachanwalt
für Steuerrecht, Steuerberater,
Wirtschaftsprüfer, München

**Dr. Cornelia Lohwasser**
Staatsanwältin

**Dipl.-Finw. (FH) Tim Maciejewski**
Bucerius Law School, Hochschule
für Rechtswissenschaften, Hamburg

**Prof. Dr. Peter Mann**
Hochschule für Finanzen NRW,
Nordkirchen
Regierungsdirektor

**Dr. Carsten Meinert, Dipl.-Finw. (FH)**
Richter am Finanzgericht in Köln, i.H.

**Dr. Jutta Niedermair**
Steuerberaterin, Linz

**Mag. iur. Karoline Rumpf**
Institut für Finanzrecht,
Universität Graz

**Prof. Dr. Stephan Schauhoff**
Rechtsanwalt und
Fachanwalt für Steuerrecht, Bonn

**Mag. Marcus Schinnerl**
Institut für Finanzrecht,
Universität Graz

**Mag. iur. Martin Sumper**
Institut für Finanzrecht,
Universität Graz

**Jens Theilen**
Universität Kiel
Helmut-Schmidt-Universität, Hamburg

**Dr. Jochen Tillmanns, Dipl.-Finw. (FH)**
Rechtsanwalt, Düsseldorf

**Mag. Sebastian Tratlehner**
Institut für Finanzrecht, Universität Linz

**Prof. Dr. Birgit Weitemeyer**
Professorin an der
Bucerius Law School, Hochschule
für Rechtswissenschaften, Hamburg

**Dr. Thomas Wiesch**
Richter Finanzgericht Münster

**Zitierempfehlung:**
*Bearbeiter* in Weitemeyer/Schauhoff/Achatz, Umsatzsteuerrecht für den Nonprofitsektor, 2019, Rz. 1.1 ff.

*Bibliografische Information der Deutschen Nationalbibliothek*
Die Deutsche Nationalbibliothek verzeichnet diese Publikation in der Deutschen Nationalbibliografie; detaillierte bibliografische Daten sind im Internet über http://dnb.d-nb.de abrufbar.

---

Verlag Dr. Otto Schmidt KG
Gustav-Heinemann-Ufer 58, 50968 Köln
Tel. 02 21/9 37 38-01, Fax 02 21/9 37 38-943
info@otto-schmidt.de
www.otto-schmidt.de

ISBN 978-3-504-24008-0



Das verwendete Papier ist aus chlorfrei gebleichten Rohstoffen hergestellt, holz- und säurefrei, alterungsbeständig und umweltfreundlich.

Einbandgestaltung: Lichtenford, Mettmann
Satz: WMTP, Birkenau
Druck und Verarbeitung: Kösel, Krugzell
Printed in Germany

# Vorwort

Das deutsche wie das österreichische Umsatzsteuerrecht beruhen auf den Vorgaben des europäischen Richtlinienrechts, inzwischen in der Fassung der Europäischen Mehrwertsteuersystemrichtlinie (MwStSystRL), mit dem es seit der Umsetzung durch das deutsche UStG 1980 und in Österreich durch das UStG 1994 anlässlich des Beitritts Österreichs zur Europäischen Union nicht passgenau abgestimmt ist. Insbesondere die Steuerbefreiungstatbestände, die gemeinnützige Organisationen, Organisationen der freien Wohlfahrtspflege und sonstige Sozialeinrichtungen betreffen, sind in weiten Teilen nicht kompatibel, wie es die Rechtsprechung des EuGH und die nationalen Gerichte, allen voran der deutsche BFH, in vielen Fällen aufgedeckt haben. Punktuelle, „minimal invasive" Gesetzesänderungen waren die Folge im deutschen Umsatzsteuerrecht, die in der Praxis und im Schrifttum oftmals Kritik hervorriefen. Vor diesem Hintergrund war es höchste Zeit, mit dem vorliegenden Handbuch erstmalig eine eingehende Erläuterung der Vorschriften der MwStSystRL, die für den Non-Profit-Sektor relevant sind, vorzulegen. In den Blick genommen wird dabei nicht die deutsche oder österreichische Gesetzesnorm, sondern die Regelung in der MwStSystRL mit ihrer Interpretation durch die Gerichte, insbesondere den EuGH. Dieser Ansatz zeichnet die Erläuterungen besonders aus und er ist unseres Erachtens für das Umsatzsteuerrecht beider Länder generell von erheblicher Bedeutung, da er mit dem Neutralitätsgrundsatz, dem Vertrauensschutz, dem Verhältnis von Umsatzsteuerrecht und Beihilferecht oder Organschaft und Vorsteuerabzug eine Reihe der für alle Umsatzsteuerpflichtigen wesentlichen Vorschriften eingehend erörtert.

Der nationale Gesetzgeber befindet sich in dem Dilemma, den Vorgaben des vorgehenden europäischen Richtlinienrechts in der Auslegung durch den EuGH und den deutschen BFH entsprechen zu müssen und dabei die berechtigten Anliegen gemeinnütziger Organisationen gegen eine übermäßige und bürokratische Behinderung ihrer wirtschaftlichen Tätigkeiten auf sozialen, kulturellen, sportlichen und sonstigen Gebieten ebenso zu bedenken wie die Interessen der dazu im Wettbewerb stehenden kommerziellen Anbieter ähnlicher Leistungen. Diese Aufgabe wird dadurch erschwert, dass nicht nur die Reichweite einzelner unionsrechtlicher Befreiungs- und Steuerermäßigungstatbestände noch nicht genau ausgelotet ist, sondern auch Grundprinzipien wie der Grundsatz der Neutralität der Umsatzsteuer und die Reichweite des nach der Richtlinie erforderlichen Wettbewerbsschutzes in Gesetzgebung und Rechtsanwendung noch nicht ausreichend im Zusammenhang berücksichtigt worden sind. Auch für den Rechtsanwender erschweren es die verflochtenen Rechtsmaterien erheblich, eine sichere Einschätzung des geltenden Umsatzsteuerrechts zu finden.

Die in weiten Teilen unklare Rechtslage zum Zusammenspiel zwischen nationalem Recht und Unionsrecht birgt für die betroffenen gemeinnützigen Organisationen erhebliche Rechtsunsicherheiten. Aufgrund der Besonderheit der Umsatzsteuer als indirekte Steuer, die die Steuerpflichtigen selbst anmelden, ergeht in der Regel ein Steuerbescheid ohne weitere Prüfung durch die Finanzverwaltung, der nach § 168 S. 1 AO unter dem Vorbehalt der Nachprüfung steht. Gemeinnützige Organisationen können sich daher möglicherweise erst Jahre später auf eine bestandskräftig festgestellte Höhe der Umsatzsteuer verlassen. Trotz des Charakters der Umsatzsteuer, die mittels Vorsteuerentlastung beim Unternehmer letztlich nur den Endverbraucher belasten soll, gerät dieser Mechanismus aus dem Gleichgewicht, wenn sich im Nachhinein die Umsatzsteuerpflicht von Leistungen gemeinnütziger Organisationen herausstellt. Denn die den Leistungsempfängern nicht in Rechnung gestellte Umsatzsteuer kann in der Regel zivilrechtlich und praktisch nicht nachgefordert werden, wird aber gleichwohl geschuldet. Zudem ist für manchen Unternehmer die Steuerpflichtigkeit wirtschaftlich günstiger, wenn er hohe Eingangsumsätze aufgrund von Investitionen hat und die Erstattung der Vorsteuer die Höhe der Umsatzsteuer auf seine Ausgangsumsätze zunächst übersteigt. Hält er sich jedoch nur fälschlicherweise für steuerpflichtig, so hat er im Nachhinein die geltend gemachte Vorsteuer zurückzuzahlen, muss die in Rechnung gestellte Umsatzsteuer nach § 14c UStG jedoch gleichwohl an den Fiskus entrichten. Ob es sich bei Steuerbefreiungen des nationalen Umsatzsteuerrecht, soweit sie die Grenzen des zulässigen Richtlinienrechts übersteigen, im Einzelfall um staatliche Beihilfen handelt, die nach dem europäischen Beihilfenregime weitgehend ohne zeitliche Beschränkung zurückgefordert werden können, wird vertreten, würde aber die durch den europäischen Rechtsrahmen erzeugte unklare Rechtslage noch erheblich verstärken.

Die hieraus resultierenden erheblichen Rechtsunsicherheiten, die sich zu Lasten der gemeinnützigen Organisationen einseitig asymmetrisch auswirken, wird dadurch verschärft, dass sie aus Gründen des Gemeinnützigkeitsrechts nach dem Gebot der zeitnahen Mittelverwendung nach § 55 Abs. 1 Nr. 5 AO nur in beschränkten Maße Eigenkapital thesaurieren dürfen, um Vorsorge zu treffen.

Vor diesem Hintergrund ist es das Ziel des Forschungsprojekts „Umsatzsteuerrecht im Nonprofitsektor", unter Berücksichtigung der MwStSystRL, ihrer Auslegung durch den EuGH und durch nationale Gerichte sowie des nationalen Rechts Klarheit über die von der Richtlinie gesetzten Grenzen zu gewinnen, aber auch Reformvorschläge für möglicherweise noch nicht erkannte Umsetzungsspielräume für die nationalen Gesetzgeber zu entwickeln. Damit dient es dem Anliegen der Non-Profit-Organisationen, eine verlässliche Auslegung der Vorschriften des UStG unter Berücksichtigung der Vorgaben der MwStSystRL zu erhalten. Immer öfter modifiziert der BFH unter Berufung auf die richtlinienkonforme Auslegung die Vorschriften des UStG. Ohne Kenntnis der Details zur MwStSystRL lässt sich heute das umsatzsteuerliche Risiko für keine Non-Profit-Organisation mehr sachgerecht abschätzen.

Grundlage des Forschungsprojekts und Schwerpunkt dieses Handbuchs, das damit auch eine Handreichung für die Praxis darstellt, ist eine gründliche Bestandsaufnahme der derzeit für gemeinnützige Organisationen und für umsatzsteuerbefreite Akteure des Dritten Sektors geltenden Umsatzsteuerregelungen unter Berücksichtigung der europäischen und nationalen Rechtsprechung. Entsprechend dem Geltungsvorrang des Europäischen Rechts wird die jeweilige Regelung der MwStSystRL an den Beginn der einzelnen Erörterungen gestellt und werden die jeweiligen nationalen Entsprechungen im Anschluss dargestellt. Aufgrund ihrer strukturellen Ähnlichkeiten werden das deutsche und das österreichische Umsatzsteuerrecht gleichermaßen berücksichtigt und parallel untersucht. Obwohl das österreichische Recht aufgrund den späteren Beitritt zur Europäischen Union, die geringere Einwohnerzahl und den geringer ausgeprägten Dritten Sektor weit weniger praktisches Fallmaterial aufweist, kann es gleichwohl in einigen Gebieten sinnvolle Empfehlungen für das deutsche nationale Recht geben. Die Herausgeber sind überzeugt, dass dieses Werk dem europäischen, dem deutschen wie dem österreichischem Recht Orientierung zu geben vermag. Gerade die Auslegung der Normen der MwStSystRL durch den EuGH und den BFH bedarf der vertieften Diskussion in der Rechtswissenschaft, da nicht wenige Entscheidungen zu Recht kritisiert werden. Auch präzisiert der EuGH seine Auslegung der MwStSystRL fortlaufend und ändert dabei nicht selten, ohne dies kenntlich zu machen, frühere Entscheidungen. Ohne genaue Kenntnis der Rechtsprechungsentwicklung des EuGH kann es zu Fehlinterpretationen einzelner Judikate kommen.

Soweit der in dieser Weise erfolgte Abgleich des nationalen und des europäischen Richtlinienrechts ergibt, dass die Vorgaben voneinander abweichen, weil der nationale Gesetzgeber die Richtlinie nicht korrekt umgesetzt hat oder weil ein nicht ausgeschöpfter Umsetzungsspielraum besteht, wird eine passgenaue und für die Organisationen des Dritten Sektors sinnvolle

Umsetzung der europäischen Vorgaben hinsichtlich der Steuerbefreiungen und des ermäßigten Steuersatzes in das nationale Recht vorgeschlagen.

Durch die Auswahl der beteiligenden Autoren ist es gelungen, neben der Wissenschaft den Sachverstand und die Sachnähe aus der Justiz, der Finanzverwaltung und der Beraterschaft für das Gesamtprojekt fruchtbar zu machen. Ergänzend wurden Gespräche mit Akteuren des Dritten Sektors geführt, um Gewissheit über die allgemeinen und branchenspezifischen Problemschwerpunkte zu erlangen und noch nicht in der Rechtsprechung und im Schrifttum identifizierte Probleme heraus zu filtern.

Um die Ergebnisse dieses Projekts mit Vertretern aus Politik, Verwaltung, Rechtsprechung, Wissenschaft und Drittem Sektors intensiv zu diskutieren, wurde am 27.6.2017 in Hamburg eine Tagung organisiert, deren Ergebnisse in das vorliegende Handbuch teilweise eingeflossen sind.

Die Herausgeber danken dem engagierten Autorenteam für ihre fundierten und spannenden Beiträge zu diesem Handbuch, den Doktoranden und wissenschaftlichen Mitarbeitern, Frau *Rebecca Alika Brinkmann* und Herrn *Tim Maciejewski*, für ihre wertvolle Mithilfe bei der Organisation des Forschungsprojekts und der Drucklegung der Ergebnisse und den vielen Gesprächspartnern aus dem Dritten Sektor für ihr tatkräftiges Engagement. Unser Dank gilt auch unserer Lektorin, Frau *Monika Neu*, die mit Umsicht und Geduld ebenfalls sehr zum Gelingen des Projekts beigetragen hat.

Ohne die finanzielle Unterstützung durch die Robert Bosch-Stiftung wäre dieses Projekt nicht zu verwirklichen gewesen. Hierfür gebührt der Stiftung und dem umsichtigen Projektleiter, Herrn *Thomas Leppert*, großer Dank für die geduldige Begleitung des umfangreichen Forschungsvorhabens.

Schließlich hoffen die Herausgeber, dass das Forschungsprojekt dazu beiträgt, unter Beachtung des Grundsatzes der Wettbewerbsgleichheit und der Neutralität der Umsatzsteuer die steuerlichen Rahmenbedingungen für Organisationen des Dritten Sektors in Deutschland und Österreich zu verbessern und deren wichtige Arbeit durch die Stärkung der Rechtssicherheit zu erleichtern. Ebenso hoffen wir, Impulse für das nationale wie europäische Recht geben zu können, dazu dienen insbesondere die zahlreichen Anregungen zur Neufassung des UStG.

Hamburg/Bonn/Linz im September 2019

Prof. Dr. Birgit Weitemeyer    Prof. Dr. Stephan Schauhoff    Univ.-Prof. Dr. Markus Achatz

# Inhaltsübersicht

Detaillierte Inhaltsverzeichnisse finden sich zu Beginn jedes Kapitels.



## 1. Teil
## Ausgangslage und Forschungsziel



## 2. Teil
## Geltendes System der Umsatzbesteuerung auf nationaler und europäischer Ebene

## 3. Teil
## Umsatzsteuerlicher Grundtatbestand gemäß Art. 2 MwStSystRL/§ 1 UStG

## 4. Teil
## Steuerbefreiungen gemäß Art. 132–134 MwStSystRL/§ 4 UStG

## 5. Teil
## Bemessungsgrundlage und Steuersatz



## 6. Teil
## Vorsteuerabzug und Verfahren

## 7. Teil
## Fazit

# Abkürzungsverzeichnis

| | |
|---|---|
| a.A., A.A. | anderer Ansicht |
| a.a.O. | am angegebenen Ort |
| abl. | ablehnend(e) |
| ABl.EG | Amtsblatt der Europäischen Gemeinschaften |
| ABl.EU | Amtsblatt der Europäischen Union |
| ABMG | Autobahnmautgesetz |
| Abs. | Absatz |
| Abschn. | Abschnitt |
| AcP | Archiv für die civilistische Praxis (Zeitschrift) |
| AdV | Aussetzung der Vollziehung |
| a.E. | am Ende |
| AEAO | Anwendungserlass zur Abgabenordnung |
| AEUV | Vertrag über die Arbeitsweise der Europäischen Union |
| a.F. | alte Fassung |
| AfA | Absetzung für Abnutzung |
| AG | Aktiengesellschaft oder Amtsgericht |
| AGB | Allgemeine Geschäftsbedingungen |
| AGBG | Gesetz zur Regelung des Rechts der Allgemeinen Geschäftsbedingungen |
| AIF | Alternative Investmentfonds |
| AIFM-StAnpG | Gesetz zur Anpassung des Investmentsteuergesetzes und anderer Gesetze an das AIFM-Umsetzungsgesetz |
| AIG | Auslandsinvestitionsgesetz |
| AktG | Aktiengesetz |
| ALG | Arbeitslosengeld oder Gesetz über die Alterssicherung der Landwirte |
| allg., Allg. | allgemein, Allgemeine |
| Alt. | Alternative |
| a.M. | andere/r Meinung |
| AmtshilfeRLUmsG | Amtshilferichtlinie-Umsetzungsgesetz |
| AnfG | Anfechtungsgesetz |
| Anh. | Anhang |
| Anl. | Anlage |
| Anm. | Anmerkung |
| AO | Abgabenordnung |
| AOA | Authorized OECD-Approach |
| ArbGG | Arbeitsgerichtsgesetz |
| arg. | argumentum (folgt aus) |
| Art. | Artikel |
| ASA | Archiv für Schweizerisches Abgabenrecht |
| ASiG | Gesetz über Betriebsärzte, Sicherheitsingenieure und andere Fachkräfte für Arbeitssicherheit |
| AStG | Außensteuergesetz |
| ATLAS | Automatisiertes Tarif- und Lokales Zollabwicklungssystem |
| AÜG | Arbeitnehmerüberlassungsgesetz |
| Aufl. | Auflage |
| AUR | Agrar- und Umweltrecht (Zeitschrift) |

| | |
|---|---|
| AW-Prax | Außenwirtschaftliche Praxis (Zeitschrift) |
| Az. | Aktenzeichen |
| | |
| B2B | Business to Business |
| B2C | Business to Customer |
| BA | Bundesagentur für Arbeit oder Betriebsausgabe |
| BAG | Bundesarbeitsgericht |
| BAGE | Amtliche Sammlung von Entscheidungen des Bundesarbeitsgerichts |
| BAnz. | Bundesanzeiger (Zeitschrift) |
| BauGB | Baugesetzbuch |
| BauR | Baurecht (Zeitschrift) |
| BayLfSt | Bayerisches Landesamt für Steuern |
| BayObLG | Bayerisches Oberstes Landesgericht |
| BB | Betriebs-Berater (Zeitschrift) |
| BC | Zeitschrift für Bilanzierung, Rechnungswesen und Controlling |
| Bd. | Band |
| Bdb. | Brandenburg |
| BdF | Bundesminister der Finanzen |
| Begr. | Begründung |
| Beil. | Beilage |
| Ber. | Bericht |
| Berlin-Bdb. | Berlin-Brandenburg |
| BerlinFG | Gesetz zur Förderung der Berliner Wirtschaft (Berlinförderungsgesetz) |
| Beschl. | Beschluss |
| bestr. | bestritten |
| betr. | betrifft, betreffend |
| BewG | Bewertungsgesetz |
| BFH | Bundesfinanzhof |
| BFHE | Sammlung amtlich veröffentlichter Entscheidungen des Bundesfinanzhofs |
| BFH/NV | Sammlung amtlich nicht veröffentlichter Entscheidungen des Bundesfinanzhofs (Zeitschrift) |
| BGB | Bürgerliches Gesetzbuch |
| BGBl. | Bundesgesetzblatt |
| BGH | Bundesgerichtshof |
| BGHReport | Schnelldienst zur Zivilrechtsprechung des BGH (Zeitschrift) |
| BGHSt | Amtliche Sammlung von Entscheidungen des Bundesgerichtshofs in Strafsachen |
| BGHZ | Amtliche Sammlung von Entscheidungen des Bundesgerichtshofs in Zivilsachen |
| BHO | Bundeshaushaltsordnung |
| BliwaG | Blindenwarenvertriebsgesetz |
| BliwaG-DVO | Verordnung zur Durchführung des Blindenwarenvertriebsgesetzes |
| BMF | Bundesministerium der Finanzen |
| BnatSchG | Bundesnaturschutzgesetz |
| BNotO | Bundesnotarordnung |
| BP | Betriebsprüfung |
| BpO | Betriebsprüfungsordnung |

| | |
|---|---|
| BR-Drucks. | Bundesrats-Drucksache |
| BReg. | Bundesregierung |
| BRH | Bundesrechnungshof |
| Bsp. | Beispiel |
| BStBl. | Bundessteuerblatt |
| BT-Drucks. | Bundestags-Drucksache |
| Buchst. | Buchstabe |
| BürgerEntlGKV | Bürgerentlastungsgesetz Krankenversicherung |
| BVerfG | Bundesverfassungsgericht |
| BVerfGE | Amtliche Sammlung von Entscheidungen des Bundesverfassungsgerichts |
| BVerfGG | Bundesverfassungsgerichtsgesetz |
| BVerwG | Bundesverwaltungsgericht |
| BverwGE | Amtliche Sammlung von Entscheidungen des Bundesverwaltungsgerichts |
| BW | Baden-Württemberg |
| BZBl. | Bundeszollblatt |
| BZSt | Bundeszentralamt für Steuern |
| bzgl. | bezüglich |
| bzw. | beziehungsweise |
| ca. | circa |
| CMLR | Common market Law Review (Zeitschrift) |
| CR | Computer und Recht (Zeitschrift) |
| d.h. | das heißt |
| DAV | Deutscher Anwalt-Verein |
| DB | Der Betrieb (Zeitschrift) |
| DBA | Abkommen zur Vermeidung der Doppelbesteuerung |
| DepotG | Depotgesetz |
| ders. | derselbe |
| DGStZ | Deutsche Gemeindesteuerzeitung |
| DIHT | Deutscher Industrie- und Handelstag |
| DJH | Deutsches Jugendherbergswerk |
| DÖV | Die Öffentliche Verwaltung (Zeitschrift) |
| Doppelbuchst. | Doppelbuchstabe |
| Drucks. | Drucksache |
| DStJG | Deutsche Steuerjuristische Gesellschaft (Veröffentlichungen der –) |
| DStR | Deutsches Steuerrecht (Zeitschrift) |
| DStRE | Deutsches Steuerrecht, Entscheidungsdienst (Zeitschrift) |
| DStZ | Deutsche Steuerzeitung (Zeitschrift) |
| DVBl. | Deutsches Verwaltungsblatt (Zeitschrift) |
| DVO | Durchführungsverordnung |
| DVR | Deutsche Verkehrsteuerrundschau (Zeitschrift) |
| E | Entwurf |
| EC | European Community |
| ECLI | European Case Law Identifier |
| EDI | Electronic Data Interchange (Elektronischer Datenaustausch) |

| | |
|---|---|
| EDV | Elektronische Datenverarbeitung |
| EEG | Gesetz für den Vorrang Erneuerbarer Energien (Erneuerbare-Energien-Gesetz) |
| EFD | Eidgenössisches Finanzdepartement |
| EFG | Entscheidungen der Finanzgerichte (Zeitschrift) |
| EF-VO | Verordnung über die Eingangsabgabenfreiheit von Waren im persönlichen Gepäck der Reisenden – Einreise-Freimengen-Verordnung |
| EG | Europäische Gemeinschaften |
| EGBGB | Einführungsgesetz zum Bürgerlichen Gesetzbuch |
| EG-Richtlinie | Richtlinie des Rats der Europäischen Gemeinschaften |
| EG-RL 2008/9 | Richtlinie 2008/9/EG v. 12.2.2008 zur Erstattung der MwSt an in einem Mitgliedstaat ansässige Steuerpflichtige, ABl. EU Nr. L 44/2008, 23 |
| 6. EG-RL | Richtlinie 77/388/EWG v. 17.5.1977 zur Harmonisierung der Rechtsvorschriften der Mitgliedstaaten über die Umsatzsteuern, Gemeinsames Mehrwertsteuersystem, einheitliche steuerpflichtige Bemessungsgrundlage, ABl. EG Nr. L 145/1977, 1; ersetzt durch MwStSystRL |
| 13. EG-RL | Richtlinie 86/560/EWG v. 17.11.1986 zur Erstattung der MwSt an nicht im Gebiet der Gemeinschaft ansässige Steuerpflichtige, ABl. EG Nr. L 326/1986, 40 |
| EGV | Vertrag der Europäischen Gemeinschaft |
| Einf. | Einführung |
| Einl. | Einleitung |
| Einzelbegr. | Einzelbegründung |
| EL | Ergänzungslieferung |
| endg. | endgültig |
| EnergieStG | Energiesteuergesetz |
| EnEV | Energieeinsparverordnung |
| Entsch. | Entscheidung |
| entspr. | entsprechend |
| Entw. | Entwurf |
| EPO | Europäische Patentorganisation |
| ErbbauRG | Erbbaurechtsgesetz |
| ErbStG | Erbschaftsteuer- und Schenkungsteuergesetz |
| Erkl. | Erklärung |
| Erl. | Erlass |
| ESt | Einkommensteuer |
| EStDV | Einkommensteuer-Durchführungsverordnung |
| EStG | Einkommensteuergesetz |
| EStH | Einkommensteuer-Hinweise |
| EStR | Einkommensteuer-Richtlinien, sog. (Allg. Verwaltungsvorschrift der Bundesregierung zur Einkommensteuer) |
| ET | European Taxation (Zeitschrift) |
| etc. | et cetera |
| eTIN | electronic Taxpayer Identification Number |
| EU | Europäische Union |
| EU-UStB | Der EU-Umsatz-Steuer-Berater (Zeitschrift) |
| EuGH | Europäischer Gerichtshof |

| | |
|---|---|
| EuGHE | Amtliche Sammlung der Entscheidungen des Europäischen Gerichtshofs |
| EU-Richtlinie | Richtlinie des Rats der Europäischen Union |
| EUSt | Einfuhrumsatzsteuer |
| EUStBV | Einfuhrumsatzsteuer-Befreiungsverordnung |
| EUV | Vertrag über die Europäische Union |
| EuZW | Europäische Zeitschrift für Wirtschaftsrecht |
| e.V. | eingetragener Verein |
| evtl. | eventuell |
| EWG | Europäische Wirtschaftsgemeinschaft |
| EWGV | Vertrag der Europäische Wirtschaftsgemeinschaft von 1957 |
| EWIV | Europäische Wirtschaftliche Interessenvereinigung |
| EWR | Europäischer Wirtschaftsraum |
| EWS | Europäisches Steuer- und Wirtschaftsrecht (Zeitschrift) |
| f./ff. | folgende(r) |
| FA | Finanzamt |
| FAG | Finanzausgleichsgesetz |
| FahrlG | Fahrlehrergesetz |
| FG | Finanzgericht |
| FGO | Finanzgerichtsordnung |
| FinAussch. | Finanzausschuss |
| FinBeh. | Finanzbehörde |
| FinMin. | Finanzministerium |
| FinVerw. | Finanzverwaltung |
| Fn. | Fußnote |
| FR | Finanzrundschau (Zeitschrift) |
| FS | Festschrift |
| FVG | Gesetz über die Finanzverwaltung |
| FzgLiefgMeldV | Fahrzeuglieferungs-Meldepflichtverordnung |
| FZV | Fahrzeugzulassungsverordnung |
| G | Gesetz |
| GATT | General Agreement on Tariffs and Trade (Allgemeines Zoll- und Handelsabkommen) |
| GbR | Gesellschaft bürgerlichen Rechts |
| GDL | Gesetz über die Ermittlung des Gewinns aus Land- und Forstwirtschaft nach Durchschnittsätzen |
| GDPdU | Grundsätze zum Datenzugriff und zur Prüfbarkeit digitaler Unterlagen |
| gem. | gemäß |
| GEMA | Gesellschaft für musikalische Aufführungs- und mechanische Vervielfältigungsrechte |
| GemO | Gemeindeordnung |
| GenG | Genossenschaftsgesetz |
| GeschmMG | Geschmacksmustergesetz |
| GewO | Gewerbeordnung |
| GewStDV | Gewerbesteuer-Durchführungsverordnung |
| GewStG | Gewerbesteuergesetz |

| | |
|---|---|
| GewStR | Gewerbesteuer-Richtlinien |
| GG | Grundgesetz |
| ggf. | gegebenenfalls |
| ggü. | gegenüber |
| GiG | Geschäftsveräußerung im Ganzen |
| GKG | Gerichtskostengesetz |
| gl.A. | gleiche Ansicht |
| GmbH & Co. KG | Kommanditgesellschaft mit GmbH als Komplementär |
| GmbH | Gesellschaft mit beschränkter Haftung |
| GmbHG | Gesetz betreffend die Gesellschaften mit beschränkter Haftung |
| GmbHR | GmbH-Rundschau (Zeitschrift) |
| GMBl. | Gemeinsames Ministerialblatt |
| GoBD | Grundsätze zur ordnungsmäßigen Führung und Aufbewahrung von Büchern, Aufzeichnungen und Unterlagen in elektronischer Form sowie zum Datenzugriff |
| GoB | Grundsätze ordnungsgemäßer Buchführung |
| GoBS | Grundsätze ordnungsmäßiger DV-gestützter Buchführungssysteme |
| GrCH | Charta der Grundrechte der Europäischen Union |
| GrEStG | Grunderwerbsteuergesetz |
| GrS | Großer Senat |
| GRUR | Gewerblicher Rechtsschutz und Urheberrecht (Zeitschrift) |
| GST | Goods and Services Tax |
| GStB | Gestaltende Steuerberatung (Zeitschrift) |
| GüKG | Güterkraftverkehrsgesetz |
| GuV | Gewinn- und Verlustrechnung |
| GVBl. | Gesetz- und Verordnungsblatt |
| GVG | Gerichtsverfassungsgesetz |
| gVV | gemeinsames Versandverfahren |
| GWB | Gesetz gegen Wettbewerbsbeschränkungen |
| GwG | Geldwäschegesetz |
| GZT | Gemeinsamer Zolltarif |
| | |
| Halbs. | Halbsatz |
| HBeglG | Haushaltsbegleitgesetz |
| HebG | Hebammengesetz |
| HeimG | Heimgesetz |
| Hess. | Hessen, hessisch |
| HFR | Höchstrichterliche Finanzrechtsprechung (Zeitschrift) |
| HGB | Handelsgesetzbuch |
| h.L. | herrschende Lehre |
| H/M | Hartmann/Metzenmacher, Umsatzsteuergesetz, Kommentar, Berlin (Loseblatt) |
| h.M. | herrschende Meinung |
| HOAI | Honorarordnung für Architekten und Ingenieure |
| HRRG | Hochschulrahmengesetz |
| Hrsg. | Herausgeber |
| HZA | Hauptzollamt |
| HZAZustkV | Hauptzollamt-Zuständigkeitsverordnung |

| | |
|---|---|
| IATA | International Air Transport Association (Internationale Flug-Transport-Vereinigung) |
| IBFD | International Bureau of Fiscal Documentation |
| i.d.F. | in der Fassung |
| i.d.R. | in der Regel |
| i.E. | im Ergebnis |
| i.e.S. | im engeren Sinne |
| IFA | International Fiscal Association |
| IHK | Industrie- und Handelskammer |
| i.H.v. | in Höhe von |
| Inc. | Incorporated |
| INF | Information über Steuer und Wirtschaft (Zeitschrift) |
| inkl. | Inklusive |
| insbes. | Insbesondere |
| InsO | Insolvenzordnung |
| InvStG | Investmentsteuergesetz |
| InvZulG | Investitionszulagengesetz |
| i.S. | im Sinne |
| i.S.d. | im Sinne der (des) |
| i.S.v. | im Sinne von |
| ISR | Internationale Steuer-Rundschau (Zeitschrift) |
| IStR | Internationales Steuerrecht (Zeitschrift) |
| i.V.m. | in Verbindung mit |
| IVM | International VAT Monitor (Zeitschrift) |
| IWB | Internationale Wirtschaftsbriefe (Zeitschrift) |
| i.w.S. | im weiteren Sinne |
| JbFfSt | Jahrbuch der Fachanwälte für Steuerrecht |
| Jg. | Jahrgang |
| jM | juris, Die Monatszeitschrift |
| JÖSchG | Gesetz zum Schutz der Jugend in der Öffentlichkeit |
| jPdöR | juristische Person des öffentlichen Rechts |
| JStG | Jahressteuergesetz |
| JuSchG | Jugendschutzgesetz |
| JVEG | Justizvergütungs- und -entschädigungsgesetz |
| JWG | Gesetz für Jugendwohlfahrt |
| JZ | Juristenzeitung (Zeitschrift) |
| KAG | Kommunalabgabengesetz |
| KAGB | Kapitalanlagegesetzbuch |
| KAGG | Gesetz über die Kapitalanlagegesellschaften |
| Kap. | Kapitel |
| KBV | Kleinbetragsverordnung |
| Kfz | Kraftfahrzeug |
| KF-VO | Verordnung über die Eingangsabgabenfreiheit von Waren in Kleinsendungen nichtkommerzieller Art – Kleinsendungs-Einfuhrfreimengen-Verordnung |
| KG | Kammergericht bzw. Kommanditgesellschaft |
| KGaA | Kommanditgesellschaft auf Aktien |

| | |
|---|---|
| KGReport | Schnelldienst zur Zivilrechtsprechung des KG Berlin (Zeitschrift) |
| KJHG | Kinder- und Jugendhilfegesetz |
| KMU | kleinere und mittlere Unternehmen |
| KN | Kombinierte Nomenklatur (= Gemeinsamer Zolltarif) |
| KO | Konkursordnung |
| KOM | Kommission (EU) |
| KöR | Körperschaft(en) des öffentlichen Rechts |
| KÖSDI | Kölner Steuerdialog (Zeitschrift) |
| KostO | Kostenordnung |
| KraftStG | Kraftfahrzeugsteuergesetz |
| KroatienAnpG | Gesetz zur Anpassung des nationalen Steuerrechts an den Beitritt Kroatiens zur EU und zur Änderung weiterer steuerlicher Vorschriften |
| KrWG | Gesetz zur Förderung der Kreislaufwirtschaft und Sicherung der umweltverträglichen Bewirtschaftung von Abfällen (Kreislaufwirtschaftsgesetz) |
| KStDV | Körperschaftsteuer-Durchführungsverordnung |
| KStG | Körperschaftsteuergesetz |
| KStR | Körperschaftsteuer-Richtlinie, sog. (Allg. Verwaltungsvorschrift der Bundesregierung zur Körperschaftsteuer) |
| KWG | Gesetz über das Kreditwesen |
| kWh | Kilowattstunde |
| KWK | Kraft-Wärme-Kopplung |
| KWKG | Gesetz für die Erhaltung, die Modernisierung und den Ausbau der Kraft-Wärme-Kopplung – Kraft-Wärme-Kopplungsgesetz |
| | |
| l.Sp. | linke Spalte |
| LAG | Landesarbeitsgericht |
| LBO | Landesbauordnung |
| LFD | Landesfinanzdirektion |
| Lfg. | Lieferung |
| LG | Landgericht |
| LJG | Landesjagdgesetz |
| Lkw | Lastkraftwagen |
| LöschG | Löschungsgesetz (Gesetz über die Auflösung und Löschung von Gesellschaften und Genossenschaften) |
| LS | Leitsatz |
| LStDV | Lohnsteuer-Durchführungsverordnung |
| LStR | Lohnsteuer-Richtlinien |
| lt. | laut |
| LuF | Land- und Forstwirtschaft |
| Ltd. | Private limited company by shares |
| LuftVG | Luftverkehrsgesetz |
| LuftVZO | Luftverkehrszulassungsordnung |
| | |
| m. | mit |
| MA | Musterabkommen |
| MarkenG | Markengesetz |
| MaßstG | Maßstäbegesetz |

| | |
|---|---|
| m.a.W., M.a.W. | mit anderen Worten |
| m.W.v. | mit Wirkung vom |
| max. | maximal |
| MDR | Monatsschrift für Deutsches Recht (Zeitschrift) |
| m.E. | meines Erachtens |
| MIAS | Mehrwertsteuer-Informations-Austausch-System |
| mind. | mindestens |
| MinöStG | Mineralölsteuergesetz indestens |
| Mio. | Million, Millionen |
| Mitt. | Mitteilung(en) |
| m.N. | mit Nachweisen |
| MOSS | Mini-One-Stop-Shop („kleine einzige Anlaufstelle“) |
| MPHG | Masseur- und Physiotherapeutengesetz |
| Mrd. | Milliarde |
| MRN | Master Reference Number |
| MünchKomm.BGB | Münchener Kommentar zum Bürgerlichen Gesetzbuch |
| MV | Mecklenburg-Vorpommern |
| MVZ | medizinisches Versorgungszentrum |
| m.w.N. | mit weiteren Nachweisen |
| m.W.z. | mit Wirkung zum |
| MwSt | Mehrwertsteuer |
| MwSt-DVO | VO (EU) Nr. 282/2011 v. 15.3.2011 zur Festlegung von Durchführungsvorschriften zur Richtlinie 2006/112/EG über das gemeinsame Mehrwertsteuersystem, ABl. EU Nr. L 77/2011, 1 |
| MwSt-IdNr. | Mehrwertsteuer-Identifikationsnummer |
| MwStR | Zeitschrift für das gesamte Mehrwertsteuerrecht |
| MwStSystRL | Richtlinie 2006/112/EG v. 28.11.2006 über das gemeinsame Mehrwertsteuersystem, ABl. EU Nr. L 347/2006, 1 |
| NATO-ZAbk. | Zusatzabkommen zu dem Abkommen zwischen den Parteien des Nordatlantikvertrages über die Rechtsstellung ihrer Truppen hinsichtlich der in der Bundesrepublik Deutschland stationierten ausländischen Truppen vom 3. August 1959 (BGBl. II 1961, 1183, 1218) |
| Nds. | Niedersachsen |
| n.F. | neue Fassung |
| NJW | Neue Juristische Wochenschrift (Zeitschrift) |
| NJW-RR | Neue Juristische Wochenschrift – Rechtsprechungsreport (Zeitschrift) |
| Nr. | Nummer |
| nrkr. | nicht rechtskräftig |
| NVwZ | Neue Zeitschrift für Verwaltungsrecht |
| NVwZ-RR | Neue Zeitschrift für Verwaltungsrecht – Rechtsprechungsreport (Zeitschrift) |
| NWB | Neue Wirtschafts-Briefe für Steuer- und Wirtschaftsrecht (Zeitschrift) |
| NZB | Nichtzulassungsbeschwerde |
| NZI | Neue Zeitschrift für das Recht der Insolvenz und Sanierung |
| NZV | Neue Zeitschrift für Verwaltungsrecht |

| | |
|---|---|
| o.ä., o.Ä. | oder ähnliche, oder Ähnliche(s) |
| OECD | Organization for Economic Cooperation and Development |
| OECD-MA | OECD-Musterabkommen zur Vermeidung von Doppelbesteuerung von Einkommen und Vermögen (Model Tax Convention on Income and on Capital) |
| OFD | Oberfinanzdirektion |
| o.g. | oben genannt(e) |
| OGAW | Organismen für gemeinsame Anlagen in Wertpapieren |
| OHG | Offene Handelsgesellschaft |
| OLG | Oberlandesgericht |
| O/S/L | Offerhaus/Söhn/Lange, Umsatzsteuergesetz, Kommentar, Heidelberg (Loseblatt) |
| Österr. | Österreich, österreichisch |
| ÖStZ | Österreichische Steuerzeitung (Zeitschrift) |
| öUStG | österreichisches Umsatzsteuergesetz |
| ÖVfGH | Österreichischer Verfassungsgerichtshof |
| ÖVwGH | Österreichischer Verwaltungsgerichtshof |
| o.V. | ohne Verfasser |
| OVG | Oberverwaltungsgericht |
| OWiG | Gesetz über Ordnungswidrigkeiten |
| PartG | Parteiengesetz |
| PartGG | Partnerschaftsgesellschaftsgesetz |
| PatG | Patentgesetz |
| PBefG | Personenbeförderungsgesetz |
| PflegeVG | Pflegeversicherungsgesetz |
| PIStB | Praxis Internationale Steuerberatung (Zeitschrift) |
| Pkw | Personenkraftwagen |
| PostG | Postgesetz |
| PostO | Postordnung |
| Preuß. OVG | Preußisches Oberverwaltungsgericht |
| PUDLV | Post-Universaldienstleistungsverordnung |
| R | Abschnitt der Einkommensteuer-Richtlinien, Körperschaftsteuer-Richtlinien u.a. |
| RabG | Rabattgesetz |
| RAO | Reichsabgabenordnung |
| rd. | rund |
| RdF | Reichsminister der Finanzen |
| Rdvfg. | Rundverfügung |
| Reg.-Begr. | Regierungsbegründung |
| RegE | Regierungsentwurf |
| RennwLottG | Rennwett- und Lotteriegesetz |
| Rev. | Revisionsaktenzeichen (BFH) |
| RFH | Reichsfinanzhof |
| RGBl. | Reichsgesetzblatt |
| Rh.-Pf. | Rheinland-Pfalz |
| RIW | Recht der Internationalen Wirtschaft (Zeitschrift) |
| R/K/L | Reiß/Kraeusel/Langer, Umsatzsteuergesetz, Kommentar (Loseblatt) |

| | |
|---|---|
| rkr. | rechtskräftig |
| RL | EG-, EU-Richtlinie |
| Rs. | Rechtssache |
| r.Sp. | rechte Spalte |
| Rspr. | Rechtsprechung |
| RStBl. | Reichssteuerblatt |
| RV | Rentenversicherung |
| RVG | Gesetz über die Vergütung der Rechtsanwältinnen und Rechtsanwälte |
| RVO | Reichsversicherungsordnung |
| Rz. | Randzahl |
| | |
| S. | Seite |
| s. | siehe |
| Saarl. | Saarland |
| Sachs. | Sachsen |
| Sächs. | Sächsisch |
| Sachs.-Anh. | Sachsen-Anhalt |
| SAM | Steueranwaltsmagazin |
| ScheckG | Scheckgesetz |
| SchiffsRG | Schiffsregistergesetz |
| Schl.-Holst. | Schleswig-Holstein |
| Schr. | Schreiben |
| SchwarzArbG | Gesetz zur Bekämpfung der Schwarzarbeit und illegalen Beschäftigung |
| SEStEG | Gesetz über steuerliche Begleitmaßnahmen zur Einführung der Europäischen Gesellschaft und zur Änderung weiterer steuerlicher Vorschriften |
| SGB | Sozialgesetzbuch |
| SGG | Sozialgerichtsgesetz |
| sog. | sogenannt(e) |
| Sp. | Spalte |
| S/R | Sölch/Ringleb, Umsatzsteuergesetz, Kommentar, München (Loseblatt) |
| st. | ständig(e) |
| StÄndG | Steueränderungsgesetz |
| StB | Der Steuerberater (Zeitschrift) |
| StBerG | Steuerberatungsgesetz |
| Stbg | Die Steuerberatung (Zeitschrift) |
| StBGebV | Gebührenverordnung für Steuerberater, Steuerbevollmächtigte und Steuerberatungsgesellschaften |
| StbJb. | Steuerberater-Jahrbuch |
| StBp | Die steuerliche Betriebsprüfung (Zeitschrift) |
| StBVV | Steuerberatervergütungsverordnung |
| StBW | Steuerberater-Woche (Zeitschrift) |
| StC | SteuerConsultat (Zeitschrift) |
| StDÜV | Steuerdatenübermittlungsverordnung |
| StEd | Steuer-Eildienst |
| StEK | Steuer-Erlass-Kartei (Loseblatt) |
| StGB | Strafgesetzbuch |

| | |
|---|---|
| StKongrRep | Steuerkongress-Report |
| Stpfl. | Steuerpflichtiger |
| StPO | Strafprozessordnung |
| str. | streitig |
| StRefG | Steuerreformgesetz |
| StromNZV | Stromnetzzugangsverordnung |
| StSenkG | Steuersenkungsgesetz |
| StuB | Steuern und Bilanzen (Zeitschrift) |
| StuW | Steuer und Wirtschaft (Zeitschrift) |
| StVBG | Steuerverkürzungsbekämpfungsgesetz |
| StVj | Steuerliche Vierteljahresschrift (Zeitschrift) |
| StVG | Straßenverkehrsgesetz |
| StVO | Straßenverkehrsordnung |
| StVollzG | Gesetz über den Vollzug der Freiheitsstrafe und der freiheitsentziehenden Maßregeln der Besserung und Sicherung – Strafvollzugsgesetz |
| StVZO | Straßenverkehrs-Zulassungs-Ordnung |
| SvEV | Sozialversicherungsentgeltverordnung |
| swi | Steuer und Wirschaft international (Zeitschrift) |
| | |
| TEHG | Treibhausgas-Emissionshandelsgesetz |
| Thür. | Thüringen, Thüringer |
| TierZG | Tierzuchtgesetz |
| T/K | Tipke/Kruse, Abgabenordnung, Finanzgerichtsordnung, Kommentar, Köln (Loseblatt) |
| TKG | Telekommunikationsgesetz |
| T/L | Tipke/Lang, Steuerrecht |
| TVG | Tarifvertragsgesetz |
| Tz. | Textziffer |
| | |
| u. | und |
| u.a. | und andere; unter anderem |
| u.ä., u.Ä. | und ähnliche(s); und Ähnliche(s) |
| Ubg | Die Unternehmensbesteuerung (Zeitschrift) |
| UmwG | Umwandlungsgesetz |
| UmwStG | Umwandlungssteuergesetz |
| UNICEF | United Nations International Children's Emergency Fund (Weltkinderhilfswerk) |
| Unterabs. | Unterabsatz |
| UR | Umsatzsteuer-Rundschau (Zeitschrift) |
| UrhG | Urhebergesetz |
| UrhWG | Gesetz über die Wahrnehmung von Urheberrechten und verwandten Schutzrechten |
| Urt. | Urteil |
| USt | Umsatzsteuer |
| UStAE | Umsatzsteuer-Anwendungserlass des BMF |
| UStÄndG | Umsatzsteuer-Änderungsgesetz |
| UStBMG | Umsatzsteuer-Binnenmarktgesetz |
| UStDB | Umsatzsteuer-Durchführungsbestimmungen (1926–1967) |

| | |
|---|---|
| UStDV | Umsatzsteuer-Durchführungsverordnung |
| UStErstV | Umsatzsteuererstattungsverordnung |
| UStG | Umsatzsteuergesetz |
| USt-Hdb. | Umsatzsteuer-Handbuch |
| USt-IdNr. | Umsatzsteuer-Identifikationsnummer |
| UStR | Umsatzsteuer-Richtlinien, sog. (Allg. Verwaltungsverordnung der Bundesregierung zur Umsatzsteuer); zuletzt UStR 2008, BStBl. I 2007, Sondernummer; seit 1.10.2010 UStAE |
| UStRef. | Umsatzsteuerreferenten |
| UStZustV | Umsatzsteuerzuständigkeitsverordnung |
| usw. | und so weiter |
| u.U. | unter Umständen |
| UVR | Umsatzsteuer- und Verkehrsteuer-Recht (Zeitschrift) |
| UWG | Gesetz gegen den unlauteren Wettbewerb |
| UZK | Unionszollkodex |
| UZK-DA | Delegierte Verordnung zum Unionszollkodex |
| UZK-IA | Durchführungsverordnung zum Unionszollkodex |
| UZK-TDA | Zweite Delegierte Verordnung zum Unionszollkodex |
| | |
| v. | von, vom |
| VAT | Value Added Tax |
| VAT-Monitor | International VAT-Monitor (Zeitschrift) |
| VBl. | Verwaltungsblatt |
| VE | Vieheinheiten |
| VerbrKrG | Verbraucherkreditgesetz |
| Verf. | Verfasser |
| VerlG | Verlagsgesetz |
| VersR | Versicherungsrecht (Zeitschrift) |
| VersStG | Versicherungsteuergesetz |
| Vfg. | Verfügung |
| vGA | verdeckte Gewinnausschüttung |
| VGH | Verwaltungsgerichtshof |
| v.H. | vom Hundert |
| vgl. | vergleiche |
| VO | Verordnung |
| VOB | Vergabe- und Vertragsordnung für Bauleistungen |
| VOL | Vergabe- und Vertragsordnung für Leistungen, ausgenommen Bauleistungen |
| Voraufl. | Vorauflage |
| Vorbem. | Vorbemerkung |
| VSF | Vorschriftensammlung der Bundesfinanzverwaltung |
| VV | Verwaltungsvorschrift |
| VvaG | Versicherungsverein auf Gegenseitigkeit |
| VwVfG | Verwaltungsverfahrensgesetz |
| VwGO | Verwaltungsgerichtsordnung |
| VwZG | Verwaltungszustellungsgesetz |
| VZ | Veranlagungszeitraum/Voranmeldungszeitraum |
| vZTA | verbindliche Zolltarifauskunft |

| | |
|---|---|
| WCO | World Customs Organisation |
| WCR | World Commerce Review (Zeitschrift) |
| WEG | Wohnungseigentumsgesetz |
| WertZO | Wertzollordnung |
| WG | Wechselgesetz |
| WGG | Wohnungsgemeinnützigkeitsgesetz |
| WHG | Wasserhaushaltsgesetz |
| wistra | Zeitschrift für Wirtschaft, Steuer, Strafrecht |
| WJVL | World Journal of VAT/GST Law (Zeitschrift) |
| WM | Wertpapiermitteilungen (Zeitschrift) |
| WoBauFG | Wohnungsbauförderungsgesetz |
| WoBauG | Wohnungsbaugesetz |
| WoEigG | Wohnungseigentumsgesetz |
| WoPG | Wohnungsbau-Prämiengesetz |
| Wpg | Die Wirtschaftsprüfung (Zeitschrift) |
| WpHG | Wertpapierhandelsgesetz |
| WP | Wirtschaftsprüfer |
| WPO | Wirtschaftsprüferordnung |
| WRV | Weimarer Reichsverfassung |
| WTJ | World Tax Journal (Zeitschrift) |
| WTO | Welthandelsorganisation |
| | |
| ZA | Zollamt |
| z.B. | zum Beispiel |
| ZfZ | Zeitschrift für Zölle und Verbrauchsteuern |
| ZG | Zollgesetz |
| ZGB-DDR | Zivilgesetzbuch der Deutschen Demokratischen Republik |
| Ziff. | Ziffer |
| ZinsO | Zeitschrift für das gesamte Insolvenzrecht |
| ZIP | Zeitschrift für Insolvenzpraxis |
| zit. | zitiert |
| ZK | Zollkodex |
| ZK-AO-AnpG | Gesetz zur Anpassung der Abgabenordnung an den Zollkodex der Union und zur Änderung weiterer steuerlicher Vorschriften |
| ZK-DVO | Zollkodex-Durchführungsverordnung |
| ZM | Zusammenfassende Meldung |
| ZMDV | Datenträger-Verordnung über die Abgabe Zusammenfassender Meldungen |
| ZMR | Zeitschrift für Miet- und Raumrecht |
| ZnA | Zollabfertigung nach Aufzeichnung |
| ZnG | Zollbehandlung nach Gestellungsbefreiung |
| ZollV | Zollverordnung |
| ZollVG | Zollverwaltungsgesetz |
| ZPLA | Zolltechnische Prüfungs- und Lehranstalt |
| ZPO | Zivilprozessordnung |
| ZT | Zolltarif – Deutscher Zolltarif – |
| ZTA | Zolltarifauskunft |
| zust. | zustimmend |

| | |
|---|---|
| ZVB | Zusätzliche Vertragsbedingungen für die Ausführung von Bauleistungen |
| ZVG | Zwangsversteigerungsgesetz |
| zzgl. | zuzüglich |
| z.T. | zum Teil |
| zzt. | zurzeit |

# 1. Teil
# Ausgangslage und Forschungsziel

## Kapitel 1
## Ausgangslage

**Literatur:** *Busch/Maciejewski/Schepers*, Sind wissenschaftliche Diskussionen steuerbefreit?, DStR 2015, 2737 ff.; *Hüttemann*, Anwendung des Abstandsgebots nach § 14 Nr. 8 Buchst. c UstG bei staatlich regulierten Entgelten, UR 2006, 458 ff.; *Hüttemann*, Neuregelung der Umsatzbesteuerung der öffentlichen Hand – alles wird gut?, UR 2017, 129 ff.; *Klein*, Umsatzsteuerliche Behandlung von Mitgliedsbeiträgen, DStR 2008, 1016 ff.; *Stadie*, Befreiungen und Ermäßigungen – Chaos, System oder Konglomerat?; in DStJG Bd. 32, 2009, S. 124 ff.

Gemeinnützige Organisationen, die sich wirtschaftlich betätigen, unterliegen nicht nur den 1.1
Ertragsteuern (Körperschaft- und Gewerbebesteuer), sondern grundsätzlich auch der Umsatzsteuer. Weil Gemeinnützige oftmals keine oder nur geringe Gewinne erwirtschaften, kann die an den Umsatz anknüpfende Umsatzsteuer in Höhe des Regelsteuersatzes von 19 % in Deutschland und 20 % in Österreich bereits durch die Erhebung von Entgelten, die Einwerbung von Sponsoring, die Veranstaltung von Märkten und Bürgerfrühstücken oder die Arbeitsvermittlung von Behinderten oder Langzeitarbeitslosen im erheblichen Umfang anfallen. Hiervon sind alle **wirtschaftlich tätigen gemeinnützigen Organisationen** betroffen und in zunehmenden Umfang innovative Formen von **Social Entrepreneurship**, die wirtschaftliche Tätigkeiten mit sozialen Abliegen kombinieren. Gleichzeitig ist die Bagatellgrenze für die Steuerpflicht mit 17.500 Euro nach der Kleinunternehmergrenze des deutschen § 19 UStG bedeutend niedriger als die für den wirtschaftlichen Geschäftsbetrieb bei den Ertragssteuern nach § 64 Abs. 3 AO i.H.v. 35.000 Euro. In Österreich greift immerhin eine Grenze von 30.000 Euro ein (§ 6 Abs. 1 Z 27 öUStG). Auch eine persönliche Steuerbefreiung für gemeinnützige Organisationen besteht im Umsatzsteuerrecht nicht, sondern nur eine Reihe von sachlichen Steuerbefreiungen für bestimmte Leistungen und ein ermäßigter Steuersatz i.H.v. 7 % nach § 12 Abs. 2 Nr. 8 UStG und § 10 Abs. 2 Z 4 öUStG unter im Einzelnen noch nicht vollständigen geklärten Voraussetzungen.

§ 4 UStG des deutschen und § 6 des österreichischen Rechts sehen zwar eine Reihe von **Steuerbefreiungen** für Branchen wie Krankenhäuser, Einrichtungen der Wohlfahrtspflege, kulturelle Einrichtungen, Bildungseinrichtungen oder Jugendherbergen vor, die oftmals von gemeinnützigen Organisationen betrieben werden. Diese Befreiungen sind aber inzwischen für die Praxis kaum noch sinnvoll zu bewältigen. Das Umsatzsteuerrecht ist aufgrund des Harmonisierungsbefehls des Art. 113 AEUV erheblich stärker als die Ertragsteuern mittels der mehrfach geänderten 6. Richtlinie zum gemeinsamen Mehrwertsteuersystem (6. MWSt-RL)[1] und der aktuellen, weitgehend inhaltsgleichen **Richtlinie über das gemeinsame Mehrwertsteuersystem vom 28.11.2006 (MwStSystRL)**[2] europarechtlich determiniert. Dabei sind die 414 Artikel der geltenden Mehrwertsteuersystemrichtlinie nie systematisch in das deutsche, eher schon zeitlich viel später im Rahmen des Beitritts Österreichs zur Europäischen Union in das 1.2

1 6. MwSt-RL v. 17.5.1977, 77/388/EWG, ABl. EG 1977 Nr. L 145, 1.
2 Richtlinie 2006/112/EG v. 28.11.2006, ABl. EU 2006, Nr. L 347, S. 1.

österreichische UStG 1994 umgesetzt worden. Vor allem die Regelungen über die Befreiungstatbestände für bestimmte, dem Gemeinwohl dienende Tätigkeiten sind mit dem UStG 1980 weitgehend unverändert geblieben und harmonieren nicht mit den Befreiungstatbeständen des Art. 132 MwSt-RL.[1]

1.3 Es wundert daher nicht, dass die Rechtsprechung des EuGH, der gem. Art. 267 AEUV über die europaweit einheitliche Auslegung der Mehrwertsteuersystemrichtlinie und ihrer Vorgängerregelungen wacht, im Laufe der Zeit eine **Vielzahl von Verstößen der nationalen Umsatzsteuerrechte**, nicht nur der deutschen, gegen den Anwendungsvorrang der Richtlinie festgestellt hat, aus denen zum Teil wieder punktuelle, mit dem System wenig abgestimmte Änderungen des nationalen Rechts erfolgten. Aktuell hat der EuGH entschieden über die Steuerfreiheit von Entgelten für die Benutzung von Sportanlagen durch Nichtmitglieder,[2] für die Lieferung von Zytostatika im Rahmen ambulanter Krankenhausbehandlung,[3] für die Vermietung von Bootsliegeplätzen an Mitglieder von Wassersportvereinigungen,[4] für Eintrittsgelder öffentlich-rechtlicher Sportstätten,[5] für die Gestellung von Pflegekräften,[6] für Bildungsleistungen durch gewerbliche Anbieter,[7] zur Reichweite des Begriffs der „kulturellen Dienstleistungen“[8] und zur Steuerfreiheit von Restaurantumsätzen von Lehreinrichtungen an externe Gäste[9] Anhängig ist ein Vorabentscheidungsersuchen zum Umfang des erforderlichen körperlichen Elements bei dem Begriff „Sport“.[10] Teilweise wurde im nationalen Recht auch auf einen möglichen Steuerbefreiungstatbestand verzichtet. Aufgrund der unmittelbaren Wirkung der Richtlinie im Verhältnis zwischen dem Unionsbürger und dem Mitgliedstaat folgt daraus die abstruse Situation, dass sich z.B. ein Sportverein nach Wahl auf die Umsatzsteuerbefreiung für Mitgliedsbeiträge nach dem nationalen Recht berufen kann oder auf die durch den EuGH festgestellte Umsatzsteuerpflicht der gleichen Beiträge,[11] soweit dies für ihn wegen der Möglichkeit hoher Vorsteuerabzugsbeträge im Einzelfall günstiger ist.[12] Anhängig ist ein Vertragsverletzungsverfahren gegen Deutschland wegen der nicht vollständig umgesetzten Steuerbefreiung von Dienstleistungen, die selbständige Zusammenschlüsse von Personen gegenüber ihren Mitgliedern erbringen, die von der Steuer befreit sind.[13] Diese **freie Wahl der eigenen Steuerpflicht** wird unter systematischen wie fiskalischen und aus Gründen der Steuerhygiene kritisiert.[14] In der nationalen Rechtsprechung sind unter Rückgriff auf die Richtlinie **hergebrachte Grundsätze der Umsatzsteuerfreiheit gemeinnütziger Tätigkeiten auf den Prüf-**

1 Vgl. *Jacobs*, Umsatzsteuer und Gemeinnützigkeit, 2009, S. 67 ff.; *Hüttemann*, UR 2006, 458 ff.
2 EuGH v. 19.12.2013 – Rs. C-495/12 – Bridport and West Dorset Golf Club, ECLI:EU:C:2013:861, UR 2014, 192 m. Anm. *Widmann*.
3 EuGH v. 13.3.2014 – Rs. C-366/12 – Klinikum Dortmund, ECLI:EU:C:2014:143.
4 EuGH v. 25.2.2016 – Rs. C-22/15 – Kommission/Niederlande, ECLI:EU:C:2016, 118.
5 EuGH v. 13.7.2017 – Rs. C-633/15 – London Borough of Ealing, juris.
6 EuGH v. 12.3.2015 – Rs. C-594/13, UR 2015, 351 – „go Fair“ Zeitarbeit, ECLI:EU:C:2015:164.
7 EuGH v. 28.11.2013 – Rs. C-319/12 – MDDP, ECLI:EU:C:2013:778.
8 EuGH v. 15.2.2017 – Rs. C-592/15 – British Film Institute, ECLI:EU:C:2017:117.
9 EuGH v. 4.5.2017 – Rs. C-699/15 – Brockenhurst College, ECLI:EU:C:2017:344.
10 EuGH C-90/16, Vorlage durch das Upper Tribunal (Tax and Chancery Chamber) (Vereinigtes Königreich) zu Duplicate-Kontrakt-Bridge.
11 EuGH v. 21.3.2002 – Rs. 174/200 – Kennemer Golf & Country Club, Slg. 2002, I-3293.
12 Hierzu BFH v. 9.8.2007 – V R 27/04, UR 2007, 811 = BFH/NV 2007, 2213; weitere Beispiele bei *Stadie*, DStJG Bd. 32, 2009, S. 124, 156; zur parallelen, durch die Neufassung des § 2b UStG gesetzlich geregelten Problematik bei der öffentlichen Hand vgl. *Hüttemann*, UR 2017, 129 ff.
13 EuGH C-616/15, Klage der Kommission gegen Deutschland, eingereicht am 20.11.2015.
14 Bundesrechnungshof, Bemerkungen v. 15.4.2010, BT-Drucks. 17/1300, S. 37 f.; *Klein*, DStR 2008, 1016, 1020.

**stand** gestellt worden. Aktuelle Beispiele sind neben der Umsatzsteuerpflicht von Mitgliedsbeiträgen in Vereinen die Umsatzsteuerpflicht der Pausenverpflegung durch Bildungseinrichtungen,[1] die Umsatzsteuerpflicht von Ehrenamtspauschalen,[2] die Umsatzsteuerpflicht der Abgabe von nicht mehr verkäuflichen Lebensmitteln an gemeinnützige Tafeln als unentgeltliche Wertabgabe (früher „Eigenverbrauch")[3] oder die unterschiedliche Einordnung von Sponsoring im Ertrag- und Umsatzsteuerrecht.[4]

Der **nationale Gesetzgeber** befindet sich infolgedessen in dem Dilemma, den Vorgaben des vorgehenden europäischen Richtlinienrechts in der Auslegung durch den EuGH und den deutschen BFH entsprechen zu müssen, gleichwohl aber dem berechtigten Anliegen gemeinnütziger Organisationen gegen eine übermäßige und bürokratische Behinderung ihrer wirtschaftlichen Tätigkeiten auf sozialen, kulturellen, sportlichen und sonstigen Gebieten und zugleich den kommerziellen Anbietern ähnlicher Leistungen im Wettbewerb gerecht zu werden. Diese Aufgabe wird dadurch erschwert, dass nicht nur die Reichweite einzelner unionsrechtlicher Befreiungs- und Steuerermäßigungstatbestände noch nicht genau ausgelotet ist, sondern auch grundsätzliche Überlegungen zum Grundsatz der Neutralität der Umsatzsteuer und der Reichweite des nach der Richtlinie erforderlichen Wettbewerbsschutzes in Gesetzgebung und Rechtsanwendung noch nicht ausreichend im Zusammenhang berücksichtigt worden sind. 1.4

Diese in weiten Teilen unklare Rechtslage zum Zusammenspiel zwischen nationalem und unionsrechtlichem Recht birgt für die betroffenen Organisationen **erhebliche Rechtsunsicherheiten**. Aufgrund der Besonderheit der Umsatzsteuer als indirekte Steuer, die die Steuerpflichtigen selbst anmelden, stehen Steuerbescheide nach § 168 S. 1 AO unter dem Vorbehalt der Nachprüfung und können gemeinnützige Organisationen sich möglicherweise erst Jahre später auf eine bestandskräftig festgestellte Höhe der Umsatzsteuer verlassen. Hinzu kommt trotz des Charakters der Umsatzsteuer als indirekte Steuer, die mittels Vorsteuerentlastung beim Unternehmer letztlich nur den Endverbraucher belasten soll, dass bei später festgestellter Umsatzsteuerpflicht die den Kunden nicht in Rechnung gestellte Umsatzsteuer zivilrechtlich und praktisch nicht nachgefordert werden kann, aber gleichwohl geschuldet bleibt. Zudem bedingt die Besonderheit der Umsatzsteuer, dass die Steuerpflichtigkeit für manchen Steuerpflichtigen wirtschaftlich günstiger ist, wenn er hohe Eingangsumsätze hat, weil dann die Erstattung der Vorsteuer die Höhe der Umsatzsteuer auf seine Ausgangsumsätze übersteigt. Hält er sich jedoch fälschlicherweise für steuerpflichtig, so hat er im Nachhinein die geltend gemachte Vorsteuer zurückzuzahlen, muss die in Rechnung gestellte Umsatzsteuer nach § 14c UStG sowie § 11 Abs. 12 öUStG jedoch gleichwohl an den Fiskus entrichten. Ob es sich bei nationalen Steuerbefreiungen, die die Grenzen der Richtlinie überschreiten, im Einzelfall um staatliche Beihilfen handelt, die nach dem europäischen Beihilfenregime im Grundsatz ohne jegliche zeitliche Beschränkung zurückgefordert werden können, ist noch weitgehend offen. Die hieraus resultierende Rechtsunsicherheit, die sich zu Lasten der Organisationen einseitig asym- 1.5

1 BFH v. 8.3.2012 – V R 14/11, vgl. hierzu *Busch/Maciejewski/Schepers*, DStR 2015, 2737 ff.

2 BMF-Schreiben v. 2.1.2012, 21.3.2012, 11.4.2012; vgl. hierzu *Dodos*, Die Besteuerung ehrenamtlicher Tätigkeit im Umsatzsteuerrecht, 2015, S. 136 ff.

3 OFD Niedersachsen v. 27.3.2017, Umsatzsteuerliche Behandlung der unentgeltlichen Wertabgabe von Sachspenden.

4 Das für die Praxis Rechtssicherheit schaffende Schreiben des BMF v. 18.2.1998, BStBl. I 1998, 212, gilt nur für die Körperschaft- und Gewerbesteuer; das BMF-Schreiben v. 12.11.2012, DStR 2012, 2339 über die „Umsatzsteuerliche Behandlung des Sponsoring aus der Sicht des Zuwendungsempfängers" weicht von der ertragsteuerlichen Einordnung erheblich ab.

metrisch auswirkt, wird dadurch verschärft, dass diese aus Gründen des Gebots der zeitnahen Mittelverwendung nach § 55 Abs. 1 Nr. 5 AO/§ 42 BAO[1] nur in beschränkten Maße Eigenkapital thesaurieren dürfen, um Vorsorge zu treffen. Es ist daher auch ein Anliegen des Forschungsprojekts, die Reichweite des europäischen wie nationalen **Vertrauensschutzes der Steuerpflichtigen** in die Richtigkeit der nationalen Rechtslage in ihrer Anwendung durch Rechtsprechung und Verwaltung zu untersuchen.

1 Gemäß den Grundsätzen der tatsächlichen Geschäftsführung i.V.m. Rz. 129 VereinsRL 2001.

# Kapitel 2
# Forschungsziel und methodisches Vorgehen



## A. Ziel des Forschungsvorhabens

2.1 Das **Ziel** des Forschungsvorhabens „Umsatzsteuerrecht für den Nonprofitsektor" besteht darin, unter Berücksichtigung der MwStSystRL, ihrer Auslegung durch den EuGH und durch nationale Gerichte sowie des nationalen Rechts Klarheit über die von der Richtlinie gesetzten Grenzen, aber auch über möglicherweise noch nicht erkannte Umsetzungsspielräume für die nationalen Gesetzgeber zu gewinnen. In der bisherigen Auseinandersetzung wird vielfach nicht klar getrennt zwischen dem nach der MwStSystRL unbedingt erforderlichen und dem vom nationalen Gesetzgeber aus unterschiedlichen Motiven politisch Gewünschten. So ist etwa das im Finanzausschuss zum Jahressteuergesetz 2013 diskutierte Finanzierungskriterium für § 4 Nr. 18 UStG von der Richtlinie nach einhelliger Ansicht in der Literatur nicht zwingend vorgegeben und würde die betroffenen Organisationen vor erhebliche Schwierigkeiten stellen.[1] Das Scheitern der Änderungsvorschläge des BMF zu § 4 Nr. 21 UStG[2] ist ein weiteres deutliches Beispiel für die erheblichen Abstimmungsprobleme zwischen nationalem Recht und MwStSystRL.

2.2 Bislang existiert eine Reihe von Gutachten und Arbeiten zur Reform der Umsatzsteuer, vor allem zur Sinnhaftigkeit von Steuerbefreiungen und des ermäßigten Steuersatzes.[3] Eine **umfassende Bestandsaufnahme** des speziell für den Dritten Sektor geltenden Umsatzsteuerrechts unter Berücksichtigung des europäischen und nationalen Mehrebensystems fehlt jedoch. Zwei thematisch einschlägige Dissertationen aus dem Jahr 2005[4] und 2009[5] bieten eine erste Grundlage, konnten das Gesamtthema aber nicht umfassend behandeln und sind zwischen durch eine Vielzahl neuer Entscheidungen überholt worden. Erfreulicherweise haben sich in jüngster Zeit vermehrt Promotionsvorhaben mit dem Einfluss der europäischen Mehrwertsteuerrichtlinie auf das nationale Umsatzsteuerrecht für verschiedene Steuerbefreiungstatbestände gewidmet, so die Arbeiten von *Dodos* zur Besteuerung ehrenamtlicher Tätigkeit im Umsatzsteuerrecht,[6] von *Krieger* zur unechten Umsatzsteuerbefreiung im Unionsrecht[7] und von *Zirkel* zur Neutralität der Umsatzsteuer als europäisches Besteuerungsprinzip.[8] Deren Ergebnisse und Thesen konnten in die vorliegende Untersuchung einfließen. Vertreter des Dritten Sektors und Experten beklagen die gegenwärtige verworrene Situation im Umsatzsteuerrecht beinahe bei jedem fachlichen Austausch, etwa bei der Anhörung im Finanzaus-

1 Vgl. Bericht des Finanzausschusses zum Jahressteuergesetz 2013, BT-Drucks. 17/11220, 47–49.

2 Vgl. Entwurf JStG 2013, BT-Drucks. 17/10000, 21.

3 *Seer* (Hrsg.), Umsatzsteuer im Europäischen Binnenmarkt, DStJG Bd. 32, 2009; 38. Berliner Steuergespräche vom 14.2.2011, www.berlinersteuergespraeche.de, letzter Abruf am 29.1.2013.

4 *Baur*, Gemeinnützigkeitsrecht im Sinne der 6. EG-Richtlinie, 2005.

5 *Jacobs*, Umsatzsteuer und Gemeinnützigkeit, 2009; *Hoffsümmer*, Steuerbefreiungen für Inlandsumsätze (§ 4 Nrn. 8–28 UStG) – eine systematische Betrachtung unter besonderer Berücksichtigung europäischer und nationaler Prüfungsmaßstäbe, 2009.

6 *Dodos*, Die Besteuerung ehrenamtlicher Tätigkeit im Umsatzsteuerrecht, 2015.

7 *Krieger*, Unechte Umsatzsteuerbefreiung im Unionsrecht, 2017.

8 *Zirkel*, Die Neutralität der Umsatzsteuer als europäisches Besteuerungsprinzip, 2015.

schuss des Bundestags am 10.12.2012 zum Gesetz zur Entbürokratisierung des Gemeinnützigkeitsrechts (beschlossen als Gesetz zur Stärkung des Ehrenamts).[1]

2.3 Die Ergebnisse des Forschungsprojekts sind in mehrfacher Hinsicht sowohl aussichtsreich als auch notwendig. Nur ein Vergleich der europarechtlichen und der nationalen Ebene kann einen Beitrag zur Bestandaufnahme des geltenden Umsatzsteuerrechts für gemeinnützige und steuerbefreite Organisationen leisten. Diese Bestandaufnahme schafft einen **Referenzrahmen**, der bei der Auslegung und Fortentwicklung des nationalen Rechts sowie dessen Anpassung an die Vorgaben der MwStSystRL nutzbar gemacht werden kann. Damit dient das Projekt dazu, dem nationalen Gesetzgeber Vorschläge für eine sinnvolle Fortentwicklung des Umsatzsteuerrechts des Dritten Sektors vorzulegen. Darüber hinaus kann der Referenzrahmen in weiteren Mitgliedstaaten als Grundlage für den Umsetzungsspielraum dienen.[2]

2.4 Für die Rechtspraxis und die betroffenen Organisationen schafft die Untersuchung **Rechtssicherheit** und ermöglicht es, europarechtswidrige, systemwidrige oder schwer handhabbare Vorschriften sinnvoll weiter zu entwickeln. Damit kann auch der **Haftungsgefahr für Vorstände von gemeinnützigen Vereinen und Stiftungen** begegnet werden. Die Haftung für Steuerschulden wird angesichts der zunehmend komplizierteren Rechtslage als Grund dafür genannt, dass sich immer weniger Menschen finden, die sich als Vorstände ehrenamtlich engagieren. Die durch Gesetz vom 28.9.2009[3] eingeführte Haftungsbegrenzung für ehrenamtlich tätige Vereins- und Stiftungsvorstände nach §§ 31a, 86 BGB auf die Fälle der grob fahrlässigen oder vorsätzlichen Schadensverursachung wurde in dem jüngsten Reformgesetz, dem Gesetz zur Entbürokratisierung des Gemeinnützigkeitsrechts (GemEntBG)[4] durch Einfügung eines § 31b BGB auf ehrenamtlich tätige Vereinsmitglieder erweitert. Das ist begrüßenswert, hilft jedoch bei der Haftung für Steuerschulden oftmals nicht weiter. Schon immer hafteten gesetzliche Vertreter gem. §§ 34, 69 AO lediglich für grobe Fahrlässigkeit oder Vorsatz persönlich für die Steuerschulden der Organisation, wobei jedoch die Grenze der groben Fahrlässigkeit häufig schnell erreicht wird.[5]

## B. Methodisches Vorgehen

2.5 In methodischer Hinsicht wird zunächst ist eine Bestandsaufnahme der derzeit für gemeinnützige Organisationen und für umsatzsteuerbefreite Akteure des Dritten Sektors geltenden Umsatzsteuerregelungen unter Berücksichtigung der nationalen und europäischen Rechtsprechung und unter Benennung von allgemeinen und branchenspezifischen Problemschwerpunkten vorgenommen. Dazu sind auch Gespräche mit Akteuren des Dritten Sektors geführt worden, um noch nicht in der Rechtsprechung und im Schrifttum identifizierte Probleme heraus zu filtern. Ein bedeutsamer Teil dieser Bestandsaufnahme liegt in der umfangreichen Darstellung und Ausleuchtung des europäischen Rechts, sowohl der Einzelregelungen wie auch der Grundsätze des Mehrwertsteuerrechts wie der Grundsatz der Neutralität, die Reichweite

1 Vgl. die schriftliche Stellungnahme http://www.bundestag.de/bundestag/ausschuesse17/a07/anhoerungen/2012/120/Stellungnahmen/16-Prof__Weitemeyer.pdf, S. 6.

2 Aus diesem Grund ist eine ausführliche Darstellung des europäischen Rechtsrahmens der Steuerbefreiungen und Steuerermäßigungen in englischer Sprache geplant.

3 BGBl. I 2009, 3161.

4 BT-Drucks. 17/11316.

5 BFH v. 6.7.2005 – VII B 296/04, GmbHR 2005, 1315 = BFH/NV 2005, 1753; BFH v. 13.3.2003 – VIII R 46/02, BStBl. II 2003, 556.

des Schutzes der Wettbewerber und der Begriff der steuerbefreiten Einrichtungen, wobei die verschiedenen Sprachfassungen der MwStSystRL zu beachten sind.

Soweit das nationale und das europäische Recht voneinander abweichen, weil die Umsetzung nicht korrekt erfolgt ist oder ein Umsetzungsspielraum besteht, sind Vorschläge für eine sinnvolle Umsetzung der europäischen Vorgaben in das nationale Recht entwickelt worden. Hierbei konnten auch Anregungen aus den rechtsvergleichenden Betrachtungen zwischen dem deutschen und österreichischen Recht entnommen werden. 2.6

Ausgehend von dem o.g. Ansatz ergibt sich folgender **Aufbau des Werkes.** Zunächst werden im Anschluss an diese Einleitung im 2. Teil die Rechtsgrundlagen des Umsatzsteuerrechts des Dritten Sektors, nämlich die MwStSystRL sowie das Deutsche und das Österreichische UStG in seiner historischen Entwicklung und seinem erreichten Stand dargestellt. Einen ersten grundlegenden Schwerpunkt bildet die Darstellung des geltenden Systems der Umsatzbesteuerung und der rechtspolitischen Kritik hieran. Eingegangen wird auf das **Verhältnis der MwStSystRL zum UStG** mit dem bekannten Anwendungsvorrang des europäischen Rechts, aus dem unter bestimmten Umständen eine unmittelbare Anwendung der Richtlinie folgt. Ein wichtiger Topos nicht nur in der Rechtsprechung des EuGH ist der **Grundsatz der Neutralität der Umsatzsteuer**, dessen Reichweite im Hinblick auf gemeinnützige Organisationen auszuloten ist. In diesem Zusammenhang spielen die für diese Organisationen typischerweise einschlägigen Befreiungstatbestände und die ermäßigten Steuersätze i.e. Sinne eine wichtige, diese privilegierende Rolle. 2.7

Ebenfalls einen europarechtlichen Hintergrund hat die immer mehr an Bedeutung gewinnende Frage, wann derartige steuerliche Privilegierungen **staatliche Beihilfen** darstellen können und wie es um die **Reichweite des rechtsstaatlichen Vertrauensschutzes** der Steuerpflichtigen in die Anwendung und Auslegung des geltenden nationalen Rechts durch Gesetzgebung, Rechtsprechung und Finanzverwaltung bestellt ist. Der Vertrauensschutz beruht auf verbindlichen Auskünften (§ 89 Abs. 2 AO) und ähnlichen Instrumenten des nationalen Rechts, so dass der Frage nachzugehen ist, inwieweit diese nationalen Vertrauensschutzgrundlagen europarechtlich zu sanktionieren sind. 2.8

Ausgangspunkt der steuerbaren Lieferungen und Leistungen im Umsatzsteuerrecht ist der im 3. Teil eingehend erörterte umsatzsteuerliche Grundtatbestand gem. Art. 2 MwStSystRL und § 1 UStG, § 1 öUStG. Hier kommt es entscheidend darauf an, in welchen Zusammenhängen und unter welchen Bedingungen Akteure des Dritten Sektors, die in der Regel ertragsteuerlich gemeinnützig sind, als **Unternehmer** anzusehen sind und **umsatzsteuerbare Leistungen** erbringen. Verbreitet ist insbesondere zwischen konzernartig strukturierten Organisation der freien Wohlfahrtspflege die **umsatzsteuerliche Organschaft**, die es ihnen durch die Einbeziehung in den Organkreis ermöglicht, die Nachteile des fehlenden Vorsteuerabzugs bei steuerbefreiten Tätigkeiten trotz einer spartenmäßigen Untergliederung in Tochtergesellschaften auszugleichen. 2.9

Unter der Fragestellung, welche typischen steuerbaren Lieferungen und sonstige Leistungen im Dritten Sektor eine Rolle spielen, werden **Mitgliedsbeiträge**, sog. **echte und unechte Zuschüsse** des Staates und von privater Seite, **Spenden**, **Sponsoring** und **Werbeleistungen** sowie **unentgeltliche Wertabgaben** voneinander abgrenzt und umsatzsteuerlich eingeordnet. 2.10

Schwerpunkt des vorliegenden Werkes bilden die **Steuerbefreiungen gem. Art. 132 bis 134 MwStSystRL bzw. § 4 UStG, § 6 öUStG**, deren Systematik dargelegt wird. Hierbei spielt der 2.11

**Begriff der Einrichtungen gem. Art. 132 ff. MwStSystRL** beispielsweise für die Einrichtungen der Wohlfahrtspflege, § 4 Nr. 18 UStG, eine zentrale Rolle, so dass er vorab im Zusammenhang in seiner Auslegung durch den EuGH und die nationalen Gerichte untersucht wird.

2.12 Den Reigen der einzelnen Steuerbefreiungstatbestände eröffnen die **Heilbehandlungen und Krankenhausbehandlungen** nach Art. 132 Abs. 1 lit. b und c MwStSystRL und § 4 Nr. 14 UStG, § 6 Abs. 1 Z 18, 19, 25 öUStG. Angesichts der Zielrichtung des Handbuchs stehen die ärztlichen Heilbehandlungen nicht im Fokus der Darstellung, sondern wird die Besteuerbefreiung für Entgelte von Krankenhausbehandlungen beleuchtet, da diese – neben öffentlich-rechtlichen Einrichtungen und kommerziellen Unternehmen – traditionell durch gemeinnützige Rechtsträger betrieben werden. In diesem Zusammenhang wird auch auf die Einordnung der praktisch wichtigen Personalgestellung eingegangen.

2.13 Die Steuerbefreiung für steuerbefreite oder nicht steuerbare Umsätze bei **Kooperationen** zwischen verschiedenen Leistungserbringern nach Art. 132 Abs. 1 lit. f MwStSystRL ist mit seiner Entsprechung in § 4 Nr. 14 lit. d UStG, § 6 Abs. 1 Z 19 öUStG nur partiell umgesetzt worden.

2.14 Einen Kernbereich des Nonprofitsektors stellen die traditionell gemeinnützig organisierten Organisationen der freien Wohlfahrtspflege in Deutschland mit ihren **eng mit der Sozialfürsorge und der sozialen Sicherheit verbundenen Dienstleistungen** dar, Art. 132 Abs. 1 lit. g MwStSystRL, die im Schwerpunkt in § 4 Nr. 16 UStG, für Einrichtungen der Wohlfahrtspflege in § 4 Nr. 18 UStG und in § 4 Nr. 27 lit. b UStG sowie in § 6 Abs. 1 Z 7, 15, 18, 25 öUStG eine Umsetzung erfahren haben.

2.15 Verwandt sind die **eng mit der Kinder- und Jugendbetreuung verbundenen Dienstleistungen**, Art. 132 Abs. 1 lit. h MwStSystRL, die im deutschen Recht die Rechtsgrundlage für die Beherbergung und Beköstigung von Jugendlichen, § 4 Nr. 23 UStG, für das Jugendherbergswesen und die Jugendhilfe, § 4 Nr. 24 UStG, und für Leistungen der Jugendhilfe, § 4 Nr. 25 UStG, und im österreichischen Recht in § 6 Abs. 1 Z 23 für die entsprechenden Heime sowie in Z 25 öUStG bilden.

2.16 Die Steuerbefreiung für **Leistungen der Erziehung und Bildung** findet sich in Art. 132 Abs. 1 lit. i MwStSystRL sowie im deutschen Recht für Ersatz- und Ergänzungsschulen in § 4 Nr. 21 UStG, für Vorträge, Kurse und andere Veranstaltungen in § 4 Nr. 22 a) UStG und für die Beherbergung und Beköstigung von Jugendlichen in § 4 Nr. 23 UStG. Überschneidungen bestehen mit § 4 Nr. 24 und Nr. 25 UStG (Leistungen des Deutschen Jugendherbergswerk und Leistungen der Jugendhilfe), soweit diese der Erziehung und Bildung dienen. Aus österreichischer Sicht bildet § 6 Abs. 1 Z 11 öUStG für Umsätze von Schulen und Privatlehrern und § 6 Abs. 1 Z 12 für Vorträge, Kurse und Filmvorführungen von Volksbildungsvereinen die nationale Umsetzung.

2.17 Die **Personalgestellung** durch religiöse und weltanschauliche Einrichtungen für bestimmte Tätigkeiten auf dem Gebiet der Krankenhausbehandlung, der Sozialfürsorge, der Kinder- und Jugendbetreuung und der Erziehung von Kindern und Jugendlichen, für Schul- und Hochschulunterricht und ähnliche Ausbildungszwecke und für Zwecke geistlichen Beistands sind nach Art. 132 Abs. 1 lit. k MwStSystRL von der Steuer zu befreien. Im deutschen Recht findet sich in § 4 Nr. 27 lit. a UStG seit dem 1.1.2015 eine praktisch deckungsgleiche Regelung, während in Österreich eine Entsprechung fehlt.

Nach Art. 132 Abs. 1 lit. l MwStSystRL sind zu befreien **Dienstleistungen und eng damit verbundene Lieferungen von Gegenständen von Einrichtungen ohne Gewinnstreben**, welche politische, gewerkschaftliche, religiöse und ähnliche Einrichtungen an ihre Mitglieder gegen einen satzungsgemäß festgelegten Beitrag erbringen, Ein unmittelbares deutsches und österreichisches Pendant zu dieser Steuerbefreiung von bestimmten Mitgliedsbeiträgen fehlt. 2.18

Steuerfrei sind bestimmte, in engem Zusammenhang mit **Sport und Körperertüchtigung** stehende Dienstleistungen, die Einrichtungen ohne Gewinnstreben an Personen erbringen, die Sport oder Körperertüchtigung ausüben, Art. 132 Abs. 1 lit. m MwStSystRL. Das deutsche Pendant findet sich in § 4 Nr. 22 b) UStG über sportliche Veranstaltungen bestimmter Unternehmer, soweit das Entgelt in Teilnehmergebühren besteht, sowie in § 4 Nr. 25 UStG für sportliche Angebote für Jugendliche. In Österreich befreit § 6 Abs. 1 Z 14 öUStG die Umsätze gemeinnütziger Vereinigungen, deren satzungsmäßiger Zweck die Ausübung oder Förderung des Körpersports ist. 2.19

**Kulturelle Dienstleistungen** der öffentlichen Hand und von bestimmten, nach nationalem Recht anerkannten kulturellen Einrichtungen sind nach Art. 132 Abs. 1 lit. n MwStSystRL steuerbefreit. Im deutschen Recht finden sich die Steuerbefreiungen für kulturelle Einrichtungen in § 4 Nr. 20 UStG und für kulturelle Veranstaltungen wissenschaftlicher oder belehrender Art sowie sonstige kulturelle Veranstaltungen in § 4 Nr. 22 a) und b) UStG sowie in § 4 Nr. 25 UStG für Jugendliche. Das österreichische Recht sieht in § 6 Abs. 1 Z 24 für bestimmte kulturelle Veranstaltungen von öffentlichen Einrichtungen sowie von gemeinnützigen Organisationen Steuerbefreiungen vor. 2.20

Nach Art. 132 Abs. 1 lit. o MwStSystRL sind bestimmte Lieferungen und Leistungen, die dem **Fundraising** von Einrichtungen dienen, die auf dem Gebiet der Krankenhausbehandlung, der Sozialfürsorge, der Kinder- und Jugendbetreuung, der Erziehung, Bildung, und Weiterbildung tätig sind, die politische, gewerkschaftliche, religiöse und ähnliche Ziele verfolgen sowie im Bereich des Sports, der Körperertüchtigung und der Kultur tätig sind, von der Steuer zu befreien. Ein Pendant im deutschen Recht stellt § 4 Nr. 22 lit. b UStG ausschließlich für kulturelle und sportliche Veranstaltungen dar. 2.21

**Krankentransporte** sind nach Art. 132 Abs. 1 lit. p MwStSystRL von der Steuer zu befreien. Die relevante deutsche Regelung findet sich in § 4 Nr. 17 lit. b UStG, in Österreich in § 6 Abs. 1 Z 22 öUStG. 2.22

Die im deutschen Recht geschaffene Steuerbefreiung für **ehrenamtliche Tätigkeit** nach § 4 Nr. 26 UStG beruht nicht unmittelbar auf einer europäischen Vorschrift, so dass die unionsrechtliche Zulässigkeit der Steuerbefreiung umstritten ist. In Österreich fehlt eine Vorschrift ganz. 2.23

**Umsätze von Blinden und Blindenwerkstätten** sind nach § 4 Nr. 19 UStG und § 6 Abs. 1 Z 10a) öUStG nach nationalem Recht steuerbefreit, wobei diese Altregelungen ohne unionsrechtliche Grundlage auf der Grundlage von Übergangsbestimmungen beibehalten worden sind. 2.24

Einen Sonderfall stellt die Möglichkeit für die Mitgliedstaaten dar, **Grundstücksvermietungen** nach Art. 135 Abs. 1 lit. l, Abs. 2 MwStSystRL steuerfrei zu stellen. Hierbei handelt es sich nicht um typische Leistungen von Organisationen des Dritten Sektors, und sie findet sich da- 2.25

her auch nicht im Kapitel 2 über die Steuerbefreiungen für bestimmte, dem Gemeinwohl dienende Tätigkeiten. Gemeinnützige Organisationen sind aber häufig als Mieter oder Vermieter von der im deutschen Recht getroffenen Umsetzung nach § 4 Nr. 12 UStG betroffen, die eine Steuerbefreiung mit Optionsmöglichkeit in § 9 UStG vorsieht, so dass auf die hieraus folgenden Besonderheiten für steuerbefreite Mieter oder Vermieter einzugehen ist.

2.26 Aus dieser Gegenüberstellung wird bereits deutlich, dass die europäischen Regelungen und die deutschen sowie aufgrund der späteren Umsetzung im Jahr 1994 weniger die österreichischen Gegenstücke nicht genau auf einander abgestimmt sind. Teilweise weichen die Regelungen vornehmlich in Formulierungen voneinander ab, deren materielle Reichweite zu untersuchen ist. Teilweise fehlen aber auch Umsetzungsvorschriften im nationalen Recht, etwa zur Möglichkeit der Steuerfreiheit von Kooperationen (Rz. 2.13) und des Fundraising (Rz. 2.21), teilweise sind nach nationalem Recht steuerfrei gestellte Leistungen, etwa von ehrenamtlicher Tätigkeit (Rz. 2.23), im europäischen Recht nicht erfasst.

2.27 Im Rahmen der umsatzsteuerlichen **Bemessungsgrundlage** ist im 5. Teil zu klären, was in typischen Fällen von Leistungen gemeinnütziger Organisationen zum Entgelt gehört und wie es von anderen Zahlungsströmen abzugrenzen ist. Hier ist einzugehen auf Entgelt von dritter Seite, häufig von Sozialversicherungsträgern, auf die Höhe der Mindestbemessungsgrundlage, auf Tauschgeschäfte und auf die Abgrenzung zu Zuschüssen außerhalb von Leistungsbeziehungen.

2.28 Im anschließenden Kapitel geht es um den Steuersatz, wobei der **ermäßigte Steuersatz** nach Anhang H der 6. MWStRL für gemeinnützige Organisationen maßgebend sein kann. Die Umsetzung in das deutsche Recht in § 12 Abs. 2 Nr. 8 UStG sowie in § 10 Abs. 2 Z 4 öUStG ist problematisch, da Bezug genommen wird auf den dem Umsatzsteuerrecht fremden Begriff der gemeinnützigen Körperschaften.

2.29 Mit der völligen oder teilweisen Steuerbefreiung von Leistungen für den Unternehmer im Dritten Sektor einher geht die völlige oder teilweise Versagung des **Vorsteuerabzugs** gem. § 15 UStG. Die Reichweite und den Modus dieser Aufteilung hat der EuGH inzwischen in mehreren Entscheidungen herausgearbeitet.

2.30 Abschließend ist auf **Fragen des Steuerverfahrens und der Haftung** einschließlich der **Umkehr der Steuerschuldnerschaft** einzugehen, der besonderen Steuervergütung bei **Ausfuhrlieferungen von Hilfsgütern** ins Ausland nach § 4a UStG sowie auf die für viele kleine Organisationen des Dritten Sektors hilfreiche **Kleinunternehmerregelung** des § 19 UStG und § 6 Z. 27 öStG.

2.31 Im abschließenden Kapitel ziehen die Herausgeber ein **Fazit** der Untersuchung, stellen die in den einzelnen Kapiteln entwickelten Reformvorschläge in einen größeren Zusammenhang und diskutieren diese umfassend. Auch das europäische Recht ist nicht statisch. Die EU-Kommission plant Einschränkungen der Steuerbefreiungstatbestände der „exemptions in the public interest" (Art. 132 ff. MwStSystRL). In dem **Grünbuch über die Zukunft der Mehrwertsteuer** – Wege zu einem einfacheren, robusteren und effizienteren MwSt-System vom 1.12.2010 (KOM[2010] 695 endg.) und der **Mitteilung vom 6.12.2011** (KOM[2011] 851 endg.) wurden die bestehenden MwSt-Sätze auf den Prüfstand gestellt. Auf dieser Grundlage hat die Kommission unter Berücksichtigung einer durch das Kopenhagen-Institut gemeinsam mit der KPMG im Jahre 2011 veröffentlichen Studie[1] bis zum 20.3.2017 eine Konsultation über die Reform der Mehrwertsteuersätze gestartet,[2] wobei zu den ermäßigten Steuersätzen auch der „Null-Satz" der Steuerbefreiung zählt. Ebenfalls bis zum 20.3.2017 läuft eine Konsultation über die Sonderregelung für Kleinunternehmen.[3] Zu diesen Diskussionen werden ebenfalls Vorschläge zur Ergänzung des europäischen Rechts gegeben.

1 Studie von Copenhagen Economics ApS, 2007, über ermäßigte MwSt-Sätze auf Gegenstände und Dienstleistungen in den EU-Mitgliedstaaten, http://ec.europa.eu/taxation_customs/taxation/gen_info/economic_analysis/economic_studies/index_de.htm.

2 https://ec.europa.eu/taxation_customs/consultations-get-involved/tax-consultations/public-consultation-reform-rates-vat-towards-modernised-vat-rates-policy_de, letzter Zugriff am 27.7.2017.

3 https://ec.europa.eu/taxation_customs/consultations-get-involved/tax-consultations/public-consultation-special-scheme-small-enterprises-under-vat-directive_de, letzter Zugriff am 27.7.2017.

# 2. Teil
# Geltendes System der Umsatzbesteuerung auf nationaler und europäischer Ebene

## Kapitel 3
## Systematik der Umsatzbesteuerung im Dritten Sektor

**Literatur:** *Canz*, Die Umsatzbesteuerung der öffentlichen Hand im Wandel, 2013; *de la Feria* (Hrsg.), VAT-Exemptions – Consequences and Design Alternatives, Amsterdam 2013; *de la Feria/Krever*, Ending VAT Exemptions: Towards a Post-Modern VAT in de la Feria (Hrsg.), VAT-Exemptions, Consequences and Design Alternatives, Amsterdam 2013, 3; *Dodos*, Die Besteuerung ehrenamtlicher Tätigkeit im Umsatzsteuerrecht, München 2015; *Dziadkowski*, Das Neutralitätsprinzip als Basis der Mehrwertbesteuerung in Europa, DStZ 1999, 625; *Engler*, Steuerverfassungsrecht im Mehrebenensystem – ein Vergleich des Schutzes vor Besteuerung durch EMRK, Grundrechtecharta und die nationale Grundrechtsordnung, Baden-Baden 2014; *Englisch*, Wettbewerbsgleichheit im grenzüberschreitenden Handel, Tübingen 2009; *Englisch*, The EU Perspective on VAT Exemptions in de la Feria (Hrsg.), VAT-Exemptions, Consequences and Design Alternatives, Amsterdam 2013, 37; *Englisch*, Ermäßigte Steuersätze zwecks Verschonung des existenziellen Bedarfs, UR 2010, 400; *Fritsch*, Ermäßigter Umsatzsteuersatz für Forschungsleistungen – Neues gemeinschaftsrechtliches Konfliktpotential, UVR 2005, 69; *Hamm*, Vorgesellschaften im Steuerrecht, Hamburg, 2013; *Henze*, Grundsatz der steuerlichen Neutralität im gemeinsamen Mehrwertsteuersystem in Umsatzsteuer-Kongress-Bericht, Köln 2010, 7; *Hoffsümmer*, Steuerbefreiungen für Inlandsumsätze (§ 4 Nrn. 8 bis 28 UStG) – eine systematische Betrachtung unter besonderer Berücksichtigung europäischer und nationaler Prüfungsmaßstäbe, Frankfurt/M. 2009; *Hüttemann*, Anwendung des Abstandsgebots nach § 4 Nr. 18 Buchst. c UStG bei staatlich regulierten Entgelten, UR 2006, 441; *Hüttemann*, Der Steuerstatus der politischen Parteien in Hey u.a. (Hrsg.), FS Lang, Köln 2010, 321; *Hüttemann*, Umsatzsteuerbefreiung der Studentenwerke nach Art. 132 Abs. 1 Buchst. i MwStSystRL, UR 2014, 45; *Hüttemann*, Zur Anwendung des ermäßigten Steuersatzes auf Leistungen gemeinnütziger Beschäftigungsgesellschaften, MwStR 2014, 115; *Hüttemann*, Europarechtliche Vorgaben der Umsatzsteuerbefreiung für Postdienstleistungen in Herlinghaus u.a. (Hrsg.), FS Meilicke, Baden-Baden 2010, 251; *Hüttemann/Becker*, Steuerbefreiung der Abgabe von Zytostatika durch Krankenhäuser – zugleich Anmerkung zur EuGH-Rechtssache Klinikum Dortmund gGmbH, UR 2014, 637; *Ismer*, Bildungsaufwand im Steuerrecht – Zum System der Besteuerung von Humankapitalinvestitionen, Köln 2006; *Ismer/Kaul/Reiß/Rath*, Analyse und Bewertung der Strukturen von Regel- und ermäßigtem Sätzen bei der Umsatzbesteuerung unter sozial-, wirtschafts-, steuer- und haushaltspolitischen Gesichtspunkten, DStR 2010, 1970; *Kokott/Dobratz*, Der unionsrechtliche allgemeine Gleichheitssatz im Europäischen Steuerrecht in Schön/Heber (Hrsg.), Grundfragen des Europäischen Steuerrechts, Heidelberg 2015, 25; *Krieger*, Unechte Umsatzsteuerbefreiung im Unionsrecht, Köln 2017; *Küffner/Streit*, Auf den Inhalt der Pflegeleistung kommt es an oder: Was vom Begriff der „Einrichtung mit sozialem Charakter" noch übrig bleibt, zugleich Anmerkung zum Beschluss des BFH vom 21.8.2013, BFH V R 20/12, MwStR 2014, 10; *Lohse*, Die Zuordnung im Mehrwertsteuerrecht, Köln 1999; *Lohse*, Neutralitätsgrundsatz um Umsatz/Mehrwertsteuerrecht, UR 2004, 582; *Luxton*, The Law of Charities, Oxford 2001; *Michel*, Unionsrechtswidrige Steuerermäßigungen, DB 2012, 2007; *Nieuwenhuis*, Grundsatz der Neutralität der Umsatzsteuer in der Rechtsprechung des EuGH, UR 2013, 663; *Nieskens*, Aktuelles zur EuGH-Rechtsprechung, UR 2004, 441; *Ohlendorf*, Grundrechte als Maßstab des Steuerrechts in der Europäischen Union, Tübingen 2015; *Reimer*, Die öffentliche Hand als Steuerpflichtiger in Seer (Hrsg.), Umsatzsteuer im Europäischen Binnenmarkt, DStJG Bd. 32, 325; *Reiß*, Gemeinnützige Organisation, Leistungen im Gemeinwohlinteresse und harmonisierte Umsatzsteuer, Non Profit Law Yearbook 2005 (2006), 47; *Reiß*, Die harmonisierte Umsatzsteuer im nationalen Wirtschaftsverkehr – Widersprüche, Lücken und Harmonisierungsbedarf, DStJG 32 (2009), 9; *Rosenkranz*, Die Auslegung von „Ausnahmevorschriften", Jura 2015, 783; *Ruppe*, „Unechte" Umsatzsteuerbefreiungen, in Lang (Hrsg.), FS Tipke, Köln 1995, 457; *Schneider Fossati*, Die sozialstaatliche und freiheitsschonende Dimension des Leistungsfähigkeitsgrundsatzes im Umsatzsteuerrecht – eine rechtvergleichende Untersuchung zwischen Deutschland und Brasilien, Frankfurt/M. 2014; *Schön*,

Die Auslegung europäischen Steuerrechts, Köln 1993; *Schön*, Umsatzsteuer zwischen Binnenmarkt und Steuerstaat in Umsatzsteuer-Kongress-Bericht 2001/2002, Köln 2002; *Söhn*, Die Harmonisierung der Umsatzsteuern in der Europäischen Gemeinschaft – Eine steuersystematische Bestandsaufnahme, StuW 1976, 1; *Stadie*, Befreiungen und Ermäßigungen, Chaos, System oder Konglomerat in Seer (Hrsg.), Umsatzsteuer im Europäischen Binnenmarkt, DStJG Bd. 32, Köln 2009, 143; *Theile*, Wettbewerbsneutralität der harmonisierten Umsatzsteuer, Köln 1995; *Weber* (Hrsg.), Traditional and Alternative Routes to European Tax Integration, Amsterdam 2010; *Wiesch*, Die umsatzsteuerliche Behandlung der öffentlichen Hand, Köln 2016; *Zirkl*, Die Neutralität der Umsatzsteuer als europäisches Besteuerungsprinzip, Frankfurt/M. 2015.

## A. Überblick

Zahlreiche Organisationen des Dritten Sektors – Vereine, Stiftungen und Non Profit-Kapitalgesellschaften – sind „wirtschaftlich" tätig, führen also in Erfüllung ihrer satzungsmäßigen ideellen Zwecke entgeltliche Lieferungen aus oder erbringen entgeltliche Dienstleistungen und gelten somit i.S.v. Art. 9 Abs. 1 MwStSystRL als **„Steuerpflichtige"** (bzw. i.S.v. § 2 Abs. 1 UStG als „Unternehmer"). Die praktische Relevanz der Mehrwertsteuer für „Non Profit Organisationen" wird auch dadurch verstärkt, dass eine nachhaltige Erzielung von Einnahmen für die Qualifikation als „Steuerpflichtiger" ausreicht und eine Gewinnerzielungsabsicht insoweit nicht erforderlich ist.[1] Ferner ist zu beachten, dass das harmonisierte europäische Mehrwertsteuerrecht – anders als bei Einrichtungen des öffentlichen Rechts (vgl. Art. 13 MwStSystRL) – **keine Sonderregelungen für die Einordnung von „Non Profit Organisationen" als Steuerpflichtiger** kennt. Vielmehr finden die allgemeinen Bestimmungen der MwStSystRL zur persönlichen und sachlichen Steuerpflicht auf diese Einrichtungen Anwendung.[2] Daran ändert auch ein – nach dem Recht der Mitgliedstaaten verliehener – Gemeinnützigkeitsstatus nichts. Daraus folgt, dass ein nach der deutschen Abgabenordnung „steuerbegünstigter" Verein zur Förderung der Altenhilfe (vgl. § 52 Abs. 2 Nr. 4 AO), der – gefördert durch staatliche Zuschüsse, Mitgliedsbeiträge und Spenden – ein Altenheim in Form eines steuerbegünstigten Zweckbetriebs (vgl. § 68 Nr. 1 Buchst. a AO) betreibt und für seine Pflege- und Heimleistungen zusätzlich von den Heimbewohnern ein monatliches Entgelt verlangt, allein wegen dieser „wirtschaftlichen Tätigkeit" als Steuerpflichtiger i.S.v. Art. 9 Abs. 1 MwStSystRL – bzw. Unternehmer i.S.v. § 2 Abs. 1 UStG – gilt. Auch für die Frage, ob die erhaltenen Zuschüsse der öffentlichen Hand, die Mitgliedsbeiträge und die Spenden den Charakter von Entgelten (ggf. von Seiten Dritter) haben, sind unabhängig vom Gemeinnützigkeitsstatus die allgemeinen Regelungen der MwStSystRL bzw. des UStG über steuerpflichtige Umsätze anzuwenden (vgl. dazu näher *Heber* Rz. 25.14 ff.). 3.1

Die MwStSystRL sieht allerdings bestimmte **Sonderregelungen für die Besteuerung „gemeinwohlrelevanter" Leistungen** vor. Diese betreffen indes nicht die allgemeinen Voraussetzungen der persönlichen und sachlichen Steuerpflicht, sondern finden sich im Bereich der Steuerbefreiungen und auf der Ebene des anzuwendenden Steuersatzes: 3.2

---

1 Statt aller nur *Englisch* in Tipke/Lang, § 17 Rz. 44; zuletzt aus der Rechtsprechung s. EuGH v. 12.5.2016 – Rs. C-520/14 – Gemeente Borsele, ECLI:EU:C:2016:334, UR 2016, 520 m. Anm. *Küffner* = UR 2016, 543 m. Anm. *Sterzinger*; EuGH v. 2.6.2016 – Rs. C-263/15, UR 2016, 525 Lajver, ECLI:EU:C:2016:391; die Entscheidung EuGH v. 6.10.2009 – Rs. C-267/08 – SPÖ Landesorganisation Kärnten, ECLI:EU:C:2009:619 betraf einen Sonderfall, in dem es bereits an einer „wirtschaftlichen Tätigkeit" fehlte, vgl. dazu *Hüttemann* in FS Lang, 2010, 321 (340 f.).

2 Für einen Überblick vgl. zur Umsatzbesteuerung von Non Profit Einrichtungen nur *Achatz*, DStJG 26 (2003), 279 und *Reiß*, Non Profit Law Yearbook 2005 (2006), 47.

- Titel IX enthält in Art. 132 – 134 MwStSystRL verschiedene **Steuerbefreiungen für „bestimmte, dem Gemeinwohl dienende Tätigkeiten“**. Dazu gehören z.B. Krankenhausbehandlungen und ärztliche Heilbehandlungen (Art. 132 Abs. 1 Buchst. b und c MwStSystRL), eng mit der Sozialfürsorge und der Sozialfürsorge verbundene Dienstleistungen (Art. 132 Abs. 1 Buchst. g MwStSystRL), Erziehung von Kindern und Jugendlichen, Schul- und Hochschulunterreicht, Aus- und Fortbildung sowie berufliche Umschulung (Art. 132 Abs. 1 Buchst. i MwStSystRL) sowie bestimmte kulturelle Dienstleistungen (Art. 132 Abs. 1 Buchst. n MwStSystRL).
- Titel VIII bestimmt in Art. 98 Abs. 2 MwStSystRL, dass auf bestimmte Kategorien von Lieferungen und Leistungen **ein ermäßigter Steuersatz angewendet werden kann.** Dazu gehören nach Anhang III Nr. 15 Lieferungen und Leistungen „durch von den Mitgliedstaaten anerkannte gemeinnützige Einrichtungen für wohltätige Zwecke und im Bereich der sozialen Sicherheit“.

3.3 Eine Steuerbefreiung für einzelne Umsätze bzw. die ermäßigte Besteuerung bestimmter Lieferungen und Leistungen gerät – wie jede Abweichung von der Regelbesteuerung – in Konflikt mit dem in der Präambel der MwStSystRL bestimmten Ziel der **„größten Einfachheit und Neutralität eines Mehrwertsteuersystems“**. Dazu heißt es in Erwägungsgrund 5 der MwStSystRL:

„Die größte Einfachheit und Neutralität eines Mehrwertsteuersystems wird erreicht, wenn die Steuer so allgemein wie möglich erhoben wird und wenn ihr Anwendungsbereich alle Produktions- und Vertriebsstufen sowie den Bereich der Dienstleistungen umfasst. Es liegt folglich im Interesse des Binnenmarktes und der Mitgliedstaaten, ein gemeinsames System anzunehmen, das auch auf den Einzelhandel Anwendung findet.“

Ferner bestimmt Erwägungsgrund Nr. 7:

„Das gemeinsame Mehrwertsteuersystem sollte, selbst wenn die Sätze und Befreiungen nicht völlig harmonisiert werden, eine Wettbewerbsneutralität in dem Sinne bewirken, **dass gleichartige Gegenstände und Dienstleistungen** innerhalb des Gebiets der einzelnen Mitgliedstaaten ungeachtet der Länge des Produktions- und Vertriebswegs **steuerlich gleich belastet werden**.“

Angesichts dieser Betonung des Neutralitätsziels verwundert es nicht, dass der EuGH in Entscheidungen zu Steuerbefreiungen und Steuersatzermäßigungen im gemeinsamen Mehrwertsteuersystem **häufig auf den „Grundsatz der Neutralität“ Bezug nimmt.**[1] Aus diesem Grund soll im Weiteren zunächst auf Begriff und Bedeutung des Neutralitätsgrundsatzes sowie seine Verankerung im Gemeinschaftsrecht eingegangen werden (dazu Rz. 3.4 ff.), bevor dann ein Überblick über die verschiedenen gemeinwohlrelevanten Steuerbefreiungen (dazu Rz. 3.31 ff.) und den Anwendungsbereich des ermäßigten Steuersatzes (dazu Rz. 3.63 ff.) gegeben wird.

1 Statt vieler zuletzt EuGH v. 15.11.2012 – Rs. C-174/11 – Zimmermann, ECLI:EU:C:2012:716, UR 2013, 35 und EuGH v. 5.3.2015 – Rs. C-479/13 – Kommission/Frankreich, ECLI:EU:C:2015:141, UR 2015, 305.

# B. Grundsatz der Neutralität der Umsatzsteuer

## I. Überblick

### 1. Harmonisierte Allphasen-Netto-Mehrwertsteuer mit Vorsteuerabzug

Die harmonisierte Mehrwertsteuer soll als **allgemeine Verbrauchsteuer** den privaten Konsum besteuern.[1] Sie ist eine indirekte Verbrauchsteuer, d.h. Steuerschuldner sind nicht die Verbraucher, sondern die Unternehmer, die selbständig und nachhaltig entgeltliche Lieferungen und Leistungen am Markt erbringen. Der Unternehmer fungiert als Steuereinnehmer für Rechnung des Staates, weil er – zumindest in der Theorie[2] – die Steuer über den Preis auf den Verbraucher überwälzen kann. Damit lediglich der private Konsum belastet wird, wird die harmonisierte europäische Mehrwertsteuer zwar auf sämtlichen Produktions- und Vertriebsstufen erhoben, die Unternehmer sind jedoch zum Vorsteuerabzug berechtigt, soweit sie mit Mehrwertsteuer belastete Vorleistungen beziehen, um steuerpflichtige Leistungen auszuführen („Allphasen-Netto-Mehrwertsteuer").[3] Im Idealfall ist die harmonisierte Mehrwertsteuer somit **aus Sicht der Unternehmer „belastungsneutral"** und zwar unabhängig von der Zahl der Produktions- oder Vertriebsstufen. Darin liegt ein wesentlicher Unterschied zu der in Deutschland bis 1967 geltenden Allphasen-Brutto-Umsatzsteuer, bei der es bei mehrstufiger Produktions- oder Vertriebsstruktur zu Kaskadeneffekten kommen konnte, durch die der Wettbewerb verzerrt wurde.[4] 3.4

Darüber hinaus zielt das europäische Mehrwertsteuersystem auch auf eine möglichst weitgehende **„Wettbewerbsneutralität"**[5] in dem Sinne, dass gleichartige Waren und Dienstleistungen im Binnenmarkt auch gleich besteuert werden sollen. Die Forderung nach Wettbewerbsneutralität trifft sich zugleich mit dem Harmonisierungsauftrag im Bereich der indirekten Steuern nach Art. 113 AEUV. Danach sind die Vorschriften über die Umsatzsteuer innerhalb der EU zu harmonisieren, soweit dies *„für die Errichtung und das Funktionieren des Binnenmarktes und die Vermeidung von Wettbewerbsverzerrungen notwendig ist"*. Diese Ermächtigungsgrundlage beruht auf der Einsicht, dass eine unterschiedliche Umsatzbesteuerung in den Mitgliedstaaten den freien Waren- und Dienstleistungsverkehr beeinträchtigt.[6] Neben dem Abbau steuerlicher Hemmnisse dient die Harmonisierung der Mehrwertsteuer in Euro- 3.5

1 Statt vieler Art. 2 Abs. 1 der 1. MwSt-RL; EuGH v. 29.2.1996 – Rs. C-215/94 – Mohr, ECLI:EU:C:1996:72, UR 1996, 119 m. Anm. *Widmann*; EuGH v. 3.10.2006 – Rs. C-475/03 – Banca Populare di Cremona. ECLI:EU:C:2006:629, UR 2007, 545; *Englisch* in Tipke/Lang, § 17 Rz. 10 mit zahlreichen Nachweisen; *Reiß*, DStJG Bd. 13, 1990, 3 ff.; *Reiß*, DStJG Bd. 32, 2009, 11 ff.; *Stadie* in Rau/Dürrwächter, UStG, Einf. Rz. 90 ff., 141 ff. (Stand: April 2013); *Robisch* in Bunjes[13], Vor § 1 Rz. 13 ff.

2 Vgl. dazu näher aus ökonomischer Sicht *Theile*, Wettbewerbsneutralität, 1995, 96 ff.; zur Rechtserheblichkeit der Steuerinzidenz *Englisch*, Wettbewerbsgleichheit, 2009, 601 ff.; *Stadie* in Rau/Dürrwächter, UStG, Einf. Rz. 129 ff. (Stand: April 2013).

3 Zur Konzeption der Allphasen-„Mehrwertsteuer" näher *Englisch* in Tipke/Lang, § 17 Rz. 15 ff.

4 Vgl. näher *Zirkl*, Die Neutralität der Umsatzsteuer als europäisches Besteuerungsprinzip, 5 ff.; zu diesen Wettbewerbsverzerrungen aus verfassungsrechtlicher Sicht BVerfG v. 20.12.1966 – 1/BvR 320/57, 70/63, BVerfGE 21, 12.

5 Dazu näher *Theile*, Wettbewerbsneutralität, 1995.

6 Statt vieler nur *Waldhoff/Kahl* in Calliess/Ruffert, EUV/AEUV, Art. 113 Rz. 1, 27; *Zirkl*, Die Neutralität der Umsatzsteuer als europäisches Besteuerungsprinzip, 8 ff.; *Schön*, Umsatzsteuer-Kongress-Bericht 2001/2002, 17 ff.

pa zugleich dem Zweck, eine einheitliche Bemessungsgrundlage für die sog. Mehrwertsteuer-Eigenmittel zu schaffen.[1]

## 2. Neutralitätsgrundsatz in der Rechtsprechung des Gerichtshofs

### a) Zwei Ausprägungen

3.6 Der EuGH versteht den Grundsatz der Neutralität als „**Fundamentalprinzip**“[2] des harmonisierten gemeinsamen Mehrwertsteuersystems. In seiner Rechtsprechung unterscheidet er vor allem **zwei Ausprägungen** des Neutralitätsgrundsatzes.[3] Beispielhaft heißt es dazu im Urteil vom 15.11.2012[4]:

„Zum einen hat der Gerichtshof unter Hinweis darauf, dass der Unternehmer mit dem von der Sechsten Richtlinie vorgesehenen Mechanismus des Vorsteuerabzugs vollständig von der im Rahmen seiner gesamten wirtschaftlichen Tätigkeit geschuldeten oder entrichteten Mehrwertsteuer entlastet werden soll, entschieden, dass das gemeinsame Mehrwertsteuersystem die Neutralität hinsichtlich der steuerlichen Belastung aller wirtschaftlichen Tätigkeiten zu gewährleisten sucht, sofern diese Tätigkeiten grundsätzlich selbst der Mehrwertsteuer unterliegen […].

Zum anderen lässt der Grundsatz der steuerlichen Neutralität es nach ständiger Rechtsprechung nicht zu, gleichartige und deshalb miteinander in Wettbewerb stehende Waren oder Dienstleistungen hinsichtlich der Mehrwertsteuer unterschiedlich zu behandeln […].“

Im Anschluss an diese Differenzierung wird im neueren Schrifttum zutreffend zwischen der **„Belastungsneutralität“** und der **„Wettbewerbsneutralität“ (bzw. „komparativen Neutralität“)** unterschieden:[5] Während die Belastungsneutralität vor allem sicherstellen soll, dass die Steuerbelastung – unabhängig von der Zahl der Produktions- und Vertriebsstufen – am Ende der Wertschöpfungskette genau proportional zum Wert der Leistungen an den Endverbraucher ausfällt, zielt die Wettbewerbsneutralität auf eine möglichst gleichmäßige Besteuerung gleichartiger und miteinander konkurrierender Waren und Dienstleistungen im Binnenmarkt.

### b) Belastungsneutralität

3.7 Die erstere Bedeutung des Neutralitätsgrundsatzes – Entlastung der Unternehmer von der Mehrwertsteuer – betrifft vor allem das Recht zum **Vorsteuerabzug nach Art. 168 MwStSystRL**. Der Vorsteuerabzug ist nach Ansicht des Gerichtshofs ein „integraler Bestandteil des Mechanismus der Mehrwertsteuer“[6] und ein „Grundprinzip des durch das Unionsrecht ge-

---

1 Siehe Erwägungsgrund Nr. 8 der MwStSystRL; ferner *Schön*, Umsatzsteuer-Kongress-Bericht 2001/2002, 19 ff.

2 So *Englisch* in Tipke/Lang, § 17 Rz. 23.

3 Für eine Analyse der neueren Rechtsprechung vgl. monographisch *Zirkl*, Die Neutralität der Umsatzsteuer als europäisches Besteuerungsprinzip, 61 ff.; *Krieger*, Unechte Umsatzsteuerbefreiung im Unionsrecht, passim; ferner *Henze*, Umsatzsteuer-Kongress-Bericht 2010, 7 ff.; *Nieuwenhuis*, UR 2013, 663 ff.; *Lohse*, UR 2004, 582 ff.; *Englisch* in Tipke/Lang, § 17 Rz. 23 ff.; *Stadie* in Rau/Dürrwächter, UStG, Einf. Rz. 600 ff. (Stand: April 2013).

4 EuGH v. 15.11.2012 – Rs. C-174/11 – Zimmermann, ECLI:EU:C:2012:716 Rz. 47 f., UR 2013, 35.

5 Statt vieler *Henze*, Umsatzsteuer-Kongress-Bericht 2010, 7, 10 ff., der innerhalb der „Belastungsneutralität“ noch zwischen der Neutralität beim Vorsteuerabzug und bei innergemeinschaftlichen Lieferungen unterscheidet; noch weiter differenzierend *Nieuwenhuis*, UR 2013, 663.

6 Siehe etwa EuGH v. 30.9.2010 – Rs. C-392/09 – Uszodaepito, ECLI:EU:C:2010:569 Rz. 32, UR 2010, 948; EuGH v. 6.7.1995 – Rs. C-62/93 – BP Soupergaz, ECLI:EU:C:1993:223 Rz. 18, UR 1995, 404 m. Anm. *Lohse*.

schaffenen gemeinsamen Mehrwertsteuersystems",[1] weil er Wettbewerbsverzerrungen zwischen unterschiedlichen Vertriebsstrukturen und im grenzüberschreitenden Handel verhindern soll. Dazu heißt es in Art. 1 Abs. 2 Satz 1 MwStSystRL:

„Das gemeinsame Mehrwertsteuersystem beruht auf dem Grundsatz, dass auf Gegenstände und Dienstleistungen, ungeachtet der Zahl der Umsätze, die auf den vor der Besteuerungsstufe liegenden Produktions- und Vertriebsstufen bewirkt wurden, eine allgemeine, zum Preis der Gegenstände und Dienstleistungen genau proportionale Verbrauchsteuer anzuwenden ist."

Diese Vorgabe wird insbesondere durch das Recht zum Vorsteuerabzug nach Art. 168 MwStSystRL verwirklicht. Daher betreffen zahlreiche Urteile des Gerichtshofs zum Neutralitätsgrundsatz in seiner **Ausprägung als Gebot der „Belastungsneutralität"** Fragen des Vorsteuerabzugs.[2] So dient der Neutralitätsgrundsatz dem EuGH z.B. als Argument für einen anteiligen Vorsteuerabzug bei gemischt verwendeten Eingangsleistungen.[3] Ferner hat der Gerichtshof aus dem Neutralitätsgrundsatz abgeleitet, dass auch für Investitionsausgaben vor Aufnahme (bzw. nach Einstellung) der wirtschaftlichen Tätigkeit ein Vorsteuerabzug besteht.[4] Dies soll u.U. auch dann gelten, wenn die eigentliche unternehmerische Tätigkeit von einer anderen Gesellschaft vorgenommen werden soll.[5] Schließlich kommt dem Neutralitätsgrundsatz auch Bedeutung für die Eigenverbrauchsbesteuerung[6] und den Gutglaubensschutz bei einem unberechtigten Steuerausweis zu.[7] 3.8

### c) Wettbewerbsneutralität

Wichtiger als die Belastungsneutralität ist im Kontext der Umsatzbesteuerung des Dritten Sektors die zweite Bedeutung des Begriffs der Neutralität – **die Wettbewerbsneutralität.**[8] Denn nach der Rechtsprechung des Gerichtshofs ist im Zusammenhang mit der Auslegung der Steuerbefreiungen und der Vorschriften über den ermäßigten Steuersatz u.a. der Grundsatz der steuerlichen Neutralität anzuwenden. In der Entscheidung vom 15.11.2012 stellt der Gerichtshof dazu in Rz. 23 fest:[9] 3.9

1 So zuletzt EuGH v. 6.12.2012 – Rs. C-285/11 – Bonik EOOD, ECLI:EU:C:2012:774 Rz. 25, UR 2013, 195; EuGH v. 13.2.2014 – Rs. C-18/13 – Maks Pen, ECLI:EU:C:2014:69 Rz. 23, UR 2014, 861.

2 Für einen Überblick *Zirkl*, Die Neutralität der Umsatzsteuer als europäisches Besteuerungsprinzip, 2015, 61 ff.; *Henze*, Umsatzsteuer-Kongress-Bericht 2010, 10 ff.

3 Zum Vorsteuerabzug bei gemischt genutzten Gegenständen – wenn auch noch ohne Bezugnahme auf das Neutralitätsgebot – s. EuGH v. 11.7.1991 – Rs. C-97/90 – Lennartz, ECLI:EU:C:1991:315, UR 1991, 291 m. Anm. *Widmann* und EuGH v. 8.5.2003 – Rs. C-269/00 – Seeling, ECLI:EU:C:2003:254, UR 2003, 288 m. Anm. *Burgmaier*; unter Hinweis auf das Neutralitätsgebot EuGH v. 23.4.2009 – Rs. C-460/07 – Puffer, ECLI:EU:C:2009:254, UR 2009, 410 m. Anm. *Widmann*.

4 EuGH v. 14.2.1985 – Rs. 268/83 – Rompelmann, ECLI:EU:C:1985:74.

5 EuGH v. 29.4.2004 – Rs. C-137/02 – Faxworld, ECLI:EU:C:2004:67, UR 2004, 362 = GmbHR 2004, 818; dazu *Hamm*, Vorgesellschaften im Steuerrecht, 200 ff.

6 Vgl. etwa EuGH v. 17.5.2001 – Rs. C-322 und 323/99 – Fischer und Brandenstein, ECLI:EU:C:2001:280.

7 Dazu EuGH v. 15.3.2007 – Rs. C-35/05 – Reemtsma, ECLI:EU:C:2007:167, UR 2007, 430 m. Anm. *Stadie* = UR 2007, 343 m. Anm. *Burgmaier*.

8 Dazu eingehend *Theile*, Wettbewerbsneutralität, passim; ferner *Zirkl*, Die Neutralität der Umsatzsteuer als europäisches Besteuerungsprinzip, 96 ff.

9 EuGH v. 15.11.2012 – Rs. C-174/11 – Zimmermann, ECLI:EU:C:2012:716, UR 2013, 35; zuletzt EuGH v. 4.5.2017 – Rs. C-699/15 – Brockenhurst College, ECLI:EU:C:2017:334, UR 2017, 435.

„Nach ständiger Rechtsprechung sind die Begriffe, mit denen die in Art. 13 der Sechsten Richtlinie vorgesehenen Steuerbefreiungen umschrieben sind, eng auszulegen. Die Auslegung dieser Begriffe muss jedoch mit den Zielen im Einklang stehen, die mit den Befreiungen verfolgt werden, und **den Erfordernissen des Grundsatzes der steuerlichen Neutralität entsprechen**, auf dem das gemeinsame Mehrwertsteuersystem beruht.“

3.10 Zu den „Erfordernissen der steuerlichen Neutralität“ gehört es, gleichartige und deshalb miteinander in Wettbewerb stehende Waren oder Dienstleistungen hinsichtlich der Mehrwertsteuer nicht unterschiedlich zu behandeln (näher dazu Rz. 3.20 ff.). Dieses Postulat des Neutralitätsgrundsatzes hat vor allem Auswirkungen auf die Auslegung der MwStSystRL selbst, ist aber auch für alle Rechtsanwender **bei der richtlinienkonformen Auslegung des nationalen Umsatzsteuerrechts** verbindlich.[1] Darüber hinaus entfaltet der Neutralitätsgrundsatz eine Bindungswirkung für die Mitgliedstaaten bei der Umsetzung der MwStSystRL, soweit eine Richtlinienbestimmung ihnen – wie z.B. bei der Anerkennung von „Einrichtungen mit sozialem Charakter“ nach Art. 132 Abs. 1 Buchst. g MwStSystRL ein gewisses Ermessen einräumt.[2] Dies gilt nicht nur im Bereich von Steuerbefreiungen,[3] sondern in gleicher Weise für die Anwendung des ermäßigten Steuersatzes, insbesondere bei einer selektiven Ausübung des Mitgliedstaatenwahlrechts nach Art. 98 Abs. 2 MwStSystRL (vgl. dazu näher Rz. 3.87).[4]

### 3. Gemeinschaftsrechtliche Verankerung des Neutralitätsgrundsatzes

#### a) Rechtsprechung des Gerichtshofs

3.11 Was die gemeinschaftsrechtliche Verankerung des Neutralitätsgrundsatzes angeht, bezeichnet der EuGH den Neutralitätsgrundsatz zwar als eine *„besondere Ausprägung des Gleichheitssatzes auf der Ebene des abgeleiteten Unionsrechts und im besonderen Sektor des Abgabenwesens“*,[5] hat diesen aber bisher der **sekundärrechtlichen Ebene** zugeordnet und in der Sache als ein Element der teleologischen Auslegung behandelt. Nach Ansicht des Gerichtshofs ist der Neutralitätsgrundsatz grundsätzlich nicht geeignet, eine verbindliche Richtlinienbestimmung in Frage zu stellen. Dazu heißt es beispielhaft im Urteil vom 15.11.2012:[6]

„Aus diesem Blickwinkel ist darauf hinzuweisen, dass der Grundsatz der steuerlichen Neutralität, bei dem es sich um eine besondere Ausprägung des Gleichheitssatzes auf der Ebene des abgeleiteten Unionsrechts und im besonderen Sektor des Abgabenwesens handelt […], **keine Regel des Primärrechts ist**, die für die Gültigkeit eines in Art. 13 der Sechsten Richtlinie vorgesehenen Befreiungstatbestands

1 Vgl. etwa BFH v. 1.4.2004 – V R 54/98, UR 2001, 115 = BStBl. II 2004, 681; BFH v. 8.8.2013 – V R 13/12, BFHE 242, 557; *Zirkl*, Die Neutralität der Umsatzsteuer als europäisches Besteuerungsprinzip, 254 ff.; *Englisch* in Tipke/Lang, § 17 Rz. 24; *Lohse*, UR 2004, 581 (583).

2 EuGH v. 15.11.2012 – Rs. C-174/11 – Zimmermann, ECLI:EU:C:2012:716, UR 2013, 35; ähnlich – wenn auch noch unter Hinweis auf den Grundsatz der Gleichbehandlung – EuGH v. 6.11.2003 – Rs. C-45/01 – Dornier, ECLI:EU:C:2003:595, UR 2003, 584 m. Anm. *Widmann.*

3 EuGH v. 15.11.2012 – Rs. C-174/11 – Zimmermann, ECLI:EU:C:2012:716, UR 2013, 35.

4 Siehe etwa EuGH v. 11.9.2014 – Rs. C-219/13 – K Oy, ECLI:EU:C:2014:2207, UR 2014, 820; EuGH v. 3.4.2008 – Rs. C-442/05 – Zweckverband zur Trinkwasserversorgung und Abfallentsorgung Torgau-Westelbien, ECLI:EU:C:2008:184, UR 2008, 432.

5 Vgl. EuGH v. 26.5.2005 – Rs. C-498/03 – Kingscrest Associates, ECLI:EU:C:2005:322, UR 2005, 453; EuGH v. 27.4.2006 – Rs. C-443/04 und 444/04 – Solleveld u.a., ECLI:EU:C:2006:257; EuGH v. 10.4.2008 – Rs. C-309/06 – Marks & Spencer, ECLI:EU:C:2008:211 Rz. 49, UR 2008, 592; EuGH v. 29.10.2009 – Rs. C-174/08 – NCC Construction, ECLI:EU:C:2009:669 Rz. 41, UR 2010, 233; EuGH v. 10.11.2011 – Rs. C-260/10 – Rank Group, ECLI:EU:C:2011:719 Rz. 61.

6 EuGH v. 15.11.2012 – Rs. C-174/11 – Zimmermann, ECLI:EU:C:2012:716 Rz. 50, UR 2013, 35.

maßgebend sein könnte. Er erlaubt es auch nicht, den Geltungsbereich einer solchen Befreiung auszuweiten, sofern es keine eindeutige Bestimmung gibt […].“

Auf der Grundlage dieses Verständnisses hat es der EuGH **wiederholt abgelehnt, Bestimmungen der MwStSystRL** wegen eines potentiellen Gleichheitsverstoßes **in Frage zu stellen.** 3.12
Hinzuweisen ist etwa auf den Ausschluss des Vorsteuerabzugs bei steuerbefreiten Ausgangsumsätzen nach Art. 168 MwStSystRL,[1] die unterschiedliche Behandlung von Einrichtungen des öffentlichen und des privaten Rechts im Kontext von Art. 132 Abs. 1 Buchst. g MwStSystRL[2] sowie die unterschiedliche Behandlung von E-Books und gedruckten Büchern in Hinsicht auf die Anwendung des ermäßigten Steuersatzes nach Art. 98 Abs. 2 MwStSystRL.[3]

Zugleich hat der Gerichtshof den (sekundärrechtlichen) Neutralitätsgrundsatz gegenüber 3.13
dem **primärrechtlich verankerten Gleichbehandlungsgrundsatz** abgegrenzt. Dazu heißt es im Urteil vom 10.4.2008:[4]

„Zweitens ist daran zu erinnern, dass im Grundsatz der steuerlichen Neutralität der Grundsatz der Gleichbehandlung im Mehrwertsteuerbereich zum Ausdruck kommt […]. Während ein Verstoß gegen den Grundsatz der steuerlichen Neutralität nur zwischen konkurrierenden Wirtschaftsteilnehmern in Betracht gezogen werden kann, […] kann indessen ein Verstoß gegen den Grundsatz der Gleichbehandlung im Steuerbereich durch andere Arten der Diskriminierung gekennzeichnet sein, die Wirtschaftsteilnehmer betreffen, die nicht zwangsläufig miteinander konkurrieren, aber sich trotzdem in einer in anderer Beziehung vergleichbaren Situation befinden.“

Allgemein stellt der Gerichtshof fest: 3.14

„In diesem Zusammenhang ist daran zu erinnern, dass der allgemeine Grundsatz der Gleichbehandlung verlangt, dass vergleichbare Sachverhalte nicht unterschiedlich behandelt werden, es sei denn, dass eine Differenzierung objektiv gerechtfertigt wäre.“[5]

Im Unterschied zum Neutralitätsgrundsatz ist der primärrechtliche Gleichbehandlungsgrundsatz mithin auch dort anwendbar, wo nicht eine unterschiedliche Behandlung von miteinander konkurrierenden Unternehmen in Rede steht, sondern es – wie z.B. bei der Erstattung von Mehrwertsteuerguthaben[6] oder strafrechtlichen Folgen der Steuererhebung in den Mitgliedstaaten[7] – um Fragen der **Umsetzung und des Vollzuges der MwStSystRL durch die Mitgliedstaaten** geht.[8]

---

1 Dazu grundlegend EuGH v. 29.10.2009 – Rs. C-174/08 – NCC Construction, ECLI:EU:C:2009:669, UR 2010, 233.

2 EuGH v. 15.11.2012 – Rs. 174/11 – Zimmermann, ECLI:EU:C:2012:716.

3 EuGH v. 5.3.2015 – Rs. C-479/13 – Kommission/Frankreich, ECLI:EU:C:2015:141, UR 2015, 305.

4 EuGH v. 10.4.2008 – Rs. C-309/06 – Marks & Spencer, ECLI:EU:C:2008:211, UR 2008, 592; ebenso EuGH v. 14.6.2017 – Rs. C-38/16 – Compass, ECLI:EU:C:2017:454.

5 EuGH v. 10.4.2008 – Rs. C-309/06 – Marks & Spencer, ECLI:EU:C:2008:211, UR 2008, 592; zuletzt EuGH v. 7.3.3017 – Rs. C-390/15 – RPO, ECLI:EU:C:2017:174, UR 2017, 393.

6 Dazu EuGH v. 10.4.2008 – Rs. C-309/06 – Marks & Spencer, ECLI:EU:C:2008:211, UR 2008, 592; EuGH v. 14.6.2017 – Rs. C-38/16 – Compass, ECLI:EU:C:2017:454.

7 EuGH v. 26.2.2013 – Rs. C-617/10 – Akerberg Fransson, ECLI:EU:C:2013:105, UR 2014, 27; dazu *Engler*, Steuerverfassungsrecht im Mehrebenensystem, 2014, 85 ff. m.w.N.

8 Zur Rechtsanwendungsgleichheit näher *Englisch* in Schaumburg/Englisch, Europäisches Steuerrecht, Rz. 12.26; zur Überprüfung nationaler Umsetzungsgesetze am Maßstab der Unionsgrundrechte auch *Zirkl*, Die Neutralität der Umsatzsteuer als europäisches Besteuerungsprinzip, 156 ff.

3.15 Schließlich ist darauf hinzuweisen, dass der EuGH bei **grenzüberschreitenden Sachverhalten** einzelne Bestimmungen der MwStSystRL auch unmittelbar an den primärrechtlichen Grundfreiheiten gemessen hat, denen als spezielle Freiheiten ein Anwendungsvorrang vor dem Gleichbehandlungsgrundsatz zukommt.[1]

### b) Kritik im Schrifttum

3.16 Die systematische Verortung des Neutralitätsgrundsatzes auf der Ebene des Sekundärrechts und die auffällige Zurückhaltung des Gerichtshofs bei der Anwendung des Gleichbehandlungsgrundsatzes im MwSt-Recht sind im deutschen Schrifttum auf deutliche Kritik gestoßen.[2] Insbesondere *Englisch* hält dem Gerichtshof einen **Wertungswiderspruch** vor, da sich die Einordnung des Neutralitätsgrundsatzes als „wesentliche Ausprägung des Gleichheitssatzes" nicht mit dem Verständnis als bloßer Auslegungsregel auf der Ebene des Sekundärrechts vertrage. Der Gerichtshof vernachlässige über die starke Betonung der Neutralität der Umsatzsteuer in Hinsicht auf die Unternehmer das Verbrauchsteuerprinzip und lasse eine **konsequente Ausrichtung der Gleichheitsprüfung am Belastungsgrund** vermissen. Schließlich sei eine stärkere Kontrolle des Unionsgesetzgebers durch den Gerichtshof die einzige Möglichkeit, die Mitgliedstaaten zu einer grundlegenden Reform des MwSt-Systems – z.B. in Bezug auf den Vorsteuerabzug bei steuerbefreiten Umsätzen oder einen Abbau von Ausnahmeregelungen – zu zwingen.[3]

### c) Stellungnahme

3.17 Die Kritik von *Englisch* ist insoweit berechtigt, als die bisherige Zurückhaltung des Gerichtshofs bei der gleichheitsrechtlichen Überprüfung von Sekundärrecht faktisch zu einer **gemeinschaftsrechtlichen Rechtsschutzlücke** geführt hat. Denn der aus den Erwägungsgründen der MwStSystRL abgeleitete Grundsatz der Neutralität greift – weil er auf den Unternehmer abzielt und die Perspektive des Verbrauchers ausblendet – ohnehin nur beim Vorliegen eines Wettbewerbsverhältnisses ein und dient dem Gerichtshof in der Tat nur als sekundärrechtliche Auslegungsregel, so dass er keine verbindlichen Vorgaben der MwStSystRL in Frage stellen kann. Deshalb wäre es wünschenswert, wenn der Gerichtshof den früher aus den geschriebenen Diskriminierungsverboten abgeleiteten und heute in Art. 20 GrCh verankerten allgemeinen Gleichheitssatz[4] nicht nur im Bereich der Rechtsanwendung fruchtbar macht,[5] sondern ihn zu einem unionsrechtlichen Grundsatz der Rechtssetzungsgleichheit fortentwickelt. Auf dieser Grundlage wären dann die sekundärrechtlichen Vorschriften der MwStSystRL am Maß-

1 EuGH v. 26.10.2010 – Rs. C-97/09 – Schmelz, ECLI:EU:C:2010:632, UR 2011, 32.

2 Eingehende Kritik bei *Englisch* in Tipke/Lang, § 17 Rz. 24 f.; *Englisch* in Weber (Hrsg.), European Tax Integration, 2010, 231, 239 ff.; *Englisch* in de la Feria (Hrsg.), VAT Exemptions, 37, 52 ff.; *Englisch* in Schaumburg/Englisch, Europäisches Steuerrecht, 539 ff.; s. ferner *Krieger*, Unechte Umsatzsteuerbefreiung im Unionsrecht, 2017, 287 ff.; *Zirkl*, Die Neutralität der Umsatzsteuer als europäisches Besteuerungsprinzip, 225 ff.; deutlich zurückhaltender *Engler*, Steuerverfassungsrecht im Mehrebenensystem, 2014, 267 f.; *Heber*, UR 2014, 957.

3 Siehe *Englisch* in Schaumburg/Englisch, Europäisches Steuerrecht, 2015, 539 ff.

4 Zum unionsrechtlichen Gleichheitssatz im Steuerrecht vgl. *Kokott/Dobratz* in Schön/Heber, Zukunftsfragen des Europäischen Steuerrechts, 2015, 25 ff.; s. ferner die Monographien von *Engler*, Steuerverfassungsrecht im Mehrebenensystem, 2014, 262 ff. und *Ohlendorf*, Grundrechte als Maßstab des Steuerrechts in der Europäischen Union, 2015.

5 Dazu EuGH v. 10.4.2008 – Rs. C-309/06 – Marks & Spencer, ECLI:EU:C:2008:211, UR 2008, 592.

stab einer gleichmäßigen Belastung der Verbraucher zu messen und insbesondere Ausnahmebestimmungen – wie z.B. die Steuerbefreiungen nach Art. 132 Abs. 1 MwStSystRL – und andere Inkonsistenzen des geltenden Rechts – wie z.B. der Ausschluss des Vorsteuerabzugs bei steuerbefreiten Umsätzen nach Art. 168 MwStSystRL – auf ihre Rechtfertigung hin zu überprüfen.

Gegenwärtig ist nicht abzusehen, ob und mit welcher Intensität der Gerichtshof in der künf- 3.18
tigen Rechtsprechung den Gleichheitssatz als unionsrechtliches Instrument zur Prüfung des sekundären Mehrwertsteuerrechts einsetzen wird.[1] Soweit in der Vergangenheit vereinzelte sekundärrechtliche Regelungen am Gleichheitssatz gemessen worden sind, war eine große Zurückhaltung festzustellen. So hat der Gerichtshof in der Rs. *Arcelor Atlantique et Lorraine* u.a. eine Ungleichbehandlung verschiedener Branchen beim Handel mit Emissionszertifikaten für Treibhausgase mit der Begründung für gerechtfertigt gehalten, der Unionsgesetzgeber sei bei der Einführung eines solchen Systems zu einem schrittweisen Vorgeben berechtigt.[2] In der Entscheidung heißt es zum Entscheidungsspielraum des Gemeinschaftsgesetzgebers:

„Der Gerichtshof hat dem Gemeinschaftsgesetzgeber im Rahmen der Ausübung der ihm übertragenen Zuständigkeiten ein weites Ermessen zugebilligt, wenn seine Tätigkeit politische, wirtschaftliche und soziale Entscheidungen beinhaltet und wenn er komplexe Beurteilungen und Prüfungen vornehmen muss […].“

Daraus leitete der Gerichtshof für den konkreten Sachverhalt ab:[3]

„In Anbetracht der Neuheit und der Komplexität dieses Systems fügte sich die ursprüngliche Begrenzung des Anwendungsbereichs der Richtlinie […] und das gewählte schrittweise Vorgehen, das sich insbesondere auf die in der ersten Phase seiner Umsetzung gesammelte Erfahrung stützt, um die Umsetzung dieses Systems nicht zu stören, in den Wertungsspielraum ein, über den der Gemeinschaftsgesetzgeber verfügte.“

In ähnlicher Weise hat der Gerichtshof in der Rs. *RPO* die in Art. 98 Abs. 2 MwStSystRL in Verbindung mit Anhang III Nr. 6 bestimmte Anwendung des ermäßigten Steuersatzes nur bei Lieferung digitaler Bücher „auf einem physischen Träger“ im Lichte von Art. 20 GrCh für unbedenklich gehalten.[4] Der EuGH bejahte zwar eine Vergleichbarkeit der Lieferung digitaler Bücher auf physischen Trägern und elektronischem Wege, rechtfertigte die Ungleichbehandlung aber mit dem – rechtlich zulässigen – Ziel, die auf elektronischem Weg erbrachten Dienstleistungen „klaren, einfachen und einheitlichen Regeln zu unterwerfen“.

Wie bereits diese Beispiele zeigen, sollten – selbst bei einer verstärkten Heranziehung des 3.19
Gleichheitssatzes im Mehrwertsteuerrecht – **die Erwartungen an den Gerichtshof nicht überspannt werden**. So erscheint es im Hinblick auf die Steuerbefreiungen nach Art. 132 Abs. 1 MwStSystRL eher zweifelhaft, ob der Gerichtshof einzelne Befreiungen mangels Rechtfertigung für nichtig erklären würde. Zwar haben sich z.B. bei der Steuerbefreiung für „öffentliche Posteinrichtungen“ nach Art. 132 Abs. 1 Buchst. a MwStSystRL die rechtlichen und wirtschaftlichen Rahmenbedingungen seit Verabschiedung der 6. MwSt-RL auf Grund der

1 Vgl. dazu auch *Kokott/Dobratz* in Schön/Heber, Zukunftsfragen des Europäischen Steuerrechts, 2015, 25 ff.

2 EuGH v. 16.12.2008 – Rs. C-127/07 – Arcelor Atlantique und Lorraine, ECLI:EU:C:2008:728; dazu näher *Kokott/Dobratz* in Schön/Heber, Zukunftsfragen des Europäischen Steuerrechts, 2015, 25 ff.

3 EuGH v. 16.12.2008 – Rs. C-127/07 – Arcelor Atlantique und Lorraine, ECLI:EU:C:2008:728 Rz. 61.

4 EuGH v. 7.3.2017 – Rs. C-390/15 – RPO, ECLI:EU:C:2017:174, UR 2017, 393.

nachfolgenden Liberalisierung des Postmarktes grundlegend verändert.[1] Solange aber das Gemeinschaftsrecht im Interesse einer gesicherten Grundversorgung einzelnen Anbietern nach Maßgabe der Postdienste-Richtlinie eine Universaldienstverpflichtung auferlegt, wird man eine Steuerbefreiung für solche „gemeinwohlrelevanten" Postdienstleistungen nicht als gleichheitswidrig ansehen können.[2] Ähnliches gilt für die anderen Befreiungstatbestände, die sich auf bestimmte – auch im Primärrecht anerkannte – Gemeinwohlanliegen zurückführen lassen (vgl. dazu Rz. 3.49). Auch die – vom EuGH bisher nicht beanstandete[3] – Unterscheidung zwischen Einrichtungen des öffentlichen und privaten Rechts lässt sich u.a. durch die besondere Einbindung öffentlich-rechtlicher Einrichtungen in die Daseinsvorsorge rechtfertigen. Was schließlich die – gemessen am Zweck der Steuerbefreiungen in der Tat nicht folgerichtige – Versagung des Vorsteuerabzugs für steuerbefreite Umsätze angeht, erscheint zwar eine sachliche Rechtfertigung kaum denkbar. Aber auch hier sollte weder die fiskalische Dimension dieses Problems übersehen werden, noch darf verkannt werden, dass alternative Lösungen – wie z.B. ein Nullsatz oder ein ermäßigter Steuersatz – u.U. zu noch größeren Wettbewerbsverzerrungen führen dürften. Diese Erwägungen könnten den Gerichtshof – zumindest bisher[4] – von einer Beanstandung des Art. 168 MwStSystRL abgehalten haben.

## II. Gleichmäßige Besteuerung von gleichartigen Waren und Dienstleistungen

### 1. Überblick

3.20 In seiner Ausprägung als Instrument zur Sicherung der Wettbewerbsneutralität zielt der Neutralitätsgrundsatz auf eine **gleichmäßige Besteuerung von gleichartigen Waren und Dienstleistungen**.[5] Der Gerichtshof hat dazu festgestellt:[6]

„Nach ständiger Rechtsprechung nämlich verbietet er es, gleichartige und infolgedessen miteinander in Wettbewerb stehende Dienstleistungen hinsichtlich der Mehrwertsteuer unterschiedlich zu behandeln […]. Der Grundsatz der steuerlichen Neutralität schließt den Grundsatz der Beseitigung von Wettbewerbsverzerrungen ein, die sich aus einer unterschiedlichen Behandlung hinsichtlich der Mehrwertsteuer ergeben […]."

Entsprechend dem 4. Erwägungsgrund der MwStSystRL sollen Verzerrungen des Wettbewerbs, die sich aus einer unterschiedlichen Behandlung hinsichtlich der Mehrwertsteuer ergeben, möglichst ausgeschaltet und auf diese Weise ein ökonomisch effizienter Ressour-

1 Vgl. zur Rechtsentwicklung näher *v. Streit* in Rau/Dürrwächter, UStG, § 4 Nr. 11b Rz. 1 ff.

2 Vgl. zur Steuerbefreiung nur EuGH v. 23.4.2009 – Rs. C-357/07 – TNT Post UK, ECLI:EU:C:2009:248, UR 2009, 348; ferner zur Umsatzsteuerbefreiung von Postdienstleistungen aus dem Schrifttum eingehend *Krieger*, Unechte Umsatzsteuerbefreiung im Unionsrecht, passim; *Hüttemann*, FS Meilicke, 2010, 251.

3 Siehe nur EuGH v. 15.11.2012 – Rs. C-174/11 – Zimmermann, ECLI:EU:C:2012:716, UR 2013, 35.

4 EuGH v. 29.10.2009 – Rs. C-174/08 – NCC Construction, ECLI:EU:C:2009:669, UR 2010, 233. Für eine eingehende Analyse alternativer Konzepte vgl. *Krieger*, Unechte Umsatzsteuerbefreiung im Unionsrecht, passim.

5 Eingehend *Theile*, Wettbewerbsneutralität, 1995; *Zirkl*, Die Neutralität der Umsatzsteuer als europäisches Besteuerungsprinzip, 96 ff.

6 EuGH v. 28.6.2007 – Rs. C-363/05 – J.P. Morgan, ECLI:EU:C:2007:391 Rz. 46 mit weiteren Nachweisen, UR 2007, 727 m. Anm. *Maunz*.

ceneinsatz gefördert werden.[1] In seiner Ausprägung als **„komparative" Neutralität**[2] kommt der Neutralitätsgrundsatz nur dort zum Tragen, wo zwischen den Vergleichsgruppen ein Wettbewerbsverhältnis besteht, weil gleichartige Leistungen angeboten werden (dazu näher Rz. 3.21 ff.). In diesem Fall gebietet der Grundsatz der Neutralität – zumindest im Grundsatz – eine gleichmäßige Besteuerung miteinander konkurrierender Leistungen und findet auf allen Ebenen des Mehrwertsteuerrechts Anwendung (für einen Überblick über die verschiedenen Fallgruppen vgl. Rz. 3.27 ff.). Allerdings gilt der Grundsatz der Wettbewerbsneutralität nach der Rechtsprechung des EuGH nicht uneingeschränkt, sondern bedarf einer „gesetzgeberischen Ausarbeitung" durch das Sekundärrecht (vgl. Rz. 3.25 ff.).

## 2. Gleichartigkeit von Waren und Dienstleistungen

3.21 Der Grundsatz der komparativen Neutralität setzt voraus, dass „gleichartige und deshalb miteinander in Wettbewerb stehende Waren oder Dienstleistungen" betroffen sind.[3] Zum **Erfordernis eines Wettbewerbsverhältnisses** hat der Gerichtshof ausgeführt, dass es für die Feststellung einer Verletzung dieses Grundsatzes genügt,

„dass zwei aus der Sicht des Verbrauchers gleiche oder gleichartige Dienstleistungen, die **dieselben Bedürfnisse des Verbrauchers befriedigen**, hinsichtlich der Mehrwertsteuer unterschiedlich behandelt werden. Für die Annahme einer solchen Verletzung bedarf es also nicht noch zusätzlich der Feststellung, dass die betreffenden Dienstleistungen tatsächlich in einem Wettbewerbsverhältnis zueinander stehen oder dass der Wettbewerb wegen dieser Ungleichbehandlung verzerrt ist".[4]

Zwei Dienstleistungen sind nach diesem Maßstab gleichartig,

„wenn sie **ähnliche Eigenschaften** haben und beim Verbraucher nach Maßgabe eines Kriteriums der Vergleichbarkeit in der Verwendung denselben Bedürfnissen dienen und wenn die bestehenden Unterschiede die Entscheidung des Durchschnittsverbrauchers, die eine oder die andere dieser Dienstleistungen zu wählen, nicht erheblich beeinflussen."[5]

Zur Klärung der Frage, ob zwei Dienstleistungen in diesem Sinne gleichartig sind, ist in erster Linie auf die **Sicht des Durchschnittsverbrauchers** abzustellen, wobei künstliche, auf unbedeutenden Unterschieden beruhende Unterscheidungen vermieden werden müssen.[6]

3.22 Für die Beurteilung der Vergleichbarkeit von Leistungen kommt es nach der Rechtsprechung des Gerichtshofs nicht allein auf die Gegenüberstellung einzelner Leistungen an, sondern es ist **auch der Kontext zu berücksichtigen, in dem sie erbracht werden.** Insoweit ist anerkannt, dass im Einzelfall auch Unterschiede im rechtlichen Rahmen und in der rechtlichen Regelung der betreffenden Lieferungen von Gegenständen oder Dienstleistungen aus der Sicht des Verbrauchers zu einer Unterscheidbarkeit im Hinblick auf die Befriedigung seiner eigenen Bedürfnisse führen können.[7]

---

1 Zum ökonomischen Gehalt der Wettbewerbsgleichheit vgl. eingehend *Theile*, Wettbewerbsneutralität, 138 ff.; zur Wettbewerbsneutralität im Binnenmarkt statt vieler nur *Englisch*, Wettbewerbsgleichheit, 220 ff. m.w.N.
2 So *Henze*, Umsatzsteuer-Kongress-Bericht 2010, 7, 10.
3 Vgl. näher *Henze*, Umsatzsteuer-Kongress-Bericht 2010, 10 ff.; *Nieuwenhuis*, UR 2013, 665 f.; *Zirkl*, Die Neutralität der Umsatzsteuer als europäisches Besteuerungsprinzip, 2015, 116 ff.
4 EuGH v. 10.11.2011 – Rs. C-259/10 und 260/10 – Rank Group, ECLI:EU:C:2011:719 Rz. 36.
5 EuGH v. 10.11.2011 – Rs. C-259/10 und 260/10 – Rank Group, ECLI:EU:C:2011:719 Rz. 44.
6 EuGH v. 10.11.2011 – Rs. C-259/10 und 260/10 – Rank Group, ECLI:EU:C:2011:719.
7 EuGH v. 10.11.2011 – Rs. C-259/10 und 260/10 – Rank Group, ECLI:EU:C:2011:719 Rz. 44 m.w.N.

3.23 In Anwendung dieser Maßstäbe hat der Gerichtshof beispielsweise festgestellt, dass für die **Gleichartigkeit von zwei Glücksspielen** nicht berücksichtigt werden könne, ob deren Veranstaltung nach nationalem Recht rechtmäßig oder rechtswidrig ist.[1] Auch die Identität der Veranstalter oder Betreiber dieser Glücksspiele, die eingesetzten Geräte sowie die Rechtsform, in der sie ihre Tätigkeiten ausüben, spielen grundsätzlich keine Rolle. Ferner seien Unterschiede, die zwischen Gaststätten und Spielhallen einerseits und zugelassenen Casinos andererseits hinsichtlich der räumlichen und zeitlichen Zugangsmöglichkeit sowie des Ambientes für die Vergleichbarkeit dieser Spiele unerheblich.[2] Auch der Umstand, dass nur eine Art von Glücksspielen einer nichtharmonisierten Abgabe unterliege, rechtfertige noch nicht die Schlussfolgerung, dass die Glücksspielarten nicht vergleichbar wären. Das gemeinsame Mehrwertsteuersystem würde nämlich verfälscht, wenn die Mitgliedstaaten bei seiner Anwendung danach unterscheiden könnten, ob andere, nichtharmonisierte Abgaben bestehen.[3] Aus dem gleichen Grund kann es nach Ansicht des EuGH für die Beurteilung der Vergleichbarkeit der betreffenden Glücksspiele nicht auf gewisse Unterschiede in der nationalen rechtlichen Regelung ankommen. Bereits früher hatte der Gerichtshof festgestellt, dass eine **unterschiedliche Besteuerung von Solisten und Musikensembles** zu einer „offenkundigen Ungleichbehandlung zweier gleichartiger Leistungen" führe.[4]

3.24 Andererseits hat der Gerichtshof in Ausnahmefällen anerkannt, dass unter Berücksichtigung der Besonderheiten der jeweiligen Wirtschaftszweige Unterschiede im rechtlichen Rahmen und in der rechtlichen Regelung der betreffenden Lieferungen von Gegenständen oder Dienstleistungen aus der Sicht des Verbrauchers zu einer Unterscheidbarkeit im Hinblick auf die Befriedigung seiner eigenen Bedürfnisse führen können. So sollen z.B. erstattungsfähige und nicht erstattungsfähige Arzneimittel keine gleichartigen Waren sein, weil die **Erstattungsfähigkeit eines Arzneimittels**[5] für den Endverbraucher gegenüber einem nicht erstattungsfähigen Arzneimittel einen entscheidenden Vorteil habe. Im Zusammenhang mit der Steuerbefreiung von öffentlichen Postdienstleistungen hat der Gerichtshof auch berücksichtigt, dass der Leistungserbringer **Universaldienstverpflichtungen**[6] unterliege und daher seine Leistungen unter anderen Bedingungen erbringe. Ferner können z.B. Unterschiede in Bezug auf die Annahme, die Übermittlung und die Durchführung der Beförderungsaufträge sowie in Bezug auf das Bereithalten des Fahrzeugs und die Werbung dazu führen, dass ein Taxenverkehr und ein Mietwagenverkehr mit Fahrergestellung aus Sicht der Verbraucher keine gleichartigen Beförderungsleistungen darstellen.[7] Schließlich sollen sich Leistungen, die ein College für Gastronomie und darstellende Künste im Rahmen der für seine Studenten abgehaltenen Lehrveranstaltungen einer begrenzten Anzahl Dritter anbietet, sich wesentlich von denen unterschei-

---

1 EuGH v. 10.11.2011 – Rs. C-259/10 und 260/10 – Rank Group, ECLI:EU:C:2011:719 Rz. 45 m.w.N.

2 EuGH v. 10.11.2011 – Rs. C-259/10 und 260/10 – Rank Group, ECLI:EU:C:2011:719 Rz. 47.

3 EuGH v. 11.6.1988 – Rs. C-283/95 – Fischer, ECLI:EU:C:1988:276, UR 1998, 384; EuGH v. 10.11.2011 – Rs. C-259/10 und 260/10 – Rank Group, ECLI:EU:C:2011:719 Rz. 48.

4 EuGH v. 23.10.2003 – Rs. C-109/02 – Kommission/Deutschland, ECLI:EU:C:2003:586, UR 2004, 34 m. Anm. *Nieskens.*

5 EuGH v. 3.5.2001 – Rs. C-481/98 – Kommission/Frankreich, ECLI:EU:C:2001:237, UR 2001, 352.

6 EuGH v. 23.4.2009 – Rs. C-357/07 – TNT Post UK, ECLI:EU:C:2009:248, UR 2009, 348; EuGH v. 21.4.2015 – Rs. C-114/14 – Kommission/Schweden, ECLI:EU:C:2015:249, UR 2015, 387.

7 EuGH v. 27.2.2014 – Rs. C-454/12 und 455/12 – Pro Med Logistik und Pongratz, ECLI:EU:C:2014:111.

den, die für gewöhnlich in einem Theater oder einem gewerblichen Restaurant angeboten werden.[1]

### 3. Vorbehalt verbindlicher Richtlinienbestimmungen

Der Gerichtshof versteht den Grundsatz der komparativen Neutralität als eine besondere Ausprägung des unionsrechtlichen Gleichbehandlungsgrundsatzes, verortet ihn aber dennoch nicht im Primärrecht, sondern auf der Ebene des sekundären Gemeinschaftsrechts (vgl. oben Rz. 3.11 ff.). Daher könne der steuerliche Neutralitätsgrundsatz auch nicht für die Gültigkeit der in Art. 132 MwStSystRL vorgesehenen Steuerbefreiungen maßgebend sein. Insbesondere erlaube er auch **keine Ausweitung des Anwendungsbereichs dieser Steuerbefreiungen**, sofern es keine eindeutige Bestimmung gebe.[2] Aus dem gleichen Grund steht der Grundsatz der steuerlichen Neutralität beispielsweise auch nicht dem Umstand entgegen, dass die MwStSystRL bei bestimmten Steuerbefreiungen – z.B. nach Art. 132 Abs. 1 Buchst. g MwStSystRL zwischen Einrichtungen des öffentlichen Rechts und Einrichtungen des privaten Rechts unterscheidet und bei letzteren die Befreiung von einer Anerkennung ihres sozialen Charakters abhängig macht.[3] Entsprechendes hat der Gerichtshof auch für die Anwendung des ermäßigten Steuersatzes festgestellt.[4] In anderem Zusammenhang – nämlich bei der Versagung des Vorsteuerabzugs – spricht der Gerichtshof auch davon, dass der Grundsatz der steuerlichen Neutralität einer „**gesetzgeberischen Ausarbeitung**" bedürfe, die nur durch einen Rechtsakt des abgeleiteten Gemeinschaftsrechts erfolgen könne.[5] 3.25

Solange der Gerichtshof an dieser Rechtsprechung festhält (zur Kritik im Schrifttum vgl. oben Rz. 3.16 ff.), steht der Neutralitätsgrundsatz somit **unter dem Vorbehalt einer verbindlichen Bestimmung** in der MwStSystRL. Daraus folgt beispielsweise, dass die in Art. 132 Abs. 1 MwStSystRL verbindlich vorgegebenen einrichtungsbezogenen Differenzierungen wie z.B. die Unterscheidung zwischen „öffentlichen Posteinrichtungen" und anderen Unternehmen in Art. 132 Abs. 1 Buchst. a MwStSystRL[6] oder zwischen „Einrichtungen des öffentlichen Rechts" und „anerkannten" vergleichbaren privatrechtlichen Einrichtungen in Buchst. b, g, h, i und n – nicht gegen den Neutralitätsgrundsatz verstoßen.[7] Gleiches gilt im Kontext des ermäßigten Steuersatzes. Deshalb kann auch z.B. die in Art. 98 Abs. 2 i.V.m. Anhang III MwStSystRL enthaltene Unterscheidung zwischen gedruckten Büchern und „E-Books" nicht unter Hinweis auf das Neutralitätsgebot angegriffen werden.[8] 3.26

1 EuGH v. 4.5.2017 – Rs. C-699/15 – Brockenhurst College, ECLI:EU:C:2017:344, UR 2017, 435.
2 EuGH v. 15.11.2012 – Rs. C-174/11 – Zimmermann, ECLI:EU:C:2012:716, UR 2013, 35.
3 EuGH v. 15.11.2012 – Rs. C-174/11 – Zimmermann, ECLI:EU:C:2012:716, UR 2013, 35.
4 EuGH v. 5.3.2015 – Rs. C-479/13 – Kommission/Frankreich, ECLI:EU:C:2015:141, UR 2015, 305; EuGH v. 5.3.2015 – Rs. C-502/13 – Kommission/Luxemburg, ECLI:EU:C:2015:143, UR 2015, 308.
5 EuGH v. 29.10.2009 – Rs. C-174/08 – NCC Construction, ECLI:EU:C:2009:669, UR 2010, 233.
6 EuGH v. 23.4.2009 – Rs. C-357/07 – TNT Post UK, ECLI:EU:C:2009:248, UR 2009, 348.
7 So ausdrücklich EuGH v. 15.11.2012 – Rs. C-174/11 – Zimmermann, ECLI:EU:C:2012:716, UR 2013, 35.
8 EuGH v. 5.3.2015 – Rs. C-479/13 – Kommission/Frankreich, ECLI:EU:C:2015:141, UR 2015, 305; EuGH v. 5.3.2015 – Rs. C-502/13 – Kommission/Luxemburg, ECLI:EU:C:2015:143, UR 2015, 308.

## 4. Anwendungsbeispiele aus der Rechtsprechung

3.27 Gemäß dem 5. Erwägungsgrund wird „größte Einfachheit und Neutralität" des Mehrwertsteuersystems vor allem dadurch erreicht, dass die Steuer **so allgemein wie möglich** erhoben wird. Dies ist auch der Grund, weshalb der Gerichtshof sich wiederholt auf den Neutralitätsgrundsatz berufen hat, wenn es darum ging, eine gleichmäßige Anwendung der MwSt-Richtlinien durchzusetzen: So hat es der EuGH beispielsweise als Verstoß gegen den Neutralitätsgrundsatz angesehen, wenn ein Mitgliedstaat im Rahmen einer **Steueramnestie** bestimmten Steuerpflichtigen die MwSt teilweise erlassen hat.[1] Ferner verbietet der Grundsatz der Neutralität[2] nach Ansicht des Gerichtshofs eine allgemeine **Differenzierung zwischen erlaubten und unerlaubten Geschäften**, sofern unerlaubte und erlaubte Tätigkeiten – z.B. im Bereich des Glücksspiels – miteinander im Wettbewerb stehen.[3] Eine unterschiedliche steuerliche Behandlung ist nur in solchen Fällen gestattet, in denen aufgrund der besonderen Merkmale bestimmter Waren jeder Wettbewerb zwischen einem legalen und einem illegalen Wirtschaftssektor ausgeschlossen ist, z.B. bei einem absoluten Verkehrsverbot.[4]

3.28 Wie der Gerichtshof mehrfach festgestellt hat, steht der Grundsatz der Neutralität – gerade bei der Anwendung der Steuerbefreiungen – einer **Differenzierung nach der Rechtsform des Steuerpflichtigen** entgegen. So hat der EuGH schon relativ früh[5] unter Hinweis auf den Neutralitätsgrundsatz entschieden, dass der Begriff der „Einrichtung" in Art. 13 Teil A Abs. 1 Buchst. b, g und h der 6. MwStRL nicht nur juristische Personen meint, sondern auch natürliche Personen erfasst.[6] Umgekehrt verbiete der Grundsatz der Neutralität beispielsweise, die Anwendung der Steuerbefreiung für ärztliche Heilbehandlungen davon abhängig zu machen, dass die Leistung von einer natürlichen Person erbracht wird.[7] Deshalb können eine „Partnership" englischen Rechts und eine offene Handelsgesellschaft deutschen Rechts „Einrichtungen mit sozialem Charakter" sein.[8] Für diese Rechtsprechung sprechen vor allem teleologische Gesichtspunkte, denn gemessen am Ziel der Entlastung der Leistungsempfänger stellt die Rechtsform des Unternehmers kein geeignetes Kriterium für die Anwendung der Steuerbefreiung dar.[9]

3.29 Ein weiterer Anwendungsbereich des Neutralitätsgrundsatzes betrifft die Ausübung des Ermessens, über das die Mitgliedstaaten bei der **„Anerkennung" einer privatrechtlichen Einrichtung** als „Einrichtung gleicher Art" (Art. 132 Abs. 1 Buchst. b), „Einrichtung mit so-

---

1 EuGH v. 17.7.2008 – Rs. C-132/06 – Kommission/Italien, ECLI:EU:C:2008:412, UR 2008, 891.

2 Der Gerichtshof spricht hier noch von Wertneutralität, vgl. dazu näher etwa *Nieuwenhuis*, UR 2013, 672; *Zirkl*, Die Neutralität der Umsatzsteuer als europäisches Besteuerungsprinzip, 106 ff.

3 EuGH v. 25.2.1999 – Rs. C-349/96 – Card Protection Plan, ECLI:EU:C:1999:93, UR 1999, 254; EuGH v. 27.11.2003 – Rs. C-497/01 – Zita Modes, ECLI:EU:C:2003:644, UR 2004, 19 m. Anm. *Wäger*.

4 EuGH 29.6.1999 – Rs. C-158/98 – Coffeeshop Siberie, ECLI:EU:C:1999:334, UR 1999, 364.

5 Anders noch EuGH v. 11.8.1995 – Rs. C-453/93 – Bulthuis-Griffion, ECLI:EU:C:1993:265, UR 1995, 476 m. Anm. *Lohse*.

6 Ständige Rspr. seit EuGH v. 7.9.1999 – Rs. C-216/97 – Gregg, ECLI:EU:C:1999:390, UR 1999, 419.

7 EuGH v. 10.9.2002 – Rs. C-141/00 – Kügler, ECLI:EU:C:2002:473, UR 2002, 513.

8 EuGH v. 7.9.1999 – Rs. C-216/97 – Gregg, ECLI:EU:C:1999:390, UR 1999, 419; EuGH v. 12.3.2015 – Rs. C-594/13 – Go Fair, ECLI:EU:C:2015:164, UR 2015, 351.

9 Ebenso – auf der Grundlage des deutschen Verfassungsrechts – BVerfG v. 29.10.1999 – 2 BvR 1264/90, BVerfGE 101, 132 = UR 1999, 494 m. Anm. *Widmann*; BVerfG v. 10.11.1999 – 2 BvR 2861/93, BVerfGE 101, 151 = UR 1999, 498; aus dem Schrifttum statt vieler nur *Hoffsümmer*, Steuerbefreiungen für Inlandsumsätze, 2009, 57 ff.

zialem Charakter" (Art. 132 Abs. 1 Buchst. g und h), „Einrichtung mit vergleichbarer Zielsetzung" (Art. 132 Abs. 1 Buchst. i) oder „kulturellen Einrichtung") verfügen. So hat der Gerichtshof festgestellt, dass es gegen den Neutralitätsgrundsatz verstößt, wenn – wie dies z.B. in Deutschland im Bereich der Pflege lange Zeit der Fall gewesen ist – für Leistungen von miteinander konkurrierenden privaten Einrichtungen unterschiedliche Voraussetzungen für die Steuerbefreiung gelten.[1]

Der Neutralitätsgrundsatz ist schließlich heranzuziehen, wenn die Mitgliedstaaten nach Art. 98 Abs. 2 MwStSystRL auf bestimmte in Anhang III der MwStSystRL genannte Umsätze einen ermäßigten Steuersatz anwenden wollen. Wie der Gerichtshof festgestellt hat, muss der ermäßigte Steuersatz nicht auf alle Aspekte einer Kategorie von Leistungen im Sinne des Anhang III angewandt werden, so dass eine **selektive Anwendung eines ermäßigten Steuersatzes** zulässig ist, sofern sie keine Gefahr einer Wettbewerbsverzerrung nach sich zieht.[2] Die Möglichkeit einer selektiven Anwendung des ermäßigten Mehrwertsteuersatzes unterliegt nach der Rechtsprechung des EuGH aber der zweifachen Bedingung, dass 3.30

„zum einen für die Zwecke der Anwendung des ermäßigten Satzes nur konkrete und spezifische Aspekte der in Rede stehenden Kategorie von Leistungen herausgelöst werden und zum anderen der Grundsatz der steuerlichen Neutralität beachtet wird."[3]

## C. Befreiungstatbestände

### I. Allgemeines

#### 1. Historische Entwicklung

Schon das erste deutsche Umsatzsteuergesetz von 1918 enthielt eine Befreiung für Unternehmen, die „ausschließlich gemeinnützige oder wohltätige Zwecke" verfolgten (§ 3 Nr. 2 UStG 1918).[4] Diese persönliche Steuerbefreiung wurde später durch eine Entgeltklausel ergänzt und sachlich eingeschränkt sowie in der Folgezeit durch differenziertere Steuerbefreiungen – z.B. für Leistungen der Wohlfahrtspflege (heute: § 4 Nr. 18 UStG) – abgelöst. Wie diese Entwicklung zeigt, hat der deutsche Gesetzgeber von Beginn der Umsatzbesteuerung an einen Bedarf gesehen, die zunehmende Steuerlast der Verbraucher durch Ausnahmen für bestimmte Leistungen zu mildern. Beispielhaft sei auf den umfangreichen Katalog von Befreiungen in § 4 UStG 1951 verwiesen, der zugleich verdeutlicht, dass die Befreiungstatbestände bei der Umsatzsteuer **„kein Randphänomen"**[5] darstellen, sondern seit jeher eine erhebliche fiskalische und steuerpolitische Bedeutung gehabt haben. 3.31

Vor dem Hintergrund dieser nationalen Rechtsentwicklung in Deutschland bis zu den 60er Jahren und der parallelen Situation in anderen EG-Mitgliedstaaten verwundert es nicht, dass sich auch im europäischen Mehrwertsteuersystem von Beginn an zahlreiche Steuerbefrei- 3.32

1 EuGH v. 15.11.2012 – Rs. C-174/11 – Zimmermann, ECLI:EU:C:2012:716, UR 2013, 35.
2 EuGH v. 6.5.2010 – Rs. C-94/09 – Kommission/Frankreich, ECLI:EU:C:2010:253, UR 2010, 454; EuGH v. 27.2.2014 – Rs. C-454/12 und 455/12 – Pro Med Logistik und Pongratz, ECLI:EU:C:2014:111.
3 EuGH v. 27.2.2014 – Rs. C-454/12 und 455/12 – Pro Med Logistik und Pongratz, ECLI:EU:C:2014:111.
4 Näher zur Rechtsentwicklung *Jacobs*, Umsatzsteuer und Gemeinnützigkeit, 2009, 11 ff.; *Hoffsümmer*, Steuerbefreiungen für Inlandsumsätze, 2009, 4 ff.
5 Treffend *Englisch* in Tipke/Lang, § 17 Rz. 197.

ungen finden. Die **Harmonisierung der nationalen Steuerbefreiungen** bildete sogar ein Hauptanliegen der 6. MwStRL.[1] Auf diese Weise entstand ein – im Interesse der Harmonisierung und der Schaffung einer einheitlichen Bemessungsgrundlage für die Eigenmittelfinanzierung der EU – abschließender detaillierter Katalog von zwingenden Befreiungstatbeständen, bei dessen Formulierung sich die Verfasser der 6. MwStRL an den in den damaligen Mitgliedstaaten geltenden Steuerbefreiungen orientierten.[2] Auf Grund seiner erheblichen steuerpolitischen Relevanz und des Einstimmigkeitsprinzips ist dieser Katalog bis heute nahezu unverändert geblieben.[3] Paradigmatisch für die politischen Widerstände ist der gescheiterte Versuch der EU-Kommission aus dem Jahr 2003, die Steuerbefreiung für öffentliche Posteinrichtungen an die Rechtslage nach der Liberalisierung der Postmärkte anzupassen.[4] Auch ein neuerlicher Anlauf der EU-Kommission für eine Reform der gemeinwohlrelevanten Steuerbefreiungen[5] ist bisher ohne Ergebnisse geblieben. Diese hohe „Bestandskraft“ der Befreiungen ist nicht unproblematisch, denn der Katalog der Befreiungen in Art. 132 MwStSystRL ist weniger das Ergebnis rationaler Erwägungen gewesen, sondern beruhte vor allem auf der Übernahme der Ende der 60er Jahre auf nationaler Ebene bestehenden Befreiungen. Er berücksichtigt also weder spätere rechtliche, wirtschaftliche oder gesellschaftliche Entwicklungen noch die Interessen derjenigen Mitgliedsstaaten, die erst später der EU beigetreten sind.

## 2. Aufbau und Systematik des Titel IX MwStSystRL

3.33 Der Titel IX („Steuerbefreiungen“) unterscheidet nach dem Bezugspunkt der Steuerbefreiungen in den Art. 132 ff. MwStSystRL verschiedene Arten von Befreiungen:[6]

- Kapitel 2 (**Art. 132 – 134 MwStSystRL**) enthält Vorschriften über Steuerbefreiungen für bestimmte, dem Gemeinwohl dienende Tätigkeiten.
- Kapitel 3 (**Art. 135 – 137 MwStSystRL**) beinhaltet „sonstige Steuerbefreiungen“.
- Kapitel 4 (**Art. 138 – 142 MwStSystRL**) betrifft Steuerbefreiungen bei innergemeinschaftlichen Umsätzen,
- Kapitel 5 bis 10 (**Art. 143 – 167 MwStSystRL**) bezieht sich auf Befreiungen bei grenzüberschreitenden Lieferungen und Leistungen (Einfuhr, Ausfuhr, grenzüberschreitende Beförderungen etc.).

In der weiteren Darstellung sollen nur die für den „Dritten Sektor“ relevanten Steuerbefreiungen nach Art. 132 ff. MwStSystRL überblicksartig dargestellt werden. Diese Beschränkung

1 Dazu auch *de la Feria/Krever* in de la Feria (Hrsg.), VAT Exemptions 3 ff.

2 Vgl. dazu auch *Lyal* in de la Feria (Hrsg.), VAT Exemptions, 97 f.; *Stadie* in Rau/Dürrwächter, UStG, Vor §§ 4–9 Rz. 13 (Stand Juli 2015); zur Rechtsentwicklung eingehend auch *Jacobs*, Umsatzsteuer und Gemeinnützigkeit, 17 ff.

3 Kritisch *Englisch* in Tipke/Lang, § 17 Rz. 197.

4 Vgl. den Richtlinienvorschlag der Kommission zur Änderung der 6. MwSt-RL v. 5.5.2003 s. nur BT-Drucks. 15/1424; dazu *v. Streit* in Rau/Dürrwächter, UStG, April 2011, § 4 Nr. 11b Rz. 36 ff.; zur zwingenden Steuerbefreiung für öffentliche Posteinrichtungen zuletzt EuGH v. 21.4.2015 – Rs. C-114/14 – Kommission/Schweden, ECLI:EU:C:2015:249, UR 2015, 387.

5 Siehe Grünbuch KOM 2010/695 v. 1.12.2010; zum Konsultationsverfahren s. den Abschlussbericht der EU-Kommission TAXUD/C1 18 December 2014 IB/mve taxud. c. 1(2014) 4694356 „*Summary report of the outcome of the public consultation on the Review of existing VAT legislation on public bodies and tax exemptions in the public interest*“.

6 Vgl. zur unterschiedlichen Funktion und Rechtfertigung der Steuerbefreiungen der MwStSystRL grundlegend *Englisch* in de la Feria (Hrsg.), VAT Exemptions, 37 ff.

ist nicht nur der speziellen Perspektive des vorliegenden Buches geschuldet, sondern auch deshalb sinnvoll, weil die gemeinwohlbezogenen Steuerbefreiungen anderen Zwecken dienen als die im 3. bis 10. Kapitel der MwStSystRL geregelten Befreiungstatbestände.

### 3. Zweck der Steuerbefreiungen nach Art. 132 Abs. 1 MwStSystRL

Nach der Rechtsprechung des Gerichtshofs zielen die Steuerbefreiungen für gemeinwohlrelevante Tätigkeiten nach Art. 132 Abs. 1 MwStSystRL auf eine **Entlastung der Leistungsempfänger**. So hat der EuGH zur Steuerbefreiung für soziale Dienstleistungen nach Art. 132 Abs. 1 Buchst. g MwStSystRL wiederholt festgestellt, die Befreiung habe den Zweck, 3.34

„[…] die Kosten dieser Leistungen zu senken und dadurch diese Leistungen dem Einzelnen, der sie in Anspruch nehmen könnte, zugänglicher zu machen.“[1]

In ähnlicher Weise führte der Gerichtshof aus, dass durch die Steuerbefreiung für den Schul- und Hochschulunterricht nach Art. 132 Abs. 1 Buchst. i MwStSystRL

„[…] gewährleistet werden soll, dass der Zugang zum Hochschulunterricht nicht durch die höheren Kosten versperrt wird, die entstünden, wenn dieser selbst oder die eng mit ihm verbundenen Dienstleistungen und Lieferungen von Gegenständen der Mehrwertsteuer unterworfen wären […].“[2]

Für den Gerichtshof kommt es letztlich allein darauf an, dass durch die Befreiung die Kosten für die betreffende Leistung verringert werden sollen. Bei dieser Sichtweise spielt es auch keine Rolle, **wer auf Seiten des Verbrauchers die Kosten für die steuerbefreiten Leistungen tatsächlich trägt**:[3] In der Tat macht es unter dem Gesichtspunkt der Verbilligung der Leistung letztlich keinen wesentlichen Unterschied, ob der Leistungsempfänger selbst die Kosten direkt trägt, die Entgelte von einer beitragsfinanzierten privaten oder öffentlich-rechtlichen Versicherung erstattet oder übernommen werden oder ob der Staat – z.B. im Rahmen des Sozialrechts – die Aufwendungen für eine bestimmte Leistung tragen muss. In allen diesen Fällen wird – sofern die Unternehmer das Entgelt um die ersparte Steuer tatsächlich absenken – die Leistung unmittelbar oder mittelbar (z.B. über niedrigere Beiträge oder Steuern) „zugänglicher“ gemacht. 3.35

Der Gerichtshof hatte bisher keine Veranlassung, sich zur Rechtfertigung der Steuerbefreiungen näher zu äußern. Gemessen am Belastungsgrund einer allgemeinen Verbrauchsteuer sind die in Art. 132 Abs. 1 MwStSystRL enthaltenen Befreiungen rechtfertigungsbedürftige Ausnahmen, die am unionsrechtlichen Gleichbehandlungsgrundsatz zu messen wären, aber wohl durch – wie es in der Überschrift zum Kapitel 2 heißt – **„Gemeinwohlgründe“** gerecht- 3.36

1 EuGH v. 26.5.2005 – Rs. C-498/03 – Kingscrest Associates, ECLI:EU:C:2005:322 Rz. 30, UR 2005, 453; s. auch EuGH v. 15.11.2012 – Rs. C-174/11 – Zimmermann, ECLI:EU:C:2012:716, UR 2013, 35; EuGH v. 21.9.2017 – Rs. C-605/15 – Aviva, ECLI:EU:C:2017:718.

2 EuGH v. 20.6.2002 – Rs. C-287/00 – Kommission/Deutschland, ECLI:EU:C:2002:388, UR 2002, 316 = UR 2002, 374 m. Anm. *Strahl*; s. auch EuGH v. 14.6.2007 – Rs. C-434/05 – Horizon College, ECLI:EU:C:2007:343, UR 2007, 587; EuGH v. 28.11.2013 – Rs. C-319/12 – MDDP, ECLI:EU:C:2013:778.

3 Anders die früher herrschende Ansicht in Deutschland zur Steuerbefreiung ärztlicher Heilbehandlung nach § 4 Nr. 14 UStG a.F., die – im Einklang mit dem historischen Gesetzgeber – die Entlastung der Sozialversicherungsträger in den Mittelpunkt stellte, s. nur BVerfG v. 10.11.1999 – 2 BvR 2861/93, BVerfGE 101, 151 (157) = UR 1999, 498; weitere Nachweise bei *Hoffsümmer*, Steuerbefreiungen für Inlandsumsätze, 93.

fertigt werden könnten.[1] Soweit im Schrifttum diese Frage vertieft behandelt wird, werden insoweit verschiedene Gesichtspunkte zur Rechtfertigung angeführt:

- Zunächst kann man die Verschonung bestimmter Umsätze (z.B. ärztliche Heil- und Krankenhausbehandlungen) als **typisierte Freistellung bestimmter existenznotwendiger Ausgaben** einordnen und auf das Leistungsfähigkeitsprinzip zurückführen (der Konsum dieser Leistungen indiziert noch keine finanzielle Leistungsfähigkeit), was allerdings voraussetzt, dass man diesem auch für die „anonyme" Umsatzsteuer eine verfassungsrechtliche Relevanz zumisst.[2]
- Soweit die Befreiungen auf bestimmte Leistungen der öffentlichen Hand oder vergleichbarer privatrechtlicher Einrichtungen mit „sozialem Charakter" beschränkt sind (z.B. bei Dienstleistungen im Bereich der Sozialfürsorge und der sozialen Sicherheit oder der Kinder- und Jugendbetreuung), dienen die Ausnahmen vor allem der **Entlastung einkommensschwacher Haushalte bzw. der sozialen Sicherungssysteme**. Zugleich können diese Befreiungen dazu beitragen, die progressive Belastung unterer Einkommensschichten durch die Umsatzsteuer etwas zu mindern.[3] Indes ist festzustellen, dass nicht durchweg gewährleistet ist, dass die Steuerbefreiung nur „bedürftigen" Abnehmern zugutekommt.
- Schließlich lassen sich bestimmte Befreiungen (z.B. für Leistungen in den Bereichen Bildung, Kultur und Sport) als **steuerliche Förderung „meritorischer Güter"** rechtfertigen, die von den Bürgern – z.B. aus Unwissenheit oder einer fehlerhaften Zeitpräferenzrate – zu wenig nachgefragt werden.[4] Hier setzt der Staat aus paternalistischen Gründen mit der Steuerbefreiung finanzielle Anreize, um über eine Preissenkung eine verstärkte Nachfrage der Bürger nach solchen Gütern und Leistungen anzuregen.

3.37 Der Gerichtshof hat sich in seiner Rechtsprechung nicht näher zur **tatsächlichen Entlastungswirkung der Steuerbefreiungen** geäußert. Er geht offenbar – ebenso wie die Verfasser der 6. MwStRL – von der typisierenden Erwägung aus, dass die betreffenden Unternehmer die Steuerentlastung ganz oder teilweise über den Preis an ihre Abnehmer weitergeben werden, so dass die Befreiung tatsächlich dem Endverbraucher zugutekommt. Insoweit wird bei den Steuerbefreiungen die Belastungslogik der Mehrwertsteuer lediglich umgekehrt, denn auch bei steuerpflichtigen Umsätzen unterstellt der Richtliniengeber einfach, dass die Steuerlast im Regelfall auf die Verbraucher überwälzt wird.[5] Dies dürfte auch der Grund sein, weshalb die Richtlinie die Anwendung der Steuerbefreiungen nicht allgemein von der konkreten Preisgestaltung der befreiten Waren und Dienstleistungen abhängig macht. Lediglich für Einrichtungen, die keine Einrichtungen des öffentlichen Rechts sind, können die Mitgliedstaaten nach Art. 133 Buchst. c MwStSystRL die Gewährung der Steuerbefreiung zur Sicherung einer tatsächlichen Entlastung der privaten Endverbraucher davon abhängig machen, dass lediglich

---

1 Zum Folgenden *Englisch* in Tipke/Lang, § 17 Rz. 200 ff.; *Jacobs*, Umsatzsteuer und Gemeinnützigkeit, 58 ff.; *Hoffsümmer*, Steuerbefreiungen für Inlandsumsätze, 92 ff.

2 Dazu eingehend *Englisch*, Wettbewerbsgleichheit, 563 ff.; *Englisch* in Tipke/Lang, § 17 Rz. 3; *Hoffsümmer*, Steuerbefreiungen für Inlandsumsätze, 2009, S 60 ff.; rechtsvergleichend *Schneider-Fossati*, Die sozialstaatliche und freiheitsschonende Dimension des Leistungsfähigkeitsgrundsatzes im Umsatzsteuerrecht – eine rechtvergleichende Untersuchung zwischen Deutschland und Brasilien, 2014.

3 *Englisch* in Tipke/Lang, § 17 Rz. 201.

4 *Englisch* in Tipke/Lang, § 17 Rz. 205; zur Rechtfertigung einer steuerlichen Förderung von Bildungsinvestitionen *Ismer*, Bildungsaufwand im Steuerrecht, 2006, 424.

5 Zur USt als indirekter Verbrauchsteuer vgl. statt vieler nur *Englisch* in Tipke/Lang, § 17 Rz. 10 ff. m.w.N.

genehmigte Preise verlangt werden oder die verlangten Preise unter den Preisen liegen, die von gewerblichen Unternehmern für entsprechende steuerpflichtige Umsätze gefordert werden.[1] Bei Einrichtungen des öffentlichen Rechts hat der Richtliniengeber ein entsprechendes „**Abstandsgebot**" offenbar für entbehrlich gehalten, weil diese Einrichtungen bereits kraft öffentlichen Rechts gehalten sind, auf Gemeinwohlbelange Rücksicht zu nehmen und lediglich kostendeckende Preise zu verlangen (zur Entgeltklausel näher Kapitel 10 Rz. 10.84 ff.). Schließlich ist anzumerken, dass der tatsächliche Entlastungseffekt von Steuerbefreiungen dadurch eingeschränkt wird, dass die Anwendung einer Steuerbefreiung nach Art. 168 MwStSystRL (bzw. § 15 Abs. 2 Nr. 1 UStG) zum **Verlust des Vorsteuerabzugs** führt, so dass Eingangsleistungen, die für die Ausführung steuerbefreiter Umsätze verwendet werden, nicht von der Mehrwertsteuer entlastet werden (dazu sogleich unter Rz. 3.38). Steuerbefreite Umsätze sind deshalb – anders als der Begriff der „Steuerbefreiung" vermuten lässt – in der Regel mit einer verdeckten Mehrwertsteuer belastet.

### 4. Steuerbefreiung und Ausschluss des Vorsteuerabzugs

Nach Art. 168 MwStSystRL ist der Steuerpflichtige nur insoweit zum Vorsteuerabzug berechtigt, als Gegenstände und Dienstleistungen „für die Zwecke seiner besteuerten Umsätze verwendet werden". Von diesem Grundsatz bestimmt Art. 169 MwStSystRL zwar für bestimmte Steuerbefreiungen gewisse Einschränkungen, diese gelten aber nicht für die gemeinwohlrelevanten Steuerbefreiungen nach Art. 132 Abs. 1 MwStSystRL. Somit bleibt es beim **Ausschluss des Vorsteuerabzugs** und der steuerbefreite Umsatz ist – wenn der Unternehmer die nicht abziehbare Vorsteuer über den Preis auf den Verbraucher zu überwälzen sucht – mit einer „heimlichen Steuer" belastet. Im Schrifttum werden Steuerbefreiungen ohne Vorsteuerabzug deshalb auch als „**unechte Steuerbefreiungen**" bezeichnet,[2] die letztlich – je nach Umfang der steuerpflichtigen Vorleistungen – nur den Charakter einer bloßen Steuerermäßigung[3] haben. 3.38

Die Versagung des Vorsteuerabzugs bei bestimmten Steuerbefreiungen ist – zutreffend – als „**Erbsünde des Mehrwertsteuersystems**" bezeichnet worden.[4] Auch im deutschen Schrifttum sind unechte Steuerbefreiungen schon seit den 70er Jahren kritisiert worden.[5] Dieser Kritik ist insoweit zu folgen, als eine Steuerbefreiung ohne Vorsteuerabzug aus teleologischer Sicht unzureichend ist, weil eine vollständige Steuerentlastung der betreffenden Leistungen – über alle Produktions- und Vertriebsstufen – nicht stattfindet. Insoweit wäre – gemessen am Zweck der Steuerbefreiung – nur eine Nullbesteuerung mit Vorsteuerabzug folgerichtig.[6] Mangels vollständiger Steuerentlastung ist bei Steuerbefreiungen nach Art. 132 Abs. 1 MwStSystRL aus Sicht der betroffenen Unternehmer auch die Neutralität der Umsatzsteuer nicht gewährleistet, da es bei mehrstufigen Produktions- und Vertriebsstrukturen zu Kaskadeneffekten kommt. Diese mangelnde Neutralität führt zu fehlerhaften Anreizen in Hinsicht auf die Gestaltung der 3.39

1 Eingehend zu dieser Entgeltklausel *Hüttemann*, UR 2006, 441; *Jacobs*, Umsatzsteuer und Gemeinnützigkeit, 63 ff.

2 Vgl. dazu bereits *Söhn*, StuW 1976, 1 (26 f.); *Ruppe*, FS Tipke, 457 ff.; *Reiß*, DStJG Bd. 32 (2009), 9, 50; *Englisch* in de la Feria, VAT-Exemptions, 81 ff.; *Jacobs*, Umsatzsteuer und Gemeinnützigkeit, 51 ff.; de lege ferenda auch *Kirchhof*, Bundessteuergesetzbuch, 874.

3 So *Englisch* in Tipke/Lang, § 17 Rz. 206.

4 So Generalanwalt *Colomer* in seinen Schlussanträgen v. 22.2.2005 – Rs. C-498/03 – Kingscrest Associates, Slg. 2005, I-4430.

5 Vgl. nur *Söhn*, StuW 1976, 1, 26; *Ruppe*, FS Tipke, 457; *Stadie*, DStJG Bd. 32, 2009, 151 f.: „*Erschreckend falsch*".

6 Statt vieler nur *Reiß*, DStJG Bd. 32 (2009), 9, 48 ff.

Produktions- und Vertriebswege:[1] Sie kann wirtschaftlich sinnvolle Ausgliederungen von Tätigkeitsbereichen auf selbständige Unternehmen behindern, erschwert mögliche Kooperationen zwischen steuerbefreiten Einrichtungen und zwingt zum Aufbau organschaftlicher Strukturen (vgl. Art. 11 MwStSystRL), um definitive Steuerbelastungen infolge von Ausgliederungen zu vermeiden.

3.40 Fragt man nach den Gründen, die den Richtliniengeber dazu bewogen haben, den Vorsteuerabzug bei den meisten Steuerbefreiungen auszuschließen, stößt man in erster Linie auf **fiskalische Erwägungen.**[2] Schon in den ersten Beratungen zur Umsatzsteuerharmonisierung hielt man eine vollständige Steuerentlastung auch bei steuerbefreiten Umsätzen wegen der damit verbundenen Steuerausfälle für politisch nicht durchsetzbar. Ferner dürfte ein Besteuerungssystem, das ganze Gruppen von Unternehmen zu permanenten Empfängern von Steuervergütungen macht, steuerpolitisch wenig attraktiv erscheinen.[3] Schließlich mag auch der Gedanke eine Rolle gespielt haben, dass die Forderung nach Belastungsneutralität nur bei steuerpflichtigen Umsätzen begründet ist und alternative Regelungskonzepte – wie z.B. ein Nullsatz oder ein ermäßigter Steuersatz – ebenfalls mit u.U. erheblichen Wettbewerbsverzerrungen verbunden sind.[4] Gegenwärtig dürfte vor allem die fiskalische Dimension des Problems der Hauptgrund dafür sein, warum eine entsprechende Änderung der MwStSystRL – außerhalb des akademischen Diskurses[5] – nicht ernsthaft erwogen worden ist.

3.41 Auch der **Gerichtshof** hat sich – vor dem Hintergrund der steuerpolitischen Ausgangslage verständlich – in dieser Frage bisher auffallend zurückgehalten und es abgelehnt, den Ausschluss des Vorsteuerabzugs bei steuerbefreiten Umsätzen unter Rückgriff auf ein (primärrechtlich verankertes) Neutralitätsgebot in Frage zu stellen. Vielmehr hat der EuGH in der Rs. *NCC Construction*[6] festgestellt, dass der Neutralitätsgrundsatz einer „gesetzgeberischen Ausgestaltung" bedürfe, die nur „durch einen Rechtsakt des abgeleiteten Gemeinschaftsrechts erfolgen" könne. Anders ausgedrückt: Der EuGH lehnt eine Überprüfung des Art. 168 MwStSystRL auf der Grundlage des primärrechtlichen Gleichbehandlungsgrundsatzes von vornherein ab. Diese Zurückhaltung ist im Schrifttum – im Ausgangspunkt sicher zu Recht – kritisiert worden,[7] denn fiskalische Gesichtspunkte sind nach der Rechtsprechung des Gerichtshofs im Bereich der Grundfreiheiten grundsätzlich nicht geeignet, um steuerliche Beschränkungen zu rechtfertigen.[8] Allerdings bleibt die Frage, ob der Gerichtshof den Mitglied-

---

1 So auch *Englisch* in Tipke/Lang, § 17 Rz. 207.

2 *Englisch* in Tipke/Lang, § 17 Rz. 208 unter Hinweis auf die Begründung zum Regierungsentwurf des UStG 1968, BT-Drucks. 4/1590, 26; vgl. auch *Stadie*, DStJG Bd. 32, 151 f. m.w.N. zu den Erwägungen auf europäischer Ebene.

3 Vgl. auch den Bericht des Finanzausschusses des Bundestages zu BT-Drucks. V/1581, Begründung zu § 15 UStG: *„Der Ausschuss hat die – auch für die gemeinsame Mehrwertsteuer in der EWG vorgesehene – Versagung des Vorsteuerabzugs für steuerbefreite Unternehmer in erster Linie aus steuerpolitischen Erwägungen für notwendig gehalten."*; kritisch dazu *Stadie*, DStJG Bd. 32, 152; *Englisch* in Tipke/Lang, § 17 Rz. 208.

4 Eingehend dazu *Krieger*, Unechte Umsatzsteuerbefreiungen im Unionsrecht, 2017, 395 ff., 410 ff.

5 Zu Reformüberlegungen bei Steuerbefreiungen vgl. den Sammelband von *de la Feria*, VAT-Exemptions.

6 EuGH v. 29.10.2009 – Rs. C-174/08 – NCC Construction, ECLI:EU:C:2009:669, UR 2010, 233.

7 *Englisch* in Tipke/Lang, § 17 Rz. 206 ff.; *Englisch* in Weber (Hrsg.), European Tax Integration, 231 ff.; *Englisch* in de la Feria (Hrsg.), VAT Exemptions, 37, 52 ff.

8 Statt vieler EuGH v. 7.9.2004 – Rs. C-319/02 – Manninen, ECLI:EU:C:2004:484, GmbHR 2004, 1346; EuGH v. 14.9.2006 – Rs. C-386/04 – Centro di Musicologia Walter Stauffer, ECLI:EU:C:

staaten bei der Umsetzung eines Harmonisierungsauftrags nach dem AEUV nicht einen größeren politischen Spielraum einräumt, wenn es um fiskalisch bedeutsame Weichenstellungen bei der Aushandlung und Einführung eines – für das Funktionieren des Binnenmarkts notwendigen – Mehrwertsteuersystem geht.[1]

## 5. Autonome und „enge" Auslegung von Ausnahmen

### a) Vorgaben des Gerichtshofs

In seiner ständigen Rechtsprechung weist der EuGH darauf hin, dass die in Art. 132 Abs. 1 MwStSystRL vorgesehenen Steuerbefreiungen 3.42

„autonome unionsrechtliche Begriffe sind, die eine von Mitgliedstaat zu Mitgliedstaat unterschiedliche Anwendung des Mehrwertsteuersystems verhindern sollen".[2]

Ferner seien die Begriffe, mit denen die genannten Steuerbefreiungen bezeichnet sind,

„eng auszulegen, da diese Steuerbefreiungen Ausnahmen von dem allgemeinen Grundsatz darstellen, dass jede Leistung, die ein Steuerpflichtiger gegen Entgelt erbringt, der Mehrwertsteuer unterliegt".[3]

Allerdings bedeutet dies nach Ansicht des Gerichtshofs nicht, dass die zur Definition der Steuerbefreiungen nach Art. 132 verwendeten Begriffe

„in einer Weise auszulegen sind, die den Befreiungen ihre Wirkung nähme".[4]

Alle drei Auslegungsregeln bedürfen wegen ihrer großen Bedeutung für das Verständnis der neueren Rechtsprechung der näheren Erläuterung.

### b) Gemeinschaftsrechtsautonome Auslegung

Nach dem Prinzip der autonomen Auslegung des Unionsrechts stellen die Begriffe der MwStSystRL nach der Rechtsprechung des EuGH **eigenständige Begriffe des Gemeinschaftsrechts** dar und sind unabhängig vom nationalen Recht der Mitgliedstaaten auszulegen.[5] Beispielhaft heißt es dazu im Urteil in der Rechtssache *Kingscrest Associates* betreffend die Voraussetzungen der Steuerbefreiung nach Art. 132 Abs. 1 Buchst. g MwStSystRL:[6] 3.43

„Nach ständiger Rechtsprechung stellen die in Art. 13 der Sechsten Richtlinie vorgesehenen Steuerbefreiungen eigenständige Begriffe des Gemeinschaftsrechts dar und erfordern daher eine gemein-

---

2006:568, FR 2007, 242; EuGH v. 27.1.2009 – Rs. C-318/07 – Persche, ECLI:EU:C:2009:33, FR 2009, 230.

1 Noch anders *Stadie*, DStJG 32 (2009), 151: Versagung des Vorsteuerabzugs als Systementscheidung.

2 Statt vieler nur EuGH v. 21.3.2013 – Rs. C-18/12 – Zamberc, ECLI:EU:C:2013:95 Rz. 17; s. auch EuGH v. 14.6.2007 – Rs. C-434/05 – Horizon College, Slg. 2007, I-4793, UR 2007, 587; EuGH v. 16.10.2008 – Rs. C-253/07 – Canterbury Hockey Club und Canterbury Ladies Hockey Club, C-253/07, ECLI:EU:C:2008:571.

3 EuGH v. 21.3.2013 – Rs. C-18/12 – Zamberc, ECLI:EU:C:2013:95 Rz. 19; EuGH v. 4.5.2017 – Rs. C-699/15 – Brockenhurst College, ECLI:EU:C:2017:344 Rz. 23, UR 2017, 435.

4 EuGH v. 21.3.2013 – Rs. C-18/12 – Zamberc, ECLI:EU:C:2013:95 Rz. 19; EuGH v. 4.5.2017 – Rs. C-699/15 – Brockenhurst College, ECLI:EU:C:2017:344 Rz. 23, UR 2017, 435.

5 Vgl. dazu *Schön*, Die Auslegung europäischen Steuerrechts, 1993.

6 EuGH v. 26.5.2005 – Rs. C-498/03 – Kingscrest Associates, ECLI:EU:C:2005:322 Rz. 22, UR 2005, 453.

schaftsrechtliche Definition […]. Dies muss auch für die spezifischen Bedingungen gelten, von denen die Gewährung dieser Befreiungen abhängig gemacht wird, und insbesondere für diejenigen, die die Eigenschaft oder die Identität des Wirtschaftsteilnehmers betreffen, der die von der Befreiung erfassten Leistungen erbringt […]. Daher kann die Beantwortung der Frage, ob ein bestimmter Umsatz der Mehrwertsteuer zu unterwerfen oder zu befreien ist, nicht davon abhängen, wie er nach nationalem Recht qualifiziert wird […]".

3.44 Bei der autonomen Wortlautauslegung ist – wie der EuGH in diesem Urteil weiter festgestellt hat – nicht nur eine Sprachfassung der Richtlinie maßgebend, sondern es ist wegen der **Gleichrangigkeit aller Sprachfassungen** eine vergleichende Auslegung geboten:

„Im Übrigen darf nach ständiger Rechtsprechung eine Bestimmung wegen der Notwendigkeit einer einheitlichen Auslegung der Gemeinschaftsrichtlinien im Zweifelsfall nicht isoliert betrachtet werden, sondern muss unter Berücksichtigung ihrer Fassungen in den anderen Amtssprachen ausgelegt werden […]."[1]

In diesem Sinne hat der Gerichtshof z.B. festgestellt, dass das Wort *„charitable"* in der englischen Sprachfassung von Art. 13 Teil A Abs. 1 Buchst. g und h der 6. MwStRL einen eigenständigen Begriff des Gemeinschaftsrechts darstellt, der nicht einfach im Sinne des englischen *charity law* verstanden werden dürfe, sondern gemeinschaftsrechtsspezifisch unter Berücksichtigung aller Sprachfassungen der Sechsten Richtlinie auszulegen sei.[2] In ähnlicher Weise hat der EuGH auch den Begriff *„öffentliche Posteinrichtungen"* i.S.v. Art. 13 Teil A Abs. 1 Buchst. a der 6. MwStRL auf der Grundlage der Vorgaben der Postdienst-RL autonom ausgelegt.[3]

### c) Enge Auslegung

3.45 Zugleich verweist der Gerichtshof bei der Auslegung von Steuerbefreiungen i.S.v. Art. 132 Abs. 1 MwStSystRL (zur Anwendung des ermäßigen Steuersatzes vgl. Rz. 3.72) stets auf den Grundsatz der „engen" Auslegung von Ausnahmeregeln.[4] Ein entsprechender Auslegungsgrundsatz (**„singularia non sunt extendenda"**) war – im Sinne eines Analogieverbots – bereits im gemeinen Recht umstritten[5] und wird auch in der modernen Methodenlehre eher skeptisch beurteilt.[6] Eine solche „Metaregel" begegnet vor allem deshalb Bedenken, weil weder die Voraussetzungen (was ist eine „Ausnahme"?) noch die Rechtsfolgen (was meint „enge" Auslegung?) sonderlich klar sind. Auch die Zuordnung einer solchen Regel zu den anerkannten Auslegungskriterien bleibt letztlich offen. So könnte man die einschränkende Auslegung als Ausprägung der teleologischen Methode verstehen, wenn man beispielsweise auf den „begrenzten" Zweck der einzelnen Ausnahmevorschrift abstellt.[7] Denkbar erscheint aber auch eine Ableitung aus dem systematischen Moment, wenn man in erster Linie das „Regel-Aus-

1 EuGH v. 26.5.2005 – Rs. C-498/03 – Kingscrest Associates, ECLI:EU:C:2005:322 Rz. 26 f., UR 2005, 453.

2 EuGH v. 26.5.2005 – Rs. C-498/03 – Kingscrest Associates, ECLI:EU:C:2005:322 Rz. 27, UR 2005, 453; in der MwStSystRL ist der missverständliche Terminus „charitable" durch den Begriff „devoted to social wellbeing" ersetzt worden.

3 EuGH v. 26.5.2005 – Rs. C-498/03 – Kingscrest Associates, ECLI:EU:C:2005:322, UR 2005, 453.

4 Statt vieler nur EuGH v. 26.5.2005 – Rs. C-498/03 – Kingscrest Associates, ECLI:EU:C:2005: 322, UR 2005, 453; EuGH v. 21.3.2013 – Rs. C-18/12 – Zamberc, ECLI:EU:C:2013:95.

5 Dazu nur *Schröder*, Recht als Wissenschaft$^2$, 384 ff. m.w.N.

6 Vgl. dazu nur *Larenz/Canaris*, Methodenlehre der Rechtswissenschaft$^2$, 174 ff.; zuletzt aus deutscher Sicht *Rosenkranz*, Jura 2015, 873 m.w.N.

7 So *Englisch* in Schaumburg/Englisch, Europäisches Steuerrecht, Rz. 13.5.

nahme-Verhältnis“ zwischen der generellen Steuerpflicht entgeltlicher Leistungen und der punktuellen Steuerbefreiung für bestimmte Leistungen betont.

Betrachtet man die Judikatur des EuGH zu Steuerbefreiungen näher, erweist sich die **praktische Relevanz des Grundsatzes der „engen“ Auslegung als auffallend gering.**[1] So fällt zunächst auf, dass der Hinweis auf den Grundsatz der „engen“ Auslegung in den Entscheidungsgründen regelmäßig keinen abschließenden Charakter hat, sondern am Anfang weiterer Ausführungen zu anderen Auslegungsmomenten wie dem Wortlaut oder dem Zweck der Ausnahme steht. Beispielhaft sind insoweit die Ausführungen des Gerichtshofs zum Begriff der „Einrichtung“ in der Rechtssache Gregg, wo der EuGH unter Hinweis auf den Wortlaut und den Neutralitätsgrundsatz einer „engen“ Auslegung im Sinne von juristischer Person eine klare Absage erteilt und ausführt, der Begriff der Einrichtung sei 3.46

„grundsätzlich weit genug, um auch natürliche Personen zu erfassen“.[2]

Nimmt man hinzu, dass der EuGH in ständiger Rechtsprechung[3] davon ausgeht, dass der Grundsatz der engen Auslegung nicht bedeute, dass die in Art. 132 verwendeten Begriffe in einer Weise auszulegen seien,

„die den Befreiungen ihre Wirkung nähme“,

dann sollte man besser – in Anlehnung an den in der englischen Sprachfassung verwendeten Begriff der *„interpreted strictly“* – von einem Gebot der **„präzisen“ Auslegung** sprechen.[4] Denn auf diese Weise wird verdeutlicht, dass letztlich der Zweck der Befreiung – also das teleologische Moment – den Ausschlag geben muss. Jedenfalls wäre es ganz verfehlt, wenn man den Begriff der „engen Auslegung“ als Aufforderung zu einer einschränkenden Auslegung der Steuerbefreiungen verstehen würde. Vielmehr geht es – wie Generalanwalt *Jääskinen* in den Schlussanträgen in der Rechtssache Kommission/Frankreich ausgeführt hat,[5] vor allem darum, dass – auch wegen der Bedeutung der MwStSystRL für die Eigenmittel der EU – der Umfang der wirtschaftlichen Tätigkeiten, denen eine Ausnahme zugutekommt,

„nicht durch eine großzügige Auslegung ausgeweitet werden darf.“

### d) Keine Auslegung, die der Befreiung *„ihre Wirkung nähme“*

Nach ständiger Rechtsprechung darf eine Auslegung der Befreiungstatbestände nicht dazu führen, dass sie diesen „ihre Wirkung nähme“. So hat der Gerichtshof in der Rechtssache Taksatorringen festgestellt, dass der Wettbewerbsvorbehalt in Art. 132 Abs. 1 Buchst. f MwStSystRL, der die Steuerbefreiung ausschließt, wenn sie „zu Wettbewerbsverzerrungen führen kann“, nicht dahin ausgelegt werden darf, dass er 3.47

„die Befreiung gleichsam praktisch unanwendbar macht“.[6]

1 Zutreffend *Stadie* in Rau/Dürrwächter, UStG, Vor §§ 4 – 9 Rz. 18 ff. (Stand: Juli 2015); *Hoffsümmer*, Steuerbefreiungen für Inlandsumsätze, 78 f.
2 EuGH v. 7.9.1999 – Rs. C-216/97 – Gregg, ECLI:EU:C:1999:390, UR 1999, 419.
3 Zuletzt EuGH v. 12.3.2015 – Rs. C-594/13 – Go Fair, ECLI:EU:C:2015:164, UR 2015, 351.
4 Ebenso *Hummel* in Rau/Dürrwächter, UStG, § 12 Abs. 2 Nr. 8 UStG Rz. 12 (Stand: April 2015); *Hüttemann*, MwStR 2014, 115, 119.
5 Schlussanträge GA *Jääskinen* v. 11.2.2010 – Rs. C-492/08 – Kommission/Frankreich, Slg. 2010, I-5469 Rz. 49.
6 EuGH v. 20.11.2003 – Rs. C-8/01 – Taksatorringen, ECLI:EU:C:2003:621, UR 2004, 82 m. Anm. *Burgmaier*.

Würde man nämlich jede auch nur hypothetische Möglichkeit, dass die Steuerbefreiung eines Tages zu einer Wettbewerbsverzerrung führen kann, für schädlich halten, bliebe für die Befreiung **praktisch kein Anwendungsbereich mehr.** Eine solche Auslegung widerspräche erkennbar dem Willen des Richtliniengebers, der die betreffende Befreiung vorgesehen hat. Daraus folgt, dass im Rahmen von Art. 132 Abs. 1 Buchst. f MwStSystRL nicht jede hypothetische Wettbewerbsverzerrung schädlich ist, sondern eine reale Gefahr der Wettbewerbsverzerrungen bestehen muss.[1]

## II. Gemeinwohlrelevante Steuerbefreiungen nach Art. 132 Abs. 1 MwStSystRL

### 1. Übersicht

3.48 Nach Art. 132 Abs. 1 MwStSystRL befreien die Mitgliedstaaten folgende Umsätze von der Steuer:

„a) von **öffentlichen Posteinrichtungen** erbrachte Dienstleistungen und dazugehörende Lieferungen von Gegenständen mit Ausnahme von Personenbeförderungs- und Telekommunikationsdienstleistungen;

b) **Krankenhausbehandlungen und ärztliche Heilbehandlungen** sowie damit eng verbundene Umsätze, die von Einrichtungen des öffentlichen Rechts oder unter Bedingungen, welche mit den Bedingungen für diese Einrichtungen in sozialer Hinsicht vergleichbar sind, von Krankenanstalten, Zentren für ärztliche Heilbehandlung und Diagnostik und anderen ordnungsgemäß anerkannten Einrichtungen gleicher Art durchgeführt beziehungsweise bewirkt werden;

c) **Heilbehandlungen im Bereich der Humanmedizin**, die im Rahmen der Ausübung der von dem betreffenden Mitgliedstaat definierten ärztlichen und arztähnlichen Berufe durchgeführt werden;

d) **Lieferung von menschlichen Organen**, menschlichem Blut und Frauenmilch;

e) Dienstleistungen, die Zahntechniker im Rahmen ihrer Berufsausübung erbringen, sowie **Lieferungen von Zahnersatz** durch Zahnärzte und Zahntechniker;

f) Dienstleistungen, die **selbständige Zusammenschlüsse von Personen**, die eine Tätigkeit ausüben, die von der Steuer befreit ist oder für die sie nicht Steuerpflichtige sind, an ihre Mitglieder für unmittelbare Zwecke der Ausübung dieser Tätigkeit erbringen, soweit diese Zusammenschlüsse von ihren Mitgliedern lediglich die genaue Erstattung des jeweiligen Anteils an den gemeinsamen Kosten fordern, vorausgesetzt, dass diese Befreiung nicht zu einer Wettbewerbsverzerrung führt;

g) eng mit der **Sozialfürsorge und der sozialen Sicherheit** verbundene Dienstleistungen und Lieferungen von Gegenständen, einschließlich derjenigen, die durch Altenheime, Einrichtungen des öffentlichen Rechts oder andere von dem betreffenden Mitgliedstaat als Einrichtungen mit sozialem Charakter anerkannte Einrichtungen bewirkt werden;

h) eng mit der **Kinder- und Jugendbetreuung** verbundene Dienstleistungen und Lieferungen von Gegenständen durch Einrichtungen des öffentlichen Rechts oder andere von dem betreffenden Mitgliedstaat als Einrichtungen mit sozialem Charakter anerkannte Einrichtungen;

i) **Erziehung von Kindern und Jugendlichen, Schul- und Hochschulunterricht, Aus- und Fortbildung sowie berufliche Umschulung** und damit eng verbundene Dienstleistungen und Lieferungen von Gegenständen durch Einrichtungen des öffentlichen Rechts, die mit solchen Aufgaben betraut sind, oder andere Einrichtungen mit von dem betreffenden Mitgliedstaat anerkannter vergleichbarer Zielsetzung;

---

1 EuGH v. 20.11.2003 – Rs. C-8/01 – Taksatorringen, ECLI:EU:C:2003:621, UR 2004, 82 m. Anm. *Burgmaier.*

j) von **Privatlehrern** erteilter Schul- und Hochschulunterricht;

k) **Gestellung von Personal** durch religiöse und weltanschauliche Einrichtungen für die unter den Buchstaben b, g, h und i genannten Tätigkeiten und für Zwecke geistlichen Beistands;

l) Dienstleistungen und eng damit verbundene Lieferungen von Gegenständen, die Einrichtungen ohne Gewinnstreben, welche **politische, gewerkschaftliche, religiöse, patriotische, weltanschauliche, philanthropische oder staatsbürgerliche Ziele** verfolgen, an ihre Mitglieder in deren gemeinsamen Interesse gegen einen satzungsgemäß festgelegten Beitrag erbringen, vorausgesetzt, dass diese Befreiung nicht zu einer Wettbewerbsverzerrung führt;

m) bestimmte, in engem Zusammenhang mit **Sport und Körperertüchtigung** stehende Dienstleistungen, die Einrichtungen ohne Gewinnstreben an Personen erbringen, die Sport oder Körperertüchtigung ausüben;

n) bestimmte **kulturelle Dienstleistungen** und eng damit verbundene Lieferungen von Gegenständen, die von Einrichtungen des öffentlichen Rechts oder anderen von dem betreffenden Mitgliedstaat anerkannten kulturellen Einrichtungen erbracht werden;

o) Dienstleistungen und Lieferungen von Gegenständen bei **Veranstaltungen durch Einrichtungen, deren Umsätze nach den Buchstaben b, g, h, i, l, m und n MwStSystRL befreit sind**, wenn die Veranstaltungen dazu bestimmt sind, den Einrichtungen eine finanzielle Unterstützung zu bringen und ausschließlich zu ihrem Nutzen durchgeführt werden, vorausgesetzt, dass diese Befreiung nicht zu einer Wettbewerbsverzerrung führt;

p) von ordnungsgemäß anerkannten Einrichtungen durchgeführte **Beförderung von kranken und verletzten Personen** in dafür besonders eingerichteten Fahrzeugen;

q) Tätigkeiten **öffentlicher Rundfunk- und Fernsehanstalten**, ausgenommen Tätigkeiten mit gewerblichem Charakter."

## 2. Systematisierungen

### a) Gemeinwohlbelange

Die Steuerbefreiungen nach Art. 132 Abs. 1 MwStSystRL dienen – wie sich auch aus der Überschrift ergibt – der Förderung des „Gemeinwohls".[1] Durch diese Vorschriften werden jedoch nicht alle dem Gemeinwohl dienenden Tätigkeiten von der Mehrwertsteuer befreit, sondern – wie der Gerichtshof stets betont hat – „nur diejenigen, die in ihr einzeln aufgeführt und sehr genau beschrieben sind".[2] Die Steuerbefreiungen nach Art. 132 Abs. 1 MwStSystRL lassen sich nach den betroffenen Lebensbereichen folgenden Gemeinwohlbelangen zuordnen: 3.49

- Öffentliches Gesundheitswesen (Buchst. b, c, d, e und p),
- Öffentliche Kommunikation (Buchst. a und q),
- Soziale Sicherheit (Buchst. g und h),
- Bildung und Hochschulen (Buchst. i und j),
- Weltanschauung, Sport und Kultur (Buchst. l, m und n).

1 Zu dieser Einschränkung vgl. EuGH v. 21.7.2017 – Rs. C-605/15 – Aviva, ECLI:EU:C:2017:718; GA *Szpunar* v. 3.10.2018 – Rs. C-449/17 – A & G Fahrschul-Akademie GmbH, ECLI:EU:C:2018:791.

2 Siehe bereits EuGH v. 12.11.1998 – Rs. C-149/97 – Institute of the Motor Industry, ECLI:EU:C:1998:536 Rz. 18, UR 1999, 209; EuGH v. 20.6.2002 – Rs. C-287/00 – Kommission/Deutschland, ECLI:EU:C:2002:388 Rz. 45, UR 2002, 316 = UR 2002, 374 m. Anm. *Strahl.*

3.50 Demgegenüber haben die Befreiungen in Buchst. f, k und o lediglich eine **ergänzende Funktion.** Sie betreffen

- Leistungen von **selbständigen Zusammenschlüssen** steuerbefreiter Einrichtungen (Buchst. f),
- **Personalgestellung** durch bestimmte Einrichtungen im Bereich von Krankenhäusern, sozialer Leistungen und der Bildung (Buchst. k),
- **Mittelbeschaffungsaktivitäten** steuerbefreiter Einrichtungen (Buchst. o).

### b) Kombination von persönlichen und sachlichen Voraussetzungen

3.51 Auffallend ist, dass fast alle Steuerbefreiungen auf der Voraussetzungsseite durch eine **Kombination von sachlichen und persönlichen Voraussetzungen** gekennzeichnet sind. Beispielhaft ist insoweit Art. 132 Abs. 1 Buchst. b MwStSystRL, der in sachlicher Hinsicht auf Krankenhausbehandlungen und ärztliche Heilbehandlungen (einschließlich damit eng verbundener Umsätze) beschränkt ist und – zusätzlich – in persönlicher Hinsicht die Steuerbefreiung davon abhängig macht, dass die betreffenden Leistungen von „Einrichtungen des öffentlichen Rechts" oder von bestimmten „anerkannten Einrichtungen" in Privatrechtsform unter vergleichbaren sozialen Bedingungen erbracht werden. Einige Befreiungen knüpfen lediglich an die Person des Leistungserbringers an, enthalten aber gewisse sachliche Beschränkungen (vgl. die Befreiungen in Art. 132 Abs. 1 Buchst. a und q MwStSystRL). Nur ein Tatbestand befreit – ganz ohne Rücksicht auf die Person des Leistungserbringers – bestimmte Leistungen (so Art. 132 Abs. 1 Buchst. d MwStSystRL).

### c) Persönlicher Anwendungsbereich

3.52 In persönlicher Hinsicht fällt auf, dass sich einige Steuerbefreiungen vorrangig auf „Einrichtungen des öffentlichen Rechts" beziehen (vgl. Art. 132 Abs. 1 Buchst. b, g, h, i, n MwStSystRL). Diese Regelungen haben offenbar den Zweck, eine Belastung mit Mehrwertsteuer auch für den Fall auszuschließen, dass eine **Einrichtung des öffentlichen Rechts** nach Art. 13 MwStSystRL (wegen einer privatrechtlichen Handlungsform oder wegen der Gefahr größerer Wettbewerbsverzerrungen) als Steuerpflichtiger gilt.[1] Entsprechende Tätigkeiten von privaten Einrichtungen sind nach diesen Vorschriften nur dann befreit, wenn es sich bei dieser Einrichtung um eine vergleichbare „gemeinwohlrelevante" Einrichtung handelt. Dazu wird die Steuerbefreiung vom Vorliegen einer **„anerkannten Einrichtung gleicher Art"** (so Art. 132 Abs. 1 Buchst. b MwStSystRL) oder einer **„Einrichtung mit sozialem Charakter"** (Art. 132 Abs. 1 Buchst. g MwStSystRL) abhängig gemacht, wobei den Mitgliedstaaten hinsichtlich der Anerkennung ein gewisser Ermessensspielraum verbleibt, der aber im Einklang mit den Vorgaben des Unionsrechts auszuüben ist (dazu näher unten Kapitel 9 Rz. 9.26 ff.).

1 Zur Umsatzbesteuerung der öffentlichen Hand vgl. grundlegend die EuGH-Urteile v. 17.10.1989 – Rs. C-231/87 – Comune di Carpaneto Piacentino u.a., ECLI:EU:C:1989:381; zuletzt EuGH v. 29.10.2015 – Rs. C-174/14 – Saudacor, ECLI:EU:C:2015:733; aus dem Schrifttum nur *Reimer*, DStJG Bd. 32, 324; *Englisch* in Tipke/Lang, § 17 Rz. 53 ff.; *Canz*, Die Umsatzbesteuerung der öffentlichen Hand im Wandel; *Wiesch*, Die umsatzsteuerliche Behandlung der öffentlichen Hand, 22 ff.

### d) Sachlicher Anwendungsbereich

In sachlicher Hinsicht werden nur bestimmte Leistungen von der Steuer befreit, die in Art. 132 Abs. 1 MwStSystRL **konkret beschrieben** werden (z.B. „Krankenhausbehandlungen", „ärztliche Heilbehandlungen", „Lieferung von menschlichen Organen", „Lieferung von Zahnersatz", „Schul- und Hochschulunterricht"). Diese steuerbefreiten „Hauptleistungen" sind – wenn sie von dem in der Befreiung bezeichneten Unternehmer erbracht werden – durch einen unmittelbaren Gemeinwohlbezug gekennzeichnet. Bemerkenswert ist, dass der Gerichtshof den Terminus „bestimmte" Leistungen in Art. 132 Abs. 1 Buchst. n MwStSystRL (kulturelle Dienstleistungen) unter Hinweis auf die Entstehungsgeschichte und die verfolgten Ziele anders versteht als in Art. 132 Abs. 1 Buchst. m MwStSystRL (Körperertüchtigung): Im Rahmen von Art. 132 Abs. 1 Buchst. n MwStSystRL habe es der Unionsgesetzgeber mit Rücksicht auf die große „Vielfalt der kulturellen Traditionen und des regionalen Erbes in der Union" den Mitgliedstaaten überlassen, den näheren Inhalt der Steuerbefreiung zu bestimmen.[1] Dies bedeutet zugleich, dass diese Befreiung keine unmittelbare Wirkung entfaltet.[2] Demgegenüber hatte der Gerichtshof in einer früheren Entscheidung den Mitgliedstaaten noch kein Ermessen eingeräumt, den sachlichen Anwendungsbereich der vergleichbaren Befreiung zu „bestimmten, in engem Zusammenhang mit Sport und Körperertüchtigung stehenden Dienstleistungen" – abgesehen von den in Art. 133 MwStSystRL geregelten Mitgliedstaatenwahlrechten – einzuschränken.[3] Die Frage des mitgliedstaatlichen Ermessens ist insbesondere für die Möglichkeit einer unmittelbaren Berufung auf die Befreiung von Bedeutung und bildet den Gegenstand eines aktuellen Vorabentscheidungsersuchens des BFH.[4] 3.53

Viele Befreiungen beziehen sich zugleich auf mit der steuerfreien Hauptleistung „**eng verbundene Dienstleistungen und Lieferungen von Gegenständen**" (so in Art. 132 Abs. 1 Buchst. b, g, h, i, l, m, n MwStSystRL). Die Einbeziehung der eng verbundenen Umsätze soll offenbar einerseits die Wirksamkeit der Steuerbefreiungen verbessern und andererseits der Wettbewerbsgleichheit dienen, weil „gleichartige" Umsätze auch gleich besteuert werden. Nach der Rechtsprechung des Gerichtshofs fällt eine Leistung nur dann unter den Begriff der „eng verbundenen Umsätze", wenn sie tatsächlich als Nebenleistung zur steuerbefreiten Hauptleistung erbracht wird. Dies ist der Fall, wenn sie keinen eigenen Zweck erfüllt, sondern das Mittel darstellt, um die Hauptdienstleistung des Erbringers unter optimalen Bedingungen in Anspruch zu nehmen.[5] 3.54

## 3. Mitgliedstaatenwahlrechte und Einschränkungen

Die Steuerbefreiungen nach Art. 132 Abs. 1 MwStSystRL haben zwar zwingenden Charakter. Die Mitgliedstaaten können die Gewährung der Befreiungen aber nach Art. 133 Abs. 1 für Einrichtungen, die „keine Einrichtungen des öffentlichen Rechts sind"[6] von der Erfüllung bestimmter Bedingungen abhängig machen (vgl. im Einzelnen Kapitel 10 Rz. 10.43 ff.). Diese Bedingungen betreffen folgende Gesichtspunkte: 3.55

1 EuGH v. 15.2.2017 – Rs. C-592/15 – British Film Institute, UR 2017, 268, ECLI:EU:C:2017: 117.
2 EuGH v. 15.2.2017 – Rs. C-592/15 – British Film Institute, ECLI:EU:C:2017: 117, UR 2017, 268.
3 EuGH v. 16.10.2008 – Rs. C-253/07 – Canterbury Hockey Club, ECLI:EU:C:2008:571.
4 BFH v. 21.6.2018 – V R 20/17, UR 2018, 669.
5 Statt vieler EuGH v. 13.3.2014 – Rs. C-366/12 – Klinikum Dortmund, ECLI:EU:C:2014:143; dazu näher *Hüttemann/Becker*, UR 2014, 637.
6 Zur Behandlung von Einrichtungen des öffentlichen Rechts nach Art. 133 Abs. 2 s. EuGH v. 13.7.2017 – Rs. C-633/15 – London Borough of Ealing, ECLI:EU:C:2017:544.

- **Fehlen einer systematischen Gewinnerzielung:**[1] Damit ist gemeint, dass Gewinne nicht verteilt werden dürfen, sondern zur Erhaltung oder Verbesserung der erbrachten Leistungen verwendet werden müssen (Art. 133 Buchst. a MwStSystRL).
- Eine **ehrenamtliche Leitung und Verwaltung** der Einrichtung (Art. 133 Buchst. b MwStSystRL).[2]
- Das sog. **Abstandsgebot** erfordert, dass die verlangten Preise genehmigt sind oder die genehmigten Preise nicht übersteigen (Art. 133 Buchst. c MwStSystRL).[3]
- **Keine Wettbewerbsverzerrung** zum Nachteil von steuerpflichtigen Unternehmen (Art. 133 Buchst. d MwStSystRL).

Wichtig ist, dass sich die Mitgliedstaaten auf diese Einschränkungen gegenüber den Steuerpflichtigen nur berufen dürfen, wenn sie diese auch in ihr nationales Rechts umgesetzt haben.[4]

3.56 Neben den Mitgliedstaatenwahlrechten in Art. 133 MwStSystRL enthält Art. 134 MwStSystRL noch zwei weitere – zwingende – Einschränkungen für die Steuerbefreiungen nach Art. 132 Abs. 1 Buchst. b, g, h, i, l, m und n MwStSystRL. Danach sind solche Leistungen von der Steuerbefreiung ausgeschlossen, die

- für die steuerbefreiten Umsätze **nicht „unerlässlich“** sind,
- die im Wesentlichen dazu bestimmt sind, der Einrichtung **im unmittelbaren Wettbewerb „zusätzliche Einnahmen zu verschaffen“**.

3.57 Der EuGH hat beide Einschränkungen in seiner bisherigen Rechtsprechung eher **zurückhaltend angewandt**. Was das Kriterium der „**Unerlässlichkeit**“ nach Art. 134 Buchst. a MwStSystRL angeht, so hat der Gerichtshof[5] in der Rechtssache *Stichting Kinderopvang Enschede* entschieden, dass die Vermittlung von Tageseltern durch eine Kinderbetreuungseinrichtung „unerlässlich“ sei, wenn „dieser Dienst von einer solchen Art oder Qualität ist, dass für die Eltern ein gleichwertiger Dienst ohne Mitwirken eines Vermittlungsdienstes, wie er Gegenstand des Ausgangsverfahrens ist, nicht gewährleistet ist“. Dies sei insbesondere dann der Fall, wenn es sich um einen „höherwertigen Vermittlungsdienst“ handele. Offenbar ist für den Gerichtshof entscheidend, dass die Leistung die besondere Qualität einer Maßnahme der Sozialfürsorge oder Jugendbetreuung (Art. 132 Abs. 1 Buchst. g und h MwStSystRL) aufweist. Zu Recht lehnt der BFH daher eine Einschränkung der Steuerbefreiung ab, wenn die betreffende Leistung **in den „Kernbereich“ einer Steuerbefreiung nach Art. 132 Abs. 1 MwStSystRL fällt.**[6]

1 Dazu EuGH v. 26.5.2005 – Rs. C-498/03 – Kingscrest Associates, ECLI:EU:C:2005:322, UR 2005, 453.

2 Dazu näher EuGH v. 21.3.2002 – Rs. C-267/00 – Zoological Society of London, ECLI:EU:C:2002:202, UR 2002, 327.

3 Vgl. näher *Hüttemann*, UR 2006, 441.

4 EuGH v. 10.9.2002 – Rs. C-141/00 – Kügler, ECLI:EU:C:2002:473, UR 2002, 513.

5 EuGH v. 9.2.2006 – Rs. C-415/04 – Stichting Kinderopvang Enschede, ECLI:EU:C:2006:95, UR 2006, 470; s. auch EuGH v. 4.5.2017 – Rs. C-699/15 – Brockenhurst College, ECLI:EU:C:2017:344, UR 2017, 435.

6 Siehe dazu aus der Rechtsprechung BFH v. 3.4.2008 – V R 74/07, UR 2008, 698 = BFH/NV 2008, 1631; BFH v. 10.7.2012 – V B 33/12, BFH/NV 2012, 1676; BFH v. 10.8.2016 – V R 14/15, UR 2016, 957.

Bei der weiteren Einschränkung des Art. 134 Buchst. b MwStSystRL („*[...] im Wesentlichen dazu bestimmt ist, zusätzliche Einnahmen [...] zu verschaffen*") ist zunächst fraglich, ob mit dem Begriff **„zusätzliche Einnahmen"** jedes Entgelt gemeint oder nur eine Gewinnerzielungsabsicht schädlich ist, der Begriff „zusätzliche Einnahmen" also im Sinne eines zusätzlichen „Gewinns" gemeint ist. Die anderen Sprachfassungen (im englischen Richtlinientext heißt es „*additional income*", während im französischen Text von „*recettes supplémentaires*" die Rede ist) sprechen für das erste Verständnis. Daraus folgt aber noch nicht, dass die Erhebung von Entgelten regelmäßig schädlich wäre, denn die in Art. 132 MwStSystRL geregelten Steuerbefreiungen betreffen ohnehin nur Sachverhalte, in denen Entgelte erhoben werden, so dass die Steuerbefreiung bei diesem Verständnis in weiten Teilen leerliefe (ebenso Kapitel 10 Rz. 10.145). Aus den gleichen Gründen wird man auch das zweite Kriterium in Art. 134 Buchst. b MwStSystRL einschränkend interpretieren müssen, weil ein gewisser **Wettbewerb zwischen steuerbefreiten und steuerpflichtigen Anbietern** bei allen Steuerbefreiungen vorkommen dürfte (s. auch Kapitel 10 Rz. 10.148). Dafür spricht auch, dass nach Art. 134 Buchst. b MwStSystRL lediglich ein „unmittelbarer" Wettbewerb schädlich ist, was bereits nach dem Wortlaut mehr erfordert als eine bloße „Wettbewerbsverzerrung" i.S.d. Art. 133 Buchst. d MwStSystRL. Deshalb ist auch die Einschränkung nach Art. 134 Buchst. b MwStSystRL nicht anwendbar, wenn die betreffende Leistung in den „Kernbereich" der Steuerbefreiung fällt.[1] 3.58

## III. Unzureichende Umsetzung der EU-Vorgaben im deutschen UStG

### 1. Rechtsentwicklung

Die heute in Art. 132 Abs. 1 MwStSystRL geregelten Steuerbefreiungen waren praktisch wortlautgleich[2] bereits in Art. 13 Teil A Abs. 1 der 6. MwStRL enthalten, mit der die Bemessungsgrundlage der Mehrwertsteuer gemeinschaftsweit harmonisiert wurde. Die 6. MwStRL vom 17.5.1977 war bis zum 1.1.1978 umzusetzen. Die Bundesrepublik Deutschland ging davon aus, dass das bestehende UStG 1973 bereits weitgehend den Zielen der Richtlinie entsprach und hat die 6. MwStRL deshalb **nur verzögert und auch nur teilweise durch das UStG 1980 umgesetzt.**[3] Insbesondere im Bereich der Steuerbefreiungen glaubte man auf eine wörtliche Übernahme der Richtlinienbestimmungen verzichten zu können. Insoweit stellt der BFH[4] treffend fest, der deutsche Gesetzgeber habe einige unionsrechtliche Befreiungsvorschriften 3.59

> „lediglich dadurch umgesetzt, dass das UStG die bereits bei Inkrafttreten der Richtlinie vorhandenen Steuerbefreiungstatbestände im Wesentlichen unverändert weitergeführt hat."

Erst in neuerer Zeit sind zumindest **einzelne Steuerbefreiungen in § 4 UStG grundlegend überarbeitet** und an die entsprechenden Vorgaben des Unionsrechts angepasst worden (insbesondere Art. 132 Abs. 1 Buchst. a, b, c und h MwStSystRL). Der Versuch, im JStG 2013 die

1 Vgl. Schlussanträge der Generalanwältin *Kokott* v. 20.6.2013 – Rs. C-319/12 – MDDP, ECLI:EU:C:2013:421; ebenso BFH v. 10.7.2012 – V B 33/12, BFH/NV 2012, 1676; BFH v. 10.8.2016 – V R 14/15, UR 2016, 957.

2 Lediglich der Wortlaut des Art. 132 Abs. 1 Buchst. g MwStSystRL weicht geringfügig von der früheren Fassung ab. Vgl. dazu *Küffner/Streit*, MwStR 2014, 10 und nunmehr auch BFH v. 18.8.2015 – V R 13/14, UR 2015, 871 m. Anm. *Küffner*.

3 Zur Rechtsentwicklung nur *Jacobs*, Umsatzsteuer und Gemeinnützigkeit, 20 f.

4 So BFH v. 16.10.2013 – XI R 19/11, BFH/NV 2014, 190.

Steuerbefreiungen für Wohlfahrtseinrichtungen und Bildungsleistungen zu reformieren,[1] ist allerdings – nicht zuletzt auf Grund inhaltlicher Kritik an den Vorschlägen aus dem BMF[2] – gescheitert. Ferner gibt es Befreiungen wie z.B. für Kooperationsleistungen nach Art. 132 Abs. 1 Buchst. f MwStSystRL, die Deutschland nur in Teilbereichen umgesetzt hat.[3] Umgekehrt enthält das UStG auch Befreiungen wie z.B. § 4 Nr. 26 UStG, deren unionsrechtliche Grundlage zweifelhaft ist.[4]

## 2. Berufung des Steuerpflichtigen auf unionsrechtliche Befreiungen

3.60 Der **Vorrang des Unionsrechts** und die Feststellung, dass der deutsche Gesetzgeber die durch die MwStSystRL unionsrechtlich vorgegebenen Steuerbefreiungen nur teilweise in das nationale UStG umgesetzt hat, führen zu der Frage, ob sich der Steuerpflichtige gegenüber den Behörden und Gerichten der Mitgliedstaaten unmittelbar auf die entsprechenden Befreiungsvorschriften berufen darf. Nach ständiger Rechtsprechung des Gerichtshofs kann sich der Einzelne bei einer fehlerhaften oder nicht rechtzeitigen Umsetzung von Richtlinienrecht

„auf Bestimmungen einer Richtlinie, die inhaltlich unbedingt und hinreichend genau sind, gegenüber allen nicht richtlinienkonformen innerstaatlichen Vorschriften berufen."[5]

Diese Voraussetzungen sind bei den Steuerbefreiungen nach Art. 132 MwStSystRL zumeist erfüllt: Zum einen handelt es sich bei den gemeinwohlbezogenen Befreiungen um zwingende Vorgaben des Unionsrechts, so dass die Mitgliedstaaten insoweit nicht über ein Wahlrecht verfügen.[6] Zum anderen sind die meisten Befreiungen an bestimmte objektive Voraussetzungen geknüpft und somit auch inhaltlich „hinreichend genau".[7] Dem steht nach der Rechtsprechung des EuGH auch nicht entgegen, dass einige Befreiungen – wie z.B. Art. 132 Abs. 1 Buchst. i MwStSystRL – den Mitgliedstaaten ein gewisses Ermessen einräumen, welche privaten Einrichtungen nach ihrer Zielsetzung mit Einrichtungen des öffentlichen Rechts vergleichbar sind.[8] Eine unmittelbare Berufung auf die Steuerbefreiungen scheitert auch nicht an den Mitgliedstaatenwahlrechten in Art. 133 MwStSyStRL, soweit ein Mitgliedstaat von diesen Wahlrechten zur Einschränkung der Steuerbefreiung (noch) keinen Gebrauch gemacht hat.[9]

3.61 Schließlich ist daran zu erinnern, dass die Möglichkeit der Berufung auf Unionsrecht lediglich den Steuerpflichtigen offensteht. Allerdings ist es ihm verwehrt, die unmittelbare Anwendung des Richtlinienrechts einseitig auf die Ausgangs- oder die Eingangsumsätze zu beschränken.[10]

---

1 Dazu *Hüttemann/Schauhoff*, MwStR 2013, 426.

2 Dazu *Hüttemann/Schauhoff*, MwStR 2013, 426.

3 So befreit § 4 Nr. 14 Buchst. d UStG lediglich Praxis- und Apparategemeinschaften im medizinischen Bereich.

4 Dazu eingehend *Dodos*, Die Besteuerung ehrenamtlicher Tätigkeit im Umsatzsteuerrecht.

5 EuGH v. 28.11.2013 – Rs. C-319/12 – MDDP, ECLI:EU:C:2013:778 Rz. 47.

6 Beispielhaft für die Befreiung von Bildungsleistungen EuGH v. 28.11.2013 – Rs. C-319/12 – MDDP, ECLI:EU:C:2013:778.

7 Grundlegend EuGH v. 10.9.2002 – Rs. C-141/00 – Kügler, ECLI:EU:C:2002:473, UR 2002, 513 und EuGH v. 6.11.2003 – Rs. C-45/01 – Christoph Dornier Stiftung, ECLI:EU:C:2003:595, UR 2003, 584 m. Anm. *Widmann*; anders aber – für die Befreiung „bestimmter" kultureller Dienstleistungen – EuGH v. 15.2.2017 – Rs. C-592/15 – British Film Institute, ECLI:EU:C:2017: 117, UR 2017, 268; ebenso für „bestimmte" mit Sport und Körperertüchtigung in Zusammenhang stehende Dienstleistungen nun auch BFH v. 21.6.2018 – V R 20/17, UR 2018, 669.

8 EuGH v. 28.11.2013 – Rs. C-319/12 – MDDP, ECLI:EU:C:2013:778.

9 Vgl. EuGH v. 10.9.2002 – Rs. C-141/00 – Kügler, ECLI:EU:C:2002:473 Rz. 60, UR 2002, 513.

10 Siehe EuGH v. 28.11.2013 – Rs. C-319/12 – MDDP, ECLI:EU:C:2013:778, Rz. 50 f.

Beruft sich der Steuerpflichtige hingegen nicht auf das Unionsrecht, scheidet eine direkte Anwendung der Steuerbefreiungen zu Lasten des Steuerpflichtigen wegen der Wortlautgrenze aus. Somit kann es bei Steuerbefreiungen im Ergebnis zu einer **„gespaltenen Rechtsanwendung“** kommen, bei der sich allein der Steuerpflichtige – je nach Interessenlage – auf das Unionsrecht bzw. das nationale Recht beruft.[1] Diese Rechtslage ist von erheblicher praktischer Bedeutung, denn Steuerbefreiungen können wegen des Verlusts des Vorsteuerabzugs (vgl. Art. 168 MwStSystRL) durchaus negative Belastungswirkungen haben.

### 3. Anwendungsprobleme und rechtspolitische Kritik

Die „gespaltene“ Rechtsanwendung im Bereich der Steuerbefreiungen ist vor allem bei solchen Befreiungen von Bedeutung, die der deutsche Gesetzgeber bisher nicht oder nur unzureichend umgesetzt hat (z.B. Art. 132 Abs. 1 Buchst. g und Buchst. i MwStSystRL). In diesen Fällen verzichten die FG mitunter auf eine nähere Prüfung des nationalen Rechts, wenn sich der Steuerpflichtige auf eine unionsrechtliche Befreiung berufen hat und deren Voraussetzungen tatsächlich vorliegen. Bei anderen nationalen Befreiungen, die der deutsche Gesetzgeber – wie z.B. § 4 Nr. 14 oder 25 UStG – inzwischen an das Unionsrecht angepasst hat, fließen die Wertungen des Unionsrechts über eine richtlinienkonforme Auslegung in die Rechtsanwendung ein, was bei einer Änderung der Rechtsprechung – z.B. in Hinsicht auf den Verlust des Vorsteuerabzugs – zu Vertrauensschutzproblemen führen kann (dazu allgemein *Maciejewski/Theilen* Rz. 5.56 ff.). 3.62

Der gegenwärtige Rechtszustand in Deutschland, der z.B. in den Bereichen der Wohlfahrtspflege und der Bildung und Kultur die Anwendung der unionsrechtlichen Befreiungen in das Belieben der Steuerpflichtigen stellt, wird **zu Recht vielfach kritisiert.**[2] Zwar erscheint die Möglichkeit einer unmittelbaren Berufung auf das Unionsrecht auf den ersten Blick aus Sicht der Steuerpflichtigen vorteilhaft zu sein. Dabei wird aber übersehen, dass die Steuerbefreiungen in erster Linie den Interessen der Leistungsempfänger dienen, die sich nicht unbedingt mit denen der betroffenen Unternehmen decken müssen (z.B. im Bildungsbereich).[3] Ferner belastet die Möglichkeit der „gespaltenen“ Rechtsanwendung die Steuerpflichtigen, die Finanzverwaltung und die Gerichte wegen der Gestaltungsmöglichkeiten mit zusätzlichem Beratungs- und Prüfungsaufwand. Es wäre daher wünschenswert, wenn der deutsche Gesetzgeber die unionsrechtlichen Vorgaben bei allen Befreiungen möglichst vollständig und richtig umsetzen würde, zumal mit einer grundlegenden Reform der unionsrechtlichen Vorschriften einstweilen nicht zu rechnen ist,[4] so dass ein weiteres Abwarten auch steuerpolitisch keinen Sinn ergibt.

1 Vgl. dazu beispielhaft aus der Rechtsprechung des BFH die Urteile v. 2.3.2011 – X I R 21/09, BFH/NV 2011, 1456 einerseits und v. 20.3.2014 – V R 4/13, BFH/NV 2014, 1470 andererseits.

2 Vgl. nur *Stadie*, DStJG 32 (2009), 143, 155 ff.; *Hüttemann/Schauhoff*, MwStR 2013, 426; *Kirchhof*, Bundessteuergesetzbuch, 2011, 820; zu verfassungsrechtlichen Bedenken gegen eine unmittelbare Anwendung von Unionsrecht in Hinsicht auf die Verwerfungskompetenz bei nachkonstitutionellen Gesetzen s. *Reiß*, FS Helm, 2001, 785; *Stadie*, DStJG 32, 2009, 131.

3 Siehe dazu auch EuGH v. 28.11.2013 – Rs. C-319/12 – MDDP, ECLI:EU:C:2013:778.

4 Vgl. dazu die – ernüchternden – Ergebnisse des jüngsten Konsultationsverfahrens im Abschlussbericht der EU-Kommission TAXUD/C1 18 December 2014 IB/mve taxud.c. 1(2004)4694356.

## D. Ermäßigter Steuersatz

### I. Allgemeines

#### 1. Historische Entwicklung

3.63 Der ermäßigte Steuersatz für Leistungen gemeinnütziger Einrichtungen wurde in Deutschland – noch vor der Harmonisierung der Bemessungsgrundlage durch die 6. MwStRL – im Rahmen des **UStG 1967** eingeführt, um den Wegfall der früheren Steuerbefreiung für Unternehmen, „die ausschließlich und unmittelbar steuerbegünstigte Zwecke verfolgen", auszugleichen (vgl. dazu eingehend *Hummel* Rz. 26.27 ff.).[1] Der Anwendungsbereich der Steuersatzermäßigung wurde 1990 durch das Vereinsförderungsgesetz[2] auf nichtrechtsfähige Vereinigungen von gemeinnützigen Einrichtungen ausgedehnt (§ 12 Abs. 2 Nr. 8 Buchst. b UStG).

3.64 Anhang III Nr. 15 zu Art. 98 Abs. 2 MwStSystRL enthält ein **Mitgliedstaatenwahlrecht** für bestimmte Leistungen gemeinnütziger Einrichtungen. Dieses wurde – wortlautgleich – bereits durch Anhang H der 6. MwStRL eingeführt, ohne dass dies bei nachfolgenden Anpassungen des UStG zu einer Änderung der Rechtslage in Deutschland geführt hätte. Erst durch das JStG 2007 ist der Anwendungsbereich des ermäßigten Steuersatzes unter Hinweis auf das Unionsrecht eingeschränkt worden.[3] Allerdings entspricht das nationale Recht – zumindest nach Ansicht der Umsatzsteuersenate des BFH[4] – auch heute in mehrfacher Hinsicht noch nicht den unionsrechtlichen Vorgaben.

#### 2. Bedeutung des ermäßigten Steuersatzes

3.65 Der ermäßigte Steuersatz für gemeinnützige Einrichtungen nach Art. 98 Abs. 2 i.V.m. Anhang III Nr. 15 MwStSystRL ist – wie nicht zuletzt der entsprechende Vorbehalt in der Bestimmung deutlich macht – **gegenüber der Steuerbefreiung nach Art. 132 Abs. 1 Buchst. g MwStSystRL subsidiär**. Der systematische Vorrang der Steuerbefreiung ergibt sich bereits daraus, dass der ermäßigte Steuersatz ein Mitgliedstaatenwahlrecht darstellt, während die unionsrechtliche Steuerbefreiung für soziale Dienstleistungen zwingend anzuwenden ist. Das genaue Verhältnis beider Regelungen hängt entscheidend von der Auslegung der Voraussetzungen beider Ausnahmeregelungen ab. So ist insbesondere fraglich, ob der Begriff der „gemeinnützigen Einrichtung" inhaltsgleich mit dem Begriff der „Einrichtung mit sozialem Charakter" zu verstehen ist (dazu unten Rz. 3.79). Für das nationale Recht gilt letztlich nichts Anderes, weil sich die Frage des anzuwendenden Steuersatzes nur stellt, wenn eine Leistung nicht bereits nach § 4 UStG befreit ist.

3.66 Aus Sicht der betroffenen Unternehmer hat der ermäßigte Satz gegenüber der Steuerbefreiung den entscheidenden Vorzug, dass **das Recht zum Vorsteuerabzug erhalten bleibt**.[5] Ob die Steuerbefreiung im Verhältnis zur Steuersatzermäßigung zur Erreichung des Entlastungszwecks vorzugswürdig ist, hängt vom Umfang der steuerpflichtigen Vorleistungen ab,

---

1 Zur Entstehungsgeschichte s. *Jacobs*, Umsatzsteuer und Gemeinnützigkeit, 179 f.

2 Gesetz v. 18.12.1989, BGBl. I 1989, 2212.

3 Zu dieser Einschränkung s. *Hüttemann*, MwStR 2014, 115.

4 Zuletzt BFH v. 8.3.2012 – V R 14/11, BStBl. II 2012, 630 = UR 2012, 560; BFH v. 20.3.2014 – V R 4/13, UR 2014, 732 = BFH/NV 2014, 1470; BFH v. 24.9.2014 – V R 11/14 (juris).

5 Zu den unterschiedlichen Wirkungen von Steuerbefreiungen und Steuerermäßigungen vgl. *Krieger*, passim.

die der Unternehmer zur Ausführung der steuerfreien Ausgangsumsätze bezogen hat. Insoweit ist im Einzelfall abzuwägen, ob die verdeckte Steuerlast infolge des Verlustes des Vorsteuerabzugs auf Eingangsleistungen bei vollständiger Steuerbefreiung schwerer wiegt als die Besteuerung der Ausgangsleistungen mit dem ermäßigten Satz von 7 % bei gleichzeitigem Erhalt des Vorsteuerabzugs.

## II. Anwendungsbereich des ermäßigten Steuersatzes

### 1. Überblick über Anhang III zu Art. 98 Abs. 2 MwStSystRL

Der Anwendungsbereich des Mitgliedstaatenwahlrechts nach Art. 98 Abs. 2 MwStSystRL wird durch das Verzeichnis der Lieferungen von Gegenständen und Dienstleistungen, auf die ermäßigte Steuersätze angewandt werden können, in **Anhang III** bestimmt:[1] 3.67

„1. Nahrungs- und Futtermittel (einschließlich Getränke, alkoholische Getränke jedoch ausgenommen), lebende Tiere, Saatgut, Pflanzen und üblicherweise für die Zubereitung von Nahrungs- und Futtermitteln verwendete Zutaten sowie üblicherweise als Zusatz oder als Ersatz für Nahrungs- und Futtermittel verwendete Erzeugnisse;

2. Lieferung von Wasser;

3. Arzneimittel, die üblicherweise für die Gesundheitsvorsorge, die Verhütung von Krankheiten und für ärztliche und tierärztliche Behandlungen verwendet werden, einschließlich Erzeugnissen für Zwecke der Empfängnisverhütung und der Monatshygiene;

4. medizinische Geräte, Hilfsmittel und sonstige Vorrichtungen, die üblicherweise für die Linderung und die Behandlung von Behinderungen verwendet werden und die ausschließlich für den persönlichen Gebrauch von Behinderten bestimmt sind, einschließlich der Instandsetzung solcher Gegenstände, sowie Kindersitze für Kraftfahrzeuge;

5. Beförderung von Personen und des mitgeführten Gepäcks;

6. Lieferung von Büchern, einschließlich des Verleihs durch Büchereien (einschließlich Broschüren, Prospekte und ähnliche Drucksachen, Bilder-, Zeichen- oder Malbücher für Kinder, Notenhefte oder -manuskripte, Landkarten und hydrografische oder sonstige Karten), Zeitungen und Zeitschriften, mit Ausnahme von Druckerzeugnissen, die vollständig oder im Wesentlichen Werbezwecken dienen;

7. Eintrittsberechtigung für Veranstaltungen, Theater, Zirkus, Jahrmärkte, Vergnügungsparks, Konzerte, Museen, Tierparks, Kinos und Ausstellungen sowie ähnliche kulturelle Ereignisse und Einrichtungen;

8. Empfang von Rundfunk- und Fernsehprogrammen;

9. Dienstleistungen von Schriftstellern, Komponisten und ausübenden Künstlern sowie diesen geschuldete urheberrechtliche Vergütungen;

10. Lieferung, Bau, Renovierung und Umbau von Wohnungen im Rahmen des sozialen Wohnungsbaus;

11. Lieferung von Gegenständen und Dienstleistungen, die in der Regel für den Einsatz in der landwirtschaftlichen Erzeugung bestimmt sind, mit Ausnahme von Investitionsgütern wie Maschinen oder Gebäuden;

1 Demgegenüber sieht der Richtlinienvorschlag der EU-Kommission v. 18.1.2018, KOM (2018) 20 endg. eine deutliche Ausweitung der mitgliedstaatlichen Spielräume für ermäßigte Steuersätze vor.

12. Beherbergung in Hotels und ähnlichen Einrichtungen, einschließlich der Beherbergung in Ferienunterkünften, und Vermietung von Campingplätzen und Plätzen für das Abstellen von Wohnwagen;
13. Eintrittsberechtigung für Sportveranstaltungen;
14. Überlassung von Sportanlagen;
15. Lieferung von Gegenständen und Erbringung von Dienstleistungen durch von den Mitgliedstaaten anerkannte gemeinnützige Einrichtungen für wohltätige Zwecke und im Bereich der sozialen Sicherheit, soweit sie nicht gemäß den Art. 132, 135 und 136 von der Steuer befreit sind;
16. Dienstleistungen von Bestattungsinstituten und Krematorien, einschließlich der Lieferung von damit im Zusammenhang stehenden Gegenständen;
17. medizinische Versorgungsleistungen und zahnärztliche Leistungen sowie Thermalbehandlungen, soweit sie nicht gem. Art. 132 Abs. 1 Buchstaben b bis e von der Steuer befreit sind;
18. Dienstleistungen im Rahmen der Straßenreinigung, der Abfuhr von Hausmüll und der Abfallbehandlung mit Ausnahme der Dienstleistungen, die von Einrichtungen i.S.d. Art. 13 erbracht werden."

## 2. Zweck und Rechtfertigung des ermäßigten Satzes

3.68 Die ermäßigte Besteuerung bestimmter gemeinwohlrelevanter Leistungen (wie z.B. die Lieferung von Lebensmitteln, Wasser und Büchern) soll – ebenso wie die Steuerbefreiungen nach Art. 132 MwStSystRL – **existenznotwendige oder meritorische Leistungen für den Endverbraucher zugänglicher machen.**[1] Zur Rechtfertigung kann auf die Ausführungen zu den Steuerbefreiungen zu verwiesen werden (vgl. oben Rz. 3.36), die sich cum grano salis auf die Steuersatzermäßigung nach Art. 98 Abs. 2 MwStSystRL übertragen lassen. Ungeachtet dessen hat in neuerer Zeit die steuerpolitische Kritik am Katalog der ermäßigt besteuerten Leistungen zugenommen. Kritisiert wird vor allem, dass die Ermäßigungen das Steueraufkommen schmälern und die Komplexität der Besteuerung erhöhen würden, ohne dass eine zielgenaue Entlastung bedürftiger Verbraucher gesichert sei.[2]

## 3. Mitgliedstaatenwahlrecht und selektive Ausübung

3.69 Im Unterschied zu den gemeinwohlbezogenen Steuerbefreiungen nach Art. 132 MwStSystRL gewährt das Unionsrecht in Bezug auf die Anwendung des ermäßigten Steuersatzes für die in Anhang III zu Art. 98 Abs. 2 MwStSystRL aufgezählten Aktivitäten ein **Mitgliedstaatenwahlrecht**. Die Mitgliedstaaten können also grundsätzlich frei entscheiden, ob sie für die im Anhang III aufgezählten Leistungen einen ermäßigten Steuersatz einführen oder auf diese den Regelsteuersatz anwenden. Zugleich folgt daraus, dass eine **unmittelbare Berufung des Steuerpflichtigen** gegenüber den Behörden und Gerichten seines Mitgliedstaats auf die Steuersatzermäßigung **nicht möglich ist.** Denn es fehlt an einer „unbedingten" Richtlinienbestimmung. Zudem würde mit einer solchen Berufung seitens des Steuerpflichtigen das Mitgliedstaatenwahlrecht unterlaufen (s. auch *Hummel* Rz. 26.6 und 26.9 f.).[3]

---

1 Vgl. nur *Englisch* in Tipke/Lang, § 17 Rz. 273 ff.; *Englisch*, UR 2010, 400; *Jacobs*, Umsatzsteuer und Gemeinnützigkeit, 58 ff.

2 Dazu statt vieler nur *Ismer/Kaul/Reiß/Rath*, DStR 2010, 1970.

3 Statt vieler nur *Hummel* in Rau/Dürrwächter, UStG, § 12 Abs. 2 Nr. 8 Rz. 34 (Stand: April 2015).

Wie der Gerichtshof mehrfach festgestellt hat,[1] sind die Mitgliedstaaten auch zu einer **selektiven Umsetzung der Steuersatzermäßigung** berechtigt. Ein Mitgliedstaat kann also, wenn er auf eine bestimmte Kategorie von Umsätzen im Sinne von Anhang III der MwStSystRL einen ermäßigten Mehrwertsteuersatz anwenden will, die Steuermäßigung auf „konkrete und spezifische Aspekte dieser Kategorie von Dienstleistungen" beschränken. Allerdings unterliegt diese Möglichkeit einer selektiven Anwendung des ermäßigten Mehrwertsteuersatzes der zweifachen Bedingung, „*dass zum einen für die Zwecke der Anwendung des ermäßigten Satzes nur konkrete und spezifische Aspekte der in Rede stehenden Kategorie von Leistungen herausgelöst werden und zum anderen der Grundsatz der steuerlichen Neutralität beachtet wird*".[2] Auf diese Weise soll nach Ansicht des Gerichtshofs sichergestellt werden, dass die Mitgliedstaaten von dieser Möglichkeit nur unter Umständen Gebrauch machen, die die einfache und korrekte Anwendung des gewählten ermäßigten Satzes gewährleisten und jede Form von Steuerhinterziehung, Steuerumgehung oder Missbrauch verhindern.[3] Auf die Frage, ob Deutschland im Bereich des ermäßigten Steuersatzes für Leistungen gemeinnütziger Einrichtungen von dieser Möglichkeit Gebrauch gemacht hat, wird noch zurückzukommen sein (vgl. Rz. 3.87). Die in § 12 Abs. 2 Nr. 8 Buchst. a S. 3 UStG enthaltene Einschränkung des ermäßigten Steuersatzes bezieht sich jedoch nicht auf „spezifische Aspekte dieser Kategorie von Dienstleistungen", sondern sollte – wie sich aus der Gesetzesbegründung zum JStG 2007 ergibt[4] – die Steuerermäßigung lediglich auf das unionsrechtlich zulässige Maß beschränken. 3.70

### 4. Gemeinschaftsrechtsautonome und „enge" Auslegung

Die im Anhang III aufgezählten Kategorien werden in der Richtlinie zumeist nicht näher definiert, so dass die dort verwandten Begriffe – wie der Gerichtshof etwa in der Rechtssache *Kommission/Frankreich* festgestellt hat[5] – im Licht des Zusammenhangs innerhalb der Richtlinie auszulegen sind. Daraus folgt insbesondere ein **Gebot der gemeinschaftsrechtsautonomen Auslegung**, mit der eine von Mitgliedstaat zu Mitgliedstaat unterschiedliche Anwendung des Mehrwertsteuersystems verhindert werden soll.[6] Die Auslegung hat sich vor allem am Wortlaut der Bestimmung, ihrer Zielsetzung und der Systematik der MwStSystRL zu orientieren. 3.71

Ferner verweist der Gerichtshof auch bei der Anwendung des ermäßigten Steuersatzes auf den Grundsatz, dass Ausnahmebestimmungen **eng auszulegen** sind.[7] Dies gelte auch für die 3.72

1 Vgl. EuGH v. 8.5.2003 – Rs. C-384/01 – Kommission/Frankreich, ECLI:EU:C:2003: 264 Rz. 27, UR 2003, 408; EuGH v. 3.4.2008 – Rs. C-442/05 – Zweckverband zur Trinkwasserversorgung und Abwasserbeseitigung Torgau-Westelbien, ECLI:EU:C:2008:184 Rz. 41, UR 2008, 432; EuGH v. 6.5.2010 – Rs. C-94/09 – Kommission/Frankreich, ECLI:EU:C:2010:253 Rz. 25 ff., UR 2010, 454.

2 EuGH v. 27.2.2014 – Rs. C-454/12 und 455/12 – Pro Med Logistik und Pongratz, ECLI:EU:C: 2014:111.

3 EuGH v. 6.5.2010 – Rs. C-94/09 – Kommission/Frankreich, ECLI:EU:C:2010:253, UR 2010, 454.

4 BT-Drucks. 16/2712, 75.

5 EuGH v. 17.6.2010 – Rs. C-492/08 – Kommission/Frankreich, ECLI:EU:C:2010:348 Rz. 34, UR 2010, 662.

6 Siehe dazu aus dem Bereich der Steuerbefreiungen nach Art. 132 MwStSystRL statt vieler nur EuGH v. 21.2.2013 – Rs. C-18/12 – Zamberc, ECLI:EU:C:2013:95.

7 Vgl. EuGH v. 18.1.2001 – Rs. C-83/99 – Kommission/Spanien, ECLI:EU:C:2001:31 Rz. 19 f., UR 2001, 210; EuGH v. 18.3.2010 – Rs. C-3/09 – Erotic Center, ECLI:EU:C:2010:149 Rz. 15, UR 2010, 315; EuGH v. 17.6.2010 – Rs. C-492/08 – Kommission/Frankreich, ECLI:EU:C:2010:348 Rz. 35, UR 2010, 662; EuGH v. 3.3.2011 – Rs. C-41/09 – Kommission/Niederlande, ECLI:EU:C:2011:108 Rz. 58, UR 2012, 114.

in Anhang III aufgezählten Kategorien, die eine Ausnahme von der Anwendung des Regelsteuersatzes darstellten. Allerdings macht der Gerichtshof auch hier die Einschränkung, dass der Grundsatz der „engen Auslegung" nicht bedeute, dass die entsprechenden Begriffe in einer Weise auszulegen wären, die den Bestimmungen ihre Wirkung nähme.[1] Das Gebot der „engen Auslegung" ist daher richtigerweise im Sinne einer **„präzisen" Auslegung** zu verstehen, die aber für teleologische Erwägungen offen ist (vgl. oben Rz. 3.45 f.).[2] Wie GA *Jääskinen* in seinen Schlussanträgen in der Rs. *Kommission/Frankreich* ausgeführt hat, geht es – auch wegen der Bedeutung der MwStSystRL für die Eigenmittel der EU – vor allem darum, dass

„der Umfang der wirtschaftlichen Tätigkeiten, denen eine Ausnahme zugutekommt, nicht durch eine großzügige Auslegung ausgeweitet werden darf."[3]

## III. Steuerermäßigung für gemeinnützige Leistungen

### 1. Wortlaut

3.73 Nach Art. 98 Abs. 2 MwStSystRL i.V.m. Anhang III Nr. 15[4] können die Mitgliedstaaten einen ermäßigten Steuersatz anwenden auf

„15. Lieferung von Gegenständen und Erbringung von Dienstleistungen durch von den Mitgliedstaaten anerkannte gemeinnützige Einrichtungen für wohltätige Zwecke und im Bereich der sozialen Sicherheit, soweit sie nicht gemäß den Art. 132, 135 und 136 von der Steuer befreit sind;"

3.74 Die englische Sprachfassung dieser Bestimmung lautet:

„15. supply of goods and services by organisations recognized as being devoted to social wellbeing by Member States and engaged in welfare or security work, in so far as those transactions are not exempt pursuant to Articles 132, 135 and 136."

Die englische Sprachfassung von Nr. 15 Anhang III ist ebenso wie der Wortlaut des Art. 132 Abs. 1 Buchst. g MwStSystRL mit Inkrafttreten der MwStSystRL geändert worden. Gegenüber der ursprünglichen Fassung wurde der Begriff *„recognized as charitable"* durch die Formulierung *„recognized as being devoted to social wellbeing"* ersetzt. Anlass für diese Änderung war das EuGH-Urteil in der Rs. *Kingscrest Associates*,[5] in dem der Gerichtshof festgestellt hat, dass der Begriff *„recognized as charitable"* – auch im Vergleich mit den anderen Sprachfassungen – zu eng sei, da nicht nur „gemeinnützige" Einrichtungen im traditionellen Sinne gemeint seien, sondern z.B. auch Einrichtungen mit Gewinnerzielungsabsicht unter diesen Begriff fallen könnten.[6]

---

1 Siehe nur EuGH v. 14.6.2007 – Rs. C-434/05 – Solleveld, ECLI:EU:C:2007:343 Rz. 16, UR 2007, 587.

2 So auch *Hummel* in Rau/Dürrwächter, UStG, § 12 Abs. 2 Nr. 8 Rz. 12 (Stand: April 2015); *Hüttemann*, MwStR 2014, 115, 119.

3 GA *Jääskinen*, Schlussanträge v. 11.2.2010 – Rs. C-492/08 – Kommission/Frankreich, Slg. 2010, I-5469 Rz. 48.

4 Die nachfolgenden Ausführungen beruhen auf *Hüttemann*, MwStR 2014, 115 ff.; zur Entstehungsgeschichte der Norm vgl. näher *Jacobs*, Umsatzsteuer und Gemeinnützigkeit, 184 f.

5 EuGH v. 26.5.2005 – Rs. C-498/03 – Kingscrest Associates, ECLI:EU:C:2005:322, UR 2005, 453.

6 Dazu auch Generalanwalt *Jääskinen*, Schlussanträge v. 11.2.2010 – Rs. C-492/08 – Kommission/Frankreich, ECLI:EU:C:2010:72 = Slg. 2010, I-5469 Rz. 51.

Die französische Sprachfassung lautet: 3.75

„15. La livraison de biens et la prestation de services par des organismes reconnus comme ayant un charactère social par les États membres et engages dans des œuvres d'aide et de sécurité sociales, dans la mesure où ces opérations ne sont pas exonérées en vertu des articles 132, 135 et 136."

Wie bereits GA *Jääskinen* in seinen Schlussanträgen zur Rechtssache *Kommission/Frankreich*[1] zutreffend festgestellt hat, stimmen die in den verschiedenen Sprachfassungen des Anhang III Nr. 15 verwendeten Begriffe „nicht genau überein". Dies überrascht nicht, denn dem Anhang III liegt – wie GA *Jääskinen* an anderer Stelle ausführt[2] – 3.76

„von Beginn an kein logischer Ansatz zugrunde. Die verschiedenen in diesem Verzeichnis aufgeführten Kategorien bilden kein in sich stimmiges Ganzes. Sie sind offenbar das Ergebnis des Aufgreifens einer Reihe von ermäßigten Sätzen, die vorher in den Mitgliedstaaten galten. Die Zusammenstellung – ohne innere Logik – ergibt keinen richtigen Sinn und verschließt sich einer systematischen Auslegung."

## 2. Zwei kumulative Voraussetzungen

Wie sich – deutlicher als aus der deutschen Fassung (*„für wohltätige Zwecke [...]"*) – vor allem aus der englischen und französischen Sprachfassung (*„and engaged"* bzw. *„et engagés"*) ergibt, müssen für die Steuerermäßigung nach Nr. 15 des Anhang III **zwei Voraussetzungen kumulativ** vorliegen. Dazu hat der Gerichtshof in der Rs. *Kommission/Frankreich*[3] – aufbauend auf den Überlegungen in den Schlussanträgen von GA *Jääskinen*[4] – ausgeführt: 3.77

„Insoweit ist festzustellen, dass die Mitgliedstaaten nach dem Wortlaut der Nr. 15 nicht auf alle gemeinnützigen Leistungen einen ermäßigten Mehrwertsteuersatz anwenden dürfen, sondern nur auf diejenigen, die von Einrichtungen erbracht werden, die sowohl gemeinnützig als auch für wohltätige Zwecke und im Bereich der sozialen Sicherheit tätig sind."

Die Steuersatzermäßigung nach Nr. 15 des Anhang III knüpft also kumulativ an zwei Merkmale an: Zum einen muss der Unternehmer eine bestimmte Eigenschaft haben (***„anerkannte gemeinnützige Einrichtungen"***), zum anderen muss der Unternehmer eine bestimmte Art von Dienstleistungen (***„für wohltätige Zwecke** [...]"*) erbringen. Dieser kumulative Charakter der Tatbestandsmerkmale schließt es – wie der Gerichtshof in der Rs. *Kommission/Frankreich*[5] festgestellt hat – insbesondere aus, dass ein Mitgliedstaat bestimmte Unternehmen allein deshalb als begünstigte Einrichtungen i.S. von Anhang III Nr. 15 behandelt, weil sie u.a. auch wohltätige Leistungen erbringen. Anders ausgedrückt: Die Anerkennung einer Einrichtung darf sich nicht allein auf der Art der erbrachten Leistungen stützen. Und umgekehrt ist die Anerkennung einer Einrichtung als *„gemeinnützig"* für sich genommen nur eine notwendige, aber noch keine hinreichende Bedingung für die Anwendung des ermäßigten Satzes, weil zu- 3.78

1 GA *Jääskinen*, Schlussanträge v. 11.2.2010 – Rs. C-492/08 – Kommission Frankreich, ECLI:EU:C:2010:72 = Slg. 2010, I-5469 Rz. 49.

2 GA *Jääskinen*, Schlussanträge v. 11.2.2010 – Rs. C-492/08 – Kommission/Frankreich, ECLI:EU:C:2010:72 = Slg. 2010, I-5469 Rz. 43.

3 EuGH v. 17.6.2010 – Rs. C-492/08 – Kommission/Frankreich, ECLI:EU:C:2010:348 Rz. 43, UR 2010, 662.

4 GA *Jääskinen*, Schlussanträge v. 11.2.2010 – Rs. C-492/08 – Kommission/Frankreich, ECLI:EU:C:2010:72 = Slg. 2010, I-5469 Rz. 61 ff.

5 EuGH v. 17.6.2010 – Rs. C-492/08 – Kommission/Frankreich, ECLI:EU:C:2010:348 Rz. 44 f., UR 2010, 662.

sätzlich auch eine bestimmte Art von Tätigkeit *„für wohltätige Zwecke und im Bereich der sozialen Sicherheit"* gefordert wird.[1]

### 3. Persönlicher Anwendungsbereich („von den Mitgliedstaaten anerkannte gemeinnützige Einrichtungen")

3.79 Wendet man sich zunächst dem Begriff *„von den Mitgliedstaaten anerkannte gemeinnützige Einrichtungen"* zu, so steht außer Frage, dass wegen des Gebots der unionsrechtsautonomen Auslegung damit nicht nur Körperschaften gemeint sein können, die nach den Vorschriften des deutschen Gemeinnützigkeitsrechts (§§ 51 ff. AO) „gemeinnützig" sind. Vielmehr hat der Gerichtshof – auch mit Rücksicht auf die englische und französische Sprachfassung in der Rs. *Kommission/Frankreich*[2] – entschieden, dass der Begriff der Einrichtung in Art. 132 Abs. 1 Buchst. g und in Nr. 15 Anhang III einheitlich auszulegen ist.[3] Nach der ständigen Rechtsprechung des Gerichtshofs ist der unionsrechtliche Begriff der *„Einrichtung mit sozialem Charakter"* i.S.v. Art. 132 Abs. 1 Buchst. g MwStSystRL grundsätzlich weit genug, um auch natürliche Personen und private Einheiten mit Gewinnerzielungsabsicht zu umfassen, bei denen nach deutschem Verständnis eine Anerkennung als *„gemeinnützig"* von vornherein ausscheiden würde.[4] Der unionsrechtliche Begriff der *„anerkannten gemeinnützigen Einrichtungen"* i.S.v. Anhang III Nr. 15 MwStSystRL räumt den Mitgliedstaaten – ebenso wie der Begriff der „Einrichtungen mit sozialem Charakter" nach Art. 132 Abs. 1 Buchst. g MwStSystRL – also ein recht weites Ermessen ein, das diese – wie der Gerichtshof auch in der Rs. *Kommission/Frankreich* betont hat[5] – im Einklang mit dem Gemeinschaftsrecht und unter Beachtung des Grundsatzes der Neutralität auszuüben haben.

### 4. Sachlicher Anwendungsbereich („für wohltätige Zwecke und im Bereich der sozialen Sicherheit")

3.80 Neben der Anerkennung einer Einrichtung als „gemeinnützig" müssen die begünstigten Lieferungen und Leistungen zusätzlich – so heißt es in der deutschen Sprachfassung der Kategorie 15 des Anhang III MwStSystRL – *„für wohltätige Zwecke und im Bereich der sozialen Sicherheit"* erbracht werden. Der Gerichtshof musste zu diesem Merkmal bisher nicht Stellung nehmen, weil die Anwendung des ermäßigten Steuersatzes in der Rs. *Kommission/Frankreich* bereits an der fehlenden Anerkennung der betreffenden Einrichtungen (Anwälte) als gemeinnützig scheiterte.[6] Vergleicht man die verschiedenen Sprachfassungen hinsichtlich dieses zweiten Merkmals, so werden – worauf bereits GA *Jääskinen* in seinen Schlussanträgen in der Rs.

---

1 Ebenso *Michel*, DB 2010, 2007, 2008.

2 EuGH v. 17.6.2010 – Rs. C-492/08 – Kommission/Frankreich, ECLI:EU:C:2010:348 Rz. 38 f., UR 2010, 662.

3 Abweichend *Jacobs*, Umsatzsteuer und Gemeinnützigkeit, 181 auf dem Boden der deutschen Sprachfassung.

4 Vgl. EuGH v. 7.9.1999 – Rs. C-216/97 – Gregg, ECLI:EU:C:1999: Rz. 17, UR 1999, 419; EuGH v. 3.4.2003 – Rs. C-144/00 – Hoffmann, ECLI:EU:C:2003:192 Rz. 24, UR 2003, 248 = UR 2003, 286 m. Anm. *Nieskens*; EuGH v. 26.5.2005 – Rs. C-498/03 – Kingscrest Associates, ECLI:EU:C:2005:322 Rz. 35 und 47, UR 2005, 453.

5 EuGH v. 17.6.2010 – Rs. C-492/08 – Kommission/Frankreich, ECLI:EU:C:2010:348 Rz. 45, UR 2010, 662.

6 EuGH v. 17.6.2010 – Rs. C-492/08 – Kommission/Frankreich, ECLI:EU:C:2010:348 Rz. 46, UR 2010, 662.

*Kommission/Frankreich* hingewiesen hat[1] – gewisse Unterschiede zwischen der deutschen, englischen und französischen Fassung deutlich.[2]

Bemerkenswert ist auch, dass es in der deutschen Sprachfassung *„und"* im Bereich der sozialen Sicherheit heißt, während in der englischen Sprachfassung von welfare *„or"* social security work die Rede ist. Wie sich aus einer Gesamtschau der verschiedenen Sprachfassungen ergibt, sind die Begriffe *„für wohltätige Zwecke"* sowie *„im Bereich der sozialen Sicherheit"* nicht kumulativ verknüpft, sondern beschreiben lediglich zwei unterschiedliche Arten von begünstigten Tätigkeiten (in der englischen Fassung von Anhang III Nr. 15 heißt es – anders als in Art. 132 Abs. 1 Buchst. g – sogar ausdrücklich: *„welfare or social security work"*). Anderenfalls hätte es in der deutschen Fassung *„für wohltätige Zwecke im Bereich der sozialen Sicherheit"* heißen müssen. Ferner ist eine Interpretation des Wortes „und" im Sinne einer Aufzählung der begünstigten Tätigkeiten nicht ungewöhnlich. Es reicht also aus, dass eine Leistung **für wohltätige Zwecke oder im Bereich der sozialen Sicherheit** erbracht wird.[3] Umgekehrt ist es unschädlich, wenn eine Leistung sowohl „wohltätigen" Zwecken dient als auch dem „Bereich der sozialen Sicherheit" unterfällt. 3.81

In systematischer Hinsicht ist darauf hinzuweisen, dass die in Anhang III Nr. 15 MwStSystRL enthaltene Wendung *„für wohltätige Zwecke und im Bereich der sozialen Sicherheit"* eine **Entsprechung in der Steuerbefreiung nach Art. 132 Abs. 1 Buchst. g MwStSystRL** findet.[4] Ferner greift die Steuersatzermäßigung nur ein, soweit die betreffenden Leistungen nicht bereits *„gemäß den Art. 132, 135 und 136 von der Steuer befreit sind."* Aus diesem Vorbehalt wird man schließen können, dass der **Anwendungsbereich der Steuersatzermäßigung weiterreichen muss als derjenige der zwingenden Steuerbefreiungen** nach Art. 132, 135 und 136 MwStSystRL, weil es anderenfalls keiner Steuerermäßigung für gemeinnützige Einrichtungen mehr bedurft hätte. Während die Steuerbefreiung auf *„eng verbundene Leistungen"* beschränkt ist, fordert die Steuersatzermäßigung nur einen gewissen Bezug zu wohltätigen Zwecken – *„engaged in [...]"* bzw. *„et engages dans des [...]"* -. Im Übrigen verwenden Art. 132 Abs. 1 Buchst. g und Nr. 15 Anhang III in Hinsicht auf das Merkmal *„für wohltätige Zwecke und im Bereich der sozialen Sicherheit"* gleichartige Begriffe. Bei der Auslegung des Merkmals *„für wohltätige Zwecke und im Bereich der sozialen Sicherheit"* kann deshalb im Rahmen von Nr. 15 Anhang III – wie auch GA *Jääskinen* in seinen Schlussanträgen in der Rechtssache *Kommission/Frankreich* festgestellt hat – u.U. auf die Rechtsprechung des Gerichtshofs zu Art. 132 Abs. 1 Buchst. g MwStSystRL zurückgegriffen werden.[5] 3.82

Wie der Gerichtshof mehrfach festgestellt hat, sind die Begriffe der Richtlinie – vorbehaltlich einer besonderen Definition – nach dem „gewöhnlichen Sprachgebrauch" auszulegen.[6] Die Begriffe *„wohltätige Zwecke und im Bereich der sozialen Sicherheit"*, *„welfare or security work"*, *„œuvres d'aide et de sécurité sociales"*, *„attività di assistenza e di sicurezza sociale"* sind alle eher unbestimmt und haben keine „gewöhnliche" Bedeutung. So werden die Worte **„wohltätig"** 3.83

1 GA *Jääskinen*, Schlussanträge v. 11.2.2010 – Rs. C-492/08 – Kommission/Frankreich, ECLI:EU:C:2010:72 = Slg. 2010, I-5469 Rz. 52.

2 Dazu näher *Hüttemann*, MwStR 2014, 115.

3 Unklar *Michel*, DB 2012, 2007 (2009).

4 Dazu näher *Hüttemann*, MwStR 2014, 115.

5 GA *Jääskinen*, Schlussanträge v. 11.2.2010 – Rs. C-492/08 – Kommission/Frankreich, ECLI:EU:C:2010:72 = Slg. 2010, I-5469 Rz. 70.

6 Vgl. etwa EuGH v. 18.1.2001 – Rs. C-83/99 – Kommission/Spanien, ECLI:EU:C:2001:31 Rz. 18 ff., UR 2001, 210; v. 23.10.2003 – Rs. C-109/02 – Kommission/Deutschland, ECLI:EU:2003:586 Rz. 23, UR 2004, 34 m. Anm. *Nieskens*.

**und „gemeinnützig“ im deutschen Sprachraum überwiegend als Synonyme verwendet.**[1] Die Unbestimmtheit der deutschen Begriffe lässt sich auch durch einen Rückgriff auf andere Sprachfassungen der Richtlinie nicht überwinden. So meint der englische Begriff *„welfare“*[2] – insbesondere in der Verbindung *„welfare work“* – zwar vor allem die „(Sozial-)Fürsorge“. Unter *„Welfare“* ist aber auch das öffentliche Wohl i.S.d. „Gemeinwohls“ zu verstehen.[3] So kennt das englische Charity Law sogar ein *„social welfare“*-Kriterium, das – im Sinne von *„public benefit“* – dazu dient, altruistisch motivierte Maßnahmen von anderen Aktivitäten abzugrenzen.[4] Der Begriff der *„social security“* meint auch im Englischen (ganz allgemein) die soziale Sicherheit. Die französische Sprachfassung von Nr. 15 Anhang III deutet – anders als die deutsche und englische Fassung – auf einzelne Maßnahmen der Hilfe hin (nicht auf gemeinnützige Hilfsorganisationen i.S.v. *„œuvres de bienfaisance“)*.[5] Allerdings ist auch *„œuvres d'aide“* im Französischen kein feststehender Begriff. Mit *„œuvres […] de sécurité sociales“* ist nicht die (staatliche) Sozialversicherung (dann müsste es *„sécurité sociale“* heißen) gemeint, sondern wiederum nur allgemein Maßnahmen der sozialen Sicherung. Auch in der italienischen Fassung ist nur recht allgemein von *„Hilfe“* (*„assistenza“*) die Rede.

3.84 Angesichts dieser Auslegungsschwierigkeiten überrascht es nicht, dass GA *Jääskinen* in seinen Schlussanträgen im Verfahren *Kommission/Frankreich* ganz auf eine nähere Definition und Unterscheidung der Begriffe *„wohltätige Zwecke“* und *„im Bereich der sozialen Sicherheit“* verzichtet hat.[6] Er stellte stattdessen **den Begriff des „Sozialen“ in den Vordergrund**. Ob eine Dienstleistung „sozialen Charakter“ habe, hänge – so GA *Jääskinen* weiter[7] – nicht nur von der Art der Dienstleistung ab, sondern beurteile sich entscheidend auch nach dem Zusammenhang, in dem sie erbracht werde. Zur Begründung hat er u.a. auf ein Urteil des Gerichtshofs zur Steuerbefreiung nach Art. 13 Teil A Abs. 1 Buchst. g der 6. MwStRL verwiesen.[8] Aus diesen Überlegungen zog er für die im Verfahren *Kommission/Frankreich* streitgegenständliche Tätigkeit von Rechtsanwälten im Rahmen der Prozesskostenhilfe den Schluss, dass sie sich *„ohne große Schwierigkeiten“* als Dienstleistung *„für wohltätige Zwecke“* (in der englischen Sprachfassung: *„welfare work“*) ansehen ließe.[9]

3.85 Im Ergebnis ist festzustellen, dass das Merkmal *„für wohltätige Zwecke und im Bereich der sozialen Sicherheit“* i.S.v. Nr. 15 Anhang III in der Rechtsprechung des Gerichtshofs bisher nicht näher konkretisiert worden ist. Angesichts der vergleichbaren Begriffe in Art. 132 Abs. 1 Buchst. g MwStSystRL spricht vieles dafür, dass der Kreis der begünstigten Leistungen in beiden Vorschriften nach ähnlichen Kriterien zu bestimmen und dabei vor allem auf den „sozialen Charakter“ einer Maßnahme abzustellen ist. Da der Begriff des „Sozialen“ allerdings weit

1 Vgl. *Jacobs*, Umsatzsteuer und Gemeinnützigkeit, 184 unter Hinweis auf Duden Nr. 8, sinn- und sachverwandte Worte[2], 827.

2 Vgl. dazu Oxford English Dictionary[2], Volume XX, Stichwort: „welfare“; Oxford English Reference Dictionary, 2000, Stichwort: „welfare“.

3 So ausdrücklich *Herbst*, Wörterbuch der Handels-, Finanz- und Rechtssprache, Band 1, Stichwort: „welfare“.

4 Siehe dazu *Luxton*, The Law of Charities, 165 ff.

5 Vgl. *Doucet/Fleck*, Dictionnaire juridique et économique[6], Band 1, Stichwort: „œuvre“.

6 GA *Jääskinen*, Schlussanträge v. 11.2.2010 – Rs. C-492/08, Kommission/Frankreich, ECLI:EU:C:2010:72 = Slg. 2010, I-5469 Rz. 69 ff.

7 GA *Jääskinen*, Schlussanträge v. 11.2.2010 – Rs. C-492/08, Kommission Frankreich, ECLI:EU:C:2010:72 = Slg. 2010, I-5469 Rz. 75.

8 EuGH v. 10.9.2002 – Rs. C-141/00 – Kügler, ECLI:EU:C:2002: 473 Rz. 44, UR 2002, 513.

9 GA *Jääskinen*, Schlussanträge v. 11.2.2010 – Rs. C-492/08, Kommission Frankreich, ECLI:EU:C:2010:72 = Slg. 2010, I-5469 Rz. 77.

zu verstehen ist und – rein sprachlich -der Begriff „*wohltätig*" („*welfare*") durchaus im Sinne von „*gemeinnützig*" („*Gemeinwohl*") verstanden werden kann, ist eine Erstreckung der Ermäßigung auf alle „gemeinnützigen" Leistungen durchaus noch vertretbar. Für die Praxis bleibt einstweilen abzuwarten, ob der Gerichtshof den sachlichen Anwendungsbereich der Steuersatzermäßigung tatsächlich – wie von GA *Jääskinen* vorgeschlagen[1] – auf Dienstleistungen mit „sozialem Charakter" bezieht und ob er auch ein „gemeinnütziges" Handeln unter den Begriff „*Leistungen für wohltätige Zwecke*" („*welfare work*" bzw. „*œuvres d'aide*") subsumiert. Der BFH hat sich bisher mit den Ausführungen von GA *Jääskinen* nicht auseinandergesetzt, sondern hat in einer neueren Entscheidung ohne weitere Begründung angenommen, dass z.B. Dienstleistungen für Archivsysteme, die im Rahmen eines Integrationsprojekts von behinderten Menschen durchgeführt werden, nicht unter die Richtlinienbestimmung fallen. Dieser einschränkenden Auslegung ist wegen des „sozialen Charakters" von Integrationsprojekten nicht zu folgen.

## 5. Umsetzung im deutschen Recht

Nach § 12 Abs. 2 Nr. 8 Buchst. a UStG findet der ermäßigte Steuersatz Anwendung auf: 3.86

„die Leistungen der Körperschaften, die ausschließlich und unmittelbar gemeinnützige, mildtätige oder kirchliche Zwecke verfolgen (§§ 51 bis 68 der Abgabenordnung). Das gilt nicht für Leistungen, die im Rahmen eines wirtschaftlichen Geschäftsbetriebs ausgeführt werden. Für Leistungen, die im Rahmen eines Zweckbetriebs ausgeführt werden, gilt Satz 1 nur, wenn der Zweckbetrieb nicht in erster Linie der Erzielung zusätzlicher Einnahmen durch die Ausführung von Umsätzen dient, die in unmittelbarem Wettbewerb mit dem allgemeinen Steuersatz unterliegenden Leistungen anderer Unternehmer ausgeführt werden, oder wenn die Körperschaft mit diesen Leistungen ihrer in den §§ 66 bis 68 der Abgabenordnung bezeichneten Zweckbetriebe ihre steuerbegünstigten satzungsgemäßen Zwecke selbst verwirklicht."

Vergleicht man die geltende Steuerermäßigung in § 12 Abs. 2 Nr. 8 Buchst. a UStG mit den 3.87
gemeinschaftsrechtlichen Vorgaben nach Anhang III Nr. 15, dann ist zunächst festzustellen, dass Deutschland das Mitgliedstaatenwahlrecht **in persönlicher Hinsicht** wegen der Beschränkung auf steuerbegünstigte Körperschaften (§§ 51 ff. AO) **„selektiv" umgesetzt hat.**[2] Diese Beschränkung ist gemeinschaftsrechtlich aber unbedenklich, da Nr. 15 Anhang III (ebenso wie z.B. Art. 132 Abs. 1 Buchst. g MwStSystRL) den Mitgliedstaaten ein Ermessen einräumt, welche Einrichtungen sie als „*gemeinnützig*" i.S.v. Nr. 15 Anhang III anerkennen, und der deutsche Gesetzgeber die Gesichtspunkte beachtet hat, die der Gerichtshof in der Rs. *Kommission/Frankreich* als zulässige Maßstäbe hervorgehoben hat.[3] So sind nach § 12 Abs. 2 Nr. 8 Buchst. a UStG nur Körperschaften begünstigt, die ausschließlich und unmittelbar steuerbegünstigte Zwecke verfolgen (d.h. die Einschränkung berücksichtigt die „*Ziele, die diese Einrichtungen in ihrer Gesamtheit betrachtet verfolgen*") und deren Vermögen auf Dauer für steuerbegünstigte Zwecke gebunden ist (d.h. der deutsche Gesetzgeber berücksichtigt die „*Beständigkeit ihres sozialen Engagements*"). In persönlicher Hinsicht entspricht das deutsche Recht mithin den Maßstäben der MwStSystRL.

1 GA *Jääskinen*, Schlussanträge v. 11.2.2010 – Rs. C-492/08 – Kommission Frankreich, ECLI:EU:C:2010:72 = Slg. 2010, I-5469 Rz. 69 ff.
2 Zutreffend *Jacobs*, Umsatzsteuer und Gemeinnützigkeit, 182.
3 EuGH v. 17.6.2010 – Rs. C-492/08 – Kommission/Frankreich, ECLI:EU:C:2010:348 Rz. 45, UR 2010, 662.

3.88 Allerdings verlangt das Unionsrecht – wie der Gerichtshof im Verfahren *Kommission/Frankreich* festgestellt hat[1] – neben der persönlichen Voraussetzung der Steuersatzermäßigung („anerkannte gemeinnützige Einrichtungen") auch eine sachliche Beschränkung auf Leistungen „für wohltätige Zwecke und im Bereich der sozialen Sicherheit". Dieses Erfordernis fehlt im deutschen UStG, weshalb § 12 Abs. 2 Nr. 8 Buchst. a UStG nach der Ansicht des BFH[2] und einiger Stimmen im Schrifttum[3] gemeinschaftsrechtswidrig ist. Richtigerweise muss man insoweit **zwei Fragen** unterscheiden (dazu eingehend *Hummel* Rz. 26.52 ff.):

3.89 Soweit das deutsche Recht nicht nur Leistungen von steuerbegünstigten Zweckbetrieben, sondern auch im Bereich der **Vermögensverwaltung** i.S.v. § 14 S. 3 AO mit dem ermäßigten Steuersatz belegt, ist ein Verstoß gegen Unionsrecht zumindest dann zu bejahen, wenn die vermögensverwaltenden Tätigkeiten (z.B. die Überlassung des Namensrechts im Rahmen eines Sponsorings) überwiegend der bloßen Einnahmenerzielung und nicht der Verwirklichung der satzungsmäßigen gemeinnützigen Zwecke dienen, also keinen „sozialen Charakter" haben und auch nicht mit der zweckverwirklichenden Tätigkeit in einem direkten Zusammenhang stehen.[4] Demgegenüber hält der BFH die Anwendung des ermäßigten Steuersatzes im Bereich vermögensverwaltender Tätigkeiten insgesamt für richtlinienwidrig und legt den Begriff der Vermögensverwaltung einfach „richtlinienkonform" i.S. der MwStSystRL aus.[5]

3.90 Fraglich ist ferner, ob die Begünstigung von Zweckbetriebsleistungen nach § 12 Abs. 2 Nr. 8 Buchst. a S. 1 UStG deshalb gemeinschaftsrechtswidrig ist, weil der Katalog der steuerbegünstigten Zwecke i.S.v. §§ 52 – 54 AO inhaltlich über den durch das gemeinschaftsrechtliche Merkmal „für wohltätige Zwecke und im Bereich der sozialen Sicherheit" gezogenen Rahmen hinausgeht. Insoweit hängt alles davon ab, wie der EuGH den Begriff „für wohltätige Zwecke und im Bereich der sozialen Sicherheit" auslegt (vgl. dazu oben Rz. 3.80 ff.). Stellt er dabei – wie GA *Jääskinen*[6] – den Gesichtspunkt des „Sozialen" in den Vordergrund, könnten einzelne Zwecke wie z.B. die Auftragsforschung (§ 68 Nr. 9 AO)[7] oder die privilegierten Freizeitzwecke aus der Begünstigung herausfallen. Legt der EuGH das Merkmal „wohltätig" aber in einem weiteren Sinne als Synonym für „gemeinnützig" aus, könnten die Mitgliedstaaten den ermäßigten Steuersatz auch weiterhin auf alle „gemeinwohlfördernden" Leistungen anwenden. Der BFH hält trotz der durch das JStG 2007 eingefügten Einschränkung einen Verstoß gegen die Richtlinie offenbar für so offensichtlich, dass er – zumindest bisher – von einer Vorlage an den Gerichtshof abgesehen hat.[8]

1 EuGH v. 17.6.2010 – Rs. C-492/08 – Kommission/Frankreich, ECLI:EU:C:2010:348 Rz. 38 f., UR 2010, 662.

2 Siehe dazu BFH v. 8.3.2012 – V R 14/11, BStBl. II 2012, 630 = UR 2012, 560; v. 20.3.2014 – V R 4/13, UR 2014, 732 = BFH/NV 2014, 1470; v. 10.8.2016 – V R 14/15, UR 2016, 957.

3 Vgl. nur *Achatz*, DStJG Bd. 26 (2003), S. 279, 302; *Fritsch*, UVR 2005, 69; *Klenk* in Sölch/Ringleb, UStG, § 12 Abs. 2 Nr. 8 Rz. 403a; *Michel*, DB 2012, 2007.

4 So auch *Achatz*, DStJG 26 (2003), S. 279, 302; *Reiß*, Non Profit Law Yearbook 2005 (2006) S. 66 f.; *Jacobs*, Umsatzsteuer und Gemeinnützigkeit, 185.

5 Siehe BFH v. 20.3.2014 – V R 4/13, UR 2014, 732 = BFH/NV 2014, 1470; zuletzt BFH v. 10.5.2017 – V R 43/14, V R 7/15, HFR 2017. 856.

6 GA *Jääskinen*, Schlussanträge v. 11.2.2010 – Rs. C-492/08 – Kommission/Frankreich, ECLI:EU:C:2010:72 = Slg. 2010, I-5469 Rz. 69 ff.

7 Dazu *Fritsch*, UVR 2005, 69.

8 Siehe zuletzt BFH v. 10.8.2016 – V R 14/15, UR 2016, 957.

## 6. Anwendungsprobleme und rechtspolitische Kritik

Die gesetzliche Einschränkung des ermäßigten Steuersatzes durch das JStG 2007 und die neuere Rechtsprechung des BFH zur richtlinienkonformen einschränkenden Auslegung des § 12 Abs. 2 Nr. 8 Buchst. a UStG haben in der Besteuerungspraxis zu **erheblicher Rechtsunsicherheit** geführt. Die – ursprünglich als Instrument zur Abwehr missbräuchlicher Gestaltungen gedachte[1] – Neuregelung ist nicht nur mit zahlreichen neuen Abgrenzungsproblemen behaftet, sondern in der Sache eigentlich überholt, da der BFH den einschlägigen Gestaltungen inzwischen anders begegnet ist.[2] Ferner ist bisher nicht absehbar, wie lange die Finanzverwaltung – abweichend vom BFH-Urteil vom 20.3.2014[3] – gemeinnützigen Einrichtungen im Bereich der Vermögensverwaltung (z.B. bei einer Überlassung des Namensrechts im Rahmen eines Sponsorings) noch den ermäßigten Steuersatz gewährt. Da eine – u.U. rückwirkende – Anwendung des Regelsteuersatzes für gemeinnützige Einrichtungen zu existenzgefährdenden Steuerforderungen führen kann, ist der Gesetzgeber dringend aufgerufen, hier für Klarheit zu sorgen. Dazu könnte auch der BFH einen Beitrag leisten, wenn er dem Gerichtshof („gesetzlicher Richter") durch eine Vorlage endlich Gelegenheit geben würde, bestehende gemeinschaftsrechtliche Zweifel an der Auslegung von Nr. 15 Anhang III zu beseitigen. 3.91

Was die **rechtspolitische Kritik** am ermäßigten Steuersatz für gemeinnützige Leistungen anbetrifft,[4] so steht zwar außer Frage, dass unterschiedlich hohe Steuersätze für bestimmte Leistungen für alle Beteiligten mit einem zusätzlichen Verwaltungsaufwand verbunden sind, die Komplexität des Steuersystems erhöhen und aus Sicht des Fiskus zu nicht unerheblichen Steuermindereinnahmen führen. Darüber hinaus mag man – zumindest im Vergleich zu direkten Subventionen – auch die „Zielgenauigkeit" von Umsatzsteuerermäßigungen bezweifeln. Auf der anderen Seite ist zu berücksichtigen, dass eine grundsätzliche Änderung des geltenden Systems – z.B. eine Aufhebung des ermäßigten Steuersatzes in der MwStSystRL – gegenwärtig politisch nicht durchsetzbar erscheint, weil es angesichts der relativ hohen „Regelsteuersätze" in der EU zu einer erheblichen Verteuerung zahlreicher Leistungen käme. Dies dürfte auch ein Grund dafür sein, dass der jüngste Richtlinienvorschlag der EU-Kommission zur Mehrwertsteuer vom 18.1.2018 keine Abschaffung der ermäßigten Steuersätze vorsieht, sondern – im Gegenteil – die Spielräume der Mitgliedstaaten bei der Einführung einer ermäßigten Besteuerung deutlich ausweiten möchte.[5] Wenn aber der ermäßigte Steuersatz für gemeinnützige Leistungen kein „Auslaufmodell" ist, besteht umso mehr Bedarf für eine rechtssichere Ausgestaltung im nationalen Recht, die für die betroffenen Einrichtungen die notwendige Planungssicherheit schafft. 3.92

1 Dazu näher *Hüttemann*, MwStR 2014, 115 f.

2 Der BFH verneint nunmehr eine „ausschließliche" Gemeinnützigkeit, wenn in erster Linie finanzielle Vorteile durch den ermäßigten Steuersatz angestrebt werden, vgl. BFH v. 23.1.2012 – V R 59/09, BStBl. II 2012, 544.

3 BFH v. 20.3.2014 – V R 4/13, UR 2014, 732 = BFH/NV 2014, 1470.

4 Vgl. dazu nur *Ismer/Kaul/Reiß/Rath*, DStR 2010, 1970 m.w.N.

5 Vgl. Richtlinienvorschlag v. 18.1.2018, KOM (2018) 20 endg.

# Kapitel 4
# Verhältnis zum Beihilferecht



**Literatur:** *Brocke, v./Wohlhöfler*, Anmerkung zu EuGH, Urt. v. 18.7.2013, C-6/12, ISR 2013, 293; *Geburtig*, Konkurrentenrechtsschutz aus Art. 88 Abs. 3 Satz 3 EG; *Hackemann/Sydow*, Richtungsentscheidung des EuGH in der Rs. EuGH Aktenzeichen C-6/12, P Oy für die Voraussetzungen der Einstufung einer Sanierungsklausel als staatliche Beihilfe; Auswirkungen auf die suspendierte deutsche Sanierungsklausel des § 8c Abs. 1a KStG, IStR 2013, 786; *Jachmann*, Die Europarechtswidrigkeit des § 5 Abs. 2 Nr. 2 KStG, BB 2003, 990; *Lang*, Anmerkung zu EuGH, Beschl. v. 18.12.2012, ISR 2013, 65; *Widmann*, Anmerkung zu EuGH, Urt. v. 24.3.2009 – Rs. C-460/07, UR 2009, 420.

## A. Allgemeine Rechtsgrundlagen und Verfahren der Beihilfekontrolle

Ein elementarer Bestandteil des Wettbewerbsrechts der Europäischen Union sind die Regeln betreffend staatliche Beihilfen in den Art. 107 bis 109 AEUV. Im Ausgangspunkt statuiert Art. 107 Abs. 1 AEUV, dass die **wettbewerbsverfälschende Begünstigung** bestimmter Unternehmen oder Produktionszweige **durch staatliche Beihilfen grundsätzlich verboten** ist, soweit sie den Handel zwischen Mitgliedstaaten beeinträchtigt. Integrationspolitischer Sinn dieses Beihilfeverbotes ist es, den Wettbewerb zwischen den im EU-Binnenmarkt tätigen Unternehmen vor Verfälschungen zu schützen[1]. Art. 107 Abs. 1 AEUV erfasst infolgedessen auch nur staatliche Beihilfen, mit denen die Mitgliedstaaten ihre eigenen wirtschafts- und sozialpolitischen Ziele verfolgen[2]. Denn von dieser Art der staatlichen Wirtschaftsförderung geht in besonderem Maße die Gefahr wettbewerbsverzerrender Effekte spezifisch zu Lasten des grenzüberschreitenden Handels im Binnenmarkt aus[3]. Auch steuerliche Verschonungssubventionen, d.h. insb. Steuerbegünstigungen können als eine solche staatliche Beihilfe einzustufen sein (Rz. 4.19). 4.1

**Bestimmte staatliche Beihilfen**, die von Art. 107 Abs. 1 AEUV erfasst werden, müssen bzw. können von der EU-Kommission nach Maßgabe des Art. 107 Abs. 2 und Abs. 3 AEUV für 4.2

1 Siehe dazu *Cremer* in Calliess/Ruffert[5], Art. 107 AEUV Rz. 4.
2 Vgl. EuGH v. 27.3.1980 – Rs. C-61/79 – Denkavit italiana, ECLI:EU:C:1980:100, Rz. 31.
3 S. *Bleckmann*, RabelsZ 48 (1984), 419 (449).

**mit dem Binnenmarkt vereinbar** erklärt und genehmigt werden. Dazu muss an sich im Wege einzelfallbezogener Prüfung festgestellt werden, ob sich die Begünstigung einer der dort aufgezählten Kategorien binnenmarktkompatibler Fördervorhaben zuordnen lässt, wobei der Kommission in den Fällen des Art. 107 Abs. 3 AEUV ein weites integrations- und wirtschaftspolitisches Ermessen zukommen soll (Rz. 4.40).

4.3 Abweichend hiervon gelten Beihilfen, welche die Voraussetzungen einer der sog. **Gruppenfreistellungs-Verordnungen** der Kommission erfüllen, pauschal als mit dem Binnenmarkt vereinbar. Rechtsgrundlage hierfür sind die Art. 109 AEUV i.V.m. Art. 1 Abs. 1 der Ermächtigungs-VO des Rates[1]. Die entsprechenden Verordnungen sind gem. Art. 288 Abs. 2 AEUV auch in den Mitgliedstaaten unmittelbar anwendbares Unionsrecht. Am bedeutsamsten ist die 2014 neu gefasste Allgemeine Gruppenfreistellungs-VO 651/2014/EU (AGV)[2]. Sie umfasst Beihilfen zugunsten von KMU, von Forschung und Entwicklung, im Bereich des Umweltschutzes, zwecks Förderung von Beschäftigung und Ausbildung, zur Schaffung von Breitbandinfrastrukturen, kulturpolitisch motivierte Beihilfen sowie Regionalbeihilfen[3] und Beihilfen für Regionalflughäfen, Häfen sowie lokale Infrastrukturen[4]. Erwähnenswert ist ferner die Gruppenfreistellungs-VO für Dienstleistungen von allgemeinem wirtschaftlichem Interesse[5]. Mangels Wettbewerbsrelevanz werden außerdem staatliche Maßnahmen, die eine bestimmte Förderintensität nicht überschreiten, nach sog. **De minimis-Verordnungen**[6] schon aus dem Tatbestand des Beihilfeverbotes ausgenommen. Für gesetzliche Steuervergünstigungen spielt diese Ausnahme allerdings im Rahmen ihrer abstrakten Überprüfung durch die Kommission regelmäßig keine Rolle (Rz. 4.38).

4.4 Soweit die Gruppenfreistellungs-Verordnungen nicht einschlägig sind, hat die Kommission vielfach in sog. **Leitlinien und Unionsrahmen** zu erkennen gegeben, unter welchen Voraussetzungen sie bestimmte Arten von Beihilfen gem. Art. 107 Abs. 3 AEUV für mit dem Binnen-

1 Verordnung (EU) 2015/1588 des Rates vom 13.7.2015 über die Anwendung der Artikel 107 und 108 AEUV auf bestimmte Gruppen horizontaler Beihilfen; zuletzt geändert durch Verordnung (EU) 2018/1911 vom 26.11.2018.

2 VO (EU) Nr. 651/2014 v. 17.6.2014 zur Feststellung der Vereinbarkeit bestimmter Gruppen von Beihilfen mit dem Binnenmarkt in Anwendung der Art. 107 und 108 des Vertrags über die Arbeitsweise der Europäischen Union. Daneben existiert insbesondere noch die Verordnung (EG) Nr. 1857/2006 der Kommission v. 15.12.2006 über die Anwendung der Art. 87 und 88 EGV auf staatliche Beihilfen an kleine und mittlere in der Erzeugung von landwirtschaftlichen Erzeugnissen tätige Unternehmen.

3 S. Art. 1 Abs. 1 VO 651/2014/EU.

4 S. Art. 1 Nr. 1 VO 1084/2017/EU.

5 Beschluss der Kommission v. 20.12.2011 über die Anwendung von Art. 106 Abs. 2 des Vertrags über die Arbeitsweise der Europäischen Union auf staatliche Beihilfen in Form von Ausgleichsleistungen zugunsten bestimmter Unternehmen, die mit der Erbringung von Dienstleistungen von allgemeinem wirtschaftlichem Interesse betraut sind, K(2011) 9380.

6 Verordnung (EU) Nr. 1407/2013 der Kommission v. 18.12.2013 über die Anwendung der Art. 107 und 108 AEUV auf De-minimis-Beihilfen (vormals VO 1998/2006); Verordnung (EU) Nr. 360/2012 v. 25.4.2012 über die Anwendung der Art. 107 und 108 des Vertrags über die Arbeitsweise der Europäischen Union auf De-minimis-Beihilfen an Unternehmen, die Dienstleistungen von allgemeinem wirtschaftlichem Interesse erbringen. Rechtsgrundlage für diese Verordnungen sind die Art. 108 Abs. 4 AEUV i.V.m. Art. 109 AEUV, Art. 2 Abs. 1 der Verordnung (EG) Nr. 994/98 des Rates v. 7.5.1998 über die Anwendung der Art. 107 und 108 des Vertrags über die Arbeitsweise der Europäischen Union auf bestimmte Gruppen horizontaler Beihilfen („Ermächtigungs-VO").

markt vereinbar hält[1]. Diese mit einer Verwaltungsvorschrift vergleichbaren Rechtsakte sind zwar für Steuerpflichtige und Gerichte nicht verbindlich. Die Kommission aber ist nach dem gleichheitsrechtlich fundierten Grundsatz der Selbstbindung der Verwaltung auf ihre gleichmäßige Anwendung verpflichtet und darf nur in atypischen Fällen eine abweichende Entscheidung treffen[2].

**Hinweis:** Für steuerliche Entlastungen und Begünstigungen im Umsatzsteuerrecht sind aber sowohl die Gruppenfreistellungsverordnungen als auch die Leitlinien regelmäßig nicht einschlägig (Rz. 4.41), weshalb es insoweit im Falle der Bejahung ihres Beihilfecharakters regelmäßig bei der Notwendigkeit einer einzelfallbezogenen Rechtfertigungsprüfung nach den Art. 107 Abs. 2 und 3 AEUV bleibt.

Verfahrensrechtlich flankiert wird die Beihilfenkontrolle durch die **Notifizierungspflichten der Mitgliedstaaten** und die **Prüfungsbefugnisse der EU-Kommission** nach Art. 108 AEUV. Gemäß Art. 108 Abs. 3 S. 1 AEUV sind neu eingeführte Steuerentlastungen vom jeweiligen Mitgliedstaat der EU-Kommission mitzuteilen, sofern sie als Beihilfen zu qualifizieren sind. Angesichts der gravierenden Folgen einer unterlassenen Notifizierung für die begünstigten Unternehmen (Rz. 4.7 f.) sollte im Zweifel, d.h. falls das Vorliegen einer staatlichen Beihilfe nicht eindeutig ausgeschlossen werden kann, vor Inkrafttreten einer steuerlichen bzw. steuerverfahrensrechtlichen Vorzugsbehandlung stets eine Notifizierung erfolgen. Die Kommission untersucht sodann in einem bis zu zweistufigen Verfahren (vgl. Art. 108 Abs. 3 S. 2, Abs. 2 AEUV), ob eine staatliche Beihilfe vorliegt und ob diese ggf. genehmigt wird. Im Übrigen können bestehende Beihilfen jederzeit von der Kommission einer Überprüfung hinsichtlich ihrer – ggf. fortdauernden – Binnenmarktkompatibilität unterzogen werden, vgl. Art. 108 Abs. 1 u. 2 AEUV. Sowohl für neue wie für bestehende Beihilfen sind die Verfahrensabläufe jeweils in der **Beihilfe-Verfahrensverordnung (VerfVO)**[3] niedergelegt, die ihrerseits in einigen Punkten durch die Beihilfe-Durchführungsverordnung[4] konkretisiert wird. Jede Verfahrensstufe wird durch eine Entscheidung der Kommission abgeschlossen[5], die jeweils unter bestimmten Voraussetzungen einer anschließenden Prüfung durch die europäische Gerichtsbarkeit zugänglich ist. 4.5

Neu geschaffene steuerliche Beihilfen dürfen gemäß dem sog. **Durchführungsverbot** des Art. 108 Abs. 3 S. 3 AEUV bis zum Abschluss des Prüfungsverfahrens durch die Kommission nicht gewährt werden. Anders als bei dem unter Genehmigungsvorbehalt stehenden Beihilfeverbot des Art. 107 Abs. 1 AEUV handelt es sich bei dem Durchführungsverbot um unmittelbar in den Mitgliedstaaten anwendbares und vorrangig zu beachtendes Unionsrecht; es kann 4.6

---

1 S. insb. den Unionsrahmen für staatliche Beihilfen in Form von Ausgleichsleistungen für die Erbringung öffentlicher Dienstleistungen (2012/C 8/03); die Leitlinien für Regionalbeihilfen 2014-2020 (2013/C 209/01); den Unionsrahmen für staatliche Beihilfen zur Förderung von Forschung, Entwicklung und Innovation (2014/C 198/01); die Leitlinien für staatliche Umweltschutz- und Energiebeihilfen 2014-2020 (2014/C 200/01).

2 S. EuGH v. 5.10.2000 – Rs. C-288/96 – Deutschland/Kommission, ECLI:EU:C:2000:537, Rz. 62 m.w.N.; dies erkennt die Kommission auch selbst an, s. Kommissionsbeschluss v. 19.12.2017, C(2017) 8734, Rz. 227.

3 Verordnung (EU) 2015/1589 v. 13.7.2015 über besondere Vorschriften für die Anwendung von Artikel 108 AEUV.

4 Verordnung (EG) Nr. 794/2004 der Kommission v. 21.4.2004 zur Durchführung der Verordnung (EG) Nr. 659/1999 des Rates über besondere Vorschriften für die Anwendung von Art. 93 EGV.

5 Einen Überblick überlaufende und abgeschlossene Beihilfeverfahren bietet die online-Datenbank der Kommission: http://ec.europa.eu/competition/elojade/isef/index.cfm?clear=1&policy-area-id=3.

zudem subjektive Rechte des Einzelnen (insb. von benachteiligten Konkurrenten) begründen[1]. Dabei spielt es nach dem klaren Wortlaut des Art. 108 Abs. 3 S. 3 AEUV keine Rolle, ob der – ggf. erst später von Kommission oder EuGH festgestellte – Beihilfecharakter der Steuervergünstigung offensichtlich oder aber objektiv zweifelhaft ist[2]. Außerdem ist es grundsätzlich unbeachtlich, ob die fragliche Beihilfe nach Art. 107 Abs. 2, Abs. 3 AEUV von der Kommission genehmigt werden muss bzw. – bspw. wegen Erfüllung der Kriterien einer ermessensleitenden Mitteilung – absehbar genehmigt werden wird; denn dies festzustellen obliegt allein der Kommission.

4.7 Tritt eine gesetzlich vorgesehene und als neue Beihilfe (Rz. 4.42) einzustufende Steuervergünstigung vor Abschluss des Prüfverfahrens oder sogar unter vollständiger Missachtung der Notifizierungspflicht in Kraft, ist sie folglich im Rahmen der Steuerfestsetzung *unanwendbar*[3]. Wird die betreffende Steuerentlastung gleichwohl bei der Festsetzung bzw. Anmeldung einer Steuer berücksichtigt, so können davon ausgeschlossene Konkurrenten die Beachtung des Durchführungsverbotes im Wege einer **negativen Konkurrentenklage** einfordern[4]. Die Kommission hat zu Einzelfragen dieses Verfahrens eine Art Merkblatt in Gestalt der – rechtlich unverbindlichen – „*Bekanntmachung über die Durchsetzung des Beihilfenrechts durch die einzelstaatlichen Gerichte*" verfasst[5].

4.8 Stuft die Kommission die Steuerbegünstigung endgültig als eine nicht binnenmarktkompatible Beihilfe ein (sog. „*Negativentscheidung*"), so hat außerdem die **Aufhebung einer bereits unionsrechtswidrig gewährten Beihilfe** durch Rückforderung auch von Amts wegen zu erfolgen[6]. Bei steuerlichen Beihilfen läuft dies regelmäßig auf die nachträgliche Auferlegung der

---

1 Grundlegend – obschon nur als obiter dictum – EuGH v. 15.7.1964 – Rs. C-6/64, Costa/E.N.E.L., ECLI:EU:C:1964:66; s. ferner etwa EuGH v. 11.12.1973 – Rs. 120/73 – Lorenz GmbH/Bundesrepublik Deutschland u.a., ECLI:EU:C:1973:152, Rz. 8; v. 8.11.2001 – Rs. C-143/99 – Adria-Wien Pipeline, ECLI:EU:C:2001:598, Rz. 26; v. 3.3.2005 – Rs. C-172/03 – Heiser, ECLI:EU:C:2005:130, Rz. 59, UR 2005, 222; v. 21.11.2013 – Rs. C-284/12 – Deutsche Lufthansa, EU:C:2013:755, Rz. 29. Auf die engeren Voraussetzungen der traditionellen deutschen Schutznormtheorie (s. *Wahl* in Schoch/Schmidt-Aßmann/Pietzner, § 43 VwGO Rz. 94 ff.) kommt es insoweit nicht an. S. zur Begründung subjektiver Rechte und zum Kreis der klagebefugten Konkurrenten eingehend *Geburtig*, Konkurrentenrechtsschutz aus Art. 88 Abs. 3 Satz 3 EGV, 144 ff.

2 So auch *Sutter*, Das EG-Beihilfenverbot und sein Durchführungsverbot in Steuersachen, 162; *Rosenberg*, Das beihilferechtliche Durchführungsverbot im Steuerverfahren, 209 ff., m.w.N.

3 S. zur Unanwendbarkeit EuGH v. 11.12.1973 – Rs. C-120/73 – Lorenz GmbH/Bundesrepublik Deutschland, ECLI:EU:C:1973:152, Rz. 7 ff.; v. 8.11.2011 – Rs. C-143/99 – Adria-Wien Pipeline, ECLI:EU:C:2001:598, Rz. 25 ff.; unter Verweis auf EuGH v. 21.11.1991 – Rs. C-354/90 – Fédération nationale u.a./Frankreich, ECLI:EU:C:1991:440, Rz. 10 ff.; v. 16.12.2010 – Rs. C-239/09 – Seydaland, ECLI:EU:C:2010:778, Rz. 52; *Sutter*, Das EG-Beihilfenverbot und sein Durchführungsverbot in Steuersachen, 216 ff.; *Lang*, Die Auswirkungen des gemeinschaftsrechtlichen Beihilferechts auf das Steuerrecht, 68; *Bode*, FR 2011, 1034 (1037). Einschränkend hinsichtlich der Nichtanwendung schon im Vorfeld einer gerichtlichen Anordnung *Rosenberg*, Das beihilferechtliche Durchführungsverbot im Steuerverfahren, 264 ff. **A.A.** *Hey*, StuW 2010, 301 (309 f.).

4 S. dazu und zu einem etwaigen vorgeschalteten Auskunftsbegehren auch *Englisch*, StuW 2008, 43; *Bode*, FR 2011, 1034 (1041 ff.); sowie eingehend *Englisch* in Schaumburg/Englisch, Europäisches Steuerrecht, Rz. 9.61 ff.

5 Bekanntmachung der Kommission über die Durchsetzung des Beihilfenrechts durch die einzelstaatlichen Gerichte, (2009/C 85/01) – ABl. C 85 v. 9.4.2009.

6 EuGH v. 21.3.1990 – Rs. C-142/87 – Belgien/Kommission, ECLI:EU:C:1990:125, Rz. 66; v. 10.6.1993 – Rs. C-183/91 – Kommission/Griechenland, ECLI:EU:C:1993:233, Rz. 16; v. 22.12.2010 – Rs. C-507/08 – Kommission/Slowakei, ECLI:EU:C:2010:802, Rz. 42, m.w.N.; v. 9.6.2011 – Rs.

Regelsteuerbelastung hinaus[1]. Bei einer Positiventscheidung der Kommission, die Beihilfe für binnenmarktkompatibel zu erklären, wird der Verstoß gegen das Durchführungsverbot zwar nicht geheilt[2]. Allerdings ist dann lediglich der Zinsvorteil abzuschöpfen[3]. Die Kommission wird dabei in beiden Fällen regelmäßig gem. Art. 14 Abs. 1 VerfVO einen **Rückforderungsbeschluss** erlassen, der gem. Art. 108 Abs. 2 S. 1; 288 Abs. 4 AEUV gegenüber dem betroffenen Mitgliedstaat verbindlich ist. Dieser hat ihn ausweislich des Art. 14 Abs. 3 der VerfVO entsprechend dem Prinzip der mitgliedstaatlichen Verfahrensautonomie grundsätzlich nach Maßgabe seines nationalen Verfahrensrechts umzusetzen.

**Hinweis:** Die Kommission hat hierzu im Jahr 2007 eine noch immer gültige *Leitlinie* erlassen, die für nationale Behörden unbeschadet ihres Mangels an Rechtsverbindlichkeit eine gewisse Orientierungsfunktion entfalten soll und sich wesentlich auf die bis dahin ergangene, einschlägige EuGH-Rechtsprechung stützt[4].

Die nationalen Behörden haben anhand der **Umstände des Einzelfalles** zu prüfen, welche Konsequenzen sich aus einer Rückforderungsentscheidung der Kommission konkret für jedes einzelne derjenigen Unternehmen ergeben, die von der für unionsrechtswidrig erachteten Steuerentlastung profitiert haben. Soweit die Kommission eine steuergesetzliche Regelung – wie regelmäßig – nur abstrakt aufgrund ihrer potentiell negativen Auswirkungen auf den Wettbewerb im Binnenmarkt und den innergemeinschaftlichen Handel überprüft hat, muss folglich noch für den jeweiligen Beihilfeempfänger festgestellt werden, ob diese Voraussetzungen (Rz. 4.39) auch im individuellen Fall vorliegen; nur dann ist die Steuervergünstigung zu revidieren[5]. Dasselbe gilt auch hinsichtlich des Überschreitens der Bagatellschwelle nach der De Minimis-Verordnung (Rz. 4.38)[6]. 4.9

## B. Bedeutung im Steuerrecht

Nach ständiger Rechtsprechung des EuGH ist der in Art. 107 Abs. 1 AEUV verwendete Begriff der Beihilfe weiter als der Begriff der (Direkt-)Subvention. Er umfasst nicht nur offen als solche ausgewiesenen Zuwendungen in Form von verlorenen Zuschüssen, vergünstigten Konditionen der Kreditgewährung, etc. Vielmehr können **auch Verschonungssubventionen** staatliche Beihilfen darstellen, wenn eine von Unternehmen „normalerweise" zu tragende 4.10

C-71/09 P – Comitato „Venezia vuole vivere" u.a./Kommission, ECLI:EU:C:2011:368, Rz. 181; v. 24.1.2013 – Rs. C-529/09 – Kommission/Spanien, ECLI:EU:C:2013:31, Rz. 90.

1 S. EuGH v. 21.12.2016 – C-164/15 P und C-165/15 P – Aer Lingus und Ryanair, EU:C:2016:990 Rz. 95; *Rossi-Maccanico*, EC Tax Review 2015, 63 (75).

2 S. EuGH v. 5.10.2006 – Rs. C-368/04 – Transalpine Ölleitung, ECLI:EU:C:2006:644, Rz. 41 und 54; *Rosenberg*, Das beihilferechtliche Durchführungsverbot im Steuerverfahren, 133 ff.

3 S. EuGH v. 12.2.2008 – Rs. C-199/06 – CELF, ECLI: EU:C:2008:79, Rz. 51 ff.; *Gundel*, EWS 2008, 161; *Paterno*, Bulletin for International Taxation 2011, 343 (347).

4 S. Bekanntmachung der Kommission v. 15.11.2007, Rechtswidrige und mit dem Gemeinsamen Markt unvereinbare staatliche Beihilfen: Gewährleistung der Umsetzung von Rückforderungsentscheidungen der Kommission in den Mitgliedstaaten (2007/C 272/05).

5 S. EuGH v. 9.6.2011 – Rs. C-71/09 P u.a. – Comitato „Venezia vuole vivere" u.a./Kommission, ECLI:EU:C:2011:368, Rz. 63 f. u. 114 f.; s. auch GA *Trstenjak*, Schlussanträge v. 16.12.2010 – Rs. C-71/09 P – Comitato „Venezia vuole vivere" u.a./Kommission, ECLI:EU:C:2010:771, Rz. 195 f.

6 S. Bekanntmachung der Kommission v. 15.11.2007, Rechtswidrige und mit dem Gemeinsamen Markt unvereinbare staatliche Beihilfen: Gewährleistung der Umsetzung von Rückforderungsentscheidungen der Kommission in den Mitgliedstaaten (2007/C 272/05), Rz. 49.

abgaben- bzw. steuerrechtliche Belastung vermindert wird[1]. Dies betrifft im Steuerrecht der EU-Mitgliedstaaten vor allem **gesetzliche Steuervergünstigungen für Unternehmen**. Daneben können aber auch eine bloße **Verwaltungspraxis oder Einzelmaßnahmen** im Steuervollzug das Beihilfenverbot tangieren, soweit bestimmten Unternehmen infolgedessen eine günstigere steuerliche Behandlung als anderen zuteil wird[2].

4.11 Vor der ECOFIN-Entschließung zum schädlichen Steuerwettbewerb im Jahr 1997[3] hat die Kommission steuerliche Vergünstigungen nur sporadisch zum Gegenstand einer beihilferechtlichen Kontrolle gemacht; dementsprechend schwach entwickelt war auch die EuGH-Rechtsprechung auf diesem Gebiet. Zwecks Effektuierung des Verhaltenskodex zur Unternehmensbesteuerung, der integraler Bestandteil der ECOFIN-Resolution war[4], wurden von der Kommission erstmals Kriterien für eine systematische Prüfung vorteilhafter mitgliedstaatlicher Steuerregime anhand des Art. 107 Abs. 1 AEUV entwickelt[5]. Das Prüfschema basierte auf der bis dahin ergangenen EuGH-Rechtsprechung und wurde 1998 in einer Mitteilung der Kommission zur Anwendung der Beihilfevorschriften im Bereich direkter Unternehmensteuern veröffentlicht[6]. Auf dieser Grundlage wurde die beihilferechtliche Kontrolle mitgliedstaatlicher Steuervergünstigungen erheblich intensiviert. Inzwischen **hat** die Kommission dieses zentrale Regelwerk als Teil ihrer übergreifenden Initiative zur Modernisierung des Beihilfenrechts[7] umfassend überarbeitet. Im Mai 2016 ist die neue **Bekanntmachung der Kommission zum Begriff der staatlichen Beihilfe i.S.d. Art. 107 Abs. 1 AEUV** veröffentlicht worden[8]. Sie ersetzt die bisherige Mitteilung aus 1998 und fasst sie mit den Erwägungen zu Beihilfen nicht abgabenrechtlicher Art zusammen. Allerdings werden einige wesentliche Probleme der Klassifizierung steuerlicher Maßnahmen als staatliche Beihilfe nach wie vor nicht oder nur oberflächlich thematisiert.

---

1 Grundlegend EuGH v. 23.2.1961 – Rs. C-30/59 – Steenkolenmijnen, ECLI:EU:C:1961:2, zum Beihilfenverbot der damaligen EGKS; seither st. Rspr., s. beispielsweise EuGH v. 8.11.2001 – Rs. C-143/99 – Adria-Wien Pipeline, ECLI:EU:C:2001:598, Rz. 38; v. 15.6.2006 – Rs. C-393/04 – Air Liquide Industries Belgium, ECLI:EU:C:2006:403, Rz. 29; v. 22.6.2006 – Rs. C-182/03 u. C-217/03 – Belgien und Forum 187, ECLI:EU:C:2006:416 u. ECLI:EU:C:2005:266, Rz. 81 u. 86; v. 17.11.2009 – Rs. C-169/08 – Regione Sardegna, ECLI:EU:C:2009:709, Rz. 56; v. 15.11.2011 – Rs. C-106/09 P u. C-107/09 P – Kommission und Spanien/Gibraltar u.a., ECLI:EU:C:2011:732, Rz. 71; v. 24.1.2013 – Rs. C-73/11 P – Frucona Košice, ECLI:EU:C:2013:32, Rz. 69; v. 21.12.2016 – C 164/15 P und C 165/15 P – Air Lingus & Ryanair, ECLI:EU:C:2016:990, Rz. 40.

2 S. EuGH v. 12.10.2000 – Rs. C-480/98 – Magefesa, ECLI:EU:C:2000:559; v. 5.6.2012 – Rs. C-124/10 P – Kommission/EDF, EU:C:2012:318; *Cremer* in Calliess/Ruffert[5], Art. 107 AEUV Rz. 40, m.w.N.; *Englisch* in Schaumburg/Englisch, Europäisches Steuerrecht, Rz. 9.12, m.w.N.

3 Schlussfolgerungen des Rates „Wirtschafts- und Finanzfragen" v. 1.12.1997 zur Steuerpolitik, (98 C 2/01), ABl. C 2/01 v. 6.1.1998, 1.

4 S. Schlussfolgerungen des Rates „Wirtschafts- und Finanzfragen" v. 1.12.1997 zur Steuerpolitik, ABl. C 2/01 v. 6.1.1998, 2.

5 Dazu eingehend *Birkenmaier*, Die Vorgaben der Beihilfevorschriften des EG-Vertrages für die direkte Unternehmensbesteuerung, S. 77 ff.

6 Mitteilung der Kommission über die Anwendung der Vorschriften über staatliche Beihilfen auf Maßnahmen im Bereich der direkten Unternehmensbesteuerung, KOM (98/C 384/03), ABl. C 384 v. 10.12.1998, 3.

7 S. dazu die Mitteilung der Kommission v. 8.5.2012, Modernisierung des EU-Beihilfenrechts, KOM(2012) 209 endgültig; zu den Zielen der Initiative s. vor allem Rz. 18.

8 S. Bekanntmachung der Kommission zum Begriff der staatlichen Beihilfe i.S.d. Art. 107 Abs. 1 AEUV (2016/C 262/01) v. 19.5.2016, ABl. C 262 v. 19.7.2016, S. 1.

Entsprechend der Zielrichtung der ECOFIN-Resolution standen nach 1998 zunächst Steuervergünstigungen auf dem Gebiet der direkten Unternehmensteuern im Fokus der Beihilfenkontrolle. Bis zur Jahrtausendwende hat die EU-Kommission nur ganz sporadisch eine Beihilfekontrolle auf dem Gebiet der indirekten Steuern vorgenommen. Seither jedoch sind **in zunehmendem Maße auch Verkehr- und Verbrauchsteuern** in ihr Visier geraten; inzwischen entfällt knapp die Hälfte aller Kommissionsentscheidungen auf sie. Dabei hat die Kommission schon in einem Sachstandsbericht von 2004 zum Ausdruck gebracht, indirekte Steuern grundsätzlich nach denselben Kriterien beurteilen zu wollen, wie sie diese in der Mitteilung 1998 für die direkten Unternehmensteuern (Rz. 4.11) formuliert hat[1]. Daran hält die Kommission auch heute noch fest[2]. Bislang dominiert insoweit in der Kontrollpraxis die Prüfung von Energiesteuervergünstigungen[3]. 4.12

Vor allem auf dem Feld **mehrwertsteuerlicher Begünstigungen** zeigt die Kommission hingegen bislang **große Zurückhaltung** bei der Annahme staatlicher Beihilfen. Begründet wird dies speziell hinsichtlich der ermäßigten Mehrwertsteuersätze mit dem Verweis darauf, dass diese „präzisen gemeinschaftsrechtlichen Vorgaben" unterlägen und „auf die steuerliche Gleichbehandlung vergleichbarer Produkte" gerichtet seien[4]. Doch zum einen besteht ein Ausgestaltungsermessen der Mitgliedstaaten, dessen Wahrnehmung Anlass zu einer beihilferechtlichen Überprüfung geben kann, nicht nur im Bereich der ermäßigten Steuersätze[5]. Zum anderen entspricht es ständiger Rechtsprechung des EuGH, dass die Mitgliedstaaten von der jeweils bereichsspezifischen Ermächtigung zur Einführung ermäßigter Umsatzsteuersätze auch nur punktuell bzw. partiell Gebrauch machen können[6]; damit aber kann es auch in diesem Bereich zu dem Mitgliedstaat zuzurechnenden Wettbewerbsverzerrungen kommen. Und schließlich ist im Bereich jeglicher Art von Umsatzsteuervergünstigungen vielfach eine Überschreitung des vom Richtliniengeber gesetzten Rahmens durch den nationalen Gesetzgeber zu beobachten[7]. Die dahingehenden Regelungen im deutschen Umsatzsteuerrecht sind dann 4.13

---

1 S. den Umsetzungsbericht der Kommission v. 9.2.2004, C(2004) 434, 21 f.

2 S. Bekanntmachung der Kommission zum Begriff der staatlichen Beihilfe i.S.d. Art. 107 Abs. 1 AEUV, Rz. 134 und 184.

3 Einen Überblick überlaufende und abgeschlossene Beihilfeverfahren bietet die online-Datenbank der Kommission: http://ec.europa.eu/competition/elojade/isef/index.cfm?clear=1&policy-area-id=3. S. speziell zu den Entscheidungen betreffend indirekte Steuern auch *Terra*, Intertax 2012, 101.

4 S. Umsetzungsbericht der Kommission v. 9.2.2004, C(2004)434, Rz. 72; zustimmend wohl *Koenig/Paul* in Streinz[2], Art. 107 AEUV Rz. 82.

5 S. bspw. Kommissionsbeschluss v. 11.7.2012, C(2012) 4217 final, Rz. 137 ff., wo die Gewährung selektiver Vergünstigung im Rahmen mitgliedstaatlicher Ermessensspielräume (Vorsteuervergütung vs. Vortrag eines Vorsteuerüberhangs) bzw. verbliebener nationaler Verfahrensautonomie (Erstattungszinsen bei Vorsteuervergütung) ausnahmsweise einmal von der Kommission aufgegriffen wurde.

6 S. EuGH v. 8.5.2003 – Rs. C-384/01 – Kommission/Frankreich, ECLI:EU:C:2003:264, Rz. 27, UR 2003, 408; v. 3.4.2008 – Rs. C-442/05 – Zweckverband Torgau-Westelbien, ECLI:EU:C:2008:184, Rz. 41-43, UR 2008, 432; v. 6.5.2010 – Rs. C-94/09 – Kommission/Frankreich, ECLI:EU:C:2010:253, Rz. 25 ff., UR 2010, 454; v. 27.2.2014 – Rs. C-454/12 und C-455/12 – Pro Med Logistik, ECLI:EU:C:2014:111, Rz. 43-45.

7 Vgl. bspw. zu § 12 II Nr. 8 Buchst. a UStG EuGH v. 17.6.2010 – Rs. C-492/08 – Kommission/Frankreich, ECLI:EU:C:2010:348, Rz. 43, UR 2010, 662: Ermäßigte Sätze dürften nur bei denjenigen gemeinnützigen Einrichtungen Anwendung finden, die „für wohltätige Zwecke und im Bereich der sozialen Sicherheit tätig sind."

zwar richtlinienwidrig, aber der Steuerpflichtige kann sie gleichwohl in Anspruch nehmen[1]. Auch insoweit kann dann aber eine staatliche Beihilfe anzunehmen sein (Rz. 4.18 f.). Es muss daher für die Zukunft mit einer intensivierten Beihilfekontrolle auf dem Gebiet des harmonisierten Umsatzsteuerrechts gerechnet werden[2].

## C. Beihilfekriterien und Implikationen für Gemeinnützigkeit und Umsatzsteuer

### I. Prüfungsstruktur

4.14 Der voll justiziable[3] Beihilfenbegriff des Art. 107 Abs. 1 AEUV wird vom EuGH und ihm folgend von der Kommission im Steuerrecht regelmäßig über eine **vierstufige Prüfungsstruktur** entfaltet[4]: Erstens muss die untersuchte steuerliche Maßnahme Unternehmen einen *selektiven Vorteil* in Gestalt einer steuerlichen Entlastung[5] verschaffen. Der Unternehmensbegriff ist dabei weit zu verstehen und umfasst jede selbständig ausgeübte Erwerbstätigkeit am Markt[6]. Zweitens muss sie als *„staatliche und staatlich finanzierte"* Maßnahme zu qualifizieren sein. Drittens muss sie den *Handel zwischen Mitgliedstaaten beeinträchtigen* und schließlich viertens eine *wettbewerbsverfälschende Wirkung* haben.

### II. Unternehmensbegriff

4.15 Beihilferechtlich relevant ist nur die Begünstigung von Unternehmen. Steuerliche Entlastungen sind daher nur an Art. 107 Abs. 1 AEUV zu messen, soweit sie natürlichen oder juristischen Personen oder Personenvereinigungen in deren Eigenschaft als Unternehmer zugutekommen. Der **Begriff des Unternehmens** wird vom EuGH in ständiger Rechtsprechung weit verstanden und soll jede selbständig ausgeübte wirtschaftliche Tätigkeit umfassen[7]. Als wirtschaftliche Tätigkeit wird das entgeltliche Angebot von Gütern oder Dienstleistungen am

1 Dazu näher *Englisch* in *Tipke/Lang*, Steuerrecht[23], § 4 Rz. 34 f., m.w.N.; *Schaumburg* in Schaumburg/Englisch, Europäisches Steuerrecht, Rz. 4.60.

2 S. jetzt auch den Richtlinienvorschlag zur Änderung der Richtlinie 2006/112/EG in Bezug auf die Mehrwertsteuersätze v. 18.1.2018, COM(2018) 20 final, S. 7; und das zugehörige Impact Assessment v. 18.1.2018 SWD(2018) 7 final, S. 47.

3 S. EuGH v. 22.12.2008 – Rs. C-487/06 – British Aggregates, ECLI:EU:C:2008:757, Rz. 111 f.

4 S. dazu die Mitteilung der Kommission v. 10.12.1998, Rz. 9 ff.; weniger deutlich nunmehr die Bekanntmachung der Kommission zum Begriff der staatlichen Beihilfe v. 19.5.2016, Rz. 5.

5 Ausnahmsweise kann der Vorteil auch in der gezielten steuerlichen Mehrbelastung von unmittelbaren Wettbewerbern bestehen, vgl. EuGH v. 7.9.2006 – Rs. C-526/04 – Laboratoires Boiron, ECLI:EU:C:2006:528, Rz. 33 ff. m.w.N.; GA *Tizzano*, Schlussanträge v. 8.5.2001 – Rs. C-53/00 – Ferring, ECLI:EU:C:2001:627, Rz. 36 ff.; *Jann* in FS Baudenbacher, 2007, 419 (428 f.); *Englisch*, StuW 2012, 318; a.A. *Schön* in Hancher u.a., EU State Aids[5], Rz. 13–036.

6 S. bspw. EuGH v. 18.6.1998 – Rs. C-35/96 – Kommission/Italien, ECLI:EU:C:1998:303, Rz. 36; v. 16.3.2004 – Rs. C-264/01 – AOK Bundesverband u.a., ECLI:EU:C:2004:150, Rz. 46; *Cremer* in Calliess/Ruffert[5], Art. 107 AEUV Rz. 27; s. ferner EuGH v. 10.1.2006 – Rs. C-222/04 – Cassa di Risparmio di Firenze u.a., ECLI:EU:C:2006:8, Rz. 111 ff. (Holdings mit Kontrollfunktion).

7 S. beispielsweise EuGH v. 18.6.1998 – Rs. C-35/96 – Kommission/Italien, ECLI:EU:C:1998:303, Rz. 36; v. 16.3.2004 – Rs. C-264/01 – AOK Bundesverband u.a., ECLI:EU:C:2004:150, Rz. 46; v. 10.1.2006 – Rs. C-222/04 – Cassa di Risparmio di Firenze u.a., ECLI:EU:C:2006:8, Rz. 107 m.w.N.; *Cremer* in Calliess/Ruffert[5], Art. 107 AEUV Rz. 27.

Markt angesehen[1]. Auf die Rechtsform des Unternehmens kommt es ebenso wenig an[2] wie auf die Gewinnerzielungsabsicht[3]. Da der Unternehmensbegriff rein funktional zu bestimmen ist, kann eine Person auch nur mit einem Teil ihrer geschäftlichen Betätigung als Unternehmen anzusehen und dann nur insoweit Adressat des Beihilfeverbotes sein[4].

Somit können auch **gemeinnützige Organisationen** i.S.d. §§ 51 ff. AO jedenfalls hinsichtlich ihrer entgeltlichen Betätigungsfelder als Unternehmen zu charakterisieren sein[5]. Soweit ihnen in dieser Eigenschaft steuerliche Vergünstigungen zuteilwerden, kann folglich das Beihilfeverbot des Art. 107 Abs. 1 AEUV tangiert sein[6]. Insbesondere liegt eine unternehmerische Betätigung vor, soweit die gemeinnützige Einrichtung durch wirtschaftliche Tätigkeiten – und sei es auch nur im geringfügigem Maße – am Markt in Wettbewerb mit gewinnorientierten Unternehmen treten[7]. Ob demgegenüber „rein soziale", d.h. nicht im Rahmen eines Leistungsaustauschs sondern (im ideellen Bereich) unentgeltlich erbrachte Leistungen von 4.16

1 S. EuGH v. 18.6.1998 – Rs. C-35/96 – Kommission/Italien, ECLI:EU:C:1998:303, Rz. 36; v. 12.12.2000 – Rs. C-180/98 u.a. – Pavlov u.a., ECLI:EU:C:2000:428, Rz. 75 und v. 10.1.2006 – Rs. C-222/04 – Casa di Risparmio di Firenze u.a., ECLI:EU:C:2006:8, Rz. 107; EuGH v. 27.6.2017 – C-74/16 – Congregación de Escuelas Pías Provincia Betania, ECLI:EU:C:2017:496, Rz. 45. Zahlreiche Abgrenzungsprobleme aus verschiedenen Sektoren werden eingehend diskutiert in der Bekanntmachung der Kommission zum Begriff der staatlichen Beihilfe v. 19.5.2016, Rz. 17 ff.

2 S. EuGH v. 23.4.1991 – Rs. C-41/90 – Höfner und Elser, ECLI:EU:C:1991:161, Rz. 21; v. 10.1.2006 – Rs. C-222/04 – Cassa di Risparmio di Firenze u.a., ECLI:EU:C:2006:8, Rz. 107; EuGH v. 27.6.2017 – C-74/16 – Congregación de Escuelas Pías Provincia Betania, ECLI:EU:C:2017:496, Rz. 41 f.; Kommissionsbeschluss v. 19.12.2012 C(2012) 9461 final, Rz. 100.

3 S. EuGH v. 29.10.1980 – Rs. C-209 bis C-215 und C-218/78 – van Landewyk u.a., ECLI:EU:C:1980:248, Rz. 88; v. 16.11.1995 – Rs. C-244/94 – FFSA, ECLI:EU:C:1995:392, Rz. 21; v. 10.1.2006 – Rs. C-222/04 – Cassa di Risparmio di Firenze, ECLI:EU:C:2006:8, Rz. 123; v. 27.6.2017 – C-74/16 – Congregación de Escuelas Pías Provincia Betania, ECLI:EU:C:2017:496, Rz. 46; Kommissionsbeschluss v. 2.5.2013, C(2013) 2372 final, Rz. 54; Bekanntmachung der Kommission zum Begriff der staatlichen Beihilfe v. 19.5.2016, Rz. 9; *Koenig/Paul* in Streinz², Art. 107 AEUV Rz. 69.

4 S. EuGH v. 27.6.2017 – C-74/16 – Congregación de Escuelas Pías Provincia Betania, ECLI:EU:C:2017:496, Rz. 51; Mitteilung der Kommission über die Anwendung der Beihilfevorschriften der Europäischen Union auf Ausgleichsleistungen für die Erbringung von Dienstleistungen von allgemeinem wirtschaftlichem Interesse, ABl. C 8 v. 11.1.2012, S. 4, Rz. 9; Bekanntmachung der Kommission zum Begriff der staatlichen Beihilfe v. 19.5.2016, Rz. 10; *Helios*, Steuerliche Gemeinnützigkeit und EG-Beihilfenrecht, S. 80, m.w.N.; *Jachmann*, Gemeinnützigkeit in Europa, S. 45.

5 S. EuGH v. 10.1.2006 – Rs. C-222/04 – Cassa di Risparmio di Firenze u.a., ECLI:EU:C:2006:8, Rz. 123; Kommissionsentscheidung v. 16.9.1997, K(1997) 2903, ABl. EG 1998 Nr. L 59, 58 (62); *Benicke*, EuZW 1996, 165 (168); *Helios*, Steuerliche Gemeinnützigkeit und EG-Beihilfenrecht, S. 86.

6 S. *Jachmann*, Rechtliche Rahmenbedingungen bürgerschaftlichen Engagements, Teil II: Steuerrecht in Enquete-Kommission „Zukunft des Bürgerschaftlichen Engagements", hrsg. vom Deutschen Bundestag, 2002, S. 84; *Isensee* in DStJG 26 (2003), S. 93 (119 f.). Die gegenteilige Ansicht von *Ipsen*, Soziale Dienstleistungen und EG-Recht, 1997, S. 52 hat sich – zu Recht – nicht durchsetzen können.

7 S. EuGH v. 10.1.2006 – Rs. C-222/04 – Cassa di Risparmio di Firenze u.a., ECLI:EU:C:2006:8, Rz. 122 f.; EuG v. 12.9.2013 – Rs. T-347/09, Deutschland/Kommission, ECLI:EU:T:2013:418, Rz. 31 ff., m.w.N.; v. 27.6.2017 – C-74/16 – Congregación de Escuelas Pías Provincia Betania, ECLI:EU:C:2017:496, Rz. 46; eingehend dazu *Helios*, Steuerliche Gemeinnützigkeit und EG-Beihilfenrecht, 87 ff.; *Helios*, EWS 2006, 108 f. Kritisch *Fischer*, FR 2009, 929.

vornherein aus dem Beihilfeverbot ausgenommen sind[1], kann im Kontext des Umsatzsteuerrechts dahinstehen, weil derartige Aktivitäten hier schon nach allgemeinen Grundsätzen nicht steuerbar sind[2]. Im Übrigen kommt es auf die Art des Entgelts nicht an; auch durch Mitgliedsbeiträge finanzierte Leistungen an die Mitglieder können – ebenso wie im Umsatzsteuerrecht[3] – eine wirtschaftliche Aktivität begründen[4]. Ohne Belang ist für die Anwendbarkeit der Art. 107 ff. AEUV nach den vorstehend erörterten Maßstäben ferner die steuerrechtliche Trennung nach verschiedenen Sphären des Tätigwerdens gemeinnütziger Körperschaften (ideeller Bereich, wirtschaftlicher Geschäftsbetrieb, Vermögensverwaltung)[5]. Die vorstehenden Grundsätze gelten ferner auch für kirchliche Einrichtungen[6].

4.17 Nach einer vereinzelten Entscheidung des EuG soll das Beihilfeverbot des Art. 107 Abs. 1 AEUV allerdings nicht einschlägig sein, wenn sich die marktwirtschaftlichen Angebote der gemeinnützigen Körperschaft als eine zwangsläufige bzw. „integrale" Begleiterscheinung ihrer ideellen unentgeltlichen Betätigung darstellen und als bloße Nebentätigkeit auch von nur untergeordneter Bedeutung sind[7]. Das erstgenannte Erfordernis stimmt tendenziell mit den in § 65 Nr. 2 AO niedergelegten Anforderungen an einen **Zweckbetrieb** überein, wonach ein solcher nur dann vorliegt, wenn Verwirklichung der steuerbegünstigten satzungsmäßigen Zwecke der gemeinnützigen Körperschaft nur durch den betreffenden wirtschaftlichen Geschäftsbetrieb erreicht werden können. Dies gilt zumal unter Berücksichtigung der restriktiven Auslegung dieser Vorschrift in der jüngeren höchstrichterlichen Rechtsprechung[8]. Indes verlangt das deutsche Gemeinnützigkeitsrecht nicht, dass sich die wirtschaftliche Betätigung im Rahmen eines Zweckbetriebs als eine bloße Nebentätigkeit sonstiger, nichtwirtschaftlicher Aktivitäten der gemeinnützigen Einrichtung darstellen muss. Daher kann auch die steuerliche Privilegierung eines Zweckbetriebs i.S.d. § 65 AO beihilferechtlich relevant sein. Ferner gelten die strengen Vorgaben des § 65 Nr. 2 AO nicht für den Zweckbetriebskatalog der §§ 66 bis 68 AO[9]. Sofern (allein) aufgrund dieser Spezialregelungen ein Zweckbetrieb anzunehmen ist, hindert dies die Einstufung des wirtschaftlichen Geschäftsbetriebs als unternehmerische

---

1 S. *Hüttemann*, DB 2006, 914 (918); auch zur geringen beihilferechtlichen Bedeutung der für diesen ideellen Bereich gewährten Steuervergünstigung; dagegen überzeugend *Helios*, Steuerliche Gemeinnützigkeit und EG-Beihilfenrecht, S. 98 ff., m.w.N. zum Streitstand.

2 Statt aller *Stadie*, UStG[3], § 1 Rz. 74; *Englisch* in Tipke/Lang, Steuerrecht[22], § 17 Rz. 121 f., m.w.N.

3 S. EuGH v. 21.3.2002 – Rs. C-174/00 – Kennemer Golf & Country Club, ECLI:EU:C:2002:200, Rz. 40, UR 2002, 320 m. Anm. *Widmann*; BFH v. 11.10.2007 – V R 69/06, UR 2008, 153 (155); *Englisch* in Tipke/Lang, Steuerrecht[22], § 17 Rz. 136 f., m.w.N.

4 S. *Helios*, Steuerliche Gemeinnützigkeit und EG-Beihilfenrecht, S. 89 ff.

5 S. *Jachmann*, Gemeinnützigkeit in Europa, S. 45.

6 S. EuGH v. 27.6.2017 – C-74/16 – Congregación de Escuelas Pías Provincia Betania, ECLI:EU:C:2017:496.

7 S. EuG v. 12.9.2013 – Rs. T-347/09 – Deutschland/Kommission, ECLI:EU:T:2013:418, Rz. 34 und 41.

8 S. BFH v. 1.8.2002 – V R 21/01, BStBl. II 2003, 438 = UR 2003, 26; v. 12.6.2008 – V R 33/05, BStBl. II 2009, 221 = UR 2008, 706 (223); v. 16.12.2009 – I R 49/08, BStBl. II 2011, 398 (400): Zweckbetrieb nur dann, „wenn der wirtschaftliche Geschäftsbetrieb sich von der Verfolgung des steuerbegünstigten Zwecks nicht trennen lässt, sondern als das unentbehrliche und einzige Mittel zur Erreichung des steuerbegünstigten Zwecks anzusehen ist."

9 S. BFH v. 31.7.2013 – I R 82/12, BStBl. II 2015, 123 = FR 2014, 602, Rz. 31; *Fischer* in Hübschmann/Hepp/Spitaler, AO/FGO, § 65 AO Rz. 45; *Seer* in Tipke/Kruse, § 65 AO Rz. 2; *Unger* in Beermann/Gosch, § 65 AO Rz. 8.

Betätigung im beihilferechtlichen Sinne folglich ebenfalls nicht[1]. Im Übrigen sind die vorstehend zitierten Maßstäbe des EuG im Lichte von Sinn und Zweck der Beihilfeprüfung auch fragwürdig. Denn der EuGH betont in ständiger Rechtsprechung, dass die beihilferechtliche Prüfung einer begünstigenden steuerlichen Regelung nach ihren Wirkungen vorzunehmen ist und somit unabhängig von der Zielsetzung der Begünstigung[2]. Es dürfte demnach auch nicht darauf ankommen, ob die wirtschaftlichen Aktivitäten eng mit der Verwirklichung ideeller Zielsetzungen zusammenhängen und letztlich nur diese begünstigt werden sollen[3]; die Einbeziehung von Zweckbetrieben in steuerliche Begünstigungen ist daher stets als beihilferelevant anzusehen[4].

Gemeinnützige Einrichtungen können ferner auch mittelbar unternehmerisch tätig werden, wenn sie wesentliche Beteiligungen an wirtschaftlich tätigen Unternehmen halten, sofern sie unmittelbar oder mittelbar Einfluss auf deren Verwaltung nehmen[5]. Für eine solche Beteiligung bzw. für die hieraus resultierenden Erträge gewährte steuerliche Begünstigungen können daher beihilfenrelevant sein. Allerdings tendiert der BFH dazu, in diesen Fällen auch keine bloße Vermögensverwaltung i.S.d. § 14 S. 3 AO mehr anzunehmen, sondern einen nicht steuerbegünstigten wirtschaftlichen Geschäftsbetrieb[6]; unter dieser Prämisse ergibt sich dann keine Beihilfeproblematik. Demgegenüber ist eine bloße *Portf*olioverwaltung auch bei größeren Volumina der gehaltenen und ggf. umgeschichteten Wertpapiere nicht unternehmerischer Natur[7]. Ihre steuerliche Begünstigung unterliegt darum keinen beihilferechtlichen Beschränkungen. Auch die Weiterleitung von Mitteln an andere gemeinnützige oder staatliche Einrichtun-

---

1 Vgl. auch *Seer* in Tipke/Kruse, § 65 AO Rz. 5; *Hüttemann*, DB 2006, 914 (919).

2 Grundlegend EuGH v. 2.7.1974 – Rs. C-173/73 – Italien/Kommission, ECLI:EU:C:1974:71, Rz. 26–28. Seither st. Rspr., s. beispielsweise EuGH v. 17.6.1999 – Rs. C-75/97 – Belgien/Kommission („Maribel"), ECLI:EU:C:1999:311, Rz. 25 m.w.N.; v. 3.3.2005 – Rs. C-172/03 – Heiser, ECLI:EU:C:2005:130, Rz. 46, UR 2005, 222; v. 22.12.2008 – Rs. C-487/06 P – British Aggregates/Kommission, ECLI:EU:C:2008:757, Rz. 85 u. 89; v. 8.9.2011 – Rs. C-279/08 P – Kommission/Niederlande, ECLI:EU:C:2011:551, Rz. 51; v. 9.6.2011 – Rs. C-71/09 P u.a. – Comitato „Venezia vuole vivere" u.a./Kommission, ECLI:EU:C:2011:368, Rz. 94. S. auch GA *Kokott*, Schlussanträge v. 2.7.2009 – Rs. C-169/08 – Presidente del Consiglio die Ministri, ECLI:EU:C:2009:420, Rz. 128; *Drabbe* in Rust/Micheau, State Aid and Tax Law, 2013, 87 (104); Bekanntmachung der Kommission zum Begriff der staatlichen Beihilfe v. 19.5.2016, Rz. 67 u. 129.

3 So auch *Glaser*, StuW 2012, 168 (180); s. auch schon *Helios*, Steuerliche Gemeinnützigkeit und EG-Beihilfenrecht, S. 85 und 97.

4 So i.E. auch *Benicke*, EuZW 1996, 165 (168 f.); *Helios*, Steuerliche Gemeinnützigkeit und EG-Beihilfenrecht, S. 97; *Musil*, DStR 2009, 2453 (2456); *Droege*, Gemeinnützigkeit im offenen Steuerstaat, S. 516; *Grube*, Der Einfluss des unionsrechtlichen Beihilfeverbots auf das deutsche Steuerrecht, S. 138; *Hüttemann*, Gemeinnützigkeits- und Spendenrecht[3], Rz. 1.113; *Musil*, FR 2014, 953 (956).

5 S. EuGH v. 10.1.2006 – Rs. C-222/04 – Cassa di Risparmio di Firenze, ECLI:EU:C:2006:8, Rz. 111 ff.; *Rossi* in Weber (Hrsg.), EU Income Tax Law: Issues for the Years Ahead, 2013, 123 (126 f.).

6 Vgl. BFH v. 30.6.1971 – I R 57/70, BStBl. II 1971, 753. S. ferner BFH v. 27.3.2001 – I R 78/99, BStBl. II 2001, 449 (450) = FR 2001, 836 m. Anm. *Pezzer*; v. 16.11.2011 – I R 31/10, BFH/NV 2012, 786 (789); jeweils zur geringeren Schwelle zur eigenen wirtschaftlichen Betätigung bei Beteiligungen an gewerblich tätigen Personengesellschaften.

7 S. Mitteilung der Kommission über die Anwendung der Beihilfevorschriften der Europäischen Union auf Ausgleichsleistungen für die Erbringung von Dienstleistungen von allgemeinem wirtschaftlichem Interesse, ABl. C 8 vom 11.1.2012, S. 4, Rz. 10; *Helios*, Steuerliche Gemeinnützigkeit und EG-Beihilfenrecht, S. 95 f.

gen durch eine sog. Mittelbeschaffungskörperschaft i.S.d. § 58 Nr. 1 AO oder sonst nach § 58 Nr. 2 bis 4 AO stellt für sich genommen keine unternehmerische Betätigung dar[1].

4.18 Die Gerichte der EU haben ferner in ständiger Rechtsprechung klargestellt, dass auch die **indirekte bzw. mittelbare Begünstigung von Unternehmen** der Beihilfekontrolle unterliegt[2]. Das ergibt sich insbesondere auch aus Art. 107 Abs. 2 Buchst. a AEUV[3]. Die Reichweite des Beihilfeverbotes nach Art. 107 Abs. 1 AEUV beschränkt sich daher nicht auf Steuervergünstigungen, die nach ihrer gesetzlichen Konzeption unmittelbar den steuerpflichtigen Unternehmen zugutekommen sollen, obschon diese in der Praxis den Hauptanwendungsfall bilden. Potentielle Beihilfen zugunsten von Unternehmen können auch in steuerlichen Entlastungen oder Anreizen für Verbraucher[4] bestehen, sofern sich infolge der Voraussetzungen für die Inanspruchnahme des jeweiligen Steuervorteils mittelbar positive Auswirkungen auf die Wettbewerbsposition bestimmter Unternehmen ergeben. Diese können etwa in einer Ausweitung des Marktanteils oder höheren Gewinnen, in verminderten Betriebskosten oder in einer größeren Attraktivität für Investoren bestehen. Speziell im Umsatzsteuerrecht können Steuerbegünstigungen daher u.U. auch dann beihilfenrelevant sein, wenn sie in erster Linie eine steuerliche Entlastung des Konsums bestimmter Waren oder Dienstleistungen durch private Endverbraucher bewirken sollen (dazu näher Rz. 4.19).

## III. Vorteilscharakter von Steuerbegünstigungen

4.19 Die europäischen Gerichte und die EU-Kommission widmen der Prüfung, ob eine steuerliche Entlastung einen **beihilferelevanten Vorteil** bzw. – in der Diktion des Art. 107 Abs. 1 AEUV – eine „Begünstigung“ darstellt, meist keine besondere Aufmerksamkeit. Wird ein Unternehmen durch eine bestimmte steuerliche Regelung oder Verwaltungspraxis finanziell besser gestellt als andere Unternehmen, die sich hierfür nicht qualifizieren, so wird das Vorliegen eines Vorteils regelmäßig ohne weiteres bejaht[5]. Vielfach wird der Begünstigungscharakter einer steuerliche Belastungen mindernden staatlichen Maßnahme inzwischen auch gar nicht mehr gesondert bzw. eigenständig angesprochen, sondern er geht in der Prüfung der Selektivität der Maßnahme mit auf (Rz. 4.22)[6].

---

1 Vgl. EuGH v. 10.1.2006 – Rs. C-222/04 – Cassa di Risparmio di Firenze u.a., ECLI:EU:C:2006:8, Rz. 120 f.; ebenso *Hüttemann*, DB 2006, 914 (918).

2 S. dazu vorerst statt aller EuGH v. 19.9.2000 – Rs. C-156/98 – Deutschland/Kommission, ECLI:EU:C:2000:467, Rz. 22 ff., FR 2000, 1153; v. 13.6.2002 – Rs. C-382/99 – Niederlande/Kommission, ECLI:EU:C:2002:363, Rz. 38 u. 60 ff.; v. 4.3.2009 – Rs. T-445/05 – Associazione italiana del risparmio gestito und Fineco Asset Management, ECLI:EU:T:2009:50, Rz. 27 u. 127 ff. S. ferner die Bekanntmachung der Kommission zum Begriff der staatlichen Beihilfe v. 19.5.2016, Rz. 115 f.

3 S. EuGH v. 28.7.2011 – Rs. C-403/10 P, Mediaset, ECLI:EU:C:2011:533, Rz. 81.

4 S. EuGH v. 28.7.2011 – Rs. C-403/10 P – Mediaset, ECLI:EU:C:2011:533, Rz. 81.

5 S. beispielsweise EuGH v. 15.3.1994 – Rs. C-387/92 – Banco Exterior de España, ECLI:EU:C:1994:100, Rz. 14, UR 1994, 269; v. 8.9.2011 – verb. Rs. C-78-08 bis C-80/08 – Paint Graphos u.a., ECLI:EU:C:2011:550, Rz. 46; v. 15.11.2011 – Rs. C-106/09 P u. C-107/09 P – Kommission und Spanien/Gibraltar u.a., ECLI:EU:C:2011:732, Rz. 72; EuG v. 7.3.2012 – Rs. T-210/02 RENV – British Aggregates, ECLI:EU:T:2012:110, Rz. 46. S. auch Mitteilung der Kommission, KOM (98/C 384/03), ABl. C 384 v. 10.12.1998, 3, Rz. 9.

6 S. beispielsweise EuGH v. 22.12.2008 – Rs. C-487/06 P – British Aggregates, ECLI:EU:C:2008:757, Rz. 82; v. 13.2.2003 – Rs. C-409/00 – Spanien/Kommission, ECLI:EU:C:2003:92, Rz. 47; v. 11.9.2008 – Rs. C-428/06 – Unión General de Trabajadores de la Rioja, ECLI:EU:C:2008:488,

**Staatliche Beihilfen können demnach etwa sein**[1]: Steuerbefreiungen oder Steuersatzermäßigungen, vorgezogene Vorsteuervergütungen[2], ein Steuererlass[3], ein Besteuerungsaufschub[4] oder ein Verzicht auf die Vollstreckung von Steuerforderungen[5]. Nach Ansicht der EU-Kommission können auch Verständigungen zwischen Finanzverwaltung und Steuerpflichtigen als staatliche Beihilfe zu klassifizieren sein, wenn sie entweder klar gesetzeswidrig sind oder aber bei „unverhältnismäßigem" Entgegenkommen der Finanzverwaltung[6]. Das letztgenannte Kriterium lässt sich freilich kaum rechtssicher handhaben und darf jedenfalls nur sehr zurückhaltend angewendet werden.

Speziell mit Blick auf steuerliche Begünstigungen, die an den Gemeinnützigkeitsstatus einer Körperschaft anknüpfen, wird allerdings in Teilen der Literatur die Gewährung eines Vorteils aufgrund einer saldierenden Betrachtungsweise in Abrede gestellt. Die **mit dem Gemeinnützigkeitsstatus verbundenen Restriktionen** hinsichtlich der wirtschaftlichen Betätigungsfreiheit seien massiv, was zu entsprechenden Einbußen an wirtschaftlicher Leistungsfähigkeit führe. Diese „Aufopferung für das gemeine Wohl" werde durch darauf abgestimmte steuerliche Entlastungen lediglich kompensiert. Selbige hätten daher keine wettbewerbsverzerrende Wirkung, sondern würden im Gegenteil erst die gemeinnützigen Einrichtungen in den Stand zu wettbewerbsfähigem Wirtschaften setzen, also Wettbewerbsgleichheit gewährleisten[7]. 4.20

Indes erlaubt der Gerichtshof nur unter strengen, im Steuerrecht kaum je zu erfüllenden Voraussetzungen, eine **Saldierung** von begünstigend wirkenden Maßnahmen mit anderweitigen (Sonder-)Belastungen, die den begünstigten Unternehmen staatlicherseits auferlegt werden[8]. Insbesondere hat der EuGH in der Grundlagenentscheidung *Altmark Trans* entschieden, dass ein solcher Vorteils-ausgleich u.a. nur eine Charakterisierung der Begünstigung als staatliche Beihilfe ausschließt, wenn es durch die begünstigende Regelung nicht zu einer Überkompen- 4.21

---

Rz. 46; v. 8.9.2011 – Rs. C-78/08 bis C-80/08 – Paint Graphos u.a., ECLI:EU:C:2011:550, Rz. 49: S. dazu auch *Ezcurra*, Intertax 2013, 340 (343) m.w.N.; *Szudoczky*, The sources of EU law and their relationships: Lessons for the field of taxation, 2013, 574 ff. Zu Recht kritisch etwa *Jansen*, Vorgaben des europäischen Beihilferechts für das nationale Steuerrecht, S. 65 ff.

1 S. auch EuGH v. 15.12.2005 – Rs. C-66/02 – Italien/Kommission, Slg. 2005, I-10901, Rz. 77 f.; v. 15.12.2005 – Rs. C-148/04 – Unicredito, Slg. 2005, I-11137, Rz. 50; Mitteilung der Kommission (Fn. 12), Rz. 9; *Jann* in FS Baudenbacher, 426 m.w.N.; *Strüber*, Steuerliche Beihilfen, S. 132 ff., m.w.N.

2 S. Kommissionsbeschluss v. 11.7.2012 – SA.28876, C(2012) 4217 final, Rz. 118 ff.

3 S. EuG v. 7.12.2010 – Rs. T-11/07 – Frucone Košice, ECLI:EU:T:2010:498, und EuGH v. 24.1.2013 – Rs. C-73/11 P – Frucona Košice, ECLI:EU:C:2013:32.

4 S. dazu auch EuGH v. 15.12.2005 – Rs. C-66/02 – Italien/Kommission, ECLI:EU:C:2005:768, Rz. 82; v. 10.1.2006 – Rs. C-222/04 – Cassa di Risparmio di Firenze, ECLI:EU:C:2006:8, Rz. 132; v. 6.9.2006 – Rs. C-88/03 – Portugal/Kommission, ECLI:EU:C:2006:511, Rz. 56; v. 7.3.2012 – Rs. T-210/02 RENV – British Aggregates, ECLI:EU:T:2012:110, Rz. 46.

5 S. beispielsweise Kommissionsbeschlüsse v. 4.7.2006, C(2006) 2949 final, Rz. 206 (Olympic Airways); v. 1.9.2012, C(2011) 9316 final (Malév Hungarian Airlines); v. 6.3.2013, C(2013) 1167 final (Larco), Rz. 30; s. auch die Pressemitteilung v. 18.12.2013, IP/13/1287 (zu den spanischen Profi-Fußballclubs).

6 S. Bekanntmachung der Kommission zum Begriff der staatlichen Beihilfe v. 19.5.2016, Rz. 175 f. S. ferner *Luja*, Intertax 2012, 120 f., m.w.N.

7 Prononciert *Kube*, IStR 2005, 469 (475) m.w.N.; ähnlich *Musil*, DStR 2009, 2453 (2456). In einem jüngeren Beitrag räumt *Musil* allerdings ein, dass eine solche Sichtweise nicht dem gegenwärtigen Stand der EuGH-Judikatur entsprechen dürfte, s. *Musil*, FR 2014, 953 (956).

8 S. dazu auch die implizite Zurückweisung einer saldierenden Betrachtungsweise in EuGH v. 17.11.2009 – Rs. C-169/08 – Regione Sardegna, ECLI:EU:C:2009:709, Rz. 55 ff.

sation der mit der auszugleichenden Gemeinwohlverpflichtung verbundenen Lasten kommt[1]. Außerdem müssen die Parameter, anhand deren der Ausgleich berechnet wird, objektiv und transparent in der begünstigenden Regelung zum Ausdruck kommen[2]. Ausgleichsfähig sind zudem nur staatlicherseits übertragene Gemeinwohlverpflichtungen. Diese Kriterien sind auch auf Vergünstigungen in Gestalt einer Minderung von staatlich auferlegten Abgaben anzuwenden[3]. Die Kommission hat sich dem insb. auch für die Zwecke der Anwendung der wettbewerbsrechtlichen Regelungen des AEUV (einschließlich des Beihilfeverbotes) auf Dienste von allgemeinem wirtschaftlichen Interesse i.S.d. Art. 106 Abs. 2 AEUV im Wesentlichen angeschlossen[4]. Das deutsche Gemeinnützigkeitsrecht genügt den genannten Erfordernissen schon deshalb nicht, weil es keinen kalkulatorisch bemessenen Ausgleich zwischen den Steuerbegünstigungen aufgrund des Gemeinnützigkeitsstatus einerseits und den (ggf. Opportunitäts-)Kosten der Erfüllung der damit verbundenen Anforderungen andererseits herstellt[5]. Die Vorgaben an die selbstlose, ausschließliche und unmittelbare Förderung der Allgemeinheit auf bestimmten Gebieten bilden die Legitimationsbasis für die Steuervorteile, die insb. Zweckbetrieben zuteil werden; sie sind aber kein marktgerechtes Äquivalent im engeren Sinne[6]. Daneben fehlt es im Regelfall auch an einer staatlichen Betrauung der gemeinnützigen Einrichtung mit ausgleichsfähigen Gemeinwohlverpflichtungen[7].

Es wäre im Übrigen auch unbeschadet der vom EuGH formulierten strengen Voraussetzungen für eine saldierende Betrachtungsweise jedenfalls bei umsatzsteuerrechtlichen Vergünstigungen nicht ohne weiteres überzeugend, schon deren Vorteilscharakter zu verneinen. Denn die betreffenden Steuerbefreiungen und Steuerermäßigungen sollen jedenfalls teilweise nach den Vorstellungen des europäischen bzw. nationalen Gesetzgebers in erster Linie den Bezug der begünstigten Leistungen durch den jeweiligen Leistungsempfänger verbilligen, dienen also nicht primär der Steuerentlastung der gemeinnützigen Einrichtung, sondern derjenigen der Endverbraucher. Das gilt namentlich für die einschlägigen Steuerbefreiungen des § 4 UStG[8]; insofern greift der Kompensationsgedanke dann schon im Ansatz nicht.

---

1 S. EuGH v. 24.7.2003 – Rs. C-280/00 – Altmark Trans, ECLI:EU:C:2003:415, Rz. 92; s. zuvor auch schon EuGH v. 7.2.1985 – Rs. C-240/83 – ADBHU, ECLI:EU:C:1985:59, Rz. 18; v. 22.11.2001 – Rs. C-53/00 – Ferring, ECLI:EU:C:2001:627, Rz. 26 f. S. auch Bekanntmachung der Kommission zum Begriff der staatlichen Beihilfe v. 19.5.2016, Rz. 70.

2 S. EuGH v. 24.7.2003 – Rs. C-280/00 – Altmark Trans, ECLI:EU:C:2003:415, Rz. 90.

3 Vgl. EuGH v. 7.9.2006 – Rs. C-526/04 – Laboratoires Boiron, ECLI:EU:C:2006:528, Rz. 55.

4 S. Mitteilung der Kommission v. 20.9.2000, Leistungen der Daseinsvorsorge in Europa, KOM(2000) 580 endg., Rz. 26; Mitteilung der Kommission v. 23.3.2011, Reform der EU-Beihilfevorschriften über Dienstleistungen von allgemeinem wirtschaftlichem Interesse, KOM(2011) 146 endg., S. 5; Mitteilung der Kommission über die Anwendung der Beihilfevorschriften der Europäischen Union auf Ausgleichsleistungen für die Erbringung von Dienstleistungen von allgemeinem wirtschaftlichem Interesse, ABl. C 8 vom 11.1.2012, S. 4, Rz. 51 ff.

5 S. *Droege*, Gemeinnützigkeit im offenen Steuerstaat, S. 522; *Hüttemann*, Gemeinnützigkeits- und Spendenrecht[3], Rz. 1.116. Dies konzediert de lege lata auch *Jachmann*, Gemeinnützigkeit in Europa, S. 49 ff.

6 Zutreffend *Isensee*, DStJG 26 (2003), S. 93 (115 f.).

7 S. *Droege*, Gemeinnützigkeit im offenen Steuerstaat, S. 522; *Hüttemann*, Gemeinnützigkeits- und Spendenrecht[3], Rz. 1.116.

8 Vgl. EuGH v. 26.5.2005 – Rs. C-498/03 – Kingscrest Associates und Montecello, ECLI:EU:C:2005:322, Rz. 30, UR 2005, 453. Hingegen dürfte bei der Steuerermäßigung des § 12 II Nr. 8 Buchst. a UStG der Gedanke einer Förderung der gemeinnützigen Einrichtung bzw. ihrer gemeinnützigen Aktivitäten im Vordergrund stehen, vgl. BT-Drucks. 16/2712, 75.

## IV. Selektivität

### 1. Dreistufige Prüfung

Das Kriterium der **Selektivität** wird vom EuGH **bei gesetzlich determinierten Minderungen steuerlicher Belastungen dreistufig geprüft**[1]: Ein selektiver Vorteil setzt danach erstens voraus, dass eine steuerliche Entlastung nur bestimmten Unternehmen oder Produktionszweigen zugute kommt, während sie anderen Unternehmen oder Branchen nicht zugänglich ist[2]. Der Begriff „Produktionszweig" ist dabei weit zu verstehen und umfasst jeden Wirtschaftszweig einschließlich der Branchen des Dienstleistungssektors[3]. Sodann ist zweitens zu untersuchen, ob sich die unterschiedlich behandelten Gruppen im Hinblick auf die maßgeblichen gesetzlichen Zielsetzungen in einer „vergleichbaren tatsächlichen und rechtlichen Situation befinden"[4]. Kann auch dies bejaht werden, so ist die Maßnahme als *prima facie* bzw. *a priori* selektiv einzustufen[5]. Drittens schließlich kann die dadurch indizierte Annahme einer selektiven Vergünstigung widerlegt werden, wenn die betreffende Maßnahme durch das Wesen oder die allgemeinen Zwecke des Systems, zu dem sie gehört, gerechtfertigt ist[6]. 4.22

Die Prüfung des Beihilfecharakters einer Steuervergünstigung durch Kommission und EuGH weist einen **Mangel an rechtsdogmatischer Stringenz** auf. Richtigerweise kann schon das Vorliegen eines beihilfeverdächtigen Vorteils nur angenommen werden, wenn die Steuerent-

---

1 S. dazu neben den nachfolgenden Entscheidungsnachweisen auch *Drabbe* in Rust/Micheau, State Aid and Tax Law, 2013, 87 (90); *Tomat*, EStAL 2012, 462 (466). Die Kommission hat sich dem angeschlossen, vgl. Kommissionsentscheidung v. 16.10.2013, C(2013) 6654 final, Rz. 28 u. 128.

2 Der Begriff „Produktionszweig" ist i.R.d. Art. 107 I AEUV weit zu verstehen und umfasst jeden Wirtschaftszweig einschließlich der Branchen des Dienstleistungssektors, s. EuGH v. 15.12.2005 – Rs. C-148/04 – Unicredito, ECLI:EU:C:2005:774, Rz. 45 f.; *v. Wallenberg/Schütte* in Grabitz/Hilf/Nettesheim, Art. 107 AEUV Rz. 40.

3 S. EuGH v. 15.12.2005 – Rs. C-148/04 – Unicredito, ECLI:EU:C:2005:774, Rz. 45 f.; *v. Wallenberg/Schütte* in Grabitz/Hilf/Nettesheim, Art. 107 AEUV Rz. 40.

4 S. beispielsweise EuGH v. 8.11.2001 – Rs. C-143/99 – Adria-Wien Pipeline, ECLI:EU:C:2001:598, Rz. 41; v. 3.3.2005 – Rs. C-172/03 – Heiser, ECLI:EU:C:2005:130, Rz. 40, UR 2005, 222; v. 22.6.2006 – Rs. C-182/03 u. C-217/03 – Belgien und Forum 187, ECLI:EU:C:2006:416 u. ECLI:EU:C:2005:266, Rz. 119; v. 6.9.2006 – Rs. C-88/03 – Portugal/Kommission, ECLI:EU:C:2006:511, Rz. 54; v. 11.9.2008 – Rs. C-428/06 bis C-434/06 – UGT Rioja u.a., ECLI:EU:C:2008:488, Rz. 46; v. 22.12.2008 – Rs. C-487/06 P – British Aggregates/Kommission, ECLI:EU:C:2008:757, Rz. 82; v. 15.11.2011 – Rs. C-106/09 P u. C-107/09 P – Kommission u. Spanien/Gibraltar u.a., ECLI:EU:C:2011:732, Rz. 75; v. 21.12.2016 – C-20/15 P und C-21/15 P, World Duty Free u.a., ECLI:EU:C:2016:981, Rz. 54; v. 21.12.2016 – C 164/15 P und C 165/15 P – Air Lingus & Ryanair, ECLI:EU:C:2016:990, Rz. 51.

5 S. beispielsweise EuGH v. 22.12.2008 – Rs. C-487/06 P – British Aggregates, ECLI:EU:C:2008:757, Rz. 83; v. 29.3.2012 – Rs. C-417/10 – 3M Italia, ECLI:EU:C:2012:184, Rz. 40.

6 Grundlegend EuGH v. 2.7.1974 – Rs. C-173/73 – Italien/Kommission, ECLI:EU:C:1974:71, Rz. 33-35. Seither st. Rspr., s. beispielsweise EuGH v. 8.11.2001 – Rs. C-143/99 – Adria-Wien Pipeline, ECLI:EU:C:2001:598, Rz. 42; v. 15.12.2005 – Rs. C-148/04 – Unicredito Italiano, ECLI:EU:C:2005:774, Rz. 51; v. 6.9.2006 – Rs. C-88/03 – Portugal/Kommission, ECLI:EU:C:2006:511, Rz. 52; v. 22.12.2008 – Rs. C-487/06 P – British Aggregates/Kommission, ECLI:EU:C:2008:757, Rz. 83; v. 8.9.2011 – Rs. C-279/08 P – Kommission/Niederlande, ECLI:EU:C:2011:551, Rz. 62; v. 15.11.2011 – Rs. C-106/09 P und C-107/109 P – Kommission und Spanien/Government of Gibraltar und Vereinigtes Königreich, ECLI:EU:C:2011:732, Rz. 145; v. 21.6.2012 – Rs. C-452/10 P – BNP Paribas, ECLI:EU:C:2012:366, Rz. 101; v. 18.7.2013 – Rs. C-6/12 – P Oy, ECLI:EU:C:2013:525, Rz. 22, ISR 2013, 291 m. Anm. *von Brocke/Wohlhöfler*.

lastung oder -verschonung sich nicht auf den Belastungsgrund der Steuer bzw. auf ein diesen Belastungsgrund folgerichtig konkretisierendes Leitprinzip der Besteuerung (bei Lenkungssteuern ggf. das Lenkungsziel) zurückführen lässt[1]. Damit ist die vom EuGH propagierte zusätzliche, ebenfalls an den grundlegenden Steuerwürdigkeitsentscheidungen ansetzende Vergleichbarkeitsprüfung zwischen begünstigten und nicht begünstigten Unternehmen redundant, ebenso wie die meisten Varianten einer Rechtfertigung durch das Steuersystem inhärente Grundwertungen (dazu im Einzelnen Rz. 4.32). Als selektiv ist eine nicht systemkonforme Begünstigung stets dann zu qualifizieren, wenn sie zielgerichtet oder *de facto* nur bestimmte Gruppen von Unternehmen steuerlich entlastet und so im Wettbewerb mit nicht begünstigten Unternehmen stärkt.

## 2. Abweichung von der Normalbelastung zugunsten bestimmter Unternehmen

4.23 Für die Prüfung der Selektivität muss gemäß der st. Rspr. des Gerichtshofs zunächst die in dem betreffenden Mitgliedstaat geltende allgemeine oder „normale" steuerliche Behandlung ermittelt werden[2]. Oftmals wird dieser Aspekt gemeinsam mit der Feststellung des Vorteils abgehandelt[3]. Dabei bilden regelmäßig die fiskal- oder lenkungspolitischen Leitprinzipien der Steuer insgesamt den **Referenzrahmen für die Ermittlung der Normalbelastung**[4]. Unterschiede in der individuellen Steuerbelastung, die sich lediglich als Konsequenz der folgerichtigen Umsetzung und Anwendung dieser Leitprinzipien darstellen, werden von den europäischen Gerichten dann nicht als selektive Begünstigung eingestuft. Umgekehrt muss eine Steuerverschonung oder Steuerentlastung nicht notwendigerweise tatbestandstechnisch als explizite Ausnahmebestimmung (Steuerbefreiung, Steuersatzermäßigung o.Ä.) konzipiert sein, um als selektiver Vorteil eingestuft zu werden. Sie kann auch aus einem wertungswidersprüchlich zu engen Zuschnitt von Steuersubjekt oder Steuerobjekt resultieren[5].

---

1 Dazu näher *Englisch* in Schaumburg/Englisch, Europäisches Steuerrecht, Rz. 9.28 ff. Exemplarisch EuG v. 26.1.2006 – Rs. T-92/02 – Stadtwerke Schwäbisch Hall u.a., ECLI:EU:T:2006:26, Rz. 67 ff. (zu § 6 I Nr. 3a Buchst. d S. 3 EStG); s. auch den Diskussionsbeitrag von *Schön*, 17. ÖJT, Bd. IV/2, 2009, 28; sowie *Helios*, Steuerliche Gemeinnützigkeit und EG-Beihilfenrecht, S. 110; *Jennert/Ellenrieder*, EWS 2011, 305 (307 f.); abl. *M. Lang*, ISR 2013, 65 (67), m.w.N.

2 S. bspw. EuGH v. 8.11.2001 – Rs. C-143/99 – Adria-Wien Pipeline, ECLI:EU:C:2001:598, Rz. 41; v. 15.11.2011 – Rs. C-106/09 P – Kommission u.a./Gibraltar, ECLI:EU:C:2011:732, Rz. 90; v. 18.7.2013 – Rs. C-6/12 – P Oy, ECLI:EU:C:2013:525, Rz. 19.

3 S. bspw. EuGH v. 22.12.2008 – Rs. C-487/06 P – British Aggregates/Kommission, ECLI:EU:C:2008:757, Rz. 82; v. 13.2.2003 – Rs. C-409/00 – Spanien/Kommission, ECLI:EU:C:2003:92, Rz. 47; v. 11.9.2008 – Rs. C-428/06 – Unión General de Trabajadores, ECLI:EU:C:2008:488, Rz. 46. S. dazu auch *Ezcurra*, Intertax 2013, 340 (343) m.w.N.

4 Instruktiv EuGH v. 22.12.2008 – Rs. C-487/06 P – British Aggregates/Kommission, ECLI:EU:C:2008:757; EuG v. 7.3.2012 – Rs. T-210/02 RENV – British Aggregates/Kommission, ECLI:EU:T:2012:110, Rz. 49 ff. S. speziell zur steuerlichen Begünstigung von Genossenschaften auch EuGH v. 8.9.2011 – Rs. C-78/08 bis C-80/08 – Paint Graphos u.a., ECLI:EU:C:2011:550, Rz. 50. So auch die Kommission, vgl. Bekanntmachung der Kommission zum Begriff der staatlichen Beihilfe v. 19.5.2016, Rz. 134 und 136; sowie exemplarisch die Kommissionsentscheidung v. 16.10.2013, C(2013) 6654 final, Rz. 31. S. auch *Helios*, Steuerliche Gemeinnützigkeit und EG-Beihilfenrecht, S. 114; kritisch *M. Lang*, ISR 2013, 65 (67), m.w.N.

5 Grundl. EuGH v. 22.12.2008 – Rs. C-487/06 P – British Aggregates/Kommission, ECLI:EU:C:2008:757, Rz. 89, 92; seither st. Rspr., s. auch *Rydelski*, EC Tax Review 2010, 149 (150).

Die Selektivität einer Maßnahme kann nicht schon deshalb ausgeschlossen werden, weil eine große Zahl von Unternehmen aus unterschiedlichen Branchen[1] oder ein ganzer Wirtschaftszweig[2] eine Steuervergünstigung in Anspruch nehmen können. Es genügt also für die Selektivität einer steuerlichen Begünstigung auch, dass sie nur bestimmten Kategorien von Unternehmen zugute kommt[3]. Die hieran von einigen Generalanwälten geübte Kritik, ein derartig weites Verständnis der Selektivität unterminiere die mitgliedstaatliche Steuersouveränität[4] bzw. nötige zu schwierigen Erwägungen betreffend die Systemkonformität breit zugänglicher Regelungen[5], hat der EuGH in mittlerweile zwei Grundsatzentscheidungen der Großen Kammer zurückgewiesen[6]. Damit können auch spezifisch an den Gemeinnützigkeitsstatus geknüpfte steuerliche Entlastungen als selektiv einzustufen sein[7]. Eine selektive Begünstigung kommt ferner nach ständiger Rechtsprechung inn Betracht, wenn den Finanzbehörden bei der Gewährung hinsichtlich der Modalitäten ein Ermessen oder ein Beurteilungsspielraum zukommt[8]. Dies gilt namentlich dann, wenn sich die Ermessensausübung der zuständigen Behörden bei der Bestimmung der Begünstigten oder der Modalitäten der Vergünstigung an steuersystemfremden Kriterien ausrichtet. Die Anwendung eines „Genehmigungssystems, bei dem die zuständigen Behörden nur über ein durch objektive Kriterien, die dem mit der betreffenden Regelung geschaffenen Steuersystem nicht fremd sind, begrenztes Ermessen verfügen", 4.24

1 S. EuGH v. 17.6.1999 – Rs. C-75/97 – Belgien/Kommission („Maribel"), ECLI:EU:C:1999:311, Rz. 32; v. 8.11.2001 – Rs. C-143/99 – Adria-Wien Pipeline, ECLI:EU:C:2001:598, Rz. 48; v. 8.9.2011 – Rs. C-279/08 P – Kommission/Niederlande, ECLI:EU:C:2011:551, Rz. 50, m.w.N.; Kommissionsbeschluss v. 4.2.2015, C(2015) 535 final, Rz. 85. Enger hingegen EuG v. 7.11.2014 – T-399/11 – Santander, ECLI:EU:T:2014:938, Rz. 44 ff.; GA *Kokott* v. 16.4.2015 – C-66/14 – IFN; ECLI:EU:C:2015:242, Rz. 105 ff. Dagegen hat der EuGH aber in der Besetzung der Großen Kammer klar Position bezogen in EuGH v. 21.12.2016 – C-20/15 P und C-21/15 P – World Duty Free u.a., ECLI:EU:C:2016:981, Rz. 71 ff.; relativierend sodann erneut GA *Kokott* v. 9.11.2017 – C-236/16 und C-237/16 – ANGED, ECLI:EU:C:2017:854, Rz. 83-85. Die a.A. der Generalanwältin zielt letztlich darauf ab, die Steuersouveränität der Mitgliedstaaten zu schonen. Vorzugswürdig wäre insofern aber ein anderer Ansatz, s. oben im Folgeabsatz.

2 S. bspw. EuGH v. 15.12.2005 – Rs. C-148/04 – Unicredito Italiano, ECLI:EU:C:2005:774, Rz. 45 (Bankgewerbe). Krit. *M. Lang*, IStR 2010, 570 (578); wie hier *Rossi-Maccanico*, EStAL 2009, 489 (496).

3 Exemplarisch EuGH v. 8.9.2011 – Rs. C-78/08 bis C-80/08 – Paint Graphos u.a., ECLI:EU:C:2011:550, Rz. 52 f.: steuerliche Begünstigungen für Genossenschaften.

4 S. GA *Kokott* v. 16.4.2015 – Case C-66/14 – Finanzamt Linz, EU:C:2015:242, paras. 85 and 109 et seq., in particular para. 113 (need to preserve Member State sovereignty); AG *Kokott*, 9.11.2017 – Joined Cases C-236/16 and C-237/16, ANGED, EU:C:2017:854, para. 84.

5 S. GA *Saugmandsgaard Øe* v. 19.9.2018 – Case C-374/17, A-Brauerei, EU:C:2018:741, Rz. 123 ff.

6 S. EuGH v. 21.12.2016 – Case C-20/15 P – Commission v World Duty Free Group, EU:C:2016:981, Rz. 70-71; v. 19.12.2018 – C-374/17 – A-Brauerei, EU:C:2018:1024, Rz. 25-27.

7 Ebenso *Benicke*, EuZW 1996, 165 (170); *Droege*, Gemeinnützigkeit im offenen Steuerstaat, S. 519; a.A. *Jachmann*, Gemeinnützigkeit in Europa, S. 46.

8 S. dazu generell EuGH v. 26.9.1996 – Rs. C-241/94 – Frankreich/Kommission, ECLI:EU:C:1996:353, Rz. 23 f.; v. 1.12.1998 – Rs. C-200/97 – Ecotrade, ECLI:EU:C:1998:579, Rz. 40; v. 18.7.2013 – Rs. C-6/12 – P Oy, ECLI:EU:C:2013:525, Rz. 25 ff., ISR 2013, 291 m. Anm. *von Brocke/Wohlhöfler*; EuG v. 6.3.2002 – Rs. T-127/99 – Diputación Foral de Álava u.a./Kommission, ECLI:EU:T:2002:59, Rz. 154. S. ferner die Bekanntmachung der Kommission zum Begriff der staatlichen Beihilfe v. 19.5.2016, Rz. 124 f.

wird vom EuGH hingegen grundsätzlich nicht als selektiv angesehen.[1] In Zweifelfällen trifft die Kommission eine Darlegungslast[2].

Nicht zu beanstanden waren nach der herkömmlichen Rechtsprechung des EuGH **allgemeine Steuervergünstigungen**, die (rechtlich wie auch faktisch) allen Unternehmen unterschiedslos zugute kommen können[3]. Exemplarisch für einen solchen nicht selektiv gewährten Steuervorteil ist – jedenfalls aus Sicht des Zuwendenden – der Spendenabzug nach § 9 Abs. 1 Nr. 2 KStG. Allerdings reduziert der EuGH inzwischen diesen Vorbehalt zugunsten allgemeiner Begünstigungen auf den Prüfungsschritt einer systemwidrigen Abweichung von der Regelsteuerbelastung[4]. Das ursprünglich als gesonderter Prüfungspunkt verstandene Kriterium einer Begrenzung der von der Normalbesteuerung abweichenden Begünstigung auf einen durch bestimmte Spezifika charakterisierten Kreis von Unternehmen[5] geht damit in der Prüfung einer Ungleichbehandlung von vergleichbaren Unternehmen auf[6] – eine wenig überzeugende Entwicklung

Richtigerweise sollte außerdem dem unterschiedlichen Grad an Selektivität i.e.S. durch einen damit korrespondierenden, gleitenden Prüfungsmaßstab Rechnung getragen werden: Je größer die sektorale sowie territoriale Streubreite einer steuerentlastend wirkenden Regelung ist, und je stärker sich die Vergünstigung damit einer allgemeinen Regelung annähert, umso strengere Anforderungen sollten an die der Kommission obliegende Begründung einer Abweichung vom Referenzsystem bzw. einer „Ungleichbehandlung von Vergleichbarem" gestellt werden. Kann der Mitgliedstaat plausible, nicht offensichtlich bloß „fabrizierte" Gründe dafür vortragen, dass die Regelung lediglich allgemeine Leitprinzipien bereichsspezifisch konkreti-

---

1 S. EuGH v. 18.7.2013 – Rs. C-6/12 – P Oy, EU:C:2013:525 Rz. 26 und 27; v. 25.7.2018 – Rs. C-128/16 P – Kommission/Spanien, EU:C:2018:591 Rz. 55.

2 S. EuGH v. 21.12.2016 – C-20/15 P und C-21/15 P – World Duty Free u.a., ECLI:EU:C:2016:981, Rz. 55.

3 S. EuGH v. 19.9.2000 – Rs. C-156/98 – Deutschland/Kommission, Slg. 2000, I-6857 Rz. 22; v. 15.6.2006 – Rs. C-393/04 u.a. – Air Liquide Industries Belgium, Slg. 2006, I-5293 Rz. 32; v. 15.11.2011 – Rs. C-106/09 P – Kommission und Spanien/Government of Gibraltar und Vereinigtes Königreich, Slg. 2011, I-11113 Rz. 73; GA *Jääskinen*, Schlussanträge v. 7.4.2011 – Rs. C-106/09 P u. C-107/09 P – Kommission u. Spanien/Government of Gibraltar und Vereinigtes Königreich, Slg. 2011, I-11113 Rz. 167; Kommissionsbeschlüsse v. 11.7.2012, C(2012) 4629 final (Lettische Steueramnestie), Rz. 18 ff.; v. 20.11.2012, C(2012) 8252 final (span. Leasing-Abschreibungen), Rz. 27 f.; v. 31.7.2014, C(2014) 5309 final, Rz. 27–29 (ital. IRAP, Steigerung von Produktion und Arbeitskräften); *Micheau*, EC Tax Review 2008, 276 (281).

4 S. EuGH v. 9.10.2014 – Rs. C-522/13 – Navantia, EU:C:2014:2262 Rz. 33 f.; v. 21.12.2016 – Rs. C-20/15 P und C-21/15 – World Duty Free, EU:C:2016:981 Rz. 54 ff., insbes. Rz. 65 ff.; v. 26.4.2018 – Rs. C-236/16 und C-237/16 – ANGED, EU:C:2018:291 Rz. 32; v. 25.7.2018 – Rs. C-128/16 P – Kommission/Spanien u.a., EU:C:2018:591 Rz. 69 f.; sehr deutlich auch GA *Wathelet*, Schlussanträge v. 28.7.2016 – Rs. C-20/15 P und C-21/15 P – World Duty Free, EU:C:2016:624 Rz. 92. Anders für indirekte Begünstigungen (s. Rz. 9.10) in jüngerer Zeit noch Kommissionsbeschluss v. 19.12.2017, C(2017) 8500 final, Rz. 32. Dem EuGH zustimmend *Rossi-Maccanico* in Weber (Hrsg.), EU Income Tax Law: Issues for the Years Ahead, 2013, 123 (133); *Ismer/Piotrowski*, Intertax 2015, 559 (562 ff.).

5 Sehr deutlich bspw. in EuGH v. 19.9.2000 – Rs. C-156/98 – Deutschland/Kommission, Slg. 2000, I-6857 Rz. 22.

6 S. EuGH v. 4.6.2015 – Rs. C-15/14 P – Kommission/MOL, EU:C:2015:362 Rz. 61v. 21.12.2016 – C-524/14 P – Kommission/Hansestadt Lübeck, EU:C:2016:971, Rz. 52 f.; *Shi*, ET 2016, 371 (372). Vgl. auch GA *Wahl*, Schlussanträge v. 22.1.2015 – Rs. C-15/14 P, EU:C:2015:32 Rz. 53; GA *Saugmandsgaard Øe* v. 19.9.2018 – Rs. C-374/17 – A-Brauerei, EU:C:2018:741, Rz. 91, 112, 115, 117-119, 121-122.

siert, sollte darum keine verbotene Beihilfe i.S.d. Art. 107 I AEUV angenommen werden. Dies würde berücksichtigen, dass von derartigen steuerlichen Entlastungen kaum protektionistische Effekte und typischerweise auch nur relativ geringe Beeinträchtigungen des Handels im Binnenmarkt ausgehen, weshalb das gegenläufige Anliegen einer Schonung mitgliedstaatlicher Steuersouveränität an relativem Gewicht gewinnt.

Im geltenden Umsatzsteuerrecht kommt als selektiv damit insb. der ermäßigte Steuersatz für Leistungen gemeinnütziger Körperschaften nach § 12 II Nr. 8 Buchst. a UStG in Betracht, weil er vom Regelsteuersatz abweicht[1]. Dasselbe gilt u.a. für diejenigen (unechten) Steuerbefreiungen, die an den Gemeinnützigkeitsstatus des leistenden Unternehmers anknüpfen (s. § 4 Nr. 18, 22 Buchst. a und b UStG) bzw. die Wirtschaftssektoren vorbehalten sind, die typischerweise von gemeinnützigen Anbietern dominiert werden (s. § 4 Nr. 16, 23, 25 UStG). Allerdings unterliegen diese Befreiungen ganz überwiegend nicht dem Beihilfeverbot, weil sie dem nationalen Gesetzgeber nicht als eigene wirtschafts- bzw. steuerpolitische Entscheidung zugerechnet werden können (Rz. 4.13). Prima facie selektiv ist schließlich auch der pauschalierte Vorsteuerabzug nach § 23a UStG, der allerdings u.U. als Vereinfachungszwecknorm gerechtfertigt werden kann (Rz. 4.33).

Speziell bei **indirekten Steuern** auf Waren oder Dienstleistungen ist für die Beurteilung der Selektivität zusätzlich zu prüfen sein, wem ein etwaiger steuerlicher Vorteil als **Begünstigter** zuzurechnen ist und ob er gerade im Hinblick auf diese Begünstigungswirkung eine selektive Wirkung entfaltet[2]. Denn zumindest bei in den Steuertatbestand eingebetteten materiellrechtlichen Steuerbefreiungen oder Steuerentlastungen kommen zwei Personengruppen als Begünstigte in Betracht: Zum einen der steuerpflichtige Unternehmer selbst und zum anderen – alternativ oder kumulativ – der Abnehmer bzw. Leistungsempfänger, auf den die Steuer ihrer gesetzlichen Konzeption gemäß überwälzt werden soll. Entsprechend ihrer Konzeption als auf Überwälzung an den Vertragspartner bzw. Leistungsempfänger angelegte Steuern sollte dabei regelmäßig eine Vermutung gelten, wonach Steuerbefreiungen, ermäßigte Steuersätze und andere Varianten einer gesetzlich vorgesehenen Steuerschuldverminderung primär dem intendierten Steuerträger, d.h. dem Leistungsempfänger zugutekommen.[3] Das entspricht auch der Kommissionspraxis[4] und einer Entscheidung des EuG.[5] Zwar trifft es zu, dass die reale Steuerinzidenz vielfach nicht (vollständig) mit der vom Gesetzgeber beabsichtigten Steuerüberwälzung übereinstimmen wird. Dem kann jedoch bereits durch die Widerlegbarkeit der Vermutung Rechnung getragen werden; der Steuerpflichtige oder die Kommission müssen nachweisen können, dass die typische Steuerlastverteilung von der gesetzlich intendierten ab- 4.25

1 S. hierzu und zum Folgenden auch *Helios*, Steuerliche Gemeinnützigkeit und EG-Beihilfenrecht, S. 138 f.

2 S. hierzu eingehend *Englisch*, EC Tax Review 2013, 9.

3 **A.A.** *Schön* in Hancher u.a., EU State Aids[4], 321 (353, Rz. 10-033): stets beiderseitige Begünstigung.

4 S. beispielsweise Kommissionsentscheidung v. 15.12.2009, COM (2009) 9972 über die von den Niederlanden geplante Beihilfemaßnahme „Umweltsteuerbefreiung für die Keramikindustrie", Rz. 31; Kommissionsbeschluss v. 3.9.201, COM (2010) 5769 v. 3.9.2010 über Steuerbefreiungen für Primärerzeuger in Lettland, Rz. 21; Kommissionsbeschluss v. 8.4.2011, COM (2011) 2613 über die Befreiung elektrischer Eisenbahnen von der britischen Klimawandelabgabe, Rz. 15.

5 S. EuG v. 13.9.2012 – Rs. T-379/09 – Italien/Kommission, EU:T:2012:422 Rz. 42; EuGH v. 3.3.2005 – Rs. C-172/03 – Heiser, Slg. 2005, I-1627 Rz. 47, steht dem wegen der Besonderheiten der EuGH-Rechtsprechung zum (vermeintlich) intendierten Steuerträger bei Mehrwertsteuerbefreiungen nicht entgegen. S. dazu eingehend *Englisch*, EC Tax Review 2013, 9 (12 f.).

weicht.[1] Eine umgekehrte Vermutung ist außerdem angezeigt, wenn die Steuervergünstigung an bestimmte Produktionsprozesse oder an bestimmte Eigenschaften des Steuerpflichtigen anknüpft. Derartige Begünstigungen sind vom Gesetzgeber typischerweise gerade nicht darauf angelegt, an den Leistungsempfänger weitergereicht zu werden, sondern sie sollen das Einkommen des Steuerpflichtigen erhöhen. Hier ist also dieser vorbehaltlich des Nachweises des Gegenteils als Begünstigter anzusehen; auch hierfür liefert die Entscheidungspraxis der Kommission zahlreiche Beispiele.[2] Die Selektivität des Steuervorteils ist jeweils mit Blick auf die nach den vorstehend erörterten Grundsätzen zu ermittelnde Gruppe der potentiell Begünstigten festzustellen, wobei zusätzlich zu prüfen ist, inwieweit es sich im Falle einer vermuteten oder nachgewiesenen Begünstigung der Leistungsempfänger bei diesen überhaupt um Unternehmen handelt.

Der **EuGH** hat jedoch vor kurzem einen **formalistischen Standpunkt** eingenommen und Besonderheiten bei der beihilferechtlichen Kontrolle von im Rahmen indirekter Steuern gewährter Vergünstigungen in Abrede gestellt. Überwälzungsvorgänge seien im Rahmen der beihilferechtlichen Würdigung generell unbeachtlich.[3] Maßgeblich sei nicht, welchen „wirtschaftlichen Gewinn" der Steuerpflichtige aufgrund einer Steuerbegünstigung erlange, sondern worin der durch die Beihilfe erlangte Vorteil bei rechtlicher Betrachtungsweise bestehe.[4] Es sei ohne Belang, ob eine Abgabe nach den Wertungen des mitgliedstaatlichen Steuerrechts als direkte oder indirekte Steuer zu qualifizieren ist.[5] Eine Steuerbegünstigung bewirke immer einen Vorteil bei demjenigen Steuerpflichtigen, dessen Steuerschuld sich infolgedessen reduziere, unabhängig davon, wer letztendlich eine steuerliche Entlastung erfahre. Hinsichtlich des Vorsteuerabzugs wiederum geht der EuGH davon aus, dass dieser dem abzugsberechtigten Unternehmer zugutekommt. Eine daran anknüpfende besondere Begünstigung bestimmter Unternehmer soll daher zu deren Gunsten selektiv sein[6].

4.26 Folgt man der hier vertretenen Ansicht und ist danach nicht davon auszugehen, dass der leistende Unternehmer durch die Steuervergünstigung steuerlich entlastet wird, so muss gleichwohl noch untersucht werden, ob ihm beihilferechtlich relevante **mittelbare Vorteile** erwachsen. Die Abgrenzung zu den Varianten einer direkten Begünstigung kann dabei nach hier vertretener, vom Standpunkt des EuGH abweichender Meinung insbesondere für den Gegenstand eines etwaigen Rückforderungsanspruchs bei Rechtswidrigkeit der Beihilfe von Bedeutung sein (Rz. 4.8). Bei mittelbaren Vorteilen kann es sich insbesondere um eine verbesserte Wettbewerbsposition und damit einhergehende größere Marktanteile bzw. höhere Umsätze handeln[7]. Der EuGH hat sich hierzu im Kontext von Fiskalbeihilfen noch nicht geäußert. Er hat aber zu erkennen gegeben, dass ein und dieselbe Beihilfemaßnahme mehrere

---

1 S. dazu auch EuGH v. 3.3.2005 – Rs. C-172/03 – Heiser, Slg. 2005, I-1627 Rz. 47.

2 S. beispielsweise Kommissionsentscheidung COM (2009) 8497 v. 30.10.2009 über die Zollfreiheit von Biokraftstoffen in Finnland, Rz. 18; Kommissionsentscheidung COM (2010) 2219 v. 9.4.2010 über die Steuerermäßigung für Biokraftstoffe in Bulgarien, Rz. 29; Kommissionsentscheidung COM (2010) 2557 v. 19.4.2010 über die Steuerermäßigung von Biokraftstoffen in Deutschland, Rz. 4.

3 S. EuGH v. 21.12.2016 – Rs. C-164/15 P und C-165/15 P – Aer Lingus and Ryanair, EU:C:2016:990, Rz. 99.

4 S. EuGH v. 21.12.2016 – Rs. C-164/15 P und C-165/15 P – Aer Lingus and Ryanair, EU:C:2016:990, Rz. 92.

5 S. EuGH v. 21.12.2016 – Rs. C-164/15 P und C-165/15 P – Aer Lingus and Ryanair, EU:C:2016:990, Rz. 98.

6 S. EuGH v. 3.3.2005 – Rs. C-172/03 – Heiser, ECLI:EU:C:2005:130, Rz. 47, UR 2005, 222.

7 Vgl. EuGH v. 8.12.2011 – Rs. C-275/10 – Residex Capital IV, ECLI:EU:C:2011:814, Rz. 43; EuG v. 4.3.2009 – Rs. T-445/05 – Associazione italiana del risparmio gestito, ECLI:EU:T:2009:50, Rz. 127.

Begünstigte auf verschiedenen Stufen einer geschäftlichen Beziehung haben kann[1]. Zudem hat der EuGH festgestellt, dass rechtswidrig auferlegte indirekte Steuern auch für den Fall ihrer vollständigen Überwälzung nachteilige Auswirkungen auf das Umsatzvolumen haben können und dass diese Wettbewerbsnachteile ggf. auszugleichen wären[2]; konsequenterweise muss dann auch angenommen werden, dass dem Steuerpflichtigen umgekehrt durch die systemwidrige Entlastung von indirekten Steuern auch relevante Wettbewerbsvorteile erwachsen können[3]. Die Kommission tendiert allerdings ausweislich ihrer neuen Beihilfeleitlinien offenbar dazu, mittelbare Vorteile jenseits der Konstellationen einer Begrenzung der Begünstigung auf bestimmte Anbieter nur zurückhaltend anzunehmen[4]. Davon abzugrenzen seien nämlich „bloß sekundäre wirtschaftliche Auswirkungen, die zwangsläufig mit fast allen Beihilfemaßnahmen verbunden" und für sich genommen beihilferechtlich nicht relevant seien. Entscheidend abzustellen sei auf die ex ante absehbaren Wirkungen der Maßnahme, was letztlich auf die Prüfung hinausläuft, ob eine selektive Wirkung schon in der – ggf. gesetzlichen – Ausgestaltung der Maßnahme selbst angelegt ist. Allerdings sollen dabei wohl auch die im Zeitpunkt der Beschlussfassung über die Maßnahme vorfindlichen faktischen Marktverhältnisse Berücksichtigung finden können[5].

Für die gegenwärtig im deutschen UStG vorfindlichen Begünstigungen, die sich entweder spe- 4.27
zifisch oder doch zumindest typischerweise auf die unternehmerische Tätigkeit gemeinnütziger Körperschaften beziehen (Rz. 4.43), wirkt sich die vorstehende Diskussion (Rz. 4.23 f.) wie folgt aus: Der ermäßigte Tarif nach § 12 Abs. 2I Nr. 8 Buchst. a UStG ist an den Gemeinnützigkeitsstatus des Steuerpflichtigen geknüpft, wird also personen- und nicht gegenstandsbezogen gewährt. Es ist daher davon auszugehen, dass er sich als Vorteil gerade zugunsten des leistenden – gemeinnützigen – Unternehmers auswirken soll und insoweit potentiell selektiv ist. Dasselbe gilt im Lichte der EuGH-Rechtsprechung zur Begünstigungswirkung des Vorsteuerabzugs auch für die Vorsteuerpauschalierung nach § 23a UStG, soweit dieser eine Begünstigungswirkung innewohnt. Hingegen sind die Befreiungstatbestände des § 4 Nr. 16, 22 Buchst. a und b, 23, 25 UStG solche objektiver Natur, die primär anhand des Leistungsgegenstandes abgegrenzt werden. Sie sollen zudem auch nach den Vorstellungen des Unionsgesetzgebers nicht den leistenden Unternehmer, sondern den Leistungsempfänger entlasten[6]. Vorbehaltlich einer empirisch fundierten Widerlegung gilt daher nach hier vertretener Ansicht für die Zwecke der Beihilfeprüfung die Vermutung, dass die Steuerentlastung unmittelbar den Leistungsempfängern und nicht den – ggf. gemeinnützigen – leistenden Unternehmern zugute

1 S. EuGH v. 8.12.2011 – Rs. C-275/10 – Residex Capital, ECLI:EU:C:2011:814, Rz. 42. S. ferner EuGH v. 19.9.2000 – Rs. C-156/98 – Deutschland/Kommission, ECLI:EU:C:2000:467, Rz. 26 ff., FR 2000, 1153; EuG v. 4.3.2009 – Rs. T-445/05 – Associazione italiana del risparmio gestito, ECLI:EU: T:2009:50, Rz. 127.

2 S. EuGH v. 2.10.2003 – Rs. C-147/01 – Weber's Wine World u.a., ECLI:EU:C:2003:533; v. 10.4.2008 – Rs. C-309/06 – Marks & Spencer, ECLI:EU:C:2008:211, UR 2008, 592; v. 6.9.2011 – Rs. C-398/09 – Lady&Kid u.a., ECLI:EU:C:2011:540, UR 2012, 326; st. Rspr.

3 A.A. *Swinkels*, IVM 2005, 311 (312).

4 Vgl. Bekanntmachung der Kommission zum Begriff der staatlichen Beihilfe v. 19.5.2016, Rz. 116. Dies legt auch ein Vergleich des Satz 2 der einführenden Rz. 118 (zu Maßnahmen allgemeiner Wirkung) mit Rz. 119 der Entwurfsfassung v. 17.1.2014 nahe, in der die mögliche de facto-Selektivität scheinbar allgemein formulierter Maßnahmen noch ausdrücklich angesprochen wurde.

5 S. Bekanntmachung der Kommission zum Begriff der staatlichen Beihilfe v. 19.5.2016, Rz. 116; s. auch Kommissionsbeschluss v. 4.2.2015, C(2015) 535 final, Rz. 70 f. (Befreiung von der dänischen Steuer auf gesättigte Fettsäuren).

6 S. EuGH v. 26.5.2005 – Rs. C-498/03 – Kingscrest Associates und Montecello, ECLI:EU:C:2005: 322, Rz. 30, UR 2005, 453.

kommt. Der EuGH würde demgegenüber im Lichte seiner jüngeren Rechtsprechung absehbar auch insoweit die steuerpflichtigen Unternehmer als unmittelbar Begünstigte ansehen. Letztlich kann dies für die Frage, ob eine Beihilfe iSd. Art. 107 Abs. 1 AEUV vorliegt aber dahinstehen: Da alle vorerwähnten Befreiungen mit Ausnahme des § 4 Nr. 23 UStG schon nach ihrer gesetzlichen Ausgestaltung die Reichweite der Steuerbefreiung zugleich anhand bestimmter personenbezogener Eigenschaften des jeweiligen Anbieters eingrenzen, ist selbst nach den bisherigen Maßstäben der Kommission von beihilferelevanten mittelbaren Vorteilen u.a. zugunsten des gemeinnützigen Sektors auszugehen. Richtigerweise hat dies darüber hinaus mit Blick auf die faktischen Marktverhältnisse auch für die Steuerbefreiung gem. § 4 Nr. 23 UStG zu gelten. Erst recht muss schließlich im Falle der Befreiung nach § 4 Nr. 18 UStG (i.V.m. § 23 UStDV) zumindest von beihilferechtlich erheblichen mittelbaren Vorteilen ausgegangen werden, weil der nationale Gesetzgeber diesen Befreiungstatbestand richtlinienwidrig[1] primär personen- und nicht sachbezogen abgegrenzt hat.

### 3. Vergleichbarkeitsprüfung

4.28 Liegt eine bestimmte Unternehmen begünstigende Abweichung vom Referenzsystem vor, soll sodann die **„tatsächliche und rechtliche Vergleichbarkeit“** von begünstigten und nichtbegünstigten Unternehmen anhand des mit der steuerlichen Regelung verfolgten Ziels zu beurteilen sein[2]. In jüngerer Zeit setzt sich in Rspr. und Kommissionspraxis dabei zu Recht die Tendenz durch, die maßgebliche Zielsetzung anhand der allgemeinen Steuerwürdigkeitsentscheidungen im Rahmen der jeweiligen Steuerart zu bestimmen[3]. Würde man hingegen auf das lenkungspolitische Anliegen der beihilfeverdächtigen Vergünstigungsregelung abstellen[4], wäre jede folgerichtig ausgestaltete Steuervergünstigung beihilferechtlich hinzunehmen[5]. Dieser gelegentlich noch praktizierte Ansatz überzeugt nicht, weil auf diese Weise steuerlich überbrachte Verschonungssubventionen einer Kontrolle anhand der Wettbewerbsregeln des Unionsrechts entzogen werden, obwohl sie nicht schon aus den um der Wahrung nationaler

1 S. BFH v. 1.12.2010 – XI R 46/08, BFHE 232, 232 = UR 2011, 348.

2 S. EuGH v. 8.11.2001 – Rs. C-143/99 – Adria-Wien Pipeline, ECLI:EU:C:2001:598, Rz. 41; v. 22.6.2006 – Rs. C-182/03 u.a. – Belgien und Forum 187, ECLI:EU:C:2006:416, Rz. 119; v. 29.4.2004 – Rs. C-308/01 – GIL Insurance u.a., ECLI:EU:C:2004:252, Rz. 68, UR 2004, 618; v. 6.9.2006 – Rs. C-88/03 – Portugal/Kommission, ECLI:EU:C:2006:511, Rz. 56; v. 15.11.2011 – Rs. C-106/09 P – Kommission/Gibraltar, ECLI:EU:C:2011:732, Rz. 75. Zur Darlegungs- und Beweislast s. EuGH v. 8.9.2011 – Rs. C-279/08 P – Kommission/Niederlande, ECLI:EU:C:2011:551, Rz. 65 f.

3 S. bspw. EuGH v. 6.9.2003 – Rs. C-88/03 – Portugal/Kommission, ECLI:EU:C:2006:51, Rz. 54; v. 22.12.2008 – Rs. C-487/06 P – British Aggregates, ECLI:EU:C:2008:757, Rz. 87; v. 17.11.2008 – Rs. C-169/08 – Presidente del Consiglio dei Ministri, ECLI:EU:C:2009:709, Rz. 61 ff.; v. 15.11.2011 – Rs. C-106/09 P u. C-107/09 P – Kommission und Spanien/Government of Gibraltar und Vereinigtes Königreich, ECLI:EU:C:2011:732, Rz. 75; v. 18.7.2013 – Rs. C-6/12 – P Oy, ECLI:EU:C:2013:525, Rz. 19; Kommissionsbeschlüsse v. 11.7.2012, C(2012) 4217 final (Steuervergünstigungen für PPP-Projekte); v. 19.12.2012 C(2012) 9461 final, Rz. 115 (Grundsteuerbefreiungen für gemeinnützige Einrichtungen und Kirchen); v. 2.5.2013, C(2013) 2372 final, Rz. 62 (KSt-Befreiung für bestimmte Unternehmen der öffentlichen Hand); v. 16.10.2013, C(2013) 6654 final, Rz. 28 f. (Gibraltar 2011). Sehr deutlich auch EuGH v. 21.12.2016 – C-20/15 P und C-21/15 P – World Duty Free u.a., ECLI:EU:C:2016:981, Rz. 60: Vergleichbarkeit „im Hinblick auf das mit der betreffenden *allgemeinen* Steuerregelung verfolgte Ziel“ (Hervorhebung nur hier).

4 So tendenziell EuGH v. 8.11.2001 – Rs. C-143/99 – Adria-Wien Pipeline, ECLI:EU:C:2001:598, Rz. 41; v. 8.9.2011 – Rs. C-279/08 P – Kommission/Niederlande, ECLI:EU:C:2011:551, Rz. 52.

5 Zur vor allem früher noch schwankenden Handhabung des Bezugspunkts der Finalitätsbetrachtung durch EuGH und Kommission s. *Bartosch*, Common Market Law Review 2010, 729 (741 f.).

Steuersouveränität willen zu respektierenden steuerpolitischen Grundentscheidungen eines Mitgliedstaates resultieren.

Speziell zur **Vergleichbarkeit von unternehmerisch tätigen gemeinnützigen Körperschaften mit regulär besteuerten Wirtschaftsteilnehmern** hat der EuGH bislang keine Leitlinien formuliert[1]. Von Bedeutung könnte in diesem Zusammenhang allerdings die Entscheidung des Gerichtshofs in der Rechtssache *Paint Graphos*[2] sein. Sie betrifft unmittelbar italienische Ertragsteuerbefreiungen bzw. -ermäßigungen für Genossenschaften. Die diesbezüglichen Erwägungen des EuGH im Rahmen der Vergleichbarkeitsprüfung sind aber auch für gemeinnützige Einrichtungen relevant. Nach Ansicht des Gerichtshofs folgte die Funktionsweise der begünstigten Genossenschaften „besonderen Grundsätzen …, die sie klar von den anderen Wirtschaftsteilnehmern unterscheiden"[3]. Im Einzelnen hob der EuGH dabei folgende Aspekte hervor[4]: Erstens wurden die Geschäfte der Genossenschaft nicht zum Nutzen externer Investoren geführt. Zweitens wurde die Kontrolle der Genossenschaft von allen Mitgliedern gleichermaßen ausgeübt; es galt insoweit der Grundsatz des Vorrangs der Person gegenüber dem Kapital. Drittens waren auch Rücklagen und Vermögen gemeinschaftliches Eigentum und mussten den gemeinsamen Interessen der Mitglieder dienen. Dementsprechend kam viertens keinem Mitglied ein überproportionaler Vorteil aus der Tätigkeit der Genossenschaft zu. Fünftens wurden im Falle ihrer Auflösung das Vermögen und die Rücklagen der begünstigten Genossenschaft auf eine andere genossenschaftlich konstituierte Stelle, die vergleichbare dem Allgemeininteresse dienende Ziele verfolge, übertragen. Sechstens hatten die begünstigten Genossenschaften keinen oder nur begrenzten Zugang zu den Kapitalmärkten und waren zudem für die Kapitalanlage auch nur mäßig attraktiv, weshalb ihre Rentabilität deutlich niedriger war als diejenige von gewinnorientierten Kapitalgesellschaften. Nach Ansicht des EuGH konnte vor diesem Hintergrund „grundsätzlich nicht davon ausgegangen werden …, dass [Genossenschaften] sich in einer tatsächlichen und rechtlichen Situation befinden, die mit derjenigen von Handelsgesellschaften vergleichbar ist"[5]. Dabei spielte es offenbar auch eine Rolle, dass die vorerwähnten besonderen Merkmale auch auf Unionsebene als Anknüpfungspunkt für spezielle Maßnahmen bzw. politische Initiativen dienten[6]. Der Gerichtshof entschied folglich, dass die Steuervergünstigung keine verbotene Beihilfe darstelle, sofern die jeweilige Genossenschaft tatsächlich im wirtschaftlichen Interesse aller ihrer Mitglieder tätig werde und diese sich aktiv an der Geschäftstätigkeit beteiligten[7]. 4.29

Sämtliche der vorstehend genannten sechs Merkmale aus der **Paint Graphos-Entscheidung** treffen so oder in noch stärkerer Ausprägung **auch für gemeinnützige Körperschaften i.S.d. §§ 51 AO** zu. Sie fungieren zudem im Kern ebenfalls als Abgrenzungskriterien für spezifische politische Initiativen der Union, namentlich die Initiative der Kommission „für soziales Unternehmertum"[8]. Konkret ist festzustellen: Gemeinnützige Körperschaften bieten ihren Mitgliedern (bzw. Gesellschaftern oder Stiftern) von vornherein keine Aussicht auf Rendite, weil 4.30

1 In der Entscheidung des EuGH v. 10.1.2006 – Rs. C-222/04 – Cassa di Risparmio di Firenze u.a., ECLI:EU:C:2006:8, Rz. 134–138, blieb die Frage gänzlich unerörtert.

2 EuGH v. 8.9.2011 – Rs. C-78/08 bis C-80/08 – Paint Graphos u.a., ECLI:EU:C:2011:550.

3 EuGH v. 8.9.2011 – Rs. C-78/08 bis C-80/08 – Paint Graphos u.a., ECLI:EU:C:2011:550.

4 S. EuGH v. 8.9.2011 – Rs. C-78/08 bis C-80/08 – Paint Graphos u.a., ECLI:EU:C:2011:550, Rz. 56–60.

5 S. EuGH v. 8.9.2011 – Rs. C-78/08 bis C-80/08 – Paint Graphos u.a., ECLI:EU:C:2011:550, Rz. 61.

6 S. EuGH v. 8.9.2011 – Rs. C-78/08 bis C-80/08 – Paint Graphos u.a., ECLI:EU:C:2011:550, Rz. 55.

7 S. EuGH v. 8.9.2011 – Rs. C-78/08 bis C-80/08 – Paint Graphos u.a., ECLI:EU:C:2011:550, Rz. 61.

8 Mitteilung der Kommission, **Initiative für soziales Unternehmertum**, KOM(2011) 682 endg.

etwaige Gewinne für die Verwirklichung der gemeinnützigen Zwecke zu verwenden sind[1]. Auch Rücklagen und Vermögensbildung dürfen letztlich nur diesem Ziel dienen (§ 62 AO). Kein Mitglied oder Gesellschafter der gemeinnützigen Körperschaft darf von ihr besondere oder zweckfremde Vorteile erhalten (§ 55 Abs. 1 Nr. 1 bis 3 AO). Für den Fall der Auflösung einer gemeinnützigen Körperschaft gilt ebenfalls der Grundsatz der Vermögensbindung, d.h. die noch vorhandenen Mittel sind weiterhin gemeinnützigen Zwecken zuzuführen, soweit sie nicht zur Einlagenrückerstattung verwendet werden (§ 55 Abs. 1 Nr. 4 AO). Gemeinnützige Körperschaften werden damit insbesondere auch nicht im wirtschaftlichen Interesse ihrer Financiers bzw. bloßer Kapitalgeber tätig, sondern zum Nutzen der Allgemeinheit. Es lässt sich insofern ebenfalls von einem Vorrang der Person gegenüber dem Kapital sprechen, wobei selbst die Eigeninteressen der Person, d.h. der Mitglieder, Gesellschafter oder Stifter, hinter den gemeinnützigen Zweck zurücktreten[2]. Dies muss sich zudem in ihrer Organisationsstruktur, namentlich in ihrer Satzung, sowie in der tatsächlichen Geschäftsführung widerspiegeln[3]. Angesichts dieser Parallelen zur Argumentationslinie des EuGH in der Rechtssache *Paint Graphos* ist es jedenfalls für die Zwecke ertragsteuerrechtlicher Begünstigungen naheliegend, eine Vergleichbarkeit gemeinnütziger Körperschaften mit gewinnorientierten Körperschaften auszuschließen[4].

4.31 Fraglich ist jedoch, ob sich diese Erkenntnisse auch auf Begünstigungen **gemeinnütziger Körperschaften im Umsatzsteuerrecht** übertragen lassen. Geht man davon aus, dass die Vergleichbarkeit anhand der Steuerwürdigkeitsentscheidungen im Rahmen der jeweiligen Steuerart zu ermitteln ist (Rz. 4.28), so kommt dies nicht in Betracht. Quintessenz der Erwägungen des EuGH in der Rechtssache *Paint Graphos* war der Umstand, dass die wirtschaftliche Leitungsfähigkeit der begünstigten Genossenschaften infolge ihrer Organisationsstruktur, ihrer Interessenausrichtung und gesetzlicher Beschränkungen ihrer wirtschaftlichen Betätigungsfreiheit im Vergleich zu regulär steuerpflichtigen Handelsgesellschaften deutlich gemindert war. Dieser Ansatz ist im Kontext des Ertragssteuerrechts jedenfalls im Ausgangspunkt konsequent, weil Steuern auf den Ertrag gerade auf die steuerliche Erfassung der wirtschaftlichen Leistungsfähigkeit des Steuerschuldners abzielen. Demgegenüber handelt es sich bei der Umsatzsteuer um eine allgemeine Steuer auf Verbrauchsaufwendungen, die nach der gesetzgeberischen Konzeption auf den Endverbraucher überwälzt und nur von diesem getragen werden soll[5]. Nach der Grundkonzeption der Steuer hat die Vergleichbarkeitsprüfung daher bei der Steuerwürdigkeit der jeweiligen Verbrauchsaufwendungen in Abhängigkeit von der Natur der konsumierten Waren und Dienstleistungen anzusetzen[6], wohingegen die

1 S. §§ 55 I Nr. 5, III; 56 AO; Mitteilung der Kommission, **Initiative für soziales Unternehmertum**, KOM(2011) 682 endg., Rz. 1.

2 S. auch die Mitteilung der Kommission, **Initiative für soziales Unternehmertum**, KOM(2011) 682 endg., Rz. 1: „In der Tat zählen für die Sozialunternehmen als Akteure der Sozialwirtschaft eher die gesellschaftlichen Auswirkungen ihrer Arbeit als die Erwirtschaftung von Gewinnen für ihre Eigentümer oder Partner."

3 S. §§ 59 ff. AO; s. ferner die Mitteilung der Kommission, **Initiative für soziales Unternehmertum**, KOM(2011) 682 endg., Rz. 1.

4 Zweifelnd auch *Blumenberg/Krings*, Europäisches Beihilferecht und Besteuerung, IFSt Schrift Nr. 473, 2011, S. 67.

5 S. Art. 1 II MwStSystRL; *Stadie* in Rau/Dürrwächter, Einf. Rz. 141 ff.; *Englisch* in Tipke/Lang, Steuerrecht[22], § 17 Rz. 11 f., m.w.N.

6 Vgl. dazu auch *Tipke*, StuW 1992, 103 (105); *Löhr*, Das umsatzsteuerrechtliche Optionsrecht für Vermietungsumsätze, 2003, S. 242.

Steuer für den leistenden Unternehmer neutral sein sollte[1] und es auf dessen Leistungsfähigkeit daher gerade nicht ankommen kann[2]. Nur wenn die Vergleichbarkeitsprüfung kleinteiliger erst bei der Binnenlogik der jeweiligen Steuerbegünstigung ansetzen würde, könnte man auf Basis der *Paint Graphos*-Entscheidung u.U. auch umsatzsteuerrechtlich die beihilferechtliche Vergleichbarkeit gemeinnütziger Unternehmer mit sonstigen, gewinnorientierten Unternehmern in Frage stellen. Anzunehmen wäre das dann für diejenigen steuerlichen **Begünstigungen**, die in erster Linie **personenbezogen** und nicht gegenstandsbezogen **gewährt** werden, im materiellen Umsatzsteuerrecht also konkret die §§ 12 Abs. 2 Nr. 8 Buchst. a; 23a UStG. Bei ihnen ist zu vermuten, dass sie primär dem leistenden gemeinnützigen Unternehmer selbst und nicht dem Endverbraucher zugutekommen sollen (Rz. 4.27). Dementsprechend könnte hier für die Vergleichbarkeit auf die verminderte Wirtschaftskraft gemeinnütziger Körperschaften abgestellt werden. Indes ist eine solche kleinteilige Betrachtung nach dem Sinn und Zweck der Beihilfeprüfung abzulehnen (Rz. 4.1 f.).

Ergänzend ist anzumerken, dass die Argumentation des EuGH in der Rechtssache *Paint Graphos* auch im ertragsteuerrechtlichen Kontext nicht zu überzeugen vermag. Sofern bestimmte Körperschaften aufgrund ihrer gesetzlich bzw. satzungsmäßig vorgegebenen Sozialbindung typischerweise über eine relativ geringere wirtschaftliche Leistungsfähigkeit verfügen, wird dem bei Anwendung eines proportionalen oder progressiven Steuertarifs schon durch eine entsprechend verminderte Steuerlast Rechnung getragen. Es entspricht hingegen nicht dem Leistungsfähigkeitsprinzip, einen – und sei es relativ geringen – Gewinn allein aufgrund der – erschwerten – Umstände seiner Erzielung ganz oder teilweise steuerfrei zu stellen und auf diese Weise gegenüber einem von anderen Steuersubjekten erzielten Gewinn gleicher Höhe zu privilegieren. Ein Vergleich hat mit anderen Worten nach der Steuerwürdigkeitsentscheidung des Ertragsteuerrechts bei der Ist-Leistungsfähigkeit und nicht bei der potentiellen Leistungsfähigkeit anzusetzen[3]; insoweit bestehen dann aber keine grundsätzlichen Unterschiede zwischen Genossenschaften und Handelsgesellschaften. Anders verhält es sich nur, soweit eine Ertragsteuerbefreiung rein deklaratorischer Natur ist, weil es – wie bei gemeinnützigen Körperschaften in deren ideellem Bereich[4] – schon an der Gewinnerzielungsabsicht fehlt. Vor diesem Hintergrund ist gegenüber einer Generalisierung der *Paint Graphos*-Grundsätze ohnehin Zurückhaltung angezeigt, die womöglich auch der EuGH selbst üben wird.

#### 4. Rechtfertigungsmöglichkeiten

Die Selektivität eines Steuervorteils kann nach der ständigen Rspr. des EuGH widerlegt sein, wenn der Vorteil trotz seines Ausnahmecharakters **„durch die Natur und den inneren Aufbau des Steuersystems gerechtfertigt"** ist[5]. Dies soll zum einen dann anzunehmen sein, wenn das 4.32

1 Das Neutralitätsprinzip ist ein zentraler Grundsatz des harmonisierten Mehrwertsteuerrechts, s. *Robisch* in Bunjes, UStG[16], Vor § 1 Rz. 15, m.w.N.; *Englisch* in Tipke/Lang, Steuerrecht[22], § 17 Rz. 23, m.w.N.

2 S. auch Kommissionsbeschluss v. 4.7.2016, C(2016) 4049 final (progressive ungarische Gesundheitsabgabe auf die Tabakindustrie).

3 S. *Tipke*, StRO I[2], S. 497 f.; *Hey* in Tipke/Lang, Steuerrecht[22], § 3 Rz. 63.

4 S. *Hüttemann*, Gemeinnützigkeits- und Spendenrecht[3], Rz. 1.57; weitergehend *Lang*, StuW 1987, 221 (229); *Seer*, DStJG 26 (2003), S. 11 (33 f.).

5 Grundl. EuGH v. 2.7.1974 – Rs. C-173/73 – Italien/Kommission, ECLI:EU:C:1974:71, Rz. 33. Seitdem st. Rspr., s. bspw. EuGH v. 8.11.2001 – Rs. C-143/99 – Adria-Wien Pipeline, ECLI:EU:C:2001:598, Rz. 42; v. 6.9.2006 – Rs. C-88/03 – Portugal/Kommission, ECLI:EU:C:2006:511, Rz. 80; v. 15.11.2011 – Rs. C-106/09 P – Kommission/Gibraltar, ECLI:EU:C:2011:732, Rz. 146 ff. (auch zur Darlegungs- und Beweislast).

belastungsvermindernd wirkende Steuerregime lediglich eine im Lichte der systemtragenden Prinzipien konsequente Anpassung an die besonderen Merkmale einer Branche oder bestimmter Unternehmen bewirkt[1]. Zum anderen kommt eine solche „Rechtfertigung" für begünstigend wirkende Steuerregelungen in Betracht, wenn diese als Vereinfachungszwecknormen einen effektiven und verhältnismäßigen Steuervollzug sicherstellen[2] oder sonst die Rechtsanwendungsgleichheit im Steuerrecht fördern[3] sollen. Im Gegensatz dazu stehen „externe", innerhalb des jeweiligen Referenzsystems nur punktuell – insbesondere zu Lenkungszwecken oder aus wirtschaftspolitischen Motiven[4] – verfolgte Zielsetzungen. Sie stellen den Beihilfecharakter der Maßnahme nicht in Frage und können allenfalls von der Kommission im Rahmen der Art. 107 Abs. 2 u. Abs. 3 AEUV berücksichtigt werden[5]. Erst recht nicht legitimiert werden kann eine Steuervergünstigung durch das Ziel, die Wettbewerbsfähigkeit bestimmter Unternehmen zu verbessern, weil dies dem Anliegen des Art. 107 Abs. 1 AEUV diametral entgegensteht[6]. Im Übrigen obliegt dem jeweiligen Mitgliedstaat der **Nachweis**, dass die begünstigende steuerliche Maßnahme anhand der vorstehenden Kriterien gerechtfertigt ist[7]. Gelegentlich haben EuGH und Kommission außerdem gefordert, dass begünstigende steuerliche Maßnahmen zusätzlich den **Anforderungen des Verhältnismäßigkeitsgrundsatzes** genügen müssten[8].

---

1 Vgl. EuGH v. 15.12.2005 – Rs. C-66/02 – Italien/Kommission, ECLI:EU:C:2005:768, Rz. 101; Kommissionsbeschluss v. 15.10.2014, C(2014) 7282 final, Rz. 16 ff. (Begrenzung des sachlichen Anwendungsbereichs der Energiebesteuerung); s. auch die Bekanntmachung der Kommission zum Begriff der staatlichen Beihilfe v. 19.5.2016, Rz. 139 sowie nach Fallgruppen konkretisierend Rz. 157 ff. S. auch *Rossi-Maccanico*, EC Tax Review 2009, 67 (75).

2 S. die Bekanntmachung der Kommission zum Begriff der staatlichen Beihilfe v. 19.5.2016, Rz. 139 und speziell zu Sonderregeln für kleine Betriebe Rz. 182; sowie Kommissionsentscheidungen v. 16.10.2013, C(2013) 6654 endg., Rz. 39; v. 29.7.2016, C(2016) 4809 final, Rz. 54 ff.

3 Ähnlich *van de Casteele/Hocine* in Mederer/Pesaresi/van Hoof, EU Competition Law, Volume 4: State Aid, 2008, Rz. 2.111. S. auch *Rossi-Maccanico*, Intertax 2012, 92 (99).

4 S. dazu Kommissionsentscheidung v. 11.7.2012, C(2012) 4217 final, Rz. 116 u. 153; *Post*, EC Tax Review 2014, 76 (82).

5 S. EuGH v. 22.12.2008 – Rs. C-487/06 P – British Aggregates/Kommission, ECLI:EU:C:2008:757, Rz. 92; v. 5.6.2012 – Rs. C-124/10 P – Kommission/EDF, ECLI:EU:C:2012:318, Rz. 76 f.; s. auch EuG v. 9.9.2009 – Rs. T-227/01 u.a. – Deputación Foral de Álava und Gobierno Vasco/Kommission, ECLI:EU:T:2009:315, Rz. 184; v. 4.3.2009 – Rs. T-445/05 – Associazione italiana del risparmio gestito und Fineco Asset Management/Kommission, ECLI:EU:T:2009:50, Rz. 170; GA *Trstenjak*, Schlussanträge v. 16.12.2010 – Rs. C-71/09 P u.a. – Comitato „Venezia vuole vivere" u.a./Kommission, ECLI:EU:C:2010:771, Rz. 117. Grundsätzlich ebenso die Mitteilung der Kommission, KOM (98/C 384/03), ABl. C 384 v. 10.12.1998, 3, Rz. 26 sowie die Bekanntmachung der Kommission zum Begriff der staatlichen Beihilfe v. 19.5.2016, Rz. 135. Unzutreffend daher *Hackemann/Sydow*, IStR 2013, 786 (790).

6 Vgl. EuGH v. 15.12.2005 – Rs. C-66/02 – Italien/Kommission, ECLI:EU:C:2005:768, Rz. 101; EuG v. 13.9.2012 – Rs. T-379/09 – Italien/Kommission, ECLI:EU:T:2012:422, Rz. 51; v. 22.14.2016 – Rs. T-50/06 RENV II und T-69/06 RENV II – Irland u.a./Kommission, ECLI:EU:T:2016:227, Rz. 120; Umsetzungsbericht der Kommission v. 9.2.2004, C(2004), Rz. 38; *Bartosch*, Common Market Law Review 2010, 729 (747 f.).

7 S. EuGH v. 29.4.2004 – Rs. C-159/01 – Niederlande/Kommission, ECLI:EU:C:2004:246, Rz. 43; v. 6.9.2006 – Rs. C-88/03 – Portugal/Kommission, ECLI:EU:C:2006:511, Rz. 80; v. 8.9.2011 – Rs. C-279/08 P – Kommission/Niederlande, ECLI:EU:C:2011:551, Rz. 62; v. 15.11.2011 – Rs. C-106/09 – Kommission/Government of Gibraltar und Vereinigtes Königreich, ECLI:EU:C:2011:732, Rz. 146.

8 S. EuGH v. 8.9.2011 – Rs. C-78/08 bis C-80/08 – Paint Graphos u.a., ECLI:EU:C:2011:550, Rz. 75; Kommissionsbeschluss v. 19.12.2012 C(2012) 9461 final, Rz. 127; Bekanntmachung der Kommis-

Ist ein Mitgliedstaat bei der Konkretisierung bestimmter Leitprinzipien der Besteuerung in einem bestimmten Regelungsbereich generell Kompromisse zwecks eines angemessenen Ausgleichs mit gegenläufigen Zielsetzungen eingegangen, kann er sich ferner nicht darauf berufen, dieses Leitprinzip punktuell zugunsten (nur) bestimmter Steuerpflichtiger in Reinform verwirklichen zu wollen, jedenfalls sofern die zugrundeliegende Konfliktlage bei ihnen keine andere ist. So hat es die Kommission zutreffend abgelehnt, einer dem Neutralitätsprinzip optimal entsprechenden sofortigen Vorsteuervergütung nebst zeitnaher Gewährung von Erstattungszinsen den Beihilfecharakter abzusprechen, nachdem der betreffende Mitgliedstaat für den Regelfall – richtlinienrechtlich zulässig – aus fiskalischen Gründen ein ungünstigeres Erstattungsmodell gewählt hatte[1].

Speziell hinsichtlich der **Steuervergünstigungen für gemeinnützige Körperschaften** wird 4.33
im Schrifttum teilweise geltend gemacht, diese seien eine folgerichtige Umsetzung des steuerlichen Leistungsfähigkeitsprinzips und demnach durch die Natur des Steuersystems gerechtfertigt. Denn dem Leistungsfähigkeitsprinzip liege die Vorstellung von der Steuer als Solidarbeitrag zugunsten der Finanzierung von Gemeinwohllasten zugrunde. Gemeinnützige Einrichtungen erbrächten einen solchen Solidarbeitrag aber schon unmittelbar durch die Übernahme gemeinwohldienlicher Aufgaben, weshalb es nur konsequent sei, sie nicht noch zusätzlich zur Besteuerung heranzuziehen[2]. Es kann hier dahingestellt bleiben, inwieweit eine solche Argumentation für Zweck der Steuern vom Einkommen tragfähig ist, die auf die Erfassung steuerlicher Leistungsfähigkeit des Pflichtigen angelegt sind[3]. Im Umsatzsteuerrecht scheidet ein solcher Rechtfertigungsansatz jedenfalls aus. Die Umsatzsteuer ist nicht darauf angelegt, die steuerliche Leistungsfähigkeit des steuerpflichtigen Unternehmers zu erfassen. Nach dem Neutralitätsprinzip ist dieser vielmehr im Gegenteil ohnehin grds. von jeglicher Umsatzsteuerbelastung freizustellen[4], wobei das harmonisierte Mehrwertsteuersystem die Überwälzung der geschuldeten Umsatzsteuer unterstellt. Dementsprechend spiegelt der Besteuerungsgegenstand – steuerbare Ausgangsumsätze – auch nicht die steuerliche Leistungsfähigkeit des Unternehmers wider[5]. Daraus folgt, dass weder unmittelbare Vorteile aus einer Umsatzsteuerentlastung noch gar bloß mittelbare Vorteile (Rz. 4.26) in ihrer Größenordnung einen sachgerechten Indikator dafür liefern, inwieweit die wirtschaftliche Leistungsfähigkeit des gemeinnützigen Unternehmers bereits durch die Finanzierung gemeinwohlorientierter, steuerfinanzierte staatliche Maßnahmen substituierender Aktivitäten beansprucht wird. Soweit gemeinnützige Körperschaften durch Steuerbefreiungen, ermäßigte Steuersätze, Vorsteuerpauschalierung oder sonstige steuerliche Vorzugsbehandlung eine Begünstigungswirkung erfahren, stellt dies infolgedessen eine gewollte oder zumindest billigend in Kauf genommene Verschonungssubvention dar, die einer staatlichen Unterstützung gemeinnütziger

---

sion zum Begriff der staatlichen Beihilfe v. 19.5.2016, Rz. 140. So auch *Szudoczky*, The sources of EU law and their relationships: Lessons for the field of taxation, 2013, 604 u. 639 ff.; *Rossi* in Weber (Hrsg.), EU Income Tax Law: Issues for the Years Ahead, 2013, 123 (137).

1 S. Kommissionsbeschluss v. 11.7.2012, C(2012) 4217 final, Rz. 137 ff.

2 S. *Jachmann*, Gemeinnützigkeit in Europa, S. 47; ähnlich auch *Jachmann*, BB 2003, 990 (992; im Kontext einer grundfreiheitlichen Kohärenzprüfung); *Kube*, IStR 2005, 469 (471).

3 Ablehnend *Hüttemann*, Gemeinnützigkeits- und Spendenrecht³, Rz. 1.116; einschränkend (nur für den ideellen, durch Fehlen einer Gewinnerzielungsabsicht charakterisierten Bereich) *Isensee* in DStJG 26 (2003), S. 93 (117 f.); *Droege*, Gemeinnützigkeit im offenen Steuerstaat, S. 520 f.

4 S. bspw. EuGH v. 21.3.2000 – Rs. C-110/98 – Gabalfrisa, ECLI:EU:C:2000:145, Rz. 44; v. 29.10.2009 – Rs. C-174/08 – NCC Construction Denmark, ECLI:EU:C:2009:669, Rz. 27, UR 2010, 233; st. Rspr.

5 So im Rahmen eines Beihilfeverfahrens zu einer Steuer auf den Umsatz auch die Kommission, s. Kommissionsbeschluss v. 12.3.2015, C (2015) 1520 final, Rz. 36.

Einrichtungen gleich zu achten und nicht schon im Belastungsgrund der Umsatzsteuer angelegt ist[1]. Die damit vorliegende bloße „Absicht des nationalen Gesetzgebers, im sozialen Bereich als verdienstvoll angesehene Einrichtungen finanziell zu begünstigen" ist vom EuGH indes – zu Recht – nicht als dem Steuersystem inhärente Zielsetzung anerkannt worden[2].

Allerdings könnten die absehbar zumindest in zahlreichen Fällen auftretenden Begünstigungswirkungen der Vorsteuerpauschalierung nach § 23a UStG evtl. durch den Vereinfachungszweck der Vorschrift[3] gerechtfertigt sein. Nach den Maßstäben der EU-Kommission wäre das dann der Fall, wenn die Regelung nur in Einzelfällen, nicht aber im Durchschnitt aller Fälle eine überschießende Entlastungswirkung hat[4]. Dies wäre von der Bundesregierung ggf. nachzuweisen.

### 5. Staatliche Beihilfe vs. Unionsbeihilfe

4.34 Die Gewährung der steuerlichen Beihilfe muss **dem Mitgliedstaat zurechenbar** sein; es darf keine sog. Unionsbeihilfe vorliegen. Nach der Rspr. des EuGH handelt es sich dabei entgegen dem Wortlaut des Art. 107 Abs. 1 AEUV nicht um ein alternatives, sondern um ein kumulatives Erfordernis im Verhältnis zur Finanzierung aus staatlichen Mitteln[5]; dies entspricht der Abschnittsüberschrift im AEUV und dem Zweck der Beihilfenaufsicht[6]. Von Relevanz ist das Kriterium staatlicher Veranlassung bei Fiskalbeihilfen vornehmlich für die **Abgrenzung zur sog. Unionsbeihilfe**, wie sie in harmonisierten Bereichen des Steuerrechts vorliegen kann[7]: Denn der Beihilfeeffekt einer Steuervergünstigung ist dem Mitgliedstaat nach zutreffender Auffassung von EuGH und Kommission jedenfalls dann nicht zuzurechnen, wenn die Vergünstigung in einer EU-Richtlinie zwingend vorgegeben ist[8]. Eine staatliche Beihilfe kommt hier nur bei richtlinienwidriger Umsetzung im nationalen Recht in Betracht, sofern dadurch weitergehende Begünstigungseffekte bewirkt werden[9]. Nach der Rechtsprechung soll eine staatliche Beihilfe ferner auch dann nicht vorliegen, wenn eine ver-

---

1 Im Ergebnis ebenso *Isensee* in DStJG 26 (2003), S. 93 (117 f.); *Helios*, Steuerliche Gemeinnützigkeit und EG-Beihilfenrecht, S. 140 f., speziell zum ermäßigten Steuersatz sowie zur Vorsteuerpauschalierung nach § 23a UStG.

2 S. EuGH v. 10.1.2006 – Rs. C-222/04 – Cassa di Risparmio di Firenze u.a., ECLI:EU:C:2006:8, Rz. 137.

3 S. *Stadie* in Rau/Dürrwächter, § 23a Rz. 1-3, m.w.N.

4 Vgl. Bekanntmachung der Kommission zum Begriff der staatlichen Beihilfe v. 19.5.2016, Rz. 182.

5 S. allgemein EuGH v. 16.5.2002 – Rs. C-482/99 – Frankreich/Kommission, ECLI:EU:C:2002:294, Rz. 24; und speziell in steuerrechtlichem Kontext EuGH v. 22.6.2006 – Rs. C-182/03 und C-217/03 – Belgien und Forum 187/Kommission, ECLI:EU:C:2006:416 u. ECLI:EU:C:2005:266, Rz. 127; v. 23.4.2009 – Rs. C-460/07 – Puffer, ECLI:EU:C:2009:254, Rz. 67 ff., UR 2009, 410 m. Anm. *Widmann*; v. 5.4.2006 – Rs. T-351/02 – Deutsche Bahn/Kommission, ECLI:EU:T:2006:104, Rz. 100 f.

6 S. auch *Englisch*, EuR 2009, 488 (489 ff.); s. auch EuG v. 5.4.2006 – Rs. T-351/02 – Deutsche Bahn/Kommission, ECLI:EU:T:2006:104, Rz. 100 m.w.N.

7 S. dazu eingehend *Englisch*, EC Tax Review 2013, 9 (14 ff.).

8 S. EuGH v. 23.4.2009 – Rs. C-460/07 – Puffer, ECLI:EU:C:2009:254, Rz. 67 ff., UR 2009, 410 m. Anm. *Widmann*; Bekanntmachung der Kommission zum Begriff der staatlichen Beihilfe v. 19.5.2016, Rz. 44; *Boeshertz*, EC Tax Review 2013, 214 (217). Im Ergebnis ebenso, aber mit anderem Begründungsansatz auch *Terra*, Intertax 2012, 101 (110).

9 S. dazu *Koenig/Busch*, EWS 2009, 510 (514 f.); s. auch EuGH v. 3.3.2005 – Rs. C-172/03 – Heiser, ECLI:EU:C:2005:130, UR 2005, 222.

zichtbare Richtlinienbestimmung die beihilfenverdächtige Steuervergünstigung als Regelfall vorsieht[1].

Demnach sind die Befreiungen des § 4 UStG insoweit von Beihilfeverbot des Art. 107 Abs. 1 AEUV ausgenommen, als sie eine richtlinienkonforme Umsetzung der Befreiungsregeln der Art. 132 ff. MwStSystRL darstellen[2]. Hingegen muss sich Deutschland für im Vergleich zum Richtlinienkonzept überschießende Begünstigungswirkungen im Rahmen einzelner Befreiungstatbestände beihilferechtlich verantworten.

Darüber hinaus wird man richtigerweise auch dann eine dem jeweiligen Mitgliedstaat nicht zurechenbare Unionsbeihilfe annehmen müssen, wenn der Beihilfeneffekt einer den Mitgliedstaaten im Richtlinienrecht eingeräumten Gestaltungsoption *inhärent* ist[3]. Denn in diesem Fall kann ein Mitgliedstaat absehbar nur unter Gewährung eines selektiven Vorteils von der Ermächtigung Gebrauch machen, diese Wirkungen sind also vom Unionsgesetzgeber in Kauf genommen worden. Es besteht daher nach dem Sinn und Zweck der Beihilfenkontrolle (Rz. 4.1 f.) an sich kein Bedürfnis für eine präventive Kontrolle schädlicher Auswirkungen auf den Binnenmarkt durch die EU-Kommission. Für eine Zurechnung etwaiger wettbewerbsverzerrender Wirkungen zum Unionsgesetzgeber spricht auch, dass der EuGH die Abgrenzung der Verantwortlichkeiten im ähnlich gelagerten Problemfall der Zurechnung von grundfreiheitsbeschränkenden Effekten nationaler – und aus Richtliniensicht optionaler – Umsatzsteuerregime nach denselben Maßstäben beurteilt hat[4]. Der EuGH tendiert aber dazu, **bei der mitgliedstaatlichen Inanspruchnahme richtlinienrechtlicher Ermächtigungen** zur Gewährung von Steuerbefreiungen oder sonstigen Steuerentlastungen *generell* eine **staatliche Beihilfe** anzunehmen[5]; dies entspricht wohl auch der Haltung der Kommission[6]. 4.35

Nach Maßgabe von EuGH-Judikatur und Kommissionspraxis müsste die Gewährung des ermäßigten Steuersatzes für die von gemeinnützigen Körperschaften i.S.d. §§ 51 ff. AO erbrachten Leistungen nach § 12 Abs. 2 Nr. 8 Buchst. a UStG insgesamt als staatliche Beihilfe eingestuft werden. Denn die Einführung ermäßigter Steuersätze ist durch Art. 98 f. MwStSystRL in den dort genannten Grenzen in das steuerpolitische Ermessen der Mitgliedstaaten gestellt. Die von der Kommission gleichwohl geübte Zurückhaltung bei der Überprüfung der ermäßigten Steuersätze in den USt-Systemen der Mitgliedstaaten (Rz. 4.13) widerspricht somit den von ihr selbst aufgestellten allgemeinen Beurteilungsmaßstäben. Nach hier vertretener Ansicht ist hingegen zu differenzieren: Soweit § 12 Abs. 2 Nr. 8 Buchst. a UStG einen richtlinienwidrig 4.36

---

1 S. EuG v. 5.4.2006 – Rs. T-351/02 – Deutsche Bahn/Kommission, ECLI:EU:T:2006:104, Rz. 100 ff.; so wohl auch die EU-Kommission, die auf das Urteil im Entwurf ihrer Bekanntmachung zum Begriff der staatlichen Beihilfe v. 19.5.2016, Rz. 44, Bezug nimmt; s. auch *v. Wallenberg/Schütte* in Grabitz/Hilf/Nettesheim, Art. 107 AEUV Rz. 36.

2 Im Ergebnis ebenso *Terra*, Intertax 2012, 101 (110; zu nationalen USt-Befreiungen in allen Mitgliedstaaten); sowie *Grube*, Der Einfluss des unionsrechtlichen Beihilfeverbots auf das deutsche Steuerrecht, S. 146 f. (unter zusätzlichem Hinweis auf die in der MwStRL getroffenen Vorkehrungen gegen Wettbewerbsverzerrungen). **A.A.** scheinbar *Koenig/Paul* in Streinz[2], Art. 107 AEUV Rz. 81. Übersehen wurde die Zurechnungsproblematik zudem offenbar von *Helios*, Steuerliche Gemeinnützigkeit und EG-Beihilfenrecht, S. 139 f., der ohne weiteres staatliche Beihilfen annimmt.

3 So auch *Jatzke*, EWS 2000, 491 (498).

4 S. EuGH v. 26.10.2010 – Rs. C-97/09 – Schmelz, ECLI:EU:C:2010:632, Rz. 54, UR 2011, 32.

5 Vgl. EuGH v. 10.12.2013 – Rs. C-272/12 P – Kommission/Irland u.a., ECLI:EU:C:2013:812, Rz. 47 ff., wonach eine auf Vorschlag der Kommission erteilte Genehmigung des Rates zur Einführung einer Steuerbefreiung wegen der Besonderheiten des Beihilfekontrollverfahrens nach Art. 108 AEUV selbiges nicht ersetzen könne.

6 S. Bekanntmachung der Kommission zum Begriff der staatlichen Beihilfe v. 19.5.2016, Rz. 45.

zu weiten Anwendungsbereich hat (Rz. 4.13)[1], weil der ermäßigte Steuersatz für jede Leistung jeglicher Art von gemeinnütziger Körperschaft gewährt wird und nicht auf die Erbringung sonstiger Leistungen i.S.d. § 3 Abs. 9 UStG durch Einrichtungen für wohltätige Zwecke und im Bereich der sozialen Sicherheit beschränkt ist, liegt eine staatliche Beihilfe vor[2]. Im Übrigen hingegen, d.h. hinsichtlich des richtlinienkonformen Kerns der Steuerermäßigung, ist die selektive Beschränkung der Begünstigung (nur) auf gemeinnützige Körperschaften bereits den in Art. 98 Abs. 2 MwStSystRL i.V.m. Anhang III Nr. 15 unionsrechtlich niedergelegten Rahmenbedingungen für die Gewährung des ermäßigten Steuersatzes immanent. Insoweit sollte daher keine staatliche, sondern eine Unionsbeihilfe angenommen werden.

### 6. Weitere Voraussetzungen

4.37 Die **übrigen Merkmale** verbotener Beihilfen i.S.d. Art. 107 Abs. 1 AEUV sind auf dem Gebiet des Steuerrechts **meist unproblematisch** zu bejahen. Nach ständiger Rspr. bedarf es keines konkreten Nachweises der *Auswirkung auf den Handel* zwischen den Mitgliedstaaten und einer tatsächlichen *Wettbewerbsverzerrung*. Eine dahingehende von der Steuervergünstigung ausgehende abstrakte Eignung bzw. Gefahr genügt[3]. Selbige kann auch bei gemeinnützigen Aktivitäten nicht pauschal ausgeschlossen werden[4]. Denn auch der gemeinnützige Sektor ist auf zahlreichen Feldern entweder selbst grenzüberschreitend tätig oder steht zumindest potentiell im Wettbewerb mit ausländischen Anbietern[5]. Im Übrigen können sich steuerliche Vergünstigungen auch dann auf den Handel auswirken, wenn das begünstigte gemeinnützige Unternehmen nicht selbst an grenzüberschreitenden Tätigkeiten beteiligt ist; es genügt, dass es gegenüber potentiellen ausländischen Konkurrenten in seiner Wettbewerbsposition gestärkt wird[6]. Die Beihilfe wird auch regelmäßig *aus staatlichen Mitteln*, nämlich durch einen Verzicht auf Steueraufkommen finanziert[7].

---

1 S. auch BFH v. 8.3.2012 – V R 14/11, BStBl. II 2012, 630 = UR 2012, 560.

2 S. *Grube*, Der Einfluss des unionsrechtlichen Beihilfeverbots auf das deutsche Steuerrecht, S. 144 u. 147 ff.; s. auch generell zum richtlinienwidrig zu großzügigen Anwendungsbereich von ermäßigten Steuersätzen den Bericht des Bundesrechnungshofs nach § 99 BHO über den ermäßigten Umsatzsteuersatz v. 28.6.2010, S. 34.

3 S. EuGH v. 15.12.2005 – Rs. C-148/04 – Unicredito Italiano, ECLI:EU:C:2005:774, Rz. 54; v. 15.6.2006 – Rs. C-393/04 u.a. – Air Liquide, ECLI:EU:C:2006:403, Rz. 34. S. allerdings auch die De-minimis-Verordnung (EU) Nr. 1407/2013 der Kommission v. 18.12.2013.

4 Zutreffend *Bernicke*, EuZW 1996, 165 (170 ff.); *Helios*, Steuerliche Gemeinnützigkeit und EG-Beihilfenrecht, S. 177 ff.; *Droege*, Gemeinnützigkeit im offenen Steuerstaat, S. 517 f.

5 S. *Hüttemann*, Gemeinnützigkeits- und Spendenrecht$^3$, Rz. 1.118. Für großzügigere Maßstäbe (Wettbewerbsrelevanz nur bei Dominanz marktwirtschaftlich orientierter Anbieter auf dem jeweiligen Markt; keine Betroffenheit des innergemeinschaftlichen Handels bei Substitution staatlicher Leistungen durch gemeinnützige Tätigkeit i.e.S.) hingegen *Jachmann*, Gemeinnützigkeit in Europa, S. 52 f.

6 S. EuGH v. 17.6.1999 – Rs. C-75/97 – Belgien/Kommission („Maribel"), ECLI:EU:C:1999:311, Rz. 47; v. 14.9.1994 – Rs. C-278/92 bis C-280/92 – Spanien/Kommission, ECLI:EU:C:1994:325, Rz. 40; Mitteilung der Kommission über die Anwendung der Beihilfevorschriften der Europäischen Union auf Ausgleichsleistungen für die Erbringung von Dienstleistungen von allgemeinem wirtschaftlichem Interesse, ABl. C 8 v. 11.1.2012, S. 4, Rz. 38; Bekanntmachung der Kommission zum Begriff der staatlichen Beihilfe v. 19.5.2016, Rz. 192.

7 S. bspw. EuGH v. 19.9.2000 – Rs. C-156/98 – Deutschland/Kommission, ECLI:EU:C:2000:467, Rz. 25 ff., FR 2000, 1153; v. 15.3.1994 – Rs. C-387/92 – Banco Exterior de España, ECLI:EU:C:1994:100, Rz. 13 f., UR 1994, 269; v. 1.12.1998 – Rs. C-200/97 – Ecotrade, ECLI:EU:C:1998:579,

Kraft unmittelbar geltenden Verordnungsrechts ist allerdings unwiderlegbar zu vermuten, dass von einer Steuerentlastung keine den Wettbewerb verzerrende und den Handel im Binnenmarkt beeinträchtigende Wirkungen ausgehen, wenn es sich um eine betragsmäßig geringfügige Verschonungssubvention im Sinne einer **De minimis-Verordnung**[1] handelt[2]. Danach liegt keine Beihilfe vor und es besteht dementsprechend auch keine Notifizierungspflicht nach Art. 108 Abs. 3 AEUV, wenn die Entlastungswirkung der dem begünstigten Unternehmen gewährten steuerlichen Verschonungen innerhalb eines kontinuierlich fortzuschreibenden Dreijahreszeitraums insgesamt 200.000 Euro nicht übersteigt[3]. Bei Dienstleistungen von allgemeinem wirtschaftlichem Interesse i.S.d. Art. 106 Abs. 2 AEUV erhöht sich dieser Betrag auf 500.000 Euro[4]. Die steuerliche Entlastungswirkung ist dabei in sog. Bruttosubventionsäquivalente, d.h. in eine äquivalente Direktsubvention umzurechnen[5]. Bei gesetzlich vorgegebenen Steuerbegünstigungen scheitert die Berufung des betreffenden Mitgliedstaates auf eine De minimis-VO indes regelmäßig daran, dass es an der jeweils geforderten gesetzlichen Begrenzung des Beihilfehöchstbetrages auf 200.000 Euro bzw. 500.000 Euro fehlt[6]. Dies gilt namentlich auch für die gegenwärtig im deutschen UStG vorgesehenen Steuerbegünstigungen mit Bezug zu gemeinnützigen Körperschaften[7]. Gleichwohl kann die je einschlägige De minimis-Verordnung im Einzelfall für die Frage der Rückforderung bereits beanspruchter Steuervergünstigungen relevant werden (Rz. 4.9)[8]. 4.38

Darüber hinaus kann es auch bei Überschreiten der Schwellenwerte der De minimis-Verordnung ausnahmsweise an einer Beeinträchtigung des grenzüberschreitenden Handels fehlen, wenn die Beihilfe einer unternehmerischen **Betätigung mit rein lokalem Bezug** zugutekommt[9]. Die Kommission hat hierzu in einer Reihe von Entscheidungen im Wesentlichen zwei Kriterien aufgestellt, bei deren Erfüllung sie das Verbot staatlicher Beihilfen als nicht tangiert ansieht: Erstens muss sich das geförderte Angebot auf einen regionalen Markt beschränken, d.h. Zielgruppe darf nur die lokale Bevölkerung oder eine lokale Kundschaft sein[10]. Zweitens darf ein grenzüberschreitender Wettbewerb verschiedener Anbieter weder nachweislich 4.39

---

Rz. 45; s. auch EuGH v. 2.7.1974 – Rs. C-173/73 – Italien/Kommission, ECLI:EU:C:1974:71, Rz. 33/35.

1 Verordnung (EU) Nr. 1407/2013 der Kommission v. 18.12.2013 über die Anwendung der Art. 107 und 108 AEUV auf De-minimis-Beihilfen (vormals VO 1998/2006); Verordnung (EU) 360/2012 v. 25.4.2012 über die Anwendung der Art. 107 und 108 AEUV auf De-minimis-Beihilfen an Unternehmen, die Dienstleistungen von allgemeinem wirtschaftlichem Interesse erbringen.

2 S. Art. 3 Abs. 1 i.V.m. dem dritten Erwägungsgrund der De-minimis-VO 1407/2013; EuGH v. 8.5.2013 – Rs. C-197/11 – Libert u.a., ECLI:EU:C:2013:288, Rz. 81.

3 S. Art. 3 Abs. 2 De minimis-VO 1407/2013; der Dreijahreszeitraum ist nach Steuerjahren, d.h. nach Wirtschaftsjahren i.S.d. § 4a EStG zu bestimmen.

4 S. Art. 2 Abs. 2 De minimis-VO 360/2012.

5 S. Art. 3 Abs. 6 Satz 3 De minimis-VO 1407/2013; Art. 3 Abs. 2 Satz 3 De minimis-VO 360/2012.

6 Vgl. EuGH v. 19.9.2000 – Rs. C-156/98 – Deutschland/Kommission, ECLI:EU:C:2000:467, Rz. 40 (noch zur früheren De minimis-Mitteilung der Kommission), FR 2000, 1153.

7 S. *Hüttemann*, Gemeinnützigkeits- und Spendenrecht[3], Rz. 1.118.

8 S. speziell zu den umsatzsteuerlichen Vergünstigungen *Helios*, Steuerliche Gemeinnützigkeit und EG-Beihilfenrecht, S. 192.

9 S. dazu auch *Koenig/Paul* in Streinz[2], Art. 107 AEUV Rz. 100.

10 S. Kommissionsbeschluss v. 29.4.2015 – SA.37904, C(2015) 2800 final; v. 29.4.2015 – SA.33149, C(2015) 2793 final; v. 29.4.2015 – SA.39403, C(2015) 2795 final; noch großzügiger Kommissionsbeschluss v. 29.4.2015 – SA.37963, C(2015) 2799 final: „im Wesentlichen regionale oder allenfalls nationale Kundschaft".

stattfinden noch als wahrscheinlich erscheinen. Dementsprechend darf es nicht zu einer Umlenkung der Nachfrage auf den begünstigten Anbieter kommen[1]. Daneben hat die Kommission vereinzelt auch ergänzend berücksichtigt, dass der Beihilfeempfänger dem Kreis der kleineren Unternehmen zuzurechnen war und die aus der Begünstigung resultierenden Vorteile darum als begrenzt erschienen[2]. Aus Stellungnahmen bzw. Entscheidungspraxis der Kommission geht hervor, dass diese Kriterien auch im Gemeinnützigkeitssektor[3] und insb. auch für steuerliche Vergünstigungen zugunsten gemeinnütziger Einrichtung[4] Anwendung finden können.

**Kritische Anmerkung und Relevanz im Gemeinnützigkeitsrecht**

Die Prüfung der Kommission hinsichtlich der genannten Kriterien läuft meist auf eine bloße Plausibilitätsprüfung hinaus und wird zudem tendenziell großzügig gehandhabt. Damit werden letztlich mögliche Wettbewerbsverzerrungen im Binnenmarkt allein um der Schonung der personellen Ressourcen der Kommission willen[5] in Kauf genommen. Für das deutsche Gemeinnützigkeitsrecht kann dieser Ansatz insb. für Zweckbetriebe i.S.d. § 67af. AO relevant sein, soweit sie in den Genuss des ermäßigten Steuersatzes nach § 12 Abs. 2 Nr. 8 Buchst. 8 UStG kommen.

## D. Vereinbarkeit bestimmter Beihilfen mit dem gemeinsamen Markt

4.40 Art. 107 AEUV enthält ein **präventives Verbot mit Erlaubnisvorbehalt**. Nach Art. 107 Abs. 2 AEUV sind bestimmte Beihilfen stets mit dem Binnenmarkt vereinbar und dürfen daher ohne weiteres eingeführt werden. Diese Vorschrift wird jedoch sehr restriktiv ausgelegt[6]. Daneben kann die Kommission Beihilfen mit einer in Art. 107 Abs. 3 AEUV aufgeführten Zwecksetzung für binnenmarktkompatibel erklären. Sie verfügt hierbei nach – fragwürdiger – Ansicht des EuGH über ein sehr weites Ermessen[7].

4.41 Die bereits erwähnten ermessenkonkretisierenden sog. **Gruppenfreistellungsverordnungen, Leitlinien und Unionsrahmen** zur Binnenmarktkompatibilität bestimmter Kategorien von Beihilfen (Rz. 4.3 f.) sind für die an den Gemeinnützigkeitsstatus anknüpfenden umsatzsteuerrechtlichen Vergünstigungen nur ausnahmsweise von Bedeutung und enthalten jeden-

1 S. Kommissionsentscheidung v. 6.11.2001 – N 814/2000, C(2001) 3481, Rz. 3.1; Kommissionsbeschluss v. 29.4.2015 – SA.37904, C(2015) 2800 final; v. 29.4.2015 – SA.33149, C(2015) 2793 final; v. 29.4.2015 – SA.39403, C(2015) 2795 final; v. 29.4.2015 – SA.37963, C(2015) 2799 final.

2 S. Kommissionsbeschluss v. 29.4.2015 – SA.37904, C(2015) 2800 final.

3 S. Mitteilung der Kommission über die Anwendung der Beihilfevorschriften der Europäischen Union auf Ausgleichsleistungen für die Erbringung von Dienstleistungen von allgemeinem wirtschaftlichem Interesse, ABl. C 8 vom 11.1.2012, S. 4, Rz. 40.

4 Vgl. Kommissionsbeschluss v. 29.4.2015 – SA.38208, C(2015) 2798 final. S. dazu auch *Helios*, Steuerliche Gemeinnützigkeit und EG-Beihilfenrecht, S. 186 f., m.w.N.; *Jachmann*, Gemeinnützigkeit in Europa, S. 53. (bei „primär" lokalem Bezug).

5 S. Kommission, Pressemitteilung v. 29.4.2015, IP/15/4889.

6 Exemplarisch EuGH v. 19.9.2000 – Rs. C-156/98 – Deutschland/Kommission, ECLI:EU:C:2000:467, Rz. 49, FR 2000, 1153.

7 S. bspw. EuGH v. 14.2.1990 – Rs. C-301/87 – Frankreich/Kommission, ECLI:EU:C:1990:67, Rz. 15; v. 29.4.2004 – Rs. C-372/97 – Italien/Kommission, ECLI:EU:C:2004:234, Rz. 83; v. 13.2.2003 – Rs. C-409/00 – Spanien/Kommission, ECLI:EU:C:2003:92, Rz. 93; *Cremer* in Calliess/Ruffert[5], Art. 107 AEUV Rz. 50. Wie hier kritisch *Kokott*, ISR 2017, 395, 400.

falls keine gemeinnützigkeitsspezifischen Regelungen[1]. Insbesondere sind der Kommissionsbeschluss[2] sowie der Gemeinschaftsrahmen betreffend Dienstleistungen von allgemeinem wirtschaftlichen Interesse[3] regelmäßig nicht einschlägig, weil sie einen staatlichen Akt der Betrauung mit entsprechenden Aufgaben voraussetzen. Deren freiwillige Durchführung durch gemeinnützige Einrichtungen fällt nicht unter die genannten Regelungen. Damit läuft die Beurteilung der umsatzsteuerrechtlichen staatlichen Beihilfen für gemeinnützige Körperschaften auf eine Einzelfallabwägung durch die Kommission hinaus, soweit sie – im Rahmen des Art. 107 Abs. 3 AEUV – ein Ermessen hat. Speziell sog. **steuerlichen Betriebsbeihilfen**, die ohne Bezug auf ein konkretes Investitionsvorhaben und ohne Limitierung als Verminderung von normalerweise zu tragenden Regelsteuerlasten gewährt werden, steht die Kommission mit Billigung des EuGH dabei seit jeher generell kritisch gegenüber[4]. Zugunsten einer solchen Beihilfe kann allerdings u.U. ihre Eignung zur Schaffung der Voraussetzungen für die Verwirklichung von (insb. unionsrechtlich verankerten) Grundrechten angeführt werden[5].

**Hinweis:** Im Hinblick auf steuerliche Privilegien für gemeinnützige Körperschaften werden regelmäßig die Ausnahmetatbestände des Art. 107 Abs. 3 Buchst. b, c und d AEUV für besonders relevant erachtet[6]. Im Kontext des Umsatzsteuerrechts ist allerdings zumindest bei denjenigen Steuerbefreiungen, die im Interesse der Endverbraucher gewährt und mutmaßlich an diese weitergereicht werden, aber auch der Erlaubnistatbestand des Art. 107 Abs. 2 Buchst. a AEUV betreffend soziale Beihilfen an Verbraucher in Betracht zu ziehen. Von Bedeutung ist dies an sich auch für die Befreiungstatbestände des § 4 Nr. 16, 18, 23 und 15 UStG, soweit sie mangels unionsrechtlicher Rechtsgrundlage als staatliche Beihilfe zu qualifizieren sind (Rz. 4.13; 4.24; 4.35). Indes ist nicht zu erwarten, dass die Kommission richtlinienwidrige Steuerentlastungen genehmigen wird.

## E. Neue und bestehende Beihilfen

Der **AEU-Vertrag differenziert** hinsichtlich der Durchführung der Beihilfenkontrolle und ihrer möglichen Konsequenzen in Art. 108 **zwischen neuen und bestehenden Beihilfen**. Die Verfahrensabläufe sind jeweils in der Beihilfe-Verfahrensverordnung und der Beihilfe-Durchführungsverordnung niedergelegt (Rz. 4.5). Dort finden sich auch die maßgeblichen Legalde- 4.42

1 S. *Hüttemann*, Gemeinnützigkeits- und Spendenrecht[3], Rz. 1.120.

2 Beschluss der Kommission v. 20.12.2011 über die Anwendung von Art. 106 Abs. 2 des Vertrags über die Arbeitsweise der Europäischen Union auf staatliche Beihilfen in Form von Ausgleichsleistungen zugunsten bestimmter Unternehmen, die mit der Erbringung von Dienstleistungen von allgemeinem wirtschaftlichem Interesse betraut sind, K(2011) 9380.

3 Mitteilung der Kommission v. 11.1.2012, Rahmen der Europäischen Union für staatliche Beihilfen in Form von Ausgleichsleistungen für die Erbringung öffentlicher Dienstleistungen (2011), ABl.(EU) 2012 Nr. C 8, S. 15.

4 S. EuGH v. 19.9.2000 – Rs. C-156/98 – Deutschland/Kommission, ECLI:EU:C:2000:467, Rz. 68 f., FR 2000, 1153; v. 9.6.2011 – Rs. C-71/09 P u.a. – Comitato „Venezia vuole vivere" u.a./Kommission, ECLI:EU:C:2011:368, Rz. 168; Mitteilung der Kommission über die Anwendung der Vorschriften über staatliche Beihilfen auf Maßnahmen im Bereich der direkten Unternehmensbesteuerung, KOM (98/C 384/03), ABl. C 384 v. 10.12.1998, Rz. 32; *Rossi-Maccanico* in Rust/Micheau, State Aid and Tax Law, 39 (44).

5 S. Kommissionsbeschluss v. 9.7.2014, C(2014) 4546 final, Rz. 100 (Medienvielfalt; vgl. Art. 11 EU-GrCH).

6 Dazu ausführlich *Helios*, Steuerliche Gemeinnützigkeit und EG-Beihilfenrecht, S. 204 ff.; *Jachmann*, Gemeinnützigkeit in Europa, S. 53 ff.; *Droege*, Gemeinnützigkeit im offenen Steuerstaat, S. 524; *Hüttemann*, Gemeinnützigkeits- und Spendenrecht[3], Rz. 1.120.

finitionen für beide Beihilfearten[1]: Nach Art. 1 Buchst. b VerfVO handelt es sich bei bestehenden Beihilfen insbesondere um solche Beihilfen, die bereits vor dem Inkrafttreten der europäischen Verträge im jeweiligen Mitgliedstaat eingeführt worden sind sowie um von der EU-Kommission oder vom Rat bereits genehmigte bzw. als genehmigt geltende Beihilfen. Neue Beihilfen sind demgegenüber nach Art. 1 Buchst. c VerfVO solche, die sich keiner der Kategorien einer bestehenden Beihilfe zuordnen lassen.

4.43 Nur ein kleiner Teil der speziell oder typischerweise gemeinnützigen Körperschaften entlastenden Regelungen des Umsatzsteuerrechts ist als bestehende Beihilfe zu qualifizieren. Im Einzelnen sind dies die Steuerbefreiungen gem. § 4 Nr. 18 S. 1, Nr. 22 Buchst. a, sowie Nr. 23 S. 1 UStG. Diese Befreiungen existierten bereits vor dem 1.1.1958 und damit vor Inkrafttreten der Römischen Verträge, zu deren Unterzeichnerstaaten Deutschland gehörte[2]. Selbst dies gilt zudem bzgl. der §§ 4 Nr. 22 Buchst. a, Nr. 23 S. 1 UStG nur für Teile des heutigen Anwendungsbereichs[3]. Von Bedeutung ist dies aber ohnehin nur, soweit es sich bei den Befreiungen ausnahmsweise – wegen eines richtlinienwidrig zu weiten Anwendungsbereichs – um staatliche Beihilfen handelt (Rz. 4.13; 4.19). Die übrigen Befreiungstatbestände und insbesondere auch die staatlichen Beihilfen des ermäßigten Steuersatzes nach § 12 Abs. 2 Nr. 8 Buchst. a UStG sowie u.U. der Pauschalierungsregelung des § 23a UStG sind hingegen erst zu einem späteren Zeitpunkt ins Gesetz eingefügt und seitdem auch nie der Kommission notifiziert (Rz. 4.5), d.h. bislang auch noch nicht genehmigt worden. Soweit sie dem Staat (und nicht dem Unionsgesetzgeber) zuzurechnen sind, handelt es sich also um neue Beihilfen i.S.d. VerfVO.

4.44 Die Kommission ist gem. Art. 108 Abs. 3 S. 1 AEUV *vor* Einführung jeder als neue Beihilfe zu qualifizierenden Steuervergünstigung zu unterrichten, um diese auf ihre Vereinbarkeit mit dem Binnenmarkt hin überprüfen zu können[4]. Der Mitgliedstaat, der die neue Beihilfe einführen will, darf diese gem. Art. 108 Abs. 3 S. 3 AEUV nicht vor Abschluss des Prüfverfahrens durch die Kommission ins Werk setzen (sog. **Durchführungsverbot**; zu den möglichen Konsequenzen eines Verstoßes Rz. 4.6). Bestehende Beihilfen unterliegen nach Art. 108 Abs. 1 AEUV der fortlaufenden Kontrolle der Kommission hinsichtlich ihrer Binnenmarktkompatibilität unter sich stetig verändernden rechtlichen und wirtschaftlichen Rahmenbedingungen. Verändert sich bei bestehenden Beihilfen wegen Veränderungen dieser Rahmenbedingungen die Einschätzung hinsichtlich ihrer Vereinbarkeit mit dem Binnenmarkt, so dürfen sie ausweislich des Art. 108 Abs. 1 AEUV dessen ungeachtet weiter gewährt werden, solange die Kommission nicht ihre Vertragswidrigkeit festgestellt hat[5].

1 S. dazu auch eingehend *Sutter*, Das EG-Beihilfenverbot und sein Durchführungsverbot in Steuersachen, S. 153 ff.; *v. Wallenberg/Schütte* in Grabitz/Hilf/Nettesheim, Art. 108 AEUV Rz. 13 ff.

2 Vgl. § 4 Nr. 13, 14 und 16 UStG 1958. S. ferner *Hölzer* in Rau/Dürrwächter, § 4 Nr. 18 Rz. 1 f.; *Kulmsee* in Reiß/Kraeusel/Langer, § 4 Nr. 22 Rz. 1 f.; *Tehler* in Rau/Dürrwächter, § 4 Nr. 23 Rz. 16 ff.

3 S. dazu *Tehler* in Rau/Dürrwächter, § 4 Nr. 22 Rz. 19: Erweiterung des persönlichen Anwendungsbereichs in 1967 auf jeglichen gemeinnützigen Einrichtungen (zuvor nur gemeinnützige Schulen, d.h. nur insoweit bestehende Beihilfe); *Tehler* in Rau/Dürrwächter, § 4 Nr. 23 Rz. 26: Erweiterung des sachlichen Anwendungsbereichs in 1967 auf Säuglingspflege (insoweit also neue Beihilfe).

4 S. *Frenz/Roth*, DStZ 2006, 465; *F. Kirchhof*, ZfZ 2006, 246.

5 S. EuGH v. 18.7.2013 – Rs. C-6/12 – P Oy, ECLI:EU:C:2013:525, Rz. 36 u. 41, m.w.N, ISR 2013, 291 m. Anm. *von Brocke/Wohlhöfler*.

## F. Rückforderungsgebot und Vertrauensschutz

Erklärt die Kommission eine als neue Beihilfe i.S.d. Rz. 4.42 zu qualifizierende steuerliche Begünstigung nach einer Überprüfung für mit dem gemeinsamen Markt unvereinbar (sog. **Negativentscheidung**), so fordert sie den betreffenden Mitgliedstaat grds. auf, die Beihilfe vom begünstigten Unternehmen zurückzufordern (Rz. 4.8). Darüber hinaus sind Zinsen für die schon gezogenen geldwerten Vorteile zu erheben[1]. Die Rückforderung hat sich auf die tatsächlich erlangten Vorteile zu beschränken. Insofern ist es bei den auf Überwälzung angelegten indirekten Steuern entgegen der **Ansicht des EuGH**[2] nicht angezeigt, zwecks „Wiederherstellung der früheren Lage, wie sie sich vor Gewährung der Beihilfe darstellte", die **Steuerbegünstigung als solche zu revidieren** und dem Steuerpflichtigen nachträglich die Regelsteuerbelastung aufzuerlegen. Bei einer bloß mittelbaren Begünstigungswirkung (Rz. 4.18) muss der dem steuerpflichtigen Unternehmer erwachsene wirtschaftliche Vorteil stattdessen für den jeweiligen Einzelfall schätzungsweise bestimmt werden. Bezugspunkt der Schätzung muss dabei regelmäßig die Erwirtschaftung zusätzlicher Deckungsbeiträge bzw. Gewinne sein, wie sie aus einem durch die Steuerbegünstigung ermöglichten höheren Marktanteil resultieren[3]. Die Auferlegung der Regelsteuerschuld kommt demgegenüber nur in Betracht, wenn der Unternehmer sie noch ohne weiteres an den unmittelbar begünstigten Abnehmer seiner zuvor steuerlich entlasteten Leistungen weiterreichen kann. Demgegenüber meint der EuGH, bei der Rückforderung ginge es nicht um eine „Neuerschaffung der Vergangenheit anhand hypothetischer Umstände", d.h. nicht um eine Abschöpfung gerade derjenigen Vorteile, die ein Unternehmen ggf. durch die Weitergabe der Steuerbegünstigung an den Endverbraucher hatte[4]. Dabei übersieht er jedoch, dass es dem Beihilfeverbot im Kern um die Wahrung unverfälschten Wettbewerbs geht. Geboten ist damit nicht (notwendig) die Wiederherstellung der „normalen" *steuerrechtlichen* Lage, sondern die Wiederherstellung der *Wettbewerbslage*, wie sie ohne Gewährung der Beihilfe (fort-)bestanden hätte. An diesem Ziel hat sich die Rückforderung der Beihilfe auszurichten. 4.45

Gemäß Art. 16 Abs. 1 der VO 2015/1589 hat die Kommission von der Rückforderung einer bereits in Anspruch genommenen Beihilfe ausnahmsweise abzusehen, wenn ansonsten gegen einen allgemeinen Rechtsgrundsatz des Unionsrechts verstoßen würde. Nach ständiger Rechtsprechung des EuGH ist die Rückforderung rechtswidriger steuerlicher Beihilfen zwar wegen der mit ihr bezweckten bloßen Wiederherstellung des *status quo ante* grundsätzlich verhältnismäßig[5]. Insbesondere sind wirtschaftliche Schwierigkeiten des Beihilfeempfängers kein Grund, der ein Absehen von der Rückforderung rechtfertigen könnte; erforderlichen- 4.46

1 S. Art. 14 Abs. 2 VO 659/1999 i.V.m. Kapitel 5 der VO 794/2004.

2 S. EuGH v. 21.12.2016 – C-164/15 P und C-165/15 P – Air Lingus & Ryanair, ECLI:EU:C:2016:990, Rz. 89 ff. Ebenso bereits EuG v. 4.3.2009 – Rs. T-445/05 – Associazione italiana del risparmio gestito und Fineco Asset Management, ECLI:EU:T:2009:50, Rz. 199 ff.

3 So noch die Vorinstanz, EuG v. 5.2.2015 – T-500/12 – Ryanair, ECLI:EU:T:2015:73, Rz. 120 ff.; vgl. auch die Kommissionsentscheidung v. 24.1.2007, C 52/200, Rz. 191-205. Ebenso *Righini* in Iglesias u.a., EC State Aid Law, 2008, S. 265 (282); *Englisch* in Rust/Micheau, State Aid and Tax Law, 2013, S. 69 (82 ff.); *Luja* in Rust/Micheau, State Aid and Tax Law, 2013, S. 107 (114). Vgl. ferner EuG v. 15.6.2010 – Rs. T-177/07 – Mediaset, ECLI:EU:T:2010:233, Rz. 180 ff.; implizit bestätigt durch EuGH v. 28.7.2011 – Rs. C-403/10 P – Mediaset, ECLI:EU:C:2011:533, Rz. 125 ff.

4 EuGH v. 21.12.2016 – C-164/15 P und C-165/15 P – Air Lingus & Ryanair, ECLI:EU:C:2016:990, Rz. 91.

5 S. EuGH v. 17.6.1999 – Rs. C-75/97 – Belgien/Kommission, ECLI:EU:C:1999:311, Rz. 68, m.w.N.; v. 15.12.2005 – Rs. C-148/04 – Unicredito Italiano, ECLI:EU:C:2005:774, Rz. 113, m.w.N.

falls ist die Insolvenz bzw. Liquidation des Steuerpflichtigen in Kauf zu nehmen[1]. Ausnahmsweise kann einer Rückforderung aber der unionsrechtliche **Grundsatz des Vertrauensschutzes** entgegenstehen (Rz. 5.33 ff.). Als tauglicher Vertrauenstatbestand soll dabei jedoch grds. nur ein den Unionsorganen zurechenbares Verhalten in Betracht kommen[2]. Dies können vor allem frühere Äußerungen der Kommission zum vermeintlich fehlenden Beihilfecharakter der betreffenden Steuervergünstigung oder ähnlicher Steuerregime anderer Mitgliedstaaten sein[3].

**Hinweis:** Ausnahmsweise geschützt ist damit derzeit insb. das Vertrauen gemeinnütziger Körperschaften in die – vermeintlich – mangelnde Beihilfequalität des ermäßigten Steuersatzes nach § 12 Abs. 2 Nr. 8 Buchst. a UStG. Denn die Kommission hat in ihrem 2004 erstatteten Bericht zum Stand der Umsetzung der Mitteilung zu steuerlichen Beihilfen explizit darauf hingewiesen, dass ihrer Ansicht nach die ermäßigten Steuersätze keinen Anlass zu einer beihilferechtlichen Überprüfung geben (Rz. 4.12 f.)[4].

4.47 Ist eine beihilfenrechtswidrige Steuervergünstigung im Bereich des harmonisierten Steuerrechts auf der Grundlage einer **Einzelermächtigung des Rates** zur Abweichung von den Richtlinienbestimmungen in nationales Recht aufgenommen worden und konnte diese Genehmigung vom Rat nur auf Vorschlag der Kommission erteilt werden, so soll dies nach Ansicht des EuGH ebenfalls einen Vertrauenstatbestand begründen[5]. Hingegen sollen Zusicherungen nationaler Behörden oder gar die „bloße" (steuer)gesetzliche Regelung der Vergünstigung kein schutzwürdiges Vertrauen des Steuerpflichtigen begründen können. Der EuGH verweist in diesem Zusammenhang insbesondere darauf, dass es einem sorgfältigen Unternehmer regelmäßig möglich sei festzustellen, ob die steuerliche Beihilfe erst nach Abschluss des Prüfverfahrens nach Art. 108 Abs. 3 AEUV gewährt wurde[6]. Damit überspannt der EuGH jedoch die an einen sorgfältig handelnden Wirtschaftsteilnehmer zu stellenden Anforderungen[7]. Nicht zuletzt die rechtsdogmatischen Defizite der EuGH-Rechtsprechung zu den Kriterien einer steuerlichen Beihilfe i.S.d. Art. 107 Abs. 1 AEUV (Rz. 4.22 ff.) erlauben es nämlich dem Steuerpflichtigen vielfach nicht, eine Steuervergünstigung mit hinreichender Wahrscheinlichkeit als notifizierungspflichtige Beihilfe zu identifizieren. Richtigerweise ist Vertrauensschutz schon dann zu gewähren, wenn es sich dem Steuerpflichtigen im Lichte der bisherigen EuGH-Rechtsprechung nicht aufdrängen musste, dass es sich bei der von ihm in Anspruch genommenen Steuerentlastung um eine nach Art. 107 Abs. 1 AEUV grundsätzlich verbotene Beihilfe handelt.

---

1 S. EuGH v. 15.1.1986 – Rs. C-52/84 – Kommission/Belgien, ECLI:EU:C:1986:3, Rz. 14; v. 24.1.2013 – Rs. C-529/09 – Kommission/Spanien, ECLI:EU:C:2013:31, Rz. 103.

2 S. EuGH v. 10.6.1993 – Rs. C-183/91 – Kommission/Griechenland, ECLI:EU:C:1993:233, Rz. 18, m.w.N.; v. 17.9.2009 – Rs. C-519/07 P – Koninklijke FrieslandCampina, ECLI:EU:C:2009:556, Rz. 84; s. auch EuGH v. 21.7.2011 – Rs. C-194/09 P – Alcoa Trasformazioni, ECLI:EU:C:2011:497, Rz. 71.

3 S. EuGH v. 22.6.2006 – Rs. C-182/03 u.a. – Belgien und Forum 187, ECLI:EU:C:2006:416, Rz. 147 u. 155 ff.

4 S. Umsetzungsbericht der Kommission v. 9.2.2004, C(2004)434, Rz. 72.

5 S. EuGH v. 10.12.2013 – Rs. C-272/12 P – Kommission/Irland u.a., ECLI:EU:C:2013:812, Rz. 53.

6 S. EuGH v. 20.9.1990 – Rs. C-5/89 – Kommission/Deutschland, ECLI:EU:C:1990:320, Rz. 14; v. 20.3.1997 – Rs. C-24/95 – Alcan Deutschland, ECLI:EU:C:1997:163, Rz. 25; v. 11.11.2004 – Rs. C-183/02 P u. C-187/02 P – Demesa, ECLI:EU:C:2004:701, Rz. 44 f.; v. 15.12.2005 – Rs. C-148/04 – Unicredito Italiano, ECLI:EU:C:2005:774, Rz. 104 ff.; v. 22.4.2008 – Rs. C-408/04 P – Salzgitter, ECLI:EU:C:2008:236, Rz. 104. S. auch die Bekanntmachung der Kommission über die Durchsetzung des Beihilfenrechts durch die einzelstaatlichen Gerichte, (2009/C 85/01), ABl. C 85 v. 9.4.2009, 1, Rz. 32. Der BFH hat sich dem tendenziell angeschlossen, vgl. BFH v. 30.1.2009 – VII B 180/08, BFHE 224, 372 (376 f.).

7 Kritisch auch *Hey*, Steuerplanungssicherheit, 361 ff.; *Kamps/Fraedrich*, FR 2005, 969.

# Kapitel 5
# Vertrauensschutz




**Literatur:** *Von Arnauld*, Theorie und Methode des Grundrechtsschutzes in Europa – am Beispiel des Grundsatzes der Verhältnismäßigkeit, EuR, Beiheft 1/2008, 41–64; *von Arnauld*, Rechtssicherheit – Perspektivische Annäherungen an eine idée directrice des Rechts, Habil., Tübingen 2006; *Barak*, Proportionality – Constitutional rights and their limitations, Cambridge U.K. 2012; *Bartone/Wedelstädt*, Korrektur von Steuerverwaltungsakten, Stuttgart 2006; *Berg/Nachtsheim*, Die Altfahrzeug-Richtlinie und das Rückwirkungsverbot, DVBl. 2001, 1103; *Bernitz*, Retroactive Legislation in a European Perspective – On the Importance of General Principles of Law, Scand. Stud. L. 2000, 43; *Betlem*, The Doctrine of Consistent Interpretation – Managing Legal Uncertainty, OJLS 22 (2002), 397; *Blanke*, Vertrauensschutz im deutschen und europäischen Verwaltungsrecht, Habil., Tübingen 2000; *Bobek*, The effects of EU law in the national legal systems in Barnard/Peers (Hrsg.), European Union Law, Oxford 2014, 140–173; *Borchardt*, Der Grundsatz des Vertrauensschutzes im europäischen Gemeinschaftsrecht, Diss., Kehl et al. 1988; *Breuer*, Anmerkung zu EuGH, Urteil vom 8.3.2001 – Rs. C-316/99, BayVBl. 2001, 431; *Burmeister*, Grenzen rückwirkender Verschärfung der Besteuerungspraxis aufgrund einer Änderung der Auslegung (veranlagungs-)steuerlicher Vorschriften durch die Finanzverwaltung und -gerichte in Wendt/Höfling u.a. (Hrsg.), Staat, Wirtschaft, Steuern – Festschrift für Karl Heinrich Friauf zum 65. Geburtstag, Heidelberg 1996, 759; *Craig*, The Classics of EU Law Revisited: *CILFIT* and *Foto-Frost* in Maduro/Azoulai (Hrsg.), The Past and Future of EU Law, Oxford und Portland 2010, 185-191; *Drake*, Twenty years after *Von Colson*: the impact of „indirect effect“ on the protection of the individual's Community rights, ELRev 30 (2005), 329; *Drüen*, Möglichkeiten und Grenzen einer gesetzlichen Limitation der Erstattung gemeinschaftswidrig erhobener Steuern in Spindler/Tipke/Rödder (Hrsg.), Steuerzentrierte Rechtsberatung – Festschrift für Harald Schaumburg zum 65. Geburtstag, Köln 2009, 609; *Düsterhaus*, Es geht auch ohne Karlsruhe: Für eine rechtsschutzorientierte Bestimmung der zeitlichen Wirkungen von Urteilen im Verfahren nach Art. 234 EG, EuZW 2006, 393–397; *Ehlers/Eggert*, Zur Zulässigkeit einer zeitlich begrenzten weiteren Anwendung gemeinschaftsrechtswidrigen nationalen Rechts, JZ 2008, 585–593; *Englisch*, Berichtigung von Rechnungen mit fehlerhaftem Umsatzsteuerausweis: Formerfordernisse und Vertrauensschutz des Rechnungsempfängers, BFH vom 11.10.2007 – V R 27/05, UR 2008, 466; *Felix*, Zum Rückwirkungsverbot verschärfend geänderter Steuerrechtsprechung in Lang (Hrsg.), Die Steuerrechtsordnung in der Diskussion – Festschrift für Klaus Tipke zum 70. Geburtstag, Köln 1995, 71; *Finke*, Rückwirkung und Bestandskraft in der Entwicklung der europäischen Rechtsprechung, IStR 2006, 212; *Fischer*, Rückwirkende Rechtsprechungsänderung im Steuerrecht, DStR 2008, 697; *Frenz*, Grundrechtlicher Vertrauensschutz – nicht nur ein allgemeiner Rechtsgrundsatz, EuR 2008, 468; *Fuß*, Der Schutz des Vertrauens auf Rechtskontinuität im deutschen Verfassungsrecht und europäischen Gemeinschaftsrecht in Herbert (Hrsg.), Erfülltes Leben – Festschrift für Artur Kutscher zu seinem 75. Geburtstage, Bremen-Horn 1953, 201; *Galetta*, Der Vertrauensschutz aus der Perspektive des italienischen Verwaltungsrechts (im Vergleich mit der deutschen und der gemeinschaftsrechtlichen Perspektive) in Schwarze (Hrsg.), Bestand und Perspektiven des europäischen Verwaltungsrechts – Rechtsvergleichende Analysen, Baden-Baden 2008, 203; *Geisenberger*, Der Einfluss des Europarechts auf steuerliches Verfahrensrecht, Diss., Baden-Baden 2010; *Gerards*, Pluralism, Deference and the Margin of Appreciation Doctrine, ELJ 2011, 80; *Geurts*, Der Grundsatz des Vertrauensschutzes bei der Aufhebung von Verwaltungsakten im deutschen, französischen und europäischen Recht: Wechselwirkung zwischen europäischem und nationalem Recht, Diss., Bonn 1997; *Grabitz*, Vertrauensschutz als Freiheitsschutz, DVBl. 1973, 675–684; *Gunacker-Slawitsch*, Überblick über die Vertrauensschutz Tatbestände im Abgabenrecht in Achatz/Ehrke-Rabel u.a. (Hrsg.), Steuerrecht, Verfassungsrecht, Europarecht – Festschrift für Hans Georg Ruppe, Wien 2007, 186; *Günther*, Das gemeinschaftsrechtliche Rückwirkungsverbot vor dem Hintergrund der Entsorgung von Altautos, EuZW 2000, 329; *Habermas*, Faktizität und Geltung. Beiträge zur Diskurstheorie des Rechts und des demokratischen Rechtsstaats, 5. Aufl., Frankfurt/M. 2014; *Hahn*, Neues zur Rückwirkung – die Europäische Menschenrechtskonvention, eine übersehene Rechtsquelle, IStR 2011, 437; *Hanf*, Der Vertrauensschutz bei der Rücknahme rechtswidriger Verwaltungsakte als neuer Prüfstein für das „Kooperationsverhältnis" zwischen EuGH und BVerfG, ZaöRV 1999, 51; *Hartmann/Metzenmacher* (Hrsg.), Umsatzsteuergesetz – Kommentar, Loseblatt, Berlin, *Hatje*, Rechtssicherheit und Vertrauensschutz – wechselseitige Einwirkungen zwischen europäischem Gemeinschaftsrecht und deutschem Verfassungs- und Verwaltungsrecht in Schwarze (Hrsg.), Bestand und Perspektiven des europäischen Verwaltungsrechts – Rechtsvergleichende Analysen, Baden-Baden 2008, 223; *Hatje/Mankowski*, „Nationale Unionsrechte" – Sprachgrenzen, Traditionsgrenzen, Systemgrenzen, Denkgrenzen, EuR 2014, 155; *Heikkilä*, Prohibition of the retroactive application on legislative measures in the European Community Law, FYBIL 1998, 483; *Henrichshofen*, Steuerbarkeit der von der Hauptniederlassung einer Gesellschaft mit Sitz in einem Drittland zugunsten ihrer einer Mehrwertsteuergruppe in einem Mitgliedstaat angehörenden Zweigniederlassung erbrachten Dienstleistungen, UR 2014, 890; *Heukels*, Intertemporales Gemeinschaftsrecht: Rückwirkung, Sofortwirkung und Rechtsschutz in der Rechtsprechung des Gerichtshofs des Europäischen Gemeinschaften, Diss., Baden-Baden 1990; *Hufen*, Beschränkung von Urteilswirkungen im Falle der Feststellung der Verfassungswidrigkeit von Rechtsnormen, Rechtsgutachten im Auftrag des Bundesministeriums für Finanzen, 2008; *Jacob*, Precedents and Case-based Reasoning in the European Court of Justice. Unfinished Business, Cambridge 2014; *Kadelbach*, Die Wirkung von im Vorabentscheidungsverfahren ergangenen Urteilen in Holoubek/Lang (Hrsg.), Das EuGH-Verfahren in Steuersachen, Wien 2000, 119–132; *Kadelbach/Sobotta*, Umsetzung von EG-Richtlinien durch rückwirkendes Gesetz?, EWS 1996, 11–14; *Kanzler*, Rechtsprechungskontinuität und-wandel – Ein Beitrag zum judiziellen Vertrauensschutz in *Mellinghoff/Schön/Viskorf* (Hrsg.), Steuerrecht im Rechtsstaat – Festschrift für Wolfgang Spindler zum 65. Geburtstag, Köln 2011, 265; *Kokott*, Entwicklungslinien der Rechtsprechung des EuGH zu den direkten Steuern in Drüen/Hey/Mellinghoff (Hrsg.), 100 Jahre Steuerrechtsprechung in Deutschland, 1918-2018, Festschrift für den Bundesfinanzhof, Köln 2018, 735; *Kokott/Henze*, Die Beschränkung der zeitlichen Wirkung von EuGH-Urteilen in Steuersachen zur Fussnote, NJW 2006, 177; *Kokott/Henze*, Die Zusammenwirkung von EuGH und nationalem Richter bei der Herstellung eines europarechtskonformen Zustands in Mellinghoff/Schön/Viskorf (Hrsg.), Steuerrecht im Rechtsstaat – Festschrift für Wolfgang Spindler zum 65. Geburtstag, Köln 2011, 279; *Komárek*, Federal Elements in the Community Judicial System: Building Coherence in the Community Legal Order, CMLR 42 (2005), 9; *Koopmans*, Retrospectivity Reconsidered, CLJ 1980, 287-303; *Krüger*, Die Rückwirkungsrechtsprechung des BVerfG: Der Beschluss des BVerfG vom 10.10.2012 (1 BvL 6/07) und der eingeschränkte Vertrauensschutz, DStZ 2013, 137; *Lamoureux*, The Retroactivity of Community Acts in the case Law of the Court of Justice, CMLR 1983, 269; *Lang*, Limitation of the Temporal Effects of Judgments of the ECJ, Intertax 2007, 230–243; *Leisner-Egensperger*, Kontinuitätsgewähr in der Finanzrechtsprechung in Pezzer (Hrsg.), Vertrauensschutz im Steuerrecht – DStJG Band 27, Köln 2004, 191; *Lenaerts/Maselis/Gutman*, EU Procedural Law, Oxford 2014; *Lippross*, Vertrauensschutz nach § 176 Abs. 2 AO bei der Änderung von Umsatzsteuervoranmeldungen durch Jahresumsatzsteuerbescheid? Aktuelle Fragestellung im Zusammenhang mit der Besteuerung von Bauleistungen an Bauträger, DStR 2014, 879; *Luhmann*, Vertrauen. Ein Mechanismus der Reduktion sozialer Komplexität, 5. Aufl., Konstanz 2014; *MacCormick*, Legal Reasoning and Legal Theory, Oxford 1978; *Maciejewski/Theilen*, Die aktuelle bundesverfassungsgerichtliche Spruchpraxis zu rückwirkenden Gesetzen, DÖV 2015, 271–278; *Möller/Rührmair*, Die Bedeutung der Grundrechte für die verfassungsrechtlichen Anforderungen an rückwirkende Gesetze, NJW 1999, 908; *Muckel*, Kriterien des verfassungsrechtlichen Vertrauensschutzes bei Gesetzesänderungen, Diss., Berlin 1989; *Nolte*, General Principles of German and European Administrative Law – A Comparison in Historical Perspective, MLR 1994, 191; *Pauwels*, Retroactive Tax Legislation in view of Art. 1 First Protocol ECHR, EC Tax Review 2013, 268; *Pieroth*, Rückwirkung und Übergangsrecht – Verfassungsrechtliche Maßstäbe für intertemporale Gesetzgebung, Habil., Berlin 1981; *Popelier*, Legitimate Expectations and the Law-Maker in the Case Law of the European Court of Human Rights, EHRLR 2006, 10; *Prätzler*, Grenzüberschreitende Dienstleistungen zwischen Stammhaus und Niederlassung („Skandia America"), jurisPR-SteuerR 46/2014 Anm. 6; *Prätzler*, Keine Minderung der Umsatzsteuer bei Rabatten an Reisende durch Reisebüro als Vermittler, jurisPR-SteuerR 11/2014 Anm. 6; *Prechal*, Directives in EC Law, 2. Aufl., Oxford 2005; *Raitio*, The Expectation of Legal Certainty and Horizontal Effect of EU Law in Bernitz/Nergelius u.a. (Hrsg.), General principles of EC law in a process of development – Reports from a conference in Stockholm, 23–24 March 2007, organised by the Swedish Network for European Legal Studies, Austin 2008, 199–212; *Raz*, The Authority of Law – Essays on law and morality, 2. Aufl., Oxford et al. 2009; *Riechelmann*, Struktur des verfassungsrechtlichen Bestandsschutzes – Rechtssicherheit als Freiheitsschutz, 3. Aufl., Norderstedt 2008; *Rößler*, Ist § 176 AO auf Vorbehaltsbescheide anwendbar?, DStZ 1999, 603–604; *Rößler*, Vertrauensschutz bei Änderung von Steuerbescheiden, BB 1981, 842; *Schermers/Waelbroeck*, Judicial Protection in the European Union, 6. Aufl., Den Haag 2001; *Schönfeld/Ellenrieder*, Vertrauensschutz bei steuerlichen Beihilfen, IStR 2018, 444; *Schmitz/Stammler*, Mehr Freiheiten für den nationalen Gesetzgeber! Die Rechtsprechung des EuGH und des BVerfG zur zeitlichen Beschränkung von Urteilswirkungen, AöR 2011, 479-499; *Schwarz*, Vertrauensschutz als Verfassungsprinzip – Eine Analyse des nationalen Rechts, des Gemeinschaftsrechts und der Beziehungen zwischen beiden Rechtskreisen, Habil., Baden-Baden 2002; *Sellmann/Steffen Augsberg*, Entwicklungstendenzen des Vorlageverfahrens nach Art. 234 EGV, DÖV 2006, 536; *Sigron*, Legitimate expectations under Article 1 of Protocol No. 1 to the European Convention on Human Rights, Zürich 2013; *Simon*, Convention européenne des droits de l'homme et dispositions transitoires – Le point sur le régime et les effets d'un contrôle de conformité intransigeant, RTDEur 2014, 518-592; *Sobota*, Das Prinzip Rechtsstaat – Verfassungs- und verwaltungsrechtliche Aspekte, Habil., Tübingen 1997; *Sperlich*, Der „Anlassfall" vor dem VfGU und dem EuGH in Achatz/Ehrke-Rabel u.a. (Hrsg.), Steuerrecht, Verfassungsrecht, Europarecht – Festschrift für Hans Georg Ruppe, Wien 2007, 551; *Spindler*, Rückwirkung von Steuergesetzen in Pezzer (Hrsg.), Vertrauensschutz im Steuerrecht – DStJG Band 27, Köln 2004, 69; *Thomas*, Legitimate Expectations and Proportionality in Administrative Law, Oxford 2009; *Tridimas*, Constitutional review of member state action: The virtues and vices of an incomplete jurisdiction, ICON 2011, 737–756; *Tridimas*, Precedent and the Court of Justice. A Jurisprudence of Doubt? in Dickson/Eleftheriadis, Philosophical Foundations of European Union Law, Oxford 2012, 307; *Van Meerbeeck*, The Principle of Legal Certainty in the Case Law of the European Court of Justice: From Certainty to Trust, ELRev 2016, 275-288; *Verstraelen*, The Temporal Limitation of Judicial Decisions: The Need for Flexibility Versus the Quest for Uniformity, GLJ 2013, 1687–1730; *Waldhoff*, Die Rückwirkung von EuGH-Entscheidungen – Finanzielle Auswirkungen europäischer Rechtsprechung als Kriterium einer Entscheidungsfolgenabschätzung, EuR 2006, 615; *de Weerth*, Zur rückwirkenden Anwendung von EuGH-Urteilen am Beispiel der „Manninen"-Entscheidung des EuGH, DB 2005, 1407; *Weiß*, Die Einschränkung der zeitlichen Wirkungen von Vorabentscheidungen nach Art. 177 EGV, EuR 1995, 377; *Wiedmann*, Non-retroactive or prospective ruling by the Court of Justice of the European Communities in preliminary rulings according to Article 234 EC, ELF 2006, 197–203.

## A. Grundlagen

### I. Vertrauensschutz im Umsatzsteuerrecht

5.1 „Good government depends upon trust between the governed and the governor."[1] Während der Schwerpunkt dieser beidseitigen Beziehung früher in der Loyalität des Untertanen zum Herrscher gesehen wurde („He's here in double trust: First, as I am his kinsman and his subject", *Macbeth* I.7.), soll heutzutage vor rechtsstaatlichen und menschenrechtlichen Hintergründen primär das Vertrauen des Einzelnen in hoheitliche Maßnahmen und Akte geschützt werden.[2] Nur ein solcher, **öffentlich-rechtlicher Vertrauensschutz** wird im Folgenden für den Bereich der Umsatzbesteuerung des Dritten Sektors behandelt. Nicht umfasst ist damit insbesondere der Schutz des guten Glaubens gegenüber Dritten, wie er z.B. im Bereich der innergemeinschaftlichen Leistungen und beim Vorsteuerabzug zum Tragen kommen kann.[3]

5.2 Dieser öffentlich-rechtliche Vertrauensschutz hat gerade im Steuerrecht eine große Bedeutung. Der Steuerpflichtige muss die steuerlichen Folgen seiner wirtschaftlichen Tätigkeit berücksichtigen, um eine betriebswirtschaftlich optimale Investitionsentscheidung treffen zu können.[4] Dafür benötigt er **Steuerplanungssicherheit**,[5] d.h. die steuerliche Rechtslage muss im Vorfeld hinreichend klar erkennbar sein und darf sich nach der Investition idealiter nicht mehr (zumindest nicht mehr zu seinen Lasten) verändern. Dies gilt umso mehr bei der Umsatzsteuer, die den Unternehmer wirtschaftlich nicht belasten, sondern vom Endverbraucher getragen werden soll (s. zur Belastungsneutralität der Umsatzsteuer *Hüttemann*, Rz. 3.4, 3.7 f.).[6] Stellt sich nachträglich – oftmals erst nach Jahren im Rahmen einer Betriebsprüfung oder eines Gerichtsverfahrens – heraus, dass der Unternehmer eine eigene Leistung zu Unrecht als steuerfrei oder ermäßigt besteuert behandelt hat, besteht häufig keine Möglichkeit mehr, diese Steuerbelastung an den Leistungsempfänger weiterzugeben. Zivilrechtliche Ansprüche können (so sie denn überhaupt bestehen) bereits verjährt, Leistungsempfänger nicht mehr auffindbar oder rechtlich gar nicht mehr existent sein. Der Unternehmer muss die Steuer dann aus seinen eigenen Mitteln zahlen. Da die Höhe der Umsatzsteuer nicht davon abhängt, ob mit der Leistung überhaupt Gewinne erzielt wurden, können die finanziellen Belastungen erheblich sein und Unternehmen ohne entsprechende Rücklagen unter Umständen

1 EGMR v. 14.5.2013 – 66529/11 – N.K.M. v. Hungary, Rz. 37.

2 Vgl. für die Rechtssicherheit *Van Meerbeeck*, ELRev 2016, 275 (276 ff.).

3 Zu solchen Differenzierungen vgl. *Luhmann*, Vertrauen[5], 43.

4 Vgl. nur *Wagner/Dirrigl*, Die Steuerplanung der Unternehmung, 1980, 24 ff.; *Schanz/Schanz*, Business taxation and financial decisions, 2011, 80 ff.; *Schanz*, DStR 2015, 1986 (1988).

5 Zum Begriff *Hey*, Steuerplanungssicherheit als Rechtsproblem, 2002, 1 ff.; *Leisner-Egensperger*, Kontinuität als Verfassungsprinzip, 2002, S. 551; *Kirchhof* in Mellinghoff/Schön/Viskorf (Hrsg.), Steuerrecht im Rechtsstaat, 2011, 463 (463).

6 Das besondere Bedürfnis für Vertrauensschutz bei indirekten Steuern betonen auch *Hummel*, MwStR 2016, 4, 12 ff.; *Stadie* in Rau/Dürrwächter, UStG, Einführung Rz. 213 ff.; 415 f.; *Stadie*, UStG, 3. Aufl. 2015, Vorbem. Rz. 21 ff.

sogar in ihrer wirtschaftlichen Existenz bedrohen. Dies gilt **in verstärktem Maße für Organisationen des dritten Sektors**, deren Tätigkeit in der Regel nicht darauf gerichtet ist, Gewinne zu erzielen und finanzielle Rücklagen zu bilden bzw. die nach den besonderen Anforderungen des steuerlichen Gemeinnützigkeitsrechts ohnehin nur in eingeschränktem Umfang Rücklagen bilden dürfen.[1] Gerade gemeinnützige Organisationen haben mithin ein besonderes Interesse an vertrauensschützenden Regelungen im Umsatzsteuerrecht (vgl. spezifisch zu den Kalkulationsrisiken beim Empfang von Zuschüssen *Heber/von Holt*, Rz. 8.132).

Da das Umsatzsteuerrecht unionsrechtlich geprägt ist (*Hüttemann*, Rz. 3.1 ff.; 3.59 ff.), 5.3
kommt neben dem jeweiligen Mitgliedstaat auch die **Europäische Union als weiterer Bezugspunkt** für öffentlich-rechtlichen Vertrauensschutz hinzu. Nicht nur erlässt sie eigene Akte, auf die Bürger potentiell vertrauen können, sie hält auch andere rechtliche Maßstäbe für den Schutz von Vertrauen bereit (Rz. 5.11 ff.). Das Verhältnis von nationalem und unionsrechtlichem Vertrauensschutz wird daher im Folgenden im Mittelpunkt stehen.

Als weitere potentielle Schutzebene – gleichzeitig aber auch als Quelle weiterer Konfliktlagen 5.4
zwischen den verschiedenen Ebenen – kommt die **Europäische Menschenrechtskonvention** hinzu. Der EGMR hat sich im Rahmen der Eigentumsgarantie des ersten Zusatzprotokolls bereits ausgiebig mit dem Vertrauensschutz in Form von „legitimate expectations" auseinandergesetzt;[2] insbesondere hat es auch im Bereich der Umsatzsteuer Urteile des Gerichtshofs gegeben,[3] beispielsweise zur Problematik rückwirkender Gesetze.[4] Da Deutschland zur Einhaltung der EMRK völkerrechtlich verpflichtet ist, kann Vertrauensschutz gegenüber deutschen Staatsorganen somit im Wege einer Individualbeschwerde (Art. 34 EMRK) vor dem EGMR geltend gemacht werden – wenngleich der EGMR aufgrund des engen unionsrechtlichen Bezugs der Umsatzsteuer in der Regel vermuten wird, dass kein Verstoß gegen die EMRK vorliegt.[5] Die Europäische Union dagegen ist zwar mannigfachen Einflüssen der Menschenrechtskonvention ausgesetzt (vgl. Art. 6 III EUV, Art. 52 III GR-Ch), nach momentaner Rechtslage jedoch nicht an sie gebunden.[6] Vertrauensschutz gegenüber Organen der EU fällt daher nicht in den Anwendungsbereich der EMRK. In Folge des zweiten, erneut ablehnenden Gutachtens des EuGH zum Konventionsbeitritt der Union[7] wird sich daran vermutlich in näherer Zukunft auch nichts ändern.

1 Zum gemeinnützigkeitsrechtlichen Gebot der zeitnahen Mittelverwendung (§ 55 Abs. 1 Nr. 5 AO) und der dadurch eingeschränkten Möglichkeit zur Rücklagenbildung vgl. nur *Hüttemann*, Gemeinnützigkeits- und Spendenrecht, 3. Aufl. 2015, Rz. 5.74 ff.

2 Vgl. *Sigron*, Legitimate Expectations under Article 1 of Protocol No. 1 to the European Convention on Human Rights, 45–107; *Popelier*, EHRLR 2006, 10.

3 EGMR v. 16.4.2002 – 36677/97 – S.A. Dangeville v. France; EGMR v. 25.1.2007 – 70160/01 – Aon Conseil et Courtage S.A. and Christian de Clarens S.A. v. France; die Urteile sind wenig verallgemeinerungsfähig, weil sie eine veraltete Rechtsprechung des Conseil d'Etat zum Verhältnis zwischen französischem und supranationalem Recht behandeln.

4 Vgl. auch *Hahn*, iStR 2011, 437; *Pauwels*, EC Tax Review, 2013, 268; *Simon*, RTDEur 2014, 581.

5 Grundlegend EGMR v. 30.6.2005 – 45036/98 – Bosphorus v. Ireland; auch nach Gutachten 2/13 des EuGH bestätigt und ausgeführt in EGMR v. 23.5.2016 – 17502/07 – Avotiņš v. Latvia.

6 EuGH v. 26.2.2013 – Rs. C-617/10 – Fransson, EU:C:2013:105, Rz. 44, UR 2014, 27; v. 18.7.2013 – Rs. C-501/11 P – Schindler Holding, EU:C:2013:522, Rz. 32; v. 3.9.2015 – Rs. C-398/13 P – Inuit Tapiriit Kanatami and Others v Commission, EU:C:2015:535, Rz. 45; v. 15.2.2016 – Rs. C-601/15 PPU – J.N. v Staatssecretaris voor Veiligheid en Justitie, EU:C:2016:84, Rz. 45.

7 EuGH v. 18.12.2014 – Gutachten 2/13 –, EU:C:2014:2454.

5.5 Aus all dem ergibt sich, dass im Bereich der Umsatzbesteuerung die Praxis von der **Rechtsprechung des EuGH** sowie (z.T. in Anwendung unionsrechtlicher Standards) der nationalen Gerichte dominiert wird. Die Menschenrechtskonvention wird daher im Folgenden nicht schwerpunktmäßig behandelt.

## II. Dogmatische Grundlagen des Vertrauensschutzes

5.6 Gerade im Bereich der rückwirkenden Gesetze, aber mit Bezug auf den Grundsatz des Vertrauensschutzes insgesamt, wird seit jeher über dessen dogmatischen Grundlagen gestritten. Im Detail bestehen „fast so viele Auffassungen wie Verfasser".[1] Im Kern lassen sich jedoch **drei Argumentationsstränge** unterscheiden: Neben der inzwischen überwiegend abgelehnten[2] Herleitung aus Treu und Glauben[3] werden als Grundlage des Vertrauensschutzes einerseits die Grund- und Menschenrechte, andererseits das Rechtsstaatsprinzip und das daraus folgende Prinzip der Rechtssicherheit ins Feld geführt.

5.7 Das **BVerfG** hat in seiner Rechtsprechungsentwicklung in unterschiedlichem Maße auf **beide Begründungsstränge** Bezug genommen.[4] In jüngeren Entscheidungen **kombiniert** es sie oft und formuliert: „Die Grundrechte wie auch das Rechtsstaatsprinzip garantieren im Zusammenwirken die Verlässlichkeit der Rechtsordnung."[5]

5.8 Im Unionsrecht gilt der Vertrauensschutz als allgemeiner Rechtsgrundsatz,[6] d.h. er wurde vom EuGH im Wege der wertenden Rechtsvergleichung aus den Rechtsordnungen der Mitgliedstaaten entwickelt.[7] Damit ist jedoch nur die methodische Grundlage des Vertrauensschutzes umschrieben, nicht seine materielle Herleitung.[8] Diese Herleitung ist auch im Europarecht im Detail ungeklärt;[9] fest steht jedoch, dass der **EuGH eher** den Bezug zum Prinzip

---

1 *Blanke*, Vertrauensschutz im deutschen und europäischen Verwaltungsrecht, 13.

2 *Pieroth*, Rückwirkung und Übergangsrecht, 113; *von Arnauld*, Rechtssicherheit, 156; *Blanke*, Vertrauensschutz im deutschen und europäischen Verwaltungsrecht, 94 f.; *Grabitz*, DVBl. 1973, 675 (680); *Schwarz*, Vertrauensschutz als Verfassungsprinzip, 137.

3 So immer noch im Rahmen des Steuerschuldverhältnisses die st. Rspr. des BFH, z.B. BFH v. 9.8.1989 – I R 181/85, BFHE 158, 31 = FR 1990, 190, juris Rz. 13 ff.; v. 30.3.2011 – XI R 30/09, UR 2011, 665 = BFHE 233, 18, juris Rz. 28, 30; v. 15.5.2013 – VIII R 18/10, BFHE 241, 206, juris Rz. 14; vgl. zum italienischen Recht *Galetta* in Schwarze, Bestand und Perspektiven des Europäischen Verwaltungsrechts, 204; *Schwarze*, European Administrative Law, 911 f.

4 *Maciejewski/Theilen*, DÖV 2015, 271 (277).

5 BVerfG v. 7.7.2010 – 2 BvL 14/02 u.a., BVerfGE 127, 1, juris Rz. 55; v. 2.5.2012 – 2 BvL 5/10, BVerfGE 131, 20, juris Rz. 71; v. 17.12.2013 – 1 BvL 5/08, BVerfGE 135, 1, juris Rz. 63.

6 *Schwarze*, European Administrative Law, 938; *Borchardt*, Der Grundsatz des Vertrauensschutzes im Europäischen Gemeinschaftsrecht, 6, 64; *Hanf*, ZaöRV 1999, 51 (55); *Frenz*, EuR 2008, 468 (471); *Günther*, EuZW 2000, 329; *Hatje/Mankowski*, EuR 2014, 155 (165).

7 EuGH v. 12.7.1957 – Rs. 7/56 und 3-7/57 – Algera, EU:C:1957:7.

8 Vgl. *Raitio* in Bernitz/Nergelius/Cardner, General Principles of EC Law in a Process of Development, 51; *Borchardt*, Der Grundsatz des Vertrauensschutzes im Europäischen Gemeinschaftsrecht, 69.

9 Vgl. einerseits: *Schwarze*, European Administrative Law, 947; *Tridimas*, The General Principles of EU Law², 242; *Galetta* in Schwarze, Bestand und Perspektiven des Europäischen Verwaltungsrechts, 219; *Heukels*, Intertemporales Gemeinschaftsrecht, 245; und andererseits: *Hanf*, ZaöRV 1999, 51 (55 f.); *Thomas*, Legitimate Expectations and Proportionality in Administrative Law, 45; *Geurts*, Der Grundsatz des Vertrauensschutzes bei der Aufhebung von Verwaltungsakten, 205 f.

der **Rechtssicherheit** herstellt als zu den europäischen Grundrechten.[1] In der europarechtlichen Literatur werden dagegen zunehmend grundrechtliche Ansätze vertreten.[2]

Auch die deutsche Literatur tendiert eher zu primär grundrechtlichen Begründungen des Vertrauensschutzes.[3] Dabei wird vor allem in Abgrenzung zum BVerfG oft der Eindruck erweckt, dass sich die Herleitung aus Grundrechten und die Herleitung aus dem Rechtsstaatsprinzip widersprechen würden. Dem ist indes nicht so:[4] Im Gegenteil, sie beide zielen letztlich auf den **Schutz der Autonomie des Einzelnen** ab.[5] Das wird beispielsweise dann deutlich, wenn das BVerfG „die Verlässlichkeit der Rechtsordnung als wesentliche Voraussetzung für die Selbstbestimmung über den eigenen Lebensentwurf und damit als eine Grundbedingung freiheitlicher Verfassungen" bezeichnet.[6] Innerhalb dieser holistischen Perspektive stehen die Grundrechte dem verletzten Rechtsgut näher, die Rechtssicherheit weist dafür einen engeren Bezug zum eigentlichen Vorwurf an das in Frage stehende Staatshandeln auf.[7] 5.9

Wenn die Literatur sich dennoch für eine Herleitung aus den Grundrechten stark macht, so richtet sich diese Forderung in der Regel weniger gegen die Verbindung zur Rechtssicherheit als solche,[8] sondern vielmehr gegen die richterrechtlich entwickelte Vertrauensschutzdogmatik, die mit dem Rechtsstaatsprinzip und der Rechtssicherheit in Verbindung gebracht wird. Stattdessen wird für die **Anwendung der auch sonst üblichen Grundrechtsdogmatik** plädiert,[9] was sich vor allem im Bereich der Legislativakte (Rz. 5.33 ff.) beispielsweise in einer Umkehr der Argumentationslast zugunsten des Individuums bemerkbar macht.[10] Dem ist zuzustimmen: Ansonsten dient der Vertrauensschutz entgegen dem ersten Anschein nicht dem Schutz des Einzelnen, sondern schränkt dessen Grundrechte ein, ohne dafür eine Begründung liefern zu müssen.[11] Konsequent wäre es demgegenüber, auf Basis der Grundrechtsdogmatik eine Verhältnismäßigkeitsprüfung mit zeitlichem Bezug zu entwickeln.[12] Diese würde auch ei- 5.10

1 *Frenz*, EuR 2008, 468 (470 ff.).

2 *Fuß* in FS Kutscher, 201 (206 ff.); *Frenz*, EuR 2008, 468 (477); implizit *Günther*, EuZW 2000, 329 (331); vgl. auch *Maciejewski/Theilen*, ELRev 2017, im Erscheinen.

3 *Pieroth*, Rückwirkung und Übergangsrecht, 136; *Schwarz*, Vertrauensschutz als Verfassungsprinzip, 232, 257; *Muckel*, Kriterien des verfassungsrechtlichen Vertrauensschutzes bei Gesetzesänderungen, 64; *Hey*, Steuerplanungssicherheit als Rechtsproblem, 133 ff., 181 ff.

4 *Von Arnauld*, Rechtssicherheit, 341.

5 *Von Arnauld*, Rechtssicherheit, 668; vgl. auch *Grabitz*, DVBl. 1973, 675 (681 f.); *Raitio* in Bernitz/Nergelius/Cardner, General Principles of EC Law in a Process of Development, 71; *Borchardt*, Der Grundsatz des Vertrauensschutzes im Europäischen Gemeinschaftsrecht, 7–9; allg. zum Verhältnis von Rechtsstaat und Freiheitsschutz bspw. *Raz*, The Authority of Law², 220 f.; *Habermas*, Faktizität und Geltung⁵, v.a. Kap. III und V.

6 BVerfG v. 10.10.2012 – 1 BvL 6/07, BVerfGE 132, 302, juris Rz. 41.

7 *Sobota*, Das Prinzip Rechtsstaat, 172; vgl. BVerfG v. 14.5.1986 – 2 BvL 2/83, BVerfGE 72, 200 juris Rz. 90 ff.

8 Vgl. *Frenz*, EuR 2008, 468 (487).

9 *Grabitz*, DVBl. 1973, 675 (682); *Möller/Rührmair*, NJW 1999, 908 (911); *Schwarz*, Vertrauensschutz als Verfassungsprinzip, 273, 379; *Blanke*, Vertrauensschutz im deutschen und europäischen Verwaltungsrecht, 125.

10 *Maciejewski/Theilen*, DÖV 2015, 271 (277); *Hey*, Steuerplanungssicherheit als Rechtsproblem, 134; *Schwarz*, Vertrauensschutz als Verfassungsprinzip, 277; *Grabitz*, DVBl. 1973, 675 (682); *Frenz*, EuR 2008, 468 (485).

11 Vgl. *Fuß* in FS Kutscher, 201 (206).

12 Vgl. für verschiedenste Ansätze *Hey*, Steuerplanungssicherheit als Rechtsproblem, 181 f.; *Schwarz*, Vertrauensschutz als Verfassungsprinzip, 273 ff.; *Möller/Rührmair*, NJW 1999, 908 (910 f.); *Maurer* in Isensee/Kirchhof, Hdb Staatsrecht, Bd. IV³, § 79 Rz. 67 ff.; vgl. BVerfG v. 14.5.1986 – 2 BvL

nen geeigneten dogmatischen Rahmen bieten, um das besondere Bedürfnis für Vertrauensschutz im Umsatzsteuerrecht allgemein und für Organisationen des Dritten Sektors im Besonderen (Rz. 5.2) in noch stärkerem Maße als bisher zu berücksichtigen.

## III. Nationaler und unionsrechtlicher Vertrauensschutz im Mehrebenensystem

5.11 Neben der dogmatischen Grundlage des Vertrauensschutzes gibt es zahlreiche weitere Bereiche, in denen sich die Diskussion zum Vertrauensschutz auf deutscher und europäischer Ebene – jedenfalls in der deutschsprachigen Literatur – stark ähnelt. Das wird in der Regel mit dem **starken Einfluss des deutschen auf das europäische Recht** bei der Entwicklung des allgemeinen Rechtsgrundsatzes des Vertrauensschutzes (Rz. 5.8) erklärt,[1] gefördert durch zahlreiche Vorlageverfahren deutscher Gerichte sowie mehrere Stellungnahmen deutscher Generalanwälte beim EuGH während der frühen Entwicklung dieses Grundsatzes.[2]

5.12 All das darf indes nicht darüber hinwegtäuschen, dass sich **im Unionsrecht eine eigenständige Konzeption des Vertrauensschutzes** herausgebildet hat. Dies wird nicht nur darin deutlich, dass der europäische Vertrauensschutz im Ergebnis oft zu einem weniger stark ausgeprägten Schutz des Einzelnen führt als im deutschen Recht;[3] auch auf dem Weg zu diesem Ergebnis bestehen Unterschiede. Die europäische Konzeption stellt eine recht labile Verbindung verschiedenster nationaler Konzeptionen dar, denen zwar die Autonomiesicherung des Einzelnen als Grundtopos gemeinsam ist,[4] die sich aber dennoch sprachlich und gedanklich unterscheiden.[5] Folge dessen ist eine immense **dogmatische Unsicherheit** auf europäischer Ebene. Wenn also beispielsweise die aus dem deutschen Recht bekannte[6] Unterscheidung zwischen echter und unechter Rückwirkung bei Legislativakten auf das Unionsrecht übertragen wird, dann sollte dies in dem Bewusstsein geschehen, dass der EuGH trotz aller vordergründigen Ähnlichkeiten mit dieser Unterscheidung anders umgeht als das BVerfG (Rz. 5.34 f.).

5.13 Eine gewisse Parallelität besteht hingegen darin, dass auf allen Ebenen **Einigkeit über den Prinzipiencharakter des Vertrauensschutzgrundsatzes** besteht,[7] der mithin einer Abwägung zugänglich ist.[8] Gerade deshalb gewinnt die Verhältnismäßigkeitsprüfung (Rz. 5.10) an Be-

---

2/83, BVerfGE 72, 200, juris Rz. 91: „Verhältnismäßigkeit (hier beschränkt auf den Gesichtspunkt der Vergangenheitsanknüpfung)".

1 *Akehurst*, BYIL 1981, 29 (38); *Schwarze*, European Administrative Law, 1169 f.; *Thomas*, Legitimate Expectations and Proportionality in Administrative Law, 41 f.; *Lenaerts*, ICLQ 2003, 873 (894); zurückhaltender *Hatje* in Schwarze, Bestand und Perspektiven des Europäischen Verwaltungsrechts, 223; *Nolte*, MLR 1994, 191; vgl. auch *Bernitz*, Scand. Stud. L. 39 (2000), 43 (54).

2 *Schwarz*, Vertrauensschutz als Verfassungsprinzip, 393 f.; *Schwarze*, European Administrative Law, 940.

3 *Von Arnauld*, Rechtssicherheit, 520; *Galetta* in Schwarze, Bestand und Perspektiven des Europäischen Verwaltungsrechts, 219; *Hanf*, ZaöRV 1999, 51 (58, 66); *Nolte*, MLR 1994, 191 (203); *Schwarz*, Vertrauensschutz als Verfassungsprinzip, 378.

4 Vgl. *von Arnauld*, Rechtssicherheit, 625; *Borchardt*, Der Grundsatz des Vertrauensschutzes im Europäischen Gemeinschaftsrecht, 57; *Schwarze*, European Administrative Law, 1170.

5 *Hatje/Mankowski*, EuR 2014, 155 (165).

6 *Maciejewski/Theilen*, DÖV 2015, 271 (273 ff.).

7 *Riechelmann*, Rechtssicherheit als Freiheitsschutz[5], 77; *Hey*, Steuerplanungssicherheit als Rechtsproblem, 183.

8 Zum deutschen Recht: *Blanke*, Vertrauensschutz im deutschen und europäischen Verwaltungsrecht, 126 ff.; zum Unionsrecht: *Schwarze*, European Administrative Law, 867; zur Menschen-

deutung.[1] Sie strukturiert die Abwägung, erleichtert die rationale Argumentation und gibt eine gewisse Grundrichtung vor,[2] bleibt dabei aber ergebnisoffen[3] und ermöglicht somit nicht nur die praktische Konkordanz verschiedener Rechtsgüter,[4] sondern auch eine schonende Angleichung der verschiedenen Vertrauensschutzkonzepte aneinander,[5] beispielsweise durch unionsrechtskonforme Auslegung. Gleichzeitig darf wiederum nicht aus den Augen verloren werden, dass es sich auch bei dem Grundsatz der Verhältnismäßigkeit um ein traditionell deutsches Konzept handelt,[6] das zwar inzwischen u.a. im Unionsrecht anerkannt ist,[7] dort jedoch zum Teil auf andere Weise eingesetzt wird, als man es vom BVerfG gewohnt wäre (Rz. 5.35 ff.).

Charakteristisch für die Frage des Vertrauensschutzes im unionsrechtlich dominierten Umsatzsteuerrecht sind die besonderen **Problemstellungen**, die sich **aus der Mehrebenenkonstellation** ergeben. Die Mitgliedstaaten sind verpflichtet, die volle Wirksamkeit des Unionsrechts zu gewährleisten: Der deutsche Gesetzgeber muss die Vorgaben der MwStSystRL im nationalen Umsatzsteuergesetz umsetzen (Art. 288 Abs. 2 AEUV),[8] Verwaltungen und Gerichte müssen das deutsche Recht soweit wie möglich anhand des Wortlauts und des Zwecks der Richtlinie auslegen (richtlinienkonforme Auslegung).[9] Diese Umsetzungsverpflichtung wird immer dann vertrauensschutzrelevant, wenn durch die Anpassung der nationalen Rechtslage an die unionsrechtlichen Vorgaben die materiell-rechtliche Position eines Steuerpflichtigen verschlechtert wird. Dies kann sich beispielsweise daraus ergeben, dass dem Steuerpflichtigen nach nationalem Recht zunächst eine Umsatzsteuerbefreiung gewährt wurde, diese Freistellung aber sodann, weil sie mit der MwStSystRL nicht im Einklang steht, abgeschafft werden soll – sei es durch eine Änderung des Gesetzestextes oder eine veränderte, nunmehr richtlinienkonforme Auslegung. In einer solchen Konstellation stellt sich die Frage, ob dem betroffenen Steuerpflichtigen Vertrauensschutz gewährt werden kann und welcher Maßstab – derjenige des unionsrechtlichen oder derjenige des nationalen Vertrauensschutzprinzips – insoweit Anwendung findet. 5.14

Wenn die Mitgliedstaaten im Anwendungsbereich des Unionsrechts agieren, also insbesondere wenn sie ihr nationales Recht an unionsrechtliche Wertungen angleichen, müssen sie dabei die allgemeinen Rechtsgrundsätze des Unionsrechts beachten.[10] Zu diesen allgemeinen Rechtsgrundsätzen zählt auch der unionsrechtliche Vertrauensschutzgrundsatz (Rz. 5.8). 5.15

---

rechtskonvention: *Sigron*, Legitimate Expectations under Article 1 of Protocol No. 1 to the European Convention on Human Rights, 200.

1 *Alexy*, Theorie der Grundrechte, 100–104; *von Arnauld*, JZ 2000, 276 (279).

2 *Von Arnauld*, JZ 2000, 276 (278 f.).

3 *Alexy*, Theorie der Grundrechte, 143; *von Arnauld*, EuR Beiheft 1/2008, 41 (53).

4 *Hesse*, Grundzüge des Verfassungsrechts der Bundesrepublik Deutschland[20], Rz. 72.

5 Vgl. *Hanf*, ZaöRV 1999, 51 (67).

6 *Barak*, Proportionality, 177 ff.

7 Vgl. z.B. EuGH v. 29.11.1956 – Rs. C-8/55 – Fédéchar, Rs. C-8/55, EU:C:1956:11, Rz. 2; v. 17.12.1970 – Rs. 11/70 – Internationale Handelsgesellschaft, EU:C:1970:114, Rz. 2, 14 f.

8 Zum Verhältnis zu anderen Gewalten *Prechal*, Directives in EC Law[2], 78 ff., 187 ff. m.w.N.

9 EuGH v. 10.4.1984 – Rs. 14/83 – Von Colson, EU:C:1984:153, Rz. 28; v. 13.11.1990 – Rs. C-106/89 – Marleasing, EU:C:1990:395, Rz. 7 ff.; v. 15.5.2003 – Rs. C-160/01 – Mau, EU:C:2003:280 Rz. 34 ff.; v. 5.10.2004 – Rs. C-397-403/01 – Pfeiffer, EU:C:2004:584, Rz. 110 ff.; v. 16.6.2005 – Rs. C-105/03 – Pupino, EU:C:2005:386, Rz. 47 f.; v. 24.6.2010 – Rs. C-98/09 – Sorge, EU:C:2010:369, Rz. 51 ff.

10 EuGH v. 13.7.1989 – Rs. 5/88 – Wachauf, EU:C:1989:321, Rz. 19; v. 24.3.1994 – Rs. C-2/92 – Bostock, EU:C:1994:116, Rz. 16; v. 10.7.2003 – Rs. C-20/00 & C-64/00 – Booker Aquaculture,

Dementsprechend hat der EuGH mehrfach entschieden, dass der Gesetzgeber bei der Umsetzung von Richtlinien an den unionsrechtlichen Vertrauensschutzgrundsatz gebunden ist.[1] Ebenso müssen Verwaltung und Gerichte bei der unionsrechtskonformen Auslegung des nationalen Rechts den unionsrechtlichen Vertrauensschutzgrundsatz beachten.[2] Für die Gewährung von Vertrauensschutz im Anwendungsbereich der MwStSystRL ist damit – unabhängig von der handelnden Gewalt[3] – vor allem der **unionsrechtliche Vertrauensschutzgrundsatz entscheidend**,[4] der daher im Folgenden (Rz. 5.33 ff.) im Zentrum der Darstellung steht. Auf den nationalen verfassungsrechtlichen Vertrauensschutzgrundsatz kommt es nur dann (zusätzlich) an, wenn und insoweit das Unionsrecht dem Mitgliedstaat einen Umsetzungsspielraum belässt (im Detail Rz. 5.40; 5.53).

5.16 Auch wenn damit ein klarer dogmatischer Ausgangspunkt besteht – bei der Anpassung einer bisher unionsrechtswidrigen nationalen Rechtslage an die Vorgaben der MwStSystRL muss der unionsrechtliche Vertrauensschutzgrundsatz beachtet werden – führt das Zusammenspiel der verschiedenen Rechtsebenen in der Regel zu einem **weiteren Problem**: Meistens ergibt sich die Unionsrechtswidrigkeit nicht schon dadurch, dass die MwStSystRL in einem bestimmten Punkt gar nicht umgesetzt wurde oder das nationale Recht in einem offensichtlichen Widerspruch zur Richtlinie steht. Vielmehr konkretisiert typischerweise erst der EuGH – zumindest de facto verbindlich für alle Mitgliedstaaten[5] – das Unionsrecht in einer be-

---

EU:C:2003:397, Rz. 88; v. 3.5.2007 – Rs. C-303/05 – Advocaten voor de Wereld, EU:C:2007:261, Rz. 45.

1 *Petersen*, EG-Richtlinienumsetzung und Übergangsgerechtigkeit, 366 ff.; vgl. speziell zur Umsetzung der MwStSystRL EuGH v. 3.12.1998 – Rs. C-381/97 – Belgocodex, EU:C:1998:589, Rz. 6; v. 8.6.2000 – Rs. C-396/98 – Schlossstraße, ECLI:EU:C:2000:303, Rz. 44, UR 2000, 336 m. Anm. *Widmann*; v. 26.4.2005 – Rs. C-376/02 – Goed Wonen, ECLI:EU:C:2005:251, Rz. 34, UR 2005, 385; v. 29.4.2004 – Rs. C-487/01 und C-7/02 – Gemeente Leusden und Holin Groep, ECLI:EU:C:2004:263, Rz. 70.

2 EuGH v. 8.10.1987 – Rs. C-80/86 – Kolpinghuis Nijmegen, ECLI:EU:C:1987:431, Rz. 13; v. 4.7.2006 – Rs. C-212/04 – Adeneler, ECLI:EU:C:2006:443, Rz. 110; v. 15.4.2008 – Rs. C-268/06 – Impact, ECLI:EU:C:2008:223, Rz. 100; v. 23.4.2009 – Rs. C-378/07 u.a. – Angelidaki u.a., ECLI:EU:C:2009:250, Rz. 199; v. 16.7.2009 – Rs. C-12/08 – Mono Car Styling, ECLI:EU:C:2009:466, Rz. 61; v. 24.6.2010 – Rs. C-98/09 – Sorge, ECLI:EU:C:2010:369, Rz. 52; EuGH v. 10.3.2011 – Rs. C-109/09 – Deutsche Lufthansa, ECLI:EU:C:2011:129, Rz. 54; v. 21.9.2017 – Rs. 326/15 – DNB Banka, ECLI:EU:C:2017:719, Rz. 42 f.; v. 21.9.2017 – Rs. C-605/15 – Aviva, ECLI:EU:C:2017:718, Rz. 37 f.; jew. m.w.N.; vgl. auch *Bobek* in Barnard/Peers, European Union Law, 157; *Prechal*, Directives in EC Law[2], 203 ff.; *Betlem*, OJLS 2002, 397 (414); *Drake*, ELRev 2005, 329 (341); *Rosenkranz*, ZfPW 2016, 351 (372 ff.).

3 Zur Bindung aller drei Gewalten an den unionsrechtlichen Vertrauensschutzgrundsatz vgl. *Hatje* in Schwarze, Bestand und Perspektiven des Europäischen Verwaltungsrechts, 225; *Frenz*, EuR 2008, 468 (477); *Schermers/Waelbroeck*, Judicial Protection in the European Union[6], 79.

4 Mit diesem Grundansatz zuletzt auch BFH v. 23.2.2017 – V R 16/16, 24/16, UR 2017, 357, juris Rz. 30 ff.; kritisch dazu *Reiß*, MWStR 2017, 407, 410 ff.

5 Trotz großer Uneinigkeit bzgl. der Details ist diese Grundrichtung inzwischen allg. anerkannt: vgl. bspw. *Lenaerts/Maselis/Gutman*, EU Procedural Law, 240 f.; *Jacob*, Precedents and Case-based Reasoning in the European Court of Justice, S. 263 f.; *Craig* in Maduro/Azoulai, The Past and Future of EU Law, 186; *Komárek*, CMLR 2005, 9 (16); *Schermers/Waelbroeck*, Judicial Protection in the European Union[6], 305 f.; *Ehricke* in Streinz, EUV/AEUV[3], Art. 267 AEUV Rz. 69, 72 f.; *Gaitanides* in von der Groeben/Schwarze/Hatje (Hrsg.), Europäisches Unionsrecht[7], Art. 267 AEUV Rz. 92 f.; *Schwarze/Wunderlich* in Schwarze/Becker/Hatje/Schoo, Art. 267 AEUV Rz. 71 f.; *Kadelbach* in Holoubek/Lang, Das EuGH-Verfahren in Steuersachen, 119 (125 f.); *Schima*, Das Vorabentschei-

stimmten Auslegungsentscheidung.[1] Dann stellt sich zunächst die Frage, welche **temporale Wirkung dieser konkretisierenden Entscheidung des EuGH** zukommt.[2] Erst daraus ergibt sich der Zeitraum, in dem ein Konflikt zwischen Unionsrecht und nationalem Recht besteht, und für den eine Anpassung der nationalen Rechtslage zu vertrauensschutzrelevanten Spannungen führen kann.

In der Folge wird daher zunächst die temporale Wirkung von Auslegungsentscheidungen des EuGH dargestellt (Rz. 5.17 ff.), um sodann die Reichweite des unionsrechtlichen Vertrauensschutzgrundsatzes zu beleuchten (Rz. 5.33 ff.). Für die Wirkweise und das Schutzniveau des unionsrechtlichen Vertrauensschutzgrundsatzes ist dabei insbesondere entscheidend, auf welches staatliche Handeln der Bürger vertraut hat. Insoweit haben sich bereichsspezifische Ausprägungen mit teilweise völlig voneinander losgelöstem Diskurs entwickelt – abhängig davon, ob der Steuerpflichtige auf einen Akt der Legislative (Rz. 5.33 ff.), der Judikative (Rz. 5.56 ff.) oder der Exekutive (Rz. 5.62 ff.) vertraut hat.

## IV. Zeitliche Wirkung von EuGH-Entscheidungen

### 1. Grundregel: Urteilswirkung ex tunc, ausnahmsweise ex nunc

Explizit geregelt ist die zeitliche Wirkung von Entscheidungen des EuGH nur für die **Nichtigkeitsklage** (Art. 264 II AEUV). Für das auch im Bereich des Umsatzsteuerrechts dominierende **Vorlageverfahren** (Art. 267 AEUV) musste der EuGH die anwendbaren Grundsätze also selbst entwickeln.[3] Die Regelungen in den Mitgliedstaaten boten dabei kaum Anhaltspunkte, da sie sehr unterschiedlich ausgeformt sind.[4] 5.17

Verschiedene Ansätze in Bezug auf die zeitliche Wirkung richterlicher Entscheidungen beruhen meist auf den **zugrunde liegenden rechtstheoretischen Annahmen**. Auf der einen Seite steht die (in dieser Extremität recht naive) Vorstellung der bloß rechtsfindenden Richtertätigkeit, die eher für ex tunc Wirkung spricht;[5] auf der anderen das Kelsianische Bild der Rechtsprechung als Rechtsetzung,[6] aus dem eher die ex nunc Wirkung folgt. In der Praxis kommen diese Extrema selten in Reinform vor,[7] die zugrunde liegende Sichtweise beeinflusst jedoch das Regel-Ausnahme-Verhältnis.[8] 5.18

---

dungsverfahren vor dem EuGH², 98 ff.; *Broberg/Fenger*, Das Vorabentscheidungsverfahren vor dem Gerichtshof der Europäischen Union, 389 ff.

1 M.a.W.: Erst durch die Setzung einer konkret(er)en Norm (vgl. allg. *Kelsen*, Reine Rechtslehre², 242) tritt der Konflikt offen zu Tage.

2 Vgl. *Sellmann/Augsberg*, DÖV 2006, 536 (537): „europarechtlicher Dauerbrenner".

3 Wegweisend EuGH v. 8.4.1976 – Rs. 43/75 – Defrenne II, ECLI:EU:C:1976:39, Rz. 71/73 f.

4 *Waldhoff*, EuR 2006, 615 (621); ausführlicher rechtsvergleichend *Hufen*, Beschränkung von Urteilswirkungen im Falle der Feststellung der Verfassungswidrigkeit von Rechtsnormen, passim; vgl. auch *Düsterhaus*, EuZW 2006, 393 (396 f.); kritisch *Düsterhaus*, EuR 2017, 30 (49).

5 Vgl. *Gaitanides* in von der Groeben/Schwarze/Hatje, Europäisches Unionsrecht⁷, Art. 267 AEUV Rz. 94: „folgt aus dem Sinn der Auslegung"; vgl. auch *Kadelbach* in Holoubek/Lang, Das EuGH-Verfahren in Steuersachen, 119 (126): „unmittelbar einsichtig, wenn man von der Vorstellung ausgeht, dass es nur ein zulässiges Auslegungsergebnis gibt".

6 *Kelsen*, Reine Rechtslehre², 243.

7 Differenziert bspw. *Koopmans*, CLJ 1980, 287 (296–299); *Jacob*, Precedents and Case-based Reasoning in the European Court of Justice, S. 46 ff.; allg. *MacCormick*, Legal Reasoning and Legal Theory, S. 188.

8 *Kokott/Henze*, NJW 2006, 177 (180); vgl. *Kokott/Henze* in FS Spindler, S. 279, 283; *Sperrlich* in FS Ruppe, 559 (570).

5.19 Dem EuGH zufolge stellt die **ex tunc Wirkung** der eigenen Urteile den **Regelfall** dar: Er „erläutert und verdeutlicht" nur, wie die in Frage stehende Vorschrift „seit ihrem Inkrafttreten zu verstehen und anzuwenden ist oder gewesen wäre".[1] Jedenfalls dann, wenn es – wie im Umsatzsteuerrecht regelmäßig der Fall – bei Vorlagen nationaler Gerichte um die Auslegung (nicht die Rechtmäßigkeit) europarechtlicher Normen geht (Art. 267 Abs. 1 lit. a AEUV),[2] ist die bloße **ex nunc Wirkung** dem EuGH zufolge daher **nur ganz ausnahmsweise** anzuordnen.[3] Er stellt dann zwei kumulative[4] Voraussetzungen auf: Erstens müsse die „Gefahr schwerwiegender Störungen"[5] (insbesondere, aber nicht zwingend wirtschaftlicher Art)[6] gegeben sein.[7] Zweitens fordert der EuGH in einigen Entscheidungen den guten Glauben der Betroffenen, in anderen eine „objektive, bedeutende Unsicherheit hinsichtlich der Tragweite der Unionsbestimmungen".[8] Dabei handelt es sich indes nur um eine unterschiedliche Terminologie für einen einheitlichen Prüfungsmaßstab:[9] Entscheidend ist, dass es aus einer objektivier-

---

1 EuGH v. 17.2.2005 – Rs. C-453/02 & C-462/02 – Linneweber, ECLI:EU:C:2005:92, Rz. 41; v. 6.3.2007 – Rs. C-292/04 – Meilicke I, ECLI:EU:C:2007:132, Rz. 34, GmbHR 2007, 378 m. Anm. *Rehm/Nagler*; v. 10.4.2014 – Rs. C-190/12 – DFA, ECLI:EU:C:2014:249, Rz. 108; vgl. auch EuGH v. 20.9.2001 – Rs. C-184/99 – Grzelczyk, ECLI:EU:C:2001:458, Rz. 50; EuGH v. 13.12.2001 – Rs. C-481/99 – Heininger, ECLI:EU:C:2001:684, Rz. 51; zum Hintergrund vgl. *Jacob*, Precedents and Case-based Reasoning in the European Court of Justice, S. 33.

2 Zur Differenzierung *Verstraelen*, GLJ 2013, 1687 (1714–1717); *Schmitz/Stammler*, AöR 2011, 479 (490); *Waldhoff*, EuR 2006, 615 (630-631).

3 EuGH v. 16.7.1992 – Rs. C-163/90 – Legros, ECLI:EU:C:1992:326, Rz. 30; EuGH v. 9.3.2000 – Rs. C-437/97 – EKW, ECLI:EU:C:2000:110, Rz. 57, UR 2000, 242; v. 19.9.2000 – Rs. C-177/99 – Ampafrance, ECLI:EU:C:2000:470, Rz. 66; v. 20.9.2001 – Rs. C-184/99 – Grzelczyk, ECLI:EU:C:2001:458, Rz. 51; v. 13.12.2001 – Rs. C-481/99 – Heininger, ECLI:EU:C:2001:684, Rz. 52; v. 9.9.2004 – Rs. C-72/03 – Carbonati Apuani, ECLI:EU:C:2004:506, Rz. 37; v. 17.2.2005 – Rs. C-453/02 & C-462/02 – Linneweber, ECLI:EU:C:2005:92, Rz. 42; v. 6.3.2007 – Rs. C-292/04 – Meilicke I, ECLI:EU:C:2007:132, Rz. 35, GmbHR 2007, 378 m. Anm. *Rehm/Nagler*; v. 10.4.2014 – Rs. C-190/12 – DFA, ECLI:EU:C:2014:249, Rz. 109; EuGH v. 9.6.2016 – Rs. C-586/14 – Budisan, ECLI:EU:C:2016:421, Rz. 46; vgl. die Übersicht bei *Düsterhaus*, EuR 2017, 30 (31, 37).

4 EuGH v. 11.8.1995 – Rs. C-367-377/93 – Roders, ECLI:EU:C:1995:261, Rz. 48; v. 20.9.2001 – Rs. C-184/99 – Grzelczyk, ECLI:EU:C:2001:458, Rz. 52; v. 17.2.2005 – Rs. C-453/02 & C-462/02 – Linneweber, ECLI:EU:C:2005:92, Rz. 44; v. 10.4.2014 – Rs. C-190/12 – DFA, ECLI:EU:C:2014:249, Rz. 111.

5 EuGH v. 10.4.2014 – Rs. C-190/12 – DFA, ECLI:EU:C:2014:249, Rz. 109; EuGH v. 9.6.2016 – Rs. C-586/14 – Budisan, ECLI:EU:C:2016:421, Rz. 46.

6 *Weiß*, EuR 1995, 377 (389); vgl. auch *Schmitz/Stammler*, AöR 2011, 479 (497); *Karpenstein* in Leible/Terhechte (Hrsg.) Europäisches Rechtsschutz- und Verfahrensrecht (EnzEuR Band 3), § 8 Rz. 123.

7 EuGH v. 13.12.2001 – Rs. C-481/99 – Heininger, ECLI:EU:C:2001:684, Rz. 52 f.

8 EuGH v. 10.4.2014 – Rs. C-190/12 – DFA, ECLI:EU:C:2014:249, Rz. 110; vgl. auch EuGH v. 31.3.1992 – Rs. C-200/90 – Dansk Denkavit, ECLI:EU:C:1992:152, Rz. 21, UR 1992, 232; v. 9.3.2000 – Rs. C-437/97 – EKW, ECLI:EU:C:2000:110, Rz. 58, UR 2000, 242; v. 19.9.2000 – Rs. C-177/99 – Ampafrance, ECLI:EU:C:2000:470, Rz. 67 ff.; v. 17.2.2005 – Rs. C-453/02 & C-462/02 – Linneweber, ECLI:EU:C:2005:92, Rz. 43: in dieser Formulierung scheint eher die Kelsianische Sichtweise durch; vgl. aber *Düsterhaus*, EuR 2017, 30 (38).

9 Vgl. z.B. die synonyme Verwendung bei GAin *Kokott* v. 18.9.2007 – Rs. C-161/06 – Krajský soud v Ostravě, ECLI:EU:C:2007:525, Rz. 89 f.; ebenso *Kovács*, Die temporale Wirkung von Urteilen des EuGH im Vorabentscheidungsverfahren, 144; *Ludewig*, Die zeitliche Beschränkung der Wirkung von Urteilen des EuGH im Vorabentscheidungsverfahren, 129 f.; *Forsthoff*, DStR 2005, 1840 (1841 mit Fn. 9).

ten Perspektive[1] – insbesondere aufgrund von widersprüchlichem Verhalten der Kommission, des EuGH oder verschiedener Mitgliedstaaten[2] – vernünftigerweise zu einem Irrtum über die Auslegung der unionsrechtlichen Norm kommen konnte.[3]

Um die einheitliche Anwendung des Unionsrechts[4] zu wahren, entscheidet der EuGH in dem Urteil, in dem er erstmals zu einer bestimmten Auslegungsentscheidung kommt, auch über die zeitliche Wirkung dieser Auslegung.[5] Nur der **EuGH selbst** – nicht die Mitgliedstaaten – bestimmt die temporalen Grenzen seiner Auslegung[6] und eine entsprechende Anordnung ist **nur in der Entscheidung möglich, in der er die Auslegungsfrage erstmals beantwortet.**[7] Der EuGH trifft insoweit eine einheitliche Entscheidung für die Anwendung in allen Mitgliedstaaten.[8] Zwar geht er in der Begründung auf die Situation in einzelnen Mitgliedstaaten ein,[9] 5.20

1 *Kovács*, Die temporale Wirkung von Urteilen des EuGH im Vorabentscheidungsverfahren, 145 f.; *Ludewig*, Die zeitliche Beschränkung der Wirkung von Urteilen des EuGH im Vorabentscheidungsverfahren, 142; *Broberg/Fenger*, Das Vorabentscheidungsverfahren vor dem Gerichtshof der Europäischen Union, 395, 397 ff.

2 EuGH v. 8.4.1976 – Rs. 43/75 – Defrenne II, ECLI:EU:C:1976:39, Rz. 71/73: „mehrere Mitgliedstaaten"; v. 11.8.1995 – Rs. C-367-377/93 – Roders, ECLI:EU:C:1995:261, Rz. 43; v. 20.9.2001 – Rs. C-184/99 – Grzelczyk, ECLI:EU:C:2001:458, Rz. 53: „andere Mitgliedstaaten"; vgl. insgesamt auch *Kovács*, Die temporale Wirkung von Urteilen des EuGH im Vorabentscheidungsverfahren, 158 f.; *Sagan*, JbJZR 2010, 67 (71); *Schima*, Das Vorabentscheidungsverfahren vor dem EuGH², 104.

3 Zu den verschiedenen Anknüpfungspunkten für eine objektive Unsicherheit s. detailliert *Kovács*, Die temporale Wirkung von Urteilen des EuGH im Vorabentscheidungsverfahren, 148 ff.; *Ludewig*, Die zeitliche Beschränkung der Wirkung von Urteilen des EuGH im Vorabentscheidungsverfahren, 132 ff.

4 EuGH v. 26.4.1994 – Rs. C-228/92 – Roquette Frères IV, ECLI:EU:C:1994:168, Rz. 20; v. 6.3.2007 – Rs. C-292/04 – Meilicke I, ECLI:EU:C:2007:132, Rz. 37, GmbHR 2007, 378 m. Anm. *Rehm/Nagler.*

5 *Lang*, Intertax 2007, 230 (244); *Ehlers/Eggert*, JZ 2008, 585 (590–591); *Verstraelen*, GLJ 2013, 1687 (1688, 1716); vgl. auch *Seer* in Tipke/Lang, Steuerrecht, 23. Aufl. 2018, § 22 Rz. 307; deutlich aus deutscher Perspektive zuletzt: BVerfG v. 10.12.2014 – 2 BvR 1549/07, Rz. 27.

6 EuGH v. 16.7.1992 – Rs. C-163/90 – Legros, ECLI:EU:C:1992:326, Rz. 30; v. 9.3.2000 – Rs. C-437/97 – EKW, ECLI:EU:C:2000:110, Rz. 57, UR 2000, 242.

7 EuGH v. 19.9.2000 – Rs. C-177/99 – Ampafrance, ECLI:EU:C:2000:470, Rz. 66; v. 6.3.2007 – Rs. C-292/04 – Meilicke I, ECLI:EU:C:2007:132, Rz. 36, GmbHR 2007, 378 m. Anm. *Rehm/Nagler*; GA *Bot* v. 25.11.2015 – Rs. C-441/14 – Dansk Industri, ECLI:EU:2015:776, Rz. 81; *Wißmann* in FS Bauer, 1161 (1163 f.); kritisch *Rosenkranz*, ZfPW 2016, 351 (381).

8 Vgl. allgemein mit Verweis auf die überstaatliche Funktion des EuGH *Tomuschat*, Die gerichtliche Vorabentscheidung nach den Verträgen über die europäischen Gemeinschaften, 192 ff.; a.A. *Karpenstein* in Leible/Terhechte (Hrsg.) Europäisches Rechtsschutz- und Verfahrensrecht (EnzEuR Band 3), § 8 Rz. 124, allerdings unter Verweis nur auf Vorbringen von Generalanwälten; mangels klarer EuGH-Rechtsprechung nur rechtspolitisch für eine territoriale Beschränkung *Verstraelen*, GLJ 2013, 1687 (1718); *Lang*, Intertax 2007, 230 (237); nach der hier vertretenen Konzeption wird die dadurch erwünschte Flexibilität durch die Anwendung des Vertrauensschutzprinzips i.e.S. erreicht, vgl. Rz. 5.29 ff.

9 Der EuGH reagiert insoweit ausschließlich auf das Vorbringen der Mitgliedstaaten, welche die Argumentationslast tragen; deutlich GA *Geelhoed* v. 29.6.2006 – Rs. C-524/04, GmbHR 2007, 384 – Test Claimants in the Thin Cap Group Litigation, ECLI:EU:C:2007:161, Rz. 112; *Broberg/Fenger*, Das Vorabentscheidungsverfahren vor dem Gerichtshof der Europäischen Union, 402; vgl. aus der Rspr. exemplarisch EuGH v. 15.3.2005 – Rs. C-209/03 – Bidar, ECLI:EU:C:2005:169, Rz. 70; v. 13.3.2007 – Rs. C-524/04 – Test Claimants in the Thin Cap Group Litigation, ECLI:EU:C:2007:161, Rz. 129 f., GmbHR 2007, 384.

in der Rechtsfolge nimmt er jedoch keine regionale Differenzierung vor.[1] Diese Grundhaltung zeitigt für den Vertrauensschutz im Umsatzsteuerrecht unterschiedliche Wirkungen, je nachdem ob seine Entscheidung zugunsten (Rz. 5.21 ff.) oder zu Lasten (Rz. 5.25 f.) des Steuerpflichtigen ausfällt.

## 2. Auswirkungen bei Urteil zugunsten des Steuerpflichtigen

5.21 Entscheidet der EuGH zugunsten des einzelnen Steuerpflichtigen, so stellt sich im Grundsatz kein Problem des Vertrauensschutzes, denn die Bürger profitieren von der ex tunc Wirkung. Sofern in diesem Bereich für die Beschränkung auf eine ex nunc Wirkung argumentiert wird, geht es nicht um Vertrauensschutz einzelner Bürger, sondern um die **Schonung der Staatsfinanzen.**[2] Wenn solche Fragestellungen gleichwohl als „Vertrauensschutz" eingeordnet werden,[3] so entspricht dies nicht dem gemeinhin üblichen, auf Autonomieschutz des Individuums ausgerichteten Konzept von Vertrauensschutz (Rz. 5.9 f.), dem auch der EuGH folgt.[4] Dementsprechend spricht der EuGH selbst auch nicht von Vertrauensschutz, sondern von (objektiver) Rechtssicherheit.[5] Dahinter steht letztlich die vertikale Gemeinschaftstreue der Union gegenüber den Mitgliedstaaten.[6]

5.22 Vertrauensschutzrelevante Gesichtspunkte spielen in diesen Konstellationen lediglich dann eine Rolle, wenn der EuGH tatsächlich die bloße **ex nunc Wirkung** seiner Entscheidung anordnet. Dann ließe sich nämlich argumentieren, dass zumindest der **Beschwerdeführer** und andere Bürger, die bereits vor der Entscheidung des EuGH Rechtsbehelfe eingelegt hatten, auf die für sie günstige, vom EuGH bestätigte Auslegung der MwStSystRL hätten vertrauen dürfen. Der EuGH nimmt solche Personen daher, auch unter Berufung auf wirksamen gerichtlichen Rechtsschutz,[7] in ständiger Rechtsprechung von einer etwaigen, für sie nachteiligen ex nunc Wirkung aus.[8]

---

1 EuGH v. 6.3.2007 – Rs. C-292/04 – Meilicke I, ECLI:EU:C:2007:132, Rz. 37, GmbHR 2007, 378 m. Anm. *Rehm/Nagler*; vgl. auch *Kovács*, Die temporale Wirkung von Urteilen des EuGH im Vorabentscheidungsverfahren, 164.

2 Vgl. *Kokott/Henze*, NJW 2006, 177; *Waldhoff*, EuR 2006, 615; *Sperrlich* in FS Ruppe, 559 (561).

3 So insb. *Weiß*, EuR 1995, 377 (390); ebenfalls unpräzise *Bungenberg* in Heselhaus/Nowak, Handbuch der Europäischen Grundrechte, § 33 Rz. 55.

4 EuGH v. 19.9.2000 – Rs. C-177/99 – Ampafrance, ECLI:EU:C:2000:470, Rz. 67; v. 18.1.2001 – Rs. C-83/99 – Kommission/Spanien, ECLI:EU:C:2001:31, Rz. 24 f., UR 2001, 210; vgl. auch AG Mischo v. 30.3.2000 – Rs. C-403/98 – Monte Acrosu, ECLI:EU:C:2000:175, Rz. 80-84.

5 EuGH v. 26.4.1994 – Rs. C-228/92 – Roquette Frères IV, ECLI:EU:C:1994:168, Rz. 22 (im Kontext einer Ungültigkeitserklärung); v. 17.2.2005 – Rs. C-453/02 und C-462/02 – Linneweber, ECLI:EU:C:2005:92, Rz. 42; v. 6.3.2007 – Rs. C-292/04 – Meilicke I, ECLI:EU:C:2007:132, Rz. 35, GmbHR 2007, 378 m. Anm. *Rehm/Nagler*; v. 10.4.2014 – Rs. C-190/12 – DFA, ECLI:EU:C:2014:249, Rz. 109; anders nur (im Fall aber ebenfalls ablehnend) EuGH v. 27.5.1981 – Rs. 142/80 – Essevi, ECLI:EU:C:1981:121, Rz. 34; der Grund für den ausnahmsweise erfolgten Rekurs auf den Vertrauensschutzgedanken dürfte im entsprechenden Parteivortrag Italiens gelegen haben; so auch *Kovács*, Die temporale Wirkung von Urteilen des EuGH im Vorabentscheidungsverfahren, 147.

6 *Waldhoff*, EuR 2006, 615 (632 f.).

7 EuGH v. 26.4.1994 – Rs. C-228/92 – Roquette Frères IV, ECLI:EU:C:1994:168, Rz. 27; vgl. auch *Düsterhaus*, EuZW 2006, 393 (395); zum speziell europarechtlichen Interesse daran vgl. *Kadelbach* in Holoubek/Lang, Das EuGH-Verfahren in Steuersachen, 119 (128).

8 EuGH v. 8.4.1976 – Rs. 43/75 – Defrenne II, ECLI:EU:C:1976:39, Ls. 5; v. 16.7.1992 – Rs. C-163/90 – Legros, ECLI:EU:C:1992:326, Rz. 35; v. 26.4.1994 – Rs. C-228/92 – Roquette Frères IV, ECLI:EU:C:1994:168, Rz. 28 f.; v. 9.3.2000 – Rs. C-437/97 – EKW, ECLI:EU:C:2000:110, Rz. 60, UR

Einige Generalanwälte haben allerdings zur Vermeidung von Mitnahmeeffekten eine **Einschränkung dieser Fallgruppe** vorgeschlagen:[1] Wenn eine große Anzahl von Bürgern Rechtsbehelfe einlegt, um noch von einer kurz bevorstehenden positiven Entscheidung des EuGH zu profitieren, drohen für den Mitgliedstaat wiederum die schwerwiegenden wirtschaftlichen Störungen, die durch eine ex nunc Wirkung gerade vermieden werden sollen.[2] Im deutschen Steuerrecht ergab sich eine solche Konstellation in der Rs. Meilicke I, als der EuGH das deutsche körperschaftsteuerliche Anrechnungsverfahren insoweit für unvereinbar mit der Kapitalverkehrsfreiheit erklärte, als im Ausland gezahlte Körperschaftsteuer in Deutschland nicht angerechnet werden konnte.[3] Generalanwalt *Tizzano* forderte mit Blick auf eine Vielzahl von kurz vor der Urteilsverkündung gestellten Anrechnungsanträgen, nur solche Bürger von der positiven Entscheidung profitieren zu lassen, die bereits bei Veröffentlichung des Vorabentscheidungsersuchens des BFH im europäischen Amtsblatt einen Rechtsbehelf eingelegt hatten.[4] Generalanwältin *Stix-Hackl* schlug in der Rs. *Banca Popolare de Cremona* alternativ vor, an den Zeitpunkt anzuknüpfen, in dem die Schlussanträge der Generalanwälte verlesen werden.[5] 5.23

Der EuGH ist auf diese Erwägungen bisher mangels Entscheidungserheblichkeit[6] nicht eingegangen, weil er in den betreffenden Urteilen feststellte, dass die nationalen Regelungen mit dem Unionsrecht vereinbar waren[7] oder die Voraussetzungen für eine ex nunc Wirkung nicht vorlagen.[8] Da er jedoch im Bereich der Legislative die Vermeidung von Mitnahmeeffekten als legitimes Ziel anerkennt (Rz. 5.36), erscheint es nicht abwegig, dass er in Zukunft solchen Vorschlägen der Generalanwälte folgen wird. Betroffene Bürger müssten dann **möglichst frühzeitig Verfahrensschritte gegen potentiell unionsrechtswidrige Verwaltungsakte einlegen**, um gesichert von den positiven Wirkungen einer EuGH-Entscheidung profitieren zu können.[9] 5.24

---

2000, 242; v. 9.9.2004 – Rs. C-72/03 – Carbonati Apuani, ECLI:EU:C:2004:506, Rz. 42 (mit früherem Parallelurteil als entscheidendem Zeitpunkt).

1 GA *Tizzano* v. 10.11.2005 – Rs. 292/04 – Meilicke I, ECLI:EU:C:2005:676, Rz. 58 ff.; GAin *Stix-Hackl* v. 14.3.2006 – Rs. C-475/03 – Banca Popolare de Cremona, ECLI:EU:C:2005:183, Rz. 167 ff.; vgl. auch aus der Literatur: *Sperrlich* in FS Ruppe, 559 (569 ff.); *Waldhoff*, EuR 2006, 615 (636); *Schmitz/Stammler*, AöR 2011, 479 (496); *Wiedmann*, ELF 2006, 197 (201–202); *Düsterhaus*, EuZW 2006, 393 (394).

2 GA *Tizzano* v. 10.11.2005 – Rs. 292/04 – Meilicke I, ECLI:EU:C:2005:676, Rz. 59; GAin *Stix-Hackl* v. 14.3.2006 – Rs. C-475/03 – Banca Popolare de Cremona, ECLI:EU:C:2005:183, Rz. 167.

3 EuGH v. 6.3.2007 – Rs. C-292/04, GmbHR 2007, 378 m. Anm. *Rehm/Nagler* – Meilicke I, ECLI:EU:C:2007:132, Rz. 20 ff.

4 GA *Tizzano* v. 10.11.2005 – Rs. 292/04 – Meilicke I, ECLI:EU:C:2005:676, Rz. 61 f.

5 GAin *Stix-Hackl* v. 14.3.2006 – Rs. C-475/03 – Banca Popolare de Cremona, ECLI:EU:C:2005:183, Rz. 172.

6 *Sperrlich* in FS Ruppe, 559 (563).

7 EuGH v. 3.10.2006 – Rs. C-475/03 – Banca Popolare de Cremona, ECLI:EU:C:2006:629, Rz. 39, UR 2007, 545.

8 EuGH v. 6.3.2007 – Rs. C-292/04 – Meilicke I, ECLI:EU:C:2007:132, Rz. 38 ff., GmbHR 2007, 378 m. Anm. *Rehm/Nagler*.

9 Ähnlich auch *Broberg/Fenger*, Das Vorabentscheidungsverfahren vor dem Gerichtshof der Europäischen Union, 403.

### 3. Auswirkungen bei Urteil zu Lasten des Steuerpflichtigen

5.25 Der EuGH hat die zeitliche Reichweite seiner Entscheidungen vereinzelt[1] auch schon in Fällen begrenzt, in denen nicht ein Mitgliedstaat, sondern einzelne Bürger von der ex tunc Wirkung belastet wurden. Dies betrifft bislang Konstellationen, in denen sich mehrere Bürger – horizontal – gegenüberstehen, vor allem im arbeitsrechtlichem Kontext. Der EuGH hält eine bloße Wirkung ex nunc für möglich, wenn andernfalls die Gefahr schwerwiegender wirtschaftlicher Störungen dadurch droht, dass eine Vielzahl von in der Vergangenheit begründeten Dauerschuldverhältnissen von der veränderten Auslegung betroffen sind.[2] Wirtschaftliche **Verluste von Privatpersonen** (z.B. der Arbeitgeber) werden damit ebenfalls **als Anknüpfungspunkt** für eine Beschränkung der zeitlichen Wirkung akzeptiert.[3] Während die Mitgliedstaaten negative Auswirkungen auf ihre Staatsfinanzen detailliert belegen müssen,[4] scheint der EuGH insoweit – den eingeschränkten Ermittlungsmöglichkeiten Privater entsprechend[5] – geringere Anforderungen an die Beweislast[6] zu stellen.[7]

5.26 In Umsatzsteuerfällen wurden bislang hingegen nur die starken wirtschaftlichen Auswirkungen auf die Staatsfinanzen thematisiert (Rz. 5.21),[8] auch wenn die Formulierungen allgemein gehalten wurden.[9] Die Gefahr schwerwiegender wirtschaftlicher Störungen kann sich aber in dieser – vertikalen – Konstellation auch durch *private* Verluste ergeben. Gerade im steuerrechtlichen Massenverfahren sind stets eine große Vielzahl von Steuerpflichtigen durch eine Auslegungsentscheidung des EuGH betroffen, so dass man durchaus die Argumentation aus den horizontalen Fällen (Rz. 5.25) übertragen könnte.[10] Auch die zweite Voraussetzung für eine Einschränkung der ex tunc Wirkung, der gute Glaube an eine bestimmte Rechtslage bzw. eine bedeutende objektive Rechtsunsicherheit über die Tragweite des Unionsrechts, enthält

1 Zwar bildete eine solche Konstellation in der Entscheidung EuGH v. 8.4.1976 – Rs. 43/75 – Defrenne II, ECLI:EU:C:1976:56, Rz. 74/75 den Ausgangspunkt der Rechtsprechungslinie zu den temporalen Wirkungen von EuGH Entscheidungen, in der Folge behandelte der EuGH aber vor allem die ex nunc Wirkung zur Schonung von Staatsfinanzen. Dies lässt sich vor allem durch die prozessuale Gemengelage im Vorlageverfahren erklären; vgl. *Kovács*, Die temporale Wirkung von Urteilen des EuGH im Vorabentscheidungsverfahren, 167.

2 Insb. EuGH v. 8.4.1976 – Rs. 43/75 – Defrenne II, ECLI:EU:C:1976:39, Rz. 74/75.

3 Vgl. auch EuGH v. 13.12.2001 – Rs. C-481/99 – Heininger, ECLI:EU:C:2001:684, Rz. 53; v. 1.4.2008 – Rs. C-267/06 – Maruko, ECLI:EU:C:2008:179, Rz. 78.

4 Z.B. EuGH v. 15.3.2005 – Rs. C-209/03 – Bidar, ECLI:EU:C:2005:169, Rz. 70; v. 13.3.2007 – Rs. C-524/04, GmbHR 2007, 384 – Test Claimants in the Thin Cap Group Litigation, ECLI:EU:C:2007:161, Rz. 129 f.

5 *Kovács*, Die temporale Wirkung von Urteilen des EuGH im Vorabentscheidungsverfahren, 169.

6 Z.B. EuGH v. 8.4.1976 – Rs. 43/75 – Defrenne II, ECLI:EU:C:1976:39, Rz. 71/73; v. 15.12.1995 – Rs. C-415/93 – Bosman, ECLI:EU:C:1995:463, Rz. 139 ff.

7 Vgl. *Kovács*, Die temporale Wirkung von Urteilen des EuGH im Vorabentscheidungsverfahren, 168 ff.; *Ludewig*, Die zeitliche Beschränkung der Wirkung von Urteilen des EuGH im Vorabentscheidungsverfahren, 150 f.; *Broberg/Fenger*, Das Vorabentscheidungsverfahren vor dem Gerichtshof der Europäischen Union, 400.

8 EuGH v. 17.2.2005 – Rs. C-453/02 & C-462/02 – Linneweber, ECLI:EU:C:2005:92, Rz. 44.

9 EuGH v. 31.3.1992 – Rs. C-200/90 – Dansk Denkavit, ECLI:EU:C:1992:152, Rz. 20 ff., UR 1992, 232; v. 19.9.2000 – Rs. C-177/99 – Ampafrance, ECLI:EU:C:2000:470, Rz. 66 f.; zur Parallelität von Vertrauensschutz und der Schonung von Staatsfinanzen als Argumente gegen eine ex tunc Wirkung vgl. auch *Verstraelen*, GLJ 2013, 1687 (1691).

10 Zum Kriterium der Vielzahl betroffener Fälle vgl. EuGH v. 11.8.1995 – Rs. C-367-377/93 – Roders, ECLI:EU:C:1995:261, Rz. 43; v. 20.9.2001 – Rs. C-184/99 – Grzelczyk, ECLI:EU:C:2001:458, Rz. 53; v. 10.4.2014 – Rs. C-190/12 – DFA, ECLI:EU:C:2014:249, Rz. 110.

keine Differenzierung danach, ob sich diese Unsicherheit zu Lasten oder zugunsten des Bürgers auswirkt. Erforderlich, aber auch hinreichend ist, dass aus einer objektivierten Perspektive vernünftige Anhaltspunkte bestehen, über die Reichweite des Unionsrechts zu irren (Rz. 5.19). Der **EuGH könnte** daher bereits auf Grundlage seiner bisherigen Rechtsprechung **auch zugunsten der Steuerpflichtigen** eine **ex nunc Wirkung anordnen**.

Eine solche ex nunc Wirkung würde **der Sache nach ähnliche Effekte** erzielen **wie eine Anwendung des Vertrauensschutzgrundsatzes**: Wenn der Steuerpflichtige auf eine bestimmte nationale Norm vertraut, macht es aus seiner Perspektive keinen Unterschied, ob der EuGH die Norm ex tunc für unionsrechtswidrig erklärt, aber das Vertrauen des Steuerpflichtigen für die Vergangenheit geschützt wird, oder ob der EuGH die zeitliche Wirkung seines Urteils auf die Zukunft beschränkt. Wenn der EuGH bei der Prüfung des „guten Glaubens" (Rz. 5.19) hinterfragt, ob vernünftigerweise eine bestimmte Vorstellung von der Rechtslage entstehen konnte, erinnert dies zudem an vertrauensschutztypische Argumentationsmuster im Rahmen der Schutzwürdigkeit des Vertrauens. 5.27

Der EuGH scheint daher – zumindest für horizontale Konstellationen – davon auszugehen, dass das **Vertrauensschutzprinzip in der zeitlichen Wirkung seiner Urteile aufgeht**. In den Rs. *Dansk Industri* und *Hein* hat er festgestellt, dass die Anwendung dieses Prinzips durch nationale Gerichte „in Wirklichkeit darauf hinaus[liefe], die zeitlichen Wirkungen der vom EuGH vorgenommenen Auslegung zu begrenzen".[1] Ebenso führt das BVerfG die zwei Topoi zusammen: Die „Einschränkung der Wirkung einer Vorabentscheidung" erfolge *„aus Gründen* des unionsrechtlichen allgemeinen Rechtsgrundsatzes des Vertrauensschutzes."[2] Konsequenterweise gehen beide Gerichte davon aus, dass das Monopol des EuGH, die zeitliche Reichweite seiner Urteile zu bestimmen, die **Gewährung von Vertrauensschutz durch nationale Gerichte ausschließt.**[3] Nur der EuGH könnte dann über die Gewährung von Vertrauensschutz entscheiden – und zwar in dem ersten Urteil, in dem er zu einer Auslegungsfrage Stellung nimmt (Rz. 5.20). 5.28

Dieses Ergebnis steht indes in einem gewissen Spannungsverhältnis zur ständigen Rechtsprechung des EuGH, der zufolge mitgliedstaatlichen Gerichte bei der Auslegung des nationalen Rechts die allgemeinen Rechtsgrundsätze des Unionsrechts, insbesondere den Grundsatz des Vertrauensschutzes berücksichtigen müssen.[4] Der EuGH geht insoweit also gerade nicht da- 5.29

---

1 EuGH v. 19.4.2016 – Rs. C-441/14 – Dansk Industri, ECLI:EU:C:2016:278, Rz. 39; EuGH v. 13.12.2018 – Rs. C-385/17 – Hein, ECLI:EU:C:2018:1018, Rz. 61; ausführlich zu dieser Argumentation *Maciejewski/Theilen*, ELRev 2017, 706 ff.

2 BVerfG v. 10.12.2014 – 2 BvR 1549/07, NZA 2015, 375, juris Rz. 27 (Hervorhebung der Autoren); im Ansatz ebenso *Wißmann* in FS Bauer, 1161 (1163 f.); deutlich zuletzt *Rosenkranz*, ZfPW 2016, 351 (352): „unionaler Vertrauensschutz [...] der vom Europäischen Gerichtshof in Form der sogenannten ‚Beschränkung der zeitlichen Wirkung seiner Urteile' gewährt wird".

3 EuGH v. 19.4.2016 – Rs. C-441/14 – Dansk Industri, ECLI:EU:C:2016:278, Rz. 38; EuGH v. 13.12.2018 – Rs. C-385/17 – Hein, ECLI:EU:C:2018:1018, Rz. 62; BVerfG v. 6.7.2010 – 2 BvR 2661/06, BVerfGE 126, 286, juris Rz. 83 f.; BVerfG v. 10.12.2014 – 2 BvR 1549/07, NZA 2015, 375, juris Rz. 27 f.; für unionsrechtlichen Vertrauensschutz ebenso *Wißmann* in FS Bauer, 1161 (1164), der jedoch annimmt, dass nationaler Vertrauensschutz möglich bleibt.

4 EuGH v. 8.10.1987 – Rs. C-80/86 – Kolpinghuis Nijmegen, ECLI:EU:C:1987:431, Rz. 13; v. 4.7.2006 – Rs. C-212/04 – Adeneler, ECLI:EU:C:2006:443, Rz. 110; v. 15.4.2008 – Rs. C-268/06 – Impact, ECLI:EU:C:2008:223, Rz. 100; v. 23.4.2009 – Rs. C-378/07 u.a. – Angelidaki u.a., ECLI:EU:C:2009:250, Rz. 199; v. 16.7.2009 – Rs. C-12/08 – Mono Car Styling, ECLI:EU:C:2009:466, Rz. 61; v. 24.6.2010 – Rs. C-98/09 – Sorge, ECLI:EU:C:2010:369, Rz. 52; v. 10.3.2011 – Rs. C-109/09 – Deut-

von aus, dass er ein Monopol auf die Anwendung des Vertrauensschutzgrundsatzes hat. Die Beschränkung der temporalen Wirkung eines Urteils und das Vertrauensschutzprinzip sollten daher als **konzeptionell getrennt** angesehen werden.[1] Dafür sprechen auch die inhaltlichen Unterschiede zwischen beiden Ansätzen: Insbesondere die Voraussetzung starker wirtschaftlicher Auswirkungen (Rz. 5.19) ist einem (auch) grundrechtlich fundierten (Rz. 5.6 ff.) Vertrauensschutzprinzip fremd. Vermischt man die beiden Ansätze, wie es der EuGH in den Rs. *Dansk Industri* und *Hein* tut, führt dies zu einem starken Bedeutungsverlust des eigentlichen Vertrauensschutzprinzips.[2]

5.30 Es ist noch nicht abschließend geklärt, ob der EuGH seinen Ansatz aus den Rs. *Dansk Industri* und *Hein* auch auf vertikale Konstellationen wie das Umsatzsteuerrecht anwenden würde. Für eine Übertragung der Maßstäbe spricht, dass das Verhältnis von zeitlicher Wirkung seiner Entscheidungen einerseits und Vertrauensschutz andererseits nicht spezifisch auf horizontale Konstellationen gemünzt ist. Zudem liegt dieser Argumentation letztlich die einheitliche Anwendung des Unionsrechts zugrunde (Rz. 5.20), die der EuGH üblicherweise vehement verteidigt. Andererseits ist in der Rechtsprechung des EuGH zu vertikalen Konstellationen anerkannt, dass das Vertrauensschutzprinzip eine Grenze für die einheitliche Anwendung des Unionsrechts bilden kann. So sind rückwirkende Änderungen nationaler Gesetze – auch solche zur Umsetzung einer EuGH-Entscheidung – nur unter eingeschränkten Voraussetzungen möglich (vgl. im Detail Rz. 5.33 ff.), unionsrechtswidrige Verwaltungsakte müssen grundsätzlich nicht geändert werden, wenn sie bestandskräftig sind (vgl. im Detail Rz. 5.71 ff.), und auf Zusicherungen einer nationalen Behörde darf auch vertraut werden, wenn sie im Widerspruch zu ex tunc wirkenden Entscheidungen des EuGH stehen (vgl. im Detail Rz. 5.86 ff.). Zudem argumentiert der EuGH in der Rs. *Dansk Industri* an mehreren Stellen mit der Wahrung von Rechten Dritter, die durch eine weitere Anwendung des unionsrechtswidrigen nationalen Rechts beeinträchtigt wären[3] – ein Problem, das sich in vertikalen Konstellationen nicht stellt. Gerade vor diesem Hintergrund ist es vorstellbar, dass der EuGH seine Aussagen auf den Bereich des Antidiskriminierungsrechts, das den Gegenstand der Rs. *Dansk Industri* bildete, beschränkt und nicht auf das Umsatzsteuerrecht überträgt.[4] Eine implizite Bestätigung für diese These lässt sich in den Entscheidungen in den Rechtssachen *DNB Banka* und *Aviva* finden: Der EuGH legte eine Steuerbefreiungsvorschrift der MwStSystRL enger aus, als von verschiedenen Mitgliedsstaaten in der Vergangenheit praktiziert. Zwar beschränkte er die zeitlichen Wirkungen seiner Entscheidungen nicht, er erkannte aber gleichwohl das Schutzbedürfnis derjenigen Steuerpflichtigen, die auf eine weitergehende Steuerbefreiung vertraut hatten. Ohne auf seine Argumentation in der Rs. *Dansk Industri* einzugehen, verwies der EuGH insoweit darauf, dass mitgliedsstaatliche Behörden und Gerichte bei der Umsetzung der Entscheidungen im Einzelfall die Grundsätze der Rechtssicherheit und des Vertrauensschutzes beachten müssen.[5]

---

sche Lufthansa, ECLI:EU:C:2011:129, Rz. 54; v. 21.9.2017 – Rs. 326/15 – DNB Banka, ECLI:EU:C:2017:719, Rz. 42 f.; v. 21.9.2017 – Rs. C-605/15 – Aviva, ECLI:EU:C:2017:718, Rz. 37 f., jew. m.w.N.

1 *Maciejewski/Theilen*, ELRev 2017, 706 (713 ff.); ebenfalls differenzierend, wenn auch mit z.T. unterschiedlicher Terminologie: *Sagan*, JbJZR 2010, 67 (71 ff.); *Sagan*, NZA 2015, 341 (343 f.); ähnlich *Latzel*, EuR 2015, 415 (429, 435 f.).

2 Kritisch daher auch *Benecke*, EuZW 2016, 469 (470).

3 EuGH v. 19.4.2016 – Rs. C-441/14 – Dansk Industri, ECLI:EU:C:2016:278, Rz. 29, 35 f., 41.

4 Der Tenor ist beschränkt auf Rechtsstreitigkeiten „zwischen Privatpersonen".

5 EuGH v. 21.9.2017 – Rs. 326/15 – DNB Banka, ECLI:EU:C:2017:719, Rz. 39 ff.; v. 21.9.2017 – Rs. C-605/15 – Aviva, ECLI:EU:C:2017:718, Rz. 34 ff.

Auch die sonstige Rechtsprechungspraxis des EuGH im Steuerrecht lässt sich schlüssig erklären, wenn man zwischen den zeitlichen Wirkungen einer EuGH-Entscheidung und der Anwendung des Vertrauensschutzprinzips differenziert: Es gibt bisher keine steuerrechtliche und insbesondere keine einzige umsatzsteuerrechtliche Entscheidung, in welcher der EuGH die zeitliche Auswirkung zugunsten der Steuerpflichtigen auf die Zukunft begrenzt. Da das Umsatzsteuerrecht durch die jeweiligen Mitgliedstaaten vollzogen wird, entstehen Unsicherheiten über die Rechtslage regelmäßig nicht auf Ebene der Union, insbesondere durch Handlungen der Unionsorgane oder mehrerer Mitgliedstaaten, sondern auf Ebene des jeweiligen Mitgliedstaats bei Erlass, Auslegung und Anwendung der nationalen Umsetzungsbestimmungen.[1] Diese Unsicherheiten werden durch die Anwendung des Vertrauensschutzprinzips auf Ebene des jeweiligen Mitgliedstaates bewältigt und nicht dadurch, dass der EuGH die zeitliche Wirkung seiner Entscheidungen einheitlich für alle Mitgliedstaaten (Rz. 5.20) begrenzt.[2] Damit wird nicht nur die unterschiedliche tatsächliche Situation in den jeweiligen Mitgliedstaaten flexibler abgebildet, sondern zugleich auch der effektive Rechtsschutz der Steuerpflichtigen besser gewahrt: Vertrauensschutzerwägungen kann jeder Steuerpflichtige in seinem individuellen Verwaltungsverfahren vorbringen, während im Vorlageverfahren vor dem EuGH nur der am Ausgangsverfahren beteiligte Bürger auf eine Beschränkung der zeitlichen Wirkungen hinwirken kann. 5.31

Bei Auslegungsentscheidungen zu Lasten des Bürgers sind die zeitliche Begrenzung von Entscheidungen des EuGH und der allgemeine Rechtsgrundsatz des Vertrauensschutzes also nach der hier vertretenen Auffassung zwar **funktional miteinander verschränkt, stehen aber ergänzend nebeneinander**: 5.32

Besteht eine Rechtsunsicherheit schon auf Ebene der Union – insbesondere, weil die Kommission oder verschiedene Mitgliedstaaten das Unionsrecht anders als letztlich vom EuGH entschieden auslegen – kann der EuGH die europaweite ex nunc Wirkung seiner Entscheidung anordnen, wenn aus objektivierter Perspektive ein Irrtum vernünftigerweise entstehen konnte. Bisher hat der EuGH von dieser Möglichkeit in umsatzsteuerrechtlichen Fällen allerdings noch nie Gebrauch gemacht. Würde der EuGH entsprechend verfahren, fände die für den Steuerpflichtigen negative Auslegungsentscheidung erst in der Zukunft Anwendung. Damit würde regelmäßig der Sache nach zugleich das individuelle Vertrauen der betroffenen Steuerpflichtigen in die bisherige günstigere Auslegung geschützt. Eine zusätzliche Anwendung des Vertrauensschutzprinzips würde sich dann erübrigen.[3]

Schränkt der EuGH die zeitliche Wirkung seiner Entscheidung nicht ein – wirkt seine Entscheidung wie bisher üblich also grundsätzlich ex tunc – findet das unionsrechtliche Vertrauensschutzprinzip Anwendung. Die einzelnen Mitgliedstaaten müssen bei der Umsetzung der Entscheidung in das nationale Recht das individuelle Vertrauen der Bürger beachten. Ob der Steuerpflichtige einen – nach der Entscheidung des EuGH unionsrechtswidrigen – Vorteil für die Vergangenheit behalten darf, entscheiden dann die zuständigen Organe des jeweiligen Mitgliedstaates – Legislativorgane, Verwaltungsbehörden oder Gerichte – nach

1 Die unterschiedlichen Quellen der Rechtsunsicherheit betonen auch: *Wißmann* in FS Bauer, 1161 (1163); *Sagan*, JbJZR 2010, 67 (71).

2 Die unterschiedliche geografische Reichweite der Beschränkung der temporalen Urteilswirkungen und der Gewährung von Vertrauensschutz durch mitgliedstaatliche Organe betont auch *Sagan*, JbJZR 2010, 67 (81); *Sagan*, NZA 2015, 341 (343).

3 Vgl. auch *Latzel*, EuR 2015, 415 (436).

Maßgabe des unionsrechtlichen Vertrauensschutzprinzips.[1] Über die Reichweite dieses Prinzips entscheidet wiederum der EuGH – nach Vorlage durch die nationalen Gerichte – letztverbindlich.[2] Dessen Rechtsprechung wird mit ihren bereichsspezifischen Ausprägungen in der Folge dargestellt.

## B. Vertrauensschutz bei Akten der Legislative

### I. Unionsrechtliche Anforderungen an rückwirkende Legislativakte

5.33 In Bezug auf Akte der Legislative wird unter Vertrauensschutzgesichtspunkten vor allem die potentielle Unzulässigkeit ihrer rückwirkenden Änderung (durch einen neuen Legislativakt) diskutiert. Der EuGH beurteilt dies anhand der sog. **Racke-Formel**: „Der Grundsatz der Rechtssicherheit verbietet es zwar im allgemeinen [sic], den Beginn der Geltungsdauer eines Rechtsakts der Gemeinschaft auf einen Zeitpunkt vor dessen Veröffentlichung zu legen; dies kann aber ausnahmsweise dann anders sein, wenn das angestrebte Ziel es verlangt und das berechtigte Vertrauen der Betroffenen gebührend beachtet ist."[3]

5.34 Die Racke-Formel wird zwar seit mehreren Jahrzehnten in ständiger Rechtsprechung angewandt,[4] lässt aber dennoch viele Fragen offen. Das gilt schon für ihren Anwendungsbereich: Sie betrifft zunächst den Fall der sog. echten Rückwirkung[5] (Rückwirkung *sensu stricto*,[6] *actual or true retroactivity*,[7] *rétroactivité véritable*)[8], die im Gegensatz zur sog. unechten Rückwirkung – wie in der Formulierung der Racke-Formel zum Ausdruck kommt – von Ausnahmen abgesehen grundsätzlich unzulässig sein soll.[9] Die genaue **Abgrenzung zwischen echter und unechter Rückwirkung** ist jedoch, wie auch im deutschen Recht,[10] umstritten.[11] In der Ra-

1 De facto kann es damit zwar zu einer unterschiedlichen zeitlichen Wirkung von EuGH-Entscheidungen in verschiedenen Mitgliedstaaten kommen, abhängig davon, ob in den jeweiligen Mitgliedstaaten unionsrechtlicher Vertrauensschutz gewährt wird oder nicht. Da die anzuwendenden Maßstäbe aber wiederum aus dem Unionsrecht stammen, liegt hierin keine uneinheitliche Anwendung des Unionsrechts in dem Sinne, in dem der EuGH sie durch sein Monopol für die zeitliche Begrenzung der Urteilswirkungen vermeiden will.

2 Damit wird der Vertrauensschutz also nur bei der Anwendung, nicht aber bei der abstrakten Maßstabbildung in die Hände der nationalen Organe gelegt; *Sagan*, JbJZR 2010, 67 (79).

3 EuGH v. 25.1.1979 – Rs. 98/78 – Racke, ECLI:EU:C:1979:14, Rz. 20.

4 Bspw. EuGH v. 16.2.1982 – Rs. 258/80 – Rumi, ECLI:EU:C:1982:56, Rz. 11; v. 14.7.1983 – Rs. C-224/82 – Meiko, ECLI:EU:C:1983:219, Rz. 12; v. 13.11.1990 – Rs. C-331/88 – Fédésa, ECLI:EU:C:1990:391, Rz. 45; v. 11.7.1991 – Rs. C-368/89 – Crispoltoni I, ECLI:EU:C:1991:307, Rz. 17; v. 29.4.2004 – Rs. C-17/01 – Sudholz, ECLI:EU:C:2004:242, Rz. 33, UR 2004, 315 m. Anm. *Burgmaier*; v. 29.4.2004 – Rs. C-487/01 und C-7/02 – Gemeente Leusden und Holin Groep, ECLI:EU:C:2004:263, Rz. 59; v. 26.4.2005 – Rs. C-376/02 – Goed Wonen, ECLI:EU:C:2005:251, Rz. 33, UR 2005, 385; v. 19.3.2009 – Rs. C-256/07 – Mitsui, ECLI:EU:C:2009:167, Rz. 32.

5 *Altmeyer*, Vertrauensschutz im Recht der Europäischen Union und im deutschen Recht, 109 f.; *Frenz*, Handbuch Europarecht Bd. 4, Rz. 3065 f.

6 *Von Arnauld*, Rechtssicherheit, 515.

7 *Craig/de Búrca*, EU Law[5], 533; *Lamoureux*, CMLR 1983, 269 (271).

8 *Heikkilä*, FYBIL 9 (1998), 483 (486).

9 *Bungenberg* in Heselhaus/Nowak, Handbuch der Europäischen Grundrechte, § 33 Rz. 43 m.w.N.

10 *Maciejewski/Theilen*, DÖV 2015, 271 (274) m.w.N.

11 Vgl. einerseits *Lamoureux*, CMLR 1983, 269 (271), andererseits *Heukels*, Intertemporales Gemeinschaftsrecht, 73, 106.

cke-Formel kommt das formale Kriterium der zeitlichen Abfolge von Geltung und Veröffentlichung[1] zum Ausdruck; insbesondere in der Rechtssache *Crispoltoni* hat der EuGH jedoch auf das materiell angereicherte Kriterium des abgeschlossenen Tatbestands abgestellt.[2] Durch unterschiedlich starke Gewichtung dieser Einzelentscheidung gelangen Stimmen in der Literatur daher zu verschiedenen Ergebnissen bezüglich der Vorgehensweise des EuGH.[3]

Auch die Voraussetzungen, unter denen der Racke-Formel zufolge eine ausnahmsweise zulässige echte Rückwirkung vorliegt, bleiben in ihrer Anwendung unklar. Beispielsweise geht die Literatur einhellig davon aus, dass die Racke-Formel in eine **Verhältnismäßigkeitsprüfung** mündet.[4] So lassen sich die unstreitig kumulativen[5] Voraussetzungen, „wenn das angestrebte Ziel es verlangt und das berechtigte Vertrauen der Betroffenen gebührend beachtet ist", in der Tat lesen (und ebenso die Abwägung mit dem Gemeinwohl im Rahmen der unechten Rückwirkung)[6]. Der EuGH führt indes in aller Regel keine strukturierte Verhältnismäßigkeitsprüfung durch, was die Einordnung und Systematisierung seiner Entscheidungen erschwert. 5.35

Dennoch lassen sich, ausgehend von der Formulierung der Racke-Formel, einige Tendenzen ausmachen. Der **legitime Zweck** einer rückwirkenden Regelung wird zumindest theoretisch recht streng überprüft; insbesondere muss er geeignet sein, nicht nur den Eingriff als solchen, sondern gerade die Rückwirkung zu rechtfertigen.[7] Auch verlangt der EuGH – zumindest in der Regel[8] – von vornherein die Darlegung dieses Zwecks durch die handelnden Organe, beispielsweise in den Erwägungen des betroffenen Rechtsakts[9] oder in Pressemitteilungen.[10] Anerkannt werden dann allerdings eine sehr breite Palette an Regelungszielen[11] vor allem wirtschaftlicher Art, so dass dem Prüfungspunkt letztlich nur bedingt Bedeutung zukommt. In umsatzsteuerrechtlichen Fällen wurde z.B. mit der Vermeidung von Steuerhinterziehung und 5.36

1 Bzw. Inkrafttreten: vgl. *von Arnauld*, Rechtssicherheit, 515 f.

2 EuGH v. 11.7.1991 – Rs. C-368/89 – Crispoltoni I, ECLI:EU:C:1991:307, Rz. 17.

3 Vgl. einerseits *Günther*, EuZW 2000, 329 (329 f.), andererseits *von Arnauld*, Rechtssicherheit, 515 f.

4 *Günther*, EuZW 2000, 329 (330); *Heukels*, Intertemporales Gemeinschaftsrecht, 264; vgl. allg. *Borchardt*, Der Grundsatz des Vertrauensschutzes im Europäischen Gemeinschaftsrecht, 125; *Bungenberg* in Heselhaus/Nowak, Handbuch der Europäischen Grundrechte, § 33 Rz. 30; *Frenz*, Handbuch Europarecht Bd. 4, Rz. 3132 ff.; *Hanf*, ZaöRV 1999, 51 (58); *Schwarze*, European Administrative Law, 1130; *Englisch* in Schaumburg/Englisch, Europäisches Steuerrecht, Rz. 12.38.

5 *Heukels*, Intertemporales Gemeinschaftsrecht, 247, 285 ff.; *Schwarz*, Vertrauensschutz als Verfassungsprinzip, 420; *Bungenberg* in Heselhaus/Nowak, Handbuch der Europäischen Grundrechte, § 33 Rz. 43.

6 Vgl. EuGH v. 15.7.1976 – Rs. 74/74 – CNTA, ECLI:EU:C:1976:84, Rz. 41/43.

7 So schon EuGH v. 25.1.1979 – Rs. 98/78 – Racke, ECLI:EU:C:1979:14, Rz. 20; besonders deutlich EuGH v. 15.7.2004 – Rs. C-459/02 – Gerekens, ECLI:EU:C:2004:454, Rz. 24.

8 Anders noch EuGH v. 13.12.1967 – Rs. 17/67 – Neumann, ECLI:EU:C:1967:56, Slg. 1967, 593 (611).

9 EuGH v. 11.7.1991 – Rs. C-368/89 – Crispoltoni I, ECLI:EU:C:1991:307, Rz. 20; v. 1.4.1993 – Rs. C-260-261/91 – Diversinte & Iberlacta, ECLI:EU:C:1993:136, Rz. 10; v. 29.4.2004 – Rs. C-17/01 – Sudholz, ECLI:EU:C:2004:242, Rz. 36, UR 2004, 315 m. Anm. *Burgmaier.*

10 EuGH v. 26.4.2005 – Rs. C-376/02 – Goed Wonen, ECLI:EU:C:2005:251, Rz. 38, UR 2005, 385; v. 29.4.2004 – Rs. C-487/01 und C-7/02 – Gemeente Leusden und Holin Groep, ECLI:EU:C:2004:263, Rz. 81.

11 *Schorkopf* in Heselhaus/Nowak, Handbuch der Europäischen Grundrechte, § 59 Rz. 19; *Heukels*, Intertemporales Gemeinschaftsrecht, 265 ff.; jeweils m.w.N.

Missbrauch[1] oder der Vermeidung von Mitnahmeeffekten (sofern dafür tatsächliche Anhaltspunkte bestehen)[2] argumentiert (vgl. zu diesen Beispielen auch Rz. 5.50 f.).

5.37 Ob das **„berechtigte Vertrauen der Betroffenen"** gebührend beachtet wurde, erfordert nach der Rechtsprechung des EuGH eine umfassende Betrachtung sämtlicher Aspekte des jeweiligen Einzelfalls.[3] Insbesondere kommt es darauf an, ob die Neuregelung **vorhersehbar** war.[4] Dies ist dann der Fall, wenn das Änderungsvorhaben „in interessierten Kreisen […] einen angemessenen Bekanntheitsgrad erlangt hat."[5] Dafür ist zwar eine offizielle Mitteilung an die Betroffenen erforderlich,[6] diese wird aber neben der individuellen Kommunikation[7] beispielsweise auch in Vorschlägen der Kommission an den Rat[8] bzw. der bloßen Mitteilung der Regelungsabsicht im Amtsblatt[9] erblickt. Im nationalen Kontext kommt es auf die im jeweiligen Mitgliedstaat üblichen Informationsmethoden an.[10] Beispielsweise können die Unterrichtung von Fachkreisen bei der Entwicklung eines Gesetzesentwurfs oder Ankündigungen in einer Koalitionsvereinbarung dazu führen, dass ein umsichtiger und besonnener Wirtschaftsteilnehmer mit einer Neuregelung rechnen muss.[11] Besonders strenge Anforderungen stellt der EuGH dann, wenn die bestehende Rechtslage Steuerhinterziehungen, Steuerumgehungen oder Missbrauch ermöglicht: Ein Steuerpflichtiger, der entsprechende Gesetzeslücken oder Systembrüche ausnutzt, müsse mit einer Änderung rechnen – nicht nur, wenn er selbst an einer Steuerhinterziehung beteiligt ist,[12] sondern auch, wenn ihm kein Missbrauchsvorwurf gemacht werden kann.[13]

5.38 Schon diese Beispiele im Rahmen der eigentlich „im allgemeinen" unzulässigen echten Rückwirkung verdeutlichen, dass zu Recht der **geringe Schutzstandard des unionsrechtlichen**

1 EuGH v. 29.4.2004 – Rs. C-487/01 und C-7/02 – Gemeente Leusden und Holin Groep, ECLI:EU:C:2004:263, Rz. 76.

2 EuGH v. 16.2.1982 – Rs. 258/80 – Rumi, ECLI:EU:C:1982:56, Rz. 12; v. 26.4.2005 – Rs. C-376/02 – Goed Wonen, ECLI:EU:C:2005:251, Rz. 38 f., UR 2005, 385; restriktiver die Einschätzung von *Schwarz*, Vertrauensschutz als Verfassungsprinzip, 425 f.

3 Vgl. die Übersicht bei *Englisch* in Schaumburg/Englisch, Europäisches Steuerrecht, Rz. 12.38.

4 *Altmeyer*, Vertrauensschutz im Recht der Europäischen Union und im deutschen Recht, 45, 106; *Borchardt*, Der Grundsatz des Vertrauensschutzes im Europäischen Gemeinschaftsrecht, 100 ff.; *Bernitz*, Scand. Stud. L. 39 (2000), 43 (51); *Günther*, EuZW 2000, 329 (331); *Heikkilä*, FYBIL 9 (1998), 483 (494).

5 EuGH v 10.9.2009 – Rs. C-201/08 – Plantanol, ECLI:EU:C:2009:539, Rz. 57, 59.

6 EuGH v. 11.7.1991 – Rs. C-368/89 – Crispoltoni I, ECLI:EU:C:1991:307, Rz. 21; auch über diesen Aspekt der Entscheidung bestehen Meinungsverschiedenheiten: vgl. einerseits *Günther*, EuZW 2000, 329 (331 f.), andererseits *Frenz*, EuR 2008, 468 (484).

7 EuGH v. 30.11.1983 – Rs. 235/82 – Ferrière San Carlo SpA, ECLI:EU:C:1983:356, Rz. 12.

8 EuGH v. 10.12.1975 – Rs. 95/74 u.a., Coopératives agricoles de céréales, ECLI:EU:C:1975:172, Rz. 42/46; v. 21.2.1991 – Rs. C-143/88 – Zuckerfabrik Süderdithmarschen, ECLI:EU:C:1991:65, Rz. 59.

9 EuGH v. 16.2.1982 – Rs. 258/80 – Rumi, ECLI:EU:C:1982:56, Rz. 12; v. 16.2.1982 – Rs. 276/80 – Padana, ECLI:EU:C:1982:57, Rz. 20.

10 EuGH v. 10.9.2009 – Rs. C-201/08 – Plantanol, ECLI:EU:C:2009:539, Rz. 57; v. 26.4.2005 – Rs. C-376/02, UR 2005, 385 – Goed Wonen, ECLI:EU:C:2005:251, Rz. 43.

11 EuGH v. 10.9.2009 – Rs. C-201/08 – Plantanol, ECLI:EU:C:2009:539, Rz. 63.

12 EuGH v. 7.12.2010 – Rs. C-285/09 – R., ECLI:EU:C:2010:742, Rz. 54, UR 2011, 15 m. Anm. *Sterzinger*.

13 EuGH v. 29.4.2004 – Rs. C-487/01 und C-7/02 – Gemeente Leusden und Holin Groep, ECLI:EU:C:2004:263, Rz. 77; *Englisch* in Schaumburg/Englisch, Europäisches Steuerrecht, Rz. 12.38 m.w.N.

**Schutzes gegenüber rückwirkenden Legislativakten** – gerade im Gegensatz zu deutschen[1] und österreichischen[2] Grundsätzen – betont wird. In Anbetracht dessen nähern sich auch echte und unechte Rückwirkung in der Rechtsprechung des EuGH faktisch aneinander an,[3] so dass die oben erwähnten Abgrenzungskontroversen an Bedeutung verlieren. Hinzu kommt, dass der EuGH bisweilen auch in Fällen der unechten Rückwirkung seine Prüfung zumindest in Anlehnung an die Racke-Formel vornimmt.[4] Seine Unterscheidung zwischen echter und unechter Rückwirkung ähnelt daher nur bedingt der kategorischen Trennung, die das BVerfG vornimmt.[5]

Die Racke-Formel bezieht sich auf „Rechtsakte der Gemeinschaft"; deren Rückwirkung ist jedoch im richtliniengeprägten Umsatzsteuerrecht kaum relevant: Die MwStSystRL und ihre Vorgängerregelungen traten nicht rückwirkend in Kraft und andere Legislativakte eines Gemeinschaftsorgans spielen nur in Ausnahmefällen[6] eine Rolle. Als Ausprägung der allgemeinen Rechtsgrundsätze des Vertrauensschutzes und der Rechtssicherheit[7] **gilt** die Racke-Formel **jedoch ebenso bei der Rückwirkung nationaler Gesetze im Anwendungsbereich der MwStSystRL.**[8] Dabei lassen sich zwei Konstellationen unterscheiden: einerseits Bereiche, in denen ein Mitgliedstaat die MwStSystRL nicht korrekt umgesetzt hat und dies rückwirkend korrigiert (Rz. 5.40 ff.), andererseits solche Bereiche, in denen die Richtlinie den Mitgliedstaaten einen Umsetzungsspielraum überlässt (Rz. 5.48 ff.). 5.39

## II. Rückwirkung im unionsrechtlich determinierten Bereich

### 1. Nationales Gesetz gewährt Bürgern unionsrechtswidrigen Vorteil

Sofern ein nationales Gesetz wie das UStG zum Vorteil des Bürgers von zwingenden Vorgaben der MwStSystRL abweicht, ist zwar die Richtlinie nicht unmittelbar zu Lasten des Bürgers anwendbar (*Hüttemann*, Rz. 3.60 f.).[9] Der Mitgliedstaat ist jedoch grundsätzlich verpflichtet, die 5.40

1 *Von Arnauld*, Rechtssicherheit, 520; *Galetta* in Schwarze, Bestand und Perspektiven des Europäischen Verwaltungsrechts, 219; *Hanf*, ZaöRV 1999, 51 (58, 66); *Nolte*, MLR 1994, 191 (203); *Schwarz*, Vertrauensschutz als Verfassungsprinzip, 378.

2 *Gunacker-Slawitsch* in FS Ruppe, 186 (203).

3 *Lamoureux*, CMLR 1983, 269 (278); *von Arnauld*, Rechtssicherheit, 520; implizit auch *Berg/Nachtsheim*, DVBl. 2001, 1103 (1105).

4 Bspw. EuGH v. 29.4.2004 – Rs. C-487/01 und C-7/02 – Gemeente Leusden und Holin Groep, ECLI:EU:C:2004:263, Rz. 59, 70 ff.; vgl. *Frenz*, Handbuch Europarecht Bd. 4, Rz. 3067.

5 *Maciejewski/Theilen*, DÖV 2015, 271 (274).

6 EuGH v. 29.4.2004 – Rs. C-17/01 – Sudholz, ECLI:EU:C:2004:242, UR 2004, 315 m. Anm. *Burgmaier*; vgl. hierzu *Wagner* in FS Spindler, 345, 351 f.; *Englisch* in Schaumburg/Englisch, Europäisches Steuerrecht, Rz. 12.39.

7 Vgl. EuGH v. 29.4.2004 – Rs. C-487/01 und C-7/02 – Gemeente Leusden und Holin Groep, ECLI:EU:C:2004:263, Rz. 57–59.

8 EuGH v. 3.12.1998 – Rs. C-381/97 – Belgocodex, ECLI:EU:C:1998:589, Rz. 26; v. 11.7.2002 – Rs. C-62/00 – Marks & Spencer, ECLI:EU:C:2002:435, Rz. 44, UR 2002, 436; v. 26.4.2005 – Rs. C-376/02, UR 2005, 385 – Goed Wonen, ECLI:EU:C:2005:251, Rz. 34; v. 12.5.2011 – Rs. C-107/10 – Enel Maritsa Iztok 3, ECLI:EU:C:2011:298, Rz. 29, UR 2011, 507; vgl. auch *Prechal*, Directives in EC Law², 29 f.; *Latzel*, EuR 2015, 415 (419 f.) m.w.N.

9 Dies wird (auch) im Bereich des Steuerrechts zusätzlich mit dem allgemeinen Rechtsgrundsatz der Rechtssicherheit begründet; EuGH, Urt. v. 5.7.2007 – Rs. C-321/05 – Kofoed, ECLI:EU:C:2007:408, Rz. 42 m.w.N., GmbHR 2007, 880 m. Anm. *Rehm/Nagler*; vgl. *Englisch* in Schaumburg/Englisch, Europäisches Steuerrecht, Rz. 12.32.

nationale Rechtslage rückwirkend zu korrigieren und an die Unionsrechtslage anzupassen.[1] Damit kann er zwar die Vertragsverletzung, die mit der unzutreffenden Richtlinienumsetzung begangen wurde, nicht mehr heilen.[2] Der Mitgliedstaat ist aber aus dem Loyalitäts- und dem Effektivitätsgebot gegenüber der Union auch zur Folgenbeseitigung verpflichtet.[3] Diese kann entweder dadurch erfolgen, dass das nationale Recht rückwirkend unionsrechtskonform ausgelegt wird,[4] oder dadurch, dass der Gesetzgeber rückwirkend das nationale Gesetz ändert (Rz. 5.14 f.). Ebenso wie Gerichte und Verwaltungsbehörden im Rahmen der unionsrechtskonformen Auslegung muss auch der Gesetzgeber, wenn er sich zu einer entsprechenden Neuregelung entscheidet, das **unionsrechtliche Vertrauensschutzprinzip beachten.**[5] Im unionsrechtlich determinierten Bereich ist hingegen kein Raum für die Anwendung von nationalem Vertrauensschutz: Sofern dieser zu anderen Wertungen käme, dürfte er aufgrund des Anwendungsvorrangs des Unionsrechts (*Hüttemann*, Rz. 3.60) auch gegenüber nationalem Verfassungsrecht[6] grundsätzlich nicht angewandt werden.[7] Soweit in deutschen Gesetzgebungsmaterialien (wenn sich dort überhaupt Vertrauensschutzerwägungen finden) nur auf das

---

1 EuGH v. 8.3.1988 – Rs. 80/87 – Dik, ECLI:EU:C:1988:133, Rz. 13; sehr deutlich GA *Cosmas* v. 23.1.1997 – Rs. C-94-95/95 – Bonifaci, ECLI:EU:C:1997:29, Rz. 56; vgl. auch *Breuer*, BayVBl. 2001, 431 (432); *Schmidt am Busch*, DÖV 1999, 581 (588); zur parallelen Verpflichtung des nationalen Gesetzgebers, eine verfassungswidrige Rechtslage rückwirkend zu beseitigen, BVerfG v. 18.7.2012 – 1 BvL 16/11, BVerfGE 132, 179, juris Rz. 47 ff.; *Jarass/Pieroth*, 14. Aufl. 2016, Art. 20 Rz. 46 jew. m.w.N.

2 *Petersen*, EG-Richtlinienumsetzung und Übergangsgerechtigkeit, 342.

3 Ausführlich und mit Nachweisen auf die Rechtsprechung des EuGH *Petersen*, EG-Richtlinienumsetzung und Übergangsgerechtigkeit, 343 ff.; einschränkend *Schwarze/Wunderlich* in Schwarze/Becker/Hatje/Schoo, Art. 260 AEUV Rz. 7; *Wunderlich* in von der Groeben/Schwarze/Hatje, Art. 260 AEUV Rz. 7 ff.; *Latzel*, EuR 2015, 415 (428). Es handelt sich insoweit um eine „unvollkommene Pflicht", die vom EuGH bisher nur dann ausdrücklich ausgesprochen wird, wenn die Kommission die rückwirkende Beseitigung im Vertragsverletzungsverfahren ausdrücklich verlangt. Dies ist regelmäßig in Beihilfekonstellationen der Fall, in denen die Kommission die Vertragsverletzung gerade auch in der unterbliebenen Rückforderung der Beihilfen sieht; vgl. *Petersen*, EG-Richtlinienumsetzung und Übergangsgerechtigkeit, 348 ff.; vgl. auch *Hey*, StuW 2010, 301 (317).

4 *Sagan*, JbJZR 2010, 67 (74).

5 *Prechal*, Directives in EC Law², 28 f.; *Petersen*, EG-Richtlinienumsetzung und Übergangsgerechtigkeit, 362 ff., insb. 366 ff.; vgl. *Karpenstein* in Grabitz/Hilf/Nettesheim, Art. 260 AEUV Rz. 16; *Breuer*, BayVBl. 2001, 431 (432), *Kadelbach/Sobota*, EWS 1996, 11 (13); vgl. auch implizit AG Mischo v. 30.3.2000 – Rs. C-403/98 – Monte Acrosu, ECLI:EU:C:2000:175, Rz. 72 ff.

6 EuGH v. 17.12.1970 – Rs. 11/70 – Internationale Handelsgesellschaft, ECLI:EU:C:1970:114, Rz. 3; v. 8.9.2010 – Rs. C-409/06 – Winner Wetten, ECLI:EU:C:2010:503, Rz. 61; vgl. auch *Latzel*, EuR 2015, 415 (435 ff.) m.w.N.

7 Nationaler Vertrauensschutz könnte aus der Perspektive des BVerfG allenfalls dann gelten, wenn die verfassungsrechtlichen Grenzen europäischer Integration überschritten würden (vgl. BVerfG v. 29.5.1974 – 2 BvL 52/71 – Solange I, BVerfGE 37, 271; v. 22.10.1986 – 2 BvR 197/83 – Solange II, BVerfGE 73, 339; v. 12.10.1993 – 2 BvR 2134, 2159/92 – Maastricht, BVerfGE 89, 155; v. 30.6.2009 – 2 BvE 2/08 u.a. – BVerfGE 123, 267; v. 6.7.2010 – 2 BvR 2661/06 – Honeywell, BVerfGE 126, 286; v. 15.12.2015 – 2 BvR 2735/14 – Europäischer Haftbefehl, NJW 2016, 1149). Angesichts der konzeptionellen Parallelen zwischen den deutschen und europäischen Vertrauensschutzkonzeptionen und des in vielen Bereichen durch die Rechtsprechung des EuGH noch gar nicht abschließend bestimmten Inhalts des unionsrechtlichen Vertrauensschutzprinzips ist dies indes aktuell nicht mehr als eine theoretische Möglichkeit; ebenso *Sagan*, JbJZR 2010, 67 (83 f.); ähnlich *Rosenkranz*, ZfPW 2016, 351 (370 f.); vgl. auch BVerfG v. 6.7.2010 – 2 BvR 2661/06 – Honeywell, BVerfGE 126, 286, juris Rz. 86.

verfassungs- und nicht auf das unionsrechtliche Vertrauensschutzprinzip rekurriert wird,[1] ist dies nach der Rechtsprechung des EuGH zumindest im unionsrechtlich determinierten Bereich unzutreffend.

Eine rückwirkende Gesetzesänderung zur Korrektur eines unionsrechtswidrigen Zustands 5.41
ist also grundsätzlich geboten, aber nur unter den Voraussetzungen der Racke-Formel zulässig.[2] Es muss einen legitimen Zweck geben, der gerade die Rückwirkung des Gesetzes rechtfertigt und das berechtigte Vertrauen der Betroffenen muss gebührend beachtet werden (Rz. 5.33 ff.). Die **Herstellung eines unionsrechtskonformen Zustands** kann nur dann gerade die Rückwirkung rechtfertigen, wenn die materiellen Ziele des Unionsrechts auch noch rückwirkend erreicht werden können.[3] Anders als bei tatsächlichen Handlungsge- oder -verboten[4] ist dies bei der Umsetzung der Mehrwertsteuersystemrichtlinie grundsätzlich denkbar: Durch ein nationales Gesetz gewährte unionsrechtswidrige Steuervorteile können – ebenso wie andere unionsrechtswidrig geleistete Zahlungen zugunsten des Steuerpflichtigen und ebenso wie unionsrechtswidrig nicht erhobene Abgaben – auch noch nachträglich mit Wirkung für die Vergangenheit angepasst werden.[5]

Da es insoweit bislang nur wenige Entscheidungen des EuGH gibt, können über das **Schutzniveau des unionsrechtlichen Vertrauensschutzes** in diesem Bereich noch keine abschlie- 5.42
ßenden Aussagen getroffen werden. Sofern der Vorteil, der dem Bürger durch das nationale Gesetz gewährt wird, zu einem Verstoß gegen das unionsrechtliche Beihilfeverbot führt (*Englisch*, Rz. 4.10 ff.), ist davon auszugehen, dass der EuGH der Beseitigung der Unionsrechtswidrigkeit einen höheren Stellenwert einräumen würde als dem Vertrauen auf das unionsrechtswidrige Gesetz.[6] Der Gesetzgeber wäre dann zur rückwirkenden Anpassung zu Lasten des Steuerpflichtigen verpflichtet. Wenn keine unionsrechtswidrige Beihilfe vorliegt, lassen sich diese strengen Maßstäbe aber nicht ohne Weiteres übertragen (vgl. im Detail Rz. 5.72 ff.). Die Erhebung der Umsatzsteuer dient primär den Interessen der einzelnen Mitgliedstaaten, so dass – anders als bei Beihilfen und anderen Leistungen aus Eigenmitteln der Union – prinzipiell ein Interessenwiderstreit und gerade kein Interessengleichlauf zwischen Steuerpflichtigem und Mitgliedstaat besteht. Es kann deshalb nicht davon ausgegangen werden, dass Mitgliedstaat und Steuerpflichtiger zusammenwirken, um die Geltung des Unionsrechts zu

1 Vgl. beispielsweise BT-Drucks. 15/3677, 55; unklar z.B. BT-Drucks. 15/1945, 14; BT-Drucks. 18/1995, 111.

2 Überträgt man – entgegen der hier vertretenen Auffassung – den gedanklichen Ausgangspunkt des EuGH in den Rs. *Dansk Industri* und *Hein* auch auf Gesetzesänderungen im Rahmen der Umsatzsteuer, müsste in allen Fällen, in denen der EuGH die zeitlichen Wirkungen eines Urteils nicht selbst beschränkt hat, zwingend eine Anpassung der nationalen Rechtslage ex tunc erfolgen.

3 Vgl. *Karpenstein* in Grabitz/Hilf/Nettesheim, Art 260 AEUV, Rz. 16.

4 Vgl. EuGH v. 11.7.1991 – Rs. C-368/89 – Crispoltoni, ECLI:EU:C:1991:307, Rz. 18; *Latzel*, EuR 2015, 415, 428.

5 *Petersen*, EG-Richtlinienumsetzung und Übergangsgerechtigkeit, 352 f., 371; *Anagnostaras*, Web JCLI 2000, Issue 1, 7.

6 Vgl. FG Hamburg v. 8.11.2013 – 4 K 109/11, BB 2014, 918, juris Rz. 42; BFH v. 13.5.2015 – VII R 63/13, BFH/NV 2015, 1452, juris Rz. 17; GAin *Kokott* v. 24.1.2013 – Rs. C-568/11 – Agroferm, ECLI:EU:C:2013:35, Rz. 50; *Kokott* in FS Bundesfinanzhof, 735 (759 f.), jeweils m.w.N.; nach nationalem Recht zum gleichen Ergebnis kommen auch *Hey*, Steuerplanungssicherheit als Rechtsproblem, 300 ff. und *Lehnert*, Die Korrektur von gemeinschaftsrechtswidrigen Beihilfen in Form von Steuervergünstigungen, 130 f.

unterlaufen. Entsprechend kann der Unionsrechtsverstoß des Mitgliedstaates grundsätzlich nicht dazu führen, dass das Vertrauen des Steuerpflichtigen per se weniger schutzwürdig ist.

5.43 Eine **geringere Schutzwürdigkeit** sollte vielmehr nur dann angenommen werden, wenn die betroffenen Unternehmer die Unionsrechtswidrigkeit der nationalen Norm erkennen konnten bzw. wenn eine rückwirkende Anpassung der Rechtslage vorhersehbar war.[1] Mit der Unionsrechtswidrigkeit einer nationalen Norm wird der Steuerpflichtige frühestens dann rechnen müssen, wenn vor dem EuGH ein entsprechendes Vorlage- oder Vertragsverletzungsverfahren anhängig ist und die Fragestellungen im Amtsblatt veröffentlicht sind.[2] Eine Anpassung der Rechtslage kann nach der Rechtsprechung des EuGH schon dann vorhersehbar sein, wenn eine Pressemitteilung ein entsprechendes Gesetz ankündigt (Rz. 5.37, 5.49). Das Vertrauen des Steuerpflichtigen muss zudem mit dem Interesse des Gesetzgebers, rückwirkend die materiellen Ziele des Unionsrechts umzusetzen (Rz. 5.41), **abgewogen** werden (Rz. 5.35).[3] Dabei muss berücksichtigt werden, dass eine rückwirkende Gesetzesänderung zu Lasten des Unternehmers regelmäßig nicht mehr an den Endverbraucher weiterbelastet werden kann und somit ein Konflikt mit dem – ebenfalls als materielles Ziel von der Mehrwertsteuersystemrichtlinie verfolgten – Grundsatz der Belastungsneutralität der Umsatzsteuer (Rz. 3.4, 3.7 f.) entsteht. Diese Folge trifft Unternehmen des Dritten Sektors in besonderem Maße (Rz. 5.2) und sollte gerade für diese Unternehmen zu einem erhöhten Vertrauensschutz führen.

5.44 Im **deutschen Umsatzsteuerrecht** sind gesetzliche Neuregelungen grundsätzlich erst auf Umsätze anzuwenden, die nach dem Inkrafttreten der entsprechenden Neuregelung ausgeführt werden (§ 27 Abs. 1 S. 1 UStG). Auch wenn die nationale Rechtslage an das Unionsrecht angepasst wird, erfolgt dies also in der Regel nicht rückwirkend. Ein aktuelles Beispiel liefert die Neuregelung zur Besteuerung von juristischen Personen des öffentlichen Rechts in § 2b UStG,[4] die als Reaktion auf zwei Entscheidungen des EuGH[5] und daraus resultierende Zweifel an der Unionsrechtskonformität der bisherigen Regelung in § 2 Abs. 3 UStG[6] erlassen wurde.[7] Um den betroffenen Unternehmen einen geordneten Wechsel in das neue Besteuerungssystem zu ermöglichen, wird die Neuregelung durch eine Übergangsregelung in

1 M.a.W.: Der Steuerpflichtige kann mangels gegenteiliger Anzeichen darauf vertrauen, dass ein nationales Gesetz eine Richtlinie unionsrechtskonform umsetzt; so auch *Sagan*, JbJZR 2010, 67 (72); in diese Richtung auch *Kokott* in FS Bundesfinanzhof, 735 (760) selbst für den Fall, dass die nationale Regelung eine unionsrechtswidrige Beihilfe darstellt.

2 Ebenso *Sagan*, JbJZR 2010, 67 (91), *Sagan*, NZA 2015, 341 (344); in diese Richtung auch *Englisch* in Schaumburg/Englisch, Europäisches Steuerrecht, Rz. 12.32: „nur bei evidenten Verstößen"; noch weitergehenden Vertrauensschutz bejaht *Latzel*, EuR 2015, 415 (438): „erst bei Verkündung der Entscheidung des EuGH".

3 Dass eine Abwägung zwischen dem unterschiedlich schutzwürdigen Vertrauen und den Änderungsinteressen erforderlich ist, betont auch *Englisch* in Schaumburg/Englisch, Europäisches Steuerrecht, Rz. 12.38 a.E.

4 Die Norm wurde eingeführt durch das StÄndG 2015 v. 2.11.2015 (BGBl. I 2015, 1834).

5 EuGH v. 16.9.2008 – Rs. C-288/07 – Isle of Wight, ECLI:EU:C:2008:505; EuGH v. 4.6.2009 – Rs. C-102/08 – Salix, ECLI:EU:C:2009:345, UR 2009, 484 m. Anm. *Küffner*.

6 Vgl. z.B. die Entscheidungen zur unionsrechtskonformen Auslegung von § 2 Abs. 3 UStG: BFH v. 15.4.2010 – V R 10/09 –, BFHE 229, 416 = UR 2010, 646 m. Anm. *Bollweg*, juris Rz. 14 ff.; BFH v. 17.3.2010 – XI R 17/08 –, BFHE 230, 466 = UR 2010, 943, juris Rz. 23 ff.; BFH v. 3.3.2011 – V R 23/10 –, BFHE 233, 274 = BStBl. II 2012, 74, juris Rz. 20 ff.; BFH v. 10.11.2011 – V R 41/10, BFHE 235, 554 = UR 2012, 272 m. Anm. *Küffner*, juris Rz. 13 ff.

7 Vgl. zum Regelungshintergrund *Belcke/Westermann*, BB 2016, 87 (87 f.); *Thönnes*, BWGZ 2015, 460 (460 ff.).

§ 27 Abs. 22 UStG flankiert.[1] Danach kann auf Antrag bis längstens zum 31.12.2020 die alte Rechtslage angewendet werden.[2]

In vielen Situationen wird man eine solche Anpassung der Rechtslage nur für die Zukunft bzw. entsprechende Übergangsvorschriften anhand der dargestellten Maßstäbe rechtfertigen können, weil die Steuerpflichtigen auf die Unionsrechtskonformität der nationalen Vorschriften schutzwürdig vertrauen durften. Da das genaue Ausmaß des Schutzniveaus mangels einschlägiger Entscheidungen aber noch unklar ist, müssten nationale Gerichte **entsprechende Fragestellungen dem EuGH vorlegen**. Dabei sollte dem besonderen Schutzbedarf von Organisationen des Dritten Sektors Ausdruck verliehen werden. 5.45

## 2. Nationales Gesetz benachteiligt Bürger unionsrechtswidrig

In der umgekehrten Konstellation[3] – der rückwirkenden Änderung eines Gesetzes, das zum Nachteil des Bürgers von zwingenden Vorgaben der MwStSystRL abweicht – stellt sich **zunächst keine Vertrauensschutzproblematik**; denn die Richtlinie war dann unter Umständen bereits vorher zugunsten des Bürgers unmittelbar anwendbar (*Hüttemann*, Rz. 3.60 f.), und im Übrigen beeinträchtigt die bürgerbegünstigende Rückwirkung[4] nicht die Autonomie des Einzelnen (Rz. 5.9 f.). 5.46

Wurde der Steuerpflichtige hingegen unionsrechtswidrig zu hoch besteuert und ergibt sich daraus ein **Erstattungsanspruch**, so darf dessen Geltendmachung nicht beeinträchtigt werden, insbesondere dürfen nach nationalem Recht bestehende Ausschlussfristen nicht rückwirkend verkürzt werden.[5] Dies hat der EuGH in der Rechtssache Marks & Spencer als Verstoß gegen das unionsrechtliche Vertrauensschutzprinzip bewertet.[6] Die Argumentation verlief dabei allerdings primär über den Grundsatz der Effektivität des Unionsrechts (*effet utile*);[7] würde der betroffene Mitgliedstaat daher Übergangsregelungen vorsehen, welche eine effektive Durchsetzung des Anspruchs nach wie vor ermöglichen, so würde der EuGH vermutlich auch eine rückwirkende Fristverkürzung akzeptieren.[8] Auf Grundlage der Entscheidung in der Rs. *Grundig Italiana*[9] wird es in der Literatur als ausreichend angesehen, wenn die nach bisheri- 5.47

1 Vgl. BT-Drucks. 18/6094, 93: „Zäsur bei der Umsatzbesteuerung öffentlicher Leistungen" erfordert einen „geordneten Wechsel in das neue Besteuerungssystem"; zu Zweifelsfragen bei der Anwendung der Übergangsregelung *Klenk* in Sölch/Ringleb, UStG, § 27 Rz. 80; *Widmann*, MwStR 2015, 883.

2 Vgl. als weiteres Beispiel die umfangreiche Neuregelung durch das EURLUmsG v. 9.12.2004 (BGBl. I 2004, 3310) mit der § 15a UStG an die unionsrechtlichen Vorgaben angepasst wurde und die dazu eingeführte besondere Übergangsregelung in § 27 Abs. 11 UStG; vgl. auch allg. *Prechal*, Directives in EC Law², 30.

3 Differenzierend auch *Breuer*, BayVBl. 2001, 431.

4 Vgl. *Hey*, Steuerplanungssicherheit als Rechtsproblem, 239 ff.

5 *Gunacker-Slawitsch* in FS Ruppe, 186 (191).

6 EuGH v. 11.7.2002 – Rs. C-62/00 – Marks & Spencer, ECLI:EU:C:2002:435, Rz. 46, UR 2002, 436; bestätigt in EuGH v. 12.12.2013 – Rs. C-362/12 – Test Claimants in the Franked Investment Income group Litigation, EU:C:2013:834, Rz. 45.

7 EuGH v. 11.7.2002 – Rs. C-62/00 – Marks & Spencer, ECLI:EU:C:2002:435, Rz. 34 ff., UR 2002, 436; vgl. auch EuGH v. 12.5.2011 – Rs. C-107/10 – Enel Maritsa Iztok 3, ECLI:EU:C:2011:298, Rz. 29, UR 2011, 507.

8 Vgl. EuGH v. 11.7.2002 – Rs. C-62/00 – Marks & Spencer, ECLI:EU:C:2002:435, Rz. 38, UR 2002, 436; v. 24.9.2002 – Rs. C-255/00 – Grundig Italiana, EU:C:2002:525, Rz. 37 f.

9 EuGH v. 24.9.2002 – Rs. C-255/00 – Grundig Italiana, EU:C:2002:525, Rz. 40.

gem Recht bestehenden Ansprüche noch innerhalb von sechs Monaten nach Erlass der rückwirkenden Fristverkürzung geltend gemacht werden können.[1]

## III. Rückwirkung bei Umsetzungsspielraum des Mitgliedstaats

### 1. Unionsrechtlicher Vertrauensschutz

5.48 In denjenigen Bereichen, in denen die MwStSystRL den Mitgliedstaaten mehrere Möglichkeiten der Umsetzung lässt, steht es ihnen im Grundsatz frei, ihr nationales Recht im Rahmen dieses Umsetzungsspielraums jederzeit zu ändern.[2] Sofern sie das rückwirkend tun, sind sie jedoch **an das unionsrechtliche Vertrauensschutzprinzip gebunden**.[3]

5.49 Für den Dritten Sektor ist das insbesondere in Hinblick auf **Steuerbefreiungen und Optionen zur Steuerpflicht** relevant. In diesem Bereich hat der EuGH bislang drei Entscheidungen zu nationalen Gesetzen mit echter Rückwirkung gefällt. In der Rechtssache *Belgocodex* lag die Sonderkonstellation vor, dass das (Rahmen-)Gesetz, das eine Option zur umsatzsteuerpflichtigen Grundstücksvermietung vorsah, nie durch die darin eigentlich vorgesehenen Durchführungsbestimmungen inhaltlich angereichert wurde, bevor das Optionsrecht rückwirkend entfiel. Der EuGH überließ es deshalb den nationalen Gerichten, zu prüfen, ob sich überhaupt schutzwürdiges Vertrauen der Bürger in die frühere Gesetzeslage bilden konnte.[4] In der Rechtssache *Schlossstraße* stellte der EuGH mangels Vorliegen solcher besonderen Umstände fest, dass die rückwirkende Einschränkung des Optionsrechts bei der Vermietung von Grundstücken das Vertrauen derjenigen verletze, denen bereits vor der Gesetzesänderung Gegenstände geliefert bzw. Dienstleistungen erbracht worden waren und die somit ein Recht auf Vorsteuerabzug erworben hatten.[5] Diese Feststellung ist zwar seitdem mehrfach bestätigt,[6] in der Rechtssache *Goed Wonen* aber auch relativiert worden. Dieser Fall betraf eine niederländische Stiftung, der durch die rückwirkende Einführung einer Steuerbefreiung für die Bestellung eines Nießbrauchs an einem Grundstück ein Vorsteueranspruch entzogen wurde. Der EuGH urteilte, dass eine Pressemitteilung, die schon vor Entstehung des Rechts auf Vorsteuerabzug das neue, rückwirkende Gesetz ankündigt, das berechtigte Vertrauen der Betroffenen i.S.d. Racke-Formel zerstören könne.[7] Für die Prüfung, ob dies tatsächlich in Anbetracht der

1 *Bartone/v. Wedelstädt*, Korrektur von Steuerverwaltungsakten, Rz. 16; *de Weerth*, DB 2005, 1407 (1408 f.); *Drüen* in FS Schaumburg, 609, 615.

2 EuGH v. 3.12.1998 – Rs. C-381/97 – Belgocodex, EU:C:1998:589, Rz. 17; dies gilt auch dann, wenn ein nationales Gericht die bisherige Regelung ausdrücklich als unionsrechtskonform und sachgerecht bezeichnet hat, vgl. EuGH v. 9.6.2016 – Rs. C-332/14 – Wolfgang und Wilfried Rey Grundstücksgemeinschaft GbR, ECLI:EU:C:2016:417, Rz. 63 f., UR 2016, 545.

3 EuGH v. 3.12.1998 – Rs. C-381/97 – Belgocodex, EU:C:1998:589, Rz. 6; v. 8.6.2000 – Rs. C-396/98 – Schlossstraße, ECLI:EU:C:2000:303, Rz. 44, UR 2000, 336 m. Anm. *Widmann*; v. 26.4.2005 – Rs. C-376/02 – Goed Wonen, ECLI:EU:C:2005:251, Rz. 34, UR 2005, 385; v. 29.4.2004 – Rs. C-487/01 und C-7/02 – Gemeente Leusden und Holin Groep, ECLI:EU:C:2004:263, Rz. 70; vgl. auch BFH v. 19.6.2012 – VII R 19/11, BFHE 237, 568, juris Rz. 10.

4 EuGH v. 3.12.1998 – Rs. C-381/97 – Belgocodex, EU:C:1998:589, Rz. 26; vgl. EuGH v. 8.6.2000 – Rs. C-396/98 – Schlossstraße, ECLI:EU:C:2000:303, Rz. 45, UR 2000, 336 m. Anm. *Widmann*.

5 EuGH v. 8.6.2000 – Rs. C-396/98 – Schlossstraße, ECLI:EU:C:2000:303, Rz. 47, UR 2000, 336 m. Anm. *Widmann*.

6 EuGH v. 11.7.2002 – Rs. C-62/00 – Marks & Spencer, ECLI:EU:C:2002:435, Rz. 45, UR 2002, 436; v. 29.4.2004 – Rs. C-17/01 – Sudholz, ECLI:EU:C:2004:242, Rz. 40, UR 2004, 315 m. Anm. *Burgmaier*.

7 EuGH v. 26.4.2005 – Rs. C-376/02, UR 2005, 385 – Goed Wonen, ECLI:EU:C:2005:251, Rz. 43.

national üblichen Informationsmethoden der Fall sei, sind nach Auffassung des EuGH wiederum die nationalen Gerichte zuständig.[1]

In der Rechtssache *Gemeente Leusden* ging es hingegen um eine unechte Rückwirkung,[2] denn das in Frage stehende Gesetz schränkte das Optionsrecht bei der Vermietung von Grundstücken (jedenfalls in den der Entscheidung zugrunde liegenden Konstellationen) nur für die Zukunft ein; die Interessen derjenigen Betroffenen, die für die Zukunft vertraglich gebunden waren, wurden allerdings aufgrund der nach Art. 20 RL VI (jetzt Art. 187 ff. MwStSystRL) vorzunehmenden Vorsteuerberichtigungen dennoch beeinträchtigt. Der EuGH erblickte darin jedoch in Anbetracht der Ankündigung durch eine Pressemitteilung sowie der Existenz von **Übergangsregelungen**, die die Weitergeltung der bisherigen Rechtslage für bis zu zehn Jahre ab Übergabe des Grundstücks ermöglichten, keine Verletzung schutzwürdigen Vertrauens.[3] 5.50

Noch großzügiger beurteilte der EuGH eine solche unechte Rückwirkung durch die Berichtigung in Anspruch genommener Vorsteuerbeträge für Investitionsgüter nach Art. 20 RL VI bzw. Art. 187 ff. MwStSystRL in der Rs. *Wolfgang und Wilfried Rey Grundstücksgemeinschaft GbR*.[4] Anders als in der vorgenannten Entscheidung ergab sich die Vorsteuerberichtigung hier nicht daraus, dass ein Optionsrecht eingeschränkt wurde und dadurch bisher auf Antrag steuerpflichtige Umsätze, die einen vollen Vorsteuerabzug erlaubten, zukünftig zwingend in vollem Umfang steuerfrei waren und mithin einen Vorsteuerabzug ausschlossen. Vielmehr übte der deutsche Gesetzgeber mit dem neu eingeführten § 15 Abs. 4 S. 3 UStG[5] seine Wahlmöglichkeit aus Art. 17 Abs. 5 Unterabs. 3 RL VI (nunmehr Art. 173 Abs. 2 MwStSystRL) aus, um bei Wirtschaftsgütern, die sowohl für steuerpflichtige als auch für steuerfreie Ausgangsumsätze genutzt werden, den Aufteilungsschlüssel für den Vorsteuerabzug zu verändern.[6] Obwohl die Neuregelung ohne jede Übergangsregelung eingeführt wurde, erkannte der EuGH keinen Verstoß gegen die Grundsätze der Rechtssicherheit und des Vertrauensschutzes:[7] Zum einen müsse mit einer Vorsteuerberichtigung für die Vergangenheit angesichts der entsprechenden Vorschrift in der Richtlinie grundsätzlich gerechnet werden.[8] Zum anderen seien die Steuer- 5.51

1 EuGH v. 26.4.2005 – Rs. C-376/02, UR 2005, 385 – Goed Wonen, ECLI:EU:C:2005:251, Rz. 44.

2 EuGH v. 29.4.2004 – Rs. C-487/01 und C-7/02 – Gemeente Leusden und Holin Groep, ECLI:EU:C:2004:263, Rz. 62.

3 EuGH v. 29.4.2004 – Rs. C-487/01 und C-7/02 – Gemeente Leusden und Holin Groep, ECLI:EU:C:2004:263, Rz. 74 ff., 81.

4 EuGH v. 9.6.2016 – Rs. C-332/14 – Wolfgang und Wilfried Rey Grundstücksgemeinschaft GbR, ECLI:EU:C:2016:417, UR 2016, 545.

5 Die Vorschrift wurde durch das Steueränderungsgesetz 2003 v. 15.12.2003 (BGBl. I 2003, 2645) mit Wirkung zum 1.1.2004 eingeführt.

6 Die Regelung des § 15 Abs. 4 S. 3 UStG geht dabei allerdings über das unionsrechtlich zulässige Maß hinaus, indem sie eine Aufteilung nach dem Verhältnis der Ausgangsumsätze, die nach Art. 17 Abs. 5 Unterabs. 2 RL VI bzw. Art. 173 Abs. 1 MwStSystRL grundsätzlich vorausgesetzt wird, nur eine subsidiäre Geltung zuweist, vgl. EuGH v. 8.11.2012 – Rs. C-511/10 – BLC Baumarkt, ECLI:EU:C:2012:689, Rz. 14 ff., UR 2012, 968 m. Anm. *Marchal/Salder*. Sie muss deshalb unionsrechtskonform restriktiv ausgelegt werden, BFH v. 22.8.2013 – V R 19/09 –, BFHE 243, 8 = UR 2014, 68, juris Rz. 25 ff.; a.A. GA *Mengozzi* v. 25.11.2015 – Rs. C-332/14 – Wolfgang und Wilfried Rey Grundstücksgemeinschaft GbR, ECLI:EU:C:2015:777, Rz. 56 ff.: Eine richtlinienkonforme Auslegung sei nicht möglich und § 15 Abs. 4 S. 3 UStG mithin unanwendbar.

7 A.A. GA *Mengozzi* v. 25.11.2015 – Rs. C-332/14 – Wolfgang und Wilfried Rey Grundstücksgemeinschaft GbR, ECLI:EU:C:2015:777, Rz. 121 ff.

8 EuGH v. 9.6.2016 – Rs. C-332/14 – Wolfgang und Wilfried Rey Grundstücksgemeinschaft GbR, ECLI:EU:C:2016:417, Rz. 51 ff., UR 2016, 545.

pflichtigen weniger schutzwürdig, weil ihr Recht auf Vorsteuerabzug durch die Neuregelung nicht vollständig beseitigt, sondern nur in seinem Umfang begrenzt werde und deshalb kaum wirtschaftliche Anpassungen erforderlich seien.[1]

5.52 Insgesamt erscheint die Rechtsprechung des EuGH in diesem Bereich recht **großzügig gegenüber rückwirkenden Akten der Legislative** (vgl. auch Rz. 5.37). Zwar fungiert der EuGH selbst in diesem verfassungsrechtlich geprägten Bereich, wie auch sonst im Umsatzsteuerrecht, eher als letztinstanzliches Fachgericht denn als Verfassungsgericht,[2] insbesondere indem es die endgültige Entscheidung über die Vereinbarkeit der nationalen Vorschrift mit den vom EuGH entwickelten unionsrechtlichen Grundsätzen häufig den vorlegenden nationalen Gerichten überlässt.[3] Sofern der EuGH eigene Beurteilungen abgibt, geht die Tendenz indes dahin, Ankündigungen und Übergangsregelungen der Mitgliedstaaten ohne allzu kritisches Hinterfragen als vertrauenszerstörend zu akzeptieren.[4] Es entsteht der Eindruck, dass es dem EuGH genügt, wenn – wie er es selbst formuliert – „der Gesetzgeber bemüht war".[5] Die Literatur nimmt das (ebenso wie die Generalanwälte des EuGH)[6] zu Recht kritisch auf.[7] Als problematisch wird insbesondere angesehen, dass einer bloßen Pressemitteilung wesentliche vertrauenszerstörende Bedeutung beigemessen wird, obgleich ihr keinerlei rechtliche Wirkung zukommt und für die betroffenen Bürger daher zwischen Erlass der Pressemitteilung und tatsächlichem Erlass des neuen Gesetzes (so es denn dazu kommt) keinerlei Planungsgrundlage zur Verfügung steht.[8]

## 2. Nationaler Vertrauensschutz

5.53 Umso wichtiger erscheint in Anbetracht des eher gering ausgeprägten Vertrauensschutzes auf der Ebene des Unionsrechts die **Möglichkeit, nach nationalem Recht weitergehenden Vertrauensschutz zu gewähren**. Dass dies zulässig ist, belegt der Rechtsgedanke aus Art. 53 GR-Ch: Danach sind selbst nach der engen Lesart des EuGH höhere nationale Schutzstandards dann unbedenklich, wenn sie die effektive Umsetzung des Unionsrechts – auch des Sekundärrechts – nicht beeinträchtigen.[9] Wenngleich der EuGH den Vertrauensschutz nicht grundrechtlich herleitet (Rz. 5.8), lässt sich dieser auf dem Vorrang des Unionsrechts beruhende Ge-

---

1 EuGH v. 9.6.2016 – Rs. C-332/14 – Wolfgang und Wilfried Rey Grundstücksgemeinschaft GbR, ECLI:EU:C:2016:417, Rz. 60 ff., UR 2016, 545.

2 *Hey*, StuW 2010, 301 (302); vgl. mit Bezug zur Umsatzsteuer auch *Kokott/Henze* in FS Spindler, 279, 282 f.

3 EuGH v. 3.12.1998 – Rs. C-381/97 – Belgocodex, EU:C:1998:589, Rz. 26; v. 26.4.2005 – Rs. C-376/02 – Goed Wonen, ECLI:EU:C:2005:251, Rz. 39, 44, UR 2005, 385; vgl. *Latzel*, EuR 2015, 415 (431); dieses Vorgehen erklärt sich zumindest z.T. aus dem prozeduralen Kontext des Vorlageverfahrens; vgl. allg. *Tridimas*, ICON 2011, 737.

4 Vgl. *Gunacker-Slawitsch* in FS Ruppe, 186 (193).

5 EuGH v. 29.4.2004 – Rs. C-487/01 und C-7/02 – Gemeente Leusden und Holin Groep, ECLI:EU:C:2004:263, Rz. 74.

6 GA *Tizzano* v. 16.12.2004 – Rs. C-376/02 – Goed Wonen, ECLI:EU:C:2004:811, Rz. 37 ff.

7 Positiver indes die Einschätzung von *Schorkopf* in Heselhaus/Nowak, Handbuch der Europäischen Grundrechte, § 59 Rz. 13.

8 *Heukels*, Intertemporales Gemeinschaftsrecht, 283; *Günther*, EuZW 2000, 329 (332); *Borchardt*, Der Grundsatz des Vertrauensschutzes im Europäischen Gemeinschaftsrecht, 110 f.; vgl. auch *Frenz*, EuR 2008, 468 (484 f.).

9 EuGH v. 26.2.2013 – Rs. C-399/11 – Melloni, Rs. C-399/11, ECLI:EU:C:2013:107, Rz. 55 ff.

danke auf andere allgemeine Rechtsgrundsätze übertragen.[1] Soweit sich die Mitgliedstaaten innerhalb der ihnen durch die MwStSystRL gewährten Umsetzungsspielräume bewegen, setzt sich der stärkere Vertrauensschutz aus nationalem Verfassungsrecht daher durch;[2] überschreiten sie den Umsetzungsspielraum, greift dagegen im Ergebnis nur der unionsrechtliche Vertrauensgrundsatz (Rz. 5.40).

Den Vertrauensschutzkonzepten von BVerfG und EuGH ist gemeinsam, dass sie bei vorher- 5.54 sehbaren Gesetzesänderungen in der Regel ein schutzwürdiges Vertrauen verneinen.[3] Dabei legen sie jedoch unterschiedliche Maßstäbe an. In Bezug auf die bisher im Umsatzsteuerrecht entschiedenen Fallkonstellationen ist vor allem die vertrauenszerstörende Wirkung von Änderungsankündigungen relevant: Während dem EuGH dafür eine Pressemitteilung genügen kann (Rz. 5.37, 5.52), stellt das BVerfG in aller Regel auf den Gesetzesbeschluss durch den Bundestag ab.[4]

Auch die Rechtsprechung des BVerfG wird von der Literatur kritisch hinterfragt. Da es selbst 5.55 dann auf den Bundestagsbeschluss abstellt, wenn noch die Mitwirkung des Bundesrats oder die erneute Beschlussfassung des Bundestags erforderlich ist,[5] kann sich der Bürger auch in diesem Fall für einen gewissen Zeitraum weder am alten noch am neuen Gesetz verlässlich orientieren.[6] Zu Recht wird daher gefordert, die Überlegungen des BVerfG zur Relevanz des Gesetzesbeschlusses nicht absolut, sondern lediglich im Rahmen einer allgemeinen Abwägung zu berücksichtigen.[7] Immerhin wird durch die Rechtsprechung des BVerfG jedoch weitergehender Schutz gewährt als der vom EuGH vorgegebene Mindeststandard.

## C. Vertrauensschutz bei Akten der Judikative

Auf der nationalen Ebene ist der Vertrauensschutz bei Akten der Judikative, d.h. die Berufung 5.56 auf Rechtsprechung als Vertrauensgrundlage, als „Thema diabolicum" bekannt.[8] Mehr noch als bei Akten der Legislative gehen die Meinungen sowohl in der Literatur als auch bei den höchsten Gerichten auseinander.[9] Der **BFH** akzeptiert seit einem **Grundsatzurteil im Jahr 2007** über die Vererblichkeit von Verlustvorträgen unter engen Voraussetzungen, nämlich

1 Eine parallele Anwendung von unionsrechtlichen und nationalen Vertrauensschutzregelungen nimmt bei Umsetzungsspielräumen auch *Englisch* in Tipke/Lang, 23. Aufl. 2018, § 4 Rz. 55 an.

2 A.A. scheinbar *Finke*, IStR 2006, 212 (215).

3 *Schwarz*, Vertrauensschutz als Verfassungsprinzip, 126 ff., 424 ff.

4 BVerfG v. 22.6.1971 – 2 BvL 6/70, BVerfGE 31, 222 (227); BVerfG v. 14.5.1986 – 2 BvL 2/83, BVerfGE 72, 200 (260); BVerfG v. 3.12.1997 – 2 BvR 882/97, BVerfGE 97, 67 (79) = FR 1998, 377 m. Anm. *Stapperfend*; BVerfG v. 21.7.2010 – 1 BvR 2530/05 u.a., BVerfGE 126, 369 (396); vgl. auch BVerfG v. 10.10.2012 – 1 BvL 6/07, BVerfGE 132, 302 (324 ff.).

5 BVerfG v. 21.7.2010 – 1 BvR 2530/05 u.a., BVerfGE 126, 369 (396).

6 *Krüger*, DStZ 2013, 137 (141 f.); *Maurer* in Isensee/Kirchhof, Handbuch des Staatsrechts Bd. IV³, § 79 Rz. 51.

7 *Maurer* in Isensee/Kirchhof, Handbuch des Staatsrechts Bd. IV³, § 79 Rz. 52; *Hey*, Steuerplanungssicherheit als Rechtsproblem, 288 f.; *Grabitz*, DVBl. 1973, 675 (684); allg. *Möller/Rührmair*, NJW 1999, 908 (910 f.); gänzlich ablehnend *Fuß* in FS Kutscher, 201 (209); *Spindler* in DStJG 28 (2004), 69 (87).

8 *Leisner-Egensperger* in Pezzer, Vertrauensschutz im Steuerrecht, S. 191, 192.

9 Vgl. aus der Literatur bspw.: *Felix* in FS Tipke, S. 71; *Burmeister* in FS Friauf, S. 759; *Maurer* in Isensee/Kirchhof, Handbuch des Staatsrechts Bd. IV³, § 79 Rz. 134 ff.; *Fischer*, DStR 2008, 697; *Dötsch*, DStR 2009, 409; *Kanzler* in FS Spindler, 265.

wenn eine langjährige Rechtsprechung grundlegend geändert wird, Judikativakte als Vertrauensgrundlage. Er gewährt in solchen Fällen Vertrauensschutz, indem er die zeitliche Wirkung seines ändernden Urteils für die Vergangenheit beschränkt: Es gilt dann nicht ex tunc, sondern vielmehr erst ab dem Tag seiner Veröffentlichung.[1]

5.57 Wohl auch, weil der BFH die Voraussetzungen für den Schutz von Vertrauen in Judikativakte derart eng zieht,[2] ist diese Entscheidung trotz ihres grundlegenden Charakters bisher vereinzelt geblieben.[3] Eine zum Nachteil des Steuerpflichtigen eintretende Änderung der Rechtsprechung wird in der Praxis häufiger im Rahmen von **Billigkeitserlassen der Finanzverwaltung** auf eine Wirkung ex nunc beschränkt,[4] d.h. Vertrauensgrundlage sind zwar Akte der Judikative, gewährt wird Vertrauensschutz aber durch die Exekutive. Ob bzw. unter welchen Voraussetzungen die Verwaltung zum Erlass entsprechender Übergangsregelungen lediglich berechtigt[5] oder verfassungsrechtlich – aus dem grundrechtlichen Vertrauensschutzgrundsatz – verpflichtet[6] ist, erscheint noch nicht abschließend geklärt.[7] Klärungsbedürftig ist auch, ob ein Vertrauensschutz im bloßen Billigkeitsverfahren unionsrechtlichen Grundsätzen genügt.[8] In-

1 BFH v. 17.12.2007 – GrS 2/04, BFHE 220, 129 = FR 2008, 457 m. Anm. *Kanzler*; vgl. hierzu *Kanzler* in FS Spindler, S. 265 (265 ff.); *Fischer*, DStR 2008, 697 (698 ff.); *Dötsch*, DStR 2009, 409 (410 f.); dieser Ansatz entspricht auch dem Vorgehen des BAG und des BGH; vgl. dazu im Überblick *Lambrich/Göhler*, RdA 2014, 299 (300 ff.).

2 In der steuerrechtlichen Literatur wird vielfach weitergehender Vertrauensschutz bei einer Verschärfung der Rechtsprechung gefordert; vgl. z.B. *Tipke*, Steuerrechtsordnung, Bd. I², 173 ff.; *Hey*, Steuerplanungssicherheit, 620 ff.; *Spindler* in FS Kirchhof, § 165 Rz. 21; jew. m.w.N.

3 Vertrauensschutz hat der BFH nur noch selbst gewährt in BFH v. 11.7.2017 – IX R 36/15, BFHE 258, 427, juris Rz. 40 ff.; thematisiert, aber im Ergebnis verneint wurde entsprechender Vertrauensschutz beispielsweise in: FG München v. 4.8.2010 – 1 K 608/07 –, EFG 2010, 1914, juris Rz. 38; BFH v. 16.2.2012 – X B 99/10 –, BFH/NV 2012, 1110, juris Rz. 11 f.; Sächsisches FG v. 26.9.2012 – 2 K 779/12 –, EFG 2013, 813, juris Rz. 22; BFH v. 31.1.2013 – GrS 1/10 –, BFHE 240, 162 = BStBl. II 2013, 317 = GmbHR 2013, 547 = FR 2013, 699 m. Anm. *Prinz*, juris Rz. 79 f.; BFH v. 22.4.2013 – III B 115/12 –, BFH/NV 2013, 1114, juris Rz. 12.

4 Unter Gewaltenteilungsaspekten kritisch dazu *von Groll* in Hübschmann/Hepp/Spitaler, AO/FGO, § 227 AO Rz. 203 ff.; a.A. *Helbich*, Vertrauensschutz in Verwaltungsvorschriften, 275 ff.

5 In diese Richtung z.B. BFH v. 13.11.1963 – GrS 1/63 S –, BFHE 78, 315, juris Rz. 32; BFH v. 25.6.1984 – GrS 4/82 –, BFHE 141, 405 = FR 1984, 619 = GmbHR 1984, 355, juris Rz. 89; BFH v. 5.7.1990 – GrS 2/89 –, BFHE 161, 332 = FR 1990, 635, juris Rz. 110; BFH v. 31.1.2013 – GrS 1/10 –, BFHE 240, 162 = GmbHR 2013, 547 = FR 2013, 699 m. Anm. *Prinz*, juris Rz. 80; nachdrücklich *Leisner-Egensperger*, Kontinuität als Verfassungsprinzip, 551 ff.; *Leisner-Egensperger* in DStJG 28 (2004), 214.

6 So insbesondere BFH v. 26.9.2007 – V B 8/06 –, BFHE 219, 245 = UR 2008, 183, juris Rz. 14 m.w.N.; GmS-OGB v. 19.10.1971 – GmS-OGB 3/70, BFHE 105, 101, juris Rz. 35 ff.; für eine generelle Verpflichtung z.B. *Hey* in Tipke/Lang, Steuerrecht, 23. Aufl. 2018, § 3 Rz. 281; *Tipke*, Steuerrechtsordnung, Bd. I², S. 174 f.; *Lang* in DStJG 28 (2004), 213.

7 So auch *Wernsmann* in Hübschmann/Hepp/Spitaler, AO/FGO, § 4 AO Rz. 188; *Hey*, DStR 2004, 1897 (1899); *Scharfenberg*, DStR 2010, 1210 (1213).

8 Der BFH hatte dem EuGH die Frage vorgelegt, ob es mit dem Äquivalenz- und dem Effektivitätsgrundsatz vereinbar ist, wenn der gute Glaube eines Unternehmers an die Angaben in einer Eingangsrechnung nicht im Festsetzungsverfahren, sondern nur in einem anschließenden Billigkeitsverfahren berücksichtigt wird; vgl. BFH v. 6.4.2016 – XI R 20/14, BFHE 254, 152 = UR 2016, 604, juris Rz. 56 ff.; vgl. auch BFH v. 6.4.2016 – V R 25/15, BFHE 254, 139 = UR 2016, 598, juris Rn. 46. Der EuGH konnte die Frage aber in seiner Entscheidung offenlassen, sodass sich auch keine weitergehenden Rückschlüsse auf die allgemeine Zulässigkeit von Vertrauensschutz im Billigkeitsverfahren ziehen lassen; vgl. EuGH v. 15.11.2017 – Rs. C-374/16 und 375/16 – Geissel und Butin, ECLI:EU:C:2017:867, Rz. 51.

soweit bereits Steuerfestsetzungen ergangen sind, wird Vertrauensschutz auch typisiert durch die Regelungen des § 176 Abs. 1 S. 1 Nr. 3, Abs. 2 AO verwirklicht (Rz. 5.81 ff.).

Im Umsatzsteuerrecht verkomplizieren aufgrund der starken unionsrechtlichen Prägung mehrebenentypische Spannungen dieses Bild (Rz. 5.14). Es stellt sich insbesondere die Frage, unter welchen Voraussetzungen Vertrauensschutz gewährt werden kann, wenn ein nationales Gericht seine Rechtsprechung in Reaktion auf ein Urteil des EuGH, also im Wege **unionsrechtskonformer Auslegung** ändert. So hat der BFH beispielsweise seine langjährige Rechtsprechung zur umsatzsteuerlichen Organschaft dahingehend geändert, dass nunmehr auch Personengesellschaften (unter bestimmten Voraussetzungen) Organgesellschaften sein können.[1] Diese Rechtsprechungsänderung geht auf die – ex tunc anwendbare – Entscheidung des EuGH in der Rs. *Larentia + Minerva*[2] zurück. (detailliert *Küffner/Tillmanns*, Rz. 7.33). Für einen Organträger kann die uneingeschränkt rückwirkende Anwendung dieser veränderten Auslegung gravierende steuerliche Nachteile haben. Er schuldet nunmehr unter Umständen auch die Steuer für Umsätze von ihm untergeordneten Personengesellschaften. Es stellt sich insoweit die Frage, ob ein Organträger nicht auf die bisherige, aus seiner Perspektive günstigere aber unionsrechtswidrige, Rechtsprechung des BFH[3] vertrauen durfte (zur Anwendung von § 176 AO in diesem Fall Rz. 5.82). 5.58

Die grundsätzliche ex tunc-Wirkung der EuGH-Entscheidungen (Rz. 5.17 ff.) muss sich im Interesse der effektiven Durchsetzung des Unionsrechts grds. in den Urteilen nationaler Gerichte fortsetzen.[4] Dementsprechend hat der **EuGH** zwar stets betont, dass der allgemeine Rechtsgrundsatz des (unionsrechtlichen) Vertrauensschutzes eine Grenze der unionsrechtskonformen Auslegung darstellt (Rz. 5.15; 5.29). Gleichzeitig hat er aber in der Rs. *Dansk Industri* für eine horizontale Konstellation, in der sich zwei Bürger gegenüberstehen, entschieden, dass eine nationale Vorschrift durch die Gerichte des Mitgliedstaates nicht allein deshalb weiterhin in unionsrechtswidriger Weise ausgelegt werden darf, weil eine solche Auslegung bisher der gefestigten Rechtsprechung der Gerichte entsprach.[5] Auch der Vertrauensschutzgrundsatz erlaube insoweit keine abweichende Beurteilung.[6] Aus unionsrechtlicher Perspektive erscheint dies auf den ersten Blick konsequent: Die nationalen Gerichte haben nicht nur das materielle Unionsrecht bisher verkannt, sie müssen auch gegen ihre Pflicht zur Vorlage an den EuGH nach Art. 267 Abs. 3 AEUV verstoßen haben. Das spricht dagegen, gerade diese Urteile zu einer tauglichen Vertrauensgrundlage zu erklären.[7] 5.59

---

1 BFH v. 2.12.2015 – V R 25/13 –, BFHE 251, 534 = GmbHR 2016, 245 = UR 2016, 185 und BFH v. 19.1.2016 – XI R 38/12 –, BFHE 252, 516 = UR 2014, 323; die beiden Senate weichen indes in der Abgrenzung, welche Personengesellschaften Organgesellschaft sein können, zumindest in der Begründung voneinander ab; dazu kritisch *Korn*, SteuK 2016, 145 (149 f.).

2 EuGH v. 16.7.2015 – Rs. C-108/14 und C-109/14 – Larentia + Minerva, ECLI:EU:C:2015:496, Rz. 34 ff.

3 Insbes. BFH v. 8.2.1979 – V R 101/78 –, BFHE 127, 267; v. 26.6.1986 – V R 57/77 –, juris.

4 EuGH v. 27.3.1980 – Rs. 61/79 – Denkavit Italiana, EU:C:1980:100, Rz. 16; v. 27.3.1980 – Rs. 66/79 & 127-128/79 – Salumi, EU:C:1980:101, Rz. 9; v. 17.2.2005 – Rs. C-453/02 & C-462/02 – Linneweber, ECLI:EU:C:2005:92, Rz. 41; v. 6.3.2007 – Rs. C-292/04 – Meilicke I, ECLI:EU:C:2007:132, Rz. 34, GmbHR 2007, 378 m. Anm. *Rehm/Nagler*; v. 10.4.2014 – Rs. C-190/12 – DFA, ECLI:EU:C:2014:249, Rz. 108.

5 EuGH v. 19.4.2016 – Rs. C-441/14 – Dansk Industri, ECLI:EU:C:2016:278, Rz. 33 f.; i.E. ebenso EuGH v. 13.12.2018 – Rs. C-385/17 – Hein, ECLI:EU:C:2018:1018, Rz. 62 f.

6 EuGH v. 19.4.2016 – Rs. C-441/14 – Dansk Industri, ECLI:EU:C:2016:278, Rz. 38 ff.; GA *Bot* v. 25.11.2015 – Rs. C-441/14 – Dansk Industri, ECLI:EU:2015:776, Rz. 75 ff.

7 Ausdrücklich a.A. *Latzel*, EuR 2015, 415 (429).

5.60 Auf vertikale Konstellationen, in denen sich der Bürger gegenüber dem Staat für die Vergangenheit weiterhin auf eine für ihn günstige unionsrechtswidrige Rechtsprechung berufen will, lässt sich dieser Gedankengang aber nicht uneingeschränkt übertragen (vgl. bereits Rz. 5.30 ff.). Zumindest im Bereich der Umsatzsteuer, die den Unternehmer im Ergebnis nicht belasten soll (Rz. 5.2), darf das Risiko einer späteren abweichenden Entscheidung des EuGH nicht einseitig nur dem Steuerpflichtigen auferlegt werden.[1] Dieser kann die Rechtsfindung durch die Gerichte auf nationaler und europäischer Ebene in der Regel nicht beeinflussen, sondern muss für seine betriebswirtschaftliche Planung grundsätzlich von der Rechtslage, wie sie durch die Fachgerichte im jeweiligen Mitgliedstaat ausgelegt wird, ausgehen. Auch bei der rückwirkenden Änderung eines unionsrechtswidrigen Gesetzes muss das Vertrauen des Steuerpflichtigen in diese (bisherige) Rechtslage beachtet werden (Rz. 5.40). Wird die nationale Rechtslage nicht durch eine Gesetzesänderung, sondern durch eine Änderung der Rechtsprechung an die unionsrechtlichen Vorgaben angepasst, sollte Vertrauensschutz (unter engen Voraussetzungen) daher nicht von vornherein ausscheiden.[2] Der Vergleich zum Vertrauensschutz bei Akten der Legislative liefert außerdem Anhaltspunkte für relevante Abwägungskriterien.[3] Insbesondere dürfte es wesentlich darauf ankommen, ob die **Unionsrechtswidrigkeit der bisherigen nationalen Rechtsprechung für den Einzelnen erkennbar** war (Rz. 5.37), was frühestens ab dem Zeitpunkt einer Vorlage an den EuGH der Fall sein dürfte.[4]

5.61 Nach alledem dürfte der in der deutschen Praxis vor allem durch die Verwaltung und im Rahmen von § 176 Abs. 1 S. 1 Nr. 3, Abs. 2 AO gewährte Vertrauensschutz bei Rechtsprechungsänderungen (Rz. 5.57) aufgrund des unionsrechtlichen Vertrauensschutzprinzips gerechtfertigt bzw. dann – ggf. auch weitergehend als nach dem grundgesetzlichen Vertrauensschutz – sogar **geboten** sein.[5] Das gilt einerseits bei unionsrechtlich zwingend vorgegebenen Rechtsprechungsänderungen (Rz. 5.58). Da das unionsrechtliche Vertrauensschutzprinzip aber auch innerhalb nationaler Umsetzungsspielräume Anwendung findet (Rz. 5.15; 5.48), bedeutet es zudem, dass auch bei anderen Rechtsprechungsänderungen im Bereich der Umsatzsteuer ein unionsrechtliches Mindestmaß an Vertrauensschutz vorgegeben ist. Diesem Ergebnis entspricht, dass die deutsche Praxis der (bloßen) ex nunc Berichtigung unionsrechtswidriger Rechtsprechung seit Jahren von der Union, insbesondere von der Kommission, gebilligt wird.[6] Da der EuGH noch keine Gelegenheit hatte, sich zu diesen Konstellationen zu äußern, sind die genauen Maßstäbe – beispielsweise die Anforderungen daran, dass ein Urteil oder eine Recht-

---

1 Vgl. auch *Sagan*, JbJZR 2010, 67 (73), *Sagan*, NZA 2015, 341 (344).

2 Ebenso *Sagan*, JbJZR 2010, 67 (73 f.), *Latzel*, EuR 2015, 415 (429).

3 Für eine Übertragung der Anforderungen aus der Racke-Formel auch *Latzel*, EuR 2015, 415 (427 ff.).

4 Ebenso: *Sagan*, JbJZR 2010, 67 (89); BAG v. 24.3.2009 – 9 AZR 983/07 –, BAGE 130, 119, juris Rz. 76 (allerdings als zeitlicher Bezugspunkt für nationalen Vertrauensschutz); zu restriktiv jedenfalls (Ablauf der Umsetzungsfrist): BAG v. 23.3.2010 – 9 AZR 128/09 –, BAGE 134, 1, juris Rz. 101 ff.; *Sagan*, JbJZR 2010, 67 (82) bejaht noch weitergehenden Vertrauensschutz (bis zur Entscheidung des nationalen Gerichts), wenn durch nationale Gerichte selbst die Möglichkeit einer richtlinienkonformen Auslegung abgelehnt wurde, weil die bisherige Rechtsprechung dann eine noch stärkere Vertrauensgrundlage darstelle; vgl. im Bereich der Legislative supra, Rz. 5.43.

5 Der BFH nimmt auch in anderem Zusammenhang an, dass unionsrechtliche Vorgaben das in den §§ 163, 227 AO eingeräumte Ermessen auf null reduzieren können; vgl. BFH v. 6.4.2016 – V R 25/15, UR 2016, 598 = DStR 2016, 1527; juris Rz. 45 f.; v. 30.7.2008 – V R 7/03 –, BFHE 223, 372 = UR 2009, 161, juris Rz. 47 ff.; v. 8.3.2001 – V R 61/97, BFHE 194, 517, juris Rz. 25 ff.; vgl auch BFH v. 6.4.2016 – XI R 20/14, BFHE 254, 152 = UR 2016, 604, juris Rz. 56 ff.; BFH v. 6.4.2016 – V R 25/15, BFHE 254, 139 = UR 2016, 598, juris Rn. 45.

6 Vgl. allg. *Prechal*, Directives in EC Law[2], 30.

sprechungslinie in vertikalen Konstellationen tatsächlich als Vertrauensgrundlage anerkannt werden – allerdings unklar.[1] Entsprechende Fälle müssten **dem EuGH** also **vorgelegt** werden.

## D. Vertrauensschutz bei Akten der Exekutive

### I. Vertrauensschutz beim indirekten Vollzug des Unionsrechts

Sowohl auf nationaler als auch auf unionsrechtlicher Ebene wurden die Konturen des Vertrauensschutzgrundsatzes auch und insbesondere im Verhältnis zu Entscheidungen der Exekutive entwickelt.[2] Als Exekutivakte kommen im Mehr-Ebenen-System theoretisch solche von supranationalen Vollzugsorganen (z.B. der Europäischen Kommission) und solche von nationalen Vollzugsorganen (v.a. den Finanzämtern) in Betracht. Im Bereich des Umsatzsteuerrechts findet der **Vollzug fast ausschließlich durch die nationalen Verwaltungen** statt. Anknüpfungspunkt für Vertrauensschutz sind mithin in der Regel begünstigende Entscheidungen der nationalen Finanzbehörden. Als Vertrauensgrundlagen kommen dabei abstrakt-generelle Verwaltungserlasse bzw. eine darauf aufbauende Verwaltungspraxis (Rz. 5.64 ff.) und konkret-individuelle Verwaltungsentscheidungen (Rz. 5.71 ff.) in Betracht. Nur insoweit Steuerbegünstigungen als Beihilfen eingeordnet werden, liegen mit den Entscheidungen der Kommission auch unionsrechtliche Vollzugsakte vor (Rz. 5.73).[3] 5.62

Der Vollzug der MwStSystRL erfolgt auf Grundlage des nationalen Verfahrensrechts[4] (sog. **indirekter Vollzug des Unionsrechts**), allerdings begrenzt durch die unionsrechtlichen **Grundsätze der Effektivität und Äquivalenz:** Die nationalen Verfahrensvorschriften dürfen einen unionsrechtlich geprägten Sachverhalt nicht schlechter behandeln als einen nationalen (Äquivalenz) und die Durchsetzung des Unionsrechts nicht schlechthin unmöglich machen (Effektivität).[5] Insbesondere durch den Effektivitätsgrundsatz wird der grundsätzlich anwendbare nationale Vertrauensschutz in aller Regel auf ein unionsrechtlich determiniertes Niveau angepasst.[6] Nur soweit keine unionsrechtlichen Vorgaben bestehen, die der (effektiven) Umsetzung bedürfen, werden nationales Verfahrensrecht und nationaler Vertrauensschutz nicht modifiziert. Trotz der Unterschiede in der Argumentationsstruktur bestehen insoweit gewisse Parallelen zur Behandlung von Umsetzungsspielräumen der Legislative (Rz. 5.53 f.) und 5.63

1 *Latzel*, EuR 2015, 415 (436); *Sagan*, JbJZR 2010, 67 (79 ff.); *Sagan*, NZA 2015, 341 (343).

2 Vgl. *Hey*, Steuerplanungssicherheit als Rechtsproblem, 107 f.; *Blanke*, Vertrauensschutz im deutschen und europäischen Verwaltungsrecht, 2 ff.; *Maurer* in Isensee/Kirchhof, Hdb Staatsrecht, Bd. IV$^3$, § 79 Rz. 6; *Schwarz*, Vertrauensschutz als Verfassungsprinzip, 97 ff., 385 f.

3 Entscheidungen des Rates stellen im Umsatzsteuerrecht eine zu vernachlässigende Ausnahme dar; bisher insoweit nur EuGH v. 29.4.2004 – Rs. C-17/01 – Sudholz, ECLI:EU:C:2004:242, UR 2004, 315 m. Anm. *Burgmaier*.

4 Vgl. demgegenüber zum Vertrauensschutz im unionsrechtlich (teilweise) determinierten Zollverfahren den Überblick bei *Hatje* in Holoubek/Lang, Das EuGH-Verfahren in Steuersachen, 133 (147 ff.).

5 Ständige Rspr., vgl. aus jüngerer Zeit z.B. EuGH v. 28.7.2016 – Rs. C-332/15 – Astone, ECLI:EU:C:2016:614, Rz. 38, UR 2016, 683; EuGH v. 19.6.2014 – Rs. C-501/12 – Specht, ECLI:EU:C:2014:2005, Rz. 112 m.w.N.; vgl. auch *Hatje* in Holoubek/Lang, Das EuGH-Verfahren in Steuersachen, 133 (137 f.).

6 Vgl. EuGH v. 20.6.2013 – Rs. C-568/11 – Agroferm, ECLI:EU:C:2013:407, Rz. 51 m.w.N.; deutlich GAin *Kokott* v. 24.1.2013 – Rs. C-568/11 – Agroferm, ECLI:EU:C:2013:35, Rz. 47 mit Verweis auf EuGH v. 3.12.1998 – Rs. C-381/97 – Belgocodex, EU:C:1998:589, Rz. 26; v. 12.5.2011 – Rs. C-107/10 – Enel Maritsa Iztok 3, ECLI:EU:C:2011:298, Rz. 29, UR 2011, 507.

deren Folgen für die Judikative (Rz. 5.61). In der Folge geht es um die bei weitem praxisrelevanteren Bereiche, in denen solche Umsetzungsspielräume nicht bestehen. Hier kommt als Maßstab abermals ausschließlich der unionsrechtliche Vertrauensschutzgrundsatz in Betracht (Rz. 5.15; 5.34).

## II. Vertrauen in Verwaltungserlasse und Verwaltungspraxis

5.64 Verwaltungserlasse prägen den Rechtsalltag in erheblichem Umfang. Insbesondere die Stellungnahmen der Finanzverwaltung im Umsatzsteueranwendungserlass sind nicht nur Orientierung für die veranlagenden Finanzbeamten, sondern in vielen Fällen auch **Planungsgrundlage** für die Steuerpflichtigen.[1] Die Erlasse gewährleisten eine gleichmäßige Rechtsanwendung durch die verschiedenen Finanzbehörden; der Steuerpflichtige kann in der Regel davon ausgehen, dass das für ihn zuständige Finanzamt Zweifelsfragen auf Grundlage der einschlägigen Verwaltungsanweisungen beantworten wird. Verwaltungserlasse sind im Umsatzsteuerrecht daher vor allem wichtige Quellen der Norminterpretation.[2] Typisierende Sachverhaltsermittlung und Ermessenslenkung als weitere potentielle Funktionen von Verwaltungserlassen[3] spielen im Umsatzsteuerrecht dagegen praktisch keine Rolle.

5.65 Soweit der Erlass rechtmäßig ist, stellt sich kein Vertrauensschutzproblem, da die Behörde ohnehin – notfalls nach entsprechender Verpflichtungsklage – rechtmäßig handeln muss. Relevant wird das Vertrauen auf den Inhalt einer allgemeinen Verwaltungsanweisung nur dann, wenn der Erlass mit dem Unionsrecht nicht im Einklang steht – was sich abermals häufig erst dann herausstellen wird, wenn der EuGH zur Auslegung einer bestimmten Norm der MwStSystRL Stellung nimmt (Rz. 5.16). In diesen Fällen muss differenziert werden: Häufig gibt ein Verwaltungserlass nur die Leitsätze höchstrichterlicher Entscheidungen wieder und garantiert damit deren flächendeckende Anwendung. Die Verwaltung folgt in ihrer Norminterpretation also regelmäßig der höchstrichterlichen Rechtsprechung,[4] deren Entscheidungen eine taugliche Vertrauensgrundlage darstellen. Insoweit kann auf die Ausführungen zur Judikative verwiesen werden (Rz. 5.58 ff.). Die Aufnahme der Entscheidungsleitsätze in einen Verwaltungserlass bekräftigt diese Vertrauensgrundlage zusätzlich und spricht ggf. für einen verstärkten Vertrauensschutz, beispielsweise durch großzügigere Übergangsfristen. Nur wenn die Norminterpretation der Verwaltung von der höchstrichterlichen Rechtsprechung abweicht oder wenn man – entgegen der hier vertretenen Ansicht (Rz. 5.60) – Vertrauensschutz in Entscheidungen nationaler Gerichte generell ablehnt, kommt es darauf an, ob der Verwaltungserlass bzw. die Verwaltungspraxis für sich genommen eine taugliche Vertrauensgrundlage darstellen.[5]

---

1 *Hey*, Steuerplanungssicherheit als Rechtsproblem, 24 f.; *Helbich*, Vertrauensschutz in Verwaltungsvorschriften, S. 77 f.

2 *Wernsmann* in Hübschmann/Hepp/Spitaler, AO/FGO, § 5 AO Rz. 190; *Helbich*, Vertrauensschutz in Verwaltungsvorschriften, S. 87 ff.

3 Vgl. *Hey*, Steuerplanungssicherheit als Rechtsproblem, 27 f.; *Helbich*, Vertrauensschutz in Verwaltungsvorschriften, S. 91 ff.

4 Zur Bindungswirkung der (höchstrichterlichen) Rechtsprechung für die Finanzverwaltung ausführlich *Desens*, Bindung der Finanzverwaltung an die Rechtsprechung, 2010, (261 ff.).

5 Eine Differenzierung liegt offenbar auch der Rechtsprechung des EuGH zugrunde, wenn er in Entscheidungen zu Verwaltungserlassen bzw. zur Verwaltungspraxis hinterfragt, ob diese „für sich allein gesehen" oder „von vornherein" eine Vertrauensgrundlage darstellen können; vgl. zuletzt EuGH v. 9.7.2015 – Rs. C-144/14, UR 2015, 601 – Tomoiaga, ECLI:EU:C:2015:452, Rz. 47; v. 9.7.2015 – Rs. C-183/14 – Salomie & Oltan, ECLI:EU:C:2015:454, Rz. 48, UR 2015, 594.

Insoweit hat der EuGH in einer Reihe von Entscheidungen, insbesondere im Rahmen des Zollrechts, entschieden, dass ein Steuerpflichtiger auf Grundlage einer unionsrechtswidrigen Verwaltungsanweisung **keine entsprechende, rechtswidrige Begünstigung verlangen kann**:[1] Der Steuerpflichtige kann weder auf die zukünftige Anwendung einer rechtswidrigen allgemeinen Verwaltungsanweisung vertrauen,[2] noch darf er sich auf eine Rechtspraxis der Behörden verlassen, die im Widerspruch zu Unionsrecht steht.[3] Für den Geltungsbereich der MwStSystRL unterstrich der EuGH dieses Ergebnis auch mit Blick auf den Grundsatz der Neutralität der Umsatzsteuer (Rz. 3.4 ff.): Dieser Grundsatz erlaube es einem Steuerpflichtigen nicht, die Steuerbefreiung eines Umsatzes deshalb zu verlangen, weil wirtschaftlich vergleichbare Umsätze im Widerspruch zum geltenden Recht nicht besteuert wurden.[4] 5.66

Auch in zwei jüngeren Entscheidungen zum Umsatzsteuerrecht hat der EuGH seine restriktive Linie im Grundsatz bestätigt. In der Rechtssache *Tomoiaga*[5] wurde eine Steuerbefreiung für Leistungen eines Tierarztes im Umsatzsteuergesetz des Mitgliedstaates zum 1.1.2007 gestrichen, um das nationale Recht an die MwStSystRL anzupassen. Die allgemeinen Verwaltungsanweisungen der nationalen Finanzbehörden wurden zwar ebenfalls angepasst, enthielten aber erst ab dem 1.1.2010 einen ausdrücklichen Hinweis, dass tierärztliche Leistungen nicht mehr von der Umsatzsteuer befreit sind. Die Verwaltungspraxis der Finanzbehörden ging in der Zwischenzeit – nach Darstellung des Steuerpflichtigen im Ausgangsverfahren und des vorlegenden Gerichts – dahin, diese Umsätze zumindest nicht systematisch zu besteuern. Der EuGH stellte insoweit erstens fest, dass die nationalen Rechtsnormen dem Grundsatz der *Rechtssicherheit* genügten, weil ab dem 1.1.2007 aus den gesetzlichen Vorschriften klar erkennbar gewesen sei, dass die Umsätze nicht mehr steuerbefreit waren.[6] Zweitens könne der bloße Umstand, dass die Steuerpflicht von den Behörden in der Praxis nicht systematisch umgesetzt wurde, keinen *Vertrauensschutz* zugunsten des Bürgers begründen. Eine solche Verwaltungspraxis sei für sich allein gesehen nicht geeignet, dem Steuerpflichtigen Zusicherungen für eine bestimmte steuerliche Behandlung zu geben.[7] 5.67

In der Rechtssache *Salomie & Oltan*[8] veräußerte eine Gruppe von Steuerpflichtigen in den Jahren 2008 und 2009 in erheblichem Umfang neu errichtete Eigentumswohnungen. Das Umsatzsteuergesetz des Mitgliedstaates nannte die Veräußerung von Immobilien bis zum 1.1.2010 nicht ausdrücklich als wirtschaftliche Tätigkeit, die eine Stellung als Unternehmer begründen kann, sondern erfasste nur allgemein die Nutzung körperlicher Gegenstände zur 5.68

---

1 *Schwarz*, Vertrauensschutz als Verfassungsprinzip, 352 ff.; *Wernsmann* in Hübschmann/Hepp/Spitaler, AO/FGO, § 5 AO Rz. 192 ff. mit Nachweisen zum deutschen Recht und zum Unionsrecht.

2 EuG v. 17.9.2003 – Rs. T-309/01 und T-239/02 – Biegi Nahrungsmittel und Commonfood, ECLI:EU:T:2003:233, Rz. 75 m.w.N.; v. 5.6.1996 – Rs. T-75/95 – Günzler Aluminium, ECLI:EU:T:1996:74, Rz. 50; EuGH v. 28.6.1990 – Rs. C-80/89 – Behn Verpackungsbedarf, ECLI:EU:C:1990:269, Rz. 13 f.; v. 27.4.1978 – Rs. C-90/77 – Stimming, ECLI:EU:C:1978:91, Rz. 9. Die Parallelität zum Deutschen Recht hebt Generalanwalt *Darmon* ausdrücklich hervor: vgl. GA *Darmon* v. 6.3.1990 – Rs. C-80/89 – Behn Verpackungsbedarf, ECLI:EU:C:1990:94, Rz. 9; GA *Darmon* v. 16.5.1989 – Rs. C-161/88 – Binder, ECLI:EU:C:1989:200, Rz. 26.

3 EuGH v. 14.6.2012 – Rs. C-606/10 – Association nationale d'assistance aux frontières pour les étrangers, ECLI:EU:C:2012:348, Rz. 79 ff.; v. 7.4.2011 – Rs. C-153/10 – Sony Supply Chain Solutions, ECLI:EU:C:2011:224, Rz. 47, jew. m.w.N.

4 EuGH v. 10.11.2011 – Rs. C-259/10 – The Rank Group, ECLI:EU:C:2011:719, Rz. 62 f.

5 EuGH v. 9.7.2015 – Rs. C-144/14 – Tomoiaga, ECLI:EU:C:2015:452, UR 2015, 601.

6 EuGH v. 9.7.2015 – Rs. C-144/14 – Tomoiaga, ECLI:EU:C:2015:452, Rz. 36 ff., UR 2015, 601.

7 EuGH v. 9.7.2015 – Rs. C-144/14 – Tomoiaga, ECLI:EU:C:2015:452. Rz. 46 f., UR 2015, 601.

8 EuGH v. 9.7.2015 – Rs. C-183/14 – Salomie & Oltan, ECLI:EU:C:2015:454, UR 2015, 594.

Erzielung von Einnahmen. Allerdings enthielt das Gesetz eine Steuerbefreiung für Immobilienveräußerungen, soweit die entsprechenden Gebäude nicht neu errichtet wurden. Zudem sah eine nationale Verwaltungsanweisung vor, dass eine nachhaltige Veräußerung von Eigentumswohnungen eine Unternehmerstellung begründen kann. Auf Grundlage dieser (unionsrechtskonformen) Rechtslage wurden – nach der Darstellung der Steuerpflichtigen und des vorlegenden Gerichts – Umsätze aus der Veräußerung von neu errichteten Immobilien nicht systematisch besteuert, weshalb die Steuerpflichtigen sich auf den Grundsatz des Vertrauensschutzes beriefen. Nach Ansicht des EuGH waren auch in dieser Konstellation die nationalen Rechtsvorschriften hinreichend klar. Aus einer Zusammenschau der offenen Formulierung zur wirtschaftlichen Tätigkeit und der nur partiellen Steuerbefreiung im nationalen Gesetz sowie der Formulierung in der Verwaltungsanweisung sei für den Steuerpflichtigen erkennbar gewesen, dass bestimmte Immobilienveräußerungen zu einer Umsatzsteuerpflicht führen konnten.[1] Dass diese Rechtslage von den nationalen Behörden nicht systematisch umgesetzt wurde, begründe keinen Vertrauensschutz, weil eine solche Verwaltungspraxis nicht geeignet sei, dem Steuerpflichtigen Zusicherungen für eine bestimmte steuerliche Behandlung zu geben.[2] Die Steuerpflichtigen hätten sich angesichts des erheblichen wirtschaftlichen Umfangs zumindest bemühen müssen, konkret-individuelle Zusicherungen von den zuständigen nationalen Steuerbehörden zu erhalten.[3]

5.69 Insbesondere aus der Entscheidung in der Rechtssache *Tomoiaga* leitet der V. Senat des BFH ab, dass nach unionsrechtlichen Grundsätzen auch eine norminterpretierende Verwaltungsanweisung Vertrauensschutz begründen kann, wenn diese systematisch angewendet wird.[4] Der V. Senat bildet also einen Umkehrschluss aus der jüngsten Argumentation des EuGH. Der XI. Senat des BFH stellt hingegen die abschließenden Erwägungen des EuGH aus der Rechtssache *Salomie & Oltan* in den Vordergrund: Erst wenn der rechtswidrige Verwaltungserlass in Form eines Steuerbescheids oder einer verbindlichen Auskunft individualisiert wurde, sei Vertrauensschutz nach der Konzeption des EuGH denkbar (Rz. 5.76 ff.).[5] Für die Interpretation des V. Senats könnte sprechen, dass der EuGH bei der Beurteilung, ob eine hinreichend klare Rechtslage vorliegt – also für die Frage der Rechtsklarheit als Ausprägung der objektiven Rechtssicherheit, bislang *nicht* bei der Prüfung des Vertrauensschutzprinzips[6] –, auch Verwaltungsanweisungen miteinbezieht. Es erscheint also möglich, solchen Äußerungen zumindest gewisse Rechtswirkungen beizulegen. Zwingend ist der vom V. Senat gezogene Umkehrschluss indes nicht. Weder der EuGH noch der V. Senat setzen sich insoweit mit den bisherigen Entscheidungen des EuGH auseinander, in denen Verwaltungsrichtlinien nicht als Vertrauens-

---

1 EuGH v. 9.7.2015 – Rs. C-183/14 – Salomie & Oltan, ECLI:EU:C:2015:454, Rz. 33 ff., UR 2015, 594.

2 EuGH v. 9.7.2015 – Rs. C-183/14 – Salomie & Oltan, ECLI:EU:C:2015:454, Rz. 46 ff., UR 2015, 594.

3 EuGH v. 9.7.2015 – Rs. C-183/14 – Salomie & Oltan, ECLI:EU:C:2015:454, Rz. 49, UR 2015, 594.

4 BFH v. 23.2.2017 – V R 16/16, 24/16, UR 2017, 357, juris Rz. 34; BFH v. 27.1.2016 – V B 87/15, BFHE 252, 187 = UR 2016, 287 m. Anm. *Hummel*, juris Rz. 18.

5 BFH v. 16.9.2015 – XI R 27/13, BFH/NV 2016, 252, juris Rz. 31; mit Verweis auf diese Entscheidung aber ohne ausdrückliche Auseinandersetzung mit dem Unionsrecht bestätigt durch BFH v. 10.8.2016, BFHE 255, 300 = UR 2017, 119, juris Rz. 46; BFH v. 1.6.2016 – XI R 17/11, BFHE 254, 164 = UR 2016, 673, juris Rz. 36.

6 Zwischen den Topoi differenzierend bspw. auch *Englisch* in Schaumburg/Englisch, Europäisches Steuerrecht, Rz. 12.30 ff., 12.33 ff.; vgl. allg. *von Arnauld*, Rechtssicherheit, 165 ff.

grundlage anerkannt wurden.[1] Es bleibt abzuwarten, ob der EuGH in einem Vorlageverfahren, in dem tatsächlich eine unionsrechtswidrige Verwaltungsanweisung als potentielle Vertrauensgrundlage vorliegt, von diesen Entscheidungen abweicht. Sollte dies tatsächlich erfolgen, müsste auch der BFH seine sehr restriktive Rechtsprechung[2] zumindest für den Bereich der Umsatzsteuer anpassen.[3]

Nimmt man an, dass Verwaltungserlasse aus Sicht des EuGH für sich genommen **keine taugliche Vertrauensgrundlage** darstellen, bestehen in der Regel auch keine Bedenken gegen ihre rückwirkende Änderung (vgl. Rz. 5.33 ff.). Unionsrechtlich geboten können Übergangsregelungen aber dann sein, wenn der unionsrechtswidrige Verwaltungserlass auf einer entsprechenden Entscheidung eines nationalen Gerichts beruhte (5.58 ff.).[4] 5.70

## III. Vertrauen in konkret-individuelle Verwaltungsentscheidungen

### 1. Abgrenzungen und Maßstäbe

Im Gegensatz zu allgemeinen Verwaltungsäußerungen sind konkret-individuelle Entscheidungen der Finanzverwaltung **als Bezugspunkte für schutzwürdiges Vertrauen des Steuerpflichtigen unionsrechtlich anerkannt**.[5] Die Verwaltung kann an ihr Handeln in einem konkreten Rechtsverhältnis gebunden sein, selbst wenn sie dem Steuerpflichtigen dadurch einen unionsrechtswidrigen Vorteil gewährt hat oder gewähren muss. Dies zeigt sich insbesondere darin, dass der EuGH nationale Verfahrensregelungen zur Bestandskraft von Verwaltungsakten grundsätzlich akzeptiert:[6] Selbst, wenn durch eine ex tunc anwendbare Entscheidung des EuGH eindeutig feststeht, dass ein bestandskräftiger Verwaltungsakt mit Unionsrecht nicht im Einklang steht, gebieten es die Grundsätze der Äquivalenz und der Effektivität nur in Ausnahmefällen, diesen Verwaltungsakt aufzuheben. Der EuGH betont vielmehr ausdrücklich, dass Ausschlussfristen[7] für die Rechtsverfolgung (also insbesondere Regeln zur Bestandskraft, Rechtskraft oder Verjährung), die sowohl den Steuerpflichtigen als auch die Behörden schützen, gerade Ausdruck des unionsrechtlichen Prinzips der Rechtssicherheit sind.[8] Inso- 5.71

---

1 Beide Gerichte berufen sich insoweit auf die Entscheidung EuGH v. 5.3.2015 – Rs. C-585/13 P – Europäisch-Iranische Handelsbank, ECLI:EU:C:2015:467, Rz. 95, die sich indes auf eine konkrete Zusage eines *Unions*organs bezieht.

2 Vgl. zuletzt BFH v. 16.9.2015 – XI R 27/13, BFH/NV 2016, 252, juris Rz. 30 m.w.N.

3 Für nationalen Vertrauensschutz aufgrund von norminterpretierenden Verwaltungsanweisungen zuletzt nachdrücklich *Helbich*, Vertrauensschutz in Verwaltungsvorschriften, S. 156 ff.; spezifisch zum Umsatzsteuerrecht *Hummel*, MwStR 2016, 4, 11 f.

4 Vgl. für entsprechende Änderungen des UStAE aus jüngerer Zeit BMF v. 2.1.2014, IV D 2-S 7300/12/10002:001, FMNR002000014, Tz. IV; BMF v. 5.2.2014, IV D 3-S 7279/11/10002, FMNR084000014, Tz. 3.

5 *Gunacker-Slawitsch* in FS Ruppe, 201.

6 Gleiches gilt für die Rechtskraft von Urteilen; vgl. allgemein *Englisch* in Tipke/Lang, Steuerrecht, 23. Aufl. 2018, § 4 Rz. 47; *Broberg/Fenger*, Das Vorabentscheidungsverfahren vor dem Gerichtshof der Europäischen Union, 393; zum Zusammenhang zwischen Bestands- bzw. Rechtskraft und Vertrauensschutz *Hatje* in Holoubek/Lang, Das EuGH-Verfahren in Steuersachen, 133 (136 f.); *Helbich*, Vertrauensschutz in Verwaltungsvorschriften, S. 243 ff.

7 Zu Konstellationen, in denen Ausschlussfristen ausnahmsweise unbeachtlich sein können, vgl. den Überblick bei *Hatje* in Holoubek/Lang, Das EuGH-Verfahren in Steuersachen, 133 (141 f.).

8 St. Rspr. vgl. nur EuGH v. 16.12.1976 – Rs. C-33/76 – Rewe-Zentralfinanz, ECLI:EU:C:1976:188, Rz. 5; v. 16.12.1976 – Rs. C-45/76 – Comet, ECLI:EU:C:1976:191, Rz. 11/18; v. 15.9.1998 – Rs. C-231/96 – Edis, ECLI:EU:C:1998:401, Rz. 20; v. 30.9.2003 – Rs. C-224/01 – Köbler, ECLI:EU:C:

weit es um die Aufhebung einer unionsrechtswidrig belastenden Entscheidung geht, argumentiert der EuGH konsequent nur mit dem (objektiven) Grundsatz der Rechtssicherheit.[1] Bei der Aufhebung eines unionsrechtswidrig begünstigenden Verwaltungsaktes berücksichtigt er (auch) den unionsrechtlichen Vertrauensschutzgrundsatz.[2]

5.72 Von dieser Grundhaltung, nationale Bestandskraftregelungen weitgehend anzuerkennen und mithin das Vertrauen in eine konkret-individuelle Verwaltungsentscheidung zu schützen, weicht der EuGH bisher vor allem dann ab, wenn dem Steuerpflichtigen eine **unionsrechtswidrige Beihilfe** (Art. 107 ff. AEUV) gewährt wird. Eine solche Beihilfe kann unter Umständen auch in der Gewährung eines Steuervorteils an eine Non-Profit-Organisation bestehen (*Englisch*, Rz. 4.14 ff.). Der EuGH legt gerade bei Beihilfen besonders strenge unionsweit einheitliche Maßstäbe an, um gravierende Wettbewerbsverzerrungen zwischen den einzelnen Mitgliedstaaten zu vermeiden.[3] Die Mitgliedstaaten sind nach Art. 14 Abs. 3 der Verordnung (EG) Nr. 659/1999[4] verpflichtet, eine unionsrechtswidrige Beihilfe unverzüglich und nach den Verfahrensregelungen des betreffenden Mitgliedstaats – also im Fall von steuerlichen Beihilfen nach den Regeln der AO – zurückzufordern. Sie unternehmen dabei alle nach der nationalen Rechtsordnung verfügbaren und erforderlichen Schritte. Wegen des besonderen Interesses der Union an der Beseitigung der Wettbewerbsverzerrung dürfen dabei verfahrensrechtliche Normen, die eine Rückforderung erheblich verzögern, wesentlich erschweren oder sogar unmöglich machen, nicht angewendet werden.[5]

5.73 Das Vertrauen des Steuerpflichtigen in den begünstigenden Verwaltungsakt ist bei der Entscheidung der nationalen Finanzbehörde über die Rückforderung einer steuerlichen Beihilfe zwar zu berücksichtigen,[6] aber nach den Maßstäben des EuGH **nur in Ausnahmefällen schutzwürdig**. Jedenfalls wenn die Notifikationspflicht nach Art. 108 Abs. 3 S. 1 AEUV beim Erlass der zugrunde liegenden Norm nicht eingehalten wurde, muss ein besonnener Wirtschaftsteilnehmer mit der Rückforderung der Beihilfe rechnen.[7] Ob das Verfahren nach

2003:513, Rz. 38; v. 10.7.2014 – Rs. C-213/13 – Impresa Pizzarotti, ECLI:EU:C:2014:2067, Rz. 58; v. 21.12.2016 – Rs. C-154/14 u.a. – Gutiérrez Naranjo u.a., ECLI:EU:C:2016:980, Rz. 68; v. 21.9.2017 – Rs. 326/15 – DNB Banka, ECLI:EU:C:2017:719, Rz. 40; v. 21.9.2017 – Rs. C-605/15 – Aviva, ECLI:EU:C:2017:718, Rz. 35.

1 Vgl. z.B. EuGH v. 13.1.2004 – Rs. C-453/00 – Kühne & Heitz, ECLI:EU:C:2004:17, Rz. 24 ff.; v. 19.9.2006 – Rs. C-392/04 und C-422/04 – i-21 Germany und arcor, ECLI:EU:C:2006:586, Rz. 51 ff.; v. 12.2.2008 – Rs. C-2/06 – Kempter, ECLI:EU:C:2008:78, Rz. 37 ff.

2 Vgl. z.B. EuGH v. 21.9.1983 – Rs. C-205/82-C-215/82 – Deutsche Milchkontor, ECLI:EU:C:1983:233, Rz. 30; v. 20.9.1990 – Rs. C-5/89 – Kommission/Deutschland, ECLI:EU:C:1990:320, Rz. 13; v. 14.1.1997 – Rs. C-169/95 – Spanien/Kommission, ECLI:EU:C:1997:10, Rz. 49 ff.; instruktiv zum Vertrauensschutz bei steuerlichen Beihilfen *Schönfeld/Ellenrieder*, IStR 2018, 444 ff.

3 GAin *Kokott* v. 24.1.2013 – Rs. C-568/11 – Agroferm, ECLI:EU:C:2013:35, Rz. 48; FG Hamburg v. 8.11.2013 – 4 K 109/11, BB 2014, 918, juris Rz. 42; BFH v. 13.5.2015 – VII R 63/13, BFH/NV 2015, 1452, juris Rz. 17.

4 Verordnung (EG) Nr. 659/1999, ABl. Nr. L 83 v. 27.3.1999, 1–9.

5 St. Rspr. vgl. nur EuGH v. 21.9.1983 – Rs. C-205/82-C-215/82 – Deutsche Milchkontor, ECLI:EU:C:1983:233, Rz. 22; v. 20.3.1997 – Rs. C-24/95 – Alcan, ECLI:EU:C:1997:163, Rz. 24; v. 18.7.2007 – Rs. C-119/05 – Lucchini, ECLI:EU:C:2007:434, Rz. 60 f.

6 St. Rspr.; vgl. nur EuGH v. 21.9.1983 – Rs. C-205/82-C-215/82 – Deutsche Milchkontor, ECLI:EU:C:1983:233, Rz. 30; v. 20.9.1990 – Rs. C-5/89 – Kommission/Deutschland, ECLI:EU:C:1990:320, Rz. 13 f.; v. 20.3.1997 – Rs. C-24/95 – Alcan, ECLI:EU:C:1997:163, Rz. 25.

7 EuGH v. 14.1.1997 – Rs. C-169/95 – Spanien/Kommission, ECLI:EU:C:1997:10, Rz. 51; v. 20.3.1997 – Rs. C-24/95 – Alcan, ECLI:EU:C:1997:163, Rz. 25; v. 8.12.2011 – Rs. C-81/10 P – France Telecom, ECLI:EU:C:2011:811, Rz. 59.

Art. 108 AEUV eingehalten wurde, muss der Steuerpflichtige selbst in Erfahrung bringen.[1] In jedem Fall kann er sich nicht mehr auf das Fortbestehen der Beihilfe verlassen, wenn die Kommission ein förmliches Prüfverfahren einleitet.[2] Maßgeblicher Zeitpunkt ist die Veröffentlichung des Einleitungsbeschlusses im Amtsblatt der EU.[3] Nur wenn die Kommission selbst in ihrem Beschluss über den Verstoß gegen das Beihilfeverbot eine Übergangsregelung schafft, darf auch nach nationalem Verfahrensrecht Vertrauensschutz gewährt werden.[4]

Ähnlich strenge Maßstäbe legt der EuGH auch in anderen Bereichen an, in denen es – wie bei der Gewährung einer unionsrechtswidrigen Beihilfe – an einem **Interessengegensatz zwischen dem begünstigten Bürger und den nationalen Verwaltungsbehörden des Mitgliedstaates fehlt.**[5] Dies ist insbesondere dann der Fall, wenn dem Bürger unionsrechtswidrig finanzielle Vorteile gewährt werden, die aus den Eigenmitteln der Union gezahlt werden (z.B. Ausfuhr- oder Produktionserstattungen).[6] 5.74

Die Erhebung der Mehrwertsteuer erfolgt hingegen primär im Interesse der einzelnen Mitgliedstaaten, so dass sich Bürger und Staat mit gegensätzlichen Interessen gegenüberstehen. Es besteht daher eine deutlich geringere Gefahr, dass die mitgliedstaatlichen Behörden bzw. das für sie geltende Verfahrensrecht die Gewährung eines unionsrechtswidrigen Vorteils begünstigen. Dieser fehlende Interessengleichlauf spricht dafür, dass **im Bereich der Umsatzsteuer**, das **Vertrauen** des Bürgers in einen unionsrechtswidrigen Bescheid **stärker geschützt** werden darf (und muss).[7] Gerade die erhöhte Schutzwürdigkeit, die sich aus dem Grundsatz der Belastungsneutralität der Umsatzsteuer und der besonderen Situation von Organisationen des Dritten Sektors ergibt (Rz. 5.2), spricht dafür, die im nationalen Recht gewährten Vertrauenstatbestände nicht oder allenfalls nur in geringem Maße durch den unionsrechtlichen Effektivitätsgrundsatz einzuschränken. Zum Teil finden sich in der Rechtsprechung des EuGH auch schon ausdrückliche Bestätigungen, dass ein **gegenüber Beihilfekonstellationen weitergehender Vertrauensschutz unionsrechtlich zulässig** ist (insbesondere bei endültigen Steuerbescheiden Rz. 5.76 und Zusicherungen nationaler Behörden Rz. 5.86 ff.). Diese Möglichkeiten für zusätzlichen Vertrauensschutz sollten vom deutschen Gesetzgeber aufgegriffen und im nationalen Recht noch stärker genutzt werden. Da ansonsten einschlägige Entscheidungen des EuGH vielfach noch fehlen, werden sich die exakten Grenzen des unionsrechtlich zulässigen Vertrauensschutzes im Umsatzsteuerrecht nur im Rahmen weiterer Vorlageverfahren klären lassen. 5.75

---

1 *Lehnert*, Die Korrektur von gemeinschaftsrechtswidrigen Beihilfen in Form von Steuervergünstigungen, 132; *Schwarz*, Vertrauensschutz als Verfassungsprinzip, 465 m.w.N.

2 EuGH v. 21.3.2013 – Rs. C-129/12 – Magdeburger Mühlenwerke, ECLI:EU:C:2013:200, Rz. 47.

3 EuGH v. 21.3.2013 – Rs. C-129/12 – Magdeburger Mühlenwerke, ECLI:EU:C:2013:200, Rz. 46.

4 EuGH v. 21.3.2013 – Rs. C-129/12 – Magdeburger Mühlenwerke, ECLI:EU:C:2013:200, Rz. 44; BVerfG v. 4.10.2011 – 1 BvL 3/08, BVerfGE 129, 186, juris Rz. 67 f., 71; FG Sachsen-Anhalt v. 11.7.2013 – 1 K 398/13 (rkr.), juris, Rz. 26 ff.; vgl. auch *Englisch* in Tipke/Lang, Steuerrecht, 23. Aufl. 2018, § 4 Rz. 48.

5 GAin *Stix-Hackl* v. 1.12.2005 – Rs. C-181/04 – Elmeka, ECLI:EU:C:2005:730, Rz. 45; vgl. allg. *Gerards*, ELJ 2011, 80 (93); skeptisch *Vincze*, EuR 2016, 544 (550 f.).

6 Vgl. aus jüngerer Zeit EuGH v. 20.6.2013 – Rs. C-568/11 – Agroferm, ECLI:EU:C:2013:407, Rz. 51 f. m.w.N.; FG Hamburg v. 8.11.2013 – 4 K 109/11, BB 2014, 918, juris Rz. 42; BFH v. 13.5.2015 – VII R 63/13 –, BFH/NV 2015, 1452, juris Rz. 17.

7 Ebenso GAin *Stix-Hackl* v. 1.12.2005 – Rs. C-181/04 – Elmeka, ECLI:EU:C:2005:730, Rz. 46; differenzierend auch EuGH v. 3.9.2009 – Rs. C-2/08 – Fallimento Olimpiclub, Rz. 25; a.A. wohl *Hatje* in Holoubek/Lang, Das EuGH-Verfahren in Steuersachen, 133 (143): „Maßstäbe prinzipiell übertragbar".

## 2. Endgültige Steuerbescheide

5.76 Ein nicht mit einem Vorbehalt der Nachprüfung (§ 164 AO) versehener Steuerbescheid bildet nach nationalem Recht die **stärkste konkret-individuelle Vertrauensgrundlage** für den Steuerpflichtigen: Er ist nur noch unter den eingeschränkten Voraussetzungen der §§ 172 ff. AO zu Lasten des Steuerpflichtigen änderbar. Sofern der Steuerpflichtige eine steuerliche Begünstigung in Anspruch genommen hat, die gegen das Beihilfeverbot verstößt (Rz. 4.14 ff.), modifiziert der Grundsatz der Effektivität des Unionsrechts diesen nationalen Vertrauensschutz stark: Insbesondere darf der Staat sich nicht darauf berufen, eine nationale Ausschlussfrist für die Rückforderung einer Beihilfe sei bereits abgelaufen.[1] Für Verbrauchsteuerbeihilfen nahm der BFH deshalb an, dass selbst der Eintritt der Festsetzungsverjährung nach § 169 Abs. 1 S. 1, Abs. 2 S. 1 Nr. 1 AO einer Rückforderung der Beihilfe nicht entgegenstehe.[2] Offen ist noch, ob bzw. welche weiteren vertrauensschützende Elemente in den Änderungsnormen der §§ 172 ff. AO keine Anwendung finden.[3] Der BFH hat darüber hinaus betont, dass zur Rückforderung einer unionsrechtswidrigen Beihilfe auch eine echt rückwirkende Gesetzesänderung möglich und geboten sein kann.[4] Wenn keine steuerliche Beihilfe vorliegt, sollte demgegenüber der weitergehende Vertrauensschutz auf Grundlage der §§ 172 ff. AO bestehen bleiben (Rz. 5.75). Dies hat der EuGH zuletzt in seinen Entscheidungen in den Rechtssachen *DNB Banka* und *Aviva* bestätigt: Endgültig abgeschlossene Veranlagungsverfahren dürfen auch dann nicht durch die Finanzbehörden wiedereröffnet werden, wenn Umsätze des Steuerpflichtigen richtlinienwidrig als steuerbefreit behandelt wurden.[5]

## 3. Nicht endgültige Steuerbescheide und einfachgesetzlich normierter Vertrauensschutz (§ 176 AO)

5.77 Endgültige Steuerbescheide stellen im Umsatzsteuerrecht allerdings eher die Ausnahme dar. Sowohl die Voranmeldungen als auch die Jahresanmeldungen stehen einer **Steuerfestsetzung unter dem Vorbehalt der Nachprüfung** gleich (§ 168 S. 1 AO), können also nach § 164 Abs. 2 S. 1 AO grundsätzlich jederzeit auch zu Lasten des Steuerpflichtigen geändert werden. Zudem erfolgen viele Festsetzungen vorläufig im Hinblick auf anhängige Musterverfahren vor dem BFH (§ 165 Abs. 1 S. 2 Nr. 4 AO), dem BVerfG oder dem EuGH (§ 165 Abs. 1 S. 2 Nr. 3 AO), so dass auch insoweit eine spätere Änderung der Bescheide nach § 165 Abs. 2 S. 1 AO möglich bleibt (zum Verfahren s. ausführlich *Mann*, Rz. 28.6 ff.).

1 EuGH v. 20.3.1997 – Rs. C-24/95 – Alcan, ECLI:EU:C:1997:163, Rz. 35 ff.

2 BFH v. 30.1.2009 – VII B 180/08, BFHE 224, 372, juris Rz. 15 f.

3 Dazu zuletzt *Grube*, Der Einfluss des unionsrechtlichen Beihilfeverbots auf das deutsche Steuerrecht, 2014, 71 ff.; *Lehnert*, Die Korrektur von gemeinschaftsrechtswidrigen Beihilfen in Form von Steuervergünstigungen, 173 ff.; jew. m.w.N. zu den in der Literatur diskutierten Einschränkungen.

4 BFH v. 30.1.2009 – VII B 180/08, BFHE 224, 372, juris Rz. 12; v. 12.10.2000 – III R 35/95, FR 2001, 258 m. Anm. *Kanzler* = BFH 193, 204, juris Rz. 24 ff.; die Schaffung einer besonderen verfahrensrechtlichen Rückforderungsnorm fordern *Grube*, Der Einfluss des unionsrechtlichen Beihilfeverbots auf das deutsche Steuerrecht, 75 f. und *Geisenberger*, Der Einfluss des Europarechts auf steuerliches Verfahrensrecht, 168 f.

5 EuGH v. 21.9.2017 – Rs. 326/15 – DNB Banka, ECLI:EU:C:2017:719, Rz. 40; v. 21.9.2017 – Rs. C-605/15 – Aviva, ECLI:EU:C:2017:718, Rz. 35.

Soweit danach eine Änderung des Bescheids möglich ist, scheidet nach der Rechtsprechung des BFH Vertrauensschutz grundsätzlich aus.[1] Steuerbescheide unter dem Vorbehalt der Nachprüfung stellen damit insgesamt keine taugliche Vertrauensgrundlage dar.[2] **Nur soweit der Gesetzgeber spezifisch Vertrauensschutz normiert oder weitere Vertrauensmomente hinzutreten**, darf der Steuerpflichtige sich auf die erfolgte Steuerfestsetzung verlassen.[3] Der EuGH hat den unionsrechtlichen Vertrauensschutzgrundsatz in der Rechtssache *Schlossstraße* (Rz. 5.49) zwar auch im Zusammenhang mit einer Steuerfestsetzung unter dem Vorbehalt der Nachprüfung angewandt.[4] Bezugspunkt für den Vertrauensschutz war dort aber nicht der Steuerbescheid, sondern das nationale Gesetz, welches rückwirkend geändert worden war,[5] so dass sich daraus kein Widerspruch zur Position des BFH ergibt. Vielmehr betont der EuGH ausdrücklich den besonderen Nutzen einer Festsetzung unter Vorbehalt der Nachprüfung bei der Verwaltung der Mehrwertsteuer, die in den meisten Mitgliedstaaten auf einer Selbstveranlagung des Unternehmers beruht,[6] auch wenn er insoweit vor allem auf Betrugsfälle und die Korrektur eines zu Unrecht in Anspruch genommenen Vorsteuerabzugs Bezug nimmt.[7] 5.78

Einfachgesetzlich ist der Schutz des Vertrauens in einen rechtswidrigen Steuerbescheid **vor allem in § 176 AO** normiert. Hiernach darf bei der Änderung eines Steuerbescheids insbesondere nicht zuungunsten des Steuerpflichtigen berücksichtigt werden, dass das BVerfG das zugrunde liegende Gesetz für verfassungswidrig erklärt hat (§ 176 Abs. 1 S. 1 Nr. 1 AO), sich die Rechtsprechung eines obersten Gerichtshofs des Bundes geändert hat (§ 176 Abs. 1 S. 1 Nr. 3 AO) oder eine allgemeine Verwaltungsvorschrift von einem obersten Gerichtshof als nicht mit dem geltenden Recht in Einklang stehend bezeichnet worden ist (§ 176 Abs. 2 AO). Die Norm setzt voraus, dass der Steuerpflichtige bereits einen Steuerbescheid erhalten hat; bei erstmaligen Steuerfestsetzungen, zu denen der BFH auch Umsatzsteuerjahresanmeldungen zählt,[8] findet § 176 AO keine Anwendung.[9] Vertrauensgrundlage ist mithin der rechtswidrige Erstbescheid.[10] Gleichzeitig wird das Vertrauen des Steuerpflichtigen nur insoweit geschützt, als sich eine andere taugliche Vertrauensgrundlage (ein Gesetz, eine Rechtsprechungslinie oder 5.79

---

1 St. Rspr. z.B. BFH v. 26.11.2001 – V B 88/00, BFH/NV 2002, 551, juris Rz. 15; v. 4.5.2005 – XI B 224/03, BFH/NV 2005, 1483, juris Rz. 16; v. 29.4.2008 – VIII R 75/05, BFHE 221, 136 = FR 2009, 32 m. Anm. *Wendt*, juris Rz. 57.

2 *Oellerich* in Beermann/Gosch, AO/FGO, § 164 AO, Rz. 93.

3 *Seer* in Tipke/Kruse, AO/FGO, § 164 Rz. 36; *Oellerich* in Beermann/Gosch, AO/FGO, § 164 AO, Rz. 95. Zur verfassungsrechtlichen Kritik s. *Lücke*, Vorläufige Staatsakte, 144 ff.; *Hey*, Steuerplanungssicherheit als Rechtsproblem, 768 ff. m.w.N.

4 EuGH v. 8.6.2000 – Rs. C-396/98 – Schlossstraße, ECLI:EU:C:2000:303, Rz. 48 ff., UR 2000, 336 m. Anm. *Widmann*.

5 EuGH v. 8.6.2000 – Rs. C-396/98 – Schlossstraße, ECLI:EU:C:2000:303, Rz. 45 f., UR 2000, 336 m. Anm. *Widmann*.

6 GA *Colomer* v. 16.12.1999 – Rs. C-396/98 – Schlossstraße, ECLI:EU:C:1999:625, Rz. 46 ff.; EuGH v. 8.6.2000 – Rs. C-396/98 – Schlossstraße, ECLI:EU:C:2000:303, Rz. 49, UR 2000, 336 m. Anm. *Widmann*.

7 GA *Colomer* v. 16.12.1999 – Rs. C-396/98 – Schlossstraße, ECLI:EU:C:1999:625, Rz. 47 f.; EuGH v. 8.6.2000 – Rs. C-396/98 – Schlossstraße, ECLI:EU:C:2000:303, Rz. 50 f., UR 2000, 336 m. Anm. *Widmann*.

8 BFH v. 23.4.2010 – V B 89/09, BFH/NV 2010, 1782, juris Rz. 3 m.w.N.; unklar BFH v. 24.1.2013 – V R 34/11, BFHE 239, 552 = UR 2013, 515, juris Rz. 30; kritisch hierzu *Lippross*, DStR 2014, 879 (881 ff.).

9 *Von Groll* in Hübschmann/Hepp/Spitaler, AO/FGO, § 176 AO Rz. 95; *von Wedelstädt* in Beermann/Gosch, AO/FGO, § 176 AO Rz. 13; jew. m.w.N.

10 *Von Groll* in Hübschmann/Hepp/Spitaler, AO/FGO, § 176 AO Rz. 40, 90; *von Wedelstädt* in Beermann/Gosch, AO/FGO, § 176 AO Rz. 3 f.

eine allgemeine Verwaltungsanweisung) zu seinen Lasten verändert hat.[1] Der Vertrauensschutz nach § 176 AO **erfasst auch Festsetzungen unter dem Vorbehalt der Nachprüfung**,[2] wie sich mittelbar schon aus der Erwähnung der Steueranmeldung in § 176 Abs. 1 S. 2 AO ergibt.[3] Auf vorläufige Festsetzungen findet § 176 AO ebenfalls Anwendung.[4]

5.80 Der Wortlaut von § 176 Abs. 1 S. 1 Nr. 1 AO erfasst nur die Feststellung der Nichtigkeit eines Gesetzes durch das BVerfG und nicht Entscheidungen des EuGH zur Auslegung der MwStSystRL, welche die Unvereinbarkeit des deutschen Rechts mit dem Unionsrecht zur Folge haben.[5] In der Literatur wird verbreitet eine analoge Anwendung der Vorschrift gefordert.[6] Auf den ersten Blick befindet sich der Steuerpflichtige in einer vergleichbaren Situation: Auch wenn er mit jederzeitigen Änderungen seiner Steuerfestsetzung rechnen muss, wird er sich doch regelmäßig keine Gedanken darüber machen, ob das dem Bescheid zugrunde gelegte Gesetz mit höherrangigem Recht vereinbar ist. Allerdings haben Entscheidungen des EuGH zur Auslegung der MwStSystRL – anders als Entscheidungen des BVerfG über die Verfassungskonformität einer Norm – keine Gesetzeskraft: Entgegenstehende nationale Regelungen bleiben zunächst wirksam, weil die Richtlinie zu Lasten des Bürgers nicht unmittelbar angewendet werden kann (*Hüttemann*, Rz. 3.60 f.).[7] Der nationale Gesetzgeber ist zwar grundsätzlich zur rückwirkenden Anpassung des nationalen Gesetzes an die durch den EuGH festgestellte Unionsrechtslage verpflichtet (Rz. 5.40). Er muss dabei aber den Vertrauensschutz der Steuerpflichtigen nach den Grundsätzen der Racke-Formel berücksichtigen (Rz. 5.41 ff.). Im deutschen Umsatzsteuerrecht führt dies regelmäßig dazu, dass die Rechtslage nur für die Zukunft angepasst wird (Rz. 5.44). Dann kommt eine Änderung bereits erfolgter Steuerfestsetzungen aber ohnehin nicht in Betracht, so dass eine analoge Anwendung von § 176 Abs. 1 S. 1 Nr. 1 AO nicht erforderlich ist.[8] War die Unionsrechtswidrigkeit der nationalen Norm hingegen erkennbar und eine rückwirkende Gesetzesanpassung nach den Grundsätzen der Racke-Formel daher ausnahmsweise zulässig (Rz. 5.43), scheidet eine analoge Anwendung von § 176 Abs. 1 S. 1 Nr. 1 AO gleichermaßen aus, weil die Steuerpflichtigen insoweit nach unionsrechtlichen Maßstäben nicht schutzwürdig sind.

---

1 Vgl. *Hey*, Steuerplanungssicherheit als Rechtsproblem, 595 f.: „Die Vorschrift [knüpft] an das Vertrauen in die dem Steuerbescheid zugrunde liegende Rechtslage".

2 Ständige Rechtsprechung seit BFH v. 28.9.1987 – VIII R 154/86, BFHE 151, 107; vgl. auch *Rüsken* in Klein, AO, 14. Aufl. 2018, § 176 Rz. 6: „Hauptanwendungsbereich"; a.A. noch FG Berlin v. 16.6.1986 – VIII 220/84, EFG 1987, 278; FG Saarland v. 8.2.1994 – 1 K 285/92 (rkr.), EFG 1994, 693, juris Rz. 23; *Rößler*, BB 1981, 842, und *Rößler*, DStZ 1999, 603.

3 *Frotscher* in Schwarz, AO, § 176 Rz. 5; *von Wedelstädt* in Beermann/Gosch, AO/FGO, § 176 AO Rz. 8.

4 Ständige Rechtsprechung seit BFH v. 23.11.1987 – GrS 1/86, BFHE 151, 495 = FR 1988, 203, juris Rz. 42.

5 Vgl. *von Wedelstädt* in Beermann/Gosch, AO, § 176 AO Rz. 8.

6 *Balmes* in Kühn/von Wedelstädt, AO/FGO, 21. Aufl. 2015, § 176 AO Rz. 15; *Koenig* in Koenig, AO,3. Aufl. 2014, § 176 Rz. 16; *Lehnert*, Die Korrektur von gemeinschaftsrechtswidrigen Beihilfen in Form von Steuervergünstigungen, 207; *Rüsken* in Klein, AO, 14. Aufl. 2018, § 176 Rz. 11; ablehnend *Frotscher* in Schwarz, AO, § 176 Rz. 10; *Loose* in Tipke/Kruse, AO/FGO, § 176 AO Rz. 13; *von Groll* in Hübschmann/Hepp/Spitaler, AO/FGO, § 176 AO Rz. 144, 151; *von Wedelstädt* in Beermann/Gosch, AO, § 176 AO Rz. 20.

7 Vgl. EuGH v. 5.7.2007 – Rs. C-321/05 – Kofoed, ECLI:EU:C:2007:408, Rz. 42 m.w.N., GmbHR 2007, 880 m. Anm. *Rehm/Nagler*; *Englisch* in Schaumburg/Englisch, Europäisches Steuerrecht, Rz. 12.32.

8 Vgl. auch *Loose* in Tipke/Kruse, AO/FGO, § 176 AO Rz. 13, der das Vertrauen des Steuerpflichtigen durch Übergangsregelungen und nicht durch eine Analogie schützen will.

Auch der Vertrauensschutz nach § 176 Abs. 1 S. 1 Nr. 3 AO erfasst nach seinem Wortlaut nur Rechtsprechungsänderungen der obersten Gerichtshöfe des Bundes; hier wird jedoch ebenfalls eine analoge Anwendung auf die Rechtsprechung des EuGH gefordert.[1] Erkennt man Urteile nationaler Gerichte als Vertrauensgrundlage an (Rz. 5.58 ff.), so wird dies in der Tat erst recht für solche des EuGH gelten. Gleichzeitig tritt in diesem Bereich aufgrund der institutionellen Fokussierung auf den EuGH die konzeptionelle Überlappung zwischen der zeitlichen Wirkung von dessen Urteilen und dem allgemeinen Rechtsgrundsatz des Vertrauensschutzes (Rz. 5.32) besonders deutlich zu Tage.[2] Zudem wird die Einschätzung dadurch erschwert, dass der EuGH seine Rechtsprechungsänderungen – ohnehin ein graduelles Konzept[3] – selten explizit macht.[4] Eine analoge Anwendung von § 176 Abs. 1 S. 1 Nr. 3 AO ist also zwar vorstellbar, ein solcher Fall sollte jedoch, sofern er in der Praxis relevant werden sollte, zunächst dem EuGH vorgelegt werden. 5.81

Vertrauensschutz nach § 176 Abs. 1 S. 1 Nr. 3 AO kommt aber dann in Betracht, wenn der BFH als oberstes Bundesgericht seine Rechtsprechung ändert, und zwar nach der hier vertretenen Ansicht (Rz. 5.30 ff.; Rz. 5.60) auch dann, wenn seine bisherige Rechtsprechung unionsrechtswidrig war. Häufig wird dies infolge einer Entscheidung des EuGH im Vorabentscheidungsverfahren (Art. 267 AEUV) nach Vorlage durch den BFH selbst erfolgen. So änderte der BFH beispielsweise mit der Entscheidung vom 22.3.2001[5] seine bisherige Rechtsprechung zur Rechnungsberichtigung bei unberechtigtem Umsatzsteuerausweis[6], nachdem der EuGH in der Rs. *Schmeink & Cofreth und Strobel* die bisherigen Grundsätze für nicht mit dem Unionsrecht vereinbar erklärt hatte.[7] Der Wortlaut von § 176 Abs. 1 S. 1 Nr. 3 AO erfasst eine solche Rechtsprechungsänderung. Daran anknüpfend gewährt die finanzgerichtliche Rechtsprechung im Zusammenhang mit der geänderten Rechtsprechung des BFH zu Rechnungsberichtigungen Vertrauensschutz.[8] Ebenso steht § 176 Abs. 1 S. 1 Nr. 3 AO einer uneingeschränkten Anwendung der geänderten Rechtsprechung des BFH zur Einbeziehung von Personengesellschaften in die umsatzsteuerliche Organschaft (Rz. 5.58; *Küffner/Tillmanns*, Rz. 7.33) zu Lasten eines Organträgers entgegen.[9] Die Norm stellt sich damit als eine verfahrensrechtliche 5.82

---

1 *Prätzler*, jurisPR-SteuerR 46/2014, Anm. 6 unter D; *Loose* in Tipke/Kruse, AO/FGO, § 176 AO Rz. 13 lehnt zwar eine analoge Anwendung ab, hält aber „notwendigen" Vertrauensschutz nach §§ 163, 227 AO für möglich; a.A. *Frotscher* in Schwarz, AO, § 176 Rz. 10 f.; *von Groll* in Hübschmann/Hepp/Spitaler, AO/FGO, § 176 AO Rz. 151, 170; *von Wedelstädt* in Beermann/Gosch, AO/FGO, § 176 AO Rz. 24, 27.

2 Vgl. die Verknüpfung in diesem Kontext bei *Jacob*, Precedents and Case-based Reasoning in the European Court of Justice, S. 180 f.

3 *Tridimas* in Dickson/Eleftheriadis, Philosophical Foundations of European Union Law, 2012, 307 (321).

4 *Jacob*, Precedents and Case-based Reasoning in the European Court of Justice, S. 159 f.; *Tridimas* in Dickson/Eleftheriadis, Philosophical Foundations of European Union Law, 2012, 307 (316); an Beispielen aus dem Bereich der direkten Steuern *Linn*, IStR 2016, 103 (104 ff.).

5 BFH v. 22.3.2001 – V R 11/98, BFHE 194, 528 = UR 2001, 355, juris Rz. 19.

6 BFH v. 25.2.1993 – V R 112/91, BFHE 171, 373 = UR 1993, 419, juris Rz. 13 f.; v. 25.2.1993 – V R 78/88, BFHE 171, 369 = UR 1993, 415 m. Anm. *Weiss*, juris Rz. 13 f.

7 EuGH v. 19.9.2000 – Rs. C-454/98 – Schmeink & Cofreth und Strobel, ECLI:EU:C:2000:469, Rz. 57 ff., UR 2000, 470.

8 Vgl. FG Baden-Württemberg v. 25.6.2009 – 14 K 357/08 (rkr.), DStRE 2011, 1037, juris Rz. 141 f.

9 Ebenso *Streit/Rust*, DStR 2015, 2097 (2100 f.); *Weßling*, DStR 2016, 1151 (1152); mit Blick auf drohende Steuerausfälle z.T. einschränkend *Brinkmann/Walter-Yadegardjam*, DStR 2016, 650 (655); in diese Richtung auch *Korn*, SteuK 2016, 145 (149).

Möglichkeit dar, den unionsrechtlich gebotenen Vertrauensschutz beim Vertrauen in eine nationale unionsrechtswidrige Rechtsprechung zu verwirklichen, wenn der BFH selbst die zeitliche Wirkung seiner Entscheidung nicht begrenzt (Rz. 5.56 ff.). Angesichts des eingeschränkten Anwendungsbereichs von § 176 AO können darüber hinaus aber auch noch weitere vertrauensschützende Maßnahmen – insbesondere Anwendungserlasse der Verwaltung auf Grundlage der §§ 163, 227 AO – geboten sein (Rz. 5.61).

5.83 Umgekehrt ist eine Anwendung von § 176 Abs. 1 S. 1 Nr. 3 AO dann nicht angemessen, wenn die Unionsrechtswidrigkeit der bisherigen Rechtsprechung erkennbar war (Rz. 5.60). So setzte der BFH die Entscheidung des EuGH in der Rs. *Genius*,[1] die auf der Vorlage eines holländischen Gerichts beruhte, jahrelang nicht in seiner Rechtsprechung zum Vorsteuerabzug aus Rechnungen mit unberechtigtem Steuerausweis[2] um,[3] obwohl er selbst die Richtlinienwidrigkeit der eigenen Rechtsprechung thematisierte.[4] Entgegen der finanzgerichtlichen Rechtsprechung[5] ist in solchen Konstellationen davon auszugehen, dass das Effektivitätsgebot die Reichweite des Vertrauensschutzes einschränkt und eine teleologische Reduktion von § 176 Abs. 1 S. 1 Nr. 3 AO gebietet.[6]

5.84 Eine differenzierte Betrachtung ist schließlich auch bei dem Vertrauensschutztatbestand des § 176 Abs. 2 AO erforderlich. Der Wortlaut erfasst auch Fälle, in denen der BFH eine Verwaltungsanweisung als unionsrechtswidrig bezeichnet. Dies ist immer dann angemessen, wenn die Verwaltungsanweisung auf einer Entscheidung eines Fachgerichts beruht und die Unionsrechtswidrigkeit dieser Entscheidung nicht erkennbar war (Rz. 5.65, 5.58 ff.). Neben der Anwendung von § 176 Abs. 2 AO kann in diesen Fällen zusätzlich[7] Vertrauensschutz durch Übergangsregelungen nach den §§ 163, 227 AO zu gewähren sein (Rz. 5.70).[8] Geht die Verwaltungsanweisung hingegen nicht auf eine fachgerichtliche Rechtsprechung zurück, ist sie nach der bisherigen Rechtsprechung des EuGH für sich allein genommen keine taugliche Vertrauensgrundlage (Rz. 5.65 ff.). Ob dann eine konkret-individuelle Steuerfestsetzung gerade insoweit Vertrauensgrundlage sein kann, wie sie auf einer solchen Verwaltungsanweisung beruht, erscheint zweifelhaft. Dafür ließe sich anführen, dass die Verwaltungsanweisung durch die Festsetzung im konkreten Fall noch einmal bestätigt und individualisiert wurde. Zumindest wenn diese konkret-individuelle Bestätigung aber nach § 164 AO unter dem – unions-

---

1 EuGH v. 13.12.1989 – Rs. C-342/87 – Genius, ECLI:EU:C:1989:635, Rz. 19, UR 1990, 274 = UR 1991, 83 m. Anm. *Reiss*; zuletzt bestätigt durch EuGH v. 15.3.2007 – Rs. C-35/05 – Reemtsma Cigarettenfabrik, ECLI:EU:C:2007:167, Rz. 23, UR 2007, 430 m. Anm. *Stadie* = UR 2007, 343 m. Anm. *Burgmaier*.

2 Vgl. z.B. BFH v. 29.10.1987 – V R 154/83, BFHE 152, 161 = UR 1988, 282, juris Rz. 9 m.w.N.

3 Ein Rechtsprechungswechsel erfolgte erst durch BFH v. 2.4.1998 – V R 34/97, BFHE 185, 536 = UR 1998, 349 m. Anm. *Stadie*, juris Rz. 21 ff.

4 BFH v. 19.5.1993 – V R 110/88, BFHE 172, 163 = UR 1994, 124, juris Rz. 32.

5 Vgl. BFH v. 6.6.2007 – V B 64/06, BFH/NV 2007, 1802, juris Rz. 10 f.; v. 11.10.2007 – V R 27/05, BFHE 219, 266 = UR 2008, 466 m. Anm. *Englisch* = UR 2008, 311, juris Rz. 54 ff.; v. 6.12.2007 – V R 3/06, BFHE 221, 67 = UR 2008, 588, juris Rz. 31 ff.; v. 25.4.2013 – V R 2/13, BFHE 241, 304 = UR 2013, 968 m. Anm. *Stadie*, juris Rz. 19 ff.; FG Düsseldorf v. 12.9.2008 – 1 K 2604/05 U, EFG 2009, 53, juris Rz. 36 f.

6 Wie hier *Englisch*, BFH v. 11.10.2007 – V R 27/05, UR 2008, 466 (466 f.).

7 H.M., vgl. nur *Bartone* in Kühn/von Wedelstädt, AO/FGO, 21. Aufl. 2015, § 176 AO Rz. 27; *von Groll* in Hübschmann/Hepp/Spitaler, AO/FGO, § 176 AO Rz. 213 jeweils m.w.N.; a.A., allerdings ohne Begründung, *Heinrichshofen*, EuGH v. 17.9.2014 – Rs. C-7/13, UR 2014, 890 (892); *Prätzler*, jurisPR-SteuerR 11/2014, Anm. 6 und implizit auch *Prätzler*, jurisPR-SteuerR 46/2014, Anm. 6.

8 Vgl. die Nachweise in Fn. 278.

rechtlich grundsätzlich akzeptierten (Rz. 5.78) – umfassenden Vorbehalt einer späteren Nachprüfung steht, erscheint der Aussagegehalt einer solchen Bestätigung gering. Dies könnte dafürsprechen, zumindest in diesen Konstellationen § 176 Abs. 2 AO zu Lasten des Steuerpflichtigen aufgrund des Effektivitätsgebots teleologisch zu reduzieren.

All dies führt dazu, dass auch konkret-individuelle Verwaltungsentscheidungen nur in eingeschränktem Maße als Vertrauensgrundlage in Frage kommen. Auch wenn die nationalen Regelungen zur (durch § 176 AO zusätzlich verstärkten) Bestandskraft – außerhalb von Beihilfekonstellationen – nur selten durch das Effektivitätsgebot eingeschränkt werden dürften, führt die weitgehende Veranlagung unter dem Vorbehalt der Nachprüfung zu einer geringen Verlässlichkeit der ergangenen Bescheide. Angesichts des besonderen Vertrauensschutzbedarfs im Umsatzsteuerrecht (Rz. 5.2) erscheint dieser Zustand kritikwürdig. Dem EuGH sollte durch vermehrte Vorlageverfahren die Gelegenheit gegeben werden, die Reichweite des unionsrechtlichen Vertrauensschutzes beim Vollzug der MwStSystRL durch die nationalen Finanzbehörden zu konkretisieren. Insbesondere ist noch nicht abschließend geklärt, ob der unionsrechtliche Vertrauensschutzgrundsatz ein Mindestmaß an Vertrauensschutz auch im Verwaltungsverfahren einfordert bzw. worin dieses Mindestmaß besteht. Die bisher ergangenen Entscheidungen beschäftigten sich vielmehr stets mit der Frage, ob die im nationalen Verfahrensrecht vorgesehenen Regelungen zur effektiven Umsetzung des Unionsrechts in ihrem Anwendungsbereich beschränkt werden müssen. In der Rechtsprechung des EuGH lassen sich aber durchaus auch Ansatzpunkte finden, die über die sehr restriktiven Ansätze im deutschen Recht unter Umständen hinausgehen könnten (zu Verwaltungsanweisungen bzw. einer allgemeinen Verwaltungspraxis als möglicher Vertrauensgrundlage Rz. 5.65 ff.; zur möglicherweise nur eingeschränkten Rechtfertigung eines Vorbehalts der Nachprüfung Rz. 5.78). 5.85

### 4. Verbindliche Auskünfte

Selbst wenn man davon ausgeht, dass mit Erlass eines (unionsrechtswidrigen) Steuerbescheides eine geschützte Vertrauensposition des Steuerpflichtigen entsteht, so erstreckt sich diese immer nur auf den entsprechenden, abgelaufenen Veranlagungszeitraum; für Folgezeiträume ist die Behörde nicht an ihre irrtümliche Rechtsauffassung gebunden.[1] **Um zukünftige Investitionen planen zu können**, bleibt dem Steuerpflichtigen nur die Möglichkeit, einen Antrag auf **verbindliche Auskunft nach § 89 Abs. 2 AO** zu stellen. Auf eine zu einem bestimmten Sachverhalt erteilte Auskunft darf der Steuerpflichtige grundsätzlich vertrauen, auch wenn diese ihn rechtswidrig[2] begünstigt.[3] Die Bindung der Finanzverwaltung entfällt nur bei einer Änderung der zugrunde liegenden Rechtsvorschriften (§ 2 Abs. 3 StAuskV) oder wenn die verbindliche Auskunft aufgehoben wird. Dabei ist die Aufhebung einer rechtswidrigen Auskunft bis zur wesentlichen Verwirklichung des Sachverhalts[4] ohne Weiteres (§ 2 Abs. 4 5.86

1 Ständige Rechtsprechung; vgl. aus jüngerer Vergangenheit BFH v. 17.10.2013 – IV R 7/11, BFHE 243, 256 = FR 2014, 236 m. Anm. *Prinz*, juris Rz. 44 m.w.N.

2 Rechtswidrigkeit liegt dabei nicht schon bei einem Verstoß gegen eine Verwaltungsanweisung vor; *Roser* in Beermann/Gosch, AO/FGO, § 89 AO Rz. 64; *Seer* in Tipke/Kruse, AO/FGO, § 89 AO Rz. 58; *Söhn* in Hübschmann/Hepp/Spitaler, AO/FGO, § 89 Rz. 289; a.A. AEAO Nr. 3.6.6 Abs. 3 S. 2.

3 *Seer* in Tipke/Kruse, AO/FGO, § 89 AO Rz. 52, 59; *Söhn* in Hübschmann/Hepp/Spitaler, AO/FGO, § 89 Rz. 298; nach § 2 Abs. 1 S. 2 StAuskV entfalten nur begünstigende Auskünfte Bindungswirkung.

4 AEAO Nr. 3.6.6 Abs. 4 S. 2; zustimmend *Seer* in Tipke/Kruse, AO/FGO, § 89 AO Rz. 58; *Söhn* in Hübschmann/Hepp/Spitaler, AO/FGO, § 89 Rz. 293.

StAuskV), danach nur unter eingeschränkten Voraussetzungen, insbesondere nach § 130 Abs. 2 Nr. 4 AO, möglich. Erst wenn die Auskunft aufgehoben wurde, kann auch eine darauf beruhende Steuerfestsetzung geändert werden.[1]

5.87 Für den unionsrechtlich geprägten Bereich der Umsatzsteuer ist dabei wiederum zu differenzieren (vgl. schon Rz. 5.73 ff.): Der **EuGH erkennt Vertrauensschutz aufgrund konkreter Zusagen durch die Verwaltung grundsätzlich an.** Bei Beihilfen, Ausfuhrerstattungen u.Ä. gilt dies allerdings nur dann, wenn die Zusage durch das zuständige Organ der Union erfolgte.[2] Unionsrechtswidriges Handeln einer nationalen Behörde begründet demgegenüber in der Regel keinen Vertrauensschutz.[3] In der Rs. *Elmeka*, in welcher der EuGH nicht von einer Beihilfe ausging, hat er hingegen einen großzügigeren Maßstab angelegt:[4] Danach kann auch die Zusicherung einer nationalen Behörde (in der entschiedenen Rechtssache die Zusicherung eines griechischen Finanzamts, ein bestimmter Umsatz sei steuerbefreit) Vertrauensgrundlage sein. Entscheidend ist insoweit, ob für einen besonnenen Bürger Erwartungen begründet wurden und ob diese berechtigt waren.[5] Da die verbindliche Auskunft gerade dazu dient, die Planungssicherheit für den Steuerpflichtigen zu verbessern, begründet sie regelmäßig schutzwürdige Erwartungen. Dies gilt wiederum erst recht vor dem Hintergrund, dass es sich bei der Umsatzsteuer um eine indirekte Steuer handelt, die für den Unternehmer belastungsneutral sein soll (Rz. 5.2). Der Staat setzt den Unternehmer gleichsam als Gehilfen bei der Erhebung der Umsatzsteuer ein. Im Gegenzug muss der Unternehmer sich sodann zumindest auf konkrete Aussagen über die Reichweite seiner (Steuer-)Pflichten verlassen können.[6] Eine Finanzamtspraxis, verbindliche Auskünfte nur verzögert oder gar nicht zu bearbeiten, wird diesen unions- und verfassungsrechtlichen Anforderungen nicht gerecht (vgl. für den Bereich der Zuschüsse *Heber/von Holt*, Rz. 8.132; 8.136).

5.88 Daraus folgt, dass eine verbindliche Auskunft, die in Widerspruch zu einer späteren Entscheidung des EuGH steht, zwar rechtswidrig ist.[7] Den Vorwurf der grob fahrlässigen Unkenntnis, die Voraussetzung für eine rückwirkende Aufhebung nach § 130 Abs. 2 Nr. 4 AO ist, wird man aber typischerweise nur dann erheben können, wenn dem Steuerpflichtigen eine unionsrechtswidrige Beihilfe zugesichert wurde oder die Unionsrechtswidrigkeit erkennbar war (Rz. 5.60; 5.72 ff.; 5.83).[8]

---

1 Vgl. *Seer* in Tipke/Kruse, AO/FGO, § 89 AO Rz. 59.

2 Vgl. aus jüngerer Zeit z.B. EuGH v. 19.7.2016 – Rs. C-526/14 – Kotnik, ECLI:EU:C:2016:570, Rz. 62; EuGH v. 13.6.2013 – Rs. C-630/11 P – HGA SrL u.a., ECLI:EU:C:2013:387, Rz. 132; EuGH v. 14.3.2013 – Rs. C-545/11 – Agrargenossenschaft Neuzelle, ECLI:EU:C:2013:169, Rz. 24; jew. m.w.N.

3 GAin *Kokott* v. 24.1.2013 – Rs. C-568/11 – Agroferm, ECLI:EU:C:2013:35, Rz. 50 m.w.N.

4 EuGH v. 14.9.2006 – Rs. C-181/04 – Elmeka, ECLI:EU:C:2006:563, Rz. 32; i.E. ähnlich auch EuGH v. 26.7.2017 – Rs. C-560/15 – Europa Way, ECLI:EU:C:2017:593, Rz. 80 ff.

5 EuGH v. 14.9.2006 – Rs. C-181/04 – Elmeka, ECLI:EU:C:2006:563, Rz. 32 m.w.N.; GAin *Stix-Hackl* v. 1.12.2005 – Rs. C-181/04 – Elmeka, ECLI:EU:C:2005:730, Rz. 46.

6 Ähnlich argumentiert auch der BFH schon bei der Lohnsteueranrufungsauskunft; vgl. insbesondere BFH v. 30.4.2009 – VI R 54/07, BFHE 225, 50 = FR 2010, 42 m. Anm. *Bergkemper*, juris Rz. 33; v. 27.2.2014 – VI R 23/13, BFHE 244, 572 = FR 2014, 992, juris Rz. 11.

7 Vgl. AEAO Nr. 3.6.6 Abs. 3 S. 1, 2; bei Entscheidungen des EuGH wohl selbst *Seer* in Tipke/Kruse, AO/FGO, § 89 AO Rz. 58: „nur wenn die Rechtsprechung ein Präjudiz gebildet hat" und *Söhn* in Hübschmann/Hepp/Spitaler, AO/FGO, § 89 AO Rz. 288: „nur wenn Gerichtsentscheidung allgemein verbindlich wäre".

8 Vgl. für den Fall einer Beihilfe *Roser* in Beermann/Gosch, AO/FGO, § 89 AO Rz. 71.1.; demgegenüber für andere Fälle *Seer* in Tipke/Kruse, AO/FGO, § 89 AO Rz. 57: „wenig praktisch, weil Steuerpflichtiger sich selbst unsicher ist."

Das Instrument einer verbindlichen Zusicherung im Einzelfall könnte vom deutschen Gesetzgeber gerade bei der Umsatzbesteuerung im Dritten Sektor noch ausgebaut und verbessert werden. So würde es beispielsweise dem Bedürfnis der Unternehmen nach erhöhtem Vertrauensschutz entsprechen und wäre unionsrechtlich zulässig, schon vor entsprechender Verwirklichung eines Sachverhalts verbindlich darüber zu bescheiden, ob eine Organisation als kulturelle Einrichtung i.S.v. Art. 132 Abs. 1 Buchst. n MwStSystRL anerkannt wird (*Kirchhain*, Rz. 19.142) oder ob die Voraussetzungen einer umsatzsteuerlichen Organschaft vorliegen (*Küffner/Tillmanns*, Rz. 7.32). Die Bearbeitung solcher Zusicherungen insgesamt und verbindlicher Auskünfte im Speziellen könnte gegebenenfalls dadurch beschleunigt werden, dass zentral bestimmte Oberbehörden zuständig werden (für die Behandlung von Zuschüssen *Heber/von Holt*, Rz. 8.136; für die Anerkennung kultureller Einrichtungen *Kirchhain*, Rz. 19.147). 5.89

## E. Ausblick

Für den Vertrauensschutz im europarechtlich geprägten Umsatzsteuerrecht ergibt sich ein gemischtes Bild. In Anbetracht der komplexen und z.T. hoch umstrittenen Problemstellungen ist dies wenig überraschend: So vermengen sich in diesem Bereich die klassischen Spannungsverhältnisse des Vertrauensschutzes (Rückwirkungsverbot vs. Regelungsbefugnis, Rechtssicherheit vs. Rechtsrichtigkeit, etc.) mit typisch unionsrechtlichen Problemen (einheitliche Auslegung vs. Anwendung durch die Mitgliedstaaten, Effektivitätsgebot vs. Verfahrensautonomie, etc.); das Ergebnis ist eine kasuistische Rechtsprechung des EuGH, deren Schutzniveau für den Einzelnen nur situations- und kontextbezogen ermittelt werden kann. Dabei bestätigen sich einerseits vielfach die Vorwürfe, dass auf Unionsebene ein (zu) **geringes Schutzniveau** für den vertrauenden Bürger besteht (Rz. 5.12; 5.37; 5.52). Sofern den Mitgliedstaaten kein Umsetzungsspielraum gewährt wird, ist es ihnen nicht möglich, nach nationalem Recht weitergehenden Vertrauensschutz zu gewähren (Rz. 5.40; 5.63). Andererseits bestehen durchaus Anzeichen dafür, dass in einigen Bereichen unionsrechtlich *mehr* Vertrauensschutz gewährt wird oder zumindest gewährt werden könnte als bislang in Deutschland der Fall (Rz. 5.61; 5.85): hier könnte sich das Unionsrecht entgegen dem ersten Anschein als **Antrieb zu stärkerem Individualschutz** erweisen. 5.90

Vor allem aber fällt auf, dass sowohl dogmatische und systematische Grundlagen (Rz. 5.8; 5.12; 5.28 ff.) als auch das materiell zu gewährende Schutzniveau (Rz. 5.44; 5.61; 5.69) oft vergleichsweise **unklar** sind. In gewissem Maße mag das der üblichen Entwicklung allgemeiner Rechtsgrundsätze durch ein Gericht entsprechen; im Bereich der Umsatzsteuer kommt aber eine gewisse **Europarechtsverweigerung nationaler Akteure** hinzu. Trotz des sehr breiten Anwendungsbereichs des unionsrechtlichen Vertrauensschutzprinzips im Umsatzsteuerrecht erfolgen Argumentationen in Literatur, Gesetzgebung und Rechtsprechung häufig primär unter Rückgriff auf nationale Prinzipen (Rz. 5.40) – selbst dann, wenn diese aufgrund des Vorrangs des Unionsrechts nicht anwendbar sind. Würden dem EuGH verstärkt Fragen zum unionsrechtlichen Vertrauensschutzprinzip vorgelegt (Rz. 5.44; 5.61; 5.75; 5.81; 5.85), so hätte dieser die Möglichkeit, noch fehlende Maßstäbe zu entwickeln sowie ggf. bestehende im Sinne des Bürgers zu verbessern. Die Bildung einheitlicher Maßstäbe durch den EuGH ist zudem aus integrationstheoretischer Perspektive essentiell, um trotz der Anknüpfung an den mitgliedstaatlichen Vollzug der Umsatzsteuer die Einheitlichkeit des Unionsrechts sicherzustellen (vgl. Rz. 5.30 ff.; 5.59; 5.62 f.). 5.91

5.92 Vorlegen können bzw. müssen die nationalen Gerichte (Art. 267 AEUV), denen allerdings – wie aus der geringen Anzahl der umsatzsteuerrechtlichen Entscheidungen des EuGH zum Vertrauensschutz hervorgeht – nicht zu Unrecht eine gewisse „**Vorlagelethargie**" nachgesagt wird.[1] Dem Rechtsschutz suchenden Bürger verbleibt die Möglichkeit, Vorlagen durch europarechtlich fundierte Argumentation anzuregen, wobei die besondere Schutzwürdigkeit des Dritten Sektors im Bereich des Umsatzsteuer betont werden sollte (Rz. 5.2; 5.42 f.; 5.75). In extremen Fällen mag bei Nicht-Vorlage durch das letztinstanzliche Gericht auch eine Verfassungsbeschwerde wegen Entzug des gesetzlichen Richters (Art. 101 I 2 GG) erwogen werden.[2] Auch jenseits dessen scheint jedoch der **aktive Einsatz für die Absicherung der eigenen Vertrauensgrundlage** empfehlenswert, da dieser i.d.R. vom EuGH honoriert wird (vgl. Rz. 5.24; 5.86 ff.). Hier wird wiederum die Verzahnung von Vertrauensschutzgesichtspunkten und Mehrebenentopoi deutlich: Sowohl der materielle Schutzstandard als auch die effektive Durchsetzung des Unionsrechts sind abhängig von der „Wachsamkeit der an der Wahrung ihrer Rechte interessierten Einzelnen".[3]

1 *Latzel*, EuR 2015, 415 (429).

2 BVerfG v. 22.10.1986 – 2 BvR 197/83, BVerfGE 73, 339 (366); BVerfG v. 8.4.1987 – 2 BvR 687/85, BVerfGE 75, 223 (231 f.) = UR 1987, 355 m. Anm. *Weiss*; BVerfG v. 31.5.1990 – 2 BvL 12/88, 2 BvL 13/88, 2 BvR 1436/87, BVerfGE 82, 159 (192 ff.); vgl. jüngst *Thomale*, EuR 2016, 510.

3 EuGH v. 5.2.1963 – Rs. 26/62 – Van Gend en Loos, ECLI:EU:C:1963:1.

# 3. Teil
# Umsatzsteuerlicher Grundtatbestand gemäß Art. 2 MwStSystRL/§ 1 UStG

## Kapitel 6
## Unternehmer und Rahmen des Unternehmens



## A. Rechtsgrundlagen

**Art. 9 MwStRL** 6.1

**(1) Als „Steuerpflichtiger gilt, wer eine wirtschaftliche Tätigkeit unabhängig von ihrem Ort, Zweck und Ergebnis selbständig ausübt.**

**Als „wirtschaftliche Tätigkeiten“ gelten alle Tätigkeiten eines Erzeugers, Händlers oder Dienstleistenden einschließlich der Tätigkeiten der Urproduzenten, der Landwirte sowie der freien Berufe und der diesen gleichgestellten Berufe. Als wirtschaftliche Tätigkeit gilt insbesondere die**

**Nutzung von körperlichen und unkörperlichen Gegenständen zur nachhaltigen Erzielung von Einnahmen.**

(2) (…)

**§ 2 deutsches Umsatzsteuergesetz**

**(1) Unternehmer ist, wer eine gewerbliche oder berufliche Tätigkeit selbständig ausübt. Das Unternehmen umfasst die gesamte gewerbliche oder berufliche Tätigkeit des Unternehmers. Gewerblich oder beruflich ist jede nachhaltige Tätigkeit zur Erzielung von Einnahmen, auch wenn die Absicht, Gewinn zu erzielen, fehlt oder eine Personenvereinigung nur gegenüber ihren Mitgliedern tätig wird.**

**§ 2 österr Umsatzsteuergesetz**

**(1) Unternehmer ist, wer eine gewerbliche oder berufliche Tätigkeit selbständig ausübt. Das Unternehmen umfasst die gesamte gewerbliche oder berufliche Tätigkeit des Unternehmers. Gewerblich oder beruflich ist jede nachhaltige Tätigkeit zur Erzielung von Einnahmen, auch wenn die Absicht, Gewinn zu erzielen, fehlt oder eine Personenvereinigung nur gegenüber ihren Mitgliedern tätig wird.**

(2) (…)

**(5) Nicht als gewerbliche oder berufliche Tätigkeit gilt**

**2. eine Tätigkeit, die auf Dauer gesehen Gewinne oder Einnahmenüberschüsse nicht erwarten lässt (Liebhaberei).**

## B. Vorbemerkung

6.2 Der Dritte Sektor oder Non-Profit-Sektor ist dadurch charakterisiert, dass die in ihm erbrachten Tätigkeiten nicht auf Erzielung eines Gewinnes, sondern auf Erfüllung eines bestimmten Zwecks gerichtet sind. Werden Gewinne erzielt, sollen diese zur Zweckerfüllung verwendet werden.[1] Der Dritte Sektor erbringt bisweilen individualisierte Leistungen gegen Entgelt entweder gegenüber seinen Mitgliedern oder auch gegenüber Dritten. Da er oft in seiner Tätigkeit nicht auf Gewinnerzielung ausgerichtet ist, erfolgt die Finanzierung von Subjekten des Dritten Sektors vielfach nicht über privatrechtliche Entgelte, sondern über Spenden, Mitgliedsbeiträge und Zuschüsse von Seiten der öffentlichen und der privaten Hand.

6.3 Die Unternehmereigenschaft des Dritten Sektors richtet sich nach allgemeinen umsatzsteuerrechtlichen Grundsätzen und ist daher auf Grundlage von Art. 9 MwStRL sowie des in seiner Umsetzung ergangenen § 2 UStG (§ 2 öUStG) zu beurteilen.[2]

1 Vgl. *Achatz*, Das System der Umsatzbesteuerung von Non-Profit-Organisationen, in Achatz (Hrsg.), Die Besteuerung der Non-Profit-Organisationen[2] (2004) 157.

2 S. a. *Achatz*, Umsatzsteuer und Gemeinnützigkeit, in Jachmann, Gemeinnützigkeit, DStJG 26 (2003) 279 (281).

# C. Auslegung von Art. 9 MwStSystRL

## I. Überblick über die Vorschrift

### 1. Inhalt

Der Begriff des Unternehmers ist der MwStRL fremd.[1] Sie verwendet den Begriff des „Steuerpflichtigen". Als Steuerpflichtiger gilt nach Art. 9 Abs. 1 MwStRL, wer eine wirtschaftliche Tätigkeit selbständig und unabhängig von ihrem Ort ausübt, gleichgültig zu welchem Zweck und mit welchem Ergebnis. Für die Frage der Steuerpflichtigeneigenschaft (Unternehmereigenschaft) des Dritten Sektors sind nur Abs. 1 und dessen Unterabs. 2 relevant. Abs. 1 leg cit definiert den Steuerpflichtigen ganz allgemein, Unterabs. 2 konkretisiert den Begriff der „wirtschaftlichen Tätigkeit". 6.4

### 2. Historische Entwicklung

Die Definition des Steuerpflichtigen in der MwStRL geht auf Art. 4 der Zweiten Richtlinie RL 67/228/EWG[2] zurück. Danach galt als Steuerpflichtiger, „wer regelmäßig mit oder ohne Absicht, Gewinn zu erzielen, selbständig Leistungen erbringt, die zu den Tätigkeiten eines Erzeugers, Händlers oder Dienstleistenden gehören." In Anhang A dieser Richtlinie wurde erläutert, wie Art. 4 zu verstehen ist: Bereits im Geltungsbereich der Zweiten Richtlinie sollte der Begriff des Steuerpflichtigen weit verstanden werden und alle Tätigkeiten „der Urproduzenten, der Landwirte sowie der freien Berufe umfassen".[3] 6.5

In der 6. MwStRL (Art. 4) wurde der Begriff des Steuerpflichtigen präziser definiert.[4] Art. 9 der jetzt geltenden MwStRL entspricht der Fassung der 6. MwStRL.[5] Nach den Begründungserwägungen zur 6. MwStRL sollte der Begriff des Steuerpflichtigen genauer gefasst werden, um eine bessere Steuerneutralität zu gewährleisten.[6] 6.6

### 3. Zweck

Nur Steuerpflichtige (Unternehmer in der deutschen und österreichischen Definition) unterliegen mit ihren Aktivitäten, welche sie gegen Entgelt ausführen, der Umsatzsteuer; nur der Unternehmer kann das Recht auf Vorsteuerabzug haben. Die Unternehmereigenschaft ist somit zentrale Voraussetzung dafür, dass ein Sachverhalt der Umsatzsteuer unterliegt. 6.7

1 S. a. *Stadie* in Rau/Dürrwächter, UStG, § 2 Rz. 46.
2 Zweite Richtlinie des Rates v. 11.4.1967 zur Harmonisierung der Rechtsvorschriften der Mitgliedstaaten über die Umsatzsteuern – Struktur und Anwendungsmodalitäten des gemeinsamen Mehrwertsteuersystems RL 67/228/EWG, ABl. EG 1967/71, 1303.
3 Anhang A Pkt. 2 der RL 67/228/EWG, ABl. EG 1967/71, 1308.
4 Sechste Richtlinie des Rates v. 17.5.1977 zur Harmonisierung der Rechtsvorschriften der Mitgliedstaaten über die Umsatzsteuern – Gemeinsames Mehrwertsteuersystem: einheitliche steuerpflichtige Bemessungsgrundlage RL 77/388/EWG, ABl. L 1977/145, 1.
5 Nach Pkt. 3 der Erwägungsgründe hatte die MwStRL auch nicht den Zweck, inhaltliche Änderungen im Verhältnis zur 6. MwStRL zu erzeugen.
6 Erwägungsgrund 5 der RL 77/388/EWG, ABl. L 1977/145, 1.

### 4. Systematische Stellung in der MwStRL

6.8 Der Begriff des Steuerpflichtigen wird in Titel III der MwStRL definiert, nach der Darlegung der Zielsetzung und des Anwendungsbereichs der Mehrwertsteuer (Titel I) sowie des räumlichen Anwendungsbereichs (Titel II). Art. 9 MwStRL ist somit als Grundlage für den Umsatzsteuertatbestand am Anfang der MwStRL angesiedelt und steckt den Anwendungsbereich der MwStRL ab.

### 5. Unterschiedliche Sprachfassungen

6.9 Auch in der englischen und der französischen Sprachfassung findet sich nicht der Begriff des „Unternehmers". Im Englischen ist von „taxable person", im Französischen von „assujetti" die Rede. Beide Begriffe entsprechen dem deutschen Begriff des Steuerpflichtigen. Insgesamt weisen die englische und französische Sprachfassung des Art. 9 Abs. 1 und dessen Unterabs. 2 MwStRL keine terminologischen Abweichungen zur deutschen Sprachfassung auf.

## II. Kommentierung der einzelnen Tatbestandsmerkmale des Unionsrechts

### 1. Steuerpflichtiger

6.10 Aus der Wortwahl „wer" leitet der EuGH ab, dass dem Begriff des Steuerpflichtigen ein weites Verständnis beizulegen ist.[1] Als Mehrwertsteuerpflichtige gelten daher alle natürlichen und juristischen Personen, sowohl öffentliche als auch private, sogar Einrichtungen ohne Rechtspersönlichkeit, die objektiv die Kriterien des Art. 9 MwStRL erfüllen.[2]

Der Begriff des „Steuerpflichtigen" i.S.d. MwStRL ist autonom und für das gesamte Unionsgebiet einheitlich auszulegen.[3]

6.11 Ob eine Tätigkeit auf Grund einer gesetzlichen Anordnung oder aus freien Stücken ausgeübt wird, ist für die Beurteilung als wirtschaftliche Tätigkeit irrelevant (vgl. Art. 25 Buchst. c MwStRL, wonach eine der Mehrwertsteuer unterliegende Dienstleistung auch „kraft Gesetzes" erbracht werden kann).[4]

6.12 Nicht erforderlich für die Anerkennung als Steuerpflichtiger ist außerdem, dass eine entsprechende Genehmigung oder Lizenz erteilt wurde.[5] Außerdem setzt die Qualifikation als Steuerpflichtiger nicht die Registrierung als ein solcher durch das Finanzamt voraus.[6] Dies gilt, obwohl Art. 213 Abs. 1 MwStRL Steuerpflichtige dazu verpflichtet, den Beginn, Veränderungen oder die Beendigung seiner wirtschaftlichen Tätigkeit an die Abgabenbehörde zu mel-

1 EuGH v. 25.3.2010 – Rs. C-79/09 – Kommission/Niederlande, Rz. 76; v. 19.7.2012 – Rs. C-263/11 – Rēdlihs, Rz. 24, UR 2012, 790; v. 29.9.2015 – Rs. C-276/14 – Gmina Wrocław, Rz. 28, UR 2015, 829 m. Anm. *Küffner*; v. 29.10.2015 – Rs. C-174/14 – Saudaçor, Rz. 31.

2 EuGH v. 29.9.2015 – Rs. C-276/14 – Gmina Wrocław, Rz. 28, UR 2015, 829 m. Anm. *Küffner*.

3 EuGH v. 17.9.2014 – Rs. C-7/13 – Skandia America, Rz. 22, UR 2014, 847 m. Anm. *Maunz* = UR 2014, 890 m. Anm. *Heinrichshofen*.

4 EuGH v. 26.3.1987 – Rs. 235/85 – Kommission/Niederlande, Rz. 10; v. 29.10.2009 – Rs. C-246/08 –Kommission/Finnland, Rz. 40, UR 2010, 224.

5 EuGH v. 6.9.2012 – Rs. C-324/11 – Gábor Tóth, Rz. 30, UR 2012, 851; v. 22.10.2015 – Rs. C-277/14 – PPUH Stehkemp, Rz. 37, UR 2015, 917.

6 Z.B. EuGH v. 21.10.2010 – Rs. C-385/09 – Nidera Handelscompagnie, Rz. 51, UR 2011, 27; v. 6.9.2012 – Rs. C-324/11 – Gábor Tóth, Rz. 30, UR 2012, 851.

den.[1] Auch auf die Registrierung als Steuerpflichtiger kommt es für die Beurteilung der Steuerpflichtigeneigenschaft nicht an.[2] Für die Beurteilung, ob eine Person als Steuerpflichtiger oder als Privatperson gehandelt hat, ist entscheidend, ob der Betroffene sich zur Erzielung seiner Einnahmen ähnlicher Mittel bedient wie ein Erzeuger, Händler oder Dienstleistender im Sinne von Art. 9 der MwStRL.[3]

Eine Person beginnt als Steuerpflichtige zu handeln, wenn sie vorbereitende Tätigkeiten im Hinblick auf eine unternehmerische Tätigkeit entfaltet. Dazu zählt etwa der Erwerb der für eine Nutzung erforderlichen Mittel.[4] Wirtschaftliche Tätigkeiten können mehrere aufeinanderfolgende Handlungen umfassen.[5] 6.13

Die Steuerpflichtigeneigenschaft endet mit der letzten im Zusammenhang mit der wirtschaftlichen Aktivität gesetzten Handlung.[6]

## 2. Wirtschaftliche Tätigkeit

Der Begriff der „wirtschaftlichen Tätigkeit i.S.v. Art. 9 MwStRL hat nach der st. Rspr. des EuGH objektiven Charakter.[7] Sie ist unabhängig von ihrem Zweck und ihrem Ergebnis zu betrachten.[8] Für die Frage der Steuerpflichtigeneigenschaft ist es daher unerheblich, wenn einer Einrichtung bestimmte Tätigkeiten aus Gründen des Gemeinwohls und unabhängig von jedem unternehmerischen oder geschäftlichen Ziel durch Gesetz zugewiesen werden.[9] 6.14

„Wirtschaftliche Tätigkeiten" sind alle Tätigkeiten eines Erzeugers, Händlers oder Dienstleistenden einschließlich der Tätigkeiten der Urproduzenten, der Landwirte sowie der freien Berufe und der diesen gleichgestellten Berufe. Umfasst sind sämtliche Stadien der Erzeugung, 6.15

1 EuGH v. 6.9.2012 – Rs. C-324/11 – Gábor Tóth, Rz. 31, UR 2012, 851.
2 EuGH v. 22.12.2010 – Rs. C-438/09 – Dankowski, Rz. 33, 36 und 38; v. 6.9.2012 – Rs. C-324/11 – Gábor Tóth, Rz. 32, UR 2012, 851.
3 EuGH v. 9.7.2015 – Rs. C-331/14 – Kezić, Rz. 24, UR 2015, 621.
4 EuGH v. 11.7.1991 – Rs. C-97/90 – Lennartz, Rz. 13, UR 1991, 291 m. Anm. *Widmann*.
5 EuGH v. 14.2.1985 – Rs. C-268/83 – Rompelman, Rz. 22, UR 1985, 199 m. Anm. *Weiss*.
6 *Ruppe/Achatz*, UStG[4] (2011) § 2 Rz. 142; vgl. dazu a. *Englisch* in Tipke/Lang, Steuerrecht[22] (2015) § 17 Rz. 49; zum Recht auf Vorsteuerabzug trotz Einstellung der wirtschaftlichen Tätigkeit EuGH v. 3.3.2005 – Rs. C-32/03 – Fini H, Rz. 35, UR 2005, 433.
7 EuGH v. 14.2.1985 – Rs. C-268/83 – Rompelman, UR 1985, 199 m. Anm. *Weiss*; v. 26.3.1987 – Rs. C-235/85 – Kommission/Niederlande, Rz. 8, UR 1988, 164; v. 26.9.1996 – Rs. C-230/94 – Enkler, Rz. 25, UR 1996, 418 m. Anm. *Widmann*; v. 27.11.2003 – Rs. C-497/01 – Zita Modes, Rz. 38, UR 2004, 19 m. Anm. *Wäger*; v. 12.1.2006 – Rs. C-354/03, C-355/03 und C-484/03 Optigen u.a., Rz. 43; v. 6.7.2006 – Rs. C-439/04 und C-440/04 – Kittel und Recolta Recycling, Rz. 41.
8 Für viele: EuGH v. 14.2.1985 – Rs. C-268/83 – Rompelman, UR 1985, 199 m. Anm. *Weiss*; v. 26.3.1987 – Rs. C-235/85 – Kommission/Niederlande, Rz. 8, UR 1988, 164; v. 26.9.1996 – Rs. C-230/94 – Enkler, Rz. 25, UR 1996, 418 m. Anm. *Widmann*; v. 27.11.2003 – Rs. C-497/01 – Zita Modes, Rz. 38, UR 2004, 19 m. Anm. *Wäger*; v. 12.1.2006 – Rs. C-354/03, C-355/03 und C-484/03 – Optigen u.a., Rz. 43; v. 21.2.2006 – Rs. C-223/03 – University of Huddersfield, Rz. 47 und 48, UR 2006, 217; v. 21.2.2006 – Rs. C-255/02 – Halifax, Rz. 56 und 57, UR 2006, 232 m. Anm. *Wäger*; v. 20.6.2013 – Rs. C-653/11 – Newey, Rz. 41, UR 2013, 628; v. 17.12.2015 – Rs. C-419/14 – WebMindLicenses, Rz. 37, UR 2016, 58; v. 6.9.2012 – Rs. C-324/11 – Gábor Tóth, Rz. 30, UR 2012, 851; v. 22.10.2015 – Rs. C-277/14 – PPUH Stehkemp, Rz. 33, UR 2015, 917.
9 EuGH v. 29.10.2009 – Rs. C-246/08 – Kommission/Finnland, Rz. 40, UR 2010, 224.

des Handels und der Erbringung von Dienstleistungen.[1] Als wirtschaftliche Tätigkeit gilt insb die Nutzung von körperlichen oder nicht körperlichen Gegenständen zur nachhaltigen Erzielung von Einnahmen (Art. 9 Abs. 1 Unterabs. 2 MwStRL).[2]

6.16 Nach der st. Rspr. umfasst Art. 9 MwStRL ausschließlich Tätigkeiten wirtschaftlicher Art.[3]

Eine wirtschaftliche Tätigkeit verlangt, dass identifizierbaren Personen ein verbrauchsfähiger Nutzen verschafft wird.[4] Keine wirtschaftliche Tätigkeit entfaltet etwa, wer im allgemeinen Interesse an der Förderung des ordnungsgemäßen Funktionierens des Milchmarktes der Gemeinschaft handelt.[5] Dasselbe gilt für einen Verein, dessen Tätigkeit sich an einen allgemeinen Adressatenkreis richtet, der sich auch im Zuge der Leistungserbringung nicht konkretisiert.[6]

6.17 Beschränkt sich die Tätigkeit einer politischen Organisation auf die Öffentlichkeitsarbeit, Informationstätigkeit, die Organisation von Veranstaltungen, die Lieferung von Werbematerial an andere Unterorganisationen und die Ausrichtung eines alljährlichen Balles und finanziert sich diese Organisation ausschließlich aus öffentlichen Zuschüssen, Spenden und Mitgliedsbeiträgen, handelt es sich um eine nach außen gerichtete Tätigkeit im Rahmen der Verwirklichung von politischen Zielen, welche die Verbreitung der Anschauungen dieser Organisation bezweckt. Damit nimmt die Organisation aber nicht an einem Markt teil. Eine solche Tätigkeit ist nicht als Ausübung einer wirtschaftlichen Tätigkeit i.S.d. MwStRL zu verstehen.[7]

6.18 Die entgeltlichen Umsätze eines Steuerpflichtigen unterliegen der Mehrwertsteuer, wenn er „als solcher“ gehandelt hat.[8] „Als solcher“ handelt ein Steuerpflichtiger, wenn er Umsätze im Rahmen seiner steuerbaren Tätigkeit ausführt.[9] Die entsprechende Tätigkeit muss den Steuertatbestand des Art. 2 MwStRL erfüllen.[10] Er muss also einen Umsatz ausführen, welcher der Mehrwertsteuer unterliegt. Die Einstufung als Steuerpflichtiger setzt also voraus, dass ein der

1 EuGH v. 4.12.1990 – Rs. C-186/89 – Van Tiem, Rz. 17, UR 1991, 75; v. 26.6.2003 – Rs. C-305/01 – MKG Kraftfahrzeuge Factoring, Rz. 42, UR 2003, 399 m. Anm. *Wäger*; v. 21.2.2006 – Rs. C-223/03 – University of Huddersfield, Rz. 46, UR 2006, 217.

2 EuGH v. 26.6.2003 – Rs. C-442/01 – KapHag, Rz. 36, UR 2003, 443; v. 26.5.2005 – Rs. C-465/03 – Kretztechnik, Rz. 18, UR 2005, 382; zur Möglichkeit der unionsrechtskonformen Auslegung von § 2 UStG vgl. *Reiß* in Reiß/Krauesel/Langer/Wäger (Hrsg.), UStG – Kommentar, § 2 Rz. 26 m.w.N.

3 EuGH v. 26.6.2007 – Rs. C-369/04 – Hutchinson 3G ua, Rz. 28, UR 2007, 613; v. 26.6.2007 – Rs. C-284/04 – T-Mobile Austria ua, Rz. 34, UR 2007, 607 m. Anm. *Burgmaier*; v. 11.7.1996 – Rs. C-306/94 – Régie Dauphinoise, Rz. 15, UR 1996, 304; v. 29.4.2004 – Rs. C-77/01 – EDM, Rz. 47, UR 2004, 292 m. Anm. *Wäger*; v. 26.5.2005 – Rs. C-465/03 – Kretztechnik, Rz.18, UR 2005, 382; v. 29.10.2009 – Rs. C-246/08 – Kommission/Finnland, Rz. 34, UR 2010, 224.

4 EuGH v. 18.12.1997 – Rs. C-384/95 – Landboden-Agrardienste, UR 1998, 102 m. Anm. *Stapperfend*.

5 EuGH v. 29.2.1996 – Rs. C-215/94 – Mohr, Rz. 20, UR 1996, 119 m. Anm. *Widmann*.

6 *Ruppe/Achatz*, UStG[4] (2011), § 1 Rz. 116.

7 EuGH v. 6.10.2009 – Rs. C-267/08 – SPÖ Landesorganisation, Rz. 18 ff.; kritisch *Stadie* in R/D/F/G, UStG § 2 Rz. 72.

8 EuGH v. 9.7.2015 – Rs. C-331/14 – Kezić, Rz. 19, UR 2015, 621.

9 EuGH v. 4.10.1995 – Rs. C-291/92 – Armbrecht, Rz. 17, UR 1995, 465 = UR 1995, 485; v. 29.4.2004 – Rs. C-77/01 – EDM, Rz. 66, UR 2004, 292 m. Anm. *Wäger*; v. 12.1.2006 – Rs. C-354/03, C-355/03 und C-484/03 – Optigen u.a., Rz. 42.

10 EuGH v. 12.5.2016 – Rs. C-520/14 – Gemeente Borsele, Rz. 21, UR 2016, 520 m. Anm. *Küffner* = UR 2016, 543 m. Anm. *Sterzinger*.

Umsatzsteuer unterliegender Umsatz ausgeführt wird. Dies bedeutet im Grundtatbestand, dass die Lieferung eines Gegenstandes gegen Entgelt getätigt[1] oder eine Dienstleistung gegen Entgelt erbracht[2] wird.

### 3. Selbständige Ausübung

Die Steuerpflichtigeneigenschaft verlangt die selbständige Ausübung einer wirtschaftlichen Tätigkeit. Dies setzt voraus, dass der Betroffene seine Tätigkeiten im eigenen Namen, auf eigene Rechnung und in eigener Verantwortung ausübt und das mit der Ausübung dieser Tätigkeit einhergehende wirtschaftliche Risiko trägt.[3] 6.19

### 4. Zur Erzielung von Einnahmen

Eine wirtschaftliche Tätigkeit, die Steuerpflichtigeneigenschaft begründet, ist eine Tätigkeit, die nachhaltig ist und gegen ein Entgelt ausgeübt wird, das derjenige erhält, der die Leistung erbringt.[4] Nach dem Wortlaut der Richtlinie und auch nach § 2 UStG setzt die Unternehmereigenschaft also die Erbringung von Leistungen (Dienstleistungen oder Lieferungen) gegen Entgelt voraus. 6.20

Die MwStRL verlangt für das Vorliegen einer wirtschaftlichen Tätigkeit lediglich das Erzielen von Einnahmen; es spielt keine Rolle, ob die Tätigkeit auf die Erzielung von Gewinnen gerichtet ist.[5] Die Einnahmen müssen nicht einmal von einigem Gewicht sein (vgl. Art. 285 MwStRL). Eine wirtschaftliche Tätigkeit kann daher auch dann vorliegen, wenn die Ausübung eines Gewerbes nur ergänzend zulässig ist.[6] Daher können auch Einrichtungen ohne Gewinnstreben als Unternehmer zu qualifizieren sein. Dies wird auch durch die für Einrichtungen ohne Gewinnstreben zum Teil vorgesehenen Steuerbefreiungen bestätigt.[7] Dieses Ergebnis entspricht dem Verbrauchsteuercharakter der Umsatzsteuer und dem damit einhergehenden Gedanken der Wettbewerbsneutralität.[8] 6.21

Angesichts des objektiven Charakters und der Unabhängigkeit von Zweck und Ergebnis ist für die Beurteilung einer Tätigkeit als wirtschaftlich auch die Art der Finanzierung irrele- 6.22

---

1 Art 2 Abs. 1 Buchst. a MwStRL.

2 Art 2 Abs. 1 Buchst. c MwStRL.

3 EuGH v. 27.1.2000 – Rs. C-23/98 – Heerma, Rz. 18, UR 2000, 121; v. 18.10.2007 – Rs. C-355/06 – van der Steen, Rz. 23, UR 2007, 889 m. Anm. *Widmann*; v. 29.9.2015 – Rs. C-276/14 – Gmina Wroclaw, Rz. 34, UR 2015, 829 m. Anm. *Küffner*; v. 12.10.2016 – Rs. C-340/15 – Christine Nigl, Rz. 28, UR 2016, 873.

4 EuGH v. 26.3.1987 – Rs. 235/85 – Kommission/Niederlande, Rz. 9 und 15; v. 26.6.2007 – Rs. C-369/04 – Hutchinson 3G ua, Rz. 27, UR 2007, 613; v. 13.12.2007 – Rs. C-408/06 – Götz, Rz. 18 und 23, UR 2008, 296; v. 26.6.2007 – Rs. C-284/04 – T-Mobile Austria u.a., Rz. 35, UR 2007, 607 m. Anm. *Burgmaier.*

5 EuGH v. 20.6.2013 – Rs. C-219/12 – Finanzamt Freistadt Rohrbach Urfahr, Rz. 25.

6 EuGH v. 2.6.2016 – Rs. C-263/15 – Lajvér Meliorációs Nonprofit Kft, Rz. 35 und 42, UR 2016, 525.

7 Vgl. Art 132 ff. MwStRL; vgl. EuGH v. 21.3.2002 – Rs. C-174/00 – Kennemer Golf & Country Club, Rz. 24 ff., UR 2002, 320 m. Anm. *Widmann.*

8 *Stadie* in R/D/F/G, UStG, § 2 Rz. 62, Rz. 455; *Englisch* in Tipke/Lang, Steuerrecht[22] (2015) § 17 Rz. 44.

vant.[1] Dies gilt auch für den Fall, dass die Investitionen einer Einrichtung überwiegend mit (nicht umsatzsteuerbaren) staatlichen Beihilfen finanziert wurden.[2]

6.23 Der Begriff der Einnahmen ist im Sinne eines als Gegenleistung für die ausgeübte Tätigkeit erhaltenen Entgelts zu verstehen.[3]

6.24 Entgeltlichkeit liegt nach stRsp des EuGH nur dann vor, wenn zwischen der erbrachten Dienstleistung und dem empfangenen Gegenwert ein unmittelbarer Zusammenhang besteht.[4] Eine Leistung ist folglich dann umsatzsteuerbar, wenn zwischen dem Leistenden und dem Leistungsempfänger ein Rechtsverhältnis besteht, in dessen Rahmen gegenseitige Leistungen ausgetauscht werden. Dabei muss die vom Leistenden empfangene Vergütung den tatsächlichen Gegenwert für die dem Leistungsempfänger erbrachte Dienstleistung darstellen.[5] Ein solcher unmittelbarer Zusammenhang besteht selbst dann, wenn ein Pauschalbeitrag geleistet wird, mit dem der Leistende gegenüber dem Leistungsempfänger einen Anspruch auf Leistung hat. So beruht etwa die Leistung eines Sportvereins gegen Bezahlung eines Jahresbeitrags darin, dass er seinen Mitgliedern dauerhaft Sportanlagen und damit verbundene Vorteile zur Verfügung stellt.[6] Dabei ist unbeachtlich, dass die Leistungen weder im Voraus bestimmt noch individualisiert sind und dass das Entgelt in Form einer Pauschale entrichtet wird.[7] Wesentlich ist lediglich, dass die individuelle Leistung bestimmbar ist. Entgeltlichkeit ist auch nicht ausgeschlossen, wenn die Tätigkeiten, für die ein Entgelt vereinnahmt wird, aus Gründen des Gemeinwohls durch Gesetz zugewiesen und geregelt werden (etwa durch gesetzlich festgeschriebene Gebühren).[8] Dies gilt auch dann, wenn die fragliche Tätigkeit die Erfüllung einer verfassungsrechtlichen Pflicht bezweckt, welche allein und unmittelbar dem betroffenen Mit-

1 EuGH v. 6.10.2005 – Rs. C-243/03 – Kommission/Frankreich, Rz. 32 und 33; v. 23.4.2009 – Rs. C-74/08 – PARAT Automotive Cabrio, Rz. 20 und 26, UR 2009, 452; v. 2.6.2016 – Rs. C-263/15 – Lajvér Meliorációs Nonprofit Kft, Rz. 38 und 42, UR 2016, 525.

2 EuGH v. 2.6.2016 – Rs. C-263/15 – Lajvér Meliorációs Nonprofit Kft, Rz. 42 und 38, UR 2016, 525.

3 EuGH v. 20.6.2013 – Rs. C-219/12 – Finanzamt Freistadt Rohrbach Urfahr, Rz. 23.

4 EuGH v. 8.3.1988 – Rs. 102/86 – Apple and Pear Development Council, Rz. 11 und 12; v. 3.3.1994 – Rs. C-16/93 – Tolsma, Rz. 13, UR 1994, 226 = UR 1994, 399; v. 16.10.1997 – Rs. C-258/95 – Fillibeck, Rz. 12, UR 1998, 61; v. 12.9.2000 – Rs. C-260/98 – Kommission/Griechenland, Rz. 29; v. 21.3.2002 – Rs. C-174/00 – Kennemer Golf & Country Club, Rz. 39, UR 2002, 320 m. Anm. *Widmann*; v. 29.10.2009 – Rs. C-246/08 – Kommission/Finnland, Rz. 44, UR 2010, 224; v. 3.9.2015 – Rs. C-463/14 – Asparuhovo Lake Investment Company OOD, Rz. 35, UR 2015, 781.

5 EuGH v. 3.3.1994 – Rs. C-16/93 – Tolsma, Rz. 14, UR 1994, 226 = UR 1994, 399; v. 21.3.2002 – Rs. C-174/00 – Kennemer Golf & Country Club, Rz. 39, UR 2002, 320 m. Anm. *Widmann*; v. 26.9.2013 – Rs. C-283/12 – Serebryannay vek EOOD, Rz. 37; v. 23.12.2015 – Rs. C-250/14 – Air France-KLM, Rz. 22; v. 29.10.2015 – Rs. C-174/14 – Saudaçor, Rz. 32.

6 EuGH v. 21.3.2002 – Rs. C-174/00 – Kennemer Golf & Country Club, Rz. 40, UR 2002, 320 m. Anm. *Widmann*; vgl. auch EuGH v. 3.9.2009 – Rs. C-37/08 – RCI Europe, Rz. 34, UR 2009, 887.

7 EuGH v. 27.3.2014 – Rs. C-151/13 – Le Rayon d'Or, Rz. 37, UR 2014, 487; v. 3.9.2015 – Rs. C-463/14 – Asparuhovo Lake Investment Company OOD, Rz. 39, UR 2015, 781. Ein unmittelbarer Zusammenhang zwischen Leistung und Gegenleistung besteht etwa auch dann, wenn eine Wohnung für eine bestimmte Dauer an eine andere Person unentgeltlich überlassen wird, diese Person die Wohnung für wirtschaftliche Zwecke verwendet und Investitionen vornimmt, die nach Ablauf der Überlassungsdauer auf den Eigentümer übergehen (dazu mit weiteren Nachweisen EuGH v. 26.9.2013 – Rs. C-283/12 – Serebryannay vek EOOD, Rz. 37 ff.).

8 EuGH v. 12.9.2000 – Rs. C-276/97 – Kommission/Frankreich, Rz. 33; v. 29.10.2009 – Rs. C-246/08 – Kommission/Finnland, Rz. 40, UR 2010, 224; v. 2.6.2016 – Rs. C-263/15 – Lajvér Meliorációs Nonprofit Kft, Rz. 42, UR 2016, 525.

gliedstaat obliegt.[1] Selbst wenn es sich bei dem Entgelt, das vor einem solchen Hintergrund entrichtet wird, um eine unter den Selbstkosten und damit unter dem marktüblichen Preis liegende Gegenleistung handelt, liegt eine wirtschaftliche Tätigkeit vor.[2] Die Höhe des Entgelts ist also für die Qualifikation als Gegenleistung für eine umsatzsteuerbare Leistung nicht primär ausschlaggebend.[3]

Werden Dienstleistungen ausschließlich ohne unmittelbare Gegenleistung erbracht, fehlt es an einer Besteuerungsgrundlage. Ein Handeln als Unternehmer (Steuerpflichtiger) ist nicht gegeben.[4] Die erforderliche Unmittelbarkeit fehlt etwa, wenn das Entgelt für die von einem Rechtshilfebüro erbrachten Leistungen von der Höhe des Einkommens und des Vermögens des Leistungsempfängers abhängt und die Vergütung damit in keinem Zusammenhang zum Wert der erbrachten Dienstleistungen steht. Ein solcher Zusammenhang zwischen der erbrachten Leistung und der erhaltenen Gegenleistung ist in diesem Fall als so locker zu betrachten, dass die Gegenleistung nicht als Entgelt für eine wirtschaftliche Tätigkeit qualifiziert werden kann. Eine wirtschaftliche Tätigkeit liegt daher nicht vor.[5] Kein unmittelbarer Zusammenhang zwischen einer Leistung und einer Gegenleistung besteht außerdem etwa, wenn ein Musikant auf öffentlichen Wegen spielt und von Passanten eine Vergütung erhält. Der EuGH begründet dies damit, dass zwischen den Parteien keine Vereinbarung besteht, da die Passanten ihre Vergütung freiwillig bezahlen und auch deren Höhe selbst bestimmen. Außerdem sieht der EuGH in der Darbietung des Künstlers und den veranlassten Zahlungen keinen notwendigen Zusammenhang.[6] Keinen Entgeltlichkeitszusammenhang und daher auch kein Handeln als Steuerpflichtiger sah der EuGH außerdem zwischen den Pflichtmitgliedsbeiträgen einer Körperschaft öffentlichen Rechts und den Vorteilen, die den einzelnen Mitgliedern dieser Vereinigung aus deren Dienstleistungen erwachsen, wenn die Aufgaben der Körperschaft die gemeinsamen Interessen der Mitglieder betreffen. In solchen Fällen kämen die Vorteile, die sich aus den Dienstleistungen ergeben, dem gesamten betroffenen Wirtschaftszweig zugute. Vorteile für die einzelnen Mitglieder würden sich nur mittelbar aus den Vorteilen ableiten, die dem Wirtschaftszweig allgemein erwachsen.[7] Keine Entgeltlichkeit liegt außerdem vor, wenn sich eine Tätigkeit ausschließlich darauf beschränkt, Leistungen ohne unmittelbare Gegenleistung zu erbringen.[8] So kann etwa in der Wahrnehmung der Interessen der Mitglieder, selbst wenn dies nur auf Grund der Leistung von Mitgliedsbeiträgen möglich ist, noch keine Einnahmenerzielung gesehen werden. In dem Umstand, dass die (niedrigen) Beiträge für eine bestimmte Leistung nicht von jedem Nutzer der Leistung geschuldet und die Kosten für die Erbringung der Leistung daher überwiegend durch öffentliche Zuschüsse ge- 6.25

1 EuGH v. 29.10.2015 – Rs. C-174/14 – Saudaçor, Rz. 39; v. 2.6.2016 – Rs. C-263/15 – Lajvér Meliorációs Nonprofit Kft, Rz. 42, UR 2016, 525.

2 EuGH v. 2.6.2016 – Rs. C-263/15 – Lajvér Meliorációs Nonprofit Kft, Rz. 42 und 45, UR 2016, 525; unter Verweis auf EuGH v. 20.1.2005 – Rs. C-412/03 – Scandic Gåsabäck, Rz. 22, UR 2005, 194 = UR 2005, 98; v. 9.6.2011 – Rs. C-285/10 – Campsa Estaciones de Servicio, Rz. 25, UR 2012, 440; v. 27.3.2014 – Rs. C-151/13 – Le Rayon d'Or, Rz. 36 f., UR 2014, 487.

3 Vgl. dazu auch *Ehrke-Rabel/Schinnerl*, Vorsteuerabzug bei Immobilienvermietung an nahestehende Personen, taxlex 2016, 267 (268 ff.).

4 EuGH v. 1.4.1982 – Rs. C-89/81 – Hong-Kong Trade Development Council, Rz. 10, UR 1982, 246.

5 EuGH v. 29.10.2009 – Rs. C-246/08 – Kommission/Finnland, Rz. 51, UR 2010, 224.

6 EuGH v. 3.3.1994 – Rs. C-16/93 – Tolsma, Rz. 17, UR 1994, 226 = UR 1994, 399.

7 EuGH v. 8.3.1988 – Rs. 102/86 – Apple and Pear Development Council, Rz. 11 bis 14; v. 4.10.1995 – Rs. C-291/92 – Armbrecht, Rz. 17, UR 1995, 465 = UR 1995, 485.

8 EuGH v. 1.4.1982 – Rs. C-89/81 – Hong-Kong Trade Development Council, Rz. 9 und 10, UR 1982, 246; v. 3.3.1994 – Rs. C-16/93 – Tolsma, Rz. 12, UR 1994, 226 = UR 1994, 399.

deckt wurden, sah der EuGH einen Hinweis auf den fehlenden tatsächlichen und unmittelbaren Zusammenhang zwischen dem gezahlten Betrag und der Erbringung der Leistung. Unter Berücksichtigung der übrigen Umstände, unter denen die Tätigkeit erfolgt ist, hat er die für die Entgeltlichkeit und damit für das Vorliegen einer wirtschaftlichen Tätigkeit erforderliche Unmittelbarkeit verneint.[1]

6.26 Für Einrichtungen des dritten Sektors, welche zu ihrer Finanzierung regelmäßig Mitgliedsbeiträge und vielfach Zuschüsse oder Subventionen erhalten, ergibt sich zusammenfassend daher Folgendes: Bei Mitgliedsbeiträgen, Subventionen und Zuschüssen stellt sich die Frage, ob sie als Entgelt zu qualifizieren sind. Dies ist jeweils im Einzelfall zu beurteilen. Dabei ist zu prüfen, ob die Zahlung des Beitrages dem jeweiligen Mitglied, Zuschuss- oder Subventionsgeber einen individualisierbaren Nutzen verschafft, ob also die Zahlung des Mitgliedsbeitrages, der Subvention oder des Zuschusses als Gegenleistung für eine konkrete Leistung der Einrichtung erfolgt. Von einem Entgelt und damit von einem Leistungsaustausch ist außerdem auszugehen, wenn der Mitgliedsbeitrag, der Zuschuss oder die Subvention als Gegenleistung für eine von der Einrichtung konkret an einen Dritten erbrachte Leistung zu qualifizieren ist (sog Entgelt von dritter Seite).[2]

6.27 Für die Beurteilung, ob es sich bei einer Subvention um ein steuerbares Entgelt handelt, ist der Umstand, dass sich eine Subvention auf die Preise der von der subventionierten Einrichtung gelieferten Gegenstände oder erbrachten Dienstleistungen auswirkt, nicht ausschlaggebend. Eine Subvention kann nur steuerbar sein, wenn sie an die subventionierte Einrichtung gerade für die Lieferung eines bestimmten Gegenstandes oder die Erbringung einer bestimmten Dienstleistung gezahlt wird.[3] Dazu muss der Preis des Gegenstandes oder der Dienstleistung in seinen Grundzügen spätestens zum Zeitpunkt des Eintritts des Tatbestands festliegen. Er muss zumindest bestimmbar sein. Außerdem muss mit der Verpflichtung des Subventionsgebers zur Subventionszahlung das Recht des Subventionsempfängers auf Auszahlung der Subvention einhergehen, wenn er einen steuerbaren Umsatz bewirkt hat.[4] Um festzustellen, ob eine Subvention ein Entgelt darstellt, kann etwa der Preis der Leistung ohne Subvention und der Preis der Leistung mit Subvention miteinander verglichen werden. Reduziert sich der Preis durch die Leistung der Subvention, ist sie Entgeltsbestandteil. Wird die ausbedungene Leistung nicht erbracht, wenn die Subvention nicht geleistet wird, ist ebenfalls von einem Entgelt auszugehen.[5]

---

1 EuGH v. 12.5.2016 – Rs. C-520/14 – Gemeente Borsele, Rz. 33, UR 2016, 520 m. Anm. *Küffner* = UR 2016, 543 m. Anm. *Sterzinger.* In diesem Urteil ging es um die Frage, ob der von einer Gemeinde organisierte Schülertransport durch Busse, für den ein Teil der Eltern einen geringen Beitrag zu leisten hatte, die Kosten aber zu 97 % durch Zuschüsse der öffentlichen Hand abgedeckt wurden, als wirtschaftliche Tätigkeit zu qualifizieren war. Hinzu kam, dass die Gemeinde die Leistung nicht selbst erbracht, sondern von Transportunternehmern zugekauft hatte. Vor dem Hintergrund des Gesamtbildes der Verhältnisse hat der EuGH das Vorliegen einer wirtschaftlichen Tätigkeit verneint; s. dazu ausführlich *Ehrke-Rabel/Schinnerl*, Vorsteuerabzug bei Immobilienvermietung an nahestehende Personen, taxlex 2016, 267 ff.

2 Vgl. etwa EuGH v. 13.6.2002 – Rs. C-353/00 – Keeping Newcastle Warm, UR 2002, 333; *Achatz*, Umsatzsteuer und Gemeinnützigkeit, in Jachmann, Gemeinnützigkeit, DStJG 26 (2003) 279 (290).

3 EuGH v. 22.11.2001 – Rs. C-184/00 – Office des produits Wallons, Rz. 12, UR 2002, 177.

4 EuGH v. 22.11.2001 – Rs. C-184/00 – Office des produits Wallons, Rz. 13, UR 2002, 177.

5 *Achatz*, Umsatzsteuer und Gemeinnützigkeit, in Jachmann, Gemeinnützigkeit, DStJG 26 (2003) 279 (291).

Der Empfang eines Entgelts ist für sich allein jedoch nicht geeignet, einer Tätigkeit wirtschaftlichen Charakter zu verleihen.[1] Es sind zusätzlich alle Umstände zu prüfen, unter denen diese Tätigkeit erfolgt.[2]

## 5. Nachhaltige Nutzung von körperlichen oder nicht körperlichen Wirtschaftsgütern

Die wirtschaftliche Tätigkeit setzt nach der MwStRL neben dem Empfang eines Entgelts für die erbrachte Leistung die nachhaltige Nutzung von körperlichen oder unkörperlichen Wirtschaftsgütern voraus. Der Begriff der wirtschaftlichen Tätigkeit bezieht sich daher nicht auf gelegentlich ausgeübte Tätigkeiten.[3] 6.28

Der Begriff der „Nutzung“ bezieht sich, ungeachtet der Rechtsform, auf alle Rechtsvorgänge, die darauf abzielen, aus einem Gegenstand nachhaltig Einnahmen zu erzielen.[4] Eine Nutzung eines Gegenstandes ist etwa die Vermietung eines körperlichen Gegenstandes[5] oder der Verkauf von Früchten eines körperlichen Gegenstandes (etwa von Holz aus einem Forst).[6] 6.29

Ob eine Tätigkeit als nachhaltige Nutzung eines körperlichen oder unkörperlichen Wirtschaftsgutes zur Erzielung von Einnahmen und damit als wirtschaftliche Tätigkeit zu qualifizieren ist, ist eine Tatsachenfrage.[7] Sie ist unter „Berücksichtigung aller Gegebenheiten, die für den Einzelfall charakteristisch sind“, zu ermitteln.[8] Zu diesen Gegebenheiten zählt auch die Art des betreffenden Gegenstandes.[9] Wenn ein Gegenstand für gewöhnlich ausschließlich wirtschaftlich genützt wird, ist dies grundsätzlich ein ausreichendes Indiz dafür, dass sein Eigentümer ihn für Zwecke wirtschaftlicher Tätigkeiten und damit in umsatzsteuerrechtlich relevanter Form verwendet. Wenn aber ein Gegenstand seiner Art nach sowohl zu wirtschaftlichen als auch zu privaten Zwecken verwendet werden kann, sind alle Umstände seiner Nutzung zu prüfen. Dies dient der Feststellung, ob er tatsächlich zur nachhaltigen Erzielung von Einnahmen verwendet wird.[10] Bei der Frage etwa, ob die Vermietung eines Gegenstandes 6.30

1 EuGH v. 26.6.2007 – Rs. C-369/04 – Hutchinson 3G u.a., Rz. 39, UR 2007, 613; v. 13.12.2007 – Rs. C-408/06 – Götz, Rz. 21, UR 2008, 296; v. 29.10.2009 – Rs. C-246/08 – Kommission/Finnland, Rz. 38, UR 2010, 224; v. 12.5.2016 – Rs. C-520/14 – Gemeente Borsele, Rz. 28, UR 2016, 520 m. Anm. *Küffner* = UR 2016, 543 m. Anm. *Sterzinger*.

2 EuGH v. 12.5.2016 – Rs. C-520/14 – Gemeente Borsele, Rz. 29, UR 2016, 520 m. Anm. *Küffner* = UR 2016, 543 m. Anm. *Sterzinger*; v. 26.9.1996 – Rs. C-230/94 – Enkler, Rz. 27, UR 1996, 418 m. Anm. *Widmann*.

3 EuGH v. 26.9.1996 – Rs. C-230/94 – Enkler, Rz. 20, UR 1996, 418 m. Anm. *Widmann*.

4 EuGH v. 26.6.2007 – Rs. C-284/04 – T-Mobile Austria u.a., Rz. 38, UR 2007, 607 m. Anm. *Burgmaier*; v. 13.12.2007 – Rs. C-408/06 – Götz, Rz. 18, UR 2008, 296; v. 2.6.2016 – Rs. C-263/15 – Lajvér Meliorációs Nonprofit Kft, Rz. 24 und 42, UR 2016, 525.

5 EuGH v. 26.9.1996 – Rs. C-230/94 – Enkler, Rz. 21, UR 1996, 418 m. Anm. *Widmann*; v. 14.2.1985 – Rs. C-268/83 – Rompelman, Rz. 20, UR 1985, 199 m. Anm. *Weiss*.

6 EuGH v. 19.7.2012 – Rs. C-263/11 – Rēdlihs, Rz. 30, UR 2012, 790.

7 EuGH v. 19.7.2012 – Rs. C-263/11 – Rēdlihs, Rz. 33, UR 2012, 790.

8 EuGH v. 26.9.1996 – Rs. C-230/94 – Enkler, Rz. 24, UR 1996, 418 m. Anm. *Widmann*; v. 19.7.2012 – Rs. C-263/11 – Rēdlihs, Rz. 33, UR 2012, 790; v. 20.6.2013 – Rs. C-219/12 – Finanzamt Freistadt Rohrbach Urfahr, Rz. 19; *Achatz*, Umsatzsteuer und Gemeinnützigkeit, in Jachmann, Gemeinnützigkeit, DStJG 26 (2003) 279 (289).

9 EuGH v. 26.9.1996 – Rs. C-230/94 – Enkler, Rz. 26, UR 1996, 418 m. Anm. *Widmann*; v. 11.7.1991 – Rs. C-97/90 – Lennartz, Rz. 21, UR 1991, 291 m. Anm. *Widmann*; v. 19.7.2012 – Rs. C-263/11 – Rēdlihs, Rz. 33, UR 2012, 790.

10 EuGH v. 26.9.1996 – Rs. C-230/94 – Enkler, Rz. 27, UR 1996, 418 m. Anm. *Widmann*; EuGH v. 19.7.2012 – Rs. C-263/11 – Rēdlihs, Rz. 35, UR 2012, 790.

als wirtschaftliche Tätigkeit zu qualifizieren ist, können neben dem angesprochenen Vergleich die tatsächliche Dauer der Vermietung des Gegenstands, die Zahl der Kunden und die Höhe der Einnahmen Gesichtspunkte sein, die neben anderen Gesichtspunkten berücksichtigt werden können.[1]

6.31 Eine Methode für die Feststellung, ob die entgeltliche Erbringung einer Leistung tatsächlich als wirtschaftliche Tätigkeit anzusehen ist, kann der Vergleich zwischen den Umständen sein, unter denen der Betreffende den Gegenstand tatsächlich nutzt und den Umständen, unter denen die entsprechende wirtschaftliche Tätigkeit gewöhnlich ausgeübt wird.[2]

6.32 Für die Beurteilung einer Tätigkeit als wirtschaftliche Tätigkeit kommt es nicht darauf an, ob eine Person den betreffenden Gegenstand (dessen Nutzungsmöglichkeit in Frage steht) für ihren persönlichen Bedarf erworben hat. Diese Frage ist für das Recht zum Vorsteuerabzug aus dem Erwerb des Gegenstandes von Bedeutung,[3] nicht aber für die Beurteilung ihrer anschließenden Nutzung im Rahmen einer wirtschaftlichen oder nichtwirtschaftlichen Tätigkeit.[4]

6.33 Von einer nachhaltigen wirtschaftlichen Betätigung ist etwa auszugehen, wenn ein Unternehmen plant, für die Nutzung der von ihm errichteten Wasserbauten über einen Zeitraum von acht Jahren eine Gebühr zu erheben.[5]

6.34 Unternimmt jemand aktive Schritte in seiner Betätigung, indem er sich ähnlicher Mittel wie ein Erzeuger, Händler oder Dienstleistender bedient, ist eine Tätigkeit als wirtschaftliche Tätigkeit i.S.v. Art. 9 MwStRL zu beurteilen.[6] Daher ist die bloße Ausübung des Eigentumsrechts durch seinen Inhaber als solche keine wirtschaftliche Tätigkeit.[7] Darunter fällt etwa der Bezug von Dividenden durch eine Holdinggesellschaft.[8] Der bloße Erwerb und das bloße Halten von Aktien können nämlich nicht als wirtschaftliche Tätigkeiten angesehen werden.[9] Dasselbe gilt für die Veräußerung solcher Beteiligungen[10] und kann auf den bloßen Erwerb und den bloßen Verkauf anderer Gegenstände übertragen werden.[11] Wer einen Um-

---

1 EuGH v. 26.9.1996 – Rs. C-230/94 – Enkler, Rz. 29, UR 1996, 418 m. Anm. *Widmann*; EuGH v. 19.7.2012 – Rs. C-263/110 – Rēdlihs, Rz. 38, UR 2012, 79; v. 12.5.2016 – Rs. C-520/14 – Gemeente Borsele, Rz. 31, UR 2016, 520 m. Anm. *Küffner* = UR 2016, 543 m. Anm. *Sterzinger.*

2 EuGH v. 26.9.1996 – Rs. C-230/94 – Enkler, Rz. 28, UR 1996, 418 m. Anm. *Widmann*; v. 12.5.2016 – Rs. C-520/14 – Gemeente Borsele, Rz. 30, UR 2016, 520 m. Anm. *Küffner* = UR 2016, 543 m. Anm. *Sterzinger.*

3 EuGH v. 11.7.1991 – Rs. C-97/90 – Lennartz, Rz. 15, UR 1991, 291 m. Anm. *Widmann.*

4 EuGH v. 19.7.2012 – Rs. C-263/11 – Rēdlihs, Rz. 39, UR 2012, 790.

5 EuGH v. 2.6.2016 – Rs. C-263/15 – Lajvér Meliorációs Nonprofit Kft, Rz. 33 und 42, UR 2016, 525.

6 EuGH v. 19.7.2012 – Rs. C-263/11 – Rēdlihs, Rz. 36, UR 2012, 790; ähnlich EuGH v. 15.9.2011 – Rs. C-180/10 und C-181/10 – Słaby u.a., Rz. 39.

7 EuGH v. 9.7.2015 – Rs. C-331/14 – Kezić, Rz. 20, UR 2015, 621; v. 15.9.2011 – Rs. C-180/10 und C-181/10 – Słaby u.a., Rz. 36.

8 EuGH v. 22.6.1993 – Rs. C-333/91 – Sofitam, Rz. 13, UR 1994, 73.

9 EuGH v. 20.6.1991 – Rs. C-60/90 – Polysar Investments Netherlands, Rz. 23, UR 1991, 315 = UR 1993, 119 m. Anm. *Weiss*; v. 6.2.1997 – Rs. C-80/95 – Harnas & Helm, Rz. 15, UR 1997, 141 = UR 1997, 351; v. 26.6.2003 – Rs. C-442/01 – KapHag, Rz. 38, UR 2003, 443; v. 26.5.2005 – Rs. C-465/03 – Kretztechnik, Rz. 17, UR 2005, 382.

10 EuGH v. 20.6.1996 – Rs. C-155/94 – Wellcome Trust, Rz. 33, UR 1996, 423; v. 26.6.2003 – Rs. C-442/01 – KapHag, Rz. 40, UR 2003, 443; v. 21.10.2004 – Rs. C-8/03 – BBL, Rz. 38, UR 2004, 642 m. Anm. *Philipowski*; v. 26.5.2005 – Rs. C-465/03 – Kretztechnik, Rz. 19, UR 2005, 382.

11 EuGH v. 15.9.2011 – Rs. C-180/10 und C-181/10 – Słaby u.a., Rz. 45.

satz für private Zwecke ausführt, handelt nicht als Steuerpflichtiger.[1] Die Zinsen, die ein Unternehmer für Geldanlagen erhält, die er auf eigene Rechnung mit den von anderen erhaltenen Mitteln vornimmt, stellen hingegen ein Entgelt für eine wirtschaftliche Tätigkeit dar, weil diese Zinszahlungen nicht auf dem bloßen Eigentum eines Wirtschaftsgutes beruhen, sondern das Entgelt für die Überlassung von Kapital an einen Dritten darstellen.[2]

### 6. Keine wirtschaftliche Tätigkeit bei Steuerhinterziehung?

Die Bekämpfung von Steuerhinterziehungen, Steuerumgehungen und etwaigen Missbräuchen ist ein Ziel, das von der MwStRL anerkannt und gefördert wird.[3] Nach der stRsp des EuGH ist es Rechtsbürgern verwehrt, sich auf die Bestimmungen des Unionsrechts zu berufen, wenn sie dies in betrügerischer oder missbräuchlicher Absicht tun.[4] Die Anwendung des Unionsrechts darf nämlich nicht so weit gehen, dass missbräuchliche oder gar betrügerische Praktiken gedeckt werden.[5] 6.35

Nicht eindeutig geklärt ist, welche Auswirkungen die Begehung einer Steuerhinterziehung auf die Unternehmereigenschaft des Täters hat. 6.36

Nach der stRsp des EuGH sind dann, wenn ein Steuerpflichtiger selbst eine Steuerhinterziehung begeht, „die objektiven Kriterien, auf denen der Begriff der Lieferung von Gegenständen bzw der Erbringung von Dienstleistungen beruhen, und der Begriff der wirtschaftlichen Tätigkeit, nicht erfüllt."[6] Zudem ist ein Steuerpflichtiger, der wusste oder wissen hätte müssen, dass er sich mit seinem Erwerb an einem Umsatz beteiligt, der in eine Mehrwertsteuerhinterziehung einbezogen ist, für Zwecke der MwStRL als ein an der Hinterziehung Beteiligter anzusehen. Dies gilt unabhängig davon, ob er im Rahmen seiner besteuerten Ausgangsumsätze aus dem Weiterverkauf der Gegenstände oder der Verwendung der Dienstleistungen einen Gewinn erzielt.[7] 6.37

1 EuGH v. 9.7.2015 – Rs. C-331/14 – Kezić, Rz. 18, UR 2015, 621; v. 4.10.1995 – Rs. C-291/92 – Armbrecht, Rz. 16 bis 18, UR 1995, 465 = UR 1995, 485; v. 8.3.2001 – Rs. C-415/98 – Backci, Rz. 24, UR 2001, 149.

2 EuGH v. 11.7.1996 – Rs. C-306/94 – Régie Dauphinoise, Rz. 16, UR 1996, 304; v. 29.4.2004 – Rs. C-77/01 – EDM, Rz. 59, UR 2004, 292 m. Anm. *Wäger*; v. 21.10.2004 – Rs. C-8/03 – BBL, Rz. 41, UR 2004, 642 m. Anm. *Philipowski*; v. 26.5.2005 – Rs. C-465/03 – Kretztechnik, Rz. 20, UR 2005, 382.

3 Für viele: EuGH v. 29.4.2004 – Rs. C-487/01 – Gemeente Leusden und Holin Groep, Rz. 76; v. 21.2.2006 – Rs. C-255/02 – Halifax, Rz. 71, UR 2006, 232 m. Anm. *Wäger*; v. 7.12.2010 – Rs. C-285/09 – R., Rz. 36, UR 2011, 15 m. Anm. *Sterzinger*; v. 27.10.2011 – Rs. C-504/10 – Tanoarch, Rz. 50, UR 2012, 67; 6.7.2006 – Rs. C-439/04 und C-440/04 – Kittel und Recolta Recycling, Rz. 54; v. 21.6.2012 – Rs. C-80/11 und C-142/11 – Mahagében und Dávid, Rz. 41; v. 18.12.2014 – Rs. C-131/13 – Italmoda, Rz. 68.

4 Für viele EuGH v. 13.3.2014 – Rs. C-107/13 – FIRIN, Rz. 40, UR 2014, 705.

5 EuGH v. 18.12.2014 – Rs. C-131/13 – Italmoda, Rz. 56; unter Verweis „in diesem Sinn" auf EuGH v. 21.2.2006 – Rs. C-255/02 – Halifax, Rz. 68 und Rz. 69, UR 2006, 232 m. Anm. *Wäger* und v. 27.9.2007 – Rs. C-146/05 – Collée, Rz. 38, UR 2007, 813 m. Anm. *Maunz*.

6 EuGH v. 6.12.2012 – Rs. C-285/11 – Bonik, Rz. 38, UR 2013, 195; v. 21.2.2006 – Rs. C-255/02 – Halifax, Rz. 58 und Rz. 59, UR 2006, 232 m. Anm. *Wäger*; v. 6.7.2006 – Rs. C-439/04 und C-440/04 – Kittel und Recolta Recycling, Rz. 53; v. 13.3.2014 – Rs. C-107/13 – FIRIN, Rz. 41, UR 2014, 705.

7 EuGH v. 6.12.2012 – Rs. C-285/11 – Bonik, Rz. 39, UR 2013, 195; v. 6.7.2006 – Rs. C-439/04 und C-440/04 – Kittel und Recolta Recycling, Rz. 56; v. 21.6.2012 – Rs. C-80/11 und C-142/11 – Mahagében und Dávid, Rz. 46.

6.38 Daraus könnte geschlossen werden, dass ein Steuerpflichtiger, der selbst eine Steuerhinterziehung begeht oder ein solcher, der weiß oder wissen musste, dass einer der Umsätze auf der vor- oder nachgelagerten Stufe in einen Betrug eingebunden war, für seine eigenen Ausgangsumsätze (insoweit) nicht als Steuerpflichtiger zu qualifizieren ist.[1] Ein Betrüger würde dann mangels Unternehmereigenschaft nie einen Steuertatbestand verwirklichen. Es käme wohl lediglich eine Steuerschuld aufgrund der Rechnung in Betracht, da Art. 203 MwStSystRL lediglich auf „jede Person" abstellt. Insofern wäre der Betrüger dem Steuerpflichtigen bessergestellt. Diese Auslegung bewirkt durch die Versagung der Steuerpflichtigeneigenschaft außerdem, dass nicht auf jede Lieferung oder sonstige Leistung MwSt erhoben wird. Eine solche Auffassung wäre schwer mit der stRsp des EuGH in Einklang zu bringen, wonach der Grundsatz der steuerlichen Neutralität eine allgemeine Differenzierung zwischen erlaubten und unerlaubten Geschäften verbietet, so dass die Einstufung eines Verhaltens als strafbar nur in spezifischen Situationen einen Vorgang nicht steuerbar werden lässt.[2] Die Unternehmereigenschaft ist nur zu versagen, wenn wegen der besonderen Eigenschaften bestimmter Waren oder bestimmter Dienstleistungen jeder Wettbewerb zwischen einem legalen und einem illegalen Wirtschaftssektor ausgeschlossen ist.[3]

6.39 Vor dem Hintergrund seiner jüngeren Rsp könnte der EuGH jedoch auch so zu verstehen sein, dass die Einbindung in einen Betrug, eine Hinterziehung oder eine Umgehung die Steuerpflichtigeneigenschaft in keiner Weise berührt, sondern (bloß) das Recht auf Vorsteuerabzug[4] bzw. das Recht zur Inanspruchnahme einer Steuerbefreiung[5] ausschließt.[6] Diese Auffassung könnte durch eine Aussage des EuGH in der Rs. University of Huddersfield bestätigt werden. Dort betont der EuGH, dass es bei der Feststellung, ob ein Umsatz eine Lieferung von Gegenständen oder eine Dienstleistung und eine wirtschaftliche Tätigkeit darstellt, nicht darauf ankommt, ob der betreffende Umsatz ausschließlich zur Erlangung eines Steuervorteils getätigt wurde.[7] Dies gelte selbst dann, wenn die für das Vorliegen einer wirtschaftlichen Tätigkeit relevanten objektiven Kriterien im Fall einer Steuerhinterziehung nicht erfüllt sind.[8] Auch in der Rs. Italmoda beschränkt sich der EuGH darauf, in Betrugsfällen die Versagung des Vorsteuerabzuges oder der Steuerbefreiungen als Folge zu betonen.[9] Da missbräuchliche oder betrügerische Tätigkeiten kein im Unionsrecht vorgesehenes Recht begründen können, bedeute die Versagung eines sich aus der MwStRL ergebenden Vorteils nicht, dass dem Einzelnen eine Verpflichtung auferlegt wird, sondern sei die schlichte Folge der Feststellungen, dass die objektiven Voraussetzungen für die Erlangung des angestrebten Vorteils, die in dieser Richt-

---

1 So *Kettisch*, Reihengeschäfte in der Umsatzsteuer.
2 EuGH v. 29.6.1999 – Rs. C-158/98 – Coffeeshop „Siberië", Rz. 14 und 21, UR 1999, 364; v. 29.6.2000 – Rs. C-455/98 – Salumets u.a., Rz. 19, UR 2000, 379; v. 6.7.2006 – Rs. C-439/04 und C-440/04 – Kittel und Recolta Recycling, Rz. 50.
3 EuGH v. 29.6.1999 – Rs. C-158/98 – Coffeeshop „Siberië", Rz. 14 und 21, UR 1999, 364; v. 29.6.2000 – Rs. C-455/98 – Salumets u.a., Rz. 19, UR 2000, 379; v. 6.7.2006 – Rs. C-439/04 und C-440/04 – Kittel und Recolta Recycling, Rz. 50.
4 EuGH v. 6.7.2006 – Rs. C-439/04 und C-440/04 – Kittel und Recolta Recycling, Rz. 55; v. 6.12.2012 – Rs. C-285/11 – Bonik, Rz. 37; v. 13.2.2014 – Rs. C-18/13 – Maks Pen, Rz. 54, UR 2014, 861.
5 EuGH v. 7.12.2010 – Rs. C-285/09 – R., Rz. 55, UR 2011, 15 m. Anm. *Sterzinger*; v. 6.9.2012 – Rs. C-273/11 – Mecsek-Gabona, Rz. 54, UR 2012, 796 m. Anm. *Maunz*.
6 In diesem Sinn *Gunacker-Slawitsch*.
7 Siehe auch EuGH v. 27.10.2011 – Rs. C-504/10 – Tanoarch, Rz. 47, UR 2012, 67.
8 EuGH v. 21.2.2006 – Rs. C-223/03 – University of Huddersfield, Rz. 51, UR 2006, 217.
9 EuGH v. 18.12.2014 – Rs. C-131/13 – Italmoda, Rz. 44 und Rz. 45.

linie in Bezug auf dieses Recht vorgeschrieben sind, nicht erfüllt sind.[1] Konsequenz dieses Verständnisses ist, dass es bei der Umsatzsteuerpflicht des bezogenen Umsatzes bleiben muss. Der Grundsatz der Neutralität der Mehrwertsteuer in der Unternehmerkette wäre dann durchbrochen. Der EuGH dürfte diesen Bruch des Neutralitätsgrundsatzes in Kauf nehmen, wenn er in der Rs. Italmoda ausführt, dass es die Mechanismen zur Gewährleistung der völligen Mehrwertsteuerneutralität nicht versagen würden, im Fall der Beteiligung an einem Betrug den Vorsteuerabzug oder die Steuerbefreiung (also jene Mechanismen, die die Neutralität herstellen sollen) zu verweigern.[2]

Das Urteil in der Rs. Italmoda scheint also letztere Lösungsvariante zu bestätigen: Jene Urteile, auf die der EuGH in dieser Entscheidung „in diesem Sinn" verweist, lassen nach ihrer Formulierung noch die Auffassung zu, dass im Fall der Beteiligung an einem Mehrwertsteuerbetrug oder -missbrauch gar keine Lieferung oder sonstige Leistung oder gar keine Unternehmereigenschaft vorliegt. Der EuGH hat in der Rs. Italmoda jedoch sein „Wording" verändert und unmissverständlich lediglich vom Verlust von Rechten gesprochen. Er dürfte sich der Konkretisierung im Verhältnis zu seiner älteren Judikatur bewusst gewesen sein und verweist daher nur „in diesem Sinn" auf jene Urteile, auf welche die hier zuerst genannte Auffassung gestützt wurde. Aus der Entscheidung in der Rs. Italmoda ergibt sich deutlich, dass nicht die Unternehmereigenschaft als solche verloren geht, sondern nur das Recht auf Vorsteuerabzug oder das Recht auf Inanspruchnahme einer Steuerbefreiung zu versagen ist.[3] Betrügerisches Verhalten kann daher zur Versagung der Unternehmereigenschaft nur führen, wenn ihr ein Scheingeschäft i.S.d. § 41 Abs. 2 AO bzw § 23 Abs. 1 BAO zugrunde liegt. Auf die Bedeutung dieser Rechtsprechung für den Vorsteuerabzug und auf deren Umsetzung in das nationale Recht ist daher im Kapitel Vorsteuerabzug (Kap. 27) einzugehen. 6.40

### 7. Rahmen des Unternehmens

Anders als das deutsche und das österr UStG definieren weder Art. 9 noch andere Vorschriften der MwStRL den Rahmen des Unternehmens. Gleichwohl hängt vom Rahmen des Unternehmens vor allem das Ausmaß des Vorsteuerabzuges einerseits und andererseits der Umgang mit nachträglichen Änderungen in der Verwendung eines Gegenstandes ab. Außerdem kommt der Begriff des Unternehmens in der MwStRL an vielen Stellen vor.[4] Er soll daher, der deutschen und österreichischen Stellung in der Gesetzessystematik entsprechend, hier erläutert werden. Auf die näheren Konsequenzen des vom EuGH geprägten Unternehmensbegriffs wird allerdings erst beim Vorsteuerabzug (Rz. 27.1 ff.) einzugehen sein. 6.41

Der Rahmen des Unternehmens wird in der MwStRL nicht in Art. 9 definiert. Nach der stRsp des EuGH umfasst Art. 9 MwStRL, also der Begriff des Steuerpflichtigen, ausschließlich Tätigkeiten wirtschaftlicher Art.[5] 6.42

---

1 EuGH v. 18.12.2014 – Rs. C-131/13 – Italmoda, Rz. 57, unter Verweis „in diesem Sinn" auf EuGH v. 6.7.2006 – Rs. C-439/04 und C-440/04 – Kittel und Recolta Recycling, Rz. 53 sowie auf EuGH v. 13.3.2014 – Rs. C-107/13 – FIRIN, Rz. 41, UR 2014, 705.

2 EuGH v. 18.12.2014 – Rs. C-131/13 – Italmoda, Rz. 48.

3 So wohl auch *Wäger*, Der Kampf gegen die Steuerhinterziehung, UR 2015, 81 (89).

4 So in Art 16, 17, 18, 21, 26, 64, 67, 74, 75, 77, 133, 134, 168a, 174 und einigen Befreiungsbestimmungen.

5 EuGH v. 26.6.2007 – Rs. C-369/04 – Hutchinson 3G ua, Rz. 28, UR 2007, 613; v. 26.6.2007 – Rs. C-284/04 – T-Mobile Austria ua, Rz. 34, UR 2007, 607 m. Anm. *Burgmaier*; v. 11.7.1996 – Rs. C-306/94 – Régie Dauphinoise, Rz. 15, UR 1996, 304; v. 29.4.2004 – Rs. C-77/01 – EDM, Rz. 47,

6.43 In der Rechtsprechung des EuGH wird der Rahmen des Unternehmens, soweit zu sehen, erstmals in der Rs. VNLTO deutlich angesprochen. Erst mit diesem Urteil wurde auch seine konkrete Bedeutung vor allem für Steuerpflichtige, die ideelle Zwecke oder öffentlich-rechtliche (hoheitliche) Aufgaben erfüllen, erkennbar.

6.44 In der Rs. VNLTO betont der EuGH, dass Tätigkeiten wie die Wahrnehmung der allgemeinen Interessen der Mitglieder durch eine Vereinigung keine „der Mehrwertsteuer unterliegende" Tätigkeiten sind, da sie nicht in der entgeltlichen Lieferung von Gegenständen oder Erbringung von Dienstleistungen bestehen.[1] Unter Verweis auf sein Urteil in der Rs. Securenta[2], in dem es um den Vorsteuerabzug bei der Verwendung von Gegenständen einerseits für wirtschaftliche und andererseits für nichtwirtschaftliche Zwecke ging, hält der EuGH schließlich fest, dass Tätigkeiten, die nicht in den Anwendungsbereich der MwStRL fallen (sog „nichtwirtschaftliche Tätigkeiten wie etwa die Erfüllung des ideellen Vereinszwecks), nicht als „unternehmensfremde" Aktivitäten i.S.v. Art. 16 MwStRL bezeichnet werden können.[3] Der Systematik des Gemeinsamen Mehrwertsteuersystems entsprechend folgt nämlich die Unterscheidung zwischen wirtschaftlichen und nicht wirtschaftlichen Tätigkeiten anderen Kriterien als die Unterscheidung zwischen einer unternehmerischen und einer unternehmensfremden (privaten) Verwendung.[4] Daraus ergibt sich, dass der Rahmen des Unternehmens im Verständnis der MwStRL nicht bloß die wirtschaftlichen (steuerpflichtigen und steuerbefreiten) Aktivitäten eines Steuerpflichtigen umfasst, sondern auch die nichtwirtschaftlichen Aktivitäten, welche keine privaten Aktivitäten sind.[5] Als private Aktivitäten sind nur solche zu verstehen, die unmittelbar in einen Konsum münden.[6] Damit ist der Rahmen des Unternehmens weiter als der Begriff des Steuerpflichtigen in Art. 9 MwStRL: Der EuGH betont an verschiedenen Stellen, dass Art. 9 MwStRL nur die wirtschaftlichen Aktivitäten umfasst.[7]

6.45 Für den Dritten Sektor ergibt sich aus dieser Judikatur, dass jene Tätigkeitsbereiche, die der Erfüllung des ideellen Zweckes dienen und den Mitgliedern keinen individualisierten verbrauchsfähigen Nutzen verschaffen, zwar außerhalb des Mehrwertsteuerrechts liegen und daher nicht mehrwertsteuerbar sind, jedoch als Teil des Unternehmens zu qualifizieren sind. Die Folgen aus dieser Sichtweise sind für das Ausmaß des Vorsteuerabzugs und die Konsequenzen nachträglicher Nutzungsänderungen von Bedeutung.

## 8. Unmittelbare Anwendbarkeit

6.46 Art. 9 MwStRL ist unmittelbar anwendbar: Sein Wortlaut ist hinreichend klar und bestimmt. Gerade bei Fragen der Steuerpflichtigeneigenschaft (Unternehmereigenschaft) von juristischen Personen des öffentlichen Rechts berufen sich Rechtsunterworfene regelmäßig direkt

UR 2004, 292 m. Anm. *Wäger*; v. 26.5.2005 – Rs. C-465/03 – Kretztechnik, Rz. 18, UR 2005, 382; v. 29.10.2009 – Rs. C-246/08 – Kommission/Finnland, Rz. 34, UR 2010, 224.

1 EuGH v. 12.2.2009 – Rs. C-515/07 – VNLTO, Rz. 33, UR 2009, 199; unter Verweis auf EuGH v. 12.1.2006 – Rs. C-354/03, C-355/03 und C-484/03 – Optigen ua, Rz. 42.

2 EuGH v. 13.3.2008 – Rs. C-437/06 – Securenta, UR 2008, 344 m. Anm. *Eggers*.

3 EuGH v. 12.2.2009 – Rs. C-515/07 – VNLTO, Rz. 39, UR 2009, 199.

4 EuGH v. 15.9.2016 – Rs. C-400/15 – Landkreis Potsdam-Mittelmark, Rz. 32, UR 2016, 840 m. Anm. *Sterzinger*.

5 Vgl. dazu *Ehrke-Rabel*, Vorsteuerabzug bei gemischt, aber nicht unternehmensfremd genutzten Gegenständen, ÖStZ 2010, 97 (100).

6 Vgl. *Heber*, Gesellschaften und ihre Gesellschafter in der Umsatzsteuer (2013) 42f; *Englisch* in Tipke/Lang, Steuerrecht[22] (2015) § 17 Rz. 339.

7 Siehe dazu vorher Fn. 103.

auf das Unionsrecht.[1] Praktisch dürfte die Frage der unmittelbaren Anwendbarkeit zumindest in Deutschland geringe Bedeutung haben, weil der BFH § 2 UStG als im Lichte des Art. 9 MwStRL auslegbar erachtet.[2] Auch in Österreich wird § 2 Abs. 1 UStG als einer unionsrechtskonformen Interpretation zugänglich gesehen.[3]

## D. Auslegung von § 2 UStG

### I. Überblick über die Vorschrift

#### 1. Inhalt

Für die Unternehmereigenschaft des Dritten Sektors und den Rahmen des Unternehmens dieses Sektors ist allein § 2 Abs. 1 UStG relevant.[4] Umsätze von gemeinnützigen Rechtsträgern sind daher bei Überschreiten der Kleinunternehmergrenze von 17.500 Euro grundsätzlich umsatzsteuerpflichtig.[5] Das UStG kennt zudem keine generelle Steuerbefreiung für gemeinnützige Rechtsträger. Einzelne Tätigkeiten von gemeinnützigen Rechtsträgern können jedoch einer spezifischen Befreiung unterliegen. Gemeinnützige Rechtsträger, deren Umsätze nicht von der Umsatzsteuer befreit sind, unterliegen mit ihren steuerpflichtigen Tätigkeiten jedoch dem ermäßigten Umsatzsteuersatz von 7 % (§ 12 Abs. 2 Nr. 8 Buchst. a UStG). Der Vorsteuerabzug bleibt zur Gänze erhalten. 6.47

Unternehmer ist nach § 2 Abs. 1 UStG, wer eine gewerbliche oder berufliche Tätigkeit selbständig ausübt. Gewerblich oder beruflich ist nach dem Gesetzeswortlaut jede nachhaltige Tätigkeit zur Erzielung von Einnahmen. Das UStG erklärt explizit, dass die Absicht Gewinne zu erzielen keine Voraussetzung für die Unternehmereigenschaft ist. Unternehmereigenschaft ist unter den übrigen Voraussetzungen auch dann gegeben, wenn eine Personenvereinigung nur gegenüber ihren Mitgliedern tätig wird. Im Unterschied zur MwStRL spricht § 2 Abs. 1 UStG auch über den Rahmen des Unternehmens ab: Das Unternehmen umfasst die gesamte gewerbliche oder berufliche Tätigkeit des Unternehmers. 6.48

---

1 ZB EuGH v. 8.6.2006 – Rs. C-430/04 – Feuerbestattungsverein Halle, UR 2006, 459 m. Anm. *Widmann.*

2 So auch *Reiß* in Reiß/Krauesel/Langer, Umsatzsteuergesetz, § 2 Rz. 26; *Probst*, Übereinstimmung zwischen Umsatzsteuergesetz und 6. EG-Richtlinie sowie richtlinienkonforme Auslegung des Umsatzsteuergesetzes, in DStJG 13 (1990), 137 (146); *Mößlang*, Unternehmerbegriff des deutschen Umsatzsteuergesetzes und Harmonisierung des Umsatzsteuerrechts, UR 1994, 10 (17). – Dies gilt sogar – trotz des expliziten Verweises auf den Begriff des Betriebes gewerblicher Art nach dem KStG für die Unternehmereigenschaft der juristischen Personen des öffentlichen Rechts (vgl. BFH v. 15.4.2010 – V R 10/09, UR 2010, 646 m. Anm. *Bollweg*; v. 27.2.2003 – V R 78/01, BStBl. II 2004, 431 = UR 2003, 396; v. 5.2.2004 – V R 90/01, UR 2004, 418 = BStBl. II 2004, 795; v. 20.8.2009 – V R 70/05, UR 2008, 301 m. Anm. *Filtzinger* = BStBl. II 2008, 454).

3 *Ruppe/Achatz*, UStG[4] (2011), § 2 Rz. 10/1. – Für die Unternehmereigenschaft von Körperschaften öffentlichen Rechts dürfte jedoch in Österreich anderes gelten: Trotz mit Deutschland sehr ähnlicher Gesetzestechnik hat der öVwGH die diesbezügliche Rechtsprechung des BFH bislang nicht übernommen und dürfte von einem Anwendungsvorrang ausgehen (vgl. VwGH v. 30.6.2015, 2011/15/0163). Da der öVwGH seine Methodik in Umsatzsteuerfällen bisweilen nicht näher erklärt, kann dies jedoch nur vermutet werden.

4 Zur Organschaft, die in § 2 Abs. 2 Z 2 UStG geregelt ist, s. Rz. 7.1 ff.

5 § 64 Abs. 3 AO gilt nur für die Körperschaft- und die Gewerbesteuer und ist daher auf die Umsatzsteuer nicht anwendbar.

### 2. Historische Entwicklung

6.49 Das Steuersubjekt der Umsatzsteuer in seiner derzeitigen Ausgestaltung des § 2 Abs. 1 UStG soll Unionsrecht umsetzen. Dass der Wortlaut so anders gewählt wurde als in der Richtlinie, liegt daran, dass die Definition des Steuersubjekts auf die Ursprünge der Umsatzsteuer in Deutschland noch vor der Gründung der Europäischen Wirtschaftsgemeinschaft zurückgeht: Das erste deutsche Umsatzsteuergesetz war das Warenumsatzsteuergesetz 1916 (WUStG).[1] Dieses knüpfte in persönlicher Hinsicht an den Begriff des Gewerbetreibenden an („wer (…) ein stehendes Gewerbe betreibt“). Darunter waren auch die Tätigkeiten der Land- und Forstwirtschaft und Tätigkeiten von Gesellschaften, die nur an ihre Mitglieder lieferten zu verstehen (z.B. Genossenschaften). Bereits damals wurde aus diesem besonderen Begriff geschlossen, dass eine Erwerbsabsicht im Sinn einer Gewinnerzielungsabsicht nicht erforderlich sei, so dass eine auf Einnahmenerzielung gerichtete Tätigkeit genüge.[2]

6.50 Im UStG 1918 wurden schließlich jene Lieferungen und sonstigen Leistungen solcher Personen erfasst, „die eine selbständige wirtschaftliche Tätigkeit (…) ausüben.“ Ziel war es, die freien Berufe aus dem Anwendungsbereich auszuklammern. Im UStG 1919 sollten gerade die freien Berufe vom UStG erfasst werden, so dass das Begriffspaar „gewerblich und beruflich“ gewählt wurde. Steuerpflichtig war daher, wer Lieferungen oder sonstige Leistungen „innerhalb der von ihm selbständig ausgeübten gewerblichen oder beruflichen Tätigkeit im Inland gegen Entgelt ausführt.“[3] Der Begriff des Unternehmers wurde zwar von *Popitz* verwendet, um das Subjekt der Umsatzsteuer zu bezeichnen[4], fand aber bis zum UStG 1934 keinen expliziten Niederschlag im Gesetz.[5]

Das UStG 1934[6] führte schließlich den Unternehmerbegriff in seiner heute noch gültigen Fassung ein.

### 3. Zweck und systematische Stellung

6.51 Wie seine unionsrechtliche Grundlage hat § 2 UStG den Zweck die der Umsatzsteuer unterworfenen und abstrakt zum Vorsteuerabzug berechtigten Personen zu definieren. Er ist daher, wie seine unionsrechtliche Grundlage, systematisch in den allgemeinen Anwendungsbereich des UStG eingebettet.

## II. Kommentierung der einzelnen Tatbestände und Tatbestandsmerkmale

### 1. Unternehmer

6.52 Anders als die MwStRL verwendet das UStG nicht den Begriff des „Steuerpflichtigen“, sondern jenen des Unternehmers. Dieser Begriff sollte jedoch jenem des Unternehmers entsprechen. Die vom EuGH entwickelten Grundsätze zur Bestimmung der Eigenschaft als Steuerpflichtiger gelten daher auch für den Unternehmerbegriff des UStG.

---

1 Zur Entwicklung im Detail *Popitz*, Kommentar zum Umsatzsteuergesetz$^3$ (1928), 291 ff.
2 *Popitz*, Kommentar zum Umsatzsteuergesetz$^3$ (1928) 292.
3 *Popitz*, Kommentar zum Umsatzsteuergesetz$^3$ (1928) 293.
4 *Popitz*, Kommentar zum Umsatzsteuergesetz$^3$ (1928) 295 ff.
5 *Ruppe/Achatz*, UStG$^4$ (2011) § 2 Rz. 15 f.
6 RStBl. 1934, 942.

Die Unternehmereigenschaft setzt Steuerrechtsfähigkeit, nicht aber Rechtsfähigkeit voraus.[1] Daher können auch nichtrechtsfähige Vereine[2] oder rechtlich unselbständige Sondervermögen Unternehmer sein.[3] Auf die Rechtsform, in der Leistungen gegen Entgelt erbracht werden, kommt es für die Bestimmung des Unternehmers nach § 2 UStG nicht an.[4] 6.53

Die einkommensteuerrechtlichen Vorschriften über die Liebhaberei sind im Rahmen des § 2 Abs. 1 UStG nach h.A. nicht anwendbar.[5] Der BFH hat etwa bei folgenden Tätigkeiten, welche mangels Gewinnerzielung ertragsteuerrechtlich als Liebhaberei zu qualifizieren waren, die unternehmerische Betätigung bejaht: Fachschullehrer, der Segeltörns gegen Entgelt veranstaltet;[6] das Halten von Rennpferden;[7] der Betrieb einer Pferdezucht;[8] die Vermietung einer Motorjacht[9] oder einer Segeljacht[10]. Das betrieblich veranlasste Halten von Reitpferden wurde vom BMF als grundsätzlich unternehmerische Tätigkeit qualifiziert.[11] Der Vorsteuerabzug wurde schließlich über den Repräsentationseigenverbrauch[12] versagt, so dass die steuerliche Behandlung im Ergebnis einer Behandlung als Nichtunternehmer gleichkommt. Die von *Stadie* vertretene Kritik an dieser Rechtsauffassung deckt sich mit der österr Rechtslage: Aus österreichischer Sicht würden diese Tätigkeiten grundsätzlich von vornherein als nicht wirtschaftlich qualifiziert. 6.54

## 2. Gewerbliche oder berufliche Tätigkeit zur nachhaltigen Erzielung von Einnahmen

Die gewerbliche oder berufliche Tätigkeit setzt ein nachhaltiges Tätigwerden zur Erzielung von Einnahmen voraus.[13] Das Abstellen auf die „gewerbliche oder berufliche" Tätigkeit hatte zum Ziel, alle Arten selbständiger Betätigung zu erfassen und dem UStG so einen möglichst weiten Anwendungsbereich zu verschaffen.[14] Das Merkmal der Nachhaltigkeit ist schwer konturierbar,[15] weist aber jedenfalls Merkmale der Wiederholung und der Fortsetzung einer Tätigkeit von gewisser Dauer und Beständigkeit auf.[16] Über die Nachhaltigkeit ist nach dem Gesamtbild der Verhältnisse zu entscheiden.[17] Im Einklang mit der Judikatur des EuGH muss 6.55

---

1 BFH v. 21.4.1994 – V R 105/91, BStBl. II 1994, 671 = UR 1995, 94.
2 BMF v. 22.5.1989, DB 1989, 1166.
3 *Hüttemann*, Gemeinnützigkeits- und Spendenrecht³ (2015), Rz. 7.118.
4 BFH v. 18.3.2004 – V R 101/01, BStBl. II 2004, 798 = UR 2004, 428, Rz. 28.
5 *Hüttemann*, Gemeinnützigkeits- und Spendenrecht³ (2015), Rz. 7.118, 666; BFH v. 23.1.1992 – V R 66/85, UR 1992, 202; BMF v. 14.7.2000, BStBl. I 2001, 804; *Englisch* in Tipke/Lang, Steuerrecht²² (2015), § 17 Rz. 44; a.A. *Stadie*, UStG³ (2015), § 2 Rz. 131 ff.
6 BFH v. 23.1.1992 – V R 66/85, UR 1992, 202.
7 BFH v. 2.7.2008 – XI R 66/06, BStBl. II 2009, 206 = UR 2008, 919.
8 BFH v. 12.2.2009 – V R 61/06, BStBl. II 2009, 828 = UR 2009, 481.
9 BFH v. 6.8.1998 – V R 74/96, BStBl. II 1999, 104 = UR 1998, 464 m. Anm. *Widmann*.
10 BFH v. 24.8.2000 – V R 9/00, BStBl. II 2001, 76 = UR 2001, 23.
11 BMF, Schr. v. 14.7.2000 – IV D 1 - S 7303a -5/00, UR 2000, 399.
12 § 15 Abs. 1a Nr. 1 UStG i.V.m. § 4 Abs. 5 Satz 1 Nr. 1 bis 4, 7, Abs. 7 EStG.
13 Für viele BFH v. 18.3.2004 – V R 101/01, BStBl. II 2004, 798, Rz. 27 = UR 2004, 428; unter Verweis auf die Rechtsprechung des EuGH.
14 Zu den historischen Details s. *Mößlang*, Der Unternehmerbegriff des deutschen Umsatzsteuergesetzes und die Harmonisierung des Umsatzsteuerrechts, UR 1994, 10 (11).
15 *Stadie* in Rau/Dürrwächter, UStG, § 2 Rz. 323.
16 Vgl. zur historischen Bedeutung im Detail *Mößlang*, Der Unternehmerbegriff des deutschen Umsatzsteuerrechts und die Harmonisierung des Umsatzsteuerrechts, UR 1994, 10 (11 f., 14); vgl. auch*Hüttemann*, Gemeinnützigkeits- und Spendenrecht³ (2015), Rz. 7.118.
17 BFH v. 23.1.1992 – V R 66/85, UR 1992, 202 m. Anm. *Weiss*, m.w.N.

einem identifizierbaren Leistungsempfänger ein verbrauchsfähiger Nutzen verschafft werden.[1] Die Beteiligung am allgemeinen wirtschaftlichen Verkehr ist nicht erforderlich.[2]

6.56 Der BMF beurteilt die Unternehmereigenschaft des Dritten Sektors nach folgenden Kriterien: Vereinen kommt keine Unternehmereigenschaft zu, soweit sie Mitgliedsbeiträge vereinnahmen, „um in Erfüllung ihres satzungsmäßigen Gemeinschaftszwecks die Gesamtbelange ihrer Mitglieder wahrzunehmen."[3] An einem Leistungsaustausch mit dem einzelnen Mitglied fehlt es nach Auffassung des BMF daher, wenn Mitgliedsbeiträge erhoben werden, die dazu bestimmt sind, im Rahmen der satzungsmäßigen Gemeinschaftszwecke die Erfüllung der den Gesamtbelangen sämtlicher Mitglieder dienenden Aufgaben zu ermöglichen.[4] Voraussetzung für die Annahme von echten Mitgliedsbeiträgen ist zusätzlich, dass die Beiträge gleich hoch sind oder nach einem für alle Mitglieder verbindlichen Bemessungsmaßstab gleichmäßig errechnet werden. Aus der Gleichheit allein oder aus einem gleichen Bemessungsmaßstab kann jedoch nicht auf die Eigenschaft der Zahlungen als echte Mitgliedsbeiträge geschlossen werden.[5] Die Gleichheit ist nach Ansicht des BMF auch dann gewahrt, wenn die Beiträge nach einer für alle Mitglieder einheitlichen Staffel erhoben werden oder die Höhe der Beiträge nach persönlichen Merkmalen der Mitglieder, z.B. Lebensalter, Stand, Vermögen, Einkommen, Umsatz, abgestuft wird.[6]

6.57 Ein Leistungsaustauch ist (offenbar nur dann) anzunehmen, wenn eine Vereinigung Leistungen erbringt, die den Sonderbelangen der einzelnen Mitglieder dienen und sie dafür Beiträge „entsprechend der tatsächlichen oder vermuteten Inanspruchnahme ihrer Tätigkeit" erhebt.[7] Vereinnahmen somit Vereine, Forschungsbetriebe oder ähnliche Einrichtungen neben ihren echten Mitgliedsbeiträgen und Zuschüssen auch Entgelte für Lieferungen oder sonstige Leistungen, sind sie insoweit Unternehmer.[8] Die Abgabe von Druckerzeugnissen an die Mitglieder ist als eine nicht steuerbare Leistung der Vereinigung zu qualifizieren, wenn es sich um umfassende Informationen und Nachrichten aus dem Leben der Vereinigung handelt.[9] Wenn es sich hingegen um Fachzeitschriften handelt, die das Mitglied andernfalls gegen Entgelt im freien Handel beziehen müsste, liegen steuerbare Sonderleistungen vor.[10]

6.58 Die Sichtweise des BMF widerspricht sowohl der Judikatur des EuGH als auch jener des BFH:[11] Der BFH schließt sich dem EuGH an und spricht nachhaltig aus, dass Jahresbeiträge der Mitglieder eines Sportvereins die Gegenleistung für eine von diesem Verein erbrachte Dienstleistung sein können. Ob die Mitglieder die Vorteile tatsächlich in Anspruch nehmen,

1 Vgl. *Korn* in Bunjes, UStG[15] (2016), § 2 Rz. 54.
2 BFH v. 3.6.1954 – V 262/53 U, BStBl. III 1954, 238; v. 4.6.1987 – V R 9/79, BStBl. II 1987, 653 = UR 1987, 263; UStAE Abschn 2.3 Abs. 1 Satz 1.
3 UStAE Abschn 2.10 Abs. 1.
4 UStAE Abschn 1.4 Abs. 1.
5 UStAE Abschn 1.4 Abs. 2 Satz 3; unter Verweis auf BFH v. 8.9.1994 – V R 46/92, BStBl. II 1994, 957 = UR 1995, 66.
6 UStAE Abschn 1.4. Abs. 2 Satz 2, unter Verweis auf BFH v. 8.9.1994 – V R 46/92, UR 1995, 66 = BStBl. II 1994, 957.
7 UStAE Abschn 1.4 Abs. 1.
8 UStAE Abschn 2.10 Abs. 1.
9 UStAE Abschn 1.4 Abs. 6 Satz 1.
10 UStAE Abschn 1.4 Abs. 6 Satz 2.
11 GlA *Korn* in Bunjes, UStG[15] (2016), § 2 Rz. 60; in diesem Sinn wohl auch *Englisch* in Tipke/Lang, Steuerrecht[22] (2015), § 17 Rz. 67.

ist dabei unerheblich.[1] Die Ausführungen sowohl des EuGH als auch des BFH sind nicht auf Sportvereine zu beschränken, sondern gelten ganz allgemein für Vereinigungen.[2] Für die Unternehmereigenschaft eines Vereines kommt es somit allein darauf an, ob er Leistungen erbringt, welche seinen Mitgliedern einen verbrauchsfähigen Nutzen verschaffen, für den die Mitglieder ein Entgelt – wenn auch ein pauschaliertes in Form eines Jahresmitgliedsbeitrages – leisten. Ein Leistungsaustausch ist somit jedenfalls anzunehmen, wenn sich ein Verein ausdrücklich in einem schriftlich abgeschlossenen Vertrag zur Leistungserbringung verpflichtet.[3] Ein Leistungsaustausch kann sich außerdem aus der Satzung eines Vereins ergeben.[4]

Der Umstand, dass die Vereinstätigkeit die Interessen der Mitglieder verfolgt, kann jedoch für sich genommen nicht eine steuerbare Tätigkeit gesehen werden. Keine steuerbare Leistung gegen Entgelt ist nämlich die Wahrnehmung der allgemeinen Interessen der Mitglieder einer Vereinigung.[5] Dies liegt z.B. bei der Förderung rein ideeller Zwecke vor.[6] 6.59

**Beispiele:**

1. Die Verfolgung rein ideeller Zwecke, z.B. die Verbreitung religiösen Gedankenguts an die Allgemeinheit, verschafft den einzelnen Mitgliedern keinen individuell verbrauchsfähigen Nutzen;
2. Sportvereine, Autofahrerclubs, Reise- oder Theatervereine, welche Tätigkeiten ausüben, die nach *Stadie* die „gebündelten individuellen Interessen der Mitglieder fördern", erbringen ihren Mitgliedern gegenüber Leistungen und sind daher Unternehmer.[7]
3. Interessensvertretungen, Berufsverbände und ähnliche Organisationen, deren Zweck in der Verteidigung und Vertretung der gemeinsamen Interessen besteht, sind aus unionsrechtlicher Sicht unter den allgemeinen Voraussetzungen als Unternehmer zu qualifizieren. Ihre Tätigkeit kann jedoch nach Art 132 Abs. 1 Buchst. l MwStRL befreit sein. Nach der Auffassung des BMF wären sie von vornherein nicht steuerbar.[8]
4. Die für Idealvereine geltenden Grundsätze sind nach der Finanzverwaltung auch auf wirtschaftliche Interessensvereinigungen, Berufsverbände und Förderungsgesellschaften anzuwenden.[9]
5. Die selbständige Vorbereitung und Durchführung von Blutspendeterminen in der Rechtsform eines gemeinnützigen Vereines, begründet eine unternehmerische Tätigkeit, wenn der Verein gegen Auslagenersatz für jemanden tätig wird. Die wirtschaftliche Tätigkeit wird nicht durch eine gleichzeitig verfolgte ideelle Betätigung verdrängt.[10]

In Übereinstimmung mit der Rechtsprechung des EuGH ist von einem entgeltlichen Rechtsgeschäft auszugehen, wenn zwischen dem Leistenden und dem Leistungsempfänger ein Rechtsverhältnis besteht, in dessen Rahmen gegenseitige Leistungen ausgetauscht werden. Vo- 6.60

---

1 BFH v. 9.8.2007 – V R 27/04, Rz. 38f, UR 2007, 811 = DStRE 2007, 1719, nicht im BStBl. veröffentlicht; v. 11.10.2007 – V R 69/06, UR 2008, 153 = UR 2008, 186 m. Anm. *Stadie* = Rz. 21 ff. = DStRE 2008, 303, nicht im BStBl. veröffentlicht; v. 18.6.2009 – V R 77/07, UR 2010, 14 = DStRE 2009, 1321; v. 20.3.2014 – V R 4/13, UR 2014, 732 = DStR 2014, 1539 (Anm. *Heuermann*, DStR 2014, 1542 f.).

2 Gl.A. *Stadie* in Rau/Dürrwächter, UStG, § 2 Rz. 224.

3 BFH v. 15.7.1987 – X R 13/80, BFH/NV 1988, 56; v. 29.10.2008 – XI R 59/07, UR 2009, 127.

4 BFH v. 29.10.2008 – XI R 59/07, UR 2009, 127.

5 EuGH v. 12.2.2009 – Rs. C-515/07 – VNLTO, Rz. 34, UR 2009, 199; *Korn* in Bunjes, UStG[15] (2016), § 2 Rz. 60.

6 Vgl. *Stadie* in Rau/Dürrwächter, UStG, § 2 Rz. 225.

7 *Stadie* in Rau/Dürrwächter, UStG, § 2 Rz. 226.

8 Vgl. *Stadie* in Rau/Dürrwächter, UStG, § 2 Rz. 230.

9 *Stadie* in Rau/Dürrwächter, UStG, § 2 Rz. 233; a.A. BFH v. 27.9.2001 – V R 37/01.

10 BFH v. 18.3.2004 – V R 101/01, BStBl. II 2004, 798 = UR 2004, 428, Rz. 28.

raussetzung ist, dass die vom Leistenden erhaltene Vergütung den tatsächlichen Gegenwert für die dem Leistungsempfänger erbrachte Dienstleistung bildet. An der Entgeltlichkeit einer Tätigkeit fehlt es nicht schon deshalb, weil sich der Leistende gegenüber dem Empfänger nicht ausdrücklich zur Durchführung der betreffenden Tätigkeit gegen Entgelt verpflichtet hat.[1] Eine Leistung und Gegenleistung i.S.d. UStG kann nämlich auch durch schlüssiges Verhalten begründet werden.[2] Auch auf die Durchsetzbarkeit des Anspruchs kommt es nicht an.[3] Daher liegt eine Leistung gegen Entgelt regelmäßig vor, wenn ein Unternehmer für einen anderen tätig wird und hierfür einen Aufwendungsersatz erhält.[4]

6.61 Im Anschluss an die Rs Enkler hat der BFH seine Rechtsprechung zur Beurteilung der Nachhaltigkeit einer Einnahmenerzielung bestätigt.[5] Danach ist im Einzelfall aufgrund des Gesamtbildes der Verhältnisse zu beurteilen, ob die Voraussetzungen erfüllt sind. Dabei ist eine Reihe verschiedener (nicht abschließend festgelegter) Kriterien zu würdigen, die je nach dem Einzelfall in unterschiedlicher Gewichtung für oder gegen die Nachhaltigkeit der Einnahmenerzielung sprechen können. Zu würdigen sind nach Auffassung des BFH u.a.: die Dauer und die Intensität des Tätigwerdens, die Beteiligung am Markt durch Werbung, die Zahl der ausgeführten Umsätze, das planmäßige Tätigwerden, das Unterhalten eines Geschäftslokals.[6]

### 3. Rahmen des Unternehmens

6.62 Das Unternehmen umfasst nach § 2 Abs. 1 Satz 2 UStG die gesamte gewerbliche oder berufliche Tätigkeit des Unternehmers. Ein Unternehmer kann daher nur ein Unternehmen haben, sämtliche Tätigkeiten gewerblicher oder beruflicher Natur, seien sie auch völlig unterschiedlich, sind Teil dieses Unternehmens.[7] Konsequenz ist, dass für das gesamte Unternehmen eine einheitliche Steuererklärung einzureichen ist und dass für Umsatzgrenzen (etwa die Kleinunternehmerregelung) die Umsätze sämtlicher Tätigkeiten zusammenzurechnen sind. Gegenüber dem Unternehmer kann somit auch nur ein Umsatzsteuerbescheid ergehen.[8]

6.63 Der Rahmen des Unternehmens umfasst nach dem Gesetzeswortlaut die gesamte gewerbliche oder berufliche Tätigkeit des Unternehmers. Ein Pendant in der MwStRL zu dieser Bestimmung fehlt. Der EuGH definiert den Rahmen des Unternehmens regelmäßig nur im Zusammenhang mit dem Vorsteuerabzug. Aus der entsprechenden Judikatur ergibt sich, dass das Unternehmen einerseits die gesamte wirtschaftliche Tätigkeit des Steuerpflichtigen umfasst, d.h. jene Tätigkeiten, die der Mehrwertsteuer grundsätzlich unterliegen (aber allenfalls befreit

1 BFH v. 18.3.2004 – V R 101/01, BStBl. II 2004, 798 = UR 2004, 428, Rz. 29.

2 BFH v. 22.11.2001 – V B 124/01, BFH/NV 2002, 549; v. 18.3.2004 – V R 101/01, BStBl. II 2004, 798 = UR 2004, 428, Rz. 29.

3 BFH v. 18.3.2004 – V R 101/01, BStBl. II 2004, 798 = UR 2004, 428, Rz. 29 unter Verweis auf EuGH v. 17.9.2002 – Rs. C-498/99 – Town & County Factors Ltd, Rz. 20 ff., UR 2002, 510.

4 BFH v. 16.1.2003 – V R 92/01, BStBl. II 2003, 732 = UR 2003, 245; BFH v. 18.3.2004 – V R 101/01, BStBl. II 2004, 798 = UR 2004, 428, Rz. 29.

5 BFH v. 12.12.1996 – V R 23/93, BStBl. II 1997, 368 = UR 1997, 172, Rz. 33, unter Verweis auf BFH v. 18.7.1991 – V R 86/87, BStBl. II 1991, 776 = UR 1991, 288.

6 BFH v. 12.12.1996 – V R 23/93, BStBl. II 1997, 368 = UR 1997, 172, Rz. 33; v. 22.1.2011 – V R 21/09, BStBl. II 2011, 524.

7 *Korn* in Bunjes, UStG[15] (2016), § 2 Rz. 150; *Stadie* in Rau/Dürrwächter, § 2 Rz. 605f; *Ruppe/Achatz*, UStG[4] (2011), § 2 Rz. 122.

8 BFH v. 3.12.2010 – V B 35/10, BFH/NV 2011, 462.

sind) und andererseits auch jene Tätigkeiten, welche zwar nicht wirtschaftlich sind und damit außerhalb des Anwendungsbereichs der Mehrwertsteuer liegen, jedoch nicht als privat zu qualifizieren sind. Damit meint der EuGH (s. schon oben) Tätigkeiten, welche nicht in einen Endverbrauch münden, aber meistens mangels Entgeltlichkeitszusammenhanges nicht steuerbar sind, welche der wirtschaftlichen Tätigkeit jedoch zumindest mittelbar dienen. Dazu zählen etwa die Erfüllung des satzungsmäßigen ideellen Zwecks einer juristischen Person und die nichtwirtschaftliche Vermögensverwaltung durch eine Holding-Gesellschaft. Diese nichtwirtschaftlichen Tätigkeiten, welche keinen Endverbrauch darstellen, sind nicht unternehmensfremd. In der Literatur wird daher mehrfach von der „dritten Sphäre" gesprochen und aus der Rsp des EuGH abgeleitet, dass das Unternehmen eine wirtschaftliche und eine nichtwirtschaftliche Sphäre umfasst.[1] Außerhalb des Unternehmens liegt nach dieser Auffassung nur jene Sphäre, die konsumtiven Zwecken dient, die Privatsphäre.

Nach anderer Auffassung soll der nichtwirtschaftliche Bereich des Steuerpflichtigen im deutschen Recht zu seiner nicht-unternehmerischen Tätigkeit zählen.[2] 6.64

Die Finanzverwaltung unterscheidet zwischen der gewerblichen und beruflichen Tätigkeit und den nichtunternehmerischen Tätigkeiten, welche sie weiter in die nichtwirtschaftlichen Tätigkeiten im engeren Sinne und die unternehmensfremden Tätigkeiten unterteilt.[3] Zu den unternehmensfremden Tätigkeiten zählt sie – unter Verweis auf die Rsp des BFH – Entnahmen für den privaten Bedarf des Unternehmers als natürliche Person, für den privaten Bedarf seines Personals oder für private Zwecke seines Gesellschafters.[4] Nichtwirtschaftliche Tätigkeiten im engeren Sinn sind nach Ansicht der Finanzverwaltung alle Tätigkeiten, die nicht unternehmensfremd (privat) sind. Dazu zählt sie z.B. die unentgeltlichen Tätigkeiten eines Vereins, die aus ideellen Vereinszwecken verfolgt werden.[5] 6.65

M.E. kann daher nicht mit Sicherheit ausgemacht werden, ob der Rahmen des Unternehmens, wie er in § 2d und öUStG formuliert ist, ganz generell auch die nichtwirtschaftliche Sphäre umfasst.[6] Die Gerichtshöfe haben sich mit der Frage bislang nur im Zusammenhang mit dem Ausmaß des Vorsteuerabzuges befasst. Sowohl der österr. VwGH[7] als auch der BFH[8] 6.66

---

1 *Küffner/von Streit*, Zuordnung und Verwendung von Eingangsleistungen – Auswirkungen auf den Vorsteuerabzug unter Berücksichtigung des Unternehmensbegriffs: Eine Zusammenfassung vor dem Hintergrund der jüngeren Rechtsprechung von EuGH und BFH, DStR 2012, 581 (588); *Oelmaier* in Sölch/Ringleb, Umsatzsteuer, § 15 Rz. 245; *Pull*, Die neue Sphärentheorie: Antworten auf die Herausforderung der hergebrachten Dogmatik durch die VNLTO-Entscheidung, MwStR 2013, 611 (612); *Ehrke-Rabel/von Streit*, EuGH-Vorlage zur Reichweite des Vorsteuerausschlusses bei Erwerb eines zu weniger als 10 % für steuerbare und steuerpflichtige Tätigkeiten genutzten Gegenstands (unternehmerische Mindestnutzung), UR 2015, 249 (253).

2 *Korn* in Bunjes, UStG[15] (2016), § Rz. 155; im Ergebnis so wohl auch *Heidner* in Bunjes, UStG[15] (2016), § 15 Rz. 122 (zu den Implikationen für den Vorsteuerabzug vgl. näher Rz. 27.136 ff.; *Sterzinger*, Vorsteuerabzug bei nichtunternehmerischer, aber nicht völlig unternehmensfremder Verwendung, UR 2010, 125 (129).

3 UStAE Abschn 2.3 Abs. 1a Sätze 1 und 2; *Hundt-Eßwein* in Offerhaus/Söhn/Lange, § 15 UStG Rz. 153ax.

4 UStAE Abschn 2.3 Abs. 1a Satz 3.

5 UStAE Abschn 2.3 Abs. 1a Satz 4, 1. Spiegelstrich; unter Verweis auf BFH v. 3.3.2011 – V R 23/10, BStBl. II 2012, 74 = UR 2011, 617 m. Anm. *Küffner.*

6 So jedoch *Stadie* in Rau/Dürrwächter, UStG, § 2 Rz. 196.

7 VwGH v. 24.6.2009 – 2007/15/0192; v. 30.6.2015 – 2011/15/0163.

8 BFH v. 3.3.2011 – V R 23/10, BFHE 233, 274 = BStBl. II 2012, 74, Rz. 12 und 16; v. 19.7.2011 – XI R 21/10, BStBl. II 2012, 434, Rz. 12 und 16; v. 19.7.2011 – XI R 21/10, BStBl. II 2012, 434 =

haben sich der Rspr. des EuGH dahingehend angeschlossen, dass der Vorsteuerabzug bei Gegenständen, die sowohl für wirtschaftliche (steuerpflichtige) als auch für nichtwirtschaftliche, aber nicht private Zwecke verwendet werden, von vornherein ausgeschlossen ist. In Frage stand in allen Entscheidungen der Rahmen des Unternehmens nur im Zusammenhang mit dem Recht auf Vorsteuerabzug. Würden die Gerichtshöfe die Auffassung des EuGH als in den nationalen Gesetzen vollkommen umgesetzt erachten, müssten sie im Fall einer nachträglichen Nutzungsänderung eine Vorsteuerkorrektur zulassen. Diese Auffassung wird durch das Urteil des EuGH in der Rs Landkreis Potsdam-Mittelmark bestätigt.[1] Gegenstand des vom BFH eingeleiteten Vorabentscheidungsverfahrens war die Frage nach dem Vorsteuerabzug einer von einer Körperschaft öffentlichen Rechts getätigten Investition. Der in Frage stehende Investitionsgegenstand wurde von der Körperschaft öffentlichen Rechts zu knapp 3 % im Rahmen ihres Betriebes gewerblicher Art, d.h. im Rahmen einer wirtschaftlichen Tätigkeit verwendet. Im übrigen wurde der Investitionsgegenstand zu hoheitlichen (nichtwirtschaftlichen) Zwecken verwendet. Der Revisionskläger (die Körperschaft öffentlichen Rechts) machte den Vorsteuerabzug im Ausmaß der Verwendung für wirtschaftliche (steuerpflichtige) Zwecke geltend. Dieser wurde unter Hinweis auf § 15 Abs. 1 Satz 2 UStG versagt, weil der Gegenstand zu weniger als 10 % für unternehmerische Zwecke genutzt worden sei. Auf diese Regelung wird im Detail in Kap 27, Rz. 27.154 ff. (Vorsteuerabzug) einzugehen sein. Für den hier in Frage stehenden Rahmen des Unternehmens ist das Vorabentscheidungsverfahren insofern relevant, als der BFH wissen wollte, ob ein Gegenstand, welcher sowohl für wirtschaftliche als auch für nichtwirtschaftliche (aber nicht private) Zwecke genutzt wird, nicht von vornherein zur Gänze für das Unternehmen ausgeführt wurde, so dass § 15 Abs. 1 Satz 2 UStG für solche Fälle irrelevant ist und der Revisionsklägerin der Vorsteuerabzug im Ausmaß der steuerpflichtigen Nutzung zuzugestehen wäre, obwohl diese unter 10 % der Gesamtnutzung liegt. Der EuGH hat diese Frage bejaht. Konsequenz ist daher, dass auch der Rahmen des Unternehmens die nichtwirtschaftliche Tätigkeit umfasst.

6.67 Über den Wortlaut von § 2 Abs. 1 Satz 2 UStG würde diese Auslegung freilich hinausgehen. Da dem Rahmen des Unternehmens nach § 2 Abs. 1 Satz 2 UStG aber keine weitergehende konstitutive Bedeutung beizulegen ist, ist darauf nicht näher einzugehen.

## E. § 2 österreichisches Umsatzsteuergesetz

### I. Überblick

#### 1. Inhalt

6.68 Auch in Österreich ist für die Unternehmereigenschaft des Dritten Sektors allein § 2 UStG ausschlaggebend. Die Bestimmung deckt sich wörtlich mit jener des deutschen UStG, so dass hinsichtlich des Inhalts auf die Ausführungen dazu verwiesen werden kann.

UR 2012, 282, Rz. 28 und 29; v. 12.1.2011 – XI R 9/08, BStBl. II 2012, 58 = GmbHR 2011, 439 = UR 2011, 357, Rz. 15.

1 EuGH v. 15.9.2016 – Rs. C-400/15 – Landkreis Potsdam-Mittelmark, UR 2016, 840 m. Anm. *Sterzinger*.

### 2. Historische Entwicklung

Die historische Entwicklung von § 2 UStG deckt sich mit jener in Deutschland bis zum UStG 1934. Die nachfolgenden Umsatzsteuergesetze[1] haben diese Definition beibehalten. 6.69

### 3. Zweck und systematische Stellung

Siehe dazu die Ausführungen bei der deutschen Bestimmung. 6.70

## II. Kommentierung

### 1. Allgemeines

Auch aus österreichischer Sicht ist die Frage nach der Unternehmereigenschaft von Vereinen nach der Systematik und der Teleologie des Umsatzsteuergesetzes ganz allgemein zu lösen.[2] Maßgeblich ist daher, ob der Verein einem bestimmten oder bestimmbaren Adressatenkreis gegenüber Leistungen erbringt, für welche er eine konkrete Gegenleistung erhält. Käme bei Erbringung der Leistung durch einen anderen Rechtsträger als den Verein ein Leistungsaustausch zustande, ist der Verein als Unternehmer zu qualifizieren.[3] 6.71

Anders als das deutsche Recht kennt das österr Umsatzsteuerrecht nach wie vor den Begriff der Liebhaberei: Nach § 2 Abs. 5 Z 2 UStG gilt nicht als gewerbliche oder berufliche und damit nicht als unternehmerische Tätigkeit eine Tätigkeit, die auf Dauer gesehen Gewinne nicht erwarten lässt. Da es bei einer Steuer auf die Einkommensverwendung nicht gerechtfertigt ist, danach zu differenzieren, ob der Unternehmer seine Leistung gewinnorientiert anbietet oder Verluste in Kauf nimmt, ist der Liebhabereibegriff im Umsatzsteuerrecht jedoch eng auszulegen.[4] Im Wesentlichen können m.E. nur jene Bereiche einer Tätigkeit vom Liebhabereibegriff erfasst werden, welche im Sinne der Rsp des EuGH als nichtwirtschaftliche Tätigkeiten zu qualifizieren sind. Dies kommt etwa bei Tätigkeiten in Betracht, die typischerweise einer besonderen in der Lebensführung gelegenen Neigung entsprechen oder auf diese zurückzuführen sind oder in der Bewirtschaftung von Luxusgegenständen bestehen.[5] Das Institut der Liebhaberei hat also nach h.A.[6] im Umsatzsteuerrecht nicht gar keine Bedeutung, sondern eine andere Bedeutung als im Einkommensteuerrecht. Das Verständnis von Liebhaberei im umsatzsteuerlichen Sinn ist viel enger gefasst als jenes im ertragsteuerlichen Sinn und kommt für erwerbswirtschaftliche Tätigkeiten gar nicht in Frage.[7] Nach § 6 der Liebhaberei-VO 1993[8] kann Liebhaberei im umsatzsteuerrechtlichen Sinn nur bei Betätigungen 6.72

---

1 Hierbei handelt es sich um das UStG 1959 (BGBl. 1958/300), das UStG 1972 (BGBl. 1972/223) sowie um das derzeit in Kraft befindliche UStG 1994 (BGBl. 1994/663 i.d.F. BGBl. I 2015/118).

2 *Ruppe/Achatz*, UStG$^4$, § 1 Rz. 116.

3 *Ruppe/Achatz*, UStG$^4$, § 1 Rz. 116, unter Verweis auf *Ruppe* in Korinek/Krejci, Der Verein als Unternehmer (1988), 313 (333 ff.); *Söhn*, StuW 1975, 168; *Stadie* in Rau/Dürrwächter, § 2 Anm 188; zweifelnd *Achatz*, Gemeinnützigkeit, DStJG 26, 279 (287).

4 *Ehrke-Rabel* in Doralt/Ruppe, Steuerrecht II$^7$ (2014), Rz. 237.

5 Vgl. § 1 Abs. 2 Liebhabereiverordnung, BGBl. II 1993/33; so auch VfGH v. 20.6.2001 – B 2032/99, VfSlg. 16.208, auch für die Zeit vor Inkrafttreten der Liebhabereiverordnung.

6 *Ruppe/Achatz*, UStG$^4$ (2011) § 2 Rz. 248; *Windsteig* in Melhardt/Tumpel, UStG$^2$ (2015), § 2 Rz. 372; VwGH v. 24.2.2002 – 96/13/0191; v. 4.12.2005 – 2001/13/0144.

7 So ausdrücklich VwGH v. 25.4.2013 – 2010/15/0107.

8 BGBl. 1993/33 i.d.F. BGBl. II 1999/15.

i.S.d. § 1 Abs. 2 leg cit vorliegen. § 1 Abs. 2 Liebhaberei-VO erfasst Betätigungen im Zusammenhang mit der Bewirtschaftung von Wirtschaftsgütern, welche sich nach der Verkehrsauffassung in besonderem Maße für eine Nutzung im Rahmen der Lebensführung eignen, Tätigkeiten, die typischerweise auf eine besondere in der Lebensführung begründete Neigung zurückzuführen sind[1] und Betätigungen im Zusammenhang mit der Bewirtschaftung von Eigenheimen, Eigentumswohnungen und Mietwohngrundstücken mit qualifizierten Nutzungsrechten.

6.73 Der öVfGH hat bereits im Jahr 2001 festgehalten, dass der Begriff der Liebhaberei im Umsatzsteuerrecht – anders als im Einkommensteuerrecht – nicht Einkunftsquellen von anderen Betätigungen, sondern die unternehmerische Sphäre von der Konsumsphäre (dem Endverbrauch) abgrenzt. Das Ausbleiben von Gewinnen oder Einnahmenüberschüssen kann, so der VfGH, als „Anhaltspunkt für das Vorherrschen persönlicher Interessen und Neigungen unter dem bloßen Schein einer unternehmerischen Betätigung, wie dies eben ‚bei einer gepachteten Jagd, bei einem Rennstall und ähnlichen Einrichtungen'[…] leicht der Fall sein kann" gesehen werden. Wenn allerdings in einer Tätigkeit das Überwiegen der Konsumsphäre von vornherein gar nicht in Betracht kommt (etwa beim Betrieb eines Hotels), ist der Grund für das Fehlen eines Gewinnstrebens gleichgültig und kann keinen Einfluss auf die Unternehmereigenschaft haben.[2]

6.74 Nach der Rspr. des VwGH erfasst § 1 Abs. 2 Z 1 und Z 2 Liebhaberei-VO Tätigkeiten, die auch im Verständnis des Unionsrechts „oftmals nicht als wirtschaftliche Tätigkeiten angesehen werden können".[3] Tätigkeiten, die ein Hobby darstellen oder der Freizeitgestaltung dienen, können nämlich, so der VwGH, keine wirtschaftlichen Betätigungen im Sinne des Unionsrechts bilden. Gleichzeitig betont der Gerichtshof, dass die Beurteilung, ob eine solche Tätigkeit als nichtwirtschaftlich (nichtunternehmerisch) zu qualifizieren ist, in Übereinstimmung mit der Rsp des EuGH anhand der Gesamtheit der Gegebenheiten des Einzelfalles zu beurteilen ist.[4] Bei der Beurteilung sind daher die näheren Umstände des Einzelfalles, unter denen die in Frage stehende Tätigkeit ausgeübt wird, zu untersuchen. Zentral ist dabei das Vorliegen eines marktkonformen Verhaltens zu ergründen.[5]

6.75 Hinsichtlich der Tätigkeiten im Zusammenhang mit der Vermietung von Eigenheimen etc geht der VwGH in nunmehr ständiger Rechtsprechung davon aus, dass im Fall nachhaltiger Verluste grundsätzlich[6] zwar nicht von einer fehlenden Unternehmereigenschaft auszugehen

1 Die Bewirtschaftung einer Kleinlandwirtschaft kann etwa typischerweise einer persönlichen Neigung entsprechen (VwGH v. 16.12.2009 – 2008/15/0059; v. 25.4.2013 – 2010/15/0107).

2 VfGH v. 20.6.2001 – B 2032/99, VfSlg. 16.208.

3 VwGH v. 25.4.2013 – 2010/15/0107.

4 VwGH v. 25.4.2013 – 2010/15/0107 unter Verweis auf EuGH v. 26.9.1996 – Rs. C-230/94 – Enkler, Rz. 30, UR 1996, 418 m. Anm. *Widmann*; v. 19.7.2012 – Rs. C-263/11 – Rēdlihs, Rz. 40, UR 2012, 790.

5 VwGH v. 30.4.2015 – Ra 2014/15/0015; s dazu a *Ehrke-Rabel/Schinnerl*, Vorsteuerabzug bei Immobilienvermietung an nahestehende Personen, taxlex 2016, 267 (269 f.).

6 Gerade bei der Vermietung von Eigenheimen zu Wohnzwecken zwischen einander nahestehenden Personen (etwa der Einmann-GmbH an ihren Gesellschafter-Geschäftsführer oder der Privatstiftung bzw deren 100 %-Tochtergesellschaft an den Stifter) prüft der VwGH in einem ersten Schritt, ob überhaupt eine unternehmerische Betätigung vorliegt. In Umsetzung der Rsp des EuGH in den Rs Enkler (C-230/94, Rz. 30) und Rēdlihs (C-263/11, Rz. 40) prüft er anhand der Gesamtumstände des Sachverhaltes, ob von einer unternehmerischen Tätigkeit auszugehen ist (vgl. dazu VwGH v. 30.4.2015 – Ra 2014/15/0015 mit Hinweis auf VwGH v. 25.4.2013 – 2010/15/0107).

ist. § 2 Abs. 5 Z 2 UStG i.V.m. § 1 Abs. 2 Z 3 Liebhaberei-VO sei aber in Umsetzung der in der MwStRL in Art 135 Abs. 1 Buchst. l vorgesehenen Steuerbefreiung für die Vermietung von Grundstücken zu qualifizieren.[1]

Zusammenfassend ergibt sich für Österreich daher, dass das Institut der Liebhaberei, sofern es sich um verlustbringende Tätigkeiten handelt, die auf eine persönliche Neigung zurückzuführen oder in der privaten Lebensführung begründet sein können, für das Umsatzsteuerrecht ein (starkes) Indiz für das Vorliegen einer nicht wirtschaftlichen Tätigkeit sein können. Wird dieses Bild durch die übrigen Umstände des Einzelfalles bestätigt, ist im Hinblick auf diese Tätigkeiten nicht von einer unternehmerischen Betätigung auszugehen. 6.76

Die öFinVw nimmt zudem bei gemeinnützigen Rechtsträgern unter bestimmten Voraussetzungen Liebhaberei und damit fehlende unternehmerische Betätigung an. Diese Vermutung findet m.E. keine Deckung im Gesetz. Auf diese „Regelung" der Verwaltungspraxis wird später einzugehen sein.[2] 6.77

## 2. Gewerbliche oder berufliche Tätigkeit zur Erzielung von Einnahmen

Wesentliche Voraussetzung für die Annahme der Unternehmereigenschaft ist die Erzielung von Einnahmen. Gerade bei Einrichtungen des Dritten Sektors kann dies in Frage stehen. Für die Beurteilung der Unternehmereigenschaft ist somit zu prüfen, ob es sich bei Spenden, Mitgliedsbeiträgen oder Subventionen um ein Entgelt für eine konkrete Leistung an einen identifizierbaren Personenkreis handelt oder nicht. Nur im ersten Fall wird Unternehmereigenschaft begründet.[3] 6.78

1 VwGH v. 16.2.2006 – 2004/14/0082; v. 20.9.2007 – 2005/14/0125; v. 23.9.2010 – 2006/15/0318; v. 7.7.2011 – 2007/15/0255; v. 29.2.2012 – 2008/13/0029; v. 26.4.2012 – 2011/15/0175; VwGH v. 30.4.2015 – Ra 2014/15/0015; dazu kritisch *Ehrke-Rabel* in Doralt/Ruppe, Steuerrecht II$^7$ (2014), Rz. 237.

2 Die Praxis der österreichischen Finanzverwaltung wird in sog „Erlässen" oder „Richtlinien" festgeschrieben. Im Wesentlichen ergehen sie zu sämtlichen Materiengesetzen betreffend die aufkommensmäßig bedeutsamen Steuern. Für das Umsatzsteuerrecht sind die Umsatzsteuerrichtlinien 2000, die ständig aktualisiert und ergänzt werden, einschlägig. Zusätzlich zu Richtlinien und Erlässen veröffentlicht der BMF auch „Informationen". Die geschriebene und sachverhaltsunabhängige Verwaltungsmeinung, welche sich in Erlässen, Richtlinien oder bloßen Informationen manifestiert, hat rechtlich eine andere Bedeutung als deutsche Erlässe: Der BMF stellt seinen Erlässen und Richtlinien nämlich regelmäßig einen Unverbindlichkeitsvorbehalt voran. Aus diesem Unverbindlichkeitsvorbehalt schließt der VfGH in stRsp, dass sie weder für den Steuerpflichtigen noch für die Finanzverwaltung Bindungswirkung entfalten. Die Finanzverwaltung darf also von ihrer in den Richtlinien oder Erlässen geäußerten Meinungen abweichen, ohne dass der Abgabepflichtige einen Rechtsanspruch auf richtlinien- oder erlasskonforme Besteuerung hätte. In bestimmten Fällen kann ein Erlass oder eine Richtlinie, auf deren Gültigkeit der Steuerpflichtige vertraut hat, jedoch im Rahmen der Nachsicht (§ 236 BAO) oder im Fall von Ermessensentscheidungen (vor allem bei der Wiederaufnahme des Verfahrens nach § 303 BAO) berücksichtigt werden. Voraussetzung ist aber, dass der Erlass oder die Richtlinie vom BMF als „amtliche Veröffentlichung" bezeichnet wurde (vgl. dazu ausführlich *Peperkorn*, Erlässe im Steuerrecht, Dissertation Universität Graz 2016. Einen Überblick gibt *Ehrke-Rabel* in Doralt/Ruppe, Steuerrecht II$^7$ (2014), Rz. 92 bis 94). Die geschriebene Praxis der Finanzverwaltung ist unter findok.bmf.gv.at im Internet abrufbar.

3 Vgl. *Achatz*, Das System der Umsatzbesteuerung von Non-Profit-Organisationen, in Achatz (Hrsg.), Besteuerung von Non-Profit-Organisationen$^2$ (2004) 157 (158f).

6.79 Nachhaltigkeit wird in Österreich als Voraussetzung für die Unternehmereigenschaft gesehen und negativ abgegrenzt: Den Gegensatz zur nachhaltigen Tätigkeit bildet die einmalige oder gelegentliche Tätigkeit. Bei einer zunächst einmaligen Tätigkeit ist Nachhaltigkeit gegeben, wenn anhand objektiver Umstände auf die Absicht, sie zu wiederholen, geschlossen werden kann.[1]

### 3. Unternehmereigenschaft bei gemeinwohlorientierten Tätigkeiten

#### a) Nationale Sonderregelungen für gemeinwohlorientierte Tätigkeiten

6.80 Wie in Deutschland sehen auch einzelne abgabenrechtliche Materiengesetze in Österreich steuerliche Begünstigungen für Einrichtungen vor, die gemeinwohlorientierte Zwecke verfolgen. In der Diktion der österreichischen Abgabengesetze handelt es sich um Einrichtungen, die gemeinnützige, mildtätige oder kirchliche Zwecke verfolgen. Ob solchen Einrichtungen eine abgabenrechtliche Begünstigung zuteil wird, richtet sich nach den jeweiligen Materiengesetzen. Für die Umsatzsteuer ist auch in Österreich – in Übereinstimmung mit der MwStRL – grundsätzlich keine allgemeine Befreiung für solche Einrichtungen vorgesehen.

6.81 Wie in Deutschland in der AO werden die gemeinwohlorientierten Zwecke in der österreichischen Bundesabgabenordnung (im Folgenden kurz: BAO) näher konkretisiert.[2] Gemeinnützige, mildtätige oder kirchliche Zwecke können nach § 34 BAO nur Körperschaften, Personenvereinigungen oder Vermögensmassen verfolgen. Nach § 35 BAO ist von der Verfolgung gemeinnütziger Zwecke auszugehen, wenn durch deren Erfüllung die Allgemeinheit gefördert wird. Diese Vorgabe wird in § 35 BAO noch weiter konkretisiert. Mildtätige Zwecke sind humanitäre oder wohltätige Zwecke, die darauf gerichtet sind, hilfsbedürftige Personen zu unterstützen (§ 37 BAO). Kirchlich sind solche Zwecke, durch deren Erfüllung gesetzlich anerkannte Kirchen und Religionsgesellschaften gefördert werden (vgl. im Detail § 38 BAO). Diese Zwecke müssen i.S.d. § 39 BAO ausschließlich verfolgt werden. Gemeinsam ist allen drei Kategorien, dass eine Förderung oder Unterstützung der Allgemeinheit und nicht der einzelnen Mitglieder erfolgt.

6.82 Sieht ein Materiengesetz die Befreiung für bestimmte gemeinnützige Zwecke vor, stellt sich die Frage nach dem Umfang der Befreiung, konkret danach, welche Tätigkeiten von der Befreiung umfasst sind. Dies regelt – sofern das einschlägige Materiengesetz nicht Spezielleres vorsieht – auch die BAO, die zwischen den eigentlich gemeinwohlorientierten Tätigkeiten, den sog „wirtschaftlichen Geschäftsbetrieben" und vermögensverwaltenden Tätigkeiten unterscheidet. Wenngleich die entsprechenden Bestimmungen nach der Systematik des Gesetzes auf die Ertragsteuern abstellen,[3] haben sie zumindest nach der Praxis der Finanzverwaltung auch für die Umsatzsteuer Bedeutung (dazu gleich).

6.83 Nach der BAO ist es gemeinwohlorientierten Einrichtungen i.S.d. § 34 BAO, ohne dass sie dadurch den steuerlich begünstigten Status verlieren würden, nicht verwehrt, innerhalb bestimmter Grenzen wirtschaftliche Aktivitäten zu entfalten. Dabei handelt es sich um Tätigkei-

1 VwGH v. 23.2.2010 – 2007/15/0037.

2 Zu den Voraussetzungen im Detail: *Achatz/Schneider*, Die Voraussetzungen der Gemeinnützigkeit nach den Vorschriften der BAO – System und aktuelle Entwicklungen aus der Sicht der Finanzverwaltung, in Achatz (Hrsg.), Die Besteuerung der Non-Profit-Organisationen[2] (2004) 51 ff.

3 *Ruppe*, Steuerrechtliche Folgen wirtschaftlicher Betätigung von Vereinen, in Korinek/Krejci (Hrsg.), Der Verein als Unternehmer (1988) 313 (319); *Fellner*, Sport und Gemeinnützigkeit in der Umsatzsteuer (2014) 190.

ten, die gegen Entgelt ausgeführt werden und die einem anderen als der Einrichtung, sei es den Mitgliedern der Einrichtung oder Dritten, einen individualisierbaren Vorteil verschaffen. Die BAO spricht in diesem Zusammenhang vom sog „wirtschaftlichen Geschäftsbetrieb" (§ 31 BAO). Ein solcher liegt vor, wenn eine selbständige, nachhaltige Betätigung zwar ohne Gewinnabsicht vorgenommen wird, aber dennoch zur Erzielung von Einnahmen oder anderen wirtschaftlichen Vorteilen führt und wenn die Betätigung über die reine Vermögensverwaltung hinausgeht. An der Gewinnabsicht mangelt es, wenn durch die Betätigung kein Überschuss, sondern höchstens Kostendeckung oder das Erzielen von Einnahmen von völlig unbedeutender Größenordnung angestrebt wird.[1]

Unterhält eine nach § 34 ff. BAO steuerlich begünstigte Einrichtung einen (entbehrlichen) wirtschaftlichen Geschäftsbetrieb, wird sie nach § 45 Abs. 1 BAO grundsätzlich nur hinsichtlich dieses Geschäftsbetriebes abgabepflichtig.[2] Voraussetzung dafür, dass sich die Abgabepflicht aber nur auf diesen Geschäftsbetrieb erstreckt, ist, dass der Betrieb sich als Mittel zur Erreichung des gemeinnützigen, mildtätigen oder kirchlichen Zweckes darstellt. Dies setzt voraus, dass durch den wirtschaftlichen Geschäftsbetrieb eine Abweichung von den im Gesetz, in der Satzung, im Stiftungsbrief oder in der sonstigen Rechtsgrundlage festgelegten Zwecken nicht eintritt und die durch den wirtschaftlichen Geschäftsbetrieb erzielten Überschüsse der Einrichtung zur Förderung ihrer begünstigten Zwecke dienen (§ 45 Abs. 1 Satz 3 BAO, sog „entbehrlicher Hilfsbetrieb"). Sollte es sich bei dem wirtschaftlichen Geschäftsbetrieb der Einrichtung um einen sog „unentbehrlichen Hilfsbetrieb" handeln, entfällt die Abgabepflicht. Als unentbehrlichen Hilfsbetrieb definiert § 45 Abs. 2 einen wirtschaftlichen Geschäftsbetrieb, der (1) in seiner Gesamtrichtung auf die Erfüllung der gemeinnützigen, mildtätigen oder kirchlichen Zwecke eingestellt ist, wobei (2) die genannten Zwecke nicht anders als durch den wirtschaftlichen Geschäftsbetrieb erreichbar sein dürfen und (3) der wirtschaftliche Geschäftsbetrieb zu abgabepflichtigen Betrieben derselben oder ähnlicher Art nicht in größerem Umfang in Wettbewerb treten darf, als dies bei Erfüllung der Zwecke unvermeidbar ist. 6.84

Handelt es sich bei dem wirtschaftlichen Geschäftsbetrieb weder um einen entbehrlichen noch um einen unentbehrlichen Hilfsbetrieb, liegt grundsätzlich ein sog „begünstigungsschädlicher" wirtschaftlicher Geschäftsbetrieb vor. Letzteres wird z.B. bei der von einem im Übrigen gemeinnützigen Sportverein betriebenen Kantine angenommen.[3] Die abgabenrechtlichen Begünstigungen gehen auch im Hinblick auf die Tätigkeiten, die unmittelbar der Zweckerfüllung dienen, verloren (§ 45 Abs. 3 i.V.m. § 44 Abs. 1 BAO).[4] Wenn allerdings die Erreichung des begünstigten Zwecks nur durch die Unterhaltung eines wirtschaftlichen Geschäftsbetriebs möglich ist, der weder ein entbehrlicher noch ein unentbehrlicher Hilfsbetrieb ist, kann das für die Erhebung der Umsatzsteuer zuständige Finanzamt von der Geltendmachung der Abgabepflicht mittels Erteilung einer Ausnahmegenehmigung absehen (§ 44 Abs. 2 BAO). Nach § 45a BAO gilt eine Ausnahmegenehmigung, welche die Abgabepflicht der land- und forstwirtschaftlichen Betriebe, Gewerbebetriebe oder begünstigungsschädlichen wirtschaftlichen Geschäftsbetriebe i.S.d. § 45 Abs. 3 BAO einer Körperschaft unberührt lässt, als 6.85

1 BMF, VereinsRL Rz. 143. Zufallsgewinne ändern daher nichts am Vorliegen eines (nicht begünstigungsschädlichen) Geschäftsbetriebes. Nachhaltig anfallende Gewinne führen jedoch zur Annahme eines Gewinnbetriebes, der grundsätzlich den Verlust der Begünstigungen nach sich zieht.

2 Zur wirtschaftlichen Betätigung von gemeinnützigen Körperschaften vgl. ausführlich *Tanzer*, Wirtschaftliche Betätigung und Gemeinnützigkeit, in Korinek/Krejci (Hrsg.), Der Verein als Unternehmer (1988) 255 ff.

3 Vgl. VwGH v. 22.9.2005 – 2001/14/0037.

4 Vgl. ausführlich *Fellner*, Sport und Gemeinnützigkeit in der Umsatzsteuer (2014), 195 f.

erteilt, wenn die Umsätze der Körperschaft aus diesen Betrieben im Veranlagungszeitraum insgesamt 40.000 Euro nicht übersteigen und die aus diesen Betrieben erzielten Überschüsse der Förderung gemeinnütziger Zwecke der Körperschaft dienen.[1]

6.86 Die Betätigung einer im Übrigen zu gemeinnützigen, mildtätigen oder kirchlichen Zwecken tätigen Einrichtung für Zwecke der Vermögensverwaltung ist für die Gewährung abgabenrechtlicher Begünstigungen nach § 34 BAO nicht schädlich (§ 47 BAO). Von einer reinen Vermögensverwaltung ist insb. dann auszugehen, wenn Vermögen genutzt wird, also Kapitalvermögen verzinslich angelegt oder unbewegliches Vermögen vermietet oder verpachtet wird (§ 32 BAO).

### b) Umsatzsteuerrechtliche Unternehmereigenschaft von gemeinnützigen Einrichtungen

6.87 Die Unternehmereigenschaft von gemeinwohlorientiert handelnden Einrichtungen i.S.d. §§ 34 ff. BAO ist nach den allgemeinen umsatzsteuerrechtlichen Grundsätzen zu beantworten. Im Rahmen ihrer Zweckerfüllung werden derartige Einrichtungen regelmäßig nicht gegen Entgelt und damit nicht im Rahmen eines Leistungsaustausches mit ihren Mitgliedern oder Dritten tätig, so dass in diesem Bereich im Regelfall in Übereinstimmung mit der Rsp. des EuGH[2] von einer nichtwirtschaftlichen, in der österreichischen Diktion von einer nichtunternehmerischen Tätigkeit, auszugehen ist.

6.88 Bei den im Rahmen wirtschaftlicher Geschäftsbetriebe ausgeübten Tätigkeiten handelt es sich jedenfalls um Tätigkeiten, die gegen Entgelt ausgeübt werden. Voraussetzung ist nämlich nach § 31 BAO, dass durch die Betätigung Einnahmen oder andere wirtschaftliche Vorteile erzielt werden. Dies setzt einen unmittelbaren Zusammenhang zwischen Leistung und Gegenleistung voraus. Im Lichte der Rsp des EuGH ist dies als erstes gewichtiges Indiz für die Annahme einer wirtschaftlichen Tätigkeit zu sehen. Ob dann tatsächlich von einer wirtschaftlichen Tätigkeit auszugehen ist, hängt von den Umständen ab, unter denen die Tätigkeit ausgeübt wird. Sind diese mit jenen Umständen vergleichbar, unter denen solche Tätigkeiten gewöhnlich von anderen Wirtschaftstreibenden ausgeübt werden, ist von einer wirtschaftlichen Tätigkeit auszugehen.[3] Dies könnte beim unentbehrlichen Hilfsbetrieb im Einzelfall zu verneinen sein, beim entbehrlichen Geschäftsbetrieb wird m.E. jedoch regelmäßig von einer wirtschaftlichen (unternehmerischen) Tätigkeit i.S.d. Art. 9 MwStRL auszugehen sein.

6.89 Die österr. Praxis der Finanzverwaltung weicht in diesem Zusammenhang von den allgemeinen Regeln und der Rsp des EuGH zur Beurteilung der Unternehmereigenschaft ab: Sie nimmt bei Körperschaften, Personenvereinigungen und Vermögensmassen, die gemeinnützigen, mildtätigen oder kirchlichen Zwecken i.S.d. §§ 34 bis 38 BAO dienen, für die im Rahmen von wirtschaftlichen Geschäftsbetrieben nach § 45 Abs. 1 und Abs. 2 BAO ausgeübten Tätigkeiten – also für entbehrliche und unentbehrliche Hilfsbetriebe – Liebhaberei an.[4] Diese Ver-

1 *Ritz*, BAO[5] (2014), § 45a Rz. 1.

2 Insb. EuGH v. 12.2.2009 – Rs. C-515/07 – VNLTO, UR 2009, 199.

3 EuGH v. 26.9.1996 – Rs. C-230/94 – Enkler, Rz. 27, UR 1996, 418 m. Anm. *Widmann*; v. 12.5.2016 – Rs. C-520/14 – Gemeente Borsele, Rz. 29, UR 2016, 520 m. Anm. *Küffner* = UR 2016, 543 m. Anm. *Sterzinger*.

4 BMF, VereinsRL, Rz. 463; vgl. dazu auch *Achatz*, Das System der Umsatzbesteuerung von Non-Profit-Organisationen, in Achatz (Hrsg.), Die Besteuerung der Non-Profit-Organisationen[2] (2004) 157 (159 f.); einen Erklärungsversuch aus der Sicht der Finanzverwaltung liefert *Berger*, Rechtsfol-

mutung kann – so ist der Wortlaut der Verwaltungsmeinung zu verstehen – widerlegt werden, sofern die Umsätze des wirtschaftlichen Geschäftsbetriebes jährlich regelmäßig über 2.900 Euro liegen.[1] Bei Umsätzen unter 2.900 Euro soll die Vermutung nicht widerlegbar sein. Will ein Verein die Liebhabereivermutung auf seine Tätigkeiten im Rahmen des wirtschaftlichen Geschäftsbetriebes nicht angewandt wissen, genügt die Abgabe von Voranmeldungen und Jahreserklärungen oder auch die Abgabe einer Verzichtserklärung auf die Kleinunternehmerbefreiung. Einer anderen gesonderten Erklärung gegenüber dem Finanzamt bedarf es nicht.[2] Die Anwendung der Liebhabereivermutung und damit die Verneinung der Unternehmereigenschaft, mit der Folge, dass sämtliche Umsätze im Rahmen der entbehrlichen und der unentbehrlichen Hilfsbetriebe nicht umsatzsteuerbar sind und dass kein Vorsteuerabzug auf Eingangsleistungen zulässig ist, soll aber nach Meinung der Finanzverwaltung der Regelfall sein.

Die Liebhabereivermutung erstreckt sich nach Meinung der Finanzverwaltung auch auf begünstigungsschädliche wirtschaftliche Geschäftsbetriebe, wenn die Umsätze aus diesem Betrieb im Veranlagungszeitraum (dh im Kalenderjahr) insgesamt 7.500 Euro nicht überschreiten. Auch auf diese Vermutung kann der Steuerpflichtige verzichten.[3] 6.90

Die Praxis der österr. Finanzverwaltung findet keine Deckung im Umsatzsteuergesetz.[4] Die Unternehmereigenschaft von Rechtsträgern, die gemeinnützige, mildtätige oder kirchliche Zwecke verfolgen, ist vielmehr an Hand der allgemeinen Grundsätze zu beurteilen. Erbringt ein solcher Rechtsträger Lieferungen oder sonstige Leistungen gegen Entgelt unter Umständen, unter denen sie auch im gewöhnlichen Geschäftsverkehr erbracht werden, ist die Unternehmereigenschaft zu bejahen. Die jeweiligen Umsätze sind steuerbar. Ob sie auch steuerpflichtig sind, ist anhand der jeweiligen Tätigkeit zu beurteilen. Gerade für Aktivitäten gemeinnütziger Rechtsträger kann nämlich eine Steuerbefreiung des Titels IX Kapitel 2 MwStSystRL (umgesetzt in § 6 UStG) zur Anwendung gelangen. 6.91

In Hinblick auf Mitgliedsbeiträge wird in Österreich zwischen echten und unechten Beiträgen unterschieden. Für die Abgrenzung zwischen echten und unechten Mitgliedsbeiträgen kommt es darauf an, ob den Leistungen eines Mitglieds eine konkrete Leistung des Vereins an den Beitragszahler gegenübersteht (sog unechte Mitgliedsbeiträge). Ist dies der Fall, so erbringt der Verein Leistungen im unternehmerischen Tätigkeitsbereich.[5] Bei echten Mitgliedsbeiträgen handelt es sich um Beiträge, welche die Mitglieder lediglich in ihrer Eigenschaft als Mitglieder nach den Satzungen zu entrichten verpflichtet sind.[6] Bei der Beurteilung kommt es nicht allein darauf an, ob die Tätigkeit dem satzungsmäßigen Zweck dient, sondern ist vor allem zu untersuchen, ob sich die Tätigkeit des Vereins in besonderen Einzelleistungen gegenüber den Mitgliedern manifestiert.[7] Dabei reicht die Möglichkeit zur Inanspruchnahme der Leistungen 6.92

---

gen der Gemeinnützigkeit im derzeitigen Umsatzsteuerrecht aus der Sicht der Verwaltungspraxis, in Achatz (Hrsg.), Die Besteuerung der Non-Profit-Organisationen II (2001) 93 (94 f.).

1 BMF, VereinsRL, Rz. 463 zweiter Satz i.V.m. Rz. 464.

2 BMF, VereinsRL, Rz. 464.

3 BMF, VereinsRL, Rz. 466.

4 Vgl. dazu im Detail *Achatz*, Das System der Umsatzbesteuerung von Non-Profit-Organisationen, in Achatz (Hrsg.), Die Besteuerung der Non-Profit-Organisationen[2] (2004) 157 (174).

5 VwGH v. 17.3.1999 – 97/13/0089; v. 28.4.1993 – 90/13/0245.

6 VwGH v. 17.3.1999 – 97/13/0089.

7 In diesem Sinn auch die Auffassung des BMF: VereinsRL 2001 i.d.F. AV 146/2015.

aus.[1] Ob die Mitglieder die mit dem Mitgliedsbeitrag verbundenen Vorteile auch tatsächlich nützen, ist für die Beurteilung als unternehmerische Tätigkeit unerheblich.[2] Von einer unternehmerischen Tätigkeit kann jedenfalls dann nicht ausgegangen werden, wenn ein Verein auf Grund der Satzung nicht einmal einen Anspruch gegenüber seinen Mitgliedern auf Mitgliedsbeiträge hat und damit seinen gesamten Kapitalaufwand aus freiwilligen Zuwendungen seiner Mitglieder abzudecken hat.[3] Eine allgemeine Spendensammlungsaktion begründet noch keine Unternehmereigenschaft. Ist die Spende allerdings als Gegenleistung für ein besonderes Leistungsverhalten der Non-Profit-Organisation (z.B. Spende für eine Teilnahme an einem Theaterstück), ist ein Leistungsaustausch zu bejahen, so dass grds. von einem steuerbaren Umsatz ausgegangen werden kann.

1 VwGH v. 4.6.2008 – 2005/13/0128; v. 24.11.1998 – 98/14/0033; v. 19.5.2002 – 97/14/0133; anders noch VwGH v. 3.11.1986 – 86/15/0003, wo der VwGH in der Erfüllung des satzungsmäßigen Zwecks pauschal keine unternehmerische Betätigung gesehen hat.
2 VwGH v. 24.6.2004 – 2000/15/0140.
3 VwGH v. 3.11.1986 – 86/15/0003.

# Kapitel 7
# Umsatzsteuerliche Organschaft




**Literatur:** *Birkenfeld*, Organschaft als Mehrwertsteuergruppe, UR 2014, 120; *Endres*, Nichtsteuerpflichtige in der Mehrwertsteuergruppe nach Art. 11 MwStSystRL, UR 2015, 853; *Englisch*, Umsatzsteuerrechtliche Behandlung gesellschaftsrechtlicher Beteiligungen – Anmerkungen zum BMF-Schreiben vom 26.1.2007, UR 2007, 290; *Grünwald*, Die jüngste Rechtsprechung des EuGH zur umsatzsteuerlichen Gruppenbesteuerung, MwStR 2013, 328; *Huschens*, Institut der Organschaft – Auswirkungen des EuGH-Urteils vom 22.5.2008 – Rs. C-162/07 (Ampliscientifica und Amplifin), UVR 2008, 340; *Korn*, Grundsatzentscheidungen zur umsatzsteuerlichen Organschaft, SteuK 2016, 145; *Küffner*, Steuerfalle umsatzsteuerliche Organschaft, BB 2013, Heft 16, I; *Küffner/Luber*, Umsatzsteuerliche Organschaft: Mehr Rechtssicherheit und Transparenz sind möglich, DB 2015, Heft – 29 S 23; *Küffner/Rust*, Können nur Unternehmer Organträger sein? – Voraussetzungen der umsatzsteuerrechtlichen Organschaft – Anmerkung zum Urteil des FG Saarland vom 18.11.2014 – 1 K 1480/12 – Rev. Az.: V R 67/14, MwStR 2015, 719; *Küffner/Streit*, Einbeziehung eines Nichtsteuerpflichtigen in eine Organschaft – Zugleich Anmerkung zum Urteil EuGH im Vertragsverletzungsverfahren Kommission/Irland, UR 2013, 401; *Langer*, Mitgliedstaaten können Nichtsteuerpflichtige als Mitglieder einer Mehrwertsteuergruppe (Organschaft) zulassen, DStR 2013, 808; *Reiß*, Umsatzsteuerrechtliche Organschaft und Mehrwertsteuergruppe – Zoff im BFH zu einer überflüssigen und den Grundfreiheiten des AEUV widersprechenden Rechtsfigur, UR 2016, 739; *Slapio*, Umsatzsteuerliche Organschaft – auf zu neuen Ufern?, UR 2013, 407; *Wäger*, Organschaft im Umsatzsteuerrecht, in Spindle/Tipke/Rödder (Hrsg.), Steuerzentrierte Rechtsberatung, FS für Harald Schaumburg, 2009, 1189; *Wäger*, Unionsrechtliche Grundlagen der Organschaft unter Berücksichtigung aktueller EuGH-Rechtsprechung, UVR 2013, 205

## A. Rechtsgrundlagen

7.1 **Art. 11 MwStSystRL**

**Nach Konsultation des Beratenden Ausschusses für die Mehrwertsteuer (nachstehend „Mehrwertsteuerausschuss" genannt) kann jeder Mitgliedstaat in seinem Gebiet ansässige Personen, die zwar rechtlich unabhängig, aber durch gegenseitige finanzielle, wirtschaftliche und organisatorische Beziehungen eng miteinander verbunden sind, zusammen als einen Steuerpflichtigen behandeln.**

**Ein Mitgliedstaat, der die in Abs. 1 vorgesehene Möglichkeit in Anspruch nimmt, kann die erforderlichen Maßnahmen treffen, um Steuerhinterziehungen oder -umgehungen durch die Anwendung dieser Bestimmung vorzubeugen.**

**§ 2 UStG Deutschland – Unternehmer, Unternehmen**

**(1) Unternehmer ist, wer eine gewerbliche oder berufliche Tätigkeit selbständig ausübt. Das Unternehmen umfasst die gesamte gewerbliche oder berufliche Tätigkeit des Unternehmers. Gewerblich oder beruflich ist jede nachhaltige Tätigkeit zur Erzielung von Einnahmen, auch wenn die Absicht, Gewinn zu erzielen, fehlt oder eine Personenvereinigung nur gegenüber ihren Mitgliedern tätig wird.**

**(2) Die gewerbliche oder berufliche Tätigkeit wird nicht selbständig ausgeübt,**

**(…)**

**2.**

**wenn eine juristische Person nach dem Gesamtbild der tatsächlichen Verhältnisse finanziell, wirtschaftlich und organisatorisch in das Unternehmen des Organträgers eingegliedert ist (Organschaft). Die Wirkungen der Organschaft sind auf Innenleistungen zwischen den im Inland gelegenen Unternehmensteilen beschränkt. Diese Unternehmensteile sind als ein Unternehmen zu behandeln. Hat der Organträger seine Geschäftsleitung im Ausland, gilt der wirtschaftlich bedeutendste Unternehmensteil im Inland als der Unternehmer.**

**§ 2 UStG Österreich – Unternehmer, Unternehmen**

**(1) Unternehmer ist, wer eine gewerbliche oder berufliche Tätigkeit selbständig ausübt. Das Unternehmen umfasst die gesamte gewerbliche oder berufliche Tätigkeit des Unternehmers. Gewerblich oder beruflich ist jede nachhaltige Tätigkeit zur Erzielung von Einnahmen, auch wenn die Absicht, Gewinn zu erzielen, fehlt oder eine Personenvereinigung nur gegenüber ihren Mitgliedern tätig wird.**

**(2) Die gewerbliche oder berufliche Tätigkeit wird nicht selbständig ausgeübt,**

**(…)**

**2.**

**wenn eine juristische Person dem Willen eines Unternehmers derart untergeordnet ist, dass sie keinen eigenen Willen hat. Eine juristische, Person ist dem Willen eines Unternehmers dann derart untergeordnet, dass sie keinen eigenen Willen hat (Organschaft), wenn sie nach dem Gesamtbild der tatsächlichen Verhältnisse finanziell, wirtschaftlich und organisatorisch in sein Unternehmen eingegliedert ist.**

**Die Wirkungen der Organschaft sind auf Innenleistungen zwischen den im Inland gelegenen Unternehmensteilen beschränkt. Diese Unternehmensteile sind als ein Unternehmen zu behandeln. Hat der Organträger seine Geschäftsleitung im Ausland, gilt der wirtschaftlich bedeutendste Unternehmensteil im Inland als Unternehmer.**

## B. Art. 11 MwStSystRL – Unionsrechtliche Vorgaben zur Organschaft

Der Richtliniengeber hat mit Art. 11 MwStSystRL jedem Mitgliedstaat die Möglichkeit eröffnet, eine umsatzsteuerliche Organschaft einzuführen. Dieses **Mitgliedstaatenwahlrecht** wurde durch die wörtliche Ermächtigung „kann jeder Mitgliedstaat" fixiert. Die Befugnisse eines Mitgliedstaates, die ihm durch das Mitgliedstaatenwahlrecht verschafft werden, konnten bisher jedoch nicht abschließend abgegrenzt werden. Daraus resultieren erhebliche konzeptionelle Spannungen zwischen der Mehrwertsteuergruppe nach Art. 11 MwStSystRL und den unterschiedlichen nationalen Regelungen zur umsatzsteuerrechtlichen Organschaft. 7.2

### I. Grundlagen

Art. 11 MwStSystRL regelt auf unionsrechtlicher Ebene, die in Deutschland und anderen Ländern als Organschaft bezeichnete Rechtsinstitution. Nach Art. 11 MwStSystRL kann ein Mitgliedstaat nach Konsultation des Beratenden Ausschusses für die Mehrwertsteuer (Mehrwertsteuerausschuss) in seinem Gebiet ansässige Personen, die zwar rechtlich unabhängig, aber durch gegenseitige **finanzielle**, **wirtschaftliche** und **organisatorische** Beziehungen eng miteinander verbunden sind, zusammen als einen Steuerpflichtigen behandeln. Die MwStSystRL benennt die als ein Steuerpflichtiger zu behandelnde Personenmehrheit nicht explizit. In offiziellen und wissenschaftlichen Diskussionen auf unionsrechtlicher Ebene hat sich der Begriff der **Mehrwertsteuergruppe** durchgesetzt. Die an dieser Mehrwertsteuergruppe Beteiligten sind deren **Gruppenmitglieder.**[1] 7.3

Macht ein Mitgliedstaat von seinem Recht Gebrauch, eine Mehrwertsteuergruppe im nationalen Umsatzsteuergesetz zu kodifizieren,[2] ist er verpflichtet, die in Art. 11 Abs. 1 MwStSystRL bezeichneten autonomen unionsrechtlichen Begriffe als Vorgaben (vollständig) anzuerkennen und sie richtlinienkonform umzusetzen.[3] Ohne Regelungsbedürftigkeit durch den Richtliniengeber können abweichende Auslegungen durch den nationalen Gesetzgeber nur nach Maßgabe des Art. 11 Abs. 2 MwStSystRL vorgenommen werden. Eine Abweichung muss als erforderliche **Maßnahme der Vorbeugung von Steuerhinterziehung und Steuerumgehung** dienen. Anderenfalls ist der Mitgliedstaat nicht regelungsbefugt und verstößt gegen die europäische Richtlinie. 7.4

Für die Einführung einer in Art. 11 Abs. 1 MwStSystRL vorgegebenen Regelung setzt die Vorschrift die vorherige Konsultation des Mehrwertsteuerausschusses voraus.[4] Dieser Ausschuss 7.5

---

1 *Europäische Kommission*, Mitteilung der Kommission an das Europäische Parlament und den Rat über die Option der Mehrwertsteuer-Gruppe gem. Art. 11 MwStSystRL (nationale Organschaftsregelungen) v. 2.7.2009, UR 2009, 632; *Ehrke-Rabel* in Englisch/Nieskens (Hrsg.), Umsatzsteuer-Kongress-Bericht 2010, Köln 2011, 159; vgl. dazu und zum Folgenden *Birkenfeld*, UR 2014, 120 ff.

2 *Birkenfeld*, UR 2014, 120 (122).

3 EuGH v. 25.4.2013 – Rs. C-480/10 – Kommission/Schweden, UR 2013, 423 Rz. 33 f.

4 EuGH v. 22.5.2008 – Rs. C-162/07 – Ampliscientifica, Slg. I 2008, 4019 – Rz. 18, 23; vgl. dazu Anm. *Nieskens*, UR 2008, 538; Anm. *Stadie*, UR 2008, 540; *Huschens*, UVR 2008, 340; *Europäische*

hat kein Recht, die einzelstaatlichen Regelungen zu genehmigen[1] oder abzulehnen.[2] Er hat nur die Möglichkeit Empfehlungen auszusprechen, die bei Nichtberücksichtigung Anlass für ein Vertragsverletzungsverfahren der EU-Kommission gegen den Mitgliedstaat geben können.[3]

7.6 Die den Mitgliedstaaten eingeräumte Option für eine Gruppenbesteuerung durch die Zusammenfassung mehrerer Personen zu einem Steuerpflichtigen dient einerseits der **Verwaltungsvereinfachung** und der **Bekämpfung unlauterer Praktiken** durch künstliche Aufspaltung eines Unternehmens in mehrere Steuerpflichtige.[4] Dies umfasst als Grundgedanken der Regelung zur Mehrwertsteuergruppe andererseits, die umsatzsteuerneutrale Aufgliederung von Konzernen zu ermöglichen. Denn die Regelung bezweckt die Verwaltungsvereinfachung auch für die Mehrwertsteuergruppe selbst.[5]

## II. Zu den Begriffen des Art. 11 MwStSystRL

### 1. Steuerpflichtiger

7.7 „Steuerpflichtiger als solcher" (nach deutscher Terminologie: Unternehmer) i.S.d. Art. 11 MwStSystRL ist die Mehrwertsteuergruppe,[6] nicht aber ihre Gruppenmitglieder. Aus der Formulierung der Vorschrift ergibt sich noch kein besonders bezeichneter **Gruppenträger** (nach deutscher Terminologie: **Organträger**) in Abgrenzung zu einfachen **Gruppenmitgliedern** (nach deutscher Terminologie: **Organgesellschaften**).[7] Umsätze eines Gruppenmitglieds an

---

*Kommission*, Mitteilung der Kommission an das Europäische Parlament und den Rat über die Option der Mehrwertsteuer-Gruppe gem. Art. 11 MwStSystRL (nationale Organschaftsregelungen) v. 2.7.2009, UR 2009, 632 (637).

1 EuGH v. 25.4.2013 – Rs. C-480/10 – Kommission/Schweden, UR 2013, 423 Rz. 22; *Europäische Kommission*, Mitteilung der Kommission an das Europäische Parlament und den Rat über die Option der Mehrwertsteuer-Gruppe gem. Art. 11 MwStSystRL (nationale Organschaftsregelungen) v. 2.7.2009, UR 2009, 632 (637).

2 Vgl. EuGH v. 12.6.1979 – Rs. C-229/78 – Ketelhandel und Denkavit, Slg. I 1979, 2063 Rz. 11.

3 Ebenso *Birkenfeld*, UR 2014, 120 (123).

4 Vgl. EuGH v. 9.4.2013 – Rs. C-85/11 – Kommission/Irland, Rz. 47; EuGH v. 22.5.2008 – Rs. C-162/07 – Ampliscientifica und Amplifin, Slg. I 2008, 4019 Rz. 25; *Europäische Kommission*, Mitteilung der Kommission an das Europäische Parlament und den Rat über die Option der Mehrwertsteuer-Gruppe gem. Art. 11 MwStSystRL (nationale Organschaftsregelungen) v. 2.7.2009, UR 2009, 632 (634); s. auch *Reiß* in Reiß/Kraeusel/Langer, UStG, § 2 Rz. 98.6 (Mai 2016).

5 EuGH v. 9.4.2013 – Rs. C-85/11 – Kommission/Irland, Rz. 48.

6 *Europäische Kommission*, Mitteilung der Kommission an das Europäische Parlament und den Rat über die Option der Mehrwertsteuer-Gruppe gem. Art. 11 MwStSystRL (nationale Organschaftsregelungen) v. 2.7.2009, UR 2009, 632. Die EU-Kommission sieht sich bestätigt durch EuGH v. 22.5.2008 – Rs. C-162/07 – Ampliscientifica und Amplifin, Slg. I 2008, 4019. Auf nationaler Ebene ist in Deutschland noch nicht abschließend geklärt, ob das nationale Recht von dem zutreffenden Steuerpflichtigen ausgeht (s. auch *Birkenfeld*, UR 2014, 120); das nationale Recht sieht den Organträger als Steuerpflichtigen an, während das Unionsrecht („zusammen") von der Steuerpflichtigeneigenschaft der Mehrwertsteuergruppe ausgeht (vgl. auch EuGH v. 17.9.2014 – Rs. C-7/13 – Skandia America Rz. 29 ff., 176 ff., UR 2014, 847 m. Anm. *Maunz* = UR 2014, 890 m. Anm. *Heinrichshofen* = DStRE 2015, 354); ebenso *Reiß* in Reiß/Kraeusel/Langer, UStG, § 2 Rz. 98.10 (Mai 2016); *Treiber* in Sölch/Ringleb, UStG, § 2 Rz. 95 (Sep. 2015).

7 *Birkenfeld*, UR 2014, 120 (122).

Außenstehende werden der Mehrwertsteuergruppe zugerechnet. Die Mehrwertsteuergruppe empfängt wiederum die Leistungen von Außenstehenden. Die EU-Kommission geht davon aus, dass die Mehrwertsteuergruppe als eine „fiktive Einrichtung" betrachtet werden kann. Diese stelle eine „besondere Form eines Steuerpflichtigen" dar, „die nur im Hinblick auf die Mehrwertsteuer" bestehe.[1] Die der Mehrwertsteuergruppe angehörigen übrigen Personen bleiben zwar rechtlich unabhängig, die Verbindung im Rahmen der Mehrwertsteuergruppe führt aber dazu, dass sie mehrwertsteuerrechtlich als Bestandteil dieser Gruppe unselbständig sind. Die durch die vorausgesetzten finanziellen, wirtschaftlichen und organisatorischen Beziehungen eng miteinander verbundenen Personen müssen deswegen gemeinsam die Voraussetzungen der Steuerpflichtigeneigenschaft i.S.d. Art. 9 Abs. 1 MwStSystRL innerhalb der Mehrwertsteuergruppe erfüllen.[2]

## 2. Mitglieder einer Mehrwertsteuergruppe

Mitglieder einer Mehrwertsteuergruppe können mehrere „Personen" sein. Dieser Begriff umfasst sowohl steuerpflichtige als auch nichtsteuerpflichtige Personen.[3] 7.8

## 3. Enge Beziehungen

Art. 11 MwStSystRL verlangt, dass kumulativ finanzielle, wirtschaftliche und organisatorische Beziehungen die Gruppenmitglieder eng miteinander verbinden.[4] Für die **finanziellen Beziehungen** genügt die Mehrheit der Stimmrechte, die ein Gruppenmitglied an den an der Gruppe beteiligten Gesellschaften hält.[5] Eine natürliche Person muss gegenüber einem anderen Gruppenmitglied weisungsgebunden sein. Eine tatsächliche Kontrolle ist dabei maßgeblich. Die **wirtschaftlichen Beziehungen** verlangen, dass ein Mitglied der Mehrwertsteuergruppe Tätigkeiten erbringt, die den übrigen Mitgliedern jedenfalls in wesentlichem Umfang zugutekommen.[6] **Organisatorische Beziehungen** verlangen eine gemeinsame oder zumindest teilweise gemeinsame Managementstruktur.[7] 7.9

---

1 Vgl. Mitteilung der EU-Kommission v. 2.7.2009 (Anm. 443 Fn. 3), KOM (2009) 325, UR 2009, 632 Rz. 3.2.; ebenso *Birkenfeld*, UR 2014, 120 (122); *Stadie* in Rau/Dürrwächter, UStG, § 2 UStG Rz. 791 (Mai 2016); *Stadie* in Rau/Dürrwächter, UStG, § 2 UStG Rz. 791 (Mai 2016). Danach bliebe unklar, an wen sich die Finanzbehörde wenden soll. Nach *Birkenfeld*, UR 2014, 120 (123) folgt daher aus der Natur der Sache und dem Vereinfachungszweck des Art. 11 MwStSystRL, dass diese Person den übrigen Beteiligten der Mehrwertsteuergruppe grundsätzlich übergeordnet sein muss. Dann ist diese Person in der Lage die umsatzsteuerrechtlichen Pflichten der Gruppe zu erfüllen; im Ergebnis auch *Stadie* in Rau/Dürrwächter, UStG, § 2 UStG Rz. 791 (Mai 2016); a.A. *Reiß* in Reiß/Kraeusel/Langer und *Treiber* in Sölch/Ringleb, UStG, § 2 Rz. 98.11 (Sep. 2015), UStG, § 2 Rz. 98.9 (Mai 2016) mit Verweis auf EuGH v. 16.7.2015 – Rs. C-108/14, C-109/14 – *Larentia und Minerva*, wonach Art. 11 MwStSystRL auch im Falle eines „Gleichordnungskonzern" greife.

2 *Birkenfeld*, UR 2014, 120 (123).

3 Dazu noch im Einzelnen Abschnitt 2.

4 Zur Interpretation dieser Tatbestandsmerkmale vgl. *Europäische Kommission*, Mitteilung der Kommission an das Europäische Parlament und den Rat über die Option der Mehrwertsteuer-Gruppe gem. Art. 11 MwStSystRL (nationale Organschaftsregelungen) v. 2.7.2009, UR 2009, 632.

5 *Birkenfeld*, UR 2014, 120 (123).

6 *Birkenfeld*, UR 2014, 120 (123).

7 *Birkenfeld*, UR 2014, 120 (123).

### 4. Zur Berechtigung der Mitgliedstaaten für abweichende Maßnahmen

7.10 Obwohl Art. 11 Abs. 1 MwStSystRL den Mitgliedstaaten ein **Wahlrecht** für die Einführung einer Mehrwertsteuergruppenbesteuerung einräumt, dürfen diese ihre Anwendung nicht von weiteren Voraussetzungen oder von geringeren Anforderungen für die Bildung einer Mehrwertsteuergruppe abhängig machen. Die Mitgliedstaaten können nach Art. 11 Abs. 2 MwStSystRL die erforderlichen Maßnahmen – z.B. die Beschränkung auf bestimmte Steuerpflichtige, durch sachliche Einschränkungen der gewählten Mehrwertsteuergruppenbesteuerung und zusätzliche förmliche Verpflichtungen – nur einführen, um **Steuerhinterziehungen und Steuerumgehungen durch die Zulassung einer Mehrwertsteuergruppe vorzubeugen**.

## III. Nichtunternehmer als Mitglieder der Mehrwertsteuergruppe i.S.d. Art. 11 MwStSystRL – Auslegung durch den EuGH

7.11 Der EuGH hat sich in mehreren Entscheidungen zu der Frage geäußert, ob **Nichtunternehmer Mitglieder der Mehrwertsteuergruppe** sein können. In dem Urteil des EuGH vom 9.4.2013 – Rs. C-85/11 [*Kommission/Irland*][1] hat er diese Frage positiv beantwortet und klargestellt, dass Nichtunternehmer grundsätzlich als Mitglied einer Mehrwertsteuergruppe in Betracht kommen.[2]

7.12 Die vorstehende Entscheidung der Großen Kammer des EuGH erging im Rahmen eines Vertragsverletzungsverfahrens nach Art. 258 AEUV gegen Irland. Das irische Umsatzsteuerrecht enthält eine Regelung, wonach auch Nichtsteuerpflichtige Mitglied einer Mehrwertsteuergruppe – nach der Terminologie des deutschen Umsatzsteuerrechts also einer umsatzsteuerrechtlichen Organschaft – sein können, was die Europäische Kommission als Verstoß gegen Art. 11 MwStSystRL ansah. Gegen fünf weitere Mitgliedstaaten der EU, deren nationale Umsatzsteuergesetze vergleichbare Regelungen enthalten, hatte die Kommission weitere Vertragsverletzungsverfahren eingeleitet.[3] Da das Königreich Schweden die Zulassung von Mehrwertsteuergruppen auf den Finanz- und den Versicherungssektor beschränkt hat, war auch diesbezüglich ein Vertragsverletzungsverfahren anhängig.[4] Gemeinsam ist allen Verfahren die Frage, inwieweit die Mitgliedstaaten der EU regeln dürfen, welche Personen Mitglied einer Mehrwertsteuergruppe sein können.

1 EuGH v. 9.4.2013 – Rs. C-85/11 – Kommission/Irland, Rz. 18.

2 Ebenso und zum Folgenden *Küffner/Streit*, UR 2013, 401 ff.

3 Vertragsverletzungsverfahren Kommission/Tschechische Republik – C-109/11, Kommission/Dänemark – C-95/11, Kommission/Finnland – C-74/11, Kommission/Niederlande – C-65/11 und Kommission/Vereinigtes Königreich – C-86/11; in den am 25.4.2013 ergangenen Urteilen erkannte der EuGH in der Einbeziehung Nichtsteuerpflichtiger in eine Mehrwertsteuergruppe keine Vertragsverletzung.

4 Vertragsverletzungsverfahren Kommission/Schweden – C-480/10. Das Urteil in dieser Sache erging am 25.4.2013. Die Ausführungen in den Urteilsgründen liegen bis zur Rz. 38 auf der Linie der vorliegenden Entscheidung. In den Rz. 39–41 weist der EuGH die Klage mit der knappen Begründung ab, dass die Kommission die Vertragsverletzung nicht ausreichend nachgewiesen habe.

## 1. Zentrale Aussagen des EuGH in dem Urteil vom 9.4.2013 – Rs. C-85/11 [Kommission/Irland]

Nach der Erkenntnis des EuGH können Nichtunternehmer Mitglied einer Mehrwertsteuergruppe sein. Diese Aussage hat in zwei Richtungen Bedeutung: Einerseits für Fälle, in denen ein Nichtunternehmer in eine Mehrwertsteuergruppe aufgenommen wird. Andererseits auch für Fälle, in denen ein Mitglied einer bestehenden Mehrwertsteuergruppe seine Unternehmereigenschaft verliert. Zwischen der Frage der Aufnahme eines Nichtunternehmers in eine Mehrwertsteuergruppe („to join a VAT group")[1] und der Möglichkeit eines Nichtunternehmers, Mitglied einer Mehrwertsteuergruppe zu sein („to be members of a VAT group")[2], macht der EuGH keinen Unterschied. In beiden Fällen geht es um die identische Frage: **Einbeziehung einer nichtsteuerpflichtigen Person in eine Mehrwertsteuergruppe.**[3] 7.13

Nach der Erkenntnis des EuGH sind die Voraussetzungen des Art. 11 Abs. 1 MwStSystRL für eine Mehrwertsteuergruppe abschließend. Neben den Merkmalen, dass in einem Mitgliedstaat ansässige Personen durch gegenseitige finanzielle, wirtschaftliche und organisatorische Beziehungen eng miteinander verbunden sind, enthält Art. 11 Abs. 1 MwStSystRL keine weiteren Voraussetzungen.[4] **Art. 11 Abs. 1 MwStSystRL ist nach Ansicht des EuGH nicht restriktiv auszulegen.** Der Wortlaut des Art. 11 Abs. 1 MwStSystRL, der in der deutschen Sprachfassung von „Personen", in der englischen Sprachfassung von „any persons" spricht, enthält keine Einschränkung des Anwendungsbereichs.[5] Anhaltspunkte für eine gebotene enge Auslegung des Art. 11 Abs. 1 MwStSystRL und damit für eine restriktive Anwendung der Regelung erkennt der EuGH folglich nicht.[6] Auch aus dem Zusammenhang und der systematischen Stellung des Art. 11 Abs. 1 MwStSystRL lässt sich nach der Erkenntnis des EuGH nichts anderes ableiten.[7] Es genügt bei einer Mehrwertsteuergruppe vielmehr, wenn die eng verbundenen Personen nicht jeweils für sich, sondern erst gemeinsam die Voraussetzungen des Unternehmerbegriffs erfüllen.[8] 7.14

Deutlich ist der EuGH in seiner Aussage, dass die Einbeziehung von Nichtunternehmern in eine Mehrwertsteuergruppe den Zielen des Art. 11 MwStSystRL offenkundig nicht entgegenstehe.[9] Die Einbeziehung Nichtsteuerpflichtiger könne vielmehr zu einer **Verwaltungsvereinfachung** sowohl für die Mehrwertsteuergruppe selbst als auch für die Steuerverwaltung führen und bestimmte **Missbräuche verhindern.**[10] Der EuGH geht sogar noch einen Schritt weiter: Nach seiner Erkenntnis könne die Anwesenheit eines Nichtsteuerpflichtigen in einer Mehrwertsteuergruppe sogar unabdingbar sein, wenn diese Einbeziehung allein die engen Beziehungen herstellt, die auf finanzieller, wirtschaftlicher und organisatorischer Ebene zwischen den Mitgliedern der Mehrwertsteuergruppe bestehen müssen.[11] 7.15

1 EuGH v. 9.4.2013 – Rs. C-85/11 – Kommission/Irland, Rz. 18.
2 EuGH v. 9.4.2013 – Rs. C-85/11 – Kommission/Irland, Rz. 18.
3 EuGH v. 9.4.2013 – Rs. C-85/11 – Kommission/Irland, Rz. 18.
4 EuGH v. 9.4.2013 – Rs. C-85/11 – Kommission/Irland, Rz. 36.
5 EuGH v. 9.4.2013 – Rs. C-85/11 – Kommission/Irland, Rz. 36-41.
6 EuGH v. 9.4.2013 – Rs. C-85/11 – Kommission/Irland, Rz. 40.
7 EuGH v. 9.4.2013 – Rs. C-85/11 – Kommission/Irland, Rz. 42–46.
8 EuGH v. 9.4.2013 – Rs. C-85/11 – Kommission/Irland, Rz. 45.
9 EuGH v. 9.4.2013 – Rs. C-85/11 – Kommission/Irland, Rz. 48.
10 EuGH v. 9.4.2013 – Rs. C-85/11 – Kommission/Irland, Rz. 48.
11 EuGH v. 9.4.2013 – Rs. C-85/11 – Kommission/Irland, Rz. 48.

### 2. Nichtunternehmer als Mitglied der Mehrwertsteuergruppe – Eindeutige und richtige Annahme durch den EuGH

7.16 Der EuGH hat die in der Literatur[1] viel diskutierte Frage nach hier vertretener Auffassung richtig und eindeutig beantwortet. Zwar „können" nach dem Wortlaut des EuGH-Urteils in der Rechtssache C-85/11 [*Kommission/Irland*] Nichtsteuerpflichtige in die Mehrwertsteuergruppe einbezogen werden.[2] Diese Formulierung verbietet aber den Schluss, dass die Einbeziehung nichtsteuerpflichtiger Personen in die Mehrwertsteuergruppe nur möglich ist, aber nicht verpflichtend ist.[3] Denn der EuGH hat die Tatbestandsmerkmale des Art. 11 MwStSystRL autonom und einheitlich ausgelegt.[4] Der Richtliniengeber hat die Wortwahl „Personen" anstelle des Wortes „Steuerpflichtige" bewusst getroffen.[5] Der Begriff „Person" ist gerade nicht mit einem „Steuerpflichtigen" gleichzusetzen. Das Tatbestandsmerkmal „Person" umfasst gerade Steuerpflichtige und Nichtsteuerpflichtige.[6] Der Begriff „Personen" ist weit auszulegen.[7] Darüber hinaus überzeugen die systematischen und teleologischen Argumente des EuGH.

## IV. Relevante deutsche Regelung – Zur Eingliederung des hoheitlichen Bereichs einer unternehmerisch tätigen Körperschaft des öffentlichen Rechts in den Organkreis

7.17 Der nationale deutsche Gesetzgeber hat von der Möglichkeit des Art. 11 MwStSystRL Gebrauch gemacht und erkennt in § 2 Abs. 2 S. 1 Nr. 2 S. 1 UStG eine umsatzsteuerrechtliche Organschaft an. Diese Regelung sieht jedoch neben der finanziellen, der wirtschaftlichen und der organisatorischen Eingliederung weitere Voraussetzungen vor: Bisher sind lediglich Personen als Organträger und Organgesellschaften anerkannt, die jeweils für sich die umsatzsteuerrechtliche Unternehmereigenschaft bereits erfüllen. Denn nach dem Wortlaut der deutschen Regelung übt eine Organgesellschaft ihre „gewerbliche oder berufliche Tätigkeit" nicht selbständig aus, wenn sie „in das Unternehmen" des Organträgers eingegliedert ist. Daher kann nach nationaler Rechtsprechung und nach Auffassung der Finanzverwaltung ein Nichtunternehmer bislang nicht Teil einer Organschaft sein. Neben der Begrenzung der Organschaft auf Unternehmer enthält diese Reglung eine weitere Einschränkung für die Person der Organgesellschaften: nach dem klaren Wortlaut der Vorschrift kommen bisher nur juristische Personen als Organgesellschaften in Betracht.[8]

---

1 Siehe anstelle Vieler nur *Birkenfeld*, UR 2014, 120 ff.; *Grünwald*, MwStR 2013, 328; *Küffner/Streit*, UR 2013, 401; *Langer*, BFH v. 20.2.2013 – XI R 26/10, DStR 2013, 808; *Wäger*, UVR 2013, 205; *Slapio*, UR 2013, 407.

2 EuGH v. 9.4.2013 – Rs. C-85/11 – Kommission/Irland, Rz. 50.

3 Ebenso *Endres*, UR 2015, 853 (854); a.A. *Wäger*, UVR 2013, 205 (210).

4 *Endres*, UR 2015, 853 (854).

5 *Birkenfeld*, UR 2014, 120 (123).

6 *Birkenfeld*, UR 2014, 120 (123); *Endres*, UR 2015, 853 (854); *Slapio*, UR 2013, 407 (409).

7 Vgl. Schlussanträge des Generalanwalts *Mengozzi*, EuGH v. 26.3.2015 – Rs. C-108/14 und C-109/14 – Larentia und Minerva, MwStR 2015, 583; *Endres*, UR 2015, 853 (854).

8 *Küffner/Streit*, UR 2013, 401 (402 f.).

## 1. Bisherige nationale Auffassung der Finanzverwaltung und des BFH

Fälle in der Rechtspraxis, in denen unter Zugrundelegung des vorstehenden Urteils des EuGH[1] Nichtunternehmer in einen **Organkreis** einzubeziehen sind, lassen sich in verschiedenen Bereichen finden. Betroffen sind beispielsweise Holdinggesellschaften, denen Finanzverwaltung und Rechtsprechung die Unternehmereigenschaft dann versagen, wenn sie lediglich Anteile halten und keine entgeltlichen Leistungen erbringen.[2] Betroffen sind zudem Unternehmer, die neben dem unternehmerischen über einen nichtunternehmerischen Bereich verfügen, wie beispielsweise gemischte Holdings, soweit man diesen überhaupt einen nichtunternehmerischen Bereich zuerkennen will.[3] Gerade aber auch gemeinnützige Einrichtungen mit ihrem ideellen Bereich und juristische Personen des öffentlichen Rechts mit ihrem Hoheitsbereich können diesen Rechtsfragen schnell begegnen. 7.18

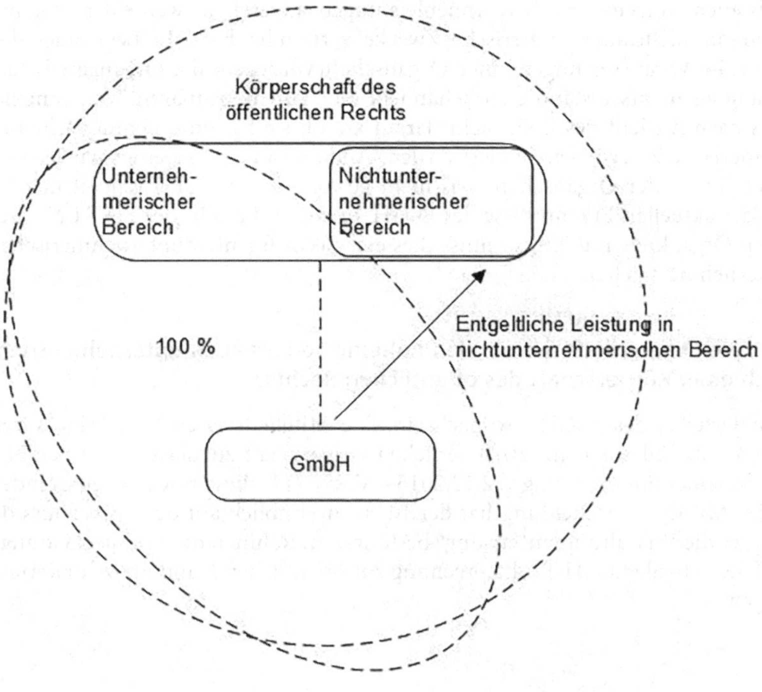


1 EuGH, Urt. v. 9.4.2013 – Rs. C-85/11 – Kommission/Irland.

2 Zur Bestimmung der Unternehmereigenschaft einer Holding nach den Kriterien der Finanzverwaltung vgl. Abschn. 2.3 Abs. 3 UStAE.

3 Zu gemischten Holdings vgl. Abschn. 2.3 Abs. 3 S. 4 UStAE. Inwieweit eine unternehmerisch tätige Holding überhaupt über eine nichtunternehmerische Sphäre verfügen kann, ist infolge der Rechtsprechung des EuGH in den Urteilen v. 14.11.2000 – Rs. C-142/99 – Floridienne und Berginvest; v. 27.9.2001 – Rs. C-16/00 – Cibo Participations streitig; vgl. beispielhaft *von Streit*, UR 2003, 1 ff.; *Grünwald*, DStR 2005, 1379.

7.19 Das Kernproblem bei der Beurteilung juristischer Personen des öffentlichen Rechts spiegelt sich in dem Schaubild wieder. Fraglich ist, ob in dem Fall einer Organschaft, deren Organträger eine Körperschaft des öffentlichen Rechts ist, die Organschaft den gegebenenfalls **nichtunternehmerischen Bereich** der Körperschaft des öffentlichen Rechts mit einbezieht.

7.20 Die deutsche Finanzverwaltung geht bislang mit dem Wortlaut des nationalen Gesetzes, dass eine Organgesellschaft ihre „gewerbliche oder berufliche Tätigkeit" nicht selbständig ausübt, wenn sie „in das Unternehmen" des Organträgers eingegliedert ist, davon aus, dass ein Unternehmer nur mit seinem unternehmerischen Bereich in eine Organschaft einbezogen sein kann.[1] Der nichtunternehmerische Bereich eines Unternehmers wurde bislang von der Finanzverwaltung als nicht der Organschaft zugehörig betrachtet. Der BFH sah diesen Aspekt jedoch wohl bereits bisher anders und bezog auch nichtunternehmerische Bereiche eines Unternehmers in die Organschaft mit ein. So hat der BFH Leistungen innerhalb des Organkreises als nicht umsatzsteuerbare Innenleistungen angesehen, wenn der Organträger die Leistungen für nichtunternehmerische Zwecke verwendet hat.[2] Er begründet dies damit, dass, wenn die Voraussetzungen einer Organschaft vorliegen, die Organgesellschaft in vollem Umfang als nichtselbständig zu behandeln sei.[3] Für die Annahme von Innenleistungen kommt es nach Ansicht des BFH nicht darauf an, ob sie für unternehmerische oder nichtunternehmerische Zwecke verwendet werden. Anders käme es zu einer partiellen Selbständigkeit von Teilen der Organschaft, was nicht gewollt sei. Der BFH scheint hier bereits auf der Linie der aktuellen Erkenntnisse des EuGH zu liegen. Bezieht der EuGH Nichtunternehmer in den Organkreis mit ein, so muss dies erst Recht für nichtunternehmerische Bereiche eines Unternehmers gelten.

### 2. Erfasst die Organschaft sowohl den hoheitlichen als auch unternehmerischen Bereich einer Körperschaft des öffentlichen Rechts?

7.21 Nach den Urteilen des EuGH,[4] wonach einzelne Mitgliedstaaten berechtigt waren, Nichtunternehmer als Teil einer umsatzsteuerlichen Organschaft zuzulassen, hat der BFH jedoch nunmehr in seiner Entscheidung v. 2.12.2015 – V R 67/14[5] diesem Ansatz eine eindeutige Absage erteilt. Mit der Entscheidung hat der BFH im Hinblick auf den Ausschluss der Nichtunternehmer die Verwaltungsauffassung[6] bestätigt. Im Rahmen dieser Entscheidung ist er zugleich auf die aktuelle EuGH-Rechtsprechung zur öffentlichen Hand im Mehrwertsteuerrecht eingegangen.

---

1 Vgl. Abschn. 2.8 Abs. 1 S. 5 UStAE; Abschn. 2.8 Abs. 2 S. 2 UStAE; zweifelnd, ob eine Beschränkung der Organschaft auf Unternehmer unionsrechtskonform ist, *Englisch*, UR 2007, 290 (301).

2 BFH v. 20.8.2009 – V R 30/06, BStBl. II 2010, 863 = UR 2009, 800 a.E.

3 BFH v. 20.8.2009 – V R 30/06, BStBl. II 2010, 863 = UR 2009, 800 a.E. unter Verweis auf *Wäger* in FS für Schaumburg, Köln 2009, 1189 ff., 1211.

4 Siehe bereits Rz. 7.13 f.

5 Siehe zu dem vorhergehenden Urteil des FG Saarland v. 18.11.2014 – 1 K 1480/12 und zum Folgenden *Küffner/Rust*, MwStR 2015, 719.

6 Siehe BMF-Schreiben v. 5.5.2014 – IV D 2-S 7105/11/10001, IV D 2-S 7105/13/10003, 2014/0394588, BStBl. I 2014, 820 Rz. I.

### a) BFH, Urteil vom 2.12.2015 – V R 67/14. BFHE 251, 547 – Keine Organschaft mit Nichtunternehmern

7.22

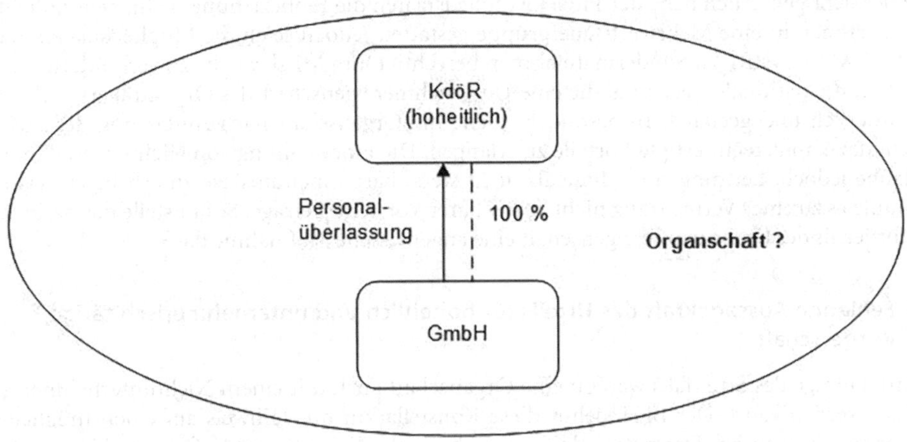


Die Klägerin war eine GmbH, die an ihre Alleingesellschafterin – eine ***ausschließlich* hoheitlich tätige Körperschaft** des öffentlichen Rechts – originär steuerpflichtige Dienstleistungen ausführte. Die GmbH war auf privatrechtlicher Grundlage tätig und erfüllte Aufgaben, zu denen die Gesellschafterin nach dem SGB V verpflichtet war. Sie stellte Personal ein und überließ das Personal gegen Aufwendungsersatz der Körperschaft. Nachdem die GmbH keine Steuererklärungen einreichte, erließ das Finanzamt Schätzungsbescheide, in denen es Umsatzsteuer nacherhob.

Der BFH teilte die Auffassung der Finanzverwaltung. Nach seiner Auffassung ist die GmbH umsatzsteuerlicher Unternehmer i.S.d. § 2 UStG, da bereits ein Tätigwerden gegen Aufwendungsersatz für einen Leistungsaustausch ausreiche.[1] Dies entspreche ebenfalls der Auffassung des EuGH,[2] der weiterhin entschieden habe, dass bloßes öffentliches Interesse an Leistungen der Steuerbarkeit nicht entgegenstehe.[3] Die GmbH sei keine juristische Person des öffentlichen Rechts i.S.d. Art. 13 MwStSystRL, und sie sei auch nicht nach den Grundsätzen der EuGH-Entscheidung „**Saudacor**“[4] entsprechend zu behandeln, denn dies setze voraus, dass eine privatrechtlich organisierte Person im Rahmen der öffentlichen Gewalt handelt. Dies sei hier bereits deswegen nicht möglich, weil die GmbH ihre Leistungen auf privatrechtlicher Grundlage ausgeführt habe.[5] 7.23

Ebenso liege keine umsatzsteuerliche Organschaft vor. Zwar könne eine juristische Person des öffentlichen Rechts Organträger sein, doch nur wenn und soweit sie unternehmerisch tätig sei. Die Alleingesellschafterin und Beigeladene des Verfahrens sei jedoch **nur hoheitlich** tätig gewesen und somit Nichtunternehmer.[6] Auch aus dem Unionsrecht nach Art. 11 MwStSystRL sei nicht abzuleiten, dass eine Organschaft vorliege.[7] Der EuGH-Rechtsprechung folgend habe 7.24

1 BFH v. 2.12.2015 – V R 67/14. BFHE 251, 547 Rz. 10 m.w.N.
2 EuGH v. 29.10.2015 – Rs. C-174/14 – Saudacor, MwStR 2016, 24 Rz. 35 ff. und 45 ff.
3 BFH v. 2.12.2015 – V R 67/14. BFHE 251, 547 Rz. 10.
4 EuGH v. 29.10.2015 – Rs. C-174/14 – Saudacor, MwStR 2016, 24.
5 BFH v. 2.12.2015 – V R 67/14. BFHE 251, 547 Rz. 15 f.
6 BFH v. 2.12.2015 – V R 67/14. BFHE 251, 547 Rz. 19 ff.
7 BFH v. 2.12.2015 – V R 67/14. BFHE 251, 547 Rz. 23 ff.

die Organschaftsregelung nur bedingten Charakter, so dass sie keine unmittelbare Wirkung entfalte.[1] Das Unionsrecht sei zwar bei der Auslegung der Umsetzung im nationalen Recht zu berücksichtigen. Auch habe der EuGH Mitgliedstaaten die Einbeziehung nicht steuerpflichtiger Personen in eine Mehrwertsteuergruppe gestattet. Jedoch seien die Mitgliedstaaten nach Art. 11 MwStSystRL zu Sondermaßnahmen berechtigt, um Missbräuche zu verhindern. Insoweit sei die nationale Regelung, die eine Unternehmereigenschaft des Organträgers verlange, erforderlich und geeignet. Insbesondere diene die Organschaft nach Auffassung des EuGH nicht dazu, ungerechtfertigte Vorteile zu erlangen. Die Einbeziehung von Nichtunternehmern erlaube jedoch, Leistungen an diese als nicht steuerbare Innenumsätze zu erbringen. Damit komme es zu einer Vermeidung nicht abziehbarer Vorsteuerbeträge. Somit stelle das nationale Erfordernis der Unternehmereigenschaft eine angemessene Maßnahme dar.[2]

### b) Fehlende Aussagekraft des Urteils für hoheitlich und unternehmerisch tätige Körperschaft

7.25 Kardinalfrage des Streitfalls war, ob eine Organschaft auch mit einem Nichtunternehmer gebildet werden kann. Der BFH[3] lehnt diese Konstellation mit Hinweis auf einen möglichen Steuermissbrauch ab. Der nationale Gesetzgeber habe sich bewusst dafür entschieden, dass der Organträger Unternehmer sein muss. Die Organschaft diene der Verwaltungsvereinfachung, sie solle keine Steuervergünstigungen zulassen. Die Bildung einer Organschaft auch ohne eigene Unternehmerstellung würde eine Umgehung des Abzugsverbots ermöglichen. Ob dem BFH insoweit gefolgt werden kann, ist weiterhin höchst umstritten.[4] Ein Rückschluss von dieser Entscheidung auf die eingangs geschilderte Sachverhaltskonstellation ist jedoch nicht möglich. Das BFH, Urt. v. 2.12.2015 – V R 67/14, BFHE 251, 547 befasst sich mit einer Körperschaft des öffentlichen Rechts, welche **rein hoheitlich** tätig war. Somit hatte sie keinen unternehmerischen Bereich. Der hier infrage stehende Fall einer Körperschaft des öffentlichen Rechts, welche **sowohl einen unternehmerischen als auch einen nichtunternehmerischen Bereich** hat, ist somit anders gelagert.

### c) Einbeziehung des hoheitlichen Bereichs einer unternehmerisch tätigen Körperschaft des öffentlichen Rechts in den Organkreis

7.26 Die Intention des unionsrechtlichen Gesetzgebers, die Mehrwertsteuergruppe aus **Vereinfachungsgründen**[5] und **zum Zwecke der steuerneutralen Aufgliederung eines Unternehmens** zuzulassen, spricht für deren Anwendbarkeit. Der Ausschluss zum Zwecke der Vermeidung aus Steuerumgehungs- oder -hinterziehungsgründen scheidet aus. Dies zeigt bereits ein Blick auf die **Entstehungsgeschichte der Organschaft**. Die Organschaft geht dem RFH folgend im alten Brutto-Umsatzsteuersystem ohne Vorsteuerabzugsrecht darauf zurück, dass eine Steuerkumulation bei der Aufteilung einer Wertschöpfungskette in mehrere Unternehmen vermieden werden sollte.[6] Mit der neuen EuGH-Rechtsprechung ist klargestellt, dass die umsatzsteuerrechtliche Organschaft (auch) wirtschaftliche Vorteile nicht ausschließt.[7] *Prima facie* wären andernfalls zudem Zweifel an dem anerkannten und vielfach gelebten **Ausglie-**

---

1 BFH v. 2.12.2015 – V R 67/14. BFHE 251, 547 Rz. 26; s. dazu noch im Einzelnen Rz. 7.30.
2 BFH v. 2.12.2015 – V R 67/14. BFHE 251, 547 Rz. 25 ff.
3 BFH v. 2.12.2015 – V R 67/14, GmbHR 2016, 250 = UR 2016, 199 = BFHE, 251, 547.
4 Siehe bereits Rz. 7.18 ff.
5 Siehe Rz. 7.6.
6 Ebenso *Prätzler*, jurisPR-SteuerR 17/2016 Anm. 5.
7 Vgl. *Küffner/Streit*, UR 2013, 401 (406.).

**derungsmodell** angebracht, bei welchem die Organschaft als Gestaltungsinstrument dient, wenn Unternehmer mit steuerfreien Ausschlussumsätzen (z.B. Versicherungen, Krankenhäuser, etc.) bisher *in-house* erbrachte administrative Leistungen in eine Tochtergesellschaft ausgliedern.[1] Dieses Gestaltungsinstrument ist aber allgemein anerkannt.[2] Ausgehend von dem Grundgedanken des Unionsrechts, dass gerade eine steuerneutrale Aufgliederung von Unternehmensstrukturen bzw. Konzernen durch die Organschaft ermöglicht werden soll, kann der Auffassung der Finanzverwaltung nicht gefolgt werden.

Darüber hinaus spricht die **EuGH-Rechtsprechung** im Hinblick auf die in Frage stehende Fallkonstellation insofern für die Erfassung des nichtunternehmerischen Bereichs einer Körperschaft des öffentlichen Recht, als dass – entgegen dem nationalen Recht, welches den Organträger als Steuerpflichtigen ansieht – das Unionsrecht die Steuerpflichtigeneigenschaft der Mehrwertsteuergruppe (in nationaler Terminologie: des Organkreises) annimmt. Damit ist im Falle der Vollintegration des nichtunternehmerischen Bereichs in das Unternehmen der Organschaft, dieser ähnlich wie eine Abteilung innerhalb eines Unternehmens zu beurteilen, die ihrerseits keine steuerpflichtigen Leistungen erbringt.[3] Die Zuwendung wirtschaftlicher Vorteile an diese Abteilungen innerhalb eines Unternehmens unterliegt als unternehmensinterner Vorgang nicht der Umsatzbesteuerung als unentgeltliche Wertabgabe.[4] Ebenso wenig steht der Vorsteuerabzug für Leistungen, die für diese Abteilung verwendet werden, in Frage. Vielmehr ist für den Vorsteuerabzug nach dem Grundsatz des unmittelbaren Zusammenhangs entscheidend, ob Eingangsleistungen direkt den vorsteuer(un)schädlichen Ausgangsumsätzen zugeordnet werden können. So stünde der Organgesellschaft gar kein Vorsteuerabzug zu, wenn sie Leistungen für den hoheitlichen Bereich empfängt. Der Organgesellschaft wäre nur eine Vorsteuerabzugsmöglichkeit für die im Hinblick auf den unternehmerischen Bereich bezogenen Leistungen gegeben. 7.27

Schließlich trägt die Bildung von umsatzsteuerrechtlichen Organschaften auch unter Einbeziehung von Nichtunternehmern zur **steuerrechtlichen Neutralität** bei, da die Organschaft einen Leistungsaustausch innerhalb einer Unternehmensstruktur ohne die Folge einer Umsatzsteuerpflicht ermöglicht. Dies sollte nicht nur Mahnung für den nationalen Gesetzgeber, sondern auch Ermutigung für die Finanzverwaltung sein, neue Wege bei der umsatzsteuerrechtlichen Organschaft zu beschreiten.[5] 7.28

### d) Umsatzsteuerrechtliche Konsequenzen der Einbeziehung von Nichtunternehmern in den Organkreis

Sind auch Nichtunternehmer und nichtunternehmerische Bereiche eines Unternehmers Teil des umsatzsteuerrechtlichen Organkreises, so sind Leistungen, die innerhalb des Organkreises ausgetauscht werden, als Innenumsätze nicht umsatzsteuerbar. Diese Innenumsätze gelten als Insichgeschäfte der Mehrwertsteuergruppe (der Organschaft) und sind folglich umsatzsteuerrechtlich als nicht existent zu betrachten.[6] Leistungen, die beispielsweise eine Organgesell- 7.29

---

1 Ebenso *Prätzler*, jurisPR-SteuerR 17/2016 Anm. 5.
2 Vgl. zu diesem Gestaltungsmodell nur *Leonard*, DStR 2010, 721; *Nordmeyer/Seeger*, UStB 2011, 280; *Slapio*, DStR 2000, 999 ff.
3 Vgl. auch *Grünwald* in Jahrbuch der Fachanwälte für Steuerrecht 2014/2015, Generalthema 7 I. 1. b).
4 Siehe dazu noch näher Rz. 7.29.
5 *Küffner/Streit*, UR 2013, 401.
6 Vgl. Schlussanträge v. 27.11.2012 in der Rechtssache C-480/10 – Kommission/Schweden, Rz. 40; Schlussanträge v. 27.11.2012 in der Rechtssache C-85/11 – Kommission/Irland, Rz. 42.

schaft an den nichtunternehmerischen Bereich (z.B. hoheitlicher oder ideeller Bereich) der Organträgerin erbringt, sind folglich nicht umsatzsteuerbar. Zu einer Belastung des hoheitlichen Bereichs mit Umsatzsteuer kommt es durch diese Leistung folglich nicht. Wie dargestellt, liegen nichtsteuerbare Innenleistungen nach Ansicht des BFH auch dann vor, wenn diese Leistungen für nichtunternehmerische Zwecke verwendet werden.[1] Konsequenz kann in einem solchen Fall nach Ansicht des BFH möglicherweise eine Entnahmebesteuerung sein, wenn die Voraussetzungen hierfür vorliegen.[2] Denkbar wäre nach dem Maßstab des BFH also allenfalls eine unentgeltliche Wertabgabe i.S.d. § 3 Abs. 1b, Abs. 9a UStG, wenn die abgegebenen Gegenstände oder sonstigen Leistungen zum Vorsteuerabzug berechtigt haben. Von Relevanz dürfte hier in erster Linie die unentgeltliche Wertabgabe nach § 3 Abs. 9a UStG sein, da in der Praxis die Erbringung sonstiger Leistungen überwiegen dürfte. So wird häufig Personal auf sog. Service-GmbHs ausgelagert, um Personalkosten zu sparen. Zunächst stellt sich die Frage, ob bei Leistungen der Organgesellschaft an den Organträger, für die dieser Geldmittel aufwendet, überhaupt der Tatbestand der unentgeltlichen Wertabgabe eröffnet ist. Die Tatsache, dass der Organträger Geldbeträge entrichtet, spricht auf den ersten Blick gegen eine Unentgeltlichkeit. Andererseits ist zu bedenken, dass bei Vorliegen der Voraussetzungen der Organschaft von „einem Steuerpflichtigen" auszugehen ist und daher in umsatzsteuerrechtlicher Hinsicht eine Entgeltlichkeit – da innerhalb des Organkreises – nicht vorliegen könnte. Geht man von Unentgeltlichkeit aus, schließt sich die Frage an, ob bei sonstigen Leistungen in den nichtunternehmerischen Bereich die Besteuerung nach § 3 Abs. 9a UStG zu erfolgen hat. Voraussetzung wäre nach § 3 Abs. 9a Nr. 2 UStG, dass diese Leistungen als Leistungen „für Zwecke, die außerhalb des Unternehmens liegen", zu qualifizieren wären. Die MwStSystRL spricht insoweit von Leistungen für **„unternehmensfremde Zwecke"** – vgl. Art. 26 Abs. 1 MwStSystRL. Leistungen in den nichtunternehmerischen Bereich des Organträgers sind aber nicht als Leistungen für „unternehmensfremde Zwecke" anzusehen. Dies hat auch bereits der BFH in seinem Urteil vom 3.3.2011[3] in Anlehnung an die jüngere EuGH-Rechtsprechung[4] festgestellt: „Privatentnahmen [sind] (...) nur Entnahmen für den privaten Bedarf des Unternehmers und (...) für den privaten Bedarf seines Personals, nicht dagegen eine Verwendung für z.B. ideelle Zwecke eines Vereins oder den Hoheitsbereich einer juristischen Person des öffentlichen Rechts".[5] Dieses Ergebnis entspricht auch dem Ziel der umsatzsteuerrechtlichen Organschaft, das u.a. darin besteht, eine Verwaltungsvereinfachung auch für die Mitglieder der Organschaft zu erreichen.[6] Für die Annahme einer unentgeltlichen Wertabgabe besteht folglich kein Raum. Einen Missbrauch erkennt der EuGH in der Einbeziehung von Nichtunternehmern in die Organschaft und in den damit eintretenden Rechtsfolgen gerade nicht.[7]

### e) Unmittelbare Anwendbarkeit des Art. 11 Abs. 1 MwStSystRL

7.30 Eine Lösung für das nationale deutsche Recht könnte grundsätzlich in einer richtlinienkonformen Auslegung oder in der unmittelbaren Anwendung des Art. 11 Abs. 1 MwStSystRL bestehen.[8] Da der Wortlaut der Norm nach der Rechtsprechung des EuGH die Grenze der Aus-

---

1 BFH v. 20.8.2009 – V R 30/06, BStBl. II 2010, 263 = UR 2009, 800 a.E.
2 BFH v. 20.8.2009 – V R 30/06, BStBl. II 2010, 263 = UR 2009, 800 a.E.
3 BFH v. 3.3.2011 – V R 23/10, UR 2011, 617 ff. m. Anm. *Küffner.*
4 Vgl. zum Ganzen auch *Küffner/von Streit*, DStR 2012, 581 ff. und 636 ff.
5 Vgl. BFH v. 3.3.2011 – V R 23/10, UR 2011, 617 ff. m. Anm. *Küffner.*
6 EuGH v. 9.4.2013 – Rs. C-85/11 – Kommission/Irland, Rz. 47, 48.
7 EuGH v. 9.4.2013 – Rs. C-85/11 – Kommission/Irland, Rz. 48.
8 Ebenso um zum Folgenden *Küffner/Streit*, UR 2013, 401 (404).

legung darstellt,[1] kommt eine unionsrechtskonforme Auslegung des § 2 Abs. 2 S. 1 Nr. 2 S. 1 UStG wohl nicht in Betracht. Unseres Erachtens ist Art. 11 Abs. 1 MwStSystRL jedoch unmittelbar anwendbar.[2] Sind Nichtsteuerpflichtige nach der deutschen Regelung als nicht der umsatzsteuerrechtlichen Organschaft angehörig anzusehen, können sich diese Personen unmittelbar auf Art. 11 Abs. 1 MwStSystRL berufen, wenn sie die positiven Folgen der umsatzsteuerrechtlichen Organschaft für sich in Anspruch nehmen wollen. Eine Richtlinie ist nach ständiger Rechtsprechung des EuGH unmittelbar anwendbar, wenn sie erstens inhaltlich unbedingt und hinreichend bestimmt ist, zweitens dem Einzelnen Rechte verleiht und drittens die Umsetzungsfrist abgelaufen ist.[3] Eine Richtlinie ist dann hinreichend bestimmt und unbedingt, wenn aus ihr unmittelbar der begünstigte Personenkreis und der Inhalt des Rechts zu bestimmen sind und den Mitgliedstaaten in dieser Hinsicht kein Umsetzungsspielraum bleibt (vgl. ausführlich *Hüttemann*, Rz. 3.60 f.).[4] Aus Art. 11 Abs. 1 MwStSystRL geht hervor, dass jede Person, die entsprechend eingegliedert ist, einem Organkreis angehören kann. Der EuGH hat im vorstehenden Urteil gerade entschieden, dass die Voraussetzungen des Art. 11 Abs. 1 MwStSystRL abschließend sind.[5] Da den Mitgliedstaaten, die sich für die Anerkennung einer umsatzsteuerrechtlichen Organschaft entschieden haben, diesbezüglich kein Umsetzungsspielraum bleibt, können sich Nichtunternehmer zu ihren Gunsten Finanzbehörden und FG gegenüber unmittelbar auf Art. 11 Abs. 1 MwStSystRL berufen und die Rechtsfolgen einer umsatzsteuerrechtlichen Organschaft für sich als Organträger oder Organgesellschaft in Anspruch nehmen. Die Möglichkeit der Mitgliedstaaten, nach Art. 11 Abs. 2 MwStSystRL Maßnahmen zur Bekämpfung der Steuerhinterziehung zu ergreifen, ändert an der Unbedingtheit des Art. 11 Abs. 1 MwStSystRL nichts.[6] Die unmittelbare Anwendbarkeit gilt auch für bereits vergangene Besteuerungszeiträume, soweit die Steuerfestsetzungen noch änderbar sind.

## V. Ausblick

Es besteht **dringender Reformbedarf** bei der Umsetzung der europarechtlichen Organschaftsregelungen nach Art. 11 MwStSystRL. Dies gilt in besonderem Maße für den sog. Dritten Sektor. Da Einrichtungen des öffentlichen Rechts mit ihrem hoheitlichen Bereich oder aber gemeinnützig wirkende privatrechtliche Körperschaften mit ihrem ideellen Bereich häufig Nichtunternehmer sind, stellt die nationale Umsetzung eine Benachteiligung dar, indem für die rein hoheitlich tätigen öffentlichen Körperschaften oder rein ideell tätigen Einrichtungen ein faktischer Ausschluss der Organschaft existiert. Aber auch für den Fall, dass die öffentliche Einrichtung oder die gemeinnützige Körperschaft nicht ausschließlich über einen nicht- 7.31

1 Vgl. EuGH v. 16.6.2005 – Rs. C-105/03 – Maria Pupino, Rz. 47; EuGH v. 4.7.2006 – Rs. C-212/04 – Adeneler u.a., Rz. 110.

2 Der BFH v. 2.12.2015 – V R 67/14, BFHE 251, 547 Rz. 26 (s.o.) geht davon aus, dass die Organschaftsregelung der EuGH-Rechtsprechung folgend nur bedingten Charakter habe, so dass sie keine unmittelbare Wirkung entfalte. Im Zusammenhang mit der Frage, ob die Beschränkung der Organträgereigenschaft auf juristische Personen unionsrechtskonform ist, bejahen eine unmittelbare Anwendbarkeit des Art. 11 MwStSystRL *Birkenfeld*, UR 2008, 2; *Hahne*, DStR 2008, 910; eine unmittelbare Anwendbarkeit des Art. 11 MwStSystRL in diesem Zusammenhang verneint *Hummel*, UR 2010, 207.

3 Vgl. beispielhaft EuGH v. 19.1.1982 – Rs. 8/81 – Becker, Rz. 23 ff.

4 EuGH v. 19.1.1982 – Rs. 8/81 – Becker, Rz. 25, 27.

5 EuGH v. 9.4.2013 – Rs. C-85/11 – Kommission/Irland, Rz. 36.

6 EuGH v. 19.1.1982 – Rs. 8/81 – Becker, Rz. 31–35 zur insoweit vergleichbaren Regelung der Steuerbefreiung der Gewährung und Vermittlung von Krediten gem. Art. 13 Teil B Buchst. d Nr. 1 der Sechsten Richtlinie.

wirtschaftlichen Bereich verfügen, sondern auch unternehmerisch tätig sind, ist die derzeitige nationale Umsetzung – gerade im Hinblick auf die Auffassung der Finanzverwaltung – unbefriedigend. Art. 11 MwStSystRL setzt keine Unternehmereigenschaft eines Mitglieds der Organschaft voraus. Erst recht ist nicht zwischen einem unternehmerischen und nichtunternehmerischen Bereich einer Organgesellschaft im Hinblick auf die Zugehörigkeit zur Organschaft zu unterscheiden. Jedoch ist die Rechtslage weiterhin unsicher. Der nationale Gesetzgeber ist deshalb aufgerufen im Sinne der Rechtsklarheit die Regelungen zur Organschaft an die EuGH-Rechtsprechung anzupassen. Auch die Finanzverwaltung ist angehalten, die jüngsten EuGH-Urteile umzusetzen.

7.32 Schließlich sollte der nationale Gesetzgeber ein **Antragsrecht für die Organschaft** kodifizieren. Die Richtlinie sieht in Art. 11 MwStSystRL zwar kein ausdrückliches Antragsrecht vor. Dessen Einführung wäre jedoch unionsrechtskonform. Nach Art. 11 Abs. 2 MwStSystRL können die Mitgliedstaaten „die erforderlichen Maßnahmen ergreifen, um Steuerhinterziehungen oder -umgehungen vorzubeugen“. Die Einführung eines Antragsverfahrens wäre eine solche Maßnahme. Derzeit hat die nicht gelebte oder zu Unrecht gelebte Organschaft aufgrund nicht erkannter Verpflichtungen Einfluss auf die Steuerzahllast, weil die steuerlichen Rechtsfolgen einer umsatzsteuerlichen Organschaft zu Unrecht oder unzutreffend nicht beachtet werden. Der Automatismus der Organschaft bewirkt, dass der Organträger plötzlich die Steuerschulden der Organgesellschaft aus einer nicht gelebten Organschaft zu tragen hat. Die Steuerzahlungen sind von der Zahlungsfähigkeit des Organträgers abhängig. Dadurch ergeben sich Steuerausfallrisiken. Mit der Einführung eines Antragsverfahrens ließe sich Transparenz für alle Beteiligten herstellen und damit dem Steuermissbrauch entgegenwirken. Mithilfe eines Antragsformulars stünde der Finanzbehörde zudem erstmals schon im Vorfeld der Begründung einer Organschaft eine ausreichende Informationsgrundlage zur Verfügung.[1]

7.33 Nicht zuletzt zeigt sich der Reformbedarf aufgrund der nach dem EuGH-Urteil Larentia + Minerva und Marenave[2] ergangenen Entscheidungen des BFH zur Unionsrechtskonformität der Regelung der umsatzsteuerrechtlichen Organschaft. Der V. Senat[3] und der XI. Senat[4] des BFH vertreten divergierende Ansichten hinsichtlich der Zulässigkeit der **Eingliederung von Personengesellschaften** in das Unternehmen des Organträgers.[5] Während der V. Senat dies nur sehr begrenzt für solche Personengesellschaften als möglich erachtet, denen gegenüber wegen der Zusammensetzung ihres Gesellschafterkreises der Organträger immer seinen Willen durchsetzen kann, vertritt der XI. Senat hingegen, dass **kapitalistisch strukturierte Personengesellschaften** auch dann in eine Organschaft eingegliedert sein können, wenn nicht die vom V. Senat verlangte Zusammensetzung des Gesellschafterkreises besteht und wenn keine Eingliederung im Sinne eines Unter- und Überordnungsverhältnis besteht.[6] Diese abweichende höchstrichterliche Rechtsprechung führt zu weiterer Rechtsunsicherheit. Dass die Organschaft kraft Gesetzes entsteht und kein Antragrecht existiert, verschärft dabei diese Rechtsunsicherheit noch erheblich.

---

1 *Küffner/Luber*, DB 2015, Heft 49, S23 f.

2 EuGH v. 16.7.2015 – Rs. C-108/14 und C-109/14 – Larentia + Minerva und Marenave, UR 2015, 671.

3 BFH v. 2.12.2015 – V R 25/13, GmbHR 2016, 245 = UR 2016, 185 = DStR 2016, 219.

4 BFH v. 19.1.2016 – XI R 38/12, UR 2014, 323 = DStR 2016, 587.

5 Siehe dazu und zum Folgenden exemplarisch *Korn*, SteuK 2016, 145 m.w.N.; *Reiß*, UR 2016, 739 m.w.N.

6 *Reiß*, UR 2016, 739.

# Kapitel 8
# Lieferungen und sonstige Leistungen

**Literatur:** *Alberti*, Sponsoring im Steuerrecht, Frankfurt/M. 2001; *Dobratz*, Leistung und Entgelt im europäischen Umsatzsteuerrecht, Köln 2005; *Van Doesum*, Contractuele samenwerkings- verbanden in de btw, Deventer 2009; *Van Doesum/Van Norden*, BTR 2009, 657; *Möhlenkamp*, Auswirkungen des EuGH-Urteils Kennemer Golf & Country Club auf Mitgliedsbeiträge von Berufsverbänden, UR 2003, 173; *Heber*, Spenden und Sponsoring im Mehrwertsteuerrecht, in Non Profit Law Yearbook 2017, im Erscheinen; *Nieskens*, Steuerpflichtige Mitgliedsbeiträge bei Sportvereinen, UR 2002, 345; *Reiß*, Gemeinnützige Organisationen, Leistungen im Gemeinwohlinteresse und harmonisierte Umsatzsteuer, in Non Profit Law Yearbook 2005, 47; *Schön*, Umsatzsteuer zwischen Binnenmarkt und Steuerstaat in Nieskens (Hrsg.), Umsatzsteuer-Kongress-Bericht 2001/2002 Vol. 42, Nr. 8, Köln 2002, 17; *Söhn*, Zur Umsatzsteuer, StuW 1975, 164; *Wäger*, Sportvereine in der Umsatzsteuer: Steuerbare, steuerfreie und steuerermäßigte Umsätze, DStR 2014, 1517; *Wagner*, Mitgliedsbeiträge an einen Sportverein als Gegenleistung – Steuerbefreiung für „Einrichtungen ohne Gewinnstreben", UVR 2002, 158; *Widmann*, Mitgliedsbeitrag im Sportverein als Gegenleistung für Vereinsleistung unabhängig von dessen tatsächlicher Inanspruchnahme, UR 2002, 325.

## A. Normtexte

8.1 **Mehrwertsteuersystemrichtlinie**

**Art. 2**

**(1) Der Mehrwertsteuer unterliegen folgende Umsätze:**

**a) Lieferungen von Gegenständen, die ein Steuerpflichtiger als solcher im Gebiet eines Mitgliedstaats gegen Entgelt tätigt;**

### Deutsches UStG

**§ 1 Abs. 1**

**Der Umsatzsteuer unterliegen die folgenden Umsätze:**

**die Lieferungen und sonstigen Leistungen, die ein Unternehmer im Inland gegen Entgelt im Rahmen seines Unternehmens ausführt. Die Steuerbarkeit entfällt nicht, wenn der Umsatz auf Grund gesetzlicher oder behördlicher Anordnung ausgeführt wird oder nach gesetzlicher Vorschrift als ausgeführt gilt;**

**Österreichisches UStG**

**§ 1 Abs. 1**

**Der Umsatzsteuer unterliegen die folgenden Umsätze:**

**1. Die Lieferungen und sonstigen Leistungen, die ein Unternehmer im Inland gegen Entgelt im Rahmen seines Unternehmens ausführt. Die Steuerbarkeit wird nicht dadurch ausgeschlossen, dass der Umsatz auf Grund gesetzlicher oder behördlicher Anordnung bewirkt wird oder kraft gesetzlicher Vorschrift als bewirkt gilt;**

## B. Mitgliedsbeiträge

### I. Überblick und normativer Ausgangspunkt

8.2 Das deutsche und österreichische UStG enthalten, wie die ihnen zugrunde liegende MwStSystRL, **keine eigenständigen Bestimmungen** für die mehrwertsteuerrechtliche Behandlung von Mitgliedsbeiträgen und die mit ihnen verbundenen potentiellen Leistungen. Vielmehr ist man bei der Frage, ob ein Mitgliedsbeitrag eine Gegenleistung für eine Leistung seitens der Personenvereinigung bildet, auf die allgemeinen Grundsätze des Mehrwertsteuersystems verwiesen.

8.3 Zunächst ist festzustellen, dass ein **Leistungsaustausch** sowohl **zwischen einer Gesellschaft und ihren Gesellschaftern** als auch zwischen einem **Verein und seinen Mitgliedern** möglich ist, da beide im Mehrwertsteuersystem jeweils ein eigenständiges Steuersubjekt bilden.[1] Dies gilt unabhängig davon, ob die Gesellschaft in Form einer Personen- oder Kapitalgesellschaft ausgestaltet ist.[2]

8.4 Wenngleich die Beurteilung, ob Mitgliedsbeiträge eine Gegenleistung für eine bestimmte Leistung einer Personenvereinigung bilden, anhand der allgemeinen Kriterien des Mehrwertsteuerrechts zu erfolgen hat, hält die **deutsche Finanzverwaltung** an ihrer Rechtsauffassung fest, wonach zwischen **echten und unechten Mitgliedsbeiträgen** unterschieden wird. Echte Mitgliedsbeiträge dienen der Erfüllung des satzungsmäßigen Gemeinschaftszwecks, der sämtlichen Mitgliedern dient, weshalb ein Leistungsaustausch abzulehnen ist.[3] Echte Mitgliedsbeiträge liegen immer dann vor, wenn die Beiträge für alle Mitglieder gleich hoch sind oder „nach einem für alle Mitglieder verbindlichen Bemessungsmaßstab gleichmäßig errechnet werden".[4] Die Gleichheit soll auch dann gewahrt bleiben, „wenn die Beträge nach einer für alle Mitglieder einheitlichen Staffel erhoben werden oder die Höhe der Beiträge nach persönlichen Merk-

---

1 *Heber*, Gesellschaften und ihre Gesellschafter in der Umsatzsteuer, 5 m.w.N; auch die Finanzverwaltung anerkennt, dass eine Personenvereinigung ein eigenständiges Steuersubjekt im Mehrwertsteuersystem bilden kann: UStAE 16. Abs. 1; UStR 2000, Rz. 35.

2 Zur Rechtsformneutralität des Mehrwertsteuerrechts s.: EuGH v. 10.9.2002 – Rs. C-141/00 – Ambulanter Pflegedienst Kügler GmbH, Rz. 30, EuGHE 2002, I-6833 = UR 2002, 513; v. 21.10.2004 – Rs. C-8/03 – BBL, Rz. 36, EuGHE 2004, I-10157 = UR 2004, 642 m. Anm. *Philipowski*; v. 17.2.2005 – Rs. C-453/02 und C-462/02 – Linneweber und Akritidis, Rz. 24 ff., EuGHE 2005, I-1131; v. 21.4.2005 – Rs. C-25/03 – HE, Rz. 39, EuGHE 2005, I-3123 = UR 2005, 324 m. Anm. *Widmann*; v. 12.1.2006 – Rs. C-246/04 – Turn- und Sportunion Waldburg, Rz. 33 f., EuGHE 2006, I-589 = UR 2006, 224; vgl. auch *Van Doesum/Van Norden*, BTR 2009, 657 (660) unter Verweis auf Van Doesum, Contractuele samenwerkings- verbanden in de btw (2009) 136, 162–163, 519.

3 Art. 1.4. Abs. 1 S. 1 UStAE.

4 Art. 1.4. Abs. 2 S. 1 UStAE.

malen der Mitglieder, z.B. Lebensalter, Stand, Vermögen, Einkommen, Umsatz, abgestuft wird".[1] Von unechten Mitgliedsbeiträgen, die eine Gegenleistung für Leistungen der Personenvereinigung begründen, ist nach Auffassung der Finanzverwaltung nur dann auszugehen, wenn die Leistungen „den Sonderbelangen der einzelnen Mitglieder dienen" und die Mitgliedsbeiträge „entsprechend der tatsächlichen oder vermuteten Inanspruchnahme ihrer Tätigkeit" erhoben werden.[2]

8.5 Die **österreichische Finanzverwaltung** unterscheidet, wie auch die deutsche Finanzverwaltung, zwischen **echten und unechten Mitgliedsbeiträgen**. Inhaltlich entsprechen diese Begriffe aber nicht vollends der Begriffsprägung durch die deutsche Finanzverwaltung. Echte Mitgliedsbeiträge, somit Beiträge, die keine Gegenleistung für eine potentielle Leistung zu begründen vermögen, liegen nach Auffassung der österreichischen Finanzverwaltung nur dann vor, wenn die Beiträge geleistet werden, um den Gemeinschaftszweck zu erfüllen.[3] Liegt dieser Gemeinschaftszweck aber gerade darin, Einzelleistungen gegenüber den einzelnen Mitgliedern zu erbringen, so handelt es sich um unechte Mitgliedsbeiträge, welche eine Gegenleistung für die Leistung der Personenvereinigung begründen.[4] Von solchen unechten Mitgliedsbeiträgen ist auch dann auszugehen, wenn diesen Beiträgen eine konkrete Leistung der Personenvereinigung gegenübersteht.[5]

8.6 Ob insbesondere an der Auffassung der deutschen Finanzverwaltung festgehalten werden kann, bleibt zu prüfen. Denn bereits *Söhn* hat zutreffend darauf hingewiesen, dass die Verfolgung eines Gemeinschaftszwecks immer die **Bündelung gleichartiger Einzelinteressen** voraussetzt.[6] Werden diese Einzelinteressen befriedigt, kann hierin ein Leisten im Sinne des Mehrwertsteuerrechts liegen. Stehen diese Leistungen mit den Mitgliedsbeiträgen in einem unmittelbaren Zusammenhang, so begründet dies ein Leisten gegen Entgelt. Im Folgenden soll schrittweise geklärt werden, ob Mitgliedsbeiträge eine Gegenleistung für eine Leistung der Personenvereinigung begründen können. Auf die Unterscheidung zwischen echten und unechten Mitgliedsbeiträgen wird im Folgenden verzichtet,[7] denn es kommt bei der Beantwortung der Frage, ob ein Mitgliedsbeitrag eine Gegenleistung für eine Leistung begründet, auf die allgemeinen Grundsätze des Mehrwertsteuerrechts an. Daher wird in einem ersten Schritt gefragt, ob die Personenvereinigung, die Mitgliedsbeiträge erhält, eine Leistung an ihre Mitglieder oder Dritte im Rahmen eines **Rechtsverhältnisses** zwischen ihr und dem Leistungsempfänger erbringt. In einem zweiten Schritt ist sodann zu klären, ob ein bezahlter Mitgliedsbeitrag das Entgelt für gerade diese Leistung der Personenvereinigung bildet. Nur wenn die Personenvereinigung eine **Leistung** erbringt, die **Mitgliedsbeiträge als Gegenleistung** zu qualifizieren sind und zwischen ihnen (der Leistung und der Gegenleistung) ein **unmittelbarer Zusammenhang** besteht,[8] ist ein steuerbarer Leistungsaustausch gegeben.

1 Art. 1.4. Abs. 2 S. 2 UStAE.
2 Art. 1.4. Abs. 1 S. 2 UStAE.
3 UStRL 2000, Rz. 33.
4 UStRL 2000, Rz. 34.
5 Ibid.
6 *Söhn*, StuW 1975, 164.
7 Auch die Rechtsprechung und überwiegende Literatur verzichtet auf eine solche Differenzierung: BFH v. 20.3.2014 – V R 4/13, BFHE 245, 397 = UR 2014, 732; BFH v. 11.10.2007 – V R 69/06, UR 2008, 153 = UR 2008, 186 m. Anm. *Stadie* = BFH/NV 2008, 322 (325); BFH v. 9.8.2007 – V R 27/04, BFHE 217, 314; *Widmann*, UR 2002, 325; *Wäger*, DStR 2014, 1517 (1518); *Englisch* in Tipke/Lang, Steuerrecht[22], 872 m.w.N.; *Achatz*, DStJG 26 (2003) 279 (285) m.w.N.
8 EuGH v. 5.2.1981 – Rs. 154/80 – Coöperatieve Aardappelenbewaarplaats, Rz. 12, EuGHE 1981, 445; EuGH v. 23.11.1988 – Rs. 230/87 – Naturally Yours Cosmetics, Rz. 11 und 12, EuGHE 1988,

## II. Steuerbarer Leistungsaustausch

### 1. Die Leistung der Personenvereinigung

In einem ersten Schritt ist zu klären, ob eine Personenvereinigung im Rahmen eines zwischen ihr und dem Leistungsempfänger bestehenden Rechtsverhältnisses eine Leistung erbringt und diese mit den Mitgliedsbeiträgen in unmittelbarem Zusammenhang steht. Schwierigkeiten ergeben sich hierbei immer dann, wenn bestimmte Tätigkeiten einer Personenvereinigung dazu dienen, ihren Vereins- bzw. Gesellschaftszweck zu erreichen, diese aber gleichzeitig ihren Mitgliedern einen Vorteil verschaffen. Im Folgenden soll zunächst zwischen den verschiedenen Facetten der Tätigkeitsbereiche einer Personenvereinigung unterschieden werden und dargestellt werden, ob hierin eine Leistung im Sinne des Mehrwertsteuerrechts liegt. Sodann wird die Eigenschaft und Qualität des Rechtsverhältnisses zwischen dem Leistenden und dem Leistungsempfänger näher untersucht. 8.7

#### a) Leistungserbringung durch Erfüllung des Gesellschafts- oder Vereinszwecks

Ist der Gesellschafts- oder Vereinszweck so gelagert, dass bei dessen Erfüllung die Gesellschafter oder Mitglieder zugleich einen Vorteil erhalten, ist fraglich, ob hierin eine Leistung im Sinne des Mehrwertsteuerrechts zu sehen ist. Eine **Leistung im Sinne des Mehrwertsteuerrechts** liegt nur dann vor, wenn einem **individualisierbaren Leistungsempfänger** ein **verbrauchsfähiger Vorteil** zuteilwird. Dieser Vorteil wird entweder konsumiert oder für eigene Mehrwertgenerierung eingesetzt. Klärungsbedürftig ist, wie konkret der Vorteil bestimmt sein muss, der dem Leistungsempfänger auf Grund des zwischen ihm und dem Leistenden bestehenden Rechtsverhältnisses, in dessen Rahmen gegenseitig Leistungen ausgetauscht werden,[1] zuteilwird. Die Unsicherheit ergibt sich aufgrund der schwachen Abgrenzungskriterien, die sich aus der EuGH-Rechtsprechung in den Rs. *Apple and Pear*[2] und *Kennemer Golf*[3] ableiten lassen. 8.8

In der Rs. **Apple and Pear**[4] war ein durch Ministerialverordnung gegründeter Council mit der Werbung, Förderung und der Verbesserung der Qualität der in England und Wales erzeugten 8.9

6365; v. 3.3.1994 – Rs. C-16/93– Tolsma, Rz. 13, EuGHE 1994, I-743 = UR 1994, 226 = UR 1994, 399; v. 2.6.1994 – Rs. C-33/93 – Empire Stores, Rz. 12, EuGHE 1994, I-2329 = UR 1995, 64 m. Anm. *Rothenberger*; v. 20.1.2005 – Rs. C-412/03 – Scandic, Rz. 22, EuGHE 2005, I-743 = UR 2005, 194 = UR 2005, 98; dies anerkennend: vgl. beispielsweise: BFH v. 30.6.2010 – XI R 22/08, BStBl. II 2010, 1084 = UR 2010, 941; v. 22.12.2011 – V R 29/10, BStBl. II 2012, 441 = UR 2014, 154; v. 16.10.2013 – XI R 39/12, BStBl. II 2014, 1024 = UR 2013, 962; so auch der VwGH, vgl. beispielsweise: VwGH v. 16.11.2006 – 2005/14/0129, ÖStZB 2007/198; v. 28.11.2007 – 2004/15/0158, VwSlg. 8286F/2007; v. 22.3.2010 – 2007/15/0310, VwSlg. 8529F/2010.

1 EuGH v. 27.3.2014 – Rs. C-151/13 – Le Rayon d'Or SARL, ECLI:EU:C:2014:185, Rz. 29, UR 2014, 487; v. 6.10.2009 – Rs. C-267/08 – SPÖ Landesorganisation Kärnten, Rz. 19, EuGHE 2009, I-9781; v. 3.9.2009 – Rs. C-37/08– RCI Europe, Rz. 24, EuGHE 2009, I-7533 = UR 2009, 887; v. 21.3.2002 – Rs. C-174/00 – Kennemer Golf & Country Club, Rz. 39, EuGHE 2002, I-3293 = UR 2002, 320 m. Anm. *Widmann*; v. 3.3.1994 – Rs. C-16/93 – Tolsma, Rz. 14, EuGHE 1994, I-743 = UR 1994, 226 = UR 1994, 399; v. 14.7.1998 – Rs. C-172/96 – First National Bank of Chicago, Rz. 26–29, EuGHE 1994, I-4387 = UR 1998, 456 m. Anm. *Philipowski*.

2 EuGH v. 8.3.1988 – Rs. 102/86 – Apple and Pear Development Council, EuGHE 1988, 1443.

3 EuGH v. 21.3.2002 – Rs. C-174/00 – Kennemer Golf, EuGHE 2002, I-3293 = UR 2002, 320 m. Anm. *Widmann*.

4 EuGH v. 8.3.1988 – Rs. 102/86 – Apple and Pear Development Council, EuGHE 1988, 1443.

Äpfel und Birnen betraut. Der Council konnte jährlich einen Pflichtbeitrag von den gewerblich tätigen Äpfel- und Birnenerzeugern erheben. Der Höchstbetrag ergab sich entweder aus einem Maximalbetrag je Hektar, der mit Apfel- oder Birnenbäumen bepflanzt war, oder aus einem Maximalbetrag je fünfzig Apfel- oder Birnenbäumen. Der EuGH lehnte es ab, dass die den Pflichtbeitrag zahlenden Obstbauern die Leistungsempfänger der Dienstleistungen des Council waren. Wörtlich führte der Gerichtshof aus: „Soweit er [der Council] Dienstleistungen erbringt, kommen die Vorteile, die sich aus diesen Dienstleistungen ergeben, dem gesamten betroffenen Wirtschaftszweig zugute. Falls einzelne Apfel- und Birnenerzeuger Vorteile haben, leiten sie sie mittelbar aus den Vorteilen ab, die allgemein dem gesamten Wirtschaftszweig erwachsen. Insoweit ist darauf hinzuweisen, dass es unter bestimmten Umständen nicht ausgeschlossen ist, dass nur die Apfelerzeuger oder nur die Birnenerzeuger einen Vorteil aus der Wahrnehmung spezifischer Aufgaben des Council ziehen können."[1]

8.10 In der Rs. **Kennemer Golf**[2] kam der EuGH zu dem Ergebnis, dass ein steuerbarer Leistungsaustausch dann vorliegt, wenn ein Sportverein in Verwirklichung seines satzungsmäßigen Zwecks seinen Mitgliedern die Möglichkeit einräumt, Sportanlagen zu nutzen und die Mitglieder hierfür jährlich einen Beitrag zahlen. Ob die Mitglieder hiervon tatsächlich Gebrauch machen, ist unerheblich. Der Gerichtshof sah die Leistung des Vereins darin begründet, „dass er seinen Mitgliedern dauerhaft Sportanlagen und damit verbundene Vorteile zur Verfügung stellt, und nicht darin, dass er auf Verlangen seiner Mitglieder gezielte Leistungen erbringt."[3] Der Umstand, dass der Verein diese Leistungen an die Mitglieder erbringt, um seinen satzungsmäßigen Zweck zu erreichen, war für die Begründung eines Leistungsaustausches aus Sicht des EuGH unbedeutend.

8.11 Anhand der Rs. *Apple and Pear* zeigt sich, dass Personenvereinigungen in Erfüllung ihres Gemeinschaftszwecks einerseits ein Verhalten gegenüber Dritten setzen können, ohne diesen oder den Mitgliedern gegenüber eine Leistung im Sinne des Mehrwertsteuerrechts zu erbringen. Andererseits zeigt die Rs. *Kennemer Golf*, dass Personenvereinigungen in Erfüllung ihres Gemeinschaftszwecks nach außen Aktivitäten entfalten können, die den Mitglieder einen Vorteil verschaffen, wodurch Leistungen an die Mitglieder erbracht werden.[4] Unerheblich ist es, ob sich die Leistung als ein **Sondervorteil** eines Mitglieds qualifiziert oder ob allen Mitgliedern dieser Vorteil zuteilwird,[5] wodurch die Rechtsauffassung der deutschen Finanzverwaltung jedenfalls als überholt anzusehen ist.[6] In der Literatur wird hinsichtlich der Frage, ob die Personengesellschaft eine Leistung erbringt, zum Teil danach unterschieden, ob die Tätigkeit des Vereins von den Mitgliedern lediglich **gutgeheißen** wird oder tatsächlich im **individuellen Interesse** des Mitglieds liegt.[7] Demnach erbringt eine Personenvereinigung beispielsweise keine Leistung an ihre Mitglieder, wenn sie Methoden zur Bekämpfung bestimmter Krankheiten

1 EuGH v. 8.3.1988 – Rs. 102/86 – Apple and Pear Development Council, Rz. 14, EuGHE 1988, 1443, hervorgehoben durch die Autorin.

2 EuGH v. 21.3.2002 – Rs. C-174/00 – Kennemer Golf, EuGHE 2002, I-3293 = UR 2002, 320 m. Anm. *Widmann*.

3 EuGH v. 21.3.2002 – Rs. C-174/00 – Kennemer Golf, Rz. 40, EuGHE 2002, I-3293 = UR 2002, 320 m. Anm. *Widmann*.

4 Vgl. hierzu *Ruppe/Achatz*, UStG⁴, § 1 Rz. 116.

5 *Rasche*, Umsatzsteuer in Schauhoff, Handbuch der Gemeinnützigkeit, Rz. 27; a.A. die deutsche Finanzverwaltung: Art. 1.4. Abs. 1 S. 2 UStAE; kritisch hierzu auch: Vgl. hierzu auch *Reiß*, in Non Profit Law Yearbook 2004, 47 (58).

6 *Hüttemann*, Gemeinnützigkeits- und Spendenrecht³, 678 ff.; *Nieskens*, UR 2002, 345 ff.; *Möhlenkamp*, UR 2003, 173 ff.; *Wagner*, UVR 2002, 158.

7 *Ruppe/Achatz*, UStG⁴, § 1 Rz. 117.

bekannt gibt. Diese Tätigkeit liegt ohne Zweifel auch im Interesse der Mitglieder und sie wird daher von ihnen gutgeheißen, doch werden die Mitglieder, wie auch die Allgemeinheit insgesamt, hierdurch bevorteilt und ihnen kommt kein individueller Vorteil zu.[1]

Als relevantes Unterscheidungsmerkmal zwischen der Bevorteilung der Mitglieder und der schlichten Verwirklichung des Gesellschaftszwecks wird vom BFH[2] die **„Mittelbarkeit“** des Vorteils erachtet. Es ist für ihn entscheidend, ob den Mitgliedern durch die Tätigkeit der Personenvereinigung unmittelbar ein verbrauchsfähiger Vorteil zuteilwird oder ob durch diese Tätigkeit der Zweck der Personenvereinigung erfüllt werden soll und hierdurch die Mitglieder nur *mittelbar* bevorteilt werden.[3] Somit soll eine Leistung an die Mitglieder entsprechend der Rs. *Apple and Pear* dann nicht vorliegen, wenn sich die Begünstigung der einzelnen Mitglieder „ausschließlich mittelbar aus den Vorteilen ableitet, die die bloße Mitgliedschaft mit sich bringt.“[4] 8.12

Daraus folgt, dass der BFH das Kriterium der Mittelbarkeit für die Abgrenzung zwischen einer Leistung einer Personenvereinigung an ihre Mitglieder und einer Nichtleistung aufgrund der schlichten Verwirklichung des Gemeinschaftszwecks heranziehen will. Fraglich ist aber, ob das Kriterium der Mittelbarkeit nicht ein viel Weiteres, nicht auf das Gesellschafts- oder Vereinsverhältnis beschränktes Abgrenzungskriterium ist. Das **Kriterium der Mittelbarkeit** ist dann von allgemeiner Natur, wenn es als eine **Folge des zwischen dem Leistenden und dem Leistungsempfänger bestehenden Rechtsverhältnisses** verstanden wird, in dessen Rahmen Leistungen gegenseitig ausgetauscht werden. Denn es ist gerade dieses Rechtsverhältnis, das die Leistung und den Leistungsempfänger bestimmt. Im Rechtverhältnis sind nämlich all jene Festlegungen vorzunehmen, die notwendig sind, um das mehrwertsteuerliche Leisten zu beschreiben. Leistungsempfänger dieser Leistung ist in jedem Falle ausschließlich die andere am Rechtsverhältnis beteiligte Person, da andernfalls insbesondere im Falle der Vereinbarung eines Drittentgelts zwischen dem Leistenden und dem Gegenleistenden dem Leistungsempfänger ein Vorteil aufgezwungen werden könnte, der, obwohl er nicht aus mehrwertsteuerrechtlicher Sicht wirtschaftlich verwertbar ist, der Mehrwertbesteuerung unterläge. Das Rechtsverhältnis muss demgemäß immer zwischen dem Leistenden und dem Leistungsempfänger bestehen (zur Frage des Entgelts von dritter Seite s. Rz. 25.78). 8.13

Entsprechend den Festlegungen im Rechtsverhältnis liegt eine Leistung dann nicht vor, wenn der Vorteil des Leistens nicht einem bestimmbaren Leistungsempfänger zukommt (**positive Stoßrichtung der Abgrenzungsfunktion**)[5]. Hiervon ist auszugehen, wenn die Tätigkeit einer Person die **Allgemeininteressen**, wie die Interessen eines Wirtschaftssektors in einer bestimmten Region oder den Umweltschutz, fördert[6]. In der Rechtsprechung des EuGH ist mit Blick auf das Tätigwerden im Interesse der Allgemeinheit eine Präzisierung von einer anfänglichen schlichten Verneinung der Steuerbarkeit bis hin zur Entwicklung des gerade diese Form 8.14

1 *Ruppe/Achatz*, UStG[4], § 1 Rz. 117; kritisch hierzu: *Achatz*, DStJG 23, 286.
2 BFH v. 24.9.2014 – V R 54/13, BFH/NV 2015, 364.
3 *Wäger*, DStR 2014, 1517 (1518).
4 Ibid.
5 Das Rechtsverhältnis hat insofern eine Abgrenzungsfunktion mit positiver Wirkung, als durch das Rechtsverhältnis verlangt wird, dass es einen identifizierbaren Leistungsempfänger gibt. Somit dient das Rechtsverhältnis der Abgrenzung zwischen einem Tun, das die Allgemeinheit fördert und damit ein Leisten an einen identifizierbaren Leistungsempfänger ausschließt, und einem tatsächlichen Leisten im mehrwertsteuerlichen Sinne – namentlich der Erbringung eines Vorteils an einen Leistungsempfänger.
6 Vgl. EuGH v. 12.2.2009 – Rs. C-515/07 – VNLTO, EuGHE 2009, I-839 = UR 2009, 199.

des Tätigwerdens umfassenden Bereichs der *Nichtwirtschaftlichkeit* zu erkennen.[1] In den Rs. **Mohr**[2] und **Landboden Agrardienste**[3] thematisierte der Gerichtshof erstmals die Frage, ob eine Leistung im Sinne des Mehrwertsteuerrechts gegeben sein kann, wenn das Leisten im Allgemeininteresse gelegen ist und nicht bei einem individualisierbaren Leistungsempfänger zu einem Vorteil führt.[4] Gegenstand des Verfahrens war einerseits die endgültige Niederlegung der Milchproduktion und der Verzicht auf die zugewiesene Milchreferenzmenge und andererseits der Verzicht auf 20 % der möglichen Kartoffelernte. In beiden Fällen erhielten die Steuerpflichtigen Entschädigungszahlungen durch öffentliche Stellen. Entsprechend der Urteilsbegründung des EuGH sind diese Tätigkeiten nicht steuerbar, da durch den Verzicht nur zur Stabilisierung des Agrarsektors beigetragen wird, was insgesamt im Allgemeininteresse gelegen ist. Hierdurch kommt es aber nicht zu einer Bevorteilung eines identifizierbaren Leistungsempfängers, wodurch ein Verbrauch im Sinne des Mehrwertsteuerrechts auszuschließen ist.

8.15 In jüngeren Urteilen stellt der EuGH in derartigen Konstellationen darauf ab, dass eine **Tätigkeit nicht-wirtschaftlicher Natur** ist. So ist die Vergabe von Konzessionen für das Funknetz durch nationale Behörden (UMTS-Vergabe) an den Höchstbietenden keine wirtschaftliche Tätigkeit. In diesem Ausmaß kommt der Mitgliedstaat seiner Kontroll- und Regelungstätigkeit nach,[5] die zur effizienten Nutzung des Frequenzspektrums, zur Verhinderung von Störungen zwischen verschiedenen Telekommunikationssystemen sowie zur effizienten Verwaltung von Funknetzen beitragen sollen.[6] Zudem qualifiziert der EuGH Tätigkeiten einer Partei, die dazu dienen, ihre politischen Ziele zu verwirklichen, als eine nicht-wirtschaftliche Tätigkeit.[7] Diesen Urteilen ist gemein, dass keinem individualisierbaren Leistungsempfänger ein Vorteil zuteilwird, der in einem Verbrauch im Sinne des Mehrwertsteuerrechts mündet bzw. münden kann. Vielmehr dient die Erfüllung dieser Aufgaben dem Gemeinwohl: Ein stabiler Agrarsektor, eine effiziente und störungslose Nutzung des Frequenzspektrums und das Bestehen von Parteien dient der Allgemeinheit, denn jeder Einzelne profitiert hiervon, nicht aber verschaffen die Tätigkeiten, die notwendig sind, um diesen gewünschten Zustand zu erreichen, einem identifizierbaren Leistungsempfänger einen konkret messbaren Vorteil.[8]

8.16 Die Negierung der Steuerbarkeit bei Tätigkeiten, die nicht einem konkret bestimmbaren Leistungsempfänger einen Vorteil verschaffen, ist durch die **Systematik der Mehrwertsteuer** bedingt. Wird nicht nur einem konkreten Leistungsempfänger ein Vorteil zuteil, so kann die Ge-

---

1 Vgl. hierzu ausführlich: *Heber*, Gesellschaften und ihre Gesellschafter in der Umsatzsteuer, 45 ff.

2 EuGH v. 30.4.1996 – Rs. C-215/95 – Mohr, EuGHE 1996, I-959.

3 EuGH v. 18.12.1997 – Rs. C-384/95 – Landboden-Agrardienste, EuGHE 1997, I-7387 = UR 1998, 102 m. Anm. *Stapperfend*.

4 Siehe hierzu auch *Schön*, Umsatzsteuerkongressbericht 2001/2002, 17 (22); *Dobratz*, Leistung und Entgelt im Europäischen Umsatzsteuerrecht, 57 f.

5 EuGH v. 26.6.2007 – Rs. C-284/04 – T-Mobile Austria, Rz. 44, EuGHE 2007, I-5189 = UR 2007, 607 m. Anm. *Burgmaier*; v. 26.6.2007 – Rs. C-369/04 – Hutchison 3G, Rz. 38, EuGHE 2007, I-5247 = UR 2007, 613.

6 EuGH v. 26.6.2007 – Rs. C-284/04 – T-Mobile Austria, Rz. 40, EuGHE 2007, I-5189 = UR 2007, 607 m. Anm. *Burgmaier*.

7 EuGH v. 6.10.2009 – Rs. C-267/08 – Sozialpolitische Partei Österreich, Rz. 24, EuGHE 2009, I-9781.

8 Diesen Wertungen schließt sich auch der BFH an: vgl. insbesondere: BFH v. 9.11.2006 – V R 9/04, BStBl. II 2007, 285 = UR 2007, 385; v. 18.12.2008 – V R 38/06, BStBl. II 2009, 749 = UR 2009, 525; zur Notwendigkeit des verbrauchsfähigen Vorteils vgl. BFH v. 8.11.2007 – V R 20/05, BFHE 219, 403 = UR 2008, 425; v. 5.12.2007 – V R 63/05, BFH/NV 2008, 996; v. 11.4.2002 – V R 65/00, BStBl. II 2002, 782 = UR 2002, 367.

genleistung für die Leistung nicht die subjektive Wertschätzung abbilden. Im Rechtsverhältnis werden somit alle für den Leistungsaustauch notwendigen Faktoren bestimmt – namentlich der Leistungsempfänger, die Leistung und die Gegenleistung.

Weiterhin wird entsprechend der dargestellten Eigenart des Rechtsverhältnisses der Kreis der Leistungsempfänger durch das Rechtsverhältnis von jenen Personen abgegrenzt, die jedenfalls nicht Leistungsempfänger einer Leistung sind (**negative Stoßrichtung der Abgrenzungsfunktion**)[1]. Denn neben dem im Rechtsverhältnis bestimmten Leistungsempfänger, dem ein verbrauchsfähiger Vorteil zuteil wird, kann **weiteren Personen** durch die Leistung **ein Vorteil erwachsen.** Wenngleich diese Personen bevorteilt werden, kommen sie nicht als Leistungsempfänger in Betracht, da sie ihren Vorteil nur mittelbar aus dem Vorteil ableiten, der dem Leistungsempfänger erwächst und sie nicht Teil des Rechtsverhältnisses sind. Zu denken ist hier beispielsweise an den Vorteil, der Fluggesellschaften, Souvenirgeschäften und Restaurants einer bestimmten Region durch Werbung für Apartmenthotels in dieser Region erwächst; oder an den Vorteil, den bestimmte Lebensmittelproduzenten durch Werbung oder Aktionsprogramme der Supermarktkette, die ihre Produkte verkauft, erhalten. Selbst wenn diese den Vorteil gutheißen, also ihn nicht ablehnen, und daher der Vorteil für sie wirtschaftlich verwertbar ist, ist von einer Mehrwertbesteuerung abzusehen, da insoweit keine Abgeltung des Vorteils durch das Entgelt erfolgt. Die Gegenleistung bezieht sich vielmehr nur auf den Vorteil zugunsten des Leistungsempfängers, so dass die Gegenleistung den Mehrwert des Vorteils bei Dritten nicht widerspiegelt. Dies steht einer Mehrwertbesteuerung entgegen.[2] 8.17

Versteht man das Kriterium der **Mittelbarkeit als eine Folge des Rechtsverhältnisses**, in dessen Rahmen Leistungen gegenseitig ausgetauscht werden, so wird auch verständlich, warum der EuGH in der **Rs. Apple and Pear** die einzelnen Äpfel- und Birnenbauern nicht als Leistungsempfänger anerkannte. Die das Rechtsverhältnis begründende Ministerialverordnung sah vor, dass die Aufgaben des Council im Wesentlichen die Werbung, die Förderung und die Verbesserung der Qualität der in England und Wales erzeugten Äpfel und Birnen betreffen, wodurch als Leistungsempfänger der gesamte Wirtschaftszweig und nicht die einzelnen Obstbauern in Betracht kommen.[3] Der gesamte Wirtschaftszweig eignet sich nicht als Leistungsempfänger, da dieser Begriff zu unbestimmt ist und nahezu der Allgemeinheit gleichkommt. Zudem lehnte der EuGH in einem weiteren Schritt den unmittelbaren Zusammenhang zwischen der Leistung und der Gegenleistung ab, da die Gegenleistung nicht vom Umfang der Leistung abhing, sondern vielmehr von Faktoren, die dem Grunde nach keinen Einfluss auf den Leistungsaustausch haben.[4] In der **Rs. Kennemer Golf** war hingegen eine Identifizierung der Leistungsempfänger im Rahmen des Rechtsverhältnisses – namentlich der Mitglieder – möglich. Wodurch ein Leisten im Sinne des Mehrwertsteuerrechts möglich war. 8.18

Aus der Rechtsprechung des EuGH und des BFH folgt, dass die Verfolgung eines Gemeinschaftszwecks ein mehrwertsteuerrechtlich relevantes Leisten der Personenvereinigung an ihre Mitglieder oder Dritte nicht ausschließt. Ein solches Leisten seitens der Personenvereinigung 8.19

1 Das Rechtsverhältnis hat insofern eine negative Wirkung, als es Personen, die durch ein bestimmtes Tun bevorteilt werden, aber nicht als Leistungsempfänger zu qualifizieren sind, von jenen Personen abgrenzt, die durch dieses Tun ebenso bevorteilt werden, aber auch Leistungsempfänger sind.

2 *Heber*, UR 2014, 965 f.

3 EuGH v. 8.3.1988 – Rs. 102/86 – Apple and Pear Development Council, Rz. 14, EuGHE 1988, 1443.

4 EuGH v. 29.10.2009 – Rs. C-246/08 – Kommission/Finnland, Rz. 9.28 ff., EuGHE 2009, I-10605 = UR 2010, 224.

liegt vor, wenn das zwischen der Personenvereinigung und ihren Mitgliedern bestehende Rechtsverhältnis die Verschaffung eines verbrauchsfähigen Vorteils bestimmt. Dieser verbrauchsfähige Vorteil kann aber nur bestimmt werden, wenn das Leisten seitens der Personenvereinigung im Rahmen des Rechtsverhältnisses für einen identifizierbaren Leistungsempfänger bestimmt ist und nicht zur Förderung des Allgemeininteresses erfolgt. Erwächst aber einer weiteren Person, die im Rahmen des Rechtsverhältnisses nicht als Leistungsempfänger vorgesehen ist, aus einer Leistung ein Vorteil, so leitet sie ihren Vorteil nur aus dem Vorteil des tatsächlichen Leistungsempfängers ab und ist mittelbar bevorteilt. Hierdurch wird diese Person nicht zum Leistungsempfänger und erhält keine Leistung im Sinne des Mehrwertsteuerrechts. Somit kann die Personenvereinigung nur an ihre Mitglieder oder Dritte leisten, wenn sie als Leistungsempfänger im Rahmen des zwischen der Personenvereinigung und den Mitgliedern bestehenden Rechtsverhältnisses bestimmt sind.

### b) Exkurs: Feststellung des Leistungsempfängers mittels des mehrwertsteuerlichen Rechtsverhältnisses

8.20 Erwächst durch eine bestimmte Leistung einer Vielzahl an Personen ein Vorteil, muss festgestellt werden, wer **tatsächlicher Leistungsempfänger** ist. Nur dann, wenn ein Leistungsempfänger oder der Kreis der Leistungsempfänger bestimmbar ist, kann eine Leistung im Sinne des Mehrwertsteuerrechts vorliegen.[1] Nach ständiger Rechtsprechung des EuGH bedarf es für die Begründung eines Leistungsaustausches stets eines **Rechtsverhältnisses, „in dessen Rahmen gegenseitige Leistungen ausgetauscht werden"**[2]. Somit muss das, was geleistet wird, und das, was als Gegenleistung für die Leistung erbracht wird, zwischen dem Leistenden und Leistungsempfänger genau bestimmt sein. Zudem wird durch das Rechtsverhältnis genau bestimmt, wer Leistungsempfänger ist, somit wem der verbrauchsfähige Vorteil gewährt wird. Daraus ergibt sich, dass das Leisten **nicht zufällig** erfolgen darf, wie der EuGH auch in der Rs. *Tolsma* geurteilt hat. In dieser Rs. hat der EuGH einen Leistungsaustausch abgelehnt, da eine etwaige Spende von Passanten an den Straßenmusiker rein zufällig erfolgte. Es sei die alleinige Entscheidung der Passanten, ob sie dem Straßenmusiker Geld geben und wenn sie dies tun, seien sie frei bei der Bestimmung der Höhe der Spende.[3] Es bestehe zwischen dem Straßenmusiker und den Passanten keine Vereinbarung, welche die Leistung und die Gegenleistung näher bestimmt und die eine Grundlage für eine zwischen dem Leistenden und dem Leistungsempfänger bestehende Erwartungshaltung wäre. Somit bedarf es für einen Leistungsaustausch eines Rahmens in Form des Rechtsverhältnisses, das die Erwartungshaltung des Leistenden und des Leistungsempfängers genau bestimmt. Diese im Rahmen des Rechtsverhältnisses erfolgende Definition der konkreten Leistung ist die notwendige Voraussetzung für die Bestimmung eines unmittelbaren Zusammenhangs zwischen Leistung und Gegenleistung. Fraglich ist, ob dieses zwischen Leistendem und Leistungsempfänger bestehende Rechtsverhältnis rein anhand zivilrechtlicher Strukturen oder basierend auf einer wirtschaftlichen Be-

1 EuGH v. 30.4.1996 – Rs. C-215/95 – Mohr, EuGHE 1996, I-959.

2 EuGH v. 27.3.2014 – Rs. C-151/13 – Le Rayon d'Or SARL, ECLI:EU:C:2014:185, Rz. 29, UR 2014, 487; v. 6.10.2009 – Rs. C-267/08 – SPÖ Landesorganisation Kärnten, Rz. 19, EuGHE 2009, I-9781; v. 3.9.2009 – Rs. C-37/08– RCI Europe, Rz. 24, EuGHE 2009, I-7533 = UR 2009, 887; v. 21.3.2002 – Rs. C-174/00 – Kennemer Golf & Country Club, Rz. 39, EuGHE 2002, I-3293 = UR 2002, 320 m. Anm. *Widmann*; v. 3.3.1994 – Rs. C-16/93– Tolsma, Rz. 14, EuGHE 1994, I-743 = UR 1994, 226 = UR 1994, 399; v. 14.7.1998 – Rs. C-172/96 – First National Bank of Chicago, Rz. 26–29, EuGHE 1994, I-4387 = UR 1998, 456 m. Anm. *Philipowski*.

3 EuGH v. 3.3.1994 – Rs. C-16/93 – Tolsma, Rz. 17, EuGHE 1994, I-743 = UR 1994, 226 = UR 1994, 399.

trachtungsweise zu bestimmen ist. Dies bestimmt sogleich, an welchem dieser beiden Maßstäbe die Bestimmung des Leistungsempfängers auszurichten ist.

Durch das Rechtsverhältnis, das zwischen dem Leistenden und dem Leistungsempfänger besteht, muss die Erwartungshaltung der am Leistungsaustausch Beteiligten hinsichtlich der Leistung und der Gegenleistung bestimmt werden. Das Rechtsverhältnis muss den Parteien aber **keinen zivilrechtlichen Anspruch** auf die Leistung oder Gegenleistung zusprechen. Dass die zivilrechtliche Durchsetzbarkeit des Anspruchs auf die Leistung oder die Gegenleistung für die Begründung des Leistungsaustauschs unbedeutend ist, hat der EuGH bestätigt. Demnach schadet es der Begründung eines Leistungsaustauschs nicht, wenn es sich aufgrund des bestehenden Rechtsverhältnisses bei der Leistung lediglich um eine Ehrenschuld handelt.[1] Der Gerichtshof führt aus, dass ein Abstellen auf die zivilrechtliche Durchsetzbarkeit des Anspruchs die Wirksamkeit des Mehrwertsteuersystems beeinträchtigen könnte, da Unterschiede zwischen den einzelnen Zivilrechtsordnungen der Mitgliedstaaten bestehen.[2] 8.21

Vom Begriff der Leistung im Sinne des Mehrwertsteuerrechts ausgehend ist es konsequent, einen Leistungsaustausch auch dann anzunehmen, wenn die Leistung grundsätzlich **gesetzeswidrig** ist. Die Gesetzeswidrigkeit der Leistung hindert die tatsächliche Bevorteilung des Leistungsempfängers nicht. Der EuGH ließ es aber zu, die Lieferung von bestimmten Drogen, deren Handel mit Ausnahme für medizinische und wissenschaftliche Zwecke verboten war, nicht der Mehrwertsteuer zu unterwerfen. Der Gerichtshof argumentierte ausschließlich mit Blick auf den Binnenmarkt und betonte, dass es bei derartigen Lieferungen keine Konkurrenz zwischen Lieferungen, die auf legale Weise durchgeführt werden und Lieferungen, die auf illegale Weise ausgeführt werden, gibt. Somit würde eine Nichtbesteuerung der Lieferung von Drogen den Wettbewerb am Binnenmarkt nicht verzerren.[3] 8.22

Zur Beantwortung der Frage, wer Leistungsempfänger ist, ist der Blick auf zivilrechtliche Strukturen somit vielfach hilfreich, aber nicht immer ausschlaggebend.[4] Die Vereinbarung, die zwischen dem Leistenden und dem Leistungsempfänger nach ständiger Rechtsprechung des EuGH bestehen muss, ist nicht mehr als ein **Festlegen von Leistung und Gegenleistung**. Sowohl der Leistende als auch der Leistungsempfänger müssen sich darüber im Klaren sein, was sie zu leisten haben und was ihnen hierfür vom jeweils anderen gewährt wird. Die mangelnde zivilrechtliche Durchsetzbarkeit schadet dem Bestehen eines Leistungsaustauschs nicht. 8.23

Weichen die zivilrechtlichen Vereinbarungen aber vom tatsächlich Gelebten ab, ist das zivilrechtlich Vereinbarte gerade für die Bestimmung der Leistung und des Leistungsempfängers nicht maßgebend. Der BFH hatte in seiner Urteilsbegründung zur Frage, ob ein Spielervermittler an den Fußballverein, der sein Honorar bezahlt, eine Leistung erbringt, festgestellt, 8.24

1 EuGH v. 17.9.2002 – Rs. C-498/99 – Town & County Factors, EuGHE 2002, I-7173 = UR 2002, 510.

2 EuGH v. 17.9.2002 – Rs. C-498/99 – Town & County Factors, Rz. 21, EuGHE 2002, I-7173 = UR 2002, 510.

3 EuGH v. 5.7.1988 – Rs. 289/86 – Happy Family, EuGHE 1988, I-3655; v. 5.7.1988 – Rs. 269/86 – Mol, EuGHE 1988, I-3627; v. 29.6.1999 – Rs. C-158/98 – Siberië, EuGHE 1999, I-3971 = UR 1999, 364.

4 EuGH v. 20.6.2013 – Rs. C-653/11– Newey, Rz. 43 und 44, ECLI:EU:C:2013:409, UR 2013, 628; nach Auffassung des EuGH spiegeln die Vertragsbestimmungen die wirtschaftliche und geschäftliche Realität der Transaktionen insbesondere dann nicht vollständig wider, wenn es sich um eine künstliche Gestaltung handelt (Rz. 45).

dass das Spielervermittler-Reglement der FIFA, das ein Leisten an den Verein ausschließt, für die mehrwertsteuerrechtliche Beurteilung nicht einschlägig sein muss.[1] Hierdurch zeigt sich, dass das Rechtsverhältnisses, in dessen Rahmen die Leistung und die Gegenleistung näher bestimmt werden, auch durch die **ständige Übung** bei der Bestellung und Bezahlung von Spielervermittlern entstehen kann. Denn die Fußballvereine wissen, was sie für ihre Honorarzahlung erhalten, wenngleich ihre Leistung vertraglich nicht explizit festgesetzt ist. Somit kann ein Rechtsverhältnis zwischen dem Verein und dem Spielervermittler selbst dann angenommen werden, wenn dies nicht dem vordergründig vertraglich Vereinbarten entspricht.

## 2. Gegenleistung

### a) Beitragszahlungen durch die Mitglieder

8.25 Leisten die Mitglieder der Personenvereinigung Entgeltzahlungen an diese in Form von Mitgliedsbeiträgen, ist es fraglich, ob diese Zahlungen eine Gegenleistung für die Leistungen der Personenvereinigung bilden. Leisten die Mitglieder die Zahlungen nur in Form reiner **Kapitalausstattung**, wodurch die Personenvereinigung als solche gefördert werden soll, wird vielfach eine solche Entgeltzahlung nicht vorliegen.[2]

8.26 Eine Geldzahlung seitens der Mitglieder ist nur dann als Entgelt für die Leistung der Personenvereinigung zu qualifizieren, wenn zwischen ihr und der Leistung ein **unmittelbarer Zusammenhang** besteht. Das Vorliegen eines unmittelbaren Zusammenhangs zwischen Leistung und Gegenleistung kann erst dann überprüft werden, wenn zunächst zwischen dem Leistenden und dem Leistungsempfänger ein Rechtsverhältnis besteht, in dessen Rahmen die Erwartungshaltung in Bezug auf die Leistung und Gegenleistung ausgelotet wird, wodurch die Leistung und die Gegenleistung eine hinreichende Konkretisierung erfahren.[3] Unbedeutend ist es, ob dieses Rechtsverhältnis auf einer schuldrechtlichen oder gesellschaftsvertraglichen Vereinbarung[4] wie etwa der Vereinssatzung[5] beruht. Erst hierauf aufbauend, somit nach Konkretisierung der Leistung und der Gegenleistung, kann überprüft werden, ob zwischen der Leistung und der Gegenleistung ein unmittelbarer Zusammenhang besteht. Ein unmittelbarer Zusammenhang zwischen der Leistung und der Gegenleistung ist dann gegeben, wenn der Leistende seine Leistung in **Wertschätzung** der Gegenleistung erbringt und umgekehrt, wenn derjenige, der die Gegenleistung erbringt, gerade dies in Wertschätzung der Leistung tut (Rz. 25.15). Für den unmittelbaren Zusammenhang ist es nach der Rechtsprechung des EuGH unschädlich,

---

1 BFH v. 28.8.2013 – XI R 4/11, BStBl. II 2014, 282 = UR 2014, 22.

2 BFH v. 11.4.2002 – V R 65/00, BStBl. II 2002, 782 = UR 2002, 367; v. 29.10.2008 – XI R 76/07, BFH/NV 2009, 795.

3 EuGH v. 27.3.2014 – Rs. C-151/13 – Le Rayon d'Or SARL, ECLI:EU:C:2014:185, Rz. 29, UR 2014, 487; v. 6.10.2009 – Rs. C-267/08 – SPÖ Landesorganisation Kärnten, Rz. 19, EuGHE 2009, I-9781; v. 3.9.2009 – Rs. C-37/08, UR 2009, 887 – RCI Europe, Rz. 24, EuGHE 2009, I-7533; v. 21.3.2002 – Rs. C-174/00 – Kennemer Golf & Country Club, Rz. 39, EuGHE 2002, I-3293 = UR 2002, 320 m. Anm. *Widmann*; v. 3.3.1994 – Rs. C-16/93– Tolsma, Rz. 14, EuGHE 1994, I-743 = UR 1994, 226 = UR 1994, 399; v. 14.7.1998 – Rs. C-172/96 – First National Bank of Chicago, Rz. 26–29, EuGHE 1994, I-4387 = UR 1998, 456 m. Anm. *Philipowski*; VwGH v. 5.7.2004 – 2001/14/0038; v. 18.3.2004 – 2003/15/0088, VwSlg. 7920F/2004; für den BFH vgl. Nachweise unter Rz. 8.6, 8.12.

4 BFH v. 5.12.2007 – V R 60/05, BStBl. II 2009, 486 = UR 2008, 616 = GmbHR 2008, 725; v. 16.3.1993 – XI R 44/90, UR 1993, 249 = BStBl. 1993, 529.

5 BFH v. 11.10.2007 – V R 69/06, BFHE 219, 287 = UR 2008, 153 = UR 2008, 186 m. Anm. *Stadie*; v. 29.10.2008 – XI R 59/07, BFHE 223, 493 = UR 2009, 127.

dass der Leistungsempfänger für die Leistungen ein pauschaliertes Entgelt zahlt,[1] solange gerade dies in Wertschätzung für die Möglichkeit, eine oder mehrere Leistungen in Anspruch zu nehmen, vorgesehen ist.

Ist der Leistungsempfänger mit dem Gegenleistenden nicht personenidentisch – leistet die Personenvereinigung somit nicht an ihre Mitglieder oder Gesellschafter, sondern an Dritte –, so wird die **Gegenleistung** teilweise oder vollends **von dritter Seite** – namentlich den Mitgliedern oder Gesellschaft in Form ihres Mitgliedsbeitrags – erbracht. In diesem Fall besteht das Rechtsverhältnis dennoch zwischen dem Leistenden – der Personenvereinigung – und dem Leistungsempfänger – dem Dritten. Dieses bestimmt den verbrauchsfähigen Vorteil – somit die Leistung –, der dem Leistungsempfänger erwächst. Neben dieses Rechtsverhältnis tritt eine zwischen dem Leistenden und dem Gegenleistenden bestehende Vereinbarung. Diese Vereinbarung bestimmt die Gegenleistung. Damit diese Gegenleistung Teil des zwischen Leistenden und Leistungsempfänger bestehenden Rechtsverhältnisses wird, muss sich die Gegenleistung, die durch die Vereinbarung zwischen Leistenden und Gegenleistenden bestimmt wird, auf gerade die Leistung, die durch das Rechtverhältnis bestimmt ist, beziehen. Sind die Leistung und die Gegenleistung hinreichend konkretisiert, muss in einem weiteren Schritt überprüft werden, ob die Leistung und die Gegenleistung in einem unmittelbaren Zusammenhang stehen. Von einem solchen ist dann auszugehen, wenn der Leistende in Wertschätzung der Gegenleistung – dem Mitgliedsbeitrag – leistet und der Gegenleistende – die Mitglieder oder Gesellschafter – seine Gegenleistung in Wertschätzung der Leistung, die der Leistungsempfänger erhält, erbringt. 8.27

Nach der Rechtsprechung des BFH soll das Entgelt dann nicht ausschließlich in den Mitgliedsbeiträgen begründet sein, wenn die Personenvereinigung Spenden von dritter Seite oder Subventionen erhält, ohne die aufgrund der Höhe der Mitgliedsbeiträge eine **kostendeckende Kalkulation** im Hinblick auf die an die Mitglieder erbrachten Leistungen nicht möglich wäre.[2] Mit anderen Worten: Ist der von den Mitgliedern erhobene Beitrag aufgrund von Zahlungen Dritter in Form von Subventionen oder Spenden so gering, dass ohne Hinzurechnung gerade dieser Mittel eine kostendeckende Leistungserbringung nicht möglich wäre, so sind diese Subventionen oder Spenden als Entgelt von dritter Seite zu qualifizieren und sind somit Teil der mehrwertsteuerlichen Bemessungsgrundlage. Für eine vertiefende Auseinandersetzung mit dem Begriff des Entgelts von dritter Seite: Rz. 25.76 ff. 8.28

### b) Gestaffelte Mitgliedsbeiträge nach Sozialkriterien

Personenvereinigungen staffeln ihre Mitgliedsbeiträge häufig nach **Sozialkriterien**. So ist es nicht unüblich, dass die Faktoren Alter, Einkommen oder Beruf Einfluss auf die Höhe des zu zahlenden Mitgliedsbeitrags haben. Fraglich ist, ob der unmittelbare Zusammenhang zwischen Leistung und Gegenleistung durch das Anknüpfen an bestimmte Sozialkriterien beeinträchtigt werden kann. Denn es handelt sich hierbei um Kriterien, die außerhalb des Rechtsverhältnisses liegen, in welchem Leistung und Gegenleistung ausgetauscht werden. 8.29

1 EuGH v. 21.3.2002 – Rs. C-174/00 – Kennemer Golf & Country Club, EuGHE 2002, I-3293 = UR 2002, 320 m. Anm. *Widmann*; v. 27.3.2014 – Rs. C-151/13 – Le Rayon d'Or SARL, ECLI:EU:C:2014:185, UR 2014, 487; EuGH v. 3.9.2015 – Rs. C-463/14 – Asparuhovo Lake, ECLI:EU:C:2015:542, Rz. 39, UR 2015, 781; so nun auch: BFH v. 9.8.2007 – V R 27/04, BFHE 217, 314 = UR 2007, 811; v. 20.3.2014 – V R 4/13, BFHE 245, 397 = UR 2014, 732; VwGH v. 24.6.2004 – 2000/15/0140, VwSlg. 7937F/2004; v. 28.4.2011 – 2007/15/0064, VwSlg. 8637F/2011; Rz. 25.19.

2 BFH v. 20.3.2014 – V R 4/13, BFHE 245, 397 = UR 2014, 732.

8.30 In der Rs. **Kommission gegen Finnland**[1] thematisierte der EuGH diese Frage insofern, als der Gerichtshof zu beurteilen hatte, ob eine Honorarzahlung, die nicht von der tatsächlichen Leistung abhing, sondern von den Einkommensverhältnissen des Leistungsempfängers, die Gegenleistung für die Leistung bilden konnte. Urteilsgegenständlich waren die finnischen Rechtshilferegelungen, denen zufolge die Gewährung von Rechtshilfe und das hierfür anfallende Honorar von den verfügbaren Mitteln und dem Vermögen des Antragstellers abhingen. Je nach Vermögenslage wurde der Rechtsbeistand kostenfrei oder gegen Übernahme eines Eigenanteils erbracht, welcher entsprechend dem Einkommen des Antragstellers einer prozentmäßigen Beteiligung an den tatsächlichen Honorarkosten entsprach. Somit beeinflusste die tatsächliche Vermögenslage des Rechtsuchenden den Betrag, der für diese Leistung zu zahlen war. Der EuGH stellte in seiner Urteilsbegründung darauf ab, dass die Teilzahlung, die vom Rechtshilfesuchenden zu leisten war, nur teilweise vom tatsächlichen Wert der an ihn erbrachten Dienstleistung abhängig war. Der Zusammenhang zwischen dem Wert der Dienstleistung und der Zahlung war umso lockerer, je geringer die Einkünfte und das Vermögen des Leistungsempfängers waren.[2] Zudem formten die Eigenbeiträge der Rechtshilfesuchenden nur einen Bruchteil der Kosten, die die öffentlichen Büros, die die Rechtshilfeleistungen erbrachten, zu tragen hatten. Da die Honorarzahlung für die Rechtshilfeleistungen nicht den (subjektiven) Wert der Leistung widerspiegelte, sah der Gerichtshof zwischen den Rechtshilfeleistungen der öffentlichen Büros und den Honorarzahlungen der Rechthilfesuchenden, die rein von deren Vermögenslage abhingen, nicht die notwendige Unmittelbarkeit als gegeben an, derer es gerade für die Qualifikation als Gegenleistung für die Rechtsberatungsleistung bedarf.[3] Die Rechtshilfeleistung wurde dadurch jedenfalls nicht gegen Entgelt ausgeführt, denn es kam dem Leistenden nicht darauf an, für seine Leistung eine Gegenleistung zu erhalten, die den (subjektiven) Wert der Leistung widerspiegelt. Dies unterscheidet diesen Fall von Sachverhalten, in denen es dem Leistenden auf die Gegenleistung des Leistungsempfängers *und* die eines Dritten ankommt (s. hierzu Rz. 8.28); denn hier akzeptiert der Leistungsempfänger die niedrige Gegenleistung nur aufgrund der weiteren Gegenleistung seitens eines Dritten.

8.31 Ebenso argumentierte der EuGH in der Rs. **Apple and Pear**, wonach der durch Verordnung festgesetzte Pflichtbeitrag der Apfel- und Birnenbauern, der sich entweder basierend auf der genutzten Bodenfläche oder der Anzahl an Obstbäumen errechnete, jedenfalls keine Gegenleistung für eine an sie durch das Council erbrachte Leistung[4] begründete. Denn es bestand nach Auffassung des EuGH keine hinreichende Beziehung zwischen „dem Umfang der Vor-

1 EuGH v. 29.10.2009 – Rs. C-246/08 – Kommission/Finnland, EuGHE 2009, I-10605 = UR 2010, 224.

2 EuGH v. 29.10.2009 – Rs. C-246/08, – Kommission/Finnland, Rz. 49, EuGHE 2009, I-10605 = UR 2010, 224.

3 EuGH v. 29.10.2009 – Rs. C-246/08 – Kommission/Finnland, Rz. 51, EuGHE 2009, I-10605 = UR 2010, 224; vgl. auch EuGH v. 12.5.2016 – Rs. C-520/14 – Gemeente Borsele, ECLI:EU:C:2016:334, Rz. 34; vgl. zur Auslegung des EuGH-Urteils in der Rs. Borsele: *Heber*, Non Profit Law Yearbook, 2017, im Erscheinen.

4 Wenngleich der EuGH zunächst argumentierte, dass es an einer individuellen Bevorteilung der Obstbauern mangle, schloss er unter bestimmten Umständen eine solche nicht gänzlich aus: „Insoweit ist darauf hinzuweisen, dass es unter bestimmten Umständen nicht ausgeschlossen ist, dass nur die Apfelerzeuger oder nur die Birnenerzeuger einen Vorteil aus der Wahrnehmung spezifischer Aufgaben des Council ziehen können" (EuGH v. 8.3.1988 – Rs. 102/86 – Apple and Pear Development Council, Rz. 14, EuGHE 1988, 1443).

teile, die einzelnen Erzeugern aus den Dienstleistungen (...) erwachsen, und der Höhe der Pflichtbeiträge, die sie gemäß der Verordnung (...) zahlen müssen“[1].

Die Urteilsbegründungen in den Rs. *Kommission gegen Finnland* und *Apple and Pear* geben klar zu erkennen, dass aus Sicht des Leistenden eine Gegenleistung immer nur dann vorliegen kann, wenn die eigene Leistung gerade in Wertschätzung der Gegenleistung erbracht wird. Wird die Gegenleistung ohne Berücksichtigung des Umfangs und der Qualität der Leistung bestimmt, so haben **ausschließlich äußere Faktoren**, die nicht im zwischen dem Leistenden und dem Leistungsempfänger bestehenden Rechtsverhältnis begründet sind, Einfluss auf die Bestimmung der Gegenleistung, wodurch ein Leisten in Wertschätzung der Leistung auszuschließen ist. 8.32

Hieraus darf aber noch nicht geschlossen werden, dass jeder Mitgliedsbeitrag, dessen Höhe das Alter, die Vermögenslage oder andere Sozialkriterien des Mitglieds berücksichtigt, per se keine Gegenleistung für eine durch die Personenvereinigung erbrachte Leistung bilden kann. Eine Minderung des Mitgliedsbeitrags für einkommensschwache Personen, Kinder und Senioren wird dem Mitgliedsbeitrag den Entgeltcharakter immer nur dann absprechen können, wenn diese Kriterien die Bemessung des Mitgliedsbeitrage in einer Weise beeinflussen, dass die Leistung, die die Personenvereinigung an gerade diese Mitglieder erbringt, für die Beitragsbildung nur noch eine **untergeordnete Rolle** spielen und es somit tatsächlich nicht mehr auf das Geleistete für die Bestimmung der Gegenleistung ankommt. 8.33

## III. Beispiel

Der gemeinnützige Verein Kinder ohne Angst veranstaltet in regelmäßigen Abständen Selbstverteidigungskurse für Kinder im Alter von drei bis zwölf Jahren. Teilnahmeberechtigt sind all jene Kinder, deren Eltern oder Großeltern Mitglieder des Vereins sind. Die Teilnahme beschränkt sich pro Kind auf einen Wochenendkurs im Jahr. Zusätzlich gibt der Verein Informationsmaterial aus, in welchem insbesondere Eltern verhaltensauffälliger Kinder Wege aufgezeigt werden, wie sie das aggressive Verhalten ihrer Kinder adressieren können. Dieses Informationsmaterial kann frei zugänglich über die Homepage bezogen werden. Zudem versucht der Verein auch über Schulen, mit Eltern Kontakt aufzunehmen, um die Informationsmaterialen weitergeben zu können. Je nach Bedarf bietet der Verein auch Vortragsveranstaltungen an. Bei diesen werden die schon in den Materialien zu findenden Informationen an praktischen Beispielen dargestellt. In seiner Öffentlichkeitsarbeit konzentriert sich der Verein ausschließlich auf gerade die Informationsbereitstellung und Informationsvermittlung gegenüber Dritten und hofft, hierdurch einen wertvollen Beitrag zu leisten, damit Kindern ein Weg für eine gewaltfreie Konfliktlösung aufgezeigt wird. Die Selbstverteidigungskurse, die nur für Kinder und Enkelkinder von Vereinsmitgliedern zugänglich sind, werden als „Leckerbissen“ für die Mitglieder betrachten und somit nicht weiter nach außen, wie beispielsweise auf der Homepage, beworben. Der Verein erhält einen Jahresbeitrag von seinen Fördermitgliedern i.H.v. 100 Euro und einen Jahresbeitrag in der Höhe von 150 Euro von seinen Mitgliedern. Die Mitglieder können von der Möglichkeit Gebrauch machen, ihre Kinder oder Enkelkinder an einem Selbstverteidigungskurs teilnehmen zu lassen. Hiermit kann der Verein seine Tätigkeiten finanzieren. 8.34

**Zur Bereitstellung von Informationsmaterial**

Ziel des Vereins ist es, insbesondere Eltern verhaltensauffälliger Kinder mit Informationen dahingehend zu versorgen, wie sie aggressives Verhalten ihrer Kinder adressieren können. Dies soll durch Informationsmaterialien und durch Vorträge erfolgen. Der Verein will hierdurch einen wertvollen

1 EuGH v. 8.3.1988 – Rs. 102/86 – Apple and Pear Development Council, Rz. 15, EuGHE 1988, 1443.

Beitrag zur Schaffung eines aggressionsfreien Umgangs zwischen Kindern einerseits und Kindern und Erwachsenen andererseits leisten. Von dieser Initiative sollen nicht nur die Mitglieder selbst profitieren; vielmehr soll Eltern aggressiver Kinder geholfen werden. Somit ist der Adressatenkreis, an den sich der Verein richtet, sehr weit und ist nicht eindeutig bestimm- und abgrenzbar. Wenngleich der Verein darum bemüht ist, mit seiner Tätigkeit das Gemeinwohl zu stärken, wird man nicht in Abrede stellen können, dass es individualisierbare Leistungsempfänger jeder einzelnen Leistung des Vereins gibt.[1] Denn durch die Teilnahme an den Vortragsveranstaltungen und das Herunterladen der Informationsmaterialien wird jeweils zwischen dem Leistungsempfänger, dem jeweiligen Elternteil, und dem Leistenden, dem Verein, ein Rechtsverhältnis geschaffen. Im Rahmen dieses Rechtsverhältnisses wird auch der verbrauchsfähige Vorteil, der dem Leistungsempfänger zukommt, bestimmt. Als Leistungsempfänger kommen somit ausschließlich die Personen in Betracht, die die Informationsmaterialien beziehen oder an Vortragsveranstaltungen teilnehmen. Andere Personen, die von einem nicht aggressiven Verhalten profitieren, wie beispielsweise Mitschüler, werden hierdurch jedenfalls noch nicht zum Leistungsempfänger. Der Umstand, dass diese Tätigkeit notwendig ist, um den Vereinszweck zu erreichen, ist für das Vorliegen einer Leistung unbedeutend.

Fraglich ist, ob diese Leistungen gegen Entgelt ausgeführt werden. Zur Finanzierung dieser Tätigkeit dienen die Mitgliedsbeiträge, die der Verein erhält. Somit besteht neben den einzelnen Rechtsverhältnissen zwischen dem Verein und dem Leistungsempfänger eine Vereinbarung zwischen dem Verein und den Mitgliedern, die die Gegenleistung für gerade diese Leistungen bestimmt. Diese Gegenleistung bezieht sich aber auf sämtliche durch den Verein erbrachte Leistungen (Vorträge, Erstellung und Ausgabe von Informationsmaterialien) und nicht auf eine bestimmte, an einen Leistungsempfänger erbrachte Leistung. Daher kann die Vereinbarung über die Gegenleistung nicht in das Rechtsverhältnis zwischen dem Leistungsempfänger und dem Verein eingebettet werden, denn die Gegenleistung bezieht sich nicht hinreichend auf eine bestimmbare Leistung. Daraus folgt, dass die Gegenleistung nicht hinreichend konkret ist, um Teil des Rechtsverhältnisses, das zwischen dem Verein und dem Leistungsempfänger besteht, zu werden. Mangelt es schon an einer Konkretisierung der Gegenleistung mit Bezug auf die Leistung, bedarf es keiner Prüfung mehr, ob ein unmittelbarer Zusammenhang gegeben ist, da ein Leisten in Wertschätzung der Gegenleistung und umgekehrt nur vorliegen kann, wenn die Gegenleistung und die Leistung im Rechtsverhältnis hinreichend bestimmt sind. Somit ist von einem steuerbaren Leistungsaustausch nicht auszugehen.
Die österreichische und deutsche Finanzverwaltung würden in diesem Fall von sog. echten Mitgliedsbeiträgen ausgehen, die jedenfalls kein Entgelt für eine Leistung des Vereins begründen. Dies ergibt sich daraus, dass die Beiträge der Erfüllung des satzungsmäßigen Gemeinschaftszwecks dienen und dieser sämtlichen Mitgliedern dient, sie aber nicht individuell bevorteilt.[2] Zudem ist der Mitgliedsbeitrag für alle Fördermitglieder und alle Mitglieder gleich hoch.[3]

**Zu den Selbstverteidigungskursen**

Zwischen dem Verein, der die Selbstverteidigungskurse anbietet, und den Mitgliedern besteht ohne Zweifel jeweils ein Rechtsverhältnis. In dessen Rahmen wird der verbrauchsfähige Vorteil, der den einzelnen Mitgliedern durch die Teilnahmeberechtigung an diesen Kursen zuteilwird, auch hinreichend konkretisiert. Die Gegenleistung, die durch das einzelne Mitglied erbracht wird, liegt in dem Mehrbetrag des Mitgliedsbeitrags gegenüber dem Fördermitgliedsbeitrag. Daraus folgt, dass die Leistung und die Gegenleistung im Rahmen des jeweils zwischen dem Verein und dem Mitglied bestehenden Rechtsverhältnisses hinreichend konkretisiert sind.

In einem nächsten Schritt ist zu klären, ob die Leistung mit der Gegenleistung in einem unmittelbaren Zusammenhang steht. Die Vereinsangehörigen entscheiden sich bewusst dazu, Fördermitglied oder Mitglied zu sein, wodurch zu erkennen ist, dass jedes Mitglied die 50 Euro, die ein Mitglied mehr als Jahresbeitrag zu zahlen hat, gerade für das Mehr an Leistung bezahlt, das mit der Mitgliedschaft verbunden ist, was gerade die Berechtigung, Selbstverteidigungskurse zu besuchen, ist. Zudem wird der

1 Vgl. hierzu auch *Reiß* in Non Profit Law Yearbook 2004, 47 (56 f.).
2 Art. 1.4. Abs. 1 S. 1 UStAE; UStRL 2000, Rz. 33.
3 Art. 1.4. Abs. 2 S. 1 UStAE.

Verein auch in Wertschätzung der Mehrzahlung leisten, denn die Berechtigung an solchen Kursen teilzunehmen, wird nur den Mitgliedern eingeräumt und ist einziges Differenzierungsmerkmal zu einer Fördermitgliedschaft. Daraus ergibt sich, dass der Verein in diesem Ausmaß steuerbare Leistungen an seine Mitglieder erbringt.

Nach Auffassung der deutschen Finanzverwaltung wäre kein steuerbarer Leistungsaustausch anzunehmen, denn die Berechtigung, Selbstverteidigungskurse zu besuchen, ist keine Leistung, die den Sonderbelangen der einzelnen Mitglieder dient und zudem wird der Mitgliedsbeitrag nicht entsprechend der tatsächlichen oder vermuteten Inanspruchnahme ihrer Tätigkeit erhoben.[1] Denn es steht den Mitgliedern frei, von der ihnen gebotenen Möglichkeit Gebrauch zu machen; lassen sie diese aber ungenutzt verstreichen, ändert sich nichts an der Bemessung des Mitgliedsbeitrags.[2]

Zu einem anderen Ergebnis kommt die österreichische Finanzverwaltung. Unechte Mitgliedsbeiträge, die ein Entgelt zu begründen vermögen, sollen immer dann vorliegen, wenn der Gemeinschaftszweck gerade darin besteht, Einzelleistungen gegenüber den Mitgliedern zu erbringen.[3] In diesem Beispiel ist nur ein Teil des Vereinszwecks darauf gerichtet, den Mitgliedern die Möglichkeit zu eröffnen, Leistungen zu beziehen, wodurch der Mitgliedsbeitrag aufzuteilen ist: Nur ein Drittel des Mitgliedsbeitrags der Mitglieder wird als Gegenleistung für die Leistung des Vereins gegeben und begründet einen unechten Mitgliedsbeitrag, der ein Entgelt für diese Leistung begründet.

## C. Echte und unechte Zuschüsse

**Literatur:** *Achatz*, Umsatzsteuer und Gemeinnützigkeit, in Jachmann (Hrsg.), Gemeinnützigkeit (DStJG 26), Köln 2003, S. 279; *Baldauf*, Umsatzsteuerliche Abgrenzung von Zuschusszahlungen der öffentlichen Hand, DStZ 2010, 125; *Dobratz*, Leistung und Entgelt im europäischen Umsatzsteuerrecht, Köln 2005; *Dodos*, Anmerkung zum Urteil des BFH vom 21.10.2015 – XI R 22/13 zur umsatzsteuerlichen Bewertung eines Druckkostenzuschusses durch den Verlag, MwStR 2016, 434; *Englisch*, Leistungen rechtlich verselbständigter kirchlicher Werke im kirchlichen Binnenbereich, DStR 2011, 1892; *Fest*, Umsatzbesteuerung von Zuschüssen an öffentliche Beteiligungsunternehmen, DStR 2011, 1293; *Grube*, Wirtschaftliche Tätigkeit bei der Bewirtschaftung von subventionierten Landwirtschaftsbauten seitens einer gemeinnützigen Handelsgesellschaft gegen geringe Gebühr, MwStR 2016, 580; *Hüttemann*, Anmerkung zu einer Entscheidung des BFH, Urteil vom 22.04.2015 – XI R 10/14 – Umsatzsteuerrechtliche Behandlung von Maßnahmen der Arbeitsmarktförderung, MwStR 2015, 771; *Ismer*, Die wirtschaftliche Tätigkeit der öffentlichen Hand im Lichte der aktuellen Rechtsprechung, MwStR 2016, 654; *Kellersmann*, Zur Frage des umsatzsteuerlichen Leistungsaustauschs zwischen Gesellschaft und Gesellschafter beim Vorliegen von Betrauungsakten, Europäisches Steuerrecht (Festschrift für Friedrich Rödler zum 60. Geburtstag) 2010, 421; *Korn*, Vorsteuerabzug für bezuschusste öffentliche Investitionen, BeSt 2016, 11; *Küffner*, Vorsteuerabzug für Erstellung eines kostenfrei von der Öffentlichkeit nutzbaren Freizeitwegs, DStR 2015, 2444; *Laibner/Pump*, Echter oder unechter Zuschuss gem. § 10 UStG, UStB 2003, 148; *Leippe*, Umsatzsteuerrisiken aus EU-Beihilfe, ZFK 2011, 217; *Lippross*, Zuschüsse im Umsatzsteuerrecht, DStZ 2013, 433; *Lippross*, Umsatzsteuerrechtliche Folgen der Verlagerung gemeindlicher Dienstleistungen der Daseinsvorsorge auf kommunale Eigengesellschaften, UR 2010, 214; *Lippross*, Umsatzsteuerliche Folgen der Auslagerung kirchlicher Aufgaben auf eine kirchlich finanzierte Vereinigung – Kritik an dem Urteil des BFH vom 27.11.2008, V R 8/07; *Lothmann*, Steuerliche Beurteilung von aus Stellplatzablösebeträgen finanzierten Zuschüssen zur Errichtung von Parkeinrichtungen, DStR 1994, 778; *Meurer*, Steuerbefreiung für Umsätze aus dem Mensabetrieb einer GmbH, MwStR 2015, 150; *Moorkamp*, Der nicht umsatzsteuerbare Zuschuss am Beispiel der Marktprämie nach § 33g EEG, StuB 2013, 179; *Möser*, Umsatzsteuer auf weitergeleitete

1 Art. 1.4. Abs. 1 S. 2 UStAE.
2 Ebenso kritisch: *Widmann*, DStZ 2014, 595 (596).
3 UStRL 2000, Rz. 34.

Städtebaufördermittel, MwStR 2017, 229; *Möser/Schmitz*, Einfluss von Zuwendungen auf den Vorsteuerabzug – zugleich Anmerkungen zu dem Urteil des FG München vom 18.9.2013, MwStR 2014, 503; *Nieuwenhuis*, Milchsubvention ist kein Entgelt eines Dritten, HFR 2013, 255; *Noak*, Leistungsaustausch zwischen einem Zweckverband und einem mit der Aufgabe der Tierkörperbeseitigung beliehenen Unternehmer, DStR 2015, 2527; *Noak*, Umsatzsteuer auf Fördermittel, DStR 2013, 343; *Noak*, Umsatzbesteuerung von Zuschüssen an öffentliche Beteiligungsunternehmen, DStR 2011, 2027; *Noak/Kuntz*, Umsatzbesteuerung von „Übernahme"-Leistungen, UR 2013, 486; *Radeisen*, Die „Sphärentheorie" des EuGH, BB 2013, 151; *Reiß*, Gemeinnützige Organisationen, Leistungen im Gemeinwohlinteresse und harmonisierte Umsatzsteuer, in Non Profit Law Yearbook 2005, 47; *Rondorf*, Anmerkung zur Entscheidung des BFH vom 26.09.2012 – R 22/11 – „Zur Frage der Eigenschaft einer Ausfuhrerstattung als Entgelt eines Dritten im Sinne des § 10 Abs. 1 S. 3 UStG" MwStR 2013, 137; *Rondorf*, Umsatzsteuerpflichtiger Leistungsaustausch zwischen der Organisation von Reisen und der Beobachtung von Reisetrends durch eine Einzelperson, MwStR 2016, 768; *Schön*, Umsatzsteuer zwischen Binnenmarkt und Steuerstaat in Nieskens (Hrsg.), Umsatzsteuer-Kongress-Bericht 2001/2002 Vol. 42, Nr. 8, Köln 2002, 17; *Söhn*, Zur Umsatzsteuer, StuW 1975, 164; *Sterzinger*, Aktiengesellschaft zur Planung und Verwaltung des Gesundheitssystems der Azoren beauftragt als öffentliche Einrichtung, MwStR 2016, 30; *Streng*, Zuschüsse und Subventionen im Umsatzsteuerrecht, Köln 1999, Schriften zum Umsatzsteuerrecht Bd. 12; *Tepfer*, Steuerliche Aspekte bei Betrauungen, KommunalPraxis spezial 2014, 79; *Winter/Kapeller*, Umsatzsteuerliche Behandlung der sog. Zwangsrabatte an die Krankenkassen, MwStR 2013, 109.

## I. Normtexte

8.35 **Art. 73 MwStSystRL**

Bei der Lieferung von Gegenständen und Dienstleistungen, die nicht unter die Art. 74 bis 77 fallen, umfasst die Steuerbemessungsgrundlage alles, was den Wert der Gegenleistung bildet, die der Lieferer oder Dienstleistungserbringer für diese Umsätze vom Erwerber oder Dienstleistungsempfänger oder einem Dritten erhält oder erhalten soll, einschließlich der unmittelbar mit dem Preis dieser Umsätze zusammenhängenden Subventionen.

§ 1 Abs. 1 Satz. 1 Nr. 1 UStG

(1) Der Umsatzsteuer unterliegen die folgenden Umsätze:

1. die Lieferungen und sonstigen Leistungen, die ein Unternehmer im Inland gegen Entgelt im Rahmen seines Unternehmens ausführt. …

§ 10 Abs. 1 UStG

(1) Der Umsatz wird bei Lieferungen und sonstigen Leistungen (§ 1 Abs. 1 Nr. 1 Satz 1) und bei dem innergemeinschaftlichen Erwerb (§ 1 Abs. 1 Nr. 5) nach dem Entgelt bemessen. Entgelt ist alles, was der Leistungsempfänger aufwendet, um die Leistung zu erhalten, jedoch abzgl. der Umsatzsteuer. Zum Entgelt gehört auch, was ein anderer als der Leistungsempfänger dem Unternehmer für die Leistung gewährt. …

§ 4 Abs. 1, 2 Ö UStG

(1) Der Umsatz wird im Falle des § 1 Abs. 1 Z 1 nach dem Entgelt bemessen. Entgelt ist alles, was der Empfänger einer Lieferung oder sonstigen Leistung aufzuwenden hat, um die Lieferung oder sonstige Leistung zu erhalten (Solleinnahme); dazu gehören insbesondere auch Ge-

bühren für Rechtsgeschäfte und andere mit der Errichtung von Verträgen über Lieferungen oder sonstige Leistungen verbundene Kosten, die der Empfänger einer Lieferung oder sonstigen Leistung dem Unternehmer zu ersetzen hat.

(2) Zum Entgelt gehört auch,

1. was der Empfänger einer Lieferung oder sonstigen Leistung freiwillig aufwendet, um die Lieferung oder sonstige Leistung zu erhalten,

2. was ein anderer als der Empfänger dem Unternehmer für die Lieferung oder sonstige Leistung gewährt.

…

## II. Auslegung der MwStSystRL

### 1. Übersicht

Der Begriff „Zuschuss" wird weder im deutschen Umsatzsteuergesetz noch in der MwStSystRL verwendet oder ausdrücklich definiert. Und nur die MwStSystRL enthält hierzu die Klarstellung, dass die „unmittelbar mit dem Preis dieser Umsätze zusammenhängenden **Subventionen**" (Art. 73 MwStSystRL) zum Entgelt gehören.[1] Diese werden in der Fachdiskussion in Deutschland als **„unechte Zuschüsse"** bezeichnet und in das umsatzsteuerliche Entgelt (Bemessungsgrundlage) einbezogen. Nicht mit dem Preis zusammenhängende Subventionen dagegen werden in Deutschland als **„echte Zuschüsse"** bezeichnet[2] und sind nicht steuerbar, da sie außerhalb eines umsatzsteuerlichen Leistungsaustauschs fließen.[3] 8.36

Die Unterscheidung zwischen unechten und echten Zuschüssen kann sich sowohl auf die Höhe des der Mehrwertsteuer unterliegenden Entgelts als auch auf die Höhe des Vorsteuerabzugs[4] auswirken:

- Unechte Zuschüsse werden 8.37
  - entweder in die umsatzsteuerliche Bemessungsgrundlage einbezogen und unterliegen damit der Umsatzsteuer, soweit keine Umsatzsteuerbefreiung nach § 4 UStG greift[5]
  - oder führen – bei einer Zuordnung zu umsatzsteuerfreien Umsätzen – zu einer anteiligen Verringerung des **Vorsteuerabzugs** (§ 15 Abs. 2 Nr. 1 UStG).
- **Echte Zuschüsse** unterliegen nicht der Umsatzbesteuerung und sind bei der Ermittlung des abziehbaren Anteils der **Vorsteuern** 8.38

1 Bei der Umsetzung des Art. 73 MwStSystRL in die § 10 Abs. 1 Satz 2 und 3 UStG wurde der Hinweis auf Subventionen nicht übernommen.

2 Z.B. UStAE 10.2 Abs. 7.

3 *Birkenfeld* in Birkenfeld/Wäger, Umsatzsteuerhandbuch, Stand 09/2015, § 32a Rz. 162.

4 *Möser/Schmitz*, Einfluss von Zuwendungen auf den Vorsteuerabzug – zugleich Anmerkungen zu dem Urteil des FG München vom 18.9.2013, MwStR 2014, 503.

5 Wortlaut des Art. 73 MwStSystRL: „… unmittelbar mit dem Preis dieser Umsätze zusammenhängenden Subventionen."

– nicht vorsteuermindernd zu berücksichtigen,[1] wenn sie wirtschaftlich unmittelbar[2] der **wirtschaftlichen Tätigkeit** des Unternehmens zuzuordnen sind[3] oder

– anteilig vorsteuermindernd nach § 15 Abs. 4 UStG analog[4] zu berücksichtigen, wenn sie der **nicht wirtschaftlichen Tätigkeit** des Rechtsträgers zuzuordnen sind[5].

## 2. Abgrenzungskriterien des EuGH

### a) Grundlagen

8.39 Nach ständiger Rechtsprechung des EuGH wird eine Dienstleistung nur[6] dann gegen Entgelt erbracht, wenn

– zwischen dem Leistenden und dem Leistungsempfänger ein **Rechtsverhältnis** besteht,

– in dessen Rahmen **gegenseitige Leistungen** – hierunter sind gegenseitige Hauptleistungspflichten[7] zu verstehen – ausgetauscht werden,

– wobei die vom Leistenden empfangene Vergütung den tatsächlichen **Gegenwert** für die dem Leistungsempfänger erbrachte Dienstleistung bildet.[8]

1 Nach unionsrechtlich zweifelhafter (vgl. EuGH v. 6.10.2005 – C-204/03 – Kommission/Spanien, ECLI:EU:C:2005:588, Rz. 22–25) Auffassung des 5. BFH-Senats ist eine Begrenzung des Vorsteuerabzugs auf die Höhe der Steuer für die Leistungsentgelte diskussionswürdig, BFH v. 6.4.2016 – V R 6/14, Rz. 40, UR 2016, 770 = GmbHR 2016, 768 = BFH/NV 2016, 1236.

2 Zu den Voraussetzungen der Unmittelbarkeit s. EuGH v. 16.7.2015 – C-108/14, C-109/14 – Larentia + Minerva, ECLI:EU:C:2015:496, insbesondere Rz. 28; EuGH v. 22.10.2015 – C-126/14 – Sveda, ECLI:EU:C:2015:712, insbesondere Rz. 33; EuGH, Schlussanträge Generalanwältin *Kokott* v. 22.4.2015 – C-126/44 – Sveda, ECLI:EU:C:2015:254, Rz. 45 f., 67.

3 BFH v. 16.9.2015 – XI R 27/13, 1. Leitsatz mit der Beschränkung der Vorsteuerminderung auf Zuschüsse für nichtwirtschaftliche Tätigkeiten; missverständlich noch BFH v. 22.4.2015 – XI R 10/14, UR 2015, 710 Rz. 35, wonach die Zuschüsse in voller Höhe – nicht nur, soweit kein vorrangiger, direkter und unmittelbarer Zusammenhang mit besteuerten Umsätzen besteht – den nicht wirtschaftlichen Umfang des Unternehmens widerspiegeln würde.

4 BFH, Urt. v. 3.3.2011 – V R 23/10, BStBl. II 2012, 74 = UR 2011, 617 m. Anm. *Küffner* unter Bezugnahme auf EuGH v. 7.4.2016 – C-437/14 – Securenta, ECLI:EU:C:2008:166, insbesondere Rz. 34 f.

5 Zuordnung zur nichtwirtschaftlichen Tätigkeit führt zur Vorsteuerkürzung, EuGH v. 7.4.2016 – C-437/14 – Securenta, ECLI:EU:C:2008:166, insbesondere Rz. 33 f.; v. 16.7.2015 – C-108/14, C-109/14 – Larentia + Minerva, ECLI:EU:C:2015:496, insbesondere Rz. 27, 30–32.

6 EuGH v. 27.3.2014 – C-151/13 – Le Rayon, ECLI:EU:C:2014:185, enthält in Rz. 30 zwar eine etwas missverständliche Einschränkung zu Art. 73 MwStSystRL als „nur eine von mehreren Fallgestaltungen" steuerbarer Umsätze, nach Kommission C-246/08, ECLI:EU:C:2009:671, Rz. 44, zum Vertragsverletzungsverfahren gegen Finnland, handelt es sich aber um die Definition „gegen Entgelt".

7 Sonst hätte der EuGH z.B. in den Rechtssachen Mohr (EuGH v. 29.2.1996 – C-215/94 – Mohr, ECLI:EU:C:1996:72) und Landboden Agrardienste (EuGH v. 18.12.1997 – C-384/95 – Landboden Agrardienste, ECLI:EU:C:1997:627) die Steuerbarkeit wegen der vertraglich eingegangenen Verpflichtungen zur endgültigen Aufgabe der Milcherzeugung bzw. Verringerung der Kartoffelproduktion ohne Einschränkungen bejaht, da den Zuschussempfängern nach den Vereinbarungen über die Gewährung von Finanzhilfen Nebenpflichten gegenüber den Zuschussgebern oblagen und sich nur die Hauptleistungspflichten an keine identifizierbaren Leistungsempfänger richteten; ebenso BFH v. 16.9.2016 – XI R 27/13, Rz. 26; missverständlich noch BFH v. 22.4.2015 – XI R 10/14, Rz. 20, UR 2015, 710; a.A. FG Schleswig-Holstein v. 15.9.2016 – 4 K 50236/15, unter 2 b).

8 EuGH v. 27.3.2014 – C-151/13 – Le Rayon, ECLI:EU:C:2014:185, Rz. 29 unter Hinweis auf Urteile v. 3.3.1994 – C-16/93 – Tolsma, ECLI:EU:C:1994:80, Rz. 14; v. 21.3.2002 – C-174/00 – Kennemer

In seiner Rechtsprechung führt der EuGH zu diesen Voraussetzungen ergänzend den Rechtssatz an, dass zum steuerbaren Entgelt alles gehört, was **als Gegenleistung** für die Dienstleistung **empfangen** wird.[1] Es wird allerdings in der Rechtsprechung des EuGH nicht immer deutlich, dass es sich bei diesem Rechtssatz nicht um eine Zusammenfassung der vorgenannten Voraussetzungen oder die Definition der Bemessungsgrundlage handelt[2], sondern um das ergänzende Abgrenzungskriterium der **Unmittelbarkeit**[3], mit dem der EuGH bei neueren Entscheidungen zur Unmittelbarkeit zugleich eine wirtschaftliche von einer nicht wirtschaftlichen Tätigkeit abgrenzt[4]. 8.40

Im Ergebnis verlagert sich dadurch die Diskussion zur Abgrenzung zwischen steuerbarem Entgelt und (echtem) Zuschuss in Deutschland teilweise auf die rechtsunsichere Auslegung des Entgeltbegriffs.[5]

Eine Subvention (echter Zuschuss) ist nach der Rechtsprechung des EuGH außerdem stets[6] gegeben, wenn es an einem **identifizierbaren, konkreten Leistungsempfänger** fehlt.[7] Das ist insbesondere der Fall, wenn die Leistung der Allgemeinheit zukommt, die Zahlungen z.B. aus 8.41

- strukturpolitischen,
- volkswirtschaftlichen oder
- allgemeinpolitischen Gründen

erfolgen.[8] Dies kann insbesondere bei von der EU gewährten Zuschüssen indiziert sein.[9]

## b) Entscheidungsübersicht – EuGH

Nachfolgend werden einschlägige Entscheidungen des EuGH und Schlussanträge der Generalanwälte entsprechend ihren Begründungen den vorgenannten – mitunter mehrfach einschlägigen – **Abgrenzungskriterien** systematisch zugeordnet. 8.42

Golf, ECLI:EU:C:2002:200, Rz. 39; v. 3.9.2009 – C-37/08 – RCI Europe, ECLI:EU:C:2009:507, Rz. 24; v. 29.10.2009 – C-246/08 – Kommission (Rechtsbeistände), ECLI:EU:C:2009:671, Rz. 44; v. 8.3.1988 – C-102/86 – Apple and Pear Development Council, ECLI:EU:C:1988:120, Rz. 15.

1 EuGH v. 27.3.2014 – C-151/13 – Le Rayon, ECLI:EU:C:2014:185, Rz. 30; v. 13.6.2002 – C-353/00 –Keeping Newcastle Warm, ECLI:EU:C:2002:369, Rz. 25; v. 29.10.2009 – C-246/08 – Kommission (Rechtsbeistände), ECLI:EU:C:2009:671, Rz. 45.

2 So könnte z.B. EuGH v. 27.3.2014 – C-151/13 –Le Rayon, ECLI:EU:C:2014:185, Rz. 30 angesichts der Ausführungen dort unter Rz. 28 f. verstanden werden.

3 So EuGH v. 29.10.2009 – C-246/08 – Kommission (Rechtsbeistände), ECLI:EU:C:2009:671, Rz. 43 ff., insbesondere Rz. 51; v. 3.3.1994 – C-16/93 – Tolsma, ECLI:EU:C:1994:80, Rz. 12 f. und v. 8.3.1988 – C-102/86 –Apple and Pear Development Council, ECLI:EU:C:1988:120, Rz. 13 bis 16; EuGH v. 22.11.2001 – C-184/00 – Office des produits wallons, ECLI:EU:C:2001:629, Rz. 12.

4 Z.B. EuGH v. 29.10.2009 Kommission (Rechtsbeistände) – C-246/08, Schlussanträge Generalanwalt *Colomer*, ECLI:EU:C:2009:431, Rz. 48, 51; so auch *Heber*, in diesem Handbuch, Rz. 8.11 ff.

5 Z.B. *Birkenfeld* in Birkenfeld/Wäger, Umsatzsteuerhandbuch, Stand 09/2015, § 32a Rz. 162 ff.

6 Z.B. Schlussanträge Generalanwalt *Geelhoed* – C-184/00 – Office des produits wallons, ECLI:EU:C:2001:362, Rz. 32.

7 EuGH v. 29.2.1996 – C-215/94 – Mohr, ECLI:EU:C:1996:72, Rz. 20; v. 18.12.1997 – C-384/95 – Landboden Agrardienste, ECLI:EU:C:1997:627, Rz. 23 f.

8 *Nieskens* in Rau/Dürrwächter, UStG, § 1 UStG Rz. 462.

9 FG Niedersachsen v. 22.01.2009 – 5-K 4/05; zu einem solchen Sachverhalt BFH v. 13.06.2018 – XI R 5/17, Tz. 52 (Vorlagebeschluss) = BFHE 262, 233, UR 2018, 787; Az. beim EuGH: C-574/18; hierzu Schneider, MwStR 2018, 929-930 (Urteilsanmerkung).

### aa) Rechtsverhältnis mit gegenseitigen Leistungsbeziehungen

8.43 Wegen **Gegenleistungsbezogenheit** unterwirft der EuGH in der Rechtssache **Keeping Newcastle Warm** die auf Grundlage eines Formularvertrags i.V.m. den Subventionsrichtlinien gewährten Finanzhilfen für Energieberatungsleistungen an Wohnungsinhaber der Mehrwertsteuer.[1] Die Generalanwältin führte in ihren Schlussanträgen zur Begründung der Steuerbarkeit zusätzlich die **Unmittelbarkeit** der Leistungsbeziehung an.[2]

8.44 In der Rechtssache **Kennemer Golf** stuft der EuGH[3] Mitgliedsbeiträge aufgrund ihrer **Gegenleistungsbezogenheit** wegen der satzungsmäßigen Ansprüche auf Beitragszahlung gegen Nutzung der Vereinseinrichtungen als steuerbare Entgelte ein.[4] Der Generalanwalt führt in seinen Schlussanträgen zur Begründung der Steuerbarkeit zusätzlich die **Unmittelbarkeit** der Leistungsbeziehung an.[5]

8.45 Mangels **Gegenleistungsbezogenheit** verneinen der EuGH[6] und der Generalanwalt[7] in der Rechtssache **Tolsma** eine Steuerbarkeit der Einspielergebnisse eines Musikanten auf öffentlichen Wegen, selbst wenn der Musikant darum gebeten habe und in der **Erwartung einer Gegenleistung**[8] spiele, da die Passanten zur Zahlung einer Vergütung nicht verpflichtet seien. Zudem bestehe **„kein notwendiger Zusammenhang“**[9] zwischen der Zahlung und der musikalischen Darbietung.

8.46 In der Rechtssache **Apple and Pear Development Council** verneinen der EuGH und der Generalanwalt neben der **Unmittelbarkeit,**[10] da die mit Pflichtbeiträgen finanzierten Dienstleistungen nicht jedem Beitragszahler zu Gute kamen, zusätzlich die **Gegenleistungsbezogenheit**[11], da die Pflichtbeiträge auch nicht mit **konkreten Rechtsansprüchen** der Beitragszahler korrelierten.[12] Damit differenziert der EuGH in dieser Rechtssache ausdrücklich zwischen der **Gegenleistungsbezogenheit** und der **Unmittelbarkeit**.

8.47 In dem Vertragsverletzungsverfahren der Kommission gegen Italien u.a. verneinen der EuGH[13] und der Generalanwalt[14] die Steuerbarkeit von **Trockenfutterbeihilfen** bei **fehlen-**

1 EuGH v. 13.6.2002 – C-353/00 – Keeping Newcastle Warm, ECLI:EU:C:2002:369, Rz. 25 ff.
2 Schlussanträge Generalanwältin *Stix-Hackl* – C-353/00 – Keeping Newcastle Warm, ECLI:EU:C:2002:76, Rz. 47, 55.
3 EuGH v. 21.3.2002 – C-174/00 – Kennemer Golf, ECLI:EU:C:2002:200, Rz. 42.
4 Hierzu auch *Heber*, Rz. 8.9 f.
5 Schlussanträge Generalanwalt *Jacobs* – C-174/00 – Kennemer Golf, ECLI:EU:C:2001:694, Rz. 33.
6 EuGH v. 3.3.1994 – C-16/93 – Tolsma, ECLI:EU:C:1994:80, Rz. 14 ff., 19.
7 Schlussanträge Generalanwalt *Lenz* – C-16/93 – Tolsma, ECLI:EU:C:1994:16, Rz. 19.
8 EuGH v. 3.3.1994 – C-16/93 – Tolsma, ECLI:EU:C:1994:80, Rz. 19.
9 EuGH v. 3.3.1994 – C-16/93 – Tolsma, ECLI:EU:C:1994:80, Rz. 17; EuGH, Schlussanträge Generalanwalt *Lenz* – C-16/93 – Tolsma, ECLI:EU:C:1994:16, Rz. 17.
10 EuGH v. 8.3.1988 – C-102/86 – Apple and Pear Development Council, ECLI:EU:C:1988:120, Rz. 13 f.; so auch der Generalanwalt *Slynn* auf S. 1461 seiner Schlussanträge, ECLI:EU:C:1987:466.
11 EuGH v. 8.3.1988 – C-102/86 – Apple and Pear Development Council, ECLI:EU:C:1988:120, Rz. 15; so auch der Generalanwalt *Slynn* auf S. 1462 seiner Schlussanträge, ECLI:EU:C:1987:466.
12 Hierzu auch *Heber*, Rz. 8.8 ff.
13 EuGH v. 15.7.2004 – C-381/01 – Kommission (Trockenfutterbeihilfen), ECLI:EU:C:2004:441, Rz. 29 f., 32, 46.
14 Schlussanträge Generalanwalt *Geelhoed* – C-381/01 – Kommission (Trockenfutterbeihilfen), ECLI:EU:C:2003:642, Rz. 72 bis 75, 85.

**dem wirtschaftlichen Verfügungsrecht** des Leistenden über die Subvention[1] mangels **Gegenleistungsbezogenheit** und (wegen Art. 73 MwStSystRL) mangels **Unmittelbarkeit.**

Nach den vorstehenden Entscheidungen fordert der EuGH neben weiteren Voraussetzungen für ein steuerbares Entgelt eine Leistung um der Gegenleistung willen, also **Hauptleistungspflichten im Gegenseitigkeits- oder Dreiecksverhältnis.** In der Rechtssache **Keeping Newcastle Warm** standen sich die Hauptleistungspflicht zur Energieberatung und der Anspruch auf Auszahlung der Subvention nach dem Formularvertrag i.V.m. den Subventionsrichtlinien **synallagmatisch** gegenüber (Dreiecksverhältnis).[2] In der Rechtssache **Kennemer Golf** begründete der EuGH die Steuerbarkeit des Entgelts mit den sich satzungsmäßig im Gegenseitigkeitsverhältnis gegenüberstehenden Hauptleistungspflichten der Beitragszahlung gegen Nutzung der Vereinseinrichtungen (**zweiseitige synallagmatische Vertragsbeziehung**).[3] 8.48

Dagegen reichen eine **tatsächliche Erwartungshaltung** des Leistenden (Rechtssache **Tolsma**[4]), eine nur **vage (bedingte) rechtliche Verknüpfung** zwischen Pflichtbeiträgen und Leistungsansprüchen (Rechtssache **Apple and Pear Development Council**[5] – zweiseitiges Vertragsverhältnis) oder ein **fehlendes wirtschaftliches Verfügungsrecht** des Leistenden über die Subvention (**Trockenfutterbeihilfen**[6] – Dreiecksverhältnis) **nicht** aus. 8.49

## bb) Unmittelbarkeitskriterium

In der Rechtssache **Landboden Agrardienste** lehnte der Generalanwalt die Steuerbarkeit wegen **fehlenden identifizierbaren Leistungsempfängers** und zusätzlich mangels **Unmittelbarkeit** ab.[7] 8.50

In der Rechtssache *Mohr* lehnte der Generalanwalt die Steuerbarkeit wegen **fehlenden identifizierbaren Leistungsempfängers** und zusätzlich mangels **Unmittelbarkeit** ab.[8] 8.51

In der Rechtssache **Tolsma** verneinen der EuGH und der Generalanwalt eine Steuerbarkeit der Einspielergebnisse eines Musikanten auf öffentlichen Wegen auch wegen fehlender **Unmittelbarkeit**[9] (**Einfluss externer Faktoren**, wie z.B. persönliche Motive) zwischen der Zahlung und der musikalischen Darbietung. 8.52

1 Sie waren ohne Abzüge an die Leistungsempfänger weiterzuleiten.
2 EuGH v. 13.6.2002 – C-353/00 – Keeping Newcastle Warm, ECLI:EU:C:2002:369, insbesondere Rz. 9, 11.
3 EuGH v. 21.3.2002 – C-174/00 – Kennemer Golf, ECLI:EU:C:2002:200, Rz. 40.
4 EuGH v. 3.3.1994 – C-16/93 – Tolsma, ECLI:EU:C:1994:80, Rz. 19.
5 EuGH v. 8.3.1988 – C-102/86 – Apple and Pear Development Council, ECLI:EU:C:1988:120, Rz. 15.
6 EuGH v. 15.7.2004 – C-381/01 – Kommission (Trockenfutterbeihilfen), ECLI:EU:C:2004:441, Rz. 29 f., 32, 46.
7 Schlussanträge Generalanwalt *Jacobs* – C-384/95 – Landboden Agrardienste, ECLI:EU:C:1997:433, Rz. 18.
8 Schlussanträge Generalanwalt *Jacobs* – C-215/94 – Mohr, ECLI:EU:C:1995:405, Rz. 27.
9 EuGH v. 3.3.1994 – C-16/93 – Tolsma, ECLI:EU:C:1994:80, Rz. 17; Schlussanträge Generalanwalt *Lenz* – C-16/93 – Tolsma, ECLI:EU:C:1994:16, Rz. 17.

8.53 In der Rechtssache **Apple and Pear Development Council** verneinen der EuGH und der Generalanwalt neben der **Gegenleistungsbezogenheit**[1] auch die **Unmittelbarkeit**[2], da durch den Council entgeltunabhängig entschieden wurde, welchen Beitragszahlern die mit den Pflichtbeiträgen finanzierten Dienstleistungen zu Gute kamen.

8.54 In der Rechtssache **Office des produits wallons** verneinen der EuGH[3] und der Generalanwalt[4] die Steuerbarkeit von **Betriebskostenzuschüssen** für **in einem Rahmenvertrag konkret beschriebene Leistungen**[5], soweit die Subvention an die subventionierte Einrichtung als (outputunabhängige) Beteiligung an den allgemeinen Kosten oder laufenden Ausgaben und Personalkosten (keine **Vollkostenerstattung**[6]) gezahlt werden. Betriebskostenzuschüsse sind nach dieser Entscheidung nur steuerbar, soweit („nur der Teil der Subvention"[7]) sie spezifisch für die **Erbringung bestimmter Dienstleistungen** gezahlt werden, weil sich die Höhe der Subvention signifikant nach dem Dienstleistungsoutput richtet und z.B. bei Minderleistungen entsprechend gekürzt wird[8].

8.55 In einem Vertragsverletzungsverfahren der **Kommission** gegen Finnland stufen der EuGH[9] und der Generalanwalt[10] die von öffentlichen **Rechtshilfebüros** den Leistungsempfängern ausschließlich anhand ihre wirtschaftlichen Verhältnisse berechneten Teilvergütungen mangels Orientierung an den Leistungen als Gebühren ein und lehnt deren Besteuerung wegen fehlender **Unmittelbarkeit** und mangels **wirtschaftlicher Tätigkeit** ab.

8.56 Hiervon abzugrenzen ist dagegen die Entscheidung des EuGH[11] in der Rechtssache Lajvér Kft., nach der dagegen eine **unzureichende Kostendeckung der Ausgangsumsätze** die **Unmittelbarkeit** zwischen Leistung und Gegenleistung nicht ausschließt, solange dies keine „rein künstliche, jeder wirtschaftlichen Realität bare Gestaltung darstellt, die allein zu dem Zweck erfolgt, einen Steuervorteil zu erlangen".[12]

---

1 EuGH v. 8.3.1988 – C-102/86 – Apple and Pear Development Council, ECLI:EU:C:1988:120, Rz. 15; so auch der Generalanwalt *Slynn* auf S. 1462 seiner Schlussanträge, ECLI:EU:C:1987:466.

2 EuGH v. 8.3.1988 – C-102/86 – Apple and Pear Development Council, ECLI:EU:C:1988:120, Rz. 15; so auch der Generalanwalt *Slynn* auf S. 1461 seiner Schlussanträge, ECLI:EU:C:1987:466.

3 EuGH v. 22.11.2001 – C-184/00 – Office des produits wallons, ECLI:EU:C:2001:629, Rz. 15.

4 EuGH, Schlussanträge Generalanwalt *Geelhoed* – C-184/00 – Office des produits wallons, ECLI:EU:C:2001:362, Rz. 35.

5 EuGH v. 22.11.2001 – C-184/00 – Office des produits wallons, ECLI:EU:C:2001:629, Rz. 4.

6 EuGH – C-182/17 - Ntp. Nagyszénás, ECLI:EU:C:2018:91, Rz. 32 ff.

7 EuGH v. 22.11.2001 – C-184/00 – Office des produits wallons, ECLI:EU:C:2001:629, Rz. 15.

8 EuGH v. 22.11.2001 – C-184/00 – Office des produits wallons, ECLI:EU:C:2001:629, Rz. 17.

9 EuGH v. 29.10.2009 – C-246/08 – Kommission (Rechtshilfebüros), ECLI:EU:C:2009:671, Rz. 50 f.

10 Schlussanträge Generalanwalt *Colomer* – C-246/08 – Kommission, ECLI:EU:C:2009:431, Rz. 48, 51.

11 EuGH v. 2.6.2016 – C-263/15 – Lajvér Kft., ECLI:EU:C:2016:392, Rz. 45–55; hierzu *Grube*, Wirtschaftliche Tätigkeit bei der Bewirtschaftung von subventionierten Landwirtschaftsbauten seitens einer gemeinnützigen Handelsgesellschaft gegen geringe Gebühr, MwStR 2016, 575 (580).

12 Zur Unmittelbarkeit auch EuGH v. 22.10.2015 – C-126/14 – Sveda, ECLI:EU:C:2015:712.

8.57 In dem Vertragsverletzungsverfahren der **Kommission** gegen Italien u.a. verneinen der EuGH[1] und der Generalanwalt[2] die Steuerbarkeit von **Trockenfutterbeihilfen** wegen Art. 73 MwSt-SystRL nicht nur wegen fehlender Gegenleistungsbezogenheit, sondern auch mangels **Unmittelbarkeit**.

8.58 Das Unmittelbarkeitskriterium ist demnach eine **zusätzliche Voraussetzung** für die Steuerbarkeit von Subventionen. Sie gewinnt in der Rechtsprechung des EuGH für die Abgrenzung zwischen Subventionen und steuerbarem Entgelt zunehmend an Bedeutung.[3]

8.59 Nach der Rechtsprechung des EuGH ist die Unmittelbarkeit bei **Einfluss externer Faktoren**, wie z.B. persönlichen Motiven (Rechtssache Tolsma[4]), **entgeltunabhängigen Entscheidungsvorbehalten** über Leistungsgegenstand und -bereitschaft (Rechtssache Apple and Pear Development Council[5]), **outputunabhängiger Betriebskostenerstattungsvereinbarungen** (Office des produits wallons[6]) oder **outputunabhängiger Entgeltfestsetzung** (Kommission/Rechtshilfebüros[7], Kommission/Trockenfutterbeihilfen[8]) zu verneinen.

8.60 Nach den Entscheidungen des EuGH entfällt demnach die Besteuerung auch bei Zahlungen, die auf **Grundlage eines Rechtsverhältnisses** (Rechtssachen Apple and Pear Development Council, Kommission/Rechtshilfebüros, Kommission/Trockenfutterbeihilfen) oder eines **gegenseitigen Vertrages** (Office des produits wallons) gezahlt werden, wenn das Unmittelbarkeitskriterium nicht erfüllt ist.

### cc) Identifizierbarer konkreter Leistungsempfänger

8.61 In der Rechtssache Mohr[9] hat der EuGH **Finanzhilfen aus einer öffentlichen Kasse** an einen Landwirt wegen der von diesem **vertraglich eingegangenen Verpflichtung** zur endgültigen Aufgabe der Milcherzeugung[10] mangels **identifizierbarem, konkreten Leistungsempfänger** nicht der Umsatzsteuer unterworfen. Denn weder die Gemeinschaft noch die nationalen Behörden, hier das Bundesamt für Ernährung und Forstwirtschaft, erwerben allein durch die Aufgabe der Milcherzeugung eine **Dienstleistung zur eigenen Verwendung**. Vielmehr liege die Milcherzeugungsaufgabe im allgemeinen Interesse an einem ordnungsmäßig funktionierenden Milchmarkt.[11] Es war hierbei unerheblich, dass der Landwirt damit eine **Behörde in deren Kompetenzbereich** – Reduktion der Milchreferenzmenge – gegen Entgelt unterstütz-

1 EuGH v. 15.7.2004 – C-381/01 – Kommission (Trockenfutterbeihilfen), ECLI:EU:C:2004:441, Rz. 32.

2 Schlussanträge Generalanwalt *Geelhoed* – C-381/01 – Kommission (Trockenfutterbeihilfen), ECLI:EU:C:2003:642, Rz. 85.

3 So auch *Heber*, Rz. 8.11 ff.; EuGH – C-432/15 – Bastova, ECLI:EU:C:2016:855; EuGH – C-182/17 - Ntp. Nagyszénás, ECLI:EU:C:2018:91, Rz. 32 ff.

4 EuGH v. 3.3.1994 – C-16/93 – Tolsma, ECLI:EU:C:1994:80, Rz. 17.

5 EuGH v. 8.3.1988 – C-102/86 – Apple and Pear Development Council, ECLI:EU:C:1988:120, Rz. 15.

6 EuGH v. 22.11.2001 – C-184/00 – Office des produits wallons, ECLI:EU:C:2001:629, Rz. 15.

7 EuGH v. 29.10.2009 – C-246/08 – Kommission (Rechtshilfebüros), ECLI:EU:C:2009:671, Rz. 50 f.

8 EuGH v. 15.7.2004 – C-381/01 – Kommission (Trockenfutterbeihilfen), ECLI:EU:C:2003:642.

9 EuGH v. 29.2.1996 – C-215/94 – Mohr, ECLI:EU:C:1996:72.

10 EuGH v. 29.2.1996 – C-215/94 – Mohr, ECLI:EU:C:1996:72, Rz. 3.

11 EuGH v. 29.2.1996 – C-215/94 – Mohr, ECLI:EU:C:1996:72, Rz. 20–22.

te.[1] Der EuGH folgte damit den Schlussanträgen des Generalanwalts, der im Gegensatz zum EuGH zusätzlich das **Unmittelbarkeitskriterium** heranzog.[2]

8.62 Mit der Begründung eines fehlenden **identifizierbaren Leistungsempfängers** lehnten der EuGH[3] und der Generalanwalt[4] in der Rechtssache **Landboden Agrardienste** die Besteuerung einer Finanzhilfe an einen Landwirtschaftsbetrieb ab, die dieser für die **vertraglich eingegangene Verpflichtung** zur Verringerung der Kartoffelproduktion erhielt, da dieser keinem identifizierbaren Verbraucher eine Dienstleistung erbringe und keinem anderen am Wirtschaftsleben Beteiligten einen Kostenvorteil verschaffe (**keine Bedarfsdeckung**). Es war hierbei unerheblich, dass der Landwirtschaftsbetrieb damit eine **Behörde in deren Kompetenzbereich** – Reduktion der Kartoffelproduktion – gegen Entgelt unterstützte.[5] Andere Abgrenzungskriterien zog der EuGH in diesem Urteil nicht heran. Der Generalanwalt führte in seinen Schlussanträgen zusätzlich das **Unmittelbarkeitskriterium** an.[6]

8.63 Das Kriterium eines identifizierbaren Leistungsempfängers ist demnach eine zusätzliche Voraussetzung für die Steuerbarkeit von Subventionen. Bei den beiden vom EuGH hierzu entschiedenen Fällen ist unerheblich, dass

- mit den Vereinbarungen über die Finanzhilfen **gegenseitige Verträge** abgeschlossen wurden, in denen sich z.B. der Landwirtschaftsbetrieb zur Verringerung der Kartoffelproduktion sowie den bei Vereinbarungen über Finanzhilfen üblichen **Nebenleistungen** gegenüber dem Zuschussgeber in der **Erwartung eines Entgelts** verpflichtete und
- der Subventionsempfänger einer **Aufgabe aus dem Kompetenzbereich der öffentlichen Hand** nachkam,

weil es an einem identifizierbaren Leistungsempfänger fehlt.

8.64 Entscheidend ist für das Kriterium des identifizierbaren Leistungsempfängers ausschließlich, ob der Subventionsempfänger einem identifizierbaren Verbraucher eine Dienstleistung erbringt oder einem anderen am Wirtschaftsleben Beteiligten einen Kostenvorteil verschafft (**Bedarfsdeckung**).[7]

8.65 Bei Zuschüssen Dritter gelten entgegen der Auffassung des Generalanwalts *Geelhoed*, der die Richtlinienbestimmung zur Ausnahme von deren Besteuerung als **Ausnahmetatbestand** eng auslegen wollte,[8] nach der Rechtsprechung des EuGH keine Besonderheiten[9].

---

1 Hierzu auch *Heber*, Rz. 8.14.
2 Schlussanträge Generalanwalt *Jacobs* – C-215/94 – Mohr, ECLI:EU:C:1995:405, Rz. 27.
3 EuGH v. 18.12.1997 – C-384/95 – Landboden Agrardienste, ECLI:EU:C:1997:627, Rz. 23 f.
4 Schlussanträge Generalanwalt *Jacobs* – C-384/95 – Landboden Agrardienste, ECLI:EU:C:1997:433, Rz. 26.
5 Hierzu auch *Heber*, Rz. 8.14.
6 Schlussanträge Generalanwalt *Jacobs* – C-384/95 – Landboden Agrardienste, ECLI:EU:C:1997:433, Rz. 18.
7 EuGH v. 18.12.1997 – C-384/95 – Landboden Agrardienste, ECLI:EU:C:1997:627, Rz. 23.
8 Schlussanträge Generalanwalt *Geelhoed* – C-381/01 – Kommission (Trockenfutterbeihilfen), ECLI:EU:C:2003:642, Rz. 53.
9 EuGH v. 27.3.2014 – C-151/13 – Le Rayon, ECLI:EU:C:2014:185, Rz. 30.

## III. Abgrenzungskriterien des BFH

### 1. Grundlagen

#### a) Systematik der Rechtsprechung des BFH

Nach ständiger und insoweit mit den Abgrenzungskriterien des EuGH[1] wortidentischer Rechtsprechung des BFH liegt kein Zuschuss, sondern ein steuerbarer Umsatz in Form einer Leistung gegen Entgelt i.S.d. § 1 Abs. 1 Nr. 1 UStG vor, „wenn 8.66

- zwischen dem Leistenden und dem Leistungsempfänger ein **Rechtsverhältnis** besteht,
- in dessen Rahmen **gegenseitige Leistungen** – hierunter sind gegenseitige Hauptleistungspflichten[2] zu verstehen – ausgetauscht werden,
- wobei die vom Leistenden empfangene Vergütung den tatsächlichen **Gegenwert** für die dem Leistungsempfänger erbrachte Leistung bildet.“[3]

Wie der EuGH[4] prüft auch der BFH[5] in seiner Rechtsprechung ergänzend zu diesen Voraussetzungen – allerdings nur gelegentlich – das nach der Rechtsprechung des EuGH zunehmend an Bedeutung gewinnende[6] Abgrenzungskriterium der **Unmittelbarkeit**[7]. 8.67

In der Theorie folgt der BFH[8] auch der Rechtsprechung des EuGH,[9] dass ein steuerbares Entgelt zudem ausgeschlossen ist, wenn es an einem **identifizierbaren, konkreten Leistungs-** 8.68

1 EuGH v. 27.3.2014 – C-151/13 – Le Rayon, ECLI:EU:C:2014:185, Rz. 29 unter Hinweis auf Urteile v. 3.3.1994 – C-16/93 – Tolsma, ECLI:EU:C:1994:80, Rz. 14; v. 21.3.2002 – C-174/00 – Kennemer Golf, ECLI:EU:C:2002:200, Rz. 39; v. 3.9.2009 – C-37/08 – RCI Europe, ECLI:EU:C:2009:507, Rz. 24; v. 29.10.2009 – C-246/08 – Kommission, ECLI:EU:C:2009:671, Rz. 44; v. 8.3.1988 – C-102/86 – Apple and Pear Development Council, ECLI:EU:C:1988:120, Rz. 15.

2 BFH v. 16.9.2016 – XI R 27/13, Rz. 26; v. 28.7.1994 – V R 19/92, BFHE 176, 66 = BStBl. II 1995, 86 = UR 1995, 93; v. 5.6.1986 – V R 114/76, UR 1987, 136 = BFH/NV 1987, 199; unscharf z.B. BFH v. 22.4.2015 – XI R 10/14, Rz. 20, UR 2015, 710.

3 Z.B. BFH v. 18.3.2004 – V R 101/01, BFHE 205, 342 = BStBl. II 2004, 798 = UR 2004, 428; v. 11.7.2012 – XI R 11/11, UR 2013, 330 = BFHE 238, 560 = BFH/NV 2013, 326; v. 22.4.2015 – XI R 10/14, UR 2015, 710; BFH v. 27.11.2008 – V R 8/07, unter II.1.b), BFHE 223, 520 = BStBl. II 2009, 397 = UR 2009, 231.

4 So EuGH v. 29.10.2009 – C-246/08 – Kommission (Rechtsbeistände), ECLI:EU:C:2009:671, Rz. 43 ff., insbesondere Rz. 51; v. 3.3.1994 – C-16/93 – Tolsma, ECLI:EU:C:1994:80, Rz. 12 f. und v. 8.3.1988 – C-102/86 – Apple and Pear Development Council, ECLI:EU:C:1988:120, Rz. 13 bis 16.

5 Z.B. BFH v. 27.11.2008 – V R 8/07, unter II.1.a), BFHE 223, 520 = BStBl. II 2009, 397 = UR 2009, 231.

6 So auch *Heber*, Rz. 8.12 ff.; EuGH – C-432/15 – Bastova, ECLI:EU:C:2016:855; EuGH – C-182/17 - Ntp. Nagyszénás, ECLI:EU:C:2018:91, Rz. 32 ff.

7 Zur zunehmenden Bedeutung der Unmittelbarkeit in der Rspr. des BFH: BFH v. 30.8.2017 – XI R 37/14, BFHE 259, 175, UR 2017, 956; v. 2.8.2018 – V R 21/16, UR 2019, 17; BFH v. 13.6.2018 – XI R 5/17, Tz. 52 (Vorlagebeschluss) = BFHE 262, 233, UR 2018, 787; Az. beim EuGH: C-574/18; hierzu *Schneider*, MwStR 2018, 929-930 (Urteilsanmerkung); v. 26.9.2012 – V R 22/11, BFHE 239, 369 = UR 2013, 342.

8 Z.B. BFH v. 27.11.2008 – V R 8/07, unter II.1.c), BFHE 223, 520 = BStBl. II 2009, 397 = UR 2009, 231.

9 EuGH v. 29.2.1996 – C-215/94 – Mohr, ECLI:EU:C:1996:72, Rz. 20; v. 18.12.1997 – C-384/95 – Landboden Agrardienste, ECLI:EU:C:1997:627, Rz. 23 f.

**empfänger** fehlt. Das ist insbesondere der Fall, wenn die Leistung der Allgemeinheit zukommt, die Zahlungen z.B. aus

- strukturpolitischen,
- volkswirtschaftlichen oder
- allgemeinpolitischen Gründen

erfolgen.[1] Als Beispiel hierfür sind die **Absatzförderungsmaßnahmen für Agrarerzeugnisse**[2], die Unionsbeihilfe nach Art. 1 der delegierten Verordnung (EU) 2016/1612 der Kommission vom 8.9.2016 zur Gewährung einer Beihilfe zur **Verringerung der Milcherzeugung.**[3], die weitergereichten Zuschüsse des Bundes für die **Infrastrukturmaßnahme des Breitbandausbaus** an die Netzbetreiber[4] und die **Freiwilligendienste** (z.B. **Freiwilliges soziales Jahr**, **Freiwilliges Ökologisches Jahr**) anzuführen, bei denen es mangels identifizierbaren, konkreten Leistungsempfängern – bzw. einem überragenden Gemeinwohlinteresse – an einem Leistungsaustausch fehlt, während die Finanzverwaltung bei den Freiwilligendiensten grundsätzlich von Personalgestellungen ausgeht und zur Minimierung der Umsatzsteuerbelastung eine komplexe Lösung entwickelt hat.[5] Die Freiwilligendienste können den Risiken in der Regel durch die unnötig komplexe Bildung von **Cost-Sharing-Groups** nach Art. 132 Abs. 1 lit f MwStSystRL[6] ausweichen.[7] Auch die Lehrkräfte sollen mit ihren Unterrichtsleistungen für die Vorbereitungslehrgänge der Freiwilligendienste je nach Fallgestaltung[8] steuerpflichtig tätig sein.[9]

8.69 Nach der Rechtsprechung des BFH soll dieses Abgrenzungskriterium aber immer dann bedeutungslos sein, wenn die Fördermittel „zur Ausführung bestimmter Leistungen **im Interesse des Zahlenden** geleistet werden".[10] Dies ist in der Regel der **Sachverhaltswürdigung** zuzuordnen- wie z.B. die Interessenlage der beteiligten Akteure bei Maßnahmekostenpauschalen,[11] bei denen nur die nach der EuGH-Rechtsprechung zuständigen Fachbehörden eine **Sachverhaltsbeurteilung** vornehmen können – und führt zu einer weitergehenden Ausdehnung der Besteuerung, als sie durch die Rechtsprechung des EuGH belegt ist.[12]

1 Z.B. BFH v. 27.11.2008 – V R 8/07, unter II. 1. c), BFHE 223, 520 = BStBl. II 2009, 397 = UR 2009, 231; *Nieskens* in Rau/Dürrwächter, Kommentar zum Umsatzsteuergesetz, § 1 UStG Rz. 462.
2 FM Schleswig-Holstein VI 3510-S 7200-684; USt-Kurzinformation Nr. 2017/03 v. 22.5.2017.
3 FM Schleswig-Holstein VI 3510-S 7200-683; USt-Kurzinformation Nr. 2017/02 v. 29.3.2017.
4 OFD Frankfurt, Verf. v. 21.2.2017, S 7200 A-246-St 110.
5 OFD Hannover v. 17.8.2009 – S 7100 – 621 StO 171; OFD Frankfurt v. 13.3.2009 – S 7100 A - 271 - St 110.
6 hierzu EuGH – C-616/15 – Kommission/Deutschland, ECLI:EU:C:2017:721.
7 *Möser*, Umsatzsteuer auf weitergeleitete Städtebaufördermittel, MwStR 2017, 229.
8 Nach § 4 Nr. 21 b) bb) vermeidbar durch Einholung einer Bescheinigung nach § 4 Nr. 21 a) bb) UStG.
9 FG Niedersachsen v. 14.12.2016 – 5 K 35/15, rkr.; abzugrenzen von FG Schleswig-Holstein v. 15.6.2015 – 4 K 19/15, bestätigt durch BFH v. 18.11.2015 – XI B 61/15, BFH/NV 2016, 435.
10 BFH v. 27.11.2008 – V R 8/17, unter II. 1. c), BFHE 223, 520 = BStBl. II 2009, 397; zu Recht kritisch hierzu *Noak/Kuntz*, Umsatzbesteuerung von „Übernahme"-Leistungen, UR 2013, 486.
11 Abschnitt 10.2 Abs. 7, Beispiel 3 UStAE, dagegen BFH v. 22.4.2015 – XI R 10/14, UR 2015, 710, Rz. 25.
12 Daher wird der EuGH hierzu z.B. in BFH v. 27.11.2008 – V R 8/17, BFHE 223, 520 = BStBl. II 2009, 397, unter II. 1. c) nicht zitiert.

Die Einstufung als Zuschuss oder steuerbares Entgelt nach den vorstehenden Abgrenzungskriterien nimmt der BFH in erster Linie anhand einer **Auslegung** der den Zahlungen zugrunde liegenden Vereinbarungen[1], des Bewilligungsbescheides[2] oder der Vereinssatzung[3] vor, während der EuGH[4] in seiner Rechtsprechung tendenziell auf den **wirtschaftlichen Gesamtzusammenhang** abstellt. 8.70

Die vorgenannten Abgrenzungskriterien hat der BFH zu folgenden – mit der Rechtsprechung des EuGH nicht vollständig abgestimmten – Rechtssätzen ausdifferenziert: 8.71

– Bei Leistungen, zu deren Ausführung sich die Vertragsparteien in einem **gegenseitigen** (**synallagmatischen**[5]) **Vertrag** verpflichtet haben, soll der erforderliche Leistungsaustausch grundsätzlich vorliegen.[6] In diesen Fällen verzichtet der BFH häufig[7] auf die nach der Rechtsprechung des EuGH erforderliche Prüfung der weiteren Abgrenzungskriterien – **Unmittelbarkeit**[8] und **identifizierbarer Leistungsempfänger**[9].

– Regelungen zur **technischen Abwicklung** der Zuwendung und zum haushaltsrechtlichen Nachweis ihrer Verwendung sind umsatzsteuerlich unbeachtlich.[10] 8.72

– **Zahlungen der öffentlichen Hand** auf Grundlage eines **gegenseitigen Vertrages** sollen auch dann Entgelt für eine steuerbare Leistung sein, wenn der Zahlungsempfänger im Auftrag der öffentlichen Hand eine Aufgabe aus deren Kompetenzbereich übernimmt und die Zahlung damit zusammenhängt.[11] Hierbei soll es auch unerheblich sein, ob es sich um **Pflichtaufgaben** oder **freiwillige Aufgaben** der betreffenden Körperschaft des öffentlichen Rechts handelt.[12] Die Rechtssätze des BFH sind in einer solchen Grundsätzlichkeit nicht 8.73

---

1 Z.B. BFH v. 13.11.1997 – V R 11/97, BFHE 184, 137 = BStBl. II 1998, 169 = UR 1998, 105, m.w.N.

2 Z.B. BFH v. 27.11.2008 – V R 8/07, unter II. 2. e), BFHE 223, 520 = BStBl. II 2009, 397 = UR 2009, 231.

3 BFH v. 29.10.2008 – XI R 59/07, UR 2009, 127 = BFHE 223, 493 = BFH/NV 2009, 324.

4 Z.B. EuGH v. 29.10.2009 – C-246/08 – Kommission (Rechtshilfebüros), ECLI:EU:C:2009:671, Rz. 50 f.

5 BFH v. 16.9.2016 – XI R 27/13, Rz. 26.

6 Z.B. BFH v. 21.4.2005 – V R 11/03, BFHE 211, 50 = BStBl. II 2007, 63 = UR 2006, 17; v. 8.11.2007 – V R 20/05, BFHE 219, 403 = UR 2008, 425 = BStBl. II 2009, 483; hierzu *Englisch*, Leistungen rechtlich verselbständigter kirchlicher Werke im kirchlichen Binnenbereich, DStR 2011, 1692.

7 Berücksichtigt hat er die weiteren Abgrenzungskriterien z.B. in BFH v. 27.11.2008 – V R 8/07, unter II. 1., BFHE 223, 520 = BStBl. II 2009, 397 = UR 2009, 231; dagegen nicht in BFH v. 22.4.2015 – XI R 10/14, UR 2015, 710 und im Ergebnis nicht in BFH v. 18.12.2008 – V R 38/06, BFHE 225, 155 = BStBl. II 2009, 749 = UR 2009, 525.

8 EuGH v. 22.11.2001 – C-184/00 – Office des produits wallons, ECLI:EU:C:2001:629, Rz. 15.

9 EuGH v. 29.2.1996 – C-215/94 – Mohr, ECLI:EU:C:1996:72; EuGH v. 18.12.1997 – C-384/95 – Landboden Agrardienste, ECLI:EU:C:1997:627.

10 BFH v. 28.7.1994 – V R 19/92, BFHE 176, 66 = BStBl. II 1995, 86 = UR 1995, 93; v. 5.6.1986 – V R 114/76, UR 1987, 136 = BFH/NV 1987, 199.

11 Z.B. BFH v. 8.11.2007 – V R 20/05, BFHE 219, 403 = BStBl. II 2009, 483 = UR 2008, 425, m.w.N.; v. 29.10.2008 – XI R 76/07, BFH/NV 2009, 795; BFH v. 28.11.2010 – XI B 109/09, BFH/NV 2011, 858; v. 14.11.2011 – XI B 66/11, BFH/NV 2012, 460; kritisch hierzu *Hüttemann*, Anmerkung zu einer Entscheidung des BFH v. 22.4.2015 – XI R 10/14, UR 2015, 710 – Umsatzsteuerrechtliche Behandlung von Maßnahmen der Arbeitsmarktförderung, MwStR 2015, 768 (771).

12 BFH v. 5.8.2010 – V R 54/09, BFHE 231, 289 = BStBl. II 2011, 191 = UR 2011, 353; v. 6.5.2014 – XI B 4/14, BFH/NV 2014, 1406.

aus der Rechtsprechung des EuGH ableitbar,[1] da sie die weiteren vom EuGH aufgestellten Kriterien der **Unmittelbarkeit**[2] und des **identifizierbaren Leistungsempfängers**[3] nicht berücksichtigen.[4]

8.74 – Ob das Entgelt dem Wert der Leistung (**Äquivalenz**) entspricht, soll für das Vorliegen eines steuerbaren Leistungsaustausches ohne Bedeutung sein.[5] Nach der Rechtsprechung des EuGH ist dies aber eines – wenn auch restriktiv genutztes[6] – von mehreren Abgrenzungskriterien für die Frage, ob ein steuerbares Entgelt oder eine Subvention (nicht steuerbarer Zuschuss) vorliegt.[7]

8.75 – Für das Vorliegen eines steuerbaren Leistungsaustauschs ist – auch nach der Rechtsprechung des EuGH[8] – unbeachtlich, ob der (**gemeinnützige**) Unternehmer damit zugleich einen seiner **Satzungszwecke** verwirklicht; die wirtschaftliche Tätigkeit wird nicht durch eine gleichzeitig verfolgte **ideelle Betätigung** verdrängt oder überlagert.[9]

8.76 – Die Steuerbarkeit des Entgelts wird – auch nach der Rechtsprechung des EuGH[10] – nicht dadurch in Frage gestellt, ob Leistungsempfänger auf den **Abruf der Leistung verzichten.**[11]

8.77 – Auf die (privatrechtliche) **Rechtsform**, in der Leistungen gegen Entgelt erbracht werden, kommt es – auch nach der Rechtsprechung des EuGH[12] – grundsätzlich nicht an.[13]

8.78 – Die **Bezeichnung der Zuwendung** soll sich auf ihre umsatzsteuerrechtliche Einstufung nicht auswirken,[14] was in dieser Allgemeinheit im Widerspruch zur andererseits erforderlichen Auslegung steht.

8.79 – Keine Leistung gegen Entgelt liegt vor, wenn die Zahlung lediglich der **Förderung des Zahlungsempfängers** im allgemeinen Interesse dienen soll.[15]

---

1 Daher wird der EuGH hierzu z.B. in BFH v. 8.11.2007 – V R 20/05, BFHE 219, 403 = BStBl. II 2009, 483 = UR 2008, 425 unter II.1.a) nicht zitiert.

2 Z.B. EuGH v. 22.11.2001 – C-184/00 – Office des produits wallons, ECLI:EU:C:2001:629, Rz. 15; EuGH – C-182/17 - Ntp. Nagyszénás, ECLI:EU:C:2018:91, Rz. 32 ff.

3 Z.B. EuGH v. 29.2.1996 – C-215/94 – Mohr, ECLI:EU:C:1996:72.

4 Zu Recht ablehnend z.B. *Noak/Kuntz*, Umsatzbesteuerung von „Übernahme"-Leistungen, UR 2013, 486.

5 BFH v. 19.6.2011 – XI R 8/09, Rz. 11, UR 2012, 60 = BFHE 234, 455 = BFH/NV 2011, 2184; EuGH – C-412/03 – Hotel Scandic Gasabäck, ECLI:EU:C:2005:47, Rz. 22.

6 EuGH v. 2.6.2016 – C-263/15 – Lajvér Kft., ECLI:EU:C:2016:392, Rz. 45–55.

7 Z.B. EuGH v. 29.10.2009 – C-246/08 – Kommission (Rechtshilfebüros), ECLI:EU:C:2009:671, Rz. 49.

8 EuGH v. 21.3.2002 – C-174/00 – Kennemer Golf, ECLI:EU:C:2002:200, Rz. 9, 42.

9 BFH v. 18.3.2004 – V R 101/01, BFHE 205, 342 = BStBl. II 2004, 798 = UR 2004, 428; v. 24.9.2014 – V R 54/13, Rz. 31, BFH/NV 2015, 364; v. 16.9.2015 – XI R 27/13.

10 EuGH v. 21.3.2002 – C-174/00 – Kennemer Golf, ECLI:EU:C:2002:200, Rz. 9, 42.

11 BFH v. 11.10.2007 – V R 69/06, unter II. 2. b) aa), UR 2008, 153 = UR 2008, 186 m. Anm. *Stadie*.

12 EuGH v. 21.3.2002 – C-174/00 – Kennemer Golf, ECLI:EU:C:2002:200, Rz. 42.

13 BFH v. 11.12.2013 – XI R 17/11, BFHE 244, 79 = BStBl. II 2014, 417 = UR 2014, 313 m. Anm. *Marchal* = GmbHR 2014, 376 m. Anm. *Masuch*; v. 11.12.2013 – XI R 38/12, BFHE 244, 94 = BStBl. II 2014, 428 = UR 2014, 323.

14 BFH v. 29.3.2007 – V B 208/05, BFH/NV 2007, 1542, zur „Spende".

15 BFH v. 26.10.2000 – V R 10/00, UR 2001, 60 = BFHE 193, 165 = BFH/NV 2001, 400; v. 18.11.2008 – V R 38/06, BFHE 225, 155 = BStBl. II 2009, 749.

- **Zahlungen der öffentlichen Hand** an einen Unternehmer, der **Leistungen an Dritte** erbringt, sind nach der Rechtsprechung des BFH[1] immer dann als steuerbares Entgelt einzustufen, wenn 8.80
  - der Zuschuss dem Leistungsempfänger zugutekommt,
  - der Zuschuss gerade für die Erbringung einer bestimmten Leistung gezahlt wird und
  - mit der Verpflichtung der den Zuschuss gewährenden Stelle zur Zuschusszahlung das Recht des Zahlungsempfängers (Unternehmers) auf Auszahlung des Zuschusses einhergeht, wenn er die Leistung erbracht hat.

Nach der Rechtsprechung des EuGH sind dagegen für die Abgrenzung von einer Subvention (nicht steuerbarer Zuschuss) zusätzliche Kriterien zu prüfen.[2]

Bloß **technische Anknüpfungen** von Förderungsmaßnahmen **an Leistungen** eines Unternehmers führen nicht dazu, die Förderung als zusätzliches Entgelt „für die Leistungen" einzustufen, wenn das Förderungsziel nicht die Subvention der Preise zugunsten der Abnehmer, sondern die Subvention des leistenden Unternehmers ist.[3] 8.81

### b) Vereinbarkeit der Rechtsprechung des BFH mit der des EuGH

Nicht ausreichend geklärt ist die Vereinbarkeit der Rechtsprechung des BFH mit der des EuGH, soweit 8.82

- der BFH in Einzelfällen ein wie auch immer geartetes – statt ein überwiegendes – **Interesse des Zahlenden** ausreichen lässt,[4] für die Steuerbarkeit von Zuschüssen auf das Erfordernis eines identifizierbaren Leistungsempfängers[5] zu verzichten,
- **Zahlungen der öffentlichen Hand** auf Grundlage eines gegenseitigen Vertrages nach der Rechtsprechung des BFH immer Entgelt für eine steuerbare Leistung sein sollen, wenn der Zahlungsempfänger im Auftrag der öffentlichen Hand eine Aufgabe aus deren Kompetenzbereich übernimmt und die Zahlung damit zusammenhängt,[6] während der EuGH in seiner Rechtsprechung tendenziell die Gesamtzusammenhänge einbezieht,[7] 8.83

---

1 BFH v. 9.10.2003 – V R 51/02, Leitsatz, BFHE 203, 515 = BStBl. II 2004, 322 = UR 2004, 151; v. 26.9.2012 – V R 22/11, Rz. 14, UR 2013, 342 = BFHE 239, 369 = BFH/NV 2013, 486; v. 20.3.2014 – V R 4/13, Rz. 19, UR 2014, 732 = BFHE 245, 397, BFH/NV 2014, 1470.

2 Z.B. EuGH v. 29.10.2009 – C-246/08 – Kommission (Rechtshilfebüros), ECLI:EU:C:2009:671, Rz. 49.

3 BFH v. 8.3.1990 – V R 67/89, BFHE 160, 344 = BStBl. II 1990, 708 = UR 1990, 309.

4 So wohl BFH v. 27.11.2008 – V R 8/07, unter II. 1. c), BFHE 223, 520 = BStBl. II 2009, 397 = UR 2009, 231; großzügiger BFH v. 22.7.1999 – V R 74/98, BFH/NV 2000, 240; FG Köln v. 21.11.2012 – 4 K 526/11, EFG 2013, 888.

5 Z.B. EuGH v. 29.2.1996 – C-215/94 – Mohr, ECLI:EU:C:1996:72.

6 Z.B. BFH v. 8.11.2007 – V R 20/05, BFHE 219, 403 = BStBl. II 2009, 483 = UR 2008, 425, m.w.N.; v. 29.10.2008 – XI R 76/07, BFH/NV 2009, 795; BFH v. 28.11.2010 – XI B 109/09, BFH/NV 2011, 858; v. 14.11.2011 – XI B 66/11, BFH/NV 2012, 460; zu Recht ablehnend z.B. *Noak/Kuntz*, Umsatzbesteuerung von „Übernahme"-Leistungen, UR 2013, 486.

7 Z.B. EuGH v. 29.10.2009 – C-246/08 – Kommission (Rechtshilfebüros), ECLI:EU:C:2009:671, Rz. 50 f.

8.84 – **Zahlungen der öffentlichen Hand** an einen Unternehmer, der **Leistungen an Dritte** erbringt, nach der Rechtsprechung des BFH[1] ohne Erfüllung der weiteren vom EuGH[2] aufgestellten Kriterien immer dann als steuerbares Entgelt einzustufen sind, wenn

- der Zuschuss dem Leistungsempfänger zugutekommt,
- der Zuschuss gerade für die Erbringung einer bestimmten Leistung gezahlt wird und
- mit der Verpflichtung der den Zuschuss gewährenden Stelle zur Zuschusszahlung das Recht des Zahlungsempfängers (Unternehmers) auf Auszahlung des Zuschusses einhergeht, wenn er die Leistung erbracht hat.

8.85 – der BFH bei **gegenseitigen Verträgen**[3] dazu neigt, auf die Prüfung der weiteren nach der Rechtsprechung des EuGH zunehmend wichtigeren Abgrenzungskriterien[4] – Unmittelbarkeit[5] und identifizierbarer Leistungsempfänger – zu verzichten[6] und

8.86 – der EuGH anders als BFH bei den Kriterien nicht prinzipiell zwischen **zweiseitigen und dreiseitigen Rechtsverhältnissen** differenziert.[7]

## 2. Entscheidungsübersicht – BFH

8.87 Nachfolgend werden einschlägige Entscheidungen des BFH und einige FG-Urteile getrennt nach nicht steuerbaren (echten) Zuschüssen und steuerbaren Entgelten zugeordnet. Die Reihenfolge richtet sich nach der Relevanz für den Dritten Sektor.

### a) Nicht steuerbare (echte) Zuschüsse

**Betriebskostenzuschuss für Fremdenverkehrsverein**

Wenn die Stadt die Fremdenverkehrstätigkeit eines gemeinnützigen Vereins jährlich mit einem **Betriebskostenzuschuss** fördert, dem **keine konkreten Leistungen** gegenüberstehen, und profitieren von den Leistungen des Vereins in erster Linie die Bürger, die Touristen und das vom Tourismus abhängige Gewerbe und daneben auch die Stadt, fehlt ein identifizierbarer Verbraucher und ist ein echter nicht steuerbarer Zuschuss gegeben.[8]

---

1 BFH v. 9.10.2003 – V R 51/02, Leitsatz, BFHE 203, 515 = BStBl. II 2004, 322 = UR 2004, 151; v. 26.9.2012 – V R 22/11, Rz. 14, UR 2013, 342 = BFHE 239, 369 = BFH/NV 2013, 486; v. 20.3.2014 – V R 4/13, Rz. 19, UR 2014, 732 = BFHE 245, 397 = BFH/NV 2014, 1470.

2 Z.B. EuGH v. 29.10.2009 – C-246/08 – Kommission (Rechtshilfebüros), ECLI:EU:C:2009:671, Rz. 49.

3 Z.B. BFH v. 21.4.2005 – V R 11/03, BFHE 211, 50 = BStBl. II 2007, 63 = UR 2006, 17; v. 8.11.2007 – V R 20/05, BFHE 219, 403 = UR 2008, 425 = BStBl. II 2009, 483.

4 So auch *Heber*, Rz. 8.12 ff.

5 Z.B. EuGH v. 22.11.2001 – C-184/00 – Office des produits wallons, ECLI:EU:C:2001:629, Rz. 15.

6 Berücksichtigt hat er die weiteren Abgrenzungskriterien z.B. in BFH v. 27.11.2008 – V R 8/07, unter II. 1., BFHE 223, 520 = BStBl. II 2009, 397 = UR 2009, 231; dagegen nicht in BFH v. 22.4.2015 – XI R 10/14, UR 2015, 710 und im Ergebnis nicht in BFH v. 18.12.2008 – V R 38/06, BFHE 225, 155 = BStBl. II 2009, 749 = UR 2009, 525.

7 Z.B. BFH v. 22.4.2015 – XI R 10/14, Rz. 27 ff., UR 2015, 710.

8 BFH v. 22.7.1999 – V R 74/98, BFH/NV 2000, 240; FG Köln v. 21.11.2012 – 4 K 526/11, EFG 2013, 888 (rkr.); dagegen FG Saarland v. 30.8.2017 – 1 K 1109/15, Revision beim BFH unter IX R 31/17.

**Forschungszuschüsse** 8.88

Forschungszuschüsse sind kein Entgelt im Rahmen eines Leistungsaustauschs mit dem Zahlungsempfänger, wenn dieser seine Forschungsarbeit aufgrund der sog. Bewilligungsbedingungen **nicht als Leistung an den Zuschussgeber** ausführt.[1]

**Milchleistungsprüfung** 8.89

Bei der finanziellen Förderung der Milchleistungsprüfungen eines Vereins **im allgemeinen volkswirtschaftlichen Interesse**, im Interesse der Volksgesundheit, der Landestierzucht und Tierseuchenschutz nach dem Tierzuchtgesetz und den dazu erlassenen Verordnungen kann es sich um nicht steuerbare Zuschüsse handeln.[2]

**Ausgleich von Standortnachteilen (Frachthilfen)** 8.90

Frachthilfen i.S.d. Zonenrandförderungsgesetzes bezwecken die Subventionierung von Unternehmern im Zonenrandförderungsgebiet zum Ausgleich von Standortnachteilen, zur Sicherung und Schaffung von Dauerarbeitsplätzen sowie zur **Verbesserung der Infrastruktur** und sind daher kein steuerbares Entgelt.[3]

**Gebäude-Restwertentschädigung** 8.91

Zahlt eine Gemeinde dem Eigentümer eines bebauten Grundstücks in einem Sanierungsgebiet für den Abbruch des Gebäudes aus **Fördermitteln** des Landes auf **vertraglicher Grundlage** eine Gebäude-Restwertentschädigung, so ist diese Zahlung kein Entgelt für eine steuerbare und steuerpflichtige Leistung des Grundstückseigentümers an die Gemeinde.[4]

**EU-Ausfuhrerstattung Milchprodukte/Absatzförderungsmaßnahmen/Milchquotenverringerung** 8.92

Die Ausfuhrerstattungen der EU für Milchprodukte sind kein steuerbares Entgelt.[5] Die Finanzverwaltung hat zudem alle an die jeweils Begünstigten weitergeleiteten Zuwendungen der Bundesanstalt für Landwirtschaft und Ernährung im Rahmen der Finanzhilfevereinbarung für **Absatzförderungsmaßnahmen** für Agrarerzeugnisse als echte, nicht steuerbare Zuschüsse eingestuft.[6] Das Gleiche gilt für die Unionsbeihilfe nach Art. 1 der delegierten Verordnung (EU) 2016/1612 der Kommission vom 8.9.2016 zur Gewährung einer Beihilfe zur **Verringerung der Milcherzeugung.**[7]

1 BFH v. 28.7.1994 – V R 19/92, BFHE 176, 66 = BStBl. II 1995, 86 = UR 1995, 93.
2 BFH v. 9.10.2003 – V R 51/02, Leitsatz, BFHE 203, 515 = BStBl. II 2004, 322 = UR 2004, 151.
3 BFH v. 8.3.1990 – V R 67/89, BFHE 160, 344 = BStBl. II 1990, 708 = UR 1990, 309.
4 BFH v. 26.10.2000 – V R 10/00, UR 2001, 60 = BFHE 193, 165 = BFH/NV 2001, 400.
5 BFH v. 26.9.2012 – V R 22/11, UR 2013, 342 = BFHE 239, 369 = BFH/NV 2013, 486; hierzu *Nieuwenhuis*, Milchsubvention ist kein Entgelt eines Dritten, HFR 2013, 255.
6 FM Schleswig-Holstein VI 3510-S 7200-684; USt-Kurzinformation Nr. 2017/03 v. 22.5.2017.
7 FM Schleswig-Holstein VI 3510-S 7200-683; USt-Kurzinformation Nr. 2017/02 v. 29.3.2017.

### b) Steuerbares Entgelt (unechte Zuschüsse)

8.93 **Blutspendetermine**

Die von einem Rechtsträger der Wohlfahrtspflege für die Unterstützung bei Blutspendenterminen an einen **anderen Rechtsträger der Wohlfahrtspflege** gezahlten Zuschüsse sind umsatzsteuerpflichtig.[1]

8.94 **Rettungswache**

Der Betrieb einer Rettungswache als **Wahrnehmung öffentlicher Aufgaben** durch (beliehene) Unternehmer des privaten Rechts auf Basis vertraglicher Leistungen ist steuerbar; er ist im Innenverhältnis – zwischen dem Betreiber der Rettungswache und dem Hoheitsträger – keine **Ausübung öffentlicher Gewalt.**[2]

8.95 **Betrieb eines Schwimmbads**

Überträgt die öffentliche Hand Schwimmbäder an einen privaten Betreiber, sollen die auf Basis eines **gegenseitigen Vertrages** gezahlten **Betriebskostenzuschüsse** für die Aufrechterhaltung des öffentlichen Badebetriebes umsatzsteuerpflichtig sein.[3]

8.96 **Verein für Stadtjubiläum**

Bei einem für die Durchführung des Stadtjubiläums und weiterer Stadtfeste gegründeten Verein sollen sowohl die **kommunalen Zuschüsse** für die Stadtfeste wie auch die **institutionelle Förderung** umsatzsteuerpflichtig sein.[4] Dagegen stuft der österreichische VGH die Subventionen für den **Betrieb eines Museums** als echte, nicht steuerbare Zuschüsse ein.[5]

8.97 **Arbeitsförderung**

Führt ein Verein für Langzeitarbeitslose Arbeitsförderungs-, Qualifizierungs- und Weiterbildungsmaßnahmen durch, die durch Zahlungen eines Landkreises, eines Bundeslandes bzw. der Bundesagentur für Arbeit finanziert werden, soll es sich um umsatzsteuerbare Leistungen des Vereins handeln, wenn dessen **Leistungen** derart mit den Zahlungen verknüpft sind, dass sie sich **auf die Erlangung der Zahlungen richten.**[6] Durch die Einfügung der **Befreiungsvorschrift** des § 4 Nr. 15b UStG zum 1.1.2015[7] reduziert sich das Nachforderungsrisiko auf abgezogene Vorsteuern.[8]

---

1 BFH v. 18.3.2004 – V R 101/01, BFHE 205, 342 = BStBl. II 2004, 798 = UR 2004, 428.

2 BFH v. 18.1.1995 – XI R 71/93, BFHE 177, 154 = BStBl. II 1995, 559 = UR 1995, 395.

3 BFH v. 19.11.2009 – V R 29/08, UR 2010, 336 = BFH/NV 2010, 701; v. 22.7.2008 – V B 34/07; FG Schleswig-Holstein v. 15.9.2016 – 4 K 50236/13 (rkr.), DStRE 2017, 679.

4 BFH v. 18.12.2008 – V R 38/06, BFHE 225, 155 = UR 2009, 525 = BStBl. II 2009, 749.

5 VGH, Erkenntnis v. 21.9.2016 – Ra 2015/13/0050, MwSTR 2017, 184.

6 BFH v. 22.4.2015 – XI R 10/14, UR 2015, 710; v. 16.9.2015 – XI R 27/13; hierzu kritisch *Hüttemann*, Anmerkung zu einer Entscheidung des BFH v. 22.4.2015 – XI R 10/14, UR 2015, 710 – Umsatzsteuerrechtliche Behandlung von Maßnahmen der Arbeitsmarktförderung, MwStR 2015, 768 (771); FG Schleswig-Holstein, 4 K 46/16 (rkr.), MwStR 2017, 795 mit Anm. Sterzinger.

7 Art. 28 Abs. 3 KroatienAnpG v. 25.7.2014.

8 Fallbeispiel BFH v. 22.4.2015 – XI R 27/13, BFH/NV 2016, 252.

**Zahlungen der Sozialhilfeträger an Werkstätten für behinderte Menschen** 8.98

Zahlungen der Träger der Sozialhilfe an eine gemeinnützige Werkstätte für behinderte Menschen sollen Entgelt für eine Leistung der Einrichtung an die Nutzer der Einrichtung sein (**Drittentgelt**).[1]

**Weiterleitung von Zuschüssen/Trinkwasserversorgung** 8.99

Bei der öffentlichen Hand sollen **funktionale Organisationsprivatisierungen** zur Folge haben, dass die zur Aufgabenerledigung weitergeleiteten Fördermittel ihren Charakter als Zuschüsse verlieren und als steuerbare Entgelte einzustufen seien.[2] Die Finanzverwaltung unterwirft die weitergeleiteten Zuschüsse an die Unternehmen des **Personennahverkehrs** dagegen nur teilweise der Umsatzsteuer.[3]

**Befreiung von hoheitlichen Aufgaben/Abbruchverpflichtung** 8.100

Ein Zuschuss der Gemeinde aus dafür **bereitgestellten Landesmitteln** für die vertraglich übertragene Befreiung von hoheitlichen Aufgaben soll umsatzsteuerpflichtiges Entgelt sein.[4]

**Weiterleitung von Fördermitteln** 8.101

Von einer Kommune an eine eigene Abwasserbeseitigungsgesellschaft aufgrund eines Entsorgungsvertrags weitergeleitete **öffentliche Zuschüsse** u.a. aus Mitteln des EG-Regionalfonds – ERFE – und des Bundes sollen steuerpflichtiges Entgelt sein.[5]

**Verlustausgleich für Tierpark u.a.** 8.102

Übernimmt der Unternehmer für eine Stadt in einem **Geschäftsbesorgungsvertrag** den Betrieb verschiedener Einrichtungen (Tierpark, Schwimmbad und Sportplatz) gegen Übernahme der mit dem Betrieb dieser Einrichtungen verbundenen Verluste (**Verlustausgleichszahlungen**), kann es sich entweder um Entgelte der Stadt nach § 10 Abs. 1 Satz 3 UStG für die gegenüber den Nutzern der Einrichtungen erbrachten Leistungen oder um Entgelte für eine gegenüber der Stadt ausgeführte Betriebsführungsleistung handeln.[6]

**Naturschutzausgleichsmaßnahme** 8.103

Die Zahlung an einen Landwirt auf **vertraglicher Grundlage** dafür, dass er dauerhaft und durch die Eintragung einer Dienstbarkeit gesichert einer Stadt ein Grundstück zu Erfüllung

---

1 BFH v. 6.10.1988 – V R 101/85, UR 1989, 243 = BFH/NV 1989, 327.

2 BFH v. 10.8.2016 – XI R 41/14, BFHE 225, 300 = BStBl. II 2017, 590, UR 2017, 119; vorgehend FG Sachsen v. 2.9.2014 – 3 K 808/11, EFG 2015, 1033; hierzu *Möser*, Umsatzsteuer auf weitergeleitete Städtebaufördermittel, MwStR 2017, 229, u.a. mit dem Vorschlag zur Bildung von Cost-Sharing-Groups nach Art. 132 Abs. 1 lit f MwStSystRL, hierzu EuGH – C-616/15 – Kommission/Deutschland, ECLI:EU:C:2017:721.

3 OFD Niedersachsen, Verf. v. 16.1.2017, S 7200 – 174 – St 172.

4 BFH v. 19.2.2009 – XI B 68/08, BFH/NV 2009, 975; BFH/NV 2009, 975; vorgehend FG Rheinland-Pfalz, v. 6.5.2008 – 6 K 1242/08.

5 BFH v. 28.12.2010 – XI B 109/09, BFH/NV 2011, 858; *Noak*, Umsatzsteuer auf Fördermittel, DStR 2013, 343; hierzu nun BFH v. 13.6.2018 – XI R 5/17, Tz. 52 (Vorlagebeschluss) = BFHE 262, 233, UR 2018, 787; Az. beim EuGH: C-574/18; mit *Schneider*, MwStR 2018, 929-930 (Urteilsanmerkung).

6 BFH v. 18.6.2009 – V R 4/08, BFHE 226, 382 = BStBl. II 2010, 310 = GmbHR 2009, 1285 = UR 2009, 793.

ihrer naturschutzrechtlichen Verpflichtungen zur Verfügung stellt und er eine bestimmte Ausgleichsmaßnahme durchführt, ist kein Zuschuss, sondern umsatzsteuerpflichtiges Entgelt.[1]

8.104 **Medienarbeit**

Ein steuerbarer Leistungsaustausch und kein Zuschuss soll vorliegen, wenn ein Verein auf inhaltlicher Linie eines Mitglieds, einer Körperschaft des öffentlichen Rechts, journalistische Medienarbeit (insb. Herstellung, Erwerb, Verbreitung und Vertrieb von Rundfunkprogrammen) erbringt und hierfür einen im **Haushaltsbeschluss** des Mitglieds als **„Finanzzuweisung"** bezeichneten Jahresbetrag auf der Grundlage eines **Zuwendungsbescheides** „für den Rundfunkdienst" erhält.[2] Dagegen reicht die **bloße Etatisierung von Mitteln im Haushalt** der Landeskirchensynode, die sodann **ohne Bewilligungsbescheid** und ohne Begründung eines schuld-, gesellschafts- oder satzungsrechtlichen Rechtsverhältnisses an eine kirchlichen Zwecken dienende Mediengesellschaft vergeben werden, nach der Instanzrechtsprechung[3] für die Annahme eines zur Umsatzsteuerbarkeit von Zuschüssen führenden Leistungsaustauschverhältnisses nicht aus. Dies wird erst recht für prozentual am Kirchensteueraufkommen bemessene Zuschüsse gelten (fehlende Unmittelbarkeit).

8.105 **Luftaufsicht**

Die **Kostenerstattung** des Staates für die Mitwirkung des Flugplatzbetreibers an der Luftaufsicht mittels **Bewilligungsbescheid** war steuerbar, da

- sich die Kostenerstattung am Verkehrsaufkommen orientierte (**outputorientiert**) sowie
- die **Wahrnehmung öffentliche Aufgaben** durch (beliehene) Unternehmer gegen Kostenerstattung ohnehin steuerbar und
- keine Ausübung öffentlicher Gewalt sei.[4]

8.106 **Tiefgarage**

Vereinbart der Bauherr einer Tiefgarage mit der Stadt den Bau und die **Zurverfügungstellung von Stellplätzen für die Allgemeinheit** und erhält er dafür von der Stadt einen Geldbetrag, so ist in der Durchführung dieses Vertrags ein Leistungsaustausch mit der Stadt zu sehen[5]

8.107 **Abwasserbeseitigung**

Die dem Unternehmer mit **Zuwendungsbescheid** des Bundeslandes erstatteten Kosten für die Übernahme der Abwasserbeseitigung aufgrund eines mit der Kommune in deren **hoheitlichem Interesse** abgeschlossenen Vertrages sind umsatzsteuerpflichtig.[6]

1 BFH v. 28.5.2013 – XI R 32/11, BFHE 243, 419 = BStBl. II 2014, 411 = UR 2014, 264.

2 BFH v. 27.11.2008 – V R 8/07, BFHE 223, 520 = BStBl. II 2009, 397 = UR 2009, 231; ablehnend *Lippross*, Umsatzsteuerliche Folgen der Auslagerung kirchlicher Aufgaben auf eine kirchlich finanzierte Vereinigung – Kritik an dem Urteil des BFH v. 27.11.2008 – V R 8/07, UR 2009, 231 = DStR 2009, 476.

3 FG Düsseldorf v. 9.12.2013 – 5 K 2789/11 U (rkr.).

4 BFH v. 25.3.1993 – V R 84/89, UR 1993, 357 = BFH/NV 1994, 59.

5 BFH v. 13.11.1997 – V R 11/97, BFHE 184, 137 = BStBl. II 1998, 169 = UR 1998, 105.

6 BFH v. 20.12.2001 – V R 81/99, BFHE 197, 352 = BStBl. II 2003, 213, = UR 2002, 370.

**Wirtschaftsentwicklungsgesellschaft** 8.108

Die **Geschäftsbesorgung** einer Wirtschaftsentwicklungsgesellschaft im **hoheitlichen Aufgabenspektrum** der Gemeinde gegen **Aufwendungsersatz** ist umsatzsteuerpflichtig.[1]

**Betrieb einer Bahnstrecke** 8.109

Die **vertragliche Übernahme der Betriebsführung** des Eisenbahnverkehrs auf zwei defizitären Teilstrecken als nicht bundeseigene Eisenbahn des öffentlichen Verkehrs von der Deutschen Bundesbahn, verbunden mit einer sog. „**Starthilfe**" der Deutschen Bundesbahn, wurde als steuerbare Leistung des Übernehmers eingestuft.[2]

**Konferenzzentrum** 8.110

Die in einem **Betreibervertrag** der Stadt mit dem Betreiber eines städtischen Kongresszentrums vereinbarten Zuschüsse sind steuerpflichtig, da die Zahlungen nicht lediglich der **Förderung des Zahlungsempfängers im allgemeinen Interesse** dienen sollen, sondern die Person des privaten Rechts die (ebenfalls dem allgemeinen Interesse dienende) Aufgabe der Körperschaft des öffentlichen Rechts auf vertraglicher Grundlage gegen Zahlung eines Entgelts übernimmt.[3]

**Übernahme der Erschließung (Infrastrukturmaßnahmen)** 8.111

Die in einem **gegenseitigen Vertrag** vereinbarte Übernahme der einer Gemeinde obliegenden Erschließungsverpflichtung gegen Erhalt der der Gemeinde bewilligten **öffentlichen Zuschüsse** ist steuerpflichtig.[4] Dagegen stuft die Finanzverwaltung die weitergereichten Zuschüsse des Bundes für die Infrastrukturmaßnahme des Breitbandausbaus an die Netzbetreiber als echte, nicht steuerbare Zuschüsse ein.[5]

**Baumaßnahmen für Kommunen** 8.112

Der **Investitionskostenzuschuss** der Gemeinde an einen Unternehmer für die Durchführung abwasserwirtschaftlicher Baumaßnahmen im Rahmen einer **Projektträgervereinbarung** ist umsatzsteuerliches Entgelt.[6]

**Abfallentsorgung** 8.113

Di **vertragliche Übernahme** der einer Kommune als hoheitliche Aufgabe obliegenden Abfallentsorgung gegen Entgelt ist steuerpflichtig.[7]

**Entsorgung von Klärschlamm** 8.114

Der **verlorene Zuschuss** des für die Abwasserbeseitigung zuständigen hoheitlichen Rechtsträgers zum **Ausgleich nicht gedeckter Betriebskosten** bei Ausübung der öffentlich-rechtlichen

1 BFH v. 11.4.2002 – V R 65/00, unter II.3., BFHE 198, 233 = BStBl. II 2002, 782 = UR 2002, 367.
2 BFH v. 21.4.2005 – V R 11/03, BFHE 211, 50 = BStBl. II 2007, 63 = UR 2006, 17.
3 BFH v. 21.9.2005 – V B 160/04, BFH/NV 2006, 144.
4 BFH v. 9.11.2006 – V R 9/04, BFHE 215, 372 = BStBl. II 2007, 285 = UR 2007, 385.
5 OFD Frankfurt, Verf. v. 21.2.2017, S 7200 A-246-St 110.
6 BFH v. 8.11.2007 – V R 20/05, BFHE 219, 403 = BStBl. II 2009, 483 = UR 2008, 425.
7 BFH v. 5.12.2007 – V R 63/05, BFH/NV 2008, 996.

Abwasserbeseitigungspflicht auf Basis einer **Grundsatzvereinbarung** soll steuerpflichtiges Entgelt sein.[1]

8.115 **Tierkörperbeseitigung**

Die **vertraglich vereinbarten Verlustausgleichszahlungen** des öffentlich-rechtlich zuständigen Zweckverbandes für die nicht durch die Tierseuchenkasse gedeckten Aufwendungen eines beliehenen privatrechtlichen Unternehmens, welches die **gesetzlichen Aufgaben** der Tierkörperbeseitigung in eigenem Namen wahrnimmt, sind steuerpflichtig.[2]

8.116 **Lieferung von Zeitungen gegen Zustellgebühr**

Die Zahlung eines nur **symbolischen Preises (Kostenerstattung der Zustellgebühr)** für die vertraglich vereinbarte Lieferung ist kein Zuschuss, sondern steuerpflichtiges Entgelt.[3]

8.117 **Betriebskantine**

Leistet ein Unternehmer auf **vertraglicher Grundlage** einen „Zuschuss" zu den Bewirtschaftungskosten seiner von einem Dritten (Caterer) in dessen Namen und für dessen Rechnung betriebenen Betriebskantine, kann der „Zuschuss" Entgelt für eine vom Unternehmer bezogene Eingangsleistung „**Kantinenbewirtschaftung**" sein[4]

### c) Kritik an der Rechtsprechung

8.118 Im Ergebnis wirkt die Rechtsprechung unbeabsichtigt daran mit, aus **Qualitätsmängeln** der Rechtssetzung und des Rechtsvollzugs, die in der Regel nur zu Budgetumschichtungen in öffentlichen Hauhalten führen, lediglich statistisch steuerliche Mehrergebnisse zu erzielen. Es wird nicht erkennbar, dass die Gerichte die ihr hier durch die Rechtsprechung des EuGH eingeräumten Spielräume zur **Schadensbegrenzung** nutzen würden.

Insbesondere sind hier die nachfolgenden Punkte zu benennen:

8.119 – Für die **Auslegung** der Zuwendungsvereinbarungen arbeitet die Rechtsprechung **keine allgemeinen Kriterien** heraus, mit denen mehr Rechtssicherheit und Transparenz geschaffen und den allgemeinen Bedenken gegen die Rechtsprechung[5] entgegengewirkt werden könnte.

8.120 – Es fehlt eine aktive Mitwirkung der Rechtsprechung an einer **ausdifferenzierten Fallgruppenbildung**, z.B. für nicht steuerbare Anschubfinanzierungen, überhaupt für institutionelle Förderungen, oder für ein grundsätzliches übergeordnetes Interesse.

8.121 – Bei **gegenseitigen Verträgen** fehlt zu häufig die Auseinandersetzung mit den weiteren vom EuGH aufgestellten Kriterien, die zusätzlich für eine Steuerbarkeit der Zahlungen erfüllt sein müssen.[6]

---

1 BFH v. 20.8.2009 – V R 30/06, BFHE 226, 465 = BStBl. II 2010, 863 = UR 2009, 800.

2 BFH v. 2.9.2010 – V R 23/09, BFH/NV 2011, 458; hierzu *Noak*, Leistungsaustausch zwischen einem Zweckverband und einem mit der Aufgabe der Tierkörperbeseitigung beliehenen Unternehmer, DStR 2015, 2527.

3 BFH v. 19.6.2011 – XI R 8/09, UR 2012, 60 = BFHE 234, 455 = BFH/NV 2011, 2184.

4 BFH v. 29.1.2014 – XI R 4/12, UR 2014, 392 = BFHE 244, 131 = BFH/NV 2014, 992.

5 Nachweise bei FG Hamburg v. 4.2.2014 – 3 KO 28/14, EFG 2014, 1019.

6 Berücksichtigt hat der BFH die weiteren vom EuGH vorgegebenen Abgrenzungskriterien z.B. in BFH v. 27.11.2008 – V R 8/07, unter II. 1., BFHE 223, 520 = BStBl. II 2009, 397 = UR 2009, 231;

– Weiterhin nutzt die Rechtsprechung bei gegenseitigen Verträgen in der Regel nicht den ihr durch die Rechtsprechung des EuGH eingeräumten Spielraum, **Kriterien** für ein gegenüber etwaigen Individualinteressen **vorrangiges übergeordnetes Allgemeininteresse** herauszuarbeiten, auf dessen Grundlage ein identifizierbarer individueller Leistungsempfänger verneint werden könnte. 8.122

– Entgegen der Auffassung des BFH kann für die Steuerbarkeit einer Zuwendung nicht darauf abgestellt werden, ob der Zuschussempfänger seine **Leistung um der Zahlung willen** erbracht habe.[1] Denn der EuGH hat z.B. in den Rechtssachen *Mohr*[2], Landboden Agrardienste[3] und Tolsma[4] die Steuerbarkeit der Zuwendungen verneint, obwohl die Zuwendungsempfänger ihr Handeln auf den Erhalt der bzw. in der Rechtssache Tolsma allgemein von Zahlungen ausgerichtet hatten. 8.123

– Wenn die Rechtsprechung Zuschüsse als steuerbare Entgelte einstuft, ist die Urteilsbegründung nicht immer auf die **gesamte Zuwendungssumme** anwendbar, da in diesen Fällen nach Rechtsprechung des EuGH zu differenzieren ist („nur der Teil der Subvention“[5]). Z.B. begründet der BFH nicht, weshalb bei einem für die Durchführung des Stadtjubiläums und weiterer Stadtfeste gegründeten Verein neben den kommunalen Zuschüssen für die Stadtfeste auch die institutionelle Förderung umsatzsteuerpflichtig sein soll, die in gleicher Weise auch anderen im Stadtgebiet tätigen Vereinen gewährt wird.[6] Insoweit dürfte das vom EuGH für die Besteuerung entwickelte Kriterium der Unmittelbarkeit[7] fehlen. 8.124

– Die Rechtsprechung stellt zur Begründung der Steuerbarkeit teilweise sehr formalistisch auf die in den Vereinbarungen – teilweise von juristischen Laien – gewählten **Formulierungen** ab.[8] 8.125

### d) Praxisrelevanz

Zur Verdeutlichung der Praxisrelevanz der vorstehenden Ausführungen wird die Ausdifferenzierung in unechte und echte Zuschüsse mit oder ohne Vorsteuerabzugsberechtigung nachfolgend anhand eines Beispielfalls erläutert.[9] 8.126

Die Bundesagentur für Arbeit übernimmt vertraglich die **Anschubfinanzierung** (Kosten der Erstausstattung und Ingangsetzung des Geschäftsbetriebs), einen Anteil der **budgetierten Betriebskosten** (Mantelkosten) und die **Teilnehmerpauschalen** („Maßnahmekostenpauschalen“[10]) eines Langzeitarbeitslosen-Reintegrationsbetriebs des Elektroschrottrecyclings.

---

dagegen nicht in BFH v. 22.4.2015 – XI R 10/14, UR 2015, 710 und im Ergebnis nicht in BFH v. 18.12.2008 – V R 38/06, BFHE 225, 155 = BStBl. II 2009, 749 = UR 2009, 525.

1 So BFH v. 23.2.1989 – V R 141/84, BFHE 156, 530 = UR 1989, 277 = BStBl. II 1989, 368.

2 EuGH v. 29.2.1996 – C-215/94 – Mohr, ECLI:EU:C:1996:72.

3 EuGH v. 18.12.1997 – C-384/95 – Landboden Agrardienste, ECLI:EU:C:1997:627, Rz. 23 f.

4 EuGH v. 3.3.1994 – C-16/93 – Tolsma, ECLI:EU:C:1994:80, Rz. 19.

5 EuGH v. 22.11.2001 – C-184/00 – Office des produits wallons, ECLI:EU:C:2001:629, Rz. 15.

6 BFH v. 18.12.2008 – V R 38/06, BFHE 225, 155 = UR 2009, 525 = BStBl. II 2009, 749.

7 Vgl. EuGH v. 22.11.2001 – C-184/00 – Office des produits wallons, ECLI:EU:C:2001:629.

8 Z.B. BFH v. 27.11.2008 – V R 8/07, BFHE 223, 520 = BStBl. II 2009, 397 = UR 2009, 231.

9 In Anlehnung an BFH v. 22.4.2015 – XI R 10/14, UR 2015, 710, und v. 16.9.2015 – XI R 27/13; zu einem Parallelfall *Hüttemann*, Anmerkung zu einer Entscheidung des BFH v. 22.4.2015 – XI R 10/14, UR 2015, 710 – Umsatzsteuerrechtliche Behandlung von Maßnahmen der Arbeitsmarktförderung, MwStR 2015, 768 (771).

10 Abschnitt 10.2 Abs. 7, Beispiel 3 UStAE.

Außerdem finanziert die Kommune mit einem Zuschuss ein allgemeines, kostenloses **Ausbildungsangebot**:

8.127 – Die **Anschubfinanzierung** („institutionelle Förderung"[1]) ist einschließlich der für die Ingangsetzung des Betriebes notwendigen Personalkosten ein **echter Zuschuss**, da die Anschubfinanzierung kein Gegenwert für den Aufbau des Geschäftsbetriebs zugunsten der Bundesagentur sein kann (keine ihr obliegende öffentliche Aufgabe), zudem führt die Unterstützung des Markteintritts eines weiteren Marktteilnehmers nicht zu einem individuellen Verbrauch im mehrwertsteuerrechtlichen Sinne[2]. Denn in einem solchen Fall wird die Subvention an die subventionierte Einrichtung gerade nicht für die Lieferung eines bestimmten Gegenstandes oder die Erbringung einer bestimmten bzw. bestimmbaren Dienstleistung[3] gezahlt und kann daher nicht als Gegenleistung der Lieferung eines Gegenstandes oder der Erbringung einer Dienstleistung angesehen werden.[4] Vielmehr wird der Betriebsträger damit nur ganz allgemein in die Lage versetzt, überhaupt tätig zu werden (vgl. A 10.2 Abs. 7 S. 3 UStAE).

8.128 – Der Vorsteuerabzug aus den Kosten der **Erstausstattung** und Ingangsetzung des Geschäftsbetriebs ist gegeben, da es sich ausschließlich um Eingangsleistungen (Zuschüsse) einer wirtschaftlich unmittelbar[5] zu steuerbaren Ausgangsumsätzen (Recyclingumsätzen) führenden Wertschöpfungsprozesskette und damit eine wirtschaftliche Tätigkeit handelt. Nur Zuschüsse für nichtwirtschaftliche Tätigkeiten würden sich vorsteuermindernd auswirken.[6]

8.129 – Die Kostenübernahme eines Teils der **budgetierten Betriebskosten** (Mantelkosten) ist nach der EuGH-Entscheidung Office des produits wallons[7] zu Betriebskostenzuschüssen für in einem Rahmenvertrag konkret beschriebene Leistungen[8] als echter Zuschuss zu qualifizieren. Die unzureichende Kostendeckung der Ausgangsumsätze führt nicht zu einer Zuordnung der Tätigkeit zur nicht wirtschaftlichen Sphäre, solange die Ausgangsumsätze nicht künstlich niedrig gehalten wurden, um damit einen ungerechtfertigten Steuervorteil

1 BFH v. 6.10.1988 – V R 101/85, Rz. 21 f., UR 1989, 243 = BFH/NV 1989, 327, zur vergleichbaren Rechtslage bei Werkstätten für behinderte Menschen.

2 Vgl. EuGH v. 29.2.1996 – C-215/94 – Mohr, ECLI:EU:C:1996:72, Rz. 21 f.; BFH v. 18.12.2008 – V R 38/06, Rz. 38, BStBl. II 2009, 749 = UR 2009, 525.

3 BFH v. 23.7.2009 – V R 93/07, Rz. 16, BFHE 226, 435 = UR 2009, 848.

4 EuGH v. 22.11.2001 – Rs. C-184/00 – ASBL, ECLI:EU:C:2001:629, Rz. 12, UR 2002, 177.

5 EuGH v. 22.10.2015 – C-126/14 – Sveda, ECLI:EU:C:2015:712, insbesondere Rz. 33; Schlussanträge Generalanwältin *Kokott* v. 22.4.2015 – C-126/44 – Sveda, ECLI:EU:C:2015:254, Rz. 45.

6 EuGH v. 16.7.2015 – C-108/14, C-109/14 – Larentia + Minerva, ECLI:EU:C:2015:496, insbesondere Rz. 28; v. 22.10.2015 – C-126/14 – Sveda, ECLI:EU:C:2015:712, insbesondere Rz. 33; Schlussanträge Generalanwältin *Kokott* v. 22.4.2015 – C-126/44 – Sveda, ECLI:EU:C:2015:254, Rz. 45 f., 67; BFH v. 16.9.2015 – XI R 27/13, 1. Leitsatz mit der Beschränkung der Vorsteuerminderung auf Zuschüsse für nichtwirtschaftliche Tätigkeiten; missverständlich noch BFH v. 22.4.2015 – XI R 10/14, Rz. 35, UR 2015, 710, wonach die Zuschüsse in voller Höhe den nicht wirtschaftlichen Umfang des Unternehmens widerspiegeln würde.

7 EuGH v. 22.11.2001 – C-184/00 – Office des produits wallons, ECLI:EU:C:2001:629, Rz. 12; so auch die Schlussanträge Generalanwalt *Geelhoed* – C-184/00 – Office des produits wallons, ECLI:EU:C:2001:362, Rz. 35.

8 EuGH v. 22.11.2001 – C-184/00 – Office des produits wallons, ECLI:EU:C:2001:629, Rz. 4.

zu erzielen.[1] Da die budgetierten Betriebskosten zu umsatzsteuerpflichtigen Ausgangsumsätzen führen, mindert der dafür gewährte Zuschuss nicht den Vorsteuerabzug.[2]

- Die **Teilnehmerpauschalen** („Maßnahmekostenpauschalen“[3]) sind outputorientiert und könnten nach der vorgenannten Rechtssache Office des produits wallons[4] als steuerbares Leistungsentgelt einzustufen sein. Nach der Rechtssache Mohr[5] ist aber zusätzlich[6] entscheidend, ob die mit den Teilnehmerpauschalen finanzierten Leistungen **identifizierbaren Leistungsempfängern** oder der Allgemeinheit zu Gute kommen. Das „zu Gute kommen“ der arbeitsmarktpolitischen Maßnahmen wird aus Sicht der Bundesagentur sowie der Maßnahmeteilnehmer je nach Perspektive und konkreter Lebenssituation sehr unterschiedlich bewertet. In der Fachöffentlichkeit werden solche Projekte bekanntlich kontrovers diskutiert, z.B. die unverhältnismäßige Belastung der Maßnahmeteilnehmer kritisiert. Andererseits dienen die Leistungen ganz offensichtlich insbesondere der Allgemeinheit, so dass die nach der EuGH-Rechtsprechung zuständigen Fachbehörden in Abschnitt 10.2 Abs. 7 Beispiel 3 UStAE eine **Sachverhaltsbeurteilung** vornehmen konnten, wonach die Teilnehmerpauschalen mangels identifizierbarem Leistungsempfänger als echte Zuschüsse einzustufen sind. Nach dieser Auffassung mindern die Teilnehmerpauschalen als anteilige Betriebskostenerstattungen den Vorsteuerabzug nicht.[7] Falls die mit den Teilnehmerpauschalen abgegoltenen Leistungen dagegen identifizierbaren Leistungsempfängern zugeordnet würden, würde der Vorsteuerabzug anteilig gemindert (§ 15 Abs. 2 Nr. 1 i.V.m. § 4 Nr. 15b UStG). 8.130
- Der Zuschuss für das **kostenlose Ausbildungsangebot** wird der nicht wirtschaftlichen Sphäre des Betriebsträgers zugeordnet, da das Angebot kein Bestandteil der hier zu steuerbaren Ausgangsumsätzen führenden Wertschöpfungsprozesskette des Elektroschrottrecyclings ist und deren Erfolg auch nicht durch ein allgemeines Ausbildungsangebot unmittelbar gefördert wird[8]. Die dieser Tätigkeit zuzuordnenden Vorsteuern sind nicht abzugsfähig. 8.131

In der Praxis führt diese mehrfach gestufte, in der Rechtsanwendung mit erheblichen **Abgrenzungsunsicherheiten** belastete Ausdifferenzierung in echte und unechte Zuschüsse mit oder ohne Vorsteuerabzugsberechtigung bei den Unternehmen des Dritten Sektors zu gravieren- 8.132

1 EuGH v. 2.6.2016 – C-263/15 – Lajvér Kft., ECLI:EU:C:2016:392, Rz. 45–55.
2 EuGH v. 16.7.2015 – C-108/14, C-109/14 – Larentia + Minerva, ECLI:EU:C:2015:496, insbesondere Rz. 28; v. 22.10.2015 – C-126/14 – Sveda, ECLI:EU:C:2015:712, insbesondere Rz. 33; BFH v. 16.9.2015 – XI R 27/13, 1. Leitsatz mit der Beschränkung der Vorsteuerminderung auf Zuschüsse für nichtwirtschaftliche Tätigkeiten.
3 Abschnitt 10.2 Abs. 7, Beispiel 3 UStAE.
4 EuGH v. 22.11.2001 – C-184/00 – Office des produits wallons, ECLI:EU:C:2001:629, Rz. 15.
5 EuGH v. 29.2.1996 – C-215/94 – Mohr, ECLI:EU:C:1996:72.
6 Z.B. Schlussanträge Generalanwalt *Geelhoed* – C-184/00 – Office des produits wallons, ECLI:EU:C:2001:362, Rz. 32.
7 EuGH v. 16.7.2015 – C-108/14, C-109/14 – Larentia + Minerva, ECLI:EU:C:2015:496, insbesondere Rz. 28; v. 22.10.2015 – C-126/14 – Sveda, ECLI:EU:C:2015:712, insbesondere Rz. 33; BFH v. 16.9.2015 – XI R 27/13, 1. Leitsatz mit der Beschränkung der Vorsteuerminderung auf Zuschüsse für nichtwirtschaftliche Tätigkeiten.
8 Abgrenzung zu EuGH v. 22.10.2015 – C-126/14 – Sveda, ECLI:EU:C:2015:712, insbesondere Rz. 32.

den, teilweise sogar – gesamtwirtschaftlich gesehen ohnehin sinnwidrigen[1] – **existenziellen Kalkulationsrisiken**:

- Bei vielen Rechtsträgern des Dritten Sektors sind Zuschüsse **bedeutende Finanzierungsquellen**.
- Eine **Nachfinanzierung** festgestellter Umsatzsteuernach- und Vorsteuerrückforderungen ist nach dem öffentlichen Haushaltsrecht in der Regel ausgeschlossen.
- Steuernachforderungen wegen **Fehleinschätzungen** können Rechtsträger des Dritten Sektors häufig wegen unzureichender Rendite und **wirtschaftlichen Ressourcen** nicht kompensieren.
- Die Finanzverwaltung stellt im UStAE viele Anweisungen unter einen rechtsstaatlich fragwürdigen **Einzelfallvorbehalt**.[2]
- Es besteht nur eine geringe Bereitschaft der Finanzverwaltung zur Erteilung **zeitnaher verbindlicher Auskünfte**; gleiches gilt für Bescheinigungen über die umsatzsteuerliche Behandlung von Finanzhilfen, die von EU-Behörden vor einer Zuschussvergabe angefordert werden. Bei Finanzämtern ist die Taktik verbreitet, bis zum Beginn der Maßnahmenumsetzung abzuwarten, um sich dann auf die angebliche Unzulässigkeit einer Auskunftserteilung zu berufen.
- Die **Veranlagungspraxis** der Finanzverwaltung ist regional sehr unterschiedlich und im Zeitablauf wechselnd.
- Einzelne Finanzämter versuchen, die im Ergebnis gewünschte Steuerbelastung mit der Anwendung **alternativer Rechtskonstruktionen** durchzusetzen.[3]
- Das Risiko einer Besteuerung öffentlicher Mittel durch die öffentliche Hand ist den im Dritten Sektor verbreiteten **ehrenamtlichen Entscheidungsträgern** kaum vermittelbar mit der Folge unzureichender Risikovorsorge (**Tax Compliance** und Aufbau wirtschaftlicher Risikopolster).

## IV. Zuschüsse von Privaten

8.133 Bei der Abgrenzung steuerbarer Entgelte von (echten) Zuschüssen, z.B. seitens Stiftungen im Rahmen ihrer Förderzwecke, gelten **grundsätzlich keine Besonderheiten** gegenüber Zuschüssen der öffentlichen Hand.[4] Zum Beispiel sollen die Pauschalerstattungen der **Initiative Tierwohl** an die Tierhalter nach Auffassung der Finanzverwaltung dem Regelsteuersatz unterliegen.[5] Zuschüsse des Großhändlers für **Geschäftserweiterungen** des von diesem belieferten

1 Hierzu sehr deutlich Schlussanträge Generalanwalt *Jacobs* – C-384/95 – Landboden Agrardienste, ECLI:EU:C:197:433, Rz. 12 bis 16; ähnlich Schlussanträge Generalanwalt *Geelhoed* – C-381/01 – Kommission (Trockenfutterbeihilfen), ECLI:EU:C:2003:642, Rz. 48; Schlussanträge Generalanwalt *Geelhoed* – C-184/00 – Office des produits wallons, ECLI:EU:C:2001:362; *Wagner* in Sölch/Ringleb, § 10 Rz. 209.

2 Z.B. Abschn.10.2 Abs. 8 UStAE: „… in der Regel …", „… grundsätzlich …", Abs. 9: „… regelmäßig …", Abs. 10: „… grundsätzlich …".

3 Und manche FG sind dafür offen: Beispielsfall FG München v. 24.4.2013 – 3 K 734/10, EFG 2013, 1532, zurückverwiesen von BFH v. 16.9.2015 – XI R 27/13.

4 BFH v. 18.3.2004 – V R 101/01, BFHE 205, 342 = BStBl. II 2004, 798 = UR 2004, 428.

5 OFD Niedersachsen, Vfg. v. 17.12.2016, S 7200 - 431 - St 174.

Einzelhändlers sollen unmittelbar mit der **Geschäftschancenerwartung** des Großhändlers verknüpft und daher als steuerpflichtiges Leistungsentgelt einzustufen sein.[1]

In diesen Fällen ist insbesondere eine **Abgrenzung zu Sponsoringverträgen** erforderlich, mit denen der Sponsor eigene Ziele der Werbung und Öffentlichkeitsarbeit verfolgt.[2]

## V. Reformvorschläge

In der Praxis führt die mit erheblichen **Abgrenzungsunsicherheiten** belastete Ausdifferenzierung in echte und unechte Zuschüsse mit oder ohne Vorsteuerabzugsberechtigung bei den Unternehmen des Dritten Sektors zu gravierenden, teilweise sogar – gesamtwirtschaftlich gesehen ohnehin sinnwidrigen[3] – existenziellen Risiken. 8.134

Wie vorstehend zur Kritik an der Rechtsprechung ausgeführt, führen hier Qualitätsmängel der Rechtssetzung und des Rechtsvollzugs in der Regel nur zu Budgetumschichtungen in öffentlichen Hauhalten mit letztlich scheinbaren steuerlichen Mehrergebnissen. Daher besteht dringender Reformbedarf. 8.135

Insbesondere muss die Rechtsprechung des EuGH – wie nachfolgend ausgeführt – in den UStAE übernommen und ein Schnellverfahren für die Auskunftserteilung eingeführt werden.

### 1. Auskunftsverfahren

Erforderlich ist auf jeden Fall die unionsrechtlich ohnehin gebotene[4] **Einführung eines Schnellverfahrens** auf verbindliche Auskunftserteilung, ggf. durch eine zentrale Stelle (z.B. Bundeszentralamt für Steuern oder entsprechende Landesbehörden). Die bei Finanzämtern verbreitete Taktik, bis zum Beginn der Maßnahmenumsetzung abzuwarten, um sich dann auf die angebliche Unzulässigkeit einer Auskunftserteilung zu berufen, ist eines Rechtsstaates unwürdig. 8.136

### 2. Änderung des UStAE

Die rechtsstaatlich fragwürdigen **Einzelfallvorbehalte** im UStAE[5] müssen gestrichen und die Möglichkeit zum **Billigkeitserlass** bei im Einzelfall abweichender Gerichtsentscheidung im 8.137

---

1 FG Baden-Württemberg, v. 20.6.2018 – 9 K 3596/16, EFG 2018, 1913; Rev. beim BFH unter Az. V R 22/18.

2 *Peltner* in Weymüller, Umsatzsteuergesetz, 2015, § 1 Rz. 82.6.

3 Hierzu sehr deutlich Schlussanträge GA *Jacobs* – C-384/95 – Landboden Agrardienste, ECLI:EU:C:197:433, Rz. 12 bis 16; ähnlich EuGH, Schlussanträge Generalanwalt *Geelhoed* – C-381/01 – Kommission (Trockenfutterbeihilfen), ECLI:EU:C:2003:642, Rz. 48; Schlussanträge Generalanwalt *Geelhoed* – C-184/00 – Office des produits wallons, ECLI:EU:C:2001:362, Rz. 16; *Wagner* in Sölch/Ringleb, § 10 Rz. 209.

4 Z.B. EuGH v. 9.7.2015 – C-144/14 – Tomoiaga, ECLI:EU:C:2015:452, Rz. 33–35 m.w.N., v. 16.9.2008 – C-288/07 – Isle of Wight Councel, ECLI:EU:C:2008:505, Rz. 47, 48 m.w.N.

5 Z.B. Abschn.10.2 Abs. 8 UStAE: „… in der Regel …“, „… grundsätzlich …“, Abs. 9: „… regelmäßig …“, Abs. 10: „… grundsätzlich …“.

Rahmen der Rechtsprechung des EuGH zum Vertrauensschutz[1] -auch ohne Antrag[2] – sollte in Abschn. 10.2 UStAE ausdrücklich benannt und auch praktiziert werden. Diese sind nicht als unionsrechtswidrige Beihilfe einzustufen, weil die europäischen Statuten zur Mehrwertsteuer ein eigenständiges Regelungssystem zur Verfügung stellen, welches den nationalen Steuerbehörden nach der Rechtsprechung des EuGH[3]. die Berücksichtigung berechtigten Vertrauens ermöglicht, jedenfalls solange nicht zwischen verschiedenen Gruppen von Unternehmen differenziert wird.

8.138 Die Fallgruppen nicht steuerbarer Zuschüsse müssen, auch unter Inkaufnahme scheinbarer „Steuerausfälle" – es handelt sich in fast allen Fällen lediglich um schlichte Budgetumschichtungen in öffentlichen Haushalten –, für den Anwender **rechtssicherer** beschrieben werden. Zum Beispiel sollte bei der zur Steuerbarkeit führenden Fallgruppe des **gegenseitigen Vertrages** in Abschnitt 10.2 Abs. 9 UStAE herausgearbeitet werden,

8.139 – dass auch die weiteren vom EuGH aufgestellten Kriterien (**Unmittelbarkeit, identifizierbarer Leistungsempfänger**) für eine Steuerbarkeit der Zahlungen erfüllt sein müssen,

8.140 – dass und anhand welcher Kriterien zur Hauptleistungspflicht des Zuschussempfängers die **Abwägung** vorzunehmen ist, ob vorrangig individuelle Interessen des Zuschussgebers oder – im Zweifel – **übergeordnete Allgemeininteressen** verfolgt werden und daher ein identifizierbarer individueller Leistungsempfänger fehlt.[4]

Im UStAE sollten zusätzlich folgende inhaltliche Änderungen vorgenommen werden:

8.141 – **Anschubfinanzierungen** und **Modellprojekte** werden als Beispielsfälle für eine Förderung aus strukturpolitischen, volkswirtschaftlichen oder allgemeinpolitischen Gründen in Abschn. 10.2 Abs. 7 S. 3 UStAE ausdrücklich aufgenommen.

8.142 – Die Fallgruppe der Rechtssache **Office des produits wallons**[5] zur Nichtsteuerbarkeit von **Betriebskostenzuschüssen** für **in einem Vertrag konkret beschriebene Leistungen**[6], soweit die Subvention an die subventionierte Einrichtung als (outputunabhängige) Beteiligung an den allgemeinen Kosten oder laufenden Ausgaben und Personalkosten gezahlt werden, wird mit den in der EuGH-Entscheidung genannten Voraussetzungen ausdrücklich in den Anwendungserlass aufgenommen.

8.143 – Eine weitere Fallgruppe der schlichten **Zuschussweiterleitung** unter inhaltlich unveränderter Durchreichung der Zuschussmittel und -bedingungen könnte in den UStAE mit Kriterien aufgenommen werden, wann die den Zuschuss weiterleitende Stelle in diesem

1 Z.B. EuGH v. 9.7.2015 – C-183/14 – Salomie und Oltean, ECLI:EU:C:2015:454, Rz. 30–32; v. 9.7.2015 – C-144/14 – Tomoiaga, ECLI:EU:C:2015:452, Rz. 33–35 m.w.N., v. 16.9.2008 – C-288/07 – Isle of Wight Councel, ECLI:EU:C:2008:505, Rz. 47, 48 m.w.N.; v. 14.9.2006 – C-181/04 – Elmeka, ECLI:EU:C:2006:563, Rz. 26–36; v. 23.11.1989 – C-381/87 – Belgocodex, ECLI:EU:C:1998:589, Rz. 29; v. 26.4.2005 – C-376/02 – Goed Wonen, ECLI:EU:C:2005:251.

2 Amtl. Gesetzesbegründung, BT-Drucks. VI/1982, 147 v. 19.3.1971.

3 Andernfalls würde der EuGH z.B. auf Ausführungen zum Vertrauensschutz in einschlägigen Urteilen verzichten können, hierzu exemplarisch EuGH v. 14.9.2006 – C-181/04 – Elmeka, ECLI:EU: C:2006:563, Rz. 26–36.

4 Gutes Beispiel hierfür sind BFH v. 22.7.1999 – V R 74/98, BFH/NV 2000, 240; FG Köln v. 21.11.2012 – 4 K 526/11, EFG 2013, 888 (rkr.).

5 EuGH v. 22.11.2001 – C-184/00 – Office des produits wallons, ECLI:EU:C:2001:629, Rz. 15.

6 EuGH v. 22.11.2001 – C-184/00 – Office des produits wallons, ECLI:EU:C:2001:629, Rz. 4.

Fall ohne eigenes wirtschaftliches Interesse[1] und damit vorrangig (unmittelbar) im übergeordneten Interesse tätig wird.

- Neu aufgenommen wird bei den Zuwendungen aus öffentlichen Kassen, dass **Globalzuschüsse** für lokale Entwicklungsmaßnahmen nicht der Umsatzsteuer unterliegen, soweit ihnen keine Verträge mit beiderseitigen Hauptleistungspflichten zugrunde liegen.[2] 8.144
- Da die für die Forschung zuständigen Bundes- und Landesministerien insoweit immer Allgemeininteresse wahrnehmen, werden Zuwendungen zur **Grundlagenforschung** insgesamt von der Steuerbarkeit ausgenommen. 8.145
- Mit EU-, Bundes- oder Landesmitteln finanzierte, **Umwelt- und Naturschutzmaßnahmen** werden wegen dem vorrangigen Allgemeininteresse insgesamt von der Steuerbarkeit ausgenommen, soweit kein überwiegendes wirtschaftliches Interesse individueller Grundstückseigentümer feststellbar ist. 8.146
- Finanzmittelzuweisungen auf der Grundlage von **Betrauungsakten** zwischen öffentlich-rechtlichen Körperschaften werden aufgrund ihrer Rechtsnatur insgesamt von der Steuerbarkeit ausgenommen.[3] 8.147
- In Abschn. 10.2 Abs. 8 UStAE (Zuwendungen aus öffentlichen Kassen) wird ein Hinweis auf die aus gesamtwirtschaftlicher Sicht **bestehende Kritik** an der Umsatzbesteuerung der Zuwendungen[4] aufgenommen, um die Ressourcen der Betriebsprüfung stärker auf tatsächliche Steuerausfälle statt aus volkswirtschaftlicher Sicht nur statistische Erfolge durch schlichte Budgetumschichtungen in öffentlichen Haushalten auszurichten. 8.148

## D. Spenden, Sponsoring und Werbeleistungen

**Literatur:** *Van Doesum/van Norden*, European Union – The Right To Deduct under EU VAT, IVM 2011, 323; *Ehrke-Rabel/Gunacker-Slawitsch*, Umsatzsteuerrechtliche Beurteilung von Geschenken zur Kundenbindung, UR 2013, 249, *Gunacker-Slawitsch*, Umsatzsteuerlicher Eigenverbrauch, Wien 2007, *Heber*, Vorsteuerabzug: Lösungsansatz für ein unionsrechtskonformes Ergebnis (Teil I), ÖStZ 2013, 17; *Heber/Sternberg*: Chapter 6: Germany in van Brederode/Krever (Hrsg.): Legal Interpretation of Tax Law. Alphen aan den Rijn 2014, 163; *Klenk*, UVR 1999, 219 (223); *Klenk*, Zugaben zu entgeltlichen Lieferungen und ähnliche Zuwendungen, UR 2001, 56; *Korn*, Kein Vorsteuerabzug, soweit Gegenstände teilweise für nichtunternehmerische, aber nicht völlig unternehmensfremde Zwecke verwendet werden, DStR 2009, 372; *Küffner/von Streit*, Zuordnung und Verwendung von Eingangsleistungen – Auswirkungen auf den Vorsteuerabzug unter Berücksichtigung des Unternehmensbegriffs, DStR 2012;

---

1 Die Weiterleitungsstelle muss die Mittel verausgaben oder zurückzahlen und ist damit selbst in Höhe der Zuschussmittel wirtschaftlich nicht betroffen.

2 Ähnlich die Antwort des Kommissars *Monti* v. 23.9.1997 auf eine parlamentarische Anfrage, Amtsblatt der Europäischen Gemeinschaften 1998, Nr. C 102, 42.

3 Hierzu *Tepfer*, Steuerliche Aspekte bei Betrauungen, KommunalPraxis spezial 2014, 79; *Leippe*, Umsatzsteuerrisiken aus EU-Beihilfe, ZFK 2011, 217; *Kellersmann*, Zur Frage des umsatzsteuerlichen Leistungsaustauschs zwischen Gesellschaft und Gesellschafter beim Vorliegen von Betrauungsakten, Europäisches Steuerrecht, in Festschrift für Friedrich Rödler zum 60. Geburtstag, 2010, 421.

4 Hierzu sehr deutlich EuGH, Schlussanträge GA Jacobs – C-384/95 – Landboden Agrardienste, ECLI:EU:C:197:433, Rz. 12–16; ähnlich EuGH, Schlussanträge Generalanwalt *Geelhoed* – C-381/01 – Kommission (Trockenfutterbeihilfen), ECLI:EU:C:2003:642, Rz. 48; Schlussanträge Generalanwalt *Geelhoed* – C-184/00 – Office des produits wallons, ECLI:EU:C:2001:362, Rz. 16; *Wagner* in Sölch/Ringleb, § 10 Rz. 209.

*Nieskens*, Vorsteuerabzug aus Dienstleistungen, die zum Teil außerunternehmerisch verwendet werden, EU-UStB 2009, 19; *Nieskens*, Steuervereinfachung in der Umsatzsteuer – Wunschdenken oder Wirklichkeit?, UR 1999, 137; *Pull*, Die neue Sphärentheorie, MwStR 2013, 611; *Sternberg*, Die Umsatzbesteuerung gemeinnütziger Vereine im Binnenmarkt – Steuerbarkeit und Leistungsort, SSRN (https://papers.ssrn.com/sol3/papers.cfm?abstract_id=2767526); *Sterzinger*, Vorsteuerabzug bei nichtunternehmerischer, aber nicht völlig unternehmensfremder Verwendung, UR 2010, 125; *Tanzer*, Die Einheitlichkeit eines Umsatzes Zur Abgrenzung zwischen der Leistung und der Leistungsentnahme im Umsatzsteuerrecht in Achatz/Ehrke-Rabel/Heinrich/Leitner/Taucher (Hrsg.), Steuerrecht, Verfassungsrecht, Europarecht, FS für Hans Georg Ruppe, Wien 2007, 591.

## I. Problemaufriss

8.149 Gemeinnützig tätige Personenvereinigungen sind meist darum bemüht, neben dem Erhalt von Mitgliedsbeiträgen weitere finanzielle Mittel oder Wertgegenstände einzuwerben, um ihre gemeinnützigen Tätigkeiten finanzieren zu können. So versuchen gemeinnützige Personenvereinigungen vielfach, Spenden von dritter Seite zu erhalten. Der Begriff der Spende ist kein dem Mehrwertsteuerrecht eigener Begriff. Dementgegen wird der Begriff der Spende im deutschen Ertragsteuerrecht in **§ 10b EStG** insofern tatbestandsgegenständlich, als diese in bestimmtem Ausmaß als Sonderausgabe abgezogen werden dürfen. Nach der Rechtsprechung des BFH ist unter einer Spende jede Ausgabe zu verstehen, die **freiwillig und unentgeltlich** geleistet wird.[1] Eine Spende ist immer dann unentgeltlich, wenn sie fremdnützig geleistet wird. Somit muss die Spende ohne Erwartung eines besonderen Vorteils gegeben werden, wodurch die **Spendenmotivation** im Vordergrund zu stehen hat.[2] Ob die Spendenmotivation tatsächlich im Vordergrund steht, ist nicht anhand der subjektiven Einstellung des Ausgebenden, sondern anhand der äußeren Umstände festzustellen.[3] Die eigene Bevorteilung ist von der Bevorteilung Dritter abzugrenzen. So schadet es der Abzugsfähigkeit naturgemäß nicht, wenn durch die Spende eine bestimmte oder bestimmbare Personengruppe bevorteilt wird. Dem Spender ist es zudem nicht verwehrt, die Spende an einen bestimmten steuerbegünstigten Zweck zu binden.[4]

8.150 Für die Beurteilung, ob eine ertragsteuerliche Spende Entgelt oder Drittentgelt für eine Leistung des Begünstigten im Sinne des Mehrwertsteuerrechts ist, sind **andere Maßstäbe** anzuwenden als vom Ertragsteuerrecht gefordert. So ist bei der Beurteilung, ob ein steuerbarer Leistungsaustausch begründet ist, gerade nicht auf ein objektives Überwiegen der Motivation des Zuwendenden abzustellen. Es ist vielmehr nach den allgemeinen Grundsätzen des Mehrwertsteuerrechts zu fragen, ob eine Leistung gegen Entgelt erbracht wurde.

8.151 Das Einwerben finanzieller Mittel erfolgt vielfach auch durch Werbeleistungen der gemeinnützigen Personenvereinigung im Rahmen von sog. **Sponsoringtätigkeiten**. Hierbei erhält die werbende Personenvereinigung (Gesponserte) Geld oder einen geldwerten Vorteil von einem Steuerpflichtigen (Sponsor), damit diese meist ein bestimmtes gesellschaftspolitisch bedeutsames Ziel zu erreichen vermag. Der Sponsor verfolgt hierbei unternehmensbezogene Werbungsziele, denn meist wird der Firmenname oder das Firmenlogo öffentlichkeitswirksam auf beispielsweise Informationsmaterial des Gesponserten, wie Broschüren, der Homepage

1 Vgl. hierzu ausführlich: *Brandl* in Blümich, EStG (130. Aufl.), § 10b Rz. 16.
2 BFH v. 25.11.1987 – I R 126/88, BStBl. II 1998, 200; v. 25.11.1987 – I R 126/85, BStBl. II 1988, 220 = FR 1988, 167; v. 2.8.2006 – XI R 6/03, BStBl. II 2007, 8 = FR 2007, 145.
3 BFH v. 9.8.1989 – I R 4/84, BStBl. II 1990, 237 = FR 1990, 254.
4 Ibid.

oder Vereinszeitungen, platziert.[1] Bei derartigen Sponsoringtätigkeiten handelt es sich überwiegend um entgeltliche Leistungen seitens der Personenvereinigung.

Regelmäßig ergeben sich aber wesentliche **Abgrenzungsprobleme** zwischen der Sponsoringtätigkeit einer gemeinnützigen Personenvereinigung und ihren anderen außenwirksamen Tätigkeiten. So ist es beispielsweise im Bereich der Spenden üblich, den Spendern in außenwirksamer Weise zu danken. Ob hierin bereits ein steuerbarer Leistungsaustausch zu sehen ist, gilt es im Folgenden näher zu erörtern. Zudem werden Mitglieder und Spender vielfach mit Materialien versorgt, die ihnen einen Überblick über die Tätigkeit der Personenvereinigung geben. Ob die Bereitstellung dieses Informationsmaterials bereits eine Leistung im Sinne des Mehrwertsteuerrechts begründet, mit der eine Gegenleistung in unmittelbarem Zusammenhang steht, bedarf ebenso einer vertiefenden Analyse. 8.152

## II. Abgrenzungskriterien

Im Folgenden gilt es, tragfähige Kriterien für die **Abgrenzung** des sog. **Sponsorings**, dem grundsätzlich ein steuerbarer Leistungsaustausch unterstellt wird, von den **Spenden** und damit zusammenhängenden Werbeleistungen, wie Danksagungen, die einen steuerbaren Leistungsaustausch nicht zu begründen vermögen, herauszuarbeiten. 8.153

### 1. Abgrenzungskriterien der Finanzverwaltung

Die **deutsche Finanzverwaltung** geht davon aus, dass eine Personenvereinigung dann keine Werbeleistungen erbringt, wenn sie auf Plakaten, in Veranstaltungshinweisen, in Ausstellungskatalogen oder auf ihrer Internetseite lediglich auf den Zuwendungsgeber hinweist.[2] Wird der Name, das Logo oder das Emblem des Mittelgewährenden aber **besonders hervorgehoben** oder wird der Hinweise auf der Internetseite mit der Homepage des Zuwendenden **verlinkt**, soll die Personenvereinigung eine Leistung erbringen.[3] Von einer als sonstigen Leistung einzuordnenden **Duldungsleistung** seitens der Personenvereinigung soll immer dann auszugehen sein, wenn dem Mittelgeber das ausdrückliche Recht eingeräumt wird, „die Sponsoringmaßnahme im Rahmen eigener Werbung zu vermarkten“[4]. Zudem soll die Abgabe von **Druckerzeugnissen** an die Mitglieder keine Leistung begründen, wenn diese nur „Informationen und Nachrichten aus dem Leben der Vereinigung“[5] enthalten. Handelt es sich hingegen um eine Fachzeitschrift, „die das Mitglied andernfalls gegen Entgelt im freien Handel beziehen müsste“[6], so ist hierin eine Leistung an die Mitglieder zu sehen. 8.154

1 Zur Auffassung der deutschen Finanzverwaltung: „Unter Sponsoring wird üblicherweise die Gewährung von Geld oder geldwerten Vorteilen durch Unternehmen zur Förderung von Personen, Gruppen und/oder Organisationen in sportlichen, kulturellen, kirchlichen, wissenschaftlichen, sozialen, ökologischen oder ähnlich bedeutsamen gesellschaftspolitischen Bereichen verstanden, mit der regelmäßig auch eigene unternehmensbezogene Ziele der Werbung oder Öffentlichkeitsarbeit verfolgt werden.“ (BMF v. 18.2.1998, BStBl. I 1998, 212; AEAO Nr. 7 S. 1 zu § 64).

2 Art. 1.1. Abs. 23 S. 1 UStAE.

3 Art. 1.1. Abs. 23 S. 2 UStAE.

4 Art. 1.1. Abs. 23 S. 3 UStAE.

5 Art. 1.4. Abs. 6 S. 1 UStAE.

6 Art. 1.4. Abs. 6 S. 2 UStAE.

## 2. Abgrenzungskriterien der MwStSystRL

8.155 Die MwStSystRL sieht keine besonderen Kriterien vor, mit welchen das Sponsoring von Spenden und den mit ihnen verbundenen Danksagungen abgegrenzt werden kann. Daher gelten die **allgemeinen Kriterien** für die Bestimmung des Mehrwertsteuerrechts, um zu bestimmten, ob eine Leistung gegen Entgelt ausgeführt wurde.

### a) Leistungserbringung

8.156 Eine Leistung erbringt die Personenvereinigung immer nur dann, wenn durch die Tätigkeit einem **identifizierbaren Leistungsempfänger ein verbrauchsfähiger Vorteil** zuteilwird (Rz. 8.8). Dieser verbrauchsfähige Vorteil und der Leistungsempfänger müssen im Rahmen eines Rechtsverhältnisses, das zwischen dem Leistenden und dem Leistungsempfänger besteht, genau bestimmt werden. Für die Begründung eines Rechtsverhältnisses ist es unschädlich, dass der potentielle Leistungsempfänger seine Leistung nicht in Wertschätzung dieses Vorteils erbringt. Denn das Rechtsverhältnis bestimmt ausschließlich die Erwartungshaltung zwischen dem Leistenden und dem Leistungsempfänger. Somit muss der Leistungsempfänger durch das Rechtsverhältnis nur wissen, welcher verbrauchsfähige Vorteil ihm zuteilwird. Ob der Leistungsempfänger diesen Vorteil erhalten möchte und seine Leistung gerade hierfür erbringt, ist ausschließlich eine Frage des unmittelbaren Zusammenhangs zwischen der Leistung und der Gegenleistung. Für die Qualifikation als Leistung des Mehrwertsteuerrechts reicht demnach eine objektive Beurteilung dahingehend aus, ob einem identifizierbaren Leistungsempfänger im Rahmen eines Rechtverhältnisses ein verbrauchsfähiger Vorteil zuteilwird und das Leisten an ihn somit nicht zufällig, gleichfalls mittelbar, erfolgt. Das Kriterium der Verbrauchsfähigkeit ist nicht mit der Konsumfähigkeit gleichzusetzen. Es schadet daher nicht, wenn eine bestimmte Leistung nicht unmittelbar konsumiert wird oder werden kann, wohl aber in die eigene Mehrwertgenerierung einfließt.

8.157 Die Frage, ob Tätigkeiten, die dazu dienen, den **Vereins- oder Gesellschaftszweck** zu erreichen, eine Leistung im Sinne des Mehrwertsteuerrechts begründen, wurde bereits oben (Rz. 8.8 ff.) ausführlich geklärt. Demnach begründet eine Tätigkeit immer dann keine Leistung, wenn der Vereins- oder Gesellschaftszweck darauf gerichtet ist, die Allgemeininteressen zu fördern. Hierdurch mag der Zuwendungsgeber – nach der Diktion des BFH (Rz. 8.12) – **mittelbar bevorteilt** werden, dies reicht aber nicht aus, um eine Leistung an ihn im Sinne des Mehrwertsteuerrechts zu begründen. Vielmehr muss er Leistungsempfänger sein und ihm muss im Rahmen eines zwischen ihm und dem Leistenden bestehenden Rechtsverhältnisses unmittelbar ein Vorteil zuteilwerden.

8.158 Im Bereich des Sponsorings bzw. der Spendenzahlungen kommen insbesondere **Werbeleistungen** und die Bereitstellung von **Informationsmaterialien** in Betracht, die durch die Personenvereinigung an Mitglieder oder Dritte erbracht werden und eine Leistung im Sinne des Mehrwertsteuerrechts zu begründen vermögen.

#### aa) Werbemaßnahmen

8.159 Eine Personenvereinigung kann in vielfacher Weise **Werbeleistungen** erbringen. Hierbei wird meist das Logo oder der Firmenname des Leistungsempfängers durch den Leistenden außenwirksam mit seiner eigenen Tätigkeit in Verbindung gebracht. So kommt beispielsweise Trikotwerbung, Werbung auf Banden, Plakaten, der Homepage oder in der Vereinszeitung in Betracht. Dem entspricht es, dass ein gemeinnütziger Verein an einen Unternehmer, der ihm

„unentgeltlich“ Freiballone mit seinem Firmenlogo zur Verfügung stellt, Werbeleistungen erbringt, indem er diese zu Sport- und Aktionsfahrten einsetzt.[1] Ebenso erbringen soziale Einrichtungen Werbeleistungen an Unternehmer, die ihnen ein Kfz mit Firmenlogos „unentgeltlich“ zur Verfügung stellen.[2]

Wie bereits oben unter Rz. 8.154 angeführt, liegt nach Auffassung der **deutschen Finanzverwaltung** bei derartigen Tätigkeiten eine Leistung seitens der Personenvereinigung nur dann vor, wenn der Sponsor auf Plakaten, in Veranstaltungshinweisen, in Ausstellungskatalogen, auf der Internetseite oder anderen außenwirksamen Medien besonders hervorgehoben wird.[3] Diese Differenzierung ist für den Begriff der mehrwertsteuerlichen Leistung nicht nachvollziehbar und an ihr kann nicht festgehalten werden. Dem Zuwendenden kann ein verbrauchsfähiger Vorteil auch bei schlichter Nennung **ohne besondere Hervorhebung** des Logos oder des Namens zuteilwerden.[4] Die Werbewirksamkeit mag höher sein, wenn der Zuwendende in besonderer Form hervorsticht, doch kann nicht in Abrede gestellt werden, dass auch bei einer schlichten namentlichen Nennung von einer Außenwirksamkeit auszugehen ist. Dass es dem Zuwendenden aber auf eine solche geringe Werbung womöglich nicht ankommt, hat auf die Frage, ob eine Leistung im Sinne des Mehrwertsteuerrechts vorliegt, keinen Einfluss, wohl aber auf die nachgelagerte Bestimmung des unmittelbaren Zusammenhangs zwischen der Leistung und der Gegenleistung. Somit wird man sagen müssen, dass jede **nach außen wirksame Bekanntmachung der Person** in ihrer Rolle als Zuwendender dem Grunde nach eine Leistung im Sinne des Mehrwertsteuerrechts zu begründen vermag, sofern der Leistungsempfänger im Rahmen des zwischen ihm und dem Leistenden bestehenden Rechtsverhältnisses wusste, dass ihm ein solcher Vorteil gewährt wird. Der Vorteil des Zuwendenden liegt darin, dass er einerseits außenwirksam mit dem Zuwendungsempfänger in Verbindung gebracht wird und andererseits außenwirksam auf ihn als solchen aufmerksam gemacht wird. 8.160

Genauso liegt eine sonstige Leistung immer dann vor, wenn die **Verwendung des eigenen Namens oder des Logos geduldet wird**. Der verbrauchsfähige Vorteil liegt in der Assoziierung der Person mit der Non-Profit Organisation. Neben dem Leisten durch die Non-Profit Organisation kann auch ein Leisten an sie begründet sein. Denn durch die Verwendung des Namens oder des Logos der Non-Profit Organisation wird auch auf sie in außenwirksamer Weise aufmerksam gemacht, worin eine Leistung im Sinne des Mehrwertsteuerrechts zu sehen ist. 8.161

Richtig ist, dass gerade gemeinnützige Personenvereinigungen, um **Transparenz** zu wahren, all jene Personen außenwirksam bekannt geben wollen, die Mittel zugewendet haben. Doch ist der Zweck, den der Leistende verfolgt, für die Qualifikation gerade dieses Tuns als Leistung im Sinne des Mehrwertsteuerrechts unbedeutend; die Zweckverfolgung hat aber für die Frage, ob zwischen der Leistung und der Gegenleistung ein unmittelbarer Zusammenhang besteht, Bedeutung. 8.162

### bb) Informationsmaterial und Veranstaltungen

Personenvereinigungen, welche Mittel von Dritten in Form des Sponsorings oder Spenden erhalten, werden darum bemüht sein, diese an sich zu binden, um diese finanzielle Unterstützung auch in Zukunft zu erhalten. Dies erfolgt häufig durch **Veranstaltungen** der Personen- 8.163

---

1 BFH v. 1.8.2002 – V R 21/01, BStBl. II 2003, 438 = UR 2003, 26.
2 BFH v. 16.4.2008 – XI R 56/06, BStBl. II 2008, 909 = UR 2008, 700.
3 Art. 1.1. Abs. 23 S. 2 UStAE.
4 Vgl. so auch *Hüttemann*, Gemeinnützigkeits- und Spendenrecht[3], 682; *Rasche* in Schauhoff, Gemeinnützigkeit, Rz. 32; a.A. *Alberti*, Sponsoring im Steuerrecht, 239.

vereinigung, zu welchen gerade diese Personen eingeladen werden, aber auch durch Versendung von **Informationsmaterial**, das über das Tun der Personenvereinigung informieren soll. Auch hier stellt sich die Frage, ob die Personenvereinigung eine Leistung im Sinne des Mehrwertsteuerrechts erbringt.

8.164 Nach Auffassung der **deutschen Finanzverwaltung** liegt eine Leistung beispielsweise dann nicht vor, wenn ein Verein an seine Mitglieder Druckerzeugnisse abgibt, „wenn es sich um Informationen und Nachrichten aus dem Leben der Vereinigung handelt".[1] Etwas anderes soll nur gelten, wenn es sich bei diesen Materialien um Fachzeitschriften handelt, „die das Mitglied andernfalls gegen Entgelt im freien Handel beziehen müsste".[2] Da die Finanzverwaltung explizit auf die mangelnde Leistung abstellt, müssen diese Überlegungen auch auf Dritte übertragen werden können. Hiernach stellt die Zurverfügungstellung von Zeitschriften von Personenvereinigungen, die gerade in die Arbeit dieser Personenvereinigung und ihre verschiedenen Tätigkeitsfelder Einblick geben sollen, keine Leistung im Sinne des Mehrwertsteuerrechts dar.

8.165 Vielfach handelt es sich bei diesen Informationsmaterialien um **Eigenwerbung**. Die Personenvereinigung will sich präsentieren und die Zuwendenden und Sponsoren davon überzeugen, dass die von ihnen verfolgte Tätigkeit auch zukünftig zu unterstützen ist. Der verbrauchsfähige Vorteil, der den Leistungsempfängern durch die Informationsmaterialien zukommt, wird potentiell mit steigender Anzahl an fachlichen Beiträgen größer sein. Doch selbst solche Materialien, die jegliche fachliche Auseinandersetzung mit Spezialthemen vermissen lassen, können dem Leistungsempfänger einen verbrauchsfähigen Vorteil verschaffen; so können diese Materialien beispielsweise von Ärzten genutzt werden, um ihren Patienten im Warteraum Lesematerial zur Verfügung zu stellen. Somit ist der deutschen Finanzverwaltung nicht zu folgen, die eine Leistungserbringung durch die Personenvereinigung bei Druckerzeugnissen nur dann annimmt, wenn es sich bei diesen um Fachzeitschriften handelt, die auch am freien Markt erworben werden können.

8.166 Werden auf **Veranstaltungen**, die von der Personenvereinigung organisiert und ausgerichtet werden und zu welchen gerade Sponsoren und Zuwendende eingeladen werden, die Arbeit und der Tätigkeitsbereich der Personenvereinigung dargetan und wird dies mit einem Essen, Getränken und musikalischer Unterhaltung verbunden, so wird demjenigen, der diesen Veranstaltungen beiwohnt, ein verbrauchsfähiger Vorteil verschafft. In diesen Fällen ist von einer Leistungserbringung seitens der Personenvereinigung auszugehen.

### b) Entgeltlichkeit

8.167 Erbringt eine Personenvereinigung an Zuwendende Leistungen durch Werbemaßnahmen, Zeitschriften oder im Rahmen von Veranstaltungen, so liegt ein steuerbarer Leistungsaustausch erst dann vor, wenn diese Leistung in **unmittelbarem Zusammenhang** mit einer Gegenleistung steht; nur so kann von einer Leistung gegen Entgelt ausgegangen werden. Als Gegenleistung seitens des Leistungsempfängers kommt jede Form der Mittelgewährung in Betracht; wie diese letztlich bezeichnet wird, ist für mehrwertsteuerrechtliche Belange unerheblich. Zudem muss die Gegenleistung nicht in einer Geldzahlung liegen. Der Leistungsempfänger kann an die Personenvereinigung auch eine Gegenleistung erbringen, indem er

1 Art. 1.4. Abs. 6 S. 1 UStAE.
2 Art. 1.4. Abs. 6 S. 2 UStAE.

selbst eine Lieferung oder Dienstleistung erbringt. In diesem Fall liegt ein **Tausch** vor.[1] Für die weiteren Ausführungen ist es vollkommen unerheblich, ob die Gegenleistung in einer Geldzahlung oder einer weiteren Leistung begründet ist. Daher wird im Folgenden dahingehend auch nicht unterschieden. Für die Probleme mit Blick auf die Bemessungsgrundlage beim Tausch vgl. Rz. 25.59 ff.

Werden finanzielle Mittel gewährt, ohne dass es dem Zuwendenden darauf ankommt, dass er selbst oder ein Dritter hierfür eine Leistung erhält, liegt eine Spende im eigentlichen Wortsinn vor, die keine Gegenleistung für eine Leistung begründet. In diesem Fall liegt kein steuerbarer Leistungsaustausch vor. Die **unentgeltliche Zuwendung** wird aber einer **Lieferung gegen Entgelt gleichgestellt**, wenn der Zuwendende Gegenstände aus seinem Unternehmen spendet, für welche er einen vollen oder teilweisen Vorsteuerabzug in Anspruch genommen hat.[2] Dies ist nach Rechtsprechung des EuGH und BFH unabhängig davon, ob die Zuwendung unternehmerisch motiviert ist (vgl. hierzu Rz. 8.205 ff. und 8.220). 8.168

Kommt es dem Zuwendenden aber gerade auf den Erhalt dieser Leistung an, so leistet er in Wertschätzung der Leistung, wodurch der unmittelbare Zusammenhang aus seiner Sicht zu bejahen ist. Wie bereits oben dargestellt (Rz. 8.152), ergeben sich gerade im Bereich von Werbemaßnahmen enorme Abgrenzungsschwierigkeiten zwischen den mehrwertsteuerrechtlich unbeachtlichen Spenden und dem mehrwertsteuerrelevanten Sponsoring. Ob zwischen einer Leistung und einer Entgeltzahlung tatsächlich ein unmittelbarer Zusammenhang besteht, muss vielfach anhand von **Indizien** im Wege der **Abwägung** festgestellt werden. 8.169

### c) Einzelne Grenzfälle

#### aa) Danksagung

Einen wesentlichen Grenzfall bilden außenwirksame Danksagungen für Zuwendungen. Es wurde bereits geklärt, dass auch eine schlichte namentliche Nennung eines Zuwendenden eine Leistung im Sinne des Mehrwertsteuerrechts begründen kann (Rz. 8.160). Ob diese mit der Mittelgewährung in unmittelbarem Zusammenhang steht und somit eine entgeltliche Leistung vorliegt, hängt von der **Wertschätzung** des Leistenden und des Leistungsempfängers ab (Rz. 25.15). Nur dann, wenn sowohl der Leistende seine Leistung als auch der Leistungsempfänger seine Gegenleistung jeweils in Wertschätzung der Leistung erbringt, ist von einem unmittelbaren Zusammenhang zwischen Leistung und Gegenleistung auszugehen. 8.170

Aus **Sicht der leistenden Personenvereinigung** kann der Grund, warum der Zuwendende außenwirksam bekannt gegeben werden soll, einerseits darin gesehen werden, dass sich die Personengesellschaft transparent mit Blick auf ihre Finanzierung darstellen möchte, um sich beispielsweise von bestimmten Mittelgebern bewusst zu distanzieren. Andererseits wird sich die Personenvereinigung gegenüber ihren Zuwendenden erkenntlich zeigen wollen. Welches Ziel letztlich verfolgt wird, wird durch den gewählten Auftritt erkennbar. Kommt es der Personenvereinigung tatsächlich nur darauf an, transparent abzubilden, woher sie ihre Mittel bezieht, so muss es ausreichen, dass die Zuwendenden namentlich aufgeführt sind, nicht aber bedarf 8.171

---

1 Das deutsche und österreichische UStG sprechen vom Tausch und vom tauschähnlichen Umsatz, dass es einer solchen differenzierten Terminologie nicht bedarf, wird in Rz. 25.59 gezeigt.

2 Eine Ausnahme liegt aber dann vor, wenn ein Unternehmer begrenzt haltbare Lebensmittel an die sog. Tafeln abgibt, siehe hierzu die Billigkeitsregelung: https://www.bundesregierung.de/ContentArchiv/DE/Archiv17/Artikel/2012/10/2012-10-11-lebensmittelspenden-an-tafeln-sind-umsatzsteuerfrei.html.

es hierfür der Verwendung des Logos oder des Emblems des Zuwendenden. Einer solchen Initiative steht es auch entgegen, dass es Zuwendenden ermöglicht wird, anonym zu spenden. Wird den Zuwendenden aber prominent in außenwirksamer Weise für ihre Unterstützung gedankt, kommt es der Personenvereinigung vielmehr darauf an, eine Aktion aufgrund der erhaltenden Mittel zu setzen. Aus diesem Grund ist bei Danksagungen meist davon auszugehen, dass die leistende Personenvereinigung in Wertschätzung der Gegenleistung – der erhaltenen finanziellen Mittel – leistet. Insofern erkennt man, dass die Abgrenzungskriterien der deutschen Finanzverwaltung – das besondere Hervorheben – wieder Bedeutung erlangen. Doch sind die Kriterien nicht ausschlaggebend für die Frage, ob eine Leistung im Sinne des Mehrwertsteuerrechts vorliegt, sondern vielmehr dafür, ob ein unmittelbarer Zusammenhang zwischen der Leistung und der Gegenleistung besteht.

8.172 Im Falle der **Duldungsleistung** ist ein Leisten um der Gegenleistung willen seitens der Non-Profit Organisation stets anzunehmen. Denn sie entscheidet sich bewusst dafür, die Nutzung ihres Namens oder Logos zu dulden, um hierfür Mittel zu erhalten.

8.173 Aus **Sicht des Leistungsempfängers** ist die Frage, ob er in Wertschätzung der Leistung leistet, häufig ebenso schwer zu beantworten. Auch an dieser Stelle wird es nicht möglich sein, ohne Abwägung der Indizien zu einem Ergebnis zu kommen. Ein Indiz dafür, dass es dem Zuwendenden gerade auf die außenwirksame Nennung und den damit verbundenen Werbeeffekt ankommt, ist der explizite Hinweis der Personenvereinigung, dass Zuwendenden in einer bestimmten außenwirksamen Form gedankt wird, oder eine solche ständige Praxis. Zudem wird der Möglichkeit, anonym zu spenden, Indizwirkung beizumessen sein. Besonders ins Gewicht fallen bei der Bestimmung, ob ein unmittelbarer Zusammenhang vorliegt, muss die Möglichkeit, explizit entscheiden zu können, ob dem Zuwendenden außenwirksam gedankt werden soll oder ob hiervon Abstand zu nehmen ist. Besteht aber nur in Ausnahmefällen die Möglichkeit, anonym zu spenden oder muss der Zuwendende die Personenvereinigung eigenständig dazu auffordern, ihm nicht in außenwirksamer Weise zu danken, wird die Indizwirkung schwächer. Aus dem schlichten Umstand, dass der Zuwendende sich darum hätte bemühen können, einer außenwirksamen Danksagung entgegenzutreten, kann noch nicht geschlossen werden, dass es dem Zuwendenden gerade auf diese Danksagung ankam. Einen wesentlichen Einfluss auf die Beurteilung, ob ein unmittelbarer Zusammenhang zwischen dem außenwirksamen Danken und der als Spende bezeichneten Gegenleistung besteht, hat die Art und Weise, wie gedankt wird. Es wird einen wesentlichen Unterschied machen, ob nur der Name des Mittelgebers oder sein Logo verwendet wird. Denn das Logo erzielt einen wesentlich höheren Werbeeffekt. Somit erlangen die Abgrenzungskriterien der deutschen Finanzverwaltung wieder an Bedeutung. Wichtig ist aber, dass sie Einfluss auf die Beurteilung nehmen, ob ein unmittelbarer Zusammenhang zwischen der Leistung und der Gegenleistung besteht, nicht aber auf die Frage, ob eine Leistung vorliegt. Ein weiteres Indiz, das für ein Leisten in Wertschätzung der Werbeleistung der Personenvereinigung steht, kann in dem Umstand gesehen werden, dass der Steuerpflichtige die Aufwendungen ertragsteuerrechtlich als Betriebsausgabe geltend macht.[1]

## bb) Verschiedene Tätigkeitsbereiche und Spenden

8.174 Gemeinnützige Personenvereinigungen werden vielfach verschiedene Tätigkeitsfelder bedienen, um ihren Vereins- oder Gesellschaftszweck zu erreichen. Diese unterschiedlichen Tätigkeitsfelder reichen meist von Maßnahmen im Allgemeininteresse bis hin zur tatsächlichen

1 *Rasche* in Schauhoff, Gemeinnützigkeit, Rz. 32.

Leistungserbringung an Mitglieder und Dritte. Erhält diese Personenvereinigung Spenden von dritter Seite oder von ihren Mitgliedern, ist fraglich, ob diese ein Entgelt für die Leistungen an die Mitglieder und Dritte bilden können. Der BFH hat zu erkennen gegeben, dass Spenden insbesondere dann als Entgelt von dritter Seite zu qualifizieren sind, wenn die Personenvereinigung ihre Leistungen gegenüber den Mitgliedern **nicht kostendeckend** erbringen kann, da die Mitgliedsbeiträge bereits mit Blick auf die Spenden kalkuliert werden.[1]

Eine Spende kann nur dann die Gegenleistung für eine Leistung sein, wenn der Zuwendende diese gerade für die Leistung, die er oder ein Dritter erhält, erbringt. Aus diesem Grund muss sich die **Zuwendung auf eine bestimmte Leistung beziehen**, was nur dann möglich ist, wenn der Zuwendende zumindest weiß, für welche Aktivität der Personenvereinigung seine Zuwendung eingesetzt wird. Hiervon ist auszugehen, wenn sich der Gemeinschaftszweck darin erschöpft, Leistungen an Mitglieder oder Dritte zu erbringen. In einem solchen Fall ist es dem Zuwendenden klar, dass seine Zuwendung für gerade diese eine Tätigkeit verwendet wird. Dass der tatsächliche Leistungsempfänger nicht bestimmt ist, sondern nur die Gruppe abstrakt umschrieben ist, schadet dem unmittelbaren Zusammenhang nicht.[2] Will er gerade diese Tätigkeit fördern und wendet er der Personenvereinigung finanzielle Mittel zu, so leistet der Zuwendende, damit ein Mitglied oder ein Dritter einen Vorteil erhält. 8.175

Für die Qualifikation einer Spende als Entgelt ist es nicht entscheidend, dass der Leistende einen gerichtlich durchsetzbaren Anspruch auf die Zuwendung hat.[3] Denn es dürfen bei der Bestimmung, ob ein Entgelt von dritter Seite oder Subventionen vorliegen, **keine anderen Maßstäbe** herangezogen werden, als bei der grundsätzlichen Prüfung, ob eine Lieferung gegen Entgelt ausgeführt wurde.[4] Auch die anfängliche Formulierung des EuGH, wonach eine Subvention immer nur dann ein Entgelt im Sinne des Mehrwertsteuerrechts begründet, wenn der Leistende einen **Anspruch auf die Subvention** nach Ausführung der steuerbaren Leistung hat,[5] ist im Sinne der allgemeinen Rechtsprechung zu verstehen, wonach es zwischen dem Leistenden und dem Leistungsempfänger eines Rechtsverhältnisses bedarf, in dessen Rahmen Leistung und Gegenleistung gegenseitig ausgetauscht werden.[6] 8.176

Wird die Gegenleistung aber nicht oder nicht vollends vom Leistungsempfänger erbracht, bedarf es zudem einer **Vereinbarung zwischen dem Leistenden und dem Zuwendenden**, welches genau bestimmt, für welche Leistung diese Zuwendung eine Gegenleistung bildet. Somit bettet sich die separate Vereinbarung des Leistenden und des Zuwendenden in das Rechtsver- 8.177

1 BFH v. 20.3.2014 – V R 4/13, BFHE 245, 397 = UR 2014, 732.

2 EuGH v. 13.6.2002 – Rs. C-353/00 – Keeping Newcastle Warm, Rz. 26, EuGHE 2002, I-5419 = UR 2002, 333; vgl. auch *Sternberg*, SSRN, 35 f.

3 A.A. *Hüttemann*, Gemeinnützigkeits- und Spendenrecht[3], 681.

4 Vgl. EuGH v. 13.6.2002 – Rs. C-353/00 – Keeping Newcastle Warm, Rz. 25, EuGHE 2002, I-5419 = UR 2002, 333; v. 27.3.2014 – Rs. C-151/13 – Le Rayon d'Or, ECLI:EU:C:2014:185, Rz. 30, UR 2014, 487.

5 EuGH v. 22.11.2001 – Rs. C-184/00 – Office des produits wallons, Rz. 13, EuGHE 2001, I-9115 = UR 2002, 177.

6 EuGH v. 27.3.2014 – Rs. C-151/13 – Le Rayon d'Or SARL, ECLI:EU:C:2014:185, Rz. 29; v. 6.10.2009 – Rs. C-267/08 – SPÖ Landesorganisation Kärnten, Rz. 19, EuGHE 2009, I-9781; v. 3.9.2009 – Rs. C-37/08– RCI Europe, Rz. 24, EuGHE 2009, I-7533 = UR 2009, 887; v. 21.3.2002 – Rs. C-174/00 – Kennemer Golf & Country Club, Rz. 39, EuGHE 2002, I-3293 = UR 2002, 320 m. Anm. *Widmann*; v. 3.3.1994 – Rs. C-16/93– Tolsma, Rz. 14, EuGHE 1994, I-743 = UR 1994, 226 = UR 1994, 399; v. 14.7.1998 – Rs. C-172/96 – First National Bank of Chicago, Rz. 26–29, EuGHE 1994, I-4387 = UR 1998, 456 m. Anm. *Philipowski*.

hältnis ein, das zwischen dem Leistenden und dem Leistungsempfänger besteht, und konkretisiert hierdurch die Gegenleistung. Auch das zeitliche Auseinanderklaffen von Leistung und Gegenleistung ist unerheblich. Denn der bloße Umstand, dass es zur Spendenzahlung potentiell vor der tatsächlichen Leistungserbringung kommt, ist für die Qualifikation als Entgelt unerheblich.[1]

8.178 Ist das Tätigkeitsfeld der Personenvereinigung aber weiter und kommt sie sowohl **wirtschaftlichen als auch nicht-wirtschaftlichen Tätigkeiten** nach, kann sich der Zuwendende bei einer Spende an die Personenvereinigung grundsätzlich nicht sicher sein, in welchem Bereich die finanziellen Mittel eingesetzt werden, wodurch ein unmittelbarer Zusammenhang mit den Leistungen der Personenvereinigung an Mitglieder und Dritte abzulehnen ist. Von einem unmittelbaren Zusammenhang kann aber dann ausgegangen werden, wenn in einer Vereinbarung festgehalten wird, wie über die Mittel zu verfügen ist – sie somit einer Zweckbindung unterliegen. Dies kann beispielsweise auch im Wege einer (ertragsteuerrechtlichen) Spendenbescheinigung erfolgen, sofern hierdurch exakt erkennbar wird, wofür die Mittel eingesetzt werden. Ein unmittelbarer Zusammenhang kann hingegen nicht vorliegen, wenn die Leistungserbringung gegenüber den Mitgliedern oder Dritten für den Zuwendenden nicht erkennbar war. Dies ist insbesondere dann der Fall, wenn die Personenvereinigung darauf verzichtet, auf derartige Aktivitäten in außenwirksamer Weise hinzuweisen.

## III. Beispiel

8.179 Ausgangspunkt soll das oben dargestellte Beispiel (Rz. 8.34) mit folgender Erweiterung sein: Der Verein erhält neben den Mitgliedsbeiträgen Spenden von dritter Seite. Auf seiner Homepage weist der Verein auf die Zuwendenden namentlich hin. Firmenlogos werden hierfür aber nicht aufgenommen. Auf der letzten Seite der Informationsmaterialien, die der Verein ausgibt und die über die Homepage bezogen werden können, werden Zuwendende namentlich angeführt, an dieser Stelle werden auch Firmenlogos aufgenommen. Der Zuwendende kann auf eine namentliche Nennung auf den Informationsmaterialien verzichten, hierauf weist der Verein auf der Homepage und auf allen Unterlagen hin, die potentielle Zuwendende zum Spenden auffordern. Auf eine namentliche Nennung auf der Homepage kann nicht verzichtet werden.

8.180 **Zur Werbeleistung**

Zwischen dem Verein und dem Zuwendenden besteht ein Rechtsverhältnis, in dessen Rahmen bestimmt wird, dass dem Zuwendenden für seine Zuwendung außenwirksam gedankt wird. Die Danksagung wird einerseits in den Informationsmaterialien aufgenommen und andererseits wird auf der Homepage auf die Zuwendenden hingewiesen. Nur der Danksagung in den Informationsmaterialien kann der Zuwendende widersprechen. Somit wird das Zuwenden jedenfalls auf der Homepage außenwirksam bekannt gemacht. Im Rahmen des Rechtsverhältnisses sind daher der verbrauchsfähige Vorteil – die außenwirksame Nennung des Zuwendenden zumindest auf der Homepage – und die Gegenleistung – die Zuwendung – bestimmt. Ob zwischen der Leistung und der Gegenleistung ein unmittelbarer Zusammenhang begründet ist, bedarf einer Abwägung der Indizien im Einzelfall. So wird der Zuwendende nicht in Wertschätzung der außenwirksamen Bekanntmachung der Zuwendung auf der Homepage leisten, wenn er schon auf eine Danksagung im Rahmen der Informationsmaterialien verzich-

1 EuGH v. 27.3.2014 – Rs. C-151/13 – Le Rayon d'Or, ECLI:EU:C:2014:185, Rz. 37, UR 2014, 487.

tet. Verzichtet er hingegen nicht, sprechen die besseren Gründe dafür, ein Leisten in Wertschätzung der Danksagung anzunehmen. Seitens des Vereins ist ein Leisten in Wertschätzung der Zuwendung dann anzunehmen, wenn er dem Zuwendenden in den Informationsmaterialien dankt. Denn die namentliche Nennung der Zuwendenden auf der Homepage, auf die auch seitens des Zuwendenden nicht verzichtet werden kann, soll keine Reaktion auf die Zuwendung sein; vielmehr kann hierin der Wunsch gesehen werden, transparent abzubilden, woher der Verein seine Mittel bezieht. In diesem Ausmaß verzichtet der Verein auch auf die Verwendung von Firmenlogos und begnügt sich mit einer schlichten Nennung des Namens des Zuwendenden.

**Zur Bereitstellung von Informationsmaterial** 8.181

Fraglich ist, ob die Spenden, wenn sie nicht schon ein Entgelt für eine Werbeleistung des Vereins begründen, als Entgelt von dritter Seite für die Erbringung von Leistungen an die Eltern zu qualifizieren sind. Wie bereits bei den Mitgliedsbeiträgen ausgeführt wurde, ist auch für die Zuwendenden nicht erkennbar, für welche Leistung ihre Spenden letztlich eingesetzt werden. Somit ist es nicht möglich, die Vereinbarung über die Spende auf eine konkrete Leistung des Vereins zu beziehen. Richtig ist, dass der BFH in seiner jüngeren Rechtsprechung stark darauf abgestellt hat, ob die Spenden Dritter notwendig für die Kostendeckung sind, und weniger daran festhält, ob sich die Spenden auf einer bestimmten Tätigkeit der Personenvereinigung beziehen.[1] Urteilsgegenständlich war jedoch ein Verein, der Radsportveranstaltungen ausrichtete, an denen sich die Mitglieder durch ihren Mitgliedsbeitrag beteiligen konnten; somit war der Sachverhalt darauf zugeschnitten, dass die Personenvereinigung durch eine bestimmte Tätigkeit konkrete Leistungen an ihre Mitglieder erbrachte. Zudem billigt es der BFH einleitend explizit, dass Zahlungen Dritter immer dann kein Entgelt zu begründen vermögen, wenn „sie zur allgemeinen Förderung des leistenden Unternehmers und nicht überwiegend im Interesse des Leistungsempfängers für eine bestimmte Leistung bewirkt werden". In diesem Beispielfall begründet die Spende aber jedenfalls keine Gegenleistung für Leistungen des Vereins, da sie sich aufgrund des weiten Tätigkeitsfelds des Vereins nicht auf eine bestimmte Leistung bezieht. Somit scheidet eine Konkretisierung der Leistung und der Gegenleistung im Rahmen des Rechtsverhältnisses aus. Hierdurch kann auch kein unmittelbarer Zusammenhang zwischen Leistung und Gegenleistung begründet sein.

**Zu den Selbstverteidigungskursen** 8.182

Die Spenden, die Dritte leisten und die nicht schon eine Gegenleistung für eine Werbeleistung des Vereins begründen, können nicht als Entgelt für diese Leistungen angesehen werden, denn es ist durch die Öffentlichkeitsarbeit des Vereins Dritten in keiner Weise erkennbar, dass der Verein derartige Leistungen an seine Mitglieder erbringt. Somit kann sich die Spende aus Sicht des Zuwendenden nicht auf eine konkrete Leistung beziehen, wodurch Leistung und Gegenleistung im Rahmen eines Rechtsverhältnisses konkretisiert werden können. Dadurch steht die Spende jedenfalls nicht in unmittelbarem Zusammenhang mit Leistungen der Personenvereinigung.

1 BFH v. 20.3.2014 – V R 4/13, BFHE 245, 397 = UR 2014, 732.

## E. Unentgeltliche Wertabgabe

### I. Normtexte

8.183 **Mehrwertsteuersystemrichtlinie**

**Art. 16**

Einer Lieferung von Gegenständen gegen Entgelt gleichgestellt ist die Entnahme eines Gegenstands durch einen Steuerpflichtigen aus seinem Unternehmen für seinen privaten Bedarf oder für den Bedarf seines Personals oder als unentgeltliche Zuwendung oder allgemein für unternehmensfremde Zwecke, wenn dieser Gegenstand oder seine Bestand teile zum vollen oder teilweisen Vorsteuerabzug berechtigt haben.

Jedoch werden einer Lieferung von Gegenständen gegen Entgelt nicht gleichgestellt Entnahmen für Geschenke von geringem Wert und für Warenmuster für die Zwecke des Unternehmens.

**Art. 26**

(1) Einer Dienstleistung gegen Entgelt gleichgestellt sind folgende Umsätze:

a) Verwendung eines dem Unternehmen zugeordneten Gegenstands für den privaten Bedarf des Steuerpflichtigen, für den Bedarf seines Personals oder allgemein für unternehmensfremde Zwecke, wenn dieser Gegenstand zum vollen oder teilweisen Vorsteuerabzug berechtigt hat;

b) unentgeltliche Erbringung von Dienstleistungen durch den Steuer pflichtigen für seinen privaten Bedarf, für den Bedarf seines Personals oder allgemein für unternehmensfremde Zwecke.

(2) Die Mitgliedstaaten können Abweichungen von Abs. 1 vor sehen, sofern solche Abweichungen nicht zu Wettbewerbsverzerrungen führen.

**Deutsches UStG**

**§ 3 Abs. 1b**

Einer Lieferung gegen Entgelt werden gleichgestellt

1. die Entnahme eines Gegenstands durch einen Unternehmer aus seinem Unternehmen für Zwecke, die außerhalb des Unternehmens liegen;
2. die unentgeltliche Zuwendung eines Gegenstands durch einen Unternehmer an sein Personal für dessen privaten Bedarf, sofern keine Aufmerksamkeiten vorliegen;
3. jede andere unentgeltliche Zuwendung eines Gegenstands, ausgenommen Geschenke von geringem Wert und Warenmuster für Zwecke des Unternehmens.

**§ 3 Abs. 9a**

Einer sonstigen Leistung gegen Entgelt werden gleichgestellt

1. die Verwendung eines dem Unternehmen zugeordneten Gegenstands, der zum vollen oder teilweisen Vorsteuerabzug berechtigt hat, durch einen Unternehmer für Zwecke, die außer-

halb des Unternehmens liegen, oder für den privaten Bedarf seines Personals, sofern keine Aufmerksamkeiten vorliegen; dies gilt nicht, wenn der Vorsteuerabzug nach § 15 Abs. 1b ausgeschlossen oder wenn eine Vorsteuerberichtigung nach § 15a Abs. 6a durchzuführen ist;

2. die unentgeltliche Erbringung einer anderen sonstigen Leistung durch den Unternehmer für Zwecke, die außerhalb des Unternehmens liegen, oder für den privaten Bedarf seines Personals, sofern keine Aufmerksamkeiten vorliegen.

**Österreichisches UStG**

**§ 1 Abs. 1**

Der Umsatzsteuer unterliegen die folgenden Umsätze:

[…]

2. der Eigenverbrauch im Inland. Eigenverbrauch liegt vor,

   a) soweit ein Unternehmer Ausgaben (Aufwendungen) tätigt, die Leistungen betreffen, die Zwecken des Unternehmens dienen, und nach § 20 Abs. 1 Z 1 bis 5 des Einkommensteuergesetzes 1988 oder nach § 12 Abs. 1 Z 1 bis 5 des Körperschaftsteuergesetzes 1988 nicht abzugsfähig sind. Dies gilt nicht für Ausgaben (Aufwendungen), die Lieferungen und sonstige Leistungen betreffen, welche auf Grund des § 12 Abs. 2 nicht als für das Unternehmen ausgeführt gelten, sowie für Geldzuwendungen. Eine Besteuerung erfolgt nur, wenn der Gegenstand oder seine Bestandteile zu einem vollen oder teilweisen Vorsteuerabzug berechtigt haben;

**§ 3 Abs. 2**

Einer Lieferung gegen Entgelt gleichgestellt wird die Entnahme eines Gegenstandes durch einen Unternehmer aus seinem Unternehmen

- für Zwecke, die außerhalb des Unternehmens liegen,
- für den Bedarf seines Personals, sofern keine Aufmerksamkeiten vorliegen, oder
- für jede andere unentgeltliche Zuwendung, ausgenommen Geschenke von geringem Wert und Warenmuster für Zwecke des Unternehmens.

Eine Besteuerung erfolgt nur dann, wenn der Gegenstand oder seine Bestandteile zu einem vollen oder teilweisen Vorsteuerabzug berechtigt haben.

[…]

2. der Eigenverbrauch im Inland. Eigenverbrauch liegt vor,

   a) soweit ein Unternehmer Ausgaben (Aufwendungen) tätigt, die Leistungen betreffen, die Zwecken des Unternehmens dienen, und nach § 20 Abs. 1 Z 1 bis 5 des Einkommensteuergesetzes 1988 oder nach § 12 Abs. 1 Z 1 bis 5 des Körperschaftsteuergesetzes 1988 nicht abzugsfähig sind. Dies gilt nicht für Ausgaben (Aufwendungen), die Lieferungen und sonstige Leistungen betreffen, welche auf Grund des § 12 Abs. 2 nicht als für das Unternehmen ausgeführt gelten, sowie für Geldzuwendungen. Eine Besteuerung erfolgt nur, wenn der Gegenstand oder seine Bestandteile zu einem vollen oder teilweisen Vorsteuerabzug berechtigt haben;

**§ 3a Abs. 1a**

Einer sonstigen Leistung gegen Entgelt werden gleichgestellt:

1. Die Verwendung eines dem Unternehmen zugeordneten Gegenstandes, der zum vollen oder teilweisen Vorsteuerabzug berechtigt hat, durch den Unternehmer
   - für Zwecke, die außerhalb des Unternehmens liegen,
   - für den Bedarf seines Personals, sofern keine Aufmerksamkeiten vorliegen;
2. die unentgeltliche Erbringung von anderen sonstigen Leistungen durch den Unternehmer
   - für Zwecke, die außerhalb des Unternehmens liegen,
   - für den Bedarf seines Personals, sofern keine Aufmerksamkeiten vorliegen.

Z 1 gilt nicht für die Verwendung eines dem Unternehmen zugeordneten Grundstückes.

## II. Überblick

8.184 Durch Art. 16 und 26 MwStSystRL werden **unentgeltliche Lieferungen und Dienstleistungen** eines Steuerpflichtigen für unternehmensfremde Zwecke **entgeltlichen Lieferungen und Dienstleistungen gleichgestellt**. Eine Gleichstellung hat nur dann zu erfolgen, wenn der Steuerpflichtige für die Gegenstände, die geliefert werden oder notwendig sind, um die Dienstleistung zu erbringen, einen vollständigen oder teilweisen Vorsteuerabzug geltend machen konnte.

8.185 Die Notwendigkeit dieses Steuertatbestands ergibt sich aus dem gewollt **restriktiven Anwendungsbereich der Vorsteuerkorrektur** nach Art. 184 ff. MwStSystRL. Konsumiert ein Steuerpflichtiger Waren und Dienstleistungen aus seinem Unternehmen und hat er für gerade diese einen Vorsteuerabzug in Anspruch genommen, so würde dieser ohne Eingreifen eines Korrekturmechanismus gegenüber einem Konsumenten begünstigt. Gerade dies sollen Art. 16 und Art. 26 MwStSystRL verhindern.[1]

## III. Entstehungsgeschichte auf Unionsebene

8.186 Im Gegensatz zur sehr grundsätzlichen Richtungsweisung der 1. MwSt-RL[2] wurden in der 2. MwSt-RL[3] bereits **Struktur und Anwendungsmodalitäten des Entnahmetatbestands** festgelegt. So war in Art. 5 Abs. 3 lit. a vorgesehen, dass „die Entnahme eines Gegenstands durch einen Steuerpflichtigen aus seinem Unternehmen zum Zweck des privaten Verbrauchs

1 EuGH v. 6.5.1992 – Rs. C-20/91 – de Jong, Rz. 15, EuGHE 1992, I-2847 = UR 1992, 271 = UR 1994, 309; v. 26.9.1996 – Rs. C-230/94 – Enkler, Rz. 35, EuGHE 1996, I-4517 = UR 1996, 418 m. Anm. *Widmann*; v. 16.10.1997 – Rs. C-258/95– Fillibeck, Rz. 25, EuGHE 1997, I-5577 = UR 1998, 61; v. 27.4.1999 – Rs. C-48/97 – Kuwait Petroleum, Rz. 21, EuGHE 1999, I-232 = UR 1999, 278; v. 8.3.2001 – Rs. C-415/98 – Bakcsi, Rz. 42, EuGHE 2001, I-1831 = UR 2001, 149; v. 17.5.2001 – Rs. C-322/99 und C-323/99 – Fischer, Rz. 56, EuGHE 2001, I-4049; v. 20.1.2005 – Rs. C-412/03 – Scandi, Rz. 23c, EuGHE 2005, I-743 = UR 2005, 194 = UR 2005, 98.

2 RL v. 11.4.1967, 67/227/EWG, ABl. 71, 1301.

3 RL v. 11.4.1967, 67/228/EWG, ABl. 71, 1303.

oder einer unentgeltlichen Zuwendung" einer Lieferung gegen Entgelt gleichzustellen war.[1] Die Ausführungen im Anhang zur 2. MwSt-RL räumten den Mitgliedstaaten **weitreichendes Ermessen** in Hinblick auf die tatsächliche Anwendung der Norm, nicht aber auf die Erreichung ihres Ziels, ein. So wurde es den Mitgliedstaaten freigestellt, die Besteuerung des Konsums außerhalb des Unternehmens auch durch eine Versagung des Vorsteuerabzugs sicherzustellen oder durch eine Berichtigung des ursprünglichen Vorsteuerabzugs. Ziel war es eindeutig, den ursprünglichen Vorsteuerabzug zu neutralisieren, wenn der Steuerpflichtige Waren aus seinem Unternehmen konsumiert oder unentgeltlich abgibt. Ob dies im Wege einer Besteuerung einer fiktiven Lieferung nach Art. 5 Abs. 3 lit. a 2. MwSt-RL, einer Versagung des Vorsteuerabzugs oder seiner Korrektur erfolgt, war durch die 2. MwSt-RL nicht vorgegeben.[2] Nicht der Besteuerung unterliegen sollte aber jedenfalls die Entnahme von Gegenständen „für Geschenke von geringem Wert und Warenmuster, die steuerlich den Gemeinkosten zugeordnet werden können"[3].

Durch die **6. MwSt-RL** wurde die Bestimmung neu gefasst. Nach dem Vorschlag der Kommission für die 6. MwSt-RL sollte einer Lieferung gegen Entgelt gleichgestellt werden: 8.187

„der Eigenverbrauch, d.h. die Entnahme eines Gegenstandes durch einen Steuerpflichtigen aus seinem Unternehmen zum Zweck des privaten Verbrauchs, des Verbrauchs durch das Personal oder einer unentgeltlichen Zuwendung. Eigenverbrauch liegt nur insoweit vor, als der betreffende Gegenstand oder seine Bestandteile zu einem vollen oder teilweisen Abzug der Mehrwertsteuer berechtigt haben. Die Entnahmen für Warenmuster und Geschenke von geringem Wert, die den steuerlichen Gemeinkosten zugeordnet werden, sind nicht als steuerbare Lieferungen zu behandeln."[4]

In der Begründung zum Richtlinienvorschlag ist zu lesen, dass die Gleichstellung mit steuerbaren Lieferungen darauf abziele, „Steuerpflichtigen, die zum Abzug der Mehrwertsteuer berechtigt waren, nicht **ungerechtfertigte Vergünstigungen** zu gewähren"[5]. Auch hier verweist die Kommission auf die Möglichkeit, anstelle der Besteuerung fiktiver Lieferungen eine Berichtigung des ursprünglichen Vorsteuerabzugs vorzunehmen. Die endgültige Fassung des Art. 5 Abs. 6 6. MwSt-RL unterscheidet sich nur marginal vom Kommissionsvorschlag zur 6. MwSt-RL und zu Art. 16 MwStSystRL. 8.188

Die 6. MwSt-RL hat einen aus systematischer Sicht bis dahin fehlenden Besteuerungstatbestand für **fiktive Dienstleistungen** aufgenommen. Bereits von der Kommission wird vorgeschlagen, die unentgeltliche Erbringung von Dienstleistungen ausdrücklich in die Besteuerung einzubeziehen und somit eine Gleichstellung der „Verwendung eines zum Unternehmen gehörenden Gegenstands für Zwecke, die außerhalb des Unternehmens liegen"[6], mit der Entnahme von Gegenständen zu erreichen. Auch hier soll es zur Besteuerung nur dann kommen, wenn der Gegenstand zum vollen oder teilweisen Abzug der Mehrwertsteuer berechtigt hat. In 8.189

1 So auch im Vorschlag der Kommission zu Art. 3 Abs. 2 lit. c der 2. MwStRL, Bulletin der Europäischen Gemeinschaften, 5/65, 31.
2 Für die nunmehr bestehende wesentliche systematische Unterscheidung zwischen der Vorsteuerkorrektur und den Bestimmungen zur fiktiven Lieferung und fiktiven Dienstleistung s.: Rz. 8.191, 8.211 f.; *Heber*, Vorsteuerabzug: Lösungsansatz für ein unionsrechtskonformes Ergebnis (Teil I), ÖStZ 2013, 17. Zur systematischen Unterscheidung hinsichtlich der Bemessungsgrundlage Rz. 25.47 f.
3 Anhang A Pkt. 6, RL 67/228/EWG, Abl. 1967 L 71, 1303.
4 Bulletin der Europäischen Gemeinschaften, Beilage 11/73.
5 Bulletin der Europäischen Gemeinschaften, Beilage 11/73, 11; hervorgehoben durch die Autorin.
6 Vorschlag der sechsten Richtlinie des Rates zur Harmonisierung der Rechtsvorschriften v. 29.6.1973, ABl. Nr. C 80, 1 (5).

der Begründung zum Richtlinienvorschlag wird ausgeführt, dass die Besteuerung fiktiver Dienstleistungen aus Gründen der **Steuerneutralität** einzuführen ist. Der endgültige Richtlinientext der 6. MwSt-RL, der bis heute unverändert ist, sieht vor, dass einer Dienstleistung gegen Entgelt sowohl „die Verwendung eines dem Unternehmen zugeordneten Gegenstands für den privaten Bedarf des Steuerpflichtigen, für den Bedarf seines Personals oder allgemein für unternehmensfremde Zwecke, wenn dieser Gegenstand zum vollen oder teilweisen Vorsteuerabzug berechtigt hat" als auch die „unentgeltliche Erbringung von Dienstleistungen durch den Steuerpflichtigen für seinen privaten Bedarf, für den Bedarf seines Personals oder allgemein für unternehmensfremde Zwecke" gleichgestellt werden.[1]

## IV. Sinn und Zweck der Korrekturvorschriften

8.190 Die begründenden Materialien zu den Richtlinienvorschlägen[2] als auch die Rechtsprechung des EuGH sind eindeutig mit Blick auf den Sinn und Zweck der Normen zur fiktiven Lieferung und fiktiven Dienstleistung. Artt. 16 und 26 MwStSystRL sollen die **Gleichbehandlung zwischen Steuerpflichtigen und Endverbrauchern** sicherstellen. Ein Steuerpflichtiger soll nicht dadurch begünstigt werden, dass er Waren und Dienstleistungen aus seinem Unternehmen konsumiert, ohne hierfür Mehrwertsteuer zahlen zu müssen.[3] Somit ist Zweck dieser Korrekturvorschriften, einen **unbelasteten Endverbrauch** zu verhindern.

8.191 Anfänglich gewährte das Europäische Mehrwertsteuerrecht den Mitgliedstaaten einen sehr weiten Ermessenspielraum dahingehend, wie sie den ursprünglichen Vorsteuerabzug neutralisieren wollen, wenn Waren, die zum Vorsteuerabzug berechtigt haben, oder Dienstleistungen durch den Steuerpflichtigen selbst konsumiert werden. So stand es ihnen offen, den Vorsteuerabzug zunächst gar nicht zu gewähren, diesen in Form einer Vorsteuerkorrektur zu berichtigen oder den Konsum im Wege der Besteuerung einer fiktiven Lieferung oder fiktiven Dienstleistung zu belasten (vgl. schon unter Rz. 8.186).[4] Systematisch betrachtet macht es aber einen wesentlichen Unterschied, ob der Konsum der Waren, die zum Unternehmen gehören und für welche ein Vorsteuerabzug in Anspruch genommen wurde, und der unentgeltliche Bezug von Dienstleistungen aus dem Unternehmen im Wege einer Korrektur des ursprünglichen Vorsteuerabzugs oder im Wege der Besteuerung einer fiktiven Lieferung oder fiktiven Dienstleistung belastet wird. Dieser Unterschied ergibt sich insbesondere mit Blick auf die **Bemessungsgrundlage**. Im Rahmen der Vorsteuerkorrektur können immer nur die ursprünglichen Vorsteuern berichtigt werden – zu einer Neubewertung kann es nie kommen, unabhängig davon, ob der Wert der Waren steigt. Im Falle der Besteuerung einer fiktiven Lieferung wird an den marktüblichen Wert der Waren anzuknüpfen sein[5] (vgl. hierzu Rz. 25.47 f.), wodurch einer Wertsteigerung im Unternehmen Rechnung getragen wird und der Steuerpflichtige, der

1 Vgl. Art. 6 Abs. 2 6. MwStRL und 26 MwStSystRL.

2 Bulletin der Europäischen Gemeinschaften, Beilage 11/73, 11 f.

3 EuGH v. 6.5.1992 – Rs. C-20/91 – de Jong, Rz. 15, EuGHE 1992, I-2847 = UR 1992, 271 = UR 1994, 309; v. 26.9.1996 – Rs. C-230/94 – Enkler, Rz. 35, EuGHE 1996, I-4517 = UR 1996, 418 m. Anm. *Widmann*; v. 16.10.1997 – Rs. C-258/95 – Fillibeck, Rz. 25, EuGHE 1997, I-5577 = UR 1998, 61; v. 27.4.1999 – Rs. C-48/97– Kuwait Petroleum, Rz. 21, EuGHE 1999, I-232 = UR 1999, 278; v. 8.3.2001 – Rs. C-415/98 – Bakcsi, Rz. 42, EuGHE 2001, I-1831 = UR 2001, 149; v. 17.5.2001 – Rs. C-322/99 und C-323/99 – Fischer, Rz. 56, EuGHE 2001, I-4049; v. 20.1.2005 – Rs. C-412/03 – Scandic, Rz. 23, EuGHE 2005, I-743 = UR 2005, 194 = UR 2005, 98.

4 Vgl. Anhang A Pkt. 6, RL 67/228/EWG, Abl. 1967 L 71, 1303.

5 Im Falle der Abgabe von begrenzt haltbare Lebensmittel an die sog. Tafeln wird der Marktwert auf null Euro festgelegt, sieh hierzu die Billigkeitsregelung: https://www.bundesregierung.de/Content

Waren aus seinem Unternehmen konsumiert, einem Steuerpflichtigen, der zu diesem Zeitpunkt gerade diese Waren am Markt erwerben muss, gleichgestellt wird.

## V. Tatbestandselemente

### 1. Unentgeltlichkeit

Zunächst ist darauf hinzuweisen, dass das Europäische Mehrwertsteuersystem nur entgeltliche oder unentgeltliche Leistungen kennt, einen Mittelweg der **Teilentgeltlichkeit** ist ihm fremd.[1] Steht eine Leistung in unmittelbarem Zusammenhang mit einer Gegenleistung, so ist diese Leistung gegen Entgelt ausgeführt. Der Umstand, dass die Gegenleistung wertmäßig nicht der Leistung entspricht – Leistung und Gegenleistung somit nicht in einem wertmäßigen Äquivalenzverhältnis zueinander stehen –, ist für die Entgeltlichkeit der Leistung unbedeutend (Rz. 25.23 ff.). Eine Leistung wird daher nur **unentgeltlich** erbracht, wenn ihr keine Gegenleistung gegenübersteht oder eine solche nur zum Schein erbracht wird; eine symbolische Gegenleistung kann kein Entgelt begründen, denn dem Leistenden kommt es gerade nicht auf ihren Erhalt an – er hätte die Leistung auch erbracht, ohne diese Gegenleistung zu erhalten.[2] 8.192

Der Korrekturmechanismus der Art. 16 und 26 MwStSystRL greift nur, wenn die Leistung unentgeltlich erfolgt; nicht aber sind Leistungen zu einem Entgelt unterhalb des marktüblichen Entgelts erfasst. Dies ergibt sich einerseits aus dem eindeutigen Wortlaut der Richtlinienbestimmungen, wonach eine *unentgeltliche* Leistung einer *entgeltlichen* gleichgestellt wird. Andererseits hat dies der EuGH auch mehrfach in seinen Urteilen zum Ausdruck gebracht: In der Rs. **Scandic** war es fraglich, ob die Abgabe von Mahlzeiten **unter den Selbstkosten** des Steuerpflichtigen einen steuerbaren Leistungsaustausch begründen konnte oder ob der Korrekturmechanismus des heutigen Art. 26 MwStSystRL anzuwenden sei. Der Gerichtshof wies darauf hin, dass es für die Qualifizierung als „entgeltlichen Umsatz" nicht darauf ankommen kann, dass die Gegenleistung die Schwelle der Selbstkosten erreicht.[3] Denn die Gegenleistung stelle einen „subjektiven, nämlich tatsächlich erhaltenen Wert und nicht einen nach objektiven Kriterien geschätzten Wert dar"[4]. Der Korrekturmechanismus des Art. 26 MwStSystRL stelle vielmehr darauf ab, bestimmte Umsätze, für die der Steuerpflichtige keine tatsächliche Gegenleistung erhalten hat, entgeltlichen Leistungen gleichzustellen, um dadurch sicherzustellen, „dass der Steuerpflichtige, der für seinen privaten Bedarf oder den seines Personals einen Gegenstand entnimmt oder eine Dienstleistung erbringt, und der Endverbraucher, der einen Gegenstand oder eine Dienstleistung gleicher Art erwirbt, gleichbehandelt werden."[5] Noch etwas eindeutiger formulierte der EuGH seine Urteilsbegründung 8.193

Archiv/DE/Archiv17/Artikel/2012/10/2012-10-11-lebensmittelspenden-an-tafeln-sind-umsatzsteuerfrei.html. *Hüttemann*, Gemeinnützigkeits- und Spendenrecht, 7.143.

1 Schlussanträge des GA *Colomer* v. 23.11.2004 – Rs. C-412/03 – Scandic, Rz. 34, EuGHE 2005, I-743; vgl. hierzu vertiefend: *Heber*, Gesellschaften und ihre Gesellschafter in der Umsatzsteuer, 282.

2 So schon *Tanzer* in FS Ruppe 591 (603).

3 EuGH v. 20.1.2005 – Rs. C-412/03 – Hotel Scandic Gasabäck, Rz. 22, EuGHE 2005, I-743 = UR 2005, 194 = UR 2005, 98.

4 EuGH v. 20.1.2005 – Rs. C-412/03 – Hotel Scandic Gasabäck, Rz. 21, EuGHE 2005, I-743 = UR 2005, 194 = UR 2005, 98.

5 EuGH v. 20.1.2005 – Rs. C-412/03 – Hotel Scandic Gasabäck, Rz. 23, EuGHE 2005, I-743 = UR 2005, 194 = UR 2005, 98.

in der Rs. **Campsa**[1]. Urteilsgegenständlich war die Veräußerung von Tankstellen durch Campsa an die Repsol Combustibles Petrolíferos SA zu einem Preis, der weit unter dem Marktwert lag. Unbestritten war zudem, dass es sich bei diesem Verkauf um „einen Umsatz zwischen verbundenen Parteien"[2] handelte. Dem EuGH wurde die Frage vorgelegt, ob unter Bezugnahme auf die nationale Umsetzung von Art. 16 MwStSystRL der Marktwert als Bemessungsgrundlage für die Mehrwertsteuerschuld angesetzt werden könne. Der Gerichtshof führt aus, dass Art. 16 MwStSystRL nur anzuwenden sei, wenn eine Leistung unentgeltlich ausgeführt wird; nicht aber kann Art. 16 MwStSystRL als Korrektiv herangezogen werden, wenn die Gegenleistung unter dem marktüblichen Wert der Leistung liegt – hierfür müsse von einer Mindestbemessungsgrundlage Gebrauch gemacht werden. Zudem erlaube der Umstand, dass die Leistung nicht zwischen Fremden erfolgt, nicht per se die Annahme, die Leistung erfolge unentgeltlich.

8.194 Daraus ergibt sich, dass sich der Anwendungsbereich der Mindestbemessungsgrundlage nach Art. 80 MwStSystRL und jener der unentgeltlichen Wertabgabe nach Art. 16 und 26 MwStSystRL nicht überschneiden. Die Mindestbemessungsgrundlage kann nur Anwendung finden, wenn gegen Entgelt geleistet wurde, somit zwischen Leistung und Gegenleistung ein unmittelbarer Zusammenhang besteht, die Gegenleistung aber nicht dem marktüblichen Entgelt entspricht. Dem entgegen finden die Art. 16 und 26 MwStSystRL nur Anwendung, wenn unentgeltlich geleistet wird. Das bedeutet, es wird entweder gar keine Gegenleistung erbracht oder nur ein symbolisches Entgelt entrichtet, auf das es dem Leistenden für sein Leisten gar nicht ankommt. Somit greift die unentgeltliche Wertabgabe auch dann, wenn ein Unternehmer einer Non-Profit Organisation einen wertvollen Gegenstand nicht spendet, sondern gegen einen niedrigen Preis quasi zum Schein verkauft.

### 2. Unternehmensfremde Zwecke

8.195 Der Richtlinientext der Art. 16 und 26 MwStSystRL spricht von einer Verwendung der Waren oder Dienstleistungen für private Zwecke des Steuerpflichtigen oder seines Personals oder allgemein für unternehmensfremde Zwecke. Nur Art. 16 MwStSystRL verweist zusätzlich noch auf die Form der unentgeltlichen Zuwendung als solcher. In einem ersten Schritt wird anhand der **Rechtsprechung des EuGH zu Art. 26 MwStSystRL** geklärt, in welchem **Rangverhältnis** die im Normtext aufgezählten Verwendungsmöglichkeiten zueinander stehen. In einem weiteren Schritt soll die Reichweite des unternehmensfremden Zwecks anhand der Rechtsprechung des EuGH ausgelotet werden. Erst daran anschließend wird auf das Tatbestandselement der unentgeltlichen Zuwendung, wie es nur in Art. 16 MwStSystRL zu finden ist, näher eingegangen.

#### a) EuGH Rechtsprechung zu Art. 26 MwStSystRL

8.196 Aus der Rechtsprechung des EuGH ist eindeutig zu erkennen, dass es für die Anwendung von Art. 26 MwStSystRL nicht ausreicht, dass eine Dienstleistung unentgeltlich erbracht wird und hierdurch ein Dritter (beispielsweise der Arbeitnehmer) oder der Steuerpflichtige selbst einen Vorteil erhält. Die Dienstleistung muss vielmehr zudem **für überwiegend unternehmensfremde Zwecke** erbracht werden.

1 EuGH v. 9.6.2011 – Rs. C-285/10 – Campsa, EuGHE 2011, I-5059 = UR 2012, 440.
2 EuGH v. 9.6.2011 – Rs. C-285/10 – Campsa, Rz. 16, EuGHE 2011, I-5059 = UR 2012, 440.

In der Rs. **Fillibeck**[1] war es fraglich, ob die unentgeltliche Beförderung von Arbeitnehmern von ihrer Arbeitsstätte zu ihrer privaten Wohnung nach Art. 26 MwStSystRL einer entgeltlichen Dienstleistung gleichzustellen sei. Der EuGH argumentierte anhand des privaten Bedarfs des Arbeitnehmers, der durch die Beförderungsleistung gestillt wird, und den unternehmerischen Zwecken, denen die Beförderungsleistung dient. Unter normalen Bedingungen diene die Beförderung des Arbeitnehmers durch den Arbeitgeber von seiner privaten Wohnung zur Arbeitsstätte dem privaten Bedarf des Arbeitnehmers. Der schlichte Umstand, dass die Zurücklegung der Strecke von der Wohnung zur Arbeitsstätte eine notwendige Voraussetzung für die Erfüllung der Arbeitspflicht durch den Arbeitnehmer ist, kann nach Auffassung des EuGH nicht entscheidend dafür sein, dass die Beförderung nicht privaten Zwecken des Arbeitnehmers i.S.d. Art. 26 MwStSystRL diene.[2] Da im konkreten Fall aber die Arbeitsstätte ständig örtlich wechselte und zudem nicht mit öffentlichen Verkehrsmitteln erreichbar war, qualifizierte der EuGH die Beförderung der Arbeitnehmer von ihren privaten Wohnungen zu den Arbeitsstätten **als dem unternehmerischen Zweck des Arbeitgebers dienend**, wodurch der Steuertatbestand des Art. 26 MwStSystRL nicht erfüllt war. 8.197

In ähnlicher Weise argumentierte der EuGH in der Rs. **Danfoss A/S und AstraZeneca A/S**[3]. Urteilsgegenständlich war die Frage, ob die kostenlose Versorgung von Arbeitnehmern mit Essen während Arbeitssitzungen einer Leistung gegen Entgelt gleichzustellen sei. Zunächst argumentierte der Gerichtshof – wie auch schon in der Rs. *Fillibeck* –, dass der Arbeitnehmer grundsätzlich die Art, die Uhrzeit und auch den Ort für seine Mahlzeiten frei wählen kann; der Arbeitgeber greife in diese Entscheidungsbefugnis nicht ein, da der Arbeitnehmer nur dazu verpflichtet ist, zu den vereinbarten Uhrzeiten an seinem Arbeitsplatz zu sein und dort seiner Arbeit nachzugehen. In diesen Fällen diene die Zurverfügungstellung von Mahlzeiten ausschließlich der Befriedigung des privaten Bedarfs des Arbeitnehmers.[4] Der Gerichtshof räumt aber ein, dass es dennoch Umstände geben mag, die es notwendig machen, dass der Arbeitgeber die Bewirtung der Arbeitnehmer sicherstellt.[5] Dies gilt nach Ansicht des EuGH für die Gestellung von Mahlzeiten während betrieblicher Sitzungen, um Unterbrechungen zu vermeiden und die Kontinuität und den ordnungsgemäßen Ablauf der Sitzung zu gewährleisten.[6] Unter solchen Umständen ziele nach Auffassung des EuGH die Lieferung von Mahlzeiten an Arbeitnehmer durch den Arbeitgeber „nicht auf die Befriedigung des privaten Bedarfs der Arbeitnehmer"; vielmehr erfolgt die Lieferung vor allem **„zu Zwecken, die nicht unternehmensfremd sind**. Der persönliche Vorteil, den die Arbeitnehmer daraus ziehen, erscheint gegenüber den Bedürfnissen des Unternehmens nur als untergeordnet."[7] Eine Besteuerung im Wege des Art. 26 MwStSystRL war daher nicht vorzunehmen. 8.198

Aus den dargestellten Urteilsbegründungen ergibt sich, dass eine Leistung nur dann einer Dienstleistung gegen Entgelt gleichgestellt werden kann, wenn diese Leistung **unentgeltlich**[8] 8.199

---

1 EuGH v. 16.10.1997 – Rs. C-258/95 – Fillibeck, EuGHE 1997, I-5577 = UR 1998, 61.
2 EuGH v. 16.10.1997 – Rs. C-258/95 – Fillibeck, Rz. 27, EuGHE 1997, I-5577 = UR 1998, 61.
3 EuGH v. 11.12.2008 – Rs. C-371/07 – Danfoss A/S und AstraZeneca A/S, EuGHE 2008, I-9549.
4 EuGH v. 11.12.2008 – Rs. C-371/07 – Danfoss A/S und AstraZeneca A/S, Rz. 57, EuGHE 2008, I-9549.
5 EuGH v. 11.12.2008 – Rs. C-371/07 – Danfoss A/S und AstraZeneca A/S, Rz. 58, EuGHE 2008, I-9549.
6 EuGH v. 11.12.2008 – Rs. C-371/07 – Danfoss A/S und AstraZeneca A/S, Rz. 60, EuGHE 2008, I-9549.
7 EuGH v. 11.12.2008 – Rs. C-371/07 – Danfoss A/S und AstraZeneca A/S, Rz. 62, EuGHE 2008, I-9549; hervorgehoben durch die Autorin.
8 Vgl. Rz. 8.192 f.

**und zudem für unternehmensfremde Zwecke** erfolgt. Ein unternehmensfremder Zweck ist jedenfalls die private Verwendung durch den Steuerpflichtigen oder dessen Arbeitnehmer. Somit zeigt sich, dass Art. 26 MwStSystRL in einer Weise aufgebaut ist, wonach die Verwendung von Dienstleistungen für **unternehmensfremde Zwecke den Rahmen für den Anwendungsbereich bilden**; die privaten Zwecke des Steuerpflichtigen und jene seiner Arbeitnehmer sind Beispiele einer unternehmensfremden Verwendung.

### b) Reichweite des unternehmensfremden Zwecks

8.200 Der Begriff des Unternehmens sowie die unternehmerischen und unternehmensfremden Zwecke lassen sich nur vereinzelt in den Bestimmungen der MwStSystRL finden. So ist es für die Steuerbarkeit eines Umsatzes nach der Diktion des Art. 2 MwStSystRL nicht entscheidend, dass dieser Umsatz im Rahmen des Unternehmens eines Steuerpflichtigen ausgeführt wurde; entscheidend ist vielmehr, dass ein Steuerpflichtiger als solcher eine Leistung gegen Entgelt erbringt. Ebenso ist das Unternehmen als solches für den Mechanismus des Vorsteuerabzugs nach dem Richtlinienrecht unbedeutend.[1] Größere Bedeutung kommt dem Unternehmen aber nach der Rechtsprechung des EuGH bei der **Zulässigkeit eines Vorsteuerabzugs bei gemischt genutzten Wirtschaftsgütern** zu. Hiernach kann ein Wirtschaftsgut, das sowohl privat als auch wirtschaftlich genutzt werden soll, dem Unternehmen vollständig,[2] anteilig[3] oder gar nicht[4] zugeordnet werden. Die Zuordnung und das Ausmaß der Zuordnung haben Auswirkungen auf die Zulässigkeit des Vorsteuerabzugs.[5] Aus dieser Rechtsprechung lässt sich für sich aber noch nichts über die tatsächliche Reichweite des Unternehmensfremden ableiten.

8.201 Den Begriff der unternehmensfremden Zwecke i.S.d. Art. 16 und 26 MwStSystRL hat der EuGH in der Rs. **VNLTO**[6] präzisiert. Urteilsgegenständlich war die Frage, ob gemischt (nichtwirtschaftlich und wirtschaftlich) genutzte Wirtschaftsgüter den Steuerpflichtigen zum vollständigen Vorsteuerabzug berechtigen, wenn der Steuerpflichtige ihre nicht-wirtschaftliche Nutzung einer Dienstleistung gegen Entgelt gleichstellt (Art. 26 MwStSystRL) und somit den ursprünglichen Vorsteuerabzug neutralisiert. Einen vollständigen Vorsteuerabzug bei späterer Neutralisierung durch Art. 26 MwStSystRL ließ der Gerichtshof nicht zu, da die Verwendung dieser Wirtschaftsgüter für eine **nicht-wirtschaftliche Tätigkeit keine Verwendung für unternehmensfremde Zwecke** i.S.v. Art. 26 MwStSystRL ist.[7] Vielmehr sei bei Wirtschaftsgütern, die sowohl wirtschaftlichen als auch nicht-wirtschaftlichen Zwecken dienen, ein anteiliger Vorsteuerabzug geltend zu machen.

8.202 In der Urteilsbegründung der Rs. *VNLTO* stellte der Gerichtshof fest, dass die nicht-wirtschaftliche Tätigkeit nicht mit dem Konsum, also der privaten Zweckverwendung, gleich-

1 Vgl., Art. 167 MwStSystRL.

2 EuGH v. 11.7.1991 – Rs. C-97/90 – Lennartz, EuGHE 1991, I-3795 = UR 1991, 291 m. Anm. *Widmann*.

3 EuGH v. 4.10.1995 – Rs. C-291/92 – Armbrecht, Rz. 19, EuGHE 1995, I-2775 = UR 1995, 465 = UR 1995, 485; v. 8.3.2001 – Rs. C-415/98 – Bakcsi, Rz. 25, EuGHE 2001, I-1831 = UR 2001, 149.

4 EuGH v. 8.3.2001 – Rs. C-415/98 – Bakcsi, EuGHE 2001, I-1831 = UR 2001, 149.

5 Vgl. hierzu ausführlich: *Heber*, Gesellschaften und ihre Gesellschafter in der Umsatzsteuer, 53 ff.; EuGH v. 10.9.2014 – Rs. C-92/13 – Gemeente's Hertogenbosch, ECLI:EU:C:2014:2188, Rz. 25, UR 2014, 852.

6 EuGH v. 12.2.2009 – Rs. C-515/07 – VNLTO, EuGHE 2009, I-839 = UR 2009, 199.

7 EuGH v. 12.2.2009 – Rs. C-515/07 – VNLTO, Rz. 38, EuGHE 2009, I-839 = UR 2009, 199; v. 10.9.2014 – Rs. C-92/13 – Gemeente's Hertogenbosch, ECLI:EU:C:2014:2188, Rz. 25, UR 2014, 852.

zusetzen ist. Eine nicht-wirtschaftliche Verwendung ist keine Verwendung für unternehmensfremde Zwecke i.S.d. Art. 16 und 26 MwStSystRL, wodurch sich ihr **Anwendungsbereich auf die private Verwendung** – somit auf die Verwendung für Konsumzwecke – beschränkt.[1] Ein Wirtschaftsgut, das sowohl wirtschaftlich als auch nicht-wirtschaftlich verwendet wird, kann mit Blick auf die Vorsteuern nicht gleich behandelt werden wie ein Wirtschaftsgut, das sowohl wirtschaftlich als auch privat genutzt wird.[2]

Dieses Ergebnis ist auch insofern überzeugend, als die Besteuerung im Wege der Art. 16 und 26 MwStSystRL zu einer **endgültigen mehrwertsteuerlichen Belastung** führt. Werden Wirtschaftsgüter oder Dienstleistungen aus dem Unternehmen für private Zwecke entnommen bzw. bezogen und werden sie nach Art. 16 und 26 MwStSystRL einer Lieferung bzw. Dienstleistung gegen Entgelt gleichgestellt, so berechtigt auch eine spätere wirtschaftliche Verwendung dieser Leistungen den Steuerpflichtigen nicht zu einem Vorsteuerabzug oder einer Vorsteuerkorrektur. Diese Waren und Dienstleistungen haben endgültig die unternehmerische Sphäre verlassen und sind ab diesem Zeitpunkt so zu behandeln wie jene Leistungen, die zum Zeitpunkt des Erwerbs nicht dem Unternehmen zugeordnet wurden.[3] Kommt es aber zu einer nicht-wirtschaftlichen Verwendung, soll eine mehrwertsteuerliche Endbelastung gerade nicht eintreten; eine Korrektur des ursprünglichen Vorsteuerabzugs hat in diesen Fällen im Wege der Korrekturmechanismen der Art. 184 ff. MwStSystRL zu erfolgen.[4] 8.203

Für den Non-Profit Bereich bedeutet dies, dass von einer Mehrwertbesteuerung im Wege der unentgeltlichen Wertabgabe in den meisten Fällen nicht auszugehen ist. Denn Non-Profit Organisationen handeln meist im sog. ideellen (nicht-wirtschaftlichen) Bereich. Hierbei handelt es sich aber gerade nicht um eine unternehmensfremde Zweckverwendung. Für einen Verein der einerseits kostenlos Aufklärungsunterricht in Schulen und andererseits kostenpflichtige Paartherapien anbietet, bedeutet dies, dass bei einer Verwendung oder Überführung von Wirtschaftsgütern vom wirtschaftlichen Bereich (das kostenpflichtige Paartherapieangebot) in den nicht-wirtschaftlichen Bereich (der kostenlose Aufklärungsunterricht an Schulen) keine unentgeltliche Wertabgabe zu versteuern ist. Vielmehr ist eine (negative) Vorsteuerkorrektur vorzunehmen. Im umgekehrten Fall, wenn also Wirtschaftsgüter aus dem nicht-wirtschaftlichen Bereich in den wirtschaftlichen Bereich überführt oder für diesen verwendet werden, muss ebenso eine (positive) Vorsteuerkorrektur erfolgen. 8.204

### c) Erweiterter Anwendungsbereich des Art. 16 MwStSystRL

Der Wortlaut des Art. 16 MwStSystRL ist insofern weiter als jener des Art. 26 MwStSystRL, als Art. 16 MwStSystRL explizit die **unentgeltliche Zuwendung zum Tatbestand** hat. Somit soll jede Entnahme eines Gegenstands durch einen Steuerpflichtigen aus seinem Unternehmen für seinen privaten Bedarf oder für den Bedarf seines Personals oder *als unentgeltliche Zuwendung* oder allgemein für unternehmensfremde Zwecke einer Lieferung gegen Entgelt gleichgestellt werden. 8.205

---

1 *Heber*, ÖStZ 2013, 17 (23).

2 Für die gemischt (privat und wirtschaftlich) Wirtschaftsgüter s. insbesondere: EuGH v. 11.7.1991 – Rs. C-97/90 – Lennartz, EuGHE 1991, I-3795 = UR 1991, 291 m. Anm. *Widmann*; v. 4.10.1995 – Rs. C-291/92 – Armbrecht, EuGHE 1995, I-2775 = UR 1995, 465 = UR 1995, 485; v. 8.3.2001 – Rs. C-415/98 – Bakcsi, EuGHE 2001, I-1831 = UR 2001, 149.

3 *Heber*, Gesellschaften und ihre Gesellschafter in der Umsatzsteuer, 35 ff.

4 *Van Doesum*/*van Norden*, IVM 2011, 323 (324).

### aa) Rechtsprechung des EuGH zu Art. 16 MwStSystRL

8.206 In der Rs. **Kuwait Petroleum**[1] war es gerade dieser Unterschied, der den EuGH dazu veranlasste, den Anwendungsbereich des Art. 16 MwStSystRL sehr weit zu interpretieren und **sämtliche unentgeltlichen Zuwendungen, selbst wenn diese unternehmerisch veranlasst waren, Art. 16 MwStSystRL zu unterwerfen**. Urteilsgegenständlich war ein Verkaufsförderprogramm einer Tankstellenkette, dem zufolge jeder Kunde beim Kauf von 12 Litern Treibstoff einen Gutschein erhielt. Der Preis, der für den Treibstoff bezahlt werden musste, war unabhängig davon, ob der Kunde den Gutschein annahm oder nicht. Hatte der Kunde ausreichend Gutscheine gesammelt, konnte er sich aus einer als Geschenkkatalog bezeichneten Liste einen Gegenstand oder eine in einem Papier verkörperte Dienstleistung aussuchen. In einem ersten Schritt lehnte es der EuGH ab, die spätere Geschenkausgabe als einen Rabatt des ursprünglichen Verkaufs des Treibstoffs zu qualifizieren.[2] Zurecht hat der EuGH einen steuerbaren Leistungsaustausch zwischen den Kunden und der Tankstellenkette mit der Begründung abgelehnt, dass es am Entgelt mangele. Es sei für die Kunden nicht erkennbar gewesen, dass ein Teil des für den Kraftstoff bezahlten Preises ein Entgelt für die späteren Geschenke sein solle. Dies ergebe sich insbesondere daraus, dass der Preis für den Treibstoff nicht durch den Bezug der Gutscheine beeinflusst wurde.[3] In einem nächsten Schritt prüfte der Gerichtshof die Anwendung von Art. 16 MwStSystRL. Mit Bezug auf Art. 16 MwStSystRL führte der EuGH aus, dass diese Korrekturvorschrift ihre Anwendung bei jeder unentgeltlichen Zuwendung von Gegenständen, die den Steuerpflichtigen zum Vorsteuerabzug berechtigt haben, finde, „ohne dass es grundsätzlich entscheidend wäre, ob diese Weitergabe für die Zwecke des Unternehmens stattfindet“[4]. „Denn Satz 2 dieser Bestimmung, der Entnahmen für Geschenke von geringem Wert und für Warenmuster zu Zwecken des Unternehmens von der Steuer ausnimmt, hätte keinen Sinn, wenn Satz 1 Entnahmen, die der Steuerpflichtige – für die Zwecke des Unternehmens – unentgeltlich weitergibt, nicht der Mehrwertsteuer unterwerfen würde.“[5] Aus diesen Gründen qualifizierte der EuGH die Ausgabe der Geschenke durch Kuwait Petroleum als eine unentgeltliche Wertabgabe, die einer entgeltlichen Lieferung gleichzustellen war.

8.207 In den **Folgeurteilen**, wie der Rs. *Kommission gegen Deutschland*[6] und der Rs. *Loyalty Management UK Ltd und Baxi Group Ltd*[7], nimmt der EuGH immer wieder Bezug auf die Rs. *Kuwait Petroleum.* Durch diese Urteile wird aber die Urteilsbegründung zu dem Anwendungsbereich von Art. 16 MwStSystRL nicht bestätigt; vielmehr wird die Urteilsbegründung zu der Rabattgewährung und der Entgeltlichkeit aufgegriffen. Dies lässt den Schluss zu, dass der Anwendungsbereich des Art. 16 MwStSystRL trotz der Rs. *Kuwait Petroleum* restriktiv interpretiert werden darf.

1 EuGH v. 27.4.1999 – Rs. C-48/97 – Kuwait Petroleum, EuGHE 1999, I-2323 = UR 1999, 278.
2 EuGH v. 27.4.1999 – Rs. C-48/97 – Kuwait Petroleum, Rz. 15 ff., EuGHE 1999, I-2323 = UR 1999, 278.
3 EuGH v. 27.4.1999 – Rs. C-48/97 – Kuwait Petroleum, Rz. 26 ff., EuGHE 1999, I-2323 = UR 1999, 278.
4 EuGH v. 27.4.1999 – Rs. C-48/97 – Kuwait Petroleum, Rz. 22, EuGHE 1999, I-2323 = UR 1999, 278.
5 EuGH v. 27.4.1999 – Rs. C-48/97 – Kuwait Petroleum, Rz. 22, EuGHE 1999, I-2323 = UR 1999, 278.
6 EuGH v. 15.10.2002 – Rs. 427/98 – Kommission/Deutschland, EuGHE 2002, I-8315.
7 EuGH v. 7.10.2010 – Rs. C-53/09 und 55/09 – Loyalty Management UK Ltd und Baxi Group Ltd, EuGHE 2010, I-9187.

Werden die Schlussfolgerungen zur Interpretation des Art. 16 MwStSystRL aus der Rs. *Kuwait Petroleum* auf **Spenden** übertragen, gilt das Folgende: Werden Gegenstände des Unternehmens, für welche ein voller oder teilweiser Vorsteuerabzug geltend gemacht wurde, gespendet, ist der Anwendungsbereich von Art. 16 MwStSystRL insofern eröffnet, als die Zuwendung unentgeltlich erfolgt. Ist mit der Zuwendung keine Werbeleistung seitens der Personenvereinigung unmittelbar verbunden, wird die unentgeltliche Lieferung einer entgeltlichen Lieferung gleichgestellt. Ob der Steuerpflichtige mit der Zuwendung unternehmerische Zwecke verfolgt, da er beispielsweise damit wirbt, einen Großteil seines Gewinns zu spenden, ohne dass es ihm auf eine konkrete Werbeleistung seitens des Begünstigten ankommt, ist für die Eröffnung des Anwendungsbereichs von Art. 16 MwStSystRL unerheblich. 8.208

### bb) Kritik

In der Literatur wurde an diesem Urteil mitunter heftig Kritik geübt.[1] Berücksichtigt man, dass jeder Steuerpflichtige, der ein Verkaufsförderprogramm unterhält, die Kosten für dieses zu decken hat, so erscheint eine Deckung dieser Kosten über eine **Erhöhung der übrigen Preise** der zu verkaufenden Produkte nur logisch. Jeder Steuerpflichtige wird die Kosten, die für derartige Verkaufsförderprogramme anfallen, bei der Preiskalkulation seiner Produkte berücksichtigen. Somit ist ein Teil des für die Waren bezahlten Preises für die Finanzierung des Verkaufsförderprogramms bestimmt. Dies ändert aber nichts an der Tatsache, dass dieser Teil des Preises nicht als Entgelt für die „Geschenke" angesehen werden kann, wenn es dem Kunden nicht erkennbar war, dass ein Teil der Zahlung Entgelt für die später zu beziehenden Waren oder Dienstleistungen sein soll. Hiervon ist insbesondere dann auszugehen, wenn der Preis für die gekauften Waren oder Dienstleistungen gleich bleibt, unabhängig davon, ob Gutscheine, die zu einem späteren Erhalt der Geschenke berechtigen, bezogen werden oder nicht. Denn diese Mehrzahlung kann immer nur dann ein Entgelt für die späteren „Geschenke" sein, wenn zwischen dieser Mehrzahlung und den Waren ein unmittelbarer Zusammenhang besteht.[2] Dieser unmittelbare Zusammenhang muss zwingend sowohl seitens des Leistenden als auch seitens des Leistungsempfängers gegeben sein.[3] Wenngleich ein Teil der Preiszahlung kein Entgelt für spätere Geschenke begründet, ist er für deren Finanzierung bestimmt. Dieser Teil der Preiszahlung unterliegt ebenso der Mehrwertsteuer, wodurch argumentiert wird, dass die spätere unentgeltliche Abgabe der Waren bereits der Mehrwertsteuer unterlegen haben und eine weitere Besteuerung im Wege des Art. 16 MwStSystRL zu einer **mehrwertsteuerrechtlichen Doppelbesteuerung** führe.[4] 8.209

1 Vgl. beispielsweise: *Klenk*, UVR 1999, 219 (223); *Klenk*, UR 2001, 56 (59); *Ruppe/Achatz*, UStG⁴, § 3 Rz. 240; *Gunacker-Slawitsch*, Umsatzsteuerlicher Eigenverbrauch, 308 ff.

2 EuGH v. 5.2.1981 – Rs. 154/80 – Coöperatieve Aardappelenbewaarplaats, Rz. 12, EuGHE 1981, 445; v. 23.11.1988 – Rs. 230/87 – Naturally Yours Cosmetics, Rz. 11 und 12, EuGHE 1988, 6365; v. 3.3.1994 – Rs. C-16/93 – Tolsma, Rz. 13, EuGHE 1994, I-743 = UR 1994, 226 = UR 1994, 399; v. 2.6.1994 – Rs. C-33/93 – Empire Stores, Rz. 12, EuGHE 1994, I-2329 = UR 1995, 64 m. Anm. *Rothenberger*; v. 20.1.2005 – Rs. C-412/03 – Scandic, Rz. 22, EuGHE 2005, I-743 = UR 2005, 194 = UR 2005, 98.

3 Vgl. hierzu: Laddie J „it would be insufficient to prove that Kuwait Petroleum alone thought that the redemption vouchers and redemption goods were being paid for by the customer through the price paid for the premium goods" ([2011] STC 62 para 23). „[I]f the consumers were led to believe, and reasonably did believe, that they were being given free vouchers and gifts, it is irrelevant that, as a matter of accounting, it can be shown that they were really paying for them" ([2011] STC 62 para 33); vgl. auch: *Morse*, BTR 2002, 179 (208).

4 *Ruppe/Achatz*, UStG⁴, § 3 Rz. 240; *Gunacker-Slawitsch*, Umsatzsteuerlicher Eigenverbrauch, 307.

8.210 Zudem wird vielfach kritisiert, dass eine weite Interpretation des Art. 16 MwStSystRL zu **unsystematischen Unterscheidungen zwischen Dienstleistungen und Lieferungen** führt. Es würde somit einen Unterschied machen, ob Waren oder Dienstleistungen für Werbezwecke „verschenkt" werden und Waren beispielsweise nur leihweise überlassen werden.[1]

### cc) Einschränkende Interpretation des Richtlinienrechts

8.211 Dieser Kritik ist dem Grunde nach zuzustimmen. Soll eine systematische Divergenz zwischen der Bestimmung zur fiktiven Dienstleistung (Art. 26 MwStSystRL) und jener zur fiktiven Lieferung (Art. 16 MwStSystRL) vermieden und die unentgeltliche Lieferung für unternehmerische Zwecke nicht einer fiktiven Lieferung gegen Entgelt gleichstellen werden, muss Art. 16 MwStSystRL so gelesen werden, dass das Tatbestandselement „unternehmensfremde Zwecke" die Reichweite für den Anwendungsbereich der Bestimmung vorgibt.[2] Will man den Anwendungsbereich so verstanden wissen, sind die weiteren die Verwendung beschreibenden Tatbestandselemente wie der private Bedarf des Steuerpflichtigen oder seines Personals und die unentgeltliche Zuwendung nur Möglichkeiten, wie ein Gegenstand unternehmensfremd verwendet werden kann.[3] Wenngleich eine restriktive Interpretation des ersten Satzes gelingt, muss man anerkennen, dass der **zweite Satz von Art. 16 MwStSystRL**, wonach Lieferungen von Gegenständen von geringem Wert und Warenmuster für Zwecke des Unternehmens jedenfalls nicht einer Lieferung gegen Entgelt gleichzustellen sind, **sinnentleert** ist. Denn wird bereits durch den ersten Satz bestimmt, dass nur Entnahmen für unternehmensfremde Zwecke einer Lieferung gegen Entgelt gleichzustellen sind, bedarf es keiner weiteren Ergänzung dahingehend, dass bei Warenmustern und Geschenken von geringem Wert keine fiktive Lieferung angenommen werden darf.

8.212 Unter Berücksichtigung der Rechtsprechung des EuGH zur nicht-wirtschaftlichen Tätigkeit[4] kann dem Vorwurf, dass eine restriktive Interpretation des Art. 16 MwStSystRL einen nicht besteuerten Letztverbrauch bedingen kann, insofern entgegengetreten werden, als jede Verwendung von Waren und Dienstleistungen für eine unternehmerische, aber unentgeltliche Tätigkeit eine **Berichtigung des ursprünglichen Vorsteuerabzugs** auslöst.[5] Rein systematisch ist die Vorsteuerkorrektur den Bestimmungen zur fiktiven Lieferung und fiktiven Dienstleistung vorgelagert. Wurde der ursprüngliche Vorsteuerabzug mittels Vorsteuerkorrektur berichtigt, ist die Ware mit Mehrwertsteuer belastet, wodurch der Anwendungsbereich von Art. 16 MwStSystRL nicht eröffnet ist. Ist der Korrekturzeitraum aber verstrichen oder sind die Kosten für die Waren Teil der allgemeinen Kosten, wodurch gerade bei einer ausschließlichen wirtschaftlichen und steuerpflichtigen Tätigkeit von einer Korrektur des ursprünglichen Vorsteuerabzugs abzusehen ist,[6] kann der Anwendungsbereich des Art. 16 MwStSystRL weiterhin

---

1 *Gunacker-Slawitsch*, Umsatzsteuerlicher Eigenverbrauch, 312.

2 Vgl. Schlussanträge des GA *van Gerven*, EuGH v. 14.3.1994 – Rs. C-33/93 – Empire Stores, Rz. 19, EuGHE 1994, I-2329; *Nieskens*, UR 1999, 137 (138); *Ehrke-Rabel/Gunacker-Slawitsch*, UR 2013, 249 (251).

3 Für die Zweifelsfragen bei der Auslegung: Schlussanträge des GA *Fennelly*, EuGH v. 9.7.1998 – Rs. C-48/97 – Kuwait Petroleum, Rz. 23, EuGHE 1999, I-2323 = UR 1999, 278.

4 Zur Frage, wann eine nicht-wirtschaftliche Tätigkeit vorliegt, vgl. ausführlich *Heber*, Gesellschaften, 44 ff.

5 *Heber*, ÖStZ 2013, 17 (24); *Heber*, Gesellschaften und ihre Gesellschafter in der Umsatzsteuer, 90 ff.

6 *Heber*, Gesellschaften und ihre Gesellschafter in der Umsatzsteuer, 116 ff.; dem folgend: *Ehrke-Rabel/Gunacker-Slawitsch*, UR 2013, 249 (261).

eröffnet sein. In gerade diesen Fällen würde eine restriktive Interpretation des Tatbestandes entgegen der EuGH-Rechtsprechung helfen, um systemkonforme Ergebnisse zu erzielen.

## VI. Nationale Bestimmungen zur unentgeltlichen Wertabgabe

### 1. Deutschland

#### a) Nationale Umsetzung und Historie

Die Bestimmungen der MwStSystRL zur Besteuerung fiktiver Lieferungen (Art. 16) und fiktiver Dienstleistungen (Art. 26) wurden national in § 3 Abs. 1a und § 3 Abs. 9a UStG nahezu wortgleich umgesetzt. Dem deutschen Mehrwertsteuerrecht war die Besteuerung des Konsums von Waren aus dem Unternehmen durch den Unternehmer im Wege der Fiktion einer Leistung nicht fremd. Die Gegenstandsentnahme wurde bereits durch § 1 Abs. 2 UStG 1918[1] der Mehrwertbesteuerung unterworfen. Die fiktive Lieferung vom Unternehmer an sich selbst sollte damals wie auch heute noch die **unbelastete Selbstversorgung des Unternehmers** aus seinem Unternehmen verhindern.[2] Durch das UStG 1980 wurden sodann auch die unentgeltliche Lieferung von Gegenständen an Arbeitnehmer[3] und Gesellschafter[4] der Mehrwertsteuer unterworfen. Ein wesentlicher Unterschied zu den unionsrechtlichen Vorgaben und ihrer heutigen nationalen Umsetzung lag aber darin, dass eine Besteuerung unabhängig davon eintreten sollte, ob der Steuerpflichtige zuvor einen **Vorsteuerabzug** geltend gemacht hat oder nicht. Nach Rechtsprechung des BFH war es dem Steuerpflichtigen aber freigestellt, sich auf die für ihn günstigeren Richtlinienvorschriften zu berufen.[5] Mit dem Steuerentlastungsgesetz 1999/2000/2002 wurden die nationalen Bestimmungen zur Besteuerung fiktiver Lieferungen und Dienstleistungen dem Richtlinienrecht endgültig angepasst. 8.213

#### b) Tatbestandelemente

##### aa) Allgemein

Da sich der nationale Gesetzgeber bei der Umsetzung der Art. 16 und 26 MwStSystRL sehr **stark am Richtlinienrecht orientiert** hat, ergeben sich im nationalen Recht dieselben Tatbestandsvoraussetzungen wie es durch die MwStSystRL bestimmt ist. Daher wird an dieser Stelle mit Bezug auf die Zielsetzung der Norm sowie das Tatbestandselement der Unentgeltlichkeit auf die Ausführungen zum Richtlinienrecht verwiesen (Rz. 8.192 ff.). Wesentlich anders gestaltet sich aber das nationale Verständnis mit Blick auf die unternehmensfremden Zwecke. Diesem Begriffsverständnis und den sich daraus ergebenden Konsequenzen wird das folgende Kapitel gewidmet. 8.214

##### bb) Unternehmensfremde Zwecke

Die unternehmensfremden Zwecke des § 3 Abs. 1b und 9a UStG wurden zunächst basierend auf dem engen **Unternehmensverständnis des § 2 UStG** sehr weit verstanden.[6] Daher wur- 8.215

1 RGBl. 1918, 779 ff.
2 Vgl. RT-Drucks. 1914/1918 Nr. 1461 S. 29; *Popitz*, Kommentar zum Umsatzsteuergesetz, 205.
3 Vgl. § 1 Abs. 1 Nr. 1 lit. b UStG 1980–1993.
4 Vgl. § 1 Abs. 1 Nr. 3 UStG 1980–1993.
5 BFH v. 29.8.1991 – V B 113/91, BStBl. II 1992, 267 = UR 1991, 349 m. Anm. *Widmann*.
6 So umfasste das Nichtunternehmerische das Nichtwirtschaftliche: BFH v. 20.12.1984 – V R 25/76, BStBl. II 1985, 176 = UR 1985, 57 m. Anm. *Weiss*; v. 28.11.1991 – V R 95/86, BStBl. II 1992, 569 =

de nicht nur die echt private Verwendung unter den Begriff der unternehmensfremden Zwecke subsumiert; vielmehr wurde auch die **nicht-wirtschaftliche Tätigkeit als unternehmensfremd** qualifiziert. Es kam somit zu einer Gleichstellung der nicht-wirtschaftlichen Tätigkeit mit dem Konsum. Dem entspricht es, dass die Lieferung eines Gegenstands von einem Betrieb gewerblicher Art (somit vom wirtschaftlichen Bereich einer Körperschaft des öffentlichen Rechts) in den hoheitlichen Bereich dieser Körperschaft des öffentlichen Rechts § 3 Abs. 1a UStG unterlag.[1]

8.216 In Anlehnung an die Rechtsprechung des EuGH unterscheidet der BFH und ihm folgend auch die Finanzverwaltung[2] nun zwischen der privaten und der nichtwirtschaftlichen Tätigkeit.[3] Die Finanzverwaltung verwendet für die Unterscheidung dieser beiden Bereiche andere Begriffe; so wird die nicht-wirtschaftliche Tätigkeit im Sinne der EuGH-Rechtsprechung von der Finanzverwaltung als **nichtwirtschaftliche Tätigkeit im engeren Sinne** (nichtwirtschaftliche Tätigkeit i.e.S.) bezeichnet und die private Tätigkeit ist nach der Diktion der Finanzverwaltung die **unternehmensfremde Tätigkeit**.

8.217 Die Rechtsprechung des BFH zeigt, dass das Gericht in Anlehnung an die Rechtsprechung des EuGH um eine Trennung zwischen dem Privaten und dem Nicht-wirtschaftlichen bemüht ist. Im Unterschied zur EuGH-Rechtsprechung soll das **Nichtwirtschaftliche aber nicht dem Unternehmen zugeordnet** werden.[4] Diesem Ansatz folgt die Finanzverwaltung. Daher bilden sowohl die nichtwirtschaftliche Tätigkeit i.e.S. als auch die unternehmensfremde Tätigkeit zusammen den nichtunternehmerischen Tätigkeitsbereich. Daraus folgt eine wesentliche **Divergenz** zwischen der Rechtsprechung des EuGH und der deutschen Rechtspraxis in Hinblick auf die **systematische Positionierung des Nicht-wirtschaftlichen.**[5] So versteht der EuGH das Nichtwirtschaftliche als Teil des Unternehmens und grenzt somit das Private stark vom aus dem Wirtschaftlichen und Nichtwirtschaftlichen gebildeten Unternehmen ab. Hierentgegen grenzen der BFH und die Finanzverwaltung das Nichtunternehmerische, das aus dem Nichtwirtschaftlichen und dem Privaten gebildet wird, vom Unternehmen, somit dem Wirtschaftlichen, ab.

8.218 Dem engen Verständnis des Unternehmensbegriffs ist es auch geschuldet, dass die Mechanismen zur Korrektur des ursprünglichen Vorsteuerabzugs bei **späterer Nutzungsänderung** nach Auffassung der Finanzverwaltung eine inkonsistente Anwendung erfahren: Eine Besteuerung durch Fiktion einer Lieferung oder Dienstleistung (§ 3 Abs. 1b und 9a UStG) soll dann erfolgen, wenn ein Unternehmer Leistungen seinem Unternehmen zugeordnet hat und hierfür

---

UR 1992, 173; v. 1.7.2004 – V R 64/02, BFH/NV 2005, 252; aber auch das echt Private: BFH v. 31.1.2002 – V R 61/96, BStBl. II 2003, 813 = UR 1999, 64 m. Anm. *Widmann*; vgl. auch *Lechner*, DStJG 13, 39 (46); *Stadie*, Umsatzsteuergesetz², § 2 Rz. 164 ff.; *Pull*, Die Sphärentheorie im Mehrwertsteuerrecht, 27. Anders allerdings BFH v. 29.6.2010 – V B 160/08, BFH/NV 2010, 1876.

1 BFH v. 10.3.1994 – V R 91/91, UR 1995, 343 = BFH/NV 1995, 451.

2 Vgl. Abschn. 2.3. Abs. 1a UStAE.

3 BFH v. 12.1.2011 – XI R 9/08, BStBl. II 2012, 58 = GmbHR 2011, 439 = UR 2011, 357; v. 3.3.2011 – V R 23/10, BStBl. II 2012, 74 = UR 2011, 617 m. Anm. *Küffner.*

4 Die Zugehörigkeit des Nichtwirtschaftlichen zum Unternehmen wurde vom BFH in Anlehnung an die Rechtssache VNLTO nur in einem Beschluss anerkannt, s. BFH v. 29.6.2010 – V B 160/08, BFH/NV 2010, 1876; die Zugehörigkeit zum Unternehmen ablehnend, hier explizit: BFH v. 19.7.2011 – XI R 29/09, BStBl. II 2012, 430 = UR 2012, 238.

5 *Küffner/von Streit*, DStR 2012, 581(587 f.); *Korn*, DStR 2009, 372 (373); *Sterzinger*, UR 2010, 125 (129); *Pull*, MwStR 2013, 611, 612; a.A. *Bunjes/Heidner*, UStG § 15 Rz. 121; EuGH v. 12.2.2009 – Rs. C-515/07, UR 2009, 199 = EU-UStB 2009, 19 (19 f.).

einen Vorsteuerabzug geltend gemacht hat und sich die „Verhältnisse für den Vorsteuerabzug durch Erhöhung der Nutzung für nicht wirtschaftliche Tätigkeiten i.e.S. [ändern]"[1]. Ist eine Leistung hingegen nicht vollständig dem unternehmensfremden Bereich zugeordnet und wird diese für unternehmerische und nichtwirtschaftliche Tätigkeiten i.e.S. genutzt, so soll dem Unternehmer aus Billigkeitsgründen eine Vorsteuerkorrektur zustehen, wenn sich die Verhältnisse durch Erhöhung der unternehmerischen Tätigkeit ändern.[2] Eine Vorsteuerkorrektur aus Billigkeitsgründen lässt die Finanzverwaltung aber nicht zu, wenn die bezogene Leistung im Zeitpunkt des Erwerbs ausschließlich für eine nichtwirtschaftliche Tätigkeit i.e.S. genutzt wird und gerade diese Leistung später unternehmerischen Tätigkeiten dient.[3]

**Beispiel:** Der gemeinnützige Verein X schafft im Jahr 01 neue Stühle für seinen Seminarraum im Wert von 6.000 Euro zzgl. 1140 Euro MwSt an. Der Verein verwendet diesen Seminarraum: 8.219

a) ausschließlich für seine gemeinnützige Tätigkeit, da in diesen Räumlichkeiten ausschließlich Gesprächskreise zur Verwirklichung des gemeinnützigen Zwecks abgehalten werden.

b) zu 50 % für die gemeinnützige Tätigkeit und zu 50 % wird dieser Seminarraum an andere Vereine kostenpflichtig vermietet. Der Verein verzichtet auf die Steuerbefreiung gem. § 9 Abs. 1 UStG.

Im Jahr 02 greift der Verein auf einen kleineren Seminarraum zurück, um die Gesprächskreise abzuhalten. Der neu bestuhlte Seminarraum wird ab diesem Zeitpunkt ausschließlich entgeltlich vermietet. Auf die Steuerbefreiung wird gem. § 9 Abs. 1 UStG verzichtet. Im Jahr 03 finden die Gesprächskreise des Vereins wieder regen Anklang, wodurch der im Jahr 02 ausschließlich entgeltlich vermietete Seminarraum zu 70 % für die Gesprächskreise des Vereins genutzt wird.

**Lösung:**

Zu a)

Werden die Stühle im Zeitpunkt ihres Erwerbs ausschließlich für den nicht-wirtschaftlichen Bereich – somit für nichtwirtschaftliche Tätigkeiten i.e.S. – genutzt, scheidet nach derzeitiger Rechtsprechung des BFH und Auffassung der Finanzverwaltung eine Zuordnung der Stühle zum Unternehmen aus, was einen Vorsteuerabzug im Zeitpunkt der Anschaffung ausschließt. Aus diesem Grund ist auch bei einer späteren wirtschaftlichen (unternehmerischen) Verwendung dieser Stühle eine positive Vorsteuerkorrektur ausgeschlossen.

Zu b)

Nach Auffassung der Finanzverwaltung können gemischt (unternehmerisch und nichtwirtschaftlich i.e.S.)[4] genutzte Wirtschaftsgüter nur im Ausmaß ihrer unternehmerischen Nutzung dem Unternehmen des Unternehmers zugeordnet werden; eine vollständige Zuordnung zum Unternehmen ist ausgeschlossen.[5] Aus Billigkeitsgründen kann der Verein die Stühle aber vollständig seiner unternehmensfremden Sphäre zuordnen.[6] Entscheidet sich der Verein, die Stühle im Ausmaß von 50 % dem Unternehmen zuzuordnen, so ist er auch in diesem Ausmaß zum Vorsteuerabzug berechtigt. Im Jahr 02 werden die Stühle ausschließlich wirtschaftlich genutzt, daher kann der Verein eine positive Vorsteuerkorrektur geltend machen, denn die Bagatellgrenze des § 44 UStDV ist überschritten.[7]

Insgesamt wurden dem Verein 1140 Euro als Mehrwertsteuer in Rechnung gestellt. Der ursprüngliche Vorsteuerabzug betrug 570 Euro (50 % von 1140 Euro). Der Berichtigungszeitraum beträgt fünf Jahre. Aus Billigkeitsgründen ist der Verein im Jahr 02 zu einem Vorsteuerabzug i.H.v. 100 % anstelle von 50 % berechtigt. Der Berichtigungsbetrag beträgt somit 50 % von ⅕ von 570. Somit sind 57 Euro

1 Abschnitt 3.4. Abs. 2 S. 4 UStAE.
2 Abschnitt 15a.1. Abs. 7 UStAE.
3 Abschnitt 15.2c Abs. 1 S. 2 i.V.m. Abschnitt 2.3. Abs. 1a S. 2 und Abschnitt 15a.1. Abs. 7 UStAE.
4 Wirtschaftlich und nicht-wirtschaftlich im Sinne der Rechtsprechung des EuGH.
5 Abschnitt 15.2c Abs. 2 Nr. 2 lit. a UStAE.
6 Ibid.
7 Abschnitt 15a.1. Abs. 7 UStAE.

zugunsten des Vereins zu berichtigen. Im Jahr 03 kommt es zu einer Erhöhung der nichtwirtschaftlichen Verwendung i.e.S. Dies bedingt eine Berichtigung des ursprünglichen Vorsteuerabzugs durch § 3 Abs. 9a UStG.[1] Für Fragen zur Bemessungsgrundlage: Rz. 25.47 ff.

Die Anwendung der unentgeltlichen Wertabgabe entspricht nicht den unionsrechtlichen Vorgaben. Diese sehen vielmehr eine Vorsteuerkorrektur vor. Unterschiede zwischen diesen Korrekturvorschriften ergeben sich hinsichtlich der zeitlichen Zulässigkeit der Korrekturmaßnahme und der Bemessungsgrundlage.

### cc) Unentgeltliche Entnahme für unternehmerische Zwecke

8.220 Der BFH[2] und die deutsche Finanzverwaltung[3] folgen der Rechtsprechung des EuGH in der Rs. *Kuwait Petroleum*, wonach eine **unentgeltliche Zuwendung** von Gegenständen des Unternehmens, die zum Vorsteuerabzug berechtigt haben, einer Lieferung gegen Entgelt nach § 3 Abs. 1b Nr. 3 UStG gleichzustellen ist, unabhängig davon, ob diese Gegenstände aus **unternehmerischen Gründen** zugewendet werden. Eine solche Interpretation ist auch der nationalen Umsetzung des Art. 16 MwStSystRL geschuldet. § 3 Abs. 1b UStG zählt explizit die verschiedenen Entnahmegründe separat auf, wodurch eine einschränkende Interpretation, wie sie unter Rz. 8.211 angedacht wurde, nicht möglich ist.

8.221 Die unentgeltliche Zuwendung von Gegenständen des Unternehmens soll entsprechend § 3 Abs. 1b Nr. 3 UStG und dem Richtlinienrecht nur dann nicht der Besteuerung unterliegen, wenn diese **Geschenke von geringem Wert** sind oder **Warenmuster** bilden und jeweils für Zwecke des Unternehmens ausgegeben werden. Ein Geschenk ist dann von geringem Wert, „wenn die Anschaffungs- oder Herstellungskosten der dem Empfänger im Kalenderjahr zugewendeten Gegenstände insgesamt 30 Euro (Nettobetrag ohne Umsatzsteuer) nicht übersteigen".[4] Wurde der Vorsteuerabzug bereits gem. § 15 Abs. 1a UStG i.V.m. § 4 Abs. 5 S. 1 Nr. 1 EStG versagt, da es sich um Aufwendungen für Geschenke, deren Wert 35 Euro übersteigt, an Personen, die nicht Arbeitnehmer des Steuerpflichtigen sind, handelt, ist eine Besteuerung im Wege des § 3 Abs. 1b Nr. 3 UStG nicht vorzunehmen. Die deutsche Finanzverwaltung bekräftigt, dass durch eine Anwendung von § 3 Abs. 1b Nr. 3 UStG auf unentgeltliche Zuwendungen von Gegenständen des Unternehmens, die zum Vorsteuerabzug berechtigten, selbst wenn sie unternehmerischen Zwecken dient, ein „umsatzsteuerlich unbelasteter Endverbrauch vermieden werden"[5] soll. Trotz dieser Zweckgerichtetheit soll die Steuerbarkeit nicht dadurch entfallen, dass der Empfänger die zugewendeten Gegenstände in seinem Unternehmen verwendet.[6] Eine unentgeltliche Zurverfügungstellung gerade dieser Gegenstände soll aber nicht einer sonstigen Leistung gegen Entgelt gleichgestellt werden.[7] Für den Non-Profit Bereich bedeutet dies, dass sämtliche unentgeltliche Wertabgaben eines Unternehmers an eine Non-Profit Gesellschaft stets der Umsatzbesteuerung unterliegen,[8] selbst dann, wenn der Unternehmer hiermit ein unternehmerisches Ziel verfolgt – wie beispielsweise die Imagepflege (Rz. 8.208).

---

1 Abschnitt 3.2. Abs. 2 S. 4 UStAE.

2 BFH v. 14.5.2008 – XI R 60/07, BStBl. II 2008, 721 = UR 2008, 696; v. 12.12.2012 – XI R 36/10, BStBl. II 2013, 412 = UR 2013, 375.

3 UStAE Art. 3.3. Abs. 10 ff.

4 UStAE Art. 3.3. Abs. 11 S. 2.

5 UStAE Art. 3.3. Abs. 10 S. 5.

6 UStAE Art. 3.3. Abs. 10 S. 6.

7 UStAE Art. 3.3. Abs. 10 S. 10; UStAE Art. 3.4. Abs. 1 S. 3.

8 Im Falle der Abgabe von begrenzt haltbare Lebensmittel an die sog. Tafeln wird der Marktwert auf null Euro festgelegt, sieh hierzu die Billigkeitsregelung: https://www.bundesregierung.de/Content

## 2. Österreich

### a) Nationale Umsetzung und Historie

Schon früh wurden nationale Maßnahmen ergriffen, um den **Selbstversorger einem Käufer gleichzustellen**. Zunächst wurde der Besteuerungstatbestand vorwiegend auf die Entnahme von Gegenständen beschränkt. Mit dem Übergang zur Allphasenmehrwertsteuer mit Vorsteuerabzug gewann der Besteuerungstatbestand an Bedeutung, da der Erwerb für das Unternehmensvermögen nicht mit Mehrwertsteuer belastet war und somit die Befriedigung aus dem Unternehmen einen unbesteuerten Konsum zur Folge hatte. Mit dem UStG 1972 wurde daher der Steuertatbestand erweitert. Nicht nur die dauerhafte, sondern auch die vorübergehende Nutzung von Unternehmensvermögen für unternehmensfremde Zwecke unterlag der Besteuerung.[1] Wenngleich die Möglichkeit, einen Vorsteuerabzug in Anspruch zu nehmen, die treibende Kraft für die Ausweitung des Steuertatbestands war, waren die Bestimmungen zunächst nicht von einer Inanspruchnahme des Vorsteuerabzugs abhängig.[2] Zusätzlich führte das UStG 1972 einen Aufwandstatbestand ein. Im Wesentlichen sollten hierdurch ertragsteuerrechtlich nicht abzugsfähige Aufwendungen der Besteuerung unterliegen. Das UStG 1994 erweiterte den Steuertatbestand um den Tatbestand der sonstigen Leistung und den Tatbestand des Bezuges von Leistungen im Ausland, die im Inland für das Unternehmen ausgeführt gelten.[3] Erst mit Wirkung ab dem 1.1.2004 wurden die Tatbestände in Anlehnung an die 6. MwStRL unionskonform ausgestaltet.[4] 8.222

### b) Tatbestandsmerkmale

#### aa) Allgemein

Der nationale Gesetzgeber hat sich bei der Anpassung der nationalen Normen sehr stark am **Wortlaut des Richtlinienrechts** gehalten. Für die Ausführungen zur Zielsetzung der Norm sowie die Erläuterungen des Tatbestands der Unentgeltlichkeit sei daher auf die Ausführungen oben verwiesen (Rz. 8.192 ff.). Wichtige Unterschiede ergeben sich aber bei dem Begriffsverständnis des Unternehmens und dem damit zusammenhängenden Begriff der unternehmensfremden Zwecke. 8.223

#### bb) Unternehmensfremde Zwecke

Das österreichische Mehrwertsteuersystem geht von einem sehr **engen Unternehmensbegriff** aus und entspricht weitestgehend dem deutschen Begriff (vgl. hierzu Rz. 8.215). So soll nach § 2 Abs. 1 S. 2 UStG das Unternehmen die gesamte gewerbliche oder berufliche Tätigkeit des Unternehmers umfassen. Dies entspricht der wirtschaftlichen Tätigkeit nach der MwStSystRL. Da der Begriff des Unternehmens nach Richtlinienrecht weiter zu verstehen ist und auch das Nicht-Wirtschaftliche einen Teil des Unternehmens formt,[5] gab es beim Anwendungsbereich der nationalen Steuertatbestände der fiktiven Lieferung und fiktiven Dienstleistung zunächst 8.224

---

Archiv/DE/Archiv17/Artikel/2012/10/2012-10-11-lebensmittelspenden-an-tafeln-sind-umsatzsteuer frei.html.

1 145 BlgNR 13.GP, 27.

2 *Ruppe/Achatz*, UStG[4], § 3 Rz. 192.

3 BGBl. 21/1995.

4 Vgl. hierzu *Ruppe/Achatz*, UStG[4], § 3 Rz. 190.

5 EuGH v. 12.2.2009 – Rs. C-515/07 – VNLTO, Rz. 38, EuGHE 2009, I-839 = UR 2009, 199; *Heber*, Gesellschaften und ihre Gesellschafter in der Umsatzsteuer, 44 ff.

erhebliche Abweichungen zur Rechtsprechung des EuGH.[1] So wurden zunächst der hoheitliche Bereich einer Körperschaft des öffentlichen Rechts und der ideelle Bereich eines Vereins als unternehmensfremd verstanden,[2] was zur Folge hatte, dass eine vorrübergehende oder endgültige Nutzung von Gegenständen des Unternehmens für diesen Tätigkeitsbereich oder eine Dienstleistungserbringung vom unternehmerischen Bereich in den hoheitlichen oder ideellen Bereich einer Lieferung bzw. Dienstleistung gegen Entgelt gleichgestellt wurde und somit der Mehrwertsteuer unterlag.

8.225 Als Reaktion auf die Rechtsprechung des EuGH unterscheidet der VwGH nun zwischen der **unternehmerischen, nichtunternehmerischen und unternehmensfremden Tätigkeit.**[3] Die nichtunternehmerische – nicht-wirtschaftliche in der Diktion des EuGH – Tätigkeit berechtigt nicht zum Vorsteuerabzug[4] und ist nicht mit der unternehmensfremden Tätigkeit gleichzusetzen, denn nur letztere fällt in den Anwendungsbereich der §§ 3 Abs. 2 und 3a Abs. 1a UStG.

8.226 Die **österreichische Finanzverwaltung** folgt dieser Unterscheidung und sieht vor, dass Körperschaften des öffentlichen Rechts und Vereine neben ihrem unternehmerischen auch einen nichtunternehmerischen Bereich haben können.[5] Dieser nichtunternehmerische Bereich ist dem nicht-wirtschaftlichen Bereich nach der Rechtsprechung des EuGH gleichzusetzen. Werden Gegenstände, die dem unternehmerischen Bereich dienen, „für den nichtunternehmerischen Bereich verwendet, diesem zugeordnet oder die Verwendung dieser Gegenstände Dritten gestattet, ist innerhalb des Vorsteuerberichtigungszeitraums die geltend gemachte Vorsteuer gem. § 12 Abs. 10 bis Abs. 13 UStG 1994 zu berichtigen“[6]. Dieser Ansatz ist systematisch richtig;[7] fraglich ist aber, ob die nationalen Bestimmungen zur Vorsteuerkorrektur tatsächlich angewendet werden können, da diese explizit auf eine Änderung der Verhältnisse mit Blick auf die Steuerbefreiung verweisen.[8] Nach Auffassung der Finanzverwaltung soll nicht nur eine negative Vorsteuerkorrektur möglich sein, auch eine positive Vorsteuerkorrektur soll zulässig sein, „wenn sich der Anteil der unternehmerischen Nutzung eines von Beginn an für unternehmerische Zwecke angeschafften Gegenstands erhöht“.[9] Somit scheidet eine positive Vorsteuerkorrektur immer nur dann aus, wenn der Gegenstand zunächst für ausschließlich nichtunternehmerische Tätigkeiten erworben wurde.

8.227 Daraus lässt sich das folgende Gesamtbild ableiten: Die vorübergehende und endgültige Verwendung von dem Unternehmen zugehörenden Gegenständen, die zum Vorsteuerabzug berechtigt haben, für eine nichtunternehmerische Tätigkeit sowie die Dienstleistungserbringung aus dem unternehmerischen in den nichtunternehmerischen Bereich bedingen keine Besteuerung nach §§ 3 Abs. 2 und 3a Abs. 1a UStG. Vielmehr ist hier eine **negative Vorsteuerkorrektur** innerhalb des Korrekturzeitraums vorzunehmen. Umgekehrt berechtigt die Ausweitung der unternehmerischen Nutzung von Gegenständen, die ursprünglich für unternehmerische Zwecke erworben und teilweise für nichtunternehmerische Zwecke genutzt wurden, zur **posi-**

---

1 *Achatz/Mang/Lindinger*, Besteuerung der Körperschaften öffentlichen Rechts³, Rz. 512.

2 *Doralt/Ruppe*, Steuerrecht I⁹, Rz. 1241; VereinsRL AÖF 2002/65 i.d.F. AÖF 2006/83.

3 VwGH v. 30.6.2015 – 2011/15/0163.

4 VwGH v. 30.6.2015 – 2011/15/0163; v. 28.10.2009 – 2008/15/0102; v. 24.6.2009 – 2007/15/0192.

5 UStR 2000, Rz. 206.

6 UStR 2000, Rz. 479.

7 *Heber*, Gesellschaften und ihre Gesellschafter in der Umsatzsteuer, 90 ff.; *Heber*, ÖStZ 2013, 17 (22 ff.).

8 *Heber*, Gesellschaften und ihre Gesellschafter in der Umsatzsteuer, 95 ff.; vgl. *Heber/Sternberg* in van Brederode/Krever, Legal Interpretation of Tax Law 163 (181).

9 Ibid.

**tiven Vorsteuerkorrektur**. Der Steuertatbestand der fiktiven Dienstleistung ist somit dem Grunde nach nur dann einschlägig, wenn Gegenstände des Unternehmens, die zum Vorsteuerabzug berechtigt haben, für private Zwecke verwendet werden.

Die österreichische Umsetzung der Art. 16 und 26 MwStSystRL und deren innerstaatliche Anwendung entsprechen den unionsrechtlichen Vorgaben. Das bedeutet, dass Non-Profit Organisationen, die sowohl wirtschaftlich als auch nicht-wirtschaftlich handeln, bei einem Wechsel der ursprünglichen Verwendung der Wirtschaftsgüter, somit von einer nicht-wirtschaftlichen Verwendung hin zu einer wirtschaftlichen Verwendung oder umgekehrt, stets eine Vorsteuerkorrektur vorzunehmen haben. 8.228

### cc) Unentgeltliche Entnahme für unternehmerische Zwecke

Der VwGH und die österreichische Finanzverwaltung folgen der EuGH Rechtsprechung in der Rs. *Kuwait Petroleum*. Jede unentgeltliche Zuwendung von Gegenständen aus dem Unternehmen, die zum Vorsteuerabzug berechtigt haben, soll einer Lieferung gegen Entgelt gleichgestellt werden, auch dann, wenn diese aus **unternehmerischen Zwecken** erfolgt.[1] Die Umsatzsteuerrichtlinien der Finanzverwaltung verweisen bei der Auslegung des Anwendungsbereichs von § 3 Abs. 2 UStG explizit auf Werbegeschenke, Geschenke zur Verkaufsförderung oder Imagepflege. Die unentgeltliche Zuwendung von Gegenständen des Unternehmens ist nur dann keiner Lieferung gegen Entgelt gleichzustellen, wenn die Gegenstände bereits im Zeitpunkt des Erwerbs nicht zum Vorsteuerabzug gem. § 12 Abs. 2 EStG berechtigt haben. Die Besteuerung soll auch dann nicht entfallen, wenn der Empfänger der Leistung diese im Rahmen seines Unternehmens verwendet. Ausgenommen von der Besteuerung sind entsprechend § 3 Abs. 2 UStG und dem Richtlinienrecht nur Geschenke von **geringem Wert** und die Abgabe von **Warenmustern** für Zwecke des Unternehmens. Geschenke sind dann von geringem Wert, „wenn die Anschaffungs- oder Herstellungskosten der dem Empfänger im Kalenderjahr zugewendeten Gegenstände insgesamt 40 Euro (ohne USt) nicht übersteigen".[2] Die Umsatzsteuerrichtlinien der Finanzverwaltung weisen zudem explizit auf die bestehende Diskrepanz zur unentgeltlichen Gewährung von sonstigen Leistungen für unternehmerische Zwecke hin. Diese sollen nicht einer Dienstleistung gegen Entgelt gleichgestellt werden.[3] 8.229

Für den Non-Profit Sektor bedeutet dies, **dass sämtliche Sachspenden** eines Unternehmers an eine Non-Profit Organisation **der Umsatzbesteuerung nach § 3 Abs. 2 UStG unterliegen**, sofern für diese Wirtschaftsgüter ein Vorsteuerabzug in Anspruch genommen wurde. Dies gilt selbst dann, wenn der Unternehmer diese Wirtschaftsgüter unentgeltlich, aber für unternehmerische Zwecke zuwendet. 8.230

### dd) Aufwandseigenverbrauch

**Neben den Steuertatbeständen** der fiktiven Lieferung (§ 3 Abs. 2 UStG) und fiktiven Dienstleistung (§ 3a Abs. 1a UStG) verfügt das österreichischen Mehrwertsteuersystem über einen Aufwandseigenverbrauch nach § 1 Abs. 1 Nr. 2 lit. a UStG. Diesem zufolge liegt ein steuerbarer Tatbestand vor, soweit der Steuerpflichtige Ausgaben (Aufwendungen) tätigt, die Leistungen betreffen, die Zwecken des Unternehmens dienen, und nicht nach ertragsteuerrechtlichen Maßstäben abzugsfähig sind. Der Aufwandstatbestand soll aber dann nicht greifen, wenn die Ausgaben (Aufwendungen) die Lieferungen und sonstige Leistungen betreffen, die 8.231

1 VwGH v. 19.12.2013 – 2009/15/0137, ÖStZB 2014/188.
2 UStR 2000, 369.
3 Ibid.

auf Grund von § 12 Abs. 2 UStG nicht für das Unternehmen ausgeführt gelten. Zudem erfolgt eine Besteuerung nur dann, wenn der Gegenstand oder seine Bestandteile zu einem vollen oder teilweisen Vorsteuerabzug berechtigt haben.

8.232 Die **praktische Bedeutung** des Steuertatbestands ist **verschwindend**, da in jenen Fällen, in denen ein Sachverhalt sowohl unter den Tatbestand der fiktiven Lieferung oder fiktiven Dienstleistung und den Aufwandstatbestand fällt, die Bestimmungen zur fiktiven Lieferung und fiktiven Dienstleistung systematisch vorgehen, da die dort geregelten Tatbestände den Leistungen gleichgestellt sind.[1]

### c) Mehrwertsteuerweiterleitung nach § 12 Abs. 15 UStG

8.233 § 12 Abs. 15 UStG ermöglicht es einem Steuerpflichtigen, der an einen anderen Steuerpflichtigen für dessen Unternehmen eine Lieferung oder Dienstleistung erbringt, die einer entgeltlichen Leistung nach § 3 Abs. 2 oder § 3a Abs. 1a UStG gleichgestellt ist, dem Empfänger der Lieferung oder der sonstigen Leistung „den dafür **geschuldeten Steuerbetrag gesondert in Rechnung zu stellen**“[2]. Diese nationale Bestimmung findet keine Grundlage in der MwSt-SystRL. Dies kann den Leistungsempfänger zum Vorsteuerabzug berechtigen.

1 *Ruppe/Achatz*, UStG$^4$, § 1 Rz. 385/2.
2 § 12 Abs. 15 S. 1 UStG, hervorgehoben durch die Autorin.

# 4. Teil
# Steuerbefreiungen gemäß Art. 132–134 MwStSystRL/§ 4 UStG

## Kapitel 9
## Überblick über die Art. 132 bis 134 MwStSystRL und Begriff der Einrichtung



**Literatur:** *Boor*, Die Gruppenbesteuerung im harmonisierten Mehrwertsteuerrecht, Wiesbaden 2014; *Canz*, Die Umsatzbesteuerung der öffentlichen Hand im Wandel, Hamburg 2013; *Endres*, Mehrwertsteuergruppe nach Art. 11 MwStSystRL, Köln 2016; *Hoffsümmer*, Steuerbefreiungen für Inlandsumsätze (§ 4 Nrn. 8 bis 28 UStG) – eine systematische Betrachtung unter besonderer Berücksichtigung europäischer und nationaler Prüfungsmaßstäbe, Frankfurt/M. 2009; *Hüttemann/Schauhoff*, Umsatzsteuerbefreiung für soziale Dienstleistungen – was erlaubt das europäische Mehrwertsteuerrecht?, MwStR 2013, 426; *Kofler*, Auslegung und Anwendung des harmonisierten Steuerrechts in Schaumburg/Englisch (Hrsg.), Europäisches Steuerrecht, 2015; *Küffner*, Anmerkung zu EuGH v. 29.9.2015 – Rs. C-276/14 – Gmina Wroclaw, UR 2015, 834; *Pötters*, Umsatzsteuer im Gesundheitswesen, Lohmar und Köln 2016; *Reimer*, Die öffentliche Hand als Steuerpflichtige in *Seer* (Hrsg.), Umsatzsteuer im Europäischen Binnenmarkt, DStJG Bd. 32, 2009, S. 234; *Schön*, Die Auslegung europäischen Steuerrechts, 1993; *Tyarks*, Körperschaftsteuerrechtliche Zweckvermögen des privaten

Rechts und ihre Behandlung im Umsatzsteuerrecht, Baden-Baden 2010; *Wiesch*, Die umsatzsteuerliche Behandlung der öffentlichen Hand, Köln 2016.

## A. Überblick

### I. Normaufbau

9.1 Die Art. 132 bis 134 MwStSystRL regeln – wie sich aus der Überschrift des Kapitels 2 ergibt – Steuerbefreiungen für „**bestimmte, dem Gemeinwohl dienende Tätigkeiten**“. Die Vorschriften sind wie folgt aufgebaut:

- **Art. 132 Abs. 1 MwStSystRL** zählt die Umsätze auf, die die Mitgliedstaaten zwingend von der Steuer befreien. Die Befreiungen gelten nur für diejenigen Tätigkeiten, die in Art 132 Abs. 1 MwStSystRL einzeln aufgeführt und genau beschrieben sind. In den für Non-Profit-Organisationen wesentlichen Tätigkeitsbereichen, wie Soziales oder Kultur, hat der Mitgliedstaat das Recht, den Umsatz als dem Gemeinwohl dienend zu bestimmen, indem er regeln darf, welche Einrichtungen für bestimmte Umsätze eine Steuerbefreiung beanspruchen können.
- **Art. 133 MwStSystRL** erlaubt es den Mitgliedstaaten, die Gewährung bestimmter Befreiungen bei Einrichtungen, die keine Einrichtungen des öffentlichen Rechts sind, von der Erfüllung bestimmter Bedingungen abhängig zu machen.
- **Art. 134 MwStSystRL** regelt als Rückausnahme zwingende Ausschlussgründe für bestimmte Befreiungen.

### II. Allgemeiner Überblick

9.2 **Art. 132 Abs. 1 MwStSystRL** befreit nicht alle dem Gemeinwohl dienenden Tätigkeiten von der Mehrwertsteuer, sondern – wie der Gerichtshof stets betont[1] – „nur diejenigen, die in ihr einzeln aufgeführt und sehr genau beschrieben sind“. Sie lassen sich bestimmten gemeinwohlrelevanten Lebensbereichen zuordnen und werden im Regelfall durch eine Kombination von sachlichen und persönlichen Voraussetzungen definiert (zu Systematisierungen siehe *Hüttemann*, Rz. 3.49 ff.). Die Befreiung setzt also zum einen in sachlicher Hinsicht voraus, dass eine der in Art. 132 Abs. 1 MwStSystRL konkret beschriebenen Tätigkeiten erbracht wird (z.B. „eng mit der Sozialfürsorge und der sozialen Sicherheit verbundene Dienstleistungen“ oder „Schul- und Hochschulunterricht“). Zum anderen knüpft die Steuerbefreiung – außer in Art. 132 Abs. 1 Buchst. d MwStSystRL – zugleich an eine bestimmte Person des Leistungserbringers an. So sind z.B. nach Art. 132 Abs. 1 Buchst. g MwStSystRL nur „eng mit der Sozialfürsorge und der sozialen Sicherheit verbundene Dienstleistungen“ befreit, die „durch Altersheime, Einrichtungen des öffentlichen Rechts oder andere von dem betreffenden Mitgliedstaat als Einrichtungen mit sozialem Charakter anerkannte Einrichtungen bewirkt werden.“

9.3 Nach der ständigen Rechtsprechung des EuGH stellen die in Art. 132 Abs. 1 MwStSystRL vorgesehenen Steuerbefreiungen „eigenständige Begriffe des Gemeinschaftsrechts dar, die un-

1 Siehe nur EuGH v. 20.6.2002 – Rs. C-287/00 – Kommission Deutschland, ECLI:EU:C:2002:388 Rz. 45, UR 2002, 316 = UR 2002, 374 m. Anm. *Strahl*.

abhängig vom nationalen Recht der Mitgliedstaaten auszulegen sind"[1] (zur **gemeinschaftsrechtsautonomen Auslegung** vgl. *Hüttemann* Rz. 3.42 ff.). Darüber hinaus fordert der Gerichtshof, dass die zur Definition der Steuerbefreiungen verwendeten Begriffe als Ausnahmen von der Steuerpflicht einerseits zwar „eng" ausgelegt werden, andererseits darf die Auslegung aber nicht in einer Weise erfolgen, die den Befreiungen „ihre Wirkung nähme".[2] Damit ist letztlich eine „präzise" Auslegung nach dem Zweck der Befreiung gemeint (dazu näher *Hüttemann* Rz. 3.45 ff.). Soweit die Mitgliedstaaten eine zwingende unionsrechtliche Steuerbefreiung nicht zutreffend umgesetzt haben, können sich die Steuerpflichtigen gegenüber den Behörden und Gerichten der Mitgliedstaaten auf die Bestimmungen der MwStSystRL **unmittelbar berufen**, wenn die Befreiung „unbedingt und hinreichend klar" ist, was der Gerichtshof für die meisten Steuerbefreiungen bejaht hat (dazu *Hüttemann* Rz. 3.60 f.).[3] Anders ist die Rechtslage dann, wenn die Mitgliedstaaten – wie z.B. bei kulturellen Leistungen – selbst bestimmen dürfen, welche Dienstleistungen sie befreien möchten.[4] Derartige Regelungen zeigen gewissermaßen gelebte Subsidiarität des Gemeinschaftsrechts.

Bei der Umschreibung der Person des Leistungserbringers kommt dem **Begriff der „Einrichtung"** (dazu eingehend unten Rz. 9.9 ff.) bei den meisten Befreiungen eine zentrale Rolle zu. Viele Befreiungen betreffen vorrangig bestimmte Leistungen von „Einrichtungen des öffentlichen Rechts" (vgl. Art. 132 Abs. 1 Buchst. b, g, h, i, n MwStSystRL), beziehen aber auch entsprechende Leistungen „gemeinwohlrelevanter" privater Einrichtungen mit ein. Beispielsweise sind nach Art. 132 Abs. 1 Buchst. g und h auch Leistungen befreit, die durch von „dem betreffenden Mitgliedstaat als Einrichtungen mit sozialem Charakter anerkannte Einrichtungen" erbracht werden. Andere Steuerbefreiungen richten sich z.B. an „andere Einrichtungen mit von dem betreffenden Mitgliedstaat anerkannter vergleichbarer Zielsetzung" (Art. 132 Abs. 1 Buchst. i MwStSystRL) oder allgemein an „Einrichtungen ohne Gewinnstreben" (Art. 132 Abs. 1 Buchst. m MwStSystRL). 9.4

Soweit die Steuerfreiheit bei privatrechtlichen Einrichtungen von einer **„Anerkennung" der Einrichtung durch den Mitgliedstaat** abhängt, verfügen die Mitgliedstaaten über ein gewisses Ermessen (dazu unten Rz. 9.31 ff.). Dieses Ermessen müssen die Mitgliedstaaten jedoch im Einklang mit den Vorgaben des Unionsrechts ausüben (siehe näher unten Rz. 9.31). So verstößt es z.B. nach der Rechtsprechung des Gerichtshofs gegen den Neutralitätsgrundsatz, wenn für die Anerkennung von miteinander konkurrierenden privaten Einrichtungen unterschiedliche Voraussetzungen gelten.[5] Andererseits darf der Mitgliedstaat auf einem unübersehbar vielfältigen Sozial- oder Bildungsmarkt durchaus selbst festlegen, was eine Einrichtung mit sozialem Charakter auszeichnet (Art. 132 Abs. 1 Buchst. g MwStSystRL) oder welche Einrichtungen mit Bildungsaufgaben betraut werden (Art. 132 Abs. 1 Buchst. i MwStSystRL). Durch die Steuerbefreiung sollen die bedürftigen Bürger gefördert werden. Der Mitgliedstaat muss die Qualität der Dienstleistungen oder der sie erbringenden Einrichtung definieren kön- 9.5

1 Vgl. etwa EuGH v. 26.5.2005 – Rs. C-498/03, UR 2005, 453 – Kingscrest Associates, ECLI:EU:2005:322 Rz. 22.

2 Siehe etwa EuGH v. 21.3.2013 – Rs. C-18/12 – Zamberc, ECLI:EU:C:2013:95 Rz. 19.

3 Grundlegend für die Befreiung für soziale Dienstleistungen EuGH v. 10.9.2002 – Rs. C-141/00 – Kügler, ECLI:EU:C:2002:473, UR 2002, 513.

4 Nun für die Befreiung „bestimmter" kultureller Dienstleistungen – EuGH v. 15.2.2017 – Rs. C-592/15 – British Film Institute, ECLI:EU:C:2017:117, UR 2017, 268; ebenso nun auch BFH v. 21.6.2018 – V R 20/17, UR 2018, 669 für „im Zusammenhang mit Sport und Körperertüchtigung" stehende Leistungen.

5 EuGH v. 15.11.2012 – Rs. C-174/11 – Zimmermann, ECLI:EU:C:2012:716, UR 2013, 35.

nen durch die Anerkennung oder das Betrauen, um so die Steuerbefreiung im Einzelnen auszugestalten. Allerdings ist keineswegs geklärt, wie weit das Ermessen des Mitgliedstaates reicht. Beispielsweise hat der BFH es jüngst ausdrücklich offen gelassen, ob die 40 %-Quote in § 4 Nr. 16 Buchst. k UStG 2009 im Rahmen des dem Mitgliedstaat eingeräumten Ermessens, den sozialen Charakter einer Einrichtung festzulegen, liegt.[1] Die Europäische Union hat in zahlreichen Regelungen des Art. 132 Abs. 1 MwStSystRL nicht detailliert vorgeschrieben, welche Dienstleistungen im Einzelnen steuerbefreit erbracht werden, sondern die Mitgliedstaaten dürfen in dem dargestellten Umfang bei der näheren gesetzlichen Ausgestaltung ihr Ermessen zur Anwendung bringen. Darüber hinaus ist seit langem anerkannt, dass der Begriff der „Einrichtung" rechtsformneutral auszulegen ist, also nicht nur juristische Personen, sondern auch natürliche Personen und Personengesellschaften umfasst (dazu Rz. 9.17 ff.). Letztlich ist jeder Steuerpflichtige eine abstrakt anerkennungsfähige Einrichtung, ohne dass jeder Mitgliedstaat jedem Steuerpflichtigen für die in Art. 132 MwStSystRL genannten Tätigkeiten die Steuerfreiheit zubilligen muss.

9.6 Insbesondere können die Mitgliedstaaten nach Art. 133 MwStSystRL die Gewährung der Befreiungen nach Art. 132 Abs. 1 Buchstaben b, g, h, i, l, m und n MwStSystRL für Einrichtungen, die keine Einrichtungen des öffentlichen Rechts sind, von weiteren Vorgaben abhängig machen (dazu *Schauhoff*, Rz. 10.2 ff.). Dieses **Mitgliedstaatenwahlrecht** betrifft zum einen bestimmte organisationsbezogene Voraussetzungen, die für Non-Profit-Organisationen typisch sind, wie z.B. einen Verzicht auf Gewinnausschüttungen oder eine ehrenamtliche Leitung oder Verwaltung. Zum anderen kann die Steuerbefreiung auch an die Höhe der verlangten Entgelte oder das Fehlen einer Wettbewerbsverzerrung zum Nachteil gewerblicher Unternehmen geknüpft werden. Damit verfügen die Mitgliedstaaten über einen erheblichen Gestaltungsspielraum, wie sie die Steuerbefreiung ausgestalten (zur Ausübung des Wahlrechts durch die Mitgliedstaaten und der Berücksichtigung des Wahlrechts im Rahmen der richtlinienkonformen Auslegung vgl. eingehend *Schauhoff*, Rz. 10.62).

9.7 Seine Grenze findet das mitgliedstaatliche Ermessen in den **zwingenden Ausschlussgründen nach Art. 134 MwStSystRL** (dazu *Schauhoff*, Rz. 10.111 ff.). Danach darf die Steuerbefreiungen nach Art. 132 Abs. 1 Buchst. b, g, h, i, l, m und n MwStSystRL nicht auf Umsätze erstreckt werden, wenn die Befreiung für die Umsätze nicht unerlässlich ist oder die Umsätze im Wesentlichen nur dazu dienen, der Einrichtung im Wettbewerb mit gewerblichen Unternehmen zusätzliche Einnahmen zu verschaffen. Diese Rückausnahme darf allerdings nicht dahin missverstanden werden, dass sie den Anwendungsbereich der durch Art. 132, 133 MwStSystRL eröffneten Steuerbefreiungen wieder vollkommen in Frage stellt. Vielmehr ist Art. 134 MwStSystRL dahingehend einschränkend auszulegen, dass sie nicht anwendbar ist, wenn der betreffende Umsatz in den „Kernbereich" der Steuerbefreiung fällt (dazu eingehend *Schauhoff*, Rz. 10.120).

9.8 Insgesamt sind die Art. 132 bis Art. 134 MwStSystRL in Bezug auf die nach Art. 132 Abs. 1 Buchst. b, g, h, i, l, m und n MwStSystRL genannten Tätigkeiten in einer Zusammenschau auszulegen.[2] Das Spannungsverhältnis zwischen dem politischen Wunsch, bestimmte Non-Profit-Organisationen unter bestimmten Bedingungen als befreite „Einrichtungen" anzuerkennen und damit anders als gewerbliche Wettbewerber behandeln zu dürfen, und der mit dem Neutralitätsgrundsatz verbundenen Zielvorstellung eines umfassenden Wettbewerbs-

1 BFH v. 3.8.2017 – V R 52/16, BFH/NV 2018, 165; zutreffend BFH v. 28.6.2017 – XI R 23/14, BFH/NV 2017, 1561: 40 v.H.-Grenze bei Pflegeleistungen ist zulässig.

2 Dazu insbesondere *Schauhoff*, Rz. 10.66.

schutzes hat nicht nur zu den komplexen Regelungen der MwStSystRL geführt. Die Widersprüche zwischen diesen beiden Konzepten treten auch immer wieder in den zahlreichen Rechtsstreitigkeiten zu Tage, in denen der Gerichtshof und die nationalen Gerichte die mitgliedstaatlichen Spielräume für Umsatzsteuerbefreiungen im Dritten Sektor auszuloten versuchen.

## B. Auslegung des Begriffs der Einrichtung durch den EuGH

### I. Überblick

Zentral dafür, eine Steuerfreiheit in Anspruch nehmen zu können, ist zunächst, dass der Umsatz von einer Einrichtung ausgeführt wird. 9.9

Die MwStSystRL verwendet den Begriff „Einrichtungen" (englisch: „*bodies*", französisch: „*organismes*") in verschiedenen Zusammenhängen:

- Nach Art. 13 Abs. 1 MwStSystRL gelten „Staaten, Länder, Gemeinden und **sonstige Einrichtungen des öffentlichen Rechts**" – abweichend von Art. 9 MwStSystRL – nicht als Steuerpflichtige, soweit sie Tätigkeiten und Umsätze ausüben, die ihnen im Rahmen der öffentlichen Gewalt obliegen.[1]
- Die in Art. 132 ff. MwStSystRL geregelten Steuerbefreiungen beziehen sich auf „**Einrichtungen des öffentlichen Rechts**" und – in bestimmter Hinsicht vergleichbare – „**Einrichtungen**" des privaten Rechts. Ferner findet sich der Begriff „Einrichtung" auch im Zusammenhang mit der Steuersatzermäßigung in den Nrn. 7, 12, 15 und 18 des Anhang III zu Art. 98 Abs. 2 MwStSystRL.
- Schließlich enthält die MwStSystRL noch andere Regelungen, die sich zwar nicht auf die Begriffe „Steuerpflichtige", „Unternehmen" oder „Personen" beziehen, aber ebenfalls den Terminus „**Einrichtungen**" verwenden (vgl. Art. 24 Abs. 2, 143 Abs. 1, 151 Abs. 1, 199 Abs. 3, 241, 387 MwStSystRL).

### II. Unterschiedliche Funktionen

Der Gerichtshof legt den **Begriff der Einrichtung im Kontext der jeweiligen Richtlinienbestimmungen aus.** Insoweit kommt dem Einrichtungsbegriff – je nach Sachzusammenhang – eine unterschiedliche Funktion zu: 9.10

- Im Rahmen von Art. 13 MwStSystRL spielt der Begriff der Einrichtung selbst eine vergleichsweise geringe Rolle.[2] Im Vordergrund steht hier vielmehr die Unterscheidung zwischen Einrichtungen „**des öffentlichen Rechts**" und privatrechtlichen Einrichtungen.

---

1 Zur Umsatzbesteuerung der öffentlichen Hand und zur Auslegung des Art. 13 MwStSystRL vgl. nur EuGH v. 4.6.2009 – Rs. C-102/08 – Salix, ECLI:EU:C:2009:345, UR 2009, 484 m. Anm. *Küffner*; EuGH v. 16.9.2008 – Rs. C-288/07 – Isle of Wight, ECLI:EU:C:2008:505; aus dem Schrifttum s. *Reimer*, DStJG Bd. 32, 324; *Englisch* in Tipke/Lang, § 17 Rz. 53 ff. m.w.N.; *Canz*, Die Umsatzbesteuerung der öffentlichen Hand im Wandel, 2016, passim; *Wiesch*, Die umsatzsteuerliche Behandlung der öffentlichen Hand, 2016, passim.

2 Vgl. aber nun EuGH v. 29.9.2015 – Rs. C-276/14 – Gmina Wroclaw, ECLI:EU:C:2015:635, UR 2015, 829 m. Anm. *Küffner*.

Nach der Rechtsprechung des EuGH kommt es insoweit allein auf die konkrete **Handlungsform an** („*Ausübung öffentlicher Gewalt*").[1] Die dazu in der Judikatur entwickelten Abgrenzungskriterien (dazu näher Rz. 9.21 ff.) sind auch bei den Steuerbefreiungen nach Art. 132 ff. MwStSystRL anzuwenden, soweit es um die Anwendung einer Befreiung auf „Einrichtungen des öffentlichen Rechts" geht.[2]

- Im **Kontext der gemeinwohlbezogenen Steuerbefreiungen** nach Art. 132 ff. MwStSystRL und der Steuerermäßigung nach Anhang III zu Art. 98 Abs. 2 MwStSystRL wird vor allem die Frage diskutiert, ob mit „Einrichtungen" des privaten Rechts nur juristische Personen gemeint sind oder ob der Einrichtungsbegriff auch natürliche Personen und Personengesellschaften umfasst. Nachdem der Gerichtshof insoweit zunächst einen strengen Standpunkt eingenommen hatte,[3] änderte er später seine Ansicht und öffnete den Einrichtungsbegriff – insbesondere aus teleologischen Gründen – auch für **natürliche Personen und Personengesellschaften** (dazu näher Rz. 9.17 ff.).[4] Ferner stellen sich zusätzliche Fragen im Zusammenhang mit der staatlichen Anerkennung eines privaten Unternehmers als mit Einrichtungen des öffentlichen Rechts vergleichbarer Einrichtung, z.B. als „Einrichtung mit sozialem Charakter" (vgl. Art. 132 Abs. 1 Buchst. g MwStSystRL)[5] oder als „Einrichtung gleicher Art" (vgl. Art. 132 Abs. 1 Buchst. b MwStSystRL).
- Zu den **anderen Einzelregelungen** finden sich bisher keine Judikate. Berücksichtigt man jedoch, dass der EuGH die in der MwStSystRL verwandten Begriffe im Zweifel einheitlich und autonom auslegt,[6] ist anzunehmen, dass der Gerichtshof – vorbehaltlich eines abweichenden Sinnzusammenhangs – den Begriff der „Einrichtung" auch bei diesen Vorschriften im Sinne der zu Art. 13 und 132 ff. MwStSystRL ergangenen Rechtsprechung verstehen dürfte.

## III. Begriff der „Einrichtung"

### 1. Definition des „Steuerpflichtigen" als Ausgangspunkt

9.11 Im Mittelpunkt des harmonisierten Mehrwertsteuerrechts steht der Begriff des „Steuerpflichtigen". Nach Art. 9 Abs. 1 gilt als „Steuerpflichtiger", wer eine wirtschaftliche Tätigkeit un-

1 Grundlegend EuGH v. 17.10.1989 – Rs. C-231/87 und C-129/88 – Comune die Carpaneto Piacentino und Piacenza, ECLI:EU:C:1989:381; EuGH v. 25.7.1991 – Rs. C-202/90 – Ayuntamiento de Sevilla, ECLI:EU:C:1991:332, UR 1991, 315 = UR 1993, 122 m. Anm. *Weiss*; EuGH v. 14.12.2000 – Rs. C-446/98 – Fazienda Publica, ECLI:EU:C:2000:691, UR 2001, 108 m. Anm. *Widmann*; EuGH v. 8.6.2006 – Rs. C-430/04 – Feuerbestattungsverein Halle e.V., ECLI:EU:C:2006:374, UR 2006, 459 m. Anm. *Widmann*; zuletzt EuGH v. 29.4.2015 – Rs. C-174/14 – Saudacor, ECLI:EU:C:2015:733; s. auch BFH v. 15.4.2010 – V R 10/09. BFH/NV 2010, 1574; aus dem Schrifttum nur *Englisch* in Tipke/Lang, § 17 Rz. 53 ff.; *Ismer/Keyser*, UR 2011, 81; *Canz*, Die Umsatzbesteuerung der öffentlichen Hand im Wandel, 2013, S. 59 ff.

2 Beispielhaft BFH v. 28.9.2006 – V R 57/05, BStBl. II 2007, 846 = UR 2007, 108.

3 EuGH v. 11.8.1995 – Rs. C-453/93 – Bulthuis-Griffioen, ECLI:EU:C:1995:265, UR 1995, 476 m. Anm. *Lohse*.

4 EuGH v. 7.9.1999 – Rs. C-216/97 – Gregg, ECLI:EU:C:1999:390, UR 1999, 419.

5 Dazu etwa EuGH v. 15.11.2012 – Rs. C-174/11, ECLI:EU:C:2012:716, UR 2013, 35 – Zimmermann.

6 Allgemein zur Auslegung europäischen Steuerrechts statt vieler *Schön*, Die Auslegung europäischen Steuerrechts; *Kofler* in Schaumburg/Englisch (Hrsg.), Europäisches Steuerrecht, Rz. 13 1 ff.

abhängig von ihrem Ort, Zweck und Ergebnis selbständig ausübt. Der Begriff der „Einrichtung" i.S.v. Art. 13 und Art. 132 ff. MwStSystRL knüpft **systematisch an den Begriff des „Steuerpflichtigen" an:**

- Art. 13 Abs. 1 MwStSystRL enthält eine **Einschränkung des Begriffs des Steuerpflichtigen** nach Art. 9 MwStSystRL für „Einrichtungen des öffentlichen Rechts" (sie „gelten" unter bestimmten Voraussetzungen nicht als „Steuerpflichtige").
- Ferner setzt eine Steuerbefreiung für bestimmte „Einrichtungen" nach Art. 132 ff. MwStSystRL **die Eigenschaft als Steuerpflichtiger** nach Art. 9 MwStSystRL notwendigerweise voraus.

Daraus lässt sich schließen, dass der Begriff der „Einrichtung" ebenso wie der Begriff des „Steuerpflichtigen" i.S.v. Art. 9 Abs. 1 MwStSystRL **weit zu verstehen** ist. Unter einer „Einrichtung" sind deshalb – wie der Gerichtshof erst kürzlich in der Rechtssache Gmina Wroclaw[1] unter Hinweis auf den weiten Wortlaut des Art. 9 Abs. 1 MwStSystRL („*wer*") bestätigt hat – 9.12

„alle natürlichen und juristischen Personen, sowohl öffentliche als auch private"

zu verstehen. Darüber hinaus ist zu beachten, dass diese weite Definition – ebenso wie der Begriff des „Steuerpflichtigen" – nach der Rechtsprechung des Gerichtshofs auch **Einrichtungen ohne Rechtspersönlichkeit** umfasst.[2]

Der Bezug zum Begriff des Steuerpflichtigen erlaubt zugleich eine Antwort auf die Frage, wann – vorbehaltlich des Mitgliedstaatenwahlrechts über die Mehrwertsteuergruppe in Art. 11 MwStSystRL[3] – eine **„selbständige" Einrichtung** vorliegt oder eine bestimmte Einheit nur ein unselbständiger Teil einer anderen Person oder Einrichtung ist. Dazu hat der Gerichtshof in der Rechtssache Gmina Wroclaw[4] Folgendes ausgeführt: 9.13

„In diesem Zusammenhang ist, […] zu prüfen, ob der Betroffene seine Tätigkeiten im eigenen Namen, auf eigene Rechnung und in eigener Verantwortung ausübt, und ob er das mit der Ausübung dieser Tätigkeiten einhergehende wirtschaftliche Risiko trägt."

Auf der Grundlage dieser Kriterien hat der Gerichtshof in der gleichen Rechtssache entschieden, dass eine sog. **„haushaltsgebundene Einrichtung polnischen Rechts"**, die keine eigenen Vermögenswerte, sondern vielmehr bestimmte Vermögenswerte der Gemeinde verwaltet, die ihr von dieser übertragen worden sind, und deren Ausgaben unmittelbar aus dem Gemeindehaushalt gedeckt werden, dem auch die Einnahmen zugeführt werden, keine „Einrichtung des öffentlichen Rechts" darstellt.[5] Ferner hat der Gerichtshof festgestellt, dass bei der Beurteilung der Selbständigkeit i.S.d. Art. 9 MwStSystRL auf Einrichtungen des öffentlichen Rechts und

1 EuGH v. 29.9.2015 – Rs. C-276/14 – Gmina Wroclaw, ECLI:EU:C:2015:635; s. dazu die Anmerkung von *Küffner*, UR 2015, 834.

2 Zuletzt EuGH v. 29.9.2015 – Rs. C-276/14 – Gmina Wroclaw, ECLI:EU:C:2015:635, UR 2015, 829 m. Anm. *Küffner*; s. auch *Tyarks*, Körperschaftsteuerrechtliche Zweckvermögen des privaten Rechts und ihre Behandlung im Umsatzsteuerrecht, 203 ff.

3 Dazu zuletzt EuGH v. 9.4.2013 – Rs. C-85/11 – Kommission/Irland, ECLI:EU:C:2013:217; EuGH v. 25.4.2013 – Rs. C-480/10 – Kommission/Schweden, ECLI:EU:C:2013:263; aus dem Schrifttum nur *Boor*, Die Gruppenbesteuerung im harmonisierten Mehrwertsteuerrecht, Wiesbaden 2014; *Endres*, Mehrwertsteuergruppe nach Art. 11 MwStSystRL.

4 EuGH v. 29.9.2015 – Rs. C-276/14 – Gmina Wroclaw, ECLI:EU:C:2015:635, UR 2015, 829 m. Anm. *Küffner*.

5 EuGH v. 29.9.2015 – Rs. C-276/14 – Gmina Wroclaw, ECLI:EU:C:2015:635, UR 2015, 829 m. Anm. *Küffner*.

Private dieselben Kriterien anzuwenden sind.[1] Die vorstehende Rechtsprechung hat daher auch Bedeutung für die Steuerpflicht von nichtrechtsfähigen Körperschaften, Personenvereinigungen und Zweckvermögen des privaten Rechts.[2]

## 2. Begriff der „Einrichtung" im Kontext der Befreiungsregelungen

### a) Problemstellung

9.14 Der EuGH hatte inzwischen mehrfach Gelegenheit, zur Auslegung des Begriffs der „Einrichtung" im Kontext der Befreiungsvorschriften in Art. 132 ff. MwStSystRL Stellung zu nehmen. Dieser Rechtsprechung kommt – wie im Folgenden gezeigt wird – eine besondere Bedeutung zu, weil nach dem allgemeinen Sprachgebrauch dem Wort „Einrichtung" (in der englischen Sprachfassung ist von „*body*"[3] die Rede und in der französischen Fassung heißt es „*organisme*") **kein eindeutiger Bedeutungsgehalt** beigelegt werden kann.

9.15 Der Gerichtshof geht bei der **Auslegung der Befreiungsregelungen** der Art. 132 ff. MwStSystRL in ständiger Rechtsprechung davon aus, dass diese autonome Begriffe des Gemeinschaftsrechtsrechts enthalten, die – als Ausnahmevorschriften – im Grundsatz eng auszulegen seien (dazu näher oben *Hüttemann*, Rz. 3.42 ff.).[4] Formelhaft weist der EuGH insoweit darauf hin, dass diese Steuerbefreiungen Ausnahmen von dem allgemeinen Grundsatz darstellten, dass jede Leistung, die ein Steuerpflichtiger gegen Entgelt erbringe, der Mehrwertsteuer unterliege[5]. Ferner seien – so der zweite Grundpfeiler der Auslegung – die mit der Befreiung verfolgten Ziele und die Erfordernisse des Grundsatzes der steuerlichen Neutralität zu beachten, auf dem das gemeinsame Mehrwertsteuersystem beruhe (zum Neutralitätsgrundsatz s. oben *Hüttemann*, Rz. 3.4 ff.),[6] weshalb die zur Definition der Steuerbefreiungen nach Art. 132 MwStSystRL verwendeten Begriffe nicht in einer Weise ausgelegt werden dürften, die den Befreiungen „ihre Wirkung" nähme. Vielmehr müssten diese Begriffe nach ihrem Sachzusammenhang sowie nach den Zielsetzungen und der Systematik der MwStSystRL verstanden werden, wobei insbesondere der Normzweck der betreffenden Steuerbefreiung berücksichtigt werden müsse. Im Ergebnis liegt der „modernen Formel" des EuGH zum Begriff der „Einrichtung" ein im Kern **funktionales Verständnis** zugrunde. Seit seiner wegweisenden Entscheidung in der Rechtssache Gregg aus dem Jahr 1999[7] ist danach für die Annahme einer Einrichtung – unabhängig von der konkreten Rechtsform – nur entscheidend, dass der Begriff die Existenz einer abgegrenzten Einheit nahe legt, die eine bestimmte Funktion erfüllen muss. Das Abgrenzungsproblem verlagert sich deshalb auf die Frage, wann ein steuerlich selbständi-

---

1 EuGH v. 29.9.2015 – Rs. C-276/14 – Gmina Wroclaw, ECLI:EU:C:2015:635, UR 2015, 829 m. Anm. *Küffner*.

2 Dazu eingehend *Tyarks*, Körperschaftsteuerrechtliche Zweckvermögen des privaten Rechts und ihre Behandlung im Umsatzsteuerrecht.

3 *„[…] engaged in by bodies governed by public law as activities in which those bodies engage as public authorities"*.

4 Vgl. EuGH v. 21.2.2013 – Rs. C-18/12 – Zamberk, ECLI:EU:C:2013:95; EuGH v. 26.5.2005 – Rs. C-498/03, UR 2005, 453 – Kingscrest Associates, ECLI:EU:C:2005:322; EuGH v. 10.9.2002 – Rs. C-141/00, UR 2002, 513 – Kügler, ECLI:EU:C:2002:473; aus dem Schrifttum s. etwa *Heidner* in Bunjes, UStG, § 4 Rz. 2 ff. (13. Aufl. 2014).

5 Exemplarisch aus jüngerer Zeit EuGH v. 21.2.2013 – Rs. C-18/12 – Zamberk, ECLI:EU:C:2013:95.

6 Besonders anschaulich EuGH v. 26.5.2005 – Rs. C-498/03 – Kingscrest Associates, ECLI:EU:C:2005:322, UR 2005, 453.

7 EuGH v. 7.7.1999 – Rs. C-216/97 – Gregg, ECLI:EU:C:1999:390, UR 1999, 419.

ger Teil eines Steuerpflichtigen vorliegt, auf den z.B. eine Steuerbefreiung nach Art. 132 ff. MwStSystRL anwendbar ist. Insoweit kommt dem Mitgliedstaat eine Präzisierungsbefugnis zu, die sich beispielsweise aus dem Begriffspaar der „Einrichtung mit sozialem Charakter" oder „anerkannte Einrichtung" ergibt.[1] Deren Tätigkeitsbereich bestimmt den Umfang der Steuerbefreiung.

### b) EuGH-Urteil in der Rechtssache Bulthuis-Griffioen: Beschränkung auf juristische Personen

Das Urteil in der Rechtssache Bulthuis-Griffioen betraf die Frage, ob eine natürliche Person, die eine Kindertagesstätte betreibt, eine „Einrichtung mit sozialem Charakter" i.S.v. Art. 13 Teil A Abs. 1 Buchst. g der 6. MwStRL sein kann. Dies setze – so der EuGH – voraus, dass natürliche Personen überhaupt „Einrichtungen" i.S. dieser Vorschrift sein könnten. Dazu führte der Gerichtshof aus: 9.16

„Bei einigen der in Art. 13 Teil A Abs. 1 der Sechsten Richtlinie genannten Befreiungen – darunter auch bei der, die in Buchstabe g dieser Bestimmung vorgesehen ist – wird ausdrücklich auf den Begriff der „Einrichtung" Bezug genommen, während eine solche Angabe bei anderen Befreiungen fehlt. Folglich kann die Befreiung im erstgenannten Fall allein von juristischen Personen in Anspruch genommen werden, während im zweiten Fall auch natürliche Personen, u.a. Unternehmer, diese Möglichkeit haben."

Daraus zog der Gerichtshof die bündige Konsequenz, dass die Klägerin des Ausgangsverfahrens – Frau Bulthuis-Griffioen – die Befreiung nach Art. 13 Teil A Abs. 1 Buchst. g 6. MwStRL nicht in Anspruch nehmen könne.

### c) Neue Rechtsprechung seit dem EuGH-Urteil in der Rechtssache Gregg: Einbeziehung von natürlichen Personen und Personengesellschaften

Der Gerichtshof hat sich – nur wenige Jahre später – von seiner Argumentation in der Rechtssache Bulthuis-Griffioen gelöst und den Begriff der „Einrichtung" auch auf natürliche Personen erstreckt. In der Rechtssache Gregg[2] wollten Eheleute, die in der Rechtsform einer „Partnership" nach nordirischem Recht ein Pflegeheim betrieben, als Steuerpflichtige in ein Mehrwertsteuerregister eingetragen werden. Dieses Begehren hätte – wenn man den Begriff der „Einrichtung" mit dem Gerichtshof entsprechend seiner Argumentation in der Rechtssache Bulthuis-Griffioen auf juristische Personen beschränkte – Erfolg haben müssen. Allerdings löste sich der Gerichtshof von dieser Begründung und stellte den Neutralitätsgrundsatz in den Mittelpunkt seiner Überlegungen:[3] 9.17

„Der Grundsatz der steuerlichen Neutralität verbietet es nämlich, dass Wirtschaftsteilnehmer, die die gleichen Umsätze bewirken, bei deren Besteuerung unterschiedlich behandelt werden. Dieser Grundsatz aber wäre verletzt, wenn die Steuerbefreiung der Umsätze der in Art. 13 Teil A Abs. 1 Buchstaben b und g genannten Einrichtungen von der Rechtsform abhinge, in der der Steuerpflichtige seine Tätigkeit ausübt."

1 BFH v. 28.6.2017 – XI R 23/14, BFH/NV 2017, 156 1 Rz. 38 f.
2 EuGH v. 7.7.1999 – Rs. C-216/97 – Gregg, ECLI:EU:C:1999:390, UR 1999, 419.
3 EuGH v. 7.7.1999 – Rs. C-216/97 – Gregg, ECLI:EU:C:1999:390 Rz. 20, UR 1999, 419.

9.18 Die Einbeziehung von natürlichen Personen und Personengesellschaften widerspreche auch nicht dem Wortlaut der Regelung und dem Gebot der „engen“ Auslegung von Ausnahmeregelungen:[1]

„Diese Auslegung wird nicht dadurch in Frage gestellt, dass, wie der Gerichtshof in den Rz. 18 und 19 des Urteils Bulthuis-Griffioen entschieden hat, die speziellen Bedingungen, die die Eigenschaft oder Identität des Wirtschaftsteilnehmers betreffen, der die steuerbefreiten Leistungen erbringt, eng auszulegen sind.

Denn der Begriff der Einrichtung ist grundsätzlich weit genug, um auch natürliche Personen zu erfassen. Außerdem ist festzustellen, dass keine der verschiedenen Sprachfassungen des Art. 13 Teil A der Sechsten Richtlinie an Stelle des genannten Begriffes den Begriff der „juristischen Person“ verwendet, der klar und eindeutig wäre. Dieser Umstand spricht dafür, dass der Gemeinschaftsgesetzgeber mit der Verwendung des Begriffes Einrichtung nicht beabsichtigte, die in dieser Bestimmung vorgesehenen Steuerbefreiungen auf Umsätze juristischer Personen zu beschränken, sondern dass er den Anwendungsbereich dieser Steuerbefreiungen auch auf Umsätze natürlicher Personen erstrecken wollte.“

9.19 An dieser Rechtsprechung hat der Gerichtshof bis heute festgehalten und sie auf andere Befreiungstatbestände ausgedehnt.[2] Hinzuweisen ist vor allem auf die Entscheidung *Hoffmann*.[3] Dieses Urteil – besser unter der Bezeichnung „Die drei Tenöre“ bekannt – gab dem EuGH Gelegenheit, seine Ausführungen im Gregg-Urteil zu vertiefen und zu bekräftigen. Hier stellte der Gerichtshof fest, dass der Begriff der „anderen anerkannten Einrichtungen“ im Rahmen von Art. 13 Teil A Abs. 1 Buchst. n 6 MwSt-RL auch Solisten umfasse, die als Einzelkünstler auftreten. Besonders eingängig und anschaulich formulierte der EuGH in Rz. 25 ff.:

„Es gibt keinen Grund, der bei von Art. 13 Teil A Abs. 1 Buchst. n der Sechsten Richtlinie erfassten kulturellen Dienstleistungen ein Abweichen von dieser Beurteilung im Hinblick auf Künstler rechtfertigt, die wie Gesangssolisten eine Einzelleistung erbringen. Insbesondere können solche Künstler wie eine kulturelle Gruppe ihre Tätigkeit hauptberuflich, nebenberuflich oder aus Liebhaberei ausüben und dabei entweder Gewinn erzielen oder ehrenamtlich, gegebenenfalls gegen bloße Aufwandsentschädigung, handeln. In diesen verschiedenen Fällen erscheint der Künstler, selbst wenn er seine Leistung nur mit seinen eigenen Mitteln bestreitet und unabhängig von der Rechtsform, die er für seine Tätigkeit gewählt hat, als abgegrenzte Einheit, die ebenso wie eine kulturelle Gruppe eine kulturelle Funktion erfüllt. Folglich verbietet es der Grundsatz der steuerlichen Neutralität, dass Einzelkünstler, sobald der kulturelle Charakter ihrer Leistungen anerkannt ist, nicht ebenso wie kulturelle Gruppen als Einrichtungen angesehen werden können, die den Einrichtungen des öffentlichen Rechts gleichgestellt sind, die bestimmte von Art. 13 Teil A Abs. 1 Buchst. n der Sechsten Richtlinie erfasste kulturelle Dienstleistungen anbieten.“[4]

9.20 Später hat der Gerichtshof die Einbeziehung von natürlichen Personen und Personengesellschaften zudem mit der Überlegung gerechtfertigt, dass nach der Systematik der MwStSystRL

1 EuGH v. 7.7.1999 – Rs. C-216/97 – Gregg, ECLI:EU:C:1999:390 Rz. 16 und 17, UR 1999, 419.

2 Siehe nur EuGH v. 3.4.2003 – Rs. C-144/00 – Hoffmann, ECLI:EU:C:2003:192, UR 2003, 248 = UR 2003, 286 m. Anm. *Nieskens*; EuGH v. 10.9.2002 – Rs. C-141/00 – Kügler, ECLI:EU:C:2002:473, UR 2002, 513; EuGH v. 26.5.2005 – Rs. C-498/03 – Kingscrest Associates, ECLI:EU:C:2005:322, UR 2005, 453; EuGH v. 15.11.2012 – Rs. C-174/11 – Zimmermann, ECLI:EU:C:2012:716, UR 2013, 35; EuGH v. 20.6.2013 – Rs. C-319/12 – MDDP, ECLI:EU:C:2013:421; EuGH v. 12.3.2015 – Rs. C-594/13 – Go Fair, ECLI:EU:C:2015:164, UR 2015, 351; aus der Rechtsprechung des BFH vgl. nur zuletzt BFH v. 29.7.2015 – XI R 35/13, UR 2015, 955 = BFH/NV 2015, 1648.

3 EuGH v. 3.4.2003 – Rs. C-144/00 – Hoffmann, ECLI:EU:C:2003:192, UR 2003, 248 = UR 2003, 286 m. Anm. *Nieskens*.

4 EuGH v. 3.4.2003 – Rs. C-144/00 – Hoffmann, ECLI:EU:C:2003:192 Rz. 25 ff., UR 2003, 248 = UR 2003, 286 m. Anm. *Nieskens*.

der Begriff der „Einrichtung“ **auch private Einheiten mit Gewinnerzielungsabsicht** erfasse. Dazu heißt es im Urteil vom 26.5.2005:[1]

„Außerdem hat der Gemeinschaftsgesetzgeber […] in den Fällen, in denen er die Gewährung der Steuerbefreiungen des Art. 13 Teil A Abs. 1 der Sechsten Richtlinie bestimmten Personen, die keine Gewinnerzielung anstreben oder keine Gewerbetreibenden sind, vorbehalten wollte, dies ausdrücklich zu erkennen gegeben, wie die Buchstaben l, m und q dieser Bestimmung zeigen.

Schließlich ist zu beachten, dass Art. 13 Teil A Abs. 2 Buchstabe a erster Gedankenstrich der Sechsten Richtlinie, der eine fakultative Bedingung darstellt, die die Mitgliedstaaten für die Gewährung bestimmter in Art. 13 Teil A Abs. 1 der Sechsten Richtlinie genannter Befreiungen zusätzlich vorsehen können […], die Mitgliedstaaten ermächtigt, aber nicht verpflichtet, die Inanspruchnahme der insbesondere in Abs. 1 Buchstaben g und h vorgesehenen Steuerbefreiungen Einrichtungen vorzubehalten, die keine Einrichtungen des öffentlichen Rechts sind und keine systematische Gewinnerzielung anstreben […].“

An dieser Rechtsprechung hat der Gerichtshof bis heute festgehalten.[2] Ebenso hat es der Gerichtshof schon früh abgelehnt, aus der Überschrift des Art. 132 MwStSystRL – „Steuerbefreiungen für bestimmte, dem Gemeinwohl dienende Tätigkeiten“ – Einschränkungen in Hinsicht auf den Begriff der Einrichtung (z.B. ein Verbot der Gewinnerzielungsabsicht) abzuleiten.[3] Ungeachtet dieser Offenheit des Begriffs der „Einrichtung“ erlaubt es beispielsweise Art. 132 Abs. 1 Buchst. g MwStSystRL den Mitgliedstaaten, diejenigen Einrichtungen zu definieren, die als „Einrichtungen mit sozialem Charakter“ anzuerkennen sind. Allerdings hat der Bundesfinanzhof nun dem EuGH die Rechtsfrage vorgelegt, ob sich aus der Überschrift des Art. 132 MwStSystRL nicht doch eine Einschränkung für einzelne Tätigkeiten ergibt, da Zielsetzung der Norm die Steuerbefreiung für bestimmte, dem Gemeinwohl dienende Tätigkeiten ist.[4] Aus der Zusammenschau mit Art. 133, 134 MwStSystRL stellt sich die Frage, ob die MwStSystRL eine Einschränkung des Anwendungsbereichs gebietet. Der Grundsatz der steuerlichen Neutralität verbietet insoweit zwar eine Differenzierung nach der Rechtsform, da gleichartige Tätigkeiten grundsätzlich auch gleichartig zu besteuern sind. Allerdings räumt Art. 133 MwStSystRL den Mitgliedstaaten das Recht ein, dem Gemeinwohl verpflichtete Organisationen oder Tätigkeiten steuerlich zu privilegieren und bei Ausübung eines entsprechenden Wahlrechts zur Vermeidung von Missbräuchen auch rechtsformbezogene Einschränkungen vorzunehmen (dazu näher *Schauhoff*, Rz. 10.28 ff. bzw. Rz. 10.55.; 10.107).

### 3. Unterscheidung und Abgrenzung zwischen Einrichtungen des öffentlichen Rechts und privaten Einrichtungen

Einige Steuerbefreiungen in Art. 132 Abs. 1 MwStSystRL unterscheiden auf der Tatbestandsseite zwischen „Einrichtungen des öffentlichen Rechts“, bei denen bestimmte Leistungen (z.B. soziale Dienstleistungen) regelmäßig ohne weitere Voraussetzungen von der Umsatzsteuer be- 9.21

1 EuGH v. 26.5.2005 – Rs. C-498/03 – Kingscrest Associates, ECLI:EU:C:2005:322, UR 2005, 453.

2 Vgl. die Hinweise in EuGH v. 15.11.2012 – Rs. C-174/11 – Zimmermann, ECLI:EU:C:2012:716, UR 2013, 35 und EuGH v. 21.1.2016 – Rs. C-335/14 – Le Jardins de Jouvence, ECLI:EU:C:2016:36, UR 2016, 391.

3 EuGH v. 3.4.2003 – Rs. C-144/00 – Hoffmann, ECLI:EU:C:2003:192, UR 2003, 248 = UR 2003, 286 m. Anm. *Nieskens*.

4 BFH v. 16.3.2017 – V R 38/16, BStBl. II 2017, 1017; ebenso Schlussanträge GA *Szpunar* v. 3.10.2018 – Rs. C-449/17 – A & G Fahrschul-Akademie, ECLI:EU:C:2018:791; nach EuGH v. 14.3.2019 – Rs. C-449/17, ECLI:EU:C:2019:202 ist Fahrschulunterricht wegen der Art der Tätigkeit nicht befreit.

freit sind, und privatrechtlichen Einrichtungen, bei denen die Steuerbefreiung von der Erfüllung zusätzlicher Bedingungen abhängig ist. Diese Differenzierung verstößt – wie der EuGH in der Rechtssache *Zimmermann* festgestellt hat – **nicht gegen die Neutralität** der Mehrwertsteuer, weil sie durch die MwStSystRL verbindlich vorgegeben sei.[1] Ob die Differenzierung nach der Trägerschaft in den Befreiungstatbeständen allerdings noch zeitgemäß ist, erscheint vor dem Hintergrund, dass die einst größtenteils hoheitliche Daseinsvorsorge in wesentlichen Bereichen mittlerweile durch privatwirtschaftlich organisierte Versorgung gesichert ist und dies zu Wettbewerbsverzerrungen durch Besserstellung der öffentlichen Hand führt, fraglich.[2] Der Gleichstellung von privaten und öffentlichen Trägern könnte durch die Einführung eines trägerunabhängigen Kriterienkatalogs Rechnung getragen werden.[3] Da die Differenzierung nach der Trägereigenschaft in einzelnen Fällen allerdings, wie bereits erwähnt, durch die MwStSystRL vorgegeben wird, wäre eine solche Änderung zunächst auf Ebene des Unionsrecht zu diskutieren. Allerdings verbietet Art. 133 MwStSystRL zwischen öffentlichen und privaten Einrichtungen in einer nationalen Steuerbefreiungsvorschrift zu differenzieren, wenn nicht die Richtlinie selbst in Art. 132 MwStSystRL diese Differenzierung zulässt.[4] Soweit Art. 132 Abs. 1 MwStSystRL den Mitgliedstaaten die Möglichkeit lässt, Einrichtungen des privaten Rechts wie Einrichtungen des öffentlichen Rechts die Steuerbefreiung zu gewähren, kommt ihnen dabei ein eigenes Ermessen für die Anerkennung zu. Einrichtungen des öffentlichen Rechts zeichnet eigentlich aus, dass sie selbstlos im Interesse der Allgemeinheit, bestimmte Dienstleistungen erbringen. Fordert die MwStSystRL eine vergleichbare Zielsetzung, wie sie eine Einrichtung des öffentlichen Rechts auszeichnet (Art. 132 Abs. 1 Buchst. i MwStSystRL), ist dadurch das Anerkennungsermessen des Mitgliedstaates beschränkt.

9.22 Im Rahmen der Steuerbefreiungen nach Art. 132 Abs. 1 MwStSystRL hatte der EuGH bisher keinen Anlass, zur Abgrenzung zwischen öffentlich-rechtlichen und privatrechtlichen Einrichtungen Stellung zu nehmen. Man wird aber davon ausgehen können, dass der Gerichtshof bei dieser Abgrenzung seine zu Art. 13 Abs. 1 MwStSystRL entwickelten Maßstäbe anwenden wird. Insoweit ist zu beachten, dass der Begriff „sonstige Einrichtungen des öffentlichen Rechts" in Art. 13 Abs. 1 MwStSystRL nach dem Wortlaut der Vorschrift eine subsidiäre Funktion zukommt, denn sie richtet sich vorrangig an „Staaten, Länder und Gemeinden". Ferner hat es der Gerichtshof in der Vergangenheit wiederholt abgelehnt, eine mit hoheitlichen Befugnissen beliehene natürliche Person als „Einrichtung des öffentlichen Rechts" anzuerkennen.[5] Dazu heißt es etwa in der Rechtssache Mihal:[6]

„Eine von einer Privatperson ausgeübte Tätigkeit wie die des Gerichtvollziehers ist nicht allein deshalb von der Mehrwertsteuer befreit, weil sie in der Vornahme von Handlungen besteht, die der öffentlichen Gewalt vorbehalten sind. Selbst wenn der Gerichtsvollzieher bei der Wahrnehmung seiner Aufgaben solche Handlungen vornehmen sollte, übt er nach Rechtsvorschriften wie den im Ausgangsverfahren in Rede stehenden seine Tätigkeit nicht als öffentliche Einrichtung aus, da er nicht in die Organisation der öffentlichen Verwaltung eingegliedert ist, sondern als selbständige wirtschaftliche Tätigkeit im Rahmen eines freien Berufs."

1 EuGH v. 15.11.2012 – Rs. C-174/11 – Zimmermann, ECLI:EU:C:2012:716, UR 2013, 35.

2 So auch *Pötters*, Umsatzsteuer im Gesundheitswesen, Köln 2016, 203 ff. in Bezug auf die Steuerbefreiungen nach § 4 Nr. 14 Buchst. b und Nr. 16 UStG.

3 *Pötters*, Umsatzsteuer im Gesundheitswesen, Köln 2016, 206.

4 EuGH v. 13.7.2017 – Rs. C-633/15 – London Borough of Ealing, ECLI: EU:C:2017:544 Rz. 31.

5 Siehe EuGH v. 25.7.1991 – Rs. C-202/90 – Ayuntamiento de Sevilla, ECLI:EU:C:1991:332, UR 1991, 315 = UR 1993, 122 m. Anm. *Weiss*.

6 EuGH v. 21.5.2008 – Rs. C-456/07 – Mihal, ECLI:EU:C:2008:293.

Vor kurzem hat der Gerichtshof allerdings in der **Rechtssache Saudacor** diese Rechtsprechung modifiziert. Dabei hat er zum einen klargestellt, dass der Begriff der „Einrichtung des öffentlichen Rechts" nicht nach Art. 1 Abs. 9 der Richtlinie 2004/18 – also nach Maßgabe des Vergaberechts – auszulegen sei, da das Vergaberecht anderen Zwecken diene.[1] Zum anderen hat der Gerichtshof ausgeführt, dass auch eine Einrichtung des privaten Rechts, der hoheitliche Befugnisse übertragen worden sind, unter bestimmten Voraussetzungen als „Einrichtung des öffentlichen Rechts" i.S.v. Art. 13 Abs. 1 MwStSystRL anzusehen sei. Dazu heißt es in der Entscheidung:[2] 9.23

„Nichtsdestoweniger stellt der Umstand, dass der betreffenden Einrichtung nach dem anwendbaren nationalen Recht hoheitliche Befugnisse zukommen, auch wenn er für die Zwecke der besagten Einstufung nicht ausschlaggebend ist, doch einen Hinweis dar, der für die Feststellung, dass diese Einrichtung als Einrichtung des öffentlichen Rechts einzustufen ist, sicher von Bedeutung ist, denn er ist ein wesentliches Merkmal jedes Trägers öffentlicher Gewalt."

Im Urteilssachverhalt war eine „Anstalt für die Finanzverwaltung des Gesundheitswesens" in eine Aktiengesellschaft mit ausschließlich öffentlichem Kapital umgewandelt worden, die über die gleichen hoheitlichen Befugnisse wie ihre Vorgängerorganisation verfügte und „Dienstleistungen von allgemeinem wirtschaftlichen Interesse" im Bereich des Gesundheitswesens erbrachte.[3]

## IV. Zusätzliche Voraussetzungen für befreite Einrichtungen

### 1. Allgemeines

In persönlicher Hinsicht ist die Steuerbefreiung bei den meisten Regelungen über den Begriff der „Einrichtung" an zusätzliche Voraussetzungen geknüpft. So gilt die Steuerbefreiung nach Art. 132 Abs. 1 Buchst. a MwStSystRL – unabhängig von der Zuordnung der Einrichtung zum privaten oder öffentlichen Recht – nur für „öffentliche Posteinrichtungen". Bei anderen Befreiungen unterscheidet die MwStSystRL in personaler Hinsicht zwischen Einrichtungen des öffentlichen Rechts (deren Leistungen ohne weitere Voraussetzungen befreit sind) und Einrichtungen des privaten Rechts, bei denen die Befreiung an weitere Voraussetzungen geknüpft ist. So sind Krankenhausbehandlungen von privaten Einrichtungen nach Art. 132 Abs. 1 Buchst. b MwStSystRL nur befreit, wenn es sich um eine „ordnungsgemäß anerkannte Einrichtung gleicher Art" handelt. Allerdings eröffnet Art. 133 MwStSystRL den Mitgliedstaaten in Hinsicht auf bestimmte in Art. 132 MwStSystRL geregelte Steuerbefreiungen die Möglichkeit, die Anerkennung einer Einrichtung von weiteren persönlichen Voraussetzungen abhängig zu machen (dazu näher *Schauhoff*, Rz. 10.28 ff. und Rz. 10.66 ff.) Die Rechtsfrage, welche Einrichtungen anerkannt werden sollen, stellt sich auch beispielsweise im Rahmen von Art. 132 Abs. 1 Buchst. g MwStSystRL in Hinsicht auf Subunternehmer, die von einer „Einrichtung mit sozialem Charakter" eingeschaltet werden, um die steuerbefreite Tätigkeit zu erbringen, ohne in gleichem Maße wie diese Einrichtung sozialrechtlichen Bindungen zu unterliegen. Das Tätigwerden für eine anerkannte Einrichtung reicht für sich genommen für die Steuerbefreiung nicht aus. Anders soll zu entscheiden sein, wenn der freie Mitarbeiter 9.24

1 EuGH v. 29.10.2015 – Rs. C-174/14 – Saudacor, ECLI:EU:C:2015:733.
2 EuGH v. 29.10.2015 – Rs. C-174/14 – Saudacor, ECLI:EU:C:2015:733 Rz. 58.
3 EuGH v. 29.10.2015 – Rs. C-174/14 – Saudacor, ECLI:EU:C:2015:733.

selbst mit dem Kostenträger einen Vertrag hätte schließen können.[1] Insoweit stellt sich die Frage, warum jemand, der wesentliche rechtliche Bindungen bei der Erbringung der Umsätze nicht eingeht, nur auf Grund der theoretischen Möglichkeit, sich derartigen Bindung zu unterwerfen, in den Genuss der Steuerbefreiung kommen soll. Wird eine Aufgabe durch privatrechtlichen Kooperationsvertrag aber ohne spezifische gesetzliche Grundlage übertragen, führt dies nicht zu einer Anerkennung i.S.d. Art. 132 Abs. 1 Buchst. g und i MwStSystRL.[2] Ebenso kann eine Kostenübernahme nur dann zur Anerkennung als Einrichtung i.S.d. Art, 132 Abs. 1 Buchst. g und i MwStSystRL führen, wenn für die Zahlung eine gesetzliche Grundlage besteht.[3] Eine anerkannte Einrichtung i.S.d. Art. 132 Abs. 1 Buchst. h MwStSystRL ist gegeben, wenn ihr die Betriebserlaubnis nach § 45 SGB VIII erteilt wurde und die Kosten für ihre Leistungen über einen Träger der freien Jugendhilfe nach § 75 i.V.m. § 45 SGB VIII abgerechnet und damit mittelbar von öffentlichen Trägern der Kinder- und Jugendhilfe übernommen werden.[4] Im Weiteren soll auf diese zusätzlichen Voraussetzungen für private Einrichtungen kurz und überblicksartig eingegangen werden. Wesentlich sind die Einzelkommentierungen zu Art. 132 MwStSystRL, auf die verwiesen wird.

### 2. „Öffentliche Posteinrichtungen" (Art. 132 Abs. 1 Buchst. a MwStSystRL)

9.25 In seiner Rechtsprechung[5] hat der Gerichtshof herausgearbeitet, dass der Begriff „öffentliche Posteinrichtung" im Lichte der Richtlinie 97/67 über die Postdienste der Gemeinschaft auszulegen ist. Er gilt für öffentliche oder private Betreiber, die sich verpflichten, in einem Mitgliedstaat den gesamten **„postalischen Universaldienst"** im Sinne der Richtlinie 97/67 oder einen Teil davon zu gewährleisten. Diese Auslegung widerspricht – so der Gerichtshof – auch nicht dem Grundsatz der Neutralität, weil es nicht allein auf die Art der Leistung, sondern auch auf den Kontext ankomme, in dem die Leistung erbracht werde.[6]

### 3. „Einrichtungen gleicher Art" (Art. 132 Abs. 1 Buchst. b MwStSystRL)

9.26 Zur Auslegung des Begriffs „Einrichtungen gleicher Art" in Art. 132 Abs. 1 Buchst. b MwStSystRL hat der Gerichtshof einen Vergleich zu den anderen in der Befreiung genannten Einrichtungen angestellt und auf dieser Grundlage entschieden, dass ein **privatrechtliches Labor, das medizinische Analysen zu Diagnosezwecken vornimmt**, als eine mit „Krankenanstalten" und „Zentren für ärztliche Heilbehandlung und Diagnostik" vergleichbare „Einrichtung gleicher Art" einzustufen ist, wenn diese Analysen im Hinblick auf ihren therapeutischen Zweck unter den Begriff „ärztliche Heilbehandlung" fallen.[7] Hingegen erfüllt ein Unternehmer, der

1 So BFH v. 29.7.2015 – XI R 35/13, UR 2015, 955 = BFH/NV 2015, 1648; BFH v. 18.8.2015 – V R 13/14, UR 2015, 871 m. Anm. *Küffner* = BFH/NV 2015, 1784; dazu auch *Meurer*, MwStR 2015, 973 f.

2 BFH v. 18.2.2016 – V R 46/14, UR 2016, 584 = BFH/NV 2016, 1120 Rz. 35 ff.

3 BFH v. 18.2.2016 – V R 46/14, UR 2016, 584 = BFH/NV 2016, 1120 Rz. 42 ff.; BFH v. 6.4.2016 – V R 55/14, UR 2016, 589; BFH v. 3.8.2017 – V R 52/16.

4 BGH v. 6.5.2016 – V R 55/14, BFH/NV 2016, 1126, Rz. 29 ff.

5 Vgl. EuGH v. 23.4.2009 – Rs. C-357/07 – TNT Post UK, ECLI:EU:C:2009:248, UR 2009, 348 und EuGH v. 21.4.2015 – Rs. C-114/14 – Kommission/Schweden, ECLI:EU:C:249, UR 2015, 387.

6 Zuletzt EuGH v. 21.4.2015 – Rs. C-114/14 – Kommission/Schweden, ECLI:EU:C:249 Rz. 33, UR 2015, 387.

7 Vgl. EuGH v. 8.6.2006 – Rs. C-106/05 – L. und P. GmbH, ECLI:EU:C:2006:380, UR 2006, 464 m. Anm. *Klenk* und EuGH v. 10.10.2010 – Rs. C-262/08 – Copy Gene, ECLI:EU:C:2010:328, UR 2010, 526 m. Anm. *Hölzer.*

selbständige **Beförderungen von menschlichen Organen und Körpersubstanzen** für Krankenhäuser und Labore durchführt, diese Voraussetzungen nicht.[1]

### 4. „Einrichtungen mit sozialem Charakter" (Art. 132 Abs. 1 Buchst. g und h MwStSystRL)

Die meisten Entscheidungen des Gerichtshofs zu steuerbefreiten Einrichtungen betreffen den Begriff der „anderen von dem betreffenden Mitgliedstaat als Einrichtungen mit sozialem Charakter anerkannte Einrichtungen" i.S.v. Art. 132 Abs. 1 Buchst. g und h MwStSystRL.[2] Dazu geht der EuGH in ständiger Rechtsprechung davon aus, dass der Begriff der Einrichtung grundsätzlich weit genug ist, um auch private Einheiten mit Gewinnerzielungsabsicht wie z.B. natürliche Personen und Personengesellschaften zu umfassen.[3] Was die Modalitäten der „Anerkennung" angeht, stellt der Gerichtshof im Urteil vom 21.1.2016 zusammenfassend fest: 9.27

„Vorab ist darauf hinzuweisen, dass Art. 13 Teil A Abs. 1 Buchst. g der Sechsten Richtlinie weder die Voraussetzungen noch die Modalitäten einer Anerkennung des sozialen Charakters von anderen Einrichtungen als solchen des öffentlichen Rechts festlegt. Es ist daher grundsätzlich Sache des innerstaatlichen Rechts jedes Mitgliedstaats, die Regeln aufzustellen, nach denen diesen Einrichtungen eine solche Anerkennung gewährt werden kann […].

Daraus folgt, dass Art. 13 Teil A Abs. 1 Buchst. g der Sechsten Richtlinie den Mitgliedstaaten ein Ermessen in der Frage einräumt, ob sie bestimmten Einrichtungen, die keine Einrichtungen des öffentlichen Rechts sind, sozialen Charakter zuerkennen […].

Aus der Rechtsprechung des Gerichtshofs ergibt sich hierzu, dass die nationalen Behörden bei der Anerkennung des sozialen Charakters von Einrichtungen, die keine Einrichtungen des öffentlichen Rechts sind, im Einklang mit dem Unionsrecht und unter der Kontrolle der nationalen Gerichte mehrere Gesichtspunkte zu berücksichtigen haben. Zu ihnen können das Bestehen spezifischer Vorschriften – seien es nationale oder regionale, Rechts- oder Verwaltungsvorschriften, Steuervorschriften oder Vorschriften im Bereich der sozialen Sicherheit –, das mit den Tätigkeiten des betreffenden Steuerpflichtigen verbundene Gemeinwohlinteresse, die Tatsache, dass andere Steuerpflichtige mit den gleichen Tätigkeiten bereits in den Genuss einer ähnlichen Anerkennung kommen, und der Gesichtspunkt zählen, dass die Kosten der fraglichen Leistungen unter Umständen zum großen Teil von Krankenkassen oder anderen Einrichtungen der sozialen Sicherheit übernommen werden […]."

Darüber hinaus hat der Gerichtshof im Rahmen von Art. 132 Abs. 1 Buchst. g und h MwStSystRL immer wieder auf das Mitgliedstaatenwahlrecht aus Art. 133 MwStSystRL hingewiesen (dazu näher Rz. 10.12 ff.).

### 5. „Einrichtungen mit vergleichbarer Zielsetzung" (Art. 132 Abs. 1 Buchst. i MwStSystRL)

Art. 132 Abs. 1 Buchst. i MwStSystRL befreit bestimmte Bildungsleistungen (z.B. Kindererziehung, Schul- und Hochschulunterricht) durch Einrichtungen des öffentlichen Rechts oder 9.28

---

1 EuGH v. 2.7.2015 – Rs. C-334/14 – Fruytier, ECLI:EU:C:2015:437, UR 2015, 636.

2 Siehe dazu vor allem EuGH v. 26.5.2005 – Rs. C-498/03 – Kingscrest Associates, ECLI:EU:C:2005:322, UR 2005, 453 EuGH v. 9.2.2006 – Rs. C-415/04 – Stichting Kinderopvang Enschede, ECLI:EU:C:2006:95, UR 2006, 470; EuGH v. 15.11.2012 – Rs. C-174/11 – Zimmermann, ECLI:EU:C:2012:716, UR 2013, 35; EuGH v. 21.1.2016 – Rs. C-335/14 – Le Jardins de Jouvence, ECLI:EU:C:2016:36, UR 2016, 391.

3 Statt aller nur EuGH v. 21.1.2016 – Rs. C-335/14 – Le Jardins de Jouvence, ECLI:EU:C:2016:36, UR 2016, 391.

„andere Einrichtungen mit von dem betreffenden Mitgliedstaat anerkannter vergleichbarer Zielsetzung“ von der Steuer. Zu diesem Merkmal hat der Gerichtshof in der Rechtssache MDDP ausgeführt:[1]

„Nach Art. 132 Abs. 1 Buchst. i der Mehrwertsteuerrichtlinie sind aber die dort genannten Bildungsdienstleistungen nur dann befreit, wenn sie von Einrichtungen des öffentlichen Rechts, die mit Bildungsaufgaben betraut sind, oder von anderen Einrichtungen mit von dem betreffenden Mitgliedstaat anerkannter vergleichbarer Zielsetzung erbracht werden. Diese anderen Einrichtungen, d.h. private Einrichtungen, müssen somit die Voraussetzung erfüllen, dass sie eine vergleichbare Zielsetzung wie die genannten Einrichtungen des öffentlichen Rechts haben. Aus dem Wortlaut von Art. 132 Abs. 1 Buchst. i geht mithin eindeutig hervor, dass diese Bestimmung den Mitgliedstaaten nicht erlaubt, die Mehrwertsteuerbefreiung von Bildungsdienstleistungen sämtlichen privaten Einrichtungen zu gewähren, die solche Leistungen erbringen, unter Einschluss der Einrichtungen, deren Zielsetzung nicht mit der von Einrichtungen des öffentlichen Rechts vergleichbar ist.“

Hinsichtlich der Voraussetzungen einer solchen Anerkennung heißt es in der Entscheidung weiter:[2]

„Da Art. 132 Abs. 1 Buchst. i der Mehrwertsteuerrichtlinie nicht festlegt, unter welchen Voraussetzungen und nach welchen Modalitäten die vergleichbare Zielsetzung anerkannt werden kann, ist es grundsätzlich Sache des nationalen Rechts der einzelnen Mitgliedstaaten, die Regeln aufzustellen, nach denen den betreffenden Einrichtungen eine solche Anerkennung gewährt werden kann. Die Mitgliedstaaten verfügen dabei über ein Ermessen […].“

Umgekehrt folgt aus dem Erfordernis einer „Anerkennung“ auch, dass es die MwStSystRL nicht erlaubt, die Steuerbefreiung auf alle Bildungsleistungen zu erstrecken ohne Rücksicht darauf, welche Ziele die betreffenden Einrichtungen verfolgen.[3] Dazu hat der BFH nunmehr dem EuGH die Rechtsfrage vorgelegt, ob auch privater Fahrschulunterricht unter eine steuerbefreite Bildungstätigkeit fällt, obwohl zweifelhaft ist, inwiefern dies dem Gemeinwohl dient.[4] Die Steuerbefreiung knüpft an eine Bildungstätigkeit durch eine Einrichtung des öffentlichen Rechts oder eine andere anerkannte Einrichtung mit vergleichbarer Zielsetzung an. Die Zielsetzung von Fahrschulen ist eine andere als die von Einrichtungen des öffentlichen Rechts, daher fehlt es für ihre Steuerbefreiung an der Vergleichbarkeit des Wirkens mi der Einrichtung des öffentlichen Rechts.

### 6. „Andere kulturelle Einrichtungen" (Art. 132 Abs. 1 Buchst. n MwStSystRL)

9.29 In der bereits erwähnten Entscheidung *Hoffmann* hat der Gerichtshof nicht nur seine Rechtsprechung bestätigt, dass der Begriff der „Einrichtung“ weit genug sei, um auch natürliche Personen zu erfassen, sondern auch festgestellt, dass der Begriff der „anderen kulturellen Einrichtung“ auch als Einzelkünstler auftretende Solisten miteinschließe.[5] Ferner bestätigt der EuGH das Recht der Mitgliedstaaten, auf der Grundlage des Wahlrechts aus Art. 133 Buchst. a MwStSystRL die Steuerbefreiung davon abhängig zu machen, dass die betreffenden Einrich-

1 EuGH v. 20.6.2013 – Rs. C-319/12 – MDDP, ECLI:EU:C:2013:421.

2 EuGH v. 20.6.2013 – Rs. C-319/12 – MDDP, ECLI:EU:C:2013:421.

3 EuGH v. 20.6.2013 – Rs. C-319/12 – MDDP, ECLI:EU:C:2013:421.

4 BFH v. 16.3.2017 – V R 38/16, BStBl. II 2017, 1017; siehe dazu Schlussanträge GA Szpunar v. 3.10.2018 – Rs. C-449/17 - A & G Fahrschul-Akademie GmbH, ECLI:EU:C:2018, 791; der EuGH v. 14.3.2019 – 6 Rs. C-449/17, ECLI:EU:C:2019:202 hat diese Rechtsfrage offen gelassen.

5 EuGH v. 3.4.2003 – Rs. C-144/00 – Hoffmann, ECLI:EU:C:2003:192, UR 2003, 248 = UR 2003, 286 m. Anm. *Nieskens*.

tungen „keine systematischen Gewinne anstreben".[1] Jüngst hat er betont, dass dem nationalen Gesetzgeber aufgegeben ist festzulegen, welche „bestimmten kulturellen Dienstleistungen" von der Umsatzsteuer befreit werden, weswegen eine unmittelbare Berufung auf die Richtlinie nicht in Betracht kommt.[2]

### 7. Mitgliedstaatenwahlrechte nach Art. 133 MwStSystRL

Der Gerichtshof hat sein weites Verständnis des Begriffs der „Einrichtung" u.a. mit dem Mitgliedstaatenwahlrecht nach Art. 133 MwStSystRL begründet. In der Tat spricht dieses Wahlrecht in systematischer Hinsicht entscheidend für die Annahme, dass die dort aufgezählten Bedingungen für die Steuerbefreiung nicht bereits im Begriff der Einrichtung enthalten sind, weil das Wahlrecht – wie der Gerichtshof bereits in der Rechtssache *Hoffmann* zutreffend festgestellt hat – die Mitgliedstaaten zu einer solchen Einschränkung lediglich ermächtige aber nicht verpflichte.[3] Ergänzend heißt es dazu in der Rechtssache MDDP:[4] 9.30

„Soll Art. 133 Abs. 1 Buchst. a der Mehrwertsteuerrichtlinie nicht gegenstandslos werden, ist deshalb notwendigerweise davon auszugehen, dass in den Fällen, in denen der Unionsgesetzgeber, wie in Art. 132 Abs. 1 Buchst. i dieser Richtlinie, die Inanspruchnahme der betreffenden Befreiungen nicht ausdrücklich vom Fehlen eines Gewinnstrebens abhängig gemacht hat, das Streben nach Gewinnerzielung die Inanspruchnahme dieser Befreiungen nicht ausschließen kann […]."

Hinsichtlich der einzelnen Voraussetzungen, an die die Mitgliedsstaaten die Steuerbefreiung knüpfen können, ist auf die Erläuterungen in *Schauhoff*, Rz. 10.2 ff. zu verweisen.

## V. Ermessen der Mitgliedstaaten bei der Anerkennung steuerbefreiter Einrichtungen und Neutralität

Soweit die Mitgliedstaaten nach bestimmten Vorschriften der MwStSystRL – wie beispielsweise Art. 132 Abs. 1 Buchst. g, h und i – bei der Anerkennung steuerbefreiter Einrichtungen über ein Ermessen verfügen, müssen sie dieses nach der ständigen Rechtsprechung des Gerichtshofs „im Einklang mit dem Unionsrecht" ausüben. Dazu gehört vor allem auch die Beachtung des Grundsatzes der Neutralität. Dieser verlangt bei der Umsetzung der Befreiung nach Art. 13 Teil A Abs. 1 Buchst. g der Sechsten Richtlinie, 9.31

*„dass alle Einrichtungen, die keine Einrichtungen des öffentlichen Rechts sind, in Bezug auf ihre Anerkennung bei der Erbringung vergleichbarer Leistungen gleich behandelt werden".*

Die Anerkennung als „Einrichtung mit sozialem Charakter" muss folglich bei Einrichtungen des privaten Rechts, die vergleichbare Leistungen erbringen, nach einheitlichen Maßstäben erfolgen, allerdings haben die Mitgliedstaaten nach Art. 133 MwStSystRL die Möglichkeit, zusätzliche Voraussetzungen für die Steuerbefreiung festzulegen (zu § 4 Nr. 18 UStG vgl. Rz. 10.99 ff.). Insbesondere das Verhältnis zum Grundsatz der steuerlichen Neutralität steht vielfach in der Diskussion (dazu Rz. 10.29 ff.). Diese Aussage steht auch im Zentrum des

1 EuGH v. 3.4.2003 – Rs. C-144/00 – Hoffmann, ECLI:EU:C:2003:192, UR 2003, 248 = UR 2003, 286 m. Anm. *Nieskens*.
2 EuGH v. 15.2.2017 – Rs. C-592/15 – Britisch Film Institute, ECLI:EU:C:2017:117.
3 EuGH v. 3.4.2003 – Rs. C-144/00 – Hoffmann, ECLI:EU:C:2003:192, UR 2003, 248 = UR 2003, 286 m. Anm. *Nieskens*.
4 EuGH v. 20.6.2013 – Rs. C-319/12 – MDDP, ECLI:EU:C:2013:421.

Urteils in der Rechtssache *Zimmermann* betreffend die Steuerbefreiung von Pflegeleistungen nach § 4 Nrn. 16 und 18 UStG:[1]

„Folglich steht Art. 13 Teil A Abs. 1 Buchst. g der Sechsten Richtlinie, legt man ihn im Licht des Grundsatzes der steuerlichen Neutralität aus, einer Grenze wie der Zwei-Drittel-Grenze entgegen, soweit sie im Zusammenhang mit Leistungen, die im Wesentlichen identisch sind, im Hinblick auf die Anerkennung des „sozialen Charakters" im Sinne dieser Vorschrift auf bestimmte unter das Privatrecht fallende Steuerpflichtige angewandt wird, auf andere aber nicht."

Auch in anderen Urteilen betont der EuGH die Bindung der Mitgliedstaaten an den Neutralitätsgrundsatz bei der Anerkennung steuerbefreiter Einrichtungen.[2] Wünschenswert wäre ein nationales einheitliches Anerkennungsverfahren, welches beispielsweise ex ante durch die Finanzverwaltung erfolgen könnte. Eine solche ex ante Anerkennung wäre auch zweckmäßig und mit den Vorgaben der MwStSystRL vereinbar. Der EuGH hat jüngst noch einmal betont, dass der nationale Richter bei der Auslegung und Anwendung der einschlägigen Vorschriften des innerstaatlichen Rechts zwar verpflichtet ist, die Richtlinie heranzuziehen, dabei aber – wie auch die Verwaltung – durch die allgemeinen Rechtsgrundsätze und insbesondere durch den Grundsatz der Rechtssicherheit und das Rückwirkungsverbot begrenzt wird und die Richtlinie nicht als Grundlage für eine Auslegung des nationalen Rechts contra legem dienen darf. Der Grundsatz der Rechtssicherheit ist zwingend zu beachten.[3] Um Rechtssicherheit zu schaffen, ist es zweckmäßig, wenn im UStAE, wie vielfach schon geschehen, festgehalten wird, welche Tätigkeiten oder Einrichtungen anerkannt sind, damit es über § 176 Abs. 2 AO regelmäßig zu Vertrauensschutz kommt, wenn die Rechtsprechung unter Berufung auf die Richtlinie eine Steuerbefreiung in Frage stellt. Eher unglücklich hingegen stellt sich die aktuell geltende zweigeteilte Zuständigkeit der zuständigen Landes- und Finanzbehörden im Rahmen der Anerkennung „gleichartiger Einrichtungen anderer Unternehmer" i.S.d. § 4 Nr. 20 Buchst. a S. 2 UStG dar. Der BFH[4] und das BVerwG[5] sehen die Gleichartigkeit der Einrichtung und die Gleichheit der kulturellen Aufgabenerfüllung als unterschiedliche Voraussetzungen der Steuerbefreiung an, die auch verfahrensrechtlich unterschiedlich zu behandeln sind. Die Gleichartigkeit der Einrichtung ist im Besteuerungsverfahren vor den Finanzbehörden zu prüfen, während über die Gleichheit der kulturellen Aufgabenerfüllung im gesonderten Bescheinigungsverfahren vor der zuständigen Landesbehörde zu entscheiden ist. Dies ergibt sich allerdings nicht schon aus Art. 132 Abs. 1 Buchst. n MwStSystRL, wonach neben der leistungsbezogenen Voraussetzung der kulturell gleichartigen Einrichtung ebenfalls das Erfordernis der gleichen kulturellen Aufgaben als unternehmerbezogene Voraussetzung durch die zuständige Finanzbehörde zu prüfen wäre, sondern allein aufgrund der nach nationalem Recht erforderlichen Bescheidungserteilung durch die zuständige Landesbehörde. Problematisch ist diese geteilte Zuständigkeit im Hinblick darauf, dass sich die einrichtungsbezogene Gleichartigkeitsprüfung und die auf kulturelle Aufgaben bezogene Gleichheitsprüfung nur bedingt voneinander trennen lassen.[6] Abgabenrechtlich ist die Bescheinigung nach § 4 Nr. 20 Buchst. a S. 2 UStG ein Grundlagenbescheid i.S.d. § 171 Abs. 10 AO, der gem. § 175

1 EuGH v. 15.11.2012 – Rs. C-174/11 – Zimmermann, ECLI:EU:C:2012:716, UR 2013, 35.

2 EuGH v. 26.5.2005 – Rs. C-498/03 – Kingscrest Associates, ECLI:EU:C:2005:322, UR 2005, 453; EuGH v. 20.6.2013 – Rs. C-319/12 – MDDP, ECLI:EU:C:2013:421.

3 EuGH v. 15.4.2008 – Rs. C-268/06 – Impact ECLI:EU:C:2008:223, Rz. 100; EuGH v. 21.9.2017 – Rs. C – 326/15 – DNB Banka, ECLI:EU:C:2017:719, Rz. 41 ff.

4 BFH v. 19.10.2011 – XI R 40/09, BFH/NV 2012, 798 Rz. 24 ff.

5 BVerwG v. 11.10.2006 – 10 C 7/05 Rz. 21 ff., UR 2007, 307; BVerwG v. 11.10.2006 – 10 C 4/06 Rz. 13, UR 2007, 304.

6 Vgl. auch *Wäger* in Reiß/Kraeusel/Langer, § 4 Nr. 20 UStG, Rz. 102 ff. (Stand: Mai 2014).

Abs. 1 S. 1 Nr. 1 AO auch Grundlage für die Änderung bestandskräftiger Steuerbescheide sein kann.[1] Der BFH lässt dabei eine **Rückwirkung der Bescheinigung** auf Zeiträume vor ihrer Bekanntgabe sogar dann zu, wenn der Steueranspruch bereits vor Erteilung entstanden war.[2] Bedenken gegen diese BFH-Rechtsprechung bestehen insoweit, als dass über die Anerkennung als unternehmerstatusbezogene Voraussetzung zu Lasten des Unternehmers mit Rückwirkung und ohne Gewährung von Vertrauensschutz entschieden wird. Wird beispielsweise eine dem Unternehmer erteilte Bescheinigung mit Rückwirkung auf Betreiben des Finanzamts zurückgenommen, kann dem Unternehmer Vertrauensschutz hinsichtlich der Annahme einer rückwirkenden Steuerpflicht zu gewähren sein.[3]

## VI. Umsetzung im deutschen Recht

Die deutsche Rechtslage entspricht – wie EuGH[4] und BFH[5] wiederholt festgestellt haben – in einigen Punkten nicht den Vorgaben der MwStSystRL. Beispielhaft sei auf folgende vier Verstöße hingewiesen, die sich auf den Begriff der „Einrichtung" beziehen: 9.32

- Die Beschränkung der **Befreiung von privaten Krankenhäusern** in Abhängigkeit von ihrer Zulassung nach § 108 SGB V ist mit Art. 132 Abs. 1 Buchst. b MwStSystRL nicht vereinbar, weil dieses Merkmal nicht in funktionaler Hinsicht der Richtlinienvorgabe – „Einrichtung gleicher Art" – entspricht.[6]
- Der deutsche Gesetzgeber hat die Steuerbefreiung nach Art. 132 Abs. 1 Buchst. g MwStSystRL nur unzureichend in das UStG umgesetzt, so dass sich die Steuerpflichtigen im Bereich sozialer Dienstleistungen direkt auf die unionsrechtliche Befreiung berufen können.[7] Auch das Urteil des EuGH in der **Rechtssache** *Zimmermann*[8] zur Ausgestaltung des Mitgliedstaatenwahlrechts bei Pflegeeinrichtungen ist bislang nicht umgesetzt worden. Allerdings hat der BFH aus dem Urteil des EuGH abgeleitet, dass die Befreiung für Leistungen der Wohlfahrtspflege nach § 4 Nr. 18 UStG „zur Vermeidung eines Verstoßes gegen das Neutralitätsgebot" im Anwendungsbereich des § 4 Nr. 16 UStG richtlinienkonform eng auslegen sei und zurückzutreten habe.[9] § 4 Nr. 18 UStG ist im Anwendungsbereich des § 4 Nr. 16 UStG folglich nur noch subsidiär anwendbar (s. auch *Schauhoff*, Rz. 10.97 ff.).[10]
- In § 4 Nr. 20 Buchst. a UStG fehlt eine ausdrückliche Einbeziehung natürlicher Personen in die Steuerbefreiung für bestimmte kulturelle Dienstleistungen, wie sie durch das EuGH-Urteil in der **Rechtssache *Hoffmann*** vorgegeben ist. Zwar lässt sich diese Lücke durch eine analoge Anwendung der nationalen Vorschrift bzw. eine unmittelbare Berufung auf

1 BFH v. 20.8.2009 – V R 25/08, UR 2010, 29 Rz. 27; *Wäger* in Reiß/Kraeusel/Langer, § 4 Nr. 20 UStG, Rz. 155 (Stand: Mai 2014).
2 BFH v. 20.8.2009 – V R 25/08, UR 2010, 29 Rz. 31 f.
3 So auch *Wäger* in Reiß/Kraeusel/Langer, § 4 Nr. 20 UStG, Rz. 157 (Stand: Mai 2014); eingehend *Kirchhain*, Rz. 19.78 ff.; vgl. dazu auch EuGH v. 21.9.2017 – Rs.C – 326/15 – DNB Banka, ECLI:EU:C:2017:719, Rz. 41 ff.
4 EuGH v. 15.11.2012 – Rs. C-174/11 – Zimmermann, ECLI:EU:C:2012:716, UR 2013, 35.
5 BFH v. 18.8.2015 – V R 13/14, UR 2015, 871 m. Anm. *Küffner* = BFH/NV 2015, 1784.
6 BFH v. 23.10.2014 – V R 20/14, UR 2015, 235 = BFH/NV 2015, 631.
7 Dazu zuletzt nur BFH v. 29.7.2015 – XI R 35/13, UR 2015, 955 = BFH/NV 2015, 1648.
8 EuGH v. 15.11.2012 – Rs. C-174/11 – Zimmermann, ECLI:EU:C:2012:716, UR 2013, 35; vgl. auch das Endurteil des BFH v. 19.3.2013 – XI R 47/07, UR 2013, 555 = BFH/NV 2013, 1204.
9 BFH v. 8.8.2013 – V R 13/12, UR 2014, 225 = BFH/NV 2014, 123.
10 Näher dazu *Hüttemann/Schauhoff*, MwStR 2013, 426.

Art. 132 Abs. 1 Buchst. n MwStSystRL schließen. Eine Anpassung des nationalen Rechts wäre aber gleichwohl wünschenswert.[1] Dabei könnte Deutschland die Steuerbefreiung auf Einrichtungen ohne Gewinnstreben wie z.B. gemeinnützige Körperschaften beschränken (vgl. Rz. 10.105).

– In § 4 Nr. 24 UStG fehlt eine – durch Art. 132 Abs. 1 Buchst. g und h MwStSystRL zwingend vorgegebene – **Befreiung für Einrichtungen des öffentlichen Rechts**, die Jugendherbergen oder ähnliche Einrichtungen betreiben.[2]

## VII. Reformvorschläge

9.33 Der deutsche Gesetzgeber ist aufgerufen, den Katalog der Befreiungen in § 4 Nr. 14 ff. UStG an den unionsrechtlichen Vorgaben auszurichten. Nur wenige Tatbestände sind bis heute an das harmonisierte Mehrwertsteuerrecht angepasst worden.[3] Dies gilt für den sachlichen Anwendungsbereich der Befreiungen, aber auch in Hinsicht auf die befreiten Unternehmer. Um den Ausführungen zu den einzelnen Befreiungstatbeständen nicht vorzugreifen, soll an dieser Stelle ein allgemeiner Vorschlag gemacht werden, wie die Richtlinienvorgaben bei den einzelnen Befreiungen umgesetzt werden könnten:

– Im **ersten Schritt** wäre darauf zu achten, dass – soweit durch die MwStSystRL geboten – Einrichtungen des öffentlichen Rechts in den Kreis der befreiten Unternehmer aufgenommen werden. Für eine solche Prüfung besteht gerade nach der Einführung des neuen § 2b UStG ein besonderer praktischer Bedarf, weil mit dieser Vorschrift die Steuerpflicht von juristischen Personen des öffentlichen Rechts tendenziell ausgeweitet werden dürfte.

– Im **zweiten Schritt** ist zu beachten, dass der Begriff der „Einrichtung“ auch natürliche Personen und Personengesellschaften umfasst. Zwar ist es denkbar, am Begriff der „Einrichtung“ festzuhalten und diesen – richtlinienkonform – weit auszulegen. Gleichwohl sollte der deutsche Gesetzgeber in geeigneter Form verdeutlichen, dass mit „Einrichtung“ nicht nur juristische Personen gemeint sind.

– Im **dritten Schritt** ist zu überlegen, ob der deutsche Gesetzgeber von den Mitgliedstaatenwahlrechten des Art. 133 Buchst. a bis d MwStSystRL Gebrauch machen will oder nicht (dazu näher Rz. 10.58 ff.). Hier wäre u.a. daran zu denken, ob man bestimmte Befreiungen auf Einrichtungen ohne systematische Gewinnerzielung beschränkt und auf diese Weise gewerbliche Anbieter ausschließt. Insoweit wäre z.B. im Kontext von Art. 132 Abs. 1 Buchst. g MwStSystRL auch eine Beschränkung auf gemeinnützige Einrichtungen denkbar (vgl. Rz. 10.67 ff.).[4]

– **Viertens** muss der deutsche Gesetzgeber für Einrichtungen des privaten Rechts im Rahmen des durch das Unionsrecht eingeräumten Ermessens die Maßstäbe festlegen, nach denen „Einrichtungen gleicher Art“ oder „Einrichtungen mit sozialem Charakter“ abgegrenzt werden sollen. Hier ist insbesondere darauf zu achten, dass der Grundsatz der Neutralität beachtet wird und für gleichartige Leistungen privater Anbieter die gleichen Kriterien angewendet werden. Allerdings ist es dem nationalen Gesetzgeber erlaubt, insofern Wett-

1 Siehe nur *Hoffsümmer*, Steuerbefreiungen für Inlandsumsätze, 121 f.; *Jacobs*, Umsatzsteuer und Gemeinnützigkeit, 152 f.
2 Siehe *Jacobs*, Umsatzsteuer und Gemeinnützigkeit, 100 f.
3 Vgl. dazu den Überblick bei *Jacobs*, Umsatzsteuer und Gemeinnützigkeit, 81 ff.
4 Dazu näher *Hüttemann/Schauhoff*, MwStR 2013, 426.

bewerber unterschiedlich zu behandeln, als dies die MwStSystRL in Art. 133 MwStSystRL selbst ermöglicht. Auch ist es europarechtlich nicht geboten, beispielsweise alle Pflegeeinrichtungen oder kulturellen Einrichtungen gleich zu behandeln, vielmehr erlaubt die Richtlinie dem nationalen Gesetzgeber die Bestimmung weiterer Voraussetzungen, um dadurch die dem Gemeinwohl dienende Tätigkeit zu definieren.[1] Offen ist noch, inwieweit eine Anerkennung erfordert, dass die Einrichtung sich tatsächlich den entsprechenden sozialrechtlichen Bindungen unterwirft, oder ob die Anerkennungsfähigkeit ausreicht. „Übergreifende" Befreiungen wie § 4 Nr. 18 UStG müssten folglich mit einer Subsidiaritätsklausel versehen werden, damit der Neutralitätsgrundsatz gewahrt bleibt.[2]

1 Vgl. BFH v. 28.6.2017 – XI R 23/14, BFH/NV 2017, 1561 Rz. 54 ff.; EuGH v. 15.2.2017 – Rs.C 592/15 – Britisch Film Institute, ECLJ:EU:C:2017.

2 So auch BFH v. 8.8.2013 – V R 13/12, UR 2014, 225 = BFH/NV 2014, 123 und *Hüttemann/Schauhoff*, MwStR 2013, 426.

# Kapitel 10
# Wahlrechte und Ermessensgrenzen der Mitgliedstaaten für die Anerkennung von Einrichtungen

**Literatur:** *Achatz*, Umsatzsteuer und Gemeinnützigkeit, DStJG 26, 305; *Erdbrügger*, Umsatzsteuerfreiheit privater Krankenhausbetreiber, MwStR 2015, 398; *Heidner*, Besteuerung von Heilbehandlungen, UR 2013, 641; *Heidner*, Umsatzbesteuerung der öffentlichen Hand – Auswirkungen der Rechtsprechung auf die Neuregelung in § 2b UStG, UR 2016, 45; *Heintzen/Musil*, Das Steuerrecht des Gesundheitswesens, 2. Aufl., Heidelberg 2012; *Hüttemann*, Anwendung des Abstandsgebots nach § 4 Nr. 18 Buchst. c UStG bei staatlich regulierten Entgelten, UR 2006, 441; *Hüttemann/Schauhoff*, Umsatzsteuerbefreiung für soziale Dienstleistungen – was erlaubt das europäische Mehrwertsteuerrecht?, MwStR 2013, 426; *Jacobs*, Umsatzsteuer und Gemeinnützigkeit, Diss., Bonn 2009; *Kaminski*, Gutachten zur geplanten Steuerfreiheit von Leistungen nach § 4 Nrn.21 und 22 UStG (i.d.F. des Kabinettsbeschluss des Jahressteuergesetzes 2013 vom 23.5.2012); *Klassmann*, Anmerkung zu BFH v. 14.1.2016 – V R 56/14, MwStR 2016, 501; *Küffner*, Anmerkung zu BFH v. 18.8.2015 – V R 13/14, UR 2015, 874; *Meurer*, Aktuelle Rechtsprechung zur Umsatzsteuerfreiheit bei humanmedizinischen Leistungen, MwStR 2015, 523; *Pötters*, Umsatzsteuer im Gesundheitswesen, Diss., Köln 2016; *Reiß*, Rechtsprechung des EuGH zur Umsatzsteuer im Jahre 2002, RIW 2003, 199; *Schlienkamp*, Die Ratsentscheidungen vom 1976-10-21 und 1976-12-16 über die 6. Richtlinie zur Harmonisierung der Umsatzsteuern, UR 1977, 1; *Wachweger/Schlienkamp/Schütz*, Die 6. EG-Richtlinie zur Harmonisierung der Umsatzsteuer, UR 1977, 121, 141, 165 und 185; *Wüst*, Anmerkung zu BFH v. 18.8.2015 – V R 13/14, UR 2015, 875.

*Billig*, Anmerkung zu BFH v. 29.7.2015 – XI R 35/13, StBW 2015, 996; *Brill*, Anmerkung zu BFH v. 29.7.2015 – XI R 35/13, DStZ 2015, 850; *Busch/Maciejewski/Schepers*, Sind wissenschaftliche Diskussionen steuerbefreit? – Gemeinnützigkeits- und umsatzsteuerliche Fragen bei der Veranstaltung wissenschaftlicher Fachtagungen, DStR 2015, 2737; *Erdbrügger*, Umsatzsteuerliche Behandlung von Zytostatikalieferungen nach der neusten Rechtsprechung des EuGH weiter offen, MwStR 2014, 292; *Eversloh*, Anmerkung zu BFH v. 18.3.2015 – XI R 8/13, jurisPR-SteuerR 30/2015 Anm. 5; *Grube*, Anmerkung zu BFH v. 29.7.2015 – XI R 35/13, jurisPR-SteuerR 49/2015 Anm. 5; *Hüttemann/Schauhoff*, Umsatzsteuerbefreiung für soziale Dienstleistungen – was erlaubt das europäische Mehrwertsteuerrecht?, MwStR 2013, 426; *Jacobs*, Umsatzsteuer und Gemeinnützigkeit, Diss., Bonn 2009; *Kirchhain*, Anmerkung zu FG Münster v. 15.3.2011 – 15 K 3840/08 U, UR 2011, 790; *Meurer*, Anmerkung zu BFH

v. 29.7.2015 – XI R 35/13, MwStR 2015, 973; *Nieskens*, Anmerkung zu EuGH v. 1.12.2005 – Rs. C-394/04 und C-395/04, EU-UStB 2006, 35; *Tausch*, Anmerkung zu EuGH v. 1.12.2005 – Rs. C-394/04 und C-395/04, UVR 2006, 132.

## A. Normtexte

**Art. 133 MwStSystRL** 10.1

**Die Mitgliedstaaten können die Gewährung der Befreiungen nach Art. 132 Abs. 1 Buchstaben b, g, h, i, l, m und n für Einrichtungen, die keine Einrichtungen des öffentlichen Rechts sind, im Einzelfall von der Erfüllung einer oder mehrerer der folgenden Bedingungen abhängig machen:**

**a) Die betreffenden Einrichtungen dürfen keine systematische Gewinnerzielung anstreben; etwaige Gewinne, die trotzdem anfallen, dürfen nicht verteilt, sondern müssen zur Erhaltung oder Verbesserung der erbrachten Leistungen verwendet werden.**

**b) Leitung und Verwaltung dieser Einrichtungen müssen im Wesentlichen ehrenamtlich durch Personen erfolgen, die weder selbst noch über zwischengeschaltete Personen ein unmittelbares oder mittelbares Interesse am wirtschaftlichen Ergebnis der betreffenden Tätigkeiten haben.**

**c) Die Preise, die diese Einrichtungen verlangen, müssen von den zuständigen Behörden genehmigt sein oder die genehmigten Preise nicht übersteigen; bei Umsätzen, für die eine Preisgenehmigung nicht vorgesehen ist, müssen die verlangten Preise unter den Preisen liegen, die der Mehrwertsteuer unterliegende gewerbliche Unternehmen für entsprechende Umsätze fordern.**

**d) Die Befreiungen dürfen nicht zu einer Wettbewerbsverzerrung zum Nachteil von der Mehrwertsteuer unterliegenden gewerblichen Unternehmen führen.**

**Die Mitgliedstaaten, die am 1.1.1989 gemäß Anhang E der Richtlinie 77/388/EWG die Mehrwertsteuer auf die in Art. 132 Abs. 1 Buchstaben m und n genannten Umsätze erhoben, können die unter Abs. 1 Buchstabe d genannten Bedingungen auch anwenden, wenn für diese Lieferung von Gegenständen oder Dienstleistungen durch Einrichtungen des öffentlichen Rechts eine Befreiung gewährt wird.**

**Art. 134**

**In folgenden Fällen sind Lieferungen von Gegenständen und Dienstleistungen von der Steuerbefreiung des Art. 132 Abs. 1 Buchstaben b, g, h, i, l, m und n ausgeschlossen:**

**a) sie sind für die Umsätze, für die die Steuerbefreiung gewährt wird, nicht unerlässlich;**

**b) sie sind im Wesentlichen dazu bestimmt, der Einrichtung zusätzliche Einnahmen durch Umsätze zu verschaffen, die in unmittelbarem Wettbewerb mit Umsätzen von der Mehrwertsteuer unterliegenden gewerblichen Unternehmen bewirkt werden.**

## B. Auslegung der MwStSystRL – Art. 133 MwStSystRL

### I. Überblick über die Vorschrift

#### 1. Inhalt

Art. 133 MwStSystRL ist eingebettet in die Regelungen der Art. 131-137 MwStSystRL, die abschließend den Umfang der möglichen inländischen Steuerbefreiungen festlegen, was dann zugleich zum Ausschluss des Vorsteuerabzugs führt. Dabei enthält Art. 132 MwStSystRL Befreiungen für bestimmte Tätigkeiten, die von Umsatzsteuer entlastet werden sollen, damit die Daseinsvorsorge gesichert wird. Art. 131 MwStSystRL stellt den Grundsatz auf, dass die 10.2

Mitgliedsstaaten Bedingungen für die Gewährung der Steuerbefreiungen festlegen können, um ihre Einhaltung und Überwachung zu gewährleisten und um Missbrauch vorzubeugen. Art. 132, Art. 133 und Art. 134 MwStSystRL sind zusammenhängende Vorschriften. In Art. 132 MwStSystRL ist vorgesehen, dass bestimmte soziale Dienstleistungen dann, wenn sie von **anerkannten Einrichtungen** der Mitgliedstaaten ausgeführt werden, umsatzsteuerfrei sind. Art. 132 MwStSystRL verlangt ggfs. kumulativ als Voraussetzung, dass nicht nur eine bestimmte Dienstleistung erbracht wird, sondern auch eine anerkannte Einrichtung mit sozialem Charakter tätig wird (zum Meinungsstreit, ob die Anerkennung kumulativ auch für Umsätze nach Art. 132 Abs. 1 g) erforderlich ist, Rz. 10.48; 10.66 ff.).[1] Es steht im Ermessen der Mitgliedstaaten, welche Einrichtungen sie anerkennen. Anerkennungsfähig sind grundsätzlich auch natürliche Personen, wenn sie die für eine Anerkennung erforderlichen Voraussetzungen erfüllen.[2] Eine Einrichtung muss nicht tatsächlich anerkannt sein, vielmehr genügt die potentielle Anerkennungsfähigkeit; d.h. die sozialrechtlichen Voraussetzungen, beispielsweise bezogen auf die Qualität der Tätigkeit oder die Hilfsbedürftigkeit der behandelten Personen, müssen tatsächlich vorgelegen haben.[3] Allerdings steht es nicht im freien Belieben der Mitgliedstaaten, wen sie anerkennen.[4] Maßgebliche mögliche Gesichtspunkte sind:[5]

- das Bestehen spezifischer Vorschriften, aus denen sich das qualifizierte Tätigwerden jeweils ergibt;
- das mit der Tätigkeit des jeweiligen Steuerpflichtigen verbundene Gemeinwohlinteresse;
- die Tatsache, dass andere Steuerpflichtige mit gleicher Tätigkeit entsprechend anerkannt sind;
- die Übernahme der Kosten der fraglichen Leistungen zum großen Teil durch Krankenkassen oder durch andere Einrichtungen der sozialen Sicherheit.

10.3 Im Einzelnen ist hoch streitig, wie weit das **Ermessen** des jeweiligen Mitgliedstaates in Bezug auf die Anerkennung einer Einrichtung reicht (*Hüttemann/Schauhoff*, Rz. 9.31 ff.). Zuletzt hat der BFH die Regelung des § 4 Nr. 14 Buchst. b) S. 2 Buchst. aa) UStG deswegen als unionsrechtswidrig beurteilt, weil dort für die Umsatzsteuerpflicht vorausgesetzt wird, dass das Krankenhaus den sozialrechtlichen Bedarfsvorbehalt für seinen Betrieb erfüllt.[6] So hatte der BFH dem EuGH die Frage zur Vorabentscheidung vorgelegt, ob auch Fahrschulunterricht unter steuerfreien Schulunterricht fällt oder der Mitgliedstaat in der Feststellung des Gemein-

1 Dazu BFH v. 18.8.2015 – V R 13/14, UR 2015, 871 m. Anm. *Küffner* = DStR 2015, 2324; FG Münster v. 14.1.2014 – 15 K 4674/10 U, EFG 2014, 868; a.A. *Küffner*, UR 2015, 874; zutreffend *Wüst*, UR 2015, 877.

2 BFH v. 29.7.2015 – XI R 35/13, UR 2015, 955 = DStR 2015, 2282; EuGH v. 15.11.2012 – Rs. C-174/11 – Zimmermann, ECLI:EU:C:2012:716, UR 2013, 35.

3 BFH v. 18.8.2015 – V R 13/14, UR 2015, 871 m. Anm. *Küffner* = DStR 2015, 2324; v. 29.7.2015 – X I R 35/13, DStR 2015, 2282; FG Münster v. 14.1.2014 – 15 K 4674/10 U, EFG 2014, 868; FG Schleswig-Holstein v. 17.7.2013 – 4 K 32/11, DStR 2014, 161.

4 EuGH v. 26.5.2005 – Rs. C-498/03 – Kingscrest Associates und Montecello, ECLI:EU:C:2005:322, UR 2005, 453; v. 15.11.2012 – Rs. C-174/11 – Zimmermann, ECLI:EU:C:2012:716, UR 2013, 35; v. 10.9.2002 – Rs. C-141/00 – Kügler, ECLI:EU:C:2002:473; dazu *Hüttemann/Schauhoff*, MwStR 2013, 426 (429).

5 EuGH v. 15.11.2012 – Rs. C-174/11 – Zimmermann, ECLI:EU:C:2012:716, UR 2013, 35; BFH v. 18.8.2015 – V R 13/14, UR 2015, 871 m. Anm. *Küffner* = DStR 2015, 2324.

6 BFH v. 23.10.2014 – V R 20/14, UR 2015, 235 = BFH/NV 2015, 631 = DB 2015, 476; v. 18.3.2015 – XI R 38/13, BFHE 249, 380 (Rz. 61 ff.); dazu einerseits *Erdbrügger*, MwStR 2015, 398; *Meurer*, MwStR 2015, 523 (526); *Wüst*, UR 2015, 875.

wohlinteresses eingeschränkt sein könnte. Nach Auffassung des EuGH ist Fahrschulunterricht wegen der Art der Tätigkeit nicht befreit.[1]

Macht der nationale Gesetzgeber die Umsatzsteuerfreiheit von bestimmten Bedingungen abhängig, beispielsweise dass ⅔ der Leistungen Bedürftigen zu Gute kommen, verstößt er damit nicht gegen den **Neutralitätsgrundsatz**, sofern diese Bedingung für alle Anbieter gleichermaßen gilt.[2] Der Neutralitätsgrundsatz verlangt vor allem, dass bei der Ausgestaltung der nationalen Kriterien für die Anerkennung als „Einrichtung mit sozialem Charakter" die aufgestellten Voraussetzungen den sozialen Charakter herausarbeiten, nicht aber den Wettbewerb zwischen gewerblichen und sozialen Einrichtungen durch unterschiedliche umsatzsteuerliche Belastungen unterbinden. Der soziale Charakter der Einrichtung wird in Art. 132 MwStSystRL umsatzbezogen definiert, unerheblich ist dafür die Ausrichtung der Einrichtung insgesamt. 10.4

Trotz des Wortlautes von Art. 134 Buchst. b) MwStSystRL können nicht nur sozial motivierte Einrichtungen, sondern ebenso gewerblich mit Gewinnerzielungsabsicht betriebene Unternehmen, deren Hauptziel die Einnahmeerzielung und letztlich die Gewinnverwendung für private Zwecke ist, in den Genuss der Steuerbegünstigung des Art. 132 MwStSystRL kommen. Es entspricht der ständigen Rechtsprechung des EuGH und des BFH, Art 134 Buchst. b) MwStSystRL einschränkend dahingehend auszulegen, dass im Kernbereich der steuerbefreiten Leistungen nach Art. 132 MwStSystRL es unschädlich ist, wenn beispielsweise ein gewerbliches Unternehmen gewinnmaximierend agiert, sofern es die vom Mitgliedstaat aufgestellten Voraussetzungen für eine soziale Einrichtung in Bezug auf die getätigten Umsätze erfüllt[3] (Rz. 10.120). Deswegen wird unter Berufung auf den Neutralitätsgrundsatz eine im Gemeinwohlinteresse liegende Tätigkeit auch nicht davon abhängig gemacht, wer die Tätigkeit ausführt, sondern beispielsweise allein wegen des therapeutischen Zwecks operativer Eingriffe eine im Gemeinwohlinteresse stehende Tätigkeit angenommen.[4] Damit ist das Tatbestandsmerkmal „Tätigwerden im Gemeinwohlinteresse" weitgehend sinnentleert, weil jede sinnvolle Tätigkeit dann auch im Gemeinwohlinteresse steht.[5] Was Einrichtungen mit sozialem Charakter, die anerkennungsfähig sind, demnach auszeichnet, ist bei einer sich auch wandelnden Rechtsprechung mit erheblicher Rechtsunsicherheit behaftet (vgl. bspw. Rz. 10.66). Einerseits wird unter Berufung auf den Neutralitätsgrundsatz die umsatzsteuerliche Gleichbehandlung von Einrichtungen mit sozialem Charakter und gewerblich ausgerichteten Unternehmen postuliert. Deswegen werden für Art. 132 MwStSystRL die Anerkennungsvoraussetzungen **tätigkeitsbezogen** ausgelegt, d.h. jede Einrichtung, sei es eine juristische oder natürliche Person, die eine soziale Dienstleistung ausführt, ist potentiell anerkennungsfähig, wenn der Staat diese Tätigkeit als anerkennungsfähige soziale Dienstleistung definiert hat. Auf die Ausrichtung der Einrichtung oder ihre Rechtsform kommt es nicht an. Der EuGH hat vor der Gefahr für die Rechtssicherheit noch einmal ausdrücklich 10.5

1 BFH v. 16.3.2017 – V R 38/16, BStBl. II 2017, 1017; EuGH v. 14.3.2019 – Rs. C-449/17, ECLI:C:2019:202.

2 EuGH v. 15.11.2012 – Rs. C-174/11 – Zimmermann, ECLI:EU:C:2012:716, UR 2013, 35; *Hüttemann/Schauhoff*, MwStR 2013, 426 (429).

3 EuGH v. 28.11.2013 – Rs. C-319/12 – MDDP, ECLI:EU:C:2013:778 Rz. 32 m.w.N.; Schlussanträge vom 20.6.2013 – Rs. C-319/12, Celex-Nr. 62012CC0319 = BeckRS 2013, 81343, GA *Kokott*; BFH v. 10.7.2012 – V B 33/12, Rz. 39, BFH/NV 2012, 1676 = DStR 2012, 1856 m.w.N.; ebenso *Hüttemann/Schauhoff*, MwStR 2013, 426 (430).

4 BFH v. 18.3.2015 – XI R 38/13, Rz. 53, BFHE 249, 380 = UR 2015, 552.

5 So auch BFH v. 16.3.2017 – V R 38/16, BStBl. II 2017, 1017.

gewarnt, wenn nachträglich durch Gerichtsurteil die im Mitgliedsstaat gegebene umsatzsteuerrechtliche Rechtslage erheblich verändert wird.[1]

10.6 Andererseits erlaubt Art. 133 MwStSystRL den Mitgliedstaaten, mit den unter a) bis d) aufgeführten **Bedingungen** zusammengenommen oder einzeln das Tätigwerden der Einrichtung unabhängig von der einzelnen Dienstleistung in besonderer Weise zu qualifizieren, um den sozialen Charakter der Einrichtung festzulegen und die Steuerbefreiung damit auf bestimmte Einrichtungen zu beschränken. Diese Norm durchbricht offenkundig den Neutralitätsgrundsatz. Einrichtungen mit sozialem Charakter, in Deutschland typischerweise gemeinnützige Organisationen, sind im Regelfall sowohl wirtschaftlich als auch gemeinnützig tätig. Sie erheben Entgelte, um ihre Tätigkeit zu finanzieren, finanzieren diese aber oft auch durch Spenden oder ehrenamtliche Mitarbeit mit. Letztlich ist es eine politische Entscheidung des jeweiligen Mitgliedstaates, ob er den denkbaren wirtschaftlichen Vorteil der Umsatzsteuerfreiheit nur Einrichtungen mit sozialem Charakter zubilligt, um so die Steuerersparnis zielgenau den sozial Bedürftigen zukommen zu lassen, oder ob der Markt für soziale Dienstleistungen insgesamt von Umsatzsteuer entlastet wird, auch wenn dies gewerblichen Unternehmen höhere Gewinne ermöglicht. Art. 133 MwStSystRL ermöglicht es den Mitgliedstaaten, diese politische Entscheidung zu treffen.[2] Deutschland hat von den in Art. 133 MwStSystRL eingeräumten Wahlmöglichkeiten bislang nicht ausdrücklich Gebrauch gemacht[3], stellenweise lässt sich eine richtlinienkonforme Auslegung einer deutschen Befreiungsvorschrift argumentieren. Da die Wahlrechtsausübung ausdrücklich erfolgen muss, ist streitig, ob mittels richtlinienkonformer Auslegung eine nationale Steuerfreiheitsvorschrift so ausgelegt werden kann, dass sie unter Berücksichtigung einer Option nach Art. 133 MwStSystRL als im Einklang mit der MwStSystRL angesehen werden kann (Rz. 10.62 ff.).

10.7 Die Regelungen gehen insgesamt auf die **6. EG-RL** zurück.

### a) Wahlrecht der Mitgliedstaaten für bestimmte Befreiungen

10.8 Nach Art. 133 MwStSystRL können die folgenden in Art. 132 **genannten** Befreiungen von den EU-Mitgliedsstaaten beschränkt werden. Dies betrifft die Buchstaben

b): Krankenhausbehandlungen und ärztliche Heilbehandlungen sowie damit eng verbundene Umsätze, die von Einrichtungen des öffentlichen Rechts oder unter Bedingungen, welche mit den Bedingungen für diese Einrichtungen in sozialer Hinsicht vergleichbar sind, von Krankenanstalten, Zentren für ärztliche Heilbehandlung und Diagnostik und anderen ordnungsgemäß anerkannten Einrichtungen gleicher Art durchgeführt beziehungsweise bewirkt werden;

g): eng mit der Sozialfürsorge und der sozialen Sicherheit verbundene Dienstleistungen und Lieferungen von Gegenständen, einschließlich derjenigen, die durch Altenheime, Einrichtungen des öffentlichen Rechts oder andere von dem betreffenden Mitgliedstaat als Einrichtungen mit sozialem Charakter anerkannte Einrichtungen bewirkt werden;

h): eng mit der Kinder- und Jugendbetreuung verbundene Dienstleistungen und Lieferungen von Gegenständen durch Einrichtungen des öffentlichen Rechts oder andere von

1 EuGH v. 21.9.2017 – Rs. C-326/15 – DNB Banka, ECLJ:EU:C:2017:719 Rz. 41 ff.
2 EuGH v. 21.3.2002 – Rs. C-267/00 – Zoological Society, ECLI:EU:C:2002:202, UR 2002, 327; *Hüttemann/Schauhoff*, MwStR 2013, 426 (427).
3 Vgl. BFH v. 18.3.2015 – XI R 38/13, Rz. 61, BFHE 249, 380 = UR 2015, 552.

dem betreffenden Mitgliedstaat als Einrichtungen mit sozialem Charakter anerkannte Einrichtungen;

i): Erziehung von Kindern und Jugendlichen, Schul- und Hochschulunterricht, Aus- und Fortbildung sowie berufliche Umschulung und damit eng verbundene Dienstleistungen und Lieferungen von Gegenständen durch Einrichtungen des öffentlichen Rechts, die mit solchen Aufgaben betraut sind, oder andere Einrichtungen mit von dem betreffenden Mitgliedstaat anerkannter vergleichbarer Zielsetzung;

l): Dienstleistungen und eng damit verbundene Lieferungen von Gegenständen, die Einrichtungen ohne Gewinnstreben, welche politische, gewerkschaftliche, religiöse, patriotische, weltanschauliche, philanthropische oder staatsbürgerliche Ziele verfolgen, an ihre Mitglieder in deren gemeinsamen Interesse gegen einen satzungsgemäß festgelegten Beitrag erbringen, vorausgesetzt, dass diese Befreiung nicht zu einer Wettbewerbsverzerrung führt;

m): bestimmte, in engem Zusammenhang mit Sport und Körperertüchtigung stehende Dienstleistungen, die Einrichtungen ohne Gewinnstreben an Personen erbringen, die Sport oder Körperertüchtigung ausüben;

n): bestimmte kulturelle Dienstleistungen und eng damit verbundene Lieferungen von Gegenständen, die von Einrichtungen des öffentlichen Rechts oder anderen von dem betreffenden Mitgliedstaat anerkannten kulturellen Einrichtungen erbracht werden.

Die genannten Befreiungen sind nur dann zu gewähren, wenn dabei **Art. 134 MwStSystRL** beachtet wird (hierzu Rz. 10.111). 10.9

### b) Nur für Einrichtungen, die keine Einrichtungen des öffentlichen Rechts sind

Das Wahlrecht der Mitgliedstaaten hinsichtlich der Gewährung bestimmter Befreiungen in Abhängigkeit von Bedingungen gilt, ausweislich des Wortlauts, nur für Einrichtungen, die keine Einrichtungen des öffentlichen Rechts sind. Es muss sich also um „**andere**" Einrichtungen i.S.v. Art. 132 MwStSystRL handeln, die von den Mitgliedstaaten anerkannte, vergleichbare Zielsetzungen verfolgen.[1] Hintergrund dafür ist, dass für Einrichtungen des öffentlichen Rechts zum einen die Mitgliedstaaten nach Art. 13 Abs. 2 MwStSystRL die Möglichkeit haben, entsprechende Umsätze als nicht steuerbar zu behandeln und zum anderen Einrichtungen des öffentlichen Rechts grundsätzlich der Daseinsvorsorge verpflichtet sind, wenn sie im Bereich medizinischer, sozialer oder kultureller Dienstleistungen tätig werden, so dass anscheinend eine Spezifikationsmöglichkeit entsprechend Art. 133 MwStSystRL nicht für erforderlich gehalten wurde. Art. 13 Abs. 2 MwStSystRL bestätigt die These, dass Art. 134 Buchst. b) MwStSystRL eng auszulegen ist, da für Einrichtungen öffentlichen Rechts und solche mit sozialem Charakter im Kernbereich ihrer Tätigkeit Umsatzsteuerfreiheit auch dann möglich ist, wenn Zweck der Tätigkeit eine gewerbliche Dienstleistung im sozialen Bereich ist. Leistungen, die nicht durch öffentlich-rechtliche Einrichtungen erbracht werden, unterliegen grundsätzlich der Umsatzsteuer. Die Befugnis der Mitgliedstaaten, nicht öffentlich-rechtliche Einrichtungen anzuerkennen oder ihnen die Anerkennung zu versagen, ist durch den Richtliniengeber nicht ausdrücklich geregelt, so dass grundsätzlich unter Beachtung des Art. 134 MwStSystRL von einer weitgefassten, aber nicht uneingeschränkten Befugnis auszugehen ist (Rz. 10.31) Im Rah- 10.10

1 Vgl. *Kaminski*, Gutachten zur geplanten Steuerfreiheit von Leistungen nach § 4 Nrn. 21 und 22 UStG, 27, 30.

men der Ermessenausübung sind die allgemeinen Grundsätze des Gemeinschaftsrechts zu beachten. Demnach darf insbesondere der Zweck der Befreiungsvorschrift nicht konterkariert werden und es darf nicht zu einer Ungleichbehandlung gleichgelagerter Fälle kommen, da ansonsten die steuerliche Neutralität verletzt würde.[1] Allerdings unterscheidet die Richtlinie durchaus zwischen sozialen und kulturellen Einrichtungen sowie gewerblichen Unternehmen, wodurch die Anerkennungsmöglichkeit des nationalen Gesetz- oder Verordnungsgebers begrenzt wird (Rz. 9.3 ff.)

10.11 Die begünstigten Umsätze können von „Einrichtungen" erbracht werden, so dass unabhängig von der **Rechtsform** lediglich eine abgegrenzte Einheit erforderlich ist.[2] Nach neuerer EuGH-Rechtsprechung[3] können Steuerbefreiungen, die für eine „Einrichtung" gewährt werden, nicht nur von juristischen Personen in Anspruch genommen werden, sondern auch von mehreren natürlichen Personen, die ein Unternehmen betreiben. Der Begriff lege zwar die Existenz einer abgegrenzten Einheit nahe, die eine bestimmte Funktion erfüllt, ihm ist aber keine Beschränkung auf juristische Personen zu entnehmen. Zudem gebiete es der Grundsatz der steuerlichen Neutralität, sowohl als Einzelkünstler auftretende Solisten als auch Gruppen, bei Vorliegen von Leistungen mit kulturellem Charakter, unter den Begriff der „anderen … anerkannten Einrichtungen" nach Art. 13 Teil A Abs. 1 Buchst. n 6. EG-RL[4] zu subsumieren.[5] Im Ergebnis erfasst der Begriff der „Einrichtung" nach ständiger Rechtsprechung des EuGH damit auch natürliche Personen und Personengesellschaften (Rz. 9.17 ff.).[6]

### c) Wahlrecht, eine oder mehrere

10.12 Die Mitgliedsstaaten können nach Art. 133 MwStSystRL für Einrichtungen, die keine Einrichtungen des öffentlichen Rechts sind, die Steuerbefreiung zusätzlich von der Erfüllung einer oder mehrerer der folgenden Bedingungen abhängig machen. Diese fakultativen Bedingungen für die Gewährung der betreffenden Befreiung können von den Mitgliedstaaten nach freiem Ermessen vorgesehen werden.[7] Die Bedingungen, die festgesetzt werden können, erstrecken sich jedoch nicht auf die Art des steuerbegünstigten Umsatzes. Sie sollen auch eine korrekte und einfache Anwendung der Steuerbefreiungen gewährleisten und haben nach Art. 131 MwStSystRL die Verhütung von Steuerhinterziehungen, Steuerumgehungen und etwaigen Missbräuchen zu berücksichtigen.[8] Ein Mitgliedstaat kann also nicht mit Hilfe der Bedingungen den **Anwendungsbereich** der Steuerbefreiungen nach Art. 132 MwStSystRL fundamental ändern, sondern nur die Definition der Einrichtung spezifischer bestimmen, die die

---

1 So zur 6. EG-RL *Birkenfeld* in Hartmann/Metzenmacher, UStG, Band 2, Rz. D 110 (Stand: April 2003).

2 So zur 6. EG-RL *Birkenfeld* in Hartmann/Metzenmacher, UStG, Band 2, Rz. D 110 (Stand: April 2003); vgl. auch *Heidner* in Bunjes/Heidner[14], § 4 UStG Rz. 3; *Stadie* in Stadie[2], Vorbemerkungen, Rz. 78.

3 EuGH v. 7.9.1999 – Rs. C-216/97 – Gregg, ECLI:EU:C:1999:390, UR 1999, 419.

4 Jetzt: Art. 132 Abs. 1 n) MwStSystRL.

5 EuGH v. 3.4.2003 – Rs. C-144/00 – Hoffmann, BStBl. II 2003, 679 = UR 2003, 248 = UR 2003, 286 m. Anm. *Nieskens*.

6 EuGH v. 15.11.2012 – Rs. C-174/11 – Zimmermann, ECLI:EU:C:2012:716, UR 2013, 35, mit Nachweisen zur Rspr.

7 EuGH v. 26.5.2005 – Rs. C-498/03 – Kingscrest Associates und Montecello, ECLI:EU:C:2005:322 Rz. 38, 50, UR 2005, 453; v. 14.6.2007 – Rs. C-434/05 – Horizon College, ECLI:EU:C:2007:343 Rz. 45; v. 28.11.2013 – Rs. C-319/12 – MDDP, ECLI:EU:C:2013:778 Rz. 30.

8 EuGH v. 7.5.1998 – Rs. C-124/96 – Kommission/Spanien, ECLI:EU:C:1998:204, UR 1998, 34.

bezeichneten Leistungen steuerfrei ausführen kann.[1] Die in Art. 133 MwStSystRL genannten Kriterien zur Frage, ob der jeweilige Mitgliedstaat eine Einrichtung als Einrichtung für bestimmte steuerbegünstige Zwecke anerkennt, sind abschließend, d.h. eine Berücksichtigung weiterer Kriterien scheidet aus. Inwieweit der Mitgliedstaat darüber hinaus bei der tätigkeitsbezogenen Anerkennungsentscheidung Ermessen hat, ist unklar. Allerdings haben die Mitgliedstaatenwahlrechte in Art. 133 Buchst. a) bis d) MwStSystRL insoweit keinen abschließenden Charakter, als dass ausschließlich die dort genannten Einschränkungen zulässig wären. Es handelt sich vielmehr um Bedingungen, die zusätzlich zu den nach den Einzelvorschriften, z.B. in Art. 132 Abs. 1 Buchst. g) MwStSystRL, erlaubten nationalen Konkretisierungen aufgestellt werden dürfen.[2] Jedenfalls sollte der steuerbegünstigte Zweck der Einrichtung Ausgangspunkt für die Auswahlentscheidung sein und soziale Kriterien, die nicht mit diesem Zweck zusammenhängen unberücksichtigt bleiben, wie z.B. die Frage, ob ein Krankenhaus ein Plankrankenhaus ist.[3] Eine Bildungseinrichtung oder soziale Einrichtung darf durchaus auch Dritte verpflegen, wenn dies Ausbildungszwecken dient.[4] Der EuGH ist großzügiger als die deutsche Rechtsprechung.[5] Auf dieser Grundlage darf der Gesetzgeber nicht nur bestimmten gewinnlos tätigen Unternehmen eine Vergünstigung gewähren, sondern muss grundsätzlich alle entsprechend tätigen und auf Gewinnlosigkeit ausgerichteten Organisationen begünstigen(Rz. 10.59 ff.). Dies gibt sich nicht zuletzt aus dem Neutralitätsgrundsatz. Der Gesetzgeber kann aber die Eigenschaft der Gewinnlosigkeit an satzungsmäßige Voraussetzungen knüpfen, um eine Prüfung ex ante zu ermöglichen (Rz. 10.72 ff.).

### aa) Gewinnlosigkeit und Ausschüttungsverbot

Der Mitgliedstaat kann anordnen, dass die Einrichtung systematisch gewinnlos arbeiten muss. Hierbei ist entscheidend, dass auf die Einrichtung selbst abgestellt wird und diese ohne Gewinnstreben handelt. Möglich ist dagegen, dass mit der einzelnen Leistung ein Gewinn erzielt wird.[6] Für die Beurteilung ist auf sämtliche Tätigkeiten abzustellen, einschließlich der Tätigkeiten, die die Einrichtung zusätzlich zu den in der Richtlinie genannten Dienstleistungen erbringt.[7] Eine Einrichtung kann auch dann **ohne Gewinnstreben** handeln, wenn sie die planmäßig erwirtschafteten Überschüsse nicht an die Mitglieder ausschüttet, sondern für die Durchführung ihrer Leistungen verwendet.[8] Ihr Zweck darf jedoch nicht darauf gerichtet sein, für ihre Mitglieder offen oder verdeckt Gewinne zu erzielen.[9] Zum Begriff der Einrichtung oh- 10.13

1 EuGH v. 7.5.1998 – Rs. C-124/96 – Kommission/Spanien, ECLI:EU:C:1998:204, UR 1998, 342; v. 19.12.2013 – Rs. C-495/12 – Bridport and West Dorset Golf Club, ECLI:EU:C:2013:861, UR 2014, 192 m. Anm. *Widmann*.

2 *Hüttemann/Schauhoff*, MwStR 2013, 426 (435).

3 Vgl. zur Unionsrechtswidrigkeit des sozialversicherungsrechtlichen Bedarfsvorbehalts BFH v. 18.3.2015 – XI R 38/13, Rz. 39 ff., BFHE 249, 380 = UR 2015, 552 = DStR 2015, 1382.

4 EuGH v. 4.5.2017 – C-699/15 – Brockenhurst College, ECLI:EU:C:2017:344.

5 Z.B. BFH v. 26.10.1989 – V R 25/85, BStBl. II 1990; dazu *Erdbrügger*, MwStSystRL 2017, 499 (500).

6 So zur 6. EG-RL *Birkenfeld* in Hartmann/Metzenmacher, UStG, Band 2, Rz. D 110 (Stand: April 2003); vgl. FG München v. 29.3.2017 – 3 K 855/15; FG Köln v. 20.2.2008 – 7 K 4943/05.

7 EuGH v. 21.3.2002 – Rs. C-174/00 – Kennemer Golf, ECLI:EU:C:2002:200, UR 2002, 320 m. Anm. *Widmann*.

8 EuGH v. 21.3.2002 – Rs. C-174/00 – Kennemer Golf, ECLI:EU:C:2002:200, UR 2002, 320 m. Anm. *Widmann*; vgl. auch *Hüttemann/Schauhoff*, MwStR 2013, 426 (430).

9 EuGH v. 21.3.2002 – Rs. C-267/00 – Zoological Society, ECLI:EU:C:2002:202, UR 2002, 327; v. 21.3.2002 – Rs. C-174/00 – Kennemer Golf, ECLI:EU:C:2002:200, UR 2002, 320 m. Anm. *Widmann*.

ne Gewinnstufen hat der BFH nun eine Vorlage an den EuGH gerichtet, in der er fragt, ob es sich um einen autonomen unionsrechtlich auszulegenden Begriff handelt oder ob Deutschland gewinnlose Organisationen mit gemeinnützigen Organisationen gleichsetzen darf.[1]

### bb) Ehrenamtlichkeit

10.14 Möglich ist auch, die Steuerbegünstigung davon abhängig zu machen, dass die Einrichtung im Wesentlichen ehrenamtlich geleitet und verwaltet wird. Grund für die Einschränkung der Befreiungsmöglichkeit ist die Abgrenzung zu gewerblichen Unternehmen.[2] Durch die ehrenamtliche Leitung wird sichergestellt, dass die Einrichtung keine kommerziellen Ziele verfolgt, indem die beteiligten Personen **kein eigenes finanzielles Interesse** aufgrund einer Vergütung oder Gewinnverteilung haben und selbst mittelbare finanzielle Interessen ausgeschlossen sind.[3]

### cc) Preisregulierung

10.15 Staatlich kontrollierte Preise sollen gewährleisten, dass nicht das Gewinnstreben gewerblicher Unternehmen, sondern die **Bezahlbarkeit** der Leistung für die Bevölkerung angestrebt wird. Entsprechende Umsätze können begünstigt behandelt werden, da die Wettbewerbsgleichheit an diesen regulierten Märkten von vornherein gegeben ist und der Mitgliedstaat dann entscheiden kann, ob er allen Anbietern auf diesem Markt die Umsatzsteuerfreiheit gewährt.[4]

### dd) Keine Wettbewerbsverzerrung

10.16 Typischerweise stehen gewerbliche Unternehmen und soziale oder kulturelle Einrichtungen in Bezug auf die in Art. 132 MwStSystRL genannten Umsätze in Wettbewerb. Dadurch, dass gewerbliche Unternehmen diese Dienstleistungen mit Umsatzsteuer, soziale und kulturelle Einrichtungen diese dagegen ohne Umsatzsteuer anbieten können, entsteht eine Wettbewerbsverzerrung, die die MwStSystRL im Grundsatz als Ausnahme von **Neutralitätsgrundsatz** hinnimmt.

10.17 Es bleibt den Mitgliedsstaaten überlassen, der Wettbewerbsverzerrung durch Einschränkungen der entsprechenden Befreiungen im nationalen Recht entgegenzutreten.[5] Bereits die unterschiedliche umsatzsteuerliche Behandlung wird regelmäßig zu einer Wettbewerbsverzerrung führen[6], es sei denn, wegen einheitlich staatlich festgelegter Abgabepreise wäre dies gleichgültig, wobei sich dann aber der Umstand der Umsatzsteuerfreiheit wegen des fehlenden Vorsteuerabzugs regelmäßig zum Nachteil der steuerbefreiten Anbieter als Wettbewerbsverzerrung auswirken wird. Der Begriff der Wettbewerbsverzerrung muss autonom europarecht-

1 BFH v. 21.6.2018 – V R 20/17; Anmerkung *Heuermann*, DStR 2018, 1612.

2 EuGH v. 21.3.2002 – Rs. C-267/00 – Zoological Society, ECLI:EU:C:2002:202 Rz. 17, UR 2002, 327.

3 So zur 6. EG-RL *Birkenfeld* in Hartmann/Metzenmacher, UStG, Band 2, Rz. D 110 (Stand: April 2003); EuGH v. 21.3.2002 – Rs. C-267/00 – Zoological Society, ECLI:EU:C:2002:202 Rz. 18, UR 2002, 327.

4 BFH v. 17.2.2009 – XI R 67/06, BFHE 224, 183 = BStBl. II 2013, 967 = UR 2009, 352; v. 11.3.2009 – XI R 68/06, BFH/NV 2009, 1464.

5 *Langer* in Reiß/Kraeusel/Langer, Art. 131 – 137 MwStSystRL, Rz. 77 (Stand: August 2013).

6 EuGH v. 19.12.2013 – Rs. C-495/12 – Bridport and West Dorset Golf Club, ECLI:EU:C:2013:861 Rz. 36, UR 2014, 192 m. Anm. *Widmann*.

lich ausgelegt werden.[1] Er soll deswegen der Definition durch den deutschen Gesetzgeber, wie dieser es in § 2b UStG versucht, nicht zugänglich sein.[2] Ob eine Wettbewerbsverzerrung vorliegt, beurteilt sich nach der potentiellen Wettbewerbslage, nicht nach den tatsächlichen Marktverhältnissen.[3] Damit entscheidet die Prognose der Richter über zukünftige mögliche Angebote darüber, ob eine Wettbewerbsverzerrung vorliegt, weswegen diese im Regelfall von den Gerichten angenommen wird.[4] Damit macht es wenig Sinn, bei gegebenem potentiellem Wettbewerb dieSteuerbefreiung vom Fehlen der Wettbewerbsverzerrung abhängig zu machen. Wegen der **Unschärfe** des Begriffs „Wettbewerbsverzerrung" lässt sich die Einführung eines entsprechenden Tatbestandsmerkmals aus nationaler Sicht regelmäßig nicht empfehlen. Vielmehr sollten die Unternehmer, die die Umsatzsteuerfreiheit in Anspruch nehmen dürfen, klar nach Art. 133 Buchst. a) – c) MwStSystRL definiert werden. Die MwStSystRL berechtigt den nationalen Gesetzgeber, die Wettbewerbslage zu gestalten, nur bewusst verzerrende Eingriffe sind als Gestaltungsmaßnahme in Ausübung des Wahlrechts untersagt (näher Rz. 10.89 ff.).

### d) Übergangsregelung

Bestehende Übergangsregelungen werden im **Folgenden** näher dargestellt (Rz. 10.20). 10.18

## 2. Historische Entwicklung

Art. 133 MwStSystRL[5] wurde mit Wirkung zum 1.1.2007 eingeführt und hat die bis zum 31.12.2006 fast wortgleiche geltende Fassung des Art. 13 Teil A Abs. 2 der 6. EG-RL abgelöst. Die **Vorgängervorschrift** des Art. 13 Teil A Abs. 2 war bereits in der Richtlinie 77/388/EWG[6] vom 17.5.1977 als Steuerbefreiungsvorschrift ohne Vorsteuerabzug enthalten. Schon damals hatte die Regelung fakultativen Charakter, um den Mitgliedsstaaten in einem bestimmten Rahmen eine große Freiheit zu gewähren.[7] 10.19

Die 6. EG-RL vom 17.5.1977 war ein **integrationspolitisch bedeutsamer Schritt** auf dem Weg zur weiteren Harmonisierung der Umsatzsteuer.[8] Der ursprüngliche Richtlinienvorschlag der EG-Kommission verfolgte zwei Ziele. Zum einen die Schaffung einer einheitlichen Bemessungsgrundlage für die Erhebung eigener Einnahmen der EG aus der Mehrwertsteuer und zum anderen die weitere Harmonisierung der Mehrwertsteuer auf dem Weg zu einer Verwirklichung der Wirtschafts- und Währungsunion mit dem Endziel einer Aufhebung der Steuergrenzen.[9] Allerdings konnte diese völlige Vereinheitlichung des Umsatzsteuerrechts, welche sich die Kommission mit ihrem Richtlinienvorschlag zum Ziel gesetzt hatte, nicht erreicht werden. Einige Vorschläge mussten ausgeklammert und späteren Gemeinschaftsrege- 10.20

1 Vgl. EuGH v. 15.11.2012 – Rs. C-532/11 – Leichenich, ECLI:EU:C:2012:720 Rz. 17, UR 2013, 30.
2 *Heidner*, UR 2016, 45 (49).
3 EuGH v. 16.9.2008 – Rs. C-288/07 – Isle of Wight Council u.a., ECLI:EU:C:2008:505 Rz. 60 ff.
4 Vgl. *Heidner*, UR 2016, 45 (48).
5 ABl. EU Nr. L 347 v. 11.12.2006, 1-118.
6 ABl. EU Nr. L 145 v. 13.6.1977, 1-40, „6. Richtlinie zur Harmonisierung der Rechtsvorschriften der Mitgliedstaaten über die Umsatzsteuern – Gemeinsames Mehrwertsteuersystem: einheitliche steuerpflichtige Bemessungsgrundlage" (so lautet der umständliche amtliche Titel); zur Entwicklung der Richtlinie wird auf *Schlienkamp*, UR 1977, 1 ff. verwiesen.
7 *Schlienkamp*, UR 1977, 1 (3).
8 *Schlienkamp*, UR 1977, 1 (2).
9 *Schlienkamp*, UR 1977, 1 (1).

lungen vorbehalten werden, so dass die entsprechenden unterschiedlichen nationalen Regelungen im Kern vorerst beibehalten werden konnten.[1] Allerdings ist dann entsprechend dem Wortlaut des Art. 133 Abs. 2 MwStSystRL eine Gleichbehandlung privater Organisationen ohne Gewinnstreben mit Einrichtungen des öffentlichen Rechts erforderlich.[2] Ebenso enthielt die Richtlinie zahlreiche Regelungen mit fakultativem Charakter, zu denen insbesondere bestimmte Steuerbefreiungsregelungen gehörten.[3]

10.21 Art. 13 der 6. EG-RL war von den Mitgliedsstaaten zum 1.1.1978 bzw. zum 1.1.1979 in nationales Recht **umzusetzen.**[4]

10.22 Das UStG hat von der Bestimmung des Art. 133 MwStSystRL bislang **keinen eindeutigen Gebrauch** gemacht (vgl. Rz. 10.58 ff.).[5]

### 3. Zweck

10.23 Die Regelung des Art. 133 MwStSystRL ermöglicht die unterschiedliche Besteuerung von Leistungen der öffentlichen Hand und des Non-Profit-Sektors einerseits sowie gewerblicher gewinnorientierter Unternehmungen andererseits. Diese Differenzierung ist gerechtfertigt durch die **unterschiedliche Angebotsausrichtung** zum einen auf Erfüllung gemeinwohlorientierter Aufgaben, zum anderen auf Gewinnorientierung. Dem nationalen Gesetzgeber steht es nach Art. 133 MwStSystRL frei, die Steuerbefreiungen, je nach Angebotsstruktur im Mitgliedstaat, unterschiedlich auszugestalten, wobei die Anerkennung von Einrichtungen mit sozialem oder kulturellem Charakter dem jeweiligen Mitgliedstaat obliegt.

10.24 Bei der Festlegung des Umfangs der Befreiungen in Art. 132 MwStSystRL spielten u.a. soziale Gründe und die Förderung kultureller Leistungen eine wichtige Rolle. Zweck der Befreiungen war demnach vor allem die **Kostendämpfung** im Bereich bestimmter sozialer, medizinischer und gemeinnütziger Tätigkeiten (vgl. dazu Rz. 10.33 f.).[6] Auch kulturelle Einrichtungen, vor allem Einrichtungen der öffentlichen Hand, sollten von der Umsatzsteuerbelastung befreit werden, um ihre Kostensituation zu verbessern. Da dieser Bereich oft subventioniert ist, dienen diese Befreiungen im Ergebnis auch der Vermeidung der Aufstockung bereits gewährter Subventionen.[7] Denn die Einrichtungen müssen ansonsten zusätzlich noch die Umsatzsteuer auf ihre Leistungen von der öffentlichen Hand oder privaten Unterstützern subventioniert erhalten.

10.25 Die Mitgliedstaaten können den Umfang der Steuerbefreiungen im sozialen Bereich durch die **Definition der anerkannten Einrichtung** selbst bestimmen. Die unterschiedlichen mitgliedstaatlichen Gegebenheiten und Traditionen bei der Ausgestaltung des Non-Profit-Bereichs können insbesondere durch die Wahrnehmung der Wahlmöglichkeit nach Art. 133

1 Vgl. *Schlienkamp*, UR 1977, 1 (2 f.).
2 EuGH v. 13.7.2017 – Rs. C-633/15 – London Borough of Ealing, ECLJ:EU:C:2017:544.
3 *Schlienkamp*, UR 1977, 1 (3).
4 *Langer* in Reiß/Kraeusel/Langer, Art. 131-137 MwStSystRL, Rz. 2 (Stand: August 2013); *Langer* in Küffner/Stöcker/Zugmaier, USt, Einf., Rz. 266; *Wachweger/Schlienkamp/Schütz*, UR 1977, 121 (122).
5 Vgl. allgemeiner BFH v. 3.4.2008 – V R 74/07, Rz. 28, BFHE 221, 451 = UR 2008, 698 = BFH/NV 2008, 1631, und v. 2.3.2011 – XI R 21/09, Rz. 25, BFHE 233, 269 = UR 2011, 589 = BFH/NV 2011, 1456.
6 *Langer* in Reiß/Kraeusel/Langer, Art. 131-137 MwStSystRL, Rz. 10 (Stand: August 2013).
7 *Langer* in Reiß/Kraeusel/Langer, Art. 131-137 MwStSystRL, Rz. 11 (Stand: August 2013).

MwStSystRL berücksichtigt werden. Regelmäßig werden soziale Leistungen im Inland erbracht. Ein grenzüberschreitender Wettbewerb besteht grundsätzlich nicht, so dass es auch einer umfassenden Harmonisierung nicht bedurfte.[1]

Durch Ausnutzung der Wahlmöglichkeiten in Art. 133 MwStSystRL kann zwischen kommerziellen und gemeinnützigen, ohne Gewinnerzielungsabsicht handelnden Anbietern unterschieden werden. Gemeinnützige und andere nicht mit Gewinnerzielungsabsicht handelnde Anbieter von Bildungsleistungen oder anderen sozialen Leistungen sind dem Auftrag der Bildung oder Wohlfahrt verpflichtet. Sie decken damit Leistungsbereiche ab, auf denen kommerzielle Anbieter, mangels Deckung der Kosten durch die vereinnahmten Entgelte, nicht tätig werden. Um möglichst viele Menschen in den Genuss von Bildung oder Wohlfahrtförderung etc. zu bringen, rechtfertigt diese völlig unterschiedliche Ausrichtung im eng begrenzten Bereich des Art. 133 MwStSystRL auch eine unterschiedliche umsatzsteuerliche Behandlung, da die Gesamtausrichtung einer ohne Gewinnerzielungsabsicht handelnden Organisation zum Angebot von sozialen Dienstleistungen in von vorneherein nicht kostendeckend durchführbaren Bereichen führen kann.[2] Für die flächendeckende **Aufrechterhaltung des Sozialstaates** ist es zweckmäßig, dass der Staat die Gestaltungsmöglichkeit nach Art. 133 MwStSystRL hat. 10.26

## 4. Systematische Stellung

Für die Auslegung und Anwendung der MwStSystRL sind nach der Rechtsprechung des EuGH folgende **Rechtsgrundsätze** zu beachten: 10.27

Es ist zu berücksichtigen, dass die Steuerbefreiungen nach der MwStSystRL im Grundsatz **autonome unionsrechtliche Begriffe** sind, die eine von Mitgliedstaat zu Mitgliedstaat unterschiedliche Anwendung des Mehrwertsteuersystems vermeiden sollen.[3] Zudem sind die Begriffe, mit denen die Steuerbefreiungen nach der Richtlinie umschrieben sind, eng auszulegen, da sie Ausnahmen von dem allgemeinen Grundsatz darstellen, dass jede Dienstleistung, die ein Steuerpflichtiger gegen Entgelt erbringt, der Umsatzsteuer unterliegt.[4] Die Auslegung dieser Begriffe muss jedoch mit den Zielen in Einklang stehen, die mit den Befreiungen verfolgt werden, und den Erfordernissen des Grundsatzes der steuerlichen Neutralität entsprechen, auf dem das gemeinsame Mehrwertsteuersystem beruht. Daher entspricht es nicht dem Sinn des Grundsatzes der engen Auslegung, wenn die zur Umschreibung der in Art. 133 MwSt- 10.28

---

1 Vgl. *Langer* in Reiß/Kraeusel/Langer, Art. 131-137 MwStSystRL, Rz. 11 (Stand: August 2013).

2 Vgl. Stellungnahme des Deutschen Anwaltsvereins durch den Ausschuss Steuerrecht, Stellungnahme Nr.: 20/2014, 5.

3 Vgl. EuGH v. 25.2.1999 – Rs. C-349/96 – CPP, ECLI:EU:C:1999:93 Rz. 15; v. 8.3.2001 – Rs. C-240/99 – Skandia, ECLI:EU:C:2001:140 Rz. 23, = UR 2001, 157; v. 1.12.2005 – Rs. C-394/04 und C-395/04 – Ygeia, ECLI:EU:C:2005:734 Rz. 15 und v. 21.2.2013 – Rs. C-18/12 – Mesto Zamberk, ECLI:EU:C:2013:95 Rz. 17; BFH v. 16.10.2013 – XI R 34/11, BFHE 243, 435 = UR 2014, 481; dazu jetzt BFH v. 21.6.2018 – V R 20/17; vorgehend FG München v. 29.3.2017 – 3 K 855/15; EFG 2017, 1030.

4 Vgl. EuGH v. 20.6.2002 – Rs. C-287/00 – Kommission/Deutschland, ECLI:EU:C:2002:388 Rz. 43, UR 2002, 316; v. 26.5.2005 – Rs. C-498/03 – Kingscrest Associates und Montecello, ECLI:EU:C:2005:322 Rz. 29, UR 2005, 453; v. 1.12.2005 – Rs. C-394/04 und C-395/04 – Ygeia, ECLI:EU:C:2005:734 Rz. 15 und v. 21.2.2013 – Rs. C-18/12 – Mesto Zamberk, ECLI:EU:C:2013:95 Rz. 19.

SystRL genannten Befreiungen verwendeten Begriffe so ausgelegt werden, dass sie den Befreiungen selbst ihre Wirkung nehmen (vgl. bereits *Hüttemann*, Rz. 3.45 ff.).[1]

### a) Neutralitätsgrundsatz

10.29 Ausgangspunkt für eine am Unionsrecht orientierte Auslegung ist der Neutralitätsgrundsatz.[2] Hierbei handelt es sich um eine besondere **Ausprägung des Gleichheitssatzes auf Ebene des abgeleiteten Unionsrechts**, nicht hingegen um eine Regel des Primärrechts, die für die Gültigkeit der in der MwStSystRL vorgesehenen Steuerbefreiungen maßgeblich sein könnte.[3] Der Grundsatz der steuerlichen Neutralität bedarf vielmehr einer gesetzgeberischen Ausarbeitung, welche nur durch einen Rechtsakt des Sekundärrechts erfolgen kann.[4] Er erlaubt es auch nicht, den Anwendungsbereich einer solchen Befreiung auszudehnen, sofern es diesbezüglich keine eindeutige Bestimmung gibt.[5] Allein die Art. 132 – 134 MwStSystRL regeln nämlich, welche gemeinnützigen Tätigkeiten steuerbefreit sind, welche Tätigkeiten die Mitgliedstaaten befreien können und welche nicht und welche Bedingungen die Mitgliedstaaten für die Gewährung einer Steuerbefreiung setzen dürfen.[6]

10.30 Die Steuerneutralität **verbietet** es, **gleichartige Dienstleistungen**, die miteinander im Wettbewerb stehen, hinsichtlich der Mehrwertsteuer **unterschiedlich zu behandeln**.[7] Weiterhin folgt hieraus, dass den Wirtschaftsteilnehmern freie Wahl hinsichtlich der Organisationsform gewährt werden muss, die ihnen wirtschaftlich am meisten zusagt, ohne dass ihre Umsätze dadurch von den Steuerbefreiungen ausgeschlossen werden.[8] Aus diesem Grund ist die Auslegung der Richtlinienvorschriften, soweit die Richtlinie selbst nichts anderes bestimmt, unabhängig von der Rechtsform vorzunehmen, in der die Tätigkeit ausgeübt wird.[9] Allerdings begünstigt Art. 132 MwStSystRL die Umsätze bestimmter Einrichtungen mit sozialem Charakter und anderer besonders qualifizierter Einrichtungen, solange diese sich nicht wie gewerbliche Unternehmen bei der Leistungserbringung verhalten (Art. 134 Buchst. b) MwStSystRL). Daraus ergibt sich eine in der Richtlinie selbst angelegte Abweichung vom Grundsatz der Steuerneutralität.

10.31 Der Grundsatz der steuerlichen Neutralität steht allerdings der Einführung bestimmter **Ausnahmen** vom Besteuerungsgrundsatz, die in der Richtlinie ausdrücklich vorgesehen sind (z.B. Gewährung von Steuerbefreiungen unter bestimmten Bedingungen, Optionsrechte), nicht entgegen. Nach der EuGH-Rechtsprechung[10] steht den Mitgliedstaaten im Rahmen der Bestimmungen des Art. 13 Teile B und C der 6. EG-RL[11] ein weites Ermessen dahingehend zu,

---

1 Vgl. z.B. EuGH v. 10.6.2010 – Rs. C-86/09 – Future Health Technologies, ECLI:EU:C:2010:334 Rz. 30, UR 2010, 540 und v. 21.2.2013 – Rs. C-18/12 – Mesto Zamberk, ECLI:EU:C:2013:95 Rz. 19, jeweils m.w.N.; BFH v. 16.10.2013 – XI R 34/11, BFHE 243, 435 = UR 2014, 481.
2 *Stadie* in Stadie², Vorbemerkungen, Rz. 78; *Heidner* in Bunjes/Heidner¹⁴, § 4 UStG Rz. 2.
3 EuGH v. 15.11.2012 – Rs. C-174/11 – Zimmermann, ECLI:EU:C:2012:716 Rz. 50, UR 2013, 35.
4 EuGH v. 29.10.2009 – Rs. C-174/08 – NCC Construction Danmark, ECLI:EU:C:2009:669 Rz. 42, UR 2010, 233.
5 EuGH v. 15.11.2012 – Rs. C-174/11 – Zimmermann, ECLI:EU:C:2012:716 Rz. 50, UR 2013, 35.
6 EuGH v. 15.11.2012 – Rs. C-174/11 – Zimmermann, ECLI:EU:C:2012:716 Rz. 51, UR 2013, 35.
7 *Stadie* in Stadie², Vorbemerkungen, Rz. 78; *Heidner* in Bunjes/Heidner¹⁴, § 4 UStG Rz. 2.
8 Dazu *Stadie* in Stadie², Vorbemerkungen, Rz. 78; *Heidner* in Bunjes¹⁴, § 4 UStG Rz. 2.
9 *Heidner* in Bunjes/Heidner¹⁴, § 4 UStG Rz. 3; *Stadie* in Stadie², Vorbemerkungen, Rz. 78.
10 EuGH v. 3.12.1998 – Rs. C-381/97 – Belgocodex, ECLI:EU:C:1998:589.
11 Jetzt: Art. 135, 137 MwStSystRL.

ob es ihnen angesichts der aktuell im Land bestehenden Verhältnisse zweckmäßig erscheint, eine besondere Bedingung für die Steuerfreiheit einzuführen oder nicht. Diese Entscheidungsfreiheit ist weder zeitlich noch inhaltlich durch eine vorangegangene gegenteilige Entscheidung begrenzt. Es steht den Mitgliedstaaten damit frei, ein Optionsrecht wieder aufzuheben und zur steuerlichen Grundregel der Befreiung bestimmter Umsätze zurückzukehren. Aus dem Grundsatz der steuerlichen Neutralität lässt sich nämlich nicht ableiten, dass die Entscheidung des nationalen Gesetzgebers unwiderruflich ist.[1] Dies muss gleichfalls für das in Art. 133 MwStSystRL geregelte Wahlrecht hinsichtlich der Gewährung bestimmter Steuerbefreiungen gelten.

Nicht nur die Art der Leistung, sondern auch die **Prägung des Unternehmers** kann nach Art. 133 MwStSystRL maßgebend sein. Es steht dem Richtliniengeber frei, den Mitgliedstaaten entsprechenden politischen Entscheidungsspielraum zu lassen, auch wenn dadurch der Neutralitätsgrundsatz durchbrochen wird, da allgemein anerkannt ist, dass dieser der Konkretisierung durch die Richtlinie bedarf. Die systematische Bevorzugung von Einrichtungen ohne Gewinnstreben (d.h. bei Fehlen systematischer Gewinnerzielung) stellt eine Durchbrechung des Grundsatzes der steuerlichen Neutralität dar, welche sich jedoch mit der beschriebenen Intention des Gesetzgebers rechtfertigen lässt, eine flächendeckende Versorgung der Bevölkerung mit sozialstaatlich gebotenen Unterstützungsleistungen auch dann zu erreichen, wenn ein Markt, der eine volle Refinanzierung der durch die Dienstleistungen entstehenden Kosten ermöglicht, nicht vorhanden ist (Rz. 10.24).[2] Zwar ist es systematisch mit dem Wesen der Umsatzsteuer als Verbrauchssteuer grundsätzlich nur vereinbar, dass die Umsatzsteuer hinsichtlich ihrer Ausnahmen eine Abstufung nach Art der Verbrauchsgüter oder Dienstleistungen vornimmt, nicht jedoch eine Unterscheidung nach den leistenden Unternehmern.[3] Allerdings wird in Art. 133 MwStSystRL ausdrücklich ermöglicht, die anerkannten Einrichtungen des Leistungserbringers näher zu definieren. Der Unternehmer ohne Gewinnstreben will die Daseinsvorsorge sicherstellen, er soll gefördert werden, indem er seine Leistungen ohne Umsatzsteuer anbieten kann.[4] 10.32

Bewusst sollen altruistisch handelnde Unternehmer von Umsatzsteuer entlastet werden, um den Sozialstaat und die darauf angewiesenen Konsumenten zu entlasten.[5] Es gehört zu den typischen politischen Entscheidungen, inwiefern der Staat soziale Dienstleistungen dem freien Wettbewerb und Markt überlassen will oder selbst außerhalb der Wettbewerbsordnung Daseinsvorsorge betreibt durch öffentlich-rechtlich organisierte Stellen oder durch den Non-Profit- Bereich. Die Mitgliedstaaten haben in diesem Tätigkeitsfeld **unterschiedliche Traditionen**, bis heute ist die öffentlich-rechtliche oder privatrechtliche Ausgestaltung dieses Bereiches unterschiedlich angelegt. Zutreffend nimmt die MwStSystRL in Art. 133 auf diese Unterschiede Rücksicht. 10.33

Nach einer These von *Reiß* sind die Befreiungsvorschriften des Art. 132 MwStSystRL dem Neutralitätsgrundsatz entsprechend als **Begünstigungsvorschriften** für die Konsumenten dieser Leistungen auszulegen. Danach dient das Abstellen auf Einrichtungen der öffentlichen 10.34

1 Vgl. EuGH v. 3.12.1998 – Rs. C-381/97 – Belgocodex, ECLI:EU:C:1998:589.
2 Vgl. auch *Jacobs*, Umsatzsteuer und Gemeinnützigkeit, Diss., Bonn 2009, 63 f.
3 Vgl. *Achatz*, DStJG 26, 305.
4 Vgl. *Jacobs*, Umsatzsteuer und Gemeinnützigkeit, Diss., Bonn 2009, 63.
5 Vgl. EuGH v. 26.5.2005 – Rs. C-498/03 – Kingscrest Associates und Montecello, ECLI:EU:C:2005:322 Rz. 42, UR 2005, 453; a.A. *Reiß*, RIW 2003, 199 (204); *Achatz*, DStJG 26, 305.

Hand der Qualitätsgewähr für die erbachten Leistungen.[1] Soweit andere Unternehmer entsprechende Leistungen in gleicher Qualität erbringen, sind diese ebenso zu befreien. Die Bedingungsvorbehalte des Art. 133 Abs. 1 MwStSystRL für die Leistungserbringung durch nicht öffentlich-rechtliche Einrichtungen dienen der Qualitätsprüfung und -sicherung.[2] Zutreffend stellt der EuGH demgegenüber darauf ab, dass Einrichtungen öffentlichen Rechts und soziale wie kulturelle Einrichtungen begünstigt werden sollen, die im Gegensatz zu kommerziellen gewerblichen Unternehmen der Daseinsvorsorge verpflichtet sind.[3] Auch wenn die einzelne Leistung der eines gewerblichen Unternehmens vergleichbar sein mag, bieten Einrichtungen des öffentlichen Rechts und soziale oder kulturelle Einrichtungen eine Vielfalt medizinischer, sozialer oder kultureller Dienstleistungen an, ohne daraus Gewinn ziehen zu müssen. Ihnen geht es um die Versorgung der Bevölkerung mit medizinischen, sozialen oder kulturellen Dienstleistungen. Damit arbeiten sie unter anderen wirtschaftlichen Bedingungen als gewerbliche Unternehmen, die sich an der Rationalität marktwirtschaftlichen Handelns ausrichten, ungeachtet dessen, ob die Versorgung der Bevölkerung insgesamt sichergestellt ist. Allerdings gibt es erhebliche Schnittmengen zwischen dem Angebot gewerblicher Unternehmen und dem Angebot kultureller oder sozialer Einrichtungen. Man denke beispielsweise an den börsennotierten Krankenhauskonzern, das städtische oder kirchliche Krankenhaus, das Unterhaltungsunternehmen, das Musicals oder Kinovorführungen anbietet, und die Staatsoper oder die Schulvorführung, die staatliche Universität oder die private Managementschool usw. Wegen dieser vielfältigen Überschneidungen hat der Richtliniengeber mit Art. 133 MwStSystRL den Mitgliedstaaten die Möglichkeit gegeben, den Begriff der Einrichtung näher zu spezifizieren, um zielgenauer die Steuerbegünstigung nur solchen Unternehmen zukommen zu lassen, die sich tatsächlich in erster Linie der Daseinsfürsorge verpflichtet haben. Demgegenüber erlaubt die in Art. 132 Abs. 1 MwStSystRL niedergelegte Anerkennung oder das Bestimmungsrecht des Nationalstaates die qualitativen Voraussetzungen für die Steuerbefreiung einheitlich für alle Einrichtungen festzulegen (dazu Rz. 9.3 ff.).

### b) Verhältnis zu Art. 134 MwStSystRL

10.35 Anders als die in Art. 133 MwStSystRL geregelten Wahlrechte gelten die in Art. 134 MwStSystRL vorgenommenen Ausschlüsse von den Steuerbefreiungen **unbedingt**.

10.36 Allerdings kommt für Tätigkeiten, die den **Kernbereich** der Befreiung nach Art. 132 Abs. 1 MwStSystRL betreffen, ein Ausschluss nach Art. 134 MwStSystRL nicht in Betracht (Rz. 10.123).[4] Art. 134 Buchst. a) MwStSystRL betrifft Nebenleistungen zu den befreiten Dienstleistungen. Ein Ausschluss nach Art. 134 Buchst. b) MwStSystRL kommt im Kernbereich der Dienstleistungen nach Art. 132 MwStSystRL gleichfalls nicht in Betracht, wie sich aus einer systematischen Auslegung der Richtlinienbestimmungen ergibt (vgl. Rz. 10.120).

---

1 Vgl. *Reiß*, RIW 2003, 199 (204).

2 *Reiß*, RIW 2003, 199 (204).

3 Vgl. EuGH v. 21.3.2002 – Rs. C-174/00 – Kennemer Golf; ECLI:EU:C:2002:2003, UR 2002, 320 m. Anm. *Widmann* und v. 21.3.2002 – Rs. C-267/00 – Zoological Society, ECLI:EU:C:2002:202, UR 2002, 327; wie EuGH auch *Langer* in Reiß/Kraeusel/Langer, Art. 131-137 MwStSystRL Rz. 78 (Stand: August 2013).

4 *Hüttemann/Schauhoff*, MwStR 2013, 426 (430).

### c) Abgrenzung zu Art. 13 Abs. 2 MwStSystRL

Nach Art. 13 Abs. 2 MwStSystRL besteht ein Wahlrecht zur steuerfreien Dienstleistung nach Art. 132 MwStSystRL auch für **Körperschaften des öffentlichen Rechts**. Demnach können die Mitgliedstaaten Tätigkeiten von Einrichtungen des öffentlichen Rechts, die u.a. nach den Art. 132, 135, 136 und 371 MwStSystRL von der Mehrwertsteuer befreit sind, als Tätigkeiten behandeln, die ihnen im Rahmen der öffentlichen Gewalt obliegen. Dies hat nach Art. 13 Abs. 1 MwStSystRL grundsätzlich zur Folge, dass sie bezüglich dieser Tätigkeiten nicht als Steuerpflichtige i.S.d. Richtlinie gelten, d.h. ihre Leistungen nicht steuerbar sind. Es besteht demnach die Möglichkeit einer Option zur Nichtsteuerbarkeit für alle in Art. 132 MwStSystRL genannten Tätigkeiten. Falls die Mitgliedstaaten von diesem Wahlrecht Gebrauch machen möchten, müssen sie hierfür eine ausdrückliche Regelung erlassen, um sich auf eine Nichtsteuerbarkeit nach Art. 13 Abs. 2 MwStSystRL berufen zu können.[1] Eine bloße Verwaltungsregelung reicht indessen nicht aus.[2] In der Wahl der Rechtssetzungstechnik sind die Mitgliedstaaten frei. Sie können eine der Richtlinie entsprechende Formulierung in das nationale Recht übernehmen oder aber ein Verzeichnis der steuerbefreiten Tätigkeiten der öffentlichen-rechtlichen Einrichtungen aufstellen, die als Tätigkeiten behandelt werden, die ihnen im Rahmen der öffentlichen Gewalt obliegen.[3] Deutschland hat von diesem Wahlrecht bislang keinen Gebrauch gemacht[4], allerdings sind die Umsätze nach Art. 132 MwStSystRL auch von Körperschaften des öffentlichen Rechts befreit, weswegen regelmäßig § 4 UStG Anwendung findet, falls ein unternehmerisches Handeln vorliegt. 10.37

Nach Art. 133 MwStSystRL besteht das Wahlrecht, die Steuerbefreiung von bestimmten Bedingungen abhängig zu machen nur für Einrichtungen, die **keine Einrichtungen des öffentlichen Rechts** sind. Allerdings liest der EuGH aus Art. 133 Abs. 2 MwStSystRL, dass es unzulässig ist, wenn nur bei öffentlich-rechtlichen Einrichtungen ohne Gewinnstreben die Steuerfreiheit bestimmter Dienstleistungen davon abhängig gemacht wird, dass dies nicht zu einer Wettbewerbsverzerrung führen darf.[5] Art. 133 Abs. 1 MwStSystRL sieht die Hinzufügung zusätzlicher Bedingungen allein für Körperschaften des öffentlichen Rechts nicht vor. Das Wahlrecht besteht zudem nicht generell, sondern nur für bestimmte, dort ausdrücklich genannte Steuerbefreiungen des Art. 132 MwStSystRL. 10.38

Wesentlich ist trotz der Unterschiede der Wahlrechtsmöglichkeiten in Art. 13 Abs. 2 einerseits und Art. 133 andererseits, dass der Richtliniengeber bewusst der Politik die Möglichkeit gegeben hat, soziale Dienstleistungen der Körperschaften öffentlichen Rechts und Einrichtungen sozialen Charakters von der Umsatzsteuer zu befreien, während dann **gewerbliche Unternehmen**, die mit Gewinnerzielungsabsicht handeln, dieselben Leistungen umsatzsteuerpflichtig ausführen müssen. 10.39

---

1 EuGH v. 4.6.2009 – Rs. C-102/08 – Salix Grundstücks-Vermietungsgesellschaft, ECLI:EU:C:2009:345, UR 2009, 484 m. Anm. *Küffner*.

2 Vgl. *Langer* in Reiß/Kraeusel/Langer, Art. 9 MwStSystRL Rz. 33 (Stand: August 2013); *Treiber/Klenk* in Sölch/Ringleb, § 2 UStG Rz. 233.

3 EuGH v. 4.6.2009 – Rs. C-102/08 – Salix Grundstücks-Vermietungsgesellschaft, ECLI:EU:C:2009:345, UR 2009, 484 m. Anm. *Küffner*.

4 Vgl. missverständlich *Korn* in Bunjes/Heidner[14], § 2 UStG Rz. 189.

5 EuGH v. 13.7.2017 – Rs. C-633/15 – London Borough of Ealing, ECLJ:EU:C:2017:544.

## 5. Unterschiedliche Sprachfassungen

### a) Englische Fassung

10.40 Article 133

Member States may make the granting to bodies other than those governed by public law of each exemption provided for in points (b), (g), (h), (i), (l), (m) and (n) of Article 132(1) subject in each individual case to one or more of the following conditions:

(a) the bodies in question must not systematically aim to make a profit, and any surpluses nevertheless arising must not be distributed, but must be assigned to the continuance or improvement of the services supplied;

(b) those bodies must be managed and administered on an essentially voluntary basis by persons who have no direct or indirect interest, either themselves or through intermediaries, in the results of the activities concerned;

(c) those bodies must charge prices which are approved by the public authorities or which do not exceed such approved prices or, in respect of those services not subject to approval, prices lower than those charged for similar services by commercial enterprises subject to VAT;

(d) the exemptions must not be likely to cause distortion of competition to the disadvantage of commercial enterprises subject to VAT.

Member States which, pursuant to Annex E of Directive 77/388/EEC, on 1 January 1989 applied VAT to the transactions referred to in Article 132(1)(m) and (n) may also apply the conditions provided for in point (d) of the first paragraph when the said supply of goods or services by bodies governed by public law is granted exemption.

### b) Französische Fassung

10.41 Article 133

Les États membres peuvent subordonner, au cas par cas, l'octroi, à des organismes autres que ceux de droit public, de chacune des exonérations prévues à l'article 132, paragraphe 1, points b), g), h), i), l), m) et n), au respect de l'une ou plusieurs des conditions suivantes:

a) les organismes en question ne doivent pas avoir pour but la recherche systématique du profit, les bénéfices éventuels ne devant jamais être distribués mais devant être affectés au maintien ou à l'amélioration des prestations fournies;

b) ces organismes doivent être gérés et administrés à titre essentiellement bénévole par des personnes n'ayant, par elles-mêmes ou par personnes interposées, aucun intérêt direct ou indirect dans les résultats de l'exploitation;

c) ces organismes doivent pratiquer des prix homologués par les autorités publiques ou n'excédant pas de tels prix ou, pour les opérations non susceptibles d'homologation des prix, des prix inférieurs à ceux exigés pour des opérations analogues par des entreprises commerciales soumises à la TVA;

d) les exonérations ne doivent pas être susceptibles de provoquer des distorsions de concurrence au détriment des entreprises commerciales assujetties à la TVA.

Les États membres qui, en vertu de l'annexe E de la directive 77/388/CEE, appliquaient, au 1er janvier 1989, la TVA aux opérations visées à l'article 132, paragraphe 1, points m) et n), peuvent également appliquer les conditions prévues au premier alinéa, point d), lorsque lesdites livraisons de biens ou prestations de services effectuées par des organismes de droit public sont exonérées.

10.42 Aus den verschiedenen Sprachfassungen ergeben sich **keine wesentlichen Abweichungen**.

## II. Kommentierung der einzelnen Tatbestandsmerkmale des Unionsrechts

### 1. Einrichtung

Der Begriff der Einrichtung wird **umfassend** verstanden. Er erfasst juristische wie natürliche Personen, Einrichtungen des öffentlichen wie des privaten Rechts, Personengruppen und Einzelpersonen[1]. Der Begriff wird in Kap. 9 (*Hüttemann/Schauhoff*, Rz. 9.11 ff.) kommentiert. 10.43

### 2. Keine Einrichtung des öffentlichen Rechts

Das Wahlrecht zur Steuerbefreiung nach Art. 133 MwStSystRL greift nur für Einrichtungen, die keine Einrichtungen des öffentlichen Rechts sind. Der Grund hierfür ist darin zu sehen, dass Art. 13 Abs. 2 MwStSystRL eine **Spezialnorm** für die Besteuerung öffentlicher Einrichtungen ist. Hiernach besteht nämlich eine Optionsmöglichkeit zur Behandlung steuerbefreiter Tätigkeit als Tätigkeiten im Rahmen öffentlicher Gewalt und damit als nicht steuerbar. 10.44

Das Unionsrecht geht dabei von dem Grundsatz aus, dass auch öffentliche Einrichtungen nach allgemeinen Regeln Steuerpflichtige sind gem. Art. 9 MwStSystRL, mit der Ausnahme dass sie im Rahmen der öffentlichen Gewalt tätig werden. Die **Sonderregeln** des Art. 13 Abs. 2 MwStSystRL greifen also erst dann, wenn eine steuerpflichtige und steuerbefreite Tätigkeit einer öffentlichen Einrichtung vorliegt.[2] Für andere Tätigkeiten, die von Einrichtungen erbracht werden, die keine solchen des öffentlichen Rechts sind, greift hingegen Art. 133 MwStSystRL mit der Möglichkeit, die Steuerbefreiung von bestimmten Bedingungen abhängig zu machen. 10.45

### 3. Wahlrecht für bestimmte Befreiungen

Das Wahlrecht nach Art. 133 MwStSystRL gilt nur für bestimmte **ausdrücklich genannte** Befreiungen, namentlich die Umsätze der Krankenanstalten, Umsätze im Rahmen der Sozialfürsorge, Umsätze im Rahmen der Kinder und Jugendbetreuung, Umsätze im Rahmen der Sozialfürsorge, Umsätze im Rahmen der Kinder- und Jugendbetreuung, Umsätze im Rahmen der Erziehung, der Aus- und Fortbildung und der Umschulung, Umsätze von bestimmten Einrichtungen ohne Gewinnstreben, Umsätze im Zusammenhang mit Sport und Körperertüchtigung und kulturelle Leistungen. Da in Art. 132 MwStSystRL meist umsatzbezogen definiert wird, müssen die Bedingungen, mit denen der Mitgliedstaat eine anerkannte Einrichtung festlegt, für alle Unternehmer gleichermaßen gelten, die vergleichbare Leistungen erbringen.[3] Im Einzelnen wird auf die Kommentierung zu den speziellen Befreiungsnormen verwiesen. 10.46

Unter **Art. 132 Abs. 1 Buchst. b) MwStSystRL**[4] fallen Krankenhausbehandlungen und ärztliche Heilbehandlungen, die der Vorbeugung, Diagnose, Behandlung und Heilung von Krankheiten und Gesundheitsstörungen dienen.[5] Dies gilt ebenso für die Befreiung nach Art. 132 10.47

1 EuGH v. 3.4.2003 – Rs. C-144/00 – Hoffmann, BStBl. II 2003, 679 = UR 2003, 248 = UR 2003, 286 m. Anm. *Nieskens*.

2 Vgl. *Korn* in Bunjes/Heidner[14], § 2 UStG Rz. 184.

3 EuGH v. 15.11.2012 – Rs. C-174/11 – Zimmermann, ECLI:EU:C:2012:716 Rz. 43, UR 2013, 35; *Langer* in Küffner/Stöcker/Zugmaier, USt, Einf. Rz. 125.

4 Hierzu näher *Weitemeyer*, Rz. 11.52 ff. zu Art. 132 Abs. 1 Buchst. b) MwStSystRL.

5 EuGH v. 6.11.2003 – Rs. C-45/01 – Dornier, ECLI:EU:C:2003:595 Rz. 48, UR 2003, 584 m. Anm. *Widmann*; FG Hamburg v. 25.11.2015 – 6 K 205/14, Rz. 26, MwStR 2016, 434.

Abs. 1 Buchst. c) MwStSystRL, so dass das Kriterium zur Abgrenzung beider Befreiung nicht die Art der Leistung, sondern der Ort ihrer Erbringung ist.[1] Die Leistungen nach Art. 132 Abs. 1 Buchst. b) MwStSystRL müssen von Krankenhäusern, Zentren für ärztliche Heilbehandlung und Diagnostik oder anderen anerkannten und vergleichbaren Einrichtungen erbracht werden. Dabei muss es sich um öffentliche Einrichtungen handeln, oder um solche, die mit diesen Einrichtungen in sozialer Hinsicht vergleichbar sind. Es ist Aufgabe der Mitgliedstaaten festzulegen, nach welchen Kriterien eine Einrichtung als begünstigt anzusehen ist.[2] Unter Art. 132 Abs. 1 Buchst. c) MwStSystRL fallen hingegen Leistungen, die außerhalb dieser Heilzentren im Rahmen eines besonderen Vertrauensverhältnisses zwischen Arzt und Patienten erbracht werden.[3] Zweck der sowohl in Art. 132 Abs. 1 Buchst. b) MwStSystRL und der in Buchst. c) dieses Absatzes vorgesehenen Befreiung ist es, die Kosten von Heilbehandlungen zu senken und sie für den Einzelnen leichter zugänglich zu machen.[4] Im Ergebnis unterliegen daher weder beratende Tätigkeiten eines Arztes für die Abteilung für medizinische Grundsatzfragen einer privaten Krankenversicherung noch telefonische Beratungsleistungen im Auftrag von Krankenkassen oder Pharmaunternehmen den Steuerbefreiungen für Gesundheitsdienstleistungen.[5]

10.48 **Art. 132 Abs. 1 Buchst. g) MwStSystRL**[6] erfasst Umsätze, die eng mit der Sozialfürsorge und der sozialen Sicherheit verbunden sind. Die Vorschrift enthält dabei zwei kumulative Merkmale als Voraussetzung für die Steuerbefreiung, nämlich die tätigkeitsbezogene Anforderung und das Vorliegen einer Einrichtung mit sozialem Charakter.[7] Befreit sind daher die Umsätze der Sozialversicherungsträger, Umsätze im Bereich der freien Wohlfahrtspflege sowie die Umsätze der Alten- und Pflegeheime und Leistungen der Grundpflege und hauswirtschaftlichen Versorgung, die durch ambulante Dienste erbracht werden.[8] Nach Auffassung des EuGH[9] fallen unter diese Befreiung auch Vermittlungsleistungen, wenn diese eng mit der Sozialfürsorge verbunden sind, d.h. der vermittelte Umsatz selbst dem steuerfreien Bereich der Sozialfürsorge angehört. Voraussetzung ist auch hier, dass es sich um öffentliche Einrichtungen oder andere Einrichtungen handeln muss, die vom jeweiligen Mitgliedstaat als solche mit sozialem Charakter anerkannt sind.[10] Nicht steuerbefreit gem. Art. 132 Abs. 1 Buchst. g) MwStSystRL ist nach der Rechtsprechung des EuGH[11] hingegen die **entgeltliche Personalgestel-**

1 *Langer* in Reiß/Kraeusel/Langer, Art. 131-137 MwStSystRL Rz. 24 (Stand: August 2013); *Heidner*, Besteuerung von Heilbehandlungen, UR 2013, 641 (645); so auch zur 6. EG-RL *Birkenfeld* in Hartmann/Metzenmacher, UStG, Band 2, Rz. D 110 (Stand: April 2003); vgl. zudem FG Düsseldorf v. 14.8.2015 – 1 K 1570/14 U, Rz. 87, EFG 2015, 2232.

2 Vgl. *Langer* in Reiß/Kraeusel/Langer, Art. 131-137 MwStSystRL Rz. 25 (Stand: August 2013).

3 *Langer* in Reiß/Kraeusel/Langer, Art. 131-137 MwStSystRL Rz. 31 (Stand: August 2013); vgl. auch FG Hamburg v. 25.11.2015 – 6 K 205/14, Rz. 30, MwStR 2016, 434.

4 FG Hamburg v. 25.11.2015 – 6 K 205/14, Rz. 28, MwStR 2016, 434; FG Düsseldorf v. 14.8.2015 – 1 K 1570/14 U, Rz. 86, EFG 2015, 2232.

5 FG Hamburg v. 25.11.2015 – 6 K 205/14, Rz. 28, MwStR 2016, 434; FG Düsseldorf v. 14.8.2015 – 1 K 1570/14 U, Rz. 86, EFG 2015, 2232, Revision eingelegt (Az. des BFH: XI R 19/15).

6 Hierzu näher *Heidner*, Rz. 13.2 ff. zu Art. 132 Abs. 1 Buchst. g).

7 *Pötters*, Umsatzsteuer im Gesundheitswesen, Diss., Köln 2016, 174 ff. unter Verweis auf die unterschiedlichen Sprachfassungen.

8 *Langer* in Reiß/Kraeusel/Langer, Art. 131-137 MwStSystRL Rz. 47 (Stand: August 2013); so zur 6. EG-RL *Birkenfeld* in Hartmann/Metzenmacher, UStG, Band 2, Rz. D 110 (Stand: April 2003).

9 EuGH v. 9.2.2006 – Rs. C-415/04 – Kinderopvang Enschede, ECLI:EU:C:2006:95, UR 2006, 470.

10 *Langer* in Reiß/Kraeusel/Langer, Art. 131-137 MwStSystRL Rz. 46 (Stand: August 2013).

11 EuGH v. 12.3.2015 – Rs. C-594/13 – Go fair-Zeitarbeit, ECLI:EU:C:2015:164 Rz. 28, UR 2015, 351.

**lung** einer anerkannten Einrichtung mit sozialem Charakter an eine andere Einrichtung, da entgeltliche Personalgestellungen „als solche" keine im sozialen Bereich erbrachte Gemeinwohldienstleistungen darstellen können. Dies gelte unabhängig davon, dass die betreffenden Arbeitnehmer Pflegekräfte seien und diese anerkannten Pflegeeinrichtungen zur Verfügung gestellt werden. Dem hat sich auch der BFH[1] angeschlossen. Er hat darüber hinaus ausgeführt, dass dies auch gelte, wenn die aufgrund der Personalgestellung auszuführende Tätigkeit eine Leistung der Sozialfürsorge darstelle.[2] Der BFH deutet in seinem Urteil allerdings an, dass eine günstigere Lösung dadurch hätte herbeigeführt werden können, dass die Parteien keine „Personalgestellung", sondern eine „**Projektführung**" vereinbart und durchgeführt hätten.[3] Bei derartigen Leistungen scheint der BFH einer Zuordnung zum Leistungsspektrum des Art. 132 Abs. 1 Buchst. g) MwStSystRL nicht abgeneigt zu sein.[4]

Unter **Art. 132 Abs. 1 Buchst. h) MwStSystRL**[5] fallen Umsätze, die eng mit der Kinder- 10.49
und Jugendbetreuung verbunden sind. Die Mitgliedstaaten steht es hier frei, jeglicher Form von Kinder- und Jugendbetreuungen den sozialen Charakter zuzuerkennen.[6] Auch **Vermittlungsleistungen**, die eng mit der Kinder- und Jugendbetreuung verbunden sind, sind nach Auffassung des EuGH[7] erfasst, wenn die Kinderbetreuung als vermittelter Umsatz selbst steuerfrei ist. Voraussetzung ist erneut, dass es sich um öffentliche Einrichtungen oder andere Einrichtungen handeln muss, die vom jeweiligen Mitgliedstaat als solche mit sozialem Charakter anerkannt sind.[8]

**Art. 132 Abs. 1 Buchst. i) MwStSystRL**[9] erfasst die Erziehung von Kindern und Jugend- 10.50
lichen, den Schul- und Hochschulunterricht, die Aus- und Fortbildung und die berufliche Umschulung sowie damit eng verbundene Leistungen. Voraussetzung für die Begünstigung von Unterrichtsleistungen ist hierbei eine Gesamtheit von Elementen, zu der auch ein gewisser organisatorischer Rahmen der das Wissen vermittelnden Einrichtung gehört.[10] Schul- und Hochschulunterricht erfordern eine unterrichtende Tätigkeit und unterscheiden sich von der Vermittlung praktischer Fertigkeiten an Einzelne.[11] Die Zurverfügungstellung eines Lehrers an eine Lehreinrichtung, in der dieser dann unter Verantwortung der Einrichtung Unterricht erteilt, unterfällt somit nicht der Begünstigung von Unterrichtsleistungen. Allerdings können diese Leistungen als eng mit der Unterrichtsleistung verbundene Leistungen steuerfrei sein.[12] Solche Leistungen sind nur dann begünstigt, wenn sie als selbständige Nebenleistungen zur Hauptleistung Unterricht erbracht werden, d.h. sie dürfen keinen eigenen Zweck erfüllen, sondern müssen vielmehr dazu dienen, die bestmögliche Bedingungen für die Hauptleistung

1 BFH v. 14.1.2016 – V R 56/14, UR 2016, 359 = BFH/NV 2016, 792 = MwStR 2016, 500.
2 BFH v. 14.1.2016 – V R 56/14, Rz. 18, UR 2016, 359 = BFH/NV 2016, 792 = MwStR 2016, 500.
3 BFH v. 14.1.2016 – V R 56/14, Rz. 21, UR 2016, 359 = BFH/NV 2016, 792 = MwStR 2016, 500.
4 Ebenso *Klassmann*, MwStR 2016, 501 (502).
5 Hierzu näher oben *Meinert*, Rz. 14.8 ff. zu Art. 132 Abs. 1 Buchst. h) MwStSystRL.
6 *Langer* in Reiß/Kraeusel/Langer, Art. 131-137 MwStSystRL Rz. 50 (Stand: August 2013).
7 EuGH v. 9.2.2006 – Rs. C-415/04 – Kinderopvang Enschede, ECLI:EU:C:2006:95, UR 2006, 470.
8 *Langer* in Reiß/Kraeusel/Langer, Art. 131-137 MwStSystRL Rz. 49 (Stand: August 2013).
9 Hierzu näher *Wiesch*, Rz. 15.22 ff. zu Art. 132 Abs. 1 Buchst. 1) MwStSystRL.
10 EuGH v. 14.6.2007 – Rs. C-434/05 – Horizon College, ECLI:EU:C:2007:343 Rz. 20, UR 2007, 587.
11 EuGH v. 14.3.2019 – Rs. C-449/17, ECLI:EU:C:2019:202; anders BFH v. 16.3.2017 – V R 38/16; BStBl. II 2017, 1017.
12 EuGH v. 14.6.2007 – Rs. C-434/05 – Horizon College, ECLI:EU:C:2007:343 Rz. 30, UR 2007, 587; vgl. *Langer* in Reiß/Kraeusel/Langer, Art. 131-137 MwStSystRL Rz. 53 (Stand: August 2013).

zu schaffen. Zudem müssen beide Einrichtungen als begünstigt anerkannt sein und die Gestellung von solcher Art und Qualität sein, dass ohne die Zurverfügungstellung ein gleichwertiger Unterricht nicht gewährt werden kann.[1] Weitere Voraussetzung ist schließlich, dass die Umsätze durch Einrichtungen des öffentlichen Rechts oder andere anerkannte Einrichtungen mit vergleichbarer Zielsetzung erbracht werden.[2]

10.51 Da Art. 132 Abs. 1 Buchst. i) MwStSystRL keine genauen Voraussetzungen für das Vorliegen einer **vergleichbaren Zielsetzung** nennt, ist es grundsätzlich Sache der Mitgliedstaaten Regeln aufzustellen, wann eine andere anerkannte Einrichtung eine mit einer öffentlich-rechtlichen Einrichtung vergleichbare Zielsetzung verfolgt.

10.52 Den Mitgliedstaaten steht dabei ein **Ermessenspielraum** zu.[3] Allerdings geht aus dem Wortlaut der Richtlinie eindeutig hervor, dass diese den Mitgliedstaaten nicht erlaubt, die Mehrwertsteuerbefreiung sämtlichen privaten Einrichtungen unter Einschluss von Einrichtungen, deren Zielsetzung eben nicht mit der von Einrichtungen des öffentlichen Rechts vergleichbar ist, zu gewähren.[4] Die Zubilligung eines freien Ermessenspielraums der Mitgliedstaaten dahingehend, sämtliche Bildungseinrichtungen als Einrichtungen mit vergleichbarer Zielsetzung anzusehen, würde nämlich die unionsrechtlichen Anforderungen an die Steuerbefreiung nach Art. 132 Abs. 1 Buchst. i) MwStSystRL ignorieren.[5]

10.53 Hinsichtlich der **Grenzen des Ermessens** der Mitgliedstaaten ist anzumerken, dass der gewerbliche Charakter grundsätzlich nicht ausschließt, dass es sich um eine dem Gemeinwohl dienende Tätigkeit i.S.d. Art. 132 MwStSystRL handelt. Art. 132 Abs. 1 Buchst. i) MwStSystRL enthält im Gegensatz zu anderen Steuerbefreiungen[6] keine Beschränkung hinsichtlich des Gewinnstrebens oder des gewerblichen Charakters der Tätigkeit, so dass im Umkehrschluss von dieser Steuerbefreiung gerade auch Einrichtungen mit gewerblichem Charakter, die nach Gewinnerzielung streben, begünstigt sein können.[7] Auch vor dem Hintergrund des Ziels dieser Steuerbefreiung, Bildungsleistungen für breite Schichten der Bevölkerung durch Vermeidung höherer Kosten zugänglich zu machen, muss der gewerbliche Charakter einer Tätigkeit nicht dazu führen, dass es sich nicht mehr um eine dem Gemeinwohl dienende Tätigkeit handelt.[8] Zudem sind die Mitgliedstaaten nach Art. 133 Buchst. a) MwStSystRL ermächtigt, aber nicht verpflichtet, die Inanspruchnahme der vorgesehenen Steuerbefreiungen

1 EuGH v. 14.6.2007 – Rs. C-434/05 – Horizon College, ECLI:EU:C:2007:343 Rz. 46, UR 2007, 587; vgl. *Langer* in Reiß/Kraeusel/Langer, Art. 131-137 MwStSystRL Rz. 58 (Stand: August 2013).

2 EuGH v. 14.6.2007 – Rs. C-434/05 – Horizon College, ECLI:EU:C:2007:343 Rz. 46, UR 2007, 587; *Langer* in Reiß/Kraeusel/Langer, Art. 131-137 MwStSystRL Rz. 54 (Stand: August 2013).

3 EuGH v. 28.11.2013 – Rs. C-319/12 – MDDP, ECLI:EU:C:2013:778 Rz. 37; Schlussanträge vom 20.6.2013 – Rs. C-319/12, Rz. 19, Celex-Nr. 62012CC0319 = BeckRS 2013, 81343, GA *Kokott*.

4 EuGH v. 28.11.2013 – Rs. C-319/12 – MDDP, ECLI:EU:C:2013:778 Rz. 35.

5 Vgl. Schlussanträge vom 20.6.2013 – Rs. C-319/12, Rz. 20, Celex-Nr. 62012CC0319 = BeckRS 2013, 81343, GA *Kokott*.

6 Art. 132 Abs. Buchst. l), m) und q) MwStSystRL.

7 So auch EuGH v. 28.11.2013 – Rs. C-319/12 – MDDP, ECLI:EU:C:2013:778 Rz. 29; Schlussanträge vom 20.6.2013 – Rs. C-319/12, Rz. 27, Celex-Nr. 62012CC0319 = BeckRS 2013, 81343, GA *Kokott*.

8 Vgl. EuGH v. 28.11.2013 – Rs. C-319/12 – MDDP, ECLI:EU:C:2013:778 Rz. 26 f.; Schlussanträge vom 20.6.2013 – Rs. C-319/12, Rz. 28, Celex-Nr. 62012CC0319 = BeckRS 2013, 81343, GA *Kokott*; offen, vgl. BFH v. 16.3.2017 – VR R 38/16, BStBl. II, 1017 und GA Szupmar v. 3.10.2018 – Rs. C-449/17, ECLI:EU:C:2018:791 einerseits; EuGH v. 14.3.2019 – Rs. C-449/17, ECLI:EU:C:2019:202 andererseits.

Einrichtungen vorzubehalten, die keine Einrichtungen des öffentlichen Rechts sind und keine systemische Gewinnerzielung anstreben. Soll diese Regelung nicht konterkariert werden, ist in den Fällen, in denen der Unionsgesetzgeber die Gewährung der Steuerbefreiung nicht ausdrücklich vom Fehlen eines Gewinnstrebens abhängig gemacht hat, davon auszugehen, dass ein solches Streben nach Gewinn die Gewährung der Steuerbefreiung nicht ausschließen kann.[1] Ob deswegen jede privatwirtschaftliche Bildungseinrichtung als in ihrer Zielsetzung einer Einrichtung öffentlichen Rechts vergleichbar angesehen werden darf, erscheint zweifelhaft, weswegen der BFH diese Rechtsfrage dem EuGH vorgelegt. hat.[2]

Im **Ergebnis** steht Art. 132 Abs. 1 Bucht. i) MwStSystRL damit der Einbeziehung von Bil- 10.54
dungsleistungen, die durch **private Einrichtungen zu gewerblichen Zwecken** erbracht werden, möglicherweise entgegen. Er verbietet jedoch, ohne Berücksichtigung einer vergleichbaren Zielsetzung insgesamt sämtliche Bildungsleistungen von der Mehrwertsteuer zu befreien.[3]

Nach **Art. 132 Abs. 1 Buchst. l) MwStSystRL**[4] sind Leistungen von Einrichtungen ohne Ge- 10.55
winnstreben, die diese an ihre Mitglieder im gemeinsamen Interesse erbringen, steuerfrei. Begünstigt sind dabei nur Einrichtungen, die politische, gewerkschaftliche, religiöse, patriotische, weltanschauliche, philanthropische oder staatsbürgerliche Ziele verfolgen. Die Leistungen müssen zudem gegen einen satzungsgemäß festgelegten Betrag erbracht werden. Die Mitgliederbeiträge müssen also ein Entgelt für Leistungen darstellen, da die erbrachten Leistungen ansonsten nicht der Umsatzbesteuerung unterliegen.[5] Unter einer Einrichtung, die gewerkschaftliche Ziele verfolgt, ist nach Auffassung des EuGH[6] eine Organisation zu verstehen, deren Hauptziel die Verteidigung der gemeinsamen Interessen ihrer Mitglieder und deren Vertretungen gegenüber betroffenen Dritten einschließlich staatlicher Stellen ist. Dies gilt unabhängig davon, ob es sich bei den Mitgliedern um Arbeitnehmer, Abreitgeber, Angehörige freier Berufe oder Personen handelt, die eine bestimmte wirtschaftliche Tätigkeit ausüben.[7]

**Art. 132 Abs. 1 Buchst. m) MwStSystRL**[8] befreit bestimmte in engem Zusammenhang mit 10.56
Sport und Körperertüchtigung stehende Leistungen. Angesichts des offenen Wortlauts soll die Befreiung nicht nur bestimmten Sportarten oder einem gewissen sportlichen Niveau zugutekommen, sondern allgemein gelten.[9] Allerdings steht dem Nationalstaat wie bei kulturel-

1 EuGH v. 28.11.2013 – Rs. C-319/12 – MDDP, ECLI:EU:C:2013:778 Rz. 30 f.; Schlussanträge vom 20.6.2013 – Rs. C-319/12, Rz. 30, Celex-Nr. 62012CC0319 = BeckRS 2013, 81343, GA *Kokott*.

2 BFH v. 16.3.2017 – V R 38/16, BStBl. II 2017, dazu Rz. 9.20 und EuGH v. 14.3.2019 – Rs. C-449/17, ECLI:EU:C:2019:202.

3 EuGH v. 28.11.2013 – Rs. C-319/12 – MDDP, ECLI:EU:C:2013:778 Rz. 39; Schlussanträge vom 20.6.2013 – Rs. C-319/12, Rz. 36, Celex-Nr. 62012CC0319 = BeckRS 2013, 81343, GA *Kokott*.

4 Hierzu näher Rz. zu Art. 132 Abs. 1 Buchst. l) MwStSystRL.

5 *Langer* in Reiß/Kraeusel/Langer, Art. 131-137 MwStSystRL Rz. 64 (Stand: August 2013).

6 EuGH v. 12.11.1998 – Rs. C-149/97, ECLI:EU:C:1998:536, UR 1999, 209 = ABl. EG 1998, Nr. C 397, 16.

7 EuGH v. 12.11.1998 – Rs. C-149/97, ECLI:EU:C:1998:536, UR 1999, 209 = ABl. EG 1998, Nr. C 397, 16.

8 Hierzu näher *Achatz/Tratlehner*, Rz. 18.2 ff., zu Art. 132 Abs. 1 Buchst. m).

9 EuGH v. 16.10.2008 – Rs. C-253/07 – Canterbury Hockey Club, ECLI:EU:C:2008:571 Rz. 27, UR 2008, 854; *Langer* in Reiß/Kraeusel/Langer, Art. 131-137 MwStSystRL Rz. 66 (Stand: August 2013).

len Leistungen ein Bestimmungsrecht zu.[1] Eine engere Auslegung würde dem Ziel der Befreiungsvorschrift, die Ausübung von Sport und Körperertüchtigung durch breite Schichten der Bevölkerung zu fördern, entgegenlaufen.[2] Bei komplexen Leistungen, die als einheitliche Leistungen erbracht werden (z.B. Zugang zu einem Aquapark), ist darauf abzustellen, ob die sportliche Leistung den Schwerpunkt bildet.[3] Da die Befreiung den Sport im Allgemeinen erfasst, sind zudem nicht nur sportliche Leistungen von natürlichen Personen, sondern auch solche Leistungen erfasst, die natürliche Personen notwendigerweise nur in Zusammenschlüssen von Personen oder innerhalb administrativer und organisatorischer Strukturen ausüben können, wie z.B. in **Sportvereinen.**[4] Würde nämlich die Gewährung der Befreiung von der Organisationsstruktur abhängig gemacht werden, die die jeweilige sportliche Aktivität kennzeichnet, würde dies erneut gegen den Grundsatz steuerlichen Neutralität verstoßen.[5] Um in den Genuss der Steuerbefreiung zu kommen, müssen die Leistungen allerdings von einer Einrichtung ohne Gewinnstreben erbracht werden, in engem Zusammenhang mit dem Sport stehen und den Personen zugutekommen, die den Sport ausüben.[6] Offen ist, ob es sich dabei um einen autonom auszulegenden unionsrechtlichen Begriff handelt oder Deutschland beispielsweise die Gemeinnützigkeit als Voraussetzung für die Steuerbefreiung festlegen darf.[7] Überzeugender ist, den Nationalstaaten in Anwendung des Art. 133 und des in Art. 132 Abs. 1 Buchst. m) MwStSystRL geregelten Bestimmungsrechtes, welche Sportausübung befreit wird, ein Ausgestaltungsrecht zuzubilligen, wie Einrichtungen ohne Gewinnstreben definiert werden. Ist Zweck einer Einrichtung ohne Gewinnstreben die Gewinnverteilung an die Mitglieder zu unterbinden, gehört dazu, dass die Einrichtung durch den sog. Vermögensbindungsgrundsatz für gemeinnützige Körperschaften gehindert ist, das angesparte Vermögen letztlich doch an die Mitglieder zu verteilen (dazu auch Rz. 10.68). Damit können die Mitgliedstaaten auch nicht bestimmte Gruppen von Leistungsempfängern von der Steuerbefreiung ausnehmen, da die Richtlinie eben keine Beschränkungen hinsichtlich der Empfänger der begünstigten Leistungen vorsieht.[8] Die Steuerbefreiung kann hingegen nicht in Anspruch genommen werden, wenn die Leistungen dem Sportverein an sich und dessen Betrieb zugutekommen, wie z.B. Marketingberatung oder Gewinnung von Sponsoren.[9]

10.57 Nach **Art. 132 Abs. 1 Buchst. n) MwStSystRL**[10] sind schließlich bestimmte kulturelle Dienstleistungen und damit eng verbundene Lieferungen steuerfrei. Die Vorschrift definiert nicht, was unter „kulturellen Umsätzen" zu verstehen ist, so dass die Mitgliedstaaten den Umfang der Befreiung selbst festlegen können. Voraussetzung ist jedoch, dass Umsätze durch Einrichtungen des öffentlichen Rechts oder andere Einrichtungen erbracht werden, die vom jeweiligen Mitgliedstaat als kulturelle Einrichtungen anerkannt sind. Art. 132 Abs. 1 Buchst. n)

1 BFH v. 21.6.2018 – V R 20/17.
2 Vgl. EuGH v. 21.2.2013 – Rs. C-18/12 – Mesto Zamberk, ECLI:EU:C:2013:95 Rz. 23 f.
3 EuGH v. 21.2.2013 – Rs. C-18/12 – Mesto Zamberk, ECLI:EU:C:2013:95 Rz. 32 ff.
4 EuGH v. 16.10.2008 – Rs. C-253/07 – Canterbury Hockey Club, ECLI:EU:C:2008:571 Rz. 27, UR 2008, 854.
5 EuGH v. 16.10.2008 – Rs. C-253/07 – Canterbury Hockey Club, ECLI:EU:C:2008:571 Rz. 30, UR 2008, 854.
6 EuGH v. 16.10.2008 – Rs. C-253/07 – Canterbury Hockey Club, ECLI:EU:C:2008:571 Rz. 32, UR 2008, 854.
7 BFH v. 21.6.2018 – V R 20/17; vorgehend FG München v. 29.3.2017 – 3 K 855/15, EFG 2017, 1030.
8 *Langer* in Reiß/Kraeusel/Langer, Art. 131-137 MwStSystRL Rz. 66 (Stand: August 2013).
9 EuGH v. 16.10.2008 – Rs. C-253/07 – Canterbury Hockey Club, ECLI:EU:C:2008:571 Rz. 32, UR 2008, 854.
10 Hierzu *Kirchhain*, Rz. 19.2 ff. zu Art. 132 Abs. 1 Buchst. n) MwStSystRL.

MwStSystRL kommt keine unmittelbare Wirkung zu. Diese Vorschrift erfordert eine Bestimmung des nationalen Gesetzgebers.[1]

### 4. Ausübung des Wahlrechts durch den Mitgliedsstaat

#### a) Rechtsprechung des BFH restriktiver: eindeutig und klar

Ausweislich der Richtlinie besteht ein eindeutiges Wahlrecht der Mitgliedstaaten, die in Art. 132 MwStSystRL genannten Steuerbefreiungen für solche Einrichtungen, die keine Einrichtungen des öffentlichen Rechts sind, von der Erfüllung zusätzlicher Voraussetzungen abhängig zu machen. Von dieser Möglichkeit muss der Gesetzgeber **eindeutig Gebrauch machen**. Nach ständiger Rechtsprechung des EuGH[2] erfordert die Umsetzung einer Richtlinie in innerstaatliches Recht allerdings nicht notwendigerweise eine förmliche und wörtliche Übernahme ihrer Bestimmungen in eine ausdrückliche und spezifische Rechtsnorm, sondern sie kann sich auf einen allgemeinen rechtlichen Kontext beschränken, wenn dieser die vollständige Anwendung der Richtlinie tatsächlich hinreichend klar und bestimmt gewährleistet. Wegen der zu gewährleistenden Klarheit und Sicherheit der Rechtslage kann demnach eine bloße Verwaltungspraxis, die die Verwaltung naturgemäß beliebig ändern kann, nicht als rechtswirksame Erfüllung der Verpflichtung aus dem Vertrag angesehen werden.[3] Da Art. 133 MwStSystRL eine mitgliedstaatliche Befugnis – und keine Pflicht – regelt, müssen die Mitgliedstaaten eine ausdrückliche Entscheidung in diesem Sinne treffen, um sich hierauf berufen zu können. Dabei können sie die Rechtsetzungstechnik wählen, die ihnen am geeignetsten erscheint.[4] 10.58

Die Mitgliedstaaten dürfen bei Anwendung einer der Bedingungen diese nicht mit **inhaltlich überschießender Tendenz** umsetzen.[5] Insbesondere geht die Freiheit der Mitgliedstaaten auch nicht soweit, dass sie einzelne Bedingungen nur „partiell" ins nationale Recht übernehmen können.[6] Dies widerspricht Sinn und Zweck des eingeräumten Wahlrechts.[7] Das Wahlrecht muss vielmehr mit dem unionsrechtlichen Ziel der Vereinheitlichung aller Steuerbefreiungen vereinbar sein.[8] Der nationale Gesetzgeber hat demnach zwar eine Konkretisierungsbefugnis bei der Umsetzung der in der Richtlinie vorgesehenen Wahlrechte; er darf aber nicht einzelne Kriterien, die in der unionsrechtlichen Bedingung vorgesehen sind, weglassen oder ergänzen. 10.59

Nach Auffassung des BFH[9] hat das UStG die Ermächtigung nach **Art. 133 Buchst. a) MwStSystRL** nicht ausgeübt, d.h. die genannten Befreiungen bei Einrichtungen, die keine Einrichtungen des öffentlichen Rechts sind, nicht davon abhängig gemacht, dass die Einrich- 10.60

1 EuGH v. 15.2.2017 – Rs. C-952/15; British Film Insititute, ECLI:EU:C:2017:117.
2 EuGH v. 4.6.2009 – Rs. C-102/08 – Salix Grundstücks-Vermietungsgesellschaft, ECLI:EU:C:2009:345 Rz. 40, UR 2009, 484 m. Anm. *Küffner*, m.w.N.
3 EuGH v. 4.6.2009 – Rs. C-102/08 – Salix Grundstücks-Vermietungsgesellschaft, ECLI:EU:C:2009:345 Rz. 43, UR 2009, 484 m. Anm. *Küffner*.
4 Vgl. zu Art. 4 Abs. 5 Unterabs. 4 der 6. EG-RL EuGH v. 4.6.2009 – Rs. C-102/08 – Salix Grundstücks-Vermietungsgesellschaft, ECLI:EU:C:2009:345 Rz. 55 f., UR 2009, 484 m. Anm. *Küffner*.
5 BFH v. 17.2.2009 – XI R 67/06, Rz. 46, BFHE 224, 183 = BStBl. II 2013, 967 = UR 2009, 352.
6 Vgl. *Hüttemann*, UR 2006, 441 (451).
7 BFH v. 17.2.2009 – XI R 67/06, Rz. 46, BFHE 224, 183 = BStBl. II 2013, 967 = UR 2009, 352.
8 Vgl. *Hüttemann*, UR 2006, 441 (451).
9 BFH v. 25.4.2013 – V R 7/11, Rz. 31, BFHE 241, 475 = BStBl. II 2013, 976.

tungen keine systematische Gewinnerzielung anstreben und etwaige Gewinne nicht verteilt werden.

10.61 Art. 133 Buchst. c) MwStSystRL stellt im Vergleich zu Art. 133 Buchst. d) MwStSystRL hinsichtlich der Preisgestaltung eine **Spezialbestimmung** dar.[1] Möchte ein Mitgliedstaat als einschränkendes Merkmal für die Steuerbefreiung also die Preisgestaltung wählen, muss er davon in der in Art. 133 Buchst. c) MwStSystRL vorgeschriebenen Weise Gebrauch machen. Die Bestimmung würde nämlich unterlaufen, wenn es den Mitgliedstaaten möglich wäre, sie nur teilweise umzusetzen und dies mit einer anderen Bedingung des Art. 133 MwStSystRL zu begründen.[2] Hinsichtlich Art. 133 Buchst. c) MwStSystRL ist zudem zu beachten, dass es nach dem Zweck der Regelung nicht schädlich sein kann, wenn die vorgesehene behördliche Genehmigung sogar durch ein Gericht erfolgt.[3]

### b) Richtlinienkonforme Auslegung der Wahlrechtsausübung?

10.62 Fraglich ist, welche **Rechtsfolgen** eintreten, wenn die nationalen Regelungen nicht den Vorgaben der Richtlinie bezüglich der Wahlrechtsausübung entsprechen. Zum einen kommt eine richtlinienkonforme Auslegung der nationalen Vorschrift in Betracht, andernfalls wäre auch an eine unmittelbare Berufung auf die Richtlinie selbst zu denken.

10.63 Die Pflicht zur **richtlinienkonformen Auslegung**, welche sich aus der Bindung der Mitgliedstaaten an das Gemeinschaftsrecht ergibt, findet ihre Grenze im äußersten Wortlaut der nationalen Bestimmungen, so dass sie nicht uneingeschränkt möglich ist.[4] Eine richtlinienkonforme Auslegung der nationalen Vorschriften kommt somit immer nur dann in Betracht, wenn sie sich noch in den Grenzen des Wortlauts der nationalen Regelung bewegt oder aber der Wortlaut mittels Auslegung so eingeschränkt werden kann, dass der Wille des Gesetzgebers, die Richtlinie korrekt umzusetzen, deutlich wird.[5]

10.64 Voraussetzung dafür ist jedoch, dass eine **Wahlrechtsausübung** nach Art. 133 MwStSystRL überhaupt **im Wege der richtlinienkonformen Auslegung** möglich ist. Dagegen könnte sprechen, dass nach der aktuellen Rechtsprechung des EuGHs Wahlrechte der Mitgliedstaaten ausdrücklich durch parlamentarischen Akt ausgeübt werden müssen.[6] Hintergrund ist, dass eine bloß richtlinienkonforme Praxis – ohne entsprechende gesetzliche Umsetzung – nicht ausreichend ist, um Gemeinschaftskonformität herzustellen, da dies den Grundsätzen der Klarheit und Rechtssicherheit widersprechen würde.[7] Dies kann jedoch insoweit jedenfalls nicht gelten, als dass es sich um nationale Steuerbefreiungen handelt, die bereits vor Erlass der 6. EG-RL im nationalen Recht verankert waren. Denn in diesen Fällen ist die ausdrückliche Wahlrechtsausübung durch parlamentarischen Akt grundsätzlich nicht möglich. Eine Pflicht zur richtlinienkonformen Auslegung besteht unabhängig davon, ob es sich um eine vor oder nach der Richt-

1 BFH v. 17.2.2009 – XI R 67/06, Rz. 52, BFHE 224, 183 = BStBl. II 2013, 967 = UR 2009, 352; v. 11.3.2009 – XI R 68/06, Rz. 53, BFH/NV 2009, 1464; *Hüttemann*, UR 2006, 441 (452).

2 BFH v. 17.2.2009 – XI R 67/06, Rz. 52, BFHE 224, 183 = BStBl. II 2013, 967 = UR 2009, 352; v. 11.3.2009 – XI R 68/06, Rz. 53, BFH/NV 2009, 1464; vgl. auch *Hüttemann*, UR 2006, 441 (452).

3 BFH v. 11.3.2009 – XI R 68/06, Rz. 49, BFH/NV 2009, 1464; v. 25.4.2013 – V R 7/11, Rz. 33, BFHE 241, 475 = BStBl. II 2013, 976.

4 *Hüttemann*, UR 2006, 441 (453).

5 Vgl. *Hüttemann*, UR 2006, 441 (453).

6 Vgl. EuGH v. 15.11.2012 – Rs. C-174/11 – Zimmermann, ECLI:EU:C:2012:716 Rz. 55 f. = UR 2013, 35.

7 Vgl. *Berger/Kindl/Wakounig*, MwStSystRL, S. 23.

linie erlassene Vorschrift handelt.[1] Zudem erscheint es fraglich, ob der EuGH den Mitgliedstaaten überhaupt vorschreiben kann, in welcher Art und Weise diese die ihnen eingeräumten Wahlrechte auszuüben haben. Im Übrigen sind alle Träger der öffentlichen Gewalt, d.h. die Verwaltung, die Gerichte und der Gesetzgeber zur richtlinienkonformen Auslegung verpflichtet. Die Pflicht zur richtlinienkonformen Auslegung ergibt sich aus dem Unionsrecht und nicht nur aus dem nationalen Umsetzungsgesetz.[2] Es ist demnach nicht nur bei der Umsetzung in nationales Recht auf die Richtlinienkonformität zu achten, sondern auch bei der Anwendung von bereits umgesetzten nationalen Vorschriften.[3] Das Gebot der richtlinienkonformen Auslegung gilt ebenso bei Fehlen oder vor Erlass eines Umsetzungsaktes.[4]

Für den Fall, dass eine richtlinienkonforme Auslegung der nationalen Bestimmungen ausscheidet, da diese gegen den im Gesetz niedergelegten Willen des Gesetzgebers verstoßen würde, kommt eine **unmittelbare Berufung** des Steuerpflichtigen **auf** eine für ihn günstige Regelung der **Richtlinie** in Betracht, wenn diese Regelung inhaltlich klar und hinreichend bestimmt ist.[5] Ein Mitgliedstaat kann dem Einzelnen nach Auffassung des EuGH[6] auch nicht entgegenhalten, dass der Staat es unterlassen hat, die in Art. 133 MwStSystRL vorgesehenen Beschränkungen zu erlassen. Bei fehlerhafter nationaler Umsetzung des mitgliedschaftlichen Wahlrechts kann der Steuerpflichtige sich somit unmittelbar auf die Steuerbefreiung nach der Richtlinie berufen, wenn diesbezüglich die bereits genannten Voraussetzungen erfüllt sind.[7] Demnach wird eine richtlinienkonforme Auslegung eines Wahlrechts nach Art. 133 MwStSystRL solange nicht vorgenommen, sofern aus der nationalen Vorschrift nicht ersichtlich ist, dass der Mitgliedstaat von einer oder mehreren der in Art. 133 MwStSystRL eingeräumten Gestaltungsmöglichkeiten Gebrauch machen wollte. Wenn dagegen der Wortlaut der nationalen Vorschrift nahelegt, dass entsprechend einer Regelung in Art. 133 Buchst. a), b), c) oder d) MwStSystRL eine anerkannte Einrichtung sozialen Charakters näher definiert werden sollte, ist diese Charakterisierung richtlinienkonform auszulegen. Hat der nationale Gesetzgeber beispielsweise nach Art. 133 Buchst. a) MwStSystRL festgelegt, dass keine systematische Gewinnerzielung angestrebt werden darf, das Verteilungsverbot nach Art. 133 Buchst. a) Halbs. 2 MwStSystRL aber nicht in das Gesetz aufgenommen, ist dies in richtlinienkonformer Auslegung als weiteres Erfordernis im nationalen Recht zu ergänzen, da derjenige, der keine Gewinnerzielung anstrebt, aber durchaus auch einmal Überschüsse erzielen darf, auch nichts zu verteilen hat, so dass es sich um eine klarstellende Ergänzung handelt. 10.65

### c) Kombination der Wahlrechtsausübung mit der Definition der anerkannten Einrichtung

Den Mitgliedstaaten kommt nicht nur das Wahlrecht nach Art. 133 MwStSystRL zu, sondern sie haben auch in Art. 132 MwStSystRL die Möglichkeit, die **Einrichtungen** sozialen Charakters, die anerkennungsfähig sind, zu **definieren**. In den nationalen Gesetzen können beide Ge- 10.66

---

1 EuGH v. 13.11.1990 – Rs. C-106/89 – Marleasing, Rz. 8, Slg. 1990, I-4135.

2 *Remien* in Schulze/Zuleeg/Kadelbach³, Europarecht – Hdb. f. d. dt. Rechtspraxis, § 14 Rz. 31.

3 Vgl. *Berger/Kindl/Wakounig* (Hrsg.), MwStSystRL, S. 23; *Roth/Jopen* in Riesenhuber³, Europäische Methodenlehre: Hdb. f. Ausbildung u. Praxis, § 13 Rz. 15.

4 *Remien* in Schulze/Zuleeg/Kadelbach³, Europarecht – Hdb. f. d. dt. Rechtspraxis, § 14 Rz. 31.

5 EuGH v. 19.1.1982 – Rs. C-8/81 – Kreditvermittler, ECLI:EU:C:1982:7 Rz. 25, UR 1982, 70 m. Anm. *Weiss* = UR 1982, 71; v. 10.9.2002 – Rs. C-141/00 – Kügler, ECLI:EU:C:2002:473 Rz. 51, UR 2002, 513.

6 EuGH v. 10.9.2002 – Rs. C-141/00 – Kügler, ECLI:EU:C:2002:473 Rz. 52, UR 2002, 513.

7 Vgl. *Hüttemann*, UR 2006, 441 (454).

staltungsmöglichkeiten kombiniert werden, indem die Einrichtung sozialen Charakters dergestalt tatbestandlich erfasst wird, dass damit gleichzeitig vom Wahlrecht nach Art. 133 MwStSystRL Gebrauch gemacht wird. Beispielsweise ist eine richtlinienkonforme und damit einschränkende Auslegung des Begriffs der „Wohlfahrtspflege" in § 4 Nr. 18 UStG grundsätzlich möglich, allerdings sprechen Gründe der Rechtssicherheit und Praktikabilität sowie unerwünschte Rückwirkungen auf das nationale Recht (§ 66 Abs. 2 AO, Vorschriften über das Gemeinnützigkeitsrecht) dagegen.[1] Deshalb sollte vorzugsweise an den unionsrechtlichen Begriff der „Einrichtungen mit sozialem Charakter" angeknüpft werden, und dieser dann in Abhängigkeit von den nationalen Vorschriften zur Gemeinnützigkeit näher ausgestaltet werden.[2] Da eine entsprechende Änderung des § 4 Nr. 18 UStG bislang jedoch nicht erfolgt ist, stellt sich die Frage, inwieweit der Begriff der Wohlfahrtspflege in § 4 Nr. 18 UStG selbst richtlinienkonform einschränkend ausgelegt werden kann.

10.67 Aufgrund der begrifflichen Nähe der Wohlfahrtspflege zur „Sozialfürsorge und sozialen Sicherheit" in Art. 132 Abs. 1 Buchst. g) MwStSystRL könnte man erwägen, diesen Begriff auf Mitgliedseinrichtungen der amtlich anerkannten Verbände der freien Wohlfahrtspflege zu beschränken. Fraglich ist jedoch, ob diese Mitgliedschaft alleine, also als **abschließendes Kriterium** für die Anerkennung von Einrichtungen mit sozialem Charakter, zulässig wäre. Dagegen sprechen sowohl historische als auch wirtschaftliche Gesichtspunkte.[3]

10.68 Der Begriff der Wohlfahrtspflege sollte vielmehr darüber hinaus in Anknüpfung an die nationalen Vorschriften des Gemeinnützigkeitsrechts **einschränkend ausgelegt** werden. Für eine solche Beschränkung der Steuerbefreiung auf steuerbegünstigte Einrichtungen i.S.d. §§ 51 ff. AO spricht, dass diese Körperschaften nach den satzungsmäßigen und tatsächlichen Gegebenheiten ausschließlich gemeinnützigen, mildtätigen oder kirchlichen Zwecken dienen und ihre Tätigkeit somit per Definition im Gemeinwohlinteresse liegt. Dafür spricht auch, dass die Mitgliedschaften nach eigenem Ermessen Kriterien aufstellen können, um den Kreis der steuerbefreiten Einrichtungen zu bestimmen und hierbei auch an spezifische nationale Vorschriften anknüpfen können, wie vorliegend z.B. an die steuerlichen Vorschriften zur Gemeinnützigkeit. Zudem lässt die Regelung des Art. 133 Buchst. a) MwStSystRL es ohne weiteres zu, dass die Mitgliedstaaten gewinnorientiere Einrichtungen von der Steuerbefreiung ausschließen können. Allerdings vertritt der BFH die These, gemeinnützige Einrichtungen seien kein geeigneter Anknüpfungspunkt, da Art. 133 Buchst. a) MwStSystRL autonom unionsrechtlich auszulegen sei und die MwStSystRL verbiete, die Steuerbegünstigung von zusätzlichen Voraussetzungen abhängig zu machen.[4] Das Rechtsproblem ergibt sich daraus, dass Art. 132, 133 MwStSystRL den Nationalstatuten in Bezug auf zahlreiche Umsätze Anerkennungen, Bestimmungen oder Wahlrechte zubilligt. Wird dies in der Zusammenschau ausgelegt, können gemeinnützige Einrichtungen taugliche begünstigungsfähige Steuerpflichtige sein. Die Vorlage des BFH verengt die Fragestellung, macht die Rechtsproblematik aber deutlich. Im Ergebnis erlaubt Art. 132 Abs. 1a) MwStSystRL den nationalen Gesetzgeber in Verbindung mit Art. 133 Abs. 1a) MwStSystRL die Steuerbegünstigung auf Dienstleistungen gemeinnütziger Körperschaften zu beschränken. Gemeinnützige Organisationen sind typische Einrichtungen ohne Gewinnstreben, daneben sind auch andere gewinnlose Einrichtungen denkbar, die sich ggfs. in richtlinienkonformer Auslegung der nationalen Norm auf die Steuerfreiheit berufen könnten, ohne alle strengen Gemeinnützigkeitsvoraussetzungen zu erfüllen,

1 Vgl. *Hüttemann/Schauhoff*, MwStR 2013, 426 (434 f.).
2 Vgl. *Hüttemann/Schauhoff*, MwStR 2013, 426 (435).
3 Vgl. *Hüttemann/Schauhoff*, MwStR 2013, 426 (433 f.).
4 BFH v. 21.6.2018 – V R 20/17.

wenn sie denn gewinnlos i.S.d. EuGH-Rechtsprechung sind. Die autonome unionsrechtliche Auslegung verlangt keinen Ausschluss gemeinnütziger Körperschaften als typisch Gewinnloser, sondern ggfs. die Ergänzung um andere gewinnlose Körperschaften.

**Gemeinnützigen Einrichtungen** ist eine Gewinnverwendung außerhalb der gemeinnützigen Zweckverwirklichung verboten. Soweit es auch andere, nicht gemeinnützige Organisationen gibt, die tatsächlich Wohlfahrtszwecke verfolgen und ohne Gewinnstreben agieren, können sie durch richtlinienkonforme Auslegung des § 4 Nr. 18 UStG gleichfalls in den Genuss der Steuerbefreiung kommen. Die Mitgliedstaaten dürfen nach Art. 131 MwStSystRL bei der Ausgestaltung der Steuerbefreiung Gesichtspunkte der einfachen Anwendung berücksichtigen. Deswegen können sie bei der Wahlrechtsausübung berücksichtigen, dass bei juristischen Personen im Gegensatz zu der Tätigkeit von natürlichen Personen eine einfache Trennung des gewinnlosen Tätigkeitsbereichs von der persönlichen Sphäre möglich ist. Daher können, wie im deutschen Recht, die Gemeinnützigkeitsvorschriften Körperschaften des privaten Rechts vorbehalten bleiben. Zwar ließe sich darüber diskutieren, ob nicht auch bei Personengruppen wie einer GmbH & Co. KG eine derartig einfache Trennung möglich ist. Doch ist es dem nationalen Gesetzgeber bei der Wahrnehmung seiner Gestaltungsmöglichkeiten nach Art. 131 ff. MwStSystRL unbenommen, bei der Definition der Einrichtung auf vorhandene nationale Kontrollmechanismen zurückzugreifen, wie diese für gemeinnützige Körperschaften bestehen. Bei der Auslegung des § 4 Nr. 18 UStG ist allerdings auch zu beachten, dass die Richtlinienkonformität die Beachtung der Spezialität anderer Steuerbefreiungsvorschriften nach Art. 132 MwStSystRL erfordert. Da diese Unterscheidung in der Richtlinie angelegt ist, kann sie nicht zu Wettbewerbsverzerrungen führen, die gegen das Neutralitätsgebot verstoßen.[1] 10.69

Weiterhin ist anzumerken, dass die mitgliedschaftlichen Wahlrechte **keinen abschließenden Charakter** dergestalt aufweisen, dass nur die dort genannten Einschränkungen möglich wären. Diese Bedingungen können vielmehr zusätzlich zu den in den einzelnen Steuerbefreiungsvorschriften aufgestellten Voraussetzungen gesetzt werden. Die Mitgliedstaaten müssen also unabhängig von den eingeräumten Wahlrechten die Voraussetzungen der einzelnen Steuerbefreiungen genauer festlegen, so dass der Anknüpfung an das Gemeinnützigkeitsrecht doppelter Regelungsgehalt zukommen kann. 10.70

### 5. Eine oder mehrere der folgenden Bedingungen im Einzelfall

Das Wahlrecht der Mitgliedstaaten besteht dahingehend, dass sie die Gewährung bestimmter Steuerbefreiungen bei Einrichtungen, die keine Einrichtungen des öffentlichen Rechts sind, nach Art. 133 MwStSystRL von einer oder mehrerer der dort genannten Bedingungen abhängig machen können. Ob und in welchem Umfang sie von diesem Wahlrecht Gebrauch machen, steht im **Ermessen** der Mitgliedstaaten, wobei allerdings die jeweils genannten Bedingungen dann jeweils vollständig in das nationale Recht umgesetzt werden müssen und die Wahlrechtsausübung eindeutig und klar vorgenommen sein muss (Rz. 10.58).[2] 10.71

---

1 Vgl. EuGH v. 15.11.2012 – Rs. C-174/11 – Zimmermann, ECLI:EU:C:2012:716, UR 2013, 35.

2 Vgl. *Hüttemann*, UR 2006, 441 (451); BFH v. 17.2.2009 – XI R 67/06, Rz. 46, BFHE 224, 183 = BStBl. II 2013, 967 = UR 2009, 352.

## 6. Gewinnlosigkeit und Ausschüttungsverbot

### a) Keine systematische Gewinnerzielung anstreben

10.72 Hinsichtlich dieser ersten Bedingung ist insbesondere fraglich, wie die **Gewinnlosigkeit** und das Ausschüttungsverbot sichergestellt werden können und vor allem, wie eine solche Gewinnlosigkeit festzustellen ist bzw. woran man sie misst.

10.73 Der EuGH[1] stellte zunächst einmal fest, dass bei Beantwortung der Frage, ob eine Einrichtung als eine solche „ohne Gewinnstreben" anzusehen ist, auf **sämtliche Tätigkeiten** dieser Einrichtung abzustellen ist. Möglich ist somit, dass mit einzelnen Umsätzen Gewinne erwirtschaftet werden, um damit die Verluste aus anderen sozialen Dienstleistungen auszugleichen.

10.74 Nach dem EuGH ist die Bedingung des Art. 133 Buchst. a) MwStSystRL, wonach die befreiten Einrichtungen keine systematische Gewinnerzielung anstreben dürfen, so auszulegen, dass diese Voraussetzungen auch dann noch erfüllt sind, wenn zwar systematisch die Erzielung von Überschüssen angestrebt wird, diese **Überschüsse** dann aber nicht an ihre Mitglieder ausgeschüttet, sondern für die Durchführung der sozialen Dienstleistungen, beispielsweise dem **Ausbau des Leistungsangebots, verwendet** werden.[2] Insbesondere verbiete die MwStSystRL es den begünstigen Einrichtungen nicht, das Geschäftsjahr mit einem positiven Saldo abzuschließen, da ihnen ansonsten die Möglichkeit genommen wäre, Rücklagen für die Finanzierung der Erhaltung und künftigen Verbesserung ihrer Anlagen zu bilden.[3] Nicht Gewinne i.S.v. Überschüssen am Ende des Geschäftsjahres führen dazu, dass eine Einrichtung nicht mehr als eine solche ohne Gewinnstreben qualifiziert werden kann, sondern Gewinne i.S.v. finanziellen Vorteilen für die Mitglieder oder Gesellschafter der Einrichtung oder für die handelnde Person sind verboten.[4] Zulässig ist es aber, dass die Mitglieder die Investition der Einrichtung mit Darlehen vorfinanzieren und diese dann durch Gewinne der Einrichtung getilgt werden.[5]

10.75 Damit Art. 133 Buchst. a) MwStSystRL nicht gegenstandslos wird, verbietet der unionsrechtliche Grundsatz der steuerlichen Neutralität es dem nationalen Gesetzgeber außerdem, wenn er von seinem Wahlrecht nach Art. 133 Buchst. a) MwStSystRL **keinen Gebrauch** gemacht hat, verschiedene in Art. 132 MwStSystRL genannte soziale Leistungen hinsichtlich der Umsatzbesteuerung danach unterschiedlich zu behandeln, ob die erbringenden Einrichtungen Gewinnerzielung anstreben oder nicht.[6]

10.76 Deutschland hat auch mit dem Tatbestandsmerkmal **„überwiegend zur Deckung der Kosten"** in § 4 Nr. 22 Buchst. a) und Nr. 25 S. 3 Buchst. a) UStG die Bedingung der Gewinnlosigkeit und des Ausschüttungsverbots nach Art. 133 Buchst. a) MwStSystRL nicht wirk-

1 EuGH v. 21.3.2002 – Rs. C-174/00 – Kennemer Golf, ECLI:EU:C:2002:200, UR 2002, 320 m. Anm. *Widmann.*

2 EuGH v. 21.3.2002 – Rs. C-174/00 – Kennemer Golf, ECLI:EU:C:2002:200 Rz. 35, UR 2002, 320 m. Anm. *Widmann*; FG München v. 29.3.2017 – 3 K 855/15.

3 EuGH v. 21.3.2002 – Rs. C-174/00 – Kennemer Golf, ECLI:EU:C:2002:200 Rz. 28, UR 2002, 320 m. Anm. *Widmann*; ähnlich auch für das Gemeinnützigkeitsrecht BFH v. 27.11.2013 – I R 17/12, BFHE 244, 194 = FR 2014, 846 = GmbHR 2014, 778 = FR 2014, 769 = DStR 2014, 944.

4 EuGH v. 21.3.2002 – Rs. C-174/00 – Kennemer Golf, ECLI:EU:C:2002:200 Rz. 30, UR 2002, 320 m. Anm. *Widmann.*

5 FG München v. 29.3.2017 – 3 K 855/15.

6 EuGH v. 26.5.2005 – Rs. C-498/03 – Kingscrest Associates und Montecello, ECLI:EU:C:2005:322 Rz. 40, 42, UR 2005, 453.

sam umgesetzt und damit nicht von seinem Wahlrecht Gebrauch gemacht. Die Aussage, dass die Einnahmen überwiegend zur Deckung der Kosten verwendet werden, beinhaltet nicht, dass die Einrichtungen keine systematische Gewinnverteilung anstreben dürfen.[1] Sie regelt vielmehr nur, dass die Einnahmen lediglich hälftig der Kostendeckung dienen müssen, also Gewinne durchaus systematisch erwirtschaftet und verteilt werden dürfen.[2] Allerdings ergibt sich aus der in Bezug genommenen Gemeinnützigkeit das Verbot der Gewinnverteilung.

Demnach sieht Art. 133 Buchst. a) MwStSystRL vor, dass die Einrichtung zum einen nach ihrem Zweck insgesamt dauerhaft gewinnlos arbeitet und insbesondere Mitglieder oder Gesellschafter weder offen noch verdeckt Ausschüttungen erhalten. Für **gemeinnützige Einrichtungen** in Deutschland liegt diese Voraussetzung vor, da sie nach § 55 AO selbstlos agieren müssen und Gewinnausschüttungen zugunsten der Mitglieder oder Gesellschafter verboten sind (§ 55 Abs. 1 Nr. 3 AO). 10.77

### b) Ausschüttungsverbot

Wenn somit eine zeitweise oder partielle Gewinnerzielung von Art. 133 Buchst. a) MwStSystRL ermöglicht wird, muss in jedem Fall die Verwendung der Gewinne für private Zwecke der handelnden Personen oder der Mitglieder oder Gesellschafter oder Dritter ausgeschlossen sein. Niemand darf begünstigt werden, wie es auch § 55 Abs. 1 Nr. 3 AO für gemeinnützige Organisationen vorschreibt. Allerdings verlangt Art. 133 Buchst. a) Halbs. 2 MwStSystRL nach seinem Wortlaut, dass erwirtschaftete Gewinne zur **Erhaltung** oder **Verbesserung** der nach Art. 132 MwStSystRL **steuerbefreit erbrachten Leistungen** verwendet werden. Eine Quersubventionierung ist damit nur innerhalb der jeweiligen Steuerbefreiungsnorm nach Art. 132 MwStSystRL möglich.[3] Dies kann sichergestellt werden, indem für die jeweilige Sparte einer sozialen Einrichtung eine Spartenrechnung vorgelegt wird und ggf. Rücklagen aus erzielten Gewinnen gebildet werden. Das Ausschüttungsverbot ergibt sich folgerichtig aus der Gewinnlosigkeit und kann daher ggf. mittels richtlinienkonformer Auslegung ergänzt werden (Rz. 10.62 ff.) 10.78

## 7. Ehrenamtlichkeit

Vom Mitgliedstaat kann festgelegt werden, dass die Einrichtung nach der Richtlinie im Wesentlichen **ehrenamtlich** geleitet und verwaltet wird. 10.79

Durch die Bedingung der ehrenamtlichen Leitung kann abgesichert werden, dass die Einrichtung **keine kommerziellen Ziele** verfolgt. Nach Auffassung des EuGH[4] setzt dies voraus, dass die beteiligten Personen kein finanzielles Eigeninteresse aufgrund einer Vergütung oder Gewinnverteilung haben dürfen und selbst mittelbare finanzielle Interessen ausgeschlossen sein müssen.[5] Dies betrifft allerdings nur die Mitglieder der Einrichtung, denen nach der Satzung die Leitung und Verwaltung der Einrichtung übertragen ist oder die auch ohne eine satzungsmäßige Bestimmung die Einrichtung faktisch – insbesondere im Bereich der Finan- 10.80

---

1 *Kulmsee* in Reiß/Kraeusel/Langer, § 4 Nr. 22 UStG Rz. 12 (Stand: April 2013).
2 *Kulmsee* in Reiß/Kraeusel/Langer, § 4 Nr. 22 UStG Rz. 12 und 48 (Stand: April 2013).
3 *Hüttemann/Schauhoff*, MwStR 2013, 426 (436).
4 EuGH v. 21.3.2002 – Rs. C-267/00 – Zoological Society, ECLI:EU:C:2002:202, UR 2002, 327.
5 So auch zur 6. EG-RL *Birkenfeld* in Hartmann/Metzenmacher, UStG, Band 2, Rz. D 110 (Stand: April 2003).

zen – führen und übergeordnete Kontrollaufgaben wahrnehmen.[1] Die Beschränkung gilt also insbesondere auch für Personen, die als Angestellte der Einrichtung geschäftsführende oder lenkende Aufgaben haben, aber nicht nach der Satzung für das wirtschaftliche Ergebnis verantwortlich gemacht werden können.[2] Sie bezieht sich hingegen nicht auf die Gesamtheit von Personen, die in irgendeiner Weise in der Verwaltung der Einrichtung gegen Entgelt tätig werden, da die MwStSystRL keine grundsätzlichen Einschränkungen für die Beschäftigung von Personal gegen Entgelt vorsieht.[3] Somit bleibt es der Einrichtung unbenommen, andere Personen zur Erfüllung ihrer Aufgaben gegen Entgelt zu beschäftigen.[4]

10.81 Es ist insoweit **Aufgabe der sachlich zuständigen nationalen Stellen**, für die einzelne betroffene Einrichtung zu bestimmen, für welche Personen die Ehrenamtlichkeit gilt und welche Personen demnach das Erfordernis, an den Ergebnissen der Einrichtung finanziell nicht interessiert zu sein, erfüllen müssen.[5]

10.82 Im Wesentlichen ehrenamtlich ist die Leitung auch dann noch, wenn die Vergütung, die die Entscheidungsträger von der Einrichtung erhalten, entsprechend angepasst ist, d.h. nur geringe oder symbolische Vergütungen gezahlt werden, oder das entgeltlich beschäftigte Personal nur unwesentlich für die zentralen Entscheidungen hinzugezogen wird.[6] Diese Umstände reichen nämlich nicht aus, um der Tätigkeit ihren im Wesentlichen **ehrenamtlichen Charakter** zu nehmen.[7] Andererseits bedeutete dies, dass die gesamte Leitung der Einrichtung grundsätzlich in den Händen unentgeltlich tätiger Personen liegen muss.[8]

10.83 Soziale Einrichtungen mit wirtschaftlichem Gewicht werden regelmäßig von hauptamtlich tätigen Personen geleitet. Letztlich will die Bedingung des Art. 133 Buchst. b) MwStSystRL ebenfalls die **gewinnlose Ausrichtung der Einrichtung absichern**. Art. 133 Buchst. a) MwStSystRL regelt dies umfassender, so dass die Einschränkung nach Art. 133 Buchst. b) MwStSystRL allenfalls zusätzlich mit der Folge festgelegt werden kann, dass nur ein kleiner Kreis von Einrichtungen sozialen Charakters in den Genuss einer Steuerbefreiung nach Art. 132 MwStSystRL kommt.

---

1 *Langer* in Reiß/Kraeusel/Langer, Art. 131-137 MwStSystRL Rz. 78 (Stand: August 2013); so auch zur 6. EG-RL *Birkenfeld* in Hartmann/Metzenmacher, UStG, Band 2, Rz. D 110 (Stand: April 2003); *Hüttemann/Schauhoff*, MwStR 2013, 426 (430); EuGH v. 21.3.2002 – Rs. C-267/00 – Zoological Society, ECLI:EU:C:2002:202 Rz. 20 f., UR 2002, 327.

2 *Langer* in Reiß/Kraeusel/Langer, Art. 131-137 MwStSystRL Rz. 78 (Stand: August 2013); *Hüttemann/Schauhoff*, MwStR 2013, 426 (430).

3 EuGH v. 21.3.2002 – Rs. C-267/00 – Zoological Society, ECLI:EU:C:2002:202 Rz. 19, UR 2002, 327.

4 *Langer* in Reiß/Kraeusel/Langer, Art. 131-137 MwStSystRL Rz. 78 (Stand: August 2013).

5 EuGH v. 21.3.2002 – Rs. C-267/00 – Zoological Society, ECLI:EU:C:2002:202 Rz. 22, UR 2002, 327.

6 *Langer* in Reiß/Kraeusel/Langer, Art. 131-137 MwStSystRL Rz. 78 (Stand: August 2013); EuGH v. 21.3.2002 – Rs. C-267/00 – Zoological Society, ECLI:EU:C:2002:202 Rz. 25, UR 2002, 327.

7 EuGH v. 21.3.2002 – Rs. C-267/00 – Zoological Society, ECLI:EU:C:2002:202 Rz. 25, UR 2002, 327.

8 *Langer* in Reiß/Kraeusel/Langer, Art. 131-137 MwStSystRL Rz. 78 (Stand: August 2013); EuGH v. 21.3.2002 – Rs. C-267/00 – Zoological Society, ECLI:EU:C:2002:202 Rz. 25, UR 2002, 327.

## 8. Preisregulierung

Staatlich kontrollierte Preise dienen dazu, die **Bezahlbarkeit von Leistungen** für die Bevölkerung anzustreben und sicherzustellen. Entsprechende Umsätze können daher begünstigt behandelt werden, denn die Wettbewerbsgleichheit ist an regulierten Märkten von vorneherein gegeben und dem Mitgliedstaat steht es somit frei, ob er den Vorteil der Steuerfreiheit allen Anbietern auf diesem Markt gewährt.[1] Staatlich kontrollierte Preise werden demnach begünstigt behandelt.[2] 10.84

Art. 133 Buchst. c) MwStSystRL stellt eine **Spezialbestimmung** hinsichtlich der Preisgestaltung dar, so dass die Preisgestaltung als einschränkendes Merkmal für die Gewährung einer Steuerbefreiung nur in der dort vorgeschriebenen Form verwendet werden darf.[3] Denn diese Bestimmung würde unterlaufen und sich als überflüssig erweisen, wenn es den Mitgliedstaaten erlaubt wäre, sie nur teilweise umzusetzen. 10.85

§ 4 Nr. 18 Buchst. c) UStG setzt u.a. voraus, dass die Entgelte „hinter den durchschnittlich für gleichartige Leistungen von Erwerbsunternehmen verlangten Entgelten zurückbleiben", sog. **Abstandsgebot**. Diese Regelung verstößt insoweit gegen Art. 133 Buchst. c) MwStSystRL, als dass sie einschränkungslos gilt und Umsätze zu „genehmigten Preisen" nicht ausdrücklich aus ihrem Anwendungsbereich ausnimmt, denn die Richtlinie sieht einen Entgeltvergleich für genehmigte Preise gerade nicht vor.[4] Eine solche nur partielle Ausübung des Wahlrechts ist jedoch mit den Vorgaben des Art. 133 MwStSystRL, an dessen Wortlaut die Mitgliedstaaten hinsichtlich des Inhalts der Steuerbefreiungen gebunden sind, und dem unionsrechtlichen Ziel der Vereinheitlichung der Steuerbefreiungen nicht vereinbar.[5] Zudem erfüllt die behördliche Preisgenehmigung bereits die Funktion des Abstandsgebotes. Das Abstandsgebot möchte verhindern, dass für gewinnorientierte Tätigkeiten eine Steuerbefreiung gewährt wird. Die Gewinnabsicht wird hierbei anhand eines Vergleichs der vereinbarten Entgelte ermittelt. Aufgrund der vorangegangenen behördlichen Preiskontrolle ist ein solcher Vergleich bei genehmigten Preisen jedoch entbehrlich.[6] Aus denselben systematischen Erwägungen, insbesondere der in der Richtlinie vorgesehenen Differenzierung zwischen genehmigten und nicht genehmigungsbedürftigen Preisen, kann das uneingeschränkte Abstandsgebot zudem nicht auf Art. 133 Buchst. d) MwStSystRL gestützt werden.[7] 10.86

Die **behördliche Kontrolltätigkeit** kann dabei nicht nur durch eine Verwaltungsbehörde, sondern auch durch ein Gericht oder den Gesetzgeber selbst (z.B. durch Festlegung eines bestimmten Vergütungssatzes) wahrgenommen werden.[8] 10.87

1 BFH v. 17.2.2009 – XI R 67/06, BFHE 224, 183 = BStBl. II 2013, 967 = UR 2009, 352; v. 11.3.2009 – XI R 68/06, BFH/NV 2009, 1464.
2 BFH v. 17.2.2009 – XI R 67/06, BFHE 224, 183 = BStBl. II 2013, 967 = UR 2009, 352; v. 11.3.2009 – XI R 68/06, BFH/NV 2009, 1464.
3 BFH v. 11.3.2009 – XI R 68/06, BFH/NV 2009, 1464; *Hüttemann*, UR 2006, 441 (452).
4 So zur Vorgängerregelung des Art. 13 Teil A Abs. 2 Buchst. a) 6. EG-RL auch *Hüttemann*, UR 2006, 441 (451).
5 Vgl. *Hüttemann*, UR 2006, 441 (451).
6 Vgl. *Hüttemann*, UR 2006, 441 (456).
7 Vgl. *Hüttemann*, UR 2006, 441 (451 f.).
8 BFH v. 17.2.2009 – XI R 67/06, BFHE 224, 183 = UR 2009, 352 = BStBl. II 2013, 967; v. 11.3.2009 – XI R 68/06, BFH/NV 2009, 1464; *Hüttemann*, UR 2006, 441 (457).

10.88 Im deutschen Sozialrecht gibt es eine Reihe von Bereichen, in denen die Abnehmerpreise für jeden Anbieter genehmigt werden müssen. Allerdings ist Abnehmer häufig nicht der betroffene Bedürftige selbst, sondern gezahlt wird von den staatlichen Einrichtungen oder Sozialkassen, die die Preise nach Verhandlung mit der Sozialeinrichtung festlegen. Auch dies ist eine Preisgenehmigung i.S.d. Art. 133 Buchst. c) MwStSystRL. **Unpraktikabel** erscheint die Administrierung des Preisabstandsgebots nach Art. 133 Buchst. c) Halbs. 2 MwStSystRL außerhalb von staatlich genehmigten Preisen, da dies eine vollständige Gleichartigkeit des Leistungsangebotes der Anbieter voraussetzt, was typischerweise vielfach nur mit erheblichem Aufwand und dementsprechend denkbaren Diskussionspunkten feststellbar ist. Eine entsprechende Regelung ist im Regelfall nicht zu empfehlen, da die Umsatzsteuerbefreiung ansonsten von einer Preisprüfung auf einen jeweils zu definierenden Markt abhängt, was kaum praktikabel ist.[1] Werden nämlich bestimmte ausgeführte Leistungen oder einheitliche Leistungsbündel von keinem Erwerbsunternehmen, das seine Umsätze nach kaufmännischen Gesichtspunkten kalkuliert, angeboten, kann auch kein Verstoß gegen das Abstandgebot vorliegen.[2]

## 9. Wettbewerbsverzerrung

10.89 Das Merkmal der Wettbewerbsverzerrung zu Lasten mehrwertsteuerpflichtiger Unternehmen ist **weit gefasst.** Umstritten ist, ob es jedem Mitgliedstaat selbst überlassen bleibt, entsprechende Prüfungskriterien aufzustellen, die eine Wettbewerbsverzerrung zu Lasten nicht begünstigter Unternehmer anzeigen,[3] oder ob es sich um einen autonom auszulegenden europarechtlichen Begriff handelt, der einer nationalen Festlegung nicht zugänglich ist.[4] Jedenfalls ist der Begriff der Wettbewerbsverzerrung derart unbestimmt, dass er sich nicht eignet, seine Anwendung den unterschiedlichen Wertungen zur Wettbewerbslage den jeweils zuständigen Behörden und Gerichten zu überlassen (Rz. 10.16). Je nach Zeitpunkt einer Investition wirkt die Umsatzsteuerbefreiung häufig wettbewerbsverzerrend zu Lasten der Steuerbefreiten, da sie keinen Vorsteuerabzug geltend machen können. Ob diese Form der Wettbewerbsverzerrung auch unzulässig ist, ist ungeklärt. Der EuGH[5] hat jedenfalls entschieden, dass Mitgliedstaaten nicht verpflichtet sind, das Kriterium der Wettbewerbsverzerrung wörtlich ins nationale Recht zu übernehmen oder quantitative Grenzen festzulegen.

10.90 Hinsichtlich des mitgliedstaatlichen Wahlrechts, die Steuerbefreiungen vom Nichtvorliegen von Wettbewerbsverzerrungen abhängig zu machen, ist zu beachten, dass dieses Wahlrecht nicht für die Steuerbefreiung nach **§ 132 Abs. 1 Buchst. f), Buchst. l und o)) MwStSystRL** (Einrichtungen ohne Gewinnstreben) gilt. Ausweislich des Wortlauts dieser Norm ist das Nichtvorliegen von Wettbewerbsverzerrung nämlich bereits zwingendes Tatbestandsmerkmal der Steuerbefreiung selbst. Im Übrigen, also hinsichtlich der weiteren in Art. 133 MwStSystRL genannten Befreiungen, besteht jedoch regelmäßig ein Wahlrecht.

10.91 Eine **schädliche Wettbewerbssituation** i.S.d. Norm ist nicht nur dann gegeben, wenn weitere Unternehmer in räumlicher Nähe zum Steuerpflichtigen vergleichbare Leistungen erbringen, sondern bereits dann, wenn andere Unternehmer vergleichbare Leistungen an einem beliebi-

---

1 Ebenso *Hüttemann/Schauhoff*, MwStR 2013, 426 (434).

2 BFH v. 8.8.2013 – V R 13/12, Rz. 39, UR 2014, 225 = MwStR 2014, 96.

3 So *Langer* in Reiß/Kraeusel/Langer, Art. 131-137 MwStSystRL Rz. 14, 77 (Stand: August 2013); vgl. dazu jetzt auch § 2b Abs. 3 UStG.

4 So *Heidner*, UR 2016, 45 (49).

5 EuGH v. 14.12.2000 – Rs. C-446/98 – Fazenda Publica, ECLI:EU:C:2000:691 Rz. 31, UR 2001, 108 m. Anm. *Widmann*.

gen anderen Ort anbieten könnten. Dies ergibt sich aus dem Zweck der Regelung, wonach nicht nur aktuell vorliegender, sondern auch potentiell gegebener Wettbewerb geschützt werden soll, um eine möglichst gleichmäßige Erhebung der Umsatzsteuer zu erreichen.[1]

Nach der EuGH-Rechtsprechung[2] kann diese Bedingung jedoch nicht in einer Weise ausgelegt werden, die es erlaubt, den Unterscheid zwischen den Wettbewerbsbedingungen zu beseitigen, der sich aus den im Unionsrecht vorgesehenen Steuerbefreiungen selbst ergibt, da eine solche Auslegung den Anwendungsbereich dieser Befreiungen in Frage stellen würde. Durch die Festlegung der Mehrwertsteuerbefreiungen in Art. 132 MwStSystRL nicht nur im Hinblick auf den Gegenstand der erfassten Umsätze, sondern auch anhand bestimmter Merkmale, die die Leistungserbringer erfüllen müssen, **impliziert die Richtlinie unterschiedliche Wettbewerbsbedingungen** für verschiedene Wirtschaftsteilnehmer.[3] Eine nationale Regelung, die bewirkt, dass der Unterschied zwischen den Wettbewerbsbedingungen, der sich aus der Steuerbefreiung selbst ergibt, in Frage gestellt wird, überschreitet demnach die Grenzen der in Art. 133 Buchst. d) MwStSystRL eröffneten Befugnis.[4] 10.92

Fraglich ist zudem, in welchen **Verhältnis Art. 133 Buchst. d) zu Art. 134 Buchst. b) MwStSystRL** steht. Hierbei ist zunächst zu beachten, dass ein gewisser Wettbewerb zwischen steuerpflichtigen und steuerbefreiten Unternehmern bei allen Tätigkeiten im Rahmen der Steuerbefreiungen des Art. 132 MwStSystRL vorkommen dürfte. Dies spricht dafür, das Kriterium des unmittelbaren Wettbewerbs im Ausschlussgrund des Art. 134 Buchst. b) MwStSystRL einschränkend auszulegen, da ansonsten die Steuerbefreiungen in weiten Teilen leerlaufen würden.[5] Weiterhin lässt auch der Wortlaut beider Vorschriften auf eine unterschiedliche Intensität der Wettbewerbsverzerrungen schließen. Art. 133 Buchst. d) MwStSystRL macht das Wahlrecht nämlich vom Nichtvorliegen von bloßer, d.h. auch nur abstrakter Wettbewerbsverzerrung abhängig, wohingegen Art. 134 Buchst. d) MwStSystRL allein den unmittelbaren, also direkten Wettbewerb für schädlich erklärt.[6] Im Ergebnis lässt sich damit festhalten, dass an den Ausschlussgrund des unmittelbaren Wettbewerbs nach Art. 134 MwStSystRL weitaus strengere Voraussetzungen zu stellen sind als an eine Norm, bei der das Wahlrecht des Art. 133 Buchst. d) bezüglich des Vorliegens bloßer Wettbewerbsverzerrungen ausgeübt wurde. In letzterem Fall reicht nämlich das Vorliegen von potentiellem Wettbewerb an einem beliebigen anderen Ort aus, wohingegen bei Art. 134 Buchst. b) MwStSystRL eine tatsächliche räumliche Nähe zum Steuerpflichtigen bestehen muss, die zu unmittelbarem Wettbewerb führt. 10.93

Letztlich ist die Festlegung der zusätzlichen Bedingung der Vermeidung der Wettbewerbsverzerrung nach Art. 133 Buchst. d) MwStSystRL deswegen in aller Regel aus Sicht der Mitgliedstaaten **unzweckmäßig**, weil diese durch die Definition der anerkannten Einrichtung sozialer Art selbst definieren, in welchem Maße gewerbliche oder andere Einrichtungen steuerfrei bestimmte Umsätze ausführen können. Kommt es trotz dieser Festlegung zu einer Wettbewerbsverzerrung, liegt dies im Gestaltungsermessen des Mitgliedstaates. Würde er zusätzlich fest- 10.94

1 Vgl. FG Münster v. 25.9.2014 – 5 K 3700/10 U, Rz. 41, EFG 2014, 2177; EuGH v. 16.9.2008 – Rs. C-288/07 – Isle of Wight Council u.a., ECLI:EU:C:2008:505 Rz. 60 ff.

2 EuGH v. 19.12.2013 – Rs. C-495/12 – Bridport and West Dorset Golf Club, ECLI:EU:C:2013:861 Rz. 37, UR 2014, 192 m. Anm. *Widmann*.

3 EuGH v. 19.12.2013 – Rs. C-495/12 – Bridport and West Dorset Golf Club, ECLI:EU:C:2013:861 Rz. 36, UR 2014, 192 m. Anm. *Widmann*.

4 EuGH v. 19.12.2013 – Rs. C-495/12 – Bridport and West Dorset Golf Club, ECLI:EU:C:2013:861 Rz. 38, UR 2014, 192 m. Anm. *Widmann*.

5 Vgl. *Hüttemann/Schauhoff*, MwStR 2013, 426 (430); eingehend Rz. 10.143 ff.

6 Vgl. *Hüttemann/Schauhoff*, MwStR 2013, 426 (430).

legen, dass die Befreiung nicht zu einer Wettbewerbsverzerrung zum Nachteil gewerblicher Unternehmer führen darf, würde er die selbst gestaltete Definition der Anerkennung pauschal wieder in Frage stellen. Daher ist es allein zweckmäßig, bei der Definition der anerkannten Einrichtung unter Berücksichtigung des Wahlrechtes insbesondere von Art. 133 Buchst. a) MwStSystRL herauszuarbeiten, ob und inwiefern gewinnlose und gewerbliche Unternehmen gleichermaßen in den Genuss der Steuerbefreiung kommen sollen (Rz. 10.53).

### 10. Übergangsregelung

10.95 Die Art. 131-137 MwStSystRL regeln den Umfang der Steuerbefreiungen ohne Vorsteuerabzug abschließend, so dass die Mitgliedstaaten keine weiteren Befreiungen einführen können. Nach Art. 370, 371, 393 können Mitgliedstaaten, die bestimmte Umsätze am 1.1.1978 besteuert hatten bzw. nicht besteuert hatten, diese nach Art. 131-137 MwStSystRL befreiten Umsätze weiterhin besteuern, wenn sie im Anhang X Teil A der MwStSystRL genannt sind, oder weiterhin befreien, wenn sie im Anhang X Teil B der MwStSystRL aufgeführt sind.[1] Diese Übergangsregelungen gelten grundsätzlich fort, Art. 391 räumt den Mitgliedstaaten die Möglichkeit ein, Unternehmen, die an sich steuerfrei gestellt wären, eine Option zur Steuerpflicht zu ermöglichen.

## C. Auslegung der relevanten deutschen Regelungen

### I. § 4 Nr. 14 UStG

10.96 Von der Befugnis die Steuerbefreiung nach § 4 Nr. 14 UStG über Heilbehandlungen und Krankenhausleistungen, welche auf Art. 132 Abs. 1 Buchst. b) MwStSystRL zurückgeht, nach Art. 133 MwStSystRL einzuschränken, hat der nationale Gesetzgeber, wie der BFH[2] zutreffend feststellt, **keinen Gebrauch** gemacht. Eine Umsetzung von Art. 133 MwStSystRL ins nationale Recht ergibt sich insbesondere nicht aus den in § 4 Nr. 14 Buchst. b) S. 2 UStG geregelten Anforderungen für die Anerkennung privatrechtlicher Krankenhäuser.[3] Diese Regelung enthält vielmehr einen sozialversicherungsrechtlichen Bedarfsvorbehalt, der mit den unionsrechtlichen Vorgaben nicht vereinbar ist, denn eine Befugnis zur Kontingentierung von Steuerbefreiungen im Heilbehandlungsbereich zugunsten bestimmter Unternehmer und nach Maßgabe der Bedarfslage ist in der Richtlinie nicht vorgesehen.[4] Die nationale Regelung verstößt damit gegen den Neutralitätsgrundsatz.[5] Die Anbindung an das Sozialversicherungsrecht soll nach der Konzeption der MwStSystRL nämlich gewährleisten, dass eine befreite Einrichtung in sozialer Hinsicht mit einer Einrichtung des öffentlichen Rechts vergleichbar ist.[6] Dies vermag jedoch das Kriterium, ob für eine Einrichtung Bedarf besteht oder nicht, gerade nicht zu

1 Vgl. Art. 370 und 371 sowie Art. 393 MwStSystRL; zur Aufhebung bestimmter Übergangsregelungen durch die 18. EG-Richtlinie vgl. *Langer* in Küffner/Stöcker/Zugmaier, USt, Einf., Rz. 279 ff.; dazu auch EuGH v. 13.7.2017 – Rs. C 633/15 – London Borough of Ealing, ECLJ:EU:C:2017:544.

2 BFH v. 23.10.2014 – V R 20/14, Rz. 28, UR 2015, 235 = BFH/NV 2015, 631 = DB 2015, 476; v. 18.3.2015 – XI R 38/13, Rz. 61, BFHE 249, 380 = UR 2015, 552 = DStR 2015, 1382.

3 Schleswig-Holsteinisches FG v. 17.7.2013 – 4 K 104/12, DStRE 2014, 417 (421).

4 BFH v. 23.10.2014 – V R 20/14, Rz. 19 ff., UR 2015, 235 = BFH/NV 2015, 631 = DB 2015, 476; v. 18.3.2015 – XI R 38/13, Rz. 39, BFHE 249, 380 = UR 2015, 552 = DStR 2015, 1382.

5 BFH v. 23.10.2014 – V R 20/14, Rz. 21, UR 2015, 235 = BFH/NV 2015, 631 = DB 2015, 476.

6 *Pötters*, Umsatzsteuer im Gesundheitswesen, Diss., Köln 2016, 90.

beantworten.[1] Die Anerkennung einer Einrichtung ergibt sich vielmehr aus dem mit der Tätigkeit verbundenen Gemeinwohlinteresse, der Steuerfreiheit vergleichbarer Unternehmer und aus der Kostenübernahme für die erbrachten Leistungen durch die Krankenkassen und Beihilfestellen.[2] Um Unionsrechtskonformität zu erreichen, müsste die Regelung daher im Sinne einer größeren Leistungsbezogenheit der Differenzierung überarbeitet werden.[3]

## II. § 4 Nr. 16 UStG

Nach Rechtsprechung des BFH[4] und der FG[5] folgte aus der früheren Verweisung des § 4 10.97
Nr. 16 Buchst. b) UStG a.F. i.V.m. § 67 AO auf die Bundespflegesatzverordnung nicht, dass für die Pflege- und Betreuungsleistung von den zuständigen Behörden genehmigte Preise anzuwenden waren. Es handelte sich insoweit also nicht um eine Preisgenehmigung i.S.v. Art. 133 Buchst. c) MwStSystRL, so dass der nationale Gesetzgeber auch hier von seinem Wahlrecht **keinen Gebrauch** gemacht hatte.[6] Vielmehr lag eine Anerkennungsvoraussetzung im Einklang mit dem Neutralitätsgrundsatz vor, soweit auf § 67 AO verwiesen wurde.

Die Regelung zur Umsatzsteuerbefreiung von Pflege- und Betreuungsleistungen wurde aller- 10.98
dings im Zuge der Steuerreform 2009 vollständig neu gefasst. Sie bezweckt in erster Linie die Senkung der Pflegekosten, um sie dem Einzelnen leichter zugänglich zu machen, bewirkt jedoch zugleich auch eine Entlastung der Sozialversicherungsträger.[7] Die Befreiung setzt eine bestimmte Leistung und einen bestimmten Leistungsträger voraus und beinhaltet damit ein personenbezogenes sowie ein tätigkeitsbezogenes Element. Dies entspricht den Vorgaben des Art. 132 Abs. 1 Buchst. g) MwStSystRL (Rz. 10.32 f.). Die Zugehörigkeit zu einem anerkannten Wohlfahrtverband reicht allerdings, anders als in § 4 Nr. 18 UStG, der ebenfalls Art. 132 Abs. 1 Buchst. g) MwStSystRL umsetzen soll, nicht für die Anerkennung als Einrichtung mit sozialem Charakter aus. Das nationale Umsatzsteuerrecht sieht daher qualitativ unterschiedliche Voraussetzungen für private Einrichtungen im Bereich der Wohlfahrtspflege mit und ohne Gewinnstreben vor. Dies widerspricht, wie der EuGH[8] anführt, dem Grundsatz der steuerlichen Neutralität. Zwar könne der Neutralitätsgrundsatz nicht der in **Art. 133 Buchst. a) MwStSystRL** vorgesehenen Befugnis zur Versagung der Steuerbefreiung für Einrichtungen, die eine systematische Gewinnerzielung anstreben, entgegenstehen. Jedoch gebe es **keine Anhaltspunkte dafür, dass der nationale Gesetzgeber bislang von dieser Befugnis Gebrauch gemacht habe.** Vielmehr fasse diese Bedingung, für Zwecke der in Art. 132 Abs. 1 Buchst. g) vorgesehenen Befreiung, gerade die Anerkennung des sozialen Charakters von gewerblichen

---

1 So auch *Pötters*, Umsatzsteuer im Gesundheitswesen, Diss., Köln 2016, 90; FG Hessen v. 10.6.2013 – 1 V 1700/12, juris; Schleswig-Holsteinisches FG v. 17.7.2013 – 4 K 104/12, EFG 2013, 1884.

2 BFH v. 23.10.2014 – V R 20/14, Rz. 16, UR 2015, 235 = BFH/NV 2015, 631 = DB 2015, 476; Schleswig-Holsteinisches FG v. 17.7.2013 – 4 K 104/12, Rz. 45, EFG 2013, 1884.

3 So auch *Pötters*, Umsatzsteuer im Gesundheitswesen, Diss., Köln 2016, 91; *Heintzen/Musil*, Das Steuerrecht des Gesundheitswesens, 2. Aufl., Heidelberg 2012, Rz. 238.

4 BFH v. 26.8.2010 – V R 5/08, Rz. 34, BStBl. II 2011, 296 = UR 2011, 343 m. Anm. *Marchal.*

5 FG Baden-Württemberg v. 28.11.2012 – 14 K 2883/10, Rz. 52, UR 2013, 531 m. Anm. *Gollmar* = EFG 2013, 558; zu § 4 Nr. 16 Buchst. b) UStG a.F. FG Münster v. 12.5.2011 – 5 K 435/09 U, DStRE 2012, 938 (939).

6 Vgl. auch BFH v. 21.8.2013 – V R 20/12, BStBl. II 2014, 90 = UR 2013, 955 m. Anm. *Wüst* = DStRE 2013, 2509 (2514).

7 Vgl. *Pötters*, Umsatzsteuer im Gesundheitswesen, Diss., Köln 2016, 173.

8 EuGH v. 15.11.2012 – Rs. C-174/11 – Zimmermann, ECLI:EU:C:2012:716 Rz. 55 ff., UR 2013, 35.

Einrichtungen mit Gewinnerzielungsabsicht ins Auge. Zudem hat der EuGH in Bezug auf die Wendungen „von dem betreffenden Mitgliedstaat als Einrichtung mit sozialem Charakter anerkannte Einrichtung" i.S. Art. 132 Abs. 1 Buchst. g) MwStSystRL bereits entschieden, dass dieser grundsätzlich weit genug sei, um natürliche Personen und private Einrichtungen mit Gewinnerzielungsabsicht zu umfassen. Unter diesen Umständen dürfe die nationale Regelung im Rahmen der Umsetzung des Art. 132 Abs. 1 Buchst. g) MwStSystRL keine sachlich unterschiedlichen Bedingungen für Einheiten mit Gewinnerzielungsabsicht einerseits und die unter § 4 Nr. 18 UStG fallenden Personen andererseits vorsehen. Zur Möglichkeit der Begründung der Anwendung des Art. 133 Buchst. a) MwStSystRL im Wege der richtlinienkonformen Auslegung (Rz. 10.62 ff.)

## III. § 4 Nr. 18 UStG

### 1. Überblick

10.99 Die Steuerbefreiung nach § 4 Nr. 18 UStG für Leistungen der amtlich anerkannten Verbände der freien Wohlfahrtspflege geht ebenfalls auf Art. 132 Abs. 1 Buchst. g) MwStSystRL zurück und verfolgt den Zweck Verbraucher, die soziale Dienstleistungen in Anspruch nehmen, zu entlasten.[1] Eine umfassende nationale Befreiungsvorschrift, die insgesamt den Vorgaben des Art. 132 Abs. 1 Buchst. g) MwStSystRL entspricht, findet sich im UStG jedoch nicht.[2] Ein Steuerpflichtiger kann sich deshalb mangels fristgerechter Umsetzung **unmittelbar auf die Steuerbefreiung laut Richtlinie berufen**, da diese Regelung unbedingt und hinreichend bestimmt ist.[3]

10.100 Die Steuerbefreiung nach **nationalem Recht** setzt zunächst voraus, dass Leistungen auf dem Gebiet der Wohlfahrtspflege erbracht werden.[4] Hierbei werden zwei Erscheinungsformen unterschieden, nämlich die Leistungen der amtlich anerkannten Wohlfahrtsverbände und Leistungen der Körperschaften oder Personenvereinigungen, die als Mitglied eines solchen Verbandes tätig werden.[5] Die genannten Unternehmer müssen weiterhin ausschließlich und unmittelbar steuerbegünstigte Zwecke verfolgen gem. § 4 Nr. 18 Buchst. a) UStG. Schließlich müssen die Leistungen dem unmittelbar begünstigten Personenkreis nach § 4 Nr. 18 Buchst. b) UStG zugutekommen und muss das Abstandsgebot nach § 4 Nr. 18 Buchst. c) UStG eingehalten werden. Steuerfrei sind nach § 4 Nr. 18 S. 2 UStG auch die Beherbergung, Beköstigung und die üblichen Naturalleistungen an Personen, die bei der begünstigten Körperschaft tätig sind, wenn diese Leistungen als Vergütung für die geleisteten Dienste gewährt werden.

### 2. Kommentierung

10.101 Zunächst ist festzustellen, dass der nationale Gesetzgeber die **Begrifflichkeiten** in § 4 Nr. 18 UStG bislang **nicht an die Vorgaben der MwStSystRL angepasst** hat, sondern die bereits bei Inkrafttreten der 6. EG-RL vorhandene Befreiung überwiegend unverändert fortführt.[6]

---

1 *Hölzer* in Rau/Dürrwächter, § 4 Nr. 18 UStG Rz. 7 (Stand: Juli 2015).
2 *Hölzer* in Rau/Dürrwächter, § 4 Nr. 18 UStG Rz. 7 (Stand: Juli 2015).
3 EuGH v. 10.9.2002 – Rs. C-141/00 – Kügler, ECLI:EU:C:2002:473 Rz. 51, 53, UR 2002, 513; *Hölzer* in Rau/Dürrwächter, § 4 Nr. 18 UStG Rz. 7 (Stand: Juli 2015).
4 *Hölzer* in Rau/Dürrwächter, § 4 Nr. 18 UStG Rz. 31 (Stand: Juli 2015).
5 *Sobotta* in Reiß/Kraeusel/Langer, § 4 Nr. 18 UStG Rz. 2 (Stand: Juni 2012).
6 Vgl. *Hüttemann/Schauhoff*, MwStR 2013, 426 (431).

Der nationale Gesetzgeber hat sich nach Auffassung der Rechtsprechung[1] im Rahmen der Vorschrift des § 4 Nr. 18 UStG **nicht auf die Befugnis nach Art. 133 Buchst. a) MwStSystRL gestützt**, wonach die Mitgliedstaaten die Anerkennung der Steuerbefreiung solchen Einrichtungen versagen dürfen, die systematische Gewinnerzielung anstreben. Dies habe zur Folge, dass unterschiedliche Bedingungen für Einrichtungen mit Gewinnerzielungsabsicht und solche, die unter § 4 Nr. 18 UStG fallen, nicht zulässig sind. Allerdings lässt sich durchaus die Auffassung vertreten, der Gesetzgeber habe mit der Anknüpfung an Einrichtungen der Wohlfahrtspflege hinreichend deutlich gemacht, dass gewinnlos agierende Einrichtungen, die gemeinnützige Zwecke verfolgen, gemeint sind. Im Wege der richtlinienkonformen Auslegung ließe sich eine Anwendung des Art. 133 Buchst. a) MwStSystRL begründen, insbesondere da Art. 132 Abs. 1 und Art. 133 MwStSystRL systematisch in de Zusammenschau ausgelegt werden sollten (Rz. 10.31 ff.).[2] 10.102

Hinsichtlich des Anwendungsbereichs der Steuerbefreiung erfolgt im deutschen Recht eine personale Anknüpfung an Einrichtungen der Wohlfahrtpflege. Dies entspricht jedoch nicht dem sachlichen Anwendungsbereich der MwStSystRL und ist damit als **nicht richtlinienkonform** einzustufen.[3] Die Voraussetzungen nach § 4 Nr. 18 Buchst. a) und b) UStG dienen zwar dem Wohlfahrtszweck, gegen die Mitgliedschaft in einem Wohlfahrtsverband als abschließendes Kriterium für die Anerkennung des sozialen Charakters einer Einrichtung spricht jedoch, dass die Aufzählung der Wohlfahrtsverbände in § 23 UStDV lediglich historisch gewachsen und keineswegs umfassend ist. Zudem steht nicht allen Wohlfahrtseinrichtungen der Zugang zu diesen Verbänden offen.[4] Vorzugswürdig ist es deshalb, die Tatbestandsanknüpfung an die Mitgliedschaft in einem Wohlfahrtverband zukünftig zu streichen und durch das Kriterium der Erfüllung steuerbegünstigter Zwecke zu ersetzen. Hierfür spricht zunächst, dass die Tätigkeiten dieser Einrichtungen schon nach ihrer gesetzlichen Definition und Wertung gem. §§ 52 ff. AO im Gemeinwohlinteresse liegen.[5] Die Möglichkeit der Beschränkung der Steuerbefreiung auf gemeinnützige Einrichtungen lässt sich überdies auf den Umstand stützen, dass Art. 133 Buchst. a) MwStSystRL ausdrücklich vorsieht, die Steuerbefreiung Einrichtungen vorzubehalten, die keine systematische Gewinnerzielung anstreben und bei denen ein Ausschüttungsverbot besteht. Dies gilt auch insoweit, als dass die Anforderungen des Gemeinnützigkeitsrechts noch über diese Bedingungen hinausgehen.[6] So verstanden würde der nationale Gesetzgeber Organisationen, die Wohlfahrtszwecke i.S.d. § 66 AO verfolgen und dabei die §§ 55, 56, 58 AO beachten, von der Umsatzsteuer freistellen. 10.103

Auch die **Entgeltklausel** des § 4 Nr. 18 Buchst. c) MwStSystRL genügt nicht den Vorgaben der Richtlinie, da sie nicht wie Art. 133 Buchst. c) MwStSystRL zwischen genehmigten Preisen und nicht genehmigungsbedürftigen Preisen unterscheidet.[7] Der nationale Gesetzgeber hat somit von seinem Wahlrecht nach Art. 133 Buchst. c) MwStSystRL nur unvollständig Gebrauch gemacht, was aber mit dem Ziel der Vereinheitlichung der Steuerbefreiungen nicht 10.104

---

1 EuGH v. 15.11.2012 – Rs. C-174/11 – Zimmermann, ECLI:EU:C:2012:716 Rz. 55 ff., UR 2013, 35; FG Rheinland-Pfalz v. 7.8.2014 – 6 K 1387/11, Rz. 123 f., EFG 2014, 2090.
2 Eingehend Rz. 10.58 ff.
3 Vgl. *Hüttemann/Schauhoff*, MwStR 2013, 426 (431).
4 Vgl. *Hüttemann/Schauhoff*, MwStR 2013, 426 (434 f.).
5 *Hüttemann/Schauhoff*, MwStR 2013, 426 (435).
6 Vgl. *Hüttemann/Schauhoff*, MwStR 2013, 426 (435).
7 So auch BFH v. 11.3.2009 – XI R 68/06, Rz. 47, BFH/NV 2009, 1464; v. 17.2.2009 – XI R 67/06, Rz. 46, BFHE 224, 183 = BStBl. II 2013, 967; *Hüttemann*, UR 2006, 441 (451); *Hölzer* in Rau/Dürrwächter, § 4 Nr. 18 UStG Rz. 10 (Stand: Juli 2015).

vereinbar ist.[1] Die Freiheit der Mitgliedstaaten geht zudem nicht soweit, dass sie einzelne Bedingungen nur partiell übernehmen dürfen, sondern sie sind vielmehr an den Inhalt der in Art. 133 MwStSystRL vorgegeben Bedingungen gebunden.[2] Richtlinienkonform wäre demnach ein nationales Abstandsgebot nur für nicht genehmigungsbedürftige Preise. In den vielfach vorkommenden Fällen, in denen Unternehmer ihre Leistungen zu genehmigten Preisen i.S.d. Richtlinie erbringen, können sie sich demnach unmittelbar auf Art. 132 Abs. 1 MwStSystRL berufen und so zur Steuerfreiheit gelangen.[3] Die Entgeltklausel des § 4 Nr. 18 Buchst. c) UStG sollte somit ebenfalls aufgegeben werden und, wenn überhaupt, durch ein richtlinienkonformes Abstandsgebot ersetzt werden. Ein solches würde dann allerdings nur greifen, wenn die ausgeführten Leistungen oder einheitlichen Leistungsbündel von einem Erwerbsunternehmen, das seine Umsätze nach kaufmännischen Grundsätzen kalkuliert, ebenfalls in gleichartiger Weise angeboten werden. Liegt keine vollständige Gleichartigkeit des Leistungsangebots der Anbieter vor, kommt auch ein Verstoß gegen das Abstandsgebot nicht in Betracht.[4]

Ein Gesetzesvorschlag dazu ist unter Rz. 10.168 dargestellt.

## IV. § 4 Nr. 20 UStG

10.105 Von dem in Art. 133 MwStSystRL geregelten Wahlrecht, die Steuerbefreiung für kulturelle Leistungen, welche auf Art. 132 Abs. 1 Buchst. n) MwStSystRL zurückgeht, von bestimmten Bedingungen abhängig zu machen, hat der nationale Gesetzgeber möglicherweise **keinen Gebrauch** gemacht.[5] Bei Schaffung des Begriffs der „gleichartigen Einrichtungen" in § 4 Nr. 20 Buchst. a) S. 2 UStG, der sich auf die in S. 1 der Vorschrift geregelten öffentlich-rechtlichen Einrichtungen bezieht, ist der Gesetzgeber zwar ggf. davon ausgegangen, dass öffentlich-rechtliche Einrichtungen die in Art. 133 MwStSystRL genannten Bedingungen regelmäßig erfüllen. Allerdings ist zu beachten, dass kulturelle Tätigkeiten von öffentlich-rechtlichen Einrichtungen auch dann steuerbefreit sind, wenn sie die dort genannten Bedingungen nicht erfüllen. Demnach soll die Auslegung des Gleichartigkeitsbegriffs auch ohne Rücksicht auf die Erfüllung der in Art. 133 MwStSystRL genannten Bedingungen erfolgen.[6] Allerdings gehört es zu den typischen Merkmalen der Körperschaften öffentlichen Rechts gewinnlos zu arbeiten. Mit Theatern, Museen oder Opern in Trägerschaft einer Körperschaft des öffentlichen Rechts lässt sich kein Gewinn erwirtschaften, vielmehr besteht ein hoher Subventionsbedarf, um dem öffentlichen Bildungsauftrag gerecht werden zu können. Von daher lässt sich durchaus argumentieren, dass nur gewinnlose Organisationen mit den Körperschaften des öffentlichen Rechts gleichartig sind und die Norm richtlinienkonform unter Wahlrechtsausübung nach Art. 133 Buchst. a) MwStSystRL ausgelegt wird.

1 BFH v. 17.2.2009 – XI R 67/06, Rz. 46, BFHE 224, 183 = BStBl. II 2013, 967; *Hüttemann*, UR 2006, 441 (451).
2 *Hüttemann*, UR 2006, 441 (451).
3 So auch *Hölzer* in Rau/Dürrwächter, § 4 Nr. 18 UStG Rz. 10 (Stand: Juli 2015).
4 BFH v. 8.8.2013 – V R 13/12, Rz. 39, UR 2014, 225 = MwStR 2014, 96.
5 *Wäger* in Reiß/Kraeusel/Langer, § 4 Nr. 20 UStG Rz. 22 (Stand: Mai 2014).
6 So *Wäger* in Reiß/Kraeusel/Langer, § 4 Nr. 20 UStG Rz. 22 f. (Stand: Mai 2014).

## V. § 4 Nr. 22 UStG

Von der Steuerbefreiung des § 4 Nr. 22 a) und b) UStG für Veranstaltungen wissenschaftlicher oder belehrender Art von juristischen Personen des öffentlichen Rechts und den anderen genannten Organisationen sind nach der Rechtsprechung des BFH[1] ausdrücklich nur die gesetzlich aufgeführten Unternehmer erfasst. Soweit das Unionsrecht über diesen Anwendungsbereich dahingehend hinausgeht, dass es auch natürliche Personen und Personengesellschaften von der Steuer befreit, kommt aufgrund der Wortlautgrenze keine richtlinienkonform Auslegung des nationalen Rechts, sondern vielmehr nur eine **unmittelbare Berufung auf das Unionsrecht** in Betracht.[2] Das Unionsrecht steht einer nationalen Mehrwertsteuerbefreiung für Bildungsdienstleistungen, die von nicht öffentlichen Einrichtungen zu gewerblichen Zwecken erbracht werden, nicht entgegen. Es untersagt jedoch, allgemein sämtliche Bildungsleistungen zu befreien, ohne dass die Zielsetzung der nicht öffentlichen Einrichtungen berücksichtigt wird, die diese Leistungen erbringen.[3] Allerdings kann der nationale Gesetzgeber, der nur gewinnlose Einrichtungen privaten oder öffentlichen Rechts in den Genuss der Steuerbefreiung kommen lassen will, durchaus die steuerliche Begünstigung nach der hier vertretenen Auffassung unter Ausübung des Wahlrechts nach Art. 133 Buchst. a) MwStSystRL auf Körperschaften des öffentlichen Rechts und gewinnlose juristische Personen beschränken.[4] Denn allein bei diesen ist mittels einer einfachen Rechtsanwendung nach Art. 131 MwStSystRL gewährleistet, dass die Verwendung etwaig erzielter Gewinne allein für Zwecke der Verbesserung der Bildungstätigkeit nachgewiesen werden kann. § 4 Nr. 22 a) und b) UStG ist daher richtlinienkonform dahin auszulegen, dass die genannten Einrichtungen steuerbefreite Leistungen erbringen, sofern Gewinne aus dieser Tätigkeit für die Verbesserung der Bildungszwecke bzw. für die sportlichen bzw. kulturellen Veranstaltungen verbraucht werden. 10.106

Die Steuerbefreiung erfasst neben den juristischen Personen des öffentlichen Rechts, den Verwaltungs- und Wirtschaftsakademien und den Volkshochschulen ausschließlich Einrichtungen, die gemeinnützigen Zwecken oder dem Zweck eines Berufsverbandes dienen. Für die **Zulässigkeit** einer solchen **Beschränkung der Steuerbefreiung auf steuerbegünstigte Körperschaften** spricht, dass Art. 133 Buchst. a) MwStSystRL ausdrücklich die Möglichkeit vorsieht, die Steuerbefreiung für Einrichtungen, die keine Einrichtungen des öffentlichen Rechts sind, davon abhängig zu machen, dass keine systematische Gewinnerzielung angestrebt und etwaige Gewinne zur Erhaltung und Verbesserung der erbrachten Leistungen verwendet werden.[5] Zwar gehen die Anforderungen des Gemeinnützigkeitsrechts noch über die genannten Bedingungen hinaus, jedoch lässt Art. 133 Buchst. a) MwStSystRL den Rückschluss zu, dass die Mitgliedstaaten gewinnorientierte Einrichtungen grundsätzlich ohne weitere Voraussetzungen von der Steuerbefreiung ausschließen dürfen. Die Beschränkung des begünstigten Unternehmerkreises lässt sich zudem auf die Ermächtigung in Art. 132 Abs. 1 Buchst. i) MwStSystRL stützen, wonach „Einrichtungen des öffentlichen Rechts, die mit solchen Aufgaben betraut sind, oder andere Einrichtungen mit von dem betreffenden Mitgliedstaat anerkannter 10.107

1 BFH v. 27.9.2007 – V R 75/03, Rz. 31, UR 2006, 175 = BStBl. II 2008, 323; v. 12.5.2005 – V B 146/03, Rz. 19, BStBl. II 2005, 714 = UR 2005, 551.

2 BFH v. 5.6.2014 – V R 19/13, Rz. 14 ff., UR 2014, 735 = DStRE 2014, 1244; *Tehler* in Rau/Dürrwächter, § 4 Nr. 22 UStG Rz. 67 (Stand: Juli 2015).

3 EuGH v. 28.11.2013 – Rs. C-319/12 – MDDP, ECLI:EU:C:2013:778 Rz. 39; Schlussanträge vom 20.6.2013 – Rs. C-319/12, Rz. 36, Celex-Nr. 62012CC0319 = BeckRS 2013, 81343, GA *Kokott*; dazu oben Rz. 10.35 ff.

4 A.A. möglicherweise BFH v. 21.6.2018 – V R 20/17; dazu oben Rz. 10.53.

5 *Hüttemann/Schauhoff*, MwStR 2013, 426 (435).

vergleichbarer Zielsetzung" begünstigt sind.[1] Diese Ermächtigung und das Wahlrecht nach Art. 133 Buchst. a) MwStSystRL hat der nationale Gesetzgeber so ausgeübt, dass er gerade nur die Leistungen der genannten Bildungseinrichtungen befreit. Eventuelle damit einhergehende Wettbewerbsverzerrungen sind hinzunehmen und verstoßen nicht gegen das Neutralitätsgebot, denn sie sind gerade in der Richtlinie selbst angelegt bzw. sogar ausdrücklich vorgesehen.[2] Insbesondere hat der nationale Gesetzgeber eben nicht von der Möglichkeit Gebrauch gemacht, die Steuerbefreiung nach Art. 133 Buchst. d) MwStSystRL davon abhängig zu machen, dass diese nicht zu einer Wettbewerbsverzerrung führt.[3] Gewerbliche Unternehmen, die mit Gewinnerzielungsabsicht tätig werden, können sich daher nicht unmittelbar auf Art. 132 Abs. 1 Buchst. i) MwStSystRL berufen, da der nationale Gesetzgeber die Steuerbefreiung nur gewinnlosen Unternehmen gewährt. Nach der hier vertretenen Auffassung ist der nationale Gesetzgeber befugt, in Ausübung des Wahlrechts nach Art. 133 Buchst. a) MwStSystRL Einzelunternehmer von der Umsatzsteuerfreiheit auszuschließen.

Ein Gesetzesvorschlag dazu ist unter Rz. 10.172 dargestellt.

## VI. § 4 Nr. 25 UStG

### 1. Inhalt

10.108 Steuerbefreit sind gem. § 4 Nr. 25 S. 1 UStG die Leistungen der Jugendhilfe nach § 2 Abs. 2 SGB VIII und die Inobhutnahme nach § 2 Abs. 3 i.V.m. § 42 SGB VIII, wenn diese **Leistungen von Trägern der öffentlichen Jugendhilfe oder anderen Einrichtungen mit sozialem Charakter** erbracht werden. Gemäß § 4 Nr. 25 S. 3 UStG sind auch eng mit der Jugendhilfe verbundene Leistungen anlässlich von kulturellen und sportlichen Veranstaltungen, Sachleistungen an Empfänger der Jugendhilfeleistungen und an Mitarbeiter bzw. in der Jugendhilfe Tätige umsatzsteuerfrei sowie unter bestimmten Voraussetzungen Leistungen die von Einrichtungen als Vormünder oder Ergänzungspfleger erbracht werden.

### 2. Abstufung

10.109 Begünstigte Leistungserbringer sind zunächst nach § 4 Nr. 25 S. 1 UStG die Träger der öffentlichen Jugendhilfe sowie andere Einrichtungen mit sozialem Charakter. Von der in Art. 132 Abs. 1 Buchst. h) MwStSystRL geregelten mitgliedstaatlichen **Befugnis** zur Anerkennung anderer Einrichtungen mit sozialem Charakter hat der deutsche Gesetzgeber in § 4 Nr. 25 S. 2 UStG **Gebrauch gemacht** und nunmehr die Träger der freien Jugendhilfe anerkannt, soweit diese die erforderliche Erlaubnis besitzen bzw. einer Erlaubnis nicht bedürfen, ihre Leistungen überwiegend von Trägern der öffentlichen Jugendhilfe oder anerkannten Trägern der freien Jugendhilfe vergütet wurden oder sie Leistungen der Kindertagespflege erbringen, für die sie nach § 23 Abs. 3 SGB VIII geeignet sind. Die Qualifikation als andere Einrichtung mit sozialem Charakter nach S. 2 erfolgt also unabhängig davon, ob die Einnahmen überwiegend zur Deckung der Kosten verwendet werden, so dass der Gesetzgeber hierdurch jedenfalls nicht vom Wahlrecht nach Art. 133 Buchst. a) MwStSystRL Gebrauch gemacht hat. Dies gilt auch für die Regelung des § 4 Nr. 25 S. 3 Buchst. a) UStG. Zwar hat der nationale Gesetzgeber die

---

1 *Kulmsee* in Reiß/Kraeusel/Langer, § 4 Nr. 22 UStG Rz. 32 (Stand: April 2013); dazu auch oben Rz. 10.35 ff.

2 *Hüttemann/Schauhoff*, MwStR 2013, 426 (435).

3 Vgl. auch BFH v. 10.7.2012 – V B 33/12, Rz. 38, BFH/NV 2012, 1676 = DStR 2012, 1856.

Steuerbefreiung hier davon abhängig gemacht, dass die Einnahmen überwiegend zu Deckung der Kosten verwendet werden, jedoch ist darin erneut keine Ausübung des Wahlrechts nach Art. 133 Buchst. a) MwStSystRL zu sehen. Wie bereits dargestellt, enthält das Tatbestandsmerkmal „zur Deckung der Kosten" nämlich nicht die Aussage, dass die Einrichtung keine systematische Gewinnerzielung anstreben darf (Rz. 10.76).

Allerdings beinhalten die **sozialrechtlichen Anforderungen** an die Einrichtungen gem. § 4 Nr. 25 S. 2 UStG **Bedingungen i.S.d. Art. 133 MwStSystRL.**[1] Nur die amtlich anerkannten Wohlfahrtsverbände werden als privat-rechtliche Organisationen anerkannt. Bei dieser Regelung handelt es sich um eine nicht umsatzbezogene Definition, so dass allein Art. 133 Buchst. a) MwStSystRL diese Begünstigung nach dem Gesamtcharakter der Organisation rechtfertigen kann. Allerdings sind nicht nur die Wohlfahrtsverbände selbst, sondern nach dem Neutralitätsgrundsatz alle der Förderung des Wohlfahrtswesens i.S.d. § 66 AO verpflichteten Organisationen gewinnlos i.S.d. Art. 133 Buchst. a) MwStSystRL organisiert. Im Sinne einer einfachen Ausgestaltung nach Art. 131 MwStSystRL kann der Gesetzgeber die Begünstigung auf juristische Personen, bei denen die Überwachung der Gewinnlosigkeit durch staatliche Vorschriften gewährleistet ist, beschränken. Richtlinienkonform lässt sich § 4 Nr. 25 S. 2 UStG dahingehend auslegen, dass gemeinnützige Einrichtungen gem. § 66 AO als Einrichtungen mit sozialem Charakter anzuerkennen sind. 10.110

Ein Gesetzesvorschlag dazu ist unter Rz. 10.176 dargestellt.

## D. Auslegung der MwStSystRL – Art. 134 MwStSystRL

### I. Überblick über die Vorschrift

#### 1. Inhalt

Art. 134 MwStSystRL ist im **Gesamtzusammenhang** der Art. 131-137 MwStSystRL zu sehen, die abschließend den Umfang möglicher inländischer Steuerbefreiungen regeln, welche zum Ausschluss des Vorsteuerabzugs führen. Art. 131 MwStSystRL enthält dabei den Grundsatz, dass die Mitgliedstaaten zur Einhaltung, Überwachung und einfachen Anwendung der Steuerbefreiungen und um Missbrauch vorzubeugen bestimmte Bedingungen zur Gewährung der Steuerbefreiungen festlegen können. Durch Art. 132 MwStSystRL, der bestimmte Tätigkeiten von der Mehrwertsteuer befreit, wird die Daseinsvorsorge gesichert. Art. 133 MwStSystRL eröffnet für bestimmte dort genannte Befreiungen ein Wahlrecht, diese von speziellen genannten Bedingungen abhängig zu machen. Art. 134 MwStSystRL[2] enthält wiederum bestimmte Voraussetzungen, unter denen die nach Art. 132, 133 MwStSystRL gewährten Steuerbefreiungen zwingend auszuschließen sind.[3] Dies ist nach Art. 134 Buchst. a) MwStSystRL zum einen dann der Fall, wenn die begünstigten Umsätze zur Ausübung der befreiten Tätigkeit nicht unerlässlich sind und nach Art. 134 Buchst. b) MwStSystRL dann, wenn in bestimmten Fällen des Art. 132 MwStSystRL die Tätigkeiten dazu bestimmt sind, dem Unternehmer im Wesentlichen steuerfreie Einnahmen zu verschaffen, sofern die Tätigkeit in unmittelbarem Wettbewerb zu nicht steuerbefreiten Unternehmen besteht. Allerdings können trotz des Wortlauts des Art. 134 Buchst. b) MwStSystRL nicht nur sozial motivierte, sondern auch mit Gewinnerzielungsabsicht betriebene Unternehmen, die ihre Gewinne für private 10.111

1 *Kulmsee* in Reiß/Kraeusel/Langer, § 4 Nr. 25 UStG Rz. 13 (Stand: September 2014).
2 Ehemals Art. 13 Teil A Abs. 2 Buchst. b) 6.EG-RL.
3 Vgl. *Hüttemann/Schauhoff*, MwStR 2013, 426 (430).

Zwecke verwenden, in den Genuss der Steuerbefreiungen des Art. 132 MwStSystRL kommen. Nach ständiger Rechtsprechung des EuGH und des BFH[1] ist Art. 134 MwStSystRL nämlich einschränkend dahingehend auszulegen, dass ein Ausschluss der Steuerbefreiungen nach dieser Vorschrift im Kernbereich der steuerbefreiten Leistungen nach Art. 132 MwStSystRL nicht in Betracht kommt. Art. 132-134 MwStSystRL sind folglich zusammenhängend zu betrachten.

10.112 Diese Regelungen gehen insgesamt auf die **6. EG-RL**[2] zurück. Vorgängervorschrift des Art. 134 MwStSystRL war Art. 13 Abs. 2 Buchst. b) 6. EG-RL.

### a) Ausschluss für bestimmte Steuerbefreiungen

10.113 Der zwingende Ausschluss der Steuerbefreiung nach Art. 134 MwStSystRL gilt nur für die dort **ausdrücklich genannten Umsätze** der Krankenanstalten, Umsätze im Rahmen mit der Sozialfürsorge, der Kinder- und Jugendbetreuung, der Erziehung, Aus- und Fortbildung sowie Umschulung, Umsätze von bestimmten Einrichtungen ohne Gewinnstreben und Umsätze im Zusammenhang mit der Sport und Körperertüchtigung (vgl. Art. 132 Abs. Buchst. b), g), h), i), l), m) und n) MwStSystRL).

### b) Voraussetzungen des Ausschlusses

#### aa) Umsätze sind für Steuerbefreiung nicht unerlässlich

10.114 Zunächst findet ein Ausschluss der Steuerbefreiung nach Art. 134 Buchst. a) MwStSystRL statt, wenn die Leistungen für Umsätze, die der Steuerbefreiung unterliegen, nicht unerlässlich sind. **Unerlässlichkeit** bedeutet hierbei, dass die Leistungen für die befreiten Umsätze unverzichtbar und nicht bloß nützlich sein müssen.

#### bb) Zusätzliche Einnahmen durch Umsätze, die in unmittelbarem Wettbewerb mit nicht steuerbefreiten Unternehmen erbracht werden

10.115 Zudem sind die Steuerbefreiungen nach Art. 134 Buchst. b) MwStSystRL ausgeschlossen, wenn die Leistungen im Wesentlichen dazu bestimmt sind, der Einrichtung **zusätzliche Einnahmen** zu verschaffen, und in **unmittelbarem Wettbewerb zu nicht steuerbefreiten Unternehmern** vorgenommen werden. Zur detaillierten Auslegung dieser Tatbestandsmerkmale wird auf den weiteren Verlauf dieses Kapitels verwiesen (Rz. 10.143 ff.).

## 2. Zweck

10.116 Der erste zwingende Ausschlussgrund des Art. 134 Buchst. a) MwStSystRL dient der **Verhinderung der Erhöhung der Kosten** für die steuerbefreiten Leistungen und damit ihrer **Zugänglichmachung für jedermann.** Denn sind bestimmte Leistungen für die steuerbefreiten Umsätze nicht unerlässlich i.S. einer Unverzichtbarkeit im Hinblick auf das Ziel der einzelnen Steuerbefreiung, kann auf entsprechende Zusatzleistungen verzichtet werden, ohne dass

1 EuGH v. 28.11.2013 – Rs. C-319/12 – MDDP, ECLI:EU:C:2013:778 Rz. 32 m.w.N.; Schlussanträge vom 20.6.2013 – Rs. C-319/12, Celex-Nr. 62012CC0319 = BeckRS 2013, 81343, GA *Kokott*; BFH v. 10.7.2012 – V B 33/12, Rz. 39, BFH/NV 2012, 1676 = DStR 2012, 1856 m.w.N.; ebenso *Hüttemann/Schauhoff*, MwStR 2013, 426 (430).

2 ABl. EU Nr. L 145 v. 13.6.1977, 1 – 40.

das Ziel der Zugänglichmachung der steuerbefreiten Leistungen für jedermann durch Geringhaltung ihrer Kosten gefährdet ist.

Der zweite zwingende Ausschlussgrund des Art. 134 Buchst. b) MwStSystRL zielt auf die Verhinderung der Erwirtschaftung zusätzlicher Einnahmen durch steuerbefreite Unternehmen auf Kosten von gewerblichen Mitanbietern ab und rechtfertigt sich daher aus **wettbewerbsrechtlichen Gesichtspunkten.**[1] Aus ihm lässt sich der Schluss ziehen, dass die Steuerbefreiung des Art. 132 MwStSystRL wenigstens in den in Art. 134 MwStSystRL aufgeführten Fällen nicht gewährt werden darf, wenn die Einrichtung als gewerbliches Unternehmen lediglich Einnahmen erwirtschaftet, ohne in besonderer Weise nach Maßgabe des nationalen Rechts zur Steuerfreiheit qualifiziert zu sein. Damit ist es nicht zulässig, wenn der nationale Gesetzgeber auf jegliche Qualifikation für eine Anerkennung einer Einrichtung als soziale Einrichtung verzichten würde, wie sich im Umkehrschluss aus Art. 134 Buchst. b) MwStSystRL ergibt. 10.117

### 3. Systematische Stellung

#### a) Neutralitätsgrundsatz

Art. 134 MwStSystRL ist Ausdruck des Neutralitätsgrundsatzes, welcher es **verbietet, gleichartige Dienstleistungen**, die miteinander im Wettbewerb stehen, hinsichtlich der Mehrwertsteuer **unterschiedlich zu behandeln.**[2] 10.118

Allerdings **begünstigen** die **Art. 132, 133 MwStSystRL** die Umsätze bestimmter **Einrichtungen mit sozialem Charakter**, solange sie sich bei deren Erwirtschaftung nicht wie gewerbliche Unternehmen verhalten gem. Art. 134 Buchst. b) MwStSystRL. Die besondere Qualifikation nach diesen Vorschriften hat der allgemeine Wettbewerb hinzunehmen. Insoweit gilt der Neutralitätsgrundsatz, dessen Ausdruck Art. 134 MwStSystRL ist, nur eingeschränkt. 10.119

#### b) Verhältnis zu Art. 132, 133 MwStSystRL

Art. 132 MwStSystRL sichert die Daseinsvorsorge dadurch, dass bestimmte Tätigkeiten von der Mehrwertsteuer befreit werden. Nach Art. 133 MwStSystRL können bestimmte dort genannte Steuerbefreiungen wahlweise von der Erfüllung spezieller, dort genannter Bedingungen abhängig gemacht werden. Art. 134 MwStSystRL[3] enthält schließlich bestimmte Voraussetzungen, unter denen die nach Art. 132, 133 MwStSystRL gewährten Steuerbefreiungen zwingend auszuschließen sind.[4] Nach der Rechtsprechung des EuGH[5] sind in Art. 134 MwStSystRL Bedingungen aufgeführt, die bei der Auslegung der verschiedenen darin vorgesehenen Befreiungsfälle zu berücksichtigen sind, wie z.B. der in Art. 132 Abs. 1 Buchst. g) MwStSystRL vorgesehene Fall, dass Leistungen oder Lieferungen vorliegen müssen, die mit einer dem Gemeinwohl dienenden Tätigkeit „eng verbunden“ sind oder mit dieser in „engem Zusammenhang“ stehen. Trotz des Wortlauts des Art. 134 Buchst. b) MwStSystRL können nicht nur sozial motivierte, sondern auch mit Gewinnerzielungsabsicht betriebene Unternehmen, die ihre Gewinne für private Zwecke verwenden, in den Genuss der Steuerbefreiungen des Art. 132 10.120

1 *Jacobs*, Umsatzsteuer und Gemeinnützigkeit, Diss., Bonn 2009, 141.
2 *Stadie* in Stadie[2], Vorbemerkungen, Rz. 78; *Heidner* in Bunjes[14], § 4 UStG Rz. 2.
3 Ehemals Art. 13 Teil A Abs. 2 Buchst. b) 6.EG-RL.
4 Vgl. *Hüttemann/Schauhoff*, MwStR 2013, 426 (430).
5 EuGH v. 21.1.2016 – Rs. C-335/14 – Les Jardins de Jouvence, ECLI:EU:C:2016:36 Rz. 52, UR 2016, 391; v. 1.12.2005 – Rs. C-394/04 und C-395/04 – Ygeia, ECLI:EU:C:2005:734 Rz. 26.

MwStSystRL kommen. Nach ständiger Rechtsprechung des EuGH und des BFH[1] ist **Art. 134 MwStSystRL** nämlich **restriktiv auszulegen**, so dass ein Ausschluss der Steuerbefreiungen nach dieser Vorschrift im Kernbereich der steuerbefreiten Leistungen nach Art. 132 MwStSystRL nicht in Betracht kommt. Die Vorschrift des Art. 134 MwStSystRL stellt damit de facto keine echte Einschränkung mehr dar, was praktischen Bedürfnissen entspricht, denn andernfalls würden die typischen Anwendungsfälle der in Bezug genommenen Steuerbefreiungen wegen Art. 134 MwStSystRL doch einer Besteuerung unterliegen, was wiederum nicht gewollt sein kann. Art. 132-134 MwStSystRL sind somit im Zusammenhang zu betrachten.

### 4. Unterschiedliche Sprachfassungen

#### a) Englische Fassung

10.121 Article 134

The supply of goods or services shall not be granted exemption, as provided for in points (b), (g), (h), (i), (l), (m) and (n) of Article 132(1), in the following cases:

(a) where the supply is not essential to the transactions exempted;

(b) where the basic purpose of the supply is to obtain additional income for the body in question through transactions which are in direct competition with those of commercial enterprises subject to VAT.

#### b) Französische Fassung

10.122 Article 134

Les livraisons de biens et les prestations de services sont exclues du bénéfice de l'exonération prévue à l'article 132, paragraphe 1, points b), g), h), i), l), m) et n), dans les cas suivants:

a) lorsqu'elles ne sont pas indispensables à l'accomplissement des opérations exonérées;

b) lorsqu'elles sont essentiellement destinées à procurer à l'organisme des recettes supplémentaires par la réalisation d'opérations effectuées en concurrence directe avec celles d'entreprises commerciales soumises à la TVA.

## II. Kommentierung der einzelnen Tatbestandsmerkmale des Unionsrechts

### 1. Ausschluss für bestimmte Steuerbefreiungen

10.123 Von dem Ausschluss der Steuerbefreiung nach Art. 134 MwStSystRL sind nur die dort ausdrücklich genannten Steuerbefreiungen des Art. 132 MwStSystRL erfasst (Rz. 10.31 und 10.98). Der **Anwendungsbereich** der genannten Steuerbefreiungen wird durch Art. 134 MwStSystRL in **zweifacher Hinsicht eingeschränkt**, denn die zu befreienden Leistungen müssen unerlässlich und wettbewerbsneutral sein. Der Ausschluss nach Art. 134 MwStSystRL kommt nicht für Leistungen in Betracht, die in besonderer Weise nach Maßgabe der jeweiligen Befreiungsvorschrift des Art. 132 MwStSystRL qualifiziert sind, da der Anwendungsbereich

1 EuGH v. 28.11.2013 – Rs. C-319/12 – MDDP, ECLI:EU:C:2013:778 Rz. 32 m.w.N.; Schlussanträge vom 20.6.2013 – Rs. C-319/12, Celex-Nr. 62012CC0319 = BeckRS 2013, 81343, GA *Kokott*; BFH v. 10.7.2012 – V B 33/12, Rz. 39, BFH/NV 2012, 1676 = DStR 2012, 1856 m.w.N.; ebenso *Hüttemann/Schauhoff*, MwStR 2013, 426 (430).

der Steuerbefreiungen sonst im Wesentlichen leerlaufen würde.[1] Für die Lösung konkreter Zweifelsfragen bietet Art. 134 MwStSystRL daher kaum Anhaltspunkte.

Der Ausschluss von der Steuerbefreiung nach Art. 134 MwStSystRL gilt sowohl für **Einrichtungen des öffentlichen Rechts**, als auch für **andere Unternehmer.**[2] 10.124

### 2. Voraussetzungen des Ausschlusses

#### a) Umsätze sind für Steuerbefreiung nicht unerlässlich

Art. 134 Buchst. a) MwStSystRL ordnet an, dass für den steuerbefreiten Umsatz unerlässliche Leistungen unter die Steuerbefreiung fallen. Geht es um die befreite Dienstleistung selbst, ist deren Ausführung unerlässlich.[3] Darauf, ob steuerbegünstigte Zwecke nur durch entsprechende Einnahmen erreicht werden können, kommt es nicht an, dies wäre ein Fehlverständnis.[4] Zunächst ist daher zu prüfen, ob nach europäischem Recht eine einheitliche Leistung vorliegt. Wenn dagegen **trennbare Leistungen** gegeben sind, ist in Bezug auf den Anwendungsbereich der Befreiung nach Art. 132 MwStSystRL zu untersuchen, ob nach der Rechtsprechung des EuGH die Lieferungen von Gegenständen und Dienstleistungen für die Umsätze, für die die Steuerbefreiung gewährt wird, **unerlässlich** sind und daher gleichfalls unter die Steuerbefreiung fallen.[5] 10.125

#### aa) Einheitlichkeit und Trennbarkeit der Leistung

Die Frage, ob von einer **einheitlichen Leistung** oder von mehreren getrennt zu beurteilenden Einzelleistungen auszugehen ist, hat umsatzsteuerlich sowohl für die Frage nach Ort und Zeit der Leistung als auch für die Anwendung der Steuerbefreiungsvorschriften und des Steuersatzes Bedeutung.[6] Zur Abgrenzung selbständiger Hauptleistungen von einer einheitlichen, aus Haupt- und Nebenleistung bestehenden Leistung ist das **Wesen des** fraglichen **Umsatzes** zu ermitteln und dabei auf die Sicht des Durchschnittsverbrauchers abzustellen.[7] Aufgrund der Vielfalt der gewerblichen Umsätze kann die Frage nach der Einheitlichkeit der Leistung dabei nicht für alle Fälle erschöpfend beantwortet werden; beim Vorliegen von Leistungsbündeln ist jedenfalls eine Gesamtbetrachtung erforderlich.[8] Für die Annahme einer einheitlichen Leis- 10.126

---

1 EuGH v. 28.11.2013 – Rs. C-319/12 – MDDP, ECLI:EU:C:2013:778 Rz. 32; BFH v. 24.9.2014 – V R 19/11, Rz. 40, UR 2012, 756 = BFHE 247, 369; v. 2.3.2011 – XI R 21/09, Rz. 35, BFHE 233, 269 = UR 2011, 589; v. 3.4.2008 – V R 74/07, Rz. 39, BFHE 221, 451 = UR 2008, 698; *Kulmsee* in Reiß/Kraeusel/Langer, § 4 Nr. 22 UStG Rz. 13, 49, 61 (Stand: April 2013); *Tehler* in Rau/Dürrwächter, § 4 Nr. 22 UStG Rz. 198 (Stand: Juli 2015); *Hüttemann/Schauhoff*, MwStR 2013, 426 (430).

2 *Wäger* in Reiß/Kraeusel/Langer, § 4 Nr. 20 UStG Rz. 10 (Stand: Mai 2014).

3 St. Rspr.: BFH v. 16.3.2017 – V R 38/16, Rz. 34, BStBl. II 2017, 1017; FG München v. 29.3.2017 – 3 K 855/15, MwStR 2017, 754 (758); BFH v. 3.4.2008 – V R 74/07, Rz. 36, DStR 2008, 1481.

4 FG Bremen v. 10.8.2016 – 2 K 4/15, DStRE 2017, 1056.

5 EuGH v. 16.10.2008 – Rs. C-253/07 – Canterbury Hockey Club, ECLI:EU:C:2008:5711 Rz. 32, UR 2008, 854.

6 EuGH v. 25.2.1999 – Rs. C-349/96 – CPP, ECLI:EU:C:1999:93 Rz. 27, UR 1999, 254; UStAE Abschn. 3.10 Abs. 1.

7 EuGH v. 25.2.1999 – Rs. C-349/96 – CPP, ECLI:EU:C:1999:93 Rz. 29, UR 1999, 254; BFH v. 31.5.2001 – V R 97/98, Rz. 31, UR 2000, 30 = BStBl. II 2001, 658; v. 24.1.2008 – V R 42/05, Rz. 22, BStBl. II 2008, 697 = UR 2008, 505 m. Anm. *Dast/Karablut*; UStAE Abschn. 3.10 Abs. 1.

8 EuGH v. 25.2.1999 – Rs. C-349/96 – CPP, ECLI:EU:C:1999:93 Rz. 27 f., UR 1999, 254.

tung sind im Wesentlichen folgende, gemeinschaftsrechtlich anerkannte[1] Grundsätze zu beachten:

10.127 Zum einen ergibt sich aus Art. 2 Abs. 1 MwStSystRL, dass in der Regel **jede** Dienstleistung zunächst als selbständige Leistung zu betrachten ist, zum anderen darf eine wirtschaftlich einheitliche Leistung im Interesse eines funktionierenden Mehrwertsteuersystems nicht künstlich aufgespalten werden.[2] Dies folgt aus der im Umsatzsteuerrecht geltenden wirtschaftlichen Betrachtungsweise.[3] Es kommt **entscheidend** auf **den wirtschaftlichen Gehalt der Leistungen** an; ein einheitlicher Vertrag oder die Erbringung gegen ein einheitliches Entgelt ist nicht ausschlaggebend.[4] Die Annahme einer einheitlichen Leistung ist demnach nur gerechtfertigt, wenn mehrere, untereinander gleich zu wertende Faktoren zur Erreichung des Ziels beitragen und diese so ineinandergreifen, dass sie bei natürlicher Betrachtung hinter dem Ganzen zurücktreten.[5]

10.128 Eine einheitliche Leistung ist insbesondere dann anzunehmen, wenn eine **Nebenleistung** vorliegt, **die das steuerliche Schicksal der Hauptleistung teilt.**[6] Eine Leistung ist als Nebenleistung zu einer Hauptleistung anzusehen, wenn sie keinen eigenen Zweck verfolgt, sondern das Mittel darstellt, um die Hauptleistung unter bestmöglichen Bedingungen zu erbringen.[7] Eine Nebenleistung teilt grundsätzlich das Schicksal der Hauptleistung, wenn sie im Vergleich zur Hauptleistung nebensächlich ist, eng mit ihr zusammenhängt und typischerweise in ihrem Gefolge vorkommt.[8]

10.129 Bildet beispielsweise ein zur Miete angebotenes Gebäude mit begleitenden Leistungen in wirtschaftlicher Hinsicht objektiv eine Gesamtheit, kann davon ausgegangen werden, dass diese Leistungen mit der Vermietung eine einheitliche Leistung bilden.[9] Es obliegt den nationalen Gerichten, dabei die notwendigen Bewertungen unter Berücksichtigung der Gesamtumstände, unter denen die Vermietung und die sie begleitenden Leistungen abgewickelt werden, vorzunehmen.[10] Der BFH hat diesbezüglich entschieden, dass die nationale Steuerbefreiung des § 4 Nr. 12 Buchst. a) UStG auch die Vermietung möblierter Räume oder Gebäude umfasst, wenn es sich um eine auf Dauer angelegte und nicht um eine kurzfristige Überlassung handelt.[11] Dieser Entscheidung lag ein Fall zugrunde, in dem der Pächterin ein betriebs- und benutzungsfähiges Seniorenpflegeheim zur Verfügung gestellt wurde,

1 Vgl. EuGH v. 25.2.1999 – Rs. C-349/96 – CPP, ECLI:EU:C:1999:93 Rz. 29 ff., UR 1999, 254.
2 EuGH v. 25.2.1999 – Rs. C-349/96 – CPP, ECLI:EU:C:1999:93 Rz. 29, UR 1999, 254; UStAE Abschn. 3.10 Abs. 2 und 3.
3 *Janzen* in Lippross/Seibel, Basiskommentar Steuerrecht, § 1 UStG Rz. 22 (Stand: August 2014).
4 BFH v. 24.11.1994 – V R 30/92, Rz. 10, BStBl. II 1995, 151 = UR 1995, 192 m.w.N.
5 BFH v. 26.3.1992 – V R 16/88, Rz. 13, BStBl. II 1992, 929 = UR 1993, 53; UStAE Abschn. 3.10 Abs. 2.
6 EuGH v. 25.2.1999 – Rs. C-349/96 – CPP, ECLI:EU:C:1999:93 Rz. 30, UR 1999, 254.
7 EuGH v. 25.2.1999 – Rs. C-349/96 – CPP, ECLI:EU:C:1999:93 Rz. 30, UR 1999, 254; v. 22.10.1998 – Rs. C-308/96 und C-94/97 – Madgett und Baldwin, ECLI:EU:C:1998:496 Rz. 24 f., EuGHE 1998, I-6229.
8 BFH v. 10.9.1992 – V R 99/88, Rz. 12, BStBl. II 1993, 316 = UR 1993, 55; UStAE Abschn. 3.10 Abs. 5.
9 EuGH v. 16.4.2015 – Rs. C-42/14 – Wojskowa Agencja Mieszkaniowa w Warszawie, ECLI:EU:C:2015:229 Rz. 42, UR 2015, 427 m. Anm. *Widmann.*
10 EuGH v. 16.4.2015 – Rs. C-42/14 – Wojskowa Agencja Mieszkaniowa w Warszawie, ECLI:EU:C:2015:229 Rz. 46, UR 2015, 427 m. Anm. *Widmann.*
11 BFH v. 11.11.2015 – V R 37/14, UR 2016, 236 = DStRE 2015, 1510.

denn bei dem mitverpachteten Inventar handelte es sich ganz überwiegend um speziell abgestimmte, zum Betrieb eines Seniorenheims zwingend erforderliche Ausstattungselemente. Die Würdigung der konkreten Umstände des Einzelfalls habe ergeben, dass die Überlassung des Mobiliars nur dazu gedient habe, die vertragsmäßige Nutzung des als Seniorenpflegeheim vermieteten Gebäudes unter optimalen Bedingungen in Anspruch zu nehmen.[1]

### bb) Unerlässlichkeit

Der EuGH stellt zur Prüfung der Unerlässlichkeit von Umsätzen für die Steuerbefreiung insbesondere darauf ab, ob ohne die streitbefangene Dienstleistung keine **Gleichwertigkeit der Hauptleistung auf demselben Niveau** und mit der **gleichen Qualität** gewährleistet wäre.[2] Die Leistung muss einen eng verbundenen Umsatz darstellen und darf als Nebenleistung keinen eigenen Zweck erfüllen, sondern muss das **Mittel** darstellen, um die **Hauptleistung des Erbringers unter optimalen Bedingungen in Anspruch zu nehmen.**[3] Um festzustellen, ob Leistungen ein solch unentbehrliches Mittel darstellen, ist zu berücksichtigen, zu welchem Zweck sie erbracht werden.[4] Diese Sätze aus der Rechtsprechung ermöglichen schwerlich eine klare Abgrenzung. Die Sätze des EuGH erscheinen in sich widersprüchlich. Schon die Sprachfassungen des Art. 134 Buchst. a) MwStSystRL sind unterschiedlich akzentuiert. In der deutschen Übersetzung heißt es „unerlässlich“, in der französischen „indispensable“, also eher unverzichtbar, in der englischen aber „essential“, dies geht in die Richtung „wesentlich“ für die Hauptleistung. Nach allen Definitionen geht es letztlich um die Qualität der Hauptleistung, die durch die auch zu befreiende Nebenleistung wesentlich mitbestimmt wird. Der nationale Gesetzgeber kann bei der Festlegung der anerkannten Einrichtung durchaus zeitgemäß den Umfang der steuerbefreiten Leistungen festlegen, ihm kommt dabei ein gewisses Ermessen zu. 10.130

Als **Beispiele** für eine unerlässliche Dienstleistung nennt der EuGH **im Rahmen des Sports** z.B. die Überlassung von Sportstätten oder die Zurverfügungstellung eines Schiedsrichters; als Beispiel für Leistungen, die die genannten Voraussetzungen nicht erfüllen, nennt er Beratungen im Bereich des Marketings und der Gewinnung von Sponsoren.[5] Anders als bei der Überlassung von Sportstätten an den Sportler zur Ausübung seines Sports oder an einen Verein, in dessen Rahmen der Sport ausgeübt wird, sind dagegen Dienstleistungen, die der Vermieter oder Verpächter der Sportstätten mangels eigenen Personals von anderen Unternehmern bezieht, um die Nutzungsüberlassung zu organisieren und zu ermöglichen, wie z.B. Hausmeisterleistungen, Reinigungsleistungen oder die organisatorische Abwicklung des Nutzungsverhältnisse, auch wenn sie für die Durchführung der Nutzungsüberlassung von Sportstätten notwendig sind, ihrer Art nach nicht für die Ausübung des Sports an sich unerlässlich. Sie kommen ihrer Art nach auch nicht tatsächlich den Sportlern zugute, sondern dem Vermieter oder Verpächter und nur vermittelt durch deren Nutzungsüberlassung an die Vereine den 10.131

---

1 BFH v. 11.11.2015 – V R 37/14, Rz. 19, UR 2016, 236 = DStRE 2015, 1510.

2 Vgl. z.B. EuGH v. 9.2.2006 – Rs. C-415/04 – Kinderopvang Enschede, ECLI:EU:C:2006:95 Rz. 27 f., 30, UR 2006, 470 und v. 14.6.2007 – Rs. C-434/05 – Horizon College, ECLI:EU:C:2007:343 Rz. 39 f., UR 2007, 587; vgl. auch *Hüttemann/Schauhoff*, MwStR 2013, 426 (430).

3 EuGH v. 1.12.2005 – Rs. C-394/04 und C-395/04 – Ygeia, ECLI:EU:C:2005:734 Rz. 18 f.; FG Münster v. 12.5.2011 – 5 K 435/09 U, Rz. 22, EFG 2011, 1470.

4 EuGH v. 1.12.2005 – Rs. C-394/04 und C-395/04 – Ygeia, ECLI:EU:C:2005:734 Rz. 22.

5 EuGH v. 16.10.2008 – Rs. C- 253/07 – Canterbury Hockey Club, ECLI:EU:C:2008:571 Rz. 28, 32; v. 19.12.2013 – Rs. C-495/12 – Birdport and West Dorset Golf Club, ECLI:EU:C:2013:861 Rz. 24, UR 2014, 192 m. Anm. *Widmann*; vgl. auch BFH v. 5.8.2010 – V R 54/09, Rz. 26, BStBl. II 2011, 191 = UR 2011, 353; *Kulmsee* in Reiß/Kraeusel/Langer, § 4 Nr. 22 UStG Rz. 61 (Stand: April 2013).

Sportlern. Allein der Umstand, dass sie als Vorleistungen in die Nutzungsüberlassung „einfließen", reicht nicht aus.[1]

10.132 Offenkundig sind – so auch die Rechtsprechung des BFH – die **Überlassung von Golfbällen** und die **Nutzungsüberlassung einer Golfanlage** an Nichtmitglieder[2] sowie die **Erteilung von Golfunterricht**[3] für die Ausübung des Golfsports unerlässlich.

10.133 Die **Vermittlung von Tageseltern durch eine Kinderbetreuungseinrichtung** ist dann unerlässlich, wenn der Betreuungsdienst von einer solchen Art und Qualität ist, dass ohne eine entsprechende Vermittlungsleistung ein vergleichbarer und gleichwertiger Dienst für die Eltern nicht gewährleistet ist, z.B. weil Vorgeschichte und Ausbildung der Tageseltern durch den Vermittler geprüft und so nur solche Tageseltern ausgewählt werden, die fähig und zuverlässig sind.[4] Sind diese Vermittlungsdienste auch nicht im Wesentlichen dazu bestimmt, ihrem Erbringer zusätzliche Einkünfte durch Tätigkeiten zu verschaffen, die im unmittelbarem Wettbewerb mit mehrwertsteuerpflichtigen gewerblichen Unternehmen durchgeführt werden, kommt ein Ausschluss von der Steuerbefreiung gem. Art. 134 MwStSystRL im Ergebnis nicht in Betracht.[5]

10.134 Als unerlässlich für die soziale Sicherheit sind auch **Leistungen einer privaten Arbeitsvermittlerin** anzusehen, die Vermittlungsleistungen an Arbeitssuchende mit einem Vermittlungsgutschein nach § 421g SGB III erbringt und ihr Honorar deshalb unmittelbar von der Bundesagentur für Arbeit erhält.[6]

10.135 Ebenso unerlässlich für die soziale Sicherheit sind **Leistungen eines gerichtlich bestellten Berufsbetreuers**, der im Rahmen seiner Berufsausübung Betreuungsleistungen i.S.d. §§ 1896 ff. BGB erbringt.[7] Anderes gilt jedoch für erhaltene Vergütungen i.S.v. § 1908i BGB i.V.m. § 1835 Abs. 3 BGB. Denn Leistungen, die z.B. von einem als Betreuer tätigen Rechtsanwalt für eine anwaltliche Tätigkeit im Rahmen der Betreuung erbracht werden, sind nicht i.S.d. Art. 134 Buchst. a) MwStSystRL unerlässlich für die Ausübung der Betreuungstätigkeit, da der Schwerpunkt dieser Leistungen nicht in der Betreuung der kranken oder behinderten Person, sondern in der Erbringung einer allgemeinen Rechtsberatungsleistung liegt, die nur aus Anlass der Betreuung durch die ansonsten anerkannte Einrichtung erbracht wird.[8]

10.136 **Beherbergungs- und Verpflegungsleistungen** stellen in der Regel keine mit der Aus- und Fortbildung eng verbundenen steuerfreien Leistungen i.S.d. Art. 132 Abs. Buchst. i) MwSt-

---

1 Vgl. BFH v. 5.8.2010 – V R 54/09, Rz. 26, 28, BStBl. II 2011, 191 = UR 2011, 353.

2 BFH v. 3.4.2008 – V R 74/07, Rz. 36, BFHE 221, 451 = UR 2008, 698; ebenso FG Bremen v. 10.8.2016 – 2 K 4/15, DStRE 2017, 1056; FG München v. 29.3.2017 – 3 K 855/15, MwStR 2017, 754 (758); dazu BFH v. 21.6.1018 – V R 20/17.

3 BFH v. 2.3.2011 – XI R 21/09, Rz. 31 ff., BFHE 233, 269 = UR 2011, 589.

4 EuGH v. 9.2.2006 – Rs. C-415/04 – Kinderopvang Enschede, ECLI:EU:C:2006:95 Rz. 27, UR 2006, 470; vgl. auch *Hüttemann/Schauhoff*, MwStR 2013, 426 (430).

5 Vgl. EuGH v. 9.2.2006 – Rs. C-415/04 – Kinderopvang Enschede, ECLI:EU:C:2006:95 Rz. 29 f., UR 2006, 470.

6 BFH v. 29.7.2015 – XI R 35/13, Rz. 34, UR 2015, 955 = DStR 2015, 2282; zur Neuregelung von Arbeitsvermittlungsleistungen vgl. *Grube*, jurisPR-SteuerR 49/2015 Anm. 5; *Billig*, StBW 2015, 996 (997); *Brill*, DStZ 2015, 850 (851); *Meurer*; MwStR 2015, 973.

7 BFH v. 16.10.2013 – XI R 19/11, Rz. 26, BFH/NV 2014, 190; v. 25.4.2013 – V R 7/11, Rz. 34, BStBl. II 2013, 976.

8 BFH v. 25.4.2013 – V R 7/11, Rz. 38, BStBl. II 2013, 976.

SystRL dar, da es sich nicht um für eine Aus- oder Fortbildung unerlässliche, also unverzichtbare, Leistung handelt, sondern lediglich um einer hierfür nützliche Maßnahme. Sie dient nach Auffassung des BFH in erster Linie dem Komfort und Wohlbefinden der Fortbildungsteilnehmer.[1] Allerdings gibt es zahlreiche kirchliche und gemeinnützige Tagungsstätten, bei denen das Übernachtungsangebot an Kursteilnehmer untrennbarer in die Bildungsveranstaltung integrierter Teil ist, beispielsweise wegen der Gestaltung des Tagungsablaufs oder da Hotels am freien Markt schon allein aus Preis und Kapazitätsgründen keine Alternative für interessierte Teilnehmer sein können. In diesen Fällen kann das Bildungsangebot ohne gleichzeitiges Beherbergungsangebot nicht gemacht werden, ist also unerlässlich für das Bildungsangebot. Nur in **Ausnahmefällen** stellt die Verpflegung einen mit der Bildungsleistung eng verbundenen Umsatz dar, z.B. wenn die angebotenen Getränke sowie kalten und kleinen Speisen für den Ablauf eines ganztätigen Seminars unerlässlich sind.[2] Auch die Verpflegung durch ein College ist ein unerlässlicher Teil der Berufsausbildung der Studenten, wenn keine kostendeckenden Entgelte erhoben werden und durch die Restaurantführung sichergestellt ist, dass der Ausbildungszweck eindeutig im Vordergrund steht.[3] Welches Kriterium jedoch abschließend über die Abgrenzung zwischen Unerlässlichkeit und Nützlichkeit von Verpflegungs- oder Beherbergungsleistungen entscheidet, ob es also darauf ankommt, dass sie dem ordnungsgemäßen Ablauf des Seminars dienen und die Beköstigung im Seminarraum stattfindet, ob es sich um eine bestimmt Art von Speisen oder Getränken handeln muss oder ob es auf die Wahlmöglichkeit hinsichtlich dieser Zusatzleistung durch Sitzungsteilnehmer ankommt, bleibt nach der **Rechtsprechung unklar.**[4] Das BMF[5] vertritt bezüglich der Verpflegungsleistungen bei Beherbergungsumsätzen die Auffassung, dass es sich zwar um Nebenleistungen zur Beherbergung handelt, diese allerdings nicht unmittelbar der Vermietung dienen, auch wenn sie mit einem einheitlichen Entgelt abgegolten werden.[6] Der Grundsatz, dass die unselbständige Nebenleistung das Schicksal der Hauptleistung teilt, werde vom Aufteilungsgebot des § 12 Abs. 2 Nr. 11 S. 2 UStG verdrängt, denn das gesetzlich normierte Aufteilungsverbot für einheitliche Leistungen gehe den allgemeinen Grundsätzen zur Abgrenzung von Haupt- und Nebenleistung vor.[7]

Nach der Auffassung des FG Rheinland-Pfalz[8] erfordert das Tatbestandsmerkmal der Unerlässlichkeit **keine zusätzliche Leistungserbringung unmittelbar auf Basis öffentlich-rechtlicher Vorschriften.** Vielmehr müsse unter Beachtung des Neutralitätsgrundsatzes auch eine andere Einrichtung mit einer öffentlich-rechtlichen Einrichtung gleichbehandelt werden, wenn sie zwar nicht unmittelbar aufgrund öffentlich-rechtlicher Vorschriften tätig wird, sich jedoch aufgrund eines Vertrages zu einer entsprechenden Leistung verpflichtet hat (z.B. eine GmbH, die sich gegenüber dem Land zum Betrieb einer Mensa an einer Fachhochschule verpflichtet, was eine ansonsten dem Studentenwerk obliegende Leistung darstellt). Demgegen- 10.137

1 BFH v. 7.10.2010 – V R 12/10, Rz. 29, BStBl. II 2011, 303 = UR 2011, 154; v. 8.3.2012 – V R 14/11, Rz. 10, BStBl. II 2012, 630 = UR 2012, 560; FG Münster v. 15.3.2011 – 15 K 3840/08 U, Rz. 15, UR 2011, 787 m. Anm. *Kirchhain* = EFG 2011, 1574.

2 BFH v. 7.10.2010 – V R 12/10, Rz. 32, BStBl. II 2011, 303 = UR 2011, 154 unter Verweis auf EuGH v. 11.12.2008 – Rs. C-371/07 – Danfoss und Astrazeneca, Rz. 60 f., EuGHE 2008, I-9549.

3 EuGH v. 4.5.2017 – Rs. C-699/15 – Brockenhurst College, ECLI:EU:C:2017:344, MwStR 2017, 497.

4 So auch *Kirchhain*, UR 2011, 790 (790 f.); *Busch/Maciejewski/Schepers*, DStR 2015, 2737 (2741).

5 BMF v. 9.12.2014 – IV D 2 - S 7100/08/10011:009, 2014/1061870, BStBl. I 2014, 1620.

6 Ebenso BFH v. 24.4.2013 – XI R 3/11, Rz. 55, BStBl. II 2014, 86 = UR 2014, 229).

7 BFH v. 24.4.2013 – XI R 3/11, Rz. 57, BStBl. II 2014, 86 = UR 2014, 229; BMF v. 9.12.2014 – IV D 2 - S 7100/08/10011:009, 2014/1061870, BStBl. I 2014, 1620.

8 FG Rheinland-Pfalz v. 7.8.2014 – 6 K 1387/11, EFG 2014, 2090.

über hat der BFH erkannt, dass einer privatrechtlich verfassten Gesellschaft nicht die öffentliche Aufgabe übertragen werden kann, weswegen diese Gesellschaft nicht als Einrichtung mit sozialem Charakter anerkannt ist.[1]

10.138 Ebenso ist die **Zurverfügungstellung eines Telefons und die Vermietung von Fernsehgräten an Krankenhauspatienten** angesichts des Zwecks der Steuerbefreiung des Art. 132 Abs. 1 Buchst. b) MwStSystRL, den Zugang zu Krankenhausbehandlungen und zu ärztlichen Heilbehandlungen für jedermann nicht durch höhere Kosten zu versperren, in der Regel nicht unentbehrlich zur Erreichung der mit der Behandlung verfolgten therapeutischen Ziele.[2] Sie dienen grundsätzlich vielmehr dem Komfort und Wohlbefinden der Krankenhauspatienten.[3] Allerdings gehört in Deutschland das Fernsehen mittlerweile zur Standardausstattung des Krankenzimmers. Den Patienten ist es für die Gesundung häufig ähnlich wichtig wie die Qualität der Kopfkissen. Von daher ist es Sache des nationalen Rechts, den jeweiligen Standard zu definieren.[4] Wird entsprechend eine einheitliche Leistung erbracht, ist diese insgesamt steuerfrei, auf die Unerlässlichkeit der Nebenleistung kommt es nicht an. Art. 134 Buchst. a) MwStSystRL berücksichtigt damit den jeweiligen nationalen Standard, was wesentlicher Teil der steuerbefreiten Leistung ist und was nicht.

10.139 Definiert sich der **eng mit einer Krankenhaus- oder Heilbehandlung verbundene Umsatz** also danach, ob er typischerweise im Rahmen von Krankenhaus- oder ärztlichen Heilbehandlungen erbracht wird und zur Erreichung der therapeutischen Ziele unentbehrlich ist[5], gehört hierzu auch die **Verabreichung von Zytostatika** (individuell für jeden Patienten durch die Krankenhausapotheke hergestellte Arzneimittel zur Durchführung von Chemotherapien) an ambulant behandelte Patienten im Krankenhaus. Diese Leistungen sind unerlässlich i.S.v. Art. 134 Buchst. a) MwStSystRL für die optimale Durchführung der steuerbefreiten Leistungen.[6] Diesbezüglich kommt es hinsichtlich der Unentbehrlichkeit ausschließlich auf die therapeutische Zielsetzung an und nicht darauf, ob denkbare Alternativmethoden zur Arzneimittelbeschaffung gegeben sind, wie z.B. bei ambulant behandelten Patienten in einer öffentlich zugänglichen Apotheke im Gegensatz zu Beschaffungsmöglichkeiten bei stationärer Behandlung.[7]

10.140 Ein **privater Krankenhausbetreiber**, der sich aufgrund der unionsrechtswidrigen, nationalen Steuerbefreiungsregelung des § 4 Nr. 14 Buchst. b) S. 2 Doppelbuchst. aa) UStG[8] unmittelbar auf die Steuerbefreiung nach Art. 132 Abs. 1 Buchst. b) MwStSystRL berufen kann, ist im Hinblick auf das Kriterium der „Unerlässlichkeit" in Art. 134 Buchst. a) MwStSystRL nicht von der Steuerbefreiung ausgeschlossen.[9] Gleiches gilt für den Betreiber einer Privat-

1 BFH v. 18.2.2016 – V R 46/14.
2 Vgl. EuGH v. 1.12.2005 – Rs. C-394/04 und C-395/04 – Ygeia, ECLI:EU:C:2005:734 Rz. 25.
3 EuGH v. 1.12.2005 – Rs. C-394/04 und C-395/04 – Ygeia, ECLI:EU:C:2005:734 Rz. 29; BFH v. 24.9.2014 – V R 19/11, Rz. 23, UR 2012, 756 = BFHE 247, 369.
4 Enger BFH v. 26.8.2010 – V R 5/08, UR 2011, 343 m. Anm. *Marchal*; v. 23.10.2014 – V R 20/14.
5 So auch *Eversloh*, jurisPR-SteuerR 30/2015 Anm. 5.
6 BFH v. 24.9.2014 – V R 19/11, Rz. 25 f., UR 2012, 756 = BFHE 247, 369; *Erdbrügger*, MwStR 2014, 292 (294).
7 BFH v. 24.9.2014 – V R 19/11, Rz. 27, UR 2012, 756 = BFHE 247, 369.
8 Diese Regelung gilt ab 1.1.2009; die Vorgängerregelung des § 4 Nr. 16 Buchst. b) UStG und die darin enthaltene 40 %-Grenze stufte der BFH als unionsrechtskonform ein, BFH v. 18.3.2015 – XI R 8/13, BFHE 249, 369 = UR 2015, 547.
9 BFH v. 23.10.2014 – V R 20/14, Rz. 28, UR 2015, 235 = BFH/NV 2015, 631 = DB 2015, 476.

klinik.[1] Art. 134 MwStSystRL rechtfertigt nicht, Zulassungsbeschränkungen in Bezug auf den Kreis der zur steuerfreien Leistungserbringung berechtigten Unternehmen zu erlassen, sondern definiert allein Art und Weise der Leistungserbringung.

Erbringt eine **Einrichtung für betreutes Wohnen** gewisse entgeltliche Dienstleistungen fakultativ sowohl an die Bewohner der Einrichtung für betreutes Wohnen als auch an andere Personen, stellt sich die Frage, inwieweit diese als „eng mit der Sozialfürsorge und der sozialen Sicherheit verbundene Dienstleitungen" i.S.v. Art. 132 Abs. 1 Buchst. g) MwStSystRL angesehen werden können. In dem vom EuGH[2] entschiedenen Fall handelte sich um die Möglichkeit der Inanspruchnahme eines Restaurants mit Bar, eines Friseur- und Schönheitssalons, eines Physiotherapieraums, der Ergotherapie, einer Wäscherei, einer Ambulanz mit Blutentnahmedienst und einer Arztpraxis. Der EuGH führte aus, dass es Aufgabe der nationalen Gerichte sei festzustellen, welche der aufgezählten Leistungen nach der anwendbaren nationalen Regelungen notwendig sind.[3] Er wies insoweit darauf hin, dass als notwendige fakultative Dienstleistungen die Verpflegung, die zumindest einmalige wöchentliche Reinigung der Privatwohnungen und die Möglichkeit eines Wäschedienstes für die Bewohner in Betracht kommen, sofern sie den von Altenheimen angebotenen entsprechen und zur Ausübung der steuerbefreiten Tätigkeiten durch eine Einrichtung für betreutes Wohnen unerlässlich sind. Dagegen sei nicht ersichtlich, dass die Erbringung anderer fakultativer Dienstleistungen, wie etwa Friseur- und Kosmetikleistungen, zur Ausübung der Tätigkeiten einer Einrichtung für betreutes Wohnen, für die Steuerbefreiung gewährt wird, als unerlässlich angesehen werden können.[4] 10.141

Im Ergebnis lässt sich für die Prüfung der Unerlässlichkeit festhalten, dass die fraglichen Umsätze die **Hauptleistung und ihre Qualität wesentlich mitbestimmen** müssen. 10.142

### b) Zusätzliche Einnahmen durch Umsätze, die in unmittelbarem Wettbewerb mit nicht steuerbefreiten Unternehmen erbracht werden

Die Vorschrift des Art. 134 Buchst. b) MwStSystRL, der von Wettbewerbsverzerrungen zu Lasten umsatzsteuerpflichtiger Unternehmen spricht, ist weit gefasst. Daher bleibt es den Mitgliedstaaten selbst überlassen, durch Einschränkung der jeweiligen Steuerbefreiungsvorschrift im nationalen Recht den Sachverhalten entgegenzuwirken, bei denen es zu Wettbewerbsverzerrungen mit mehrwertsteuerpflichtigen Unternehmern kommt (Rz. 10.16 ff.).[5] Aus dem Wortlaut des Art. 134 Buchst. b) MwStSystRL erschließt sich, dass gewerbliche Unternehmen nicht ohne jede **Qualifikation** in den Genuss der **Steuerbefreiung** nach Art. 132 MwStSystRL kommen können. Insofern hat der nationale Gesetzgeber nicht das Ermessen, von jeder Qualifikation abzusehen. Vielmehr setzt Art. 134 Buchst. b) MwStSystRL voraus, dass dann wenn gewerbliche Unternehmen und Körperschaften des öffentlichen Rechts oder gewinnlos agierende Unternehmen sich im Wettbewerb befinden, alle gleichermaßen qualifiziert werden müssen. Aus einer systematischen Auslegung ergibt sich, dass Art. 133 MwSt- 10.143

1 BFH v. 18.3.2015 – XI R 38/13, BFHE 249, 380 = UR 2015, 552).
2 EuGH v. 21.1.2016 – Rs. C-335/14 – Les Jardins de Jouvence, ECLI:EU:C:2016:36, UR 2016, 391.
3 EuGH v. 21.1.2016 – Rs. C-335/14 – Les Jardins de Jouvence, ECLI:EU:C:2016:36 Rz. 53, UR 2016, 391.
4 EuGH v. 21.1.2016 – Rs. C-335/14 – Les Jardins de Jouvence, ECLI:EU:C:2016:36 Rz. 54, UR 2016, 391.
5 Vgl. *Langer* in Reiß/Kraeusel/Langer, Art. 131-137 MwStSystRL Rz. 80 (Stand: August 2013).

SystRL Vorrang insoweit hat, als die besondere Qualifikation des Unternehmers selbst nach dieser Vorschrift der allgemeine Wettbewerb durch gewerbliche Unternehmen hinzunehmen hat. Der Neutralitätsgrundsatz, dessen Ausdruck Art. 134 MwStSystRL ist, gilt insofern nur eingeschränkt.

10.144 Art. 13 Abs. 2 MwStSystRL bestätigt die These, dass **Art. 134 Buchst. b) MwStSystRL eng auszulegen** ist, denn für Einrichtungen des öffentlichen Rechts und Einrichtungen mit sozialem Charakter ist eine Umsatzsteuerbefreiung im Kernbereich ihrer Tätigkeit auch dann möglich, wenn die Tätigkeit eine gewerbliche Dienstleistung im sozialen Bereich bezweckt (Rz. 10.10).

### aa) Leistungen sind dazu bestimmt, der Einrichtung zusätzliche Einnahmen zu verschaffen

10.145 Hier ist zunächst fraglich, ob der Begriff **„zusätzliche Einnahmen"** jedes Entgelt erfasst oder ob lediglich eine Gewinnerzielungsabsicht schädlich ist, der Ausdruck also i.S. eines zusätzlichen Gewinns zu verstehen ist. Für das erste Verständnis sprechen insbesondere die anderen Sprachfassungen, die im englischen Text von „additional income" und im französischen Text von „recettes supplémentaires" sprechen.[1] Allerdings folgt hieraus nicht, dass dieser Vorschrift ein ganz weites Verständnis zugrunde zu legen ist, wonach jedes Entgelt schädlich wäre, da die erfassten steuerbefreiten Leistungen typischerweise gegen Entgelt erbracht werden und deren Anwendungsbereich ansonsten weithin leer liefe.[2] Wenn die Einnahmen nur einen Teil der mit den Dienstleistungen entstehenden Kosten decken, dienen sie nicht dazu, dem Steuerpflichtigen zusätzliche Einnahmen durch Umsätze zu verschaffen.[3] Hieraus folgt ebenso, dass auch das zweite Kriterium des unmittelbaren Wettbewerbs gem. Art. 134 Buchst. b) MwStSystRL **einschränkend interpretiert** werden muss (Rz. 10.120).

10.146 Der Ausdruck „zusätzliche Einnahmen" i.S.v. Art. 134 Buchst. b) MwStSystRL lässt sich nach der EuGH-Rechtsprechung[4] **nicht in einer Weise auslegen**, die dazu führt, dass der **Anwendungsbereich der Steuerbefreiung** gem. Art. 132 Abs. 1 Buchst. m) MwStSystRL **nach Maßgabe der Eigenschaft der Empfänger der Leistungen**, z.B. danach ob sie Mitglieder oder Nichtmitglieder sind, **zu beschränken ist**, da die Steuerbefreiungsvorschrift dieses Kriterium gerade nicht vorsieht. Bereits hinsichtlich der Vorgängervorschrift der Art. 133, 134 MwStSystRL, dem Art. 13 Teil A Abs. 2 6. EG-RL, hatte der EuGH entschieden, dass die Mitgliedstaaten nicht die Befugnis haben, eine bestimmte Gruppe von Leistungsempfängern von der Steuerbefreiung auszuschließen, da die Vorschrift keine entsprechende Beschränkung hinsichtlich der Empfänger der in Rede stehenden Leistungen vorsieht.[5] Diese Auslegung wird auch durch den Wortlaut der unionsrechtlichen Befreiungsvorschriften bestätigt, denn die Steuerbefreiung nach Art. 132 Abs. Buchst. m) MwStSystRL ist im Gegensatz zur Befreiung nach Art. 132 Abs. 1 Buchst. l) MwStSystRL gerade nicht darauf beschränkt, dass die genannten Leistungen von dort beschriebenen Einrichtungen „an ihre Mitglieder" erbracht werden.[6]

1 *Hüttemann/Schauhoff*, MwStR 2013, 426 (430).
2 *Hüttemann/Schauhoff*, MwStR 2013, 426 (430).
3 EuGH v. 4.5.2017 – C-699/15 – Brockenhurst College, ECLI:EU:C:2017:344.
4 EuGH v. 19.12.2013 – Rs. C-495/12 – Birdport and West Dorset Golf Club, ECLI:EU:C:2013:861, UR 2014, 192 m. Anm. *Widmann*.
5 EuGH v. 16.10.2008 – Rs. C- 253/07 – Canterbury Hockey Club, ECLI:EU:C:2008:571 Rz. 39.
6 EuGH v. 19.12.2013 – Rs. C-495/12 – Birdport and West Dorset Golf Club, ECLI:EU:C:2013:861 Rz. 28, UR 2014, 192 m. Anm. *Widmann*.

Folglich stellen z.B. Greenfees, die von Nichtmitgliedern zur Nutzung eines Golfplatzes als Gast gezahlt werden, keine zusätzlichen Einnahmen i.S.v. Art. 134 Buchst. b) MwStSystRL dar.[1]

Zum **Kernbereich einer Krankenhausbehandlung** gem. Art. 132 Abs. 1 Buchst. b) MwStSystRL gehört, unabhängig davon, ob diese ambulant oder stationär durchgeführt wird, die **Verabreichung von individuell hergestellten Medikamenten**. Diese Tätigkeit dient unmittelbar der Krankenhaus- und Heilbehandlung, so dass sie nicht im Wesentlichen dazu bestimmt ist, zusätzliche Einnahmen durch eine nicht vom Kernbereich der Steuerfreiheit erfasste Betätigung zu erzielen.[2] 10.147

### bb) Unmittelbarer Wettbewerb mit gewerblichen Unternehmen

Auch das zweite Kriterium des **unmittelbaren Wettbewerbs** gem. Art. 134 Buchst. b) MwStSystRL muss **einschränkend** dahingehend **interpretiert** werden, dass ein gewisser Wettbewerb zwischen steuerpflichtigen und steuerbefreien Anbietern bei allen Steuerbefreiungen vorkommen dürfte. Dafür spricht auch der Wortlaut der unionsrechtlichen Vorschriften, wonach Art. 134 Buchst. b) „unmittelbaren Wettbewerb“ voraussetzt und nicht lediglich eine bloße „Wettbewerbsverzerrung“ i.S.v. Art. 133 Buchst. d) MwStSystRL.[3] Aus dem Wortlaut des Art. 134 Buchst. b) MwStSystRL lässt sich herauslesen, dass eine lediglich gewerbliche Tätigkeit nicht nach Art. 132 MwStSystRL befreit werden kann. Nur wenn die gewerbliche Tätigkeit mit den besonderen Qualifikationsvoraussetzungen einer anerkannten Einrichtung in Bezug auf die Umsätze kombiniert wird, ist eine Umsatzbefreiung möglich (Rz. 10.2; 10.10). 10.148

Eine medizinische Einrichtung, die **Krankenhauspatienten ein Telefon zur Verfügung stellt oder Fernsehgeräte vermietet**, steht mit Steuerpflichtigen im unmittelbaren Wettbewerb, die ebenfalls derartige Leistungen erbringen, wie z.B. Telefon- und Fernsehanbieter. Daher soll für solche Leistungen die Steuerbefreiung nach Art. 132 Abs. 1 Buchst. b) MwStSystRL ausgeschlossen sein, wenn sie in erster Linie dazu dienen, der Einrichtung zusätzliche Einnahmen zu verschaffen.[4] Als **„eng verbundener Umsatz“** könne nur ein Umsatz in Betracht kommen, der – wie die Heilbehandlung selbst – **therapeutischen Zwecken** dient.[5] Dies entspricht der in Deutschland vertretenen Verwaltungsauffassung mit der Ausnahme, dass die Umsatzsteuerrichtlinien keine der EuGH-Rechtsprechung vergleichbare **Öffnungsklausel** vorsehen.[6] Nach der Öffnungsklausel des EuGH sind Ausnahmesituationen denkbar, in denen mittels Telefon oder Fernsehgerät notwendiger Kontakt zur Außenwelt hergestellt wird, der für den Heilungsprozess unerlässlich ist.[7] Das Vorhandensein einer solchen Ausnahmesituation kann jedoch nur durch einen Arzt festgestellt und durch eine ärztliche Bescheinigung belegt wer- 10.149

1 EuGH v. 19.12.2013 – Rs. C-495/12 – Birdport and West Dorset Golf Club, ECLI:EU:C:2013:861 Rz. 31; ebenso FG München v. 29.3.2017 – 3 K 855/15, MwStR 2017, 754; FG Bremen v. 10.8.2016 – 2 K 4/15, UR 2014, 192 m. Anm. *Widmann* = DStRE 2017, 1056 (1058).

2 BFH v. 24.9.2014 – V R 19/11, Rz. 41, UR 2012, 756 = BFHE 247, 369.

3 *Hüttemann/Schauhoff*, MwStR 2013, 426 (430).

4 EuGH v. 1.12.2005 – Rs. C-394/04 und C-395/04 – Ygeia, ECLI:EU:C:2005:734 Rz. 33 f.

5 EuGH v. 1.12.2005 – Rs. C-394/04 und C-395/04 – Ygeia, ECLI:EU:C:2005:734 Rz. 25; so auch *Nieskens*, EuGH EU-UStB 2006, 35zu § 4 Nr. 14 Buchst. b) UStG.

6 *Tausch*, UVR 2006, 132.

7 EuGH v. 1.12.2005 – Rs. C-394/04 und C-395/04 – Ygeia, ECLI:EU:C:2005:734 Rz. 29; *Nieskens*, EuGH EU-UStB 2006, 35.

den.[1] Diese Auffassung ist wenig überzeugend, wenn die fraglichen Leistungen typischerweise zur Standardausstattung der Krankenzimmer gehören und damit der Heilbehandlung dienen (Rz. 10.25). Anderes gilt, wenn sie, wie das Telefon, zusätzlich gebucht werden können.

10.150 Umsätze, die aus dem **Verkauf von Essenmarken an Studenten** resultieren, sind auch wegen des Wettbewerbs mit steuerpflichtigen Anbietern gem. Art. 134 Buchst. b) MwStSystRL ebenfalls von der Steuerbefreiung des Art. 132 Abs. Buchst. i) MwStSystRL ausgeschlossen.[2] Die Steuerbefreiung begünstigt regelmäßig nur den Bildungsunterricht selbst, jedenfalls nicht die Verpflegung, die untrennbar mit der Bildungsleistung verbunden ist. Auch die Mitarbeiterverpflegung in einer Rehabilitationsklinik dient nicht der Heilbehandlung der Patienten, weswegen eine Steuerbefreiung dafür nicht in Betracht kommt.[3]

10.151 Kein unmittelbarer Wettbewerb mit öffentlichen Apotheken besteht hingegen bei der **Abgabe von Zytostatika durch Krankenhausapotheken**, denn nur ca. 1 % der öffentlichen Apotheken stellt bundesweit überhaupt Zytostatika her.[4] Der Ausschluss von der Steuerbefreiung nach Art. 134 Buchst. b) MwStSystRL greift daher nicht. Maßgebend ist die Unentbehrlichkeit des Arzneimittels für den therapeutischen Erfolg, nicht eine Unentbehrlichkeit im Hinblick auf denkbare alternative Methoden zur Arzneimittelbeschaffung.

10.152 Ebenso ist die Steuerbefreiung für **private Krankenhausbetreiber** nach Art. 132 Abs. 1 Buchst. b) MwStSystRL nicht gem. Art. 134 Buchst. b) MwStSystRL wegen Einnahmeverschaffung in unmittelbarem Wettbewerb mit steuerpflichtigen Unternehmen ausgeschlossen.[5] Gleiches gilt für die Umsätze des Betreibers einer Privatklinik (Rz. 10.140).[6]

10.153 Auch die **Leistungen einer privaten Arbeitsvermittlerin**, die Vermittlungsleistungen an Arbeitssuchende mit einem Vermittlungsgutschein nach § 421g SGB III erbringt und ihr Honorar deshalb unmittelbar von der Bundesagentur für Arbeit erhält, sind nicht im Wesentlichen dazu bestimmt, der als soziale Einrichtung anzuerkennenden Arbeitsvermittlerin zusätzliche Einnahmen durch Umsätze zu verschaffen, die in unmittelbarem Wettbewerb mit Umsätzen von der Mehrwertsteuer unterliegenden gewerblichen Unternehmen bewirkt werden.[7] Wiederum wird durch Art. 134 MwStSystRL nicht der Kreis von Unternehmen definiert, der steuerfreie Umsätze erbringt.

10.154 Die **Leistungen eines gerichtlich bestellten Berufsbetreuers**, der im Rahmen seiner Berufsausübung Betreuungsleistungen i.S.d. §§ 1896 ff. BGB erbringt, sind nicht im Wesentlichen dazu bestimmt, zusätzliche Einnahmen durch Umsätze zu verschaffen, die in unmittelbarem Wettbewerb mit Umsätzen von der Mehrwertsteuer unterliegenden gewerblichen Unternehmen bewirkt werden, sondern dienen den mit seiner Tätigkeit verfolgten sozialen Zwecken.[8]

1 *Nieskens*, EuGH v. 1.12.2005 – Rs. C-394, EU-UStB 2006, 35 vgl. EuGH v. 1.12.2005 – Rs. C-394/04 und C-395/04 – Ygeia, ECLI:EU:C:2005:734 Rz. 30.
2 FG Rheinland-Pfalz v. 7.8.2014 – 6 K 1387/11, EFG 2014, 2090.
3 Vgl. BFH v. 16.12.2015, XI R 52/13.
4 Vgl. FG Münster v. 12.5.2011 – 5 K 435/09 U, EFG 2011, 1470 Rz. 26; EuGH v. 13.3.2014 – Rs. C-366/12, UR 2014, 271; BFH v. 24.9.2014 – V R 19/11.
5 BFH v. 23.10.2014 – V R 20/14, Rz. 28, UR 2015, 235 = BFH/NV 2015, 631 = DB 2015, 476.
6 BFH v. 18.3.2015 – XI R 38/13, BFHE 249, 380 = UR 2015, 552.
7 BFH v. 29.7.2015 – XI R 35/13, Rz. 34, UR 2015, 955 = DStR 2015, 2282.
8 BFH v. 16.10.2013 – XI R 19/11, Rz. 26, BFH/NV 2014, 190.

Alle diese Urteile sind Ausdruck des Grundsatzes, dass im **Kernbereich der Steuerbefreiung** die Tätigkeit als **gewerbliches Unternehmen unerheblich** ist. 10.155

## E. Auslegung der relevanten deutschen Regelungen

Der deutsche Gesetzgeber hat **Art. 134 MwStSystRL nicht wörtlich in das nationale Recht umgesetzt**. Die in Art. 134 MwStSystRL vorgesehenen Ausschlusstatbestände sind daher im Rahmen **richtlinienkonformer Auslegung** unter Berücksichtigung der Wortlautgrenze bei Auslegung der deutschen Vorschriften zu beachten.[1] Bei der Auslegung ist zudem zu beachten, dass die Einschränkung des Art. 134 MwStSystRL nur auf Umsätze anwendbar ist, die mit den befreiten Umsätzen eng verbunden sind, nicht jedoch auf im Kernbereich befreite Umsätze.[2] 10.156

### I. § 4 Nr. 20 UStG

Nach der BFH-Rechtsprechung greift die **richtlinienkonforme Auslegung** auch für den auslegungsfähigen **Umsatzbegriff in § 4 Nr. 20 Buchst. a) UStG**. Eine allgemeine Steuerfreiheit der Umsätze der dort genannten kulturellen Einrichtungen ist mit der Richtlinie nicht vereinbar, so dass der BFH den Umsatzbegriff der Steuerbefreiung dahingehend einschränkt, dass es sich um eine kulturelle oder eng mit ihr verbundene Leistung handeln muss. Steuerpflichtig sind demnach z.B. Restaurationsumsätze, da die Abgabe von Speisen und Getränken bei einem Musical-Theater nicht als steuerfreie Nebenleistung zur Theatervorstellung angesehen werden kann. Dies gilt selbst dann, wenn die Abgabe von kleinen Speisen oder Getränken den Anforderungen an den üblichen Rahmen einer Theatervorstellung entspricht und von den Besuchern erwartet wird.[3] Die Abgabe der Speisen und Getränke muss nämlich wesentlich für die kulturelle Dienstleistung sein. Gastronomieumsätze im für jedermann zugänglichen Gastronomiebereich eines Theaters dienen aus der Sicht eines Durchschnittsverbrauchers hingegen einem eigenen vom Theaterbesuch unabhängigen und eigenständigen Zweck, zumal auch ein Theaterbesucher über den Bezug von Speisen, Getränken und Süßwaren unabhängig vom Erwerb des Theatertickets entscheiden kann.[4] Anders verhält es sich hingegen nach Auffassung der Finanzverwaltung[5] mit der Aufbewahrung der Garderobe, dem Verkauf von Programmheften und der Vermietung von Operngläsern, die allesamt üblicherweise mit der Theatervorstellung verbundene steuerbefreite Nebenleistungen darstellen. § 4 Nr. 20 UStG ist wegen der Unschärfe in Bezug auf die Gleichartigkeit der Einrichtungen allerdings änderungsbedürftig (Rz. 10.105). 10.157

1 Vgl. FG Münster v. 12.5.2011 – 5 K 435/09 U, Rz. 24, EFG 2011, 1470.
2 EuGH v. 28.11.2013 – Rs. C-319/12 – MDDP, ECLI:EU:C:2013:778 Rz. 32 m.w.N.; Schlussanträge vom 20.6.2013 – Rs. C-319/12, Rz. 31, Celex-Nr. 62012CC0319 = BeckRS 2013, 81343, GA *Kokott*; *Hüttemann/Schauhoff*, MwStR 2013, 426 (430).
3 BFH v. 18.8.2005 – V R 20/03, Rz. 27 ff., BStBl. II 2005, 910 = UR 2006, 24.
4 Vgl. BFH v. 15.1.2009 – V R 9/06, Rz. 25, BStBl. II 2010, 433 = UR 2009, 319.
5 UStAE Abschn. 4.20.1 Abs. 3.

## II. § 4 Nr. 22 UStG

10.158 Eine **richtlinienkonforme Auslegung** bejaht der BFH auch im Zusammenhang mit § 4 Nr. 22 Buchst. a) UStG.[1] Demnach sind bei richtlinienkonformer Auslegung des § 4 Nr. 22 Buchst. a) UStG nicht alle Vorträge, Kurse und andere Veranstaltungen zur Erlernung von Fähigkeiten oder Fertigkeiten „wissenschaftlicher oder belehrender Art“ nach dieser Vorschrift befreit, sondern nur diejenigen, die als **Erziehung von Kindern und Jugendlichen**, als **Schul- oder Hochschulunterricht**, als **Ausbildung**, **Fortbildung** oder **berufliche Umschulung** anzusehen sind. Allein dies ist von Art. 132 Abs. 1 Buchst. i) MwStSystRL erfasst, weitere Bildungszwecke können nicht befreit werden, auch wenn sie ähnlich sind, da sie im Wettbewerb zu gewerblichen Anbietern stehen.

10.159 Die Frage, ob § 4 Nr. 22 Buchst. a) UStG auch die Erteilung von **Sportunterricht** erfasst, ist bislang höchstrichterlich nicht abschließend geklärt.[2] Zur Gewährung der begehrten Steuerbefreiung ist jedoch eine unmittelbare Berufung auf das Unionsrecht möglich (Art. 132 Abs. 1 Buchst. m) MwStSystRL), denn bei jedem Sportverein ist die Erteilung von Unterricht in der Sportart, deren Betreiben Vereinszweck ist, unerlässlich für die Ausübung des Sports.[3]

10.160 Aus Art. 134 MwStSystRL wird abgeleitet, dass **Sonderleistungen im Bereich des Sports** von der Steuerbefreiung nach § 4 Nr. 22 Buchst. b) UStG ausgenommen werden müssen, wenn ein unmittelbarer Wettbewerb zu nicht steuerbefreiten Anbietern besteht. Dies führt allerdings nicht dazu, dass Sonderleistungen insgesamt aus dem Anwendungsbereich dieser Befreiung ausgenommen werden müssen. Vielmehr wird das Verbot der Befreiung von Leistungen, die für die steuerbefreite Leistung nicht unerlässlich sind, gem. Art. 134 Buchst. a) MwStSystRL bereits durch den Wortlaut des Art. 132 Abs. 1 Buchst. m) MwStSystRL hinreichend umgesetzt, wonach nur solche Leistungen steuerbefreit sind, die in einem engen Zusammenhang mit Sport oder Körperertüchtigung stehen. Fehlt dieser Zusammenhang, sind die Leistungen zwar nicht unerlässlich, jedoch entfällt die Steuerbefreiung dann ohnehin.[4] Die Beschränkung nach Art. 134 Buchst. b) MwStSystRL erfolgt aus wettbewerbsrechtlichen Gesichtspunkten. Es ist allerdings zu beachten, dass durch die bewusste Förderung des gemeinnützigen Sports stets in das Wettbewerbsgleichgewicht eingegriffen wird, so dass das Verbot der Richtlinie sich ausdrücklich nur auf Leistungen bezieht, durch die zusätzliche Einnahmen erzielt werden sollen.[5] Das regelmäßige Dienstleistungsangebot bleibt deshalb steuerbefreit, auch wenn es im Wettbewerb mit gewerblichen Anbietern steht.[6] Im Ergebnis sollen also durch Art. 134 Buchst. b) MwStSystRL nur Sonderleistungen, die gegen ein besonderes Entgelt erfolgen und bei deren Ausführung die Sportförderung hinter die Einnahmeerzielung zurücktritt, von der Steuerbefreiung des Art. 4 Nr. 22 Buchst. b) UStG ausgeschlossen werden.[7] § 4 Nr. 22 UStG entspricht derzeit nach seinem Wortlaut allerdings nicht den Erfordernissen nach Art. 133 Buchst. a) MwStSystRL (Rz. 10.106 f.).

1 BFH v. 7.10.2010 – V R 12/10, Rz. 15, BStBl. II 2011, 303 = UR 2011, 154.
2 BFH v. 2.3.2011 – XI R 21/09, Rz. 19, BFHE 233, 269 = UR 2011, 589.
3 BFH v. 2.3.2011 – XI R 21/09, Rz. 33, BFHE 233, 269 = UR 2011, 589.
4 Vgl. dazu insgesamt *Jacobs*, Umsatzsteuer und Gemeinnützigkeit, Diss., Bonn 2009, 141.
5 *Jacobs*, Umsatzsteuer und Gemeinnützigkeit, Diss., Bonn 2009, 141 f.
6 *Jacobs*, Umsatzsteuer und Gemeinnützigkeit, Diss., Bonn 2009, 142.
7 *Jacobs*, Umsatzsteuer und Gemeinnützigkeit, Diss., Bonn 2009, 143.

### III. § 4 Nr. 25 UStG

Der Wettbewerbsgedanke des Art. 134 Buchst. b) MwStSystRL kommt in § 4 Nr. 25 UStG indirekt zum Ausdruck. Nach ihrer Zweckrichtung entlastet die Vorschrift im sozialrechtlichen Bereich der Jugendhilfe die Einrichtungen, die nicht oder nur in geringem Umfang in Wettbewerb zur gewerblichen Wirtschaft treten. Aus diesem Grund sollen z.B. **Leistungen soziokultureller Zentren**, die auch von **gewerblichen Unternehmern erbracht werden können**, z.B. der Betrieb einer Cafeteria, einer Diskothek, eines Filmtheaters oder einer Gaststätte, **von der Steuerbefreiung ausgeschlossen sein**.[1] Soweit diese Leistungen aber unerlässlich sind, um eine effektive Kinder- und Jugendbetreuung nach Art. 132 Abs. 1 Buchst. h) MwStSystRL zu erreichen, also die Veranstaltungen Teil eines sozialfürsorgerischen Konzepts sind, sind sie gleichfalls steuerfrei. Art. 134 Buchst. b) MwStSystRL führt zu keinem anderen Ergebnis, da anerkannte Einrichtungen der Kinder- und Jugendbetreuung im Kernbereich ihrer Tätigkeit ungeachtet des möglichen Wettbewerbs zu gewerblichen Anbietern steuerbefreit tätig werden. Zu Recht erkennt § 4 Nr. 25 S. 3 Buchst. a) UStG entsprechende Veranstaltungen daher als steuerfrei an (Rz. 10.108 ff.). 10.161

## F. Reformvorschläge

### I. Deutsche Tradition – Umsatzsteuerbefreiung für gemeinnützige Tätigkeit

#### 1. Zweckverfolgung, Gewinnlosigkeit, Ausschüttungsverbot

Im deutschen Recht sind **gemeinnützige Tätigkeiten traditionell von der Umsatzsteuer befreit**. Bereits das erste UStG vom 26.7.1918[2] enthielt in § 3 Nr. 2 eine Regelung, die die Umsätze von „Unternehmen mit ausschließlich gemeinnützigem oder wohltätigem Zwecke, die nicht auf Gewinnerzielung ausgerichtet sind" von der Umsatzsteuer befreite. Dieser Tradition entsprechend könnte der nationale Gesetzgeber vom Wahlrecht des Art. 133 Buchst. a) MwStSystRL dadurch Gebrauch machen, dass er die genannten Steuerbefreiungen auf steuerbegünstigte Einrichtungen beschränkt. Hierbei genügt es allerdings nicht, allein auf die formelle Gemeinnützigkeit abzustellen, sondern der Gesetzgeber müsste zudem das Verbot der Quersubventionierung gesetzlich festschreiben, da das deutsche Gemeinnützigkeitsrecht nicht vorsieht, dass Gewinne zwingend „zur Erhaltung oder Verbesserung der erbrachten Leistungen verwendet werden" müssen. Reinvestitionen in andere gemeinnützige Einrichtungen würden nämlich der Beschränkung des Wahlrechts nach Art. 133 Buchst. a) MwStSystRL auf einzelne steuerbefreite Leistungen und dem dahinter stehenden Zweck der Entlastung der Leistungsempfänger zuwiderlaufen.[3] 10.162

#### 2. § 4 Nr. 18 UStG

Ein **Reformvorschlag** für die Vorschrift des § 4 Nr. 18 UStG könnte wie folgt aussehen:[4] 10.163

Im **sachlichen Anwendungsbereich** sollte sich der nationale Gesetzgeber zunächst vom Begriff der „Wohlfahrtspflege" lösen und die **Formulierung der Richtlinie** „eng mit der Sozi- 10.164

1 Vgl. *Kulmsee* in Reiß/Kraeusel/Langer, § 4 Nr. 25 UStG Rz. 14 (Stand: September 2014).
2 RGBl. 1918, 779.
3 Vgl. *Hüttemann/Schauhoff*, MwStR 2013, 426 (435, 436).
4 Vgl. dazu auch *Hüttemann/Schauhoff*, MwStR 2013, 426 (436).

alfürsorgeund der sozialen Sicherheit verbundenen Dienstleistungen und Lieferung von Gegenständen“ ins UStG übernehmen. Der Begriff „Einrichtungen mit sozialem Charakter“ sollte auf steuerbegünstigt tätige Einrichtungen i.S.d. §§ 51 AO beschränkt werden (Rz. 10.57).

10.165 Weiterhin sollte trotz der langen deutschen Tradition auf das **Abstandsgebot verzichtet** werden, denn mangels näherer Konkretisierung zur Höhe des Abstands stößt dieses auf praktische Schwierigkeiten und zudem müssten aufgrund der unionsrechtlichen Vorgaben ohnehin genehmigte und staatlich regulierte Preise aus seinem Anwendungsbereich ausgenommen werden (Rz. 10.86).

10.166 Hinsichtlich des **persönlichen Anwendungsbereichs** sollte entsprechend den Vorgaben in Art. 132 Abs. 1 Buchst. g) MwStSystRL zwischen Einrichtungen des öffentlichen Rechts und anderen Einrichtungen unterschieden werden.

10.167 Überschneidungen mit anderen Steuerbefreiungen, z.B. § 4 Nr. 16 UStG für Alters- und Pflegeheime, sollten durch eine **Subsidiaritätsklausel** vermieden werden.

10.168 Ein **Änderungsvorschlag** könnte demnach wie folgt aussehen:

> „18. eng mit der Sozialfürsorge und der sozialen Sicherheit verbundene Leistungen, die von Einrichtungen des öffentlichen Rechts oder anderen Einrichtungen mit sozialem Charakter erbracht werden. Einrichtungen mit sozialem Charakter im Sinne dieser Vorschrift sind steuerbegünstigte Körperschaften i.S.d. §§ 51 ff. AO, die ausschließlich und unmittelbar gemeinnützige, mildtätige oder kirchliche Zwecke verfolgen. Etwaige Gewinne aus der Erbringung der Leistungen nach S. 1 müssen zeitnah (§§ 55, 62 AO) zur Erhaltung oder Verbesserung dieser Leistungen eingesetzt werden. Für die in Nr. 15, 15a, 16, 25 und 27 Buchst. b genannten Leistungen kommt die Steuerbefreiung nur unter den dort genannten Voraussetzungen in Betracht.“

10.169 Der **Vorteil** einer solchen Neuregelung wäre, dass ein schonender Übergang eingeleitet würde, da sich der Markt auf die Disparität zwischen steuerbegünstigen, umsatzsteuerfreien und kommerziellen, steuerpflichtigen Tätigkeiten eingestellt hat. Trotz der unterschiedlichen umsatzsteuerlichen Regelung gibt es in vielen Märkten, Krankenhäusern, Sozialeinrichtungen, Kulturanbietern, jetzt auch Hochschulen, oder im Sport- und Freizeitbereich einen Wettbewerb zwischen kommerziellen und gemeinnützigen Anbietern. Im Falle von Neuinvestitionen aufgrund des Vorsteuerabzugs liegt ein Vorteil bei den umsatzsteuerpflichtigen Unternehmen vor, der die unterschiedliche Behandlung bzgl. der Steuerbefreiung abfedert. Durch die vorgeschlagene Neuregelung wird außerdem sichergestellt, dass das Ziel der Steuerbefreiung, nämlich die Entlastung der Leistungsempfänger aus sozialen Gründen, eingehalten wird. In den wesentlichen wettbewerbsintensiven Sozialmärkten, wie der medizinischen Versorgung, Altenpflege oder Kultureinrichtungen hat der deutsche Gesetzgeber dies bereits durch eine Anknüpfung an die Art der Tätigkeit sichergestellt. Im weniger lukrativen Bereich der Wohlfahrtspflege (§ 4 Nr. 18 UStG) sollten die ärmsten Bevölkerungsschichten zielgenau entlastet werden. Dort wäre die Ausübung des Wahlrechts angebracht, um in nicht kommerziellen Märkten Betroffene wirtschaftlich unter der Voraussetzung zu entlasten, dass diese Ersparnis nicht in Form von Gewinnausschüttungen an die Initiatoren geht.

### 3. § 4 Nr. 22 Buchst. a) UStG

Die Vorschrift des § 4 Nr. 22 Buchst. a) UStG ließe sich wie folgt **reformieren**: 10.170

Der nationale Gesetzgeber könnte **nur gewinnlose Einrichtungen** des privaten oder öffentlichen Rechts in den Genuss der Steuerbefreiung kommen lassen. Unter Ausübung des Wahlrechts nach Art. 133 Buchst. a) MwStSystRL könnte er die Steuerbefreiung auf Körperschaften des öffentlichen Rechts und gewinnlose juristische Personen beschränken, um so mittels einfacher Rechtsanwendung nach Art. 131 MwStSystRL zu gewährleisten, dass die Verwendung etwaig erzielter Gewinne allein für Zwecke der Verbesserung der Bildungstätigkeit nachgewiesen werden kann. 10.171

Ein neuer **Formulierungsvorschlag** könnte demnach wie folgt aussehen: 10.172

„22. a) die Vorträge, Kurse und anderen Veranstaltungen wissenschaftlicher oder belehrender Art, die von juristischen Personen des öffentlichen Rechts oder anderen Einrichtungen mit sozialem Charakter durchgeführt werden. Andere Einrichtungen mit sozialem Charakter im Sinne dieser Vorschrift sind steuerbegünstigte Körperschaften i.S.d. §§ 51 ff. AO, die ausschließlich und unmittelbar gemeinnützige, mildtätige oder kirchliche Zwecke verfolgen, Berufsverbände und andere Einrichtungen, die keine systematische Gewinnerzielung anstreben und deren etwaige Gewinne nicht verteilt, sondern zur Erhaltung und Verbesserung der erbrachten Leistungen verwendet werden,“

Die **Zulässigkeit** einer solchen Beschränkung lässt sich insbesondere auf Art. 132 Abs. 1 Buchst. i) und Art. 133 Buchst. a) MwStSystRL stützen (Rz. 10.107). 10.173

### 4. § 4 Nr. 25 S. 2 UStG

Eine **Neuregelung** des § 4 Nr. 25 S. 2 UStG könnte wie folgt aussehen: 10.174

Auch hier kann der Gesetzgeber die **Begünstigung** auf juristische Personen, bei denen die Überwachung der Gewinnlosigkeit durch staatliche Vorschriften gewährleistet ist, **beschränken**. 10.175

Folgender **Formulierungsvorschlag** wird unterbreitet: 10.176

„25. Leistungen der Jugendhilfe nach § 2 Abs. 2 des Achten Buches Sozialgesetzbuch und die Inobhutnahme nach § 42 des Achten Buches Sozialgesetzbuch, wenn diese Leistungen von Trägern der öffentlichen Jugendhilfe oder anderen Einrichtungen mit sozialem Charakter erbracht werden. Andere Einrichtungen mit sozialem Charakter im Sinne dieser Vorschrift sind steuerbegünstigte Körperschaften i.S.d. §§ 51 ff. AO, die ausschließlich und unmittelbar gemeinnützige, mildtätige oder kirchliche Zwecke verfolgen, und andere Einrichtungen, die keine systematische Gewinnerzielung anstreben und deren etwaige Gewinne nicht verteilt, sondern zur Erhaltung und Verbesserung der erbrachten Leistungen verwendet werden,“

# Kapitel 11
# Heilbehandlungen und Krankenhausbehandlungen, Art. 132 Abs. 1 lit. b, c

**Literatur:** *Achatz*, Umsatzsteuer und Gemeinnützigkeit, in *Jachmann* (Hrsg.), Gemeinnützigkeit, Köln 2003, 279; *Behr/Meyer*, *Kügler* und die Folgen – Zur Anwendung der 6. EG-Richtlinie auf Pflegeleistungen, UR 2004, 52; *Berger/Bürgler/Kanduth-Kristen/Wakounig*, UStG-ON[2.07]; *Birkenfeld/Wäger*, Das große Umsatzsteuer-Handbuch, Loseblatt, Köln; *Brandner/Kainz*, Umsatzsteuer bei medizinisch nicht indizierten Leistungen, SWK 2004, 968; *Damaschke*, Teilen unselbständige Nebenleistungen auch künftig das Schicksal der Hauptleistung?, UStB 2015, 132; *Dodos*, Die Bestimmung des Kernbereichs von Mehrwertsteuerbefreiungen, MwStR 2017, 9; *Doralt*, Unterschiedliche Steuersätze für ärztliche Leistungen verfassungswidrig? RdW 1989, 176; *Eisolt*, Umsatzsteuerliche Beurteilung der Leistungen von Plastischen Chirurgen, BB 2003, 1819; *Hagen/Gewinnus/Atalay*, EuGH-Urteil zur Umsatzbesteuerung eng verbundener Umsätze im Gesundheitswesen, MedR 2006, 581; *Hartmann/Metzenmacher*, Umsatzsteuergesetz, Loseblatt, Berlin; *Haunold/Tumpel/Widhalm*, EuGH: Anwendung von Mehrwertsteuerbefreiungen auch für von natürlichen Personen betriebene „Einrichtungen", SWI 1999, 458; *Haunold/Tumpel/Widhalm*, EuGH: Übersendung von medizinischen Laborproben umsatzsteuerbefreit, SWI 2001, 139; *Heidner*, Besteuerung von Heilbehandlungen, UR 2013, 641; *Hidien*, EWS-Kommentar, EWS 2003, 343; *Hidien*, EWS-Kommentar, EWS 2004, 46; *Huber/Leitner*, Ermäßigter Umsatzsteuersatz bei Krankenanstalten, SWK 1994, A 515; *Hübschmann/Hepp/Spitaler*, Abgabenordnung/Finanzgerichtsordnung, Loseblatt, Köln; *Hüttemann/Becker*, Steuerbefreiung der Abgabe von Zytostatika durch Krankenhäuser, UR 2014, 637; *Kellersmann*, Umsatzsteuerbefreiung heilberuflicher Leistungen zwischen Grundrechten und Europarecht, UR 2000, 505; *Klaßmann/Notz/Schmidbauer*, Die Besteuerung der Krankenhäuser und anderer humanmedizinischer Leistungserbringer, 5. Aufl., 2017; *Klenk*, *Friedrich*, Begriff der „Einrichtungen des öffentlichen Rechts" i.S.d. Art. 13 MwStSystRL, HFR 2016, 88; *Kraft-Kinz/Plassak*, Umsatzsteuerliche Behandlung der Tätigkeit von Ärzten, SWK 2006, 696; *Krammer*, Umsatzsteuerpflicht bei anthropologisch-erbbiologischen Sachverständigengutachten, Der Sachverständige 2000, 174; *Laudacher*, Umsatzsteuerpflicht von Leistungen im Zusammenhang mit der Empfängnisverhütung, SWK 2005, 842; *Lechner/Widhalm*, Umsatzbesteuerung von Gesundheitsleistungen, in Mazal (Hrsg.), Krankenanstaltenfinanzierung, Wien 1995, 111; *Leithner*, Das Gesundheits- und Sozialbereich-Beihilfegesetz im Überblick, SWK 1996, T 317; *Lohse*, Neutralitätsgrundsatz im Umsatz/Mehrwertsteuerrecht, UR 2004, 582; *Melhardt/Tumpel*, Umsatzsteuergesetz – Kommentar, 2. Aufl., 2015; *Meurer*, Aktuelle Rechtsprechung zur Umsatzsteuerfreiheit bei humanmedizinischen Leistungen, MwStR 2015, 523; *Michel*, Umsatzsteuerliche Beurteilung von ärztlichen Leistungen und Krankenhausleistungen am Beispiel der Plastischen Chirurgie, Diss. Köln 2007; *Niedermair*, Umsatzsteuer und Gesundheitswesen, Diss, Graz, 2008; *Niedermair* in Achatz/Tumpel (Hrsg.), Unechte Steuerbefreiungen, 2011; *Pernt*, Gesundheitswesen und Kinderbetreuung – wie sozial ist die EU? SWK 1994, A 566; *Ratzel/Möller/Michels*, Die Teilgemeinschaftspraxis, MedR 2006, 377; *Rau/Dürrwächter*, Umsatzsteuergesetz, Loseblatt, Köln; *Rößler*, Verkehrspsychologische Untersuchungen umsatzsteuerbefreit, ÖStZ 2005, 537; *Rößler*, Umsatzsteuerbefreiung für ärztliche Leistungen im Zusammenhang mit Empfängnisverhütung und Schwangerschaftsabbrüchen, ÖStZ 2006, 289; *Rothenberger*, Steuerfreiheit hygienischer Leistungen durch Ärzte, UStB 2012, 11; *Ruppe*, Umsatzsteuerliche Behandlung von Krankenanstalten, SWK 1995, A 579; *Ruppe/Achatz*, Umsatzsteuergesetz, Kommentar, 5. Aufl., 2018; *Scheiner/Kolacny/Caganek*, Kommentar zur Mehrwertsteuer UStG 1994 (Loseblattsammlung; 13. Lfg Dezember 2005); *Schmidbauer/Wittstock*, Umsatzsteuerliche Behandlung der Privatkliniken, UR 2007, 845; *Schneider*, Ärztliche Ordinationen und Selbständige Ambulatorien im Verwaltungs-, Sozial- und Steuerrecht, Wien 2001; *Schrammel*, Kasseneigene Ambulatorien und ärztliche Ordinationsstätten, RdM 1994, 35; *Seibert*, Zur Umsatzsteuerfreiheit von ärztlichen Leistungen im Zusammenhang mit Schwangerschaftsabbrüchen, DStR 2008, 1621; *Stadie*, Umsatzsteuergesetz, 3. Aufl., Köln 2015; *Staschewski/Drüen*, Reform der Umsatzsteuerbefreiungen im Heilbereich, UR 2009, 361; *Steiner*, Krankenanstaltenrechtliche Bewilligung als abnutzbarer Teil des Firmenwerts?, SWK 2001, 773; *Stiepel*, Keine Steuerbefreiung der Umsätze einer aus einem Plankrankenhaus ausgegliederten Privatklinik, UR 2013, 548; *Swinkels*, VAT Exemption for Medical Care, VAT Monitor 2005, 14; *Trösztér/Reschreiter*; Ärzte im Steuer- und Sozialversicherungsrecht Teil I, FJ 1999, 257; *Vellen*, Steuerbefreiung für die Lieferung von Zytostatika, UStB 2015, 33; *Wäger, Christoph*, Rechtsprechungsauslese 2016, UR 2017, 85; *Weitemeyer*, Im aktuellen Überblick: Miete und Umsatzsteuer, NZM 2006, 881; *Wesselbaum-Neugebauer*, Umsatzsteuerliche Erfassung ärztlicher Leistungen oder ähnlicher heilberuflicher Tätigkeiten als Heil- bzw. Präventionsmaßnahme im Bereich der Humanmedizin, UR 2007, 517; *Widhalm*, Umsatzbesteuerung von Ärzten und Krankenanstalten, Diss., Wien, 1997; *Widmann*, Anmerkung zu EuGH 6.11.2003, Rs C-45/01, Dornier, UR 2003, 594; *Widmann*, Mitteilung der Europäischen Kommission vom 7.4.2016 über einen Aktionsplan im Bereich der Mehrwertsteuer, UR 2016, 506 ff.; *Wüst*, Steuerfreiheit hygienischer Leistungen durch Ärzte, UR 2011, 902.

## A. Normtexte

### I. Unionsrechtliche Rechtsgrundlagen 11.1

#### 1. Steuerbefreiungen

Gemäß Art 132 Absatz 1 lit b MwStSystRL befreien die Mitgliedstaaten folgende Umsätze von der Steuer: Krankenhausbehandlungen und ärztliche Heilbehandlungen sowie damit eng verbundene Umsätze, die von Einrichtungen des öffentlichen Rechts oder unter Bedingungen, welche mit den Bedingungen für diese Einrichtungen in sozialer Hinsicht vergleichbar sind, von Krankenanstalten, Zentren für ärztliche Heilbehandlung und Diagnostik und anderen ordnungsgemäß anerkannten Einrichtungen gleicher Art durchgeführt beziehungsweise bewirkt werden.

Zudem befreien die Mitgliedstaaten nach Art 132 Absatz 1 lit c MwStSystRL Heilbehandlungen im Bereich der Humanmedizin, die im Rahmen der Ausübung der von dem betreffenden Mitgliedstaat definierten ärztlichen und arztähnlichen Berufe durchgeführt werden, von der Steuer.

#### 2. Ermäßigter Steuersatz

Nach Art 98 Absatz 1 MwStSystRL können Mitgliedstaaten einen oder zwei ermäßigte Steuersätze anwenden. Gemäß Absatz 2 sind die ermäßigten Steuersätze nur auf die Lieferungen von Gegenständen und die Dienstleistungen der in Anhang III genannten Kategorien anwendbar. In Nr 17 des Anhang III werden medizinische Versorgungsleistungen und zahnärztliche Leistungen sowie Thermalbehandlungen, soweit sie nicht gemäß Artikel 132 Absatz 1 Buchstaben b bis e von der Steuer befreit sind, aufgelistet und sind diese somit einem ermäßigten Steuersatz zugänglich.

### II. Nationale deutsche Regelungen

§ 4 Steuerbefreiungen bei Lieferungen und sonstigen Leistungen

Von den unter § 1 Abs. 1 Nr. 1 fallenden Umsätze sind steuerfrei:

[...]

**Nr. 14**

a) **Heilbehandlungen im Bereich der Humanmedizin, die im Rahmen der Ausübung der Tätigkeit als Arzt, Zahnarzt, Heilpraktiker, Physiotherapeut, Hebamme oder einer ähnlichen heilberuflichen Tätigkeit durchgeführt werden.**

b) **Krankenhausbehandlungen und ärztliche Heilbehandlungen einschließlich der Diagnose, Befunderhebung, Vorsorge, Rehabilitation, Geburtshilfe und Hospizleistungen sowie damit eng verbundene Umsätze, die von Einrichtungen des öffentlichen Rechts erbracht werden. Die in Satz 1 bezeichneten Umsätze sind auch steuerfrei, wenn sie von**

   aa) **zugelassenen Krankenhäusern nach § 108 des Fünften Buches Sozialgesetz,**

   bb) **Zentren für ärztliche Heilbehandlung und Diagnostik oder Befunderhebung, die an der vertragsärztlichen Versorgung nach § 95 des Fünften Buches Sozialgesetzbuch teilnehmen oder für die Regelungen nach § 115 des Fünften Buches Sozialgesetzbuch gelten,**

   cc) **Einrichtungen, die von den Trägern der gesetzlichen Unfallversicherung nach § 34 des Siebten Buches Sozialgesetzbuch an der Versorgung beteiligt worden sind,**

   dd) **Einrichtungen, mit denen Versorgungsverträge nach den §§ 111 und 111a des Fünften Buches Sozialgesetzbuch bestehen,**

   ee) **Rehabilitationseinrichtungen, mit denen Verträge nach § 21 des Neunten Buches Sozialgesetzbuch bestehen,**

   ff) **Einrichtungen zur Geburtshilfe, für die Verträge nach § 134a des Fünften Buches Sozialgesetzbuch gelten,**

   gg) **Hospizen, mit denen Verträge nach § 39a Abs. 1 des Fünften Buches Sozialgesetzbuch bestehen, oder**

   hh) **Einrichtungen, mit denen Verträge nach § 127 in Verbindung mit § 126 Absatz 3 des Fünften Buches Sozialgesetzbuch über die Erbringung nichtärztlicher Dialyseleistungen bestehen, erbracht werden und es sich ihrer Art nach um Leistungen handelt, auf die sich die Zulassung, der Vertrag oder die Regelung nach dem Sozialgesetzbuch jeweils bezieht, oder**

   ii) **von Einrichtungen nach § 138 Abs. 1 Satz 1 des Strafvollzugsgesetzes erbracht werden;**

c) **Leistungen nach den Buchstaben a und b, die von**

   aa) **Einrichtungen, mit denen Verträge zur hausarztzentrierten Versorgung nach § 73b des Fünften Buches Sozialgesetzbuch oder zur besonderen ambulanten ärztlichen Versorgung nach § 73c des Fünften Buches Sozialgesetzbuch bestehen, oder**

   bb) **Einrichtungen nach § 140b Absatz 1 des Fünften Buches Sozialgesetzbuch, mit denen Verträge zur integrierten Versorgung nach § 140a des Fünften Buches Sozialgesetzbuch bestehen,**

   **erbracht werden;**

d) **sonstige Leistungen von Gemeinschaften, deren Mitglieder Angehörige der in Buchstabe a bezeichneten Berufe oder Einrichtungen im Sinne des Buchstaben b sind, gegenüber ihren Mitgliedern, soweit diese Leistungen für unmittelbare Zwecke der Ausübung der Tätigkeiten nach Buchstabe a oder Buchstabe b verwendet werden und die Gemeinschaft von ihren Mitgliedern lediglich die genaue Erstattung des jeweiligen Anteils an den gemeinsamen Kosten fordert,**

e) **die zur Verhütung von nosokomialen Infektionen und zur Vermeidung der Weiterverbreitung von Krankheitserregern, insbesondere solcher mit Resistenzen, erbrachten Leistungen eines Arztes oder einer Hygienefachkraft, an in den Buchstaben a, b und d genannte Einrichtungen, die diesen dazu dienen, ihre Heilbehandlungsleistungen ordnungsgemäß unter Beachtung**

**der nach dem Infektionsschutzgesetz und den Rechtsverordnungen der Länder nach § 23 Absatz 8 des Infektionsschutzgesetzes bestehenden Verpflichtungen zu erbringen.**

**§ 12 Steuersätze**

**(2) Die Steuer ermäßigt sich auf 7 Prozent der folgenden Umsätze:**

**[...]**

**6. die Leistungen aus der Tätigkeit als Zahntechniker sowie die in § 4 Nr. 14 Buchstabe a Satz 2 bezeichneten Leistungen der Zahnärzte;**

**[...]**

**9. die unmittelbar mit dem Betrieb der Schwimmbäder verbundenen Umsätze sowie die Verabreichung von Heilbädern. Das Gleiche gilt für die Bereitstellung von Kureinrichtungen, soweit als Entgelt eine Kurtaxe zu entrichten ist;**

**[...]**

## III. Nationale österreichische Regelungen

### 1. Steuerbefreiungen

**§ 6 (1)**

**Von den unter § 1 Abs. 1 Z 1 fallenden Umsätzen sind steuerfrei:**

**Z 18**

**die Umsätze der Kranken- und Pflegeanstalten, der Alters-, Blinden- und Siechenheime sowie jener Anstalten, die eine Bewilligung als Kuranstalt oder Kureinrichtung nach den jeweils geltenden Rechtsvorschriften über natürliche Heilvorkommen und Kurorte besitzen, soweit sie von Körperschaften des öffentlichen Rechts bewirkt werden und es sich um Leistungen handelt, die unmittelbar mit der Kranken- oder Kurbehandlung oder unmittelbar mit der Betreuung der Pfleglinge im Zusammenhang stehen;**

**Z 19**

**die Umsätze aus Heilbehandlungen im Bereich der Humanmedizin, die im Rahmen der Tätigkeit als Arzt, Zahnarzt, Dentist, Psychotherapeut, Hebamme sowie als freiberuflich Tätiger im Sinne des § 35 Abs. 1 Z 1 in Verbindung mit § 11 des Gesundheits- und Krankenpflegegesetzes, BGBl. I Nr. 108/1997, des § 7 Abs. 1 in Verbindung mit § 1 Z 1 bis 7 des MTD-Gesetzes, BGBl. Nr. 460/1992 sowie § 45 Z 1 in Verbindung mit § 29 des Medizinischer Masseur- und Heilmasseurgesetzes, BGBl. I Nr. 169/2002, durchgeführt werden; steuerfrei sind auch die sonstigen Leistungen von Gemeinschaften, deren Mitglieder Angehörige der oben bezeichneten Berufe sind, gegenüber ihren Mitgliedern, soweit diese Leistungen unmittelbar zur Ausführung der nach dieser Bestimmung steuerfreien Umsätze verwendet werden und soweit die Gemeinschaften von ihren Mitgliedern lediglich die genaue Erstattung des jeweiligen Anteils an den gemeinsamen Kosten fordern;**

**Z 25**

**die in den Ziffern 18, 23 und 24 genannten Leistungen, sofern sie von Körperschaften, Personenvereinigungen und Vermögensmassen, die gemeinnützigen, mildtätigen oder kirchlichen Zwecken dienen (§§ 34 bis 47 der Bundesabgabenordnung), bewirkt werden. Dies gilt nicht für Leistungen, die im Rahmen eines land- und forstwirtschaftlichen Betriebes, eines Gewerbebetriebes oder eines wirtschaftlichen Geschäftsbetriebes im Sinne des § 45 Abs. 3 der Bundesabgabenordnung ausgeführt werden;**

**2. Ermäßigter Steuersatz**

**§ 10 (2)**

**Die Steuer ermäßigt sich auf 10 % für**

**Z 8**

**die Umsätze der Kranken- und Pflegeanstalten, der Alters-, Blinden- und Siechenheime sowie jener Anstalten, die eine Bewilligung als Kuranstalt oder Kureinrichtung nach den jeweils geltenden Rechtsvorschriften über natürliche Heilvorkommen und Kurorte besitzen, soweit es sich um Leistungen handelt, die unmittelbar mit der Kranken- oder Kurbehandlung oder unmittelbar mit der Betreuung der Pfleglinge im Zusammenhang stehen, und sofern die Umsätze nicht unter § 6 Abs. 1 Z 18 oder 25 fallen.**

## B. Auslegung der unionsrechtlichen Grundlagen

### I. Kranken- und Pflegeanstalten – Art. 132 Abs. 1 lit. b der MwStSystRL

11.2 Art 132 Abs. 1 lit. b der MwStSystRL ist mehrstufig aufgebaut. Voraussetzung für die Befreiung ist das Vorliegen bestimmter Einrichtungen (etwa Krankenanstalten), die von bestimmten Trägern betrieben werden. Weiters werden nur solche Leistungen befreit, die Krankenhausbehandlungen und ärztliche Heilbehandlungen darstellen und damit eng verbundene Umsätze.

#### 1. Vorbemerkung: Vorliegen einer Einrichtung

11.3 Die Steuerbefreiung setzt voraus, dass die betreffenden Leistungen von Einrichtungen des öffentlichen Rechts durchgeführt bzw bewirkt werden. Andere Einrichtungen wie Krankenanstalten, Zentren für ärztliche Heilbehandlung und Diagnostik sowie andere „ordnungsgemäß anerkannte Einrichtungen gleicher Art" können begünstigte Einrichtungen sein.

11.4 In seiner Rechtsprechung erläuterte der EuGH, dass der Begriff der Einrichtung die Existenz einer abgegrenzten Einheit, die eine bestimmte Funktion erfüllt, nahelegt. Dieses Merkmal trifft aber nicht nur auf juristische Personen zu, sondern auch auf eine oder mehrere natürliche Personen, die ein Unternehmen betreiben.[1] Der Rechtsprechung des EuGH folgend kann die Steuerbefreiung des Art 132. Abs 1 lit. b der MwStSystRL somit sowohl von juristischen als auch natürlichen Personen in Anspruch genommen werden. Eine Einschränkung auf bestimmte Gesellschaftsformen ist gemeinschaftsrechtlich nicht vorgesehen.[2]

11.5 Eine Definition der Begriffe Krankenanstalt, Zentren für ärztliche Heilbehandlung und Diagnostik findet sich weder in der MwStSystRL noch wurden diese Begriffe durch die Judikatur des EuGH definiert. Der EuGH hat jedoch festgehalten, dass Art 132 Abs. 1 lit. b der MwStSystRL Leistungen erfasst, die aus einer Gesamtheit von ärztlichen Heilbehandlungen **in Einrichtungen mit sozialer Zweckbestimmung wie der des Schutzes der menschlichen Gesundheit** bestehen.[3] Ein selbstständiger Dritter, der bspw die Beförderung von menschlichen Organen übernimmt, ist keine Einrichtung gleicher Art. Dies deshalb, weil keine abgegrenzte

---

1 EuGH v. 7.9.1999 – Rs C-216/97 – Gregg, Rz. 19, Slg. 1999, I-4947; zust. *Hidien*, EWS-Kommentar, EWS 2003, 343 (343).

2 EuGH v. 7.9.1999 – Rs C-216/97 – Gregg, Rz. 19, Slg. 1999, I-4947; vgl. dazu ausführlich *Hüttemann/Schauhoff*, Rz. 9.17 ff.

3 Vgl. EuGH v. 6.11.2003 – Rs. C-45/01 – Dornier, Rz. 47, Slg. 2003, I-12911.

Einheit vorliegt, die dieselbe bestimmte Art von Funktion wie eine Krankenanstalt oder ein Zentrum für ärztliche Heilbehandlung und Diagnostik erfüllt.[1]

## 2. Einrichtungen des öffentlichen Rechts

Gem Art. 132 Abs. 1 lit. b der MwStSystRL sind die Heilbehandlungen, die von Einrichtungen des öffentlichen Rechts durchgeführt werden, von der Mehrwertsteuer zu befreien. In der MwStSystRL findet sich allerdings keine Definition des Begriffs „Einrichtungen des öffentlichen Rechts". Lediglich in Art. 13 Abs. 1 der MwStSystRL findet sich die Bestimmung, dass **Staaten, Länder, Gemeinden** und sonstige Einrichtungen des öffentlichen Rechts in bestimmten Fällen nicht als Steuerpflichtige gelten. Der EuGH hat in Hinblick auf Art. 13 der MwStSystRL bereits festgehalten, dass der Begriff der sonstigen Einrichtungen des öffentlichen Rechts in der gesamten Union autonom und einheitlich auszulegen ist. Demnach stellt der Umstand, dass der betreffenden Einrichtung nach dem anwendbaren nationalen Recht hoheitliche Befugnisse zukommen, einen Hinweis dar, dass diese Einrichtung als Einrichtung des öffentlichen Rechts einzustufen ist.[2] Im Ergebnis ist es daher offenbar den Mitgliedstaaten überlassen, diesen Begriff zu definieren.[3] 11.6

## 3. Einrichtungen gleicher Art

### a) Anerkennung

Nicht nur die Heilbehandlungen von Einrichtungen des öffentlichen Rechts sind von der Mehrwertsteuer zu befreien, sondern auch solche, die von anderen ordnungsgemäß anerkannten Einrichtungen gleicher Art durchgeführt bzw bewirkt werden. Die Anerkennung anderer Einrichtungen hat durch den einzelnen Mitgliedstaat zu erfolgen. Es liegt im Ermessen des Mitgliedstaates zu bestimmen[4], welche Einrichtungen als Einrichtungen gleicher Art anerkannt werden. Durch die Judikatur des EuGH wurden jedoch die Grenzen dieses Ermessens aufgezeigt, die vor allem im Grundsatz der steuerlichen Neutralität zum Ausdruck kommen.[5] Dieser Grundsatz verbietet, gleichartige und deshalb miteinander in Wettbewerb stehende Dienstleistungen hinsichtlich der Mehrwertsteuer unterschiedlich zu behandeln.[6] 11.7

Ein förmliches Anerkennungsverfahren ist in der MwStSystRL genauso wenig vorgesehen wie eine Anerkennung durch Vorschriften mit rein steuerrechtlichem Charakter.[7] Spezifische Vorschriften können sich in nationalen oder regionalen, in Rechts- oder Verwaltungsvorschriften, in Steuervorschriften oder in Vorschriften im Bereich der sozialen Sicherheit finden. Es ist Sache der nationalen Behörden, nach dem Gemeinschaftsrecht und unter der Kontrolle der nationalen Gerichte insbesondere unter Berücksichtigung der Praxis der zuständigen Verwal- 11.8

1 Vgl. EuGH v. 2.7.2015 – Rs. C-334/14 – De Fruytier, Rz. 36, noch nicht in Slg.
2 Siehe EuGH v. 29.10.2015 – Rs. C-174/14 – Saudaçor, Rz. 54 und 58, noch nicht in Slg.
3 *Ruppe/Achatz*, UStG[4] (2011), § 2 Rz. 164.
4 Vgl. EuGH v. 15.11.2012 – Rs. C-174/11 – Zimmermann, Rz. 26.
5 Vgl. EuGH v. 10.9.2002 – Rs. C-141/00 – Kügler, Rz. 56, Slg. 2002, I-6833; EuGH v. 6.11.2003 – Rs. C-45/01 – Dornier, Rz. 69, Slg. 2003, I-12911; EuGH v. 8.6.2006 – Rs. C-106/05 – L. u. P. GmbH, Rz. 48, Slg. 2006, I-5123.
6 Vgl. EuGH v. 8.6.2006 – Rs. C-106/05 – L. u. P. GmbH, Rz. 32, Slg. 2006, I-5123.
7 EuGH v. 6.11.2003 – Rs. C-45/01 – Dornier, Rz. 67, Slg. 2003, I-12911.

tung in ähnlichen Fällen zu bestimmen, welche Einrichtungen anzuerkennen sind.[1] Dabei sind folgende Gesichtspunkte zu beachten:

- das mit den Tätigkeiten des betreffenden Steuerpflichtigen verbundene Gemeinwohlinteresse,
- die Tatsache, dass andere Steuerpflichtige mit den gleichen Tätigkeiten bereits in den Genuss einer ähnlichen Anerkennung kommen,
- sowie der Umstand, dass die Kosten der fraglichen Leistungen unter Umständen zum großen Teil von Krankenkassen oder anderen Einrichtungen der sozialen Sicherheit übernommen werden.[2] Dieses Kriterium allein ist jedoch nicht ausschlaggebend. Ist die Situation der Wirtschaftsteilnehmer miteinander vergleichbar, so rechtfertigt die Nichtübernahme der Kosten durch eine Sozialversicherung allein eine unterschiedliche Behandlung im Mehrwertsteuerregime nicht.[3]

11.9 Zudem ist auf die Auslegung der Gemeinschaftsvorschriften Bedacht zu nehmen. Die Mehrwertsteuerbefreiung des Art. 132 Abs. 1 lit. b der MwStSystRL umfasst sämtliche Leistungen des Art. 132 Abs. 1 lit. c der MwStSystRL. Daher urteilte der EuGH in der Rs *Dornier*[4], dass eine Bestimmung, die die Erbringung der Leistungen unter ärztlicher Aufsicht verlangt, das mitgliedstaatliche Ermessen überschreitet, da sie dazu führt, dass Leistungen, die unter der alleinigen Verantwortung von Angehörigen *arztähnlicher* Berufe erbracht werden, nicht in den Genuss einer Steuerbefreiung kommen.[5]

### b) Mögliche Bedingungen

11.10 Gemäß Art. 133 der MwStSystRL können die Mitgliedstaaten nachstehende Bedingungen verlangen:[6]

a) Die betreffenden Einrichtungen dürfen keine systematische Gewinnerzielung anstreben; etwaige Gewinne, die trotzdem anfallen, dürfen nicht verteilt, sondern müssen zur Erhaltung oder Verbesserung der erbrachten Leistungen verwendet werden.

b) Leitung undVerwaltung müssen im Wesentlichen ehrenamtlich durch Personen erfolgen, die weder selbst noch über zwischengeschaltete Personen ein unmittelbares oder mittelbares Interesse am wirtschaftlichen Ergebnis der betreffenden Tätigkeiten haben.

1 EuGH v. 10.9.2002 – Rs. C-141/00 – Kügler, Slg. 2002, I-6833 Rz. 57 f. Hierbei handelte es sich um die Anerkennung gem Art 132 Abs 1 lit g der MwSt-RL bezüglich Einrichtungen, die als Einrichtungen mit sozialem Charakter gelten. GA *Stix-Hackl*, Rs C-45/01 – Dornier, Rz. 55, Slg. 2003, I-12911: „Aufgrund des vergleichbaren Regelungsgehalts zwischen Buchstabe g und Buchstabe b erscheinen diese Hinweise auch für die Auslegung von Buchstabe b maßgeblich".

2 EuGH v. 10.9.2002 – Rs. C-141/00 – Kügler, Rz. 58, Slg. 2002, I-6833; EuGH v. 6.11.2003 – Rs. C-45/01 – Dornier, Rz. 72, Slg. 2003, I-12911; siehe auch EuGH v. 15.11.2012, C-174/11 – Zimmermann, Rz. 31.

3 EuGH v. 6.11.2003 – Rs. C-45/01 – Dornier, Rz. 75, Slg. 2003, I-12911; siehe dazu *Behr/Meyer*, Kügler und die Folgen – Zur Anwendung der 6.EG-Richtlinie auf Pflegeleistungen, UR 2004, 52 (55).

4 EuGH v. 6.11.2003 – Rs. C-45/01 – Dornier, Slg. 2003, I-12911.

5 EuGH v. 6.11.2003 – Rs. C-45/01 – Dornier, Rz. 70, Slg. 2003, I-12911.

6 EuGH v. 6.11.2003 – Rs. C-45/01 – Dornier, Rz. 64 f, Slg. 2003, I-12911; EuGH v. 26.5.2005 – Rs. C-498/03 – Kingscrest Associates Ltd, Rz. 38, Slg. 2005, I-4427; EuGH v. 8.6.2006 – Rs. C-106/05 – L. u. P. GmbH, Rz. 43, Slg. 2006, I-5123.

c) Die Preise, die diese Einrichtungen verlangen, müssen von den zuständigen Behörden genehmigt sein oder die genehmigten Preise nicht übersteigen; bei Umsätzen, für die eine Preisgenehmigung nicht vorgesehen ist, müssen die verlangten Preise unter den Preisen liegen, die der Mehrwertsteuer unterliegende gewerbliche Unternehmen für entsprechende Umsätze fordern.

d) Die Befreiungen dürfen nicht zu Wettbewerbsverzerrungen zum Nachteil von der Mehrwertsteuer unterliegenden gewerblichen Unternehmen führen.

Diese Bedingungen sind fakultativ, die Mitgliedstaaten können die Erfüllung einer oder mehrerer dieser Bedingungen vorsehen, müssen es jedoch nicht. Die soziale Vergleichbarkeit, wie oben angeführt, kann folglich auch nicht automatisch anhand der Bedingungen in Art. 133 der MwStSystRL beurteilt werden.[1] Art. 133 der MwStSystRL kann allerdings als Anhaltspunkt dafür herangezogen werden, ob eine Einrichtung anerkannt werden soll. „Wenn also eine Einrichtung diese Bedingungen erfüllt, dann ist das bereits ein Anhaltspunkt dafür, dass die Anforderungen des Tatbestands gegeben sind, oder – anders ausgedrückt – dass keine Hindernisse für die Anerkennung als Einrichtung mit sozialem Charakter vorliegen.“[2] 11.11

Es ist den Mitgliedstaaten prinzipiell – unter Beachtung des Grundsatzes der steuerlichen Neutralität – unbenommen, die Erfüllung von Bedingungen von Fall zu Fall anzuordnen, sodass zB die Befreiung der ärztlichen Heilbehandlungen von anderen Bedingungen abhängig gemacht werden kann als die Befreiung der mit solchen Heilbehandlungen eng verbundenen Umsätze.[3] Der Grundsatz der steuerlichen Neutralität verlangt jedoch, dass für alle in Art. 132 Abs. 1 lit. b der MwStSystRL genannten Kategorien privatrechtlicher Einrichtungen, die vergleichbare Leistungen erbringen, die gleichen Bedingungen für die Anerkennung verlangt werden.[4] 11.12

Die Möglichkeit, die Befreiung von der Erfüllung von Bedingungen abhängig zu machen, ist nur für Einrichtungen, die keine Einrichtungen des öffentlichen Rechts sind, vorgesehen.[5] Das Festlegen von zusätzlichen Bedingungen soll dem Gemeinwohl dienen, wobei „der Gemeinschaftsgesetzgeber (...) offenbar davon aus(geht), dass die Tätigkeiten öffentlich-rechtlicher Einrichtungen per se dem Gemeinwohl dienen“.[6] 11.13

Die Aufzählung der Bedingungen in Art. 133 der MwStSystRL ist abschließend.[7] Die Mitgliedstaaten können auf sie gänzlich verzichten, sie können weniger weitgehende Regelungen treffen, sie dürfen aber keine zusätzlichen oder weitergehenden Bedingungen vorsehen. Bei den aufgezählten Bedingungen handelt es sich um „Maximalbedingungen“.[8] Wurde es von einem Mitgliedstaat unterlassen, die erforderlichen Maßnahmen zu treffen, dann kann sich 11.14

---

1 *Ruppe*, Umsatzsteuerliche Behandlung von Krankenanstalten, SWK 1995, A 579 (580).

2 GA *Tizzano*, Rs C-141/00 – Kügler, Rz. 77, Slg. 2002, I-6833.

3 EuGH v. 8.6.2006 – Rs. C-106/05 – L. u. P. GmbH, Rz. 47, Slg. 2006, I-5123.

4 EuGH v. 8.6.2006 – Rs. C-106/05 – L. u. P. GmbH, Rz. 50, Slg. 2006, I-5123.

5 GA *Geelhoed*, Schlussanträge v. 14.11.2002 – Rs C-144/00 – Matthias Hoffmann, Rz. 36, Slg. 2003, I-2921; vgl. *Ruppe*, SWK 1995, A 579 (579); *Ruppe/Achatz*, Umsatzsteuergesetz: Kommentar[5], § 6 Tz. 415/10.

6 GA *Geelhoed*, Schlussanträge v. 14.11.2002 – Rs C-144/00 – Matthias Hoffmann, Rz. 40, Slg. 2003, I-2921.

7 GA *Geelhoed*, Schlussanträge v. 14.11.2002 – Rs C-144/00 – Matthias Hoffmann, Rz. 36, Slg. 2003, I-2921; EuGH v. 16.10.2008 – Rs. C-253/07 – Canterbury Hockey Club, Rz. 39, Slg. 2008, I-7821.

8 GA *Tizzano*, Rs C-141/00 – Kügler, Rz. 77, Slg. 2002, I-6833.

dieser nicht auf sein eigenes Unterlassen berufen, um einem Steuerpflichtigen die Steuerbefreiung zu verwehren.[1]

11.15 In der Rs *Hoffmann* stellte der EuGH außerdem klar, dass die Mitgliedstaaten die Erfüllung von Bedingungen iSd Art. 133 der MwStSystRL auch von natürlichen Personen verlangen können.[2] Der Begriff „Einrichtung" iSd Art 133 der MwStSystRL umfasst somit gleich wie in Art. 132 der MwStSystRL sowohl natürliche als auch juristische Personen. Art. 133 der MwStSystRL kann allerdings nur Anwendung auf die Gewährung der Befreiungen nach Art. 132 Abs. 1 lit. b, g, h, i, l, m und n der MwStSystRL finden. Die Gewährung der Befreiung gem Art. 132 Abs. 1 lit. c der MwStSystRL kann hingegen von keiner Bedingung abhängig gemacht werden.[3]

## II. Ärztliche und arztähnliche Berufe – Art. 132 Abs. 1 lit. c der MwStSystRL

11.16 Diese Befreiungsbestimmung des Art. 132 Abs. 1 lit. c der MwStSystRL enthält wie auch lit. b zwei Voraussetzungen: Es muss eine Heilbehandlung im Bereich der Humanmedizin[4] vorliegen und diese muss im Rahmen der Ausübung der von dem betreffenden Mitgliedstaat definierten ärztlichen und arztähnlichen Berufe erbracht werden. Während die erste Bedingung einer gemeinschaftsrechtlichen Definition bedarf, da es sich bei „Heilbehandlungen im Bereich der Humanmedizin" um einen autonomen gemeinschaftsrechtlichen Begriff handelt, sind die ärztlichen und arztähnlichen Berufe von den Mitgliedstaaten zu definieren.

11.17 Mittels Art. 132 Abs. 1 lit. c der MwStSystRL sollen nicht bestimmte Unternehmer, sondern bestimmte Leistungen befreit werden. Allerdings setzt die Bestimmung voraus, dass diese Tätigkeiten von bestimmten, dazu befähigten Personen ausgeübt werden. Die Mitgliedstaaten definieren die ärztlichen und arztähnlichen Berufe, wobei ihnen dabei Ermessen eingeräumt wird. Dieses Ermessen erstreckt sich nicht nur auf die Festlegung der für die Ausübung dieser Berufe erforderlichen Qualifikationen, sondern auch auf die Festlegung der spezifischen Heiltätigkeiten im Bereich der Humanmedizin, die zu diesen Berufen gehören. „Da die verschiedenen von den Behandelnden erworbenen Qualifikationen diese nämlich nicht zwangsläufig darauf vorbereiten, alle Arten von Behandlungen durchzuführen, darf ein Mitgliedstaat im Rahmen der Ausübung seines Ermessens davon ausgehen, dass die Definition der arztähnlichen Berufe unvollständig wäre, wenn sie lediglich allgemeine Anforderungen an die Qualifikation der Behandelnden stellen würde, ohne festzulegen, für welche Behandlungen diese im Rahmen ihres jeweiligen Berufs qualifiziert sind."[5]

11.18 Die Mitgliedstaaten können in ihren nationalen Bestimmungen über die Mehrwertsteuer die Berufe anführen, die sie als arztähnlich und somit von der Mehrwertsteuer befreit ansehen, oder auf das Berufsrecht verweisen.[6] Da den Mitgliedstaaten die Definition der ärztlichen und

---

1 EuGH v. 10.9.2002 – Rs. C-141/00 – Kügler, Rz. 60, Slg. 2002, I-6833; vgl. VwGH v. 23.9.2005 – 2005/15/0070, ÖStZB 2006, 263 im Zusammenhang mit einer „Hausnotrufzentrale".

2 EuGH v. 3.4.2003 – Rs. C-144/00 – Matthias Hoffmann, Rz. 28, Slg. 2003, I-2921.

3 Vgl. EuGH v. 8.6.2006 – Rs. C-106/05 – L. u. P. GmbH, Rz. 45, Slg. 2006, I-5123.

4 Leistungen von Tierärzten fallen nicht darunter, siehe EuGH v. 24.5.1988 – Rs. 122/87 – Kommission/Italien, Slg. 1988, 2685.

5 EuGH v. 27.4.2006 – verb. Rs C-443/04 und C-444/04 – H. A. Solleveld und J. E. van den Hout-van Eijnsbergen, Rz. 30, Slg. 2006, I-3617.

6 GA *Kokott*, Schlussanträge v. 15.12.2005 – verb. Rs C-443/04 und C-444/04 – H. A. Solleveld und J. E. van den Hout-van Eijnsbergen, Rz. 30, Slg. 2006, I-3617.

arztähnlichen Berufe überlassen wird, kann es zu Unterschieden in den einzelnen Mitgliedstaaten kommen. Den Mitgliedstaaten ist es unbenommen, bestimmte Berufe von der Mehrwertsteuerbefreiung auszunehmen. Dies darf auch dann geschehen, wenn der Beruf hinsichtlich bestimmter Aspekte reglementiert ist. Der Ausschluss eines bestimmten Berufes bedarf jedoch einer sachlichen Rechtfertigung bezüglich der beruflichen Qualifikation der Behandelnden und damit der Qualität der Heilbehandlung.[1] Außerdem muss der Grundsatz der steuerlichen Neutralität gewahrt bleiben, gleichartige und deshalb miteinander im Wettbewerb stehende Dienstleistungen dürfen nicht unterschiedlich behandelt werden, wobei Heilbehandlungen im Bereich der Humanmedizin nur insoweit gleichartig sein können, als sie für die zu Behandelnden eine gleichwertige Qualität aufweisen.[2]

Der Grundsatz der steuerlichen Gleichbehandlung ist verletzt, wenn ein Beruf oder eine spezifische Heiltätigkeit von der Mehrwertsteuerbefreiung ausgeschlossen ist, die von Personen erbracht wird, die für die Durchführung der Leistungen über berufliche Qualifikationen verfügen, die sicherstellen können, dass die Heilbehandlung von gleicher Qualität ist wie die Leistungen von steuerbefreiten Personen. Es ist irrelevant, ob die Mitglieder einer Berufsgruppe alle gleich behandelt werden, entscheidend ist, welche Tätigkeiten ausgeübt werden und ob diese Leistungen anders behandelt werden als die Leistungen befreiter Berufsgruppen.[3] Wenn festgestellt wurde, dass eine Ungleichbehandlung gegeben ist, dann ist in einem weiteren Schritt zu überprüfen, ob die erforderlichen beruflichen Qualifikationen vorliegen, derer es bedarf, um diese Leistungen durchführen zu können, und ob diese Leistungen überhaupt von der Mehrwertsteuer befreit sind.[4] 11.19

Anders verläuft die Prüfung, wenn der Leistungserbringer, der die Heilbehandlung durchführt, einer steuerbefreiten Berufsgruppe angehört, die Leistung an sich aber nicht in das aufgrund der nationalen Gesetze festgelegte Fachgebiet dieser Berufsgruppe fällt. In diesem Fall ist von den nationalen Behörden zu untersuchen, ob die Leistung befreit wäre, würde sie von anderen Berufsgruppen durchgeführt werden. Faktoren, wie etwa die Absolvierung einer Zusatzausbildung oder auch die Überweisung an den Leistungserbringer durch Ärzte, sind hier ebenfalls zu berücksichtigen.[5] 11.20

Unter Beachtung der oben genannten Gesichtspunkte obliegt die Entscheidung darüber, ob das Ermessen von den Mitgliedstaaten überschritten wurde, den zuständigen nationalen Behörden.[6] 11.21

---

1 EuGH v. 27.4.2006 – verb. Rs C-443/04 und C-444/04 – H. A. Solleveld und J. E. van den Hout-van Eijnsbergen, Rz. 33 und 38, Slg. 2006, I-3617.

2 EuGH v. 27.4.2006 – verb. Rs C-443/04 und C-444/04 – H. A. Solleveld und J. E. van den Hout-van Eijnsbergen, Rz. 40, Slg. 2006, I-3617.

3 EuGH v. 27.4.2006 – verb. Rs C-443/04 und C-444/04 – H. A. Solleveld und J. E. van den Hout-van Eijnsbergen, Rz. 41 und 43, Slg. 2006, I-3617.

4 Vgl. EuGH v. 27.4.2006 – verb. Rs C-443/04 und C-444/04 – H. A. Solleveld und J. E. van den Hout-van Eijnsbergen, Rz. 44 f., Slg. 2006, I-3617.

5 Vgl. EuGH v. 27.4.2006 – verb. Rs C-443/04 und C-444/04 – H. A. Solleveld und J. E. van den Hout-van Eijnsbergen, Rz. 50, Slg. 2006, I-3617.

6 EuGH v. 27.4.2006 – verb. Rs C-443/04 und C-444/04 – H. A. Solleveld und J. E. van den Hout-van Eijnsbergen, Rz. 36, Slg. 2006, I-3617; siehe auch EuGH v. 10.9.2002 – Rs. C-141/00 – Kügler, Rz. 56, Slg. 2002, I-6833; EuGH v. 6.11.2003 – Rs. C-45/01 – Dornier, Rz. 69, Slg. 2003, I-12911.

11.22 Die Rechtsform des Steuerpflichtigen ist für die Befreiung irrelevant.[1] Es ist unwesentlich, wer Inhaber des Unternehmens ist, allein entscheidend ist, wer die ärztliche Handlung vornimmt. Führt ein Angestellter eine ärztliche Leistung aus, für die er qualifiziert ist, und würde diese Tätigkeit, wenn er sie als selbständiger Unternehmer ausführen würde, steuerfrei sein, dann muss auch der Arbeitgeber mit diesen Umsätzen steuerfrei sein.[2]

## III. Befreite Leistungen

### 1. Heilbehandlungen

11.23 Art. 132 Abs. 1 lit. b und lit. c der MwStSystRL weisen einen unterschiedlichen Wortlaut auf. Während lit b die „Krankenhausbehandlung" und „die ärztliche Heilbehandlung" befreit, findet sich in lit c eine Anordnung zur Befreiung von „Heilbehandlungen im Bereich der Humanmedizin".

11.24 Allerdings hat der EuGH bereits festgehalten, dass der Begriff „ärztliche Heilbehandlung" iSd lit. b so zu verstehen ist, dass er **sämtliche** Heilbehandlungen im Bereich der Humanmedizin im Sinne von lit c und insbesondere Leistungen von Personen umfasst, die keine Ärzte sind, aber arztähnliche Leistungen erbringen.[3] Nachfolgende Ausführungen, die sich mit der Reichweite der Befreiung für „Heilbehandlungen im Bereich der Humanmedizin" befassen, sind aus diesem Grund auch für die Befreiung der „ärztlichen Heilbehandlung" von Belang.

11.25 Der Begriff „Heilbehandlungen im Bereich der Humanmedizin" umfasst dabei „medizinische Eingriffe, die zur Diagnose, der Behandlung und, soweit möglich, der Heilung von Krankheiten oder Gesundheitsstörungen durchgeführt werden".[4]

11.26 Daraus folgt, dass der Zweck der Leistungen für die Steuerbefreiung des Art. 132 Abs. 1 lit. b und c MwStSystRL von Bedeutung ist. Somit können Leistungen auf dem Gebiet der ästhetisch-plastischen Chirurgie, wie Schönheitsoperationen, plastische Chirurgie sowie bestimmte Hautpflegeleistungen unter den Begriff der „ärztlichen Heilbehandlung" oder „Heilbehandlung im Bereich der Humanmedizin" im Sinne von Art. 132 Abs. 1 lit. b oder c fallen. Dies unter der Voraussetzung, dass diese Leistungen dazu dienen, Personen zu behandeln, diese zu heilen oder ihre Gesundheit zu schützen, bei denen aufgrund von Krankheit, Verletzung oder eines angeborenen körperlichen Mangels ein ästhetischer Eingriff notwendig ist. Die Beurteilung muss auf einer medizinischen Feststellung beruhen und von Fachpersonal getroffen werden.[5]

---

1 EuGH v. 6.11.2003 – Rs. C-45/01 – Dornier, Rz. 21, Slg. 2003, I-12911.

2 *Widmann*, Anmerkung zu EuGH v. 6.11.2003 – Rs. C-45/01 – Dornier, UR 2003, 594 (594); *Behr/Meyer*, UR 2004, 52 (59).

3 EuGH v. 6.11.2003 – Rs. C-45/01 – Dornier, Rz. 50, Slg. 2003, I-12911; *Lohse*, UR 2004, 582 (585).

4 EuGH v. 10.6.2010 – Rs. C-86/09 – Future Health Technologies Ltd, Rz. 49 ff., Slg. 2010, I-05215; EuGH v. 14.9.2000 – Rs. C-384/98 – D. gegen W., Rz. 18, Slg. 2000, I-6795. Im Erlass vom 4.12.1996 (BMF v. 4.12.1996 – 09 0619/2-IV/9/96, AÖF 194/1996) wurden ursprünglich anthropologisch-erbbiologische Gutachten noch als steuerpflichtig eingestuft.

5 Vgl. EuGH v. 21.3.2013 – Rs. C-91/12 – PDF-Clinic, Rz. 35.

Die therapeutische Zweckbestimmung einer Leistung ist allerdings nicht zwangsläufig in einem besonders engen Sinne zu verstehen.[1] Dient die Leistung insgesamt einem therapeutischen Zweck, so ist die Anwendung der Befreiung zu bejahen. So stellt der EuGH klar, dass das Herauslösen von Gelenkknorpelzellen aus dem einem Menschen entnommenen Knorpelmaterial und ihre anschließende Vermehrung zur Reimplantation zu therapeutischen Zwecken als eine „Heilbehandlung im Bereich der Humanmedizin" zu beurteilen ist.[2] 11.27

Ebenfalls steuerbefreit sind somit auch vorbeugende Maßnahmen, selbst wenn sich herausstellt, dass die Personen, die sich einer vorbeugenden Untersuchung oder einer anderen Maßnahme unterzogen haben, an keiner Krankheit oder Gesundheitsstörung leiden.[3] Zentrales Element der präventiven ärztlichen Behandlung sind die Beobachtung und die Untersuchung des Patienten. Medizinische Analysen in Labors sind dabei wesentlicher Bestandteil der ärztlichen Beobachtung und daher ebenfalls von der Mehrwertsteuer befreit. Eine andere Beurteilung würde nach Ansicht des EuGH dem Zweck der Mehrwertsteuerbefreiung entgegenstehen.[4] Ein Therapieziel ist somit nicht zwingend erforderlich; wesentlich ist, dass die Gesundheit des Betroffenen im Vordergrund der ärztlichen oder arztähnlichen Dienstleistung steht.[5] 11.28

Auch neuartige, interdisziplinäre und alternative Heilmethoden können steuerbefreit sein, auch wenn sie in keines der traditionellen Berufsbilder passen.[6] Nationale Vorschriften, die die Tätigkeitsfelder eines Berufes abstecken, dürfen daher nicht zu eng ausgelegt werden. Berufe, die eine umfassende Ausbildung voraussetzen, werden jedoch im Regelfall einen größeren Spielraum lassen als Berufe, die eine geringere Qualifikation erfordern.[7] Ein rigides Abstellen auf den „gegenwärtigen" wissenschaftlichen Kenntnisstand ist nach Ansicht des EuGH ebenfalls nicht angebracht.[8] 11.29

Leistungen zum Zweck ihrer etwaigen zukünftigen therapeutischen Verwendung, die nur sicherstellen sollen, dass für einen zukünftigen ungewissen Fall, dass eine Heilbehandlung erforderlich wird, ein Behandlungsmittel zur Verfügung steht, sind jedoch nicht befreit.[9] 11.30

---

1 Vgl. EuGH v. 10.6.2010 – Rs. C-262/08 – CopyGene, Rz. 29, Slg. 2010, I-05053.

2 Vgl. EuGH v. 18.11.2010 – Rs. C-156/09 – Verigen Transplantation Service International, Rz. 23 ff., Slg. 2010, I-11733.

3 EuGH v. 8.6.2006 – Rs. C-106/05 – L. u. P. GmbH, Rz. 29, Slg. 2006, I-5123 mit Hinweis auf EuGH v. 20.11.2003 – Rs. C-212/01 – Unterpertinger, Rz. 40 f., Slg. 2003, I-13859; EuGH v. 20.11.2003 – Rs. C-307/01 – d'Ambrumenil, Rz. 59, Slg. 2003, I-13989.

4 EuGH v. 8.6.2006 – Rs. C-106/05 – L. u. P. GmbH, Rz. 31, Slg. 2006, I-5123.

5 *Hidien*, EWS-Kommentar, EWS 2004, 46 (47).

6 Vgl. GA *Kokott*, verb. Rs C-443/04 und C-444/04 – H. A. Solleveld und J. E. van den Hout-van Eijnsbergen, Rz. 63 ff., Slg. 2006, I-3617 iZm Störfelddiagnostik, die ein Physiotherapeut mit spezieller Zusatzausbildung ausübte.

7 GA *Kokott* v. 15.12.2005 – verb. Rs C-443/04 und C-444/04 – H. A. Solleveld und J. E. van den Hout-van Eijnsbergen, Rz. 65, Slg. 2006, I-3617. Vgl auch EuGH v. 14.4.2016 – Rs. C-555/15 – Gabarel, wonach ein Physiotherapeut, der im Rahmen seiner beruflichen Tätigkeit sowohl konventionelle als auch unkonventionelle Therapien (gegenständlich Osteopathie) unterschiedslos oder einander ergänzend anwendet, insgesamt eine steuerbefreite Heilbehandlung ausübt.

8 EuGH v. 10.6.2010 – Rs. C-262/08 – CopyGene, Rz. 44, Slg. 2010, I-5053.

9 Vgl. EuGH v. 10.6.2010 – Rs. C-86/09 – Future Health Technologies, Rz. 49 ff., Slg. 2010, I-05215 iZm der Entnahme, Analyse und Aufbereitung von Nabelschnurblut.

11.31 Leistungen, die keinem therapeutischen Ziel dienen, sind somit umsatzsteuerpflichtig.[1] So beispielsweise Eingriffe rein kosmetischer Natur[2] oder eine ärztliche Untersuchung, die allein dazu dient bspw einem Gericht oder einer Pensionsversicherungsanstalt eine Entscheidungsgrundlage in einem Rechtsstreit zu bieten.[3]

11.32 Die umsatzsteuerliche Behandlung ist dabei anhand der vom EuGH aufgestellten Kriterien zu bewerten. Der EuGH beurteilte die Eignungsbescheinigungen bisher folgendermaßen[4]:

11.33 1. Handelt es sich um eine Eignungsbescheinigung, deren Vorlage an einen Dritten Voraussetzung dafür ist, dass der Betroffene eine besondere berufliche Tätigkeit oder bestimmte Tätigkeiten ausüben kann, die eine gute körperliche Verfassung erfordern, so besteht der Hauptzweck des Gutachtens darin, die Entscheidungsfindung Dritter zu ermöglichen. Der Schutz der Gesundheit der Person steht nicht im Vordergrund. Eine Steuerbefreiung für dieses Gutachten kommt nicht in Betracht.

11.34 2. Zielt jedoch das Ausstellen einer Bescheinigung über die körperliche Eignung darauf ab, gegenüber einem Dritten geltend zu machen, dass der Gesundheitszustand einer Person bestimmten Tätigkeiten Grenzen setzt oder diese nur unter besonderen Bedingungen erlaubt, so besteht der Hauptzweck dieses Gutachtens darin, die Gesundheit des Betroffenen zu schützen. Auf solche Gutachten kann die Befreiungsbestimmung des Art. 132 Abs. 1 lit. c der MwSt-SystRL Anwendung finden.

## 2. Eng mit der Krankenhausbehandlung verbundene Umsätze

11.35 Art. 132 Abs. 1 lit. b der MwStSystRL befreit nicht nur die Krankenhausumsätze und die ärztliche Heilbehandlung, sondern auch die „damit eng verbundenen Umsätze". Diese Befreiung findet sich, wie bereits dargestellt, **nur in lit. b** nicht jedoch in lit. c. Der Begriff „eng verbundene Umsätze" ist ein autonomer gemeinschaftsrechtlicher Begriff, eine Definition erfolgt in der MwStSystRL allerdings nicht.

11.36 Der Begriff „eng verbundene Umsätze" entspricht nach Ansicht des EuGH dem Verhältnis der Nebenleistung zur Hauptleistung.[5] Die Leistung ist grundsätzlich als Nebenleistung anzusehen, wenn sie dazu dient, die Hauptleistung optimal in Anspruch nehmen zu können. Leistungen, die in keinem Zusammenhang mit einer etwaigen Krankenhausbehandlung oder ärztlichen Heilbehandlung stehen, sind somit nicht befreit.[6]

11.37 Leistungen müssen daher, damit sie als „eng verbundene Umsätze" angesehen werden können, folgende Voraussetzungen erfüllen:

1 EuGH v. 14.9.2000 – Rs. C-384/98 – D. gegen W., Rz. 19, Slg. 2000, I-6795 iZm einem Vaterschaftstest, der im Auftrag eines Gerichts durchgeführt wurde.
2 Vgl. EuGH v. 21.3.2013 – Rs. C-91/12 – PDF Clinic, Rz. 25 ff.
3 EuGH v. 20.11.2003 – Rs. C-212/01 – Unterpertinger, Rz. 42 f., Slg. 2003, I-13859; EuGH v. 20.11.2003 – Rs. C-307/01 – d'Ambrumenil, Rz. 60, Slg. 2003, I-13989.
4 Vgl. EuGH v. 20.11.2003 – Rs. C-307/01 – d'Ambrumenil, Rz. 64 f., Slg. 2003, I-13989.
5 Vgl. EuGH v. 6.11.2003 – Rs. C-45/01 – Dornier, Rz. 33 f., Slg. 2003, I-12911.
6 Vgl. EuGH v. 6.11.2003 – Rs. C-45/01 – Dornier, Rz. 33, Slg. 2003, I-12911. Leistungen, die bspw. im Zusammenhang mit Vaterschaftsgutachten erbracht werden, sind ebenso wie die Hauptleistung, der Mehrwertsteuer zu unterwerfen.

- Als Hauptleistung muss zunächst eine Krankenhausbehandlung oder ärztliche Heilbehandlung vorliegen.
- Als Nebenleistung muss der „eng verbundene Umsatz" für die Heilbehandlung unerlässlich sein.[1] Nur Leistungen, die im Rahmen von Krankenhausbehandlungen und ärztlichen Heilbehandlungen erbracht werden und zum Erreichen der damit verfolgten therapeutischen Ziele unentbehrlich sind, stellen „eng verbundene Umsätze" dar.

Für die Befreiung der „eng verbundenen Umsätze" ist entscheidend, ob der Zweck der jeweils erbrachten Leistung ein therapeutischer ist bzw der Erstellung einer Diagnose dient.[2] Die Leistungen müssen, um als „eng verbundene Umsätze" angesehen werden zu können, einen Zusammenhang mit der Heilbehandlung aufweisen. Sie werden im Rahmen der Krankenhausbehandlung durchgeführt oder sie ergänzen die Heilbehandlung.[3] So beurteilte der EuGH die Versendung von medizinischen Proben an ein Speziallabor als eng verbundenen Umsatz.[4] Die Entnahme, dieBeförderung und die Analyse von Nabelschnurblut sowie die Lagerung der in diesem Blut enthaltenen Stammzellen sind hingegen nach Ansicht des EuGH keine eng verbundenen Umsätze, wenn die ärztliche Heilbehandlung im Krankenhaus, mit der diese Tätigkeiten nur eventuell verbunden sind, weder stattgefunden noch begonnen hat, noch geplant ist.[5] An dieser Beurteilung ändert auch die Tatsache nichts, dass die aufbewahrten Nabelschnurstammzellen zukünftig nur im Rahmen einer Heilbehandlung im Krankenhaus verwendet und nicht zu anderen Zwecken missbraucht werden können.[6] 11.38

Der EuGH stellte weiters klar, dass zur Klärung der Frage, ob diese Leistungen nun „eng verbundene Umsätze" darstellen, nicht der Wille des einzelnen Patienten maßgeblich sein kann, der diese Leistungen für seine Genesung für erforderlich hält. Entscheidend ist, dass diese Leistungen zum Erreichen der mit der Heilbehandlung verbundenen therapeutischen Ziele unentbehrlich sind. Nur solche Leistungen können sich auf die Kosten der medizinischen Behandlung auswirken, deren Mehrwertsteuerentlastung die MwStSystRL bezweckt.[7] 11.39

Die Zurverfügungstellung von Fernsehgeräten oder Telefonen an Patienten während ihres Krankenhausaufenthalts stellt daher bspw eine steuerpflichtige Leistung dar.[8] Auf Leistungen, die für die medizinische Behandlung nicht unerlässlich sind, ist die Steuerbefreiung daher nicht anzuwenden.[9] Die bloße Nützlichkeit der Leistung ist somit zur Erlangung der Steuerfreiheit nicht ausreichend.[10] 11.40

---

1 EuGH v. 1.12.2005 – Rs. C-394/04 und C-395/04 – Ygeia, Slg. 2005, I-10373.

2 *Haunold/Tumpel/Widhalm*, EuGH: Übersendung von medizinischen Laborproben umsatzsteuerbefreit, SWI 2001, 139 (141).

3 EuGH v. 6.11.2003 – Rs. C-45/01 – Dornier, Rz. 34, Slg. 2003, I-12911; vgl. vor allem GA *Stix-Hackl*, Rz. 40.

4 EuGH v. 11.1.2001 – Rs. C-76/99 – Kommission/Frankreich, Slg. 2001, I-249.

5 EuGH v. 10.6.2010 – Rs. C-262/08 – CopyGene, Rz. 52, Slg. 2010, I-5053.

6 Rz. 49 des Urteils.

7 GA *Léger*, Rs C-394/04 und C-395/04 – Ygeia, Rz. 42, Slg. 2005, I-10373; siehe auch *Hagen/Gewinnus/Atalay*, EuGH-Urteil zur Umsatzbesteuerung eng verbundener Umsätze im Gesundheitswesen, MedR 2006, 581 (581).

8 EuGH v. 1.12.2005 – Rs. C-394/04 und C-395/04 – Ygeia, Slg. 2005, I-10373.

9 EuGH v. 1.12.2005 – Rs. C-394/04 und C-395/04 – Ygeia, Rz. 22 und 25, Slg. 2005, I-10373.

10 *Hagen/Gewinnus/Atalay*, MedR 2006, 581 (581); vgl. GA *Léger* v. 15.9.2005 – Rs C-394/04 und C-395/04 – Ygeia, Rz. 36, Slg. 2005, I-10373.

### 3. Gestellung von Personal

11.41 Zur Gestellung von Personal im Zusammenhang mit Krankenanstalten hat sich der EuGH bisher noch nicht geäußert. Der MwSt-Ausschuss hingegen hat sich bereits mit der Bereitstellung von OP-Personal im Rahmen einer entgeltlichen Überlassung eines Operationssaals durch ein Krankenhaus an einen privat praktizierenden Arzt auseinandergesetzt. Der MwSt-Ausschuss verneint dabei fast einstimmig die Steuerbefreiung. Dies deshalb, weil die betreffende Dienstleistung in tatsächlicher und wirtschaftlicher Hinsicht von der nach dieser Vorschrift befreiten Heilbehandlung getrennt und nicht selbst als Heilbehandlung im Bereich der Humanmedizin angesehen werden kann.[1] Für diese Ansicht spricht, dass auch die Gestellung von Personal von einem gewerblichen Personalvermittlungsunternehmen der Umsatzsteuer unterworfen wird. Nimmt ein Arzt deren Leistungen in Anspruch, dann ist die Personalgestellung mehrwertsteuerpflichtig. Eine Befreiung dieser Leistung ist nicht vorgesehen, obwohl der Arzt die Mehrwertsteuer nicht als Vorsteuer abziehen kann und die Kosten als Gemeinkosten in die Leistung eingehen. Ein weiteres Argument für die Steuerpflicht ist, dass die entgeltliche Überlassung von Geräten, Material oder Personal von einem Arzt an einen anderen zu einem Leistungsaustausch führt, der, da keine Heilbehandlung vorliegt, ebenfalls steuerpflichtig ist.[2]

11.42 Ob diese Steuerpflicht jedoch auch für die Bereitstellung von Personal durch Krankenhäuser an andere Krankenhäuser gilt, ist unklar.[3] Hinweise auf eine mögliche Steuerbefreiung dieser Leistungen bietet jedoch die Rs *Horizon College*[4].

11.43 In dieser Rs stellte der EuGH klar, dass die Gestellung von Personal durch die Lehreinrichtung an eine andere ein eng „verbundener Umsatz" sein kann. Allerdings müssen dafür bestimmte Voraussetzungen erfüllt sein, welche der EuGH im genannten Urteil genauer ausführt. Umgelegt auf die Personalgestellung von Krankenanstalten lauten diese Voraussetzungen wie folgt:

- Die Krankenanstalt, die das Personal stellt, muss eine Einrichtung des öffentlichen Rechts oder eine anerkannte Einrichtung sein.
- Die „empfangende" Krankenanstalt muss ebenfalls eine Einrichtung des öffentlichen Rechts oder eine anerkannte Einrichtung sein.
- Das medizinische Personal muss für die Krankenhausbehandlung und ärztliche Heilbehandlung der „empfangenden" Krankenanstalt eingesetzt werden.
- Das medizinische Personal muss eine solche Art oder Qualität aufweisen, dass eine Arbeitsvermittlung oder ein anderer Personaldienstleister keinen gleichwertigen Dienst erbringen könnte.

---

1 Vgl. Leitlinien, die auf Sitzungen des MwSt-Ausschusses zurückgehen, Leitlinien aus der 102. Sitzung vom 30.3.2015, Dokument A-taxud.c.1(2015)2610654-851.

2 Siehe *Trösztér/Reschreiter*: Ärzte im Steuer- und Sozialversicherungsrecht Teil I, FJ 1999, 257 (261); *Ratzel/Möller/Michels*, Die Teilgemeinschaftspraxis, MedR 2006, 377 (390).

3 Siehe auch *Niedermair*, Unechte Steuerbefreiungen im Gesundheitswesen, in Achatz/Tumpel, Unechte Steuerbefreiungen 143 ff.; ausführlich *Niedermair*, Umsatzsteuer und Gesundheitswesen, Diss., Graz, 2008, 142 ff.

4 EuGH v. 14.6.2007 – Rs. C-434/05 – Horizon College, Slg. 2007, I-4793. Siehe diesbezüglich auch EuGH v. 25.3.2010 – Rs. C-79/09 – Kommission/Niederlande, Slg. 2010, I-00040. Dieses Urteil wurde nur in niederländischer und französischer Sprache veröffentlicht. Vgl. auch VwGH v. 16.3.2016 – 2013/17/0094, der diese Frage zur Klärung an das BFG zurückverweist.

## IV. Unmittelbare Wirkung von Art. 132 Abs. 1 lit. b und lit. c

Art. 132 Abs. 1 lit. b der MwStSystRL zählt laut EuGH die steuerbefreiten Tätigkeiten hinreichend genau und inhaltlich unbedingt auf. Die Tatsache, dass Art. 132 Abs. 1 lit. b der MwStSystRL den Mitgliedstaaten hinsichtlich der Anerkennung Ermessen einräumt, hindert den Einzelnen nicht daran, sich gegenüber allen nicht richtlinienkonformen innerstaatlichen Vorschriften unmittelbar auf lit b zu berufen. Voraussetzung ist, dass der Einzelne nach objektiven Kriterien die dem Gemeinwohl dienenden Leistungen erbringt, auf die sich die Befreiung bezieht.[1] 11.44

Nach Ansicht des EuGH erfüllt Art. 132 Abs. 1 lit. c MwStSystRL die oben genannten Voraussetzungen. Die von den Mitgliedstaaten zu befreienden Tätigkeiten sind demnach hinreichend genau und unbedingt aufgezählt. Ein Steuerpflichtiger kann sich daher gegenüber innerstaatlichen Rechtsvorschriften oder Verwaltungspraktiken, die der Richtlinienbestimmung entgegenstehen, auf Art. 132 Abs. 1 lit. b und lit. c der MwStSystRL berufen.[2] 11.45

## V. Ermäßigter Steuersatz

Sofern die Voraussetzungen für eine Steuerbefreiung gemäß Art. 132 Abs. 1 lit. b der MwStSystRL nicht erfüllt sind, kann allfällig ein ermäßigter Steuersatz gemäß Art. 98 iVm Anhang III der MwStSystRL in Betracht kommen. 11.46

Z 17 sieht die Möglichkeit eines ermäßigten Steuersatzes für medizinische Versorgungsleistungen und zahnärztliche Leistungen sowie Thermalbehandlungen vor, soweit sie nicht gem Art. 132 Abs. 1 lit. b bis e der MwStSystRL von der Steuer befreit sind. Der Begriff der medizinischen Versorgungsleistungen ist in der Richtlinie nicht definiert. Lediglich die englische Sprachfassung verwendet sowohl bei den beiden Befreiungsbestimmungen (lit. b und lit. c) als auch bei der Regelung über den ermäßigten Steuersatz denselben Begriff (medical care). Dies impliziert, dass diese Bestimmungen grundsätzlich die gleiche Art der Leistung behandeln.[3] Der Hinweis auf Art. 132 Abs. 1 lit. b bis e der MwStSystRL lässt außerdem darauf schließen, dass Leistungen iSd Bestimmungen darunter zu verstehen sind. Der begünstigte Steuersatz sollte daher sowohl auf die Krankenhausbehandlung und die ärztliche Heilbehandlung als auch auf die damit eng verbundenen Umsätze anwendbar sein.[4] 11.47

Da die Einrichtungen des öffentlichen Rechts und Einrichtungen, die in sozialer Hinsicht mit diesen vergleichbar sind, bereits gem Art. 132 Abs. 1 lit. b der MwStSystRL von der Mehrwertsteuer zu befreien sind, kann der ermäßigte Steuersatz nur auf solche Einrichtungen Anwendung finden, die nicht in sozialer Hinsicht mit Einrichtungen des öffentlichen Rechts vergleichbar sind. Für Einrichtungen des öffentlichen Rechts kommt der ermäßigte Steuersatz somit keinesfalls in Frage. 11.48

1 EuGH v. 6.11.2003 – Rs. C-45/01 – Dornier, Rz. 80 f., Slg. 2003, I-12911; vgl. *Verweyen* in Hartmann/Metzenmacher (Hrsg.), Umsatzsteuergesetz (Loseblattsammlung), § 4 Nr. 16 Anm. 34.
2 EuGH v. 6.11.2003 – Rs. C-45/01 – Dornier, Rz. 80 ff., Slg. 2003, I-12911.
3 *Swinkels*, VAT Exemption for Medical Care, VAT Monitor 2005, 14 (14).
4 Vgl. *Ruppe*, SWK 1995, A 579 (582 f.).

## VI. Unterschiede und Abgrenzungskriterium zwischen Art. 132 Abs. 1 lit. b und lit. c der MwStSystRL

11.49 Die Beantwortung der Frage, ob medizinische Leistungen als Umsatz im Rahmen einer Krankenanstalt (lit. b) oder als selbständige ärztliche Leistungen (lit. c) erbracht werden, ist vor allem deshalb von Bedeutung, weil bei Krankenanstalten neben einer unechten Steuerbefreiung auch in bestimmten Fällen die Anwendung des ermäßigten Steuersatzes in Betracht kommt. Außerdem ist die Unterscheidung wichtig, weil lit b neben den „ärztlichen Heilbehandlungen" anders als lit c auch die „damit eng verbundenen Umsätze" befreit.

11.50 Diesbezüglich hat der EuGH bereits festgehalten, dass sich – abgesehen von Lieferungen kleineren Umfangs, die mit der Heilbehandlung untrennbar verbunden sind – die Abgabe von Arzneimitteln und sonstigen Heilbehelfen, die von einem Arzt oder anderen hierzu ermächtigten Personen verordnet werden, in tatsächlicher und in wirtschaftlicher Hinsicht von der Dienstleistung trennen lässt.[1] Die Lieferung von Arzneimitteln und anderen Gegenständen, sofern sie nicht im Zeitpunkt einer humanmedizinischen Heilbehandlung strikt notwendig ist, ist daher steuerpflichtig.[2] Folglich ist es wesentlich zu bestimmen, ob Art. 132 Abs. 1 lit. b oder lit. c zur Anwendung gelangt.

11.51 Der Gerichtshof ist der Ansicht, dass für die Abgrenzung des Anwendungsbereichs der beiden Befreiungstatbestände weniger die Art der Leistung als vielmehr der Ort der Leistungserbringung entscheidend ist. Leistungen iSd lit b bestehen aus einer Gesamtheit von ärztlichen Heilbehandlungen, welche üblicherweise ohne Gewinnerzielungsabsicht in Einrichtungen mit sozialer Zweckbestimmung erbracht werden. Leistungen iSd lit. c sind solche, die außerhalb von Krankenanstalten im Rahmen einer auf Vertrauen gegründeten Beziehung zwischen Patient und Behandelndem erbracht werden, sei es in den Praxisräumen des Arztes oder auch in der Wohnung des Patienten oder an einem anderen Ort.[3] Aufgrund des unterschiedlichen Anwendungsbereichs der beiden Bestimmungen wird eine „abschließende Regelung der Steuerbefreiungen für Leistungen der Heilbehandlung im engeren Sinn" bezweckt.[4]

Zusammenfassend lassen sich für die Tatbestände der lit. b und der lit. c folgende Unterschiede feststellen:

- Wesentlich für die Abgrenzung der Tatbestände ist zunächst die Art und Weise der Leistungserbringung:
  - Art. 132 Abs. 1 lit. b der MwStSystRL befreit die Heilbehandlungen, die in Einrichtungen mit sozialer Zweckbestimmung wie der des Schutzes der menschlichen Gesundheit erbracht werden.

---

1 EuGH v. 23.2.1988 – Rs. 353/85 – Kommission/Vereinigtes Königreich, Rz. 33 und 35, Slg. 1988, 817. Das Vereinigte Königreich hatte Lieferungen von Gegenständen durch Angehörige der ärztlichen und arztähnlichen Berufe von der Mehrwertsteuer befreit, wenn sie im Zusammenhang mit Heilbehandlungen erfolgten, wie etwa die Lieferungen von Brillen durch zugelassene Optiker.

2 EuGH v. 13.3.2014 – Rs. C-366/12 – Klinikum Dortmund, Rz. 34.

3 EuGH v. 23.2.1988 – Rs. 353/85 – Kommission/Vereinigtes Königreich, Rz. 32 f., Slg. 1988, 817; EuGH v. 10.9.2002 – Rs. C-141/00 – Kügler, Rz. 35 f., Slg. 2002, I-6833; EuGH v. 6.11.2003 – Rs. C-45/01 – yy, Rz. 47, Slg. 2003, I-12911; EuGH v. 8.6.2006 – Rs. C-106/05 – L. u. P. GmbH, Rz. 22, Slg. 2006, I-5123.

4 EuGH v. 10.9.2002 – Rs. C-141/00 – Kügler, Rz. 36, Slg. 2002, I-6833.

  - Lit. c hingegen befreit die Heilbehandlungen, die außerhalb von Krankenhäusern im Rahmen eines Vertrauensverhältnisses zwischen Arzt und Behandelndem erbracht werden.
- In den Rechtsfolgen und ihrer systematischen Stellung unterscheiden sich die Tatbestände wie folgt:
  - Anders als lit. b kennt lit. c keine Befreiung der eng mit ärztlichen Heilbehandlungen verbundenen Umsätze. Befreit sind im Rahmen der lit. c nur Lieferungen im kleinen Umfang, die untrennbar mit der Heilbehandlung verbunden sind.
  - Die Mitgliedstaaten können die Gewährung der Befreiungen nach Art. 132 Abs. 1 lit. b der MwStSystRL für Einrichtungen, die keine Einrichtungen des öffentlichen Rechts sind, im Einzelfall von der Erfüllung einer oder mehrerer der in Art 133 der MwStSystRL aufgezählten Bedingungen abhängig machen. Auf Art. 132 Abs. 1 lit. c der MwStSystRL findet Art. 133 keine Anwendung.

## C. Auslegung der deutschen nationalen Regelung

### I. Befreiung für Heil- und Krankenhausbehandlung, § 4 Nr. 14 lit. a und b UStG

#### 1. Vorbemerkungen

Die Vorschriften des § 4 Nr. 14 lit. a UStG über die Steuerbefreiung für Leistungen im Be- 11.52
reich der Humanmedizin und § 4 Nr. 14 lit. b UStG über Krankenhausbehandlungen und ärztliche Heilbehandlungen einschließlich der Diagnostik, Befunderhebung, Vorsorge, Rehabilitation, Geburtshilfe und Hospizleistungen sowie damit eng verbundene Umsätze haben sich historisch parallel entwickelt (Rz. 11.54 ff.). Beide **Steuerbefreiungen** sind **für gemeinnützige Organisationen von erheblicher Bedeutung**. Während rund ein Drittel der Krankenhäuser in Deutschland gegenwärtig von freien gemeinnützigen Trägern betrieben werden (neben der öffentlichen Hand und privaten Trägern),[1] werden ärztliche Leistungen auch und überwiegend von privaten niedergelassenen Ärzten angeboten. Beide Steuerbefreiungen hängen insofern miteinander zusammen, als gemeinnützige Krankenhäuser ärztliche Leistungen abnehmen oder Leistungen an steuerbefreite Ärzte erbringen. Beides hat Auswirkungen auf die eigenen steuerlichen Leistungen, etwa bei der Vermietung an andere Steuerbefreite und die Möglichkeit der Option nach § 9 UStG (*Englisch*, Rz. 24.63). Außerdem sind die Umsätze der Krankenhäuser nach Art. 132 Abs. 1 lit. b MwStSystRL nur insofern steuerbefreit, als sie Krankenhausbehandlungen und ärztliche Heilbehandlungen sowie damit eng verbundene Umsätze tätigen, so dass auch für lit. b die Definition der ärztlichen Heilbehandlung von hoher Bedeutung ist. Der BFH legt die Begriffe der „Krankenhausbehandlungen und ärztliche Heilbehandlungen" i.S.d. Art. 132 Abs. 1 lit. b MwStSystRL einerseits und „Heilbehandlungen im Bereich der Humanmedizin" i.S.d. Art. 132 Abs. 1 lit. c MwStSystRL andererseits entsprechend der Rechtsprechung des EuGH (Rz. 11.24) grundsätzlich inhaltsgleich aus.[2]

1 Statistisches Bundesamt, Grunddaten der Krankenhäuser, Fachserie 12 Reihe 6.1.1, 2015, S. 9.
2 BFH v. 11.1.2019 – XI R 29/17, MwStR 2019, 325, Rz. 26 m.w.N.; v. 18.9.2018 – XI R 19/15, MwStR 2019, 159, Rz. 20 – Vorlagebeschluss zu med. Telefonberatung.

11.53 Aus diesem Grund werden im Folgenden schwerpunktmäßig die Leistungen der **Krankenhäuser** nach § 4 Nr. 14 lit. b UStG eingehend kommentiert, während die **ärztlichen Leistungen** nach § 4 Nr. 14 lit. a UStG schwerpunktmäßig nur insoweit behandelt werden, als sie für die Definition der Heilbehandlung sowie für die Abgrenzung zur Krankenhausbehandlung eine besondere Bedeutung haben. Auch die Regelungen in § 14 Nr. 14 lit. c bis e UStG werden nur am Rande betrachtet, da sie für gemeinnützige Organisationen nur von untergeordneter Bedeutung sind. Die in lit. d genannten sonstigen Leistungen von Gemeinschaften, deren Mitglieder Angehörige der in Buchstabe a oder Einrichtungen im Sinne des Buchstaben b sind, gegenüber ihren Mitgliedern, soweit es lediglich um eine Kostenaufteilung geht, werden im Kapitel 12 über **Kooperationen** behandelt (*Küffner*, Kap. 12 Rz. 12.2 ff.).

## 2. Wesentliche Entwicklung der Vorschriften

### a) Ärztliche Heilbehandlungen

11.54 Im UStG 1919[1] war, nachdem die alleinige Besteuerung gewerblicher Leistungen nach dem UStG 1918 aufgegeben worden war, in § 2 Nr. 9 UStG eine **Befreiung für Heilbehandlungen** vorgesehen: ‚Von der Besteuerung sind ausgenommen: […] ärztliche und ähnliche Hilfeleistungen, soweit die Entgelte für sie von den reichsgesetzlichen Krankenkassen und knappschaftlichen Krankenkassen zu zahlen sind". Dies wurde in § 4 Nr. 11 UStG 1934[2] für ärztliche und ähnliche Hilfeleistungen übernommen, ebenfalls unter der Voraussetzung der Übernahme der Kosten durch die damaligen gesetzlichen Versicherungsträger. Mit dieser Einschränkung wurde die Vorschrift in das UStG 1951[3] übernommen. Zweck der Vorschriften war daher allein die Entlastung der Sozialversicherungskassen und auch nur die von diesen getragenen ärztlichen Leistungen waren steuerbefreit.[4]

11.55 Das UStG 1967[5] schuf in Abkehr vom bisherigen Allphasen-Bruttoumsatzsteuersystem eine Nettoumsatzsteuer und sah in § 4 Nr. 14 UStG eine Befreiung für heilberufliche Leistungen vor. Die frühere Befreiung auch der Medikamentenlieferung entfiel ebenso wie die Abhängigkeit der Befreiung von der Finanzierung durch die gesetzlichen Versicherungsträger. Damit sollte eine sonst erforderliche und schwierige Aufteilung der Vorsteuern vermieden werden.[6]

11.56 Das UStG 1980[7] sollte der Anpassung an die Vorgaben der 6. EG-Richtlinie dienen. Die Steuerbefreiung wurde jedoch im Wesentlichen übernommen mit einigen Änderungen gegenüber der bisherigen Regelung, die sich vornehmlich auf erfasste oder ausgenommene Umsätze im Umfeld von Heilbehandlungen und auf die Änderung der Berufskataloge bezogen (Befreiung von klinischen Chemikern, Steuerpflicht von sämtlichen Zahnprothetikumsätzen mit ermäßigtem Steuersatz, Wegfall von Dentisten als Berufsbezeichnung).

---

1 Umsatzsteuergesetz v. 24.12.1919, RGBl. I 1919, 2157.
2 Umsatzsteuergesetz v. 16.10.1934, RGBl. I 1934, 942.
3 Umsatzsteuergesetz v. 1.9.1951, BGBl. I 1951, 791.
4 BFH v. 13.4.1972 – V R 8/69, BStBl. II 1972, 650.
5 Umsatzsteuergesetz (Mehrwertsteuer) v. 29.5.1967, BGBl. I 1967, 545.
6 *Erdbrügger* in Hartmann/Metzenmacher, UStG, § 4 Nr. 14 UStG Rz. 5; *Sterzinger* in Birkenfeld/Wäger, USt-Handbuch, § 98 Rz. 22.
7 Gesetz zur Neufassung des Umsatzsteuergesetzes und zur Änderung anderer Gesetze v. 26.11.1979, BGBl. I 1979, 1953.

Mit Wirkung ab 20.12.2003 ist durch das Steueränderungsgesetz 2003[1] die Verweisung der ärztlichen Tätigkeiten auf § 18 Abs. 1 Nr. 1 EStG gestrichen worden. Damit wurde die Regelung an die Rechtsprechung des BVerfG[2] angepasst, wonach die **Steuerbefreiung unabhängig von der Rechtsform des Unternehmers** zu gewähren ist. 11.57

Mit dem Jahressteuergesetz 2009[3] wurde die Vorschrift mit Wirkung vom 1.1.2009 im stärkerenUmfang an die **unionsrechtlichen Vorgaben**, wie sie die Rechtsprechung des EuGH und des BFH aufgezeigt haben, angepasst.[4] Hierzu sind die bisher auf Nr. 14 für ärztliche Heilbehandlungen und Nr. 16 für Krankenhausbehandlungen verteilten Befreiungsvorschriften in einer Nr. 14 lit. a und lit. b zusammengefasst worden. In lit. a sind die Befreiungen der Leistungen bestimmter heilärztlicher Berufe erfasst, die nunmehr von den Krankenhausleistungen örtlich abgegrenzt werden (vgl. Rz. 11.148), was nach der bisherigen Regelung nach dem eindeutigen Wortlaut der Vorschrift nicht möglich war.[5] 11.58

Weitere Anpassungen erhielten die hier nicht näher kommentierten § 4 Nr. 14. lit. c und e für infektionshygienische Leistungen (Rz. 11.53) durch das Amtshilferichtlinie-Umsetzungsgesetz.[6] 11.59

### b) Krankenhausbehandlungen

Die UStG 1918 und 1934 enthielten noch keine Steuerbefreiungen für Krankenhausbehandlungen, sondern nur allgemein für ärztliche Leistungen (Rz. 11.54). Durch Änderungsgesetz vom 28.6.1951[7] wurde § 4 Nr. 12b in das UStG 1934 eingeführt. Hiernach waren die Umsätze **öffentlich-rechtlicher Krankenhäuser** steuerbefreit. Nach § 39b USt-Durchführungsbestimmung (UStDB)[8] galt die Befreiung nur für die unmittelbar der Krankenpflege dienenden Umsätze der von Bund, Ländern und Gemeinden betriebenen Krankenhäuser. Im UStG 1951 erfolgte die Regelung ohne inhaltliche Änderung in § 4 Nr. 15 UStG und § 42 UStDB, wobei durch Änderung von § 42 UStDB im Jahr darauf mit rückwirkender Wirkung die Befreiung auf die Umsätze aller Krankenhäuser ausgedehnt wurde, die von Körperschaften des öffentlichen Rechts oder von durch solche beherrschte privatrechtliche Gesellschaften betrieben wurden.[9] Das zweite Gesetz zur Änderung des UStG vom 30.7.1952 benannte „Krankenhäuser" um in „Krankenanstalten" und erweiterte die Steuerbefreiung auf Umsätze von Kranken- 11.60

1 Zweites Gesetz zur Änderung steuerlicher Vorschriften (Steueränderungsgesetz 2003) v. 15.12.2003, BGBl. I 2003, 2645.

2 BVerfG v. 29.10.1999 – 2 BvR 1264/90, UR 1999, 494; BVerfG v. 10.12.1999 – 2 BvR 1820/92, UR 2000, 72.

3 Jahressteuergesetz 2009 v. 19.12.2008, BGBl. I 2008, 2794.

4 BT-Drucks. 16/10198, S. 74; BR-Drucks. 545/08 S. 115 ff.; hierzu *Heidner*, UR 2013, 641 (642).

5 BFH v. 15.3.2007 – V R 55/03, UR 2007, 214 = BStBl. II 2008, 31; vgl. dazu die Entscheidungen BVerfG v. 29.10.1999 – 2 BvR 1264/90, UR 1999, 494; BVerfG v. 10.12.1999 – 2 BvR 1820/92, UR 2000, 72; hierzu *Weitemeyer*, NZM 2006, 881.

6 Gesetz zur Umsetzung der Amtshilferichtlinie sowie zur Änderung steuerlicher Vorschriften (Amtshilferichtlinien-Umsetzungsgesetz) v. 26.6.2013, BGBl. I 2013, 1809.

7 Gesetz zur Änderung des Umsatzsteuergesetzes und des Beförderungsteuergesetzes v. 28.6.1951, BGBl. I 1951, 402.

8 Verordnung zur Änderung und Ergänzung der Durchführungsbestimmungen zum Umsatzsteuergesetz v. 29.6.1951, BGBl. I 1951, 418 (422).

9 Dritte Verordnung zur Änderung der Durchführungsbestimmungen zum Umsatzsteuergesetz v. 6.5.1952, BGBl. I 1952, 285.

anstalten, die in besonderem Maße der minderbemittelten Bevölkerung dienten.[1] Dafür verwies § 42 UStDB auf die Voraussetzungen der damaligen **Gemeinnützigkeitsverordnung.**[2]

11.61 Ab dem 1.1.1968 war die Befreiungsvorschrift für Umsätze von Krankenanstalten in § 4 Nr. 16 UStG erfasst.[3] Dort wurde die Befreiung ausgeweitet auf die mit dem Betrieb der Krankenanstalten üblicherweise verbundenen Umsätze. Statt „Körperschaften des öffentlichen Rechts“ waren in persönlicher Hinsicht nun „juristische Personen des öffentlichen Rechts“ erfasst. Eine nähere Bestimmung, wann eine Krankenanstalt in besonderem Maße der minderbemittelten Bevölkerung diente, entfiel in der UStDB, da sich diese Voraussetzung bei Erfüllung der **Gemeinnützigkeitsverordnung** unmittelbar aus dem Gesetz ergab.

11.62 Zum 1.1.1977 wurde die Gemeinnützigkeitsverordnung aufgehoben und in die §§ 51 bis 68 AO 1977 übernommen. Das Einführungsgesetz zur Abgabenordnung vom 14.12.1976[4] nahm daher eine Neufassung der Umsatzsteuerbefreiung vor. Begrifflich wurden aus „Krankenanstalten“ wieder „Krankenhäuser“. In persönlicher Hinsicht waren alle Einrichtungen erfasst, wenn sie von juristischen Personen des öffentlichen Rechts betrieben wurden (lit. a) oder die in § 67 Abs. 1 oder 2 AO bezeichneten Voraussetzungen der **Krankenhaus-Zweckbetriebe** erfüllten (lit. b).

11.63 Die Vorschrift des § 4 Nr. 16 wurde mit dem UStG 1980 an die Vorgaben der 6. EG-Richtlinie (Rz. 11.56) angepasst. Die Steuerbefreiung wurde erweitert auf Diagnosekliniken und andere Einrichtungen ärztlicher Heilbehandlung, Diagnostik und Befunderhebung. Die Umsätze der **Kliniken in privater Trägerschaft** wurden von der Steuer befreit, wenn die Leistungen unter ärztlicher Aufsicht erbracht werden und im vorangegangenen Kalenderjahr mindestens 40 % der Leistungen sozialversicherungspflichtigen Personen, Empfängern von Sozialhilfe oder Kriegsopferversorgungsberechtigten zugutekommen (lit. c). Damit sollte die bisherige uneingeschränkte Steuerbefreiung eines von einem Arzt betriebenen privaten Krankenhauses gegenüber den von anderen Trägern betriebenen Krankenhäusern vermieden werden.[5] Statt des Begriffs der üblicherweise verbundenen Umsätze wurden eng verbundene Umsätze mitumfasst.[6]

11.64 Mit dem Jahressteuergesetz 2009[7] wurde die Vorschrift mit Wirkung vom 1.1.2009 im stärkeren Umfang an die unionsrechtlichen Vorgaben, wie sie die Rechtsprechung des EuGH und des BFH aufgezeigt haben, angepasst.[8] Hierzu sind die bisher auf Nr. 14 für ärztliche Heilbehandlungen und Nr. 16 für Krankenhausbehandlungen verteilten Befreiungsvorschriften in einer Nr. 14 als lit. a und lit. b zusammengefasst worden. In lit. a sind die Befreiungen der Leistungen bestimmter heilärztlicher Berufe erfasst, die nunmehr von den Krankenhausleistungen **örtlich abgegrenzt** werden (vgl. Rz. 11.148), was nach der bisherigen Regelung nach

1 Zweites Gesetz zur Änderung des Umsatzsteuergesetzes v. 30.7.1952, BGBl. I 1952, 393 (Art. 1 Nr. 3).
2 Vierte Verordnung zur Änderung der Durchführungsbestimmungen zum Umsatzsteuergesetz v. 23.10.1952, BGBl. I 1952, 715.
3 Umsatzsteuergesetz (Mehrwertsteuer) v. 29.5.1967, BGBl. I 1967, 545 (547).
4 Einführungsgesetz zur Abgabenordnung v. 14.12.1976, BGBl. I 1976, 3341 (3351).
5 BT-Drucks. 8/1779, S. 34.
6 Gesetz zur Neufassung des Umsatzsteuergesetzes und zur Änderung anderer Gesetze v. 26.11.1979, BGBl. I 1979, 1953 (1958).
7 Jahressteuergesetz 2009 v. 19.12.2008, BGBl. I 2008, 2794.
8 BT-Drucks. 16/10198, S. 74; hierzu *Heidner*, UR 2013, 641 (642).

dem eindeutigen Wortlaut der Vorschrift nicht möglich war.[1] Nach Auffassung des Gesetzgebers sollen damit die Leistungen von „klinischen Chemikern“ etwa im Labor mangels unmittelbarer persönlicher Heilbehandlung nunmehr nur noch im Rahmen eines Krankenhauses steuerbefreit sein (vgl. aber Rz. 11.85).[2] Zusätzlich zu den Krankenhausbehandlungen nennt die Vorschrift aus Gründen der Klarstellung die im Sozialgesetzbuch definierten Leistungen der Geburtshilfe, Diagnostik, Vorsorge, Rehabilitation und Hospizleistungen.[3] Um auszuschließen, dass die Einrichtung die Steuerbefreiung für weitere Leistungen in Anspruch nimmt, ist die Steuerbefreiung auf den Bereich der Zulassung, des Vertrags und den Regelungen des Sozialgesetzbuches beschränkt.[4]

Die Steuerbefreiung ist nicht mehr damit verbunden, dass die früher in § 4 Nr. 16 UStG a.F. genannten **„Sozialkriterien“ der Kostenübernahme** von mindestens 40 % der Patienten durch die Sozialkassen eingehalten wird.[5] 11.65

Durch Art. 9 Nr. 2 des Gesetzes zur Anpassung der Abgabenordnung an den Zollkodex der Union und zur Änderung weiterer steuerlicher Vorschriften[6] ist lit b erweitert worden um die Steuerfreiheit für Einrichtungen, mit denen Verträge nach § 126 Abs. 3 und § 127 SGB V über die Erbringung nichtärztlicher Dialyseleistungen bestehen. Damit sollte die **ambulante Dialyse** ebenfalls in den Genuss der Steuerbefreiung gelangen.[7] 11.66

### 3. Zweck der Steuerbefreiungen

Beide Steuerbefreiungen für ärztliche Leistungen wie für Krankenhausbehandlungen dienten ursprünglich dem sozialpolitischen Zweck der **Entlastung der Sozialversicherungsträger**, da diese regelmäßig die Kosten für ärztliche und Krankenhausleistungen tragen.[8] Da die Sozialversicherungsträger selbst nach § 4 Nr. 15 UStG steuerbefreit sind und daher keine Vorsteuer geltend machen können (§ 15 Abs. 2 Nr. 1 UStG), wären sie sonst wie Endverbraucher mit der Umsatzsteuer belastet.[9] 11.67

Später wurde betont, die Steuerbefreiung bezwecke allgemein eine **Senkung der Kosten im Gesundheitswesen.**[10] Vor dem Hintergrund der ständigen Rechtsprechung des EuGH, der 11.68

1 BFH v. 15.3.2007 – V R 55/03, UR 2007, 214 = BStBl. II 2008, 31; vgl. dazu die Entscheidungen BVerfG v. 29.10.1999 – 2 BvR 1264/90, UR 1999, 494; BVerfG v. 10.12.1999 – 2 BvR 1820/92, UR 2000, 72; hierzu *Weitemeyer*, NZM 2006, 881.

2 BT-Drucks. 10/10189, S. 75; *Sterzinger* in Birkenfeld/Wäger, USt-Handbuch, § 98 Rz. 31.

3 BT-Drucks. 10/10189, S. 75.

4 *Sterzinger* in Birkenfeld/Wäger, USt-Handbuch, § 98 Rz. 35.

5 Zur Unionsrechtswidrigkeit der damaligen Regelung, die für die Grenze von 40 % streng auf die Verhältnisse des vorangegangenen Kalenderjahres abstellte, vgl. EuGH v. 15.11.2012 – Rs. C-174/11 – Zimmermann, ECLI:EU:C:2012:716, UR 2013, 35; nachfolgend BFH v. 19.3.2013 – XI R 47/07, UR 2013, 556.

6 Gesetz zur Anpassung der Abgabenordnung an den Zollkodex der Union und zur Änderung weiterer steuerlicher Vorschriften v. 22.12.2004, BGBl. I 2014, 2417.

7 BR-Drucks. 432/14, S. 63.

8 So BVerfG v. 29.10.1999 – 2 BvR 1264/90, BStBl. II 2000, 155 (158) = UR 1999, 494 m. Anm. *Widmann*; BFH v. 28.6.2000 – V R 72/99, UR 2000, 434 (435); BFH v. 15.3.2007 – V R 55/03, UR 2007, 214 = BStBl. II 2008, 31.

9 Bericht des Finanzausschusses zu § 4 Nr. 14 UStG 1967, zu BT-Drucks. V/1581, S. 5, 12.

10 BFH v. 29.1.1998 – V R 3/96, UR 1998, 277 (278); v. 12.10.2004 – V R 54/03, BStBl. II 2005, 106; *Sterzinger* in Birkenfeld/Wäger, USt-Handbuch, § 98 Rz. 61 m.w.N.

den Sinn der entsprechenden Regelung des Art. 132 Abs. 1 lit. b und c MwStSystRL darin sieht, eine zusätzliche Belastung von ärztlichen und Krankenhausleistungen durch Umsatzsteuer für den **Endverbraucher** zu vermeiden,[1] wird heute auch für das deutsche Recht die steuerliche Entlastung des Verbrauchers hervorgehoben.[2] Im Gesetz hat diese Zweckrichtung des Unionsrechts ihren Niederschlag in der mit dem Jahressteuergesetz 2009 vorgenommenen Kurskorrektur gefunden, indem es auf die Finanzierung durch die Sozialkassen als Steuerbefreiungstatbestand nicht mehr ankommt. Entsprechend der Anknüpfung an die sozialrechtliche Anerkennung (Rz. 11.120) ist es nur noch Voraussetzung, dass die Sozialversicherungen die genannten Leistungen grundsätzlich vergüten und die Einrichtung **nach sozialversicherungsrechtlichen Kriterien anerkannt** ist (vgl. aber zum Verstoß gegen Unionsrecht Rz. 11.121 ff.). Kein Kriterium ist es, ob die Kosten von der gesetzlichen Krankenversicherung, der privaten Versicherung oder durch den Patienten als Selbstzahler getragen werden.[3]

## II. Befreiung für Heilbehandlungen im Bereich der Humanmedizin

### 1. Persönliche Voraussetzungen

#### a) Grundsatz

11.69 § 4 Nr. 14 lit. a S. 1 UStG befreit bestimmte Umsätze aus Heilbehandlungen, die ein Angehöriger der genannten Katalogberufe durchführt, von der Steuer. Damit setzt die Vorschrift einerseits an einer sachlichen Voraussetzung der **Tätigkeit einer Heilbehandlung** im Bereich der Humanmedizin an (Rz. 11.79 ff.), andererseits muss diese im Rahmen einer Reihe von bestimmten Katalogberufen ausgeübt werden (Rz. 11.71 ff.). Obwohl die Vorschrift auf die Tätigkeit als Arzt und ähnlicher Berufe abzielt, erfordert es der Grundsatz der steuerlichen Neutralität, dass die begünstigten Umsätze aus bestimmten Leistungen und nicht die Art des Leistenden Anknüpfungspunkt ist (vgl. *Hüttemann*, Rz. 3.28).[4] Daher ist der frühere Verweis auf die Vorschrift des § 18 Abs. 1 EStG und mithin auf die Angehörigen freier Berufe, die nur als Einzelfreiberufler, in einer Gesellschaft bürgerlichen Rechts oder einer Partnerschaftsgesellschaft freiberuflich tätig sein können und als Zusammenschluss in einer Personenhandelsgesellschaft oder Kapitalgesellschaft gewerbliche Einkünfte erzielen,[5] mit dem Steueränderungsgesetz 2003 (Rz. 11.57) gestrichen worden. Die **Gleichstellung aller Rechtsformen** hatte bereits das BVerfG aus dem Gleichbehandlungsgrundsatz des Art. 3 Abs. 1 GG hergeleitet, da die Umsatzsteuerfreiheit entsprechende Leistungen und nicht entsprechende Rechtsformen begünstigen soll.[6] Auch der unionsrechtliche Grundsatz der steuerlichen Neutralität, dass Wirtschaftsteilnehmer, die gleichartige Umsätze bewirken, bei der Mehrwertsteuererhebung nicht unterschiedlich (z.B. abhängig von der Rechtsform des Steuerpflichtigen)

---

1 Vgl. EuGH v. 20.11.2003 – Rs. C-212/01 – Unterpertinger, Slg. 2003, I-13859 = UR 2004, 70.

2 BFH v. 30.1.2008 – XI R 53/06, BStBl. II 2008, 647 = UR 2008, 429 unter Verweis auf die st. Rspr. des EuGH; so beispielsweise EuGH v. 8.6.2006 – Rs. C-106/05 – L. u. P. GmbH, Slg. 2006, I-5123 = BStBl. II 2006, 445 = UR 2006, 464.

3 BFH v. 30.1.2008 – XI R 53/06, BStBl. II 2008, 647 = UR 2008, 429; BFH v. 15.3.2007 – V R 55/03, UR 2007, 214 = BStBl. II 2008, 31.

4 Für Heilbehandlungen vgl. insbes. EuGH v. 10.9.2002 – Rs. C-141/00 – Kügler, Slg. 2002, I-6833 = UR 2002, 513.

5 Vgl. statt aller nur die Übersicht bei *Wacker* in: Schmidt, EStG, 36. Aufl. 2017, § 18 Rz. 43.

6 BVerfG v. 10.11.1999 – 2 BvR 2861/93, UR 1999, 498 = BStBl II 2000, 160.

behandelt werden dürfen, spricht für diese Einordnung (vgl. Rz. 11.22).[1] Auf die Rechtsform, unter der eine Heilbehandlungsleistung nach § 4 Nr. 14 Satz 1 UStG erbracht wird, kommt es für die Steuerbefreiung daher nicht an.[2]

### b) Rechtsformen im Einzelnen

Daher sind Umsätze aus ärztlichen Leistungen – unabhängig von der Rechtsform – von Stiftungen,[3] Vereinen,[4] GmbH,[5] GmbH & Co. KG,[6] Personengesellschaften[7] oder dem TÜV[8] steuerbefreit, vorausgesetzt, der erforderliche Befähigungsnachweis der tätigen Personen liegt vor (Rz. 11.73 ff.) und es handelt sich um Heilbehandlungen (Rz. 11.79 ff.). Die **Rechtsformunabhängigkeit** spielt eine Rolle, soweit es sich bei den Zusammenschlüssen mit ärztlicher Tätigkeit noch nicht um Krankenhäuser nach § 4 Nr. 14 lit. b UStG handelt. Gründen niedergelassene Ärzte einen Verein, der sich gegenüber dem Träger der ärztlichen Notfallrettung zur Übernahme dieser Leistungen verpflichtet, soll es für die Steuerfreiheit darauf ankommen, ob der Verein die Leistungen der Notrettungsmaßnahmen durch die Ärzte durchführen lässt oder diese im eigenen Namen handeln und der Verein die Einsätze nur organisiert und abrechnet.[9] 11.70

### c) Katalogberufe

Die erfassten Berufe als Arzt, Zahnarzt, Heilpraktiker, Physiotherapeut, Hebamme oder ähnlicher heilberuflicher Tätigkeit sind in einer ganzen Reihe von Entscheidungen festgelegt worden. Nach Art. 132 Abs. 1 lit. c MwStSystRL muss es sich um **ärztliche oder arztähnliche Berufe** handeln, die von dem betreffenden Mitgliedstaat definiert werden. Zwar sollen durch Art 132 Abs 1 lit c der MwStSystRL nicht bestimmte Unternehmer, sondern bestimmte Leistungen befreit werden. Jedoch setzt der Befreiungstatbestand voraus, dass diese Tätigkeiten von bestimmten, dazu befähigten Personen ausgeübt werden. Das Ermessen der Mitgliedstaaten umfasst daher nicht nur die erforderlichen Qualifikationen, sondern auch, welche Heiltätigkeiten im Bereich der Humanmedizin zu diesen Berufen gehören (vgl. Rz. 11.16 f.). 11.71

Damit sind nach deutschem Recht beispielsweise **Ärzte** erfasst, wenn sie über die erforderliche Approbation verfügen. **Heilpraktiker** mit einer Erlaubnis aufgrund des Heilpraktikergesetzes sind von der Steuerbefreiung erfasst. Bei ihnen stellt sich häufig die Frage, ob ihre Leistungen noch Heilbehandlungen oder nur Maßnahmen zur Steigerung des allgemeinen Wohlbefindens darstellen (Rz. 11.87 ff.). Als arztähnliche Berufe sind auch die **Heilhilfsberufe** wie Phy- 11.72

1 EuGH v. 6.11.2003 – Rs. C-45/01 – Christoph-Dornier-Stiftung, Rz. 44, Slg. 2003, I-12911 = UR 2003, 584 m. Anm. *Widmann*.
2 BFH v. 19.3.2015 – V R 60/14, BStBl. II 2015, 946 = UR 2015, 480.
3 EuGH v. 6.11.2003 – Rs. C-45/01– Christoph-Dornier-Stiftung, Rz. 50, Slg. 2003, I-12911 = UR 2003, 584 m. Anm. *Widmann*; BFH v. 1.4.2004 – V R 54/98, UR 2001, 115 = BStBl. II 2004, 681.
4 BFH v. 2.10.1997 – V R 50/96, BFH/NV 1988, 887; v. 2.10.1997 – V R 99/96, HFR 1998, 392; v. 20.8.1992 – V R 2/88, BFH/NV 1993, 204.
5 EuGH v. 10.9.2002 – Rs. C-141/00 – Kügler, Slg. 2002, I-6833 = UR 2002, 513; v. 8.6.2006 – Rs. C-106/05 – L. u. P. GmbH, Slg. 2006, I-5123; BFH v. 15.3.2007 – V R 55/03, BStBl. II 2008, 31 = UR 2007, 497.
6 BVerfG v. 10.11.1999 – 2 BvR 2861/93 –, BStBl. II 2000, 160 = UR 1999, 498.
7 BFH v. 26.9.2007 – V R 54/05, UR 2007, 939.
8 BFH v. 13.7.2006 – V R 7/05, BStBl. II 2007, 412 = UR 2007, 17.
9 BFH v. 2.10.1997 – V R 50/96, BFH/NV 1998, 887; *Sterzinger* in Birkenfeld/Wäger, USt-Handbuch, § 98 Rz. 251.

siotherapeuten zu befreien. Zusätzlich muss hinzukommen, dass es sich gerade um heilberufliche Tätigkeiten der Angehörigen dieser Berufsgruppen handelt (Rz. 11.99 ff.).

### d) Befähigungsnachweis

#### aa) Allgemeines

11.73 Die steuerfreien Umsätze aus der Tätigkeit als Arzt oder ähnlichen Berufen müssen von Personen erbracht werden, die die erforderlichen beruflichen **Befähigungsnachweise** besitzen.[1] Obwohl der Wortlaut der deutschen Vorschrift dies nicht ausdrücklich fordert, ist die Vorschrift des § 4 Nr. 14 UStG entsprechend richtlinienkonform auszulegen. Die Voraussetzung, dass die „... *Heilbehandlungen im Bereich der Humanmedizin im Rahmen der Ausübung der von dem betreffenden Mitgliedstaat definierten ärztlichen und arztähnlichen Berufe durchgeführt werden*" müssen, soll gewährleisten, dass die Befreiung nur für Heilbehandlungen im Bereich der Humanmedizin gilt, die von Personen erbracht werden, die die erforderlichen beruflichen Qualifikationen besitzen (vgl. Rz. 11.16).[2] Der gemeinschaftsrechtliche Rahmen und die Auslegung der Tatbestandsmerkmale der bezeichneten Vorschrift durch den EuGH sind deshalb bei der gebotenen richtlinienkonformen Auslegung von § 4 Nr. 14 UStG zu beachten.[3]

11.74 Hinsichtlich der erforderlichen beruflichen Befähigungsnachweise lassen sich der Rechtsprechung des EuGH keine weiteren Anforderungen entnehmen, weil nach Art. 133 Abs. 1 lit. b MwStSystRL die **Definition der ärztlichen oder arztähnlichen Berufe den Mitgliedsstaaten obliegt** (vgl. Rz. 11.16).[4] Bei der Ausübung des ihnen hierbei eingeräumten Ermessen haben die Mitgliedstaaten jedoch das Ziel zu beachten, dass die Befreiung nur für Leistungen gilt, die von Personen erbracht werden, die über die erforderliche berufliche Qualifikation verfügen. Zudem haben sie den **Grundsatz der steuerlichen Neutralität** zu beachten. Dieser ist verletzt, wenn Personen von der Steuerbefreiung ausgeschlossen werden, obwohl sie gleichwertige berufliche Qualifikationen besitzen. Bei der hiernach vorzunehmenden Gleichbehandlungsprüfung durch die nationalen Gerichte ist zu berücksichtigen, ob der Steuerpflichtige einen arztähnlichen Beruf ausübt, über eine spezifische Zusatzausbildung für diese Behandlung verfügt und seine Patienten für diese Behandlung oft von Ärzten oder Zahnärzten an ihn überwiesen werden, wie dies etwas bei Psychotherapeuten im Vergleich zum Psychiater der Fall ist.[5]

11.75 Der **Nachweis der beruflichen Befähigung** hängt allerdings nicht ausschließlich von einer berufsrechtlichen Regelung und deren Erfüllung ab, z.B. wenn berufsrechtliche Regelungen nur

---

1 BFH v. 12.8.2004 – V R 18/02, BStBl. II 2005, 227 = UR 2005, 102; v. 30.4.2009 – V R 6/07, BFHE 225, 248 = BStBl. II 2009, 679 = UR 2009, 563; *Sterzinger* in Birkenfeld/Wäger, USt-Handbuch, § 98 Rz. 231.

2 EuGH v. 27.4.2006 – Rs. C-443/04, C-444/04 – Solleveld u.a., Rz. 37, Slg. 2006, I-3617; vgl. auch EuGH v. 10.9.2002 – Rs. C-141/00 – Kügler, Rz. 26 ff., Slg. 2002, I-6833 = UR 2002, 513; v. 6.11.2003 – Rs. C-45/01 – Christoph-Dornier-Stiftung, Rz. 50, Slg. 2003, I-12911.

3 BFH v. 19.12.2002 – V R 28/00, BFHE 201, 330 = UR 2003, 284 = BStBl II 2003, 532; v. 1.4.2004 – V R 54/98, UR 2001, 115 = BFH/NV 2004, 1198; v. 22.4.2004 – V R 1/98, UR 2004, 475 = BFH/NV 2004, 1348 noch zum gleichlautenden Art. 13 Teil A Abs. 1 Buchst. c der Richtlinie 77/388/EWG; BFH v. 12.8.2004 – V R 18/02, BStBl. II 2005, 227 = UR 2005, 102; *Sterzinger* in Birkenfeld/Wäger, USt-Handbuch, § 98 Rz. 231.

4 EuGH v. 27.4.2006 – Rs. C-443/04, C-444/04 – Solleveld u.a., Rz. 30, Slg. 2006, I-3617.

5 EuGH v. 27.4.2006 – Rs. C-443/04, C-444/04 – Solleveld u.a., Rz. 35-41, Slg. 2006, I-3617.

in einzelnen Bundesländern existieren.[1] Die frühere Rechtsprechung ließ entsprechend dem damals herausgestellten Zweck der Regelung, die Sozialversicherungsträger von der Umsatzsteuer zu entlasten (Rz. 11.54), als Indiz für das Vorliegen des Befähigungsnachweises zu, dass die Leistungen des Unternehmers durch heilberufliche Tätigkeit in der Regel von den Sozialversicherungsträgern finanziert werden.[2] Nach neuerer Rechtsprechung wird hingegen in zutreffender Weise enger gefordert, eine sozialversicherungsrechtliche Anerkennung durch Kostenübernahme, Aufnahme in den Leistungskatalog u.ä. könne ausreichen, *„wenn sie den Charakter eines Befähigungsnachweises hat“*.[3] So ist z.B. die Aufnahme der betreffenden Leistungen in den Leistungskatalog der gesetzlichen Krankenkassen nach § 92 SGB V, der Abschluss eines Versorgungsvertrags nach § 111 SGB V oder die Zulassung des jeweiligen Unternehmers oder der regelmäßigen Zulassung seiner Berufsgruppe gemäß § 124 Abs. 2 SGB V durch die zuständigen Stellen der gesetzlichen Sozialversicherung als **Indiz für das Vorliegen der erforderlichen Berufsqualifikation** anzusehen.[4] Allerdings ist der Grundsatz der steuerlichen Neutralität zu beachten. Dieser ist verletzt, wenn ein Beruf oder eine Tätigkeit von der Steuerbefreiung ausgeschlossen ist, obwohl die betroffenen Personen die für die Durchführung der Leistungen gleiche berufliche Qualifikationen verfügen wie steuerbefreite Personen (vgl. Rz. 11.19).[5] Die sozialversicherungsrechtliche Zulassung erfasst die steuerbefreiten Berufsgruppen daher nicht abschließend.

### bb) Im Einzelnen

Damit sind im Einzelnen vor allem **Ärzte** erfasst, wenn sie über die erforderliche Approbation verfügen. **Heilpraktiker** mit einer Erlaubnis aufgrund des Heilpraktikergesetzes[6] können steuerbefreite Umsätze tätigen, wenn ihre Leistungen Heilbehandlungen und keine Maßnahmen zur Steigerung des allgemeinen Wohlbefindens darstellen (Rz. 11.99 f.). **Rettungsassistenten** mit der erforderlichen Erlaubnis nach dem Rettungsassistentengesetz erbringen ebenfalls steuerbefreite Leistungen.[7] 11.76

**Arztähnliche Leistungen**, z.B. von **Krankenpflegern**, können ebenfalls Heilbehandlungen im Bereich der Humanmedizin sein, wenn sie zum Zweck der Vorbeugung, Diagnose oder 11.77

1 BFH v. 22.4.2004 – V R 1/98, BFHE 205, 514 = UR 2004, 475 = BStBl II 2004, 849; v. 19.12.2002 – V R 28/00, BFHE 201, 330 = UR 2003, 284 = BStBl II 2003, 532; v. 13.4.2000 – V R 78/99, BFHE 191, 441; vgl. nunmehr auch BFH v. 28.8.2003 – IV R 69/00, BFHE 203, 429 zu § 18 Abs. 1 Nr. 1 EStG.

2 BVerfG v. 29.10.1999 – 2 BvR 1264/90, Rz. 23 ff., BVerfGE 101, 132 = UR 1999, 494 m. Anm. *Widmann* = BStBl II 2000, 155; BFH v. 19.12.2002 – V R 28/00, BFHE 201, 330 = UR 2003, 284 = BStBl II 2003, 532; v. 13.4.2000 – V R 78/99, BFHE 191, 441; BMF v. 28.2.2000, BStBl I 2000, 433; BFH v. 12.8.2004 – V R 18/02, BStBl. II 2005, 227 = UR 2005, 102; *Sterzinger* in Birkenfeld/Wäger, USt-Handbuch, § 98 Rz. 231.

3 BFH v. 14.10.2010 – V B 152/09, BFH/NV 2011, 326.

4 BFH v. 19.12.2002 – V R 28/00, BFHE 201, 330 = UR 2003, 284 = BStBl II 2003, 532; v. 22.4.2004 – V R 1/98 –, BFHE 205, 514 = UR 2004, 475 = BStBl II 2004, 849, Rz. 34, juris; vgl. BFH v. 1.4.2004 – V R 54/98, UR 2001, 115 = BFH/NV 2004, 1198; v. 12.8.2004 – V R 18/02, BStBl. II 2005, 227 = UR 2005, 102; v. 30.4.2009 – V R 6/07, BFHE 225, 248 = UR 2009, 563 = BStBl II 2009, 679; *Sterzinger* in Birkenfeld/Wäger, USt-Handbuch, § 98 Rz. 231.

5 EuGH v. 27.4.2006 – verb. Rs C-443/04 und C-444/04 – H. A. Solleveld und J. E. van den Houtvan Eijnsbergen, Rz. 41 und 43, Slg. 2006, I-3617.

6 Gesetz über die berufsmäßige Ausübung der Heilkunde ohne Bestallung (Heilpraktikergesetz) v. 17.2.1939, RGBl. I 1939, 251 mit späteren Änderungen.

7 Gesetz über den Beruf der Rettungsassistentin und des Rettungsassistenten (Rettungsassistentengesetz) v. 10.7.1989, BGBl. I 1989, 1384 mit späteren Änderungen.

Therapie erbracht werden.[1] Die Umsätze eines **Heileurythmisten** sind nach § 4 Nr. 14 lit. a UStG steuerfrei, wenn der Leistungserbringer Mitglied des Bundesverbandes für Heileurythmie ist und der Bundesverband mit den Krankenkassen Verträge zur integrierten Versorgung mit anthroposophischer Medizin auf Grundlage des § 140a SGB V abgeschlossen hat.[2]

11.78 Soweit es sich nicht um eine Einzelperson handelt, muss der Befähigungsnachweis bei den **angestellten oder beauftragten behandelnden Personen** vorliegen.[3] Es ist nicht erforderlich, dass die Gesellschafter die Befähigung besitzen.[4] Auch ein fachlich qualifizierter Vertreter reicht – auch über die nach § 18 EStG erlaubte kurzfristige Vertretung hinaus – aus.[5] Erbringt ein eigenständiger **Subunternehmer** die ärztliche Leistung, muss auch dieser über die erforderliche Qualifikation verfügen, nicht nur der abrechnende Auftraggeber.[6]

## 2. Sachliche Voraussetzungen

### a) Heilbehandlungen im Bereich der Humanmedizin

11.79 Zweck der Befreiung ist es, die Kosten ärztlicher Heilbehandlung zu senken. Sie umfasst daher nur Tätigkeiten, die zum Zweck der Diagnose, der Behandlung und, soweit möglich, der Heilung von Krankheiten oder Gesundheitsstörungen bei Menschen vorgenommen werden.[7] Die Maßnahmen müssen einem **therapeutischen Zweck** dienen,[8] wobei auch die Krankheitsvorsorge dazugehört. Leistungen, die zum Zweck der Vorbeugung erbracht werden, kommen für die Steuerbefreiung daher ebenso in Betracht[9] wie Leistungen medizinischer Art, die zum

---

1 EuGH v. 10.9.2002 – Rs. C-141/00 – Kügler, Rz. 40 f., Slg. 2002, I-6833 = UR 2002, 513; BFH v. 18.1.2005 – V R 99/01, BFH/NV 2005, 1392, jeweils zu Leistungen der Behandlungspflege.

2 BFH v. 26.7.2017 – XI R 3/15, MwStR 2017, 998 m Anm *Herbert*; ebenso BMF-Schr. v. 27.11.2018, MwStR 2018, 1083 = BStBl. I 2019, 17.

3 EuGH v. 10.9.2002 – Rs. C-141/00 – Kügler, Slg. 2002, I-6833; v. 8.6.2006 – Rs. C-106/05 – L. u. P. GmbH, Slg. 2006, I-5123 = BStBl. II 2006, 445 = UR 2006, 464; BFH v. 22.4.2004 – V R 1/98, BStBl. II 2004, 849 = UR 2004, 475; v. 13.7.2006 – V R 7/05, BFHE 214, 458 = BStBl. II 2007, 412 = UR 2007, 17; v. 13.5.2007 – V R 55/03, BStBl. II 2003, 2008, 31 = UR 2007, 214; BMF v. 26.6.2009, BStBl. I 2009, 756.

4 BFH v. 26.9.2007 – V R 54/05, BStBl. II 2008, 262 = UR 2007, 939; unklar BFH v. 15.3.2007 – V R 55/03, BStBl. II 2003, 2008, 31 = UR 2007, 214.

5 *Sterzinger* in Birkenfeld/Wäger, USt-Handbuch, § 98 Rz. 126.

6 BFH v. 2.9.2010 – V R 47/09, BStBl. II 2011, 195; v. 8.8.2013 – V R 8/12, UR 2013, 951.

7 EuGH v. 6.11.2003 – Rs. C-45/01 – Christoph-Dornier-Stiftung, Rz. 48, Slg. 2003, I-12911; v. 20.11.2003 – Rs. C-212/01 – Unterpertinger, Rz. 39, Slg. 2003, I-13859 = UR 2004, 70; v. 20.11.2003 – Rs. C-307/01 – D'Ambrumenil, Rz. 57, Slg. 2003, I-13989 = UR 2004, 75; v. 10.6.2010 – Rs. C-86/09 –Future Health, Slg. 2010, I-5215; BFH v. 1.2.2007 – V R 64/05, UR 2007, 428 = BFH/NV 2007, 1203; BFH v. 18.8.2011 – V R 27/10, BFHE 235, 58 = UR 2011, 902 m. Anm. *Marchal*.

8 EuGH v. 6.11.2003 – Rs. C-45/01 – Christoph-Dornier-Stiftung, Rz. 48, Slg. 2003, I-12911; v. 20.11.2003 – Rs. C-212/01 – Unterpertinger, Rz. 39, Slg. 2003, I-13859 = UR 2004, 70; v. 20.11.2003 – Rs. C-307/01 – D'Ambrumenil, Rz. 57, Slg. 2003, I-13989 = UR 2004, 75; BFH v. 30.6.2005 – V R 1/02, BFHE 210, 188 = BStBl. II 2005, 675 = UR 2005, 501; v. 31.7.2007 – V B 98/06 –, BFHE 217, 94 = UR 2007, 735 = BStBl II 2008, 35; v. 18.9.2018 – XI R 19/15, MwStR 2019, 159, Rz. 21 f. – Vorlagebeschluss zu med. Telefonberatung; v. 11.1.2019 – XI R 29/17, MwStR 2019, 325, Rz. 26; v. 2.8.2018 – V R 37/17, MwStR 2019, 157, Rz. 14 ff.

9 EuGH v. 20.11.2003 – Rs. C-212/01 – Unterpertinger, Rz. 40, Slg. 2003, I-13859 = UR 2004, 70; EuGH v. 20.11.2003 – Rs. C-307/01 – D'Ambrumenil, Rz. 58, Slg. 2003, I-13989 = UR 2004, 75; v. 8.6.2006 – Rs. C-106/05 – L. u. P. GmbH, Rz. 29, Slg. 2006, I-5123 = BStBl. II 2006, 445 = UR 2006, 464; v. 10.6.2010 – Rs. C-262/08 – CopyGene, Rz. 30, Slg. 2010, I-5053 = UR 2010, 526; BFH v.

Schutz einschließlich der Aufrechterhaltung oder Wiederherstellung der menschlichen Gesundheit erbracht werden.[1]

Obwohl die Steuerbefreiung nach § 4 Nr. 14 lit. a UStG für ärztliche oder arztähnliche Leistungen weder nach deutschem noch nach Unionsrecht **„damit eng verbundene Umsätze"** umfasst, lassen sich medizinische Leistungen zumal auf dem heute technisch und wissenschaftlich hohen Standard und im arbeitsteiligen, spezialisierten Zusammenwirken nicht immer auf die unmittelbare Behandlung beschränken. Sie ist daher nicht auf solche Leistungen beschränkt, die unmittelbar der Diagnose, Behandlung oder Heilung einer Krankheit oder Verletzung dienen. Zu den *„ärztlichen Leistungen, die zum Schutz einschließlich der Aufrechterhaltung oder Wiederherstellung der menschlichen Gesundheit erbracht werden"*[2] gehören auch ärztliche Leistungen, die sich **unmittelbar auf die Art und Weise der ärztlichen Tätigkeit** in einer Arztpraxis, einem Krankenhaus oder einer anderen Einrichtung ärztlicher Heilbehandlung **beziehen.** Denn das für die Steuerfreiheit maßgebliche Erfordernis der therapeutischen Zweckbestimmtheit ist ebenso wie die Steuerbefreiungstatbestände allgemein (vgl. *Hüttemann* Rz. 3.45 ff.) nicht *„in einem besonders engen Sinne zu verstehen"*,[3] sondern unter Berücksichtigung des Zwecks der Steuerbefreiung auszulegen, der darin besteht, die Kosten ärztlicher Heilbehandlungen zu senken.[4] 11.80

Dies hat der BFH für **infektionshygienische Leistungen** eines Arztes bejaht, die dieser für andere Ärzte und Krankenhäuser erbringt, damit diese ihre Heilbehandlungsleistungen ordnungsgemäß gemäß dem Gesetz zur Verhütung und Bekämpfung von Infektionskrankheiten beim Menschen (IfSG) erbringen. Darüber hinaus werden hierdurch auch die Kosten der Heilbehandlung gesenkt.[5] Differenziert einzustufen sind nach einer Entscheidung des BFH die infektionshygienischen Leistungen eines **Fachkrankenpflegers** für Krankenhaushygiene an **Altenheime oder Pflegeheime**, die nur insoweit nach § 4 Nr. 14 S. 1 UStG a.F. umsatzsteuerfrei sind, als diese Einrichtungen mit den bezogenen Leistungen bei der Ausübung einer Heilbehandlungstätigkeit infektionshygienische Anforderungen erfüllen müssen, da Altenheime bzw. Pflegeheime nicht ausschließlich Heilbehandlungsleistungen ausführen.[6] Für 11.81

---

18.9.2018 – XI R 19/15, MwStR 2019, 159, Rz. 21 f. – Vorlagebeschluss zu med. Telefonberatung; v. 11.1.2019 – XI R 29/17, MwStR 2019, 325, Rz. 26; v. 2.8.2018 – V R 37/17, MwStR 2019, 157, Rz. 14 ff.

1 EuGH v. 21.3.2013 – Rs. C-91/12 – PFC, Rz. 27 f. m.w.N., ECLI:EU:C:2013:198; *Heidner*, UR 2013, 641, 645.

2 EuGH v. 20.11.2003 – Rs. C-212/01 – Unterpertinger, Rz. 42 f., Slg. 2003, I-13859 = UR 2004, 70; v. 20.11.2003 – Rs. C-307/01 – D'Ambrumenil, Rz. 60 f., Slg. 2003, I-13989 = UR 2004, 75; v. 10.6.2010 – Rs. C-262/08 – CopyGene, Rz. 30, Slg. 2010, I-5053 = UR 2010, 526.

3 EuGH v. 11.1.2001 – Rs. C-76/99 – Kommission/Frankreich, Rz. 23, Slg. 2001, I-249; v. 20.11.2003 – Rs. C-212/01 – Unterpertinger, Rz. 40, Slg. 2003, I-13859 = UR 2004, 70; v. 20.11.2003 – Rs. C-307/01 – D'Ambrumenil, Rz. 58, Slg. 2003, I-13989 = UR 2004, 75; v. 8.6.2006 – Rs. C-106/05 – L. u. P. GmbH, Rz. 29, Slg. 2006, I-5123 = BStBl. II 2006, 445 = UR 2006, 464; v. 10.6.2010 – Rs. C-262/08 – CopyGene, Rz. 29, Slg. 2010, I-5053 = UR 2010, 526; EuGH v. 18.11.2010 – Rs. C-156/09 – Verigen, Rz. 24, Slg. 2010, I-11733 = UR 2011, 215.

4 EuGH v. 11.1.2001 – Rs. C-76/99 – Kommission/Frankreich, Rz. 23, Slg. 2001, I-249; v. 8.6.2006 – Rs. C-106/05 – L. u. P. GmbH, Rz. 29, Slg. 2006, I-5123 = BStBl. II 2006, 445 = UR 2006, 464; v. 18.11.2010 – Rs. C-156/09 – Verigen, Rz. 27, Slg. 2010, I-11733 = UR 2011, 215; BFH v. 2.8.2018 – V R 37/17, MwStR 2019, 157, Rz. 14; v. 18.9.2018 – XI R 19/15, MwStR 2019, 159, Rz. 23 – Vorlagebeschluss zu med. Telefonberatung; v. 11.1.2019 – XI R 29/17, MwStR 2019, 325, Rz. 29.

5 BFH v. 18.8.2011 – V R 27/10, UR 2011, 902 m. Anm. *Marchal* = BFH/NV 2011, 2214.

6 BFH v. 5.11.2014 – XI R 11/13, UR 2015, 180 = BFH/NV 2015, 297; zustimmend *Rothenberger*, BFH v. 18.8.2011 – V R 27/10, UStB 2012, 11 (12); *Wüst*, UR 2011, 902 (908).

die übrigen Leistungen kommen § 4 Nr. 16 lit. d und e UStG (*Heidner* Rz. 13.28) in Betracht.[1] Die Entscheidung erging noch zu § 4 Nr. 14 S. 1 UStG. Seit dem 1.7.2013 sind in § 4 Nr. 14 Buchst. e UStG Umsätze für infektionshygienische Leistungen ausdrücklich erfasst, allerdings auch nur, soweit diese an Ärzte, Krankenhäuser und Zusammenschlüsse im Sinne des § 4 Nr. 14 d) UStG erbracht werden.[2] Bei der nach dem BFH notwendigen Differenzierung bleibt es also auch nach der Gesetzesänderung.

11.82 Als vorbeugende ärztliche Leistung hat der BFH auch den **notärztlichen Bereitschaftsdienst** bei Veranstaltungen eingestuft, wenn der Arzt während der Veranstaltung die Teilnehmer beobachtet.[3] Eine höchstrichterliche Entscheidung zur Steuerbefreiung nach § 4 Nr. 14 UStG für die Leistungen der reinen **Ruf- oder Einsatzbereitschaft** eines Arztes steht danach noch aus. Die Finanzverwaltung lehnt sie ab.[4]

11.83 Heilbehandlungen umfassen auch Leistungen, die erst als **Folge** solcher Behandlungen erforderlich werden, seien sie auch ästhetischer Natur (Folgebehandlung). So verhält es sich, wenn die medizinische Maßnahme dazu dient, die negativen Folgen einer Vorbehandlung zu beseitigen.[5]

11.84 Eine unmittelbare **Vertragsbeziehung** zwischen dem Kranken und dem Behandelnden ist nicht erforderlich, weil dies weder das deutsche noch das Unionsrecht fordern.[6] Daher kann auch das Herauslösen von **Gelenkknorpelzellen** aus dem einem Menschen entnommenen Knorpelmaterial und ihre anschließende Vermehrung zur Reimplantation aus therapeutischen Zwecken eine *„Heilbehandlung im Bereich der Humanmedizin“* im Sinne des Unionsrechts sein. Es ist ebenfalls ohne Bedeutung, dass diese Dienstleistungen von Laborpersonal erbracht werden, das nicht aus qualifizierten Ärzten besteht, da es nicht notwendig ist, dass jeder Aspekt einer therapeutischen Behandlung von medizinischem Personal durchgeführt wird. Für die Einstufung einer Dienstleistung als *„Heilbehandlung im Bereich der Humanmedizin“* ist es zudem grundsätzlich unerheblich, ob die vermehrten Zellen dem Patienten, dem sie entnommen wurden, wieder implantiert werden oder einem Dritten.[7] Dies gilt auch für die Ersttypisierung von Spendern zur **Stammzellentransplantation**, die zur zukünftigen medizinischen Behandlungen der Empfänger der Stammzellspenden vorgenommen werden.[8] Auch die **Konservierung von Eizellen oder Sperma** steht in einem solchen unmittelbaren Zusammenhang zu einer späteren Behandlung, wenn sie für die Herbeiführung einer ersten oder auch einer weiteren Schwangerschaft bei zeugungsunfähigen Paaren aufbewahrt wird.[9] Ohne

1 BFH v. 5.11.2014 – XI R 11/13, UR 2015, 180 = BFH/NV 2015, 297.
2 § 4 Nr. 14 Buchst. e UStG (i.d.F. des Amtshilferichtlinien-Umsetzungsgesetzes v. 26.6.2013, BGBl I 2013, 1809), vgl. auch bereits den (gescheiterten) Entwurf eines Jahressteuergesetzes 2013, BT-Drucks. 17/10000, S. 70 sowie BR-Drucks. 157/13 (Beschluss), S. 2, 43 f.
3 BFH v. 2.8.2018 – V R 37/17, MwStR 2019, 157 m Anm *Huschens*.
4 Vgl. *Huschens*, MwStR 2019, 158 (159); FinMin Schl.-Holst. v. 16.4.2014 – VI 358 – S 7170 – 178, HaufeIndex 7025068.
5 BFH v. 19.3.2015 – V R 60/14, BStBl. II 2015, 946 = UR 2015, 480.
6 St. Rspr. des BFH, zuletzt BFH v. 29.6.2011 – XI R 52/07, BStBl. II 2013, 971 = UR 2011, 818 m. Anm. *Marchal/Wagner* m.w.N.
7 EuGH v. 18.11.2010 – Rs. C-156/09 – Verigen, Slg. 2010, I-11733 = UR 2011, 215; nachfolgend BFH v. 29.6.2011 – XI R 52/07, BStBl. II 2013, 971 = UR 2011, 818 m. Anm. *Marchal/Wagner*.
8 Abschn. 4.14.5 Abs. 7 S. 4 f. UStAE; *Sterzinger* in Birkenfeld/Wäger, USt-Handbuch, § 98 Rz. 99.
9 BFH v. 29.7.2015 – XI R 23/13, BStBl. II 2017, 733 = UR 2015, 790; *Sterzinger* in Birkenfeld/Wäger, USt-Handbuch, § 98 Rz. 98.

Bezug zu einer Heilbehandlung ist das so genannte **Social Freezing** für Zwecke einer später möglicherweise notwendigen künstlichen Befruchtung.[1]

Mit dem Jahressteuergesetz 2009[2] wurde die Vorschrift mit Wirkung vom 1.1.2009 im stärkeren Umfang an die unionsrechtlichen Vorgaben, wie sie die Rechtsprechung des EuGH und des BFH aufgezeigt haben, angepasst.[3] Hierzu sind die bisher auf Nr. 14 für ärztliche Heilbehandlungen und Nr. 16 für Krankenhausbehandlungen verteilten Befreiungsvorschriften in einer Nr. 14 als lit. a und lit. b zusammengefasst worden. In lit. a sind die Befreiungen der Leistungen bestimmter heilärztlicher Berufe erfasst, die nunmehr von den Krankenhausleistungen örtlich abgegrenzt werden (vgl. Rz. 11.148), was nach der bisherigen Regelung nach dem eindeutigen Wortlaut der Vorschrift nicht möglich war.[4] Nach Auffassung des Gesetzgebers sollen damit die Leistungen von **„klinischen Chemikern"** etwa im Labor mangels unmittelbarer persönlicher Heilbehandlung nunmehr nur noch im Rahmen eines Krankenhauses steuerbefreit sein.[5] Dabei hat der Gesetzgeber aber eine unzutreffende Einordnung der Auslegung der MwStSystRL durch den EuGH vorgenommen. Der EuGH hat nämlich auch die Umsätze aus der **Analyse durch ein privates Labor** als steuerbefreit eingeordnet, soweit diese von praktischen Ärzten im Rahmen ihrer Heilbehandlungen angeordnet werden, da auch dies der Heilbehandlung der Patienten diene. Dabei ist es nicht erforderlich, dass die medizinischen Analysen unter ärztlicher Aufsicht erbracht werden, da auch arztähnliche Leistungen befreit sind.[6] Aufgrund des auch hier anerkannten arbeitsteiligen Vorgehens im heilmedizinischen Bereich kann es offenbar nach der Rechtsprechung des EuGH auf das Vorliegen eines persönlichen Vertrauensverhältnisses zwischen dem unmittelbar die Laborleistung erbringenden Steuerpflichtigen und dem Patienten nicht ankommen. Dieses Merkmal ist zwar für die Abgrenzung bedeutsam, ob es sich grundsätzlich um Krankenhausleistungen oder um Heilbehandlungen durch oder auf Anordnung eines Arztes außerhalb eines Krankenhauses im Rahmen eines Vertrauensverhältnisses zwischen Patient und Behandelndem handelt.[7] In späteren Entscheidungen stellt der EuGH aber zu Recht, weil sich Art. 132 Abs. 1 lit. b MwStSystRL eine solches persönliches Näheverhältnis nicht entnehmen lässt, allein auf den Ort der Behandlung ab, der in den Praxisräumen des Behandelnden, in der Wohnung des Patienten oder anderswo außerhalb eines Krankenhauses liegen kann.[8] Mit dieser Begründung sind auch Umsätze eines **Laborarztes**, der Gewebeproben anderer Ärzte und/oder Krankenhäuser analysiert und befundet, als Heilbehandlungsleistungen nach § 4 Nr. 14 11.85

1 BMF v. 10.7.2017, BStBl. I 2017, 888 mit Einräumung einer Übergangsfrist.

2 Jahressteuergesetz 2009 v. 19.12.2008, BGBl. I 2008, 2794.

3 BT-Drucks. 16/10198, S. 74; hierzu *Heidner*, UR 2013, 641 (642).

4 BFH v. 15.3.2007 – V R 55/03, UR 2007, 214 = BStBl. II 2008, 31; vgl. dazu die Entscheidungen BVerfG v. 29.10.1999 – 2 BvR 1264/90, UR 1999, 494; BVerfG v. 10.12.1999 – 2 BvR 1820/92, UR 2000, 72; hierzu *Weitemeyer*, NZM 2006, 881.

5 BT-Drucks. 10/10189, S. 75; *Sterzinger* in Birkenfeld/Wäger, USt-Handbuch, § 98 Rz. 31.

6 EuGH v. 8.6.2006 – Rs. C-106/05 – L. u. P. GmbH, Slg. 2006, I-5123 = BStBl. II 2006, 445 = UR 2006, 464.

7 EuGH v. 6.11.2003 – Rs. C-45/01 – Christoph-Dornier-Stiftung, Slg. 2003, I-12911 = UR 2003, 584 m. Anm. *Widmann*.

8 EuGH v. 18.11.2010 – Rs. C-156/09 – Verigen Transplantation Service International, Slg. 2010, I-11733; EuGH v. 21.3.2013 – Rs. C-91/12 – PFC, ECLI:EU:C:2013:198, UR 2013, 335.

lit. a UStG durch die Rechtsprechung als steuerfrei eingeordnet worden.[1] Der BFH hat die Frage dem EuGH zur Klärung vorgelegt.[2]

11.86 Nicht zur ärztlichen Heilbehandlung gehören mit Ausnahme von Lieferungen im kleineren Umfang in den Praxisräumen, die bei der Heilbehandlung unbedingt notwendig sind, **Lieferungen** von Gegenständen (zB **Brillen**). Dies leitet der EuGH auch daraus ab, dass in den anderen Steuerbefreiungstatbeständen für bestimmte, dem Gemeinwohl dienende Tätigkeiten, die steuerfreie Lieferung teilweise ausdrücklich erwähnt ist.[3] Bei Krankenhausbehandlungen ist die Lieferung etwa von Medikamenten vom Befreiungstatbestand umfasst, wenn sie unerlässlich für die Heilbehandlung ist (Rz. 11.143).

### b) Abgrenzung zu anderen ärztlichen Tätigkeiten

11.87 Der EuGH entnimmt dem Wortlaut der Steuerbefreiung, dass eine Heilbehandlung das Diagnostizieren und Behandeln von Krankheiten oder anderen Gesundheitsstörungen ist (vgl. Rz. 11.25 ff.). Eine **Vaterschaftsfeststellung** gehört beispielsweise nicht hierzu.[4]

11.88 Nach dem früheren Wortlaut des § 4 Nr. 14 Satz 1 UStG 1999 waren allgemein Umsätze aus der „Tätigkeit als Arzt" steuerbefreit. Auf dieser Grundlage hat die Finanzverwaltung es jahrzehntelang unbeanstandet gelassen, dass Umsätze aus rein ästhetisch indizierten **Schönheitsoperationen** als umsatzsteuerbefreit behandelt wurden. Später hat der BFH allerdings zutreffend entschieden, dass die Steuerbefreiung nur Tätigkeiten umfasst, die zum Zweck der Vorbeugung, der Diagnose, der Behandlung und der Heilung von Krankheiten oder Gesundheitsstörungen für bestimmte Patienten ausgeführt werden.[5] Für die Umsatzsteuerfreiheit von Schönheitsoperationen reicht es daher nicht aus, dass die Operationen nur von einem Arzt ausgeführt werden können. Erforderlich ist vielmehr, dass derartige Operationen dem Schutz der menschlichen Gesundheit dienen.[6] Dabei können die gesundheitlichen Probleme, die zu einer steuerfreien Heilbehandlung führen, auch „psychologischer Art" sein.[7]

---

1 FG Hamburg v. 23.10.2013 – 2 K 349/12, EFG 2014, 383, rkr. wg. Fristversäumnis der Revision durch FA, BFH v. 20.5.2015 – XI R 48/13, BFH/NV 2015, 1263; FG Nds. v. 3.9.2015 – 16 K 340/12, EFG 2016, 1825, Rev. Az. BFH V R 25/16 ruhend bis zur Entscheidung des EuGH in der Rs. C-700/17.

2 BFH v. 11.10.2017 – XI R 23/15, BFHE 259, 567 = BStBl. II 2018, 109 = UR 2018, 114, Az. beim EuGH C-700/17, vgl. auch *Meurer*, MwStR 2015, 523 (524).

3 EuGH v. 23.2.1988 – Rs. C. 353/85 – Kommission/Vereinigtes Königreich, Rz. 33, Slg. 1988, 817, noch zur 6. MwStRL.

4 EuGH v. 14.9.2000 – Rs. C-384/98 – D., Slg. 2000, I-6795 = UR 2000, 432.

5 BFH v. 30.6.2005 – V R 1/02, BFHE 210, 188 = UR 2005, 501 = BStBl II 2005, 675; v. 13.7.2006 – V R 7/05, BFHE 214, 458 = BStBl. II 2007, 412 = UR 2007, 17; v. 1.2.2007 – V R 64/05, UR 2007, 428 = BFH/NV 2007, 1203; v. 31.7.2007 – V B 98/06 –, BFHE 217, 94 = UR 2007, 735 = BStBl II 2008, 35; v. 30.1.2008 – XI R 53/06, BFHE 221, 399 = BStBl. II 2008, 647 = UR 2008, 429, jeweils m.w.N.

6 BFH v. 7.10.2010 – V R 17/09, UR 2011, 662 = BFH/NV 2011, 865; v. 15.7.2004 – V R 27/03, BFHE 206, 471 = BStBl. II 2004, 862 = UR 2004, 648; v. 18.2.2008 – V B 35/06, BFH/NV 2008, 1001.

7 EuGH v. 21.3.2013 – Rs. C-91/12 – PFC, Rz. 33, ECLI:EU:C:2013:198, UR 2013, 335; BFH v. 4.12.2014 – V R 33/12, BFHE 248, 424 = UR 2015, 232; Verfassungsbeschwerde (Az. 1 BvR 1233/15) nicht zur Entscheidung angenommen.

11.89 Der BFH hat diese Einordnung maßgeblich aus der **europarechtskonformen Auslegung** gewonnen.[1] Nach dem Wortlaut der Richtlinie „*Heilbehandlungen im Bereich der Humanmedizin*“ fallen ästhetische Operationen und ästhetische Behandlungen nur dann unter den Begriff „ärztliche Heilbehandlungen“ oder „Heilbehandlungen im Bereich der Humanmedizin“,[2] wenn diese Leistungen dazu dienen, Krankheiten oder Gesundheitsstörungen zu diagnostizieren, zu behandeln oder zu heilen oder die Gesundheit zu schützen, aufrechtzuerhalten oder wiederherzustellen (Rz. 11.79).[3] Da die Begriffe der „Heilbehandlungen im Bereich der Humanmedizin“ i.S. des (damaligen) Art. 13 Teil A Abs. 1 Buchst. c der Richtlinie 77/388/EWG und der „ärztlichen Heilbehandlung“ i.S. von Art. 13 Teil A Abs. 1 Buchst. b der Richtlinie 77/388/EWG gleichbedeutend sind (Rz. 11.24; 11.52),[4] ist bei der Auslegung des nationalen Rechts die zu diesen beiden Bestimmungen ergangene Rechtsprechung des EuGH zu berücksichtigen. Da es aufgrund der Neuregelungen durch die Richtlinie des Rates vom 28. November 2006 über das gemeinsame Mehrwertsteuersystem 2006/112/EG (MwStSystRL) zu keinen inhaltlichen Änderungen gekommen ist, gilt dies auch für die zu Art. 132 Abs. 1 Buchst. b und c der MwStSystRL ergangene Rechtsprechung.[5] Fraglich ist allerdings, ob der damalige Wortlaut des § 4 Nr. 14 UStG 1999 in dieser Weise richtlinienkonform ausgelegt werden durfte. Nach Ansicht des BFH überschritt dies trotz der damaligen Verweisung auf § 18 EStG nicht die bei der Auslegung zu beachtende **Wortlautgrenze.**[6] Dem ist zuzustimmen, da der damalige Wortlaut neben der Tätigkeit als Arzt noch den Zusatz enthielt „*oder aus einer ähnlichen heilberuflichen Tätigkeit*“.[7]

### c) Feststellungslast für die Abgrenzung

11.90 Die **objektive Beweislast für das Vorliegen der Steuerbefreiung** trägt der Steuerpflichtige, der sich hierauf beruft.[8] Der EuGH führt aus, dass die Beurteilung der medizinischen Frage auf medizinischen Feststellungen beruhen müsse, die von dem entsprechenden Fachpersonal zu treffen sei,[9] während der BFH z.T. auch von der Indizwirkung einer Kostenerstat-

1 BFH v. 4.12.2014 –V R 33/12, BFHE 248, 424 = UR 2015, 232; Verfassungsbeschwerde (Az. 1 BvR 1233/15) nicht zur Entscheidung angenommen.

2 Damals noch i.S. des aber der heutige Fassung wörtlich entsprechenden Art. 132 Abs. 1 Buchst. b bzw. Buchst. c der Richtlinie des Rates vom 28. November 2006 über das gemeinsame Mehrwertsteuersystem 2006/112/EG.

3 EuGH v. 21.3.2013 – Rs. C-91/12 – PFC, ECLI:EU:C:2013:198, UR 2013, 335.

4 EuGH v. 21.3.2013 – Rs. C-91/12 – PFC, Rz. 24, ECLI:EU:C:2013:198, UR 2013, 335.

5 EuGH v. 10.6.2010 – Rs. C-86/09 – Future Health, Rz. 27, Slg. 2010, I-5215 = UR 2010, 540; BFH v. 4.12.2014 – V R 33/12, BFHE 248, 424 = UR 2015, 232; Verfassungsbeschwerde (Az. 1 BvR 1233/15) nicht zur Entscheidung angenommen.

6 BFH v. 4.12.2014 – V R 33/12, BFHE 248, 424 = UR 2015, 232; Verfassungsbeschwerde (Az. 1 BvR 1233/15) nicht zur Entscheidung angenommen.

7 BFH v. 4.12.2014 – V R 33/12, Rz. 12, BFHE 248, 424, = UR 2015, 232 = juris; *Michel*, Umsatzsteuerliche Beurteilung von ärztlichen Leistungen und Krankenhausleistungen am Beispiel der Plastischen Chirurgie, Köln 2007, S. 14 ff.

8 BFH v. 8.4.2014 – V B 38/13, BFH/NV 2014, 1106 = MwStR 2015, 221 m. Anm. *Weymüller* Rz. 29 f.; v. 6.6.2008 – XI B 11/08, BFH/NV 2008, 1547; v. 11.12.2014 – XI B 49/14, BFH/NV 2015, 363; v. 27.2.2018 – XI B 97/17, BFH/NV 2018, 738 Rz. 13; v. 11.1.2019 – XI R 29/17, MwStR 2019, 325, Rz. 31.

9 EuGH v. 21.3.2013 – Rs. C-91/12 – PFC, Rz. 35, ECLI:EU:C:2013:198, UR 2013, 335; zust. BFH v. 19.6.2013 – V S 20/13, MwStR 2013, 702 m. Anm. *Erdbrügger* Rz. 17; v. 1.10.2014 – XI R 13/14, BFHE 248, 367 = MwStR 2015, 221 m. Anm. *Weymüller* Rz. 19; BFH v. 18.9.2018 – XI R 19/15, MwStR 2019, 159 Rz. 24.

tung durch die Sozialversicherungsträger für die medizinische Indikation einer ärztlichen Behandlung ausgeht.[1] Klar ist lediglich, dass die *„rein subjektive Vorstellung, die die Person, die sich einem ästhetischen Eingriff unterzieht, von diesem Eingriff hat, … als solche für die Beurteilung, ob der Eingriff einem therapeutischen Zweck dient, nicht maßgeblich*" ist.[2]

11.91 Die nach der EuGH-Rechtsprechung erforderliche Feststellung, welche Zwecke mit ärztlichen Leistungen verfolgt werden, ist in vielen Fällen, bei denen sich die Zielsetzung bereits aus der Leistung selbst ergibt, unproblematisch. Anders ist es im Bereich ästhetisch-chirurgischer Maßnahmen, die sowohl Heilbehandlungszwecken als auch bloßen kosmetischen Zwecken dienen können. Im Bereich ästhetisch-chirurgischer Maßnahmen kommt es daher auf eine **Einzelprüfung**[3] an. Diese ist unter größtmöglicher Wahrung des zwischen Arzt und Patient bestehenden und durch § 84 Abs. 1 FGO i.V.m. § 102 Abs. 1 Nr. 3 Buchst. c AO geschützten Vertrauensverhältnisses vorzunehmen. Daher ist die gemäß § 76 Abs. 1 Satz 1 und 2 FGO von Amts wegen erforderliche Sachverhaltsaufklärung auf der Grundlage **anonymisierter Patientenunterlagen** durchzuführen. Der Schutz des Vertrauensverhältnisses erfordert zudem, das für die richterliche Überzeugungsbildung erforderliche, aber auch ausreichende Beweismaß gegenüber dem Regelbeweismaß zu reduzieren. Das Beweismaß kann sich dabei auf eine „größtmögliche Wahrscheinlichkeit" verringern.[4]

11.92 Einstweilen frei.

### d) Vertrauensschutz

11.93 Ein Schutz des **Vertrauens der behandelnden Ärzte** wurde abgelehnt, obwohl sich die Frage aufdrängt, „ob es rechtsstaatlich zulässig ist und insbesondere mit dem Grundsatz der Verhältnismäßigkeit und des rechtlichen Gehörs vereinbar ist, von einem Arzt zu verlangen, dass er über seine Patienten und über deren Krankheit gegenüber dem Finanzgericht Entsprechendes darlegen muss – und dies nach einem Zeitraum von 13 Jahren".[5] Geklärt ist, dass allgemeine **Übergangsregelungen** oder Anpassungsregelungen ergehen müssen, um den Steuerpflichtigen im Vertrauen auf die bisherige Rechtslage getätigte Dispositionen nicht zu enttäuschen, wenn sich die bisherige Rechtsprechung verschärft oder eine höchstrichterliche Entscheidung von einer bisher allgemein geübten Verwaltungsauffassung abweicht. Soweit der gebotene Vertrauensschutz nicht durch die Verwaltung im Wege einer **allgemeinen Billigkeitsregelung** gewährt wird, muss ihm das FA durch **Einzelmaßnahmen** Rechnung tragen (vgl. allgemein *Maciejewski/Theilen*, Rz. 5.57, 5.61).[6] Ein schützenswertes Vertrauen, das die Pflicht zum Erlass einer Übergangsregelung auslöst, wurde im konkreten Fall aber nicht gesehen. Dafür müsse

---

1 BFH v. 1.7.2010 – V B 62/09, UR 2011, 13 = BFH/NV 2010, 2136.

2 EuGH v. 21.3.2013 – Rs. C-91/12 – PFC, ECLI:EU:C:2013:198, UR 2013, 335; zust. BFH v. 18.9.2018 – XI R 19/15, MwStR 2019, 159, Rz. 24 m.w.N.

3 Vgl. BFH v. 18.9.2019 – XI R 19/15, MwStR 2019, 159, Rz. 24 m.w.N.

4 BFH v. 23.3.2011 – X R 44/09, BFHE 233, 297, BStBl. II 2011, 884 = FR 2011, 824 m. Anm. *Wendt*; v. 4.12.2014 – V R 16/12, BFHE 248, 416 = UR 2015, 225 m. Anm. *Wüst*; v. 4.12.2014 –V R 33/12, BFHE 248, 424, Verfassungsbeschwerde (Az. 1 BvR 1233/15) nicht zur Entscheidung angenommen.

5 Vgl. das Parteivorbringen in BFH v. 8.4.2014 – V B 38/13, Rz. 9, BFH/NV 2014, 1106 = juris; a.A. *Michel*, Umsatzsteuerliche Beurteilung von ärztlichen Leistungen und Krankenhausleistungen am Beispiel der Plastischen Chirurgie, Köln 2007, S. 38 ff.

6 BFH v. 31.10.1990 – I R 3/86, BFHE 163, 478 = BStBl. II 1991, 610; v. 12.1.1989 – IV R 87/87, BFHE 155, 487 = BStBl. II 1990, 261 = FR 1989, 345; *von Groll* in Hübschmann/Hepp/Spitaler, § 227 AO Rz. 203.

als Vertrauensgrundlage eine gesicherte, für die Meinung des Steuerpflichtigen sprechende Rechtsauffassung bestehen und habe die Rechtslage nicht als zweifelhaft erscheinen dürfen.[1] Daran fehlte es, wenn die Rechtsfrage weder durch die Rechtsprechung des BFH geklärt war noch eindeutige Verwaltungsregelungen bestanden, sondern lediglich ein schlichtes Verwaltungsunterlassen vorlag. Zudem liege ein schützenswertes nachhaltiges Vertrauen in den Fortbestand der früheren Rechtsauffassung nur dann vor, wenn der Steuerpflichtige nicht mit einer Änderung rechnen musste oder ihm zumindest Zweifel hätten kommen müssen.[2]

### e) Weitere Einzelfälle

Leistungen der Rentenversicherung im Rahmen des stationären oder teilstationären sowie ambulanten Vorsorgeprogramms der Rentenversicherung „**Betsi**“ gehören zur Krankheitsbekämpfung und Vorsorge und sind daher steuerfrei.[3] 11.94

Steuerfrei sind auch die Leistungen aus einem **Schwangerschaftsabbruch** nach § 218a StGB, selbst wenn die Sozialkassen die Kosten hierfür nicht übernehmen.[4] Da sowohl die deutsche wie auch die unionsrechtliche Norm nicht auf eine konkrete Kostenübernahme der medizinischen Maßnahme abstellen (Rz. 11.23 ff.) und es sich um medizinische Behandlungen handelt, die durch anerkannte Ärzte durchgeführt werden, sind die Voraussetzungen des deutschen wie unionsrechtlichen Befreiungstatbestands erfüllt. Fraglich ist lediglich, ob es sich um eine Heilbehandlung handelt. Die Maßnahmen im Rahmen der „Heilbehandlungen im Bereich der Humanmedizin“ müssen einem **therapeutischen Zweck** dienen,[5] wobei auch die Krankheitsvorsorge dazugehört.[6] Dies ist bei nicht strafbaren Schwangerschaftsabbrüchen der Fall, da auch diese zum Schutz der Gesundheit der Schwangeren fachärztlich durchgeführt werden müssen. 11.95

Leistungen im Zusammenhang mit **Empfängnisverhütung** sind ebenfalls umfasst, da sie auch zur Aufrechterhaltung der Gesundheit dienen.[7] Obwohl eine normale Schwangerschaft keine Krankheit darstellt, kann die unsachgemäße Empfängnisverhütung zu Krankheiten führen, etwa die Einnahme von Hormonpräparaten bei Kontraindikationen. 11.96

Umsätze aus Augen-**Laseroperationen** sind steuerfreie Heilbehandlungen, da sie die Sehkraft verbessern.[8] 11.97

1 BFH v. 15.1.1986 – II R 141/83, BFHE 145, 453 = BStBl. II 1986, 418; BFH v. 1.10.2003 – X B 75/02, BFH/NV 2004, 44.
2 BFH v. 26.9.2007 – V B 8/06, BStBl. II 2008, 405 = UR 2008, 183.
3 BFH v. 26.8.2014 – XI R 19/12, UR 2015, 16.
4 *Sterzinger* in Birkenfeld/Wäger, USt-Handbuch, § 98 Rz. 152 m.w.N.
5 EuGH v. 6.11.2003 – Rs. C-45/01 – Christoph-Dornier-Stiftung, Rz. 48, Slg. 2003, I-12911; v. 20.11.2003 – Rs. C-212/01 – Unterpertinger, Rz. 39, Slg. 2003, I-13859 = UR 2004, 70; v. 20.11.2003 – Rs. C-307/01 – D'Ambrumenil, Rz. 57, Slg. 2003, I-13989 = UR 2004, 75; BFH v. 30.6.2005 – V R 1/02, BFHE 210, 188 = BStBl. II 2005, 675 = UR 2005, 501; v. 31.7.2007 – V B 98/06, BFHE 217, 94 = UR 2007, 735 = BStBl II 2008, 35.
6 EuGH v. 20.11.2003 – Rs. C-212/01 – Unterpertinger, Rz. 40, Slg. 2003, I-13859 = UR 2004, 70; EuGH v. 20.11.2003 – Rs. C-307/01 – D'Ambrumenil, Rz. 58, Slg. 2003, I-13989 = UR 2004, 75; v. 8.6.2006 – Rs. C-106/05 – L. u. P. GmbH, Rz. 29, Slg. 2006, I-5123 = BStBl. II 2006, 445 = UR 2006, 464; v. 10.6.2010 – Rs. C-262/08 – CopyGene, Rz. 30, Slg. 2010, I-5053 = UR 2010, 526.
7 *Sterzinger* in Birkenfeld/Wäger, USt-Handbuch, § 98 Rz. 153 m.w.N.; aA FG Nds. v. 18.10.2007 – 5 K 282/06, EFG 2008, 339; FG Hess., DStRE 2008, 639.
8 FG Münster v. 8.10.2009 – 5 K 345207, EFG 2010, 602.

11.98 **Kooperationsverträge** von Ärzten mit Alten- und Pflegeeinrichtungen sehen in der Regel vor, dass der Arzt neben den unmittelbar mit den Krankenkassen abzurechnenden ärztlichen Leistungen einen weiteren Betrag von den Einrichtungen erhält, weil die Krankenkassen meist nur 60 % des tatsächlichen Zeitaufwandes der Behandlung vergüten. Die Finanzverwaltung will diese Umsätze, insbesondere die bloße Rufbereitschaft, als steuerpflichtig behandeln.[1] Soweit es sich um reine organisatorische Leistungen handelt, mag dies zutreffend sein. Handelt es sich jedoch um einen unmittelbar mit der Behandlung entstehenden Aufwand des Arztes, ist dieser als Teil der Heilbehandlung nach § 4 Nr. 14 lit. a UStG sowie Art. 132 Abs. 1 lit. c MwStSystRL befreit. Dies gilt entsprechend auch für die Leistungen der in **Praxisnetzen** zusammengeschlossenen Ärzte.[2]

11.99 **Heilpraktiker** sind von der Steuerbefreiung erfasst, wenn ihre Leistungen noch Heilbehandlungen und nicht nur Maßnahmen zur Steigerung des allgemeinen Wohlbefindens darstellen.[3] Auch sind medizinisch wirksame Maßnahmen, die lediglich nicht von den Krankenkassen erstattet werden, wie etwa die **Hippotherapie**, soweit sie medizinisch indiziert sind, trotzdem steuerbefreit, da Sinn und Zweck der Steuerbefreiung nicht die Schonung der Sozialkassen, sondern die Senkung der Kosten im Gesundheitswesen insgesamt ist (Rz. 11.68).[4] Seminare zur **Raucherentwöhnung** durch **Psychologen** dienen der Gesundheitsprävention und sind daher bei entsprechender Indikation steuerbefreit.[5] Nicht vorwiegend gesundheitstherapeutischen Zielen dienen **verkehrstherapeutische Leistungen** zur Wiedererlangung der Fahrerlaubnis.[6]

11.100 Auch bei **Physiotherapeuten** ist zwischen Heilbehandlungen und Anwendungen zur Steigerung des Wohlbefindens zu unterscheiden. Werden einzelne Maßnahmen im Rahmen einer privaten **Kur oder Wellnessbehandlung** verabreicht, ohne medizinisch indiziert und verordnet zu sein, reicht die Untersuchung durch einen Kurarzt nicht aus, um die Maßnahmen zu Heilmaßnahmen zu machen, wenn sie nur gewährleisten soll, dass der Kurgast die Behandlung verträgt.[7] Nach deutschem Recht darf der **Physiotherapeut** seine Leistungen nicht selbst verordnen, um die Steuerfreiheit zu gelangen, sondern ist auf eine **ärztliche Verordnung** angewiesen, wenn er nicht auch die Befähigung als Heilpraktiker aufweist.[8] Diese Praxis ist fraglich, da Voraussetzung allein das Vorliegen einer Heilbehandlung ist und eine Verordnung weder im deutschen noch im Unionsrecht vorgeschrieben ist. Allerdings trägt der Steuerpflichtige insofern die Darlegungslast (Rz. 11.90), so dass der Leistende die medizinische Notwendigkeit nachweisen muss. In diese Richtung weist auch die Entscheidung des EuGH in der Rechtssache *Gabarel*, in dem der EuGH festgestellt hat, dass der frühere, gleichlautende Art. 132 Abs. 1 Buchst. c der Richtlinie 2006/112/EG des Rates vom 28. November

1 FinMin Schl.-Holst. v. 16.4.2014 – VI 358 – S 7170 – 178, HaufeIndex 7025068; zustimmend *Sterzinger* in Birkenfeld/Wäger, USt-Handbuch, § 98 Rz. 156 m.w.N.

2 AA *Sterzinger* in Birkenfeld/Wäger, USt-Handbuch, § 98 Rz. 157.

3 Abgelehnt für ein Fastenseminar durch BFH v. 6.6.2008 – XI B 11/08, BFH/NV 2008, 1647.

4 EuGH v. 6.11.2003 – Rs. C-45/01 – Christoph-Dornier-Stiftung, Rz. 50, Slg. 2003, I-12911 = UR 2003, 584 m. Anm. *Widmann*; BFH v. 12.10.2004 – V R 54/03, BStBl. II 2005, 106 = UR 2005, 159; *Sterzinger* in Birkenfeld/Wäger, USt-Handbuch, § 98 Rz. 198.

5 BFH v. 26.8.2014 – XI R 19/12, BStBl. II 2015, 310 = UR 2015, 16 mit zust. Anm. *Meurer* = MwStR 2015, 523 (532); ebenso bereits FG Berlin-Brandenburg v. 29.10.2013 – 2 K 2055/11, EFG 2014, 228, rkr.

6 FG Münster v. 12.9.2017 – 15 K 3562/14 U, DStRE 2018, 1297, rkr.

7 BFH v. 11.1.2019 – XI R 29/17, MwStR 2019, 325 m. Anm. *Klaßmann*; *Sterzinger* in Birkenfeld/Wäger, USt-Handbuch, § 98 Rz. 194.

8 *Sterzinger* in Birkenfeld/Wäger, USt-Handbuch, § 98 Rz. 201.

2006 über das gemeinsame Mehrwertsteuersystem dahin auszulegen ist, dass ein Physiotherapeut, der im Rahmen seiner beruflichen Tätigkeit unterschiedslos oder einander ergänzend sowohl physiotherapeutische als auch **osteopathische Therapien** anwendet, von der Mehrwertsteuer nicht nur hinsichtlich der erstgenannten, sondern auch hinsichtlich der zweitgenannten Therapien befreit ist, wenn der Ausschluss der osteopathischen Therapien aus dem Rahmen der Ausübung der arztähnlichen Berufe für die Zwecke der Befreiung von der Mehrwertsteuer die Grenzen des den Mitgliedstaaten in dieser Bestimmung eingeräumten Ermessens überschreitet.[1] *Wäger* sieht demgegenüber in der Entscheidung eine Bestätigung für die deutsche Praxis des Erfordernisses einer Verordnung.[2]

**Hebammen** mit einer Erlaubnis zur Ausübung der Geburtshilfe durch das Hebammengesetz erbringen eigenständige Leistungen und benötigen daher keine ärztliche Verordnung. Sind sie im Krankenhaus angestellt, kann das Krankenhaus ihre Leistungen als Heilbehandlung abrechnen (Rz. 11.107 ff.). 11.101

Für die Einordnung der Erstellung von medizinischen **Gutachten** als Teil einer Heilbehandlung kommt es darauf an, ob sie eine weitere medizinische Maßnahme oder eine Rehabilitationsmaßnahme vorbereiten sollen oder nur der Entscheidungsfindung eines Dritten etwa über die Kostenerstattung o.ä. dienen. Nur im ersteren Fall handelt es sich um eine Heilmaßnahme,[3] sonst nicht (vgl. Rz. 11.31 ff.).[4] Hierzu zählen nach der Auflistung durch den EuGH auch ärztliche Untersuchungen oder Befunderhebungen im Auftrag von Arbeitgebern oder Versicherungsnehmern oder die Bescheinigung der Reisetauglichkeit, soweit die Begutachtung in erster Linie dem Schutz der Gesundheit des Betroffenen dienen sollen und nicht für Zwecke von Rentenansprüchen[5] oder Kunstfehlerprozessen erstellt werden.[6] 11.102

Die entgeltliche **Nutzungsüberlassung von Praxisräumen** nebst Ausstattung durch Ärzte an dritte Ärzte selbst ist keine Heilbehandlung.[7] Da anders als bei Krankenhausbehandlungen eng damit verbundene Leistungen nicht umfasst sind,[8] kann der Begriff der Heilbehandlung auch nicht dergestalt erweitert werden. *Stadie* sieht diese unterschiedliche Behandlung von Krankenhausleistungen und ärztlichen Leistungen als Ungleichbehandlung an.[9] Allerdings ergibt sich diese unterschiedliche Besteuerung bereits aus dem Unionsrecht, das selbst nicht an Primärrecht zu prüfen ist (vgl. *Hüttemann*, Rz. 3.45 ff.). Die Differenzierung ist auch dadurch gerechtfertigt, dass es sich bei Leistungen im Krankenhaus allein schon wegen der Unterbrin- 11.103

---

1 EuGH v. 14.4.2016 – Rs. C-555/15 – Gabarel, ECLI:EU:C:2016:272.

2 *Wäger*, UR 2017, 85, 101; ebenso zur Tätigkeit von Podologen BFH v. 1.10.2014 – XI R 13/14, MwStR 2015, 221 mit Anm. *Meurer*, MwStR 2015, 523 (533).

3 EuGH v. 20.11.2003 – Rs. C-307/01 – D'Ambrumenil, Rz. 59, Slg. 2003, I-13989; BMF v. 4.5.2007, BStBl. I 2007, 481; OFD Karlsruhe v. 19.2.2015 – S 7170 Karte 3, UR 2015, 645; FG Thür. v. 21.1.2014 – 4 K 409/12, EFG 2014, 1627, rkr., zu Mammographiebefundung.

4 BFH v. 31.7.2007 – V B 98/06 –, BFHE 217, 94 = UR 2007, 735 = BStBl II 2008, 35; v. 8.10.2008 – V R 32/07, BStBl. II 2009, 429 = UR 2009, 22.

5 EuGH v. 20.11.2003 – Rs. C-212/01 – Unterpertinger, Slg. 2003, I-13859 = UR 2004, 70; EuGH v. 20.11.2003 – Rs. C-307/01 – D'Ambrumenil, Slg. 2003, I-13989.

6 EuGH v. 20.11.2003 – Rs C-307/01 – D'Ambrumenil, Slg. 2003, I-13989.

7 BFH v. 18.3.2015 – XI R 15/11, BFHE 249, 359 = BFH/NV 2015, 1215 = UR 2015, 542; v. 29.10.2013 – V B 58/13, BFH/NV 2014, 192; v. 24.9.2004 – V B 177/02, BFH/NV 2005, 258; FG Thür. v. 21.1.2014 – 4 K 409/12, EFG 2014, 1627, rkr.; *Sterzinger* in Birkenfeld/Wäger, USt-Handbuch, § 98 Rz. 111.

8 EuGH v. 13.3.2014 – Rs. C-366/12 – Klinikum Dortmund, ECLI:EU:C:2014:143, UR 2014, 271.

9 *Stadie*, UStG, 3. Aufl. 2015, § 4 Nr. 14 UStG Rz. 17.

gung der Patienten um ein ganzes Bündel an zusammengefassten Leistungen handelt, die weitaus schwerer voneinander zu trennen sind als Nebenleistungen von der ambulanten ärztlichen Behandlung. Es kann aber ein mit dem Betrieb einer anderen Einrichtung im Sinne des § 4 Nr. 14 lit. b Satz 2 UStG eng verbundener Umsatz der Einrichtung vorliegen.[1]

11.104 Leistungen zur **Tumordokumentation** und zur **Meldepflicht an das deutsche Krebsregister** dienen primär der Forschung und sind daher nicht als ärztliche Heilbehandlung steuerbefreit. Derartige Leistungen können zwar einer Heilbehandlung dienen, stellen aber selbst keine solche dar.[2] Allerdings hat der BFH sich insofern auf die nach § 118 Abs. 2 FGO bindende Tatsachenfeststellung durch das FG zurückgezogen, so dass bei einer anderen tatsächlichen Gestaltung von Tumordokumentationszentren, etwa wenn diese zukünftig aufgrund des Fortschritts der Gentherapie einer konkreten Behandlung dienen, etwas anderes gelten kann. Dementsprechend hat das BMF ergänzt, dass die Meldevergütung des Arztes, der Meldungen für ein klinisches Krebsregister vornimmt, steuerbefreit ist, wenn nach der Auswertung der Daten eine patientenindividuelle Rückmeldung erfolgt und dies der weiteren Behandlung dient.[3]

11.105 Weil die Leistung nicht mit einer konkreten medizinischen Behandlung oder Präventionsmaßnahme im Zusammenhang steht, wurde eine Heilbehandlung ebenfalls zutreffend verneint für die Entfernung, Beförderung und Analyse von **Nabelschnurblut**, wenn die zukünftige Behandlung noch gar nicht geplant ist.[4]

11.106 Die durch externe Dienstleister für Krankenkassen und Pharmaunternehmen im Rahmen eines **Gesundheitstelefons** und **Patientenbegleitprogramms** erbrachten telefonischen Beratungsleistungen, die ausschließlich dem Informationsinteresse der Anrufer hinsichtlich der Behandlungsmethoden, Diagnoseverfahren und möglichen Kliniken und Ärzten zu genannten Krankheitsbildern sowie der Selbsthilfe und der Gesundheitsprävention dienen, sind nicht als Heilbehandlung im Bereich der Humanmedizin gem. § 4 Nr. 14 Buchst. a Satz 1 UStG von der Umsatzsteuer befreit, wenn die Feststellungen, aufgrund derer die Beratungsleistungen erbracht werden, ausschließlich auf telefonischen Angaben der Anrufer basieren und die Beratungsleistungen keinen hinreichend engen Bezug zu der von behandelnden Ärzten der anrufenden Versicherten durchgeführten Heilbehandlung im Bereich der Humanmedizin aufweisen. Damit dienen sie keinem konkreten therapeutischen Zweck und es fehlt der unmittelbaren Krankheitsbezug.[5] Der BFH hat im Revisionsverfahren diese Fragen dem EuGH zur Entscheidung vorgelegt und die besondere Bedeutung von derartigen Angeboten in der Zukunft betont.[6]

---

1 *Sterzinger* in Birkenfeld/Wäger, USt-Handbuch, § 98 Rz. 111.

2 BFH v. 9.9.2015 – XI R 31/13, BFH/NV 2016, 249 unter Berufung auf BFH v. 18.3.2015 – XI R 15/11, Rz. 20, BFHE 249, 359 = BFH/NV 2015, 1215 = UR 2015, 542, zur Überlassung von Praxisräumen nebst Ausstattung durch einen Arzt an andere Ärzte; zustimmend *Sterzinger* in Birkenfeld/Wäger, Umsatzsteuer-Handbuch, § 98 Rz. 100; *Meurer*, MwStR 2015, 523 (532); *Hölzer* in Rau/Dürrwächter, Umsatzsteuergesetz, § 4 Nr. 14 Rz. 84 und 371.

3 BMF-Schr. v. 24.11.2016 – III C 3 – S 7170/15/10004, MwStR 2017, 47.

4 EuGH v. 10.6.2010 – Rs. C-262/08 – CopyGene, Slg. 2010, I-5053 = UR 2010, 526.

5 FG Düsseldorf v. 14.8.2015 – 1 K 1570/14 U, EFG 2015, 2232.

6 BFH v. 18.9.2018 – XI R 19/15, MwStR 2019, 159.

## III. Befreiung für Krankenhausbehandlungen und ärztliche Heilbehandlungen

### 1. Einrichtung

Die Steuerbefreiung für Krankenhausbehandlungen und ärztliche Heilbehandlungen nach Art. 132 Abs. 1 lit. b MwStSystRL setzt voraus, dass diese Leistungen von **Einrichtungen des öffentlichen Rechts** durchgeführt werden. Andere Einrichtungen wie Krankenanstalten, Zentren für ärztliche Heilbehandlung und Diagnostik sowie andere „ordnungsgemäß anerkannte Einrichtungen gleicher Art" können begünstigt sein, wenn sie **unter vergleichbaren Bedingungen** wie öffentliche Krankenhäuser tätig sind (dazu Rz. 11.7 ff.). Im deutschen Recht findet sich diese Unterscheidung in § 4 Nr. 14 b S. 1 UStG für die öffentlichen Einrichtungen und S. 2 lit. aa bis ii UStG für einzeln genannte Einrichtungen des privaten Rechts. 11.107

Der Begriff der „**Einrichtung**" ist nach der ständigen Rechtsprechung des EuGH nicht auf juristische Personen beschränkt. Er legt aber nach der Rechtsprechung des EuGH die Existenz einer abgegrenzten Einheit, die eine bestimmte Funktion erfüllt, nahe. Dieses Merkmal trifft daher auf eine oder mehrere natürliche Personen zu, die ein Unternehmen betreiben (vgl. Rz. 11.15; 11.22).[1] Eine Einschränkung auf bestimmte Gesellschaftsformen ist gemeinschaftsrechtlich nicht vorgesehen.[2] Eine solche Privatperson muss aber immer noch eine Einrichtung gleicher Art sein, indem sie dieselbe Funktion wie eine Krankenanstalt oder ein Zentrum für ärztliche Heilbehandlung und Diagnostik erfüllt. Dies hat der EuGH in der Rechtssache *De Fruytier* für einen privaten **Transportdienst für menschliche Organe** abgelehnt.[3] 11.108

### 2. Persönliche Voraussetzungen

#### a) Vergleichbare Einrichtungen

Die **Begriffe Krankenanstalt, Zentren für ärztliche Heilbehandlung und Diagnostik** sind in der MwStSystRL nicht definiert. Der EuGH hat jedoch festgehalten, dass Art 132 Abs. 1 lit. b der MwStSystRL Leistungen erfasst, die aus einer Gesamtheit von ärztlichen Heilbehandlungen in Einrichtungen mit sozialer Zweckbestimmung wie der des Schutzes der menschlichen Gesundheit bestehen (vgl. Rz. 11.7 ff.).[4] Die Einrichtungen müssen ebenfalls Krankhausbehandlungen und ärztliche Heilbehandlungen durchführen (Rz. 11.108) und zwar unter Bedingungen, die mit den Bedingungen für öffentlich-rechtliche Krankenhäuser in sozialer Hinsicht vergleichbar sind (Rz. 11.7; 11.113 ff.). Zudem müssen sie ordnungsgemäß anerkannte Einrichtungen gleicher Art sein (Rz. 11.110 ff.). 11.109

---

1 EuGH v. 7.9.1999 – Rs. C-216/97 – Gregg, Rz. 19, Slg. 1999, I-4947 = UR 1999, 419; zust. *Hidien*, EWS-Kommentar, EWS 2003, 343 (343).

2 EuGH v. 7.9.1999 – Rs. C-216/97 – Gregg, Rz. 19, Slg. 1999, I-4947 = UR 1999, 419; vgl. dazu ausführlich *Hüttemann/Schauhoff*, Rz. 9.17 ff.

3 EuGH v. 2.7.2015 – Rs. C-334/14 – De Fruytier, ECLI:EU:C:2015:437, UR 2015, 636; vgl. auch BFH v. 9.9.2015 – XI R 31/13, BFH/NV 2016, 249; v. 18.3.2015 – XI R 15/11, BFHE 249, 359 = BFH/NV 2015, 1215 = UR 2015, 542.

4 Vgl. EuGH v. 6.11.2003 – Rs. C-45/01 – Christoph-Dornier-Stiftung, Rz. 47, Slg. 2003, I-12911 = UR 2003, 584 m. Anm. *Widmann*.

### b) Ordnungsgemäße Anerkennung

11.110 Soweit die Krankenhäuser *nicht* in öffentlicher Trägerschaft[1] stehen, macht Art. 132 Abs. 1 lit. b MwStSystRL weitere Einschränkungen. **Öffentlich-rechtliche Anstalten** können aber auch privatrechtliche Gesellschaften sein, die beispielsweise lediglich in öffentlich-rechtlicher Trägerschaft stehen,[2] soweit sie im Rahmen der öffentlichen Gewalt tätig werden. In der Rechtssache *Saudaçor* stellte der EuGH klar, dass die in Art. 13 Abs. 1 MwStSystRL enthaltenen Begriffe in der gesamten Union autonom und einheitlich auszulegen sind (vgl. Rz. 11.6). Dies gilt sowohl für den Begriff der Einrichtung des öffentlichen Rechts als auch für den Begriff der öffentlichen Gewalt. Nach der EuGH-Rechtsprechung können nicht nur juristische Personen des öffentlichen Rechts, sondern auch juristische Personen des Privatrechts eine umsatzsteuerbefreite Leistung erbringen, soweit sie als Einrichtung des öffentlichen Rechts im Rahmen der öffentlichen Gewalt tätig werden, d.h. nach dem anwendbaren nationalen Recht hoheitliche Befugnisse ausüben.[3]

11.111 Die Mitgliedstaaten können die Steuerbefreiung nach Art. 132 Abs. 1 lit. b MwStSystRL gem. Art. 133 MwStSystRL für diejenigen Einrichtungen, die *keine* Einrichtungen des öffentlichen Rechts sind, von bestimmten weiteren Bedingungen abhängig machen. Die Anerkennung anderer Einrichtungen hat durch den einzelnen Mitgliedstaat zu erfolgen. Es liegt im **Ermessen** des Mitgliedstaates,[4] welche Einrichtungen als Einrichtungen gleicher Art anerkannt werden und wann eine Einrichtung unter Bedingungen tätig wird, die mit den Bedingungen für öffentliche Krankenhäusern *„in sozialer Hinsicht vergleichbar sind"* (Rz. 11.7 ff.). Durch die Judikatur des EuGH wurden jedoch die Grenzen dieses Ermessens aufgezeigt, die vor allem im **Grundsatz der steuerlichen Neutralität** zum Ausdruck kommen.[5] Der Grundsatz der Neutralität fordert, dass vergleichbare Einrichtungen, die die materiellen Voraussetzungen einer Steuerbefreiung erfüllen, ebenfalls steuerbefreit sind.[6] Dabei hat der BFH offengelassen, ob Art. 132 Abs. 1 Buchst. b MwStSystRL auch dahingehend auszulegen sein könnte, dass sich das **Erfordernis der Anerkennung nur auf andere Einrichtungen**, nicht aber auch auf Krankenanstalten sowie Zentren für ärztliche Heilbehandlung und Diagnostik bezieht.[7] Dies hätte eine unmittelbare Auswirkung, ob auch die betreffenden Einrichtungen i.S.d. § 4 Nr. 14 lit. b S. 2 aa) und bb) UStG einer Anerkennung bedürfen. Der Wortlaut lässt beide Deutungen zu, dass sich das Erfordernis der Anerkennung grammatikalisch auf beide Alternativen oder nur auf die anderen Einrichtungen bezieht. Die Frage wäre jedenfalls dem EuGH zur Entscheidung vorzulegen.

---

1 Zu öffentlich-rechtlichen Krankenhäusern vgl. *Klaßmann/Notz/Schmidbauer*, S. 242 ff. m.w.N.

2 A.A. *Sterzinger* in Birkenfeld/Wäger, USt-Handbuch, § 98 Rz. 303 m.w.N.; zu Krankenhäusern in kirchlicher Trägerschaft vgl. *Klaßmann/Notz/Schmidbauer*, S. 228 m.w.N.

3 Siehe EuGH v. 29.10.2015 – Rs. C-174/14 – Saudaçor, Rz. 54 und 58, ECLI:EU:C:2015:733; zustimmend *Klenk*, HFR 2016, 88.

4 Vgl. EuGH v. 15.11.2012 – Rs. C-174/11 – Zimmermann, Rz. 26, ECLI:EU:C:2012:716, UR 2013, 35.

5 Vgl. EuGH v. 10.9.2002 – Rs. C-141/00 – Kügler, Rz. 56, Slg. 2002, I-6833, UR 2002, 513; EuGH v. 6.11.2003 – Rs. C-45/01 – Christoph-Dornier-Stiftung, Rz. 69, Slg. 2003, I-12911 = UR 2003, 584 m. Anm. *Widmann*; EuGH v. 8.6.2006 – Rs. C-106/05 – L. u. P. GmbH, Rz. 48, Slg. 2006, I-5123 = BStBl. II 2006, 445 = UR 2006, 464.

6 Vgl. EuGH v. 8.6.2006 – Rs. C-106/05 – L. u. P. GmbH, Rz. 32, Slg. 2006, I-5123 = BStBl. II 2006, 445 = UR 2006, 464.

7 BFH v. 23.10.2014 – V R 20/14, BStBl. II 2016, 785 = UR 2015, 235; ebenso BFH v. 18.3.2015 – XI R 38/13, BStBl. II 2016, 793 = UR 2015, 552.

Der EuGH hat jedenfalls festgestellt, dass die Anerkennung **kein formales Anerkennungsverfahren** voraussetzt und nicht nur auf der Grundlage steuerrechtlicher Vorschriften ergehen kann (vgl. Rz. 11.8).[1] 11.112

Die nach deutschem *früheren Recht* bis 31.12.2008 erfolgte Anknüpfung daran, dass mindestens 40 % der Leistungen Personen zugutekommen, die bei einem Träger der Sozialversicherung versichert sind, war unionsrechtskonform. Die Mitgliedstaaten dürfen den Umstand berücksichtigen, dass die Kosten der fraglichen Leistungen zum großen Teil von Krankenkassen oder anderen Einrichtungen der sozialen Sicherheit übernommen werden.[2] Nach der damaligen **40 % Schwelle** durften Krankenhäuser i.S. des § 67 Abs. 2 AO für ihre Krankenhausleistungen im Umfang von mindestens 40 % der Belegungs- oder Berechnungstage kein höheres Entgelt als die in den Anwendungsbereich des KHEntgG oder der BPflV fallenden Krankenhäuser i.S. des § 67 Abs. 1 AO für allgemeine Krankenhausleistungen nach § 7 KHEntgG, § 10 BPflV berechnen. Dies hatte dem Bedürfnis entsprochen, bei der Anwendung des Art. 13 Teil A Abs. 1 Buchst. b der Richtlinie 77/388/EWG die Bedingungen, welche mit den Bedingungen von Einrichtungen des öffentlichen Rechts in sozialer Hinsicht vergleichbar sind, anzuerkennen.[3] 11.113

Auch verstieß die sog. 40 %-Grenze des § 4 Nr. 16 Buchst. b UStG a.F. i.V.m. § 67 AO nicht gegen den **Grundsatz der mehrwertsteuerrechtlichen Neutralität.**[4] Denn das nationale Recht sah im Hinblick auf die Bedingungen, welche mit denen für die Einrichtungen des öffentlichen Rechts in sozialer Hinsicht i.S. des Art. 13 Teil A Abs. 1 Buchst. b der Richtlinie 77/388/EWG vergleichbar sind, keine unterschiedlichen Voraussetzungen für die Steuerbefreiung von Krankenhausleistungen vor. Die Bedingungen nach § 4 Nr. 16 Buchst. b UStG a.F. i.V.m. § 67 Abs. 1 und 2 AO, unter denen Krankenhausleistungen steuerfrei waren, wurden gleichermaßen auf alle unter das Privatrecht fallende Betreiber von Krankenhäusern angewandt. Die Steuerbefreiung nach § 4 Nr. 16 Buchst. b UStG a.F. i.V.m. § 67 Abs. 1 und 2 AO, die von keinem Bedarfsvorbehalt abhängig war, war dementsprechend mit dem unionsrechtlichen Grundsatz der steuerlichen Neutralität zu vereinbaren.[5] Unionsrechtswidrig war aber in § 4 Nr. 16 lit. b UStG a.F. das Abstellen auf die Werte des Vorjahres, wofür der damalige Art. 13 Teil A Abs. 1 Buchst. b der Richtlinie 77/388/EWG keine Grundlage bot.[6] 11.114

Die **Finanzierung der konkreten Krankenhausleistungen** spielt seit dem Jahressteuergesetz 2009 im deutschen Recht keine Rolle mehr (Rz. 11.64). Das ist grundsätzlich deshalb zulässig, weil die Steuerbefreiung nach Art. 132 Abs. 1 lit. b MwStSystRL nicht der Entlastung der Sozialkassen dient, sondern die Kosten im Gesundheitswesen insgesamt zu senken, unabhängig davon, wer diese trägt (Rz. 11.68).[7] Dies schon deshalb, weil der Begriff der Heilbehandlung 11.115

1 EuGH v. 6.11.2003 – Rs. C-45/01 – Dornier, Rz. 67, Slg. 2003, I-12911.

2 EuGH v. 8.6.2006 – Rs. C-106/05 – L. u. P. GmbH, Rz. 54, Slg. 2006, I-5123 = BStBl. II 2006, 445 = UR 2006, 464; nachfolgend BFH v. 15.3.2007 – V R 55/03, UR 2007, 214 = BStBl. II 2008, 31, wonach diese Einschränkung keine Rolle spielte, weil sich der Unternehmer unmittelbar auf das europäische Recht berufen konnte.

3 BFH v. 18.3.2015 – XI R 8/13, Rz. 44 ff., BStBl. II 2016, 788 = UR 2015, 547.

4 EuGH v. 8.6.2006 – Rs. C-106/05 – L. u. P. GmbH, Rz. 54, Slg. 2006, I-5123 = BStBl. II 2006, 445 = UR 2006, 464.

5 BFH v. 18.3.2015 – XI R 8/13, BStBl. II 2016, 788 = UR 2015, 547.

6 BFH v. 19.3.2013 – XI R 47/07, Rz. 37, BFHE 240, 439 = UR 2013, 555, unter Berufung auf EuGH v. 15.11.2012 – Rs. C-174/11 – Zimmermann, Rz. 26.

7 EuGH v. 6.11.2003 – Rs. C-45/01– Christoph-Dornier-Stiftung, Rz. 50, Slg. 2003, I-12911 = UR 2003, 584 m. Anm. *Widmann*; nachfolgend BFH v. 1.4.2004 – V R 54/98, UR 2001, 115 = BStBl. II

ein unionsrechtlicher Begriff ist, der nationale Besonderheiten bei der Kostenerstattung in den einzelnen Mitgliedstaaten nicht adressiert. Die Kostenerstattung durch Sozialversicherungsträger kann allenfalls ein Indiz für das Vorliegen einer Heilbehandlung sein (Rz. 11.122).[1]

11.116 Die konkrete Kostenerstattung durch gesetzliche Versicherungen oder die Frage, ob ein privater Versicherungsschutz besteht, ist für die Anerkennung daher nicht entscheidend.[2] Auch **individuelle Gesundheitsleistungen** (IGl), die gesetzlich Versicherte gegen Selbstzahlung in Anspruch nehmen können und deren Kosten von privaten Krankenkassen erstattet werden, und die überwiegend der Prävention dienen, sind daher steuerbefreite Heilbehandlungen.[3]

11.117 Entscheidend ist seit 2009 in der deutschen Umsetzung für die Anerkennung der Einrichtung nur noch die Zulassung, das Vorliegen eines Versorgungsvertrags oder andere Mechanismen der **Sozialgesetzgebung** durch Einbeziehung der Einrichtungen in das Sozialversicherungsrecht (im Einzelnen Rz. 11.118 ff.). Von der Steuerbefreiung nach § 4 Nr. 14 lit. b S. 2 aa UStG sind die Krankenhäuser nach § 108 SGB V erfasst (**Hochschulkliniken**, **Plankrankenhäuser**, **Krankenhäuser mit Versorgungsverträgen**). § 4 Nr. 14 lit. b S. 2 bb UStG meint alle Einrichtungen des Kapitel 4 Abschnitt 4 SGB V, für die die Regelung nach § 115 SGB V anzuwenden ist. Hierzu gehören beispielsweise **Hochschulambulanzen** (§ 117 SGB V), **Psychiatrische Institutsambulanzen** (§ 118 SGB V) oder **Sozialpädiatrische Zentren** (§ 119 SGB V).[4]

11.118 Zudem ist die Steuerbefreiung nach § 4 Nr. 14 lit. b Satz 2 lit. aa bis hh 2. HS UStG auf solche **Leistungen** beschränkt, **auf die sich die Zulassung, der Vertrag und die Regelungen des Sozialgesetzbuches** gerade beziehen. Die Einschränkung soll ausschließen, dass die Einrichtung die Steuerbefreiung für weitere Leistungen in Anspruch nimmt. Wenn beispielsweise mit einer Einrichtung ein Versorgungsvertrag nach § 111 SGB V zur Vorsorge und Rehabilitation, die keinen Krankenhausaufenthalt erfordern (§ 4 Nr. 14 lit. b dd UStG), geschlossen wurde, dann könne die Einrichtung keine steuerfreien Krankenhausbehandlungen erbringen.[5] Dies ist kritisch zu sehen, da sich die unionale Steuerbefreiung auf die Art der Leistung und nicht auf die Art der Einrichtung bezieht (vgl. Rz. 11.8). Allerdings ist Voraussetzung für die Steuerbefreiung, dass die Einrichtung durch die Mitgliedstaaten „ordnungsgemäß anerkannt" ist, Art. 132 Abs. 1 lit. b MwStSystRL. Für die Frage der Anerkennung ist der Mitgliedstaat jedoch nicht völlig frei, sondern muss wiederum den Grundsatz der Neutralität beachten (vgl. Rz. 11.8). Damit ist die Frage entscheidend, ob zwischen den insofern eingeschränkten Einrichtungen und den Einrichtungen, die nach § 138 Abs. 1 S. 1 des StVollzG erbracht werden, lit. ii (Psychiatrische Krankenhäuser und Entziehungsanstalten) wo diese Einschränkung nicht gilt, ein solcher Unterschied besteht, der die Ungleichbehandlung rechtfertigt. Dies ließe sich bejahen, wenn in diesen Einrichtungen ausschließlich Krankenhausbehandlungen durchgeführt wer-

---

2004, 681; v. 12.10.2004 – V R 54/03, BStBl. II 2005, 106 = UR 2005, 159; v. 30.1.2008 – XI R 53/06, BStBl. II 2008, 647 = UR 2008, 429.

1 EuGH v. 6.11.2003 – Rs. C-45/01 – Christoph-Dornier-Stiftung, Rz. 50, Slg. 2003, I-12911 = UR 2003, 584 m. Anm. *Widmann*; nachfolgend BFH v. 1.4.2004 – V R 54/98, UR 2001, 115 = BStBl. II 2004, 681; BFH v. 19.12.2002 – V R 28/00, BStBl. II 2003, 532 = UR 2003, 284; v. 15.7.2004 – V R 27/03, BFHE 206, 471 = BStBl. II 2004, 862 = UR 2004, 648; v. 30.1.2008 – XI R 53/06, BStBl. II 2008, 647 = UR 2008, 429.

2 *Sterzinger* in Birkenfeld/Wäger, USt-Handbuch, § 98 Rz. 262.

3 *Sterzinger* in Birkenfeld/Wäger, USt-Handbuch, § 98 Rz. 100.

4 BT-Drucks. 16/10189, S. 75; BMF v. 26.6.2009, BStBl. I 2009, 756, Rz. 49; *Sterzinger* in Birkenfeld/Wäger, USt-Handbuch, § 98 Rz. 385.

5 *Sterzinger* in Birkenfeld/Wäger, USt-Handbuch, § 98 Rz. 35.

den und damit auch die dafür erforderliche staatliche Anerkennung vorliegt, während es bei den anderen Einrichtungen an einer entsprechenden Zulassung fehlen könnte.

Jedenfalls ist die Steuerbefreiung nicht auf den **Umfang** des im Rahmen der Zulassung oder des Versorgungsvertrags vereinbarten Leistungspaketes beschränkt. Auch über den Leistungskatalog hinausgehende Leistungen wie etwa die **Chefarztbehandlung** oder die **Einzel- oder Doppelzimmerbelegung** sind steuerbefreit, sofern es sich nur um Leistungen der Heilbehandlung (Rz. 11.134 f.) oder eng damit zusammenhängende Leistungen handelt (Rz. 11.136 ff.).[1] 11.119

Die **Anknüpfung an die Vorschriften des SGB V** im deutschen Umsatzsteuerrecht ist grundsätzlich zulässig, da die Richtlinie ein dahingehendes Ermessen der Mitgliedstaaten bezüglich der vergleichbaren „Einrichtungen" erlaubt (vgl. auch *Hüttemann/Schauhoff*, Rz. 9.31).[2] Soweit Einrichtungen ärztliche Heilbehandlungen anbieten, ohne die Voraussetzungen des § 4 Nr. 14 lit. b Satz 2 UStG zu erfüllen, kommt eine Steuerbefreiung nach der deutschen Rechtslage daher nicht in Betracht.[3] Das soll auch für gesondert abgerechnete ärztliche Heilbehandlungen innerhalb der Einrichtung gelten.[4] Nach alter Rechtslage, auf die sich diese Rechtsprechung bezog, war dies zutreffend, da die frühere 40 %-Schwelle der durch gesetzliche Krankenkassen ersetzten Behandlungstage als zulässiges soziales Kriterium unionsrechtskonform war (Rz. 11.113). 11.120

Da die Definition der vergleichbaren Einrichtungen durch die Mitgliedstaaten den Grundsatz der steuerlichen Neutralität nicht verletzten darf, hat der BFH jedoch inzwischen in zwei Entscheidungen festgestellt, dass die seit 2009 geltende pauschale gesetzliche Ausgrenzung von **Privatkliniken** aufgrund der **Bezugnahme auf** den **sozialversicherungsrechtlichen Bedarfsplan seit 2009 unionsrechtswidrig ist** und die betroffenen Betreiber sich auf die unmittelbare Wirkung des Unionsrechts berufen können.[5] Die **Rückforderung der hiernach nicht geschuldeten Umsatzsteuer** durch die Krankenversicherungen richtet sich allein nach der getroffenen Vereinbarung, ob ein Netto- oder ein Bruttoentgelt vereinbart worden ist (vgl. auch Rz. 11.143 zur Rückforderung der Umsatzsteuer auf Zytostatika).[6] 11.121

Die Genehmigung der Einrichtung durch die nationalen Behörden nach den im fraglichen Bereich vorgeschriebenen Qualitäts- und Sicherheitsstandards kann ein **Indiz für die Gleichartigkeit** sein, führt jedoch allein nicht schon automatisch zur Anerkennung. Da es hier zunächst um die bloße Genehmigung der Tätigkeit geht und die Mitgliedstaaten ein Ermessen hinsichtlich der vergleichbaren sozialen Bedingungen wie öffentliche Krankenhäuser haben, 11.122

---

1 BMF v. 26.6.2009, BStBl. I 2009, 756, Rz. 61; *Sterzinger* in Birkenfeld/Wäger, USt-Handbuch, § 98 Rz. 263.
2 *Sterzinger* in Birkenfeld/Wäger, USt-Handbuch, § 98 Rz. 346.
3 BFH v. 26.8.2010 – V R 5/08, BFHE 231, 298 = BStBl. II 2011, 296, a.A. *Schmidbauer/Wittstock*, UR 2007, 845 (848).
4 BFH v. 18.3.2004 – V R 53/00, UR 2004, 421 = BStBl. II. 2004, 677 zu Privatklinik, Verfassungsbeschwerde nicht zur Entscheidung angenommen; a.A. *Stadie*, UStG, 3. Aufl. 2015, § 4 Nr. 14 UStG Rz. 32; krit. auch *Sterzinger* in Birkenfeld/Wäger, USt-Handbuch § 98 Rz. 351.
5 BFH v. 23.10.2014 – V R 20/14, BStBl. II 2016, 785 = UR 2015, 235 = MwStR 2015, 398 m. Anm. *Erdbrügger* für Klinik für Psychotherapie; BFH v. 18.3.2015 – XI R 38/13, BStBl. II 2016, 793 = UR 2015, 552 für Klinik, mit der für ambulante Operationen ein Strukturvertrag nach § 73a SGB V abgeschlossen war; zust. *Meurer*, MwStR 2015, 523 (525 f.); BFH v. 23.1.2019 – XI 15/16, DStR 2019, 866, Rz. 75.
6 Vgl. umfassend *Kahsnitz*, DStR 2017, 1272.

muss dieses erkennbar ausgeübt werden.[1] Ein solches mit Genehmigung betriebenes Krankenhaus, welches nach den landesrechtlichen Vorschriften weder Hochschulklinik noch Plankrankenhaus i.S.d. § 108 SGB V ist, kann die Steuerfreiheit nur erlangen, wenn es einen Versorgungsvertrag mit den Landesverbänden der Krankenkassen und den Verbänden der Ersatzkassen (Kassenverbänden) abschließt. Sozialversicherungsrechtlich dürfen derartige Versorgungsverträge gemäß § 109 Abs. 3 Satz 1 Nr. 2 SGB V aber nur abgeschlossen werden, wenn sie insbesondere für eine *bedarfsgerechte Krankenhausbehandlung* der Versicherten erforderlich sind, und es besteht nach § 109 Abs. 2 Satz 1 SGB V kein Anspruch auf Abschluss eines Versorgungsvertrags. Zwar können die Mitgliedstaaten in Bezug auf eine erforderliche Anerkennung auch berücksichtigen, ob das staatliche System der sozialen Sicherheit für die Tätigkeiten eine finanzielle Unterstützung oder eine Kostenübernahme gewährt. Damit nicht zu vergleichen sind aber nationale Regelungen, die eine Anerkennung von einer **sozialversicherungsrechtlichen Bedarfsprüfung** abhängig machen, die im Fall fehlenden Bedarfs dem Abschluss des Versorgungsvertrages zwingend entgegensteht. Die privaten Kliniken können sich für die Steuerfreiheit auf Art. 132 Abs. 1 Buchst. b MwStSystRL als inhaltlich unbedingte und hinreichend genaue Bestimmung des Unionsrechts berufen (Rz. 11.44). Für die Vergleichbarkeit spricht nach der Rechtsprechung des BFH das mit der Tätigkeit verbundene Gemeinwohlinteresse, die Steuerfreiheit vergleichbarer Unternehmer und die Übernahme der Kosten für die erbrachten Leistungen durch Krankenkassen und Beihilfestellen. Hierfür reicht es nach Auffassung des BFH aus, dass im erheblichen Umfang (hier 35 %, also unter der früheren 40 %-Schwelle, Rz. 11.65) gesetzlich Versicherte mit Anspruch auf Kostenerstattung nach § 13 SGB V und darüber hinaus auch Beihilfeberechtigte mit staatlichem Kostenerstattungsanspruch behandelt werden.[2]

11.123 In einer weiteren Entscheidung[3] trat der BFH dem Einwand entgegen, er habe die Ausführungen des EuGH in der Rechtssache *CopyGene*[4] dahingehend missverstanden, dass die dort genannten **Beurteilungskriterien** für den Fall, dass keine gesetzliche Regelung zur Anerkennung vorliege, auch für die Frage anzuwenden seien, ob eine getroffene Regelung – hier § 4 Nr. 14 Buchst. b Satz 2 Doppelbuchst. aa UStG – mit dem Unionsrecht vereinbar ist. In der Rechtssache *CopyGene* habe der EuGH keine Veranlassung gehabt, sich mit der Frage zu befassen, ob eine gesetzliche Regelung zur Anerkennung gleicher Art i.S. von Art. 132 Abs. 1 Buchst. b MwStSystRL mit dem Unionsrecht vereinbar ist, da der dortige Mitgliedstaat (Dänemark) keine derartige Regelung getroffen hatte. Gleichwohl müsse aber (auch) eine nationalstaatliche gesetzliche Regelung ihrerseits den Anforderungen entsprechen, die der EuGH für die Ausübung des den Mitgliedstaaten durch Art. 132 Abs. 1 Buchst. b MwStSystRL eingeräumten Ermessens aufgestellt hat.[5]

1 BFH v. 23.10.2014 – V R 20/14, BStBl. II 2016, 785 = UR 2015, 235 unter Berufung auf EuGH v. 10.6.2010 – Rs. C-262/08 – CopyGene, Rz. 74 f., Slg. 2010, I-5053 = UR 2010, 526; zustimmend BFH v. 18.3.2015 – XI R 38/13, BStBl. II 2016, 793 = UR 2015, 552.

2 BFH v. 23.10.2014 – V R 20/14, BStBl. II 2016, 785 = UR 2015, 235 unter Berufung auf EuGH v. 10.6.2010 – Rs. C-262/08 – CopyGene, Rz. 74 f., Slg. 2010, I-5053 = UR 2010, 526.

3 BFH v. 18.3.2015 – XI R 38/13, BStBl. II 2016, 793 = UR 2015, 552.

4 EuGH v. 10.6.2010 – Rs. C-262/08 – CopyGene, Rz. 65, Slg. 2010, I-5053 = UR 2010, 526.

5 BFH v. 18.3.2015 – XI R 38/13, BStBl. II 2016, 793 = UR 2015, 552 unter Berufung auf EuGH v. 10.9.2002 – Rs. C-141/00 – Kügler, Rz. 5, 8, Slg. 2002, I-6833; v. 8.6.2006 – Rs. C-106/05 – L. u. P. GmbH, Rz. 53, Slg. 2006, I-5123 = BStBl. II 2006, 445 = UR 2006, 464; v. 10.6.2010 – Rs. C-262/08 – CopyGene, Rz. 63, Slg. 2010, I-5053 = UR 2010, 526; v. 15.11.2012 – Rs. C-174/11 – Zimmermann, Rz. 19 ff., 28 ff., 31 ff., ECLI:EU:C:2012:716; BFH v. 19.3.2013 – XI R 47/07, Rz. 11, 14, 30 ff., BFHE 240, 439 = UR 2013, 555 = juris.

Folgende Kriterien für **vergleichbare Anerkennungskriterien** werden genannt: 11.124

- das Bestehen spezifischer Vorschriften – seien es nationale oder regionale, Rechts- oder Verwaltungsvorschriften, Steuervorschriften oder Vorschriften im Bereich der sozialen Sicherheit,
- das mit den Tätigkeiten des betreffenden Steuerpflichtigen verbundene Gemeinwohlinteresse,
- die Tatsache, dass andere Steuerpflichtige mit den gleichen Tätigkeiten bereits in den Genuss einer ähnlichen Anerkennung kommen,
- der Gesichtspunkt, dass die Kosten der fraglichen Leistungen unter Umständen zum großen Teil von Krankenkassen oder anderen Einrichtungen der sozialen Sicherheit übernommen werden.[1]

Diese **Kriterien der Anerkennung** sah der BFH in dem betreffenden Fall als erfüllt an durch 11.125
die Behandlung von Kassenpatienten in der von der Klägerin betriebenen Klinik auf der Grundlage von Strukturverträgen i.S. von § 73a SGB V, die – obwohl nach § 4 Nr. 14 lit. b S. 2 UStG nicht für die Umsatzsteuerfreiheit qualifizierend – spezifische Vorschriften im Bereich der sozialen Sicherheit darstellen. Ferner seien wegen des therapeutischen Zwecks der operativen Eingriffe diese als im Gemeinwohlinteresse stehende Tätigkeiten. Außerdem habe das Leistungsangebot der von der Klägerin betriebenen Privatklinik den von öffentlichen Krankenhäusern sowie den von nach § 108 SGB V zugelassenen Privatkliniken erbrachten Leistungen entsprochen, die demgegenüber unter die Steuerbefreiung in § 4 Nr. 14 Buchst. b UStG fallen. Schließlich seien die Kosten der Behandlung von gesetzlich versicherten Patienten von den gesetzlichen Krankenkassen und Berufsgenossenschaften übernommen worden.[2]

Die **Vergleichbarkeit in sozialer Hinsicht** ergibt sich nach bindenden Tatsachenfeststellun- 11.126
gen des FG (§ 118 Abs. 2 FGO) daraus, dass die Ausstattung des von der Klägerin betriebenen Krankenhauses der Regelausstattung eines sog. Plankrankenhauses entsprach[3] und dass das ausschließliche Vorhandensein von Einbettzimmern durch die Fachrichtung des Klinikums (Psychiatrie/Psychotherapie und Psychosomatik) bedingt war. Zudem wurden im erheblichen Umfang (im Streitjahr: 35 %) auch gesetzlich Versicherte im Krankenhaus der Klägerin behandelt, ohne dass Unterschiede zur Behandlung von Privatpatienten bestanden.[4] Schließlich sei das weiteres Kriterium der angemessenen Vergütung der vorgenommenen Behandlungen erfüllt, da die Abrechnung sämtlicher Leistungen auf Grundlage des gesetzlichen Vergütungssystems für Ärzte und Krankenhäuser erfolgte. Die Kosten für die Behandlung von Privatpatienten sind von den privaten Krankenversicherungen übernommen worden und entsprachen ihrer Höhe nach denen der Behandlung gesetzlich versicherter Patienten.[5] Die Finanzverwaltung sieht demgegenüber die Vergleichbarkeit in sozialer Hinsicht als gegeben an, wenn im vo-

1 BFH v. 18.3.2015 – XI R 38/13, BStBl. II 2016, 793 = UR 2015, 552 unter Berufung auf EuGH v. 10.9.2002 – Rs. C-141/00 – Kügler, Rz. 5, 8, Slg. 2002, I-6833; v. 8.6.2006 – Rs. C-106/05 – L. u. P. GmbH, Rz. 53, Slg. 2006, I-5123 = BStBl. II 2006, 445 = UR 2006, 464; v. 10.6.2010 – Rs. C-262/08 – CopyGene, Rz. 63, Slg. 2010, I-5053 = UR 2010, 526; v. 15.11.2012 – Rs. C-174/11 – Zimmermann, Rz. 19 ff., 28 ff., 31 ff., ECLI:EU:C:2012:716; BFH v. 19.3.2013 – XI R 47/07, Rz. 11, 14, 30 ff., BFHE 240, 439 = UR 2013, 555 = juris.

2 BFH v. 18.3.2015 – XI R 38/13, BStBl. II 2016, 793 = UR 2015, 552.

3 BFH v. 18.3.2015 – XI R 38/13, BStBl. II 2016, 793 = UR 2015, 552.

4 BFH v. 18.3.2015 – XI R 38/13, BStBl. II 2016, 793 = UR 2015, 552.

5 BFH v. 18.3.2015 – XI R 38/13, BStBl. II 2016, 793 = UR 2015, 552.

rangegangenen Kalenderjahr mindestens 40 % der jährlichen Belegungs- oder Berechnungstage auf Patienten entfallen sind, bei denen kein höheres Entgelt als für allgemeine Krankenhausleistungen nach den gesetzlichen Vorschriften berechnet wurde[1] und kehrt damit im Kern zu der Gesetzeslage vor 2009 zurück (Rz. 11.65).

11.127 Darüber hinaus war es nach Auffassung des BFH sogar ohne Bedeutung, ob die Privatklinik **höhere Vergütungssätze als ein vergleichbares Universitätsklinikum** verlangt. Diesem Umstand komme im Hinblick auf die unterschiedlichen Finanzierungsformen von Krankenhäusern keine Bedeutung zu. So sind Krankenhäuser, die nicht die Zweckbetriebsvoraussetzungen des § 67 der Abgabenordnung erfüllen, gemäß § 5 Abs. 1 Nr. 2 des Gesetzes zur wirtschaftlichen Sicherung der Krankenhäuser und zur Regelung der Krankenhauspflegesätze (Krankenhausfinanzierungsgesetz) für die Investitionskosten des Krankenhausbetriebs nicht förderungswürdig und müssen diese aus den von ihnen vereinnahmten Vergütungssätzen bestreiten. Ein Ausschluss von der Steuerfreiheit nach Art. 134 MwStSystRL im Hinblick auf die dort genannten Kriterien der „Unerlässlichkeit" und der Einnahmeverschaffung in unmittelbaren Wettbewerb mit steuerpflichtigen Unternehmen komme daher nicht in Betracht. Von der Befugnis, die Steuerfreiheit nach Art. 133 MwStSystRL einzuschränken, habe das nationale Recht keinen Gebrauch gemacht.[2] Ob diese großzügige Linie auch der Auffassung des EuGH entspricht, hätte allerdings durch eine Vorlage geklärt werden müssen, auch um Rechtssicherheit für die betroffenen Kliniken zu schaffen.[3]

11.128 Die Rechtsprechungslinie des BFH löste eine Reihe von **Folgeentscheidungen** aus. Für eine private Klinik, die überwiegend nicht medizinisch indizierte Schönheitsoperationen durchführte, verneinte das FG Düsseldorf die Anwendung der unionsrechtlichen Steuerbefreiung, weil es an der Vergleichbarkeit fehle.[4] Das FG Berlin-Brandenburg hat für eine Privatklinik, die neben medizinisch indizierten auch nicht indizierte Schönheitsoperationen durchführte, eine unmittelbare Anwendbarkeit mangels Vergleichbarkeit verneint, weil sich nicht aufklären ließ, in welcher Höhe die zuzurechnenden Leistungen der Belegärzte von den Sozial- und privaten Krankenkassen übernommen worden waren.[5] Der BFH stellte in der Revisionsentscheidung hingegen darauf ab, ob die Privatklinik bei entsprechendem Bedarf die **Voraussetzungen für die Zulassung nach § 108 SGB V erfüllt hätte.**[6] Auf eine „Prägung" des Leistungsangebots durch medizinisch nicht indizierte Schönheitsoperationen komme es nicht an, weil diese bereits keine steuerbefreiten Heilbehandlungen seien.[7] Für eine orthopädische Privatklinik sah das FG Köln hingegen das Kriterium der Behandlung von gesetzlich versicherten Patienten nicht als entscheidend an, wenn für die Behandlung grundsätzlich allgemeine Fallpauschalen abgerechnet werden und die geringe Anzahl gesetzlich versicherter Patienten gerade darauf beruhe, dass das Krankenhaus nicht in die staatliche Bedarfsplanung aufgenommen sei.[8]

1 BMF-Schr. v. 6.10.2016 – III C 3 – S 7170/10/10004, npoR 2017, 29.
2 BFH v. 23.10.2014 – V R 20/14, BStBl. II 2016, 785 = UR 2015, 235 unter Berufung auf EuGH v. 10.6.2010 – Rs. C-262/08 – CopyGene, Rz. 74 f., Slg. 2010, I-5053 = UR 2010, 526.
3 Krit. auch *Erdbrügger*, MwStR 2015, 398.
4 FG Düsseldorf v. 17.2.2017 – 1 K 1994/13 U, EFG 2017, 1305, rkr.
5 FG Berlin-Bbd. v. 22.6.2016 – 7 K 7184/14, Rz. 89, EFG 2016, 1474.
6 BFH v. 23.1.2019 – XI R 15/16, DStR 2019, 866, Rz. 81.
7 BFH v. 23.1.2019 – XI R 15/16, DStR 2019, 866, Rz. 79.
8 FG Köln v. 13.4.2016 – 9 K 3310/11, Rz. 25, 33, EFG 2016, 1302, rkr.

### c) Gesetzliche Anerkennungsvoraussetzungen im Einzelnen

#### aa) Plankrankenhäuser nach § 108 SGB V

Nach § 108 SGB V dürfen die gesetzlichen Krankenkassen eine Krankenhausbehandlung nur durch sog. zugelassene Krankenhäuser erbringen lassen (vgl. aber Rz. 11.128). Dabei handelt es sich um Krankenhäuser, die nach den landesrechtlichen Vorschriften als **Hochschulklinik** anerkannt sind (Nr. 1), sog. **Plankrankenhäuser**, die in den Krankenhausplan eines Landes aufgenommen sind (Nr. 2), und um Krankenhäuser, die einen **Versorgungsvertrag** mit den Landesverbänden der Krankenkassen und den Verbänden der Ersatzkassen (Kassenverbänden) abgeschlossen haben (Nr. 3). Dass damit die Steuerbefreiung von der Bedarfsplanung der Länder und nicht von der behördlich anerkannten Qualität der Leistungen abhängig, stellt einen Verstoß gegen den Grundsatz der Neutralität dar (Rz. 11.121 ff.).[1] 11.129

Der **Begriff** des Krankenhauses i.S.d. § 108 SGB V ist unter Rückgriff auf § 2 Nr. 1 KHG[2] ergänzt um § 107 SGB V zu bestimmen.[3] Auch wenn hierzu kritisch anzumerken ist, dass die Steuerbefreiung damit immer noch an Regelungen zur Finanzierung im Gesundheitssektor anknüpft,[4] dürfte die konkrete Definition dem Unionsrecht entsprechen. Der EuGH hat nämlich festgehalten, dass Art 132 Abs 1 lit b MwStSystRL Leistungen erfasst, die aus einer **Gesamtheit von ärztlichen Heilbehandlungen in Einrichtungen mit sozialer Zweckbestimmung wie der des Schutzes der menschlichen Gesundheit** bestehen.[5] Auch teilstationäre Einrichtungen sind hiervon umfasst.[6] 11.130

Dementsprechend ist nach der deutschen Gesetzeslage auch eine personell und organisatorisch mit einem Plankrankenhaus verbundene Privatklinik nicht von der Steuerbefreiung umfasst. Davon befreit auch nicht die Bündelung mittels einer Organschaft.[7] Mit dem GKV-Versorgungsstrukturgesetz[8] ist seit 2012 eine **Entgeltbindung für Privatkliniken** geschaffen worden, die mit einem Plankrankenhaus organisatorisch verbunden sind und deren Einrichtungen und Personal nutzen, aber erheblich höhere Fallpauschalen abrechnen konnten. Die Regelung soll die missbräuchliche Ausnutzung der räumlichen Nähe durch die Abrechnung gegenüber Privatpatienten verhindern, deren Behandlung in den Plankrankenhäusern nach den landesrechtlichen Versorgungsplänen auch vorgesehen ist.[9] Diese Kostenbindung führt dazu, dass sich diese privaten Einrichtungen als unter vergleichbaren Bedingungen wie zugelassene Krankhäuser unmittelbar auf die unionsrechtliche Steuerbefreiung berufen können (vgl. Rz. 11.128). Die Finanzverwaltung gewährt unter diesen Voraussetzungen Steuerfreiheit.[10] 11.131

---

1 Kritisch daher bereits *Staschewski/Drüen*, UR 2009, 361 (371); *Stadie*, UStG, 3. Aufl. 2015, § 4 Nr. 14 UStG Rz. 25.

2 Gesetz zur wirtschaftlichen Sicherung der Krankenhäuser und zur Regelung der Krankenhauspflegesätze (Krankenhausfinanzierungsgesetz) v. 10.4.1991, BGBl. I 1991, 886 mit späteren Änderungen.

3 BT-Drucks. 11/2237, S. 196.

4 Krit. daher *Hölzer* in Rau/Dürrwächter, § 4 Nr. 14 Anm. 566.

5 Vgl. EuGH v. 6.11.2003 – Rs. C-45/01 – Christoph-Dornier-Stiftung, Rz. 47, Slg. 2003, I-12911 = UR 2003, 584 m. Anm. *Widmann*.

6 BFH v. 1.3.1995 – IV B 43/94, BFHE 177, 126 = BStBl. II 1995, 418.

7 *Sterzinger* in Birkenfeld/Wäger, USt-Handbuch, § 98 Rz. 325.

8 Gesetz zur Verbesserung der Versorgungsstrukturen in der gesetzlichen Krankenversicherung (GKV-Versorgungsstrukturgesetz) v. 22.12.2011, BGBl. I 2011, 2983, mit späteren Änderungen.

9 BT-Drucks. 17/8005, S. 132 f.; vgl. auch *Stiepel*, UR 2013, 548 (549).

10 BMF v. 17.2.2014 – IV D 3 – S 7170/10/10004; FinMin Bbd. v. 17.4.2014 – S 7170 – 07/09.

#### bb) Weitere Einrichtungen

11.132 Weitere Einrichtungen sind Zentren für ärztliche Heilbehandlung und Diagnostik nach §§ 95, 115 SGB V, Einrichtungen zur Versorgung durch Unfallversicherungsträger nach § 34 SGB X, Versorgungseinrichtungen nach § 111 und 111a SGB V, Rehabilitationseinrichtungen nach § 21 SGB IX, Geburtshilfeeinrichtungen nach § 134a SGB V, Hospize nach § 39a Abs. 1 SGB V sowie Dialyseeinrichtungen nach §§ 126 Abs. 3,127 SGB V.

11.133 **Einzelpersonen** sind nach dem deutschen Recht als „Krankenhaus" oder sonstige Einrichtung nicht erfasst. Ein Verstoß gegen das Unionsrecht dürfte sich daraus allerdings nicht ergeben. Nach der Rechtsprechung des EuGH in der Rechtssache *De Fruytier* ist nämlich ein selbstständiger Dritter, der bspw die Beförderung von menschlichen Organen übernimmt, keine Einrichtung gleicher Art. Es liege keine abgegrenzte Einheit vor, die dieselbe bestimmte Art von **Funktion** wie eine Krankenanstalt oder ein Zentrum für ärztliche Heilbehandlung und Diagnostik erfüllt.[1]

### 3. Sachliche Voraussetzungen

#### a) Krankenhausbehandlungen

11.134 Die Begriffe Krankenanstalt, Zentren für ärztliche Heilbehandlung und Diagnostik sind in der MwStSystRL nicht definiert. Der EuGH hat jedoch festgestellt, dass Art 132 Abs 1 lit b MwStSystRL Leistungen erfasst, die aus einer **Gesamtheit von ärztlichen Heilbehandlungen in Einrichtungen mit sozialer Zweckbestimmung wie der des Schutzes der menschlichen Gesundheit** bestehen (Rz. 11.130).[2] Der EuGH verwendet die Begriff der Krankenhausbehandlung und ärztlichen Heilbehandlung i.S.d. Art. 132 Abs. 1 lit. b MwStSystRL und der Heilbehandlung im Bereich der Humanmedizin i.S.d. Art. 132 Abs. 1 lit. c MwStSystRL synonym,[3] was auch allein sachgerecht ist. Allerdings lässt sich damit nicht sagen, der Begriff der Krankenhausbehandlung habe keine eigenständige Bedeutung,[4] weil er ein breiteres Leistungsspektrum umfassen kann.[5]

11.135 Nach deutschem Recht sind befreit die Leistungen aus der Krankenhausbehandlung und der ärztlichen Heilbehandlung. Zusätzlich zu den Krankenhausbehandlungen nennt § 4 Nr. 14 lit. b S. 1 UStG aus Gründen der **Klarstellung** („einschließlich") die im Sozialgesetzbuch definierten Leistungen der Diagnostik, Befunderhebung, Vorsorge, Rehabilitation, Geburtshilfe und Hospizleistungen.[6] Daher sollen nur solche Leistungen, etwa der **Hospize**, steuerfrei sein, die Heilbehandlungen sind.[7] Dem ist zu widersprechen. Hospize begleiten Sterbende und erbringen neben rein medizinischen Leistungen etwa zur Schmerzlinderung auch eine geistig-seelsorgerische Tätigkeit, häufig durch ehrenamtliche Sitzwachen. Dies ist vom Begriff der **Hospizleistung** umfasst und lässt sich als solches auch nicht voneinander trennen, etwa wenn

---

1 EuGH v. 2.7.2015 – Rs. C-334/14 – De Fruytier, Rz. 36, ECLI:EU:C:2015:437, UR 2015, 636.

2 EuGH v. 6.11.2003 – Rs. C-45/01 – Christoph-Dornier-Stiftung, Rz. 47, Slg. 2003, I-12911 = UR 2003, 584 m. Anm. *Widmann*.

3 EuGH v. 10.6.2010 – Rs. C-262/08 – CopyGene, Slg. 2010, I-5053 = UR 2010, 526; v. 10.6.2010 – Rs. C-86/09 – Future Health, Slg. 2010, I-5215.

4 So aber *Sterzinger* in Birkenfeld/Wäger, USt-Handbuch, § 98 Rz. 273 m.w.N.

5 *Hölzer* in Rau/Dürrwächter, UStG, § 4 Nr. 14 Anm. 713.

6 BT-Drucks. 10/10189, S. 75; *Stadie*, UStG, 3. Aufl. 2015, § 4 Nr. 14 UStG Rz. 23.

7 *Sterzinger* in Birkenfeld/Wäger, USt-Handbuch, § 98 Rz. 281.

Pflegeleistungen im Hospiz mit mehr Zeit erbracht werden als im Krankenhaus. Zumindest sind solche Leistungen als damit eng verbundene Umsätze (Rz. 11.136 ff.) erfasst.

### b) Eng verbundene Umsätze

11.136 Anders als bei den ärztlichen Umsätzen erstreckt sich die Befreiung für Umsätze aus Krankenhausbehandlungen nach deutschem wie nach Unionsrecht (Rz. 11.35) auch auf **damit eng verbundene Umsätze**. Im Rahmen der Auslegung der Steuerbefreiungen des Art. 132 Abs. 1 MwStSystRL ist es eine immer wiederkehrende Frage, wann ein Umsatz mit dem steuerbefreiten Umsatz in der Weise eng verbunden ist, dass er von der Steuerbefreiung umfasst ist. Diese Erweiterung findet sich neben der Steuerbefreiung für Krankenhausbehandlungen auch für andere Umsätze, etwa aus Leistungen der Sozialfürsorge, der Kinder- und Jugendbetreuung, der Erziehung und Bildung, der Leistungen weltanschaulicher Zusammenschlüsse, und der sportlichen und kulturellen Dienstleistungen (vgl. die Kommentierungen jeweils dort). Die Einbeziehung der eng verbundenen Umsätze soll die Wirksamkeit der Steuerbefreiungen verbessern und dient der Wettbewerbsgleichheit, indem „gleichartige" Umsätze gleich besteuert werden (*Hüttemann*, Rz. 3.54). Als eng verbundene Umsätze bezeichnet der EuGH **Nebenleistungen** zur Hauptleistung, die im Rahmen von Krankenhausbehandlungen und ärztlichen Heilbehandlungen erbracht werden und zur Erreichung der damit verfolgten therapeutischen Zwecke **unentbehrlich** sind. Sie erfüllen keinen eigenen Zweck, sondern sind das Mittel, um die Hauptleistung unter optimalen Bedingungen in Anspruch nehmen zu können (Rz. 11.35 ff.).[1]

11.137 Für die Steuerbefreiung von mit Krankenhausbehandlungen und ärztlichen Heilbehandlungen eng verbundenen Leistungen ist die Einschränkung des Art. 134 lit. a MwStSystRL zu beachten. Hiernach müssen die Umsätze, für die die Steuerbefreiung gewährt wird, **unerlässlich** sein und dürfen nicht im Wesentlichen dazu bestimmt sein, der Einrichtung zusätzliche Einnahmen im Wettbewerb zu verschaffen (grundlegend *Schauhoff*, Rz. 10.125 ff.). Art. 134 lit. a MwStSystRL ist allerdings einschränkend dahingehend auszulegen, dass ein Ausschluss der Steuerbefreiungen nach dieser Vorschrift im **Kernbereich** der steuerbefreiten Leistungen nach Art. 132 MwStSystRL nicht in Betracht kommt, da die Steuerbefreiungstatbestände sonst keinen Anwendungsbereich hätten (ausführlich *Schauhoff*, Rz. 10.35 ff., 10.120).[2] Auch die weitere Einschränkung des Art. 134 lit. b MwStSystRL („*[...] im Wesentlichen dazu bestimmt ist, zusätzliche Einnahmen [...] zu verschaffen*") ist nicht anwendbar, wenn die betreffende Leistung in den „Kernbereich" der Steuerbefreiung fällt (*Schauhoff*, Rz. 10.120, 10.146 f.).[3]

1 EuGH v. 13.3.2014 – Rs. C-366/12 – Klinikum Dortmund, ECLI:EU:C:2014:143; dazu näher *Hüttemann/Becker*, UR 2014, 637; ebenso bereits EuGH v. 6.11.2003 – Rs. C-45/01 – Christoph-Dornier-Stiftung, Slg. 2003, I-12911, UR 2003, 584 m. Anm. *Widmann*; EuGH v. 1.12.2005 – Rs. C-394/04 und C-395/04 – Ygeia, Slg. 2005, I-10373; BFH v. 1.2.2007 – V R 64/05, UR 2007, 428 = BFH/NV 2007, 1203.

2 EuGH v. 28.11.2013 – Rs. C-319/12 – MDDP, Rz. 32 m.w.N., ECLI:EU:C:2013:778; Schlussanträge der Generalanwältin *Kokott* v. 20.6.2013 – Rs. C-319/12 – MDDP, ECLI:EU:C:2013:421; BFH v. 3.4.2008 – V R 74/07, UR 2008, 698 = BFH/NV 2008, 1631; BFH v. 10.7.2012 – V B 33/12, Rz. 39 m.w.N., BFH/NV 2012, 1676 = DStR 2012, 1856; BFH v. 10.8.2016 – V R 14/15, Rz. 27, UR 2016, 957 = BFH/NV 2017, 63; ebenso *Hüttemann/Schauhoff*, MwStR 2013, 426 (430).

3 EuGH v. 28.11.2013 – Rs. C-319/12 – MDDP, Rz. 32 m.w.N., ECLI:EU:C:2013:778; Schlussanträge der Generalanwältin *Kokott* v. 20.6.2013 – Rs. C-319/12 – MDDP, ECLI:EU:C:2013:421; BFH v. 10.7.2012 – V B 33/12, Rz. 39 m.w.N., BFH/NV 2012, 1676 = DStR 2012, 1856; BFH v. 10.8.2016 – V R 14/15, Rz. 27, UR 2016, 957 = BFH/NV 2017, 63; ebenso *Hüttemann/Schauhoff*, MwStR 2013, 426 (430).

Damit wird das **Verhältnis zwischen den Steuerbefreiungstatbeständen und den Einschränkungen des Art. 134 MwStSystRL** so verstanden, dass es bei Leistungen im Kernbereich der Steuerbefreiung unerheblich ist, ob die Leistung unerlässlich ist und ob sie zu einer Wettbewerbssituation führt, weil Leistungen im Kernbereich immer unerlässlich sind und ein Verstoß gegen das Gebot der Neutralität im Kernbereich von Steuerbefreiungen hinzunehmen ist (*Schauhoff*, Rz. 10.120).

11.138 Nicht abschließend geklärt ist jedoch der **Begriff der Leistungen im Kernbereich.** Der Rechtsprechung des EuGH[1] lässt sich entnehmen, dass es sich bei dem Kernbereich um die in den Befreiungstatbeständen genannten Hauptleistungen handelt, die von eng verbundenen Leistungen nach den hierfür jeweils gefundenen Kriterien (Rz. 11.35 ff.) abzugrenzen sind. Die Folge ist, dass die Einschränkungen des Art. 134 MwStSystRL nur für eng verbundene Leistungen zu prüfen sind. Dies ist systematisch sinnvoll, weil damit die Ausweitung gerade der in Art. 134 MwStSystRL genannten Steuerbefreiungstatbestände auf eng verbundene Leistungen wieder begrenzt wird. Dabei ähneln sich die Abgrenzungskriterien für **eng verbundene Leistungen** im Rahmen der Steuerbefreiungstatbestände des Art. 132 MwStSystRL (**„unentbehrlich“**, vgl. Rz. 11.136) und für **unerlässliche** Leistungen, so dass die erste Einschränkung des Art. 134 MwStSystRL bei eng verbundenen Leistungen in der Regel nicht eingreift bzw. die eng verbundenen Leistungen von vornherein im Lichte des Art. 134 MwStSystRL ausgelegt werden.[2] So hat der EuGH[3] in der Rechtssache *Stichting Kinderopvang Enschede* entschieden, dass die Vermittlung von Tageseltern durch eine Kinderbetreuungseinrichtung als eng mit der eigentlichen Kinderbetreuungsleistung verbundene Leistung „unerlässlich“ i.S.d. Art. 134 lit. a MwStSystRL ist, wenn „dieser Dienst von einer solchen Art oder Qualität ist, dass für die Eltern ein **gleichwertiger Dienst** ohne Mitwirken eines Vermittlungsdienstes, wie er Gegenstand des Ausgangsverfahrens ist, **nicht gewährleistet** ist“. Dies sei insbesondere dann der Fall, wenn es sich um einen „höherwertigen Vermittlungsdienst“ handele.

11.139 Demgegenüber bestimmt der BFH den „Kernbereich“ nicht in Abgrenzung von den „eng verbundenen Leistungen“. So stufte er in einer Entscheidung zur Überlassung von Golfbällen und zur Nutzung eines Golfplatzes diese Leistungen als eng mit dem Sport verbundene Leistungen ein. Diese Leistungen beträfen aber den Kernbereich der Sportart und seien daher zugleich unerlässlich nach Art. 134 lit. a MwStSystRL. Auch ein Ausschluss nach Art. 134 lit. b MwStSystRL aufgrund einer Wettbewerbssituation komme im Kernbereich nicht in Betracht.[4] In der Folge schränkte der BFH in einer Entscheidung betreffend die Pferdepensionshaltung durch einen gemeinnützigen Reitverein im Anschluss an das FG Schleswig-Holstein[5] den dergestalt weit geratenen Kernbereich ein und führte aus, dass die **Bestimmung des Kernbereichs notwendig enger ist als der Begriff der Unerlässlichkeit** in Art. 134 lit. a MwStSystRL, weil die Einschränkung nach Art. 134 lit. b MwStSystRL sonst wiederum keinen eigenständigen Anwendungsbereich hätte.[6] Als Kernbereich werden diejenigen Leistungen be-

---

1 EuGH v. 28.11.2013 – Rs. C-319/12 – MDDP, Rz. 32 m.w.N., ECLI:EU:C:2013:778; GA *Kokott*, Schlussanträge vom 20.6.2013 – Rs. C-319/12, Celex-Nr. 62012CC0319 = BeckRS 2013, 81343; ebenso *Hüttemann/Schauhoff*, MwStR 2013, 426 (430).

2 So *Dodos*, MwStR 2017, 9, 15.

3 EuGH v. 9.2.2006 – Rs. C-415/04 – Stichting Kinderopvang Enschede, ECLI:EU:C:2006:95, UR 2006, 470.

4 BFH v. 3.4.2008 – V R 74/07, Rz. 36, BFHE 221, 451 = UR 2008, 698.

5 Schleswig-Holsteinisches Finanzgericht v. 18.2.2015 – 4 K 27/14, EFG 2015, 1040.

6 BFH v. 10.8.2016 – V R 14/15, Rz. 28, UR 2016, 957 = BFH/NV 2017, 63; anders noch BFH v. 3.4.2008 – V R 74/07, Rz. 36, BFHE 221, 451 = UR 2008, 698.

zeichnet, die „direkt und unmittelbar die Ausübung des Sports betreffen".[1] Das möge für die Bereitstellung der Sportanlagen der Fall sein, gelte aber nicht für die Pflege der Pferde als „Sportgeräte".[2] Unabhängig davon, ob man das konkrete Ergebnis für Dienstleistungen im Sportbereich für zutreffend hält, sollte diese Rechtsprechung nicht auf andere Befreiungstatbestände übertragen werden. Die Steuerbefreiung für Sport und Körperertüchtigung nach Art. 132 Abs. 1 lit. m MwStSystRL zeichnet sich dadurch aus, dass die sportliche Betätigung nur durch den Sportler selbst ausgeübt wird, ohne den umsatzsteuerlichen Leistungsbegriff „gegen Entgelt" zu erfüllen. Alle entgeltlichen Leistungen Dritter im Sportbereich können von vornherein nur erfasst werden, wenn man einen engen Zusammenhang mit der Sportausübung durch den Sportler tatbestandlich ausreichen lässt. Im Interesse der Rechtsklarheit sollte darauf verzichtet werden, innerhalb der sportlichen Dienstleistungen überhaupt einen engeren Kernbereich zu definieren. Denn es ist kaum denkbar, dass eine Leistung zwar zum Kernbereich der Steuerbefreiung zählt, für die Ausübung der sportlichen Betätigung aber nicht unerlässlich ist.[3]

Bei allen anderen Befreiungstatbeständen wie auch bei den hier in Rede stehenden Kranken- 11.140
haus- und ärztlichen Heilbandlungen erbringt immer eine andere Person die begünstigten Leistungen, hier am oder für den Patienten. Diese Steuerbefreiungen unterscheiden daher einen wie auch immer konkret definierten Tatbestand („Krankenhausbehandlungen und ärztliche Heilbehandlungen"), den man als „Kernbereich" bezeichnen mag, und die damit eng verbundenen Umsätze. Nach der Rechtsprechung des EuGH (vgl. Rz. 11.138) müssen sich nur die jeweils als eng verbundene Umsätze definierten Leistungen den Einschränkungen des Art. 134 MwStSystRL stellen. Während als eng verbundene Umsätze definierte Leistungen in der Regel auch unerlässlich sein werden (vgl. Rz. 11.138 sowie den Vergleich der Sprachfassungen bei *Schauhoff*, Rz. 10.121 f.), verbleibt für sie die entscheidende Einschränkung des Art. 134 lit. b MwStSystRL zum Schutz gewerblicher Wettbewerber (Rz. 11.139).[4] Diese **Gleichsetzung der Hauptleistung** des jeweiligen Steuerbefreiungstatbestandes **mit dem „Kernbereich"** und die zumindest ganz überwiegende **Gleichsetzung der eng verbundenen Leistungen mit den „unerlässlichen" Leistungen** erhöht die Rechtssicherheit im Hinblick auf die ohnehin wegen der Generalklausel bestehenden Abgrenzungsunsicherheit, während die Herleitung eines „Kernbereichs" der Steuerbefreiung, der gleichwohl nicht unerlässlich für die begünstigte Tätigkeit ist, als dritte Kategorie für die betroffenen Einrichtungen die Unsicherheiten erhöht. Angesichts der Divergenz zur Rechtsprechung des EuGH hätte der BFH die Frage vorlegen müssen.[5] Es handelt sich nicht um eine klare Rechtsfrage entsprechend der **„acte claire"-Doktrin**,[6] bei der die Vorlagepflicht entfällt, nur weil der Begriff des Kernbereichs vom Senat entwickelt wurde, wie der BFH wohl meint,[7] und über die Argumentation der Generalanwältin vom EuGH aufgegriffen wurde. Es kann nämlich nicht angenommen werden,

1 BFH v. 10.8.2016 – V R 14/15, Rz. 29, UR 2016, 957 = BFH/NV 2017, 63.

2 BFH v. 10.8.2016 – V R 14/15, Rz. 29, UR 2016, 957 = BFH/NV 2017, 63 unter Berufung auf BFH v. 3.4.2008 – V R 74/07, BFHE 221, 451 = UR 2008, 698.

3 Krit. auch *Dodos*, MwStR 2017, 9, 15 f.

4 EuGH v. 28.11.2013 – Rs. C-319/12 – MDDP, Rz. 32 m.w.N., ECLI:EU:C:2013:778; GA *Kokott*, Schlussanträge v. 20.6.2013 – C-319/12, Celex-Nr. 62012CC0319 = BeckRS 2013, 81343; vgl. auch BFH v. 3.4.2008 – V R 74/07, UR 2008, 698 = BFH/NV 2008, 1631; BFH v. 10.7.2012 – V B 33/12, Rz. 39 m.w.N., BFH/NV 2012, 1676 = DStR 2012, 1856; ebenso *Hüttemann/Schauhoff*, MwStR 2013, 426 (430).

5 So auch *Dodos*, MwStR 2017, 9, 17.

6 Vgl. hierzu nur BVerfG v. 4.10.2011 – 1 BvL 3/08, Rz. 51, NJW 2012, 45.

7 BFH v. 10.8.2016 – V R 14/15, Rz. 30, UR 2016, 957 = BFH/NV 2017, 63.

dass der EuGH mit der Übernahme der Rechtsfigur auch den weiteren Fortentwicklungen des Begriffs durch den BFH folgt.

11.141 Die eng verbundenen Leistungen müssen in modernen **arbeitsteiligen Prozessen** auch im medizinischen Bereich nicht zwangsläufig vom Erbringer der Krankenhausleistung und auch nicht unmittelbar an den Empfänger der Krankenhausleistung erbracht werden.[1] Danach können technische oder administrative Unterstützungsleistungen erfasst werden. Soweit diese auch an andere Einrichtungen erbracht werden, ist die Steuerbefreiung ausgeschlossen, soweit diese Leistungen nicht aus besonderen Gründen unerlässlich sind und ein vermeidbarer Wettbewerb mit nicht begünstigten Anbietern solcher Leistungen nicht ausgeschlossen werden kann.[2] Der BFH hatte vor geraumer Zeit die Dienste einer **Zentralwäscherei** unter Berufung auf die Wettbewerbsklausel des Art. 134 MwStSystRL, da die ausgelagerte Wäscherei nicht nur für das eigene Krankenhaus tätig war, nicht als eng mit der Krankhausleistung verbundene Leistung eingestuft.[3] Der EuGH sah dies jüngst in der Rechtssache *Les Jardins de Jouvence* im Fall eines Wäscheservice für betreutes Wohnen anders, wenn und weil Altenheime diese Leistungen gesetzlich anbieten müssen oder sie unerlässlich für die Betreuung sind.[4] Diese Differenzierung bietet die Gelegenheit, die deutsche Rechtsanschauung auf den Prüfstand zu stellen. Als eng verbundene Leistungen hat der BFH die von einem **Arbeitstherapeuten** ohne heilberufliche Qualifikation unter ärztlicher Aufsicht erbrachten Leistungen im Rahmen einer Rehabilitationsmaßnahme eingestuft.[5]

11.142 Die Formulierung „damit eng verbundene Umsätze" ist nach der Rechtsprechung des EuGH jeweils bestimmt genug und räumt den Mitgliedstaaten kein Ermessen ein, so dass sich Steuerpflichtige auf die entsprechende Erweiterung **unmittelbar berufen** können.[6] Ob die Krankenkassen hiernach **nicht geschuldete Umsatzsteuer** zurückfordern können, richtet sich allein nach der getroffenen Vereinbarung, ob ein Netto- oder ein Bruttoentgelt vereinbart worden ist (vgl. auch Rz. 11.143).[7]

11.143 Ob es sich **im Einzelfall** um eng verbundene Leistungen handelt, wird für die Lieferung von **Zytostatika** bei der – patientengerechten – ambulanten Behandlung im Krankenhaus erörtert. Nach Auffassung des EuGH ist die Verabreichung dieser Medikamente umsatzsteuerbefreit, wenn sie untrennbar mit der ärztlichen Leistung verbunden ist.[8] Anknüpfend an die Rechtssache *Yeiga* (dort für Brillen verneint) stellte die Generalanwältin *Sharpston* fest, dass **Liefe-**

1 EuGH v. 11.1.2001 – Rs. C-76/99 – Kommission/Frankreich, Slg. 2001, I-249 = UR 2001, 62; EuGH v. 8.6.2006 – Rs. C-106/05 – L. u. P. GmbH, Slg. 2006, I-5123 = BStBl. II 2006, 445 = UR 2006, 464; *Sterzinger* in Birkenfeld/Wäger, USt-Handbuch, § 98 Rz. 272; vgl. auch EuGH v. 13.3.2014 – Rs. C-366/12 – Klinikum Dortmund, ECLI:EU:C:2014:143, UR 2014, 271 mit Folgeentscheidung BFH v. 24.9.2014 – V R 19/11, UR 2012, 756 = BFHE 247, 369, ob es sich auch um die Lieferung eines Dritten handeln kann; *Vellen*, UStB 2015, 33; *Damaschke*, UStB 2015, 132; OFD Frankfurt a.M. v. 7.1.2015 – S 7170 A - 92 - St 16.

2 *Erdbrügger* in Hartmann/Metzenmacher, UStG, § 4 Nr. 14 Rz. 83; *Sterzinger* in Birkenfeld/Wäger, USt-Handbuch, § 98 Rz. 293.

3 BFH v. 18.10.1990 – V R 35/85, BFHE 162, 502 = UR 1991, 50.

4 EuGH v. 21.2.2016 – Rs. C-335/14 – Les Jardins de Jouvence, ECLI:EU:C:2016:36, UR 2016, 391.

5 BFH v. 8.8.2013 – V R 8/12, UR 2013, 951.

6 EuGH v. 2.7.2015 – Rs. C-334/14 – De Fruytier, ECLI:EU:C:2015:437, UR 2015, 636.

7 Vgl. umfassend *Kahsnitz*, DStR 2017, 1272.

8 EuGH v. 13.3.2014 – Rs. C-366/12 – Klinikum Dortmund, ECLI:EU:C:2014:143, UR 2014, 271; Folgeentscheidung BFH v. 24.9.2014 – V R 19/11, UR 2012, 756 = BFHE 247, 369; unabhängig da-

**rungen von Gegenständen** wie Medikamente nicht grundsätzlich ausgenommen seien, während der EuGH auf diesen möglichen Einwand gar nicht einging.[1] Ob die Verabreichung von Zytostatika durch eigenständig abrechnende Ärzte untrennbar mit der ärztlichen Leistung der Einrichtung ist, sei durch das nationale Gericht festzustellen.[2] Nach Auffassung von *Hüttemann/Becker* ist dies grundsätzlich zu verneinen, weil bei ärztlichen Heilbehandlungen eng damit verbundenen Umsätze schon im Grundsatz nicht steuerbefreit sind.[3] Der BFH hat in der Folgenentscheidung jedoch festgestellt, dass für die Unentbehrlichkeit der ambulanten Behandlung nicht auf alternative Behandlungssysteme (durch eigenständige Ärzte) abzustellen ist, sondern auf die konkrete Behandlung, und bejahte die Unentbehrlichkeit auch insofern. Denn für den mit einer Krankenhaus- oder Heilbehandlung eng verbundenen Umsatz kommt es – anders als für die Beurteilung mehrerer Leistungen als Haupt- und Nebenleistung[4] – nach der Rechtsprechung des EuGH nicht auf die Identität des Leistenden, sondern auf die Identität des Leistungsempfängers an. Es muss sich um Nebenleistungen handeln, die an den Empfänger einer Krankenhausbehandlung oder ärztlichen Heilbehandlung als Hauptleistung erbracht werden. Dies sei in der vorliegenden Fallgestaltung gegeben.[5] Die Finanzverwaltung folgt der Rechtsprechung des BFH.[6] Für die Frage der **Rückforderung der zu viel entrichteten Umsatzsteuer** durch Patienten oder private Krankenkassen hat der BGH am 20.2.2019 in vier Verfahren entschieden, dass es sich bei den Vereinbarungen zwischen den Krankenhausträgern und den Patienten i.d.R. um **Bruttopreisabreden** handele, bei denen also nicht wie bei **Nettopreisabreden** die Umsatzsteuer nur geschuldet werde, wenn sie auch tatsächlich anfällt. Die Rückforderung könne aber im Wege der ergänzenden Vertragsauslegung verlangt werden, da die Parteien übereinstimmend von der Steuerpflicht ausgingen und die Finanzverwaltung die nachträgliche Rückabwicklung zugelassen hat. Erhebliche finanzielle Nachteile aufgrund der Festsetzung von Nachzahlungszinsen nach §§ 233a, 238 AO auf den rückwirkend entfallenden Vorsteuerabzug oder die Bestandskraft der Umsatzsteuerbescheide stünden der Rückforderung aber entgegen.[7]

Für die **Personalgestellung**[8] zwischen Krankenhäusern wird ebenfalls erwogen, ob sie eine eng mit der Krankenhausbehandlung verbundene Leistung darstellt. Überträgt man die Ent- 11.144

---

von ist die Körperschaftsteuerbefreiung im Rahmen des gemeinnützigkeitsrechtlichen Zweckbetriebs, vgl. BFH v. 31.7.2013 – I R 82/12, BStBl. II 2015, 123 = FR 2014, 602.

1 Schlussanträge der Generalanwältin *Sharpston*, EuGH v. 26.9.2013 – Rs. C-366/12 – Klinikum Dortmund, Rz. 49, ECLI:EU:C:2013:618; zustimmend *Hüttemann/Becker*, UR 2014, 637 (644).

2 EuGH v. 13.3.2014 – Rs. C-366/12 – Klinikum Dortmund, Rz. 33 ff., ECLI:EU:C:2014:143; zustimmend *Hüttemann/Becker*, UR 2014, 637 (640).

3 *Hüttemann/Becker*, UR 2014, 637 (639, 641).

4 Vgl. hierzu BFH v. 19.3.2009 – V R 50/07, Rz. 27, BFHE 225, 224 = BStBl. II 2010, 78 = UR 2009, 560 = juris; v. 30.6.2011 V R 18/10, BFHE 234, 496 = BStBl. II 2013, 246 = UR 2011, 699 m. Anm. *Sterzinger*.

5 BFH v. 24.9.2014 – V R 19/11, Rz. 31 ff., BFHE 247, 36 = UR 2012, 756 unter Berufung auf EuGH v. 1.12.2005 – Rs. C-394/04 und C-395/04 – Ygeia, Rz. 18, Slg. 2005, I-10373; v. 10.6.2010 – Rs. C-262/08 – CopyGene, Rz. 39, Slg. 2010, I-5053 = UR 2010, 526.

6 BMF-Schr. v. 28.9.2016 – III C 3 – S 7170/11/10004 m. Hinweisen zu den Folgen eines unrichtigen Steuerausweises und zur Versagung des Vorsteuerabzugs.

7 BGH v. 20.2.2019 – VIII ZR 7/18, VIII ZR 66/18, VIII ZR 115/18, VIII ZR 189/18, Pressemitteilung des BGH, z.T. in juris enthalten; vgl. ähnlich auch BSG v. 10.4.2019 – B 1 KR 5/18 R, juris zur Rückforderung durch gesetzliche Krankenkassen.

8 Vgl. zur Abgrenzung zur nicht steuerbaren Personalbeistellung *Klaßmann/Notz/Schmidbauer*, S. 235 m.w.N.

scheidung des EuGH in der Rechtsache *Horizon College*,[1] kann die Gestellung von Personal an Krankenhäuser unter bestimmten Voraussetzungen als eng verbundener Umsatz angesehen werden: Es muss sich um den Austausch unter anerkannten Einrichtungen handeln, das Personal muss für die Krankenhausbehandlung eingesetzt werden und die Qualität des Personals muss gegenüber der Vermittlung durch einen gewerblichen Arbeitsvermittler höher sein (Rz. 11.41).[2] Im Anschluss an die Schlussanträge der Generalanwältin *Sharpston* in der Rechtssache *Klinikum Dortmund* zur Lieferung von Zytostatika wird vertreten, dass die Nebenleistung als mit der Leistung an die Patienten eng verbundene Leistung nicht von der gleichen Person oder Einrichtung erfolgen muss. Hiernach könne etwa die Überlassung von Ärzten und Pflegekräften durch ein Krankenhaus an ein anderes Krankenhaus steuerbefreit sein, nicht aber die Personalüberlassung an eine Arztpraxis.[3] Für den mit einer Krankenhaus- oder Heilbehandlung eng verbundenen Umsatz kommt es auch nach der EuGH-Rechtsprechung nicht auf die Identität des Leistenden, sondern auf die Identität des Leistungsempfängers an. Es muss sich um Nebenleistungen handeln, die an den Empfänger einer Krankenhausbehandlung oder ärztlichen Heilbehandlung als Hauptleistung erbracht werden.[4] Dementsprechend hat der BFH festgestellt, dass auch eine Personalgestellung durch ein Krankenhaus an eine Arztpraxis ein mit dem Betrieb des Krankenhauses eng verbundener Umsatz darstelle, wenn die Personalgestellung für die ärztliche Versorgung der Krankenhauspatienten erfolgt.[5] In der Rechtssache *go fair Zeitarbeit* hat der EuGH hiervon die **gewerbliche Vermittlung** – im konkreten Fall – von Pflegekräften abgegrenzt, die als solche keine Gemeinwohldienstleistung im sozialen Bereich sei.[6]

11.145 Für ein so genanntes **MED-mobil**, das ein Krankenhaus einem Verein für betriebliche Gesundheitsvorsorge von Mitgliedsunternehmen mitsamt Personal zur Verfügung stellt, hat das FG München eine eng verbundene Leistung verneint, weil sie nicht für die Behandlung der eigenen Krankenhauspatienten unerlässlich war und auch nicht unmittelbare Leistungen gegenüber Patienten erbracht wurden.[7]

11.146 Keine eng verbundene Leistung ist das Bereitstellen eines **Telefons**, die **Vermietung von Fernsehgeräten** an Krankenhauspatienten[8] sowie die **Unterbringung und Verpflegung von Begleitpersonen** von Patienten. Eine Befreiung dieser Umsätze ist im Einklang mit der Rechtsprechung des EuGH in der Rechtssache *Ygeia*[9] zu Art. 13 Teil A Abs. 1 Buchst. b der Richtlinie 77/388/EWG (nunmehr Art. 132 Abs. 1 Buchst. b MwStSystRL) nur dann möglich, wenn diese Leistungen zur Erreichung der mit der Krankenhausbehandlung und der ärztlichen

---

1 EuGH v. 14.6.2007 – Rs. C-434/05 – Horizon College, ECLI:EU:C:2007:343, UR 2007, 587.

2 Anerkannt durch Abschn. 4.14.6. Abs. 2 UStAE; vgl. auch EuGH v. 12.3.2015 – Rs. C-594/13 – „go Fair" Zeitarbeit, ECLI:EU:C:2015:164, UR 2015, 351 zu privater Zeitarbeitsfirma.

3 *Hüttemann/Becker*, UR 2014, 637 (643) unter Berufung auf die Schlussanträge der GAin *Sharpston*, EuGH v. 26.9.2013 – Rs. C-366/12 – Klinikum Dortmund, ECLI:EU:C:2013:618, UR 2014, 271.

4 Vgl. EuGH v. 1.12.2005 – Rs. C-394/04 und C-395/04 – Ygeia, Rz. 18, Slg. 2005, I-10373; v. 10.6.2010 – Rs. C-262/08 – CopyGene, Rz. 39, Slg. 2010, I-5053 = UR 2010, 526.

5 BFH v. 24.9.2014 – V R 19/11, Rz. 31 ff., BFHE 247, 36 = UR 2012, 756 unter Berufung auf BFH v. 18.1.2005 – V R 35/02, BFHE 208, 486 = BStBl. II 2005, 507 = UR 2005, 254; v. 25.1.2006 – V R 46/04, BFHE 211, 571 = BStBl. II 2006, 481; dem hat sich die Verwaltung angeschlossen (Abschn. 4.16.6 Abs. 2 Nr. 4 UStAE; vgl. auch Abschn. 100 Abs. 2 Nr. 4 und 5 UStR 2005).

6 EuGH v. 12.3.2015 – Rs. C-594/13 – „go Fair" Zeitarbeit, ECLI:EU:C:2015:164, UR 2015, 351.

7 FG München v. 26.8.2015 – 2 K 1441/12 – juris; rkr. durch BFH v. 16.3.2016 – V B 98/15, BFH/NV 2016, 1049.

8 BFH v. 23.10.2014 – V R 20/14, Rz. 31, BStBl. II 2016, 785 = UR 2015, 235.

9 EuGH v. 1.12.2005 – Rs. C-394/04 und C-395/04 – Ygeia, Slg. 2005, I-10373.

Heilbehandlung verfolgten therapeutischen Ziele unerlässlich sind.[1] Der BFH folgt dem in ständiger Rechtsprechung.[2]

## IV. Abgrenzung zwischen ärztlichen Heilbehandlungen und Krankenhausbehandlungen

Die Steuerbefreiung für Umsätze aus ärztlichen Heilbehandlungen auf der einen Seite nach § 4 Nr. 14 lit. a UStG und Krankenhausbehandlungen nach lit. b sind voneinander abzugrenzen. Denn bei Krankenhausleistungen kommt neben einer unechten Steuerbefreiung auch in bestimmten Fällen die Anwendung des ermäßigten Steuersatzes in Betracht (Rz. 11.46). Außerdem befreit nur lit b neben den Krankenhausbehandlungen und ärztliche Heilbehandlungen auch die „damit eng verbundenen Umsätze“ (Rz. 11.35). Beide Vorschriften sind daher zwingend voneinander abzugrenzen und schließen sich aus.[3] Dies gilt für das deutsche ebenso wie das Unionsrecht. 11.147

Die Abgrenzung erfolgt nach den Feststellungen des EuGH nach dem **Ort der Leistungserbringung**. (Krankenhaus-)Leistungen i.S.d. Art. 132 Abs. 1 lit. b MwStSystRL bestehen aus einer Gesamtheit von ärztlichen Heilbehandlungen, welche üblicherweise ohne Gewinnerzielungsabsicht in Einrichtungen mit sozialer Zweckbestimmung erbracht werden. Ärztliche Leistungen i.S.d. Art. 132 Abs. 1 lit. c MwStSystRL sind solche, die außerhalb von Krankenanstalten im Rahmen einer auf Vertrauen gegründeten Beziehung zwischen Patient und Behandelndem erbracht werden, sei es in den Praxisräumen des Arztes oder auch in der Wohnung des Patienten oder an einem anderen Ort (Rz. 11.51).[4] Eine unmittelbare Rechts- oder Vertragsbeziehung gegenüber dem Patienten ist aber trotz dieser ursprünglichen Formulierung nicht erforderlich, wie der EuGH in neueren Entscheidungen betont.[5] Der BFH hatte dies in einer Entscheidung aus dem Jahr 2007, die die Finanzverwaltung nicht anwendet, noch anders gesehen.[6] Inzwischen wird aber betont, dass der EuGH kein Vertrauensverhältnis zwischen Arzt und Patient fordert, sondern diese Formel fallengelassen hat und örtlich auf die 11.148

1 Siehe auch BFG v. 14.12.2015 – RV/7102962/2010, wonach der alleinige Hinweis, dass Telefone und Telefonanschlüsse nach dem Wiener Pflegeheimgesetz zur Grundausstattung eines Zimmers gehören, nicht geeignet ist, nachzuweisen, dass damit eine mit der Heilbehandlung eng verbundene Leistung vorliegt, die für eine konkrete und begonnene oder zumindest geplante Heilbehandlung unerlässlich ist.

2 BFH v. 7.10.2010 – V R 12/10, Rz. 27, BFHE 231, 349 = UR 2011, 154 = BStBl II 2011, 303 = juris; v. 24.9.2014 – V R 19/11, Rz. 23, UR 2012, 756 = BFHE 247, 369, jeweils m.w.N.; v. 16.12.2015 – XI R 52/13, UR 2016, 275 = BFH/NV 2016, 700.

3 *Sterzinger* in Birkenfeld/Wäger, USt-Handbuch, § 98 Rz. 6.

4 EuGH v. 23.2.1988 – Rs. C. 353/85 – Kommission/Vereinigtes Königreich, Rz. 32 f., Slg. 1988, 817; v. 10.9.2002 – Rs. C-141/00 – Kügler, Rz. 35 f., Slg. 2002, I-6833; v. 6.11.2003 – Rs. C-45/01 – Christoph-Dornier-Stiftung, Rz. 47, Slg. 2003, I-12911; v. 8.6.2006 – Rs. C-106/05 – L. u. P. GmbH, Rz. 22, Slg. 2006, I-5123 = BStBl. II 2006, 445 = UR 2006, 464.

5 EuGH v. 8.6.2006 – Rs. C-106/05 – L. u. P. GmbH, Rz. 22, Slg. 2006, I-5123 = BStBl. II 2006, 445 = UR 2006, 464; EuGH v. 18.11.2010 – Rs. C-156/09 – Verigen Transplantation Service International, Slg. 2010, I-11733; EuGH v. 21.3.2013 – Rs. C-91/12 – PFC, ECLI:EU:C:2013:198, UR 2013, 335; ebenso BFH v. 18.3.2004 – V R 53/00, BStBl. II 2004, 677 = UR 2004, 421; *Sterzinger* in Birkenfeld/Wäger, USt-Handbuch, § 98 Rz. 5 m.w.N.

6 BFH v. 15.3.2007 – V R 55/03, UR 2007, 214 = BStBl. II 2008, 31; Nichtanwendungserlass des BMF v. 17.12.2007, BStBl. I 2008, 23.

Praxisräume oder andere außerhalb eines Krankenhauses befindliche Orte der Behandlung abstellt.[1] Der BFH hat die Frage dem EuGH zur Klärung vorgelegt.[2]

## V. Ermäßigter Steuersatz

11.149 I. § 12 Abs. 2 Nr. 6 UStG

Deutschland hat von der Möglichkeit in Art. 370 und Anhang X Teil A Nr. 1 MwStSystRL Gebrauch gemacht, **Prothetik-Umsätze** von Zahnärzten und Zahntechnikern gem. § 12 Abs. 2 Nr. 6 UStG ermäßigt zu besteuern und sie nicht nach Art. 132 Abs. 1 lit. e von der Steuer zu befreien. Darauf ist mangels Bedeutung für Non-Profit-Organisationen nicht weiter einzugehen.

11.150 II. § 12 Abs. 2 Nr. 9 UStG

Relevant für gemeinnützige und andere nicht gewerbliche Organisationen kann die Steuerermäßigung nach § 12 Abs. 2 Nr. 9 UStG für die **unmittelbar mit dem Betrieb der Schwimmbäder** verbundenen Umsätze sowie die Verabreichung von **Heilbädern** sein, insbesondere seit sich vielerorts Idealvereine um die Erhaltung und den Betrieb von ehemals kommunalen Freibädern einsetzen. Die Vorschrift beruht auf dem Begriff „Thermalbehandlungen" in Kategorie 17 des Anhang III der MwStSystRL. Umsätze aus dem Betrieb einer Salzgrotte unterliegen nicht als Verabreichung eines Heilbades dem ermäßigten Umsatzsteuersatz nach § 12 Abs. 2 Nr. 9 Satz 1 Alt. 2 UStG, wenn die Zurverfügungstellung der Salzluft nicht für therapeutische, für Zwecke des Wohlbefindens und der Erholung erfolgt.[3] Das Gleiche gilt für die Verabreichung eines Starksolebades, in dem der Kunde „floatet", wenn dies nicht für therapeutische Zwecke erfolgt.[4] Aufgrund des Zusammenhangs der Steuerermäßigung in Kategorie 17 mit „medizinischen Versorgungsleistungen und zahnärztlichen Leistungen" ist das Thermalbad ebenfalls therapeutisch gemeint.

11.151 Mit der entgeltlichen Überlassung von Starksolebädern wird auch kein mit dem Betrieb eines **Schwimmbades** verbundener Umsatz getätigt. Nach § 12 Abs. 2 Nr. 9 Satz 1 Alternative 1 UStG ermäßigt sich die Steuer auf 7 v.H. für die unmittelbar mit dem Betrieb der Schwimmbäder verbundenen Umsätze. Diese Vorschrift beruht auf Art. 98 Abs. 2 Satz 1, Abs. 3 i.V.m. Anhang III Kategorie 14 MwStSystRL. Danach können die Mitgliedstaaten das Überlassen von Sportanlagen einem ermäßigten Steuersatz unterwerfen. Der nationale Begriff Schwimmbad[5] ist richtlinienkonform im Sinne einer Sportanlage auszulegen, etwa durch die Unterteilung in Schwimmbahnen, die Ausstattung mit Startblöcken und die Möglichkeit zur sportlichen Betätigung.[6]

---

1 FG Hamburg v. 23.10.2013 – 2 K 349/12, EFG 2014, 383; rechtkräftig nach verfristeter Revisionseinlegung.

2 BFH v. 11.10.2017 – XI R 23/15, BFHE 259, 567 = BStBl. II 2018, 109 = UR 2018, 114, Az. beim EuGH C-700/17; vgl. auch BFH v. 24.8.2017 – V R 25/16, BFHE 259, 171 = UR 2017, 961 ruhend bis zur Entscheidung des EuGH in der Rs. C-700/17.

3 Hess. FG v. 16.3.2017 – 1 K 1488/15, Quelle Juris, rkr.

4 BFH v. 28.8.2014 – V R 24/13, BStBl. II 2015, 194 = UR 2015, 19.

5 Vgl. auch BMF-Schr. v. 12.4.2017 – III C 2 - S 7243/07/10002-03, MwStR 2017, 338.

6 BFH v. 28.8.2014 – V R 24/13, BStBl. II 2015, 194 = UR 2015, 19 unter Berufung auf EuGH v. 21.2.2013 – Rs. C-18/12 – Město Žamberk, Rz. 34, UR 2013, 338.

Seit dem 1.7.2015 sind die ehemals ebenfalls von der Steuerermäßigung erfassten **Saunaleistungen** mangels therapeutischem Zweck mit dem Regelsteuersatz zu besteuern.[1] Zu der danach erforderlichen Aufteilung verhält sich ein BMF-Schreiben vom 12.4.2017.[2] 11.152

III. Weitere Lieferungen und Leistungen 11.153

Andere Lieferungen und Leistungen, für die Anhang III der MwStSystRL einen ermäßigten Steuersatz ermöglicht, sind in Deutschland nicht privilegiert. Zur Senkung der Kosten im Gesundheitsbereich könnte die Einführung eines ermäßigten Steuersatzes für Arzneimittel, medizinische Geräte und häusliche Pflegedienstleistungen sinnvoll sein, zumal der ermäßigte Steuersatz den vollen Vorsteuerabzug ermöglicht (vgl. dazu *Hüttemann*, Rz. 3.66).

## D. Auslegung der relevanten österreichischen nationalen Regelung

### I. Befreiung für Kranken- und Pflegeanstalten

#### 1. Vorbemerkung

Die Umsetzung von Art. 132 Abs. 1 lit. b der MwStSystRL ins österreichische Recht erfolgte mit § 6 Abs. 1 Z 18 und Z 25 UStG. 11.154

§ 6 Abs. 1 Z 18 UStG ist wie Art. 132 Abs. 1 lit. b der MwStSystRL mehrstufig aufgebaut. Der persönliche Anwendungsbereich der Befreiung bezieht sich auf Umsätze bestimmter Einrichtungen, die von Körperschaften des öffentlichen Rechts bewirkt werden. Gemäß § 6 Abs. 1 Z 25 UStG kann die Befreiung auch auf Umsätze von Körperschaften, Personenvereinigungen und Vermögensmassen, die gemeinnützigen, mildtätigen oder kirchlichen Zwecken dienen, Anwendung finden. Der sachliche Anwendungsbereich der Bestimmung bezieht sich auf die Umsätze der Einrichtungen. Diese sind befreit, wenn sie unmittelbar mit der Kranken- oder Kurbehandlung oder unmittelbar mit der Betreuung der Pfleglinge im Zusammenhang stehen.[3] 11.155

Krankenanstalten, die weder unter § 6 Abs. 1 Z 18 UStG noch unter § 6 Abs. 1 Z 25 UStG fallen, unterliegen mit ihren Leistungen dem ermäßigten Steuersatz gemäß § 10 Abs. 2 Z 8 UStG (siehe dazu unten VI). 11.156

Die Anpassung der Besteuerung im Bereich des Gesundheitswesens an die Vorgaben des Unionsrechts erfolgte im Übrigen nicht bereits mit dem Beitritt Österreichs zur Europäischen Union (1.1.1995), sondern aufgrund einer Sonderregelung im EU-Beitrittsvertrag erst zwei Jahre später.[4] 11.157

1 BMF v. 28.10.2014, BStBl. I 2014, 1439 = MwStR 2014, 850.
2 BMF-Schr. v. 12.4.2017 – III C 2 - S 7243/07/10002-03, MwStR 2017, 338.
3 *Kanduth-Kristen/Mayr/Tschiderer* in Berger/Bürgler/Kanduth-Kristen/Wakounig, UStG-ON[2.07], § 6 UStG Rz. 522 ff. (Stand 1.1.2016, rdb.at).
4 Siehe § 29 Abs. 5 UStG.

## 2. Befreite Einrichtungen

11.158 Was unter dem Begriff der „Kranken- und Pflegeanstalt“ iSd § 6 Abs. 1 Z 18 UStG zu verstehen ist, ergibt sich, so der VwGH, aus dem Kranken- und Kuranstaltengesetz (KAKuG).[1] Diese Ansicht vertrat der VwGH zunächst zur Regelung des § 10 Abs. 2 Z 9 UStG 1972.[2] Im Jahr 2004 bestätigte er, dass diese Ansicht auch für das UStG 1994 Bestand hat. Es sollen nur Anstalten begünstigt sein, die nicht bloß in der Form von Krankenanstalten betrieben werden, sondern denen auch die Rechtsstellung von Krankenanstalten iSd KAKuG zukommt.[3] Selbständige Ambulatorien[4] gelten im Übrigen gem § 2 Abs. 1 Z 5 KAKuG ebenfalls als Krankenanstalten, sie unterliegen den Bestimmungen des KAKuG.

11.159 Gemäß § 3 Abs. 1 KAKuG bedürfen Krankenanstalten sowohl zu ihrer Errichtung wie auch zu ihrem Betrieb einer Bewilligung der Landesregierung. Allerdings wird in § 6. Abs 1 Z 18 UStG lediglich für Umsätze von „Kuranstalten und Kureinrichtungen“ ausdrücklich das Vorliegen einer Bewilligung verlangt. Für die Umsätze der Kranken- und Pflegeanstalten hingegen findet sich eine entsprechende Normierung nicht. Liegen die objektiven Merkmale und Voraussetzungen einer Krankenanstalt (bspw Anstaltszweck, Leistungsangebot, Vorliegen einer Anstaltsordnung und die ausreichende Ausstattung mit ärztlichem und sonstigem Personal) vor, die zur Bewilligung der Errichtung erforderlich sind, dann ist die Steuerbefreiung oder der ermäßigte Steuersatz für Krankenanstalten auch auf Umsätze anwendbar, die ausnahmsweise schon vor Erteilung der Bewilligung getätigt wurden.[5]

11.160 Die Befreiung von der Mehrwertsteuer ist sowohl von der ausgeführten Leistung als auch vom Rechtsträger, der die Leistung erbringt, abhängig.[6] In Österreich werden in § 6 Abs. 1 Z 18 und Z 25 UStG die Körperschaften des öffentlichen Rechts[7] und die Körperschaften, Personenvereinigungen und Vermögensmassen, die gemeinnützigen, mildtätigen oder kirchlichen Zwecken dienen (§§ 34 bis 47 der Bundesabgabenordnung)[8], als befreite Rechtsträger angesehen.[9] Werden die Leistungen nicht von Körperschaften öffentlichen Rechts oder von den nach §§ 34–47 BAO begünstigten Rechtsträgern betrieben, unterliegen sie dem ermäßigten Steuersatz gemäß § 10 Abs. 2 Z 8 UStG in der Höhe von 10 %.

---

1 Krankenanstalten- und Kuranstaltengesetz (KAKuG), BGBl 1/1957 idgF.

2 VwGH v. 14.12.1987 – 86/15/0026, VwSlg. 6278 F = ÖStZB 1988, 352.

3 VwGH v. 28.9.2004 – 2001/14/0029, ÖStZB 2005, 99.

4 Selbständige Ambulatorien werden im Gesetz als organisatorisch selbständige Einrichtungen definiert, die der Untersuchung oder Behandlung von Personen dienen, die einer Aufnahme in Anstaltspflege nicht bedürfen (bspw Röntgeninstitute, Zahnambulatorien uä).

5 Vgl. *Ruppe/Achatz*, UStG Kommentar[5], § 6 Rz. 416/8; *Kanduth-Kristen/Mayr/Tschiderer* in Berger/Bürgler/Kanduth-Kristen/Wakounig, UStG-ON[2.07], § 6 UStG Rz. 525 ff. (Stand 1.1.2016, rdb.at); VwGH v. 28.9.2004 – 2001/14/0029, ÖStZB 2005, 99 mit Hinweis auf *Steiner*, Krankenanstaltenrechtliche Bewilligung als abnutzbarer Teil des Firmenwerts? SWK 2001, 773 (773).

6 Vgl. *Lechner/Widhalm*, Umsatzbesteuerung von Gesundheitsleistungen, in Mazal (Hrsg.), Krankenanstaltenfinanzierung (1995) 111 (113).

7 Eine Aufzählung von Körperschaften öffentlichen Rechts findet sich in den KStR Rz. 41 ff.; ebenso *Ruppe/Achatz*, UStG Kommentar[5], § 2 Rz. 169.

8 Vgl. zu den Voraussetzungen im Überblick Rz. 18.74–Rz. 18.78.

9 Bezüglich des zu engen Anwendungsbereichs des § 6 Abs 1 Z 25 UStG, der nur juristische Personen befreit, siehe weiterführend *Haunold/Tumpel/Widhalm*, EuGH: Anwendung von Mehrwertsteuerbefreiungen auch für von natürlichen Personen betriebene „Einrichtungen“, SWI 1999, 458 (459) mit Hinweis auf *Widhalm*, Umsatzbesteuerung von Ärzten und Krankenanstalten, Diss., Wien, 1997, 159; *Achatz*, Umsatzsteuer und Gemeinnützigkeit, in Jachmann (Hrsg.), Gemeinnützigkeit, Köln 2003, 279 (302).

### 3. Befreiung für ärztliche und arztähnliche Berufe

Art. 132 Abs. 1 lit. c der MwStSystRL wurde in Österreich in § 6 Abs. 1 Z 19 UStG umgesetzt. Die Bestimmung des § 6 Abs. 1 Z 19 UStG befreit die Umsätze bestimmter Berufsgruppen, die einzeln aufgezählt sind. In Österreich umfasst die Befreiung die Leistungen folgender Berufsgruppen: 11.161

- steuerfreien Umsätze verwendet werden und soweit die Gemeinschaften von ihren Mitgliedern lediglich die genaue Erstattung des jeweiligen Anteils an den gemeinsamen Kosten fordern
- Zahnarzt
- Dentist
- Psychotherapeut (laut UStR Rz. 955 sind darunter auch Psychologen zu subsumieren)[1]
- Hebamme
- freiberuflich Tätiger im Sinne des § 35 Abs. 1 Z 1 in Verbindung mit § 11 des Gesundheits- und Krankenpflegegesetzes, BGBl. I Nr 108/1997,
- freiberuflich Tätiger im Sinne des § 7 Abs. 1 in Verbindung mit § 1 Z 1 bis 7 des MTD-Gesetzes, BGBl. Nr 460/1992; das sind der physiotherapeutische Dienst, der medizinisch-technische Laboratoriumsdienst, der radiologisch-technische Dienst, der Diätdienst und ernährungsmedizinische Beratungsdienst, der ergotherapeutische Dienst, der logopädisch-phoniatrisch-audiologische Dienst und der orthoptische Dienst,
- freiberuflich Tätiger im Sinne des § 45 Z 1 in Verbindung mit § 29 des Medizinischer Masseur- und Heilmasseurgesetzes, BGBl. I Nr 169/2002;
- steuerfrei sind auch die sonstigen Leistungen von Gemeinschaften, deren Mitglieder Angehörige der oben bezeichneten Berufe sind, gegenüber ihren Mitgliedern, soweit diese Leistungen unmittelbar zur Ausführung der nach dieser Bestimmung steuerfreien Umsätze verwendet werden […]; dazu *Achatz*, Rz. 12.96 ff.).

Die österreichische Umsetzungsbestimmung knüpft an Berufsgruppen an und erklärt die Tätigkeiten der Angehörigen dieser Berufsgruppen für steuerbefreit. Die Liste der in Österreich gesetzlich geregelten Gesundheitsberufe ist länger als die taxative[2] Aufzählung, die in § 6 Abs. 1 Z 19 UStG enthalten ist. Da eine Umsatzsteuerbefreiung nur bei Leistungen eines Unternehmers in Frage kommt, sind Gesundheitsberufe, die einer freiberuflichen Berufsausübung nicht zugänglich sind, für die mehrwertsteuerliche Beurteilung als arztähnlicher Beruf unbeachtlich. 11.162

Derzeit werden in Österreich bspw die Leistungen folgender Berufe steuerpflichtig behandelt: die Masseure iSd GewO (UStR Rz. 943a), Heilpraktiker, Homöopathen, Energetiker, Saunabetriebe, Konsulenten der Pharmaindustrie, Mental-Suggesteure oder Hypnotiseure sowie Musiktherapeuten ohne Berufsbefugnis iSd PsychologenG oder PsychotherapieG[3], 11.163

1 Vgl. diesbezüglich EuGH v. 6.11.2003 – Rs. C-45/01 – Dornier, Slg. 2003, I-12911.
2 Vgl. UFS v. 14.1.2008 – GZ RV/0406-W/06; UFS v. 28.5.2008 – GZ RV/0678-W/07; VwGH v. 29.7.2010 – 2008/15/0291; VwGH v. 29.2.2012 – 2008/13/0141.
3 VwGH v. 29.2.2012 – 2008/13/0141.

Tierärzte[1] und Chiropraktiker (ohne medizinisches Studium oder eine Berufsbefugnis iSd Medizinischer Masseur- und Heilmasseurgesetzes).[2].

11.164 Die Tätigkeit von Arbeitsmedizinern, welche dem Arbeitnehmerschutz dient, ist grundsätzlich ebenfalls steuerpflichtig. Da die Arbeitsmediziner jedoch auch Heilbehandlungen durchführen (wie etwa die Beratung in Gesundheitsfragen), ist nach Ansicht der Finanzverwaltung im Falle einer Gesamtbetragsabrechnung aus Vereinfachungsgründen eine Aufteilung in einen 90 %igen steuerpflichtigen und in einen 10 %igen steuerbefreiten Anteil zulässig (vgl UStR Rz. 948).

## 4. Heilbehandlung

### a) Vorbemerkung

11.165 In den österreichischen UStR findet sich für die Kranken- und Pflegeanstalten als auch für die ärztlichen Leistungen eine demonstrative Aufzählung der befreiten Heilbehandlungsleistungen des jeweiligen Leistungserbringers.

11.166 Die Aufzählung der ärztlichen und nicht-ärztlichen Tätigkeiten in den UStR Rz. 942 ff. und die zahlreichen Änderungen derselben[3], die sich aufgrund der EuGH-Judikatur ergeben haben, zeigen die Schwierigkeiten, die mit der Abgrenzung des Begriffs „Heilbehandlung" verbunden sind. Problematisch ist zudem, dass die Finanzverwaltung in Grenzfällen mangels ärztlicher Kenntnisse kaum in der Lage sein dürfte, zu beurteilen, ob die ärztliche Leistung aufgrund einer medizinischen Indikation erforderlich war.[4] Auch der Kostenübernahme durch die Krankenversicherungsträger kann nur geringe Indizwirkung zukommen, zumal unterschiedliche Sozialversicherungssysteme in den Mitgliedstaaten existieren.[5] Eine Beschränkung der Befreiung allein auf die von der Krankenversicherung übernommenen Leistungen macht somit keinen Sinn.[6]

11.167 Vor dem am 15. Dezember 2012 in Kraft getretenen AbgÄG 2012[7] war steuerbefreit die „Tätigkeit als Arzt". Erst durch das AbgÄG 2012 wurde der Normtext um die Befreiungsvoraussetzung der „Heilbehandlungen im Bereich der Humanmedizin" ergänzt.

Durch die Anpassung der Formulierung des Befreiungstatbestandes an die unionsrechtlichen Vorgaben sollte laut Gesetzgeber klargestellt werden, dass Leistungen durch einen Angehörigen der im Gesetz genannten Berufsgruppen nur befreit sind, wenn sie Umsätze aus Heilbehandlungen im Bereich der Humanmedizin darstellen[8]. Durch ein enges Verständnis der Voraussetzung „Tätigkeit als Arzt" war das Gesetz bereits vor der Änderung der Formulierung

1 EuGH v. 24.5.1988 – Rs. 122/87 – Kommission/Italien, Slg. 1988, 2685.
2 VwGH v. 27.2.2014 – 2009/15/0212.
3 Vgl. BMF v. 17.11.2000 – 09 0619/2-IV/9/00, SWK 2000, 837; BMF v. 17.1.2001 – 09 0619/1-IV/9/01, AÖF 54/2001; BMF v. 11.7.2005 – BMF-010219/0133-IV/9/2005, AÖF 190/2005; BMF v. 10.11.2009 – BMF-010219/0277-VI/4/2009 usw.
4 *Eisolt*, Umsatzsteuerliche Beurteilung der Leistungen von Plastischen Chirurgen, BB 2003, 1819 (1823).
5 *Kellersmann*, Umsatzsteuerbefreiung heilberuflicher Leistungen zwischen Grundrechten und Europarecht, UR 2000, 505.
6 Siehe auch *Niedermair*, Umsatzsteuer und Gesundheitswesen, Diss., Graz, 2008, 161 ff.
7 Abgabenänderungsgesetz 2012 (AbgÄG 2012) BGBl. I Nr. 112/2012.
8 Siehe 1960 BlgNR XXIV. GP 39.

(zu einem gewissen Grad) einer richtlinienkonformen Auslegung zugänglich (bspw. die Ausklammerung der Erstellung bestimmter Gutachten von der Steuerbefreiung[1]).

Allerdings hat der VwGH[2] die Grenzen der engen Interpretation der „Tätigkeit als Arzt" aufgezeigt. So hat der VwGH nunmehr in einem Erkenntnis klargestellt, dass Tätigkeiten einer plastischen Chirurgin **vor** dem AbgÄG 2012 auch dann steuerbefreit sind (waren), wenn der Leidensdruck des Patienten im Einzelfall nicht den Grad eines „Problems psychologischer Art" erreicht hat. Denn eine Prüfung, ob es sich dabei um Umsätze aus einer Heilbehandlung oder andere handle, hat zu unterbleiben, da die plastische Chirurgin jedenfalls Umsätze „als Ärztin" tätigte. Eine andere Auslegung (d.h. ein Abstellen etwa auf psychologische Probleme des Patienten) vor Änderung des Gesetzestextes überschreitet laut VwGH den Auslegungsspielraum und würde im Ergebnis die unmittelbare Anwendung der nicht umgesetzten zusätzlichen Voraussetzung der Richtlinienbestimmung bedeuten. Ein solches Vorgehen kommt aber nur zugunsten des Abgabepflichtigen in Betracht.

### b) Umsätze der Kranken- und Pflegeanstalten

In UStR Rz. 928 findet sich eine beispielhafte Aufzählung begünstigter Leistungen, die in Kranken- und Pflegeanstalten durchgeführt werden. In Anlehnung an Art. 132 lit. b der MwStSystRL wird bestimmt, dass die Umsätze nicht dazu bestimmt sein dürfen, den Einrichtungen zusätzliche Einnahmen durch Tätigkeiten zu verschaffen, die in unmittelbarem Wettbewerb zu steuerpflichtigen Umsätzen anderer Unternehmer stehen. Befreit sind insbesondere 11.168

- die stationäre oder teilstationäre Aufnahme von Patienten, deren ärztliche und pflegerische Betreuung einschließlich der Lieferungen der zur Behandlung erforderlichen Medikamente;
- die Behandlung und Versorgung ambulanter Patienten;
- die auf ärztliche Anordnung erfolgende Vornahme von – der Untersuchung und der vorbeugenden Beobachtung der Patienten dienenden – medizinischen Analysen durch ein anstaltseigenes Labor;
- die Hauskrankenpflege, die von einer Kranken- bzw. Pflegeanstalt durchgeführt wird;
- die Lieferungen von Körperersatzstücken und orthopädischen Hilfsmitteln, soweit sie unmittelbar mit einer Heilbehandlung durch das Krankenhaus im Zusammenhang stehen;
- die Überlassung von medizinisch-technischen Geräten und damit verbundene Gestellungen von medizinischem Hilfspersonal, zB Computer-Tomograph an angestellte Ärzte für deren selbständige Tätigkeit an Krankenhäusern und an niedergelassene Ärzte zur Mitbenutzung;
- die Abgabe von ärztlichen Gutachten;
- die Gestellung von Ärzten und von medizinischem Hilfspersonal durch Krankenhäuser an andere Krankenhäuser;
- die Gewährung von Beherbergung, Verköstigung und sonstigen Naturalleistungen an das Personal; die Beherbergung von Personal nur insoweit, als es sich dabei um die Zurver-

1 VwGH v. 13.9.2017, 2017/13/0015.
2 VwGH v. 13.9.2017, 2017/13/0015 sowie BFG v. 15.11.2017, RV/7104669/2017.

fügungstellung von Bereitschaftsräumen oder Schlafstellen, nicht jedoch um die Vermietung von Wohnungen, eingerichteten Appartements oder die Zurverfügungstellung von Dienstwohnungen handelt; dies gilt auch dann, wenn die Leistungen nicht Vergütungen für geleistete Dienste sind;

- die Lieferungen von Gegenständen des Anlagevermögens, zB Röntgeneinrichtung, Krankenfahrstühle und sonstige Einrichtungsgegenstände.

11.169 Die (gegen gesondertes Entgelt erfolgte) Zurverfügungstellung eines Telefons, die Vermietung von Fernsehgeräten an Krankenhauspatienten sowie die Unterbringung und Verpflegung von Begleitpersonen von Patienten durch derartige Einrichtungen sind grundsätzlich nicht befreit. Eine Befreiung dieser Umsätze ist im Einklang mit der Rspr des EuGH in der Rs Ygeia[1] (Rz. 11.146) ua nur dann möglich, wenn diese Leistungen zur Erreichung der mit der Krankenhausbehandlung und der ärztlichen Heilbehandlung verfolgten therapeutischen Ziele unerlässlich sind.[2]

### c) Ärztliche Leistungen

11.170 Gemäß UStR Rz. 942 f liegen insbesondere bei folgenden Leistungen Heilbehandlungsleistungen vor:

- die Untersuchung auf das Vorliegen oder Nichtvorliegen von körperlichen Krankheiten, Geistes- und Gemütskrankheiten, von Gebrechen oder Missbildungen und Anomalien, die krankhafter Natur sind;
- die Beurteilung dieser Zustände bei Verwendung medizinisch-diagnostischer Hilfsmittel;
- die Behandlung solcher Zustände; Die Verabreichung eines Medikamentes zur sofortigen Einnahme, die Verabreichung einer Injektion oder das Anlegen eines Verbandes im Rahmen einer ärztlichen Behandlungsleistung gehört als übliche Nebenleistung zur begünstigten ärztlichen Heiltätigkeit;
- die Vornahme operativer Eingriffe einschließlich der Entnahme oder Infusion von Blut;
- die Vorbeugung von Erkrankungen (dazu gehören auch Drogenpräventivvorträge);
- die Geburtshilfe;
- die Verordnung von Heilmitteln, von Heilbehelfen und medizinisch-diagnostischen Hilfsmitteln;
- die Vornahme von Leichenöffnungen (§ 2 Abs. 2 Ärztegesetz 1998, BGBl. Nr. 169/1998);
- Anpassung von Kontaktlinsen durch Augenärzte;[3]
- Anpassung von Hörgeräten durch Hals-, Nasen-, Ohrenärzte;

1 EuGH v. 1.12.2005 – Rs. C-394/04 und C-395/04 – Ygeia, Slg. 2005, I-10373.

2 Siehe auch BFG v. 14.12.2015 – RV/7102962/2010, wonach der alleinige Hinweis, dass Telefone und Telefonanschlüsse nach dem Wiener Pflegeheimgesetz zur Grundausstattung eines Zimmers gehören, nicht geeignet ist, nachzuweisen, dass damit eine mit der Heilbehandlung eng verbundene Leistung vorliegt, die für eine konkrete und begonnene oder zumindest geplante Heilbehandlung unerlässlich ist.

3 VwGH v. 13.3.1997 – 95/15/0124.

- die Tätigkeit der Ärzte im Rahmen der gemäß § 32 Abs. 1 Strahlenschutzgesetz, BGBl. Nr. 227/1969, durchzuführenden Untersuchungen;
- die fachärztliche Beratung im Sinne des § 69 Abs. 3 und 4 des Gentechnikgesetzes, BGBl. Nr. 510/1994 idF BGBl. I Nr. 127/2005, vor und nach Durchführung einer genetischen Analyse;
- der Einsatz eines freiberuflich tätigen Notarztes einschließlich des Bereitschaftsdienstes.

Ästhetisch-plastische Leistungen sowie Schwangerschaftsunterbrechungen zählen laut UStR 11.171
Rz. 942 ebenfalls zu den steuerbefreiten Heilbehandlungen, insoweit ein therapeutisches Ziel im Vordergrund steht. Die Beurteilung des Vorliegens dieser Voraussetzungen obliegt dabei dem behandelnden Arzt.[1] Dessen Beurteilung, welche durch die Erklärung als steuerfreie Arztleistung dokumentiert wird, soll allerdings laut UStR Rz 942 für die Finanzverwaltung bindend sein. Dies ist insoweit abzulehnen, als die Finanzverwaltung vielmehr im Rahmen der freien Beweiswürdigung zu entscheiden hat. Bei Zweifeln an der medizinischen Indikation der ausgeführten Leistung ist es daher wesentlich, dass der Arzt darüber detaillierte Aufzeichnungen vorlegen kann.[2]

Zu den steuerbefreiten Umsätzen eines Zahnarztes zählt laut UStR Rz. 943 jede auf zahnme- 11.172
dizinisch wissenschaftlichen Erkenntnissen begründete Tätigkeit einschließlich komplementär- und alternativmedizinischer Heilverfahren, die unmittelbar am Menschen oder mittelbar für den Menschen ausgeführt wird. Dabei wird von der Finanzverwaltung klargestellt, dass die zahnärztliche Behandlungsleistung insgesamt stets eine sonstige Leistung darstellt, auch wenn Elemente von Lieferungen (bspw bei Zahnfüllungen, Eingliederung von Zahnersatz) in ihr enthalten sind.[3]

### d) Zweifelsfälle

Viele der aufgezählten Leistungen lassen sich eindeutig der Steuerbefreiung zuordnen. Aller- 11.173
dings treten Probleme dann auf, wenn die Umsätze nicht eindeutig als Heilbehandlung einzuordnen sind.[4] In der österreichischen Rechtspraxis finden sich Aussagen zu folgenden Fällen:

**Künstliche Befruchtung**

In UStR Rz. 944, die die ärztlichen Leistungen grundsätzlich korrespondierend zu § 2 Abs. 2 11.174
ÄrzteG aufzählt, wird vom ÄrzteG abweichend die Anwendung von Maßnahmen der medizinischen Fortpflanzungshilfe nicht als Heilbehandlungsleistung aufgezählt.

---

1 Vgl. *auch* EuGH v. 21.3.2013 – Rs. C-91/12 – PFC Clinic.

2 Vgl. UFS v. 8.1.2010 – GZ RV/0506-L/07: Da der beschwerdeführende Arzt nicht über Aufzeichnungen verfügte, die eine medizinische Indikation der durchgeführten Schwangerschaftsabbrüche nachweisen konnten, wurde die Umsatzsteuerfreiheit versagt. Siehe auch VwGH v. 13.9.2017, 2017/13/0015, wonach Fragen nach der medizinischen Indikation chirurgischer Eingriffe keine solchen sind, bei denen sich Behauptungen des behandelnden Arztes mit dem im Internet erworbenen Wissen eines medizinischen Laien widerlegen lassen.

3 Zustimmend *Ruppe/Achatz*, UStG[5], § 6 Rz. 417/13; *Scheiner/Kolacny/Caganek*, Kommentar zur Mehrwertsteuer UStG 1994 (Loseblattsammlung), § 6 Abs 1 Z 19 Anm 53 mit Verweis auf BFH v. 23.10.1997 – V R 36/96.

4 Siehe *Wesselbaum-Neugebauer*, Umsatzsteuerliche Erfassung ärztlicher Leistungen oder ähnlicher heilberuflicher Tätigkeiten als Heil- bzw. Präventionsmaßnahme im Bereich der Humanmedizin, UR 2007, 517 (517).

Höchstgerichtliche Rechtsprechung zur Frage, ob es sich bei einer künstlichen Befruchtung um eine „Heilbehandlung im Bereich der Humanmedizin" handelt oder nicht liegt in Österreich bislang nicht vor. Der deutsche BFH hat diese Frage allerdings in einem anderen Zusammenhang (Abzugsfähigkeit als außergewöhnliche Kosten) bejaht. Die künstliche Befruchtung erfüllt nach Ansicht des BFH eindeutig die Merkmale einer Heilbehandlung. „Durch die künstliche Befruchtung von Eizellen einer Frau, die biologisch unfähig ist, auf natürlichem Wege ein Kind zu empfangen, wird dieser die ihr sonst infolge Krankheit verschlossene Möglichkeit der Empfängnis (wieder-)eröffnet, indem der Arzt in einen Teil eines an sich natürlichen Vorgangs eingreift."[1] Der BFH stellt weiters fest, dass nicht Merkmal des Begriffs der Heilbehandlung ist, dass eine Krankheit dauerhaft geheilt bzw. dass ein anomaler körperlicher Zustand endgültig beseitigt und der natürliche biologische Zustand hergestellt wird.[2] Auch Ausführungen des LG Salzburg in einer Entscheidung aus dem Jahr 1995 weisen in diese Richtung.[3] UE ist der Rechtsprechung des BFH zuzustimmen, da eine Heilbehandlung unionsrechtlich schon dann vorliegt, wenn ein medizinscher Eingriff zur Beseitigung einer Gesundheitsstörung erfolgt.[4]

11.175 **Empfängnisverhütung, Schwangerschaftsabbruch**

Leistungen iZm der Empfängnisverhütung und dem Schwangerschaftsabbruch sind ebenfalls nicht eindeutig den „Heilbehandlungen im Bereich der Humanmedizin" zuzuordnen. Sind operative Eingriffe zum Zweck der Empfängnisverhütung notwendig, bspw bei einer Sterilisation, wird nach Ansicht der Finanzverwaltung zu Recht nur dann Steuerfreiheit gewährt, wenn ein therapeutisches Ziel im Vordergrund steht[5]. In UStR Rz. 942 wird ausgeführt, dass dasselbe für Schwangerschaftsabbrüche gilt. Dieser Ansicht ist zuzustimmen. Eine Schwangerschaft an sich stellt keinen regelwidrigen Körperzustand dar. Daher können Schwangerschaftsabbrüche nur in Ausnahmefällen bei Vorliegen einer medizinischen[6] Indikation umsatzsteuerbefreit sein, da nur in solchen Fällen eine Heilbehandlung angenommen werden kann.

11.176 **Gutachtenserstellung**

Zur Berufstätigkeit eines Arztes zählt laut ÄrzteG auch das Ausstellen von Gutachten. Gerade die Steuerbefreiung iZm der Gutachtertätigkeit von Ärzten ist Brennpunkt zahlreicher Diskussionen. Seit der Umsetzung der MwStSystRL erging eine Reihe von Erlässen[7] der Fi-

1 BFH v. 18.6.1997 – III R 84/96, FR 1998, 21 = DStRE 1997, 993.

2 BFH v. 18.6.1997 – III R 84/96, FR 1998, 21 = DStRE 1997, 993.

3 LG Salzburg v. 7.6.1995 – 18 Cgs 20/92, RdM 1997, 156.

4 Siehe *Niedermair*, Umsatzsteuer und Gesundheitswesen, Diss., Graz, 2008; *Niedermair* in Achatz/Tumpel (Hrsg.), Unechte Steuerbefreiungen, 2011, 136; *Rattinger* in Melhardt/Tumpel, UStG, 2. Aufl. 2015, § 6 Rz. 567.

5 *Rößler*, Umsatzsteuerbefreiung für ärztliche Leistungen im Zusammenhang mit Empfängnisverhütung und Schwangerschaftsabbrüchen, ÖStZ 2006, 289 (289); glA *Laudacher*, Umsatzsteuerpflicht von Leistungen im Zusammenhang mit der Empfängnisverhütung, SWK 2005, 842 (843).

6 Vgl. jedoch *Seibert*, Zur Umsatzsteuerfreiheit von ärztlichen Leistungen im Zusammenhang mit Schwangerschaftsabbrüchen, DStR 2008, 1621 (1624 f.), der die Ansicht vertritt, dass die Umsatzsteuerbefreiung zwingend für alle ärztlichen Leistungen iZm Schwangerschaftsabbrüchen zu gewähren ist, unabhängig davon, ob sie aus Anlass eines medizinisch indizierten Abbruches oder aus Anlass eines „beratenden Abbruches" erbracht werden.

7 Vgl. BMF v. 4.12.1996 – 09 0619/2-IV/9/96, AÖF 194/1996; BMF v. 23.6.1997 – 09 0619/20-IV/9/97, ÖStZ 1997, 313 (313); BMF v. 17.11.2000 – 09 0619/2-IV/9/00, SWK 2000, 837 (837) = ÖStZ

nanzverwaltung, die den Kreis der steuerpflichtigen Gutachten gemessen an der Rechtsprechung des EuGH (vgl. oben) zu eng gezogen hat. Aktuell enthält UStR Rz. 946 eine Liste der als steuerpflichtig eingestuften Gutachten, welche an die gemeinschaftsrechtlichen Vorgaben angepasst wurde. Problematisch ist allerdings, dass *lediglich* die in UStR Rz. 946 genannten Gutachten steuerpflichtig sein sollen.[1] Nach der Rechtsprechung des EuGH sind vielmehr alle Gutachten, die nicht im Zusammenhang mit einer medizinischen Betreuung stehen und die nicht zum Schutz der Gesundheit erstellt werden, als steuerpflichtig zu behandeln.[2]

Somit sind alle Gutachten, die lediglich der Entscheidungsfindung Dritter dienen, steuerpflichtig; dies gilt uE auch für Führerscheinuntersuchungen[3] oder verkehrspsychologische Untersuchungen[4]. Diese dienen zur Entscheidung darüber, ob einem Bewerber eine Lenkerberechtigung erteilt werden soll oder ob einer Person mit Lenkerberechtigung diese entzogen werden soll. Auch wenn diese Untersuchungen zur Anordnung entsprechender therapeutischer Maßnahmen führen können, so rechtfertigt dies uE nicht, derartige Leistungen von der Steuer zu befreien, da diese nicht auf den Schutz der Gesundheit abzielen.[5] 11.177

**Leichenöffnungen**

Die Vornahme von Leichenöffnungen wird ebenfalls als ärztliche Tätigkeit angesehen, die als „Heilbehandlung" von der Mehrwertsteuer befreit ist.[6] Für eine solche Sicht kann ins Treffen geführt werden, dass die Durchführung einer Obduktion zweifelsfrei eine ärztliche Leistung ist. Eine Steuerpflicht solcher Leistungen könnte zu problematischen Differenzierungen führen, da sie teilweise auch dem Interesse der Gesunderhaltung der Gesamtbevölkerung dienen.[7] 11.178

Dem kann freilich entgegengehalten werden, dass eine Obduktion weniger den Charakter einer „Heilbehandlung" als den einer Gutachtenserstellung besitzt. Während die klinische Obduktion in Krankenanstalten dazu dient, diagnostische Unklarheiten zu beseitigen, werden sanitätspolizeiliche Obduktionen bei ungeklärter Todesursache durch die Sanitätsbehörde angeordnet (vgl § 25 Abs. 1 KAKuG). Gerichtliche Obduktionen werden schließlich bei Verdacht auf Fremdverschulden angeordnet oder bei Verdacht auf Fremdverschulden im unmittelbaren Zusammenhang mit einem ärztlichen Eingriff.

Obduktionen werden daher zur Entscheidungsfindung Dritter durchgeführt, sei es für die Behörden oder für die Gerichte. Aus diesem Grunde erscheint eine Steuerbefreiung für Leichenöffnungen gemeinschaftsrechtlich problematisch. Im Übrigen kann auf den Zweck der gemeinschaftsrechtlichen Befreiungsbestimmung verwiesen werden, der darin besteht, den Zugang zur Krankenbehandlung nicht durch höhere Kosten zu versperren, was im Falle ei- 11.179

---

2001, 22 (22) uva. Vgl. auch die Ausführung des VwGH v. 13.9.2017 2017/13/0015 zur richtlinienkonformen Interpretation des § 6 Abs. 1 Z 19 UStG vor dem AbgÄG 2012.

1 Kritisch *Ruppe/Achatz*, UStG Kommentar[5], § 6 Rz. 417/13.

2 Vgl. *Ruppe/Achatz*, UStG Kommentar[5], § 6 Rz. 417/13; BFG v. 7.9.2015 – RV/7103393/2011 im Zusammenhang mit der Altersfeststellung von Asylwerbern.

3 AA offensichtlich UFS v. 8.1.2010 – GZ RV/0506-L/07.

4 AA *Rößler*, Verkehrspsychologische Untersuchungen umsatzsteuerbefreit, ÖStZ 2005, 537 (537).

5 Vgl. *Niedermair*, Umsatzsteuer und Gesundheitswesen, Diss., Graz, 2008, 186 f.

6 Siehe UStR Rz. 942, wonach die Tätigkeit als Arzt im Sinne des § 6 Abs. 1 Z 19 UStG 1994 auch die Tätigkeit der Gerichtsmediziner umfasst.

7 *Widhalm*, Umsatzbesteuerung 60.

ner Steuerpflicht für Leichenöffnungen wohl nicht der Fall sein wird.[1] Eine Einbeziehung in die Umsatzsteuerbefreiung lässt sich zudem nicht damit rechtfertigen, dass die Sachverständigenleistungen möglicherweise dem Gemeinwohl dienende Tätigkeiten sind.[2]

11.180 **Anpassen von Kontaktlinsen/Hörgeräten**

Das Anpassen von Kontaktlinsen durch Augenärzte oder auch das Anpassen von Hörgeräten durch Hals-, Nasen-, Ohrenärzte werden ebenfalls als steuerbefreite Leistungen angesehen (siehe UStR Rz. 944). Die UStR verweisen auf das VwGH-Erkenntnis 95/15/0124. In diesem Erkenntnis stellte der VwGH fest, dass das Anpassen von Kontaktlinsen zu den ärztlichen Tätigkeiten zu zählen ist.[3] Zweifelsfrei ist die Feststellung des Sehvermögens als ärztliche Tätigkeit zu qualifizieren. Dagegen ist die Lieferung des Sehbehelfs eine steuerpflichtige Leistung, zumal die Befreiung für eng verbundene Leistungen nicht zum Tragen kommt. Das Anpassen des Sehbehelfs wäre bei dieser Betrachtung als unselbstständige Nebenleistung zur Lieferung eines Sehbehelfs zu qualifizieren, da diese dazu dient, diese unter optimalen Bedingungen in Anspruch zu nehmen.[4]

### e) Eng mit der Krankenhausbehandlung verbundene Umsätze

11.181 In § 6 Abs. 1 Z 18 UStG werden die Umsätze, die *unmittelbar* mit der Kranken- und Kurbehandlung im Zusammenhang stehen, von der MwSt befreit. In den UStR Rz. 926 ff. wird näher ausgeführt, welche Leistungen nach Ansicht der Finanzverwaltung darunter fallen.

11.182 Die UStR enthalten auch jene Umsätze, welche laut Finanzverwaltung (auch) unter die Steuerbefreiung des § 6 Abs. 1 Z 18 in Verbindung mit Z 25 UStG zu subsumieren sind:

- die (entgeltliche) Herstellung von Abschriften durch Krankenanstalten (UStR Rz. 930);
- Forschungsarbeiten, die von Krankenhäusern im Auftrag von Firmen, Vereinen oder öffentlichen Institutionen erbracht werden, können als „mit dem Betrieb von Krankenhäusern eng verbunden" angesehen werden (UStR Rz. 930); aus unionsrechtlicher Sicht allerdings wohl nur, wenn diese unerlässlich sind[5];
- (zusätzliche) Entgelte, die von Firmen, Vereinen bzw. öffentlichen Institutionen für die bessere Patientenbetreuung geleistet werden (UStR Rz. 930);[6]

1 Siehe auch OLG Wien v. 15.4.2002 – 7 Rs 130/02t, das rechtsmedizinische Untersuchungen nicht von der Mehrwertsteuerbefreiung erfasst ansieht, weil diese nicht im Rahmen einer auf Vertrauen gegründeten Beziehung zwischen Patient und Behandelndem erbracht werden und keine humanmedizinische Heilbehandlung umfassen; aA *Sauer* in Plückebaum/Malitzky, Umsatzsteuergesetz[10], § 4 Nr. 14 Rz. 72.

2 EuGH v. 14.9.2000 – Rs. C-384/98 – D. gegen W., Rz. 20, Slg. 2000, I-6795; siehe auch *Krammer*, Umsatzsteuerpflicht bei anthropologisch-erbbiologischen Sachverständigengutachten, Der Sachverständige 2000, 174 (174).

3 VwGH v. 13.3.1997 – 95/15/0124, VwSlg. 7167 F.

4 Siehe dazu ebenfalls *Brandner/Kainz*, Umsatzsteuer bei medizinisch nicht indizierten Leistungen, SWK 2004, 968 (969); *Kraft-Kinz/Plassak*, Umsatzsteuerliche Behandlung der Tätigkeit von Ärzten, SWK 2006, 696.

5 Vgl. EuGH v. 20.6.2002 – Rs. C-287/00 – Kommission/Deutschland, Rz. 47 f., Slg. 2002, I-5811.

6 Unionsrechtlich wohl nicht gedeckt, da für Dienstleistungen, die den Komfort und das Wohlbefinden der Krankenhauspatienten verbessern sollen, – soweit dafür keine medizinische Veranlassung besteht – entsprechend der Rspr des EuGH in der Rs. Ygeia keine Steuerbefreiung gewährt werden kann. Siehe auch *Niedermair*, Umsatzsteuer und Gesundheitswesen, Diss., Graz, 2008, 139 f.

- die Überlassung von medizinisch-technischen Geräten und damit verbundene Gestellungen von medizinischen Hilfspersonal, zB Computer-Tomograph an angestellte Ärzte für deren selbständige Tätigkeit an Krankenhäusern und an niedergelassene Ärzte zur Mitbenutzung (UStR Rz. 928);[1]
- die Gestellung von Ärzten und von medizinischem Hilfspersonal durch Krankenhäuser an andere Krankenhäuser (UStR Rz. 928);[2]

## 5. Unterscheidung Ärzte und Krankenanstalten

Art. 132 der MwStSystRL unterscheidet zwischen Leistungen durch Ärzte und Leistungen durch Krankenanstalten. Während ärztliche Leistungen (beinahe) immer der unechten Steuerbefreiung unterliegen, kann bei Umsätzen der Kranken- und Pflegeanstalten auch eine Umsatzbesteuerung von 10 % (§ 10 Abs. 2 Z 8 UStG) und ein damit verbundenes Recht auf Vorsteuerabzug in Betracht kommen. Darüber hinaus befreit Art 132 Abs 1 lit b der MwStSystRL anders als Art 132 Abs. 1 lit c der MwStSystRL auch „damit eng verbundene Umsätze". Die Beantwortung der Frage, ob medizinische Leistungen als Umsatz im Rahmen einer Krankenanstalt (iSd § 6 Abs. 1 Z 18 UStG) oder als selbständige ärztliche Leistungen (iSd § 6 Abs. 1 Z 19 UStG) erbracht werden, ist für das Umsatzsteuerrecht daher von großer Bedeutung: 11.183

Ist der Rechtsträger einer Krankenanstalt eine juristische Person des privaten Rechts und weder gemeinnützig, mildtätig oder kirchlich tätig, dann ist die medizinische Leistung mit Mehrwertsteuer belastet, wobei der Mehrwertsteuersatz 10 % beträgt. Wird **dieselbe** medizinische Leistung hingegen in den Praxisräumen eines Arztes erbracht, dann ist diese Leistung steuerbefreit.[3] Als problematisch erweist sich dabei die Abgrenzung Arzt – Krankenanstalt in Hinblick auf die in Ambulatorien (§ 2 Abs. 3 KaKuG) erbrachten Leistungen. 11.184

Der Judikatur des VwGH und des VfGH lassen sich folgende Voraussetzungen für das Vorliegen einer Krankenanstalt entnehmen: 11.185

- Die Möglichkeit der gleichzeitigen Behandlung mehrerer Personen,
- das Bestehen einer Organisation, die jener einer Krankenanstalt entspricht,
- die Bestellung eines Stellvertreters des ärztlichen Leiters, woraus sich die Notwendigkeit ergibt, dass mindestens zwei Ärzte der Krankenanstalt zur Verfügung stehen,
- eine Anstaltsordnung, der sowohl die Patienten als auch die Ärzte unterliegen,
- der (Behandlungs-)Vertrag wird nicht (nur) mit dem Arzt, sondern (auch) mit der Einrichtung, die unter sanitätsbehördlicher Aufsicht steht, abgeschlossen.[4]

1 Kritisch in Hinblick auf die Vorgaben des EuGH und der Ansicht des MwSt-Ausschusses; vgl. bereits Rz. 11.41. Siehe auch *Hagen/Gewinnus/Atalay*, MedR 2006, 581 (583) sowie ausführlich *Niedermair*, Umsatzsteuer und Gesundheitswesen, Diss., Graz, 2008, 143 ff.; wonach die Überlassung von Geräten wohl im Wesentlichen dazu bestimmt sein wird, der Einrichtung zusätzliche Einnahmen zu verschaffen.

2 Siehe bereits Rz. 11.42 f., 11.144.

3 Vgl. *Doralt*, Unterschiedliche Steuersätze für ärztliche Leistungen verfassungswidrig? RdW 1989, 176 (176); *Pernt*, Gesundheitswesen und Kinderbetreuung – wie sozial ist die EU? SWK 1994, A 566 (567).

4 Vgl. VwGH v. 19.6.2002 – 2000/15/0053; VwGH v. 30.7.2002 – 98/14/0203 sowie VwGH v. 24.9.2008 – 2006/15/0283 mit Verweis auf VfGH-Judikatur; *Scheiner/Kolacny/Caganek*, Kommentar zur Mehrwertsteuer UStG 1994 (Loseblattsammlung), § 10 Abs 2 Z 15 Anm 15.

11.186 Diese Kriterien finden sich auch in den UStR Rz. 951a, wobei die UStR in Rz. 950 auch anordnen, dass trotz Vorliegens einer Krankenanstalt der Tatbestand des § 6 Abs. 1 Z 19 UStG erfüllt ist, wenn insgesamt Einkünfte aus selbständiger Arbeit gegeben sind. Dieser Ansicht wurde vom VwGH eine klare Absage erteilt. Die ertragsteuerliche Einordnung der Umsätze ist für die Frage der Anwendbarkeit der Umsatzsteuerbefreiung unmaßgeblich.[1]

11.187 Das Vorliegen einer Bewilligung zum Betrieb einer Krankenanstalt dient als (qualifiziertes) Indiz.[2] Der VwGH hat in diesem Zusammenhang allerdings festgehalten, dass die formale Anerkennung nicht ausreicht, wenn die tatsächlich erbrachten Leistungen nicht dem wirtschaftlichen Bild einer Krankenanstalt entsprechen. Weist eine Einrichtung, die eine Bewilligung als Krankenanstalt besitzt, keine einer Krankenanstalt entsprechende Organisation auf, dann ist von einer Facharztpraxis auszugehen und liegen folglich Umsätze iSd § 6 Abs. 1 Z 19 UStG vor.[3]

11.188 § 6 Abs. 1 Z 18 und Z19 sind uE hinsichtlich ihrer Abgrenzung einer richtlinienkonformen Auslegung zugänglich: § 6 Abs. 1 Z 19 UStG knüpft vorrangig an den Beruf des Leistungserbringers an und erfasst dabei nur solche Tätigkeiten, die durch das ÄrzteG abgedeckt sind, wodurch sichergestellt wird, dass der Arzt dem Patienten gegenüber unmittelbar verantwortlich bleibt. Damit entspricht die Rechtslage im Grunde den Vorgaben des EuGH, der darauf abstellt, dass die Leistung außerhalb einer Krankenanstalt im Rahmen einer auf Vertrauen gegründeten Beziehung zwischen Patient und Behandelndem erbracht wird, sei es in den Praxisräumen des Arztes oder auch in der Wohnung des Patienten oder an einem anderen Ort als einer Krankenanstalt.

### 6. Ermäßigter Steuersatz

11.189 In Österreich wurde die Möglichkeit in Anspruch genommen, einen ermäßigten Steuersatz vorzusehen. Der ermäßigte Umsatzsteuersatz gemäß § 10 Abs. 2 Z 8 UStG findet Anwendung auf Kranken- und Pflegeanstalten etc, die nicht bereits gem § 6 Abs. 1 Z 18 oder 25 UStG steuerbefreit sind. Dh der ermäßigte Steuersatz findet auch auf Anstalten Anwendung, die weder Körperschaften des öffentlichen Rechts noch Körperschaften, Personenvereinigungen und Vermögensmassen sind, die gemeinnützigen, mildtätigen oder kirchlichen Zwecken dienen.

11.190 In den UStR Rz. 1337 wird klargestellt, dass der persönliche und sachliche Anwendungsbereich der Bestimmung mit dem in § 6 Abs. 1 Z 18 UStG übereinstimmt. Für die Anwendung des ermäßigten Steuersatzes ist Voraussetzung, dass eine Krankenbehandlung oder ein damit eng verbundener Umsatz vorliegt.

11.191 Nach Ansicht des BMF können auch die von Körperschaften des öffentlichen Rechts mit Gewinnerzielungsabsicht betriebenen Sanatorien ihre Umsätze weiterhin als steuerpflichtig behandeln und ihre Leistungen einer 10 %-igen Mehrwertsteuer unterwerfen. Begründend wird dazu im Erlass ausgeführt, dass eine Gleichbehandlung derartiger Sanatorien mit „privaten" Krankenanstalten aus Wettbewerbsgründen vertretbar sei.[4] Da Sanatorien Krankenanstalten

1 VwGH v. 19.6.2002 – 2000/15/0053.
2 Vgl. USt-Protokoll 2003, AÖF 182/2003.
3 VwGH v. 24.9.2008 – 2006/15/0283 mit Hinweis auf *Huber/Leitner*, Ermäßigter Umsatzsteuersatz bei Krankenanstalten, SWK 1994, A 515 (515).
4 BMF v. 13.2.1997 – Z 09 0618/5-IV/9/97, AÖF 77/1997 Punkt 3.

darstellen, ist die zwingende Befreiung auch auf deren Umsätze anzuwenden.[1] Eine Option zur Steuerpflicht widerspricht dem Unionsrecht sowie dem Wortlaut von § 6 Abs. 1 Z 18 UStG.[2]

## 7. Beihilfen

Aufgrund der unechten Steuerbefreiung käme es sowohl für Kranken- und Pflegeanstalten als auch für Ärzte zu Mehrbelastungen in Höhe der nicht mehr abziehbaren Vorsteuern. Um diese Auswirkungen zu neutralisieren, wurde das Gesundheits- und Sozialbereich-Beihilfengesetz (GSBG) erlassen (Rz. 13.82 ff.) und steht daher ein Ausgleich zu.[3] 11.192

### a) Kranken- und Kuranstalten

Kranken- und Kuranstalten einschließlich der eigenen Kranken- und Kuranstalten der Sozialversicherungsträger und der Krankenfürsorgeeinrichtungen, die nach § 6 Abs. 1 Z 18 und 25 UStG befreite Umsätze bewirken, haben einen Anspruch auf eine Beihilfe. Die Höhe der Beihilfe entspricht den im Zusammenhang mit den befreiten Umsätzen stehenden nicht abziehbaren Vorsteuern, wobei 10 % jener Entgelte oder Entgeltsteile, die nicht aus öffentlichen Mitteln stammen (zB Klassegelder, Entgelte für Privatpatienten), abzuziehen sind.[4] Diese Kürzung soll Wettbewerbsverzerrungen vermeiden.[5] Weiters führen Umsätze von Krankenanstalten, die nach einer anderen Vorschrift steuerfrei sind (zB Grundstücksvermietung), auch zur Kürzung im Ausmaß von 10 % der nicht aus öffentlichen Mitteln stammenden Entgelte, wenn zuvor die nicht abzugsfähigen Vorsteuern als Beihilfe beansprucht wurden.[6] Das Ausmaß der Kürzung wird bei steuerfreien Grundstücksumsätzen durch die Höhe der anteilig in Anspruch genommenen Beihilfen begrenzt (§ 2 Abs 1 GSBG). 11.193

Besteht für eine Einrichtung, die Beihilfen in Anspruch genommen hat, dieser Anspruch nicht mehr und kann eine Vorsteuerberichtigung gemäß § 12 Abs. 10 UStG geltend gemacht werden, so ist der gemeine Wert der Anlagegüter der Einrichtung als fiktiver Verkaufserlös für eine Kürzung nach Abs. 1 anzusetzen. Die Kürzung ist durch die in Anspruch genommene Vorsteuerberichtigung begrenzt (§ 2 Abs 4 GSBG). 11.194

Ändert sich die Verwendung eines Gegenstandes (iSd § 12 Abs 10 UStG), so ist die dafür in Anspruch genommene Beihilfe für dieselben Zeiträume und in selbiger Höhe wie die Vorsteuerberichtigung zu kürzen. Wechselt die Verfügungsmacht über einen solchen Gegenstand im Zuge eines gemäß UStG 1994 nicht steuerbaren Umsatzes, so erfolgt eine Kürzung in der Höhe, die bei Steuerbarkeit eine zum Zeitpunkt der Verwirklichung des Sachverhalts erfolgte Vorsteuerberichtigung bzw. eine Beihilfenkürzung unter Anwendung eines fiktiven Entgelts in Höhe des gemeinen Werts ausgelöst hätte (§ 2 Abs 5 GSBG). 11.195

Ausbezahlt werden die Beihilfen durch den Hauptverband der Sozialversicherungsträger, insoweit eine Leistungserbringung auf Grund entsprechender Verträge mit den Sozialversicherungsträgern erfolgt (§ 8 GSBG). Selbiges gilt für eigene Kranken- und Kuranstalten von So- 11.196

1 Vgl. *Widhalm*, Umsatzbesteuerung 176.
2 *Ruppe/Achatz*, UStG Kommentar[5], § 6 Rz. 416/19.
3 *Rattinger* in Melhardt/Tumpel, UStG[2], § 6 Rz. 151.
4 *Rattinger* in Melhardt/Tumpel, UStG[2], § 6 Rz. 163.
5 *Leithner* Das Gesundheits- und Sozialbereich-Beihilfegesetz im Überblick, SWK 1996, T 317.
6 *Rattinger* in Melhardt/Tumpel, UStG[2], § 6 Rz. 164.

zialversicherungsträgern.[1] Krankenanstalten, welche Sachleistungen mit dem Landesfonds verrechnen, erhalten die Auszahlung der Beihilfe im Wege der Landesfonds, in allen übrigen Fällen durch die Länder.[2]

### b) Ärzte und arztähnliche Berufe

11.197 Nach § 3 GSBG haben Ärzte, Dentisten und sonstige Vertragspartner, die steuerfreie Leistungen iSd § 6 Abs. 1 Z 19 erbringen, Anspruch auf einen Ausgleich. Die Bemessungsgrundlage ergibt sich aus den durch Sozialversicherungsträger, Krankenfürsorgeeinrichtungen und von Trägern des öffentlichen Fürsorgewesens gezahlten Entgelten für Leistungen iSd § 6 Abs. 1 Z 19. Voraussetzung für den Ausgleichsanspruch ist somit ein Kassenvertrag, weshalb Wahlärzte keinen Anspruch auf Beihilfen haben.[3]. Der jeweilige Prozentsatz der Ausgleichszahlung ist für die verschiedenen Fachrichtungen in § 2 Abs. 1 VO BGBl II 1997/56 geregelt.

11.198 Als Entgelt gilt der in den Tarifverträgen und ähnlichen Verträgen festgelegte Betrag. (§ 2 Abs 4 VO BGBl II 1997/56). Ist gesetzlich oder vertraglich eine (teilweise) Bezahlung seitens des Patienten vorgesehen, bezieht sich der erstattungsfähige Ausgleich auf das gesamte Entgelt. Voraussetzung ist jedoch, dass es sich um eine Leistung im Rahmen eines Einzelvertrags handelt und der vom Patienten zu zahlende Betrag im Tarifvertrag festgelegt ist (§ 2 Abs. 5 VO BGBl II 1997/56).

11.199 Die Beihilfe wird durch die Sozialversicherungsträger, Krankenfürsorgeeinrichtungen und Träger des öffentlichen Fürsorgewesens zusammen mit der Entgeltsentrichtung an den Arzt oder sonstigen Vertragspartner ausbezahlt.

## E. Reformvorschläge

11.200 Die Umsetzung der unionsrechtlichen Steuerbefreiung nach Art. 132 Abs. 1 lit. b MwStSystRL ist im deutschen Umsatzsteuerrecht nur bedingt gelungen. Grundsätzlich knüpft das deutsche Recht immer noch an die sozialversicherungsrechtlichen Vorschriften und dort weniger an eine Genehmigung der Tätigkeit als an eine **Bedarfsplanung** der Länder oder der Sozialkassen an. Obwohl die Mitgliedstaaten die Kriterien bestimmen dürfen, nach denen private Krankenanstalten unter gleichbaren Bedingungen wie öffentlich-rechtliche Einrichtungen tätig sind, sind die gewählten Kriterien nicht durchgehend sachgerecht, solange auch öffentliche Krankenhäuser etwa privat Versicherte behandeln und ihre diesen gegenüber erbrachten Leistungen entsprechend höher abrechnen (Rz. 11.131). Private Krankenhäuser können sich nach der Rechtsprechung des BFH in dieser Situation unmittelbar auf die unionsrechtliche Steuerbefreiung für Krankenhausbehandlungen berufen. Diese Situation ist allerdings für die betroffenen Einrichtungen, den Fiskus und die Krankenkassen, die entsprechende Leistungen bezahlen, problematisch, da die Möglichkeit des Vorsteuerabzugs und die Weiterberechnung samt Rückforderung der Umsatzsteuer erhebliche finanzielle Unwägbarkeiten aufwerfen (dazu Rz. 11.143). Anhand der weiten Kriterien, die der BFH für die Vergleichbarkeit einer privaten Einrichtung nennt, ist eine rechtssichere Gestaltung oder Beratung kaum möglich. Für eine gesetzlich eindeutige Regelung, die der Vergleichbarkeit Rechnung trägt und durch den EuGH inzwischen sogar als unionsrechtsgemäß eingeordnet

1 Vgl. § 2 Abs. 1 GSBG.
2 *Rattinger* in Melhardt/Tumpel, UStG², § 6 Rz. 167.
3 *Rattinger* in Melhardt/Tumpel, UStG², § 6 Rz. 169.

worden ist, erscheint eine Rückkehr nach dem bisherigen System der überwiegenden Finanzierung der Krankenhausleistungen mit Verweis auf § 67 Abs. 2 AO vorzugswürdig (vgl. Rz. 11.113 f.).[1] In diese Richtung geht auch der teilweise Nichtanwendungserlasse der Finanzverwaltung.[2]

Von der Möglichkeit des Mitgliedstaatenwahlrechts nach § 133 MwStSystRL hat Deutschland für die Krankenhausbehandlungen keinen Gebrauch gemacht. Hier wäre wie bei anderen Befreiungstatbeständen zu erwägen, die Steuerbefreiung nur **gemeinnützigen Organisationen** zugänglich zu machen. Die Kontroverse um die Steuerpflicht der Leistungen von Privatkliniken wäre damit obsolet. Auch sieht der BFH das Vorliegen von Gemeinnützigkeit als in sozialer Hinsicht vergleichbare Bedingungen an.[3] Allerdings erscheint diese Lösung angesichts der vielfältigen und funktionsfähigen Krankenhauslandschaft in Deutschland, in der neben staatlichen und gemeinnützigen Organisationen auch private Kliniken, die einen Anreiz zur Gewinnerzielung und damit zur Investition und zur Nutzung von Synergieeffekten führen und die oftmals sinnvolle und qualitätsvolle Leistungen anbieten, gegenüber der Rückkehr zur 40 %-Lösung (Rz. 11.200) weniger sinnvoll. 11.201

Einige der im Zusammenhang mit Krankenhaus und ärztlichen Heilbehandlungen bedeutsame Lieferungen und Leistungen, für die Anhang III der MwStSystRL einen **ermäßigten Steuersatz** ermöglicht, sind in Deutschland nicht privilegiert. Zur Senkung der Kosten im Gesundheitsbereich ist die Einführung eines ermäßigten Steuersatzes für Arzneimittel, medizinische Geräte und häusliche Pflegedienstleistungen zu erwägen, zumal der ermäßigte Steuersatz den vollen Vorsteuerabzug ermöglicht (vgl. dazu *Hüttemann*, Rz. 3.66). Fiskalische Überlegungen sollten vor dem Hintergrund, dass der Mehrwertsteueranteil an diesen Lieferungen und Leistungen weit überwiegend durch gesetzliche Sozialkassen finanziert werden, in den Hintergrund treten. In diesem Zusammenhang sind auch die Bemühungen der Kommission im Auge zu behalten, die Gegenstände und Dienstleistungen, auf die ermäßigte Steuersätze angewandt werden können, zu überprüfen und ggf. nach den Vorstellungen der Mitgliedstaaten zu erweitern.[4] 11.202

1 So auch *Meurer*, MwStR 2015, 523 (526).
2 BMF-Schr. v. 6.10.2016 – III C 3 - S 7170/10/10004, npoR 2017, 29.
3 BFH v. 15.5.2012 – V R 19/11, BFHE 247, 369; zustimmend *Hüttemann/Becker*, UR 2014, 637.
4 Europäische Kommission, Mitteilung an das Europäische Parlament, den Rat und den Europäischen Wirtschafts- und Sozialausschuss über einen Aktionsplan im Bereich der Mehrwertsteuer – Wege zu einem einheitlichen europäischen Mehrwertsteuerraum: Zeit für Reformen, v. 7.4.2016, COM (2016) 148 final, UR 2016, 512; hierzu *Widmann*, UR 2016, 506 ff.

# Kapitel 12
# Kooperationen, Art. 132 Abs. 1 lit. f MwStSystRL




**Literatur (Deutschland):** *Erdbrügger/Liegmann*, EU-Kommission bereitet den Weg für umsatzsteuerfreie Kooperation in Deutschland, BB 2015, 989; *Heber*, Vorsteuerabzug: Lösungsansatz für ein unionsrechtskonformes Ergebnis. Grundlagen und Systematik des Vorsteuerabzugsrechts nach der MwSt-RL (Teil I), ÖStZ, 2013, S. 17; *Küffner/Grimm*, Holding und Organschaft, Der Konzern 2015, 306; *Küffner/Rust*, Kirchen im Fokus der Umsatzsteuer – muss das sein?, DStR 2014, 2533; *Plikat*, Forschung und Entwicklung in der Umsatzsteuer – das (Aufwands-) „Pool-Konzept", UStB 2009, 41; *Pull*, Die Sphärentheorie im Mehrwertsteuerrecht, Schriften zum Umsatzsteuerrecht, Band 28, Köln 2014; *Reiß*, EDM: Umsatzsteuer bei Beteiligungs- und Wertpapierveräußerung durch Holdinggesellschaften, IStR 2004, 450; *Schuck/Baumunk*, Die umsatzsteuerliche Behandlung von Aufwandspools vor dem Hintergrund des EuGH-Urteils im Falle EDM vom 29.4.2004, BB 2005, 2105; *Sterzinger*, Neuregelung der Umsatzbesteuerung der öffentlichen Hand, UR 2015, 655; *Sterzinger*, Internationale Verrechnungspreise und Umsatzsteuer, DStR 2009, 1340; *Wäger*, Steuerbare Leistungen im Rahmen von Gesellschaftsverhältnissen, UR 2008, 69; *Wäger*, Wirtschaftliche Tätigkeit und Hilfsumsätze im Bereich der Finanzgeschäfte, UR 2004, 301; *Widmann*, Vorsteuerabzug – unabhängig von der Erzielung eines entgeltlichen Umsatzes, UR 1996, 119; *Widmann*, Umsatzbesteuerung der juristischen Person öffentlichen Rechts, UR 2015, 5; *Zenker*, Anmerkung zum Urteil des FG Düsseldorf vom 4.4.2013 – 5 K 3139/09 U, MwStR 2013, 253.

**Literatur (Österreich):** *Achatz/Mang/Lindinger*, Besteuerung der Körperschaften öffentlichen Rechts, 3. Aufl. 2014; *Achatz*, Gemeindekooperationen aus umsatzsteuerlicher Sicht, RFG 2014; *Achatz*, Die

Besteuerung der Non-Profit-Organisationen I, 2. Aufl. 2004; *Achatz*, Die Besteuerung der Non-Profit-Organisationen II, 2002; *Achatz*, Die Besteuerung der Non-Profit-Organisationen III, 2003; *Achatz*, Umsatzsteuer und Gemeinnützigkeit, in Jachmann (Hrsg.), Gemeinnützigkeit, DStJG Bd. 26, 2003; *Achatz*, Seminar B: Umsatzbesteuerung der öffentlichen Hand aus gemeinschaftsrechtlicher Sicht, IStR 2008; *Achatz/Kirchmayr* (Hrsg.), Körperschaftsteuergesetz, Kommentar, 2011; *Achatz/Tumpel*, Unechte Steuerbefreiungen, 2010; *Amand*, Are VAT Exemtions Compatible with Primary EU Law?, International VAT Monitor 2010; *Heber*, Kooperationen als Teil der nichtwirtschaftlichen Sphäre, UR 2014; *Hilber*, Umsatzsteuerliche Liebhaberei und Unternehmereigenschaft von Vereinen, ecolex 2010; *Höhne/Jöchl/Lummerstorfer*, Das Recht der Vereine, 5. Aufl. 2016; *Löckher/Oberhuber/Renner*, Abgabenrechtliche Begünstigungen: Lockerung des restriktiven Unmittelbarkeitsbegriffs durch den neuen § 40a BAO?, taxlex 2016; *Melhardt/Tumpel* (Hrsg.), UStG-Kommentar, 2. Aufl. 2016; *Prinz/Prinz*, Gemeinnützigkeit im Steuerrecht, 2. Aufl. 2004; *Ritz*, BAO, 5. Aufl. 2014; *Ruppe/Achatz*, Umsatzsteuergesetz: Kommentar, 5.Aufl. 2018; *Ruppe*, Steuerrechtliche Folgen der wirtschaftlichen Betätigung von Vereinen, in Korinek/Krejci (Hrsg.), Der Verein als Unternehmer, 1988; *Scheiner/Kolacny/Caganek*, Kommentar zur Mehrwertsteuer – UStG 1994, 14. Lfg., 2006; *Stoll*, BAO-Kommentar, 1994; *Tanzer*, Wirtschaftliche Betätigung und Gemeinnützigkeit, in Korinek/Krejci (Hrsg.), Der Verein als Unternehmer, 1988; USt-Protokoll 2012; UStR 2000; VereinsR 2001.

## A. Normtexte

12.1 – **Unionsrechtliche Grundlage**

**Art. 132 Abs. 1 lit. f MwStSystRL**

**Die Mitgliedstaaten befreien folgende Umsätze von der Steuer:**

…

**f) Dienstleistungen, die selbständige Zusammenschlüsse von Personen, die eine Tätigkeit ausüben, die von der Steuer befreit ist oder für die sie nicht Steuerpflichtige sind, an ihre Mitglieder für unmittelbare Zwecke der Ausübung dieser Tätigkeit erbringen, soweit diese Zusammenschlüsse von ihren Mitgliedern lediglich die genaue Erstattung des jeweiligen Anteils an den gemeinsamen Kosten fordern, vorausgesetzt, dass diese Befreiung nicht zu einer Wettbewerbsverzerrung führt;**

– **Relevante deutsche Regelungen**

**§ 4 Nr. 14 lit. d) UStG**

**„sonstige Leistungen von Gemeinschaften, deren Mitglieder Angehörige der in Buchstabe a bezeichneten Berufe oder Einrichtungen im Sinne des Buchstaben b sind, gegenüber ihren Mitgliedern, soweit diese Leistungen für unmittelbare Zwecke der Ausübung der Tätigkeiten nach Buchstabe a oder Buchstabe b verwendet werden und die Gemeinschaft von ihren Mitgliedern lediglich die genaue Erstattung des jeweiligen Anteils an den gemeinsamen Kosten fordert".**

– **Relevante österreichische Regelungen**

**§ 6 Abs. 1 Z 19 Ö UStG**

**(1) Von den unter § 1 Abs. 1 Z 1 fallenden Umsätzen sind steuerfrei**

…

**die Umsätze aus Heilbehandlungen im Bereich der Humanmedizin, die im Rahmen der Tätigkeit als Arzt, Zahnarzt, Dentist, Psychotherapeut, Hebamme sowie als freiberuflich Tätiger i.S.d. § 35 Abs. 1 Z 1 i.V.m. § 11 des Gesundheits- und Krankenpflegegesetzes, BGBl. Nr. 460/1992 sowie § 45Z 1 i.V.m. § 29 des Medizinischer Masseur- und Heilmasseurgesetzes, BGBl. I Nr. 169/2002,**

**durchgeführt werden; steuerfrei sind auch die sonstigen Leistungen von Gemeinschaften, deren Mitglieder Angehörige der oben bezeichneten Berufe sind, gegenüber ihren Mitgliedern, soweit diese Leistungen unmittelbar zur Ausführung der nach dieser Bestimmung steuerfreien Umsätze verwendet werden und soweit die Gemeinschaften von ihren Mitgliedern lediglich die genaue Erstattung des jeweiligen Anteils an den gemeinsamen Kosten fordern.**

## B. Auslegung durch den EuGH

### I. Kooperationsformen

Der Anwendungsbereich der Steuerbefreiung des Art. 132 Abs. 1 lit. f MwStSystRL erschließt sich einem erst, wenn man sich zunächst der Frage zuwendet, welche Dienstleistungen von selbständigen Zusammenschlüssen an ihre Mitglieder überhaupt steuerbar sind.[1] Mithin ist vorab zu klären, wann ein selbständiger Zusammenschluss von Personen als Steuerpflichtiger i.S.d. Art. 9 Abs. 1 MwStSystRL tätig wird und eine Leistung an ein Mitglied erbringt. Denn die Steuerbefreiungsnorm des Art. 132 Abs. 1 lit. f MwStSystRL greift nur für solche Dienstleistungen, die nach Art. 2 Abs. 1 lit. c MwStSystRL der Mehrwertsteuer unterliegen. 12.2

In der Praxis spielt die Frage, ob Dienstleistungen im Rahmen von Kooperationen der Mehrwertsteuer unterliegen, eine zentrale Rolle, da insbesondere **Einrichtungen des sog. „dritten Sektors"** häufig nichtwirtschaftlich tätig werden und daher **nicht zum Vorsteuerabzug** berechtigt sind,[2] ihre Kooperationstätigkeit aber möglicherweise der Mehrwertsteuer unterliegt. Hierdurch stellt die Mehrwertsteuer ein Kostenelement dar. 12.3

**Kooperationen sind vielfältiger Natur.** Kooperationen sind ein übergeordneter Begriff, der nicht in der MwStSystRL geregelt ist. Kooperationen reichen von rein schuldrechtlichen Verträgen, in denen Leistungen gegen Entgelt ausgetauscht werden, bis zur Gründung gemeinsamer Innen- oder Außengesellschaften. Um den Einstieg in die Thematik zu erleichtern und auch den Anwendungsbereich des Art. 132 Abs. 1 lit. f MwStSystRL zu verdeutlichen, werden die verschiedenen Arten von Kooperationen im Folgenden zunächst kurz skizziert. 12.4

#### 1. Schuldrechtlicher Vertrag

Die einfachste Form der Kooperation ist der **schuldrechtliche Vertrag**, in dem Leistungen zwischen zwei Personen ausgetauscht werden. In der Praxis wird der Begriff der Kooperation häufig dann verwendet, wenn Leistungen lediglich gegen Auslagenersatz vergütet werden oder aber die Gegenleistung selbst in Form einer weiteren Leistung erfolgt, wodurch ein Tausch begründet ist. 12.5

**Beispiel:** Die Forschungseinrichtung A stellt ein wissenschaftliches Gerät für drei Monate der Forschungseinrichtung B gegen 100 Euro zur Verfügung. Die Parteien schließen dazu einen schuldrechtlichen Vertrag.

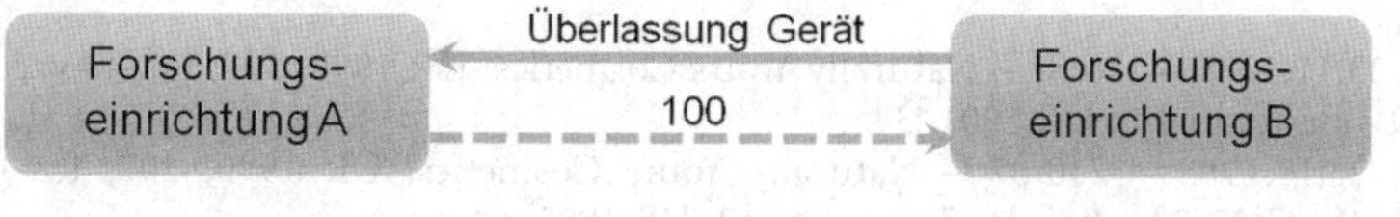


1 Vgl. auch EuGH v. 4.5.2017 – C-274/15, Kommission/Luxemburg, MwStR 2017, 362, Rz. 61.
2 Vgl. zum Ganzen auch *Heber*, UR 2014, 957–969.

**Abwandlung:** Statt 100 Euro stellt die Forschungseinrichtung B ihrerseits ein anderes Forschungsgerät für den vereinbarten Zeitraum zur Verfügung.

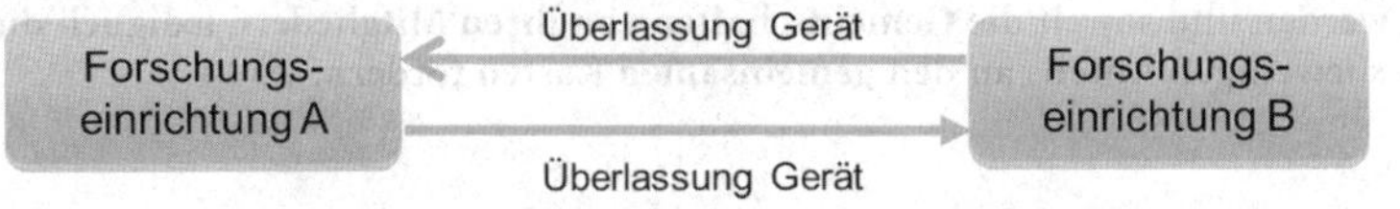


12.6 Das wirtschaftliche Tätigwerden und somit das Tätigwerden als Steuerpflichtiger im Sinne der MwStSystRL setzt voraus, dass die Lieferung eines Gegenstands oder eine Dienstleistung **gegen Entgelt nachhaltig erbracht** werden. In diesem Fall wird der Steuerpflichtige in seinem wirtschaftlichen Bereich tätig. Der Leistungsaustausch ist dann steuerbar.

12.7 Wer als Steuerpflichtiger zu qualifizieren ist, wird durch Art. 9 Abs. 1 MwStSystRL bestimmt. Hinzukommen muss die Steuerbarkeit der Leistung nach Art. 2 MwStSystRL. Steuerbar ist die Leistung dann, wenn ein Steuerpflichtiger als solcher im Gebiet eines Mitgliedstaats die Leistung gegen Entgelt erbringt. Aus **verbrauchsteuerteleologischen Gesichtspunkten** liegt eine Leistung im Sinne des Mehrwertsteuerrechts vor, wenn sie an einen individualisierbaren Leistungsempfänger erbracht wird[1]. Als weitere Voraussetzung muss hinzukommen, dass die Leistung gegen Entgelt erbracht wird. Dies ist dann der Fall, **wenn die Leistung in einem unmittelbaren Zusammenhang mit einer Gegenleistung steht**[2]. Diese Gegenleistung muss dabei nicht notwendigerweise in einem Geldwert bestehen. Sie kann auch in Wirtschaftsgütern oder Dienstleistungen begründet sein.[3] Ihr Wert muss sich aber in Geld ausdrücken lassen.[4]

**Lösung:** Es handelt sich grundsätzlich um einen steuerbaren Vorgang. A wird als Steuerpflichtiger i.S.d. Art. 9 Abs. 1 MwStSystRL tätig. A erbringt eine Dienstleistung i.S.d. Art. 2 MwStSystRL. Diese unterliegt der Mehrwertsteuer, da A als Steuerpflichtiger handelt. B erhält als individualisierbarer Leistungsempfänger einen verbrauchsfähigen Vorteil. Die Leistung wurde von A gegen Entgelt nachhaltig erbracht. Die Leistung gilt deswegen als gegen Entgelt erbracht, da A seine Leistung in Erwartung der Geldzahlung erbringt und B das Geld in Erwartung der Dienstleistung zahlt.

**Lösung Abwandlung:** Gleiches Ergebnis wird erzielt, wenn B nicht 100 Euro entrichtet, sondern dafür ein anderes Forschungsgerät überlässt. In diesem Fall würde man zu dem gleichen Ergebnis über die Tauschgrundsätze gelangen.[5] Für die Frage, wie der Wert der Gegenleistung zu bestimmen ist, s. Kapitel 25.

---

1 Zusammenfassend *Heber*, UR 2014, 957–969 mit Verweis auf EuGH v. 29.2.1996 – Rs. C-215/94 – Mohr, UR 1996, 119 m. Anm. *Widmann*; EuGH v. 18.12.1997 – Rs. C-384/95 – Landboden-Agrardienste, UR 1998, 102; EuGH v. 6.10.2009 – Rs. C-267/08 – SPÖ Landesorganisation Kärnten, UR 2009, 760.

2 Statt vieler EuGH v. 5.2.1981 – 154/80 – Coöperatieve Aardappelenbewaarplaats, EuGH v. 5.2.1981 – Rs. C-154/80, UR 1981, 100, EuGH v. 20.1.2005 – Rs. C-412/03 – Hotel Scandic Gåsabäck, UR 2005, 98.

3 EuGH v. 23.11.1988 – 230/87 – Naturally Yours Cosmetics, UR 1990, 307; EuGH v. 3.7.2001 – Rs. C-380/99 – Bertelsmann, UR 2001, 346.

4 EuGH v. 23.11.1988 – 230/87 – Naturally Yours Cosmetics, UR 1990, 307, Rz. 16; EuGH v. 2.6.1994 – Rs. C-33/93 – Empire Stores, Rz. 12, UR 1995, 64.

5 Zur Bemessungsgrundlage bei tauschähnlichen Umsätzen vgl. EuGH v. 2.6.1994 – Rs. C-33/93 – Empire Stores, UR 1995, 64 m. Anm. *Rothenberger*; EuGH v. 3.7.2001 – Rs. C-380/99 – Bertelsmann, UR 2001, 346.

Doch: Unterliegt jedweder Umsatz der Mehrwertsteuer? Bei Personen des Dritten Sektors ist zu berücksichtigen, dass diese Personen häufig auch nichtwirtschaftlich tätig werden, also nicht immer als „Steuerpflichtiger“ handeln. Denn nach Auffassung des EuGH gibt es neben der wirtschaftlichen Tätigkeit eine sog. nichtwirtschaftliche Tätigkeit, die Teil der unternehmerischen Sphäre des Steuerpflichtigen ist[1]. Von einer nichtwirtschaftlichen Tätigkeit ist immer dann auszugehen, wenn die in Art. 2 MwStSystRL formulierten Voraussetzungen – Leistung gegen Entgelt – nicht gegeben sind;[2] somit ist die **Nichtwirtschaftlichkeit der Tätigkeit** entweder durch mangelnde Leistungserbringung oder mangelnde Entgeltlichkeit bedingt[3]. Eine Leistungserbringung kann z.B. bei ideell wirkenden Vereinen[4] oder aber bei juristischen Personen des öffentlichen Rechts[5] fehlen. Jedes nichtwirtschaftliche Tätigwerden liegt damit außerhalb des Mehrwertsteuerrechts. Die Konsequenz ist, dass Umsätze der nichtwirtschaftlichen Sphäre nicht der Mehrwertsteuer unterliegen. Im Gegenzug berechtigen Eingangsleistungen, die mit diesen nicht steuerbaren Ausgangsleistungen im direkten und unmittelbaren Zusammenhang stehen, nicht zum Vorsteuerabzug (zum Ganzen vgl. *Weitemeyer*, Rz. 27.136 ff.). 12.8

Im Rahmen von privatrechtlichen (schuldrechtlichen) Verträgen stellt sich daher die Frage, ob solche Kooperationsleistungen auch im nichtwirtschaftlichen Bereich erfolgen können. Dies ist bislang höchstrichterlich ungeklärt. *Heber* hat aber überzeugend dargelegt, dass es möglich ist. Ihre Feststellung gilt zumindest dann, wenn die **Kooperation eine unmittelbare, dauerhafte und notwendige Erweiterung der nichtwirtschaftlichen Tätigkeit** der kooperierenden Personen darstellt[6]. 12.9

## 2. Aufwandspool

Bei einem Aufwandspool werden Ressourcen von mindestens zwei Personen zum Zwecke der gemeinsamen Beschaffung, Entwicklung oder Herstellung von Wirtschaftsgütern, Dienstleistungen oder Rechten gebündelt, um hieraus einen wechselseitigen Nutzen zu ziehen[7]. Der Teilnahmekreis eines Umlagevertrags ist damit auf Personen beschränkt, die aus den Leistungen, die sie für die Gemeinschaft erbringen, für sich selbst Vorteile ziehen, d.h. ihren Anteil an den Ergebnissen der gemeinsamen Tätigkeit nutzen[8]. Durch den Zusammenschluss bzw. den Vertrag entsteht kein neuer Steuerpflichtiger, sondern **häufig eine reine Innengesellschaft**[9]. 12.10

---

1 Vgl. dazu insbesondere EuGH v. 12.2.2009 – Rs. C-515/07 – VNLTO, UR 2009, 199, Rz. 38; ausführlich *Heber*, ÖStZ, 2013, S. 17; vgl. auch *Pull*, Die Sphärentheorie im Mehrwertsteuerrecht, 2014.

2 *Heber*, Gesellschaften und ihre Gesellschafter in der Umsatzsteuer, 44 ff.

3 Vgl. *Heber*, UR 2014, 957 (959).

4 EuGH v. 12.2.2009 – Rs. C-515/07 – VNLTO, EU:C:2009:88 Rz. 34 f., UR 2009, 199; BFH v. 6.5.2010 – V R 29/09, BStBl. II 2010, 885 = UR 2010, 746.

5 BFH v. 3.3.2011 – V R 23/10, BStBl. II 2012, 74 = UR 2011, 617 m. Anm. *Küffner*.

6 *Heber*, UR 2014, 957 mit Verweis auf EuGH v. 11.7.1996 – Rs. C-306/94 – Régie dauphinoise, UR 1996, 304, Rz. 18.

7 Vgl. *Plikat*, UStB 2009, 41 ff. (42), *Sterzinger*, DStR 2009, 1340 ff. (1343); *Wäger*, UR 2008, 69 ff. (76); *Schuck/Baumunk*, BB 2005, 2105 ff.

8 Vgl. auch zur Ertragsteuer: BMF v. 30.12.1999 – VV DEU BMF 1999-12-30 IV B 4 - S 1341-14/99, BStBl. I 1999, 1122.

9 Ob eine Innengesellschaft vorliegt, bestimmt sich nach zivilrechtlichen Grundsätzen. Nach h.M. (vgl. *Ulmer/Schäfer* in MünchKomm/BGB⁶, § 705 BGB Rz. 275 mit der dort zitierten Rechtsprechung und Literatur; *Friel* in Gummert, MAH Personengesellschaftsrecht, Teil E, § 13, II. Nr. 6, Rz. 14 ff.) grenzt sich die Innengesellschaft von der Außengesellschaft dadurch ab, dass sie nicht

**Beispiel:** Forschungseinrichtung A und Forschungseinrichtung B kommen im Rahmen eines Konsortialvertrages überein, dass sie gemeinsam etwas erforschen wollen. Zu diesem Zweck vereinbaren sie, dass A das Forschungsgerät X und B das Forschungsgerät Y jeweils der anderen Forschungseinrichtung in einem jeweils bestimmten Umfang zur Verfügung stellen.

**Abwandlung 1:** B benutzt das Forschungsgerät X, welches A gehört, in einem höheren Umfang. B zahlt dem A dafür einen Ausgleich i.H.v. 100,00 Euro.

**Abwandlung 2:** Der Vereinbarung liegt kein gemeinsamer Forschungszweck zugrunde. Die beiden Parteien wollen sich vielmehr Kosten sparen.

12.11 Der Aufwandspool charakterisiert sich dadurch, dass jedes Pool-Mitglied seinen Aufwand selbst bezieht, also der Aufwand **nicht durch eine nach außen auftretende Personenvereinigung am Markt bezogen** wird. Der Aufwand wird später nach einem im Vorhinein festgelegten Schlüssel, der sich häufig nach dem jeweiligen Nutzen der Poolmitglieder bestimmt, auf diese verteilt. Bei einem Aufwandspool übernimmt jeder Unternehmer im Rahmen seiner Unternehmenstätigkeit Aufgaben, die im Interesse des Pools liegen[1]. Jedes Poolmitglied hat dabei einen im Vorfeld vereinbarten Beitrag zu leisten. Ein finanzieller Ausgleich (Spitzenausgleich) erfolgt nur, soweit ein Poolmitglied einen über seine Beitragspflicht hinausgehenden Beitrag erbringt.

12.12 In einem Aufwandspool stellt sich stets die Frage, ob das einzelne Poolmitglied eine Leistung gegen Entgelt an den „Pool" oder an die anderen Poolmitglieder erbringt.

12.13 Der EuGH hat sich in einer **einzelnen wegweisenden Entscheidung in der Rs. *EDM*** mit dieser Problematik auseinandergesetzt[2]. Viele Fragen blieben aber offen. Dem Urteil lag folgender Sachverhalt zugrunde:

Mehrere Unternehmen waren Mitglieder von Konsortien zur Entdeckung von Bodenschätzen und zur Beurteilung der Wirtschaftlichkeit des Abbaus. Die Konsortialverträge sahen vor, dass jedes Mitglied einen im Konsortialvertrag festgelegten Anteil der Kosten zu tragen hat. Die Mitglieder erbrachten verschiedene Leistungen im Rahmen der Konsortialverträge, deren Kosten am Ende nach dem festgeleg-

---

am Rechtsverkehr teilnimmt und es deshalb im Gesellschaftsvertrag an Vertretungsregelungen fehlt. Die Gesellschafter treten vielmehr in eigenem Namen nach außen auf. Eine interne Organisation steht der Annahme einer Innengesellschaft nicht entgegen (vgl. *Schöne* in BeckOK/BGB, § 705 BGB, Lfg. Mai 2015, Rz. 159 ff.). Zudem hat die Innengesellschaft nach h.M. kein Gesamthandsvermögen (str.: vgl. *Ulmer/Schäfer* in MünchKomm/BGB[6], § 705 BGB Rz. 277).

1 *Theler* in Reiß/Kraeusel/Langer, UStG, § 1 UStG, Rz. 413.4 – Lfg. Apr. 2015; BMF v. 30.12.1999 – IV B 4-S 1341-14/99, BStBl. I 1999, 1122.

2 EuGH v. 29.4.2004 – Rs. C-77/01 – EDM, UR 2004, 292 – Rz. 86 ff.; Anm. *Wäger*, UR 2004, 301.

ten Prozentsatz ausgeglichen wurden. Soweit der wertmäßige Anteil der Leistungen eines Mitglieds höher war als der von diesem zu tragende Anteil, erhielt das Mitglied in Höhe der Differenz Ausgleichszahlungen der anderen Mitglieder. Soweit die Leistungen des Mitglieds seinem Kostenanteil entsprachen, erfolgten keine Ausgleichszahlungen.

Zur Frage der Steuerbarkeit der Leistungen im Rahmen des Konsortialvertrags stellt der EuGH fest: 12.14

„Arbeiten […], die die Mitglieder eines Konsortiums gemäß den Klauseln des Konsortialvertrags entsprechend ihrem jeweiligen in diesem Vertrag festgelegten Arbeitsanteil durchführen, [stellen] keine Lieferungen von Gegenständen oder Dienstleistungen „gegen Entgelt“ […] und damit auch keinen […] steuerbaren Umsatz dar.“ (Rz. 88)

„Wenn dagegen die Arbeiten über den im Vertrag festgelegten Arbeitsanteil eines Mitglieds des Konsortiums hinausgehen und dies dazu führt, dass die anderen Mitglieder des Konsortiums eine Gegenleistung für die über diesen Arbeitsanteil hinausgehenden Arbeiten zahlen, so stellen diese eine Lieferung von Gegenständen oder eine Dienstleistung „gegen Entgelt“ […] dar.“ (Rz. 89)

„In diesem Fall besteht […] die Besteuerungsgrundlage in dem Betrag, den das betreffende Mitglied des Konsortiums tatsächlich als Zahlung für den Teil der Arbeiten erhält, der über den im Konsortialvertrag festgelegten Arbeitsanteil hinausgeht.“ (Rz. 90)

Der EuGH geht somit im Ergebnis davon aus, dass bei Konsortialverträgen **nur der sog. Spitzenausgleich der Mehrwertsteuer unterliegt**. Soweit ein Poolmitglied im Rahmen seiner Beitragspflicht Leistungen an den Pool erbringt, liegt hingegen kein umsatzsteuerbarer Leistungsaustausch vor[1]. Nach *Wäger* soll dies allerdings nur dann gelten, wenn die Poolmitglieder einen gemeinsamen Zweck (z.B. Forschung) verfolgen[2]. 12.15

Bevor man Überlegungen anstellt, ob eine solche einschränkende Sichtweise notwendig ist, muss man zunächst der Frage nachgehen, wie der EuGH die Beschränkung der Steuerpflicht auf den Spitzenausgleich rechtfertigt. Denn vieles spricht dafür, dass der gesamte Aufwand der Mehrwertsteuer unterliegt: Das eine Poolmitglied stellt dem anderen Poolmitglied bzw. dem Pool seinen Aufwand zur Verfügung. Damit droht ein nicht besteuerter Endverbrauch. 12.16

Der EuGH sieht die **Grundlage für die Nichtsteuerpflicht im Fehlen einer Gegenleistung.** Der Mehrwertsteuer können nur Lieferungen von Gegenständen und Dienstleistungen unterliegen, die gegen Entgelt ausgeführt werden. Somit können Lieferungen von Gegenständen und Dienstleistungen, die nicht gegen Entgelt ausgeführt werden, grundsätzlich keine steuerbaren Umsätze darstellen[3]. Vor dem Hintergrund, dass die Mitglieder Arbeiten, die sie entsprechend ihrem jeweiligen Arbeitsanteil durchführen, nicht vergütet bekommen, liegen keine gegen Entgelt ausgeführte Lieferungen von Gegenständen oder Dienstleistungen vor[4]. Der EuGH gelangt daher zu dem Ergebnis, dass die Mitglieder des Konsortiums in Höhe ihres Arbeitsanteils keine steuerbaren Leistungen gegenüber dem Konsortium und auch keine steuerbaren Leistungen gegenüber den anderen Mitgliedern des Konsortiums erbringen. Etwas anderes gilt nur für darüber hinausgehende entgeltliche Leistungen, den sog. Spitzenausgleich. 12.17

---

1 Vgl. *Lippross* in Lippross, UStG[23], S. 420 f.; *Wäger*, UR 2008, 69 (76); *Slapio* in Birkenfeld/Wäger, Das große USt-Handbuch, § 115, Rz. 191 – Lfg. Feb. 2015; *Theler* in Reiß/Kraeusel/Langer, UStG, § 1 UStG, Rz. 413.4 – Lfg. Apr. 2015; *Riegel/Totsche*, UR 2011, 721.

2 *Wäger*, UR 2008, 69 ff. (77), der die auf die Ausgleichzahlungen beschränkte Besteuerung bei Konsortien nur gerechtfertigt sieht, wenn die Tätigkeit der Poolmitglieder in einem gemeinsamen Interesse besteht.

3 EuGH v. 29.4.2004 – Rs. C-77/01 – EDM, UR 2004, 292 – Rz. 86.

4 EuGH v. 29.4.2004 – Rs. C-77/01 – EDM, UR 2004, 292 – Rz. 88.

12.18 Die **Grundsätze des Tauschs bzw. des tauschähnlichen Umsatzes** hat der EuGH nicht weiter thematisiert. Diese Frage drängt sich aber auf, wenn man bedenkt, dass das einzelne Poolmitglied seinen Anteil nur deshalb trägt, damit es später die Ergebnisse der anderen erhält. Ein Leistungsaustausch liegt somit nahe. Der Leistung des Poolmitglieds kann eine Gegenleistung des anderen Poolmitglieds oder aber des Pools selbst zugrunde liegen.

12.19 Der EuGH hat diese Schlussfolgerung jedoch nicht getroffen. Er hat die **Steuerbarkeit wegen des fehlenden Entgelts verneint**. Der EuGH stützt die auf die Ausgleichszahlungen beschränkte Steuerbarkeit u.a. auch darauf, dass sich Arbeiten, die die Mitglieder im Rahmen des Konsortiums für dessen Rechnung ohne Ausgleichszahlung durchführen, nicht von den Arbeiten unterscheiden, die Unternehmer für eigene Rechnung vornehmen. Die Argumentation der Klägerin, wonach die Leistungen nicht gegenseitiger Natur sind, sondern auf ein gemeinsames Ergebnis abzielen, hat er nicht aufgegriffen. Ebenso wenig hat er sich an der Auffassung der Kommission orientiert. Die Kommission wollte den Begriff der wirtschaftlichen Tätigkeit sehr weit verstanden wissen und den Endzweck der Durchführung von steuerbaren Umsätzen gegen Entgelt ausreichen lassen.

12.20 Der Ansatz des EuGH, in den Fällen des Aufwandspools ausschließlich auf die Frage des „Entgelts" abzustellen, stimmt auch mit seiner Rechtsprechung zu den **Leistungsbeziehungen zwischen einer Gesellschaft und ihrem Gesellschafter** überein. Auch dort ist ausschließlich das Vorliegen eines Entgelts entscheidend[1]. Es kommt nur dann zu einem Leistungsaustausch, der dem Anwendungsbereich der MwStSystRL unterliegt, wenn zwischen dem Steuerpflichtigen und dem Leistungsempfänger ein Rechtsverhältnis besteht, das einen unmittelbaren Zusammenhang zwischen Leistung und Entgelt begründet, so dass das Entgelt als Gegenwert für die Leistung anzusehen ist[2]. Das der **Leistung zugrunde liegende Rechtsverhältnis** kann sich dabei auch aus den gesellschaftsrechtlichen Vereinbarungen ergeben[3]. Einschränkend weist der EuGH aber darauf hin, dass sich der unmittelbare Zusammenhang zwischen der Leistung und der Gegenleistung nicht aus der Beteiligung des Gesellschafters am allgemeinen Gewinn und Verlust ergeben kann. Eine allgemeine Gewinnbeteiligung kann nicht als Entgelt angesehen werden[4].

12.21 Die entscheidende Frage ist daher, ob die Leistung nur deshalb erbracht wird, um eine Gegenleistung zu erhalten. Bezogen auf die oben aufgezeigten Fallgestaltungen ist zu klären, warum sich die Forschungseinrichtung an den Kosten beteiligt. Wenn die Forschungseinrichtung mit den anderen Forschungseinrichtungen **ein gemeinsames Interesse** verfolgt, das sich nicht auf Kostenersparnis beschränkt, so liegt keine wirtschaftliche Tätigkeit vor. Damit ist der Auffassung von *Wäger* zuzustimmen. Auch er kommt zu dem Ergebnis, dass die Nichtwirtschaftlichkeit nur dann gelten kann, wenn die Poolmitglieder einen gemeinsamen Zweck (z.B. Forschung) verfolgen[5].

12.22 Aus diesem Grund ist die **Entscheidung des EuGH in der Rs. *EDM* auch folgerichtig**: Die Mitglieder des Konsortiums wollten sich die Aufwendungen teilen. Für den Fall der Ent-

1 Vgl. EuGH v. 12.7.2001 Rs. C-102/00 – Welthgrove BV, UR 2001, 533, UVR 2002, 21; v. 27.9.2001 Rs. C-16/00, Cibo Participations SA, UR 2001, 500, mit Anm. *Wäger*.
2 Vgl. dazu auch BFH v. 15.4.2010 – V R 10/08, BStBl. II 2010, 879 = UR 2010, 657; BFH v. 5.10.2007 – V R 60/05, BStBl. II 2009, 486.
3 BFH v. 5.10.2007 – V R 60/05, BStBl. II 2009, 486.
4 EuGH v. 27.1.2000 – C-23/98 – Heerma, Slg. 2000, I-419, UR 2000, 121 Rz. 13; v. 27.9.2001 – Rs. C-16/00 – Cibo, Slg. 2001, I-6663, BFH/NV Beilage 2002, 6 Rz. 43.
5 *Wäger*, UR 2008, 69 ff. (77).

deckung einer Lagerstätte, deren Abbau wirtschaftlich sein könnte, wollten sie dann eine neue Gesellschaft gründen. Das gemeinsame Interesse bestand daher darin, dass im Erfolgsfall eine neue Gesellschaft gegründet wird. Dem einzelnen Mitglied kam es nicht darauf an, dass das jeweils andere Mitglied ebenso Leistungen erbringt, wodurch eine konkrete Gegenleistung nicht vorlag.

Durch den Zusammenschluss bzw. den Vertrag entsteht kein neuer Steuerpflichtiger, **sondern** 12.23
**eine reine Innengesellschaft**[1], die nicht den Status eines Steuerpflichtigen hat[2]. Sie kommt keiner wirtschaftlichen Tätigkeit nach. Ein Leistungsaustausch ist damit nur unter den Gesellschaftern selbst denkbar[3]. Erst bei einem Auftreten der Personenvereinigung nach außen mit dem Ziel, eine wirtschaftliche Tätigkeit auszuüben, entsteht ein „Steuerpflichtiger" gem. Art. 9 Abs. 1 MwStSystRL.

Nach in Deutschland herrschender Auffassung gelten die Grundsätze des EuGH-Urteils *EDM* 12.24
**für alle Formen von Innengesellschaften**, insbesondere für sog. Aufwandspools[4]. Der Umsatzbesteuerung unterliegt in diesem Fall ausschließlich der Spitzenausgleich als Leistungsaustausch zwischen den einzelnen Poolmitgliedern.

Die **deutsche Finanzverwaltung** wendet die Grundsätze des EuGH-Urteils *EDM* ebenfalls 12.25
an[5]. Allenfalls der Spitzenausgleich unterliegt der Umsatzbesteuerung.[6] Arbeitsanteile in Höhe der Beitragspflicht unterliegen in diesen Fällen nicht der Umsatzsteuer[7].

Bezogen auf das Ausgangsbeispiel ergeben sich damit folgende Lösungen: 12.26

**Lösung Ausgangsbeispiel:** Da die Forschungseinrichtung A und die Forschungseinrichtung B einen gemeinsamen Forschungszweck haben und damit der jeweils anderen Forschungseinrichtung keinen verbrauchsfähigen Vorteil zukommen lassen wollen, handelt es sich um keine wirtschaftliche Tätigkeit der jeweiligen Forschungseinrichtung. Unter Zugrundelegung der Rechtsprechung des EuGH in der Rs. EDM werden die Leistungen nicht gegen Entgelt erbracht. Die jeweilige Forschungseinrichtung wird damit nicht als Steuerpflichtige und damit auch nicht in ihrem wirtschaftlichen Bereich tätig.

**Lösung Abwandlung 1:** Sofern das Forschungsgerät X aufgrund des höheren Umfangs gesondert in Rechnung gestellt wird, liegt ein Leistungsaustausch vor, da nun für die Leistung eine Gegenleistung erbracht wird. Dieser Leistungsaustausch unterliegt der Mehrwertsteuer.

---

1 Vgl. *Ulmer/Schäfer* in MünchKomm/BGB[6], § 705 BGB Rz. 275 mit der dort zitierten Rechtsprechung und Literatur; *Friel* in Gummert, MAH Personengesellschaftsrecht[2], Teil E, § 13, II. Nr. 6, Rz. 14 ff.

2 Zu dem gleichen Ergebnis kommt die deutsche Finanzverwaltung, die Innengesellschafen in Abschn. 2.1. Abs. 6 UStAE die Unternehmereigenschaft abspricht.

3 BFH v. 27.5.1982 – V R 110/81 u. 111/81, BStBl. II 1982, 678 = UR 1982, 202 Rz. 19; FG München v. 24.5.2007 – 14 K 891/04, n. V., Rz. 21, zit. nach juris; FG Baden-Württemberg v. 29.8.2013 – 1 V 1086/13, n. V., Rz. 27, zit. nach juris; *Reiß* in Reiß/Kraeusel/Langer, Umsatzsteuergesetz, § 2 UStG Rz. 86 – Lfg. März 2013; dies nur als Regelfall nennend: *Birkenfeld* in Birkenfeld/Wäger, Das große Umsatzsteuerhandbuch, § 41 Rz. 195 – Lfg. April 2009.

4 Vgl. *Lippross* in Lippross[23], UStG, S. 420 f.; *Wäger*, UR 2008, 69 (76); *Reiß*, IStR 2004, 450; *Slapio* in Birkenfeld/Wäger, Das große USt-Handbuch, § 115, Rz. 191 – Lfg. Feb. 2015; *Theler* in Reiß/Kraeusel/Langer, UStG, § 1 UStG, Rz. 413.4 – Lfg. Apr. 2015.

5 Abschn. 1.6 Abs. 8 Satz 7 UStAE.

6 Abschn. 1.6 Abs. 8 Sätze 5 bis 7 UStAE.

7 Vgl. Abschn. 1.6 Abs. 8 Sätze 6 und 7 UStAE.

**Lösung Abwandlung 2:** Anders verhält es sich, wenn kein gemeinsamer Forschungszweck zugrunde liegt. In diesem Fall handelt es sich um einen Leistungsaustausch, der vollumfänglich der Besteuerung zu unterwerfen ist.

### 3. Außengesellschaften

12.27 Schließlich ist noch die Frage, wie es sich verhält, wenn Gesellschaften, die im Außenverhältnis auftreten, Leistungen an ihre Gesellschafter erbringen.

**Beispiel:** Die Forschungseinrichtungen A und B schaffen im Rahmen einer Gesellschaft ein Forschungsgerät an. Dieses wollen sie gemeinsam nutzen. Die Kosten für die Anschaffung und die laufende Unterhaltung werden gemeinsam getragen.

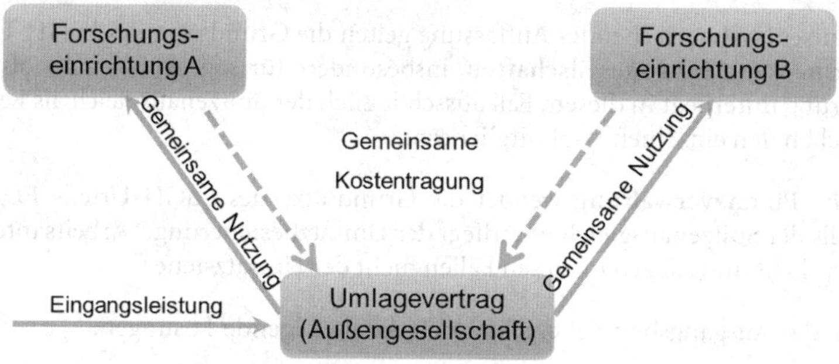


12.28 Grundsätzlich gilt auch hier: Es bestehen keine Besonderheiten, sondern es kommt auf die allgemeinen Voraussetzungen des Art. 2 und Art. 9 MwStSystRL an.

12.29 Eine Gesellschaft erbringt gegenüber dem Gesellschafter eine Leistung, wenn sie ihm, einem individualisierbaren Leistungsempfänger, einen **konkreten wirtschaftlichen Vorteil zuwendet**. Diese Leistung muss gegen Entgelt erfolgen.

12.30 Voraussetzung ist, dass zwischen dem Unternehmer und dem Leistungsempfänger ein **Rechtsverhältnis** besteht, das einen unmittelbaren Zusammenhang zwischen Leistung und Entgelt begründet, so dass das Entgelt als Gegenwert für die Leistung anzusehen ist[1]. Das Rechtsverhältnis kann dabei **auch in einem Gesellschaftsverhältnis** begründet sein[2]. Die Entgeltlichkeit bestimmt sich nach dem Vorliegen eines unmittelbaren Zusammenhangs zwischen Leistung und Gegenleistung[3]. Nach höchstrichterlicher Rechtsprechung steht fest, dass auch jede Art von Aufwendungsersatz des Gesellschafters an die Gesellschaft Entgelt sein kann.

12.31 Unerheblich ist, ob die Gesellschaft dem Gesellschafter gezielt Leistungen zugutekommen lassen will. Nach der EuGH-Rechtsprechung[4] liegen steuerbare Leistungen eines Vereins bereits dann vor, wenn dieser seinen Mitgliedern Sportanlagen dauerhaft gegen einen Pau-

1 Vgl. u.a. BFH v. 5.12.2007 – V R 60/05, BStBl. II 2009, 486 = UR 2008, 616 = GmbHR 2008, 725, und BFH v. 15.4.2010 – V R 10/08, UR 2010, 657 ff.

2 BFH v. 5.12.2007 – V R 60/05, BStBl. II 2009, 486 = UR 2008, 616 = GmbHR 2008, 725.

3 EuGH, Urteile Apple and Pear Development Council, Rz. 11 und 12, und v. 3.3.1994 in der Rechtssache C-16/93 – Tolsma, Slg. 1994, I-743, Rz. 13, EuGH v. 21.3.2002 – C-174/00 – Kennemer Golf, BFH/NV Beilage 2002, 95 Rz. 40; vgl. auch BFH v. 27.9.2001 – V R 37/01, BFH/NV 2002, 378; BFH v. 23.1.2001 – V B 129/00, BFH/NV 2001, 940.

4 EuGH v. 21.3.2002 – C-174/00 – Kennemer Golf, BFH/NV Beilage 2002, 95 Rz. 40.

schalbetrag zur Verfügung stellt. Zwischen den Beiträgen der Mitglieder und den vom Verein erbrachten Leistungen ist ein unmittelbarer Zusammenhang bereits dann gegeben, wenn diese Leistungen darin bestehen, dass den Mitgliedern dauerhaft Sportanlagen und damit verbundene Vorteile zur Verfügung gestellt werden, und nicht darin, dass auf ihr Verlangen gezielte Leistungen erbracht werden.

Eine **wichtige Ausnahme** macht die deutsche Rechtsprechung für den Fall, dass die Gesellschafter die Kosten für den Erwerb und die Unterhaltung eines Wirtschaftsgutes des Gesamthandvermögens ihrer Gesellschaft lediglich gemeinschaftlich tragen und das Wirtschaftsgut im Rahmen der Gesellschaft gemeinsam nutzen möchten. Der BFH gelangt in diesem Fall zu der Auffassung, dass es dann an einer steuerbaren Leistung der Gesellschaft an den Gesellschafter **mangels Entgelt** fehlt[1]. 12.32

In dem Streitfall haben die Gesellschafter eine GbR mit dem Ziel gegründet, eine Lagerhalle zu errichten. Die Gesellschafter durften nach dem Gesellschaftsvertrag die Halle zur Lagerung von Kartoffeln ohne Entgelt nutzen. Der BFH stellte mit Urteil v. 28.11.2002 fest, dass es zu keinem Leistungsaustausch zwischen der GbR und den Gesellschaftern kommt[2]: 12.33

„Für die Annahme eines unmittelbaren Zusammenhanges im Sinne eines Austausches von Leistung und Gegenleistung genügt es nicht schon, dass die Mitglieder der Personenvereinigung lediglich gemeinschaftlich die Kosten für den Erwerb und die Unterhaltung eines Wirtschaftsgutes tragen, das sie gemeinsam nutzen wollen oder nutzen. Eine wirtschaftliche Tätigkeit der Gesellschaft liegt insoweit nur vor, wenn die Nutzungsüberlassung selbst gegen Entgelt erfolgt."

**Anders** verhält es sich aber bei der **entgeltlichen Nutzung** von Gegenständen des Gesellschaftsvermögens oder anderer Leistungen der Gesellschaft für eigene Zwecke der Gesellschafter. Ein Leistungsaustausch liegt vor, wenn die Gesellschaft aktiv wird, indem sie vorgibt, welche Gegenleistung sie konkret erwartet. Die Leistung ist bereits dann steuerbar, wenn die Gesellschaft hierfür Aufwendungsersatz (ggf. nur) auf gesellschaftsvertraglicher Grundlage erhält[3]. 12.34

Bezogen auf das Ausgangsbeispiel resultiert daraus folgendes Ergebnis: 12.35

**Lösung:** Zu einem Leistungsaustausch zwischen der Gesellschaft und dem Gesellschafter kommt es nur dann, wenn die beiden Forschungseinrichtungen die angeschafften Forschungsgeräte nicht gemeinsam nutzen wollen. Sofern jede Forschungseinrichtung für sich selbst das Gerät nutzt, wird die Grenze zur Steuerbarkeit überschritten. Die Leistungen werden dann gegen Entgelt an die Gesellschafter erbracht.

## II. Steuerbefreiung Art. 132 Abs. 1 lit. f MwStSystRL

### 1. Anwendungsbereich

DieSteuerbefreiungsnorm des Art. 132 Abs. 1 lit. f MwStSystRL kommt erst dann zur Anwendung, wenn der „selbständige Zusammenschluss von Personen" (im Folgenden kurz: Zusam- 12.36

1 BFH v. 28.11.2002 – V R 18/01, BStBl. II 2003, 443 = UR 2003, 241; BFH v. 5.12.2007 – V R 60/05, BStBl. II 2009, 486 = GmbHR 2008, 725; *Lippross*, 156; kritisch *Wäger*, UR 2008, 69 ff. (75).

2 BFH v. 28.11.2002 – V R 18/01, BStBl. II 2003, 443 = UR 2003, 241; vgl. dazu auch Abschn. 2.1. Abs. 1 S. 4 UStAE.

3 BFH v. 5.12.2007 – V R 60/05, BStBl. II 2009, 486 = UR 2008, 616 = GmbHR 2008, 725.

menschluss) als Steuerpflichtiger eine wirtschaftliche Leistung gegen Entgelt gegenüber seinen Mitgliedern erbringt[1].

12.37 Aufgrund der oben dargestellten höchstrichterlichen Rechtsprechung steht fest, dass ein Zusammenschluss in folgenden Fällen an seine Mitglieder **keine Dienstleistung gegen Entgelt** erbringt:

- Mitglieder eines Zusammenschlusses liefern einen Gegenstand oder erbringen eine Dienstleistung an den Zusammenschluss. Sofern die Mitglieder **einen gemeinsamen Zweck** verfolgen, liegt kein entgeltlicher Vorgang an den Zusammenschluss vor. Der Vorteil, den das einzelne Mitglied aus dem Beitrag der anderen Mitglieder zieht, ist ebenso wenig „Entgelt" wie der Vorteil, der für den Zusammenschluss entsteht. Der Zusammenschluss wird nicht als „Steuerpflichtiger" tätig.
- Der Zusammenschluss erwirbt von einem Dritten einen Gegenstand und überlässt diesen an seine Mitglieder zur Nutzung. Sofern die Mitglieder gemeinsam die Kosten tragen und den Gegenstand auch gemeinsam nutzen wollen, liegt **mangels Entgelt** keine Dienstleistung des Zusammenschlusses gegenüber den Mitgliedern vor.

12.38 Sofern man zu dem Ergebnis gelangt, dass diese beiden Ausnahmen nicht vorliegen und der Zusammenschluss damit als „Steuerpflichtiger" tätig wird, stellt sich die Frage, ob die Dienstleistungen des Zusammenschlusses unter den Voraussetzungen des Art. 132 Abs. 1 lit. f MwStSystRL von der Steuer befreit sind.

## 2. Ziel des Richtliniengebers

12.39 Das Ziel dieser Steuerbefreiungsnorm ist nach Auffassung des EuGH in der **Vermeidung einer Mehrwertsteuerbelastung** zu sehen. Eine Mehrwertsteuerbelastung tritt dann ein, wenn jemand genötigt wird, mit anderen Berufsausübenden im Rahmen einer gemeinsamen Struktur zusammenzuarbeiten[2]. Es sollen damit Dienstleistungen begünstigt werden, die zur Erlangung größenbedingter Kostenvorteile auf gemeinsam betriebene Einrichtungen übertragen werden[3]:

> „Die Steuerbefreiung ist offensichtlich eingeführt worden, um zu vermeiden, dass die Kosten der Leistungen, die der Gemeinschaftsgesetzgeber aus legitimen und verschiedenen Gründen befreien wollte, doch mit einer Mehrwertsteuer belastet werden, weil sich der Wirtschaftsteilnehmer, um sie anzubieten und wahrscheinlich weil ihn die Größe seines Betriebes dazu zwingt, veranlasst gesehen hat, mit anderen die gleichen Dienstleistungen anbietenden Gewerbetreibenden mittels einer gemeinsamen Struktur zusammenzuarbeiten, die einige zur Erbringung der Dienstleistung erforderliche Tätigkeiten übernimmt."[4]

1 Zum Anwendungsbereich der Norm bei grenzüberschreitenden Leistungsbeziehungen vgl. insbesondere den Schlussantrag in der Rs. „DNB Banka", Az. C-326/15.

2 EuGH v. 11.12.2008 – Rs. C-407/07 – Stichting Centraal Begeleidingsorgaan voor de Intercollegiale Toetsing, UR 2009, 52 ff.

3 Vgl. Schlussanträge der Generalanwältin *Sharpston* v. 9.10.2008 in der Rs. C-407/07 – Stichting Centraal Begeleidingsorgaan voor de Intercollegiale Toetsing, http://curia.europa.eu/ und Schlussantrag des Generalanwalts *Mischo* in der Rs. Taksatorringen (angeführt oben in Fn. 4, Nrn. 9 und 117 bis 124, insbesondere 117 bis 119).

4 Schlussantrag des Generalanwalts *Mischo* in der Rs. C-8/01 – Taksatorringen.

Bei der Auslegung des Art. 132 Abs. 1 Buchst. f MwStSystRL, der mit der Vorgängerregelung des Art. 13 Teil A Abs. 1 Buchst. f der 6. EG-RL inhaltsgleich ist, weist der EuGH darauf hin, dass 12.40

- Steuerbefreiungsnormen als Ausnahmen vom Grundsatz der Mehrwertsteuerpflicht grundsätzlich eng auszulegen sind[1],
- sie eigenständige Begriffe des Gemeinschaftsrechts darstellten[2] und
- dies auch für spezielle Bedingungen gelten müsse, von denen die Gewährung dieser Befreiungen abhänge[3].

### 3. Selbständiger Zusammenschluss

Nach der MwStSystRL muss es sich um einen selbständigen Zusammenschluss von Personen handeln. Der Begriff „Zusammenschluss" wird in der MwStSystRL nur bei dieser Steuerbefreiungsnorm verwendet. 12.41

Es stellt sich daher die Frage, welche **Arten von Zusammenschlüssen** unter diese Norm fallen. In der englischen Sprachfassung heißt es, dass es sich um eine „independent group of persons" handeln muss. Bereits nach dem Wortlaut dieser beiden Sprachfassungen ergibt sich, dass es sich bei dem Begriff „Zusammenschluss" um einen Oberbegriff handelt. Der Gemeinschaftsgesetzgeber wollte sich ausdrücklich nicht auf eine bestimmte Rechtsform festlegen. Genauso wollte er die Gruppe auch nicht mit dem Begriff des Steuerpflichtigen gleichsetzen. 12.42

Der Begriff **Zusammenschluss** bedingt aber, dass sich Personen in einem **bestimmten Akt** zusammengeschlossen haben. Dies erfordert zumindest eine Vereinbarung. Diese Vereinbarung kann rechtswirksam oder auch nichtig sein. Es bedarf einer Vereinbarung, aufgrund derer die Parteien wissen, was von ihnen verlangt wird. Ob diese „Verpflichtung" letztlich auch durchgesetzt werden kann, ist unbedeutend. 12.43

Bezogen auf das **deutsche Zivilrecht** bedeutet dies, dass nicht nur **Personengesellschaften** als Zusammenschluss gelten können[4]. Vielmehr kann auch in einer **Kapitalgesellschaft** oder juristischen Person des öffentlichen Rechts (z.B. **Zweckverband** oder **Dachverband**) ein Zusammenschluss gesehen werden[5]. 12.44

Der Zusammenschluss muss **selbständiger Natur** sein[6]. Damit erfolgt die steuerrechtliche Abgrenzung von Mitglied. Der Zusammenschluss muss ein eigenständiger Steuerpflichtiger i.S.v. Art. 9 MwStSystRL sein. Andernfalls wären die vom Zusammenschluss erbrachten Leistungen bereits nicht steuerbar. Der Zusammenschluss darf nicht dazu führen, dass durch den Zusammenschluss die Voraussetzungen einer umsatzsteuerrechtlichen Organschaft i.S.v. 12.45

1 EuGH v. 20.6.2002 – C-287/00 – Kommission/Deutschland, Slg. 2002, I-5811, Rz. 43.
2 EuGH v. 15.6.1989 – 348/87 – Stichting Uitvoering Financiële Acties, Slg. 1989, 1737, Rz. 11, und EuGH v. 20.6.2002 – C-287/00 – Kommission/Deutschland, Slg. 2002, I-5811, Rz. 44.
3 EuGH v. 11.8.1995 – C-453/93 – Bulthuis-Griffioen, Slg. 1995, I-2341, Rz. 18.
4 Vgl. dazu *Dahn/Hamacher*, UR 2009, 869.
5 FG Düsseldorf v. 4.4.2012 – 5 K 3139/09, MwStR 2013, 250; vorgehend BFH v. 23.4.2009 – V R 5/07, BFHE 226, 116 = UR 2009, 762; *Erdbrügger/Liegmann*, BB 2015, 989 ff.
6 EuGH v. 4.5.2017 – Rs. C-274/15 –Kommission/Luxemburg, MwStR 2017, 362, Rz. 61.

Art. 11 MwStSystRL geschaffen werden. In diesem Fall läge kein selbständiger Zusammenschluss mehr vor[1].

## 4. Mögliche Mitglieder des Zusammenschlusses

12.46 Mitglieder des Zusammenschlusses können **Personen** sein, die eine Tätigkeit ausüben, für **die sie von der Steuer befreit sind oder für die sie nicht Steuerpflichtige** sind. Der Begriff „Mitglieder" ist dabei nicht rechtstechnisch zu verstehen. Beispielsweise kann auch eine Stiftung, die definitorisch gar keine Mitglieder haben kann, einen Zusammenschluss i.S.d. Norm darstellen.[2]

12.47 Durch die Verwendung des Begriffs **„Personen"** steht fest, dass es sich bei den Mitgliedern nicht zwingend um Steuerpflichtige i.S.d. Art. 9 Abs. 1 MwStSystRL handeln muss. Damit können auch rein nichtwirtschaftlich tätige Personen, wie z.B. ein ideell wirkender Verein oder eine juristische Person des öffentlichen Rechts, Mitglied des Zusammenschlusses sein.

12.48 Nach dem Wortlaut der Befreiungsnorm darf der Zusammenschluss nur aus Personen bestehen, die eine Tätigkeit ausüben, die von der Steuer befreit ist oder für die sie nicht Steuerpflichtige sind.

12.49 Der Wortlaut dieser Steuerbefreiungsnorm sieht keine Einschränkung dahingehend vor, dass nur steuerfreie Tätigkeiten, die dem Gemeinwohl dienen[3], darunterfallen. Für eine solche Einschränkung gibt es keine Grundlage in Art. 132 Abs. 1 Buchst. f MwStSystRL.[4] Der EuGH sieht nunmehr jedoch eine derartige Einschränkung vor[5]. Dies obwohl er in der Rs. *Taksatorringen*[6] noch eine umfassende Prüfung von Art. 132 Abs. 1 Buchst. f MwStSystRL bei einem Zusammenschluss von Unternehmen des umsatzsteuerbefreiten Versicherungsbereichs vornahm[7]. Zudem hatte der EuGH in einem weiteren Urteil der Überschrift von Art. 13 Teil A der Sechsten Richtlinie („Befreiungen bestimmter dem Gemeinwohl dienender Tätigkeiten") keine einschränkende Bedeutung beigemessen[8]. Unter Verweis auf die Kapitelüberschrift des Abschnitts, in dem Art. 132 MwStSystRL steht[9], die Berufung auf die Systematik[10] und den

1 *Erdbrügger/Liegmann*, BB 2015, 989 ff.

2 Vgl. ohne nähere Erläuterungen EuGH v. 15.6.1989 – Rs. C-348/87 – Stichting Uitvoering Financiële Acties.

3 Vgl. aber die systematische Stellung von Art. 132 MwStSystRL unter der Überschrift von Titel IX, 2. Kapitel: „Steuerbefreiungen für bestimmte, dem Gemeinwohl dienende Tätigkeiten"; dabei handelt es sich wohl um ein aus der Entstehungsgeschichte herrührendes Redaktionsversehen, vgl. Schlussantrag des Generalanwalts *Wathelet* v. 5.4.2017 – C-616/15 –Kommission/Deutschland, Rz. 106.

4 Für eine solche Beschränkung aber Schlussantrag der Generalanwältin *Kokott* v. 1.3.2017 im Verfahren Aviva, Az. C-605/15 –, Rz. 17 bis 35.

5 EuGH v. 21.9.2017 – Rs. C-326/1 – DNB Banka; v. 21.9.2017 – Rs. C-605-15 – Aviva; v. 21.9.2017 – Rs. C-616/15.

6 EuGH v. 20.11.2003 – Rs. C-8/0163 – Taksatorringen, UR 2004, 82.

7 So auch *Erdbrügger/Liegmann*, BB 2015, 989 ff.

8 EuGH v. 3.4.2003 – Rs. C-144/00 – Hoffmann, Slg. 2003, I-2921, Rz. 37.

9 EuGH v. 21.9.2017 – Rs. C-326/15 – DNB Banka, Rz. 30; v. 21.9.2017 – Rs. C-605-15 – Aviva, Rz. 25.

10 EuGH v. 21.9.2017 – Rs. C-326/15 – DNB Banka, Rz. 31; v. 21.9.2017 – Rs. C-605-15 – Aviva, Rz. 26.

Zweck der Steuerbefreiung[1] entschied der EuGH nun gerade entgegengesetzt. Er schränkt damit den (oben dargelegten) Zweck der Vorschrift weiter ein. Eine Begünstigung wegen des Zusammenschlusses zur Erlangung größenbedingter Kostenvorteile kommt nur noch Einrichtungen mit Gemeinwohlbezug zu.

In die zweite Alternative der nicht steuerpflichtigen Personen fallen folgende Personen bzw. 12.50
Einrichtungen:

- Reine Finanzholdings,[2]
- Einrichtungen des öffentlichen Rechts nach Art. 13 MwStSystRL, soweit sie im Rahmen der öffentlichen Gewalt tätig werden und keine größeren Wettbewerbsverzerrungen eintreten,[3]
- Einrichtungen mit der Wahrnehmung der allgemeinen Interessen ihrer Mitglieder.[4]

Voraussetzung ist damit, dass das Mitglied eine Tätigkeit ausübt, für die es nicht das Recht auf Abzug der Vorsteuer hat. Es sollen durch die Steuerbefreiungsbestimmung zusätzliche Mehrwertsteuerbelastungen vermieden werden.

**Unschädlich ist**, wenn Mitglieder darüber hinaus steuerpflichtige Tätigkeiten ausüben oder 12.51
für einzelne Tätigkeiten als Steuerpflichtige gelten.[5] Letzteres ergibt sich aus dem Wortlaut, der keine entsprechende Einschränkung macht, und zudem aus der weiteren Voraussetzung in Art. 132 Abs. 1 lit. f MwStSystRL, dass nur solche Dienstleistungen befreit sind, die in einem unmittelbaren Zusammenhang zu der begünstigten Tätigkeit des Mitglieds stehen.

Sofern die übrigen Voraussetzungen erfüllt sind, ist **jede Art von Dienstleistung von der** 12.52
**Steuerbefreiungsnorm des Art. 132 Abs. 1 Buchst. f MwStSystRL** erfasst. Ausdrückliches Ziel ist die Entlastung von der Mehrwertsteuer. Diesem Ziel widerspräche es, wenn die Norm insoweit einschränkend ausgelegt werden würde. Damit können z.B. auch IT-Dienstleistungen von der Steuer befreit werden[6].

### 5. Unmittelbarer Zusammenhang zur begünstigten Tätigkeit des Mitglieds

Nach Art. 132 Abs. 1 lit. f MwStSystRL muss ein **unmittelbarer Zusammenhang** zwischen 12.53
der Dienstleistung des selbständigen Zusammenschlusses und der **begünstigten Tätigkeit** des Mitglieds bestehen. Begünstigte Tätigkeit des Mitglieds kann – wie bereits oben ausgeführt -bedeuten, dass diese Tätigkeit von der Steuer befreit ist oder das Mitglied für diese Tätigkeit nicht als Steuerpflichtiger gilt.

---

1 EuGH v. 21.9.2017 – Rs. C-326/15 –DNB Banka, Rz. 33; v. 21.9.2017 – Rs. C-605-15 –Aviva, Rz. 28.

2 Vgl. u.a. EuGH v. 16.7.2015 – Rs. C-108/14 und C-109/14 – Larentia + Minerva, DStR 2015, 1673–1678; Anm. *Küffner/Grimm*, Der Konzern 2015, 306.

3 Vgl. zur derzeitigen Debatte *Widmann*, UR 2015, 5; *Sterzinger*, UR 2015, 655; *Küffner/Rust*, DStR 2014, 2533.

4 EuGH v. 12.2.2009 – Rs. C-515/07 – VNLTO, UR 2009, 199 = DStR 2009, 369; vgl. auch BFH v. 24.9.2014 – V R 54/13, DStR 2015, 425.

5 EuGH v. 4.5.2017 – Rs. C-274/15 – Kommission/Luxemburg, MwStR 2017, 362 Rz. 53.

6 A.A. Abschn. 4.14.8 Abs. 3 S. 3 UStAE ohne nähere Begründung (wohl aus Gründen der Wettbewerbsverzerrung, vgl. dazu auch unten).

12.54 **Unschädlich** ist, wenn das Mitglied eine **gemischte Tätigkeit** ausübt, also neben der steuerfreien oder nichtwirtschaftlichen Tätigkeit auch steuerpflichtige Umsätze erbringt[1]. Gegen eine solche einschränkende Auslegung spricht bereits der Wortlaut der Norm, in dem lediglich von „einer" Tätigkeit die Rede ist und der gerade nicht voraussetzt, dass sämtliche Tätigkeiten begünstigt sein müssen. Darüber hinaus bedürfte es dann auch keines unmittelbaren Zusammenhangs zu der begünstigten Tätigkeit. Dieses Tatbestandsmerkmal wäre dann überflüssig.

12.55 Für die Steuerbefreiung kommt es also darauf an, für welche Tätigkeit das Mitglied die Dienstleistung verwendet.

12.56 In der Praxis könnte sich diese Frage der Verwendung als Schwierigkeit erweisen. Denn der Zusammenschluss muss für die Beurteilung der Steuerbefreiung rechtssicher prüfen, wie das einzelne Mitglied die Dienstleistung verwendet. Sofern das Mitglied gemischt tätig ist, ist eine **Zuordnung der Leistungsbezüge erforderlich**[2].

12.57 In der Praxis empfehlen sich bis auf Weiteres daher aus Sicht des Zusammenschlusses entsprechende **schriftliche Absicherungen**. Anderenfalls droht für den Zusammenschluss im Nachhinein die Steuerpflicht. Diese gilt es zu vermeiden. Es handelt sich dabei aber um kein unüberwindbares Problem, da das einzelne Mitglied selbst Bestandteil des Zusammenschlusses ist und daher ein Interesse hat, dass die Frage der Steuerbefreiung rechtssicher beurteilt wird.

12.58 Unschädlich ist es im Übrigen auch, wenn der Zusammenschluss **Leistungen an Dritte** erbringt. Eine andere Auffassung würde dem Wortlaut widersprechen. Missbrauch kann nicht drohen, da über die genaue Kostenerstattung eine Verwässerung der Ziele des Richtliniengebers vermieden wird (dazu sogleich Rz. 12.59 ff.).

### 6. Nur Kostenerstattung

12.59 Als weitere Voraussetzung muss hinzukommen, dass der Zusammenschluss von seinen Mitgliedern **lediglich die genaue Erstattung** des jeweiligen Anteils an den **gemeinsamen Kosten** fordert. Mit dieser Einschränkung wird auch das Ziel des Richtliniengebers klar: Mit der Steuerfreistellung sollen Kooperationen nur insoweit begünstigt werden, als ansonsten Mehrwertsteuerbelastungen die Folge wären.

12.60 **Unerheblich** ist, ob die Dienstleistungen **an alle Mitglieder** erbracht werden. Ebenso wenig kommt es auf den Umfang der Dienstleistungen an. Dies ergibt sich bereits aus dem Wortlaut der Norm. Eine einschränkende Auslegung dieses Tatbestandsmerkmals ist nach Auffassung des EuGH nicht erforderlich[3]. Auch die Ziele des Richtliniengebers gebieten keine solche Auslegung[4]. Darüber hinaus ist zu berücksichtigen, dass die von den Mitgliedern bezogenen Dienstleistungen von Veranlagungszeitraum zu Veranlagungszeitraum unterschiedlich sein

1 EuGH v. 4.5.2017 – Rs. C-274/15 – Kommission/Luxemburg, MwStR 2017, 362 Rz. 53; so auch *Erdbrügger/Liegmann*, BB 2015, 989 ff.
2 *Erdbrügger/Liegmann*, BB 2015, 989 ff.
3 EuGH v. 15.6.1989 – 348/87 – Stichting Uitvoering Financiële Acties, Slg. 1989, 1737.
4 EuGH v. 15.6.1989 – 348/87 – Stichting Uitvoering Financiële Acties, Slg. 1989, 1737, Rz. 37.

können[1]. Die Dienstleistungen müssen zudem nicht die gleichen sein[2]. Das heißt, die einzelnen Mitglieder können unterschiedliche Dienstleistungen von dem Zusammenschluss erhalten.

Letzteres bedingt aber, dass mithilfe von **Kostenzurechnungsmethoden** der genaue Anteil an den Ausgaben, der jeder einzelnen Dienstleistung zuzuordnen ist, ermittelt werden können muss[3]. Die pauschale Aufteilung der Kosten verbietet sich daher. Ob vorab kalkulierte Preise schädlich sind, ist höchstrichterlich noch nicht geklärt. Das FG Düsseldorf ist beispielsweise der Auffassung es bedürfe keiner jährlich exakten Kostenverteilung.[4] Letztlich ist die Einrichtung einer aussagekräftigen internen Rechnungslegung jedoch dringend zu empfehlen. Eine genaue Kostenzurechnung muss möglich sein. Dies erfordert Vorkehrungen in der internen Rechnungslegung des Zusammenschlusses. 12.61

## 7. Keine Wettbewerbsverzerrung

Als weitere Voraussetzung muss schließlich hinzukommen, dass die in Frage stehende Steuerbefreiung für die Dienstleistung des Zusammenschlusses nicht zu einer Wettbewerbsverzerrung führt. 12.62

Es stellt sich in diesem Zusammenhang zunächst die Frage, welche **Art von Wettbewerbsverzerrung** hier erforderlich ist, um die Steuerbefreiung zu versagen. Nicht jede Wettbewerbsverzerrung darf die Steuerpflicht auslösen. Denn durch das Merkmal der Beschränkung der Vergütung auf reine Kostenerstattung sind im Grunde Wettbewerbsverzerrungen ausgeschlossen. Nach den Zielen des Richtliniengebers sollen gerade Kooperationen begünstigt werden. Es ist daher dem EuGH[5] zuzustimmen, wenn er feststellt, dass die Wettbewerbsverzerrung nicht rein hypothetisch sein darf, vielmehr die **Gefahr realer Natur** sein muss[6]. 12.63

Ein Wettbewerb ist sicher ausgeschlossen, wenn aufgrund **zwingender gesetzlicher Regelungen ein Marktzutritt von Dritten nicht möglich** ist. So hat es sich in dem Fall des BFH aus dem Jahr 2009 verhalten[7]. Dort konnte die Speicherung von Sozialdaten im Rahmen einer IT-Kooperation nach § 80 Abs. 5 SGB X nicht durch Dritte erledigt werden. 12.64

Eine **reale Gefahr besteht jedoch nicht bereits dann**, wenn unabhängige Dritte davon absehen, sich auf dem Markt der Einbringung der fraglichen Dienstleistungen zu etablieren. Eine Wettbewerbsverzerrung kann nach dem Schlussantrag des Generalanwalts in der Rs. *Taksatorringen* nicht bereits dann angenommen werden, wenn sich ein Zusammenschluss aufgrund günstiger Preise wegen des Kostenerstattungserfordernisses unabhängig von jeder Besteuerung oder Befreiung, sicher ist, die Kundschaft seiner Mitglieder zu erhalten[8]. 12.65

1 Vgl. EuGH v. 11.12.2008 – Rs. C-407/07 – Stichting Centraal Begeleidingsorgaan voor de Intercollegiale Toetsing, Slg. 2008, I-9615, Rz. 34.
2 EuGH v. 11.12.2008 – Rs. C-407/07 – Stichting Centraal Begeleidingsorgaan, Slg. 2008, I-9615, Rz. 35 ff.
3 EuGH v. 11.12.2008 – Rs. C-407/07 – Stichting Centraal Begeleidingsorgaan, Slg. 2008, I-9615, vgl. Rz. 38.
4 FG Düsseldorf v. 4.4.2012 – 5 K 3139/09 U, MwStR 2013, 250 (252).
5 EuGH v. 20.11.2003 – Rs. C-8/0163 – Taksatorringen, UR 2004, 82, Rz. 63.
6 EuGH v. 20.11.2003 – Rs. C-8/0163 – Taksatorringen, UR 2004, 82, Rz. 58.
7 BFH v. 23.4.2009 – V R 5/07, UR 2009, 762 ff.
8 Schlussanträge des Generalanwalts *Mischo* in der Rs. Taksatorringen v. 3.10.2012; Slg. 2003 I-12711.

12.66 Diese Sichtweise hat der EuGH grundsätzlich anerkannt[1]. Wettbewerbsnachteile, die aufgrund des Kostenerfordernisses entstehen oder bestehen, sind damit nicht zu berücksichtigen. Diese einschränkende Sichtweise ist geboten, da sonst der Sinn und Zweck der Vorschrift nicht erreicht werden kann. Denn dieser besteht insbesondere darin, kleinere Unternehmen, die begünstigte Umsätze ausführen und nicht über die erforderliche Größe verfügen, um bestimmte notwendige Tätigkeiten effizient selbst durchzuführen, mit größeren Wettbewerbern gleichzustellen[2].

12.67 Doch welche Bedeutung hat das Merkmal des schädlichen Wettbewerbs überhaupt noch, wenn aufgrund des Kostenerfordernisses Wettbewerbsnachteile praktisch ausgeschlossen sind? Fest steht, dass kein Wettbewerbsnachteil vorliegt, wenn Dritte von Gesetzes wegen vom Wettbewerb ausgeschlossen werden. Ebenso wenig können potentielle Wettbewerber einwenden, dass der Zusammenschluss wegen des Verbots des Gewinnaufschlags seine Leistungen zu günstig an die Mitglieder in Rechnung stellt. Denn anderenfalls würde das Merkmal des Kostenerfordernisses keinen Sinn machen.

12.68 Auch der BFH hat sich bislang nicht eingehender mit dem Wettbewerbskriterium auseinandergesetzt. Er hat in einem Fall zum Bestehen eines realen Wettbewerbs lediglich festgestellt, dass sich

> „die im Streitfall von der Klägerin erbrachten Leistungen nicht von den Leistungen *(unterscheiden)*, die die Gesellschafter der Klägerin auch von dritten Anbietern wie z.B. Softwareentwicklern hätten beziehen können. Derartige Leistungen wären umsatzsteuerpflichtig gewesen, so dass die Gewährung der Umsatzsteuerfreiheit für die Leistungen der Klägerin an ihre nicht zum Vorsteuerabzug berechtigten Gesellschafter zu einer Wettbewerbsverzerrung gegenüber potentiellen Anbietern vergleichbarer Leistungen führen würde."

12.69 Dieser Hinweis greift meines Erachtens zu kurz. Mit dieser Begründung würde stets eine Wettbewerbsverzerrung drohen. Der Anwendungsbereich der Regelung des Art. 132 Abs. 1 Buchst. f MwStSystRL würde sich auf Fälle beschränken, in denen der Gesetzgeber einen Wettbewerb von Gesetzes wegen nicht zulässt[3]. Eine solche Sichtweise würde aber dem Sinn und Zweck nicht gerecht werden, der den Zusammenschluss von kleineren Unternehmen gegenüber größeren Unternehmen fördern will.

12.70 Zu bedenken ist auch, dass der Vorteil der Steuerbefreiungsnorm wegen des Merkmals des Kostenerfordernisses faktisch nur auf die beim Zusammenschluss anfallenden Personalkosten beschränkt ist. Denn in Bezug auf Sachkosten ist der Zusammenschluss nicht zum Vorsteuerabzug berechtigt, da die Dienstleistungen an die Mitglieder nach Art. 132 Abs. 1 Buchst. f MwStSystRL von der Steuer befreit sind.

12.71 Bei einer engen Auslegung des Merkmals der Beschränkung des Entgelts auf die „genaue Erstattung der Kosten" ist es daher nicht nur gerechtfertigt, sondern sogar geboten, dem Wettbewerbskriterium keine eigenständige Bedeutung zuzumessen. Nach der Generalanwältin

---

1 Vgl. EuGH v. 20.11.2003 – Rs. C-8/0163 – Taksatorringen, UR 2004, 82, Rz. 59.

2 Schlussanträge des Generalanwalts *Mischo* in der Rs. Taksatorringen v. 3.10.2012; Slg. 2003 I-12711; nach dem EuGH gilt dieser Zweck nun allerdings mit der Einschränkung, dass die begünstigten Umsätze der Mitglieder solche mit Gemeinwohlbezug sein müssen, EuGH v. 21.9.2017 – Rs. C-326/15 – DNB Banka; v. 21.9.2017 – Rs. C-605/15 – Aviva.

3 So wie in BFH v. 23.4.2009 – V R 5/07, UR 2009, 762 = BB 2009, 1947.

*Kokott* handelt es sich bei der Wettbewerbsklausel zumindest nur um einen Schutz vor Missbrauchsfällen.[1]

Der EuGH hat in dem Verfahren C-605/15 zur Reichweite dieses Tatbestandsmerkmals entgegen der Erwartungen nicht Stellung genommen. Es wurde an ihn die Frage gerichtet, ob eine nationale Regelung über die Befreiung eines selbständigen Zusammenschlusses von Personen von der Mehrwertsteuer, die keine Bedingungen oder Verfahren betreffend die Erfüllung der Voraussetzung einer Wettbewerbsverzerrung vorsieht, mit Art. 132 Abs. 1 Buchst. f der MwStSystRL vereinbar ist.[2] Die Generalanwältin *Kokott* zeigte in ihrem Schlussantrag drei Indizien für eine zweckwidrige Anwendung der Befreiung auf[3]: (1) der Zusammenschluss erbringt die gleichen Dienstleistungen entgeltlich an Nichtmitglieder und wird dabei unter Ausnutzung von Synergieeffekten auf dem Markt tätig, (2) allein die Optimierung der Mehrwertsteuervorbelastung steht im Vordergrund und nicht die Verringerung von Wettbewerbsnachteilen, (3) die Leistungen sind nicht eigens auf die Bedürfnisse der Mitglieder zugeschnitten. 12.72

## C. Relevante deutsche Regelung

### I. Unionsrechtswidrigkeit der nationalen Regelung

Art. 132 Abs. 1 lit. f MwStSystRL wurde nicht vollständig in das nationale UStG umgesetzt. 12.73
Die nationale Bestimmung beschränkt die Anwendung der unionsrechtlichen Steuerbefreiungen für Kooperationen auf bestimmte Konstellationen im Gesundheitssektor. Im Rahmen des § 4 werden nach § 4 Nr. 14 Buchst. d folgende Umsätze steuerfrei gestellt:

„sonstige Leistungen von Gemeinschaften, deren Mitglieder Angehörige der in Buchstabe a bezeichneten Berufe oder Einrichtungen im Sinne des Buchstaben b sind, gegenüber ihren Mitgliedern, soweit diese Leistungen für unmittelbare Zwecke der Ausübung der Tätigkeiten nach Buchstabe a oder Buchstabe b verwendet werden und die Gemeinschaft von ihren Mitgliedern lediglich die genaue Erstattung des jeweiligen Anteils an den gemeinsamen Kosten fordert".

Die Vorschrift wurde durch das Steueränderungsgesetz 1973 in das UStG implementiert 12.74
und bis heute zahlreich novelliert. Die Regelung steht nicht im Einklang mit dem Unionsrecht, da ihr Anwendungsbereich zu eng gefasst ist. Dies hat auch bereits die Europäische Kommission festgestellt. Sie hat am 20.11.2015 Deutschland beim EuGH verklagt[4].

„Die Bundesrepublik Deutschland hat dadurch gegen ihre Verpflichtungen aus Art. 132 Abs. 1 Buchstabe f) der Mehrwertsteuersystemrichtlinie verstoßen, dass sie die Mehrwertsteuerbefreiung auf Dienstleistungen, die selbständige Zusammenschlüsse von Personen, die eine Tätigkeit ausüben, die von der Steuer befreit ist oder für die sie nicht Steuerpflichtige sind, an ihre Mitglieder für unmittelbare Zwecke der Ausübung dieser Tätigkeit erbringen, soweit diese Zusammenschlüsse von ihren Mitgliedern lediglich die genaue Erstattung des jeweiligen Anteils an den gemeinsamen Kosten fordern, auf Zusammenschlüsse beschränkt, deren Mitglieder eine begrenzte Anzahl von Berufen ausüben;"[5]

---

1 Vgl. Schlussantrag v. 1.3.2017 – Rs. C-605/15 – Aviva, MwStR 2017, 381, Rz. 70.
2 Vgl. EuGH v. 21.9.2017 – Rs. C-605/15.
3 Vgl. Schlussantrag v. 1.3.2017 – C-605/15 – Aviva, MwStR 2017, 381, Rz. 71.
4 Vgl. Rs. C-616/15 – Europäische Kommission/Bundesrepublik Deutschland; vgl. Pressemitteilung der Europäischen Kommission v. 26.2.2015 – IP/15/4493.
5 Vgl. Rs. C-616/15 – Europäische Kommission/Bundesrepublik Deutschland.

12.75 Die Kommission macht geltend, dass Deutschland die Befreiung von der Mehrwertsteuer für Leistungen, die selbständige Zusammenschlüsse von Personen, die eine Tätigkeit ausüben, die von der Steuer befreit ist oder für die sie nicht Steuerpflichtige sind, auf bestimmte genau bezeichnete Berufsgruppen beschränke. Denn die Befreiung nach dem deutschen Umsatzsteuerrecht erfasse allein Zusammenschlüsse, deren Mitglieder entweder Ärzte oder Angehörige arztähnlicher Berufe sowie Krankenhäuser oder krankenhausähnliche Einrichtungen sind. Dies sei unvereinbar mit Art. 132 Abs. 1 Buchstabe f) MwStSystRL. Weder der Wortlaut noch der Zweck noch die Entstehungsgeschichte des Art. 132 Abs. 1 Buchstabe f) MwStSystRL rechtfertigen eine derartige Beschränkung der Befreiung von der Mehrwertsteuer auf bestimmte Berufsgruppen. Die Befreiung ist dagegen für Zusammenschlüsse sämtlicher Berufssparten zu gewähren, sofern diese steuerbefreite Tätigkeiten ausüben. Die Beschränkung im deutschen Umsatzsteuerrecht sei auch nicht durch das mögliche Vorliegen einer allgemeinen Wettbewerbsverzerrung gerechtfertigt. Denn das Vorliegen oder Verneinen einer Wettbewerbsverzerrung bei Anwendung der Steuerbefreiung könne allein anhand der Umstände des Einzelfalls vorgenommen werden kann. Es könne nicht allgemein für Dienstleistungen bestimmter Berufssparten und den damit unmittelbar in Zusammenhang stehenden Leistungen eines Zusammenschlusses das Vorliegen von Wettbewerbsverzerrungen beurteilt werden.

12.76 Der Bundesrat hatte im Entwurf eines Jahressteuergesetzes 2010[1] schon einmal den Versuch unternommen, die unionsrechtliche Regelung auf den Finanzsektor auszudehnen. Der Vorschlag des Bundesrates wurde aber nicht Gesetz[2].

12.77 Deutschland hatte geraume Zeit, die Unionsrechtswidrigkeit zu beseitigen. Denn die Kommission hat bereits am 6.4.2011 Deutschland in einer mit Gründen versehenen Stellungnahme aufgefordert, den Geltungsbereich der deutschen Mehrwertsteuervorschriften auszuweiten.[3] Deutschland ist aber der Aufforderung nicht nachgekommen. Die Europäische Kommission hat deshalb beschlossen, den Gerichtshof der Europäischen Union mit dieser Angelegenheit zu befassen.

12.78 Unklar ist, warum Deutschland bislang nicht der Aufforderung der Europäischen Kommission gefolgt ist. Dem Vernehmen nach beruft sich die Bundesregierung darauf, dass in Deutschland aufgrund der Wettbewerbsklausel außerhalb der Heilbehandlungsbranche keine praktischen Anwendungsfälle vorkommen könnten[4].

12.79 Einen Spielraum für den deutschen Gesetzgeber gibt es meines Erachtens nicht. So sieht der Wortlaut des Art. 132 Abs. 1 lit. f MwStSystRL kein Wahlrecht für den nationalen Gesetzgeber vor. Auch hat Deutschland keine Möglichkeit, die unionsrechtliche Steuerbefreiungsnorm hinsichtlich ihres Anwendungsbereichs einzuschränken. Weder bezieht sich Art. 132 Abs. 2 MwStSystRL noch Art. 133, noch Art. 134 auf die Regelung des Art. 132 Abs. 1 Buchst. f. Auch kann sich Deutschland nicht auf eine Übergangsregelung gem. Art. 370 i.V.m. Anhang X Teil a MwStSystRL berufen. Dementsprechend entschied der EuGH nun auch mit Urteil vom

1 Vgl. Nr. 36 der Stellungnahme des Bundesrates, Drucks. 318/10 v. 9.7.2010.
2 Vgl. zum Ganzen *Zenker*, MwStR 2013, 253.
3 Vgl. Pressemitteilung der Europäischen Kommission v. 6.4.2011 –IP/11/428.
4 *Erdbrügger/Liegmann*, BB 2015, 989 ff.; so auch die Wiedergabe des Vorbringens der Bundesrepublik durch den Generalanwalt *Wathelet*, Schlussantrag v. 5.4.2017 – Rs. C-616/15 – Kommission/Deutschland, MwStR 2017, 368, Rz. 13.

21.9.2017, dass die Bundesrepublik Deutschland eine Vertragsverletzung durch die Beschränkung in § 4 Nr. 14 lit. d UStG begangen hat[1].

## II. Recht auf unmittelbare Anwendung der MwStSystRL

Ob sich Zusammenschlüsse von Personen in Deutschland auf die Steuerbefreiung nach Art. 132 Abs. 1 lit. f MwStSystRL unmittelbar berufen können, hat der BFH noch nicht endgültig festgestellt[2]. Die Generalanwältin *Kokott* befürwortet in ihrem Schlussantrag zum Verfahren DNB Banka die unmittelbare Anwendbarkeit der Befreiung.[3] 12.80

Zur Erinnerung: Grundsätzlich kann sich ein Einzelner in Ermangelung fristgemäß erlassener Umsetzungsmaßnahmen auf Bestimmungen einer Richtlinie berufen, die inhaltlich als unbedingt und hinreichend genau erscheinen (im Einzelnen Rz. 3.60 f.)[4]. 12.81

Fest steht, dass das deutsche Recht in Bezug auf Art. 132 Abs. 1 Buchst. f MwStSystRL nicht als unionsrechtskonform betrachtet werden kann, da der Anwendungsbereich zu eng ist[5]. 12.82

Gleichwohl gibt es noch keine definitive Aussage des BFH, ob und in welchen Fällen eine unmittelbare Berufung in Betracht kommt. Noch im Jahr 2001 hatte der BFH festgestellt, dass die unmittelbare Berufung von der Auslegung der Vorschrift abhinge und sich eine Vorlage an den EuGH in dem konkreten Falle verbiete, da der Sachverhalt noch nicht vollständig geklärt sei. Später hat der BFH dann eine unmittelbare Berufung auf das Unionsrecht grundsätzlich für möglich gehalten[6]. Eine Entscheidung hat er aber nicht getroffen, da das Tatsachengericht noch die Frage zu klären hatte, ob mit der Gewährung der Steuerfreiheit Wettbewerbsverzerrungen vorliegen könnten. 12.83

Das FG Düsseldorf hat im Nachgang zu dieser Entscheidung nunmehr festgestellt, dass sich die Klägerin unmittelbar auf das Unionsrecht berufen könne. Es hat festgestellt, dass Wettbewerbsverzerrungen aufgrund der gesetzlichen Regelung ausgeschlossen werden könnten[7]. 12.84

Die Möglichkeit einer unmittelbaren Berufung auf Unionsrecht hat auch das FG Nürnberg festgestellt[8]. Die nachfolgende Revision führte zur Aufhebung des erstinstanzlichen Urteils. Der BFH setzte sich wegen des Verböserungsverbots nicht mit Art. 132 Abs. 1 Buchst. f MwStSystRL auseinander[9]. Das FG Münster hat nun ebenfalls die unmittelbare Anwendung der Steuerbefreiung bejaht.[10] Da gegen dieses Urteil die Revision beim BFH anhängig ist[11], könnte dieses Mal eine Äußerung des BFH zur Thematik erfolgen. 12.85

1 EuGH v. 21.9.2017 – Rs. C-616/15 – Kommission/Deutschland.
2 BFH v. 27.9.2001 – V R 37/01, DStRE 2002, 577.
3 Schlussantr. v. 1.3.2017 – Rs. C-326/15 – DNB Banka, MwStR 2017, 375, Rz. 30.
4 Ständige Rechtsprechung des EuGH, z.B. EuGH v. 10.9.2002 – Rs. C-141/00 – Kügler, UR 2002, 513 Rz. 51.
5 EuGH v. 21.9.2017 – Rs. C-616/15 – Kommission/Deutschland; BFH v. 30.4.2009 – V R 3/08, BStBl. II 2013, 873 = UR 2009, 639 = GmbHR 2009, 1003.
6 BFH v. 23.4.2009 – V R 5/07, UR 2009, 762 ff.
7 FG Düsseldorf v. 4.4.2012 – 5 K 3139/09 U, MwStR 2013, 250; vgl. dazu kritisch *Zenker*, MwStR 2013, 253.
8 Vgl. FG Nürnberg v. 17.2.2009 – 2 K 1138/2008, EFG 2009, 1783 ff.
9 BFH v. 15.4.2010 – V R 11/09, BFH/NV 2010, 1830 ff.
10 FG Münster v. 12.1.2017 – 5 K 23/15 U, EFG 2017, 703.
11 Az. XI R 14/17.

12.86 Die Voraussetzungen der unmittelbaren Berufung liegen vor. Die Bestimmungen des Unionsrechts sind hinreichend klar und zudem eindeutig. Die Bundesrepublik Deutschland hat zudem das Unionsrecht nicht fristgerecht umgesetzt. Der deutsche Gesetzgeber kann hier nicht einwenden, dass die Umsetzung durch § 4 Nr. 14 Buchst. d UStG abschließend erfolgt sei. Denn der Heilbehandlungssektor ist nur ein (Teil-)Anwendungsbereich des Art. 132 Abs. 1 Buchst. f MwStSystRL.

## III. Praxis- und Apparategemeinschaften

12.87 Die bisher umgesetzte nationale Steuerbefreiung in § 4 Nr. 14 Buchst. d UStG gilt nur für sog. Praxis- bzw. Apparategemeinschaften.

12.88 Es werden nur sonstige Leistungen von Gemeinschaften, deren Mitglieder ausschließlich Angehörige der in § 4 Nr. 14 Buchst. a UStG bezeichneten Berufe bzw. der in § 4 Nr. 14 Buchst. b genannten Einrichtungen sind, von der Umsatzsteuer befreit. Nach dem Wortlaut ist es zudem notwendig, dass die sonstigen Leistungen der Gemeinschaft unmittelbar für Zwecke der Ausübung der Tätigkeit nach § 4 Nr. 14 Buchst. a und Buchst. b UStG verwendet werden und dass der Gemeinschaft nur der genaue Anteil an den gemeinsamen Kosten erstattet wird.

12.89 Erschwerend kommt hinzu, dass die Finanzverwaltung die nationale Steuerbefreiungsnorm sehr einschränkend auslegt und einen sog. mittelbaren Zusammenhang nicht ausreichen lässt. So sollen Leistungen der Buchführung und Rechtsberatung keine Leistungen darstellen, da sie nicht *unmittelbar* zur Ausführung von steuerfreien Heilbehandlungsleistungen bezogen werden. Diese Leistungen können daher nicht nach § 4 Nr. 14 Buchst. d UStG steuerfrei sein[1]. Diese einschränkende Sichtweise ist nicht mit dem Unionsrecht zu vereinbaren[2]. Ebenso wenig sieht die Finanzverwaltung die Steuerbefreiung als gegeben an, wenn die Gemeinschaft ihren Mitgliedern Praxisräume entgeltlich überlässt. Auch dieser Umsatz soll nicht nach § 4 Nr. 14 Buchst. d UStG steuerbefreit sein[3]. Auch dieses Verständnis ist zu eng gefasst, da sich hierfür keine Grundlage in Art. 132 Abs. 1 Buchst. f MwStSystRL findet.

12.90 Interessant ist andererseits, dass sich das Kriterium der Wettbewerbsverzerrung nicht im Wortlaut der nationalen Steuerbefreiungsnorm des § 4 Nr. 14 Buchst. d UStG findet. Dies spricht dafür, dass das Wettbewerbskriterium in den meisten Fällen keine Rolle spielen kann[4]. Dies gilt jedenfalls dann, wenn das Merkmal des Kostenerfordernisses eng ausgelegt wird[5]. Gleichwohl will die deutsche Finanzverwaltung das Merkmal der Wettbewerbsverzerrung überprüft haben[6].

1 Abschn. 4.14.8 Abs. 3 S. 2 UStAE.
2 Vgl. oben Rz. 12.73 ff.; ebenso *Erdbrügger* in Hartmann/Metzenmacher, § 4 Nr. 14 UStG Rz. 129.
3 Vgl. Abschn. 4.14.8 Abs. 6 UStAE.
4 Vgl. dazu Rz. 12.62 ff., 12.75.
5 Vgl. dazu Rz. 12.70 f.
6 Vgl. Abschn. 4.14.9 Abs. 7 UStAE.

## D. Österreichische Rechtslage

### I. Ausgangslage

Anders als im Unionsrecht findet sich im österreichischen UStG keine allgemeine dem Art 132 Abs. 1 lit. f MwStSystRL vergleichbare Steuerbefreiung für Dienstleistungen selbständiger Zusammenschlüsse von Personen, die eine nicht der Umsatzsteuer unterliegende oder von der Umsatzsteuer befreite Tätigkeit ausführen, an ihre Mitglieder. Das österreichische Umsatzsteuergesetz enthält lediglich zwei spezielle Steuerbefreiungstatbestände für „Leistungen von Gemeinschaften". 12.91

§ 6 Abs. 1 Z 19 befreit sonstige Leistungen von Gemeinschaften, deren Mitglieder Angehörige der Heilberufe sind, gegenüber ihren Mitgliedern, soweit diese Leistungen unmittelbar zur Ausführung der nach dieser Bestimmung steuerfreien Umsätze verwendet werden und soweit die Gemeinschaften von ihren Mitglieder lediglich die genaue Erstattung des jeweiligen Anteils an den gemeinsamen Kosten fordern. Ferner sieht § 6 Abs. 1 Z 28 UStG eine Steuerbefreiung für die sonstigen Leistungen von Zusammenschlüssen von Unternehmen, die vorwiegend Bank-, Versicherungs- oder Pensionskassenumsätze tätigen, an ihre Mitglieder vor, soweit diese Leistungen unmittelbar zur Ausführung der genannten steuerfreien Umsätze verwendet werden und soweit diese Zusammenschlüsse von ihren Mitgliedern lediglich die genaue Erstattung des jeweiligen Anteils an den gemeinsamen Kosten fordern. 12.92

Für Zusammenschlüsse anderer Personen, die von der Steuer befreite oder nicht der Umsatzsteuer unterliegende Leistungen erbringen, sieht das öUStG keine Regelung vor. In der Kommentarliteratur wird hierzu vertreten, dass die Richtlinienvorgabe damit nicht ausreichend umgesetzt sein dürfte.[1] Dies wird durch die jüngste Rspr. des EuGH[2] bestätigt. Begründet wird die enge Umsetzung damit, dass die Befreiung nicht zu Wettbewerbsverzerrungen führen dürfe, was nur in Ausnahmefällen möglich wäre.[3] Im Grunde müsste dieser Einwand aber auch für die Steuerbefreiungen nach § 6 Abs. 1 Z 19 und § 6 Abs. 1 Z 28 gelten, die im Übrigen das in der Richtlinie vorgesehene Nichteintreten von Wettbewerbsverzerrungen nicht zur Voraussetzung erheben.[4] 12.93

2009 hat die EU-Kommission Österreich aufgefordert, seine nationale Rechtslage entsprechend an die unionsrechtlichen Vorgaben anzupassen, da die Einschränkung für bestimmte Berufsgruppen als unionsrechtswidrig betrachtet wird. Eine Klageerhebung ist durch die EU-Kommission allerdings nicht erfolgt; 2017 wurde das Verfahren vor der EU-Kommission eingestellt. 12.94

Soweit für bestimmte von der Umsatzsteuer befreite oder ihr nicht unterliegende Leistungen von Zusammenschlüssen im öUStG keine spezielle Steuerbefreiung angeordnet ist, kann sich der Zusammenschluss m.E. unmittelbar auf Unionsrecht berufen, wenn die unechte Steuerbefreiung für den Zusammenschluss günstigeres Recht enthält. Voraussetzung ist gem Art 132 Abs. 1 lit. f MwStSystRL, dass die Leistung vom Zusammenschluss an das Mitglied für unmit- 12.95

1 *Rattinger* in Melhardt/Tumpel, UStG², § 6 Rz. 695; vgl a Achatz RFG 2014, 25.
2 21.9.2017, C-616/15, Kommission/Deutschland.
3 *Scheiner/Kolacny/Caganek*, Kommentar zur Mehrwertsteuer – UStG 1994, § 6 Abs. 1 Z 28 Rz. 3.
4 Hierzu kritisch *Rattinger* in Melhardt/Tumpel, UStG², § 6 Rz. 694. Offen ist zur Zeit der Drucklegung das weitere nationale Schicksal der Befreiung nach § 6 Abs 1 Z 28, die nach der Rspr. des EuGH (EuGH v. 21.9.2017 – C-326/16 – „DNB Banka") mit den unionsrechtlichen Vorgaben der Richtlinie nicht im Einklang steht.

telbare Zwecke der Ausübung der begünstigten Tätigkeit erbracht wird und nur die genaue Erstattung des jeweiligen Anteils an den gemeinsamen Kosten gefordert wird. Ferner darf in diesen Fällen die Steuerbefreiung nicht zu Wettbewerbsverzerrungen führen. Dementsprechend hat auch der VwGH zu einem Zusammenschluss von Versicherungsberatern und Vermögensberatern in der Form eines Vereins, der Seminare anbot, die unmittelbare Anwendung der Richtlinie für möglich erachtet, wobei die Anwendung der Steuerbefreiung im Ergebnis allerdings an der fehlenden genauen Kostenüberwälzung scheiterte.[1]

## II. Ärztliche Ordinations- und Apparategemeinschaften

12.96 § 6 Abs. 1 Z 19 befreit sonstige Leistungen von Gemeinschaften, deren Mitglieder Angehörige von Heilberufen sind, die gegenüber ihren Mitgliedern erbracht werden. Die Leistungen müssen unmittelbar zur Ausführung der nach § 6 Abs. 1 Z 19 steuerbefreiten Heilbehandlungsleistungen verwendet werden. Ferner darf die Gemeinschaft von ihren Mitgliedern nur die genaue Erstattung des jeweiligen Anteils an den gemeinsamen Kosten fordern. Anders als die unionsrechtliche Grundlage des Art. 132 Abs. 1 lit. f MwStSystRL verlangt § 6 Abs. 1 Z 19 nicht, dass die Befreiung nicht zu Wettbewerbsverzerrungen führen darf. Dieses Kriterium wird allerdings von der Finanzverwaltung in unionsrechtskonformer Auslegung mit Hinweis auf die Rechtsprechung des VwGH[2] eingefordert.[3]

12.97 Die Anwendung der Befreiung setzt voraus, dass die Praxisgemeinschaft als Außengemeinschaft organisiert ist.[4] Berufsrechtlich dürfen Ordinations- und Apparategemeinschaften allerdings nur in der Rechtsform einer offenen Gesellschaft eingerichtet werden. Der MwStSystRL ist diese Einschränkung auf eine bestimmte berufsrechtlich zulässige Rechtsform nicht zu entnehmen. Demnach würden auch Leistungen einer berufsrechtlich nicht zulässigen GmbH unter die unechte Steuerbefreiung fallen, wenn die unmittelbare Leistungsausführung durch Angestellte des Unternehmens erfolgt, die berufsrechtlich befähigte Personen sind.[5]

12.98 Reine Innengemeinschaften fallen nicht unter die unechte Steuerbefreiung des § 6 Abs. 1 Z 19, da sie nicht als Unternehmer i.S.d. § 2 UStG zu qualifizieren sind.[6] Vielmehr sind in solchen Fällen die getätigten Umsätze dem jeweiligen Mitglied der Innengemeinschaft nach Maßgabe des Außenverhältnisses zuzurechnen. Vorsteuern aus gemeinsam genutzten Apparaten oder gemeinsam bezogenen Leistungen können nach der Praxis der Finanzverwaltung nach Maßgabe des Gewinnverteilungsschlüssels zwischen den an der Innengemeinschaft beteiligten Angehörigen der Heilberufe aufgeteilt werden. Dies gilt unabhängig davon, ob die Rechnung an den einzelnen Arzt oder die Gemeinschaft gerichtet ist.[7]

12.99 Die Anwendung der Steuerbefreiung für Außengemeinschaften setzt nach der Praxis voraus, dass an der Gemeinschaft nur Mitglieder beteiligt sind, die Angehörige der in § 6 Abs. 1 Z

1 VwGH v. 28.3.2012 – 2008/13/0172.
2 VwGH v. 28.3.2012 – 2008/13/0172.
3 UStR 2000 Rz. 1016; kritisch hierzu *Rattinger* in Melhardt/Tumpel, UStG², § 6 Rz. 587.
4 Zur berufsrechtlichen Zulässigkeit von Ordinations- und Apparategemeinschaften vgl. § 52 Ärztegesetz; dazu UStR 2000 Rz. 958 ff.
5 *Rattinger* in Melhardt/Tumpel, UStG², § 6 Rz. 589; *Mayr/Ungericht*, UStG § 6 Anm 63. Zur unionsrechtlich unzulässigen Einschränkung auf berufsrechtlich zugelassene Gesellschaften vgl. VwGH v. 28.6.2017 – Ro 2015/15/0045 betreffend die Istbesteuerung.
6 VwGH v. 11.12.1985, 84/13/0110; *Ruppe/Achatz*, UStG Kommentar⁵, § 2 Rz. 28.
7 UStR 2000 Rz. 1804.

19 genannten Berufe sind. Nicht vorausgesetzt ist, dass das einzelne Mitglied überwiegend nach § 6 Abs. 1 Z 19 von der Steuer befreite Umsätze tätigt.[1]

Die Steuerbefreiung ist nach Auffassung der Finanzverwaltung auch dann anzuwenden, wenn das leistungsempfangende Mitglied die Leistung zur Ausführung steuerpflichtiger Umsätze verwendet.[2] Der Wortlaut der Z 19 sieht für diesen Fall an sich Steuerpflicht vor, die Praxis gewährt hier offenbar ein Wahlrecht, das allerdings auch nach der Richtlinie nicht gedeckt sein dürfte. 12.100

Erbringt die Gemeinschaft auch Leistungen an Nichtmitglieder, sind diese Leistungen nicht von der Befreiung erfasst, sondern steuerpflichtig. Die unechte Steuerbefreiung der Umsätze an die Mitglieder wird hierdurch nicht berührt.[3] Soweit die Gemeinschaft auch steuerpflichtige Umsätze erbringt, steht der Vorsteuerabzug zu. 12.101

§ 6 Abs. 1 Z 19 ist nur auf sonstige Leistungen (z.B. Laboruntersuchungen, Personalgestellungen), nicht auch auf Lieferungen anwendbar; für Lieferungen ist jedoch in der Regel die unechte Steuerbefreiung gem § 6 Abs. 1 Z 26 UStG anwendbar.[4] Sonstige Leistungen fallen aber nur dann unter die Befreiung, wenn sie unmittelbar zur Ausführung der nach Z 19 steuerfreien Umsätze verwendet werden. Vorleistungen im rein administrativen Bereich (wie z.B. Buchführung, Lohnverrechnung, Rechtsberatung) sind nach der Praxis der Finanzverwaltung vom Anwendungsbereich der Befreiung erfasst.[5] 12.102

Schließlich setzt die Anwendung der Befreiung die genaue Erstattung des jeweiligen Anteils an den gemeinsamen Kosten voraus. Diese Bedingung ist als erfüllt anzusehen, wenn nach den vertraglichen Grundlagen lediglich Kostenerstattung vereinbart ist und auch auf längere Sicht tatsächlich nur Kosten ersetzt werden. Aus praktischer Sicht kann die genaue Kostenerstattung erst im Rahmen einer endgültigen Abrechnung der Leistungserstellung vorgenommen werden. Im Rahmen dieser ist eine verursachungsgerechte Aufteilung der Kosten auf die einzelnen Mitglieder vorzunehmen. Zur Abdeckung von Fixkosten können in diesem Zusammenhang auch Sockelbeiträge an alle Mitglieder verrechnet werden, wenn die variablen Kosten nach Maßgabe der tatsächlichen Inanspruchnahme angelastet werden.[6] 12.103

## III. Zusammenschlüsse außerhalb nationaler Umsatzsteuerbefreiungen

### 1. Grundsätze

Leistungen eines Zusammenschlusses an seine Mitglieder sind dem Zusammenschluss umsatzsteuerlich zuzurechnen, wenn dieser als solcher nach außen auftritt (vgl. oben 12.98). Die Unternehmereigenschaft von Zusammenschlüssen ist hierbei auch dann gegeben, wenn dieser ausschließlich Leistungen an seine Mitglieder erbringt.[7] Voraussetzung ist, dass der Zusammenschluss gegenüber dem Mitglied als solcher auftritt und Leistungen im Leistungsaustausch erbringt. 12.104

1 *Rattinger* in Melhardt/Tumpel, UStG², § 6 Rz. 590.
2 Vgl. UStR 2000 Rz. 962.
3 Vgl. *Ruppe/Achatz*, UStG Kommentar ⁵, § 6 Rz. 417/21.
4 *Ruppe/Achatz*, UStG Kommentar⁵, § 6 Rz. 417/21.
5 Vgl. UStR 2000 Rz. 962; gegenteilig die dt Rechtspraxis Abschn 4.14.8 Abs. 7 USt AE.
6 UStR 2000 Rz. 1016.
7 Vgl. § 2 Abs. 1 UStG; *Ruppe/Achatz*, UStG Kommentar⁵, § 2 Rz. 24.

12.105 Unterliegen die Leistungen des Zusammenschlusses mangels anwendbarer Steuerbefreiung nach nationalem Recht der Steuerpflicht, kann sich der Zusammenschluss bei Vorliegen der Voraussetzungen unmittelbar auf die Steuerbefreiung nach Art 132 Abs. 1 lit. f MwStSystRL berufen, wenn diese für ihn günstigeres Recht enthält. Die unechte Steuerbefreiung erfasst Leistungen an das Mitglied. Erbringt der Zusammenschluss Leistungen für das Mitglied an einen Dritten, für die nach nationalem Recht Steuerpflicht besteht, ist die unechte Befreiung nach Art 132 Abs. 1 lit. f MwStSystRL auf diese Leistung an den Dritten nicht anwendbar. Das gilt auch für den Fall, dass umsatzsteuerlich die Leistung des Zusammenschlusses an das Mitglied und von diesem an den Dritten ausgeführt wird.[1] In diesem Fall leistet das Mitglied an den Dritten steuerpflichtig, womit auch die Leistung des Zusammenschlusses an das Mitglied der Steuerpflicht unterliegt.

## 2. Zusammenschlüsse zwischen Körperschaften öffentlichen Rechts

12.106 Im Fall der Kooperationen zwischen Körperschaften öffentlichen Rechts ist zu unterscheiden zwischen Zusammenschlüssen, die die Aufgabenbesorgung der Mitglieder durch Übernahme von Hilfsfunktionen unterstützen, und solchen, auf die die Besorgung der öffentlichen Aufgabe selbst ausgelagert wird. Hierbei stellt sich regelmäßig die Frage, inwiefern die in diesem Zusammenhang erbrachten Leistungen der nichtunternehmerischen (hoheitlichen) Sphäre zuzurechnen ist. Im Einzelnen ist wie folgt zu differenzieren:

### a) Zusammenschlüsse zur Unterstützung der eigenen Aufgabenbesorgung (Auslagerung von Hilfsfunktionen)

12.107 Soweit sich Körperschaften öffentlichen Rechts zusammenschließen zwecks Überlassung von Personal oder Zurverfügungstellung von Sachmitteln, ist nach der Rechtsform des Zusammenschlusses zu differenzieren: Erfolgt der Zusammenschluss durch Errichtung einer juristischen Person des privaten Rechts, gelten für die Leistungen dieses Zusammenschlusses die allgemeinen Grundsätze (vgl. oben Rz. 12.104 f.).

12.108 Ist der Zusammenschluss auf öffentlich-rechtlicher Grundlage als Körperschaft öffentlichen Rechts errichtet, stellt sich die Frage, ob durch die Leistungen an die Mitglieder ein Betrieb gewerblicher Art (§ 2 Abs. 3 UStG) begründet wird. Die Praxis der Finanzverwaltung bejaht dies, wenn die Leistungen an die Mitglieder auf privatrechtlicher Basis erbracht werden. Dem für das Vorliegen eines BgA erforderlichen Merkmal der wirtschaftlich selbständigen Einrichtung wird dabei – gestützt auf die Rsp des VwGH[2] (vgl. *Achatz*, Rz. 16.46) – kein besonderer Stellenwert beigemessen. So erfüllt etwa Personalgestellung die Merkmale eines BgA bei Vorliegen eines eigenen Verrechnungskreises.[3]

12.109 Erfolgt die Leistungserbringung des Zusammenschlusses an die Mitglieder auf öffentlich-rechtlicher Grundlage, geht die Praxis der Finanzverwaltung gestützt auf Unionsrecht davon aus, dass diese nur dann umsatzsteuerlich nicht relevant ist, wenn größere Wettbewerbsverzerrungen auszuschließen sind. Dies sei dann der Fall, wenn die Leistung derart spezifisch und typisch für die Ausübung hoheitlicher Befugnisse ist, dass private Wirtschaftsteilneh-

1 Vgl. dazu *Ruppe/Achatz*, UStG Kommentar[5], § 2 Rz. 202.
2 VwGH v. 25.11.2010 – 2007/15/0101.
3 UStR 2000 Rz. 272; USt-Protokoll 2012.

mer faktisch keine Möglichkeit haben, gleichartige Leistungen zu gleichen Bedingungen zu erbringen. Dies soll auch gelten, wenn aus Sicht der leistungserbringenden Körperschaft öffentlichen Rechts Ressourcen des Hoheitsbereiches eingesetzt werden, um Leistungen für den Hoheitsbereich anderer Körperschaften öffentlichen Rechts zu erbringen. Aus teleologischer Sicht erscheint zumindest zweifelhaft, ob „hoheitliche Assistenzleistungen", die der Erstellung des hoheitlichen Leistungsangebots dienen, als wirtschaftliche Tätigkeit zu qualifizieren sind.[1]

Vorstehende Grundsätze gelten nach der Praxis der Finanzverwaltung auch dann, wenn die Leistungen nicht durch einen Zusammenschluss, sondern durch eine nicht durch Zusammenschluss errichtete Körperschaften öffentlichen Rechts an anderen Körperschaften erbracht werden. Erfolgt zwischen Körperschaften öffentlichen Rechts eine wechselseitige Zurverfügungstellung von Sach- und Personalmitteln zur Wahrnehmung im öffentlichen Interesse gelegener Aufgaben, liegt nicht steuerbare Leistungsvereinigung vor, sofern lediglich Kosten aufgerechnet und keine Vergütungen geleistet werden. Die unechte Steuerbefreiung nach Art 132 Abs. 1 lit. f MwStSystRL ist allerdings nur im Fall der Leistungserbringung durch einen Zusammenschluss anwendbar. 12.110

### b) Aufgabenübertragung auf Zusammenschlüsse

Übertragen mehrere Körperschaften öffentlichen Rechts die Besorgung einer öffentlichen Aufgabe einer bestehenden oder neuerrichteten Körperschaft öffentlichen Rechts im Rahmen einer öffentlich-rechtlichen Regelung, ist nach der Praxis der Finanzverwaltung für die Qualifikation der Leistungen des Zusammenschlusses auf die Einordnung der Tätigkeit auf Ebene der übertragenden Körperschaft abzustellen. Wird von den Körperschaften öffentlichen Rechts eine hoheitliche Aufgabe übertragen, ist die Aufgabenerfüllung durch die übernehmende Körperschaft ebenfalls als hoheitlich zu qualifizieren.[2] Übertragen somit mehrere Gemeinden die Abgabeneinhebung auf einen Gemeindeverband oder eine Verwaltungsgemeinschaft, unterliegen die vom Gemeindeverband bzw der Verwaltungsgemeinschaft ausgeführten Leistungen aufgrund ihres hoheitlichen Charakters nicht der Umsatzsteuer.[3] Ist dagegen die Tätigkeit auf Ebene der übertragenden Körperschaft als privatwirtschaftliche (unternehmerische) Tätigkeit zu qualifizieren, begründet die entgeltliche Aufgabenerfüllung auf Ebene der übernehmenden Körperschaft öffentlichen Rechts nach der Praxis eine unternehmerische Tätigkeit. 12.111

Erfolgt eine Übertragung von Aufgaben auf eine juristische Person des privaten Rechts und ist diese nachhaltig und einnahmenerzielend tätig, ist nach der Rechtspraxis regelmäßig die Unternehmereigenschaft des privaten Rechtsträger zu bejahen.[4] Die Ausgliederung von hoheitlichen Aufgaben kann damit zu einem Hineinwachsen in die Umsatzsteuerpflicht führen. 12.112

1 Vgl. dazu *Achatz*, RFG 2014, 30; *Heber*, UR 2014, 957 ff.; Ruppe/Achatz, UStG Kommentar[5], § 2 Tz. 207/1.
2 *Ruppe/Achatz*, UStG Kommentar[5], § 2 Rz. 205.
3 UFS v. 20.6.2011 – RV/3467-W/09.
4 Vgl. *Achatz/Mang/Lindinger*, Besteuerung der Körperschaften öffentlichen Rechts[3], Anm 966 ff.; differenzierend EuGH v. 29.10.2015 – Rs. C-174/14.

### c) Zusammenschlüsse zwischen gemeinnützigen Rechtsträgern

#### aa) Vorbemerkung

12.113 Auch für die Zusammenschlüsse von gemeinnützigen Rechtsträgern gilt, dass diesen Unternehmereigenschaft zukommt, wenn der Zusammenschluss als solcher nach außen auftritt und Leistungen gegen Entgelt an seine Mitglieder erbringt (vgl. Rz. 12.104).

Für Zusammenschlüsse in „gemeinnützigkeitsfähigen" Rechtsformen (Verein, Kapitalgesellschaft, Stiftung) stellt sich in der Praxis regelmäßig die Frage nach der abgabenrechtlichen Gemeinnützigkeit des Zusammenschlusses selbst. Diese Frage erhebt sich aus umsatzsteuerlicher Sicht zum einen mit Blick auf die Steuersatzermäßigung des § 10 Abs. 2 Z 4 UStG und einzelne spezifische unechte Steuerbefreiungen für Leistungen gemeinnütziger Rechtsträger gem § 6 Abs. 1 Z 25 UStG; zum anderen, da nach der Praxis der Finanzverwaltung – entgegen der Rsp des VwGH[1] und unionsrechtlicher Vorgaben – die Vermutung besteht, dass einnahmenerzielende Tätigkeiten abgabenrechtlich begünstigter Rechtsträger im Rahmen unentbehrlicher und entbehrlicher Hilfsbetriebe nicht unternehmerisch sind.[2] Diese Vermutung kann vom gemeinnützigen Rechtsträger widerlegt werden, wenn die Umsätze der wirtschaftlichen Geschäftsbetriebe regelmäßig 2.900 Euro übersteigen.[3] Damit besteht für gemeinnützige Rechtsträger de facto ein Wahlrecht zur Unternehmereigenschaft.

12.114 Die Frage, ob ein Zusammenschluss in der Rechtsform einer Körperschaft des privaten Rechts die Anforderungen der Gemeinnützigkeit erfüllt, ist nach den allgemeinen Grundsätzen der §§ 34 ff. BAO zu beurteilen. Anhaltspunkte zu dieser Frage lassen sich den §§ 40 und 40a BAO entnehmen:

12.115 Nach § 40 Abs. 1 BAO muss die Körperschaft den begünstigten Zweck selbst erfüllen (Unmittelbarkeitsprinzip).[4] Von diesem Grundsatz sieht § 40 Abs. 2 BAO für Dach- und Spitzenverbände abweichend vor, dass eine Körperschaft, die sich auf die Zusammenfassung, insbesondere die Leitung der Unterverbände beschränkt, abgabenrechtlich begünstigt ist. Neben dieser seit jeher bestehenden Ausnahme vom Unmittelbarkeitsgrundsatz sieht nunmehr seit dem 1.1.2016 § 40a Z 2[5] vor, dass eine Körperschaft die ihr zustehenden Begünstigungen auf abgabenrechtlichem Gebiet nicht dadurch verliert, dass sie Leistungen entgeltlich aber ohne Gewinnerzielungsabsicht gegenüber Körperschaften erbringt, deren Tätigkeit dieselben Zwecke wie die leistungserbringende Körperschaft fördert.

12.116 Die Beteiligung des abgabenrechtlich begünstigten Mitglieds am Zusammenschluss – sei es in Form einer Mitgliedschaft an einem Verein oder in Form einer Beteiligung an einer Personengesellschaft oder Kapitalgesellschaft – steht der abgabenrechtlichen Begünstigung des Mitglieds nicht entgegen, wenn die Möglichkeit zur Beteiligung in der Satzung des Mitglieds entsprechend verankert ist.[6]

1 VwGH v. 9.3.2005 – 2001/13/0062; 19.9.2013, 2010/15/0117.
2 VereinsR 2001 Rz. 463.
3 VereinsR 2001 Rz. 464; dazu ausführlich *Ruppe/Achatz*, UStG Kommentar[5], § 2 Rz. 270 f.
4 *Ritz*, BAO[5], § 40 Rz. 1; *Stoll*, BAO-Kommentar, 472.
5 Eingeführt mit BGBl. I 2015, 160.
6 *Ritz*, BAO[5], § 42 Rz. 1 ff.; *Stoll*, BAO-Kommentar, 480 f.

#### bb) Auslagerung von Hilfsfunktionen auf Zusammenschlüsse

Besteht die ausschließliche Funktion eines Zusammenschlusses, der nicht als Dachverband iSd § 40 Abs 2 BAO gilt, in der Erbringung von Hilfstätigkeiten an gemeinnützige Körperschaften, ist nach Auffassung der Finanzverwaltung einer solchen Körperschaft ungeachtet der Regelung des § 40a Z 2 BAO der Gemeinnützigkeitsstatus zu versagen. Der Zweck der Regelung des § 40a BAO, ziele lediglich darauf ab, auf Grund ihrer Zweckverfolgung begünstigten Rechtsträgern die Gemeinnützigkeit zu erhalten, wenn sie neben einer gemeinnützigen Tätigkeit derartige Hilfstätigkeiten gegenüber anderen gemeinnützigen Rechtsträgern erbringen[1]. Demgegenüber vertritt das BFG mit Hinweis auf die Materialien m.E. zutreffend, dass sich aus Wortlaut und Zweck der Vorschrift ergebe, dass Körperschaften, die nur mittelbar den begünstigten Zweck fördern, unter der Voraussetzung des § 40a Z 2 BAO den Gemeinnützigkeitsstatus erlangen[2]. Dachverbände dienen demgegenüber nach dem Gesetz bereits dann begünstigten Zwecken, wenn sie sich auf die Leitung der Unterverbände beschränken (§ 40 Abs 2 BAO). Dies gilt m.E. auch dann, wenn der Dachverband im Rahmen der Leitung Leistungen iSd § 40a Z 2 BAO gegen Kostenersatz an Unterverbände erbringt 12.117

Die Anwendung des § 40a Z 2 BAO setzt nach dem Gesetz voraus, dass die Leistungen ohne Gewinnerzielungsabsicht (somit gegen Kostenersatz) erbracht werden. Die Einbringung von Leistungen gegen Selbstkostenersatz begründet idR einen entbehrlichen Hilfsbetrieb[3]. Die Anwendung der Regelung setzt nach Auffassung der Finanzverwaltung voraus, dass die Erbringung solcher Leistungen in der Rechtsgrundlage verankert ist[4]. 12.118

Kommt dem leistungserbringenden Zusammenschluss der Status einer abgabenrechtlich begünstigte Körperschaft nicht zu, kann er die nach nationalem Recht für gemeinnützige Rechtsträger vorgesehenen abgabenrechtlichen umsatzsteuerlichen Begünstigungen (vgl. Rz. 12.113) nicht in Anspruch nehmen. Aus Sicht eines solchen Zusammenschlusses ist allerdings zu prüfen, inwieweit er für Leistungen an Mitglieder die unechte Steuerbefreiung des Art 132 Abs. 1 lit. f MwStSystRL unmittelbar auf günstigeres Unionsrecht gestützt in Anspruch nehmen kann. 12.119

#### cc) Auslagerung von gemeinnützigen Aufgaben auf Zusammenschlüsse

Wird einem Zusammenschluss von seinen abgabenrechtlich begünstigten Mitgliedern die Verfolgung gemeinnütziger Zwecke übertragen, kann der Zusammenschluss bei Vorliegen der Voraussetzungen der §§ 34–47 BAO die abgabenrechtlichen Begünstigungen in Anspruch nehmen. 12.120

Leistungen der Mitglieder (wie z.B. Personalgestellung) an den Zusammenschluss berühren deren Gemeinnützigkeit gem § 40a Z 2 BAO nicht, sofern sie nach Übertragung der Aufgabe über die Ausübung von Hilfsfunktionen hinaus weiterhin begünstigte Zwecke fördern. Ob auf solche Leistungen der Mitglieder die umsatzsteuerlichen Begünstigungen anzuwenden sind, die für gemeinnützige Rechtsträger vorgesehen sind, bleibt im Einzelfall zu prüfen. Die „Befreiung" aus der Anwendung der Option zur Nichtunternehmereigenschaft (vgl. Rz. 12.113) steht jedenfalls dann zu, wenn die Leistungen dem unentbehrlichen Hilfsbetrieb zuzurechnen 12.121

1 So auch VereinsRL 2001 Rz. 120i.
2 BFG v. 17.10.2017, Rv/7100721/2017.
3 VereinsRL 2001 Rz. 120k.
4 VereinsRL Rz. 120i.

sind. Dies setzt voraus, dass die Leistungen nicht auf Gewinnerzielung gerichtet sind und auch nicht im Wettbewerb zu steuerpflichtigen Betrieben ausgeführt werden.[1]

12.122 Übertragen die abgabenrechtlich begünstigten Rechtsträger hingegen auf den Zusammenschluss lediglich die Betriebsführung und wird der begünstigte Zweck gegenüber den Leistungsdestinataren weiterhin von den Mitgliedern verfolgt, ist der Zusammenschluss mangels unmittelbarer Förderung der begünstigten Zwecke nicht als abgabenrechtlich begünstigter Rechtsträger zu qualifizieren. Dies gilt ungeachtet der Vorschrift des § 40a BAO (vgl. Rz. 12.117). Wird somit die begünstigte Leistung im Auftrag der Mitglieder vom Zusammenschluss besorgt, können vom Zusammenschluss für die an die gemeinnützigen Mitglieder ausgeführten Leistungen im Regelfall nicht jene umsatzsteuerlichen Begünstigungen in Anspruch genommen werden, die dem Mitglied für Umsätze an die Leistungsdestinatare zustehen.

12.123 Auf Leistungen der Mitglieder an den Zusammenschluss (z.B. Personalgestellung, Vermietung von Wirtschaftsgütern) ist Art 132 Abs. 1 lit. f MwStSystRL nicht anwendbar.

## E. Reformvorschläge

12.124 Es besteht dringender Reformbedarf bei der Umsetzung der Steuerbefreiung nach Art. 132 Abs. 1 Buchst. f MwStSystRL. Dies gilt nicht nur für den Finanzsektor[2], sondern insbesondere auch für Einrichtungen des sog. Dritten Sektors. Da gemeinnützig wirkende Einrichtungen wie auch Einrichtungen des öffentlichen Rechts nicht nur über einen nichtwirtschaftlichen Bereich verfügen, sondern häufig auch Leistungen erbringen, die nach Art. 132 MwStSystRL steuerfreie Umsätze sind, droht bei Kooperationen häufig eine definitive Umsatzsteuerbelastung.

12.125 Diese Mehrbelastung ist aber vom Richtliniengeber gerade nicht gewünscht, was sich bereits an der Schaffung der Begünstigung in Art. 132 Abs. 1 Buchst. f MwStSystRL zeigt. Solange die Zusammenschlüsse von ihren Mitgliedern lediglich die genaue Erstattung des jeweiligen Anteils an den gemeinsamen Kosten fordern, muss die Begünstigung greifen. Es soll eine definitive Umsatzsteuer für diese Fälle vermieden werden.

12.126 Aus diesem Grund kann es nur eine Forderung an den deutschen Gesetzgeber geben: die schnellstmögliche Umsetzung des Art. 132 Abs. 1 Buchst. f MwStSystRL – ohne Wenn und Aber. Profitieren würde viele – vor allem kleinere – Non-Profit-Organisationen, die sich Kosten teilen und eine zusätzliche Belastung von Umsatzsteuer vermeiden möchten.

---

1 *Löckher/Oberhuber/Renner*, taxlex 2016, 169 f.
2 Vgl. *Erdbrügger/Liegemann*, BB 2015, 989.

# Kapitel 13
# Eng mit der Sozialfürsorge und der sozialen Sicherheit verbundene Dienstleistungen, Art. 132 Abs. 1 lit. g MwStSystRL



**Literatur (Deutschland):** *Hüttemann/Schauhoff*, Mehrwertsteuerbefreiung für soziale Dienstleistung – was erlaubt das europäische Mehrwertsteuerrecht?, MwStR 2013, 426.

**Literatur (Österreich):** *Ehrke-Rabel*, Unechte Steuerbefreiungen betreffend die öffentliche Hand und gemeinnützige Organisationen, in Achatz/Tumpel, Unechte Steuerbefreiungen 2010, 178; *Kanduth-Kristen/Mayr/Tschiderer* in Berger/Bürgler/Kanduth-Kristen/Wakounig, UStG-ON[2.07]; *Melhardt/Tumpel*, UStG, 2. Aufl. 2015; *Moritz*, Die Beihilfenregelung für Krankenanstalten und Ärzte gemeinschaftswidrig?, SWI 1997, 114 ff.; *Ruppe/Achatz*, UStG-Kommentar, 5. Aufl. 2018; *Scheiner/Kolacny/Caganek*, Kommentar zur Mehrwertsteuer – UStG 1994, Band Ia, 2016 (14.Lfg 2006).

## A. Normtexte

13.1 **I. Unionsrechtliche Rechtsgrundlage**

**Art. 132 Abs. 1 lit. g MwStSystRL**

**Die Mitgliedstaaten befreien folgende Umsätze von der Steuer:**

**[…]**

**g) eng mit der Sozialfürsorge und der sozialen Sicherheit verbundene Dienstleistungen und Lieferungen von Gegenständen, einschließlich derjenigen, die durch Altenheime, Einrichtungen des öffentlichen Rechts oder andere von dem betreffenden Mitgliedstaat als Einrichtungen mit sozialem Charakter anerkannte Einrichtungen bewirkt werden;**

**II. Nationale deutsche Regelungen**

**§ 4 Steuerbefreiungen bei Lieferungen und sonstigen Leistungen**

**Von den unter § 1 Abs. 1 Nr. 1 fallenden Umsätzen sind steuerfrei:**

**[…]**

**Nr. 15.**

**die Umsätze der gesetzlichen Träger der Sozialversicherung, der gesetzlichen Träger der Grundsicherung für Arbeitsuchende nach dem Zweiten Buch Sozialgesetzbuch sowie der gemeinsamen Einrichtungen nach § 44b Abs. 1 des Zweiten Buches Sozialgesetzbuch, der örtlichen und überörtlichen Träger der Sozialhilfe sowie der Verwaltungsbehörden und sonstigen Stellen der Kriegsopferversorgung einschließlich der Träger der Kriegsopferfürsorge**

**a) untereinander,**

**b) an die Versicherten, die Bezieher von Leistungen nach dem Zweiten Buch Sozialgesetzbuch, die Empfänger von Sozialhilfe oder die Versorgungsberechtigten. Das gilt nicht für die Abgabe von Brillen und Brillenteilen einschließlich der Reparaturarbeiten durch Selbstabgabestellen der gesetzlichen Träger der Sozialversicherung;**

**Nr. 15a.**

**die auf Gesetz beruhenden Leistungen der Medizinischen Dienste der Krankenversicherung (§ 278 SGB V) und des Medizinischen Dienstes der Spitzenverbände der Krankenkassen (§ 282 SGB V) untereinander und für die gesetzlichen Träger der Sozialversicherung und deren Verbände und für die Träger der Grundsicherung für Arbeitsuchende nach dem Zweiten Buch Sozialgesetzbuch sowie die gemeinsamen Einrichtungen nach § 44b des Zweiten Buches Sozialgesetzbuch;**

**Nr. 15b.**

**Eingliederungsleistungen nach dem Zweiten Buch Sozialgesetzbuch, Leistungen der aktiven Arbeitsförderung nach dem Dritten Buch Sozialgesetzbuch und vergleichbare Leistungen, die von Einrichtungen des öffentlichen Rechts oder anderen Einrichtungen mit sozialem Charakter erbracht werden. Andere Einrichtungen mit sozialem Charakter im Sinne dieser Vorschrift sind Einrichtungen,**

**a) die nach § 178 des Dritten Buches Sozialgesetzbuch zugelassen sind,**

**b) die für ihre Leistungen nach Satz 1 Verträge mit den gesetzlichen Trägern der Grundsicherung für Arbeitsuchende nach dem Zweiten Buch Sozialgesetzbuch geschlossen haben oder**

**c) die für Leistungen, die denen nach Satz 1 vergleichbar sind, Verträge mit juristischen Personen des öffentlichen Rechts, die diese Leistungen mit dem Ziel der Eingliederung in den Arbeitsmarkt durchführen, geschlossen haben;**

**Nr. 16.**

**die mit dem Betrieb von Einrichtungen zur Betreuung oder Pflege körperlich, geistig oder seelisch hilfsbedürftiger Personen eng verbundenen Leistungen, die von**

**a) juristischen Personen des öffentlichen Rechts,**

**b) Einrichtungen, mit denen ein Vertrag nach § 132 des Fünften Buches Sozialgesetzbuch besteht,**

**c) Einrichtungen, mit denen ein Vertrag nach § 132a des Fünften Buches Sozialgesetzbuch, § 72 oder § 77 des Elften Buches Sozialgesetzbuch besteht oder die Leistungen zur häuslichen Pflege oder zur Heimpflege erbringen und die hierzu nach § 26 Abs. 5 i.V.m. § 44 des Siebten Buches Sozialgesetzbuch bestimmt sind,**

**d) Einrichtungen, die Leistungen der häuslichen Krankenpflege oder Haushaltshilfe erbringen und die hierzu nach § 26 Abs. 5 in Verbindung mit den §§ 32 und 42 des Siebten Buches Sozialgesetzbuch bestimmt sind,**

**e) Einrichtungen, mit denen eine Vereinbarung nach § 111 des Neunten Buches Sozialgesetzbuch besteht,**

**f) Einrichtungen, die nach § 142 des Neunten Buches Sozialgesetzbuch anerkannt sind,**

**g) Einrichtungen, soweit sie Leistungen erbringen, die landesrechtlich als niedrigschwellige Betreuungsangebote nach § 45b des Elften Buches Sozialgesetzbuch anerkannt sind,**

**h) Einrichtungen, mit denen eine Vereinbarung nach § 75 des Zwölften Buches Sozialgesetzbuch besteht,**

**i) Einrichtungen, mit denen ein Vertrag nach § 8 Abs. 3 des Gesetzes zur Errichtung der Sozialversicherung für Landwirtschaft, Forsten und Gartenbau über die Gewährung von häuslicher Krankenpflege oder Haushaltshilfe nach den §§ 10 und 11 des Zweiten Gesetzes über die Krankenversicherung der Landwirte, § 10 des Gesetzes über die Alterssicherung der Landwirte oder nach § 54 Abs. 2 des Siebten Buches Sozialgesetzbuch besteht,**

**j) Einrichtungen, die aufgrund einer Landesrahmenempfehlung nach § 2 der Frühförderungsverordnung als fachlich geeignete interdisziplinäre Frühförderstellen anerkannt sind,**

**k) Einrichtungen, die als Betreuer nach § 1896 Abs. 1 des Bürgerlichen Gesetzbuchs bestellt worden sind, sofern es sich nicht um Leistungen handelt, die nach § 1908i Abs. 1 i.V.m. § 1835 Abs. 3 des Bürgerlichen Gesetzbuchs vergütet werden, oder**

**l) Einrichtungen, bei denen im vorangegangenen Kalenderjahr die Betreuungs- oder Pflegekosten in mindestens 25 Prozent der Fälle von den gesetzlichen Trägern der Sozialversicherung oder der Sozialhilfe oder der für die Durchführung der Kriegsopferversorgung zuständigen Versorgungsverwaltung einschließlich der Träger der Kriegsopferfürsorge ganz oder zum überwiegenden Teil vergütet worden sind, erbracht werden. Leistungen im Sinne des Satzes 1, die von Einrichtungen nach den Buchstaben b bis l erbracht werden, sind befreit, soweit es sich ihrer Art nach um Leistungen handelt, auf die sich die Anerkennung, der Vertrag oder die Vereinbarung nach Sozialrecht oder die Vergütung jeweils bezieht;**

**Nr. 18.**

**die Leistungen der amtlich anerkannten Verbände der freien Wohlfahrtspflege und der der freien Wohlfahrtspflege dienenden Körperschaften, Personenvereinigungen und Vermögensmassen, die einem Wohlfahrtsverband als Mitglied angeschlossen sind, wenn**

**a) diese Unternehmer ausschließlich und unmittelbar gemeinnützigen, mildtätigen oder kirchlichen Zwecken dienen,**

**b) die Leistungen unmittelbar dem nach der Satzung, Stiftung oder sonstigen Verfassung begünstigten Personenkreis zugute kommen und**

c) die Entgelte für die in Betracht kommenden Leistungen hinter den durchschnittlich für gleichartige Leistungen von Erwerbsunternehmen verlangten Entgelten zurückbleiben.

Nr. 19.

a) die Umsätze der Blinden, die nicht mehr als zwei Arbeitnehmer beschäftigen. Nicht als Arbeitnehmer gelten der Ehegatte, der eingetragene Lebenspartner, die minderjährigen Abkömmlinge, die Eltern des Blinden und die Lehrlinge. Die Blindheit ist nach den für die Besteuerung des Einkommens maßgebenden Vorschriften nachzuweisen. Die Steuerfreiheit gilt nicht für die Lieferungen von Energieerzeugnissen i.S.d. § 1 Abs. 2 und 3 des Energiesteuergesetzes und Branntweinen, wenn der Blinde für diese Erzeugnisse Energiesteuer oder Branntweinabgaben zu entrichten hat, und für Lieferungen im Sinne der Nr. 4a Satz 1 Buchstabe a Satz 2,

b) die folgenden Umsätze der nicht unter Buchstabe a fallenden Inhaber von anerkannten Blindenwerkstätten und der anerkannten Zusammenschlüsse von Blindenwerkstätten i.S.d. § 143 des Neunten Buches Sozialgesetzbuch:

aa) die Lieferungen von Blindenwaren und Zusatzwaren,

bb) die sonstigen Leistungen, soweit bei ihrer Ausführung ausschließlich Blinde mitgewirkt haben;

Nr. 22.

a) die Vorträge, Kurse und anderen Veranstaltungen wissenschaftlicher oder belehrender Art, die von juristischen Personen des öffentlichen Rechts, von Verwaltungs- und Wirtschaftsakademien, von Volkshochschulen oder von Einrichtungen, die gemeinnützigen Zwecken oder dem Zweck eines Berufsverbandes dienen, durchgeführt werden, wenn die Einnahmen überwiegend zur Deckung der Kosten verwendet werden,

b) andere kulturelle und sportliche Veranstaltungen, die von den in Buchstabe a genannten Unternehmern durchgeführt werden, soweit das Entgelt in Teilnehmergebühren besteht;

§ 4 Nr. 27 Buchst. b

die Gestellung von land- und forstwirtschaftlichen Arbeitskräften durch juristische Personen des privaten oder des öffentlichen Rechts für land- und forstwirtschaftliche Betriebe (§ 24 Abs. 2) mit höchstens drei Vollarbeitskräften zur Überbrückung des Ausfalls des Betriebsinhabers oder dessen voll mitarbeitenden Familienangehörigen wegen Krankheit, Unfalls, Schwangerschaft, eingeschränkter Erwerbsfähigkeit oder Todes sowie die Gestellung von Betriebshelfern an die gesetzlichen Träger der Sozialversicherung;

## III. Die korrespondierenden Rechtsgrundlagen des österreichischen Umsatzsteuerrechts

### 1. Steuerbefreiungen

§ 6. (1) Von den unter § 1 Abs. 1 Z 1 fallenden Umsätzen sind steuerfrei:

…

7. die Umsätze der Träger der Sozialversicherung und ihrer Verbände, der Krankenfürsorgeeinrichtungen i.S.d. § 2 Abs. 1 Z 2 des Beamten-Kranken- und Unfallversicherungsgesetzes, BGBl. Nr. 200/1967, und der Träger des öffentlichen Fürsorgewesens untereinander und an die Versicherten, die mitversicherten Familienangehörigen, die Versorgungsberechtigten oder die Hilfeempfänger oder die zum Ersatz von Fürsorgekosten Verpflichteten;

10. a) die Umsätze der Blinden, wenn sie nicht mehr als drei sehende Arbeitnehmer beschäftigen und die Voraussetzungen der Steuerfreiheit durch eine Bescheinigung über den Erhalt der Blindenbeihilfe oder durch eine Bestätigung der zuständigen Bezirksverwaltungsbehörde oder durch den Rentenbescheid oder eine Bestätigung des zuständigen Bundesamtes für Soziales und Behindertenwesen nachweisen. Nicht als Arbeitnehmer gelten der Ehegatte, der eingetragene Partner, die minderjährigen Abkömmlinge, die Eltern des Blinden und die Lehrlinge. Die Steuerfreiheit

**gilt nicht für die Umsätze von Gegenständen, die einer Verbrauchsteuer unterliegen, wenn der Blinde Schuldner der Verbrauchsteuer ist;**

**15. die Umsätze der Pflege- und Tagesmütter oder Pflegeeltern, die regelmäßig mit der Betreuung, Erziehung, Beherbergung und Verköstigung von Pflegekindern verbunden sind, sowie die Umsätze, soweit sie in der Betreuung, Beherbergung und Verköstigung von pflegebedürftigen Personen, die im Rahmen der Sozialhilfe bei Pflegefamilien untergebracht sind, bestehen;**

**18. die Umsätze der Kranken- und Pflegeanstalten, der Alters-, Blinden- und Siechenheime sowie jener Anstalten, die eine Bewilligung als Kuranstalt oder Kureinrichtung nach den jeweils geltenden Rechtsvorschriften über natürliche Heilvorkommen und Kurorte besitzen, soweit sie von Körperschaften des öffentlichen Rechts bewirkt werden und es sich um Leistungen handelt, die unmittelbar mit der Kranken- oder Kurbehandlung oder unmittelbar mit der Betreuung der Pfleglinge im Zusammenhang stehen;**

**25. die in den Ziff. 18, 23 und 24 genannten Leistungen, sofern sie von Körperschaften, Personenvereinigungen und Vermögensmassen, die gemeinnützigen, mildtätigen oder kirchlichen Zwecken dienen (§§ 34 bis 47 der Bundesabgabenordnung), bewirkt werden. Dies gilt nicht für Leistungen, die im Rahmen eines land- und forstwirtschaftlichen Betriebes, eines Gewerbebetriebes oder eines wirtschaftlichen Geschäftsbetriebes i.S.d. § 45 Abs. 3 der Bundesabgabenordnung ausgeführt werden;**

## 2. Steuersätze

**§ 10. (1) Die Steuer beträgt für jeden steuerpflichtigen Umsatz 20 % der Bemessungsgrundlage (§§ 4 und 5).**

**(2) Die Steuer ermäßigt sich auf 10 % für**

…

**4. die Leistungen der Körperschaften, Personenvereinigungen und Vermögensmassen, die gemeinnützigen, mildtätigen oder kirchlichen Zwecken dienen (§§ 34 bis 47 der Bundesabgabenordnung), soweit diese Leistungen nicht unter § 6 Abs. 1 fallen, sowie die von Bauvereinigungen, die nach dem Wohnungsgemeinnützigkeitsgesetz als gemeinnützig anerkannt sind, im Rahmen ihrer Tätigkeiten nach § 7 Abs. 1 bis 3 des Wohnungsgemeinnützigkeitsgesetzes erbrachten Leistungen. Dies gilt nicht für Leistungen, die im Rahmen eines land- und forstwirtschaftlichen Betriebes, eines Gewerbebetriebes oder eines wirtschaftlichen Geschäftsbetriebes i.S.d. § 45 Abs. 3 der Bundesabgabenordnung ausgeführt werden, für die steuerpflichtige Lieferung von Gebäuden oder Gebäudeteilen, für die Vermietung (Nutzungsüberlassung) von Räumlichkeiten oder Plätzen für das Abstellen von Fahrzeugen aller Art, für eine als Nebenleistung erbrachte Lieferung von Wärme sowie die steuerpflichtige Lieferung der nachfolgend aufgezählten Gegenstände:**

**a) Feste mineralische Brennstoffe, ausgenommen Retortenkohle (Positionen 2701 und 2702 sowie aus Unterpositionen 2703 00 00 und 2704 00 der Kombinierten Nomenklatur);**

**b) Leuchtöl (Unterposition 2710 19 25 der Kombinierten Nomenklatur), Heizöle (aus Unterpositionen 2710 19 und 2710 20 der Kombinierten Nomenklatur) und Gasöle (aus Unterposition 2710 19, außer Unterpositionen 2710 19 31 und 2710 19 35 und aus Unterposition 2710 20 der Kombinierten Nomenklatur);**

**c) Gase und elektrischer Strom (Unterposition 2705 00 00, Position 2711 und Unterposition 2716 00 00 der Kombinierten Nomenklatur);**

**d) Wärme;**

**8. die Umsätze der Kranken- und Pflegeanstalten, der Alters-, Blinden- und Siechenheime sowie jener Anstalten, die eine Bewilligung als Kuranstalt oder Kureinrichtung nach den jeweils geltenden Rechtsvorschriften über natürliche Heilvorkommen und Kurorte besitzen, soweit es sich um Leistungen handelt, die unmittelbar mit der Kranken- oder Kurbehandlung oder unmittelbar mit**

**der Betreuung der Pfleglinge im Zusammenhang stehen, und sofern die Umsätze nicht unter § 6 Abs. 1 Z 18 oder 25 fallen.**

### 3. Gesundheits- und Sozialbereich-Beihilfengesetz

**§ 1. (1) Unternehmer, die nach § 6 Abs. 1 Z 7 UStG 1994 befreite Umsätze bewirken, haben einen Anspruch auf eine Beihilfe.**

**(2) Diese Beihilfe für die Träger der Sozialversicherung und ihre Verbände, die Krankenfürsorgeeinrichtungen i.S.d. § 2 Abs. 1 Z 2 des Beamten-Kranken- und Unfallversicherungsgesetzes, BGBl. Nr. 200/1967, und die Träger des öffentlichen Fürsorgewesens ergibt sich aus den unmittelbar in Zusammenhang mit den gem. § 6 Abs. 1 Z 7 UStG 1994 befreiten Umsätzen stehenden, nach § 12 Abs. 3 UStG 1994 nicht abziehbaren Vorsteuern.**

**(3) Die Beihilfe für die Träger des öffentlichen Fürsorgewesens ergibt sich weiters aus einem Ausgleich für die Kürzung der Beihilfe bei Kranken- oder Kuranstalten auf Grund von Leistungen an den Träger des öffentlichen Fürsorgewesens, sofern der Kürzungsbetrag dem Träger des öffentlichen Fürsorgewesens in der über diese Leistung gelegten Rechnung bekanntgegeben wird. (…)**

### 4. BGBl. 21/1995 – Artikel XIV – Begleitmaßnahmen zum Umsatzsteuergesetz 1994 („Option zur Steuerpflicht“)

**1. Die Umsatzsteuerbefreiungen gem. § 6 Abs. l Z 23 und 24, weiters die Umsatzsteuerbefreiung des § 6 Abs. l Z 25 Umsatzsteuergesetz 1994, soweit sich die Befreiung auf die Z 23 und 24 bezieht, sind nicht anzuwenden, wenn**

**a) die Körperschaft, Personenvereinigung oder Vermögensmasse bei dem für die Erhebung der Umsatzsteuer zuständigen Finanzamt eine schriftliche Erklärung abgibt, dass sie ihre Betätigung**

- **in erheblichem Umfang privatwirtschaftlich organisiert und ausgerichtet hat und**
- **die Steuerbefreiung zu größeren Wettbewerbsverzerrungen fuhren könnte, oder**

**b) das Bundesministerium für Finanzen mit Bescheid feststellt, dass Umstände i.S.d. lit. a vorliegen.**

**Die schriftliche Erklärung sowie der Bescheid des Bundesministeriums für Finanzen können nur abgeändert oder aufgehoben werden, wenn nachgewiesen wird, dass sich die hiefür maßgeblichen Verhältnisse gegenüber jenen im Zeitpunkt der Abgabe der Erklärung oder der Erlassung des Bescheides verändert haben. § 28 Abs. 3 des Umsatzsteuergesetzes 1994 ist nicht anzuwenden.**

## B. Auslegung der MwStSystRL

13.2 Das Gemeinnützigkeitsrecht ist im Unionsrecht und im deutschen Umsatzsteuerrecht vom Denkansatz her unterschiedlich geregelt. Während das Unionsrecht eine eher allgemeine, pauschale Regelung mit auslegungsbedürftigen allgemeinen (Rechts-) Begriffen vorsieht, stellt das deutsche Umsatzsteuergesetz auf Einzelfallregelungen mit Auffangtatbeständen ab, die an verschiedenen Stellen, zum Teil etwas versteckt und sehr auf einzelne sozialrechtliche Sachverhalte zugeschnitten, geregelt sind. Diese Unterschiede führen nicht durchweg, wohl aber bei einzelnen Vorschriften zur Unionrechtswidrigkeit der deutschen Regelungen, mit der Folge, dass sich der Steuerpflichtige unmittelbar auf das Unionsrecht berufen kann.

13.3 Der EuGH hat bereits in einer Reihe von Entscheidungen zu den einzelnen Merkmalen der in Art. 132 Abs. 1 Buchst. g MwStSystRL geregelten Steuerbefreiung Stellung genommen. Das ist die Grundlage für die umsatzsteuerrechtliche Beurteilung von eng mit der Sozialfürsorge und der sozialen Sicherheit verbundenen Dienstleistungen und Lieferungen. Inwieweit die Regelungen des deutschen Umsatzsteuerrechts hiermit in Einklang stehen und welche Folgen sich aus etwaigen Widersprüchen und Verstößen ergeben, wird in einem zweiten Schritt zu untersuchen sein.

## I. Allgemeine Auslegungsregeln und Grundsätze

Das von Art. 132 Abs. 1 Buchst. g MwStSystRL verfolgte Ziel sieht der EuGH darin, die Kosten für bestimmte im sozialen Sektor erbrachte Leistungen, die dem Gemeinwohl dienen, zu senken und dadurch diese Leistungen dem Einzelnen zugänglicher zu machen[1]. Zur Auslegung der Regelung weist der EuGH gleichsam vor der Klammer auf die allgemeinen Auslegungsregeln hin. Danach sind die in Art. 132 MwStSystRL aufgeführten Steuerbefreiungen eng auszulegen, weil sie Ausnahmen von dem allgemeinen Grundsatz darstellen, dass jede Dienstleistung, die ein Steuerpflichtiger gegen Entgelt erbringt, der Mehrwertsteuer unterliegt. Die Auslegung dieser Begriffe muss jedoch mit den Zielen in Einklang stehen, die mit den Befreiungen verfolgt werden, und den Erfordernissen des Grundsatzes der steuerlichen Neutralität entsprechen, auf dem das gemeinsame Mehrwertsteuersystem beruht. Diese Regel einer engen Auslegung bedeutet somit nicht, dass die zur Definition der Steuerbefreiungen i.S.v. Art. 132 verwendeten Begriffe in einer Weise auszulegen sind, die den Befreiungen ihre Wirkung nähme[2]. Einzelne Tatbestandsmerkmale sind deshalb nicht „besonders eng" auszulegen. Andererseits hat der Gerichtshof aber auch entschieden, dass Art. 132 Abs. 1 Buchst. g MwStSystRL nicht alle dem Gemeinwohl dienenden Tätigkeiten von der Mehrwertsteuer befreit, sondern nur diejenigen, die in der Regelung einzeln aufgeführt und sehr genau beschrieben sind[3]. 13.4

Außerdem ist zu berücksichtigen, dass die Steuerbefreiungen in Art. 132 Abs. 1 Buchst. g MwStSystRL durch autonome gemeinschaftsrechtliche Begriffe geregelt werden, die eine von Mitgliedstaat zu Mitgliedstaat unterschiedliche Anwendung des Mehrwertsteuersystems verhindern sollen und deshalb eine unionsrechtliche Definition erfordern (*Hüttemann*, Rz. 3.42 ff.)[4]. 13.5

Schließlich weist der EuGH nachdrücklich auf den Grundsatz der steuerlichen Neutralität hin, der es verbietet, gleichartige und deshalb miteinander in Wettbewerb stehende Dienst- 13.6

1 EuGH v. 26.5.2005 – Rs. C-498/03 – Kingscrest Associates und Montecello, ECLI:EU:C:2005:322, Rz. 30, UR 2005, 453; vgl. auch *Schauhoff*, Art. 133 MwStSystRL, Kapitel 10.3.

2 EuGH v. 12.3.2015 – Rs. C-594/13 – „go fair" ECLI:EU:C:2015:164, Rz. 17, UR 2015, 351; v. 14.6.2007 – Rs. C-434/05 – Horizon College, ECLI:EU:C:2007:343, Rz. 16, UR 2007, 587; v. 25.3.2010 – Rs. C-79/09 – Kommission/Niederlande, ECLI:EU:C:2010:171, Rz. 49; v. 15.11.2012 – Rs. C.174/11 – Zimmermann, ECLI:EU:C:2012:716, Rz. 22; v. 13.3.2014 – Rs. C.366/12 – Klinikum Dortmund, ECLI:EU:C:2014:143, Rz. 26 und 27.

3 EuGH v. 9.2.2006 – Rs. C-415/04 – Kinderopvang Enschede, ECLI:EU:C:2006:95, Rz. 14, UR 2006, 470; v. 20.11.2003 – Rs. C-8/01 – Taksatorringen, ECLI:EU:C:2003:621, Rz. 60, UR 2004, 82 m. Anm. *Burgmaier*; v. 1.12.2005 – Rs. C-394, 395/04 – Ygeia, ECLI:EU:C:2005:734, Rz. 19.

4 EuGH v. 14.6.2007 – Rs. C-434/05 – Horizon College, ECLI:EU:C:2007:343, Rz. 13, UR 2007, 587; v. 26.5.2005 – Rs. C-498/03 – Kingscrest Associates und Montecello, ECLI:EU:C:2005:322, Rz. 22, UR 2005, 453; v. 11.1.2001 – Rs. C-76/99 – Kommission/Frankreich, ECLI:EU:C:2001:12, Rz. 21, UR 2001, 62; v. 1.12.2005 – Rs. C-394, 395/04 – Ygeia, ECLI:EU:C:2005:734, Rz. 15; vgl. auch *Schauhoff*, Art. 133 MwStSystRL, Kapitel 10.4.

leistungen hinsichtlich der Mehrwertsteuer unterschiedlich zu behandeln (*Hüttemann*, Rz. 3.4 ff.)[1].

13.7 Die Erkenntnis, dass zur Auslegung der autonomen unionsrechtlichen Begriffe nicht die nationalen Rechtsvorschriften der Mitgliedstaaten herangezogen werden dürfen, ist zwar eine nützliche Erkenntnis. Auch der Grundsatz der steuerlichen Neutralität ist uns in Gestalt des Gleichheitsgrundsatzes im deutschen Recht bereits vertraut. Das von Ausnahmen und Rückausnahmen geprägte gedankliche Modell der grundsätzlich engen Auslegung von Befreiungsvorschriften beschreibt zwar zutreffend die zu beachtenden Grundsätze, ist aber für die praktische Arbeit am konkreten Fall von begrenztem Nutzen. Denn welchen Nutzen kann der Rechtsanwender für die Auslegung eines Merkmals aus der Erkenntnis ziehen, dass dieses Merkmal zwar sehr genau beschrieben sein muss und eng auszulegen ist, aber wiederum nicht so eng, dass es seine Wirkung verliert und in bestimmten Fällen eben auch nicht besonders eng.

## II. Die Merkmale der Steuerbefreiung des Art. 132 Abs. 1 Buchst. g MwStSystRL

13.8 Mit diesem allgemeinen Rüstzeug kann man sich nun der unionsrechtlichen Steuerbefreiung in Art. 132 Abs. 1 Buchst. g MwStSystRL im Einzelnen nähern. Das ist scheinbar ganz einfach, denn der EuGH lässt im Kern für die Inanspruchnahme der Steuerbefreiung nach Art. 132 Abs. 1 Buchst. g MwStSystRL die Erfüllung zweier Voraussetzungen genügen, und zwar

- dass es sich um Leistungen handelt, die mit der Sozialfürsorge oder der sozialen Sicherheit eng verbunden sind, und
- dass diese Leistungen von Einrichtungen des öffentlichen Rechts oder anderen Einrichtungen, die von dem betreffenden Mitgliedstaat als Einrichtungen mit im Wesentlichen sozialem Charakter anerkannt worden sind, erbracht werden[2].

13.9 Art. 132 Abs. 1 Buchst. g MwStSystRL knüpft damit sowohl an leistungs- als auch an personenbezogene Voraussetzungen an. Beide Voraussetzungen reichen aus, müssen andererseits aber auch kumulativ vorliegen.

13.10 Da das Merkma der Einrichtung des öffentlichen Rechts[3] nicht die Problemvielfalt wie die anderen Merkmale bietet, geht es im Wesentlichen um zwei Tatbestandsmerkmale, nämlich die eng verbundenen Leistungen und die anerkannte Einrichtung. Bei beiden Merkmalen aber steckt der Teufel im Detail.

1 EuGH v. 26.5.2005 – Rs. C-498/03 – Kingscrest Associates und Montecello, ECLI:EU:C:2005:322, Rz. 41, UR 2005, 453; v. 10.9.2002 – Rs. C-141/00 – Kügler, ECLI:EU:C:2002:473, Rz. 30, UR 2002, 513; v. 23.10.2003 – Rs. C-109/02 – Kommission/Deutschland, ECLI:EU:C:2003:586, Rz. 20, UR 2004, 34 m. Anm. *Nieskens*; zum Neutralitätsgrundsatz vgl. auch *Hüttemann/Schauhoff*, MwStR 2013, 426 (429).

2 EuGH v. 26.5.2005 – Rs. C-498/03 – Kingscrest Associates und Montecello, ECLI:EU:C:2005:322, Rz. 34, UR 2005, 453.

3 Kritisch zu unterschiedlichen Anforderungen an Einrichtungen des öffentlichen Rechts und des privaten Rechts als (andere) Einrichtungen *Hüttemann/Schauhoff*, Rz. 9.21 ff.

### 1. Einrichtung mit sozialem Charakter

Geklärt ist, dass der Begriff „Einrichtung" weit genug ist, um auch private Einheiten mit Gewinnerzielungsabsicht zu erfassen[1]. Es kommen deshalb auch Einzelunternehmer als Einrichtung in Betracht. Der „soziale Charakter" einer Einrichtung wird dadurch belegt, dass sie Gemeinwohldienstleistungen im sozialen Bereich erbringt. Das ist ein allgemein gehaltener Begriff, der im konkreten Einzelfall mit Leben erfüllt werden muss. Geklärt ist z.B., dass Leistungen der Grundpflege und der hauswirtschaftlichen Versorgung, die körperlich oder wirtschaftlich hilfsbedürftigen Personen von ambulanten Pflegediensten erbracht werden, Gemeinwohldienstleistungen darstellen[2], während die Gestellung von Arbeitnehmern durch ein Zeitarbeitsunternehmen von dem Merkmal selbst dann nicht umfasst wird, wenn die Leiharbeitnehmer selbst Arbeiten im sozialen Bereich ausüben[3]. 13.11

#### a) Notwendigkeit der Anerkennung

Die deutsche Sprachfassung des Art. 132 Buchst. g könnte dahingehend missverstanden werden, dass die Ausführung eng mit der Sozialfürsorge und der sozialen Sicherheit verbundener Dienstleistungen und Lieferungen zur Erfüllung des Befreiungstatbestandes ausreicht und der zweite Satzteil („die durch Altenheime, Einrichtungen des öffentlichen Rechts oder andere von dem betreffenden Mitgliedstaat als Einrichtungen mit sozialem Charakter anerkannte Einrichtungen bewirkt werden") gleichsam nur erläuternden Charakter hat. Diesem Gedanken hat der EuGH im Urteil „go fair" eine klare Absage erteilt[4]. Die Befreiung nach Art. 132 Buchst. g MwStSystRL setzt voraus, dass die Umsätze durch Einrichtungen des öffentlichen Rechts oder andere von dem betreffenden Mitgliedstaat als Einrichtungen mit sozialem Charakter anerkannte Einrichtungen erbracht werden[5]. Die Anerkennung durch den jeweiligen Mitgliedstaat ist daher unerlässlich. 13.12

#### b) Voraussetzungen und Modalitäten der Anerkennung einer Einrichtung

Art. 132 Abs. 1 Buchst. g MwStSystRL legt die Voraussetzungen und Modalitäten der Anerkennung als Einrichtung mit sozialem Charakter nicht fest. Es ist deshalb grundsätzlich Sache des innerstaatlichen Rechts jedes Mitgliedstaats, die Regeln aufzustellen, nach denen diesen Einrichtungen eine solche Anerkennung zuteil werden kann. Die Mitgliedstaaten verfügen 13.13

---

1 EuGH v. 12.3.2015 – Rs. C-594/13 – „go fair", ECLI:EU:C:2015:164, Rz. 27, UR 2015, 351; v. 9.2.2006 – Rs. C-415/04 – Kinderopvang Enschede, ECLI:EU:C:2006:95, Rz. 23, UR 2006, 470; vgl. Urt. v. 26.5.2005 – Rs. C-498/03 – Kingscrest Associates und Montecello, ECLI:EU:C:2005:322, Rz. 35, UR 2005, 453; vgl. auch *Schauhoff*, Art. 133 MwStSystRL, Kapitel 10 B I.1, B II.1. sowie *Hüttemann/Schauhoff*, Rz. 9.17 ff.

2 EuGH v. 15.11.2012 – Rs. C-174/11 – Zimmermann, ECLI:EU:C:2012:716, Rz. 23, UR 2013, 35.

3 EuGH v. 12.3.2015 – Rs. C-594/13 – „go fair", ECLI:EU:C:2015:164, Rz. 28, UR 2015, 351.

4 EuGH v. 12.3.2015 – Rs. C-594/13 – „go fair", ECLI:EU:C:2015:164, Rz. 18, UR 2015, 351; v. 26.5.2005 – Rs. C-498/03 – Kingscrest Associates und Montecello, ECLI:EU:C:2005:322, Rz. 34, UR 2005, 453; EuGH v. 15.11.2012 – Rs. C-174/11 – Zimmermann, ECLI:EU:C:2012:716, Rz. 21, UR 2013, 35.

5 EuGH v. 12.3.2015 – Rs. C-594/13 – „go fair", ECLI:EU:C:2015:164, Rz. 18, UR 2015, 351; v. 26.5.2005 – Rs. C-498/03 – Kingscrest Associates und Montecello, ECLI:EU:C:2005:322, Rz. 34, UR 2005, 453; EuGH v. 15.11.2012 – Rs. C-174/11 – Zimmermann, ECLI:EU:C:2012:716, Rz. 21, UR 2013, 35.

insoweit über ein Ermessen[1]. Bei der Ausübung des ihnen eingeräumten Ermessens sind die Mitgliedstaaten aber nicht völlig frei, denn die Ermessensausübung muss mit den allgemeinen Grundsätzen des Unionsrechts im Einklang stehen. Das setzt u.a. die Beachtung des Gleichheitsgrundsatzes, der im Mehrwertsteuerrecht im Grundsatz der steuerlichen Neutralität zum Ausdruck kommt, voraus[2].

13.14 Außerdem sind bei der Anerkennung des „sozialen Charakters" einer Einrichtung weitere Gesichtspunkte zu berücksichtigen. Zu ihnen können das Bestehen spezifischer Vorschriften – seien es nationale oder regionale, Rechts- oder Verwaltungsvorschriften, Steuervorschriften oder Vorschriften im Bereich der sozialen Sicherheit –, das mit den Tätigkeiten des betreffenden Steuerpflichtigen verbundene Gemeinwohlinteresse, die Tatsache, dass andere Steuerpflichtige mit den gleichen Tätigkeiten bereits in den Genuss einer ähnlichen Anerkennung kommen, und der Gesichtspunkt zählen, dass die Kosten der fraglichen Leistungen unter Umständen zum großen Teil von Krankenkassen oder anderen Einrichtungen der sozialen Sicherheit übernommen werden[3]. Anders als bei der Auslegung der Tatbestandsmerkmale der Befreiungsvorschriften können damit bei der Frage, ob ein Mitgliedstaat eine Einrichtung anerkannt hat, nationale gesetzliche Regelungen durchaus eine Rolle spielen.

13.15 Die Anerkennung eines Unternehmers als Einrichtung mit sozialem Charakter kann auch aus der Übernahme der Kosten für seine Leistungen durch Krankenkassen oder andere Einrichtungen der sozialen Sicherheit abgeleitet werden[4]. Dabei kommt es aber nicht darauf an, ob die Kosten im konkreten Fall tatsächlich übernommen worden sind, sondern es reicht aus, dass sie übernehmbar sind[5].

13.16 Allerdings reicht für die Anerkennung eine Ableitung von der Anerkennung eines Dritten nicht aus, denn es genügt für die Anerkennung eines Unternehmers als eine Einrichtung

1 EuGH v. 12.3.2015 – Rs. C-594/13 – „go fair", ECLI:EU:C:2015:164, Rz. 19, UR 2015, 351; v. 15.11.2012 – Rs. C-174/11 – Zimmermann, ECLI:EU:C:2012:716, Rz. 26, UR 2013, 35; v. 26.5.2005 – Rs. C-498/03 – Kingscrest Associates und Montecello, ECLI:EU:C:2005:322, Rz. 49, 51, UR 2005, 453; v. 10.9.2002 – Rs. C-141/00 – Kügler, ECLI:EU:C:2002:473, Rz. 54, UR 2002, 513; v. 9.2.2006 – Rs. C-415/04 – Stichting Kinderopvang Enschede, ECLI:EU:C:2006:95, Rz. 23, UR 2006, 470; zum Ermessen vgl. auch *Schauhoff*, Art. 133 MwStSystRL B II.3.

2 EuGH v. 15.11.2012 – Rs. C-174/11 – Zimmermann, ECLI:EU:C:2012:716, Rz. 33, UR 2013, 35; v. 10.9.2002 – Rs. 141/00 – Kügler, ECLI:EU:C:2002:473, Rz. 56; v. 26.5.2005 – Rs. C-498/03 – Kingscrest Associates und Montecello, ECLI:EU:C:2005:322, Rz. 52 und 54, UR 2005, 453; vgl. auch *Hüttemann/Schauhoff*, Rz. 9.31.

3 EuGH v. 15.11.2012 – Rs. C-174/11 – Zimmermann, ECLI:EU:C:2012:716, Rz. 31, UR 2013, 35; v. 12.3.2015 – Rs. C-594/13 – „go fair", ECLI:EU:C:2015:164, Rz. 20, UR 2015, 351; v. 10.9.2002 – Rs. 141/00 – Kügler, ECLI:EU:C:2002:473, Rz. 57 und 58; v. 26.5.2005 – Rs. C-498/03 – Kingscrest Associates und Montecello, ECLI:EU:C:2005:322, Rz. 53, UR 2005, 453; v. 6.11.2003 – Rs. C-45/01 – Dornier, ECLI:EU:C:2003:595, Rz. 72, 73, UR 2003, 584 m. Anm. *Widmann*; v. 8.6.2006 – Rs. C-106/05 – L. u. P., ECLI:EU:C:2006:380, Rz. 53, UR 2006, 464 m. Anm. *Klenk*; v. 10.6.2010 – Rs. C-262/08 – CopyGene, ECLI:EU:C:2010:328, Rz. 65, 71, UR 2010, 526 m. Anm. *Hölzer*; vgl. auch BFH v. 25.4.2013 – V R 7/11, BStBl. II 2013, 976.

4 Vgl. z.B. BFH v. 8.11.2007 – V R 2/06, BStBl. II 2008, 634 = UR 2008, 229 m. Anm. *Hölzer*; v. 30.7.2008 – V R 66/06, BStBl. II 2010, 507 = UR 2009, 241; v. 8.8.2013 – V R 8/12, BFHE 242, 548 = UR 2013, 951.

5 BFH v. 8.8.2013 – V R 8/12, BFHE 242, 548 = UR 2013, 951; v. 22.4.2004 – V R 72/03, BStBl. II 2004, 684 = UR 2004, 480 m. Anm. *Stadie*; v. 8.6.2011 – XI R 22/09, BFHE 234, 448 = UR 2011, 821.

mit sozialem Charakter nicht, dass der Unternehmer lediglich als Subunternehmer für eine anerkannte Einrichtung tätig geworden ist[1].

### c) Weitere Anerkennungsvoraussetzungen

Darüber hinaus können die Mitgliedstaaten gem. Art. 133 MwStSystRL die Gewährung der Befreiung nach Art. 132 Abs. 1 Buchstaben g für Einrichtungen, die keine Einrichtungen des öffentlichen Rechts sind, von der Erfüllung einer oder mehrerer der in Art. 133 Buchstabe a bis d genannten Bedingungen abhängig machen[2]. So kann die Steuerbefreiung davon abhängig gemacht werden, dass 13.17

- die Einrichtungen keine systematische Gewinnerzielung anstreben und etwaige Gewinne, nicht verteilt, sondern zur Erhaltung oder Verbesserung der erbrachten Leistungen verwendet werden müssen,
- Leitung und Verwaltung der Einrichtungen im Wesentlichen ehrenamtlich durch Personen erfolgen, die weder selbst noch über zwischengeschaltete Personen ein unmittelbares oder mittelbares Interesse am wirtschaftlichen Ergebnis der von der Einrichtung ausgeübten Tätigkeiten haben,
- die Preise, die diese Einrichtungen verlangen, müssen von den zuständigen Behörden genehmigt sein oder die genehmigten Preise nicht übersteigen; bei Umsätzen, für die eine Preisgenehmigung nicht vorgesehen ist, müssen die verlangten Preise unter den Preisen liegen, die der Mehrwertsteuer unterliegende gewerbliche Unternehmen für entsprechende Umsätze fordern,
- die Befreiungen nicht zu einer Wettbewerbsverzerrung zum Nachteil von der Mehrwertsteuer unterliegenden gewerblichen Unternehmen führen.

Diese fakultativen Bedingungen für die Gewährung der betreffenden Befreiung können von den Mitgliedstaaten nach freiem Ermessen zusätzlich vorgesehen werden[3].

### d) Beurteilung ist Sache der Mitgliedstaaten

Es ist Sache der nationalen Gerichte, unter Berücksichtigung dieser Gesichtspunkte zu prüfen, ob eine Anerkennung als Einrichtung mit sozialem Charakter für die Zwecke der Steuerbefreiungen des Art. 132 Abs. 1 Buchstabe g zu einer Verletzung des Grundsatzes der Gleichbehandlung im Verhältnis zu anderen Wirtschaftsteilnehmern führt, die die gleichen Leistungen in vergleichbaren Situationen erbringen[4]. 13.18

---

1 BFH v. 1.12.2010 – XI R 46/08, BFHE 232, 232 = UR 2011, 348; v. 8.11.2007 – V R 2/06, BStBl. II 2008, 634 = UR 2008, 229 m. Anm. *Hölzer*; v. 8.8.2013 – V R 8/12, BFHE 242, 548 = UR 2013, 951.

2 Vgl. hierzu *Schauhoff*, Art. 133 Kapitel 10 B I.1.c 11. Ff.

3 EuGH v. 15.11.2012 – Rs. C-174/11 – Zimmermann, ECLI:EU:C:2012:716, Rz. 27, UR 2013, 35; v. 26.5.2005 – Rs. C-498/03 – Kingscrest Associates und Montecello, ECLI:EU:C:2005:322, Rz. 38 und 50, UR 2005, 453; v. 8.6.2006 – Rs. C-106/05 – L. u. P., ECLI:EU:C:2006:380, Rz. 43, UR 2006, 464 m. Anm. *Klenk*; v. 14.6.2007 – Rs. C-434/05 – Horizon College, ECLI:EU:C:2007:343, Rz. 45, UR 2007, 587.

4 EuGH v. 26.5.2005 – Rs. C-498/03 – Kingscrest Associates und Montecello, ECLI:EU:C:2005:322, Rz. 53, 55, UR 2005, 453; v. 15.11.2012 – Rs. C-174/11 – Zimmermann, ECLI:EU:C:2012:716, Rz. 31, UR 2013, 35; v. 12.3.2015 – Rs. C-594/13 – „go fair", ECLI:EU:C:2015:164, Rz. 20, UR 2015,

## 2. Eng verbundene Umsätze

13.19 Eine abstrakte Definition des Begriffes der „**eng** mit der Sozialfürsorge und der sozialen Sicherheit **verbundenen Dienstleistungen**" gibt es nicht. Es gibt lediglich für einzelne Sachverhaltskonstellationen Entscheidungen darüber, ob sie diese Voraussetzungen erfüllen oder nicht. So ist z.B. geklärt, dass Leistungen der Grundpflege und der hauswirtschaftlichen Versorgung, die körperlich oder wirtschaftlich hilfsbedürftigen Personen von ambulanten Pflegediensten erbracht werden, hierzu gehören[1]. Dasselbe gilt für Betreuungsleistungen nach §§ 1896 ff. BGB[2]. Geklärt ist auch, dass die vom Steuerpflichtigen erbrachten Lieferungen und Dienstleistungen selbst alle notwendigen Voraussetzungen für die Befreiung erfüllten, d.h. selbst eng mit der Sozialfürsorge und der sozialen Sicherheit verbunden sein müssen[3]. Deshalb wird die Gestellung von Pflegepersonal, das in anderen Pflegeeinrichtungen weisungsgebunden Leistungen gegenüber betreuungs- oder pflegebedürftigen Personen erbringt, nicht von der Steuerbefreiung des Art. 132 Abs. 1 Buchst. g MwStSystRL umfasst[4].

13.20 Letztlich ist es Sache der nationalen Gerichte, zu beurteilen, ob im Einzelfall „eng mit der Sozialfürsorge und der sozialen Sicherheit verbundene Dienstleistungen" vorliegen[5]. Unabhängig davon aber, wie die Wendung „eng verbunden" im Rahmen von Art. 132 Abs. 1 Buchst. g MwStSystRL auszulegen ist, ist dabei zu beachten, dass Art. 134 Buchst. a MwStSystRL erster Gedankenstrich der Richtlinie die Befreiung jedenfalls von der Voraussetzung abhängig macht, dass die betreffenden Lieferungen oder Dienstleistungen zur Ausübung der von der Steuer befreiten Tätigkeiten unerlässlich sind[6].

13.21 D.h., die Haupttätigkeit, mit der die Lieferung von Gegenständen oder die Erbringung von Dienstleistungen eng verbunden sein muss, muss auch selbst eine befreite Tätigkeit sein. Ob diese Voraussetzungen erfüllt sind, ist von den nationalen Gerichten zu prüfen[7]. In dem Ausgangsverfahren Stichting Kinderopvang Enschede setzt die Steuerbefreiung der Dienstleistungen, die die Stiftung in ihrer Eigenschaft als Vermittlerin zwischen den Eltern des betreuten Kindes und den Tageseltern erbringt, daher voraus, dass der von den Tageseltern geleistete Kinderbetreuungsdienst selbst von der Mehrwertsteuer befreit ist[8].

---

351; v. 10.9.2002 – Rs. 141/00 – Kügler, ECLI:EU:C:2002:473, Rz. 57, 58; v. 6.11.2003 – Rs. C-45/01 – Dornier, ECLI:EU:C:2003:595, Rz. 72, 73, UR 2003, 584 m. Anm. *Widmann*; v. 8.6.2006 – Rs. C-106/05 – L. u. P., ECLI:EU:C:2006:380, Rz. 53, UR 2006, 464 m. Anm. *Klenk*; v. 10.6.2010 – Rs. C-262/08 – CopyGene, ECLI:EU:C:2010:328, Rz. 65, 71, UR 2010, 526 m. Anm. *Hölzer*.

1 EuGH v. 15.11.2012 – Rs. C-174/11 – Zimmermann, ECLI:EU:C:2012:716, Rz. 23, UR 2013, 35; v. 10.9.2002 – Rs. 141/00 – Kügler, ECLI:EU:C:2002:473, Rz. 61.

2 BFH v. 16.10.2013 – XI R 19/11, BFH/NV 2014, 190; v. 25.4.2013 – V R 7/11, BStBl. II 2013, 976; v. 17.2.2009 – XI R 67/06, BFHE 224, 183 = UR 2009, 352.

3 EuGH v. 9.2.2006 – Rs. C-415/04 – Stichting Kinderopvang Enschede, ECLI:EU:C:2006:95, Rz. 21, UR 2006, 470.

4 EuGH v. 12.3.2015 – Rs. C-594/13 – „go fair", ECLI:EU:C:2015:164, Rz. 24, 25, UR 2015, 351.

5 EuGH v. 15.11.2012 – Rs. C-174/11 – Zimmermann, ECLI:EU:C:2012:716, Rz. 24, UR 2013, 35.

6 EuGH v. 15.11.2012 – Rs. C-174/11 – Zimmermann, ECLI:EU:C:2012:716, Rz. 61, UR 2013, 35; v. 9.2.2006 – Rs. C-415/04 – Stichting Kinderopvang Enschede, ECLI:EU:C:2006:95, Rz. 25, UR 2006, 470.

7 EuGH v. 14.6.2007 – Rs. C-434/05 – Horizon College, ECLI:EU:C:2007:343, Rz. 38 bis 41, UR 2007, 587.

8 EuGH v. 9.2.2006 – Rs. C-415/04 – Stichting Kinderopvang Enschede, ECLI:EU:C:2006:95, Rz. 22, UR 2006, 470.

### 3. Unmittelbare Anwendbarkeit

Durch die Rechtsprechung des EuGH ist geklärt, dass Art. 132 Abs. 1 Buchst. g MwStSystRL die steuerfreien Tätigkeiten hinreichend genau und unbedingt aufzählt, so dass Steuerpflichtige sich darauf berufen können[1]. Solange aber die Mitgliedstaaten die Grenzen des ihnen in Art. 132 Abs. 1 Buchst. g MwStSystRL eingeräumten Ermessens beachten, kann der Einzelne mit Wirkung gegenüber dem betreffenden Mitgliedstaat die Eigenschaft einer Einrichtung mit sozialem Charakter nicht dadurch erlangen, dass er sich auf diese Bestimmung beruft[2]. 13.22

## C. Die Umsetzung des Unionsrechts durch das deutsche UStG

Von seinem Ermessen bei der Anerkennung von Einrichtungen mit sozialem Charakter hat der deutsche Gesetzgeber durch eine Vielzahl von Regelungen, die unter B. im Einzelnen aufgeführt sind, Gebrauch gemacht. Diese Ermessensausübung umfasst u.a. 13.23

- die gesetzlichen Träger der Sozialversicherung und der Grundsicherung für Arbeitsuchende (§ 4 Nr. 15 UStG),
- die Medizinischen Dienste der Krankenversicherung und des Medizinischen Dienstes der Spitzenverbände der Krankenkassenuntereinander und für die gesetzlichen Träger der Sozialversicherung und deren Verbände und für die Träger der Grundsicherung für Arbeitssuchende (§ 4 Nr. 15a UStG),
- den Bereich der Arbeitsförderung (§ 4 Nr. 15b UStG)
- die Leistungen für körperlich, geistig oder seelisch hilfsbedürftige Personen (§ 4 Nr. 16 UStG), untergliedert in
  - Leistungen durch juristische Personen des öffentlichen Rechts (§ 4 Nr. 16 Buchst. a UStG),
  - die sozialrechtlichen Anerkennungen in § 4 Nr. 16 Buchst. b bis k UStG und
  - die Anerkennung durch die Kostentragung seitens der Sozialversicherungsträger in § 4 Nr. 16 Buchst. l UStG.
- die Leistungen der amtlich anerkannten Verbände der freien Wohlfahrtspflege (§ 4 Nr. 18 UStG)
- die Umsätze der Blinden und Blindenwerkstätten (§ 4 Nr. 19 UStG).

Ein sich auf Anhieb aufdrängendes System ist hinter diesen Regelungen nicht erkennbar. All diese Vorschriften leiten ihre unionsrechtliche Legitimation zwar aus Art. 132 Abs. 1 Buchst. g MwStSystRL her, aber nicht alle sind tatsächlich mit dem Unionsrecht vereinbar. 13.24

1 EuGH v. 10.9.2002 – Rs. 141/00 – Kügler, ECLI:EU:C:2002:473, Rz. 53; BFH v. 23.7.2009 – V R 93/07, BFHE 226, 435 = UR 2009, 848.

2 EuGH v. 10.9.2002 – Rs. 141/00 – Kügler, ECLI:EU:C:2002:473, Rz. 53.

## I. § 4 Nr. 15 UStG

13.25 Die Befreiung bezweckt eine Kostendämpfung im Bereich der sozialen Fürsorgeeinrichtungen. Begünstigte Einrichtungen sind die gesetzlichen Träger der Sozialversicherung. Das sind die nach § 29 Abs. 1 SGB IV rechtsfähigen Körperschaften des öffentlichen Rechts mit Selbstverwaltung[1]. Träger der Krankenversicherung sind nach § 4 Abs. 2 SGB V die Krankenkassen, wobei Privatkrankenkassen einschließlich der Beamtenkrankenkassen nicht dazu gehören. Die Träger der Unfallversicherung ergeben sich aus § 114 Abs. 1 SGB VII, die der Rentenversicherung aus § 125 SGB V. Auch die Bundesagentur für Arbeit gilt gem. § 1 Abs. 1 Satz 2 SGB IV als Versicherungsträger. Gemäß § 3 Abs. 2 SGB XII sind die kreisfreien Städte und Kreise örtliche Träger der Sozialhilfe, die überörtlichen Träger werden gem. § 3 Abs. 3 SGB XII durch Landesrecht bestimmt. Als begünstigte Stellen der Kriegsopferversorgung und -fürsorge kommen die Versorgungsämter und Landesversorgungsämter sowie die Fürsorgestellen für Kriegsopfer in Betracht. Dazu gehören auch Sondereinrichtungen wie z.B. Versorgungskrankenhäuser. Befreite Leistungen sind nur die Umsätze der in § 4 Nr. 15 Satz 1 UStG genannten Einrichtungen untereinander oder an den von ihnen zu betreuenden Personenkreis (§ 4 Nr. 15 Satz 1 Buchst. a, b UStG), diese aber auch in vollem Umfang.

## II. § 4 Nr. 15a UStG

13.26 Die Regelung ist zuletzt geändert worden durch Gesetz v 24.3.2011[2] mit Wirkung vom 1.1.2011. Die Medizinischen Dienste der Krankenversicherung sowie der Medizinische Dienst der Spitzenverbände der Krankenkassen sind als Einrichtungen mit sozialem Charakter anzusehen, weil sie allgemein gesetzlich geregelte Aufgaben auf dem Gebiet des Gesundheitswesens wahrnehmen[3]. Befreit sind allerdings nur Leistungen der Medizinischen Dienste selbst[4].

## III. § 4 Nr. 15b UStG

13.27 4 Nr. 15b ist durch das KroatienAnpG[5] mit Wirkung ab 1.1.2015 in das UStG eingefügt worden. Die Eingliederungsleistungen nach dem SGB II und die Leistungen der aktiven Arbeitsförderung nach dem SGB III sowie die hiermit vergleichbaren Leistungen sind „eng mit der Sozialfürsorge und der sozialen Sicherheit verbundene Leistungen" i.S.d. Art. 132 Abs. 1 Buchst. g MwStSystRL. Es handelt sich um Leistungen, die dem Grundsatz nach im SGB beschrieben werden. Mit diesen Leistungen werden soziale Zwecke verfolgt, weil sie einen spezifischen sozialrechtlichen Bedarf voraussetzen und somit einer wirtschaftlichen oder sozialen Notlage abhelfen, die sich auf Grund von Hilfsbedürftigkeit oder Arbeitslosigkeit ergibt. Die Einrichtungen mit sozialem Charakter werden dabei in § 4 Nr. 15b Satz 2 UStG bestimmt. Einrichtungen im Sinne dieser Vorschrift sind Einrichtungen, die nach § 178 SGB III durch eine fachkundige Stelle zugelassen sind. Gemäß § 176 SGB III ist die Zulassung des Trägers

1 BFH v. 23.4.2009 – V R 5/07, BFHE 226, 116 = UR 2009, 762; v. 18.8.2005 – V R 71/03, BStBl. II 2006, 143 = UR 2006, 166 m. Anm. *Heidner.*
2 BGBl. I 2011, 453.
3 BT-Drucks. 13/3084, 25.
4 BFH v. 8.10.2008 – V R 32/07, BStBl. II 2009, 429 = UR 2009, 22; v. 28.6.2000 – V R 72/99, BStBl. II 2000, 554 = UR 2000, 434.
5 BGBl. I 2014, 1266.

durch eine fachkundige Stelle grundsätzlich Voraussetzung für die Durchführung von Maßnahmen der Arbeitsförderung. Soweit eine Zulassung für einzelne nach dem SGB II zu erbringende Leistungen bzw. für vergleichbare Leistungen nicht gesetzlich vorgesehen ist, ergibt sich der soziale Charakter der Einrichtung dadurch, dass die Einrichtung für ihre Leistungen nach Satz 1 Verträge mit den gesetzlichen Trägern der Grundsicherung für Arbeitsuchende nach dem SGB II bzw. mit den juristischen Personen des öffentlichen Rechts, die vergleichbare Leistungen durchführen, geschlossen hat. Verträge i.S.d. Buchst. b und c S 2 der Vorschrift liegen auch vor, wenn der Leistungsaustausch auf einem Zuwendungsbescheid beruht, der die gegenseitigen Rechte und Pflichten bestimmt.

## IV. § 4 Nr. 16 UStG

Die Vorschrift wurde durch das JStG 2009[1] mit Wirkung ab 1.1.2009 vollständig neu gefasst. 13.28
§ 4 Nr. 16 UStG befreit die mit dem Betrieb von Einrichtungen zur Betreuung oder Pflege körperlich, geistig oder seelisch hilfsbedürftiger Personen eng verbundenen Leistungen[2], sofern diese von Einrichtungen, die in § 4 Nr. 16 Buchst. a bis l UStG genannt werden, erbracht werden. Derartige Einrichtungen sind zum einen Einrichtungen des öffentlichen Rechts (Buchst. a). Darüber hinaus macht das deutsche Umsatzsteuerrecht in § 4 Nr. 16 Satz 1 Buchst. b bis k UStG die Anerkennung von Einrichtungen mit sozialem Charakter weitgehend davon abhängig, dass der Unternehmer einen Vertrag mit einer Sozial- oder Pflegekasse abgeschlossen hat und Leistungen erbringt, die ihrer Art nach vom Gegenstand des Vertrages erfasst werden[3]. Darüber hinaus werden in § 4 Nr. 16 Satz 1 Buchst. l UStG die Kriterien für die Anerkennung als Einrichtung mit sozialem Charakter für Einrichtungen, deren Leistungen nicht schon nach § 4 Nr. 16 Satz 1 Buchst. a bis k UStG befreit sind, vereinheitlicht. Es handelt sich um einen Auffangtatbestand, für Einrichtungen, die die Voraussetzungen von § 4 Nr. 16 Buchst. b-k UStG nicht erfüllen. Entscheidend ist dabei die tatsächliche Kostenübernahme durch die gesetzlichen Träger der Sozialversicherung[4].

## V. § 4 Nr. 18 UStG

Die Regelung der Leistungen der amtlich anerkannten Verbände der freien Wohlfahrtspflege 13.29
in § 4 Nr. 18 UStG ist aus unionsrechtlicher Sicht die wohl problematischste Bestimmung. In der Rechtsprechung hat § 4 Nr. 18 UStG in den vergangenen Jahren zunehmend an Bedeutung verloren. Der BFH hat bereits mehrfach entschieden, dass § 4 Nr. 18 UStG das EU-Recht nicht zutreffend umsetzt und unmittelbar Unionsrecht angewendet[5]. Die unmittel-

---

1 BGBl. I 2008, 2794.

2 Zu den von § 4 Nr. 16 umfassten Pflegeleistungen vgl. *Oelmaier* in Sölch/Ringleb, UStG, § 4 Nr. 16 Rz. 19; *Stadie*, UStG, 3. Aufl. 2015, § 4 Nr. 16 Rz. 4; BMF-Schreiben v. 20.7.2009, BStBl. I 2009, 774.

3 BFH v. 21.8.2013 – V R 20/12, BStBl. II 2014, 90 = UR 2013, 955 m. Anm. *Wüst*; zu den Anerkennungsvoraussetzungen für private Einrichtungen im Einzelnen vgl. z.B. *Oelmaier* in Sölch/Ringleb, UStG, § 4 Nr. 16 Rz. 38 ff.; *Stadie*, UStG, 3. Aufl. 2015, § 4 Nr. 16 Rz. 10 ff.

4 *Oelmaier* in Sölch/Ringleb, UStG, § 4 Nr. 16 Rz. 100; *Stadie*, UStG, 3. Aufl. 2015, § 4 Nr. 16 Rz. 12.

5 BFH v. 8.6.2011 – XI R 22/09, BFHE 234, 448 = UR 2011, 821; v. 1.12.2010 – XI R 46/08, BFHE 232, 232 = UR 2011, 348; v. 17.2.2009 – XI R 67/06, BStBl. II 2013, 967 = UR 2009, 352; v. 11.3.2009 – XI R 68/06, BFH/NV 2009, 1464.

bare Anwendung des Art. 132 Abs. 1 Buchst. g der MwStSystRL ist dabei möglich, weil diese begünstigende Regelung unbedingt und hinreichend genau ist[1]. Der Unternehmer verliert in diesem Fall aber das Recht auf Vorsteuerabzug[2].

13.30 Das Merkmal des unmittelbaren Zugutekommens in § 4 Nr. 18 UStG korrespondiert mit dem der eng verbundenen Umsätze in Art. 132 Abs. 1 Buchst. g MwStSystRL, ohne dass diese Begriffe vollständig deckungsgleich wären. Dasselbe gilt für das Abstandsgebot mit der Regelung in Art. 133 Buchst. c MwStSystRL, wonach die Mitgliedstaaten die Befreiung davon abhängig machen dürfen, dass die von der Einrichtung verlangten Preise unter den Preisen liegen, die der Mehrwertsteuer unterliegende gewerbliche Unternehmen für entsprechende Umsätze fordern.

### 1. Unmittelbares Zugutekommen

13.31 Die Entscheidungen der Rechtsprechung aus der jüngeren Vergangenheit betreffen zum großen Teil die Frage, ob die Leistungen unmittelbar dem nach der Satzung begünstigten Personenkreis zugutekommen und ob die Voraussetzungen des Abstandsgebotes erfüllt sind. Das Merkmal der Unmittelbarkeit i.S.v. § 4 Nr. 18 Buchst. b UStG ist leistungsbezogen auszulegen, d.h. die Leistung muss selbst dem nach der Satzung etc. begünstigten Personenkreis unmittelbar zugutekommen. Daher sind Leistungen einer Einrichtung der Wohlfahrtspflege an andere steuerbegünstigte Körperschaften nicht nach § 4 Nr. 18 UStG steuerfrei, wenn sie den nach der Satzung etc. begünstigten Personenkreis nur mittelbar zugutekommen[3]. Es reicht auch nicht aus, dass die Leistung lediglich als Vorleistung in eine vom Leistungsempfänger an den begünstigten Personenkreis erst noch zu erbringende Leistung eingeht. Leistungen eines Wohlfahrtsverbandes an andere Verbände oder Behörden sind nur begünstigt, wenn die Leistung den begünstigten notleidenden und gefährdeten Mitmenschen unmittelbar zugutekommt. § 4 Nr. 18 UStG bezweckt nicht die Förderung mehrstufiger Wohlfahrtsorganisationen, sondern die Entlastung des nach der Satzung etc. begünstigten Personenkreises. Für die Anerkennung eines Unternehmers als eine Einrichtung mit sozialem Charakter reicht es deshalb nicht aus, wenn der Unternehmer lediglich als Subunternehmer für eine anerkannte Einrichtung tätig wird, es sei denn der Subunternehmer erfüllt selbst die Voraussetzungen für die Steuerbefreiung[4]. Wie das Merkmal der Unmittelbarkeit zu verstehen ist, insbesondere ob dabei auf die schuldrechtlichen Vertragsverhältnisse oder auf eine Art faktisches Zugutekommen abzustellen ist, ist noch nicht vollständig geklärt und auch in der Rechtsprechung des BFH nicht unumstritten.

13.32 Im Fall des BFH-Urteils vom 1.12.2010 – XI R 46/08[5] war Kläger ein eingetragener Verein für Rettungsdienste, Krankentransporte und soziale Hilfsdienste, der u.a. einen Haus-Notruf-Dienst und einen ärztlichen Notdienst betrieb, aber keinem anerkannten Verband der freien Wohlfahrtspflege angehörte. Der XI. Senat hat entschieden, dass ein nicht zu einem anerkannten Verband der freien Wohlfahrtspflege gehörender Verein sich für die Inanspruchnahme einer Steuerbefreiung für einen Haus-Notruf-Dienst unmittelbar auf die gegenüber § 4 Nr. 18

---

1 EuGH v. 10.9.2002 – Rs. 141/00 – Kügler, ECLI:EU:C:2002:473; BFH v. 23.7.2009 – V R 93/07, BFHE 226, 435 = UR 2009, 848; vgl. auch *Hüttemann/Schauhoff*, MwStR 2013, 426.

2 *Oelmaier* in Sölch/Ringleb, UStG, § 4 Nr. 18 Rz. 4.

3 BFH v. 30.4.2009 – V R 3/08, BFHE 226, 144 = UR 2009, 639 = GmbHR 2009, 1003.

4 BFH v. 8.11.2007 – V R 2/06, BStBl. II 2008, 634 = UR 2008, 229 m. Anm. *Hölzer*; vgl. zum Ganzen BT-Drucks. 18/1529 zu Art. 8 zu Nr. 2 zu Buchst. a, S. 76.

5 BFH v. 1.12.2010 – XI R 46/08, BFHE 232, 232 = UR 2011, 348.

UStG günstigere Regelung in Art. 13 Teil A Abs. 1 Buchst. g der Richtlinie 77/388/EWG (= Art. 132 Abs. 1 Buchst. g MwStSystRL) berufen kann. Das gilt aber nicht für die Leistungen im Rahmen eines ärztlichen Notdienstes, bei dem der Vertrag mit dem jeweiligen Notarzt, nicht aber mit den Patienten geschlossen ist. In diesem Fall handelt es nicht um mit der Sozialfürsorge oder der sozialen Sicherheit eng verbundene Leistungen i.S.d. Art. 13 Teil A Abs. 1 Buchst. g der Richtlinie 77/388/EWG (= Art. 132 Abs. 1 Buchst. g MwStSystRL). Damit wird beim Begriff des „eng verbundenen Umsatzes" i.S.d. Art. 13 Teil A Abs. 1 Buchst. g der Richtlinie 77/388/EWG (= Art. 132 Abs. 1 Buchst. g MwStSystRL) ein Vertragsverhältnis unmittelbar mit dem Begünstigten verlangt, anders als im Urteil XI R 22/09[1].

Im BFH-Urteil vom 8.6.2011 – XI R 22/09[2] hat der XI. Senat im Fall eines Vereins, der aufgrund eines Vertrages mit einer Kommanditgesellschaft, die Wohnungen an Senioren vermietete und diesen sog. Basisleistungen zusicherte, eben diese „Basisleistungen" ausführte, offengelassen, ob Unmittelbarkeit i.S.v. § 4 Nr. 18 Buchst. b UStG zu verneinen ist, weil der Kläger die Verträge nicht unmittelbar mit den Senioren abgeschlossen hatte. Jedenfalls könne sich der Kläger unmittelbar auf die Steuerbefreiung in Art. 13 Teil A Abs. 1 Buchst. g der Richtlinie 77/388/EWG (= Art. 132 Abs. 1 Buchst. g MwStSystRL) berufen. 13.33

Im BFH-Urteil vom 15.9.2011 – V R 16/11[3] war über die Klage eines eingetragenen Vereins, der als Mitglied im Deutschen Paritätischen Wohlfahrtsverband-Gesamtverband e.V. bei der Kinder-, Jugend-, Familien-, Alten-, Behinderten- und Gesundheitshilfe tätig war, zu entscheiden. Der Kläger betrieb einen Fahrdienst und erbrachte Fahrdienstleistungen aufgrund von Verträgen, die er mit gemeinnützigen Körperschaften, dem Amt für Kindertagesstätten, dem Jugendamt und dem Schulamt der Stadt D abgeschlossen hatte. Aufgrund dieser Verträge beförderte der Kläger Menschen mit Behinderungen zu Werkstätten, Kindertageseinrichtungen und Schulen. Der BFH hat hierzu entschieden, dass die Leistungen eines Mitglieds eines Wohlfahrtverbandes dem begünstigten Personenkreis auch dann unmittelbar i.S.v. § 4 Nr. 18 Buchst. b UStG zugutekommen, wenn es Fahrdienstleistungen ohne Zwischenschaltung Dritter an Menschen mit Behinderung erbringt und dabei aufgrund eines mit einer anderen Person abgeschlossenen Vertrages tätig wird. Danach wird nicht auf die schuldrechtliche Leistungsbeziehung abgestellt, sondern ein eher faktisches Element berücksichtigt. Das hat der EuGH im Urteil go fair[4] noch einmal ausdrücklich bestätigt. 13.34

## 2. Abstandsgebot

In den den BFH-Urteilen vom 17.2.2009 – XI R 67/06[5] und vom 11.3.2009 – XI R 68/06[6] zugrunde liegenden Sachverhalten war der Kläger war ein e.V. Nach seiner Satzung bezweckte er den Schutz und die Hilfe für Jungen und Männer, die sich in geistiger, sittlicher oder wirtschaftlicher Not befinden, unter Berücksichtigung der häuslichen, wirtschaftlichen und gesellschaftlichen Umwelt. Seine Tätigkeit umfasste u.a. die Betreuung von Volljährigen, die aufgrund einer psychischen Krankheit oder einer körperlichen, geistigen oder seelischen Be- 13.35

1 BFH v. 8.6.2011 – XI R 22/09, BFHE 234, 448 = UR 2011, 821.
2 BFH v. 8.6.2001 – XI R 22/09, BFHE 234, 448.
3 BFH v. 15.9.2011 – V R 16/11, BFHE 235, 521 = UR 2012, 112.
4 EuGH v. 12.3.2015 – Rs. C-594/13 – „go fair", ECLI:EU:C:2015:164, UR 2015, 351.
5 BFH v. 17.2.2009 – XI R 67/06, UR 2009, 352 = BStBl. II. 2013, 967.
6 BFH v. 11.3.2009 – XI R 68/06, BFH/NV 2009, 1464.

hinderung ihre Angelegenheiten nicht besorgen können. Der Kläger war einem amtlich anerkannten Verband der freien Wohlfahrtspflege angeschlossen und als ausschließlich und unmittelbar gemeinnützigen Zwecken dienend anerkannt.

13.36 Der XI. Senat hat entschieden, dass das sog. Abstandsgebot des § 4 Nr. 18 Satz 1 Buchst. c UStG erfüllt ist, wenn die vom Betreuungsverein nach § 1908e BGB geltend gemachte und bewilligte Vergütung tatsächlich hinter den durchschnittlich für gleichartige Leistungen von Berufsbetreuern geltend gemachten und bewilligten Vergütungen ggf. zzgl. entsprechendem Aufwendungsersatz zurückbleibt. Eine bestimmte Mindesthöhe der Differenz bei den Entgelten kann dem Gesetz nicht entnommen werden. Das Urteil befasst sich im Wesentlichen mit den unterschiedlichen Regelungen für Vereins- und Berufsbetreuer.

### 3. § 4 Nr. 18 UStG als subsidiäre Vorschrift

13.37 Die für die Wohlfahrtsverbände zentrale und existentielle Vorschrift des § 4 Nr. 18 UStG hat im Zuge des EuGH-Urteils Zimmermann ihre Bedeutung für das Umsatzsteuerrecht nahezu vollständig eingebüßt. Der EuGH hat im Urteil Zimmermann[1] entschieden, dass das nationale Recht im Rahmen der Steuerbefreiung des § 4 Nr. 16 Buchst. e UStG keine sachlich unterschiedlichen Bedingungen für Einrichtungen mit Gewinnerzielungsabsicht einerseits und für die unter § 4 Nr. 18 UStG fallenden juristischen Personen ohne Gewinnerzielungsabsicht andererseits vorsehen darf[2]. Der BFH hat das zum Anlass genommen, zur Vermeidung eines Verstoßes gegen den durch das EuGH-Urteil Zimmermann präzisierten unionsrechtlichen Grundsatz der Neutralität der Mehrwertsteuer § 4 Nr. 18 UStG teleologisch dahingehend einzuschränken, dass eine andere nationale Regelung des § 4 UStG, die eine steuerbefreite Leistung genau bezeichnet (wie z.B. § 4 Nr. 14 UStG und § 4 Nr. 16 UStG), der Steuerbefreiung in § 4 Nr. 18 UStG als lex specialis vorgeht[3]. Eine derartige durch den Anwendungsbereich einer anderen Befreiungsvorschrift begrenzte Wirkung des § 4 Nr. 18 UStG kommt aber nur in Betracht, wenn die betreffenden Leistungen im Falle ihrer Ausführung durch privatrechtliche Einrichtungen mit Gewinnstreben ihrer Art nach von dieser Befreiungsvorschrift umfasst werden könnten.

13.38 Mit anderen Worten sind Leistungen der amtlich anerkannten Verbände der freien Wohlfahrtspflege und der der freien Wohlfahrtspflege dienenden Körperschaften, Personenvereinigungen und Vermögensmassen, die einem Wohlfahrtsverband als Mitglied angeschlossen sind, nur dann steuerfrei, wenn sich die Befreiung auch aus einer anderen Befreiungsvorschrift ergibt. Nur dort, wo sich im Anwendungsbereich einer anderen Befreiungsvorschrift kein Konkurrenzverhältnis zu privatrechtlichen Einrichtungen mit Gewinnstreben ergeben kann, weil die Leistungen ihrer Art nach – unabhängig davon, von wem sie erbracht werden – nicht von jener Vorschrift erfasst werden, hat § 4 Nr. 18 UStG noch einen Anwendungsbereich.

1 EuGH v. 15.11.2012 – Rs. C-174/11 – Zimmermann, ECLI:EU:C:2012:716, Rz. 58, UR 2013, 35.
2 EuGH v. 15.11.2012 – Rs. C-174/11 – Zimmermann, ECLI:EU:C:2012:716, Rz. 58, UR 2013, 35.
3 BFH v. 8.8.2013 – V R 13/12, BFHE 242, 557 = UR 2014, 225; vgl. auch *Oelmaier* in Sölch/Ringleb, UStG, § 4 Nr. 18 Rz. 7.

### 4. Reformbestrebungen

Die ursprünglich im Rahmen der Beratungen zum JStG 2013 vorgesehene Änderung des § 4 Nr. 18 UStG[1], mit der Art. 132 Abs. 1 Buchst. g MwStSystRL in das nationale Recht umgesetzt werden sollte, hat schlussendlich keinen Eingang in das UStG gefunden. Reformüberlegungen zu § 4 Nr. 18 UStG gibt es einige[2]. Umsatzsteuerrechtlich wäre eine Übernahme der Regelung des Art. 132 Abs. 1 Buchst. g MwStSystRL in das UStG vorzugswürdig, weil auf diese Weise Auslegungsprobleme minimiert werden könnten. Eine umfassende und abschließende Ausübung des dem Mitgliedstaat zustehenden Ermessens im UStG dürfte kaum möglich sein, denn für diese Beurteilung sind nach der Rechtsprechung des EuGH auch ggf. bestehende spezifische Vorschriften – seien es nationale oder regionale, Rechts- oder Verwaltungsvorschriften, Steuervorschriften oder Vorschriften im Bereich der sozialen Sicherheit –, das mit den Tätigkeiten des betreffenden Steuerpflichtigen verbundene Gemeinwohlinteresse, die Tatsache, dass andere Steuerpflichtige mit den gleichen Tätigkeiten bereits in den Genuss einer ähnlichen Anerkennung kommen, und der Gesichtspunkt, dass die Kosten der fraglichen Leistungen unter Umständen zum großen Teil von Krankenkassen oder anderen Einrichtungen der sozialen Sicherheit übernommen werden, zu berücksichtigen[3]. Die umsatzsteuerrechtliche Beurteilung folgt deshalb zum Teil Regelungen in anderen Rechtsgebieten, vor allem dem Sozialrecht. 13.39

## VI. § 4 Nr. 22 UStG

Die Vorschrift soll die Einrichtungen der Erwachsenenbildung steuerlich entlasten. Sie ergänzt § 4 Nr. 21 UStG, überschneidet sich z.T. auch damit. Die Vorschrift hat ihre unionsrechtliche Grundlage zwar in Art. 132 Abs. 1 Buchst. i, m und o MwStSystRL, gehört aber insofern zum vorliegenden Thema, weil sie die im Einzelnen dargestellten Leistungen u.a. dann umfasst, wenn sie von Einrichtungen, die gemeinnützigen Zwecken dienen, erbracht werden. § 4 Nr. 22 Buchst. a UStG setzt Art. 132 Abs. 1 MwStSystRL in nationales Recht um und ist entsprechend dieser Bestimmung auszulegen[4]. § 4 Nr. 22 Buchst. b UStG setzt das Unionsrecht demgegenüber nicht zutreffend um und ist auch einer unionsrechtskonformen Auslegung entsprechend Art. 132 Abs. 1 Buchst. m MwStSystRL nicht zugänglich[5]. Der Unternehmer kann sich deshalb unmittelbar auf die jeweils einschlägige Richtlinienbestimmung berufen. 13.40

## VII. § 4 Nr. 27 Buchst. b UStG

Begünstigte Leistungen zu § 4 Nr. 27 Buchst. b UStG können entweder unmittelbare Leistungen an die land- und forstwirtschaftlichen Betriebe oder aber Leistungen an die gesetzlichen Sozialversicherungsträger sein, die dann von sich aus die Hilfskräfte bei den Versicherten einsetzen. Bei den Leistungen an die gesetzlichen Sozialversicherungsträger kommt es 13.41

1 BT-Drucks. 17/11190, 71 f.; zur Kritik an dem Entwurf des Finanzausschusses vgl. *Hüttemann/Schauhoff*, MwStR 2013, 426 (431).
2 Z.B. *Hüttemann/Schauhoff*, MwStR 2013, 426 (431).
3 EuGH v. 15.11.2012 – Rs. C-174/11 – Zimmermann, ECLI:EU:C:2012:716, Rz. 31, UR 2013, 35.
4 BFH v. 7.10.2010 – V R 12/10, BStBl. II 2011, 303 = UR 2011, 154; v. 27.4.2006 – V R 53/04, BStBl. II 2007, 16.
5 BFH v. 20.3.2014 – V R 4/13, BFHE 245, 397 = UR 2014, 732; v. 9.8.2007 – V R 27/04, BFHE 217, 314, UR 2007, 811.

im Gegensatz zu den unmittelbaren Leistungen nicht darauf an, dass die Betriebshelfer in land- und forstwirtschaftlichen Betrieben eingesetzt werden. Nicht anwendbar ist die Befreiung in Fällen, in denen die Sozialversicherungsträger lediglich Kostenersatz für von den Versicherten selbst angestellte Aushilfskräfte leisten (Ausnahme: Die Voraussetzungen der 1. Alternative von § 4 Nr. 27 Buchst. b UStG liegen in diesen Fällen vor). Durch das JStG 2009[1] sind die Haushaltshilfen gestrichen worden. Damit ist klargestellt, dass Haushaltshilfeleistungen zukünftig nur unter den Voraussetzungen des § 4 Nr. 16 UStG befreit werden.

## VIII. Eng mit der Sozialfürsorge und sozialen Sicherheit verbundene Dienstleistungen außerhalb der Regelungen des UStG

13.42 Eng mit der Sozialfürsorge und sozialen Sicherheit verbunden sein können auch Dienstleistungen sein, die nicht von den Regelungen des UStG umfasst werden. So hat der BFH im Urteil vom 23.7.2009[2] entschieden, dass Leistungen, die ein Verein aufgrund eines nach § 5a Abs. 2 ZDG abgeschlossenen Vertrages erbringt und die dazu dienen, dass Zivildienstleistende für amtliche Beschäftigungsstellen im sozialen Bereich tätig sind, nach Art. 13 Teil A Abs. 1 Buchst. g der Richtlinie 77/388/EWG (Art. 132 Abs. 1 Buchst. g MwStSystRL) als eng mit der Sozialfürsorge und sozialen Sicherheit verbundene Dienstleistungen steuerfrei sein können.

# D. Gestaltungen

13.43 Das Gemeinnützigkeitsrecht sieht zu Recht für einen ganz wichtigen Lebensbereich Steuervergünstigungen vor, die von der Gewährung eines ermäßigten Steuersatzes bis hin zur Steuerbefreiung reichen. Für viele Einrichtungen haben diese Vergünstigungen existentiellen Charakter. Dabei hat der Staat, das Gemeinwesen, ein essentielles Interesse an der Tätigkeit dieser Einrichtungen, weil sie vielfach in einem Bereich arbeiten, der unter wirtschaftlichen Gesichtspunkt ohne Reiz ist und deshalb kaum bedient würde. Die Steuervergünstigungen ermöglichen zuweilen überhaupt erst, ein wirtschaftlich arbeitendes Unternehmen zu betreiben.

13.44 Allerdings ruft das Gesetz überall dort, wo es Steuerbefreiungen oder Steuerermäßigungen vorsieht, auch kreative Steuerpflichtige und Berater auf den Plan, diese durch Gestaltungen für sich bzw. für ihre Klientel nutzbar zu machen. Nun ist das ein zweischneidiges Schwert. Einerseits ist steueroptimierende Gestaltung ein legitimes Ziel, das auch vom EuGH ausdrücklich respektiert wird, wenn er betont, dass es jedem Steuerpflichtigen freisteht, das Organisationsmodell zu wählen, das für ihn am günstigsten ist[3]. Die Grenze zum Gestaltungsmissbrauch ist dabei allerdings fließend. Der Übergang von einer legitimen steueroptimierenden Gestaltung zu einer missbräuchlichen Gestaltung, deren Vermeidung ein ausdrückliches Ziel auch des Unionsrechts ist[4], ist nur schwer zu definieren. Zwar ist dieses Abgrenzungsproblem keine Besonderheit des Gemeinnützigkeitsrechts, aber missbräuchliche Gestaltungen sind in diesem Bereich besonders ärgerlich, weil sie unter dem Vorwand sozial nützlicher und förderungs-

1 BGBl. I 2008, 2794.
2 BFH v. 23.7.2009 – V R 93/07, BStBl. II 2015, 735 = UR 2009, 848.
3 EuGH v. 21.6.2007 – Rs. C-453/05 – Ludwig, ECLI:EU:C:2007:369, UR 2007, 617 m. Anm. *Philipowski.*
4 EuGH v. 7.12.2010 – Rs. C-285/09 – „R“, ECLI:EU:C:2010:742, Rz. 36, UR 2011, 15 m. Anm. *Sterzinger.*

würdiger Tätigkeiten der Abschöpfung steuerlicher Vorteile dienen und damit den wirklich gemeinnützigen Unternehmern schaden.

Veranschaulicht werden kann dieses Problem mit den damit verbundenen Gefahren stellvertretend für viele andere Gestaltungen mit dem dem BFH-Urteil vom 23.2.2012 – V R 59/09[1] zugrunde liegende Sachverhalt. Dabei handelte es sich um einen jener Gestaltungsfälle, die schließlich zur Einführung des § 12 Abs. 2 Nr. 8 Buchstabe a Satz 3 UStG geführt haben. 13.45

Die Klägerin wurde als 100 %ige Tochtergesellschaft einer gemeinnützigen Stiftung (S) als ebenfalls gemeinnützige GmbH gegründet. Gesellschaftszweck der Klägerin war ausweislich ihres Gesellschaftsvertrages die Beschäftigung körper- und schwerbehinderter Menschen im Rahmen eines Integrationsprojektes i.S.d. § 68 Nr. 3 Buchst. c AO auf dem allgemeinen Arbeitsmarkt und die dafür erforderliche Qualifizierung dieses Personenkreises. Die Klägerin schloss mit einer Leasing GmbH (L) einen Kooperationsvertrag, in dem sie sich verpflichtete, dafür zu sorgen, dass sie als Integrationsunternehmen i.S.d. § 68 Nr. 3 Buchst. c AO anerkannt wird und die Voraussetzungen eines Zweckbetriebes erfüllt. Die Klägerin verleaste Investitionsgüter, die sie zuvor von L geleast hatte, an Endkunden. Die Klägerin verpflichtete sich, sämtliche Leasinggeschäfte während der Dauer des Kooperationsvertrages ausschließlich zusammen mit L durchzuführen und abzuwickeln und gegenüber den Endkunden die Funktion eines Leasinggebers zu übernehmen. L übernahm für die Klägerin die Beratung und Mitarbeiterschulung und sollte in der Gründungsphase den Vertrieb der Leasingprodukte übernehmen, Leasingnehmer an die Klägerin vermitteln, die Verträge kalkulieren und nach der Beendigung von Leasingverträgen die Sicherstellung und Rückführung der Mietgegenstände veranlassen. Die Head- und Subleasingverträge wurden vereinbarungsgemäß so aufeinander abgestimmt, dass bei der Klägerin eine Marge von 2 % des Nettoinvestitionsvolumens eines Leasingvertrages verblieb. L haftete für die Verität der Forderungen der Klägerin an die Endkunden und trug das Bonitätsrisiko. 13.46

Die Klägerin beschäftigte zunächst zwei Arbeitnehmer, einen nicht behinderten und einen behinderten, für ein Bruttogehalt von 2.000 Euro. Später stellte die Klägerin noch einen Schwerbehinderten als zu 50 % teilzeitbeschäftigten Sachbearbeiter ein. Die Klägerin wandte auf ihre Umsätze i.H.v. ca. 5,3 Mio. Euro im Streitjahr den ermäßigten Steuersatz an und erreichte dadurch einen Vorsteuerüberhang von ca. 850.000 Euro. 13.47

Die Besonderheit an dem Fall war, dass § 68 Nr. 3 AO in der im Streitjahr geltenden Fassung zur Folge hatte, dass ein Integrationsprojekt unmittelbar als Zweckbetrieb galt. Die Korrekturmöglichkeit über § 12 Abs. 2 Nr. 8 Satz 3 UStG gab es im Streitjahr noch nicht. 13.48

Mit einer bei derartigen Gestaltungen bemerkenswerten Offenheit lässt sich schon dem Kooperationsvertrag, in sich die Klägerin verpflichtete, die Voraussetzungen für die Anerkennung als Integrationsunternehmen i.S.d. § 68 Nr. 3 Buchst. c AO zu schaffen, entnehmen, dass ihr eigentlicher Gesellschaftszweck eher steuerlicher Natur war. Der Fall hätte sich deshalb vielleicht auch über das Missbrauchsrecht gem. § 42 AO lösen lassen. Der BFH ist einen anderen Weg gegangen und hat sich ganz auf den Kern der Gemeinnützigkeitsregeln zurück bezogen, hat also im Gegensatz zum Urteil V R 14/11[2] eine gewissermaßen ur-abgabenrechtliche Lösung gesucht. Nach § 52 Abs. 1 Satz 1 AO verfolgt eine Körperschaft gemeinnützige Zwecke, wenn ihre Tätigkeit darauf gerichtet ist, die Allgemeinheit auf mate- 13.49

1 BFH v. 23.2.2012 – V R 59/09, BStBl. II 2012, 544 = UR 2012, 557.
2 BFH v. 8.3.2012 – V R 14/11, BStBl. II 2012, 630 = UR 2012, 560.

riellem, geistigem oder sittlichem Gebiet selbstlos zu fördern. Dabei setzt die Steuerbegünstigung voraus, dass die Körperschaft ausschließlich und unmittelbar gemeinnützigen Zwecken dient. Eine Körperschaft dient gem. § 56 AO ausschließlich gemeinnützigen Zwecken, wenn sie nur ihre gemeinnützigen satzungsmäßigen Zwecke verfolgt. Der V. Senat hat sich in diesem Zusammenhang noch auf ein Urteil des I. Senats bezogen, in dem dieser entschieden hat, dass eine Tätigkeit, die gegen das Gebot der Ausschließlichkeit verstößt, zum vollständigen Verlust der Steuerbegünstigung führt[1]. Das hat der V. Senat aufgegriffen und entschieden, dass die Klägerin zumindest auch gegründet worden sei, um die wirtschaftliche Tätigkeit der L zu fördern und um den umsatzsteuerrechtlichen Vorteil, der sich aus dem vollen Vorsteuerabzug aus den Eingangsleistungen und der Versteuerung der eigenen Umsätze zum begünstigten Steuersatz ergibt, zu nutzen und der nicht gemeinnützigen L zuzuführen. Neben ihren gemeinnützigen Zwecken hatte die Klägerin mit dieser gezielten Nutzung eines steuerlichen Vorteils durch eine eigens darauf ausgerichtete Gestaltung auch einen nicht gemeinnützigen Zweck verfolgt. Die Kernaussage des Urteils geht dahin, dass eine Körperschaft nicht ausschließlich gemeinnützigen Zwecken dient, wenn die Beschäftigung Behinderter im Rahmen eines Integrationsprojekts nach der Vertragsgestaltung erkennbar dazu dient, den ermäßigten Umsatzsteuersatz zugunsten einer nicht gemeinnützigen Körperschaft zu nutzen. Eine Tätigkeit, die gegen das Gebot der Ausschließlichkeit verstößt, führt zum vollständigen Verlust der Steuerbegünstigung.

13.50 Das Beispiel zeigt, dass gerade bei Gestaltungen im Gemeinnützigkeitsrecht ein gewisses Augenmaß bewahrt werden sollte, weil andernfalls das Risiko besteht, dass überzogene, nicht mehr mit dem Ziel der Förderung gemeinnütziger Tätigkeiten zu vereinbarende Gestaltungen, zu Reaktionen der Rechtsprechung oder der Gesetzgebung führen, die auch für förderungswürdige Unternehmen negative Auswirkungen entfalten können.

## E. Umsetzung der unionsrechtlichen Vorgaben im österreichischen Recht

### I. Vorbemerkung

13.51 Eingangs ist festzuhalten, dass die Umsetzung von Art. 132 Abs. 1 lit. g der RL 2006/112 in Österreich in mehreren Bestimmungen des UStG erfolgt ist. Bei der Umsetzung der jeweiligen Steuerbefreiungsbestimmungen der RL 2006/112 wurde jedoch keine strikte Trennung nach den einzelnen Befreiungen vorgenommen, sondern sind in den einzelnen Umsetzungsbestimmungen oftmals mehrere Steuerbefreiungen vermengt. So findet sich etwa in § 6 Abs. 1 Z 18 UStG nicht nur eine Steuerbefreiung für Krankenanstalten (Umsetzung von lit. b) sondern auch die Befreiung für Altenheime (Umsetzung von lit. g). Problematisch an der österreichischen Umsetzung ist die Verwendung von Begriffen, die sich zum Teil nicht (mehr) in anderen Gesetzen finden. Als Beispiel dafür kann etwa der Begriff „Pflegefamilie“ genannt werden. Der oftmals verwendete Begriff „Sozialhilfe“ ist insoweit problematisch, da zwar landesgesetzliche Regelungen zur Sozialhilfe bestehen, jedoch gewisse Leistungen, die zum Zeitpunkt der Umsetzung von Art. 132 Abs. 1 lit. g ins österreichische UStG noch von der Sozialhilfe abgedeckt waren, nunmehr keinen Leistungsanspruch mehr begründen (s. dazu die Ausführungen in § 6 (1) Z 15 UStG). Insoweit gewinnt eine Auslegung des Gesetzes nach seinem Normzweck an Bedeutung.

1 BFH v. 10.4.1991 – I R 77/87, BFHE 164, 478.

## II. § 6 (1) Z 7 UStG – Umsätze der Sozialversicherungsträger etc.

### 1. Persönlicher Anwendungsbereich

Die Befreiung erfasst Umsätze bestimmter Einrichtungen. Dazu zählen zunächst die Träger der Sozialversicherung und ihrer Verbände. Dabei sind jene Träger der gesetzlichen Sozialversicherung (dh die Kranken-, Unfall- und die Pensionsversicherung) von § 6 Abs. 1 Z 7 UStG erfasst, welche auch im ASVG[1] aufgezählt sind.[2] Diese Ansicht hat der VwGH in einer Entscheidung aus dem Jahr 1994 bestätigt, in der er ausführt, dass „dem Steuergesetzgeber (…) in der Anknüpfung an den sozialversicherungsgesetzlich definierten Begriff des Trägers der Sozialversicherung nicht unterstellt werden (kann), andere als jene Einrichtungen damit bezeichnen zu wollen, welche im Normenbestand des Anknüpfungsrechtes so bezeichnet werden."[3] Daraus folgt, dass bspw Wohlfahrtseinrichtungen der Kammern der freien Berufe nicht von dieser Bestimmung erfasst sind.[4] 13.52

Nach Maßgabe des ASVG handelt es sich bei den Verbänden i.S.d. § 6 Abs. 1 Z 7 UStG um den Hauptverband der österreichischen Sozialversicherungsträger, in welchen (ua) die Träger der Sozialversicherung zusammengefasst sind.[5] Die Krankenfürsorgeeinrichtungen, deren Umsätze ebenfalls der Umsatzsteuerbefreiung unterliegen, werden in § 2 Abs. 1 Z 2 des Beamten-Kranken- und Unfallversicherungsgesetzes aufgezählt.[6] 13.53

Die Träger der öffentlichen Fürsorge (die Träger der Sozialhilfe, vgl. §§ 323 ff. ASVG) bestimmen sich hingegen nach den einschlägigen landesgesetzlichen Vorschriften.[7] Es handelt sich entweder um Gebietskörperschaften oder um eigene Sozialhilfeverbände, welche nach Maßgabe des § 2 Abs. 4 UStG unternehmerisch tätig sind.[8] 13.54

### 2. Sachlicher Anwendungsbereich

Hinsichtlich der befreiten Umsätze stellt § 6 Abs. 1 Z 7 UStG darauf ab, dass es sich um Leistungen der betreffenden Einrichtungen untereinander handelt, sowie an die jeweiligen Berechtigten (Versicherten, Hilfeempfänger). 13.55

So stellt die österreichische Finanzverwaltung klar, dass von der Befreiung alle Aufgaben der Sozialversicherungsträger und des Hauptverbandes umfasst sind, die dem Zweck der gesetzlichen Sozialversicherung dienen. Von der Befreiung sind daher nicht nur die sich unmittel- 13.56

1 Siehe §§ 23 ff. Allgemeines Sozialversicherungsgesetz, BGBl. Nr. 189/1955 idgF.

2 Vgl. UStR Rz. 748; *Kanduth-Kristen/Mayr/Tschiderer* in Berger/Bürgler/Kanduth-Kristen/Wakounig, UStG-ON$^{2.07}$ § 6 UStG Rz. 125 (Stand 1.1.2016, rdb.at).

3 VwGH v. 7.12.1994 – 93/13/0009.

4 *Kanduth-Kristen/Mayr/Tschiderer* in Berger/Bürgler/Kanduth-Kristen/Wakounig, UStG-ON$^{2.07}$ § 6 UStG Rz. 125; VwGH v. 7.12.1994 – 93/13/0009.

5 VwGH v. 7.12.1994 – 93/13/0009.

6 Bundesgesetz vom 31. Mai 1967 über die Kranken- und Unfallversicherung öffentlich Bediensteter (Beamten-Kranken- und Unfallversicherungsgesetz – B-KUVG.), BGBl. Nr. 200/1967 idgF.

7 *Kanduth-Kristen/Mayr/Tschiderer* in Berger/Bürgler/Kanduth-Kristen/Wakounig, UStG-ON$^{2.07}$ § 6 UStG Rz. 126; vgl. VwGH v. 9.6.1960 – 195/59.

8 *Kanduth-Kristen/Mayr/Tschiderer* in Berger/Bürgler/Kanduth-Kristen/Wakounig, UStG-ON$^{2.07}$ § 6 UStG Rz. 126 f; UStR Rz. 748; siehe auch VwGH v. 23.2.2017 – 2014/15/0060, wonach Körperschaften öffentlichen Rechts auch im Bereich der öffentlichen Fürsorge nur insoweit Unternehmereigenschaft zukommt, als sie wirtschaftliche Betätigungen (etwa Betrieb eines Pflegeheimes) entfalten, also Lieferungen und Dienstleistungen erbringen.

bar aus dem ASVG (z.B. §§ 315 bis 331) ergebenden gesetzlichen Aufgaben umfasst. Unter die Befreiung fallen bspw auch sämtliche bei einem Sozialversicherungsträger oder dem Hauptverband gebündelten Dienstleistungen, die dieser für alle anderen erbringt und die dem Zweck der Sozialversicherung dienen. Folglich werden somit auch Leistungen im Zusammenhang mit Standardprodukten, Innovationsprojekten und neuen Netzwerksstrukturen der Sozialversicherung mit Kompetenzzentren und Dienstleistungszentren samt Leistungsverrechnungen zwischen den Sozialversicherungsträgern von der Befreiung als erfasst angesehen.[1] Dies wird damit begründet, dass es sich um eine persönliche Steuerbefreiung handelt, weshalb auch Hilfsgeschäfte dieser Einrichtungen untereinander (so auch der Verkauf von Einrichtungsgegenständen) steuerfrei sind.[2]

13.57 Nach der Praxis der Finanzverwaltung (vgl. UStR Rz. 749a) fallen auch die vom Hauptverband und von den Sozialversicherungsträgern vereinnahmten Einhebevergütungen (bspw Einhebung von diversen Kammerumlagen) unter die Steuerbefreiung nach § 6 Abs. 1 Z 7 UStG. Die Rechtsgrundlage hierfür ist unklar, eine Befreiung ist weder aus dem Gesetzeswortlaut noch aus Art. 132 (1) lit. g ableitbar.[3]

13.58 Sofern entgeltliche Leistungen auch an Personen erbracht werden, die nicht dem begünstigten Personenkreis angehören (z.B. Leistungen an Nichtversicherte), sind diese Umsätze nicht befreit.[4] In den UStR Rz. 750 wird diesbezüglich klargestellt, dass auch Leistungen eines Sozialversicherungsträgers an Versicherte ausländischer Krankenkassen von der Steuer gem. § 6 Abs. 1 Z 7 UStG befreit sein können, wenn in den entsprechenden internationalen Abkommen eine Gleichstellung mit den inländischen Versicherten vorgesehen ist.[5]

13.59 Sofern Sachleistungen an bspw Versicherte erbracht werden, kommt die Steuerbefreiung im Übrigen erst dann zum Tragen, wenn vom Versicherten auch ein zusätzliches Entgelt für die Sachleistung zu entrichten ist. Dies deshalb, weil die Gewährung von Sachleistungen (ohne zusätzliches Entgelt) als Ausfluss der Versicherungsdeckung keinen Leistungsaustausch begründet.[6] Diese Argumentation greift hingegen bei den Trägern der Sozialhilfe nicht, so dass deren entgeltlichen Sachleistungen an Hilfeempfänger bei Zutreffen der Voraussetzungen (stets) einen gem. § 6 Abs. 1 Z 7 UStG steuerfreien Umsatz darstellen.[7]

13.60 Hinsichtlich der Abgabe von Medikamenten durch Apotheker hat der VwGH festgehalten, dass sofern der Versicherte gegenüber dem Sozialversicherungsträger Anspruch auf Medikamente hat, deren Abgabe durch die Apotheke eine Lieferung der Apotheke an den Sozialversicherungsträger (und zugleich eine Lieferung des Sozialversicherungsträgers an den Versicherten) darstellt. Die vom Patienten zu zahlende Rezeptgebühr (an den Sozialversiche-

---

1 UStR Rz. 749; *Scheiner/Kolacny/Caganek*, Kommentar zur Mehrwertsteuer – UStG 1994, § 6 Abs 1 Z 7 Rz. 15.

2 UStR Rz. 749; *Ruppe/Achatz*, UStG[5], § 6 Rz. 93; *Scheiner/Kolacny/Caganek*, Kommentar zur Mehrwertsteuer – UStG 1994, § 6 Abs 1 Z 7 Rz. 17/1.

3 *Ruppe/Achatz*, UStG[5], § 6 Rz. 91; *Scheiner/Kolacny/Caganek*, Kommentar zur Mehrwertsteuer – UStG 1994, § 6 Abs 1 Z 7 Rz. 20.

4 UStR Rz. 749; *Kanduth-Kristen/Mayr/Tschiderer* in Berger/Bürgler/Kanduth-Kristen/Wakounig, UStG-ON[2.07] § 6 UStG Rz. 131.

5 *Kanduth-Kristen/Mayr/Tschiderer* in Berger/Bürgler/Kanduth-Kristen/Wakounig, UStG-ON[2.07] § 6 UStG Rz. 132.

6 *Ruppe/Achatz*, UStG[5], § 6 Rz. 85.

7 *Ruppe/Achatz*, UStG[5], § 6 Rz. 89.

rungsträger) stellt somit seitens des Apothekers einen durchlaufenden Posten dar.[1] Dasselbe gilt, wenn Leistungen durch andere Vertragspartner der Sozialversicherungsträger (Ärzte, Krankenanstalten) erfolgen.[2] Sofern somit vom Patienten Leistungen von Vertragspartnern der Sozialversicherungsträger in Anspruch genommen werden, so leistet der Vertragspartner im ersten Schritt an den Sozialversicherungsträger und dieser an den Patienten. Vom Patienten zu leistende Kostenbeiträge sind gem. § 6 Abs. 1 Z 7 UStG steuerbefreit.

Die ebenfalls umsatzsteuerbefreite allgemeine Fürsorge (ab den 1970er Jahren die Sozialhilfe) 13.61
umfasst die Hilfe zur Sicherung des Lebensbedarfes, die Hilfe in besonderen Lebenslagen und die sozialen Dienste.[3] Für die Anwendung der Befreiung auf deren Leistungen ist Voraussetzung, dass die Leistungen des öffentlichen Fürsorgeträgers dem Empfänger als Hilfe im Sinne der einschlägigen fürsorgerechtlichen Bestimmungen gewährt worden sind, mag auf diese Hilfe ein Rechtsanspruch bestanden haben oder nicht.[4] So hat der VwGH (zur Rechtslage vor dem Beitritt Österreichs zur EU) ausgeführt, dass bspw die entgeltliche Nutzung von Telefonanlagen durch Heimbewohner der Steuerbefreiung zugänglich ist, auch wenn unter den besonderen Hilfen im damals einschlägigen Stmk SHG[5] Telefongespräche nicht ausdrücklich genannt wurden. Da es sich bei der Duldung der Nutzung der sich in den Altenpflegeheimen befindlichen Telefoneinrichtungen um eine Leistung handelt, die es den Heimbewohnern ermöglicht, mit anderen in Kontakt zu treten und zu bleiben und dies für die Führung eines menschenwürdigen Lebens erforderlich ist, ist eine steuerbefreite Behandlung der Entgelte angezeigt.[6] Wesentlich in diesem Zusammenhang ist, dass diese Leistungen zum Aufgabenbereich des Fürsorgeträgers gezählt werden. Wird die oben genannte Leistung (Kostenersatz für Telefongespräche) hingegen von Sozialversicherungsträgern erbracht, so kann die Leistung nicht als befreit angesehen werden. Dies deshalb, weil diese Leistung nicht zu dem Aufgabenbereich eines Sozialversicherungsträgers zählt.[7]

Die Argumentation des VwGH ist dem Normzweck folgend auch auf die aktuelle Rechtslage 13.62
anzuwenden. Soweit somit die Leistungen aufgrund einschlägiger fürsorgerechtlicher Bestimmungen gewährt werden (bspw aufgrund der Sozialhilfegesetze der Länder), erscheint eine Steuerbefreiung angezeigt (vgl. § 12 OÖ SozialhilfeG[8], welches Mobile Betreuung und Hilfe, Mahlzeitendienste etc als soziale Hilfe nennt).

1 *Kanduth-Kristen/Mayr/Tschiderer* in *Berger/Bürgler/Kanduth-Kristen/Wakounig*, UStG-ON$^{2.07}$ § 6 UStG Rz. 133; VwGH v. 19.1.1984 – 83/15/0034.

2 *Ruppe/Achatz*, UStG$^{5}$, § 6 Rz. 91.

3 UStR Rz. 748; *Kanduth-Kristen/Mayr/Tschiderer* in Berger/Bürgler/Kanduth-Kristen/Wakounig, UStG-ON$^{2.07}$ § 6 UStG Rz. 126; VwGH v. 22.12.2004 – 2001/15/0141.

4 *Kanduth-Kristen/Mayr/Tschiderer* in Berger/Bürgler/Kanduth-Kristen/Wakounig, UStG-ON$^{2.07}$ § 6 UStG Rz. 134; VwGH v. 26.2.1981 – 2571/80; VwGH v. 19.5.1994 – 91/15/0078; VwGH v. 22.12.2004 – 2001/15/0141.

5 Steiermärkisches Landesgesetz über die Sozialhilfe, LGBl Nr 1/1977.

6 *Kanduth-Kristen/Mayr/Tschiderer* in Berger/Bürgler/Kanduth-Kristen/Wakounig, UStG-ON$^{2.07}$ § 6 UStG Rz. 134; VwGH v. 19.5.1994 – 91/15/0078.

7 *Ruppe/Achatz*, UStG$^{5}$, § 6 Tz. 93.

8 Oö. Sozialhilfegesetz 1998, LGBl 82/1998 idgF.

## III. § 6 (1) Z 15 UStG – Umsätze der Pflege- und Tagesmütter

### 1. Überblick

13.63 Eine Steuerbefreiung für die Umsätze der Pflege- und Tagesmütter sowie Pflegeeltern wurde in Österreich bereits vor dem Beitritt zur EU normiert. Mit der Einführung einer unechten Befreiung wollte man die im öffentlichen Interesse liegende Erziehungstätigkeit dieser Personen begünstigen (vgl. 457 BlgNR 15. GP, 25). Zudem wird dadurch gewährleistet, dass diese Personen keine administrativen Belastungen zu tragen haben (vgl. 457 BlgNR 15. GP, 25; 420 BlgNR 16. GP, 24).[1]

13.64 Die Bestimmung des § 6 Abs. 1 Z 15 UStG differenziert zwischen zwei Formen der (steuerbefreiten) Pflege: (i) die Betreuung von Pflegekindern sowie (ii) die Betreuung von pflegebedürftigen Personen. Bei letztgenannten Personen wird die Steuerbefreiung allerdings davon abhängig gemacht, dass diese im Rahmen der Sozialhilfe bei Pflegefamilien untergebracht sind.

### 2. Betreuung von Pflegekindern

13.65 Das UStG selbst nimmt keine Definition der Begriffe Pflegeeltern etc vor, die Begriffsdefinition ergibt sich vielmehr aus den jeweiligen Landesgesetzen. Die in der MwSt-RL vorgesehene Anerkennung der Einrichtungen erfolgt ebenfalls nicht unmittelbar durch das UStG sondern mittelbar durch die jeweiligen Landesgesetze, welche die Voraussetzungen für die Berufsausübung (als Pflegeeltern bzw Tagemütter/-väter) festlegen. So sind etwa die Beurteilung der Eignung der Pflegepersonen sowie die Aufsicht dem Kinder- und Jugendhilfeträger vorbehalten.[2]

13.66 Der Umfang der Befreiung erstreckt sich dabei auf die Entgelte, welche die dazu qualifizierten Personen für die Betreuung, Erziehung, Beherbergung und Verköstigung der Pflegekinder erhalten.[3] Eine detaillierte Auflistung der befreiten Umsätze findet sich somit weder im Gesetz noch in den UStR. Entsprechend den Vorgaben in der MwStSystRL sind die Umsätze nur dann von der Steuer befreit, wenn sie mit der Betreuung eng verbunden sind.

13.67 *Ruppe/Achatz*[4] weisen darauf hin, dass Entgelte für ungewöhnliche Leistungen, die im Rahmen der Pflege erbracht werden, nach dem Wortlaut des Gesetzes nicht befreit sind und dadurch widersinnige Effekte auftreten können. Da Art. 132 Abs. 1 lit. g der RL 2006/112 sämtliche Leistungen, die eng mit der Sozialfürsorge verbunden sind, von der Mehrwertsteuer befreit, kommt dabei ein unmittelbarer Rückgriff auf die Richtlinienbestimmung in Betracht.[5]

---

1 *Ruppe/Achatz*, UStG[5], § 6 Tz. 350.

2 Vgl. § 19 Bundesgesetz über die Grundsätze für Hilfen für Familien und Erziehungshilfen für Kinder und Jugendliche (Bundes-Kinder- und Jugendhilfegesetz 2013 – B-KJHG 2013), BGBl. I Nr. 69/2013 idgF.

3 *Kanduth-Kristen/Mayr/Tschiderer* in Berger/Bürgler/Kanduth-Kristen/Wakounig, UStG-ON[2.07] § 6 UStG Rz. 458.

4 *Ruppe/Achatz*, UStG[5], § 6 Tz. 351.

5 *Ehrke-Rabel*, Unechte Steuerbefreiungen betreffend die öffentliche Hand und gemeinnützige Organisationen, in *Achatz/Tumpel*, Unechte Steuerbefreiungen 178 f.

Befreit ist auch die Vermittlung von Kinderbetreuung (EuGH v. 9.2.2006 – Rs. C-415/04-Kinderopvang Enschede, Slg I-1385).[1] 13.68

### 3. Betreuung von pflegebedürftigen Personen

Die Steuerbefreiung für die Entgelte für die Betreuung von pflegebedürftigen Personen ist viel enger gefasst als die Befreiung von Pflegekindern. Denn in diesem Fall ist Voraussetzung für die Befreiung die Unterbringung im Rahmen der Sozialhilfe.[2] 13.69

Diese Einschränkung legt der VwGH sehr restriktiv aus und stellt auf die zwingende Unterbringung nach Maßgabe des jeweiligen Sozialhilfegesetzes ab. Nach Ansicht des UFS[3] und ihm folgend des VwGH[4] kann, wenn ein Pflegegeldbezieher zur Bezahlung der an einem Pflegeplatz erbrachten Betreuungs-, Beherbergungs- und Verköstigungsleistungen **ausschließlich** eigene Einkünfte und Pflegegeld verwendet, die Steuerfreiheit nach § 6 Abs. 1 Z 15 UStG nicht beansprucht werden. Die Anknüpfung an die soziale Bedürftigkeit ist nach Ansicht des VwGH das entscheidende Element für die Befreiung. Denn nach dem Wortlaut des Gesetzes wird auf die Unterbringung im Rahmen der Sozialhilfe abgestellt und diese ist zu gewähren, um eine bestehende Notlage zu beseitigen oder eine drohende Notlage abzuwenden.[5] 13.70

### 4. Einschränkung der Befreiung auf natürliche Personen

Der Wortlaut des § 6 Abs. 1 Z 15 UStG ist im Übrigen in Hinblick auf die Unternehmer, welche die steuerbefreiten Umsätze ausführen, sehr eng gefasst. So spricht das Gesetz von Mütter (wobei die Befreiung geschlechtsneutral zu verstehen ist und damit auch Pflege- und Tagesväter betrifft[6]), Eltern, Familien. So verwundert es auch nicht, dass die UStR in der Rz. 887 regeln, dass nur die Umsätze von natürlichen Personen befreit sind. Allerdings hat der EuGH bereits mehrfach festgestellt, dass der Grundsatz der steuerlichen Neutralität es verbietet, dass Wirtschaftsteilnehmer, die die gleichen Umsätze bewirken, bei deren Besteuerung unterschiedlich behandelt werden, weshalb die Steuerfreiheit der Umsätze der in Art 132 der MwSt- 13.71

1 *Ruppe/Achatz*, UStG[5], § 6 Tz. 351.

2 Anmerkung: die Bestimmungen der Länder hinsichtlich der Ausgestaltung der stationären Sozialhilfe (im Rahmen von Pflegeheimen etc.) oder der übrigen in den Sozialhilfegesetzen üblicherweise geregelten Bereiche wurden durch die Einführung der Bedarfsorientierten Mindestsicherung (BGBl. I Nr. 96/2010 idgF) nicht berührt.

3 UFS v. 30.1.2006 – RV/0391-G/05.

4 VwGH v. 18.11.2008 – 2006/15/0129 - Nach dem Wortlaut des § 1 BundespflegeG – Bundesgesetz, mit dem ein Pflegegeld eingeführt wird (Bundespflegegeldgesetz – BPGG), BGBl. Nr. 110/1993 idgF – hat das Pflegegeld demgegenüber den Zweck, in Form eines Beitrages pflegebedingte Mehraufwendungen pauschaliert abzugelten, um pflegebedürftigen Personen soweit wie möglich die notwendige Betreuung und Hilfe zu sichern sowie die Möglichkeit zu verbessern, ein selbstbestimmtes, bedürfnisorientiertes Leben zu führen.

5 Vgl. § 1 Gesetz über die Sozialhilfe (Steiermärkisches Sozialhilfegesetz – SHG), LGBl. Nr. 29/1998 idgF. Problematisch an der Anknüpfung an das SozialhilfeG ist der Umstand, dass bspw Hilfeempfänger in der Steiermark nur Einrichtungen in Anspruch nehmen dürfen, die von der Landesregierung gemäß § 13a SHG anerkannt sind, wobei § 13a SHG explizit die Pflegeplätze (dh Pflege und Betreuung im Haushaltsverband des Betreuers) nach dem Steiermärkischen Pflegeheimgesetz von der Eignung und somit von der Anerkennung ausnimmt. Im Umkehrschluss steht somit für (stationäre) Pflegeplätze keine Sozialhilfe (und damit streng genommen keine Steuerbefreiung) zu.

6 *Rattinger* in Melhardt/Tumpel, UStG[2], § 6 Rz. 472.

RL genannten Einrichtungen nicht von der Rechtsform abhängt und somit sowohl natürliche als auch juristische Personen umfasst.[1]

13.72 Soweit die Pflege- oder Betreuungstätigkeit von Vereinen etc ausgeübt wird, können deren Leistungen (unabhängig von oben Ausgeführtem) gem. § 10 Abs. 2 Z 4 UStG dem ermäßigten Steuersatz von 10 % unterliegen, sofern diese Institutionen abgabenrechtlich begünstigt iSd §§ 34-47 BAO sind.[2] Darüber hinaus können diese gemäß der VO BGBl. 1983/627, die Vorsteuern für Kinder-Ferienaktionen und Tagesmütteraktionen pauschal mit 10 % des aus dieser Tätigkeit resultierenden Umsatzes ermitteln, wenn für die Umsätze keine Rechnung i.S.d. § 11 ausgestellt wird.[3]

## IV. § 6 (1) Z 18 i.V.m. Z 25 UStG – Umsätze der Kranken- und Pflegeanstalten, Alters-, Blinden- und Siechenheime

### 1. Anwendungsbereich der Befreiung

13.73 Umsatzsteuerfrei sind gem. § 6 Abs. 1 Z 18 UStG 1994 u.a. die Umsätze der Kranken- und Pflegeanstalten, der Alters-, Blinden- und Siechenheime, soweit sie von Körperschaften des öffentlichen Rechts[4] bewirkt werden und es sich um Leistungen handelt, die unmittelbar mit der Krankenbehandlung oder unmittelbar mit der Betreuung der Pfleglinge im Zusammenhang stehen.

13.74 Die Steuerbefreiung für Umsätze anderer Einrichtungen steht gem. § 6 Abs. 1 Z 25 UStG nur zu, sofern die in Ziff. 18 genannten Leistungen von Körperschaften, Personenvereinigungen und Vermögensmassen, die gemeinnützigen, mildtätigen oder kirchlichen Zwecken (§§ 34 bis 47 der Bundesabgabenordnung) dienen, bewirkt werden. Dies gilt allerdings nicht für Leistungen, die im Rahmen eines land- und forstwirtschaftlichen Betriebes, eines Gewerbebetriebes oder eines wirtschaftlichen Geschäftsbetriebes i.S.d. § 45 Abs. 3 BAO ausgeführt werden (dazu vgl. *Ehrke-Rabel*, Rz. 6.85).

13.75 Unter Alters-, Blinden- und Siechenheimen sind nach Ansicht der Finanzverwaltung Einrichtungen zu verstehen, in denen alte, blinde oder körperlich nachhaltig behinderte Menschen nicht nur vorübergehend aufgenommen und versorgt werden. Voraussetzung für die Befreiung ist weder eine besondere Pflege oder ärztliche Betreuung der Patienten (vgl. UStR Rz. 932).[5]

13.76 § 6 Abs. 1 Z 18 UStG setzt sowohl Art 132 Abs. 1 lit. b als auch lit. g der RL 2006/112 um. Sofern eine Leistung nicht als Krankenhausbehandlung steuerbefreit ist [vgl. dazu *Achatz*, Rz. 11.2 ff., 11.168 ff., *Weitemeyer*, Rz. 11.107 ff.], kann dennoch eine Steuerbefreiung greifen, wenn eine der angeführten aus sozialen Gründen befreiten Leistungen vorliegt.

---

1 EuGH v. 7.9.1999 – Rs C-216/97 – Gregg, ECLI:EU:C:1999:390, Rz. 19; zust. VwGH v. 23.9.2005 – 2005/15/0070; vgl auch *Ehrke-Rabel* in Achatz/Tumpel, Unechte Steuerbefreiungen, 177 f.

2 *Ruppe/Achatz*, UStG[5], § 6 Rz. 352.

3 *Ruppe/Achatz*, UStG[5], § 14 Rz. 51.

4 Eine Aufzählung von Körperschaften öffentlichen Rechts findet sich in den KStR Rz. 41 ff.; ebenso *Ruppe/Achatz*, UStG[5] § 2 Rz. 168.

5 *Scheiner/Kolacny/Caganek*, Kommentar zur Mehrwertsteuer – UStG 1994, § 6 Abs 1 Z 18 Rz. 26; ebenso *Ruppe/Achatz*, UStG[5] § 6 Rz. 416/11.

Der EuGH hat in der Rs. Kügler[1] bereits festgehalten, dass von Art 132 Abs. 1 lit. b der RL 2006/112 Leistungen der Behandlungspflege, jedoch nicht die Grundpflege und die hauswirtschaftliche Versorgung umfasst sind, da diese nicht der Diagnose, der Behandlung und der Heilung von Krankheiten oder Gesundheitsstörungen dienen. Werden daher in den in Z 18 genannten Einrichtungen Leistungen erbracht, die nicht Heilbehandlungen darstellen, können diese Leistungen unter die Befreiungsbestimmung der lit. g fallen, wenn sie eng mit der Sozialfürsorge und der sozialen Sicherheit verbundene Dienstleistungen darstellen. 13.77

Im Zusammenhang mit einer „Notrufzentrale" hat der VwGH[2] bereits festgehalten, dass der Betrieb einer Notrufzentrale für Erste-Hilfe-Leistungen samt dem damit unabdingbar verbundenen Verleih und Verkauf der Notruftelefone eng mit der Sozialfürsorge verbunden sein kann.[3] 13.78

### 2. Art. XIV Z 1 BGBl. 21/1995

Art. XIV Z 1 BGBl. 21/1995 i.d.F. BGBl. 756/1996 (im Folgenden: Art. XIV Z 1) sieht vor, dass die Umsatzsteuerbefreiung gem. § 6 Abs. 1 Z 18 UStG, soweit sie sich auf Pflegeanstalten, Alters-, Blinden- und Siechenheime bezieht, sowie die Umsatzsteuerbefreiung des § 6 Abs. 1 Z 25 UStG, soweit die Befreiung sich auf die in Ziff. 18 genannten Umsätze der Pflegeanstalten, Alters-, Blinden- und Siechenheime bezieht, nicht anzuwenden ist, wenn die Körperschaft, Personenvereinigung oder Vermögensmasse bei dem für die Erhebung der Umsatzsteuer zuständigen Finanzamt eine schriftliche Erklärung abgibt, dass sie ihre Betätigung in erheblichem Umfang privatwirtschaftlich organisiert und ausgerichtet hat und die Steuerbefreiung zu größeren Wettbewerbsverzerrungen führen könnte. 13.79

Die Erklärung gem Art. XIV Z 1 BGBl. 21/1995 eröffnet de facto ein Wahlrecht zur Steuerpflicht (vgl. dazu *Ehrke-Rabel/Sumper*, Rz. 19.98, 19.130 ff.). Steuerpflicht besteht ferner, sofern Körperschaften i.S.d. Z 25 die Voraussetzungen einer abgabenrechtlich begünstigten Körperschaft i.S.d. §§ 34 ff. BAO nicht erfüllen (zur Unionsrechtskonformität dieser Konsequenz vgl. *Achatz*, Rz. 14.92). 13.80

Sofern für die dem Grunde nach unter § 6 Abs. 1 UStG fallenden Leistungen Steuerpflicht besteht, steht jedoch der ermäßigte Steuersatz (10 %) zu (§ 10 Abs. 2 Z 8 UStG). 13.81

## V. GSBG

Aufgrund der unechten Steuerbefreiung käme es in den oben genannten Bereichen zu Mehrbelastungen in Höhe der nicht mehr abziehbaren Vorsteuern. Um diese Auswirkungen anlässlich des infolge des EU-Beitritts vorgesehenen Übergangs von einer echten auf eine unechte Steuerbefreiung zu neutralisieren, wurde das Gesundheits- und Sozialbereich-Beihilfengesetz (GSBG)[4] erlassen und steht daher den im GSBG genannten Einrichtungen (insb Sozialversicherungsträger und Fürsorgeträger) ein Ausgleich zu. 13.82

1 EuGH v. 10.9.2002 – Rs. C-141/00 – Kügler, ECLI:EU:C:2002:473, UR 2002, 513.
2 VwGH v. 23.9.2005 – 2005/15/0070.
3 *Ruppe/Achatz*, UStG[5], § 6 Rz. 416/20.
4 Bundesgesetz, mit dem Beihilfen im Gesundheits- und Sozialbereich geregelt (Gesundheits- und Sozialbereich-Beihilfengesetz) und das Finanzausgleichsgesetz 1997 und das Katastrophenfondsgesetz 1996 geändert werden, BGBl. 746/1996 idgF.

13.83 Zum Teil erfolgt der Ausgleich über Pauschalen, zum Teil wird der Gesamtbetrag der nicht abzugsfähigen Vorsteuern mit gewissen Kürzungen ersetzt. Die Beihilfe ist eine selbst zu berechnende Abgabe. Die Geltendmachung der Beihilfe hat dabei für jeden Monat mit Erklärung zu erfolgen. Davon ausgenommen sind Ausgleichszahlungen nach § 3 GSBG (für Ärzte, arztähnliche Berufe sowie Alten-, Behinderten- und Pflegeheime). Diese Unternehmer rechnen die Beihilfe direkt mit den jeweiligen Sozialversicherungsträgern ab.

13.84 Die Höhe der Beihilfe richtet sich für die unter § 6 Abs. 1 Z 7 UStG fallenden Unternehmer nach den unmittelbar i.Z.m. den gem § 6 Abs. 1 Z 7 befreiten Umsätzen stehenden, nach § 12 Abs. 3 nicht abziehbaren Vorsteuern. Zudem wird einzelnen Sozialversicherungsträgern und dem Ausgleichsfonds der Gebietskrankenkassen gem § 1a GSBG eine pauschalierte Beihilfe i.H.v. 122 Mio Euro pro Jahr gewährt (dieser Betrag wird jährlich angepasst).

13.85 An die Träger des öffentlichen Fürsorgewesens wird ebenfalls eine Beihilfe i.H.d. sich aus den i.Z.m. den befreiten Umsätzen stehenden nicht abziehbaren Vorsteuern ausbezahlt (§ 1 Abs. 2 GSBG), wobei diese zusätzlich einen Ausgleich für bestimmte Kürzungsbeträge erhalten (s. im Detail § 1 Abs. 3 GSBG).[1]

13.86 Alten-, Behinderten- und Pflegeheime, die nach § 6 Abs. 1 Z 18 und 25 befreite Umsätze bewirken, haben gem § 3 Abs. 2 GSBG Anspruch auf einen Ausgleich, der sich nach den Entgelten von Seiten der Träger des öffentlichen Fürsorgewesens richtet. Der Ausgleichssatz beträgt 4 % des Entgelts ohne Ausgleich (s. § 3 der Verordnung, BGBl. II 56/1997[2]). Da die Beihilfe einen Ausgleich für die nicht abziehbaren Vorsteuern sein soll, besteht kein Anspruch auf die Beihilfe, wenn die Einrichtung von der Option zur Steuerpflicht gemäß Art. XIV BGBl. 1995/21 Gebrauch gemacht hat.[3]

13.87 Ob die Regelungen des GSBG mit dem Unionsrecht (insbesondere dem Beihilfenrecht) vereinbar sind, ist zweifelhaft.[4]

## F. Fazit und Reformvorschläge

13.88 Das Gemeinnützigkeitsrecht ist eingebunden in unionsrechtliche Regelungen, mit denen sich das deutsche Umsatzsteuerrecht nicht oder nicht ohne weiteres vereinbaren lässt. Das Unionsrecht setzt in Art. 132 Abs. 1 Buchst. g MwStSystRL mit dem Merkmal der eng mit der Sozialfürsorge und der sozialen Sicherheit verbundenen Leistungen ein eher materielles Element und mit der Anerkennung als Einrichtung mit sozialem Charakter ein eher formales Element voraus.

13.89 Auf die materiell-rechtliche Frage, ob eng mit der Sozialfürsorge und der sozialen Sicherheit verbundene Leistungen vorliegen, hat der Gesetzgeber wenig Einfluss. Es ist ein wertendes Tatbestandsmerkmal, das von Verwaltung und Rechtsprechung im jeweiligen Einzelfall mit Leben

1 Siehe im Detail *Rattinger* in Melhardt/Tumpel, UStG, 2. Aufl. 2015, § 6 Rz. 151 ff.

2 Verordnung des Bundesministers für Finanzen zu den Beihilfen- und Ausgleichsprozentsätzen, die im Rahmen des Gesundheits- und Sozialbereich-Beihilfengesetzes anzuwenden sind, BGBl. II Nr. 56/1997 idgF.

3 *Rattinger* in Melhardt/Tumpel, UStG, 2. Aufl. 2015, § 6 Rz. 174.

4 Aus europarechtlicher Sicht (Beihilfenrecht) ist die Gewährung dieser Beihilfe kritisch; vgl *Moritz*, SWI 1997, 114 ff.; *Ruppe/Achatz*, UStG[5], § 6 Rz. 415/10; siehe auch VwGH v. 7.10.2005 – 2004/17/0166, ÖStZB 2006, 192.

erfüllt werden muss. Denn weder das Merkmal „Sozialfürsorge" noch das der „sozialen Sicherheit" sind klar definierte Begriffe. Deshalb ist die Zielsetzung, eine umfassende und abschließende Regelung der eng mit der Sozialfürsorge und der sozialen Sicherheit verbundenen Leistungen zu implementieren, zum Scheitern verurteilt. Der Gesetzgeber kann natürlich bestimmte Lebenssachverhalte unter diese Begriffe fassen. Der Steuerpflichtige ist aber nicht gehindert, sich – sollten die von ihm ausgeführten Leistungen nicht von den nationalen gesetzlichen Vorschriften umfasst werden – auf das Unionsrecht zu berufen. Insofern stellt sich die Frage, ob sich der in § 4 Nr. 16 ff. UStG betriebene Aufwand fein ziselierter Vorschriften lohnt.

Etwas anders verhält es sich mit der Anerkennung als Einrichtung mit sozialem Charakter 13.90
durch den jeweiligen Mitgliedstaat. Der Gesetzgeber hat die unionsrechtlichen Grundlagen erkannt und von dem ihm durch das Unionsrecht eingeräumten Ermessen durch die äußerst diversifizierten Regelungen in § 4 Nr. 16 ff. UStG mit Blick auf das Sozialrecht umgesetzt. Letzte Klarheit ist aber auch dadurch nicht geschaffen, weil die Anerkennung nicht nur durch sozialrechtliche Regelungen, auf die im UStG verwiesen wird, erfolgen kann, sondern durch jegliche „spezifische Vorschriften". Der BFH hat diese Vorgabe des EuGH umgesetzt und z.B. entschieden, das auch die Möglichkeit, mit den Pflegekassen Verträge abzuschließen (§ 77 Abs. 1 SGB XI), als Anerkennung ausreichen kann. Für die Lösung eines umsatzsteuerrechtlich geprägten Gemeinnützigkeitsfalls sind daher neben den umsatzsteuerrechtlichen Regelungen im nationalen Recht und im Unionsrecht auch sozialrechtliche Bestimmungen und ggf. Vorschriften weiterer Rechtsgebiete von Bedeutung. Hinzukommt, dass die Anerkennung auch durch die Kostenübernahme seitens der Sozialversicherungsträger erfolgen kann. Auch im Hinblick auf die Anerkennung als Einrichtung mit sozialem Charakter ist die Hoffnung auf ein in sich geschlossenes System eine Illusion.

Dieser Befund mag auf den ersten Blick ernüchternd sein. Das Gegenteil aber ist der Fall. 13.91
Die Lebenswirklichkeit ist in vielen Bereichen derart vielfältig, dass sie sich nicht mit der Regelung jedes denkbaren Sachverhaltes eingefangen werden kann. Das Steuerrecht macht davon keine Ausnahme. Der EuGH hat aber den nationalen Gerichten weitgehende Freiheiten eingeräumt. Der Gerichtshof hat im Grunde nur die Grenzen der einzelnen Befreiungsmerkmale umrissen und den nationalen Gerichten die Aufgabe überlassen, die Einhaltung dieser Grenzen im Einzelfall selbst zu beurteilen. So verständlich sowohl der Wunsch nach einer den Einzelfall umfassenden gleichen Behandlung in ganz Europa als auch der Wunsch der jeweils vor den nationalen Gerichten unterliegenden Partei, sich mit dem „Gang nach Luxemburg" eine weitere Instanz zu erschließen, auch ist: Der EuGH kann diese Einzelfallentscheidungen nicht leisten und er will das auch gar nicht. Der Gerichtshof beschränkt sich in diesem Punkt zu Recht auf seine eigentliche Aufgabe, nämlich die Wahrnehmung der Richtlinienkompetenz bei der Auslegung des Unionsrechts. Es ist deshalb auch wenig sinnvoll, jede Sachverhaltsvariante einer bereits im Grundsatz vom EuGH entschiedenen Problematik erneut vorzulegen. Die nationalen Gerichte sind vielmehr in der Pflicht, die ihnen obliegende Beurteilung des jeweiligen konkreten Lebenssachverhalts selbst wahrzunehmen.

Es ist schwierig, dem Gesetzgeber Empfehlungen hinsichtlich eines in sich schlüssigen Regel- 13.92
werkes zu geben. Um die Verwirrung aber nicht zu komplettieren, sondern auf ein handhabbares Maß herunterzufahren, sollten zumindest die Vorschriften, die durch die Rechtsprechung gleichsam amtlich das Merkmal der mangelnden Unionsrechtskompatibilität verliehen bekommen haben, geändert und in eine unionrechtskonforme Gestalt gebracht werden.

13.93 Dabei führt die Unionsrechtswidrigkeit nationaler Vorschriften zu unterschiedlichen Folgerungen, je nachdem, ob sie in ihrem Anwendungsbereich weiter oder enger sind als das Unionsrecht. Ist das nationale Recht ungünstiger für den Steuerpflichtigen, kann sich dieser – vorausgesetzt die Richtlinienbestimmung ist hinreichend genau und bestimmt – auf das Unionsrecht berufen. Der nationalen Bestimmung bleiben als Anwendungsbereich nur die Lebenssachverhalte, die ihr Regelungsgehalt umfasst. Im Übrigen tritt an die Stelle der nationalen Bestimmung die unionsrechtliche Regelung. Das ist eine für alle Beteiligten wenig sinnvolle Konstellation. Dem Gesetzgeber wäre zu empfehlen, das deutsche Recht in diesen Fällen dem Unionsrecht anzupassen oder die Regelung in der Richtlinie zu übernehmen. Denn auch die Akzeptanz einer gesetzlichen Regelung, der nur noch ein Teilanwendungsbereich zukommt, und die im Übrigen von einer anderen Regelung überlagert wird, ist gering.

13.94 Der andere Kollisionsfall ist der, in dem das nationale Recht weitergeht als das Unionsrecht. Das nationale Recht wird dabei durch den Unionsrechtsverstoß nicht unwirksam und der Steuerpflichtige kann die unionsrechtswidrige Begünstigung für sich in Anspruch nehmen. Die Kommission hat in diesem Fall die Möglichkeit, Deutschland wegen dieses Verstoßes zu verklagen. In der Rechtspraxis sind die unionrechtswidrigen Vergünstigungen äußerst begrenzt, weil das nationale Recht unter dem Vorbehalt der richtlinienkonformen Auslegung steht, d.h. die nationale Bestimmung ist nach Möglichkeit so auszulegen, dass sie mit dem Unionsrecht im Einklang steht. Zwar bildet der mögliche Wortsinn die Grenze einer richtlinienkonformen Auslegung. Wie das Beispiel von § 4 Nr. 18 UStG zeigt, ist die Rechtsprechung aber sehr kreativ, was die Anwendung einer richtlinienkonformen Auslegung anbelangt. Und selbst dort, wo der Wortlaut die Möglichkeit einer richtlinienkonformen Auslegung verhindert, kann einzelnen Merkmalen mit Blick auf das Unionsrecht eine besondere Auslegung zuteilwerden, wie der umsatzsteuerrechtliche Begriff des Zweckbetriebes in § 12 Abs. 2 Nr. 8 Buchst. a UStG zeigt.

13.95 An der für den Rechtsanwender schwierigen und unerfreulichen Situation, sich einem Fall auf mindestens zwei Rechtsgebieten, dem des Unionsrechts und dem des nationalen Umsatzsteuerrechts, zu nähern, wird sich aber kaum etwas ändern lassen. Das liegt u.a. daran, dass die beiden Rechtssysteme bei der umsatzsteuerrechtlichen Regelung des Gemeinnützigkeitsrechts von unterschiedlichen Ausgangspunkten ausgehen. Während das deutsche Umsatzsteuerrecht möglichst detaillierte Regelungen bereitstellt, unter die der jeweilige Lebenssachverhalt subsumiert werden kann, läuft die Regelung in Art. 132 Abs. 1 Buchst, g MwStSystRL eher auf ein Case Law hinaus. Art. 132 Abs. 1 Buchst, g MwStSystRL stellt mit seiner leistungsbezogenen und seiner personenbezogenen Voraussetzung einen sehr weiten Rahmen zur Verfügung, der dann durch konkrete Einzelfälle mit Leben erfüllt werden muss.

13.96 Gar so hilflos, wie es die vorstehenden Äußerungen vermuten lassen könnten, ist der Gesetzgeber indessen nicht. Es wird sich zwar kaum verhindern lassen, dass die Rechtsprechung eine bestehende Regelung im Sozialrecht und möglicherweise auch in einem anderen Rechtsgebiet als Anerkennung einer Einrichtung mit sozialem Charakter auslegt. Umgekehrt ist der Gesetzgeber aber nicht gehindert, aktiv eine solche Anerkennung auszusprechen. Welchen Einrichtungen der Ritterschlag der Anerkennung als Einrichtung mit sozialem Charakter mit dem damit verbundenen Genuss der Umsatzsteuerfreiheit verliehen werden soll, ist letzten Endes eine sozial- und gesellschaftspolitische Entscheidung, die nicht der Beurteilung des Steuerrechts unterliegt.

# Kapitel 14
# Eng mit der Kinder- und Jugendbetreuung verbundene Dienstleistungen, Art. 132 Abs. 1 Buchst. h MwStSystRL (2006/12/EG)

**Literatur (Deutschland):** *Baldauf,* DStZ 2011, 818; *Berndt,* Umsatzsteuerliche Fragen zur Schulspeisung, UR 1997, 449; *Dickopp,* UR 2007, 553; *Dodos,* Die Bestimmung des Kernbereichs von Mehrwertsteuerbefreiungen, MwStR 2017, 9; *Heidner,* Richtlinienkonforme Auslegung von Befreiungsvorschriften im Umsatzsteuerrecht, UR 2006, 74; *Hennig,* Das Zweite Gesetz zur Änderung des Umsatzsteuergesetzes, UR 1952, 79; *Hüttemann,* Umsatzsteuerbefreiung der Studentenwerke nach Art. 132 Abs. 1 Buchst. i MwStSystRL, UR 2014, 45; *Hüttemann,* Umsatzsteuerbefreiung für Leistungen des therapeutischen Reitens, UVR 2014, 14 ff.; *Ismer,* Bildungsaufwand im Steuerrecht, Köln 2006; *T. Jacobs,* Umsatzsteuer und Gemeinnützigkeit, Hamburg 2009; *T. Jacobs,* Ein Tanz um die Umsatzsteuer, UR 2007, 45; *Knopp,* Zweites Gesetz zur Änderung des Umsatzsteuergesetzes, DStZ 1952, 310; *Martin,* Umsatzsteuer der gemeinnützigen Sportvereine, UR 2008, 34.

**Literatur (Österreich):** *Achatz/Mang/Lindinger,* Besteuerung der Körperschaften öffentlichen Rechts, 3. Aufl. 2014; *Achatz,* Die Besteuerung der Non-Profit-Organisationen I, 2. Aufl. 2004; *Achatz,* Die Besteuerung der Non-Profit-Organisationen II, 2002; *Achatz,* Die Besteuerung der Non-Profit-Organisationen III, 2003; *Achatz,* Umsatzsteuer und Gemeinnützigkeit, in Jachmann (Hrsg.), Gemeinnützigkeit, DStJG Bd. 26, 2003; *Achatz,* Seminar B: Umsatzbesteuerung der öffentlichen Hand aus gemeinschaftsrechtlicher Sicht, IStR 2008; *Achatz/Kirchmayr* (Hrsg.), Körperschaftsteuergesetz, Kommentar, 2011; *Achatz/Tumpel,* Unechte Steuerbefreiungen, 2010; *Amand,* Are VAT Exemtions Compatible with Primary EU Law?, International VAT Monitor 2010; *Hilber,* Umsatzsteuerliche Liebhaberei und Unternehmereigenschaft von Vereinen, ecolex 2010; *Höhne/Jöchl/Lummerstorfer,* Das Recht der Vereine, 5. Aufl. 2016; *Leitner/Oberhuber,* Unechte Steuerbefreiungen für Unternehmungen von öffentlich-rechtlichen Körperschaften, SWK 1995, 584; *Melhardt/Tumpel* (Hrsg.), UStG-Kommentar, 2. Aufl. 2016; *Prinz/Prinz,* Gemeinnützigkeit im Steuerrecht, 2. Aufl. 2004; *Ritz,* Vermeidung der unechten Steuerbefreiung des § 6 Abs. 1 Z 25, RdW 1994, 361; *Ruppe/Achatz,* Umsatzsteuergesetz:

Kommentar, 5. Aufl. 2018; *Ruppe*, Steuerrechtliche Folgen der wirtschaftlichen Betätigung von Vereinen, in Korinek/Krejci (Hrsg.), Der Verein als Unternehmer, 1988; *Tanzer*, Wirtschaftliche Betätigung und Gemeinnützigkeit, in Korinek/Krejci (Hrsg.), Der Verein als Unternehmer, 1988; *Taucher*, ÖStZ 1994; UStR 2000.

## A. Normtexte

### I. Unionsrechtliche Rechtsgrundlage: Art. 132 Abs. 1 Buchst. h MwStSystRL 14.1

**(1) Die Mitgliedstaaten befreien folgende Umsätze von der**

**Steuer: […]**

**h) eng mit der Kinder- und Jugendbetreuung verbundene Dienstleistungen und Lieferungen von Gegenständen durch Einrichtungen des öffentlichen Rechts oder andere von dem betreffenden Mitgliedstaat als Einrichtungen mit sozialem Charakter anerkannte Einrichtungen;**

### II. Nationale deutsche Regelungen

**§ 4 UStG:**

**Von den unter § 1 Abs. 1 Nr. 1 fallenden Umsätzen sind steuerfrei: […]**

**23. die Gewährung von Beherbergung, Beköstigung und der üblichen Naturalleistungen durch Einrichtungen, wenn sie überwiegend Jugendliche für Erziehungs-, Ausbildungs- oder Fortbildungszwecke oder für Zwecke der Säuglingspflege bei sich aufnehmen, soweit die Leistungen an die Jugendlichen oder an die bei ihrer Erziehung, Ausbildung, Fortbildung oder Pflege tätigen Personen ausgeführt werden. Jugendliche im Sinne dieser Vorschrift sind alle Personen vor Vollendung des 27. Lebensjahres. Steuerfrei sind auch die Beherbergung, Beköstigung und die üblichen Naturalleistungen, die diese Unternehmer den Personen, die bei den Leistungen nach Satz 1 tätig sind, als Vergütung für die geleisteten Dienste gewähren. Die Sätze 1 bis 3 gelten nicht, soweit eine Leistung der Jugendhilfe des Achten Buches Sozialgesetzbuch erbracht wird;**

**24. die Leistungen des Deutschen Jugendherbergswerkes, Hauptverband für Jugendwandern und Jugendherbergen e.V., einschließlich der diesem Verband angeschlossenen Untergliederungen, Einrichtungen und Jugendherbergen, soweit die Leistungen den Satzungszwecken unmittelbar dienen oder Personen, die bei diesen Leistungen tätig sind, Beherbergung, Beköstigung und die üblichen Naturalleistungen als Vergütung für die geleisteten Dienste gewährt werden. Das Gleiche gilt für die Leistungen anderer Vereinigungen, die gleiche Aufgaben unter denselben Voraussetzungen erfüllen;**

**25. Leistungen der Jugendhilfe nach § 2 Abs. 2 des Achten Buches Sozialgesetzbuch und die Inobhutnahme nach § 42 des Achten Buches Sozialgesetzbuch, wenn diese Leistungen von Trägern der öffentlichen Jugendhilfe oder anderen Einrichtungen mit sozialem Charakter erbracht werden. Andere Einrichtungen mit sozialem Charakter im Sinne dieser Vorschrift sind**

**a) von der zuständigen Jugendbehörde anerkannte Träger der freien Jugendhilfe, die Kirchen und Religionsgemeinschaften des öffentlichen Rechts sowie die amtlich anerkannten Verbände der freien Wohlfahrtspflege,**

**b) Einrichtungen, soweit sie**

**aa) für ihre Leistungen eine im Achten Buch Sozialgesetzbuch geforderte Erlaubnis besitzen oder nach § 44 oder § 45 Abs. 1 Nr. 1 und 2 des Achten Buches Sozialgesetzbuch einer Erlaubnis nicht bedürfen,**

**bb) Leistungen erbringen, die im vorangegangenen Kalenderjahr ganz oder zum überwiegenden Teil durch Träger der öffentlichen Jugendhilfe oder Einrichtungen nach Buchstabe a vergütet wurden oder**

**cc) Leistungen der Kindertagespflege erbringen, für die sie nach § 23 Abs. 3 des Achten Buches Sozialgesetzbuch geeignet sind.**

**Steuerfrei sind auch**

**a) die Durchführung von kulturellen und sportlichen Veranstaltungen, wenn die Darbietungen von den von der Jugendhilfe begünstigten Personen selbst erbracht oder die Einnahmen überwiegend zur Deckung der Kosten verwendet werden und diese Leistungen in engem Zusammenhang mit den in Satz 1 bezeichneten Leistungen stehen,**

**b) die Beherbergung, Beköstigung und die üblichen Naturalleistungen, die diese Einrichtungen den Empfängern der Jugendhilfeleistungen und Mitarbeitern in der Jugendhilfe sowie den bei den Leistungen nach Satz 1 tätigen Personen als Vergütung für die geleisteten Dienste gewähren,**

**c) Leistungen, die von Einrichtungen erbracht werden, die als Vormünder nach § 1773 des Bürgerlichen Gesetzbuchs oder als Ergänzungspfleger nach § 1909 des Bürgerlichen Gesetzbuchs bestellt worden sind, sofern es sich nicht um Leistungen handelt, die nach § 1835 Abs. 3 des Bürgerlichen Gesetzbuchs vergütet werden:**

## III. Nationale österreichische Regelungen

**§ 6 Abs. 1 UStG:**

**Von den unter § 1 Abs. 1 Z 1 fallenden Umsätzen sind steuerfrei: […]**

**Z 23 „die Leistungen der Jugend-, Erziehungs-, Ausbildungs-, Fortbildungs- und Erholungsheime an Personen, die das 27. Lebensjahr nicht vollendet haben, soweit diese Leistungen in deren Betreuung, Beherbergung, Verköstigung und den hiebei üblichen Nebenleistungen bestehen und diese von Körperschaften öffentlichen Rechts bewirkt werden.“**

**Z 25 „die in den Ziff. 18, 23 und 24 genannten Leistungen, sofern sie von Körperschaften, Personenvereinigungen und Vermögensmassen, die gemeinnützigen, mildtätigen oder kirchlichen Zwecken dienen (§§ 34 bis 47 der Bundesabgabenordnung), bewirkt werden. Dies gilt nicht für Leistungen, die im Rahmen eines land- und forstwirtschaftlichen Betriebes, eines Gewerbebetriebes oder eines wirtschaftlichen Geschäftsbetriebes i.S.d. § 45 Abs. 3 der Bundesabgabenordnung ausgeführt werden.“**

**§ 10 Abs. 3 UStG:**

**Ist der Steuersatz nach Abs. 2 nicht anzuwenden, ermäßigt sich die Steuer auf 13 % für: […]**

**Z 10 „folgende Leistungen, sofern sie nicht unter § 6 Abs. 1 Z 23 oder 25 fallen:**
**Die Leistungen der Jugend-, Erziehungs-, Ausbildungs-, Fortbildungs- und Erholungsheime an Personen, die das 27. Lebensjahr nicht vollendet haben, soweit diese Leistungen in deren Betreuung, Beherbergung, Verköstigung und den hiebei üblichen Nebenleistungen bestehen.“**

**Art XIV BGBl. 21/1995 Begleitmaßnahmen zum UStG 1994:**

**Z 1 „Die Umsatzsteuerbefreiung gem. § 6 Abs. 1 Z 18, soweit sie sich auf Pflegeanstalten, Alters-, Blinden- und Siechenheime bezieht, sowie gemäß Z 23 und 24, weiters die Umsatzsteuerbefreiung des § 6 Abs. 1 Z 25 Umsatzsteuergesetz 1994, soweit die Befreiung sich auf die in Z 18 genannten Umsätze der Pflegeanstalten, Alters-, Blinden- und Siechenheime sowie auf die Z 23 und 24 bezieht, sind nicht anzuwenden, wenn**

**a) die Körperschaft, Personenvereinigung oder Vermögensmasse bei dem für die Erhebung der Umsatzsteuer zuständigen Finanzamt eine schriftliche Erklärung abgibt, dass sie ihre Betätigung**
- **in erheblichem Umfang privatwirtschaftlich organisiert und ausgerichtet hat und**
- **die Steuerbefreiung zu größeren Wettbewerbsverzerrungen führen könnte, oder**

**b) das Bundesministerium für Finanzen mit Bescheid feststellt, dass Umstände im Sinne des lit. a vorliegen.**

**Die schriftliche Erklärung sowie der Bescheid des Bundesministeriums für Finanzen können nur abgeändert oder aufgehoben werden, wenn nachgewiesen wird, dass sich die hiefür maßgeblichen Verhältnisse gegenüber jenen im Zeitpunkt der Abgabe der Erklärung oder der Erlassung des Bescheides verändert haben. § 28 Abs. 3 des Umsatzsteuergesetzes 1994 ist nicht anzuwenden.“**

# B. Auslegung der MwStSystRL

## I. Überblick über die Vorschrift

### 1. Inhalt

Art. 132 Abs. 1 Buchst. h MwStSystRL (2006/12/EG) befreit solche Umsätze von der Umsatzsteuer, die eng mit der **Kinder- und Jugendbetreuung** verbunden sind. Der persönliche Anwendungsbereich der Vorschrift ist beschränkt auf Einrichtungen des öffentlichen Rechts und auf solche Einrichtungen, die von dem betreffenden Mitgliedstaat als Einrichtungen mit sozialem Charakter anerkannt wurden. 14.2

### 2. Historische Entwicklung

Art. 132 Abs. 1 Buchst. h MwStSystRL entspricht vollumfänglich der Vorgängerregelung in **Art. 13 Teil A Abs. 1 Buchst. h** der 6. Richtlinie (77/388/EWG) des Rates vom 17.5.1977.[1] Im Rahmen der Verhandlung zu dieser war von der Gruppe „Finanzfragen“ zwischenzeitlich vorgeschlagen worden, die Leistungen der Sozialfürsorge und der sozialen Sicherheit (Buchst. g) sowie der Kinder- und Jugendbetreuung (Buchst. h) in einen einheitlichen Befreiungstatbestand aufzunehmen, was sich aber – ohne, dass Gründe hierfür überliefert wären – nicht durchsetzte.[2] 14.3

### 3. Zweck

Art. 132 Abs. 1 Buchst. h MwStSystRL zielt – wie auch die übrigen Befreiungstatbestände des Art. 132 Abs. 1 MwStSystRL[3] – auf eine **Kostensenkung** bei bestimmten gemeinwohlfördernden Tätigkeiten, hier in Form der Kinder- und Jugendbetreuung. Auf diesem Wege sollen die erfassten Leistungen demjenigen, der sie potentiell in Anspruch nimmt, zugänglicher gemacht werden.[4] 14.4

---

1 ABl. Nr. L 145, S. 1.

2 Vgl. dazu eingehend *T. Jacobs*, Umsatzsteuer und Gemeinnützigkeit, 97.

3 Generalanwalt *Jacobs* beschränkt diesen Gedanken in seinen Schlussanträgen zur Sache Stichting Kinderopvang Enschede v. 15.9.2005 – Rs. C-415/04, ECLI:EU:C:2005:561, Rz. 47 auf die Befreiungen in den Buchst. b, g, h, i, l, m und n.

4 EuGH v. 26.5.2005 – Rs. C-498/03 – Kingscrest Associates und Montecello, ECLI:EU:C:2005:322, Rz. 30, UR 2005, 453.

### 4. Systematische Stellung

14.5 Art. 132 Abs. 1 Buchst. h MwStSystRL wird im **Befreiungskatalog** des Art. 132 Abs. 1 MwStSystRL flankiert von zwei Regelungen, die mit der „Sozialfürsorge und sozialen Sicherheit" (vgl. Kapitel 13) bzw. der „Erziehung von Kindern und Jugendlichen" (vgl. Kapitel 15) Umsätze mit einer großen sachlichen Nähe zur „Kinder- und Jugendbetreuung" befreien. Dementsprechend kommt es häufig zu Überschneidungen der Anwendungsbereiche, was auch der EuGH in der Sache „Kinderopvang Enschede" feststellt:

*„Unbestritten kann die Kinderbetreuung durch Tageseltern als eine Dienstleistung der Sozialfürsorge und der sozialen Sicherheit wie auch der Kinder- und Jugendbetreuung […] betrachtet werden."*[1]

Überschneidungsmöglichkeiten bestehen gleichfalls zu anderen Befreiungsvorschriften.

14.6 Wie verschiedene andere Befreiungstatbestände[2] erfährt auch Art. 132 Abs. 1 Buchst. h MwStSystRL eine Einschränkung durch **Art. 133** und **Art. 134 MwStSystRL** (vgl. *Schauhoff*, Rz. 10.2 ff.). **Art. 134 MwStSystRL** schließt solche Leistungen von einer Befreiung aus, die entweder *„für die Umsätze, für welche die Steuerbefreiung gewährt wird"* nicht unerlässlich sind (Buchst. a) oder aber im unmittelbaren Wettbewerb zu nicht befreiten Umsätzen gewerblicher Unternehmer stehen (Buchst. b). Art. 133 MwStSystRL räumt den Mitgliedstaaten darüber hinaus die Möglichkeit ein, die Steuerbefreiung für Einrichtungen, die keine solchen des öffentlichen Rechts sind, von ergänzenden Voraussetzungen abhängig zu machen, vgl. *Hüttemann*, Rz. 3.55 ff. Diese Einschränkungen gelten jedoch nicht für die „im Kernbereich befreiten", sondern nur für die damit eng verbundenen Umsätze.[3] Ergänzt wird Art. 132 Abs. 1 Buchst. h MwStSystRL ferner durch **Art. 136 MwStSystRL**, wonach auch die Lieferung solcher Gegenstände befreit ist, die ausschließlich für die nach Art. 132 Abs. 1 Buchst. h MwStSystRL befreite Tätigkeit bestimmt sind, sofern kein Recht auf Vorsteuerabzug bestand.

### 5. Unterschiedliche Sprachfassungen

14.7 Der persönliche Anwendungsbereich des Art. 132 Abs. 1 Buchst. h MwStSystRL ist inhaltsgleich in alle Sprachfassungen übernommen worden. **Divergenzen** ergeben sich jedoch in Bezug auf den sachlichen Anwendungsbereich. Während die deutsche Sprachfassung solche Leistungen von der Umsatzsteuer befreit, die eng mit der *„Kinder- und Jugendbetreuung"* verbunden sind, finden sich in anderen Sprachfassungen Formulierungen, die nicht ohne weiteres mit dem Begriff der „Betreuung" übersetzt werden können. So knüpft beispielsweise die englische Sprachfassung an die *„protection of children and young persons"* an, was sich eher mit dem „Schutz" von Kindern und Jugendlichen übersetzen lässt, als mit deren Betreuung; für letztere sind im Englischen die Begriffe „childcare" oder „day care" gebräuchlich. Ähnliche Abweichungen finden sich in der französischen (*„protection de l'enfance et de la jeunesse"*), der niederländischen (*„bescherming van kinderen en jongeren"*) und der spanischen (*„protección de la infancia y de la juventud"*) Sprachfassung, wo jeweils eine Übersetzung mit dem „Schutz"

1 EuGH v. 9.2.2006 – Rs. C-415/04 – Stichting Kinderopvang Enschede, ECLI:EU:C:2006:95, UR 2006, 470.
2 Betroffen sind Art. 132 Abs. 1 Buchst. b, g, h, i, l, m und n MwStSystRL.
3 EuGH v. 1.12.2005 – Rs. C-394/04 – Ygeia, Rz. 26, Slg. 2005, I-10373. Vgl. dazu auch *Hüttemann*, Rz. 3.56 ff.

von Kindern und Jugendlichen näher liegt als mit deren „Betreuung".[1] Vor diesem Hintergrund überrascht es nicht, dass auch die deutsche Übersetzung der EuGH-Entscheidung „Kingscrest Associates und Montecello"[2] davon spricht, dass es sich um Leistungen handeln müsse, die mit „dem Schutz von Kindern und Jugendlichen verbunden" seien.

## II. Die Merkmale der Steuerbefreiung des Art. 132 Abs. 1 Buchst. h MwStSystRL

### 1. Allgemeines Tatbestandsmerkmale und Auslegungskriterien des EuGH

#### a) Tatbestandsmerkmale der Norm

Nachfolgend werden die einzelnen Merkmale des Art. 132 Abs. 1 Buchst. h MwStSystRL näher untersucht. Aus dem Tatbestand der Norm und den ergänzenden Vorschriften der Art. 133 und 134 MwStSystRL lassen sich folgende **Voraussetzungen** ableiten, die für die Gewährung einer Steuerbefreiung kumulativ vorliegen müssen: 14.8

In **persönlicher Hinsicht** setzt die Norm voraus, dass 14.9

- es sich um eine Einrichtung des öffentlichen Rechts
- oder eine andere von dem betreffenden Mitgliedstaat als Einrichtungen mit sozialem Charakter anerkannte Einrichtung handelt,
- welche die ergänzenden Voraussetzungen des Art. 133 MwStSystRL erfüllt, sofern der jeweilige Mitgliedstaat die Steuerbefreiung hiervon abhängig gemacht hat.

In **sachlicher Hinsicht** sind solche Leistungen von der Steuer befreit, die 14.10

- unmittelbar die Kinder- und Jugendbetreuung betreffen oder
- mit dieser eng verbunden sind und in letzterem Fall
- für die Umsätze, für die die Steuerbefreiung gewährt wird, nicht unerlässlich (Art. 134 Buchst. a MwStSystRL)
- sowie nicht im Wesentlichen dazu bestimmt sind, der Einrichtung zusätzliche Einnahmen durch Umsätze zu verschaffen, die in unmittelbarem Wettbewerb mit Umsätzen von der Mehrwertsteuer unterliegenden gewerblichen Unternehmen bewirkt werden (Art. 134 Buchst. b MwStSystRL).
- Ferner müssen die Leistungen die ergänzenden Voraussetzungen des Art. 133 MwStSystRL erfüllt, sofern der betreffende Mitgliedstaat hiervon Gebrauch gemacht hat.

1 Die Kinderbetreuung wird im Französischen als „*garde d'enfants*", im Niederländischen als „*kinderopvang*" und im Spanischen als „*cuidado de niños*" bezeichnet. Zur Divergenz der Sprachfassungen vgl. auch FG Köln v. 17.5.2017 – 9 K 3140/14, juris, Rev. V R 27/17.

2 EuGH v. 26.5.2005 – Rs. C-498/03 – Kingscrest Associates und Montecello, ECLI:EU:C:2005:322, Rz. 34, UR 2005, 453.

### b) Auslegungskriterien des EuGH

14.11 Nach dem Vorstehenden hängt die Steuerbefreiung des Art. 132 Abs. 1 Buchst. h MwStSystRL vom Verständnis verschiedener unbestimmter Rechtsbegriffe ab, deren Reichweite im Wege der Auslegung zu bestimmen ist. Der **EuGH** hält in ständiger Rechtsprechung eine **„enge" Auslegung** der Begrifflichkeiten anhand ihrer üblichen bzw. gewöhnlichen Bedeutung[1] für geboten, was er mit dem Ausnahmecharakter der Steuerbefreiungen begründet.[2] Allerdings trifft dies nur vordergründig zu, denn zugleich stellt er klar, dass

*„die zur Definition der Steuerbefreiungen i.S.v. Art. 132 verwendeten Begriffe [nicht] in einer Weise auszulegen sind, die den Befreiungen ihre Wirkung nähmen"*.[3]

Vielmehr müsse die Auslegung mit den von der Befreiung verfolgten Zielen im Einklang stehen und den Erfordernissen des Grundsatzes der steuerlichen Neutralität[4] (vgl. dazu *Hüttemann*, Rz. 3.4 ff.) gerecht werden, welcher es insbesondere verbiete, gleichartige und deshalb miteinander in Wettbewerb stehende Dienstleistungen hinsichtlich der Mehrwertsteuer unterschiedlich zu behandeln.[5] Der Spielraum der „engen" Auslegung reduziert sich mithin auf das Spektrum an Auslegungsvarianten, die unter Anwendung der Ziele der Befreiungsvorschrift und der steuerlichen Neutralität vorgegeben sind.[6]

14.12 Einen **weiteren Auslegungsmaßstab** hat Generalanwalt *Jacobs* in seinen Schlussanträgen in der Sache „Stichting Kinderopvang Enschede" formuliert. Dort führt er aus, dass die Steuerbefreiungen angesichts des Wegfalls der Vorsteuerabzugsberechtigung nicht stets vorteilhaft seien und deshalb

*„bei der Auslegung der maßgeblichen Bestimmungen eine ausgewogene und neutrale* Herangehensweise *angebracht"*

sei.[7] In der Sache ist dem zweifellos zuzustimmen, auch wenn sich nicht erschließt, warum es sich hierbei um eine Besonderheit für die Auslegung von Befreiungsvorschriften handeln soll.

---

1 So für die Auslegung hinsichtlich der Anwendbarkeit eines ermäßigten Steuersatzes, EuGH v. 18.1.2001 – Rs. C-83/99 – Kommission/Spanien, ECLI:EU:C:2001:31, Rz. 20 und v. 23.10.2003 – Rs. C-109/02 – Kommission/Deutschland, ECLI:EU:2003:586, Rz. 23, UR 2004, 34 m. Anm. *Nieskens.*

2 EuGH v. 26.5.2005 – Rs. C-498/03 – Kingscrest Associates und Montecello, ECLI:EU:C:2005:322, Rz. 29, UR 2005, 453 und v. 13.10.2005 – Rs. C-200/04 – ISt, ECLI:EU:C:2005:608, Rz. 46, UR 2005, 694 m. Anm. *Henkel.*

3 EuGH v. 12.3.2015 – Rs. C-594/13 – go fair Zeitarbeit, ECLI:EU:C:2015:164, Rz. 17 m.w.N., UR 2015, 351.

4 Vgl. dazu zuletzt EuGH v. 15.11.2012 – Rs. C-174/11 – Zimmermann, ECLI:EU:C:2012:716, Rz. 46 ff., UR 2013, 35.

5 EuGH v. 26.5.2005 – Rs. C-498/03 – Kingscrest Associates und Montecello, ECLI:EU:C:2005:322, Rz. 41 m.w.N., UR 2005, 453. Allerdings handelt es sich beim Neutralitätsgrundsatz nach Ansicht des EuGH nicht um eine primärrechtliche Regelung, womit er auch nicht zu einer Ausweitung des Anwendungsbereichs der Befreiungsvorschrift führen könne, vgl. *Hüttemann*, Rz. 3.11 f. und 3.25.

6 Zu den Auslegungsmaßstäben des EuGH vgl. auch *Heidner*, UR 2006, 74 ff. sowie *Hüttemann*, Rz. 3.42 ff. Kritisch zum Nutzen der vom EuGH aufgestellten Maßstäbe für den Anwender vgl. *Heidner*, Rz. 13.7.

7 Schlussanträge des Generalanwalts *Jacobs* v. 15.9.2005 – Rs. C-415/04 – Stichting Kinderopvang Enschede, ECLI:EU:C:2005:561, Rz. 37.

Konkret mit der **Auslegung des Art. 132 Abs. 1 Buchst. h MwStSystRL** hatte der EuGH sich bislang noch nicht zu befassen. Allerdings war die Vorgängerregelung des Art. 13 Teil A Abs. 1 Buchst. h der Richtlinie 77/388/EWG unmittelbarer Gegenstand der EuGH-Entscheidungen Kingscrest Associates und Montecello[1] sowie Stichting Kinderopvang Enschede[2] aus den Jahren 2005 und 2006. Darüber hinaus finden sich einige Tatbestandsmerkmale des Art. 132 Abs. 1 Buchst. h MwStSystRL auch in anderen Befreiungsvorschriften und wurden bereits in diesem Kontext zum Gegenstand der EuGH-Rechtsprechung.

### 2. Eng mit der Kinder- und Jugendbetreuung verbundene Leistung

#### a) Keine Legaldefinition

Sachlicher Anknüpfungspunkt der Steuerbefreiung nach Art. 132 Abs. 1 Buchst. h MwStSystRL ist die „Kinder- und Jugendbetreuung". Eine **Definition** dieser Wendung enthält die Richtlinie nicht. Auch die Protokollerklärung der Ratssitzung vom 17.5.1977[3], nach welcher die Mitgliedstaaten *„jeglicher Form von Kinder- und Jugendbetreuung"* sozialen Charakter zuerkennen können, trägt nur wenig zur Konkretisierung des sachlichen Anwendungsbereichs bei. Nicht nur enthält sie sich näheren Begriffsbestimmungen, sondern sie steht auch im Widerspruch zu der vom EuGH – zumindest vordergründig – vertretenen engen Auslegung von Befreiungstatbeständen.[4] Zudem erscheint sie inhaltlich missverständlich, da nicht die Kinder- und Jugendbetreuung einen sozialen Charakter nachweisen muss, sondern die damit befasste privatrechtliche Einrichtung. Mangels eindeutiger gesetzlicher Vorgaben bedarf es daher einer Auslegung der Begriffe „Kinder", „Jugend" und „Betreuung" durch den Rechtsanwender. Als unionsrechtliche Begriffe dürfen diese jedoch nicht nach nationalen Maßstäben, sondern unter Berücksichtigung des Regelungszusammenhangs und des mit der Regelung verfolgten Zwecks nur autonom und einheitlich ausgelegt werden.[5] 14.13

#### b) „Kinder und Jugend"

Der in der deutschen Richtlinienfassung verwendete Begriff der **„Jugend"** ist in der französischen Fassung mit *„jeunesse"* und in der englischen Fassung mit *„young persons"* umschrieben. Als Jugend wird gemeinhin die Phase zwischen der Kindheit und dem Eintritt des Erwachsenseins verstanden. Eine Abgrenzung zwischen Kindern und Jugendlichen ist für Zwecke des Art. 132 Abs. 1 Buchst. h MwStSystRL nicht erforderlich, da beide Gruppen dem sachlichen Anwendungsbereich der Norm unterfallen. Erforderlich – und durchaus problematisch – ist allerdings die Frage, bis zu welcher Altersobergrenze von Jugend gesprochen werden kann bzw. muss. 14.14

---

1 EuGH v. 26.5.2005 – Rs. C-498/03 – Kingscrest Associates und Montecello, ECLI:EU:C:2005:322, UR 2005, 453.

2 EuGH v. 9.2.2006 – Rs. C-415/04 – Stichting Kinderopvang Enschede, ECLI:EU:C:2006:95, UR 2006, 470.

3 In der Protokollerklärung der Ratssitzung vom 17.5.1977 zur 6. MwSt-RL heißt es: *„Der Rat und die Kommission erklären, dass der Staat jeglicher Form von Kinder- und Jugendbetreuung – ganz gleich welcher Art die entsprechenden Einrichtungen sind – sozialen Charakter im Sinne des Teils A Abs. 1 Buchstabe h zuerkennen kann."* Die Protokollerklärung ist abgedruckt bei *Lohse* in Rau/Dürrwächter, UStG, Band VIII, Art. 16 MwSt-RL.

4 S.o. Rz. 14.11.

5 Vgl. dazu EuGH v. 12.12.2013 – Rs. C-116/12 – Christodoulou, ECLI:EU:C:2013:825, Rz. 34.

14.15 Das Begriffsverständnis divergiert in diesem Punkt zum Teil erheblich. Das deutsche Recht knüpft zumeist an den Begriff der „**Jugendlichen**" an. Dieser wird in § 4 Nr. 23 S. 2 UStG als „alle Personen vor Vollendung des 27. Lebensjahres" definiert. § 7 Abs. 1 Nr. 2 SGB VIII definiert einen „Jugendlichen" – wie auch das Jugendgerichtsgesetz[1] – hingegen als denjenigen, der 15, aber noch nicht 18 Jahre alt ist. Personen zwischen 18 und 27 Jahren sind hingegen als „*junge Volljährige*", alle Personen unter 27 Jahren als „*junge Menschen*" definiert. Das statistische Bundesamt wiederum erstreckt den Begriff des Jugendlichen auf ein Alter von bis zu 24 Jahren.[2] Nicht einmal auf nationaler Ebene lässt sich mithin ein einheitlicher Sprachgebrauch festmachen.

14.16 Erschwerend kommt hin, dass es sich beim Begriff der „**Jugend**" i.S.d. Richtlinie um einen **autonom und einheitlich** auszulegenden Begriff des Unionsrechts handelt,[3] der nicht mit dem nationalen Begriff des „Jugendlichen" gleichgesetzt werden kann. Dies bestätigt sich bei einem Blick in die anderen Sprachfassungen der MwStSystRL: Die englische Fassung spricht von „*young persons*", die französische von „*la jeunesse*"[4]. Wie weit die Lebensphase der „Jugend" zu fassen ist, lässt sich abstrakt nur schwer bestimmen, was auch eine Untersuchung der Vereinten Nationen zur Verwendung des Begriffs „youth" in ihren Veröffentlichungen zeigt. Die Untersuchung kommt zu dem Ergebnis, dass die Definition von „youth" sich wohl in Abhängigkeit der demographischen, finanziellen, ökonomischen und sozialkulturellen Gegebenheiten wandeln könne.[5] Ähnliche Aspekte finden sich beispielsweise im italienischen Arbeitsrecht, wo die Altersobergrenze für die befristete Einstellung Jugendlicher je nach Region zwischen 32 und 45 Jahren variierte.[6] An einer „gewöhnlichen" Bedeutung fehlt es mithin. Letztlich wird es damit dem EuGH überlassen bleiben, eine Altersobergrenze zu bestimmen oder sich – je nach Art der fraglichen Leistung – auf eine dynamische und einzelfallabhängige Abgrenzung zu beschränken. Ein Ermessen der Mitgliedstaaten bei der Ausfüllung des Begriffs dürfte m.E. allerdings nicht bestehen.[7]

### c) „Betreuung"

14.17 Ähnlich problematisch gestaltet sich die Auslegung des Begriffs „**Betreuung**", der bislang weder in der Richtlinie legal definiert noch durch den EuGH geklärt worden ist.[8] Die Protokollerklärung vom 17.5.1977 zur 6. EG-Richtlinie erweist sich gleichfalls als wenig hilfreich.[9] Teilweise werden unter die „Kinder- und Jugendbetreuung" alle Leistungen gefasst, die „*der Verwirklichung des Rechts der Jungen Menschen auf Erziehung und Bildung dienen und die ihn*

---

1 § 1 Abs. 2 JGG.

2 https://www.destatis.de/DE/ZahlenFakten/LaenderRegionen/Internationales/Thema/ErlaeuterungenGlossar/JugendErwerbslosenquote.html; https://www.destatis.de/DE/PresseService/Presse/Pressemitteilungen/frueher/PD15_288_133.html, zuletzt abgerufen am 28.01.2019.

3 Vgl. dazu EuGH v. 12.12.2013 – Rs. C-116/12 – Christodoulou, ECLI:EU:C:2013:825, Rz. 34.

4 Im Französischen wird der „Jugendliche" typischerweise als „le/la jeune" bezeichnet.

5 Bericht der Vereinten Nationen zur „Definition of youth", wo es heißt: „*Definition of youth perhaps changes with circumstances, especially with the changes in demographic, financial, economic and socio-cultural settings*", http://www.un.org/esa/socdev/documents/youth/fact-sheets/youth-definition.pdf, zuletzt abgerufen am 28.01.2019.

6 Vgl. EuGH v. 7.3.2002 – Rs. C-310/99 – Italien/Kommission, ECLI:EU:C:2002:143, Rz. 14.

7 A.A. *T. Jacobs*, Umsatzsteuer und Gemeinnützigkeit, 107.

8 Vgl. auch *Hölzer* in Rau/Dürrwächter, § 4 Nr. 25, Rz. 82.

9 Protokollerklärung in der Ratssitzung vom 17.5.1977 zur 6. MwSt-RL, vgl. dazu bereits Rz. 14.13.

*bei der Entfaltung seiner Persönlichkeit fördern*".[1] Die Anknüpfung an die Erziehung und Bildung mag zwar mit Blick auf § 4 Nr. 23 UStG naheliegen, für Zwecke der Auslegung von Art. 132 Abs. 1 Buchst. h MwStSystRL ist sie jedoch zu eng, da beispielsweise die reine Existenzsicherung weitestgehend ausgeklammert wäre. Zutreffender erscheint es, den Begriff der Betreuung als „sorgende Aufsicht" oder „Unterstützung" zu umschreiben, wie sie klassischerweise in sog. Kinderbetreuungsstätten stattfindet und auch dem Verständnis der „rechtlichen Betreuung" nach §§ 1896 ff. BGB zugrunde liegt. Damit übereinstimmend finden sich für den Begriff der „Betreuung" Synonyme wie „Bemutterung, Pflege, Sorge, Versorgung".[2] Dies zugrunde gelegt bezieht sich die Betreuung überwiegend auf konkrete Personen und setzt häufig auch einen Kontakt zu diesen Personen voraus.

Allerdings ist auch der Begriff der „Betreuung" ein autonomer Begriff des Unionsrechts. Als solcher darf er nach ständiger Rechtsprechung des EuGH nicht isoliert betrachtet werden, da sich andernfalls keine einheitliche Auslegung erzielen ließe; erforderlich ist vielmehr eine Auslegung unter Berücksichtigung der Fassung in den anderen Amtssprachen.[3] Dort finden sich aber zumeist Begriffe, die eher mit „Schutz" als mit „Betreuung" in die deutsche Sprache zu übersetzen wären (vgl. Rz. 14.7). Dem Schutz, der als die „Abwehr von Schäden" oder das „Abhalten von Gefährdungen" umschrieben wird,[4] kommt im deutschen Sprachgebrauch grundsätzlich eine andere Bedeutung zu als der Betreuung. Zwar finden sich hierzu u.a. die Synonyme „Betreuung" und „Pflege". Der Bedeutungshorizont ist nach dem Sprachgebrauch aber insgesamt weiter, da der Schutz auch mit „Abschirmung", „Bewachung" oder „Sicherheit" umschrieben werden kann.[5] Ganz in diesem Sinne liegt auch der Schwerpunkt des Kinder- und Jugendschutzes vielfach nicht in einem fördernden aktiven Tun, sondern in Verboten und Unterlassensvorgaben, wie sie beispielsweise im Jugendschutzgesetz Niederschlag gefunden haben. Von einer „Betreuung" wird man dort kaum sprechen können. Während die Betreuung zugleich eine schützende Funktion hat, indem sie den Betreuenden regelmäßig auch dazu verpflichtet, Schäden und Gefahren von der betreuten Person abzuwenden, gilt dies in umgekehrter Richtung nicht zwingend: Es erscheint durchaus denkbar, Personen zu schützen, ohne ihre Betreuung zu übernehmen. Der Begriff des Schutzes ist damit in der Regel der weitere. Unter Beachtung der anderen Sprachfassungen wäre folglich der von der deutschen Fassung des Art. 132 Abs. 1 Buchst. h MwStSystRL verwendete Begriff der Betreuung im Sinne eines „Schutzes" von Kindern und Jugendlichen bzw. jungen Menschen auszulegen und würde damit z.B. auch solche Tätigkeiten erfassen, die sich abstrakt auf den Schutz von Kindern und Jugendlichen beziehen. Allerdings können auch bei einem weiten Verständnis Tätigkeiten nur dann in den Anwendungsbereich der Norm einbezogen werden, wenn ihre Schutzfunktion so ausgeprägt ist, dass sie eine Steuerbefreiung rechtfertigt. Ob dies der Fall ist, wird sich letztlich nur einzelfallbezogen beurteilen lassen. Die rechtsanwaltliche Vertretung eines Minderjährigen erfüllt diese Voraussetzungen nach zutreffender Ansicht des FG Köln jedenfalls nicht.[6] 14.18

1 *Tehler* in Rau/Dürrwächter, § 4 Nr. 24, Rz. 79.

2 Duden, Das Synonymwörterbuch, 6. Aufl., Mannheim 2014.

3 EuGH v. 12.7.1979 – 9/79 – Koschniske, ECLI:EU:C:1979:201, Rz. 6; v. 26.5.2005 – Rs. C-498/03 – Kingscrest Associates und Montecello, ECLI:EU:C:2005:322, Rz. 22 ff., UR 2005, 453 und v. 19.9.2013 – Rs. C-251/12 – van Buggenhout und van de Mierop, ECLI:EU:C:2013:566, Rz. 27.

4 Duden, Das Bedeutungswörterbuch, 4. Aufl., Mannheim 2010.

5 Duden, Das Synonymwörterbuch, 6. Aufl., Mannheim 2014.

6 FG Köln v. 17.5.2017 – 9 K 3140/14, juris, Rev. V R 27/17.

### d) Eng verbundene Leistungen

#### aa) Begünstigung von Haupt- und Nebenleistungen

14.19 Art. 132 Abs. 1 Buchst. h MwStSystRL enthält eine Steuerbefreiung für *„eng mit der Kinder- und Jugendbetreuung verbundene Dienstleistungen und Lieferungen"*. Damit unterscheidet sich die Norm im Aufbau von anderen Befreiungstatbeständen, die – wie etwa Art. 132 Abs. 1 Buchst. i MwStSystRL – eine **Hauptleistung** „und damit eng verbundene Dienstleistungen und Lieferungen" von der Steuer befreien. Bei grammatikalischer und systematischer Betrachtung ließe sich vertreten, dass Art. 132 Abs. 1 Buchst. h MwStSystRL – anders als Buchst. i – nur die mit der Kinder- und Jugendbetreuung eng verbundenen Leistungen, nicht aber die Kinder- und Jugendbetreuung selbst steuerfrei stellen soll. Eine solche Sichtweise wäre aber mit dem Ziel der Norm, die Kinder- und Jugendbetreuung als gemeinwohldienende Tätigkeit zu fördern, nicht in Einklang zu bringen. Leistungen, die den Tatbestand der Kinder- und Jugendbetreuung unmittelbar erfüllen (sog. Hauptleistungen) und mit dieser nicht nur eng verbunden sind (sog. Nebenleistungen) fallen folglich gleichermaßen unter den Befreiungstatbestand des Art. 132 Abs. 1 Buchst. h MwStSystRL.

14.20 Angesichts des weiten Wortlauts der Norm verbleibt jedoch die Frage, ob es für die Tatbestandsverwirklichung genügt, dass die persönlichen und sachlichen Befreiungsvoraussetzungen in Bezug auf die eng verbundene Leistung vorliegen oder **ob auch die jeweilige Hauptleistung**, mit der die fragliche Leistung eng verbunden ist, **die Voraussetzungen des Art. 132 Abs. 1 Buchst. h MwStSystRL erfüllen muss.** Mit dieser Frage hatte sich der EuGH in der Sache Stichting Kinderopvang Enschede[1] zu befassen, in der eine als Einrichtung mit sozialem Charakter anerkannte Einrichtung Tageseltern vermittelt hatte, die ihrerseits nicht als soziale Einrichtung anerkannt waren. Der EuGH entschied, dass auch die Haupttätigkeit selbst eine befreite Tätigkeit darstellen müsse, was aus den Bestimmungen des Art. 132 Abs. 1 Buchst. b, g, h, i, l, m und n hervorgehe.[2] Weitere Argumente lässt die Entscheidung vermissen. Der Generalanwalt hatte noch ergänzend darauf hingewiesen, dass ausgehend vom Wortlaut zwar keine zwingende Abhängigkeit von einer ebenfalls begünstigten Hauptleistung bestehe. Letztlich sei dies jedoch mit der Logik der Bestimmung und dem Wortlaut des Art. 13 Teil A Abs. 2 Buchst. b der Richtlinie 77/388/EWG[3] unvereinbar, welcher die Steuerbefreiung ausschließe, sofern die fraglichen Leistungen *„zur Ausübung der Tätigkeiten, für die die Steuerbefreiung gewährt wird, nicht unerlässlich sind"*.[4]

14.21 Letzteres Argument hat Gewicht, auch wenn damit lediglich ein Wortlautargument gegen ein anderes aufgewogen wird. Weniger überzeugend ist hingegen der Hinweis auf die **„Logik der Bestimmung"**. Im Streitfall scheiterte die Steuerbefreiung der Hauptleistung nämlich lediglich daran, dass die vermittelten Tageseltern nicht die persönlichen Voraussetzungen des Art. 132 Abs. 1 Buchst. h MwStSystRL erfüllten – ihre Tätigkeit als solche war unstreitig befreiungsfähig. Vor diesem Hintergrund lässt sich durchaus vertreten, dass es für den Zweck

---

1 EuGH v. 9.2.2006 – Rs. C-415/04 – Stichting Kinderopvang Enschede, ECLI:EU:C:2006:95, UR 2006, 470.

2 EuGH v. 9.2.2006 – Rs. C-415/04 – Stichting Kinderopvang Enschede, ECLI:EU:C:2006:95, Rz. 22, UR 2006, 470.

3 Jetzt Art. 134 Buchst. a MwStSystRL.

4 Schlussanträge des Generalanwalts *Jacobs* v. 15.9.2005 – Rs. C-415/04 – Stichting Kinderopvang Enschede, ECLI:EU:C:2005:561, Rz. 49 f.

der Norm, bestimmte gemeinwohlfördernde Leistungen zugänglicher zu machen, unerheblich ist, ob der Erbringer der Hauptleistung die persönlichen Befreiungsvoraussetzungen erfüllt oder nicht. Folgt man hingegen dem EuGH, so verschiebt sich der Focus der Betrachtung auf die Frage, ob es sich bei der fraglichen Leistung um eine Haupt- oder um eine Nebenleistung handelt. Die Abgrenzungsproblematik (vgl. dazu Rz. 14.22 f.) verschärft sich, wenn man den „Kernbereich" des Art. 132 Abs. 1 Buchst. h MwStSystRL nicht mit der Kinder- und Jugendbetreuung sondern mit dem Schutz von Kindern und Jugendlichen umschreibt und damit ausdehnt (vgl. dazu Rz. 14.18).

### bb) Eng verbunden

Was die Wendung „**eng verbundene**" betrifft, fehlt es gleichermaßen an einer Legaldefinition. Auch der EuGH hat sich bislang nicht näher mit dem Begriff der engen Verbundenheit im Rahmen von Art. 132 Abs. 1 Buchst. h MwStSystRL bzw. dessen Vorgängerregelung beschäftigt, obwohl zumindest in der Sache Stichting Kinderopvang Enschede[1] durchaus Anlass dazu bestand. Konkret ging es um die Frage, ob die Vermittlung von Kinderbetreuungsdiensten eng mit der Kinder- und Jugendbetreuung i.S.d. Richtlinie verbunden ist. Der EuGH ließ die Frage offen, was er damit begründete, dass Art. 13 Teil A Abs. 2 Buchst. b der Richtlinie 77/388/EWG[2] die Steuerbefreiung „jedenfalls von der Voraussetzung abhängig" mache, dass die betreffenden Leistungen zur Ausübung der von der Steuer befreiten Tätigkeit unerlässlich seien. Zumindest für Vermittlungsleistungen, die von einer „hinreichenden Art und Qualität" sind, bejahte er dies. Damit hätte es aber eigentlich auch einer Antwort auf die vorgelagerte Frage bedurft, ob Vermittlungsleistungen denn überhaupt mit der Kinder- und Jugendbetreuung eng verbunden sind. 14.22

**Stellungnahmen des EuGH** finden sich allerdings zur Auslegung identischer Wendung **im Kontext anderer Befreiungstatbestände**. So hat der EuGH wiederholt festgestellt, dass Leistungen nur dann mit der steuerbefreiten Hauptleistung „eng verbunden" und deshalb steuerlich ebenso wie diese zu behandeln seien, wenn sie tatsächlich als Nebenleistungen zu dieser erbracht würden. Eine Nebenleistung liege dabei vor, wenn sie keinen eigenen Zweck erfülle, sondern das Mittel darstelle, um die Hauptleistung unter den bestmöglichen Bedingungen zu erhalten.[3] Erforderlich sei stets ein sachlicher Zusammenhang mit dem Kernbereich der Befreiungsvorschrift.[4] Zudem wird gefordert, dass die fragliche Leistung ausschließlich der Hauptleistung zu dienen bestimmt sei, d.h. kein Missbrauch zu anderen Zwecken in Betracht komme, und der Eintritt eines Nutzens für die Hauptleistung auch wahrscheinlich und absehbar sei.[5] Ob diese Voraussetzungen erfüllt sind, lässt sich nur einzelfallabhängig beantworten. In der Sache „Zimmermann" hat der EuGH ausgeführt, dass diese Entscheidung den nationa- 14.23

1 EuGH v. 9.2.2006 – Rs. C-415/04 – Stichting Kinderopvang Enschede, ECLI:EU:C:2006:95, Rz. 25 ff., UR 2006, 470.

2 Jetzt Art. 134 MwStSystRL.

3 EuGH v. 14.6.2007 – Rs. C-434/05 – Horizon College, ECLI:EU:C:2007:343, Rz. 28 f., UR 2007, 587; v. 10.6.2010 – Rs. C-262/08 – CopyGene, ECLI:EU:C:2010:328, Rz. 39 f., UR 2010, 526 m. Anm. *Hölzer*, jeweils m.w.N.

4 Vgl. EuGH v. 10.6.2010 – Rs. C-262/08 – CopyGene, ECLI:EU:C:2010:328, Rz. 38, UR 2010, 526 m. Anm. *Hölzer*.

5 Vgl. hierzu EuGH v. 10.6.2010 – Rs. C-262/08 – CopyGene, ECLI:EU:C:2010:328, Rz. 47 ff., UR 2010, 526 m. Anm. *Hölzer*, zu Art. 13 Teil A Abs. 1 Buchst. b der Richtlinie 77/388/EWG.

len Gerichten zufalle;[1] die EuGH-Entscheidungen „Kügler"[2] und „CopyGene"[3] zeigen jedoch ein anderes Bild.

### 3. Durch eine begünstigte Einrichtung

#### a) Allgemeines zum Begriff der Einrichtung

14.24 Mit seiner Entscheidung „Gregg"[4] hat der EuGH klargestellt, dass der **Begriff der „Einrichtung"** nicht nur juristische, sondern auch natürliche Personen und Personenvereinigungen erfasst. Zum weiteren Begriffsverständnis wird auf *Hüttemann/Schauhoff*, Rz. 9.9 ff. verwiesen.

#### b) Einrichtung des öffentlichen Rechts

14.25 Der Begriff der **„Einrichtung des öffentlichen Rechts"** ist gesetzlich nicht definiert. Die Definition des Art. 1 Abs. 9 der Richtlinie 2004/18 ist wegen eines divergierenden Regelungskontextes zu weit und kann daher nicht zur Begriffsbestimmung herangezogen werden;[5] aus Art. 13 Abs. 1 der 6. RL wiederum folgt lediglich, dass zu den Einrichtungen des öffentlichen Rechts jedenfalls auch Staaten, Länder und Gemeinden zählen. Mangels eines Verweises auf das Recht der Mitgliedstaaten erfordert es mithin eine autonome und einheitliche Auslegung ohne Berücksichtigung nationaler Besonderheiten.[6] Ein Kriterium sieht der EuGH[7] darin, dass der Einrichtung nach dem anwendbaren nationalen Recht hoheitliche Befugnisse zukommen, da hierin ein wesentliches Merkmal jedes Trägers öffentlicher Gewalt liegt – dies alleine soll jedoch nicht ausschlaggebend sein. An einer Einrichtung des öffentlichen Rechts fehlt es deshalb z.B. dann, wenn eine Privatperson Handlungen vornimmt, die der öffentlichen Gewalt vorbehalten sind, ohne dabei aber in die Organisation der öffentlichen Verwaltung eingegliedert zu sein. Zu weiteren Einzelheiten vgl. die Ausführungen *Hüttemann/Schauhoff*, Rz. 9.21 ff. Unabhängig von dieser Abgrenzungsfrage kommen für den Anwendungsbereich des Art. 132 Abs. 1 Buchst. h MwStSystRL ohnehin nur solche Einrichtungen des öffentlichen Rechts in Betracht, die gem. Art. 9 Abs. 1 MwStSystRL als steuerpflichtig gelten, weil sei eine wirtschaftliche Tätigkeit selbständig ausüben.

#### c) Andere als Einrichtung mit sozialem Charakter anerkannte Einrichtung

14.26 Daneben können auch *„andere von dem betreffenden Mitgliedstaat als Einrichtungen mit sozialem Charakter anerkannte Einrichtungen"* von der Steuerbefreiung profitieren. Das Tatbestandsmerkmal findet sich wortgleich in **Art. 132 Abs. 1 Buchst. g MwStSystRL**, so dass hinsichtlich der Anerkennungsvoraussetzungen und des Anerkennungsverfahrens ergänzend auf Rz. 9.24 ff. verwiesen wird. Der **EuGH** hat sich mit der Frage der Anerkennung in meh-

---

1 EuGH v. 15.11.2012 – Rs. C-174/11 – Zimmermann, ECLI:EU:C:2012:716, Rz. 24, UR 2013, 35.

2 EuGH v. 10.9.2002 – Rs. C-141/00 – Kügler, ECLI:EU:C:2002:473, Rz. 42 ff., UR 2002, 513.

3 EuGH v. 10.6.2010 – Rs. C-262/08 – CopyGene, ECLI:EU:C:2010:328, Rz. 38 ff., UR 2010, 526 m. Anm. *Hölzer.*

4 EuGH v. 7.9.1999 – Rs. C-216/97 – Gregg, ECLI:EU:C:1999:390, Rz. 17, UR 1999, 419. Vgl. auch EuGH v. 26.5.2005 – Rs. C-498/03 – Kingscrest Associates und Montecello, ECLI:EU:C:2005:322, Rz. 35, UR 2005, 453 und v. 15.11.2012 – Rs. C-174/11 – Zimmermann, ECLI:EU:C:2012:716, Rz. 57 m.w.N., UR 2013, 35.

5 EuGH v. 29.10.2015 – Rs. C-174/14 – Saudacor, ECLI:EU:C:2015:733, Rz. 44 ff., UR 2015, 901.

6 EuGH v. 29.10.2015 – Rs. C-174/14 – Saudacor, ECLI:EU:C:2015:733, Rz. 53 f., UR 2015, 901.

7 EuGH v. 29.10.2015 – Rs. C-174/14 – Saudacor, ECLI:EU:C:2015:733, Rz. 58, UR 2015, 901.

reren Entscheidungen eingehend befasst. In der Entscheidung „Zimmermann“[1] heißt es dazu:

*„Es ist daher grundsätzlich Sache des innerstaatlichen Rechts jedes Mitgliedstaats, die Regeln aufzustellen, nach denen diesen Einrichtungen eine solche Anerkennung gewährt werden kann. Die Mitgliedstaaten verfügen insoweit über ein Ermessen.“*

Allerdings entlastet der Erlass nationaler Vorschriften die mit der Prüfung des Falles betrauten Stellen nicht von der Berücksichtigung weiterer Kriterien. So führt der EuGH weiter aus:

*„Zwar ist der Erlass nationaler Vorschriften in Bezug auf die Voraussetzungen und Modalitäten der Anerkennung des sozialen Charakters von anderen Einrichtungen als solchen des öffentlichen Rechts nach Art. 13 Teil A der Sechsten Richtlinie zulässig […]. Aus der Rechtsprechung des Gerichtshofs geht jedoch hervor, dass es bei der Bestimmung der Einrichtungen, deren „sozialer Charakter“ i.S.v. Art. 13 Teil A Abs. 1 Buchst. g der Sechsten Richtlinie für die Zwecke dieser Bestimmung anzuerkennen ist, Sache der nationalen Behörden ist, im Einklang mit dem Unionsrecht und unter der Kontrolle der nationalen Gerichte mehrere Gesichtspunkte zu berücksichtigen. Zu ihnen können das Bestehen spezifischer Vorschriften – seien es nationale oder regionale, Rechts- oder Verwaltungsvorschriften, Steuervorschriften oder Vorschriften im Bereich der sozialen Sicherheit –, das mit den Tätigkeiten des betreffenden Steuerpflichtigen verbundene Gemeinwohlinteresse, die Tatsache, dass andere Steuerpflichtige mit den gleichen Tätigkeiten bereits in den Genuss einer ähnlichen Anerkennung kommen, und der Gesichtspunkt zählen, dass die Kosten der fraglichen Leistungen unter Umständen zum großen Teil von Krankenkassen oder anderen Einrichtungen der sozialen Sicherheit übernommen werden.“*

Begünstigungsfähig sind grundsätzlich auch Einrichtungen, die eine **Gewinnerzielungsabsicht** verfolgen,[2] sofern sie nicht vom nationalen Regelungsgeber im Rahmen des ihm eingeräumten Ermessens aus dem Anwendungsbereich der Norm ausgeschlossen wurden.[3] 14.27

### 4. Einschränkung durch Art. 133 und 134 MwStSystRL

#### a) Allgemeines

Eine Einschränkung erfährt der Anwendungsbereich des Art. 132 Abs. 1 Buchst. h MwStSystRL durch **Art. 133 und Art. 134 MwStSystRL** (vgl. dazu bereits *Schauhoff*, Rz. 10.2 ff.). Während Art. 133 MwStSystRL den Mitgliedstaaten ein Wahlrecht einräumt, die Steuerbefreiung von Zusatzanforderungen abhängig zu machen, schließt Art. 134 MwStSystRL sie obligatorisch für den Fall aus, dass die fragliche Leistung *„für die Umsätze, für die die Steuerbefreiung gewährt wird, nicht unerlässlich“* (Buchst. a) oder *„im Wesentlichen dazu bestimmt [ist], der Einrichtung zusätzliche Einnahmen durch Umsätze zu verschaffen, die in unmittelbarem Wettbewerb mit Umsätzen von der Mehrwertsteuer unterliegenden gewerblichen Unternehmen bewirkt werden“* (Buchst. b). Beide Anforderungen gelten nicht für die „im Kernbereich befreiten“ Hauptleistungen, d.h. für solche Leistungen, die es von der Besteuerung zu befreien gilt, damit der Befreiungstatbestand seine Wirkung entprechend seines Begünstigungskonzepts entfalten 14.28

1 EuGH v. 15.11.2012 – Rs. C-174/11 – Zimmermann, ECLI:EU:C:2012:716, Rz. 30 f. m.w.N., UR 2013, 35. So auch EuGH v. 21.1.2016 – Rs. C-335/14 – Les Jardins de Jouvence, ECLI:EU:C:2016:36, Rz. 35, UR 2016, 391.

2 EuGH v. 26.5.2005 – Rs. C-498/03 – Kingscrest Associates und Montecello, ECLI:EU:C:2005:322, Rz. 28 ff., UR 2005, 453; v. 15.11.2012 – Rs. C-174/11 – Zimmermann, ECLI:EU:C:2012:716, Rz. 57, UR 2013, 35.

3 Vgl. hierzu EuGH v. 26.5.2005 – Rs. C-498/03 – Kingscrest Associates und Montecello, ECLI:EU:C:2005:322, Rz. 48 ff., UR 2005, 453.

kann,[1] sondern nur für eng damit verbundene Umsätze,[2] also Nebenleistungen. Der Anwendungsbereich des Art. 134 MwStSystRL ist mithin maßgeblich davon abhängig, wie weit man den Kernbereich der „Kinder- und Jugendbetreuung" im Rahmen der Auslegung erstreckt (vgl. dazu bereits Rz. 14.17 f.). Art. 133 und 134 MwStSystRL finden auch auf Art. 132 Abs. 1 Buchst. b, g, i, l, m und n MwStSystRL Anwendung, so dass ergänzend auf die Rz. 10.2 ff. sowie zur allgemeinen Systematik auf Rz. 11.136, Rz. 13.8 ff.; Rz. 15.22 ff.; Rz. 16.31 ff.; Rz. 17.2 ff.; Rz. 18.6 ff. verwiesen wird.

### b) Unerlässlichkeit

14.29 Die von Art. 134 Buchst. a MwStSystRL verwendete Formulierung **„unerlässlich"**[3] wird von der Richtlinie nicht näher definiert. Im allgemeinen Sprachgebrauch versteht man hierunter eine Abhängigkeit dergestalt, dass ein Ergebnis ohne eine gewisse Vorbedingung nicht eintreten kann. Die unionsrechtliche Auslegung des Begriffs war u.a. Gegenstand der Sache „Stichting Kinderopvang Enschede", welche die Anwendbarkeit der Befreiungsvorschrift auf die Vermittlung von Tageseltern zum Gegenstand hatte. Der Generalanwalt hatte hierzu in seinen Schlussanträgen[4] ausgeführt, dass es schwer vorstellbar sei, ohne vorherige Kontaktvermittlung Kinderbetreuungsleistungen in Anspruch zu nehmen. Allerdings stünden für die Kontaktaufnahme auch andere Wege offen, wie z.B. der Rückgriff auf Anzeigen oder kommerzielle Agenturen, so dass die Tätigkeit der Klägerin keineswegs unerlässlich gewesen sei. Etwas anderes gelte nur dann, wenn die Vermittlung so ausgestaltet gewesen sei, dass nur auf diesem Weg ein Zugang zu besonders fähigen und vertrauenswürdigen Tageseltern, d.h. eine höherwertige Kinderbetreuung als bei anderen Vermittlungsdiensten, gewährleistet sei. Diese Voraussetzungen zu überprüfen, sei Sache des vorlegenden Gerichts.

14.30 Obwohl der EuGH sich dieser Einschätzung vollumfänglich anschloss, ist sie **nicht frei von Zweifeln**. Nicht nur würde ein derartiges Verständnis i.S. einer „conditio sine qua non" die Befreiungsvorschrift für Verbundleistungen quasi leerlaufen lassen,[5] sondern es bestehen auch erhebliche Bedenken unter systematischen Gesichtspunkten. Die fehlende „Einzigartigkeit" der angebotenen Leistung würde hiernach nämlich stets zum Ausschluss der Steuerbefreiung führen und zwar auch dann, wenn der konkurrierende Anbieter gleichfalls dem Anwendungsbereich des Art. 132 Abs. 1 Buchst. h MwStSystRL unterfiele. Dass dies nicht richtig seien kann, zeigt die Existenz des auf dem Neutralitätsgrundsatz basierenden Art. 134 Buchst. b MwStSystRL, der die Anwendung der genannten Befreiungsvorschriften nur für den Fall ausschließt, dass der fragliche Umsatz in unmittelbarem Wettbewerb zu Umsätzen nicht steuerbefreiter gewerblicher Unternehmen steht. Verstünde man das Kriterium der Unerlässlichkeit aber so eng wie der EuGH, wäre die Steuerbefreiung selbst dann ausgeschlossen, wenn der Wettbewerber gar kein gewerblicher Unternehmer ist, womit Art. 134 Buchst. b MwStSystRL überflüssig würde. Dies kann bei systematischer Betrachtung nicht überzeugen und

1 *Dodos*, MwStR 2017, 9 (11).

2 EuGH v. 1.12.2005 – Rs. C-394/04 – Ygeia, ECLI:EU:C:2005:734, Rz. 26; EuGH v. 28.11.2013 – MDDP, ECLI:EU:C:2013:778, Rz. 32 Zu den daraus erwachsenden Abgrenzungsproblemen vgl. auch *Dodos*, MwStR 2017, 9 (9 ff.).

3 Die englische Fassung spricht hier von *„essential"*, die französische von *„indispensables"*, was dem Sinngehalt nach mit der deutschen Sprachfassung übereinstimmt.

4 Schlussanträge des Generalanwalts *Jacobs* v. 15.9.2005 – Rs. C-415/04 – Stichting Kinderopvang Enschede, ECLI:EU:C:2005:561, Rz. 54 ff.

5 So *Ismer*, Bildungsaufwand im Steuerrecht, 274; *Berndt*, UR 1997, 449 (457); FG München v. 13.7.2000 – 14 K 3516/98, juris, rkr.

findet auch keine Rechtfertigung im Neutralitätsgebot. Zudem muss der Begriff der „Unerlässlichkeit“ im Ergebnis weiter ausfallen als der des Kernbereichs der Steuerbefreiung, weil Art. 134 Buchst. b MwStSystRL sonst ebenfalls kein Anwendungsbereich verbleiben würde.[1] Es – wie Teile der Literatur – stattdessen ausreichen zu lassen, dass die Nebenleistung die Hauptleistung nur irgendwie „objektiv fördert“[2] stößt angesichts der Verwendung des Begriffs „unerlässlich“ auf grammatikalische Bedenken. Hiergegen spricht zudem, dass Art. 132 Abs. 1 Buchst. h MwStSystRL nicht jede Verbundleistung mitbefreien will, sondern nur solche, bei denen eine enge Verbindung besteht. Richtigerweise wird man daher mindestens eine „erhebliche objektive Förderung“[3], wenn nicht sogar eine Abhängigkeit dergestalt verlangen müssen, dass die Hauptleistung in der Regel nicht ohne die streitbefangene Nebenleistung stattfindet.[4]

#### c) Wettbewerb zu gewerblichen Unternehmen

14.31 Auf zweiter Ebene ist nach Art. 134 Buchst. b MwStSystRL zu prüfen, ob ein „unmittelbarer Wettbewerb“ zu gewerblichen Konkurrenten besteht. Von einem unmittelbaren Wettbewerb kann m.E. nur dann gesprochen werden, wenn es sich um vergleichbare Leistungen handelt (vgl. dazu *Schauhoff*, Rz. 10.2 ff.), so dass die vom EuGH in der o.g. Entscheidung thematisierte Wertigkeit der Vermittlungsleistung richtigerweise unter diesem Kriterium zu prüfen gewesen wäre. Die Existenz eines gewerblichen Wettbewerbers ist eine Tatsachenfrage, die vom nationalen Gericht zu beantworten ist.[5]

### III. Unmittelbare Anwendbarkeit

14.32 Wird eine Richtlinie nicht fristgemäß in nationales Recht umgesetzt, kann sich der Einzelne unmittelbar auf die Richtlinienbestimmung berufen, sofern sie inhaltlich als unbedingt und hinreichend genau erscheint oder sie Rechte festlegt, die der Einzelne dem Staat gegenüber geltend machen kann.[6] Für Art. 132 Abs. 1 Buchst. g MwStSystRL bzw. dessen Vorgängerregelung hat der EuGH das Vorliegen dieser Voraussetzungen bereits festgestellt – bezüglich Art. 132 Abs. 1 Buchst. h MwStSystRL wird man zu keinem andern Ergebnis kommen können.[7] Die unmittelbare Anwendbarkeit besteht jedoch nur zugunsten des Steuerpflichtigen, da eine Richtlinie nicht selbst Verpflichtungen für einen Bürger begründen kann.[8]

---

1 Ähnlich auch BFH 10.8.2016 – V R 14/15, BFH/NV 2017, 63, Rz. 28; *Dodos*, MwStR 2017, 9 (14).

2 So *Berndt*, UR 1997, 449 (457).

3 *Ismer*, Bildungsaufwand im Steuerrecht, 274; FG München v. 13.7.2000 – 14 K 3516/98, juris, rkr.

4 In seiner Entscheidung v. 29.7.2015 – XI R 35/13, BFH/NV 2015, 1648 zur Tätigkeit einer privaten Arbeitsvermittlerin hat der BFH diese Frage nicht thematisiert.

5 EuGH v. 9.2.2006 – Rs. C-415/04 – Stichting Kinderopvang Enschede, ECLI:EU:C:2006:95, Rz. 29, UR 2006, 470.

6 EuGH v. 19.1.1982 – 8/81 – Becker, ECLI:EU:C:1982:7, Rz. 25; v. 26.9.2000 – Rs. C-134/99 – IGI, ECLI:EU:C:2000:503, Rz. 36, GmbHR 2000, 1154 und v. 10.9.2002 – Rs. C-141/00 – Kügler, ECLI:EU:C:2002:473, Rz. 48. Vgl. auch *Martin*, UR 2008, 34 (35 f.).

7 So auch *Dickopp*, UR 2007, 553 (563). Im Ergebnis genauso FG Nds. v. 28.9.2006 – 16 K 76/05, EFG 2007, 1047, rkr.; FG Köln v. 29.1.2007 – 7 K 6072/04, EFG 2007, 800, rkr.; *Huschens* in Schwarz/Widmann/Radeisen, UStG, § 4 Nr. 23 Rz. 9.

8 Vgl. EuGH v. 14.7.1994 – Rs. C-91/92 – Paola Faccini Dori, ECLI:EU:C:1994:292; BFH v. 19.5.1993 – V R 110/88, BStBl. II 1993, 779 = UR 1994, 124; *Hölzer* in Rau/Dürrwächter, UStG, § 4 Nr. 25 Rz. 83. Vgl. hierzu auch *Hüttemann*, Rz. 3.60 f.

## C. Die Umsetzung des Unionsrechts durch das deutsche UStG

### I. Allgemeines

14.33 Vorschriften, die Art. 132 Abs. 1 Buchst. h MwStSystRL in nationales deutsches Recht umsetzen, finden sich in § 4 Nr. 23–25 UStG.[1] Von einer „Umsetzung" lässt sich dabei allerdings nur bedingt sprechen, da alle drei Vorschriften – wenn auch in leicht modifizierter Form – bereits vor der Harmonisierung des Umsatzsteuerrechts durch die Richtlinie 77/388/EWG vom 17.5.1977 im UStG existierten. Anstatt diese Normen an den Richtlinientext anzupassen, hat der Gesetzgeber an ihnen festgehalten und sie für mit der Richtlinie vereinbar erklärt.[2] In der Begründung des UStG 1980 heißt es dazu:

„*Die Vorschriften werden* unverändert *aus § 4 Nr. 22 bis 26 UStG 1973 übernommen. Die Nr. 22 bis 25 beruhen auf Art. 13 Teil A Abs. 1 Buchstaben h, i und m, […]*"[3].

Vor diesem Hintergrund überrascht es nicht, dass die Vorschriften Begriffe verwenden, die dem Unionsrecht fremd sind.[4] Anwendungs- und Auslegungsschwierigkeiten ergeben sich ferner daraus, dass die nationalen Normen jeweils auf mehreren unionsrechtlichen Vorschriften beruhen.

### II. § 4 Nr. 23 UStG

#### 1. Überblick und historische Entwicklung

##### a) Inhalt

14.34 § 4 Nr. 23 UStG befreit Umsätze in Form der Gewährung von Beherbergung, Beköstigung und üblichen Naturalleistungen. Voraussetzung ist, dass sie durch Einrichtungen erbracht werden, die überwiegend Jugendliche für Erziehungs-, Aus- oder Fortbildungszwecke (bzw. für Zwecke der Säuglingspflege) bei sich aufnehmen und, dass die Umsätze an eine begünstige Empfängergruppe erfolgen. Erfasst sind Leistungen an die Jugendlichen selbst, an die bei der Erziehung-, Aus- oder Fortbildung tätigen Personen sowie an (Hilfs-)Personen, derer der Unternehmer sich bei seiner Leistungserbringung bedient, sofern es sich um eine Vergütung für geleistete Dienste handelt. Dem gleichgestellt ist die Säuglingspflege.

##### b) Historische Entwicklung und unionsrechtliche Einordnung

14.35 Die Steuerbefreiung des § 4 Nr. 23 UStG geht zurück auf die bereits in **§ 2 Nr. 10a UStG 1919**[5] bzw. **§ 2 Nr. 11 UStG 1926**[6] enthaltenen Steuerbefreiungen für Erziehungsanstalten, die Personen unter 18 Jahren zu Erziehungs- oder Ausbildungszwecken bei sich aufnahmen.[7] Während es dem **UStG 1934**[8] an einer entsprechenden Regelung fehlte, wurde sie durch das Um-

1 *T. Jacobs*, Umsatzsteuer und Gemeinnützigkeit, 96 m.w.N.
2 Vgl. auch BFH v. 29.7.2015 – XI R 35/13, UR 2015, 955 = BFH/NV 2015, 1648.
3 BT-Drucks. 8/1779, 35.
4 Vgl. auch *Oelmaier* in Sölch/Ringleb, § 4 Nr. 23 Rz. 18; § 4 Nr. 24 Rz. 6; § 4 Nr. 25 Rz. 16.
5 RGBl. I 1919, 373.
6 RGBl. I 1926, 218.
7 Zur historischen Entwicklung vgl. FG Nds. v. 1.3.2007 – 16 K 30/05, EFG 2007, 1288.
8 RGBl. I 1934, 942.

satzsteueränderungsgesetz vom 19.9.1950[1] mit **§ 4 Nr. 12a UStG** erneut ein- und später in **§ 4 Nr. 13 UStG 1951**[2] fortgeführt. Das Zweite Umsatzsteuer-Änderungsgesetz vom 30.7.1952[3] erweiterte die Steuerbefreiung, indem es u.a. auch Fortbildungszwecke aufnahm, die auf 21 Jahre lautenden Altersbegrenzung abschaffte und die Befreiung nicht länger davon abhängig machte, dass die Aufnahme nicht nur vorübergehend[4] und außerhalb des Wohnsitzes der Eltern erfolgte. Mit der Änderung sollte eine Reihe von Einrichtungen, in denen die Aufnahme nur vorübergehend erfolgt, die aber wie die gleichfalls befreiten Privatschulen das öffentliche Schulwesen ergänzten (z.B. Schullandheime), in den Befreiungstatbestand einbezogen werden.[5]

Im Rahmen des **UStG 1967**[6] wurde die Steuerbefreiung schließlich in **§ 4 Nr. 23** verlagert und die bis heute gültige Altersbeschränkung auf das vollendete 27. Lebensjahr eingeführt.[7] Zudem nahm der Gesetzgeber die Säuglingspflege in den Tatbestand auf. Letzteres war erforderlich geworden, weil der BFH entschieden hatte, dass der Hauptzweck der Säuglingspflege nicht die Erziehung, sondern die Sorge um das körperliche Wohlergehen durch Ernähren und Behüten sei[8] und sie daher nicht von der Vorgängerregelung erfasst war. Das **UStG 1980**[9], welches die 6. EG-Richtlinie umsetzen sollte, übernahm die Vorschrift unverändert, was der Gesetzgeber dennoch als „Umsetzung" wertete.[10] Zu einer erneuten Änderung kam es erst aufgrund des **Jahressteuergesetzes 2008**[11], durch welches die bisherige Formulierung „Personen und" in „Einrichtungen" abgeändert wurde. Der Gesetzgeber trug damit der geänderten Rechtsprechung des EuGH[12] Rechnung, nach welcher der Begriff der „Einrichtung" nunmehr auch natürliche Personen erfasst. Als Reaktion auf die zeitgleich erfolgte Änderung des § 4 Nr. 25 UStG wurde zudem Satz 4 eingeführt, der die Anwendbarkeit der Sätze 1–3 ausschließt, wenn es sich um Leistungen der Jugendhilfe nach dem SGB VIII handelt.[13] 14.36

§ 4 Nr. 23 UStG soll auf den unionsrechtlichen Vorschriften des Art. 132 Abs. 1 Buchst. h und i MwStSystRL beruhen.[14] *T. Jacobs*[15] weist jedoch zutreffend darauf hin, dass die Säuglingspflege ausschließlich auf Art. 132 Abs. 1 Buchst. h MwStSystRL beruht, während § 4 Nr. 23 UStG – angesichts seines Wortlauts und seiner Genese – seine Grundlage eher in Art. 132 Abs. 1 Buchst. i MwStSystRL haben dürfte. 14.37

1 BGBl. I 1950, 677.
2 BGBl. I 1951, 791.
3 BGBl. I 1952, 393. Das Gesetz erging auf Antrag der SPD-Fraktion, vgl. BT-Drucks. I/3221.
4 Diese Voraussetzung ergab sich aus § 40 UmsStDurchfBest. 1951.
5 Vgl. dazu *Hennig*, UStR 1952, 79, 79 f.; *Knopp*, DStZ 1952, 310, 310 f.
6 BGBl. I 1967, 545.
7 Die Änderung geht zurück auf den Beschluss des Finanzausschusses, vgl. BT-Drucks. V/1581, 5. Der Regierungsentwurf (BT-Drucks. IV/1590, 4) sah eine Begrenzung auf das vollendete 25. Lebensjahr vor.
8 BFH v. 21.12.1965 – V 24/62, BStBl. III 1966, 182.
9 BGBl. I 1979, 1953.
10 BT-Drucks. 8/1779, 35.
11 Art. 8 Nr. 4 c) des JStG v. 20.12.2007, BGBl. I 2007, 3150.
12 EuGH v. 7.9.1999 – Rs. C-216/97 – Gregg, ECLI:EU:C:1999:390, UR 1999, 419.
13 Vgl. BT-Drucks. 16/6290, 77.
14 Vgl. OFD Nds. v. 5.10.2010 – S 7181 – 22 – St 181, juris; *Püschner* in Hartmann/Metzenmacher, UStG, § 4 Nr. 23 Rz. 13; *Tehler* in Rau/Dürrwächter, UStG, § 4 Nr. 23 Rz. 41 f., 90.
15 *T. Jacobs*, Umsatzsteuer und Gemeinnützigkeit, 96.

### c) Zweck und systematische Stellung

14.38 Diese **Steuerbefreiung bezweckte** in seiner Urfassung, diejenigen Eltern zu entlasten, die gezwungen waren, ihre Kinder außerhalb ihres Wohnsitzes in Schulen aller Art oder in gewerblichen Unternehmen für den künftigen Beruf ausbilden zu lassen.[1] In ihrer heutigen Fassung geht der Zweck der Vorschrift deutlich darüber hinaus. Nach Ansicht des BFH soll § 4 Nr. 23 UStG umfassend Einrichtungen im Bereich der Jugenderziehung und -ausbildung zugutekommen.[2] Die Norm ergänzt die Vorschriften des § 4 Nr. 21 und Nr. 22 UStG, welche die unmittelbar dem Schul- und Bildungszweck dienenden Leistungen von der Umsatzsteuer befreien, indem sie die bei solchen Bildungsanlässen gewährte Beherbergung und Beköstigung ebenfalls für die Empfänger verbilligt.[3] Nach ihrem Satz 4 ist die Steuerbefreiung des § 4 Nr. 23 UStG ausgeschlossen, sofern es sich um Leistungen der Jugendhilfe nach dem SGB VIII handelt, welche seit dem JStG 2008 durch § 4 Nr. 25 UStG befreit werden.[4]

## 2. Die Merkmale des § 4 Nr. 23 UStG

### a) Einrichtung

14.39 Begünstigter Unternehmer i.S.d. § 4 Nr. 23 UStG kann jede „Einrichtung" sein. Im Anschluss an den EuGH[5] zählen hierzu neben juristischen Personen auch natürliche Personen und Personenvereinigungen.[6] Anders als Art. 132 Abs. 1 Buchst. h MwStSystRL verlangt § 4 Nr. 23 UStG von privatrechtlichen Einrichtungen jedoch nicht, dass sie als Einrichtung mit sozialem Charakter anerkannt seien müssen und hat die Richtlinie damit nur unzureichend umgesetzt.[7] Die Finanzverwaltung nimmt dies zum Anlass, unter Hinweis auf das BFH, Urt. v. 28.9.2000[8] zu fordern, dass es sich um eine Einrichtung auf dem Gebiet der Kinder- und Jugendbetreuung bzw. -erziehung im Sinne der unionsrechtlichen Vorgaben handeln müsse.[9] Private Einrichtungen seien nur dann begünstigt, wenn sie formal durch staatliche Einrichtungen anerkannt seien oder ihre Kosten überwiegend von hierfür zuständigen Einrichtungen des öffentlichen Rechts übernommen würden.[10] Gegen diese Einschränkungen wird jedoch zutreffend eingewendet, dass sie angesichts des Wortlauts der nationalen Norm über den Rahmen einer richtlinienkonformen Auslegung hinausgingen.[11] Da die Richtlinie selbst keine Verpflichtung des Einzelnen zu begründen vermag, kann der Unternehmer, der nicht als Einrich-

---

1 Vgl. *Popitz*, Kommentar zum UStG 1926, 3. Aufl., Berlin 1928, Anm. 3 zu § 2 Nr. 11.

2 BFH v. 12.2.2009 – V R 47/07, BStBl. II 2009, 677 = UR 2009, 531; v. 30.7.2008 – V R 66/06, BStBl. II 2010, 507 = UR 2009, 241; v. 24.5.1989 – V R 127/84, BStBl. II 1989, 912 = UR 1990, 85.

3 *Püschner* in Hartmann/Metzenmacher, UStG, § 4 Nr. 23 Rz. 1 f.; *Tehler* in Rau/Dürrwächter, UStG, § 4 Nr. 23 Rz. 6.

4 Vgl. dazu *Kulmsee* in Reiß/Kraeusel/Langer, UStG, § 4 Nr. 23 Rz. 2.

5 Vgl. nur EuGH v. 7.9.1999 – Rs. C-216/97 – Gregg, ECLI:EU:C:1999:390, Rz. 17 ff., UR 1999, 419.

6 BT-Drucks. 16/6290, 77. Vgl. auch *Tehler* in Rau/Dürrwächter, UStG, § 4 Nr. 23 Rz. 6.

7 So auch *Tehler* in Rau/Dürrwächter, UStG, § 4 Nr. 23 Rz. 63.

8 BFH v. 28.9.2000 – V R 26/99, BStBl. II 2001, 691 = UR 2001, 28.

9 Abschn. 4.23.1 Abs. 2 S. 6 und 7 UStAE.

10 Abschn. 4.23.1 Abs. 2 S. 8 UStAE.

11 *Tehler* in Rau/Dürrwächter, UStG, § 4 Nr. 23 Rz. 65. Auch *Kulmsee* in Reiß/Kraeusel/Langer, UStG, § 4 Nr. 23 Rz. 17 sieht für eine derartige Auslegung keine Grundlage.

tung mit sozialem Charakter anerkannt ist, sich auf die für ihn günstigere nationale Regelung berufen, sofern er die übrigen Voraussetzungen der Befreiungsvorschrift erfüllt.[1]

### b) Aufnahme bei sich zu Erziehungs-, Ausbildungs- und Fortbildungszwecken oder für Zwecke der Säuglingspflege

Der Unternehmer muss die begünstigten Personen bei sich aufgenommen haben, wobei die damit verbundene Tätigkeit nicht den Hauptgegenstand des Unternehmens bilden muss.[2] Nach h.M. bedeutet **„Aufnahme"** nicht nur die räumliche Unterbringung.[3] Dem Begriff wohnt vielmehr zugleich ein „Moment der Obhut und Betreuung" inne,[4] an dem es z.B. bei Reiseleistungen an Schulen und Universitäten durch Reisebüros genauso mangelt[5], wie wenn der Veranstalter einer Kanutour keine umfassende Betreuung für die gesamte Tour übernimmt, sondern die Gesamtverantwortung bei den die Gruppe begleitenden Lehrern verbleibt.[6] Eine Alleinverantwortlichkeit wird allerdings nicht verlangt.[7] Gleichfalls ist in § 4 Nr. 23 UStG keine bestimmte **Aufnahmedauer** vorgeschrieben. Vor dem Hintergrund, dass die Änderung im Rahmen des Zweiten Umsatzsteuer-Änderungsgesetz vom 30.7.1952 maßgeblich dazu dienen sollte, auch nur vorübergehende Aufnahmen mitzuerfassen, hält der BFH es für ausreichend, wenn die Aufnahme solange andauert, dass der im Gesetz vorausgesetzte Erziehungszweck erreicht werden kann.[8] Er hat deshalb die Beaufsichtigung von Schularbeiten und der Freizeitgestaltung in einem Halbtags-Schülerheim selbst dann für begünstigt gehalten, wenn den Schülern keine Unterkunft während der Nachtzeit und keine Verpflegung gewährt werden.[9] Ob dies auch bei einer einmonatigen Aufnahme in einen Kindergarten, eine Kindertagesstätte oder ein Kinderheim der Fall ist, ließ der BFH allerdings offen.[10] 14.40

Daneben finden sich vereinzelte Stimmen, die eine **„gewisse Stetigkeit bzw. Dauer der örtlich-räumlichen Verbindung"** fordern, an welcher es bei erlebnistherapeutischen Kurzzeitprojekten (z.B. Motorradfahren, Klettern) auch dann mangele, wenn es in deren Rahmen zu kurzfristigen Verköstigungen bzw. vorübergehenden Beherbergungen komme.[11] Angesichts des allgemeinen Sprachverständnisses des Begriffs der „Aufnahme" erscheint dies zunächst überzeugend. Hinzu kommt, dass das Merkmal der Aufnahme leerliefe, wenn bereits jede Beherbergung zur Tatbestandsverwirklichung ausreichte. Die Maßstäbe geraten allerdings dann in Widerspruch zueinander, wenn der begünstigte Zweck bereits durch eine kurzfristige Be- 14.41

1 So auch *Kulmsee* in Reiß/Kraeusel/Langer, UStG, § 4 Nr. 23 Rz. 17 und wohl auch *Tehler* in Rau/Dürrwächter, UStG, § 4 Nr. 23 Rz. 63 ff.
2 *Huschens* in Schwarz/Widmann/Radeisen, UStG, § 4 Nr. 23 Rz. 19.
3 *Berndt*, UR 1997, 449 (452).
4 BFH v. 12.5.2009 – V R 35/07, BStBl. II 2009, 1032 = UR 2009, 853; vgl. auch *Tehler* in Rau/Dürrwächter, UStG, § 4 Nr. 23 Rz. 81; *Kulmsee* in Reiß/Kraeusel/Langer, UStG, § 4 Nr. 23 Rz. 20.
5 BFH v. 21.11.2013 – V R 11/11, UR 2014, 372 = BFH/NV 2014, 803.
6 BFH v. 12.5.2009 – V R 35/07, BStBl. II 2009, 1032 = UR 2009, 853.
7 *Kulmsee* in Reiß/Kraeusel/Langer, UStG, § 4 Nr. 23 Rz. 20.
8 BFH vom 19.12.1963 – V 102/61 U, BStBl. III 1964, 110 und v. 30.7.2008 – V R 66/06, BStBl. II 2010, 507 = UR 2009, 241 m.w.N. So jetzt auch Abschn. 4.23.1 Abs. 3 S. 2 UStAE.
9 BFH v. 19.12.1963 – V 102/61 U, BStBl. III 1964, 110. Damit kollidiert die Ansicht von *Huschens* in Schwarz/Widmann/Radeisen, UStG, § 4 Nr. 23 Rz. 26, der für die Frage des „Überwiegens" (vgl. Rz. 14.45) nicht auf die Zahl der Personen, sondern auf die Zahl der gewährten Übernachtungen abstellt.
10 BFH v. 30.7.2008 – V R 66/06, BStBl. II 2010, 507 = UR 2009, 241.
11 FG Köln v. 29.1.2007 – 7 K 6072/04, EFG 2007, 800, rkr.; *Kulmsee* in Reiß/Kraeusel/Langer, UStG, § 4 Nr. 23 Rz. 22.

herbergung/Beköstigung erreicht wird. In derartigen Fällen sprechen nach dem Sinn und Zweck der Norm sowie seiner historischen Entwicklung die besseren Gründe dafür, den Begriff der Aufnahme zeitraumunabhängig im Sinne der o.g. BFH-Rechtsprechung zu verstehen.

14.42 Die Aufnahme muss ferner für **Erziehungs-, Ausbildungs- und Fortbildungszwecken** oder für **Zwecke der Säuglingspflege** erfolgt sein. Ähnliche Begrifflichkeiten verwendet auch Art. 132 Abs. 1 Buchst. i MwStSystRL. Art. 44 der Durchführungs-VO Nr. 282/2011[1] enthält dazu folgende Konkretisierung:

*„Die Dienstleistungen der Ausbildung, Fortbildung oder beruflichen Umschulung, die unter den Voraussetzungen des Art. 132 Abs. 1 Buchstabe i der Richtlinie 2006/112/EG erbracht werden, umfassen* Schulungsmaßnahmen *mit direktem Bezug zu einem Gewerbe oder einem Beruf sowie jegliche Schulungsmaßnahme, die dem Erwerb oder der Erhaltung beruflicher Kenntnisse dient. Die Dauer der Ausbildung, Fortbildung oder beruflichen Umschulung ist hierfür unerheblich.*"

Hiernach ergibt sich ein weites Verständnis der begünstigten Zwecke, was auch bei der Auslegung des § 4 Nr. 23 UStG zu beachten ist.[2] Die Beherbergung und Verköstigung von Jugendlichen in einem einwöchigen Urlaubsaufenthalt mit Freizeitangebot und Freizeitgestaltung soll die im Gesetz vorausgesetzte „Aufnahme zu Erziehungs-, Ausbildungs- und Fortbildungszwecken" allerdings genauso wenig erfüllen[3] wie eine Schulspeisung[4]. Nach der Rechtsprechung des BFH muss das Erreichen der vorstehenden Ziele zudem dem Unternehmer selbst obliegen und setzt voraus, dass er „bewusst oder planmäßig auf die aufgenommenen Personen einwirken will und einwirkt".[5] Zwar kann er sich teilweise eines Beauftragten bedienen; nicht ausreichend ist aber, dass die begünstigten Ziele ausschließlich von einem Dritten verfolgt werden, weshalb die Beherbergung von Schulklassen durch einen Gastwirt[6], die Abgabe von Mahlzeiten durch ein Studentenwerk[7] oder die reine Beköstigung von Schülern und Lehrern an einer Schule durch einen Elternverein[8] nicht der Befreiung unterfallen. Damit kaum zu vereinbaren ist die in Abschn. 4.23.1 Abs. 2 S. 4 UStAE vorgesehene Sicht der Finanzverwaltung, nach der es genügen soll, wenn der leistende Unternehmer konkrete begünstigte Zwecke „in seiner Satzung festschreibt und den Leistungsempfänger vertraglich verpflichtet, sich im Rahmen seines Aufenthaltes an diesen pädagogischen Grundsätzen zu orientieren". Sie steht zudem im Widerspruch dazu, dass Art. 132 Abs. 1 Buchst. h MwStSystRL die Steuerbefreiung nur solchen Einrichtungen gewährt, die selbst als Einrichtung mit sozialem Charakter anerkannt sind.[9]

14.43 Art. 132 Abs. 1 Buchst. h MwStSystRL ist die Voraussetzung der Aufnahme genauso fremd[10] wie eine Bindung an die von § 4 Nr. 23 UStG genannten Zwecke, welche sich in ähnlicher Form lediglich in Art. 132 Abs. 1 Buchst. i MwStSystRL finden. Scheitert die Steuerbefrei-

1 Durchführungsverordnung Nr. 282/2011 v. 15.3.2011, ABl. EU 2011 Nr. L 77/1.
2 Zu den einzelnen Zwecken vgl. ferner Abschn. 4.23.1 Abs. 4 UStAE; *Huschens* in Schwarz/Widmann/Radeisen, UStG, § 4 Nr. 23 Rz. 29 ff.; *Kulmsee* in Reiß/Kraeusel/Langer, UStG, § 4 Nr. 23 Rz. 28 ff.; *Tehler* in Rau/Dürrwächter, UStG, § 4 Rz. 23 Anm. 83 ff.
3 BFH v. 30.7.2008 – V R 66/06, BStBl. II 2010, 507 = UR 2009, 241.
4 Vgl. hierzu *Berndt*, UR 1997, 449 (451 ff.). Differenzierend *Baldauf*, DStZ 2011, 818 ff.
5 BFH v. 28.9.2000 – V R 26/99, BStBl. II 2001, 691 = UR 2001, 28.
6 BFH v. 28.9.2000 – V R 26/99, BStBl. II 2001, 691 = UR 2001, 28.
7 BFH v. 28.9.2006 – V R 57/05, BStBl. II 2007, 846. Vgl. hierzu umfassend *Hüttemann*, UR 2014, 45 ff.
8 BFH v. 12.2.2009 – V R 47/07, BStBl. II 2009, 677 = UR 2009, 531.
9 *Stadie*, UStG, § 4 Nr. 23 Rz. 4.
10 *Tehler* in Rau/Dürrwächter, UStG, § 4 Nr. 23 Anm. 90.

ung an einem der beiden Kriterien, kommt daher eine **unmittelbare Berufung auf Art. 132 Abs. 1 Buchst. h MwStSystRL** in Betracht, sofern die Betreuung bzw. der Schutz (vgl. dazu Rz. 14.17 f.) von Jugendlichen betroffen ist. Bejaht wurde dies beispielsweise für die o.g. erlebnistherapeutischen Kurzzeitprojekte[1], die Beherbergung und Verköstigung von Jugendlichen in einem Urlaubsaufenthalt mit Freizeitangebot und Freizeitgestaltung[2] sowie bei Umsätzen aus der psychotherapeutischen Beratung und Betreuung von Problemfamilien[3] oder einer ambulanten Kinder- und Jugendhilfe[4]. In derartigen Fällen stellt sich allerdings die Frage, ob es sich jeweils um eine als Einrichtung mit sozialem Charakter anerkannte Einrichtung handelt. Entgegen den unionsrechtlichen Vorgaben sieht § 4 Nr. 23 UStG diese Voraussetzung nicht vor, so dass der Gesetzgeber insofern auch nicht von seinem Ermessen (Rz. 14.27) Gebrauch gemacht hat. Folglich wird die Frage unter Abwägung der übrigen vom EuGH aufgestellten Kriterien (vgl. dazu die Ausführungen zum Anerkennungsverfahren bei *Hüttemann/Schauhoff*, Rz. 9.24 ff.) zu entscheiden sein.[5]

### c) Überwiegende Aufnahme von Jugendlichen

Um in den Genuss der Steuerbefreiung zu gelangen, muss der Unternehmer überwiegend **Jugendliche** für einen begünstigten Zweck aufgenommen haben. Da § 4 Nr. 23 S. 3 UStG alle Personen bis zur Vollendung des 27. Lebensjahres als Jugendliche definiert, fallen unter dieses Tatbestandsmerkmal – entgegen dem allgemeinen Sprachgebrauch – auch Kinder und Säuglinge. Zweifelhaft ist allerdings, ob die Altersobergrenze von 27. Jahren den unionsrechtlichen Vorgaben genügt (vgl. Rz. 14.16). 14.44

In Bezug auf das Merkmal **„überwiegend"** erlaubt der Gesetzeswortlaut verschiedene Auslegungsmöglichkeiten. Denkbar wäre zum einen, dass die Zahl der zu den vorstehend genannten Zwecken aufgenommenen Jugendlichen die Zahl aller anderen aufgenommenen Personen[6] „überwiegen" muss. Zum anderen ließe sich der Gesetzestext aber auch dahingehend interpretieren, dass sich das Merkmal des „Überwiegens" nur auf den Kreis derjenigen bezieht, die zu Erziehungs-, Ausbildungs- und Fortbildungszwecken aufgenommen wurden. Der BFH ist – betreffend den Betrieb eines Hotelrestaurants – letzterer Ansicht gefolgt: Zwar habe der Unternehmer auch normalen Arbeitnehmern und Gästen Kost und Logis gewährt; zu Ausbildungszwecken seien jedoch nur Jugendliche aufgenommen worden, weshalb die Steuerbefreiung zu gewähren sei.[7] Dass der BFH diese Auslegung gewählt hat, ist in der Sache begrüßenswert. Kritisiert und zutreffend als nicht systemkonform angesehen wird allerdings, dass man die Steuerbefreiung bei der Aufnahme von Jugendlichen für einen begünstigen Zweck über- 14.45

1 FG Köln v. 29.1.2007 – 7 K 6072/04, EFG 2007, 800, rkr.

2 BFH v. 30.7.2008 – V R 66/06, BStBl. II 2010, 507 = UR 2009, 241 m.w.N.

3 FG Nds. v. 28.9.2006 – 16 K 76/05, EFG 2007, 1047, rkr.

4 BFH v. 8.11.2007 – V R 2/06, BStBl. II 2008, 634; vgl. hierzu auch *Dickopp*, UR 2007, 553 (563).

5 So z.B. BFH v. 8.11.2007 – V R 2/06, BStBl. II 2008, 634 = UR 2008, 229 m. Anm. *Hölzer*; v. 18.8.2005 – V R 71/03, BStBl. II 2006, 143 = UR 2006, 166 m. Anm. *Heidner* und FG Köln v. 29.1.2007 – 7 K 6072/04, EFG 2007, 800, rkr. Vgl. auch *Tehler* in Rau/Dürrwächter, UStG, § 4 Nr. 23 Rz. 91 ff.

6 Der von *Huschens* in Schwarz/Widmann/Radeisen, UStG, § 4 Nr. 23 Rz. 26 geäußerten Ansicht, wonach „weniger auf die Zahl der Personen als auf die Zahl der Übernachtungen abzustellen" sei, kann mit Blick auf BFH v. 19.12.1963 – V 102/61 U, BStBl. III 1964, 110 nicht gefolgt werden. Zutreffend stellt der BFH hier fest, dass der Begriff der Aufnahme gar keine Übernachtung voraussetzt.

7 BFH v. 24.5.1989 – V R 127/84, BStBl. II 1989, 912 = UR 1990, 85.

haupt davon abhängig macht, ob auch andere Personen aufgenommen werden. Befreit werden schließlich Leistungen und nicht der Unternehmer.[1] Auch die Richtlinie kennt eine derartige Voraussetzung nicht.

### d) Begünstigte Leistungen

14.46 Begünstigte Leistungen sind nach § 4 Nr. 23 UStG die **Beherbergung, Beköstigung** oder **übliche Naturalleistungen**. Während unter „Beherbergung" die Überlassung von Wohn- und Schlafräumen und unter „Beköstigung" die Versorgung mit der erforderlichen Verpflegung in Form von Speisen und (nichtalkoholischen[2]) Getränken zu verstehen ist, lässt sich nur einzelfallbezogen abgrenzen, welche Naturalleistungen „üblich" sind.[3] Beispielsweise sollen hierzu die Beaufsichtigung der häuslichen Schularbeiten sowie die Freizeitgestaltung[4] genauso zählen, wie die Reinigung und Instandhaltung der Kleidung oder die Bereitstellung von Bettwäsche, während der Verkauf von Kleidung oder Lernmitteln, die Durchführung längerer Reisen oder spezialärztliche Behandlungen in der Regel unüblich seien.[5] Ausreichend ist, dass der Unternehmer nur Leistungen aus einem der drei genannten Bereiche erbringt.[6] Er muss diese Leistung jedoch selbst erbringen, woran es etwa fehlt, wenn Jugendliche vom Organisator der Reise in einer Gastfamilie untergebracht werden.[7]

14.47 Problematisch erscheint, dass der nationale Gesetzgeber die **Einschränkungen des Art. 134 MwStSystRL** nicht in den Tatbestand der Norm aufgenommen hat. Relevant wird dies vor allem dann, wenn in unmittelbarer Nähe zum Leistungsort auch andere Unternehmer vergleichbare Leistungen anbieten, wie dies z.B. bei Hotels oder Restaurants der Fall ist. Hier stellt sich zunächst die Frage, ob die erbrachte Leistung für die Erreichung des Betreuungs- bzw. Schutzzwecks tatsächlich unerlässlich ist, was man zumindest im Hinblick auf die Verpflegung wohl oftmals verneinen kann. Zugleich dürfte die Abgabe von Speisen und Getränken wohl überwiegend auch der Verschaffung zusätzlicher Einnahmen dienen und in unmittelbarem Wettbewerb mit nicht begünstigten Leistungen i.S.v. Art. 134 Buchst. b MwStSystRL stehen. Beide Punkte sind einzelfallabhängig zu beurteilen – bis zu einer gesetzgeberischen Änderung kann sich der Steuerpflichtige jedoch ohnehin auf die günstigere nationale Regelung berufen.

---

1 So *Stadie*, UStG, § 4 Nr. 23 Rz. 5; *Tehler* in Rau/Dürrwächter, UStG, § 4 Nr. 23 Anm. 89.

2 So *Huschens* in Schwarz/Widmann/Radeisen, UStG, § 4 Nr. 23 Rz. 39, weil die Abgabe von alkoholischen Getränken und Tabakwaren nicht notwendigerweise mit der Aufnahme von Jugendlichen in Verbindung stehe.

3 *Oelmaier* in Sölch/Ringleb, UStG, § 4 Nr. 23 Rz. 37.

4 BFH v. 19.12.1963 – V 102/61 U, BStBl. III 1964, 110.

5 So OFD Hannover v. 6.5.2003 – S 7181 – 22 – StO 354; S 7181 – 29 – StH 445, UR 2003, 557. Ähnlich auch *Huschens* in Schwarz/Widmann/Radeisen, UStG, § 4 Nr. 23 Rz. 44; *Püschner* in Hartmann/Metzenmacher, UStG, § 4 Nr. 23 Rz. 39 f.; vgl. auch *Tehler* in Rau/Dürrwächter, UStG, § 4 Nr. 23 Rz. 115 m.w. Beispielen. Ausnahmsweise soll etwas anderes gelten, wenn die Kosten für Kleidung und Bücher in vollem Umfang von der Sozialbehörde getragen werden, vgl. FG Nds. v. 13.1.1978 – V 87/77, EFG 1978, 195, rkr.

6 BFH v. 19.12.1963 – V 102/61 U, BStBl. III 1964, 110.

7 BFH v. 1.6.2006 – V R 104/01, UR 2004, 485 = BStBl. II 2007, 142.

### e) Begünstigte Leistungsempfänger

Die vorstehenden Leistungen sind begünstigt, soweit der Unternehmer sie an die Jugendlichen (S. 1), das Aufsichtspersonal (S. 1) oder als Vergütung an das Haus- und Hilfspersonal (S. 3) erbringt. Nach Ansicht der Finanzverwaltung soll es ausreichen, wenn die Leistung einer der aufgezählten Personen **tatsächlich zugutekommt**, so dass es auf die Frage, wer Vertragspartner des Unternehmers und damit Leistungsempfänger im Rechtssinne ist, nicht ankomme.[1] Zwar wird dem teilweise unter Hinweis auf den Wortlaut der Norm widersprochen.[2] Da aber gerade bei Minderjährigen die Vertragsbeziehungen regelmäßig mit den Eltern zustande kommen, würde ein derartiges Verständnis den Anwendungsbereich der Norm unsachgemäß einschränken. Ähnlich Überlegungen veranlassten auch den EuGH, für Zwecke des Art. 132 Abs. 1 Buchst. j MwStSystRL keine unmittelbare Vertragsbeziehung zwischen den Teilnehmern und dem Unterrichtenden zu fordern,[3] was hier entsprechend herangezogen werden kann.[4] 14.48

Zu den mit der **Erziehung, Aus- oder Fortbildung bzw. Pflege betrauten Personen**[5] zählen beispielsweise Lehrkräfte, sonstiges pädagogisch geschultes Personal oder Säuglingsschwestern.[6] Hintergrund war, dass man den Unternehmen eine Aufteilung der Vorsteuern ersparen wollte.[7] Nicht erforderlich soll sein, dass das Personal in einem Anstellungsverhältnis zum Unternehmer steht, so dass auch Personen, die ein **freiwilliges soziales Jahr** leisten, erfasst sind[8] – mit dem Wortlaut der Norm, welcher nur auf die Tätigkeit abstellt, ist dies durchaus vereinbar. Zweifelhaft ist allerdings, ob die Einbeziehung dieser Leistungsempfänger **unionsrechtskonform** ist. Vielfach wird dies bejaht und damit begründet, dass sich andernfalls die Kosten erhöhten.[9] Zwar mag eine Kostenreduktion sinnvoll erscheinen und dem Zweck der Befreiungsvorschrift entsprechen. Sie alleine ersetzt jedoch nicht die Prüfung, ob die fraglichen Nebenleistungen eng mit der Hauptleistung verbunden sind und ob sie die Voraussetzungen des Art. 134 MwStSystRL erfüllen. Zumindest im Hinblick auf Bewirtungsleistungen erscheint dies fraglich, denn solche erfüllen nicht nur den „eigenen Zweck" der Ernährung, was schon ihre Klassifizierung als eng verbundene Nebenleistung fraglich erscheinen lässt, sondern es fehlt ihnen zumindest dann auch an einer Unerlässlichkeit, wenn sich andere Restaurants in unmittelbarer Nähe befinden.[10] Bis zu einer Gesetzesänderung kann sich der Steuerpflichtige aber weiterhin auf die für ihn positive nationale Regelung berufen. 14.49

---

1 Abschn. 4.23.1 Abs. 2 S. 9 UStAE. So im Ergebnis auch *Kulmsee* in Reiß/Kraeusel/Langer, UStG, § 4 Nr. 23 Rz. 43.

2 *Oelmaier* in Sölch/Ringleb, UStG, § 4 Nr. 23 Rz. 43.

3 EuGH v. 14.6.2007 – Rs. C-445/05 – Haderer, ECLI:EU:C:2007:344, Rz. 32, UR 2007, 592.

4 So auch *Tehler* in Rau/Dürrwächter, UStG, § 4 Nr. 23 Anm. 138.

5 Eine Einbeziehung der Personen, die bei den Leistungen tätig sind, findet sich auch in § 4 Nr. 18 und Nr. 24 UStG.

6 Vgl. *Oelmaier* in Sölch/Ringleb, UStG, § 4 Nr. 23 Rz. 45; *Kulmsee* in Reiß/Kraeusel/Langer, UStG, § 4 Nr. 23 Rz. 45.

7 Anhang 2 zu BT-Drucks. V/1581, 12 zu „Nr. 18".

8 Vgl. *Heidner* in Bunjes, UStG, § 4 Nr. 23 Rz. 11.

9 So BFH v. 28.9.2006 – V R 57/05, BStBl. II 2007, 846 = UR 2007, 108 und v. 19.5.2005 – V R 32/03, BStBl. II 2005, 900 für Bedienstete eines Studentenwohnheims zu Art. 13 Teil A Abs. 1 Buchst. i der Richtlinie 77/388/EWG.

10 So im Ergebnis auch *Tehler* in Rau/Dürrwächter, UStG, § 4 Nr. 23 Anm. 148 ff. und BFH v. 7.10.2010 – V R 12/10, BStBl. II 2011, 303 = UR 2011, 154, allerdings zu § 4 Nr. 22 Buchst. a UStG betreffend Bewirtungsleistungen bei Tagesseminaren.

14.50 § 4 Nr. 23 S. 3 UStG befreit zudem Leistungen an das **Haus- und Hilfspersonal**, das bei der Beherbergung, Beköstigung und für die Gewährung der üblichen Naturalleistungen eingesetzt wird, allerdings nur, soweit sie als Vergütung für geleistete Dienste erfolgen.[1] Zu dem erfassten Personenkreis gehören beispielsweise Verwaltungspersonal, Reinigungskräfte, Hausmeister sowie Küchen- und Bedienpersonal.[2] Auch wenn diese Personen nicht zwingend beim Unternehmer angestellt seien müssen – auch freiwillige Mitarbeiter sind erfasst –, müssen sie doch ihren Sachlohn unmittelbar von ihm und nicht beispielsweise von einem zwischengeschalteten Pächter erhalten.[3] Zudem muss es sich bei den fraglichen Leistungen um eine Vergütung für geleistete Dienste handeln. Dies kann nach der Rechtsprechung des BFH[4] aber nur dann bejaht werden, wenn der Leistungsempfänger einen Rechtsanspruch auf den Sachlohn hat; Bar- und Sachlohn müssen vertraglich und tatsächlich klar voneinander abgegrenzt sein. Besteht hingegen ein Wahlrecht zwischen Bar- und Sachlohn, so kann die Sachleistungen nicht mehr als „Vergütung für die geleisteten Dienste" angesehen werden. Wie bei der Einbeziehung der mit der Erziehung und Pflege betrauten Personen mangelt es auch hier an einer unionsrechtlichen Grundlage, weshalb die vorstehenden Ausführungen entsprechend gelten.[5]

## III. § 4 Nr. 24 UStG

### 1. Überblick und historische Entwicklung

#### a) Inhalt

14.51 § 4 Nr. 24 UStG enthält eine **Befreiung für Leistungen des Deutschen Jugendherbergswerkes** e.V. samt seiner Untergliederungen und angeschlossenen Einrichtungen sowie für Leistungen anderer Vereinigungen, die gleiche Aufgaben unter denselben Voraussetzungen erfüllen. Befreit sind die Leistungen, die den Satzungszwecken unmittelbar dienen, sowie die als Vergütung für geleistete Dienste gewährte Beherbergung, Beköstigung und üblichen Naturalleistungen an dabei tätige Personen.

#### b) Historische Entwicklung und unionsrechtliche Einordnung

14.52 Die Steuerbefreiung des § 4 Nr. 24 UStG geht zurück auf **§ 4 Nr. 13a UStG 1951**, welcher durch das Zweite Umsatzsteuer-Änderungsgesetz vom 30.7.1952[6] mit Wirkung zum 1.1.1952 eingeführt wurde. Die Aufnahme der Befreiungsvorschrift erklärt sich maßgeblich vor dem Hintergrund der 1949 erfolgten Neugründung des Hauptverbandes des Deutschen Jugendherbergswerkes.[7] Im Rahmen des **UStG 1967** verlagerte der Gesetzgeber die Vorschrift in § 4 Nr. 24 UStG und ergänzte sie um die Befreiung für Leistungen, welche als Vergütung für das tätige Personal erbracht werden. In der Folgezeit blieb die Norm unverändert. Als **unionsrechtliche Grundlage** werden vereinzelt Art. 132 Abs. 1 Buchst. h und i MwStSystRL ange-

---

1 *Stadie*, UStG, § 4 Nr. 23 Rz. 5 hält die Befreiung für überflüssig, da die Leistungen als tauschähnliche Vorgänge bereits nicht steuerbar seien.

2 *Oelmaier* in Sölch/Ringleb, UStG, § 4 Nr. 23 Rz. 50; *Kulmsee* in Reiß/Kraeusel/Langer, UStG, § 4 Nr. 23 Rz. 48; *Tehler* in Rau/Dürrwächter, UStG, § 4 Nr. 23 Anm. 162.

3 *Kulmsee* in Reiß/Kraeusel/Langer, UStG, § 4 Nr. 23 Rz. 49 f.

4 BFH v. 3.3.1960 – V 103/58 U, BStBl. III 1960, 169.

5 So – aber nur für das Haus- und Hilfspersonal – auch *T. Jacobs*, Umsatzsteuer und Gemeinnützigkeit, 100.

6 BGBl. I 1952, 393.

7 *Tehler* in Rau/Dürrwächter, UStG, § 4 Nr. 24 Anm. 11.

führt,[1] während andere nur Buchst. h nennen.[2] Letzteres dürfte zutreffen, da Jugendherbergen und ihnen gleichgestellte Vereinigungen in der Regel nicht selbst erzieherisch tätig werden.

#### c) Zweck und systematische Stellung

Der Zweck des § 4 Nr. 24 UStG soll in einer **steuerlichen Entlastung** derjenigen Einrichtungen liegen, die auf breiter Grundlage die Förderung des Jugendwanderns zum Ziel haben.[3] Dem ursprünglichen Gesetzesantrag lässt sich allerdings keine Begründung entnehmen.[4] Die Regelung ergänzt die Vorschriften des § 4 Nr. 18, 22, 23 und 25 UStG, die verwandte Zwecke verfolgen. Sofern Leistungen der Jugendherbergen nicht den Befreiungsvorschriften unterfallen, kommt eine Steuerermäßigung nach § 12 Abs. 2 Nr. 8 i.V.m. § 68 Nr. 1 Buchst. b AO in Betracht. 14.53

### 2. Die Merkmale des § 4 Nr. 24 UStG

#### a) Begünstigte Unternehmer

§ 4 Nr. 24 UStG befreit die Umsätze des **Deutschen Jugendherbergswerkes**, Hauptverband für Jugendwandern e.V. (DJH) sowie der diesem Verband angeschlossenen Untergliederungen, Einrichtungen und Jugendherbergen, wie beispielsweise die kommunalen, kirchlichen und anderen Träger von Jugendherbergen.[5] Bei unionsrechtskonformer Auslegung werden mit dem Begriff der „Einrichtung" auch die Pächter von Jugendherbergen und Herbergseltern als natürliche Personen erfasst.[6] Die Mitgliedschaft ist im Zweifel durch eine Bescheinigung nachzuweisen.[7] Nach § 5 seiner Satzung vom 18.11.2017[8] besteht der Zweck des DJH in der *„Förderung der Jugendhilfe, der Völkerverständigung sowie des Umwelt- und Landschaftsschutzes"*. 14.54

Satz 2 der Norm erstreckt die Befreiung zudem auf *„andere Vereinigungen, die gleiche Aufgaben unter denselben Voraussetzungen erfüllen"*. Problematisch ist zunächst, dass die Norm keine Befreiung von Einrichtungen des öffentlichen Rechts vorsieht.[9] Zudem setzt der Begriff der „Vereinigung" den Zusammenschluss mehrerer Personen voraus[10] und ist damit enger, als der von Art. 132 Abs. 1 Buchst. h MwStSystRL verwendete Begriff der „Einrichtung"[11]. Falls dies praktisch überhaupt relevant wird, besteht insofern die Möglichkeit, sich unmittelbar auf 14.55

1 *Oelmaier* in Sölch/Ringleb, UStG, § 4 Nr. 24 Rz. 3.
2 *Hünnekens* in Peter/Burhoff/Stöcker, UStG, § 4 Nr. 24 Rz. 4; *Kulmsee* in Reiß/Kraeusel/Langer, UStG, § 4 Nr. 24 Rz. 5; *Tehler* in Rau/Dürrwächter, UStG, § 4 Nr. 24 Anm. 11.
3 Vgl. *Oelmaier* in Sölch/Ringleb, UStG, § 4 Nr. 24 Rz. 1.
4 BT-Drucks. I/3221.
5 Vgl. hierzu Abschn. 4.24.1 Abs. 1 UStAE.
6 Vgl. *Kulmsee* in Reiß/Kraeusel/Langer, UStG, § 4 Nr. 24 Rz. 6 und EuGH v. 7.9.1999 – Rs. C-216/97 – Gregg, ECLI:EU:C:1999:390 Rz. 17, UR 1999, 419. So im Ergebnis auch Abschn. 4.24.1 Abs. 1 Nr. 3 und 4 UStAE. Kritisch *Tehler* in Rau/Dürrwächter, UStG, § 4 Nr. 24 Anm. 53 f.
7 *Kulmsee* in Reiß/Kraeusel/Langer, UStG, § 4 Nr. 24 Rz. 11.
8 https://www.jugendherberge.de/fileadmin/hauptverband/downloads/ueber-uns/djh-satzung-2017.pdf, zuletzt abgerufen am 28.1.2019.
9 *T. Jacobs*, Umsatzsteuer und Gemeinnützigkeit, 100 f.
10 So auch *Kulmsee* in Reiß/Kraeusel/Langer, UStG, § 4 Nr. 24 Rz. 6.
11 Zu dessen Inhalt vgl. EuGH v. 7.9.1999 – Rs. C-216/97 – Gregg, ECLI:EU:C:1999:390 Rz. 17, UR 1999, 419.

das Unionsrecht zu berufen.[1] Ferner stellt sich die Frage, wie weit die Bezugnahme auf vergleichbare Aufgaben und Voraussetzungen reicht. Ein enges Verständnis i.S. einer dynamischen Verweisung auf die Satzung des DJH ist rechtsstaatlich nicht unproblematisch, da jeder Satzungsänderung eine legislative Qualität zukäme. Der BFH allerdings schien keine Bedenken dieser Art gehabt zu haben, als er 1957 ein Zeltlager deshalb als nicht vergleichbar ansah, weil die Jugendlichen dort stationär untergebracht waren und damit nicht das Wandern gefördert werde.[2] Ganz ähnlich begründete aktuell das FG Berlin-Bdb.[3] – bestätigt durch den BFH[4] – die Verweigerung der Steuerbefreiung für eine Jugendbegegnungsstätte, auch wenn das Wandern in der aktuellen Satzung des DJH nur noch insofern eine Rolle spielt, als es nach § 6 Abs. 2 „zur Verwirklichung seines Zwecks" unter einer Vielzahl anderer Zwecke „die Begegnung junger Menschen und Familien auf Wanderungen und Reisen" (Nr. 2) sowie das „Schulwandern" (Nr. 5) fördert.[5] Ergänzend stellte das FG darauf ab, dass das DJH – anders als die Klägerin – gemeinnützig sei (§ 4 der Satzung). Hieran zeigt sich exemplarisch die Schwierigkeit des Verweises auf die Aufgaben und Voraussetzungen des DJH. Würde das DJH nämlich seine Gemeinnützigkeit verlieren, wären auch die Leistungen der Klägerin nach § 4 Nr. 24 UStG befreit.[6]

14.56 Die **Finanzverwaltung** vertritt – zumindest vordergründig – eine großzügigere Auslegung, indem sie ausführt, es sei „*insbesondere erforderlich, dass die Unterkunftsstätten der anderen Vereinigungen nach der Satzung und ihrer tatsächlichen Durchführung überwiegend Jugendlichen dienen*".[7] Die o.g. Verfahren und der Umstand, dass Abschn. 4.24.1 Abs. 5 S. 3 UStAE nur den Touristenverein „Natur Freunde Deutschlands Verband für Umweltschutz, sanften Tourismus, Sport und Kultur Bundesgruppe Deutschland e.V." samt der ihm angeschlossenen Landesverbände, Bezirke und Ortsgruppen als begünstigte „andere Vereinigung" anerkennt, zeigt jedoch ein anderes Bild.

### b) Begünstigte Leistungen und Leistungsempfänger

14.57 § 4 Nr. 24 UStG befreit zunächst die **unmittelbar den Satzungszwecken dienenden Leistungen**; Leistungen, die nur als zwischengeschaltete Leistungen der Erfüllung der Satzungszwecke dienen, genügen nicht.[8] Der Satzungszweck ergibt sich aus § 5 der Satzung des DJH[9], während § 6 Abs. 2 eine Aufzählung von Tätigkeiten enthält, die das DJH zur Verwirklichung seines

1 *Kulmsee* in Reiß/Kraeusel/Langer, UStG, § 4 Nr. 24 Rz. 6; *Tehler* in Rau/Dürrwächter, UStG, § 4 Nr. 24 Anm. 66.

2 BFH v. 14.11.1957 – V 28/55 U, BStBl. III 1958, 7.

3 FG Berlin-Bdb. v. 5.11.2014 – 2 K 2274/10, juris.

4 BFH v. 21.9.2016 – XI R 2/15, BFH/NV 2017, 168.

5 https://www.jugendherberge.de/fileadmin/hauptverband/downloads/ueber-uns/djh-satzung-2017.pdf, zuletzt abgerufen am 28.1.2019.

6 Teilweise wird zudem bezweifelt, dass es nach den unionsrechtlichen Vorgaben überhaupt zulässig sei, auf das nationale Merkmal der Gemeinnützigkeit abzustellen, da dieses weder in Art. 132 Abs. 1 MwStSystRL vorgesehen sei noch vollumfänglich den Vorgaben des Art. 133 MwStSystRL entspreche, vgl. *Tehler* in Rau/Dürrwächter, UStG, § 4 Nr. 24 Anm. 41 f. A.A. *T. Jacobs*, Umsatzsteuer und Gemeinnützigkeit, 72 ff. Vgl. hierzu auch *Schauhoff*, Rz. 10.101 ff.; *Heidner*, Rz. 13.29 ff. zu § 4 Nr. 18.

7 Abschn. 4.24.1 Abs. 5 S. 2 UStAE.

8 *Huschens* in Schwarz/Widmann/Radeisen, UStG, § 4 Nr. 24 Rz. 27; *Kulmsee* in Reiß/Kraeusel/Langer, UStG, § 4 Nr. 24 Rz. 17.

9 https://www.jugendherberge.de/fileadmin/hauptverband/downloads/ueber-uns/djh-satzung-2017.pdf, zuletzt abgerufen am 28.1.2019.

Satzungszweckes fördert. Die Finanzverwaltung hat die nach ihrer Ansicht erfassten Leistungen in Abschn. 118 Abs. 2 Nr. 1 – 8 UStAE aufgelistet. Mit wenigen Ausnahmen (z.B. der Lieferung von Wimpeln und Abzeichen[1]) dürften diese Leistungen weitestgehend der Jugendbetreuung bzw. dem Jugendschutz dienen oder zumindest eng hiermit verbunden und i.S.v. Art. 134 MwStSystRL unerlässlich sein.[2] Der Verkauf von alkoholischen Getränken, Tabakwaren, Ansichtskarten ohne Jugendherbergsmotiv, Toilettenartikeln und Andenken soll hingegen nicht der Befreiung unterfallen.[3]

Als **begünstigte Empfänger** der in Abschn. 118 Abs. 2 Nr. 1 – 6 UStAE genannten Leistungen kommen nach Abschn. 4.24.1 Abs. 3 S. 1 Nr. 1 UStAE folgende Personen in Betracht: 14.58

- Jugendliche, welche – angelehnt an § 4 Nr. 23 S. 3 UStG – als alle Personen vor Vollendung des 27. Lebensjahres definiert werden,
- andere Personen, wenn sie sich in der Ausbildung oder Fortbildung befinden und Mitglied einer geführten Gruppe sind,
- Leiter oder Betreuer von Gruppen, deren Mitglieder die vorstehend genannten Personen sind sowie
- wandernde Familien mit Kindern.

Nicht erfasst sind hingegen Leistungen an **allein reisende „Erwachsene"** – d.h. Personen nach Vollendung des 27. Lebensjahres –, da solche nicht dem Satzungszweck unterfallen.[4] Abschn. 4.24.1 Abs. 3 S. 1 Nr. 1 S. 2 und 3 UStAE sieht für Leistungen an nicht begünstigte Personen allerdings eine Bagatellgrenze von 2 % vor, bis zu der die Steuerbefreiung nicht zu beanstanden sei. Letzteres stößt auf erhebliche unionsrechtliche Bedenken, da Art. 132 Abs. 1 MwStSystRL eine solche Bagatellgrenze nicht kennt.[5] Betreffend die Leiter und Betreuer von Gruppen bzw. die ihre Kinder begleitenden Eltern stellt sich zudem die Frage, ob es sich um eng verbundene Leistungen handelt, die unerlässlich sind. Dies ist jedenfalls dann zu bejahen, wenn nur durch cinc gemeinsame Beherbergung und Beköstigung der Aufsichtspflicht genügt wird.[6] Die Einbeziehung von Personen, die sich in der Aus- oder Fortbildung befinden, lässt sich – sofern es sich hierbei nicht um Jugendliche handelt – allerdings nur rechtfertigen, wenn man auch Art. 132 Abs. 1 Buchst. i MwStSystRL als unionsrechtliche Grundlage ansieht. Mit dem Unionsrecht kaum vereinbar dürfte indes sein, dass Abschn. 4.24.1 Abs. 3 S. 2 UStAE die in Abs. 2 Nr. 7 bezeichneten Lieferungen von Jugendherbergsverzeichnissen, Jugendher-

1 Vgl. Abschn. 4.24.1 Abs. 2 Nr. 7 UStAE.

2 Ähnlich auch *Kulmsee* in Reiß/Kraeusel/Langer, UStG, § 4 Nr. 24 Rz. 8 f. *Tehler* in Rau/Dürrwächter, UStG, § 4 Nr. 24 Anm. 84 ff. ordnet hingegen auch die Lieferung von Schlafsäcken, Wanderkarten, Wanderbüchern und von Ansichtskarten mit Jugendherbergsmotiv wegen eines Verstoßes gegen Art. 134 MwStSystRL als nicht steuerbefreit ein.

3 *Kulmsee* in Reiß/Kraeusel/Langer, UStG, § 4 Nr. 24 Rz. 16.

4 BFH v. 18.1.1995 – V R 139-142/92, BStBl. II 1995, 446. Solche kommen allerdings in den Genuss des ermäßigten Steuersatzes nach § 12 Abs. 2 Nr. 11 UStG, sofern die Beherbergung allein reisender Erwachsener einen selbständigen wirtschaftlichen Geschäftsbetrieb darstellt. Fehlt es an der Abgrenzbarkeit, so verlieren die Jugendherbergen ihre Zweckbetriebseigenschaft nach Ansicht des BFH auch dann nicht, wenn die Beherbergung allein reisender Erwachsener einen Anteil von 10 % nicht übersteigt, vgl. auch *Kulmsee* in Reiß/Kraeusel/Langer, UStG, § 4 Nr. 24 Rz. 18.

5 So auch *Tehler* in Rau/Dürrwächter, UStG, § 4 Nr. 24 Anm. 107.

6 A.A., zumindest für die Leiter und Betreuer von Gruppen, *Tehler* in Rau/Dürrwächter, UStG, § 4 Nr. 24 Anm. 104 f.

bergskalendern, Jugendherbergsschriften und von Wimpeln und Abzeichen unabhängig davon befreit, an wen die Lieferung erfolgt.

14.59 Daneben befreit die Norm auch die **Beherbergung, Beköstigung** und die Gewährung von **üblichen Naturalleistungen** an Personen, welche bei unmittelbar den Satzungszwecken dienenden Leistungen tätig sind, sofern sie als Vergütung für die geleisteten Dienste gewährt werden. Die Einbeziehung dieser Personengruppe wird vielfach als unionsrechtskonform angesehen, da sie dem Zweck einer Kostensenkung diene.[1] Dieses Argument vermag aber nicht die Prüfung zu ersetzen, ob die Leistung i.S.v. Art. 132 Abs. 1 Buchst. h MwStSystRL „eng verbunden" ist und die Voraussetzungen des Art. 134 MwStSystRL erfüllt. Bis zu einer Gesetzesänderung kann der Unternehmer sich allerdings auf die für ihn günstigere nationale Regelung berufen. Zur Frage, welche Personen in den Anwendungskreis fallen und wann eine Leistung „als Vergütung für geleistete Dienste" gewährt wird vgl. 14.50.

## IV. § 4 Nr. 25 UStG

### 1. Überblick und historische Entwicklung

#### a) Inhalt

14.60 § 4 Nr. 25 UStG befreit in Satz 1 die **Leistungen der Jugendhilfe** nach § 2 Abs. 2 SGB VIII sowie die **Inobhutnahme** nach § 42 SGB VIII, soweit sie von Trägern der öffentlichen Jugendhilfe oder anderen Einrichtungen mit sozialem Charakter erbracht werden. Die gesonderte Erwähnung der Inobhutnahme war erforderlich, weil sie als „andere Aufgabe der Jugendhilfe" i.S.v. § 2 Abs. 3 SGB VIII keine Leistung der Jugendhilfe nach § 2 Abs. 2 SGB VIII darstellt.[2] Satz 2 bestimmt näher, welche Einrichtungen als Einrichtung mit sozialem Charakter i.S.d. Regelung zu qualifizieren sind. Aus Satz 3 ergeben sich unter bestimmten Voraussetzungen ergänzende Befreiungen für kulturelle und sportliche Veranstaltungen, Beherbergungs-, Beköstigungs- und übliche Naturalleistungen sowie Leistungen von Vormündern und Ergänzungspflegern.

#### b) Historische Entwicklung

14.61 Die Steuerbefreiung des § 4 Nr. 25 UStG geht zurück auf **§ 50c UStDB**, der durch die Neunte Verordnung zur Änderung der UStDB vom 22.3.1958 eingeführt wurde.[3] Die damalige Regelung befreite verschiedene Leistungen „der förderungswürdigen Jugendgemeinschaften und der Organe der öffentlichen Jugendpflege", wobei als Jugendliche nach Abs. 3 alle Personen vor Vollendung des 25. Lebensjahres galten. Durch die Zwölfte Verordnung zur Änderung der UStDB vom **8.9.1961**[4] wurde die Befreiung auf „förderungswürdige Einrichtungen der freien Jugendpflege" erweitert. Im Rahmen des **UStG 1967** wurde die Regelung in § 4 Nr. 25 UStG verlagert und der Terminologie des Gesetzes für Jugendwohlfahrt (JWG) in seiner damaligen

1 *Oelmaier* in Sölch/Ringleb, UStG, § 4 Nr. 24 Rz. 7 und § 4 Nr. 25 Rz. 100 unter Hinweis auf BFH v. 28.9.2006 – V R 57/05, BStBl. II 2007, 846 = UR 2007, 108 und v. 19.5.2005 – V R 32/03, BStBl. II 2005, 900 für Bedienstete eines Studentenwohnheims.

2 Vgl. auch *Hölzer* in Rau/Dürrwächter, UStG, § 4 Nr. 25 Anm. 113.

3 BGBl. I 1958, 206; BStBl. I 1958, 304.

4 BGBl. I 1961, 1660; BStBl. I 1961, 624.

Fassung vom 11.8.1961[1] angepasst.[2] Zugleich wurde die Altersgrenze auf 27 Jahre angehoben und – wegen des Wegfalls einer generellen Befreiung von Deputaten (§ 4 Nr. 12 UStG 1951)[3] – eine Befreiung für die Beherbergung, Beköstigung und die üblichen Naturalleistungen der Personen, die bei den begünstigen Leistungen tätig sind, neu aufgenommen. Das **UStG 1980** übernahm die Befreiungsvorschrift weitestgehend unverändert; zu kleineren redaktionellen Änderungen kam es nur, um der Bedeutung des Sports Rechnung zu tragen.[4] Im Rahmen des **Steueränderungsgesetzes 1992**[5] erfolgten verschiedene begriffliche Anpassungen an das Jugendhilferecht, welches zwischenzeitlich[6] im SGB VIII geregelt worden war.[7]

Eine umfassende Neufassung und Erweiterung erfuhr § 4 Nr. 25 UStG durch das **Jahressteuergesetz 2008**[8]. Um den Änderungen Rechnung zu tragen, die sich aus der „nahezu kompletten Neuausrichtung der Kinder- und Jugendhilfe [ergaben], die ihren Ausdruck in dem 1990 verabschiedeten SGB VIII gefunden haben“[9], entschied sich der Gesetzgeber in den Sätzen 1 und 2 für eine umfassende Bezugnahme auf die Vorschriften des SGB VIII, während die Buchst. b und c der bisherigen Regelung in den neuen S. 3 verlagert wurden. Hintergrund dürfte wohl auch gewesen sein, dass der BFH dem Gesetzgeber mit Urteil vom 18.8.2005[10], betreffend eine vom Jugendamt beauftragte Legasthenie-Therapeutin, und vom 8.11.2007[11], betreffend einen in der Jugendhilfe tätigen Sozialarbeiter, eine mangelhafte Umsetzung von Art. 132 Abs. 1 Buchst. g und h MwStSystRL attestiert hatte.[12] Infolge der Bezugnahme auf das SGB VIII konnten sowohl die eigenständige Definition des Jugendlichen als auch der bisherige S. 1 Buchst. a entfallen.[13] Die Verweisung hat den Effekt, dass der sachliche Anwendungsbereich der Umsatzsteuerbefreiung des § 4 Nr. 25 UStG nunmehr maßgeblich durch die legislativen Entwicklungen im Sozialrecht bestimmt wird; einer Anpassung der umsatzsteuerlichen Befreiungsvorschrift bedarf es nur insoweit, als sich die Verortung der sozialrechtlichen Regelung ändert. Dass dies nicht nur Vorteile birgt, zeigt sich bereits an der hohen Rechtsanwendungskomplexität, die mit der Verweisungstechnik einhergeht.[14] Zudem führt sie dazu, dass der Anwendungsbereich der Steuerbefreiung maßgeblich von Begrifflichkeiten des Sozialrechts bestimmt wird, die dem Unionsrecht fremd und damit auch nur eingeschränkt einer richtlinienkonformen Auslegung zugänglich sind.[15] 14.62

1 BGBl. I 1961, 1206.

2 Vgl. *Hünnekens* in Hartmann/Metzenmacher, UStG, § 4 Nr. 25 Rz. 2.

3 Vgl. *Hünnekens* in Hartmann/Metzenmacher, UStG, § 4 Nr. 25 Rz. 2. Die Begründung des Finanzausschusses, auf den die Änderung federführend zurückgeht, beschränkt sich auf die Aussage, dass die Vorschrift inhaltlich dem bisherigen § 50c UStDB entspreche, vgl. BT-Drucks. zu V/1581, 13.

4 BT-Drucks. 8/2827, 67.

5 Steueränderungsgesetz 1992 v. 25.2.1991, BGBl. I 1991, 297, BGBl. I 1991, 146.

6 Gesetz zur Neuordnung des Kinder- und Jugendhilferechts BGBl. I 1990, 1163, Art. 36.

7 Vgl. hierzu *Hünnekens* in Hartmann/Metzenmacher, UStG, § 4 Nr. 25 Rz. 4.

8 JStG v. 20.12.2007, BGBl. I 2007, 3150.

9 BT-Drucks. 16/6290, 77.

10 BFH v. 18.8.2005 – V R 71/03, BStBl. II 2006, 143 = UR 2006, 166 m. Anm. *Heidner.*

11 BFH v. 8.11.2007 – V R 2/06, BStBl. II 2008, 634 = UR 2008, 229 m. Anm. *Hölzer.*

12 Vgl. dazu eingehend *Hölzer* in Rau/Dürrwächter, UStG, § 4 Nr. 25 Anm. 13 ff.

13 Vgl. BT-Drucks. 16/6290, 78.

14 Beispiel bei *Hölzer* in Rau/Dürrwächter, UStG, § 4 Nr. 25 Anm. 24.

15 Nach *Oelmaier* in Sölch/Ringleb, UStG, § 4 Nr. 25 Rz. 18 ist eine richtlinienkonforme Auslegung sogar insgesamt nicht möglich, weshalb sich der Unternehmer bei jeder Abweichung vom Unionsrecht unmittelbar auf die MwStSystRL berufen könne.

14.63 Durch das **Amtshilferichtlinie-Umsetzungsgesetz** vom 26.6.2013[1] erweiterte der Gesetzgeber die Steuerbefreiung aus Gründen der Gleichbehandlung auf Leistungen der Vormünder und Ergänzungspfleger, da diese „eine in ihrem Wesensgehalt den Betreuern gleichartige Tätigkeit" ausübten[2]. Die vorerst letzte Änderung erfolgte im Rahmen des **KroatienAnpG** v. 25.7.2014[3], mit welchem § 4 Nr. 25 S. 2 Buchst. b Doppelbuchst. cc an eine Neufassung des § 24 SGB VIII angepasst wurde[4]. Inhaltliche Änderungen ergaben sich daraus nicht.[5]

### c) Unionsrechtliche Einordnung

14.64 Die maßgebliche **unionsrechtliche Grundlage** des § 4 Nr. 25 UStG soll sich nach der Gesetzesbegründung zum Jahressteuergesetz 2008 in Art. 132 Abs. 1 Buchst. h MwStSystRL finden.[6] Überwiegend wird jedoch davon ausgegangen, dass damit nicht der gesamte Regelungsgehalt des § 4 Nr. 25 UStG abgedeckt wird, weshalb auch Art. 132 Abs. 1 Buchst. m und n sowie teilweise auch die Buchst. g, i, j und o als unionsrechtliche Grundlage angesehen werden.[7]

14.65 Kritisiert wird, dass mit der aktuellen Ausgestaltung des § 4 Nr. 25 UStG die unionsrechtlichen Vorgaben **nicht umfassend umgesetzt** worden seien. So trägt die Vorschrift den Vorgaben des Art. 134 MwStSystRL nur bedingt Rechnung: Das Unerlässlichkeitserfordernis des Buchst. a findet im Wortlaut des § 4 Nr. 25 UStG keine Erwähnung und die Vorgaben des Buchst. b werden allenfalls indirekt dadurch berücksichtigt, dass die Norm einen sozialrechtlichen Bereich betrifft, in dem ohnehin kaum Wettbewerb zu gewerblichen Unternehmen besteht.[8] Allerdings gilt letzteres nicht ausnahmslos, was auch die Finanzverwaltung erkannt hatte. Für Leistungen soziokultureller Zentren – bei denen eine Wettbewerbssituation durchaus denkbar erscheint – nahm sie daher in Abschn. 119 Abs. 8 S. 2 und 3 UStR 2008 folgende Einschränkung vor:

*„Eine Befreiung ist aber für die Leistungen ausgeschlossen, die auch von anderen Unternehmern erbracht werden können. Deshalb sind beispielsweise der Betrieb einer Cafeteria, einer Diskothek sowie Filmvorführungen nicht befreit."*

Im UStAE ist diese Einschränkung nicht länger enthalten. Angesichts fehlender Anknüpfungspunkte im Wortlaut muss auch bezweifelt werden, ob die nationale Norm überhaupt einer derart einschränkenden richtlinienkonformen Auslegung zugänglich ist.

14.66 *Hölzer*[9] macht zudem geltend, dass in folgenden Fällen noch eine unmittelbare Berufung auf die Richtlinie in Betracht komme:

1 Art. 10 Nr. 3 Buchst. e des Amtshilferichtlinie-Umsetzungsgesetzes v. 26.6.2013, BGBl. I 2013, 1809.
2 BT-Drucks. 17/11220, 39.
3 Art. 7 Nr. 1 des KroatienAnpG v. 25.7.2014, BGBl. I 2014, 1266.
4 BT-Drucks. 18/1529, 73.
5 *Oelmaier* in Sölch/Ringleb, UStG, § 4 Nr. 25 Rz. 4.
6 BT-Drucks. 16/6290, 78.
7 Eingehend dazu *T. Jacobs*, Umsatzsteuer und Gemeinnützigkeit, 99 f. und 102 f. Vgl. auch *Hölzer* in Rau/Dürrwächter, UStG, § 4 Nr. 25 Anm. 51; *Kulmsee* in Reiß/Kraeusel/Langer, UStG, § 4 Nr. 25 Rz. 8; *Oelmaier* in Sölch/Ringleb, UStG, § 4 Nr. 25 Rz. 12; Eine Gegenüberstellung der nationalen und der unionsrechtlichen Vorschriften findet sich bei *Oelmaier* in Sölch/Ringleb, UStG, § 4 Nr. 25 Rz. 13.
8 *Kulmsee* in Reiß/Kraeusel/Langer, UStG, § 4 Nr. 25 Rz. 14.
9 *Hölzer* in Rau/Dürrwächter, UStG, § 4 Nr. 25 Anm. 64.

- Bei Leistungen der Jugendhilfe aus dem Bereich der SGB II, III, XI und XII – zu denken wäre hier z.B. an die Leistungen von Trägern von Jugendwohnheimen i.S.v. § 80a SGB III,
- bei Leistungen durch auf Bundesebene zusammengeschlossene Verbände der freien Wohlfahrtspflege i.S.v. § 75 Abs. 3 SGB VIII, die in § 23 UStDV nicht aufgeführt sind und nicht die Voraussetzungen des § 4 Nr. 25 S. 2 Buchst. b UStG erfüllen,
- bei Leistungen nach § 2 Abs. 3 Nr. 6–13 SGB VIII, die als „andere Aufgaben der Jugendhilfe" nicht von der Verweisungstechnik des § 4 Nr. 25 S. 1 UStG erfasst sind sowie
- bei Leistungen privat-gewerblicher Leistungserbringer, die aus dem persönlichen Budget (§ 17 SGB IX) eines Leistungsberechtigten vergütet werden.[1]

#### d) Zweck und systematische Stellung

Ähnlich wie § 4 Nr. 18, 21, 22, 23 und 24 UStG bezweckt auch § 4 Nr. 25 UStG die soziale 14.67
**Förderung von Kindern und Jugendlichen.**[2] Die Norm hat gem. § 4 Nr. 23 S. 4 UStG Vorrang vor § 4 Nr. 23 UStG, soweit Leistungen der Jugendhilfe nach SGB VIII betroffen sind. Dies soll sicherstellen, dass keine Begünstigung über die Grenzen des § 4 Nr. 25 UStG hinaus erfolgt.[3] Zudem geht § 4 Nr. 25 UStG der Steuerbefreiung für Reiseleistungen im Drittland nach § 25 Abs. 2 UStG vor, weil der EuGH Steuerbefreiungen ohne Vorsteuerabzug einen Vorrang vor solchen mit Vorsteuerabzug eingeräumt hat.[4] Zu den Schwierigkeiten, die sich aus der Bezugnahme auf das SGB VIII ergeben vgl. bereits Rz. 14.62.

### 2. Die Merkmale des § 4 Nr. 25 UStG

#### a) Begünstigte Leistungen nach Satz 1: Leistung der Jugendhilfe nach § 2 Abs. 2 SGB VIII oder Inobhutnahme nach § 42 SGB VIII

#### aa) Allgemeines

§ 4 Nr. 25 S. 1 UStG nimmt Bezug auf verschiedene Vorschriften des SGB VIII, was zur 14.68
Konsequenz hat, dass über die Gewährung der Umsatzsteuerbefreiung nur unter Prüfung der **sozialrechtlichen Vorschriften** entschieden werden kann. Nach Ansicht des BFH hat die sozialrechtliche Einordnung einer Maßnahme als Leistung der Jugendhilfe dabei eine steuerrechtliche Tatbestandswirkung.[5] Zu beachten ist, dass das SGB VIII zwischen Leistungsberechtigten und Leistungsadressaten unterscheidet. Da die Jugendhilfe nicht auf die Verhaltensänderung einer bestimmten Person, sondern auf die Änderung bzw. Verbesserung des Eltern-Kind-Verhältnisses abzielt, sind leistungsberechtigte Personen in der Regel die Eltern, u.U. aber auch Kinder, Jugendliche oder junge Volljährige.[6] Die verschiedenen Personengruppen werden entsprechend ihrer Definition in § 7 SGB VIII abgegrenzt. Sofern die Leistungsempfänger selbst nicht dem unionsrechtlichen Begriff der „Jugend" unterfallen (vgl.

1 A.A. *Huschens* in Schwarz/Widmann/Radeisen, UStG, § 4 Nr. 13, der keine richtlinienwidrige Umsetzung zu erkennen vermag. Auch *Kulmsee* in Reiß/Kraeusel/Langer, UStG, § 4 Nr. 25 Rz. 10 erachtet die Bestimmung als „ermessensgerecht".
2 *Oelmaier* in Sölch/Ringleb, UStG, § 4 Nr. 25 Rz. 8.
3 *Kulmsee* in Reiß/Kraeusel/Langer, UStG, § 4 Nr. 23 Rz. 2.
4 EuGH v. 7.12.2006 – Rs. C-240/05 – Eurodental, ECLI:EU:C:2006:763, UR 2007, 98.
5 BFH v. 2.4.2009 – III R 92/06, BStBl. II 2010, 345, juris Rz. 13 zu Kindergeld; a.A. *Kulmsee* in Reiß/Kraeusel/Langer, UStG, § 4 Nr. 25 Rz. 47.
6 Vgl. Abschn. 4.25.1 Abs. 3 UStAE.

dazu Rz. 14.16), kann die Steuerbefreiung nur dann greifen, wenn die Leistung eng mit der Kinder- und Jugendbetreuung verbunden ist und die Voraussetzungen des Art. 134 MwStSystRL erfüllt – diese Klarstellung fehlt in § 4 Nr. 25 UStG.[1]

**bb) Leistungen der Jugendhilfe nach § 2 Abs. 2 SGB VIII**

14.69 § 4 Nr. 25 S. 1 UStG befreit zunächst die Leistungen der Jugendhilfe nach § 2 Abs. 2 SGB VIII. Die Vorschrift lautet:

*„Leistungen der Jugendhilfe sind:*

1. *Angebote der Jugendarbeit, der Jugendsozialarbeit und des erzieherischen Kinder- und Jugendschutzes (§§ 11 bis 14),*
2. *Angebote zur Förderung der Erziehung in der Familie (§§ 16 bis 21),*
3. *Angebote zur Förderung von Kindern in Tageseinrichtungen und in Tagespflege (§§ 22 bis 25),*
4. *Hilfe zur Erziehung und ergänzende Leistungen (§§ 27 bis 35, 36, 37, 39, 40),*
5. *Hilfe für seelisch behinderte Kinder und Jugendliche und ergänzende Leistungen (§§ 35a bis 37, 39, 40),*
6. *Hilfe für junge Volljährige und Nachbetreuung (§ 41).“*

Angesichts der Vielzahl der erfassten Leistungen kann die Darstellung der einzelnen Regelungen des SGB VIII nachfolgend nur überblicksweise erfolgen.

14.70 Befreit sind zunächst die Angebote der Jugendarbeit, der Jugendsozialarbeit und des erzieherischen Kinder- und Jugendschutzes (§§ 11–14). Zu den Schwerpunkten der in § 11 geregelten **Jugendarbeit** gehören nach Abs. 3 der Norm u.a. die außerschulische Jugendbildung, die Jugendarbeit in Sport, Spiel und Geselligkeit, die Kinder- und Jugenderholung sowie die Jugendberatung. Nach S. 4 können in angemessenem Umfang auch Personen, die das 27. Lebensjahr vollendet haben, einbezogen werden. Die **Jugendsozialarbeit** verfolgt nach § 13 Abs. 1 das Ziel, jungen Menschen, die wegen sozialer Benachteiligungen oder individueller Beeinträchtigungen in erhöhtem Maße auf Unterstützung angewiesen sind, sozialpädagogische Hilfen anzubieten. Der **erzieherische Kinder- und Jugendschutz** i.S.v. § 14 hat primär eine präventive Funktion, indem er die Fähigkeiten vermitteln soll, Kinder- und Jugendliche vor gefährdenden Einflüssen zu schützen. Nicht vom Anwendungsbereich der Norm erfasst ist die Tätigkeit als Verfahrensbeistand i.S.v. § 158 FamFG.[2]

14.71 Die **Angebote zur Förderung der Erziehung in der Familie** (§§ 16–21) dienen nach § 16 Abs. 1 SGB VIII dazu, Mütter, Väter und andere Erziehungsberechtigte in der Wahrnehmung ihrer Erziehungsverantwortung zu stärken und Wege aufzeigen, wie Konfliktsituationen in der Familie gewaltfrei gelöst werden können. Die damit verbundenen Leistungen umfassen neben verschiedenen Bildungsangeboten (§§ 17 und 18 SBG VIII) auch Freizeit- und Erholungsangebote, die Schaffung geeigneter Wohnformen für alleinerziehende Elternteile (§ 19 SBG VIII), die Betreuung und Versorgung des Kindes in Notsituationen (§ 20 SBG VIII) sowie die Unterstützung bei notwendiger Unterbringung zur Erfüllung der Schulpflicht (§ 21 SBG VIII).

---

1 Ähnlich auch *T. Jacobs*, Umsatzsteuer und Gemeinnützigkeit, 107.

2 FG Köln v. 17.5.2017 – 9 K 3140/14, juris, Rev. V R 27/17. Das FG hat auch eine unmittelbare Berufung auf Art. 132 Abs. 1 Buchst. h MwStSystRL abgelehnt, da es an einer eng mit der Kinder- und Jugendbetreuung verbundenen Tätigkeit fehle.

Die §§ 22–25 SBG VIII enthalten Vorschriften über **Angebote zur Förderung von Kindern in Tageseinrichtungen und in der Tagespflege**. § 22 Abs. 2 und 3 SBG VIII bestimmen dabei den Förderungsauftrag der an die in Abs. 1 definierten Einrichtungen gestellt wird. Zu den befreiten Leistungen zählt nach § 4 Nr. 25 Abs. 1 UStG i.V.m. § 23 Abs. 1 SBG VIII auch die Vermittlung geeigneter Tagespflegepersonen, die nach der Rechtsprechung des EuGH[1] unionsrechtlich allerdings nur befreit ist, sofern die vermittelte Hauptleistung selbst von einem begünstigten Unternehmer, d.h. einer als Einrichtung mit sozialem Charakter anerkannten Einrichtung, erbracht wird und die Vermittlungsleistung von solcher Art und Qualität ist, dass sie i.S.v. Art. 134 Buchst. a MwStSystRL als unerlässlich erscheint. Beide Vorgaben fehlen dem nationalen Recht, so dass der Unternehmer beim Nichtvorliegen der Voraussetzungen die Wahl hat, sich auf die Steuerfreiheit nach nationalem Recht oder die Steuerpflicht nach Unionsrecht zu berufen.[2] 14.72

Auf die in den §§ 27–35 SBG VIII verankerte **Hilfe zur Erziehung** besteht nach § 27 Abs. 1 SBG VIII ein Anspruch, wenn eine dem Wohl des Kindes oder des Jugendlichen entsprechende Erziehung nicht gewährleistet ist und die Hilfe für seine Entwicklung geeignet und notwendig ist. Art und Umfang der Hilfe richten sich gem. § 27 Abs. 2 SBG VIII nach dem erzieherischen Bedarf im Einzelfall, wobei das engere soziale Umfeld des Kindes oder des Jugendlichen einbezogen werden soll. Inhaltlich umfasst die Hilfe zur Erziehung nach § 27 Abs. 3 und 4 SBG VIII insbesondere die Gewährung pädagogischer und damit verbundener therapeutischer Leistungen, Ausbildungs- und Beschäftigungsmaßnahmen sowie u.U. Unterstützung bei der Pflege und Erziehung eines eigenen Kindes. Einzelne Maßnahmen sind die Erziehungsberatung (§ 28 SBG VIII), soziale Gruppenarbeit (§ 29 SBG VIII), die Gestellung eines Erziehungsbestands bzw. Betreuungshelfers (§ 30 SBG VIII), die sozialpädagogische Familienhilfe (§ 31 SBG VIII), die Erziehung in einer Tagesgruppe (§ 32 SBG VIII) oder in der Vollzeitpflege (§ 33 SBG VIII) sowie die Heimerziehung (§ 34 SBG VIII) und eine intensive sozialpädagogische Einzelbetreuung (§ 35 SBG VIII). Steuerbefreit sind gleichfalls die ergänzenden Leistungen nach den §§ 36, 37, 39 und 40 SBG VIII, wie z.B. Beratungs- und Unterstützungsleistungen. 14.73

Die **Hilfe für seelisch behinderte Kinder und Jugendliche und die ergänzenden Leistungen** (§§ 35a bis 37, 39, 40 SBG VIII) umfassen insbesondere Eingliederungshilfen (§ 35a SBG VIII), die nach § 35a Abs. 2 SBG VIII in ambulanter Form, in Tageseinrichtungen für Kinder oder anderen teilstationären Einrichtungen, durch geeignete Pflegepersonen und in Einrichtungen über Tag und Nacht sowie sonstigen Wohnformen geleistet werden können. Für die Aufgaben und Ziele der Hilfe, die Bestimmung des Personenkreises sowie die Art der Leistungen verweist § 35a Abs. 3 SBG VIII auf § 53 Abs. 3 und 4 S. 1, §§ 54, 56 und 57 SGB XII, soweit diese Bestimmungen auch auf seelisch behinderte oder von einer solchen Behinderung bedrohte Personen Anwendung finden. § 54 Abs. 1 SGB XII wiederum verweist auf die §§ 26, 33, 41 und 55 SGB IX, weshalb auch die Hilfe in anerkannten Werkstätten für behinderte Menschen i.S.v. § 41 SGB IX oder Eingliederungsmaßnahmen nach § 55 SGB IX (wie z.B. therapeutisches Reiten[3]), die nicht bereits der Steuerbefreiung des § 4 Nr. 14 UStG unterfallen, von § 4 Nr. 25 Abs. 1 UStG erfasst sind. 14.74

1 EuGH v. 9.2.2006 – Rs. C-415/04 – Stichting Kinderopvang Enschede, ECLI:EU:C:2006:95, Rz. 22, UR 2006, 470.
2 *Oelmaier* in Sölch/Ringleb, UStG, § 4 Nr. 25 Rz. 42.
3 Vgl. dazu *Hüttemann*, UVR 2014, 14, 21.

14.75 Die **Hilfe für junge Volljährige** (§ 41 SBG VIII) dient der Förderung der Persönlichkeitsentwicklung und Ermöglichung einer eigenverantwortlichen Lebensführung. Sie soll gewährt werden, wenn und solange die Hilfe auf Grund der individuellen Situation des jungen Menschen notwendig ist. Nach Abs. 1 S. 2 wird sie in der Regel nur bis zur Vollendung des 21. Lebensjahres gewährt, soll aber in begründeten Einzelfällen für einen begrenzten Zeitraum darüber hinaus fortgesetzt werden. Für die Zeit nach der Beendigung der Hilfe sieht Abs. 3 eine **Nachbetreuung** in Form der Beratung und Unterstützung vor.

#### cc) Inobhutnahme nach § 42 SGB VIII

14.76 Zur **Inobhutnahme** eines Kindes oder eines Jugendlichen ist das Jugendamt nach § 42 Abs. 1 S. 1 SGB VIII berechtigt und verpflichtet, wenn das Kind oder der Jugendliche hierum bittet (Nr. 1), eine dringende Gefahr für sein Wohl die Inobhutnahme erfordert und die Personensorgeberechtigten nicht widersprechen oder eine familiengerichtliche Entscheidung nicht rechtzeitig eingeholt werden kann (Nr. 2) oder ein ausländisches Kind/Jugendlicher unbegleitet nach Deutschland kommt und sich weder Personensorge- noch Erziehungsberechtigte im Inland aufhalten (Nr. 3). Nach Abs. 1 S. 2 der Vorschrift kann das Jugendamt das Kind bzw. den Jugendlichen vorläufig bei einer geeigneten Person, in einer geeigneten Einrichtung oder in einer sonstigen Wohnform unterbringen. Während der Inobhutnahme hat es für das Wohl des Kindes oder des Jugendlichen zu sorgen und dabei den notwendigen Unterhalt und die Krankenhilfe sicherzustellen und ist berechtigt, alle Rechtshandlungen vorzunehmen, die zum Wohl des Kindes oder Jugendlichen notwendig sind (Abs. 2 S. 3). An diesen Aufgaben kann das Jugendamt nach § 76 Abs. 1 SGB VIII einen anerkannten Träger der freien Jugendhilfe beteiligen oder ihm die Inobhutnahme übertragen. Durch das Gesetz zur Verbesserung der Unterbringung, Versorgung und Betreuung ausländischer Kinder und Jugendlicher vom 28.10.2015[1] wurde in den §§ 42a bis 42f SGB VIII das Verfahren der vorläufigen Inobhutnahme von unbegleiteten ausländischen Kindern und Jugendlichen neu geregelt. § 42a SGB VIII findet in § 4 Nr. 25 S. 1 UStG keine Erwähnung. Auf die Umsatzsteuerbefreiung hat dies jedoch keinen Einfluss, da die **Inobhutnahme unbegleiteter ausländischer Kinder und Jugendlichen** weiterhin in § 42 Abs. 1 Nr. 3 SGB VIII festgeschrieben ist und damit auch der Spezialfall der vorläufigen Inobhutnahme von der Verweisung des § 4 Nr. 25 S. 1 UStG erfasst ist.[2]

### b) Begünstigte Unternehmer

#### aa) Träger der öffentlichen Jugendhilfe

14.77 Begünstigte Unternehmer i.S.v. § 4 Nr. 25 S. 1 UStG sind die Träger der öffentlichen Jugendhilfe oder anderen Einrichtungen mit sozialem Charakter. Die **Träger der öffentlichen Jugendhilfe** werden nach § 69 Abs. 1 SGB VIII durch Landesrecht bestimmt. Gemäß Abs. 3 der Norm errichtet jeder örtliche Träger für die Wahrnehmung der Aufgaben nach dem SGB VIII ein Jugendamt und jeder überörtliche Träger ein Landesjugendamt. Nähere Regelungen zur Organisation und personellen Besetzung enthalten die §§ 70 bis 72a SGB VIII. Für die Träger der öffentlichen Jugendhilfe wird die Befreiungsvorschrift des § 4 Nr. 25 UStG allerdings nur relevant, sofern sie diesbezüglich gem. § 2b UStG überhaupt als Unternehmer gelten. Insoweit ist sie konform mit den unionsrechtlichen Vorgaben.[3]

---

1 BGBl. I 2015, 1802.
2 So im Ergebnis auch Abschn. 4.25.1 Abs. 1 S. 3 UStAE.
3 *T. Jacobs*, Umsatzsteuer und Gemeinnützigkeit, 103.

### bb) Andere Einrichtungen mit sozialem Charakter

**§ 4 Nr. 25 S. 2 Buchst. a UStG** begünstigt ferner die von der zuständigen Jugendbehörde anerkannten Träger der freien Jugendhilfe, die Kirchen und Religionsgemeinschaften des öffentlichen Rechts sowie die amtlich anerkannten Verbände der freien Wohlfahrtspflege. Als Träger der freien Jugendhilfe können nach § 75 Abs. 1 SGB VIII nur juristische Personen oder Personenvereinigungen anerkannt werden, sofern sie die genannten weiteren Voraussetzungen (z.B. die Verfolgung gemeinnütziger Ziele) erfüllen. In der fehlenden Möglichkeit Einzelpersonen anzuerkennen liegt ein Verstoß gegen das Unionsrecht.[1] Gemäß § 75 Abs. 2 SGB besteht nach einer dreijährigen Tätigkeit ein Anspruch auf Anerkennung. Die Anerkennung erfolgt durch Verwaltungsakt der nach § 85 SGB VIII zuständigen Behörde und entfaltet auch dann eine steuerliche Tatbestandswirkung, wenn sie rechtswidrig erfolgte.[2] Die Kirchen und Religionsgemeinschaften des öffentlichen Rechts i.S.v. Art. 140 GG i.V.m. Art. 137 Abs. 5 der Weimarer Reichsverfassung[3] bedürfen nach § 4 Nr. 25 UStG S. 2 Buchst. a UStG keiner behördlichen Anerkennung, da sie gem. § 75 Abs. 3 SGB VIII bereits gesetzlich anerkannt sind. Etwas anderes gilt für die – gleichfalls in § 75 Abs. 3 SGB VIII genannten – Verbände der freien Wohlfahrtspflege, die nach § 4 Nr. 25 UStG S. 2 Buchst. a UStG „amtlich anerkannt" seien müssen, um in den Genuss der Steuerbefreiung zu gelangen. Welche Verbände hierzu zählen, ergibt sich aus § 23 UStDV. Von der Befreiung miterfasst sind ihre rechtlich unselbständigen Untergliederungen[4] sowie die in Eigenregie betriebenen Einrichtungen und Anstalten (vgl. dazu auch *Heidner*, Rz. 13.31 ff. zu § 4 Nr. 18).[5] Der Umstand, dass keine weitere Nachprüfung erfolgt, ob diese Verbände tatsächlich der freien Wohlfahrtspflege dienen[6], wird teilweise als Verstoß gegen den unionsrechtlichen Neutralitätsgrundsatz gewertet.[7] 14.78

Liegt keine Begünstigung nach § 4 Nr. 25 S. 2 Buchst. a UStG vor, kann sich eine solche aus Buchst. b ergeben. **§ 4 Nr. 25 S. 2 Buchst. b Doppelbuchst. aa UStG** erfasst dabei zunächst Einrichtungen, die für ihre Leistungen eine im SGB VIII geforderte Erlaubnis besitzen oder nach § 44 oder § 45 Abs. 1 Nr. 1 und 2 SGB VIII keiner Erlaubnis bedürfen. Erlaubnispflichtig sind z.B. die Kindertagespflege (§ 43 SGB VIII), die Vollzeitpflege (§ 44 SGB VIII), Einrichtungen, in denen – wie z.B. in Wohngruppen – Kinder oder Jugendliche ganztägig oder für einen Teil des Tages betreut werden oder Unterkunft erhalten (§ 45 SGB VIII)[8] sowie rechtsfähige Vereine, die ein Erlaubnis zur Übernahme der Pflegschaft haben (§ 54 SGB VIII). Vorschriften zum Verfahren der Erlaubniserteilung – welche Voraussetzung der Steuerbefreiung ist und eine Bindungswirkung entfaltet[9] – und ihrer Geltungsdauer finden sich in den §§ 46–48, 85 und 87a SGB VIII. Tätigkeiten, für die es keiner Erlaubnis bedarf, ergeben sich beispielsweise aus § 44 Abs. 1 S. 2 oder § 45 Abs. 1 S. 2 SGB VIII. 14.79

---

1 Vgl. nur EuGH v. 7.9.1999 – Rs. C-216/97 – Gregg, ECLI:EU:C:1999:390 Rz. 17, UR 1999, 419; so auch *Oelmaier* in Sölch/Ringleb, UStG, § 4 Nr. 25 Rz. 69.

2 BFH v. 2.4.2009 – III R 92/06, BStBl. II 2010, 345, juris Rn. 13 zu Kindergeld; *Kulmsee* in Reiß/Kraeusel/Langer, UStG, § 4 Nr. 25 Rz. 47; *Hölzer* in Rau/Dürrwächter, § 4 Nr. 25 Anm. 237.

3 Eine Zusammenstellung findet sich unter: http://www.personenstandsrecht.de/PERS/DE/Themen/Informationen/Religionsgemeinschaften/religionsgemeinschaften_node.html, zuletzt abgerufen am 28.1.2019.

4 BFH v. 15.6.1988 – V R 137/83, UR 1989, 241 = BFH/NV 1989, 263.

5 *Huschens* in Schwarz/Widmann/Radeisen, UStG, § 4 Nr. 31.

6 BFH v. 15.6.1988 – V R 137/83, UR 1989, 241 = BFH/NV 1989, 263.

7 *Oelmaier* in Sölch/Ringleb, UStG, § 4 Nr. 25 Rz. 69.

8 Zum Umfang der Erlaubnis vgl. *Huschens* in Schwarz/Widmann/Radeisen, UStG, § 4 Nr. 33.

9 *Kulmsee* in Reiß/Kraeusel/Langer, UStG, § 4 Nr. 25 Rz. 47.

14.80 Nach **§ 4 Nr. 25 S. 2 Buchst. b Doppelbuchst. bb UStG** zählen zu den anderen Einrichtungen mit sozialem Charakter ferner solche Einrichtungen, deren Leistungen im vorangegangenen Kalenderjahr ganz oder zum überwiegenden Teil durch Träger der öffentlichen Jugendhilfe oder Einrichtungen nach Buchst. a vergütet wurden. Der EuGH hat den Umstand, dass die Kosten der fraglichen Leistungen zum großen Teil von Einrichtungen der sozialen Sicherheit übernommen werden, als unionsrechtskonformes Kriterium für die Anerkennung einer Einrichtung als solche mit sozialem Charakter gebilligt.[1] Eine Vergütung zum „überwiegenden Teil" erfordert dabei eine Quote von über 50 %[2]; im Jahr der Aufnahme der Tätigkeit dürfte auf die voraussichtliche Kostenübernahme in diesem Jahr abzustellen sein.[3] Die Finanzverwaltung[4] sowie die wohl (noch) h.M. in der Literatur[5] verlangen darüber hinaus unmittelbare Vertragsbeziehungen und eine unmittelbare Bezahlung des Leistungserbringers durch eine(n) der vorgenannten Träger bzw. Einrichtungen. Dem entsprach auch die bisherige BFH-Rechtsprechung, wonach die Einbeziehung von Subunternehmern selbst dann ausgeschlossen war, wenn diese in Absprache mit dem Jugendamt erfolgte.[6] Unter Hinweis auf das Neutralitätsgebot wurde diese Einschränkung zu Recht kritisiert,[7] zumal sie nach dem Wortlaut der Norm („vergütet wurden") auch nicht zwingend erscheint[8] und damit einer richtlinienkonformen Auslegung zugänglich wäre. Nachdem das FG Rheinland-Pfalz für die Streitjahre 2007 bis 2009 entschieden hatte, dass sich ein Subunternehmer unmittelbar auf Art. 132 Abs. 1 Buchst. h MwStSystRL berufen könne, wenn er an einen Hauptunternehmer, der nicht nach § 75 SGB VIII anerkannt ist, Jugendhilfeleistungen erbringe und das Jugendamt in Kenntnis des Einsatzes des Subunternehmers gegenüber dem Hauptunternehmer die Kosten der Maßnahme übernehme[9], ist der BFH von seiner bisherigen Rechtsprechung abgerückt. Anders als das FG nimmt er aber für die ab 2008 gültige Gesetzesfassung an, dass sich die Anwendbarkeit der Steuerbefreiung auf Subunternehmern bereits aus einer unionsrechtskonformen Auslegung des § 4 Nr. 25 Buchst. b Doppelbuchst. bb UStG ergebe.[10] Für Streitjahre vor der Neufassung könnten sich die Steuerpflichtigen hingegen unmittelbar auf die Richtlinie be-

---

1 EuGH v. 26.5.2005 – Rs. C-498/03 – Kingscrest Associates und Montecello, ECLI:EU:C:2005:322, Rz. 53 m.w.N., UR 2005, 453; *T. Jacobs*, Umsatzsteuer und Gemeinnützigkeit, 105 sieht die Herkunft der Mittel hingegen nicht als geeignetes Abgrenzungskriterium i.S.d. Richtlinie an.

2 *Kulmsee* in Reiß/Kraeusel/Langer, UStG, § 4 Nr. 25 Rz. 48. Nach Abschn. 4.25.1 Abs. 2 S. 3 Nr. 2 Buchst. c S. 3 UStAE sind Kostenbeteiligungen nach §§ 90 ff. SGB VIII (z.B. der Eltern) nicht von den übernommenen Kosten abzusetzen. Zur Einbeziehung des persönlichen Budgets i.S.v. § 17 SGB IX vgl. *Hölzer* in Rau/Dürrwächter, UStG, § 4 Nr. 25 Anm. 24, 317.

3 *Oelmaier* in Sölch/Ringleb, UStG, § 4 Nr. 25 Rz. 78. Dies ergibt sich m.E. auch aus EuGH v. 15.11.2012 – Rs. C-174/11 – Zimmermann, ECLI:EU:C:2012:716, Rz. 46 ff., UR 2013, 35.

4 Abschn. 4.25.1 Abs. 2 S. 3 Nr. 2 S. 3 UStAE.

5 *Huschens* in Schwarz/Widmann/Radeisen, UStG, § 4 Nr. 25 Rz. 13 und 36; *Kulmsee* in Reiß/Kraeusel/Langer, UStG, § 4 Nr. 25 Rz. 48. A.A. *Hölzer* in Rau/Dürrwächter, UStG, § 4 Nr. 25 Anm. 304 sowie 99 ff. Kritisch auch bereits *Hölzer*, UR 2008, 234 (234 ff.).

6 BFH v. 8.11.2007 – V R 2/06, BStBl. II 2008, 293 = UR 2008, 229 m. Anm. *Hölzer*; so auch FG Köln v. 20.4.2012 – 4 K 3627/09, juris, rkr.

7 *Hölzer*, UR 2008, 234 (234 ff.).

8 So auch *Wüst*, MwStR 2014, 166. A.A. *Hölzer* in Rau/Dürrwächter, UStG, § 4 Nr. 25 Anm. 398.

9 FG Rheinland-Pfalz v. 12.11.2015 – 6 K 1361/12, EFG 2016, 72. Ähnlich auch der AdV-Beschluss des FG Berlin-Bdb. v. 27.5.2013 – 7 V 7322/12, EFG 2013, 1444. Vgl. auch BFH v. 12.12.2013 – XI B 88/13, BFH/NV 2014, 550.

10 BFH v. 22.6.2016 – V R 46/15, UR 2016, 763 = BFH/NV 2016, 1530; vgl. auch Hessisches FG v. 13.2.2017 – 6 K 2594/14, juris.

rufen.[1] Die neueren Entscheidungen wurden bislang nicht im Bundessteuerblatt veröffentlicht. Dessen ungeachtet hat der BFH seine neue Rechtsprechung in einer nachfolgenden Entscheidung vom 30.11.2016[2] wieder ein Stück weit eingeschränkt. So soll die mittelbare Kostentragung nur dann die Voraussetzungen des § 4 Nr. 25 S. 2 Buchst. b Doppelbuchst. bb UStG erfüllen, wenn der Kostenträger die Vergütung des Subunternehmers – z.B. indem er die Durchführung der Maßnahme durch ihn genehmigt – „ausdrücklich übernimmt". Die Vereinbarkeit dieser Einschränkung mit den Richtlinienvorgaben ist jedenfalls zweifelhaft.[3] Zudem lässt sich die Annahme einer Generalgenehmigung erwägen, wenn der Kostenträger seinem unmittelbaren Vertragspartner freie Hand lässt und keine personengebundene Durchführung der Maßnahme vorschreibt.

**§ 4 Nr. 25 S. 2 Buchst. b Doppelbuchst. cc UStG** erfasst schließlich Einrichtungen, soweit sie Leistungen der Kindertagespflege erbringen, für die sie nach § 23 Abs. 3 SGB VIII geeignet sind. Zutreffend sieht *T. Jacobs*[4] hierin einen Verstoß gegen das Neutralitätsgebot, da Leistungen der Kindertagespflege hiernach auch dann befreit sind, wenn sie ausschließlich von Eltern bezahlt werden, während dies für andere Leistungen des sozialen Bereichs – z.B. für Leistungen von Tageseinrichtungen i.S.v. § 22 Abs. 1 S. 1 SGB VIII, die nach Landesrecht nicht zur Tagespflege zählen – nicht gilt. Die Beurteilung der Eignung i.S.v. § 23 Abs. 3 SGB VIII wird praktisch hauptsächlich anhand objektiv nachprüfbarer Kriterien, wie der Raumsituation und dem Nachweis vertiefter Kenntnisse hinsichtlich der Anforderungen der Kindertagespflege zu erfolgen haben. 14.81

### c) Begünstigte Leistungen und begünstigte Unternehmer nach Satz 3

#### aa) Durchführung kultureller und sportlicher Veranstaltungen

§ 4 Nr. 25 S. 3 Buchst. a UStG befreit unter bestimmten Voraussetzungen die Durchführung von kulturellen und sportlichen Veranstaltungen. Beide Begrifflichkeiten sind Art. 132 Abs. 1 Buchst. h MwStSystRL fremd und entstammen vielmehr Art. 132 Abs. 1 Buchst. m bzw. n MwStSystRL. Mangels konkreter Ausformung der Begrifflichkeit durch die Rechtsprechung lässt sich nur einzelfallabhängig im Wege der Auslegung beurteilen, ob es sich um eine **kulturelle Veranstaltung** handelt.[5] Jedenfalls zählen hierzu aber Theater-, Konzert oder Filmvorführungen.[6] Der (gleichfalls von § 4 Nr. 22 Buchst. b UStG verwendete) Begriff der **sportlichen Veranstaltungen** entspricht dem des § 67a AO[7] und umfasst organisatorische Maßnahmen, die es aktiven Sportlern erlauben, Sport – d.h. eine Tätigkeit zur körperlichen Ertüchtigung durch Leibesübungen oder eine gleichgestellte Betätigung – zu treiben.[8] Hie- 14.82

1 BFH v. 6.4.2016 – V R 55/14, BFH/NV 2016, 1206 und v. 22.6.2016 – V R 46/15, UR 2016, 763 = BFH/NV 2016, 1530.
2 BFH v. 30.11.2016 – V R 10/16, BFH/NV 2017, 627, juris Rz. 13.
3 Einen Verstoß gegen Unionsrecht sieht *Hölzer* in Rau/Dürrwächter, UStG, § 4 Nr. 25 Anm. 304.
4 *T. Jacobs*, Umsatzsteuer und Gemeinnützigkeit, 105.
5 *T. Jacobs*, UR 2007, 45 (51) m.w.N.
6 *Kulmsee* in Reiß/Kraeusel/Langer, UStG, § 4 Nr. 25 Rz. 51.
7 *Hölzer* in Rau/Dürrwächter, UStG, § 4 Nr. 25 Anm. 342; *Huschens* in Schwarz/Widmann/Radeisen, UStG, § 4 Nr. 25 Rz. 67 f.; *Kulmsee* in Reiß/Kraeusel/Langer, UStG, § 4 Nr. 25 Rz. 51 f. sowie BFH v. 25.7.1996 – V R 7/95, BStBl. II 1997, 154 = UR 1997, 186, allerdings zu § 4 Nr. 22 UStG.
8 BFH v. 30.3.2000 – V R 30/99, BStBl. II 2000, 705 = UR 2000, 327 und v. 20.11.2008 – V B 264/07, UR 2009, 318 = BFH/NV 2009, 430.

runter fallen Sportwettkämpfe und Trainings, wie wohl auch der Breitensport[1], nicht aber bloße Nutzungsüberlassung von Sportgegenständen bzw. -anlagen oder Maßnahmen, die bloß eine konkrete Dienstleistung, wie z.B. die Beförderung einzelner Sportler, zum Gegenstand haben.[2] In der Anknüpfung an § 67a AO wird überwiegend eine nicht vollständige Umsetzung von Art. 132 Abs. 1 Buchst. m MwStSystRL gesehen.

14.83 Ein Bezug zu Art. 132 Abs. 1 Buchst. h MwStSystRL ergibt sich daraus, dass § 4 Nr. 25 S. 3 Buchst. b UStG nur solche Darbietungen befreit, die entweder von den von der Jugendhilfe begünstigten Personen selbst erbracht werden oder – falls sie durch Dritte erbracht werden – die Einnahmen überwiegend zur Deckung der Kosten verwendet werden und diese Leistungen in engem Zusammenhang mit Leistungen der Jugendhilfe oder der Inobhutnahme nach § 42a SGB VIII stehen. Die Formulierung **„den von der Jugendhilfe begünstigten Personen"** soll auch eine Einbeziehung der Eltern der Jugendlichen ermöglichen.[3] Wirken auch andere Personen als Hilfskräfte mit, dürfte dies für den Charakter als Veranstaltung der Jugendhilfe unschädlich sein.[4] In der zweiten Alternative dürften mit den **„Kosten"** die Kosten der begünstigten Umsätze gemeint sein, welche überwiegend, d.h. zu mehr als 50 %, gedeckt sein müssen.[5] Dass die Norm zudem einen **„engen Zusammenhang mit den in Satz 1 bezeichneten Leistungen"** fordert, stellt gleichfalls eine Bezugnahme auf das Unionsrecht dar.[6] Dies erfordert nach der Rechtsprechung des EuGH[7] – welcher sich der BFH[8] anschlossen hat – dass die Leistungen als Nebenleistungen zu einer begünstigten Hauptleistung zu beurteilen sind, d.h. keinen eigenen Zweck erfüllen, sondern das Mittel darstellt, um die Hauptleistung unter den bestmöglichen Bedingungen zu erhalten. Die durch Dritte erbrachte Sportveranstaltung bzw. kulturelle Darbietung muss also der Jugendhilfe dienen, ohne eigene Zwecke zu verfolgen. Dies dürfte nur dann gegeben sein, wenn sie für die Begünstigten der Jugendhilfe veranstaltet wird. Allerdings wird in solchen Fällen aber regelmäßig sogar eine Qualifikation als (Haupt-)Leistung der Jugendhilfe i.S.v. § 2 Abs. 2 SGB VIII in Betracht kommen.

### bb) Beherbergung, Beköstigung und die üblichen Naturalleistungen

14.84 § 4 Nr. 25 S. 3 Buchst. b UStG erfasst Sachleistungen an Empfänger der Jugendhilfeleistungen, Mitarbeiter in der Jugendhilfe sowie Personen, die bei den Leistungen der Jugendhilfe und der Inobhutnahme tätig sind, d.h. diese nicht selbst unmittelbar ausüben, sondern als Hilfskräfte unterstützen und die Sachleistung als Vergütung für die geleisteten Dienste erhalten. Hierzu kann auch die Beköstigung bei Sportveranstaltungen oder kulturellen Darbie-

---

1 FG Köln v. 8.10.2009 – 10 K 3794/06, EFG 2010, 367, rkr. zu § 4 Nr. 22 UStG. Dass der BFH in seinem Urt. v. 11.10.2007 – V R 69/06, UR 2008, 153 = UR 2008, 186 m. Anm. *Stadie* = BFH/NV 2008, 322 nur von „Maßnahmen eines Sportvereins" spricht, steht dem m.E. nicht entgegen, da es dort um einen Sportverein ging und die Frage mithin nicht entscheidungsrelevant wurde.

2 BFH v. 9.8.2007 – V R 27/04, UR 2007, 811 = BFH/NV 2007, 2213; v. 11.10.2007 – V R 69/06, UR 2008, 153 = UR 2008, 186 m. Anm. *Stadie* = BFH/NV 2008, 322; *Hölzer* in Rau/Dürrwächter, UStG, § 4 Nr. 25 Anm. 345; *Seer* in Tipke/Kruse, AO/FGO, § 69a AO Rz. 3 ff.

3 BT-Drucks. 16/6290, 78.

4 *Kulmsee* in Reiß/Kraeusel/Langer, UStG, § 4 Nr. 25 Rz. 52.

5 *Huschens* in Schwarz/Widmann/Radeisen, UStG, § 4 Nr. 25 Rz. 71.

6 BT-Drucks. 16/6290, 78.

7 EuGH v. 14.6.2007 – Rs. C-434/05 – Horizon College, Slg. 2007, I-4793, Rz. 28 f., UR 2007, 587; v. 10.6.2010 – Rs. C-262/08 – CopyGene, Rz. 39 f., Slg. 2010, I-5053, UR 2010, 526 m. Anm. *Hölzer*, jeweils m.w.N.

8 BFH v. 25.1.2006 – V R 46/04, BStBl. II 2006, 481 = UR 2006, 282.

tungen i.S.v. § 4 Nr. 25 S. 3 Buchst. a UStG zählen.[1] Die Formulierung „Empfänger der Jugendhilfeleistungen“ wurde gewählt, um auch die Eltern der Jugendlichen in die Steuerbefreiung einzubeziehen.[2] Da die Norm nicht auf eine Arbeitnehmereigenschaft abstellt, kommen auch Freiwillige oder Subunternehmer als Leistungsempfänger in Betracht.[3] Ähnliche Befreiungsvorschriften finden sich in § 4 Nr. 23 S. 1 und 3 bzw. Nr. 24 S. 1 UStG, so dass für den Umfang der Befreiung und die Frage der Unionsrechtskonformität auf die dortigen Ausführungen verwiesen werden kann.[4]

#### cc) Leistungen von Vormündern und Ergänzungspflegern

Die seit dem 1.7.2013 geltende Befreiung des § 4 Nr. 25 S. 3 Buchst. c UStG erfasst die Leis- 14.85
tungen von Vormündern nach § 1773 BGB und Ergänzungspflegern nach § 1909 BGB, die sich bis dato unmittelbar auf Art. 132 Abs. 1 Buchst. g MwStSystRL berufen konnten, soweit sie als soziale Einrichtung i.d.S. anerkannt waren.[5] Da beide Leistungen Minderjährige betreffen, wäre auch ein Berufung auf Art. 132 Abs. 1 Buchst. h MwStSystRL in Betracht gekommen – zumindest dann, wenn man dessen Anwendungsbereich zutreffend mit dem „Schutz“ der Jugend beschreibt (vgl. dazu 14.7 und 14.18). Die Finanzverwaltung wendet § 4 Nr. 25 S. 3 Buchst. c UStG entsprechend auf Leistungen von nach § 1684 Abs. 3 BGB bestellten Umgangspflegern an.[6] Nicht begünstigt sind hingegen die sonstigen Pflegschaften des BGB (z.B. die Pflegschaft für gesammelte Vermögen nach § 1914 BGB), da sie – anders als §§ 1773 und 1909 BGB – in der Regel nur das Vermögen und nicht auch die Personensorge betreffen und es ihnen damit an dem erforderlichen sozialen Charakter fehlt.[7] Gleichfalls nicht begünstigungsfähig sind Leistungen des Vormunds, die nach § 1835 Abs. 3 BGB erstattet werden.[8]

## D. Die Umsetzung des Unionsrechts durch das österreichische UStG

### I. Überblick

#### 1. Inhalt und Zweck der nationalen Regelungen

§ 6 Abs. 1 Z 23 und Z 25 UStG 1994 enthalten die Umsetzung des Art. 132 Abs. 1 Buchst. h 14.86
und i der MwStSystRL in nationales österreichisches Recht. Wie im deutschen Recht sah das österreichische Umsatzsteuerrecht bereits vor EU-Beitritt Begünstigungen für Leistungen der Kinder- und Jugendbetreuung vor, an die der Gesetzgeber im Zuge der Anpassung an das Gemeinschaftsrecht anknüpfte. Diese bereits zuvor bestehenden Vorschriften (§ 10 Abs. 2 Z 10 und Z 12 UStG 1972) sahen einen ermäßigten Steuersatz für Leistungen der Kinder- und Jugendbetreuung vor.

---

1 *Kulmsee* in Reiß/Kraeusel/Langer, UStG, § 4 Nr. 25 Rz. 51.3.
2 *Kulmsee* in Reiß/Kraeusel/Langer, UStG, § 4 Nr. 25 Rz. 20.
3 *Hölzer* in Rau/Dürrwächter, UStG, § 4 Nr. 25 Anm. 397.
4 *Oelmaier* in Sölch/Ringleb, UStG, § 4 Nr. 25 Rz. 100 hält die Einbeziehung der Mitarbeiter der Jugendhilfe sowie der Hilfskräfte für unionsrechtskonform.
5 BFH v. 17.2.2009 – XI R 67/06, BStBl. II 2013, 967 = UR 2009, 352; v. 25.4.2013 – V R 7/11, BStBl. II 2013, 976 und v. 16.10.2013 – XI R 19/11, BFH/NV 2014, 190.
6 Abschn. 4.25.2 Abs. 7a UStAE. So auch OLG Rostock v. 31.1.2017 – 10 UF 305/14, UR 2017, 233.
7 BT-Drucks. 17/11220, 39.
8 *Kulmsee* in Reiß/Kraeusel/Langer, UStG, § 4 Nr. 25 Rz. 60.7.

14.87 Mit dem UStG 1994 wurden für diese Leistungen unechte Steuerbefreiungen vorgesehen. Befreit sind gem. § 6 Abs. 1 Z 23 UStG Leistungen der Jugend-, Erziehungs-, Ausbildungs-, Fortbildungs- und Erholungsheime an Personen, die das 27. Lebensjahr nicht vollendet haben. Die Bestimmung der Z 23 wurde auf Umsätze eingeschränkt, welche „von Körperschaften öffentlichen Rechts bewirkt werden". § 6 Abs. 1 Z 25 UStG erweitert den Anwendungsbereich und befreit Leistungen i.S.d. Z 23, welche von gemeinnützige Körperschaften i.S.d. BAO bewirkt werden. Gleichartige Leistungen anderer Rechtsträger unterliegen dem ermäßigten Steuersatz i.H.v. 13 % gem. § 10 Abs. 3 Z 10 UStG.

14.88 Die Befreiung soll der Kostenreduktion für bestimmte sozial erwünschte Betreuungsleistungen dienen.

14.89 Die Steuerbefreiungen sind nach dem Wortlaut der Vorschrift bei Erfüllung der Voraussetzungen zwingend anzuwenden. Für gemeinnützige Rechtsträger besteht allerdings die Möglichkeit, durch Nichterfüllung der Gemeinnützigkeitsvoraussetzungen in die Steuerpflicht unter Anwendung des ermäßigten Steuersatzes zu wechseln. Darüber hinaus sieht Art XIV BGBl. 21/1995 für die Befreiung nach Z 23 und Z 25 die Möglichkeit vor, auf die Anwendung der Steuerbefreiung zu verzichten.

## 2. Unionsrecht

14.90 Art. 132 Abs. 1 Buchst. h und i der MwStSystRL erfassen die Leistungen von Einrichtungen des öffentlichen Rechts und von Einrichtungen sozialen Charakters. Nach der Protokollerklärung des Rates und der Kommission zu Art 132 kann ein Mitgliedstaat zwar jegliche Form der Kinder- und Jugendbetreuung sozialen Charakters steuerfrei stellen (s Rz. 14.26). Für die österreichische Rechtslage nach Z 25 stellt sich jedoch die Frage, ob die Gemeinnützigkeitsvoraussetzungen der BAO zu einer unzulässigen Einschränkung des Anwendungsbereiches der unionsrechtlich an das Vorliegen einer Einrichtung sozialen Charakters gebundenen Befreiung führen.

14.91 Nach der Rechtsprechung des EuGH sind bei der Bestimmung der Einrichtungen, deren „sozialer Charakter" anzuerkennen ist, mehrere Gesichtspunkte zu berücksichtigen. Zu ihnen können das Bestehen spezifischer Vorschriften – seien es nationale oder regionale Rechts- oder Verwaltungsvorschriften, Steuervorschriften oder Vorschriften im Bereich der sozialen Sicherheit –, das mit den Tätigkeiten des betreffenden Steuerpflichtigen verbundene Gemeinwohlinteresse, die Tatsache dass andere Steuerpflichtige mit den gleichen Tätigkeiten bereits in den Genuss einer ähnlichen Anerkennung kommen und der Gesichtspunkt zählen, dass die Kosten der fraglichen Leistungen u.U. zum großen Teil von Krankenkassen oder anderen Einrichtungen der sozialen Sicherheit übernommen werden (vgl. Rz. 14.26). Hierbei ist es Sache des innerstaatlichen Rechts jedes Mitgliedstaates, die Regeln aufzustellen, nach denen Einrichtungen, die dies beantragen, eine Anerkennung gewährt werden kann. Dabei können die Mitgliedstaaten Einschränkungen nach Maßgabe der Art 133 und 134 MwStSystRL vorsehen (vgl Rz. 14.28 ff.).

14.92 Nach dieser Rechtsprechung erscheint es nicht ausgeschlossen, die nationalen Gemeinnützigkeitsvorschriften als Ausdruck des mit der Tätigkeit verbundenen Gemeinwohlinteresses und damit als zulässige Umsetzung des unionsrechtlich vorausgesetzten sozialen Charakters zu verstehen. Für eine Berufung auf günstigeres Unionsrecht bliebe dann für nicht gemeinnützige Einrichtungen kein Raum (vgl aber Rz. 14.102).

## II. Zur Auslegung des § 6 Abs. 1 Z 23 und Z 25 UStG

### 1. Jugendheime

§ 6 Abs. 1 Z 23 UStG knüpft die Befreiung an Leistungen der Jugend-, Erziehungs-, Ausbildungs-, Fortbildungs- und Erholungsheime. Unter einem Heim ist nach der Verkehrsauffassung eine Einrichtung zu verstehen, zu deren wesentlichen Leistungen die nicht nur vorübergehende Betreuung und wohl auch Beherbergung zählt. Eine solche Einschränkung, die die Leistungserbringung im Rahmen eines Heimbetriebes voraussetzt, ist dem Unionsrecht nicht zu entnehmen. 14.93

Die Verwaltungspraxis bezieht jedoch auch Einrichtungen ein, die nur der Betreuung über Tag dienen und erstreckt die Begünstigung auch auf Kindergärten, Kinderhorte und Jugendherbergen. Für die Anwendung der Steuerbefreiung ist es demnach nicht entscheidend, dass das betreffende Heim tatsächlich eine der im Gesetz genannten Bezeichnungen führt. Jede Einrichtung, die den Zweck der Kinder- und Jugendbetreuung (ebenso Schüler- und Studentenheime) verfolgt, ist daher vom Anwendungsbereich der Befreiung umfasst[1]. 14.94

Einrichtungen, die der Betreuung behinderter oder kranker Personen dienen, fallen nicht unter § 6 Abs. 1 Z 23 UStG, sondern unter Z 18. 14.95

### 2. Leistung an Personen, die das 27. Lebensjahr noch nicht vollendet haben

Die Vorschrift ist in Verbindung mit der Altersklausel so zu verstehen, dass einerseits die angeführten Einrichtungen den umschriebenen Zweck verfolgen müssen, ohne hiebei jedoch im Prinzip an eine bestimmte Altersgruppe gebunden zu sein (z.B. Erholungsheim). Jedoch sind nur Leistungen an Personen, die das 27. Lebensjahr noch nicht vollendet haben, von der Steuerbefreiung erfasst[2]. Werden in solchen Einrichtungen auch Leistungen an Personen erbracht, die das 27. Lebensjahr bereits vollendet haben, scheiden diese aus der Steuerbefreiung aus. In solchen Fällen ist somit eine Aufteilung der Entgelte in befreite und nicht befreite Leistungen vorzunehmen bzw müsste allenfalls eine Aufteilung im Schätzungsweg erfolgen[3]. 14.96

### 3. Befreite Leistungen (Nebenleistungen)

Zu den befreiten Leistungen gehören sowohl die Beherbergung und Verköstigung als auch die Betreuungsleistungen, die in der Beaufsichtigung, Erziehung, Ausbildung und Fortbildung bestehen können. Als übliche Nebenleistungen kommen nach der nationalen Praxis beispielsweise die Zurverfügungstellung von Spiel- und Sportplätzen und Freizeiteinrichtungen in Betracht[4]. Nicht befreit sind nach der Verwaltungspraxis Hilfsgeschäfte wie z.B. Getränkeumsätze oder Verkäufe von Gebrauchsgegenständen[5]. Die Befreiung erstreckt sich auch nicht auf Umsätze aus der entgeltlichen Verpflegung von Lehrern und Schülern einer Ganztagesschule durch einen privaten Förderverein[6]. 14.97

1 *Ruppe/Achatz*, UStG Kommentar[5], § 6 Rz. 424; *Rattinger* in Melhardt/Tumpel, UStG2, § 6 Rz. 624.
2 *Ruppe/Achatz*, UStG Kommentar[5], § 6 Rz. 625.
3 UStR 2000 Rz. 979.
4 *Ruppe/Achatz*, UStG Kommentar[5], § 6 Rz. 426.
5 UStR 2000 Rz. 980.
6 *Ruppe/Achatz*, UStG Kommentar[5], § 6 Rz. 426 mit Hinweis auf BFH v. 12.2.2009, VR 47/07.

### 4. Leistungserbringung durch Körperschaften öffentlichen Rechts

14.98 Voraussetzung für die Anwendung der Befreiung nach Z 23 ist, dass die Leistung von einer Körperschaft öffentlichen Rechts selbst erbracht wird.

Eine Definition des Begriffs der Körperschaften öffentlichen Rechts ist weder im UStG noch in anderen steuerlichen Regelungen aufzufinden. Auch der Rechtsprechung und Verwaltungspraxis ist keine Definition zu entnehmen, die Beurteilung erfolgt zum Teil außerordentlich kasuistisch. In Schrifttum und Lehre finden sich unterschiedliche Auslegungen dieses Begriffs[1]. Die Divergenz betrifft in erster Linie die Frage, ob Körperschaften öffentlichen Rechts durch organisatorische Kriterien (Errichtung durch Gesetz, Zwangsbestand, Zwangsmitgliedschaft etc.) oder durch funktionelle Merkmale (Erfüllung hoheitlicher Aufgaben) bestimmt werden. Die Praxis geht bislang davon aus, dass der Begriff auch für Zwecke der Umsatzsteuer nach nationalem Recht auszulegen ist und kein Begriff mit eigenem unionsrechtlichem Inhalt ist[2].

14.99 Nach nationalem Recht ist davon auszugehen, dass zu den Körperschaften öffentlichen Rechts zunächst alle Gebilde zu zählen, denen von der nationalen Rechtsordnung explizit die Eigenschaft einer juristischen Person des öffentlichen Rechts zuerkannt ist oder die von der Rechtsordnung als Rechtsträger des öffentlichen Rechts bezeichnet werden[3]. Jenseits dieser Fälle ist der Begriff juristische Person des öffentlichen Rechts nicht als definitorischer, sondern als Typusbegriff aufzufassen[4]. Seine Kriterien sind vor allem (aber nicht nur): Anteil an der Hoheitsgewalt, Errichtung durch Gesetz, Erfüllung öffentlicher Aufgaben, Zuständigkeit von Verwaltungsbehörden zur Entscheidung über Organisationsfragen, Zwangsbestand, Zwangsmitgliedschaft, organisatorische Verbindungen zur öffentlichen Hand. Die Entscheidung im Einzelfall hat jeweils nach dem Gesamtbild der Verhältnisse zu erfolgen, wobei schwächer ausgebildete Merkmale durch stärker ausgeprägte kompensiert werden können. Nach der Verwaltungspraxis werden von Körperschaften öffentlichen Rechts ausgegliederte Rechtsträger von der Befreiungsbestimmung der Z 23 nicht erfasst[5].

### 5. Leistungserbringung durch juristische Personen des privaten Rechts (Z 25)

14.100 § 6 Abs. 1 Z 25 UStG bestimmt, dass Körperschaften, Personenvereinigungen und Vermögensmassen die Gemeinnützigkeitsvoraussetzungen der §§ 34 bis 47 BAO erfüllen müssen, um unter die Steuerbefreiungen der Z 23 zu fallen. Nicht unter die Befreiung fallen Leistungen, die im Rahmen eines land- und forstwirtschaftlichen Betriebes, eines Gewerbebetriebes oder eines wirtschaftlichem Geschäftsbetriebes i.S.d. § 45 Abs. 3 BAO ausgeführt werden[6]. Die Befreiung kommt somit nur für Leistungen zur Anwendung, die im Rahmen eines sogenannten unentbehrlichen Hilfsbetriebes (vgl. § 45 Abs. 2 BAO) oder eines entbehrlichen Hilfsbetriebes (vgl. § 45 Abs. 1 BAO) erbracht werden. Zu den Voraussetzungen für das Vorliegen solcher Betriebe vgl. *Achatz*, Rz. 26.86 ff.).

14.101 Werden die Voraussetzungen nicht erfüllt, besteht Steuerpflicht und damit auch Vorsteuerabzugsberechtigung, wobei die Leistungen i.S.d. Z 23 dem ermäßigten Steuersatz nach § 10

1 Vgl. dazu ausführlich *Achatz/Mang/Lindinger*, Besteuerung der Körperschaften öffentlichen Rechts[3], Rz. 22 ff.
2 *Ruppe/Achatz*, UStG Kommentar[5], § 2 Rz. 164 ff.
3 *Achatz/Mang/Lindinger*, Besteuerung der Körperschaften öffentlichen Rechts[3], Rz. 28.
4 *Ruppe/Achatz*, UStG Kommentar[5], § 2 Rz. 165.
5 UStR 2000 Rz. 978.
6 *Ruppe/Achatz*, UStG Kommentar[5], § 6 Rz. 432.

Abs. 3 Z 10 UStG zu unterwerfen sind. Da insbesondere die formalen Gemeinnützigkeitsvoraussetzungen gestaltbar sind, kann durch Nichterfüllung dieser Voraussetzungen auf die Steuerbefreiung verzichtet werden, womit allerdings auch die sonstigen steuerlichen Wirkungen der abgabenrechtlichen Gemeinnützigkeit verloren gehen.

Die MwStSystRL knüpft die Befreiung an das Vorliegen einer anerkannten Einrichtung mit sozialem Charakter (vgl. Art. 132 Abs. 1 Buchst. i und k). Die Anknüpfung an das Vorliegen eines begünstigten Rechtsträgers i.S.d. §§ 34 ff. BAO erscheint insofern unionsrechtlich bedenklich, als nach der Rechtsprechung des EuGH zunächst der Begriff der „Einrichtung" grundsätzlich weit zu verstehen ist. Aus unionsrechtsrechtlicher Sicht sind daher vom Anwendungsbereich der Befreiung nicht nur gemeinnützigkeitsfähige Körperschaften, sondern auch Personenvereinigungen ohne Rechtspersönlichkeit erfasst. Das nationale Umsatzsteuerrecht lässt sich m.E. insoweit unionsrechtskonform auslegen (vgl. dazu *Achatz*, Rz. 26.82). 14.102

Im Übrigen dürfte die Anknüpfung der Befreiung an das nationale Gemeinnützigkeitsregime unionsrechtskonform sein (vgl. Rz. 14.92). 14.103

## III. Nichtanwendung der unechten Steuerbefreiung gemäß Art. XIV BGBl. 1995/21 i.d.F. BGBl. 1996/756

### 1. Überblick

Die unechten Steuerbefreiungen des § 6 Abs. 1 Z 23 und 25 UStG sind grundsätzlich zwingend. Mit Art. XIV BGBl. 1995/21 der Begleitmaßnahmen zum UStG 1994 hat jedoch der Gesetzgeber die Möglichkeit zum Verzicht auf die Steuerbefreiung eingeräumt, womit de facto ein Wahlrecht zur Steuerpflicht eröffnet wird (vgl. Rz. 14.106). In diesem Fall ist der ermäßigte Steuersatz gem § 10 Abs. 3 Z 10 UStG i.H.v. 13 % anzuwenden. 14.104

Mit dem Unionsrecht dürfte dieses Wahlrecht nicht vereinbar sein, weil Art. XIV – anders als Art 133 der MwStSystRL – offenbar auf die Wettbewerbsverzerrungen zuungunsten der befreiten Leistungserbringer abstellt und überdies die Einbeziehung in die Steuerpflicht nicht durch den Gesetzgeber erfolgt, sondern in das Belieben des Steuerpflichtigen gestellt wird[1]. Allerdings sieht Art. XIV nicht eine offene Option vor, sondern (bloß) die Nichtanwendung der Befreiung, wenn der Unternehmer bestimmte Fakten bekannt gibt[2]. 14.105

### 2. Verzicht auf die Steuerbefreiung

Nach Art. XIV BGBl. 21/1995 ist die Befreiung nicht anzuwenden, wenn der Rechtsträger dem für die USt-Erhebung zuständigen Finanzamt schriftlich erklärt, dass er seine Betätigung in erheblichem Umfang privatwirtschaftlich organisiert und ausgerichtet hat und die Steuerbefreiung zu größeren Wettbewerbsverzerrungen führen könnte. Die Befreiung ist überdies nicht anzuwenden, wenn das BMF mit Bescheid feststellt, dass die Betätigung in erheblichem Umfang privatwirtschaftlich organisiert und ausgerichtet ist, und die Steuerbefreiung zu größeren Wettbewerbsverzerrungen führen würde[3]. 14.106

1 *Ruppe/Achatz*, UStG Kommentar[5] § 6 Rz. 416/1.
2 *Achatz/Mang/Lindinger*, Körperschaften öffentlichen Rechts[3], Rz. 713 ff.
3 Vgl. dazu im Einzelnen *Achatz/Mang/Lindinger*, Körperschaften öffentlichen Rechts[3], Rz. 714 f.

14.107 Körperschaften öffentlichen Rechts erfüllen mit ihren Betrieben gewerblicher Art jedenfalls die materiellen Voraussetzungen (dh es ist bei ihnen anzunehmen, dass die Betätigung in erheblichem Umfang privatwirtschaftlich organisiert und ausgerichtet ist und die Befreiung zu größeren Wettbewerbsverzerrungen führt); andere Körperschaften, Personenvereinigungen und Vermögensmassen erfüllen nach der Verwaltungspraxis die genannten Voraussetzungen, wenn für die jeweilige Tätigkeit (z.B. Kindergarten, Studentenheim) die Umsätze jährlich regelmäßig 2.900 Euro übersteigen[1].

14.108 Nach Ansicht der Finanzverwaltung kann die Erklärung, dass die Voraussetzungen vorliegen, bis zur Rechtskraft des Bescheides für das Kalenderjahr abgegeben werden, für das die Befreiung erstmals nicht angewendet werden soll[2]. Ob und inwieweit sich die Behörde mit der inhaltlichen Richtigkeit dieser Erklärung auseinander zu setzen hat, lässt das Gesetz offen. Da kein Nachweis, sondern bloß eine Erklärung verlangt wird, spricht einiges dafür, die Erklärung als reine Option aufzufassen. Nach der Verwaltungspraxis kann die Option auf einzelne Betriebe der betreffenden Körperschaft beschränkt werden[3].

14.109 Die Erklärung bzw der Bescheid des BMF können nur abgeändert oder aufgehoben werden, wenn nachgewiesen wird, dass sich die maßgebenden Verhältnisse geändert haben. Mit einem solchen Vorbringen des Steuerpflichtigen hat sich die Behörde jedenfalls auch inhaltlich auseinander zu setzen. Art XIV räumt somit eine Option zur Steuerpflicht ein, die nur widerrufen werden kann, wenn nachgewiesen wird, dass sich die maßgebenden Verhältnisse geändert haben Dies ist im wesentlichen dann der Fall, wenn wegen des Unterschreitens der Umsatzgrenze von EUR 2.900,00 (s Rz. 14.107) die Tatbestandsvoraussetzungen für die Ausübung der Option entfallen.

## E. Reformvorschläge

14.110 Der deutsche Gesetzgeber hatte die Vorgaben des Art. 132 Abs. 1 Buchst. h MwStSystRL bzw. des Art. 13 Teil A Abs. 1 Buchst. h der 6. Richtlinie 77/388/EWG zunächst nur dadurch „umgesetzt", dass er die bereits existenten nationalen Befreiungsvorschriften in das UStG 1980 überführte. Naturgemäß ergaben sich daraus zum Teil erhebliche Umsetzungsdefizite, die man in der Folgezeit durch vereinzelte Gesetzeskorrekturen zu beheben versuchte. Die wohl umfassendste Anpassung erfolgte mit der Neufassung des § 4 Nr. 25 UStG durch das Jahressteuergesetz 2008, mit der eine richtlinienkonforme Umsetzung in nationales Recht im Großen und Ganzen gelang. Unbefriedigend verbleiben allerdings die Aufspaltung des Regelungsbereichs auf drei nationale Vorschriften und die weitestgehend fehlende Verwendung der unionsrechtlichen Terminologie, die eine richtlinienkonforme Auslegung erschwert. Zudem haben die zwingenden Einschränkungen des Art. 134 MwStSystRL in keiner der drei nationalen Vorschriften hinreichende Berücksichtigung gefunden, was zwingend einer gesetzgeberischen Korrektur bedarf.[4] Diese Kritikpunkte gilt es bei künftigen gesetzlichen Neuregelungen zu berücksichtigen.

1 Vgl. *Ruppe/Achatz*, UStG Kommentar[5], § 6 Rz. 422.
2 UStR 2000 Rz. 988.
3 Vgl. nochmals UStR 2000 Rz. 988.
4 Vgl. auch *T. Jacobs*, Umsatzsteuer und Gemeinnützigkeit, 108 f.

# Kapitel 15
# Erziehung und Bildung, Art. 132 Abs. 1 lit. i MwStSystRL

**Literatur (Deutschland):** *Becker/Kretzschmann*, Umsatzbesteuerung von Gastvorträgen unter Berücksichtigung der aktuellen EuGH-Rechtsprechung, UR 2007, 873; *Bruschke*, Unterliegen die Leistungen von Fahrschulen der Umsatzsteuer?, UR 2017, 289; *Busch/Maciejewski/Schepers*, Sind wissenschaftliche Diskussionen steuerbefreit?, DStR 2015, 2737; *Ehrt*, Töpfer- und Tanzkurse umsatzsteuerfrei?, DStR 2008, 1469; *Englisch*, Ausnahmen und Ermäßigungen bei der Umsatzsteuer, UR 2011, 401; *Englisch*, Gemeinschaftsgrundrechte im harmonisierten Steuerrecht in Schön/Beck (Hrsg.), Zukunftsfragen des Steuerrechts, Heidelberg 2009, S. 39; *Hättich/Renz*, Umsatzsteuerbefreiung für berufsbildende Bildungsleistungen, NWB 2012, 2756; *Hurrelmann*, Mut zur demokratischen Erziehung, Pädagogik 7-8 (1994), 13; *Hüttemann/Schauhoff*, Umsatzsteuerbefreiung für soziale Dienstleistungen – was erlaubt das europäische Mehrwertsteuerrecht?, MwStR 2013, 426; *Ismer*, Bildungsaufwand im Steuerrecht, Köln 2006; *Jacobs*, Umsatzsteuer und Gemeinnützigkeit, Hamburg 2009; *Kirchhof*, 40 Jahre Umsatzsteuergesetz – Eine Steuer im Umbruch, DStR 2008, 1; *Korf*, Urteilsanmerkung zu EuGH v. 14.6.2007 – Rs. C-445/05 – Haderer, IStR 2007, 549; *Kraeusel*, Richtlinienkonforme Besteuerung der öffentlichen Hand, UR 2010, 480; *Lange/Spils ad Wilken*, Kann der beliehene Unternehmer hoheitlich tätig sein?, UR 2006, 7; *Löhr*, Das umsatzsteuerrechtliche Optionsrecht für Vermietungsumsätze, Berlin 2003; *Neeser*, Die geplante Neuregelung der Steuerbefreiung von Schulungsleistungen nach dem JStG 2013, UVR 2012, 301; *Neeser*, Steuerbefreiungen der Schulungsleistungen nach § 4 Nr. 21 UStG und Art. 132 Abs. 1 MwStSystRL, UVR 2008, 73; *Nieskens*, Immer Ärger mit der Bildung, UR 2013, 175; *Nieuwenhuis*, Grundsatz der Neutralität der Umsatzsteuer in der Rechtsprechung des EuGH, UR 2013, 663; *Philipowski*, Unterrichtsleistungen eines Privatlehrers sind steuerfrei, aber unter welchen Voraussetzungen?, UR 2010, 161; *Philipowski*, Urteilsanmerkung zu BFH v. 17.4.2008 – V R 85/05, UR 2008, 585; *Remmert*, Private Dienstleistungen in staatlichen Verwaltungsverfahren. Eine rechts- und verwaltungswissenschaftliche Untersuchung zur privaten Entscheidungsvorbereitung, Tübingen 2003; *Schaumburg*, Das Leistungsfähigkeitsprinzip im Verkehr- und Verbrauchsteuerrecht in Kirchhof/Nieskens (Hrsg.), FS für Wolfram Reiß, Köln 2008, S. 25; *Theuffel-Werhahn*, Unterliegen Verpflegungsleistungen von Berufsförderungswerken an ihre behinderten Umschüler der Umsatzsteuer?, UR 2006, 260; *Tipke*, Die Steuerrechtsordnung, Band II, Köln 2003; *Trinks/Trinks*, Führerschein umsatzsteuerfrei? Widerstreitende Rechtsprechung der FG, DStR 2016, 2374; *Vogt*, Betriebsübergang bei Fremdvergabe (contracting-out) staatlicher Dienstleistungen an Private. Studie zur rechtlichen Situation in Großbritannien und Deutschland, Frankfurt/M. u.a. 2002; *Wagner/Raudszus*, Eng verbundene Dienstleistungen im Sinne des Umsatzsteuergesetzes (UStG) und der Mehrwertsteuer-System-Richtlinie (MwStSystRL), UStB 2007, 283; *Wiesch*, Die umsatzsteuerliche Behandlung der öffentlichen Hand, Köln 2016.

**Literatur (Österreich):** *Achatz*, Die Besteuerung der Non-Profit-Organisationen II, 2002; *Achatz*, Die Besteuerung der Non-Profit-Organisationen III, 2003; *Achatz*, Umsatzsteuer und Gemeinnützigkeit, in Jachmann (Hrsg.), Gemeinnützigkeit, DStJG Bd. 26, 2003; *Achatz*, Seminar B: Umsatzbesteuerung der öffentlichen Hand aus gemeinschaftsrechtlicher Sicht, IStR 2008; *Achatz/Kirchmayr* (Hrsg.), Körperschaftsteuergesetz, Kommentar, 2011; *Achatz/Mang/Lindinger*, Besteuerung der Körperschaften öffentlichen Rechts, 3. Aufl. 2014; *Achatz*, Die Besteuerung der Non-Profit-Organisationen I, 2. Aufl. 2004; *Achatz/Tumpel*, Unechte Steuerbefreiungen, 2010; *Amand*, Are VAT Exemtions Compatible with Primary EU Law?, International VAT Monitor 2010; *Hilber*, Umsatzsteuerliche Liebhaberei und Unternehmereigenschaft von Vereinen, ecolex 2010; *Höhne/Jöchl/Lummerstorfer*, Das Recht der Vereine, 5. Aufl. 2016; *Melhardt/Tumpel* (Hrsg.), UStG-Kommentar, 2. Aufl. 2016; *Pfeiffer*, Zur umsatzsteuerlichen Behandlung von Bildungsleistungen, ÖStZ 2014; *derselbe*, Bildungsleistungen und Umsatzsteuer: Zweiter Akt, ÖStZ 2017, 85; *Prinz/Prinz*, Gemeinnützigkeit im Steuerrecht, 2. Aufl. 2004; *Ruppe/Achatz*, Umsatzsteuergesetz: Kommentar, 4. Aufl. 2011; *Ruppe*, Steuerrechtliche Folgen der wirtschaftlichen Betätigung von Vereinen, in Korinek/Krejci (Hrsg.), Der Verein als Unternehmer, 1988; *Tanzer*, Wirtschaftliche Betätigung und Gemeinnützigkeit, in Korinek/Krejci (Hrsg.), Der Verein als Unternehmer, 1988; *Tanzer*, Die Umsatzsteuerbefreiung von Privatlehrinstituten, ÖJZ 1975; *Taucher*, ÖStZ 1994; *Tiefenthaler*, Umsatzsteuer für Fachhochschulen, SWK 2002; *Tumpel/Moshammer*, Umsatzsteuerbefreiung von Privatlehrern, taxlex 2010; UStR 2000; *Wundsam*, Umsatzsteuer für Sprachkurse, SWK 27/2000; *Zorn*, Berufsfortbildungskurse steuerbefreit?, RdW 2016, 718; *derselbe*, VwGH: Umsatzsteuerpflicht oder Umsatzsteuerbefreiung für Berufsfortbildungsmaßnahmen, RdW 2017, 279.

## A. Normtexte

### – Unionsrechtliche Rechtsgrundlagen 15.1

**1. Art. 132 Abs. 1 lit. i MwStSystRL**

**(1) Die Mitgliedstaaten befreien folgende Umsätze von der Steuer: […]**

**i) Erziehung von Kindern und Jugendlichen, Schul- und Hochschulunterricht, Aus- und Fortbildung sowie berufliche Umschulung und damit eng verbundene Dienstleistungen und Lieferungen von Gegenständen durch Einrichtungen des öffentlichen Rechts, die mit solchen Aufgaben betraut sind, oder andere Einrichtungen mit von dem betreffenden Mitgliedstaat anerkannter vergleichbarer Zielsetzung;**

**2. Art. 44 MwStVO [Reichweite der Dienstleistungen der Ausbildung, Fortbildung oder beruflichen Umschulung]**

**Die Dienstleistungen der Ausbildung, Fortbildung oder beruflichen Umschulung, die unter den Voraussetzungen des Art. 132 Abs. 1 Buchstabe i der Richtlinie 2006/112/EG erbracht werden, umfassen Schulungsmaßnahmen mit direktem Bezug zu einem Gewerbe oder einem Beruf sowie jegliche Schulungsmaßnahme, die dem Erwerb oder der Erhaltung beruflicher Kenntnisse dient. Die Dauer der Ausbildung, Fortbildung oder beruflichen Umschulung ist hierfür unerheblich.**

### – Nationale deutsche Regelungen

**§ 4 UStG Steuerbefreiungen bei Lieferungen und sonstigen Leistungen**

**Von den unter § 1 Abs. 1 Nr. 1 fallenden Umsätzen sind steuerfrei: […]**

**21. a) die unmittelbar dem Schul- und Bildungszweck dienenden Leistungen privater Schulen und anderer allgemein bildender oder berufsbildender Einrichtungen,**

**aa) wenn sie als Ersatzschulen gem. Art. 7 Abs. 4 des Grundgesetzes staatlich genehmigt oder nach Landesrecht erlaubt sind oder**

**bb) wenn die zuständige Landesbehörde bescheinigt, dass sie auf einen Beruf oder eine vor einer juristischen Person des öffentlichen Rechts abzulegende Prüfung ordnungsgemäß vorbereiten,**

**b) […].**

**22. a) die Vorträge, Kurse und anderen Veranstaltungen wissenschaftlicher oder belehrender Art, die von juristischen Personen des öffentlichen Rechts, von Verwaltungs- und Wirtschaftsakademien, von Volkshochschulen oder von Einrichtungen, die gemeinnützigen Zwecken oder dem Zweck eines Berufsverbandes dienen, durchgeführt werden, wenn die Einnahmen überwiegend zur Deckung der Kosten verwendet werden,**

**b) […].**

– **Nationale österreichische Regelungen**

**§ 6. (1) öUStG**

**Von den unter § 1 Abs. 1 Z 1 fallenden Umsätzen sind steuerfrei:**

**11. a) die Umsätze von privaten Schulen und anderen allgemeinbildenden oder berufsbildenden Einrichtungen, soweit es sich um die Vermittlung von Kenntnissen allgemeinbildender oder berufsbildender Art oder der Berufsausübung dienenden Fertigkeiten handelt und nachgewiesen werden kann, dass eine den öffentlichen Schulen vergleichbare Tätigkeit ausgeübt wird;**

**b) die Umsätze von Privatlehrern an öffentlichen Schulen und Schulen im Sinne der lit. a;**

**12. die Umsätze aus den von öffentlich-rechtlichen Körperschaften oder Volksbildungsvereinen veranstalteten Vorträgen, Kursen und Filmvorführungen wissenschaftlicher oder unterrichtender oder belehrender Art, wenn die Einnahmen vorwiegend zur Deckung der Kosten verwendet werden;**

## B. Auslegung des Art. 132 Abs. 1 lit. i MwStSystRL

## I. Überblick über die Vorschrift

### 1. Inhalt

15.2 Die Steuerbefreiung des Art. 132 Abs. 1 lit. i MwStSystRL erfasst in sachlicher Hinsicht die **Erziehung von Kindern und Jugendlichen**, den **Unterricht an Schul- und Hochschulen**, die **Aus- und Fortbildung** sowie die **berufliche Umschulung**. Darüber hinaus sind Leistungen, die mit diesen steuerfreien Leistungen eng verbunden sind, ebenfalls von der Mehrwertsteuer befreit. In persönlicher Hinsicht werden mit der Steuerbefreiung zum einen Einrichtungen des öffentlichen Rechts begünstigt, die mit der Ausübung solcher Leistungen betraut sind. Zum anderen werden Einrichtungen des Privatrechts begünstigt, wenn diese in Bezug auf die begünstigten Einrichtungen des öffentlichen Rechts eine vergleichbare Zielsetzung besitzen und dieses von dem jeweiligen Mitgliedstaat anerkannt wird.

### 2. Auslegungsdirektiven

15.3 Die Regelungen des Art. 132 MwStSystRL befreien Tätigkeiten, die dem Gemeinwohl dienen, von einer mehrwertsteuerlichen Belastung. Es werden jedoch nicht alle dem Gemeinwohl dienenden Tätigkeiten begünstigt, sondern nur diejenigen, die in den einzelnen Vorschriften aufgeführt und genau beschrieben sind.[1]

15.4 Die Begriffe, mit denen die in Art. 132 MwStSystRL enthaltenen Befreiungstatbestände umschrieben werden, sind als Ausnahmen **eng auszulegen** (*Hüttemann*, Rz. 3.45 ff.). Denn die Mehrwertsteuersystemrichtlinie erkennt der Mehrwertsteuer grundsätzlich einen sehr wei-

1 EuGH v. 28.1.2010 – Rs. C-473/08 – Eulitz, ECLI:EU:C:2010:47, Rz. 26 m.w.N., UR 2010, 174; v. 14.6.2007 – Rs. C-445/05 – Haderer, ECLI:EU:C:2007:344, Rz. 16, UR 2007, 592; v. 14.6.2007 – Rs. C-434/05 – Horizon College, ECLI:EU:C:2007:343, Rz. 14, UR 2007, 587; v. 14.12.2006 – Rs. C-401/05 – VDP Dental Laboratory, ECLI:EU:C:2006:792, Rz. 24, UR 2007, 104; v. 1.12.2005 – Rs. C-394/04 – Ygeia, ECLI:EU:C:2005:734, Rz. 16; v. 20.6.2002 – Rs. C-287/00 – Kommission/Deutschland, ECLI:EU:C:2002:388, Rz. 45, UR 2002, 316 = UR 2002, 374 m. Anm. *Strahl*; v. 12.11.1998 – Rs. C-149/97 – Institute of the Motor Industry, ECLI:EU:C:1998:536, Rz. 18, UR 1999, 209.

ten Anwendungsbereich zu, indem sie in Art. 2 MwStSystRL, der die steuerbaren Umsätze betrifft, Lieferungen von Gegenständen und Dienstleistungen erfasst, die ein Steuerpflichtiger als solcher im Inland gegen Entgelt ausführt.[1] Die gebotene enge Auslegung muss jedoch gleichzeitig mit den Zielen im Einklang stehen, die mit der jeweiligen Steuerbefreiung verfolgt werden.[2] Demnach darf die Auslegung der Begriffe einer Steuerbefreiung nicht dazu führen, dass die Regelung ihre intendierte Wirkung verliert.[3] Vor diesem Hintergrund erscheint es angezeigt, eher von einer gebotenen **„präzisen" Auslegung** als von einer „engen" Auslegung zu sprechen (Rz. 3.46). Darüber hinaus ist dabei der Grundsatz der steuerlichen Neutralität (Rz. 3.4 ff.) als Grenze zu berücksichtigen.[4] Wegen des diesem Grundsatz zugrunde liegenden Gebots der Gleichbehandlung[5] ist es erforderlich, dass Steuerpflichtige mit ihren vergleichbaren Leistungen einer vergleichbaren steuerlichen Behandlung unterliegen (Rz. 3.21).[6] Daher müssen grundsätzlich Leistungen, welche die gleichen Bedürfnisse von Verbrauchern befriedigen,[7] übereinstimmend entweder als steuerpflichtig und als steuerfrei behandelt werden. Diese Vorgabe folgt auch aus dem Gebot einer gleichmäßigen Belastung der Endverbraucher als intendierte Steuerträger (Rz. 3.6).[8] Denn eine unterschiedliche steuerliche Behandlung führte zu einer unterschiedlichen Belastung zwischen den Endverbrauchern, obwohl vergleichbare Leistungen in Anspruch genommen werden.

---

1 EuGH v. 2.7.2015 – Rs. C-334/14 – De Fruytier, ECLI:EU:C:2015:437, Rz. 18, UR 2015, 636; v. 28.11.2013 – Rs. C-319/12 – MDDP, ECLI:EU:C:2013:778, Rz. 25; v. 14.6.2007 – Rs. C-445/05 – Haderer, ECLI:EU:C:2007:344, Rz. 18, UR 2007, 592; v. 14.6.2007 – Rs. C-434/05 – Horizon College, ECLI:EU:C:2007:343, Rz. 16, UR 2007, 587; v. 26.6.2005 – Rs. C-498/03 – Kingscrest Associates und Montecello, ECLI:EU:C:2005:322, Rz. 29, UR 2005, 453; v. 20.6.2002 – Rs. C-287/00 – Kommission/Deutschland, ECLI:EU:C:2002:388, Rz. 43, UR 2002, 316 = UR 2002, 374 m. Anm. *Strahl*.

2 EuGH v. 2.7.2015 – Rs. C-334/14 – De Fruytier, ECLI:EU:C:2015:437, Rz. 18, UR 2015, 636; v. 28.1.2010 – Rs. C-473/08 – Eulitz, ECLI:EU:C:2010:47, Rz. 27, UR 2010, 174; v. 14.6.2007 – Rs. C-445/05 – Haderer, ECLI:EU:C:2007:344, Rz. 18, UR 2007, 592; v. 14.6.2007 – Rs. C-434/05 – Horizon College, ECLI:EU:C:2007:343, Rz. 16, UR 2007, 587; v. 26.6.2005 – Rs. C-498/03 – Kingscrest Associates und Montecello, ECLI:EU:C:2005:322, Rz. 29, UR 2005, 453; v. 6.11.2003 – Rs. C-45/01 – Dornier, ECLI:EU:C:2003:595, Rz. 42, UR 2003, 584 m. Anm. *Widmann*.

3 EuGH v. 4.5.2017 – Rs. C-699/15 – Brockenhurst College, ECLI:EU:C:2017:344, Rz. 23, UR 2017, 435; v. 2.7.2015 – Rs. C-334/14 – De Fruytier, ECLI:EU:C:2015:437, Rz. 18, UR 2015, 636; v. 28.11.2013 – Rs. C-319/12 – MDDP, ECLI:EU:C:2013:778, Rz. 25; v. 15.11.2012 – Rs. C-174/11 – Zimmermann, ECLI:EU:C:2012:716, Rz. 22 m.w.N., UR 2013, 35; v. 28.1.2010 – Rs. C-473/08 – Eulitz, ECLI:EU:C:2010:47, Rz. 27, UR 2010, 174; v. 14.6.2007 – Rs. C-445/05 – Haderer, ECLI:EU:C:2007:344, Rz. 18, UR 2007, 592; v. 14.6.2007 – Rs. C-434/05 – Horizon College, ECLI:EU:C:2007:343, Rz. 16, UR 2007, 587.

4 EuGH v. 28.11.2013 – Rs. C-319/12 – MDDP, ECLI:EU:C:2013:778, Rz. 25.

5 Vgl. zum Zusammenhang zwischen dem mehrwertsteuerrechtlichen Neutralitätsprinzip und dem unionsprimärrechtlichen Gleichbehandlungsgebot *Englisch* in Tipke/Lang, Steuerrecht[22], § 17 Rz. 24; *Wiesch*, Die umsatzsteuerliche Behandlung der öffentlichen Hand, S. 19 ff.

6 Vgl. hier nur EuGH v. 29.10.2009 – Rs. C-174/08 – NCC Construction Danmark, ECLI:EU:C:2009:669, Rz. 27, UR 2010, 233; v. 10.7.2008 – Rs. C-25/07 – Sosnowska, ECLI:EU:C:2008:395, Rz. 14, UR 2008, 666; v. 8.2.2007 – Rs. C-435/05 – Investrand, ECLI:EU:C:2007:87, Rz. 22 m.w.N., UR 2007, 225 m. Anm. *Hahne*; v. 26.6.2005 – Rs. C-498/03 – Kingscrest Associates und Montecello, ECLI:EU:C:2005:322, Rz. 41 m.w.N., UR 2005, 453; *Englisch* in Tipke/Lang, Steuerrecht[22], § 17 Rz. 23.

7 EuGH v. 10.11.2011 – Rs. C-259/10 – The Rank Group, ECLI:EU:C:2011:719, Rz. 33.

8 *Englisch* in Tipke/Lang, Steuerrecht[22], § 17 Rz. 25.

15.5 Bei den Begriffen, mit denen die Steuerbefreiungen des Art. 132 MwStSystRL umschrieben werden, handelt es sich um **autonome Begriffe des Unionsrechts** (Rz. 3.42 ff.), die einer eigenständigen unionsrechtlichen Auslegung bedürfen.[1] Die unionsrechtliche Auslegung ist erforderlich, um eine unterschiedliche Anwendung des harmonisierten Mehrwertsteuerrechts in den Mitgliedstaaten zu verhindern.[2] Den Grundsatz der autonomen unionsrechtlichen Begriffsbestimmung gilt es auch bei der Ausgestaltung von Steuerbefreiungen im Rahmen der Umsetzung des Richtlinienrechts in nationales Recht zu berücksichtigen. Danach dürfen die von einem Mitgliedstaat gesetzten Bedingungen für die Anwendung einer Steuerbefreiung nicht den Inhalt des unionsrechtlich gewährleisteten Anwendungsbereichs beschränken oder ausweiten.[3] Daher kann es für die Frage, ob ein bestimmter Umsatz der Mehrwertsteuer zu unterwerfen oder zu befreien ist, nicht darauf ankommen, wie dieser nach nationalem Recht qualifiziert wird.[4]

15.6 Nach ständiger Rechtsprechung des EuGH kann sich der Steuerpflichtige auf eine **unmittelbare Anwendung des Richtlinienrechts** berufen. Dies ist der Fall, wenn zum einen der Inhalt des Richtlinienrechts entgegen einer bestehenden Verpflichtung eines Mitgliedstaates von diesem nicht oder nicht zutreffend in nationales Recht umgesetzt wurde, und zum anderen die Bestimmungen des Richtlinienrechts inhaltlich unbedingt und hinreichend genau sind.[5] Die Rechte des Einzelnen, welche gegenüber einem Mitgliedstaat geltend gemacht werden, müssen sich aus dem Richtlinienrecht ergeben.[6] Vor diesem Hintergrund kann sich ein Steuerpflichtiger grundsätzlich auf die unmittelbare Anwendung des Art. 132 Abs. 1 lit. i MwStSystRL berufen.[7] Denn die Mitgliedstaaten sind zur Umsetzung dieser Regelung verpflichtet und verfügen

1 Vgl. jeweils m.w.N. hier nur EuGH v. 2.7.2015 – Rs. C-334/14 – De Fruytier, ECLI:EU:C:2015:437, Rz. 17, UR 2015, 636; v. 28.1.2010 – Rs. C-473/08 – Eulitz, ECLI:EU:C:2010:47, Rz. 25, UR 2010, 174; v. 14.6.2007 – Rs. C-445/05 – Haderer, ECLI:EU:C:2007:344, Rz. 17, UR 2007, 592; v. 26.6.2005 – Rs. C-498/03 – Kingscrest Associates und Montecello, ECLI:EU:C:2005:322, Rz. 22, UR 2005, 453.

2 EuGH v. 14.6.2007 – Rs. C-434/05 – Horizon College, ECLI:EU:C:2007:343, Rz. 15, UR 2007, 587; v. 20.6.2002 – Rs. C-287/00 – Kommission/Deutschland, ECLI:EU:C:2002:388, Rz. 44, UR 2002, 316 = UR 2002, 374 m. Anm. *Strahl*; v. 25.2.1999 – Rs. C-349/96 – CPP, ECLI:EU:C:1999:93, Rz. 15, UR 1999, 254; v. 8.3.2001 – Rs. C-240/99 – Skandia, ECLI:EU:C:2001:140, Rz. 23, UR 2001, 157.

3 EuGH v. 26.6.2005 – Rs. C-498/03 – Kingscrest Associates und Montecello, ECLI:EU:C:2005:322, Rz. 22, UR 2005, 453.

4 EuGH v. 14.6.2007 – Rs. C-445/05 – Haderer, ECLI:EU:C:2007:344, Rz. 25, UR 2007, 592; v. 26.6.2005 – Rs. C-498/03 – Kingscrest Associates und Montecello, ECLI:EU:C:2005:322, Rz. 25, UR 2005, 453.

5 EuGH v. 28.11.2013 – Rs. C-319/12 – MDDP, ECLI:EU:C:2013:778, Rz. 47; v. 11.7.2002 – Rs. C-62/00 – Marks & Spencer, ECLI:EU:C:2002:435, Rz. 22, UR 2002, 436; v. 19.1.1982 – Rs. C-8/81 – Becker, ECLI:EU:C:1982:7, Rz. 25, UR 1982, 70 m. Anm. *Weiss* = UR 1982, 71; BVerfG v. 8.4.1987 – 2 BvR 687/85, BVerfGE 75, 223 (240 ff.) = UR 1987, 355 m. Anm. *Weiss*; *Ruffert* in Calliess/Ruffert, Art. 288 AEUV Rz. 52.

6 EuGH v. 28.11.2013 – Rs. C-319/12 – MDDP, ECLI:EU:C:2013:778, Rz. 47.

7 Vgl. insgesamt EuGH v. 28.11.2013 – Rs. C-319/12 – MDDP, ECLI:EU:C:2013:778, Rz. 47; so auch BFH v. 29.3.2017 – XI R 6/16, DStR 2017, 1386 (1388) = UR 2017, 509; BFH v. 28.5.2013 – XI R 35/11, BStBl. II 2013, 879 (881) = UR 2013, 712; v. 12.5.2009 – V R 35/07, BStBl. II 2009, 1032 (1034) = UR 2009, 853; v. 24.1.2008 – V R 3/05, BStBl. II 2012, 267 (269) = UR 2008, 552; v. 8.11.2007 – V R 2/06, BStBl. II 2008, 634 (636) = UR 2008, 229 m. Anm. *Hölzer*; v. 19.5.2005 – V R 32/03, BStBl. II 2005, 900 (902); *Heidner* in Bunjes, § 4 Nr. 23 UStG Rz. 12.

daher insoweit über kein Wahlrecht.[1] Zudem ist die Steuerbefreiung des Art. 132 Abs. 1 lit. i MwStSystRL an einzelne objektive Voraussetzungen geknüpft, welche hinreichend klar bestimmt und damit einer unmittelbaren Anwendung zugänglich sind. Der inhaltlichen Bestimmtheit steht insbesondere nicht entgegen, dass den Mitgliedstaaten bei der Anerkennung von privaten Einrichtungen hinsichtlich der hierfür maßgeblichen Voraussetzungen und Modalitäten ein Ermessensspielraum (Rz. 15.27) eingeräumt wird.[2] Steuerpflichtige können sich daher auf das Richtlinienrecht berufen, wenn sie der Ansicht sind, dass ein Merkmal der Befreiungsregelung des Art. 132 Abs. 1 lit. i MwStSystRL unzutreffend in nationales Recht umgesetzt wurde. Dies kann z.B. gerade für Steuerpflichtige des Privatrechts das Kriterium einer *anderen Einrichtung mit von dem betreffenden Mitgliedstaat anerkannter vergleichbarer Zielsetzung* betreffen.[3] Hinsichtlich des Umfangs der zu befreienden Bildungsleistungen können sich Steuerpflichtige darauf berufen, dass eine nach nationalem Recht nicht steuerbefreite Tätigkeit als *Schul- oder Hochschulunterricht* i.S.d. Art. 132 Abs. 1 lit. i MwStSystRL anzusehen sei.[4]

Wenn die Voraussetzungen einer unmittelbaren Anwendung einer Richtlinienbestimmung vorliegen, **erlangt der Steuerpflichtige ein Wahlrecht** darüber, ob er sich auf die Anwendung des Richtlinienrechts beruft oder es bei der Anwendung des nationalen (richtlinienwidrigen) Rechts belässt.[5] Allerdings ist es dem Steuerpflichtigen nicht möglich, die unmittelbare Anwendung des Richtlinienrechts auf seine Ausgangsumsätze oder auf seine Eingangsumsätze zu beschränken.[6] Andernfalls stünde ihm z.B. die Möglichkeit zu, auf der einen Seite im Wege der Anwendung des Richtlinienrechts seine Ausgangsleistungen als steuerfrei zu behandeln. Auf der anderen Seite könnte er sich sodann für das Recht zum Vorsteuerabzug hinsichtlich seiner Eingangsleistungen darauf berufen, dass seine Ausgangsleistungen nach nationalem Recht als steuerpflichtig zu behandeln wären und ihm daher nach den nationalen Regeln das Recht zum Vorsteuerabzug zustehe.[7] Der Steuerpflichtige kann sich also nicht die für ihn günstigen Folgen des Richtlinienrechts gleichsam wie Rosinen herauspicken. Es entscheidet sich demnach allein anhand der steuerlichen Behandlung der Ausgangsleistungen darüber, ob und inwieweit hierfür verwendete Eingangsumsätze zum Vorsteuerabzug berechtigen oder nicht. Folgt aus einer unmittelbaren Anwendung des Richtlinienrechts z.B. die Besteuerung von Ausgangsleistungen, so ist der Steuerpflichtige grundsätzlich auch zum Abzug der Vorsteuer berechtigt. Belässt es der Steuerpflichtige hingegen bei der Anwendung des nationalen Rechts und damit bei der (richtlinienwidrigen) Steuerfreiheit seiner Ausgangsleistungen, so ist dementsprechend auch der Vorsteuerabzug zu versagen.[8] 15.7

### 3. Historische Entwicklung

Der Grundstein für das bestehende harmonisierte Mehrwertsteuerrecht in der Europäischen Union wurde mit der **Ersten** (67/227/EWG) und der **Zweiten Richtlinie** (68/228/EWG) 15.8

1 EuGH v. 28.11.2013 – Rs. C-319/12 – MDDP, ECLI:EU:C:2013:778, Rz. 49; *Tehler* in Rau/Dürrwächter, § 4 Nr. 21 UStG Anm. 68.
2 EuGH v. 28.11.2013 – Rs. C-319/12 – MDDP, ECLI:EU:C:2013:778, Rz. 50 f.
3 EuGH v. 28.11.2013 – Rs. C-319/12 – MDDP, ECLI:EU:C:2013:778, Rz. 50 ff.; BFH v. 28.5.2013 – XI R 35/11, BStBl. II 2013, 879 (881) = UR 2013, 712.
4 BFH v. 24.1.2008 – V R 3/05, BStBl. II 2012, 267 (269) = UR 2008, 552.
5 *Kraeusel*, UR 2010, 480 (481).
6 EuGH v. 28.11.2013 – Rs. C-319/12 – MDDP, ECLI:EU:C:2013:778, Rz. 45 und 56.
7 Vgl. Art. 168 lit. a MwStSystRL.
8 Vgl. z.B. § 15 Abs. 2 UStG.

vom 11.4.1967 zur Harmonisierung der Rechtsvorschriften der Mitgliedstaaten über die Mehrwertsteuer gelegt.[1] Eine besondere Steuerbefreiung zugunsten von Erziehungs- und Bildungsleistungen war darin nicht vorgesehen. Vielmehr verfügten die Mitgliedstaaten nach Art. 10 Abs. 3 der 2. EWG-RL über weitgehende Gestaltungsmöglichkeiten zur Befreiung von umsatzsteuerlichen Leistungen. Danach war die Einführung einer nationalen Steuerbefreiung nur an die Bedingung einer vorherigen Durchführung eines Konsultationsverfahrens geknüpft.

15.9 Die Gestaltungsfreiheit der Mitgliedstaaten bei Steuerbefreiungen endete mit der Einführung der **Sechsten Richtlinie** (77/338/EG) vom 17.5.1977 zur Harmonisierung der Rechtsvorschriften der Mitgliedstaaten über die Umsatzsteuern, mit der ein gemeinsames Mehrwertsteuersystem mit einer einheitlichen steuerpflichtigen Bemessungsgrundlage begründet werden sollte.[2] So wurde insbesondere mit Art. 13 Teil A der 6. EG-RL ein Katalog von Steuerbefreiungen für bestimmte dem Gemeinwohl dienende Tätigkeiten eingeführt. In diesem Katalog fand sich in Art. 13 Teil A Abs. 1 lit. i der 6. EG-RL auch eine besondere Regelung für Erziehungs- und Bildungsleistungen, welche in den folgenden Jahren der Geltung der Sechsten EG-Richtlinie keinen inhaltlichen Änderungen unterlegen war.

15.10 Mit Einführung der Richtlinie (2006/112/EG) vom 28.11.2006 über das gemeinsame Mehrwertsteuersystem[3] wurde die bisherige Regelung zu den Erziehungs- und Bildungsleistungen in **Art. 132 Abs. 1 lit. i MwStSystRL** aufgenommen. Diese entspricht inhaltlich der Vorgängerregelung des Art. 13 Teil A Abs. 1 lit. i der 6. EG-RL,[4] so dass im Rahmen der Auslegung und Anwendung des Richtlinienrechts auf die bisherige Rechtsprechung des EuGH zurückgegriffen werden kann.

### 4. Zweck

15.11 Die Steuerbefreiung in Art. 132 Abs. 1 lit. i MwStSystRL dient dem Zweck, die **Kosten** für die Inanspruchnahme von Erziehungs- und Bildungsleistungen zu **senken**, um den Zugang zu diesen Leistungen zu erleichtern.[5] Denn die steuerliche Belastung führe zu vergleichsweise höheren Kosten und würde dadurch den Zugang zu den Leistungen einschränken.[6] Daher sind auch Dienstleistungen und Lieferungen von Gegenständen, die mit der Erziehung von Kindern und Jugendlichen, Schul- und Hochschulunterricht, Aus- und Fortbildung sowie berufliche Umschulung eng verbunden sind, ebenfalls von der Steuer befreit, um die Möglichkeit ihrer Inanspruchnahme nicht durch eine Belastung mit der Mehrwertsteuer zu versperren.[7]

---

1 ABl. EG v. 14.4.1967, S. 1301 ff. und S. 1303 ff.

2 ABl. EG Nr. L 145 v. 13.6.1977, S. 1.

3 Mehrwertsteuersystemrichtlinie, ABl. EG Nr. L 347 v. 11.12.2006, S. 1.

4 EuGH v. 28.11.2013 – Rs. C-319/12 – MDDP, ECLI:EU:C:2013:778, Rz. 24.

5 EuGH v. 28.11.2013 – Rs. C-319/12 – MDDP, ECLI:EU:C:2013:778, Rz. 26; v. 20.6.2002 – Rs. C-287/00 – Kommission/Deutschland, ECLI:EU:C:2002:388, Rz. 47, UR 2002, 316 = UR 2002, 374 m. Anm. *Strahl*; so auch BFH v. 21.3.2007 – V R 28/04, BStBl. II 2010, 999 (1001) = UR 2007, 687; v. 19.5.2005 – V R 32/03, BStBl. II 2005, 900 (902); dieser Zweck wird z.B. auch den Befreiungen für Leistungen im sozialen Sektor (Art. 132 I lit. g MwStSystRL) und im Bereich der Kinder- und Jugendbetreuung (Art. 132 I lit. h MwStSystRL) beigemessen, vgl. EuGH v. 26.6.2005 – Rs. C-498/03 – Kingscrest Associates und Montecello, ECLI:EU:C:2005:322, Rz. 30, UR 2005, 453.

6 EuGH v. 28.11.2013 – Rs. C-319/12 – MDDP, ECLI:EU:C:2013:778, Rz. 47.

7 EuGH v. 20.6.2002 – Rs. C-287/00 – Kommission/Deutschland, ECLI:EU:C:2002:388, Rz. 47, UR 2002, 316 = UR 2002, 374 m. Anm. *Strahl*.

Es ist allerdings fraglich, ob und inwieweit die Steuerbefreiung geeignet ist, den damit verbundenen Zweck der Kostensenkung zu erreichen. Denn die mit der Steuerbefreiung gleichzeitig einhergehende **Versagung des Vorsteuerabzugs** führt dazu, dass die dadurch für den Steuerpflichtigen entstehende Kostenbelastung in der Regel verdeckt mit dem Preis auf die Leistungsempfänger abgewälzt wird.[1] Für eine zumindest tendenziell kostensenkende Wirkung der Steuerbefreiung spricht, dass die bei Erziehungs- und Bildungsleistungen anfallenden Kosten vor allem auf den Einsatz von Personal beruhen. Der Lohnaufwand wird allerdings nicht umsatzsteuerlich belastet, so dass dem Steuerpflichtigen keine Kosten durch nichtabzugsfähige Vorsteuern entstehen. Daher kommt es dann auch insoweit nicht zu einer verdeckten Weitergabe einer steuerlichen Vorbelastung über den Preis an den Endverbraucher. 15.12

Die Minderung der Preise für den Leistungsempfänger setzt voraus, dass ein mit der Steuerbefreiung verbundener **Preisvorteil** von den Steuerpflichtigen weitergegeben und nicht zur Erhöhung der eigenen Gewinnmarge genutzt wird (Rz. 3.37). Soweit Einrichtungen des öffentlichen Rechts und solche, die vergleichbare Ziele verfolgen, Erziehungs- und Bildungsleistungen erbringen, werden die begünstigten Tätigkeiten zumindest in der Regel nicht vorrangig von einem eigenen Profitstreben bestimmt. Dies gilt vor allem für die steuerbegünstigten Einrichtungen i.S.d. §§ 51 ff. AO. Insoweit ist grundsätzlich zu erwarten, dass im Bereich der befreiten Erziehungs- und Bildungsleistungen die damit verbundene steuerliche Begünstigung den Leistungsempfängern über einen geringeren Preis zugutekommt. Aber auch soweit Erziehungs- und Bildungsleistungen von gewerblichen Einrichtungen erbracht werden, ist grundsätzlich von einer Weitergabe des Preisvorteils an die Leistungsempfänger auszugehen. Denn diese Einrichtungen stehen grundsätzlich in einem Wettbewerb mit anderen Anbietern von Erziehungs- und Bildungsleistungen, so dass bereits über die Konkurrenzsituation ein Anreiz besteht, die steuerlichen Vergünstigungen an den Leistungsempfänger weiterzugeben.[2] 15.13

## 5. Systematische Stellung

Die Steuerbefreiung für Erziehungs- und Bildungsleistungen nach Art. 132 Abs. 1 lit. i MwStSystRL befindet sich in dem Katalog des Art. 132 MwStSystRL für steuerbefreite Umsätze, die dem Gemeinwohl dienen. Sowohl nach ihrem Regelungsgehalt als auch nach ihrer Position innerhalb des Katalogs steht die Befreiung für Erziehungs- und Bildungsleistungen in einem engen systematischen Zusammenhang mit den Steuerbefreiungen für Leistungen im Bereich der **Kinder- und Jugendbetreuung gem. Art. 132 Abs. 1 lit. h MwStSystRL** (*Meinert/Achatz*, Kap. 14) sowie der Steuerfreiheit für den **Schul- und Hochschulunterricht von Privatlehrern gem. Art. 132 Abs. 1 lit. j MwStSystRL**[3]. Soweit zur Umschreibung der Anwendungsbereiche dieser beiden Steuerbefreiungen vergleichbare Begriffe wie bei Art. 132 Abs. 1 lit. i MwStSystRL verwendet werden, kann daher zur Auslegung der Befreiungsvorschrift für Erziehungs- und Bildungsleistungen die zu Art. 132 Abs. 1 lit. h und lit. j MwStSystRL ergangene Rechtsprechung des EuGH herangezogen werden.[4] 15.14

1 Vgl. hierzu nur *Englisch* in Tipke/Lang, Steuerrecht[22], § 17 Rz. 206.

2 Dementsprechend auch die Anwendung der Steuerbefreiung von Bildungsleistungen auf private Einrichtungen, die vorrangig gewerbliche Zwecke verfolgen, vgl. hierzu insb. EuGH v. 28.11.2013 – Rs. C-319/12 – MDDP, ECLI:EU:C:2013:778, Rz. 21 ff.

3 Eine gesonderte Kommentierung der mehrwertsteuerrechtlichen Behandlung von Privatlehrern nach Art. 132 I lit. j MwStSystRL ist in diesem Werk nicht enthalten.

4 Zur vergleichbaren Auslegung der Begriffe in Art. 132 Abs. 1 lit. i und Art. 132 Abs. 1 lit. j MwStSystRL z.B. EuGH v. 28.1.2010 – Rs. C-473/08 – Eulitz, ECLI:EU:C:2010:47, Rz. 30 f., UR 2010, 174; BFH v. 24.1.2008 – V R 3/05, BStBl. II 2012, 267 (269) = UR 2008, 552.

15.15 Während Art. 132 Abs. 1 lit. i MwStSystRL u.a. die Unterrichtsleistungen von bestimmten Einrichtungen begünstigt, erfasst Art. 132 Abs. 1 lit. j MwStSystRL den von Privatlehrern erteilten Schul- und Hochschulunterricht. Daraus folgt allerdings **kein gemeinsamer umfassender Befreiungstatbestand von Unterrichtsleistungen.**[1] Soweit demnach Unterrichtsleistungen weder von einer begünstigten Einrichtung i.S.d. Art. 132 Abs. 1 lit. i MwStSystRL noch von einem Privatlehrer i.S.d. Art. 132 Abs. 1 lit. j MwStSystRL erbracht werden, kommt eine Steuerbefreiung nicht in Betracht.

15.16 In systematischer Hinsicht erlangen die Regelungen der Art. 133 und 134 MwStSystRL eine besondere Bedeutung. Denn danach ergeben sich fakultative und zwingende Einschränkungen für den Anwendungsbereich der Steuerbefreiung nach Art. 132 Abs. 1 lit. i MwStSystRL. So ermöglicht **Art. 133 MwStSystRL** (*Schauhoff*, Rz. 10.2 ff.) den Mitgliedstaaten, die Gewährung einer Steuerbefreiung an die Erfüllung bestimmter weiterer persönlicher Voraussetzungen zu knüpfen, die ein Steuerpflichtiger zu erfüllen hat, wenn es sich bei diesem nicht um eine Einrichtung des öffentlichen Rechts handelt. Allerdings zielen die in Art. 133 MwStSystRL genannten Kriterien vor allem darauf ab, gewerbliche bzw. gewinnorientierte Anbieter von Erziehungs- und Bildungsleistungen von der Inanspruchnahme der Steuerbefreiung auszuschließen. Folglich würde eine Umsetzung dieser Kriterien in nationales Recht gemeinnützige Einrichtungen bzw. Unternehmer in der Regel nicht betreffen.

15.17 Anders als im Fall des Art. 133 MwStSystRL stellen die sich aus **Art. 134 MwStSystRL** (Rz. 10.111 ff.) ergebenden Einschränkungen für die Steuerbefreiung von Erziehungs- und Bildungsleistungen eine für die Mitgliedstaaten **bindende unionsrechtliche Vorgabe** dar. Diese sind folglich im Rahmen des nationalen Rechts umzusetzen. So sind danach solche Leistungen zwingend als steuerpflichtig zu behandeln, die nicht für die steuerbefreiten Erziehungs- und Bildungsleistungen unerlässlich sind oder die im Wesentlichen dazu bestimmt sind, dem grundsätzlich begünstigten Unternehmer zusätzliche Einnahmen durch Umsätze zu verschaffen, die in unmittelbarem Wettbewerb mit Umsätzen von der Mehrwertsteuer unterliegenden gewerblichen Unternehmen bewirkt werden. Die Einschränkungen des Art. 134 MwStSystRL gelten allerdings nicht für den Kernbereich der Erziehungs- und Bildungsleistungen, sondern nur für sog. **Nebenleistungen** (Rz. 10.35 ff., 10.120).[2] Dabei handelt es sich um solche mehrwertsteuerliche Leistungen, die mit den steuerbefreiten Erziehungs- und Bildungsleistungen i.S.d. Art. 132 Abs. 1 lit. i MwStSystRL eng verbunden sind (Rz. 15.42 ff.).

15.18 Mit Blick auf die Voraussetzungen des **Vorsteuerabzugs** (Kapitel 27) ist weiterhin zu berücksichtigen, dass dieser gem. Art. 168 lit. a MwStSystRL an die Verwendung von Eingangsleistungen für steuerpflichtige Ausgangsleistungen anknüpft. Infolge der Steuerfreiheit für Erziehungs- und Bildungsleistungen berechtigen die hierfür verwendeten steuerpflichtigen Eingangsleistungen nicht zum Abzug einer anfallenden Vorsteuerbelastung.

---

1 EuGH v. 14.6.2007 – Rs. C-445/05 – Haderer, ECLI:EU:C:2007:344, Rz. 37, UR 2007, 592; BFH v. 17.4.2008 – V R 58/05, UR 2008, 581 m. Anm. *Philipowski* = BFH/NV 2008, 1418 (1421).

2 EuGH v. 28.11.2013 – Rs. C-319/12 – MDDP, ECLI:EU:C:2013:778, Rz. 31; v. 1.12.2005 – Rs. C-394/04 – Ygeia, ECLI:EU:C:2005:734, Rz. 26; BFH v. 10.7.2012 – V B 33/12, BFH/NV 2012, 1676 (1679).

### 6. Unterschiedliche Sprachfassungen

Bei der **Auslegung** einer Bestimmung des Richtlinienrechts sind bei Zweifelsfällen grundsätzlich alle Fassungen in den Amtssprachen zu berücksichtigen.[1] Denn nur so kann eine einheitliche Auslegung der Gemeinschaftsrichtlinien gewährleistet werden.[2] Die unterschiedlichen Sprachfassungen des Art. 132 Abs. 1 lit. i MwStSystRL lassen allerdings im Vergleich zur deutschen Fassung keine bedeutenden Abweichungen erkennen. Ein Blick auf die anderen Sprachfassungen lohnt sich jedoch für ein **besseres Verständnis der deutschen Fassung**. 15.19

Während die deutsche Fassung allgemein von ***Aus- und Fortbildung*** spricht, lässt z.B. die englische Fassung deutlicher erkennen, dass es sich hierbei in Abgrenzung zur schulischen und universitären Ausbildung um die *berufliche* Aus- und Fortbildung handelt. Denn die englische Fassung umschreibt dieses Merkmal als *vocational training*. Weiterhin spricht die deutsche Fassung etwas umständlich von anderen *Einrichtungen mit von dem betreffenden* ***Mitgliedstaat anerkannter vergleichbarer Zielsetzung***. Dass danach über die Anerkennung von privaten Einrichtungen als begünstigte Steuerpflichtige anhand ihrer Zielsetzung zu entscheiden ist, lässt sich mit Blick auf die anderen Sprachfassungen ebenfalls bestätigen. So umschreibt z.B. die englische Fassung diese Voraussetzung als *other organisations recognised by the Member State concerned as having similar objects*. 15.20

Weiterhin gewinnen die anderen Sprachfassungen an Bedeutung für die Frage, **ob und inwieweit auf nationale Kriterien zur Bestimmung eines Richtlinienbegriffs zurückgegriffen** werden kann. Wenn die Steuerbefreiung nach Art. 132 Abs. 1 lit. i MwStSystRL z.B. den Begriff des *Jugendlichen* verwendet, könnte auf dessen nationale Definition zurückgegriffen bzw. an bestehende nationale Altersgrenzen angeknüpft werden. Allerdings verwendet z.B. die englische Sprachfassung zur Umschreibung die vergleichsweise allgemeiner gefasste Formulierung *young people*. Eine bloße Auslegung im Sinne des nationalen Begriffs des Jugendlichen ließe diese zu berücksichtigende Abweichung außer Betracht (*Meinert*, Rz. 14.15). Gegen eine Orientierung am nationalen Recht spricht zudem auch das Gebot der autonomen unionsrechtlichen Auslegung des Richtlinienrechts.[3] 15.21

## II. Die Tatbestandsmerkmale des Art. 132 Abs. 1 lit. i MwStSystRL

### 1. Begünstigte Steuerpflichtige

Die **Steuerbefreiung gilt für** begünstigte Erziehungs- und Bildungsleistungen, die von Einrichtungen des öffentlichen Rechts, die mit solchen Aufgaben betraut sind, oder anderen Einrichtungen mit von dem betreffenden Mitgliedstaat anerkannter vergleichbarer Zielsetzung erbracht werden. 15.22

1 EuGH v. 28.1.2010 – Rs. C-473/08 – Eulitz, ECLI:EU:C:2010:47, Rz. 22, UR 2010, 174; v. 26.6.2005 – Rs. C-498/03 – Kingscrest Associates und Montecello, ECLI:EU:C:2005:322, Rz. 26 m.w.N., UR 2005, 453.

2 EuGH v. 26.6.2005 – Rs. C-498/03 – Kingscrest Associates und Montecello, ECLI:EU:C:2005:322, Rz. 26, UR 2005, 453.

3 EuGH v. 29.10.2015 – Rs. C-174/14 – Saudacor, ECLI:EU:C:2015:733, Rz. 52; v. 12.12.2013 – Rs. C-116/12 – Christodoulou, ECLI:EU:C:2013:825, Rz. 34.

### a) Einrichtungen des öffentlichen Rechts

15.23 Als Einrichtungen des öffentlichen Rechts (Rz. 9.9 ff.) gelten gem. **Art. 13 Abs. 1 MwStSystRL** insbesondere Gebietskörperschaften wie Staaten, Länder oder Gemeinden. Eine weitergehende Definition findet sich im Richtlinienrecht nicht. Bisher wurde weitgehend die Auffassung vertreten, dass über diese Eigenschaft anhand des nationalen Rechts und der sich daraus ergebenden privatrechtlichen oder öffentlich-rechtlichen Rechtsform zu entscheiden ist.[1] Diesem Verständnis ist der EuGH nunmehr mit seinem Urteil in der Rs. *Saudaçor*[2] (Rz. 9.23) entgegengetreten. Aus seiner Sicht handelt es sich bei dem Begriff einer Einrichtung des öffentlichen Rechts um einen abschließenden und in der gesamten Union **autonom und einheitlich auszulegenden Begriff.**[3] Dadurch kommt es jedoch grundsätzlich zu keiner Einschränkung des Anwendungsbereichs dieses Begriffs im Vergleich zur bisherigen Bestimmung der Eigenschaft einer Einrichtung des öffentlichen Rechts anhand des nationalen Rechts. Vielmehr besteht nunmehr sogar die Möglichkeit, dass **auch Privatrechtspersonen** als Einrichtung des öffentlichen Rechts zu behandeln sind, wenn diese über hoheitliche Befugnisse verfügen und in die Organisation der öffentlichen Verwaltung eingegliedert sind.[4] So lag dem Urteil des EuGH in der Rs. *Saudaçor* der Sachverhalt zugrunde, dass eine öffentlich-rechtliche Anstalt, welcher die Finanzverwaltung des staatlichen Gesundheitswesens oblag, in eine Aktiengesellschaft umgewandelt wurde. Die neu gegründete Gesellschaft war auch weiterhin mit der Finanzverwaltung des Gesundheitswesens betraut, so dass sie eine Dienstleistung von allgemein wirtschaftlichem Interesse ausübte und über hoheitliche Befugnisse verfügte. Die Anteile der Aktiengesellschaft wurden ausschließlich durch öffentliches Kapital finanziert und blieben in staatlicher Hand. In Ansehung dieser Eckdaten des entschiedenen Sachverhaltes kommt eine Behandlung von Privatrechtspersonen als Einrichtung des öffentlichen Rechts vor allem bei einer **formellen Privatisierung** in Betracht, wenn also öffentliche Aufgaben von staatlichen Stellen auf zu diesem Zweck neu gegründete juristische Personen des Privatrechts übertragen werden und die Anteile dabei in staatlicher Hand bleiben.[5] Für selbständige natürliche Personen als Beliehene ist hingegen weiterhin eine Behandlung als Einrichtung des öffentlichen Rechts grundsätzlich ausgeschlossen (Rz. 9.22).[6]

### b) Andere Einrichtungen mit von dem betreffenden Mitgliedstaat anerkannter vergleichbarer Zielsetzung

15.24 Andere Einrichtungen als solche des öffentlichen Rechts können gem. Art. 132 Abs. 1 lit. i MwStSystRL nur dann steuerfreie Erziehungs- und Bildungsleistungen erbringen, wenn von dem betreffenden Mitgliedstaat anerkannt wird, dass sie über eine **vergleichbare Zielsetzung** wie eine begünstigte öffentlich-rechtliche Einrichtung verfügen. Demnach ist es den Mitgliedstaaten nicht erlaubt, die Erziehungs- und Bildungsleistungen von sämtlichen privaten Ein-

---

1 Vgl. GA *Jääskinen*, Schlussanträge v. 25.6.2015 – Rs. C-174/14 – Saudaçor, ECLI:EU:C:2015:430, Rz. 76; *Lange/Spils ad Wilken*, UR 2006, 7 (9).

2 EuGH v. 29.10.2015 – Rs. C-174/14 – Saudaçor, ECLI:EU:C:2015:733.

3 EuGH v. 29.10.2015 – Rs. C-174/14 – Saudaçor, ECLI:EU:C:2015:733, Rz. 54 f.

4 Vgl. EuGH v. 29.10.2015 – Rs. C-174/14 – Saudaçor, ECLI:EU:C:2015:733, Rz. 58 ff.; *Wiesch*, Die umsatzsteuerliche Behandlung der öffentlichen Hand, 77 ff.

5 Vgl. allgemein zu Grundtypen und Begriffen der Privatisierung *Remmert*, Private Dienstleistungen in staatlichen Verwaltungsverfahren, 189 ff.; zur formellen Privatisierung s. auch *Vogt*, Betriebsübergang bei Fremdvergabe (contracting-out) staatlicher Dienstleistungen an Private, 30 f.; zu den steuerlichen Folgen *Wiesch*, Die umsatzsteuerliche Behandlung der öffentlichen Hand, 81 ff.

6 EuGH v. 21.5.2008 – Rs. C-456/07 – Mihal, ECLI:EU:C:2008:293, Rz. 22; *Wiesch*, Die umsatzsteuerliche Behandlung der öffentlichen Hand, 78.

richtungen von der Steuer zu befreien, sobald die Leistung vom sachlichen Anwendungsbereich der Befreiungsvorschrift erfasst wird.[1] Eine nationale Vorschrift, die Erziehungs- oder Bildungsleistungen von privaten Einrichtungen unabhängig von der Anerkennung einer vergleichbaren Zielsetzung von der Umsatzsteuer befreit, verstößt daher gegen die Vorgaben des Art. 132 Abs. 1 lit. i MwStSystRL.[2]

Der Einrichtungsbegriff umschreibt zwar eine Voraussetzung für die Anwendung einer Steuerbefreiung und damit für eine Ausnahmevorschrift im Verhältnis zum Grundprinzip des harmonisierten Mehrwertsteuerrechts, nach dem grundsätzlich jede entgeltliche Leistung der Besteuerung zu unterliegen hat.[3] Allerdings gilt es, die Zielsetzung der Befreiung von Erziehungs- und Bildungsleistungen ebenfalls zu berücksichtigen. Daher ist die Umschreibung einer anderen Einrichtung mit von dem betreffenden Mitgliedstaat anerkannter vergleichbarer Zielsetzung **nicht besonders eng** auszulegen.[4] So fallen **auch** private Einrichtungen, die Erziehungs- und Bildungsleistungen aus **gewerblichen Zwecken** erbringen, unter den Einrichtungsbegriff (Rz. 9.20).[5] Denn der gewerbliche Charakter einer Tätigkeit, mit der dem Gemeinwohl dienende Umsätze ausgeübt werden, steht einer Befreiung nach Art. 132 Abs. 1 lit. i MwStSystRL nicht entgegen (Rz. 15.30).[6] So hat der Gemeinschaftsgesetzgeber in den Fällen, in denen er die Gewährung der Steuerbefreiungen des Art. 132 Abs. 1 MwStSystRL bestimmten Personen, die keine Gewinnerzielung anstreben oder keine Gewerbetreibenden sind, vorbehalten wollte, dies ausdrücklich zu erkennen gegeben, wie die Buchstaben l, m und q des Art. 132 Abs. 1 MwStSystRL zeigen.[7] So werden nach Art. 132 Abs. 1 lit. m (Rz. 18.6 ff.) bestimmte, in engem Zusammenhang mit Sport und Körperertüchtigung stehende Dienstleistungen, steuerlich begünstigt, die Einrichtungen *ohne Gewinnstreben* an 15.25

1 EuGH v. 28.11.2013 – Rs. C-319/12 – MDDP, ECLI:EU:C:2013:778, Rz. 35.

2 EuGH v. 28.11.2013 – Rs. C-319/12 – MDDP, ECLI:EU:C:2013:778, Rz. 36; v. 13.10.2005 – Rs. C-200/04 – iSt, ECLI:EU:C:2005:608, Rz. 45 ff., UR 2005, 694 m. Anm. *Henkel*.

3 Art. 1 II MwStSystRL; EuGH v. 28.11.2013 – Rs. C-319/12 – MDDP, ECLI:EU:C:2013:778, Rz. 25; v. 14.6.2007 – Rs. C-445/05 – Haderer, ECLI:EU:C:2007:344, Rz. 18, UR 2007, 592; v. 14.6.2007 – Rs. C-434/05 – Horizon College, ECLI:EU:C:2007:343, Rz. 16, UR 2007, 587; v. 26.6.2005 – Rs. C-498/03 – Kingscrest Associates und Montecello, ECLI:EU:C:2005:322, Rz. 29, UR 2005, 453; v. 20.6.2002 – Rs. C-287/00 – Kommission/Deutschland, ECLI:EU:C:2002:388, Rz. 43, UR 2002, 316 = UR 2002, 374 m. Anm. *Strahl*; BFH v. 24.1.2008 – V R 3/05, BStBl. II 2012, 267 (269) = UR 2008, 552.

4 So z.B. auch der Begriff einer Einrichtung mit sozialem Charakter i.S.d. Art. 132 Abs. 1 lit. g und h MwStSystRL, vgl. EuGH v. 26.6.2005 – Rs. C-498/03 – Kingscrest Associates und Montecello, ECLI:EU:C:2005:322, Rz. 32, UR 2005, 453; vgl. im Zusammenhang mit Art. 132 I lit. i MwStSystRL EuGH v. 28.11.2013 – Rs. C-319/12 – MDDP, ECLI:EU:C:2013:778, Rz. 28.

5 EuGH v. 21.1.2016 – Rs. C-335/14 – Les Jardins de Jouvence, ECLI:EU:C:2016:36, Rz. 39, UR 2016, 391; v. 28.11.2013 – Rs. C-319/12 – MDDP, ECLI:EU:C:2013:778, Rz. 33; v. 26.6.2005 – Rs. C-498/03 – Kingscrest Associates und Montecello, ECLI:EU:C:2005:322, Rz. 35, 47, UR 2005, 453; hierzu auch BFH v. 10.8.2016 – V R 38/15, UR 2016, 879 = DStR 2016, 2459 (2460); v. 28.5.2013 – XI R 35/11, BStBl. II 2013, 879 (881) = UR 2013, 712; v. 24.1.2008 – V R 3/05, BStBl. II 2012, 267 (270) = UR 2008, 552; v. 10.1.2008 – V R 52/06, UR 2008, 276 = BFH/NV 2008, 725 (727); v. 21.3.2007 – V R 28/04, BStBl. II 2010, 999 (1002) = UR 2007, 687; *Heidner* in Bunjes, § 4 Nr. 21 UStG Rz. 10; *Oelmaier* in Sölch/Ringleb, § 4 Nr. 21 UStG Rz. 14.

6 EuGH v. 28.11.2013 – Rs. C-319/12 – MDDP, ECLI:EU:C:2013:778, Rz. 27; v. 26.6.2005 – Rs. C-498/03 – Kingscrest Associates und Montecello, ECLI:EU:C:2005:322, Rz. 31, UR 2005, 453; v. 3.4.2003 – Rs. C-144/00 – Hoffmann, ECLI:EU:C:2003:192, Rz. 37 f., UR 2003, 248 = UR 2003, 286 m. Anm. *Nieskens*.

7 EuGH v. 26.6.2005 – Rs. C-498/03 – Kingscrest Associates und Montecello, ECLI:EU:C:2005:322, Rz. 37, UR 2005, 453.

Personen erbringen, die Sport oder Körperertüchtigung ausüben. Wegen der Unschädlichkeit von gewerblichen Zwecken für die Steuerbefreiung nach Art. 132 Abs. 1 lit. i MwStSystRL kann daher z.B. eine private Gesellschaft, deren Tätigkeit auf eine regelmäßige Gewinnerzielung ausgerichtet ist, steuerbefreite Fachschulungen und -konferenzen in den Bildungsbereichen Steuern, Buchführung und Finanzen durchführen.[1] Eine zur Gewinnerzielung betriebene WingTsun-Schule[2] oder das gewerbliche Angebot von Kursen mit dem Gegenstand „Sofortmaßnahmen am Unfallort" stehen einer Behandlung als begünstigter Steuerpflichtiger nach Art. 132 Abs. 1 lit. i MwStSystRL nicht entgegen.[3]

15.26 Auf eine bestimmte **Rechtsform** kommt es für die Eigenschaft einer privaten Einrichtung i.S.d. Art. 132 Abs. 1 lit. i MwStSystRL nicht an. Zwar verleitet der Begriff der Einrichtung zu der Annahme, dass danach nur juristische Personen die begünstigten Leistungen steuerfrei ausüben können.[4] Allerdings entspricht es nunmehr der ständigen Rechtsprechung des EuGH, dass auch **natürliche Personen**, welche ein Unternehmen betreiben, als nach Art. 132 Abs. 1 MwStSystRL begünstigte Einrichtung steuerfreie Leistungen erbringen können (Rz. 9.17 ff.).[5]

15.27 Die Anerkennung einer vergleichbaren Zielsetzung von privaten Einrichtungen durch den betreffenden Mitgliedstaat ist eine maßgebliche Vorgabe des Richtlinienrechts für die Umsetzung der Steuerbefreiung für Erziehungs- und Bildungsleistungen in das nationale Recht (Rz. 15.24). Unter welchen Voraussetzungen oder Modalitäten eine solche Anerkennung zu erfolgen hat, ist im Richtlinienrecht allerdings nicht bestimmt.[6] Es ist daher Aufgabe der Mitgliedstaaten, die **Regeln für eine Anerkennung** i.S.d. Art. 132 Abs. 1 lit. i MwStSystRL aufzustellen. Die Mitgliedstaaten verfügen insoweit über einen **Ermessensspielraum** (Rz. 9.31).[7] Es ist die Aufgabe der nationalen Gerichte, zu prüfen, ob die von einem Mitgliedstaat erlassenen Regeln innerhalb des ihm zustehenden Ermessensspielraums liegen und ob dabei die allgemeinen Grundsätze des Unionsrechts berücksichtigt wurden.[8] Mangels der Eigenschaft einer Einrichtung des öffentlichen Rechts oder einer anderen von der Bundesrepublik Deutschland anerkannten Einrichtung mit vergleichbarer Zielsetzung soll sich zum Beispiel

---

1 EuGH v. 28.11.2013 – Rs. C-319/12 – MDDP, ECLI:EU:C:2013:778, Rz. 9, 39.

2 BFH v. 28.5.2013 – XI R 35/11, BStBl. II 2013, 879 (881) = UR 2013, 712.

3 BFH v. 10.1.2008 – V R 52/06, UR 2008, 276 = BFH/NV 2008, 725 (727).

4 So z.B. der EuGH v. 11.8.1995 – Rs. C-453/93 – Bulthuis-Griffioen, ECLI:EU:C:1995:265, Rz. 20, UR 1995, 476 m. Anm. *Lohse*; BFH v. 27.8.1998 – V R 73/97, BStBl. II 1999, 376 (378) = UR 1999, 164 m. Anm. *Winter*.

5 So unter expliziter Aufgabe seiner bisherigen Rechtsprechung der EuGH v. 7.9.1999 – Rs. C-216/97 – Gregg, ECLI:EU:C:1999:390, Rz. 21, UR 1999, 419; seitdem ständige Rechtsprechung, vgl. z.B. EuGH v. 12.1.2006 – Rs. C-246/04 – Turn- und Sportunion Waldburg, ECLI:EU:C:2006:22, Rz. 34, UR 2006, 224; v. 26.6.2005 – Rs. C-498/03 – Kingscrest Associates und Montecello, ECLI:EU:C:2005:322, Rz. 36, UR 2005, 453; v. 17.2.2005 – Rs. C-453/02 – Linneweber und Akritidis, ECLI:EU:C:2005:92, Rz. 25; v. 6.11.2003 – Rs. C-45/01 – Dornier, ECLI:EU:C:2003:595, Rz. 83, UR 2003, 584 m. Anm. *Widmann*; v. 10.11.2002 – Rs. C-141/00 – Kügler, ECLI:EU:C:2002:473, Rz. 30, UR 2002, 513; BFH v. 12.5.2005 – V B 146/03, BStBl. II 2005, 714 (715) = UR 2005, 551; v. 24.2.2000 – V R 23/99, BStBl. II 2000, 302 (303) = UR 2000, 253.

6 EuGH v. 28.11.2013 – Rs. C-319/12 – MDDP, ECLI:EU:C:2013:778, Rz. 37.

7 EuGH v. 28.11.2013 – Rs. C-319/12 – MDDP, ECLI:EU:C:2013:778, Rz. 37; in diesem Sinne auch schon EuGH v. 9.2.2006 – Rs. C-415/04 – Kinderopvang Enschede, ECLI:EU:C:2006:95, Rz. 23, UR 2006, 470; v. 26.6.2005 – Rs. C-498/03 – Kingscrest Associates und Montecello, ECLI:EU:C:2005:322, Rz. 49 und 51, UR 2005, 453.

8 EuGH v. 28.11.2013 – Rs. C-319/12 – MDDP, ECLI:EU:C:2013:778, Rz. 38; in diesem Sinne auch schon EuGH v. 26.6.2005 – Rs. C-498/03 – Kingscrest Associates und Montecello, ECLI:EU:C:2005:322, Rz. 52, UR 2005, 453.

ein Judotrainer an einer privaten Sportschule nicht auf Art. 132 Abs. 1 lit. i MwStSystRL berufen können.[1]

Das den Mitgliedstaaten zustehende Ermessen wird vor allem durch den **Grundsatz der Gleichbehandlung** eingeschränkt. Denn wenn bereits andere Steuerpflichtige mit vergleichbaren Tätigkeiten anerkannt wurden, kann sich bereits hieraus ein Recht auf eine Steuerbefreiung der Bildungsleistungen und der hierfür erforderlichen Anerkennung ergeben.[2] Insoweit greift auch das **Neutralitätsprinzip**, nach dem gleichartige und deshalb im Wettbewerb miteinander stehende Leistungen steuerlich gleich zu behandeln sind (Rz. 3.20 ff.).[3] Ein **Indiz für die Erbringung vergleichbarer Tätigkeiten** kann sich z.B. daraus ergeben, dass von Einrichtungen der sozialen Sicherheit die Kosten für nicht steuerfreie Leistungen ebenso übernommen werden wie bei Leistungen von Einrichtungen mit einer bereits anerkannten vergleichbaren Zielsetzung.[4] So kann es dem Grundsatz der Gleichbehandlung widersprechen, wenn ein Steuerpflichtiger mit seinen Leistungen nach den nationalen Vorschriften nicht als Begünstigter einer Steuerbefreiung anerkannt wird, während andere Steuerpflichtige mit den gleichen Tätigkeiten bereits in den Genuss einer ähnlichen Anerkennung gekommen sind und die Kosten für die jeweiligen Leistungen zum großen Teil von Krankenkassen übernommen werden.[5] Weiterhin lässt sich auch aus spezifischen Vorschriften und aus einem mit der Tätigkeit verbundenen Gemeinwohlinteresse eine Anerkennung durch den Mitgliedstaat herleiten.[6] Diese für den Sozialbereich entwickelten Anknüpfungspunkte sind grundsätzlich auch auf den Unterrichtsbereich zu übertragen.[7] 15.28

### 2. Begünstigte Erziehungs- und Bildungsleistungen

#### a) Allgemeines

Nach **Art. 132 Abs. 1 lit. i MwStSystRL** werden die Erziehung von Kindern und Jugendlichen, der Schul- und Hochschulunterricht und die Aus- und Fortbildung sowie die berufliche Umschulung von der steuerlichen Belastung durch die Mehrwertsteuer befreit. Diese Leistungen sind im Richtlinienrecht nicht weiter definiert.[8] Allerdings wird in **Art. 44 MwStVO** näher 15.29

---

1 FG Berlin-Bdb. v. 11.01.2018 – 5 K 5197/15, EFG 2018, 1226 (Revision eingelegt, Az. des BFH: XI R 6/18).

2 Vgl. im Zusammenhang mit der Anerkennung einer Einrichtung nach Art. 132 Abs. 1 lit. g und h MwStSystRL EuGH v. 26.6.2005 – Rs. C-498/03 – Kingscrest Associates und Montecello, ECLI:EU:C:2005:322, Rz. 53, UR 2005, 453.

3 Vgl. EuGH v. 28.11.2013 – Rs. C-319/12 – MDDP, ECLI:EU:C:2013:778, Rz. 54.

4 Vgl. EuGH v. 26.6.2005 – Rs. C-498/03 – Kingscrest Associates und Montecello, ECLI:EU:C:2005:322, Rz. 53, UR 2005, 453; v. 6.11.2003 – Rs. C-45/01 – Dornier, ECLI:EU:C:2003:595, Rz. 72, UR 2003, 584 m. Anm. *Widmann*; BFH v. 21.3.2007 – V R 28/04, BStBl. II 2010, 999 (1002) = UR 2007, 687.

5 EuGH v. 26.6.2005 – Rs. C-498/03 – Kingscrest Associates und Montecello, ECLI:EU:C:2005:322, Rz. 53, UR 2005, 453.

6 EuGH v. 21.1.2016 – Rs. C-335/14 – Les Jardins de Jouvence, ECLI:EU:C:2016:36, Rz. 35, UR 2016, 391; v. 15.11.2012 – Rs. C-174/11 – Zimmermann, ECLI:EU:C:2012:716, Rz. 31, UR 2013, 35; BFH v. 10.8.2016 – V R 38/15, UR 2016, 879 = DStR 2016, 2459 (2461).

7 BFH v. 29.3.2017 – XI R 6/16, UR 2017, 509 = DStR 2017, 1386 (1388); BFH v. 10.8.2016 – V R 38/15, UR 2016, 879 = DStR 2016, 2459 (2461); v. 18.2.2016 – V R 46/14, UR 2016, 584 = DStR 2016, 1103 (1107); v. 21.3.2007 – V R 28/04, BStBl. II 2010, 999 (1002) = UR 2007, 687.

8 Vgl. EuGH v. 14.6.2007 – Rs. C-434/05 – Horizon College, ECLI:EU:C:2007:343, Rz. 17, UR 2007, 587.

ausgeführt, welche Leistungen dem Begriff der Aus- und Fortbildung sowie der beruflichen Umschulung unterfallen. Darüber hinaus werden mehrwertsteuerrechtliche Leistungen, die mit den vorgenannten Erziehungs- und Bildungsleistungen eng verbunden sind, ebenfalls als steuerfrei behandelt.

15.30 Für die Ausübung einer begünstigten dem Gemeinwohl dienenden Tätigkeit i.S.d. Art. 132 Abs. 1 lit. i MwStSystRL ist es unerheblich, dass diese gleichzeitig einen **gewerblichen Charakter** besitzt.[1] Maßgeblich ist insoweit allein, ob der mit der Steuerbefreiung verfolgte Zweck gewahrt bleibt.[2] Denn die gewerbliche Erbringung einer begünstigen Leistung schließt nicht aus, dass die Steuerbefreiung wie bei einer nicht gewerblichen Erziehungs- oder Bildungsleistung zu einer Minderung des Preises führt. Zudem wird in Art. 133 lit. a MwStSystRL den Mitgliedstaaten die Möglichkeit eingeräumt, die Inanspruchnahme der Steuerbefreiung davon abhängig zu machen, dass mit der Ausübung einer begünstigten Tätigkeit keine systematische Gewinnerzielung angestrebt wird (Rz. 10.13). Im Umkehrschluss steht danach der gewerbliche Charakter der Ausübung einer nach Art. 132 MwStSystRL begünstigten Tätigkeit nicht zwingend entgegen.[3] Daher wird auch in den Befreiungstatbeständen des Art. 132 Abs. 1 lit. l, m und q MwStSystRL abweichend und explizit vorausgesetzt, dass die danach befreiten Tätigkeiten ohne Gewinnstreben ausgeübt werden müssen bzw. die Tätigkeiten keinen gewerblichen Charakter besitzen dürfen.[4]

15.31 Die Steuerbefreiung für die gewerbliche Ausübung von Erziehungs- und Bildungsleistungen ist auch nicht nach **Art. 134 lit. b MwStSystRL** (Rz. 10.143 ff.) ausgeschlossen. Danach dürfen zwar solche Leistungen nicht von der Steuer befreit werden, die im Wesentlichen dazu bestimmt sind, der Einrichtung zusätzliche Einnahmen durch Umsätze zu verschaffen, die in unmittelbarem Wettbewerb mit Umsätzen von der Mehrwertsteuer unterliegenden gewerblichen Unternehmen bewirkt werden. Allerdings gilt diese Einschränkung nur für eng mit den steuerbefreiten Erziehungs- oder Bildungsleistungen verbundenen Nebenleistungen (Rz. 15.42), nicht aber für den nach Art. 132 Abs. 1 lit. i MwStSystRL befreiten Kernbereich der Erziehungs- und Bildungsleistungen.[5] So ergibt sich z.B. die Steuerfreiheit für ein veranstaltetes Bildungsseminar allein aus Art. 132 Abs. 1 lit. i MwStSystRL. Ob der Veranstalter das Seminar aus gewerblichen Motiven erbringt, ist dabei ohne Bedeutung. Wird hingegen in den Seminarpausen Kaffee angeboten, handelt es sich insoweit um eine eng mit der steuerbefreiten Seminarleistung verbundene Nebenleistung.[6] Diese Nebenleistung ist nur dann nach Art. 132 Abs. 1 lit. i MwStSystRL als steuerfrei zu behandeln, wenn sie nicht i.S.d. Art. 134 lit. b MwStSystRL dazu bestimmt ist, dem Veranstalter zusätzliche Einnahmen zu verschaffen und wenn

1 EuGH v. 28.11.2013 – Rs. C-319/12 – MDDP, ECLI:EU:C:2013:778, Rz. 27; v. 26.6.2005 – Rs. C-498/03 – Kingscrest Associates und Montecello, ECLI:EU:C:2005:322, Rz. 31, UR 2005, 453; v. 3.4.2003 – Rs. C-144/00 – Hoffmann, ECLI:EU:C:2003:192, Rz. 37, UR 2003, 248 = UR 2003, 286 m. Anm. *Nieskens*.

2 EuGH v. 28.11.2013 – Rs. C-319/12 – MDDP, ECLI:EU:C:2013:778, Rz. 27.

3 EuGH v. 28.11.2013 – Rs. C-319/12 – MDDP, ECLI:EU:C:2013:778, Rz. 30; v. 26.6.2005 – Rs. C-498/03 – Kingscrest Associates und Montecello, ECLI:EU:C:2005:322, Rz. 38, UR 2005, 453; v. 3.4.2003 – Rs. C-144/00 – Hoffmann, ECLI:EU:C:2003:192, Rz. 38, UR 2003, 248 = UR 2003, 286 m. Anm. *Nieskens*.

4 Vgl. auch EuGH v. 28.11.2013 – Rs. C-319/12 – MDDP, ECLI:EU:C:2013:778, Rz. 29; v. 26.6.2005 – Rs. C-498/03 – Kingscrest Associates und Montecello, ECLI:EU:C:2005:322, Rz. 37, UR 2005, 453.

5 EuGH v. 28.11.2013 – Rs. C-319/12 – MDDP, ECLI:EU:C:2013:778, Rz. 32.

6 BFH v. 7.10.2010 – V R 12/10, BStBl. II 2011, 303 (305 f.) = UR 2011, 154.

der damit erzielte Umsatz nicht in unmittelbarem Wettbewerb mit nicht steuerbefreiten Umsätzen von gewerblichen Unternehmen bewirkt wird.

### b) Erziehung von Kindern und Jugendlichen

Art. 132 Abs. 1 lit. i MwStSystRL befreit die Umsätze aus der Erziehung von Kindern und Jugendlichen. Welche Tätigkeiten vom Begriff der **Erziehung** genau umfasst werden, ist bisher weder durch das Richtlinienrecht noch durch seine Auslegung durch den EuGH näher geklärt.[1] In Ansehung des weiten Begriffs der Erziehung ist es nachvollziehbar, dass sowohl der Richtliniengeber als auch der EuGH bisher von dem Versuch einer allgemeinen und abschließenden Definition abgesehen haben. Im Rahmen der Auslegung ist zu berücksichtigen, dass zwar auf der einen Seite die Begriffe einer Steuerbefreiung eng auszulegen sind, auf der anderen Seite aber die Auslegung auch mit den Zielen der Steuerbefreiung vereinbar sein muss (Rz. 15.4). Vor diesem Hintergrund empfiehlt sich eine Anknüpfung an die fachliche bzw. erziehungswissenschaftliche Bedeutung des Begriffs: 15.32

„Erziehung ist die soziale Interaktion zwischen Menschen, bei der ein Erwachsener planvoll und zielgerichtet versucht, bei einem Kind unter Berücksichtigung der Bedürfnisse und der persönlichen Eigenart des Kindes erwünschtes Verhalten zu entfalten und zu stärken. Erziehung ist Bestandteil des umfassenden Sozialisierungsprozesses; der Bestandteil nämlich, bei dem von Erwachsenen versucht wird, bewusst in den der Persönlichkeitsentwicklung von Kindern einzugreifen – mit dem Ziel, sie zu selbständigen, leistungsfähigen und verantwortungsvollen Menschen zu bilden."[2]

Bei dem Begriff der Erziehung handelt es sich zwar um einen autonom auszulegenden Begriff des Unionsrechts, jedoch führt sein weiter Anwendungsbereich im Ergebnis dazu, dass die Mitgliedstaaten bei der Umsetzung dieser Steuerbefreiung und der Konkretisierung dieses Begriffs mittels weiterer Voraussetzung über einen gewissen **Gestaltungsspielraum** verfügen.[3] 15.33

Die Begriffe **Kinder und Jugendliche** sind ebenfalls nicht näher im Richtlinienrecht bestimmt. Wegen der auch insoweit gebotenen unionsrechtlich autonomen Auslegung scheidet eine Anknüpfung an bestehende nationale Definitionen oder an nationale Altersgrenzen aus. Hierfür spricht auch, dass z.B. die englische Sprachfassung allgemeiner von *young people's education* spricht. Ausgehend vom Erziehungsbegriff liegt es nahe, den Begriff des Jugendlichen als Umschreibung eines Prozesses, nämlich als Übergangsphase von der Kindheit hin zum selbständigen, leistungsfähigen und verantwortungsvollen Erwachsenen zu interpretieren. Daher sollte der Begriff des Jugendlichen jeweils in **Bezug auf die konkrete Erziehungsleistung** ausgelegt werden (Rz. 14.15 f.). 15.34

Maßgeblich ist danach, ob die Erziehungsleistung sich an Menschen richtet, deren **Sozialisierungsprozess** in der Regel als noch nicht abgeschlossen anzusehen ist. So kann eine mehrtätige geführte Bergwanderung darauf ausgelegt sein, als Gruppenerfahrung die Persönlichkeitsentwicklung der Teilnehmenden hin zu selbständigen, leistungsfähigen und verantwortungsvollen Menschen zu fördern. Richtet sich das Angebot z.B. an junge Mitarbeiter eines Unternehmens in einem Alter von 21–23 Jahren, dürften diese in typischer Weise den Übergangsprozess der Jugend abgeschlossen haben. Richtet sich das Angebot jedoch an Menschen mit sozialen Entwicklungsdefiziten in einem Alter von 21–23 Jahren, ist nicht da- 15.35

1 *Oelmaier* in Sölch/Ringleb, § 4 Nr. 21 UStG Rz. 19.
2 *Hurrelmann*, Pädagogik 7–8 (1994), 13.
3 I.E. wie hier *Langer* in Reiß/Kraeusel/Langer, Art. 131–137 MwStSystRL Rz. 58.

von auszugehen, dass diese den als Jugend bezeichneten Sozialisierungsprozess bereits vollendet haben. Folglich handelt es sich im letzteren Fall um die Erziehung von Jugendlichen.

### c) Schul- und Hochschulunterricht

15.36 Der EuGH hat in seiner Rechtsprechung bisher von einer abschließenden Definition des Schul- und Hochschulunterrichts abgesehen.[1] Gleichwohl finden sich in seiner Rechtsprechung Anhaltspunkte und Kriterien, um diesen Begriff näher zu skizzieren. Dabei gilt als Grundsatz, dass dieser Begriff **nicht besonders eng ausgelegt** werden darf. Denn andernfalls besteht die Gefahr, dass es hierdurch zu einer unter den Mitgliedstaaten abweichenden Anwendung des Richtlinienrechts kommt, da die jeweiligen Schul- und Hochschulsysteme unterschiedlich gestaltet sind.[2]

15.37 Aus Sicht des EuGH umfasst der Begriff des Schul- und Hochschulunterrichts eine **Gesamtheit von mehreren einzelnen Elementen**.[3] Hierzu gehört zum einen, dass der Unterrichtende an die Schülerinnen und Schüler bzw. an die Studierenden Kenntnisse und Fähigkeiten vermittelt.[4] Zum anderen besteht eine begünstigte Unterrichtsleistung auch aus Elementen, die den organisatorischen Rahmen einer zu begünstigenden Einrichtung ausmachen.[5] Daher reicht allein die Vermittlung von Kenntnissen und Fähigkeiten nicht aus, um eine steuerfreie Unterrichtsleistung i.S.d. Art. 132 Abs. 1 lit. i MwStSystRL zu erbringen.[6] So handelt es sich bei der Überlassung eines angestellten Lehrers an eine andere Einrichtung um keine Bildungsleistung, wenn nicht die überlassende Einrichtung, sondern die Zieleinrichtung den organisatorischen Rahmen für dessen Unterrichtsleistung setzt, indem sie die Aufgaben und die Funktion des Lehrers bestimmt.[7]

15.38 Der Begriff des Unterrichts beschränkt sich nicht auf Unterrichtsleistungen, die zu einer Abschlussprüfung für die Erlangung einer Qualifikation führt oder einer Ausbildung im Hinblick auf die Ausübung einer Berufstätigkeit dient.[8] Ein direkter Bezug zu einem bestimmten Beruf ist daher nicht erforderlich.[9] Vielmehr umfasst dieser Begriff auch unterrichtende Tätigkeiten, welche innerhalb der Organisation einer Schule oder Hochschule erteilt werden, um allgemein die **Kenntnisse und Fähigkeiten** der Schülerinnen und Schüler und der Studierenden zu **ent-**

1 EuGH v. 28.1.2010 – Rs. C-473/08 – Eulitz, ECLI:EU:C:2010:47, Rz. 29, UR 2010, 174.

2 EuGH v. 28.1.2010 – Rs. C-473/08 – Eulitz, ECLI:EU:C:2010:47, Rz. 36, UR 2010, 174; v. 14.6.2007 – Rs. C-445/05 – Haderer, ECLI:EU:C:2007:344, Rz. 24, UR 2007, 592.

3 EuGH v. 14.6.2007 – Rs. C-434/05 – Horizon College, ECLI:EU:C:2007:343, Rz. 20, UR 2007, 587; bestätigt in EuGH v. 28.1.2010 – Rs. C-473/08 – Eulitz, ECLI:EU:C:2010:47, Rz. 30, UR 2010, 174.

4 EuGH v. 14.6.2007 – Rs. C-434/05 – Horizon College, ECLI:EU:C:2007:343, Rz. 18, UR 2007, 587.

5 EuGH v. 14.6.2007 – Rs. C-434/05 – Horizon College, ECLI:EU:C:2007:343, Rz. 20, UR 2007, 587.

6 EuGH v. 14.6.2007 – Rs. C-434/05 – Horizon College, ECLI:EU:C:2007:343, Rz. 19, UR 2007, 587.

7 EuGH v. 14.6.2007 – Rs. C-434/05 – Horizon College, ECLI:EU:C:2007:343, Rz. 21 f., UR 2007, 587.

8 EuGH v. 14.6.2007 – Rs. C-445/05 – Haderer, ECLI:EU:C:2007:344, Rz. 26, UR 2007, 592; *Philipowski*, UR 2008, 585 (586).

9 Mit Hinweis auf Art. 44 MwStVO, der gerade Leistungen mit einem beruflichen Bezug erfasst, BFH v. 24.1.2008 – V R 3/05, BStBl. II 2012, 267 (270) = UR 2008, 552; v. 10.1.2008 – V R 52/06, UR 2008, 276 = BFH/NV 2008, 725 (727).

**wickeln.**[1] Der **BFH folgert** daraus, dass nach Art. 132 Abs. 1 lit. i MwStSystRL auch Leistungen begünstigt werden, die weder Teil einer gesetzlich geregelten Berufsaus- oder Berufsfortbildung sind noch auf einen bestimmten Beruf vorbereiten.[2] Es kommt auf die Art der erbrachten Leistung und ihre generelle **Eignung als Schul- oder Hochschulunterricht** an. Danach handelt es sich z.B. auch beim Unterricht im Rahmen einer Kampfsportschule[3] oder die Durchführung von Kursen zu „Sofortmaßnahmen am Unfallort“[4] um förderungsfähige Unterrichtsleistungen, wenn vergleichbare Leistungen an Schulen oder Hochschulen erbracht werden. Die Ziele derjenigen, die den Schul- oder Hochschulunterricht in Anspruch nehmen, sind hingegen unbeachtlich.[5] Deswegen ist es z.B. für die Frage der generellen Eignung als Schul- oder Hochschulunterricht auch ohne Belang, wie hoch der Anteil der Schüler ist, die Ballettunterricht tatsächlich im Hinblick auf eine Berufsausbildung oder eine Prüfungsvorbereitung besuchen oder später tatsächlich den Beruf des Tänzers ergreifen.[6] Vor diesem Hintergrund kann auch der Schwimmunterricht für Kinder[7], die Leistungen eines Museumsführers[8] oder auch Tangounterricht[9] als Unterrichtsleistung der Steuerbefreiung des Art. 132 Abs. 1 lit. i MwStSystRL unterfallen.

Für die Qualifizierung als begünstigte Unterrichtsleistung ist es **unerheblich**, ob es sich dabei für die daran teilnehmenden Schülerinnen und Schüler bzw. Studierenden um eine **erstmalige Schul- oder Hochschulausbildung** handelt oder ob daran teilnehmende Personen bereits einen Schul- oder Hochschulabschluss besitzen, welcher gerade die Grundlage für eine anvisierte Berufsausbildung darstellt.[10] 15.39

Keine begünstigten Schul- oder Hochschulunterrichtsleistungen liegen hingegen vor, wenn die fragliche Leistung den Charakter einer bloßen **Freizeitgestaltung** besitzt.[11] Die Feststel- 15.40

1 S. hierzu insgesamt EuGH v. 28.1.2010 – Rs. C-473/08 – Eulitz, ECLI:EU:C:2010:47, Rz. 29, UR 2010, 174; v. 14.6.2007 – Rs. C-445/05 – Haderer, ECLI:EU:C:2007:344, Rz. 26, UR 2007, 592; sich dem anschließend BFH v. 10.8.2016 – V R 38/15, UR 2016, 879 = DStR 2016, 2459 (2460); v. 28.5.2013 – XI R 35/11, BStBl. II 2013, 879 (882) = UR 2013, 712; v. 24.1.2008 – V R 3/05, BStBl. II 2012, 267 (269) = UR 2008, 552; v. 10.1.2008 – V R 52/06, UR 2008, 276 = BFH/NV 2008, 725 (727).

2 BFH v. 28.5.2013 – XI R 35/11, BStBl. II 2013, 879 (882) = UR 2013, 712; anders noch BFH v. 18.12.2003 – V R 62/02, BStBl. II 2004, 252 (254) = UR 2004, 199.

3 BFH v. 28.5.2013 – XI R 35/11, BStBl. II 2013, 879 (880) = UR 2013, 712.

4 BFH v. 10.1.2008 – V R 52/06, UR 2008, 276 = BFH/NV 2008, 725 (726).

5 BFH v. 28.5.2013 – XI R 35/11, BStBl. II 2013, 879 (882); v. 24.1.2008 – V R 3/05, BStBl. II 2012, 267 (269); v. 18.12.2003 – V R 62/02, BStBl. II 2004, 252 (254); *Nieskens*, UR 2013, 175 (180).

6 BFH v. 24.1.2008 – V R 3/05, BStBl. II 2012, 267 (269 f.) = UR 2008, 552.

7 BFH v. 5.6.2014 – V R 19/13, UR 2014, 735 = BFH/NV 2014, 1687; FG München v. 13.09.2018 – 3 K 1868/17, EFG 2018, 1920 (Revision eingelegt, Az. des BFH: V R 32/18); FG BW v. 14.6.2018 – 1 K 3226/15, juris; FG Münster v. 15.8.2017 – 15 K 2689/14, EFG 2017, 1699 = DStRE 2018, 1306.

8 FG Münster v. 8.10.2018 – 5 K 1215/16, EFG 2018, 2072 (Revision eingelegt, Az. des BFH: XI R 37/18).

9 FG Berlin-Bdb. v. 8.11.2017 – 5 K 5108/15, EFG 2018, 691 (Revision eingelegt, Az. des BFH: V R 66/17).

10 EuGH v. 28.1.2010 – Rs. C-473/08 – Eulitz, ECLI:EU:C:2010:47, Rz. 35, UR 2010, 174.

11 EuGH v. 28.1.2010 – Rs. C-473/08 – Eulitz, ECLI:EU:C:2010:47, Rz. 29, UR 2010, 174; v. 14.6.2007 – Rs. C-445/05 – Haderer, ECLI:EU:C:2007:344, Rz. 26, UR 2007, 592; sich dem anschließend BFH v. 28.5.2013 – XI R 35/11, BStBl. II 2013, 879 (882) = UR 2013, 712; v. 24.1.2008 – V R 3/05, BStBl. II 2012, 267 (269) = UR 2008, 552; v. 10.1.2008 – V R 52/06, UR 2008, 276 = BFH/NV 2008, 725 (726).

lungen darüber sind grundsätzlich von den nationalen Gerichten zu treffen.[1] So können sich nach der Rechtsprechung **des BFH** Anhaltspunkte für eine bloße Freizeitgestaltung z.B. aus dem Teilnehmerkreis oder aus der thematischen Zielsetzung eines Lehrgangs ergeben.[2] Daher handelt es sich z.B. bei Kampfsportkursen für Kinder oder zur „Fettverbrennung" nicht um förderungswürdige Unterrichtsleistungen.[3] Gleiches gilt für Tanzkurse, die sich gezielt an Senioren oder an nur allgemein am Tanz interessierte Menschen richten.[4]

### d) Aus- und Fortbildung sowie berufliche Umschulung

15.41 Nach Art. 132 Abs. 1 lit. i MwStSystRL werden Leistungen begünstigt, die der Aus- und Fortbildung sowie der beruflichen Umschulung dienen. Der Umfang der danach erfassten Leistungen wird in **Art. 44 MwStVO** näher definiert. So werden Schulungsmaßnahmen mit direktem Bezug zu einem Gewerbe oder einem Beruf sowie jegliche Schulungsmaßnahme, die dem Erwerb oder der Erhaltung beruflicher Kenntnisse dient, erfasst. Die Dauer der Ausbildung, Fortbildung oder beruflichen Umschulung ist hierfür unerheblich. Daher fallen grundsätzlich auch einzelne Vorträge oder Tagesseminare in den Anwendungsbereich des Art. 132 Abs. 1 lit. i MwStSystRL.[5]

### e) Eng verbundene Leistungen

15.42 Die Befreiungsvorschrift des Art. 132 Abs. 1 lit. i MwStSystRL befreit nicht nur die Erziehungs- und Bildungsleistungen, sondern auch die damit eng verbundenen mehrwertsteuerrechtlichen Leistungen als sog. **Nebenleistungen**. Entgegen der grundsätzlichen Direktive, dass die Begriffe der Regelungen von Steuerbefreiungen wegen ihrer Ausnahmewirkung eng auszulegen sind (Rz. 15.4), ist für das Kriterium einer mit den Erziehungs- und Bildungsleistungen eng verbundenen Leistung eine solche **besonders enge Auslegung nicht geboten**.[6] Denn wie die Befreiung der Erziehungs- und Bildungsleistungen selbst dient auch die Befreiung der damit eng verbundenen Leistungen der Verringerung der Kosten und verhindert daher, dass der Zugang zu den Erziehungs- und Bildungsleistungen durch die um die steuerliche Last erhöhten Kosten versperrt wird.[7]

15.43 In Ansehung des Richtlinienrechts sowie der hierzu ergangenen Rechtsprechung des EuGH lassen sich **im Wesentlichen drei Voraussetzungen** für das Vorliegen einer steuerfreien eng verbundenen Leistung i.S.d. Art. 132 Abs. 1 lit. i MwStSystRL wie folgt zusammenfassen:[8]

---

1 EuGH v. 28.1.2010 – Rs. C-473/08 – Eulitz, ECLI:EU:C:2010:47, Rz. 37, UR 2010, 174; v. 14.6.2007 – Rs. C-445/05 – Haderer, ECLI:EU:C:2007:344, Rz. 38, UR 2007, 592.

2 BFH v. 28.5.2013 – XI R 35/11, BStBl. II 2013, 879 (882) = UR 2013, 712; v. 24.1.2008 – V R 3/05, BStBl. II 2012, 267 (270) = UR 2008, 552.

3 BFH v. 28.5.2013 – XI R 35/11, BStBl. II 2013, 879 (882) = UR 2013, 712.

4 BFH v. 24.1.2008 – V R 3/05, BStBl. II 2012, 267 (270) = UR 2008, 552.

5 *Tehler* in Rau/Dürrwächter, § 4 Nr. 21 UStG Rz. 256.

6 EuGH v. 20.6.2002 – Rs. C-287/00 – Kommission/Deutschland, ECLI:EU:C:2002:388, Rz. 47, UR 2002, 316 = UR 2002, 374 m. Anm. *Strahl*.

7 EuGH v. 20.6.2002 – Rs. C-287/00 – Kommission/Deutschland, ECLI:EU:C:2002:388, Rz. 47, UR 2002, 316 = UR 2002, 374 m. Anm. *Strahl*.

8 EuGH v. 4.5.2017 – Rs. C-699/15 – Brockenhurst College, ECLI:EU:C:2017:344, Rz. 26, UR 2017, 435; v. 14.6.2007 – Rs. C-434/05 – Horizon College, ECLI:EU:C:2007:343, Rz. 34 ff.; *Becker/Kretzschmann*, UR 2007, 873 (878); *Wagner/Raudszus*, UStB 2007, 283 (291).

- Sowohl die Haupt- als auch die Nebenleistung müssen die **Anforderungen des Art. 132 Abs. 1 lit. i MwStSystRL** erfüllen. Dies ist der Fall, wenn die eng verbundene (Neben-) Leistung und die begünstigte Hauptleistung von einem (nicht zwingend denselben) nach Art. 132 Abs. 1 lit. i MwStSystRL begünstigten Steuerpflichtigen ausgeübt werden.
- Die eng verbundene Leistung muss gem. **Art. 134 lit. a MwStSystRL** für die Ausübung der steuerbefreiten Hauptleistung unerlässlich sein.
- Die eng verbundene Leistung darf gem. **Art. 134 lit. b MwStSystRL** nicht im Wesentlichen dazu bestimmt sein, dem Steuerpflichtigen zusätzliche Einnahmen durch Umsätze zu verschaffen, die in unmittelbarem Wettbewerb mit steuerpflichtigen Umsätzen anderer gewerblicher Unternehmer stehen.

Im Richtlinienrecht finden sich keine expliziten Anhaltspunkte dafür, anhand welcher Kriterien darüber zu entscheiden ist, ob eine **enge Verbindung** vorliegt oder nicht (Rz. 14.22 f.).[1] Im Umkehrschluss aus dem Wortlaut der Vorschrift folgt jedoch, dass zumindest solche Leistungen, die weder zur Kinder- und Jugenderziehung, zum Schul- und Hochschulunterricht noch zur Ausbildung, Fortbildung oder beruflichen Umschulung einen Bezug aufweisen, von einer Steuerbefreiung ausgeschlossen sind.[2] Zwischen der begünstigten Hauptleistung und der damit eng verbundenen Nebenleistung muss daher ein **hinreichend enger Zusammenhang** bestehen.[3] Danach steht z.B. die Überlassung eines Lehrers an eine andere Bildungseinrichtung zur vorübergehenden Unterrichtserteilung in einem engen Zusammenhang mit der förderungswürdigen Hauptleistung der Unterrichtserteilung der anderen Einrichtung.[4] Demgegenüber stellen Beherbergungs- und Verpflegungsleistungen grundsätzlich keine mit den nach Art. 132 Abs. 1 lit. i MwStSystRL befreiten Erziehungs- und Bildungsleistungen eng verbundenen Nebenleistungen dar (Rz. 10.136). 15.44

Eine enge Verbindung erfordert darüber hinaus, dass die fragliche mehrwertsteuerrechtliche Leistung **tatsächlich als eine Nebenleistung** von einem nach Art. 132 Abs. 1 lit. i MwStSystRL begünstigten Steuerpflichtigen zu einer danach ebenfalls begünstigten Erziehungs- oder Bildungsleistung als Hauptleistung[5] erbracht wird.[6] Daher muss der die Hauptleistung ausübende Steuerpflichtige in persönlicher Hinsicht dem Anwendungsbereich der Steuerbefreiung unterliegen.[7] Eine Nebenleistung liegt vor, wenn diese „keinen eigenen Zweck erfüllt, sondern 15.45

1 EuGH v. 4.5.2017 – Rs. C-699/15 – Brockenhurst College, ECLI:EU:C:2017:344, Rz. 24, UR 2017, 435; v. 14.6.2007 – Rs. C-434/05 – Horizon College, ECLI:EU:C:2007:343, Rz. 27, UR 2007, 587; v. 20.6.2002 – Rs. C-287/00 – Kommission/Deutschland, ECLI:EU:C:2002:388, Rz. 46, UR 2002, 316 = UR 2002, 374 m. Anm. *Strahl*; *Wagner/Raudszus*, UStB 2007, 283 (291).

2 EuGH v. 14.6.2007 – Rs. C-434/05 – Horizon College, ECLI:EU:C:2007:343, Rz. 27, UR 2007, 587; ähnlich z.B. im Zusammenhang mit Art. 132 Abs. 1 lit. b MwStSystRL EuGH v. 10.6.2010 – Rs. C-262/08 – CopyGene, ECLI:EU:C:2010:328, Rz. 38, UR 2010, 526 m. Anm. *Hölzer*.

3 EuGH v. 10.6.2010 – Rs. C-262/08 – CopyGene, ECLI:EU:C:2010:328, Rz. 38, 48, UR 2010, 526 m. Anm. *Hölzer*; v. 1.12.2005 – Rs. C-394/04 – Ygeia, ECLI:EU:C:2005:734, Rz. 17.

4 EuGH v. 14.6.2007 – Rs. C-434/05 – Horizon College, ECLI:EU:C:2007:343, Rz. 30, UR 2007, 587.

5 EuGH v. 9.2.2006 – Rs. C-415/04 – Kinderopvang Enschede, ECLI:EU:C:2006:95, Rz. 22, UR 2006, 470.

6 EuGH v. 4.5.2017 – Rs. C-699/15 – Brockenhurst College, ECLI:EU:C:2017:344, Rz. 24, UR 2017, 435; v. 10.6.2010 – Rs. C-262/08 – CopyGene, ECLI:EU:C:2010:328, Rz. 39, UR 2010, 526 m. Anm. *Hölzer*; v. 14.6.2007 – Rs. C-434/05 – Horizon College, ECLI:EU:C:2007:343, Rz. 28, UR 2007, 587; v. 1.12.2005 – Rs. C-394/04 – Ygeia, ECLI:EU:C:2005:734, Rz. 18.

7 EuGH v. 14.6.2007 – Rs. C-434/05 – Horizon College, ECLI:EU:C:2007:343, Rz. 34 ff., UR 2007, 587.

das Mittel darstellt, um die Hauptleistung unter den bestmöglichen Bedingungen zu erhalten."[1] Es ist jedoch nicht erforderlich, dass es sich dabei um eine Nebenleistung zu einer erbrachten Hauptleistung desselben Steuerpflichtigen handelt.[2] Daher kann auch die entgeltliche Überlassung einer Lehrkraft von einer Hochschule an eine andere Hochschule eine steuerfreie Nebenleistung zu der von der anderen Hochschule erbrachten steuerfreien Unterrichtsleistung gegenüber den Studierenden sein.[3]

15.46 Der Umfang der nach Art. 132 Abs. 1 lit. i MwStSystRL zu befreienden Nebenleistungen wird durch die zwingenden Vorgaben des Art. 134 MwStSystRL eingeschränkt. Denn dieser gilt zwar nicht für den Kernbereich der befreiten Erziehungs- und Bildungsleistungen, jedoch für solche Leistungen, die eng mit steuerbefreiten Erziehungs- und Bildungsleistungen verbunden sind (Rz. 14.6).[4] Daher sind gem. **Art. 134 lit. a MwStSystRL** solche Leistungen zwingend als steuerpflichtig zu behandeln, die nicht unter Berücksichtigung aller konkreten Umstände[5] für die Ausübung steuerbefreiter Erziehungs- und Bildungsleistungen **unerlässlich** sind (Rz. 10.114 ff.).[6] Nach der Rechtsprechung des EuGH ist eine Nebenleistung unerlässlich, wenn sie von solcher Art oder Qualität ist, dass ohne Rückgriff auf eine derartige Dienstleistung keine Gleichwertigkeit der Hauptleistung gewährleistet wäre.[7] Folglich muss die Nebenleistung **für die begünstigte Hauptleistung unverzichtbar** sein. Es reicht nicht aus, dass die Nebenleistung für die Hauptleistung sehr nützlich ist.[8] Dies gilt im Zusammenhang mit Erziehungs- und Bildungsleistungen vor allem für Beherbergungs- und Verpflegungsleistungen (Rz. 10.136). Denn diese erhöhen in der Regel nur den Komfort und das Wohlbefinden bei der Inanspruchnahme der Bildungsmaßnahme und sind daher zwar nützlich, aber nicht unerlässlich.[9] Etwas anderes gilt jedoch z.B. für geringfügige Verpflegungsleistungen, die im Rahmen von Kaffeepausen bei ganztägigen Seminaren erbracht werden.[10]

15.47 In Ansehung der vorgenannten Grundsätze stellt der EuGH insgesamt **hohe Anforderungen** an das Vorliegen einer steuerbegünstigten Nebenleistung. Denn diese muss von solcher Art sein, dass das gleiche Niveau und die gleiche Qualität der Hauptleistung durch den Rück-

1 EuGH v. 10.6.2010 – Rs. C-262/08 – CopyGene, ECLI:EU:C:2010:328, Rz. 40, UR 2010, 526 m. Anm. *Hölzer*; v. 14.6.2007 – Rs. C-434/05 – Horizon College, ECLI:EU:C:2007:343, Rz. 29, UR 2007, 587; v. 1.12.2005 – Rs. C-394/04 – Ygeia, ECLI:EU:C:2005:734, Rz. 19.

2 EuGH v. 14.6.2007 – Rs. C-445/05 – Haderer (ECLI:EU:C:2007:344), Rz. 32, UR 2007, 592; *Korf*, IStR 2007, 549 (551); *Tehler* in Rau/Dürrwächter, § 4 Nr. 21 UStG Rz. 280.

3 Vgl. EuGH v. 14.6.2007 – Rs. C-434/05 – Horizon College, ECLI:EU:C:2007:343, Rz. 31 f., UR 2007, 587.

4 EuGH v. 28.11.2013 – Rs. C-319/12 – MDDP, ECLI:EU:C:2013:778, Rz. 32; v. 1.12.2005 – Rs. C-394/04 – Ygeia, ECLI:EU:C:2005:734, Rz. 26; v. 9.2.2006 – Rs. C-415/04 – Kinderopvang Enschede, ECLI:EU:C:2006:95, Rz. 22 und 25, UR 2006, 470; BFH v. 10.7.2012 – V B 33/12, BFH/NV 2012, 1676 (1679); v. 7.10.2010 – V R 12/10, BStBl. II 2011, 303 (305) = UR 2011, 154; v. 3.4.2008 – V R 74/07, UR 2008, 698 = BFH/NV 2008, 1631 (1632).

5 EuGH v. 14.6.2007 – Rs. C-434/05 – Horizon College, ECLI:EU:C:2007:343, Rz. 41, UR 2007, 587.

6 EuGH v. 1.12.2005 – Rs. C-394/04 – Ygeia, ECLI:EU:C:2005:734, Rz. 26; v. 9.2.2006 – Rs. C-415/04 – Kinderopvang Enschede, ECLI:EU:C:2006:95, Rz. 25, UR 2006, 470.

7 EuGH v. 14.6.2007 – Rs. C-434/05 – Horizon College, ECLI:EU:C:2007:343, Rz. 39, UR 2007, 587.

8 EuGH v. 20.6.2002 – Rs. C-287/00 – Kommission/Deutschland, ECLI:EU:C:2002:388, Rz. 48, UR 2002, 316 = UR 2002, 374 m. Anm. *Strahl*.

9 BFH v. 8.3.2012 – V R 14/11, BStBl. II 2012, 630 (631) = UR 2012, 560; v. 7.10.2010 – V R 12/10, BStBl. II 2011, 303 (305) = UR 2011, 154.

10 BFH v. 7.10.2010 – V R 12/10, BStBl. II 2011, 303 (305 f.) = UR 2011, 154.

griff auf andere steuerpflichtige Leistungen eines nicht nach Art. 132 Abs. 1 lit. i MwStSystRL begünstigten Steuerpflichtigen nicht sichergestellt werden könnte (Rz. 14.30).[1] Eine Nebenleistung muss demnach alternativlos sein bzw. es muss sich dabei um eine ***conditio sine qua non***[2] handeln, um steuerlich begünstigt zu werden (Rz. 14.30). Die entsprechenden Feststellungen sind dabei von den nationalen Gerichten zu treffen.[3] Nach diesem Maßstab wäre z.B. die Beherbergung von Seminarteilnehmern grundsätzlich immer schon dann keine begünstigte Nebenleistung, wenn für die Teilnehmer andere kommerzielle Möglichkeiten zur Unterkunft bestünden. Ob diese Alternativen mit erheblichen Nachteilen für die Teilnehmer verbunden sind, z.B. eine vom Seminarort weiter entfernte Unterbringung oder höhere Kosten, kann dabei nur sehr eingeschränkt berücksichtigt werden. Denn eine große Nützlichkeit der Nebenleistung reicht allein nicht aus.[4]

Eine konsequente Auslegung nach den Grundsätzen des EuGH läuft jedoch dem von diesem ebenfalls anerkannten **Ziel der Steuerbefreiung entgegen**, wonach gerade auch die Befreiung der Nebenleistung dazu dient, die Inanspruchnahme der begünstigten Hauptleistungen nicht durch die um die Umsatzsteuer erhöhten Kosten zu versperren.[5] Der EuGH stellt mit seinem Verständnis des Art. 134 lit. a MwStSystRL erkennbar den Schutz des Wettbewerbs zwischen begünstigten und nichtbegünstigten Unternehmern über das Ziel der Steuerbefreiung. Dieses Vorgehen im Rahmen der Anwendung des Art. 134 lit. a MwStSystRL vermag schon aus dem Grund, dass der Schutz des Wettbewerbs innerhalb des Art. 134 MwStSystRL explizit in Buchstabe b aufgegriffen wird, nicht zu überzeugen (Rz. 14.30). 15.48

Die Wurzel dieser Auslegungsproblematik liegt letztlich in der **Regelung des Art. 134 lit. a MwStSystRL** selbst. So bezieht sich diese auf solche Steuerbefreiungen des Art. 132 Abs. 1 MwStSystRL, die ausdrücklich auch mit den danach befreiten Hauptleistungen eng verbundene Nebenleistungen befreien. Die Voraussetzung einer engen Verbindung schafft einen moderaten Ausgleich zwischen den Zielen einer Steuerbefreiung auf der einen Seite und einer allgemeinen Mehrwertsteuer mit einem weiten Anwendungsbereich auf der anderen Seite. Über Art. 134 lit. a MwStSystRL verliert das vermittelnde Kriterium einer engen Verbindung jedoch seine Bedeutung, denn im Ergebnis reicht keine enge Verbindung, sondern die Nebenleistung muss vielmehr unerlässlich für die Hauptleistung sein. Damit unterminiert der Art. 134 lit. a MwStSystRL im Ergebnis die zuvor getroffene Befreiungsentscheidung. In Ansehung des systematischen Verhältnisses, aus der sich eine Vorrangigkeit der Befreiungsentscheidung des Richtliniengebers ergibt, erscheint es daher insgesamt vorzugswürdig, die Auslegung des Begriffs der Unerlässlichkeit soweit wie nach dem Wortlaut möglich, dem Inhalt des Merkmals einer engen Verbindung anzunähern. Diesem Anliegen entspricht es weitgehend, wenn in der Literatur eine Nebenleistung als **unerlässlich** angesehen wird, soweit hierdurch **die Hauptleistung *erheblich und objektiv gefördert***[6] wird (Rz. 14.30). Eine solche Auslegung begründet auch nicht die gegenläufige Gefahr, dass der steuerfreie Kernbereich der begünstigten Leistun- 15.49

1 EuGH v. 14.6.2007 – Rs. C-434/05 – Horizon College, ECLI:EU:C:2007:343, Rz. 40, UR 2007, 587; so auch schon bei EuGH v. 9.2.2006 – Rs. C-415/04 – Kinderopvang Enschede, ECLI:EU:C:2006:95, Rz. 27 ff., UR 2006, 470.

2 *Ismer*, Bildungsaufwand im Steuerrecht, 274.

3 EuGH v. 14.6.2007 – Rs. C-434/05 – Horizon College, ECLI:EU:C:2007:343, Rz. 41, UR 2007, 587.

4 EuGH v. 20.6.2002 – Rs. C-287/00 – Kommission/Deutschland, ECLI:EU:C:2002:388, Rz. 48, UR 2002, 316 = UR 2002, 374 m. Anm. *Strahl*.

5 EuGH v. 20.6.2002 – Rs. C-287/00 – Kommission/Deutschland, ECLI:EU:C:2002:388, Rz. 47, UR 2002, 316 = UR 2002, 374 m. Anm. *Strahl*.

6 *Ismer*, Bildungsaufwand im Steuerrecht, 274.

gen durch die gemeinsame Erbringung mit steuerlich begünstigten Nebenleistungen insgesamt zu einer Verteuerung der zu fördernden Erziehungs- und Bildungsleistungen führt. Dem Ziel des Art. 134 lit. a MwStSystRL, nämlich auch eine Erhöhung der Kosten zu verhindern (Rz. 10.116), wird diese Auslegung des Begriffs einer unerlässlichen Nebenleistung daher ebenfalls gerecht.

15.50 Die Befreiung einer eng mit einer Erziehungs- oder Bildungsleistung verbundenen mehrwertsteuerrechtlichen Leistung scheidet weiterhin gem. **Art. 134 lit. b MwStSystRL** aus (Rz. 10.143 ff.), wenn sie im Wesentlichen dazu bestimmt ist, der Einrichtung zusätzliche Einnahmen durch Umsätze zu verschaffen, die in unmittelbarem **Wettbewerb** mit Umsätzen von der Mehrwertsteuer unterliegenden gewerblichen Unternehmen bewirkt werden. Diese Regelung stellt eine spezifische Ausprägung des mehrwertsteuerrechtlichen Neutralitätsprinzips dar.[1] Folglich ist von einem Wettbewerb dann auszugehen, wenn sich gleichartige Ausgangsumsätze gegenüberstehen.[2] Ob eine Gleichartigkeit gegeben ist, bestimmt sich grundsätzlich nach den Verwendungsmöglichkeiten der Leistung in Bezug auf die Befriedigung von Bedürfnissen eines Verbrauchers.[3] Ein Wettbewerb folgt jedoch nicht bereits daraus, dass die fragliche eng verbundene mehrwertsteuerrechtliche Leistung gegen Entgelt ausgeübt wird.[4]

15.51 In unmittelbarer Anwendung des Art. 132 Abs. 1 lit. i MwStSystRL hat der **BFH** z.B. die **Vermietung von Wohnraum durch ein Studierendenwerk** an seine Bediensteten als eine eng mit dem Hochschulunterricht verbundene Leistung beurteilt.[5] Zudem ist nach dem BFH die **Abgabe von Mahlzeiten** im Rahmen des Betriebs einer Mensa durch ein Studierendenwerk ebenfalls als eine eng mit dem Hochschulunterricht verbundene Leistung anzusehen.[6] Dies gilt sowohl für die Abgabe von Mahlzeiten an Studierende als auch an Bedienstete des Studierendenwerks, wenn Letztere zur Durchführung der Aufgaben der sozialen Betreuung und Förderung der Studierenden beschäftigt sind. Im Rahmen der beiden Urteile ist der BFH jedoch nicht auf die sich aus Art. 134 MwStSystRL ergebenden Einschränkungen für Nebenleistungen eingegangen.[7] So dürfte ein Studierendenwerk regelmäßig durch die Abgabe von Mahlzeiten an Studenten mit den steuerpflichtigen Leistungen anderer Unternehmer in einen Wettbewerb treten. Dabei ist zu berücksichtigen, dass ein Wettbewerb nach dem im Art. 134 MwStSystRL zum Ausdruck kommenden Neutralitätsgrundsatz (Rz. 10.118, 10.148 ff.) dann vorliegt, wenn sich gleichartige Leistungen gegenüberstehen.[8] Auf einen konkreten (nachweisbaren) Nachteil für die Mitwettbewerber kommt es hingegen nicht an.[9] Vor

1 EuGH v. 14.6.2007 – Rs. C-434/05 – Horizon College, ECLI:EU:C:2007:343, Rz. 43, UR 2007, 587.

2 EuGH v. 11.9.2014 – Rs. C-219/13 – K, ECLI:EU:C:2014:2207, Rz. 24, UR 2014, 820; v. 10.11.2011 – Rs. C-259/10 – The Rank Group, ECLI:EU:C:2011:719, Rz. 32; v. 14.6.2007 – Rs. C-434/05 – Horizon College, ECLI:EU:C:2007:343, Rz. 43, UR 2007, 587; v. 7.9.1999 – Rs. C-216/97 – Gregg, ECLI:EU:C:1999:390, Rz. 20, UR 1999, 419.

3 EuGH v. 10.11.2011 – Rs. C-259/10 -The Rank Group, ECLI:EU:C:2011:719, Rz. 34.

4 EuGH v. 14.6.2007 – Rs. C-434/05 – Horizon College, ECLI:EU:C:2007:343, Rz. 44, UR 2007, 587.

5 BFH v. 19.5.2005 – V R 32/03, BStBl. II 2005, 900 (902).

6 BFH v. 28.9.2006 – V R 57/05, BStBl. II 2007, 846 (847) = UR 2007, 108.

7 Hierzu ausführlich in dem zeitlich später ergangenen Urteil des EuGH v. 14.6.2007 – Rs. C-434/05 – Horizon College, ECLI:EU:C:2007:343, Rz. 38 ff., UR 2007, 587.

8 Vgl. EuGH v. 10.11.2011 – Rs. C-259/10 – The Rank Group, ECLI:EU:C:2011:719, Rz. 32 f.

9 Das FG Rh.-Pf. v. 7.8.2014 – 6 K 1387/11, EFG 2014, 2090 (2091), hat unter Rückgriff auf die Grundsätze der EuGH-Rechtsprechung zum Begriff der Wettbewerbsverzerrungen i.S.d. Art. 13 I ii MwStSystRL beim Betrieb einer Mensa ein schädliches unmittelbares Wettbewerbsverhältnis

diesem Hintergrund dürfte die Steuerbefreiung für die Abgabe von Mahlzeiten im Rahmen des Betriebs einer Mensa regelmäßig gegen den Wettbewerbsvorbehalt des Art. 134 lit. b MwStSystRL verstoßen.[1] Zumindest sind aber die beiden Urteile des BFH zu den Leistungen von Studierendenwerken wegen der fehlenden Berücksichtigung der Vorgaben des Art. 134 MwStSystRL nur noch eingeschränkt für allgemeine Folgerungen für die Rechtspraxis geeignet.

## C. Auslegung der relevanten deutschen Regelungen

### I. Allgemeines

Im Umsatzsteuergesetz ist die nach Art. 132 Abs. 1 lit. i MwStSystRL gebotene Befreiung für Erziehung- und Bildungsleistungen auf mehrere Vorschriften verteilt. Einen Schwerpunkt bildet dabei die Befreiung von Schul- und Bildungsleistungen von privaten Schulen und anderen allgemein bildenden oder berufsbildenden Einrichtungen gem. **§ 4 Nr. 21 lit. a UStG**. Einen zweiten Schwerpunkt stellt die weitgehende Befreiung von Vorträgen, Kursen und anderen Veranstaltungen wissenschaftlicher oder belehrender Art gem. **§ 4 Nr. 22 lit. a UStG** dar. Mit diesen beiden Regelungen werden folglich sowohl die Erziehungs- und Bildungsleistungen von Kindern, Jugendlichen und Heranwachsenden auf der einen Seite als auch die Leistungen im Bereich der Erwachsenenbildung auf der anderen Seite von der Steuer befreit. 15.52

In **§ 4 Nr. 21 lit. b UStG** findet sich eine spezielle Befreiungsvorschrift für die Unterrichtsleistungen von selbständigen Lehrern. Dabei handelt es sich jedoch nicht um eine Umsetzung des Art. 132 Abs. 1 lit. i MwStSystRL, sondern der insoweit ebenfalls spezielleren Richtlinienregelung des **Art. 132 Abs. 1 lit. j MwStSystRL**, welche den von Privatlehrern erteilten Schul- und Hochschulunterricht steuerlich begünstigt.[2] Einen Bezug zu nur bestimmten einzelnen Leistungen im Bereich der Erziehung und Bildung weisen hingegen die Steuerbefreiungen des **§ 4 Nr. 23, 24 und 25 UStG** auf. So befreit die Regelung des § 4 Nr. 23 UStG (Rz. 14.34 ff.) Beherbergungs- und Beköstigungsleistungen sowie übliche Naturalleistungen, wenn diese überwiegend Jugendlichen für Erziehungs-, Ausbildungs- oder Fortbildungszwecke zugutekommen. Nach § 4 Nr. 24 UStG (Rz. 14.51 ff.) werden hingegen vorrangig nur Leistungen des Deutschen Jugendherbergswerks sowie der diesem Verband angeschlossenen Untergliederungen, Einrichtungen und Jugendherbergen von der Steuer befreit. § 4 Nr. 25 UStG betrifft vorrangig Leistungen im Bereich der Jugendhilfe, von denen allerdings Einzelne auch den Bereich der Erziehung und Bildung i.S.d. Art. 132 Abs. 1 lit. i MwStSystRL betreffen. Der Schwerpunkt der unionsrechtlichen Grundlage des § 4 Nr. 23, 24 und 25 UStG liegt jedoch in der **Steuerfreiheit für Kinder- und Jugendbetreuung nach Art. 132 Abs. 1 lit. h MwStSystRL** (Rz. 14.33). 15.53

---

i.S.d. Art. 134 lit. b MwStSystRL hinsichtlich der Abgabe von Mahlzeiten an Studenten angenommen. Im Rahmen des auf das Urteil folgenden Revisionsverfahrens brauchte der BFH hierzu keine Stellung zu nehmen, vgl. BFH v. 18.2.2016 – V R 46/14, UR 2016, 584 = DStR 2016, 1103 (1107).

1 FG Rh.-Pf. v. 7.8.2014 – 6 K 1387/11, EFG 2014, 2090 (2091); *Wagner/Raudszus*, UStB 2007, 283 (292); ebenfalls das Ergebnis des BFH ablehnend *Neeser*, UVR 2008, 73 (78).

2 Eine Kommentierung der mehrwertsteuerrechtlichen Behandlung von Privatlehrern nach Art. 132 I lit. j MwStSystRL ist in diesem Werk nicht enthalten.

15.54 Indem die einzelnen **nationalen Vorschriften jeweils nur einen Teil des Anwendungsbereichs der Befreiungsvorschrift des Art. 132 Abs. 1 lit. i MwStSystRL erfassen**, gelingt die Steuerbefreiung von Erziehungs- und Bildungsleistungen im nationalen Recht im Vergleich zum Richtlinienrecht zersplittert und weniger übersichtlich. Diese abweichende Regelungstechnik allein führt jedoch nicht zu einer unionsrechtswidrigen Umsetzung des Richtlinienrechts. Denn die Mitgliedstaaten können sowohl Form als auch Mittel zur Umsetzung des Richtlinienrechts in nationales Recht wählen und besitzen damit grundsätzlich insoweit über einen Gestaltungsspielraum.[1] Allerdings darf es dabei nicht zu einer Befreiung von Erziehungs- und Bildungsleistungen kommen, die entweder über den nach Art. 132 Abs. 1 lit. i MwStSystRL unionsrechtlich gebotenen Umfang hinausgeht oder aber dahinter zurückbleibt. Daher muss grundsätzlich die Summe der in den jeweiligen nationalen Vorschriften umfassten Anwendungsbereichedem Umfang der Steuerbefreiungen für Leistungen im Bereich von Erziehung und Bildung nach der Vorgabe des Art. 132 Abs. 1 lit. i MwStSystRL entsprechen. Eine einzelne Abweichung vom vorgegebenen Anwendungsbereich des Art. 132 Abs. 1 lit. i MwStSystRL kann dabei allerding auch infolge einer richtlinienkonformen Auslegung des nationalen Rechts unter Berücksichtigung der Wahlmöglichkeiten des Art. 133 MwStSystRL (Rz. 10.62) und der zwingenden Vorgaben des Art. 134 MwStSystRL (Rz. 10.156) zulässig sein.

15.55 In Rechtsprechung[2] und Literatur[3] besteht weitgehend Einigkeit darüber, dass die **nationalen Vorschriften den Vorgaben des Richtlinienrechts** nach Art. 132 Abs. 1 lit. i MwStSystRL **nicht genügen**. Dabei zieht vor allem die Rechtsprechung die Auslegung des EuGH zum Art. 132 Abs. 1 lit. i MwStSystRL als Maßstab heran.[4] Führt die Anwendung der nationalen Befreiungsregelungen zu einem Ergebnis, welches im Widerspruch zu den inhaltlichen Vorgaben des Richtlinienrechts steht, so ist zunächst zu prüfen, ob und inwieweit einer unzureichenden Umsetzung des Richtlinienrechts durch eine **richtlinienkonforme Auslegung** der nationalen Regelung Rechnung getragen werden kann.[5] Lässt sich auf diesem Wege kein richtlinienkonformes Ergebnis erzielen, zum Beispiel, weil eine solche Auslegung entgegen des erkennbaren Willens des Gesetzgebers und damit *contra legem* erfolgte,[6] so kann sich der Steuer-

1 EuGH v. 17.10.1989 – Rs. 231/87 – Comune di Carpaneto Piacentino u.a., ECLI:EU:C:1989:381, Rz. 17; *Ruffert* in Calliess/Ruffert, Art. 288 AEUV Rz. 26.

2 Vgl. z.B. BFH v. 28.5.2013 – XI R 35/11, BStBl. II 2013, 879 (880 f.) = UR 2013, 712; v. 24.1.2008 – V R 3/05, BStBl. II 2012, 267 (268 f.) = UR 2008, 552; v. 18.1.2008 – V R 52/06, UR 2008, 276 = BFH/NV 2008, 725 (726); v. 21.3.2007 – V R 28/04, BStBl. II 2010, 999 (1001) = UR 2007, 687.

3 Vgl. z.B. *Jacobs*, Umsatzsteuer und Gemeinnützigkeit, 159; *Ehrt*, DStR 2008, 1469; *Nieskens*, UR 2013, 175 (176); *Heidner* in Bunjes, § 4 Nr. 21 UStG Rz. 8; *Tehler* in Rau/Dürrwächter, § 4 Nr. 21 UStG Rz. 51.

4 BFH v. 20.3.2014 – V R 3/13, UR 2014, 569 = BFH/NV 2014, 1175 (1176); v. 28.5.2013 – XI R 35/11, BStBl. II 2013, 879 (882) = UR 2013, 712; v. 24.1.2008 – V R 3/05, BStBl. II 2012, 267 (269 f.) = UR 2008, 552.

5 Vgl. zum Gebot der richtlinienkonformen Auslegung: EuGH v. 10.10.2013 – Rs. C-306/12 – Spedition Welter, EUCL:EU:C:2013:650, Rz. 29; v. 10.4.1984 – Rs. 14/83 – von Colson und Kamann, ECLI:EU:C:1984:153, Rz. 26; *Roth/Jopen* in Riesenhuber, Europäische Methodenlehre[3], § 13 Rz. 3; BFH v. 27.4.2006 – V R 53/04, BStBl. II 2007, 16 (18) m.w.N.; zum Vorrang der richtlinienkonformen Auslegung gegenüber der unmittelbaren Anwendung des Richtlinienrechts: EuGH v. 10.10.2013 – Rs. C-306/12 – Spedition Welter, ECLI:EU:C:2013:650, Rz. 28; v. 25.7.2008 – Rs. C-237/07 – Janecek, ECLI:EU:C:2008:447, Rz. 36; *Ehrt*, DStR 2008, 1469 (1471); *Englisch* in Tipke/Lang, Steuerrecht[22], § 4 Rz. 33.

6 Vgl. zu den Grenzen einer richtlinienkonformen Auslegung BFH v. 9.8.2007 – V R 27/04, UR 2007, 811 = BFH/NV 2007, 2213 (2214); v. 18.4.1991 – V R 122/89, UR 1991, 253 = HFR 1991, 669; *Schaumburg* in Schaumburg/Englisch, Europäisches Steuerrecht, Rz. 6.62.

pflichtige grundsätzlich auf eine **unmittelbare Anwendung des Richtlinienrechts** berufen (Rz. 15.6 f.).[1] Vor diesem Hintergrund erlangt die Vorschrift des Art. 132 Abs. 1 lit. i MwStSystRL in der maßgeblichen Auslegung durch den EuGH für die Anwendung der nationalen Befreiungsvorschriften, welche die Bereiche Erziehung und Bildung betreffen, ein besonderes Gewicht (Rz. 15.86 ff., 15.111 ff.).

## II. § 4 Nr. 21 lit. a UStG

### 1. Überblick über die Vorschrift und ihre historische Entwicklung

#### a) Inhalt

Die Regelung des **§ 4 Nr. 21 lit. a UStG** beruht auf Art. 132 Abs. 1 lit. i MwStSystRL[2] und befreit Leistungen, die unmittelbar dem Schul- und Bildungszweck dienen. Davon können grundsätzlich sowohl private Schulen als auch andere allgemein bildende oder berufsbildende Einrichtungen profitieren. Allerdings müssen private Schulen entweder den Status einer Ersatzschule besitzen oder ihnen muss als Ergänzungsschule bescheinigt werden, dass sie auf einen Beruf oder auf eine vor einer juristischen Person des öffentlichen Rechts abzulegende Prüfung ordnungsgemäß vorbereiten. Eine solche Bescheinigung benötigen auch die anderen allgemein bildenden oder berufsbildenden Einrichtungen, um ihre Leistungen steuerfrei erbringen zu dürfen. 15.56

#### b) Historische Entwicklung

Die Steuerbefreiung für die entgeltlichen Leistungen von privaten Schulen besitzt im nationalen Umsatzsteuerrecht eine lange Tradition. So waren die Umsätze privater Schulen schon ab dem 1.1.1922 befreit.[3] Nach **§ 3 Nr. 4 UStG 1926**[4] setzte die Befreiung von der Umsatzsteuer voraus, dass die Privatschulen sowohl der staatlichen Aufsicht unterliegen als auch ihren Betrieb nur mit Zuschüssen aus öffentlichen Mitteln, Stiftungen oder aus staatlich genehmigten Sammlungen aufrechterhalten können.[5] Die Begünstigung wurde mit dem **UStG 1934** zwischenzeitlich abgeschafft.[6] Das **UStG 1951**[7] enthielt mit dem **§ 4 Nr. 14 UStG** wiederum eine Steuerbefreiung für die Leistungen von Privatschulen. Dabei wurde der Anwen- 15.57

1 Vgl. zur Möglichkeit der unmittelbaren Anwendung des Art. 132 Abs. 1 lit. i MwStSystRL EuGH v. 28.11.2013 – Rs. C-319/12 – MDDP, ECLI:EU:C:2013:778, Rz. 48; BFH v. 28.5.2013 – XI R 35/11, BStBl. II 2013, 879 (881) = UR 2013, 712; v. 12.5.2009 – V R 35/07, BStBl. II 2009, 1032 (1034) = UR 2009, 853; v. 8.11.2007 – V R 2/06, BStBl. II 2008, 634 (636) = UR 2008, 229 m. Anm. *Hölzer*; v. 21.3.2007 – V R 28/04, BStBl. II 2010, 999 (1001) = UR 2007, 687; v. 19.5.2005 – V R 32/03, BStBl. II 2005, 900 (901).

2 BFH v. 28.5.2013 – XI R 35/11, BStBl. II 2013, 879 (881) = UR 2013, 712; v. 20.8.2009 – V R 25/08, BStBl. II 2010, 15 (17) = UR 2010, 29; v. 18.1.2008 – V R 52/06, UR 2008, 276 = BFH/NV 2008, 725 (726); v. 10.6.1999 – V R 84/98, BStBl. II 1999, 578 (579) = UR 1999, 366.

3 *Oelmaier* in Sölch/Ringleb, § 4 Nr. 21 UStG Rz. 1.

4 Gesetzentwurf betreffend der Abänderung des Umsatzsteuergesetzes vom 8.5.1926, RGBl. I 1926, 218.

5 Vgl. *Oelmaier* in Sölch/Ringleb, § 4 Nr. 21 UStG Rz. 1; *Tehler* in Rau/Dürrwächter, § 4 Nr. 21 UStG Rz. 11.

6 UStG 1934 v. 16.11.1934, RGBl. I 1934, 942; *Oelmaier* in Sölch/Ringleb, § 4 Nr. 21 UStG Rz. 1; *Tehler* in Rau/Dürrwächter, § 4 Nr. 21 UStG Rz. 12.

7 UStG 1951 v. 1.9.1951, BGBl. I 1951, 791.

dungsbereich der Befreiung erweitert, indem es gegenüber der Befreiung im UStG 1926 nicht mehr darauf ankam, wie der Betrieb der Privatschule finanziert wird.[1]

15.58 Eine erneute Erweiterung des Umfangs der befreiten Leistungen von Privatschulen erfolgte mit der Einführung des UStG 1967[2], indem die persönlichen Anforderungen für die Inanspruchnahme der Steuerbefreiung gesenkt wurden. Denn nach **§ 4 Nr. 21 UStG 1967** war es nicht mehr erforderlich, dass Privatschulen wohltätigen oder gemeinnützigen Zwecken dienen oder nach Art einer Stiftung verwaltet werden.[3] Zudem war der Umfang der Steuerbefreiung nicht mehr, wie noch im UStG 1951 geregelt, auf den Teil der Entgelte, welcher zur Deckung der Selbstkosten verwendet wurde, begrenzt. Mit dem nachfolgenden **UStG 1980**[4] sollten die Vorgaben der 6. EG-RL[5] umgesetzt werden.[6] Hinsichtlich der Steuerbefreiung für Leistungen von Privatschulen in § 4 Nr. 21 UStG beschränkte sich der Gesetzgeber dabei auf redaktionelle Änderungen.[7] Denn aus seiner Sicht sollten mit dieser Regelung die Vorgaben des Art. 13 Abs. 1 lit. i 6. EG-RL bereits umgesetzt worden sein.[8] Daher erfolgte im Ergebnis **keine** gesonderte **Anpassung** des nationalen Rechts **an die Vorgaben des Richtlinienrechts**, sondern die Steuerbefreiung für Leistungen von Privatschulen wurde weitgehend unverändert fortgeführt.[9]

15.59 Der **Regierungsentwurf zum Jahressteuergesetz 2013** sah eine umfassende Neuregelung der Steuerbefreiungen für Erziehungs- und Bildungsleistungen vor. Danach sollten grundsätzlich die beiden Regelungen des § 4 Nr. 21 und 22 UStG unter weitgehender Übernahme des Art. 132 Abs. 1 lit. i MwStSystRL sowie unter Berücksichtigung der insoweit erfolgten Konkretisierungen durch die Rechtsprechung des EuGH zusammengefasst werden.[10] Allerdings wurde auf Beschlussempfehlung des Finanzausschusses[11] diese Neuregelung dann doch nicht umgesetzt.[12]

### c) Zweck

15.60 Die Umsatzsteuerbefreiung von Entgelten für Leistungen von Privatschulen sowie anderen allgemein bildenden oder berufsbildenden Einrichtungen dient vor allem zwei Zwecken. Zum einen sollen damit die **Kosten** für die Inanspruchnahme von Leistungen, die der schulischen und beruflichen Aus- und Fortbildung dienen, **gesenkt** und damit der Zugang zu diesen er-

---

1 BGBl. I 1951, 791 (793); *Oelmaier* in Sölch/Ringleb, § 4 Nr. 21 UStG Rz. 1; *Tehler* in Rau/Dürrwächter, § 4 Nr. 21 UStG Rz. 13.
2 UStG 1968 v. 29.5.1967, BGBl. I 1967, 545.
3 Vgl. *Oelmaier* in Sölch/Ringleb, § 4 Nr. 21 UStG Rz. 1; *Tehler* in Rau/Dürrwächter, § 4 Nr. 21 UStG Rz. 14 f.
4 UStG 1980 v. 26.11.1979, BGBl. I 1979, 1953.
5 ABl. EG Nr. L 145 v. 13.6.1977, S. 1.
6 BT-Drucks. 8/1779, 27.
7 *Oelmaier* in Sölch/Ringleb, § 4 Nr. 21 UStG Rz. 2; *Tehler* in Rau/Dürrwächter, § 4 Nr. 21 UStG Rz. 16.
8 BT-Drucks. 8/1779, 35; BVerwG v. 4.5.2006 – 10 C 10/05, UR 2006, 517; *Oelmaier* in Sölch/Ringleb, § 4 Nr. 21 UStG Rz. 2.
9 BFH v. 28.5.2013 – XI R 35/11, BStBl. II 2013, 879 (881) = UR 2013, 712; v. 24.1.2008 – V R 3/05, BStBl. II 2012, 267 (269) = UR 2008, 552; v. 21.3.2007 – V R 28/04, BStBl. II 2010, 999 (1001) = UR 2007, 687; *Heidner* in Bunjes, § 4 Nr. 21 UStG Rz. 8.
10 BT-Drucks. 17/10000, 21.
11 BT-Drucks. 17/11190, 50.
12 Vgl. hierzu *Nieskens*, UR 2013, 175 (176); *Tehler* in Rau/Dürrwächter, § 4 Nr. 21 UStG Rz. 22.

leichtert werden (Rz. 15.11).[1] Neben der damit einhergehenden Förderung von Tätigkeiten im Bereich der Aus- und Fortbildung erfolgt mit der Steuerbefreiung eine **Gleichbehandlung** der privaten Schulen und anderen allgemein bildenden und berufsbildenden Einrichtungen mit staatlichen Schulen und Einrichtungen.[2] Denn deren Träger sind grundsätzlich entweder nicht i.S.d. § 2 Abs. 1 UStG unternehmerisch tätig oder aber als juristische Personen des öffentlichen Rechts gem. § 2b UStG[3] von der Behandlung als Unternehmer befreit, so dass auch deren Leistungen keiner steuerlichen Belastung unterliegen.[4]

### d) Systematische Stellung

Die Steuerbefreiung des § 4 Nr. 21 lit. a UStG für Leistungen, die unmittelbar dem Schul- und Bildungszweck dienen, steht zu Beginn einer Reihe von Einzelvorschriften, die Steuerbefreiungen für den unionsrechtlich vorgegebenen Bereich der Erziehung und Bildung betreffen. Mit seinem Schwerpunkt auf Schul- und Bildungszwecke, die mit den Leistungen von Privatschulen und anderen allgemein bildenden oder berufsbildenden Einrichtungen verfolgt werden, befreit **§ 4 Nr. 21 lit. a UStG** vor allem Leistungen im Bereich Erziehung und Bildung von Kindern, Jugendlichen und Heranwachsenden. Demgegenüber greift die nachfolgende Befreiungsvorschrift des **§ 4 Nr. 22 lit. a UStG** Leistungen aus dem Bereich der Erwachsenenbildung heraus. 15.61

Mit diesen beiden Vorschriften wird insgesamt ein weiter Bereich der Erziehungs- und Bildungsleistungen befreit, die auch vom Anwendungsbereich des Art. 132 Abs. 1 lit. i MwStSystRL erfasst werden. Allerdings darf dieser inhaltliche Zusammenhang und die übereinstimmende Zielsetzung der § 4 Nr. 21 lit. a und Nr. 22 UStG nicht dahingehend verstanden werden, dass diese beiden Vorschriften aufeinander abgestimmt seien und sich gegenseitig ergänzen. Sie bilden damit gerade **nicht** in der Gesamtschau **einen einheitlichen Befreiungstatbestand** von Erziehungs- und Bildungsleistungen, der im Richtlinienrecht mit der Regelung des Art. 132 Abs. 1 lit. i MwStSystRL zu finden ist. 15.62

In **§ 4 Nr. 21 lit. b UStG** findet sich eine spezielle Befreiungsvorschrift für die Unterrichtsleistungen von selbständigen Lehrern. Dabei handelt es sich um eine Umsetzung des **Art. 132 Abs. 1 lit. j MwStSystRL**, der den von Privatlehrern erteilten Schul- und Hochschulunterricht steuerlich begünstigt. Darüber hinaus werden in den Regelungen des **§ 4 Nr. 23, 24 und 25 UStG** bestimmte Leistungen in dem Bereich der Erziehung und Bildung von Jugendlichen von der Umsatzsteuer befreit.[5] Deren unionsrechtliche Grundlage liegt jedoch überwiegend in der Steuerbefreiung für die Kinder- und Jugendbetreuung gem. **Art. 132 Abs. 1 lit. h MwStSystRL** (Rz. 14.33). 15.63

1 *Tehler* in Rau/Dürrwächter, § 4 Nr. 21 UStG Rz. 30; *Oelmaier* in Sölch/Ringleb, § 4 Nr. 21 UStG Rz. 4.

2 BFH v. 18.12.2003 – V R 62/02, BStBl. II 2004, 252 (254) = UR 2004, 199; v. 27.8.1998 – V R 73/97, BStBl. II 1999, 376 (377) = UR 1999, 164 m. Anm. *Winter*; BVerwG v. 12.6.2013 – 9 C 4/12, NVwZ 2014, 378; *Heidner* in Bunjes, § 4 Nr. 21 UStG Rz. 2; a.A. *Stadie*, UStG[3], § 4 Nr. 21 UStG Rz. 1.

3 Hierzu ausführlich *Wiesch*, Die umsatzsteuerliche Behandlung der öffentlichen Hand, 198 ff.

4 BFH v. 18.12.2003 – V R 62/02, BStBl. II 2004, 252 (254) = UR 2004, 199; v. 27.8.1998 – V R 73/97, BStBl. II 1999, 376 (377) = UR 1999, 164 m. Anm. *Winter*; *Ismer*, Bildungsaufwand im Steuerrecht, 276; *Oelmaier* in Sölch/Ringleb, § 4 Nr. 21 UStG Rz. 4.

5 *Ehrt* in Weymüller, § 4 Nr. 21 UStG Rz. 3.

## 2. Kommentierung der einzelnen Tatbestände und Tatbestandsmerkmale

### a) Allgemeines

15.64 Bei den Voraussetzungen für die Befreiung von Erziehungs- und Bildungsleistungen nach § 4 Nr. 21 lit. a UStG lassen sich die **persönlichen Anforderungen** an den leistenden Unternehmer von den **sachlichen Anforderungen** an die erbrachte Leistung unterscheiden. Als begünstigte Unternehmer kommen danach sowohl private Schulen als auch andere allgemein bildende oder berufsbildende Einrichtungen in Betracht. Als steuerfreie Leistungen der danach begünstigten Unternehmer werden nur solche erfasst, die unmittelbar Schul- oder Bildungszwecken dienen.

15.65 Bei der Auslegung der einzelnen Tatbestandsmerkmale des § 4 Nr. 21 lit. a UStG ist grundsätzlich das Gebot der **richtlinienkonformen Auslegung** (Rz. 15.55) zu beachten, soweit eine andere mögliche Auslegung im Widerspruch zu den Vorgaben des Richtlinienrechts stünde.[1] Allerdings stellt sich dabei die Frage, ob und inwieweit die Vorschrift des § 4 Nr. 21 lit. a UStG einer richtlinienkonformen Auslegung zugänglich ist.[2] Dies gilt es grundsätzlich im Zusammenhang mit dem konkreten Tatbestandsmerkmal zu prüfen. Soweit danach eine gebotene richtlinienkonforme Auslegung des § 4 Nr. 21 lit. a UStG nicht in Betracht kommt, kann der Steuerpflichtige sich grundsätzlich auf die **unmittelbare Anwendung des Richtlinienrechts** (Rz. 15.6 ff., 15.55) berufen. Der BFH prüft allerdings regelmäßig nur, ob die Voraussetzungen für eine unmittelbare Anwendung des Art. 132 Abs. 1 lit. i MwStSystRL vorliegen, ohne zuvor die Möglichkeit einer richtlinienkonformen Auslegung auszuschließen.[3]

### b) Begünstigte Unternehmer

#### aa) Überblick

15.66 Der **Kreis der begünstigten Unternehmer** als Erbringer von Schul- und Bildungsleistungen wird auf private Schulen und andere allgemein bildende oder berufsbildende Einrichtungen beschränkt. Die Steuerbefreiung ist jedoch für die danach begünstigten Unternehmen an die Erfüllung weiterer Voraussetzungen geknüpft. Soweit es sich bei einer Privatschule um eine Ersatzschule handelt, muss diese gem. § 4 Nr. 21 lit. a lit. aa UStG entweder staatlich genehmigt oder nach dem maßgeblichen Landesrecht erlaubt sein. Handelt es sich hingegen um eine Ergänzungsschule, bedarf diese wie eine andere allgemein bildende oder berufsbildende Einrichtung gem. § 4 Nr. 21 lit. a lit. bb UStG eine von der zuständigen Landesbehörde erteilten Bescheinigung. Gegenstand der danach für Ergänzungsschulen und für andere allgemein bildende oder berufsbildende Einrichtungen erforderlichen Bescheinigung ist die Feststellung,

1 Vgl. zum Vorrang einer richtlinienkonformen Auslegung EuGH v. 10.10.2013 – Rs. C-306/12 – Spedition Welter, ECLI:EU:C:2013:650, Rz. 28; v. 25.7.2008 – Rs. C-237/07 – Janecek, ECLI:EU:C:2008:447, Rz. 36; *Englisch* in Tipke/Lang, Steuerrecht[22], § 4 Rz. 33.

2 BFH v. 28.5.2013 – XI R 35/11, BStBl. II 2013, 879 (881) m.w.N. = UR 2013, 712; v. 24.1.2008 – V R 3/05, BStBl. II 2012, 267 (269) = UR 2008, 552; v. 21.3.2007 – V R 28/04, BStBl. II 2010, 999 (1001) = UR 2007, 687; v. 10.1.2008 – V R 52/06, UR 2008, 276 = BFH/NV 2008, 725 (726); *Heidner* in Bunjes, § 4 Nr. 21 UStG Rz. 2.

3 BFH v. 28.5.2013 – XI R 35/11, BStBl. II 2013, 879 (881) m.w.N. = UR 2013, 712; v. 24.1.2008 – V R 3/05, BStBl. II 2012, 267 (269) = UR 2008, 552; v. 10.1.2008 – V R 52/06, UR 2008, 276 = BFH/NV 2008, 725 (726); v. 21.3.2007 – V R 28/04, BStBl. II 2010, 999 (1001) = UR 2007, 687; *Heidner* in Bunjes, § 4 Nr. 21 UStG Rz. 2.

dass diese auf einen Beruf oder auf eine vor einer juristischen Person des öffentlichen Rechts abzulegende Prüfung ordnungsgemäß vorbereiten.

### bb) Privatschulen

Eine private Schule definiert sich danach, ob sie sich in **privater Trägerschaft** befindet. Dies ist z.B. der Fall, wenn sie von Privatpersonen, einer Personenvereinigung, einem nicht rechtsfähigen Verein oder von einer Kapitalgesellschaft betrieben wird.[1] Ist hingegen der Träger einer Schule eine juristische Person des öffentlichen Rechts, so handelt es sich um eine öffentliche Schule.[2] Als Schule wird dabei jede Einrichtung angesehen, die einer größeren Anzahl von Personen (Kindern, Jugendlichen und Erwachsenen) durch Unterricht Wissen und Bildung vermittelt.[3] Eine Privatschule kennzeichnet sich folglich dadurch, dass in dieser ein **eigenverantwortlich geprägter und gestalteter Unterricht** erteilt wird. Dies gilt insbesondere hinsichtlich der Erziehungsziele, der weltanschaulichen Basis, der Lehrmethode und der Lerninhalte.[4] Es reicht daher nicht schon aus, dass Kurse, Lehrgänge und ähnliche Unterrichtsveranstaltungen erbracht werden.[5] Danach besitzen z.B. die Volkshochschulen keinen schulischen Charakter.[6] 15.67

Nach § 4 Nr. 21 lit. a UStG ist eine private Schule grundsätzlich förderungswürdig, wenn es sich dabei um eine Ersatzschule oder um eine Ergänzungsschule handelt.[7] Der Begriff der **Ersatzschule** findet sich nicht im Richtlinienrecht, so dass dieser grundsätzlich allein nach nationalen Maßstäben auszulegen ist.[8] Eine private Schule besitzt danach die Eigenschaft einer Ersatzschule, wenn sie entweder gem. Art. 7 Abs. 4 GG staatlich genehmigt oder nach Landesrecht erlaubt ist. Voraussetzung ist dabei grundsätzlich, dass die private Schule die gleichen Bildungsziele wie öffentliche Schulen verfolgt.[9] Zudem muss sie entweder eine bereits vorhandene oder eine grundsätzlich vorgesehene öffentliche Schule ersetzen.[10] Vor diesem Hintergrund sind private Ersatzschulen den öffentlichen Schulen gegenüber als gleichwertig anzusehen.[11] Der Nachweis über die Eigenschaft einer Ersatzschule kann gegenüber der Finanzbehörde mittels einer Bescheinigung der Schulaufsichtsbehörde geführt werden.[12] Die Bescheinigung entfaltet für die Finanzbehörde eine Bindungswirkung (Rz. 15.82) und muss an den Unternehmer, der die fraglichen Schul- und Bildungsleistungen erbringt, erteilt werden.[13] Der bloße Anspruch auf Erteilung einer Bescheinigung reicht hingegen nicht aus.[14] 15.68

Im Gegensatz zu Ersatzschulen ersetzen **Ergänzungsschulen** keine staatlichen Schulen, sondern werden neben einem bestehenden und vorausgesetzten staatlichen Schulangebot be- 15.69

1 *Ehrt* in Weymüller, § 4 Nr. 21 UStG Rz. 16.
2 *Tehler* in Rau/Dürrwächter, § 4 Nr. 21 UStG Anm. 85.
3 *Ismer*, Bildungsaufwand im Steuerrecht, 276; *Jacobs*, Umsatzsteuer und Gemeinnützigkeit, 114 f.
4 BVerfG v. 8.4.1987 – 1 BvL 8/84, 16/84, NJW 1987, 2359 (2360).
5 BVerfG v. 8.4.1987 – 1 BvL 8/84, 16/84, NJW 1987, 2359 (2364).
6 BVerfG v. 8.4.1987 – 1 BvL 8/84, 16/84, NJW 1987, 2359 (2364).
7 BFH v. 14.3.1974 – V R 54/73, BStBl. II 1974, 527.
8 *Heidner* in Bunjes, § 4 Nr. 21 UStG Rz. 12; *Oelmaier* in Sölch/Ringleb, § 4 Nr. 21 UStG Rz. 38.
9 BFH v. 14.3.1974 – V R 54/73, BStBl. II 1974, 527.
10 BVerfG v. 8.4.1987 – 1 BvL 8/84, 16/84, NJW 1987, 2359 (2364); v. 14.11.1969 – 1 BvL 24/64, NJW 1970, 275; *Oelmaier* in Sölch/Ringleb, § 4 Nr. 21 UStG Rz. 38; *Tehler* in Rau/Dürrwächter, § 4 Nr. 21 UStG Anm. 81.
11 *Heidner* in Bunjes, § 4 Nr. 21 UStG Rz. 12.
12 Abschn. 4.21.1 UStAE.
13 *Oelmaier* in Sölch/Ringleb, § 4 Nr. 21 UStG Rz. 15 m.w.N.
14 *Tehler* in Rau/Dürrwächter, § 4 Nr. 21 UStG Anm. 93.

trieben.[1] Daher benötigen diese weder eine staatliche Genehmigung noch eine Erlaubnis nach den Landesgesetzen.[2] Des Weiteren haben Ergänzungsschulen im Gegensatz zu Ersatzschulen **andere (ergänzende) Bildungsziele als öffentliche Schulen.**[3] Sie stehen daher außerhalb des allgemeinen öffentlichen Schulsystems.[4] Als Ergänzungsschulen kommen danach z.B. Sprachschulen, Abendschulen oder Schauspielschulen in Betracht.[5] Eine Ergänzungsschule ist gem. § 4 Nr. 21 lit. a lit. bb UStG allerdings nur begünstigt, wenn dieser von der zuständigen Landesbehörde bescheinigt wird, dass ihre Leistungen entweder auf einen Beruf oder auf eine vor einer juristischen Person des öffentlichen Rechts abzulegende Prüfung ordnungsgemäß vorbereiten (Rz. 15.81). Diese beiden Merkmale sind dabei grundsätzlich gleichwertig und liegen zudem häufig gleichzeitig vor.[6] Soweit demnach die Leistungen einer Ergänzungsschule keine ordnungsgemäße Vorbereitung gewährleisten, sind sie nach nationalem Recht von der Steuerbefreiung ausgeschlossen.[7]

15.70 Die Steuerbefreiung nach Art. 132 Abs. 1 lit. i MwStSystRL verlangt keine Vorbereitung auf den Abschluss einer Prüfung (Rz. 15.38).[8] Wegen der insoweit fehlerhaften Umsetzung der Vorgaben der Mehrwertsteuersystemrichtlinie besteht die Möglichkeit, dass sich der Betreiber einer Ergänzungsschule auf die **unmittelbare Anwendung des Richtlinienrechts** beruft. Allerdings ist dabei zu berücksichtigen, dass die Anwendung des Art. 132 Abs. 1 lit. i MwStSystRL voraussetzt, dass die Ergänzungsschule über eine vom Mitgliedstaat anerkannte vergleichbare Zielsetzung verfügt (Rz. 15.85).

### cc) Andere allgemein bildende oder berufsbildende Einrichtungen

15.71 Neben Schulen sind nach § 4 Nr. 21 lit. a UStG auch andere Einrichtungen begünstigt, wenn diese entweder **allgemein bildend oder berufsbildend** sind. Bei der Prüfung der Förderungswürdigkeit kommt es allein auf diese Eigenschaft an. Auf die Ziele derjenigen, welche die Leistungen der Einrichtung in Anspruch nehmen, ist hingegen nicht abzustellen.[9] Die anderen allgemein bildenden oder berufsbildenden Einrichtungen sind nicht wie eine Schule organisiert[10] und der Einrichtungsbegriff ist demnach weiter zu verstehen als der Schulbegriff.[11]

---

1 BVerfG v. 8.4.1987 – 1 BvL 8/84, 16/84, NJW 1987, 2359 (2364); *Tehler* in Rau/Dürrwächter, § 4 Nr. 21 UStG Anm. 115.
2 BFH v. 18.1.1962 – V 228/59 U, BStBl. III 1962, 151 (152); *Tehler* in Rau/Dürrwächter, § 4 Nr. 21 UStG Rz. 116.
3 BVerfG v. 14.11.1969 – 1 BvK 24/64, NJW 1970, 275; BFH v. 14.3.1974 – V R 54/73, BStBl. II 1974, 527; *Oelmaier* in Sölch/Ringleb, § 4 Nr. 21 UStG Rz. 39; *Tehler* in Rau/Dürrwächter, § 4 Nr. 21 UStG Rz. 115.
4 *Heidner* in Bunjes, § 4 Nr. 21 UStG Rz. 13.
5 Für weitere Beispiele *Tehler* in Rau/Dürrwächter, § 4 Nr. 21 UStG Anm. 117.
6 *Heidner* in Bunjes, § 4 Nr. 21 UStG Rz. 13.
7 *Heidner* in Bunjes, § 4 Nr. 21 UStG Rz. 14.
8 EuGH v. 14.6.2007 – Rs. C-445/05 – Haderer, ECLI:EU:C:2007:344, Rz. 26, UR 2007, 592; BFH v. 28.5.2013 – XI R 35/11, BStBl. II 2013, 879 (882); *Philipowski*, UR 2008, 585 (586).
9 BFH v. 18.12.2003 – V R 62/02, BStBl. II 2004, 252 (254) = UR 2004, 199; v. 3.5.1989 – V R 83/84, BStBl. II 1989, 815 (816) = UR 1990, 82; *Tehler* in Rau/Dürrwächter, § 4 Nr. 21 UStG Anm. 139.
10 *Tehler* in Rau/Dürrwächter, § 4 Nr. 21 UStG Anm. 126.
11 BVerwG v. 3.12.1976 – VII C 73/75, BStBl. II 1977, 334 (335); EuGH v. 7.9.1999 – Rs. C-216/97 – Gregg, ECLI:EU:C:1999:390, Rz. 17 ff.; *Tehler* in Rau/Dürrwächter, § 4 Nr. 21 UStG Anm. 126; *Becker/Kretzschmann*, UR 2007, 873 (875).

In zulässiger und zutreffender richtlinienkonformer Auslegung umfasst der Begriff der Einrichtung i.S.d. § 4 Nr. 21 lit. a UStG auch private **Einrichtungen mit Gewinnerzielungsabsicht** (Rz. 15.25).[1] Unter den Einrichtungsbegriff fallen zudem unter Berücksichtigung der maßgeblichen EuGH-Rechtsprechung nicht nur juristische Personen, sondern auch **natürliche Personen oder Personenzusammenschlüsse** (Rz. 15.26).[2] Letztere kommen aus diesem Grund ebenfalls als begünstigte Träger einer Bildungseinrichtung in Betracht.[3] Allerdings bedarf es auch in diesen Fällen weiterhin der Anerkennung einer vergleichbaren Zielsetzung i.S.d. Art. 132 Abs. 1 lit. i MwStSystRL durch den Mitgliedstaat (Rz. 15.27).[4] Selbständige Referenten oder Privatlehrer fallen hingegen nicht unter den Begriff einer allgemein bildenden oder berufsbildenden Einrichtung, denn § 4 Nr. 21 lit. a lit. bb UStG begünstigt nur die Träger einer solchen Einrichtung.[5] Die Umsätze von selbständigen Referenten oder Privatlehrern können allerding nach § 4 Nr. 21 lit. b UStG von der Steuer befreit sein. Scheidet eine Steuerbefreiung auf der Grundlage des nationalen Rechts aus, kommt darüber hinaus grundsätzlich eine unmittelbare Anwendung des Art. 132 Abs. 1 lit. i oder lit. j MwStSystRL in Betracht, wenn die Voraussetzungen hierfür erfüllt sind und sich der Unternehmer darauf beruft.[6] 15.72

**Berufsbildend** sind Einrichtungen dann, wenn die von ihnen erbrachten Leistungen ihrer Art nach den Zielen der Berufsaus- oder der Berufsfortbildung dienen.[7] Dies ist der Fall, wenn sie spezielle Kenntnisse und Fertigkeiten vermitteln, die zur Ausübung beruflicher Tätigkeiten notwendig sind.[8] Dabei kommt es allerdings nicht darauf an, ob die Leistungen der Aus- oder Fortbildung einem *bestimmten* Beruf dienen oder aber *allgemein* auf die Ausübung eines Berufes abzielen.[9] 15.73

---

1 BFH v. 10.8.2016 – V R 38/15, UR 2016, 879 = DStR 2016, 2459 (2460); v. 28.5.2013 – XI R 35/11, BStBl. II 2013, 879 (881) = UR 2013, 712; v. 24.1.2008 – V R 3/05, BStBl. II 2012, 267 (269) = UR 2008, 552; v. 16.1.2008 – II R 30/06, FR 2008, 834 = BFH/NV 2008, 875 (878).

2 EuGH v. 7.9.1999 – Rs. C-216/97 – Gregg, ECLI:EU:C:1999:390, Rz. 21, UR 1999, 419; v. 26.6.2005 – Rs. C-498/03 – Kingscrest Associates und Montecello, ECLI:EU:C:2005:322, Rz. 36, UR 2005, 453; so auch grundsätzlich die Finanzverwaltung, Abschn. 4.21.2 Abs. 1 S. 5 UStAE.

3 *Heidner* in Bunjes, § 4 Nr. 21 UStG Rz. 10.

4 BFH v. 17.4.2008 – V R 58/05, UR 2008, 581 m. Anm. *Philipowski* = BFH/NV 2008, 1418 (1421); v. 21.3.2007 – V R 28/04, BStBl. II 2010, 999 (1002) = UR 2007, 687.

5 BFH v. 17.4.2008 – V R 58/05, UR 2008, 581 m. Anm. *Philipowski* = BFH/NV 2008, 1418 (1421); v. 20.10.2005 – V R 75/03, BStBl. II 2006, 147 (148) = UR 2006, 175; *Heidner* in Bunjes, § 4 Nr. 21 UStG Rz. 17.

6 BFH v. 10.8.2016 – V R 38/15, UR 2016, 879 = DStR 2016, 2459 (2460); v. 17.4.2008 – V R 58/05, UR 2008, 581 m. Anm. *Philipowski* = BFH/NV 2008, 1418 (1420).

7 BFH v. 21.3.2007 – V R 28/04, BStBl. II 2010, 999 (1001) = UR 2007, 687; v. 18.12.2003 – V R 62/02, BStBl. II 2004, 252 (254) = UR 2004, 199; Abschn. 4.21.2 Abs. 3 S. 1 UStAE; *Oelmaier* in Sölch/Ringleb, § 4 Nr. 21 UStG Rz. 56.

8 BFH v. 21.3.2007 – V R 28/04, BStBl. II 2010, 999 (1001) = UR 2007, 687; v. 18.12.2003 – V R 62/02, BStBl. II 2004, 252 (254) = UR 2004, 199; BVerwG v. 16.4.2012 – 9 B 98/11, BFH/NV 2012, 1408; v. 3.12.1976 – VII C 73/75, BStBl. II 1977, 334 (335); *Tehler* in Rau/Dürrwächter, § 4 Nr. 21 UStG Anm. 137.

9 BFH v. 28.5.2013 – XI R 35/11, BStBl. II 2013, 879 (882) = UR 2013, 712; v. 24.1.2008 – V R 3/05, BStBl. II 2012, 267 (269) = UR 2008, 552; BVerwG v. 12.6.2013 – 9 C 4/12, NVwZ 2014, 378; *Oelmaier* in Sölch/Ringleb, § 4 Nr. 21 UStG Rz. 56; anders wohl BFH v. 18.12.2003 – V R 62/02, BStBl. II 2004, 252 (254) = UR 2004, 199, sowie die Finanzverwaltung, Abschn. 4.21.2 Abs. 1 S. 4 UStAE.

15.74 Die Eigenschaft einer **allgemein bildenden Einrichtung** setzt die Vermittlung eines breit gefächerten Wissens voraus.[1] Damit sollen gerade jene Einrichtungen erfasst werden, die wie eine Schule eine Allgemeinbildung vermitteln, ohne dabei über eine vergleichbare Organisationsform zu verfügen.[2] Es kommt daher maßgeblich auf eine Vergleichbarkeit der vermittelten Inhalte an. Dabei reicht es für eine allgemein bildende Einrichtung nicht aus, wenn ihre Leistungen nur zu einem Teil der Allgemeinbildung zuzurechnen sind, während das Hauptziel außerhalb des Bereichs der Allgemeinbildung liegt.[3] Keine Gegenstände der Allgemeinbildung sind z.B. die Vermittlung einer technischen Geschicklichkeit oder einer mechanischen Reaktionsfähigkeit.[4] Deswegen handelt es sich aus Sicht des BFH z.B. bei Jagdschulen, die für das Bestehen der Jägerprüfung notwendige Kenntnisse und Fertigkeiten vermitteln, nicht um allgemein bildende Einrichtungen.[5] Nach einem Urteil des BFH vom 14.3.1974 soll auch die Vermittlung der Fähigkeiten zum Gebrauch eines Fahrzeuges unter den Bedingungen des Straßenverkehrs keinen Gegenstand der Allgemeinbildung darstellen und folglich **Fahrschulen** nicht als allgemein bildende Einrichtungen zu behandeln sein.[6] An dieser Sicht sind in jüngeren Entscheidungen einzelner FG mit Blick auf die unionsrechtlichen Vorgaben für die Steuerfreiheit von Bildungsleistungen teilweise Zweifel geäußert worden.[7] Danach könnten Leistungen der Fahrschulen wegen der damit verbundenen Verkehrserziehung, welche auch im Gemeinwohlinteresse liegt, als vergleichbar mit den Leistungen allgemein bildender Schulen anzusehen sein.[8] Es ist allerdings fraglich, ob die Verkehrserziehung den überwiegenden und prägenden Inhalt der Leistung einer Fahrschule darstellt[9] oder ob nicht die praktische und zum Bestehen der Fahrprüfung erforderliche Übung im Umgang mit dem Fahrzeug im Vordergrund steht. Im letzteren Fall dürfte das Hauptziel der Leistung außerhalb der Allgemeinbildung liegen. Sowohl die große Bedeutung des praktischen Teils als auch die Spezialisierung hinsichtlich der Beherrschbarkeit eines einzelnen Fahrzeugtyps im Rahmen der einheitlichen Leistung[10] einer Fahrschule mindert auch die Vergleichbarkeit mit einer allgemeinen Verkehrserziehung, die an Schulen erfolgt. Hinzu kommt, dass der Erwerb der Fahrerlaubnis und damit die Fahrprüfung in der Regel keinen unmittelbaren beruflichen Bezug

1 BVerwG v. 3.12.1976 – VII C 73/75, BStBl. II 1977, 334 (336); *Oelmaier* in Sölch/Ringleb, § 4 Nr. 21 UStG Rz. 55.

2 BVerwG v. 3.12.1976 – VII C 73/75, BStBl. II 1977, 334 (336).

3 BFH v. 18.12.2003 – V R 62/02, BStBl. II 2004, 252 (253); v. 14.3.1974 – V R 54/73, BStBl. II 1974, 527 (528) = UR 2004, 199.

4 BFH v. 14.3.1974 – V R 54/73, BStBl. II 1974, 527 (528).

5 BFH v. 18.12.2003 – V R 62/02, BStBl. II 2004, 252 (254) = UR 2004, 199.

6 BFH v. 14.3.1974 – V R 54/73, BStBl. II 1974, 527 (528); Fahrschulen können jedoch mit Lehrgängen zu bestimmten Fahrerlaubnisklassen insoweit als eine berufsbildende Einrichtung behandelt werden, vgl. Abschn. 4.21.2 Abs. 6 UStAE.

7 Jeweils im vorläufigen Rechtsschutz FG Berlin-Bdb. v. 10.11.2015 – 5 V 5144/15, EFG 2016, 320; FG Sachs. v. 14.4.2016 – 1 V 167/16, nicht veröffentlicht; a.A. hingegen FG Nds. v. 1.4.2016 – 11 K 10284/15, EFG 2016, 1481 (Revision eingelegt, Az. des BFH: V R 38/16); ohne nähere Begründung wohl ebenfalls a.A. der 8. Senat des FG Sachs. v. 13.4.2016 – 8 K 1486/15, Rz. 16 (zitiert nach juris), auch wenn im Ergebnis die Steuerfreiheit von Leistungen, die eine Fahrschule für Qualifizierungsmaßnahmen der Bundesagentur für Arbeit erbrachte, bejaht wurde; ebenfalls ablehnend die Finanzverwaltung, vgl. z.B. Finanzbehörde Hamburg, Fachinformation v. 29.2.2016 – S 7179 - 2015/008 - 51, zusammengefasst in MwStR 2016, 778; ausführlich zur Steuerfreiheit der Leistungen von Fahrschulen *Bruschke*, UR 2017, 289; *Trinks/Trinks*, DStR 2016, 2374 ff.

8 FG Berlin-Bdb. v. 10.11.2015 – 5 V 5144/15, EFG 2016, 320 (321).

9 So z.B. mit Verweis auf § 1 Abs. 1 S. 1 Fahrschüler-Ausbildungsverordnung *Trinks/Trinks*, DStR 2016, 2374 (2376).

10 Vgl. FG Nds. v. 1.4.2016 – 11 K 10284/15, EFG 2016, 1481 (1483).

besitzen.[1] Im Rahmen eines anhängigen Revisionsverfahrens zu der Steuerfreiheit der Leistungen von Fahrschulen (Az. V R 38/16) hat sich der BFH nun entschieden, die bestehenden offenen Fragen durch den EuGH klären zu lassen.[2] In der **Vorlage für den EuGH** verneint der BFH die Einschlägigkeit der Steuerbefreiung nach § 4 Nr. 21 lit. a UStG, da die betroffene Fahrschule weder über eine staatliche Genehmigung noch über eine landesrechtliche Erlaubnis verfügt. Hinsichtlich der Möglichkeit einer Steuerbefreiung in unmittelbarer Anwendung des Art. 132 Abs. 1 lit. i MwStSystRL neigt der BFH zwar zu der Auffassung, dass die Leistung einer Fahrschule unter den Begriff des Schulunterrichts fällt, denn die Nutzung diene neben privaten auch beruflichen Zwecken. Allerdings hegt er Zweifel daran, dass die Fahrschule als eine Einrichtung mit vergleichbarer Zielsetzung anerkannt ist. So spreche zwar für eine Anerkennung, dass der Betrieb einer Fahrschule das Bestehen einer Fahrlehrerprüfung voraussetzt und es dem Gemeinwohlinteresse entspricht, dass Fahrschüler zu sicheren, verantwortungsvollen und umweltbewussten Verkehrsteilnehmern ausgebildet werden. Dem stehe jedoch gegenüber, dass nach der Rechtsprechung des EuGH in der Rechtssache *Ordre des barreaux francophones und germanophone u.a.* bei der Beurteilung der Gemeinnützigkeit privater Einheiten mit Gewinnerzielungsabsicht insbesondere auch die Ziele, die diese Einheiten in ihrer Gesamtheit verfolgen, und die Beständigkeit ihres sozialen Engagements zu berücksichtigen seien.[3] Nach diesen Grundsätzen wäre es daher fraglich, ob die gesetzlichen Regelungen über die Fahrlehrerprüfung und die Fahrlehrer- und Fahrschulerlaubnis zusammen mit dem bestehenden Gemeinwohlinteresse an der Verkehrserziehung für eine Anerkennung im Sinne des Art. 132 Abs. 1 lit. i MwStSystRL ausreicht.

Die Leistungen einer allgemein bildenden oder berufsbildenden Einrichtung müssen gem. § 4 Nr. 21 lit. a lit. bb UStG darauf abzielen, **auf einen Beruf oder** auf eine vor einer juristischen Person des öffentlichen Rechts abzulegende **Prüfung ordnungsgemäß vorzubereiten**. Im letzteren Fall muss die Prüfung wiederum selbst einen Bezug zur Allgemeinbildung oder zu einer Berufsbildung aufweisen.[4] Dabei genügt es für eine Vorbereitung grundsätzlich, wenn dadurch ein Bildungsgang gefördert oder ergänzt wird.[5] Die Vorbereitung erfolgt ordnungsgemäß, wenn sie objektiv geeignet ist, zur Vorbereitung auf eine Prüfung zu dienen, von einem seriösen Institut erbracht wird und die eingesetzten Lehrkräfte ebenfalls die zur Vorbereitung erforderliche Eignung besitzen.[6] 15.75

Nach **Art. 132 Abs. 1 lit. i MwStSystRL** i.V.m. **Art. 44 MwStVO** wird nicht nur die ordnungsgemäße berufliche Vorbereitung steuerlich begünstigt, sondern es werden allgemein Dienstleistungen für die Ausbildung, Fortbildung oder berufliche Umschulung befreit.[7] Das Richtlinienrecht umfasst daher sowohl Schulungsmaßnahmen mit direktem Bezug zu einem 15.76

1 Ausnahmen gelten insoweit zutreffend z.B. für Bus- und Lkw-Fahrer, vgl. Abschn. 4.21.2 Abs. 6 S. 2 ff. UStAE; zur zutreffenden Steuerbefreiung des Fahrschulunterrichts im konkreten Zusammenhang mit einer Berufsqualifizierungsmaßnahme FG Sachs. v. 13.4.2016 – 8 K 1486/15, Rz. 14 (zitiert nach juris).

2 BFH v. 16.3.2017 – V R 38/16, UR 2017, 622 = BFH/NV 2017, 1287; beim EuGH anhängig unter der Rs. C-449/17 – A & G Fahrschul-Akademie; die Vorlagefragen betreffen nicht nur die Auslegung des Art. 132 Abs. 1 lit. i MwStSystRL, sondern darüber hinaus die Auslegung des Art. 132 Abs. 1 lit. j MwStSystRL.

3 Vgl. EuGH v. 28.6.2016 – Rs. C-543/14 – Ordre des barreaux francophones und germanophone u.a., ECLI:EU:C:2016:605, Rz. 69, UR 2016, 634.

4 *Jacobs*, Umsatzsteuer und Gemeinnützigkeit, 116.

5 BVerwG v. 3.12.1976 – VII C 73/75, BStBl. II 1977, 334 (335).

6 BVerwG v. 3.12.1976 – VII C 73/75, BStBl. II 1977, 334 (335).

7 So auch die Finanzverwaltung, Abschn. 4.21.2 Abs. 3 S. 1 UStAE.

Gewerbe oder einem Beruf als auch Schulungsmaßnahmen, die dem Erwerb oder der Erhaltung beruflicher Kenntnisse dienen. Die Dauer der Ausbildung, Fortbildung oder beruflichen Umschulung ist hierfür unerheblich. So genügt es nach den Vorgaben des Richtlinienrechts bereits, dass Leistungen im Zusammenhang mit einer Aus- oder Fortbildung erbracht werden.[1] Es kommt insbesondere nicht darauf an, ob die Leistungen auf eine Abschlussprüfung vorbereiten.[2] Indem das nationale Recht demgegenüber die ordnungsgemäße Vorbereitung auf einen Beruf oder auf eine Prüfung voraussetzt, fehlt es grundsätzlich an einer unionsrechtskonformen Umsetzung der Steuerbefreiung.[3]

15.77 Das vom Richtlinienrecht abweichende Merkmal einer Vorbereitung auf einen Beruf oder auf eine Prüfung i.S.d. § 4 Nr. 21 lit. a lit. bb UStG kann nicht richtlinienkonform ausgelegt werden. Denn eine solche Auslegung würde sich über den insoweit eindeutigen Wortlaut des § 4 Nr. 21 lit. a lit. bb UStG hinwegsetzen. Dies bedeutete jedoch eine unzulässige Auslegung *contra legem*.[4] Daher hat der Steuerpflichtige in diesem Fall allein die Möglichkeit, sich auf die **unmittelbare Anwendung des Art. 132 Abs. 1 lit. i MwStSystRL** zu berufen.[5]

15.78 Aus Sicht der **Finanzverwaltung** setzen förderungswürdige Schul- und Bildungsleistungen von allgemein bildenden oder berufsbildenden Einrichtungen voraus, dass diese über ein **festliegendes Lehrprogramm und Lehrpläne** zur Vermittlung des Unterrichtsstoffes für die Erreichung eines bestimmten Lehrgangsziels verfügen.[6] Diese Anforderungen stehen allerdings mittlerweile im Widerspruch zur Rechtsprechung des BFH. So hatte dieser zwar in seiner bisherigen Rechtsprechung solche einschränkende Anforderungen aufgestellt.[7] Allerdings hat der BFH diese Auffassung nunmehr aufgegeben.[8] So urteilte der BFH, dass die Supervisionsleistungen einer Diplom-Sozialpädagogin auch dann förderungswürdige Unterrichtsleistungen darstellen, wenn diese nicht in einen Lehr- oder Studienplan eingebettet sind.[9] In Ansehung der aufgestellten Grundsätze des EuGH zum Begriff des Schul- und Hochschulunterrichts (Rz. 15.38) ist diese Korrektur des BFH hinsichtlich seiner bisherigen Rechtsprechung auch als zutreffend und notwendig zu erachten.[10]

1 *Oelmaier* in Sölch/Ringleb, § 4 Nr. 21 UStG Rz. 64; zur ungenügenden Umsetzung des Richtlinienrechts durch § 4 Nr. 21 lit. a UStG z.B. BFH v. 10.1.2008 – V R 52/06, UR 2008, 276 = BFH/NV 2008, 725 (726); v. 21.3.2007 – V R 28/04, BStBl. II 2010, 999 (1001 f.) = UR 2007, 687.

2 EuGH v. 28.1.2010 – Rs. C-473/08 – Eulitz, ECLI:EU:C:2010:47, Rz. 29, UR 2010, 174; v. 14.6.2007 – Rs. C-445/05 – Haderer, ECLI:EU:C:2007:344, Rz. 26, UR 2007, 592.

3 Vgl. *Oelmaier* in Sölch/Ringleb, § 4 Nr. 21 UStG Rz. 64.

4 Zu den Grenzen der richtlinienkonformen Auslegung BFH v. 9.8.2007 – V R 27/04, UR 2007, 811 = BFH/NV 2007, 2213 (2214); v. 18.4.1991 – V R 122/89, UR 1991, 253 = HFR 1991, 669; zur Möglichkeit der richtlinienkonformen Auslegung unentschlossen der BFH v. 28.5.2013 – XI R 35/11, BStBl. II 2013, 879 (881) m.w.N. = UR 2013, 712; v. 24.1.2008 – V R 3/05, BStBl. II 2012, 267 (269) = UR 2008, 552; v. 21.3.2007 – V R 28/04, BStBl. II 2010, 999 (1001) = UR 2007, 687; v. 10.1.2008 – V R 52/06, UR 2008, 276 = BFH/NV 2008, 725 (726).

5 BFH v. 28.5.2013 – XI R 35/11, BStBl. II 2013, 879 (881) m.w.N. = UR 2013, 712; v. 24.1.2008 – V R 3/05, BStBl. II 2012, 267 (269) = UR 2008, 552; v. 21.3.2007 – V R 28/04, BStBl. II 2010, 999 (1001) = UR 2007, 687; v. 10.1.2008 – V R 52/06, UR 2008, 276 = BFH/NV 2008, 725 (726).

6 Abschn. 4.21.2 Abs. 2 S. 2 UStAE.

7 BFH v. 17.4.2008 – V R 58/05, UR 2008, 581 m. Anm. *Philipowski* = BFH/NV 2008, 1418 (1421); v. 18.12.2003 – V R 62/02, BStBl. II 2004, 252 (254) = UR 2004, 199.

8 BFH v. 20.3.2014 – V R 3/13, UR 2014, 569 = BFH/NV 2014, 1175 (1176).

9 BFH v. 20.3.2014 – V R 3/13, UR 2014, 569 = BFH/NV 2014, 1175 (1176).

10 Vgl. *Philipowski*, UR 2010, 161 (164); *Tehler* in Rau/Dürrwächter, § 4 Nr. 21 UStG Anm. 129 f.

Die Finanzverwaltung fordert, dass eine begünstigte Einrichtung über **geeignete Unterrichtsräume oder -vorrichtungen** verfügt.[1] Diese Voraussetzung wird den Vorgaben des Richtlinienrechts ebenfalls nicht gerecht. So dürften z.B. die Leistungen einer Fernuniversität die Eigenschaft einer förderungswürdigen Einrichtung begründen, obwohl eine Fernuniversität gerade nicht über eigene Unterrichtsräume verfügt.[2] Zur Vermeidung richtlinienwidriger Ergebnisse empfiehlt es sich, von dieser Voraussetzung abzusehen oder den Begriff der Unterrichtsvorrichtung weit zu interpretieren. Im letzteren Fall könnten dann z.B. die Übertragung von Vorlesungen über das Internet oder die Organisation von Onlineprüfungen als entsprechende Unterrichtsvorrichtungen angesehen werden (vgl. auch die dahingehende österreichische Verwaltungsauffassung, Rz. 15.134). 15.79

### dd) Bescheinigung für Ergänzungsschulen und andere allgemein bildende oder berufsbildende Einrichtungen

Nach den Vorgaben des Richtlinienrechts in Art. 132 Abs. 1 lit. i MwStSystRL können Einrichtungen des Privatrechts nur dann die Steuerbefreiung für ihre Erziehungs- und Bildungsleistungen in Anspruch nehmen, wenn sie **anerkanntermaßen eine vergleichbare Zielsetzung** wie die förderungswürdigen Einrichtungen des öffentlichen Rechts besitzen. Dabei obliegt den Mitgliedstaaten die Aufgabe, im Rahmen ihres Ermessens Regeln für die Erteilung einer solchen Anerkennung aufzustellen (Rz. 15.27).[3] Während die Anerkennung einer vergleichbaren Zielsetzung bei Ersatzschulen durch die staatliche Genehmigung oder die landesrechtliche Erlaubnis erfolgt, erfüllt bei Ergänzungsschulen sowie den anderen allgemein bildenden oder berufsbildenden Einrichtungen die Erteilung einer **Bescheinigung nach § 4 Nr. 21 lit. a lit. bb UStG** diese unionsrechtliche Vorgabe.[4] Aus diesem Grund ist im Rahmen der Auslegung der Bescheinigungsvoraussetzungen (Rz. 15.81) das unionsrechtliche Effektivitätsprinzip zu beachten.[5] Die Bescheinigung ist entweder vom Unternehmer oder von der Finanzbehörde bei der zuständigen Landesbehörde zu beantragen.[6] 15.80

Aus der Bescheinigung muss sich gem. § 4 Nr. 21 lit. a lit. bb UStG ergeben, dass die Einrichtung mit ihrer Schul- oder Bildungsleistung **auf einen Beruf** oder **auf eine vor einer juristischen Person des öffentlichen Rechts abzulegende Prüfung ordnungsgemäß vorbereitet**. Daher reicht es nicht aus, wenn die Landesbehörde bescheinigt, dass berufliche Bildungsmaßnahmen ordnungsgemäß durchgeführt werden.[7] Als Vorbereitung auf eine vor einer juristischen Person des öffentlichen Rechts abzulegende Prüfung genügt bereits eine Tätigkeit, die 15.81

---

1 Abschn. 4.21.2 Abs. 2 S. 2 UStAE.

2 *Philipowski*, UR 2008, 585 (587); *Tehler* in Rau/Dürrwächter, § 4 Nr. 21 UStG Anm. 131.

3 EuGH v. 28.11.2013 – Rs. C-319/12 – MDDP, ECLI:EU:C:2013:778, Rz. 37; in diesem Sinne auch schon EuGH, v. 26.6.2005 – Rs. C-498/03 – Kingscrest Associates und Montecello, ECLI:EU:C:2005:322, Rz. 49 und 51, UR 2005, 453; v. 9.2.2006 – Rs. C-415/04 – Kinderopvang Enschede, ECLI:EU:C:2006:95, Rz. 23, UR 2006, 470.

4 BFH v. 28.5.2013 – XI R 35/11, BStBl. II 2013, 879 (881) = UR 2013, 712; v. 24.1.2008 – V R 3/05, BStBl. II 2012, 267 (269) = UR 2008, 552; v. 10.1.2008 – V R 52/06, UR 2008, 276 = BFH/NV 2008, 725 (727); *Nieskens*, UR 2013, 175 (178).

5 BVerwG v. 27.4.2017 – 9 C 5/16, HFR 2017, 977.

6 BVerwG v. 4.5.2006 – 10 C 10/05, DStRE 2006, 1476 (1478); Abschn. 4.21.5 Abs. 2 S. 1 UStAE; *Oelmaier* in Sölch/Ringleb, § 4 Nr. 21 UStG Rz. 67.

7 BFH v. 20.3.2014 – V R 3/13, UR 2014, 569 = BFH/NV 2014, 1175 (1176); v. 17.4.2008 – V R 58/05, UR 2008, 581 m. Anm. *Philipowski* = BFH/NV 2008, 1418 (1420).

einen Bildungsgang fördert, der im Allgemeinen mit einer solchen Prüfung abschließt.[1] Ordnungsgemäß wird diese Tätigkeit dann ausgeübt, wenn sie objektiv geeignet ist, der Prüfungsvorbereitung zu dienen, von einem seriösen Institut erbracht wird und die eingesetzten Lehrkräfte die erforderliche Eignung besitzen.[2] Die Voraussetzungen zur Erteilung der Bescheinigung sind im Interesse einer wirksamen Anwendung des Unionsrechts bis hin zur Wortlautgrenze so auszulegen, dass hinsichtlich aller Leistungen privater Einrichtungen, für die nach Art. 132 Abs. 1 lit. i MwStSystRL ein Anspruch auf Befreiung von der Umsatzsteuer in Betracht kommt, eine Bescheinigung erteilt werden kann.[3] Verfolgt eine Einrichtung verschiedene Bildungszwecke, z.B. durch das Anbieten und die Durchführung mehrerer Lehrgänge, so ist für jeden einzelnen Bildungszweck die damit verbundene ordnungsgemäße Vorbereitung auf einen Beruf bzw. auf eine vor einer juristischen Person des öffentlichen Rechts abzulegende Prüfung zu bescheinigen.[4]

15.82 Die Bescheinigung entfaltet grundsätzlich eine **Bindungswirkung** gegenüber den Finanzbehörden und der FG dahingehend, dass die darin bezeichnete Einrichtung anerkanntermaßen eine vergleichbare Zielsetzung wie eine förderungswürdige juristische Person des öffentlichen Rechts besitzt.[5] Denn diese Entscheidung ist nach § 4 Nr. 21 lit. a lit. bb UStG der zuständigen Landesbehörde zu übertragen, so dass die getroffene Entscheidung nicht von den Finanzbehörden zu überprüfen ist.[6] Bei der Bescheinigung handelt es sich folglich um einen Grundlagenbescheid i.S.d. § 175 Abs. 1 S. 1 Nr. 1 AO.[7] Daher kann die darin getroffene Entscheidung auch eine Rückwirkung entfalten.[8]

15.83 Die **Bindungswirkung** ist jedoch **auf den Inhalt**[9] der Bescheinigung und den darin angegebenen **Zeitraum**[10] **beschränkt**. Demnach hat die Finanzbehörde auch bei Vorliegen einer Bescheinigung zu prüfen, ob die weiteren Voraussetzungen für die Inanspruchnahme der Steuer-

1 Z.B. Nachhilfeunterricht für Schüler, nicht hingegen die bloße Beaufsichtigung von Hausaufgaben, BVerwG v. 27.4.2017 – 9 C 5/16, HFR 2017, 977.

2 BVerwG v. 27.4.2017 – 9 C 5/16, HFR 2017, 977; nicht erforderlich ist danach z.B. im Fall der Nachhilfe für Schüler, dass mindestens 25 % der eingesetzten Lehrkräfte die Befähigung für ein Lehramt an öffentlichen Schulen besitzen.

3 BVerwG v. 27.4.2017 – 9 C 5/16, HFR 2017, 977.

4 Abschn. 4.21.5 Abs. 4 UStAE.

5 BFH v. 29.3.2017 – XI R 6/16, UR 2017, 509 = DStR 2017, 1386 (1387); BFH v. 28.5.2013 – XI R 35/11, BStBl. II 2013, 879 (881) = UR 2013, 712; v. 5.12.2005 – V B 44/04, BFH/NV 1998, 625 (626); v. 3.5.1989 – V R 83/84, BStBl. II 1989, 815 (816) = UR 1990, 82; *Oelmaier* in Sölch/Ringleb, § 4 Nr. 21 UStG Rz. 66.

6 BFH v. 28.5.2013 – XI R 35/11, BStBl. II 2013, 879 (881) m.w.N. = UR 2013, 712.

7 BFH v. 29.3.2017 – XI R 6/16, UR 2017, 509 = DStR 2017, 1386 (1387); BFH v. 28.5.2013 – XI R 35/11, BStBl. II 2013, 879 (882) = UR 2013, 712; v. 20.8.2009 – V R 25/08, BStBl. II 2010, 15 (18) = UR 2010, 29; BVerwG v. 27.4.2017 – 9 C 5/16, HFR 2017, 977; BVerwG v. 12.6.2013 – 9 C 4/12, NVwZ 2014, 378 (379); Abschn. 4.21.5 Abs. 2 S. 4 UStAE; insoweit offen gelassen BFH v. 24.1.2008 – V R 3/05, BStBl. II 2012, 267 (270) = UR 2008, 552.

8 BFH v. 28.5.2013 – XI R 35/11, BStBl. II 2013, 879 (882) = UR 2013, 712; v. 24.1.2008 – V R 3/05, BStBl. II 2012, 267 (269) = UR 2008, 552; v. 20.8.2009 – V R 25/08, BStBl. II 2010, 15 (18) = UR 2010, 29.

9 BFH v. 5.12.2005 – V B 44/04, BFH/NV 1998, 625 (626); v. 3.5.1989 – V R 83/84, BStBl. II 1989, 815 (816) m.w.N. = UR 1990, 82; BVerwG v. 3.12.1976 – VII C 73/75, BStBl. II 1977, 334 (336).

10 BFH v. 5.12.2005 – V B 44/04, BFH/NV 1998, 625 (626); v. 6.12.1994 – V B 52/94, BStBl. II 1995, 913 (914).

befreiung nach § 4 Nr. 21 lit. a lit. bb UStG vorliegen.[1] Dies betrifft z.B. die Frage, ob die Einrichtung grundsätzlich förderungswürdig ist, es sich dabei also entweder um eine Privatschule oder um eine allgemein bildende oder berufsbildende Einrichtung handelt.[2] Weiterhin kann eine Bescheinigung eine **Indizwirkung** entfalten, dass die fraglichen Leistungen der danach förderungswürdigen Einrichtung nicht den Charakter einer bloßen Freizeitgestaltung besitzen (Rz. 15.87).[3]

Die Anknüpfung der Inanspruchnahme der Steuerbefreiung an die Ausstellung einer Bescheinigung durch die zuständige Landesbehörde steht zwar grundsätzlich im Einklang mit den unionsrechtlichen Vorgaben. Denn nach Art. 132 Abs. 1 lit. i MwStSystRL müssen andere Einrichtungen als solche des öffentlichen Rechts vom jeweiligen Mitgliedstaat hinsichtlich ihrer vergleichbaren Zielsetzung als förderungswürdig anerkannt werden. Allerdings fordert das Richtlinienrecht für die Steuerbefreiung gerade nicht, dass die erbrachten Erziehungs- und Bildungsleistungen auf eine **Vorbereitung auf einen Beruf oder auf eine Prüfung** abzielen (Rz. 15.76). Daher stehen die Anforderungen für die Erteilung einer Bescheinigung **nicht im Einklang mit** den nach **Unionsrecht** vorgesehenen Voraussetzungen einer Anerkennung durch den Mitgliedstaat.[4] 15.84

Eine richtlinienkonforme Auslegung für die Erteilung einer Bescheinigung i.S.d. § 4 Nr. 21 lit. a lit. bb UStG scheidet wegen des insoweit eindeutigen Wortlauts aus (Rz. 15.77).[5] Ein Unternehmer kann sich zwar daher grundsätzlich auf die **unmittelbare Anwendung des Richtlinienrechts** berufen, wenn ihm die Erteilung einer Bescheinigung mangels Vorbereitung auf einen Beruf oder auf eine Prüfung versagt wird.[6] Art. 132 Abs. 1 lit. i MwStSystRL setzt jedoch wiederum voraus, dass von dem Mitgliedstaat eine vergleichbare Zielsetzung anerkannt wird. Daher schließt die fehlende Bescheinigung grundsätzlich auch eine unmittelbare Anwendung des Art. 132 Abs. 1 lit. i MwStSystRL aus.[7] Allerdings kann die erforderliche **Anerkennung** durch den Mitgliedstaat auch daraus abgeleitet werden, dass die für begünstigte Leistungen anfallenden **Kosten** von dem betreffenden **Sozialversicherungsträger erstattet** werden[8] oder eine Kostenübernahme **durch** einen **anderen öffentlich-rechtlichen Träger** 15.85

1 BFH v. 5.12.2005 – V B 44/04, BFH/NV 1998, 625 (626); BVerwG v. 27.4.2017 – 9 C 5/16 = HFR 2017, 977; BVerwG v. 12.6.2013 – 9 C 4/12, NVwZ 2014, 378 (380); Abschn. 4.21.5 Abs. 2 S. 5 UStAE.

2 BFH v. 28.5.2013 – XI R 35/11, BStBl. II 2013, 879 (881) m.w.N. = UR 2013, 712; v. 18.12.2003 – V R 62/02, BStBl. II 2004, 252 (255); v. 14.3.1974 – V R 54/73, BStBl. II 1974, 527 = UR 2004, 199; Abschn. 4.21.5 Abs. 2 S. 6 UStAE.

3 BFH v. 28.5.2013 – XI R 35/11, BStBl. II 2013, 879 (882) = UR 2013, 712; v. 24.1.2008 – V R 3/05, BStBl. II 2012, 267 (270) = UR 2008, 552.

4 BFH v. 10.8.2016 – V R 38/15, UR 2016, 879 = DStR 2016, 2459 (2460); FG Berlin-Bdb. v. 1.10.2015 – 7 K 7002/13, EFG 2015, 2236 (2240); *Tehler* in Rau/Dürrwächter, § 4 Nr. 21 UStG Anm. 182.

5 *Oelmaier* in Sölch/Ringleb, § 4 Nr. 21 UStG Rz. 64.

6 BFH v. 10.8.2016 – V R 38/15, UR 2016, 879 = DStR 2016, 2459 (2460); v. 20.3.2014 – V R 3/13, UR 2014, 569 = BFH/NV 2014, 1175 (1176); FG Berlin-Bdb. v. 1.10.2015 – 7 K 7002/13, EFG 2015, 2236 (2238).

7 BFH v. 20.3.2014 – V R 3/13, UR 2014, 569 = BFH/NV 2014, 1175 (1176); v. 27.9.2007 – V R 75/03, UR 2006, 175 = BStBl. II 2008, 323 (325); FG Berlin-Bdb. v. 1.10.2015 – 7 K 7002/13, EFG 2015, 2236 (2240).

8 BFH v. 21.3.2007 – V R 28/04, BStBl. II 2010, 999 (1002) = UR 2007, 687.

erfolgt (Rz. 15.28).[1] Mögliche Anknüpfungspunkte sind weiterhin das Bestehen von spezifischen Vorschriften oder das mit der ausgeübten Tätigkeit verbundene Gemeinwohlinteresse.[2] Die Kostenübernahme muss dabei grundsätzlich auf einer gesetzlichen Grundlage beruhen. Ein bloßer Vertragsschluss reicht daher nicht aus.[3] Liegen allerdings besondere Umstände vor, kann auch die ohne eine gesetzliche Grundlage erfolgte Kostenübernahme auf eine Anerkennung schließen lassen. Dies ist z.B. der Fall, wenn die Kostenübernahme durch die Parlamentsverwaltung des Deutschen Bundestages erfolgt, welche gerade zur Informierung der Öffentlichkeit verpflichtet ist.[4]

### c) Begünstigte Schul- und Bildungsleistungen

15.86 Die begünstigten Unternehmer sind gem. § 4 Nr. 21 lit. a UStG mit ihren Leistungen von der Umsatzsteuer befreit, die **unmittelbar dem Schul- und Bildungszweck** dienen. Diese Voraussetzungen sind im Fall der Leistungen von Privatschulen grundsätzlich erfüllt. Förderungswürdige Schul- und Bildungsleistungen von anderen allgemein bildenden oder berufsbildenden Einrichtungen liegen dementsprechend grundsätzlich vor, wenn in Schulen vergleichbare Leistungen erbracht werden.[5]

15.87 Die Leistungen dürfen nicht der bloßen **Freizeitgestaltung** dienen (Rz. 15.40).[6] Anhaltspunkte für eine bloße Freizeitgestaltung können sich z.B. aus dem Teilnehmerkreis oder aus der thematischen Zielsetzung eines Lehrgangs ergeben.[7] Die von einer Landesbehörde erteilte Bescheinigung (Rz. 15.80 ff.) ist ein Indiz dafür, dass die erbrachten Leistungen nicht den Charakter einer bloßen Freizeitgestaltung besitzen.[8] Es ist jedoch insoweit zu prüfen, ob nicht gegenteilige Anhaltspunkte vorliegen.[9]

15.88 Das Kriterium der **Unmittelbarkeit** findet sich nicht Art. 132 Abs. 1 lit. i MwStSystRL. Danach ist zum einen die Erziehung von Kindern und Jugendlichen, der Unterricht an Schul- und Hochschulen, die Aus- und Fortbildung sowie die berufliche Umschulung begünstigt. Soweit eine solche Leistung vorliegt, dürfte auch eine unmittelbar dem Schul- und Bildungszweck dienende Leistung vorliegen. Zum anderen sind nach dem Richtlinienrecht auch Leistungen steuerlich begünstigt, die mit den vorgenannten Erziehungs- und Bildungsleistungen in einer engen Verbindung stehen. Vor dem Hintergrund des Gebots einer richtlinienkonformen Auslegung ist der Begriff der Unmittelbarkeit daher grundsätzlich **weit auszulegen**.[10] Ob

1 BFH v. 10.8.2016 – V R 38/15, UR 2016, 879 = DStR 2016, 2459 (2461); FG Berlin-Bdb. v. 1.10.2015 – 7 K 7002/13, EFG 2015, 2236 (2240).
2 BFH v. 10.8.2016 – V R 38/15, UR 2016, 879 = DStR 2016, 2459 (2461).
3 BFH v. 18.2.2016 – V R 46/14, UR 2016, 584 = DStR 2016, 1103 (1107).
4 BFH v. 10.8.2016 – V R 38/15, UR 2016, 879 = DStR 2016, 2459 (2461).
5 BFH v. 28.5.2013 – XI R 35/11, BStBl. II 2013, 879 (882) = UR 2013, 712; v. 24.1.2008 – V R 3/05, BStBl. II 2012, 267 (269) = UR 2008, 552.
6 BFH v. 28.5.2013 – XI R 35/11, BStBl. II 2013, 879 (882) = UR 2013, 712; v. 24.1.2008 – V R 3/05, BStBl. II 2012, 267 (269) = UR 2008, 552; v. 10.1.2008 – V R 52/06, UR 2008, 276 = BFH/NV 2008, 725 (726); EuGH v. 28.1.2010 – Rs. C-473/08 – Eulitz, ECLI:EU:C:2010:47, Rz. 29, UR 2010, 174; v. 14.6.2007 – Rs. C-445/05 – Haderer, ECLI:EU:C:2007:344, Rz. 26, UR 2007, 592.
7 BFH v. 28.5.2013 – XI R 35/11, BStBl. II 2013, 879 (882) = UR 2013, 712; v. 24.1.2008 – V R 3/05, BStBl. II 2012, 267 (270) = UR 2008, 552.
8 BFH v. 28.5.2013 – XI R 35/11, BStBl. II 2013, 879 (882) = UR 2013, 712; v. 24.1.2008 – V R 3/05, BStBl. II 2012, 267 (270) = UR 2008, 552; Abschn. 4.21.4 Abs. 1a S. 1 UStAE.
9 Abschn. 4.21.4 Abs. 1a S. 2 ff. UStAE.
10 So wohl auch *Theuffel-Werhahn*, UR 2006, 260 (262 f.).

und inwieweit danach eng verbundene Dienstleistungen als unmittelbare Schul- und Bildungsleistungen bereits nach nationalem Recht berücksichtigt werden können, ist dabei im jeweiligen konkreten Einzelfall zu bestimmen.[1] Soweit sich im Wege der Auslegung kein richtlinienkonformes Ergebnis erzielen lässt, kann sich der Unternehmer grundsätzlich auf eine unmittelbare Anwendung des Art. 132 Abs. 1 lit. i MwStSystRL berufen.[2]

Das **Merkmal der Unmittelbarkeit** von Schul- und Bildungsleistungen bezieht sich nicht 15.89
auf den Inhalt der fraglichen Leistungen, sondern beschreibt die Art und Weise, in der diese bei der Erfüllung des Schul- und Bildungszweckes der begünstigten Einrichtung eingesetzt werden müssen.[3] Denn der Schul- und Bildungszweck soll gerade durch die fragliche Leistung gefördert oder erfüllt werden.[4] Das Kriterium der Unmittelbarkeit setzt danach voraus, dass die **Leistungen** den **Schul- und Bildungszweck** selbst **bewirken.**[5] Folglich muss ein Wirkungszusammenhang zwischen der erbrachten Leistung und den begünstigten Zwecken bestehen.[6] Dabei ist es ausreichend, wenn die Leistung allein oder zusammen mit den Leistungen anderer Unternehmer die Ausbildung ermöglicht, fördert, ergänzt oder erleichtert.[7] In Ansehung dieser Grundsätze dienen z.B. die **Verpflegung und Unterbringung von Schülern** nicht unmittelbar dem Schul- und Bildungszweck.[8] Diese Leistungen können jedoch nach § 4 Nr. 23 UStG steuerfrei sein (Rz. 14.45 f.).[9] Der **Verkauf von Lehr- und Lernmaterial** unterliegt ebenfalls nicht der Befreiung nach § 4 Nr. 21 lit. a UStG, denn der Verkauf bewirkt noch keine Unterrichtsleistung.[10] Das gilt auch, wenn sich die Leistung eines Unternehmers in der Erstellung von Lehrmaterialien für eine grundsätzlich begünstigte Bildungseinrichtung erschöpft.[11] Dient das Material jedoch zur Ergänzung der Unterrichtsleistung und ist es auch für diese Zwecke von der Bildungseinrichtung selbst entworfen worden, kann es sich dabei um eine steuerbefreite Nebenleistung handeln.[12] Zu den Schulleistungen gehört neben dem regulären Schulunterricht auch ein solcher Unterricht für Vorschul- und Schulkinder, der sich auf den regulären Unterricht bezieht. So ist z.B. der von einer externen selbständigen Lehrkraft durchgeführte Englischunterricht für Kinder in der Vorschule oder in der ersten und zweiten Klasse auch dann eine umsatzsteuerfreie Schulleistung, wenn dieser dazu dient, auf den regulären Englischunterricht ab der dritten Klasse vorzubereiten.[13]

---

1 Vgl. *Becker/Kretzschmann*, UR 2007, 873 (876).
2 BFH v. 28.5.2013 – XI R 35/11, BStBl. II 2013, 879 (882) = UR 2013, 712; v. 24.1.2008 – V R 3/05, BStBl. II 2012, 267 (269 f.) = UR 2008, 552; v. 21.3.2007 – V R 28/04, BStBl. II 2010, 999 (1001 f.) = UR 2007, 687.
3 BFH v. 21.3.2007 – V R 28/04, BStBl. II 2010, 999 (1001) = UR 2007, 687; v. 3.5.1989 – V R 83/84, BStBl. II 1989, 815 (816) = UR 1990, 82.
4 BFH v. 10.6.1999 – V R 84/98, BStBl. II 1999, 578 (579) = UR 1999, 366; v. 29.7.1997 – V B 86/97, UR 1998, 429 = BFH/NV 1998, 626 (627); v. 26.10.1989 – V R 25/84, BStBl. II 1990, 98 (99) = UR 1990, 84; Abschn. 4.21.4 Abs. 1 S. 1 UStAE.
5 BFH v. 21.3.2007 – V R 28/04, BStBl. II 2010, 999 (1001) = UR 2007, 687; v. 23.8.2007 – V R 4/05, UR 2007, 852 = BFH/NV 2007, 2217 (2220).
6 *Oelmaier* in Sölch/Ringleb, § 4 Nr. 21 UStG Rz. 47.
7 BFH v. 10.6.1999 – V R 84/98, BStBl. II 1999, 578 (579) = UR 1999, 366.
8 BFH v. 17.3.1981 – VIII R 149/76, BStBl. II 1981, 746 = FR 1981, 466 = UR 1981, 229 m. Anm. *Weiss*; *Heidner* in Bunjes, § 4 Nr. 21 UStG Rz. 25.
9 *Heidner* in Bunjes, § 4 Nr. 21 UStG Rz. 25.
10 BFH v. 12.12.1985 – V R 15/80, BStBl. II 1986, 499 = UR 1986, 146.
11 LSF Sachs. v. 12.8.2016 – 213-S 7179/3/1-2016/15517, Zusammenfassung in MwStR 2016, 892.
12 BFH v. 17.4.2008 – V R 39/05, BFH/NV 2008, 1712 (1713); *Ehrt* in Weymüller, § 4 Nr. 21 UStG Rz. 22.1.
13 FG Thür. v. 9.6.2016 – 2 K 75/16, Rz. 14 f. (zitiert nach juris).

15.90 Aus der Voraussetzung einer unmittelbar dem Schul- und Bildungszweck dienenden Leistung lässt sich nicht einschränkend herleiten, dass die Befreiung nur für Leistungen an solche Personen greift, bei denen nach den Umständen anzunehmen ist, dass diese sich auf einen Beruf oder auf eine Prüfung vor einer juristischen Person des öffentlichen Rechts vorbereiten.[1] Denn maßgeblich für die Förderungswürdigkeit von Schul- und Bildungsleistungen sind die Art ihrer Erbringung sowie ihre generelle Eignung als Schul- oder Hochschulunterricht.[2] Daher kommt es auch nicht darauf an, welche Ziele die Personen, die eine Einrichtung besuchen, verfolgen.[3]

## III. § 4 Nr. 22 lit. a UStG

### 1. Überblick über die Vorschrift und ihre historische Entwicklung

#### a) Inhalt

15.91 Die Regelung des § 4 Nr. 22 lit. a UStG befreit außerschulische Bildungsleistungen in Form von Aus- und Fortbildungsleistungen[4] von der Umsatzsteuer und betrifft daher insbesondere den Bereich der **Erwachsenenbildung.**[5] Die Vorschrift beruht auf der unionsrechtlichen Befreiungsregelung des Art. 132 Abs. 1 lit. i MwStSystRL[6] und ergänzt die Befreiung von schulischen Bildungsleistungen in § 4 Nr. 21 lit. a UStG.[7] Nach § 4 Nr. 22 lit. a UStG werden vor allem die **Teilnehmergebühren**, die im Zusammenhang mit der Durchführung von Vorträgen und Kursen erzielt werden, von der Steuer befreit.

#### b) Historische Entwicklung

15.92 Eine Befreiung von Vortragsleistungen wissenschaftlich belehrender Art von Körperschaften des öffentlichen Rechts war bereits nach **§ 3 Abs. 1 UStDB 1926** möglich, wenn auch die Befreiung noch an weitere Voraussetzungen geknüpft war.[8] Mit der Einführung des **§ 34 UStDB 1934** entfielen diese weiteren Voraussetzungen und es erfolgte damit eine Erweiterung der Befreiung auf alle Vorträge von wissenschaftlicher und belehrender Art.[9] Ab dem **Jahr 1952** wurden neben diesen Vortragsleistungen auch allgemein die Tätigkeiten von Volkshochschulen befreit.[10]

15.93 Eine nächste Stufe der Ausweitung der Befreiungsvorschrift erfolgte im **Jahr 1961**, indem die vorherige Befreiungsregelung des § 34 UStDB als **§ 4 Nr. 24** in das Umsatzsteuergesetz

---

1 BFH v. 24.1.2008 – V R 3/05, BStBl. II 2012, 267 (269) = UR 2008, 552; EuGH v. 28.1.2010 – Rs. C-473/08 – Eulitz, ECLI:EU:C:2010:47, Rz. 29, UR 2010, 174; v. 14.6.2007 – Rs. C-445/05 – Haderer, ECLI:EU:C:2007:344, Rz. 26, UR 2007, 592.

2 FG Nds. v. 29.10.2015 – 5 K 316/14, EFG 2016, 149 (151); Abschn. 4.21.4 Abs. 1 S. 7 UStAE.

3 BFH v. 24.1.2008 – V R 3/05, BStBl. II 2012, 267 (269) = UR 2008, 552; BFH v. 28.5.2013 – XI R 35/11, BStBl. II 2013, 879 (882) = UR 2013, 712; Abschn. 4.21.4 Abs. 1 S. 5 UStAE.

4 *Oelmaier* in Sölch/Ringleb, § 4 Nr. 22 UStG Rz. 9.

5 *Heidner* in Bunjes, § 4 Nr. 22 UStG Rz. 1; *Tehler* in Rau/Dürrwächter, § 4 Nr. 22 UStG Anm. 2.

6 BFH v. 10.7.2012 – V B 33/12, BFH/NV 2012, 1676 (1677); v. 27.4.2006 – V R 53/04, BStBl. II 2007, 16 (17); v. 12.5.2005 – V B 146/03, BStBl. II 2005, 714 (715) = UR 2005, 551.

7 *Heidner* in Bunjes, § 4 Nr. 22 UStG Rz. 1.

8 *Oelmaier* in Sölch/Ringleb, § 4 Nr. 22 UStG Rz. 1.

9 *Oelmaier* in Sölch/Ringleb, § 4 Nr. 22 UStG Rz. 1.

10 3. UStDB-ÄndVO v. 6.5.1952, BGBl. I 1952, 285; *Oelmaier* in Sölch/Ringleb, § 4 Nr. 22 UStG Rz. 1.

aufgenommen wurde.[1] In diesem Zuge wurde der persönliche Anwendungsbereich der Befreiungsvorschrift um die Verwaltungs- und Wirtschaftsakademien als begünstigte Unternehmer erweitert und in sachlicher Hinsicht waren danach neben den Vortragsleistungen auch Kurse und andere Veranstaltungen wissenschaftlicher und belehrender Art von der Steuer befreit.[2]

Die letzte wesentliche inhaltliche Änderung hin zur aktuellen Fassung erfolgte mit der Einführung des **UStG 1967**. Danach wurden nunmehr in **§ 4 Nr. 22 UStG** auch Einrichtungen, die entweder gemeinnützigen Zwecken oder Zwecken eines Berufsverbandes dienen, als begünstigte Unternehmer berücksichtigt. Weiterhin wurden danach auch Leistungen begünstigt, die *entweder* von wissenschaftlicher *oder* von belehrender Art waren.[3] Das **UStG 1980**[4], mit dem grundsätzlich die Vorgaben der 6. EG-RL umgesetzt werden sollten[5] (Rz. 15.58), führte nur noch zu einer redaktionellen Änderung, indem der bisherige Inhalt des § 4 Nr. 22 unter Buchstabe a gefasst wurde und der neu eingeführte § 4 Nr. 22 lit. b UStG[6] die Teilnahmegebühren für sportliche Veranstaltungen befreite (Rz. 18.59 ff.).[7] Eine im Entwurf zum Jahressteuergesetz 2013 vorgesehene Zusammenführung mit der Regelung des § 4 Nr. 21 UStG wurde letztlich nicht umgesetzt (Rz. 15.59). 15.94

### c) Zweck

Die Umsatzsteuerbefreiung von Entgelten für außerschulische Bildungsleistungen verfolgt grundsätzlich dieselben Zwecke wie die Befreiung von schulischen Bildungsleistungen (Rz. 15.60). So sollen damit die **Kosten** für die Inanspruchnahme von Leistungen im Bereich der Erwachsenenbildung **gesenkt** und damit der Zugang zu diesen erleichtert werden (Rz. 15.11).[8] Diese beabsichtigte Senkung der Kosten soll sich auch mindernd auf die Höhe der öffentlichen Zuschüsse auswirken, die an Einrichtungen der Erwachsenenbildung geleistet werden.[9] Neben der damit einhergehenden Förderung von Tätigkeiten im Bereich der Erwachsenenbildung erfolgt zum anderen mit der Steuerbefreiung eine **Gleichbehandlung** privater und öffentlich-rechtlicher Einrichtungen.[10] Denn die Träger der Letzteren sind grundsätzlich entweder nicht i.S.d. § 2 Abs. 1 UStG unternehmerisch tätig oder als juristische Personen des öffentlichen Rechts gem. § 2b UStG[11] von der Behandlung als Unternehmer befreit, so dass auch deren Leistungen keiner steuerlichen Belastung unterliegen.[12] 15.95

1 11. UStÄndG v. 16.8.1961, BGBl. I 1961, 1330 (1331); *Oelmaier* in Sölch/Ringleb, § 4 Nr. 22 UStG Rz. 1.
2 *Oelmaier* in Sölch/Ringleb, § 4 Nr. 22 UStG Rz. 1.
3 *Oelmaier* in Sölch/Ringleb, § 4 Nr. 22 UStG Rz. 1.
4 BT-Drucks. 8/1779, 35.
5 BT-Drucks. 8/1779, 27.
6 BT-Drucks. 8/2827, 73.
7 *Oelmaier* in Sölch/Ringleb, § 4 Nr. 22 UStG Rz. 2.
8 *Heidner* in Bunjes, § 4 Nr. 22 UStG Rz. 1; *Tehler* in Rau/Dürrwächter, § 4 Nr. 22 UStG Anm. 2.
9 *Jacobs*, Umsatzsteuer und Gemeinnützigkeit, S. 112; *Ehrt* in Weymüller, § 4 Nr. 22 UStG Rz. 3.
10 BFH v. 18.12.2003 – V R 62/02, BStBl. II 2004, 252 (254) = UR 2004, 199; v. 27.8.1998 – V R 73/97, BStBl. II 1999, 376 (377) = UR 1999, 164 m. Anm. *Winter*; BVerwG v. 12.6.2013 – 9 C 4/12, NVwZ 2014, 378; *Heidner* in Bunjes, § 4 Nr. 21 UStG Rz. 2.
11 Hierzu ausführlich *Wiesch*, Die umsatzsteuerliche Behandlung der öffentlichen Hand, 198 ff.
12 Vgl. *Oelmaier* in Sölch/Ringleb, § 4 Nr. 21 UStG Rz. 5.

#### d) Systematische Stellung

15.96 In systematischer Hinsicht stellt die Befreiung von Leistungen im Bereich der Erwachsenenbildung eine notwendige **Ergänzung** zur Befreiung von **schulischen Bildungsleistungen** nach **§ 4 Nr. 21 lit. a UStG** (Rz. 15.61 f.) dar.[1] Wegen des komplementären Charakters des § 4 Nr. 22 lit. a UStG im Verhältnis zu § 4 Nr. 21 lit. a UStG kann es im nationalen Recht zu inhaltlichen Überschneidungen der beiden Anwendungsbereiche kommen.[2] Beide Vorschriften werden von der unionsrechtlichen Befreiungsvorschrift für Bildungsleistungen in Art. 132 Abs. 1 lit. i MwStSystRL erfasst.

15.97 Weiterhin ist mit Blick auf die Befreiung von Bildungsleistungen, die von Berufsverbänden erbracht werden, die unionsrechtliche Steuerbefreiung des **Art. 132 Abs. 1 lit. l MwStSystRL** zu beachten (Rz. 17.2 ff.).[3] Danach sind Dienstleistungen steuerlich begünstigt, die Einrichtungen ohne ein Gewinnstreben und aus gewerkschaftlichen Gründen an ihre Mitglieder erbringen. Die Aus- und Fortbildungsleistungen eines Berufsverbandes an seine Mitglieder können allerdings aus unionsrechtlicher Sicht auch nach der Befreiungsvorschrift des Art. 132 Abs. 1 lit. i MwStSystRL begünstigt sein.

### 2. Kommentierung der einzelnen Tatbestände und Tatbestandsmerkmale

#### a) Allgemeines

15.98 Die Befreiung von Leistungen i.S.d. Art. 132 Abs. 1 lit. i MwStSystRL im Bereich der Erwachsenenbildung unterliegt in § 4 Nr. 22 lit. a UStG sowohl in persönlicher als auch in sachlicher Hinsicht bedeutenden **Einschränkungen**. Zum einen sind danach nur juristische Personen des öffentlichen Rechts sowie bestimmte andere Einrichtungen begünstigt, zum anderen werden nur deren Leistungen in Form einer Veranstaltung wissenschaftlicher oder belehrender Art von der Steuer befreit.

15.99 Die Regelung des § 4 Nr. 22 lit. a UStG ist wegen des Gebots der **richtlinienkonformen Auslegung** (Rz. 15.55) mit seinen Merkmalen grundsätzlich im Lichte des Richtlinienrechts in der maßgeblichen Interpretation durch den EuGH auszulegen.[4] Soweit auf diesem Wege keine unionsrechtskonforme steuerliche Behandlung nach nationalem Recht gewährleistet werden kann, hat der Unternehmer grundsätzlich die Möglichkeit, sich auf eine unmittelbare Anwendung des Richtlinienrechts zu berufen (Rz. 15.6 f., 15.55).[5]

#### b) Begünstigte Unternehmer

15.100 Nach § 4 Nr. 22 lit. a UStG können juristische Personen des öffentlichen Rechts, Verwaltungs- und Wirtschaftsakademien, Volkshochschulen sowie Einrichtungen, die gemeinnützigen Zwecken oder dem Zweck eines Berufsverbandes dienen, von der Befreiung für Leistun-

---

1 *Heidner* in Bunjes, § 4 Nr. 22 UStG Rz. 1; *Oelmaier* in Sölch/Ringleb, § 4 Nr. 22 UStG Rz. 9.

2 *Tehler* in Rau/Dürrwächter, § 4 Nr. 22 UStG Anm. 2.

3 *Oelmaier* in Sölch/Ringleb, § 4 Nr. 22 UStG Rz. 15.

4 BFH v. 10.7.2012 – V B 33/12, BFH/NV 2012, 1676 (1677); v. 7.10.2010 – V R 12/10, BStBl. II 2011, 303 (305) = UR 2011, 154; v. 27.4.2006 – V R 53/04, BStBl. II 2007, 16 (18).

5 BFH v. 28.5.2013 – XI R 35/11, BStBl. II 2013, 879 (881) m.w.N. = UR 2013, 712; v. 24.1.2008 – V R 3/05, BStBl. II 2012, 267 (269) = UR 2008, 552; v. 10.1.2008 – V R 52/06, UR 2008, 276 = BFH/NV 2008, 725 (726); v. 21.3.2007 – V R 28/04, BStBl. II 2010, 999 (1001) = UR 2007, 687; *Oelmaier* in Sölch/Ringleb, § 4 Nr. 22 UStG Rz. 10.

gen in Form einer Veranstaltung wissenschaftlicher oder beruflicher Art profitieren. Damit wird im nationalen Recht die Befreiung von Leistungen im Bereich der Erwachsenenbildung **auf diese Begünstigten beschränkt.**[1] So werden die Leistungen der Vortragenden, welche im Auftrag der begünstigten Unternehmer handeln, nicht erfasst.[2] Deren Tätigkeiten können jedoch als **Unterrichtsleistung eines selbständigen Privatlehrers** im Wege der unmittelbaren Anwendung des Art. 132 Abs. 1 lit. j MwStSystRL, wenn sich der betroffene Unternehmer darauf beruft, von der Umsatzsteuer befreit sein.[3]

### aa) Die in § 4 Nr. 22 lit. a UStG benannten Unternehmer

Als **juristische Person des öffentlichen Rechts**[4] kommen zum einen alle Einheiten der öffentlichen Hand mit einer öffentlich-rechtlichen Rechtsform in Betracht. Darunter fallen insbesondere als Gebietskörperschaften der Bund und die Länder sowie die Gemeinden (Rz. 15.23). Weitere Beispiele sind die berufsspezifischen Kammern oder auch Innungen wie die Industrie- und Handelskammern oder die Rechtsanwaltskammern.[5] Öffentlich-rechtliche Anstalten und Stiftungen erfüllen ebenfalls die Eigenschaft einer juristischen Person des öffentlichen Rechts. Neben den Einheiten der öffentlichen Hand handelt es sich auch bei den Religionsgemeinschaften, welche nach Art. 140 GG i.V.m. Art. 137 Abs. 5 WRV über die Rechtsform einer Körperschaft des öffentlichen Rechts verfügen, um juristische Personen des öffentlichen Rechts. 15.101

Bei den **Verwaltungs- und Wirtschaftsakademien** handelt es sich um hochschulmäßige Einrichtungen der Wirtschaft und der Verwaltung. In diesen werden deren Fachkräfte aus- und fortgebildet.[6] Sie sind in ihrer Funktion und Struktur den Hochschulen ähnlich und wie diese berechtigt, berufsqualifizierende Abschlüsse (z.B. Diplome) zu verleihen und Prüfungen hierfür abzunehmen.[7] Entsprechend ihrem Zweck bilden das Staats- und Verwaltungsrecht, das bürgerliche Recht sowie Bereiche der Sozial- und Wirtschaftswissenschaften die maßgeblichen Lerninhalte.[8] Während Träger der Verwaltungsakademien vor allem Gebietskörperschaften oder von diesen zu diesem Zweck gegründete Vereine sind, handelt es sich bei den Wirtschaftsakademien um Vereine, an denen sich Institutionen der Wirtschaft beteiligen.[9] 15.102

---

1 BFH v. 27.9.2007 – V R 75/03, UR 2006, 175 = BStBl. II 2008, 323 (325); v. 12.5.2005 – V B 146/03, BStBl. II 2005, 714 (715) = UR 2005, 551; v. 24.6.1999 – V R 6/98, GmbHR 1999, 1318 = BFH/NV 2000, 238 (239); v. 17.6.1998 – XI R 68/97, UR 1999, 162 = BFH/NV 1999, 81 (82); v. 27.8.1998 – V R 73/97, BStBl. II 1999, 376 (378) = UR 1999, 164 m. Anm. *Winter*; Abschn. 4.22.1 Abs. 3 S. 1 UStAE.

2 BFH v. 12.5.2005 – V B 146/03, BStBl. II 2005, 714 (715) = UR 2005, 551; zu externen Dozenten der BFH v. 27.8.1998 – V R 73/97, BStBl. II 1999, 376 (378) = UR 1999, 164 m. Anm. *Winter*; v. 17.6.1998 – XI R 68/97, UR 1999, 162 = BFH/NV 1999, 81 (82).

3 *Oelmaier* in Sölch/Ringleb, § 4 Nr. 22 UStG Rz. 16; vgl. zum Kursleiter BFH v. 5.6.2014 – V R 19/13, UR 2014, 735 = DStRE 2014, 1244 (1245 f.).

4 Ausführlich zum Begriff der juristischen Person des öffentlichen Rechts i.S.d. § 2b UStG *Wiesch*, Die umsatzsteuerliche Behandlung der öffentlichen Hand, 208 ff.

5 Vgl. weitere Beispiele bei *Tehler* in Rau/Dürrwächter, § 4 Nr. 22 UStG Anm. 77.

6 *Heidner* in Bunjes, § 4 Nr. 22 UStG Rz. 3; *Tehler* in Rau/Dürrwächter, § 4 Nr. 22 UStG Anm. 86.

7 *Oelmaier* in Sölch/Ringleb, § 4 Nr. 22 UStG Rz. 12.

8 *Oelmaier* in Sölch/Ringleb, § 4 Nr. 22 UStG Rz. 12.

9 Vgl. zu den Trägern *Oelmaier* in Sölch/Ringleb, § 4 Nr. 22 UStG Rz. 12.

15.103 Bei **Volkshochschulen**[1] handelt es sich um Einrichtungen, die auf freiwilliger, überparteilicher und überkonfessioneller Grundlage Bildungsziele verfolgen.[2] Dabei kommt es auf die vermittelten Inhalte an, während die Bezeichnung unmaßgeblich ist.[3] Unter den Begriff der Volkshochschulen fallen auch Einrichtungen der gebundenen Erwachsenenbildung, wenn sie also von einer festen politischen, sozialen oder weltanschaulichen Grundeinstellung ausgehen, dabei aber im Übrigen den Kreis der Teilnehmer nicht von vornherein eingrenzen.[4]

15.104 Unter den Begriff des **Berufsverbandes**[5] fallen Zusammenschlüsse von natürlichen oder juristischen Personen, welche die allgemeinen, ideellen oder wirtschaftlichen Interessen eines Berufsstandes oder einer Wirtschaftsbranche wahrnehmen, die sich aus deren beruflichen oder unternehmerischen Tätigkeit ergeben.[6] Danach muss die Einrichtung einen Berufsstand oder die Branche als Gesamtheit und nicht nur die partikularen Interessen von einzelnen Angehörigen dieser Bereiche fördern.[7] Auf die Rechts- und Organisationsform kommt es hingegen nicht an.[8] Vor diesem Hintergrund fallen z.B. Gewerkschaften, Arbeitgeberverbände und Berufskammern darunter.[9] Keine Berufsverbände sind hingegen z.B. Ärztevereinigungen, da diese nur die Interessen einzelner Berufsträger wahrnehmen und gerade nicht den gesamten Berufsstand der Ärzteschaft vertreten.[10]

15.105 Die Voraussetzungen für eine **Einrichtung, die gemeinnützigen Zwecken dient**, ergeben sich maßgeblich aus der Definition in § 52 Abs. 1 S. 1 AO.[11] Danach verfolgt eine Körperschaft gemeinnützige Zwecke, wenn ihre Tätigkeit darauf gerichtet ist, die Allgemeinheit auf materiellem, geistigem oder sittlichem Gebiet selbstlos zu fördern. Aus dem Umstand, dass nach § 52 Abs. 1 S. 1 AO nur Körperschaften gemeinnützige Zwecke verfolgen können, folgt, dass **natürliche Personen** nicht gem. § 4 Nr. 22 lit. a UStG als begünstigte Einrichtungen bzw. deren Träger behandelt werden können.[12] Damit weicht das nationale Recht vom unionsrechtlichen Einrichtungsbegriff des Art. 132 Abs. 1 lit. i MwStSystRL ab, der grundsätzlich auch natürliche Personen, die ein Unternehmen betreiben, erfasst (Rz. 15.26).[13] Allerdings liegt diese Abweichung noch innerhalb des Gestaltungsspielraums, welchen die Richtlinie den Mitgliedstaa-

---

1 Hierzu BFH v. 2.8.1962 – V 37/60 U, BStBl. III 1962, 458; Abschn. 4.22.1 Abs. 1 UStAE; *Tehler* in Rau/Dürrwächter, § 4 Nr. 22 UStG Anm. 91.

2 Abschn. 4.22.1 Abs. 1 S. 1 UStAE.

3 *Oelmaier* in Sölch/Ringleb, § 4 Nr. 22 UStG Rz. 13.

4 Abschn. 4.22.1 Abs. 1 S. 2 und 3 UStAE; BFH v. 2.8.1962 – V 37/60 U, BStBl. III 1962, 458 (458 f.).

5 Hierzu auch BFH v. 28.1.1988 – V R 48/85, UR 1989, 245 = NJW 1989, 2566.

6 BFH v. 13.8.1993 – VI R 51/92, BStBl. II 1994, 33 (34 f.) = FR 1994, 56; v. 28.1.1988 – V R 48/85, UR 1989, 245 = NJW 1989, 2566; *Oelmaier* in Sölch/Ringleb, § 4 Nr. 22 UStG Rz. 15; *Tehler* in Rau/Dürrwächter, § 4 Nr. 22 UStG Anm. 121.

7 BFH v. 13.3.2012 – I R 46/11, BFH/NV 2012, 1181 (1182); v. 14.9.2000 – I R 45/02, BStBl. II 2003, 891 (892) = FR 2003, 1283; v. 20.8.1992 – V R 2/88, BFH/NV 1993, 204 (205); *Oelmaier* in Sölch/Ringleb, § 4 Nr. 22 UStG Rz. 15.

8 *Oelmaier* in Sölch/Ringleb, § 4 Nr. 22 UStG Rz. 15; *Tehler* in Rau/Dürrwächter, § 4 Nr. 22 UStG Rz. 122.

9 So auch bei *Heidner* in Bunjes, § 4 Nr. 22 UStG Rz. 3; *Oelmaier* in Sölch/Ringleb, § 4 Nr. 22 UStG Rz. 15.

10 BFH v. 20.8.1992 – V R 2/88, BFH/NV 1993, 204 (205); *Oelmaier* in Sölch/Ringleb, § 4 Nr. 22 UStG Rz. 15; *Tehler* in Rau/Dürrwächter, § 4 Nr. 22 UStG Anm. 123.

11 *Oelmaier* in Sölch/Ringleb, § 4 Nr. 22 UStG Rz. 13.

12 BFH v. 12.5.2005 – V B 146/03, BStBl. II 2005, 714 (716); *Becker/Kretzschmann*, UR 2007, 873 (877); *Ehrt* in Weymüller, § 4 Nr. 22 UStG Rz. 29; *Stadie*, UStG[3], § 4 Nr. 22 Rz. 4.

13 *Tehler* in Rau/Dürrwächter, § 4 Nr. 22 UStG Anm. 64.

ten insbesondere durch die Voraussetzung der Anerkennung nach Art. 132 Abs. 1 lit. i MwStSystRL sowie den Art. 131, 133 MwStSystRL einräumt (Rz. 10.105). So ermöglicht z.B. die Beschränkung auf Körperschaften des öffentlichen und des privaten Rechts vor allem mithilfe des § 55 AO eine staatliche effiziente Kontrolle darüber, dass die aus einer begünstigten Tätigkeit generierten Mittel auch nur für einen begünstigten und vergleichbaren Zweck verwendet werden.[1] Wegen der Vereinbarkeit des nationalen Rechts mit den Vorgaben des Richtlinienrechts besteht für natürliche Personen nicht die Möglichkeit, sich unmittelbar auf eine Anwendung des Art. 132 Abs. 1 lit. i MwStSystRL zu berufen (Rz. 10.106).[2]

Unter dem Gesichtspunkt des gebotenen Ziels einer weitgehenden Verwirklichung des Neutralitätsgedankens im nationalen Umsatzsteuerrecht (Rz. 3.4 ff., insb. auch Rz. 3.28) ließe sich freilich einwenden, dass auch **für natürliche Personen** durch die **Einführung von nationalen Regelungen** wie bei Körperschaften eine staatliche Kontrolle bei gleichzeitig einfacher Rechtsanwendung gewährleistet werden könnte. Die einer solchen Regelung vorgelagerte Abwägung zwischen Vor- und Nachteilen einer Ausweitung der Begünstigung auf natürliche Personen, insbesondere mit Blick auf Abgrenzungsschwierigkeiten und zweckwidrige Gestaltungsmöglichkeiten, ist jedoch zuvorderst eine steuerpolitische Frage. In Ansehung des den Mitgliedstaaten vom Richtliniengeber gezielt eingeräumten Gestaltungsspielraums (Rz. 15.27) kann zumindest aus den unionsrechtlichen Vorgaben **insoweit keine Umsetzungspflicht des nationalen Gesetzgebers** abgeleitet werden. 15.106

Ausgehend vom Wortlaut des Art. 132 Abs. 1 lit. i MwStSystRL handelt es sich bei der Voraussetzung, dass eine Einrichtung **gemeinnützigen Zwecken dienen** muss, um eine **Einschränkung des** sich aus dem **Richtlinienrecht** ergebenden Anwendungsbereichs. Allerdings ist diese Beschränkung als eine qualifizierte Voraussetzung für die Anerkennung einer vergleichbaren Zielsetzung wie bei juristischen Personen des öffentlichen Rechts, denen die Erbringung von begünstigten Erziehungs- und Bildungsleistungen obliegt, gerechtfertigt (Rz. 10.68). Denn hinsichtlich der Ausgestaltung des Vorgehens zur Anerkennung von privaten Unternehmern als Begünstigte besitzen die Mitgliedstaaten einen Ermessensspielraum (Rz. 15.27). Dieses Ergebnis erscheint auf den ersten Blick fraglich, denn die Ausübung einer gemeinnützigen Tätigkeit erfordert nach § 52 Abs. 1 S. 1 AO, dass die **Leistung an die Allgemeinheit** erbracht wird (vgl. kritisch hierzu auch Rz. 18.44 zu § 4 Nr. 22 lit. b UStG vor dem Hintergrund der Steuerbefreiung nach Art. 132 Abs. 1 lit. m MwStSystRL).[3] Dabei müsste es sich folglich um ein zulässiges Kriterium handeln, mit dem eine vergleichbare Zielsetzung i.S.d. Art. 132 Abs. 1 lit. i MwStSystRL festgestellt werden kann. Dagegen könnte sprechen, dass eine Leistungserbringung an die Allgemeinheit von den anderen in § 4 Nr. 22 lit. a MwStSystRL genannten Einrichtungen nicht ausdrücklich gefordert wird. Dabei ist jedoch zu berücksichtigen, dass sich die Leistungen der benannten begünstigten Unternehmer in der Regel nicht an einen engen und abgeschlossenen Personenkreis richten, sondern sich auch dadurch auszeichnen, dass sie zumindest im Grundsatz mit ihren Leistungen einer Allgemeinheit offen gegenüberstehen. So sind insbesondere die Leistungen von Volkshochschulen an die Allgemeinheit gerichtet und auch Verwaltungs- und Wirtschaftsakademien sowie Berufsverbände verfolgen mit ihren Leistungen eine Förderung der Allgemeinheit. Damit das Kriterium der Erbringung einer Leistung 15.107

1 *Gersch* in Klein, § 55 AO Rz. 4 ff.

2 A.A. *Tehler* in Rau/Dürrwächter, § 4 Nr. 22 UStG Anm. 67; natürliche Personen, z.B. Vortragende oder Kursleiter, können sich jedoch auf eine unmittelbare Anwendung des Art. 132 Abs. 1 lit. j MwStSystRL berufen, vgl. BFH v. 5.6.2014 – V R 19/13, UR 2014, 735 = DStRE 2014, 1244 (1245 f.).

3 *Tehler* in Rau/Dürrwächter, § 4 Nr. 22 UStG Anm. 103.

an die Allgemeinheit nach § 52 Abs. 1 S. 1 AO im Einklang mit den unionsrechtlichen Vorgaben steht, muss dieses mit Blick auf eine Vergleichbarkeit mit den Leistungen der benannten begünstigten Unternehmern ausgelegt werden. Demnach liegt eine Leistung an die Allgemeinheit regelmäßig dann nicht vor, wenn damit nur exklusive Kreise oder Sonderinteressen gefördert werden.[1]

15.108 Die Anknüpfung der Steuerbefreiung nach § 4 Nr. 22 lit. a UStG an die Verfolgung gemeinnütziger Zwecke wirft die Frage auf, warum die begünstigungsfähigen Leistungen von Einrichtungen, welche **mildtätigen Zwecken** gem. § 53 AO oder **kirchlichen Zwecken** gem. § 54 AO dienen, nicht der Steuerbefreiung unterliegen sollen. Denn zumindest nach § 51 Abs. 1 S. 1 AO werden diese Zwecke im gleichen Maße als steuerlich förderungswürdig behandelt. Vor diesem Hintergrund erscheint es zumindest aus steuerpolitischer Sicht widersprüchlich, dass nur gemeinnützige Einrichtungen, nicht aber mildtätige oder kirchliche Einrichtungen bzw. deren Träger als begünstigte Unternehmer mit ihren Veranstaltungen von der Umsatzsteuer befreit werden.

15.109 Der Ausschluss von Einrichtungen, die kirchlichen und mildtätigen Zwecken dienen, dürfte darüber hinaus gegen das **Neutralitätsgebot der Mehrwertsteuer** verstoßen. Die Beschränkung des persönlichen Anwendungsbereichs auf Einrichtungen, die gemeinnützigen Zwecken dienen, ist zwar grundsätzlich aus Sicht des Richtlinienrechts eine zulässige Entscheidung des nationalen Gesetzgebers (Rz. 15.107). Denn nach Art. 133 lit. a MwStSystRL darf dieser im Rahmen der Ausübung seines freien Ermessens die Erbringung begünstigter Umsätze auf private Einrichtungen mit einem sozialen Charakter beschränken (Rz. 10.6). Die damit gerechtfertigte Beschränkung des Neutralitätsprinzips ist jedoch auf den Ausschluss von gewinnorientierten Steuerpflichtigen vom Anwendungsbereich der Steuerbefreiungsvorschrift des Art. 132 Abs. 1 MwStSystRL begrenzt. Im Rahmen der Ausgestaltung der Kriterien zur näheren Bestimmung von Einrichtungen mit einem sozialen Charakter ist der nationale Gesetzgeber wiederum an die Grundsätze des Neutralitätsprinzips und an den Grundsatz der Gleichbehandlung gebunden.[2] Nach § 51 Abs. 1 S. 1 AO hat der Gesetzgeber anerkannt, dass mildtätige und kirchliche Zwecke grundsätzlich ebenso förderungswürdig sind wie gemeinnützige Zwecke. Ausgehend von dieser **Gleichbehandlung** (Rz. 15.28) stellt der Ausschluss von Einrichtungen, die mildtätigen und kirchlichen Zwecken dienen, von der Steuerbefreiung nach § 4 Nr. 22 lit. a UStG eine rechtfertigungsbedürftige Beeinträchtigung des im Neutralitätsgebot verankerten Gebotes zur Gleichbehandlung von Unternehmern (Rz. 15.4) dar. Allerdings sind keine geeigneten Rechtfertigungsgründe ersichtlich. Insbesondere ist ein systematisches Streben nach Gewinnerzielung i.S.d. Art. 133 lit. a MwStSystRL typischerweise auch bei Einrichtungen ausgeschlossen, die selbstlos i.S.d. § 55 AO mildtätigen oder kirchlichen Zwecken dienen. Bei diesen handelt es sich demnach auch offenkundig um Einrichtungen mit einem sozialen Charakter, der Ausschluss Art. 133 lit. a MwStSystRL gerade nicht bezweckt. Daher führt der Ausschluss von Einrichtungen, die mildtätigen oder kirchlichen Zwecken dienen, zu einem Verstoß gegen das Neutralitätsprinzip.[3] Wegen des insoweit

1 So zu § 52 Abs. 1 S. 1 AO: BFH v. 13.8.1997 – I R 19/96, BStBl. II 1997, 794 (795) = FR 1997, 860; *Gersch* in Klein, § 52 AO Rz. 3.

2 Zu den Grenzen des Ermessens im Rahmen der Anerkennung einer vergleichbaren Zielsetzung EuGH v. 28.11.2013 – Rs. C-319/12 – MDDP, ECLI:EU:C:2013:778, Rz. 38; in diesem Sinne auch schon EuGH v. 26.6.2005 – Rs. C-498/03 – Kingscrest Associates und Montecello, ECLI:EU:C:2005:322, Rz. 52, UR 2005, 453.

3 Ebenfalls insoweit von einem Verstoß gegen das Richtlinienrecht ausgehend *Tehler* in Rau/Dürrwächter, § 4 Nr. 22 UStG Anm. 104.

eindeutigen Wortlauts[1] eröffnet sich für betroffene Unternehmer nur der Weg einer unmittelbaren Anwendung des Richtlinienrechts zur unionsrechtskonformen Behandlung ihrer Umsätze als steuerfrei.

### bb) Ausschluss der nicht in § 4 Nr. 22 lit. a UStG benannten Unternehmer

Nach § 4 Nr. 22 lit. a UStG kommen grundsätzlich **nur die dort genannten Unternehmer** bzw. Einrichtungen als Begünstigte der Steuerbefreiung in Betracht. Die damit einhergehende Einschränkung des persönlichen Anwendungsbereichs, der sich nach Art. 132 Abs. 1 lit. i MwStSystRL ergibt, ist allerdings durch die in **Art. 133 lit. a MwStSystRL** (Rz. 10.13) eingeräumte Möglichkeit **gerechtfertigt.**[2] Danach kann für Einrichtungen des Privatrechts die Inanspruchnahme der Steuerbefreiung für Erziehungs- und Bildungsleistungen davon abhängig gemacht werden, dass diese keine systematische Gewinnerzielung anstrebt. In Ansehung der Tätigkeitsschwerpunkte und Zielsetzungen der begünstigten Unternehmer liegt es zumindest nahe, dass diese in der Regel keine systematische Gewinnerzielung anstreben. Mit den zusätzlichen Anforderungen ist der Gesetzgeber daher grundsätzlich in unionsrechtskonformer Weise von den Vorgaben des Art. 132 Abs. 1 lit. i MwStSystRL abgewichen.[3] **Dies gilt** nach der hier vertretenen Auffassung jedoch **nicht**, soweit Einrichtungen, die mildtätigen oder kirchlichen Zwecken dienen (Rz. 15.108 f.), vom Anwendungsbereich des § 4 Nr. 22 lit. a UStG ausgeschlossen werden. 15.110

### c) Begünstigte Leistungen

Nach § 4 Nr. 22 lit. a UStG sind Vorträge, Kurse und andere Veranstaltungen wissenschaftlicher oder belehrender Art begünstigt. Mit dieser Vorschrift wird die Steuerbefreiung für Bildungsleistungen gem. Art. 132 Abs. 1 lit. i MwStSystRL umgesetzt. Somit dürfen aus Sicht des Richtlinienrechts nur Leistungen gem. § 4 Nr. 22 lit. a UStG von der Umsatzsteuer befreit werden, bei denen es sich gleichzeitig um Erziehungs- oder Bildungsleistungen handelt. Daher sind nur solche ***Vorträge*** nach § 4 Nr. 22 lit. a UStG begünstigt, die eine Leistung zur Erziehung von Kindern und Jugendlichen, zum Schul- und Hochschulunterricht, zur Aus- und Fortbildung sowie zur beruflichen Umschulung oder eine damit eng verbundene Leistung darstellen.[4] Wegen des Kriteriums der wissenschaftlichen oder belehrenden Art erlangt vor allem der Richtlinienbegriff des Schul- bzw. Hochschulunterrichts (Rz. 15.36 ff.) eine hervorgehobene Bedeutung. Dabei ist zu berücksichtigen, dass die Ziele der unterrichteten Personen unerheblich sind. Allein maßgeblich sind die erbrachte Leistung und die Frage, ob diese in ihrer Art als Schul- oder Hochschulunterricht geeignet ist.[5] 15.111

---

1 *Kulmsee* in Reiß/Kraeusel/Langer, § 4 Nr. 22 UStG Rz. 28; so werden z.B. demgegenüber in § 4 Nr. 18 UStG explizit gemeinnützige *sowie* mildtätige und kirchliche Zwecke genannt.

2 *Kulmsee* in Reiß/Kraeusel/Langer, § 4 Nr. 22 UStG Rz. 31.

3 A.A., soweit die Beschränkung sich zu Lasten von natürlichen Personen und Personengesellschaften auswirkt, *Tehler* in Rau/Dürrwächter, § 4 Nr. 22 UStG Anm. 67.

4 BFH v. 10.7.2012 – V B 33/12, BFH/NV 2012, 1676 (1677); v. 27.4.2006 – V R 53/04, BStBl. II 2007, 16 (18); Abschn. 4.22.1 Abs. 2 UStAE; *Oelmaier* in Sölch/Ringleb, § 4 Nr. 22 UStG Rz. 18.

5 BFH v. 28.5.2013 – XI R 35/11, BStBl. II 2013, 879 (882) = UR 2013, 712; v. 24.1.2008 – V R 3/05, BStBl. II 2012, 267 (269) = UR 2008, 552; v. 18.12.2003 – V R 62/02, BStBl. II 2004, 252 (254) = UR 2004, 199; *Tehler* in Rau/Dürrwächter, § 4 Nr. 22 UStG Anm. 144.

15.112 Unter dem Begriff des **Kurses** fällt z.B. die Schularbeitshilfe.[1] In Ansehung des Richtlinienrechts werden auch Kurse befreit, die der Berufsausbildung und -fortbildung dienen.[2] Als belehrende Kurse gelten daher auch berufsbildende und fortbildende Kurse, in denen handwerkliche oder technische Fähigkeiten vermittelt werden.[3] Auf deren Dauer kommt es wegen der Vorgaben in Art. 44 MwSt-DVO nicht an.[4] Die *Durchführung von Prüfungen*, z.B. zum Abschluss eines Kurses, ist nur steuerfrei, wenn auch der darauf vorbereitende Unterricht von demselben begünstigten Unternehmer durchgeführt wurde.[5]

15.113 Zu den **anderen Veranstaltungen** gehören z.B. Seminare und Arbeitsgemeinschaften.[6] So kann bereits die Thematik eines Seminars eine Zweckrichtung und Eignung zur beruflichen Fortbildung erkennen lassen.[7] Aus Sicht der Finanzverwaltung unterliegt auch der sportliche Unterricht, der durch gemeinnützige Sportvereine erteilt wird, als eine begünstigte Veranstaltung der Steuerbefreiung.[8] Dies gilt z.B. für Schwimm-, Tennis-, Reit- oder Skiunterricht.[9] Beim Tanzunterricht ist jedoch darüber hinaus erforderlich, dass die Teilnahme an Wettkämpfen im Vordergrund steht.[10] Demgegenüber hat sich der BFH zur Begünstigung des Sportunterrichts mit Blick auf den Anwendungsbereich des Art. 132 Abs. 1 lit. i MwStSystRL noch nicht festgelegt.[11] Allerdings könnte insoweit auch eine Befreiung nach Art. 132 Abs. 1 lit. m MwStSystRL in Betracht kommen (Rz. 18.56).[12]

15.114 Aus der gebotenen richtlinienkonformen Auslegung folgt ebenfalls die steuerliche Begünstigung von **Leistungen**, **die eng** mit einer begünstigten Veranstaltung **verbunden** sind (Rz. 15.42 ff.).[13] Dabei kommt es darauf an, dass die Nebenleistung keinen eigenen Zweck erfüllt, sondern der Hauptleistung dient, damit diese unter den bestmöglichen Bedingungen erbracht werden kann.[14] Keine eng verbundene Dienstleistung für eine Aus- oder Fortbildung ist dabei die nur als nützlich anzusehende **Verpflegung von Seminarteilnehmern**, denn insoweit steht die Steigerung des Komforts im Vordergrund.[15] Etwas anderes gilt jedoch für Kaffeepausen bei ganztätigen Seminaren.[16] Hinsichtlich der Zurverfügungstellung von **Lehr- und Lernmaterialien** gilt, dass diese ausnahmsweise als Nebenleistung steuerfrei sein können, wenn das Material den Unterricht ergänzt, zur Verwendung im Unterricht bestimmt ist und

1 BFH v. 27.9.2007 – V R 75/03, UR 2006, 175 = BStBl. II 2008, 323 (325); *Tehler* in Rau/Dürrwächter, § 4 Nr. 22 UStG Anm. 153.
2 *Tehler* in Rau/Dürrwächter, § 4 Nr. 22 UStG Anm. 143.
3 *Heidner* in Bunjes, § 4 Nr. 22 UStG Rz. 4; *Tehler* in Rau/Dürrwächter, § 4 Nr. 22 UStG Anm. 154.
4 *Tehler* in Rau/Dürrwächter, § 4 Nr. 22 UStG Anm. 143.
5 OFD Frankfurt/M, DStR 2003, 1883.
6 BFH v. 7.10.2010 – V R 12/10, BStBl. II 2011, 303 (305) = UR 2011, 154; *Tehler* in Rau/Dürrwächter, § 4 Nr. 22 UStG Anm. 171.
7 BFH v. 7.10.2010 – V R 12/10, BStBl. II 2011, 303 (304) = UR 2011, 154.
8 Abschn. 4.22.1. Abs. 4 USTAE.
9 Abschn. 4.22.1. Abs. 4 S. 1 USTAE.
10 BFH v. 27.4.2006 – V R 53/04, BStBl. II 2007, 16 (18); Abschn. 4.22.1. Abs. 4 UStAE.
11 BFH v. 24.1.2008 – V R 3/05, BStBl. II 2012, 267 (269) = UR 2008, 552.
12 BFH v. 2.3.2011 – XI R 21/09, UR 2011, 589 = BFH/NV 2011, 1456 (1457).
13 BFH v. 7.10.2010 – V R 12/10, BStBl. II 2011, 303 (305) = UR 2011, 154; ggf. aber auch nach Art. 132 Abs. 1 lit. m MwStSystRL steuerfrei, vgl. *Oelmaier* in Sölch/Ringleb, § 4 Nr. 22 UStG Rz. 19.
14 *Heidner* in Bunjes, § 4 Nr. 22 UStG Rz. 6.
15 BFH v. 7.10.2010 – V R 12/10, BStBl. II 2011, 303 (305) = UR 2011, 154.
16 BFH v. 7.10.2010 – V R 12/10, BStBl. II 2011, 303 (305 f.) = UR 2011, 154; hierzu ausführlich *Busch/Maciejewski/Schepers*, DStR 2015, 2737 (2741 f.).

nicht von einem Dritten bezogen, sondern von dem begünstigten Unternehmer selbst entworfen wurde (Rz. 15.89).[1]

Keine begünstigte Veranstaltung liegt hingegen in richtlinienkonformer Auslegung vor, wenn es sich dabei um eine **Freizeitveranstaltung** handelt (Rz. 15.40).[2] So entscheidet sich z.B. die steuerliche Begünstigung eines Kurses nach der Vorbildung des Kursleiters, der Zusammensetzung des Teilnehmerkreises und dem Ziel der Veranstaltung.[3] 15.115

### d) Überwiegende Kostendeckung

Die im Rahmen der grundsätzlich begünstigten Leistungen erzielten Einnahmen sind nur dann als steuerfreie Entgelte zu behandeln, wenn diese überwiegend zur Deckung der Kosten verwendet werden. Demnach müssen zumindest **50 % der Einnahmen der Kostendeckung dienen.**[4] Aus Vereinfachungsgründen wäre es sinnvoll, dass diese Grenze vom grundsätzlich begünstigten Unternehmer *einmal* für alle seine Veranstaltungen jeweils für einen Veranlagungszeitraum zu ermitteln ist. Denn andernfalls sind z.B. die anfallenden Gemeinkosten jeweils nach den einzelnen Veranstaltungen aufzuschlüsseln.[5] Allerdings ist die Steuerbefreiung nach § 4 UStG für jeden Umsatz zu bestimmen, so dass aufgrund dieser Vorgabe die überwiegende Meinung in der Literatur zutreffend davon ausgeht, dass diese Grenze für **jede einzelne begünstigte Veranstaltung** zu prüfen ist.[6] Als eine Veranstaltung gilt auch die Durchführung einer einheitlichen Veranstaltungsreihe.[7] Zur Prüfung der Grenze ist daher der Umfang der Kosten für jede begünstigte Veranstaltung einzeln zu ermitteln. Kosten, die mit nichtbegünstigten Leistungen zusammenhängen, sind dabei nicht zu berücksichtigen.[8] 15.116

Die Kostengrenze soll vor allem **vermeiden**, dass begünstigte Unternehmer mithilfe der Steuerbefreiung größere Gewinne erzielen können.[9] Daher sind diese in ihrer Preisgestaltung und insbesondere bei der Berücksichtigung des Unternehmergewinns eingeschränkt, wodurch der Preis und damit die Kosten für die Inanspruchnahme der begünstigten Leistungen gemindert werden.[10] Diese Einschränkung des Anwendungsbereichs des Art. 132 Abs. 1 lit. i MwStSystRL steht auch im Einklang mit den unionsrechtlichen Vorgaben. Denn nach **Art. 133 Abs. 1 lit. a MwStSystRL** (Rz. 10.13, 10.72 ff.) besteht für die Mitgliedstaaten sogar die Möglichkeit, die Steuerbefreiungen im Fall des Strebens nach einer systematischen Gewinnerzie- 15.117

1 BFH v. 19.12.1985 – V R 139/76, BStBl. II 1986, 499 (500); Abschn. 4.21.4 Abs. 2 UStAE.
2 EuGH v. 28.1.2010 – Rs. C-473/08 – Eulitz, ECLI:EU:C:2010:47, Rz. 29, UR 2010, 174; v. 14.6.2007 – Rs. C-445/05 – Haderer, ECLI:EU:C:2007:344, Rz. 26, UR 2007, 592; BFH v. 28.5.2013 – XI R 35/11, BStBl. II 2013, 879 (882) = UR 2013, 712; v. 24.1.2008 – V R 3/05, BStBl. II 2012, 267 (269) = UR 2008, 552; v. 18.1.2008 – V R 52/06, UR 2008, 276 = BFH/NV 2008, 725 (726).
3 BFH v. 27.9.2007 – V R 75/03, UR 2006, 175 = BStBl. II 2008, 323 (325); *Tehler* in Rau/Dürrwächter, § 4 Nr. 22 UStG Anm. 156.
4 BFH v. 7.10.2010 – V R 12/10, BStBl. II 2011, 303 (305) = UR 2011, 154; *Heidner* in Bunjes, § 4 Nr. 22 UStG Rz. 9; *Oelmaier* in Sölch/Ringleb, § 4 Nr. 22 UStG Rz. 21.
5 *Ismer*, Bildungsaufwand im Steuerrecht, 286.
6 *Ehrt* in Weymüller, § 4 Nr. 22 UStG Rz. 41; *Heidner* in Bunjes, § 4 Nr. 22 UStG Rz. 9; *Kulmsee* in Reiß/Kraeusel/Langer, § 4 Nr. 22 UStG Rz. 50; *Oelmaier* in Sölch/Ringleb, § 4 Nr. 22 UStG Rz. 21; *Tehler* in Rau/Dürrwächter, § 4 Nr. 22 UStG Anm. 193.
7 *Heidner* in Bunjes, § 4 Nr. 22 UStG Rz. 9; *Oelmaier* in Sölch/Ringleb, § 4 Nr. 22 UStG Rz. 21.
8 *Tehler* in Rau/Dürrwächter, § 4 Nr. 22 UStG Anm. 192.
9 *Oelmaier* in Sölch/Ringleb, § 4 Nr. 22 UStG Rz. 21.
10 *Tehler* in Rau/Dürrwächter, § 4 Nr. 22 UStG Anm. 191.

lung in vollem Umfang auszuschließen. Von dieser Möglichkeit hat der Gesetzgeber jedoch bisher keinen Gebrauch gemacht.[1]

## D. Österreichische Rechtslage

## I. Überblick zu den relevanten Vorschriften des UStG

### 1. Inhalt und Zweck der Regelung

15.118 § 6 Abs. 1 Z 11 lit. a UStG befreit Leistungen der Privatschulen und anderer allgemeinbildender und berufsbildender Einrichtungen, die in der Vermittlung von Kenntnissen allgemeinbildender oder berufsbildender Art bestehen. § 6 Abs. 1 Z 12 UStG befreit bestimmte Vorträge, Kurse und Filmvorführungen wissenschaftlicher oder unterrichtender Art, die von öffentlich-rechtlichen Körperschaften oder Volksbildungsvereinen ausgeführt werden. § 6 Abs. 1 Z 11 lit. a UStG 1994 entspricht inhaltlich dem § 6 Abs. 1 Z 11 UStG 1972. § 6 Abs. 1 Z 12 UStG 1972 wurde unverändert in das UStG 1994 übernommen.

15.119 Das UStG sieht für diese Leistungen keine Option zur Steuerpflicht vor (vgl. aber Rz. 15.123). Auch Art. XIV BGBl. 21/1995 ist auf diese Leistungen nicht anwendbar. Der Zweck der Befreiung des § 6 Abs. 1 Z 11 lit. a UStG ist nach den Materialien zum UStG 1972[2] die **Förderung der Allgemeinbildung**. Zugleich sollten durch die weite Fassung **Wettbewerbsverzerrungen** zwischen den mit Öffentlichkeitsrecht ausgestatteten Privatschulen (nur diese waren nach dem UStG 1959 befreit) und anderen Privatschulen vermieden werden.[3] Voraussetzung für die Anwendung der Befreiung ist eine Vergleichbarkeit mit öffentlichen Schulen[4]

### 2. Unionsrecht

15.120 Unionsrechtlich beruhen die Befreiungen nach § 6 Abs. 1 Z 11 lit. a UStG und § 6 Abs. 1 Z 12 UStG auf **Art. 132 Abs. 1 Buchst. i der MwStSystRL**.[5] Den Ermessensspielraum, der den Mitgliedstaaten hinsichtlich der Definition der Voraussetzungen und Modalitäten der vergleichbaren Zielsetzung zukommt, hat der österreichische Gesetzgeber hinsichtlich der Z 11 dadurch umgesetzt, dass auf eine den öffentlichen Schulen vergleichbare Tätigkeit abgestellt wird.[6]

---

1 BFH v. 21.3.2007 – V R 28/04, BStBl. II 2010, 999 (1003) = UR 2007, 687; *Tehler* in Rau/Dürrwächter, § 4 Nr. 22 UStG Anm. 197. Für die Unterstützung bei der Konzepterstellung danke ich Frau Mag. *Michaela Weillechner*.

2 382 BlgNR 13. GP, 3.

3 VwGH v. 28.4.1976 – 559/75, ÖStZB 158; *Achatz/Mang/Lindinger*, Besteuerung der Körperschaften öffentlichen Rechts[3], Rz. 602; *Ruppe/Achatz*, UStG Kommentar[5], § 6 Rz. 302; UStR 2000 Rz. 874.

4 Vgl. UStR RZ 874.

5 *Rattinger* in Melhardt/Tumpel, UStG[2], § 6 Rz. 409; *Ruppe/Achatz*, Umsatzsteuergesetz: Kommentar[5], § 6 Rz. 301.

6 *Pfeiffer*, ÖStZ 2014, 304.

Die wörtliche Übernahme des § 6 Abs. 1 Z 11 und Z 12 vom UStG 1972 in das UStG 1994 hat zur Folge, dass Abweichungen zwischen dem Inhalt der nationalen Regelung und den unionsrechtlichen Vorgaben bestehen. So sind etwa nach Art 132 Abs. 1 Buchst. i MwStSystRL im Gegensatz zur nationalen Regelung auch die mit der Tätigkeit eng verbundenen Umsätze von der Befreiung erfasst. Soweit die Unionsrechtslage günstigeres Recht enthält, kann sich der Steuerpflichtige unmittelbar auf diese berufen (vgl. dazu auch Rz. 15.145 ff.)[1]. 15.121

§ 6 Abs. 1 Z 11 lit. b bewirkt, dass die Befreiung auch auf die Umsätze von Privatlehrern an öffentlichen Schulen und an Schulen i.S.d. lit. a anzuwenden ist. Beabsichtigt ist damit offenbar eine Umsetzung von **Art 132 Abs. 1 Buchst. j MwStSystRL**. Ob diese Umsetzung richtlinienkonform erfolgte, ist zweifelhaft.[2] Befreit sind nach § 6 Abs. 1 Z 11 lit. b UStG Umsätze von Privatlehrern an öffentlichen Schulen und an Privatschulen i.S.d. § 6 Abs. 1 Z 11 lit. a UStG. Die Bestimmung geht insofern an der unionsrechtlichen Vorgabe vorbei, als nach Art 132 Abs. 1 Buchst. j MwStSystRL der von Privatlehrern erteilte Schul- und Hochschulunterricht befreit ist; es ist dabei nicht erforderlich, dass dieser Unterricht an einer Schule erbracht wird.[3] 15.122

### 3. Verfassungsrechtliche Aspekte

Die Befreiung des § 6 Abs. 1 Z 11 UStG kann wettbewerbsverzerrend wirken, wenn Umsätze in erster Linie an zum Vorsteuerabzug berechtigte Abnehmer erbracht werden und eine Konkurrenz zu Bildungseinrichtungen besteht, die die Voraussetzungen der Befreiung nicht erfüllen. Insofern erscheint die Vorschrift verfassungsrechtlich bedenklich.[4] Ein Verzicht auf die Befreiung (Option zur Steuerpflicht) ist nicht explizit vorgesehen. § 6 Abs. 1 Z 11 UStG verlangt aber, dass der Unternehmer nachweisen kann, dass eine den öffentlichen Schulen vergleichbare Tätigkeit ausgeübt wird. Diese Voraussetzung kann verfassungskonform so interpretiert werden, dass es dem Unternehmer überlassen bleibt, den – für die Steuerbefreiung unabdingbaren – Nachweis zu führen oder dies zu unterlassen. Damit wäre im Effekt eine Option für die Steuerpflicht gegeben. Dem Unionsrecht dürfte eine solche Interpretation, die vom Gedanken der Wettbewerbsneutralität bestimmt ist und im Ergebnis den Zugang zu Unterrichtsleistungen verbilligt statt verteuert, nicht widersprechen. Die Verwaltungspraxis[5] geht jedoch von einer zwingenden Befreiung aus.[6] 15.123

Die verfassungsrechtliche Problematik des § 6 Abs. 1 Z 12 UStG entspricht jener der Befreiung nach Z 11. Eine verfassungskonforme Interpretation scheidet bei Z 12 jedoch aus.[7] 15.124

1 Vgl. auch *Ruppe/Achatz*, UStG Kommentar[5], § 6 Tz. 301.
2 *Ruppe/Achatz*, UStG Kommentar[5], § 6 Rz. 315.
3 *Rattinger* in Melhardt/Tumpel, UStG[2], § 6 Rz. 423.
4 Vgl. *Ruppe/Achatz*, UStG Kommentar[5], § 6 Rz. 304.
5 Vgl. USt-Protokoll 2004.
6 *Achatz/Mang/Lindinger*, Besteuerung der Körperschaften öffentlichen Rechts[3], Rz. 612; *Ruppe/Achatz*, UStG Kommentar[5], § 6 Rz. 304; *Rattinger* in Melhardt/Tumpel, UStG[2], § 6 Rz. 416.
7 *Ruppe/Achatz*, UStG Kommentar[5], § 6 Rz. 320.

## II. Kommentierung der einzelnen Tatbestände und Tatbestandsmerkmale

### 1. § 6 Abs. 1 Z 11 lit. a UStG

#### a) Privatschulen und andere allgemeinbildende oder berufsbildende Einrichtungen

#### aa) Privatschulen

15.125 Befreit sind gem. § 6 Abs. 1 Z 11 lit. a UStG die Umsätze von privaten Schulen und anderen allgemeinbildenden oder berufsbildenden Einrichtungen (genauer: die einschlägigen Umsätze der Rechtsträger dieser Schulen).[1]

15.126 Die Unterrichtsleistungen von öffentlichen Schulen (das sind jene Schulen, die vom gesetzlichen Schulerhalter errichtet und erhalten werden) und von Universitäten werden im nichtunternehmerischen Bereich von Körperschaften öffentlichen Rechts erbracht und sind daher nicht steuerbar[2]. Damit wird den unionsrechtlichen Vorgaben, die eine generelle Befreiung des Schul- und Hochschulunterrichts vorsehen, entsprochen.

15.127 Privatschulen werden vor diesem Hintergrund zwecks Vermeidung von Wettbewerbsverzerrungen befreit, wobei nicht nur die mit Öffentlichkeitsrecht ausgestatteten Privatschulen, sondern alle Privatschulen und andere allgemeinbildende oder berufsbildende Einrichtungen von der Befreiung umfasst sind. Voraussetzung ist allerdings, dass Kenntnisse allgemeinbildender oder berufsbildender Art oder der Berufsausübung dienende Fertigkeiten vermittelt werden und eine den öffentlichen Schulen vergleichbare Tätigkeit ausgeübt wird.[3]

15.128 **Privatschulen** sind Schulen, deren Errichtung und Erhaltung nicht einem gesetzlichen Schulerhalter obliegt.[4] Dazu rechnen auch Schulen, denen gem § 26 PrivSchG die Führung der Bezeichnung „öffentliche" gestattet ist: diese sind keine öffentlichen, sondern private Schulen, deren umsatzsteuerliche Behandlung sich nach § 6 Abs. 1 Z 11 UStG richtet.[5]

15.129 Der **Begriff „Schule"** erfordert gem. § 2 PrivSchG, dass eine Mehrzahl von Schülern gemeinsam nach einem festen Lehrplan unterrichtet wird und in Zusammenhang mit der Vermittlung allgemeinbildender oder berufsbildender Kenntnisse oder Fertigkeiten ein erzieherisches Ziel angestrebt wird.[6]

15.130 Schulen, die von anderen Körperschaften öffentlichen Rechts als jenen, die gesetzliche Schulerhalter sind, geführt werden (insb von kirchlichen Rechtsträgern), sind zu den Privatschulen zu rechnen. Soweit die Begriffsmerkmale eines Betriebes gewerblicher Art zutreffen, wäre unternehmerische Tätigkeit anzunehmen, jedoch die Befreiungsbestimmung des § 6 Abs. 1 Z 11 lit. a UStG anwendbar. Der Erlass des BMF v. 2.7.1973, AÖF 221/1975, differenziert hingegen

1 UStR 2000 Rz. 874; *Rattinger* in Melhardt/Tumpel, UStG², § 6 Rz. 412 f.; *Ruppe/Achatz*, Umsatzsteuergesetz: Kommentar⁵, § 6 Rz. 305.

2 *Ruppe/Achatz*, UStG Kommentar⁵ § 6 Tz. 305.

3 *Scheiner/Kolacny/Caganek* (Hrsg.), Kommentar zur Mehrwertsteuer – UStG 1994 (23. Lfg. 2009), § 6 Abs. 1 Z 11 lit. a UStG Rz. 5; UStR 2000 Rz. 874.

4 *Ruppe/Achatz*, UStG Kommentar⁵, § 6 Rz. 305; *Rattinger* in Melhardt/Tumpel, UStG², § 6 Rz. 413.

5 *Ruppe/Achatz*, UStG Kommentar⁵, § 6 Rz. 305; *Rattinger* in Melhardt/Tumpel, UStG², § 6 Rz. 413; *Tanzer*, ÖJZ 1975, 465.

6 *Rattinger* in Melhardt/Tumpel, UStG², § 6 Rz. 413; *Scheiner/Kolacny/Caganek* (Hrsg.), Kommentar zur Mehrwertsteuer – UStG 1994 (23. Lfg. 2009), § 6 Abs. 1 Z 11 lit. a UStG Rz. 9; Rz. 875 UStR.

bei den kirchlichen Körperschaften zwischen Schulen mit Öffentlichkeitsrecht (hier sei Ausübung öffentlicher Gewalt und keine unternehmerische Tätigkeit gegeben) und anderen (auf sie ist Z 11 anwendbar).[1]

Die Befreiungsbestimmung erstreckt sich auch auf **Fachhochschul-Studiengänge**. Erhalter dieser Studiengänge können sowohl der Bund (und andere Körperschaften öffentlichen Rechts) als auch juristische Personen des privaten Rechts sein. **Privatuniversitäten** entfalten eine den Universitäten vergleichbare Tätigkeit und fallen schon deswegen unter die Befreiungsbestimmung.[2] Dies entspricht der unionsrechtlichen Vorgabe, die auch den Hochschulunterricht umfasst.[3] 15.131

### bb) Andere allgemeinbildende oder berufsbildende Einrichtungen

Den Schulen werden **andere allgemeinbildende oder berufsbildende Einrichtungen** gleichgestellt, sofern sie eine Tätigkeit ausüben, die der einer öffentlichen Schule vergleichbar ist. Nach der Rechtsprechung des VwGH[4] ist unter einer allgemein bildenden oder berufsbildenden Einrichtung ein **schulähnlicher Betrieb** anzusehen, der über die organisatorischen Voraussetzungen (wie Schulräume, ein über längere Zeit feststehendes Bildungsangebot, in der Regel auch das erforderliche Personal nach Art eines Lehrkörpers und ein Sekretariat) verfügt, um laufend gegenüber einer größeren Anzahl von Interessenten eine Tätigkeit i.S.d. § 6 Abs. 1 Z 11 lit. a UStG auszuüben.[5] Eine Mehrheit von Lehrern und ein eigenes Sekretariat sollen nach der Rechtsprechung jedoch keine unabdingbaren Voraussetzungen sein.[6] 15.132

Die Judikatur scheint problematisch, weil sie das Erfordernis einer allgemeinbildenden oder berufsbildenden Einrichtung mit Kriterien versieht, die dem Gesetz nicht zu entnehmen sind. Eine „Einrichtung" ist mE vielmehr bei jeder dauerhaften Organisation (Zusammenfassung von sachlichen und personellen Ressourcen) anzunehmen[7]. 15.133

Die Verwaltungspraxis geht demnach zutreffend davon aus, dass auch die online Unterrichtserteilung unter Nutzung elektronischer Kommunikationsmöglichkeiten begünstigt sein kann und es auf das Vorhandensein von Schulungsräumen nicht ankommen kann[8]. 15.134

Unionsrechtlich kann es ferner nicht auf das Vorliegen einer besonderen Rechtsform ankommen.[9] Erforderlich ist aber, dass es sich um eine Einrichtung **allgemein- oder berufsbildender Art** handelt.[10] Damit rückt das Tatbestandsmerkmal der mit öffentlichen Schulen vergleich- 15.135

---

1 *Ruppe/Achatz*, UStG Kommentar[5], § 6 Rz. 306.
2 *Ruppe/Achatz*, UStG Kommentar[5], § 6 Rz. 305; *Rattinger* in Melhardt/Tumpel, UStG[2], § 6 Rz. 413; *Tiefenthaler*, SWK 2002, 475.
3 *Rattinger* in Melhardt/Tumpel, UStG[2], § 6 Rz. 413.
4 Zum UStG 1972; v. 28.4.1976 – 559/75, ÖStZB 158; v. 24.4.1980 – 2482/77, ÖStZB 299; v. 21.5.1990 – 89/15/0040, ÖStZB 1991, 111; v. 25.2.1997 – 95/14/0126, ÖStZB 1998, 143.
5 *Achatz/Mang/Lindinger*, Besteuerung der Körperschaften öffentlichen Rechts[3], Rz. 605; UStR 2000 Rz. 875; *Ruppe/Achatz*, UStG Kommentar[5], § 6 Rz. 308; *Rattinger* in Melhardt/Tumpel, UStG[2], § 6 Rz. 414; *Scheiner/Kolacny/Caganek* (Hrsg.), Kommentar zur Mehrwertsteuer – UStG 1994 (23. Lfg. 2009), § 6 Abs. 1 Z 11 lit. a UStG Rz. 10.
6 VwGH v. 24.4.1980 – 2482/77; *Rattinger* in Melhardt/Tumpel, UStG[2], § 6 Rz. 415; *Ruppe/Achatz*, UStG Kommentar[5], § 6 Rz. 308.
7 Vgl. auch *Ruppe/Achatz*, UStG Kommentar, § 6 Tz. 308.
8 UStR 2000 Rz. 875.
9 *Ruppe/Achatz*, UStG Kommentar[5], § 6 Rz. 301.
10 *Ruppe/Achatz*, UStG Kommentar[5], § 6 Rz. 308.

baren Tätigkeit in den Blick (s dazu Rz. 15.137–15.144). Abzustellen ist hierbei auf die Zielsetzung und die Bedingungen der Tätigkeit des Steuerpflichtigen im Vergleich mit den Einrichtungen des öffentlichen Rechts, die mit Bildungsaufgaben betraut sind.[1]

15.136 **Berufsbildende Einrichtungen** sind Einrichtungen, die Leistungen zur Berufsaus- und -fortbildung erbringen. Sie müssen spezielle Kenntnisse und Fertigkeiten vermitteln, die zur Ausübung bestimmter beruflicher Tätigkeiten erforderlich sind.[2]

### b) Vergleichbarkeit mit öffentlichen Schulen

15.137 Die Tätigkeit der Privatschulen und der anderen allgemeinbildenden oder berufsbildenden Einrichtungen muss nach dem Wortlaut des § 6 Abs. 1 Z 11 UStG der Tätigkeit der öffentlichen Schulen vergleichbar sein.[3]

Maßstab für die **Vergleichbarkeit mit öffentlichen Schulen** war nach der älteren Rechtsprechung des VwGH primär der Inhalt des Lehrstoffes. Der in der Privatschule vorgetragene Lehrstoff musste dem Umfang und dem Lehrziel nach annähernd dem von öffentlichen Schulen Gebotenen entsprechen.[4]

15.138 Nach der Rsp zum UStG 1972 waren danach etwa **nicht befreit** Kurse berufsbildender Einrichtungen zur Verbesserung der Chancen am Arbeitsmarkt bzw zur Unterstützung Arbeitsloser bei der Wiedereingliederung in den Arbeitsmarkt. Diese Sicht hat der VwGH in seinem Erkenntnis vom 21.11.2013, 2011/15/109 für Schulungsmaßnahmen mit direktem Bezug zu einem Beruf unionsrechtlich begründet aufgegeben:

15.139 Demnach legt Art 44 EU-DV 282/2011 für den Tätigkeitsbereich, der von der Befreiungsbestimmung des Art 132 Abs. 1 Buchst. i MwStSystRL umfasst wird, verbindlich einen Mindestumfang fest. Schulungsmaßnahmen mit direktem Bezug zu einem Gewerbe oder einem Beruf sowie jegliche Schulungsmaßnahme, die dem Erwerb oder der Erhaltung beruflicher Kenntnisse dient, sind daher unabhängig von der Dauer der Ausbildung von der Befreiungsbestimmung umfasst, auch wenn keine Vergleichbarkeit des Lehrstoffes mit einer öffentlichen Schule vorliegt.[5]

15.140 Wenngleich danach die Befreiung einer bestimmten Ausbildungsleistung im Anwendungsbereich des Art 44 EU-DV nicht länger davon abhängt, dass sie mit dem Inhalt des Lehrstoffes einer öffentlichen Schule vergleichbar ist, erfordert die Steuerbefreiung nach der Rechtsprechung des VwGH weiterhin, dass die die Ausbildungsleistung erbringende Einrichtung eine mit den öffentlichen Schulen vergleichbare Tätigkeit ausübt[6]. Danach ist die Steuerbefreiung nur solchen privaten Bildungseinrichtungen zu gewähren, deren Zielsetzung und Bedingun-

---

1 VwGH v. 15.9.2016 – 2014/15/0003; v. 31.3.2017 – Ro 2015/13/0014.

2 *Rattinger* in Melhardt/Tumpel, UStG², § 6 Rz. 414; *Scheiner/Kolacny/Caganek* (Hrsg.), Kommentar zur Mehrwertsteuer – UStG 1994 (23. Lfg. 2009), § 6 Abs. 1 Z 11 lit. a UStG Rz. 11.

3 *Ruppe/Achatz*, UStG Kommentar⁵, § 6 Rz. 309.

4 VwGH v. 4.12.1989 – 87/15/0139; *Rattinger* in Melhardt/Tumpel, UStG², § 6 Rz. 415; UStR 2000 Rz. 876.

5 VwGH v. 21.11.2013 – 2011/15/0109; v. 15.9.2016 – Ra 2014/15/0003; v. 26.1.2017 – Ra 2015/15/0019; v. 31.3.2017 – Ro 2015/13/0014; v. 14.9.2017 – Ro 2017/15/0017. – Siehe auch UStR 2000 Rz. 876.

6 VwGH v. 15.9.2016 – 2014/15/0003.

gen der Tätigkeit mit Einrichtungen des öffentlichen Rechts vergleichbar ist.[1] Nach der Verwaltungspraxis muss der Unternehmer die Befreiung unter Berufung auf Unionsrecht nicht gegen sich gelten lassen, wenn er nachweist, dass keine mit öffentlichen Schulen vergleichbare Zielsetzung verfolgt wird[2].

Von einer Vergleichbarkeit der Zielsetzung geht die Verwaltungspraxis ua bei Privatschulen iSd PrivSchG, Privatuniversitäten iSd PrivatuniversitätsG, Fachhochschulen oder bei post-sekundären Bildungseinrichtungen aus, die im Rahmen einer Kooperation mit einer Universität oder Fachhochschule berufsbezogene postgraduale Aus- und Weiterbildungen durchführen. Allgemein ist von einer Vergleichbarkeit der Zielsetzung bei einer Zertifizierung als Erwachsenenbildungseinrichtung (ÖCERT) oder jeder anderen vergleichbaren Zertifizierung auszugehen[3]. 15.141

Außerhalb des Anwendungsbereichs des Art. 44 EU-DV ist die Steuerbefreiung anzuwenden, wenn bei einer Schule oder schulähnlichen Einrichtung eine mit einer öffentlichen Schule vergleichbare Tätigkeit vorliegt[4]. Nicht begünstigt sind Unterrichtseinheiten, die den Charakter einer bloßen Freizeitgestaltung haben (zB Kochkurse, Tanzkurse, Yogakurse)[5]. 15.142

Die **Praxis** dürfte weitgehend den Vorgaben der Rechtsprechung entsprechen: Nach den UStR[6] ist die **Steuerbefreiung anzuwenden** auf das Berufsförderungsinstitut (BFI), das Wirtschaftsförderungsinstitut der Wirtschaftskammer (WIFI), Handels- und Gewerbeschulen, Ländliche Fortbildungsinstitute (LFI), Maturaschulen, Einrichtungen zur Psychotherapeutenausbildung (unter bestimmten Bedingungen), Einrichtungen zur Abhaltung von Rechtskursen, Einrichtungen zur Abhaltung von Vorbereitungskursen für die Baugewerbeprüfung, Einrichtungen zur Absolvierung der Beamtenaufstiegsprüfung, Einrichtungen zur Absolvierung der Richteramts-, Rechtsanwalts- und Notariatsprüfungen, akkreditierte Privatuniversitäten, Einrichtungen zur Abhaltung von Lehrgängen universitären Charakters.[7] Die Steuerbefreiung wird ferner auf Sprachschulen und Musikschulen angewendet. Einrichtungen, die sportliche oder technische Fertigkeiten vermitteln oder Fertigkeiten, die im gesellschaftlichen Umgang nützlich sind, sind von der Befreiung nicht erfasst (zB. Schischulen, Fahrschulen, Tanzschulen).[8] 15.143

### c) Mit dem Unterricht eng verbundene Dienstleistungen

Art. 132 Abs. 1 Buchst. i MwStSystRL befreit anders als § 6 Abs. 1 Z 11 nicht nur Leistungen der Aus- und Fortbildung sowie die berufliche Umschulung sondern auch die **damit eng verbundene Umsätze**. Abgabepflichtige können sich insoweit unmittelbar auf das günstigere Unionsrecht berufen.[9] Der Begriff der „eng verbundenen Umsätze" verlangt gemäß EuGH[10] 15.144

---

1 So auch *Pfeiffer*, ÖStZ 2014, 303.
2 UStR 2000 Rz. 876 mit Hinweis auf EuGH v. 28.11.2013 – Rs C-319/12, MDDP.
3 Vgl. dazu im Einzelnen UStR 2000 Rz. 876.
4 UStR 2000 Rz. 876.
5 UStR 2000 Rz. 876 mit Hinweis auf EuGH v. 14.6.2007 – Rs C-445/05, Haderer und EuGH v. 28.1.2010 – Rs C-473/08, Eulitz.
6 Rz. 877 UStR.
7 Vgl UStR 2000 Rz. 877.
8 Vgl UStR 2000 Rz. 878.
9 *Rattinger* in Melhardt/Tumpel, UStG[2] § 6 Rz. 419.
10 EuGH v. 20.6.2002 – Rs. C-287/00 – „Kommission/Deutschland", Slg I-5811, UR 2002, 316 = UR 2002, 374 m. Anm. *Strahl*.

keine besonders enge Auslegung, da durch die Befreiung dieser Dienstleistungen gewährleistet werden soll, dass der Zugang nicht durch die höheren Kosten versperrt werde, die entstünden, wenn dieser selbst oder die eng mit ihm verbundenen Dienstleistungen der Umsatzsteuer unterworfen wären.[1]

15.145 Die Praxis zum österreichischen UStG trägt diesen unionsrechtlichen Vorgaben insoweit Rechnung als sie zu den befreiten Umsätzen auch die **Zur-Verfügung-Stellung von Unterrichtsmaterial** (Skripten und sonstige Lernbehelfe) zählt[2], aber auch sonstige Leistungen, die nicht in der Unterrichtserteilung oder Kenntnisvermittlung bestehen, jedoch in einem logischen Zusammenhang mit diesen Leistungen stehen.[3] Die Überlassung von Unterrichtsmaterialien ist jedoch nur dann von der Befreiung umfasst, wenn eine Nebenleistung zur Unterrichtserteilung vorliegt. Dies setzt voraus, dass das Lehrmaterial inhaltlich den Unterricht ergänzt, zum Einsatz im Unterricht bestimmt ist, von der Bildungseinrichtung oder dem Lehrer selbst entworfen wurde und bei Dritten nicht bezogen werden kann. Ob diese enge Definition dem Unionsrecht zuspricht, erscheint fraglich, dürfte aber mit Wettbewerbsaspekten zu rechtfertigen sein.[4]

15.146 Nach Rechtsprechung des EuGH[5] ist die **Auftragsforschung** der Universitäten keine mit dem Hochschulunterricht eng verbundene Tätigkeit i.S.d. Art. 132 Abs. 1 lit. i der MwStSystRL.[6] Die entgeltliche Durchführung von Forschungsvorhaben durch staatliche Hochschulen fällt nicht unter die Befreiung, da durch die Besteuerung kein Anstieg der Kosten des Hochschulunterrichts bewirkt wird und die Tätigkeit für die Ausbildung der Studenten nicht unverzichtbar ist.[7] Nach der österreichischen Praxis ist allerdings die Auftragsforschung i.d.R. zusammen mit universitärer Forschung Teil der Forschungsanstalt, die gem § 2 Abs. 5 KStG iVm § 2 Abs. 3 UStG ex-lege als Hoheitsbetrieb zu qualifizieren ist.

15.147 Die **Gestellung von Lehrpersonal** durch private Schulen oder andere allgemein- oder berufsbildende Einrichtungen an andere begünstigte Einrichtungen i.S.d. Z 11 lit. a oder an öffentliche Schulen fällt dann unter die Steuerbefreiung, wenn es sich um eine mit der Hauptleistung der Bildungseinrichtung eng verbundene Tätigkeit handelt, das gleiche Niveau und die gleiche Unterrichtsqualität durch Rückgriff auf gewerbliche Vermittlungsstellen nicht sichergestellt werden könnte und derartige Gestellungen nicht dazu bestimmt sind, der Einrichtung zusätzliche Einnahmen zu verschaffen, sofern sie hinsichtlich der Gestellung mit anderen nicht befreiten Einrichtungen konkurriert.[8] Nicht erforderlich ist, dass die Leistung unmittelbar gegenüber den Studierenden erbracht wird.[9]

---

1 *Scheiner/Kolacny/Caganek* (Hrsg.), Kommentar zur Mehrwertsteuer – UStG 1994 (23. Lfg. 2009), § 6 Abs. 1 Z 11 lit. a UStG Rz. 6.

2 VwGH v. 28.9.1976 – 1545/74.

3 *Ruppe/Achatz*, UStG Kommentar[5], § 6 Rz. 314; UStR 2000 Rz. 875.

4 *Rattinger* in Melhardt/Tumpel, UStG[2], § 6 Rz. 420; *Scheiner/Kolacny/Caganek* (Hrsg.), Kommentar zur Mehrwertsteuer – UStG 1994 (23. Lfg. 2009), § 6 Abs. 1 Z 11 lit. a UStG Rz. 20.

5 EuGH v. 20.6.2002 – Rs. C-287/00 – „Kommission/Deutschland", Slg I-5811, UR 2002, 316 = UR 2002, 374 m. Anm. *Strahl*.

6 *Ruppe/Achatz*, UStG Kommentar[5], § 6 Rz. 314.

7 *Rattinger* in Melhardt/Tumpel, UStG[2], § 6 Rz. 421.

8 EuGH v. 14.6.2007 – Rs. C-434/05 – „Horizon College", Slg I-4793, UR 2007, 587; *Ruppe/Achatz*, UStG Kommentar[5], § 6 Rz. 313; *Rattinger* in Melhardt/Tumpel, UStG[2], § 6 Rz. 421; UStR 2000 Rz. 875.

9 BFG v. 21.12.2015 – RV/5100870/2015; *Rattinger* in Melhardt/Tumpel, UStG[2], § 6 Rz. 421.

**Nicht befreit** sind hingegen Umsätze, die aus einer unterrichtsfremden Tätigkeit herrühren (z.B. Lieferung von gewerblichen Erzeugnissen oder Gegenständen des Anlagevermögens, Buffet- und Kantinenumsätze sowie sonstige Hilfsgeschäfte).[1] Leistungen, die sich auf die Unterbringung und Verpflegung von Schülern beziehen, dienen dem Schul- und Bildungszweck im Regelfall nicht unmittelbar, sondern nur mittelbar.[2] 15.148

## 2. § 6 Abs. 1 Z 12 UStG

Befreit sind nach dieser Vorschrift Umsätze aus Vorträgen, Kursen und Filmvorführungen wissenschaftlicher, unterrichtender oder belehrender Art, die durch öffentlich-rechtliche Körperschaften oder Volksbildungsvereine veranstaltet werden. Die Befreiung setzt voraus, dass die Einnahmen aus dieser Tätigkeit vorwiegend zur Deckung der Kosten verwendet werden.[3] 15.149

Der Begriff der **öffentlich-rechtlichen Körperschaft** ist identisch mit dem in § 2 Abs. 3 UStG verwendeten Begriff der Körperschaften öffentlichen Rechts (zum Begriff vgl. Rz. 14.99). Diese besitzen gem § 2 Abs. 3 UStG nur im Rahmen ihrer Betriebe gewerblicher Art (§ 2 KStG) Unternehmereigenschaft. Die Steuerfreiheit bezieht sich daher insoweit auf Betriebe gewerblicher Art von Körperschaften öffentlichen Rechts, die solche Veranstaltungen durchführen (gleichgültig ob als Haupt- oder als Nebentätigkeit).[4] 15.150

Veranstaltungen, die von einer Körperschaft öffentlichen Rechts im Hoheitsbereich abgehalten werden, sind von vornherein nicht steuerbar (womit derselbe Effekt wie mit einer unechten Befreiung verbunden ist). Dazu gehören nach der bestehenden Praxis jedenfalls Universitätslehrgänge; die hiefür erhobenen Gebühren unterliegen nicht der Umsatzsteuer.[5] 15.151

Der Begriff **Volksbildungsverein** ist kein Rechtsbegriff. § 35 BAO rechnet die Volksbildung zu den Tätigkeiten, die eine Förderung der Allgemeinheit bewirken. Volksbildung beinhaltet die Belehrung mit zur Allgemeinbildung zählendem Wissen, aber auch die Vermittlung von allgemeinbildenden Kenntnissen und technischen Fertigkeiten für breite Kreise der Bevölkerung und setzt somit wohl breite Zugänglichkeit der Veranstaltung voraus. Volksbildungsvereine sind demnach Vereine, die – wie Volkshochschulen – dieses Ziel insgesamt oder doch in einem wesentlichen Ausschnitt verfolgen.[6] Das impliziert sowohl den Entfall von Zutrittsschranken formeller Art als auch leistbare Entgelte. Vereine, die lediglich einzelne Fertigkeiten vermitteln (Tanzen, EDV-Kenntnisse und dergleichen) oder spezielle Adressaten haben (z.B. Managementausbildung), sind keine Volksbildungsvereine.[7] Vorausgesetzt wird ein Angebot für eine breite Masse der Bevölkerung zu einem annehmbaren Preis[8]. 15.152

---

1 *Rattinger* in Melhardt/Tumpel, UStG², § 6 Rz. 420; UStR 2000 Rz. 875.

2 *Scheiner/Kolacny/Caganek* (Hrsg.), Kommentar zur Mehrwertsteuer – UStG 1994 (23. Lfg. 2009), § 6 Abs. 1 Z 11 lit. a UStG Rz. 21.

3 *Achatz/Mang/Lindinger*, Besteuerung der Körperschaften öffentlichen Rechts³, Rz. 616; *Rattinger* in Melhardt/Tumpel, UStG², § 6 Rz. 431; *Scheiner/Kolacny/Caganek* (Hrsg.), Kommentar zur Mehrwertsteuer – UStG 1994 (23. Lfg. 2009), § 6 Abs. 1 Z 12 UStG Rz. 4.

4 *Achatz/Mang/Lindinger*, Besteuerung der Körperschaften öffentlichen Rechts³, Rz. 616; *Ruppe/Achatz*, UStG Kommentar⁵, § 6 Rz. 321; *Rattinger* in Melhardt/Tumpel, UStG², § 6 Rz. 432.

5 *Ruppe/Achatz*, UStG Kommentar⁵, § 6 Rz. 321; *Rattinger* in Melhardt/Tumpel, UStG², § 6 Rz. 432; *Achatz/Mang/Lindinger*, Besteuerung der Körperschaften öffentlichen Rechts³, Rz. 618, 938.

6 VwGH v. 25.7.2013 – 2010/15/0082; UStR 2000 Rz. 880; VereinsR 2001, Rz. 475; *Ruppe/Achatz*, UStG Kommentar⁵, § 6 Rz. 322; *Rattinger* in Melhardt/Tumpel, UStG², § 6 Rz. 432.

7 *Ruppe/Achatz*, UStG Kommentar⁵, § 6 Rz. 322.

8 VereinsR 2001 Rz. 475.

15.153 Werden Volksbildungsleistungen durch andere **gemeinnützige Körperschaften privaten Rechts** als Vereine (z.B. GmbHs) erbracht, sind auch diese Leistungen nach der Verwaltungspraxis steuerfrei, sofern die Körperschaft unter beherrschendem Einfluss einer Körperschaft öffentlichen Rechts oder eines Volksbildungsvereines steht.[1]

15.154 **Vorträge** sind Veranstaltungen, die im Wesentlichen einseitig durch den Vortragenden bestritten werden und keine aktive Mitarbeit der Teilnehmer voraussetzen.[2] **Kurse** sind Veranstaltungen, die der Vermittlung von Fertigkeiten dienen und zur Herbeiführung eines Erfolges der aktiven Mitarbeit der Teilnehmer bedürfen. Erfasst sind damit auch seminarartige Veranstaltungen.[3] Unter den Begriff **„Filmvorführungen“** fallen nicht nur projizierte Laufbilder, sondern alle optischen Medien (Video, Dia etc).[4]

15.155 Im Hinblick auf die sprachliche Fassung der unionsrechtlichen Grundlage ist die Befreiung auch auf die **mit der Tätigkeit „eng verbundenen Umsätze“** anzuwenden. Dazu zählen auch die Zur-Verfügung-Stellung von Unterrichtsmaterial, aber auch sonstige Leistungen, die in einem logischen Zusammenhang mit den explizit befreiten Leistungen stehen.[5]

15.156 Die Befreiung kommt unabhängig vom Unterrichtsgegenstand zur Anwendung. Im Unterschied zu § 6 Abs. 1 Z 11 UStG ist keine einer öffentlichen Schule vergleichbare Tätigkeit vorausgesetzt.[6] Befreit sind Vorträge, Kurse und Filmvorführungen, wenn sie wissenschaftliche Erkenntnisse vermitteln, der Erlangung von Kenntnissen oder Fertigkeiten dienen (unterrichtender Art) oder den geistigen Horizont erweitern (belehrender Art). Dazu gehören auch Kurse, in denen Sprachen, Tanzen, Kochen, EDV-Kenntnisse etc unterrichtet werden. Nicht begünstigt sind unterhaltende Darbietungen (Theater, Kabarett, Musikdarbietungen oder sonstige künstlerische Veranstaltungen) oder Führungen, wenn bei diesen nicht ein Vortrag im Vordergrund steht.[7]

15.157 Befreit sind die **Einnahmen** der Körperschaften öffentlichen Rechts bzw Vereine aus den von ihnen veranstalteten Vorträgen etc, **nicht** die **Honorare** der Vortragenden oder Kursleiter.[8] Die Befreiung erstreckt sich somit nicht auf die unterrichtenden Personen. Auch die Steuerbefreiung für Privatlehrer (§ 6 Abs. 1 Z 11 lit. b UStG) ist nach der Praxis nicht anwendbar.[9]

---

1 *Achatz/Mang/Lindinger*, Besteuerung der Körperschaften öffentlichen Rechts³, Rz. 617; *Scheiner/Kolacny/Caganek* (Hrsg.), Kommentar zur Mehrwertsteuer – UStG 1994 (23. Lfg. 2009), § 6 Abs. 1 Z 12 UStG Rz. 10; *Rattinger* in Melhardt/Tumpel, UStG², § 6 Rz. 433; *Ruppe/Achatz*, Umsatzsteuergesetz: Kommentar⁵, § 6 Rz. 321; UStR 2000 Rz. 880.

2 VwGH v. 1.3.1965 – 1305/63, Slg. 3235; *Achatz/Mang/Lindinger*, Besteuerung der Körperschaften öffentlichen Rechts³, Rz. 619; *Scheiner/Kolacny/Caganek* (Hrsg.), Kommentar zur Mehrwertsteuer – UStG 1994 (23. Lfg. 2009), § 6 Abs. 1 Z 12 UStG Rz. 6; *Ruppe/Achatz*, UStG Kommentar⁵, § 6 Rz. 324.

3 VwGH v. 1.3.1965 – 1305/63, Slg. 3235; *Achatz/Mang/Lindinger*, Besteuerung der Körperschaften öffentlichen Rechts³, Rz. 619; *Ruppe/Achatz*, UStG Kommentar⁵, § 6 Rz. 324; *Scheiner/Kolacny/Caganek* (Hrsg.), Kommentar zur Mehrwertsteuer – UStG 1994 (23. Lfg. 2009), § 6 Abs. 1 Z 12 UStG Rz. 7 f.

4 *Achatz/Mang/Lindinger*, Besteuerung der Körperschaften öffentlichen Rechts³, Rz. 619.

5 BMF v. 17.4.1997, ÖStZ 1997, 267; *Ruppe/Achatz*, UStG Kommentar⁵, § 6 Rz. 323; *Achatz/Mang/Lindinger*, Besteuerung der Körperschaften öffentlichen Rechts³ (2014), Rz. 625 f.

6 *Rattinger* in *Melhardt*/Tumpel, UStG², § 6 Rz. 434.

7 *Ruppe/Achatz*, UStG Kommentar⁵, § 6 Rz. 325; UStR 2000 Rz. 880.

8 BMF v. 17.4.1997, ÖStZ 1997, 267; *Ruppe/Achatz*, UStG Kommentar⁵, § 6 Rz. 323; *Achatz/Mang/Lindinger*, Besteuerung der Körperschaften öffentlichen Rechts³ Rz. 625 f.

9 *Rattinger* in Melhardt/Tumpel, UStG², § 6 Rz. 434.

Die Befreiung setzt voraus, dass die Einnahmen vorwiegend zur **Deckung der Kosten** verwendet werden. Die Erzielung bescheidener Überschüsse im Rahmen einer langfristig vorsichtigen Kalkulation schließt nach der Verwaltungspraxis die Befreiung nicht aus[1]. Ist der Verein explizit nicht auf Gewinn gerichtet oder erfüllt er die Voraussetzungen der Gemeinnützigkeit, ist die Bedingung jedenfalls erfüllt. Kommerziell ausgerichtete Einrichtungen fallen nicht unter den Befreiungstatbestand.[2] 15.158

## E. Reformvorschläge

### I. Unionsrecht

Die Steuerbefreiung für Erziehungs- und Bildungsleistungen wird nach Art. 132 Abs. 1 lit. i MwStSystRL an **persönliche Voraussetzungen des Steuerpflichtigen** bzw. des Unternehmers geknüpft. Denn danach muss der Erbringer begünstigter Leistungen entweder die Eigenschaft einer Einrichtung des öffentlichen Rechts besitzen oder aber zumindest anerkanntermaßen eine vergleichbare Zielsetzung. Diese Anknüpfung **beeinträchtigt** jedoch mit den Geboten der Wettbewerbsgleichheit und der Belastungsgleichheit zwei **Grundprinzipien des harmonisierten Mehrwertsteuerrechts.** 15.159

Nach der vom Neutralitätsgebot umfassten **Wettbewerbsgleichheit** sind vergleichbare Umsätze in gleicher Weise steuerlich zu behandeln, um eine Beeinträchtigung des Wettbewerbs zwischen den ausübenden Steuerpflichtigen bzw. Unternehmern zu vermeiden.[3] Für die Ausgestaltung einer Steuerbefreiung folgt daraus, dass sich ihre Anwendung grundsätzlich nach dem Inhalt der erbrachten Leistung bzw. des ausgeübten Umsatzes zu richten hat.[4] Mit der Anknüpfung des Art. 132 Abs. 1 lit. i MwStSystRL an die persönlichen Eigenschaften eines Steuerpflichtigen bzw. Unternehmers besteht die Gefahr, dass vergleichbare Erziehungs- oder Bildungsleistungen verschiedener Steuerpflichtiger bzw. Unternehmer teilweise steuerfrei und teilweise steuerpflichtig behandelt werden. Daher erweist sich die Richtlinienregelung des Art. 132 Abs. 1 lit. i MwStSystRL insoweit als **reformbedürftig**, als dass ihr **Anwendungsbereich grundsätzlich unabhängig von persönlichen Voraussetzungen des Steuerpflichtigen** bzw. des Unternehmers auszugestalten wäre. 15.160

Eine solche Änderung ist zudem auch aus Sicht der **Belastungsgleichheit** geboten. Denn unter Berücksichtigung des maßgeblichen Leistungsfähigkeitsprinzips ist danach für die Mehrwertsteuer bzw. Umsatzsteuer geboten, jeden Leistungsempfänger als intendierten Steuerträger entsprechend des von ihm für eine Leistung aufgewendeten Vermögens zu belasten.[5] Ist für die Frage der Besteuerung einer vergleichbaren Erziehungs- oder Bildungsleistung jedoch 15.161

---

1 UStR 2000 Rz. 880; *Rattinger* in Melhardt/Tumpel, UStG², § 6 Rz. 435; *Scheiner/Kolacny/Caganek* (Hrsg.), Kommentar zur Mehrwertsteuer – UStG 1994 (23. Lfg. 2009), § 6 Abs. 1 Z 12 UStG Rz. 10; *Achatz/Mang/Lindinger*, Besteuerung der Körperschaften öffentlichen Rechts³, Rz. 622.

2 *Ruppe/Achatz*, UStG Kommentar⁵, § 6 Rz. 326; *Achatz/Mang/Lindinger*, Besteuerung der Körperschaften öffentlichen Rechts³, Rz. 622.

3 Vgl. EuGH v. 10.11.2011 – Rs. C-259/10 – The Rank Group, ECLI:EU:C:2011:719, Rz. 33; *Nieuwenhuis*, UR 2013, 663 (665).

4 *Englisch* in Tipke/Lang, Steuerrecht²², § 17 Rz. 199.

5 *Löhr*, Das umsatzsteuerrechtliche Optionsrecht für Vermietungsumsätze, 252 ff.; *Englisch* in Schön/Beck, Zukunftsfragen des Steuerrechts, S. 39 (62); *Kirchhof*, DStR 2008, 1; *Schaumburg* in FS Reiß, S. 25 (31 f.); *Tipke*, Die Steuerrechtsordnung, Band II, 981.

(zumindest auch) maßgeblich, wer diese erbringt, birgt dies die Gefahr einer ungleichen Belastung von Steuerträgern bei Bezug einer vergleichbaren Leistung.

15.162 Die Beseitigung der an die Person des Steuerpflichtigen bzw. des Unternehmers anknüpfenden Voraussetzungen für eine Steuerbefreiung würde zudem für die **Rechtspraxis** zu erheblichen Erleichterungen führen. So sind die persönlichen Voraussetzungen eine Quelle vieler Rechtsschwierigkeiten und ihre Erfüllung für die betroffenen Steuerpflichtigen und Unternehmen, gerade innerhalb des Dritten Sektors, von besonderer Bedeutung. Letztlich diente eine solche Umsetzung auch der **Harmonisierung des Mehrwertsteuerrechts**, denn ob und inwieweit Erziehungs- und Bildungsleistungen von Einrichtungen des öffentlichen Rechts oder von Personen des Privatrechts mit einer anerkannten vergleichbaren Zielsetzung erbracht werden, dürfte zwischen den einzelnen Mitgliedstaaten in erheblichem Umfang variieren. Eine alleinige Anknüpfung der Steuerbefreiung an den ausgeübten Umsatz ist daher auch geeignet, eine harmonisierte umsatzsteuerliche Behandlung der begünstigten Leistungen in den Mitgliedstaaten zu fördern.

15.163 Ein weiterer zentraler reformbedürftiger Aspekt betrifft weniger die Regelung der Steuerbefreiung des Art. 132 lit. i MwStSystRL selbst als die sich nach gegenwärtigem Recht aus der Anwendung einer Steuerbefreiung ergebenden Konsequenzen. So ist nach Art. 168 lit. a MwStSystRL für Eingangsleistungen eines Steuerpflichtigen der **Vorsteuerabzug** grundsätzlich ausgeschlossen, soweit die bezogenen Leistungen für steuerbefreite Ausgangsumsätze verwendet werden. Die dadurch für den Steuerpflichtigen bzw. für den Unternehmer anfallende endgültige Vorsteuerbelastung wird regelmäßig über den Preis auf den Leistungsempfänger abgewälzt.[1] Daher bewirkt die Steuerbefreiung effektiv nur eine Minderung der steuerlichen Belastung (Rz. 3.37).[2]

15.164 Zudem besteht die Gefahr eines **Kaskadeneffekts** (Rz. 3.39) und damit einer **überhöhten Besteuerung des privaten Endverbrauchers.**[3] Hierzu kommt es, wenn der Leistungsempfänger eine steuerbefreite Leistung für seine eigenen steuerpflichtigen Leistungen verwendet und den hierfür aufgewendeten Preis mit der darin enthaltenen verdeckt weitergegebenen Umsatzsteuer wiederum im Rahmen seiner Preiskalkulation berücksichtigt. Denn deren Ergebnis stellt die Bemessungsgrundlage für die dann anfallende Umsatzsteuer dar. Auf diesem Wege hätte sich dann die Vorsteuerbelastung auf der ersten Stufe steuererhöhend für den Empfänger der Leistung auf der zweiten Stufe ausgewirkt. Weiterhin kann die Versagung des Vorsteuerabzugs insbesondere im Zusammenhang mit hohen Investitionen dazu führen, dass die Kostenbelastung des Unternehmers durch die nichtabzugsfähige Vorsteuer den Preisvorteil der Steuerbefreiung verdrängt.

15.165 Vor diesem Hintergrund sollte die Steuerbefreiung für Erziehungs- und Bildungsleistungen gem. **Art. 132 Abs. 1 lit. i MwStSystRL** dahingehend **geändert** werden, dass diese gleichwohl **zum Abzug der Vorsteuer** für die hierfür verwendeten Eingangsleistungen **berechtigen.** Eine andere Möglichkeit wäre es, diese Leistungen einem geminderten Mehrwertsteuersatz zu unterwerfen.[4] Zum einen kommt es wegen der nach gegenwärtigem Recht typischerweise verdeckt auf den Leistungsempfänger abgewälzten Vorsteuer bereits jetzt schon effektiv ebenfalls

1 Vgl. hierzu *Englisch* in Tipke/Lang, Steuerrecht[22], § 17 Rz. 206.
2 *Treiber* in Sölch/Ringleb, § 4 UStG Rz. 6; *Heidner* in Bunjes, § 4 UStG Rz. 9.
3 *Englisch* in Tipke/Lang, Steuerrecht[22], § 17 Rz. 206; *Heidner* in Bunjes, § 4 UStG Rz. 10.
4 Allgemein zu sozial- und kulturpolitisch motivierten Entlastungen *Englisch*, UR 2011, 401 (403).

nur zu einer Minderung der steuerlichen Belastung.[1] Zum anderen wäre dieser Weg für die Mitgliedstaaten mit geringeren Steuerausfällen verbunden.

## II. Nationales Recht

Die **Kernproblematik** des nationalen Rechts im Bereich der Steuerbefreiung von Erziehungs- und Bildungsleistungen drängt sich bereits in Ansehung des Katalogs des § 4 UStG auf. Der einen Vorschrift auf der Ebene des Richtlinienrechts zur Befreiung von Erziehungs- und Bildungsleistungen stehen gleich **mehrere nationale Befreiungsvorschriften** gegenüber (Rz. 15.52 f.), welche jeweils nur einen Teil des richtlinienrechtlich inhaltlich vorgegebenen Anwendungsbereichs umsetzen. Diese Zersplitterung trägt bereits naturgemäß die Gefahr der richtlinienwidrigen Abweichung des nationalen Rechts in sich, indem es entweder über den vorgegebenen Umfang der Befreiungswirkung hinausgeht oder aber in unzutreffender Weise dahinter zurückbleibt. 15.166

Zur Entdeckung und Vermeidung richtlinienwidriger Ergebnisse ist es daher stets erforderlich, die umsatzsteuerliche Behandlung auf der Grundlage des nationalen Rechts mit dem Ergebnis auf der Grundlage der inhaltlichen Vorgaben des Richtlinienrechts abzugleichen. Dies gestaltet sich in Bezug auf private Unternehmer als schwierig, denn das Unionsrecht beinhaltet mit den Regelungen in Art. 133 und Art. 134 MwStSystRL für private Einrichtungen weitergehende zwingende und fakultative Einschränkungen der Befreiungswirkung des Art. 132 MwStSystRL. Daher ist im Rahmen der **Prüfung stets in zwei Schritten** vorzugehen: Zunächst ist zu untersuchen, ob der Anwendungsbereich der nationalen Befreiungsvorschrift inhaltlich von dem Anwendungsbereich auf Grundlage der unionsrechtlichen Befreiungsvorschrift in Art. 132 MwStSystRL abweicht. Besteht eine einschränkende Abweichung des nationalen Rechts, wäre weiter zu prüfen, ob diese Einschränkung auf Grundlage der Art. 133 und Art. 134 MwStSystRL gerechtfertigt ist. 15.167

Ergibt sich nach dieser Prüfung, dass die Anwendung des nationalen Rechts grundsätzlich zu einer richtlinienwidrigen umsatzsteuerlichen Behandlung führt, stellt sich des Weiteren die Frage, ob und wie gleichwohl ein richtlinienkonformes Ergebnis erzielt werden kann. Vorrangig ist dabei, das nationale Recht auf die Möglichkeit hin zu untersuchen, eine richtlinienkonforme Besteuerung im Rahmen einer **richtlinienkonformen Auslegung** zu gewährleisten. Weiterhin sind in diesem Fall regelmäßig die Voraussetzungen dafür erfüllt, dass sich der Unternehmer auf eine **unmittelbare Anwendung** des Richtlinienrechts berufen kann (Rz. 15.6). 15.168

Diese Vorgehensweise führt insgesamt zu einer **hohen Komplexität** im Rahmen der nationalen Rechtsanwendung. Deren **Ursprung** liegt letztlich darin begründet, dass der Gesetzgeber im Rahmen der Fassung des Umsatzsteuergesetzes 1980, mit dem die Inhalte der 6. EG-RL umgesetzt werden sollten, auf eine gezielte Umsetzung der Steuerbefreiungen des Richtlinienrechts für Erziehungs- und Bildungsleistungen verzichtet hat. Vielmehr beschränkte sich der Gesetzgeber auf die (zweifelhafte) Feststellung, dass die bestehenden nationalen Steuerbefreiungen den Befreiungen im Richtlinienrecht genügen.[2] 15.169

1 *Treiber* in Sölch/Ringleb, § 4 UStG Rz. 6; *Heidner* in Bunjes, § 4 UStG Rz. 9.
2 BT-Drucks. 8/1779, 35.

15.170 Vor diesem Hintergrund kann eine erfolgversprechende **Reform** der Steuerbefreiung für Erziehungs- und Bildungsleistungen nur darin bestehen, diesen Geburtsfehler zu beheben und eine **umfassende Neuregelung** einzuführen, mit der die Richtlinienvorgaben und die hierzu ergangene Rechtsprechung des EuGH umgesetzt werden.[1] Dies hatte auch der Gesetzgeber bereits erkannt und im Rahmen des Entwurfs für das Jahressteuergesetz 2013 eine an die unionsrechtlichen Vorgaben in Art. 132 Abs. 1 lit. i MwStSystRL angelehnte Neufassung[2] der Regelungen in § 4 Nr. 21 und 22 UStG vorgesehen.[3] Diese wurde jedoch durch den Finanzausschuss mit der Begründung abgelehnt, das Urteil des EuGH zur Rechtssache *MDDP*[4] abwarten zu wollen.[5] Es dürfte allerdings wohl eher an dem Widerstand von Unternehmern, deren steuerliche Behandlung sich durch die Neufassung geändert hätte, gelegen haben, dass es letztlich zu keiner Neuregelung gekommen ist.[6] Denn aus dem mittlerweile im November 2013 ergangenen Urteil des EuGH ergeben sich keine neuen Erkenntnisse, welche im Rahmen der geplanten Neufassung zu berücksichtigen gewesen wären.[7] Gleichwohl ist es bisher zu keiner Wiederaufnahme des Reformvorhabens gekommen.

15.171 Jenseits einer solchen großen Lösung ergeben sich mit Blick auf die Steuerbefreiungen in § 4 Nr. 21 lit. a und Nr. 22 lit. a UStG **einzelne Ansatzpunkte** für eine gebotene **Überarbeitung und Anpassung des gegenwärtigen Rechts**. So hat sich insbesondere die nach **§ 4 Nr. 21 lit. a lit. bb UStG** vorausgesetzte ordnungsgemäße Vorbereitung auf einen Beruf oder auf eine Abschlussprüfung als unionsrechtswidrig erwiesen (Rz. 15.76).[8] Vor dem Hintergrund, dass eine richtlinienkonforme Auslegung insoweit ausscheidet (Rz. 15.77), verfügt ein Unternehmer gegenwärtig bzgl. dieses Merkmals über ein Wahlrecht, ob er seine Leistungen nach nationalem Recht steuerpflichtig oder nach Unionsrecht steuerfrei behandeln lässt, indem er sich auf die unmittelbare Anwendung des Richtlinienrechts beruft. Vorzugswürdig wäre es insoweit, das Kriterium einer ordnungsgemäßen Vorbereitung auf einen Beruf bzw. eine Abschlussprüfung durch eine an Art. 44 MwStVO orientierte Formulierung zu ersetzen. Folglich sollten danach alle Leistungen *für die Ausbildung, Fortbildung oder berufliche Umschulung* befreit werden.

15.172 Darüber hinaus sollten neuere Entwicklungen in der Rechtsprechung des EuGH und des BFH umgehend für die **Rechtspraxis der Finanzverwaltung** übernommen werden. Denn danach wird z.B. für eine nach § 4 Nr. 21 lit. a UStG förderungswürdige Unterrichtsleistung von allgemein bildenden oder berufsbildenden Einrichtungen vorausgesetzt, dass ein festliegendes Lehrprogramm und Lehrpläne zur Vermittlung eines Unterrichtsstoffes für die Erreichung eines bestimmten Lehrgangsziels besteht.[9] Diese Auslegung steht sowohl im Widerspruch zur

1 Vgl. auch *Nieskens*, UR 2013, 175 (180 ff.).

2 Vgl. hierzu z.B. *Nieskens*, UR 2013, 175 (180 ff.); *Neeser*, UVR 2012, 301 ff.; *Hättich/Renz*, NWB 2012, 2756 ff.

3 BT-Drucks. 17/10000, 21; hierzu und zum Folgenden auch *Heidner* in Bunjes, § 4 Nr. 21 UStG Rz. 5; *Tehler* in Rau/Dürrwächter, § 4 Nr. 21 UStG Anm. 22; *Tehler* in Rau/Dürrwächter, § 4 Nr. 22 UStG Anm. 23 ff.

4 EuGH v. 28.11.2013 – Rs. C-319/12 – MDDP, ECLI:EU:C:2013:778.

5 BT-Drucks. 17/11220, 25.

6 *Hüttemann/Schauhoff*, MwStR 2013, 426; *Tehler* in Rau/Dürrwächter, § 4 Nr. 21 UStG Anm. 22.

7 Vgl. *Heidner* in Bunjes, § 4 Nr. 21 UStG Rz. 5.

8 Vgl. EuGH v. 28.1.2010 – Rs. C-473/08 – Eulitz, E-CLI:EU:C:2010:47, Rz. 29, UR 2010, 174; v. 14.6.2007 – Rs. C-445/05 – Haderer, ECLI:EU:C:2007:344, Rz. 26, UR 2007, 592; *Oelmaier* in Sölch/Ringleb, § 4 Nr. 21 UStG Rz. 64.

9 Abschn. 4.21.2 Abs. 2 S. 2 UStAE.

Rechtsprechung des EuGH[1] als auch neuerdings zur Rechtsprechung des BFH[2] (Rz. 15.78), so dass die Finanzverwaltung ihre Rechtspraxis insoweit anzupassen hat.

Zur vereinfachten Anwendung der Steuerbefreiung des § 4 Nr. 21 lit. a UStG sollte weiterhin eine bereits im Entwurf für das Jahressteuergesetz 2013 vorgesehene Abschaffung des **Bescheinigungsverfahrens** umgesetzt werden.[3] Denn hierdurch kommt es unnötigerweise zu einer Verdoppelung der zuständigen Behörden, obwohl grundsätzlich allein die Finanzverwaltung darüber zu entscheiden hat, ob die persönlichen Voraussetzungen der Steuerbefreiung vom Antragssteller erfüllt werden oder nicht.[4] Soweit der Finanzverwaltung eine gebotene Beurteilung mangels eigener Fachkompetenz nicht möglich ist, kann sie die entsprechende Fachbehörde, z.B. eine Landesschulbehörde, im Wege der Amtshilfe um Beistand ersuchen. Damit bleibt der hierdurch verursachte Aufwand innerhalb der Verwaltung und bedeutet für den Antragsteller, anders als im Fall der bisherigen eigenen Antragstellung bei der Fachbehörde, grundsätzlich weder zusätzlichen Aufwand noch Kosten. 15.173

Bei der Steuerbefreiung nach **§ 4 Nr. 22 lit. a UStG** hat sich gezeigt, dass der Ausschluss von Einrichtungen, die **kirchlichen oder mildtätigen Zwecken** dienen, in nicht zu rechtfertigender Weise die inhaltlichen Vorgaben des Neutralitätsprinzips der Mehrwertsteuer beeinträchtigt (Rz. 15.109). Daher sollte der Anwendungsbereich nicht nur gemeinnützige Zwecke, sondern allgemein steuerbegünstigte Zwecke i.S.d. § 51 Abs. 1 S. 1 AO als förderungswürdige Zwecke aufführen (so auch der Vorschlag in Rz. 10.106 f., 10.170 ff.). Ein interessanter Vorschlag zur gesetzlichen Umsetzung der Vorgaben des Art. 133 lit. a MwStSystRL innerhalb des § 4 Nr. 22 lit. a UStG findet sich darüber hinaus in Rz. 10.170 ff. 15.174

---

1 Vgl. *Tehler* in Rau/Dürrwächter, § 4 Nr. 21 UStG Anm. 129 f.

2 BFH v. 20.3.2014 – V R 3/13, UR 2014, 569 = BFH/NV 2014, 1175 (1176); anders noch zuvor BFH v. 17.4.2008 – V R 58/05, UR 2008, 581 m. Anm. *Philipowski* = BFH/NV 2008, 1418 (1421); v. 18.12.2003 – V R 62/02, BStBl. II 2004, 252 (254) = UR 2004, 199.

3 BT-Drucks. 17/10000, 89.

4 *Nieskens*, UR 2013, 175 (182); *Tehler* in Rau/Dürrwächter, § 4 Nr. 21 UStG Anm. 38.

# Kapitel 16
# Personalgestellung, Art. 132 Abs. 1 Buchst. k MwStSystRL




**Literatur (Deutschland):** *Klass/Möhrle*, Umsatzsteuer bei Personalgestellungen im Rahmen von Krankenhausprivatisierungen, DStR 2006, 1162; *Küffner/Streit*, Auf den Inhalt der Pflegeleistung kommt es an oder: Was vom Begriff der „Einrichtung mit sozialem Charakter" noch übrig bleibt – Zugleich Anmerkung zum Beschluss des BFH vom 21.8.2013 – V R 20/12, MwStR 2014, 10; *Zirkl*, Die Neutralität der Umsatzsteuer als europäisches Besteuerungsprinzip, Finanz- und Steuerrecht in Deutschland und Europa, Band 28, Frankfurt/M. 2015.

**Literatur (Österreich):** *Achatz/Mang/Lindinger*, Besteuerung der Körperschaften öffentlichen Rechts, 3. Aufl. 2014; *Achatz*, Gemeindekooperationen aus umsatzsteuerlicher Sicht, RFG 2014; *Achatz*, Die Besteuerung der Non-Profit-Organisationen I, 2. Aufl. 2004; *Achatz*, Die Besteuerung der Non-Profit-Organisationen II, 2002; *Achatz*, Die Besteuerung der Non-Profit-Organisationen III, 2003; *Achatz*, Umsatzsteuer und Gemeinnützigkeit, in Jachmann (Hrsg.), Gemeinnützigkeit, DStJG Bd. 26, 2003; *Achatz*, Seminar B: Umsatzbesteuerung der öffentlichen Hand aus gemeinschaftsrechtlicher Sicht, IStR 2008; *Achatz*/Kirchmayr (Hrsg.), Körperschaftsteuergesetz, Kommentar, 2011; *Achatz*/Tumpel, Unechte Steuerbefreiungen, 2010; Amand, Are VAT Exemtions Compatible with Primary EU Law?, International VAT Monitor 2010; Heber, Kooperationen als Teil der nichtwirtschaftlichen Sphäre, UR 2014; Hilber, Umsatzsteuerliche Liebhaberei und Unternehmereigenschaft von Vereinen, ecolex 2010; *Höhne/Jöchl/Lummerstorfer*, Das Recht der Vereine, 5. Aufl. 2016; *Melhardt*/Tumpel (Hrsg.), UStG-Kommentar, 2. Aufl. 2016; *Prinz/Prinz*, Gemeinnützigkeit im Steuerrecht, 2. Aufl. 2004; Rau/Dürrwächter/Flick/Geist, Umsatzsteuergesetz, Kommentar, Loseblatt; *Ruppe/Achatz*, Umsatzsteuergesetz: Kommentar, 5. Aufl. 2018; *Ruppe*, Steuerrechtliche Folgen der wirtschaftlichen Betätigung von Vereinen, in Korinek/Krejci (Hrsg.), Der Verein als Unternehmer, 1988; *Tanzer*, Wirtschaftliche Betätigung und Gemeinnützigkeit, in Korinek/Krejci (Hrsg.), Der Verein als Unternehmer, 1988; USt-Protokoll 2012; UStR 2000.

## A. Normtexte

16.1 **Art. 132 MwStSystRL**

**(1) Die Mitgliedstaaten befreien folgende Umsätze von der Steuer:**

**…**

**k) Gestellung von Personal durch religiöse und weltanschauliche Einrichtungen für die unter den Buchstaben b, g, h und i genannten Tätigkeiten und für Zwecke geistlichen Beistands;**

**Deutsches Umsatzsteuergesetz**

**§ 4 Nr. 27 Buchst. a UStG**

**„die Gestellung von Personal durch religiöse und weltanschauliche Einrichtungen für die in Nr. 14 Buchstabe b, in den Nr. 16, 18, 21, 22 Buchstabe a sowie in den Nr. 23 und 25 genannten Tätigkeiten und für Zwecke geistigen Beistands."**

## B. Auslegung durch den EuGH

16.2 Die Steuerbefreiung der Personalgestellungen durch religiöse und weltanschauliche Einrichtungen aus Art. 132 Abs. 1 Buchst. k MwStSystRL ist gewiss kein Dauerbrenner in der Rechtsprechung des EuGH. Nichtsdestotrotz kommt der Thematik eine nicht zu unterschätzende praktische Bedeutung für Einrichtungen des Dritten Sektors zu. Gerade vor dem Hintergrund zunehmender Privatisierungen von Krankenhäusern erlangt die Frage der Umsatzsteuerfreiheit von Personalgestellungen an private Krankenhäuser hohe Praxisrelevanz.[1] Aber auch im schulischen und im pflegerischen Bereich ist die umsatzsteuerrechtliche Behandlung von Personalgestellungen interessant.

### I. Überblick über die Vorschrift

#### 1. Anwendungsbereich

16.3 Die Frage der Steuerbefreiung nach Art. 132 Abs. 1 Buchst. k MwStSystRL stellt sich erst, wenn die entsprechende Einrichtung durch die Personalgestellung als Steuerpflichtige i.S.d. Art. 9 Abs. 1 MwStSystRL eine wirtschaftliche Leistung gegen Entgelt i.S.d. Art. 2 Abs. 1 MwStSystRL erbringt.

16.4 Unerheblich für die Frage der **Steuerpflichtigkeit** der Einrichtung ist aus Gründen des Neutralitätsgrundsatzes deren Rechtsform.[2]

Grundsätzlich gilt die Personalgestellung als **wirtschaftliche Leistung** i.S.d. Art. 2 Abs. 1 MwStSystRL.[3] Eine Leistung **gegen Entgelt** liegt nach der Rechtsprechung des EuGH vor bei einem unmittelbaren Zusammenhang zwischen der erbrachten Leistung und der hierfür empfangenen Gegenleistung.[4] Mit anderen Worten: Der Leistende muss seine Leistung um der Ge-

1 *Klass/Möhrle*, DStR 2006, 1162.

2 EuGH v. 4.12.1990 – Rs. C-186/89 – Van Tiem, Rz. 18, UR 1991, 75; v. 20.6.1991 – Rs. C-60/90 – Polysar Investments, Rz. 12, UR 1991, 315 = UR 1993, 119 m. Anm. *Weiss*.

3 EuGH v. 12.3.2015 – Rs. C-594/13 – „go fair" Zeitarbeit, Rz. 25, UR 2015, 351.

4 St. Rspr. seit EuGH v. 5.2.1981 – Rs. 154/80 – Coöperatieve Aardappelenbewaarplaats G.A., Rz. 12 f.

genleistung willen erbringen.[1] Ein Leistungsaustausch gegen Entgelt ist auch bei Personalgestellung nur gegen Aufwendungsersatz gegeben.[2] Eine vertragliche Verpflichtung zur Personalgestellung ist dafür nicht Voraussetzung. Auch ändert es nichts an der inneren Verknüpfung von Leistung und Gegenleistung, wenn die vom Empfänger der Personalgestellung erbrachten Leistungen auch im Interesse der gestellenden Einrichtung liegen.[3]

### 2. Ziel des Richtliniengebers

Zu den Zielen der Steuerbefreiungsnorm in Art. 132 Abs. 1 Buchst. k MwStSystRL äußerte sich bislang – soweit ersichtlich – weder Unionsgesetzgeber noch EuGH. 16.5

Das mit der Vorschrift verfolgte Ziel erschließt sich zum einen aus Erwägungen der **Gleichbehandlung** privatrechtlich und öffentlich-rechtlich organisierter religiöser Einrichtungen: So unterliegen religiöse Körperschaften des öffentlichen Rechts mit ihren Personalgestellungsleistungen nur dann der Steuerpflicht, wenn sie die Voraussetzungen des Art. 132 Abs. 1 Buchst. k MwStSystRL erfüllen.[4] 16.6

Zum anderen soll die Vorschrift aus **sozialen Gründen** Personalgestellungen an bestimmte Einrichtungen wie Krankenhäuser, Altenheime und Schulen begünstigen, indem eine Belastung mit Umsatzsteuer vermieden wird.[5]

Bei der Auslegung des Art. 132 Abs. 1 Buchst. k MwStSystRL gilt es zu beachten, dass Steuerbefreiungen nach der Rechtsprechung des EuGH als Ausnahme vom Grundsatz der Allgemeinheit der Mehrwertsteuerpflicht grundsätzlich eng auszulegen sind.[6] Dabei ist aber der Grundsatz der Neutralität zu wahren, sodass Befreiungsvorschriften auf vergleichbare Sachverhalte keine ungleichmäßige Anwendung finden dürfen, soweit dadurch der Wettbewerb verzerrt wird (vgl. dazu Rz. 16.22 ff.).[7] 16.7

## II. Kommentierung im Einzelnen

### 1. Gestellende Einrichtung

#### a) „Religiöse und weltanschauliche Einrichtung"

Nach Art. 132 Abs. 1 Buchst. k MwStSystRL muss es sich bei dem Erbringer der Personalgestellung um eine „religiöse" bzw. „weltanschauliche Einrichtung" handeln. 16.8

---

1 BFH v. 13.11.1997 – V R 11/97, BStBl. II 1998, 169 = UR 1998, 105.

2 BFH v. 5.12.2007 – V R 60/05, BStBl. II 2009, 486 = UR 2008, 616 = GmbHR 2008, 725; FG Rheinland-Pfalz v. 27.11.2008, – 6 K 2348/07 (rkr.), Rz. 17.

3 So überzeugend FG Sa.-Anh. v. 16.2.2005 – 2 K 507/04 (rkr., Revisionsverfahren in der Hauptsache für erledigt erklärt, BFH v. 27.2.2008 – V R 30/05).

4 Vgl. die Gesetzesbegründung zur nationalen Vorgängervorschrift in § 4 Nr. 27 UStG, BT-Drucks. 8/1779, 35.

5 Vgl. die Gesetzesbegründung zur nationalen Vorgängervorschrift in § 4 Nr. 27 UStG, BT-Drucks. 8/1779, 35.

6 St. Rspr. vgl. nur EuGH v. 15.11.2012 – Rs. C-174/11 – Zimmermann, Rz. 22, UR 2013, 35.

7 EuGH v. 28.6.2007 – Rs. C-363/05 – JP Morgan Fleming, Rz. 47, UR 2007, 727 m. Anm. *Maunz*. Vgl. dazu ausführlich Zirkl, Die Neutralität der Umsatzsteuer als europäisches Besteuerungsprinzip, 112 ff.

16.9 Der Begriff der **Einrichtung** erfordert die Existenz einer abgegrenzten Einheit, die eine bestimmte Funktion erfüllt. Dieses Merkmal kann nicht nur durch eine juristische Person, sondern auch durch eine oder mehrere natürliche Personen erfüllt werden.[1]

Eine Klärung des Tatbestandsmerkmals der **„religiösen und weltanschaulichen“** Einrichtung durch den EuGH ist bislang noch nicht erfolgt.[2]

16.10 Dagegen hat sich das FG Sachsen-Anhalt im Verfahren – 2 K 507/04 um eine Auslegung des Begriffs der religiösen Einrichtung bemüht. In Frage stand die Steuerbefreiung von Personalgestellungen durch eine Stiftung bürgerlichen Rechts, die Einrichtungen der Alten- und Behindertenpflege sowie ein Krankenhaus betreibt und auf deren Gelände sich eine Kirchengemeinde der evangelischen Kirche befindet.

Das FG Sachsen-Anhalt verneinte das Vorliegen einer religiösen Einrichtung:

„Zwar ist die Klägerin unstreitig kirchlich gebunden. Dies allein führt aber nicht dazu, dass sie als eine religiöse Einrichtung anzusehen ist. Auch wenn die Klägerin sich als Teil des kirchlichen und diakonischen Handelnsder evangelischen Kirche versteht, so bleibt sie doch eine Einrichtung, die primär der Alten-, Behinderten- und Krankenpflege dient. Dahinter tritt der kirchliche Bezug zurück. Sofern der Umstand, dass die Klägerin im kirchlichen Geist tätig wird, für die Steuerbefreiung ausschlaggebend wäre, könnten im Übrigen Wettbewerbsvorteile gegenüber Einrichtungen entstehen, die dasselbe Betätigungsfeld haben, aber nicht im Entferntesten etwas mit der Religion zu tun haben. Daher kann es keinen Unterschied machen, ob eine Einrichtung, die im Bereich der Alten- und Krankenpflege tätig ist, in einem kirchlichen Kontext steht oder nicht. Darüber hinaus sind die Begriffe, mit denen die Steuerbefreiungen des Art. 13 der 6. EG-Richtlinie [Vorgängerregelung zu Art. 132 MwStSystRL] umschrieben werden, eng auszulegen (…). Durch die Wortwahl „religiös“ anstelle von „kirchlich“ wird deutlich, dass die Bestimmung auf den ideellen (Kern-)Bereich der Religion abzielt, so dass Einrichtungen, die sich lediglich im Rahmen einer institutionalisierten Religionsausübung bewegen, nicht begünstigt werden sollen.“[3]

16.11 Tatsächlich legt der Wortlaut des Art. 132 Abs. 1 Buchst. k MwStSystRL eine solch enge Auslegung nahe: Die Bezeichnung einer Einrichtung als „religiös“ bzw. „weltanschaulich“ ist erst dann angezeigt, wenn sich der vorrangige Charakter der Einrichtung auf religiöse bzw. weltanschauliche Lehren gründet.

Religion und Weltanschauung beinhalten – parallel zum Verständnis des Art. 10 Abs. 1 GRCh – eine Deutung der Welt und der menschlichen Existenz, aus der sich Anforderungen für das menschliche Leben ableiten lassen.[4] Dabei kommt es nicht darauf an, ob die Einrichtung die Verkündung oder Verbreitung bestimmter religiöser oder weltanschaulicher Ansichten zum Ziel hat oder ihr Hauptzweck in unmittelbar mit der Religionsausübung zusammenhängenden Tätigkeiten besteht.[5] Bloße Bezüge der Einrichtung zu kirchlichen Institutionen reichen dagegen nicht aus.

---

1 EuGH v. 7.9.1999 – Rs. C-216/97 – Gregg, Rz. 18, UR 1999, 419.

2 *Klass/Möhrle*, DStR 2006, 1162 (1163); *Tehler* in Rau/Dürrwächter, UStG, § 4 Nr. 27 UStG, Anm. 31 – Lfg. Apr. 2013; *Oelmaier* in Sölch/Ringleb, § 4 Nr. 27 UStG, Rz. 10 – Lfg. Sept. 2014.

3 FG Sa.-Anh. v. 16.2.2005 – 2 K 507/04 (rkr.).

4 *Jarass*, Charta der Grundrechte der EU, 2013[2], Art. 10 GRCh, Rz. 6. Nach der Rspr. des BVerwG zu Art. 4 Abs. 1 GG legt die Religion eine den Menschen überschreitende und umgreifende („transzendente“) Wirklichkeit zugrunde, während sich die Weltanschauung auf innerweltliche („immanente“) Bezüge beschränkt, BVerwG v. 15.12.2005 – 7 C 20/04, NJW 2006, 1303.

5 Vgl. die Gesetzesbegründung zur nationalen Vorschrift in § 4 Nr. 27 UStG, BT-Drucks. 18/1529, 77.

Eine andere Frage ist allerdings, ob sich dieser beschränkte Anwendungsbereich des Art. 132 Abs. 1 Buchst. k MwStSystRL mit den unionsrechtlichen Grundsätzen vereinbaren lässt. Nach der Rechtsprechung des EuGH darf die enge Auslegung von Befreiungsvorschriften den Zielen, die mit den Befreiungen verfolgt werden, und den Erfordernissen des Grundsatzes der Neutralität nicht zuwiderlaufen.[1] Die Vereinbarkeit der Beschränkung der Steuerbefreiung auf Personalgestellungen durch religiöse und weltanschauliche Einrichtungen mit dem Grundsatz der Neutralität erscheint jedoch angesichts möglicher – auch vom FG Sachsen-Anhalt angesprochener – Wettbewerbsvorteile gegenüber anderen Einrichtungen diskussionswürdig (vgl. dazu unter Rz. 16.22 ff.). 16.12

### b) „Gestellung von Personal"

Art. 132 Abs. 1 Buchst. k MwStSystRL befreit ausschließlich die **„Gestellung"** von Personal von der Umsatzsteuer. Andere sonstige Leistungen werden von der Befreiungsvorschrift nicht erfasst.[2] 16.13

Die Norm stellt keine besonderen Anforderungen an die Zugehörigkeit der gestellten Personen zur Einrichtung auf, außer dass sie unter den Begriff des **„Personals"** fallen. 16.14

Jedenfalls erfasst ist die Gestellung von **Mitgliedern** und **Angehörigen** der entsprechenden Einrichtungen. Auch Personal, das als **Arbeitnehmer** bei der Einrichtung beschäftigt ist, fällt hierunter.[3]

Ungeklärt ist bislang, ob auch **selbständige Mitarbeiter** darunter zu fassen sind, die beim leistenden Unternehmer nicht abhängig beschäftigt sind.[4] Zumindest legt der EuGH den Begriff „Gestellung von Personal" in Art. 59 Buchst. f MwStSystRL so weit aus.[5]

### c) Keine weiteren Anforderungen an die gestellende Einrichtung

Die Steuerbefreiung gilt ihrem Wortlaut nach **unabhängig von Zweck und Tätigkeit der gestellenden Einrichtung.**[6] Unschädlich ist danach, wenn die stellende Einrichtung selbst keine der in den Buchst. b, g, h und i genannten Tätigkeiten, auf die Art. 132 Abs. 1 Buchst. k MwStSystRL verweist, erbringt. 16.15

Anders sieht das der EuGH bei der Frage, ob die entgeltliche Gestellung eines Lehrers an eine Lehreinrichtung als eng verbundene Dienstleistung i.S.d. Art. 132 Abs. 1 Buchst. i MwStSystRL steuerfrei ist. Voraussetzung für die Steuerbefreiung ist dem EuGH zufolge, dass sowohl die Hauptleistung der Unterrichtserteilung als auch die Personalgestellung von einer in Art. 132 Abs. 1 Buchst. i MwStSystRL genannten Einrichtung erbracht werden.[7] Der EuGH stellt insoweit also – anders als die Vorschrift in Art. 132 Abs. 1 Buchst. k MwStSystRL – auch auf die Tätigkeit der gestellenden Einrichtung ab. 16.16

---

1 EuGH v. 10.6.2010 – Rs. C-262/08 – CopyGene, Rz. 26, UR 2010, 526 m. Anm. *Hölzer.*

2 *Oelmaier* in Sölch/Ringleb, § 4 Nr. 27 UStG, Rz. 9 – Lfg. Sept. 2014.

3 *Klass/Möhrle*, DStR 2006, 1165 (1164); *Tehler* in Rau/Dürrwächter, UStG, § 4 Nr. 27 UStG, Anm. 53 – Lfg. Apr. 2013; *Stadie*, UStG, 2015³, § 4 Nr. 27 UStG, Rz. 3.

4 Bejahend *Oelmaier* in Sölch/Ringleb, § 4 Nr. 27 UStG, Rz. 9 – Lfg. Sept. 2014; so auch die Gesetzesbegründung zur nationalen Vorschrift in § 4 Nr. 27 UStG, BT-Drucks. 18/1529, 77.

5 EuGH v. 26.1.2012 – Rs. C-218/10 – ADV, UR 2012, 175 m. Anm. *Burgmaier.*

6 *Klass/Möhrle*, DStR 2006, 1162 (1165).

7 EuGH v. 14.6.2007 – Rs. C-434/05 – Horizon College, Rz. 34 f., UR 2007, 587.

16.17 Indes finden diese Grundsätze bei der Auslegung des Art. 132 Abs. 1 Buchst. k MwStSystRL keine Anwendung. Art. 132 Abs. 1 Buchst. i MwStSystRL setzt voraus, dass die eng verbundene Dienstleistung – mithin die Personalgestellung – „durch Einrichtungen des öffentlichen Rechts" erbracht wird. Demnach folgt diese Anforderung an die gestellende Einrichtung bereits aus dem Wortlaut der Vorschrift, während Art. 132 Abs. 1 Buchst. k MwStSystRL einer solchen Voraussetzung gerade entbehrt.

## 2. Empfänger der Personalgestellung

16.18 Nach Art. 132 Abs. 1 Buchst. k MwStSystRL muss die Personalgestellung „für die unter den Buchstaben b, g, h und i genannten Tätigkeiten" bzw. „für Zwecke des geistlichen Beistands" erfolgen.

Voraussetzung der Steuerbefreiung ist demnach, dass die Personalgestellung für Tätigkeiten

- der Krankenhausbehandlung und ärztlichen Heilbehandlung (Buchst. b),
- der Sozialfürsorge (Buchst. g),
- der Kinder- und Jugendbetreuung (Buchst. h) oder
- der Erziehung bzw. des Schul- und Hochschulunterrichts (Buchst. i)

erfolgt. Danach kommt es jedenfalls nicht darauf an, dass die empfangende Einrichtung als solche – etwa soziale oder schulische – Zwecke verfolgt.[1]

Praxisrelevant dürften dabei vor allem die Gestellung von Kranken- oder Altenpflegern an Krankenhäuser oder Altenheime oder die Gestellung von Lehrern an Schulen zur Erteilung von Unterricht jeder Art – also nicht nur von Religionsunterricht – sein.[2]

16.19 Jedoch stellt sich die Frage, ob die **Leistungen des Empfängers der Personalgestellung** *tatsächlich* gem. Art. 132 Abs. 1 Buchst. b, g, h oder i MwStSystRL **steuerfrei** sein müssen.[3] Die Antwort ergibt sich nicht schon aus dem Wortlaut des Art. 132 Abs. 1 Buchst. k MwStSystRL: Dieser umfasst die Personalgestellung für die in den Befreiungen genannten „Tätigkeiten". Damit wird lediglich ein Einsatz der überlassenen Person im steuerbefreiten Bereich vorausgesetzt[4], nicht aber eine tatsächliche Steuerbefreiung dieser Tätigkeiten.[5]

16.20 Auf jeden Fall kann die Rechtsprechung des EuGH zu Personalgestellungen als eng verbundene Dienstleistungen i.S.d. Art. 132 Abs. 1 Buchst. g, h bzw. i MwStSystRL, wonach auch die leistungsempfangende Einrichtung steuerbefreite Tätigkeiten erbringen muss, hier keine Anwendung finden.[6] So stützte der EuGH diese Voraussetzung jeweils auf (die Vorgängerregelung zu) Art. 134 Buchst. a MwStSystRL;[7] schon daraus ergibt sich, dass die Haupttätigkeit

1 *Klass/Möhrle*, DStR 2006, 1162 (1165).

2 Vgl. die Gesetzesbegründung zur nationalen Vorschrift in § 4 Nr. 27 UStG, BT-Drucks. 18/1529, 78; *Küffner/Stöcker/Zugmaier*, Umsatzsteuer-Kommentar, § 4 Nr. 27, Rz. 9/3 – Lfg. Februar 2015.

3 Bejahend *Tehler* in Rau/Dürrwächter, UStG, § 4 Nr. 27 UStG, Anm. 64 – Lfg. Apr. 2013. Ebenso zur deutschen Vorschrift in § 4 Nr. 27 UStG, BT-Drucks. 18/1529, 78.

4 *Küffner/Stöcker/Zugmaier*, Umsatzsteuer-Kommentar, § 4 Nr. 27, Rz. 9/3 – Lfg. Februar 2015.

5 *Oelmaier* in Sölch/Ringleb, § 4 Nr. 27 UStG, Rz. 11 – Lfg. Sept. 2014.

6 A.A. *Tehler* in Rau/Dürrwächter, UStG, § 4 Nr. 27 UStG, Anm. 67 – Lfg. Apr. 2013.

7 EuGH v. 14.6.2007 – Rs. C-434/05 – Horizon College, Rz. 36, UR 2007, 587; v. 9.2.2006 – Rs. C-415/04 – Stichting Kinderopvang Enschede, Rz. 22, UR 2006, 470.

(also die mithilfe des Personals ausgeführte Tätigkeit des Entleihers) selbst eine befreite Tätigkeit sein muss: So sind danach Leistungen von der Steuerbefreiung des Art. 132 Abs. 1 Buchst. b, g, h i, l, m und n nur dann nicht ausgeschlossen, wenn sie für die Umsätze, *für die die Steuerbefreiung gewährt wird*, unerlässlich sind. Art. 134 Buchst. a MwStSystRL gilt im Rahmen des Art. 132 Abs. 1 Buchst. k MwStSystRL aber gerade nicht.

Folglich obliegt es dem EuGH, klarzustellen, ob auch Art. 132 Abs. 1 Buchst. k MwStSystRL einen Einsatz der überlassenen Person für eine tatsächlich steuerfreie Tätigkeit voraussetzt.[1]

Dem vom EuGH bislang noch nicht geklärten unionsrechtlichen Begriff **„Zwecke des geistlichen Beistands"** unterfallen alle religiösen Handlungen an Gläubige, wie z.B. Personalgestellungen für Zwecke des Abhaltens von Gottesdiensten.[2] 16.21

### 3. Vereinbarkeit mit Grundsatz der Wettbewerbsneutralität

Art. 132 Abs. 1 Buchst. k MwStSystRL beschränkt die Steuerbefreiung von Personalgestellungen auf „religiöse und weltanschauliche Einrichtungen". 16.22

Dies steht in Widerspruch zur Ausgestaltung der Umsatzsteuer als allgemeine Verbrauchsteuer. Danach dürfen Steuerbefreiungen immer nur dem Interesse des Verbrauchers und nie der Begünstigung bestimmter Unternehmer dienen.[3] Dieser Anforderung läuft es zuwider, Steuerbefreiungen von persönlichen Merkmalen des Leistenden abhängig zu machen. Sonst droht eine – je nach Person des Leistenden – ungleiche umsatzsteuerliche Belastung vergleichbarer, miteinander in Wettbewerb stehender Leistungen und damit ein Verstoß gegen den im Gleichheitsgrundrecht (Art. 20 GRCh) fundierten Grundsatz der Neutralität. 16.23

Grundsätzlich lassen sich solche Verstöße durch sachliche Gründe rechtfertigen.[4] Erwägenswert ist insoweit ein Rückgriff auf Art. 17 AEUV. Die Norm statuiert ein Achtungsgebot und Beeinträchtigungsverbot des „Status" – der rechtlichen Stellung – von Kirchen und weltanschaulichen Einrichtungen, den diese im jeweiligen Mitgliedstaat genießen.[5] Zwar wird man dem Steuerrecht grundsätzlich aufgrund seines Einflusses auf die Finanzierung von Religions- und Weltanschauungsgemeinschaften Statusrelevanz zusprechen können.[6] Konkret bei der Umsatzsteuer erscheint dies indes fraglich, da ein Einfluss der Umsatzsteuer auf die Finanzierung der gestellenden Religions- bzw. Weltanschauungsgemeinschaft letztlich eine finanzielle Belastung des Leistungserbringers voraussetzen würde, die wiederum deren System der Kostenneutralität auf Stufe des leistenden Unternehmers zuwiderliefe. Eine Rechtfertigung gestützt auf Art. 17 AEUV ließe sich damit nicht in systemkohärenter Weise begründen. 16.24

Da das BVerfG – zumindest derzeit – Unionsrecht nicht am Maßstab der Grundrechte des Grundgesetzes überprüft[7], läge es am EuGH, die Beschränkung der Steuerbefreiung auf reli- 16.25

---

1 *Oelmaier* in Sölch/Ringleb, § 4 Nr. 27 UStG, Rz. 11 – Lfg. Sept. 2014.

2 *Oelmaier* in Sölch/Ringleb, § 4 Nr. 27 UStG, Rz. 12 – Lfg. Sept. 2014; BT-Drucks. 18/1529, 78.

3 BVerfG v. 29.10.1999 – 2 BvR 1264/90, BVerfGE 101, 132 (139) = UR 1999, 494 m. Anm. *Widmann*; *Zirkl*, Die Neutralität der Umsatzsteuer als europäisches Besteuerungsprinzip, 54.

4 Vgl. zu Rechtfertigungsmöglichkeiten von Neutralitätsverletzungen *Zirkl*, Die Neutralität der Umsatzsteuer als europäisches Besteuerungsprinzip, 237 ff.

5 *Streinz*, EUV/AEUV, 2012², Art. 17 AEUV, Rz. 3, 9.

6 *Classen* in Grabitz/Hilf/Nettesheim, Das Recht der Europäischen Union, Art. 17 AEUV, Rz. 54 – Lfg. Mai 2014.

7 BVerfG v. 22.10.1986 – 2 BvR 197/83, BVerfGE 73, 339 (387).

giöse und weltanschauliche Einrichtungen auf ihre Vereinbarkeit mit dem Neutralitätsgrundsatz zu prüfen und gegebenenfalls für unwirksam zu erklären.[1] Ob der EuGH dies allerdings tun würde, erscheint angesichts von dessen Zurückhaltung bei der Prüfung von Sekundärrecht am Neutralitätsgrundsatz immerhin zweifelhaft.[2] Jedenfalls müssten nationale FG eine Vorlage an den EuGH gem. Art. 267 AEUV erwägen, falls auch sie solche Bedenken hegen.[3]

16.26 Tatsächlich vermeiden EuGH und BFH eine neutralitätswidrige Besteuerung aber weitestgehend dadurch, dass sie für Personalgestellungsleistungen nicht-religiöser Einrichtungen andere Befreiungsvorschriften fruchtbar machen (vgl. Rz. 16.27).

### 4. Steuerbefreiung von Personalgestellungen durch nicht in Art. 132 Abs. 1 Buchst. k MwStSystRL genannte Einrichtungen

16.27 Zwar ist Art. 132 Abs. 1 Buchst. k MwStSystRL die einzige Befreiungsvorschrift, die ausdrücklich die Gestellung von Personal regelt. Soweit die Vorschrift mangels Leistungserbringung durch eine religiöse oder weltanschauliche Einrichtung nicht einschlägig ist, greifen EuGH und BFH zur Steuerbefreiung von Personalgestellungen aber auf andere Befreiungsvorschriften zurück.[4]

#### a) Art. 132 Abs. 1 Buchst. b MwStSystRL

16.28 Hohe Praxisrelevanz kommt der Gestellung von medizinischem oder pflegerischem Personal zu.

Der Befreiungsvorschrift unterfällt die Gestellung von Ärzten und von medizinischem Hilfspersonal durch Krankenhäuser, Diagnosekliniken usw. an andere Einrichtungen dieser Art: Die Personalgestellungen stellen **eng** mit Krankenhausbehandlungen **verbundene Umsätze i.S.d. Art. 132 Abs. 1 Buchst. b MwStSystRL** dar.[5]

16.29 Der BFH ordnet auch die Personalgestellung von Krankenhäusern an eine Arztpraxis, die nicht nur Krankenhauspatienten behandelt, als eng mit den eigenen Krankenhausleistungen verbundene Umsätze ein. Er führt dazu aus:[6]

„Der Begriff der mit der Krankenhausbehandlung oder ärztlichen Heilbehandlung eng verbundenen Umsätze (…) [verlangt] keine besonders enge Auslegung, da durch die Befreiung der eng mit der Krankenhausbehandlung oder ärztlichen Heilbehandlung verbundenen Umsätze gewährleistet werden soll, dass der Zugang zu solchen Behandlungen nicht durch höhere Kosten versperrt wird, die entstünden, wenn die Behandlungen selbst oder die eng mit ihnen verbundenen Umsätze der Mehr-

1 *Tehler* in Rau/Dürrwächter, UStG, § 4 Nr. 27 UStG, Anm. 64 – Lfg. Apr. 2013; *Stadie*, UStG, 2015³, § 4 Nr. 27 UStG, Rz. 2.

2 Vgl. dazu ausführlich *Zirkl*, Die Neutralität der Umsatzsteuer als europäisches Besteuerungsprinzip, 230 ff.

3 Nach den in EuGH v. 22.10.1987 – Rs. 314/85 – Foto Frost, entwickelten Grundsätzen besteht bei Zweifel bzgl. der Primärrechtskonformität einer Richtlinienbestimmung eine Vorlagepflicht entgegen Art. 267 Abs. 2 AEUV auch für nicht-letztinstanzliche Gerichte.

4 Zur Vorrangigkeit des Art. 132 Abs. 1 Buchst. k MwStSystRL Schlussanträge der Generalanwältin *Sharpston* v. 8.3.2007 in der Rs. C-434/05, Horizon College, Rz. 47 Fn. 34.

5 *Heidner* in Bunjes/Geist, UStG, 2015¹⁴, § 4 Nr. 14, Rz. 70.

6 BFH v. 25.1.2006 – V R 46/04, BStBl. II 2006, 481 = UR 2006, 282 m. Anm. *Fritsch*, UStB 2006, 124; ähnlich auch BFH v. 18.1.2005 – V R 35/02, BStBl. II 2005, 507 = UR 2005, 254; vgl. dazu auch Abschn. 4.14.6 Abs. 2 Nr. 6 UStAE.

wertsteuer unterworfen wären (EuGH, Urt. v. 11.1.2001 – Rs. C-76/99, Kommission/Frankreich, Slg. 2001, I-249, Umsatzsteuer-Rundschau –UR– 2001, 62 RandNr. 23). (...) „Eng verbundene Umsätze" liegen allgemein dann vor, wenn die erbrachten Leistungen als Nebenleistungen zu einer Krankenhausbehandlung anzusehen sind; dies ist dann der Fall, wenn sie keinen eigenen Zweck erfüllen, sondern das Mittel darstellen, um die Hauptleistung unter optimalen Bedingungen in Anspruch nehmen zu können (EuGH, Urt. v. 1.12.2005 – C-394/04 und C-395/05, Ygeia, UR 2006, 150)."

Erforderlich ist demnach, dass die Personalgestellung durch das Krankenhaus für dessen Betrieb unerlässlich ist (s. Art. 134 Buchst. a MwStSystRL) bzw. diesem selbst zugutekommt. Dies liegt insbesondere bei einer sog. verschränkten Nutzung – z.B. mit der Gestellung von medizinischem Hilfspersonal verbundene Überlassung von medizinisch-technischen Geräten – vor. Dagegen soll es gerade nicht ausreichen, wenn das Krankenhaus mit der Personalgestellung lediglich zusätzliche Einnahmen erzielt.[1] 16.30

### b) Art. 132 Abs. 1 Buchst. g MwStSystRL

Die Gestellung von Personal durch ambulante Pflegeeinrichtungen kann als **eng verbundene Dienstleistung i.S.d. Art. 132 Abs. 1 Buchst. g MwStSystRL** steuerfrei sein. Dies hat der BFH bejaht für die Gestellung von Haushaltshilfen i.S.d. § 38 SGB V.[2] 16.31

Erforderlich ist aber, dass die Personalgestellung von einer in Art. 132 Abs. 1 Buchst. g MwStSystRL genannten Einrichtung erbracht wird. Der BFH legte dem EuGH kürzlich die Frage vor, ob sich die Anerkennung einer Zeitarbeitsfirma, die staatlich geprüfte Pflegekräfte an anerkannte Pflegeeinrichtungen verleiht, als **Einrichtung mit sozialem Charakter** aus der Anerkennung des verliehenen Personals ergibt.[3] Der EuGH entschied hierzu, dass die Gestellung von Arbeitnehmern als solche keine im sozialen Bereich erbrachte Gemeinwohldienstleistung darstelle. Es spiele dabei weder eine Rolle, dass die betreffenden Arbeitnehmer Pflegekräfte sind, noch, dass diese anerkannten Pflegeeinrichtungen zur Verfügung gestellt werden.[4] 16.32

Damit findet die Steuerbefreiung aus Art. 132 Abs. 1 Buchst. g MwStSystRL keine Anwendung, wenn der Leistende neben der Personalgestellung keine weitere damit im Zusammenhang stehende Leistung im Bereich der Sozialfürsorge erbringt.[5] 16.33

### c) Art. 132 Abs. 1 Buchst. i MwStSystRL

In der bereits erwähnten Entscheidung *Horizon College* hat der EuGH entschieden, dass die entgeltliche Gestellung eines Lehrers an eine Lehreinrichtung eine steuerfreie **eng verbundene Dienstleistung i.S.d. Art. 132 Abs. 1 Buchst. i MwStSystRL** sein kann. Dies macht der EuGH von mehreren Voraussetzungen abhängig:[6] 16.34

1 FG München v. 26.8.2015 – 2 K 1441/12 (rkr., Nichtzulassungsbeschwerde zurückgewiesen mit BFH v. 16.3.2016 – V B 98/15): Personalgestellung an Verein zum Betrieb eines „MEDmobil".
2 BFH v. 30.7.2008 – XI R 61/07, BStBl. II 2009, 68 = UR 2008, 852.
3 BFH v. 21.8.2013 – V R 20/12, BStBl. II 2014, 90, UR 2013, 955 m. Anm. *Wüst*. Vgl. zum Vorlagebeschluss des BFH *Küffner/Streit*, MwStR 2014, 10.
4 EuGH v. 12.3.2015 – Rs. C-594/13 – „go fair" Zeitarbeit, UR 2015, 351.
5 BFH v. 14.1.2016 – V R 56/14, UR 2016, 359 in Aufhebung von FG Münster v. 15.10.2014 – 5 K 4314/12 U; vgl. dazu auch die Anm. epg in npoR 2015, 114.
6 EuGH v. 14.6.2007 – Rs. C-434/05 – Horizon College, Rz. 34 ff., UR 2007, 587.

- Die Gestellung stellt das Mittel dar, um unter den bestmöglichen Bedingungen in den Genuss des als Hauptleistung angesehenen Unterrichts zu kommen,
- sowohl die Hauptleistung als auch die mit der Hauptleistung eng verbundene Gestellung werden von den in der Vorschrift genannten Einrichtungen erbracht,
- die genannte Gestellung ist von solcher Art oder Qualität, dass ohne Rückgriff auf eine derartige Dienstleistung keine Gleichwertigkeit des Unterrichts der Zieleinrichtung und damit des ihren Studierenden erteilten Unterrichts gewährleistet wäre, und
- die Gestellung ist nicht im Wesentlichen dazu bestimmt, zusätzliche Einnahmen durch eine Tätigkeit zu erzielen, die in unmittelbarem Wettbewerb mit der Mehrwertsteuer unterliegenden gewerblichen Unternehmen durchgeführt wird.

16.35 Danach ist es gerade nicht erforderlich, dass die eng verbundene Leistung innerhalb desselben Erbringer-Empfänger-Verhältnisses der Hauptleistung erfolgt.[1] Daraus folgt, dass auch eine etwaige Personalbeschaffung der entleihenden Einrichtung zur – kurzfristigen – Deckung von Personalbedarf von der Umsatzsteuer befreit wäre.[2]

## C. Relevante deutsche Regelung

16.36 Der Umsetzung des Art. 132 Abs. 1 Buchst. k MwStSystRL dient § 4 Nr. 27 Buchst. a UStG. Die Vorschrift ist durch das Kroatien-Anpassungs-Gesetz[3] vollständig neu gefasst worden. Befreite die Vorgängerregelung lediglich *„die Gestellung von Mitgliedern geistlicher Genossenschaften und Angehörigen von Mutterhäusern für gemeinnützige, mildtätige, kirchliche oder schulische Zwecke"*, werden nunmehr folgende Umsätze steuerfrei gestellt:

> „die Gestellung von Personal durch religiöse und weltanschauliche Einrichtungen für die in Nr. 14 Buchstabe b, in den Nr. 16, 18, 21, 22 Buchstabe a sowie in den Nr. 23 und 25 genannten Tätigkeiten und für Zwecke geistigen Beistands."

### I. Rechtslage bis 31.12.2014

16.37 Die Neufassung war dringend notwendig, da die Vorschrift in ihrer bis 31.12.2014 geltenden Fassung gleich in mehreren Punkten evident gegen das Unionsrecht verstieß:[4]

- Der Kreis der gestellenden Einrichtungen (**„geistliche Genossenschaften"** oder **„Mutterhäuser"**) ist deutlich enger gezogen als in Art. 132 Abs. 1 Buchst. k MwStSystRL („religiöse und weltanschauliche Einrichtungen").
- Das Zugehörigkeitserfordernis zu der Einrichtung (**„Mitglieder"** oder **„Angehörige"**) findet keine Entsprechung in der unionsrechtlichen Grundlage,

---

1 EuGH v. 14.6.2007 – Rs. C-434/05 – Horizon College, Rz. 32 UR 2007, 587; BFH v. 21.8.2013 – V R 20/12, BStBl. II 2014, 90, UR 2013, 955 m. Anm. *Wüst*.
2 *Küffner/Streit*, MwStR 2014, 10 (14).
3 BGBl. I 2014, 1266.
4 Vgl. dazu *Klass/Möhrle*, DStR 2006, 1162; *Tehler* in Rau/Dürrwächter, UStG, § 4 Nr. 27 UStG, Anm. 53, 63 – Lfg. Apr. 2013.

– ebenso wenig das Tatbestandsmerkmal, wonach die Personalgestellung **„für gemeinnützige, mildtätige, kirchliche oder schulische Zwecke“** i.S.d. §§ 52–54 AO erfolgen muss.

In Ermangelung einer ordnungsgemäßen Umsetzung des Unionsrechts können sich Steuerpflichtige unmittelbar auf die Richtlinienbestimmung berufen, soweit diese inhaltlich unbedingt, hinreichend genau und nicht an Bedingungen geknüpft ist.[1] 16.38

Das FG Rheinland-Pfalz hat die **unmittelbare Anwendbarkeit des Art. 132 Abs. 1 Buchst. k MwStSystRL** bejaht. In dem zu entscheidenden Fall kam eine Steuerbefreiung der Personalüberlassung durch eine kirchliche Stiftung des öffentlichen Rechts nicht in Betracht, da es sich bei dem gestellten Personal lediglich um Arbeitnehmer und nicht um Angehörige handelte.[2] In der Folge wendete das FG Art. 132 Abs. 1 Buchst. k MwStSystRL unmittelbar an und kam im Ergebnis zur Steuerfreiheit der Personalgestellung.[3]

## II. Neuregelung seit 1.1.2015

Die neue Fassung des § 4 Nr. 27 Buchst. a UStG ist mit Art. 132 Abs. 1 Buchst. k MwStSystRL praktisch deckungsgleich. 16.39

Nach der Gesetzesbegründung fallen unter den Begriff „religiöse und weltanschauliche Einrichtungen“ i.S.d. § 4 Nr. 27 Buchst. a UStG alle Einrichtungen, die berechtigt sind, den Schutz des Art. 4 Abs. 1 und 2 GG und des Art. 140 GG i.V.m. Art. 137 der Weimarer Reichsverfassung in Anspruch zu nehmen.[4] Dieser Ansatz geht insoweit fehl, als es sich hierbei um einen **autonomen unionsrechtlichen Begriff** handelt, der eine unterschiedliche Anwendung in den Mitgliedstaaten verhindern soll.[5] Eine Anknüpfung an nationale Vorschriften ist also grundsätzlich nicht möglich, wenngleich sie hier freilich regelmäßig zu richtigen Ergebnissen führen wird.[6]

Auch bzgl. der **Unionsrechtskonformität** der Neufassung des § 4 Nr. 27 Buchst. a UStG bestehen Bedenken: 16.40

Während sich das Unionsrecht auf die Befreiungen der Art. 132 Abs. 1 Buchst. b, g, h und i MwStSystRL bezieht, stellt § 4 Nr. 27 Buchst. a UStG auf § 4 Nr. 16, 18, 21, 22 Buchst. a sowie Nr. 23 und 25 ab. Indes decken sich diese Vorschriften nicht vollends mit jenen unionsrechtlichen Befreiungen:[7] Beispielsweise setzt § 4 Nr. 23 UStG die unionsrechtliche Grundlage aus Art. 132 Abs. 1 Buchst. i MwStSystRL zu restriktiv um.[8] Und § 4 Nr. 21 Buchst. b UStG, auf den § 4 Nr. 27 Buchst. a UStG verweist, dient der – wohl nicht hinreichenden[9] – Umsetzung

1 St. Rspr. des EuGH, vgl. nur EuGH v. 10.9.2002 – Rs. C-141/00 – Kügler, Rz. 51, UR 2002, 513.
2 Vgl. aber Abschn. 4.27.1 Abs. 1 UStAE v. 1.10.2010 (BStBl. I 2010, 846), wonach auch die Gestellung von Arbeitnehmern erfasst ist.
3 FG Rheinland-Pfalz v. 27.11.2008 – 6 K 2348/07 (rkr.). Das FG Sachsen-Anhalt ließ die Frage der unmittelbaren Anwendbarkeit des Art. 132 Abs. 1 Buchst. k MwStSystRL dahinstehen, FG Sachsen-Anhalt v. 16.2.2005 – 2 K 507/04 (rkr.).
4 BT-Drucks. 18/1529, 77.
5 Zum unionsrechtlichen Begriff „Heilbehandlung“ vgl. EuGH v. 20.11.2003 – Rs. C-212/01 – Unterpertinger, Rz. 35, UR 2004, 70.
6 *Oelmaier* in Sölch/Ringleb, § 4 Nr. 27 UStG, Rz. 10 – Lfg. Sept. 2014.
7 *Oelmaier* in Sölch/Ringleb, § 4 Nr. 27 UStG, Rz. 11 – Lfg. Sept. 2014.
8 *Oelmaier* in Sölch/Ringleb, § 4 Nr. 23 UStG, Rz. 31 – Lfg. Sept. 2014.
9 Vgl. etwa BFH v. 23.8.2007 – V R 4/05.

des Art. 132 Abs. 1 Buchst. j MwStSystRL, der allerdings gar nicht in Art. 132 Abs. 1 Buchst. k MwStSystRL genannt ist.

Soweit sich deshalb eine Steuerbefreiung zwar aus Art. 132 Abs. 1 Buchst. k MwStSystRL, nicht aber aus § 4 Nr. 27 Buchst. a UStG ergibt, können sich Steuerpflichtige unmittelbar auf die Richtlinienvorschrift berufen.

## D. Österreichische Rechtslage

### I. Ausgangslage

16.41 Nach Art 132 Abs. 1 Buchst. k MwStSyRL befreien die Mitgliedsstaaten von der Umsatzsteuer die Gestellung von Personal durch religiöse und weltanschauliche Einrichtungen für die unter den Buchst. b (Krankenhausbehandlung), g (eng mit der Sozialfürsorge und sozialen Sicherheit verbundenen Dienstleistungen), h (eng mit der Kinder und Jugendbetreuung verbundenen Dienstleistungen) und i (Erziehung und Bildung) genannten Tätigkeiten und für Zwecke geistlichen Beistands.

16.42 Dem österreichischen UStG ist eine vergleichbare Regelung für Personalgestellungen, die sich auf derartige spezifische Konstellationen bezieht, fremd. Die Personalgestellung wird im § 6 UStG, der den Katalog an unechten Befreiungen enthält, lediglich in § 6 Abs. 1 Z 28 explizit angesprochen. Nach dieser Vorschrift werden bestimmte sonstige Leistungen von Zusammenschlüssen von Unternehmen, die überwiegend Bank-, Versicherungs- und Pensionskassenumsätze tätigen, von der Umsatzsteuer befreit (vgl. *Achatz*, Rz. 12.92). Diese Befreiung gilt nach dem letzten Satz dieser Vorschrift u.a. auch für die Personalgestellung durch Mitglieder des Zusammenschlusses an den Zusammenschluss. Eine Befreiung für derartige Leistungen der Personalgestellung ist dem Unionsrecht (vgl. Art 132 Abs. 1 lit. f MwStSystRL) nicht zu entnehmen (vgl. Rz. 12.93).

16.43 Besteht nach nationalem Recht für die Personalgestellung Umsatzsteuerpflicht, kann der Personalgesteller, sofern dieser als religiöse oder weltanschauliche Einrichtung zu qualifizieren ist, die unechte Steuerbefreiung unmittelbar auf Unionsrecht stützen. Da mit Personalaufwendungen regelmäßig kein Vorsteuerabzug verbunden ist, dürfte im Regelfall davon auszugehen sein, dass die unechte Befreiung nach Art 132 Abs. 1 Buchst. k MwStSystRL für den Steuerpflichtigen günstigeres Recht enthält.

### II. Rechtspraxis

#### 1. Grundsätze

16.44 Die Überlassung oder Bereitstellung von Arbeitskräften gegen Entgelt ist eine sonstige Leistung im Rahmen eines Leistungsaustausches. Werden derartige Leistungen nachhaltig erbracht, ist im Regelfall von einer unternehmerischen Tätigkeit i.S.d. § 2 UStG auszugehen. Voraussetzung ist allerdings auch bei nachhaltiger Leistungserbringung, dass die Leistung erbracht wird, um Einnahmen zu erzielen. Die Einnahmenerzielungsabsicht ist allgemein zu bejahen, wenn Tätigkeiten mit eigenwirtschaftlichem Interesse entfaltet werden. Dies ist jedenfalls dann der Fall, wenn der Gesteller mit Gewinnaufschlag kalkuliert. Dagegen fehlt es an der Einnahmenerzielungsabsicht, wenn die Tätigkeit ohne eigenwirtschaftliches Interesse entfaltet wird[1]. Erfolgt die Personalgestellung im Interesse des Gestellers (z.B. Gestellung von Mitarbeitern universitärer Einrichtungen zum Zwecke einer universitären Kooperation) und werden nur die anfallenden Kosten verrechnet, liegt daher umsatzsteuerlich m.E. keine unentgeltliche Leistung und damit kein Leistungsaustausch vor. Erfolgt die Gestellung von Personal unentgeltlich für Zwecke, die außerhalb des Unternehmens liegen, ist allerdings das Vorliegen eines fiktiven Umsatzes (§ 3a Abs. 1a Z 2) zu prüfen.

## 2. Personalgestellung durch Körperschaften öffentlichen Rechts

Im Fall der entgeltlichen Personalgestellung durch Körperschaften öffentlichen Rechts liegt eine unternehmerische Tätigkeit jedenfalls dann vor, wenn die Gestellung im Rahmen eines bestehenden BgA (§ 2 Abs. 1 KStG i.V.m. § 2 Abs. 3 UStG) erfolgt. 16.45

Für Personalgestellungen außerhalb eines bestehenden BgA stellt sich die Frage, inwieweit durch die Personalgestellung selbst ein BgA begründet wird. Die Finanzverwaltung geht gestützt auf die Rechtsprechung des VwGH davon aus, dass eine wirtschaftlich selbständige Einrichtung und damit ein BgA bereits dann vorliegt, wenn sich diese durch einen eigenen Verrechnungskreis von der sonstigen Tätigkeit der Körperschaft öffentlichen Rechts abhebt (Vorliegen exakter Ermittlung der Kosten für das überlassene Personal und eigener Inrechnungstellung der Personalkosten im Wege monatlicher Abrechnungen)[2]. 16.46

Im Regelfall wird durch nachhaltige entgeltliche Personalgestellung somit in der Praxis eine unternehmerische Tätigkeit begründet, die der Steuerpflicht unterliegt. Dies gilt auch dann, wenn das Personal dem Hoheitsbereich der Körperschaft öffentlichen Rechts zuzuordnen ist. 16.47

Im Übrigen geht die Finanzverwaltung davon aus, dass eine unternehmerische Tätigkeit nur dann zu verneinen ist, wenn die Personalgestellung ausschließlich aufgrund einer in einem Gesetz oder in einer Verordnung festgeschriebenen speziellen Ermächtigung, also auf öffentlich-rechtlicher Grundlage erfolgt und keine größeren Wettbewerbsverzerrungen bewirkt werden.[3] Letzteres sei dann der Fall, wenn der Gestellungsnehmer keine Direktanstellung von Personal vornehmen darf bzw auch nicht zur Inanspruchnahme von Personalleasingunternehmen berechtigt ist oder wenn aus anderen Gründen durch die Personalgestellung nachgewiesenermaßen keine größeren Wettbewerbsverzerrungen bewirkt werden. 16.48

Im Ergebnis bedingt damit eine auf privatrechtlicher Basis ausgeführte Personalgestellung regelmäßig eine unternehmerische Tätigkeit. Dies ist allerdings kritisch zu hinterfragen, wenn es an einem wettbewerbsrelevanten Leistungsverhalten fehlt, weil etwa die Personalgestellung der Zusammenarbeit (Kooperation beteiligter Körperschaften) mit dem Ziel einer effizienten Nutzung von Ressourcen des Hoheitsbereichs dienen soll. Keinesfalls liegt eine unternehmerische Tätigkeit vor, wenn die für den nicht wirtschaftlichen Bereich benötigte Dienstleistung am Markt von Personalgestellern nicht angeboten wird. Ob die Leistung auf einer öffentlich-rechtlichen oder einer privatrechtlichen Grundlage erbracht wird, dürfte in solchen Fällen m.E. umsatzsteuerlich nicht entscheidend sein.[4] 16.49

1 Vgl. *Ruppe/Achatz*, UStG Kommentar[5], § 2 Tz. 58.
2 Vgl. dazu *Ruppe/Achatz*, UStG Kommentar[5], Wien 2017, § 2 Rz. 222. VwGH v. 25.11.2010, 2007/15/0101.
3 UStR Rz. 272.
4 Vgl. *Ruppe/Achatz*, UStG Kommentar[5], § 2 Rz. 222.

16.50 Von vorstehenden Grundsätzen abweichend wird von der Praxis die Personalgestellung an ausgegliederte Rechtsträger gesehen. Danach liegt ein BgA (nur) dann nicht vor, wenn die Personalgestellung nicht erwerbsmäßig betrieben wird und lediglich als vorübergehende Maßnahme zur Wahrung der arbeitsrechtlichen Stellung der betroffenen Bediensteten der KöR erfolgt. Fälle einer vorübergehenden Personalgestellung liegen dann vor, wenn Neuaufnahmen bzw Nachbesetzungen ausschließlich der ausgegliederte Rechtsträger als Arbeitgeber vorzunehmen hat.[1]

### 3. Personalgestellung durch gemeinnützige Rechtsträger

16.51 Im Zuge der Personalgestellung durch gemeinnützige Rechtsträger hat sich in der Vergangenheit regelmäßig die Frage gestellt, inwieweit die Personalgestellung das Gebot der unmittelbaren Förderung begünstigter Zwecke (vgl. § 40 BAO) verletzt und daher zum Verlust der Gemeinnützigkeit führen kann. Mit dem Gemeinnützigkeitspaket 2016[2] hat der Gesetzgeber durch Einfügung eines § 40a BAO klargestellt, dass eine begünstigte Körperschaft ihre Begünstigungen auf abgabenrechtlichem Gebiet nicht dadurch verliert, dass Lieferungen oder sonstige Leistungen entgeltlich, aber ohne Gewinnerzielungsabsicht gegenüber Körperschaften erbracht werden, deren Tätigkeit dieselben Zwecke wie die leistungserbringende Körperschaft fördert.

16.52 Der Wortlaut des § 40a Z 2 BAO[3] scheint die Schlussfolgerung nahezulegen, dass die Personalgestellung an Rechtspersonen, die nicht dieselben Zwecke wie die personalgestellende Körperschaft verfolgen, zum Verlust der Gemeinnützigkeit führen kann. Dies hätte umsatzsteuerlich zur Folge, dass in Fällen, in denen eine unechte Steuerbefreiung an das Vorliegen der Gemeinnützigkeit anknüpft, nach nationalem Recht das Risiko des Eintritts einer Steuerpflicht bestünde. Konkret gilt dies für die in § 6 Abs. 1 Z 25 angeordneten Steuerbefreiungen. M.E. ist eine solche Sicht aus mehrfachen Gründen überzogen:

16.53 Zunächst sollten Personalgestellungen durch einen begünstigten Rechtsträger dann nicht zum Verlust des abgabenrechtlich begünstigten Status führen, wenn durch diese die Zwecke anderer begünstigter Rechtsträger gefördert werden. Dass zugleich die eigenen Zwecke mittelbar gefördert werden, ist nicht vorausgesetzt, es genügt vielmehr die mittelbare Förderung der Zwecke des Gestellungsnehmers. Im Übrigen ist auch kein sachlicher Grund ersichtlich, der es rechtfertigen könnte, den Anwendungsbereich der Vorschrift in Fällen auszuschließen, in denen der Leistungsempfänger andere begünstigte Zwecke als der Gesteller verfolgt.[4] Dem Rechtsträger dürfte ferner in solchen Fällen für die betroffenen Leistungen regelmäßig die Anwendung von günstigerem Unionsrecht offenstehen, sofern nach der MwStSyStRL eine Steuerbefreiung anwendbar ist (vgl. dazu oben Rz. 16.37 ff.).

## E. Reformvorschläge

16.54 Mit der Neuregelung des § 4 Nr. 27 Buchst. a UStG ist der deutsche Gesetzgeber dem dringenden Reformbedarf, den die alte Fassung auslöste, weitgehend nachgekommen. Damit

1 Vgl. dazu BMF v. 28.9.2012 – BMF-010219/0163-VI/4/2012.
2 BGBl. I 2015, 160.
3 Vgl. zu dieser Vorschrift auch Rz. 12.117.
4 Vgl. auch die Rechtsauffassung des BMF in den VereinsRL 2001 Rz. 120g, wonach lediglich die Leistungserbringung an nicht begünstigte Körperschaften nicht unter § 40a Z 2 BAO fallen soll.

wird dem Willen des Unionsgesetzgebers, Personalgestellungen durch religiöse und kirchliche Einrichtungen des Dritten Sektors von der Umsatzsteuer zu befreien, durch das nationale Recht zum großen Teil Rechnung getragen.

Jedoch sind damit die Eisen noch nicht vollständig aus dem Feuer geholt. Durch die Verweisungen auf andere Vorschriften des § 4 UStG projiziert eine unzureichende Umsetzung der Art. 132 Abs. 1 Buchst. b, g h und i MwStSystRL eine unzureichende Umsetzung des Art. 132 Abs. 1 Buchst. k MwStSystRL. Deshalb ist es geboten, dass der nationale Gesetzgeber auch die Art. 132 Abs. 1 Buchst. b, g h und i MwStSystRL hinreichend in nationales Recht umsetzt. 16.55

Nichtsdestotrotz darf angesichts des stark an Art. 132 Abs. 1 Buchst. k MwStSystRL angelehnten Wortlauts der Neuregelung das Bemühen des Gesetzgebers, eine unionsrechtskonforme Vorschrift zu schaffen, nicht übersehen werden.[1] Dieses Bestreben ist – im Hinblick auf manch zwingenden Reformbedarf an anderer Stelle – durchaus begrüßenswert. 16.56

1 Vgl. dazu auch die Gesetzesbegründung, die auf die unionsrechtliche Grundlage Bezug nimmt, BT-Drucks. 18/1529, 77.

# Kapitel 17
# Dienstleistungen von Einrichtungen ohne Gewinnstreben, Art. 132 Abs. 1 lit. l MwStSystRL




**Literatur (Österreich):** *Achatz/Mang/Lindinger*, Besteuerung der Körperschaften öffentlichen Rechts, 3. Aufl. 2014; *Achatz*, Die Besteuerung der Non-Profit-Organisationen I, 2. Aufl. 2004; *Achatz*, Die Besteuerung der Non-Profit-Organisationen II, 2002; *Achatz*, Die Besteuerung der Non-Profit-Organisationen III, 2003; *Achatz*, Umsatzsteuer und Gemeinnützigkeit, in Jachmann (Hrsg.), Gemeinnützigkeit, DStJG Bd. 26, 2003; *Achatz*, Seminar B: Umsatzbesteuerung der öffentlichen Hand aus gemeinschaftsrechtlicher Sicht, IStR 2008; *Achatz/Kirchmayr (Hrsg.)*, Körperschaftsteuergesetz, Kommentar, 2011; *Achatz/Tumpel*, Unechte Steuerbefreiungen, 2010; *Amand*, Are VAT Exemptions Compatible with Primary EU Law?, International VAT Monitor 2010; *Hilber*, Umsatzsteuerliche Liebhaberei und Unternehmereigenschaft von Vereinen, ecolex 2010; *Höhne/Jöchl/Lummerstorfer*, Das Recht der Vereine, 5. Aufl. 2016; *Melhardt/Tumpel (Hrsg.)*, UStG-Kommentar, 2. Aufl. 2016; *Prinz/Prinz*, Gemeinnützigkeit im Steuerrecht, 2. Aufl. 2004; *Ritz*, Vermeidung der unechten Steuerbefreiung des § 6 Abs. 1 Z 25, RdW 1994, 361; *Ruppe/Achatz*, Umsatzsteuergesetz: Kommentar, 5. Aufl. 2018; *Ruppe*, Steuerrechtliche Folgen der wirtschaftlichen Betätigung von Vereinen, in Korinek/Krejci (Hrsg.), Der Verein als Unternehmer, 1988; *Tanzer*, Wirtschaftliche Betätigung und Gemeinnützigkeit, in Korinek/Krejci (Hrsg.), Der Verein als Unternehmer, 1988; *Taucher*, ÖStZ 1994; UStR 2000.

## A. Normtexte

17.1 **Art. 132 Abs. 1 Buchst. l MwStSystRL**

**Art. 206**

**Die Mitgliedstaaten befreien folgende Umsätze von der Steuer:**

**…**

**Buchst. l**

**Dienstleistungen und eng damit verbundene Lieferungen von Gegenständen, die Einrichtungen ohne Gewinnstreben, welche politische, gewerkschaftliche, religiöse, patriotische, weltanschauliche, philanthropische oder staatsbürgerliche Ziele verfolgen, an ihre Mitglieder in deren gemeinsamen Interesse gegen einen satzungsgemäß festgelegten Beitrag erbringen, vorausgesetzt, dass diese Befreiung nicht zu einer Wettbewerbsverzerrung führt;**

…

## B. Auslegung durch den EuGH

### I. Übersicht

#### 1. Grundlage im Europäischen Recht

17.2 Art. 132 Abs. 1 Buchst. l MwStSystRL fügt sich in die Systematik der Steuerbefreiungen für bestimmte dem Gemeinwohl dienenden Tätigkeiten ein. Die Vorschrift befreit von der Umsatzsteuer Dienstleistungen und eng damit verbundene Lieferungen von privilegierten Einrichtungen ohne Gewinnstreben. Zur Privilegierung müssen die Einrichtungen politische, gewerkschaftliche, religiöse, patriotische, weltanschauliche, philanthropische oder staatsbürgerliche Ziele verfolgen. Die genannten Leistungen müssen an die Mitglieder in deren gemeinsamem Interesse gegen einen satzungsgemäß festgelegten Beitrag erbracht werden.

17.3 Es handelt sich um eine Steuerbefreiung, die gem. Art. 168 MwStSystRL i.V.m. Art. 169 Buchst. b MwStSystRL (Umkehrschluss) nicht zum Vorsteuerabzug berechtigt. Eine vollständige Entlastung von der Mehrwertsteuer erfolgt daher für die Einrichtung nicht. Es liegt eine unechte Steuerbefreiung vor.

#### 2. Enge Auslegung

17.4 Nach ständiger Rechtsprechung des EuGH sind die in Art. 132 MwStSystRL enthaltenen Steuerbefreiungen eng auszulegen, weil diese Steuerbefreiungen Ausnahmen von dem Grundsatz darstellen, dass jede Dienstleistung, die ein Steuerpflichtiger gegen Entgelt erbringt, der Mehrwertsteuer unterliegt.[1] Nach Auffassung des EuGH muss die Auslegung der Begriffe jedoch mit den Zielen in Einklang stehen, die mit den Befreiungen verfolgt werden. Außerdem ist das Erfordernis der steuerlichen Neutralität zu beachten. Die Auslegung hat daher auch nicht zu eng zu erfolgen. Es liege dem Sinn und Zweck der Regelungen zuwider, wenn die zur Umschreibung der in Art. 132 genannten Befreiungen verwendeten Begriffe so ausgelegt werden, dass sie den Befreiungen ihre Wirkung nehmen.[2]

---

1 Vgl. EuGH v. 21.3.2013 – Rs. C-91/12 – PFC Clinic, Rz. 23, UR 2013, 335.

2 EuGH v. 10.6.2010 – Rs. C-86/09 – Future Health Technologies, UR 2010, 540; v. 14.6.2007 – C-445/05 – Haderer; v. 6.11.2003 – C-45/01 – Dornier; v. 19.11.2009 – C-461/08 – Don Bosco Onroerend Goed.

## II. Kommentierung der einzelnen Tatbestandsmerkmale

### 1. Leistungen gegenüber den Mitgliedern

Die Steuerbefreiung setzt voraus, dass die Leistungen an die Mitglieder der privilegierten Einrichtung erbracht werden. Leistungen gegenüber Dritten werden daher von der Steuerbefreiung nach Art. 132 Abs. 1 Buchst. l MwStSystRL nicht erfasst. Gegenleistung für diese Leistungen durch die privilegierte Einrichtung ist ein satzungsgemäß festgelegter Beitrag. Dies kann beispielsweise ein jährlicher Vereinsbeitrag sein. Die Leistungen müssen außerdem einem gemeinsamen Interesse der Mitglieder dienen. 17.5

Der EuGH hat mit Urteil vom 6.10.2009[1] entschieden, dass ein Leistungsaustausch zwischen Unterorganisationen einer politischen Partei nicht als wirtschaftliche Tätigkeit anzusehen ist. Die rechtlich selbständige Landesorganisation der SPÖ in Kärnten erbrachte gegenüber untergeordneten Bezirks- und Ortsorganisationen bestimmte Leistungen im Bereich der Öffentlichkeitsarbeit, der Werbung und der Informationstätigkeit. Der EuGH geht hier davon aus, dass die Umsätze bereits nicht steuerbar sind. 17.6

Durch die Tätigkeiten gegenüber ihren Unterorganisationen entfaltet die Organisation eine nach außen gerichtete Tätigkeit im Rahmen der Verwirklichung ihrer politischen Ziele, die die Verbreitung ihrer Anschauungen als politische Organisation bezweckt. Bei der Ausübung dieser Tätigkeit nimmt die Organisation jedoch nicht an einem Markt teil.[2] 17.7

### 2. Die einzelnen begünstigten Zwecke

Die MwStSystRL selbst enthält keine Definition der einzelnen förderwürdigen Zwecke. Auch die MwStVO EU Nr. 282/2011 enthält dazu keine rechtsanwendungsangleichenden Vorschriften für die Mitgliedstaaten. § 52 AO enthält eine umfassende Aufzählung der nach nationalem Recht gemeinnützigen Zwecke. Unter dem Aspekt der Förderung der Allgemeinheit sind danach aus der Aufzählung des Art. 132 Abs. 1 Buchst. l MwStSystRL die folgenden Zwecke nach deutschem Recht im weiteren Sinne als gemeinnützig durch ausdrückliche Benennung anerkannt: 17.8

- die Religion (§ 52 Abs. 2 Nr. 2 AO),
- die allgemeine Förderung des demokratischen Staatswesens im Geltungsbereich dieses Gesetzes; hierzu gehören nicht Bestrebungen, die nur bestimmte Einzelinteressen staatsbürgerlicher Art verfolgen oder die auf den kommunalpolitischen Bereich beschränkt sind (§ 52 Abs. 2 Nr. 24 AO)
- die Förderung des bürgerschaftlichen Engagements zugunsten gemeinnütziger, mildtätiger und kirchlicher Zwecke (§ 52 Abs. 2 Nr. 25 AO).

Die weiteren steuerbegünstigten Zwecke lassen sich im Ergebnis unter die philanthropischen Förderzwecke subsumieren. Allerdings ist dieses Problem bislang durch den EuGH noch nicht entschieden worden (s. Rz. 17.20). Es bleibt damit offen, was genau unter den philanthropischen Zwecken zu verstehen ist. Auch die englische und die französische Sprachfassung geben hier keinen weiteren Aufschluss, da nur die Begriffe „philanthropic“ bzw. „philanthropique“ 17.9

1 EuGH v. 6.10.2009 – Rs. C-267/08 – SPÖ Landesorganisation Kärnten.

2 EuGH v. 6.10.2009 – Rs. C-267/08 – SPÖ Landesorganisation Kärnten, Rz. 24.

benutzt werden. Auch die weiteren romanischen Sprachen lassen hier keine weiteren Rückschlüsse zu, da diese ebenfalls den Begriff der Philanthropie verwenden.

17.10 Sofern der Zweck nicht ausdrücklich in § 52 AO genannt ist, kann gem. § 52 Abs. 2 S. 2 AO der verfolgte Zeck als gemeinnützig anerkannt werden, wenn die Allgemeinheit auf materiellem, geistigem oder sittlichem Gebiet entsprechend selbstlos gefördert wird.

17.11 Bereits für Art. 13 der 6. EG-Richtlinie hatte der EuGH entschieden, dass die dort vorgesehenen Steuerbefreiungen eigenständige Begriffe des Gemeinschaftsrechts darstellen und daher eine gemeinschaftsrechtliche Definition erhalten müssen.[1] Eine nähere Definition der Begriffe ist daher aus dem nationalen Recht nicht möglich. Die Begriffe sind aus diesem Grund nicht nach nationalem Recht auszulegen, sondern im Lichte der MwStSystRL. Der EuGH hat bislang lediglich zu den „gewerkschaftlichen Zielen“ Stellung genommen.[2]

17.12 Im Folgenden wird versucht, die Ziele i.S.d. Art. 132 Abs. 1 Buchst. l MwStSystRL zu definieren. Soweit vorhanden wird die EuGH Rechtsprechung berücksichtigt.

### a) Politische Ziele

17.13 Mit dem Begriff der politischen Ziele richtet sich die Steuerbefreiung in erster Linie an politische Parteien. Weitere politische Einrichtung wie z.B. Stiftungen können jedoch auch von der Steuerbefreiung betroffen sein. Beachtlich ist in diesem Zusammenhang, dass § 52 AO als nationale Steuerbegünstigungsvorschrift grundsätzlich politische Zwecke als gemeinnützigen Zweck anerkennt.

### b) Gewerkschaftliche Ziele

17.14 Zur Definition der gewerkschaftlichen Ziele hat sich der EuGH im Urteil vom 12.11.1998[3] geäußert. In dem Verfahren war zwischen der britischen Finanzverwaltung und dem Institute of the Motor Industry streitig, ob die Voraussetzungen für einen Berufsverband gegeben seien. Nach damaligem britischem Recht waren Gewerkschaften (trade unions) und Berufsverbände von der Mehrwertsteuer befreit. Bei dem „Institute“ handelte es sich um eine freiwillige Vereinigung, in der Personen zusammengeschlossen waren, die im Kraftfahrzeugeinzelhandelsgewerbe tätig waren.

17.15 Der EuGH merkt zunächst in seiner Entscheidung an, dass der Begriff der „gewerkschaftlichen Ziele“ in den unterschiedlichen Sprachfassungen des damaligen Art. 13 Teil A Abs. 1 Buchstabe l der 6. EG-Richtlinie unterschiedlich verstanden werden kann. Mehrere Sprachfassungen, darunter die englische Fassung („aims of a trade-union nature“), verwenden Begriffe im Wesentlichen auf Ziele, die von Gewerkschaften verfolgt werden, während die in anderen Fassungen, darunter der französischen Fassung („objectifs de nature syndicale“), verwendeten Begriffe darüber hinaus auch Ziele erfassen, die von Berufsorganisationen verfolgt werden, die keine Gewerkschaften darstellen.

---

1 EuGH v. 11.6.2009 – Rs. C-572/07 – Tellmer Property, UR 2009, 557, sowie v. 25.10.2007 – C-174/06 – CO.GE.P.

2 Vgl. EuGH v. 12.11.1998 – Rs. C-149/97 – Institute of the Motor Industry, UR 1999, 209.

3 EuGH v. 12.11.1998 – Rs. C-149/97 – Institute of the Motor Industry, UR 1999, 209.

Der Begriff „syndical" wird durch den EuGH so verstanden, dass es sich um eine Organisation handelt, deren Hauptziel die Verteidigung der gemeinsamen Interessen ihrer Mitglieder – unabhängig davon, ob es sich dabei um Arbeitnehmer, Arbeitgeber, Angehörige freier Berufe oder Personen handelt, die eine bestimmte wirtschaftliche Tätigkeit ausüben – und deren Vertretung gegenüber betroffenen Dritten einschließlich staatlicher Stellen ist.[1] 17.16

Eine Einrichtung ohne Gewinnstreben, deren Hauptziel in der Verteidigung und der Vertretung der gemeinsamen Interessen ihrer Mitglieder besteht, entspricht daher dem Kriterium der im Gemeinwohl liegenden Tätigkeit, das den in Art. 132 Abs. 1 Buchst. l MwStSystRL aufgezählten Steuerbefreiungen zugrunde liegt, da ihre Mitglieder durch diese Einrichtung bei Verhandlungen mit Dritten über eine repräsentative Stimme und Durchschlagskraft verfügen können.[2] 17.17

Der Begriff der Gewerkschaft im Sinne der Vorschrift ist daher nicht auf die Interessenvertretungen von Arbeitnehmer beschränkt. Vielmehr unterliegen der Steuerbefreiung auch die Zusammenschlüsse von Freiberuflern und Gewerbetreibenden. 17.18

Privilegiert sind m. E. aber nicht die Zusammenschlüsse und Interessenverbände von juristischen Personen. Arbeitgeberverbände sind daher, soweit sie im Wesentlichen im Zusammenschluss von Kapitalgesellschaften bestehen, nicht privilegiert. Gleiches gilt auch für die Spitzenverbände der Industrie. Begründung? 17.19

#### c) Patriotische, weltanschauliche, philanthropische und staatsbürgerliche Ziele

Schwierig ist die Definition der übrigen in der Vorschrift genannten Ziele. Der EuGH hat bislang keine Entscheidung dazu getroffen. Eine genaue Abgrenzung der Ziele ist hier daher auf der Grundlage der Rechtsprechung nicht möglich. 17.20

### 3. Ohne Gewinnstreben

Der kommerzielle Charakter einer Tätigkeit schließt im Rahmen des Art. 132 Abs. 1 Buchst. l MwStSystRL) nicht aus, dass es sich dabei um eine dem Gemeinwohl dienende Tätigkeit handelt.[3] Eine Einrichtung kann als solche „ohne Gewinnstreben" qualifiziert werden, auch wenn sie systematisch danach strebt, Überschüsse zu erwirtschaften, solange diese nicht als Gewinn an ihre Mitglieder ausgeschüttet werden, sondern für die Durchführung ihrer Leistungen verwendet werden.[4] 17.21

### 4. Keine Wettbewerbsverzerrung

Dem Merkmal der Wettbewerbsverzerrung kommt bei der Steuerbefreiung nach Art. 132 Abs. 1 Buchst. l MwStSystRL große Bedeutung zu, da es sich quasi um eine Ausstiegsklausel handelt. Die Systematik ist dabei mit der Regelung in Art. 13 Abs. 1 MwStSystRL vergleichbar. Die öffentliche Hand ist immer dann als Unternehmer anzusehen, wenn eine Behand- 17.22

---

1 Vgl. EuGH v. 12.11.1998 – Rs. C-149/97 – Institute of the Motor Industry, Rz. 20, UR 1999, 209.

2 Vgl. EuGH v. 12.11.1998 – Rs. C-149/97 – Institute of the Motor Industry, Rz. 21, UR 1999, 209.

3 EuGH v. 3.4.2003 – Rs. C-144/00 – Matthias Hoffmann, UR 2003, 248 = UR 2003, 286 m. Anm. *Nieskens.*

4 EuGH v. 21.3.2002 – Rs. C-174/00 – Kennemer Golf & Country Club, UR 2002, 320 m. Anm. *Widmann.*

lung als Nichtsteuerpflichtiger zu größeren Wettbewerbsverzerrungen führen würde. Der Begriff der Wettbewerbsverzerrung ist damit grundsätzlich wie in Art. 13 MwStSystRL auszulegen. Allerdings ist zu beachten, dass Art. 132 Abs. 1 Buchst. l MwStSystRL nicht die Einschränkung der „größeren" Wettbewerbsverzerrung macht. Es reicht damit für die Steuerpflicht schon aus, dass für eine nach Art. 132 Abs. 1 Buchst. grundsätzlich steuerfreie Leistung auch nur irgendeine Wettbewerbsverzerrung gegeben ist.

17.23 Die Grundsätze der EuGH Rechtsprechung zur Wettbewerbsverzerrung sind auf Art. 132 MwStSystRL zu übertragen. Der EuGH vertritt in seinem Urteil vom 16.9.2008[1] die Auffassung, dass es für die Frage, ob eine Wettbewerbsverzerrung vorliegt, nicht nur auf den lokalen Wettbewerb ankommt, in dem die öffentliche Hand im Einzelfall konkret ihre Leistungen anbietet. Es ist vielmehr der gesamte Mitgliedstaat als relevantes Wettbewerbsgebiet anzusehen. Bei einer rein lokalen Betrachtungsweise, bei der es auf die konkrete Wettbewerbssituation im Umkreis der öffentlichen Hand ankäme, wäre eine unterschiedliche Betrachtung zweier identischer Tätigkeiten möglich. Durch eine Beschränkung auf die lokale Wettbewerbssituation könnte somit in der einen Region eine steuerpflichtige Parkraumüberlassung gegeben sein und in der anderen eine steuerfreie. Das Wettbewerbsgebiet umfasst daher immer den gesamten Mitgliedstaat. Nur auf diese Weise ist sichergestellt, dass ein und dieselbe Tätigkeit nicht verschieden hinsichtlich ihrer Umsatzsteuerpflicht beurteilt wird.

17.24 Weiterhin stellt der EuGH in seiner Entscheidung klar, dass es für die Frage der Wettbewerbsverzerrung nicht auf einen tatsächlichen Wettbewerb mit anderen Unternehmern ankommt. Ausreichend ist vielmehr ein potentieller Wettbewerb.

17.25 Bei der Beurteilung der Frage, ob eine Einrichtung ohne Gewinnstreben eine Tätigkeit in unmittelbarem Wettbewerb mit Tätigkeiten von der Mehrwertsteuer unterliegenden gewerblichen Unternehmen durchführt, kommt es auf die Konkurrenzsituation an, die auf dem Markt für die jeweilige Tätigkeit herrscht.[2] Eine Wettbewerbssituation wird dabei nicht dadurch ausgeschlossen, dass die fragliche Tätigkeit im Rahmen einer geschlossenen Gesellschaft nur gegenüber den Mitgliedern der Einrichtung durchgeführt wird und die Leistung daher nicht Außenstehenden angeboten werden kann.

## C. Relevante deutsche Regelungen

17.26 Eine direkte Umsetzung des Art. 132 Abs. 1 Buchst. l MwStSystRL findet sich im nationalen Recht nicht.[3] In der Literatur wird diskutiert, ob § 4 Nr. 18 Buchst. a UStG auf Art. 132 Abs. 1 Buchst. l MwStSystRL basiert.[4] § 4 Nr. 18 Buchst. a UStG befreit die Leistungen zwischen den selbständigen Gliederungen einer politischen Partei, soweit diese Leistungen im Rahmen der satzungsgemäßen Aufgaben gegen Kostenerstattung ausgeführt werden, von der Umsatzsteuer.

1 EuGH v. 16.9.2008 – Rs. C-288/07 – Isle of Wight.
2 BFH v. 25.1.2006 – V R 46/04.
3 Vgl. *Stadie* in Rau/Dürrwächter, UStG, Vor §§ 4–9, Rz. 38.
4 *Heidner* in Bunjes, UStG[16], § 4 Nr. 18a Rz. 1; *Hünnekens* in Küffner/Stöcker/Zugmaier, UStG, § 4 Nr. 18a, Rz. 4.

## I. § 4 Nr. 18 Buchst. a UStG

Die Vorschrift des § 4 Nr. 18 Buchst. a UStG wurde mit Wirkung zum 1.1.1992 in das UStG eingefügt. Gesetzgeberische Erwägung war, die Leistungen zwischen selbständigen Gliederungen politischer Parteien nicht mit Umsatzsteuer belasten zu wollen (vgl. BT-Drucks. 12/1506 vom 7.11.1991). Es sollte eine eindeutige Rechtslage geschaffen werden, nach der beispielsweise das Zurverfügungstellen von politischen Informationsmaterial umsatzsteuerfrei ist, wenn dafür ein Entgelt verlangt wird. Zuvor gab es bereits ein BMF, Schr. v. 1.3.1991, das bereits auf Verwaltungsebene einen entsprechenden Leistungsaustausch zwischen selbständigen Parteigliederungen als umsatzsteuerbar beurteilt hatte. 17.27

### 1. Regelungsgehalt

Die Vorschrift befreit einen etwaigen Leistungsaustausch zwischen selbständigen Gliederungen politischer Parteien von der Umsatzsteuer. Ein Leistungsaustausch gegenüber anderen Leistungsempfängern, die außerhalb der politischen Partei angesiedelt sind, wird daher nicht von der Umsatzsteuerbefreiung erfasst. Auch die Mitglieder als natürliche Personen (§ 2 Abs. 1 Satz 2 PartG) erfasst die Steuerbefreiung nicht. 17.28

### 2. Unionsrechtskonformität

§ 4 Nr. 18 Buchst. a UStG ist nicht vereinbar mit dem Unionsrecht. Die Vorschrift sieht die Steuerbefreiung für Leistungen „zwischen selbständigen Gliederungen" einer politischen Partei „gegen Kostenerstattung" vor. Demgegenüber befreit Art. 132 Abs. 1 Buchst. l MwStSystRL Leistungen an Mitglieder der Partei gegen einen satzungsgemäß festgelegten Beitrag. Nach dem deutschen PartG können Mitglieder einer Partei aber nur natürliche Personen sein (§ 2 Abs. 1 Satz 2 PartG). Damit entspricht die nationale Regelung nicht den Vorgaben des Unionsrechts.[1] 17.29

Letztlich erfasst § 4 Nr. 18 Buchst. a UStG andere Sachverhalte als die Regelung in Art. 132 Abs. 1 Buchst. l MwStSystRL. Das europäische Recht befreit nur die Leistung gegenüber den Mitgliedern. Die nationale Regelung demgegenüber erfasst die Leistungen einzelner Gliedorganisationen untereinander. Richtig ist daher, dass für die nationale Regelung der Art. 132 MwStSystRL keine zulässige Ermächtigung für eine Steuerbefreiung darstellt. Da das nationale Recht keine Steuerbefreiung für die Leistungen gegenüber den Mitgliedern vorsieht, ist aber auch festzustellen, dass Art. 132 Abs. 1 Buchst. l MwStSystRL nicht in das nationale Recht umgesetzt wurde. 17.30

## II. Mitgliedsbeiträge (Abschn. 1.4 UStAE)

Weitere Normen im Bereich des § 4 UStG sind nicht ersichtlich, die auf Art. 132 Abs. 1 Buchst. l MwStSystRL basieren. Dies liegt vor allem daran, dass die deutsche Finanzverwaltung grundsätzlich bei Mitgliedsbeiträgen von einer Nichtsteuerbarkeit ausgeht. Die Finanzverwaltung hat eine Regelung getroffen, nach der bei Mitgliedsbeiträgen ein Leistungsaus- 17.31

1 In diesem Sinne *Frye* in Rau/Dürrwächter, UStG, § 4 Nr. 18a, Rz. 13 a. *Oelmaier* in Sölch/Ringleb, UStG, § 4 Nr. 18a UStG Rz. 3.

tausch grundsätzlich nicht gegeben ist. Die Regelung dazu findet sich im Abschn. 1.4 UStAE, der dazu im Einzelnen ausführt:

Soweit eine Vereinigung zur Erfüllung ihrer den Gesamtbelangen sämtlicher Mitglieder dienenden satzungsgemäßen Gemeinschaftszwecke tätig wird und dafür echte Mitgliederbeiträge erhebt, die dazu bestimmt sind, ihr die Erfüllung dieser Aufgaben zu ermöglichen, fehlt es an einem Leistungsaustausch mit dem einzelnen Mitglied.

17.32 In Ermangelung eines Leistungsaustauschs sind die Leistungen der begünstigten Organisation nach Auffassung der deutschen Finanzverwaltung schon gar nicht steuerbar. Dies widerspricht jedoch der Rechtsauffassung des EuGH im Urteil vom 21.3.2002.[1]

## D. Österreichische Rechtslage

### I. Ausgangslage

17.33 Dem österr UStG ist eine Regelung, die einen dem Art. 132 Abs. 1 Buchst. l MwStSystRL vergleichbaren Tatbestand enthält, fremd. Es findet sich im österr UStG weder eine Vorschrift, die sich explizit auf bestimmte Leistungen von „Einrichtungen ohne Gewinnstreben" bezieht, noch eine umsatzsteuerliche Regelung für Einrichtungen, die politische, gewerkschaftliche, patriotische, weltanschauliche, philanthropische oder staatsbürgerliche Ziele verfolgen.

17.34 Einrichtungen ohne Gewinnstreben sind nach allgemeinen Grundsätzen des österr UStG als Unternehmer zu qualifizieren, soweit sie nachhaltig Leistungen zur Erzielung von Einnahmen erbringen[2]. Soweit Leistungen solcher Einrichtungen einen Leistungsaustausch begründen sollten, sieht das österr UStG keine spezifische Befreiung für die genannten Einrichtungen vor.

17.35 Sofern solche Einrichtungen abgabenrechtlich begünstigt iSd §§ 34 ff. BAO sein sollten, ist die Anwendung des ermäßigten Steuersatzes (§ 10 Abs. 2 Z 4 UStG) zu prüfen. Die in der Regelung des Art. 132 Abs. 1 Buchst. l MwStSystRL angeführten Zwecke sind allerdings nach der österr. Rechtslage – sieht man von kirchlichen Zwecken ab – nicht Gegenstand einer abgabenrechtlichen Begünstigung iSd §§ 34 ff. BAO. Dies gilt im besonderen für die Verfolgung politischer Ziele, durch die nach der Praxis der Finanzverwaltung nicht die Zwecke der Allgemeinheit gefördert werden[3]. Als kirchliche Zwecke gelten nach § 38 BAO solche, durch deren Erfüllung gesetzlich anerkannte Kirchen und Religionsgesellschaften gefördert werden. Sieht man von dieser Fallgruppe ab, müsste im Regelfall nach den Wertungen des österr UStG für Leistungen der genannten Art Steuerpflicht zum Normalsteuersatz bestehen.

17.36 Ungeachtet dessen wird nach der Praxis eine Steuerplicht für Leistungen an Mitglieder, die jenen des Art. 132 Abs. 1 Buchst. l MwStSystRL entsprechen, regelmäßig verneint: Der in Art. 132 Abs. 1 Buchst. l enthaltene umsatzsteuerliche Grundtatbestand besteht in der Erbringung einer Leistung durch eine Einrichtung ohne Gewinnerzielung an ihre Mitglieder in deren gemeinsamen Interesse gegen einen satzungsmäßig festgelegten Beitrag. Ein solcher Sachverhalt löst in der Regel nach der Praxis der österr. Finanzverwaltung bereits nach allgemeinen Grundsätzen keine umsatzsteuerliche Konsequenzen aus, da Leistungen von Ver-

1 EuGH v. 21.3.2002 – Rs. C-174/00 – Kennemer Golf & Country Club, UR 2002, 320 m. Anm. *Widmann*.

2 *Ruppe/Achatz*, UStG Kommentar[5] § 2 Rz. 55 ff.

3 Vgl. VereinR 2001 Rz. 22.

einigungen, die diese in Erfüllung der satzungsmäßigen Gemeinschaftsaufgaben zur Wahrnehmung der Gesamtbelange der Mitglieder bewirken, keinen Leistungsaustausch begründen[1].

Abgabenrechtlich begünstigte Rechtsträger können ferner unter bestimmten Voraussetzungen nach der Praxis der Finanzverwaltung den Status der Nichtunternehmereigenschaft in Anspruch nehmen, womit Leistungen solcher Rechtsträger nicht der Umsatzsteuer unterliegen (s. dazu Rz. 17.43). Dabei handelt es sich um ein von der Praxis der Finanzverwaltung allgemein eingeräumtes Wahlrecht, dessen Gesetzeskonformität und unionsrechtliche Deckung fraglich ist (s. Rz. 17.44). 17.37

Sofern im Einzelfall für Leistungen, die die Voraussetzungen des Art. 132 Abs. 1 Buchst. l MwStSystRL erfüllen, nach den österr. Normen Steuerpflicht besteht, kann sich der Steuerpflichtige unmittelbar auf die Bestimmungen des Unionsrechts berufen, wenn diese für ihn günstigeres Recht enthalten. 17.38

## II. Zur Unternehmerfähigkeit nicht gewinnerzielender Einrichtungen

### 1. Liebhaberei bei dauerhaft nicht auf Gewinn ausgerichteten Körperschaften

§ 2 Abs. 1 UStG knüpft die Unternehmereigenschaft an die Absicht, Einnahmen zu erzielen. Mit dieser Anordnung steht in einem gewissen Spannungsverhältnis die Vorschrift des § 2 Abs. 5 UStG, wonach eine Tätigkeit, die auf Dauer Gewinne oder Einnahmenüberschüsse nicht erwarten läßt (sogenannte Liebhaberei), nicht als unternehmerische Tätigkeit gilt. Dem Charakter einer Einkommensverwendungssteuer Rechnung tragend zielt der Gesetzgeber mit diesen Vorschriften nicht auf die Ausklammerung jedweder objektiv ertraglosen Tätigkeit aus dem Anwendungsbereich der Mehrwertsteuer, sondern nur solcher einnahmenerzielender Tätigkeiten, die wirtschaftlich gesehen der Konsumsphäre, somit dem Endverbrauch von Leistungen zuzuordnen sind[2]. 17.39

Dem Telos der Vorschriften des § 2 Abs. 1 und Abs. 5 UStG entsprechend ordnet § 6 der Liebhabereiverordnung, BGBl. 33/1993 an, dass Liebhaberei im umsatzsteuerlichen Sinn nur bei Betätigungen im Sinne des § 1 Abs. 2 vorliegen kann. Es handelt sich dabei um Tätigkeiten, die typischerweise auf eine besondere in der Lebensführung begründete Neigung zurückzuführen sind (wie dies regelmäßig bei Hobbytätigkeiten der Fall ist) und die Bewirtschaftung von Wirtschaftsgütern, die sich in einem besonderen Maße für eine Nutzung im Rahmen der Lebensführung eignen (wie dies etwa bei der Sport- und Freizeitausübung dienenden Wirtschaftsgütern der Fall sein kann)[3]. 17.40

Körperschaften sind von der Anwendung der umsatzsteuerlichen Liebhabereigrundsätze nicht ausgeschlossen[4]. Nach der Rechtsprechung des VwGH soll der Liebhabereibegriff auch für eine Körperschaft öffentlichen Rechts anwendbar sein, wobei gleichgültig sei, ob die Tätigkeit der Allgemeinheit zugutekomme oder nicht[5]. Dies müsste im Grundsatz wohl auch für uneigennützige Tätigkeiten gelten. Vor dem Hintergrund der umsatzsteuerlichen Regelung der 17.41

1 *Ruppe/Achatz*, UStG Kommentar[5] § 1 Rz. 114.
2 *Ruppe/Achatz*, UStG Kommentar[5] § 2 Rz. 248.
3 *Ruppe/Achatz*, UStG Kommentar[5] § 2 Rz. 250.
4 Vgl. UFS v. 8.7.2009, RV/0508-G/07; *Ruppe/Achatz*, UStG Kommentar[5] § 2 Rz. 256.
5 Vgl. VwGH v. 28.10.1997, 93/14/0224.

Liebhabeiverordnung wird heute allerdings allgemein vertreten, dass die in § 1 Abs. 2 genannten Tätigkeiten bei Körperschaften öffentlichen Rechts und wohl auch bei abgabenrechtlich begünstigten Körperschaften abgesehen von Grenzfällen schon deshalb nicht in Betracht kämen, weil sie niemals einer in der Lebensführung begründeten Neigung entsprechen können[1].

17.42 Betrachtet man die Praxis der Finanzverwaltung, hat diese den Körperschaften öffentlichen Rechts für deren unternehmerische Tätigkeiten durch lange Zeit hindurch ein Wahlrecht zur Liebhaberei eingeräumt. Seit 1.4.2012 vertritt das BMF der Kritik der Lehre Rechnung tragend, dass Liebhaberei bei Körperschaften öffentlichen Rechts von vorneherein nicht anzunehmen sei[2].

17.43 Für abgabenrechtlich gem §§ 34 ff. BAO begünstigte Rechtsträger vertritt die Finanzverwaltung die Vermutung, dass die im Rahmen wirtschaftlicher Geschäftsbetriebe gem § 45 Abs. 1 und 2 BAO (somit im Rahmen entbehrlicher und unentbehrlicher Hilfsbetriebe) ausgeübte Tätigkeiten nichtunternehmerisch im Sinne des § 2 Abs. 5 UStG seien. Diese Vermutung könne aber nicht gegen den Willen der Körperschaft angewendet werden, womit für solche Körperschaften im Ergebnis ein Wahlrecht eröffnet wird. Dessen Ausübung setzt voraus, dass die Umsätze des Geschäftsbetriebes jährlich 2.900 Euro übersteigen[3]. Auch Gewinnbetriebe und wirtschaftliche Geschäftsbetriebe nach § 45 Abs. 3 BAO werden als nichtunternehmerisch gewertet, wenn die Umsätze nicht mehr als 7.500 Euro betragen und für die unentbehrlichen und entbehrlichen Hilfsbetriebe der betreffenden Körperschaft nicht zur Steuerpflicht optiert wird[4].

17.44 Die Liebhabereivermutung für abgabenrechtlich begünstigte Körperschaften entspricht nicht dem Gesetz[5], wird aber von der Praxis der Finanzverwaltung – anders als für Körperschaften öffentlichen Rechts – bislang ungeachtet der Kritik in der Lehre[6] aufrechterhalten.

### 2. Veranstaltungen iSd § 5 Z 12 KStG 1988

17.45 Nicht als unternehmerisch gelten gemäß § 2 Abs. 3 UStG jene Betriebe gewerblicher Art von Körperschaften öffentlichen Rechts, die gemäß § 5 Z 12 KStG von der Körperschaftsteuer befreit sind. Es handelt sich hierbei um Betriebe, die ausschließlich in der Durchführung von geselligen oder gesellschaftlichen Veranstaltungen aller Art bestehen, deren Erträge nachweislich für einen begünstigten Zweck zu verwenden sind[7].

## E. Reformvorschläge

17.46 Im Bereich der Gemeinnützigkeit sind in Deutschland viele Regelungen nicht entsprechend dem Unionsrecht umgesetzt. Durch die Auffassung der Finanzverwaltung, dass Mitgliedsbeiträge grundsätzlich nicht umsatzsteuerbar sind, da es an einem entsprechenden Leistungsaus-

1 Vgl. *Ruppe/Achatz*, Umsatzsteuergesetz: Kommentar[5] § 2 Rz. 267; VwGH 11.12.2009, 2006/17/0118.
2 Vgl. mit weiterführenden Hinweisen *Achatz/Mang/Lindinger*, Körperschaften öffentlichen Rechts[3] Rz. 454.
3 UStR 2000 Rz. 1240.
4 Vgl. VereinsR 2001 Rz. 463 und 466.
5 Vgl. VwGH 19.9.2013, 2010/15/0117.
6 Vgl. Ruppe/Achatz, UStG Kommentar[5] § 2 Rz. 272.
7 Vgl. Rz. 20.20 ff.

tausch fehlt, ist eine entsprechende Umsatzsteuerbefreiung für die Leistungen einer gemeinnützigen Organisation gegenüber ihren Mitgliedern nicht erforderlich. Allerdings entspricht diese Rechtsauffassung nicht dem Europäischen Recht. Dies zeigt auch die Rechtsprechung des EuGH in der Rechtssache Kennemer Golf & Country Club (vgl. ausführlich *Heber*, Rz. 8.7 ff.).

Nach dieser Rechtsprechung ist grundsätzlich von einem Leistungsaustausch zwischen der gemeinnützigen Organisation und den einzelnen Mitgliedern auszugehen. Die Rechtsauffassung der deutschen Finanzverwaltung kommt über den Umweg der Nichtsteuerbarkeit von Mitgliedsbeiträgen letztlich in vielen Fällen zum selben Ergebnis wie die Vorgabe aus Art. 132 Abs. 1 MwStSystRL. Allerdings ist an der Regelung, die die Finanzverwaltung im Abschn. 1.4 UStAE getroffen hat, zu bemängeln, dass sie über die Regelung in Art. 132 Abs. 1 Buchst. l MwStSystRL hinaus geht. 17.47

Das europäische Recht schränkt die Steuerbefreiung auf die in der Vorschrift genannten politischen, gewerkschaftlichen, religiösen, patriotischen, weltanschaulichen, philanthropischen oder staatsbürgerlichen Ziele ein. Nach der nationalen Regelung auf Verwaltungsebene sind vor allem auch Vereine begünstigt, die andere als die in der MwStSystRL genannten Ziele verfolgen. Denn der Katalog des § 52 AO ist weitreichender als Art. 132 Abs. 1 Buchst. l MwStSystRL. 17.48

Die Regelung in Deutschland sollte daher in der Weise reformiert werden, dass der Gesetzgeber in § 4 UStG eine entsprechende Steuerbefreiung für die Umsätze gegenüber den Mitgliedern einer gemeinnützigen Organisation vorsieht. Der Ansatz, den die deutsche Finanzverwaltung in Abschn. 1.4 UStAE verfolgt, ist nicht stringent. Er führt vor allem auch dazu, dass die Rechtsanwendung unsicher wird. Denn durch Berufung auf die Grundsätze des Europäischen Rechts kann die Anerkennung der Steuerbarkeit von Mitgliedsbeiträgen durch die betroffenen Vereine verlangt werden. 17.49

Zusammenfassend lässt sich daher festhalten, dass die nationale Regelung reformiert werden sollte. Entsprechend der Rechtsprechung des EuGH ist ein auf Mitgliedsbeiträgen basierende Leistungsaustausch zwischen der Organisation und den Mitgliedern anzuerkennen. Um steuerliche Belastungen für gemeinnützige Organisationen zu vermeiden, ist im Gegenzug Art. 132 Abs. 1 Buchst. l MwStSystRL in das deutsche Recht in § 4 UStG umzusetzen. Der Katalog des § 52 AO könnte hier Orientierung geben, indem die dort genannten gemeinnützigen Zwecke, gleichzeitig als steuerfreie Leistungen in § 4 UStG definiert werden. Um eine größtmögliche Abdeckung zu erreichen sollte hier vor allem der Begriff der „philanthropischen" Zwecke extensiv durch den Gesetzgeber genutzt werden, so dass Art. 132 Abs. 1 Buchst. l MwStSystRL im Ergebnis alle in § 52 AO genannten Zwecke abdeckt.

# Kapitel 18
# Sport und Körperertüchtigung, Art. 132 Abs. 1 Buchst. m MwStSystRL




**Literatur (Deutschland und Internationale Literatur):** *Achatz*, Umsatzsteuer und Gemeinnützigkeit, in Jachmann (Hrsg.), Gemeinnützigkeit, DStJG Bd. 26, Köln 2003, 279; *Achatz*, Seminar B: Umsatzbesteuerung der öffentlichen Hand aus gemeinschaftsrechtlicher Sicht, IStR 2008, 541; *Amand*, Are VAT Exemptions Compatible with Primary EU Law?, International VAT Monitor 2010, 409; *Ammann*, Zur Umsatzbesteuerung von Golfclub-Leistungen, die mit „Greenfees" und mit „echten" Mitgliederbeiträgen entgolten werden, UVR 2010, 144; *Arndt/Immel*, Zur Gemeinnützigkeit des organisierten Sports, BB 1987; 1153; *Buchna/Leichinger/Seeger/Brox*, Gemeinnützigkeit im Steuerrecht, 11. Aufl., *Achim* bei Bremen 2015; *Dickopp*, Umsatzsteuerbefreiungen bestimmter dem Gemeinwohl dienender Tätigkeiten nach § 4 UStG und Gemeinschaftsrecht, UR 2007, 553; *Dudde*, Die Umsatzbesteuerung gemeinnütziger Sportvereine, Frankfurt/M. 2011; *Ehrt*, Töpfer- und Tanzkurse umsatzsteuerfrei?, DStR 2008, 1469; *Gast-de Haan*, Die Förderung der „Allgemeinheit" als Voraussetzung für die steuerliche Anerkennung der Gemeinnützigkeit von Vereinen, DStR 1996, 405; *Grube*, Anm. zu EuGH 21.2.2013 – Rs. C-18/12, Město Žamberk, MwStR 2013, 90; *Heidner*, Richtlinienkonforme Auslegung von Befreiungsvorschriften im Umsatzsteuerrecht, UR 2006, 74; *Heinrich*, Umsatzsteuerrechtliche Fragen zur Besteuerung gemeinnütziger Sportvereine, ELR 2002, 198; *Heuermann*, Ein Pferd, die

Umsatzsteuer und das Unionsrecht, UR 2014, 877; *Hüttemann*, Wirtschaftliche Betätigung und steuerliche Gemeinnützigkeit, Köln 1991; *Hüttemann*, Grundprinzipien des steuerlichen Gemeinnützigkeitsrechts, in Jachmann (Hrsg.), Gemeinnützigkeit, DStJG Bd. 26, Köln 2003, 49; *Hüttemann*, Anwendung des Abstandsgebots nach § 4 Nr. 18 Buchst. c UStG bei staatlich regulierten Entgelten, UR 2006, 441; *Hüttemann*, Gemeinnützigkeits- und Spendenrecht, 3. Aufl., Köln 2015; *Jachmann*, Sport und Steuern, SpuRt 2004, 190; *Jacobs*, Ein Tanz um die Umsatzsteuer, UR 2007, 45; *Jacobs*, Umsatzsteuer und Gemeinnützigkeit, Diss., Hamburg 2009; *Korf*, Urteilsanmerkung zu EuGH, Urt. v. 14.6.2007 – Rs. C-434/05 – Horizon College, IStR 2007, 549; *Kraeusel/Szabó/Tausch*, Umsatzsteuerliche Behandlung der entgeltlichen Überlassung von Sportanlagen durch gemeinnützige Vereine an ihre Mitglieder, UVR 2014, 282; *Küffner*, Anm. zu BFH v. 10.11.2011 – V R 41/10 (unternehmerische Tätigkeit einer Gemeinde beim Betrieb einer Sporthalle und Freizeithalle – Unmaßgeblichkeit rechtlicher Fehlvorstellungen beim Vorsteuerabzug), UR 2012, 277; *Küffner*, Anm. zu EuGH 21.2.2013 – Rs. C-18/12, Město Žamberk, DStR 2013, 140; *Laich*, Umsatzsteuerfreiheit von Unterricht in der chinesischen Sportart Taijiquan, UR 2013, 50; *Lange*, Leistungen im Umsatzsteuerrecht – Leistungspakete, Leistungsbündel, Kombiartikel, StuW 1999, 264; *Martin*, Umsatzsteuer der gemeinnützigen Sportvereine – Chance und Grenzen, UR 2008, 34; *Neeser*, Steuerbefreiung der Schulungsleistungen nach § 4 Nr. 21 UStG und Art. 132 Abs. 1 MwStSystRL – Auswirkungen der aktuellen Entscheidungen von EuGH und BFH, UVR 2008, 73; *Nieskens*, Steuerpflichtige Mitgliedsbeiträge bei Sportvereinen, UR 2002, 345; *Nieskens*, Immer Ärger mit der Bildung – Ein Vorschlag zur geplanten, verworfenen und aufgehobenen Anpassung des § 4 Nr. 21 UStG an das Unionsrecht, UR 2013, 175; *Prugger/Prugger*, Der EuGH und das Umsatzsteuerrecht der Vereine ohne Gewinnstreben am Beispiel der Golfvereine, DStR 2003, 238; *Rader*, Was ist ein Zweckbetrieb i.S.v. § 65 der Abgabenordnung?, BB 1979, 1192; *Rau/Dürrwächter*, UStG, Kommentar, Loseblatt, Köln; *Reiß*, Gemeinnützige Organisationen, Leistungen im Gemeinwohlinteresse und harmonisierte Umsatzsteuer, in Walz/Hüttemann/Rawert/Schmidt (Hrsg.), Non Profit Law Yearbook 2005, Köln 2006, 47; *Reiß*, Rechtsprechung des EuGH zur Umsatzsteuer im Jahre 2002, RIW 2003, 199; *Reiß/Kraeusel/Langer/Wäger*, Umsatzsteuergesetz, Kommentar, Loseblatt, Bonn; *Schauhoff*, Handbuch der Gemeinnützigkeit, 3. Aufl., München 2010; *Schulyok*, The ECJ's Interpretation of VAT Exemptions, International VAT Monitor 2010, 266; *Sölch/Ringleb*, Umsatzsteuergesetz, Kommentar, Loseblatt, München; *Steiner*, Steuerrecht im Sport, Stuttgart 2009; *Tehler*, Steuerfreiheit auf dem Gebiet des Sports, EU-UStB 2008, 87; *Tehler*, Gestaltungsmöglichkeiten des Steuerpflichtigen aufgrund fehlender oder unzulänglicher Umsetzung der MwStSystRL in nationales Recht, UVR 2009, 378; *Tehler*, „Nebenleistung" ist nicht gleich „Nebenleistung" – Der EuGH verwendet einen anderen Begriff „Nebenleistung" als die nationale Rechtspraxis, UVR 2009, 261; *Tehler*, Besprechung des EuGH-Urteils v. 28.1.2010 – Rs. C-473/08 (Eulitz), EU-UStB 2010, 6; *Tehler*, Sport und Umsatzsteuer, UVR 2013, 247; *Tehler*, Besprechung des EuGH-Urteils v. 19.12.2013 – Rs. C-495/12 – Bridport and West Dorset Golf Club Limited, EU-UStB 2014, 11; *Thiel*, Sponsoring im Steuerrecht, DB 1998, 842; *Wäger*, Sportvereine in der Umsatzsteuer: Steuerbare, steuerfreie und steuerermäßigte Umsätze, DStR 2014, 1517; *Wagner*, Anm. zu EuGH 21.3.2002 – Rs. C-174/00, Kennemer Golf & Country Club, UVR 2002, 158; *Wagner/Raudszus*, Eng verbundene Dienstleistungen im Sinne des Umsatzsteuergesetzes (UStG) und der Mehrwertsteuer-System-Richtlinie (MwStSystRL), UStB 2007, 283; *Wallenhorst*, Mitgliederbeiträge der Sportvereine und die Förderung der Allgemeinheit nach § 52 AO, DStR 1997, 479; *Walkenhorst*, Verwaltung von Sporthallen, Anm. zu BFH v. 5.8.2010 – V R 54/09, UStB 2011, 73; *Walkenhorst*, Steuerfreiheit für Umsätze einer Kampfsportschule, Anm. zu BFH v. 28.5.2013 – XI R 35/11, UStB 2013, 254; *Walkenhorst*, Entgeltliche Überlassung von Sportanlagen ist keine Vermögensverwaltung, Anm. zu BFH v. 20.3.2014 – V R 4/13, UR 2014, 732 = UStB 2014, 224; *Weimann* (Hrsg.), Umsatzsteuer – national und international, Kompakt-Kommentar, Stuttgart 2004; *Widmann*, Anm. zu EuGH 31.2.2002 – Rs. C-174/00, Kennemer Golf & Country Club, UR 2002, 325; *Widmann*, Anm. zu EuGH 19.12.2013 – Rs. C-495/12, *Bridport*, UR 2014, 196.

**Literatur (Österreich):** *Achatz*, Die Besteuerung der Non-Profit-Organisationen I, 2. Aufl. Wien 2004; *Achatz*, Die Besteuerung der Non-Profit-Organisationen II, Wien 2002; *Achatz*, Die Besteuerung der Non-Profit-Organisationen III, Wien 2003; *Achatz/Kirchmayr* (Hrsg.), Körperschaftsteuergesetz, Kommentar, Wien 2011; *Achatz/Mang/Lindinger*, Besteuerung der Körperschaften öffentlichen Rechts,

3. Aufl. Wien 2014; *Achatz/Tumpel*, Unechte Steuerbefreiungen, Wien 2010; *Baldauf*, Die Statuten des gemeinnützigen Vereins, SWK 2001, 526; *Baldauf/Renner/Wakounig*, Die Besteuerung der Vereine, 10. Aufl. Wien 2012; *Berger/Bürgler/Kanduth-Kristen/Wakounig*, UStG-ON-Kommentar, Online-Version 2.07, Wien 2016; *Bichler*, Überlegungen zur Gemeinnützigkeit mancher Sportvereine, ÖStZ 1992, 105; *Ehrke-Rabel*, Unechte Steuerbefreiungen: öffentliche Hand und gemeinnützige Organisationen, in Achatz/Tumpel (Hrsg.), Unechte Steuerbefreiungen, Wien 2010, 149; *Fellner*, Sport und Gemeinnützigkeit in der Umsatzsteuer, Wien 2014; *Grünberger*, Die Vereinsrichtlinien – eine neue Herausforderung für die Sportvereine, SWK 2002, 77; *Haas*, Sponsoring im Steuerrecht, SWK 2013, 1433; *Hammerl/Krammer/Krammer*, Highlights aus dem Vereinsrichtlinien-Wartungserlass 2012, RdW 2012, 438; *Hilber*, Umsatzsteuerliche Liebhaberei und Unternehmereigenschaft von Vereinen, ecolex 2010, 699; *Höhne/Jöchl/Lummerstorfer*, Das Recht der Vereine, 5. Aufl. Wien 2016; *Hörtnagl*, Lindöpark und die Folgen – Änderung der UStR 2000 bezüglich Nutzungsüberlassung von Sportanlagen, SWK 2003, 652; *Karollus/Achatz/Jabornegg*, Aktuelle Rechtsfragen des Fußballsports I, Wien 2000; *Karollus/Achatz/Jabornegg*, Aktuelle Rechtsfragen des Fußballsports II, Wien 2001; *Karollus/Achatz/Jabornegg*, Aktuelle Rechtsfragen des Fußballsports III, Wien 2003; *Kirchmayr-Schließelberger/Achatz*, Liebhaberei bei gemeinnützigen Vereinen?, taxlex 2011, 33; *Kolacny/Scheiner*, Fallbeispiele zur Mehrwertsteuer, Wien 1985; *Krammer/Plank/Pleininger/Rössler/Sarnthein/Schwab/Ungericht*, Umsatzsteuerrichtlinien – Wartungserlass 2007 Teil 1, ÖStZ 2007, 540; *Kühbacher*, Sind die Umsatzsteuerbefreiungen für Museen, Theater und Sportvereine gemeinschaftsrechtskonform?, SWI 2009, 129; *Lachmair*, Die Voraussetzungen der Gemeinnützigkeit nach der BAO, RdW 2001, 186; *Lindinger/Sperz*, Vermietung von Sportanlagen – Steuerbefreite Grundstücksvermietung, steuerpflichtige Vermietung von Betriebsvorrichtungen oder Leistung besonderer Art?, RFG 2012, 112; *Ludwig*, Abgabenrechtliche Grundsätze gemeinnütziger Vereine, FJ 2012, 139; *Marth*, Aktuelle Judikatur zur Liebhabereivermutung bei gemeinnützigen Vereinen, RFG 2005, 112; *Melhardt/Tumpel* (Hrsg.), UStG-Kommentar, 2. Aufl., Wien 2016; *Mühlehner*, EuGH zur umsatzsteuerlichen Behandlung von Mitgliedsbeiträgen bei Vereinen, SWK 2002, 713; *Perl/Röster*, Vorsteuerabzug für Sportvereine mit Vermietungsumsätzen, SWK 2007, 833; *Pirklbauer/Wagner*, VwGH zur unechten Umsatzsteuerbefreiung für Vermietungen durch Sportvereine, FJ 2007, 356; *Prinz/Prinz*, Gemeinnützigkeit im Steuerrecht, 2. Aufl., Wien 2004; *Pülzl*, Kleine Vermietung und gemeinnütziger Sportverein vor dem EuGH, ÖStZ 2004, 314; *Renner*, Wirtschaftliche Aktivitäten gemeinnütziger Vereine im Ertragsteuerrecht, ÖStZ 1998, 255; *Renner*, Die Ausnahmegenehmigung nach den §§ 44 Abs. 2 bzw 45a BAO, SWK 2001, 536; *Renner*, „Fanartikelverkauf" eines Sportvereines, SWK 2001, 285; *Renner*, Keine „automatische" Liebhabereivermutung bei gemeinnützigen Vereinen, SWK 2005, 537; *Renner*, EuGH zur unechten Umsatzsteuerbefreiung für Vermietungen von Sportvereinen, SWK 2006, 260; *Renner*, Sponsoring: Steuerpflicht oder Steuerfreiheit beim Empfänger?, SWK 2006, 603; *Renner*, Option zur Steuerpflicht bei Vermietungsumsätzen von Sportvereinen, SWK 2007, 662; *Renner*, Abgrenzung zwischen echten und unechten Mitgliedsbeiträgen bei einem Sportverein, SWK 2008, 793; *Renner*, Werbung durch einen Verein – Steuerpflicht oder Steuerfreiheit?, SWK 2008, 410; *Ritz*, BAO, Kommentar, 5. Aufl., Wien 2013; *Ruppe*, Umsatzsteuerliche Liebhaberei bei Betrieben gewerblicher Art und gemeinnützigen Körperschaften?, ÖStZ 1984, 185; *Ruppe*, Steuerrechtliche Folgen der wirtschaftlichen Betätigung von Vereinen, in Korinek/Krejci (Hrsg.), Der Verein als Unternehmer, Wien 1988, 313; *Ruppe/Achatz*, UStG-Kommentar, 5. Aufl., Wien 2018; *Schellner*, Der gemeinnützige Sportverein, VWT 2002 H 2, 15; *Schlager*, Gemeinnützige Vereine und Berufssport, ÖStZ 2004, 220; *Tanzer*, Wirtschaftliche Betätigung und Gemeinnützigkeit, in Korinek/Krejci (Hrsg.), Der Verein als Unternehmer, Wien 1988, 255; *Zeppitsch*, UStG: Zeltfeste gemeinnütziger Sportvereinigungen, RdW 1997, 697; *Zorn*, VwGH zur Grundstücksvermietung bei Sportvereinen, RdW 2007, 509.

## A. Normtexte

18.1 **I. Art. 132 Abs. 1 Buchst. m, Art 133 und Art 134 MwStSystRL**

**Art. 132 MwStSystRL:**

**(1) Die Mitgliedstaaten befreien folgende Umsätze von der Steuer:**

**[...]**

**m) bestimmte, in engem Zusammenhang mit Sport und Körperertüchtigung stehende Dienstleistungen, die Einrichtungen ohne Gewinnstreben an Personen erbringen, die Sport oder Körperertüchtigung ausüben;**

**[...]**

**Art. 133 MwStSystRL:**

**Die Mitgliedstaaten können die Gewährung der Befreiungen nach Art. 132 Abs. 1 Buchstaben b, g, h, i, l, m und n für Einrichtungen, die keine Einrichtungen des öffentlichen Rechts sind, im Einzelfall von der Erfüllung einer oder mehrerer der folgenden Bedingungen abhängig machen:**

**a) Die betreffenden Einrichtungen dürfen keine systematische Gewinnerzielung anstreben; etwaige Gewinne, die trotzdem anfallen, dürfen nicht verteilt, sondern müssen zur Erhaltung oder Verbesserung der erbrachten Leistungen verwendet werden.**

**b) Leitung und Verwaltung dieser Einrichtungen müssen im Wesentlichen ehrenamtlich durch Personen erfolgen, die weder selbst noch über zwischengeschaltete Personen ein unmittelbares oder mittelbares Interesse am wirtschaftlichen Ergebnis der betreffenden Tätigkeiten haben.**

**c) Die Preise, die diese Einrichtungen verlangen, müssen von den zuständigen Behörden genehmigt sein oder die genehmigten Preise nicht übersteigen; bei Umsätzen, für die eine Preisgenehmigung nicht vorgesehen ist, müssen die verlangten Preise unter den Preisen liegen, die der Mehrwertsteuer unterliegende gewerbliche Unternehmen für entsprechende Umsätze fordern.**

**d) Die Befreiungen dürfen nicht zu einer Wettbewerbsverzerrung zum Nachteil von der Mehrwertsteuer unterliegenden gewerblichen Unternehmen führen.**

**Die Mitgliedstaaten, die am 1.1.1989 gemäß Anhang E der Richtlinie 77/388/EWG die Mehrwertsteuer auf die in Art. 132 Abs. 1 Buchstaben m und n genannten Umsätze erhoben, können die unter Abs. 1 Buchstabe d des vorliegenden Artikels genannten Bedingungen auch anwenden, wenn für diese Lieferung von Gegenständen oder Dienstleistungen durch Einrichtungen des öffentlichen Rechts eine Befreiung gewährt wird.**

**Art. 134 MwStSystRL**

**In folgenden Fällen sind Lieferungen von Gegenständen und Dienstleistungen von der Steuerbefreiung des Art. 132 Abs. 1 Buchstaben b, g, h, i, l, m und n ausgeschlossen:**

**a) sie sind für die Umsätze, für die die Steuerbefreiung gewährt wird, nicht unerlässlich;**

**b) sie sind im Wesentlichen dazu bestimmt, der Einrichtung zusätzliche Einnahmen durch Umsätze zu verschaffen, die in unmittelbarem Wettbewerb mit Umsätzen von der Mehrwertsteuer unterliegenden gewerblichen Unternehmen bewirkt werden.**

**II. § 4 Nr. 22 d UstG**

**§ 4 UStG: Steuerbefreiungen bei Lieferungen und sonstigen Leistungen**

**Von den unter § 1 Abs. 1 Nr. 1 fallenden Umsätzen sind steuerfrei:**

**[...]**

**22.**

**a) die Vorträge, Kurse und anderen Veranstaltungen wissenschaftlicher oder belehrender Art, die von juristischen Personen des öffentlichen Rechts, von Verwaltungs- und Wirtschaftsakademien, von Volkshochschulen oder von Einrichtungen, die gemeinnützigen Zwecken oder dem Zweck eines Berufsverbandes dienen, durchgeführt werden, wenn die Einnahmen überwiegend zur Deckung der Kosten verwendet werden,**

**b) andere kulturelle und sportliche Veranstaltungen, die von den in Buchstabe a genannten Unternehmern durchgeführt werden, soweit das Entgelt in Teilnehmergebühren besteht;**

[…]

### III. § 6 Abs. 1 Z. 14 öUStG

**§ 6 UStG: Steuerbefreiungen**

**(1) Von den unter § 1 Abs. 1 Z 1 fallenden Umsätzen sind steuerfrei:**

[…]

**14. die Umsätze von gemeinnützigen Vereinigungen (§§ 34 bis 36 der Bundesabgabenordnung), deren satzungsgemäßer Zweck die Ausübung oder Förderung des Körpersportes ist; dies gilt nicht für Leistungen, die im Rahmen eines land- und forstwirtschaftlichen Betriebes, eines Gewerbebetriebes oder eines wirtschaftlichen Geschäftsbetriebes i.S.d. § 45 Abs. 3 der Bundesabgabenordnung ausgeführt werden;**

[…]

## B. Auslegung des Art. 132 Abs. 1 Buchst. m MwStSystRL

### I. Vorbemerkung

Nach Art. 132 Abs. 1 lit. m MwStSystRL befreien die Mitgliedstaaten „bestimmte, in engem Zusammenhang mit Sport und Körperertüchtigung stehende Dienstleistungen, die Einrichtungen ohne Gewinnstreben an Personen erbringen, die Sport oder Körperertüchtigung ausüben" von der Mehrwertsteuer. Nach der Rechtsprechung des EuGH dient die Befreiung unter Beachtung der Überschrift des Kapitels, zu dem Art. 132 der MwStSystRL gehört, der **Förderung** bestimmter dem **Gemeinwohl** dienender Tätigkeiten.[1] 18.2

Die Steuerfreiheit ist an drei **Voraussetzungen** geknüpft, die die **Leistung** selbst (eng mit Sport und Körperertüchtigung zusammenhängende Dienstleistung, vgl. Rz. 18.6 ff.), den **leistenden Unternehmer** (Einrichtung ohne Gewinnstreben, vgl. Rz. 18.21 ff.), und den **Leistungsempfänger** (Person, die Sport oder Körperertüchtigung ausübt, vgl. Rz. 18.28 ff.) betreffen. Weiteres regeln Art. 133 MwStSystRL Ermächtigungen für weitere Einschränkungen (vgl. Rz. 18.32 ff.) und Art. 134 MwStSystRL einen Ausschluss der Steuerbefreiung für bestimmte Umsätze (vgl. Rz. 18.10 ff.). 18.3

Art. 132 Abs. 1 lit. m MwStSystRL ist, gleich wie die übrigen Befreiungsbestimmungen des Art. 132 MwStSystRL, **unionsrechtlich autonom** auszulegen.[2] Der Befreiung kommt also ei- 18.4

1 EuGH v. 23.4.2009 – Rs. C-357/07 – TNT Post UK, ECLI:EU:C:2009:248, Rz. 32, UR 2009, 348; v. 21.2.2013 – Rs. C-18/12 – Město Žamberk, ECLI:EU:C:2013:95, Rz. 18.

2 EuGH v. 26.10.2017 – Rs. C-90/16 – The English Bridge Union Limited, ECLI:EU:C:2017:814, Rz. 17, HFR 2017, 1174.

ne eigenständige, vom nationalen Recht der Mitgliedstaaten unabhängige Bedeutung zu. Dadurch soll eine unterschiedliche Anwendung in den einzelnen Mitgliedstaaten verhindert werden.[1] Ferner ist die Bestimmung **eng** auszulegen, da sie eine Ausnahme vom Grundsatz, dass jede Leistung, die von einem Steuerpflichtigen gegen Entgelt erbracht wird, der Mehrwertsteuer unterliegt, regelt.[2] Die Auslegung darf jedoch nicht in einer Weise erfolgen, die der Steuerbefreiung ihre Wirkung nehmen würde.[3] Zu beachten sind der Sachzusammenhang, die Systematik und die Zielsetzungen der MwStSystRL sowie insbesondere der Normzweck der Steuerbefreiung.[4]

18.5 Der **Zweck** der Steuerbefreiung des Art. 132 Abs. 1 lit. m MwStSystRL besteht darin, sportliche Betätigungen durch breite Bevölkerungsschichten zu fördern.[5] Durch die Steuerbefreiung soll gewährleistet werden, dass der Zugang zur aktiven Sportausübung nicht durch die höheren Kosten erschwert wird, die entstehen würden, wenn die in engem Zusammenhang mit Sport und Körperertüchtigung stehenden Dienstleistungen mit Mehrwertsteuer belastet wären.[6]

## II. Leistungsbezogene Voraussetzungen

### 1. Bestimmte in engem Zusammenhang mit Sport und Körperertüchtigung stehende Dienstleistungen

#### a) Grundsätze

18.6 Die Steuerbefreiung des Art. 132 Abs. 1 lit. m MwStSystRL umfasst nur „*bestimmte, in engem Zusammenhang mit Sport und Körperertüchtigung stehende Dienstleistungen*“. Die MwStSystRL schränkt die Befreiung somit auf **Dienstleistungen** ein.[7] Die Lieferung von Gegenständen i.S.d. Art. 14 MwStSystRL ist daher von der Steuerbefreiung selbst dann ausgeschlossen, wenn sie in engem Zusammenhang mit Sport und Körperertüchtigung stehen.[8]

1 EuGH v. 16.10.2008 – Rs. C-253/07 – Canterbury Hockey Club, ECLI:EU:C:2008:571, Rz. 16, UR 2008, 854; v. 21.2.2013 – Rs. C-18/12 – Město Žamberk, ECLI:EU:C:2013:95, Rz. 17, Slg. 2013, I-00000.

2 EuGH v. 16.10.2008 – Rs. C-253/07 – Canterbury Hockey Club, ECLI:EU:C:2008:571, Rz. 17, UR 2008, 854.

3 EuGH v. 16.10.2008 – Rs. C-253/07 – Canterbury Hockey Club, ECLI:EU:C:2008:571, Rz. 17, UR 2008, 854; v. 21.2.2013 – Rs. C-18/12 – Město Žamberk, ECLI:EU:C:2013:95, Rz. 19; v. 26.10.2017 – Rs. C-90/16 – The English Bridge Union Limited, ECLI:EU:C:2017:814, Rz. 20 HFR 2017, 1174.

4 EuGH v. 16.10.2008 – Rs. C-253/07 – Canterbury Hockey Club, ECLI:EU:C:2008:571, Rz. 17; v. 21.2.2013 – Rs. C-18/12 – Město Žamberk, ECLI:EU:C:2013:95, Rz. 20; v. 26.10.2017 – Rs. C-90/16 – The English Bridge Union Limited, ECLI:EU:C:2017:814, Rz. 18, HFR 2017, 1174; vgl. auch *Heuermann*, UR 2014, 877 (880); *Fellner*, Sport und Gemeinnützigkeit in der Umsatzsteuer, 12 ff.

5 EuGH v. 21.2.2013 – Rs. C-18/12 – Město Žamberk, ECLI:EU:C:2013:95, Rz. 23; v. 19.12.2013 – Rs. C-495/12 – Bridport, ECLI:EU:C:2013:861, Rz. 20, UR 2014, 192 m. Anm. *Widmann*.

6 In diesem Sinne auch *Dudde*, Die Umsatzbesteuerung gemeinnütziger Sportvereine, 464; weiters *Schulyok*, International VAT Monitor 2010, 266 (269).

7 Vgl. dagegen die Entwurfsfassungen der 6. MwSt-RL Art. 14 Teil A Abs. 1 lit. j, ABl. C 1973/80, 1; wonach die Steuerbefreiung „*die Dienstleistungen und die dazugehörigen Lieferungen von Gegenständen*“ umfassen sollte.

8 *Fellner*, Sport und Gemeinnützigkeit in der Umsatzsteuer, 56 f.; *Kühbacher*, SWI 2009, 129 (135); *Jacobs*, UR 2007, 45 (49).

Dem Begriff „*bestimmte*" dürfte **keine eigenständige Bedeutung** beizumessen sein.[1] Keinesfalls räumt die Richtlinie den Mitgliedstaaten ein Auswahlermessen in dem Sinne ein, dass sie bei der Umsetzung der Steuerbefreiung in das nationale Recht selbst entscheiden könnten, welche mit Sport und Körperertüchtigung zusammenhängenden Dienstleistungen von der Mehrwertsteuer befreit werden.[2] 18.7

Die Steuerbefreiung des Art. 132 Abs. 1 lit. m MwStSystRL erfordert, dass die Dienstleistung „*in engen Zusammenhang*" mit Sport und Körperertüchtigung steht.[3] Die mit Sport und Körperertüchtigung zusammenhängenden Dienstleistungen sind dabei möglichst als Gesamtheit zu würdigen.[4] Bei der Beurteilung der Frage, ob die erbrachte Dienstleistung als eine in **engem Zusammenhang** mit Sport und Körperertüchtigung stehende Dienstleistung anzusehen ist, ist auf die **objektive** Natur des Umsatzes und nicht auf die Absicht jedes einzelnen Nutzers abzustellen.[5] Der enge Zusammenhang kann sich aus objektiven Merkmalen ergeben, wie z.B. den verschiedenen Arten der angebotenen Einrichtungen, der Anordnung dieser Einrichtungen, ihrer Zahl und ihrer Bedeutung im Verhältnis zum Unternehmen insgesamt.[6] Bieten sich bspw. Schwimmbecken für die Ausübung sportlichen Schwimmens an, weil sie z.B. mit Startblöcken ausgestattet sind, in mehrere Schwimmbahnen aufgeteilt sind und eine angemessene Tiefe und angemessene Ausmaße haben, spricht dies für Steuerfreiheit. Sind die Schwimmbecken dagegen so angelegt, dass sie sich im Wesentlichen für eine spielerische Nutzung eignen, spricht dies für Steuerpflicht.[7] 18.8

Eine in engem Zusammenhang mit Sport und Körperertüchtigung stehende Dienstleistung bejaht der EuGH etwa im Falle der Gewährung des Rechts zur Benutzung eines Golfplatzes, unabhängig davon, ob die betreffende Person das Golfspiel regelmäßig oder organisiert oder mit dem Ziel der Teilnahme an Sportwettkämpfen betreibt. Er begründet dies damit, dass der Zutritt zum Golfplatz für die Ausübung des Golfsports **erforderlich** ist.[8] Auch ist die Befreiung für die Vermietung von Liege- und Unterstellplätzen für Fahrzeuge von Wassersportvereinigungen zu gewähren, wenn diese Vermietung an Personen erfolgt, die Sport ausüben und die Vermietung in engem Zusammenhang mit der Ausübung dieses Sports steht und dafür unentbehrlich ist, hingegen ist die Vermietung für bloße Freizeitaktivitäten, die 18.9

1 *Fellner*, Sport und Gemeinnützigkeit in der Umsatzsteuer, 88 f.

2 Vgl. die Schlussanträge des Generalanwalts *La Pergola* v. 3.2.1998 – Rs. C-124/96 – Kommission/Spanien, ECLI:EU:C:1998:40, Rz. 5 Fn. 5; vgl. auch EuGH v. 7.5.1998 – Rs. C-124/96 – Kommission/Spanien, ECLI:EU:C:1998:204, Rz. 14 ff., UR 1998, 342. In Bezug auf bestimmte kulturelle Dienstleistungen und eng damit verbundene Lieferungen von Gegenständen (Art. 132 Abs. 1 lit. n MwStSystRL) a.A. BFH v. 4.5.2011 – XI R 44/08, DB 2011, 1494, Rz. 24.

3 EuGH v. 7.5.1998 – Rs. C-124/96 – Kommission/Spanien, ECLI:EU:C:1998:204, Rz. 15, UR 1998, 342; v. 12.1.2006 – Rs. C-246/04 – Turn- und Sportunion Waldburg, ECLI:EU:C:2006:22, Rz. 39, UR 2006, 224; v. 16.10.2008 – Rs. C-253/07 – Canterbury Hockey Club, ECLI:EU:C:2008:571, Rz. 19, UR 2008, 854.

4 EuGH v. 18.1.2001 – Rs. C-150/99 – Stockholm Lindöpark, ECLI:EU:C:2001:34, Rz. 26, UR 2001, 153; v. 22.1.2015 – Rs. C-55/14 – Luc Varenne, ECLI:EU:C:2015:29, Rz. 25, UR 2015, 347.

5 EuGH v. 21.2.2013 – Rs. C-18/12 – Město Žamberk, ECLI:EU:C:2013:95. Rz. 36; s. auch BFH v. 16.10.2013 – XI R 34/11, UR 2014, 481 = DB 2014, 282, Rz. 42.

6 EuGH v. 21.2.2013 – Rs. C-18/12 – Město Žamberk, ECLI:EU:C:2013:95, Rz. 33; s. auch BFH v. 16.10.2013 – XI R 34/11, UR 2014, 481 = DB 2014, 282, Rz. 41.

7 EuGH v. 21.2.2013 – Rs. C-18/12 – Město Žamberk, ECLI:EU:C:2013:95, Rz. 34; s. auch *Wäger*, DStR 2014, 1517 (1520).

8 EuGH v. 19.12.2013 – Rs. C-495/12 – Bridport, ECLI:EU:C:2013:861, Rz. 21, UR 2014, 192 m. Anm. *Widmann*.

mit Sport und Körperertüchtigung nicht gleichzustellen sind, nicht von der Befreiung umfasst.[1]

### b) Ausschlusstatbestände des Art 134 MwStSystRL

18.10 Art. 132 Abs. 1 lit. m MwStSystRL ist gemeinsam mit den **Ausschlusstatbeständen** von Art. 134 MwStSystRL zu lesen, welche von den Mitgliedsstaaten zwingend in das nationale Recht umzusetzen sind.[2] Die Ausschlusstatbestände von Art. 134 MwStSystRL beziehen sich auf jene Steuerbefreiungen von Art. 132 MwStSystRL, die das Tatbestandsmerkmal des *„engen Zusammenhangs"* enthalten.[3]

18.11 Art. 134 lit. a schließt Lieferungen von Gegenständen (die aufgrund der klaren Formulierung des Art. 132 Abs. 1 lit. m ohnehin bereits generell nicht der Steuerbefreiung unterliegen) und Dienstleistungen von der Steuerbefreiung aus, sofern sie *„für die Umsätze, für die die Steuerbefreiung gewährt wird, nicht unerlässlich"* sind.

18.12 Nach der Rechtsprechung des EuGH sind daher nur solche Dienstleistungen von der Steuerbefreiung umfasst, die in engem Zusammenhang mit Sport und Körperertüchtigung stehen und zur Ausübung der steuerbefreiten Tätigkeit, d.h. von Sport oder von Körperertüchtigung, **unerlässlich** sind.[4] Diese Voraussetzung sieht der EuGH etwa für die Zurverfügungstellung eines Schiedsrichters oder eines Sportplatzes[5] sowie die Vermietung von Liege- und Unterstellplätzen für Fahrzeuge von Wassersportvereinigungen an sportausübende Personen, wenn die Vermietung in engem Zusammenhang mit der Ausübung dieses Sports steht,[6] als erfüllt an. Die Gewährung des Rechts, einen Golfplatz zu benutzen, ist unerlässlich i.S.d. Art. 134 lit. a MwStSystRL, weil die Gewährung dieses Rechts notwendig ist, um Golf spielen zu können.[7]

18.13 Nach Art. 134 lit. b MwStSystRL sind (wiederum ohnehin bereits nicht von der Steuerbefreiung des Art. 132 Abs. 1 lit. m umfasste) Lieferungen von Gegenständen sowie jene Dienstleistungen von der Steuerbefreiung ausgeschlossen, die im Wesentlichen dazu bestimmt sind, *„der Einrichtung zusätzliche Einnahmen durch Umsätze zu verschaffen, die in unmittelbarem Wettbewerb mit Umsätzen von der Mehrwertsteuer unterliegenden gewerblichen Unternehmen bewirkt werden"*. Dies soll dem umsatzsteuerlichen **Neutralitätsgrundsatz** Rechnung tragen und es verbieten, zwei aus Verbrauchersicht gleichartige Dienstleistungen, die dieselben Bedürfnisse des Verbrauchers befriedigen, hinsichtlich der Mehrwertsteuer unterschiedlich zu behandeln.[8]

1 EuGH v. 25.2.2016 – Rs. C-22/15 – Kommission/Niederlande, ECLI:EU:C:2016:118, Rz. 47.

2 EuGH v. 1.12.2005 – Rs. C-394/04 u.a. – Ygeia, ECLI:EU:C:2005:734, Rz. 26; s. auch die Schlussanträge von Generalanwalt *Léger* v. 15.9.2005 – Rs. C-394/04 u.a. – Ygeia, ECLI:EU:C:2005:560, Rz. 31.

3 Somit auf Art. 132 Abs. 1 lit. b, g, h, i, l, m und n; vgl. *Fellner*, Sport und Gemeinnützigkeit in der Umsatzsteuer, 66 f.

4 EuGH v. 16.10.2008 – Rs. C-253/07 – Canterbury Hockey Club, ECLI:EU:C:2008:571, Rz. 22, UR 2008, 854.

5 EuGH v. 16.10.2008 – Rs. C-253/07 – Canterbury Hockey Club, ECLI:EU:C:2008:571, Rz. 28, UR 2008, 854.

6 EuGH v. 25.2.2016 – Rs. C-22/15 – Kommission/Niederlande, ECLI:EU:C:2016:118, Rz. 47.

7 EuGH v. 19.12.2013 – Rs. C-495/12 – Bridport, ECLI:EU:C:2013:861, Rz. 24, UR 2014, 192 m. Anm. *Widmann*.

8 EuGH v. 14.6.2007 – Rs. C-434/05 – Horizon College, ECLI:EU:C:2007:343, Rz. 43, UR 2007, 587; v. 23.10.2003 – Rs. C-109/02 – Kommission/Deutschland, ECLI:EU:C:2003:586, Slg. 2003, I-12691,

Nach der Rechtsprechung des EuGH darf der Ausdruck „*zusätzliche Einnahmen*" allerdings nicht in einer Weise ausgelegt werden, die dazu führt, dass der Anwendungsbereich der Steuerbefreiung des Art. 132 Abs. 1 lit. m MwStSystRL auf Mitglieder beschränkt wird. Leistungen, die ein mitgliedschaftlich verfasster Golfverein an **Nichtmitglieder** erbringt (z.B. Benutzung der Golfanlage gegen Greenfee), um zusätzliche Einnahmen i.S.d. Art. 134 lit. b MwStSystRL zu erzielen, sind daher steuerbefreit. Eine Beschränkung der Befreiungswirkung auf Leistungen an Mitglieder sei bei der Definition der Steuerbefreiung bewusst ausgeschlossen worden.[1] 18.14

## 2. Die Begriffe „Sport" und „Körperertüchtigung"

Art. 132 Abs. 1 lit. m MwStSystRL befreit nur solche Dienstleistungen, die in engem Zusammenhang mit „*Sport und Körperertüchtigung*" stehen. Die englische Sprachfassung der MwStSystRL spricht dabei jedoch von „*sport or physical education*", die französische Sprachfassung von „*sport ou education physique*" und die italienische Sprachfassung von „*pratica dello sport o dell'educazione fisica*". Dies spricht dafür, dass auch in der deutschen Sprachfassung die Wendung Sport *und* Körperertüchtigung nicht kumulativ, sondern **alternativ** zu verstehen ist.[2] 18.15

Die in Art. 132 Abs. 1 lit. m MwStSystRL verwendeten Begriffe „*Sport*" und „*Körperertüchtigung*" werden in der MwStSystRL nicht näher definiert, weswegen die Begriffe einer **Auslegung** bedürfen.[3] 18.16

Zur Auslegung des Begriffes „*Sport*" liegt Rechtsprechung des EuGH vor. Demnach nimmt die Steuerbefreiung des Art. 132 Abs. 1 lit. m MwStSystRL ihrem Wortlaut zufolge auf Sport und Körperertüchtigung im Allgemeinen Bezug. Die Steuerbefreiung ist folglich **nicht auf bestimmte Arten** von Sport eingeschränkt.[4] 18.17

Vom Sportbegriff des Art. 132 Abs. 1 lit. m MwStSystRL sind nach der Rechtsprechung aber solche Tätigkeiten ausgenommen, die rein im Rahmen von Erholung und Unterhaltung stattfinden.[5] In der Rs. „*The English Bridge Union Limited*"[6] judiziert der EuGH zudem, dass sich sowohl aus dem Wortlaut von Art. 132 Abs. 1 lit. m als auch aufgrund der systematischen und teleologischen Auslegung der MwStSystRL ergebe, dass die Befreiung nur Tätigkeiten erfasst, 18.18

Rz. 20, UR 2004, 34 m. Anm. *Nieskens*; BFH v. 16.10.2013 – XI R 34/11, UR 2014, 481 = DB 2014, 282, Rz. 58.

1 EuGH v. 19.12.2013 – Rs. C-495/12 – Bridport, ECLI:EU:C:2013:861, Rz. 29; s. auch *Heuermann*, UR 2014, 877 (881).

2 *Fellner*, Sport und Gemeinnützigkeit in der Umsatzsteuer, 57; s. auch EuGH v. 16.10.2008 – Rs. C-253/07, UR 2008, 854 – Canterbury Hockey Club, ECLI:EU:C:2008:571, Rz. 21: „*Erstens müssen die in engem Zusammenhang mit Sport oder Körperertüchtigung stehenden Dienstleistungen [...] erbracht werden.*"

3 *Tehler* in Rau/Dürrwächter/Flick/Geist, UStG[163], § 4 Nr. 22 Rz. 251 m.w.N. (Stand: Juli 2015); *Dudde*, Die Umsatzbesteuerung gemeinnütziger Sportvereine, 449 f.; *Fellner*, Sport und Gemeinnützigkeit in der Umsatzsteuer, 57 ff.

4 EuGH v. 21.2.2013 – Rs. C-18/12 – Město Žamberk, ECLI:EU:C:2013:95, Rz. 21 unter Hinweis auf EuGH v. 16.10.2008 – Rs. C-253/07 – Canterbury Hockey Club, ECLI:EU:C:2008:571, Rz. 27, UR 2008, 854.

5 EuGH v. 21.2.2013 – Rs. C-18/12 – Město Žamberk, ECLI:EU:C:2013:95, Rz. 22.

6 EuGH v. 26.10.2017 – Rs. C-90/16 – The English Bridge Union Limited, ECLI:EU:C:2017:814, HFR 2017, 1174.

die durch eine nicht unbedeutende körperliche Komponente gekennzeichnet sind.[1] Eine Tätigkeit wie Duplicate-Bridge, die zwar der geistigen und körperlichen Gesundheit förderlich, aber durch eine unbedeutend erscheinende körperliche Komponente gekennzeichnet ist, fällt somit nicht unter den Begriff „Sport" i.S.d. MwStSystRL.[2] Daran ändert auch der Umstand, dass die Tätigkeit in Wettkampfform ausgeübt wird, nichts.[3] Offen bleibt jedoch, ob eine Tätigkeit, die eine unbedeutend erscheinende körperliche Komponente enthält, gegebenenfalls unter den Begriff „kulturelle Dienstleistungen" i.S.v. Art. 132 Abs. 1 lit. n der MwStSystRL fallen könnte, wenn diese Tätigkeit unter Berücksichtigung ihrer Ausübung, ihrer Geschichte und der Traditionen, zu denen sie gehört, in einem bestimmten Mitgliedstaat in dessen sozialem und kulturellem Erbe einen dermaßen großen Platz einnimmt, dass sie als Teil seiner Kultur angesehen werden kann[4] (vgl. dazu auch *Kirchhain*, Rz. 19.21).

18.19 Die Anwendbarkeit von Art. 132 Abs. 1 lit. m MwStSystRL setzt **nicht** voraus, dass die sportliche Betätigung auf einem **bestimmten Niveau**, etwa auf professionellem Niveau, oder in bestimmter Art und Weise, nämlich organisiert oder regelmäßig oder mit dem Ziel der Teilnahme an Sportwettkämpfen, ausgeübt wird.[5] Eine Beschränkung der Steuerbefreiung auf organisierte, planmäßig oder mit dem Ziel der Teilnahme an Sportwettkämpfen ausgeübte sportliche Betätigungen würde dem mit der Steuerbefreiung verfolgten Zweck, sportliche Betätigungen durch breite Bevölkerungsschichten zu fördern, zuwiderlaufen.[6]

18.20 Unter dem Begriff „*Körperertüchtigung*" sind, wenn man einen Vergleich zur englischen, französischen und italienischen Sprachfassung des Art. 132 Abs. 1 lit. m MwStSystRL zieht, wo von „*physical education*", „*education physique*" und „*educazione fisica*" die Rede ist, **Leibesübungen i.S. einer Körperschulung** zu verstehen.[7] Darunter fällt bspw. auch das Erlernen von Bewegungstätigkeiten wie etwa Ballett, Yoga oder Thai Chi.[8]

## III. Unternehmerbezogene Voraussetzungen

18.21 Art. 132 Abs. 1 lit. m MwStSystRL setzt voraus, dass die in engem Zusammenhang mit Sport und Körperertüchtigung stehenden Dienstleistungen von einer „*Einrichtung ohne Ge-*

1 EuGH v. 26.10.2017 – Rs. C-90/16 – The English Bridge Union Limited, ECLI:EU:C:2017:814, Rz. 27, HFR 2017, 1174.

2 EuGH v. 26.10.2017 – Rs. C-90/16 – The English Bridge Union Limited, ECLI:EU:C:2017:814, Rz. 24 und 29, HFR 2017, 1174.

3 EuGH v. 26.10.2017 – Rs. C-90/16 – The English Bridge Union Limited, ECLI:EU:C:2017:814, Rz. 25, HFR 2017, 1174.

4 EuGH v. 26.10.2017 – Rs. C-90/16 – The English Bridge Union Limited, ECLI:EU:C:2017:814, Rz. 28, HFR 2017, 1174 mit Verweis auf EuGH v. 15.2.2017 – Rs. C-592/15, ECLI:EU:C:2017:117, Rz. 24.

5 EuGH v. 21.2.2013 – Rs. C-18/12 – Město Žamberk, ECLI:EU:C:2013:95, Rz. 22; v. 19.12.2013 – Rs. C-495/12 – Bridport, ECLI:EU:C:2013:861, Rz. 19, UR 2014, 192 m. Anm. *Widmann*; v. 26.10.2017 – Rs. C-90/16 – The English Bridge Union Limited, ECLI:EU:C:2017:814, Rz. 25, HFR 2017, 1174.

6 EuGH v. 21.2.2013 – Rs. C-18/12 – Město Žamberk, ECLI:EU:C:2013:95, Rz. 23 f.; v. 19.12.2013 – Rs. C-495/12 – Bridport, ECLI:EU:C:2013:861, Rz. 20, UR 2014, 192 m. Anm. *Widmann*.

7 *Jacobs*, UR 2007, 45 (51); *Jacobs*, Umsatzsteuer und Gemeinnützigkeit, 140; *Fellner*, Sport und Gemeinnützigkeit in der Umsatzsteuer, 61.

8 *Jacobs*, UR 2007, 45 (51).

*winnstreben*" erbracht werden.[1] Dies führt einerseits zur Frage, welche Rechtsubjekte unter den Begriff der „*Einrichtung*" zu subsumieren sind, andererseits gilt es zu klären, wie das Tatbestandsmerkmal „*ohne Gewinnstreben*" zu verstehen ist.

### 1. Der Begriff „Einrichtung"

Der Einrichtungsbegriff ist **rechtsformneutral** zu verstehen.[2] Die Steuerbefreiung gilt daher nicht nur die für die Ausübung dieser Tätigkeiten in der typischen Rechtsform des Vereins, sondern ist auch zu beachten, wenn es sich beim leistenden Unternehmer etwa um eine Kapital- oder Personengesellschaft handelt.[3] 18.22

Nach der Rechtsprechung des EuGH ist der Einrichtungsbegriff auch auf natürliche Personen anwendbar (vgl. dazu auch Rz. 9.17 ff.), fraglich ist allerdings, ob natürliche Personen (Einzelunternehmer) als Einrichtung ohne Gewinnstreben qualifiziert werden können. Hierzu werden im Schrifttum unterschiedliche Meinungen vertreten. *Reiß* argumentiert, dass die Systematik der MwStSystRL einer Anwendung der unechten Befreiung auf einzelne Leistungen natürlicher Personen prinzipiell nicht entgegenstehen dürfe, sofern der Nachweis gelingt, dass diese ohne Gewinnstreben ausgeführt werden.[4] *Jacobs* vertritt die Auffassung, dass eine natürliche Person keine Einrichtung ohne Gewinnstreben darstellen kann, da jede natürliche Person stets auch eigenwirtschaftliche Ziele verfolgen müsse.[5] *Fellner* unterscheidet danach, ob die leistungsausführende natürliche Person die zu begünstigende Tätigkeit als zur Gänze altruistisch handelnder Unternehmer ausführt (die Befreiung dürfte dann grundsätzlich zustehen) oder ob es sich um keine zur Gänze altruistisch handelnde leistungsausführende natürliche Person handelt (die Anwendung der Befreiung ist hierbei wohl zu versagen).[6] U.E. ist zwar davon auszugehen, dass eine Anwendung der Befreiung nicht versagt werden kann, wenn der Nachweis gelingt, dass eine natürliche Person zur Gänze (s. dazu gleich) ohne Gewinnstreben auftritt. Freilich wird ein solcher Nachweis im Regelfall kaum gelingen. Der natürlichen Person steht die Befreiung daher in aller Regel nur über die Ausgründung eines Rechtsträgers offen, der die betreffende Tätigkeit altruistisch verfolgt. 18.23

### 2. Der Begriff „ohne Gewinnstreben"

Damit eine Einrichtung als solche „*ohne Gewinnstreben*" qualifiziert werden kann, darf sie nicht darauf ausgerichtet sein, für ihre Mitglieder Gewinne zu erwirtschaften.[7] Zu beachten ist nach der Rechtsprechung dabei in jedem Fall, dass die Einrichtung **als Ganzes** ohne Ge- 18.24

1 Vgl. dazu auch EuGH v. 18.1.2001 – Rs. C-150/99 – Stockholm Lindöpark, ECLI:EU:C:2001:34, Rz. 19, UR 2001, 153.

2 EuGH v. 7.9.1999 – Rs. C-216/97 – Gregg, ECLI:EU:C:1999:390, Rz. 17 ff., UR 1999, 419; v. 3.4.2003 – Rs. C-144/00 – Hoffmann, ECLI:EU:C:2003:192, Rz. 24 ff., UR 2003, 248 = UR 2003, 286 m. Anm. *Nieskens*.

3 *Fellner*, Sport und Gemeinnützigkeit in der Umsatzsteuer, 41.

4 *Reiß*, RIW 2003, 199 (205 f.).

5 *Jacobs*, Umsatzsteuer und Gemeinnützigkeit, 75.

6 *Fellner*, Sport und Gemeinnützigkeit in der Umsatzsteuer, 49 ff.

7 EuGH v. 21.3.2002 – Rs. C-174/00 – Kennemer Golf & Country Club, ECLI:EU:C:2002:200, Rz. 26, UR 2002, 320 m. Anm. *Widmann*, unter Verweis auf EuGH v. 21.3.2002 – Rs. C-267/00 – Zoological Society, ECLI:EU:C:2002:202, Rz. 17, UR 2002, 327.

winnstreben auftritt. Es genügt somit nicht, dass die betreffenden Leistungen ohne Gewinnerzielung ausgeführt werden.[1]

18.25 Ansonsten wären auch gewerbliche Unternehmen, deren Tätigkeit normalerweise auf Gewinnerzielung gerichtet ist, steuerbefreit, wenn sie ausnahmsweise (einzelne) derartige Leistungen ohne Gewinnstreben erbringen.[2]

18.26 **Systematisches Gewinnstreben** steht der Qualifikation einer Einrichtung als Einrichtung ohne Gewinnstreben dann nicht entgegen, wenn die **Gewinne nicht** an die Mitglieder **verteilt** werden. Nach der Rechtsprechung des EuGH verbietet die Befreiungsbestimmung nicht, das Geschäftsjahr mit einem Gewinn abzuschließen, da die Einrichtungen andernfalls nicht in der Lage wären, Rücklagen für die Anlagenerhaltung und -verbesserung zu bilden.[3] Ein systematisches Überschussstreben der Einrichtung ist somit insofern nicht schädlich, als die Überschüsse für die Durchführung ihrer Leistungen verwendet werden.[4]

18.27 Unschädlich für die Befreiung ist nach der Rechtsprechung des EuGH ebenfalls, wenn der dienstleistungserbringende Unternehmer für die Erbringung der – im engen Zusammenhang mit der Ausübung von Sport stehenden – Dienstleistung auf Arbeitnehmer zurückgreift.[5]

## IV. Empfängerbezogene Voraussetzungen

18.28 Von der Steuerbefreiung des Art. 132 Abs. 1 lit. m MwStSystRL sind nur solche Dienstleistungen umfasst, die an *„Personen"* erbracht werden, *„die Sport oder Körperertüchtigung ausüben"*. Nicht von der Befreiung umfasst ist daher der Zuschauern gegen Entgelt gewährte Zugang zu Sportveranstaltungen, da es sich bei Zuschauern nicht um aktiv sportausübende Personen handelt.[6] Dasselbe gilt für Werbeleistungen, die ein Sportverein an ein Sponsorunternehmen erbringt. Auch in diesem Fall fehlt es an **aktiv sportausübenden Personen als Dienstleistungsempfänger**.[7]

18.29 Unerheblich für die Steuerbefreiung des Art. 132 Abs. 1 lit. m MwStSystRL ist, ob der Dienstleistungsempfänger als aktiv sportausübende Person Mitglied der leistenden Einrichtung ohne Gewinnstreben ist oder nicht.[8] Die Steuerbefreiung umfasst daher auch in engem Zusammen-

---

1 EuGH v. 21.3.2002 – Rs. C-174/00 – Kennemer Golf & Country Club, ECLI:EU:C:2002:200, Rz. 21, UR 2002, 320 m. Anm. *Widmann*; kritisch *Reiß*, RIW 2003, 199 (205), wonach sich die Befreiungsvorschrift in ihrer deutschen Sprachfassung auch so interpretieren lasse, *„dass die Einrichtungen in Bezug auf die dort angesprochenen Dienstleistungen ohne Gewinnstreben handeln müssen"*.

2 EuGH v. 21.3.2002 – Rs. C-174/00 – Kennemer Golf & Country Club, ECLI:EU:C:2002:200, Rz. 20, UR 2002, 320 m. Anm. *Widmann*.

3 EuGH v. 21.3.2002 – Rs. C-174/00 – Kennemer Golf & Country Club, ECLI:EU:C:2002:200, Rz. 28, UR 2002, 320 m. Anm. *Widmann*.

4 EuGH v. 21.3.2002 – Rs. C-174/00 – Kennemer Golf & Country Club, ECLI:EU:C:2002:200, Rz. 35, UR 2002, 320 m. Anm. *Widmann*.

5 EuGH v. 25.2.2016 – Rs. C-22/15 – Kommission/Niederlande, ECLI:EU:C:2016:118, Rz. 47.

6 In diesem Sinne auch *Dudde*, Die Umsatzbesteuerung gemeinnütziger Sportvereine, 462; s. auch *Jacobs*, UR 2007, 45 (49); *Jacobs*, Umsatzsteuer und Gemeinnützigkeit, 136.

7 *Fellner*, Sport und Gemeinnützigkeit in der Umsatzsteuer, 99; s. auch *Dudde*, Die Umsatzbesteuerung gemeinnütziger Sportvereine, 470.

8 EuGH v. 19.12.2013 – Rs. C-495/12 – Bridport, ECLI:EU:C:2013:861, Rz. 28, UR 2014, 192 m. Anm. *Widmann*; s. auch *Wäger*, DStR 2014, 1517 (1521).

hang mit Sport und Körperertüchtigung stehende Dienstleistungen, die ein Sportverein gegenüber **Nichtmitgliedern** erbringt.[1]

Unerheblich ist ferner, ob die vertragliche Leistungsbeziehung mit einer natürlichen Person besteht, die die Leistung konsumiert. Nach Auffassung des EuGH ist die Steuerbefreiung so auszulegen, dass sie sich auch auf solche Dienstleistungen erstreckt, die **an juristische Personen oder an nicht eingetragene Vereinigungen** erbracht werden, sofern diese Dienstleistungen in engem Zusammenhang mit Sport stehen und für die Ausübung von Sport unerlässlich sind, leistende Einrichtung eine Einrichtung ohne Gewinnstreben ist und die **tatsächlichen Begünstigten** dieser Leistungen Personen sind, die den Sport ausüben.[2] Die von einem Hockeyverband an die Hockeyvereine gegen Entrichtung von Mitgliedsbeiträgen erbrachten Dienstleistungen, darunter etwa Kurse für Trainer, Lehrer, Jugendliche und Schiedsrichter, Organisation von Mannschaftsturnieren etc., unterliegen somit der Steuerbefreiung. Die Identität des formalen Dienstleistungsempfängers sowie die Rechtsform, in der er die Dienstleistung in Anspruch nimmt, sind unerheblich.[3] 18.30

Die **Überlassung von Sportanlagen und Sportgeräten** durch eine Einrichtung i.S.d. Art. 132 Abs. 1 lit. m MwStSystRL an eine andere Einrichtung i.S.d. Art. 132 Abs. 1 lit. m MwStSystRL, um Letzterer die Möglichkeit einzuräumen, in engem Zusammenhang mit Sport und Körperertüchtigung stehende Dienstleistungen an sportausübende Personen zu erbringen, müsste daher nach der Rechtsprechung des EuGH unter die Steuerbefreiung des Art. 132 Abs. 1 lit. m MwStSystRL fallen.[4] 18.31

## V. Die Bedingungen des Art. 133 MwStSystRL und ihre Bedeutung für die Steuerbefreiung des Art. 132 Abs. 1 lit. m MwStSystRL

Nach Art. 133 MwStSystRL können die Mitgliedstaaten die Steuerbefreiung des Art. 132 Abs. 1 lit. m MwStSystRL bei der Umsetzung in das nationale Recht an die Bedingungen knüpfen, dass die leistenden Einrichtungen keine systematische Gewinnerzielung anstreben (lit. a), dass Leitung und Verwaltung im Wesentlichen ehrenamtlich von Personen erfolgen, die kein Interesse am wirtschaftlichen Ergebnis der betreffenden Tätigkeiten haben, (lit. b), dass die verlangten Preise behördlich genehmigt oder reglementiert sind (lit. c) bzw, dass die Steuerbefreiung nicht zu einer Wettbewerbsverzerrung zum Nachteil von mehrwertsteuerpflichtigen gewerblichen Unternehmen führt (lit. d). Die Bedingungen von Art. 133 MwStSystRL haben **Eventualcharakter**, es liegt somit im Ermessen jedes Mitgliedsstaates, welche bzw. ob er Bedingungen in nationales Recht übernimmt.[5] Werden Bedingungen von Art. 133 MwStSystRL in nationales Recht umgesetzt, so ist es den Mitgliedsstaaten jedoch nicht erlaubt, diese nur partiell umzusetzen.[6] 18.32

---

1 *Tehler* in Rau/Dürrwächter, UStG[163], § 4 Nr. 22 Rz. 255 (Stand: Juli 2015); FG Köln v. 20.2.2008 – 7 K 4943/05, EFG 2008, 892 (rkr.).

2 EuGH v. 16.10.2008 – Rs. C-253/07 – Canterbury Hockey Club, ECLI:EU:C:2008:571, Rz. 35, UR 2008, 854; kritisch *Schulyok*, International VAT Monitor 2010, 266 (269).

3 Dazu auch *Fellner*, Sport und Gemeinnützigkeit in der Umsatzsteuer, 86 f.

4 *Tehler* in Rau/Dürrwächter, UStG[163], § 4 Nr. 22 Rz. 300 (Stand: Juli 2015).

5 EuGH v. 10.9.2002 – Rs. C-141/00 – Kügler, ECLI:EU:C:2002:473; Rz. 60, UR 2002, 513; *Ehrke-Rabel* in Achatz/Tumpel, Unechte Steuerbefreiungen, 149 (159).

6 *Hüttemann*, UR 2006, 441 (451); *Ehrke-Rabel* in Achatz/Tumpel, Unechte Steuerbefreiungen, 149 (159).

18.33 Das in Art. 133 lit. a MwStSystRL vorgesehene Merkmal des Fehlens systematischen Gewinnstrebens entspricht nach der Rechtsprechung des EuGH der in Art. 132 Abs. 1 lit. m MwStSystRL normierten Voraussetzung einer „*Einrichtung ohne Gewinnstreben*" (vgl. dazu Rz. 18.21 ff.). Wie der EuGH in der Rs. *Kennemer Golf & Country Club* ausführt, besteht im Wesentlichen inhaltliche **Deckungsgleichheit.**[1] Nicht jene Gewinne i.S.v. Überschüssen, die sich am Ende eines Geschäftsjahres ergeben, sondern nur jene Gewinne i.S.v. von finanziellen Vorteilen für Mitglieder sind es, die es ausschließen, dass eine Einrichtung als eine solche „*ohne Gewinnstreben*" qualifiziert wird. Die fakultative Bedingung von Art. 133 lit. a MwStSystRL hat somit im Anwendungsbereich des Art. 132 Abs. 1 lit. m MwStSystRL keine Bedeutung.

18.34 Zur Bedingung von Art. 133 lit. b MwStSystRL, dass **Leitung und Verwaltung** von Einrichtungen im Wesentlichen ehrenamtlich durch jene Personen zu erfolgen haben, die weder selbst noch über zwischengeschaltete Personen ein unmittelbares oder mittelbares Interesse am wirtschaftlichen Ergebnis der betreffenden Tätigkeiten haben, liegt bis dato keine zu Art. 132 Abs. 1 lit. m MwStSystRL einschlägige Entscheidung des EuGH vor. Im Zusammenhang mit einem von einer gemeinnützigen Einrichtung betriebenen Zoo stellte der EuGH aber in der Rs. *Zoological Society* fest, dass sich die Bedingung des Art. 133 lit. b MwStSystRL, wonach Leitung und Verwaltung einer Einrichtung im Wesentlichen ehrenamtlich erfolgen müssen, nur Mitglieder dieser Einrichtung, denen nach der Satzung die oberste Leitung der Einrichtung übertragen ist, sowie jene Personen betrifft, die, ohne nach der Satzung dazu bestimmt zu sein, die Einrichtung tatsächlich insoweit leiten, als sie in letzter Instanz Entscheidungen über die Politik der Einrichtung, insbesondere im Bereich der Finanzen, treffen und übergeordnete Kontrollaufgaben wahrnehmen.[2] Der Ausdruck „*im Wesentlichen ehrenamtlich*" ist dahin auszulegen, dass er sich sowohl auf die Mitglieder, aus denen sich die mit Leitungs- und Verwaltungsaufgaben einer Einrichtung betrauten Organe zusammensetzen, bzw. die Personen, die, ohne nach der Satzung dazu bestimmt zu sein, die Einrichtung tatsächlich leiten, als auch auf die Vergütung bezieht, die Letztere von der Einrichtung erhalten.[3]

18.35 Zur Festsetzung einer preislichen Obergrenze betreffend Aufnahmegebühren und Mitgliedsbeiträge führt der EuGH in der Rs. *Kommission/Spanien* aus, dass Art. 133 lit. c MwStSystRL den Mitgliedstaaten nicht die Möglichkeit einräumt, die Steuerbefreiung von in engem Zusammenhang mit Sport und Körperertüchtigung stehenden Dienstleistungen ohne Rücksicht auf den Charakter und die Besonderheiten der jeweiligen sportlichen Betätigung auf Sporteinrichtungen zu beschränken, deren Aufnahmegebühren und Mitgliedsbeiträge einen bestimmten Betrag nicht übersteigen.[4] **Pauschale Beitragsobergrenzen**, die darauf hinauslaufen, dass Einrichtungen ohne Gewinnstreben i.S.d. Art. 132 Abs. 1 lit. m MwStSystRL, die kostenintensive Sportstätten, z.B. Golfplätze, Tennis- oder Schwimmhallen, betreiben, und

1 EuGH v. 21.3.2002 – Rs. C-174/00 – Kennemer Golf & Country Club, ECLI:EU:C:2002:200, Rz. 33, UR 2002, 320 m. Anm. *Widmann*; v. 26.5.2005 – Rs. C-498/03 – Kingscrest und Montecello, ECLI:EU:C:2005:322, Rz. 39, UR 2005, 453; s. dazu auch *Fellner*, Sport und Gemeinnützigkeit in der Umsatzsteuer, 127 f.; *Wäger*, DStR 2014, 1517 (1521).

2 EuGH v. 21.3.2002 – Rs. C-267/00 – Zoological Society, ECLI:EU:C:2002:202, Rz. 23, UR 2002, 327.

3 EuGH v. 21.3.2002 – Rs. C-267/00 – Zoological Society, ECLI:EU:C:2002:202, Rz. 26, UR 2002, 327; s. auch *Fellner*, Sport und Gemeinnützigkeit in der Umsatzsteuer, 130 f.

4 EuGH v. 7.5.1998 – Rs. C-124/96 – Kommission/Spanien, ECLI:EU:C:1998:204, Rz. 22, UR 1998, 342, s. auch *Wäger*, DStR 2014, 1517 (1521).

für ihr sportliches Dienstleistungsangebot entsprechend hohe Preise verlangen müssen,[1] nicht in den Anwendungsbereich der Steuerbefreiung fallen,[2] sind danach **unzulässig**.

18.36 Zur fakultativen Bedingung des Art. 133 lit. d MwStSystRL merkt der EuGH in der Rs. *Bridport* an, dass die darin vorgesehene Wettbewerbsklausel den Mitgliedstaaten nicht erlaubt, von einer mitgliedschaftlich verfassten Einrichtung ohne Gewinnstreben erbrachte Dienstleistungen, die in der Gewährung des Rechts zur Nutzung eines Golfplatzes bestehen, von der Steuerbefreiung des Art. 132 Abs. 1 lit. m MwStSystRL auszuschließen, wenn es sich bei den **Dienstleistungsempfängern** um **Nichtmitglieder** handelt.[3] Art. 133 lit. d MwStSystRL rechtfertigt somit keine Einschränkung der Steuerbefreiung des Art. 132 Abs. 1 lit. m MwStSystRL mit Blick auf Leistungen an Personen, die Mitglieder der leistenden Einrichtung sind,[4] zumal die Vorschrift keine Beschränkungen hinsichtlich der Dienstleistungsempfänger vorsieht (vgl. auch oben Rz. 18.28 ff.). In der Rs. *London Borough of Ealing* führt der EuGH zur Auslegung von Art. 133 Abs. 2 i.V.m. Abs. 1 lit. d MwStSystRL aus, dass ein Mitgliedstaat, der am 1.1.1989 nicht auf alle, sondern nur auf bestimmte in engem Zusammenhang mit Sport und Körperertüchtigung stehenden Dienstleistungen Mehrwertsteuer erhob, sich dennoch auf die nach Art. 133 Abs. 2 i.V.m. Abs. 1 lit. d MwStSystRL eingeräumte Möglichkeit berufen kann.[5] Auch wenn die betreffenden Dienstleistungen nicht bereits von der Mehrwertsteuer befreit waren, bevor die Erfüllung der Bedingung des Art. 133 lit. d MwStSystRL vorgeschrieben wurde, ist eine Anwendung von Art. 133 lit. d MwStSystRL möglich.[6] Art. 133 Abs. 2 MwStSystRL ist zudem so auszulegen, dass er einer nationalen Regelung entgegensteht, wonach die Gewährung einer Mehrwertsteuerbefreiung für Einrichtungen des öffentlichen Rechts ohne Gewinnstreben, die in engem Zusammenhang mit Sport und Körperertüchtigung stehende Dienstleistungen im Sinne von Art. 132 Abs. 1 Buchst. m MwStSystRL erbringen, von der Erfüllung der in Art. 133 Abs. 1 Buchst. d MwStSystRL genannten Bedingung abhängig ist, diese Bedingung aber in Bezug auf Einrichtungen ohne Gewinnstreben, die keine Einrichtungen des öffentlichen Rechts sind und solche Dienstleistungen erbringen, nicht angewandt wird.[7]

## C. Auslegung der relevanten deutschen Regelung

### I. Vorbemerkung

18.37 § 4 Nr. 22 Buchst. b UStG befreit andere kulturelle und **sportliche Veranstaltungen**, die von den in § 4 Nr. 22 Buchst. a UStG genannten **Unternehmungen** durchgeführt werden,

1 Vgl. auch die Schlussanträge des Generalanwalts *La Pergola* v. 3.2.1998 – Rs. C-124/96 – Kommission/Spanien, ECLI:EU:C:1998:40, Rz. 5: „*Bestimmte Sportarten erfordern teure Infrastrukturen und bringen einen hohen Unterhaltsaufwand mit sich, während bei anderen relativ einfache Anlagen genügen. Im ersten Fall kann die Amortisierung der Sportanlagen auch hohe Beiträge erfordern, die aber im zweiten Fall nicht notwendig sind.*"

2 *Fellner*, Sport und Gemeinnützigkeit in der Umsatzsteuer, 133 f.

3 EuGH v. 19.12.2013 – Rs. C-495/12 – Bridport, ECLI:EU:C:2013:861, Rz. 38, UR 2014, 192 m. Anm. *Widmann*.

4 Vgl. auch *Wäger*, DStR 2014, 1517 (1521).

5 EuGH v. 13.7.2017 – Rs. C-633/15 – London Borough of Ealing, ECLI:EU:C:2017:544, Rz. 20, UR 2017, 674.

6 EuGH v. 13.7.2017 – Rs. C-633/15 – London Borough of Ealing, ECLI:EU:C:2017:544, Rz. 25, UR 2017, 674.

7 EuGH v. 13.7.2017 – Rs. C-633/15 – London Borough of Ealing, ECLI:EU:C:2017:544, Rz. 33, UR 2017, 674.

von der Umsatzsteuer, soweit das **Entgelt in Teilnahmegebühren** besteht. Als von der Befreiungsvorschrift betroffene Unternehmer werden dabei in § 4 Nr. 22 Buchst. a UStG juristische Personen des öffentlichen Rechts, Verwaltungs- und Wirtschaftsakademien, Volkshochschulen sowie Einrichtungen, die gemeinnützigen Zwecken oder dem Zweck eines Berufsverbandes dienen, angeführt.

18.38 Die Befreiung erscheint im Lichte von Art. 132 Abs. 1 lit. m MwStSystRL hinsichtlich des persönlichen Anwendungsbereichs **zu eng**. Einrichtungen von juristischen Personen des privaten Rechts müssen – im Gegensatz zu juristischen Personen des öffentlichen Rechts sowie den anderen in § 4 Nr. 22 UStG genannten Einrichtungen (Verwaltungs- und Wirtschaftsakademien, Volkshochschulen oder Einrichtungen, die dem Zweck eines Berufsverbandes dienen) – **gemeinnützigen Zwecken dienen**, um für eine Anwendung der Befreiung in Betracht zu kommen (vgl. dazu gleich Rz. 18.41 ff.). Das Unionsrecht sieht hingegen nur das Auftreten einer Einrichtung als Ganzes ohne Gewinnstreben als Voraussetzung für die Anwendung der Befreiung vor (vgl. dazu Rz. 18.21 ff., zur Frage der Zeitgemäßheit einer tatbestandsmäßigen Differenzierung zwischen Einrichtungen des öffentlichen und des privaten Rechts vgl. Rz. 10.10 ff.).

18.39 Mit Blick auf juristische Personen des öffentlichen Rechts sowie den anderen in § 4 Nr. 22 UStG genannten Einrichtungen (Verwaltungs- und Wirtschaftsakademien, Volkshochschulen oder Einrichtungen, die dem Zweck eines Berufsverbandes dienen) erscheint die Regelung vor dem Hintergrund des Unionsrechts hingegen **zu weit** (vgl. dazu gleich Rz. 18.41 ff. sowie Rz. 18.59 ff.).

18.40 Auch hinsichtlich der **begünstigten Leistungen** erscheint die deutsche Rechtslage **zu eng**. Die Einschränkung der Begünstigung auf sportliche Veranstaltungen, soweit das Entgelt in Teilnehmergebühren besteht, begrenzt die Steuerbefreiung in unionsrechtswidriger Weise auf einen Teilausschnitt der nach Art. 132 Abs. 1 lit. m MwStSystRL begünstigten, im engen Zusammenhang mit Sport- und Körperertüchtigung stehenden Dienstleistungen (vgl. dazu gleich Rz. 18.53 ff.).

## II. Persönlicher Anwendungsbereich des § 4 Nr. 22 Buchst. b UStG

18.41 Der persönliche Anwendungsbereich der Begünstigung ergibt sich durch Verweis auf § 4 Nr. 22 Buchst. a UStG. Neben ausdrücklich genannten Körperschaften, wie den Verwaltungs- und Wirtschaftsakademien und den Volkshochschulen, werden in § 4 Nr. 22 Buchst. a UStG die juristischen Personen des öffentlichen Rechts sowie Einrichtungen, die gemeinnützigen Zwecken oder dem Zweck des Berufsverbandes dienen, angeführt.

18.42 DieBefreiungsvorschrift wird – wohl aufgrund der historischen Entwicklung der Norm[1] – von der Rechtspraxis so verstanden, dass sich die Einschränkung auf **gemeinnützige Zwecke**, nur auf **juristische Personen des privaten Rechts**, nicht aber auf juristische Personen des öffentlichen Rechts, Verwaltungs- und Wirtschaftsakademien, Volkshochschulen und Einrichtun-

1 Die Wortfolge *„Einrichtungen, die gemeinnützigen Zwecken oder dem Zweck eines Berufsverbandes dienen"* wurde durch das UStG 1967 v. 29.5.1967 (BGBl. I 1967, 545) zusätzlich zu den bereits zuvor von der entsprechenden Befreiung erfassten juristischen Personen des öffentlichen Rechts, Verwaltungs- und Wirtschaftsakademien aufgenommen, wobei sich die Befreiung in der damaligen Fassung nur auf Vorträge, Kurse und andere Veranstaltungen wissenschaftlicher oder belehrender Art bezogen hat.

gen, die dem Zweck eines Berufsverbandes dienen, bezieht.[1] Für die juristischen Personen des öffentlichen Rechts ist ungeachtet des diesbezüglich keinesfalls eindeutigen Wortlautes nach h.A. die Verfolgung eines gemeinnützigen Zweckes daher nicht erforderlich. Soweit sportliche Veranstaltungen somit von diesen Einrichtungen durchgeführt werden, erfordert die Steuerbefreiung nicht, dass die Einrichtung ohne Gewinnstreben ist.[2] Insofern geht die nationale Steuerbefreiung **über das Unionsrecht hinaus.**[3]

Für juristische Personen des privaten Rechts geht die h.A. davon aus, dass der Hinweis auf gemeinnützige Zwecke als **Hinweis auf die Voraussetzungen der AO** zu verstehen ist.[4] Dabei wird jedoch nicht vorausgesetzt, dass die Körperschaft als solche die Voraussetzungen der §§ 51 ff. AO erfüllt. Es genügt, dass die Einrichtung (auch einer nicht gemeinnützigen juristischen Person des privaten Rechts) gemeinnützigen Zwecken dient.[5] Zu diesen rechnet gem. § 52 Abs. 2 Nr. 21 der AO auch die Förderung des Sports. Damit kommt die Befreiung nur dann zum Tragen, wenn für die Einrichtung die Vielzahl der Voraussetzungen für die abgabenrechtliche Begünstigung der Gemeinnützigkeit erfüllt ist.[6] Wird demgegenüber von einer Körperschaft, die die Voraussetzungen der §§ 51 AO ff insgesamt erfüllt, eine sportliche Veranstaltung durchgeführt, die keinen Zweckbetrieb, sondern einen wirtschaftlichen Geschäftsbetrieb begründet (§ 67a AO), kommt die unechte Befreiung von § 4 Nr. 22 Buchst. b UStG auf die Veranstaltung nicht zur Anwendung.[7] 18.43

Die Anknüpfung an das Kriterium der gemeinnützigen Zwecke bedingt, dass die Steuerbefreiung an die Einschaltung von Bedingungen geknüpft ist, die mit dem Unionsrecht in einem Spannungsverhältnis stehen. So werden gemeinnützige Zwecke nach § 52 Abs. 1 Satz 1 AO nur dann verfolgt, wenn die Tätigkeit der Einrichtung darauf gerichtet ist, die Allgemeinheit auf materiellem, geistigem oder sittlichem Gebiet selbstlos (§ 55 AO) zu fördern. Eine **Förderung der Allgemeinheit** liegt nicht vor, wenn der Kreis der Personen, dem die Förderung zugutekommt, fest abgeschlossen ist, z.B. durch Zugehörigkeit zu einer Familie oder zur Belegschaft eines Unternehmens oder in Folge seiner Abgrenzung, insbesondere nach räumlichen oder beruflichen Merkmalen dauernd nur klein sein kann. Sportvereine, die nur Angehörigen eines Unternehmens offenstehen oder etwa nur Bewohnern einer bestimmten Wohnsiedlung oder Straße,[8] verfolgen danach keine gemeinnützigen Zwecke, womit ihre Leistungen nicht unter die unechte Steuerbefreiung des § 4 Nr. 22 Buchst. b UStG fallen könnten. Unionsrechtlich lässt sich diese Einschränkung nicht begründen, setzt die Befreiung doch lediglich voraus, dass die Einrichtung ihre Zwecke ohne Gewinnstreben verfolgt. Ein solcher Verein, dem mangels Förderung der Allgemeinheit die Gemeinnützigkeit nicht zukommt, könnte sich daher auf günstigeres Unionsrecht berufen, um in den Genuss der unechten Steuerbefreiung zu gelangen (vgl. zum analogen Problem nach der österreichischen Rechtslage unten Rz. 18.72 ff.). 18.44

---

1 *Tehler* in Rau/Dürrwächter, UStG, § 4 Nr. 22 Rz. 101 (Stand: Juli 2015).
2 In diesem Sinne auch *Tehler* in Rau/Dürrwächter, UStG, § 4 Nr. 22 Rz. 314 (Stand: Juli 2015).
3 Siehe hierzu auch *Oelmaier* in Sölch/Ringleb, UStG[76], § 4 Nr. 22 Rz. 10 (Stand März 2016).
4 Vgl. bspw. *Tehler* in Rau/Dürrwächter, UStG[163], § 4 Nr. 22 Rz. 101 (Stand: Juli 2015); *Oelmaier* in Sölch/Ringleb, UStG, § 4 Nr. 22 Rz. 14 (Stand März 2016).
5 *Tehler* in Rau/Dürrwächter, UStG, § 4 Nr. 22 Rz. 102 (Stand: Juli 2015).
6 Vgl. hierzu im Detail *Schauhoff*, Handbuch der Gemeinnützigkeit[3], § 6 Rz. 1 ff.
7 *Musil* in Hübschmann/Hepp/Spitaler, AO/FGO[227] § 67a Rz. 11 ff. (Stand: April 2014).
8 Vgl. *Hüttemann*, Gemeinnützigkeits- und Spendenrecht[3], § 6 Rz. 38, der diesen Fall als Beispiel für einen Verein mit dauernd kleinem Personenkreis anführt.

18.45 Auch die Gemeinnützigkeitsschädlichkeit des Überschreitens von **Höchstgrenzen für Aufnahmegebühren und Mitgliedsbeiträgen** oder spezifischer Aufnahmeregelungen[1] kann vor diesem Hintergrund nicht zum Ausschluss der unechten Umsatzsteuerbefreiung führen, wenn sich die Einrichtung als solche ohne Gewinnstreben auf günstigeres Unionsrecht beruft.

18.46 Die Verfolgung gemeinnütziger Zwecke setzt ferner nach § 52 AO voraus, dass diese **selbstlos** erfolgt. Das Gesetz verweist hierbei auf § 55 AO. Nach dieser Vorschrift liegt **Selbstlosigkeit** dann vor, wenn folgende **Voraussetzungen** gegeben sind: Die Mittel dürfen nur für satzungsmäßige Zwecke verwendet werden und die Mitglieder dürfen keine Gewinnanteile oder sonstigen Zuwendungen aus der Körperschaft erhalten (Z. 1); bei Ausscheiden dürfen die Mitglieder nicht mehr als ihre eingezahlten Kapitalanteile und den gemeinen Wert ihrer geleisteten Sacheinlagen zurückerhalten (Z. 2). Die Körperschaft darf ferner keine Person durch zweckfremde oder unverhältnismäßig hohe Vergütungen begünstigen (Z. 3). Bei Auflösung der Körperschaft oder Wegfall des begünstigten Zwecks ist der Grundsatz der Vermögensbindung zu beachten (s. dazu Z 4); und schließlich ist das Gebot der zeitnahen Mittelverwendung (Z. 5) zu beachten, wobei das Gesetz diese Voraussetzung als erfüllt ansieht, wenn die Mittel spätestens in den auf den Zufluss folgenden zwei Jahren für begünstigte Zwecke verwendet werden.

18.47 Soweit diese **Kriterien der Selbstlosigkeit** als Merkmal einer Einrichtung ohne Gewinnstreben verstanden werden können, dürfte die Anknüpfung der unechten Steuerbefreiung an die Verfolgung gemeinnütziger Zwecke dem Unionsrecht entsprechen. Wird einem Sportverein die Gemeinnützigkeit versagt, da er gegen das Gebot der Selbstlosigkeit dadurch verstößt, indem er seinen Mitgliedern aus Überschüssen Prämien zukommen lässt, dürfte der durch den Verlust der Gemeinnützigkeit bedingte Wegfall der unechten Steuerbefreiung auch aus unionsrechtlicher Sicht nicht zu beanstanden sein. Eine derartige Voraussetzung ist durchaus mit der unionsrechtlichen Vorgabe einer Einrichtung ohne Gewinnstreben, für deren innerstaatliche Regelung den Mitgliedstaaten ein entsprechender Umsetzungsspielraum zukommen dürfte, vereinbar.

18.48 Differenziert ist hingegen u.E. das **Gebot der zeitnahen Mittelverwendung** zu sehen: Dieses soll das Ausgabeverhalten einer gemeinnützigen Einrichtung effektuieren und damit eine möglichst effiziente Zweckverwirklichung sicherstellen.[2] Das grundlose Ansammeln von Rücklagen soll zum Verlust der abgabenrechtlichen Begünstigung führen. Aus unionsrechtlicher Sicht erscheint eine solche Bedingung nur dann als Merkmal einer Einrichtung ohne Gewinnstreben, wenn das grundlose Ansammeln der Vorbereitung einer Gewinnausschüttung dienen sollte. Wird jedoch einem Sportverein die Gemeinnützigkeit wegen Verstoßes gegen das Gebot der zeitnahen Mittelverwendung versagt, weil er nicht innerhalb der vom Gesetz vorgegebenen Frist seine angesammelten Rücklagen für begünstigte Zwecke verwendet, erscheint ein Entfall der unechten Steuerbefreiung **mit dem Unionsrecht nicht vereinbar**. In solchen Fällen könnte sich der Sportverein auf günstigeres Unionsrecht berufen.

18.49 Fraglich ist, inwieweit die weiteren, außerhalb der §§ 52 und 55 AO geregelten Voraussetzungen der Gemeinnützigkeit – aus nationaler, aber auch aus unionsrechtlichen Sicht – für die Anwendung der unechten Steuerbefreiung von Bedeutung sind.

---

1 Dazu *Hüttemann*, Gemeinnützigkeits- und Spendenrecht[3], § 6 Rz. 39 ff.
2 *Hüttemann*, Gemeinnützigkeits- und Spendenrecht[3], § 6 Rz. 78.

So bestimmt etwa § 51 AO, dass unter Körperschaften nur solche im Sinne des KStG zu verstehen sind. **Personengesellschaften** fallen danach nicht in den Anwendungsbereich der Vorschriften über steuerbegünstigte Zwecke.[1] Die h.A. geht daher auch für umsatzsteuerliche Zwecke davon aus, dass Einrichtungen von Personengesellschaften nicht unter § 4 Nr. 22 Buchst. b UStG fallen.[2] **Unionsrechtlich** ist ein solcher Ausschluss von Personengesellschaften keinesfalls aufrechtzuerhalten, beinhaltet Art. 132 Abs. 1 Buchst. m MwStSystRL doch eine Begünstigung, die **rechtsformneutral** an das Vorliegen einer Einrichtung anknüpft (vgl. dazu Rz. 18.22 ff., vgl. zum Einrichtungsbegriff auch Rz. 9.9 ff.). U.E. ist aber auch bereits fraglich, ob die **nationale Auslegung** der Vorschrift zu einer solchen Auslegung zwingt: Nach § 51 Abs. 1 AO soll die Einschränkung auf Körperschaften nach dessen ersten Satz (nur) dann gelten, wenn das Gesetz eine Steuervergünstigung gewährt, „*weil eine Körperschaft ausschließlich und unmittelbar*" derartige Zwecke verfolgt. Gerade dies wird aber nach § 4 Nr. 22 Buchst. b UStG nicht vorausgesetzt, weil es umsatzsteuerlich nicht auf die Zweckverfolgung einer Körperschaft, sondern lediglich auf die Zweckverfolgung im Rahmen einer Einrichtung ankommt. Somit sind Einrichtungen von Personengesellschaften vom Anwendungsbereich der unechten Steuerbefreiung schon nach nationalem Recht erfasst, sofern die jeweilige Einrichtung gemeinnützigen Zwecken dient. 18.50

Auch der **Grundsatz der Ausschließlichkeit** und das **Unmittelbarkeitsprinzip** haben vor dem Hintergrund des Verweises in § 51 Abs. 1 Satz 1 AO u.E. schon aus nationaler Sicht keine Bedeutung für die Anwendung der unechten Steuerbefreiung: Nach § 51 Abs. 1 Satz 1 AO gelten die Vorschriften der AO, wenn das Gesetz eine Steuervergünstigung gewährt, weil eine Körperschaft ausschließlich und unmittelbar begünstigte Zwecke verfolgt. Eine solche Regelung enthält aber § 4 Nr. 22 Buchst. b UStG nicht. § 4 Nr. 22 Buchst. b UStG knüpft lediglich hinsichtlich des Zwecks einer Einrichtung an den Begriff der Gemeinnützigkeit an. Aus umsatzsteuerlich systematischer Sicht enthält die Norm damit aber nur einen Verweis auf § 52 AO, der jenen auf die Definition der Selbstlosigkeit in § 55 AO mitumfasst. 18.51

Die Verwerfungen mit dem Unionsrecht könnten im Übrigen dadurch ausgeräumt werden, wenn unter Einrichtungen, die gemeinnützigen Zwecken dienen, nur solche **ohne Gewinnstreben** verstanden würden. Ob eine solche Auslegung in Anbetracht des Wortlauts der Norm möglich ist, erscheint jedoch fraglich. Zwar verweist § 4 Nr. 22 Buchst. b UStG nicht auf eine konkrete Vorschrift der AO, nach h.A. regelt aber § 52 AO für alle Steuergesetze, was unter gemeinnützigen Zwecken zu verstehen ist.[3] Geht man von dieser traditionellen Sichtweise aus, erscheint der Verweis auf die AO allerdings insofern unionsrechtswidrig, als einzelne Merkmale bzw. Voraussetzungen der AO mit dem Begriff einer Einrichtung ohne Gewinnstreben nicht in Einklang gebracht werden können (s. dazu oben Rz. 18.47). 18.52

## III. Sachlicher Anwendungsbereich des § 4 Nr. 22 Buchst. b UStG

§ 4 Nr. 22 Buchst. b UStG befreit sportliche Veranstaltungen der in § 4 Nr. 22 Buchst. a UStG genannten Einrichtungen, soweit das Entgelt in Teilnehmergebühren besteht. 18.53

1 *Hüttemann*, Gemeinnützigkeits- und Spendenrecht[3], § 2 Rz. 83.
2 *Tehler* in Rau/Dürrwächter, UStG, § 4 Nr. 22 Rz. 218 (Stand: Juli 2015).
3 Dazu etwa *Jacobs*, UR 2007, 45 (47).

### 1. Der Begriff des Sports und der sportlichen Veranstaltung

18.54 Der **Begriff Sport** ist legal nicht definiert.[1] Die Rechtsprechung des BFH sieht als ein wesentliches Merkmal des Begriffs Sports die **körperliche Ertüchtigung.**[2] Hierzu rechnen auch – wohl unionsrechtskonform – Bereiche des sog. Breitensports, wenn die Bewegung vorrangig mit dem Ziel ausgeübt wird, sich körperlich zu ertüchtigen.[3] Wesentlich ist, dass die Geselligkeit nicht im Vordergrund steht. Skat, Bridge und Go-Spiele sind daher kein Sport. Auf Grund der Fiktion des § 52 Abs. 2 Z. 21 AO gilt Schach als Sport. Für Freizeitbeschäftigungen wie bspw. Minigolf, Tanzen, Kegeln oder Billard wird vorausgesetzt, dass regelmäßig Trainingseinheiten absolviert werden.[4] Zur unionsrechtlichen Auslegung des Begriffs Sport s. oben Rz. 18.15 ff.

18.55 Der **Begriff der sportlichen Veranstaltung** in § 4 Nr. 22 UStG entspricht jenem in § 67a AO. Die Rechtsprechung legt den Begriff in beiden Normen einheitlich aus.[5] Nach Auffassung des BFH ist unter einer sportlichen Veranstaltung eine organisatorische Maßnahme eines Sportvereins zu verstehen, die es aktiven Sportlern ermöglicht, Sport zu treiben. Hierbei ist **keine bestimmte Organisationsform** erforderlich.[6] Allerdings muss der Sportverein eine gewisse Organisationsdienstleistung hinsichtlich der sportlichen Betätigung erbringen.[7] Die Grenze zur sportlichen Veranstaltung ist daher unterschritten, wenn die Maßnahmen nur die bloße Nutzungsüberlassung von Sportgegenständen oder Anlagen oder lediglich eine konkrete Dienstleistung, wie z.B. die Beförderung zum Ort der sportlichen Betätigung, zum Inhalt haben.[8]

18.56 Zu den sportlichen Veranstaltungen rechnen danach Wettkampfveranstaltungen, Turniere, Volksläufe, Sportgruppenunterricht, aber auch Sportreisen, wenn die sportliche Betätigung wesentlich und notwendiger Bestandteil einer Reise ist.[9] Keine sportlichen Veranstaltungen sind die Vermietung von Sportstätten, Werbung (Überlassung von Werbeflächen), der Verkauf von Speisen und Getränken, die Unterhaltung von Vereinsgaststätten oder Clubhäusern.[10]

18.57 Das Tatbestandsmerkmal der sportlichen Veranstaltung steht in einem **Spannungsverhältnis** zur **unionsrechtlichen Vorgabe** von Art. 132 Abs. 1 lit. m MwStSystRL, der in engem Zusammenhang mit Sport- und Körperertüchtigung stehende Dienstleistungen durch Einrichtungen ohne Gewinnstreben unabhängig vom Vorliegen einer sportlichen Veranstaltung befreit.[11] Das Absehen von einer bestimmten Organisationsleistung oder einer Struktur und ein damit verbundenes weites Verständnis des Begriffs sportlicher Veranstaltung räumt diesen Wider-

---

1 *Tehler* in Rau/Dürrwächter, UStG, § 4 Nr. 22 Rz. 267 (Stand: Juli 2015).
2 BFH v. 29.10.1997 – I R 13/97, FR 1998, 210 = BB 1998, 199; v. 30.3.2000 – V R 30/99, UR 2000, 327 = BB 2000, 1510.
3 Dazu mit einer Vielzahl praktischer Beispiele *Tehler* in Rau/Dürrwächter, UStG, § 4 Nr. 22 Rz. 265 (Stand: Juli 2015).
4 *Schauhoff*, Handbuch der Gemeinnützigkeit³, § 6 Rz. 67.
5 *Tehler* in Rau/Dürrwächter, UStG, § 4 Nr. 22 Rz. 247 (Stand: Juli 2015); *Hüttemann*, Gemeinnützigkeits- und Spendenrecht³, § 6 Rz. 244.
6 *Tehler* in Rau/Dürrwächter, UStG, § 4 Nr. 22 Rz. 248 (Stand: Juli 2015).
7 *Hüttemann*, Gemeinnützigkeits- und Spendenrecht³, § 6 Rz. 244.
8 BFH v. 20.3.2014 – V R 4/12; v. 18.8.2011 – V R 64/09; *Tehler* in Rau/Dürrwächter, UStG, § 4 Nr. 22 Rz. 248 (Stand: Juli 2015).
9 Abschn. 4.22.2 Abs. 3 UStAE.
10 *Hüttemann*, Gemeinnützigkeits- und Spendenrecht³, § 6 Rz. 244; *Schauhoff*, Handbuch der Gemeinnützigkeit³, § 7 Rz. 93 ff.
11 *Tehler* in Rau/Dürrwächter, UStG, § 4 Nr. 22 Rz. 249 (Stand: Juli 2015).

spruch nicht aus. So lässt sich die Nutzungsüberlassung von Sportanlagen (Tennisplätze, Golfanlagen) ebenso wenig wie die Nutzungsüberlassung von Liege- und Unterstellplätzen für Fahrzeuge von Wassersportvereinigungen als sportliche Veranstaltung begreifen (vgl. dazu Rz. 18.62 ff.). Unionsrechtlich ist aber von der Steuerfreiheit dieser Umsätze nach Art. 132 Abs. 1 lit. m MwStSystRL auszugehen (vgl. dazu Rz. 18.9). Der Steuerpflichtige kann sich in solchen Fällen auf die MwStSystRL berufen, soweit diese für ihn günstigeres Recht enthält.[1]

In Einzelfällen kann nicht ausgeschlossen werden, dass sportliche Aktivitäten, die nicht im Rahmen sportlicher Veranstaltungen erbracht werden, auch unter **andere Steuerbefreiungstatbestände** subsumiert werden können. So ist etwa denkbar, dass Schwimmunterricht unter die Befreiung des § 4 Nr. 21 UStG subsumiert werden kann.[2] Gleiches gilt etwa für Ballettunterricht in Ballettschulen.[3] Derartige subtile Unterscheidungen lassen sich vermeiden, wenn die Steuerbefreiung auf Unionsrecht gestützt wird. Zu bedenken ist allerdings, dass eine Berufung auf günstigeres Unionsrecht nur dem Steuerpflichtigen offensteht. Soweit die Abgabenbehörde von einer unechten Befreiung außerhalb einer sportlichen Veranstaltung ausgeht, ist sie auf die Anwendbarkeit alternativer Tatbestände angewiesen. 18.58

## 2. Teilnehmergebühren

Nach § 4 Nr. 22 Buchst. b UStG sind Leistungen insofern befreit, als das Entgelt in Teilnehmergebühren besteht. Teilnehmergebühren sind Entgelte, die gezahlt werden, um an den Veranstaltungen aktiv teilnehmen zu können wie bspw. **Start- und Meldegelder**.[4] Unter dem Begriff sind aber auch **Mitgliedsbeiträge** und **Aufnahmegebühren** zu verstehen, die für die Möglichkeit der Teilnahme an sportlichen Veranstaltungen aufgewendet werden.[5] Eintrittsgelder der Zuschauer unterliegen nicht der Steuerbefreiung, da Zuschauer keine aktiven Teilnehmer sind.[6] 18.59

Die Einschränkung auf Teilnehmergebühren findet insoweit im Unionsrecht ihre Deckung, als damit die Begünstigung auf Leistungen bezogen wird, die an Personen ausgeführt werden, die Sport und Körperertüchtigung ausüben.[7] Die Anknüpfung erscheint aber insofern mit dem Unionsrecht in einem **Spannungsverhältnis**, als Teilnehmergebühren auch mit **Gewinnaufschlag** erhoben werden können.[8] Sofern ein Gewinnaufschlag kalkuliert wird, ist dies unionsrechtlich insofern zulässig, als damit systematisches Gewinnstreben, welches nur auf eine Verwendung der Gewinne für die Durchführung der eigenen Leistungen abzielt (vgl. dazu Rz. 18.24 ff.), bezweckt wird. Ein solches Gewinnstreben führt auch nach der nationalen h.A. nicht zu einer Versagung der Gemeinnützigkeit.[9] 18.60

1 Kritisch *Hüttemann*, Gemeinnützigkeits- und Spendenrecht³, § 6 Rz. 246; vgl. auch *Tehler* in Rau/Dürrwächter, UStG, § 4 Nr. 22 Rz. 249 f (Stand: Juli 2015).
2 Vgl. dazu FG Köln v. 31.5.2010 – 4 V 312/10, EFG 2010, 1461 (rkr.).
3 *Tehler* in Rau/Dürrwächter, UStG¹⁶³, § 4 Nr. 21 Rz. 300 (Stand: Juli 2015).
4 Abschn. 4.22.2 Abs. 5 UStAE; *Tehler* in Rau/Dürrwächter, UStG, § 4 Nr. 22 Rz. 312 (Stand: Juli 2015).
5 BFH v. 11.10.2007 – V R 69/06, UR 2008, 153; *Tehler* in Rau/Dürrwächter, UStG § 4 Nr. 22 Rz. 312 (Stand: Juli 2015).
6 Abschn. 4.22.2 Abs. 5 UStAE; *Tehler* in Rau/Dürrwächter, UStG, § 4 Nr. 22 Rz. 313 (Stand: Juli 2015).
7 In diesem Sinne *Jacobs*, Umsatzsteuer und Gemeinnützigkeit, 136.
8 In diesem Sinne *Tehler* in Rau/Dürrwächter, UStG § 4 Nr. 22 Rz. 314 (Stand: Juli 2015).
9 *Schauhoff*, Handbuch der Gemeinnützigkeit³, § 9 Rz. 67.

18.61 Ein **Gewinnstreben zur Erzielung von Ausschüttungen** ist hingegen **unionsrechtlich unzulässig.** Damit steht auch die nationale Regelung insoweit in Einklang, als ein solches Gewinnstreben bei juristischen Personen des Privatrechts zu einem Verlust der Gemeinnützigkeit und somit zur Steuerpflicht der Leistungen führt. Bei juristischen Personen des öffentlichen Rechts und den anderen in § 4 Nr. 22 UStG genannten Einrichtungen (Verwaltungs- und Wirtschaftsakademien, Volkshochschulen oder Einrichtungen, die dem Zweck eines Berufsverbandes dienen) tritt in solchen Fällen nach der nationalen Regelung aufgrund der fehlenden Voraussetzung der Gemeinnützigkeit kein Verlust der Befreiung ein.[1] Die nationale Regelung entspricht somit nicht der unionsrechtlichen Vorgabe. Den Steuerpflichtigen kann die Anwendung der unechten Befreiung aber nicht verwehrt werden, solange er sich nicht auf Unionsrecht beruft.[2]

### 3. Die Überlassung von sportlichen Geräten und Sportstätten

18.62 Die entgeltliche Überlassung von sportlichen Geräten und Abstellplätzen für sportliche Geräte an Sportausübende (bspw. Schlittschuhe, Tennisschläger, Golfbälle, Liege- und Unterstellplätze für Fahrzeuge von Wassersportvereinigungen) fällt regelmäßig nicht in den nationalen Anwendungsbereich des § 4 Nr. 22 Buchst. b UStG.[3] Sie kann aber **nach Art. 132 Abs. 1 lit. m MwStSystRL befreit** sein.[4] Betreffen die Leistungen den Kernbereich (vgl. dazu unten Rz. 18.65 f.) der Steuerbefreiungsvorschrift, kann die Steuerbefreiung auch nicht nach Art. 134 MwStSystRL ausgeschlossen werden.[5]

18.63 Auch die Überlassung von Sportstätten einer Einrichtung i.S.d. Art. 132 Abs. 1 lit. m MwStSystRL an eine andere Einrichtung i.S.d. Art. 132 Abs. 1 lit. m MwStSystRL fällt nicht unter den Anwendungsbereich des § 4 Nr. 22 Buchst. b UStG. Sie kann aber **unter Art. 132 Abs. 1 lit. m MwStSystRL subsumiert** werden, da diese Begünstigung nicht verlangt, dass die Dienstleistung unmittelbar natürlichen Personen gegenüber erbracht werden muss. Für eine Anwendung der Befreiung ist es ausreichend, wenn die Begünstigten dieser Dienstleistungen Personen sind, die den betreffenden Sport ausüben. Ist daher etwa ein Verein gezwungen, entsprechende Sportstätten anzumieten, um seinen Mitgliedern die Möglichkeit der Ausübung des Sports zu geben, fällt auch die Anmietung der Sportstätten unter die Steuerbefreiung des Art. 132 Abs. 1 lit. m MwStSystRL.[6]

18.64 Dementsprechend wendet auch der **BFH** die Steuerbefreiung auf – vom Wortlaut der Befreiungsvorschrift des § 4 Nr. 22 UStG nicht erfasste – in engem Zusammenhang mit Sport und Körperertüchtigung stehende Dienstleistungen, wie etwa die **Nutzungsüberlassung** vereinseigener Flugzeuge durch einen Luftsportverein,[7] an.[8] Gleiches gilt für die Nutzungsüber-

1 In diesem Sinne *Tehler* in Rau/Dürrwächter, UStG[163] § 4 Nr. 22 Rz. 315 (Stand: Juli 2015).
2 *Tehler* in Rau/Dürrwächter, UStG § 4 Nr. 22 Rz. 318 m.w.N. (Stand: Juli 2015).
3 *Tehler* in Rau/Dürrwächter, UStG § 4 Nr. 22 Rz. 271 m.w.N. (Stand: Juli 2015).
4 FG München v. 29.3.2017 – 3 K 855/15, EFG 2017, 1030 (n. rkr.), anhängig beim BFH unter V R 20/17.
5 BFH v. 3.4.2008 – V R 74/07, UR 2008, 698 = BB 2008, 2052.
6 *Tehler* in Rau/Dürrwächter, UStG, § 4 Nr. 22 Rz. 300 f (Stand: Juli 2015).
7 BFH v. 9.8.2007 – V R 27/04, UR 2007, 811.
8 Vgl. dazu *Tehler* in Rau/Dürrwächter, UStG, § 4 Nr. 22 Rz. 270 ff. (Stand: Juli 2015); *Wäger*, DStR 2014, 1517 (1521).

lassung eines Golfplatzes durch einen gemeinnützigen Golfverein (Greenfee)[1] sowie die Überlassung von Golfbällen aus einem Ballautomaten durch einen gemeinnützigen Golfverein,[2] da diese Leistungen für die Ausübung des Golfsports **unerlässlich** sind. Ebenso ist nach der Rechtsprechung des BFH die Erteilung von Golfeinzelunterricht durch einen gemeinnützigen Golfverein[3] von der Befreiung umfasst, weil sie der Erlangung und Vervollkommnung jener Fähigkeiten dient, die für die regelgerechte Ausübung des Sports benötigt werden. Dienstleistungen, die ein gemeinnütziger Reitsportverein im Rahmen einer Pensionspferdehaltung erbringt, sind von der Befreiung umfasst, wenn der vom gemeinnützigen Reitsportverein angebotene Reitsport in Gestalt der Erteilung von Reitunterricht, der Nutzung der Vereinsanlagen und dem Abhalten von Reitturnieren in vergleichbarer Qualität und auf demselben Niveau nicht ohne das zusätzlich angebotene „Gesamtpaket" in Form der Pensionspferdehaltung gewährleistet wäre.[4]

Für Tätigkeiten, die den **Kernbereich** der Steuerbefreiung des Art. 132 Abs. 1 lit. m MwSt- 18.65
SystRL betreffen, kann die Steuerbefreiung selbst dann nicht ausgeschlossen werden, wenn die Leistungen i.S.d. Art. 134 lit. b MwStSystRL der Erzielung zusätzlicher Einnahmen im unmittelbaren Wettbewerb mit steuerpflichtigen Unternehmen dienen (vgl. dazu Rz. 18.13 ff.).[5] Diesen Gedanken hat der BFH etwa im Zusammenhang mit der Nutzungsüberlassung eines Golfplatzes durch einen gemeinnützigen Golfverein,[6] der Überlassung von Golfbällen aus einem Ballautomaten durch einen gemeinnützigen Golfverein[7] und der Erteilung von Golfeinzelunterricht durch einen gemeinnützigen Golfverein[8] aufgegriffen (vgl. oben Rz. 18.64).[9] Betrachtet man die einschlägigen Urteilspassagen, versteht der BFH unter dem **Kernbereich** Dienstleistungen, die in **engem Zusammenhang mit Sport und Körperertüchtigung** stehen und für die Sportausübung **unerlässlich** i.S.d. Art. 134 lit. a MwStSystRL sind.[10] Die Ausführungen des BFH sind wohl so zu deuten, dass in diesen Fällen keine Prüfung im Hinblick auf *„zusätzliche Einnahmen"* bzw. einen unmittelbaren Wettbewerb mit steuerpflichtigen gewerblichen Unternehmen i.S.d. Art. 134 lit. b MwStSystRL zu erfolgen hat, da die Steuerbefreiung des Art. 132 Abs. 1 lit. m MwStSystRL ansonsten – insbesondere wegen des Wettbewerbs mit gewerblichen Sportanbietern – leerlaufen würde.[11]

Dienstleistungen, die ein Vermieter oder Verpächter von Sportstätten mangels eigenen Per- 18.66
sonals von anderen Unternehmern bezieht, um die Nutzungsüberlassung zu organisieren, wie etwa Reinigungsleistungen, Hausmeisterleistungen, Rechtsberatung bei der Gestaltung der Mietverträge oder Dienstleistungen betreffend die organisatorische Abwicklung des Nut-

1 BFH v. 11.10.2007 – V R 69/06, UR 2008, 153 = UR 2008, 186 m. Anm. *Stadie* = BB 2008, 134; v. 3.4.2008 – V R 74/07, UR 2008, 698 = BB 2008, 2052.
2 BFH v. 3.4.2008 – V R 74/07, UR 2008, 698 = BB 2008, 2052; v. 16.10.2013 – XI R 34/11, UR 2014, 481 = DB 2014, 282.
3 BFH v. 2.3.2011 – XI R 21/09, UR 2011, 589; v. 16.10.2013 – XI R 34/11, DB 2014, 282; a.A. noch FG Köln v. 20.2.2008 – 7 K 4943/05, EFG 2008, 892 (rkr.).
4 BFH v. 16.10.2013 – XI R 34/11, UR 2014, 481 = DB 2014, 282.
5 BFH v. 3.4.2008 – V R 74/07, BB 2008, 2052; v. 2.3.2011 – XI R 21/09, UR 2011, 589; v. 16.10.2013 – XI R 34/11, DB 2014, 282.
6 BFH v. 3.4.2008 – V R 74/07, UR 2008, 698 = BB 2008, 2052.
7 BFH v. 3.4.2008 – V R 74/07, UR 2008, 698 = BB 2008, 2052.
8 BFH v. 2.3.2011 – XI R 21/09, UR 2011, 589.
9 Dazu auch *Tehler* in Rau/Dürrwächter, UStG, § 4 Nr. 22 Rz. 271 ff. (Stand: Juli 2015).
10 *Tehler* in Rau/Dürrwächter, UStG, § 4 Nr. 22 Rz. 274 (Stand: Juli 2015).
11 *Fellner*, Sport und Gemeinnützigkeit in der Umsatzsteuer, 75; s. auch FG Köln v. 20.2.2008 – 7 K 4943/05, EFG 2008, 892 (rkr.).

zungsverhältnisses, sind nach der Rechtsprechung des BFH ihrer Art nach als solche für die Sportausübung **nicht unerlässlich** und fallen daher nicht unter die Steuerbefreiung. Diese Leistungen kommen – anders als etwa die Überlassung eines Sportplatzes zur Sportausübung oder die Bereitstellung von Schiedsrichtern für sportliche Wettkämpfe – nicht „tatsächlich" den Sportlern, sondern vielmehr dem Vermieter oder Verpächter zugute und stehen nur in einem mittelbaren Zusammenhang mit der Ausübung des Sports durch die Sportler.[1]

### 4. Nebenleistungen

18.67 Nebenleistungen, die mit den gem. § 4 Nr. 22 UStG befreiten Leistungen üblicherweise verbunden sind, werden nach nationalem deutschen Recht in der Regel befreit.[2] Voraussetzung ist, dass die Dienstleistung in engem Zusammenhang mit der anlässlich einer sportlichen Veranstaltung erbrachten Leistung steht. Die Nutzung von **Werbeflächen** (Bandenwerbung, Trikotwerbung) steht nach derzeitiger Praxis **nicht** in einem solchen **engen Zusammenhang** und fällt somit nicht unter die Befreiung von § 4 Nr. 22 Buchst. b UStG.[3] Auch unionsrechtlich fallen diese Leistungen nicht in den Anwendungsbereich der Steuerbefreiung nach Art 132 Abs. 1 lit. m MwStSystRL.

18.68 **Pauschale Teilnehmerentgelte für Sportreisen** (zur Qualifikation als sportliche Veranstaltung vgl. oben Rz. 18.56), die neben der sportlichen Dienstleistung auch Beherbergung Beköstigung und Beförderung zum Ort der sportlichen Dienstleistung abdecken, sind nach Ansicht der Finanzverwaltung[4] zur Gänze steuerfrei.[5] Eine solche Betrachtung ist wohl nur dann zutreffend, wenn Beherbergung, Beköstigung und Beförderung als umsatzsteuerliche Nebenleistung zur Hauptleistung der Einräumung der Möglichkeit der sportlichen Betätigung angesehen werden können.

## D. Auslegung der relevanten österreichischen Regelung

### I. Vorbemerkung

18.69 Die für den Sport maßgebende Steuerbefreiung findet sich im österreichischen Umsatzsteuerrecht in § 6 Abs. 1 Z. 14 UStG. Nach dieser Bestimmung sind „*Umsätze von gemeinnützigen Vereinigungen (§§ 34 bis 36 der BAO), deren satzungsgemäßer Zweck die Ausübung oder Förderung des Körpersportes ist*", von der Umsatzsteuer befreit. Die Befreiung gilt jedoch nicht für Leistungen, die im Rahmen eines land- und forstwirtschaftlichen Betriebes, eines Gewerbebetriebes oder eines wirtschaftlichen Geschäftsbetriebes i.S.d. § 45 Abs. 3 der BAO ausgeführt werden. § 6 Abs. 1 Z. 14 UStG entspricht wortlautgleich der Bestimmung des § 6 Z. 15 UStG 1972, deren Einführung mit einer Verwaltungsvereinfachung für die große Zahl von Sportvereinen begründet wurde.[6] In den Materialien zum UStG 1994 wird zu § 6 Abs. 1 Z. 14 UStG

1 BFH v. 5.8.2010 – V R 54/09, BStBl. II 2011, 191 = UR 2011, 353.
2 Abschn. 3.10 Abs. 5 UStAE; *Tehler* in Rau/Dürrwächter, UStG, § 4 Nr. 22 Rz. 291 (Stand: Juli 2015).
3 Abschn. 4.22.2 Abs. 4 UStAE.
4 Abschn. 4.22.2 Abs. 3 UStAE.
5 A.A. *Tehler* in Rau/Dürrwächter, UStG, § 4 Nr. 22 Rz. 298 (Stand: Juli 2015).
6 ErläutRV 382 BlgNr. XIII. GP 4.

ausgeführt, dass dieser den Vorgaben von Art. 13 Teil A Abs. 1 lit. m der 6. MwStRL (seit 1.1.2007: Art. 132 Abs. 1 lit. m MwStSystRL) entspräche.[1]

**Unionsrechtlich** erscheint die Befreiung im Kern durch Art. 132 Abs. 1 lit. m MwStSystRL gedeckt. **Zu eng** erscheint jedoch zum einen die Anknüpfung an den Gemeinnützigkeitsstatus gem. den §§ 34 bis 36 BAO des Leistungserbringers, da dieser über das Vorliegen einer Einrichtung ohne Gewinnstreben hinaus zusätzliche Anforderungen aufstellt.[2] Zum anderen erscheint die Befreiung teilweise als **zu weit**, weil sie nicht auf im engen Zusammenhang mit Sport und Körperertüchtigung stehende Dienstleistungen beschränkt ist, sondern grundsätzlich für sämtliche Umsätze im Rahmen unentbehrlicher und entbehrlicher Hilfsbetriebe von gemeinnützigen Vereinigungen, deren satzungsmäßiger Zweck die Ausübung oder Förderung des Körpersportes ist, gilt.[3] Ferner stellt die österreichische Bestimmung nicht darauf ab, dass der Leistungsempfänger selbst eine Person ist, die Sport oder Körperertüchtigung ausübt.[4] 18.70

Die EU-Kommission äußerte mehrfach Zweifel an der Vereinbarkeit des § 6 Abs. 1 Z. 14 UStG mit den unionsrechtlichen Vorgaben. In der Rs. *Turn- und Sportunion Waldburg* wies sie darauf hin, dass die österreichische Regelung weiter gefasst ist als Art. 13 Teil A Abs. 1 lit. m der 6. MwStRL (seit 1.1.2007: Art. 132 Abs. 1 lit. m MwStSystRL).[5] Der EuGH ging darauf jedoch nicht näher ein, da die Frage für das konkrete Vorabentscheidungsverfahren nicht unmittelbar von Bedeutung war.[6] Im Jahr 2008 leitete die EU-Kommission ein **Vertragsverletzungsverfahren** gegen Österreich ein und richtete ein Mahnschreiben an Österreich, in dem sie ihre Bedenken hinsichtlich eines zu weiten Anwendungsbereichs der österreichischen Befreiungsbestimmung äußerte. Die Kommission ging davon aus, dass Österreich die Steuerbefreiung zu weit fasst, *„da sie uneingeschränkt für alle Umsätze gemeinnütziger Vereinigungen gilt, deren Ziel es ist, Sport zu treiben oder zu fördern"*.[7] Im Jahr 2009 forderte die EU-Kommission Österreich in einer mit Gründen versehenen Stellungnahme auf, die nationalen Vorschriften an die unionsrechtlichen Vorgaben anzupassen.[8] Das **Vertragsverletzungsverfahren** gegen Österreich wurde jedoch im Jahre **2017** wieder **eingestellt**.[9] 18.71

## II. Persönlicher Anwendungsbereich des § 6 Abs. 1 Z. 14 UStG

Die Steuerbefreiung des § 6 Abs. 1 Z. 14 UStG setzt *„Umsätze von gemeinnützigen Vereinigungen i.S.d. §§ 34 bis 36 BAO"* voraus, deren satzungsmäßiger Zweck die Ausübung oder Förderung des Körpersportes ist. Es wird somit an die **Gemeinnützigkeitsvoraussetzungen** der 18.72

1 ErläutRV 1715 BlgNr. XVIII. GP 54.
2 So auch BFG v. 27.7.2016, RV/2100482/2015.
3 *Ruppe/Achatz*, UStG[5] § 6 Rz. 332/1.
4 *Kühbacher*, SWI 2009, 129 (136).
5 EuGH v. 12.1.2006 – Rs. C-246/04 – Turn- und Sportunion Waldburg, ECLI:EU:C:2006:22, Rz. 37, UR 2006, 224.
6 *Ehrke-Rabel* in Achatz/Tumpel, Unechte Steuerbefreiungen, 149 (194).
7 EU-Kommission, Pressemitteilung vom 26.6.2008, IP/08/1032; s. dazu *Renner*, SWK 2008, 793 (797). Die Ausführungen der EU-Kommission sind insoweit unzutreffend, als nach der nationalen Rechtslage nicht alle Umsätze gemeinnütziger Vereinigungen, sondern nur die im Rahmen unentbehrlicher und entbehrlicher Hilfsbetriebe von gemeinnützigen Vereinigungen erbrachten Umsätze befreit werden.
8 EU-Kommission, Pressemitteilung vom 8.10.2009, IP/09/1453; s. dazu *Fellner*, Sport und Gemeinnützigkeit in der Umsatzsteuer, 151.
9 Vgl. den Einstellungsbeschluss der Europäischen Kommission v. 17.5.2017.

BAO angeknüpft. Ob Gemeinnützigkeit vorliegt, ist aber nach h.A. nicht allein nach den §§ 34 bis 36 der BAO, sondern an Hand aller einschlägigen Vorschriften der BAO zu prüfen.[1] Somit müssen sämtliche Voraussetzungen der §§ 34 bis 47 BAO erfüllt sein. Die österreichische Rechtslage sieht keinen Feststellungsbescheid vor, der über das Vorliegen der Voraussetzungen abspricht, diese sind daher vielmehr in jedem Veranlagungszeitraum gesondert zu prüfen.

18.73 Bei der Schaffung des Befreiungstatbestandes von § 6 Abs. 1 Z. 14 UStG dürfte der österreichische Gesetzgeber insbesondere die in den Materialien zum UStG 1972 explizit erwähnte Rechtsform des Vereins vor Augen gehabt haben. Als „*Vereinigungen*" i.S.d. § 6 Abs. 1 Z. 14 UStG gelten aber auch die in § 34 Abs. 2 BAO genannten Körperschaften, Personenvereinigungen und Vermögensmassen.[2] Nach der Rechtsprechung des EuGH ist der Einrichtungsbegriff des Art. 132 MwStSystRL **rechtsformneutral** zu verstehen (vgl. dazu auch Rz. 9.17 ff.),[3] weswegen auch aus unionsrechtlicher Sicht nicht nur die für die Ausübung der betroffenen Tätigkeiten typische Rechtsform des Vereins unter die Steuerbefreiung fällt, sondern auch leistungserbringende Kapitalgesellschaften und Personengesellschaften sowie unter Umständen natürliche Personen (vgl. dazu Rz. 18.22 ff.).[4]

18.74 Die Gemeinnützigkeit setzt nach § 34 BAO voraus, dass die Vereinigung nach Gesetz, Satzung, Stiftungsbrief oder ihren sonstigen Rechtsgrundlagen und ihrer tatsächlichen Geschäftsführung **ausschließlich und unmittelbar der Förderung gemeinnütziger Zwecke** dient. Gemeinnützig sind dabei nach § 35 Abs. 1 BAO solche Zwecke, durch deren Erfüllung die Allgemeinheit gefördert wird. Eine solche Förderung der Allgemeinheit liegt gem. § 35 Abs. 2 BAO auch im Fall der Förderung des Körpersports vor. Die Anknüpfung an die nationalen Kriterien der Gemeinnützigkeit bedingt, dass die Befreiung **im Einzelnen** von Voraussetzungen abhängig gemacht wird, die mit dem **Unionsrecht nicht vereinbar** scheinen.[5]

18.75 Nach den Vorschriften der BAO (§ 36 Abs. 1 BAO) liegt eine Förderung der Allgemeinheit dann nicht vor, wenn der **geförderte Personenkreis** durch ein engeres Band wie die Zugehörigkeit zu einer Familie, zu einem Familienverband oder zu einem Verein mit geschlossener Mitgliederzahl fest **abgeschlossen** ist oder wenn in Folge seiner Abgrenzung nach örtlichen beruflichen oder sonstigen Merkmalen die Zahl der in Betracht kommenden Personen **dauernd nur klein** sein kann. Ein Verein, der nach seinem Zweck beispielsweise lediglich Mitarbeiter eines Unternehmens fördert, ist daher nicht gemeinnützig. Für die Steuerbefreiung i.S.d. Art. 132 Abs. 1 lit. m MwStSystRL ist es allerdings unerheblich, ob eine Einrichtung ohne Gewinnstreben gegenüber einem geschlossenen Personenkreis tätig wird.[6] Nach Unionsrecht müsste in solchen Fällen die Befreiung zustehen, wenn die Einrichtung ohne Gewinnstreben geführt wird und begünstigte Leistungen an die Arbeitnehmer erbringt (s. dazu auch Rz. 18.28 ff.).

---

1 Vgl. z.B. *Ruppe/Achatz*, UStG[5] § 6 Rz. 333.

2 *Fellner*, Sport und Gemeinnützigkeit in der Umsatzsteuer, 158.

3 EuGH v. 7.9.1999 – Rs. C-216/97, UR 1999, 419 – Gregg, ECLI:EU:C:1999:390, Rz. 17 ff.; v. 3.4.2003 – Rs. C-144/00 – Hoffmann, ECLI:EU:C:2003:192, Rz. 24 ff., UR 2003, 248 = UR 2003, 286 m. Anm. *Nieskens*.

4 *Fellner*, Sport und Gemeinnützigkeit in der Umsatzsteuer, 158 f.

5 So auch BFG v. 27.7.2016, RV/2100482/2015.

6 *Ehrke-Rabel* in Achatz/Tumpel, Unechte Steuerbefreiungen, 149 (165); *Fellner*, Sport und Gemeinnützigkeit in der Umsatzsteuer, 174 f.

Nach der Rechtsprechung des VwGH[1] ist ferner bei Sportvereinen, die nur die Sportausübung ihrer eigenen Mitglieder fördern, eine Förderung der Allgemeinheit zu verneinen, wenn sich Durchschnittsverdiener den Erwerb der Vereinsmitgliedschaft und damit die Aufnahme in den geförderten Personenkreis nicht leisten können.[2] Die österreichische Finanzverwaltung geht dabei von **pauschalen Beitragsobergrenzen** aus und nimmt eine die Allgemeinheit ausschließende und somit gemeinnützigkeitsschädliche Wirkung an, wenn der Jahresmitgliedsbeitrag 2.160 Euroübersteigt, Beitrittsgebühren bis zum fünffachen Jahresmitgliedsbeitrag sollen dabei bei kostenintensiven Sportarten aber unschädlich sein.[3] Aus unionsrechtlicher Sicht müsste uE eine **Befreiung** allerdings zustehen, wenn die Einrichtung ohne Gewinnstreben geführt wird und in engem Zusammenhang mit Sport und Körperertüchtigung stehende Dienstleistungen an Sport oder Körperertüchtigung ausübende Personen erbringt. Pauschale Beitragsobergrenzen sind dem Unionsrecht fremd. Auch die Aussagen des EuGH in der Rs. *Kommission/Spanien*[4] sind dahingehend zu interpretieren, dass pauschale Beitragsobergrenzen, die darauf hinauslaufen, dass Einrichtungen ohne Gewinnstreben i.S.d. Art. 132 Abs. 1 lit. m MwStSystRL, die kostenintensive Sportstätten, z.B. Golfplätze, Tennis- oder Schwimmhallen, betreiben, und für ihr sportliches Dienstleistungsangebot entsprechend hohe Preise verlangen müssen, nicht in den Anwendungsbereich der Steuerbefreiung fallen, unzulässig sind (vgl. dazu Rz. 18.35). 18.76

Die Gemeinnützigkeit erfordert weiters die **ausschließliche Förderung** des begünstigten Zwecks. Diese wird in § 39 BAO anhand von fünf kumulativ zu erfüllenden Voraussetzungen (Z. 1 bis 5) konkretisiert. Z. 1 sieht in diesem Zusammenhang vor, dass eine Vereinigung abgesehen von völlig untergeordneten Nebenzwecken keine anderen als gemeinnützige Zwecke verfolgen darf.[5] Die Vereinigung darf ferner keinen Gewinn erstreben und die Mitglieder dürfen keine Gewinnanteile oder sonstige Zuwendungen aus Mitteln der Körperschaft erhalten (Z. 2).[6] Insbesondere dürfen sie bei ihrem Ausscheiden oder bei Auflösung der Körperschaft nicht mehr als ihre Einlagen zurückerhalten (Z. 3).[7] Die Ausschließlichkeit setzt ferner voraus, dass die Körperschaft keine Person durch zweckfremde Verwaltungsausgaben oder unverhältnismäßig hohe Vergütungen begünstigen darf (Z. 4).[8] Bei Auflösung der Körperschaft oder Wegfall des begünstigten Zwecks darf das verbleibende Vermögen nur für gemeinnützige, mildtätige oder kirchliche Zwecke verwendet werden (Z. 5).[9] 18.77

Soweit diese **Kriterien der ausschließlichen Förderung** als Merkmale einer Einrichtung ohne Gewinnstreben ausgelegt werden können, dürfte die nationale Anknüpfung der unechten Steuerbefreiung an die abgabenrechtliche Gemeinnützigkeit mit dem Unionsrecht vereinbar 18.78

1 VwGH v. 26.6.2000 – 95/17/0003, ÖStZB 2001, 19.

2 *Fellner*, Sport und Gemeinnützigkeit in der Umsatzsteuer, 172.

3 VereinsR 2001, Rz. 15.

4 EuGH v. 7.5.1998 – Rs. C-124/96 – Kommission/Spanien, ECLI:EU:C:1998:204, Rz. 14 ff., UR 1998, 342.

5 Vereinigungen, die neben der Förderung des Körpersports auch andere gemeinnützige Zwecke verfolgen, bleiben zwar insgesamt gemeinnützig, nach der Verwaltungspraxis ist die Befreiung des § 6 Abs. 1 Z. 14 UStG aber nur anwendbar, wenn die Förderung des Körpersports Hauptzweck ist, vgl. UStR 2000, Rz. 884; weiters *Ruppe/Achatz*, UStG[5] § 6 Rz. 334; *Ritz*, BAO[5] § 39 Rz. 1 f.; *Stoll*, BAO-Kommentar, 465 ff.

6 Dazu *Ritz*, BAO[5] § 39 Rz. 3 ff.; *Stoll*, BAO-Kommentar, 468.

7 Dazu *Ritz*, BAO[5] § 39 Rz. 6; *Stoll*, BAO-Kommentar, 468 f.

8 Dazu *Ritz*, BAO[5] § 39 Rz. 7; *Stoll*, BAO-Kommentar, 469.

9 Dazu *Ritz*, BAO[5] § 39 Rz. 8 ff.; *Stoll*, BAO-Kommentar, 470 f.

sein.[1] Dies dürfte für die Voraussetzungen der Z. 2 bis 4 zutreffen. Wird eine dieser Voraussetzungen der Z 2 bis 4 nicht erfüllt und die Gemeinnützigkeit versagt, verstößt der Entfall der unechten Steuerbefreiung nicht gegen Unionsrecht, da in solchen Fällen auch nicht vom Vorliegen einer Einrichtung ohne Gewinnstreben i.S.d. Art. 132 Abs. 1 lit. m MwStSystRL ausgegangen werden kann. Eine Berufung auf günstigeres Unionsrecht kommt in diesen Fällen nicht in Betracht. Im Besonderen gilt dies auch für die Voraussetzung der Z 2. Zwar ist unionsrechtlich systematisches Gewinnstreben, welches nur auf eine Verwendung der Gewinne für die Durchführung der eigenen Leistungen abzielt (vgl. dazu Rz. 18.26), zulässig, dem entspricht jedoch auch die nationale h.A., wonach Gewinne zur Schaffung einer finanziellen Grundlage für zukünftige Zweckerfüllungsaufgabe erzielt werden dürfen.[2]

18.79 Wird hingegen die Gemeinnützigkeit deshalb aberkannt, weil Kriterien nicht erfüllt werden, die nicht als Merkmale des fehlenden Gewinnstrebens verstanden werden können, erscheint die Versagung der unechten Steuerbefreiung **unionsrechtswidrig**.[3] Wird etwa die Gemeinnützigkeit deshalb aberkannt, weil die gemeinnützige Tätigkeit nicht den Hauptzweck (Z. 1) bildet oder etwa die Liquidationsklausel lediglich die Übertragung an eine nicht gewinnerzielende Einrichtung (Z. 5) vorsieht und von den Abgabenbehörden eine Steuerpflicht der Leistungen angenommen, kann sich die Einrichtung daher auf für sie günstigeres Unionsrecht berufen, wenn sie ohne Gewinnstreben auftritt.

## III. Sachlicher Anwendungsbereich des § 6 Abs. 1 Z. 14 UStG

### 1. Begriff des Körpersports

18.80 Der Begriff **Körpersport** wird von der österreichischen Verwaltungspraxis traditionell **weit ausgelegt**, er umfasst auch sportliche Betätigungen, bei denen der körperliche Einsatz gegenüber der Technik in den Hintergrund tritt. Zum Körpersport zählen demnach auch der Motorsport[4], das Segelfliegen oder Schießen, nicht jedoch Denksportarten wie z.B. Schach, Skat oder Bridge.[5] Bei Sportarten, die der Freizeitgestaltung nahestehen, ist nach Ansicht der österreichischen Finanzverwaltung erforderlich, dass die Betätigung sportmäßig bzw. turniermäßig betrieben wird und die Pflege der Geselligkeit dabei nicht im Vordergrund steht. Als Beispiele werden in diesem Zusammenhang Billard, Dart, Minigolf, Tanzsport und der Modellflug genannt.[6] Zur unionsrechtlichen Auslegung des Begriffs Sport vgl. oben Rz. 18.15 ff.

### 2. Umfang der Steuerbegünstigung

18.81 § 6 Abs. 1 Z. 14 UStG schließt nach seinem zweiten Halbs. jene Umsätze von der Steuerbefreiung aus, die im Rahmen eines land- und forstwirtschaftlichen Betriebes, eines Gewerbebetriebes oder eines wirtschaftlichen Geschäftsbetriebes i.S.d. § 45 Abs. 3 BAO ausgeführt werden. Derartige Betriebe führen nach den Vorschriften der BAO nur dann nicht zum Verlust der Ge-

1 In diesem Sinne etwa *Fellner*, Sport und Gemeinnützigkeit in der Umsatzsteuer, 182 ff.

2 *Baldauf* in Baldauf/Renner/Wakounig, Die Besteuerung der Vereine[10], B 226; *Ritz*, BAO[5], § 39 Rz. 3; *Achatz/Haller* in Achatz/Kirchmayr, KStG, § 5 Rz. 96; *Fellner*, Sport und Gemeinnützigkeit in der Umsatzsteuer, 178 f.

3 Vgl. auch *Ruppe/Achatz*, UStG[5], § 6 Rz. 332/1; *Rattinger* in Melhardt/Tumpel, UStG[2], § 6 Rz. 459.

4 So auch BFG v. 27.7.2016, RV/2100482/2015.

5 UStR 2000, Rz. 884, VereinsR 2001, Rz. 478.

6 UStR 2000, Rz. 883 mit Verweis auf VereinsR 2001, Rz. 72.

meinnützigkeit, wenn eine **Ausnahmegenehmigung** gem. § 44 Abs. 2 BAO vorliegt. Übersteigen die Umsätze, die im Rahmen von land- und forstwirtschaftlichen Betrieben, Gewerbebetrieben und wirtschaftlichen Geschäftsbetrieben gem. § 45 Abs. 3 BAO ausgeführt werden, im Veranlagungszeitraum insgesamt nicht den Betrag von 40.000 Euro, gilt die Ausnahmegenehmigung gem. § 44 Abs. 2 BAO insoweit als erteilt, als die Abgabepflicht hinsichtlich dieser Betriebe zwar bestehen bleibt, der Gemeinnützigkeitsstatus auf abgabenrechtlichem Gebiet aber nicht berührt wird.[1] Voraussetzung hierfür ist aber, dass erzielte Überschüsse dieser Betriebe zur Förderung der gemeinnützigen Zwecke dienen. Hinsichtlich der der Steuerpflicht unterliegenden Umsätze ist ferner zu prüfen, ob allenfalls andere Steuerbefreiungen wie bspw. die Kleinunternehmerregelung des § 6 Abs. 1 Z. 27 UStG zur Anwendung kommen.[2]

Im **Anwendungsbereich** der Steuerbefreiung des § 6 Abs. 1 Z. 14 UStG verbleiben somit prinzipiell jene Umsätze, die im Rahmen sog. **unentbehrlicher Hilfsbetriebe** (§ 45 Abs. 2 BAO, sog. „Zweckbetrieb") bzw. **entbehrlicher Hilfsbetriebe** (§ 45 Abs. 1 BAO, sog. „Zweckbetrieb im weiteren Sinn") erzielt werden. 18.82

Ein **unentbehrlicher Hilfsbetrieb („Zweckbetrieb")** liegt vor, wenn der wirtschaftliche Geschäftsbetrieb in seiner Gesamtrichtung auf Erfüllung der gemeinnützigen Zwecke eingestellt ist, die Zwecke anders als durch den wirtschaftlichen Geschäftsbetrieb nicht erreichbar sind und der wirtschaftliche Geschäftsbetrieb zu abgabepflichtigen Betrieben derselben oder ähnlicher Art nicht in größerem Umfang in Wettbewerb tritt, als dies bei Erfüllung der Zwecke unvermeidbar ist (§ 45 Abs. 2 BAO).[3] Als unentbehrlicher Hilfsbetrieb gelten etwa gewisse Umsätze an Sportausübende (bspw die Erteilung von Sportunterricht oder die Überlassung von Sportanlagen), Start- bzw. Nenngelder bei sportlichen Wettkämpfen, Zuschauereintrittsgelder bei Sportveranstaltungen, Erlöse aus Banden- oder Trikotwerbung, Sponsoreinnahmen, Spielerablösen oder Erlöse aus Sonderleistungen (z.B. Garderobenkästen, Abstellplätze, etc).[4] 18.83

Ein **entbehrlicher Hilfsbetrieb („Zweckbetrieb im weiteren Sinn")** liegt vor, wenn er sich als Mittel zur Erreichung der gemeinnützigen Zwecke darstellt. Diese Voraussetzung ist gegeben, wenn durch den Betrieb eine Abweichung von den in der Rechtsgrundlage der Körperschaft festgelegten Zwecken nicht eintritt und die durch den wirtschaftlichen Geschäftsbetrieb erzielten Überschüsse der Körperschaft zur Förderung ihrer gemeinnützigen Zwecke dienen (§ 45 Abs. 1 BAO). Im Unterschied zum unentbehrlichen Hilfsbetrieb ist der Betrieb aber nicht in seiner Gesamtrichtung auf die Erfüllung begünstigter Zwecke eingestellt und die begünstigten Zwecke sind auch anders als durch den betreffenden Betrieb erreichbar.[5] Einem entbehrlichen Hilfsbetrieb zugerechnet wird etwa der Verkauf von Sportgeräten, wenn ein Zusammenhang mit dem Vereinszweck besteht, die Gegenstände nur zu Selbstkosten abgegeben werden, lediglich der Mitgliederbedarf gedeckt wird und die Einnahmen aus der Betätigung im Verhältnis zu den übrigen Vereinseinnahmen nur eine untergeordnete Rolle spielen.[6] Feste 18.84

---

1 *Ruppe/Achatz*, UStG⁵, § 6 Rz. 336; *Tschiderer/Mayr/Kanduth-Kristen* in Berger/Bürgler/Kanduth-Kristen/Wakounig, UStG-ON$^{2.07}$, § 6 Rz. 440.

2 *Ruppe/Achatz*, UStG$^4$, § 6 Rz. 337; *Tschiderer/Mayr/Kanduth-Kristen* in Berger/Bürgler/Kanduth-Kristen/Wakounig, UStG-ON$^{2.07}$, § 6 Rz. 440.

3 Hierzu auch *Ritz*, BAO$^5$, § 45 Rz. 1.

4 *Ruppe/Achatz*, UStG$^4$, § 6 Rz. 338; *Fellner*, Sport und Gemeinnützigkeit in der Umsatzsteuer, 199 ff.

5 Hierzu auch *Ritz*, BAO$^5$, § 45 Rz. 5.

6 VereinsR 2001, Rz. 277; *Ruppe/Achatz*, UStG$^5$, § 6 Rz. 338.

und gesellige Veranstaltungen werden unter bestimmten Voraussetzungen ebenfalls als entbehrliche Hilfsbetriebe eingeordnet (sog. „kleine Vereinsfeste“[1]).[2]

18.85 Aufgrund der Zuordnung der entsprechenden Umsätze zu einem – steuerfreien – unentbehrlichen oder entbehrlichen Hilfsbetrieb stellt die österreichische Regelung somit hinsichtlich der Person des **Leistungsempfängers** nicht darauf ab, dass der Leistungsempfänger selbst eine Person ist, die Sport oder Körperertüchtigung ausübt.[3] Somit sind beispielsweise auch Werbeleistungen, Sponsoreinnahmen oder Zuschauereintrittsgelder von der nationalen Befreiung erfasst, während von der Steuerbefreiung des Art. 132 Abs. 1 lit. m MwStSystRL hingegen nur solche Dienstleistungen umfasst sind, die an Sport oder Körperertüchtigung ausübende Personen erbracht werden. § 6 Abs. 1 Z. 14 UStG geht insoweit hierbei in seinem Ergebnis über das unionsrechtliche Erfordernis hinaus.[4] Wenn daher die Finanzverwaltung Leistungen im Zusammenhang mit dem sog. **Sachsponsoring** (die Einrichtung erhält für Werbeleistungen gewisse Sachleistungen) wie die Zurverfügungstellung von Ausrüstungsgegenständen, die Leihe von Autos bzw. die dafür von gemeinnützigen Sportvereinen erbrachten Werbeleistungen unter Berufung auf Art. 132 Abs. 1 lit. m MwStSystRL und die mit § 6 Abs. 1 Z. 14 UStG verfolgten Ziele weder als Leistungsaustausch noch als Eigenverbrauch besteuert, entspricht dies nicht den unionsrechtlichen Vorgaben.[5] Soweit die Steuerpflicht für die Vereinigung (z.B. aufgrund hoher Vorsteuern) günstiger erscheint, kann sie insoweit unter Berufung auf günstigeres Unionsrecht von einer Anwendung der Steuerbefreiung absehen.

### 3. Praktische Bedeutung der Steuerbefreiung

18.86 Die **praktische Bedeutung** der unechten Befreiung für Leistungen der unentbehrlichen und entbehrlichen Hilfsbetriebe ist allerdings **gering.**[6] Die österreichische Finanzverwaltung nimmt nämlich bei im Rahmen von wirtschaftlichen Geschäftsbetrieben nach § 45 Abs. 1 und Abs. 2 BAO ausgeübten Tätigkeiten an, dass sie unter die **Liebhabereivermutung** des § 2 Abs. 5 Z. 2 UStG fallen und somit **nicht steuerbare Umsätze** i.S.d. UStG darstellen.[7] Die Liebhabereivermutung kann vom Steuerpflichtigen aber nach Maßgabe von Rz. 463 ff. der VereinsR 2001 widerlegt werden, die Tätigkeit ist sodann als unternehmerisch zu werten.[8] Nur im Falle der Widerlegung der Liebhabereivermutung fallen daher die im Rahmen unentbehrlicher und entbehrlicher Hilfsbetriebe erzielten Umsätze unter die unechte Befreiung des § 6 Abs. 1 Z. 14 UStG. Sowohl die von der Finanzverwaltung angenommene Liebhabereivermutung als auch das eingeräumte Wahlrecht entsprechen aber weder der nationalen Liebhabereiverordnung noch den Vorgaben der MwStSystRL.[9]

---

1 Vgl. hierzu den durch das EU-AbgÄG 2016 (BGBl. I 2016/77) neu geschaffenen § 45 Abs. 1a BAO sowie VereinsR 2001, Rz. 306.

2 VereinsR 2001, Rz. 366 ff. und Rz. 477 ff.

3 *Kühbacher*, SWI 2009, 129 (136).

4 *Kühbacher*, SWI 2009, 129 (136).

5 UStR 2000, Rz. 886 a; VereinsR 2001, Rz. 480.

6 *Ruppe/Achatz*, UStG[5], § 6 Rz. 337; *Tschiderer/Mayr/Kanduth-Kristen* in Berger/Bürgler/Kanduth-Kristen/Wakounig, UStG-ON[2.07], § 6 Rz. 441.

7 VereinsR 2001, Rz. 463; UStR 2000, Rz. 1239 f.

8 VereinsR 2001, Rz. 465; *Ruppe/Achatz*, UStG[5], § 2 Rz. 270.

9 Hierzu *Ruppe/Achatz*, UStG[5], § 2 Rz. 272, *Renner*, SWK 2005, 537; ebenso VwGH v. 19.9.2013, 2010/15/0117, ÖStZB 2014, 674; BFG v. 27.7.2016, RV/2100482/2015.

Leistungen gegenüber Mitgliedern zur Erfüllung des satzungsmäßigen Zwecks sind nach Ansicht des österreichischen Finanzverwaltung mangels Leistungsaustausch nicht umsatzsteuerbar (sog. **echte Mitgliedsbeiträge**).[1] Die unechte Befreiung kommt somit nur dann ins Spiel, wenn der gemeinnützige Rechtsträger zur Unternehmereigenschaft optiert und die Leistung nicht über einen echten Mitgliedsbeitrag, sondern durch Sonderentgelte finanziert wird. Nach Ansicht des EuGH in der Rs. *Kennemer Golf & Country Club*[2] sind hingegen Jahresbeiträge, die Mitglieder an Sportvereine bezahlen, selbst dann Leistungsentgelte für die Benutzung der Vereinseinrichtungen, wenn sie von Mitgliedern bezahlt werden, die die Anlagen nicht nützen (vgl. auch *Heber*, Rz. 8.10).[3] 18.87

## 4. Nutzungsüberlassung und Grundstücksumsätze

Die (passive) **Vermietung von Grundstücken** fällt nicht unter § 6 Abs. 1 Z. 14 UStG, da die Steuerbefreiung des § 6 Abs. 1 Z. 16 UStG als die gegenüber § 6 Abs. 1 Z. 14 UStG speziellere Bestimmung gilt.[4] Somit wird für Grundstücksvermietungsumsätze von gemeinnützigen Vereinigungen, deren satzungsgemäßer Zweck die Ausübung oder Förderung des Körpersportes ist, zugleich die Möglichkeit der Option zur Steuerpflicht nach § 6 Abs. 2 UStG eingeräumt. Dieses Ergebnis ist unionsrechtskonform.[5] 18.88

Für Vermietungsumsätze, die nicht unter die Steuerbefreiung des § 6 Abs. 1 Z. 16 UStG fallen, besteht grundsätzlich Steuerpflicht (z.B. die Vermietung von Grundstücken für Wohnzwecke oder für das Abstellen von Fahrzeugen).[6] Nach der Verwaltungspraxis ist die unechte Befreiung nach § 6 Abs. 1 Z. 14 nur dann anzuwenden, wenn die Leistungen in einem **engen Zusammenhang** mit der Sportausübung stehen, etwa im Falle der Vermietung eines Parkplatzes an einen Spieler für die Dauer des Spieles.[7] Ein enger Zusammenhang ist nach der Rechtsprechung des EuGH[8] auch bei der Vermietung von Abstellplätzen für sportliche Geräte an sportausübende Personen anzunehmen, wenn die Vermietung in engem Zusammenhang mit der Ausübung dieses Sports steht (vgl. dazu Rz. 18.6 ff.). 18.89

Die entgeltliche **Überlassung von Sportstätten** durch gemeinnützige Sportvereine fällt nach Ansicht der österreichischen Finanzverwaltung nicht unter die Steuerbefreiung für die Nutzungsüberlassung von Grundstücken gem. § 6 Abs. 1 Z. 16 UStG, wenn neben der passiven Zurverfügungstellung des Grundstückes (samt Anlagen und Betriebsvorrichtungen) zusätzlich noch geschäftliche Aktivitäten im Zusammenhang mit der Sport- und Spielanlage – wie z.B. Aufsicht, Verwaltung, ständige Unterhaltung – erbracht werden. Durch den unmittel- 18.90

1 *Ruppe/Achatz*, UStG[5], § 6 Rz. 337; UStR 2000 Rz. 33.
2 EuGH v. 21.3.2002 – Rs. C-174/00, – Kennemer Golf & Country Club, ECLI:EU:C:2002:200, Rz. 40 UR 2002, 320 m. Anm. *Widmann*.
3 *Rattinger* in Melhardt/Tumpel[2], § 6 Rz. 463.
4 Vgl. VwGH v. 25.6.2007 – 2006/14/0001, ÖStZB 2008, 50 als Folge des Urt. des EuGH v. 12.1.2006 – Rs. C-246/04 – Turn- und Sportunion Waldburg, ECLI:EU:C:2006:22, UR 2006, 224. S. dazu auch *Ruppe/Achatz*, UStG[5], § 6 Rz. 336/1; *Rattinger* in Melhardt/Tumpel[2], § 6 Rz. 461; *Perl/Röster*, SWK 2007, 833 ff.; *Pirklbauer/Wagner*, FJ 2007, 356 f.; *Renner*, SWK 2007, 662 ff.; *Zorn*, RdW 2007, 509 f.
5 *Ehrke-Rabel* in Achatz/Tumpel, Unechte Steuerbefreiungen, 149 (193); *Fellner*, Sport und Gemeinnützigkeit in der Umsatzsteuer, 213.
6 UStR 2000, Rz. 886; ebenso VereinsR 2001 Rz. 481; s. auch *Krammer/Plank/Pleininger/Rößler/Sarnthein/Schwab/Ungericht*, ÖStZ 2007, 540 (544 f.).
7 VereinsR 2001, Rz. 481; s. auch *Hammerl/Krammer/Krammer*, RdW 2012, 438 (440).
8 EuGH v. 25.2.2016 – Rs. C-22/15 – Kommission/Niederlande, ECLI:EU:C:2016:118, Rz. 47.

baren Zusammenhang mit der Sportausübung kommt jedoch diesfalls die Steuerbefreiung gem. § 6 Abs. 1 Z 14 UStG 1994 zur Anwendung. Dies gilt auch für die Nutzungsüberlassung von Sportgeräten.[1]

18.91 **Grundstücksumsätze** gemeinnütziger Sportvereinigungen fallen nach der Verwaltungspraxis ebenfalls nicht unter § 6 Abs. 1 Z. 14. Sie sind nach § 6 Abs. 1 Z. 9 lit. a UStG befreit, womit auch in diesem Fall die Möglichkeit der Option zur Steuerpflicht nach § 6 Abs. 2 UStG eröffnet ist.[2]

## E. Reformvorschläge

18.92 Die Divergenzen zwischen nationaler Rechtslage und Unionsrecht sind vielfältig. Sie betreffen einerseits die persönlichen, andererseits die sachlichen Anwendungsvoraussetzungen der Steuerbefreiung. Gerade der Sport stellt dabei ein Instrument der Integration und mitgliedstaatlichen Verständigung dar. Dies findet auch seinen Ausdruck in der Zunahme sportlicher Initiativen, die regional aber auch europaweit grenzüberschreitend organisiert werden. Schon aus dieser Warte erscheint eine vollständige Angleichung des nationalen Rechts an die Vorgabe der MwStSystRL geboten. Die Befreiungsvorschrift im nationalen deutschen bzw. österreichischen UStG sollte daher lauten:

18.93 „Von den unter § 1 Abs. 1 Nr. 1 (Z 1) fallenden Umsätzen sind steuerfrei:

„Bestimmte in engem Zusammenhang mit Sport oder Körperertüchtigung stehende Dienstleistungen, die Einrichtungen ohne Gewinnstreben an Personen erbringen, die Sport oder Körperertüchtigung ausüben. Von der Befreiung sind Dienstleistungen ausgeschlossen, die im Wesentlichen dazu bestimmt sind, Einrichtungen zusätzliche Einnahmen durch Tätigkeiten zu verschaffen, die in unmittelbarem Wettbewerb mit Tätigkeiten von der Mehrwertsteuer unterliegenden gewerblichen Unternehmen durchgeführt werden."

1 UStR 2000, Rz. 891a; VereinsR 2001, Rz. 481a mit Verweis auf EuGH v. 18.1.2001 – Rs. C-150/99 – Stockholm Lindöpark, ECLI:EU:C:2001:34, UR 2001, 153.

2 UStR 2000 Rz. 886; ebenso VereinsR 2001, Rz. 481.

# Kapitel 19
# Kulturelle Dienstleistungen, Art. 132 Abs. 1 Buchst. n MwStSystRL

**Literatur (Deutschland):** *Alvermann/Fraedrich*, Die Umsatzbesteuerung von Theatervorführungen, UStB 2003, 80; *Baisch/Schüppen*, Irrwege und Auswege: Die Besteuerung ausländischer (Opern-)Sänger nach dem Jahressteuergesetz 1996, DStR 1996, 1545; *Berkenheide*, Zur Änderung der Steuerbefreiungen im Umsatzsteuergesetz 1980, DStZ 1980, 140; *Burgmaier*, Umsätze im kulturellen Bereich, UStB 2003, 107; *Dziadkowski*, Kein Verzicht auf die unechte Steuerbefreiung nach § 4 Nr. 20 UStG?, UR 2007, 408; *Ehrhardt*, Zur Umsatzsteuerfreiheit der Theater, DStZ/A 1964, 120; *Grams*, Steuerbefreiung nach § 4 Nr. 20 UStG, UR 1995, 41; *Grams/Schroen*, Zum Regelungsumfang des Gleichstellungsbescheides nach § 4 Nr. 20a UStG, DStR 2007, 611; *Haase*, Hamburgsien im Steuerrecht: Die umsatzsteuerrechtliche Behandlung von Alsterschuten, Helgolandfähren und Butterfahrten, UVR 2004, 185; *Hättich/Renz*, Handeln mit Eintrittskarten für kulturelle Veranstaltungen, NWB 2010, 601; *Koch*, Umsatzsteuerbefreiung für kulturelle Leistungen – Zur Anwendbarkeit von § 4 Nr. 20 UStG – Aktuelle Entwicklungen, NWB 2014, 760; *Kohlhaas*, Abwehrstrategien zur Vermeidung der Umsatzsteuerfreiheit kultureller Veranstaltungen – Zur Gleichartigkeit der Einrichtung privater Unternehmen i.S.d. § 4 Nr. 20a UStG, DStR 2008, 1020; *Kohlhaas*, Konzertveranstaltungen zukünftig immer umsatzsteuerfrei – Zu möglichen Folgewirkungen des Urteils des BVerwG vom 4.5.2006, DStR 2007, 138; *Kohlhaas*, Bindungswirkung der Bescheinigung der zuständigen Landesbehörde gem. § 4 Nr. 20a Satz 2 UStG,

UR 1999, 106; *Kohlhaas*, Grundlagenbescheid im Umsatzsteuerrecht – Bescheinigung der zuständigen Landesbehörde nach § 4 Nr. 20 Buchst. a UStG – Kritik an BFH, Urt. v. 24.9.1998 – V R 3/98, UR 1999, 392; *Küntzel*, Umsatzsteuerfreiheit bzw. Anwendung des ermäßigten Steuersatzes für Leistungen freier Dirigenten und andere kulturelle Dienstleistungen, DStR 2006, 598; *Lausterer*, Anmerkung zum Vorlagebeschluss des BGH v. 5.4.2000 an den EuGH in der Rechtssache Matthias Hoffmann – 5 StR 169/00, UR 2000, 288; *Leippe*, Die steuerliche Behandlung der Hilfsgeschäfte von kulturellen Einrichtungen i.S.d. § 4 Nr. 20 UStG, UR 1985, 152; *Lohse*, Anmerkung zu EuGH v. 3.4.2003 – Rs. C-144/00 – Matthias Hoffmann, BB 2003, 1107; *Matheja*, Zur Steuerbefreiung der Orchester (§ 4 Nr. 20 UStG), UStR 1972, 53; *Matheja*, Veranstaltung einer Ausstellung durch ein naturkundliches Museum, UStR 1975, 48; *Matheja*, Zum Begriff „Führung eines Theaters" – § 4 Nr. 20 UStG, UStR 1982, 63; *Moldau/Temme*, Umsatzsteuer bei Künstlern, Künstleragenturen und Veranstaltern, UStB 2013, 78 und 148; *Nieskens*, Anmerkung zu EuGH v. 3.4.2003 – Rs. C-144/00 – Matthias Hoffmann, UR 2003, 286; *Nieskens*, Des Solokünstlers zweite Chance, BB 2000, 1493; *Poppele*, Bescheinigung nach § 4 Nr. 20a Satz 2 UStG und Nullregelung im § 52 Abs. 2 UStDV, UR 1997, 21; *Rädler/Lausterer*, Zur umsatzsteuerlichen Behandlung der Leistungen von vortragenden Künstlern, UVR 1998, 410; *Raudszus*, Umsatzbesteuerung bei Musikern: Steuerpflicht oder Steuerbefreiung – zur Zeit ein faktisches Wahlrecht, UStB 2003, 269; *Raudszus/Weimann*, § 4 UStG verstößt, soweit er in den Nr. 16, 17, 20, 21, 22, 23 und 24 auch Leistungen natürlicher Personen von der Umsatzsteuer befreit, gegen die Sechste Richtlinie, UVR 1996, 66; *Ruppe*, „Unechte" Umsatzsteuerbefreiungen, in Englisch (Hrsg.), Die Steuerrechtsordnung in der Diskussion, FS für Tipke, Köln 1995, 457; *A. Schmidt*, Die Steuerbefreiung für kulturelle Einrichtungen i.S.d. § 4 Nr. 20 UStG, UStR 1969, 71; *J.W. Schmidt*, Nochmals: Die Steuerbefreiung für kulturelle Einrichtungen i.S.d. § 4 Nr. 20 UStG, UStR 1969, 132 (dazu Erwiderung von *A. Schmidt*, UStR 1969, 134); *Schmittmann*, Neuere Entwicklung bei der Umsatzbesteuerung künstlerischer Berufe, StuB 2010, 394; *Schroen*, Reformvorschlag zur „unglücklichen Steuerbefreiung" § 4 Nr. 20 UStG, DStR 2007, 1566; *Serafini*, Auch Einzelkünstler können sich auf Umsatzsteuerbefreiung berufen, GStB 2003, 360; *Stadie*, Änderungen des Umsatzsteuergesetzes durch das Jahressteuergesetz 2010, UR 2011, 125; *Tibusek*, Umsatzsteuerbefreiung für kulturelle Einrichtungen, StWA 1973, 27; *Völkel*, Inhalt und Bedeutung des Tatbestandsmerkmals „Bescheinigung der zuständigen Landesbehörde" für Befreiungstatbestände im Umsatzsteuerrecht, UR 1989, 113; *Wagner*, Anmerkung zu EuGH v. 3.4.2003 – Rs. C-144/00 – Matthias Hoffmann, UVR 2003, 340; *Weber*, Umsatzsteuer und künstlerische Leistungen, UR 2005, 588; *Widmann*, Die durch das Amtshilferichtlinie-Umsetzungsgesetz angeordneten Änderungen des Umsatzsteuergesetzes, MwStR 2013, 321; *Zimmer*, Die Besteuerung der Museen nach dem UStG, UR 1986, 56.

## A. Normtexte

**Art. 132 Abs. 1 Buchst. n MwStSystRL** 19.1

**Art. 132 MwStSystRL**

**(1) Die Mitgliedstaaten befreien folgende Umsätze von der Steuer:**

[…]

**n) bestimmte kulturelle Dienstleistungen und eng damit verbundene Lieferungen von Gegenständen, die von Einrichtungen des öffentlichen Rechts oder anderen von dem betreffenden Mitgliedstaat anerkannten kulturellen Einrichtungen erbracht werden.**

[…]

(2) […]

**§ 4 Nr. 20 und Nr. 22 Buchst. b UStG**

**§ 4 UStG**

**Von den unter § 1 Abs. 1 Nr. 1 fallenden Umsätzen sind steuerfrei:**

**[…]**

**20.**

**a) die Umsätze folgender Einrichtungen des Bundes, der Länder, der Gemeinden oder der Gemeindeverbände: Theater, Orchester, Kammermusikensembles, Chöre, Museen, botanische Gärten, zoologische Gärten, Tierparks, Archive, Büchereien sowie Denkmäler der Bau- und Gartenbaukunst. [2]Das Gleiche gilt für die Umsätze gleichartiger Einrichtungen anderer Unternehmer, wenn die zuständige Landesbehörde bescheinigt, dass sie die gleichen kulturellen Aufgaben wie die in Satz 1 bezeichneten Einrichtungen erfüllen. [3]Steuerfrei sind auch die Umsätze von Bühnenregisseuren und Bühnenchoreographen an Einrichtungen im Sinne der Sätze 1 und 2, wenn die zuständige Landesbehörde bescheinigt, dass deren künstlerische Leistungen diesen Einrichtungen unmittelbar dienen. [4]Museen im Sinne dieser Vorschrift sind wissenschaftliche Sammlungen und Kunstsammlungen,**

**b) die Veranstaltung von Theateraufführungen und Konzerten durch andere Unternehmer, wenn die Darbietungen von den unter Buchstabe a bezeichneten Theatern, Orchestern, Kammermusikensembles oder Chören erbracht werden,**

**[…]**

**22.**

**a) […]**

**b) andere kulturelle […] Veranstaltungen, die von den in Buchstabe a genannten Unternehmern [scil.: juristischen Personen des öffentlichen Rechts, Verwaltungs- und Wirtschaftsakademien sowie Einrichtungen, die gemeinnützigen Zwecken oder dem Zweck eines Berufsverbandes dienen] durchgeführt werden, soweit das Entgelt in Teilnehmergebühren besteht;**

**[…]**

## B. Auslegung des Art. 132 Abs. 1 Buchst. n MwStSystRL

### I. Grundlagen

19.2 Unionsrechtliche Grundlage für die Umsatzsteuerbefreiung für Leistungen im kulturellen Bereich ist **Art. 132 Abs. 1 Buchst. n MwStSystRL.**[1] Danach befreien die Mitgliedstaaten bestimmte kulturelle Dienstleistungen und eng damit verbundene Lieferungen von Gegenständen, die von Einrichtungen des öffentlichen Rechts oder anderen von dem betreffenden Mitgliedstaat anerkannten kulturellen Einrichtungen erbracht werden. Zweck auch dieser Steuerbefreiung ist die **Entlastung der Leistungsempfänger.**[2] Auch Art. 132 Abs. 1 Buchst. n MwStSystRL ist in **Zusammenschau mit Art. 133 f. MwStSystRL**[3] zu lesen.

Die Steuerbefreiung nach Art. 132 Abs. 1 Buchst. n MwStSystRL wird ergänzt durch die Steuerbefreiung nach **Art. 136 Buchst. a MwStSystRL**[4]. Danach befreien die Mitgliedstaaten die Lieferung von Gegenständen, die ausschließlich für eine u.a. nach Art. 132 Abs. 1 Buchst. n

1 BT-Drucks. 17/2249, 75.

2 Zum Zweck der Steuerbefreiungen nach Art. 132 Abs. 1 MwStSystRL *Hüttemann* in Rz. 3.34 ff.

3 Siehe dazu *Schauhoff*, Rz. 10.120.

4 Entspricht Art. 13 Teil B Buchst. c der 6. EG-Richtlinie (Richtlinie 77/388/EWG v. 17.5.1977, ABl. EG Nr. L 145 v. 13.6.1977, 1).

MwStSystRL von der Steuer befreite Tätigkeit bestimmt waren, wenn für diese Gegenstände kein Recht auf Vorsteuerabzug bestanden hat.

Der Wortlaut des Art. 132 Abs. 1 Buchst. n MwStSystRL entspricht mit Ausnahme des einleitenden Halbsatzes exakt dem der Vorgängervorschrift, **Art. 13 Teil A Abs. 1 Buchst. n der sog. 6. EG-Richtlinie.**[1] Die dort angeordnete Steuerbefreiung blieb während einer zunächst auf fünf Jahre festgesetzten **Übergangsfrist** vom 1.1.1978 bis zum 31.12.1982 **fakultativ** (Art. 28 Abs. 3 Buchst. a und Abs. 4 Satz 1 i.V.m. Anhang E Nr. 5 der 6. EG-Richtlinie). Von der Möglichkeit, kulturelle Dienstleistungen und damit eng verbundene Lieferungen von Gegenständen während der genannten Übergangsfrist zu besteuern, hat die Bundesrepublik Deutschland keinen Gebrauch gemacht. Die zwischenzeitlich verlängerte Übergangsfrist erklärte der Rat mit Ablauf des 31.12.1989 für beendet (Art. 28 Abs. 4 Satz 2 der 6. EG-Richtlinie i.V.m. Art. 1 Nr. 1 Satz 1 der 18. EG-Richtlinie[2]); **seit dem 1.1.1990** ist die Steuerbefreiung für kulturelle Dienstleistungen und eng damit verbundene Lieferungen von Gegenständen für sämtliche Mitgliedstaaten **zwingend.** 19.3

Den Mitgliedstaaten, die bis zum 1.1.1989 Umsatzsteuer auf kulturelle Dienstleistungen und eng damit verbundene Lieferungen von Gegenständen erhoben haben, wurde das Recht eingeräumt, die Steuerbefreiung auch dann von der Bedingung abhängig zu machen, dass sie nicht zu Wettbewerbsverzerrungen zuungunsten der Mehrwertsteuer unterliegender gewerblicher Unternehmen führt, wenn für die gleichen Leistungen durch Einrichtungen des öffentlichen Rechts eine Steuerbefreiung gewährt wird (Art. 1 Nr. 1 Satz 2 der 18. EG-Richtlinie[3], übernommen in **Art. 133 Satz 2 MwStSystRL**). Diese Regelung ist für die Bundesrepublik Deutschland, die Leistungen im kulturellen Bereich bereits zum 1.1.1989 steuerfreigestellt hat, **nicht einschlägig.** 19.4

Die 6. EG-Richtlinie sah weiterhin ein Wahlrecht dahingehend vor, dass die Mitgliedstaaten speziell **Dienstleistungen** von **Autoren**, **Künstlern** und **Interpreten von Kunstwerken** während der oben genannten Übergangsfrist bis zum 31.12.1982 unter den bereits geltenden nationalen Bedingungen mehrwertsteuer*frei* stellen können (Art. 28 Abs. 3 Buchst. b i.V.m. Anhang F Nr. 2 der 6. EG-Richtlinie[4]).[5] In Bezug auf dieses Wahlrecht wurde die Übergangsfrist *nicht* verlängert. Die Dienstleistungen von Autoren, Künstlern und Interpreten von Kunstwerken sind daher grundsätzlich mehrwertsteuer*pflichtig*, können aber unter den Voraussetzungen des Art. 132 Abs. 1 Buchst. n MwStSystRL steuerbefreit sein.[6] 19.5

Bei der Prüfung, welche Leistungen im kulturellen Bereich die Mitgliedstaaten nach Art. 132 Abs. 1 Buchst. n MwStSystRL zu befreien haben, stellt sich die Frage nach der **Abgrenzung** zu solchen Leistungen, die einem **ermäßigten Steuersatz** unterliegen, für die die Steuerbefreiung mithin nicht gilt. Das Steuersatzprivileg im kulturellen Bereich erstreckt sich nach Anhang III Nr. 7 zu Art. 98 Abs. 2 MwStSystRL auf die 19.6

1 Richtlinie 77/388/EWG v. 17.5.1977, ABl. EG Nr. L 145 v. 13.6.1977, 1.

2 Richtlinie 89/465/EWG v. 18.7.1989, ABl. EG Nr. L 226 v. 3.8.1989, 21.

3 Richtlinie 89/465/EWG v. 18.7.1989, ABl. EG Nr. L 226 v. 3.8.1989, 21.

4 Richtlinie 77/388/EWG v. 17.5.1977, ABl. EG Nr. L 145 v. 13.6.1977, 1.

5 Dazu EuGH v. 7.3.2002 – Rs. C-169/00 – Kommission gegen Republik Finnland, ECLI:EU:C:2002:149, Slg. 2002, I-2433 = UR 2002, 174: die Lieferung und Einfuhr von Kunstgegenständen sind keine Dienstleistungen i.S.d. genannten Bestimmung.

6 GA *Geelhoed*, Schlussanträge v. 14.11.2002 – Rs. C-144/00 – Matthias Hoffmann, Slg. 2003, I-2921 Rz. 51 f.

„Eintrittsberechtigung für Veranstaltungen, Theater, Zirkus, Jahrmärkte, Vergnügungsparks, Konzerte, Museen, Tierparks, Kinos und Ausstellungen sowie ähnliche kulturelle Ereignisse und Einrichtungen".

Diese Vorschrift sieht – dies im Unterschied zu Anhang III Nr. 15 und Nr. 17 – keinen Vorbehalt dahingehend vor, dass die zu beurteilende Leistung steuerfrei ist. Aus diesem Umstand darf jedoch nicht gefolgert werden, dass die in Anhang III Nr. 7 aufgeführten Leistungen ausnahmslos mehrwertsteuerpflichtig sind, also nicht auf Grundlage des Art. 132 Abs. 1 Buchst. n MwStSystRL befreit werden dürfen. Die Voraussetzungen für die Steuerbefreiung sind systematisch vorrangig und losgelöst von den Vorschriften betreffend den ermäßigten Steuersatz zu prüfen.[1] So greift der ermäßigte Steuersatz namentlich nur für solche, im Ergebnis mehrwertsteuerpflichtige kulturelle Dienstleistungen, die von bzw. im Rahmen einer privaten Einrichtung erbracht werden, die vom Mitgliedstaat nicht als kulturelle Einrichtung anerkannt ist.[2]

19.7 Wie sämtliche Befreiungstatbestände ist auch Art. 132 Abs. 1 Buchst. n MwStSystRL **eng auszulegen.**[3] Diese Vorgabe darf allerdings nicht dahingehend missverstanden werden, dass die Vorschrift „so eng wie möglich" auszulegen ist. Vielmehr sind auch bei der Auslegung des Art. 132 Abs. 1 Buchst. n MwStSystRL allgemeine Grundsätze zu beachten, insbesondere das Gebot der **praktischen Wirksamkeit** und der Grundsatz der **steuerlichen Neutralität**.[4]

Speziell zu Art. 132 Abs. 1 Buchst. n MwStSystRL hat sich der **EuGH** bislang erst in zwei Entscheidungen, in der **Rechtssache Matthias Hoffmann**[5] sowie in der **Rechtssache *British Film Institute***[6], verhalten. Wesentlicher Gegenstand der Entscheidung in der Rechtssache *Matthias Hoffmann* war die – vom EuGH bejahte – Frage, ob auch ein **Solokünstler** begrifflich eine Einrichtung i.S.d. Art. 132 Abs. 1 Buchst. n MwStSystRL sein könne – eine Frage, die den auch in anderen Befreiungsvorschriften verwendeten Begriff der Einrichtung betrifft,[7] mithin keinen spezifischen Bezug zum kulturellen Bereich aufweist. In der Entscheidung *British Film Institute* ging es vornehmlich um die – vom EuGH verneinte – Frage, ob der Ausdruck „**bestimmte kulturelle Dienstleistungen**" so hinreichend klar und bestimmt ist, dass sich ein Unternehmer unmittelbar auf die Steuerbefreiung nach Art. 132 Abs. 1 Buchst. n MwStSystRL berufen

1 Zutreffend *Wäger* in Reiß/Kraeusel/Langer, § 4 Nr. 20 UStG Rz. 69 (Stand: Mai 2014). Zur Anwendung des ermäßigten Steuersatzes *Hummel*, Rz. 26.2 ff.

2 GA *Geelhoed*, Schlussanträge v. 14.11.2002 – Rs. C-144/00 – Matthias Hoffmann, Slg. 2003, I-2921 [Rz. 54].

3 EuGH v. 15.2.2017 – Rs. C-592/15 – British Film Institute, ECLI:EU:C:2017:117 Rz. 17, UR 2017, 268. Dazu auch Rz. 3.45 ff.

4 EuGH v. 3.4.2003 – Rs. C-144/00 – Matthias Hoffmann, ECLI:EU:C:2003:192 Rz. 27, Slg. 2003, I-2912 = BStBl. II 2003, 679 = UR 2003, 248 = UR 2003, 286 m. Anm. *Nieskens*; GA *Geelhoed*, Schlussanträge v. 14.11.2002 – Rs. C-144/00 – Matthias Hoffmann, Slg. 2003, I-2921 Rz. 61, 63 f., 67 f., 72 und 79 bis 81.

5 EuGH v. 3.4.2003 – Rs. C-144/00 – Matthias Hoffmann, ECLI:EU:C:2003:192, Slg. 2003, I-2912 = BStBl. II 2003, 679 = UR 2003, 248 = UR 2003, 286 m. Anm. *Nieskens*. Vorgehend GA *Geelhoed*, Schlussanträge v. 14.11.2002 – Rs. C-144/00 – Matthias Hoffmann, Slg. 2003, I-2921. Dazu *Lohse*, BB 2003, 1107; *Wagner*, UVR 2003, 340. Dazu auch *Hüttemann/Schauhoff*, Rz. 9.18 ff. und 10.11.

6 EuGH v. 15.2.2017 – Rs. C-592/15 – British Film Institute, ECLI:EU:C:2017:117, UR 2017, 268. Vorgehend GA *Bot*, Schlussanträge vom 29.9.2016 – Rs. C-592/15 – British Film Institute, ECLI:EU:C:2016:733.

7 Dazu *Hüttemann/Schauhoff*, Rz. 9.9 ff.

kann, wenn die von ihm erbrachte Leistung nach nationalem Recht nicht als kulturelle Dienstleistung steuerbefreit ist.

## II. Begünstigte Umsätze

### 1. Bestimmte kulturelle Dienstleistungen

Das Gebot des Art. 132 Abs. 1 Buchst. n MwStSystRL bezieht sich in erster Linie auf „bestimmte kulturelle Dienstleistungen". Nach der Systematik des Unionsrechts bestimmt sich der Umfang der Steuerbefreiung im kulturellen Bereich primär nach dem **Inhalt der zu beurteilenden Leistung als solcher.**[1] Art. 132 Abs. 1 Buchst. n MwStSystRL macht die Steuerbefreiung im Weiteren von der **Person des leistenden Unternehmers** abhängig, nicht hingegen – dies im Unterschied z.B. zu Dienstleistungen im Sport (Art. 132 Abs. 1 Buchst. m MwStSystRL)[2] – von der Person des Leistungsempfängers.[3] 19.8

#### a) Dienstleistungen

Der in der deutschen Fassung des Art. 132 Abs. 1 Buchst. n MwStSystRL verwendete Begriff der **Dienstleistungen** entspricht dem in anderen Sprachfassungen.[4] Aus Sicht des **deutschen Zivilrechts** ist er **ungenau**. Beispielsweise liegt dem Besuch einer Theateraufführung oder eines Konzerts kein Dienstleistungs-, sondern ein typengemischter Vertrag mit werkvertraglichem Schwerpunkt und mietvertraglichem Einschlag zugrunde.[5] Der Vertrag zwischen dem Veranstalter z.B. eines Konzerts und den mitwirkenden Künstlern oder Ensembles ist regelmäßig ein Werkvertrag, wenn die Künstler oder Ensembles dem Veranstalter die Aufführung schulden.[6] Auch der Träger eines Museums oder botanischen Gartens erbringt gegenüber den Besuchern keine Dienstleistungen, vielmehr räumt er diesen ein Recht, nämlich das Recht zum Eintritt, ein. Mit „Dienstleistungen" sind richtigerweise, wie sich aus der **Legaldefinition in Art. 24 Abs. 1 MwStSystRL**[7] ergibt, sämtliche Leistungen gemeint, die **keine Lieferungen** von Gegenständen sind. Dienstleistungen i.S.d. Art. 132 Abs. 1 Buchst. n MwStSystRL sind also nach deutschem Rechtsverständnis sämtliche **sonstige Leistungen** i.S.d. § 3 Abs. 9 Satz 1 UStG, nicht hingegen Lieferungen i.S.d. § 3 Abs. 1 UStG.[8] Keine Dienstleistung i.S.d. Art. 132 Abs. 1 Buchst. n MwStSystRL ist daher etwa die Veräußerung von Kunstgegenständen.[9] 19.9

1 *Wäger* in Reiß/Kraeusel/Langer, § 4 Nr. 20 UStG Rz. 8 (Stand: Mai 2014).
2 Siehe dazu *Achatz/Tratlehner* in Kapitel 18.
3 *Wäger* in Reiß/Kraeusel/Langer, § 4 Nr. 20 UStG Rz. 126 (Stand: Mai 2014).
4 Z.B. englisch: „services"; französisch: „prestations de services"; italienisch: „prestazioni di servizi"; spanisch: „prestaciones de servicios".
5 AG Passau v. 12.2.1993 – 11 C 1892/92, NJW 1993, 1473 (1473); AG Aachen v. 24.4.1997 – 10 C 529/96, NJW 1997, 2058 Rz. 6; AG Herne-Wanne v. 27.3.1998 – 3 C 5/98, NJW 1998, 3651, juris Rz. 11 und 13; AG Rüdesheim v. 9.1.2001 – 3 C 233/00, NJW 2002, 615; AG Hamburg v. 15.4.2008 – 4 C 370/07, NJW 2009, 782, juris Rz. 19.
6 OLG Karlsruhe v. 16.5.1990 – 1 U 307/89, NJW-RR 1991, 1245, juris Rz. 3.
7 Entspricht Art. 6 Abs. 1 der 6. EG-Richtlinie (Richtlinie 77/388/EWG v. 17.5.1977, ABl. EG Nr. L 145 v. 13.6.1977, 1).
8 So ausdrücklich in Bezug auf § 4 Nr. 20 Buchst. a UStG BFH v. 25.4.2018 – XI R 16/16, Rz. 26.
9 EuGH v. 7.3.2002 – Rs. C-169/00 – Kommission gegen Republik Finnland, ECLI:EU:C:2002:149, UR 2002, 174 = Slg. 2002, I-2433 (betr. Anhang F Nr. 2 zu Art. 28 Abs. 3 Buchst. b der 6. EG-Richtlinie [Richtlinie 77/388/EWG v. 17.5.1977, ABl. EG Nr. L 145 v. 13.6.1977, 1]).

### b) Kulturelle Dienstleistungen

#### aa) Maßgebliches Verständnis von Kultur

19.10 Von der Mehrwertsteuer zu befreien sind nach Art. 132 Abs. 1 Buchst. n MwStSystRL (nur) **kulturelle** Dienstleistungen. Das in der deutschen Sprachfassung verwendete Adjektiv „kulturell“ entspricht anderen Sprachfassungen.[1]

Zu der Frage, welches **Kulturverständnis** Art. 132 Abs. 1 Buchst. n MwStSystRL zugrunde liegt und ob es angesichts der kulturellen Vielfalt auf regionaler und lokaler Ebene überhaupt einen gemeinsamen Nenner gibt, hat sich der EuGH bislang nicht verhalten. In seiner einzigen zu Art. 132 Abs. 1 Buchst. n MwStSystRL ergangenen Entscheidung in der Rechtssache *Matthias Hoffmann* musste sich der EuGH hierzu nicht äußern, weil sich die Vorlagefrage des BGH allein auf die Auslegung des Begriffs der Einrichtung und die Eigenschaft eines Einzelkünstlers als Einrichtung bezog.[2] Eine Legaldefinition vom Kultur sieht weder die Richtlinie noch Art. 167 AEUV vor, der den Kulturbegriff an mehreren Stellen verwendet.

19.11 Die Schwierigkeit bei der Bestimmung dessen, was unter Kultur fällt, zeigt sich an der **Entstehungsgeschichte** der Vorgängervorschrift, Art. 13 Teil A Abs. 1 Buchst. n der 6. EG-Richtlinie.[3] Ursprünglich war insbesondere auf Drängen des Vereinigten Königreichs angedacht, in die Richtlinie folgenden abschließenden Katalog konkreter zu befreiender Leistungen aufzunehmen (Art. 14 Teil A Nr. 1 Buchst. k des ersten Entwurfs):

„die Leistungen der Theater, Filmclubs, die Konzertveranstaltungen, die Leistungen der Museen, Bibliotheken, öffentlichen Parks, botanischen und zoologischen Gärten, Ausstellungen, die einen erzieherischen Charakter haben, und der sonstigen dem Gemeinwohl dienenden Tätigkeiten sozialer, kultureller oder erzieherischer Art, die von Einrichtungen des öffentlichen Rechts oder von Einrichtungen ohne Gewinnstreben oder von privaten Einrichtungen sozialer Art betrieben werden“.[4]

In den weiteren Beratungen warf der Wirtschafts- und Sozialausschuss die Frage auf, warum die Steuerbefreiung nicht auf die gleichen Tätigkeiten der staatlichen Rundfunk- und Fernsehanstalten gewährt werden würde.[5] Im zweiten Entwurf wurde der Wortlaut des ersten Entwurfs übernommen und die Tätigkeiten von Fernseh- und Rundfunkanstalten in einem Einschub ausdrücklich ausgenommen.[6] In den nachfolgenden Beratungen der Gruppe „Finanzfragen“ des Rates wurde die Alternative einer *fakultativen* Befreiung ins Spiel gebracht („Die Mitgliedstaaten *können* von der Steuer befreien“), zudem die Möglichkeit, statt eines abschließenden Katalogs eine sprachlich allgemein gehaltene Fassung einzuführen („bestimmte kulturelle Dienstleistungen, die von staatlich anerkannten kulturellen Einrichtungen erbracht werden“).[7]

---

1 Z.B. englisch: „cultural“; französisch: „culturels“; italienisch: „culturali“; spanisch: „culturales“.

2 Daher m.E. unverständlich die Kritik von *Langer* in Reiß/Kraeusel/Langer, Art. 131–137 MwStSystRL Rz. 70 (Stand: August 2013).

3 Dazu EuGH v. 15.2.2017 – Rs. C-592/15 – British Film Institute, ECLI:EU:C:2017:117 Rz. 20 f., UR 2017, 268.

4 ABl. EG Nr. C 80 v. 5.10.1973, 1 (9) = BR-Drucks. 493/73, 10.

5 ABl. EG Nr. C 139 v. 12.11.1974, 15 (19).

6 ABl. EG Nr. C 121 v. 11.10.1974, 34 (37).

7 Dok. T/798/75 (FIN) v. 7.1.1976, 5.

Über die konkrete Ausgestaltung der Befreiungsvorschrift hatten die damals neun Mitgliedstaaten in den abschließenden Sondierungen unterschiedliche Vorstellungen.[1] Letztlich einigten sich die Mitgliedstaaten auf die heutige Formulierung, offenbar weil sie sich trotz intensiver Bemühungen nicht auf einen einheitlich geltenden abschließenden Katalog zu befreiender kultureller Dienstleistungen einigen konnten.[2] Die letztlich gewählte, sehr offene Formulierung war also ein **Kompromiss** zwischen den Mitgliedstaaten. Das Verhandlungsergebnis, den Mitgliedstaaten einen **weiten Gestaltungsspielraum** einzuräumen, beruht letztlich auf der grundlegenden Überlegung, dass die kulturellen Traditionen und das regionale Erbe in den Mitgliedstaaten der Europäischen Union wie mitunter auch innerhalb eines Mitgliedstaates sehr verschieden sind.[3]

In ihrem zweiten Bericht über das Funktionieren des gemeinsamen Mehrwertsteuersystems vom 20.12.1988 schlug die Europäische Kommission die Einführung von Katalogen steuerbefreiter Leistungen vor,[4] dieses Vorhaben wurde aber bis heute nicht umgesetzt.

Ungeachtet der weiteren Voraussetzung, dass es sich bei den zu befreienden Umsätzen um Umsätze aus „bestimmten" kulturellen Dienstleistungen handeln muss,[5] besteht der kleinste gemeinsame Nenner für die Annahme „kultureller" Dienstleistungen darin, dass sie **auf dem Gebiet „der Kultur"** erbracht werden.[6] Wie die Kommentierungen zu Art. 167 AEUV zeigen, scheint es zwar möglich, den dort an mehrfacher Stelle verwendeten Begriff der Kultur im Lichte der dort aufgeführten Unionsziele und Tätigkeitsbereiche **zu beschreiben, nicht jedoch zu definieren.**[7] Der in Art. 132 Abs. 1 Buchst. n MwStSystRL verwendete Kulturbegriff ist wie der in Art. 167 AEUV ein **Typusbegriff**, der sich einer Definition entzieht, weil er vom Unionsrecht **vorausgesetzt** wird. Die Eigenschaft als (beschreibender und nicht definierender) Typusbegriff ermöglicht ein **dynamisches Verständnis** von Kultur und wird dem dynamischen Wesen kultureller Betätigungen gerecht. Der in Art. 132 Abs. 1 Buchst. n MwStSystRL verwendete Begriff der Kultur ist mithin wie der in Art. 167 AEUV verwendete[8] offen für neue Kulturphänomene. 19.12

1 Das Vereinigte Königreich präferierte eine obligatorische Steuerpflicht. Frankreich und die Niederlande sprachen sich für eine allgemein gehaltene fakultative Befreiung aus, Belgien, Dänemark, Irland und Italien hingegen für eine fakultative Befreiung auf Grund eines abschließenden Leistungskatalogs, Deutschland und Luxemburg waren insoweit unentschieden. Dänemark wendete sich gegen eine obligatorische Befreiung der Leistungen von Theatern, Filmclubs und Konzertveranstaltern.

2 BFH v. 4.5.2011 – XI R 44/08, BStBl. II 2014, 200, juris Rz. 23 f. = UR 2011, 859; *Hünnekens* in Küffner/Stöcker/Zugmaier, § 4 Nr. 20 UStG Rz. 6 (Stand: 108. Lfg. 2/2014); *Jacobs*, Umsatzsteuer und Gemeinnützigkeit, 147 f.; *Kossack* in Offerhaus/Söhn/Lange, § 4 Nr. 20 UStG Rz. 2a (Stand: November 2013); *Terra/Kajus*, A guide to the sixth VAT directive – commentary to the value added tax of the European Community, Amsterdam 1991, 614; *Wachweger*, 6. Richtlinie zur Harmonisierung der Umsatzsteuern in den Europäischen Gemeinschaften, Bonn 1977, 73.

3 GA *Bot*, Schlussanträge v. 29.9.2016 – Rs. C-592/15 – British Film Institute, ECLI:EU:C:2016:733 Rz. 23.

4 KOM (88) 799, 33.

5 Dazu Rz. 19.21 f.

6 Vgl. BT-Drucks. 17/2249, 75: Leistungen „auf dem kulturellen Sektor".

7 *Fechner* in von der Groeben/Schwarze/Hatje, vor Art. 167 AEUV Rz. 15; *Fischer* in Lenz/Borchardt, Art. 167 AEUV Rz. 4; *Niedobitek* in Streinz, Art. 167 AEUV Rz. 29; *Ress/Ukrow* in Grabitz/Hilf/Nettesheim, Art. 167 AEUV Rz. 86; *Sparr* in Schwarze, Art. 167 AEUV Rz. 5.

8 Dazu *Blanke* in Calliess/Ruffert, Art. 167 AEUV Rz. 3; *Fechner* in von der Groeben/Schwarze/Hatje, vor Art. 167 AEUV Rz. 15 und 17; *Niedobitek* in Streinz, Art. 167 AEUV Rz. 29; *Ress/Ukrow* in Grabitz/Hilf/Nettesheim, Art. 167 AEUV Rz. 89; *Sparr* in Schwarze, Art. 167 AEUV Rz. 5.

19.13 Die in der MwStSystRL verwendeten Begriffe sind nach allgemeinen Grundsätzen **autonom** auszulegen.[1] Demnach ist der in Art. 132 Abs. 1 Buchst. n MwStSystRL ebenso wie der in Art. 167 AEUV verwendete Kulturbegriff[2] als **autonomer**, durch den EuGH justiziabler Begriff des (sekundären) Unionsrechts aufzufassen. Demnach liegt Art. 132 Abs. 1 Buchst. n MwStSystRL ein **staatenübergreifender** Kulturbegriff zugrunde. Dem steht die Vielfalt der Kulturen in den Mitgliedstaaten und deren Regionen nicht entgegen, wenn man sich vor Augen führt, dass die Mitgliedstaaten in Art. 167 AEUV zahlreiche kulturelle Ziele und Aufgaben definiert haben, was die Existenz eines staatenübergreifenden Kulturbegriffs notwendigerweise voraussetzt.[3] Es steht daher nicht im Ermessen der Mitgliedstaaten, jeweils für sich unter Beachtung des nationalen Rechts und der landesspezifischen Traditionen zu bestimmen, welche Dienstleistungen „kulturelle" sind,[4] auch nicht mittelbar durch eine bestimmte Subventionierungspraxis im kulturellen Bereich.[5] Mit Blick auf den Wortlaut des Art. 132 Abs. 1 Buchst. n MwStSystRL („bestimmte kulturelle Dienstleistungen") ist ein Mitgliedstaat lediglich befugt, einzelne Bereiche, die vom überstaatlichen Kulturbegriff erfasst sind, von der Steuerbefreiung **auszunehmen**. Diese Überlegung kann in historischer Auslegung auf den Umstand gestützt werden, dass Dänemark darauf bestand, bei Einführung einer obligatorischen Steuerbefreiung die Umsätze u.a. von Theatern und Konzertveranstaltungen auszunehmen.[6]

Die Annahme eines staatenübergreifenden Kulturbegriffs schließt nicht aus, dass die **mitgliedstaatlichen Wurzeln der Kultur zu beachten** sind. Bei der Auslegung des in Art. 132 Abs. 1 Buchst. n MwStSystRL verwendeten Kulturbegriffs ist wie bei der Auslegung des Art. 167 AEUV[7] auf die einzelstaatlichen Bestimmungen zurückzugreifen. Diese Überlegung deckt sich mit der Kulturhoheit der Mitgliedstaaten und deren Untergliederungen, weiterhin mit der lediglich subsidiären und komplementären Kompetenz der Union im Kulturbereich. Die Mitgliedstaaten haben in Bezug auf den Kulturbegriff allerdings, wie dargelegt, keine Definitionsprärogative.

19.14 Zur Kultur gehören im Ansatz sämtliche Tätigkeitsbereiche, die in den Mitgliedstaaten zum Kulturbegriff gehören und traditionell Gegenstand nationaler wie europäischer Kulturpolitik sind. Dazu zählen insbesondere Literatur, Musik, bildende Kunst (z.B. Malerei, Graphik, Bildhauerkunst, Architektur, Kunsthandwerk), darstellende Kunst (z.B. Theater, Tanz), Film,

---

1 Z.B. jüngst EuGH v. 26.2.2015 – Rs. C-144/13 – VDP Dental Laboratory, ECLI:EU:C:2015:116 juris, Rz. 44 = UR 2015, 474; EuGH v. 21.2.2013 – Rs. C-18/12 – Mesto Zamberk, ECLI:EU:C:2013:95, DStR 2013, 407 juris, Rz. 17; EuGH v. 10.6.2010 – Rs. C-86/09 – Future Health Technologies, ECLI:EU:C:2010:334, UR 2010, 540 = Slg. 2010, I-5215, Rz. 28. Siehe dazu auch Rz. 3.42 ff.

2 So die wohl hL: *Fechner* in von der Groeben/Schwarze/Hatje, vor Art. 167 AEUV Rz. 15 und 17; *Fischer* in Lenz/Borchardt, Art. 167 AEUV Rz. 4; *Niedobitek* in Streinz, Art. 167 AEUV Rz. 26; *Ress/Ukrow* in Grabitz/Hilf/Nettesheim, Art. 167 AEUV Rz. 87; *Sparr* in Schwarze, Art. 167 AEUV Rz. 4. **A.A.** *Blanke* in Calliess/Ruffert, Art. 167 AEUV Rz. 3.

3 *Niedobitek* in Streinz, Art. 167 AEUV Rz. 26 in Fn. 67; *Sparr* in Schwarze, Art. 167 AEUV Rz. 4.

4 So aber *Langer* in Reiß/Kraeusel/Langer, Art. 131 – 137 MwStSystRL Rz. 70 (Stand: August 2013).

5 EuGH v. 21.1.2016 – Rs. C-335/14 – Les Jardins de Jouvence SCRL, ECLI:EU:C:2016:36 Rz. 47 und 50, UR 2016, 391.

6 Dok. T/798/75 (FIN) v. 7.1.1976, 5.

7 Dazu *Fechner* in von der Groeben/Schwarze/Hatje, vor Art. 167 AEUV Rz. 15; *Fischer* in Lenz/Borchardt, Art. 167 AEUV Rz. 4; *Niedobitek* in Streinz, Art. 167 AEUV Rz. 26; *Sparr* in Schwarze, Art. 167 AEUV Rz. 5. **A.A.** *Blanke* in Calliess/Ruffert, Art. 167 AEUV Rz. 3.

audiovisuelle Kunst, Denkmalpflege, Brauchtum und der Rundfunkbereich (Fernsehen, Hörfunk, Internet).[1]

Diese Beschreibung ist, zugegeben, **sehr weit**. Aber nur eine derart weite Beschreibung wird einem für neue Entwicklungen offenen Kulturverständnis und der kulturellen Vielfalt in den Mitgliedstaaten und deren Regionen gerecht. Wenn man der Überschrift vor Titel IX Kapitel 2 einen Auslegungshinweis zukommen lässt,[2] spricht der Aspekt des „Gemeinwohls" für eine weite Auslegung. Einer weiten Auslegung steht die allgemeine Auslegungsregel, dass Befreiungsvorschriften eng auszulegen sind,[3] nicht entgegen. Das Gebot, eine Befreiungsvorschrift eng auszulegen, darf die **praktische Wirksamkeit** der Vorschrift, wie erwähnt, nicht beeinträchtigen.[4] Bezweckt die Steuerbefreiung nach Art. 132 Abs. 1 Buchst. n MwStSystRL die Teilhabe breiter Bevölkerungsteile an Kultur und verbindet man mit Kultur auch die regionale Vielfalt wie auch die Freiheit zur Entwicklung neuer kultureller Ideen, muss der Kulturbegriff weit verstanden werden. Aus diesem Grund erfasst der in Art. 132 Abs. 1 Buchst. n MwStSystRL ebenso wie der in Art. 167 AEUV[5] verwendete Kulturbegriff nicht nur die „Hochkultur", sondern auch volkstümliche Kultur und kommerzielle Massenkultur – wobei der nationale Gesetzgeber in den Grenzen des Art. 133 Satz 1 MwStSystRL die Möglichkeit zur Beschränkung der Steuerbefreiung hat. Eine **Grenze** wird man wohl nur dahingehend ziehen können, dass vom Kulturbegriff nicht erfasst ist, was gegen **elementare Grundwerte der Union**, wie sie im AEUV verankert sind, verstößt.

Nach deutschem juristischem Sprachgebrauch erfasst die Kultur die Hauptbereiche Bildung, 19.15
Wissenschaft und Kunst.[6] Geht man wie hier davon aus, dass der in Art. 132 Abs. 1 Buchst. n verwendete Kulturbegriff ein autonomer Begriff des sekundären Unionsrechts ist, sind die Tätigkeitsbereiche auszunehmen, die bereits von **anderen Befreiungsvorschriften** in Art. 132 Abs. 1 MwStSystRL erfasst sind. **Nicht** zur Kultur i.S.d. Art. 132 Abs. 1 Buchst. n MwStSystRL gehören insbesondere sämtliche Tätigkeiten im Bereich der **Bildung** einschließlich der wissenschaftlichen Lehre, die unter Art. 132 Abs. 1 *Buchst. i und j* MwStSystRL[7] fallen. Vom Kulturbegriff des Art. 132 Abs. 1 Buchst. n MwStSystRL **ausgenommen** ist auch der **Rundfunkbereich**, der unter Art. 132 Abs. 1 *Buchst. p* MwStSystRL fällt.

### bb) Kultureller Charakter der Dienstleistung

Die Bestimmung des Art. 132 Abs. 1 Buchst. n MwStSystRL zugrunde liegenden Kulturver- 19.16
ständnisses[8] besagt noch nichts darüber, was eine Dienstleistung zu einer **„kulturellen"** macht.

1 *Fischer* in Lenz/Borchardt, Art. 167 AEUV Rz. 4; *Ress/Ukrow* in Grabitz/Hilf/Nettesheim, Art. 167 AEUV Rz. 89.

2 GA *Geelhoed*, Schlussanträge v. 14.11.2002 – Rs. C-144/00 – Matthias Hoffmann, Slg. 2003, I-2921 Rz. 85; *Lausterer*, UR 2000, 288 (290).

3 S.o. Rz. 19.7.

4 S.o. Rz. 19.7.

5 Dazu EuGH v. 16.12.2008 – Rs. C-73/07 – Satakunnan Markkinapörssi und Satamedia, ECLI:EU:C:2008:727 Rz. 60, Slg. 2008, I-9831; *Fischer* in Lenz/Borchardt, Art. 167 AEUV Rz. 4; *Ress/Ukrow* in Grabitz/Hilf/Nettesheim, Art. 167 AEUV Rz. 89.

6 *Oppermann*, Kulturverwaltungsrecht, Bildung – Wissenschaft – Kunst, Tübingen 1969, 9; *Oppermann*, Die deutsche Länderkulturhoheit und EG-Aktivitäten in Bildung, Forschung und technologischer Entwicklung, in *Vogel/Oettinger* (Hrsg.), Föderalismus in der Bewährung, Berlin u.a. 1992, 73 (73).

7 Dazu *Wiesch*, Rz. 15.2 ff.

8 Dazu Rz. 19.10 ff.

Im Kontext der Wohlfahrtspflege (Art. 132 Abs. 1 *Buchst. g* MwStSystRL) hat der EuGH entschieden, dass die Personalgestellung auch dann keine eng mit der Sozialfürsorge und der sozialen Sicherheit verbundene Tätigkeit ist, wenn das gestellte Personal bei der Einsatzstelle eine Tätigkeit im Bereich der Sozialfürsorge und der sozialen Sicherheit ausübt und die Einsatzstelle als Einrichtung mit sozialem Charakter anerkannt ist.[1] Der EuGH stellt also allein auf die **abstrakte Tätigkeit** („Personalgestellung") ab und lässt den sozialen Kontext, in dem die Tätigkeit ausgeübt wird („*Pflege*personal", „*Pflege*tätigkeit", „*Pflege*einrichtung"), unberücksichtigt. Überträgt man diesen Grundgedanken auf Art. 132 Abs. 1 Buchst. n MwStSystRL, so ist eine Dienstleistung nicht allein aus dem Grund zu befreien, weil sie einen inhaltlichen oder zeitlich-räumlichen Bezug zum kulturellen Bereich hat oder an einen Kultur schaffenden Unternehmer erbracht wird. Erforderlich ist vielmehr, dass die zu beurteilende Dienstleistung **kulturellen Charakter** hat, d.h. als solche von ihrem Wesen und ihrer Zielrichtung auf die **Schaffung von Kultur** gerichtet ist, z.B. die Veranstaltung eines Konzerts, einer Lesung oder einer Kunstausstellung. Steuerfrei sind demnach auch entgeltliche „Leihgaben" von Kunstwerken, da diese darauf gerichtet sind, eine Sammlung aufzubauen und so Kultur zu schaffen; bei dieser Betrachtung ist eine „Leihgabe" nicht nur eine bloß vorbereitende Nutzungsüberlassung. Nicht steuerfrei sind hingegen z.B. Restaurationsleistungen eines Theaterrestaurants oder eines Museumscafés, die Übertragung oder Lizenzierung von Immaterialrechten sowie die bloße Gestellung von Künstlern.

Da dem Art. 132 Abs. 1 Buchst. n MwStSystRL ein autonomes, staatenübergreifendes Kulturverständnis zugrunde liegt,[2] ist die Beurteilung, ob eine Dienstleistung kulturellen Charakter hat, **unabhängig von der mitgliedstaatlichen Subventionierung** der konkreten Dienstleistung vorzunehmen.[3]

19.17 Kulturelle Dienstleistungen sind – dies entspricht wohl allgemeiner Rechtsauffassung – jedenfalls solche, die ein Unternehmer **einem Publikum gegenüber** erbringt und die das Publikum durch Entgeltzahlung an den Unternehmer vergütet.[4] Dabei kann leistender Unternehmer z.B. in Bezug auf eine Theateraufführung der Betreiber des Theaters, ein hiervon personenverschiedener Veranstalter oder die auftretenden Schauspieler selbst sein.[5] Diesen beiden Feststellungen liegt im deutschen Recht die Steuerbefreiung nach **§ 4 Nr. 20 Buchst. a Satz 1 f. UStG** einerseits[6] sowie die Steuerbefreiung nach **§ 4 Nr. 20 Buchst. b UStG** andererseits[7] zugrunde.

19.18 Von Art. 132 Abs. 1 Buchst. n MwStSystRL erfasst sind ebenso – auch dies dürfte unstreitig sein – kulturelle Dienstleistungen, die ein Unternehmer **an einen anderen Unternehmer** erbringt, der die bezogene Leistung verwendet, um seinerseits gegenüber einem Publikum eine kulturelle Dienstleistung zu erbringen. Zwischen beiden Leistungen besteht ein unmittelbarer Zusammenhang derart, dass die **Kosten** für den Bezug kultureller Eingangsleistungen in die Preise für die von ihm gegenüber dem Publikum zu erbringenden Ausgangsleistungen einflie-

1 EuGH v. 12.3.2015 – Rs. C-594/13 – „go fair" Zeitarbeit, ECLI:EU:C:2015:164 Rz. 28, UR 2015, 351. Ebenso BFH v. 14.1.2016 – V R 56/14, BFH/NV 2016, 792, juris Rz. 18, UR 2016, 359.

2 S.o. Rz. 19.13.

3 EuGH v. 21.1.2016 – Rs. C-335/14 – Les Jardins de Jouvence SCRL, ECLI:EU:C:2016:36 Rz. 47 und 50, UR 2016, 391.

4 GA *Geelhoed*, Schlussanträge v. 14.11.2002 – Rs. C-144/00 – Matthias Hoffmann, Slg. 2003, I-2921 Rz. 48 und 81.

5 GA *Geelhoed*, Schlussanträge v. 14.11.2002 – Rs. C-144/00 – Matthias Hoffmann, Slg. 2003, I-2921 Rz. 48 und 81.

6 Dazu Rz. 19.45 ff.

7 Dazu Rz. 19.87 ff.

ßen und typischerweise auf das Publikum abgewälzt werden. Damit die **Effektivität der Steuerbefreiung** für kulturelle Dienstleistungen, die der Veranstalter gegenüber dem Publikum erbringt, nicht beeinträchtigt wird, sind auch die vom Veranstalter bezogenen kulturellen Eingangsdienstleistungen zu befreien.[1] Auf dieser Feststellung beruht im deutschen nationalen Recht z.B. die Steuerbefreiung für Leistungen von Bühnenregisseuren und -choreographen gem. § **4 Nr. 20 Buchst. a Satz 3 UStG.**[2]

Wenn in Art. 132 Abs. 1 Buchst. n MwStSystRL von „kulturellen Dienstleistungen" die Rede ist, so ist nicht nur das „passive Konsumieren" kultureller Veranstaltungen durch das zahlende Publikum wie z.B. der Besuch von Theateraufführungen, Konzerten und Museen gemeint. Erfasst ist auch die Inanspruchnahme von **Unterricht zum aktiven Erlernen von Kulturtechniken**. Hieran könnte man zwar aus dem Grund zweifeln, weil der im ersten Entwurf der 6. EG-Richtlinie (Art. 14 Teil A Abs. 1 Buchst. k) vorgesehene Passus, wonach auch erzieherische Leistungen erfasst werden sollten, nicht in die Endfassung übernommen wurde. Dieses Argument relativiert sich aber, wenn man bedenkt, dass der im ersten Entwurf vorgesehene, abschließende Leistungskatalog insgesamt nicht in die Endfassung einfloss. Für die Einbeziehung auch von Unterricht zum aktiven Erlernen von Kulturtechniken spricht letztlich der allgemeine Zweck der Steuerbefreiungen, nämlich die Förderung des Gemeinwohls.[3] Auf dieser Grundlage beruht im deutschen nationalen Recht die Steuerbefreiung nach **§ 4 Nr. 22 Buchst. b UStG.**[4] 19.19

Von Art. 132 Abs. 1 Buchst. n MwStSystRL erfasst sind auch solche kulturellen Dienstleistungen, die ein Unternehmer **von einem Dritten bezieht** und dazu verwendet, seinerseits die von ihm geschuldete Unterrichtsleistung zu erbringen.

Aus den lediglich fakultativen Kriterien des **Art. 133 Satz 1 MwStSystRL** folgt, dass einer Förderung „der Kultur" eine Kommerzialisierung nicht *per se* entgegensteht, dass also z.B. auch Dienstleistungen eines auf Gewinnerzielung ausgerichteten Unternehmens befreit werden können.[5] 19.20

Aus **Art. 134 Buchst. a MwStSystRL** lässt sich folgern, dass solche Dienstleistungen, die zwar anlässlich der Kulturförderung erbracht werden, aber nicht auf die Förderung „der Kultur" selbst gerichtet sind, keine kulturellen i.S.d. Art. 132 Abs. 1 Buchst. n MwStSystRL sind. Dies betrifft etwa die Umsätze aus Restaurationsleistungen, die in örtlicher und zeitlicher Nähe zu einer kulturellen Veranstaltung erbracht werden.

---

1 GA *Geelhoed*, Schlussanträge v. 14.11.2002 – Rs. C-144/00 – Matthias Hoffmann, Slg. 2003, I-2921 Rz. 52 f. und 58.

2 Dazu Rz. 19.81 ff.

3 Zutreffend *Jacobs*, UR 2007, 45 (53).

4 Dazu Rz. 19.93 ff.

5 EuGH v. 3.4.2003 – Rs. C-144/00 – Matthias Hoffmann, ECLI:EU:C:2003:192 Rz. 26, Slg. 2003, I-2912 = BStBl. II 2003, 679 = UR 2003, 248 = UR 2003, 286 m. Anm. *Nieskens*. M.E. unzutreffend betr. Art. 13 Teil A der 6. EG-Richtlinie GA *Geelhoed*, Schlussanträge v. 14.11.2002 – Rs. C-144/00 – Matthias Hoffmann, Slg. 2003, I-2921 Rz. 30: bezweckt sei, bestimmte Einrichtungen zu begünstigen, die auf andere als kommerzielle Zwecke ausgerichtet sind.

### c) Bestimmte kulturelle Dienstleistungen

19.21 Von der Mehrwertsteuer zu befreien sind nach Art. 132 Abs. 1 Buchst. n MwStSystRL (nur) **bestimmte** kulturelle Dienstleistungen. Das in der deutschen Sprachfassung verwendete Adjektiv „bestimmt" entspricht dem in anderen Sprachfassungen.[1]

Wie erwähnt, beruht die Formulierung „bestimmte kulturelle Dienstleistungen" offenbar auf einem **Kompromiss**, weil sich die Mitgliedstaaten bei der Abfassung der Vorgängervorschrift, Art. 13 Teil A Abs. 1 Buchst. n der 6. EG-Richtlinie, nicht auf einen abschließenden Katalog zu befreiender Leistungen verständigen konnten.[2] Vor diesem Hintergrund ist Art. 132 Abs. 1 Buchst. n MwStSystRL, wie der EuGH in der Rechtssache *British Film Institute* jüngst ausdrücklich entschieden hat, dahingehend zu verstehen, dass ein Mitgliedstaat **nicht sämtliche** kulturellen Dienstleistungen befreien muss, sondern einen **weitreichenden Gestaltungsspielraum** hat, welche kulturelle Dienstleistungen er von der Umsatzsteuerpflicht erfassen und welche er hiervon ausnehmen will.[3] Demnach kann jeder Mitgliedstaat den Umfang der zu befreienden Leistungen, soweit es deren Charakter als kulturelle Dienstleistungen betrifft, **eingrenzen**. Wegen dieses dem einzelnen Mitgliedstaat zustehenden Gestaltungsspielraums kann sich ein Unternehmer, wie der EuGH in der Rechtssache *British Film Institute* entschieden hat, insoweit, als eine Leistung nach nationalem Recht nicht als kulturelle Dienstleistung steuerbefreit ist, **nicht unmittelbar auf die Steuerbefreiung nach Art. 132 Abs. 1 Buchst. n MwStSystRL berufen.**[4] Diese Auffassung steht nicht in Widerspruch zur Entscheidung des EuGH in der Rechtssache *Matthias Hoffmann*,[5] die sich allein auf die – im Ergebnis bejahte – Frage bezog, ob ein Einzelkünstler begrifflich eine Einrichtung i.S.d. Art. 132 Abs. 1 Buchst. n MwStSystRL sein kann. **Umgekehrt** ginge es vor dem Hintergrund des Gebots der **steuerlichen Wirksamkeit** zu weit, einem Mitgliedstaat die Befugnis zuzugestehen, kulturelle Dienstleistungen von der Steuerbefreiung generell auszuschließen.[6]

Nach zutreffender Auffassung liegt daher auch kein Verstoß gegen das **Diskriminierungsverbot** vor, wenn eine konkrete Dienstleistung im Ansässigkeitsstaat des Unternehmers von der

1 Z.B. englisch: „certain cultural"; französisch: „certaines […] culturels"; italienisch: „talune […] culturali"; spanisch: „determinadas […] culturales".

2 S.o. Rz. 19.11.

3 EuGH v. 15.2.2017 – Rs. C-592/15 – British Film Institute, ECLI:EU:C:2017:117 Rz. 14 und Rz. 22 bis 24, UR 2017, 268. So auch GA *Bot*, Schlussanträge vom 29.9.2016 – Rs. C-592/15 – British Film Institute, ECLI:EU:C:2016:733 Rz. 19 bis 23 und Rz. 30. Ebenso BT-Drucks. 17/2249, 75 („gewisse Spielräume"); BFH v. 24.2.2000 – V R 23/99, BStBl. II 2000, 302, juris Rz. 22 = UR 2000, 253; BFH v. 4.5.2011 – XI R 44/08, BStBl. II 2014, 200, juris Rz. 23 bis 25; *Grams*, UR 1995, 41 (45); *Hünnekens* in Küffner/Stöcker/Zugmaier, § 4 Nr. 20 UStG Rz. 6 (Stand: 108. Lfg. 2/2014); *Langer* in Hartmann/Metzenmacher, E vor § 4 Nr. 20 UStG Anm. 2 (Stand: Dezember 2013); *Verweyen* in Hartmann/Metzenmacher, E § 4 Nr. 20 UStG Rz. 4 (Stand: April 2004); *Wachweger*, 6. Richtlinie zur Harmonisierung der Umsatzsteuern in den Europäischen Gemeinschaften, Bonn 1977, 73.

4 EuGH v. 15.2.2017 – Rs. C-592/15 – British Film Institute, ECLI:EU:C:2017:117 Rz. 14 und 24, UR 2017, 268. Hierauf Bezug nehmend BFH v. 21.6.2018 – V R 20/17, juris Rz. 41 bis 47 (Beschluss zur Einleitung eines Vorabentscheidungsverfahrens beim EuGH betr. Art. 132 Abs. 1 *Buchst. m* MwStSystRL). Ebenso GA *Bot*, Schlussanträge v. 29.9.2016 – Rs. C-592/15 – British Film Institute, ECLI:EU:C:2016:733 Rz. 36 f.

5 So aber *Langer* in Reiß/Kraeusel/Langer, Art. 131 – 137 MwStSystRL Rz. 70 (Stand: August 2013).

6 GA *Bot*, Schlussanträge v. 29.9.2016 – Rs. C-592/15 – British Film Institute, ECLI:EU:C:2016:733 Rz. 30.

Umsatzsteuer befreit ist, in einem anderen Land, in dem sich umsatzsteuerrechtlich der Ort der Leistung befindet, hingegen von der Umsatzsteuerbefreiung ausgenommen wird.[1]

Art. 132 Abs. 1 Buchst. n MwStSystRL enthält mithin ein **Paradoxon.** Wie die Europäische Kommission in ihrem ersten Bericht über das Funktionieren des gemeinsamen Mehrwertsteuersystems vom 14.9.1983 zurecht feststellte, erscheint es paradox, eine *obligatorische* Steuerbefreiung vorzusehen, deren Umfang aber in das politische Ermessen der einzelnen Mitgliedstaaten zu stellen.[2] Zugleich merkte die Kommission an, dass der Rat bei der Verabschiedung der Endfassung (des Art. 13 Teil A Abs. 1 Buchst. n der 6. EG-Richtlinie) davon ausging, dass die Mitgliedstaaten von der Möglichkeit zur Befreiung nur in beschränktem Umfang Gebrauch machen würden („should only grant limited exemptions"), anderenfalls das Wort „bestimmte" überflüssig gewesen wäre.[3] 19.22

### 2. Eng damit verbundene Lieferungen von Gegenständen

Flankierend zur Steuerbefreiung „bestimmter kultureller Dienstleistungen" sieht Art. 132 Abs. 1 Buchst. n MwStSystRL die zwingende Steuerbefreiung für „eng damit verbundene Lieferungen von Gegenständen" vor. Die deutsche Fassung entspricht anderen Sprachfassungen.[4] 19.23

Die Frage, unter welchen Voraussetzungen eine Lieferung mit einer kulturellen Dienstleistung in der Diktion des Art. 132 Abs. 1 Buchst. n MwStSystRL „eng verbunden" ist, ist ungeklärt. In Zusammenschau mit **Art. 136 Buchst. a und b** sowie **Art. 16** und **Art. 26 MwStSystRL** – im deutschen Recht umgesetzt in **§ 4 Nr. 28 UStG**[5] – lässt sich zweifelsfrei allenfalls festhalten, dass es nicht ausreicht, dass die gelieferten Gegenstände bei der Ausführung befreiter kultureller Dienstleistungen verwendet wurden. Der Kreis der steuerbefreiten Lieferungen ist im Lichte des **Art. 134 Buchst. a MwStSystRL** sowie der **EuGH-Rechtsprechung** zu anderen Befreiungstatbeständen beantworten, die ebenfalls auf „eng verbundene" Leistungen Bezug nehmen.[6]

## III. Leistungserbringer

### 1. Einrichtungen des öffentlichen Rechts

Nach Art. 132 Abs. 1 Buchst. n MwStSystRL zu befreien sind die dort bezeichneten Umsätze u.a. dann, wenn sie von **„Einrichtungen**[7] **des öffentlichen Rechts"** ausgeführt werden. Bei Betrachtung anderer Sprachfassungen fällt auf, dass von der Begrifflichkeit teilweise auf den öffentlich-rechtlich verfassten Unternehmensträger selbst abgestellt wird.[8] 19.24

1 OVG Saarl. v. 26.5.2000 – 3 Q 84/99, juris Rz. 47 bis 51.
2 KOM (83) 426, 47.
3 KOM (83) 426, 47.
4 Z.B. englisch: „the supply of goods closely linked thereto"; französisch: „les livraisons de biens qui leur sont étroitement liées"; italienisch: „le cessioni di beni loro strettamente connesse"; spanisch: „las entregas de bienes directamente relacionadas con las mismas".
5 Dazu Rz. 19.43.
6 Dazu *Schauhoff* in Rz. 10.111 ff.
7 Zur Auslegung des Begriffs der „Einrichtung" im Allgemeinen *Hüttemann/Schauhoff*, Rz. 9.9 ff.
8 Z.B. englisch: „bodies governed by public law"; italienisch: „enti di diritto pubblico"; spanisch: „Entidades de Derecho público". Vgl. französisch: „des organismes de droit public".

Wenn Art. 132 Abs. 1 Buchst. n MwStSystRL von „Einrichtungen des öffentlichen Rechts" spricht, sind ***sämtliche* öffentlich-rechtlich verfasste Einrichtungen** gemeint. Art. 13 Abs. 1 Unterabs. 1 MwStSystRL[1] nimmt Bezug auf „Staaten, Länder, Gemeinden und sonstige Einrichtungen des öffentlichen Rechts". Erfasst sind nicht nur Einrichtungen in Trägerschaft einer Gebietskörperschaft, sondern auch solche Einrichtungen, die von einer sonstigen Körperschaft, einer Stiftung oder einer Anstalt des öffentlichen Rechts betrieben werden. Eine Ausklammerung einzelner öffentlich-rechtlich verfasster Einrichtungen lässt sich weder mit dem Wortlaut des Art. 132 Abs. 1 Buchst. n MwStSystRL noch mit dem **Grundsatz der Rechtsformneutralität** vereinbaren.[2] Die Einschränkung, dass nur „bestimmte" kulturelle Dienstleistungen zu befreien sind, bezieht sich nach dem Wortlaut ausschließlich auf den Gegenstand einer kulturellen Dienstleistung, nicht aber auf den Träger der Einrichtung.

19.25 Einrichtungen des öffentlichen Rechts müssen nach dem Wortlaut des Art. 132 Abs. 1 Buchst. n MwStSystRL – dies im Unterschied zu anderen Einrichtungen – **nicht als kulturelle Einrichtungen anerkannt** sein. Folgerichtig darf ein Mitgliedstaat kulturelle Dienstleistungen und eng damit verbundene Lieferungen von Gegenständen einer öffentlich-rechtlich verfassten Einrichtung nicht unter Versagung einer (gar nicht erforderlichen) Anerkennung als kulturelle Einrichtung von der Steuerbefreiung ausschließen. Dies gilt jedenfalls für sämtliche **inländische** Einrichtungen, d.h. sämtliche Einrichtungen, die nach dem öffentlichen Recht des jeweiligen Mitgliedstaats errichtet wurden und diesem Recht unterliegen. Nach dem Wortlaut des Art. 132 Abs. 1 Buchst. n MwStSystRL, der keinen expliziten Inlandsbezug vorsieht, gilt dies auch für **ausländische**, d.h. nach ausländischem öffentlichem Recht errichtete, Einrichtungen. Aus den veröffentlichten Dokumenten zur Entstehung des Art. 13 Teil A Abs. 1 Buchst. n der Sechsten EG-Richtlinie lässt sich allerdings nicht verifizieren, ob die Mitgliedstaaten tatsächlich so weit gehen wollten, von dem Erfordernis der Anerkennung auch bei ausländischen Einrichtungen abzusehen. Auf jeden Fall darf ein Mitgliedstaat die Steuerbefreiung nicht allein wegen der Ansässigkeit der Einrichtung bzw. dessen Trägers im Ausland versagen; eine solche Versagung würde einen – in aller Regel nicht gerechtfertigten – Verstoß gegen das **Diskriminierungsverbot** begründen.

## 2. Andere von dem betreffenden Mitgliedstaat anerkannte kulturelle Einrichtungen

### a) Einrichtung

19.26 Nach Art. 132 Abs. 1 Buchst. n MwStSystRL von der Mehrwertsteuer zu befreien sind nicht nur die dort genannten Umsätze von Einrichtungen des öffentlichen Rechts, sondern auch die Umsätze von **„anderen von dem betreffenden Mitgliedstaat anerkannten kulturellen Einrichtungen"**[3]. Es fällt auf, dass manche andere Sprachfassungen wie die deutsche einheitlich den Begriff der „Einrichtung" vorsehen,[4] während andere Sprachfassungen für öffentlich-rechtliche und für die „anderen" Einrichtungen unterschiedliche Begriffe verwenden.[5]

---

1 Entspricht Art. 4 Abs. 5 Unterabs. 1 der 6. EG-Richtlinie (RL 77/388/EWG v. 17.5.1977, ABl. EG Nr. L 145 v. 13.6.1977, 1).

2 EuGH v. 3.4.2003 – Rs. C-144/00 – Matthias Hoffmann, ECLI:EU:C:2003:192 Rz. 27, Slg. 2003, I-2912 = BStBl. II 2003, 679 = UR 2003, 248 = UR 2003, 286 m. Anm. *Nieskens*.

3 Zur Auslegung des Begriffs der „Einrichtung" im Allgemeinen *Hüttemann/Schauhoff*, Rz. 9.9 ff.

4 Z.B. englisch „*bodies* governed by public law" und „other cultural *bodies*"; französisch: „des *organismes* de droit public" und „d'autres *organismes* culturels".

5 Z.B. italienisch: „*enti* di diritto pubblico" *vs.* „altri *organismi* culturali"; spanisch: „*Entidades* de Derecho público" *vs.* „otros *organismos* culturales".

Speziell im Zusammenhang mit Art. 132 Abs. 1 Buchst. n MwStSystRL hat es der **EuGH** in der Rechtssache *Matthias Hoffmann* bei der vagen und recht abstrakten Aussage belassen, der Begriff der „Einrichtung" lege es nahe anzunehmen, dass eine „abgegrenzte Einheit" vorliegen müsse, die eine „bestimmte Funktion" erfülle.[1] Von dieser Aussage ausgehend, kam der EuGH zu der Feststellung, dass ein **Einzelkünstler** selbst dann eine „abgegrenzte Einheit" sein könne, wenn er seine Leistung „nur mit eigenen Mitteln" erbringt – gemeint ist: als Solist und nicht als Mitglied z.B. eines Duos oder Trios etc.[2] Demnach greift die Steuerbefreiung, wenn der Einzelkünstler mit seiner Tätigkeit eine „kulturelle Funktion" erfüllt.[3] Die Einbeziehung von Einzelkünstlern sei wegen des Neutralitätsgrundsatzes geboten.[4] Die Entscheidung liegt auf einer Linie mit den beiden EuGH-Entscheidungen in den Rechtssachen *Gregg*[5] und *Kingscrest Associates und Montecello*.[6] Überholt ist damit die gegenteilige Auffassung, die der Mehrwertsteuer-Ausschuss im Jahr 1994 geäußert hatte.[7] Im Lichte der EuGH-Entscheidung in der Rechtssache *Matthias Hoffmann* scheint der Begriff der Einrichtung jedenfalls für na- 19.27

1 EuGH v. 3.4.2003 – Rs. C-144/00 – Matthias Hoffmann, ECLI:EU:C:2003:192 Rz. 24, Slg. 2003, I-2912 = BStBl. II 2003, 679 = UR 2003, 248 = UR 2003, 286 m. Anm. *Nieskens*, unter Hinweis auf EuGH v. 7.9.1999 – Rs. C-216/97 – Gregg, ECLI:EU:C:1999:390 Rz. 18, Slg. 1999, I-4947 = UR 1999, 419. Ebenso GA *Geelhoed*, Schlussanträge v. 14.11.2002 – Rs. C-144/00 – Matthias Hoffmann, Slg. 2003, I-2921 Rz. 70. Ähnlich OFD Nürnberg v. 14.4.2004 – S 7177 – 53/St 43, UR 2005, 227 (228): „abgegrenzte, funktionsfähige Einheit im Sinne einer Zusammenfassung sachlicher und persönlicher Mittel".

2 Vgl. GA *Geelhoed*, Schlussanträge v. 14.11.2002 – Rs. C-144/00 – Matthias Hoffmann, Slg. 2003, I-2921 Rz. 71.

3 EuGH v. 3.4.2003 – Rs. C-144/00 – Matthias Hoffmann, ECLI:EU:C:2003:192 Rz. 24 bis 30, Slg. 2003, I-2912 = BStBl. II 2003, 679 = UR 2003, 248 = UR 2003, 286 m. Anm. *Nieskens*, unter Hinweis auf EuGH v. 7.9.1999 – Rs. C-216/97 – Gregg, ECLI:EU:C:1999:390 Rz. 15 bis 21, Slg. 1999, I-4947 = UR 1999, 419 (betr. Art. 13 Teil A Abs. 1 Buchst. b und g der 6. EG-Richtlinie, entspricht Art. 132 Abs. 1 Buchst. b und g MwStSystRL). Ebenso GA *Geelhoed*, Schlussanträge v. 14.11.2002 – Rs. C-144/00 – Matthias Hoffmann, Slg. 2003, I-2921 Rz. 72. Hierauf verweisend Abschn. 4.20.2 Abs. 1 Satz 2 UStAE; dazu z.B. *Nieskens*, UR 2003, 286. Vgl. den Vorlagebeschluss des BGH v. 5.4.2000 – 5 StR 169/00, UR 2000, 286; dazu *Lausterer*, UR 2000, 288. Im Anschluss daran BGH v. 18.6.2003 – 5 StR 169/00, NJW 2003, 2842 = UR 2003, 545, juris Rz. 21. Zweifelnd *Langer* in Reiß/Kraeusel/Langer, Art. 131 – 137 MwStSystRL Rz. 70 (Stand: August 2013).

4 EuGH v. 3.4.2003 – Rs. C-144/00 – Matthias Hoffmann, ECLI:EU:C:2003:192 Rz. 27, Slg. 2003, I-2912 = BStBl. II 2003, 679; GA *Geelhoed*, Schlussanträge v. 14.11.2002 – Rs. C-144/00 – Matthias Hoffmann, Slg. 2003, I-2921 Rz. 79 f. und 81. Ebenso bereits zuvor *Lausterer*, UR 2000, 288 (291).

5 EuGH v. 7.9.1999 – Rs. C-216/97 – Gregg, ECLI:EU:C:1999:390, Slg. 1999, I-4947 = UR 1999, 419 (betr. Art. 13 Teil A Abs. 1 Buchst. b und g 6. EG-RL, entspricht Art. 132 Abs. 1 Buchst. b und g MwStSystRL). **A.A.** früher EuGH v. 11.8.1995 – Rs. C-453/93 – Bulthuis Griffioen, ECLI:EU:C:1995:265, Slg. 1995, I-2341 (betr. Art. 13 Teil A Abs. 1 Buchst. g der 6. EG-Richtlinie, entspricht Art. 132 Abs. 1 Buchst. g MwStSystRL). Dazu *Lohse*, UR 1995, 477 (478): Konsequenz, dass § 4 Nr. 20 UStG insoweit, als die Umsätze natürlicher Personen steuerbefreit seien, richtlinienwidrig sei. Zu den sich aus der EuGH-Entscheidung ergebenden Folgen speziell betr. § 4 Nr. 20 UStG *de lege ferenda Raudszus/Weimann*, UVR 1996, 66 (69). Dazu auch *Hüttemann/Schauhoff* in Rz. 9.17 ff.

6 EuGH v. 26.5.2005 – Rs. C-498/03 – Kingscrest Associates Ltd. und Montecello Ltd., ECLI:EU:C:2005:322, Slg. 2005, I-4427, UR 2005, 453. Dazu auch *Hüttemann/Schauhoff* in Rz. 9.19 f.

7 Leitlinie der 41. Sitzung am 28.2./1.3.1994, Dok. XXI/234/94, Nr. 169.

türliche Personen keine eigenständige Bedeutung zu haben.[1] Entscheidend ist allein, dass der Unternehmer als solcher im Rechtsverkehr „als Einheit" auftritt.[2]

Ebenfalls in der Entscheidung *Matthias Hoffmann* hat der EuGH folgerichtig klargestellt, dass der nationale Gesetzgeber **Art. 134 MwStSystRL** für Einzelkünstler und Künstlergruppen gleichermaßen anzuwenden habe und, wolle er von den Einschränkungsmöglichkeiten nach **Art. 133 MwStSystRL** Gebrauch machen, für Einzelkünstler und Gruppen dieselben Einschränkungen vorsehen müsse.[3]

19.28 Der **BFH** hat die neue EuGH-Rechtsprechung übernommen.[4] In der Rechtssache *Matthias Hoffmann* hat der BFH anerkennt, dass sich eine einzelne natürliche Person wie etwa ein selbständig tätiger Orchestermusiker zur Begründung der Steuerfreiheit der von ihm erbrachten (kulturellen) Dienstleistung **auf das Unionsrecht berufen** könne.[5] Beruft sich ein Einzelkünstler auf das Unionsrecht, ist der zu beurteilende Umsatz (nur) steuerfrei, wenn sämtliche Voraussetzungen des Art. 132 Abs. 1 Buchst. n MwStSystRL erfüllt sind, wenn insbesondere der Mitgliedstaat den Einzelkünstler nach Maßgabe des nationalen Rechts als kulturelle Einrichtung anerkannt hat; das Gebot der Rechtsformneutralität befreit nicht von dem generellen Erfordernis der mitgliedstaatlichen Anerkennung als kulturelle Einrichtung, eine Anerkennung muss gleichwohl wegen des Gebots der Rechtsformneutralität auch Einzelkünstlern generell offenstehen. Der BFH hat zugleich klargestellt, dass sich ein Einzelkünstler, möchte dieser die Steuerbefreiung erlangen, ausdrücklich auf das Unionsrecht berufen *müsse*, sofern den in § 4 Nr. 20 Buchst. a Satz 1 UStG genannten Einrichtungen wie Orchestern, Chören und Musikensembles das Zusammenwirken *mehrerer* Personen begriffsimmanent ist.[6] Auch die **Finanzverwaltung** wendet die EuGH-Entscheidung in der Rechtssache *Matthias Hoffmann* in allen noch offenen Fällen an.[7]

19.29 Stärker als der EuGH betont der BFH, dass eine **Einrichtung** begrifflich nicht mit dem diese Einrichtung betreibenden **Unternehmer** gleichzusetzen sei, dass eine natürliche Person daher nicht selbst eine Einrichtung, sondern vielmehr der Träger einer Einrichtung sei.[8] Vor der EuGH-Entscheidung in der Rechtssache *Matthias Hoffmann* ging der BFH davon aus, dass eine natürliche Person generell keine Einrichtung – verstanden als eine „unterscheidbare Einheit

1 Ebenso betr. § 4 Nr. 20 Buchst. a UStG *Wagner*, UVR 2003, 340.

2 GA *Geelhoed*, Schlussanträge v. 14.11.2002 – Rs. C-144/00 – Matthias Hoffmann, Slg. 2003, I-2921 Rz. 73.

3 EuGH v. 3.4.2003 – Rs. C-144/00 – Matthias Hoffmann, ECLI:EU:C:2003:192 Rz. 28 f., Slg. 2003, I-2912 = BStBl. II 2003, 679 = UR 2003, 248 = UR 2003, 286 m. Anm. *Nieskens*.

4 BFH v. 24.2.2000 – V R 23/99, BStBl. II 2000, 302, juris Rz. 20 bis 22 = UR 2000, 253. **A.A.** früher noch BFH v. 14.12.1995 – V R 13/95, BStBl. II 1996, 386, juris Rz. 12 f. = UR 1996, 302; ebenso vorgehend FG Köln v. 4.10.1994 – 8 K 869/93, juris Rz. 33 f.

5 BFH v. 18.2.2010 – V R 28/08, BStBl. II 2010, 876, juris Rz. 23 bis 25 = UR 2010, 376; hierauf verweisend z.B. jüngst FG Münster v. 8.10.2018 – 5 K 1215/16 U, EFG 2018, 2072, juris Rz. 37, betreffend einen Gästeführer in einem Museum (Revision beim BFH anhängig unter Az. XI R 37/18).

6 BFH v. 18.2.2010 – V R 28/08, BStBl. II 2010, 876, juris Rz. 20 = UR 2010, 376.

7 BMF v. 31.7.2003 – IV D 1 - S 7177 – 13/03, BStBl. I 2003, 424. Dazu auch OFD Düsseldorf v. 13.11.2003 – S 7177, UR 2004, 43; OFD Nürnberg v. 14.4.2004 – S 7177 – 53/St 43, UR 2005, 227 (229).

8 BFH v. 24.2.2000 – V R 23/99, BStBl. II 2000, 302, juris Rz. 20 bis 22 = UR 2000, 253. **A.A.** *Wäger* in Reiß/Kraeusel/Langer, § 4 Nr. 20 UStG Rz. 73 (Stand: Mai 2014). Zweifelnd *Wagner*, UVR 2003, 340.

im Sinne einer Zusammenfassung sachlicher und persönlicher Mittel" – sein könne.[1] Der BFH knüpfte die Eigenschaft als kulturelle Einrichtung auch an die **Subventionspraxis**; hiervon ausgehend verneinte der BFH früher die Eigenschaft von Einzelkünstlern als (kulturelle) Einrichtung mit dem Argument, Einzelkünstler würden in der Regel nicht staatlich subventioniert, dies im Unterschied zu den in § 4 Nr. 20 Buchst. a Satz 1 UStG aufgeführten Einrichtungen wie etwa Theatern.[2] Dieser These des BFH hat der EuGH in der Entscheidung *Matthias Hoffmann* eine Absage erteilt.[3] Auf die Subventionspraxis des jeweiligen Mitgliedstaats komme es hinsichtlich der Frage, ob begrifflich eine „Einrichtung" vorliegt, *nicht* an.

### b) Andere Einrichtung

**„Andere"** Einrichtungen sind solche, die nicht „Einrichtungen des öffentlichen Rechts"[4] 19.30
sind.

### c) Kulturelle Einrichtung

Unter Geltung der 6. EG-Richtlinie gab es in der deutschen Sprachfassung – anders als in an- 19.31
deren Fassungen[5] – noch nicht die Beschränkung auf Leistungen einer anerkannten „kulturellen" Einrichtung. Diese Beschränkung wurde (erst) in Art. 132 Abs. 1 Buchst. n MwStSystRL aufgenommen.[6]

In der Rechtssache *Matthias Hoffmann* hatte sich *Generalanwalt Geelhoed* dahingehend geäußert, dass kulturelle Einrichtungen letztlich alle Einrichtungen seien, die **„auf rechtmäßiger Grundlage"** kulturelle Dienstleistungen erbringen.[7] Diese Auffassung läuft praktisch darauf hinaus, dass jeder Mitgliedstaat mit der Bestimmung der kulturellen Dienstleistungen, die nach seinem nationalen Recht steuerfrei sein sollen, zugleich bestimmt, dass Einrichtungen, die solche Leistungen erbringen, begrifflich kulturelle Einrichtungen sind. Bei dieser Betrachtung schlägt das weite Ermessen, das die Mitgliedstaaten bei der Bestimmung der zu befreienden kulturellen Dienstleistungen haben, praktisch auf die Eigenschaft als kulturelle Einrichtung durch.[8] Dieses Ermessen ist allerdings, wie *Generalanwalt Geelhoed* weiter herausgearbeitet hat, durch die Prinzipien der **praktischen Wirksamkeit** und der **steuerlichen Neutralität** beschränkt.[9]

1 BFH v. 24.2.2000 – V R 23/99, BStBl. II 2000, 302, juris Rz. 24 f. = UR 2000, 253. Ebenso bereits BFH v. 14.12.1995 – V R 13/95, BStBl. II 1996, 386, juris Rz. 1. Kritisch *Nieskens*, UR 2003, 286 (288).
2 BFH v. 24.2.2000 – V R 23/99, BStBl. II 2000, 302, juris Rz. 24 f. = UR 2000, 253. Ebenso betr. die Anwendung des ermäßigten Steuersatzes BFH v. 14.12.1995 – V R 13/95, BStBl. II 1996, 386, juris Rz. 14 = UR 1996, 302; vorgehend FG BW v. 18.10.1995 – 12 K 30/90, EFG 1996, 398 (399 f.). Ebenso *Raudszus*, UStB 2003, 269 (271). Kritisch *Nieskens*, UR 2003, 286 (288).
3 Zustimmend *Lausterer*, UR 2000, 288 (291).
4 S.o. Rz. 19.24 f.
5 Z.B. englisch: „*cultural* bodies"; französisch: „organismes *culturels*"; italienisch: „organismi *culturali*"; spanisch: „organismos *culturales*".
6 Dazu *Jacobs*, Umsatzsteuer und Gemeinnützigkeit, 148.
7 GA *Geelhoed*, Schlussanträge v. 14.11.2002 – Rs. C-144/00 – Matthias Hoffmann, Slg. 2003, I-2921 Rz. 58.
8 Zutreffend *Nieskens*, UR 2003, 286 (288).
9 GA *Geelhoed*, Schlussanträge v. 14.11.2002 – Rs. C-144/00 – Matthias Hoffmann, Slg. 2003, I-2921 Rz. 67 f.

Dieser Auffassung des Generalanwalts ist der EuGH gefolgt, wenn dieser feststellt, dass auch ein Einzelkünstler eine kulturelle Einrichtung sei, wenn der kulturelle Charakter der von ihm erbrachten Leistung feststehe.[1] An anderer Stelle der Urteilsbegründung umschreibt der EuGH den Begriff der kulturellen Einrichtung sinngemäß mit „funktionale kulturelle Einheit".[2] Leider lässt der EuGH nicht erkennen, unter welchen Voraussetzungen seiner Auffassung nach eine funktionale kulturelle Einheit vorliegt und unter welchen Voraussetzungen nicht. Der Begriff der funktionalen kulturellen Einheit erscheint – insbesondere in Bezug auf natürliche Personen (diese Konstellation war Gegenstand in der Rechtssache *Matthias Hoffmann*) – nebulös und konturlos; es ist nicht erkennbar, in welchen praktischen Fällen bei einer natürlichen Person *keine* funktionale kulturelle Einheit vorliegen könnte. Wenn, wie der EuGH zutreffend entschieden hat, auch bei einer natürlichen Person eine kulturelle Einrichtung vorliegen könne, beurteilt sich die Eigenschaft als kulturelle Einrichtung bei natürlichen Personen praktisch maßgeblich **nach der Art der erbrachten Dienstleistung**. Der EuGH stellt, wie erwähnt, auf den kulturellen Charakter der zu beurteilenden Leistung ab. Diese Überlegungen gelten nach hier vertretener Auffassung auch für andere Unternehmer als natürliche Personen. Daher beurteilt sich die Eigenschaft als kulturelle Einrichtung generell maßgeblich nach der Art der erbrachten Dienstleistung, d.h. danach, ob die Leistung kulturellen Charakter hat.[3] Damit ist eine **Unterscheidung zwischen (kultureller) Einrichtung und konkreter (kultureller) Dienstleistung nicht erkennbar, der Einrichtungsbegriff verliert damit an praktischer Bedeutung.**[4]

19.32 Was die Eigenschaft als kulturelle Einrichtung betrifft, ist jeder Mitgliedstaat nach **Art. 133 Satz 1 MwStSystRL** berechtigt, aber nicht verpflichtet, die Steuerbefreiung von einer oder mehreren der dort genannten Kriterien abhängig zu machen, z.B. von ehrenamtlicher Tätigkeit oder fehlender systematischer Gewinnerzielungsabsicht (Letzteres ist keine zwingende Tatbestandsvoraussetzung des Art. 132 Abs. 1 Buchst. n MwStSystRL, dies im Unterschied z.B. zu Art. 132 Abs. 1 *Buchst. m* MwStSystRL[5]). Macht der nationale Gesetzgeber von dem Wahlrecht nach Art. 133 Satz 1 MwStSystRL *keinen* Gebrauch, kann auch ein kommerzieller, auf systematische Gewinnerzielung ausgerichteter Unternehmer eine kulturelle Einrichtung i.S.d. Art. 132 Abs. 1 Buchst. n MwStSystRL sein oder unterhalten.[6] Insoweit ergibt sich, wie der EuGH in der Rechtssache *Matthias Hoffmann* entschieden hat, keine Beschränkung aus der Überschrift zu Art. 132 MwStSystRL („Befreiungen bestimmter dem Gemeinwohl dienender Tätigkeiten").[7] Auch auf den Umfang der Einrichtung kommt es wegen des Gebots der steuerlichen Neutralität nicht an.[8] Wesentlich ist allein, dass der Unternehmer, um eine

1 EuGH v. 3.4.2003 – Rs. C-144/00 – Matthias Hoffmann, ECLI:EU:C:2003:192 Rz. 27, Slg. 2003, I-2912 = BStBl. II 2003, 679 = UR 2003, 248 = UR 2003, 286 m. Anm. *Nieskens*.

2 S.o. Rz. 19.27 und 19.29.

3 *Lausterer*, UR 2000, 288 (292).

4 Zutreffend *Raudszus*, UStB 2003, 269 (270); *Wagner*, UVR 2003, 340.

5 Dazu BFH v. 21.6.2018 – V R 20/10, juris Rz. 49 bis 57 (Beschluss zur Einleitung eines Vorabentscheidungsverfahrens beim EuGH).

6 Ebenso Rz. 9.28 f.; Rz. 10.13, 10.72 ff. Ebenso betr. Art. 13 Teil A Abs. 1 Buchst. g der 6. EG-Richtlinie (entspricht Art. 132 Abs. 1 Buchst. g MwStSystRL) EuGH v. 21.1.2016 – Rs. C-335/14 – Les Jardins de Jouvence SCRL, ECLI:EU:C:2016:36 Rz. 39, UR 2016, 391.

7 EuGH v. 3.4.2003 – Rs. C-144/00 – Matthias Hoffmann, ECLI:EU:C:2003:192 Rz. 37 ff., Slg. 2003, I-2912 = BStBl. II 2003, 679 = UR 2003, 248 = UR 2003, 286 m. Anm. *Nieskens*. Ebenso GA *Geelhoed*, Schlussanträge v. 14.11.2002 – Rs. C-144/00 – Matthias Hoffmann, Slg. 2003, I-2921 Rz. 60 und 87 f.

8 GA *Geelhoed*, Schlussanträge v. 14.11.2002 – Rs. C-144/00 – Matthias Hoffmann, Slg. 2003, I-2921 Rz. 40 und 43.

„kulturelle Einrichtung" zu sein oder zu unterhalten, als **„funktionale kulturelle Einheit"** nach außen auftritt.[1]

### d) Anerkennung als kulturelle Einrichtung

Für die Steuerbefreiung kultureller Dienstleistungen etc., die von bzw. im Rahmen einer nicht öffentlich-rechtlich verfassten Einrichtung erbracht werden, reicht es nicht aus, dass diese Einrichtung begrifflich eine kulturelle Einrichtung ist; diese Voraussetzung hat, wie dargelegt, im Lichte der EuGH-Rechtsprechung keine praktische Bedeutung.[2] Vielmehr greift die Steuerbefreiung nach dem Wortlaut des Art. 132 Abs. 1 Buchst. n MwStSystRL nur, wenn die Einrichtung von dem betreffenden Mitgliedstaat **als kulturelle Einrichtung anerkannt** ist. Die deutsche Sprachfassung entspricht insoweit anderen Sprachfassungen.[3] Wie erwähnt, bedürfen in- wie ausländische Einrichtungen des *öffentlichen* Rechts nach dem Wortlaut des Art. 132 Abs. 1 Buchst. n MwStSystRL *keiner* Anerkennung.[4] 19.33

Wie erwähnt, ist jede „funktionale kulturelle Einheit", die „auf rechtmäßiger Grundlage" kulturelle Dienstleistungen erbringt, begrifflich eine kulturelle Einrichtung i.S.d. Art. 132 Abs. 1 Buchst. n MwStSystRL.[5] Dies bedeutet allerdings *nicht*, dass ein Mitgliedstaat *sämtliche* kulturellen Einrichtungen als solche **anerkennen** *muss*. Das Erfordernis einer Anerkennung setzt, damit ihm ein eigenständiger Regelungsgehalt zukommt, voraus, dass ein Mitgliedstaat (auch) hinsichtlich der Anerkennung einen **Entscheidungsspielraum** hat. 19.34

Zunächst ist festzuhalten, dass die in **Art. 133 Satz 1 MwStSystRL** aufgeführten Kriterien **generell nicht** in die Entscheidung über die mitgliedstaatliche Anerkennung als kulturelle Einrichtung einfließen dürfen, da die Anerkennung eine eigenständige Voraussetzung des Art. 132 Abs. 1 Buchst. n MwStSystRL ist, während sich Art. 133 Satz 1 MwStSystRL auf die Steuerbefreiung als Ganzes bezieht und neben Art. 132 Abs. 1 MwStSystRL eine *zusätzliche* Voraussetzung für die Steuerbefreiung aufstellt.[6] Macht ein Mitgliedstaat also von seinen Wahlrechten nach Art. 133 Satz 1 MwStSystRL **keinen Gebrauch**, bedeutet dies (lediglich), dass er die Gewährung der Steuerbefreiung als solcher nicht von der Einhaltung der in Art. 133 Satz 1 MwStSystRL aufgeführten Kriterien abhängig machen darf. Dessen ungeachtet darf ein Mitgliedstaat die Anerkennung als kulturelle Einrichtung von **anderen, nicht in Art. 133 Satz 1 MwStSystRL aufgeführten Kriterien** abhängig machen. Insoweit ist der Entscheidungsspielraum des Gesetzgebers allerdings begrenzt durch allgemeine Rechtsgrundsätze, z.B. durch das **Gebot der steuerlichen Neutralität** sowie das **Gebot der praktischen Wirksamkeit**. Vor dem Hintergrund des Gebots der steuerlichen Wirksamkeit ginge es zu weit, dem Mitgliedstaat die Befugnis zuzugestehen, nicht öffentlich-rechtlich verfasste Einrichtungen generell von der Anerkennung als kulturelle Einrichtungen auszuschließen.[7]

1 S.o. Rz. 19.26 f. und 19.32.

2 S.o. Rz. 19.31.

3 Z.B. englisch: „recognised"; französisch: „reconnus"; italienisch: „riconosciuti"; spanisch: „reconocidos".

4 S.o. Rz. 19.25.

5 S.o. Rz. 19.2 und 19.31 f.

6 EuGH v. 21.1.2016 – Rs. C-335/14 – Les Jardins de Jouvence SCRL, ECLI:EU:C:2016:36 Rz. 33, UR 2016, 391. Dazu *Schauhoff* in Rz. 10.120.

7 **A.A.** GA *Geelhoed*, Schlussanträge v. 14.11.2002 – Rs. C-144/00 – Matthias Hoffmann, Slg. 2003, I-2921 Rz. 66.

Umgekehrt hat ein Mitgliedstaat die Möglichkeit, *sämtliche* kulturelle Einrichtungen als solche anzuerkennen; ein Mitgliedstaat ist **berechtigt, aber nicht verpflichtet**, innerhalb der kulturellen Einrichtungen zu selektieren. Zugleich hat der Mitgliedstaat die Möglichkeit, die Steuerbefreiung als solche von einer oder mehreren der in Art. 133 Satz 1 MwStSystRL genannten Kriterien abhängig zu machen.

19.35 Die konkrete **verfahrensrechtliche Umsetzung** der erforderlichen Anerkennung obliegt jedem einzelnen Mitgliedstaat.[1] Dies betrifft insbesondere die Frage nach der innerstaatlichen **Zuständigkeit**, d.h. welche staatliche, regionale oder lokale Instanz, ob der Gesetzgeber, eine Verwaltungsbehörde oder ein Gericht, für die Verleihung einer Anerkennung zuständig ist. Weiterhin geht es um die Frage, welche **Rechtsschutzmöglichkeiten** ein betroffener Unternehmer gegen die Versagung der Anerkennung oder deren Verleihung hat. Wie der EuGH im Kontext eines anderen Befreiungstatbestands entschieden hat, verlangt das Unionsrecht nicht, dass die Anerkennung in einem **förmlichen Verfahren** oder auf Grundlage von Vorschriften mit speziell **steuerrechtlichem** Charakter erfolgt.[2] In anderem Kontext hat der BFH angedeutet, dass die personenbezogene Anerkennung auch durch die Übernahme eines bestimmten Aufgabenfeldes von einer juristischen Person des öffentlichen Rechts erfolgen könne.[3]

19.36 Im Schrifttum wird die Auffassung vertreten, Art. 132 Abs. 1 Buchst. n MwStSystRL impliziere mit dem Erfordernis der Anerkennung (als kulturelle Einrichtung), dass die Anerkennung **vom Unternehmer selbst beantragt** werden müsse.[4] Der EuGH hat in mehreren Entscheidungen beiläufig bemerkt, dass es Sache eines jeden Mitgliedstaats sei, die Regeln aufzustellen, nach denen Einrichtungen, „die dies beantragen", eine Anerkennung gewährt werden kann.[5] Diese Bemerkung („die dies beantragen") könnte dahingehend verstanden werden, dass eine Antragstellung generell zwingend erforderlich ist. Ob der EuGH tatsächlich so verstanden werden kann, ist fraglich. Möglicherweise wollte der EuGH den Fall, dass ein Unternehmer die mitgliedstaatliche Anerkennung beantragt, lediglich als ein Beispiel verstanden wissen, zumal der Kern seiner Aussagen in den zitierten Entscheidungen darin bestand, dass der Mitgliedstaat das Anerkennungsverfahren nach eigenem Ermessen regeln kann. Dieses Ermessen

1 So jüngst betr. Art. 13 Teil A Abs. 1 Buchst. g der 6. EG-Richtlinie (entspricht Art. 132 Abs. 1 Buchst. g MwStSystRL) EuGH v. 21.1.2016 – Rs. C-335/14 – Les Jardins de Jouvence SCRL, ECLI:EU:C:2016:36 Rz. 32, UR 2016, 391. Hierauf Bezug nehmend BFH v. 18.2.2016 – V R 46/14, BFH/NV 2016, 1120, juris Rz. 30, UR 2016, 584.

2 EuGH v. 6.11.2003 – Rs. C-45/01 – Dornier, ECLI:EU:C:2003:595 Rz. 67, Slg. 2003, I-12911 = UR 2003, 584 m. Anm. *Widmann*; EuGH v. 10.6.2010 – Rs. C-262/08 – CopyGene, ECLI:EU:C:2010:328 Rz. 61, Slg. 2010, I-5053 = UR 2010, 526 m. Anm. *Hölzer*.

3 BFH v. 18.2.2016 – V R 46/14, UR 2016, 584 = BFH/NV 2016, 1120, juris Rz. 33 ff. und 47 betr. Art. 132 Abs. 1 Buchst. g und i MwStSystRL.

4 *Stadie*, § 4 Nr. 20 UStG Rz. 10. Im Ergebnis ebenso *Grams*, UR 1995, 41 (43 ff.); *Schuhmann* in Rau/Dürrwächter, § 4 Nr. 20 UStG Rz. 60.1 f. (Stand: Mai 2006). Siehe auch OFD Magdeburg v. 10.12.2013 – S 7177 – 16 – St 243, MwStR 2014, 171 (172): Antrag mit Angabe des Zeitraums, für den die Bescheinigung erteilt werden soll.

5 EuGH v. 6.11.2003 – Rs. C-45/01 – Dornier, ECLI:EU:C:2003:595 Rz. 64, Slg. 2003, I-12911 = UR 2003, 584 m. Anm. *Widmann*; EuGH v. 8.6.2006 – Rs. C-106/05 – L.u.P., ECLI:EU:C:2006:380 Rz. 42, Slg. 2006, I-5123 = UR 2006, 464 m. Anm. *Klenk*; EuGH v. 10.6.2010 – Rs. C-262/08 – CopyGene, ECLI:EU:C:2010:328 Rz. 63, Slg. 2010, I-5053 = UR 2010, 526 m. Anm. *Hölzer*; EuGH v. 12.3.2015 – Rs. C-594/13 – „go fair" Zeitarbeit, ECLI:EU:C:2015:164 Rz. 19, DStR 2015, 645 = UR 2015, 351.

betont der EuGH auch in anderen Entscheidungen, *ohne* allerdings die Antragstellung explizit zu erwähnen.[1]

Richtigerweise kann die mitgliedstaatliche Anerkennung unabhängig von einer Antragstellung seitens des Unternehmers erfolgen. Hielte man eine Antragstellung des Unternehmers für eine verfahrensrechtlich konstitutive Voraussetzung für die mitgliedschaftliche Anerkennung, würde dies im Ergebnis darauf hinauslaufen, dass ein Unternehmer die Steuer*pflicht* und damit einhergehend den Vorsteuerabzug allein dadurch erreichen kann, dass er von einer Antragstellung absieht. Im Kontext des nationalen Rechts entspricht es gefestigter Rechtsprechung wie auch der Verwaltungsauffassung, dass die Anerkennung als kulturelle Einrichtung **nicht zur Disposition** des Unternehmers steht und auch gegen den Willen des Unternehmers erfolgen kann.[2] Diese These ist aus unionsrechtlicher Sicht zutreffend, da die Steuerbefreiung für kulturelle Dienstleistungen nach Art. 132 Abs. 1 Buchst. n MwStSystRL zwingend, insbesondere eine Option zur Steuerpflicht nicht vorgesehen ist, und da es nach dem Willen des Richtliniengebers allein Sache des Mitgliedstaats ist zu bestimmen, welche konkreten Leistungen durch welche konkreten Einrichtungen steuerbefreit sind.

Eine andere Frage ist die, ob die mitgliedstaatliche Anerkennung als kulturelle Einrichtung **bereits bei Ausführung** des zu beurteilenden Umsatzes vorliegen muss oder, sofern sie später erfolgt, auf den Zeitpunkt des Umsatzes **rückbezogen** werden darf.[3]

### e) Anerkennung durch den betreffenden Mitgliedstaat

Die Anerkennung erfolgt durch den **„betreffenden"** Mitgliedstaat. Die deutsche Fassung entspricht insoweit anderen Sprachfassungen.[4] 19.37

Für die Frage, welcher Mitgliedstaat der „betreffende" ist, kommt es maßgeblich auf den **Ort der konkret zu beurteilenden Leistung** an. „Betreffender" Mitgliedstaat ist also derjenige, in dem sich umsatzsteuerrechtlich der Ort der Leistung befindet und nach dessen nationalem Recht sich daher die konkrete Leistung beurteilt (s. z.B. § 1 Abs. 1 Nr. 1 Satz 1 UStG: „im Inland"). Für diese These spricht die systematische Zusammenschau mit dem einleitenden Halbsatz des Art. 132 Abs. 1 MwStSystRL, der den Mitgliedstaaten aufgibt, die dort genannten Umsätze von der Mehrwertsteuer zu befreien. Ein Mitgliedstaat kann aber nur die Umsätze befreien, die nach seinem nationalen Recht überhaupt der Umsatzsteuer unterliegen, bei denen also der Leistungsort auf seinem Staatsgebiet liegt.

Auf die zivil- und steuerrechtliche **Ansässigkeit** des leistenden Unternehmers kommt es mithin **nicht** an. Daher sind unter den weiteren Voraussetzungen des Art. 132 Abs. 1 Buchst. n MwStSystRL auch kulturelle Dienstleistungen solcher nicht öffentlich-rechtlicher Einrichtungen zu befreien, die **im Ausland**, ob innerhalb der EU oder in einem Drittstaat, **ansässig** sind. 19.38

1 EuGH v. 26.5.2005 – Rs. C-498/03 – Kingscrest Associates und Montecello, ECLI:EU:C:2005:322 Rz. 49, Slg. 2005, I-4427 = UR 2005, 453; EuGH v. 15.11.2012 – Rs. C-174/11 – Zimmermann, ECLI:EU:C:2012:716 Rz. 26, DStRE 2013, 423 = UR 2013, 35; EuGH v. 21.6.2016 – Rs. C-335/14 – Le Jardins de Jouvence, ECLI:EU:C:2016:36 Rz. 32, UR 2016, 391.

2 Dazu ausführlich Rz. 19.77.

3 Dazu im Kontext des deutschen nationalen Rechts Rz. 19.78 ff.

4 Z.B. englisch: „by the Member State concerned"; französisch: „par l'État membre concerné"; italienisch: „dallo Stato membro interessato"; spanisch: „por el Estado miembro de que se trate".

Wie bereits erwähnt,[1] liegt nach zutreffender Auffassung ein Verstoß gegen das **Diskriminierungsverbot** nicht allein aus dem Grund vor, weil eine konkrete Dienstleistung im Ansässigkeitsstaat des Unternehmers von der Umsatzsteuer befreit ist, in einem anderen Land, in dem sich umsatzsteuerrechtlich der Ort der Leistung befindet, hingegen von der Umsatzsteuerbefreiung ausgenommen wird.[2] Ein Verstoß gegen das Diskriminierungsverbot liegt nach allgemeinen unionsrechtlichen Grundsätzen aber vor, wenn die Anerkennung als kulturelle Einrichtung allein wegen der Ansässigkeit des leistenden Unternehmers in einem anderen Mitgliedstaat verwehrt wird, obwohl er bzw. die von ihm unterhaltene Einrichtung sämtliche Voraussetzungen erfüllt, unter denen eine inländische Einrichtung als kulturelle Einrichtung anzuerkennen ist.

19.39 Die Feststellung, dass auf den umsatzsteuerrechtlichen Ort der Leistung abzustellen ist, führt zu dem praktischen Problem, dass ein privatrechtlich verfasster Unternehmer, der kulturelle Dienstleistungen in mehreren Mitgliedstaaten erbringt, **in jedem dieser Mitgliedstaaten** der Anerkennung als kulturelle Einrichtung bedarf, um die Steuerbefreiung nach dem jeweiligen nationalen Recht in Anspruch nehmen zu können. Dieser Umstand führt bei den betroffenen Unternehmern zu erheblichem organisatorischem und finanziellem Mehraufwand. Zudem besteht das – in manchen praktischen Fällen tatsächlich eingetretene – Risiko, dass ein Mitgliedstaat die Anerkennung einer ausländischen Einrichtung und damit die Steuerbefreiung unter Hinweis darauf versagt, es könne die Voraussetzungen für die Anerkennung mangels hinreichender Dokumente in der jeweiligen Amtssprache nicht prüfen. Dieses praktische Problem könnte entschärft werden, wenn man die Eigenschaft als kulturelle Einrichtung mit dem EuGH an dem kulturellen Charakter der konkret zu beurteilenden Leistung misst.[3] Vollends beseitigen lässt sich das Problem nur, wenn der Richtliniengeber oder ein Mitgliedstaat in seinem nationalen Recht regelt, dass eine Einrichtung, die nach dem nationalen Recht des Ansässigkeitsstaates als kulturelle Einrichtung anerkannt ist, auch im Inland als kulturelle Einrichtung anerkannt gilt. Hierbei handelt es sich wohl um Wunschdenken, wenn man sich vor Augen führt, dass sich die Mitgliedstaaten in der Vergangenheit nicht auf einen einheitlichen Katalog zu befreiender kultureller Dienstleistungen verständigen konnten.[4]

## C. Auslegung der relevanten deutschen nationalen Regelungen

### I. Grundlagen

19.40 Der deutsche Gesetzgeber hat Art. 132 Abs. 1 Buchst. n MwStSystRL – wenn auch mit einigen noch aufzuzeigenden Unzulänglichkeiten – im Grundtatbestand des **§ 4 Nr. 20 UStG**[5] sowie in **§ 4 Nr. 22 Buchst. b UStG** umgesetzt.

Die nationale Ausgestaltung der Steuerbefreiung für kulturelle Dienstleistungen und eng damit verbundene Lieferungen von Gegenständen ist **nicht drittschützend.** Für ein Konkurrentenschutz- und ein etwaiges vorgelagertes Auskunftsverfahren besteht auf Grundlage des

1 S.o. Rz. 19.25.
2 OVG Saarl. v. 26.5.2000 – 3 Q 84/99, juris Rz. 47 bis 51.
3 Dazu Rz. 19.31 f.
4 S.o. Rz. 19.11.
5 Dazu BT-Drucks. 8/1779, 35 = BR-Drucks. 145/78, 26.

nationalen Rechts **keine Antrags- bzw. Klagebefugnis**. In diesem Kontext stellt sich die allgemeine, hier nur angerissene Frage, ob sich ein Unternehmer unter Hinweis auf Art. 134 Buchst. b MwStSystRL gegen die aus seiner Sicht zu Unrecht gewährte Steuerbefreiung für Umsätze eines anderen Unternehmers wehren kann.

Die Steuerbefreiungen nach § 4 Nr. 20 und Nr. 22 Buchst. b UStG gehen einher mit einem **Vorsteuerabzugsverbot** in Bezug auf Eingangsleistungen, die der Unternehmer für die Ausführung der steuerbefreiten Ausgangsumsätze verwendet oder zu verwenden beabsichtigt (§ 15 Abs. 2 Satz 1 Nr. 1 UStG). Der Unternehmer kann **nicht zur Umsatzsteuerpflicht optieren** (§ 9 Abs. 1 UStG *e contrario*).[1] 19.41

Die beiden genannten Steuerbefreiungstatbestände sind **vorrangig vor § 12 Abs. 2 UStG zu prüfen.**[2] Nur wenn die Voraussetzungen für eine Steuerbefreiung nicht erfüllt sind und der zu beurteilende Umsatz steuerpflichtig ist, ist zu prüfen, ob der **ermäßigte Steuersatz** von derzeit 7 % zur Anwendung kommt. Eine Steuersatzermäßigungen kann sich aus § 12 Abs. 2 Nr. 7 Buchst. a und Buchst. d UStG sowie speziell bei Zweckbetriebsleistungen einer gemeinnützigen Körperschaft aus § 12 Abs. 2 Nr. 8 Buchst. a Satz 3 UStG ergeben.[3] 19.42

Die Steuerbefreiungen nach § 4 Nr. 20 und Nr. 22 Buchst. b UStG werden flankiert von **§ 4 Nr. 28 UStG**. Danach sind umsatzsteuerfrei die (umsatzsteuerbaren) Lieferungen von Gegenständen, die der Unternehmer ausschließlich für Tätigkeiten verwendet hat, die u.a. nach § 4 Nr. 20 oder Nr. 22 Buchst. b UStG steuerfrei sind. Diese Steuerbefreiung beruht auf Art. 136 Buchst. a und b sowie Art. 16 und 26 MwStSystRL[4]. Sinn und Zweck des § 4 Nr. 28 UStG bestehen darin zu verhindern, dass die mit Vorsteuerbelastung[5] erworbenen Gegenstände bei **Weiterlieferung** nicht erneut mit Umsatzsteuer belastet werden.[6] Steuerfrei ist z.B. der Verkauf eines in einem Museum ausgestellten Kunstwerks, von Fundusmaterial eines Theaters und von Instrumenten.[7] 19.43

Im Zusammenhang mit der **Jugendhilfe** steht die Steuerbefreiung nach **§ 4 Nr. 25 Satz 3 Buchst. a UStG**. Nach dieser Vorschrift ist umsatzsteuerfrei die (umsatzsteuerbare) Durchführung u.a. kultureller Veranstaltungen, wenn die Darbietungen von den von der Jugendhilfe begünstigten Personen selbst erbracht oder wenn die Einnahmen überwiegend zur Deckung der Kosten verwendet werden und diese Leistungen in engem Zusammenhang mit den in § 4 Nr. 25 Satz 1 UStG bezeichneten Leistungen stehen.[8] 19.44

---

1 Klarstellend FG München v. 20.9.1993 – 14 K 3507/89, UR 1994, 358 = EFG 1994, 416, juris Rz. 25 (rkr.).

2 *Ehrt* in Weymüller, § 4 Nr. 20 UStG Rz. 6; *Wäger* in Reiß/Kraeusel/Langer, § 4 Nr. 20 UStG Rz. 66 (Stand: Mai 2014).

3 Dazu *Hummel*, Rz. 26.26 ff.

4 Entspricht Art. 5 Abs. 6, Art. 6 Abs. 2 und Art. 13 Teil B Buchst. c der 6. EG-Richtlinie (Richtlinie 77/388/EWG v. 17.5.1977, ABl. EG Nr. L 145 v. 13.6.1977, 1).

5 S.o. Rz. 19.41.

6 *Ehrt* in Weymüller, § 4 Nr. 28 UStG Rz. 3.

7 Abschn. 4.20.3 Abs. 3 Satz 7 UStAE; *Kossack* in Offerhaus/Söhn/Lange, § 4 Nr. 20 UStG Rz. 20 (Stand: November 2013); speziell betr. Theater *Leippe*, UR 1985, 152.

8 Dazu Rz. 14.82 f.

## II. § 4 Nr. 20 Buchst. a UStG

### 1. § 4 Nr. 20 Buchst. a Satz 1 UStG

#### a) Leistungserbringer: Gebietskörperschaften (Bund, Länder, Gemeinden) und Gemeindeverbände

19.45 Die Steuerbefreiung nach § 4 Nr. 20 Buchst. a Satz 1 UStG greift nur, wenn Leistungserbringer der Bund, ein Land, eine Gemeinde oder ein Gemeindeverband ist. Der deutsche Gesetzgeber beschränkt die Steuerbefreiung also auf Leistungen von **inländischen Gebietskörperschaften** und **Gemeindeverbänden**. Aus dem Gesetzeswortlaut geht nicht eindeutig hervor, ob mit Gemeindeverbänden nur kommunale Gebietskörperschaften wie etwa Kreise, Landkreise und Verbandsgemeinden oder auch Bundkörperschaften wie etwa die Landschaftsverbände, die keine Gebietskörperschaft sind, gemeint sind. **Französische Kulturinstitute** werden auf Grundlage einer besonderen bilateralen völkerrechtlichen Vereinbarung mit Frankreich wie eine inländische Gebietskörperschaft behandelt.[1]

19.46 Die Beschränkung auf inländische Gebietskörperschaften und Gemeindeverbände ist im Lichte des Art. 132 Abs. 1 Buchst. n MwStSystRL **zu eng.**[2] Art. 132 Abs. 1 Buchst. n MwStSystRL gebietet, wie dargelegt, die Befreiung kultureller Dienstleistungen *sämtlicher* Einrichtungen des öffentlichen Rechts, und zwar *ohne* dass diese einer mitgliedstaatlichen Anerkennung als kulturelle Einrichtungen bedürfen.[3]

Solche juristische Personen des öffentlichen Rechts, die nicht in § 4 Nr. 20 Buchst. a Satz 1 UStG aufgeführt sind – also auch andere Körperschaften sowie Stiftungen und Anstalten des öffentlichen Rechts –, können sich zur Begründung der Steuerbefreiung im kulturellen Bereich nach derzeitiger nationaler Gesetzeslage direkt **auf Art. 132 Abs. 1 Buchst. n MwStSystRL berufen**, insoweit besteht also faktisch ein **Wahlrecht**. Auf das Unionsrecht berufen können sich nach dem Wortlaut des Art. 132 Abs. 1 Buchst. n MwStSystRL auch **ausländische** juristische Personen des öffentlichen Rechts.[4]

19.47 Die Steuerbefreiung nach § 4 Nr. 20 Buchst. a Satz 1 UStG greift nur, wenn die Gebietskörperschaft oder der Gemeindeverband die konkrete Einrichtung **in eigener Verwaltung**, d.h. praktisch als eigenen Betrieb gewerblicher Art,[5] unterhält.[6] Dieses Erfordernis ergab sich früher – bezogen auf Theater – aus dem Gesetzeswortlaut, wonach die Einrichtung von der

---

1 Art. 4 Abs. 1 Satz 1 des Protokolls v. 2.2.1973 über die Durchführung des Kulturabkommens v. 23.10.1954 auf dem Gebiet der Steuern und Zölle (BGBl. II 1973, 1872), transformiert in nationales Recht gemäß Verordnung v. 20.12.1973 (BGBl. II 1973, 1871). Dazu BMF v. 14.1.1974 – IV A 1 - S 7063 – 2/74, UStR 1974, 33.

2 Zutreffend *Jacobs*, Umsatzsteuer und Gemeinnützigkeit, 152; *Wäger* in Reiß/Kraeusel/Langer, § 4 Nr. 20 UStG Rz. 76 (Stand: Mai 2014).

3 S.o. Rz. 19.25. **A.A.** *Ehrt* in Weymüller, § 4 Nr. 20 UStG Rz. 27; *Schuhmann* in Rau/Dürrwächter, § 4 Nr. 20 UStG Rz. 50 (Stand: Mai 2006); *Verweyen* in Hartmann/Metzenmacher, E § 4 Nr. 20 UStG Rz. 65 (Stand: April 2004): ausländische Einrichtungen des öffentlichen Rechts fielen unter § 4 Nr. 20 Buchst. a *Satz 2* UStG.

4 S.o. Rz. 19.25.

5 *Hünnekens* in *Küffner/Stöcker/Zugmaier*, § 4 Nr. 20 UStG Rz. 2 (Stand: 108. Lfg. 2/2014); *Schuhmann* in Rau/Dürrwächter, § 4 Nr. 20 UStG Rz. 6 (Stand: Oktober 1998) und Rz. 16 (Stand: Februar 2003).

6 *Ehrt* in Weymüller, § 4 Nr. 20 UStG Rz. 25; *Verweyen* in Hartmann/Metzenmacher, E § 4 Nr. 20 UStG Rz. 10 (Stand: April 2004).

Gebietskörperschaft „geführt" werden musste (§ 4 Nr. 23 UStG 1951 und § 4 Nr. 20 UStG 1967).[1] Die mit Wirkung zum 1.1.1980 erfolgte Streichung des Wortes „geführt" hat nach Auffassung der Finanzverwaltung zu keiner inhaltlichen Änderung geführt.[2]

Nach früherer, vor Erlass der 6. EG-Richtlinie ergangener BFH-Rechtsprechung wurde eine **Kapitalgesellschaft** wie eine öffentlich-rechtlich verfasste Körperschaft behandelt, wenn deren Alleingesellschafterin eine juristische Person des öffentlichen Rechts ist und deren Gewinne ausschließlich der Alleingesellschafterin zufließen.[3] Nach zutreffender Auffassung ist die o.g. BFH-Rechtsprechung **im Lichte des Unionsrechts überholt.**[4] Art. 132 Abs. 1 Buchst. n MwStSystRL differenziert klar zwischen öffentlich-rechtlich verfassten Einrichtungen einerseits und anderen Einrichtungen, die der mitgliedstaatlichen Anerkennung als kulturelle Einrichtung bedürfen, andererseits.

### b) Begünstigte Umsätze

#### aa) „Die Umsätze folgender Einrichtungen": an Art. 132 Abs. 1 Buchst. n MwStSystRL ausgerichtete Auslegung

Der deutsche Gesetzgeber hat in § 4 Nr. 20 Buchst. a Satz 1 UStG nicht, wie es mit Blick auf 19.48 Art. 132 Abs. 1 Buchst. n MwStSystRL nahegelegen hätte, einzelne konkrete oder kategorisierte kulturelle Dienstleistungen als solche aufgeführt. Vielmehr nimmt der deutsche Gesetzgeber in § 4 Nr. 20 Buchst. a Satz 1 UStG zunächst Bezug auf „Umsätze", gefolgt von einem **abschließenden,**[5] im Laufe der Zeit erweiterten **Katalog von Einrichtungen**, im Rahmen derer erbrachte Umsätze steuerfrei sein können („die Umsätze folgender Einrichtungen").

Der **Gesetzeswortlaut** („die Umsätze folgender Einrichtungen") grenzt den Umfang der steuerfreien Umsätze nicht explizit ein. Nach dem reinen Gesetzeswortlaut bestimmt sich der Umfang der steuerfreien Umsätze einrichtungs- und nicht leistungsbezogen.[6] Ein derartiges Verständnis widerspräche aber den Vorgaben des Art. 132 Abs. 1 Buchst. n MwStSystRL wie denen des Art. 134 Buchst. a MwStSystRL, wonach die Steuerbefreiung nur *kulturelle Dienstleistungen* und *eng damit verbundene Lieferungen von Gegenständen* erfasst. Im Lichte des Unionsrechts ist die in § 4 Nr. 20 Buchst. a Satz 1 UStG verwendete Formulierung „die Umsätze folgender Einrichtungen" – natürlich unter Beachtung der allgemein geltenden Wortlautgrenze – vornehmlich **leistungsbezogen** auszulegen, und zwar dahingehend, dass nur kulturelle Dienstleistungen und eng damit verbundene Lieferungen von Gegenständen (und nicht auch Leistungen anderen Inhalts) steuerfrei sein können.[7] Das vom EuGH in der Rechtssache *Mat-*

1 Zu den Anforderungen an ein „Führen" (eines Theaters) BFH v. 24.3.1960 – V 158/58 U, BStBl. III 1960, 277, juris Rz. 7.

2 BMF v. 3.4.1980 – IV A 3 - S 7177 – 3/80, BStBl. I 1980, 190 (bis 31.12.1984). **A.A.** *Matheja*, UStR 1982, 63.

3 BFH v. 18.5.1988 – X R 11/82, BStBl. II 1988, 799, juris Rz. 18. Ähnlich betr. einen Verein BFH v. 4.12.1958 – V 102/58 U, BStBl. III 1959, 64, juris Rz. 5; BFH v. 24.3.1960 – V 158/58 U, BStBl. III 1960, 277, juris Rz. 5.

4 *Heidner* in Bunjes, § 4 Nr. 20 UStG Rz. 3; *Verweyen* in Hartmann/Metzenmacher, E § 4 Nr. 20 UStG Rz. 12 und 65 (Stand: April 2004). **A.A.** *Schuhmann* in Rau/Dürrwächter, § 4 Nr. 20 UStG Rz. 6 (Stand: Oktober 1998); *Stadie*, § 4 Nr. 20 UStG Rz. 4. Offenlassend OVG NW v. 31.7.2013 – 14 A 457/13, DVBl. 2013, 1533, juris Rz. 50 bis 56.

5 *Nieskens* in Rau/Dürrwächter, § 4 Nr. 20 UStG Rz. A 4 (Stand: April 2011).

6 Ähnlich *Wäger* in Reiß/Kraeusel/Langer, § 4 Nr. 20 UStG Rz. 1 (Stand: Mai 2014).

7 Zutreffend *Wäger* in Reiß/Kraeusel/Langer, § 4 Nr. 20 UStG Rz. 10 (Stand: Mai 2014). Dazu auch *Schauhoff*, Rz. 10.57.

*thias Hoffmann* angedeutete Erfordernis, dass die Steuerbefreiung voraussetze, dass der Unternehmer die zu beurteilende kulturelle Dienstleistung als *funktionale kulturelle Einheit* erbringt, läuft praktisch ins Leere; eine Unterscheidung zwischen kultureller Dienstleistung und kultureller Einrichtung ist praktisch nicht erkennbar.[1]

### bb) Kulturelle Dienstleistungen

#### (1) Katalogisierung kultureller Einrichtungen als Ansatz zur Bestimmung der steuerfreien kulturellen Dienstleistungen

19.49 Wie erwähnt, hat der deutsche Gesetzgeber in § 4 Nr. 20 Buchst. a Satz 1 UStG in einem abschließenden, im Laufe der Zeit erweiterten Katalog kulturelle Einrichtungen aufgeführt, im Rahmen derer erbrachte Umsätze steuerfrei sein können:

- Ursprünglich waren umsatzsteuerfrei nur die Umsätze der von den Ländern und Gemeinden geführten **Theater.**[2] Theater i.S.d. § 4 Nr. 20 Buchst. a Satz 1 UStG wird als **Inbegriff sämtlicher darstellender Künste** verstanden,[3] also nicht nur Schauspiel, sondern z.B. auch Oper, Ballett, Musical[4] und Kabarett[5].
- Mit Wirkung zum 1.1.1952 wurden Theater in der Trägerschaft privatrechtlicher Gesellschaften in die Steuerbefreiung mit einbezogen, wenn die Anteile an ihnen ausschließlich Körperschaften des öffentlichen Rechts gehörten und die Erträge ausschließlich diesen zuflossen.[6] Der BFH hat die Befreiung auf Vereine, deren Mitglieder ausschließlich Körperschaften des öffentlichen Rechts sind, erweitert.[7] Wie dargelegt, fallen Gesellschaften und Vereine generell nicht unter § 4 Nr. 20 Buchst. a *Satz 1* UStG, sondern allein unter § 4 Nr. 20 Buchst. a *Satz 2* UStG.[8]
- Mit Wirkung zum 1.7.1961 wurde die Steuerbefreiung auf Umsätze von **Museen** erweitert.[9] Museen sind nach der Legaldefinition des § 4 Nr. 20 Buchst. a Satz 4 UStG wissenschaftliche Sammlungen und Kunstsammlungen. Kern des Museumsbegriffs ist die Sammlung, abzugrenzen von einer bloßen Ausstellung (vgl. § 68 Nr. 7 AO). In der Praxis wird

1 Dazu Rz. 19.27 bis 19.32.

2 Erstmalig in § 3 Nr. 3 UStG 1926 i.V.m. § 30 Abs. 1 Satz 2 UStDB 1926 (RGBl. I 1926, 323). Später § 2 Abs. 3 UStG 1934 i.V.m. § 3 Abs. 5 UStDB 1934 (RGBl. 1934, 942, 947); § 43 Nr. 1 UStDB 1938 (RGBl. 1938, 1945); § 4 Nr. 23 UStG 1951 i.V.m. § 47 Nr. 1 UStDB 1951 (BGBl. I 1951, 791/796).

3 BayVwGH v. 18.9.2007 – 21 B 06.978, juris Rz. 21; FG Köln v. 4.10.1994 – 8 K 869/93, juris Rz. 33 (bestätigt durch BFH v. 14.12.1995 – V R 13/95, BStBl. II 1996, 386 = UR 1996, 302).

4 BFH v. 18.8.2005 – V R 20/03, BStBl. II 2005, 910 = UR 2006, 24, juris Rz. 21 (vorgehend FG Hamburg v. 26.2.2003 – VII 133/99, DStRE 2003, 939); FG München v. 27.8.2004 – 14 V 2466/04, EFG 2005, 315, juris Rz. 26 (rkr.).

5 Abschn. 4.20.1 Abs. 2 Satz 2 UStAE. Ausdrücklich zustimmend *Schuhmann* in Rau/Dürrwächter, § 4 Nr. 20 UStG Rz. 14 (Stand: Mai 2006).

6 Dritte Verordnung zur Änderung der UStDB 1951 v. 6.5.1952, BGBl. I 1952, 285 = BStBl. I 1952, 243.

7 BFH v. 24.3.1960 – V 158/58 U, BStBl. III 1960, 277, juris Rz. 5.

8 S.o. Rz. 19.47.

9 Elftes Gesetz zur Änderung des UStG v. 16.8.1961, BGBl. I 1961, 1330 = BStBl. I 1961, 609. Dazu betr. § 4 Nr. 23 UStG 1951 BMF v. 13.9.1961 – IV A/2 – S 4030 – 176/61, BStBl. I 1961, 629 (634).

regelmäßig auf den international anerkannten Museumsbegriff des *Conseil international des musées (ICOM)*[1] abgestellt.[2] Danach zeichnet sich ein Museum (Sammlung) u.a. durch eine Sammlungspolitik aus, die auf Dauerhaftigkeit ausgerichtet ist und auf deren Grundlage Exponate erworben, gesammelt, bewahrt, ausgestellt (oder jedenfalls zu Ausstellungszwecken frei zugänglich gemacht) *und* wissenschaftlich erforscht werden. *Keine* Museen (Sammlungen) sind hingegen reine Ausstellungen von Exponaten („Ansammlungen"), die *nicht* auf einer auf Dauerhaftigkeit ausgerichteten Sammlungspolitik beruhen und bei denen bspw. die Elemente des Bewahrens und Erforschens fehlen. In diese Richtung geht eine jüngere Entscheidung des V. Senats des BFH. Danach bedarf es zur begrifflichen Annahme eines Museums, soweit es die Umsatzsteuerbefreiung nach § 4 Nr. 20 Buchst. a UStG betrifft, einer „Verfestigung i.S. einer dauerhaften Tätigkeit";[3] dieses Erfordernis einer „Verfestigung" bestehe allerdings *nicht* hinsichtlich des (unionsrechtlich vorgegebenen) Museumsbegriffs bei der Steuersatzermäßigung (siehe § 12 Abs. 2 Nr. 7 Buchst. a UStG und Anhang III Nr. 7 zu Art. 98 Abs. 2 MwStSystRL). Begrifflich zu den Museen gehörten bis Ende 1979 Denkmäler der Bau- und Gartenbaukunst.

- Der Katalog der Einrichtungen, im Rahmen der umsatzsteuerfreie Leistungen erbracht werden können, wurde mit Wirkung zum 1.1.1968 erweitert um
  - Orchester,
  - botanische und zoologische Gärten,
  - Tierparks,
  - Archive und Büchereien[4]
  - sowie – nunmehr als eigenständige Einrichtungskategorie – Denkmäler der Bau- und Gartenbaukunst.
- Letztmalig erweitert wurde der Katalog mit Wirkung zum 1.1.1980 um **Chöre** und **Kammermusikensembles**[5].

Mit der Katalogisierung von Einrichtungen in § 4 Nr. 20 Buchst. a Satz 1 UStG hat der deutsche Gesetzgeber das ihm in Art. 132 Abs. 1 Buchst. n MwStSystRL ausdrücklich eingeräumte **Recht ausgeübt, selbst zu bestimmen**, welche kulturellen Dienstleistungen nach nationalem Recht umsatzsteuerfrei sind („*bestimmte* kulturelle Dienstleistungen").[6] Sämtliche in § 4 Nr. 20 Buchst. a Satz 1 UStG genannten Einrichtungen können **bei typisierender Betrachtung dem Phänomen der Kultur** zugeordnet werden. Dieser Beurteilung steht auch im Lichte des Unionsrechts[7] nicht entgegen, dass die Einrichtungen allgemein und/oder speziell im Kontext eines konkret zu beurteilenden Umsatzes **zugleich wissenschaftliche Ziele** verfolgen, 19.50

1 Ethische Richtlinien für Museen von ICOM v. 4.11.1986 i.d.F. v. 8.10.2004.

2 BVerwG v. 11.10.2006 – 10 C 7/05, NJW 2007, 711, juris Rz. 23; OVG Lüneburg v. 3.12.2008 – 2 LC 267/07 juris Rz. 102; OVG NW v. 31.7.2013 – 14 A 457/13, DVBl. 2013, 1533 juris Rz. 70; VG Augsburg v. 17.2.2010 – Au - 4 K 08.1370, juris Rz. 50 (nachgehend BayVwGH v. 10.1.2011 – 21 ZB 10.578).

3 BFH v. 22.11.2018 – V R 29/17, juris Rz. 14.

4 Siehe § 4 Nr. 20 UStG 1967 v. 29.5.1967, BGBl. I 1967, 545. Dazu betr. § 4 Nr. 20 UStG 1967 BMF v. 14.2.1968 – IV A/2 – S 7015 – 2/68, BStBl. I 1968, 401 (411 f.).

5 § 4 Nr. 20 UStG 1980 v. 26.11.1979, BGBl. I 1979, 1953. Dazu BT-Drucks. 8/1779, 35 = BR-Drucks. 145/78, 26; BMF v. 3.4.1980 – IV A 3 - S 7177 – 3/80, BStBl. I 1980, 190 (bis 31.12.1984).

6 S.o. Rz. 19.21.

7 Dazu Rz. 19.15.

da der kulturelle Charakter einer Dienstleistung häufig mit einem wissenschaftlichen Hintergrund untrennbar miteinander verbunden ist, so z.B. bei Museen[1], zoologischen Gärten[2], botanischen Gärten,[3] Tierparks[4], Archiven[5] und Bibliotheken[6].

### (2) Begriff der „Einrichtung" ohne praktische Bedeutung, maßgeblich der kulturelle Charakter der Dienstleistung

19.51 Der deutsche Gesetzgeber differenziert in § 4 Nr. 20 Buchst. a Satz 1 wie auch Satz 2 UStG sprachlich zwischen dem leistenden **Unternehmer** einerseits und einer von diesem unterhaltenen **Einrichtung**, im Rahmen derer die zu beurteilende Leistung erbracht wird, andererseits („folgende Einrichtungen des Bundes etc.", „gleichartige Einrichtungen anderer Unternehmer"). Diese Differenzierung deckt sich im Ergebnis mit dem EuGH-Urteil in der Rechtssache *Matthias Hoffmann*, wonach der in Art. 132 Abs. 1 Buchst. n MwStSystRL verwendete Begriff der Einrichtung nicht mit dem Begriff des Unternehmers gleichzusetzen sei, sondern vielmehr nahelege anzunehmen, dass eine **funktionale kulturelle Einheit** vorliegen müsse.[7]

---

1 Betreffend wissenschaftliche Sammlungen BFH v. 19.5.1993 – V R 110/88, BStBl. II 1993, 779, juris Rz. 42, UR 1994, 124; BVerwG v. 11.10.2006 – 10 C 7/05, NJW 2007, 711, juris Rz. 23 (ebenso vorgehend OVG Lüneburg v. 8.6.2005 – 13 LC 129/02, juris Rz. 26); OVG Lüneburg v. 3.12.2008 – 2 LC 267/07, juris Rz. 107 und 109; BayVwGH v. 10.1.2011 – 21 ZB 10.578, juris Rz. 6 (ebenso vorgehend VG Augsburg v. 17.2.2010 – Au – 4 K 08.1370, juris Rz. 53 bis 59); Abschn. 4.20.3 Abs. 1 Satz 2 UStAE; *Schuhmann* in Rau/Dürrwächter, § 4 Nr. 20 UStG Rz. 35 (Stand: Mai 2006). Betreffend Kunstsammlungen Abschn. 4.20.3 Abs. 2 Satz 2 UStAE; OVG Lüneburg v. 3.12.2008 – 2 LC 267/07, juris Rz. 106, 110, 112 und 114; OVG NW v. 31.7.2013 – 14 A 457/13, DVBl. 2013, 1533, juris Rz. 66, 68, 74 f. und 91; VG Augsburg v. 17.2.2010 – Au – 4 K 08.1370, juris Rz. 50 (nachgehend BayVwGH v. 10.1.2011 – 21 ZB 10.578).

2 Dazu BFH v. 20.4.1988 – X R 20/82, BStBl. II 1988, 796, juris Rz. 15, UR 1988, 385; *Ehrt* in Weymüller, § 4 Nr. 20 UStG Rz. 21; *Hünnekens* in Küffner/Stöcker/Zugmaier, § 4 Nr. 20 UStG Rz. 22 (Stand: 108. Lfg. 2/2014); *Kossack* in Offerhaus/Söhn/Lange, § 4 Nr. 20 UStG Rz. 24 (Stand: November 2013); *Schuhmann* in Rau/Dürrwächter, § 4 Nr. 20 UStG Rz. 42 (Stand: Mai 2006); *Verweyen* in Hartmann/Metzenmacher, E § 4 Nr. 20 UStG Rz. 52 (Stand: April 2004).

3 Dazu *Ehrt* in Weymüller, § 4 Nr. 20 UStG Rz. 21; *Heidner* in Bunjes, § 4 Nr. 20 UStG Rz. 12; *Hünnekens* in Küffner/Stöcker/Zugmaier, § 4 Nr. 20 UStG Rz. 21 (Stand: 108. Lfg. 2/2014); *Kossack* in Offerhaus/Söhn/Lange, § 4 Nr. 20 UStG Rz. 22 (Stand: November 2013); *Oelmaier* in Sölch/Ringleb, § 4 Nr. 20 UStG Rz. 20 (Stand: 73. ErgLfg. 2014); *Schuhmann* in Rau/Dürrwächter, § 4 Nr. 20 UStG Rz. 14 (Stand: Mai 2006); *Verweyen* in Hartmann/Metzenmacher, E § 4 Nr. 20 UStG Rz. 50 (Stand: April 2004).

4 Dazu BFH v. 20.4.1988 – X R 20/82, BStBl. II 1988, 796 = UR 1988, 385, juris Rz. 15; *Ehrt* in Weymüller, § 4 Nr. 20 UStG Rz. 21; *Verweyen* in Hartmann/Metzenmacher, E § 4 Nr. 20 UStG Rz. 53 (Stand: April 2004). Siehe auch FG Karlsruhe v. 27.10.1964 – I 30/64, EFG 1965, 91 (rkr.).

5 Dazu *Ehrt* in Weymüller, § 4 Nr. 20 UStG Rz. 23; *Heidner* in Bunjes, § 4 Nr. 20 UStG Rz. 14; *Hünnekens* in Küffner/Stöcker/Zugmaier, § 4 Nr. 20 UStG Rz. 24 (Stand: 108. Lfg. 2/2014); *Kossack* in Offerhaus/Söhn/Lange, § 4 Nr. 20 UStG Rz. 27 (Stand: November 2013); *Oelmaier* in Sölch/Ringleb, § 4 Nr. 20 UStG Rz. 23 (Stand: 73. ErgLfg. 2014); *Schuhmann* in Rau/Dürrwächter, § 4 Nr. 20 UStG Rz. 44 (Stand: Mai 2006).

6 *Ehrt* in Weymüller, § 4 Nr. 20 UStG Rz. 23; *Kossack* in Offerhaus/Söhn/Lange, § 4 Nr. 20 UStG Rz. 28 (Stand: November 2013); *Schuhmann* in Rau/Dürrwächter, § 4 Nr. 20 UStG Rz. 45 (Stand: Mai 2006); *Verweyen* in Hartmann/Metzenmacher, E § 4 Nr. 20 UStG Rz. 60 (Stand: April 2004).

7 S.o. Rz. 19.27 bis 19.32. Ebenso *Hünnekens* in Küffner/Stöcker/Zugmaier, § 4 Nr. 20 UStG Rz. 15 (Stand: 108. Lfg. 2/2014).

Gleichwohl kommt dem Tatbestandsmerkmal der kulturellen Einrichtung“ im Lichte des EuGH-Urteils in der Rechtssache *Matthias Hoffmann* **keine praktische Bedeutung** zu; eine Unterscheidung zwischen kultureller Einrichtung und kultureller Dienstleistung ist nicht erkennbar.[1] Mithin ist die Frage, ob die zu beurteilende sonstige Leistung von bzw. im Rahmen einer in § 4 Nr. 20 Buchst. a Satz 1 UStG aufgeführten (kulturellen) Einrichtung erbracht wird, dahingehend zu präzisieren, ob die Leistung eine **kulturelle Dienstleistung i.S.d. Art. 132 Abs. 1 Buchst. n MwStSystRL** ist. (Nur) wenn die zu beurteilende Leistung kulturellen Charakter hat, wird sie begrifflich von bzw. im Rahmen einer kulturellen Einrichtung erbracht. Z.B. ist mit Theater i.S.d. § 4 Nr. 20 Buchst. a Satz 1 UStG kein herkömmlicher Theaterbetrieb gemeint, im Rahmen dessen typischerweise etwa auch eine Restauration angeboten wird; gemeint ist allein eine kulturelle Dienstleistung i.S.d. Art. 132 Abs. 1 Buchst. n MwStSystRL als solche (in der Teildisziplin Theater). In der Konsequenz werden z.B. Restaurationsleistungen, die keinen kulturellen Charakter haben, begrifflich nicht von bzw. im Rahmen eines Theaters i.S.d. § 4 Nr. 20 Buchst. a Satz 1 UStG erbracht. 19.52

Die Eigenschaft einer Leistung als kulturelle Dienstleistung begründet zugleich die Eigenschaft als kulturelle Einrichtung i.S.d. Art. 132 Abs. 1 Buchst. n MwStSystRL, sofern man den Begriff der kulturellen Einrichtung vornehmlich leistungsbezogen versteht und dem vom EuGH angedeuteten Erfordernis, dass der Unternehmer die zu beurteilende Leistung als „funktionale kulturelle Einheit“ erbringen müsse, keine praktische Bedeutung beimisst.

Kommt es, wie dargelegt, allein auf den kulturellen Charakter der zu beurteilenden sonstigen Leistung an, setzt die Steuerbefreiung **keine wie auch immer verstandene betriebliche Organisation** voraus, auch wenn eine solche gerade bei der öffentlichen Hand in der Praxis häufig vorliegen wird. Daher kann z.B. die Veranstaltung einer Theatervorführung ungeachtet dessen umsatzsteuerfrei sein, dass der leistende Unternehmer nicht über Personal- und Sachmittel verfügt, die man mit einem herkömmlichen Theaterbetrieb verbindet. So sind z.B. die räumlichen Gegebenheiten unbeachtlich, ein Theater i.S.d. § 4 Nr. 20 Buchst. a Satz 1 UStG muss in unionsrechtskonformer Auslegung über kein eigenes oder angemietetes geschlossenes Bühnenhaus verfügen.[2] Das herrschende Verständnis, wonach z.B. ein Theater[3] oder ein Orchester[4] begrifflich nur vorliege, wenn der Unternehmer dauerhaft, jedenfalls für eine Spielzeit,[5] künstlerische und technische Fachkräfte unter der Leitung eines Direktors oder Dirigenten sowie technische Voraussetzungen vorhält, ist im Lichte des Unionsrechts überholt.[6] Richtiger- 19.53

1 S.o. Rz. 19.27 bis 19.31.

2 BFH v. 24.3.1960 – V 158/58 U, BStBl. III 1960, 277, juris Rz. 6; hierauf verweisend Abschn. 4.20.1 Abs. 1 Satz 1 und 4 UStAE; *Ehrt* in Weymüller, § 4 Nr. 20 UStG Rz. 15.1 und 15.3; *Heidner* in Bunjes, § 4 Nr. 20 UStG Rz. 9; *Hünnekens* in Küffner/Stöcker/Zugmaier, § 4 Nr. 20 UStG Rz. 16 f. (Stand: 108. Lfg. 2/2014).

3 Grundlegend BFH v. 3.3.1955 – V 240/54, n.v. (betr. § 47 Nr. 1 Satz 1 UStDB 1951: „Führung eines Theaters“). Hierauf verweisend BFH v. 24.3.1960 – V 158/58 U, BStBl. III 1960, 277, juris Rz. 6; BFH v. 24.3.1960 – V 294/57, UStR 1960, 87; BFH v. 14.11.1968 – V 217/64, BStBl. II 1969, 274 [4. Leitsatz]; FG Köln v. 4.10.1994 – 8 K 869/93, juris Rz. 33 (bestätigt durch BFH v. 14.12.1995 – V R 13/95, BStBl. II 1996, 386 = UR 1996, 302); Abschn. 4.20.1 Abs. 1 Satz 2 UStAE; *Ehrt* in Weymüller, § 4 Nr. 20 UStG Rz. 15.1; *Hünnekens* in Küffner/Stöcker/Zugmaier, § 4 Nr. 20 UStG Rz. 17 (Stand: 108. Lfg. 2/2014). Ebenso FG München v. 27.8.2004 – 14 V 2466/04, EFG 2005, 315, juris Rz. 33 (rkr.).

4 *Verweyen* in Hartmann/Metzenmacher, E § 4 Nr. 20 UStG Rz. 38 (Stand: April 2004).

5 Siehe auch Abschn. 4.20.1 Abs. 1 Satz 3 UStAE; *Verweyen* in Hartmann/Metzenmacher, E § 4 Nr. 20 UStG Rz. 15 (Stand: April 2004).

6 Im Ergebnis ebenso bereits früher *Matheja*, UStR 1982, 63.

weise muss ein Museum i.S.d. § 4 Nr. 20 Buchst. a Satz 4 UStG über keine ständige Ausstellung verfügen, ausreichend sind **wechselnde Ausstellungen**;[1] die gezeigten Objekte müssen auch nicht dem Museumsträger gehören, ausreichend ist die Präsentation von **Leihgaben**.[2]

### (3) Kultureller Charakter der zu beurteilenden Dienstleistung

19.54 Wie dargelegt, sind sonstige Leistungen nach § 4 Nr. 20 Buchst. a Satz 1 UStG nur steuerfrei, wenn sie kulturelle Dienstleistungen i.S.d. Art. 132 Abs. 1 Buchst. n MwStSystRL sind, d.h. wenn sie **kulturellen Charakter** haben. Vor dem Hintergrund dieser unionsrechtlichen Auslegung sind nach heute allgemeiner Auffassung[3] nur die **wesensimmanenten** Umsätze der konkreten Einrichtung sowie die damit verbundenden Nebenleistungen steuerfrei. Bezogen auf Theater spricht der XI. BFH-Senat in einer Entscheidung vom **„Kernbereich“**.[4] Die Kritik, der deutsche Gesetzgeber habe das Unionsrecht im kulturellen Bereich nicht korrekt umgesetzt,[5] ist, da eine unionsrechtskonforme, an Art. 132 Abs. 1 Buchst. n MwStSystRL angelehnte Auslegung des Gesetzes möglich ist, ungerechtfertigt. Sofern der „Kernbereich“ der Steuerbefreiung betroffen ist, greifen die Einschränkungen nach Art. 134 MwStSystRL nicht.[6]

19.55 Hinsichtlich der Einzelheiten zur Auslegung der einzelnen aufgeführten Einrichtungsbegriffe wird auf die einschlägige Kommentarliteratur und die – betreffend „Theater“ und „Museen“ sehr umfangreiche – Kasuistik verwiesen. Mitunter sind die **Grenzen**, ob eine Einrichtung begrifflich unter einen der Katalogbegriffe fällt, in der Praxis **fließend**. Die Abgrenzung ist teilweise von „kleinteiligen“ Nuancen geprägt, wie sich an den praktischen Beispielen des **Varietés** und der **Kleinkunst** zeigt, die nach Verwaltungsauffassung im Einzelfall „Theater“ sein können.[7]

---

1 OVG NW v. 31.7.2013 – 14 A 457/13, DVBl. 2013, 1533, juris Rz. 90 f.; FG MV v. 18.5.2017 – 2 K 220/13, EFG 2017, 1127, Rz. 43 (m. Anm. *Sauthoff*); *Ehrt* in Weymüller, § 4 Nr. 20 UStG Rz. 19; *Kossack* in Offerhaus/Söhn/Lange, § 4 Nr. 20 UStG Rz. 12a (Stand: November 2013); *Verweyen* in Hartmann/Metzenmacher, E § 4 Nr. 20 UStG Rz. 42 (Stand: April 2004).

2 OVG NW v. 31.7.2013 – 14 A 457/13, DVBl. 2013, 1533, juris Rz. 90 f.; FG MV v. 18.5.2017 – 2 K 220/13, EFG 2017, 1127, Rz. 43 (m. Anm. *Sauthoff*).

3 Aus der Rechtsprechung z.B. BFH v. 18.5.1988 – X R 11/82, BStBl. II 1988, 799, juris Rz. 20 (ebenso vorgehend FG Bremen v. 15.12.1981 – II 65/78, EFG 1982, 271); v. 14.5.1998 – V R 85/97, BStBl. II 1999, 145, juris Rz. 13; v. 21.4.2005 – V R 6/03, BStBl. II 2005, 899, juris Rz. 9; v. 18.8.2005 – V R 20/03, BStBl. II 2005, 910, juris Rz. 27; v. 7.12.2009 – XI B 52/09, BFH/NV 2010, 482, juris Rz. 5; v. 4.5.2011 – XI R 44/08, BStBl. II 2014, 200, juris Rz. 30, UR 2011, 859 – alle jeweils betr. ein Theater i.w.S. In diesem Sinne betr. einen Tierpark auch BFH v. 18.6.2009 – V R 4/08, BStBl. II 2010, 310, juris Rz. 27, GmbHR 2009, 1285 = UR 2009, 793. Aus der Finanzverwaltung z.B. Abschn. 4.20.1 Abs. 3 Satz 1 UStAE (Theater), Abschn. 4.20.3 Abs. 3 Satz 3 UStAE (Museen) und Abschn. 4.20.4 Abs. 2 Satz 1 UStAE (zoologische Gärten und Tierparks); OFD Magdeburg v. 10.12.2013 – S 7177 – 16 – St 243, MwStR 2014, 171 (172). Aus der Literatur z.B. *Hünnekens* in Küffner/Stöcker/Zugmaier, § 4 Nr. 20 UStG Rz. 39 (Stand: 108. Lfg. 2/2014); *Koch*, NWB 2014, 760 (761); *Oelmaier* in Sölch/Ringleb, § 4 Nr. 20 UStG Rz. 10 (Stand: 73. Erg-Lfg. 2014); *Raudszus/Weimann*, UVR 1996, 66 (69); *Stadie*, § 4 Nr. 20 UStG Rz. 5; *Verweyen* in Hartmann/Metzenmacher, E § 4 Nr. 20 UStG Rz. 21, 45 und 58 (Stand: April 2004).

4 BFH v. 4.5.2011 – XI R 44/08, BStBl. II 2014, 200, juris Rz. 33, UR 2011, 859.

5 *Wäger* in Reiß/Kraeusel/Langer, § 4 Nr. 20 UStG Rz. 10 (Stand: Mai 2014).

6 Dazu *Schauhoff*, Rz. 10.120.

7 BMF v. 6.1.1999 – IV D 2 - S 7177 – 2/98 II, UR 1999, 82; hierauf verweisend OFD Nürnberg v. 14.4.2004 – S 7177 – 53/St 43, UR 2005, 227 (228). **A.A.** *Kossack* in Offerhaus/Söhn/Lange, § 4 Nr. 20 UStG Rz. 12 (Stand: November 2013); *Oelmaier* in Sölch/Ringleb, § 4 Nr. 20 UStG Rz. 11 (Stand: 73. ErgLfg. 2014): Kleinkunst und Varieté generell nicht erfasst. Dazu auch BFH v. 26.4.1995 – XI R

Im Lichte des Art. 132 Abs. 1 Buchst. n MwStSystRL sind an die einzelnen in § 4 Nr. 20 Buchst. a Satz 1 UStG aufgeführten Einrichtungen **keine ausdrücklichen Qualitätsmaßstäbe** zu stellen;[1] Professionalität ist nicht erforderlich, erfasst sind daher auch **Laientheater**.[2] In unionsrechtskonformer Auslegung setzen die aufgeführten Einrichtungen auch kein bestimmtes Maß an **intellektuellem Niveau** („Hochkultur") voraus.[3] Daher kommt es z.B. für die Annahme eines Orchesters, Kammermusikensembles oder Chors nicht auf die Art der dargebotenen Musik an.[4]

Unter die Steuerbefreiung fallen die Verschaffung des **Zutritts** zu einer Einrichtung und die Erbringung der geschuldeten kulturellen **Hauptleistung**, z.B. 19.56

- der Eintritt zum Besuch einer Theatervorstellung[5], eines Konzerts (Orchester, Kammermusikensemble, Chor)[6] oder eines Museums,[7] auch anlässlich von Sonderausstellungen, Führungen und Vorträgen.[8] Steuerfrei sind auch **Vorverkaufsentgelte**.[9] Analog hierzu ist umsatzsteuerfrei die Einräumung eines Live-Ausstrahlungs- oder Aufzeichnungsrechts zugunsten einer Rundfunk- oder Fernsehanstalt.[10]
- die Ausleihe von Büchern in einer Bibliothek;[11]
- die Einräumung des Rechts, die Bestände eines Archivs zu sichten und Fotografien anzufertigen;[12]
- die Restaurierung und Pflege von Kunstwerken im Privatbesitz, die von Museen im Interesse der Erhaltung dieser Werke für die Allgemeinheit vorgenommen werden;[13]
- die entgeltliche Leihgabe von Exponaten an andere Museen;[14]

---

20/94, BStBl. II 1995, 519, juris Rz. 11, UR 1995, 343; BFH v. 9.10.2003 – V R 86/01, BFH/NV 2004, 984, juris Rz. 11; Abschn. 4.20.1 Abs. 2 Satz 2 und 5 UStAE; *Schuhmann* in Rau/Dürrwächter, § 4 Nr. 20 UStG Rz. 14 (Stand: Mai 2006).

1 S.o. Rz. 19.14.

2 BVerwG v. 31.7.2008 – 9 B 80/07, NJW 2009, 793 [1. Leitsatz und, juris Rz. 5 bis 9]; *Ehrt* in Weymüller, § 4 Nr. 20 UStG Rz. 15.3.

3 BFH v. 19.10.2011 – XI R 40/09, BFH/NV 2012, 798, juris Rz. 37.

4 BMF v. 3.4.1980 – IV A 3 - S 7177 – 3/80, BStBl. I 1980, 190 (bis 31.12.1984); OFD Karlsruhe v. 6.9.2017 – S 2045/7-St 116 (unter Ziffer 3.4); *Schuhmann* in Rau/Dürrwächter, § 4 Nr. 20 UStG Rz. 33 (Stand: Mai 2006). **A.A.** *Matheja*, UStR 1982, 53 (55).

5 *Hünnekens* in Küffner/Stöcker/Zugmaier, § 4 Nr. 20 UStG Rz. 40 (Stand: 108. Lfg. 2/2014); *Verweyen* in Hartmann/Metzenmacher, E § 4 Nr. 20 UStG Rz. 23 (Stand: April 2004).

6 *Verweyen* in Hartmann/Metzenmacher, E § 4 Nr. 20 UStG Rz. 40 (Stand: April 2004).

7 Abschn. 4.20.3 Abs. 3 Satz 1 UStAE.

8 Abschn. 4.20.3 Abs. 3 Satz 1 UStAE (betr. Theater); *Verweyen* in Hartmann/Metzenmacher, § 4 Nr. 20 UStG Rz. 46 (Stand: April 2004).

9 *Verweyen* in Hartmann/Metzenmacher, E § 4 Nr. 20 UStG Rz. 23 (Stand: April 2004).

10 *Kossack* in Offerhaus/Söhn/Lange, § 4 Nr. 20 UStG Rz. 13 (Stand: November 2013); *Schuhmann* in Rau/Dürrwächter, § 4 Nr. 20 UStG Rz. 23 (Stand: Mai 2006); *Verweyen* in Hartmann/Metzenmacher, E § 4 Nr. 20 UStG Rz. 23 (Stand: April 2004).

11 Vgl. *Kossack* in Offerhaus/Söhn/Lange, § 4 Nr. 20 UStG Rz. 28 (Stand: November 2013): steuerfrei nur die „Ausleihe" von Büchern.

12 *Ehrt* in Weymüller, § 4 Nr. 20 UStG Rz. 23.2.

13 Abschn. 4.20.3 Abs. 3 Satz 3 UStAE. **A.A.** *Oelmaier* in Sölch/Ringleb, § 4 Nr. 20 UStG Rz. 18 (Stand: 73. ErgLfg. 2014). Dazu auch *Honisch*, UStB 2000, 301.

14 *Matheja*, UStR 1975, 48. Zustimmend *Schuhmann* in Rau/Dürrwächter, § 4 Nr. 20 UStG Rz. 39 (Stand: Mai 2006).

- auch die selbständig ausgeübte Tätigkeit einer natürlichen Person als Gästeführer in einem Museum, jedenfalls dann, wenn das Museum nur im Rahmen einer Führung zugänglich ist,[1] mit Blick auf den Gesetzeszweck m.E. auch bei fakultativen Führungen.

19.57 **Nicht** steuerfrei sind sonstige Leistungen, die bei einer Gesamtwürdigung sämtlicher Umstände des Einzelfalls **keinen oder jedenfalls keinen prägenden kulturellen Charakter** aufweisen. Hingegen steht allein der **unterhaltende Charakter** einer Dienstleistung der Steuerbefreiung nicht entgegen, sofern der kulturelle Charakter die Leistung prägt.[2] Nicht steuerfrei sind z.B.

- Leistungen im Zusammenhang mit Veranstaltungen, die ausschließlich oder weit überwiegend **geselligen Charakter** haben, z.B. Karnevalssitzungen[3] oder Heimatabende[4], oder wenn eine künstlerische Darbietung der Veranstaltung beim Großteil der Besucher nicht das **Gepräge** gibt,[5] z.B. eine musikalische Darbietung bei einer Betriebsfeier,[6] einer Möbelhauseröffnung oder auf Weihnachtsmärkten.[7]
- der Eintritt zu Kunst*ausstellungen*, die **bloß unterhaltenden Charakter** ohne wissenschaftliche Ausrichtung und ohne systematische Ordnung haben und daher keine Museen i.S.d. § 4 Nr. 20 Buchst. a Satz 4 UStG (Kunst*sammlungen*) sind.[8]
- der Eintritt in Vergnügungsparks[9] und Parkanlagen, die **ausschließlich Erholungszwecken** dienen,[10] wohl aber der Eintritt zu **Denkmälern der Baukunst**, die nach denkmal-

1 FG Münster v. 8.10.2018 – 5 K 1215/16 U, EFG 2018, 2072, juris Rz. 32 (Revision beim BFH anhängig unter Az. XI R 37/18).

2 So betr. eine Kampfsport-Show („Budo-Gala") BFH v. 9.10.2003 – V R 86/01, BFH/NV 2004, 984, juris Rz. 13 ff.; *Kossack* in Offerhaus/Söhn/Lange, § 4 Nr. 20 UStG Rz. 12a (Stand: November 2013); *Oelmaier* in Sölch/Ringleb, § 4 Nr. 20 UStG Rz. 11 (Stand: 73. ErgLfg. 2014). Ebenso betr. Heimatabende *Ehrt* in Weymüller, § 4 Nr. 20 UStG Rz. 17.2; vgl. dazu OFD Nürnberg v. 30.1.1997 – S 7177 – 37/St 43, UR 1997, 315. **A.A.** betr. Eisrevues *Schuhmann* in Rau/Dürrwächter, § 4 Nr. 20 UStG Rz. 15 (Stand: Mai 2006).

3 BFH v. 28.12.2010 – XI B 60/10, BFH/NV 2011, 660.

4 Dazu OFD Nürnberg v. 30.1.1997 – S 7177 – 37/St 43, UR 1997, 315.

5 Betr. eine Theaterveranstaltung OVG Saarl. v. 26.5.2000 – 3 Q 84/99, juris Rz. 13 und 26.

6 VG Minden v. 23.2.2005 – 11 K 7523/03, NJW 2006, 636, juris Rz. 21; *Kossack* in Offerhaus/Söhn/Lange, § 4 Nr. 20 UStG Rz. 16a (Stand: November 2013).

7 *Koch*, NWB 2014, 760 (767).

8 OVG Lüneburg v. 3.12.2008 – 2 LC 267/07, juris Rz. 110; OVG NW v. 31.7.2013 – 14 A 457/13, DVBl. 2013, 1533, juris Rz. 91; VG Augsburg v. 17.2.2010 – Au – 4 K 08.1370, juris Rz. 53 (nachgehend BayVwGH v. 10.1.2011 – 21 ZB 10.578). Ebenso betr. § 12 Abs. 2 Nr. 7 Buchst. a UStG FG MV v. 18.5.2017 – 2 K 220/13, EFG 2017, 1127, Rz. 42 f. (m. Anm. *Sauthoff*). Siehe dazu auch oben Rz. 19.49.

9 Abschn. 4.20.4 Abs. 1 Satz 2, Halbs. 1 UStAE; *Ehrt* in Weymüller, § 4 Nr. 20 UStG Rz. 21; *Heidner* in Bunjes, § 4 Nr. 20 UStG Rz. 13; *Hünnekens* in Küffner/Stöcker/Zugmaier, § 4 Nr. 20 UStG Rz. 22 (Stand: 108. Lfg. 2/2014); *Kossack* in Offerhaus/Söhn/Lange, § 4 Nr. 20 UStG Rz. 24 (Stand: November 2013); *Schuhmann* in Rau/Dürrwächter, § 4 Nr. 20 UStG Rz. 14 (Stand: Mai 2006); *Verweyen* in Hartmann/Metzenmacher, E § 4 Nr. 20 UStG Rz. 53 (Stand: April 2004).

10 FG Karlsruhe v. 27.10.1964 – I 30/64, EFG 1965, 91 (rkr.); *Ehrt* in Weymüller, § 4 Nr. 20 UStG Rz. 21; *Heidner* in Bunjes, § 4 Nr. 20 UStG Rz. 12; *Hünnekens* in Küffner/Stöcker/Zugmaier, § 4 Nr. 20 UStG Rz. 21 und 25 (Stand: 108. Lfg. 2/2014); *Kossack* in Offerhaus/Söhn/Lange, § 4 Nr. 20 UStG Rz. 22 (Stand: November 2013); *Oelmaier* in Sölch/Ringleb, § 4 Nr. 20 UStG Rz. 20 (Stand: 73. ErgLfg. 2014); *Schuhmann* in Rau/Dürrwächter, § 4 Nr. 20 UStG Rz. 14 (Stand: Mai 2006); *Verweyen* in Hartmann/Metzenmacher, E § 4 Nr. 20 UStG Rz. 50 (Stand: April 2004).

pflegerischen Gesichtspunkten als schützenswerte Zeugnisse der Architektur anzusehen sind.[1]

- Veranstaltungen oder Einrichtungen, die schon von ihrem Gegenstand **auf gewerbliche Zwecke gerichtet** sind, z.B. Antikmessen,[2] Leistungsschauen des Gartenbaus[3] sowie Datenbanken und Bild- oder Tonarchive für Presseorgane.[4]
- Leistungen, die **lediglich im zeitlichen oder räumlichen Zusammenhang** mit einer kulturellen Dienstleistung erbracht werden, aber selbst keinen kulturellen Charakter haben, z.B.
  - **reine Nutzungsüberlassungen**, etwa die Vermietung von Parkplätzen[5], Theaterräumen[6], Ausstellungsvitrinen[7] oder eines Minigolfplatzes;[8]
  - ein Ausstellungs- und Projektmanagement;[9]
  - Autogrammstunden, Teilnahme an Diskussionsrunden und Talkshows, Interviews, Vorträge, gutachterliche Leistungen und Prüfungen;[10]
  - die Abgabe von Speisen und Getränke an die Arbeitnehmer der Einrichtung (Kantine), das Dulden der Aufstellung von Automaten, das Gestalten der Anzeigenwerbung auf Eintrittskarten und Programmen, die Arbeiten der Werkstätten (eines Theaters), das Ausführen von Umzugstransporten für Mitglieder eines Orchesters sowie der Verkauf und der Verleih von Fundusmaterial;[11]

---

1 FG Hess. v. 17.2.1994 – 6 K 5353/92, juris Rz. 18 (rkr.); Abschn. 4.20.3 Abs. 4 Satz 1 UStAE; OFD Frankfurt/M. v. 18.4.1994 – S 7177 A – 13 – St IV 22, UR 1994, 330.

2 Abschn. 4.20.3 Abs. 2 Satz 2 f. UStAE; *Ehrt* in Weymüller, § 4 Nr. 20 UStG Rz. 19.1.

3 So die Auffassung der Umsatzsteuer-Gruppenleiter der süddeutschen Oberfinanzdirektionen gemäß einer Besprechung im April 1963, UStR 1963, 267. Ebenso *Ehrt* in Weymüller, § 4 Nr. 20 UStG Rz. 19.1; *Heidner* in Bunjes/Geist, § 4 Nr. 20 UStG Rz. 15; *Hünnekens* in Küffner/Stöcker/Zugmaier, § 4 Nr. 20 UStG Rz. 25 (Stand: 108. Lfg. 2/2014); *Schuhmann* in Rau/Dürrwächter, § 4 Nr. 20 UStG Rz. 47 (Stand: Mai 2006). Im Ergebnis ebenso, wenn auch mit anderer Begründung *Kossack* in Offerhaus/Söhn/Lange, § 4 Nr. 20 UStG Rz. 30 (Stand: November 2013); *Verweyen* in Hartmann/Metzenmacher, E § 4 Nr. 20 UStG Rz. 64 (Stand: April 2004).

4 *Heidner* in Bunjes/Geist, § 4 Nr. 20 UStG Rz. 14.

5 *Heidner* in Bunjes/Geist, § 4 Nr. 20 UStG Rz. 16.

6 *Kossack* in Offerhaus/Söhn/Lange, § 4 Nr. 20 UStG Rz. 13 (Stand: November 2013). **A.A.** *Matheja*, UStR 1982, 63.

7 FG Rh.-Pf. v. 11.4.2003 – 3 K 2834/00, EFG 2003, 1736 (Revision wurde von den Verfahrensbeteiligten in der Hauptsache für erledigt erklärt, s. BFH v. 14.2.2006 – V R 57/03, BFH/NV 2006, 1121).

8 *Hünnekens* in Küffner/Stöcker/Zugmaier, § 4 Nr. 20 UStG Rz. 47 (Stand: 108. Lfg. 2/2014).

9 OVG NW v. 31.7.2013 – 14 A 457/13, DVBl. 2013, 1533, juris Rz. 89.

10 OFD Düsseldorf v. 13.11.2003 – S 7177, UR 2004, 43; OFD Karlsruhe v. 6.9.2017 – S 2045/7-St 116 (unter Ziffer 3.4); OFD Magdeburg v. 10.12.2013 – S 7177 – 16 – St 243, MwStR 2014, 171 (173); *Hünnekens* in Küffner/Stöcker/Zugmaier, § 4 Nr. 20 UStG Rz. 48 (Stand: 108. Lfg. 2/2014); *Koch*, NWB 2014, 760 (767).

11 BFH v. 18.5.1988 – X R 11/82, BStBl. II 1988, 799, juris Rz. 27 (ebenso vorgehend FG Bremen v. 15.12.1981 – II 65/78, EFG 1982, 271); FG Bremen v. 9.10.1975 – II 21-22, 24/75, EFG 1976, 49 (50) (rkr.). **A.A.** FG Rh.-Pf. v. 11.4.2003 – 3 K 2834/00, EFG 2003, 1736 (Revision wurde von den Verfahrensbeteiligten in der Hauptsache für erledigt erklärt, s. BFH v. 14.2.2006 – V R 57/03, BFH/NV 2006, 1121).

- die **Abgabe von Speisen und Getränken** an die Besucher der Einrichtung, sofern die Restaurationsleistung eine umsatzsteuerrechtlich selbständige Hauptleistung darstellt.[1] Eine unselbständige Nebenleistung liegt im Lichte des Art. 134 MwStSystRL in aller Regel – so auch die neuere BFH-Rechtsprechung – nicht vor, weil die Restauration für die Erbringung der kulturellen Dienstleistung nicht unerlässlich ist[2] oder der Verschaffung zusätzlicher Einnahmen durch wettbewerbsrelevante Umsätze dienen.[3] Restaurationsumsätze sind auch dann nicht steuerfrei, wenn sie nur an Besucher der Einrichtung, quasi in „geschlossener Gesellschaft", ausgeführt[4] und von den Besuchern typischerweise erwartet werden.[5]

- die reine **Personalgestellung.**[6] Diese Auffassung widerspricht nicht der EuGH-Entscheidung in der Rechtssache *Horizon College*, die im Kontext des Art. 132 Abs. 1 *Buchst. i* MwStSystRL erging. Die in jener Entscheidung zu beurteilende Gestellung eines Lehrers an

---

1 Z.B. betreffend die Restauration in Boulevard- und Varietétheatern oder Eventtheaterzelten („Dinner Shows") BFH v. 7.3.1995 – XI R 46/93, BStBl. II 1995, 429 = UR 1995, 263 m. Anm. *Weiss*, juris Rz. 12 (betr. § 12 Abs. 2 Nr. 7 Buchst. b UStG); BFH v. 14.5.1998 – V R 85/97, BStBl. II 1999, 145, juris Rz. 19; FG Sachs. v. 1.6.2010 – 2 V 454/10, juris Rz. 14 bis 16 (rkr.); Abschn. 4.20.1 Abs. 3 Satz 5 UStAE; OFD Hamburg v. 23.1.1992 – S 7177 – 4/91 – St 23, UR 1992, 315 (316); OFD Magdeburg v. 1.7.1992 – S 7177 – 1 – St 241, DB 1992, 1604; OFD Saarbrücken v. 17.5.1993 – S 7177 – 11 – St 24 1, UR 1994, 90; *Ehrt* in Weymüller, § 4 Nr. 20 UStG Rz. 15.12; *Hünnekens* in Küffner/Stöcker/Zugmaier, § 4 Nr. 20 UStG Rz. 41 (Stand: 108. Lfg. 2/2014).

2 Grundlegend BFH v. 21.4.2005 – V R 6/03, BStBl. II 2005, 899 = UR 2005, 611, juris Rz. 19 (gegen FG Münster v. 11.2.2003 – 15 K 2961/02 U, EFG 2003, 962). Bestätigend BFH v. 18.8.2005 – V R 20/03, BStBl. II 2005, 910, juris Rz. 29, UR 2006, 24 (ebenso vorgehend FG Hamburg v. 26.2.2003 – VII 133/99, EFG 2003, 939, juris Rz. 25); BFH v. 7.12.2009 – XI B 52/09, UR 2010, 313 = BFH/NV 2010, 482, juris Rz. 6 f. Auf die BFH-Rechtsprechung verweisend Abschn. 4.20.1 Abs. 3 Satz 4 UStAE. **A.A.** früher BFH v. 18.5.1988 – X R 11/82, BStBl. II 1988, 799 [2. Leitsatz und, juris Rz. 29] (gegen FG Bremen v. 15.12.1981 – II 65/78, EFG 1982, 271); hieran anknüpfend FG Berlin v. 26.8.1997 – 5150/96, EFG 1998, 150 (151) (aufgehoben durch BFH v. 14.5.1998 – V R 85/97, BStBl. II 1999, 145 = UR 1998, 422). Zustimmend *Schuhmann* in Rau/Dürrwächter, § 4 Nr. 20 UStG Rz. 26.4 f. und 27.2 (Stand: Mai 2006). Dagegen bereits früher betr. die Anwendung des ermäßigten Steuersatzes BFH v. 7.3.1995 – XI R 46/93, BStBl. II 1995, 429, juris Rz. 12, UR 1995, 263 m. Anm. *Weiss*. Zweifelnd FG BW v. 8.2.1995 – 12 V 39/94, EFG 1995, 767 (768) (rkr.).

3 Grundlegend BFH v. 14.5.1998 – V R 85/97, BStBl. II 1999, 145, juris Rz. 19, UR 1998, 422 (gegen FG Berlin v. 26.8.1997 – 5150/96, EFG 1998, 150 (150 f.). Bestätigend BFH v. 21.4.2005 – V R 6/03, BStBl. II 2005, 899, juris Rz. 9 und 19, UR 2005, 611 (gegen FG Münster v. 11.2.2003 – 15 K 2961/02 U, EFG 2003, 962, juris Rz. 12 f.); BFH v. 18.8.2005 – V R 20/03, BStBl. II 2005, 910, juris Rz. 30 f., UR 2006, 24 (ebenso vorgehend FG Hamburg v. 26.2.2003 – VII 133/99, EFG 2003, 939, juris Rz. 29); BFH v. 7.12.2009 – XI B 52/09, BFH/NV 2010, 482, juris Rz. 8, UR 2010, 313. Auf alle BFH-Urteile verweisend Abschn. 4.20.1 Abs. 3 Satz 4 UStAE. Vgl. OFD Saarbrücken v. 17.5.1993 – S 7177 – 11 – St 24 1, UR 1994, 90: in der Praxis häufig anzutreffende Überschreitung von 40 % als ein Kriterium für die Annahme einer selbständigen Leistung.

4 BFH v. 21.4.2005 – V R 6/03, BStBl. II 2005, 899, juris Rz. 19, UR 2005, 611. Bestätigend BFH v. 7.12.2009 – XI B 52/09, BFH/NV 2010, 482, juris Rz. 8, UR 2010, 313.

5 BFH v. 7.12.2009 – XI B 52/09, BFH/NV 2010, 482, juris Rz. 7, UR 2010, 313.

6 BFH v. 24.3.1960 – V 294/57, UStR 1960, 87; BFH v. 4.12.1969 – V R 108/66, BStBl. II 1970, 355, juris Rz. 8; BFH v. 4.5.2011 – XI R 44/08, BStBl. II 2014, 200, juris Rz. 28 bis 34, UR 2011, 859; FG Berlin-Brandenburg v. 22.6.2016 – 7 K 7343/14, EFG 2016, 1478 (1479) (rkr.). Im Ergebnis ebenso Abschn. 4.20.1 Abs. 3 Satz 2 UStAE; OFD Berlin v. 22.8.2000 – St 137 – S 7177 – 2/00, UR 2001, 178; OFD Magdeburg v. 24.5.2000 – S 7177 – 6 – St 243, UR 2000, 395. **A.A.** FG Rh.-Pf. v. 11.4.2003 – 3 K 2834/00, EFG 2003, 1735 (Revision wurde von den Verfahrensbeteiligten in der Hauptsache für erledigt erklärt, s. BFH v. 14.2.2006 – V R 57/03, BFH/NV 2006, 1121).

eine Lehreinrichtung würdigte der EuGH als mit dem steuerbefreiten Unterricht „eng verbundene *Dienstleistung*", die als solche nach Art. 132 Abs. 1 Buchst. i MwStSystRL zu befreien ist.[1] Im Kontext der Kultur befreit Art. 132 Abs. 1 Buchst. n MwStSystRL hingegen lediglich „eng verbundene *Lieferungen von Gegenständen*", insoweit ist der **Ausschluss der Personalgestellung** von der Steuerbefreiung im Wortlaut der Richtlinie angelegt.[2]

Von der reinen Personalgestellung zu unterscheiden ist die Darbietung von Künstlern in fremden Räumlichkeiten. Sofern die darbietenden Künstler **als eigene Einrichtung** („funktionale kulturelle Einheit") auftreten, ist Gegenstand ihrer Leistung **keine Personalgestellung**, sondern eine **kulturelle Dienstleistung**, die umsatzsteuerfrei ist, auch wenn sie zivilrechtlich nicht dem zahlenden Publikum, sondern einem Dritten als Veranstalter geschuldet wird.[3]

Welche Einzelleistungen als **Nebenleistungen** von der Umsatzsteuerbefreiung für die kulturelle Dienstleistung als Hauptleistung mit erfasst sind, ergibt sich in richtlinienkonformer, an **Art. 134 Buchst. a MwStSystRL** ausgerichteter Auslegung – und zwar danach, ob die zu beurteilende Einzelleistung für die steuerfreie kulturelle Dienstleistung **„unerlässlich" oder bloß „nützlich"** ist.[4] Von der Steuerbefreiung mit erfasst sind z.B die Aufbewahrung von Garderobe und die Vermietung von Operngläsern.[5] Die Frage, ob die zu beurteilende Nebenleistung „unerlässlich" oder lediglich „nützlich" ist, ist letztlich eine Wertungsfrage, die anhand sämtlicher Umstände des Einzelfalls zu beantworten ist. So erklärt sich auch der recht weite von der Finanzverwaltung aufgestellte Katalog der steuerfreien Nebenleistungen, die im Rahmen eines Museumsladens[6] oder eines zoologischen Gartens[7] erbracht werden.

### cc) Mit kulturellen Dienstleistungen eng verbundene Lieferungen von Gegenständen

Umsatzsteuerfrei sind im Lichte des Art. 132 Abs. 1 Buchst. n MwStSystRL auch mit kulturellen Dienstleistungen eng verbundene Lieferungen von Gegenständen, sofern die weiteren Voraussetzungen des **Art. 134 Buchst. b MwStSystRL**[8] erfüllt sind. Dazu zählen z.B. 19.58

1 EuGH v. 14.6.2007 – Rs. C-434/05 – Horizon College, ECLI:EU:C:2007:343, Slg. 2007, I-4793 = UR 2007, 587.

2 BFH v. 4.5.2011 – XI R 44/08, BStBl. II 2014, 200, juris Rz. 34, UR 2011, 859.

3 BFH v. 24.3.1960 – V 158/58 U, BStBl. III 1960, 277, juris Rz. 7 f.; BFH v. 24.3.1960 – V 294/57, UStR 1960, 87; BFH v. 4.12.1969 – V R 108/66, BStBl. II 1970, 355, juris Rz. 8; BFH v. 4.5.2011 – XI R 44/08, BStBl. II 2014, 200, juris Rz. 31, UR 2011, 859; BMF v. 14.2.1968 – IV A/2 – S 7015 – 2/68, BStBl. I 1968, 401 (412); *Verweyen* in Hartmann/Metzenmacher, E § 4 Nr. 20 UStG Rz. 18 (Stand: April 2004).

4 Dazu *Schauhoff* in Rz. 10.114 ff., speziell im Kontext des § 4 Nr. 20 UStG in Rz. 10.157. Siehe auch Rz. 19.23.

5 BFH v. 18.5.1988 – X R 11/82, BStBl. II 1988, 79, juris Rz. 20 bis 24; Abschn. 4.20.1 Abs. 3 Satz 3 und Abschn. 4.20.3 Abs. 3 Satz 2 UStAE; *Ehrt* in Weymüller, § 4 Nr. 20 UStG Rz. 15.11, 17.7 und 19.2. So bereits früher RFH v. 19.6.1942 – V 183/41, RFHE 52, 137 (139) (betr. § 43 Nr. 1 UStDB 1938, RGBl. I 1938, 1945); *Hünnekens* in Küffner/Stöcker/Zugmaier, § 4 Nr. 20 UStG Rz. 41 (Stand: 108. Lfg. 2/2014); *Verweyen* in Hartmann/Metzenmacher, E § 4 Nr. 20 UStG Rz. 40 (Stand: April 2004). Zu Nebenleistungen eines Theaters s. auch, wenn auch teilweise überholt, *Ehrhardt*, DStZ/A 1964, 120; *Leippe*, UR 1985, 152; *A. Schmidt*, UStR 1969, 72; *J.W. Schmidt*, UStR 1969, 132; *Tibusek*, StWA 1973, 27.

6 Abschn. 4.20.3 Abs. 3 Satz 3 bis 5 UStAE.

7 Abschn. 4.20.4 Abs. 2 Satz 2 UStAE.

8 Dazu *Schauhoff*, Rz. 10.143 ff.

- der Verkauf von Programmheften[1], Katalogen[2] und gedruckten wie audio-visuellen Museumsführern, weil die genannten Gegenstände die Besucher z.B. eines Konzerts oder Museums in die Lage versetzen, das Konzert oder die Ausstellung besser zu „verstehen", und von daher in der Diktion der EuGH-Rechtsprechung „unerlässlich"[3] sind;
- der zu Forschungs- und Schulungszwecken dienende Verkauf von Pflanzen und Samen;[4]
- nach ständiger Verwaltungsauffassung der Verkauf bestimmter Waren in einem **Museumsladen.**[5] Diese Auffassung steht in inhaltlichem Widerspruch zur BFH-Rechtsprechung, wonach der Verkauf von Fundusmaterial eines Theaters nicht nach § 4 Nr. 20 Buchst. a UStG umsatzsteuerfrei ist.[6] Die Veräußerung von Exponaten und Altmaterial kann aber unter die Steuerbefreiung nach § 4 Nr. 28 UStG fallen.[7]

Nicht befreit sind hingegen etwa Umsätze aus dem Verkauf von **Merchandising-Artikeln** sowie von Tonträgern[8] und anderen audiovisuellen Medien, auch nicht soweit Gegenstand der Aufnahme das besuchte Konzert ist.[9]

## 2. § 4 Nr. 20 Buchst. a Satz 2 UStG

### a) Grundlagen

19.59 § 4 Nr. 20 Buchst. a *Satz 2* UStG erweitert die Steuerbefreiung auf die Umsätze gleichartiger Einrichtungen anderer Unternehmer, wenn die zuständige Landesbehörde bescheinigt, dass sie die gleichen kulturellen Aufgaben wie die in Satz 1 bezeichneten Einrichtungen erfüllen. Diese Vorschrift wurde (erst) mit Wirkung zum 1.7.1961 und zunächst nur für Theater und Museen eingeführt.[10]

Der Umstand, dass der Gesetzgeber die Steuerbefreiung nach § 4 Nr. 20 Buchst. a Satz 2 UStG von einer zusätzlichen Voraussetzung abhängig macht, nämlich von der Vorlage einer Bescheinigung der Gleichheit der kulturellen Aufgaben durch die zuständige Landesbehörde, verstößt nicht gegen das **Neutralitätsgebot**. Diese zusätzliche Voraussetzung ist durch Art. 132 Abs. 1 Buchst. n MwStSystRL vorgegeben, nämlich durch das Erfordernis der mitgliedstaatlichen Anerkennung als kulturelle Einrichtung.[11]

1 Vgl. Rz. 10.157.
2 So bereits BMF v. 13.9.1961 – IV A/2 – S 4030 – 176/61, BStBl. I 1961, 629 (634) (betr. § 4 Nr. 23 UStG 1951).
3 Dazu *Schauhoff*, Rz. 10.114 ff.
4 *Kossack* in Offerhaus/Söhn/Lange, § 4 Nr. 20 UStG Rz. 23 (Stand: November 2013).
5 Abschn. 4.20.3 Abs. 3 Satz 4 f. UStAE.
6 *Kossack* in Offerhaus/Söhn/Lange, § 4 Nr. 20 UStG Rz. 20 f. (Stand: November 2013); *Oelmaier* in Sölch/Ringleb, § 4 Nr. 20 UStG Rz. 10 (Stand: 73. ErgLfg. 2014).
7 Abschn. 4.20.3 Abs. 3 Satz 6 f. UStAE. Dazu Rz. 19.43.
8 OFD Frankfurt/M. v. 17.10.2008 – S 7177 A – 28 – St 112, DStR 2009, 325; OFD Magdeburg v. 10.12.2013 – S 7177 – 16 – St 243, MwStR 2014, 171 (173).
9 **A.A.** FG Rh.-Pf. v. 6.5.2008 – 6 K 1666/06, DStRE 2008, 1392, juris Rz. 29 (rkr.).
10 Elftes Gesetz zur Änderung des UStG v. 16.8.1961, BGBl. I 1961, 1330 = BStBl. I 1961, 609. Dazu betr. § 4 Nr. 23 UStG 1951 BMF v. 13.9.1961 – IV A/2 – S 4030 – 176/61, BStBl. I 1961, 629 (634).
11 Allgemein EuGH v. 15.11.2012 – Rs. C-174/11 – Zimmermann, ECLI:EU:C:2012:716, UR 2013, 35.

Von der Ermächtigung nach **Art. 133 Satz 1 MwStSystRL**, die Steuerbefreiung für Leistungen nicht öffentlich-rechtlich verfasster Unternehmer von einer oder mehreren der dort genannten Bedingungen abhängig zu machen, hat der deutsche Gesetzgeber in § 4 Nr. 20 Buchst. a Satz 2 UStG, so der BFH und einige Kommentatoren, **keinen Gebrauch** gemacht.[1] Unter Zugrundelegung dieser Auffassung bleiben die Voraussetzungen, die Art. 133 Satz 1 MwStSystRL für die Wahlrechtsausübung aufführt, bei der Auslegung des Begriffs der „gleichartigen Einrichtung" i.S.d. § 4 Nr. 20 Buchst. a Satz 2 UStG **unberücksichtigt**.[2] Diese Schlussfolgerung ist konsequent, da Art. 133 Satz 1 MwStSystRL den Mitgliedstaaten lediglich die *Möglichkeit* eröffnet, die Steuerbefreiung von der Erfüllung *zusätzlicher*, nicht bereits in Art. 132 Abs. 1 MwStSystRL aufgestellter Voraussetzungen abhängig zu machen; würde man die Voraussetzungen einzelner Wahlrechte nach Art. 133 Satz 1 MwStSystRL in Art. 132 Abs. 1 MwStSystRL hineinlesen, wäre die Einräumung von Wahlrechten überflüssig. 19.60

In diesem Kontext sei der Frage nachgegangen, ob der nationale Gesetzgeber dadurch, dass er in § 4 Nr. 20 Buchst. a Satz 2 UStG auf die in Satz 1 aufgeführten Referenzeinrichtungen in Trägerschaft der Gebietskörperschaften und Gemeindeverbände verweist (Umsätze „gleichartiger Einrichtungen"), von seinem Wahlrecht nach **Art. 133 Satz 1 *Buchst. a* MwStSystRL** Gebrauch gemacht hat, wonach die Steuerbefreiung von einer fehlenden systematischen Gewinnerzielungs- bzw. von einer fehlenden Gewinnverteilungsabsicht abhängig gemacht werden kann. Für diese These könnte die Überlegung sprechen, dass die in § 4 Nr. 20 Buchst. a Satz 1 UStG aufgeführten Referenzeinrichtungen in Trägerschaft einer Gebietskörperschaft oder eines Gemeindeverbandes typischerweise strukturell defizitär sind und der nationale Gesetzgeber dieses tatsächliche Phänomen bei Implementierung der Steuerbefreiung im Sinn hatte.[3] Diese Überlegung relativiert sich allerdings, wenn man sich vor Augen führt, dass sich das in § 4 Nr. 20 Buchst. a Satz 2 UStG aufgestellte Erfordernis der „Gleichartigkeit" nach dem Gesetzeswortlaut *allein* auf die in § 4 Nr. 20 Buchst. a Satz 1 UStG aufgeführten Kategorien von *Einrichtungen*, z.B. Museen und Theater, bezieht (Umsätze „gleichartiger Einrichtungen"). Dabei ist der in § 4 Nr. 20 Buchst. a Satz 1 und Satz 2 UStG verwendete Begriff der „Einrichtung" im Lichte der zu Art. 132 Abs. 1 Buchst. n MwStSystRL ergangenen EuGH-Entscheidung in der Rechtssache *Matthias Hoffmann* **vornehmlich leistungsbezogen** zu verstehen,[4] mithin ebenso die von § 4 Nr. 20 Buchst. a Satz 2 UStG geforderte „Gleichartigkeit der Einrichtung"; das vom EuGH angedeutete Erfordernis, dass der Unternehmer als „funktionale kulturelle Einheit" auftreten müsse, läuft praktisch ins Leere, eine Unterscheidung zwischen kultureller Dienstleistung und kultureller Einrichtung ist praktisch nicht erkennbar.[5] Das Erfordernis der „Gleichartigkeit" erstreckt sich nach dem Gesetzeswortlaut hingegen *nicht* (auch) auf den leistenden Unternehmer. Die Erwähnung der Gebietskörperschaften und Gemeindeverbände in § 4 Nr. 20 Buchst. a Satz 1 UStG selbst dient allein der – im Ergebnis unzureichenden[6] – Umsetzung der unionsrechtlichen Vorgabe, dass die von

1 BFH v. 18.2.2010 – V R 28/08, BStBl. II 2010, 876, juris Rz. 29, UR 2010, 376; *Kossack* in Offerhaus/Söhn/Lange, § 4 Nr. 20 UStG Rz. 56 (Stand: November 2013); *Wäger* in Reiß/Kraeusel/Langer, § 4 Nr. 20 UStG Rz. 22 f. (Stand: Mai 2014). Betreffend Art. 132 Abs. 1 Buchst. g MwStSystRL („Sozialfürsorge und soziale Sicherheit") sowie § 4 Nr. 16 und Nr. 18 UStG siehe EuGH v. 15.11.2012 – Rs. C-174/11 – Zimmermann, ECLI:EU:C:2012:716 = UR 2013, 35 Rz. 56; BFH v. 25.4.2013 – V R 7/11, BStBl. II 2013, 976, juris Rz. 31. Zu den Anforderungen an die Mitgliedstaaten, die Wahlrechte aus Art. 133 Satz 1 MwStSystRL auszuüben, siehe *Schauhoff* in Rz. 10.58 ff.

2 Zutreffend *Wäger* in Reiß/Kraeusel/Langer, § 4 Nr. 20 UStG Rz. 22 f. (Stand: Mai 2014).

3 BT-Drucks. V/1581, 13. Dazu auch Rz. 19.72.

4 S.o. Rz. 19.31. Siehe auch Rz. 19.65.

5 S.o. Rz. 19.31.

6 S.o. Rz. 19.46.

einem Mitgliedstaat bestimmten kulturellen Dienstleistungen und die eng damit verbundenen Lieferungen von Gegenständen *zwingend* von der Umsatzsteuer zu befreien sind, wenn sie von einer juristischen Person des öffentlichen Rechts erbracht werden – und zwar unabhängig davon, ob die Voraussetzungen einzelner oder sämtlicher Wahlrechte nach Art. 133 Satz 1 MwStSystRL erfüllt sind, weil diese Wahlrechte nur in Bezug auf Leistungen *nicht* öffentlich-rechtlich verfasster Unternehmer bestehen. Daher verbietet es sich, die Voraussetzungen einzelner Wahlrechte gemäß Art. 133 Satz 1 MwStSystRL in Art. 132 Abs. 1 Buchst. n MwStSystRL bzw. im Wege der unionsrechtskonformen Auslegung in § 4 Nr. 20 Buchst. a Satz 2 UStG hineinzulesen, soweit es kulturelle Dienstleistungen *privat*rechtlich verfasster Unternehmen betrifft.[1]

#### b) Leistungserbringer: „andere Unternehmer"

19.61 § 4 Nr. 20 Buchst. a Satz 2 UStG bezieht sich auf die Leistungen **„anderer Unternehmer"**. „Andere Unternehmer" sind sämtliche Unternehmer, die nicht unter § 4 Nr. 20 Buchst. a Satz 1 UStG fallen. Dies sind zunächst in- wie ausländische **natürliche Personen** sowie in- wie ausländische **privatrechtlich verfasste Unternehmer** wie Kapital- und Personengesellschaften, Vereine und Stiftungen, weiterhin **andere inländische juristische Personen des öffentlichen Rechts** sowie **ausländische juristische Personen des öffentlichen Rechts.**[2] In- wie ausländische juristische Personen des öffentlichen Rechts bedürfen allerdings keiner mitgliedstaatlichen Anerkennung als kulturelle Einrichtung, sie können sich insoweit nach dem Wortlaut des Art. 132 Abs. 1 Buchst. n MwStSystRL unmittelbar auf das Unionsrecht berufen.[3]

#### c) Begünstigte Umsätze: „die Umsätze gleichartiger Einrichtungen"

#### aa) Einrichtung

19.62 § 4 Nr. 20 Buchst. a Satz 2 UStG knüpft die Steuerbefreiung an „die Umsätze gleichartiger Einrichtungen". Die Frage, ob ein „anderer Unternehmer" i.S.d. § 4 Nr. 20 Buchst. a Satz 2 UStG eine „Einrichtung" unterhält, wird in der Praxis regelmäßig im Hinblick auf **natürliche Personen** erörtert:

19.63 Selbständige **Einzeldarsteller**[4] wurden früher nach nationalem Recht nicht als **Theater** erfasst.[5] Diese Auffassung ist im Lichte der **EuGH-Rechtsprechung** überholt, da der Ausschluss eines Einzeldarstellers gegen den Grundsatz der steuerlichen Neutralität verstößt.[6] In richtlinienkonformer Auslegung sind die Umsätze selbständiger Einzeldarsteller nach nationalem Recht umsatzsteuerfrei, Einzeldarsteller können vom Wortsinn noch als „Theater" i.S.d. § 4 Nr. 20 Buchst. a UStG erfasst werden,[7] eine Berufung auf Unionsrecht ist insoweit weder er-

---

1 Vgl. *Schauhoff* in Rz. 10.64 f., wonach eine richtlinienkonforme Auslegung (nur) dann in Betracht komme, sofern der Wortlaut der nationalen Gesetzesvorschrift nahelege, dass der nationale Gesetzgeber von einem Wahlrecht aus Art. 133 Satz 1 MwStSystRL Gebrauch gemacht hat. Vgl. auch *Schauhoff* in Rz. 10.105.

2 S.o. Rz. 19.25.

3 S.o. Rz. 19.25.

4 Zur lohnsteuerrechtlich relevanten Frage, ob ein Einzeldarsteller in einen Theaterbetrieb eingegliedert ist, s. BMF v. 5.10.1990 – IV B 6 - S 2332 – 73/90, BStBl. I 1990, 638.

5 OFD Nürnberg v. 30.1.1997 – S 7177 – 37/St 43, UR 1997, 315.

6 Zutreffend *Lausterer*, UR 2000, 288 (291).

7 BFH v. 4.5.2011 – XI R 44/08, BStBl. II 2014, 200 = UR 2011, 859, juris Rz. 18, unter Hinweis u.a. auf EuGH v. 3.4.2003 – Rs. C-144/00 – Matthias Hoffmann, ECLI:EU:C:2003:192, Slg. 2003,

forderlich noch zulässig.[1] Nach einem jüngeren Urteil des FG Münster ist auch ein selbständiger Gästeführer in einem Museum eine „Einrichtung", wobei die „Vergleichbarkeit" (des Gästeführers mit einem Museum in öffentlich-rechtlicher Trägerschaft) zu bejahen sei, wenn das Museum nur im Rahmen von Führungen zugänglich ist.[2]

Orchestern, Kammermusikensembles und Chören ist hingegen wesensimmanent, dass *mehrere* Personen gemeinsam wirken.[3] **Solisten**[4] und **Dirigenten**[5] sind daher ebenso wie **selbständige Orchestermusiker** nach nationalem Recht nicht erfasst, angesichts des insoweit eindeutigen Gesetzeswortlauts ist eine richtlinienkonforme Auslegung nicht möglich.[6] Dies gilt auch, wenn mehrere Solisten zwar gemeinsam gegenüber einem Publikum auftreten, aber im Innenverhältnis gegenüber dem Veranstalter jeweils für sich eine Leistung erbringen.[7] 19.64

Selbständige Orchestermusiker, Solisten und Dirigenten können sich aber im Lichte der EuGH-Rechtsprechung **unmittelbar auf Art. 132 Abs. 1 Buchst. n MwStSystRL berufen.**[8] Dabei ist es unerheblich, ob z.B. der Solist seine Leistung gegenüber dem zahlenden Publikum, dem Träger eines Orchesters oder einem Veranstalter erbringt, da das Unionsrecht die Steuer-

---

I-2912 = BStBl. II 2003, 679 = UR 2003, 248 = UR 2003, 286 m. Anm. *Nieskens*; *Hünnekens* in Küffner/Stöcker/Zugmaier, § 4 Nr. 20 UStG Rz. 17 (Stand: 108. Lfg. 2/2014); *Kossack* in Offerhaus/Söhn/Lange, § 4 Nr. 20 UStG Rz. 11 (Stand: November 2013); *Lohse*, BB 2003, 1107 (1108); *Verweyen* in Hartmann/Metzenmacher, E § 4 Nr. 20 UStG Rz. 20 (Stand: April 2004).

1 **A.A.** *Ehrt* in Weymüller, § 4 Nr. 20 UStG Rz. 10 f.; *Kossack* in Offerhaus/Söhn/Lange, § 4 Nr. 20 UStG Rz. 8 (Stand: November 2013); *Stadie*, § 4 Nr. 20 UStG Rz. 7 – alle in der Annahme, dass Einzeldarsteller begrifflich nicht unter „Theater" fallen.

2 FG Münster v. 8.10.2018 – 5 K 1215/16 U, EFG 2018, 2072, juris Rz. 28 ff. (Revision beim BFH anhängig unter Az. XI R 37/18).

3 Abschn. 4.20.2 Abs. 1 Satz 1 UStAE.

4 BFH v. 18.2.2010 – V R 28/08, BStBl. II 2010, 876, juris Rz. 20, UR 2010, 376; BFH v. 14.12.1995 – V R 13/95, BStBl. II 1996, 386, juris Rz. 12, UR 1996, 302 (ebenso vorgehend FG Köln v. 4.10.1994 – 8 K 869/93, juris Rz. 34); Abschn. 4.20.2 Abs. 1 Satz 1 UStAE; FinMin. MV v. 23.11.1995 – IV 320 – S 7238 – 1/93, DB 1995, 2501; OFD München v. 21.8.1995 – S 7238 – 6/6 St 464, juris Rz. 1; *Kossack* in Offerhaus/Söhn/Lange, § 4 Nr. 20 UStG Rz. 14 (Stand: November 2013). **A.A.** *Hünnekens* in Küffner/Stöcker/Zugmaier, § 4 Nr. 20 UStG Rz. 43 (Stand: 108. Lfg. 2/2014); *Raudszus*, UStB 2003, 269 (270); *Verweyen* in Hartmann/Metzenmacher, E § 4 Nr. 20 UStG Rz. 37 (Stand: April 2004).

5 *Küntzel*, DStR 2006, 598 (600); *Verweyen* in Hartmann/Metzenmacher, E § 4 Nr. 20 UStG Rz. 37 (Stand: April 2004), unter Hinweis auf eine bundeseinheitliche Entscheidung der Finanzverwaltung.

6 Zutreffend *Lohse*, BB 2003, 1107 (1108), EuGH v. 3.4.2003 – Rs. C-144/00, UR 2003, 248 = UR 2003, 286 m. Anm. *Nieskens*; *Stadie*, § 4 Nr. 20 UStG Rz. 7. Im Ergebnis ebenso *Matheja*, UStR 1982, 53 (55).

7 So betr. einen Pianisten und einen Gesangssolisten BFH v. 24.2.2000 – V R 23/99, BStBl. II 2000, 302, juris Rz. 25, UR 2000, 253(ebenso vorgehend FG Berlin v. 15.12.1998 – VII 504/94, EFG 1999, 629, juris Rz. 2); FG Köln v. 4.10.1994 – 8 K 869/93, juris Rz. 3] (bestätigt durch BFH v. 14.12.1995 – V R 13/95, BStBl. II 1996, 386 = UR 1996, 302). Ebenso betr. die Steuersatzermäßigung gem. § 12 Abs. 2 Nr. 7 Buchst. a UStG BFH v. 24.2.2000 – V R 40/99, BFH/NV 2000, 1146, juris Rz. 12, mit Verweisung auf BFH v. 24.2.2000 – V R 23/99, BStBl. II 2000, 302 = UR 2000, 253 (ebenso vorgehend FG Berlin v. 13.1.1998 – 5505/97, juris Rz. 19).

8 BFH v. 18.2.2010 – V R 28/08, BStBl. II 2010, 876, juris Rz. 23; FG Rh.-Pf. v. 6.5.2008 – 6 K 1666/06, DStRE 2008, 1392, juris Rz. 15 und 30 (rkr.); *Ehrt* in Weymüller, § 4 Nr. 20 UStG Rz. 17.4; *FK*, DStR 2003, 641; *Kossack* in Offerhaus/Söhn/Lange, § 4 Nr. 20 UStG Rz. 15 (Stand: November 2013); *Raudszus*, UStB 2003, 269 (270). In diesem Sinne auch Abschn. 4.20.2 Abs. 1 Satz 2 f. UStAE; FinMin. NW v. 13.6.2005 – S 7238 – 2 – VA4, UR 2005, 573; OFD Koblenz v. 1.7.2008 – S 7177 A – St 44 2, UR 2008, 710.

befreiung nicht an die Person des Leistungsempfängers anknüpft.[1] In diesem Zusammenhang ist es inkorrekt zu sagen, die Steuerbefreiung ergebe sich aus § 4 Nr. 20 Buchst. a UStG selbst.[2] Faktisch haben **Einzelpersonen** also ein **Wahlrecht**, dessen Ausübung ggf. eine Vorsteuerberichtigung gem. § 15a UStG erforderlich macht. Für die Erlangung der Steuerbefreiung ist die Erteilung einer **Bescheinigung** der zuständigen Landesbehörde über die Gleichheit der kulturellen Aufgaben erforderlich.[3]

### bb) Gleichartigkeit der Einrichtung

19.65 Nach dem Gesetzeswortlaut bezieht sich das in § 4 Nr. 20 Buchst. a Satz 2 UStG aufgestellte Erfordernis der Gleichartigkeit nicht auf den „anderen Unternehmer" als Leistungserbringer (und Schuldner der Umsatzsteuer), sondern auf eine von diesem betriebene **„Einrichtung"**.[4] Die Prüfung der „Gleichartigkeit der Einrichtung" ist Aufgabe der **Finanzverwaltung und -gerichte**.[5]

Wie dargelegt, hat der deutsche Gesetzgeber mit der Katalogisierung „kultureller Einrichtungen" in § 4 Nr. 20 Buchst. a *Satz 1* UStG das ihm in Art. 132 Abs. 1 Buchst. n MwStSystRL eingeräumte Recht ausgeübt **zu bestimmen**, *welche* kulturelle Dienstleistungen und eng damit verbundene Lieferungen von Gegenständen nach nationalem deutschem Recht umsatzsteuerfrei sind.[6] Mithin bezweckt das Erfordernis der „Gleichartigkeit der Einrichtung" vornehmlich, den Kreis der umsatzsteuer*freien* kulturellen Dienstleistungen (als solche) vom Kreis der anderen, umsatzsteuer*pflichtigen* kulturellen Dienstleistungen (als solchen) abzugrenzen. Folglich ist der Begriff der „Einrichtung" vornehmlich **leistungsbezogen** zu verstehen,[7] mithin ebenso die „Gleichartigkeit der Einrichtung".[8]

Der Umstand, dass eine Gebietskörperschaft oder ein Gemeindeverband (§ 4 Nr. 20 Buchst. a *Satz 1* UStG) keine entsprechende konkrete Referenzeinrichtung betreibt – präzise: keine entsprechenden konkreten Referenzleistungen erbringt –, steht einer Bejahung der „Gleichartigkeit der Einrichtung" nicht entgegen. Erforderlich, aber auch ausreichend ist eine **abstrakt-hypothetische Betrachtung** derart, ob die zu beurteilende Leistung, wenn sie von einer

1 FG Rh.-Pf. v. 6.5.2008 – 6 K 1666/06, DStRE 2008, 1392, juris Rz. 21 bis 2 (rkr.).

2 So aber FG Rh.-Pf. v. 6.5.2008 – 6 K 1666/06, DStRE 2008, 1392, juris Rz. 2 (rkr.); *Küntzel*, DStR 2006, 598 (600).

3 OFD Düsseldorf v. 13.11.2003 – S 7177, UR 2003, 43.

4 S.o. Rz. 19.61. **A.A.** *Kossack* in Offerhaus/Söhn/Lange, § 4 Nr. 20 UStG Rz. 8 (Stand: November 2013).

5 OVG NW v. 31.7.2013 – 14 A 2542/12, DVBl. 2013, 1536, juris Rz. 4; *Schuhmann* in Rau/Dürrwächter, § 4 Nr. 20 UStG Rz. 54 (Stand: Mai 2006). Dazu auch BFH v. 19.5.1993 – V R 110/88, BStBl. II 1993, 779 = UR 1994, 124, juris Rz. 4; BVerwG v. 11.10.2006 – 10 C 7/05, NJW 2007, 711, juris Rz. 20 f. (ebenso vorgehend OVG Hamburg v. 23.5.2003 – 1 Bf 399/02, DÖV 2004, 626, juris Rz. 57); BVerwG v. 11.10.2006 – 10 C 4/06, NJW 2007, 714, juris Rz. 13 f. (im Ergebnis gegen BayVwGH v. 10.1.2006 – 9 BV 05.1531, juris Rz. 29 bis 31, das die „Gleichartigkeit der Einrichtung" prüft); BayVwGH v. 18.9.2007 – 21 B 06.978, juris Rz. 19; OVG Lüneburg v. 3.12.2008 – 2 LC 267/07, juris Rz. 97; FG München v. 27.8.2004 – 14 V 2466/04, EFG 2005, 315, juris Rz. 37 f. (rkr.); VG Augsburg v. 17.2.2010 – Au – 4 K 08.1370, juris Rz. 44 bis 47 (nachgehend BayVwGH v. 10.1.2011 – 21 ZB 10.578); FG Münster v. 8.10.2018 – 5 K 1215/16 U, EFG 2018, 2072, juris Rz. 23 und 26 (Revision beim BFH anhängig unter Az. XI R 37/18); OFD Magdeburg v. 10.12.2013 – S 7177 - 16 - St 243, MwStR 2014, 171 (172).

6 S.o. Rz. 19.49.

7 S.o. Rz. 19.27 bis 19.31.

8 S.o. Rz. 19.60. Zutreffend *Wäger* in Reiß/Kraeusel/Langer, § 4 Nr. 20 UStG Rz. 107 (Stand: Mai 2014).

Gebietskörperschaft oder einem Gemeindeverband erbracht werden *würde*, unter eine Katalogeinrichtung – präzise: eine Katalogleistung – *fiele*.[1]

**Betriebswirtschaftliche** Kriterien, insbesondere Finanzierungsfragen, in diesem Kontext 19.66
auch die Höhe von Vorsteuern auf umsatzsteuerpflichtige Eingangsleistungen und die Subventionsbedürftigkeit wegen struktureller Defizität, sind **nicht leistungsbezogen** und bei einer leistungsbezogenen Gleichartigkeitsprüfung („Gleichartigkeit der Einrichtung") an sich *nicht* zu berücksichtigen.[2] Für diese These könnte sprechen, dass der deutsche Gesetzgeber nach hier vertretener Auffassung von seinen Wahlrechten nach Art. 133 Satz 1 Buchst. a und Buchst. c MwStSystRL, die Umsatzsteuerbefreiung von einer fehlenden systematischen Gewinnerzielungs- bzw. Gewinnverteilungsabsicht und/oder von einer sozialverträglichen Preisgestaltung abhängig zu machen, in Bezug auf kulturelle Dienstleistungen (und eng damit verbundene Lieferungen von Gegenständen) *keinen* Gebrauch gemacht hat.[3] Das Erfordernis, betriebswirtschaftliche Kriterien zu berücksichtigen, könnte sich allenfalls aus dem vom EuGH in der Rechtssache *Matthias Hoffmann* angedeuteten Erfordernis ergeben, dass die Steuerbefreiung voraussetze, dass der Unternehmer die zu beurteilende kulturelle Dienstleistung als *funktionale kulturelle Einheit* erbringt.[4] Dieses Erfordernis läuft allerdings praktisch ins Leere; eine Unterscheidung zwischen kultureller Dienstleistung und kultureller Einrichtung ist praktisch nicht erkennbar.[5] Im Übrigen hat der EuGH in der Rechtssache *Matthias Hoffmann* unmissverständlich zum Ausdruck gebracht, dass es hinsichtlich der Frage, ob begrifflich eine „Einrichtung" vorliegt, nicht auf die Subventionspraxis des jeweiligen Mitgliedstaats ankomme.[6] Diese Aussage könnte dahin gedeutet werden, dass betriebswirtschaftliche Kennziffern bei der Gleichartigkeitsprüfung („Gleichartigkeit der Einrichtung") generell auszublenden sind.

Im Vorgriff auf die späteren Ausführungen: betriebswirtschaftliche Kriterien lassen sich auch nicht unter den Begriff der „kulturellen Aufgaben" subsumieren, auf die sich die Gleichheitsprüfung der Landeskultusbehörden („Gleichheit der kulturellen Aufgaben") bezieht.[7]

Nicht nur, aber auch im Zusammenhang mit § 4 Nr. 20 Buchst. a Satz 2 UStG besteht das – in 19.67
der Praxis mitunter schon einmal eingetretene – **Risiko divergierender Beurteilungen der Steuerbefreiung durch mehrere Finanzämter**, wenn es einerseits um die Beurteilung von Ausgangsumsätzen eines Unternehmers und andererseits um den Vorsteuerabzug für einen anderen Unternehmer geht, der Leistungen an den zuerst genannten Unternehmer erbringt. Nach der **BFH-Rechtsprechung** sind die Voraussetzungen für eine Steuerbefreiung einerseits und die Voraussetzungen für den Vorsteuerabzug andererseits in getrennten Steuerschuldverhältnissen nach eigenen Grundsätzen zu beurteilen.[8] Diese Rechtsprechung kann im Einzelfall dazu führen, dass ein und dieselbe Leistung von einem Finanzamt als steuer*pflichtiger* und von einem anderen Finanzamt als steuer*freier*, den Vorsteuerabzug ausschließender Umsatz

1 *Verweyen* in Hartmann/Metzenmacher, E § 4 Nr. 20 UStG Rz. 34 (Stand: April 2004). **A.A.** *Matheja*, UStR 1972, 53 (55).
2 **A.A.** *Kohlhaas*, DStR 2008, 1020 (1024); *Kossack* in Offerhaus/Söhn/Lange, § 4 Nr. 20 UStG Rz. 9a f. (Stand: November 2013): Gewinnerzielungsabsicht stehe (auch) der „Gleichartigkeit der Einrichtung" entgegen.
3 S.o. Rz. 19.60.
4 Dazu Rz. 19.31 f.
5 Dazu Rz. 19.27 bis 19.31.
6 Zustimmend *Lausterer*, UR 2000, 288 (291).
7 Dazu Rz. 19.69 ff.
8 BFH v. 19.5.1993 – V R 110/88, BStBl. II 1993, 779 = UR 1994, 124, juris Rz. 43.

gewürdigt wird. Praktischer Anwendungsfall ist z.B. die Vermietung einer Immobilie an eine gemeinnützige Körperschaft zur Nutzung als Museumsgebäude. Wälzt der Unternehmer die nicht abziehbaren Vorsteuern auf den Endverbraucher über und muss er zusätzlich auf seine eigene Ausgangsleistung Umsatzsteuer abführen, kommt es zu einer „doppelten Versteuerung". Mit Blick auf die zitierte, gefestigte BFH-Rechtsprechung kann nur der Gesetzgeber Abhilfe schaffen, indem er z.B. regelt, dass über die Steuerbefreiung allein das für die Beurteilung der Ausgangsumsätze zuständige Finanzamt entscheidet und andere Finanzämter an diese Entscheidung gebunden sind, namentlich bei der Beurteilung des Vorsteuerabzugs eines anderen Unternehmers.

### d) Bescheinigung der Gleichheit der kulturellen Aufgaben durch die zuständige Landesbehörde

#### aa) Bescheinigung ist die Anerkennung als kulturelle Einrichtung i.S.d. Art. 132 Abs. 1 Buchst. n MwStSystRL

19.68 Die Steuerbefreiung nach § 4 Nr. 20 Buchst. a Satz 2 UStG greift nur, wenn die zuständige Landesbehörde[1] **bescheinigt**, dass die zu beurteilende Einrichtung **die gleichen kulturellen Aufgaben** wie die in § 4 Nr. 20 Buchst. a *Satz 1* UStG aufgeführten Einrichtungen erfüllt; das in der Vorschrift verwendete Personalpronomen „sie" bezieht sich, wie sich aus dem Vergleichsobjekt ergibt, auf die „Einrichtung" („wie die in Satz 1 bezeichneten Einrichtungen"). Eine Bescheinigung **bindet** die Finanzverwaltung und die FG (nur) hinsichtlich der Feststellung der „Gleichheit der kulturellen Aufgaben", nicht hinsichtlich der „Gleichartigkeit der Einrichtung".[2]

Das Erfordernis der „Gleichheit der kulturellen Aufgaben" dient der Erfüllung der **Vorgabe in Art. 132 Abs. 1 Buchst. n MwStSystRL**, dass die von einem nicht öffentlich-rechtlich verfassten Unternehmer unterhaltene Einrichtung vom Mitgliedstaat als kulturelle Einrichtung anerkannt sein muss, wobei der Mitgliedstaat einen weitreichenden Entscheidungsspielraum hat.[3] Die von der zuständigen Landesbehörde erteilte **Bescheinigung** der Gleichheit der kulturellen Aufgabe ist die **nach Art. 132 Abs. 1 Buchst. n MwStSystRL erforderliche Anerkennung als kulturelle Einrichtung.**[4] Die Erteilung der Bescheinigung ist daher eine (neben der „Gleichartigkeit der Einrichtung" zusätzliche) **materiell-rechtliche konstitutive Vorausset-**

---

1 Siehe dazu die Übersicht über die nach dem jeweils einschlägigen Landesrecht zuständigen Behörden bei *Kossack* in Offerhaus/Söhn/Lange, § 4 Nr. 20 UStG Rz. 38 bis 53 (Stand: November 2013).

2 BFH v. 20.4.1988 – X R 20/82, BStBl. II 1988, 796, juris Rz. 17, UR 1988, 385; BFH v. 19.5.1993 – V R 110/88, BStBl. II 1993, 779, juris Rz. 40, UR 1994, 124; BFH v. 15.9.1994 – XI R 101/92, BStBl. II 1995, 912, juris Rz. 9, UR 1995, 62; BFH v. 4.5.2011 – XI R 44/08, BStBl. II 2014, 200, juris Rz. 15, UR 2011, 859; BFH v. 19.10.2011 – XI R 40/09, BFH/NV 2012, 798 juris, Rz. 25 f.; BVerwG v. 11.10.2006 – 10 C 7/05, NJW 2007, 711, juris Rz. 20 f.; BVerwG v. 11.10.2006 – 10 C 4/06, NJW 2007, 714, juris Rz. 13 f.; BVerwG v. 31.7.2008 – 9 B 80/07, NJW 2009, 793, juris Rz. 4. Ebenso FinMin. MV v. 23.11.1995 – IV 320 – S 7238 – 1/93, DB 1995, 2501; OFD München v. 21.8.1995 – S 7238 – 6/6 St 464, juris Rz. 1. Zustimmend *Wäger* in Reiß/Kraeusel/Langer, § 4 Nr. 20 UStG Rz. 117 (Stand: Mai 2014).

3 *Wäger* in Reiß/Kraeusel/Langer, § 4 Nr. 20 UStG Rz. 108 (Stand: Mai 2014).

4 *Hünnekens* in Küffner/Stöcker/Zugmaier, § 4 Nr. 20 UStG Rz. 27 (Stand: 108. Lfg. 2/2014); *Nieskens* in Rau/Dürrwächter, § 4 Nr. 20 UStG Rz. A 4 (Stand: April 2011). **A.A.** *Grams*, UR 1995, 41 (45): Bescheinigung als Konkretisierung der zu bestimmenden steuerfreien kulturellen Dienstleistungen.

**zung** für die Steuerbefreiung nach nationalem Recht und nicht bloß ein Beweismittel.[1] Aus diesem Grund verbietet sich die umsatzsteuerliche Rückbeziehung einer erteilten Bescheinigung.[2]

Der in § 4 Nr. 20 Buchst. a UStG verwendete Begriff der Einrichtung ist im Lichte des EuGH-Urteils in der Rechtssache *Matthias Hoffmann* primär leistungsbezogen zu verstehen; das vom EuGH angedeutete Erfordernis, dass die Steuerbefreiung voraussetze, dass der Unternehmer die zu beurteilende kulturelle Dienstleistung als „funktionale kulturelle Einheit" erbringt, läuft praktisch ins Leere.[3] Im Lichte des genannten EuGH-Urteils ist der Wortlaut des § 4 Nr. 20 Buchst. a Satz 2 UStG insoweit „schief", als nach allgemeinem Sprachverständnis weder eine Einrichtung (verstanden als „funktionale kulturelle Einheit") noch eine Leistung begrifflich kulturelle Aufgaben erfüllen kann. In richtlinienkonformer Auslegung ist das gesetzliche Erfordernis der „Gleichheit der kulturellen Aufgaben" daher dahingehend auszulegen, dass es *der leistende Unternehmer* ist, der *mit* der zu beurteilenden Einrichtung, d.h. *mit* der zu beurteilenden kulturellen Dienstleistung, die gleichen kulturellen Aufgaben wie eine Gebietskörperschaft oder ein Gemeindeverband mit der einschlägigen Referenzeinrichtung, d.h. mit einer einschlägigen Referenzleistung, erfüllt.

### bb) Gleichheit der kulturellen Aufgaben

#### (1) Inhaltliche Anforderungen

Die Prüfung der Gleichheit der kulturellen Aufgaben obliegt der zuständigen **Landesbehörde**[4] 19.69
und im Rechtsstreit den **VG.**[5] Diese Prüfung **überschneidet sich** teilweise mit der den Finanzbehörden und -gerichten obliegenden Prüfung der „Gleichartigkeit der Einrichtung".[6] So haben die Landesbehörden bei ihrer Prüfung einen Einrichtungsbegriff (nur) insoweit einzubeziehen, als diesem Begriff, so die Diktion in der Rechtsprechung, „Rückschlüsse auf die kulturellen Aufgaben zu entnehmen" sind.[7] Diese Aufgabenbeschreibung suggeriert eine klare

1 BT-Drucks. 17/2249, 75; BFH v. 16.8.1993 – V B 47/93, BFH/NV 1994, 278, juris Rz. 7; BFH v. 15.9.1994 – XI R 101/92, BStBl. II 1995, 912, juris Rz. 10, UR 1995, 62; BFH v. 24.9.1998 – V R 3/98, BStBl. II 1999, 147, juris Rz. 14, UR 1999, 115; FG Köln v. 4.10.1994 – 8 K 869/93, juris Rz. 35 (bestätigt durch BFH v. 14.12.1995 – V R 13/95, BStBl. II 1996, 386); *Grams*, UR 1995, 41 (42/45); *Langer* in Hartmann/Metzenmacher, E vor § 4 Nr. 20 UStG Anm. 2 (Stand: Lfg. Dezember 2013); *Völkel*, UR 1989, 113 (114); *W.-G.*, DStR 1995, 96 (96). In diesem Sinne auch BFH v. 25.2.2015 – XI R 35/12, BStBl. II 2015, 677, juris Rz. 13, UR 2015, 590. Unklar OVG NW v. 7.4.2005 – 14 A 1970/03, DÖV 2006, 225, juris Rz. 14: Bescheinigung diene der „verfahrensmäßigen Sicherung".

2 Dazu Rz. 19.80.

3 S.o. Rz. 19.31.

4 Siehe dazu die Übersicht über die nach dem jeweils einschlägigen Landesrecht zuständigen Behörden bei *Kossack* in Offerhaus/Söhn/Lange, § 4 Nr. 20 UStG Rz. 38 bis 53 (Stand: November 2013).

5 Vgl. bereits unter Rz. 19.65.

6 *Koch*, NWB 2014, 760 (761); *Stadie*, § 4 Nr. 20 UStG Rz. 6; *Wäger* in Reiß/Kraeusel/Langer, § 4 Nr. 20 UStG Rz. 103 f. (Stand: Mai 2014).

7 Betr. Theater BVerwG v. 11.10.2006 – 10 C 4/06, NJW 2007, 714, juris Rz. 16; vgl. vorgehend BayVwGH v. 10.1.2006 – 9 BV 05.1531, juris Rz. 27 bis 31; BayVwGH v. 18.9.2007 – 21 B 06.978, juris Rz. 19. Betr. Museen BVerwG v. 11.10.2006 – 10 C 7/05, NJW 2007, 711 [2. Leitsatz sowie juris Rz. 20, 22 und 24] (ebenso vorgehend OVG Lüneburg v. 8.6.2005 – 13 LC 129/02, juris Rz. 25 f.); BFH v. 19.10.2011 – XI R 40/09, BFH/NV 2012, 798, juris Rz. 36; OVG Lüneburg v. 3.12.2008 – 2 LC 267/07, juris Rz. 97 f., 100 und 106; BayVwGH v. 10.1.2011 – 21 ZB 10.578, juris Rz. 6 f.; OVG NW v. 31.7.2013 – 14 A 457/13, DVBl. 2013, 1533, juris Rz. 42, 58, 60 und 62; VG

Abgrenzung der Prüfungskompetenzen der Finanzbehörden einerseits und der Landeskultusbehörden andererseits. Tatsächlich ist die Aufgabenbeschreibung, wie sie die Rechtsprechung in dem vorstehend zitierten Satz skizziert, unklar. Sie führt in der Praxis zu Vermischungen und erheblicher Unsicherheit hinsichtlich des jeweiligen exakten Prüfungsauftrags. Diese Unsicherheit bringt das Risiko mit sich, dass bestimmte Sachverhaltsdetails von *keiner* Behörde geprüft oder von beiden Behörden *unterschiedlich* gewürdigt werden.

19.70 Wie dargelegt, hat jeder Mitgliedstaat bei der Anerkennung von Einrichtungen als kulturelle Einrichtungen ein **Ermessen**, sofern hierdurch weder das **Neutralitätsgebot** noch das **Gebot der praktischen Wirksamkeit** verletzt wird.[1] Daher ist es im Ansatz unionsrechtlich unbedenklich, wenn in der nationalen Rechtspraxis **inhaltliche Anforderungen** an die anzuerkennenden Einrichtungen gestellt und diese Anforderungen **in typisierender Betrachtung**[2] aus den kulturellen Zielsetzungen und Tätigkeiten der öffentlichen Hand **abgeleitet** werden.[3] Aus Sicht des Unionsrechts ist es auch unbedenklich, wenn für jede Einrichtungskategorie **gesonderte Kriterien** aufgestellt werden,[4] wie es z.B. eine von der Kultusministerkonferenz eingesetzte Arbeitsgruppe speziell in Bezug auf Museen getan hat.[5]

19.71 Vor dem Hintergrund des **Neutralitätsgebots** müssen die für sämtliche oder einzelne Einrichtungskategorien aufgestellten Kriterien unabhängig von der Person des leistenden Unternehmers gelten, also für natürliche Personen ebenso wie für juristische Personen und nichtrechtsfähige Unternehmer wie z.B. Personengesellschaften. Dies gilt insbesondere im Hinblick auf die Betriebsführung[6] sowie die Organisations- und Finanzierungsstruktur.[7]

Mit Blick auf das **Gebot der praktischen Wirksamkeit** dürfen die inhaltlichen Anforderungen nicht so hoch sein, dass eine Anerkennung als kulturelle Einrichtung praktisch nicht oder kaum erreichbar erscheint. Wie erwähnt, bezweckt die Steuerbefreiung im Lichte des Art. 132 Abs. 1 Buchst. n MwStSystRL, Endverbrauchern den Zugang zur „Kultur" zu ermöglichen. Aus diesem Grund darf die Anerkennung nicht von **Größen- und Qualitätsmaßstäben** abhängig gemacht werden; eine wie auch immer verstandene Größe, Professionalität oder ein hohes intellektuelles Niveau der Einrichtung bzw. der erbrachten Leistungen darf einem nicht öffentlich-rechtlich verfassten Unternehmer nicht abverlangt werden.[8]

---

Augsburg v. 17.2.2010 – Au – 4 K 08.1370, juris Rz. 47 (nachgehend BayVwGH v. 10.1.2011 – 21 ZB 10.578). Betr. zoologische Gärten und Tierparks BFH v. 20.4.1988 – X R 20/82, BStBl. II 1988, 796, juris Rz. 17, UR 1988, 385.

1 Dazu Rz. 19.34.

2 OVG Saarl. v. 26.5.2000 – 3 Q 84/99, juris Rz. 43.

3 Dazu z.B. BayVwGH v. 18.9.2007 – 21 B 06.978, juris Rz. 21 f. und 25; OVG Hamburg v. 23.5.2003 – 1 Bf 399/02, DÖV 2004, 626, juris Rz. 58; *Grams/Schroen*, DStR 2007, 611 (613); *Koch*, NWB 2014, 760 (765).

4 OVG NW v. 31.7.2013 – 14 A 2542/12, DVBl. 2013, 1536, juris Rz. 34 f.

5 Zitiert bei OVG NW v. 31.7.2013 – 14 A 2542/12, DVBl. 2013, 1536, juris Rz. 35: kulturelle Bildung, das Bewahren des kulturellen Erbes, die Nachwuchsgewinnung und -förderung, die Pflege und experimentelle Fortentwicklung von Kunst trotz wirtschaftlichen Risikos, Zugänglichkeit für die Öffentlichkeit.

6 *Kossack* in Offerhaus/Söhn/Lange, § 4 Nr. 20 UStG Rz. 9b (Stand: November 2013).

7 OVG Lüneburg v. 3.12.2008 – 2 LC 267/07, juris Rz. 96; VG Augsburg v. 17.2.2010 – Au - 4 K 08.1370, juris Rz. 45 (nachgehend BayVwGH v. 10.1.2011 – 21 ZB 10.578).

8 *Koch*, NWB 2014, 760 (765); *Kossack* in Offerhaus/Söhn/Lange, § 4 Nr. 20 UStG Rz. 9a (Stand: November 2013); *Matheja*, UStR 1982, 53 (54 f.). **A.A.** OVG Lüneburg v. 3.12.2008 – 2 LC 267/07, juris Rz. 96; OVG NW v. 31.7.2013 – 14 A 457/13, DVBl. 2013, 1533, juris Rz. 62. Offenlassend BayVwGH v. 18.9.2007 – 21 B 06.978, juris Rz. 20.

### (2) Staatliche oder private Subventionierung?

Ausweislich der **Gesetzesbegründung** stand bei Einführung des § 4 Nr. 20 UStG die Überlegung im Vordergrund, dass ein besonderes öffentliches Interesse an der Erbringung kultureller Leistungen besteht, kulturelle Einrichtungen wegen der hohen Vorhaltekosten in erheblichem Umfang aus öffentlichen Mitteln subventioniert werden müssen und die Eintrittspreise im Fall einer Umsatzsteuerpflicht voraussichtlich nicht entsprechend erhöht werden könnten, bei einer Umsatzsteuerpflicht die öffentlichen Subventionen mithin aufgestockt werden müssten.[1] Dem deutschen Gesetzgeber ging es also vordergründig um die **Entlastung der öffentlichen Haushalte.**[2] Insbesondere vor diesem Hintergrund erklärt sich die bislang wohl herrschende Meinung, dass nur solche Umsätze umsatzsteuerfrei sind, bei denen **in typisierender Betrachtung** eine **Subventionsbedürftigkeit** angenommen werden kann,[3] nicht hingegen die Umsätze kommerzieller, auf Gewinnerzielung ausgerichteter Unternehmer, die typischerweise nicht auf öffentliche Subventionen angewiesen sind.[4] Stützen lässt sich die herrschende Meinung auf den Umstand, dass es dem deutschen Gesetzgeber bei Einführung des § 4 Nr. 20 Buchst. a Satz 2 UStG auch darum ging, zwischen den öffentlich-rechtlichen und den privatrechtlichen Einrichtungen bzw. deren Trägern **Wettbewerbsgleichheit** herzustellen,[5] und dass öffentlich-rechtliche Einrichtungen typischerweise defizitär sind und aus öffentlichen Mitteln bezuschusst werden.[6] 19.72

Die herrschende Meinung, die in typisierender Betrachtung auf die Notwendigkeit einer Subventionierung aus öffentlichen Mitteln abstellte, diente der Rechtsprechung früher zur Begründung der These, dass **Einzelunternehmer** wie z.B. Solisten, die typischerweise *keine* Subventionen aus öffentlichen Mitteln erhalten, begrifflich keine „Einrichtungen" seien und 19.73

1 BT-Drucks. V/1581, 13. Hierauf verweisend BFH v. 14.12.1995 – V R 13/95, BStBl. II 1996, 386, juris Rz. 14, UR 1996, 302; v. 24.2.2000 – V R 23/99, BStBl. II 2000, 302, juris Rz. 26 und 28, UR 2000, 253; v. 12.4.2000 – V B 10/00, UR 2000, 468 = BFH/NV 2000, 1372, juris Rz. 15; FG Münster v. 8.10.2018 – 5 K 1215/16 U, EFG 2018, 2072, juris Rz. 23 und 26 (Revision beim BFH anhängig unter Az. XI R 37/18). Vgl. BFH v. 20.4.1988 – X R 20/82, BStBl. II 1988, 796 = UR 1988, 385, juris Rz. 16.

2 FG Köln v. 4.10.1994 – 8 K 869/93, juris Rz. 32 (bestätigt durch BFH v. 14.12.1995 – V R 13/95, BStBl. II 1996, 386). **A.A.** *Ehrt* in Weymüller, § 4 Nr. 20 UStG Rz. 4; *Grams*, UR 1995, 41 (43): Subventionierung der Unternehmer.

3 RFH v. 14.6.1940 – V 214/1940, RFHE 49, 17 (18); BFH v. 24.2.2000 – V R 23/99, BStBl. II 2000, 302, juris Rz. 28, UR 2000, 253; BFH v. 12.4.2000 – V B 10/00, UR 2000, 468 = BFH/NV 2000, 1372, juris Rz. 15; BVerwG v. 31.7.2008 – 9 B 80/07, NJW 2009, 793, juris Rz. 8; VG Minden v. 23.2.2005 – 11 K 7523/03, NJW 2006, 636, juris Rz. 20 (rkr.); *Wäger* in Reiß/Kraeusel/Langer, § 4 Nr. 20 UStG Rz. 111 und 113 (Stand: Mai 2014). In diesem Sinne auch BFH v. 14.12.1995 – V R 13/95, BStBl. II 1996, 386 = UR 1996, 302, juris Rz. 14 (ebenso vorgehend FG Köln v. 4.10.1994 – 8 K 869/93, juris Rz. 32); OVG Saarl. v. 26.5.2000 – 3 Q 84/99, juris Rz. 53 bis 56. Zustimmend *Honisch*, UStB 2000, 301 (302); *Stadie*, § 4 Nr. 20 UStG Rz. 7. Vgl. *Ehrt* in Weymüller, § 4 Nr. 20 UStG Rz. 4: erforderlich eine *tatsächlich erfolgte* staatliche Subventionierung.

4 OVG NW v. 31.7.2013 – 14 A 2542/12, DVBl. 2013, 1536, juris Rz. 42; *Grams*, UR 1995, 41 (45); *Grams/Schroen*, DStR 2007, 611 (614). Vgl. *Kohlhaas*, UR 1999, 106 (109): in diesem Fall dürfe ein Finanzamt nicht die Erteilung einer Bescheinigung beantragen.

5 BT-Drucks. V/1581, Allgemeiner Teil Nr. 4 Buchst. d Abs. 6. Hierauf verweisend BFH v. 24.9.1998 – V R 3/98, BStBl. II 1999, 147, juris Rz. 17, UR 1999, 115. Ebenso BT-Drucks. 17/2249, 75; BVerfG v. 29.8.2006 – 1 BvR 1673/06, UR 2007, 464 = BFH/NV 2007, Beilage 3, 299, juris Rz. 17. Unzutreffend **a.A.** *Kohlhaas*, DStR 2008, 1020 (1021).

6 So *Schauhoff* in Rz. 10.105. In diese Richtung auch *Grams*, UR 1995, 41 (46).

folglich keine steuerfreie Leistungen erbringen könnten.[1] Diese These ist mit der Entscheidung des **EuGH** in der Rechtssache *Matthias Hoffmann* überholt.[2] Diese Feststellung führt jedoch *nicht* zu der zwingenden Schlussfolgerung, dass eine öffentliche Subventionierung als Kriterium für die Anerkennung als kulturelle Einrichtung ausscheidet. In der Entscheidung *Matthias Hoffmann* ging es dem EuGH allein um die Feststellung, dass auch ein Einzelkünstler als solcher eine kulturelle Einrichtung sein könne; zu der Frage nach der Subventionierungsbedürftigkeit und/oder -würdigkeit hat sich der EuGH nicht verhalten. Umgekehrt kann weder aus der (rein redaktionellen) Überschrift zu Art. 132 MwStSystRL („dem Gemeinwohl dienender Tätigkeiten") noch aus dem (in § 4 Nr. 20 Buchst. a Satz 2 UStG nicht umgesetzten[3]) Art. 133 Satz 1 MwStSystRL abgeleitet werden, dass eine öffentliche Subventionierung zwingende Voraussetzung für die Steuerbefreiung ist.[4]

19.74 Wie dargelegt, hat der deutsche Gesetzgeber von seinen Wahlrechten nach **Art. 133 Satz 1 MwStSystRL** in § 4 Nr. 20 Buchst. a Satz 2 UStG *keinen* Gebrauch gemacht.[5] Damit ist die Höhe der **Eintrittspreise** unbeachtlich (vgl. Art. 133 Satz 1 Buchst. c MwStSystRL).[6] Ebenso ist unbeachtlich, ob der Unternehmer eine **systematische Gewinnerzielung** anstrebt bzw. erzielte Gewinne verteilt (vgl. Art. 133 Satz 1 Buchst. a MwStSystRL). Nach hier vertretener Auffassung können diese beiden betriebswirtschaftlichen Kriterein nicht im Wege der richtlinienkonformen Auslegung in § 4 Nr. 20 Buchst. a Satz 2 UStG hineingelesen werden.[7] Hieraus folgt, dass auch kommerzielle, auf **Gewinnerzielung** ausgerichtete Unternehmer als kulturelle Einrichtungen anerkannt werden können und von der Anerkennung nicht allein wegen der fehlenden Subventionierung aus öffentlichen Mitteln oder wegen einer fehlenden Subventionsbedürftigkeit ausgeschlossen werden dürfen.[8] Diese Schlussfolgerung deckt sich mit der Rechtsprechung des **BVerwG**, wonach eine Beschränkung derart, dass der Gesetzgeber nur z.B. öffentlich subventioniertes professionelles Theater begünstigen wollte, im Gesetzeswortlaut nicht zum Ausdruck gekommen sei.[9] Bei dieser Argumentation kommt es konsequenterweise nicht darauf an, ob eine Einrichtung subventionsbedürftig ist. Unter Zugrundelegung dieser These kommt es bei der Prüfung der Gleichheit der kulturellen Aufgaben auf die Finanzierungsstruktur der Einrichtung generell *nicht* an, mithin auch nicht auf die Höhe des **Eigenkapitals** oder öffentlicher oder privater **Zuschüsse.**[10] Diese Auffassung ist auch insoweit stimmig, als betriebswirtschaftliche Kriterien wie etwa Finanzierungsfragen, in diesem Kontext auch die Höhe von Vorsteuern aus umsatzsteuerpflichtigen Eingangsleistungen und die Subventionsbedürftigkeit wegen struktureller Defizität, nicht unter den Begriff der „kulturellen Aufgaben" subsumiert werden können, auf die sich die Gleichheitsprüfung der Landeskultusbehörden erstreckt. Zumal diese Behörden regelmäßig nicht die fachlichen, jedenfalls nicht

1 *Stadie*, § 4 Nr. 20 UStG Rz. 7.
2 S.o. Rz. 19.27.
3 S.o. Rz. 19.60.
4 **A.A.** *Dziadkowski*, UR 2007, 408 (412): die Preispolitik (Art. 133 Satz 1 Buchst. c MwStSystRL) mit einbeziehend.
5 S.o. Rz. 19.60.
6 **A.A.** *Dziadkowski*, UR 2007, 408 (412).
7 S.o. Rz. 19.60.
8 In diesem Sinne EuGH v. 21.1.2016 – Rs. C-335/14 – Les Jardins de Jouvence SCRL, ECLI:EU:C:2016:36 Rz. 39, UR 2016, 391. **A.A.** *Kohlhaas*, DStR 2008, 1020 (1023); im Ergebnis ebenso, aber mit anderer Begründung *Kohlhaas*, DStR 2008, 1020 (1024); *Kossack* in Offerhaus/Söhn/Lange, § 4 Nr. 20 UStG Rz. 9a f. (Stand: November 2013): Gewinnerzielungsabsicht stehe (auch) der „Gleichartigkeit der Einrichtung" entgegen.
9 BFH v. 31.7.2008 – 9 B 80/07, NJW 2009, 793, juris Rz. 9.
10 **A.A.** *Koch*, NWB 2014, 760 (765).

bessere fachliche Kompetenzen als die Finanzbehörden haben, um betriebswirtschaftliche Kriterien zu beurteilen. Die Mitwirkung der Landeskultusbehörden hat der Steuergesetzgeber allein zu dem Zweck vorgesehen, auf die besonderen fachlichen Kompetenzen dieser Behörden in *kulturellen* Fragen zurückzugreifen und die Finanzbehörden insoweit zu entlasten.

### cc) Bescheinigung durch die zuständige Landesbehörde

Der deutsche Gesetzgeber hat sich dafür entschieden, dass die nach Art. 132 Abs. 1 Buchst. n MwStSystRL erforderliche Anerkennung als kulturelle Einrichtung in einem **förmlichen Verwaltungsverfahren** erfolgt. Die **Zuständigkeit von Landesbehörden** ergibt sich aus der Kulturhoheit der Bundesländer. Verwaltungsverfahrensrechtlich gilt das Recht des Bundeslandes, dem die bescheinigende Behörde angehört. Bei **ausländischen** Unternehmern genügt eine Bescheinigung der Landesbehörde, in deren Zuständigkeitsbereich der Unternehmer erstmals in Deutschland tätig wird.[1] Der Umstand, dass eine andere Behörde als eine Finanzbehörde in das Besteuerungsverfahren einbezogen wird und das Bescheinigungsverfahren selbst nach Vorschriften des allgemeinen Verwaltungs- und nicht des Steuerrechts erfolgt, ist nach der EuGH-Rechtsprechung **unionsrechtlich unbedenklich.**[2] 19.75

Es entspricht heute ganz herrschender Auffassung, dass die zuständige Landesbehörde die Bescheinigung **auch ohne Antrag des leistenden Unternehmers**, insbesondere **auf Anregung eines Finanzamts** erteilen darf.[3] Diese ganz herrschende Rechtspraxis ist im Lichte des **Unionsrechts** zutreffend, da Steuerbefreiungen, soweit wie hier keine Option zur Steuerpflicht besteht, nicht zur Disposition des Unternehmers stehen.[4] 19.76

Ein Finanzamt ist **von Gesetzes wegen verpflichtet**, bei konkreten Anhaltspunkten die zuständige Landesbehörde um die Prüfung eines Falles zu ersuchen.[5] Dies geschieht in der Praxis häufig dann, wenn der Unternehmer in einer Umsatzsteuer-Voranmeldung einen Vorsteuer- 19.77

---

1 Abschn. 4.20.5. Abs. 1 Satz 2 UStAE.

2 S.o. Rz. 19.35.

3 Grundlegend BVerwG v. 4.5.2006 – 10 C 10/05, 1. Leitsatz und, juris Rz. 14 bis 18, UR 2006, 517; ebenso vorgehend OVG NW v. 7.4.2005 – 14 A 1970/03, DÖV 2006, 225, Leitsätze und, juris Rz. 10 ff. Bestätigend BVerfG v. 29.8.2006 – 1 BvR 1673/06, UR 2007, 464 = BFH/NV 2007, Beilage 3, 299, juris Rz. 9 ff.; BVerwG v. 11.10.2006 – 10 C 7/05, NJW 2007, 711, juris Rz. 16 (gegen OVG Lüneburg v. 8.6.2005 – 13 LC 129/02, Leitsatz und, juris Rz. 27 bis 29); BVerwG v. 11.10.2006 – 10 C 4/06, NJW 2007, 714, juris Rz. 9 (ebenso vorgehend BayVwGH v. 10.1.2006 – 9 BV 05.1531, 1. Leitsatz und juris Rz. 15 bis 23). Ebenso OVG Hamburg v. 23.5.2003 – 1 Bf 399/02, DÖV 2004, 626. Leitsatz und juris Rz. 43 bis 55; BayVwGH v. 18.2.2007 – 21 B 06.978, juris Rz. 16; OVG Lüneburg v. 3.12.2008 – 2 LC 267/07, juris Rz. 94; OVG NW v. 31.7.2013 – 14 A 457/13, DVBl. 2013, 1533, juris Rz. 39; FG München v. 20.9.1993 – 14 K 3507/89, EFG 1994, 416, juris Rz. 19 bis 26 (rkr.), UR 1994, 358; VG Augsburg v. 17.2.2010 – Au – 4 K 08.1370, juris Rz. 37 bis 40 (nachgehend BayVwGH v. 10.1.2011 – 21 ZB 10.578); OFD Nürnberg v. 14.4.2004 – S 7177 – 53/St 43, UR 2005, 227 (228). **A.A.** z.B. *Grams*, UR 1995, 41 (43 ff.); *Kohlhaas*, UR 1999, 106 (108); *Kohlhaas*, DStR 2008, 1020 (1021); *Schuhmann* in Rau/Dürrwächter, § 4 Nr. 20 UStG Rz. 60.1 f. (Stand: Mai 2006); *Stadie*, UR 2011, 125 (133 in Fn. 39). Siehe auch OFD Magdeburg v. 10.12.2013 – S 7177 – 16 – St 243, MwStR 2014, 171 (172): Antrag mit Angabe des Zeitraums, für den die Bescheinigung erteilt werden soll.

4 **A.A.** *Grams*, UR 1995, 41 (44 f.), unter Hinweis auf die im kulturellen Bereich bestehende Gesetzgebungskompetenz der Länder.

5 BVerfG v. 29.8.2006 – 1 BvR 1673/06, BFH/NV 2007, Beilage 3, 299 juris Rz. 23 f., UR 2007, 464; BVerwG v. 4.5.2006 – 10 C 10/05, UR 2006, 517 juris Rz. 19 bis 22 (ebenso vorgehend OVG NW v. 7.4.2005 – 14 A 1970/03, DÖV 2006, 225 juris Rz. 13). **A.A.** BFH v. 15.9.1994 – XI R 101/92,

überhang im Zusammenhang mit kulturellen Dienstleistungen geltend macht.[1] Richtigerweise besteht die Pflicht zur Antragstellung unabhängig vom Vorliegen einer positiven oder negativen Umsatzsteuerzahllast.[2] Die zuständige **Landesbehörde** ist ihrerseits **verpflichtet**, eine Bescheinigung zu erteilen, wenn nach ihrer Auffassung die Gleichheit der kulturellen Aufgaben zu bejahen ist.[3] Es besteht daher **kein strukturelles Vollzugsdefizit**.[4] Insoweit bestehen gegen das Anerkennungsverfahren **keine unionsrechtlichen Bedenken**. Das Finanzamt muss den Unternehmer über die Anrufung der Landesbehörde unterrichten,[5] die Anregung des Finanzamts ist jedoch kein anfechtbarer Verwaltungsakt.[6]

Einem Unternehmer steht es gleichwohl offen, von sich aus bei der zuständigen Landesbehörde die Erteilung einer **Bescheinigung** oder einer **Negativ-Bescheinigung** zu beantragen.[7] Da die Wirksamkeit und Rechtmäßigkeit einer erteilten Bescheinigung nicht von einer vorherigen Antragstellung abhängen,[8] wirkt sich die Rücknahme eines „Antrags" bis zur Bekanntgabe der Bescheinigung oder – weitergehend – bis zum Eintritt ihrer Bestandskraft nicht aus.[9]

19.78 In der Praxis erteilen die zuständigen Landesbehörden die Bescheinigungen regelmäßig mit **Rückwirkung** auf den Beginn der zu beurteilenden kulturellen Tätigkeit, d.h. regelmäßig auf einen Zeitpunkt vor Bekanntgabe der Bescheinigung. Die **Rückbeziehung der Bescheinigung als solche** ist **unions- wie verfassungsrechtlich zulässig**.

Eine **andere Frage** ist die, ob eine erteilte Bescheinigung speziell für Zwecke der Umsatzbesteuerung verfassungs- und unionsrechtskonform Rückwirkung auf einen Zeitpunkt vor ihrer Bekanntgabe entfalten darf. Diese Frage berührt **allein das Besteuerungsverfahren**, in dem es um die Änderung der vom Unternehmer eingereichten und bislang der Besteuerung zugrunde gelegten Umsatzsteuer-Jahreserklärung bzw. der Umsatzsteuer-Voranmeldungen geht (dazu nachstehend).[10]

19.79 Eine Bescheinigung nach § 4 Nr. 20 Buchst. a Satz 2 UStG ist ein **Grundlagenbescheid i.S.d. § 171 Abs. 10 Satz 1 AO**[11] – mit der praktischen Folge, dass das Finanzamt Umsatzsteuer-

---

BStBl. II 1995, 912 juris Rz. 10: Finanzamt zur Antragstellung berechtigt, aber nicht verpflichtet; *Kohlhaas*, UR 1999, 106 (109): Ermessen des Finanzamts.

1 BMF v. 7.11.2002 – IV B 2 - S 7420a – 4/02, BStBl. I 2002, 1366; *Huschens*, NWB 2010, 4092 (4099).

2 Im Ergebnis zutreffend, allerdings im Ansatz von einer Ermessensentscheidung ausgehend *Kohlhaas*, UR 1999, 106 (109 f.).

3 BVerwG v. 4.5.2006 – 10 C 10/05, UR 2006, 517. 2. Leitsatz sowie juris Rz. 19 und 21; ebenso vorgehend OVG NW v. 7.4.2005 – 14 A 1970/03, DÖV 2006, 225, 1. Leitsatz und juris Rz. 13.

4 BVerfG v. 29.8.2006 – 1 BvR 1673/06, BFH/NV 2007, Beilage 3, 299 juris Rz. 15 bis 22, UR 2007, 464; BVerwG v. 4.5.2006 – 10 C 10/05, UR 2006, 517 juris Rz. 25; ebenso vorgehend OVG NW v. 7.4.2005 – 14 A 1970/03, DÖV 2006, 225 juris Rz. 15 bis 18.

5 *Hünnekens* in Küffner/Stöcker/Zugmaier, § 4 Nr. 20 UStG Rz. 35 (Stand: 108. Lfg. 2/2014).

6 **A.A.** *Kossack* in Offerhaus/Söhn/Lange, § 4 Nr. 20 UStG Rz. 54a (Stand: November 2013).

7 *Huschens*, NWB 2010, 4092 (4099).

8 OVG NW v. 31.7.2013 – 14 A 457/13, DVBl. 2013, 1533 juris Rz. 32, 39 und 41.

9 Vgl. OVG NW v. 31.7.2013 – 14 A 457/13, DVBl. 2013, 1533 juris Rz. 33 bis 36.

10 BVerfG v. 29.8.2006 – 1 BvR 1673/06, UR 2007, 464 = BFH/NV 2007, Beilage 3, 299 juris Rz. 26. Hierauf verweisend BVerwG v. 11.10.2006 – 10 C 7/05, NJW 2007, 711 juris Rz. 18; BVerwG v. 11.10.2006 – 10 C 4/06, NJW 2007, 714, 1. Leitsatz und juris Rz. 10 f. Ebenso *Grams*, UR 1995, 41 (42).

11 OVG Lüneburg v. 3.12.2008 – 2 LC 267/07 juris Rz. 93; OFD Nürnberg v. 14.4.2004 – S 7177 – 53/St 43, UR 2005, 227 (228); *Dziadkowski*, UR 2007, 408 (414); *Ehrt* in Weymüller, § 4 Nr. 20 UStG Rz. 27.1; *Grams*, UR 1995, 41 (41); *Koch*, NWB 2014, 760 (761); *Langer* in Hartmann/Met-

bescheide (Folgebescheide) **verfahrensrechtlich** nach Bekanntgabe der Bescheinigung unter Beachtung deren bindenden Inhalts erlassen, ändern oder aufheben kann (§ 175 Abs. 1 Satz 1 Nr. 1 AO) – **auch mit Rückwirkung**, allerdings **nur für den Zeitraum, der von der Bescheinigung inhaltlich erfasst ist.**[1]

Die steuerverfahrensrechtliche Rückbeziehung einer Bescheinigung ist **zeitlich nur begrenzt möglich.**[2] Mit Wirkung zum 1.1.2015 hat der Gesetzgeber in § 171 Abs. 10 AO einen neuen Satz 2 eingefügt.[3] Danach gilt die Ablaufhemmung des § 171 Abs. 10 Satz 1 AO für einen ressortfremden Grundlagenbescheid nur, sofern die Erteilung eines solchen Grundlagenbescheids vor Ablauf der für den Folgebescheid geltenden Festsetzungsfrist bei der zuständigen Behörde **beantragt** worden ist. Diese Regelung findet sich seit dem 1.1.2017 in § 171 Abs. 10 *Satz 3* AO.[4] Nach der bis Ende 2014 geltenden Gesetzeslage kam es nicht auf die Beantragung, sondern auf die Erteilung der Bescheinigung an.[5] Die allgemeine verfahrensrechtliche Einschränkung, dass eine Bescheinigung nicht nachträglich in das Besteuerungsverfahren eingeführt werden kann (§ 175 Abs. 2 Satz 2 AO), gilt speziell in Bezug auf Grundlagenbescheide wie namentlich ressortfremde Bescheinigungen einer Nicht-Finanzbehörde *nicht.*[6]

Wird die Erteilung einer Bescheinigung vor Ablauf der für die Umsatzsteuer geltenden Festsetzungsfrist beantragt, verlängert sich die Festsetzungsfrist im Regelfall um zwei Jahre ab dem Zeitpunkt, in dem das Finanzamt Kenntnis von der Entscheidung der Landesbehörde erlangt (§ 171 Abs. 10 Satz 2 AO); das Finanzamt hat also eine Auswertungszeit von zwei Jahren ab Kenntnis. Ist die Umsatzsteuer für das betroffene Jahr Gegenstand einer Außenprüfung, verlängert sich die zweijährige Auswertungsfrist bis zum Ende der Ablaufhemmung nach § 171

zenmacher, E vor § 4 Nr. 20 UStG Anm. 2 (Stand: Lfg. Dezember 2013); *Völkel*, UR 1989, 113 (114). In diesem Sinne auch BFH v. 24.9.1998 – V R 3/98, BStBl. II 1999, 147 juris Rz. 16 f. = UR 1999, 115. Ebenso betr. § 4 Nr. 21 Buchst. a Doppelbuchst. bb UStG z.B. BT-Drucks. 17/2249, 75; Abschn. 4.21.5 Abs. 2 Satz 4 UStAE; BFH v. 20.8.2009 – V R 25/08, BStBl. II 2010, 15 juris Rz. 28; BFH v. 21.2.2013 – V R 27/11, BStBl. II 2013, 529 juris Rz. 14 und 16 bis 34 = UR 2013, 684; BFH v. 28.5.2013 – XI R 35/11, BStBl. II 2013, 879 juris Rz. 50 = UR 2013, 712; BFH v. 20.4.2016 – XI R 6/14, BFH/NV 2016, 1334 juris Rz. 21.

1 Z.B. BFH v. 23.8.2007 – V R 4/05, BFH/NV 2007, 2215 juris Rz. 30.

2 Dazu kritisch *Stadie*, UR 2011, 125 (136); *Stadie*, § 4 Nr. 20 UStG Rz. 12: „reine Augenwischerei".

3 Siehe Art. 1 Nr. 6, Art. 4 Buchst. b und Art. 9 Nr. 2 ZK-AO-AnpG v. 22.12.2014, BGBl. I 2014, 2417. Dazu BR-Drucks. 432/14, 34; FinMin. Sachsen-Anhalt v. 27.4.2015 – 42 - S 7177 - 30, UR 2015, 565. Zum zeitlichen Anwendungsbereich siehe Art. 97 § 10 Abs. 12 EGAO.

4 Siehe Art. 1 Nr. 33 Buchst. b und Art. 2 Nr. 5 BVerfModG v. 18.7.2016, BGBl. I 2016, 1679. Zum zeitlichen Anwendungsbereich siehe Art. 97 § 10 Abs. 14 EGAO. Dazu Abschn. 4.20.5 Abs. 1 Satz 1 i.V.m. Abschn. 4.21.5 Abs. 2 Sätze 7 bis 9 UStAE.

5 Siehe § 4 Nr. 20 Buchst. a Satz 4 UStG in der ab dem 1.1.2011 geltenden Fassung des Art. 4 Nr. 6 i.V.m. Art. 32 Abs. 5 JStG 2010 v. 8.12.2010, BGBl. I 2010, 1768 = BStBl. I 2010, 1394, mit Verweisung u.a. auf § 181 Abs. 5 AO. Dazu im Einzelnen Abschn. 4.20.5 Abs. 2 Satz 2 UStAE mit Verweisung auf BMF v. 20.8.2012 – IV D 3 - S 7177/07/10001-02, BStBl. I 2012, 877 (aufgehoben durch BMF v. 17.7.2018 – III C 3-S 7179/08/10005:001); weiteres Beispiel bei *Langer* in Hartmann/Metzenmacher, E vor § 4 Nr. 20 UStG Anm. 2 (Stand: Lfg. Dezember 2013); zu der Thematik auch *Stadie*, UR 2011, 125 (133 ff.).
Bis einschließlich 2010 analoge Anwendung des § 181 Abs. 5 AO: s. BFH v. 21.2.2013 – V R 27/11, BStBl. II 2013, 529 juris Rz. 14 und 24 ff. – betr. § 4 Nr. 21 Buchst. b UStG; hierauf verweisend OFD Magdeburg v. 10.6.2013 – S 7179 - 73 - St 243, UR 2013, 691. Vgl. *Völkel*, UR 1989, 113 (114 f.).

6 BFH v. 20.8.2009 – V R 25/08, BStBl. II 2010, 15 juris Rz. 31. Noch offenlassend BFH v. 24.1.2008 – V R 3/05, BStBl. II 2012, 267 juris Rz. 34.

Abs. 4 AO, d.h. bspw. bis zu dem Zeitpunkt, in dem die aufgrund der Betriebsprüfung geänderten Umsatzsteuerbescheide formell bestandskräftig werden (§ 171 Abs. 10 Satz 4 AO); dies ermöglicht der Veranlagungsstelle, die Ergebnisse der Außenprüfung und die Entscheidung der Landesbehörde in demselben zeitlichen Rahmen zu prüfen.[1]

19.80 Der **XI. BFH-Senat** hat die Rückbeziehung der Bescheinigung für umsatzsteuerliche Zwecke in einem Urteil aus dem Jahr 1994 unter Zustimmung gewichtiger Literaturstimmen[2] **verneint**, da es für die Rückbeziehung an einer gesetzlichen Grundlage fehle.[3] Dieses Urteil hat die Finanzverwaltung mit einem **Nichtanwendungserlass** belegt.[4] Der **V. BFH-Senat**[5] und diesem folgend die **Finanzverwaltung**[6] **bejahen** hingegen die Zulässigkeit einer Rückbeziehung für umsatzsteuerliche Zwecke mit dem Argument, die Steuerbefreiung stehe nicht zur Disposition des Unternehmers. Dem **Unionsrecht** entnimmt der V. BFH-Senat lediglich das Gebot einer **zeitlichen Beschränkung** der Rückbeziehung, wie sie heute in § 171 Abs. 10 Satz 2 f. AO geregelt ist.[7] Das **BVerfG** hat angedeutet, dass es unter dem Gesichtspunkt des Vertrauensschutzes geboten sein könne, die Umsätze erst ab dem Zeitpunkt der Bekanntgabe der Bescheinigung als steuerfrei zu behandeln.[8] Diese Andeutung aufgreifend hat das **BVerwG** die Rechtsprechung des V. BFH-Senats in Frage gestellt.[9] Auf diese Zweifel ist der V. BFH-Senat nicht vertieft eingegangen.[10] Der Umstand, dass der V. Senat im Jahr 1998 nicht den Großen Senat angerufen hat, lag an der Besonderheit, dass der XI. Senat nach dem damaligen Geschäftsverteilungsplan für Umsatzsteuerfälle ab 1998 generell nicht mehr zuständig war und folglich mit der Auslegung des § 4 Nr. 20 Buchst. a UStG nicht mehr befasst werden konnte.[11] Nach dem geltenden Geschäftsverteilungsplan ist der XI. Senat wieder für die Umsatzsteuer zuständig, so dass die Anrufung des Großen Senats geboten ist, sollte der XI. Senat an seiner Auffassung aus dem Jahr 1994 festhalten.

---

1 *Banniza* in Hübschmann/Hepp/Spitaler, Abgabenordnung Finanzgerichtsordnung, § 171 AO Rz. 216; *Frotscher* in Schwarz, Abgabenordnung, § 171 AO Rz. 186; *Paetsch* in Beermann/Gosch, Abgabenordnung Finanzgerichtsordnung, § 171 AO Rz. 177 f.: Ablaufhemmung nach § 171 Abs. 4 AO mit Vorrang vor der Ablaufhemmung nach § 171 Abs. 10 AO.

2 *Kohlhaas*, UR 1999, 106 (109 f.); *Kohlhaas*, UR 1999, 392 (393 ff.); *Stadie*, § 4 Nr. 20 UStG Rz. 11; *Stadie* in Rau/Dürrwächter, vor §§ 4 – 9 UStG Rz. 109 ff. – mit der Forderung einer analogen Anwendung des § 17 Abs. 1 Satz 7 und des § 27 Abs. 1 Satz 1 UStG; *W.-G.*, DStR 1995, 86 (96 f.); früher auch *Kraeusel* in Reiß/Kraeusel/Langer, § 4 Nr. 20 UStG Rz. 56.2.

3 BFH v. 15.9.1994 – XI R 101/92, BStBl. II 1995, 912 juris Rz. 10 f. = UR 1995, 62.

4 BMF v. 30.11.1995 – IV C 4 - S 7177 – 22/95, BStBl. I 1995, 827.

5 Grundlegend BFH v. 24.9.1998 – V R 3/98, BStBl. II 1999, 147 juris Rz. 15 bis 17 = UR 1999, 115, unter Bezugnahme auf den Bericht des Finanzausschusses des Deutschen Bundestags zu BT-Drucks. V/1581, 13 (gegen FG Münster v. 18.11.1997 – 15 K 2885/96 U, EFG 1998, 510 [511]). Ebenso betr. § 4 Nr. 21 Buchst. b UStG grundlegend BFH v. 6.12.1994 – V B 52/94, BStBl. II 1995, 913 juris Rz. 12. Bestätigend BFH v. 3.2.1999 – V B 95/98, BFH/NV 1999, 993 juris Rz. 13; BFH v. 18.2.2010 – V R 28/08, BStBl. II 2010, 876 juris Rz. 25 f. UR 2010, 376 Ebenso BT-Drucks. 17/2249, 75; FG München v. 20.9.1993 – 14 K 3507/89, EFG 1994, 416 juris Rz. 25 (rkr.) = UR 1994, 358; FG Rh.-Pf. v. 6.5.2008 – 6 K 1666/06, DStRE 2008, 1392 juris Rz. 26 (rkr.).

6 BMF v. 30.11.1995 – IV C 4 - S 7177 - 22/95, BStBl. I 1995, 827; OFD Nürnberg v. 14.4.2004 – S 7177 - 53/St 43, UR 2005, 227 (228).

7 BFH v. 21.2.2013 – V R 27/11, BStBl. II 2013, 529 juris Rz. 35 = UR 2013, 684.

8 BVerfG v. 29.8.2006 – 1 BvR 1673/06, BFH/NV 2007, Beilage 3, 299 juris Rz. 26 = UR 2007, 464.

9 BVerwG v. 11.10.2006 – 10 C 4/06, NJW 2007, 714 juris Rz. 11.

10 BFH v. 20.8.2009 – V R 25/08, BStBl. II 2010, 15 juris Rz. 32. Dazu sehr kritisch *Stadie*, § 4 Nr. 20 UStG Rz. 11; *Stadie*, UR 2011, 125 (135).

11 BFH v. 24.9.1998 – V R 3/98, BStBl. II 1999, 147 juris Rz. 18 unter Hinweis auf § 11 Abs. 3 Satz 2 FGO.

In der bisherigen Diskussion noch nicht abschließend gewürdigt wurde der Umstand, dass die Bescheinigung der Landesbehörde **die von Art. 132 Abs. 1 Buchst. n MwStSystRL geforderte Anerkennung als kulturelle Einrichtung** und diese Anerkennung daher eine **materiellrechtlich konstitutive Voraussetzung** für die Steuerbefreiung ist.[1] In der Konsequenz **verbietet sich jegliche Rückbeziehung** der Bescheinigung für umsatzsteuerliche Zwecke. Eine Rückbeziehung verstößt gegen die Vorgabe des Art. 132 Abs. 1 Buchst. n MwStSystRL, dass der zu beurteilende Umsatz von einer *anerkannten* – heißt: *bereits bei Ausführung des Umsatzes* anerkannten – kulturellen Einrichtung ausgeführt werden muss.[2] Ein Unternehmer muss zwecks Kalkulation seiner Preise vor, spätestens bei Ausführung von Umsätzen wissen, ob diese umsatzsteuerpflichtig oder umsatzsteuerfrei sind. Wenn nach allgemeiner Auffassung nicht nur der Unternehmer, sondern auch das für ihn zuständige Finanzamt berechtigt ist, bei der Landeskultusbehörde die Erteilung einer Bescheinigung zu beantragen, so kann diese Bescheinigung nach dem Sinn und Zweck des Gesetzes und bei Berücksichtigung des verfassungsrechtlichen Rückwirkungsverbotes nur für Zeiträume gelten, in denen der Steuertatbestand noch nicht verwirklicht war (siehe § 13 Abs. 1 UStG). Die umsatzsteuerliche Rückbeziehung einer erteilten Bescheinigung verstößt daher nicht nur gegen Art. 132 Abs. 1 Buchst. n MwStSystRL, sondern zugleich gegen das Gebot der Tatbestandsmäßigkeit der Besteuerung und mithin gegen das rechtsstaatliche Rückwirkungsverbot.[3]

### 3. § 4 Nr. 20 Buchst. a Satz 3 UStG

#### a) Begünstigte Umsätze: künstlerische Leistungen von Bühnenregisseuren und -choreographen

Nach § 4 Nr. 20 Buchst. a *Satz 3* UStG sind steuerfrei auch die (steuerbaren) Umsätze von **Bühnenregisseuren**[4] und **Bühnenchoreographen**[5] an Einrichtungen i.S.d. Sätze 1 und 2, wenn die zuständige Landesbehörde bescheinigt, dass deren künstlerische Leistungen diesen Einrichtungen unmittelbar dienen. Anders als in § 4 Nr. 20 Buchst. a Satz 1 und Satz 2 UStG grenzt der Gesetzgeber in Satz 3 den Gegenstand der Steuerbefreiung nicht einrichtungs-, sondern **leistungsbezogen** ein. Steuerfrei sind nach dem Gesetzeswortlaut im Ansatz nur Umsätze aus **künstlerischen Leistungen**. Im Übrigen greift die Steuerbefreiung nur, wenn die zu beurteilende künstlerische Leistung einer der genannten (kulturellen) Einrichtungen – dies dürften in der Praxis wohl nur Theater sein – **unmittelbar dient**. Da die im deutschen nationalen Recht aufgeführten Einrichtungskategorien maßgeblich den kulturellen Charakter der zu befreienden Leistungen bestimmen, ist die Voraussetzung des „unmittelbaren Dienens" stets erfüllt, wenn die zu beurteilende künstlerische Leistung in eine Darbietung einfließt, die 19.81

1 S.o. Rz. 19.68.

2 Zutreffend *Hünnekens* in Küffner/Stöcker/Zugmaier, § 4 Nr. 20 UStG Rz. 27 (Stand: 108. Lfg. 2/2014); *Kohlhaas*, UR 1999, 392 (393 f.); *Kohlhaas*, DStR 2008, 1020 (1022 f.); *Nieskens* in Rau/Dürrwächter, § 4 Nr. 20 UStG Rz. A 4 (Stand: April 2011); *W.-G.*, BFH v. 15.9.1994 – XI R 101/92, DStR 1995, 96 (97).

3 Zutreffend *Kraeusel* in Reiß/Kraeusel/Langer, § 4 Nr. 20 UStG Rz. 56.2 a.F. (Stand: November 1996); *Stadie*, UR 2011, 125 (134).

4 Zur Definition BFH v. 4.5.2011 – XI R 44/08, BStBl. II 2014, 200 juris Rz. 19 = UR 2011, 859; *Ehrt* in Weymüller, § 4 Nr. 20 UStG Rz. 29.1; *Hünnekens* in Küffner/Stöcker/Zugmaier, § 4 Nr. 20 UStG Rz. 31 (Stand: 108. Lfg. 2/2014); *Kossack* in Offerhaus/Söhn/Lange, § 4 Nr. 20 UStG Rz. 9c (Stand: November 2013).

5 *Ehrt* in Weymüller, § 4 Nr. 20 UStG Rz. 29.1; *Hünnekens* in Küffner/Stöcker/Zugmaier, § 4 Nr. 20 UStG Rz. 31 (Stand: 108. Lfg. 2/2014); *Kossack* in Offerhaus/Söhn/Lange, § 4 Nr. 20 UStG Rz. 9c (Stand: November 2013).

der Leistungsempfängers zivilrechtlich gegenüber dem zahlenden Publikum oder einem Veranstalter schuldet und nach § 4 Nr. 20 Buchst. a Satz 1 oder Satz 2 UStG steuerfrei ist. Beide Eingrenzungen („künstlerische Leistungen", „unmittelbar dienen") stehen im Einklang mit der Vorgabe des Art. 132 Abs. 1 Buchst. n MwStSystRL, wonach u.a. nur kulturelle Dienstleistungen zu befreien sind.

19.82 § 4 Nr. 20 Buchst. a Satz 3 UStG wurde durch das Amtshilferichtlinie-Umsetzungsgesetz mit Wirkung zum 1.7.2013 eingeführt.[1] Ausweislich der Gesetzesbegründung war die Erweiterung der Steuerbefreiung geboten, da die Leistungen von Bühnenregisseuren und -choreographen für die künstlerische Inszenierung eines Bühnenwerks **unerlässlich** („prägend und wesentlich") seien, indem sie auf die Gestaltfindung der künstlerischen Darstellung Einfluss nähmen.[2] Die Erweiterung erfolgte in Reaktion auf ein Urteil des XI. BFH-Senats aus dem Jahr 2011, wonach ein Bühnenregisseur lediglich eine vorbereitende, nicht aber eine eigentliche Theaterleistung erbringe und sich nicht auf Art. 132 Abs. 1 Buchst. n MwStSystRL berufen könne, weil der Gesetzgeber frei darin sei, den Umfang der zu befreienden kulturellen Dienstleistungen zu bestimmen.[3]

19.83 Aus **unionsrechtlicher Sicht** ist die Steuerbefreiung nicht zu beanstanden, weil auch die künstlerische Inszenierung eine **kulturelle Dienstleistung** i.S.d. Art. 132 Abs. 1 Buchst. n MwStSystRL ist.[4] Der Umstand, dass ein Bühnenregisseur oder -choreograph in keiner Vertrags- und Leistungsbeziehung zum zahlenden Publikum steht, ist unbeachtlich. Unionsrechtlich unbedenklich ist auch die **Beschränkung der Steuerbefreiung** auf die künstlerischen Leistungen von Bühnenregisseuren und -choreographen. Die Überlegung des Gesetzgebers, dass die Leistungen von Bühnenregisseuren und -choreographen für die künstlerische Inszenierung unerlässlich sind, gilt zwar auch für andere „im Verborgenen" agierende Personen wie z.B. Bühnen- oder Kostümbildner, die von § 4 Nr. 20 Buchst. a Satz 3 UStG nicht erfasst sind.[5] Die Beschränkung der Umsatzsteuerbefreiung auf die künstlerischen Leistungen von Bühnenregisseuren und -choreographen ist wegen des Ermessens, das Art. 132 Abs. 1 Buchst. n MwStSystRL den Mitgliedstaaten bei der Bestimmung der zu befreienden kulturellen Dienstleistungen einräumt, unionsrechtlich zulässig. Aus diesem Grund können sich z.B. selbständige freie Regisseure, Bühnen- und Kostümbildner, Intendanten und Kuratoren nicht unmittelbar auf Art. 132 Abs. 1 Buchst. n MwStSystRL berufen,[6] dies auf einer Linie mit der früheren zu Bühnenregisseuren ergangenen BFH-Rechtsprechung[7].

1 Art. 10 Nr. 3 Buchst. d und Art. 31 Abs. 4 AmtshilfeRLUmsG v. 26.6.2013, BGBl. I 2013, 1809 = BStBl. I 2013, 802.

2 BT-Drucks. 17/10000, 85.

3 BFH v. 4.5.2011 – XI R 44/08, BStBl. II 2014, 200 juris Rz. 19 und 22 bis 34 = UR 2011, 859 (gegen FG Berlin-Brandenburg v. 4.11.2008 – 7 K 2310/06 B, EFG 2009, 156); nunmehr auch FG Berlin-Brandenburg v. 22.6.2016 – 7 K 7343/14, EFG 2016, 1478 (1479) (rkr.). Betr. einen „Chefdramaturgen" auch VG Hamburg v. 28.2.2013 – 7 K 105/11 juris Rz. 16 bis 2] (rkr.).

4 BFH v. 4.5.2011 – XI R 44/08, BStBl. II 2014, 200 juris Rz. 21 = UR 2011, 859; *Hünnekens* in Küffner/Stöcker/Zugmaier, § 4 Nr. 20 UStG Rz. 30 (Stand: 108. Lfg. 2/2014); *Kossack* in Offerhaus/Söhn/Lange, § 4 Nr. 20 UStG Rz. 9d (Stand: November 2013); *Wäger* in Reiß/Kraeusel/Langer, § 4 Nr. 20 UStG Rz. 30 (Stand: Mai 2014).

5 *Hünnekens* in Küffner/Stöcker/Zugmaier, § 4 Nr. 20 UStG Rz. 33 (Stand: 108. Lfg. 2/2014); *Wäger* in Reiß/Kraeusel/Langer, § 4 Nr. 20 UStG Rz. 31 (Stand: Mai 2014).

6 Ebenso *Kossack* in Offerhaus/Söhn/Lange, § 4 Nr. 20 UStG Rz. 15 (Stand: November 2013). **A.A.** *Küntzel*, DStR 2006, 598 (601); in diesem Sinne auch *Stadie*, § 4 Nr. 20 UStG Rz. 9.

7 Vgl. bereits Rz. 19.81 ff.

### b) Leistungsempfänger: Träger von Einrichtungen i.S.d. § 4 Nr. 20 Buchst. a Satz 1 f. UStG

Die künstlerischen Leistungen von Bühnenregisseuren und -choreographen sind nur steuerfrei, wenn Leistungsempfänger entweder eine **Gebietskörperschaft** (§ 4 Nr. 20 Buchst. a Satz 1 UStG) oder **ein anderer Unternehmer** ist, der eine gleichartige Einrichtung betreibt, die nach einer Bescheinigung der zuständigen Landesbehörde die gleichen kulturellen Aufgaben wie eine von einer Gebietskörperschaft betriebene Einrichtung erfüllt (§ 4 Nr. 20 Buchst. a Satz 2 UStG). Führt der Bühnenregisseur oder -choreograph seine Leistung an eine in § 4 Nr. 20 Buchst. a *Satz 2* UStG genannte Einrichtung aus, muss er zur Begründung der Steuerbefreiung zusätzlich die dieser Einrichtung erteilte Bescheinigung vorlegen. 19.84

Leistungen an andere Unternehmer sind nach deutschem nationalem Recht nicht umsatzsteuerfrei. Dies ist unionsrechtlich **im Ansatz unbedenklich**. Zwar sieht Art. 132 Abs. 1 Buchst. n MwStSystRL keine Beschränkung hinsichtlich der Leistungsempfänger vor. Eine solche Beschränkung ist aber wegen des weiten Ermessens des nationalen Gesetzgebers bei der Bestimmung, welche kulturellen Dienstleistungen steuerfrei sind,[1] gedeckt. Auch wenn eine Tätigkeit als solche identisch ist, begründet allein der Umstand, dass sie gegenüber unterschiedlichen Kategorien von Leistungsempfängern erbracht wird, die **Ungleichheit der Leistungen** im umsatzsteuerrechtlichen Sinn. Etwas anderes gilt nur hinsichtlich Leistungen an öffentlich-rechtlich verfasste Unternehmer, die nicht unter § 4 Nr. 20 Buchst. a Satz 1 UStG fallen; in diesen Fällen kann sich der Bühnenregisseur oder -choreograph **unmittelbar auf Art. 132 Abs. 1 Buchst. n MwStSystRL berufen**, es besteht also **faktisch ein Wahlrecht**. 19.85

### c) Bescheinigung des „unmittelbaren Dienens" durch die zuständige Landesbehörde

Die Steuerbefreiung nach § 4 Nr. 20 Buchst. a Satz 3 UStG greift nur, wenn die zu beurteilende künstlerische Leistung einer der genannten Einrichtungen **unmittelbar dient** und dies **durch die zuständige Landesbehörde bescheinigt** wird. Das Bescheinigungserfordernis bezieht sich allein auf das „unmittelbare Dienen". Ob die zu beurteilende Leistung die eines Bühnenregisseurs oder -choreographen ist, prüfen hingegen allein die Finanzbehörden und ggf. FG, eine Bescheinigung einer Landesbehörde ist insoweit nicht bindend.[2] 19.86

Die Bescheinigung der zuständigen Landesbehörde, dass die zu beurteilende künstlerische Leistung einer der genannten Einrichtungen unmittelbar dient, ist die nach Art. 132 Abs. 1 Buchst. n MwStSystRL erforderliche **Anerkennung als kulturelle Einrichtung**. Anders als in § 4 Nr. 20 Buchst. a Satz 2 UStG knüpft der Gesetzgeber die Anerkennung als kulturelle Einrichtung nicht an Vergleichsmerkmale einer Referenzeinrichtung in öffentlicher Hand, sondern allein an den Zusammenhang zwischen der zu beurteilenden künstlerischen Leistung des Bühnenregisseurs bzw. -choreographen mit einer steuerfreien Leistung des Leistungsempfängers. Im Kontext des § 4 Nr. 20 Buchst. a Satz 3 UStG verdeutlicht sich die zu Art. 132 Abs. 1 Buchst. n MwStSystRL aufgestellte These, dass für die Steuerbefreiung der kulturelle Charakter einer Leistung entscheidend ist, dieser Charakter auf die Eigenschaft des Unternehmers als kulturelle Einrichtung oder als Träger einer kulturellen Einrichtung durchschlägt und mithin die Voraussetzung, dass eine kulturelle Einrichtung vorliegen muss, an praktischer Bedeutung verliert.[3]

1 S.o. in Rz. 19.21 f.
2 *Hünnekens* in Küffner/Stöcker/Zugmaier, § 4 Nr. 20 UStG Rz. 33 (Stand: 108. Lfg. 2/2014).
3 S.o. Rz. 19.31.

Hinsichtlich des **Bescheinigungsverfahrens** gelten die zu § 4 Nr. 20 Buchst. a Satz 2 UStG gemachten Ausführungen sinngemäß.[1]

## III. § 4 Nr. 20 Buchst. b UStG

### 1. Begünstigte Umsätze: Veranstaltung von Theateraufführungen und Konzerten, sofern diese durch kulturelle Einrichtungen dargeboten werden

19.87 Gemäß § 4 Nr. 20 Buchst. b UStG ist umsatzsteuerfrei **die Veranstaltung von Theateraufführungen und Konzerten** durch andere Unternehmer, wenn die Darbietungen von den unter § 4 Nr. 20 Buchst. a UStG bezeichneten Theatern, Orchestern, Kammermusikensembles oder Chören erbracht werden. Dem § 4 Nr. 20 Buchst. b UStG liegt die Vorstellung einer von § 4 Nr. 20 Buchst. a UStG **abgeleiteten Steuerbefreiung für Veranstaltungsleistungen** zugrunde.[2] Die Steuerbefreiung für Veranstaltungsleistungen wurde erst mit Wirkung zum 1.1.1968 ins Gesetz eingefügt,[3] dies vor dem Hintergrund der früher mitunter schwierigen Abgrenzungsfrage, wer ein Theater *führte*, was Voraussetzung für die Steuerbefreiung war.[4] Die Erweiterung der Steuerbefreiung auf Veranstaltungsleistungen war in erster Linie auf Kommunen gemünzt, die kein eigenes Theater führen, weiterhin auf Konzert- und Gastspieldirektionen.[5]

19.88 Der Gesetzgeber bestimmt durch § 4 Nr. 20 Buchst. b UStG die bloße **Veranstaltungsleistung** – mit der Beschränkung auf Theateraufführungen und Konzerte – **als kulturelle Dienstleistung** i.S.d. Art. 132 Abs. 1 Buchst. n MwStSystRL.[6] **Veranstalter** ist nach allgemeiner Auffassung, wer gegenüber den Besuchern (einer Theateraufführung oder eines Konzerts) *im eigenen Namen* und *für eigene Rechnung* handelt.[7] Eine **Kommissionsleistung**, bei der der Kommissionär *im eigenen Namen*, aber *für fremde Rechnung* handelt, ist hingegen nach allgemeinen Regeln (nur) umsatzsteuerfrei, wenn auch die besorgte Leistung umsatzsteuerfrei ist (§ 3 Abs. 11 UStG). Ist eine kulturelle Veranstaltung nach § 4 Nr. 20 Buchst. a UStG umsatzsteuerfrei, so ist auch eine Kommissionsleistung, die auf die Besorgung von Eintrittskarten für jene Veranstaltung gerichtet ist, nach § 4 Nr. 20 Buchst. a UStG umsatzsteuerfrei; der Umstand, dass nach § 4 Nr. 20 Buchst. a UStG nur Leistungen der dort im Einzelnen bestimmten Unternehmer umsatzsteuerfrei sind, steht der Fiktionswirkung des § 3 Abs. 11 UStG in Bezug auf Kommissionsleistungen von Unternehmern, die nicht ihrerseits die Voraussetzungen des § 4 Nr. 20 Buchst. a UStG erfüllen, nicht entgegen.[8] Wegen der Fiktionswirkung des § 3

---

1 *Kossack* in Offerhaus/Söhn/Lange, § 4 Nr. 20 UStG Rz. 9f (Stand: November 2013).

2 *Wäger* in Reiß/Kraeusel/Langer, § 4 Nr. 20 UStG Rz. 50 (Stand: Mai 2014).

3 § 4 Nr. 20 UStG 1926 v. 29.5.1967, BGBl. I 1967, 545. Dazu BMF v. 14.2.1968 – IV A/2 – S 7015 – 2/68, BStBl. I 1968, 401 (412).

4 Dazu z.B. *Ehrhardt*, DStZ/A 1964, 120; *Jacobs*, Umsatzsteuer und Gemeinnützigkeit, 153 f.; *Matheja*, UStR 1982, 63; *A. Schmidt*, UStR 1969, 74. Siehe auch oben Rz. 19.47.

5 *Hünnekens* in Küffner/Stöcker/Zugmaier, § 4 Nr. 20 UStG Rz. 50 (Stand: 108. Lfg. 2/2014).

6 *Wäger* in Reiß/Kraeusel/Langer, § 4 Nr. 20 UStG Rz. 53 (Stand: Mai 2014).

7 Vgl. BFH v. 25.11.1993 – V R 59/91, BStBl. II 1994, 336 juris Rz. 16 = UR 1994, 194; BFH v. 26.4.1995 – XI R 20/94, BStBl. II 1995, 519 juris Rz. 10 = UR 1995, 343 – jeweils betr. § 12 Abs. 2 Nr. 7 UStG.

8 BFH v. 25.4.2018 – XI R 16/16, juris Rz. 37 bis 39; ebenso in erster Instanz Sächsisches FG v. 9.6.2016 – 8 K 337/16, EFG 2017, 158 m. Anm. *Hennigfeld*. Dazu auch *Vobbe*, MwStR 2017, 398. **A.A.** Abschn. 3.15 Abs. 3 Satz 1 f. UStAE.

Abs. 11 UStG hat der Kommissionär nicht seine (zivilrechtliche) Besorgungsleistung, sondern eine fiktive kulturelle Dienstleistung zu berechnen, bei der das Entgelt sowohl die eigentliche Tätigkeitsvergütung (§ 675 BGB, § 396 Abs. 1 HGB) als auch den Preis für die besorgte Leistung (Aufwendungsersatz, § 670 BGB, § 396 Abs. 2 HGB) erfasst.[1] Im kulturellen Bereich ist die Abgrenzung zwischen einer Veranstaltungs- und einer Kommissionsleistung (nur) insoweit praktisch relevant, als es um andere kulturelle Veranstaltungen als Theatervorführungen und Konzerte geht, z.B. um Kunstausstellungen, die nicht unter § 4 Nr. 20 Buchst. b UStG fallen.

Der Grund, warum der Gesetzgeber Veranstaltungsleistungen umsatzsteuerrechtlich privilegiert, liegt darin, dass der Veranstalter – dies **im Unterschied zu Kartenvermittlern**[2] wie z.B. **Theatergemeinden**[3], **Agenten**[4], **Zwischenhändlern**[5] und **Vorverkaufsstellen**[6] – das **volle wirtschaftliche Risiko** der Theateraufführung bzw. des Konzerts trägt.[7] **Indizien** für die Eigenschaft als Veranstalter sind der Aufdruck des Namens des Unternehmers auf den Eintrittskarten, die Möglichkeit, auf den Spielplan Einfluss zu nehmen, z.B. auch nicht beliebte Stücke abzusetzen, weiterhin die Zuweisung von Eintrittskarten an bestimmte Personen oder Personengruppen, die Platzverteilung sowie die „Abnahme" der Aufführung.[8] 19.89

Im Lichte der EuGH-Entscheidung *Matthias Hoffmann* greift die Steuerbefreiung auch, wenn die Darbietung von einem **Einzelkünstler** erfolgt, sei es in analoger Anwendung des § 4 Nr. 20 Buchst. a UStG,[9] sei es in Anwendung des Art. 132 Abs. 1 Buchst. n MwStSystRL, wenn sich der leistende Unternehmer unmittelbar hierauf beruft.[10] Nach denselben Grundsätzen greift die Steuerbefreiung, sofern die Darbietung von einer **anderen öffentlich-rechtlichen** Einrichtung als den in § 4 Nr. 20 Buchst. a Satz 1 UStG aufgeführten erfolgt. 19.90

## 2. Leistungserbringer: „andere Unternehmer"

Der Begriff „andere Unternehmer" bringt lediglich zum Ausdruck, dass sich eine **Veranstaltungsleistung** (§ 4 Nr. 20 Buchst. b UStG) einerseits **und** eine **künstlerische Darbietung** (§ 4 19.91

1 BFH v. 25.4.2018 – XI R 16/16, juris Rz. 33.

2 Dazu BMF v. 7.7.1989 – IV A 2 - S 7110 – 37/89, UR 1990, 162 (163); hierauf verweisend BMF v. 1.8.1990 – IV A 3 - S 7177 – 2/90, UR 1990, 323. Ebenso OFD Chemnitz v. 3.7.1997 – S 7100 – 76/1 St 34, UR 1998, 33 (33); OFD Frankfurt/M. v. 8.10.2008 – S 7110 A – 2/86 – St 110, UR 2009, 250 (251); OFD Saarbrücken v. 25.1.1991 – S 7177 – 10 – St 24 1 u.a., UVR 1991, 349 (350); *Hey/Hoffsümmer*, UR 2005, 641 (646); *Kossack* in Offerhaus/Söhn/Lange, § 4 Nr. 20 UStG Rz. 33 (Stand: November 2013); *Schuhmann* in Rau/Dürrwächter, § 4 Nr. 20 UStG Rz. 66 (Stand: Mai 2006); *Verweyen* in Hartmann/Metzenmacher, E § 4 Nr. 20 UStG Rz. 84 f. (Stand: April 2004).

3 *Schuhmann* in Rau/Dürrwächter, § 4 Nr. 20 UStG Rz. 71 (Stand: Mai 2006).

4 Dazu *Stadie*, § 4 Nr. 20 UStG Rz. 14.

5 Dazu BFH v. 3.6.2009 – XI R 34/08, BStBl. II 2010, 857 juris Rz. 31 i.V.m. Rz. 21; *Hey/Hoffsümmer*, UR 2005, 641 (646).

6 BFH v. 3.11.2011 – V R 16/09, BStBl. II 2012, 387 juris Rz. 20 bis 27 (gegen FG Berlin-Brandenburg v. 8.4.2009 – 7 K 5054/05 B, EFG 2009, 1346).

7 BFH v. 21.11.2013 – V R 33/09, BFH/NV 2014, 800 juris Rz. 18; *Stadie*, § 4 Nr. 20 UStG Rz. 14.

8 BMF v. 1.8.1990 – IV A 3 - S 7177 – 2/90, UR 1990, 323; OFD Frankfurt/M. v. 8.10.2008 – S 7110 A – 2/86 – St 110, UR 2009, 250 (250); OFD Saarbrücken v. 25.1.1991 – S 7177 – 10 – St 24 1 u.a., UVR 1991, 349 (349 f.).

9 So wohl *Lohse*, BB 2003, 1107 (1108).

10 Offenlassend *FK*, DStR 2003, 641.

Nr. 20 Buchst. a UStG) andererseits **begrifflich ausschließen**. Ein **„anderer Unternehmer"** ist, wer in Bezug auf eine konkrete Theatervorstellung oder ein konkretes Konzert nicht selbst künstlerisch, sondern (lediglich) als Veranstalter agiert. Veranstalter kann daher etwa auch eine Gemeinde sein, wenn diese nicht selbst ein Theater etc. unterhält und die künstlerische Darbietung durch einen Dritten erfolgt.[1]

Da der deutsche Gesetzgeber von seinem Wahlrecht nach Art. 133 Satz 1 MwStSystRL keinen Gebrauch gemacht hat,[2] sind von § 4 Nr. 20 Buchst. b UStG **auch kommerzielle Unternehmen** erfasst (vgl. Art. 133 Satz 1 Buchst. a MwStSystRL);[3] darauf, ob der leistende Unternehmer **subventioniert** wird, kommt es nach hier vertretener Auffassung generell nicht an.[4] Führen mehrere Unternehmer gemeinsam eine Veranstaltung durch, sind die von jedem von ihnen erbrachten Veranstaltungsleistungen steuerfrei.[5]

19.92 Der die Veranstaltungsleistung erbringende „andere Unternehmer" muss nicht eine *auf sich* lautende Bescheinigung einer Landesbehörde vorlegen.[6] Die Vorgabe nach Art. 132 Abs. 1 Buchst. n MwStSystRL, dass die zu beurteilende Leistung von einer als solche **anerkannten kulturellen Einrichtung** erbracht werden muss, wird im Kontext des § 4 Nr. 20 Buchst. b UStG dadurch erfüllt, dass die *darbietende Einrichtung* (Theater, Orchester, Kammermusikensemble, Chor) eine solche des öffentlichen Rechts sein oder nach Bescheinigung der zuständigen Landesbehörde die gleichen kulturellen Aufgaben wie eine öffentlich-rechtliche Einrichtung erfüllen muss. Hieraus ergibt sich die bereits eingangs erwähnte Vorstellung, dass sich die Steuerbefreiung nach § 4 Nr. 20 Buchst. b UStG von der Steuerbefreiung nach § 4 Nr. 20 Buchst. a UStG **ableitet**.[7] So gesehen vermittelt z.B. das als kulturelle Einrichtung anerkannte Theater dem Veranstalter die eigene Anerkennung als kulturelle Einrichtung i.S.d. Art. 132 Abs. 1 Buchst. n MwStSystRL.[8] Gegen diese Regelungstechnik bestehen keine unionsrechtlichen Bedenken, da der Gesetzgeber das Anerkennungsverfahren frei bestimmen darf.[9]

## IV. § 4 Nr. 22 Buchst. b UStG

### 1. Begünstigte Umsätze: kulturelle Veranstaltungen gegen Teilnehmer-gebühren

19.93 Art. 132 Abs. 1 Buchst. n MwStSystRL ist nicht nur die unionsrechtliche Grundlage für die Steuerbefreiung nach § 4 Nr. 20 UStG, sondern – so nunmehr auch der BFH – auch für die

1 BMF v. 14.2.1968 – IV A/2 – S 7015 – 2/68, BStBl. I 1968, 401 (412); *Kossack* in Offerhaus/Söhn/Lange, § 4 Nr. 20 UStG Rz. 10 (Stand: November 2013); *Schuhmann* in Rau/Dürrwächter, § 4 Nr. 20 UStG Rz. 11 (Stand: Mai 2006).

2 S.o. Rz. 19.60.

3 *Schuhmann* in Rau/Dürrwächter, § 4 Nr. 20 UStG Rz. 66 (Stand: Mai 2006).

4 Ebenso *Stadie*, § 4 Nr. 20 UStG Rz. 2. Siehe dazu auch Rz. 19.74.

5 Allgemein Abschn. 4.20.1 Abs. 4 Satz 1 UStAE (Theater) und Abschn. 4.20.2 Abs. 2 UStAE (Konzerte: Tournee- und örtlicher Veranstalter). Siehe speziell auch BMF v. 14.2.1968 – IV A/2 - S 7015 - 2/68, BStBl. I 1968, 401 (412); *Verweyen* in Hartmann/Metzenmacher, E § 4 Nr. 20 UStG Rz. 81 (Stand: April 2004) – betr. Konzert- und Gastspieldirektion einerseits und Dritter, etwa ein Unternehmen oder ein Kulturverein, andererseits.

6 *Wäger* in Reiß/Kraeusel/Langer, § 4 Nr. 20 UStG Rz. 161 (Stand: Mai 2014).

7 *Wäger* in Reiß/Kraeusel/Langer, § 4 Nr. 20 UStG Rz. 50 (Stand: Mai 2014).

8 BFH v. 21.11.2013 – V R 33/10, UR 2014, 310 = BFH/NV 2014, 800 juris Rz. 19; *Wäger* in Reiß/Kraeusel/Langer, § 4 Nr. 20 UStG Rz. 161 (Stand: Mai 2014).

9 S.o. Rz. 19.34.

Steuerbefreiung gem. § **4 Nr. 22 Buchst. b UStG.**[1] Nach der letzteren Vorschrift sind umsatzsteuerfrei kulturelle Veranstaltungen, die von den in § 4 Nr. 22 Buchst. a UStG genannten Einrichtungen – u.a. Einrichtungen des öffentlichen Rechts und gemeinnützigen Zwecken dienenden Einrichtungen – durchgeführt werden, soweit das Entgelt in Teilnehmergebühren besteht. Dieser Befreiungstatbestand wurde erst aufgrund der Beschlussempfehlung des Finanzausschusses des Deutschen Bundestags in das Gesetz aufgenommen.[2]

Die Steuerbefreiung nach § 4 Nr. 22 Buchst. b UStG greift nur, soweit das Entgelt in **Teilnehmergebühren** besteht. Hieraus folgt, dass die vergütete Leistung des Unternehmers darin besteht, den Leistungsempfänger zur **aktiven Teilnahme** an einer kulturellen Veranstaltung zuzulassen.[3] Ausweislich der Gesetzesbegründung zielt die Vorschrift darauf ab zu verhindern, dass die aktive Teilnahme an kulturellen Veranstaltungen mit Umsatzsteuer belastet wird,[4] auch dann, wenn das Entgelt von einem Dritten gezahlt wird.[5] 19.94

Die Steuerbefreiung knüpft an eine **Veranstaltung**, d.h. eine **organisatorische Maßnahme**, an, die es Personen ermöglicht, sich aktiv kulturell zu betätigen,[6] z.B. Konzerte, Musikwettbewerbe und Trachtenfeste.[7] Erfasst sind **„aktive" kulturelle Betätigungen** gegen Entgelt, insbesondere das Erlernen von Kulturtechniken – dies in Abgrenzung zum „passiven" Konsum kultureller Darbietungen gegen Zahlung eines Eintrittsgeldes (etwa in einem Theater), der unter § 4 Nr. 20 *Buchst. a* UStG fällt.[8] Eine bestimmte **Organisationsform oder -struktur** ist

1 BFH v. 27.4.2006 – V R 53/04, BStBl. II 2007, 16 juris Rz. 31; *Kulmsee* in Reiß/Kraeusel/Langer, § 4 Nr. 22 UStG Rz. 51 (Stand: April 2013); *Tehler* in Rau/Dürrwächter, § 4 Nr. 22 UStG Rz. 230 (Stand: April 2011). Zustimmend *Jacobs*, UR 2007, 45 (48); *Jacobs*, Umsatzsteuer und Gemeinnützigkeit, 149. **A.A.** früher BFH v. 14.5.1992 – V R 79/87, BStBl. II 1992, 983 = UR 1992, 307 juris Rz. 21; BFH v. 30.3.2000 – V R 30/99, BStBl. II 2000, 705 juris Rz. 19 = UR 2000, 327: abstellend auf Art. 13 Teil A Abs. 1 *Buchst. m* und *Buchst. o* 6. EG-RL (entspricht Art. 132 Abs. 1 Buchst. m und o MwStSystRL).

2 BT-Drucks. 8/2827, 16.

3 *Batke-Spitzer* in Weimann/Lang, § 4 Nr. 22 UStG Rz. 45; *Ehrt* in Weymüller, § 4 Nr. 22 UStG Rz. 55; *Heidner* in Bunjes/Geist, § 4 Nr. 22 UStG Rz. 10; *Hünnekens* in Hartmann/Metzenmacher, E § 4 Nr. 22 UStG Rz. 27 (Stand: Lfg. 2/98); *Hünnekens* in Küffner/Stöcker/Zugmaier, § 4 Nr. 22 UStG Rz. 33 (Stand: 108. Lfg. 2/2014); *Klenk* in Sölch/Ringleb, § 4 Nr. 22 UStG Rz. 29 (Stand: September 2008); *Kulmsee* in Reiß/Kraeusel/Langer, § 4 Nr. 22 UStG Rz. 57 (Stand: April 2013); *Stadie*, § 4 Nr. 22 UStG Rz. 11; *Tehler* in Rau/Dürrwächter, § 4 Nr. 22 UStG Rz. 227 und 312 (Stand: April 2011).

4 BT-Drucks. 8/2827, 73.

5 *Hünnekens* in Hartmann/Metzenmacher, E § 4 Nr. 22 UStG Rz. 27 (Stand: Lfg. 2/98).

6 Vgl. *Hünnekens* in Hartmann/Metzenmacher, E § 4 Nr. 22 UStG Rz. 26 (Stand: Lfg. 2/98); *Klenk/Oelmaier* in Sölch/Ringleb, § 4 Nr. 22 UStG Rz. 29 (Stand: September 2008). Ebenso betr. sportliche Veranstaltungen z.B. BFH v. 25.7.1996 – V R 7/95, BStBl. II 1997, 154 juris Rz. 17 = UR 1997, 186; BFH v. 9.8.2007 – V R 27/04, UR 2007, 811 = BFH/NV 2007, 2213 juris Rz. 22.

7 Abschn. 4.22.2 Abs. 1 UStAE; *Ehrt* in Weymüller, § 4 Nr. 22 UStG Rz. 46; *Heidner* in Bunjes/Geist, § 4 Nr. 22 UStG Rz. 10; *Hünnekens* in Küffner/Stöcker/Zugmaier, § 4 Nr. 22 UStG Rz. 31 (Stand: 108. Lfg. 2/2014); *Kulmsee* in Reiß/Kraeusel/Langer, § 4 Nr. 22 UStG Rz. 52 (Stand: April 2013).

8 Abschn. 4.22.2 Abs. 5 Satz 2 UStAE; *Jacobs*, UR 2007, 45 (49); *Jacobs*, Umsatzsteuer und Gemeinnützigkeit, 150 f.; *Klenk* in Sölch/Ringleb, § 4 Nr. 22 UStG Rz. 32 (Stand: September 2008); *Tehler* in Rau/Dürrwächter, § 4 Nr. 22 UStG Rz. 231 und 313 (Stand: April 2011).

nicht erforderlich,[1] ebenso wenig die Anwesenheit von Publikum,[2] so dass auch Proben erfasst sind.[3] Die Steuerbefreiung gilt für Mitglieder eines Vereins und Nichtmitglieder gleichermaßen.[4] Die Entscheidung des V. BFH-Senats, der **Besuch eines Tanzkurses** sei (auch) nicht von § 4 Nr. 22 Buchst. b UStG erfasst,[5] überzeugt nicht.[6]

19.95 Mangels begrifflichen Vorliegens einer Veranstaltung i.S. einer organisatorischen Maßnahme[7] sind **Sonderleistungen für einzelne Personen** von § 4 Nr. 22 Buchst. b UStG **nicht** erfasst, z.B. die Gestattung, eine bestimmte Einrichtung zu nutzen, die Vermietung von Gegenständen, die bloße Beförderung zum Ort einer kulturellen Betätigung (die Beförderungskosten können allerdings in die Teilnehmergebühren einfließen[8]) sowie die Erteilung von Einzelunterricht.[9] Im Kontext des Sports (§ 4 Nr. 22 *Buchst. a* UStG) hält der BFH eine Berufung auf das Unionsrecht – und zwar auf Art. 132 Abs. 1 *Buchst. m* MwStSystRL – für zulässig.[10] Im Kontext der Kultur ist eine **Berufung auf das Unionsrecht**, also auf Art. 132 Abs. 1 *Buchst. n* MwStSystRL, ***nicht*** **möglich**, da die nationalen Gesetzgeber bei der Bestimmung der zu befreienden kulturellen Dienstleistungen weitgehende Entscheidungsfreiheit haben.[11]

**Nicht steuerfrei** sind auch kulturelle Dienstleistungen, die ein Unternehmer ***bezieht***, um sie für die Ausführung nach § 4 Nr. 22 Buchst. b UStG steuerfreier Ausgangsumsätze zu verwen-

1 So betr. sportliche Veranstaltungen z.B. BFH v. 25.7.1996 – V R 7/95, BStBl. II 1997, 154 juris Rz. 17 = UR 1997, 186; BFH v. 9.8.2007 – V R 27/04, BFH/NV 2007, 2213 juris Rz. 22 = UR 2007, 811; *Ehrt* in Weymüller, § 4 Nr. 22 UStG Rz. 48; *Hünnekens* in Hartmann/Metzenmacher, E § 4 Nr. 22 UStG Rz. 26 (Stand: Lfg. 2/98); *Hünnekens* in Küffner/Stöcker/Zugmaier, § 4 Nr. 22 UStG Rz. 31 (Stand: 108. Lfg. 2/2014); *Klenk/Oelmaier* in Sölch/Ringleb, § 4 Nr. 22 UStG Rz. 29 (Stand: September 2008).

2 So betr. sportliche Veranstaltungen BFH v. 25.7.1996 – V R 7/95, BStBl. II 1997, 154 juris Rz. 17 = UR 1997, 186; *Ehrt* in Weymüller, § 4 Nr. 22 UStG Rz. 50; *Hünnekens* in Hartmann/Metzenmacher, E § 4 Nr. 22 UStG Rz. 26 (Stand: Lfg. 2/98); *Hünnekens* in Küffner/Stöcker/Zugmaier, § 4 Nr. 22 UStG Rz. 31 (Stand: 108. Lfg. 2/2014); *Klenk/Oelmaier* in Sölch/Ringleb, § 4 Nr. 22 UStG Rz. 29 (Stand: September 2008).

3 So betr. sportliche Veranstaltungen *Hünnekens* in Küffner/Stöcker/Zugmaier, § 4 Nr. 22 UStG Rz. 31 (Stand: 108. Lfg. 2/2014).

4 *Kulmsee* in Reiß/Kraeusel/Langer, § 4 Nr. 22 UStG Rz. 53 (Stand: April 2013).

5 BFH v. 27.4.2006 – V R 53/04, BStBl. II 2007, 16. Siehe dazu auch Abschn. 4.21.2 Abs. 8 Satz 4 UStAE; OFD Niedersachsen v. 18.3.2015 – S 7179 – 103 – St 181, UR 2015, 767 (768): auf reine Freizeitgestaltung ausgerichtete Tanzkurse nicht nach § 4 *Nr. 21* UStG steuerfrei, eine Steuerbefreiung nach § 4 Nr. 22 Buchst. b UStG nicht thematisierend.

6 Zutreffend **a.A.** *Jacobs*, UR 2007, 45 (53).

7 S.o. Rz. 19.94.

8 BFH v. 25.7.1996 – V R 7/95, BStBl. II 1997, 154 juris Rz. 1; *Batke-Spitzer* in Weimann/Lang, § 4 Nr. 22 UStG Rz. 45; *Klenk* in Sölch/Ringleb, § 4 Nr. 22 UStG Rz. 32 (Stand: September 2008); *Tehler* in Rau/Dürrwächter, § 4 Nr. 22 UStG Rz. 227 (Stand: April 2011). Ebenso betr. § 4 Nr. 22 f. UStG OFD Rheinland v. 22.1.2008 – S 7419 – 1000 – St 435, UR 2008, 282 (283).

9 So betr. sportliche Veranstaltungen BFH v. 25.7.1996 – V R 7/95, BStBl. II 1997, 154 juris Rz. 18 = UR 1997, 186; BFH v. 9.8.2007 – V R 27/04, BFH/NV 2007, 2213 juris Rz. 22 = UR 2007, 811; Abschn. 4.22.2 Abs. 4 Satz 2 UStAE; *Hünnekens* in Küffner/Stöcker/Zugmaier, § 4 Nr. 22 UStG Rz. 32 (Stand: 108. Lfg. 2/2014); *Stadie*, § 4 Nr. 22 UStG Rz. 9.

10 Betr. die Überlassung von Flugzeugen durch einen Luftsportverein BFH v. 9.8.2007 – V R 27/04, BFH/NV 2007, 2213 juris Rz. 23 und 27 = UR 2007, 811. Ebenso *Kulmsee* in Reiß/Kraeusel/Langer, § 4 Nr. 22 UStG Rz. 59 (Stand: April 2013); *Tehler* in Rau/Dürrwächter, § 4 Nr. 22 UStG Rz. 299 (Stand: April 2011).

11 S.o. Rz. 19.21.

den. Dieser Umstand ist kulturpolitisch bedenklich, **unionsrechtlich** aber wegen des weiten Ermessens der Mitgliedstaaten **nicht zu beanstanden.**

### 2. Leistungserbringer: u.a. gemeinnützige Körperschaften

Die Steuerbefreiung nach § 4 Nr. 22 Buchst. b UStG greift nur, wenn die zu beurteilende Leistung von den in § 4 Nr. 22 *Buchst. a* UStG genannten Unternehmern erbracht werden, d.h. von juristischen Personen des öffentlichen Rechts, Verwaltungs- und Wirtschaftsakademien sowie Einrichtungen, die gemeinnützigen Zwecken oder dem Zweck eines Berufsverbandes dienen.[1] 19.96

Soweit § 4 Nr. 22 Buchst. b UStG die Leistungen (sämtlicher) **juristischer Personen des öffentlichen Rechts** erfasst, steht dies im Einklang mit Art. 132 Abs. 1 Buchst. n MwStSystRL.[2] Von der Möglichkeit, die Steuerbefreiung von einer oder mehreren der in **Art. 133 Satz 1 MwStSystRL** aufgeführten Beschränkungen abhängig zu machen, hat der deutsche Gesetzgeber insoweit Gebrauch gemacht, als er die Steuerbefreiung nur für Leistungen von gemeinnützigen Körperschaften, Berufsverbänden sowie Verwaltungs- und Wirtschaftsakademien gewährt (vgl. Art. 133 Satz 1 Buchst. a MwStSystRL).[3] Allerdings hat der Gesetzgeber dieses Wahlrecht **nicht unionsrechtskonform ausgeübt**, weil er die Leistungen *anderer* privatrechtlich verfasster Unternehmer bzw. Einrichtungen wie auch die Leistungen natürlicher Personen von der Steuerbefreiung generell ausschließt. Im Lichte der EuGH-Entscheidung in der Rechtssache *Matthias Hoffmann* kann sich ein Unternehmer, der als solcher nicht von § 4 Nr. 22 Buchst. b UStG erfasst ist, unter Hinweis auf das Gebot der Steuerneutralität **unmittelbar auf Art. 132 Abs. 1 Buchst. n MwStSystRL berufen**[4] – aber nur, sofern er **zugleich die Voraussetzungen des Art. 133 Satz 1 Buchst. a MwStSystRL** erfüllt.

## D. Auslegung der relevanten österreichischen nationalen Regelungen

### I. Grundlagen

Der österreichische Gesetzgeber hat Art. 132 Abs. 1 Buchst. n MwStRL in § 6 Abs. 1 Z 24 und § 6 Abs. 1 Z 25 UStG umgesetzt.[5] 19.97

Das österreichische Steuerrecht kennt die Figur der drittschützenden Norm nicht, sodass ein Konkurrentenrechtsbehelf oder ein etwaig vorgelagertes Auskunftsverfahren im nationalen Recht keinesfalls in Betracht kommen.

Mit den Steuerbefreiungen nach § 6 Abs. 1 Z 24 und § 6 Abs. 1 Z 25 UStG geht der Verlust des Rechts auf Vorsteuerabzug einher (s dazu schon zur entsprechenden deutschen Rechtslage Rz. 19.41). Anders als in Deutschland besteht für österreichische Unternehmer, die diesen Steuerbefreiungen unterliegen quasi eine Möglichkeit zur Option auf Steuerpflicht (siehe dazu später Rz. 19.130 ff.). 19.98

1 Dazu *von Holt*, Rz. 20.14 ff.

2 S.o. Rz. 19.24.

3 **A.A.** *Tehler* in Rau/Dürrwächter, § 4 Nr. 22 UStG Rz. 321 (Stand: April 2011).

4 *Tehler* in Rau/Dürrwächter, § 4 Nr. 22 UStG Rz. 218 (Stand: April 2011).

5 *Ehrke-Rabel*, Unechte Steuerbefreiungenbetreffend die öffentliche Hand und gemeinnützige Organisationen, in Achatz/Tumpel (Hrsg.), Unechte Steuerbefreiungen (2010)195.

19.99 Wie in Deutschland sind die Steuerbefreiungen des § 6 Abs. 1 Z 24 und des § 6 Abs. 1 Z 25 UStG vorrangig vor den Steuersatzermäßigungen § 10 Abs. 3 Z 6 UStG[1] zu prüfen. Ein ermäßigter Steuersatz kann nur zur Anwendung gelangen, wenn die Voraussetzungen für die Steuerbefreiung nicht erfüllt sind. Der ermäßigte Tarif wurde durch das Steuerreformgesetz 2015/16[2] von 10 % auf 13 % angehoben.[3] Anders als § 6 Abs. 1 Z 24 UStG erfasst § 10 Abs. 3 Z 6 UStG auch explizit die Veranstaltung von Theater-, Musik-, und Gesangsaufführungen von anderen Unternehmern als Gebietskörperschaften.[4]

19.100 Die Steuerbefreiungen nach § 6 Abs. 1 Z 24 und § 6 Abs. 1 Z 25 UStG werden – wie die korrespondierenden deutschen Befreiungen (siehe dazu Rz. 19.43) – ergänzt durch § 6 Abs. 1 Z 26 UStG. Danach sind (umsatzsteuerbare) Lieferungen von Gegenständen, für die der Unternehmer keinen Vorsteuerabzug geltend machen konnte und die er ausschließlich für steuerbefreite Zwecke etwa i.S.d. Z 24 oder der Z 25 verwendet hat, steuerfrei.[5]

## II. § 6 Abs 1 Z 24 UStG

### 1. Leistungserbringer: Gebietskörperschaften: Bund, Länder und Gemeinden

19.101 Die Anwendbarkeit der Steuerbefreiungen von § 6 Abs. 1 Z 24 UStG setzt voraus, dass ein steuerbarer Umsatz vorliegt.[6] Es muss also eine Lieferung oder sonstige Leistung durch einen Unternehmer im Inland ausgeführt werden.[7] Außerdem müssen die Umsätze nach § 6 Abs. 1 Z 24 UStG von einer Gebietskörperschaft ausgeführt worden sein (Bund, Land oder Gemeinde). Bei diesen handelt es sich um juristische Personen des öffentlichen Rechts (Körperschaften öffentlichen Rechts).[8] Körperschaften öffentlichen Rechts kommt gem. § 2 Abs. 3 öUStG nur im Rahmen ihrer Betriebe gewerblicher Art i.S. von § 2 KStG und im Rahmen der in § 2 Abs. 3 UStG[9] ausdrücklich genannten Tätigkeiten (sog fiktive Betriebe gewerblicher Art) Unternehmereigenschaft zu.[10] § 6 Abs. 1 Z 24 UStG ist daher nicht anzuwenden, wenn die Ge-

---

1 *Ruppe/Achatz*, UStG[5] (2017)§ 10 Rz. 164.

2 BGBl. I 118/2015.

3 Dazu im Detail *Bartalos/Pfeiffer*, Abgrenzung zwischen den ermäßigten Umsatzsteuersätzen, SWK 2015, 1400 ff.

4 *Ecker/Epply/Rößler/Schwab*, Kommentar zur Mehrwertsteuer, Lieferung 2001, § 10 Abs. 2 Z 8 Anm. 3 ff.; *Pernegger* in Melhardt/Tumpel (Hrsg.), UStG[2] (2015) § 10 Rz. 332.

5 Zu den unionsrechtlichen Grundlagen, dem Zweck dieser Vorschrift und Anwendungsbeispielen siehe Rz. 19.40 ff.

6 Vgl. dazu im Detail *Achatz*, Das System der Umsatzbesteuerung von Non-Profit-Organisationen, in Achatz (Hrsg.), Die Besteuerung der Non-Profit-Organisationen[2] (2004) 164 m.w.N.

7 § 1 Abs. 1 Z 1 UStG.

8 Vgl. dazu im Detail *Achatz*, Das System der Umsatzbesteuerung von Non-Profit-Organisationen, 164 m.w.N.; *Ehrke-Rabel*, Unechte Steuerbefreiungen 155 m.w.N.

9 § 2 Abs. 3 UStG hat folgenden Wortlaut: „Die Körperschaften des öffentlichen Rechts sind nur im Rahmen ihrer Betriebe gewerblicher Art (§ 2 des Körperschaftsteuergesetzes 1988), ausgenommen solche, die gem § 5 Z 12 KStG von der Körperschaftsteuer befreit sind, und ihrer land- und forstwirtschaftlichen Betriebe gewerblich oder beruflich tätig. Als Betriebe gewerblicher Art im Sinne dieses Bundesgesetzes gelten jedoch stets Wasserwerke, Schlachthöfe, Anstalten zur Müllbeseitigung und zur Abfuhr von Spülwasser und Abfällen sowie die Vermietung und Verpachtung von Grundstücken durch öffentlich-rechtliche Körperschaften.

10 *Ehrke-Rabel*, Unechte Steuerbefreiungen 155.

bietskörperschaften die entsprechenden Leistungen aus ihrem hoheitlichen Bereich erbringen.[1]

Die Steuerbefreiung ist auch nicht anzuwenden, wenn die Gebietskörperschaft nur als Veranstalterin auftritt.[2] Die Veranstaltung einer kulturellen Dienstleistung i.S.d. § 6 Abs. 1 Z 24 UStG durch eine Gebietskörperschaft unterliegt jedoch dem ermäßigten Steuersatz nach § 10 Abs. 3 Z 6 UStG.[3] Diese Auslegung widerspricht den Ausführen des *Generalanwalts Geelhoed* in der Rs *Matthias Hoffmann*.[4] Demnach kann bei kulturellen Dienstleistungen der leistende Unternehmer ein Betreiber eines Theaters, ein unabhängiger Veranstalter oder auch der auftretende Künstler selbst sein.[5] Veranstaltet also eine Gebietskörperschaft gegenüber einem Publikum eine kulturelle Dienstleistung, so wäre nach dieser Ansicht der Anwendungsbereich der Steuerbefreiung, bei Vorliegen der übrigen Voraussetzungen des § 6 Abs. 1 Z 24 UStG, eröffnet.[6] Ausgehend von dieser Feststellung erscheint die österreichische Interpretation zu eng. Daher sollte unionsrechtskonform auch die Veranstaltung einer kulturellen Dienstleistung durch eine Gebietskörperschaft (Bund, Land, Gemeinde) unter die Befreiung des § 6 Abs. 1 Z 24 UStG fallen.

Ähnlich § 4 Nr. 20 Buchst. a Satz 1 dUStG ist auch § 6 Abs. 1 Z 24 UStG im Verhältnis zu den unionsrechtlichen Vorgaben zu eng gefasst.[7] Die Steuerbefreiung wird nämlich richtlinienwidrig auf inländische Gebietskörperschaften eingeschränkt und gilt nicht für andere (nicht inländische) öffentlich-rechtliche Körperschaften.[8] Insoweit gelten die Ausführungen zu § 4 Nr. 20 Buchst. a Satz 1 dUStG sinngemäß für die österreichische Regelung.[9] Körperschaften öffentlichen Rechts, welche nicht von § 6 Abs. 1 Z 24 UStG erfasst sind und auch nicht die Gemeinnützigkeitskriterien des § 6 Abs. 1 Z 25 UStG erfüllen, können sich daher aufgrund von hinreichender Bestimmtheit und Eindeutigkeit von Art. 132 Abs. 1 Buchst. n MwStSystRL direkt auf diese Befreiungsbestimmung berufen.[10] 19.102

Die Anwendung von § 6 Abs. 1 Z 24 UStG setzt voraus, dass die Leistungen den Gebietskörperschaften (Bund, Land, Gemeinde) zuzurechnen sind. Die entsprechenden Leistungen ausgegliederter Rechtsträger sind daher nicht von der Befreiung erfasst, es sei denn, sie erfüllen ei- 19.103

1 *Ehrke-Rabel*, Unechte Steuerbefreiungen 155.
2 *Ruppe/Achatz*, UStG[5] § 6 Rz. 430; *Ecker/Epply/Rößler/Schwab*, Mehrwertsteuer, Lieferung 2006, § 6 Abs. 1 Z 24 Anm. 7; *Mayr/Ungericht*, UStG[4] (2014), § 6 Rz. 70; *Rattinger* in Melhardt/Tumpel, UStG[2] § 6 Rz. 633; UStR Rz. 982 f.
3 *Ruppe/Achatz*, UStG[5] § 6 Rz. 430.
4 EuGH v. 3.4.2003 – Rs. C-144/00 – Matthias Hoffmann, Slg 2003 I-02921.
5 GA *Geelhoed*, Schlussanträge v. 14.11.2002 – Rs. C-144/00 – Matthias Hoffmann, Slg. 2003, I-2921 Rz. 48 und 81.
6 GA *Geelhoed*, Schlussanträge v. 14.11.2002 – Rs. C-144/00 – Matthias Hoffmann, Slg. 2003, I-2921 Rz. 48 und 81; vgl dazu auch die Ausführungen unter Rz. 19.21.
7 Vgl. dazu Rz. 19.46.
8 *Ruppe/Achatz*, UStG[5] § 6 Rz. 429; *Kanduth-Kristen/Tschiderer* in Berger/Bürgler/Kanduth-Kristen/Wakounig, UStG-ON[3.00] (2018) EU-Vorgabe § 6 UStG Rz. 20; *Achatz*, Das System der Umsatzbesteuerung von Non-Profit-Organisationen 185; *Ehrke-Rabel*, Unechte Steuerbefreiungen 196; vgl. dazu auch die Ausführungen zur entsprechenden deutschen Regelung Rz. 19.46 ff.
9 Vgl dazu Rz. 19.45 ff. – Dies gilt uE auch vor dem Hintergrund der Entscheidung des EuGH vom 15.2.2017 in der Rs. C-592/15 – British Film Institute. Die Unbestimmtheit von Art. 132 Buchst. n MwStRL ist u.E. nur insoweit unbestimmt, als er den Befreiungsgegenstand („bestimmte kulturelle Dienstleistungen") nicht aber das Befreiungssubjekt betrifft.
10 *Ehrke-Rabel*, Unechte Steuerbefreiungen 196; *Ruppe/Achatz*, UStG[5] § 6 Rz. 429.

nen gemeinnützigen, mildtätigen oder kirchlichen Zweck nach § 6 Abs. 1 Z 25 UStG.[1] Die nicht im Rahmen einer gemeinnützigen, mildtätigen oder kirchlichen Tätigkeit erbrachten Leistungen kultureller Art von ausgegliederten Rechtsträgern von Gebietskörperschaften unterliegen jedoch dem ermäßigtem Steuersatz (§ 10 Abs. 3 Z 6 UStG).

## 2. begünstigte Umsätze: kulturelle Dienstleistungen

### a) Katalogisierung kultureller Dienstleistungen

19.104 Anders als in Deutschland[2] wird in § 6 Abs. 1 Z 24 UStG nicht auf die Umsätze bestimmter Einrichtungen, sondern auf Leistungen im Zusammenhang mit dem „Betrieb" von Theatern, Museen, Naturparks, etc abgestellt.[3] „Betrieb" ist im vorliegenden Zusammenhang als „Betreiben" zu verstehen und dient daher nur der näheren Präzisierung der von der Befreiung erfassten kulturellen Dienstleistungen. Dem Begriff „Betrieb" kommt keine eigenständige Bedeutung zu.

19.105 Ähnlich wie die korrespondierende deutsche Bestimmung definiert § 6 Abs. 1 Z 24 lit. a bis c UStG die kulturellen Dienstleistungen[4] präziser als die MwStRL.[5] Danach sind Leistungen, die regelmäßig mit dem Betrieb eines Theaters,[6] mit dem Betrieb eines Museums, eines botanischen oder eines zoologischen Gartens sowie eines Naturparks[7] verbunden sind, sowie die Musik- und Gesangsaufführungen, insb durch Orchester, Musikensembles und Chöre[8] von der Umsatzsteuer befreit. Damit hat der österr Gesetzgeber seinen durch Art. 132 Buchst. n MwStRL eingeräumten Konkretisierungsspielraum wahrgenommen.[9]

19.106 Als Theater i.S.d. § 6 Abs. 1 Z 24 lit. a UStG wird nach allgemeinem Sprachgebrauch die Gesamtheit der darstellenden Künste[10] inklusive Schauspiel, Oper, Kabarett und Ballett bezeichnet.[11] Der BMF geht von einem Theater aus, „wenn so viele künstlerische und technische Kräfte und die zur Aufführung von Theaterveranstaltungen notwendigen technischen Voraussetzungen unterhalten werden, dass die Durchführung eines Spielplanes aus eigenen Kräften möglich ist".[12] Bei der Auslegung dieses Theaterbegriffes ist demnach ein großzügiger Maßstab anzusetzen, sodass etwa auch Darbietungen der Spanischen Hofreitschule davon erfasst sind.[13] Auf eine künstlerische Gestaltung kommt es nicht an, womit auch Laientheater unter

---

1 *Ruppe/Achatz*, UStG[5] § 6 Rz. 430; *Kanduth-Kristen/Tschiderer* in Berger/Bürgler/Kanduth-Kristen/Wakounig UStG-ON[3.00] § 6 UStG Rz. 652.

2 Vgl. Rz. 19.48.

3 § 6 Abs. 1 Z 24 lit. a und c. UStG.

4 Vgl. Rz. 19.48 ff.

5 Zum Konkretisierungsspielraum, den der Richtliniengeber den nationalen Gesetzgebern einräumt siehe vorher Rz. 19.21.

6 § 6 Abs. 1 Z 24 lit a UStG.

7 § 6 Abs. 1 Z 24 lit c UStG.

8 § 6 Abs. 1 Z 24 lit b UStG.

9 EuGH v. 15.2.2017 – Rs. C-592/15 – British Film Institute, Rz. 21 ff.

10 VwGH v. 14.10.1991 – 91/15/0069.

11 *Berger/Wakounig* in Berger/Bürgler/Kanduth-Kristen/Wakounig UStG-ON[3.00] § 10 UStG Rz. 289 ff. m.w.N.; vgl. dazu auch *Ruppe/Achatz*, UStG[5] § 10 Rz. 167 m.w.N.

12 UStR Rz. 1398.

13 *Ruppe/Achatz*, UStG[5] § 10 Rz. 167; ErlV 145 BlgNR 13.GP 33; *Berger/Wakounig* in Berger/Bürgler/Kanduth-Kristen/Wakounig, UStG-ON[3.00] § 10 UStG Rz. 290; UStR Rz. 1398.

den Theaterbegriff fallen.[1] Die Finanzverwaltung verlangt – ohne nähere Präzisierung – jedoch einen „gewissen Mindeststandard der Darbietungen".[2] Insgesamt dürften das deutsche und das österreichische Verständnis des Begriffs „Theater" übereinstimmen.[3]

Auch das Begriffsverständnis für die übrigen von § 6 Abs. 1 Z 24 UStG erfassten kulturellen Leistungen deckt sich mit wenigen Ausnahmen mit dem deutschen Verständnis.[4] **Museen** sind etwa auch im österreichischen Recht Einrichtungen, die Gegenstände von kultureller Bedeutung sammeln und systematisch aufbewahren.[5] Im Gegensatz zum deutschen Recht[6] sind von diesem Museumsbegriff jedoch auch Denkmäler der Bau- und Gartenkunst erfasst.[7] **Tierparks** zählen in Österreich zu den zoologischen Gärten iSd § 6 Abs. 1 Z 24 lit. c UStG.[8] 19.107

Anders als in Deutschland sind Leistungen, die mit dem Betrieb eines **Naturparks** verbunden sind, gem § 6 Abs. 1 Z 24 lit. c UStG von der Umsatzsteuer befreit. Der Begriff des Naturparks stammt ursprünglich aus den Naturschutzgesetzen der einzelnen Bundesländer.[9] Darunter versteht man im Wesentlichen Naturschutzgebiete, die für die Erholung und für die Vermittlung von Wissen über die Natur besonders geeignet sind und durch entsprechende Einrichtungen eine Begegnung des Menschen mit dem geschützten Naturgut ermöglichen.[10]

Für die genauen Begriffsbestimmungen von Theatern, Orchestern, Musikensembles, Chören, Museen, botanischen und zoologischen Gärten sowie von Naturparks sei hier auf die umfassenden Beispiele in der Literatur[11] und in den Richtlinien des BMF[12] verwiesen. Festzuhalten ist, dass für die Leistungen des § 6 Abs. 1 Z 24 UStG keine hohen künstlerischen Maßstäbe gelten.[13] Musik aus der Konserve (Tonband, Schallplatte oder elektronische Schallträger) ist jedoch von der Befreiung nicht erfasst.[14] 19.108

Bei komplexen Leistungen, etwa einer Veranstaltung, an der Musik aufgeführt, aber auch Lesungen durchgeführt werden oder ganz allgemein gefeiert und getanzt wird, stellt der VwGH in einer Gesamtbetrachtung in Anlehnung an die Entscheidung des EuGH in der Rs *Zamberk*[15] darauf ab, ob die anderen (nicht befreiten) Leistungen derartig in den Hintergrund treten, dass etwa der Charakter der Veranstaltung als Musikaufführung erhalten bleibt, oder aber ob die anderen Leistungen in den Vordergrund treten. Im ersten Fall bleibt es bei der Qualifikation als Musikaufführung, im zweiten Fall nicht.[16]

---

1 *Berger/Wakounig* in Berger/Bürgler/Kanduth-Kristen/Wakounig, UStG-ON$^{3.00}$ § 10 UStG Rz. 290.
2 UStR Rz. 1398.
3 Vgl. auch Rz. 19.49 und 19.52 f.
4 Vgl. dazu Rz. 19.49.
5 *Ruppe/Achatz*, UStG$^5$ § 10 Rz. 172.
6 Vgl. dazu Rz. 19.49.
7 UStR Rz. 1410; *Ruppe/Achatz*, UStG$^5$ § 10 Rz. 172.
8 UStR Rz. 1416; *Berger/Wakounig* in Berger/Bürgler/Kanduth-Kristen/Wakounig, UStG-ON$^{3.00}$ § 10 Rz. 305 f.
9 *Ruppe/Achatz*, UStG$^5$ § 10 Rz. 176.
10 UStR Rz. 1417.
11 Z.B. *Ruppe/Achatz*, UStG$^4$ § 10 Rz. 167 ff.
12 UStR Rz. 1406 ff.
13 UStR Rz. 1406.
14 UStR Rz. 1407.
15 EuGH v. 21.2.2013 – Rs. C-18/12 – Mesto Zamberk.
16 VwGH v. 23.5.2013 – 2010/15/0165. In diesem Fall hatte der VwGH einer Vorsilvesterveranstaltung den Charakter einer Musikausführung abgesprochen, weil das Konzept der Veranstaltung

19.109 Mit der Umsetzung von Art. 132 Abs. 1 Buchst. n MwStSystRL hat der österreichische Gesetzgeber einen abschließenden Katalog von kulturellen Leistungen geschaffen, welche unter die Steuerbefreiung von § 6 Abs. 1 Z 24 UStG fallen können. Im Sinne des den Mitgliedstaaten im Rahmen der Ausgestaltung der Steuerbefreiung eingeräumten Gestaltungsspielraumes[1] ist es als unionsrechtskonform anzusehen, dass Österreich, anders als Deutschland, die Umsätze von Archiven und Bibliotheken nicht von der Umsatzsteuer befreit hat.[2]

### b) Kultureller Charakter der Dienstleistungen

19.110 Ausgehend von Art. 132 Abs. 1 Buchst. n MwStSystRL müssen die von der Steuerbefreiung des § 6 Abs. 1 Z 24 UStG erfassten Dienstleistungen einen kulturellen Charakter haben.[3] Der österreichische Gesetzgeber stellt in § 6 Abs. 1 Z 24 lit. a und c UStG explizit auf „regelmäßig" mit dem Betrieb von Theatern, Museen, zoologischen und botanischen Gärten sowie Naturparks verbundene Umsätze ab. § 6 Abs. 1 Z 24 UStG und § 10 Abs. 3 Z 6 UStG erfassen nahezu „inhaltsgleich" dieselben Umsätze.[4] Die Literatur[5] und die Finanzverwaltung[6] verweisen daher für die Auslegung der Reichweite der Umsätze von § 6 Abs. 1 Z 24 UStG auf die jeweiligen Ausführungen zu § 10 Abs. 3 Z 6 UStG.[7] Regelmäßig mit dem Betrieb verbunden sind die Leistungen, die typischerweise und allgemein im laufenden Betrieb anfallen.[8] Nach hA ist – wie in Deutschland – auf die Betriebstypizität abzustellen.[9]

19.111 Von der Steuerbefreiung des § 6 Abs. 1 Z 24 UStG sind jedenfalls das Aufführen der kulturellen Hauptleistung und das Verschaffen des Eintritts zu dieser erfasst, z.B.:

– der Eintritt zur eigentlichen Theaterleistung (sowie das Zurverfügungstellen eines Ensembles für ein gastgebendes Theater),[10] das Einräumen des Eintritts zu einem Museum[11], ei-

---

darin bestanden hatte, „den Besuchern Gelegenheit zu geben, den Jahreswechsel „bei bester Feierlaune, knallenden Sektkorken und Walzerklängen" zu begehen. Der (durchschnittliche) Besucher sei nicht gekommen, um ein Konzert zu hören, sondern um bei Live- und Discomusik, Showeinlagen und Feuerwerk sowie hinreichender Versorgung mit Getränken und Speisen in ausgelassener Stimmung den bevorstehenden Jahreswechsel zu feiern."

1 Vgl. dazu Rz. 19.21.

2 Vgl. dazu auch *Ehrke-Rabel*, Unechte Steuerbefreiungen 196 f.

3 Vgl. dazu Rz. 19.31.

4 *Pernegger* in Melhardt/Tumpel, UStG² § 10 Rz. 332; vgl. dazu auch Fn. 31.

5 *Ruppe/Achatz*, UStG⁵ § 6 Rz. 430 mit Verweis auf § 10 Rz. 162 ff.; *Ecker/Epply/Rößler/Schwab*, Mehrwertsteuer, Lieferung 2006, § 6 Abs 1 Z 24 Anm. 11 und Anm. 25; *Rattinger* in Melhardt/Tumpel, UStG² § 6 Rz. 633; *Kanduth-Kristen/Tschiderer* in Berger/Bürgler/Kanduth-Kristen/Wakounig, UStG-ON$^{3.00}$ § 6 Rz. 640 und Rz. 642.

6 UStR Rz. 981.

7 Wie schon erwähnt erfassen 6 Abs 1 Z 24 UStG und § 10 Abs. 3 Z 6 UStG nahezu „inhaltsgleich" dieselben Umsätze; vgl. dazu etwa *Pernegger* in Melhardt/Tumpel, UStG² § 10 Rz. 332.

8 *Ruppe/Achatz*, UStG⁵ § 10 Rz. 166; *Ecker/Epply/Rößler/Schwab*, Mehrwertsteuer, Lieferung 2001, § 10 Abs 2 Z 8 Anm. 5, 9 ff. und 28 ff.; *Pernegger* in Melhardt/Tumpel, UStG² § 10 Rz. 341und Rz. 357; *Kanduth-Kristen/Tschiderer* in Berger/Bürgler/Kanduth-Kristen/Wakounig UStG-ON$^{3.00}$ § 6 Rz. 640 und Rz. 642; *Kühbacher*, Sind die Umsatzsteuerbefreiungen für Museen, Theater und Sportvereine gemeinschaftsrechtskonform? SWI 2009, 133.

9 Vgl. Rz. 19.50.

10 *Pernegger* in Melhardt/Tumpel, UStG² § 10 Rz. 341; UStR Rz. 1401.

11 *Ruppe/Achatz*, UStG⁵ § 10 Rz. 173; *Pernegger* in Melhardt/Tumpel, UStG² § 10 Rz. 357.

nem Naturpark[1] oder einer „Musikaufführung“[2]. Bei einer Musikaufführung i.S.d. § 6 Abs. 1 Z 24 lit. b UStG ist nach VwGH-Rechtsprechung entscheidend, dass die Musik live und nicht „aus der Konserve“ dargeboten wird.[3]

- die Verschaffung des Zugangs zu einer Sonderausstellung sowie zu Führungen und Vorträgen im Rahmen eines Museums.[4]
- das Zurschaustellen von Tieren im Rahmen eines zoologischen Gartens.[5]
- Restaurationsarbeiten an Kunstgegenständen im Privatbereich, die von den Museen im Interesse der Erhaltung dieser Werke für die Allgemeinheit vorgenommen werden.[6]

Wie in Deutschland müssen die nach § 6 Abs. 1 Z 24 UStG befreiten Leistungen auch nach österreichischer Auffassung jedenfalls einen „prägenden“ kulturellen Charakter.[7] **Keine** kulturellen Dienstleistungen nach § 6 Abs. 1 Z 24 UStG sind etwa: 19.112

- die Vermittlung von Leistungen iSd § 6 Abs. 1 Z 24 UStG (Künstleragenturen etc);[8]
- Balleröffnungen, Diavorträge oder Diashows;[9]
- Feuerwerkveranstaltungen;[10]
- Vorsilvesterverantstaltungen mit Showeinlagen, Feuerwerk und Verkaufsständen;[11]
- Vergnügungsparks.[12]

Die h.A. geht in Übertragung der Auslegung der Steuersatzermäßigungen auf § 6 Abs. 1 Z 24 lit. a und c UStG davon aus, dass beim Betrieb von Theatern, Museen, zoologischen und botanischen Gärten sowie Naturparks alle betriebstypischen Leistungen von der Befreiung erfasst sind. Die Befreiung soll daher sowohl für **Dienstleistungen** als auch für Lieferungen unabhängig davon, ob sie Haupt- oder Nebenleistungen darstellen, zum Tragen kommen.[13] Es können also auch Dienstleistungen als Nebenleistungen und Lieferungen als Hauptleistungen in Zusammenhang mit § 6 Abs. 1 Z 24 lit. a und c UStG von der Umsatzsteuer befreit werden.[14] 19.113

---

1 *Pernegger* in Melhardt/Tumpel, UStG² § 10 Rz. 357; *Kanduth-Kristen/Tschiderer* in Berger/Bürgler/Kanduth-Kristen/WakounigUStG-ON^3.00 § 6 Rz. 646.
2 *Pernegger* in Melhardt/Tumpel, UStG² § 10 Rz. 348.
3 VwGH v. 23.5.2013, 2010/15/0165.
4 *Ecker/Epply/Rößler/Schwab*, Mehrwertsteuer, Lieferung 2001, § 10 Abs 2 Z 8 Anm. 28; *Mayr/Ungericht* UStG⁴ § 10 Rz. 33.
5 *Berger/Wakounig* in Berger/Bürgler/Kanduth-Kristen/Wakounig UStG-ON^3.00§ 10 Rz. 306.
6 *Kranich/Siegl/Waba*, Kommentar zur Mehrwertsteuer – Loseblatt § 10 Anm 273; zweifelnd *Ruppe/Achatz*, UStG⁵ § 10 Rz. 173 mit Verweis auf VwGH v. 15.12.1987 – 86/14/0041.
7 Vgl. dazu Rz. 19.57.
8 *Ruppe/Achatz*, UStG⁵ § 10 Rz. 165.
9 *Pernegger* in Melhardt/Tumpel, UStG² § 10 Rz. 340; VwGH v. 4.3.1987 – 85/13/0195; VwGH v. 23.11.1992 – 91/15/0133.
10 *Berger/Wakounig* in Berger/Bürgler/Kanduth-Kristen/Wakounig, UStG-ON^3.00 § 10 Rz. 291.
11 UFS Innsbruck v. 24.8.2010 – RV/0111-I/07.
12 *Berger/Wakounig* in Berger/Bürgler/Kanduth-Kristen/Wakounig, UStG-ON^3.00 § 10 Rz. 305 m.w.N.
13 *Kühbacher*, SWI 2009, 133; vgl. dazu auch *Ruppe/Achatz*, UStG⁵ § 10 Rz. 166, wonach auch Hilfsgeschäfte wie Einzelveräußerungen begünstigungsfähig sind.
14 *Kühbacher*, SWI 2009, 133; *Ehrke-Rabel*, Unechte Steuerbefreiungen 197.

Daraus folgt, dass auch die entgeltliche Aufbewahrung der Garderobe, der Verkauf von Programmheften und die Vermietung von Theatergläsern unter die Steuerbefreiung fallen, da sie „regelmäßig“ mit dem Betrieb eines Theaters verbunden sind.[1] Als typischerweise mit Museen verbunden werden etwa der Verkauf von Museumsführern, Katalogen, Ansichtskarten und Fotografien angesehen, wenn es sich dabei um Darstellungen von Objekten des betreffenden Museums handelt.[2] Darüber hinaus muss das Museum derartige Produkte selbst herstellen bzw. herstellen lassen und diese Gegenstände dürfen ausschließlich nur in diesem Museum – nicht jedoch im freien Handel – vertrieben werden.[3]

19.114 Unionsrechtlich ist Ausdehnung der Steuerbefreiungen des § 6 Abs. 1 Z 24 lit. a und c UStG auf sämtliche Hilfs- und Nebenumsätze problematisch. In diesem Sinn hat die Kommission bereits mit Mahnschreiben vom 26.6.2008, IP/08/1032 Österreich aufgefordert, nähere Informationen über § 6 Abs. 1 Z 24 UStG und dessen Auslegung zu geben.[4] Die Kommission hält es für unionsrechtswidrig, den **gesamten** Betrieb von Theatern, Museen, zoologischen und botanischen Gärten und Naturparks[5] von der Umsatzsteuer zu befreien.[6] In weiterer Folge hat die Kommission[7] Österreich förmlich aufgefordert, seine Rechtsvorschriften aufgrund der MwStRL zu ändern.[8] Ein Vertragsverletzungsverfahren wurde bislang noch nicht eingeleitet.[9]

Art. 132 Abs. 1 Buchst. n MwStSystRL erfasst nur eng mit der kulturellen Dienstleistung verbundene Lieferungen, nicht aber eng verbundene Dienstleistungen.[10] Dienstleistungen sind daher uE nur insoweit erfasst, als sie selbst Teil der kulturellen Dienstleistung sind. Für Lieferungen gilt, dass diese eng verbunden und unentbehrlich für die Hauptleistung sein müssen.[11] Nach Art. 134 Buchst. a MwStSystRL ist es nämlich unzulässig, Leistungen von der Mehrwertsteuer zu befreien, die für die befreiten kulturellen Umsätze nicht unerlässlich sind.[12] Außerdem ist nach Art. 134 Buchst. b MwStRL eine Steuerbefreiung nicht zu gewähren, wenn die Leistung dazu bestimmt ist, der Einrichtung Umsätze zu verschaffen, die im unmittelbaren

1 *Ruppe/Achatz*, UStG[5] § 10 Rz. 169; *Kanduth-Kristen/Tschiderer* in Berger/Bürgler/Kanduth-Kristen/Wakounig, UStG-ON[3.00] § 6 Rz. 642; UStR Rz. 1402.

2 *Ruppe/Achatz*, UStG[5] § 10 Rz. 173; *Pernegger* in Melhardt/Tumpel, UStG[2] § 10 Rz. 357.

3 UStR Rz. 1414.

4 *Kanduth-Kristen/Tschiderer* in Berger/Bürgler/Kanduth-Kristen/Wakounig, UStG-ON[3.00] EU-Vorgabe § 6 Rz. 20.

5 In IP/09/1453 v. 8.10.2009 sowie in *Ruppe/Achatz*, UStG[5]§ 6 Rz. 429 ist die Rede von „Naturschutzgebieten“. Gemeint sein werden aber wohl „Naturparks“ nach § 6 Abs. 1 Z 24 Buchst. c UStG. Naturschutzgebiete sind ja gerade **nicht** von der Steuerbefreiung erfasst. Zur Definition von „Naturpark“ vgl. UStR Rz. 1417 und *Ruppe/Achatz*, UStG[5] § 10 Rz. 176.

6 *Ruppe/Achatz*, UStG[5]§ 6 Rz. 429.

7 IP/09/1453 v. 8.10.2009.

8 *Kanduth-Kristen/Tschiderer* in Berger/Bürgler/Kanduth-Kristen/Wakounig, UStG-ON[3.00] EU-Vorgabe § 6 Rz. 20.

9 *Kanduth-Kristen/Tschiderer* in Berger/Bürgler/Kanduth-Kristen/Wakounig, UStG-ON[3.00] EU-Vorgabe § 6 Rz. 20; hingegen ist nach *Ruppe/Achatz* unter Berufung auf die Pressemitteilung IP/09/1453 bereits ein Vertragsverletzungsverfahren eröffnet worden, vgl *Ruppe/Achatz*, UStG[5] § 6 Rz. 429.

10 *Ehrke-Rabel*, Unechte Steuerbefreiungen 197; *Kühbacher*, SWI 2009, 132 ff.

11 *Ehrke-Rabel*, Unechte Steuerbefreiungen 197; *Kühbacher*, SWI 2009, 132; vgl. auch Rz. 19.29.

12 *Ehrke-Rabel*, Unechte Steuerbefreiungen 197.

Wettbewerb mit Umsätzen von der Mehrwertsteuer unterliegenden gewerblichen Unternehmen stehen.[1] Ausgehend von diesen Feststellungen und der Tatsache, dass Österreich von der Kommission zur Änderung der einschlägigen Rechtsvorschriften aufgefordert wurde[2], ist somit davon auszugehen, dass die Befreiungen des § 6 Abs. 1 Z 24 lit. a und c UStG zu weit ausgelegt werden. Die Bestimmung ist uE jedoch einer einschränkenden unionsrechtskonformen Interpretation zugänglich.[3] Welche Dienstleistungen konkret als unselbständige Nebenleistungen in der Erbringung einer kulturellen Dienstleistung aufgehen und welche Lieferungen für die Erbringung einer kulturellen Dienstleistung unerlässlich sind, ist jeweils im Einzelfall zu beurteilen.[4]

## III. § 6 Abs. 1 Z 25 UStG

### 1. Leistungserbringer

Der österreichische Gesetzgeber hat von der Befugnis nach Art. 133 Satz 1 i.V.m. Art. 132 Buchst. n MwSystRL Gebrauch gemacht, für die Befreiung anderer Einrichtungen als Gebietskörperschaften Bedingungen aufzustellen. § 6 Abs. 1 Z 25 UStG befreit die in Z 24 genannten Umsätze (Theater-, Musikaufführungen, Museen etc) von der Umsatzsteuer, sofern sie von Körperschaften, Personenvereinigungen und Vermögensmassen bewirkt werden, die gemeinnützigen, mildtätigen oder kirchlichen Zwecken i.S.d. §§ 34 bis 47 Bundesabgabenordnung (im Folgenden kurz: BAO) dienen. 19.115

Andere Einrichtungen, die diese Zwecken nicht dienen, aber Umsätze i.S.d. § 6 Abs. 1 Z 24 UStG ausführen, unterliegen mit diesen Umsätzen dem ermäßigten Steuersatz nach § 10 Abs. 3 Z 6 UStG.[5]

§ 6 Abs. 1 Z 25 UStG erfasst keine natürlichen Personen als Leistungserbringer. Dies ist vor dem Hintergrund der MwStRL problematisch:[6] § 6 Abs. 1 Z 25 UStG basiert auf Art. 133 Satz 1 MwStRL, welcher den leistenden Unternehmer als „Einrichtung" definiert.[7] Dabei handelt es sich nach Rechtsprechung des EuGH um eine abgegrenzte funktionale Einheit, die auch aus einer einzelnen oder mehreren **natürlichen Personen** bestehen kann.[8] Daher sind auch **Solisten** und **Einzelkünstler** vom Begriff der „Einrichtung" umfasst.[9] Da der den Mitgliedstaaten von der MwStStystRL nach Art. 133 eingeräumte Gestaltungsspielraum unter Wahrung des Neutralitätsgrundsatzes auszuüben ist, ist der Anwendungsbereich des § 6 Abs. 1 19.116

1 *Ehrke-Rabel*, Unechte Steuerbefreiungen 197; *Kühbacher*, SWI 2009, 133.

2 IP/09/1453 v. 8.10.2009; siehe dazu schon oben.

3 *Ehrke-Rabel*, Unechte Steuerbefreiungen 198; vgl. dazu auch *Kühbacher*, SWI 2009, 138.

4 Vgl. dazu schon Rz. 19.23 ff. U.E. kann *Kühbacher*, SWI 2009, 132 f, in dieser Allgemeinheit nicht gefolgt werden.

5 *Ruppe/Achatz*, UStG[5] § 6 Rz. 431; *Kanduth-Kristen/Tschiderer* in Berger/Bürgler/Kanduth-Kristen/Wakounig, UStG-ON[3.00] § 6 Rz. 654.

6 *Ecker/Epply/Rößler/Schwab*, Mehrwertsteuer, Lieferung 2006, § 6 Abs 1 Z 25 Anm. 16.

7 *Ehrke-Rabel*, Unechte Steuerbefreiungen 196.

8 *Ruppe/Achatz*, UStG[5] § 6 Rz. 429, 431 f; *Ecker/Epply/Rößler/Schwab*, Mehrwertsteuer, Lieferung 2006, § 6 Abs 1 Z 25 Anm. 10 ff.; *Ehrke-Rabel*, Unechte Steuerbefreiungen 196; EuGH v. 7.9.1999 – Rs. C-216/97 – Gregg, Rz. 18; v. 3.4.2003 – Rs. C-144/00 – Hoffmann, Rz. 24 – vgl. dazu im Detail zur insoweit vergleichbaren deutschen Rechtslage Rz. 19.026 ff.

9 *Ehrke-Rabel*, Unechte Steuerbefreiungen 196; *Ruppe/Achatz*, UStG[5] § 6 Rz. 429.

Z 25 UStG ist aus unionsrechtlicher Sicht zu eng.[1] Eine natürliche Person, die eine „Einrichtung" iSd EuGH darstellt, kann sich unmittelbar auf die MwStSystRL berufen.[2] Im Zusammenhang mit Einrichtungen, die Pflegedienstleistungen erbringen, hat dies der VwGH bereits implizit anerkannt.[3]

## 2. Verfolgung gemeinnütziger, mildtätiger oder kirchlicher Zwecke

19.117 § 6 Abs. 1 Z 25 UStG macht die Anwendung der Umsatzsteuerbefreiung von der Erfüllung der Gemeinnützigkeitskriterien der §§ 34 bis 47 BAO abhängig. Außerdem gilt die Befreiung nicht für Leistungen, die von derart qualifizierten Einrichtungen im Rahmen eines land- und forstwirtschaftlichen Betriebes, eines Gewerbebetriebes oder eines wirtschaftlichen Geschäftsbetriebes i.S.d. § 45 Abs. 3 BAO ausgeführt werden.[4]

Voraussetzung für die Befreiung ist zunächst, dass die betroffene Einrichtung unmittelbar und ausschließlich der Förderung der genannten Zwecke dient (§ 34 Abs. 1 BAO). Andere Zwecke dürfen nur in völlig untergeordnetem Ausmaß verfolgt werden (§ 39 Z 1 BAO).

19.118 **Gemeinnützig** sind nach § 35 BAO Zwecke, durch deren Erfüllung die Allgemeinheit gefördert wird. Eine Förderung der Allgemeinheit ist gegeben, wenn die Tätigkeit dem Gemeinwohl auf geistigem, kulturellem, sittlichem oder materiellem Gebiet nützt (§ 35 Abs. 2 BAO). § 35 Abs. 2 BAO enthält eine beispielhafte Aufzählung solcher Aktivitäten.[5] Die gemeinnützigen Aktivitäten einer Einrichtung fallen außerdem nur dann unter §§ 34 ff. BAO, wenn sie die Allgemeinheit betreffen. Nach § 36 Abs. 1 BAO ist ein Personenkreis nicht als Allgemeinheit aufzufassen, wenn er etwa durch ein engeres Band, wie Zugehörigkeit zu einem Familienverband oder zu einem Verein mit geschlossener Mitgliederzahl fest abgeschlossen ist oder, wenn infolge seiner Abgrenzung nach örtlichen, beruflichen oder sonstigen Merkmalen die Zahl der in Betracht kommenden Personen dauernd nur klein sein kann.

19.119 **Mildtätig** sind Zwecke, die darauf gerichtet sind, hilfsbedürftige Personen zu unterstützen (§ 37 BAO).

19.120 **Kirchlich** sind Zwecke, durch deren Erfüllung gesetzlich anerkannte Kirchen und Religionsgemeinschaften gefördert werden (§ 38 Abs. 1 BAO). § 38 Abs. 2 BAO enthält eine beispielhafte Aufzählung von Tätigkeiten, die kirchlichen Zwecken dienen.

19.121 Von der ausschließlichen Förderung der gemeinnützigen, mildtätigen oder kirchlichen Zwecke ist nur dann auszugehen, wenn die Einrichtungen **keinen Gewinn** anstreben (§ 39 Z 2 BAO), für den Fall der Auflösung der Körperschaft dafür gesorgt ist, dass das die eingezahlten Beträge übersteigende Vermögen nur für gemeinnützige, mildtätige oder kirchliche Zwecke verwendet wird (§ 39 Z 5 BAO) und die Mitglieder im Fall der Auflösung nicht mehr erhalten als ihre einbezahlten Kapitalanteile oder sonstigen Beiträge (§ 39 Z 3 BAO). Verboten ist auch die Begünstigung einer Person durch Verwaltungsausgaben, die dem Zweck der Vereinigung fremd sind oder durch übermäßig hohe Vergütungen (§ 39 Z 4 BAO).

---

1 *Ehrke-Rabel*, Unechte Steuerbefreiungen 196.

2 *Ehrke-Rabel*, Unechte Steuerbefreiungen 196. Dazu schon vorher Rz. 19.27 f.

3 VwGH v. 23.9.2005 – 2005/15/0070.

4 *Ecker/Epply/Rößler/Schwab*, Mehrwertsteuer, Lieferung 2006, § 6 Abs 1 Z 25 Anm. 17.

5 Dies gilt insb für die Förderung der Kunst und Wissenschaft, der Gesundheitspflege, der Kinder-, Jugend und Familienfürsorge, der Fürsorge für alte, kranke oder mit körperlichen Gebrechen behaftete Personen, des Körpersports, des Volkswohnungswesens, (…).

Österreich hat durch das Abstellen auf die Gemeinnützigkeitskriterien von seinem Ermessen Gebrauch gemacht, die Anerkennungsvoraussetzungen für jene Einrichtungen, die nicht Einrichtungen des öffentlichen Rechts sind und in den Genuss der Befreiung nach § 6 Abs. 1 Z 24 UStG kommen sollen, zu definieren.[1] In diesem Zusammenhang hat er deren Anwendung auf „Körperschaften, Personenvereinigungen und Vermögensmassen" (§ 6 Abs. 1 Z 25 UStG) beschränkt. Durch das Erfordernis der Erfüllung eines gemeinnützigen, mildtätigen oder kirchlichen Zwecks i.S.v. §§ 34 ff. BAO wird unter anderem das Gewinnstreben ausgeschlossen. 19.122

Der VwGH[2] vertritt die Ansicht, dass das Fehlen eines Gewinnstrebens iSd § 39 Z 2 BAO mit dem Kriterium des Fehlens einer systematischen Gewinnerzielung nach Art. 133 Buchst. a MwStRL übereinstimmt.[3] In dieser Entscheidung erklärt er – unter Verweis auf EuGH v. 26.5.2005 – Rs. C-498/03 – *Kingscrest und Montecello*, Slg. 2005, I-4427 –, dass der österr Gesetzgeber durch die Anknüpfung an die Gemeinnützigkeitsvoraussetzungen der §§ 34 ff. BAO in § 6 Abs. 1 Z 25 UStG von seinem Wahlrecht nach nunmehr Art. 133 Buchst. a MwStSystRL Gebrauch gemacht habe. Im konkreten Fall lag jedoch eindeutig Gewinnerzielungsabsicht vor, sodass auf die Reichweite des Begriffs „ohne Gewinnstreben" im Verhältnis zum Begriff der Gemeinnützigkeit nicht weiter eingegangen werden musste.

Für den EuGH liegt eine Einrichtung ohne Gewinnstreben bereits dann vor, wenn die Einrichtung nach ihrem statutarischen Zweck und den konkreten Umständen des Falles keine finanziellen Vorteile für ihre Mitglieder erwirtschaftet.[4] Das Erzielen von Überschüssen ist für dieses Kriterium unschädlich, solange diese Gewinne nicht „im Sinne von finanziellen Vorteilen für die Mitglieder"[5] verteilt werden. Eine wesentliche Eigenschaft von gemeinnützigen Einrichtungen iSd §§ 34 ff. BAO besteht darin, dass sie überhaupt keine Gewinne (oder sonstigen finanziellen Vorteile für ihre Mitglieder) erstrebt.[6] Der österr Gemeinnützigkeitsbegriff ist insoweit enger gefasst, als er der Körperschaft die Erzielung von Gewinnen unabhängig von ihrer Verwendung verbietet (§ 39 Z 2 Satz 1 BAO). Dies bedeutet jedoch nicht, dass Überschüsse gar nicht erzielt werden dürfen, ihre Erzielung darf aber nicht zum Zweck der Einrichtung werden und etwaige (Zufalls-)Überschüsse müssen dem gemeinnützigen Zweck zugute kommen.[7] Dieses Gebot ausschließlicher gemeinnütziger Zweckverfolgung[8] dürfte über die unionsrechtlichen Vorgaben hinausgehen.[9] 19.123

---

1 EuGH v. 3.4.2003 – Rs. C-144/00 – Hoffmann, Slg. I-2921, Rz. 38; v. 26.5.2005 – Rs. C-498/03 – Kingscrest Associates and Montecello, Slg. I-4427, Rz. 38; v. 8.7.2006 – Rs. C-106/05 – L. u P., Slg. I-5123, Rz. 43; v. 28.11.2013 – Rs. C-319/12 – MDDP, Rz. 30.

2 VwGH v. 23.9.2005 – 2005/15/0070. Vgl. dazu im Detail *Ehrke-Rabel*, Unechte Steuerbefreiungen 164.

3 *Ehrke-Rabel*, Unechte Steuerbefreiungen 164; *Ecker/Epply/Rößler/Schwab*, Mehrwertsteuer, Lieferung 2006, § 6 Abs 1 Z 25 Anm. 17 f.

4 EuGH v. 21.3.2002, C-174/00 Kennemer Golf & Country Club, Slg I-3312, Rz. 26; 21.3.2002, C-267/00 Zoological Society of London, Slg 2002, I-3353, Rz. 17.

5 EuGH v. 21.3.2002 – Rs. C-174/00 – Kennemer Golf & Country Club, Slg. I-3312, Rz. 27, 33.

6 VereinsRL Rz. 13 ff.

7 *Stoll*, Bundesabgabenordnung I (1994) 468; *Moritz*, Die Kapitalveranlagung durch Non-Profit-Organisationen, in Achatz (Hrsg.), Die Besteuerung der Non-Profit-Organisationen[2] 79; *Ritz*, Bundesabgabenordnung[6] (2017) § 39 Rz. 3; *Fellner*, Sport und Gemeinnützigkeit in der Umsatzsteuer (2014) 178 f.

8 Diesbezüglich erging auch im Jahr 2008 ein Mahnschreiben der Kommission (IP/08/1032). Soweit zu sehen ist dieses jedoch weder in eine Reaktion Österreichs noch in die Einleitung eines Vertragsverletzungsverfahrens gemündet ist, vgl dazu auch Rz. 19.114.

9 *Fellner*, Sport und Gemeinnützigkeit in der Umsatzsteuer 183.

19.124 Aus dem Verweis des UStG auf die §§ 34 ff. BAO ergibt sich, dass die betroffenen Einrichtungen unmittelbar gemeinnützigen, mildtätigen oder kirchlichen Zwecken dienen müssen (§ 34 Abs. 1 BAO).[1] Art. 133 erlaubt den Mitgliedstaaten jedoch nur, für die Befreiung von Dienstleistungen iSd Art. 132 Buchst. n MwStSystRL, welche von anderen Einrichtungen als Gebietskörperschaften erbracht werden, zu verlangen, dass (a) eine systematische Gewinnerzielung fehlt und/oder, dass (b) etwaige Gewinne nicht verteilt, sondern zur Erhaltung oder Verbesserung der Einrichtung verwendet werden und/oder, dass (c) die Leitung und Verwaltung der Einrichtung im Wesentlichen ehrenamtlich durch Personen erfolgt, die weder selbst noch über zwischengeschaltete Personen ein unmittelbares oder mittelbares Interesse am wirtschaftlichen Ergebnis der betreffenden Tätigkeit haben. Diese näheren Definitionen der Einrichtungen sind jedenfalls weiter als das Erfordernis der unmittelbaren Verfolgung gemeinnütziger, mildtätiger oder kirchlicher Zwecke, sodass § 6 Abs. 1 Z 25 UStG auch in dieser Hinsicht als zu eng erscheint.[2]

19.125 Anders als der österr Gesetzgeber knüpft der Unionsgesetzgeber die Anwendung der Befreiungen, dort wo er auf das fehlende Gewinnstreben abstellt, nicht an weitere Voraussetzungen. Es scheint daher aus unionsrechtlicher Sicht unschädlich zu sein, wenn eine Einrichtung ohne Gewinnstreben gegenüber einem geschlossenen Personenkreis tätig wird. Dies würde die Anwendung der Befreiung aus österr Sicht ausschließen.[3]

Die Befreiungsbestimmungen nach Art. 132 MwStRL sind zwingend anzuwenden. Einrichtungen, die in Österreich die Voraussetzungen des Art. 132 MwStRL i.V.m. Art. 133 leg cit erfüllen, unterliegen aber nicht zwingend der in Umsetzung des Unionsrecht ergangenen Steuerbefreiung nach § 6 Abs. 1 Z 25 UStG: Erfüllen sie nämlich die österreichischen Gemeinnützigkeitskriterien nicht, könnten ihre Umsätze dennoch von Art. 132 i.V.m. Art. 133 MwStSystRL erfasst sein. Das österr positive Recht würde aber die Anwendung der Befreiung ausschließen.[4] Österreich hat seinen Gestaltungsspielraum also nicht im Rahmen des Unionsrechts ausgeschöpft. Ist dieses Ergebnis für die betreffende Einrichtung im Verhältnis zur Steuerbefreiung vorteilhaft, kommt die unmittelbare Anwendbarkeit mangels Möglichkeit einer unionsrechtskonformen Interpretation des österr Rechts[5] nicht in Betracht.[6] Es bleibt bei der unionsrechtswidrigen Besteuerung der betroffenen Einrichtung. Der durch die österr Rechtslage Benachteiligte kann sich zu seinen Gunsten jedoch unmittelbar auf das Unionsrecht berufen.[7]

---

1 Vgl. dazu z.B. VwGH v. 26.6.2000 – 95/17/0003, ÖStZB 2001, 19.

2 Zu unionsrechtlichen Bedenken vgl. dazu auch *Ruppe/Achatz*, UStG[5] § 6 Rz. 431; *Ecker/Epply/Rößler/Schwab*, Mehrwertsteuer, Lieferung 2006, § 6 Abs 1 Z 25 Anm. 18; *Rattinger* in Melhardt/Tumpel, UStG[2] § 6 Rz. 640.

3 *Stoll*, Bundesabgabenordnung I 450 ff.; *Ritz*, Bundesabgabenordnung[6] § 36 Rz. 3; *Fellner*, Sport und Gemeinnützigkeit in der Umsatzsteuer 175 f., 188.

4 *Ritz*, Vermeidung der unechten Steuerbefreiung des § 6 Abs 1 Z 25 UStG, RdW 1994, 361 f.

5 Eine unionsrechtskonforme Interpretation der Gemeinnützigkeitsbestimmungen scheidet u.E. mangels eindeutigen Wortlauts der §§ 34 ff. BAO aus; der Anwendungsvorrang von Richtlinienbestimmungen wirkt nur zu Gunsten des Steuerpflichtigen, nicht zu dessen Lasten.

6 *Fellner*, Sport und Gemeinnützigkeit 147 f.

7 Dies gilt u.E. ungeachtet des Umstandes, dass der EuGH in der Rs. *British Film Institute* (EuGH v. 15.2.2017 – Rs. C-592/15) die unmittelbare Wirkung von Art. 132 Buchst. n MwStRL verneint hat: Der EuGH hatte nur darüber zu entscheiden, ob der relevanten Bestimmung in Hinblick auf die befreiten Tätigkeiten („bestimmte kulturelle Dienstleistungen") unmittelbare Wirkung zukommt. Hinsichtlich der befreiten Rechtssubjekte hat er nicht abgesprochen. Die subjektiven Vo-

Problematisch dürfte auch sein, dass die österreichische Finanzverwaltung die Tätigkeiten von gemeinnützigen Vereinigungen im Rahmen ihrer unentbehrlichen (§ 45 Abs. 1 BAO) und entbehrlichen Geschäftsbetriebe nach der Liebhabereivermutung (§ 2 Abs. 5 Z 2 UStG) als nicht steuerbar qualifiziert.[1] Auch begünstigungsschädliche wirtschaftliche Geschäftsbetriebe (§ 45 Abs. 3 BAO) fallen nach der Praxis der Finanzverwaltung unter die Liebhabereivermutung, wenn für die übrigen (entbehrlichen und unentbehrlichen Hilfsbetriebe) die Liebhabereivermutung gilt und der Gesamtumsatz 7.500 € nicht übersteigt.[2] Da der VwGH inzwischen ausgesprochen hat, dass diese Meinung der Finanzverwaltung einer gesetzlichen Grundlage entbehrt,[3] darf die Liebhabereivermutung nicht gegen den Willen des gemeinnützigen Rechtsträgers zur Anwendung gelangen.[4] 19.126

Die Nicht-Steuerbarkeit der unentbehrlichen Hilfsbetriebe könnte allenfalls darauf gestützt werden, dass es sich bei den in ihrem Rahmen ausgeführten Umsätzen um eng mit der befreiten Tätigkeit verbundene Lieferungen handelt. Eine weitere Rechtfertigung könnte in Art. 132 Abs 1 Buchst. o MwStRL gefunden werden: Nach sind Lieferungen von Gegenständen oder Dienstleistungen bei Veranstaltungen zu befreien, die nach Art. 133 Abs. 1 Buchst. n MwStRL (d.h. nach § 6 Abs. 1 Z 24 UStG) selbst befreit sind, wenn die Veranstaltungen dazu bestimmt sind, den Einrichtungen eine finanzielle Unterstützung zu bringen und ausschließlich zum Nutzen der Einrichtungen durchgeführt werden. Voraussetzung ist, dass die Befreiung dieser Hilfsumsätze nicht zu einer Wettbewerbsverzerrung führt. Die vollkommen unionsrechtskonforme Lösung wäre bei dieser Argumentation nicht die Nicht-Steuerbarkeit, sondern die Steuerbefreiung.[5]

Die Tätigkeiten der entbehrlichen Hilfsbetriebe sowie jene der begünstigungsschädlichen wirtschaftlichen Geschäftsbetriebe werden im Regelfall nicht als befreite Tätigkeiten im Sinne von Art. 132 Buchst. o MwStRL zu qualifizieren sein. Bei diesen wird es sich gerade nicht um Lieferungen oder Dienstleistungen handeln, die in engem Zusammenhang mit dem jeweils befreiten Umsatz stehen. Die unionsrechtliche Zulässigkeit dieser Auffassung kann daher – mangels unionsrechtlicher Grundlage – in Frage gestellt werden.

Bei der Ermessensübung hinsichtlich der Anerkennung der Einrichtungen sind den Mitgliedstaaten die bereits erwähnten Schranken gesetzt. Da die Mitgliedstaaten durch das ihnen eingeräumte Ermessen bei der Anerkennung der nicht öffentlichen Einrichtungen den Anwendungsbereich der Befreiungsbestimmungen weder einschränken noch ausweiten dürfen, ist davon auszugehen, dass die Anforderungen an die Zweckverwirklichung aus österreichischer 19.127

---

raussetzungen für die Befreiung gemeinnütziger Rechtsträger stützen sich auf Art. 133 MwStRL, der u.E. hinreichend bestimmt ist, um unmittelbare Wirkung zu entfalten.

1 VereinsRL Rz. 463; dazu *Hilber*, Umsatzsteuerliche Liebhaberei und Unternehmereigenschaft von Vereinen, ecolex 2010, 699f – Kritisch dazu schon *Achatz*, Das System der Umsatzbesteuerung von Non-Profit-Organisationen, 157.

2 VereinsRL Rz. 466; kritisch schon *Ruppe/Achatz*, UStG[5] § 2 Rz. 271.

3 VwGH v. 9.3.2005 – 2001/13/0062, ÖStZB 2005, 452; dazu *Renner*, Keine „automatische" Liebhabereivermutung bei gemeinnützigen Vereinen, SWK 2005, S 537.

4 VereinsRL Rz. 464. – Zur Liebhabereivermutung vgl. bereits genauer *Ehrke-Rabel*, Rz. 6.89 ff.

5 Einzuräumen ist, dass die Wirkungen einer Befreiung und einer Nicht-Steuerbarkeit im Wesentlichen dieselben sind (vgl. dazu Kap 27 – Vorsteuerabzug). – Zum Verstoß gegen Art. 4 der 6. MwStRL (entspricht Art. 13 MwStRL) vgl. bereits *Achatz*, Das System der Umsatzbesteuerung von Non-Profit-Organisationen, i 175; *Ruppe/Achatz*, UStG[5], § 6 Rz. 332/1. – AA *Ecker/Epply/Rößler/Schwab*, Mehrwertsteuer, Lieferung 2009, § 6 Abs 1 Z 14 Anm 13, wonach der Gemeinnützigkeitsstatus durch die im Art. 13 Teil A Abs. 2 der 6. MwStRL (entspricht Art. 133 MwStRL) möglichen weiteren Einschränkungen gedeckt sein dürfte.

Sicht im Verhältnis zur MwStRL zu hoch sind. Insgesamt kann das Abstellen auf die Gemeinnützigkeitskriterien der §§ 34 ff. BAO durch den österreichischen Gesetzgeber für die Anwendung bestimmter Befreiungen auf Einrichtungen, die nicht Einrichtungen des öffentlichen Rechts sind, zumindest als unionsrechtlich problematisch qualifiziert werden:[1] In jenen Fällen, in denen Einrichtungen, die ohne Gewinnstreben oder ohne die Absicht der systematischen Gewinnerzielung im Sinne der Rspr. des EuGH tätig werden, nicht die Gemeinnützigkeitskriterien der §§ 34 ff. BAO erfüllen, erweist sich die österreichische Rechtslage im Verhältnis zu ihren unionsrechtlichen Grundlagen als zu eng. In jenen Fällen, in denen Einrichtungen, welche die Gemeinnützigkeitskriterien der §§ 34 ff. BAO erfüllen, schlechthin von der Umsatzsteuer befreit werden, kann sich die österreichische Rechtslage im Verhältnis zu ihren unionsrechtlichen Grundlagen als zu weit erweisen.

19.128 Betroffene Einrichtungen, die aus der Sicht der MwStRL als Einrichtungen ohne Gewinnstreben zu qualifizieren und daher nach den einschlägigen Bestimmungen der MwStRL[2] von der Umsatzsteuer zu befreien sind, in Österreich jedoch mangels Erfüllung der Kriterien nach §§ 34 ff. BAO steuerpflichtig sind, können sich daher unmittelbar auf die relevanten Bestimmungen der MwStRL berufen, um in den Genuss der Befreiung zu gelangen.[3] Umgekehrt können sich betroffene Einrichtungen, die nach den maßgeblichen Bestimmungen der MwStRL nicht zu befreien wären, aus österreichischer Sicht aber zu befreien sind, auch unmittelbar auf die MwStRL berufen. Die österreichische Finanzverwaltung darf einer unionsrechtswidrig aber nach innerstaatlichem Recht rechtmäßig befreiten Einrichtung – mangels einer Möglichkeit zur unionsrechtskonformen Interpretation des österreichischen Rechts – die Steuerpflicht nicht gegen ihren Willen entgegenhalten.

19.129 Ein **Verzicht** auf die Umsatzsteuerbefreiung von § 6 Abs. 1 Z 25 UStG ist im UStG nicht vorgesehen. Die **formalen Gemeinnützigkeitsvoraussetzungen** der §§ 34 ff. BAO sind jedoch gestaltbar.[4] So kann etwa durch eine **Änderung der Auflösungsbestimmungen** in der Satzung eines Vereins die Gemeinnützigkeit entfallen und damit die Steuerbefreiung des § 6 Abs. 1 Z 25 UStG unanwendbar werden.[5]

**Außerdem** besteht für die in § 6 Abs. 1 Z 24 bzw. Z 25 UStG genannten Umsätze die Möglichkeit, durch die Abgabe einer **schriftlichen Erklärung nach Art. XIV BGBl. 21/1995** (siehe unter Rz. 19.130) auf die Steuerfreiheit zu verzichten.

---

1 Vgl. BFH v. 17.2.2009 – XI R 67/06 zu Art. 4 Nr. 18 Buchst. a dUStG, wonach die im Rahmen der Wohlfahrt tätigen Unternehmer ausschließlich und unmittelbar gemeinnützige, mildtätige oder kirchliche Zwecke verfolgen müssen, um in den Genuss der Steuerbefreiung zu gelangen. Dieses Erfordernis findet nach Auffassung des BFH weder im den Mitgliedstaaten eingeräumten Ermessen bei der Anerkennung der Einrichtungen noch in Art. 133 MwStRL Deckung. – Vgl. dazu *Dickopp/van der Boeken*, Umsatzsteuerbefreiung von Betreuungsleistungen durch einen Betreuungsverein, UR 2009, 335 (341).

2 Art. 132 Abs. 1 Buchst. m und Art. 132 Abs. 1 Buchst. n i.V.m. Art. 133 Buchst. a MwStRL.

3 *Achatz*, Gemeinnützigkeit und Umsatzsteuer, in *Jachmann* (Hrsg.), Gemeinnützigkeit, (2003) 301; *Achatz*, Das System der Umsatzbesteuerung von Non-Profit-Organisationen, 172.

4 *Ruppe/Achatz*, UStG[5] § 6 Rz. 431; vgl. dazu im Detail *Ritz*, Vermeidung der unechten Steuerbefreiung des § 6 Abs. 1 Z 25 UStG 1994, RdW 1994, 361.

5 *Ruppe/Achatz*, UStG[5] § Rz. 431; *Ecker/Epply/Rößler/Schwab*, Mehrwertsteuer, Lieferung 2006, § 6 Abs. 1 Z 25 Anm. 20.

## IV. Option zur Steuerpflicht für § 6 Abs. 1 Z 24 und Z 25 UStG

Nach Art. XIV Z 1 BGBl. I 1995/21 i.d.F. BGBl. I 1996/756 kann für nach **§ 6 Abs. 1 Z 24** UStG 19.130
und nach **§ 6 Abs. 1 Z 25 UStG** steuerbefreite Leistungen durch eigenständige Erklärung oder (von Amts wegen) mit Feststellungsbescheid durch den BMF auf die Steuerbefreiung verzichtet werden. Die schriftliche Erklärung hat darzulegen, dass die betroffene Einrichtung ihre Betätigung in erheblichem Umfang privatwirtschaftlich organisiert und ausgerichtet hat und dass die Steuerbefreiung zu größeren Wettbewerbsverzerrungen führen könnte. Dieselbe Feststellung kann der Bundesminister für Finanzen mit Bescheid treffen. Die „Rückkehr" zur Steuerbefreiung ist nur möglich, wenn nachgewiesen wird, dass sich die hierfür maßgeblichen Verhältnisse gegenüber jenen im Zeitpunkt der Abgabe der Erklärung oder der Erlassung des Bescheids verändert haben.[1]

Art. XIV Z 1 BGBl. I 1995/21 idF BGBl. I 1996/756 findet ausdrücklich sowohl auf die öffentlichen Einrichtungen i.S.d. **§ 6 Abs. 1 Z 24 UStG** als auch auf die anderen Einrichtungen nach **§ 6 Abs. 1 Z 25 UStG** Anwendung. Die unionsrechtlichen Konsequenzen werden für Z 24 und Z 25 nachfolgend getrennt erörtert.

Die Option auf Steuerpflicht nach Art. XIV Z 1BGBl. I 1995/21 i.d.F. BGBl. I 1996/756 ist für 19.131
**§ 6 Abs. 1 Z 24 UStG** unionsrechtlich bedenklich. In § 6 Abs. 1 Z 24 UStG werden die Einrichtungen öffentlichen Rechts bzw die Gebietskörperschaften nur erfasst, wenn sie als **Unternehmerinnen** qualifiziert werden – somit üben sie die in Z 24 genannten Umsätze nicht im Rahmen ihrer öffentlichen Gewalt aus.[2] Werden sie als Unternehmerinnen qualifiziert, sind die Körperschaften öffentlichen Rechts mit den in Art. 132 Abs. 1 Buchst. n MwStSystRL genannten Umsätzen zwingend von der Umsatzsteuer zu befreien. Eine Einschränkung der Steuerbefreiung des Art. 132 Abs. 1 Buchst. n MwStSystRL für Einrichtungen öffentlichen Rechts ist unionsrechtlich nicht vorgesehen.[3] Es ist daher davon auszugehen, dass die österreichische Option auf Steuerpflicht des Art. XIV Z 1 BGBl. I 1995/21 i.d.F. BGBl. I 1996/756 für § 6 Abs. 1 Z 24 UStG unionsrechtswidrig ist.[4]

Art. XIV Z 1 BGBl. I 1995/21 i.d.F. BGBl. I 1996/756 gilt auch für **§ 6 Abs. 1 Z 25 UStG**. Da- 19.132
her können auch gemeinnützige Einrichtungen nach §§ 34 ff. BAO, welche **nicht** Einrichtungen des öffentlichen Rechts sind, im Ergebnis zur Steuerpflicht optieren. § 6 Abs. 1 Z 25 UStG ist in dem Sinn zu verstehen, dass Einrichtungen, die keine Einrichtungen des öffentlichen Rechts sind, mit ihren Leistungen i.S.d. § 6 Abs. 1 Z 25 UStG nur dann von der Umsatzsteuer befreit sind, wenn sie keine systematische Gewinnerzielung anstreben und ihre Verwaltung und Leitung im Wesentlichen ehrenamtlich durch Personen erfolgt, die weder selbst noch über zwischengeschaltete Personen ein unmittelbares oder mittelbares Interesse am wirtschaftlichen Erfolg der betreffenden Tätigkeit haben.[5] Nach Art. 134 MwStSystRL dürfen die Befreiungen des Art. 132 Abs 1 Buchst. b, g, h, i, l, m und n – zu denen auch die

---

1 Ausführlich UStR Rz. 988; *Ehrke-Rabel*, Unechte Steuerbefreiungen 168; vgl. dazu auch ausführlich *Ruppe/Achatz*, UStG[5] § 6 Rz. 422; *Kanduth-Kristen/Tschiderer* in Berger/Bürgler/Kanduth-Kristen/Wakounig, UStG-ON[3.00] § 6 Rz. 648 ff., 656 ff.

2 *Ehrke-Rabel*, Unechte Steuerbefreiungen 172 m.w.N.

3 *Ehrke-Rabel*, Unechte Steuerbefreiungen 172; *Achatz*, Das System der Umsatzbesteuerung von Non-Profit-Organisationen 185.

4 *Ehrke-Rabel*, Unechte Steuerbefreiungen 172; *Achatz*, Das System der Umsatzbesteuerung von Non-Profit-Organisationen 185.

5 *Ehrke-Rabel*, Unechte Steuerbefreiungen 162 ff.

hier in Frage stehenden Befreiungen auf dem Gebiet der Kultur zählen – unter anderem[1] nicht vorgesehen werden, wenn „sie im Wesentlichen dazu bestimmt (sind), der Einrichtung zusätzliche Einnahmen durch Umsätze zu verschaffen, die in unmittelbarem Wettbewerb mit Umsätzen von der Mehrwertsteuer unterliegenden gewerblichen Unternehmern bewirkt werden".

Bereits aus der Rechtsprechung des EuGH ergibt sich, dass das Ermessen der Mitgliedstaaten ist bei der Festlegung der Kriterien für die Anerkennung jener Einrichtungen, die nicht öffentliche Einrichtungen sind, gewissen Schranken unterliegt.[2] Sie haben die Unionsgrundsätze, insb den Grundsatz der Gleichbehandlung[3] und den Grundsatz der steuerlichen Neutralität[4] zu beachten. Der Grundsatz der steuerlichen Neutralität verbietet es, dass gleichartige und deshalb miteinander in Wettbewerb stehende Dienstleistungen hinsichtlich der Mehrwertsteuer unterschiedlich behandelt werden. Zusätzlich ergibt sich aus Art. 134 MwStSystRL eindeutig, dass die hier in Frage stehenden Befreiungen im Fall möglicher Wettbewerbsverzerrungen keinesfalls zum Tragen kommen. Art. 134 Buchst. b MwStSystRL verlangt für den Entfall der Steuerbefreiung die Erklärung, dass die Steuerbefreiung zu größeren Wettbewerbsverzerrungen führen kann. Sie setzt somit voraus, dass vergleichbare Umsätze durch umsatzsteuerpflichtige (und damit zum Vorsteuerabzug berechtigte) Unternehmer erwirtschaftet werden.[5] Nach Art. 134 Buchst. b MwStSystRL sind die entsprechenden Umsätze in einer solchen Situation aber **zwingend** von der **Befreiung ausgeschlossen sind.** Ein Wahlrecht[6], wie es Art. XIV Z 1 BGBl. 1995/21 vorsieht, ist im Hinblick auf die Vorgaben der MwStSystRL unzulässig.[7]

19.133 Etwas anderes könnte für Art. XIV Z 1 Lit b BGBl. 1995/21 gelten. Nach dieser Regelung kann auch der BMF mit Bescheid das Vorliegen der entsprechenden Umstände feststellen und somit die Steuerpflicht erwirken. Die Entscheidung des BMF ist hierbei vom Willen des Unternehmers unabhängig – in solchen Fällen besteht somit auch **kein Wahlrecht.** Versteht man diese Bestimmung so, dass ein entsprechender Bescheid bei Bestehen der einschlägigen Voraussetzungen **zwingend** zu erlassen ist, dann ergeben sich unionsrechtlich auch keine Bedenken.[8]

Entfällt die Steuerpflicht, so unterliegen die entsprechenden Umsätze dem ermäßigten Steuersatz von **10 %.**

---

1 Die Einschränkung auf jene Umsätze, die trotz ihres Hilfsumsatzcharakters ausgeschlossen sind, weil sie für die Umsätze, für die die Steuerbefreiung gewährt wird, nicht unerlässlich sind, wird im vorliegenden Zusammenhang nicht näher erläutert.

2 EuGH v. 10.9.2002 – Rs. C-141/00 u.a – Kügler, Slg. 2002, I-6833, Rz. 54 ff.; v. 6.11.2003 – rs. C-45/01 – Dornier, Slg. 2003, I-12911, Rz. 69 f.; v. 26.5.2005 – Rs. C-498/03 – Kingscrest und Montecello, Slg 2005, I-4427, Rz. 53 ff.

3 EuGH v. 10.9.2002 – C-141/00 ua, *Kügler*, Slg 2002, I-6833, Rz. 56; v. 6.11.2003, C-45/01, *Dornier*, Slg 2003, I-12911, Rz. 69; v. 26.5.2005 – C-498/03, Kingscrest und Montecello, Slg 2005, I-4427, Rz. 53.

4 EuGH v. 10.9.2002 – C-141/00 ua, *Kügler*, Slg 2002, I-6833, Rz. 30; v. 23.10.2003 – C-109/02, Kommission/Deutschland, Slg 2003, I-12691, Rz. 20; v. 26.5.2005 – C-498/03, Kingscrest und Montecello, Slg. 2005, I-4427, Rz. 55.

5 Vgl. dazu ausführlich *Ehrke-Rabel*, Unechte Steuerbefreiungen 170 f.

6 *Achatz*, Das System der Umsatzbesteuerung von Non-Profit-Organisationen, spricht von einer Option. Auch die VereinsRL Rz. 510 ff. sprechen von einer Option zur Steuerpflicht.

7 *Ehrke-Rabel*, Unechte Steuerbefreiungen 171. – Skeptisch auch *Ruppe/Achatz*, UStG[5], § 6 Rz. 415/10; *Achatz*, Das System der Umsatzbesteuerung der Non-Profit-Organisationen185.

8 Vgl. dazu ausführlich *Ehrke-Rabel*, Unechte Steuerbefreiungen 171 f.

# E. Reformvorschläge

## I. Zum Unionsrecht

### 1. Zu befreiende Leistungen

Wie dargelegt, besteht derzeit das **Paradoxon**, dass der Richtliniengeber in Art. 132 Abs. 1 Buchst. n MwStSystRL *einerseits* die Steuerbefreiung für kulturelle Dienstleistungen und eng damit verbundene Lieferungen von Gegenständen zwingend vorschreibt, *andererseits* den Mitgliedstaaten das Recht einräumt, jeweils für sich selbst zu bestimmen, welche kulturellen Dienstleistungen nach seinem nationalen Recht von der Mehrwertsteuer befreit sind.[1] Eine unionsweite Harmonisierung der Steuerbefreiung ließe sich nur durch Einführung eines (abschließenden) **Katalogs einzelner zu befreiender Leistungen** erreichen. Wie die Entstehungsgeschichte des Art. 132 Abs. 1 Buchst. n MwStSystRL zeigt, erscheint es allerdings praktisch sehr schwierig, wenn nicht gar unmöglich, dass sich die Mitgliedstaaten auf einen (abschließenden) Katalog zu befreiender Umsätze einigen, zumal sich der Kreis der Mitgliedstaaten seit Einführung der 6. EG-Richtlinie um das Vierfache erweitert hat. Bleibt es beim bisherigen Regelungsansatz, sollte der Richtliniengeber in Art. 132 Abs. 1 Buchst. n MwStSystRL **sprachlich klarstellen**, dass die Mitgliedstaaten „*von jedem Mitgliedstaat selbst* bestimmte kulturelle Dienstleistungen […]" von der Mehrwertsteuer befreien. 19.134

### 2. Anerkennung als kulturelle Einrichtung

Die Steuerbefreiung nach Art. 132 Abs. 1 Buchst. n MwStSystRL gilt, soweit es Leistungen von bzw. im Rahmen nicht öffentlich-rechtlich verfasster Einrichtungen betrifft, nur, wenn der betreffende Mitgliedstaat die Einrichtung **als kulturelle Einrichtung anerkennt**. Wie herausgearbeitet, ist die im Wortlaut des Art. 132 Abs. 1 Buchst. n MwStSystRL angelegte Unterscheidung zwischen (kultureller) Einrichtung und konkreter (kultureller) Dienstleistung nicht erkennbar, **der Einrichtungsbegriff verliert damit an praktischer Bedeutung**.[2] Daher könnte erwogen werden, das Erfordernis der mitgliedstaatlichen Anerkennung als kulturelle Einrichtung **ersatzlos zu streichen**, so dass es für die Gewährung der Steuerbefreiung **allein auf den kulturellen Charakter** der zu beurteilenden Dienstleistung ankäme. Die Abstandnahme von einem besonderen Anerkennungsverfahren wäre ein Beitrag zum **Bürokratieabbau**, der insbesondere solchen Unternehmern zugutekäme, die kulturelle Dienstleistungen in mehreren Mitgliedstaaten erbringen. 19.135

### 3. Ausgestaltung als echte Steuerbefreiung (mit Vorsteuerabzug)

Der deutsche Gesetzgeber ging davon aus, dass die Steuerbefreiung den Subventionsbedarf kultureller Einrichtungen verringern würde.[3] Diese politische Absicht zur „gut gemeinten" Wohltat verkehrt sich allerdings in vielen praktischen Fällen ins Gegenteil, wenn man die Steuerbefreiung im Zusammenhang mit der **Versagung des Vorsteuerabzugs** betrachtet.[4] Die zwingende Steuerbefreiung führt zu der misslichen Situation, dass ein Unternehmer die Umsatzsteuer, die ihm von anderen Unternehmern in Rechnung gestellt wird, nicht als Vorsteuer abziehen kann (§ 15 Abs. 2 Satz 1 Nr. 1 UStG) und geneigt sein wird, die nicht ab- 19.136

1 S.o. Rz. 19.21 f.
2 S.o. Rz. 19.31.
3 S.o. Rz. 19.72.
4 *Grams*, UR 1995, 41 (43).

ziehbaren Vorsteuerbeträge in die Preise für die von ihm erbrachten Ausgangsleistungen einfließen zu lassen – mit dem Ergebnis, dass die vom Endverbraucher zu zahlenden Preise in der Tendenz steigen, im Schrifttum daher kritisch als **„unechte Steuerbefreiung"** bezeichnet.[1] Dies gilt insbesondere in den Fällen, in denen der leistende Unternehmer hohe Investitionen mit entsprechend hohen Vorsteuerbeträgen tätigt, etwa beim kostenintensiven Bau eines Museumsgebäudes. An diesem Ergebnis zeigt sich die Janusköpfigkeit der Steuerbefreiung.[2] Die Situation verschärft sich mit jeder Erhöhung der Steuersätze auf bezogene umsatzsteuerpflichtige Eingangsumsätze, die zu einer entsprechenden verdeckten Zusatzbelastung der Endverbraucher führt, wenn der Unternehmer die nichtabziehbaren Vorsteuerbeträge an die Endverbraucher weitergibt.

19.137 Der EuGH hat in mehreren Entscheidungen zu verstehen gegeben, dass auch „die Umsatzsteuer" zu **„höheren Kosten"** führt, die nach dem Sinn und Zweck sämtlicher in Art. 132 Abs. 1 MwStSystRL aufgeführter Steuerbefreiungen gerade vermieden werden sollen.[3] Der EuGH knüpft insoweit allein an Art. 132 Abs. 1 MwStSystRL an, also losgelöst von den Wahlrechten nach Art. 133 Satz 1 MwStSystRL. Wenn man „die Umsatzsteuer" mit dem EuGH als **Kostenfaktor** anerkennt, muss neben der Umsatz-Ausgangsseite auch die Vorsteuer auf umsatzsteuerpflichtige Eingangsleistungen berücksichtigt werden. Bei **wirtschaftlicher Betrachtung**, die letztlich für die Preispolitik eines Unternehmers und damit für die Belastung des Endverbrauchers maßgeblich ist, kommt es auf die **Umsatzsteuerzahllast**, also die Differenz zwischen Umsatzsteuerschuld und abziehbarer Vorsteuer, an. Der mit Art. 132 Abs. 1 Buchst. n MwStSystRL verfolgte Lenkungszweck liefe in der Praxis häufig ins Leere, wenn die Umsatzsteuerbefreiung für kulturelle Dienstleistungen von Unternehmen, die sich ausschließlich oder weit überwiegend aus *privaten* Mitteln finanzieren, greifen würde und folglich der Vorsteuerabzug ausgeschlossen wäre. Denn dann wäre ein privatrechtlich verfasster Unternehmer je nach Höhe der Vorsteuerbeträge faktisch gehalten, von den Besuchern ein höheres Eintrittsgeld zu verlangen, um den versagten Vorsteuerabzug zu kompensieren, oder von der Erbringung kultureller Dienstnleistungen abzusehen. Das Vorhaben, nicht abziehbare Vorsteuern ganz oder teilweise über höhere Eintrittspreise auszugleichen, wäre staatlichen oder kommunalen Einrichtungen aus kulturpolitischen Gründen, bspw. wegen des mit einem Theater- oder Museumsbetrieb verbundenen Bildungsauftrags, in aller Regel verwehrt. Für eine staatliche oder kommunale Einrichtung wäre die Erhebung höherer Eintrittspreise regelmäßig wegen der Subventionierung aus öffentlichen Mittel auch nicht erforderlich. Sofern ein privatrechtlich verfasster Unternehmer keine öffentlichen Subventionen erhält, kann eine betriebswirtschaftlich notwendige Preiserhöhung nicht aus öffentlichen Mitteln abgewendet oder gemildert werden. Die Umwälzung auf den Endverbraucher selbst widerspräche jedoch – so auch die Auffassung des deutschen Gesetzgebers – dem Lenkungszweck der Umsatzsteuerbefreiung für kulturelle Dienstleistungen.[4]

---

1 Z.B. *Englisch* in De la Feria, VAT exemptions, 2013, 81 ff.; *Jacobs*, Umsatzsteuer und Gemeinnützigkeit, 2009, 51 ff.; *Reiß*, DStJG 32 (2009), 9 (50); *Ruppe* in FS Tipke, 457; *Söhn*, StuW 1976, 1 (26 f.). Dazu auch *Hüttemann* in Rz. 3.38 ff.

2 VG Augsburg v. 17.2.2010 – Au – 4 K 08.1370 juris Rz. 28 bis 32.

3 EuGH v. 11.1.2001 – Rs. C-76/99 – Kommission/Frankreich, ECLI:EU:C:2001:12 Rz. 23, UR 2001, 62; v. 20.6.2002 – Rs. C-287/00 – Kommission/Deutschland, DB 2002, 1356 Rz. 47; v. 28.11.2013 – Rs. C-319/12 – MDDP, ECLI:EU:C:2013:778 Rz. 26, DB 2014, 37.

4 BT-Drucks. 17/2249, S. 75 [rechte Spalte].

Die bisherige Konzeption einer „unechten" Steuerbefreiung, d.h. einer Steuerbefreiung ohne Vorsteuerabzug, ist **nicht mehr zielführend.**[1] Wenn der Endverbraucher bei Inanspruchnahme kultureller Dienstleistungen und eng damit verbundener Lieferungen von Gegenständen entlastet werden soll, bietet sich ein Paradigmenwechsel zu einer **„echten" Steuerbefreiung** dahingehend an, dass der Unternehmer **zum Vorsteuerabzug berechtigt** ist, so dass eine indirekte Belastung der Endverbraucher vermieden wird. 19.138

Alternativ könnte erwogen werden, kulturelle Dienstleistungen und eng damit verbundene Lieferungen von Gegenständen generell **umsatzsteuerpflichtig** zu stellen und dem **ermäßigten Umsatzsteuersatz** zu unterwerfen.[2] Aus wirtschaftlicher Sicht eines typischen, nicht zum Vorsteuerabzug berechtigten Endverbrauchers kann nach geltender Gesetzeslage ein Vorsteuerüberhang des leistenden Unternehmers zu 12 % (Steuerpflicht zu 7 % mit vollem Vorsteuerabzug) günstiger als eine Steuerbefreiung ohne Vorsteuerabzug sein.[3]

Als weitere Alternative käme in Betracht, die **Option zur Steuerpflicht** auf kulturelle Dienstleistungen und eng damit verbundene Lieferungen von Gegenständen zu erweitern. Danach könnte der Unternehmer zwischen der Inanspruchnahme der Steuerbefreiung ohne Vorsteuerabzug einerseits und der Steuerpflicht unter Anwendung des ermäßigten Steuersatzes mit Vorsteuerabzug andererseits wählen.

## II. Zum deutschen nationalen Recht

### 1. Janusköpfigkeit der Steuerbefreiung („unechte Steuerbefreiung") allein auf nationaler Ebene nicht zu beseitigen

Im Schrifttum wird vereinzelt die Frage aufgeworfen, ob die Steuerbefreiung für kulturelle Dienstleistungen wegen der beschriebenen Janusköpfigkeit (Stichwort: drohende Angebotsverteuerung bei Versagung eines etwaigen Vorsteuerüberhangs) gänzlich oder jedenfalls für Leistungen durch private Unternehmer **aufgehoben** werden könne.[4] Ein solches Vorhaben wäre **unionsrechtlich nicht zulässig**, da Art. 132 Abs. 1 Buchst. n MwStSystRL die Steuerbefreiung für kulturelle Dienstleistungen zwingend vorschreibt („die Mitgliedstaaten befreien"),[5] und zwar auch soweit sie von privaten Unternehmern erbracht werden. Würde der nationale Gesetzgeber kulturelle Dienstleistungen privater Unternehmer von der Steuerbefreiung kategorisch ausschließen, würde er gegen das **Gebot der praktischen Wirksamkeit** verstoßen.[6] Der beschriebenen Janusköpfigkeit der Steuerbefreiung kann **nur durch Änderungen des Unionsrechts** begegnet werden. 19.139

### 2. Beschreibung der umsatzsteuerfreien Leistungen

Wie dargelegt, bedarf das in § 4 Nr. 20 Buchst. a Satz 1 UStG verwendete Wort „Umsätze" der richtlinienkonformen Reduktion.[7] Das Wort „Umsätze" sollte in Anlehnung an Art. 132 19.140

1 *Dziadkowski*, UR 2007, 408 (414); *Kohlhaas*, UR 1999, 392 (396); *Kohlhaas*, DStR 2008, 1020 (1024); *Kossack* in Offerhaus/Söhn/Lange, § 4 Nr. 20 UStG Rz. 2 (Stand: November 2013).
2 *Ruppe* in FS Tipke, 457 (470).
3 *Dziadkowski*, UR 2007, 408 (411); *Raudszus/Weimann*, UVR 1996, 66 (69).
4 *Kohlhaas*, DStR 2008, 1020 (1024).
5 S.o. Rz. 19.21.
6 S.o. Rz. 19.34.
7 S.o. Rz. 19.54.

Abs. 1 Buchst. n MwStSystRL und unter Bezugnahme auf die Diktion des EuGH durch die Formulierung „**sonstige Leistungen mit kulturellem Charakter und eng damit verbundene Lieferungen von Gegenständen**" ersetzt werden.

Diese Formulierung macht die im Gesetz bislang vorgesehene **Bezugnahme auf einzelne Kategorien kultureller Einrichtungen** nicht zwingend entbehrlich. Zwar hat der Einrichtungsbegriff als solcher keine praktische Bedeutung, weil es maßgeblich auf den kulturellen Charakter der zu beurteilenden Dienstleistung ankommt.[1] Allerdings bestehen gegen die Aufzählung einzelner Kategorien kultureller Einrichtungen insoweit keine Bedenken, als der Gesetzgeber hierdurch den Kreis der (von ihm konkret zu bestimmenden) steuerfreien kulturellen Dienstleistungen zieht.[2] Der Ansatz, auf die Aufzählung von Einrichtungskategorien zu verzichten und die Steuerbefreiung allgemein auf kulturelle Dienstleistungen zu beziehen, würde gegen die Vorgabe in Art. 132 Abs. 1 Buchst. n MwStSystRL, dass nur „bestimmte" kulturelle Dienstleistungen zu befreien sind, verstoßen. Um im Lichte der EuGH-Rechtsprechung auch **natürliche Personen** lückenlos zu erfassen, müssten allerdings speziell im Bereich der **Musik** neben den bereits aufgeführten Personengruppen (Orchester, Chöre, Kammermusikensembles) auch **Einzelkünstler** explizit genannt werden. Alternativ könnten sämtliche oder einzelne kulturelle Bereiche **nach ihrem Genre** benannt werden („sonstige Leistungen mit kulturellem Charakter in den Bereichen darstellende und bildende Kunst, Musik, Literatur, Architektur etc.").

### 3. Kreis der Leistungserbringer

19.141 Die abschließende Aufzählung der **Leistungserbringer** in **§ 4 Nr. 20 Buchst. a Satz 1 UStG** („Bund, Länder, Gemeinden, Gemeindeverbände") UStG ist mit Blick auf Art. 132 Abs. 1 Buchst. n MwStSystRL zu eng.[3] Der Kreis der Leistungserbringer muss auf *sämtliche* juristische Personen des öffentlichen Rechts erweitert werden, also jedenfalls um andere inländische Körperschaften sowie um inländische Stiftungen und Anstalten des öffentlichen Rechts.[4] Nach dem Wortlaut des Art. 132 Abs. 1 Buchst. n MwStSystRL müssen auch sämtliche *ausländische* öffentlich-rechtlich verfasste Unternehmer mit einbezogen werden.[5]

Auch der abschließende Kreis der Leistungserbringer in **§ 4 Nr. 22 Buchst. b UStG** ist, soweit es nicht öffentlich-rechtlich verfasste Unternehmer betrifft, zu eng. Im Lichte des Art. 133 Satz 1 Buchst. a MwStSystRL müssen auch die Leistungen anderer privatrechtlich verfasster Unternehmer als die in § 4 Nr. 22 Buchst. a UStG genannten sowie die Leistungen natürlicher Personen erfasst werden, sofern auch diese Unternehmer die Voraussetzungen des Art. 133 Satz 1 Buchst. a MwStSystRL erfüllen.[6] Weiterhin könnte klargestellt werden, dass auch die Leistungen *ausländischer* Unternehmer des öffentlichen Rechts steuerfrei sind.[7]

1 S.o. Rz. 19.31 f. und 19.51 ff.
2 S.o. Rz. 19.48 f.
3 S.o. Rz. 19.45 und 19.96.
4 Vgl. auch *Schauhoff*, Rz. 10.105.
5 S.o. Rz. 19.24.
6 S.o. Rz. 19.96.
7 S.o. Rz. 19.24.

### 4. Steuerliche Rückwirkung der Bescheinigungen der Landeskultusbehörden untersagen

Nach derzeitiger herrschender Meinung sind Finanzämter befugt, Bescheinigungen der zuständigen Landesbehörden über die Gleichheit der kulturellen Aufgaben – wenn auch mit gewissen verfahrensrechtlichen Einschränkungen (siehe § 171 Abs. 10 Satz 3 AO) – **rückwirkend** der Umsatzbesteuerung zugrundezulegen.[1] Dies führt zu der misslichen Situation, dass ein Unternehmer in jenem Rückwirkungszeitraum vor die Alternative gestellt wird, bei Leistungserbringung *entweder* von der Steuerbefreiung auszugehen und bei späterer Versagung der Bescheinigung nachträglich Umsatzsteuer abzuführen, dann möglicherweise ohne dass er sich (rechtlich oder faktisch) an die Kunden halten kann, *oder* bei Leistungserbringung von der Steuerpflicht auszugehen und bei späterer Erteilung der Bescheinigung nachträglich den Vorsteuerabzug versagt zu bekommen[2] und zugleich die zu Unrecht ausgewiesene Umsatzsteuer nach § 14c Abs. 1 UStG abzuführen.[3] Jegliche Rückwirkung der Bescheinigung der zuständigen Landesbehörde sollte **gesetzlich untersagt** werden. Wie dargelegt, ist die Erteilung der Bescheinigung der gleichen kulturellen Aufgaben die in Art. 132 Abs. 1 Buchst. n MwStSystRL vorgesehene mitgliedstaatliche Anerkennung als kulturelle Einrichtung. Diese Anerkennung ist **konstitutive Voraussetzung** für die Gewährung der Steuerbefreiung, muss also bereits **bei Ausführung eines Umsatzes** vorliegen. 19.142

Der nationale Gesetzgeber sollte in Erwägung ziehen, Unternehmern die verfahrensrechtlich abgesicherte Möglichkeit einzuräumen, **bereits vor dem ersten Leistungsbezug** die Erteilung einer Bescheinigung oder einer Negativ-Bescheinigung zu beantragen, um so **Planungssicherheit** in Bezug auf die Vorsteuerbelastung und die Ausstellung zutreffender Ausgangsrechnungen zu erreichen.[4] Das Verfahren könnte ähnlich wie im Kontext beantragter verbindlicher Auskünfte (§ 89 Abs. 2 ff. AO) ausgestaltet werden, dies lediglich mit dem Unterschied, dass Beurteilungsgegenstand nicht eine ungeklärte abstrakte Rechtsfrage (vgl. § 1 StAuskV), sondern ein konkreter praktischer Fall ist.

### 5. Bescheinigungsverfahren abschaffen

Erwogen werden könnte, das in § 4 Nr. 20 Buchst. a Satz 2 UStG vorgesehene **gesonderte Bescheinigungsverfahren abzuschaffen**,[5] die Einbindung der Landeskultusbehörden in das Besteuerungsverfahren würde sich dann erübrigen. Damit könnte verhindert werden, dass zwei Behörden und in einem Rechtsstreit bis zu zwei Gerichtsbarkeiten – die Verwaltungs- und die Finanzgerichtsbarkeit – involviert sind. Ein gesondertes Bescheinigungsverfahren ist nach Unionsrecht nicht zwingend erforderlich und führt in der Praxis lediglich zu Verwirrung, zeitlichen Verzögerungen in Entscheidungsprozessen und zusätzlichem Verwaltungsaufwand bei den Ländern wie auch bei betroffenen Unternehmern. 19.143

Am praktisch einfachsten erreichen ließe sich die Abschaffung des Bescheinigungsverfahrens dadurch, dass der Gesetzgeber in § 4 Nr. 20 Buchst. a Satz 2 UStG **das Erfordernis der Gleich-**

---

1 S.o. Rz. 19.79 f.

2 *Grams*, UR 1995, 41 (43); *Huschens*, NWB 2010, 4092 (4099); *Koch*, NWB 2014, 760 (762); *Kohlhaas*, UR 1999, 393 (396); *W.-G.*, BFH v. 15.9.1994 – XI R 101/92, DStR 1995, 96 (97).

3 Abschn. 14c.1 Abs. 1 Satz 5 Nr. 3 UStAE; OFD Düsseldorf v. 14.11.2003 – S 7177-12-St 432-K, UR 2004, 43; *Grams*, UR 1995, 41 (43); *Koch*, NWB 2014, 760 (762); *Kohlhaas*, UR 1999, 393 (396).

4 Vgl. *Huschens*, NWB 2010, 4092 (4099): bereits *de lege lata* möglich.

5 *Raudszus*, UStB 2003, 269 (271); *Raudszus/Weimann*, UVR 1996, 66 (69).

**heit der kulturellen Aufgaben ersatzlos streicht**, zumal diese Voraussetzung recht unbestimmt und in der praktischen Anwendung mit erheblichen Unsicherheiten verbunden ist.[1] Die Eigenschaft als kulturelle Einrichtung als solche ergibt sich bereits aus dem kulturellen Charakter der erbrachten Dienstleistungen.[2] Wie dargelegt, ist der nationale Gesetzgeber nach Art. 132 Abs. 1 Buchst. n MwStSystRL berechtigt, aber nicht verpflichtet, innerhalb der kulturellen Einrichtungen zu selektieren.[3]

## 6. Ausübung von Wahlrechten nach Art. 133 Satz 1 MwStSystRL

19.144 Losgelöst von der Entscheidung, das gesetzliche Erfordernis der Gleichheit der kulturellen Aufgaben beizubehalten oder ersatzlos aufzuheben, könnte der nationale Gesetzgeber in Erwägung ziehen, die Steuerbefreiung für kulturelle Dienstleistungen und eng damit verbundene Lieferungen von Gegenständen von der Einhaltung einer oder mehrerer der in **Art. 133 Satz 1 MwStSystRL** aufgeführten Kriterien abhängig zu machen[4] (sofern man mit dem BFH davon ausgeht, dass der Gesetzgeber von seinem Wahlrecht bislang *nicht* Gebrauch gemacht hat[5]). So könnte der Gesetzgeber die Steuerbefreiung auf die Leistungen juristischer Personen des öffentlichen Rechts und – dies in Ausübung des Wahlrechts nach Art. 133 Satz 1 *Buchst. a* MwStSystRL – auf die Leistungen anderer Unternehmer einschließlich natürlicher Personen beschränken, die **keine systematische Gewinnerzielung anstreben**. Erfasst wären damit auch, aber nicht nur gemeinnützige Körperschaften. Das oben aufgeworfene Problem der „unechten" Steuerbefreiung (ohne Vorsteuerabzug)[6] würde allerdings nicht gänzlich ausgeschlossen, sondern lediglich auf einen kleineren Unternehmerkreis reduziert.

Der Vorschlag, neben Leistungen juristischer Personen des öffentlichen Rechts nur Leistungen solcher Unternehmer zu erfassen, die **wegen gemeinnütziger Förderung der Kultur steuerbegünstigt** sind,[7] ist unionsrechtlich bedenklich, wenn man davon ausgeht, dass *erstens* die in Art. 133 Satz 1 MwStSystRL aufgeführten Kriterien nicht schon in die Entscheidung über die Anerkennung einer Einrichtung als kulturelle Einrichtung einfließen dürfen[8] und *zweitens* bei der Ausübung des Wahlrechts nach Art. 133 Satz 1 Buchst. a MwStSystRL eine unternehmer- bzw. einrichtungsbezogene Selektion („nur Gemeinnützige") nicht zulässig ist.[9]

## 7. Weitere Reformvorschläge

19.145 Nach geltendem Recht beurteilt sich die Steuerbefreiung von **Veranstaltungsleistungen** gegenüber dem Endverbraucher (§ 4 Nr. 20 *Buchst. b* UStG) maßgeblich danach, ob die an den Veranstalter selbst erbrachten Leistungen umsatzsteuerfrei sind (§ 4 Nr. 20 *Buchst. a* UStG). Diese **Prüfungsreihenfolge** sollte, da der Letztverbrauch entscheidet, **umgedreht** werden. Insoweit bietet sich eine Regelung analog § 4 Nr. 21 Buchst. a Doppelbuchst. bb UStG an: erbringt der Veranstalter an den Endverbraucher eine umsatzsteuerfreie kulturelle Dienstleis-

1 S.o. Rz. 19.69. Dazu auch *Grams/Schroen*, DStR 2007, 611 (612 ff.).
2 S.o. Rz. 19.31 f.
3 S.o. Rz. 19.34.
4 *Lohse*, BB 2003, 1107 (1108).
5 S.o. Rz. 19.60.
6 S.o. Rz. 19.136 bis 138.
7 *Raudszus*, UStB 2003, 269 (271); *Raudszus/Weimann*, UVR 1996, 66 (69). Vgl. *Schauhoff*, Rz. 10.105.
8 S.o. Rz. 19.34.
9 Vgl. *Schauhoff*, Rz. 10.29 ff.; 10.66 ff.

tung, sind auch die *an* den Veranstalter erbrachten kulturellen Dienstleistungen der Darbietenden umsatzsteuerfrei. In diesem Zusammenhang könnte in Anlehnung an Art. 133 Satz 1 Buchst. a MwStSystRL geregelt werden, dass eine Veranstaltungsleistung nur dann umsatzsteuerfrei ist, wenn der Veranstalter keine Gewinne anstrebt.[1] Veranstaltungsleistungen kommerzieller, auf systematische Gewinnerzielung ausgerichteter Unternehmern sowie an solche Unternehmer erbrachte kulturelle Dienstleistungen etc. wären dann umsatzsteuerpflichtig, unterlägen aber unter den Voraussetzungen des § 12 Abs. 2 Nr. 7 Buchst. a oder Buchst. d UStG dem ermäßigten Umsatzsteuersatz.

Wie dargelegt, sind kulturelle Dienstleistungen i.S.d. Art. 132 Abs. 1 Buchst. n MwStSystRL 19.146
auch solche, die ein Unternehmer **einem anderen Unternehmer erbringt**, der die Leistung seinerseits dazu verwendet, eine von ihm gegenüber dem Endverbraucher geschuldete kulturelle Dienstleistung zu erbringen.[2] Von der Möglichkeit, auch zwischen Unternehmern erbrachte kulturelle Dienstleistungen („B2B") zu befreien, hat der deutsche Gesetzgeber lediglich in Bezug auf die künstlerischen Leistungen von **Bühnenregisseuren und -choreographen** Gebrauch gemacht (§ 4 Nr. 20 Buchst. a Satz 3 UStG). Diese Beschränkung ist zwar unionsrechtlich unbedenklich, kulturpolitisch aber verfehlt, wenn man sich vor Augen führt, dass der gegenüber dem Endverbraucher agierende Unternehmer nicht zum Vorsteuerabzug berechtigt ist und die ihm in Rechnung gestellte Umsatzsteuer regelmäßig in die Preise für seine kulturellen Dienstleistungen einfließen lässt. Diese Unzulänglichkeit könnte dadurch behoben werden, dass sowohl in § 4 Nr. 20 als auch in § 4 Nr. 22 Buchst. b UStG eine Regelung eingeführt wird, wonach kulturelle Dienstleistungen **auch zwischen Unternehmern** („B2B") **generell umsatzsteuerfrei** sind. Steuerfrei könnten dann z.B. die Leistungen eines selbständigen Museumsführers sein, der eine wichtige ergänzende Funktion zum eigentlichen Museumsbetrieb erfüllt[3].

Im geltenden Recht ist das Risiko angelegt, dass **mehrere zuständige Finanzämter** ein und 19.147
dieselbe Leistung speziell in Bezug auf die Steuerbefreiung **unterschiedlich beurteilen**, nämlich einerseits auf Ebene des leistenden Unternehmers als steuer*pflichtigen* Umsatz, andererseits auf Ebene eines anderen Unternehmers als steuer*freien*, den Vorsteuerabzug ausschließenden Umsatz.[4] Der Gesetzgeber könnte ein solches, zu einer „doppelten Verteuerung" führendes Risiko beseitigen, indem er eine **verfahrensrechtliche Konnexität** in der Beurteilung ein und derselben Leistung herstellt – wobei es sich anbietet zu bestimmen, dass maßgeblich die Beurteilung durch das Finanzamt ist, das über die Steuerbefreiung der Ausgangsleistung, z.B. einer kulturellen Dienstleistung, zu entscheiden hat, und andere Finanzämter an diese Beurteilung gebunden sind, namentlich bei der Entscheidung über den Vorsteuerabzug eines anderen Unternehmers.

1 *Schroen*, DStR 2007, 1566 (1567).
2 Dazu oben Rz. 19.17 f.
3 Dazu VG München v. 7.11.2013 – M – 17 K 13.2414, MwStR 2014, 74 (rkr.).
4 Dazu oben Rz. 19.67.

# Kapitel 20
# Veranstaltungen gem. Art. 132 Abs. 1 lit. o MwStSystRL



**Literatur (Österreich):** *Achatz/Mang/Lindinger*, Besteuerung der Körperschaften öffentlichen Rechts, 3. Aufl. 2014; *Achatz*, Die Besteuerung der Non-Profit-Organisationen I, 2. Aufl. 2004; *Achatz*, Die Besteuerung der Non-Profit-Organisationen II, 2002; *Achatz*, Die Besteuerung der Non-Profit-Organisationen III, 2003; *Achatz/Kirchmayr (Hrsg.)*, Körperschaftsteuergesetz, Kommentar, 2011; *Bodis/Ebner*, Steuerliche Behandlung von geselligen Veranstaltungen gemeinnütziger Körperschaften oder Körperschaften öffentlichen Rechts, SWK 2016, 1229; *Drapela*, Steuerliche Behandlung von Feuerwehrfesten, SWK 2015, 1005; *Ebner/Renner*, Aktuelles zu Vereins- und Parteifesten, ÖStZ 2017, 105; *Hammerl*, Kleines Vereinsfest – erstmalige gesetzliche Definition durch EU-AbgÄG 2016; *Hilber*, Umsatzsteuerliche Liebhaberei und Unternehmereigenschaft von Vereinen, ecolex 2010; *Höhne/Jöchl/Lummerstorfer*, Das Recht der Vereine, 5. Aufl. 2016; *Klinglmair/Hofer*, Steuerliche Neuerungen bei Vereinsfesten und Veranstaltungsbetrieben gewerblicher Art, SWK 2016, 945; *Melhardt/Tumpel (Hrsg.)*, UStG-Kommentar, 2. Aufl. 2016; *Prinz/Prinz*, Gemeinnützigkeit im Steuerrecht, 2. Aufl. 2004; *Pülzl*, EU-AbgÄG 2016: Erleichterungen für Vereine und Kleinbetriebe, FJ 2016, 161; *Renner*, EU-AbgÄG 2016: Begünstigungen für Körperschaften öffentlichen Rechts, politische Parteien und Vereine; *Ruppe/Achatz*, Umsatzsteuergesetz: Kommentar, 5. Aufl. 2018; *Ruppe*, Steuerrechtliche Folgen der wirtschaftlichen Betätigung von Vereinen, in Korinek/Krejci (Hrsg.), Der Verein als Unternehmer, 1988.

## A. Normtexte

**Art. 132 Abs. 1 MwStSystRL** 20.1

**Die Mitgliedstaaten befreien folgende Umsätze von der Steuer:**

…

**o) Dienstleistungen und Lieferungen von Gegenständen bei Veranstaltungen durch Einrichtungen, deren Umsätze nach den Buchstaben b, g, h, i, l, m und n befreit sind, wenn die Veranstaltungen dazu bestimmt sind, den Einrichtungen eine finanzielle Unterstützung zu bringen und ausschließlich zu ihrem Nutzen durchgeführt werden, vorausgesetzt, dass diese Befreiung nicht zu einer Wettbewerbsverzerrung führt;**

**Deutsches UStG**

Eine ausdrückliche Übernahme dieser Richtlinienbestimmung in das deutsche Umsatzsteuergesetz ist bisher nicht erfolgt. Folgende Steuerbefreiungstatbestände können als nationale Umsetzungsvorschriften erwogen werden:

**§ 4 UStG**

**§ 4 Steuerbefreiungen bei Lieferungen und sonstigen Leistungen**

**Von den unter § 1 Abs. 1 Nr. 1 fallenden Umsätzen sind steuerfrei:**

**Nr. 18 Satz 2**

**Steuerfrei sind auch die Beherbergung, Beköstigung und die üblichen Naturalleistungen, die diese Unternehmer den Personen, die bei den Leistungen nach Satz 1 tätig sind, als Vergütung für die geleisteten Dienste gewähren,**

**Nr. 18a**

**die Leistungen zwischen den selbständigen Gliederungen einer politischen Partei, soweit diese Leistungen im Rahmen der satzungsgemäßen Aufgaben gegen Kostenerstattung ausgeführt werden,**

**Nr. 23**

**Steuerfrei sind auch die Beherbergung, Beköstigung und die üblichen Naturalleistungen, die diese Unternehmer den Personen, die bei den Leistungen nach Satz 1 tätig sind, als Vergütung für die geleisteten Dienste gewähren.**

**Nr. 24**

**… oder Personen, die bei diesen Leistungen tätig sind, Beherbergung, Beköstigung und die üblichen Naturalleistungen als Vergütung für die geleisteten Dienste gewährt werden.**

**Nr. 25 Satz 3 lit. b**

**die Beherbergung, Beköstigung und die üblichen Naturalleistungen, die diese Einrichtungen den Empfängern der Jugendhilfeleistungen und Mitarbeitern in der Jugendhilfe sowie den bei den Leistungen nach Satz 1 tätigen Personen als Vergütung für die geleisteten Dienste gewähren,**

## Österreichisches UStG

**§ 2 Abs. 3 UStG**

**Die Körperschaften des öffentlichen Rechts sind nur im Rahmen ihrer Betriebe gewerblicher Art (§ 2 des Körperschaftsteuergesetzes 1988), ausgenommen solche, die gemäß § 5 Z 12 des Körperschaftsteuergesetzes 1988 von der Körperschaftsteuer befreit sind, und ihrer land- und forstwirtschaftlichen Betriebe gewerblich oder beruflich tätig. Als Betriebe gewerblicher Art im Sinne dieses Bundesgesetzes gelten jedoch stets**

- **Wasserwerke,**
- **Schlachthöfe,**
- **Anstalten zur Müllbeseitigung und**
- **zur Abfuhr von Spülwasser und Abfällen sowie**
- **die Vermietung und Verpachtung von Grundstücken durch öffentlich-rechtliche Körperschaften.**

**§ 5 Z 12 KStG**

a) **Betriebe gewerblicher Art von Körperschaften des öffentlichen Rechtes unter folgenden Voraussetzungen:**
   - **Der Betrieb besteht ausschließlich in der entgeltlichen Durchführung von geselligen oder gesellschaftlichen Veranstaltungen aller Art (insbesondere Feste, Bälle, Kränzchen, Feiern, Juxveranstaltungen, Heurigenausschank, Wandertage, Vergnügungs-Sportveranstaltungen), und**

- **diese Veranstaltungen müssen nach außen hin erkennbar zur materiellen Förderung eines bestimmten Zweckes im Sinne der §§ 35, 37 und 38 der Bundesabgabenordnung abgehalten werden, und**
- **die Erträge aus der jeweiligen Veranstaltung müssen nachweislich für diesen Zweck verwendet werden, und**
- **diese Veranstaltungen dürfen insgesamt eine Dauer von 72 Stunden im Kalenderjahr nicht überschreiten.**

**b) Abweichend von lit. a zweiter Teilstrich darf eine gesellige oder gesellschaftliche Veranstaltung einer Körperschaft im Sinne des § 1 Abs. 3 Z 2 zweiter Satz, die an der Wahlwerbung zu einem allgemeinen Vertretungskörper oder dem Europäischen Parlament beteiligt oder in einem solchen Vertretungskörper oder dem Europäischen Parlament vertreten ist, auch zur materiellen Förderung von Zwecken im Sinne des § 1 des Parteiengesetzes 2012 dieser Körperschaft abgehalten werden, wenn folgende zusätzliche Voraussetzungen erfüllt sind:**

- **Die gesellige oder gesellschaftliche Veranstaltung erfüllt jene Kriterien, die auch für das Vorliegen eines Betriebes gemäß § 45 Abs. 1a BAO maßgebend sind.**
- **Die Umsätze aus diesen Veranstaltungen betragen insgesamt nicht mehr als 15 000 Euro im Kalenderjahr.**

**Nicht unter § 34 bis § 47 BAO fallende Körperschaften im Sinne des § 2 Z 3 Parteiengesetzes 2012 sowie Gliederungen mit eigener Rechtspersönlichkeit von Körperschaften im Sinne des § 1 Abs. 3 Z 2 zweiter Satz, die an der Wahlwerbung zu einem allgemeinen Vertretungskörper oder dem Europäischen Parlament beteiligt oder in einem solchen Vertretungskörper oder dem Europäischen Parlament vertreten ist, sind für Zwecke der Z 12 wie Körperschaften des öffentlichen Rechts zu behandeln.**

**c) Die Gesamtdauer gemäß lit. a der geselligen oder gesellschaftlichen Veranstaltung pro Kalenderjahr sowie die Umsätze gemäß lit. b zweiter Teilstrich sind für jede kleinste territoriale Gliederung ohne eigene Rechtspersönlichkeit**

- **einer Körperschaft öffentlichen Rechts,**
- **einer Körperschaft im Sinne des § 1 Abs. 3 Z 2 zweiter Satz, die an der Wahlwerbung zu einem allgemeinen Vertretungskörper oder dem Europäischen Parlament beteiligt oder in einem solchen Vertretungskörper oder dem Europäischen Parlament vertreten ist, oder deren Gliederungen mit eigener Rechtspersönlichkeit oder**
- **einer Körperschaft im Sinne des § 2 Z 3 Parteiengesetzes 2012**

**gesondert zu bemessen. Die kleinste territoriale Gliederung umfasst die Katastralgemeinde.**

## B. Auslegung durch den EuGH

Soweit ersichtlich, lag dem EuGH zu dieser Richtlinienbestimmung bisher noch kein Rechtsstreit zur Entscheidung vor.[1] Nachfolgend werden die einzelnen Tatbestandsmerkmale der Richtlinienbestimmung im Lichte der EuGH-Rechtsprechung erläutert. 20.2

---

1 Inhaltlich berührte die Entscheidung des EuGH v. 6.10.2009 – Rs. C-267/08 – SPÖ, ECLI:EU:C:2009:619, die Richtlinienbestimmung (sowie Art. 132 Abs. 1 lit. f und l); angesprochen wird sie von EuGH, Kennemer Golf, Schlussanträge Generalanwalt *Jacobs*, C-174/00, ECLI:EU:C:2001:694, Rz. 38 und EuGH, Ordre des barreaux francophones und germanophone u.a., Schlussanträge Generalanwältin *Sharpston*, C-543/14, ECLI:EU:C:2016:157, Rz. 106.

20.3 Der Wortlaut der Richtlinienbestimmung beschränkt den Anwendungsbereich auf **„Einrichtungen“**.[1] Der EuGH hat zu anderen Richtlinienbestimmungen – z.B. zur Förderung des Gesundheitswesens – entschieden, dass der Begriff einer „Einrichtung“ funktional zu verstehen ist, so dass auch natürliche Personen und abgrenzbare Betriebsteile juristischer Personen davon erfasst werden können.[2] Diese Auslegung dürfte hier ebenso greifen, da Art. 132 Abs. 1 lit. o MwStSystRL u.a. auf den Befreiungstatbestand zum Gesundheitswesen (Art. 132 Abs. 2 lit. b MwStSystRL) Bezug nimmt.

20.4 Als begünstigte Einrichtungen kommen hier

- Einrichtungen der Heilbehandlung nach § 4 Nr. 14 lit. b,[3]
- der Arbeitsförderung nach § 4 Nr. 15 lit. b,[4]
- der Betreuung und Pflege hilfebedürftiger Personen nach § 4 Nr. 16,[5]
- der Wohlfahrtspflege nach § 4 Nr. 18,[6]
- der Gliederungen politischer Parteien nach § 4 Nr. 18a,[7]
- der anerkannten kulturellen Einrichtungen nach § 4 Nr. 20,[8]
- der anerkannten Bildungseinrichtungen nach § 4 Nr. 21 a),[9]
- der kulturellen und sportlichen Einrichtungen nach § 4 Nr. 22[10] sowie
- die anerkannten Einrichtungen der Jugendhilfe nach § 4 Nr. 23[11], Nr. 24[12] und Nr. 25[13]

in Betracht.

20.5 Die Befreiung gilt nach der Richtlinienbestimmung für Dienstleistungen und Lieferungen bei **„Veranstaltungen“**. Den Begriff „Veranstaltung“ nutzt der EuGH z.B. bei seinen Entscheidungen zum Glückspiel, das mit Einschränkungen eine begünstigte Mittelbeschaffungstätigkeit der hier erläuterten Richtlinienbestimmung sein kann, als Synonym für „Durchführung“ oder

1 Zum Begriff der Einrichtungen ausführlich *Hüttemann/Schauhoff*, Rz. 9.9 ff.
2 EuGH v. 7.9.1999 – Rs. C-216/97, UR 1999, 419 – Gregg, ECLI:EU:C:1999:390, Rz. 18-20.
3 Art. 132 Abs. 1 lit. o i.V.m. lit. b, s. Zuordnungsübersicht bei *Oelmaier* in Sölch/Ringleb, § 4 Nr. 14 Rz. 12.
4 Art. 132 Abs. 1 lit. o i.V.m. lit. g, s. Zuordnung bei *Oelmaier* in Sölch/Ringleb, § 4 Nr. 15b Rz. 2.
5 Art. 132 Abs. 1 lit. o i.V.m. lit. g, s. Zuordnung bei *Oelmaier* in Sölch/Ringleb, § 4 Nr. 16 Rz. 9.
6 Art. 132 Abs. 1 lit. o i.V.m. lit. g, s. Zuordnung bei *Oelmaier* in Sölch/Ringleb, § 4 Nr. 18 Rz. 3.
7 Art. 132 Abs. 1 lit. o i.V.m. lit. l, s. Zuordnung bei *Oelmaier* in Sölch/Ringleb, § 4 Nr. 18a Rz. 3.
8 Art. 132 Abs. 1 lit. o i.V.m. lit. n, s. Zuordnung bei *Oelmaier* in Sölch/Ringleb, § 4 Nr. 20 Rz. 3.
9 Art. 132 Abs. 1 lit. o i.V.m. lit. i, s. Zuordnungsübersicht bei *Oelmaier* in Sölch/Ringleb, § 4 Nr. 21 Rz. 8.
10 Art. 132 Abs. 1 lit. o i.V.m. lit. h und i, s. Zuordnungsübersicht bei *Oelmaier* in Sölch/Ringleb, § 4 Nr. 22 Rz. 4.
11 Art. 132 Abs. 1 lit. o i.V.m. lit. h und i, s. Zuordnung bei *Oelmaier* in Sölch/Ringleb, § 4 Nr. 23 Rz. 14.
12 Art. 132 Abs. 1 lit. o i.V.m. lit. h und i, s. Zuordnung bei *Oelmaier* in Sölch/Ringleb, § 4 Nr. 24 Rz. 5 f.
13 Art. 132 Abs. 1 lit. o i.V.m. lit. g, h, i, m und n, s. Zuordnungsübersicht bei *Oelmaier* in Sölch/Ringleb, § 4 Nr. 25 Rz. 13.

„Maßnahme“[1] und ebenso in anderen Urteilen.[2] Nach dieser Auslegung kommt dem Begriff der Veranstaltung keine tatbestandseingrenzende Bedeutung zu. Für einen weiten Anwendungsbereich des Begriffs „Veranstaltungen“ spricht auch die englische Sprachfassung der Richtlinie („fund-raising events“ – Mittelbeschaffungsmaßnahmen), zumal die Mitgliedstaten ohnehin alle erforderlichen Beschränkungen für die befreiten Mittelbeschaffungsmaßnahmen vorsehen können (Art. 132 Abs. 2 MwStSystRL).

Nach dem Richtlinientext 20.6

„wenn die Veranstaltungen dazu bestimmt sind, den Einrichtungen eine finanzielle Unterstützung zu bringen und ausschließlich zu ihrem Nutzen durchgeführt werden“

in englischer Sprachfassung

„in connection with fund-raising events organised exclusively for their own benefit“

und in französischer Sprachfassung

„l'occasion de manifestations destinées à leur apporter un soutien financier et organisées à leur profit exclusif“

und auch der Sinn und Zweck der Richtlinienbestimmung wird keine besondere oder formale Herausstellung der Mittelbeschaffungsaktivitäten in Gestalt von Festveranstaltungen o.Ä. gefordert, solange die Maßnahmen **ausschließlich auf Mittelbeschaffungen** für die nach der Richtlinienbestimmung **begünstigten Einrichtungen** gerichtet sind. Hier muss man sich von der nach Inkrafttreten der MwStSystRL zunehmend von Fundraisingberatern aus geschäftsfördernder Motivation verbreiteten Auffassung lösen, Mittelbeschaffungsaktivitäten i.S.d. Art 132 Abs. 1 lit. o MwStSystRL müssten einen besonderen Charakter haben. Eine solche Einschränkung ist aus Wortlaut, Sinn und Zweck sowie dem historische Kontext der Richtlinienbestimmung nicht herleitbar.

Nach dem Wortlaut sowie dem Sinn und Zweck der Richtlinienbestimmung 20.7

- müssen die begünstigten Einrichtungen verantwortliche **Veranstalter der Mittelbeschaffungsaktivitäten** sein,
- ist eine **zeitnahe Mittelverausgabung** für die begünstigten Zwecke nicht erforderlich; die finanzielle Unterstützung kann daher z.B. auch als Risikovorsorge oder bei einer Stiftung als begünstigte Einrichtung für die Aufstockung von deren Grundstockvermögen bestimmt sein und
- müssen die Mittelbeschaffungsaktivitäten nicht in unmittelbarem Zusammenhang mit den damit geförderten Dienstleistungen durchgeführt werden[3].

1 EuGH v. 10.11.2011 – Rs. C-259/10 – Rank Group, ECLI:EU:C:2311:719, Rz. 45.

2 Vgl. EuGH v. 22.1.2015 – Rs. C-55/14 – Régie communale, ECLI:EU:C:2015:29, Rz. 32, UR 2015, 347; v. 27.10.2011 – Rs. C-530/09 – Inter Mark Group, ECLI:EU:C:2011:697, Rz. 20, UR 2011, 894 m. Anm. *Burgmaier*; v. 10.6.2010 – Rs. C-58/09 – Leo Libera, ECLI:EU:C:2010:333, Rz. 27 f., UR 2010, 494.

3 Die Passage „in connection with fund-raising events“ bezieht sich wie im deutschen Richtlinientext auf die der Mittelbeschaffung dienenden Tätigkeiten und nicht solchen nach den Buchst. b, g, h, i, l, m und n.

20.8 Nach der Richtlinienbestimmung darf die Befreiung nicht zu **Wettbewerbsverzerrungen** führen (Sonderfall des inzwischen allgemein überbewerteten[1] Grundsatzes der **Wettbewerbsneutralität**).[2] Da die in der Richtlinienbestimmung beschriebenen Mittelbeschaffungstätigkeiten nur ernsthaft der Mittelbeschaffung dienen können, wenn sie Bedürfnisse der Menschen ansprechen, die immer auch kommerziell bedient werden können, ist grundsätzlich jede dieser Mittelbeschaffungstätigkeiten wettbewerbsrelevant. Bei einer zu weitgehenden Berücksichtigung des Wettbewerbs hätte die Befreiungsregelung daher keinen Anwendungsbereich.[3] Eine Einschränkung aus Gründen des Wettbewerbs rechtfertigt nach der Rechtsprechung des EuGH zur insoweit vergleichbaren Richtlinienbestimmung des Art. 133 andererseits keinen weitgehenden Anwendungsausschluss der Befreiung (**Kernbereichslehre**),[4] so dass der Begriff der Wettbewerbsverzerrung nach dieser Maßgabe und damit unter **Abwägung** der Zielsetzung der Befreiungsvorschrift und der damit einhergehenden konkreten[5] Wettbewerbsintensität auszulegen ist (**Relativität des Neutralitätsgrundsatzes**[6]).

20.9 Der EuGH bejaht eine Wettbewerbsverzerrung „in der Regel", wenn gleiche oder gleichartige Dienstleistungen, die **„dieselben Bedürfnisse befriedigen"**, hinsichtlich der Mehrwertsteuer ungleich behandelt werden.[7] Nach diesem im Vergleich zu einer späteren Entscheidung des EuGH[8], die Leistungen von eindeutig hoher Wettbewerbsintensität betraf,[9] deutlich ausdifferenzierteren Maßstab zur Zulässigkeit einer Wettbewerbsbeeinträchtigung sind Ausnahmen zur Regelannahme einer Wettbewerbsverzerrung aus dem **Kontext der Befreiungsregelung** abzuleiten.[10]

20.10 Ein wesentlicher Anknüpfungspunkt sind hier „dieselben Bedürfnisse". Denn tatsächlich stehen bei den Veranstaltern einer auf Mittelbeschaffung gerichteten Tätigkeit i.S.d. Art. 132 Abs. 1 lit. o MwStSystRL andere Bedürfnisse im Fokus als bei den jeweiligen (nicht begünstigten) Wettbewerbern. Wer sich z.B. an der Weihnachtslotterie eines Vereins der Wohlfahrtspflege beteiligt, hat primär die Verwendung der Loseinsätze für Hilfsbedürftige und nicht die Gewinnmaximierung seines Wetteinsatzes im Blick. Das Bedürfnis des Loskäufers, mit dem Kauf des Loses eine gemeinwohlorientierte Einrichtung finanziell zu fördern, können gewerbliche Wettanbieter nicht befriedigen. Zu praxisrelevanten Fallgruppen einer fehlenden Wettbewerbsverzerrung (kontextbezogene Leistungen, Marktferne, Devotionalien, einrichtungsbe-

1 Instrumente wie z.B. der Jasta (Justice Against Sponsors for Terrorism Act) mit seinen weit über die offiziellen Zielsetzungen hinausreichenden vergleichbar gravierenden Auswirkungen auf die Wettbewerbsneutralität – auch des Binnenmarkts – werden demgegenüber allgemein akzeptiert.

2 Allgemein zum Neutralitätsgrundsatz *Hüttemann*, Rz. 3.4 ff.

3 Hierzu *Hüttemann*, Rz. 3.47.

4 Z.B. EuGH v. 19.12.2013 – Rs. C-495/12 – Bridport, ECLI:EU:C:2013:861, Rz. 35–37, UR 2014, 192 m. Anm. *Widmann*; zu dem hier anzulegenden Maßstab auch EuGH v. 6.10.2009 – C-267/08 – SPÖ Landesorganisation Kärnten, ECLI:EU:C:2009:619.

5 EuGH v. 20.11.2003 – Rs. C-8/01 – Taksatorringen, ECLI:EU:C:2003:321, Rz. 65, UR 2004, 82 m. Anm. *Burgmaier*.

6 Ähnlich *Schauhoff*, Rz. 10.91 ff.

7 EuGH v. 10.11.2011 – Rs. C-259/10 – Rank Group, ECLI:EU:C:2311:719, Rz. 35; *Hüttemann*, Rz. 3.21.

8 EuGH v. 19.7.2012 – Rs. C-33/11 – A Oy, ECLI:EU:C:2012:482, Rz. 33, UR 2012, 873; *Hüttemann*, Rz. 3.22.

9 Lieferungen von Luftfahrzeugen für den internationalen Charterflugverkehr.

10 EuGH v. 19.12.2013 – Rs. C-495/12 – Bridport, ECLI:EU:C:2013:861, Rz. 35, UR 2014, 192 m. Anm. *Widmann*.

zogene Angebote) wird auf die nachfolgenden Ausführungen unter E. zu den Reformvorschlägen verwiesen.

Die Rechtsprechung des EuGH zur Wettbewerbsverzerrung führt daher nicht zum Anwendungsausschluss der Befreiungsregelung. Zur Vermeidung relevanter Wettbewerbsverzerrungen – nicht dagegen zur Erhöhung des Steueraufkommens – ist den Mitgliedstaaten in der Richtlinie die Befugnis eingeräumt, alle **erforderlichen** Beschränkungen vorzusehen, insbesondere hinsichtlich der Anzahl der Veranstaltungen und der Höhe der Einnahmen (Art. 132 Abs. 2 MwStSystRL). Einem weitgehenden Anwendungsausschluss der Befreiung sind hierbei aber angesichts der **Kernbereichslehre**[1] Grenzen gesetzt. 20.11

Auf die in **Art. 133 und 134 MwStSystRL** geregelten Beschränkungen[2] (Gewinnlosigkeit,[3] ehrenamtliche Führung,[4] Marktpreisunterbietung,[5] Wettbewerbsunschädlichkeit,[6] Unerlässlichkeit[7] oder unverzichtbares Leistungsangebot[8]) verweist die Befreiungsregelung dagegen nicht. Bei den von Art. 132 Abs. 1 lit. o MwStSystRL in Bezug genommenen Befreiungsbestimmungen (Art. 132 Abs. 1 lit. b, g, h, i, l, m und n MwStSystRL) greifen die Einschränkungen der Art. 133 und 134 MwStSystRL daher gleichfalls nicht, soweit der Anwendungsbereich des Art. 132 Abs. 1 lit. o MwStSystRL eröffnet ist.[9] 20.12

Die Richtlinienbestimmung ist inhaltlich unbedingt, hinreichend genau und nicht an Bedingungen geknüpft,[10] da die möglichen Beschränkungen nach Art. 132 Abs. 2 MwStSystRL nicht in den Tatbestand der Befreiungsbestimmung aufgenommen wurden, so dass Steuerpflichtige mit der **Berufung auf die gemeinschaftsrechtliche Befreiungsvorschrift** vor den nationalen Gerichten Erfolg haben werden.[11] 20.13

## C. Relevante deutsche Regelungen

Derdeutsche **Gesetzgeber** hat die Befreiung bisher weitgehend nicht umgesetzt.[12] Bezugnahmen auf diese Richtlinienbestimmung in zwei Entscheidungen des BFH[13] und einer Entscheidung des FG München[14] haben entgegen der Auffassung von *Oelmaier*[15] keinen Anwendungs- 20.14

1 Z.B. EuGH v. 19.12.2013 – Rs. C-495/12 – Bridport, ECLI:EU:C:2013:861, Rz. 35–37, UR 2014, 192 m. Anm. *Widmann*.
2 Dazu *Schauhoff*, Rz. 10.111 ff.
3 Art. 133 lit. a MwStSystRL.
4 Art. 133 lit. b MwStSystRL.
5 Art. 133 lit. c MwStSystRL.
6 Art. 133 lit. d MwStSystRL.
7 Art. 134 lit. a MwStSystRL.
8 Art. 134 lit. b MwStSystRL.
9 Arg. e Kernbereichslehre.
10 Zu diesem Maßstab s. z.B. EuGH v. 10.9.2002 – Rs. C-141/00 – Kügler, ECLI:EU:C:2002:473, Rz. 51, UR 2002, 513.
11 *Hölzer* in Rau/Dürrwächter, § 4 Nr. 25 Rz. 62; offengelassen von FG München v. 10.2.2005 – 11 K 628/02, Rz. 38 (rkr.), EFG 2005, 1313.
12 *Langer* in Reiß/Kraeusel/Langer, Art. 131–137 MwStSystRL, Synopse zur MwStSystRL Art. 132 Abs. 1 lit. o. (Stand 1.8.2013); FG Niedersachsen v. 10.2.2005 – 11 K 628/02, Rz. 38, juris, rkr.
13 BFH v. 30.3.2000 – V R 30/99, BStBl. II 2000, 705 = UR 2000, 327; v. 14.5.1992 – V R 79/87, UR 1992, 307 = BStBl. II. 1992, 983.
14 FG München v. 10.2.2005 – 11 K 628/02, Rz. 38 (rkr.), EFG 2005, 1313.
15 *Oelmaier* in Sölch/Ringleb, § 4 Nr. 22 Rz. 4.

spielraum der Richtlinienbestimmung im Rahmen des § 4 Nr. 22 lit. b UStG aufgezeigt, da diese Vorschrift des UStG durch eine andere Richtlinienbestimmung (Art. 132 Abs. 1 lit. m MwStSystRL) abgedeckt ist,[1] der BFH die Richtlinienbestimmung nur am Rande erwähnt, ohne sie anzuwenden, und das FG die Anwendbarkeit offenließ[2].

20.15 Die ältere der beiden Entscheidungen des BFH[3] betraf die Versagung des Vorsteuerabzugs für das Clubhaus eines Segelsportvereins nach Inkrafttreten des § 4 Nr. 22 lit. b UStG. Der BFH verneinte einen Vertrauensschutz wegen Geringfügigkeit des Eingriffs und ließ ohne weitere Ausführungen dahinstehen, ob der Verein angesichts der Befreiungsnormen des Art. 13 Abschn. A Abs. 1 lit. m und o der 6.Richtlinie[4] überhaupt Vertrauensschutz auf einen Vorsteuerabzug zuzubilligen wäre, erwähnte also lit. o nur in diesem Zusammenhang. Auch die jüngere der beiden BFH-Entscheidungen[5] enthält keine Ausführungen, weshalb die nach § 4 Nr. 22 lit. b UStG befreiten Teilnahmegebühren nicht bereits durch Art. 132 Abs. 1 lit. m MwStSystRL[6] erfasst sein sollen. Gerade weil hier der BFH das Entgelt für die Benutzung der Eisbahn und den Schlittschuhverleih nicht als Teilnahmegebühren des Eissportvereins i.S.d. § 4 Nr. 22 lit. b UStG einstufte und deshalb die Steuerbefreiung versagte, wären Ausführungen zur weitergehenden Steuerbefreiung der zusätzlichen Einnahmen nach Art. 132 Abs. 1 lit. o MwStSystRL erforderlich gewesen – anstatt auf diese Richtlinienbestimmung in der Urteilsbegründung nicht weiter einzugehen. Aus der kommentarlosen Nichtanwendung bei einem einschlägigen Sachverhalt kann entgegen *Oelmaier*[7] nicht abgeleitet werden, dass der BFH einen Anwendungsspielraum der Richtlinienvorschrift eröffnet hätte.

20.16 Soweit der **Umfang der Befreiungstatbestände** nach § 4 Nr. 14 lit. b, Nr. 15 lit. b, Nr. 16, Nr. 18,[8] § 4 Nr. 18a,[9] Nr. 20, Nr. 21 a), Nr. 22, Nr. 23, Nr. 24 und Nr. 25 UStG hinsichtlich mittelbeschaffungsnaher Leistungen strittig ist, da die Leistungen für die begünstigten Umsätze nicht unerlässlich seien und den Einrichtungen zusätzliche Einnahmen verschaffen würden[10] oder einschränkend interpretiert wird, wie z.B. bei der **Beherbergung, Beköstigung oder üblichen Naturalleistungen** der an der Leistungserbringung mitwirkenden Personen (§ 4 Nr. 18 S. 2, Nr. 23 S. 3, Nr. 24 und Nr. 25 S. 3 lit. b UStG)[11], ist zusätzlich die Anwendbarkeit des Art. 132 Abs. 1 lit. o MwStSystRL in Betracht zu ziehen, da sich die Steuerpflichtigen unmittelbar auf die Richtlinienbestimmung berufen[12] und die Leistungen als „Veranstaltungen" im Sinne der Rechtsprechung des EuGH (s.o.), also als Mittelbeschaffungsmaßnahmen eingestuft werden können.

---

1 Art. 132 Abs. I lit. m und n MwStSystRL decken § 4 Nr. 22 lit. b UStG ab.

2 Der klagende Verein wollte sie zugunsten des von ihm beauftragten ausländischen Feuerwerksunternehmens angewendet wissen, für dessen Umsatzsteuer er in Haftung genommen wurde.

3 BFH v. 14.5.1992 – V R 79/87, UR 1992, 307 = BStBl. II. 1992, 983 unter II.1.c) der Entscheidungsgründe.

4 Inzwischen Art. 132 Abs. 1 lit. m und o MwStSystRL.

5 BFH v. 30.3.2000 – V R 30/99, BStBl. II 2000, 705 = UR 2000, 327.

6 Hierzu Rz. 18.2 ff.

7 *Oelmaier* in Sölch/Ringleb, § 4 Nr. 22 Rz. 4.

8 Ablehnend *Ehrt* in Weymüller, Umsatzsteuergesetz, § 4 Nr. 18 Rz. 9 gegen *Oelmaier* in Sölch/Ringleb, § 4 Nr. 18 Rz. 41.

9 Ablehnend *Ehrt* in Weymüller, Umsatzsteuergesetz, § 4 Nr. 18a Rz. 7 f.; *Oelmaier* in Sölch/Ringleb, § 4 Nr. 18a Rz. 3.

10 So *Ehrt* in Weymüller, UStG, § 4 Nr. 18 Rz. 9.

11 Einbeziehung bejaht von *Oelmaier* in Sölch/Ringleb, § 4 Nr. 18 Rz. 41, Nr. 23 Rz. 45, Nr. 24 Rz. 10, Nr. 25 Rz. 100.

12 Vgl. *Hölzer* in Rau/Dürrwächter, § 4 Nr. 25 Rz. 62.

Auch die **Verwaltung** sieht im Umsatzsteueranwendungserlass Befreiungen für Leistungen vor, bei denen die Einbeziehung in „eng verbundene Umsätze" anderer Befreiungen der Mehrwertsteuersystemrichtlinie ungeklärt oder strittig ist und die – bis zu einer allgemein angewandten Rechtsprechung oder dezidierten Regelung durch den Gesetzgeber – ggf. auf Art. 132 Abs. 1 lit. o MwStSystRL gestützt werden können. 20.17

Hier kommen insbesondere nach dem Umsatzsteueranwendungserlass in die **Befreiung des Jugendherbergswesens** einbezogene Nebenumsätze in Betracht: 20.18

- Abschn. 4.24.1 Abs. 2 Nr. 3 und 6 UStAE mit der Steuerbefreiung für die Lieferungen von **Schlafsäcken, Wanderkarten, Wanderbüchern** und von **Ansichtskarten** mit Jugendherbergsmotiven
- Abschn. 4.24.1 Abs. 2 Nr. 4 UStAE mit der Steuerbefreiung für die Gebrauchsüberlassung von **Fahrrädern und Fotoapparaten**
- Abschn. 4.24.1 Abs. 2 Nr. 7 UStAE mit der Steuerbefreiung für **Jugendherbergsverzeichnisse, Jugendherbergskalender, Jugendherbergsschriften** und von **Wimpeln** und **Abzeichen** mit dem Emblem des DJH oder des Internationalen Jugendherbergswerks (IYHF)
- Abschn. 4.24.1 Abs. 3 Satz 1 Buchst. c UStAE mit der Steuerbefreiung für **Leiter und Betreuer** der Gruppen, die zudem wegen der dem Allgemeinwohlinteresse dienenden Betreuung/Beaufsichtigung der Jugendlichen durch Art. 132 Abs. 1 lit. h MwStSystRL gedeckt ist
- Abschn. 4.24.1 Abs. 3 Satz 1 Buchst. d UStAE mit der Steuerbefreiung für **wandernde Familien mit Kindern**
- Abschn. 4.24.1 Abs. 3 Satz 2 f. UStAE mit der Steuerbefreiung für einschlägige **Leistungen im geringen Umfang** von bis zu 2 % an Dritte

Die Richtlinienbestimmung ist nur sehr unzureichend umgesetzt, da zahlreiche weitere Fallgruppen in denAnwendungsbereich der Steuerbefreiung fallen wie z.B. Tombolas, Fundraising Dinner, generell Feuerwehr, Schul- oder Vereinsfeste mit Gastronomie etc. Zu der in diesen Fällen praxisrelevanten Prüfung der Wettbewerbssituation wird auf die nachfolgenden Ausführungen unter E. zu den Reformvorschlägen verwiesen. 20.19

Bei hiernach befreiten Lieferungen und Leistungen entfällt insoweit der **Vorsteuerabzug** (§ 15 Abs. 2 UStG).

## D. Österreichische Rechtslage

### I. Überblick

Das österr. UStG enthält keine explizite Regelung, die jener des Art. 132 Abs. 1 Buchst. o MwStSystRL vergleichbar wäre. 20.20

Für Körperschaften öffentlichen Rechts ist allerdings § 2 Abs. 3 UStG zu beachten, der bestimmt, dass Betriebe gewerblicher Art, die gem. § 5 Z 12 KStG 1988 von der Körperschaftsteuer befreit sind, nicht als unternehmerische Tätigkeit zu qualifizieren sind. § 5 Z 12 KStG 20.21

befreit die Durchführung geselliger oder gesellschaftlicher Veranstaltungen zur Förderung bestimmter begünstigter Zwecke von der Körperschaftsteuer[1].

20.22 Für Körperschaften des privaten Rechts ist § 5 Z 12 lit. a KStG nicht anwendbar. Ustl. Begünstigungen bestehen für Veranstaltungen dann, wenn die Voraussetzungen der abgabenrechtlichen Gemeinnützigkeit i.S.d. § 34 ff. BAO erfüllt sind und die Veranstaltung die Voraussetzungen des § 45 Abs. 1a BAO erfüllt (siehe dazu näher unten Rz. 21.34 ff.). und damit als entbehrlicher Hilfsbetriebe im Sinne des § 45 Abs. 1 BAO zu qualifizieren ist. Ein entbehrlicher Hilfsbetrieb ist dadurch charakterisiert, dass durch die Tätigkeit eine Abweichung von den in der Satzung festgelegten Zwecken nicht eintritt und die Gewinne der Förderung begünstigter Zwecke dienen.

20.23 Entbehrliche Hilfsbetriebe erfüllen mit ihren einnahmenerzielenden Tätigkeiten zwar in der Regel nach § 2 Abs. 1 UStG die Voraussetzungen einer nachhaltigen Einnahmenerzielung und unterliegen damit der Umsatzsteuer[2]. Die Praxis der Finanzverwaltung sieht allerdings für die von abgabenrechtlich begünstigten Rechtsträgern im Rahmen von unentbehrlichen und entbehrlichen Hilfsbetrieben ausgeübten Tätigkeiten eine widerlegliche Liebhabereivermutung vor (vgl. bereits Rz. 17.37). Damit unterliegen Leistungen im Rahmen solcher Veranstaltungen infolge Liebhaberei nicht der Umsatzsteuer. Optiert der Rechtsträger zur Steuerpflicht, kommt der ermäßigte Umsatzsteuersatz (§ 10 Abs. 2 Z 4 UStG) zur Anwendung.

20.24 Veranstaltungen eines abgabenrechtlich begünstigten Rechtsträgers, die die Voraussetzungen des § 45 Abs. 1a BAO nicht erfüllen, sind dagegen als begünstigungsschädliche Betriebe zu qualifizieren, die im Regelfall mit ihren Leistungen der Umsatzsteuer unterliegen. Der ermäßigte Umsatzsteuersatz ist nicht anwendbar.

20.25 Veranstaltungen politischer Parteien unterliegen unter den Voraussetzungen des § 5 Z 12 lit. b KStG nicht der Körperschaftsteuer. Auf Grund des Verweises in § 2 Abs. 3 UStG fällt auch keine Umsatzsteuer an.

## II. Veranstaltungen von Körperschaften öffentlichen Rechts

20.26 § 5 Z 12 KStG enthält in lit. a die allgemeinen Tatbestandsvoraussetzungen, die eine Körperschaft öffentlichen Rechts für die Steuerbefreiung einer geselligen oder gesellschaftlichen Veranstaltung erfüllen muss. Lit. b enthält davon abweichende Voraussetzungen für die Veranstaltungen politischer Parteien zur Förderung von Zwecken im Sinne des § 1 Parteiengesetzes 2012 (vgl. dazu Rz. 20.45).

20.27 Die Steuerbefreiung nach § 5 Z 12 lit. a KStG setzt zunächst voraus, dass der Betrieb gewerblicher Art ausschließlich in der entgeltlichen Durchführung geselliger oder gesellschaftlicher Veranstaltungen bestehen muss. Erforderlich ist, dass anlässlich der Veranstaltung Eintrittsgelder eingehoben werden, wobei aber freiwillige Spenden ausreichen.

20.28 Die Veranstaltung muss geselliger oder gesellschaftlicher Art sein. Das Gesetz zählt beispielhaft auf Feste, Bälle, Kränzchen, Feiern, Juxveranstaltungen, Heurigenausschank, Wanderta-

1 Vgl *Achatz/Haller* in *Achatz/Kirchmayr*, Körperschaftsteuer, Kommentar, § 5 Tz. 192; *Bodis/Ebner*, Steuerliche Behandlung von geselligen Veranstaltungen gemeinnütziger Körperschaften oder Körperschaften des öffentlichen Rechts, SWK 2016, 1229.

2 *Ruppe/Achatz*, Umsatzsteuergesetz, Kommentar, § 2 Tz. 270.

ge, Vergnügungs-Sportveranstaltungen. Der Betrieb muss ausschließlich in der Durchführung einer solchen Veranstaltung bestehen, Kombinationen mit anderen betrieblichen Aktivitäten, wie zB Ausstellungen, fallen i.d.R. nicht unter § 5 Z 12 KStG[1].

Die Veranstaltung muss nach dem Gesetz ferner nach außen hin erkennbar begünstigten Zwecken i.S.d. BAO dienen und die Erträge aus der jeweiligen Veranstaltung müssen nachweislich für diesen Zweck verwendet werden. Eine Mittelakkumulierung durch Veranstaltungen über mehrere Jahre hinweg wird dabei von der Praxis anerkannt[2]. Nicht vorausgesetzt wird, dass die Körperschaft öffentlichen Rechts unmittelbar selbst gemeinnützig tätig ist, es genügt, dass der Überschuss aus der Veranstaltung einem begünstigten Zweck zugeführt wird. 20.29

Die Dauer dieser Veranstaltungen darf insgesamt im Kalenderjahr 72 Stunden nicht überschreiten. Diese Grenze wurde mit BGBl. I 77/2016 mit Wirkung ab 1.1.2016 eingeführt; bis zu diesem Zeitpunkt durften die Veranstaltungen nicht mehr als vier Tage dauern, wobei der Tag mit 24 Stunden gerechnet wurde und an höchstens drei Tagen gastgewerbliche Tätigkeiten mit diesen Veranstaltungen verbunden sein durften[3]. Die 72-Stunden-Grenze wird dabei seit 1.1.2016 nicht auf die Körperschaft als solche, sondern auf jede territoriale Gliederung ohne Rechtspersönlichkeit angewendet; die kleinste territoriale Gliederung bezieht sich auf die jeweilige Katastralgemeinde (§ 5 Z 12 lit. c KStG). 20.30

Der Tatbestand setzt das Vorliegen einer Körperschaft öffentlichen Rechts voraus (siehe dazu Rz. 14.99). Abgabenrechtlich begünstigte Rechtsträger, die diese Eigenschaft nicht aufweisen, fallen nicht unter die Befreiung; allerdings ist nach der Praxis der Finanzverwaltung für diese bei Vorliegen eines entbehrlichen Hilfsbetriebes die Liebhabereivermutung anwendbar. Die Voraussetzungen für das Vorliegen eines entbehrlichen Hilfsbetriebes entsprechen zum Teil jenen des § 5 Z 12 lit. a KStG, sind aber insgesamt enger (vgl. Rz. 21.36 und 21.37). 20.31

Liegen die Voraussetzungen des § 5 Z 12 KStG vor, unterliegen die im Rahmen solcher Veranstaltungen ausgeführten Leistungen nicht der Umsatzsteuer. Das gilt für die Berechtigung zur Teilnahme an der Veranstaltung ebenso wie für anlässlich solcher Veranstaltungen angebotene Leistungen (wie z.B. Verpflegung, Lotterien, Tombolas etc). 20.32

## III. Veranstaltungen von abgabenrechtlich begünstigten Körperschaften privaten Rechts

Gesellige Veranstaltungen von abgabenrechtlich i.S.d. § 34 ff. BAO begünstigten Körperschaften sind zwar nicht für die Zweckverwirklichung unentbehrlich und können somit auch nicht als unentbehrliche Hilfsbetriebe i.S.d. § 45 Abs. 2 BAO eingeordnet werden. Vor dem Hintergrund der bestehenden gesetzlichen Systematik ist zu entscheiden, ob solche Veranstaltungen als entbehrlicher Hilfsbetrieb i.S.d. § 45 Abs. 1 BAO zu erfassen sind (der zwar der Abgabepflicht unterliegt, aber die Begünstigung nicht gefährdet), oder als schädlicher wirtschaftlicher Geschäftsbetrieb i.S.d. § 45 Abs. 3 BAO oder gar als Gewerbebetrieb zu qualifizieren sind, die ebenfalls der Abgabepflicht unterliegen, aber zugleich die abgabenrechtliche Begünstigung ge- 20.33

1 Vgl. *Achatz/Mang/Lindinger*, Besteuerung der Körperschaften öffentlichen Rechts[3], Rz. 177.
2 Vgl. KStR 2013 Rz. 285.
3 Vgl. dazu *Achatz/Mang/Lindinger*, Besteuerung der Körperschaften öffentlichen Rechts, Rz. 178; vgl. auch *Renner*, EU-AbgÄG 2016: Begünstigungen für Körperschaften öffentlichen Rechts, politische Parteien und Vereine, ÖStZ 2016, 457.

fährden. Schädliche Betriebe führen nämlich zum Verlust der abgabenrechtlichen Begünstigung, wenn die Umsätze aus solchen Betrieben insgesamt € 40.000 im Jahr überschreiten und keine Ausnahmegenehmigung i.S.d. § 44 Abs. 2 BAO bei dem für die Erhebung der Umsatzsteuer zuständigen Finanzamt beantragt wird.

20.34 Die Einordnung ist von umsatzsteuerlichem Interesse, da für unentbehrliche und entbehrliche Hilfsbetriebe von abgabenrechtlich begünstigten Körperschaften die Liebhabereivermutung zum Tragen kommt. Damit unterliegen die Umsätze aus solchen Aktivitäten nicht der Umsatzsteuer, es sei denn der Rechtsträger optiert für diese zur Steuerpflicht. Die Praxis setzt für die Ausübung der Option voraus, dass die Einnahmen des Betriebes mehr als € 2.900 betragen[1].

20.35 Die Abgrenzung geselliger Veranstaltungen als entbehrlich oder begünstigungsschädlich erfolgte lange Zeit an Hand von in den VereinsR 2001 niedergelegten Erlassmeinungen der Finanzverwaltung, die zwischen „kleinen“ und „großen“ Vereinsfesten differenzierte. Mit BGBl. I 77/2016 hat der Gesetzgeber in § 45 Abs. 1a BAO jene Voraussetzungen geregelt, die eine gesellige Veranstaltung als entbehrlichen Hilfsbetrieb determinieren.

20.36 Danach muss die Organisation und Durchführung der Veranstaltung im wesentlichen durch die Mitglieder der Körperschaft oder deren Angehörigen erfolgen. Eine Mitarbeit fremder Dritter ist nur dann unschädlich, wenn diese unentgeltlich erfolgt. Die Übertragung der Verpflegung an einen Unternehmer (Gastwirt) stellt keinen Bestandteil der geselligen Veranstaltung dar und steht der Einordnung der Veranstaltung als entbehrlicher Hilfsbetrieb nicht entgegen.

20.37 Auftritte von Musik- oder anderen Künstlergruppen stehen der Begünstigung gem. § 45 Abs. 1a BAO dann nicht entgegen, wenn diese Gruppen für ihre Unterhaltungsdarbietungen höchstens € 1.000 pro Stunde erhalten.

20.38 Vorausgesetzt ist ferner, dass die Gesamtdauer der geselligen Veranstaltungen pro Kalenderjahr 72 Stunden nicht überschreitet. Vorbereitungs- und Nachbereitungsaktivitäten sind nicht einzurechnen[2]. Die Gesamtdauer ist dabei für jede territoriale Untergliederung ohne eigene Rechtspersönlichkeit anzuwenden, wobei die kleinste Untergliederung der Ebene der Katastralgemeinde entspricht.

20.39 Entgeltliche Belustigungen, wie z.B. Preisschießen und Glücksspiele bilden nach der Praxis der Finanzverwaltung mit der Veranstaltung eine Einheit[3], womit für solche Umsätze ebenfalls die Liebhabereivermutung zur Anwendung gelangen kann.

20.40 Veranstalten mehrere abgabenrechtlich begünstigte Körperschaften gemeinsam ein Fest, ist das Vorliegen der Voraussetzungen des § 45 Abs. 1a BAO auf Ebene der jeweiligen Körperschaft zu prüfen, wobei für jeden Beteiligten das volle Stundenausmaß zu berücksichtigen ist. Dies gilt auch für gemeinsame Veranstaltungen mit einer Körperschaft öffentlichen Rechts, die die Voraussetzungen des § 5 Z 12 KStG erfüllt[4].

1 UStR 2000 Rz. 1240.
2 VereinsR 2001 Rz. 306.
3 VereinsR 2001 Rz. 382.
4 Vgl. VereinsR 2001 Rz. 306.

Veranstaltungen, die nicht unter § 45 Abs. 1a BAO fallen, begründen einen schädlichen wirtschaftlichen Geschäftsbetrieb i.S.d. § 45 Abs. 3 BAO oder einen Gewerbebetrieb i.S.d. § 44 BAO. Damit kann nach der Verwaltungspraxis die umsatzsteuerliche Liebhabereivermutung nur dann greifen, wenn die Umsätze pro Jahr aus solchen Betrieben € 7.500 nicht übersteigen und für alle unentbehrlichen und entbehrlichen Hilfsbetriebe die Liebhabereivermutung zur Anwendung gelangt, also nicht widerlegt wird[1]. In allen anderen Fällen unterliegen die Leistungen somit der Umsatzsteuer. 20.41

Für die Abgabe von Speisen und Getränken im Rahmen einer nicht unter § 45 Abs. 1a BAO fallenden Veranstaltung (z.B. Kultur- oder Sportveranstaltung) sieht die Verwaltungspraxis allerdings eine Erleichterung vor, wenn die abgabenrechtlich begünstigte Körperschaft über keine gastronomische Einrichtung verfügt, nur ein geringfügiges Speisenangebot bereitgestellt wird und der Verkauf nur durch Vereinsmitglieder erfolgt: In solchen Fällen rechnet die Verabreichung von Speisen und Getränken zum unentbehrlichen Hilfsbetrieb (z.B. Kulturbetrieb oder Sportbetrieb) der begünstigten Körperschaft, womit für diese Umsätze die Liebhabereivermutung zum Tragen kommen kann[2]. 20.42

Nicht unter § 45 Abs. 1a BAO fallen nach der Verwaltungspraxis nachhaltig durchgeführte Wohltätigkeitsveranstaltungen (Benefizveranstaltungen), bei denen Künstler, Sportler oder andere Personen unentgeltlich auftreten, oder Kunstwerke im Rahmen eines persönlichen Auftritts durch Künstler kostenlos zur Verfügung gestellt werden. Nach der Verwaltungspraxis liegen begünstigungsschädliche Betriebe vor[3]. Damit besteht grundsätzlich Steuerpflicht. Allerdings bestehen nach Auffassung der Finanzverwaltung keine Bedenken, wenn die aus solchen Veranstaltungen erzielten Gewinne im Rahmen einer Ausnahmegenehmigung gemäß § 44 Abs. 2 BAO von der Steuerpflicht ausgenommen werden, sofern die Verfolgung begünstigter Zwecke einwandfrei erkennbar ist und die Zuführung der erzielten Gewinne zu den begünstigten Zwecken gesichert ist. Die Umsatzsteuerpflicht für die im Rahmen solcher Veranstaltungen ausgeführten Umsätze wird durch die Abgabenbefreiung der Gewinne jedoch nicht berührt. 20.43

Für Verkaufsaktionen und Versteigerungen geht die Verwaltungspraxis vom Vorliegen eines entbehrlichen Hilfsbetriebes aus. Dies soll auch gelten, wenn solche Aktionen im Rahmen einer Benefizveranstaltung durchgeführt werden[4]. Für die Umsätze aus solchen Veranstaltungen kommt somit die Liebhabereivermutung zum Tragen. Sollte zur Umsatzsteuerpflicht optiert werden, ist der ermäßigte Steuersatz (§ 10 Abs. 2 Z 4 UStG) anzuwenden; zu beachten ist, dass der den gemeinen Wert des Gegenstandes übersteigende Erlös als Spende anzusehen ist[5] und damit nicht der Umsatzsteuer unterliegt. 20.44

## IV. Veranstaltungen von politischen Parteien

Politische Parteien, denen nach BGBl. 404/1975 Rechtspersönlichkeit zukam, werden von der Rechtspraxis umsatzsteuerlich seit jeher den Körperschaften öffentlichen Rechts gleichgestellt (UStR 2000 Rz. 270). Dies gilt wohl gleichermaßen unter dem Geltungsbereich des 20.45

1 VereinsR 2001 Rz. 466.
2 VereinsR 2001 Rz. 308.
3 VereinsR 2001 Rz. 389.
4 VereinsR 2001 Rz. 386.
5 VereinsR 2001 Rz. 387a.

Parteiengesetzes 2012, BGBl. I 56/2012. Für die Körperschaftsteuer wurde mit BGBl. I 77/2016 explizit angeordnet, dass politische Parteien wie Körperschaften öffentliches Recht zu behandeln sind, wenn ihnen nach § 1 Abs. 4 Parteiengesetz 2012 Rechtspersönlichkeit zukommt.

20.46 Die Steuerbefreiung nach § 5 Z 12 lit. a KStG (vgl. Rz. 21.29) ist für politische Parteien dann nicht anwendbar, wenn sie die Überschüsse aus geselligen Veranstaltungen zur materiellen Förderung von Zwecken i.S.d. Parteiengesetzes verwenden, da es sich hierbei nach österr Rechtspraxis nicht um abgabenrechtlich begünstigte Zwecke i.S.d. §§ 34 ff. BAO handelt[1]. Der Gesetzgeber hat deshalb mit BGBl. I 77/2016 § 5 Z 12 um eine lit. b erweitert, um auch politischen Parteien zur Förderung solcher Zwecke den Genuss der Körperschaftsteuerbefreiung zu verschaffen.

20.47 Auf Grund des Verweises in § 2 Abs. 3 UStG, der nicht zwischen § 5 Z 12 lit. a und lit. b KStG differenziert, unterliegen die nach § 5 Z 12 lit. b befreiten Aktivitäten politischer Parteien auch nicht der Umsatzsteuer.

20.48 Begünstigt sind Veranstaltungen zur materielllen Förderung von Zwecken i.S.d. § 1 des Parteiengesetzes. Die Anwendung der Begünstigung setzt voraus, dass die Veranstaltung jene Kriterien erfüllt, die für das Vorliegen eines Betriebes nach § 45 Abs. 1a BAO maßgebend sind (s. oben Rz. 21.36–21.38). Darüberhinaus dürfen die Umsätze aus diesen Veranstaltungen nicht mehr als € 15.000 im Jahr betragen.

20.49 Begünstigt sind nicht nur politische Parteien i.S.d. Parteiengesetzes, denen Rechtspersönlichkeit zukommt, sondern auch nicht unter die §§ 34-47 BAO fallende Körperschaften i.S.d. § 2 Z 3 Parteiengesetzes (nahestehende Organisationen) sowie Gliederungen mit eigener Rechtspersönlichkeit von politischen Parteien. Vorausgesetzt wird, dass die Körperschaft an der Wahlwerbung zu einem allgemeinen Vertretungskörper oder dem Europäischen Parlament beteiligt oder in einem solchen Vertretungskörper vertreten ist.

20.50 Die Vorschrift ist verfassungsrechtlich unbedenklich, da der Gesetzgeber politische Parteien vergleichbar mit gemeinnützigen Körperschaften behandelt und mit dieser Vorschrift ein im öffentlichen Interesse gelegenes Ziel, nämlich politische Parteien wegen ihrer Bedeutung für die demokratische Willensbildung, zu unterstützen, gefördert wird[2].

## E. Reformvorschläge

20.51 Da Steuerpflichtige mit der **Berufung auf die gemeinschaftsrechtliche Befreiungsvorschrift** Art. 132 Abs. 1 lit. o MwStSystRL vor den nationalen Gerichten Erfolg haben werden,[3] besteht Reformbedarf. Wie vorstehend ausgeführt, kann das Risiko von Wettbewerbsverzerrungen nach der Kernbereichslehre[4] nicht zu einem Anwendungsausschluss der Richtlinienbestimmung führen (Rz. 20.8 ff.).

1 VereinsR 2001 Rz. 20.

2 VfGH v. 26.9.2017, § 39/2017.

3 *Hölzer* in Rau/Dürrwächter, § 4 Nr. 25 Anm. 62.

4 Z.B. EuGH v. 19.12.2013 – Rs. C-495/12 – Bridport, ECLI:EU:C:2013:861, Rz. 35–37, UR 2014, 192 m. Anm. *Widmann*; zu dem hier anzulegenden Maßstab auch EuGH v. 6.10.2009 – Rs. C-267/08 – SPÖ Landesorganisation Kärnten, ECLI:EU:C:2009:619.

Die Umsetzung der Richtlinienbestimmung in nationales Recht kann sich an folgenden **Kriterien** orientieren: 20.52

- Wettbewerbsverzerrungen können nur in Situationen entstehen, bei denen
  - ein realistisches Marktumfeld für Wettbewerber besteht oder
  - der Konsumanreiz nicht erst durch das Leistungsangebot der durch Art. 132 Abs. 1 lit. o MwStSystRL begünstigten Einrichtung ausgelöst wird – der Verbraucher also die Leistung nicht deshalb in Anspruch nimmt, weil er die begünstigte Einrichtung fördern will (Fördermotivation).
- Aus den in Art. 132 Abs. 2 MwStSystRL angeführten Beschränkungen für Veranstaltungen im Sinne der Befreiungsvorschrift ist abzuleiten, dass – anders als in der allgemein zur Wettbewerbsverzerrung geführten Diskussion – jedenfalls in diesem Falle unbedeutende **Wettbewerbsbeeinträchtigungen** nicht als Wettbewerbsverzerrung im Sinne des Art. 132 Abs. 2 MwStSystRL einzustufen sind. 20.53

Nach diesen Kriterien besteht insbesondere **keine Wettbewerbsverzerrung**, wenn 20.54

- die Veranstaltungen nach Art. 132 Abs. 1 lit. o MwStSystRL inhaltlich bezogen auf die begünstigte Tätigkeit der Einrichtung ausgerichtet sind und es sich um **Nebenleistungen** i.w.S. hierzu handelt, wie z.B. Essen und Trinken während kurzer Pausen des inhaltlichen Leistungsangebots, z.B. bei Bildungs-, Sport- und Kulturveranstaltungen nach Art. 132 Abs. 1 lit. i, m und o MwStSystRL (**kontextbezogene Leistungen**), soweit diese nicht bereits als eng verbundene Leistungen der einschlägigen Steuerbefreiungen erfasst sind. Denn bei der gebotenen generalisierenden Beurteilung können Wettbewerber in diesen Fällen zu allgemein akzeptierten Marktbedingungen (angemessene Entlohnung etc.) ohne Informations-, sonstigen Unterstützungs- und damit Ressourcentransfer seitens der begünstigten Einrichtung kein wirtschaftlich sinnvolles Angebot vorhalten.
- die Einrichtung sich mit den Veranstaltungen keine darauf bezogene Wettbewerbsposition erarbeiten kann, wie z.B. mit einem nur einmal im Jahr stattfindenden Vereinsfest mit gastronomischen Angeboten im üblichen Rahmen von lediglich begrenzter Reichweite (**Marktferne**). 20.55
- Wettbewerber nur am Markt teilnehmen können, wenn sie die dazu in Anspruch genommenen Ressourcen begünstigter Einrichtungen vergüten, wie insbesondere bei dem Handel mit **Devotionalien**, bei denen nicht der Gebrauchswert im Vordergrund steht (z.B. Karnevalsorden, Sportabzeichen, Jugendherbergswimpeln, Ansichtskarten mit Jugendherbergsmotiven) oder mit **einrichtungsbezogenen Angeboten** (z.B. Verzeichnisse, Regelwerke). 20.56
- die Marktteilnehmer erst durch das Interesse an einer Unterstützung der begünstigten Einrichtung zum Konsum motiviert werden (**Fördermotivation**, z.B. bei Weihnachtslotterien begünstigter Einrichtungen, Vereinsfesten, Devotionalienhandel). 20.57

Bei diesen Fallgruppen kommt derzeit eine unmittelbare Berufung auf Art. 132 Abs. 1 lit. o MwStSystRL in Betracht. 20.58

# Kapitel 21
# Krankentransporte, Art. 132 Abs. 1 lit. p MwStSystRL



**Literatur (Deutschland):** *Hettler*, Steuerbefreiung nach § 4 Nr. 17 Bucht. b UStG für den Transport von behinderten Personen, HFR 2005, 156; *Pump*, Beförderung von Kranken und Verletzten i.S.d. § 4 Nr. 17 Buchst. b UStG, StBp 2003, 278; *von Stuhr/Walz*, Krankentransportleistungen und dafür erforderliche Vorhaltemaßnahmen, UR 2011, 525; *Wagner*, Steuerfreier Krankentransport mit hierfür besonders eingerichteten Fahrzeugen, StW 2004, 932.

**Literatur (Österreich): Kommentare:** *Kuder* in Scheiner/Kolacny/Caganek, Kommentar zur MwSt – UStG 1994 (46. Lfg. Dezember 2015); *Rattinger* in Melhardt/Tumpel, UStG$^{2}$ (2015); *Ruppe/Achatz*, UStG$^{5}$ (2017); *Kanduth-Kristen/Tschiderer* in Berger/Bürgler/Kanduth-Kristen/Wakounig, UStG-ON$^{3.00}$ (Stand 1.5.2018, rdb.at).

**Beiträge:** *Beiser*, Die Vermietung von Luftfahrzeugen ins Ausland in der Umsatzsteuer, SWK 2008, S 579; *Mayr*, Umsatzsteuer-Update: Aktuelles auf einen Blick, SWK 2013, 540; *Pfleger*, Die unechte Steuerbefreiung von Kranken- und Verletztentransporten ab 1.1.1997 – Analyse der Tatbestandsmerkmale und umsatzsteuerliche Konsequenzen, SWK 1996, A 579; *Reinalter*, UFS und Höchstgerichte: Anwendung der Vorstufenbefreiung auf Rettungshubschrauber, UFSjournal 2013, 171; *Zorn*, Voraussetzungen für unterschiedlichen Steuersatz auf Beförderung per Taxi einerseits und Beförderung per Mietwagen mit Fahrergestellung andererseits, ÖStZB 2015, 456.

## A. Normative Grundlagen

### I. Unionsrecht 21.1

**Art. 132 Abs. 1 lit. p MwStSystRL**

**Die Mitgliedstaaten befreien folgende Umsätze von der Steuer:**

…

**p) von ordnungsgemäß anerkannten Einrichtungen durchgeführte Beförderung von kranken und verletzten Personen in dafür besonders eingerichteten Fahrzeugen**

### II. Deutsches UStG

**§ 4 Steuerbefreiungen bei Lieferungen und sonstigen Leistungen**

**Von den unter § 1 Abs. 1 Nr. 1 fallenden Umsätzen sind steuerfrei**

…

**17 b) die Beförderungen von kranken und verletzten Personen mit Fahrzeugen, die hierfür besonders eingerichtet sind;**

**III. Österreichisches UStG**

**Steuerbefreiungen**

**§ 6. (1) Von den unter § 1 Abs. 1 Z 1 fallenden Umsätzen sind steuerfrei:**

…

**22. die Beförderungen von kranken und verletzten Personen mit Fahrzeugen, die hiefür besonders eingerichtet sind;**

## B. Auslegung durch den EuGH

21.2 Bisher lag dem EuGH zu dieser Richtlinienbestimmung noch kein Rechtsstreit vor. Nach den Kriterien des EuGH ist **Schutzzweck** der Norm die Verschonung des öffentlichen Gesundheitswesens von zusätzlichen Kostenbelastungen.[1] Der Wortlaut der Richtlinienbestimmung stellt Anforderungen an die befördernden Unternehmer („**ordnungsgemäß anerkannte Einrichtungen**"). Hierzu hat der EuGH bei einer Richtlinienbestimmung mit gleicher Zielsetzung – Förderung des Gesundheitswesens[2] und dessen Finanzierbarkeit – zwischenzeitlich geklärt, dass der Begriff einer „Einrichtung" funktional zu verstehen ist, so dass auch natürliche Personen und abgrenzbare Betriebsteile juristischer Personen davon erfasst werden können.[3] Die Kriterien zur „ordnungsmäßigen Anerkennung" solcher Einrichtungen stehen nach der Rechtsprechung des EuGH zum Gesundheitswesen im Ermessen der Mitgliedstaaten,[4] soweit der Grundsatz der Wettbewerbsneutralität beachtet wird.[5]

21.3 Nur die Beförderung **kranker und verletzter Personen** ist begünstigt. Zur Art und Schwere der Krankheit oder Verletzung enthält die Richtlinienbestimmung keine Einschränkungen, so dass sich diese nur durch Auslegung sowie der Rechtsprechung des EuGH zum Grundsatz der steuerlichen Neutralität[6] ergeben können. Die Befreiung ist demnach unanwendbar auf Beförderungsleistungen, die im Rahmen der geltenden Bestimmungen üblicherweise auch von Unternehmern ohne besonders hergerichtete Fahrzeuge, wie zum Bespiel Taxiunternehmen, ausgeführt werden. Dagegen ist bereits die Beförderungsleistung von **Patienten mit Risikofaktoren** begünstigt, bei denen die Notwendigkeit einer Inanspruchnahme der vorgehaltenen Sonderausstattung des Fahrzeugs während der Beförderung aus medizinischer Sicht nicht ganz unwahrscheinlich ist. Der **Krankheitsbegriff** i.S. der Richtlinienbestimmung erfasst jeden regelwidrigen Körper- oder Gesundheitszustand, der vom Leitbild des gesunden Menschen abweicht und die Beförderung mittels eines besonders hergerichteten Fahrzeugs erforderlich macht. Auch kann es nicht darauf ankommen, ob dieser Zustand dauerhaft besteht oder nur vorübergehender Natur ist. Denn in allen diesen Fällen wird die Marktsituation der

1 Vgl. *Hüttemann*, Rz. 3.49.

2 *Ehrt* in Weymüller, Umsatzsteuergesetz, 2015, § 4 Nr. 17 Rz. 3.

3 EuGH v. 7.9.1999 – Rs. C-216/97 unter Rz. 18 – Rz. 20, UR 1999, 419; so auch *Hüttemann/Schauhoff*, Rz. 9.17 ff.

4 EuGH v. 6.11.2003 – Rs. C-45/01 – Dornier, ECLI:EU:C:2003:595, unter Rz. 64–67, UR 2003, 584 m. Anm. *Widmann*; hierzu *Hüttemann/Schauhoff*, Rz. 9.31.

5 EuGH v. 6.11.2003 – Rs. C-45/01 – Dornier, ECLI:EU:C:2003:595, unter Rz. 69, UR 2003, 584 m. Anm. *Widmann*; allgemein zum Neutralitätsgrundsatz *Hüttemann*, Rz. 3.4 ff.

6 EuGH v. 27.2.2014 – Rs. C-454/12 – Pro Med Logistik, ECLI:EU:C:2014:111, Rz. 64 f. zur Anwendung des ermäßigten Steuersatzes bei Beförderungsleistungen auf Grundlage von Rahmenvereinbarungen mit Krankenkassen.

Unternehmen nicht berührt, die Transporte ohne besonders hergerichtete Fahrzeuge durchführen.

Weiterhin beschränkt die Richtlinienbestimmung das Beförderungsmittel auf „**Fahrzeuge**", so dass eine Erstreckung z.B. auf Rettungsboote und Flugzeuge hinterfragt werden könnte. Nach ständiger Rechtsprechung des EuGH sind zur Auslegung auch die anderen Sprachfassungen der MwStSystRL heranzuziehen.[1] Angesichts der englischen („vehicles") und französischen („véhicules") Fassung der Richtlinienbestimmung werden hiervon alle Arten von Beförderungsmittel (Kraftfahrzeuge, Rettungsboote, Flugzeuge etc.) erfasst. 21.4

Die Richtlinienbestimmung befreit nur die Beförderung in **besonders eingerichteten Fahrzeugen**. Dazu müssen sich die Fahrzeuge nach dem Maßstab des EuGH zum Grundsatz der steuerlichen Neutralität im **funktional erforderlichen Umfang** von üblichen Beförderungsmitteln unterscheiden. Wegen der leistungsbezogenen Auslegung der Mehrwertsteuerbefreiungen ist die Fahrzeugausstattung während der begünstigten Beförderungsleistungen ausschlaggebend. 21.5

Ob das Fahrzeug **dauerhaft** für die Beförderung kranker und verletzter Personen eingerichtet ist, umgerüstet werden kann oder zu anderen Zeiten anders genutzt wird, hat daher keine Auswirkungen auf die Befreiung der begünstigten Leistungen. 21.6

Die Befreiungsvorschrift wird in **Art. 133 und Art. 134 MwStSystRL** nicht in Bezug genommen und unterliegt daher nicht den dort geregelten Beschränkungen[2] (Gewinnlosigkeit,[3] ehrenamtliche Führung,[4] Marktpreisunterbietung,[5] Wettbewerbsunschädlichkeit,[6] Unerlässlichkeit[7] oder unverzichtbares Leistungsangebot[8]). 21.7

Die Befreiungsvorschrift wirkt nach deutschem Verständnis missglückt bzw. veraltet, weil sie die **Komplexität der (inzwischen) arbeitsteiligen Hilfekette** im Rettungs- und Krankentransportwesen angesichts der in Deutschland üblichen „engen"[9] Auslegung nur unzureichend abdeckt. Aus unionsrechtlicher Sicht deckt die Richtlinienbestimmung dagegen auch arbeitsteilige Hilfeketten ab, da der EuGH unter „enger" Auslegung eine genau am Schutzzweck[10] der Richtlinienbestimmung orientierte Auslegung versteht[11] („interpreted strictly")[12], während dagegen nach deutschem Verständnis eine „enge" Auslegung zu einem restriktiven Anwendungsbereich führen soll. 21.8

1 EuGH v. 26.5.2005 – Rs. C-498/03 – Kingscrest Associates, ECLI:EU:C:2005:322, Rz. 26 f., UR 2005, 453.
2 Dazu *Schauhoff*, Rz. 10.2 ff.
3 Art. 133 li. a MwStSystRL.
4 Art. 133 li. b MwStSystRL.
5 Art. 133 li. c MwStSystRL.
6 Art. 133 li. d MwStSystRL.
7 Art. 134 li. a MwStSystRL.
8 Art. 134 li. b MwStSystRL.
9 Zur Kritik daran *Hüttemann*, Rz. 3.45 ff.
10 Verschonung des öffentlichen Gesundheitswesens von zusätzlichen Kostenbelastungen.
11 Vgl. z.B. EuGH v. 21.9.2017 – Rs. C-616/15 – Kommission, ECLI:EU:C:2017:721, Rz. 50.
12 So der englische Wortlaut, z.B. EuGH v. 21.9.2017 – Rs. C-616/15 – Kommission, ECLI:EU:C:2017:721, Rz. 49 (englische Fassung).

## C. Relevante deutsche Regelungen, § 4 Nr. 17 lit. b UStG

21.9 Mit der Anpassung des deutschen Umsatzsteuerrechts an Art. 13 Teil A Abs. 1 lit. p der 6. EG-Richtlinie zur Harmonisierung der Umsatzsteuer in den Mitgliedstaaten durch das UStG 1980 wurden **private Krankenbeförderungsunternehmen** mit den einschlägigen Beförderungsdienstleistungen in den Befreiungstatbestand einbezogen.[1]

21.10 Seit der Anpassung an das Gemeinschaftsrecht erfasst die Umsatzsteuerbefreiung nach deutschem Recht Beförderungsleistungen

- aller erkrankten oder verletzten und auch behinderte Personen,
- die auf die Beförderung mit Spezialfahrzeugen angewiesen sind,
- unabhängig von der zivil- und öffentlich-rechtlichen Beförderungs- und Abrechnungsgrundlage,
- in Kraft-, Luft- und Wasserfahrzeugen,
- mit den hierfür erforderlichen typischen Ausstattungsmerkmalen
- während des Transports
- bei ggf. gleichzeitig durchgeführter anderweitiger Beförderungsleistungen.

21.11 Bei der steuerbefreiten Beförderung sind nicht die **Art der Erkrankung oder Verletzung** sowie deren **Dauer** entscheidend, sondern ob die Person aufgrund ihres regelwidrigen Zustandes auf die Beförderung mit einem **Spezialtransportmittel angewiesen** ist.[2] Hierzu ist auf die Entscheidung der nach den gesetzlichen Vorschriften in der konkreten (Notfall)Situation berufenen Person (Arzt, Rettungssanitäter, Ersthelfer, Rettungsleitstellemitarbeiter etc.) und damit deren **Einschätzung ex ante** abzustellen.

21.12 Insbesondere kommt die Befreiung daher auch bei **Personen mit ungeklärtem Zustand**, z.B. wegen sprachlicher Verständigungsschwierigkeiten, oder mit labiler Kreislaufsituation in Betracht, bei denen sich die Erforderlichkeit eines Spezialtransports aus der **Beurteilung ex post** nicht bestätigt. Denn in diesen Fällen stand erst bei Fahrtende fest, dass eine Inanspruchnahme der vorgehaltenen Sonderausstattung des Fahrzeugs (z.B. Notfallequipment, Einsatzhorn, etc.) nicht erforderlich war.

21.13 Auch die Beförderung **körperlich oder geistig behinderter Personen** wird von der Befreiungsregelung erfasst, soweit ein Spezialtransport, z.B. wegen erforderlicher Rollstuhlvorkehrungen, notwendig ist.[3]

21.14 Bedeutungslos ist für die Steuerbefreiung der Beförderungsleistung, ob und ggf. welche **zivil- oder öffentlich-rechtliche Beförderungs- und Abrechnungsgrundlagen** bestehen und wer die Beförderung beauftragt oder veranlasst hat und ob der Auftragnehmer über eine eigene Genehmigung nach dem Personenbeförderungsgesetz verfügt.[4] Die Befreiung erfasst daher auch z.B. „**beliehene Unternehmer**". Das Umsatzsteuerrecht knüpft die Befreiung systema-

---

1 Begründung zum RegEntwurf eines UStG 1979 v. 5.5.1978, BT-Drucks. 8/1779, 34.
2 *Sterzinger* in Birkenfeld/Wäger, USt-Handbuch, Stand 82. Lfg. 12/2018 (69. Lfg. 8/2015), Rz. 66.
3 BFH v. 12.8.2004 – V R 45/03, BStBl. II 2005, 314 = UR 2005, 28.
4 *Sterzinger* in Birkenfeld/Wäger, USt-Handbuch, Stand 82. Lfg. 12/2018 (69. Lfg. 8/2015), § 98e Rz. 68 f.

tisch und nach dem Schutzzweck der Richtlinienbestimmung konsequent ausschließlich an die konkrete Beförderungsleistung.

Abzulehnen ist die sachwidrige Auffassung, dass die **Beförderung von Begleitpersonen** nur bei medizinischer Indikation sowie aus alters- oder behinderungsbedingten Gründen begünstigt sein soll.[1] Damit wird der Regelfall der niederschwelligen Unterstützung des Rettungs- und Transportpersonals sowie der damit verbundenen Gesundheitsförderung und Minimierung der Krankheitskosten durch die Begleitpersonen ausgeblendet, z.B.: 21.15

- Beruhigung durch die Anwesenheit einer Vertrauensperson,
- Hinweise seitens der Begleitperson zu Vorerkrankungen, behandelnden Ärzten oder den Umständen der konkreten Rettungssituation, insbesondere zu Einzelheiten kurz vor dem Einsatz (z.B. letzte Nahrungsmittelaufnahme, besondere Unverträglichkeiten, Angaben zu Auffälligkeiten kurz vor dem Einsatz – Schwindelgefühl, Herzrasen, Unwohlsein, Erbrechen etc.), dieses Wissen gerät in der Aufregung über einen Notfalleinsatz danach schnell in Vergessenheit,
- Information über erforderliche Medikamentengaben,
- Sorge für die mitgeführten persönlichen Gegenstände der hilfebedürftigen Person,
- Mitwirkung bei Hilfemaßnahmen, z.B. wenn kein Notarzt hinzugezogen wurde oder der Notarzt bereits zu einem anderen dringenden Einsatz gerufen wird,
- Unterstützung bei Entscheidungen über vorzunehmende medizinische Eingriffe oder bei der Auswahl des Krankenhauses,
- Mitwirkung hinsichtlich etwaiger religiöser Vorbehalte,
- Erledigung der Formalitäten.

Entgegen der Auffassung der Finanzverwaltung[2] ist daher die Besteuerung von Begleitpersonen nur bei bereits zu Beginn des Transports erkennbarem **überwiegendem eigenen Beförderungsinteresse** nicht von der Richtlinienbestimmung gedeckt.

Die Umsatzsteuerbefreiung erstreckt sich auch auf **Simulations- bzw. Übungsfahrten** zum Training des einzusetzenden Personals auf den nach§ 4 Nr. 17 b UStG eingesetzten Transportmitteln. Z.B. bei Großraumkrankenwagen müssen die Fahrer das Manövrieren auf längeren Strecken, durch enge Gassen und unwegsames Gelände trainieren. Die dadurch ggf. entstehende Diskrepanz zwischen Einsatz- und Übungsfahrten rechtfertigt nicht die Annahme einer missbräuchlichen Ausnutzung von Steuervorteilen. 21.16

Es besteht inzwischen weitgehende Einigkeit, dass – auch angesichts des mit dem Befreiungstatbestand verfolgten Zwecks – die Befreiung auf **alle Arten von Luft-, Land- und Wasserfahrzeugen** anwendbar ist, solange und soweit sie für den Transport besonders ausgestattet sind.[3] Von der Befreiung erfasst werden daher einschlägige Transporte mit 21.17

1 *Sterzinger* in Birkenfeld/Wäger, USt-Handbuch, Stand 82. Lfg. 12/2018 (69. Lfg. 8/2015), § 98e Rz. 68 f. m.w.N.; Abschn. 4.17.2 Abs. 2 Satz 3 UStAE.

2 Abschn. 4.17.2 Abs. 2 Satz 3 UStAE.

3 *Sterzinger* in Birkenfeld/Wäger, USt-Handbuch, Stand 82. Lfg. 12/2018 (69. Lfg. 8/2015), § 98e Rz. 76 ff.

- Rettungs- und Krankentransportwagen, die nach den Fahrzeugunterlagen als solche anerkannt sind,
- Ambulanzflugzeuge und Rettungshubschrauber,
- Rettungsboote,
- Behindertentransporter mit Hebebühne und Herrichtungen zur Befestigung der Rollstühle und
- andere Transportmittel mit den für die Beförderungsleistung typischen Ausstattungsmerkmalen, z.B. Großraumkrankenwagen, Rettungsbus, Rettungskabinen etc.

21.18 Nach der Rechtsprechung des BFH[1] und der Verwaltungsauffassung[2] muss das Transportmittel im Zeitpunkt der Beförderung nach seiner gesamten Bauart und Ausstattung speziell für die Beförderung verletzter und kranker Personen hergerichtet sein. Die Finanzverwaltung verlangt bei umrüstbaren Fahrzeugen eine **Nachweisführung für jeden einzelnen steuerbefreiten Transport**, z.B. mittels eines Fahrtenbuchs.[3] Bei einer durch Abrechnungsunterlagen belegten, stetigen richtlinienkonformen Nutzung sollte darauf im Interesse einer einfachen Handhabung der Befreiungsvorschrift verzichtet werden.

21.19 Die Befreiung greift auch bei **Kombifahrzeugen**,[4] wie z.B.

- **Passagierflugzeugen** mit spezieller Ausstattung für den Transport kranker oder verletzter Personen zusätzlich zu den normalen Sitzplätzen,
- **Seilbahnen** mit speziellen Rettungskabinen zusätzlich zu den im allgemeinen Transport eingesetzten Kabinen,
- **Behindertentransporter**, die neben den Vorkehrungen für die Befestigung von Rollstühlen mit einer größeren Anzahl zusätzlicher Sitzplätze ausgestattet sind, als für die Beförderung der Begleitpersonen/Betreuer erforderlich ist.

21.20 Um Kombifahrzeuge handelt es sich nur, soweit die zusätzliche Transportkapazität den üblichen Rahmen einer Beförderung von Begleitpersonen übersteigt. Zum Beispiel an einem Rettungs- bzw. Krankentransporteinsatz können bis zu fünf Personen beteiligt sein (Fahrer, Beifahrer, Rettungssanitäter, Notarzt und Vertrauensperson der beförderten Person); bei einem Transport schwer behinderter Menschen kann jeweils eine Begleitperson je Rollstuhlfahrer,[5] bei einer Schwerstbehindertenbetreuung zusätzlich medizinisches Betreuungspersonal erforderlich sein.

---

1 BFH v. 12.8.2004 – V R 45/03, BStBl. II 2005, 314 = UR 2005, 28.

2 Abschn. 4.17.2 Abs. 2 UStAE.

3 Abschn. 4.17.2 Abs. 2 Satz 2 UStAE.

4 BFH v. 12.8.2004 – V R 45/03, BStBl. II 2005, 314 = UR 2005, 28; *Sterzinger* in Birkenfeld/Wäger, USt-Handbuch, Stand 82. Lfg. 12/2018 (69. Lfg. 8/2015), § 98e Rz. 82; *Ehrt* in Weymüller, UStG, § 4 Nr. 17 Rz. 46.1; FG Sachsen v. 21.9.2010 – 3 K 2016/07, EFG 2011, 1370 (insoweit mit der Revision nicht angegriffen); zweifelnd FG Baden-Württemberg v. 9.1.2009 – 1 V 4533/08, EFG 2009, 707 (rkr.).

5 So zutreffend *Sterzinger* in Birkenfeld/Wäger, USt-Handbuch, Stand 82. Lfg. 12/2018 (69. Lfg. 8/2015), § 98e Rz. 82.

Bei Kombibeförderungen sind die Entgelte aufzuteilen.[1] 21.21

Unter die Steuerbefreiung fallen als unselbständige Nebenleistungen auch alle weiteren Aufwendungen im Zusammenhang mit den Transporten, insbesondere **Vorhaltekosten** für Bereitschaftsdienste und Alarmzentralen[2]/Rettungswachen[3] sowie die Beförderung des Notarztes in einem Notarzteinsatzfahrzeug[4]. Das soll nicht gelten für **Rettungsleitstellen** sowie die **Beförderung des Notarztes** und **Vorhalteleistungen durch andere Unternehmer.**[5] Daher wird die Beförderung des Notarztes in diesen Fällen teilweise wie eine normale Beförderungsleistung besteuert, obwohl das Beförderungsmittel für den Notfalleinsatz besonders ausgestattet und jederzeit – auch bei der Rückfahrt nach einem Einsatz – für einen weiteren Notarzteinsatz verfügbar sein muss. 21.22

Diese **Zerlegung der einheitlichen arbeitsteiligen Hilfekette im Rettungs- und Krankentransportwesen** in einzelne, nach unterschiedlichen Befreiungsvorschriften zu beurteilenden Dienstleistungen widerspricht dem Schutzzweck der Richtlinienbestimmung sowie der Zielsetzung des Gesetzes und steht einer einfachen Handhabung im Wege. 21.23

Es erschwert z.B. den 21.24

- Einsatz des aus logistischen Gründen unverzichtbaren **Rendezvous-Systems** (Rettungswagen mit Rettungssanitäter trifft den mit Notarzteinsatzfahrzeug beförderten Notarzt erst am Einsatzort),
- aus Kosten- und Kapazitätsgründen ggf. erforderlichen Wechsel des Notarztes zwischen verschiedenen Einsatzorten und
- aus Sicherheitsgründen erforderlichen Einsatz des Notarztwagens bei kritischen Verkehrslagen auf der Rückfahrt zur Verkehrsregulierung (z.B.: Notarztwagen sperrt Straßenkreuzung für den Rettungswagen);

zudem handelt es sich aus der für die umsatzsteuerliche Bewertung entscheidenden **Sicht des durchschnittlichen Verbrauchers**[6] um eine einheitliche und damit insgesamt steuerbefreite Hilfeleistung.

Der mit einer korrekten Steuererhebung verbundene bürokratische Aufwand ist unvertretbar, zumal die Leistungen des Notarzteinsatzfahrzeuges bei einem Teil der Einsätze nach Art. 132 Abs. 21 lit. b MwStSystRL befreit ist sowie die Notarztfahrer zum Teil als Rettungssanitäter ausgebildet sind und die ärztliche Hilfeleistung assistieren. Hierzu muss man sich vergegenwärtigen, dass die Hilfekette in vielen Einsatzgebieten für jeden einzelnen Einsatz individuell nach Eilbedürftigkeit und Verfügbarkeit zusammengestellt wird. Die Praxis behilft sich zur angeblichen Vermeidung von (tatsächlich nicht nachweisbaren) Wettbewerbs-

---

1 *Sterzinger* in Birkenfeld/Wäger, USt-Handbuch, Stand 82. Lfg. 12/2018 (69. Lfg. 8/2015), § 98e Rz. 81.

2 *Ehrt* in Weymüller, Umsatzsteuergesetz, § 4 Nr. 17 Rz. 47; *Sterzinger* in Birkenfeld/Wäger, USt-Handbuch, Stand 82. Lfg. 12/2018 (69. Lfg. 8/2015), § 98e Rz. 85, 94.

3 BFH v. 18.1.1995 – XI R 71/93, BStBl. II 1995, 559 = UR 1995, 395 unter Rz. 24 (juris).

4 *Sterzinger* in Birkenfeld/Wäger, USt-Handbuch, Stand 82. Lfg. 12/2018 (69. Lfg. 8/2015), § 98e Rz. 94.

5 *Sterzinger* in Birkenfeld/Wäger, USt-Handbuch, Stand 82. Lfg. 12/2018 (69. Lfg. 8/2015), § 98e Rz. 85, 94 f.; Abschn. 4.17.2 Abs. 6 Satz 2 UStAE.

6 EuGH v. 16.4.2015 – Rs. C-42/14 – Wojskowa Agencja Mieszkaniowa, ECLI:EU:C:2015:229, Rz. 31, UR 2015, 427 m. Anm. *Widmann*.

verzerrungen häufig mit Schätzungen, die zu einer ungleichen und richtlinienwidrigen Steuererhebung führen. Denn damit wird sowohl gegen den Schutzzweck der Richtlinienbestimmung wie gegen den Neutralitätsgrundsatz verstoßen. Z.B. ist es aus Wettbewerbssicht völlig unerheblich, welche Einsatzstelle den Notarzt und/oder das Notarztfahrzeug stellt; die Besteuerung eines Teils dieser gleichartigen Leistungen steht aber im Widerspruch zum Neutralitätsgrundsatz.

21.25 Während die Richtlinie nach ihrem Wortlaut die Anforderung einer **ordnungsgemäß anerkannten Einrichtung** an den befördernden Unternehmer stellt, verzichtet das UStG in § 4 Nr. 17 auf eine Beschreibung der leistenden Unternehmer. Nach der Rechtsprechung des EuGH zum Gesundheitswesen steht die Bestimmung der Kriterien einer solchen Anerkennung im Ermessen der Mitgliedstaaten,[1] soweit der Grundsatz der Wettbewerbsneutralität beachtet wird.[2] Die Einbeziehung aller Unternehmer in die von § 17b UStG erfassten Leistungen dürfte sich im Rahmen der zulässigen Ermessensausübung des Mitgliedstaats bewegen,[3] da Einschränkungen zu Wettbewerbsverzerrungen führen würden.

## D. Relevante österreichische Regelungen, § 6 Abs. 1 Z. 22 UStG

21.26 Der[4] Gesetzeswortlaut der österreichischen Umsatzsteuerbefreiung von Krankentransporten gleicht der entsprechenden deutschen Befreiung nahezu wörtlich. Im Folgenden kann daher an entsprechender Stelle auf die Ausführungen zur deutschen Bestimmung verwiesen werden. Hervorgehoben werden die Besonderheiten, welche sich in Österreich aus dem Konkurrenzverhältnis der (unechten) Steuerbefreiung zur (echten) Steuerbefreiung von grenzüberschreitenden Personenbeförderungen (s. dazu gleich Rz. 22.35) sowie aus der Beihilfenregelung bzgl. nicht erstattungsfähiger Vorsteuern ergeben (s. dazu gleich Rz. 22.36).

21.27 Die Steuerbefreiung von Krankentransporten wurde im Zuge des Beitritts Österreichs zur Europäischen Union am 1.1.1995 durch das UStG 1994[5] in den österreichischen Rechtsbestand implementiert und ist für seit dem 1.1.1997 ausgeführte Leistungen anzuwenden (vgl. § 6 Abs. 1 Z. 22 i.V.m. § 29 Abs. 5 UStG).

21.28 Die Steuerbefreiung des § 6 Abs. 1 Z. 22 UStG erfasst im Rahmen ihres sachlichen Anwendungsbereichs die

- Beförderung
- kranker oder verletzter Personen

---

1 EuGH v. 6.11.2003 – Rs. C-45/01 – Dornier, ECLI:EU:C:2003:595, unter Rz. 64–67, UR 2003, 584 m. Anm. *Widmann*; hierzu *Hüttemann/Schauhoff*, Rz. 9.31; *Hummel* in Rau/Dürrwächter, UStG, 180. Lfg. 1.2019, § 4 Nr. 17 Anm. 64 ff.

2 EuGH v. 6.11.2003 – Rs. C-45/01 – Dornier, ECLI:EU:C:2003:595, unter Rz. 69, UR 2003, 584 m. Anm. *Widmann*; allgemein zum Neutralitätsgrundsatz *Hüttemann*, Rz. 3.4 ff.

3 Ablehnend *Sterzinger* in Birkenfeld/Wäger, USt-Handbuch, Stand 82. Lfg. 12/2018 (69. Lfg. 8/2015), § 98e Rz. 30.

4 Mag. *Marcus Schinnerl* war Universitätsassistent und ist Dissertant am Institut für Finanzrecht der Karl-Franzens-Universität Graz. Der Autor dankt Frau Univ.-Prof. Dr. *Tina Ehrke-Rabel* herzlich für die kritische Durchsicht und Diskussion des Manuskripts.

5 UStG 1994 BGBl. 1994/663.

– mit Land-, Wasser- oder Luftfahrzeugen, die eine für den Krankentransport typische Einrichtung aufweisen (Liegen, Spezialsitze, Auffahrtsrampen etc.).

Die gegenständliche Steuerbefreiung betrifft aufgrund ihres speziellen Anwendungsbereiches eine Sonderform von **Personenbeförderungsleistungen.**[1] Eine Beförderungsleistung setzt voraus, dass der Unternehmer entweder selbst diese Leistung erbringt oder sich hierbei unselbständiger Erfüllungsgehilfen bedient.[2] Die Vermietung von für den Krankentransport besonders eingerichteten Fahrzeugen an Unternehmer, die ihrerseits Krankentransporte durchführen, ist daher von dieser Steuerbefreiung nicht erfasst.[3] 21.29

Von der gegenständlichen Steuerbefreiung sind auch unselbständige **Nebenleistungen** wie bspw. die Beförderung von Begleitpersonen erfasst.[4] Auch der Einsatz eines Notarztes iZm. der Beförderung verletzter und kranker Personen fällt unter diese Befreiung.[5] 21.30

Obwohl es sich bei der Begrifflichkeit der **kranken und verletzten Personen** um ein eine Steuerbefreiung determinierendes Tatbestandselement handelt, ist dieses nach einhelliger Kommentarmeinung nicht eng auszulegen.[6] Diese Auslegung deckt sich mit jener in Deutschland,[7] wonach es für die Anwendbarkeit der Steuerbefreiung auf einen, von der Dauer unabhängigen, regelwidrigen Körper- oder Geisteszustand ankommt, der vom Leitbild eines gesunden Menschen abweicht.[8] Demnach ist die Befreiung auch auf geistig oder körperlich behinderte Personen anwendbar, die auf die Benutzung eines Rollstuhls angewiesen sind.[9] 21.31

Angesichts des Zwecks dieser Steuerbefreiung, der Förderung des Gemeinwohls im öffentlichen Gesundheitswesen,[10] erscheint die **Angewiesenheit auf ein Spezialtransportmittel**[11] ein zweckmäßiges Abgrenzungskriterium für deren Anwendbarkeit darzustellen. Nicht sach-

1 Zum Konkurrenzverhältnis zur Befreiung von grenzüberschreitenden Personenbeförderungsleistungen s. Rz. 21.35.

2 *Ruppe/Achatz*, UStG[5] (2017) § 10 Rz. 102.

3 Handelt es sich hierbei etwa um Luftfahrzeuge ist für diese Vermietungsleistungen – unter den Voraussetzungen des § 9 Abs. 2 UStG – eine sog. „Vorstufenbefreiung" (Steuerbefreiung von Umsätzen für die Luftfahrt gem § 6 Abs. 1 Z. 2 UStG) denkbar (vgl. hierzu a. VwGH v. 5.9.2012, 2009/15/0213, VwSlg. 8741 F). Durch diese Vorstufenbefreiung sollen in Österreich steuerbare Vorleistungen (z.B. Vermietung, Wartungen, Lieferungen von Luftfahrzeugen) in Bezug auf Beförderungsleistungen im entgeltlichen internationalen Luftverkehr befreit werden und so für ausländische Luftfahrtunternehmen die laufende Erstattung hoher Vorsteuerbeträge vermieden werden (vgl. ErläutRV 1715 BlgNR 18. GP 59); dies gilt auch entsprechend für Vorleistungen bzgl. Umsätze der Seeschifffahrt (vgl. § 9 Abs. 1 UStG).

4 *Ruppe/Achatz*, UStG[5] § 6 Rz. 420/1.

5 UStR 2000 Rz. 976.

6 *Ruppe/Achatz*, UStG[5] § 6 Rz. 420/1; *Rattinger* in Melhardt/Tumpel, UStG[2] (2015) § 6 Rz. 615; *Kanduth-Kristen/Tschiderer* in Berger/Bürgler/Kanduth-Kristen/Wakounig, UStG-ON[3.00] § 6 Rz. 617.

7 S. dazu *von Holt*, Rz. 21.11.

8 *Rattinger* in Melhardt/Tumpel, UStG[2] § 6 Rz. 615 mit Verweis auf BFH v. 12.8.2004 – V R 45/03, BStBl. II 2005, 314 = UR 2005, 28.

9 *Kanduth-Kristen/Tschiderer* in Berger/Bürgler/Kanduth-Kristen/Wakounig, UStG-ON[3.00] § 6 Rz. 617.

10 S. dazu *Hüttemann*, Rz. 3.49.

11 So auch *von Holt*, Rz. 21.11 m.w.N.

gerecht wäre es, behinderte und altersschwache Personen sowie hochgradig schwangere Frauen von der Steuerbefreiung auszuschließen.[1]

21.32 Unter dem Begriff **Fahrzeuge** sind sämtliche Arten von Land-, Wasser- oder Luftfahrzeugen zu verstehen, sofern diese über eine für den Krankentransport typische Einrichtung, wie z.B. über Liegen, Spezialsitze etc., verfügen.[2]

21.33 In Bezug auf die **technische Ausstattung** eines Fahrzeugs wird im österreichischen Schrifttum weitgehend auf die deutsche Rsp. und Literatur zurückgegriffen: Fahrzeuge müssen demnach nach ihrer gesamten Bauart und Ausstattung speziell für die Beförderung kranker und verletzter Personen bestimmt sein.[3] Aus diesem Grund sollen z.B. Linienflugzeuge, die neben den Sitzplätzen für die reguläre Personenbeförderung auch spezielle Einrichtungen oder Kabinen für den Transport von erkrankten Personen enthalten, nicht von der Steuerbefreiung erfasst sein.[4]

Für die Qualifikation eines Fahrzeugs als Fahrzeug i.S.d. § 6 Abs. 1 Z. 22 UStG ist allerdings auf die technische Einrichtung *per se* und damit auf seine spezielle Eignung zur Durchführung von Krankentransporten abzustellen.[5] M.E. bestehen somit keine sachlichen Rechtfertigungsgründe dafür, Linienflugzeuge, die bspw. einen intensivmedizinischen Krankentransport ermöglichen und diesen tatsächlich durchführen, von der Steuerbefreiung auszuschließen, wohingegen ein Transport durch einen Krankenwagen mit der gleichen Ausstattung sehr wohl befreit ist. Daran ändert auch die Tatsache nichts, dass ein Linienflugzeug zusätzlich noch andere Passagiere befördert, zumal diese Beförderungsleistungen und die Leistung der Krankenbeförderung zweifellos als eigenständige Leistungen anzusehen sind. Dies gilt insb. deshalb, weil der österr. Gesetzeswortlaut nicht auf eine ordnungsgemäß anerkannte Einrichtung abstellt (s. dazu gleich Rz. 21.34).

21.34 In Bezug auf den **leistenden Unternehmer** ist festzustellen, dass sich die unionsrechtliche Richtlinienbestimmung von der österreichischen Umsetzungsnorm unterscheidet: Während die Richtlinienbestimmung *„die von ordnungsgemäß anerkannten Einrichtungen durchgeführten Beförderungen von kranken und verletzten Personen in dafür besonders eingerichteten Fahrzeugen"* von der Umsatzsteuer befreit (Art. 132 Abs. 1 lit. p MwStSystRL), ist Befreiungsgegenstand der österreichischen Umsetzungsnorm die *„Beförderungen von kranken und verletzten Personen mit Fahrzeugen, die hiefür besonders eingerichtet sind"*. Da der Wortlaut der österreichischen Norm in Bezug auf den leistenden Unternehmer nicht auf ordnungsgemäß anerkannte Einrichtungen abstellt, ist dieser weiter gefasst als jener der Richtlinie.

Das im Wortlaut von § 6 Abs. 1 Z. 22 UStG fehlende Tatbestandsmerkmal der ***„Einrichtung"*** ist im Lichte der zum Einrichtungsbegriff ergangenen Rsp des EuGH zu sehen: Demnach kann dieser Begriff nicht nur juristische, sondern auch natürliche Personen, die ein

---

1 *Ruppe/Achatz*, UStG[5] § 6 Rz. 420/1.

2 UStR 2000 Rz. 974.

3 *Rattinger* in Melhardt/Tumpel, UStG[2] § 6 Rz. 614 mit Verweis auf Abschn. 4.17.2. Abs. 2 dUStAE; *Kanduth-Kristen/Tschiderer* in Berger/Bürgler/Kanduth-Kristen/Wakounig, UStG-ON[3.00] § 6 Rz. 621 mit Verweis auf BFH v. 12.8.2004 – V R 45/03, BStBl. II 2005, 314 = UR 2005, 28; *Pfleger*, Die unechte Steuerbefreiung von Kranken- und Verletztentransporten ab 1.1.1997 – Analyse der Tatbestandsmerkmale und umsatzsteuerliche Konsequenzen, SWK 1996, A 579 (A 581).

4 *Rattinger* in Melhardt/Tumpel, UStG[2] § 6 Rz. 614; *Pfleger*, SWK 1996, A 581 bezugnehmend auf die in der aktuellen Fassung gleich gebliebenen Ausführungen von *Verweyen* in Hartmann/Metzenmacher, dUStG (Lfg 8/03) § 4 Nr. 17 Rz. 27.

5 Vgl. *Ruppe/Achatz*, UStG[5] § 6 Rz. 420/2.

Unternehmen betreiben, erfassen.[1] Der Neutralitätsgrundsatz verbietet nämlich eine unterschiedliche steuerliche Behandlung von Wirtschaftsteilnehmern, die gleiche Umsätze bewirken.[2] Die Steuerbefreiung von Krankentransporten kann somit grds. von Unternehmern in beliebiger Rechtsform in Anspruch genommen werden.[3] Das in der nationalen Umsetzungsbestimmung fehlende Tatbestandsmerkmal der Einrichtung ist somit aufgrund des weiten Anwendungsbereichs unproblematisch.

Der Einrichtungsbegriff des Art. 132 Abs. 1 lit. p MwStSystRL erfährt in der Richtlinie allerdings eine Konkretisierung, indem Einrichtungen, die Krankenbeförderungen durchführen, ***„ordnungsgemäß anerkannt“*** sein müssen. Anlässlich des Falls einer GmbH, die Rettungsflüge mit Notarzthubschrauben durchführte, hat der VwGH auf die Rsp. des EuGH[4] zu dem in mehreren Befreiungstatbeständen des Art. 132 Abs. 1 MwStSystRL vorkommenden Begriff der *„(ordnungsgemäßen) Anerkennung“*,[5] welcher – wie jener der *„Einrichtung“* – weder von der österreichischen (noch von der deutschen) Befreiungsnorm vorausgesetzt wird, Bezug genommen und Folgendes festgestellt: Es ist Sache der Mitgliedstaaten *„Art und Umfang von etwaigen Bedingungen für die Steuerbefreiungen im Hinblick auf das Tatbestandsmerkmal der ‚Anerkennung‘ vorzusehen“*. Die zuvor zitierten Urteile des EuGH sind zwar zu anderen in Art. 132 Abs. 1 MwStSystRL aufgezählten Steuerbefreiungen ergangen, jedoch *„kann ihnen für die gegenständlich anzuwendende Steuerbefreiung [...] zweifelsfrei entnommen werden, dass die ‚Anerkennung einer Einrichtung‘* ***kein förmliches Anerkennungsverfahren***[6] *voraussetzt und es Sache des nationalen Gerichts ist zu beurteilen, ob ein Steuerpflichtiger als ‚ordnungsgemäß anerkannte Einrichtung‘ anzusehen ist“*.[7]

Im gegenständlichen Fall war es für den VwGH für die Bejahung einer ordnungsgemäß anerkannten Einrichtung ausreichend, dass die beschwerdeführende GmbH über eine bescheidmäßig erteilte Konzession zur Beförderung von Fluggästen, Post und Fracht im gewerblichen Luftverkehr verfügte, welche (mangels spezieller gesetzlicher Regelung) auch die Berechtigung zur Durchführung von Krankentransporten umfasste. Eine Anerkennung des Unternehmers als *„Rettungsorganisation“* i.S.d. landesgesetzlichen Vorschriften sah er dahingegen als eine nicht erforderliche *„weitere (zusätzliche) Anerkennung“* an.[8]

---

1 EuGH v. 7.9.1999 – Rs. C-216/97 – Gregg, Rz. 17 f., UR 1999, 419; v. 3.4.2003 – Rs. C-144/00 – Hoffmann, Rz. 20 und 24, UR 2003, 248 = UR 2003, 286 m. Anm. *Nieskens.*

2 EuGH v. 7.9.1999 – Rs. C-216/97 – Gregg, Rz. 20, UR 1999, 419; v. 3.4.2003 – Rs. C-144/00 – Hoffmann, Rz. 20 und 27, UR 2003, 248 = UR 2003, 286 m. Anm. *Nieskens.*

3 Vgl. EuGH v. 7.9.1999 – Rs. C-216/97 – Gregg, Rz. 20 in Bezug auf die Befreiung von Krankenhaus- und ärztlichen Heilbehandlungen sowie auf die Befreiung von Leistungen, die eng mit der Sozialfürsorge und der sozialen Sicherheit verbunden sind, UR 1999, 419; vgl. auch *Ruppe/Achatz*, UStG[5] § 6 Rz. 420.

4 EuGH v. 10.9.2002 – Rs. C-141/00 – Kügler, UR 2002, 513, sowie v. 26.5.2005 – Rs. C-498/03 – Kingscrest zu *„mit sozialem Charakter anerkannte Einrichtungen“* (vgl. Art. 132 Abs. 1 lit. g bzw. h MwStSystRL), UR 2005, 453 und EuGH v. 6.11.2003 – Rs. C-45/01 – Dornier zu *„Krankenanstalten [...] und anderen ordnungsgemäß anerkannten Einrichtungen gleicher Art“* (vgl. Art. 132 Abs. 1 lit. b MwStSystRL), UR 2003, 584 m. Anm. *Widmann.*

5 Vgl. Art. 132 Abs. 1 lit. b, g, h und n MwStSystRL.

6 Hervorhebung durch den Verfasser.

7 VwGH v. 25.11.2009, 2005/15/0109, VwSlg. 8492 F; vgl. zur Anerkennung des sozialen Charakters an private Einrichtungen EuGH v. 21.1.2016 – Rs. C-335/14 – Les Jardins de Jouvence, Rz. 32 ff., UR 2016, 391, sowie zur Anerkennung der mit Einrichtungen des öffentlichen Rechts, die mit bestimmten Bildungsleistungen betraut sind, vergleichbaren Zielsetzung an private Einrichtungen EuGH v. 28.11.2013 – Rs. C-319/12 – MDDP, Rz. 37 f.

8 VwGH v. 25.11.2009, 2005/15/0109, VwSlg. 8492 F.

Letztendlich dürfte nach dieser Erkenntnis des VwGH eine (im Regelfall stets gegebene) gewerberechtliche Berechtigung eines Unternehmers zur Durchführung von Krankentransporten regelmäßig die Voraussetzung der „ordnungsgemäßen Anerkennung" erfüllen. Fraglich bleibt allerdings, ob die Steuerbefreiung auch in Anspruch genommen werden kann, wenn der leistende Unternehmer über keine Konzession, die ihn zur Durchführung von Krankentransporten berechtigt, oÄ. verfügt. Dies ist m.E. zu bejahen, zumal der österreichische Gesetzgeber die näheren Anforderungen in Bezug auf, dass Tatbestandsmerkmal der „Anerkennung" nicht materiell im UStG geregelt hat. Eine Einschränkung des Anwendungsbereichs der Steuerbefreiung auf Unternehmer, die bestimmte Berechtigungen (wie Konzessionen udgl.) aufweisen müssen, ist vom Gesetzeswortlaut her nicht gedeckt.

21.35 Bei der **grenzüberschreitenden** Beförderung kranker oder verletzter Personen stellt sich die va. für den Vorsteuerabzug interessante Frage nach dem Rangverhältnis der gegenständlichen unechten Steuerbefreiung von Krankentransportleistungen (§ 6 Abs. 1 Z. 22 UStG) zu der echten Steuerbefreiung von *„Beförderungen von Personen mit Schiffen und Luftfahrzeugen im grenzüberschreitenden Beförderungsverkehr"* (§ 6 Abs. 1 Z. 3 lit. d UStG).

Diese Frage wird in Österreich unterschiedlich beantwortet: Während nach einem Teil der Lehre, der sich va. auf das Urteil des EuGH in der Rechtssache *Eurodental*[1] beruft, die unechte Steuerbefreiung als *lex specialis* gegenüber der echten Steuerbefreiung vorgehen soll,[2] vertritt ein anderer Teil der Lehre[3] sowie die österreichische Finanzverwaltung[4] den hierzu konträren Standpunkt (Vorrang der echten vor der unechten Befreiung).

Letztere Ansicht ist m.E. zutreffend: Zwar hat der EuGH in Bezug auf die Lieferung von Zahnersatz in der Rechtssache *Eurodental* ausgesprochen, dass nach dem Wortlaut, der Zielsetzung und der Systematik der Richtlinie sowie aufgrund des Neutralitätsgrundsatzes steuerbefreite Umsätze i.S.d. Art. 132 MwStSystRL auch dann kein Recht auf Vorsteuerabzug begründen, wenn diese Umsätze innergemeinschaftlichen Charakter aufweisen.[5] Eine spezifische (unechte) Steuerbefreiung des Art. 132 MwStSystRL hat somit Vorrang vor den in der Richtlinie vorgesehenen (echten) allgemeinen Steuerbefreiungen von innergemeinschaftlichen Umsätzen.[6] Diese Rsp. ist auf das Verhältnis der gegenständlichen Steuerbefreiungen von Beförderungsleistungen m.E. allerdings nicht anwendbar: Zunächst ist festzustellen, dass die MwStSystRL eine Steuerbefreiung für grenzüberschreitende Personenbeförderungen wie § 6 Abs. 1 Z. 3 lit. d UStG nicht vorsieht. Diese Befreiung beruht vielmehr auf einer Ausnahmeregelung Österreichs in der Beitrittsakte zur Europäischen Union von 1994 (vgl. Art. 151 i.V.m. Anhang XV, IX.2.i. der Beitrittsakte).[7] Die Republik Österreich ist daher dazu ermäch-

1 EuGH v. 7.12.2006 – Rs. C-240/05 – Eurodental Sàrl, UR 2007, 98.

2 *Rattinger* in Melhardt/Tumpel, UStG[2] § 6 Rz. 64 und 617; *Kanduth-Kristen/Tschiderer* in Berger/Bürgler/Kanduth-Kristen/Wakounig, UStG-ON[3.00] § 6 Rz. 624; *Kuder* in Scheiner/Kolacny/Caganek, Kommentar zur MwSt – UStG 1994 (13. Lfg. Dezember 2005) § 6 Abs. 1 Z. 3 Anm. 66 sowie (46. Lfg. Dezember 2015) § 6 Abs. 1 Z. 22 Anm. 8.

3 *Ruppe/Achatz*, UStG[5] § 6 Rz. 63 und 420/2.

4 UStR 2000 Rz. 729 und 975.

5 EuGH v. 7.12.2006 – Rs. C-240/05 – Eurodental Sàrl, Rz. 37 f., UR 2007, 98.

6 EuGH v. 7.12.2006 – Rs. C-240/05 – Eurodental Sàrl, Rz. 44, UR 2007, 98.

7 Akte v. 29.8.1994 über die Bedingungen des Beitritts des Königreichs Norwegen, der Republik Österreich, der Republik Finnland und des Königreichs Schweden und die Anpassungen der die Europäische Union begründenden Verträge, ABl. C 1994/241, 21 kundgemacht in BGBl. 1995/45.

tigt *„mit Recht auf Vorsteuerabzug, sämtliche Teile der grenzüberschreitenden Personenbeförderung im Luft-, See- und Binnenwasserstraßenverkehr mit Ausnahme der Personenbeförderung auf dem Bodensee"* von der Steuer *„weiterhin zu den in diesem Mitgliedstaat zum Zeitpunkt seines Beitritts geltenden Bedingungen"* zu befreien (vgl. nunmehr im Detail Art. 378 Abs. 2 lit. b MwStSystRL).[1]

Da die echte Befreiung grenzüberschreitender Personenbeförderung aufgrund ihres Ausnahmecharakters gerade nicht Teil des harmonisierten gemeinsamen Mehrwertsteuersystems ist,[2] kann somit weder aus dem Wortlaut, der Zielsetzung oder der Systematik der Richtlinie noch aus dem Neutralitätsgrundsatz ein Vorrang der unechten Befreiung für Krankentransporte vor der echten Befreiung abgeleitet werden. Österreich darf daher diese echte Steuerbefreiung, die ohne entsprechende Ausnahmeregelung mit der MwStSystRL nicht vereinbar wäre,[3] weiterhin unter denselben Bedingungen wie vor seinem Beitritt zur Europäischen Union anwenden. Vor dem österreichischen Beitritt zur Europäischen Union existierte die Steuerbefreiung für Krankentransporte und somit die „Bedingung" (besser: der Umstand) eines Konkurrenzverhältnisses zwischen echter und unechter Steuerbefreiung allerdings noch nicht,[4] weshalb bei Vorliegen der Tatbestandsvoraussetzungen einer grenzüberschreitenden Personenbeförderung i.S.d. § 6 Abs. 1 Z. 3 lit. d UStG diese Befreiung auch anzuwenden ist, selbst wenn die spezielleren Voraussetzungen eines Krankentransports i.S.d. § 6 Abs. 1 Z. 22 UStG vorliegen.[5]

Unternehmer, die steuerfreie Krankentransporte durchführen, haben nach dem Gesundheits- und Sozialbereich-Beihilfengesetz (GSBG)[6] Anspruch auf eine **Beihilfe.**[7] Die Höhe dieser Beihilfe entspricht den im Zusammenhang mit den befreiten Umsätzen stehenden, nicht abziehbaren Vorsteuern (vgl. § 2 Abs. 1 i.V.m. Abs. 2 GSBG). Diese Beihilfenregelung stellt eine Reaktion auf die durch den EU-Beitritt Österreichs notwendig gewordene Einführung unechter Steuerbefreiungen im Gesundheits- und Sozialbereich dar und hat den Zweck die durch die mangelnde Vorsteuerabzugsmöglichkeit verursachten Mehrbelastungen zu *„neutralisieren"*.[8] Ihre Vereinbarkeit mit dem Unionsrecht wird sowohl im Hinblick auf das unionsrechtliche Beihilfenverbot (Art. 107 AEUV) als auch im Hinblick auf eine allfällige Umgehung 21.36

1 Vgl. hierzu auch VwGH v. 27.2.2014, 2012/15/0044, ÖStZB 2014, 316.

2 Vgl. zu den Übergangs- und Ausnahmeregelungen (Art. 28 Abs. 3 6. MwStRL) EuGH v. 13.7.2000 – Rs. C-36/99 – Idéal tourisme SA, Rz. 38, UR 2000, 381; v. 7.3.2002 – Rs. C-169/00 – Kommission/Finnland, Rz. 34, UR 2002, 174; v. 7.12.2006 – Rs. C-240/05 – Eurodental Sàrl, Rz. 52, UR 2007, 98.

3 EuGH v. 13.7.2000 – Rs. C-36/99 – Idéal tourisme SA, Rz. 38, UR 2000, 381; v. 26.2.2015 – Rs. C-144/13, C-154/13 und C-160/13 – VDP Dental Laboratory NV, Rz. 61.

4 Vgl. dazu bereits zuvor Rz. 21.27.

5 Vgl. hierzu auch EuGH v. 26.2.2015 – Rs. C-144/13, C-154/13 und C-160/13 – VDP Dental Laboratory NV, Rz. 50.

6 Bundesgesetz, mit dem Beihilfen im Gesundheits- und Sozialbereich geregelt (Gesundheits- und Sozialbereich-Beihilfengesetz) und das Finanzausgleichsgesetz 1997 und das Katastrophenfondsgesetz 1996 geändert werden BGBl. 1996/746 i.d.F. BGBl. I 2018/62.

7 Der zeitliche Anwendungsbereich der Beihilfenregelung für steuerbefreite Krankentransporte war ursprünglich bis 31.12.1999 befristet und wurde insgesamt siebenmal verlängert. Diese Befristung wurde nunmehr durch das Jahressteuergesetz 2018 (JStG 2018 BGBl. I 2018/62) endgültig beseitigt.

8 Vgl. ErläutRV 395 BlgNR 20. GP 5 und 7.

des Mehrwertsteuersystems kritisiert.[1] Der VwGH hat die Frage, ob es sich bei Beihilfen nach dem GSBG um unionsrechtlich unzulässige Beihilfen handelt, bislang offen gelassen.[2]

## E. Reformvorschläge

21.37 Die **Zerlegung der einheitlichen arbeitsteiligen Hilfekette im Rettungs- und Krankentransportwesen** in einzelne, nach unterschiedlichen Befreiungsvorschriften zu beurteilenden Dienstleistungen (Befreiung der Vorhaltekosten für Bereitschaftsdienste und Alarmzentralen[3]/Rettungswachen[4] sowie die Beförderung des Notarztes in einem Notarzteinsatzfahrzeug[5] nach § 17b UStG, nicht aber die Rettungsleitstellen sowie die Beförderung des Notarztes und Vorhalteleistungen durch andere Unternehmer[6]) widerspricht der **Zielsetzung der Richtlinienbestimmung** und steht einer einfachen Handhabung im Wege.

Die Befreiungsvorschrift im UStG sollte daher auf **eng verbundene Umsätze** erweitert werden, um der Rechtsprechung des EuGH Geltung zu verschaffen, nach der die Richtlinienbestimmung „eng" (gemeint ist „genau"[7], englisch „interpreted strictly"[8]) entsprechend der damit verfolgten Zielsetzung[9] auszulegen, sowie die Sicht des Verbrauchers für die umsatzsteuerliche Beurteilung entscheidend[10] und die Hilfekette daher insgesamt als einheitliche steuerbefreite Hilfeleistung zu behandeln ist.

Seit Inkrafttreten der Richtlinienbestimmung Art. 132 Abs. 1 lit. p MwStSystRL haben sich die Hilfesysteme im Zuge der Weiterentwicklung stärker ausdifferenziert; zur Sicherstellung einer einheitlichen Handhabung sollte auch die Richtlinienbestimmung ausdrücklich auf „eng verbundene Dienstleistungen" erweitert werden.

1 S. dazu *Moritz*, Die Beihilfenregelung für Krankenanstalten und Ärzte gemeinschaftswidrig? SWI 1997, 114.

2 VwGH v. 7.10.2005, 2004/17/0166, VwSlg. 8070 F; vgl. hierzu auch *Ruppe/Achatz*, UStG[5] § 6 Rz. 415/7.

3 *Ehrt* in Weymüller, Umsatzsteuergesetz, § 4 Nr. 17 Rz. 47; *Sterzinger* in Birkenfeld/Wäger, USt-Handbuch, Stand 82. Lfg. 12/2018 (69. Lfg. 8/2015), § 98e Rz. 85, 94.

4 BFH v. 18.1.1995 – XI R 71/93, BStBl. II 1995, 559 unter juris Rz. 24, UR 1995, 395.

5 *Sterzinger* in Birkenfeld/Wäger, USt-Handbuch, Stand 82. Lfg. 12/2018 (69. Lfg. 8/2015), § 98e Rz. 94.

6 *Sterzinger* in Birkenfeld/Wäger, USt-Handbuch, Stand 82. Lfg. 12/2018 (69. Lfg. 8/2015), § 98e Rz. 85, 94 f.; Abschn. 4.17.2 Abs. 6 Satz 2 UStAE.

7 Der EuGH versteht unter „enger" Auslegung eine genau am Schutzzweck der Richtlinienbestimmung orientierte Auslegung, während dagegen nach deutschem Verständnis eine „enge" Auslegung zu einem restriktiven Anwendungsbereich führen soll, s. dazu bereits zuvor Rz. 22.8.

8 So der englische Wortlaut, z.B. EuGH v. 21.9.2017 – Rs. C-616/15 – Kommission, ECLI:EU:C:2017:721, Rz. 49 (englische Fassung).

9 Verschonung des öffentlichen Gesundheitswesens von zusätzlichen Kostenbelastungen.

10 EuGH v. 16.4.2015 – Rs. C-42/14 – Wojskowa Agencja Mieszkaniowa, ECLI:EU:C:2015:229, Rz. 31, UR 2015, 427 m. Anm. *Widmann*.

# Kapitel 22
# Ehrenamtliche Tätigkeit



**Literatur (Deutschland):** *Dodos*, Die Besteuerung ehrenamtlicher Tätigkeit im Umsatzsteuerrecht, Europäische Hochschulschriften Band/Volume 5779, 2015; *Meurer*, Das Ehrenamt und die Umsatzsteuer, UStB 2012, 322; *Schmidt*, Die Steuerbefreiung der ehrenamtlichen Tätigkeit nach § 4 Nr. 26 UStG, UR 1968, 259; *Totsche*, Anmerkung zum Urteil vom 17.12.2015 – V R 45/14, zum Begriff der Ehrenamtlichkeit, MwStR 2016, 385 (387); *Wachweger*, 6. Richtlinie zur Harmonisierung der Umsatzsteuern in den europäischen Gemeinschaften, Bonn 1977.

**Literatur (Österreich):** *Achatz/Mang/Lindinger*, Besteuerung der Körperschaften öffentlichen Rechts, 3. Aufl. 2014; *Achatz*, Die Besteuerung der Non-Profit-Organisationen I, 2. Aufl. 2004; *Achatz*, Die Besteuerung der Non-Profit-Organisationen II, 2002; *Achatz*, Die Besteuerung der Non-Profit-Organisationen III, 2003; *Achatz*, Umsatzsteuer und Gemeinnützigkeit, in Jachmann (Hrsg.), Gemeinnützigkeit, DStJG Bd. 26, 2003; *Achatz*, Seminar B: Umsatzbesteuerung der öffentlichen Hand aus gemeinschaftsrechtlicher Sicht, IStR 2008; *Achatz/Kirchmayr* (Hrsg.), Körperschaftsteuergesetz, Kommentar, 2011; *Achatz/Tumpel*, Unechte Steuerbefreiungen, 2010; *Amand*, Are VAT Exemtions Compatible with Primary EU Law?, International VAT Monitor 2010; *Hilber*, Umsatzsteuerliche Liebhaberei und Unternehmereigenschaft von Vereinen, ecolex 2010; *Höhne/Jöchl/Lummerstorfer*, Das Recht der Vereine, 5. Aufl. 2016; *Melhardt/Tumpel* (Hrsg.), UStG-Kommentar, 2. Aufl. 2016; *Prinz/Prinz*, Gemeinnützigkeit im Steuerrecht, 2. Aufl. 2004; *Ruppe/Achatz*, Umsatzsteuergesetz: Kommentar, 5. Aufl. 2018; *Ruppe*, Steuerrechtliche Folgen der wirtschaftlichen Betätigung von Vereinen, in Korinek/Krejci (Hrsg.), Der Verein als Unternehmer, 1988; *Tanzer*, Wirtschaftliche Betätigung und Gemeinnützigkeit, in Korinek/Krejci (Hrsg.), Der Verein als Unternehmer, 1988; *Taucher*, ÖStZ 1994; UStR 2000.

## A. Normative Grundlagen

### I. Unionsrecht 22.1

**Protokollerklärung in der Ratstagung am 17.5.1977 zur 6. EG-Richtlinie**

Zu Art. 4

**Der Rat und die Kommission erklären, dass es den Mitgliedstaaten freisteht, Personen, die ehrenamtliche Tätigkeiten ausüben, sowie die Geschäftsführer, Verwalter, Aufsichtsratsmitglieder**

**und Abwickler von Gesellschaften in ihrer Beziehung zu den Gesellschaften und in ihrer Eigenschaft als Organe derselben nicht der Mehrwertsteuer zu unterwerfen.**[1]

…

### II. Deutsches UStG

**§ 4 Steuerbefreiungen bei Lieferungen und sonstigen Leistungen**

**Von den unter § 1 Abs. 1 Nr. 1 fallenden Umsätzen sind steuerfrei**

…

**26. die ehrenamtliche Tätigkeit,**

**a) wenn sie für juristische Personen des öffentlichen Rechts ausgeübt wird oder**

**b) wenn das Entgelt für diese Tätigkeit nur in Auslagenersatz und einer angemessenen Entschädigung für Zeitversäumnis besteht;**

### III. Österreichisches UStG

**§ 2**

**(1) Unternehmer ist, wer eine gewerbliche oder berufliche Tätigkeit selbständig ausübt. Das Unternehmen umfaßt die gesamte gewerbliche oder berufliche Tätigkeit des Unternehmers. Gewerblich oder beruflich ist jede nachhaltige Tätigkeit zur Erzielung von Einnahmen, auch wenn die Absicht, Gewinn zu erzielen, fehlt oder eine Personenvereinigung nur gegenüber ihren Mitgliedern tätig wird.**

…

**(5) Nicht als gewerbliche oder berufliche Tätigkeit gilt**

**1. die von Funktionären im Sinne des § 29 Z 4 des Einkommensteuergesetzes 1988 in Wahrnehmung ihrer Funktionen ausgeübte Tätigkeit;**

**2. eine Tätigkeit, die auf Dauer gesehen Gewinne oder Einnahmenüberschüsse nicht erwarten läßt (Liebhaberei).**

## B. Gemeinschaftsrecht, Auslegung durch den EuGH

22.2 Außer der angeführten Protokollerklärung enthalten die einschlägigen Rechtsquellen des Unionsrechts keine explizite **Steuerbefreiung für ehrenamtliche Tätigkeiten.**[2] Im Richtlinientext selbst wird Ehrenamtlichkeit nur an einer Stelle als steuerlich relevantes Kriterium angeführt, nämlich in Art. 133 lit. b MwStSystRL als optionale Bedingung zur Gewährung von Steuerbefreiungen nach Art. 132 MwStSystRL.[3]

22.3 Bisher lag dem EuGH zur Steuerbefreiung ehrenamtlicher Tätigkeit noch kein Rechtsstreit vor und es ist umstritten, ob die **Protokollerklärung als Rechtsgrundlage** der Steuerbefrei-

---

1 Abgedruckt bei *Lohse* in Rau/Dürrwächter, Kommentar zum Umsatzsteuergesetz, 6. MwSt-RL 6. EG-Richtlinie v. 17.5.1977, Art. 4. Diese Protokollerklärung v. 17.5.19977 gilt laut dem 3. Erwägungsgrund und einer Protokollerklärung zur MwStSystRl weiterhin, BMF-Schreiben v. 11.1.2007 – IV A 2 - S 7056 - 6/07 und Art. 411 Abs. 2 MwStSystRL.

2 *Ehrt* in Weymüller, UStG, 2. Aufl. 2019, § 4 Nr. 26 Rz. 10 f.

3 Hierzu EuGH v. 21.3.2002 – Rs. C-267/00 – Zoological Society, ECLI:EU:C:2002:202, UR 2002, 327.

ung ausreichend ist. Zur Heranziehung von Verlautbarungen der Unionsorgane als Rechtsgrundlage einer Steuerbefreiung führte der EuGH z.B. in der Rs. Swiss Re Germany[1] aus:

Zu dem „… Standpunkt, den der Rat der Europäischen Union und die Kommission der Europäischen Gemeinschaften zur Zeit der Genehmigung der Sechsten Richtlinie … vertreten haben, [ist] festzustellen, dass Erklärungen, die bei vorbereitenden Arbeiten, die zum Erlass einer Richtlinie geführt haben, abgegeben worden sind, bei der Auslegung der Richtlinie nicht berücksichtigt werden können, wenn ihr Inhalt im Wortlaut der fraglichen Bestimmung keinen Ausdruck gefunden hat und sie somit keine rechtliche Bedeutung haben (vgl. Urteil vom 8.6.2000, Epson Europe, C-375/98, Slg. 2000, I-4243, Rz. 26).“

Unter Bezugnahme auf dieses Urteil und die Rs. Epson Europe[2] wird in der Fachliteratur teilweise vertreten, dass die Protokollerklärung zur ehrenamtlichen Tätigkeit in der Ratstagung am 17.5.1977 zur 6. EG-Richtlinie keine unionsrechtliche Grundlage für die Steuerbefreiung nach § 4 Nr. 26 UStG sein könne.[3]

Jedoch kann der vorzitierten Passage des EuGH-Urteils nicht entnommen werden, dass die Normhistorie nach Auffassung des EuGH in allen Fällen unbeachtlich sein soll; vielmehr kommt es auf die konkreten Umstände an. Anders als bei den vom EuGH genannten Erklärungen „bei vorbereitenden Arbeiten“ gaben Rat und Kommission die Erklärung zur ehrenamtlichen Tätigkeit in der **Ratstagung der Richtlinienverabschiedung** zu Protokoll. Aus Sicht der Normsetzungsbeteiligten machen Protokollerklärungen in diesem Verfahrensstadium nur Sinn, wenn ihnen eine rechtliche Relevanz im Rahmen der Normauslegung zukommt. Zudem könnten Mitgliedstaaten solche Protokollerklärungen andernfalls als **Hoheitsvorbehalt** auslegen und damit eine **unionsrechtliche Kompetenzbeschränkung** begründen.[4] 22.4

Die Protokollerklärung zur ehrenamtlichen Tätigkeit erging zu Art. 4 der 6. EG-Richtlinie (Art. 9 MwStSystRL), der damals den Unternehmer – nach aktueller Terminologie den Umfang der wirtschaftlichen Tätigkeit – definierte. Indem die Protokollerklärung den Mitgliedstaaten freistellt, ehrenamtlich tätige Personen nicht der Mehrwertsteuer zu unterwerfen, ermöglicht sie eine Einstufung der ehrenamtlichen Tätigkeit als nichtwirtschaftlich i.S.d. Art. 9 Abs. 1 MwStSystRL oder ggf. als unselbständig i.S.d. Art. 9 Abs. 4 MwStSystRL. Demnach sollen insbesondere die bei ehrenamtlicher Tätigkeit per definitionem ungewöhnlichen und damit marktunüblichen Rahmenbedingungen eine wirtschaftliche Tätigkeit im Sinne der Richtlinie entfallen lassen. Hierbei ist unbeachtlich, dass die Besteuerungsausnahme in Deutschland stattdessen als Befreiungstatbestand geregelt ist. Dies wird auch in anderen Fällen wie z.B. § 4 Nr. 18a UStG akzeptiert.[5] 22.5

1 EuGH v. 22.10.2009 – Rs. C-242/08 – Swiss Re Germany, ECLI:EU:C:2009:647, Rz. 62.

2 EuGH v. 8.6.2000 – Rs. C-375/98 – Epson Europe, ECLI:EU:C:2000:302, Rz. 26.

3 *Ehrt* in Weymüller, UStG, 2. Aufl. 2019, § 4 Nr. 26 Rz. 11; *Heinrichshofen* in Rau/Dürrwächter, UStG, 173. Lieferung 7.2017, Rz. 33 zu § 4 Nr. 26 UStG; *Oelmaier* in Sölch/Ringleb, § 4 Nr. 26 Rz. 4; offengelassen von BFH v. 20.8.2009 – V R 32/08, BStBl. II 2010, 88 m.w.N. = UR 2009, 766, v. 17.12.2015 – V R 45/14, UR 2016, 310 = BFH/NV 2016, 703; ausreichende Rechtsgrundlage bejahend *Handzik* in Offerhaus/Söhn/Lange, § 4 UStG Nr. 26 Rz. 5.

4 Diese Argumentation könnte aus BVerfG v. 21.6.2016 – 2 BvE 13/13 u.a., BVerfG v. 21.6.2016 – 2 BvR 2728/13, NJW 2016, 2473 – OMT-Programm, z.B. Rz. 142 ff. ableitbar sein.

5 Z.B. *Ehrt* in Weymüller, UStG, 2. Aufl. 2019, § 4 Nr. 18a Rz. 9; *Frye* in Rau/Dürrwächter, UStG, 166. Lieferung 2.2016, § 4 Nr. 18a Rz. 1 UStG; *Oelmaier* in Sölch/Ringleb, § 4 Nr. 18a Rz. 3 zur Steuerbefreiung des § 4 Nr. 18a UStG für nicht umsatzsteuerbare Tätigkeiten: EuGH v. 6.10.2009 – Rs. C-267/08 – SPÖ, ECLI:EU:C:2009:619.

22.6 Nach der Rechtsprechung des EuGH sind für die Feststellung der Entgeltlichkeit einer Dienstleistung und damit einer **Einstufung als wirtschaftlicher Tätigkeit** alle Umstände des Einzelfalls heranzuziehen, wie z.B. die Fremdüblichkeit der Leistungserbringung, die Zahl der Kunden, die Höhe und Gegenleistungsbezogenheit der Einnahmen[1], die Angemessenheit der Gegenleistung und die Ausrichtung auf das allgemeine Marktgeschehen.[2] Per definitionem bestehen nach allgemeinem Verständnis – der EuGH hat den **Begriff der Ehrenamtlichkeit** bisher nicht definiert – bei ehrenamtlicher Tätigkeit marktunübliche Rahmenbedingungen und ist eine solche Tätigkeit im weitesten Sinne auf das Allgemeinwohlinteresse ausgerichtet[3]. Eine in diesem Sinne verstandene ehrenamtliche Tätigkeit kann nach der vorstehend skizzierten Rechtsprechung des EuGH der nichtwirtschaftlichen Tätigkeit außerhalb des Anwendungsbereichs der Mehrwertsteuer zugeordnet werden.

22.7 Zugleich hat die Protokollerklärung zu Art. 4 der 6. EG-Richtlinie (Art. 9 Abs. 1 MwStSystRL) mit der Definition des Begriffs der wirtschaftlichen Tätigkeit im Sinne der Rechtsprechung des EuGH[4] Niederschlag in der Richtlinie gefunden; dies kann ggf. einen erweiterten **Auslegungsspielraum** für eine Bereichsausnahme ehrenamtlicher von der wirtschaftlichen Tätigkeit eröffnen.

22.8 Nicht gestützt werden kann die Steuerbefreiung dagegen auf die früher in Art. 10 Abs. 3 der 2. EG-Richtlinie noch zugelassene Beibehaltung bestehender Steuerbefreiungen (**Altfallregelung**), da diese mit Inkrafttreten der MwStSystRL entfallen ist.

## C. Relevante deutsche Regelung, § 4 Nr. 26 UStG

### I. Allgemeines

22.9 Die zunächst im Erlasswege[5] steuerfrei gestellte ehrenamtliche Tätigkeit wurde erstmals mit Wirkung ab dem 1.1.1958 in § 50d UStDB gesetzlich verankert und erhielt mit dem UStG 1967 ihre heute noch gültige Fassung. Aus der Entstehungsgeschichte[6] kann als **Zweck der Steuerbefreiung** die sachgerechte Vermeidung von Umsatzsteuerbelastungen in ehrenamtlichen Wertschöpfungsketten abgeleitet werden.[7]

---

1 Vgl. hierzu auch EuGH v. 29.10.2009 – Rs. C-246/08 – Kommission (Rechtshilfebüros), ECLI:EU:C:2009:671, Rz. 50 f., UR 2010, 224; v. 10.11.2016 – Rs. C-432/15 – Pavlína Baštová, ECLI:EU:C:2016:855, Rz. 37.

2 EuGH v. 12.5.2016 – Rs. C-520/14 – Gemeente Borsele, ECLI:EU:C:2016:334, Rz. 30–35, UR 2016, 520 m. Anm. *Küffner* = UR 2016, 543 m. Anm. *Sterzinger*.

3 Vgl. BFH v. 4.5.1994 – XI R 86/92, BStBl. II 1994, 773 = UR 1994, 469, v. 17.12.2015 – V R 45/14, UR 2016, 310 = BFH/NV 2016, 703.

4 EuGH v. 22.10.2009 – Rs. C-242/08 – Swiss Re Germany, ECLI:EU:C:2009:647, C-242/08, Rz. 62.

5 RdF v. 4.10.1937 – 4105 – 114 III, USt-Kartei – alt – S 4105 K. 5.

6 Ausführlich dargestellt bei *Heinrichshofen* in Rau/Dürrwächter, UStG, 173. Lieferung 7.2017, Rz. 10–20 zu § 4 Nr. 26 UStG.

7 Ablehnend *Stadie* in Stadie, UStG, 3. Aufl. 2015, § 4 Nr. 26 UStG; ähnlich *Heinrichshofen* in Rau/Dürrwächter, UStG, 173. Lieferung 7.2017, Rz. 21 zu § 4 Nr. 26 UStG.

## II. Tatbestandsvoraussetzungen

### 1. Ehrenamtliche Tätigkeit i.S.d. § 4 Nr. 26 UStG

Die ehrenamtliche Tätigkeit ist in § 4 Nr. 26 UStG nicht definiert. Nach der Rechtsprechung des BFH werden als ehrenamtlich im Sinne dieser Befreiungsvorschrift Tätigkeiten bezeichnet, 22.10

- die in einem anderen **Gesetz** als dem UStG ausdrücklich als ehrenamtlich oder „unentgeltlich"[1] klassifiziert werden,
- die man im **allgemeinen Sprachgebrauch** herkömmlicherweise als ehrenamtlich bezeichnet oder
- die vom **materiellen Begriff der Ehrenamtlichkeit** umfasst werden.[2]

Nach Auffassung des BFH sind diese Voraussetzungen **eng auszulegen**, um einen richtlinienkonformen Anwendungsbereich der Norm angesichts der unsicheren unionsrechtlichen Grundlage sicherzustellen (vgl. Rz. 22.2).[3]

Die Fallgruppe einer Bezeichnung der Tätigkeit in einem **Gesetz** als „ehrenamtlich" oder „unentgeltlich" stellt auf das damit einhergehende gesetzliche Gebot einer Orientierung des Entgelts an den mit „Ehrenamtlichkeit" bzw. „Unentgeltlichkeit" verbundenen Kriterien ab. Diese Kriterien müssen auch bei der Anwendung des gesetzlichen Gebots auf die konkreten Besteuerungssachverhalte eingehalten werden, was jeweils im Einzelfall zu prüfen ist.[4] So hat der BFH die Anwendung der Steuerbefreiungsvorschrift für den Fall einer Übernahme von zehn Nachlasspflegschaften verneint, da das einschlägige Gesetz einen solchen Umfang nicht mehr als ehrenamtliche Tätigkeit einstufe.[5] 22.11

Wegen der vorgenannten engen Auslegung soll „**Gesetz**" in diesem Sinne zudem entgegen der für die Steuergesetze verbindlichen Regelung in § 4 AO nicht jede Rechtsnorm erfassen, so dass die Bezeichnung der Tätigkeit als ehrenamtlich in einer **öffentlich-rechtlichen Satzung** nicht ausreichen soll.[6]

Die **Abgrenzung** zwischen den beiden weiteren Fallgruppen (allgemeiner Sprachgebrauch, materieller Begriff der Ehrenamtlichkeit) ist wegen der Auswirkungen des allgemeinen Sprachgebrauchs auf den materiellen Begriff der Ehrenamtlichkeit fließend. Nach dem **allgemeinen Sprachgebrauch** dienen ehrenamtliche Tätigkeiten nicht dem Lebensunterhalt, sondern haben die dafür gezahlten Entgelte entschädigenden Charakter (Verdienstausfall, Fremdauslagenersatz). Daraus wird zudem abgeleitet, dass die Tätigkeiten **nebenberuflich** 22.12

---

1 Die Bezeichnung in einem Gesetz als „unentgeltlich" ist der als „ehrenamtlich" gleichgestellt, BFH v. 19.4.2012 – V R 31/11, BFH/NV 2012, 1831, juris Rz. 24.

2 Ständige Rechtsprechung, z.B. BFH v. 17.12.2015 – V R 45/14, UR 2016, 310 = BFH/NV 2016, 703; v. 19.4.2012 – V R 31/11, BFH/NV 2012, 1831; v. 20.8.2009 – V R 32/08, BStBl. II 2010, 88 = UR 2009, 766; v. 14.5.2008 – XI R 70/07, BStBl. II 2008, 912; ähnlich BMF-Schreiben v. 29.8.2014, IV D 3 - S 7185/09/10001-04; *Heinrichshofen* in Rau/Dürrwächter, UStG, 173. Lieferung 7.2017, Rz. 63 zu § 4 Nr. 26 UStG.

3 BFH v. 17.12.2015 – V R 45/14, UR 2016, 310 = BFH/NV 2016, 703, juris Rz. 16.

4 So auch BMF v. 8.6.2017 – III C 3 – S 7185/09/10001-06.

5 BFH v. 19.4.2012 – V R 31/11, BFH/NV 2012, 1831, juris Rz. 21–25.

6 BFH v. 17.12.2015 – V R 45/14, UR 2016, 310 = BFH/NV 2016, 703, juris Rz. 15; BMF-Schreiben v. 29.8.2014 – IV D 3 - S 7185/09/10001-04.

ausgeübt werden müssen.[1] Dabei darf aber ehrenamtliches Engagement im **Bereich der hauptberuflichen unternehmerischen Tätigkeiten** entgegen der Andeutungen in einem Urteil des BFH[2] nicht von der Steuerbefreiung ausgenommen werden; dagegen sprechen sowohl verfassungsrechtliche Bedenken[3] wie der Neutralitätsgrundsatz des Mehrwertsteuerrechts.[4] Vielmehr dient der Einsatz professioneller Kräfte als Ehrenamtliche in besonderem Maße den Zielsetzungen einer effizienten ehrenamtlichen Wertschöpfung und damit gerade dem **Zweck der Steuerbefreiung**.

22.13 Die Fallgruppe des **materiellen Begriffs der Ehrenamtlichkeit** erfordert nach der Rechtsprechung des BFH[5] und Auffassung der Finanzverwaltung[6]

– das Fehlen eines eigennützigen Erwerbsstrebens,

– die fehlende Hauptberuflichkeit und

– den Einsatz für eine fremdnützig bestimmte Einrichtung.[7]

Während diese Kriterien nach der Rechtsprechung des BFH[8] nur für die Fallgruppe des materiellen Begriffs der Ehrenamtlichkeit zu prüfen sind, will die Finanzverwaltung[9] die Kriterien stets auch dann prüfen, wenn eine Tätigkeit in einem Gesetz oder im allgemeinen Sprachgebrauch als ehrenamtlich bezeichnet wird.

22.14 Ein **eigennütziges Erwerbsstreben** wird nach Auffassung des BFH nicht dadurch ausgeschlossen, dass die ehrenamtlich tätige Person stattdessen mit der Ausübung anderer Tätigkeiten höhere Vergütungen erzielen könnte.[10] Zweifelhaft ist jedenfalls die vom BFH vertretene, im konkreten Verfahren allerdings nur zusammen mit weiteren Aspekten entscheidungserhebliche Auffassung, dass bereits jährliche ehrenamtliche Einnahmen i.H.v. 9.250 Euro die Steuerbefreiung wegen eigennützigem Erwerbsstreben ausschließen könnten[11]; insbesondere bleiben hierbei die nach der (jüngeren) Rechtsprechung EuGH-Urteil zu beachtenden Aspekte – Gegenleistungsbezogenheit der Einnahmen[12], Angemessenheit der Gegenleistung, Ausrichtung auf das allgemeine Marktgeschehen[13] – unberücksichtigt.

---

1 BFH v. 14.5.2008 – XI R 70/07, juris Rz. 29, BStBl. II 2008, 912.

2 BFH v. 16.4.2008 – XI R 68/07.

3 *Heinrichshofen* in Rau/Dürrwächter, UStG, 173. Lieferung 7.2017, Rz. 85 zu § 4 Nr. 26 UStG.

4 Im Ergebnis ebenso BMF-Schreiben v. 29.8.2014, IV D 3 - S 7185/09/10001-04 a.E., offen gelassen in BMF v. 8.6.2017 – III C 3 – S 7185/09/10001-06.

5 BFH v. 20.8.2009 – V R 32/08, BStBl. II 2010, 88 = UR 2009, 766; v. 14.5.2008 – BStBl. II 2008, 912.

6 BMF v. 8.6.2017 – III C 3 – S 7185/09/10001-06, v. 29.8.2014, IV D 3 - S 7185/09/10001-04.

7 BFH v. 20.8.2009 – V R 32/08, BStBl. II 2010, 88 = UR 2009, 766; v. 14.5.2008 – BStBl. II 2008, 912.

8 Z.B. BFH v. 20.8.2009 – V R 32/08, BStBl. II 2010, 88 = UR 2009, 766.

9 BMF-Schreiben v. 8.6.2017 – III C 3 – S 7185/09/10001-06, v. 29.8.2014, IV D 3 - S 7185/09/10001-04.

10 BFH v. 14.5.2008 – XI R 70/07, juris Rz. 29, BStBl. II 2008, 912.

11 BFH v. 16.4.2008 – XI R 68/07, Rz. 5 i.V.m. Rz. 30.

12 EuGH v. 29.10.2009 – Rs. C-246/08, UR 2010, 224 – Kommission (Rechtshilfebüros), ECLI:EU:C:2009:671, Rz. 50 f.

13 EuGH v. 12.5.2016 – Rs. C-520/14 – Gemeente Borsele, ECLI:EU:C:2016:334, Rz. 30–35, UR 2016, 520 m. Anm. *Küffner* = UR 2016, 543 m. Anm. *Sterzinger*.

Die Voraussetzung der **fehlenden Hauptberuflichkeit** erfordert nicht, dass neben der ehrenamtlichen Tätigkeit auch ein Hauptberuf ausgeübt wird[1], denn das würde dem unionsrechtlichen Neutralitätsgrundsatz widersprechen. Allerdings darf die Tätigkeit nicht wie ein Beruf bzw. als Ersatz für eine berufliche Tätigkeit ausgeübt werden. 22.15

Die weitere Voraussetzung der Steuerbefreiung – **fremdnützig bestimmte Einrichtungen** – ist insbesondere bei **gemeinnützigen Einrichtungen**, **Selbsthilfeeinrichtungen**[2] – zu denen Erwerbsgenossenschaften nach der zwischenzeitlich geänderten Rechtsprechung nicht mehr gehören[3] – und dem **nichtunternehmerischen Bereich öffentlich-rechtlicher Körperschaften** erfüllt. Bei öffentlich-rechtlichen Körperschaften sind dem Unternehmen zuzuordnende Bereiche, z.B. Betriebe gewerblicher Art[4] und Unternehmen in öffentlich-rechtlicher Trägerschaft, falls diese nicht jeweils als gemeinnützig anerkannt sind, keine fremdnützigen Einrichtungen in diesem Sinne.[5] 22.16

## 2. Tätigkeit für juristische Person des öffentlichen Rechts, § 4 Nr. 26 a) UStG

Die Steuerbefreiung nach § 4 Nr. 26 a) UStG greift bei ehrenamtlichen Tätigkeiten für juristische Personen des öffentlichen Rechts, also für Körperschaften, Anstalten und Stiftzungen des öffentlichen Rechts. Die in Buchst. b) der Vorschrift für andere ehrenamtliche Tätigkeiten aufgenommenen Beschränkungen der Steuerbefreiung nach Art und Höhe des Entgelts (**Auslagenersatz und angemessene Vergütung für Zeitversäumnis**) findet zwar nach der gesetzlichen Regelung auf Tätigkeiten für juristische Personen des öffentlichen Rechts keine Anwendung, es muss sich aber auch hier um eine **ehrenamtliche Tätigkeit im Sinne der Befreiungsvorschrift** handeln (dazu vorstehend Rz. 22.10 ff.). Wenn diese Voraussetzung erfüllt ist, kann aufgrund der öffentlich-rechtlichen (insbesondere haushaltsrechtlichen) Einbindung von einer ausreichenden Orientierung des Entgelts an den mit „Ehrenamtlichkeit“ bzw. „Unentgeltlichkeit“ verbundenen Kriterien ausgegangen werden.[6] 22.17

Da letzteres nur für den **nichtunternehmerischen Bereich öffentlich-rechtlicher Körperschaften** ausreichend sichergestellt ist, findet § 4 Nr. 26 a) UStG bei ehrenamtlichen Tätigkeiten für unternehmerische Bereiche öffentlich-rechtlicher Körperschaften, z.B. Betriebe gewerblicher Art[7] von Körperschaften des öffentlichen Rechts und Unternehmen in öffentlich-rechtlicher Trägerschaft, keine Anwendung.[8] In diesen Fällen bleibt aber der Anwendungsspielraum des § 4 Nr. 26 b) UStG zu klären. 22.18

1 BFH v. 16.12.1987 – X R 7/82, BStBl. II 1988, 384, unter 2. c) der Entscheidungsgründe = UR 1988, 220.

2 BFH v. 27.7.1972 – V R 33/77; BStBl. II 1972, 844; v. 16.12.1987 – X R 7/82 unter 2. a), b) der Entscheidungsgründe, UR 1988, 220.

3 BFH v. 20.8.2009 – V R 45/14, BStBl. II 2010, 88, juris Rz. 31; v. 17.12.2015 – V R 45/14, juris Rz. 21.

4 BFH v. 4.4.1974 – V R 70/73, BStBl. II 1974, 528.

5 BFH v. 16.12.1987 – X R 7/82, BStBl. II 1988, 384, unter 2. c) der Entscheidungsgründe = UR 1988, 220.

6 Ähnlich *Heinrichshofen* in Rau/Dürrwächter, UStG, 173. Lieferung 7.2017, Rz. 103 zu § 4 Nr. 26 UStG; BMF v. 8.6.2017 – III C 3 – S 7185/09/10001-06.

7 BFH v. 4.4.1974 – V R 70/73, BStBl. II 1974, 528.

8 BFH v. 16.12.1987 – X R 7/82, BStBl. II 1988, 384, unter 2. c) der Entscheidungsgründe = UR 1988, 220.

22.19 Falls die ehrenamtliche Tätigkeit sowohl für den **nichtunternehmerischen als auch für unternehmerische Bereiche** der Körperschaft außerhalb des § 4 Nr. 26 b) UStG ausgeübt wird, dürfte nach der allgemeinen Systematik des Mehrwertsteuerrechts in gleicher Weise wie beim Vorsteuerabzug eines einheitlichen Leistungsbezugs für den unternehmerischen und nichtunternehmerischen Bereich eine Aufteilung nach § 15 Abs. 4 UStG in analoger Anwendung[1] vorzunehmen sein. *Heinrichshofen* schlägt eine Aufteilung nach dem eingesetzten Stundenaufwand und für die Handhabung in der Praxis den Abschluss von zwei gesonderten Vereinbarungen vor.[2]

### 3. Anderweitige ehrenamtliche Tätigkeit, § 4 Nr. 26 b) UStG

22.20 In anderen Fällen als einer ehrenamtlichen Tätigkeit für den nichtunternehmerischen Bereich einer juristischen Person des öffentlichen Rechts kommt die Steuerbefreiung nach § 4 Nr. 26 b) UStG in Betracht. Zu denken ist aufgrund der vorstehend beschriebenen allgemeinen Voraussetzungen einer Einstufung als ehrenamtliche Tätigkeit im Sinne dieser Befreiungsvorschrift (Rz. 22.10 ff.) z.B. an ehrenamtliche Tätigkeiten in

- als **gemeinnützig anerkannten Organisationen**, z.B. Idealvereinen, nichtrechtsfähigen Personenvereinigungen, Gesellschaften, Genossenschaften oder Stiftungen,
- gemeinnützigen Betrieben gewerblicher Art von juristischen Personen des öffentlichen Rechts,
- Arbeitgeber-/Arbeitnehmerorganisationen,
- Berufsverbänden,
- politische Parteien.

Die Tätigkeiten müssen **öffentlichen Interessen**, Allgemeinwohlinteressen, Belange der Allgemeinheit, sozialen Zwecken oder den **nichtwirtschaftlichen Zwecken einer großen Zahl von Bürgern oder Einrichtungen** dienen.[3]

Weder nach § 4 Nr. 26 a) UStG noch nach § 4 Nr. 26 b) UStG umsatzsteuerbefreit sind Tätigkeiten für

- öffentlich-rechtliche erwerbswirtschaftlich tätige Unternehmen (außerhalb des nichtunternehmerischen Bereichs)[4],
- Erwerbsgenossenschaften oder andere erwerbswirtschaftliche Unternehmen[5].

Unabhängig von deren **Körperschaftsteuerbefreiung** ist daher bei Tätigkeiten für die in § 5 Abs. 1 KStG aufgeführten Körperschaften wie z.B. gemeinnützigen Unternehmen (§ 5 Abs. 1 Nr. 9 KStG) oder steuerbefreiten Berufsverbänden (§ 5 Abs. 1 Nr. 5 KStG) in jedem Einzelfall die Umsatzsteuerbefreiung nach § 4 Nr. 26 UStG zu prüfen.

---

1 BFH v. 3.3.2011 – V R 23/10, BStBl. II 2012, 74 = UR 2011, 617 m. Anm. *Küffner.*

2 *Heinrichshofen* in Rau/Dürrwächter, UStG, 173. Lieferung 7.2017, Rz. 104 zu § 4 Nr. 26 UStG.

3 Ähnlich *Heinrichshofen* in Rau/Dürrwächter, UStG, 173. Lieferung 7.2017, Rz. 112 zu § 4 Nr. 26 UStG.

4 BFH v. 16.12.1987 – X R 7/82, BStBl. II 1988, 384, unter 2. c) der Entscheidungsgründe = UR 1988, 220.

5 BFH v. 20.8.2009 – V R 32/08, BStBl. II 2010, 88 = UR 2009, 766.

Bei der Steuerbefreiung nach § 4 Nr. 26 b) UStG ist nur der **Auslagenersatz** und – im Gegensatz zur Steuerbefreiung nach § 4 Nr. 26 a) UStG – **eine angemessene Entschädigung für die Zeitversäumnis** umsatzsteuerbefreit. 22.21

**Auslagenersatz** erfasst nur den Ersatz der Fremdauslagen, wobei die einkommen- und lohnsteuerrechtlichen Pauschsätze herangezogen werden können, falls kein höherer Auslagenersatz geltend gemacht wird.[1] Letzterenfalls werden die Auslagen durch Beleg nachgewiesen oder nach steuerlichen Kriterien glaubhaft gemacht werden müssen.[2] 22.22

Unübersichtlich ist die Rechtslage zur Bemessung einer **angemessenen Entschädigung für die Zeitversäumnis** als weitere Voraussetzung der Steuerbefreiung. Insoweit kann noch als geklärt angesehen werden, dass grundsätzlich auf den **Einzelfall** abzustellen ist.[3] Hierbei werden insbesondere die **berufliche Stellung** des ehrenamtlich Tätigen, sein **Verdienstausfall**, die **gesetzlichen Erstattungsregelungen**,[4] aber nach der Rechtsprechung des EuGH auch die **Fremdüblichkeit der Leistungserbringung**, die **Höhe und Gegenleistungsbezogenheit der Einnahmen**[5], die **Angemessenheit der Gegenleistung** und die **Ausrichtung auf das allgemeine** Marktgeschehen[6] zu berücksichtigen sein. 22.23

Aus Gründen der Rechtssicherheit hat die Finanzverwaltung **Nichtbeanstandungsgrenzen** zur Festlegung der angemessenen Entschädigungshöhe für den Zeitaufwand eingeführt, die sich aus einem Entschädigungssatz von bis zu 50 Euro/Tätigkeitsstunde und in Anlehnung an die Kleinunternehmerregelung von bis zu 17.500 Euro/p.a.[7] zusammensetzen.[8] Hinzu kommen die nachgewiesenen Auslagen.[9]

Eine Zahlung der Entschädigung für die Zeitversäumnis als **Pauschalvergütung** ist nach Auffassung der Finanzverwaltung nicht zulässig und die Befreiungsvorschrift in diesem Fall insgesamt nicht anwendbar.[10] Aus **Vereinfachungsgründen** wird es aber nicht beanstandet, wenn 22.24

– entweder die jährliche Pauschalvergütung den Freibetrag nach § 3 Nr. 26 EStG nicht übersteigt und die Art der Tätigkeiten sowie Höhe der Vergütung angegeben werden[11] oder

---

1 Abschn. 4.26.1 Abs. 4 Satz 5 UStAE; *Oelmaier* in Sölch/Ringleb, § 4 Nr. 26 Rz. 24; *Ehrt* in Weymüller, UStG, 2. Aufl. 2019, § 4 Nr. 26 Rz. 28.1; *Heinrichshofen* in Rau/Dürrwächter, UStG, 173. Lieferung 7.2017, Rz. 114 zu § 4 Nr. 26 UStG.

2 *Heinrichshofen* in Rau/Dürrwächter, UStG, 177. Lieferung 7.2017, Rz. 114 zu § 4 Nr. 26 UStG.

3 BFH v. 16.4.2008 – XI R 68/07, Rz. 29 f.; Abschn. 4.26.1 Abs. 4 Satz 2 UStAE; *Oelmaier* in Sölch/Ringleb, § 4 Nr. 26 Rz. 25; im Ergebnis ebenso EuGH v. 12.5.2016 – Rs. C-520/14 – Gemeente Borsele, ECLI:EU:C:2016:334, Rz. 30–35, UR 2016, 520 m. Anm. *Küffner* = UR 2016, 543 m. Anm. *Sterzinger.*

4 *Heinrichshofen* in Rau/Dürrwächter, UStG, 173. Lieferung 7.2017, Rz. 116 zu § 4 Nr. 26 UStG.

5 Vgl. hierzu auch EuGH v. 29.10.2009 – Rs. C-246/08 – Kommission (Rechtshilfebüros), ECLI:EU:C:2009:671, Rz. 50 f., UR 2010, 224.

6 EuGH v. 12.5.2016 – Rs. C-520/14 – Gemeente Borsele, ECLI:EU:C:2016:334, Rz. 30–35, UR 2016, 520 m. Anm. *Küffner* = UR 2016, 543 m. Anm. *Sterzinger.*

7 Ohne den höheren Grenzbetrag von 50.000 Euro im zweiten Jahr, Abschn. 4.26.1 Abs. 4 Satz 3 UStAE.

8 Abschn. 4.26.1 Abs. 4 Satz 2 UStAE.

9 Abschn. 4.26.1 Abs. 4 Satz 4 UStAE.

10 Abschn. 4.26.1 Abs. 5 Satz 1 UStAE; ähnlich BFH v. 25.1.2011 – V B 144/09, BFH/NV 2011, 863.

11 Abschn. 4.26.1 Abs. 5 Satz 4 f. UStAE.

– zu der Pauschale der Stundenaufwand (pro Woche/Monat/Jahr) auf **statuarisch legitimierter Grundlage** (Satzung/Beschluss des zuständigen Gremiums/Vertrag) festgelegt wird,[1] die Nichtbeanstandungsgrenzen von bis zu 50 Euro/Tätigkeitsstunde und 17.500 Euro/p.a. des ehrenamtlich Tätigen nicht überschritten werden und der tatsächliche Zeitaufwand glaubhaft gemacht wird.[2] Bei nicht offenkundigen Einsatzzeiten sollten zum Zeitaufwand Aufzeichnungen geführt und vom zuständigen Gremium abgezeichnet werden.[3]

22.25 **Rechtsfolge** einer unangemessenen Entschädigung für die Zeitversäumnis ist die Unanwendbarkeit der Befreiungsvorschrift des § 4 Nr. 26 UStG. In diesem Fall soll auch der Auslagenersatz umsatzsteuerpflichtig sein[4], was aber durch den dann möglichen Vorsteuerabzug gemildert wird.

## D. Österreichische Rechtslage

22.26 Das österreichische Umsatzsteuergesetz enthält keine spezielle Regelung, die für ehrenamtliche Tätigkeiten explizit eine Entlastung von der Umsatzsteuer anordnet.

### I. Ausgangslage

22.27 Die hA geht wohl davon aus, dass es ehrenamtlichen Tätigkeiten an der Einnahmenerzielungsabsicht iSd § 2 Abs 1 UStG fehlt[5] und diese daher keine unternehmerische Tätigkeit begründen. Nach § 2 Abs. 5 Z 1 UStG gilt die von Funktionären i.S.d. § 29 Z 4 des Einkommensteuergesetzes 1988 in Wahrnehmung ihrer Funktionen ausgeübte Tätigkeit nicht als gewerbliche oder berufliche Tätigkeit. Im Übrigen ist § 2 Abs 5 Z 2 UStG zu beachten, wonach eine Tätigkeit, die auf Dauer gesehen Gewinne oder Einnahmenüberschüsse nicht erwarten lässt (Liebhaberei), nicht als unternehmerisch gilt.

22.28 § 29 Z 4 EStG ordnet die Funktionsgebühren der Funktionäre von Körperschaften öffentlichen Rechts, soweit sie nicht unter die nichtselbständigen Einkünfte gem § 25 EStG fallen, den sonstigen Einkünften zu.

22.29 Die Ausgrenzung der Funktionäre öffentlich-rechtlicher Körperschaften aus dem Unternehmensbegriff wird nach den Materialien zum UStG 1994 auf die Protokollerklärung zu Art. 4 der 6. Mehrwertsteuerrichtlinie gestützt. Ob die Tätigkeit von Funktionären i.S.d. § 29 Z 4 EStG als ehrenamtliche Tätigkeit angesehen werden kann, ist allerdings zumindest zweifelhaft, zumal für diese Tätigkeiten regelmäßig ein Anspruch auf Entgelt besteht. Freilich sind diese Tätigkeiten jenen von Dienstnehmern öffentlich-rechtlicher Körperschaften sehr ähnlich und werden sie in vielen Fällen nicht einem bestimmten Adressaten gegenüber erbracht. Der Protokollerklärung zu Art. 4 der 6. MwStRL kann auch entnommen werden, dass es in

1 Nicht notwendig zusammen in einem Gremienbeschluss, BMF-Schreiben v. 29.8.2014 – IV D 3 - S 7185/09/10001-04, vorletzter Absatz unter Hinweis auf die Eingabe des Deutscher Steuerberaterverband e.V., s. hierzu dessen Mitteilung v. 16.9.2014.

2 Abschn. 4.26.1 Abs. 5 Satz 2 f. UStAE.

3 *Heinrichshofen* in Rau/Dürrwächter, UStG, 173. Lieferung 7.2017, Rz. 118 zu § 4 Nr. 26 UStG.

4 Abschn. 4.26.1 Abs. 4 Satz 1UStAE; *Oelmaier* in Sölch/Ringleb, § 4 Nr. 26 Rz. 27; hierzu ausführlich *Heinrichshofen* in Rau/Dürrwächter, UStG, 173. Lieferung 7.2017, Rz. 117 zu § 4 Nr. 26 UStG.

5 *Ruppe/Achatz*, UStG, Kommentar[5], § 2 Tz. 58.

dienstnehmerähnlichen Randbereichen den Mitgliedsstaaten freistehen soll, den Begriff der selbständigen Tätigkeit eigenständig zu definieren. Insofern scheint § 2 Abs. 5 Z 1 UStG mit dem Unionsrecht vereinbar.[1]

## II. Rechtspraxis

Für ehrenamtliche Tätigkeiten geht die Praxis im Grundsatz davon aus, dass es sich um Tätigkeiten handelt, die ohne wirtschaftliches Kalkül – somit ohne eigenwirtschaftliches Interesse des Leistenden – entfaltet werden. Das Verhalten des Leistenden ist in diesen Fällen regelmäßig von der Absicht der Unentgeltlichkeit oder der Gefälligkeit bestimmt. Allfällige Einnahmen (speziell Kostenersätze), die mit dieser Tätigkeit verbunden sind, begründen keine hinreichende Einnahmenerzielung i.S.d. § 2 UStG.[2] Diese Sicht ist auch unionsrechtlich begründet, zumal nach Art. 9 MwStSyStRL derartige Tätigkeiten keinen wirtschaftlichen Charakter in sich tragen.[3] 22.30

Funktionäre i.S.d. § 29 Z 4 EStG sind Personen, für die ein öffentlich-rechtlicher Aufgabenkreis umschrieben ist, den sie nachhaltig wahrzunehmen haben und der grundsätzlich auch die Ausübung hoheitlicher Befugnisse miteinschließt. Charakteristisch ist die Ausübung von Organfunktionen.[4] Personen, die dagegen nur für einzelne Leistungen herangezogen werden (z.B. ad hoc bestellte Sachverständige, Gutachter) oder Personen, die nicht zur Wahrnehmung öffentlich-rechtlicher Aufgaben bestellt werden, sind nicht als Funktionäre i.S.d. § 29 Z 4 EStG zu qualifizieren. Werden derartige Leistungen außerhalb eines Dienstverhältnisses mit Einnahmenerzielungsabsicht erbracht, ist von einer unternehmerischen Tätigkeit auszugehen. 22.31

Anhang II zu EStR 2000 enthält eine Liste der einkommensteuerlich als Funktionsgebühren i.S.d. § 29 Z 4 EStG anerkannten Entschädigungen. Die dort getroffenen Beurteilungen gelten nach der Praxis der Finanzverwaltung auch für die Umsatzsteuer.[5] Entgelte für die Prüfungstätigkeit und für die Begutachtung wissenschaftlicher Arbeiten der Universitätsdozenten sind stets Funktionsgebühren gem. § 29 Z 4 EStG.[6] 22.32

Liegt eine Tätigkeit i.S.d. § 2 Abs. 5 Z 1 UStG vor, erübrigt sich somit eine Prüfung der Einnahmenerzielungsabsicht. Auch eine Abgrenzung zu der Tätigkeit von Arbeitnehmern ist nicht erforderlich. Insofern erübrigen sich auch Abgrenzungen betreffend verschiedene Bezüge, die auf bundes-, landes- und kommunaler Ebene ausbezahlt und gem. § 25 EStG zu den Einkünften aus nicht selbständiger Arbeit rechnen. Soweit in diesen Fällen Funktionen für Körperschaften öffentlichen Rechts ausgeübt werden, bedarf es keiner Überprüfung der Unternehmereigenschaft, da auch im Fall des Vorliegens materieller Funktionsgebühren gem. § 2 Abs. 5 Z 1 UStG von einer nicht-unternehmerischen Tätigkeit auszugehen wäre. 22.33

§ 29 Z 4 EStG enthält keine Subsidiaritätsklausel. Funktionsgebühren liegen somit auch dann vor, wenn die Funktionsausübung im Zusammenhang mit einer selbständigen beruflichen Tätigkeit steht. Die Funktion ist daher auch in solchen Fällen umsatzsteuerlich gesondert zu betrachten und als nicht-unternehmerische Tätigkeit zu qualifizieren. 22.34

1 Vgl. auch *Ruppe/Achatz*, UStG, Kommentar$^5$, § 2 Rz. 11 und Rz. 233.
2 *Ruppe/Achatz*, UStG, Kommentar$^5$, § 2 Rz. 58.
3 EuGH v. 21.2.2006 – Rs. C/02 – Halifax, Slg I-1609.
4 VwGH v. 21.7.1993 – 91/13/0098.
5 UStR 2000 Rz. 311 i.d.F. AÖF 56/209.
6 *Taucher*, ÖStZ 1994, 119.

22.35 § 2 Abs. 5 Z 2 UStG (vgl. Rz. 6.72 ff.) ist für ehrenamtliche Tätigkeiten idR nicht einschlägig: Die Vorschrift erfasst Tätigkeiten, die einnahmenerzielend, wirtschaftlich betrachtet der Konsumsphäre zuzuordnen sind (vgl. Rz. 17.39). Die Einnahmenerzielungsabsicht ist für ehrenamtliche Tätigkeiten regelmäßig zu verneinen (vgl. Rz. 22.30); es liegt somit bereits nach § 2 Abs. 1 UStG keine unternehmerische Tätigkeit vor. Soweit in Grenzfällen eine Einnahmenerzielungsabsicht zu bejahen sein sollte, steht § 2 Abs. 5 Z 2 UStG einer Steuerpflicht entgegen, wenn die Tätigkeit auf eine in der Lebensführung begründete Neigung zurückzuführen ist.

## E. Reformvorschläge

22.36 Die **Rechtsprechung des EuGH** insbesondere zur Berücksichtigung der Fremdüblichkeit der Leistungserbringung, der Höhe und Gegenleistungsbezogenheit der Einnahmen[1], der Angemessenheit der Gegenleistung und die Ausrichtung auf das allgemeine Marktgeschehen[2] sollten als weitere Kriterien der Einzelfallprüfung in den Abschnitt 4.26.1 UStAE eingearbeitet und die einschlägigen Schreiben und Erlasse[3] entsprechend nachjustiert werden.

Um der bundesweit zur Zeit sehr **uneinheitlichen Rechtsanwendung** der Finanzverwaltung entgegenzuwirken, sollte das Erfordernis der **Glaubhaftmachung** in Abschn. 4.26.1 Abs. 5 Satz 3 UStAE auf Fälle beschränkt werden, bei denen Anhaltspunkte für eine missbräuchliche Geltendmachung der Steuerbefreiung bestehen. Mit dem derzeitig von der Finanzverwaltung geforderten Dokumentationsaufwand wird die vom Gesetzgeber beabsichtigte Förderung des Ehrenamts auf der Verwaltungsebene torpediert.

1 EuGH v. 29.10.2009 – Rs. C-246/08 – Kommission (Rechtshilfebüros), ECLI:EU:C:2009:671, Rz. 50 f., UR 2010, 224.

2 EuGH v. 12.5.2016 – Rs. C-520/14 – Gemeente Borsele, ECLI: EU:C:2016:334, Rz. 30–35, UR 2016, 520 m. Anm. *Küffner* = UR 2016, 543 m. Anm. *Sterzinger.*

3 BMF-Schreiben v. 29.8.2014 – IV D 3 - S 7185/09/10001-04; v. 27.3.2013 – IV D 3 - S 7185/09/1001-04 –, BStBl. I 2013, 452; koordinierter Ländererlass v. 2.1.2012 – IV D 3 - S 7185/09/10001, BStBl. I 2012, 59.

# Kapitel 23
# Umsätze von Blinden und Blindenwerkstätten – Art. 371 iVm Anhang X Teil B Nr. 5 MwStSystRL (Deutschland), Art. 378 Abs. 2 lit. a iVm Anhang X Teil B Nr. 5 MwStSystRL (Österreich)




**Literatur (Österreich):** *Kanduth-Kristen/Mayr/Tschiderer* in Berger/Bürgler/Kanduth-Kristen/Wakounig, UStG-ON2.07; *Ruppe/Achatz*, UStG-Kommentar, 5. Aufl. 2018; *Scheiner/Kolacny/Caganek*, Kommentar zur Mehrwertsteuer – UStG 1994, Band Ia, 2016 (14. Lfg. 2006).


## A. Normtexte

### I. Unionsrechtliche Rechtsgrundlagen 23.1

Gemäß Art. 371 i.V.m. Anhang X Teil B Nr. 5 MwStSystRL dürfen die Mitgliedstaaten, die wie Deutschland am 1.1.1978 die in Anhang X Teil B genannten Umsätze von der Steuer befreit haben, diese zu den in dem jeweiligen Mitgliedstaat zu dem genannten Zeitpunkt geltenden Bedingungen weiterhin befreien. In Anhang X Teil B Nr. 5 MwStSystRL sind hierunter aufgeführt „Umsätze, die von Blinden oder Blindenwerkstätten bewirkt werden, wenn ihre Befreiung von der Steuer keine erheblichen Wettbewerbsverzerrungen verursacht".

Nach Art. 378 Abs. 2 lit. a i.V.m. Anhang X Teil B Nr. 5 MwStSystRL darf Österreich als Mitgliedstaat, der nach dem 1.1.1978 der Gemeinschaft beigetreten ist, die in Anhang X Teil B Nr. 5 MwStSystRL genannten Umsätze von Blinden oder Blindenwerkstätten von der Steuer befreien, solange die betreffenden Umsätze in einem Staat von der Steuer befreit waren, der am 31.12.1004 Mitglied der Gemeinschaft war, und zwar zu den in diesem Mitgliedstaat zum Zeitpunkt seines Beitritts geltenden Bedingungen.

## II. Nationale deutsche Regelungen

**§ 4 Steuerbefreiungen bei Lieferungen und sonstigen Leistungen**

**Von den unter § 1 Abs. 1 Nr. 1 fallenden Umsätzen sind steuerfrei:**

**[…]**

**19.**

**a) die Umsätze der Blinden, die nicht mehr als zwei Arbeitnehmer beschäftigen. 2Nicht als Arbeitnehmer gelten der Ehegatte, der eingetragene Lebenspartner, die minderjährigen Abkömmlinge, die Eltern des Blinden und die Lehrlinge. 3Die Blindheit ist nach den für die Besteuerung des Einkommens maßgebenden Vorschriften nachzuweisen. 4Die Steuerfreiheit gilt nicht für die Lieferungen von Energieerzeugnissen im Sinne des § 1 Abs. 2 und 3 des Energiesteuergesetzes und von Alkohol im Sinne des Alkoholsteuergesetzes, wenn der Blinde für diese Erzeugnisse Energiesteuer oder Alkoholsteuer zu entrichten hat, und für Lieferungen im Sinne der Nummer 4a Satz 1 Buchstabe a Satz 2,**

**b) die folgenden Umsätze der nicht unter Buchstabe a fallenden Inhaber von anerkannten Blindenwerkstätten und der anerkannten Zusammenschlüsse von Blindenwerkstätten im Sinne des § 226 des Neunten Buches Sozialgesetzbuch:**

**aa) die Lieferungen von Blindenwaren und Zusatzwaren,**

**bb) die sonstigen Leistungen, soweit bei ihrer Ausführung ausschließlich Blinde mitgewirkt haben;**

**§ 9 Verzicht auf Steuerbefreiungen**

**(1) Der Unternehmer kann einen Umsatz, der nach § 4 Nr. 8 Buchstabe a bis g, Nr. 9 Buchstabe a, Nr. 12, 13 oder 19 steuerfrei ist, als steuerpflichtig behandeln, wenn der Umsatz an einen anderen Unternehmer für dessen Unternehmen ausgeführt wird.**

## III. Nationale österreichische Regelungen

**§ 6 (1) UStG**

**Von den unter § 1 Abs. 1 Z 1 fallenden Umsätzen sind steuerfrei:**

**Z 10**

**a) die Umsätze der Blinden, wenn sie nicht mehr als drei sehende Arbeitnehmer beschäftigen und die Voraussetzungen der Steuerfreiheit durch eine Bescheinigung über den Erhalt der Blindenbeihilfe oder durch eine Bestätigung der zuständigen Bezirksverwaltungsbehörde oder durch den Rentenbescheid oder eine Bestätigung des zuständigen Bundesamtes für Soziales und Behindertenwesen nachweisen. Nicht als Arbeitnehmer gelten der Ehegatte, der eingetragene Partner, die minderjährigen Abkömmlinge, die Eltern des Blinden und die Lehrlinge. Die Steuerfreiheit gilt nicht für die Umsätze von Gegenständen, die einer Verbrauchsteuer unterliegen, wenn der Blinde Schuldner der Verbrauchsteuer ist.**

## B. Auslegung der unionsrechtlichen Grundlagen

### I. Übergangsregelung des Art. 371 i.V.m. Anhang X Teil B Nr. 5 MwStSystRL

Gemäß Art. 371 iVm Anhang X Teil B Nr. 5 MwStSystRL dürfen die Mitgliedstaaten, die am 1.1.1978 die in Anhang X Teil B genannten Umsätze von der Steuer befreit haben, diese zu den in dem jeweiligen Mitgliedstaat zu dem genannten Zeitpunkt geltenden Bedingungen weiterhin befreien. Davon sind auch die in Anhang X Teil B Nr. 5 MwStSystRL aufgeführten „Umsätze, die von Blinden oder Blindenwerkstätten bewirkt werden, wenn ihre Befreiung von der Steuer keine erheblichen Wettbewerbsverzerrungen verursacht", erfasst.[1] 23.2

Die Vorschrift geht zurück auf den bis zum 31.12.2006 geltenden Art. 28 Abs. 3 lit. a i.V.m. Anhang F Nr. 7 der 6. EG-Richtlinie (Richtlinie 77/388/EWG vom 17.5.1977). Dabei handelte es sich um eine **Übergangvorschrift**, die beginnend mit dem 1.1.1978 auf zunächst fünf Jahre befristet war. Die Frist endet allerdings erst aufgrund einer ausdrücklichen Entscheidung des Rates (Art. 28 Abs. 4 der 6. EG-Richtlinie). In einem Bericht der Kommission an den Rat der Europäischen Union auf der Grundlage der 18. Richtlinie des Rates 89/465/EWG vom 18.7.1989[2] nahm die Kommission zu den Übergangsbestimmungen insbesondere wegen der in der Mehrwertsteuer systemfremden Privilegierung nach personalen Kriterien kritisch Stellung (Rz. 23.12 ff.). 23.3

Auf dieser Grundlage legte die Kommission dem Rat am 22.7.1992 den „Vorschlag für eine Richtlinie des Rates zur Harmonisierung der Rechtsvorschriften der Mitgliedstaaten über die Umsatzsteuern – Aufhebung bestimmter in Art. 28 Abs. 3 der Richtlinie 77/388/EWG und in Art. 1 Abs. 1 zweiter Unterabsatz der Richtlinie 89/465/EWG vorgesehener Ausnahmeregelungen" vor.[3] Nach diesem Vorschlag sollte die Steuerbefreiung auf Dauer beibehalten bleiben, wenn die Steuerbefreiung nicht zu erheblichen Wettbewerbsverzerrungen führt und die Mitgliedstaaten hiervon Gebrauch machen. Nicht vorgesehen war dabei die im deutschen Recht bestehende Option durch den Unternehmer. Der Vorschlag wurde im Zusammenhang mit den Überlegungen zur Ausgestaltung des endgültigen Mehrwertsteuersystems mit Schreiben an den Rat vom 21.11.1996 zurückgenommen.[4] Die nunmehrige Regelung in Art. 371 MwStSystRL sieht eine Befristung der Übergangsregelung nicht mehr vor und besteht daher **zeitlich unbegrenzt**.[5] 23.4

---

1 BFH v. 16.10.2018 – V B 30/18, BFH/NV 2019, 132 Rz. 14.

2 Achtzehnte Richtlinie 89/465/EWG des Rates v. 18.7.1989 zur Harmonisierung der Rechtsvorschriften der Mitgliedstaaten über die Umsatzsteuern – Aufhebung bestimmter in Artikel 28 Absatz 3 der Sechsten Richtlinie 77/388/EWG vorgesehener Ausnahmeregelungen, ABl. EG 1989 Nr. L 226, 21.

3 Vorschlag für eine Richtlinie des Rates zur Harmonisierung der Rechtsvorschriften der Mitgliedstaaten über die Umsatzsteuern – Aufhebung bestimmter in Art. 28 Abs. 3 der Richtlinie 77/388/EWG und in Art. 1 Abs. 1 zweiter Unterabsatz der Richtlinie 89/465/EWG vorgesehener Ausnahmeregelungen v. 13.8.1992, ABl. EG 1992, Nr. C 295, 6, sowie Geänderter Vorschlag für eine Richtlinie des Rates zur Harmonisierung der Rechtsvorschriften der Mitgliedstaaten über die Umsatzsteuern – Aufhebung bestimmter in Artikel 28 Absatz 3 der Richtlinie 77/388/EWG und in Artikel 1 Absatz 1 zweiter Unterabsatz der Richtlinie 89/465/EWG vorgesehener Ausnahmeregelungen v. 2.8.1993, ABl. EG 1993 Nr. C 231, 14.

4 Vgl. hierzu *Korf*, UR 1997, 338 ff.

5 *Kulmsee* in Reiß/Kraeusel/Langer, § 4 Nr. 19 Rz. 13; *Ahrens* in Winheller/Geibel/Jachmann-Michel, § 4 UStG Nr. 19 Rz. 508; aA offenbar *Hünnekens* in Küffner/Stöcker/Zugmaier, § 4 Nr. 19 Rz. 11 noch als Übergangsvorschrift.

23.5 Entsprechend seinem späteren Beitritt zur Gemeinschaft am 1.1.1995 darf Österreich nach Art. 378 Abs. 2 lit. a iVm Anhang X Teil B Nr. 5 MwStSystRL die in Anhang X Teil B Nr. 5 MwStSystRL genannten Umsätze von Blinden oder Blindenwerkstätten von der Steuer befreien, solange die betreffenden Umsätze in einem Staat von der Steuer befreit waren, der am 31.12.1994 Mitglied der Gemeinschaft war, und zwar zu den in Österreich zum Zeitpunkt seines Beitritts geltenden Bedingungen.

## II. Erfasste Umsätze

### 1. Befreite Unternehmer

#### a) Blinde oder Blindenwerkstätten

23.6 Die Steuerbefreiung setzt voraus, dass die betreffenden **Leistungen von Blinden oder Blindenwerkstätten** bewirkt werden. Rechtsprechung des EuGH zu der nur in einigen Mitgliedstaaten (Deutschland, Frankreich, Niederlande, Österreich) geltenden Übergangsregelung liegt nicht vor. Da die Vorschrift ausdrücklich in Art. 371 MwStSystRL auf die im Jahr 1978 *in den betreffenden Mitgliedstaaten* geltenden Steuerbefreiungen für die besagten Umsätze verweist, ist der Ausnahmetatbestand nicht autonom auszulegen (*Hüttemann*, Rz. 3.43 f.), sondern unter Rückgriff auf die nationalen Begriffe.

23.7 In Deutschland bestand im Jahr 1978 nach § 4 Nr. 19 lit. a UStG die seit dem 1.1.1973 geltende Steuerbefreiung für „die Umsätze der Blinden, die nicht mehr als zwei Arbeitnehmer beschäftigen". Für das Vorliegen der Blindheit wurde und wird unverändert auf die für Besteuerung des Einkommens maßgebenden Vorschriften verwiesen, nach denen dies zu beweisen ist (Rz. 23.28).

23.8 Nach § 4 Nr. 19 lit. b UStG befreit waren zum damaligen Zeitpunkt und sind es immer noch bestimmte Umsätze von Inhabern von **anerkannten Blindenwerkstätten**, die nicht unter lit. a fallen, die also etwa mehr als die dort erlaubten Arbeitnehmer beschäftigen oder bei denen der Unternehmer keine natürliche Person oder nicht blind ist. Zur Definition der Blindenwerkstätten wurde auf die entsprechenden sozialversicherungsrechtlichen Regelungen verwiesen (Rz. 23.44 ff.).

#### b) Keine erheblichen Wettbewerbsverzerrungen

23.9 Gem. Art. 371 i.V.m. Anhang X Teil B Nr. 5 ist die Steuerbefreiung der Umsätze von Blinden oder Blindenwerkstätten dahingehend eingeschränkt, dass sie **keine erheblichen Wettbewerbsverzerrungen** verursacht. Damit wird dem Grundanliegen des europäischen Mehrwertsteuersystems Rechnung getragen, dass die Steuerbefreiungen dem Grundsatz der steuerlichen Neutralität entsprechen. Hierzu führt der EuGH beispielsweise in dem Urteil vom 15.11.2012[1] aus:

„Nach ständiger Rechtsprechung sind die Begriffe, mit denen die in Art. 13 der Sechsten Richtlinie vorgesehenen Steuerbefreiungen umschrieben sind, eng auszulegen. Die Auslegung dieser Begriffe muss jedoch mit den Zielen im Einklang stehen, die mit den Befreiungen verfolgt werden, und den Erfordernissen des Grundsatzes der steuerlichen Neutralität entsprechen, auf dem das gemeinsame Mehrwertsteuersystem beruht."

1 EuGH v. 15.11.2012 – Rs. C-174/11 – Zimmermann, ECLI:EU:C:2012:716 Rz. 50, UR 2013, 35.

Nach dem Grundsatz der der steuerlichen Neutralität sind gleichartige und deshalb miteinander in Wettbewerb stehende Waren oder Dienstleistungen hinsichtlich der Mehrwertsteuer an sich gleich zu behandeln (näher dazu *Hüttemann*, Rz. 3.20 ff.).[1] Das Postulat des Neutralitätsgrundsatzes hat vor allem Auswirkungen auf die Auslegung der MwStSystRL, ist aber auch für die richtlinienkonforme Auslegung des nationalen Umsatzsteuerrechts maßgeblich.[2] Grundsätzlich kommt der Neutralitätsgrundsatz nur dort zum Tragen, wo zwischen den Vergleichsgruppen ein Wettbewerbsverhältnis besteht, weil gleichartige Leistungen angeboten werden (näher *Hüttemann*, Rz. 3.21 ff.). In diesem Fall gebietet der Grundsatz der Neutralität eine **gleichmäßige Besteuerung miteinander konkurrierender Leistungen**. Allerdings gilt der Grundsatz der Wettbewerbsneutralität nach der Rechtsprechung des EuGH nicht uneingeschränkt, sondern bedarf einer „gesetzgeberischen Ausarbeitung“ durch das Sekundärrecht (*Hüttemann*, Rz. 3.25 ff.). 23.10

Nach der Auslegung durch den Gerichtshof ist der Grundsatz der Neutralität der Mehrwertsteuer zwar eine Ausprägung des unionsrechtlichen Gleichbehandlungsgrundsatzes des Primärrechts, er wird aber gleichwohl nur der **Ebene des sekundären Gemeinschaftsrechts** zugeordnet (*Hüttemann*, Rz. 3.11 ff.). Das hat zur Folge, dass etwa die in Art. 132 MwStSystRL vorgesehenen unterschiedlichen Steuerbefreiungen nicht am Maßstab des Neutralitätsgrundsatzes in der Weise ausgerichtet sind, dass diese über die eindeutigen Bestimmungen hinaus ausgeweitet werden dürften.[3] Auch steht der Grundsatz der steuerlichen Neutralität nicht dem Umstand entgegen, dass die MwStSystRL bei bestimmten Steuerbefreiungen – z.B. nach Art. 132 Abs. 1 Buchst. g MwStSystRL zwischen Einrichtungen des öffentlichen Rechts und Einrichtungen des privaten Rechts unterscheidet und bei letzteren die Befreiung von einer Anerkennung ihres sozialen Charakters abhängig macht.[4] Gleiches hat der Gerichtshof für die Anwendung des ermäßigten Steuersatzes festgestellt, etwa bei der Unterscheidung zwischen gedruckten und elektronischen Büchern (näher *Hüttemann*, Rz. 3.25).[5] 23.11

Nach der Rechtsprechung des Gerichtshofs zielen die Steuerbefreiungen für gemeinwohlrelevante Tätigkeiten nach Art. 132 Abs. 1 MwStSystRL auf eine Entlastung der Leistungsempfänger. So hat der EuGH zur Steuerbefreiung für soziale Dienstleistungen nach Art. 132 Abs. 1 Buchst. g MwStSystRL festgestellt, die Befreiung habe den Zweck, „[...] die Kosten dieser Leistungen zu senken und dadurch diese Leistungen dem Einzelnen, der sie in Anspruch nehmen könnte, zugänglicher zu machen.“[6] 23.12

Von diesem Grundsatz weicht die Steuerbefreiung für Umsätze von Blinden und Blindenwerkstätten ab. So unterscheidet sie hinsichtlich der blinden Unternehmer nicht nach den 23.13

---

1 EuGH v. 28.6.2007 – Rs. C-363/05 – J.P. Morgan, ECLI:EU:C:2007:391 Rz. 46 mit weiteren Nachweisen, UR 2007, 727 m. Anm. *Maunz*; eingehend *Theile*, Wettbewerbsneutralität, 1995; *Zirkl*, Die Neutralität der Umsatzsteuer als europäisches Besteuerungsprinzip, 96 ff.

2 Vgl. etwa BFH v. 1.4.2004 – V R 54/98, UR 2001, 115 = BStBl. II 2004, 681; BFH v. 8.8.2013 – V R 13/12, BFHE 242, 557; *Zirkl*, Die Neutralität der Umsatzsteuer als europäisches Besteuerungsprinzip, 254 ff.; *Englisch* in Tipke/Lang, § 17 Rz. 24; *Lohse*, UR 2004, 581 (583).

3 EuGH v. 15.11.2012 – Rs. C-174/11 – Zimmermann, ECLI:EU:C:2012:716, UR 2013, 35.

4 EuGH v. 15.11.2012 – Rs. C-174/11 – Zimmermann, ECLI:EU:C:2012:716, UR 2013, 35.

5 EuGH v. 5.3.2015 – Rs. C-479/13 – Kommission/Frankreich, ECLI:EU:C:2015:141, UR 2015, 305; EuGH v. 5.3.2015 – Rs. C-502/13 – Kommission/Luxemburg, ECLI:EU:C:2015:143, UR 2015, 308.

6 EuGH v. 26.5.2005 – Rs. C-498/03 – Kingscrest Associates, ECLI:EU:C:2005:322 Rz. 30, UR 2005, 453; s. auch EuGH v. 15.11.2012 – Rs. C-174/11 – Zimmermann, ECLI:EU:C:2012:716, UR 2013, 35.

erbrachten Leistungen. Werden in diesen Fällen bestimmte Leistungen steuerfrei gestellt, betrifft dies im Grundsatz alle Unternehmer gleichmäßig auf allen Stufen der Wertschöpfung.[1] Die Steuerbefreiung für blinde Unternehmer wird hingegen für Lieferungen und Leistungen jeder beliebigen Art gewährt, wenn die Leistung nur durch einen Blinden erbracht wird (Rz. 23.30 ff.), während die Lieferungen der Blindenwerkstätten auf bestimmte Blindenwaren beschränkt sind (Rz. 23.49 ff.). Allerdings akzeptiert der Gerichtshof die unterschiedliche Behandlung bei den Steuerbefreiungen aus Gründen des Gemeinwohls etwa von öffentlichen Einrichtungen und Einrichtungen ohne Gewinnerzielungsabsicht einerseits und gegenüber rein kommerziellen Einrichtungen andererseits (*Hüttemann/Schauhoff*, Rz. 9.14). Aufgrund der ausdrücklichen Gestattung einer Steuerbefreiung für Leistungen von blinden Unternehmern in der unionsrechtlichen Übergangsvorschrift ist die Regelung daher ebenso wie die einzelnen Tatbestände der Steuerbefreiung aus Gründen des gemeinen Wohls in Art. 132 MwStSystRL (Rz. 3.49) **nicht anhand des Grundsatzes der Neutralität der Mehrwertsteuer zu prüfen**. Als Ausnahmevorschrift ist die Regelung zudem eng auszulegen.[2] Da es sich um eine ausnahmsweise personenbezogen formulierte Steuerbefreiung handelt, ist sie auch nicht mit anderen Steuerbefreiungen vergleichbar. Der Grundsatz der Neutralität fordert daher auch keine Übertragung der Steuerbefreiung von ganz anderen Befreiungstatbeständen, etwa für Vermittlungsleistungen von Blindenwaren.[3]

23.14 In dem Bericht der Kommission an den Rat der Europäischen Union vom 2.7.1992, den sie gem. Art. 3 der 18. Richtlinie des Rates 89/465/EWG vom 18.7.1989[4] zu den Übergangsbestimmungen vorgelegt hat, wird zur Frage der Wettbewerbsneutralität ausgeführt:

„Die Mitgliedstaaten können vom Grundsatz der Besteuerung abweichen, indem sie die Umsätze der Blinden oder Blindenwerkstätten von der Steuer befreien, wenn diese Befreiung keine erheblichen Wettbewerbsverzerrungen verursacht. Diese Ausnahmeregelung wird von drei Mitgliedstaaten angewandt (Deutschland, Frankreich, Niederlande). Die Ausnahmeregelung kann theoretisch zu Wettbewerbsverzerrungen zwischen diesen Steuerpflichtigen und Privatpersonen führen, die dieselben Umsätze tätigen (Erbringung von Dienstleistungen oder Lieferung von Gegenständen). Im Übrigen kann sich die soziale Behandlung dieser Bevölkerungsgruppe nicht glaubwürdig auf eine Mehrwertsteuerbefreiung stützen, die nur einen scheinbaren und sehr relativen Vorteil mit sich bringt, da die Steuerbefreiung nicht zum Abzug der Vorsteuerbelastung der für die Zwecke ihrer Tätigkeit erworbenen Gegenstände und Dienstleistungen berechtigt. Die Kommission hat stets die Auffassung vertreten, dass dasselbe Ziel über die Vergabe spezifischer Subventionen, Unterstützungszahlungen und andere den einzelnen Mitgliedstaaten überlassene Maßnahmen erreicht werden kann. Auch ist mit der Steuerbefreiung, in deren Genuss diese Bevölkerungsgruppe kommen kann, eine Diskriminierung von Personen verbunden, die ein anderes Leiden haben, aber ähnlichen Beschäftigungsstrukturen unterworfen sind.

Die Kommission bestreitet also nicht den sozialen Charakter einer solchen Maßnahme. Sie schlägt folglich zwar die Aufhebung der Ausnahmeregelung vor, will es aber den Mitgliedstaaten überlassen, ob sie sich für eine Befreiung entscheiden, allerdings unter dem Vorbehalt, dass diese Befreiung keine größeren Verzerrungen der Wettbewerbsbedignungen hervorruft."

---

1 *Huschens* in Schwarz/Widmann/Radeisen, § 4 Nr. 19 Rz. 4.

2 BFH v. 16.10.2018 – V B 30/18, BFH/NV 2019, 132 Rz. 14 unter Verweis auf EuGH v. 26.10.2017 – Rs. C-90/16 – The English Bridge Union, ECLI:EU:C:2017:814, Rz. 20.

3 BFH v. 16.10.2018 – V V 30/18, BFH/NV 2019, 132 Rz. 16.

4 Achtzehnte Richtlinie 89/465/EWG des Rates v. 18.7.1989 zur Harmonisierung der Rechtsvorschriften der Mitgliedstaaten über die Umsatzsteuern – Aufhebung bestimmter in Artikel 28 Absatz 3 der Sechsten Richtlinie 77/388/EWG vorgesehener Ausnahmeregelungen, ABl. EG 1989 Nr. L 226, 21.

Die Aussage bestätigt, dass die Regelung bereits auf unionsrechtlicher Ebene **Einschränkungen der Wettbewerbsneutralität** in Kauf nimmt, allerdings unter dem Vorbehalt steht, dass keine erheblichen Wettbewerbsverzerrungen eintreten dürfen. Nach der Rechtsprechung des EuGH zur Unternehmereigenschaft der öffentlichen Hand gem. Art. 13 Abs. 1 S. 2 MwSt-SystRL ist von „größeren Wettbewerbsverzerrungen“ auszugehen, wenn der Wettbewerb nicht lediglich unbedeutend verzerrt ist.[1] Die Feststellung im Einzelfall obliegt den Mitgliedstaaten.[2] Diese Einschränkung ist bei der Auslegung der nationalen Vorschriften zu beachten. 23.15

## 2. Erfasste Leistungen

Entsprechend dem weiten historischen Ansatz, der Blinde als Leistungserbringer von der Steuer befreit, sind sämtliche Umsätze erfasst, die diese Personengruppe erbringt. Es handelt sich damit um alle **steuerbaren Lieferungen und sonstigen Leistungen** iSd Art. 2 Abs. 1 MwSt-SystRL. Bei den Lieferungen und Leistungen der anerkannten Blindenwerkstätten ist aus historischen Gründen hingegen von bestimmten spezifischen Blindenwaren auszugehen. Einschränkungen ergeben sich lediglich daraus, dass die Steuerbefreiungen nicht zu größeren Wettbewerbsverzerrungen führen dürfen (Rz. 23.14). 23.16

## 3. Mögliche Bedingungen nach bisherigem Recht

Gemäß Art. 271 MwStSystRL sind die Mitgliedstaaten nur befugt, die zum 1.1.1978 bestehenden Steuerbefreiungen aufrechtzuerhalten, wenn sie die genannten Umsätze „zu den in dem jeweiligen Mitgliedstaat zu dem genannten Zeitpunkt geltenden Bedingungen“ von der Steuer befreien. Entscheidend ist insofern der **Rechtszustand zum 1.1.1978**. Der damalige nationale Rechtszustand wird insofern versteinert, als die Vorschriften nicht wesentlich verändert werden dürfen. Hiervon sind aber **Ausnahmen** zu machen. 23.17

So hat der Gerichtshof festgestellt, dass die Mitgliedstaaten die in einer Übergangvorschrift enthaltenen Steuerbefreiungen einschränken oder aufheben dürfen, weil dies den Zielen des gemeinsamen Mehrwertsteuersystems auf dem Weg zu einer einheitlichen Bemessungsgrundlage unter Berücksichtigung des Grundsatzes der Neutralität entspricht. Der nationale Gesetzgeber muss daher auch nicht alle anderen entsprechenden Übergangsregelungen gleichmäßig ändern.[3] Es tritt keine „Vereisung“ ein.[4] Einschränkungen der auf der Übergangsregelung beruhenden Steuerbefreiungen für Blinde und Blindenwerkstätten sind daher zulässig und insbesondere aus Gründen des Wettbewerbsschutzes notwendig, wenn die Steuerbefreiung mittels Gestaltungen zu **Doppelbegünstigungen** führt (Rz. 23.26 f.). 23.18

Unabhängig von derartigen Einschränkungen des Anwendungsbereichs wird man dem nationalen Gesetzgeber zugestehen müssen, weitere notwendige Reformen durchzuführen, soweit die Befreiungsvorschrift nicht in ihrem Kern verändert wird. Dies betrifft zum einen rein **redaktionelle** Anpassungen an Gesetzesänderungen an anderer Stelle (Rz. 23.59 f.). 23.19

---

1 *Huschens* in Schwarz/Widmann/Radeisen, § 4 Nr. 19 Rz. 15.

2 EuGH v. 16.9.2008 – Rs. C-288/07 – Isle of Wight Council u.a., ECLI:EU:C:2008:505, UR 2008, 816.

3 EuGH v. 29.4.1999 – Rs. C-136/97 – Norbury Developments, ECLI:EU:C:1999:211, UR 1999, 326 zu Art. 28 Abs. 3 b der Sechsten Richtlinie 77/388/EWG des Rates vom 17.5.1977 zur Harmonisierung der Rechtsvorschriften der Mitgliedstaaten über die Umsatzsteuern.

4 EuGH v. 29.4.1999 – Rs. C-136/97 – Norbury Developments, ECLI:EU:C:1999:211, UR 1999, 326, Rz. 20.

23.20 Aber auch darüber hinaus wäre derartiger völliger Rechtsstillstand illusorisch und würde auch mit den Zielen des Unionsrechts nicht im Einklang stehen. Wenn etwa im nationalen Recht eingetragene Lebenspartner Ehegatten rechtlich und steuerlich umfassend gleichgestellt werden, würde es dem Grundsatz der Gleichbehandlung widersprechen, wenn der nationale Gesetzgeber diese anders als Ehegatten nicht als vom blinden Unternehmer ohne Anrechnung auf die Höchstzahl von zwei Arbeitnehmern zu beschäftigenden Arbeitskräften einbeziehen könnte (Rz. 23.34; 23.36; 23.61).

### 4. Option

23.21 Nach Art. 168 MwStSystRL ist der Steuerpflichtige nur insoweit zum Vorsteuerabzug berechtigt, als Gegenstände und Dienstleistungen „für die Zwecke seiner besteuerten Umsätze verwendet werden". Damit ist der steuerbefreite Umsatz, soweit der Unternehmer die nicht abziehbare Vorsteuer über den Preis auf den Verbraucher überwälzt, mit diesen Beträgen belastet. Im Schrifttum werden Steuerbefreiungen ohne Vorsteuerabzug deshalb als **„unechte Steuerbefreiungen"** bezeichnet,[1] die je nach Umfang der steuerpflichtigen Vorleistungen im Ergebnis den Charakter einer niedrigen oder höheren Steuerermäßigung[2] haben.

23.22 Um die Nachteile einer Steuerbefreiung ohne Vorsteuerabzug abzumildern, gewährt das Unionsrecht in Art. 137 MwStSystRL bei einigen Umsätzen das Rechts zur **Option zur Steuerpflicht** für den Steuerpflichtigen. Dies wird er wählen, wenn die Steuerpflicht wegen hoher Eingangsumsätze aufgrund der Möglichkeit des Vorsteuerabzugs günstiger ist als die Steuerfreiheit. Die Umsätze von Blinden und Blindenwerkstätten sind hiervon nicht umfasst. Die Option im deutschen UStG (§ 9 Abs. 1 UStG) beruht insoweit ebenfalls auf der Übergangsregelung des Art. 371 MwStSystRL mit dem Rechtsstand zum 1.1.1978.

## C. Auslegung der nationalen deutschen Regelungen

### I. Zweck der Vorschrift

23.23 Zweck der Vorschrift ist die **Förderung von blinden Unternehmern und Blindenwerkstätten** durch die Steuerbefreiung mit Option, wenn dies vorteilhafter ist. Hierdurch soll die wirtschaftliche Lage dieser Betroffenen ausgeglichen und sollen Arbeitsplätze für Blinde gefördert werden.[3] Kritisiert wird, dass dieser Mechanismus unter der Geltung der Mehrwertsteuer mit Vorsteuerabzug wenig passgenau erfolgt, da durch die Option der blinde Unternehmer lediglich einem steuerpflichtigen Unternehmer gleichgestellt werde.[4] Dies betrifft aber im Grundsatz alle Steuerbefreiungen aus sozialen Gründen und führt immerhin je nach dem Umfang der Vorleistungen zu einer Steuerermäßigung (*Hüttemann*, Rz. 3.37 f.).

23.24 Schwerer wiegt der Systemverstoß, der darin liegt, dass Steuerbefreiungen normalerweise für objektive begünstigte Leistungen und nicht für in der Person des Unternehmers liegende

1 Vgl. dazu bereits *Söhn*, StuW 1976, 1 (26 f.); *Ruppe*, FS Tipke, 457 ff.; *Reiß*, DStJG Bd. 32 (2009), 9, 50; *Englisch* in de la Feria, VAT-Exemptions, 81 ff.; *Jacobs*, Umsatzsteuer und Gemeinnützigkeit, 51 ff.; de lege ferenda auch *Kirchhof*, Bundessteuergesetzbuch, 874.

2 So *Englisch* in Tipke/Lang, § 17 Rz. 206.

3 BT-Drucks. 11/934, S. 8; *Verweyen* in Hartmann/Metzenmacher, § 4 Nr. 19 Rz. 11; *Ahrens* in Winheller/Geibel/Jachmann-Michel, § 4 UStG Nr. 19 Rz. 506.

4 *Verweyen* in Hartmann/Metzenmacher, § 4 Nr. 19 Rz. 12.

**subjektive Umstände** gewährt werden.[1] Unionsrechtlich ist diese Sonderstellung durch die gewährte Steuerbefreiung als Übergangsvorschrift nach Art. 371 MwStSyStRL gerechtfertigt. Die Regelung nimmt bereits auf europarechtlicher Ebene Einschränkungen der Wettbewerbsneutralität in Kauf und beschränkt sich nur darauf, dass keine größeren Wettbewerbsverzerrungen eintreten dürfen (Rz. 23.14 ff.). Auch ein Verfassungsverstoß liegt nicht vor, da auch keine nationalen Vergleichstatbestände vorliegen, die die Übertragung von Steuerbefreiungstatbeständen auf die – nicht erfassten – Vermittlungsleistungen sehender Unternehmer an Blindenwerkstätten gebieten würden.[2]

## II. Gesetzesentwicklung

Die Vorschrift geht zurück auf eine Steuerbefreiung aus dem Jahre 1923, durch die **Kriegsblinde** mit ihren eigenen Umsätzen bis zu 50.000 RM und bis zu 50 v.H. des Umsatzes von Erzeugnissen ihrer Angestellten bis zur Höhe von 100.000 RM von der Umsatzsteuer befreit waren. In der Ausführungsbestimmung zum Umsatzsteuergesetz wurden auch die **Zivilblinden** in die Steuerbefreiung einbezogen.[3] Zudem erfolgte die Steuerbefreiung unabhängig von einer bestimmten Umsatzgrenze generell für blinde Unternehmer, die nicht mehr als zwei Arbeitnehmer beschäftigten. § 2 Abs. 1 Ziff. 2 UStDB 1926 bezog öffentliche Blindenwerkstätten mit ein. 1934 wurde die Steuerbefreiung in § 4 Nr. 14 UStG verankert und auf private Blindenwerkstätten erweitert.[4] Seit 1962 waren alle anerkannten Blindenwerkstätten unabhängig von der Anzahl der Beschäftigten mit ihren Umsätzen von Blindenwaren und sonstigen Leistungen, bei denen ausschließlich Blinde mitgewirkt haben, von der Umsatzsteuer befreit.[5] 23.25

Mit der Einführung des Systems der Mehrwertsteuer mit Vorsteuerabzug ab dem 1.1.1968 wurde die Steuerbefreiung an ihrem jetzigen Platz in § 4 Nr. 19 UStG 1967 geregelt. Die Steuerbefreiung für die Blindenwerkstätten wurde auf die Lieferung und den Eigenverbrauch von bestimmten Zusatzwaren ausgedehnt. Durch Steueränderungsgesetz vom 26.6.1973[6] wurden bestimmte Lieferungen von Mineralölen und Branntwein von der Steuerbefreiung ausgenommen, um **wettbewerbsverzerrende Doppelvorteile** zu vermeiden: So konnte ein blinder Unternehmer als Inhaber eines Steuerlagers Mineralöle verbrauchsteuerfrei beziehen und diese anschließend als Tankstellenpächter umsatzsteuerbefreit weiterveräußern.[7] 23.26

1 *Verweyen* in Hartmann/Metzenmacher, § 4 Nr. 19 Rz. 12.
2 BFH v. 16.10.2018 – V B 30/18, BFH/NV 2019, 132 Rz. 17 f.
3 Durchführungsbestimmungen zum Umsatzsteuergesetz v. 25.6.1926, RGBl. I 1926, 323.
4 Umsatzsteuergesetz v. 16.10.1934, RGBl. I 1934, 973.
5 Dreizehnte Verordnung zur Änderung der Durchführungsbestimmungen zum Umsatzsteuergesetz v. 8.5.1962, BGBl. I 1962, 327.
6 Steueränderungsgesetz 1973 v. 26.6.1973, BGBl. I 1973, 676.
7 Im Einzelnen *Verweyen* in Hartmann/Metzenmacher, § 4 Nr. 19 Rz. 13 ff.; zu vorherigen Versuchen, im Erlasswege bzw. in der UStDV gegen diese Praxis vorzugehen vgl. BFH v. 4.2.1971 – V R 86/70, BStBl. II 1971, 430 und BFH v. 27.4.1972 – V R 142/71, BStBl. II 1972, 658. Verfassungsbeschwerde gegen die Gesetzesänderung abgewiesen, BVerfG v. 3.7.1973 – 1 BvQ 2-5/73, DB 1973, 1433.

23.27 Das BMF-Schreiben vom 17.9.1973 bringt hierzu folgende Erläuterung:[1]

„Unter die Einschränkung fallen insbesondere blinde Tankstellenunternehmer, die von Mineralölgesellschaften als Abnehmer und Weiterlieferer eingeschaltet worden sind und denen vom zuständigen Hauptzollamt nach § 9 des Mineralölsteuergesetzes ein Steuerlager bewilligt worden ist.

Die Bewilligung des Steuerlagers führt bei der Mineralölsteuer dazu, daß der blinde Tankstellenunternehmer das Mineralöl ohne Belastung mit Mineralölsteuer erwerben und lagern kann und daß die Mineralölsteuer erst von dem blinden Tankstellenunternehmer zu entrichten ist, und zwar nach der zur Versorgung seiner Tankstellen erfolgten Entnahme des Mineralöls aus dem Steuerlager.

Für das Gebiet der Umsatzsteuer hat diese Rechtslage zur Folge, daß die Mineralölsteuer bei dem Erwerb des Mineralöls durch den blinden Tankstellenunternehmer nicht Teil des Einkaufspreises ist und daß sich hierdurch die dem blinden Tankstellenunternehmer von der Mineralölgesellschaft in Rechnung gestellte nicht abziehbare Vorsteuer um mehr als die Hälfte vermindert. Bei der Umsatzsteuer trat auf diese Weise eine **doppelte Vergünstigung** ein, nämlich auf Grund des § 9 des Mineralölsteuergesetzes eine erhebliche Herabsetzung der nicht abziehbaren Vorsteuern und nach § 4 Nr. 19a UStG eine Freistellung der Weiterlieferung von der Umsatzsteuer. Im Ergebnis führte dies zu einer erheblichen und vom Gesetzgeber bei der Einführung der Mehrwertsteuer nicht gewollten Ungleichmäßigkeit der Besteuerung zwischen den Mineralölunternehmen.“

Zu weiteren Gesetzesänderungen s.u. Rz. 23.59 ff.

## III. Erfasste Umsätze

### 1. Befreite Unternehmer

#### a) Blinde Unternehmer

#### aa) Blindheit

23.28 Die Steuerbefreiung setzt voraus, dass die betreffenden Leistungen von Blinden oder Blindenwerkstätten bewirkt werden. Aufgrund des klaren Wortlauts sind Provisionen für Vermittlungsleistungen eines sehenden Handelsvertreters für Blindenwaren nicht steuerbefreit.[2] Die Tatsache der Blindheit ist gem. § 4 Nr. 19a S. 3 UStG nach den Vorschriften des EStG nachzuweisen.[3] Gem. § 33b Abs. 7 EStG verweist das EStG für die Gewährung eines Pauschbetrags für behinderte Menschen auf die EStDV. Nach § 65 Abs. 1 EStDV ist der Nachweis durch Vorlage eines Ausweises nach dem SGB IX (§ 152 Abs. 6 SGB IX) oder eines Bescheides des zuständigen Bundesversorgungsamtes (bei Kriegsopfern) nach § 152 Abs. 1 SGB IX zu erbringen. Seit der Neuregelung von § 65 EStDV[4] bedarf es für die steuerliche Geltendmachung der Behinderung nicht mehr der jährlichen Vorlage der entsprechenden Nachweise, sondern nach dessen Abs. 3a reicht es aus, wenn die zuständige Sozialbehörde die Mitteilung den Finanzbehörden elektronisch übersendet.

23.29 Nach § 3 der Schwerbehindertenverordnung wird für die Feststellung der Blindheit auf § 72 Abs. 5 SGB XII (Sozialhilfe) verwiesen. Hiernach wird Blindheit nicht definiert, aber festgestellt, dass blinden Menschen Personen gleichstehen, „deren beidäugige Gesamtsehschärfe

1 BMF v. 17.9.1973 – IV A 3-S 7176-10/73, juris, Rz. 1.
2 BFH v. 16.10.2018 – V B 30/18, BFH/NV 2019, 132.
3 Abschn. 4.19.1. Abs. 1 UStAE.
4 Durch das Gesetz zur Modernisierung des Besteuerungsverfahrens (VerfModG) v. 18.7.2016, BGBl. I 2016, 1679.

nicht mehr als ein Fünfzigstel beträgt oder bei denen dem Schweregrad dieser Sehschärfe gleichzuachtende, nicht nur vorübergehende Störungen des Sehvermögens vorliegen".

### bb) Unternehmereigenschaft des Blinden

Nach dem Wortlaut muss es sich handeln um die „Umsätze der Blinden". Daher muss der Blinde selbst **umsatzsteuerbare Umsätze als Unternehmer** erbringen. 23.30

Handelt es sich um eine **Personengesellschaft**, soll Voraussetzung sein, dass alle Gesellschafter blind sind, während Kapitalgesellschaften gar nicht erfasst sein sollen.[1] Nach anderer Ansicht wird die **Rechtsformabhängigkeit der Steuerbegünstigung** zwar kritisiert, sie soll jedoch aufgrund des klaren Wortlauts nur auf natürliche Personen als Blinde beschränkt sein.[2] Dem ist zuzustimmen. Grundsätzlich ist zwar für die umsatzsteuerliche Befreiung die Rechtsform des Unternehmers unerheblich.[3] Jedoch unterscheidet die Vorschrift auf der Grundlage des Übergangsrechts gerade anders als die Steuerbefreiungstatbestände des Art. 132 MwStSystRL nicht nach der Art der Leistung, sondern nach persönlichen Merkmalen.[4] Hierbei hat der nationale Gesetzgeber zu gewährleisten, dass der Wettbewerb nicht übermäßig verzerrt wird. Dies wird mittels der Begrenzung auf zwei Arbeitnehmer umgesetzt. Wenn sich eine Gruppe blinder Unternehmer im Rahmen einer Personengesellschaft oder Kapitalgesellschaft zusammenschließen könnte, würde dieses begrenzende Merkmal allzu leicht umgangen werden können. 23.31

Im Zusammenhang mit Gestaltungen zur Erlangung von Steuervorteilen durch **blinde Tankstellenpächter** (Rz. 23.26 f.; 23.40 f.) hat sich der BFH mit der Frage beschäftigt, wann die durch einen Blinden im eigenen Namen ausgeführten Umsätze nach den Gesamtumständen als solche eines **Unternehmers** oder eines im Innenverhältnis abhängigen Arbeitnehmers zu bewerten sind. Hierbei vertritt der BFH eine formale Betrachtungsweise, wonach allein das Handeln in fremden Namen zu einer Zurechnung beim Vertretenen führt. Es sei nicht missbräuchlich, wenn Blinde in Ausübung eigener unternehmerischer Interessen in die Leistungskette eingeschaltet werden. Dabei sei es auch unerheblich, ob aus Sicht eines Hintermannes die kommerzielle Ausnutzung des besonderen Privilegs für Blinde im Vordergrund stehe. Entscheidend sei, dass der Blinde eine eigene unternehmerische Betätigung unternimmt.[5] 23.32

Die Problematik ähnelt der gestalterischen Ausnutzung der Tätigkeit von Behindertenwerkstätten im Rahmen des § 12 Abs. 2 Nr. 8 a UstG (vgl. Rz. 13.43 ff. sowie *Hummel*, Rz. 26.56). Sie zeigt einmal mehr, dass die rein personale Anknüpfung der Steuerbefreiung problematisch und missbrauchsanfällig ist. 23.33

### cc) Nicht mehr als zwei Arbeitnehmer

Gemäß § 4 Nr. 19 lit. a S. 1 UStG sind steuerbefreit „die Umsätze der Blinden, die nicht mehr als zwei Arbeitnehmer beschäftigen". Die **Arbeitnehmer** können sehend oder auch 23.34

---

1 *Schumann* in Rau/Dürrwächter, § 4 Nr. 19 Rz. 13; *Janzen* in Lippross/Seibel, § 4 Nr. 19 UStG Rz. 3.

2 *Kulmsee* in Reiß/Kraeusel/Langer, § 4 Nr. 19 UStG Rz. 17; *Huschens* in Schwarz/Widmann/Radeisen, § 4 Nr. 19 Rz. 23; *Ehrt* in Weymüller, § 4 Nr. 19 Rz. 20.

3 EuGH v. 6.11.2003 – Rs. C-45/01 – Christoph-Dornier-Stiftung für Klinische Psychologie, ECLI:EU:C:2003:595, Rz. 20.

4 *Huschens* in Schwarz/Widmann/Radeisen, § 4 Nr. 19 Rz. 23.

5 BFH v. 15.7.1987 – X R 19/80, BStBl. II 1987, 746, zust. *Huschens* in Schwarz/Widmann/Radeisen, § 4 Nr. 19 Rz. 25.

blind sein.[1] Durch diese Beschränkung soll erreicht werden, dass nur geringfügig wirtschaftlich tätige blinde Unternehmen privilegiert werden.[2] Damit soll die Einschränkung auch die unionsrechtliche Grenze der nur **geringen Wettbewerbsverzerrungen** gegenüber anderen Unternehmers umsetzen (Rz. 23.9 ff.). Die hiernach zulässige Mitarbeit von Familienangehörigen sowie die Ausbildung von Auszubildenden weist kaum wettbewerbsverzerrendes Missbrauchspotential auf.[3]

23.35 Nach Auffassung der Finanzverwaltung und in Übereinstimmung mit dem Zweck der Begrenzung ist nicht die Anzahl der Arbeitnehmer, sondern die **zeitliche Arbeitsleistung** entsprechend zwei Vollzeitstellen maßgeblich.[4] Ebenso sollte auf die Verhältnisse des steuerlichen Veranlagungszeitraums, mithin regelmäßig das Kalenderjahr[5] bzw. bezogen auf den Veranlagungszeitraum auf die durchschnittlichen Verhältnisse im Kalendermonat[6] und nicht auf die im jeweiligen Voranmeldungszeitraum[7] oder im einzelnen Monat abgestellt werden.[8] Von anderer Seite wird kritisiert, dass das Entgegenkommen der Finanzverwaltung zu Unsicherheit führt, etwa hinsichtlich der Frage ob eine 40 – oder 35-Stundenwoche und die tatsächlich einschließlich Überstunden geleistete oder die vertraglich vereinbarte Arbeitszeit zugrunde zu legen sind.[9] Nach dieser Auffassung sollte es bei der bloßen Anzahl der Arbeitnehmer als Grenze bleiben.[10] Vorzugswürdig erscheint es, die Regelung in § 23 Abs. 1 S. 4 KSchG heranzuziehen,[11] wonach teilzeitbeschäftigte Arbeitnehmer mit einer regelmäßigen wöchentlichen Arbeitszeit von nicht mehr als 20 Stunden mit 0,5 und nicht mehr als 30 Stunden mit 0,75, alle anderen mit mehr Arbeitszeit mit 1.0 zu berücksichtigen sind. Hiermit wird eine Gleichbehandlung von Vollzeit- und Teilzeitkräften bewirkt, ohne dass hieraus eine wettbewerbsverzerrende Wirkung folgen würde.

23.36 Nicht als Arbeitnehmer gelten nach S. 2 der **Ehegatte**, der **eingetragene Lebenspartner**, die **minderjährigen Abkömmlinge**, die **Eltern** des Blinden und die **Lehrlinge**. Minderjährige Abkömmlinge sind eheliche und uneheliche Kinder, Stiefkinder und Pflegekinder, die das 18. Lebensjahr noch nicht vollendet haben.[12] Der Begriff des „Lehrlings“ wird im modernen Gesetzesgebrauch nicht mehr verwendet und sollte daher im Sinne von „Auszubildende“ nach dem Berufsbildungsgesetz oder § 5 Betriebsverfassungsgesetz verstanden werden.[13]

23.37 Keine Arbeitnehmer sind **selbständige Subunternehmer** wie etwa Handelsvertreter oder Agenten, soweit sie im Wesentlichen unter eigener Verantwortung, Zeit- und Arbeitseintei-

1 *Verweyen* in Hartmann/Metzenmacher, § 4 Nr. 19 Rz. 31.
2 *Verweyen* in Hartmann/Metzenmacher, § 4 Nr. 19 Rz. 31.
3 *Kulmsee* in Reiß/Kraeusel/Langer, § 4 Nr. 19 Rz. 21.
4 Abschn. 4.19.1 Abs. 2 UStAE; zust., *Verweyen* in Hartmann/Metzenmacher, § 4 Nr. 19 Rz. 33.
5 So *Verweyen* in Hartmann/Metzenmacher, § 4 Nr. 19 Rz. 34.
6 *Kulmsee* in Reiß/Kraeusel/Langer, § 4 Nr. 19 Rz. 22.
7 *Ahrens* in Winheller/Geibel/Jachmann-Michel, § 4 UStG Nr. 19 Rz. 512.
8 So wohl Abschn. 4.19.1 Abs. 2 UStAE; zust. *Hünnekens* in Küffner/Stöcker/Zugmaier, § 4 Nr. 19 Rz. 20.
9 *Kulmsee* in Reiß/Kraeusel/Langer, § 4 Nr. 19 Rz. 20.
10 *Kossack* in Offerhaus/Söhn/Lange, § 4 Nr. 19 Rz. 19.
11 So *Kulmsee* in Reiß/Kraeusel/Langer, § 4 Nr. 19 Rz. 20.
12 *Verweyen* in Hartmann/Metzenmacher, § 4 Nr. 19 Rz. 32; *Huschens* in Schwarz/Widmann/Radeisen, § 4 Nr. 19 Rz. 35.
13 *Verweyen* in Hartmann/Metzenmacher, § 4 Nr. 19 Rz. 32; *Huschens* in Schwarz/Widmann/Radeisen, § 4 Nr. 19 Rz. 37.

lung und -gestaltung in eigener Machtvollkommenheit und auf eigenes Risiko tätig werden.[1]

### dd) Umfang der Steuerbefreiung

Die Steuerbefreiung umfasst **alle Umsätze** des Unternehmers iSd § 1 Abs. 1 Nr. 1 UStG, also Lieferungen, sonstige Leistungen und unentgeltliche Wertabgaben.[2] Erfasst sind also auch freiberufliche Umsätze etwa eines Rechtsanwalts.[3] Der hierin liegende Systembruch wird von der historisch bedingten unionsrechtlichen Übergangsregelung akzeptiert (Rz. 23.16). 23.38

Die **Höhe der Umsätze** spielt keine Rolle. Die nach dem Unionsrecht notwendige Begrenzung des Wettbewerbs wird nur über die Zahl der Arbeitnehmer erreicht. Angesichts der Möglichkeit, durch digitale Leistungen erhebliche Umsätze bei geringem Personaleinsatz zu generieren, könnte die Vorschrift durchaus stärker als bisher wettbewerbsverzerrend wirken. Solange allerdings der blinde Unternehmer tatsächlich unternehmerisch tätig ist,[4] ist eine geringe Wettbewerbsverzerrung zunächst als bewusste Privilegierung hinzunehmen. Wird der aktuelle oder auch potentielle Wettbewerb hingegen mehr als unbedeutend verzerrt, wäre die nationale Vorschrift weiter einzuschränken. Eine Einschränkung nationaler Vorschriften auf der Grundlage unionsrechtlichen Übergangsvorschriften ist grundsätzlich zulässig (Rz. 23.18 f.). 23.39

### ee) Einschränkung

Die Steuerbefreiung gilt gemäß § 4 Nr. 19a S. 4 UStG nicht für die **Lieferung von „Energieerzeugnissen** im Sinne des § 1 Abs. 2 und 3 des Energiesteuergesetzes und von Alkohol im Sinne des Alkoholsteuergesetzes, wenn der Blinde für diese Erzeugnisse Energiesteuer oder Alkoholsteuer zu entrichten hat, und für Lieferungen im Sinne der Nummer 4a Satz 1 Buchstabe a Satz 2". 23.40

Die Vorschrift unterbindet wettbewerbsverzerrende Gestaltungen infolge von **„Doppelvergünstigungen"**[5] mittels Einschaltung blinder Unternehmer, bei denen die Steuerbefreiung für den unversteuerten Bezug in ein bewilligtes Steuerlager mit der Befreiungsvorschrift für Blinde kombiniert worden waren. Die seit 1973 geltende Einschränkung ist vermehrt redaktionell an anderweitige Gesetzesänderungen angepasst worden (Rz. 23.59 ff.). Die Umsätze des Blinden sind demgemäß nur von der Steuer befreit, wenn er die Erzeugnisse bereits mit Verbrauchssteuern belastet bezogen hat. Hat der Unternehmer für diese Gegenstände auf die Bewilligung eines Steuerlagers und die damit einhergehende Verminderung der nicht abziehbaren Vorsteuer verzichtet, hat er für diese Erzeugnisse keine Energiesteuer oder Alkoholsteuer zu entrichten und greift die Steuerbefreiung nach § 4 Nr. 19 UStG ein.[6] 23.41

---

1 BFH v. 22.12.1969 – V B 115-116/69, BStBl. II 1970, 127, vgl. auch BFH v. 15.7.1987 – X R 19/80, BStBl. II 1987, 746; *Hünnekens* in Küffner/Stöcker/Zugmaier, § 4 Nr. 19 Rz. 22; *Huschens* in Schwarz/Widmann/Radeisen, § 4 Nr. 19 Rz. 29 ff.

2 *Hünnekens* in Küffner/Stöcker/Zugmaier, § 4 Nr. 19 Rz. 16; *Kulmsee* in Reiß/Kraeusel/Langer, § 4 Nr. 19 Rz. 24.

3 BFH v. 10.5.1973 – V R 145/72, BStBl. II 1973, 647.

4 Vgl. BFH v. 4.2.1971 – V R 86/70, BStBl II 1971, 430, Rz. 17.

5 *Kulmsee* in Reiß/Kraeusel/Langer, § 4 Nr. 19 Rz. 26.

6 *Kulmsee* in Reiß/Kraeusel/Langer, § 4 Nr. 19 Rz. 2; *Schumann* in Rau/Dürrwächter, § 4 Nr. 19 Rz. 26; *Huschens* in Schwarz/Widmann/Radeisen, § 4 Nr. 19 Rz. 43, 52.

23.42 Bei den Lieferungen im Sinne des § 4 Nr. 4a UStG handelt es sich um einen ähnlichen Mechanismus der Steuerbefreiung für eine Einlagerung in ein **Umsatzsteuerlager** für die in Anlage 1 zu der Vorschrift genannten Gegenstände.[1] Die Ergänzung von § 4 Nr. 19 UStG mit Wirkung vom 1.1.2004 verhindert demgemäß die unversteuerte Auslagerung von Gegenständen aus einem Steuerlager durch blinde Unternehmer.[2]

#### ff) Konkurrenz zu anderen Steuerbefreiungen

23.43 Liegen bei einem blinden Unternehmer zugleich die Voraussetzungen für eine steuerfreie Ausfuhrlieferung iSd § 4 Nr. 1 lit. a, § 6 UStG oder eine steuerfreie innergemeinschaftliche Lieferung iSd § 4 Nr. 1 lit. b, § 6a UStG vor, so geht die Steuerbefreiung nach § 4 Nr. 19 UStG entsprechend den Grundsätze der EuGH-Rechtsprechung diesen **Steuerbefreiungen mit Vorsteuerabzug** vor.[3] Sonst würden die speziellen Steuerbefreiungen entgegen dem Grundsatz der Neutralität der Mehrwertsteuer unterschiedlich behandelt werden, wenn bei Vorliegen einer Ausfuhrlieferung oder eines innergemeinschaftlichen Charakters die Steuerbefreiung mit Vorsteuerabzug in Anspruch genommen werden könnte.[4]

### b) Blindenwerkstätten

#### aa) Definition der Blindenwerkstätten

23.44 Nach § 4 Nr. 19 lit. b UStG sind steuerbefreit bestimmte Umsätze von Inhabern von anerkannten Blindenwerkstätten, die nicht unter lit. a fallen, die also etwa mehr als die dort erlaubten Arbeitnehmer beschäftigen oder bei denen der Unternehmer nicht blind ist oder eine Kapitalgesellschaft oder Personengesellschaft vorliegt. Gleichgestellt sind **anerkannte Zusammenschlüsse von Blindenwerkstätten**, etwa für den gemeinsamen Vertrieb der hergestellten Blindenwaren.

23.45 Zur **Definition der Blindenwerkstätten** wurde auf die entsprechenden sozialversicherungsrechtlichen Regelungen in § 143 SGB IX verwiesen. Mit Wirkung zum 1.1.2018 ist durch das Bundesteilhabegesetz v. 23.12.2016[5] mit Wirkung ab 1.1.2018 (vgl. Art. 26 des Bundesteilhabegesetzes) in § 4 Nr. 19 UStG der Verweis auf das SGB angepasst worden.

23.46 Nach dem neuen Ansatz der Förderung von behinderten Menschen durch Teilhabe am normalen Arbeitsleben durch das **Bundesteilhabegesetz** sind diese nach § 215 SGB IX vorrangig in Inklusionsbetrieben mit behinderten und nicht behinderten Arbeitnehmern zu beschäftigen.[6] Daneben besteht nach § 225 SGB IX ein Anerkennungsverfahren für anerkannte Werkstätten für behinderte Menschen, das durch die Bundesagentur für Arbeit im Einvernehmen mit dem Träger der Eingliederungshilfe geführt wird. Regelrechte Blindenwerkstätten werden bereits seit längerem mit der Aufhebung des Blindenwarengesetzes (BliwaG)[7]

---

1 *Huschens* in Schwarz/Widmann/Radeisen, § 4 Nr. 19 Rz. 54 f.
2 BT-Drucks. 15/1562, 45.
3 Abschn. 4.19.1 Abs. 4 UStAE; *Hünnekens* in Küffner/Stöcker/Zugmaier, § 4 Nr. 19 Rz. 31/1; *Kulmsee* in Reiß/Kraeusel/Langer, § 4 Nr. 19 Rz. 11.1, 43.
4 EuGH v. 7.12.2006 – Rs. C-240/05 – Eurodental, ECLI:EU:C:2006:763; hierzu BMF v. 11.4.2011 – IV D 3-S 7130/07/10008, BStBl. I 2011, 459.
5 Bundesteilhabegesetz v. 23.12.2016, BGBl. I 2016, 3234.
6 Vgl. BT-Drucks. 18/9522, S. 310.
7 Blindenwarenvertriebsgesetz v. 9.4.1965, BGBl. I 1965, 311 mit Verordnung zur Durchführung des Blindenwarenvertriebsgesetzes v. 8.11.1965, BGBl. I 1965 I, 807.

zum 13.9.2007 nicht mehr gesondert anerkannt. Die Blindenwerkstätten, die bis zum 13.9.2007 im Besitz eines Anerkennungsbescheides waren, sind nach § 226 SGB IX aber weiterhin anerkannte Blindenwerkstätten, wonach die §§ 223 und 224 SGB IX auf zugunsten von auf Grund des Blindenwarenvertriebsgesetzes anerkannten Blindenwerkstätten anzuwenden sind. Damit ist Voraussetzung für die Umsatzsteuerfreiheit weiterhin die Anerkennung als bestehende Blindenwerkstatt nach dem Stand vom 13.9.2007.[1] Die Anerkennung kann auch nur unter den im BliwaG genannten Voraussetzungen zurückgenommen werden.[2]

Problematisch ist, dass die **Neugründung** einer derartigen Werkstatt, selbst wenn sie als an- 23.47
erkannte Werkstätte für behinderte Menschen ausschließlich Blinde beschäftigt, nicht in den Genuss der Steuerbefreiung gelangen kann.[3] Nach anderer Auffassung soll die Regelung daher nicht auf bestehende Werkstätten beschränkt sein, sondern auch auf Neugründungen anzuwenden sein, soweit sie nach den früheren Vorschriften über Blindenwaren anzuerkennen wären.[4] Die Frage scheint momentan theoretisch zu sein, da die bestehende Anzahl von 35 anerkannten Blindenwerkstätten eine ausreichende Beschäftigung der blinden Menschen sicherzustellen scheint. Der Gesetzgeber befand sich in dem Dilemma, die sozialrechtliche Sonderbehandlung von Werkstätten für Blinde gegenüber anderen Menschen mit Behinderungen aufzugeben, ohne jedoch auf die unionsrechtlich zulässige Begünstigung verzichten zu wollen. Aus Gründen des nationalen verfassungsrechtlichen Gleichbehandlungsgebots ist es aber notwendig, auch Neugründungen entsprechend anzuerkennen. Gesetzgeber und Verwaltung sind unionsrechtlich nicht gehindert, im Wege der Gesetzesänderung oder der verfassungskonformen Auslegung ein entsprechendes Verfahren für neu errichtete Blindenwerkstätten vorzusehen, wenn nur die damaligen Tatbestandsvoraussetzungen eingehalten werden.

Allerdings können **gemischte Werkstätten** sowie **Inklusionsbetriebe** unionsrechtlich nicht 23.48
in den Genuss der Steuerbefreiung gelangen, da dies eine Erweiterung gegenüber dem Rechtsstand zum 1.1.1978 darstellen würde. *Stadie* hält die umsatzsteuerliche Begünstigung auch im Hinblick auf nicht behinderte Unternehmer für **verfassungswidrig**, da der Maßstab der Begünstigung willkürlich sei und der Wettbewerbsvorteil gegenüber sehenden Menschen bei hohen Umsätzen und erheblicher Wertschöpfung durchaus erheblich sein kann.[5] Nach der Rechtsprechung des BFH ist die Bevorzugung von blinden Menschen dagegen keine Ungleichbehandlung, da der Gesetzgeber berechtigt sei, die körperlichen Gebrechen der Blindheit durch fürsorgliche Maßnahmen auszugleichen.[6] Das mag zum damaligen Zeitpunkt noch zutreffend gewesen sein. Dass jedoch andere Werkstätten für behinderte Menschen nicht privilegiert sind, stellt eine Ungleichbehandlung dar, die infolge der gesetzlichen Bevorzugung von Inklusivbetrieben und der Gleichbehandlung aller Behindertenwerkstätten im Sozialrecht gegen das Gebot der Folgerichtigkeit verstößt. Ob das Bemühen, die unionsrechtliche Übergangsvorschrift aufrechtzuerhalten, als Rechtsfertigung einer Ungleichbehandlung im nationalen Recht ausreicht, ist fraglich. Um einer derartigen Versteinerung der Vorschrift entgegenzuwirken (Rz. 23.58), sollte die Einbeziehung von Inklusionsbetrieben in die Steuerbefreiung, beschränkt auf die Umsätze der dort beschäftigten Blinden, erwogen werden.

---

1 Abschn. 4.19.2. Abs. 1 UStAE.
2 *Ahrens* in Winheller/Geibel/Jachmann-Michel, § 4 UStG Nr. 19 Rz. 519.
3 *Kulmsee* in Reiß/Kraeusel/Langer, § 4 Nr. 19 Rz. 4.2, 29.
4 *Ahrens* in Winheller/Geibel/Jachmann-Michel, § 4 UStG Nr. 19 Rz. 519 mit Fn. 491.
5 *Stadie* in Stadie, § 4 Nr. 19 Rz. 2.
6 BFH v. 4.2.1971 – V R 86/70, BStBl. II 1971, 430; zust. *Huschens* in Schwarz/Widmann/Radeisen, § 4 Nr. 19 Rz. 2.

### bb) Befreite Leistungen

23.49 Anders als die Leistungen blinder Unternehmer sind bei Blindenwerkstätten und deren Zusammenschlüssen **nur bestimmte Leistungen** befreit. Es handelt sich nach § 4 Nr. 19 b aa UStG um die Lieferung von Blindenwaren und Zusatzwaren und nach § 4 Nr. 19 b bb UStG um sonstige Leistungen, soweit bei ihrer Ausführung ausschließlich Blinde mitgewirkt haben.

23.50 **Blindenwaren** sind nach der bis zum 13.9.2007 geltenden Regelung des § 2 Abs. 1 BliwaG solche Waren, die im Wesentlichen von Blinden hergestellt worden sind und in einer Rechtsverordnung näher bestimmt waren. Seit Aufhebung des BliwaG haben sich die staatlich anerkannten Blindenwerkstätten in einer freiwilligen Selbstverpflichtung verpflichtet, ihre Waren weiterhin gemäß den Richtlinien der damaligen Regelungen herzustellen.[1] Nach der damaligen VO zur Durchführung des BliwaG handelt es sich um Bürsten und ähnliche Artikel, bei den Zusatzwaren um Korb- und Seilerwaren und einfaches Reinigungsgerät und Putzzeug. Die Finanzverwaltung stellt ebenfalls nach wie vor auf die Definitionen nach dem damaligen Blindenwarenvertriebsgesetz und der dazu ergangenen VO ab.[2]

23.51 Zu den **sonstigen steuerfreien Leistungen**, die ausschließlich durch Blinde bewirkt werden müssen, gehören zB Flechtarbeiten an Korbmöbel, Klavierstimmen etc.,[3] sie sind hierauf inhaltlich aber nach dem klaren Wortlaut nicht beschränkt. Lediglich eine gewisse handwerkliche Form der Leistungen wird man dem Begriff der Behinderten„werkstätten" entnehmen müssen. Bei **Konkurrenz zur Umsatzsteuerbefreiung mit Vorsteuerabzug** für Ausfuhrlieferungen oder innergemeinschaftlicher Lieferung gilt das Gleiche wie für blinde Unternehmer (Rz. 23.43).[4]

23.52 Nach der (aufgehobenen) VO zum Blindenwarenvertriebsgesetz darf der **Verkauf von Zusatzwaren** 30 % des Gesamterlöses aus Blinden- und Zusatzwaren nicht übersteigen. Mangels tatbestandlicher Verankerung ist diese Grenze aber keine Voraussetzung für die Umsatzsteuerfreiheit.[5]

### c) Anerkannte Zusammenschlüsse von Blindenwerkstätten

23.53 Zusammenschlüsse von Blindenwerkstätten sind steuerbefreit, wenn sie nach § 226 SGB IX i.V.m. § 5 Abs. 1 Nr. 2 BliwaG (vgl. Rz. 23.46) in der Fassung bis zum 13.9.2007 als solche anerkannt waren. Es handelt sich um Vereinigungen von Blindenwerkstätten, deren Zweck ausschließlich auf den Vertrieb von Blinden- und Zusatzwaren (Rz. 23.50 ff.) sowie auf den gemeinsamen Ankauf von Rohstoffen gerichtet sind.

1 *Verweyen* in Hartmann/Metzenmacher, § 4 Nr. 19 Rz. 41; vgl. www.bsab-ev.de.
2 Abschn. 4.19.2. Abs. 2 UStAE.
3 *Verweyen* in Hartmann/Metzenmacher, § 4 Nr. 19 Rz. 41 ff.
4 Abschn. 4.19.2. Abs. 3 UStAE.
5 FG Rh.-Pf. v. 12.9.1983 – 5 K 28/83, EFG 1984, 204; zust. *Verweyen* in Hartmann/Metzenmacher, § 4 Nr. 19 Rz. 43; *Heidner* in Bunjes[16], § 4 Nr. 19 Rz. 6; *Huschens* in Schwarz/Widmann/Radeisen, § 4 Nr. 19 Rz. 63; aA wohl *Schumann* in Rau/Dürrwächter, § 4 Nr. 19 Rz. 33, unentschieden *Kulmsee* in Reiß/Kraeusel/Langer, § 4 Nr. 19 Rz. 39; *Ahrens* in Winheller/Geibel/Jachmann-Michel, § 4 UStG Nr. 19 Rz. 529.

#### d) Keine erheblichen Wettbewerbsverzerrungen

Gem. Art. 371 i.V.m. Anhang X Teil B Nr. 5 ist die Steuerbefreiung der Umsätze von Blinden oder Blindenwerkstätten dahingehend eingeschränkt, dass sie keine erheblichen Wettbewerbsverzerrungen verursacht. Damit wird dem Grundanliegen des europäischen Mehrwertsteuersystems Rechnung getragen, dass die Steuerbefreiungen dem Grundsatz der steuerlichen Neutralität entsprechen (Rz. 23.9 f.). Entsprechend dem 4. Erwägungsgrund der MwStSystRL sollen Verzerrungen des Wettbewerbs, die sich aus einer unterschiedlichen Behandlung hinsichtlich der Mehrwertsteuer ergeben, möglichst ausgeschaltet und auf diese Weise ein ökonomisch effizienter Ressourceneinsatz gefördert werden.[1] In seiner Ausprägung als **„komparative" Neutralität**[2] kommt der Neutralitätsgrundsatz nur dort zum Tragen, wo zwischen den Vergleichsgruppen ein Wettbewerbsverhältnis besteht, weil gleichartige Leistungen angeboten werden (dazu näher *Hüttemann*, Rz. 3.21 ff.). Allerdings gilt der Grundsatz der Wettbewerbsneutralität nach der Rechtsprechung des EuGH nicht uneingeschränkt, sondern bedarf einer „gesetzgeberischen Ausarbeitung" durch das Sekundärrecht (vgl. *Hüttemann*, Rz. 3.25 ff.). 23.54

Im nationalen Recht ist die Einschränkung nicht Tatbestandsmerkmal. Aufgrund des Vorrangs des Unionsrechts ist die Einschränkung aber im Hinblick auf die europarechtliche Wirksamkeit der Norm und die europarechtskonforme Auslegung zu beachten. Obwohl die Steuerbefreiung für Umsätze von Blinden systemwidrig nicht auf die erbrachten Leistungen, sondern auf die Person und Rechtsform des Unternehmers abstellt, ist die nationale Regelung insbesondere aufgrund der ausdrücklichen Gestattung einer Steuerbefreiung für Leistungen von blinden Unternehmern in der unionsrechtlichen Übergangsvorschrift zunächst einmal nicht anhand des Grundsatzes der Neutralität der Mehrwertsteuer zu prüfen (Rz. 23.11). 23.55

Auch nimmt die unionsrechtliche Übergangsvorschrift gewisse Einschränkungen der Wettbewerbsneutralität in Kauf, solange nur keine erheblichen Wettbewerbsverzerrungen eintreten. Nach der Rechtsprechung des EuGH zur Unternehmereigenschaft der öffentlichen Hand gem. Art. 13 Abs. 1 S. 2 MwStSystRL ist von „größeren Wettbewerbsverzerrungen" auszugehen, wenn der Wettbewerb nicht lediglich unbedeutend verzerrt ist.[3] Die Feststellung im Einzelfall obliegt den Mitgliedstaaten.[4] Diese Einschränkung ist bei der Auslegung der nationalen Vorschriften zu beachten. 23.56

### 2. Mögliche Bedingungen nach bisherigem Recht

Gemäß Art. 271 MwStSystRL sind die Mitgliedstaaten nur befugt, die zum 1.1.1978 bestehenden Steuerbefreiungen aufrechtzuerhalten, wenn sie die genannten Umsätze „zu den in dem jeweiligen Mitgliedstaat zu dem genannten Zeitpunkt geltenden Bedingungen" von der Steuer befreien. Entscheidend ist insofern der **Rechtszustand zum 1.1.1978**. Der damalige nationale Rechtszustand wird insofern versteinert, als die Vorschriften nicht wesentlich verändert werden dürfen. 23.57

1 Zum ökonomischen Gehalt der Wettbewerbsgleichheit vgl. eingehend *Theile*, Wettbewerbsneutralität, 138 ff.; zur Wettbewerbsneutralität im Binnenmarkt statt vieler nur *Englisch*, Wettbewerbsgleichheit, 220 ff. m.w.N.

2 So *Henze*, Umsatzsteuer-Kongress-Bericht 2010, 7, 10.

3 *Huschens* in Schwarz/Widmann/Radeisen, § 4 Nr. 19 Rz. 15.

4 EuGH v. 16.9.2008 – Rs. C-288/07 – Isle of Wight Council u.a., ECLI:EU:C:2008:505, UR 2008, 816.

23.58 Allerdings dürfen die Mitgliedstaaten die in einer Übergangvorschrift enthaltenen Steuerbefreiungen einschränken oder aufheben, weil dies den Zielen des gemeinsamen Mehrwertsteuersystems auf dem Weg zu einer einheitlichen Bemessungsgrundlage unter Berücksichtigung des Grundsatzes der Neutralität entspricht. Der nationale Gesetzgeber muss daher auch nicht alle anderen entsprechenden Übergangsregelungen gleichmäßig ändern.[1] Es tritt keine **„Vereisung“** ein.[2] Einschränkungen der auf der Übergangsregelung beruhenden Steuerbefreiungen für Blinde und Blindenwerkstätten sind daher zulässig und insbesondere aus Gründen des Wettbewerbsschutzes notwendig, wenn die Steuerbefreiung mittels Gestaltungen zu Doppelbegünstigungen führt (Rz. 23.26 f.; 23.40 ff.). So wurde es mit der Einführung der Umsatzsteuerlagerregelung in § 4 Nr. 4a S. 1 li. A S. 2 UStG zum 1.1.2004 erforderlich, bei der Inanspruchnahme einer hierdurch eingeführten Steuerbefreiung im zwischenunternehmerischen Bereich für bestimmte Waren aus einem Umsatzsteuerlager die Steuerbefreiung für blinde Unternehmer rückgängig zu machen, damit diese nicht – ähnlich wie bei Mineralöllagern (Rz. 23.26 f.; 23.40 f.) von der Steuerbefreiung des der Auslagerung vorangegangenen Umsätze und zugleich der anschließenden Blindenumsätze profitieren.[3]

23.59 Unabhängig von derartigen Einschränkungen des Anwendungsbereichs wird man dem nationalen Gesetzgeber zugestehen müssen, **weitere notwendige Reformen** durchzuführen, soweit die Befreiungsvorschrift nicht in ihrem Kern verändert wird. Dies betrifft zum einen rein redaktionelle Anpassungen an Gesetzesänderungen an anderer Stelle. So wurde die Vorschrift mit Rechtsstand vom 1.1.1978 (Rz. 23.25 f.) zunächst inhaltlich unverändert in das UStG 1980 übernommen. Durch das Steuerentlastungsgesetz 1999/2000/2002 vom 24.3.1999[4] erfolgte eine erste redaktionelle Änderung zur Angleichung der Neuregelung der Vorschriften zum Eigenverbrauch in § 1 Abs. 1 UStG. Ab dem 1.1.2000 erfolgte die erneute redaktionelle Änderung des Begriffs „Branntweinabgaben“ durch das Wort Branntweinsteuer“.[5] Inzwischen lautet die Bezeichnung seit der Einführung des Alkoholsteuergesetzes und der beihilferechtlich erforderlichen Aufhebung des Branntweinmonopols durch Gesetz vom 21.6.2013[6] „Alkoholsteuer“. Durch das Jahressteuergesetz 2007 vom 13.12.2006[7] wurden wegen der Aufhebung des Mineralölsteuergesetzes und der Übernahme seiner Vorschriften in das Energiesteuergesetz terminologische Anpassungen zur Bezeichnung der nach § 1 Abs. 2 und 3 des Energiesteuergesetzes genannten Mineralölerzeugnisse erforderlich.

23.60 Redaktionell waren auch die Änderungen zum 14.9.2007 durch das Zweite Gesetz zum Abbau bürokratischer Hemmnisse insbesondere in der mittelständigen Wirtschaft vom 7.9.2007.[8]

1 EuGH v. 29.4.1999 – Rs. C-136/97 – Norbury Developments, ECLI:EU:C:1999:211, UR 1999, 326, Rz. zu Art. 28 Abs. 3 b der Sechsten Richtlinie 77/388/EWG des Rates vom 17.5.1977 zur Harmonisierung der Rechtsvorschriften der Mitgliedstaaten über die Umsatzsteuern.

2 EuGH v. 29.4.1999 – Rs. C-136/97 – Norbury Developments, ECLI:EU:C:1999:211, UR 1999, 326, Rz. 20.

3 Vgl. BT-Drucks. 15/1562, 15/1621, 15/1798; BMF v. 28.1.2004 – IV D 1-S 7157-1/04, BStBl. I 2004, 242 Rz. 37.

4 Steuerentlastungsgesetz 1999/2000/2002 v. 24.3.1999, BGBl. I 1999, 402.

5 Steuerbereinigungsgesetz 1999 v. 22.12.1999, BGBl. I 1999, 2601; spätere Neufassung des UStG v. 21.2.2005, BGBl. I 2005, 385.

6 Das Alkoholsteuergesetz wurde als Artikel 2 des Gesetzes zur Abschaffung des Branntweinmonopols (Branntweinmonopolabschaffungsgesetz) v. 21.6.2013, BGBl. I 2013, 1650 vom Bundestag beschlossen. Es tritt gem. Art. 3 Abs. 4 dieses Gesetzes am 1.1.2018 in Kraft.

7 Jahressteuergesetz 2007 v. 13.12.2006, BGBl. I 2006, 2878.

8 Zweites Gesetz zum Abbau bürokratischer Hemmnisse insbesondere in der mittelständischen Wirtschaft v. 13.9.2007, BGBl. I 2007, 2246.

Bezugspunkt für die Definition der Blindenwerkstätte war nach **Aufhebung des Blindenwarenvertriebsgesetzes** § 143 SGB IX. Die gesonderte Anerkennung für Blindenwerkstätten wurde aufgehoben, nach § 142 SGB IX waren allgemein Werkstätten für behinderte Menschen anzuerkennen. Bestehenden Blindenwerkstätten wurde nach § 143 SGB IX Bestandschutz gewährt.

Aber auch darüber hinaus wäre derartiger völliger Rechtsstillstand illusorisch und würde auch mit den Zielen des Unionsrechts nicht im Einklang stehen. Wenn etwa im nationalen Recht eingetragene Lebenspartner Ehegatten rechtlich und steuerlich umfassend gleichgestellt werden, würde es dem Grundsatz der Gleichbehandlung widersprechen, wenn der nationale Gesetzgeber eingetragene Lebenspartner nicht als vom blinden Unternehmer ohne Anrechnung auf die Höchstzahl von zwei Arbeitnehmern zu beschäftigenden Arbeitskräften einbeziehen könnte (Rz. 23.36). Mit dem Amtshilferichtlinie-Umsetzungsgesetz vom 26.6.2013[1] wurde entsprechend der rechtlichen Gleichstellung eingetragener Lebenspartner[2] die Reichweite der bevorzugten Arbeitnehmer um diese erweitert. 23.61

### 3. Option

Die Steuerbefreiung nach § 4 Nr. 19 UStG führt zu einem **Vorsteuerabzugsverbot** gem. § 15 Abs. 2 Nr. 1 UStG. Um die hiermit einhergehenden Nachteile bei hohen Eingangsumsätzen zu vermeiden, kann der Steuerpflichtige nach § 9 Abs. 1 UStG zur Steuerpflicht optieren. Die betrifft jeden einzelnen Umsatz.[3] 23.62

Um die Nachteile einer Steuerbefreiung ohne Vorsteuerabzug abzumildern, gewährt das Unionsrecht in Art. 137 MwStSystRL bei einigen Umsätzen das Recht zur **Option zur Steuerpflicht** für den Steuerpflichtigen. Dies wird er wählen, wenn die Steuerpflicht wegen hoher Eingangsumsätze aufgrund der Möglichkeit des Vorsteuerabzugs günstiger ist als die Steuerfreiheit. Die Umsätze von Blinden oder Blindenwerkstätten sind hiervon nicht umfasst. Die Option im deutschen UStG (§ 9 Abs. 1 UStG) beruht insoweit ebenfalls auf der Übergangsregelung des Art. 371 MwStSystRL mit dem Rechtsstand zum 1.1.1978. 23.63

Die steuerbefreiten Umsätze des blinden Unternehmers oder der Blindenwerkstatt zählen zu den maßgeblichen Umsätzen der Grenzen im Rahmen der **Kleinunternehmerregelung** nach § 19 Abs. 3 UStG. Soweit der Unternehmer nach § 9 Abs. 1 UStG optiert, kann er zugleich immer noch unter den maßgeblichen Umsätzen der Kleinunternehmerregelung liegen. Auch auf diese Steuerbefreiung kann der Unternehmer nach § 19 Abs. 2 UStG verzichten. Hieran ist er fünf Jahre gebunden (§ 19 Abs. 2 S. 2 UStG). Verzichtet er auf beide Steuerbefreiungstatbestände, spricht man von einer so genannten Doppeloption. In diesem Fall erfordert die Steuerpflicht die Option zur Steuerpflicht der Umsätze des § 4 Nr. 19 UStG nach § 9 Abs. 1 UStG und gleichzeitig eine Option nach der sogenannten Kleinunternehmerregelung.[4] Dies hat zur Folge, dass der Blinde für fünf Jahre an die Option gebunden ist, während dies in § 9 Abs. 1 UStG nicht erforderlich ist. 23.64

1 Gesetz zur Umsetzung der Amtshilferichtlinie sowie zur Änderung steuerlicher Vorschriften (Amtshilferichtlinie-Umsetzungsgesetz – AmtshilfeRLUmsG) v. 29.6.2013, BGBl. I 2013, 1809.

2 Gesetz zur Beendigung der Diskriminierung gleichgeschlechtlicher Gemeinschaften: Lebenspartnerschaften v. 22.2.2001, BGBl. I 2001, 266.

3 *Verweyen* in Hartmann/Metzenmacher, § 4 Nr. 19 Rz. 24; *Kulmsee* in Reiß/Kraeusel/Langer, § 4 Nr. 19 Rz. 7.

4 In diese Richtung wohl *Verweyen* in Hartmann/Metzenmacher, § 4 Nr. 19 Rz. 24.

## D. Auslegung der nationalen österreichischen Regelungen

### I. Vorbemerkung

23.65 Die Steuerbefreiung von Umsätzen von Blinden ist dem Grunde nach als eine **Befreiung aus sozialen Gründen** einzuordnen. Allerdings handelt es sich streng genommen bei § 6 Abs. 1 Z 10 UStG nicht um die Umsetzung von Art. 132 Abs. 1 lit. g der RL 2006/112, sondern wurde diese Bestimmung aufgrund des Beitrittsvertrages legitimiert und geht historisch bereits auf das Jahr 1923 zurück (und sollte zunächst nur für Kriegsblinde Geltung haben).[1] Auf Grund des Beitrittsvertrages darf Österreich (vgl. Art. 378 Abs. 2 i.V.m. Anhang X Teil B Nr. 5 der RL 2006/112) die Umsätze der Blinden und der Blindenwerkstätten von der Umsatzsteuer (weiterhin) befreien, wenn ihre Befreiung von der Steuer keine erheblichen Wettbewerbsverzerrungen verursacht. Dies unter der Voraussetzung, dass die betreffenden Umsätze in einem Staat von der Steuer befreit werden, der am 31.12.1994 Mitglied der Gemeinschaft war. Da eine Befreiung für diese Umsätze bspw auch in Deutschland (vgl. § 4 Abs. 19 dUStG) vorgesehen ist, ist die Steuerbefreiung zulässig.

#### 1. Befreite Unternehmer

23.66 Die Steuerbefreiung für die Umsätze der Blinden (der Blindheit ist die praktische Blindheit gleichzuhalten[2]) ist eine **persönliche Befreiung**, wobei diese ausschließlich auf als Einzelunternehmer tätige natürliche Personen Anwendung findet (vgl. UStR Rz. 871). Die Befreiung ist daher nicht auf die Umsätze von Blindenwerkstätten, Blindenvereine etc. anwendbar. Sofern es sich dabei jedoch um gemeinnützige Körperschaften handelt, steht der ermäßigte Steuersatz gemäß § 10 Abs 2 Z 4 UStG zu. Hinsichtlich der Steuerbefreiung für Blindenheime vgl. Rz. 13.75, 13.79 f.

23.67 Der Unternehmer muss die entsprechenden **Nachweise** (bspw Behindertenpass) für das Vorliegen der Voraussetzungen beibringen.[3] Eine analoge Anwendung der Befreiung auf andere Unternehmer, die ihre Behinderung nicht aus einer Beeinträchtigung des Sehvermögens ableiten, wurde bereits vom VfGH als auch vom VwGH ausgeschlossen.[4] Auch wenn gesetzlich nicht vorgesehen, so ist der **Verzicht auf die Steuerbefreiung** nach Ansicht des VfGH (durch Abgabe von Umsatzsteuererklärungen) möglich.[5]

23.68 Hinsichtlich der Anzahl der Arbeitnehmer hat das BMF festgehalten, dass es nicht auf die Anzahl der Arbeitnehmer schlechthin ankommt, sondern auf ihre **zeitliche Arbeitsleistung.** Dabei dürfen die im Laufe eines Kalenderjahres geleisteten Arbeitsstunden insgesamt nicht höher

1 VfGH v. 2.10.1982 – G 27/82.

2 *Scheiner/Kolacny*/Caganek, Kommentar zur Mehrwertsteuer – UStG 1994 (14.Lfg 2006), § 6 Abs. 1 Z 10 lit a Rz. 8; *Kanduth-Kristen/Mayr/Tschiderer* in Berger/Bürgler/Kanduth-Kristen/Wakounig, UStG-ON2.07 § 6 UStG Rz. 390 (Stand 1.1.2016, rdb.at); vgl auch Parlamentarische Materialien 776 BlgNR 18. GP 63.

3 Die Regelungen zur Blindenbeihilfe sind im Jahr 1993 entfallen und finden sich die gesetzlichen Regelungen nunmehr im Bundesgesetz, mit dem ein Pflegegeld eingeführt wird (Bundespflegegeldgesetz – BPGG), BGBl. Nr. 110/1993 idgF.

4 *Kanduth-Kristen/Mayr/Tschiderer* in Berger/Bürgler/Kanduth-Kristen/Wakounig, UStG-ON2.07 § 6 UStG Rz. 389; VfGH v. 2.10.1982 – G 27/82; VwGH v. 19.5.1983 – 83/15/0023.

5 *Kanduth-Kristen/Mayr/Tschiderer* in Berger/Bürgler/Kanduth-Kristen/Wakounig, UStG-ON2.07 § 6 UStG Rz. 394; VfGH v. 23.10.1980 – G 37/79.

sein als die kollektivvertragsmäßige Arbeitszeit von drei vollbeschäftigten Arbeitnehmern (vgl. UStR Rz. 871).[1]

### 2. Erfasste Leistungen

Grundsätzlich sind sämtliche Umsätze erfasst, die diese Personengruppe erbringt. Sofern jedoch Gegenstände geliefert werden, die einer Verbrauchsteuer unterliegen und deren Schuldner der Unternehmer ist (bspw. Verkauf von Kraftstoffen, die der Mineralölsteuer unterliegen), können diese Lieferungen nicht gem. § 6 Abs. 1 Z 10 UStG als steuerbefreit behandelt werden. Einen sachlichen Grund für diese unterschiedliche umsatzsteuerliche Behandlung je nach verkauftem Produkt ist jedoch nicht erkennbar.[2] 23.69

## E. Reformvorschlag

Angesichts der unionsrechtlichen Begrenzung auf eine Regelung, wie sie im Kern seit 1978 bestanden hat, droht die umsatzsteuerrechtliche Steuerbefreiung der Umsätze von Blinden und der Blindenwerkstätten rechtlich zu versteinern. Während lediglich redaktionelle Gesetzesänderungen auch unionsrechtlich hinzunehmen sind, gelingt es kaum, die neuen Ansätze in der Förderung von behinderten Menschen so umzusetzen, dass die Umsatzsteuerfreiheit im Rahmen des 1978 geltenden Rechts bestehen bleibt. Auch stellt die Steuerbefreiung allein nach persönlichen Merkmalen einen Fremdkörper im Umsatzsteuerrecht dar. Möglicherweise ließen sich die sozialen Ziele der Förderung von behinderten Arbeitnehmer systemkonformer auf der Grundlage einer § 4 Nr. 15a UStG entsprechenden Regelung umsetzen. Steuerfrei sind hiernach 23.70

> „Leistungen zur Teilhabe am Arbeitsleben nach § 49 des Neunten Buches Sozialgesetzbuch, die von Einrichtungen des öffentlichen Rechts oder anderen Einrichtungen mit sozialem Charakter erbracht werden. Andere Einrichtungen mit sozialem Charakter im Sinne dieser Vorschrift sind Rehabilitationsdienste und -einrichtungen nach den §§ 36 und 51 des Neunten Buches Sozialgesetzbuch, mit denen Verträge nach § 38 des Neunten Buches Sozialgesetzbuch abgeschlossen worden sind;".

Auch könnte entsprechend der Überlegungen zur Reform des Mehrwertsteuerrechts auf Unionsebene über die Einführung von weiteren ermäßigten Mehrwertsteuersätzen zwischen 0 und 5 % für Waren von Behindertenwerkstätten, da die Kommission nur noch einen Negativkatalog von nicht begünstigten Waren oder Dienstleistungen vorschlägt (beispielsweise für Waffen, alkoholische Getränke, Glücksspiel oder Tabak),[3] systemkonformere Begünstigungen geschaffen werden. Allerdings sollen die ermäßigten Steuersätze ausschließlich dem Endverbraucher zugutekommen, woran es bei den Umsätzen der blinden Unternehmer oder der Werkstätten fehlen kann, wenn diese an andere Unternehmer leisten. Teilweise könnte eine einfach zu handhabende Erleichterung in der geplanten Ausweitung der Grenze für Lieferungen und Leistungen durch Kleinunternehmer auf 35.000 € liegen.[4] 23.71

1 *Ruppe/Achatz*, UStG[5], § 6 Rz. 296.
2 *Ruppe/Achatz*, UStG[5], § 6 Rz. 299.
3 Vorschlag für eine Richtlinie des Rates zur Änderung der Richtlinie 2006/112/EG in Bezug auf die Mehrwertsteuersätze vom 18.1.2018, COM(2018) 20 final, S. 8, 12 f.
4 Vorschlag für eine Richtlinie des Rates zur Änderung der Richtlinie 2006/112/EG über das gemeinsame Mehrwertsteuersystem in Bezug auf Sonderregelungen für Kleinunternehmen, COM(2018) 21 final, S. 14.

# Kapitel 24
# Vermietung und Verpachtung von Grundstücken, Art. 135 Abs. 1 lit. l MwStSystRL

**Literatur (Deutschland):** *Friedrich-Vache*, Option zur Steuerpflicht und deren Widerruf, UR 2014, 646; *Haase/Jachmann* (Hrsg.), Handbuch Immobiliensteuerrecht München 2016; *Hoffsümmer*, Steuerbefreiungen für Inlandsumsätze (§ 4 Nrn. 8 bis 28 UStG), Diss, Frankfurt/M. 2009; *Klenk*, Beschränkung der Umsatzsteuerpflicht auf die nur kurzfristige Vermietung von Kfz-Abstellplätzen nicht richtlinienkonform, UVR 1989, 369; *Klenk*, Zur Umsatzsteuerfreiheit der langfristigen Vermietung von als Campingplatz genutzten Grundstücken, UR 2009, 317; *Löhr*, Das umsatzsteuerrechtliche Optionsrecht für Vermietungsumsätze, Diss., Berlin 2003; *Parolini*, Immovable Property under EU VAT Law, in Maisto (Hrsg.), Immovable Property under Domestic Law, EU Law and Tax Treaties, 2015, 43; *Wagner*, Umsatzsteuer bei Vermietung und Verkauf von Immobilien, Ubg 2015, 80; *Widmann*, Berechnung und Anwendung der Mehrwertsteuer auf im Rahmen der Vermietung von Immobilien gelieferte Gegenstände und erbrachte Dienstleistungen, UR 2015, 432; *Widmann*, Wann ist ein Hotel eine Herberge?, DStR 2015, 2823; *Wüst*, Nebenleistungen zu Vermietungsumsätzen – fällt auf Betriebskostenumlagen nach dem EuGH-Urteil vom 16.4.2015 – Rs. C-42/14 Umsatzsteuer an?, MwStR 2015, 447.

**Literatur (Österreich):** *Apathy/Iro/Koziol* (Hrsg.), Österreichisches Bankvertragsrecht II (2008); *Berger/Bürgler/Kanduth-Kristen/Wakounig*, UStG-ON[2.07]; *Bieber/Tratlehner*, Die umsatzsteuerpflichtige Grundstücksvermietung für Wohnzwecke, ÖStZ 2017, 297; *Briem*, Ermäßigter Umsatzsteuersatz bei Vermietung möblierter Wohnungen, WBl 1988, 386; *Bürgler/Stifter*, Die Option nach § 6 Abs 2 UStG – Umsetzung in der Praxis, in Kovar/Wahrlich/Zorman (Hrsg.), Übertragung und Vermietung von Immobilien[2] (2017) 124; *Caganek*, Aktueller Umsatzsteuerfall zu § 10 Abs. 2 Z. 5 – Steuersatz für die Benützung von Tennisplätzen, Minigolfplätzen, Squash-Anlagen, Fitnesscentern und Campingplätzen, ÖStZ 1990, 166; *Caganek*, Anmerkung zu Sarnthein, Einheitlichkeit der Leistung (ÖStZ 2001, 277), ÖStZ 2001, 279; *Ehrke-Rabel* in Doralt/Ruppe, Steuerrecht II[7] (2014); *Ehrke-Rabel/Ruppe*, Der Verzicht auf die Steuerbefreiung nach § 6 Abs. 1 Z. 16 UStG – Bemerkungen zur Rechtslage nach dem 1. StabG 2012, in FS Tanzer (2014) 249; *Kletečka/Schauer*, ABGB-ON[1.02]; *Koziol/Welser*, Bürgerliches Recht II[14] (2015); *Mayr*, Die Neuerungen im UStG für das Jahr 2017 – Teil 1 (Grundstücke), RdW 2017, 203; *Mayr/Ungericht*, UStG[4] (2014); *Melhardt/Tumpel*, UStG[2] (2015); *Pfister*, Anwendung des ermäßigten Steuersatzes auf die Überlassung von Fahrzeugabstellplätzen im Rahmen der Vermietung zu Wohnzwecken, taxlex 2010, 142; *Pfister*, Die unechte Umsatzsteuerbefreiung bei Lieferungen und Dienstleistungen im Zusammenhang mit Grundstücken, in Achatz/Tumpel (Hrsg.), Unechte Steuerbefreiungen (2010) 53; *Rattinger*, Vermietung und Verpachtung von Grundstücken, in Achatz (Hrsg.), Praxisfragen zum UStG 1994 (1995) 155; *Renner*, Option zur Steuerpflicht bei Vermietungsumsätzen von Sportvereinen, SWK 2007, 662; *Rummel*, ABGB[3]; *Ruppe/Achatz*, UStG[5] (2018); *Scheiner/Kolacny/Caganek*, Kommentar zur Mehrwertsteuer – UStG 1994; *Schwimann/Kodek*, ABGB[4]; *Stangl*, Grundstücksvermietung, in Achatz/Tumpel (Hrsg.), Umsatzsteuer und Immobilien (2007) 59; *Tanzer*, Die Vermietung und Verpachtung von Grundstücken im neuen Umsatzsteuerrecht (UStG 1994), AnwBl. 1994, 961; *Zorn*, VwGH zur Grundstücksvermietung bei Sportvereinen, RdW 2007, 509.

## A. Normative Grundlagen

24.1 **I. Unionsrecht**

**Art. 135 Abs. 1 lit. l MwStSystRL**

**Die Mitgliedstaaten befreien folgende Umsätze von der Steuer: ... Vermietung und Verpachtung von Grundstücken.**

**Art. 135 Abs. 2 MwStSystRL**

**Die folgenden Umsätze sind von der Befreiung nach Abs. 1 Buchstabe l ausgeschlossen:**

**a) Gewährung von Unterkunft nach den gesetzlichen Bestimmungen**
- **der Mitgliedstaaten im Rahmen des Hotelgewerbes**
- **oder in Sektoren mit ähnlicher Zielsetzung, einschließlich**
- **der Vermietung in Ferienlagern oder auf Grundstücken, die**
- **als Campingplätze erschlossen sind;**

**b) Vermietung von Plätzen für das Abstellen von Fahrzeugen;**

**c) Vermietung von auf Dauer eingebauten Vorrichtungen und Maschinen;**

**d) Vermietung von Schließfächern.**

**Die Mitgliedstaaten können weitere Ausnahmen von der Befreiung nach Abs. 1 Buchstabe l vorsehen.**

**Art. 137 MwStSystRL**

**(1) Die Mitgliedstaaten können ihren Steuerpflichtigen das Recht einräumen, sich bei folgenden Umsätzen für eine Besteuerung zu entscheiden: …**

**d) Vermietung und Verpachtung von Grundstücken.**

**(2) Die Mitgliedstaaten legen die Einzelheiten für die Inanspruchnahme des Wahlrechts nach Abs. 1 fest.**

**Die Mitgliedstaaten können den Umfang dieses Wahlrechts einschränken.**

**Art. 13b MwStDVO (gilt seit 1.1.2017, vgl. Art. 3 Änderungs-VO 1042/2013)**

**Für die Zwecke der Anwendung der Richtlinie 2006/112/EG gilt als ‚Grundstück'**

**a) ein bestimmter über- oder unterirdischer Teil der Erdoberfläche, an dem Eigentum und Besitz begründet werden kann;**

**b) jedes mit oder in dem Boden über oder unter dem Meeresspiegel befestigte Gebäude oder jedes derartige Bauwerk, das nicht leicht abgebaut oder bewegt werden kann;**

**c) jede Sache, die einen wesentlichen Bestandteil eines Gebäudes oder eines Bauwerks bildet, ohne die das Gebäude oder das Bauwerk unvollständig ist, wie z.B. Türen, Fenster, Dächer, Treppenhäuser und Aufzüge;**

**d) Sachen, Ausstattungsgegenstände oder Maschinen, die auf Dauer in einem Gebäude oder einem Bauwerk installiert sind, und die nicht bewegt werden können, ohne das Gebäude oder das Bauwerk zu zerstören oder zu verändern.**

## II. Deutsches UStG

**§ 4 Steuerbefreiungen bei Lieferungen und sonstigen Leistungen**

**Von den unter § 1 Abs. 1 Nr. 1 fallenden Umsätzen sind steuerfrei: …**

**12.**

**a) die Vermietung und die Verpachtung von Grundstücken, von Berechtigungen, für die die Vorschriften des bürgerlichen Rechts über Grundstücke gelten, und von staatlichen Hoheitsrechten, die Nutzungen von Grund und Boden betreffen,**

**b) die Überlassung von Grundstücken und Grundstücksteilen zur Nutzung auf Grund eines auf Übertragung des Eigentums gerichteten Vertrags oder Vorvertrags,**

**c) die Bestellung, die Übertragung und die Überlassung der Ausübung von dinglichen Nutzungsrechten an Grundstücken.**

**Nicht befreit sind die Vermietung von Wohn- und Schlafräumen, die ein Unternehmer zur kurzfristigen Beherbergung von Fremden bereithält, die Vermietung von Plätzen für das Abstellen von Fahrzeugen, die kurzfristige Vermietung auf Campingplätzen und die Vermietung und die Verpachtung von Maschinen und sonstigen Vorrichtungen aller Art, die zu einer Betriebsanlage gehören (Betriebsvorrichtungen), auch wenn sie wesentliche Bestandteile eines Grundstücks sind;**

**§ 9 Verzicht auf Steuerbefreiungen**

**(1) Der Unternehmer kann einen Umsatz, der nach § 4 Nr. 8 Buchstabe a bis g, Nr. 9 Buchstabe a, Nr. 12, 13 oder 19 steuerfrei ist, als steuerpflichtig behandeln, wenn der Umsatz an einen anderen Unternehmer für dessen Unternehmen ausgeführt wird.**

**(2) Der Verzicht auf Steuerbefreiung nach Abs. 1 ist bei der … Vermietung oder Verpachtung von Grundstücken (§ 4 Nr. 12 Satz 1 Buchstabe a) und bei den in § 4 Nr. 12 Satz 1 Buchstabe b und c bezeichneten Umsätzen nur zulässig, soweit der Leistungsempfänger das Grundstück ausschließlich für Umsätze verwendet oder zu verwenden beabsichtigt, die den Vorsteuerabzug nicht ausschließen. Der Unternehmer hat die Voraussetzungen nachzuweisen.**

## III. Österreichisches UStG

**§ 6 Steuerbefreiungen**

**(1) Von den unter § 1 Abs. 1 Z 1 fallenden Umsätzen sind steuerfrei: …**

**16. die Vermietung und Verpachtung von Grundstücken. Nicht befreit sind:**

- **die Vermietung (Nutzungsüberlassung) von Grundstücken für Wohnzwecke;**
- **die Vermietung und Verpachtung von Maschinen und sonstigen Vorrichtungen aller Art, die zu einer Betriebsanlage gehören, auch wenn sie wesentliche Bestandteile eines Grundstückes sind;**
- **die Beherbergung in eingerichteten Wohn- und Schlafräumen;**
- **die Vermietung (Nutzungsüberlassung) von Räumlichkeiten oder Plätzen für das Abstellen von Fahrzeugen aller Art;**
- **die Vermietung (Nutzungsüberlassung) von Grundstücken für Campingzwecke; …**
- **die Vermietung von Grundstücken während eines ununterbrochenen Zeitraumes von nicht mehr als 14 Tagen (kurzfristige Vermietung), wenn der Unternehmer das Grundstück sonst nur zur Ausführung von Umsätzen, die den Vorsteuerabzug nicht ausschließen, für kurzfristige Vermietungen oder zur Befriedigung eines Wohnbedürfnisses verwendet; …**

**(2) Verzicht auf Steuerbefreiungen**

**Der Unternehmer kann eine gem. § 6 Abs. 1 Z 8 lit. a steuerfreie Kreditgewährung, bei der er dem Leistungsempfänger den Preis für eine Lieferung oder sonstige Leistung kreditiert, sowie einen Umsatz, der nach § 6 Abs. 1 Z 9 lit. a, Z 16 oder Z 17 steuerfrei ist, als steuerpflichtig behandeln. Weiters kann der Unternehmer einen Umsatz im Zusammenhang mit Kreditkarten, der nach § 6 Abs. 1 Z 8 lit. h steuerfrei ist, als steuerpflichtig behandeln. Behandelt der Unternehmer die Kreditgewährung als steuerpflichtig, unterliegt sie dem Steuersatz, der für die Leistung anzuwenden ist, deren Leistungspreis kreditiert wird. Behandelt der Unternehmer einen Umsatz, der nach § 6 Abs. 1 Z 8 lit. h, Z 9 lit. a, Z 16 oder Z 17 steuerfrei ist, als steuerpflichtig, unterliegt er dem Steuersatz nach § 10 Abs. 1 bzw. 4.**

**…**

**Der Verzicht auf die Steuerbefreiung gem. § 6 Abs. 1 Z 16 und Z 17 ist nur zulässig, soweit der Leistungsempfänger das Grundstück oder einen baulich abgeschlossenen, selbständigen Teil des Grundstücks nahezu ausschließlich für Umsätze verwendet, die den Vorsteuerabzug nicht ausschließen. Der Unternehmer hat diese Voraussetzung nachzuweisen.**

**§ 10 Steuersätze**

…

**(2) Die Steuer ermäßigt sich auf 10 % für**

…

**3.**

**a) die Vermietung (Nutzungsüberlassung) von Grundstücken für Wohnzwecke, ausgenommen eine als Nebenleistung erbrachte Lieferung von Wärme;**

…

**(3) Ist der Steuersatz nach Abs. 2 nicht anzuwenden, ermäßigt sich die Steuer auf 13 % für**

…

**3.**

**a) die Beherbergung in eingerichteten Wohn- und Schlafräumen und die regelmäßig damit verbundenen Nebenleistungen (einschließlich Beheizung);**

**b) die Vermietung (Nutzungsüberlassung) von Grundstücken für Campingzwecke und die regelmäßig damit verbundenen Nebenleistungen, soweit hiefür ein einheitliches Benützungsentgelt entrichtet wird; […].**

## B. Auslegung der MwStSystRL

## I. Überblick über die Vorschrift

### 1. Auslegungsdirektiven

Wie der EuGH in ständiger Rechtsprechung festgestellt hat, sind die Tatbestandelemente der Befreiungsregelung des Art. 135 Abs. 1 lit. l MwStSystRL ebenso wie die Ausnahmetatbestände des Art. 135 Abs. 2 MwStSystRL grundsätzlich **unionsrechtsautonom** auszulegen[1]. Sie verweisen demnach weder auf das jeweilige – insbesondere zivilrechtliche – Vorverständnis in den Rechtsordnungen der Mitgliedstaaten[2], noch belassen sie den Mitgliedstaaten einen Konkretisierungsspielraum. Das Bestreben des Unionsgesetzgebers, auch die Befreiungstatbestände unionsweit zu harmonisieren und auf diese Weise nicht zuletzt auch eine gleichmäßige Erhebung der mehrwertsteuerbasierten Eigenmittel der Union zu gewährleisten[3], verlangt 24.2

1 S. EuGH v. 4.10.2001 – Rs. C-326/99 – Stichting Goed Wonen, ECLI:EU:C:2001:506, Rz. 47, UR 2001, 484; *Birkenfeld/Wäger*, USt-Handbuch, § 97 Rz. 61.

2 Sehr deutlich EuGH v. 16.1.2003 – Rs. C-315/00 – Maierhofer, ECLI:EU:C:2003:23, Rz. 26, UR 2003, 86 = UR 2003, 189 m. Anm. *Grünwald/Pogodda*; A.A. zum Grundstücksbegriff – aber schon vor Inkrafttreten des unmittelbar geltenden Art. 13b MwStDVO verfehlt – *Wenzel* in R/D, § 4 Nr. 12 Rz. 61; anders zu Recht *Schüler-Täsch* in Sölch/Ringleb, § 4 Nr. 12 Rz. 14: „… die früher betonte Bindung an das bürgerliche Recht … ist … nicht mehr aufrechtzuerhalten.“; wie hier auch *Birkenfeld/Wäger*, USt-Handbuch, § 97 Rz. 2; *Heidner* in Bunjes, UStG[16], § 4 Nr. 12 Rz. 6, m.w.N.

3 S. dazu aus den Erwägungsgründen zur 6. RL: „Im Hinblick auf eine gleichmäßige Erhebung der eigenen Mittel in allen Mitgliedstaaten ist es erforderlich, eine gemeinsame Liste der Steuerbefrei-

vielmehr eine originär unionsrechtliche und damit für alle Mitgliedstaaten einheitliche Definition[1]. Eine Ausnahme stellt scheinbar der in Art. 135 Abs. 2 lit. a MwStSystRL zugunsten der Mitgliedstaaten enthaltene Konkretisierungsvorbehalt hinsichtlich des Begriffs der steuerpflichtigen „Gewährung von Unterkunft" im Hotelgewerbe oder in Sektoren mit ähnlicher Zielsetzung dar (s. dazu aber Rz. 24.30).

24.3 Vor diesem Hintergrund kommt der Rechtsprechung des EuGH jedenfalls hinsichtlich des ganz überwiegenden Teils der Befreiungsregelung für Vermietung und Verpachtung, für die der Grundsatz unionsrechtsautonomer Auslegung gilt, zentrale Bedeutung zu, weil der Gerichtshof das letztinstanzlich zur Interpretation des Richtlinienrechts berufene Organ ist. Er lässt sich dabei nach eigenem Bekunden wie auch sonst bei Steuerbefreiungen in erster Linie von teleologischen Erwägungen leiten[2], die allerdings gelegentlich auch vernachlässigt werden (s. etwa Rz. 24.19 zu Mietnebenleistungen). In Zweifelsfällen tendiert der EuGH zu einer **restriktiven Auslegung** des Art. 135 Abs. 1 lit. l MwStSystRL, entsprechend seinem allgemeinen Interpretationsansatz, wonach Befreiungsvorschriften als Ausnahme von der Regelbesteuerung eng auszulegen seien[3]. Spiegelbildlich dazu präferiert er eine weite Auslegung der Tatbestandsmerkmale des Art. 135 Abs. 2 MwStSystRL, weil diese Vorschrift als Gegenausnahme wieder den allgemeinen Grundsatz der Steuerpflicht entgeltlich erbrachter Leistungen verwirklicht[4].

24.4 Mit Wirkung seit dem 1.1.2017 wird speziell der Grundstücksbegriff des Art. 135 Abs. 1 lit. l MwStSystRL in **Art. 13b MwStDVO legaldefiniert**. Die dort genannten Begriffsmerkmale sind auch für den EuGH bindend, beruhen allerdings auch ganz überwiegend auf seiner bisherigen Rechtsprechung[5]. Als Verordnungsregelung beansprucht die Vorschrift zudem un-

---

ungen aufzustellen." Darauf weist auch der Gerichtshof hin, s. EuGH v. 4.10.2001 – Rs. C-326/99 – Stichting Goed Wonen, ECLI:EU:C:2001:506, Rz. 47, UR 2001, 484.

1 S. EuGH v. 16.1.2003 – Rs. C-315/00 – Maierhofer, ECLI:EU:C:2003:23, Rz. 25, UR 2003, 86 = UR 2003, 189 m. Anm. *Grünwald/Pogodda*; v. 3.3.2005 – Rs. C-428/02 – Fonden Marselisborg Lystbådehavn, ECLI:EU:C:2005:126, Rz. 27, UR 2005, 458; v. 11.6.2009 – Rs. C-572/07 – RLRE Tellmer Property, ECLI:EU:C:2009:365, Rz. 15, UR 2009, 557.

2 S. EuGH v. 4.10.2001 – Rs. C-326/99 – Stichting Goed Wonen, ECLI:EU:C:2001:506, Rz. 50, UR 2001, 484; v. 16.1.2003 – Rs. C-315/00 – Maierhofer, ECLI:EU:C:2003:23, Rz. 27 f., UR 2003, 86 = UR 2003, 189 m. Anm. *Grünwald/Pogodda*; v. 18.11.2004 – Rs. C-284/03 – Temco Europe, ECLI:EU:C:2004:730, Rz. 17, UR 2005, 24; v. 25.10.2007 – Rs. C-174/06 – CO.GE.P., ECLI:EU:C:2007:634, Rz. 18 und 27 f., UR 2007, 892.

3 S. EuGH v. 12.9.2000 – Rs. C-358/97 – Kommission/Irland, ECLI:EU:C:2000:425, Rz. 55; v. 12.6.2003 – Rs. C-275/01 – Sinclair Collis Ltd., ECLI:EU:C:2003:341, Rz. 23, UR 2003, 348; v. 18.1.2001 – Rs. C-150/99 – Stockholm Lindöpark, ECLI:EU:C:2001:34, Rz. 25, UR 2001, 153; v. 18.11.2004 – Rs. C-284/03 – Temco Europe, ECLI:EU:C:2004:730, Rz. 17, UR 2005, 24; v. 3.3.2005 – Rs. C-428/02 – Fonden Marselisborg Lystbådehavn, ECLI:EU:C:2005:126, Rz. 29, UR 2005, 458; v. 11.6.2009 – Rs. C-572/07 – RLRE Tellmer Property, ECLI:EU:C:2009:365, Rz. 16, UR 2009, 557; v. 22.1.2015 – Rs. C-55/14 – Régie communale autonome du stade Luc Varenne, ECLI:EU:C:2015:29, Rz. 23, UR 2015, 347.

4 S. EuGH v. 12.2.1998 – Rs. C-346/95 – Blasi, ECLI:EU:C:1998:51, Rz. 19, UR 1998, 189; v. 3.3.2005 – Rs. C-428/02 -Fonden Marselisborg Lystbådehavn, ECLI:EU:C:2005:126, Rz. 43, UR 2005, 458; s. dazu auch BFH v. 29.3.2017 – XI R 20/15, UR 2017, 669 = BFH/NV 2017, 1195, Rz. 29, m.w.N.

5 Die Vorschrift des Art. 13b MwStDVO geht unmittelbar auf eine wortlautidentische Leitlinie des Mehrwertsteuerausschusses zurück, die dieser auf seiner 93. Sitzung vom 1.7.2011 „fast einstimmig" angenommen hatte. Der Mehrwertsteuerausschuss hat sich aber seinerzeit erkennbar von der bis dahin ergangenen EuGH-Judikatur leiten lassen.

mittelbare Geltung in allen Mitgliedstaaten, unbeschadet der jeweiligen Begriffsbestimmungen im nationalen Umsatzsteuerrecht.

Für eine Reihe von Tatbestandsmerkmalen der vorerwähnten Richtlinienbestimmungen können ferner rechtlich unverbindliche Erläuterungen der Europäischen Kommission herangezogen werden. Diese hat am 26.10.2015 einen **„Leitfaden zu den MwSt-Vorschriften der EU in Bezug auf den Ort der Dienstleistungen im Zusammenhang mit Grundstücken"** veröffentlicht[1]. Unmittelbar einschlägig ist dieses Dokument zwar nur für die Ortsbestimmungsregel des Art. 47 MwStSystRL. Die Kommission legt darin aber u.a. auch ihr Verständnis der in Art. 13b MwStDVO genannten Begriffsmerkmale dar, die sich einheitlich auf den in der MwStSystRL verwendeten Grundstücksbegriff beziehen und damit wie oben erwähnt auch für die Befreiungsregelung des Art. 135 Abs. 1 lit. l MwStSystRL Geltung beanspruchen. Außerdem bietet der Leitfaden auch eine gewisse Orientierungsfunktion für das Tatbestandsmerkmal der „Vermietung und Verpachtung" sowie für die in Art. 135 Abs. 2 lit. a MwStSystRL verwendeten Begrifflichkeiten. Denn die jeweiligen Formulierungen standen offensichtlich Pate für die wortlautgleichen, auf Art. 47 MwStSystRL bezogenen Vorgaben des Art. 31a Abs. 2 lit. h und i MwStDVO; deren Erläuterung durch die Kommission können somit als Interpretationshilfe auch für die Zwecke der Befreiungsregelung herangezogen werden. Eine weitergehende Bedeutung für das innerstaatliche Umsatzsteuerrecht kommt ihnen allerdings nicht zu; insbesondere misst ihnen auch die deutsche Finanzverwaltung keine verwaltungsinterne Bindungswirkung zu[2]. Dasselbe gälte für etwaige Leitlinien des Mehrwertsteuerausschusses[3], der sich allerdings bislang ohnehin noch nicht mit dem Befreiungstatbestand des Art. 135 Abs. 1 lit. l MwStSystRL befasst hat. 24.5

## 2. Historische Entwicklung

Eine richtlinienrechtliche Vorgabe für die Befreiung der Vermietung und Verpachtung von 24.6
Grundstücken ist erstmals in Gestalt des Art. 13 B Buchst. b der 6. MwSt-Richtlinie in das harmonierte EU-Mehrwertsteuerrecht aufgenommen worden. In den Vorarbeiten zur 6. MwSt-Richtlinie war noch vorgesehen, die zwischenunternehmerische Nutzungsüberlassung vom Anwendungsbereich der Befreiungsregelung auszunehmen und selbige auf die Vermietung und Verpachtung an Endverbraucher zu beschränken. Die dahingehende Einschränkung ist offenbar bei den abschließenden Beratungen im Rat fallen gelassen worden; den Mitgliedstaaten steht es allerdings frei, sie aufgrund des Art. 135 Abs. 2 Satz 2 MwStSystRL gleichwohl in ihrem nationalen Umsatzsteuerrecht vorzusehen[4].

Seit der Ursprungsfassung der Befreiungsregelung in der 6. MwSt-Richtlinie hat die Vorschrift nur noch redaktionelle Änderungen und Klarstellungen, aber keine inhaltlichen Veränderungen mehr erfahren.

1 Der Leitfaden ist abrufbar unter https://ec.europa.eu/taxation_customs/sites/taxation/files/resources/documents/taxation/vat/how_vat_works/explanatory_notes_new_de.pdf.
2 S. BMF v. 17.12.2014, BStBl. I 2015, 43.
3 S. BMF v. 3.1.2014, BStBl. I 2014, 67.
4 S. EuGH v. 3.2.2000 – Rs. C-12/98 – Amengual Far, ECLI:EU:C:2000:62, Rz. 15, UR 2000, 123.

### 3. Zweck

24.7 Zum Zweck der Steuerbefreiung für die Vermietung und Verpachtung von Grundstücken heißt es in der Begründung des dem Rat von der Kommission am 29.6.1973 vorgelegten Vorschlags für die 6. MwSt-Richtlinie:

„Bei der Aufstellung des Katalogs der Steuerbefreiungen wurde … den in den Mitgliedstaaten bereits bestehenden Steuerbefreiungen … Rechnung getragen … [Die] Vermietung von Grundstücken [ist] in den Mitgliedstaaten aus technischen, wirtschaftlichen und sozialen Gründen im Allgemeinen steuerbefreit. Die Gründe, die für die Steuerbefreiung bei der Vermietung von Wohngebäuden … sprechen, gelten nicht für die Fälle einer Vermietung im Rahmen des Hotelgewerbes und einer Vermietung von Grundstücken, die gewerblichen Zwecken dienen."

Hieraus lassen sich auf unionsrechtlicher Ebene im Wesentlichen zwei unterschiedliche Legitimationsansätze für die Befreiung ausmachen.

24.8 Erstens stellt die Befreiung zumindest teilweise, namentlich hinsichtlich der Wohnraumvermietung, eine **sozialpolitisch motivierte Verschonungssubvention** dar[1].

24.9 Zweitens dient die Befreiung insgesamt („technischen") **Vereinfachungszwecken**. Die Besteuerung der Vermietung und Verpachtung von Immobilien würde eine unübersehbar große Zahl von im Rahmen privater Vermögensverwaltung tätigen Vermietern erstmals der Umsatzsteuer unterwerfen[2]. Den damit einhergehenden Befolgungskosten seitens der Steuerpflichtigen und dem damit korrespondierenden Kontrollaufwand seitens der Finanzverwaltung stünde jedenfalls nach Einschätzung des EuGH zudem nur ein geringer Beitrag zum Mehrwertsteueraufkommen gegenüber. Denn die Grundstücksvermietung stelle *„normalerweise eine verhältnismäßig passive Tätigkeit dar, die nicht zu einer signifikanten Wertschöpfung führt."*[3] Vor diesem Hintergrund mag es dann als zumindest vertretbar erscheinen, der Vermeidung administrativen Mehraufwands den Vorrang vor einer gleichmäßigen steuerlichen Heranziehung auch von Vermietungsumsätzen einzuräumen[4]. Zugleich wird damit allerdings das Gewicht der sozialpolitischen Legitimationsansätze erheblich relativiert: Da mit der Steuerbefreiung die Versagung des Vorsteuerabzugs einhergeht, verbilligt sich die Vermietung unter der Prämisse nur passiver Tätigkeit und unwesentlicher Wertschöpfungsbeiträge seitens des Vermieters kaum. Die von diesem nicht abziehbare Vorsteuer wird nämlich im Regelfall in die Kalkulation des Mietzinses mit einfließen, weshalb der Konsumnutzen aus der Grundstücksüberlassung dann im Ergebnis doch nahezu in demselben Maße wie bei steuerpflichtiger Vermietung mit Umsatzsteuer belastet wäre[5].

---

1 S. auch *Parolini*, Immovable Property under EU VAT Law, in Maisto (Hrsg.), Immovable Property under Domestic Law, EU Law and Tax Treaties, 43 (45). Dazu kritisch *Heidner* in Bunjes, UStG[16], § 4 Nr. 12 Rz. 1 ff.

2 S. *Parolini*, Immovable Property under EU VAT Law, in Maisto (Hrsg.), Immovable Property under Domestic Law, EU Law and Tax Treaties, 43 (45).

3 EuGH v. 4.10.2001 – Rs. C-326/99 – Stichting „Goed Wonen", ECLI:EU:C:2001:506, Rz. 52, UR 2001, 484.

4 So *de la Feria/Krever* in de la Feria (Hrsg.), VAT Exemptions, 3 (28); s. auch *Huschens* in Schwarz/Widmann/Radeisen, UStG, § 4 Nr. 12 Rz. 4.

5 S. *Heidner* in Bunjes, UStG[16], § 4 Nr. 12 Rz. 1 und 3.

### 4. Systematische Stellung

Der Unionsgesetzgeber hat die Befreiung für Vermietung und Verpachtung von Grundstücken nicht den Befreiungen für dem Gemeinwohl dienende Tätigkeiten (Art. 132 MwStSystRL) zugeordnet; er hat sie vielmehr als Befreiung für „andere Tätigkeiten" eingestuft. Das deutet ebenfalls darauf hin, dass die vorerwähnten Vereinfachungszwecke (Rz. 24.9) den primären Anlass für die Aufnahme in den Katalog der Befreiungstatbestände gaben. Dessen ungeachtet ist die jedenfalls ***auch*** **soziale Zwecksetzung** der Norm (Rz. 24.7 f.) angesichts der eindeutigen Aussagen in der Begründung für den Entwurf der 6. MwSt-Richtlinie bei der teleologischen Auslegung zumindest mit zu berücksichtigen. 24.10

### 5. Unterschiedliche Sprachfassungen

Die je nach Mitgliedstaat unterschiedlichen zivilrechtlichen Institute, kraft derer einer Person ein zeitlich begrenztes Nutzungsrecht an einer Immobilie eingeräumt werden kann, spiegeln sich auch in den verschiedenen Sprachfassungen des Art. 135 Abs. 1 lit. l MwStSystRL wider. Aufschlussreich sind insoweit die Schlussanträge des Generalanwalts Jacobs in der Rechtssache *Stichting Goed Wonen*: 24.11

> „In der dänischen, der niederländischen, der französischen, der deutschen, der italienischen und der schwedischen Fassung werden zwei verschiedene Vertragstypen genannt. Bei dem einen Vertragstyp (udlejning, location, Vermietung, locazione, verhuur, uthyrning) wird dem Mieter das Recht eingeräumt, das Grundstück eines anderen zu nutzen. Bei dem anderen Vertragstyp (bortforpagtning, affermage, Verpachtung, affitto, verpachting, utarrendering) erhält der Pächter darüber hinaus das Recht, die Früchte des Grundstücks zu ziehen. Die englische und die spanische Fassung verwenden ebenfalls zwei Begriffe (leasing or letting, arrendamiento y alquiler), die Begriffe entsprechen jedoch nicht zwei technisch verschiedenen Vertragstypen. Die finnische, die griechische und die portugiesische Fassung verwenden nur einen Begriff, der sich auf einen Vertragstyp bezieht [z.B. die portugiesische Fassung: „locação"]."[1]

Diese unterschiedlichen Formulierungsansätze haben aber nur **klarstellende Funktion**; sie sollen die von einer Umsetzung der Richtlinienvorgaben in nationales Recht betroffenen Zivilrechtsinstitute verdeutlichen. Sie sind hingegen nicht dazu angetan, nationale Unterschiede in der Reichweite der Befreiungsvorschrift zu begründen, weil der EuGH in ständiger Rechtsprechung unter Bezugnahme auf die essentiellen Charakteristika der jeweils angesprochenen mitgliedstaatlichen Regelungskonzepte eine unionsrechtsautonome[2] (Rz. 24.2) und unionsweit einheitliche Definition der gem. Art. 135 Abs. 1 lit. l MwStSystRL steuerbefreiten Nutzungsüberlassung entwickelt hat.

## II. Kommentierung der einzelnen Tatbestandsmerkmale des Unionsrechts

### 1. Grundstück

Der **Grundstücksbegriff** des Art. 135 Abs. 1 lit. l MwStSystRL wird seit dem 1.1.2017 rechtsverbindlich in Art. 13b MwStDVO legaldefiniert. Die Vorschrift nennt in Buchst. (a) zunächst die konstituierenden Merkmale von Grund und Boden, auf die der Grundstücksbegriff letzt- 24.12

1 Schlussanträge GA *Jacobs* v. 22.2.2001 – Rs. C-326/99 – Stichting „Goed Wonen", ECLI:EU:C:2001:115, Rz. 77.

2 S. dazu auch BFH v. 7.7.2011 – V R 41/09, BStBl. II 2014, 73 = UR 2011, 867; v. 25.5.2000 – V R 48/99, UR 2000, 430 = DStR 2000, 1558.

lich stets rückführbar sein muss[1]. Ähnlich wie dies in deutschen Zivilrecht in § 94 BGB vorgesehen ist, dehnen die nachfolgenden Buchstaben (b) bis (d) das richtlinienrechtliche Konzept des Grundstücks sodann auf Gebäude und Bauwerke sowie auf bestimmte damit fest verbundene Gegenstände aus.

## 2. Vermietung und Verpachtung

### a) Allgemeines

24.13 Der Gerichtshof hat den **Begriff der Vermietung von Grundstücken** i.S.d. Art. 135 Abs. 1 lit. l MwStSystRL bzw. im Sinne der Vorläuferregelung in der 6. MwSt-RL in zahlreichen Urteilen dahin definiert, dass dem Mieter vom Vermieter eines Grundstücks auf bestimmte Zeit gegen eine Vergütung das Recht eingeräumt wird, dieses Grundstück wie ein Eigentümer in Besitz zu nehmen und jede andere Person von diesem Recht auszuschließen[2]. Nach dem Sinn und Zweck der Befreiung (Rz. 24.7 ff.) sowie im Lichte des Neutralitätsgrundsatzes spielt es keine Rolle, auf welcher zivilrechtlichen Grundlage die temporären Besitz- und Nutzungsrechte des Leistungsempfängers beruhen. Der Begriff der „Vermietung und Verpachtung" ist daher weit zu verstehen und insbesondere nicht auf eine schuldrechtliche Vereinbarung i.S.d. §§ 535, 581 BGB beschränkt; erfasst sind beispielsweise auch dingliche Berechtigungen wie der Grundstücksnießbrauch[3].

Ohne Bedeutung ist die rechtliche Einordnung bzw. Bezeichnung des Leistungsaustauschs durch die Vertragsparteien selbst; maßgeblich sind allein die objektiven Parameter der vereinbarten Nutzungsüberlassung[4].

Der EuGH hat die im Interesse des Vermieters erfolgte einvernehmliche **Auflösung eines Mietvertrags** unter Zahlung einer Entschädigung bzw. Abfindung *an* den Mieter zutreffend[5]

---

1 S. auch BFH v. 21.6.2017 – V R 3/17, n.n.v., Rz. 28 (Parzelle im Begräbniswald).

2 S. EuGH v. 9.10.2001 – Rs. C-108/99 – Cantor Fitzgerald International, ECLI:EU:C:2001:526, Rz. 21, UR 2001, 494; v. 9.10.2001 – Rs. C-409/98 – Mirror Group, ECLI:EU:C:2001:524, Rz. 31, UR 2001, 490; v. 4.10.2001 – Rs. C-326/99 – Goed Wonen", ECLI:EU:C:2001:506, Rz. 55, UR 2001, 484; v. 8.5.2003 – Rs. C-269/00 – Seeling, ECLI:EU:C:2003:254, Rz. 49, UR 2003, 288 m. Anm. *Burgmaier*; v. 18.11.2004 – Rs. C-284/03 – Temco Europe, ECLI:EU:C:2004:730, Rz. 19, UR 2005, 24; v. 3.3.2005 – Rs. C-428/02 – Fonden Marselisborg Lystbådehavn, ECLI:EU:C:2005:126, Rz. 30, UR 2005, 458; v. 25.10.2007 – Rs. C-174/06 – CO.GE.P., ECLI:EU:C:2007:634, Rz. 31, UR 2007, 892; v. 6.12.2007 – Rs. C-451/06 – Walderdorff, ECLI:EU:C:2007:761, Rz. 17, UR 2008, 266; v. 11.6.2009 – Rs. C-572/07 – RLRE Tellmer Property, ECLI:EU:C:2009:365, Rz. 20, UR 2009, 557; v. 16.12.2010 – Rs. C-270/09 – MacDonald Resorts, ECLI:EU:C:2010:780, Rz. 46, UR 2011, 462; v. 18.7.2013 – Rs. C-210/11 und C-211/11 – Medicom und Maison Patrice Alard, ECLI:EU:C:2013:479, Rz. 26, UR 2014, 404; v. 22.1.2015 – Rs. C-55/14 – Régie communale autonome du stade Luc Varenne, ECLI:EU:C:2015:29, Rz. 21, UR 2015, 347.

3 S. EuGH v. 4.10.2001 – Rs. C-326/99 – Stichting „Goed Wonen", ECLI:EU:C:2001:506, Rz. 56 ff., UR 2001, 484.

4 S. EuGH v. 16.12.2010 – Rs. C-270/09 – MacDonald Resorts, ECLI:EU:C:2010:780, Rz. 46, UR 2011, 462; v. 22.1.2015 – Rs. C-55/14 – Régie communale autonome du stade Luc Varenne, ECLI:EU:C:2015:29, Rz. 21, UR 2015, 347; ebenso *Kraeusel* in Reiß/Kraeusel/Langer, UStG, § 4 Nr. 12 Rz. 33.

5 Zu den Gründen s. die Schlussanträge des GA *Darmon* v. 30.6.1993 – Rs. C-63/92 – Lubbock Fine, ECLI:EU:C:1993:274, Rz. 47 ff.: Dem Vermieter wird auf diese Weise die vorzeitige (Wieder-)Inbesitznahme und Nutzung des Grundstücks ermöglicht, so als hätte er einen Untermietvertrag mit seinem Mieter geschlossen.

einer steuerfreien Vermietung gleichgestellt[1]. Hingegen ist der Vorgang im umgekehrten Fall einer Auflösung auf Veranlassung des Mieters gegen Entschädigung des Vermieters vom EuGH – entgegen der jüngeren BFH-Judikatur[2] – zu Recht für nicht steuerbar (echter Schadensersatz) gehalten worden[3].

### b) Grundstücksvermietung

Der **Grundstücksbegriff** des Art. 135 Abs. 1 lit. l MwStSystRL ist i.S.d. Art. 13b MwStDVO zu verstehen. Es ist also für die Steuerfreiheit der Vermietung insbesondere nicht erforderlich, dass neben Gebäuden bzw. Gebäudeteilen auch der Grund und Boden, auf dem sich das Gebäude befindet, vollumfänglich vom Mieter in Besitz genommen werden kann[4]. Ebenso wenig spielt es eine Rolle, ob dem Mieter bei Vertragsschluss die genauen Eigenschaften der angemieteten Immobilie einschließlich ihrer Lage bereits bekannt sind[5]. Allerdings soll es gegen das Vorliegen eines Mietvertrages sprechen können, wenn sich das vertraglich eingeräumte Nutzungsrecht nicht auf eine zumindest näher bestimmbare Fläche bzw. einen näher eingegrenzten Grundstücks- oder Gebäudeteil bezieht[6]. 24.14

### c) Zahlung eines Mietzinses

Dem Merkmal der Nutzungsüberlassung „**gegen eine Vergütung**" bzw. im Gegenzug für die Entrichtung des Mietzinses kommt an sich keine eigenständige Bedeutung zu, da es bereits für die Annahme eines steuerbaren Umsatzes i.S.d. Art. 2 MwStSystRL konstitutiv ist. Insbesondere kommt es für die Frage der Entgeltlichkeit der Vermietungstätigkeit grds. nicht darauf an, 24.15

1 S. EuGH v. 15.12.1993 – Rs. C-63/92 – Lubbock Fine, ECLI:EU:C:1993:929, Rz. 9, UR 1994, 225 = UR 1996, 90; zustimmend *Schüler-Täsch* in Sölch/Ringleb, § 4 Nr. 12 Rz. 13; ablehnend *Heidner* in Bunjes, UStG[16], § 4 Nr. 12 Rz. 16. Die deutsche Finanzverwaltung folgt dem EuGH, s. Abschn. 4.12.1 Abs. 1 Satz 7 UStAE.

2 BFH v. 19.10.2010 – V B 103/09, UR 2011, 341 m. Anm. *Hummel* = BFH/NV 2011, 341; v. 29.7.2009 – V B 156/08, BFH/NV 2010, 238; v. 26.3.1998 – XI B 73/97, BFH/NV 1998, 1381; UStAE Abschn. 1.3 Abs. 13 Satz 1 und 4.12.1 Abs. 1 Satz 5; wie der BFH auch *Birkenfeld/Wäger*, USt-Handbuch, § 97 Rz. 151; *Friedrich-Vache* in Haase/Jachmann, Handbuch Immobiliensteuerrecht, § 7 Rz. 195; *Kraeusel* in Reiß/Kraeusel/Langer, UStG, § 4 Nr. 12 Rz. 33.

3 S. EuGH v. 9.10.2001 – Rs. C-108/99 – Cantor Fitzgerald, ECLI:EU:C:2001:526, Rz. 31, UR 2001, 494. Genau umgekehrt beurteilt beide Fallgestaltungen *Wenzel* in R/D, § 4 Nr. 12 Rz. 24, in Kenntnis der entgegengesetzten EuGH-Rsp. (s. Rz. 26).

4 S. EuGH v. 16.1.2003 – Rs. C-315/00 – Maierhofer, ECLI:EU:C:2003:23, Rz. 40, UR 2003, 86 = UR 2003, 189 m. Anm. *Grünwald/Pogodda*; Birkenfeld/Wäger, USt-Handbuch, § 97 Rz. 81.

5 S. EuGH v. 16.12.2010 – Rs. C-270/09 – MacDonald Resorts, ECLI:EU:C:2010:780, Rz. 48, UR 2011, 462; ebenso BFH v. 8.10.1991 – V R 95/89, UR 1992, 78 = BStBl. II 1992, 209 (210) – Parkplatzvermietung; *Birkenfeld/Wäger*, USt-Handbuch, § 97 Rz. 177, 314 und 333. S. auch *Heidner* in Bunjes, UStG[16], § 4 Nr. 12 Rz. 23: „Die spätere Konkretisierung kann … durch beide Vertragsparteien, durch eine Vertragspartei oder durch einen Dritten erfolgen."; ebenso *Kraeusel* in Reiß/Kraeusel/Langer, UStG, § 4 Nr. 12 Rz. 44; sowie die deutsche Finanzverwaltung, s. Abschn. 4.12.1 Abs. 2 UStAE.

6 S. EuGH v. 12.6.2003 – Rs. C-275/01 – Sinclair Collis, ECLI:EU:C:2003:341, Rz. 28 (Vertrag über Automatenaufstellung), UR 2003, 348.

ob die verlangte Miete kostendeckend ist[1]. Außerdem genügt es, dass die Vergütung in einer geldwerten Leistung besteht[2].

### d) Gewährung exklusiver Besitzrechte

24.16 Abgeschwächt hat der Gerichtshof inzwischen das Erfordernis der Einräumung eines Dritte während der Vertragslaufzeit von jeglicher Nutzung ausschließenden Besitzrechts. Zwar sollen dem Vermieter vorbehaltene eigene Nutzungsrechte bzw. Rechte zur jederzeitigen Nutzungsüberlassung an Dritte zum Ausschluss von der Steuerbefreiung führen[3]. Auch dürfe die Benutzung durch den Mieter im Rahmen der Nutzung der Immobilie insgesamt während der Mietdauer nicht nur gelegentlichen oder vorübergehenden Charakter haben (vgl. für Sportanlagen Rz. 24.23 ff.)[4]. Umgekehrt soll aber die bloß gelegentliche Nutzung des vermieteten Grundstücks durch einen Dritten, die den Mieter in seiner Besitzausübung nicht beeinträchtigt, unschädlich sein[5]. Richtigerweise ist von vornherein **nicht die Einräumung exklusiver Nutzungsrechte** während der gesamten Vertragslaufzeit zu verlangen (auch wenn dies den Regelfall der Vermietung darstellen wird), sondern lediglich für die vertraglich vereinbarte Dauer bzw. für die vertraglich vorgesehenen Zeiträume der *jeweiligen* Überlassung zur Nutzung. So ist es bspw. möglich, dass ein Grundstück oder Grundstücksteil an unterschiedlichen Wochentagen je verschiedenen Mietern zur Nutzung überlassen ist. Eine steuerfreie Vermietung liegt erst dann nicht mehr vor, wenn infolge zu kurzfristiger bzw. zu häufig wechselnder Nutzungsverhältnisse die Schwelle zum Beherbergungsvertrag i.S.d. Art. 135 Abs. 2 lit. a MwStSystRL überschritten ist. Im Übrigen kann sich der Vermieter anerkanntermaßen das Recht vorbehalten, die vermietete Immobilie regelmäßig zu besichtigen[6]. Werden in einem Mietvertrag mehrere Mieter gemeinsam benannt, ist dies nach dem Sinn und Zweck des Art. 135 Abs. 1 lit. l MwStSystRL ebenfalls unschädlich[7].

### e) Zeitliche Begrenzung der Nutzungsüberlassung

24.17 Schließlich muss die Einräumung des Nutzungsrechts zeitlich begrenzt sein. Es muss sich bei der Nutzungsüberlassung mithin um eine **temporäre Dienstleistung** handeln, in Abgrenzung zu einer veräußerungsähnlichen, auf die dauerhafte Überlassung gerichteten Grundstückslie-

1 Vgl. auch EuGH v. 26.9.1996 – Rs. C-230/94 – Enkler, ECLI:EU:C:1996:352, Rz. 25, UR 1996, 418 m. Anm. *Widmann*. Anders könnte es sich im Lichte der – verfehlten – EuGH-Entscheidung v. 29.10.2009 – Rs. C-246/08 – Kommission/Finnland, ECLI:EU:C:2009:671, Rz. 43 ff., UR 2010, 224, allenfalls bei aus sozialen Gründen einkommensabhängig gestaffelten Mieten verhalten.

2 S. BFH v. 7.10.1987 – V R 2/79, BStBl. II 1988, 88: Überlassung von Wohnraum an einen Arbeitnehmer, der als arbeitsvertraglich vereinbarte Gegenleistung seine Arbeitskraft zur Verfügung stellt, UR 1988, 129 m. Anm. *Weiss*.

3 S. EuGH v. 6.12.2007 – Rs. C-451/06 – Walderdorff, ECLI:EU:C:2007:761, Rz. 20 f. (Fischereirechte), UR 2008, 266; s. auch EuGH v. 12.6.2003 – Rs. C-275/01 – Sinclair Collis, ECLI:EU:C:2003:341, Rz. 29, UR 2003, 348.

4 S. EuGH v. 22.1.2015 – Rs. C-55/14 – Régie communale autonome du stade Luc Varenne, ECLI:EU:C:2015:29, Rz. 37, UR 2015, 347; s. auch *Huschens* in Schwarz/Widmann/Radeisen, UStG, § 4 Nr. 12 Rz. 37 a.E.

5 S. EuGH v. 3.3.2005 – Rs. C-428/02 – Fonden Marselisborg Lystbådehavn, ECLI:EU:C:2005:126, Rz. 31, UR 2005, 458 (Bootsliegeplatz).

6 EuGH v. 18.11.2004 – Rs. C-284/03 – Temco Europe, ECLI:EU:C:2004:730, Rz. 24, UR 2005, 24.

7 EuGH v. 18.11.2004 – Rs. C-284/03 – Temco Europe, ECLI:EU:C:2004:730, Rz. 24 f., UR 2005, 24; *Birkenfeld/Wäger*, USt-Handbuch, § 97 Rz. 112.

ferung. Nicht gem. Art. 135 Abs. 1 lit. l MwStSystRL steuerfrei ist damit insb. der Mietkauf i.S.d. Art. 14 Abs. 2 lit. b MwStSystRL[1]. Veräußerungsähnlich, da auf die Verschaffung „wirtschaftlichen" Eigentums gerichtet, ist auch eine Nutzungsüberlassung für einen Zeitraum, der absehbar die gesamte wirtschaftliche Nutzungsdauer der Immobilie abdeckt[2]. Unschädlich für die Anwendung der Befreiung ist es demgegenüber, wenn die Mietdauer im Vertrag noch nicht definitiv festgelegt ist bzw. nachträglich verlängert oder verkürzt werden kann[3].

### 3. Zusammengesetze Umsätze

#### a) Mietnebenleistungen

Erbringt der Vermieter bzw. Verpächter wie vertraglich vereinbart **Nebenleistungen** zur Einräumung eines zeitlich begrenzten Nutzungsrechts an der Immobilie (wie etwa die Bereitstellung von Elektrizität, Wasser, und Heizenergie oder Reinigungsdienstleistungen), so können auch solche im Zusammenhang mit der eigentlichen Vermietungstätigkeit stehenden Zusatzleistungen in die Steuerbefreiung nach Art. 135 Abs. 1 lit. l MwStSystRL einbezogen sein. Das setzt voraus, dass sie gemeinsam mit der eigentlichen Vermietung bzw. Verpachtung ein für Umsatzsteuerzwecke einheitlich zu beurteilendes Leistungsbündel bilden, das zudem weiterhin wesentlich durch die Nutzungsüberlassung einer Immobilie geprägt ist. Zu den insoweit maßgeblichen Kriterien hat der EuGH bereits in einer Reihe von Entscheidungen Stellung genommen[4]. Die einschlägige Judikatur lässt allerdings eine Orientierung an übergeordneten Grundsätzen vermissen und bietet dem Rechtsanwender darum nur eine wenig stringente Kasuistik, die keine Rechtssicherheit zu vermitteln vermag. 24.18

Den Ausgangspunkt der Betrachtung bildet stets die in ständiger Rechtsprechung entwickelte Formel, wonach sog. **zusammengesetzte** bzw. **gemischte Leistungen** für Umsatzsteuerzwecke einheitlich als ein einziger Umsatz zu beurteilen sein sollen, *„wenn die Leistung des Steuerpflichtigen aus zwei oder mehreren Elementen oder Handlungen besteht, die so eng miteinander verbunden sind, dass sie objektiv eine einzige untrennbare wirtschaftliche Leistung bilden, deren Aufspaltung wirklichkeitsfremd wäre."*[5] Eine solcherart zusammengesetzte Leistung liege insbesondere dann vor, wenn einzelne ihrer Leistungselemente als bloße Nebenleistung für den jeweiligen Kunden keinen eigenen Zweck haben, sondern das Mittel darstellen, um die mit ihnen verbundene Hauptleistung unter optimalen Bedingungen in Anspruch zu nehmen[6]. Speziell bei Mietnebenleistungen sollen für eine dahingehende Beurteilung folgende Umstände zu 24.19

1 S. auch *Birkenfeld/Wäger*, USt-Handbuch, § 97 Rz. 211; *Friedrich-Vache* in Haase/Jachmann, Handbuch Immobiliensteuerrecht, § 7 Rz. 189.

2 Vgl. EuGH v. 15.12.2005 – Rs. C-63/04 – Centralan Property, ECLI:EU:C:2005:773, Rz. 59 ff. (Vermietung für 999 Jahre), UR 2006, 418; ebenso *Schüler-Täsch* in Sölch/Ringleb, § 4 Nr. 12 Rz. 28.

3 S. EuGH v. 18.11.2004 – Rs. C-284/03 – Temco Europe, ECLI:EU:C:2004:730, Rz. 22, UR 2005, 24.

4 EuGH v. 11.6.2009 – Rs. C-572/07 – RLRE Tellmer Property, ECLI:EU:C:2009:365, UR 2009, 557; v. 27.9.2012 – Rs. C-392/11 – Field Fisher Waterhouse, ECLI:EU:C:2012:597, UR 2012, 964; v. 16.4.2015 – Rs. C-42/14 – Wojskowa Agencja Mieszkaniowa w Warszawie, ECLI:EU:C:2015:229, UR 2015, 427 m. Anm. *Widmann*. S. dazu ausführlich *Wüst*, MwStR 2015, 447.

5 EuGH v. 27.10.2005 – Rs. C-41/04 – Levob, ECLI:EU:C:2005:649, Rz. 22, UR 2006, 20; v. 29.3.2007 – Rs. C-111/05 – Aktiebolaget NN, ECLI:EU:C:2007:195, Rz. 23, UR 2007, 420; v. 19.11.2009 – Rs. C-461/08 – Don Bosco Onroerend Goed, ECLI:EU:C:2009:722, Rz. 37, UR 2010, 25; v. 21.2.2013 – Rs. C-18/12 – Zamberk, ECLI:EU:C:2013:95, Rz. 28, UR 2013, 338.

6 S. EuGH v. 27.9.2012 – Rs. C-392/11 – Field Fisher Waterhouse, ECLI:EU:C:2012:597, Rz. 17, UR 2012, 964; v. 27.6.2013 – Rs. C-155/12 – RR Donnelley Global Turnkey Solutions Poland,

berücksichtigen sein: Für den Charakter einer im Verhältnis zur Vermietung oder Verpachtung selbständigen Leistung soll es sprechen, „*wenn der Mieter über die Möglichkeit verfügt, die Lieferanten und/oder die Nutzungsmodalitäten der in Rede stehenden Gegenstände oder Dienstleistungen auszuwählen.*"[1] Allerdings stellt der EuGH auch fest, die Möglichkeit des Mieters, die Leistungen bei einem Anbieter seiner Wahl zu erhalten, seien für sich genommen „*kein entscheidender*" Umstand[2], weshalb es wohl doch stets primär auf die Nutzungsmodalitäten ankommt. So sei die Steuerfreiheit für den Bezug von Wasser, Elektrizität usw. grundsätzlich zu versagen, soweit der Mieter den jeweiligen Verbrauch selbst beeinflussen und kontrollieren könne und dieser auch separat abgerechnet werde[3]. Dasselbe gelte für Dienstleistungen wie bspw. die Gebäudereinigung, wenn sie auch von einzelnen oder von allen Mietern gemeinsam selbst organisiert werden könnten und sie zwar stattdessen vom Vermieter erbracht, aber gesondert in Rechnung gestellt würden[4]. Auffällig ist die jeweilige Betonung der gesonderten Preisvereinbarung, die der EuGH schon früher hervorgehoben, zwischenzeitlich aber relativiert hatte[5]. Ohne Bedeutung sei es in diesem Zusammenhang hingegen, ob ein vertraglicher Konnex zwischen Vermietungsleistung und Zusatzleistung dergestalt geschaffen werde, dass ein Verzug bei der Entrichtung des Entgelts für letztere den Vermieter zur Kündigung des Mietvertrages insgesamt berechtigt[6]. Auch ansonsten soll die Vereinbarung aller Leistungselemente in einem einzigen Vertragswerk allenfalls ein Indiz, aber für sich genommen nicht ausschlaggebend für die Beurteilung als einheitliche Leistung sein[7]. Demgegenüber liege regelmäßig eine einheitliche – steuerfreie – Vermietungsleistung vor, wenn schon der Vermieter selbst über den Bezug der letztlich dem Mieter angebotenen und weiterberechneten Begleitleistungen und deren Verwendungsmodalitäten nicht frei entscheiden könne, etwa weil er insoweit an die Beschlüsse einer Gemeinschaft von Vermietern gebunden sei[8]. Eine einheitliche Leistung liege auch dann vor, wenn das vermietete Gebäude und die begleitenden Leistungen „*in wirtschaftlicher Hinsicht objektiv eine Gesamtheit*" bildeten[9]. Davon könne u.a. dann auszugehen sein, wenn Büroräume schlüsselfertig und einsatzbereit vermietet würden, oder wenn

ECLI:EU:C:2013:434, Rz. 22, UR 2013, 708; v. 16.4.2015 – Rs. C-42/14 – Wojskowa Agencja Mieszkaniowa, ECLI:EU:C:2015:229, Rz. 31, UR 2015, 427 m. Anm. *Widmann.*

1 EuGH v. 16.4.2015 – Rs. C-42/14 – Wojskowa Agencja Mieszkaniowa w Warszawie, ECLI:EU:C:2015:229, Rz. 39, UR 2015, 427 m. Anm. *Widmann.*

2 EuGH v. 16.4.2015 – Rs. C-42/14 – Wojskowa Agencja Mieszkaniowa w Warszawie, ECLI:EU:C:2015:229, Rz. 41, UR 2015, 427 m. Anm. *Widmann.*

3 S. EuGH v. 16.4.2015 – Rs. C-42/14 – Wojskowa Agencja Mieszkaniowa w Warszawie, ECLI:EU:C:2015:229, Rz. 39, UR 2015, 427 m. Anm. *Widmann.*

4 S. EuGH v. 16.4.2015 – Rs. C-42/14 – Wojskowa Agencja Mieszkaniowa w Warszawie, ECLI:EU:C:2015:229, Rz. 39, UR 2015, 427 m. Anm. *Widmann.*

5 Betont in EuGH v. 11.6.2009 – Rs. C-572/07 – RLRE Tellmer Property, ECLI:EU:C:2009:365, Rz. 23, UR 2009, 557; relativiert in EuGH v. 27.9.2012 – Rs. C-392/11 – Field Fisher Waterhouse, ECLI:EU:C:2012:597, Rz. 27, UR 2012, 964. S. dazu auch *Heidner* in Bunjes, UStG[16], § 4 Nr. 12 Rz. 30 f.

6 S. EuGH v. 16.4.2015 – Rs. C-42/14 – Wojskowa Agencja Mieszkaniowa w Warszawie, ECLI:EU:C:2015:229, Rz. 40, UR 2015, 427 m. Anm. *Widmann*; anders noch EuGH v. 27.9.2012 – Rs. C-392/11 – Field Fisher Waterhouse, ECLI:EU:C:2012:597, Rz. 23, 28, UR 2012, 964.

7 S. EuGH v. 27.9.2012 – Rs. C-392/11 – Field Fisher Waterhouse, ECLI:EU:C:2012:597, Rz. 25, UR 2012, 964.

8 S. EuGH v. 16.4.2015 – Rs. C-42/14 – Wojskowa Agencja Mieszkaniowa w Warszawie, ECLI:EU:C:2015:229 Rz. 43, UR 2015, 427 m. Anm. *Widmann.*

9 S. EuGH v. 27.9.2012 – Rs. C-392/11 – Field Fisher Waterhouse, ECLI:EU:C:2012:597, Rz. 23, UR 2012, 964; v. 16.4.2015 – Rs. C-42/14 – Wojskowa Agencja Mieszkaniowa w Warszawie, ECLI:EU:C:2015:229, Rz. 42, UR 2015, 427 m. Anm. *Widmann.*

Immobilien für relativ kurze Zeit zu Ferienzwecken oder für berufliche Zwecke vermietet würden. Auf die Abgrenzung zur steuerpflichtigen Unterkunftsgestellung nach Art. 135 Abs. 2 lit. a MwStSystRL speziell bei Ferienwohnungen mit Zusatzleistungen ist der EuGH allerdings nicht eingegangen.

Im Einzelnen bleibt hier vieles unklar und wenig trennscharf. Vor allem aber sind die vom EuGH aufgestellten – und in der Praxis vorerst zu beachtenden – Kriterien sachwidrig, denn der Gerichtshof hat es versäumt, seine Rechtsprechung an teleologischen Erwägungen auszurichten[1]. Richtigerweise wäre darauf abzustellen, inwieweit die einzelnen Leistungskomponenten vom Vergünstigungszweck des Art. 135 Abs. 1 lit. l MwStSystRL umfasst sind[2]. Es ist also zu berücksichtigen (vgl. Rz. 24.10), dass die Befreiung einerseits aus sozialen Zwecken v.a. bei der Wohnraumüberlassung gewährt wird, und zum anderen aus Vereinfachungszwecken zwecks Entbehrlichkeit einer Erfassung vor allem derjenigen Mietobjekte, die typischerweise den Gegenstand einer privaten und relativ passiven Vermögensverwaltung bilden (in erster Linie also ebenfalls wieder vermietete Wohnimmobilien). Besteht kein hinreichend enger Bezug zur Verwirklichung dieser Vergünstigungszwecke, sollten die Mietnebenleistungen unabhängig von der Verkehrsanschauung und des Bedarfs an solchen begleitenden Leistungselementen der Umsatzsteuer unterworfen werden. Daneben ist in Zweifelsfällen auch zu berücksichtigen, dass signifikante Wettbewerbsverzerrungen zu Lasten konkurrierender Anbieter nur bestimmter – isoliert nicht begünstigter – Leistungselemente vermieden werden sollten[3]; das entspricht letztlich auch dem Grundsatz enger Auslegung der Befreiungstatbestände (Rz. 24.3). Vor diesem Hintergrund sollten übliche und für die Bewohnbarkeit wesentliche Nebenleistungen im Bereich der privaten Wohnraumvermietung (namentlich die **Versorgung mit Energie, Wasser und Wärme, Reinigung von Gemeinschaftsräumen** u.Ä.) stets als unselbständiger Teil der Vermietungsleistung in die Steuerbefreiung mit einbezogen werden[4]. Insgesamt zu befreien ist damit insb. auch die Vermietung von **möblierten Wohnungen**[5]. Hingegen ist bei der Vermietung oder Verpachtung von Gewerbeimmobilien oder 24.20

1 Zu Recht sehr kritisch *Widmann*, UR 2015, 433 f.; kritisch auch *Wüst*, MwStR 2015, 447 (454).

2 So ansatzweise immerhin in anderem Zusammenhang EuGH v. 1.12.2005 – Rs. C-394/04 u.a. – Diagnostiko & Therapeftiko Kentro Athinon-Ygeia, ECLI:EU:C:2005:734, Rz. 22 ff., UR 2006, 171; v. 19.7.2012 – Rs. C-44/11 – Deutsche Bank, ECLI:EU:C:2012:484, Rz. 36 ff., UR 2012, 667.

3 Der EuGH hat sich von diesem Ansatz bedauerlicherweise (wieder) distanziert, vgl. EuGH v. 27.9.2012 – Rs. C-392/11 – Field Fisher Waterhouse, ECLI:EU:C:2012:597, Rz. 26, UR 2012, 964; s. auch schon EuGH v. 19.1.2012 – Rs. C-117/11 – Purple Parking und Airparks Services, ECLI:EU:C:2012:29, Rz. 38 f. Anders noch EuGH v. 11.6.2009 – Rs. C-572/07 – Tellmer Property, ECLI:EU:C:2009:365, Rz. 22, UR 2009, 557.

4 Ähnlich BFH v. 8.8.2013 – V R 7/13, BFH/NV 2013, 1952, Rz. 16; Abschn. 4.12.1 Abs. 5 und 6 UStAE; Birkenfeld/Wäger, USt-Handbuch, § 97 Rz. 196; *Kraeusel* in Reiß/Kraeusel/Langer, UStG, § 4 Nr. 12 Rz. 164 f.; *Wagner*, Ubg 2015, 80 (82). A.A. *Wenzel* in R/D, § 4 Nr. 12 Rz. 46. Teilw. a.A. auch *Huschens* in Schwarz/Widmann/Radeisen, UStG, § 4 Nr. 12 Rz. 101 f.: Lieferung von Energie soll keine Nebenleistung sein (dagegen aber Abschn. 4.12.1 Abs. 5 Satz 3 UStAE sowie – im konkreten Fall für die langfristige Campingplatzvermietung – BFH v. 15.1.2009 – V R 91/07, BStBl. II 2009, 615 = UR 2009, 315 m. Anm. *Klenk*).

5 Vgl. auch EuGH v. 13.7.1989 – Rs. C-173/88 – Henriksen, ECLI:EU:C:1989:329, Rz. 14: Vermietung von „Zubehör" im Rahmen der Vermietung von Gebäude(teile)n ist als unselbständiges und demnach ebenfalls steuerfreies Leistungselement zu qualifizieren. I.E. wie hier auch BFH v. 30.11.1994 – XI R 3/94, BStBl. II 1995, 513 = UR 1996, 204; v. 4.5.2011 – XI R 35/10, BStBl. II 2011, 836 (838) = UR 2011, 659. Ebenso *Wenzel* in R/D, § 4 Nr. 12 Rz. 46 und 91, sowie *Kraeusel* in Reiß/Kraeusel/Langer, UStG, § 4 Nr. 12 Rz. 166; letztere aber zu weitgehend: einschließlich der Besorgung von Wäsche und der Lieferung eines Frühstücks. A.A. *Heidner* in Bunjes, UStG[16], § 4 Nr. 12 Rz. 37.

von landwirtschaftlichen Flächen ein restriktiver Ansatz angezeigt. Insbesondere zusätzliche Leistungen, die über die bloße Weiterberechnung eines Leistungsbezugs von Dritten hinausgehen und mit einem eigenen Wertschöpfungsbeitrag des Vermieters einhergehen, sind grundsätzlich der Besteuerung zu unterwerfen[1].

24.21 Werden je gesondert zu beurteilende, nur teilweise nach Art. 135 Abs. 1 lit. l MwStSystRL steuerfreie Dienstleistungselemente gegen ein Gesamtentgelt erbracht, so muss im **Schätzungswege** ermittelt werden, welcher Teil des Gesamtentgelts der Mehrwertsteuer zu unterwerfen und welcher von ihr befreit ist[2]. Bei der hier somit erforderlichen Aufteilung will der EuGH die *„einfachstmögliche Berechnung- oder Bewertungsmethode“* angewendet wissen[3]. Dieser Rechtsprechung hat sich der BFH angeschlossen[4] und er hat dies zur Maxime für die Schätzung des jeweiligen Entgelts nach § 162 Abs. 1 AO gemacht[5]. Konkret akzeptiert hat der BFH eine Aufteilung des Entgelts nach dem Verhältnis der Kosten für die Erbringung der jeweiligen Leistungen[6], sofern dies nicht zu komplexeren Berechnungen als der Rückgriff auf alternative Aufteilungsmaßstäbe zwingt[7]. Namentlich kann eine Aufteilung nach dem Verhältnis der Marktpreise der Einzelleistungen vorrangig sein, wenn der Unternehmer die jeweiligen Leistungen nicht nur im Bündel, sondern gegenüber anderen Abnehmern auch je einzeln erbringt und hierfür bestimmte Einzelvergütungen festgelegt hat[8]. Der BFH hat im Übrigen offengelassen, ob eine Entgeltaufteilung jegliches Ermessen des Unternehmers hinsichtlich der Aufteilung ausschließt oder ob für den Unternehmer entsprechend dem Rechtsgedanken des § 15 Abs. 4 UStG die Befugnis zu einer sachgerechten Schätzung besteht[9]. Die Finanzverwaltung gesteht dies dem Unternehmer zu, sofern mehrere gleichermaßen einfach zu handhabende Aufteilungsmaßstäbe zur Wahl stehen[10].

### b) Komplexe Leistungen mit mietvertraglichen Elementen

24.22 Ausgehend von der Rechtsprechung des EuGH zu gemischten Leistungen kann die Vermietung eines Grundstücks ihrerseits einen Leistungsbestandteil von bloß untergeordneter oder jedenfalls nicht prägender Bedeutung im Rahmen eines komplexen Leistungsbündels darstellen. Bilden die übrigen Leistungselemente nach der Verkehrsanschauung (aus Sicht eines „Durchschnittsverbrauchers“) zusammen mit der Besitzeinräumung am Grundstück ein einheitliches Ganzes, dessen Aufspaltung in einzelne Umsatzakte wegen der engen wirtschaftlichen Verbundenheit der einzelnen Komponenten als „künstlich“ erschiene, so handelt es

1 Vgl. auch *Birkenfeld/Wäger*, USt-Handbuch, § 97 Rz. 197, m.w.N.
2 S. EuGH v. 27.9.2012 – Rs. C-392/11 – Field Fisher Waterhouse, ECLI:EU:C:2012:597, Rz. 27, UR 2012, 964; ebenso *Wenzel* in R/D, § 4 Nr. 12 Rz. 46.
3 S. EuGH v. 25.2.1999 – Rs. C-349/96 – CPP, ECLI:EU:C:1999:93, Rz. 31, UR 1999, 254; unter Verweis auf EuGH v. 22.10.1998 – Rs. C-308/96 und C-94/97 – Madgett und Baldwin, ECLI:EU:C:1998:496, Rz. 45 f., UR 1999, 38.
4 S. BFH v. 31.5.2001 – V R 97/98, UR 2000, 30 = BStBl. II 2001, 658; v. 7.10.2010 – V R 12/10, BStBl. II 2011, 303 = UR 2011, 154; v. 3.4.2013 – V B 125/12, BStBl. II 2013, 973. Ebenso die Finanzverwaltung, s. Abschn. 10.1 Abs. 11 Satz 2 UStAE.
5 S. BFH v. 7.10.2010 – V R 12/10, BStBl. II 2011, 303 = UR 2011, 154, Rz. 33.
6 S. BFH v. 7.10.2010 – V R 12/10, BStBl. II 2011, 303 = UR 2011, 154, Rz. 33.
7 S. BFH v. 7.10.2010 – V R 12/10, BStBl. II 2013, 973, Rz. 18.
8 S. BFH v. 7.10.2010 – V R 12/10, BStBl. II 2013, 973, Rz. 18.
9 S. BFH v. 3.4.2013 – V B 125/12, BStBl. II 2013, 973, Rz. 18. Gegen ein unternehmerisches Ermessen die vorinstanzliche Entscheidung, s. Schleswig-Holsteinisches FG v. 4.10.2012 – 4 V 30/11, EFG 2013, 172; dafür *Wagner* in Sölch, § 10 Rz. 243, m.w.N.
10 S. Abschn. 10.1 Abs. 11 Satz 3 UStAE.

sich nach der Rechtsprechung des EuGH um eine **sonstige Leistung eigener Art**, die sich *insgesamt nicht* für die Steuerbefreiung nach Art. 135 Abs. 1 lit. l MwStSystRL qualifiziert[1]. Dies ist auch sachgerecht, weil in derartigen Fallgestaltungen keiner der Zwecke der Steuerbefreiung (Rz. 24.7 ff.) verwirklicht würde. Anderenfalls, d.h. bei nur losem wirtschaftlichen Zusammenhang der einzelnen Leistungselemente ist – nur – die isoliert zu beurteilende Vermietungsleistung steuerfrei; ist ein einheitliches Entgelt vereinbart worden, muss dieses folglich im Schätzungsweg aufgeteilt werden (Rz. 24.21).

### c) Bereitstellung von Sportanlagen im Besonderen

Eine in der Praxis vor allem für gemeinnützige Einrichtungen besonders bedeutsame und streitanfällige komplexe Leistung stellt die zeitlich befristete Überlassung von Sportanlagen dar, sofern diese mit weiteren Zusatzleistungen (wie z.B. Reinigung, Hausmeisterdienstleistungen, usw.) verbunden ist[2]. 24.23

Die beiden Leitentscheidungen des EuGH zu dieser Problematik sind die Urteile Stockholm Lindöpark[3] sowie *Régie communale autonome du stade Luc Varenne*[4]. Danach sind *„Dienstleistungen, die mit Sport und Körperertüchtigung zusammenhängen, … möglichst als Gesamtheit zu würdigen."*[5] Der Gerichtshof spricht sich damit grundsätzlich für die Annahme einer engen wirtschaftlichen Verbindung zwischen der Gestattung der Anlagenbenutzung einerseits und etwaigen damit zusammenhängenden Zusatzleistungen andererseits aus, weshalb das zwischen den Parteien insoweit vereinbarte Leistungsbündel jedenfalls im Hinblick auf die Subsumtion unter Art. 135 Abs. 1 lit. l MwStSystRL grds. einheitlich zu beurteilen sein soll. Eine Steuerbefreiung soll auf dieser Basis sodann nur ausnahmsweise in Betracht kommen, wenn sich die Nutzungsüberlassung als „ausschlaggebende Dienstleistung des Umsatzes darstellt, die ihn als Vermietung eines Grundstücks … charakterisiert"[6] und wenn die übrigen Leistungen demgegenüber in den Hintergrund treten. Konkretisiert hat der Gerichtshof diese Vorgabe durch eine Reihe von Kriterien, die im Wege einer Gesamtwürdigung aller Umstände des Einzelfalls zu berücksichtigen seien. Sie orientieren sich teleologisch überzeugend daran, ob die Nutzungsüberlassung sich noch als im Wesentlichen passive, keinen besonderen Orga- 24.24

1 S. EuGH v. 18.1.2001 – Rs. C-150/99 – Stockholm Lindöpark, ECLI:EU:C:2001:34, UR 2001, 153; v. 19.12.2013 – Rs. C-495/12 – Bridport and West Dorset Golf Club, ECLI:EU:C:2013:861, UR 2014, 192 m. Anm. *Widmann*; v. 22.1.2015 – Rs. C-55/14 – Régie communale autonome du stade Luc Varenne, ECLI:EU:C:2015:29, UR 2015, 347. Exemplarisch FG Hamburg v. 25.10.2013 – 5 K 270/10, BB 2014, 1059, rkr.: Vermietung einer physiotherapeutischen Praxis nebst Verpachtung von Inventar und Vereinbarung eines Wettbewerbsverbotes. Strenger *Huschens* in Schwarz/Widmann/Radeisen, UStG, § 4 Nr. 12 Rz. 60.

2 S. dazu insb. auch Abschn. 4.12.2011 UStAE; *Heidner* in Bunjes, UStG[16], § 4 Nr. 12 Rz. 55 ff.; *Wenzel* in R/D, § 4 Nr. 12 Rz. 47; *Birkenfeld/Wäger*, USt-Handbuch, § 97 Rz. 391 ff.; *Kraeusel*, in Reiß/Kraeusel/Langer, UStG, § 4 Nr. 12 Rz. 118 ff.

3 EuGH v. 18.1.2001 – Rs. C-150/99 – Stockholm Lindöpark, ECLI:EU:C:2001:34, UR 2001, 153 (Überlassung eines Golfplatzes).

4 EuGH v. 22.1.2015 – Rs. C-55/14 – Régie communale autonome du stade Luc Varenne, ECLI:EU:C:2015:29 (Überlassung eines Fußballstadions), UR 2015, 347.

5 EuGH v. 18.1.2001 – Rs. C-150/99 – Stockholm Lindöpark, ECLI:EU:C:2001:34, Rz. 26, UR 2001, 153.

6 S. EuGH v. 22.1.2015 – Rs. C-55/14 – Régie communale autonome du stade Luc Varenne, ECLI:EU:C:2015:29, Rz. 28, UR 2015, 347; ähnlich auch schon EuGH v. 18.1.2001 – Rs. C-150/99 – Stockholm Lindöpark, ECLI:EU:C:2001:34, Rz. 22 und 26, UR 2001, 153.

nisationsgrad des leistenden Unternehmers erfordernde Tätigkeit darstellt, oder ob dieser bei der Leistungserbringung eine wesentlich aktivere Rolle wahrnimmt als ein typischer Vermieter[1]. Nicht von Belang sind demgegenüber etwaige mit der Nutzung der Sportanlagen verwirklichte soziale Zwecke. Denn diese werden bereits abschließend über die Befreiung von in engem Zusammenhang mit Sport und Körperertüchtigung stehenden Dienstleistungen durch Einrichtungen ohne Gewinnstreben gem. Art. 132 Abs. 1 lit. m MwStSystRL erfasst, wohingegen soziale Erwägungen im Rahmen des Art. 135 Abs. 1 lit. l MwStSystRL nur für die Befreiung der Wohnraumvermietung einen zusätzlichen Legitimationsgrund abgeben (Rz. 24.7 f.).

24.25 Im Einzelnen hat der EuGH folgende Aspekte für beachtlich erklärt: Für eine aktivere Rolle als bei einer Vermietung von Grundstücken üblich und damit tendenziell gegen die Steuerbefreiung nach Art. 135 Abs. 1 lit. l MwStSystRL spreche die **permanente Präsenz von Mitarbeitern** des leistenden Unternehmers auf dem oder am Gelände der Sportstätten[2]. Unschädlich seien demgegenüber bloß punktuelle Einlass- bzw. Zugangskontrollen, die nicht mit einer dauerhaften Anwesenheit von Personal einhergehen[3]. Führt derjenige, der die Nutzungsrechte gewährt, im Vorfeld der jeweiligen Nutzungsüberlassung **Unterhalts-, Reinigungs- und Wartungsarbeiten** durch, um – vor allem bei häufigem Nutzerwechsel – einen ordnungsgemäßen Gebrauch der überlassenen Sportanlagen zu gewährleisten, so stelle dies die Einstufung als steuerfreie Vermietungsleistung nicht notwendig in Frage[4]. Anders verhalte es sich aber, wenn diese Leistungen auf die besonderen Bedürfnisse des jeweiligen Leistungsempfängers zugeschnitten sind bzw. auch während der Dauer der Nutzungsüberlassung kontinuierlich erbracht werden, insbesondere zwecks Gewährleistung einer regelgerechten **Veranstaltung bestimmter Sportereignisse**[5]. Eine Prägung der komplexen Leistung durch andere Leistungskomponenten als das Vermietungselement sei ferner indiziert, wenn die Kosten bzw. die vereinbarte Vergütung für die Leistungserstellung ganz überwiegend auf erstere und nicht auf die Nutzungsüberlassung entfallen[6]. Eine Steuerbefreiung nach Art. 135 Abs. 1 lit. l MwStSystRL scheide im Übrigen jedenfalls dann aus, wenn die Benutzung der Sportanlagen nur **gelegentlichen oder vorübergehenden Charakter** aufweise[7] oder wenn sich das vereinbarte Entgelt im Wesentlichen nach anderen Faktoren als nach der Nutzungsdauer berechne[8]. In diesem Zusammenhang hat der EuGH eine Überlassung an 18 Tagen im Jahr als „nicht unerheblich“ angesehen, hingegen erkennen lassen, dass die Bereitstellung der Sport-

1 S. EuGH v. 18.1.2001 – Rs. C-150/99 – Stockholm Lindöpark, ECLI:EU:C:2001:34, Rz. 26, UR 2001, 153; EuGH v. 22.1.2015 – Rs. C-55/14 – Régie communale autonome du stade Luc Varenne, ECLI:EU:C:2015:29, Rz. 31, UR 2015, 347.

2 S. EuGH v. 22.1.2015 – Rs. C-55/14 – Régie communale autonome du stade Luc Varenne, ECLI:EU:C:2015:29, Rz. 31, UR 2015, 347.

3 S. EuGH v. 22.1.2015 – Rs. C-55/14 – Régie communale autonome du stade Luc Varenne, ECLI:EU:C:2015:29, Rz. 30, UR 2015, 347.

4 S. EuGH v. 22.1.2015 – Rs. C-55/14 – Régie communale autonome du stade Luc Varenne, ECLI:EU:C:2015:29, Rz. 27, UR 2015, 347.

5 S. EuGH v. 22.1.2015 – Rs. C-55/14 – Régie communale autonome du stade Luc Varenne, ECLI:EU:C:2015:29, Rz. 32 f., UR 2015, 347.

6 S. EuGH v. 22.1.2015 – Rs. C-55/14 – Régie communale autonome du stade Luc Varenne, ECLI:EU:C:2015:29, Rz. 34, UR 2015, 347.

7 S. EuGH v. 22.1.2015 – Rs. C-55/14 – Régie communale autonome du stade Luc Varenne, ECLI:EU:C:2015:29, Rz. 37, UR 2015, 347.

8 S. EuGH v. 18.1.2001 – Rs. C-150/99 – Stockholm Lindöpark, ECLI:EU:C:2001:34, Rz. 27, UR 2001, 153, unter Verweis auf EuGH v. 9.4.2013 – Rs. C-85/11 – Kommission/Irland, ECLI:EU:C:2013:217, Rz. 56, UR 2013, 418, und v. 12.9.2000 – Rs. C-359/97 – Kommission/Vereinigtes Königreich, ECLI:EU:C:2000:426, Rz. 68, UR 2000, 518 m. Anm. *Huschens*.

anlagen für nur jeweils wenige Stunden an einigen Tagen jährlich die Schwelle zur Vermietungstätigkeit i.S.d. Art. 135 Abs. 1 lit. l MwStSystRL unterschreiten könne[1]. Schon nach allgemeinen Kriterien (Rz. 24.13) liegt außerdem dann keine Vermietung vor, wenn der Leistungsempfänger die Sportanlagen nicht exklusiv sondern nur gemeinsam mit einer Vielzahl weiterer, mit ihm – vertraglich – nicht verbundener Personen nutzen kann[2].

Unbeschadet der obigen Ausführungen sind nicht alle Formen der Grundstücksüberlassung durch einen Sportverein oder einen sonstigen Eigentümer von Liegenschaften mit Sportanlagen als komplexe Dienstleistungen zu qualifizieren. Insbesondere wenn der dem Mieter bzw. Pächter zur Nutzung überlassene Grundstücks- bzw. Gebäudeteil nicht unmittelbar sportlichen Zwecken dient und sich die Leistung des Vermieters dementsprechend auf eine passive Nutzungsüberlassung beschränkt, qualifiziert sie sich grds. für die Steuerbefreiung des Art. 135 Abs. 1 lit. l MwStSystRL[3]. Sofern im Einzelfall – insb. mangels signifikanter Zusatzleistungen – auch die **Nutzung von Sportanlagen als Grundstücksvermietung** i.S.d. Art. 135 Abs. 1 lit. l MwStSystRL einzustufen ist, erstreckt sich die Steuerbefreiung nach den unionsrechtlichen Vorgaben (s. Rz. 24.88 zum nationalen Recht) auch auf die Anlagen selbst. Diese sind regelmäßig nicht als Betriebsvorrichtungen anzusehen, deren Vermietung nach Art. 135 Abs. 2 lit. c MwStSystRL steuerpflichtig wäre, weil sie typischerweise den Nutzern nicht zu betrieblichen Zwecken überlassen werden. 24.26

Bei komplexen und nicht durch die Grundstücksüberlassung geprägten Leistungen auf dem Gebiet der Überlassung von Sportanlagen ist schließlich stets eine Steuerbefreiung nach Art. 132 Abs. 1 lit. m MwStSystRL in Erwägung zu ziehen, die allerdings besondere sachliche und persönliche Anforderungen an Leistung bzw. Leistenden stellt (*Achatz/Tratlehner*, Rz. 18.2 ff.). 24.27

## 4. Ausnahmen von der Steuerbefreiung

### a) Hotelbeherbergung u.Ä.

Nicht von der Steuer befreit ist die Gewährung von Unterkunft im Hotelgewerbe oder in Sektoren mit ähnlicher Zielsetzung. Schon ihrem Wortlaut nach betrifft diese Ausnahmeregelung nur die Überlassung von Immobilien i.S.d. Art. 13b lit. a, b MwStDVO zu **privaten Wohnzwecken** („Unterkunft"), allerdings nicht notwendig nur zu solchen des Leistungsempfängers selbst. 24.28

Nicht erforderlich ist ferner, dass die Unterkunft vom leistenden Unternehmer selbst bereitgestellt wird. Das ergibt sich zum einen aus der Einbeziehung auch der Vermietung von „Grundstücken, die als Campingplätze erschlossen sind" in den Tatbestand der Norm; denn der auf solchen Plätzen zum Aufenthalt bestimmte geschlossene Raum wird typischerweise gerade vom Leistungsempfänger mitgeführt (Campingwagen, Zelt, usw.). Zum anderen liegt eine solche **weite Auslegung** der Vorschrift auch nach dem Neutralitätsprinzip nahe. Die Ausdehnung der Steuerpflicht auf dem Hotelsektor „ähnliche" Branchen soll auch verhindern, dass mit dem Hotelgewerbe potentiell konkurrierende Varianten der Beherbergung weiterhin 24.29

1 S. EuGH v. 22.1.2015 – Rs. C-55/14 – Régie communale autonome du stade Luc Varenne, ECLI:EU:C:2015:29, Rz. 38, UR 2015, 347.

2 S. auch andeutungsweise EuGH v. 22.1.2015 – Rs. C-55/14 – Régie communale autonome du stade Luc Varenne, ECLI:EU:C:2015:29, Rz. 27, UR 2015, 347.

3 S. EuGH v. 12.1.2006 – Rs. C-246/04 – Turn- und Sportunion Waldburg, ECLI:EU:C:2006:22, insb. Rz. 41 ff., UR 2006, 224.

in den Genuss der Steuerbefreiung kommen und auf diese Weise im Wettbewerb begünstigt würden[1]. Dies wäre auch im Hinblick auf Campingplätze, Zeltplätze u.Ä. zu befürchten, die aus Verbrauchersicht zumindest in gewissem Maße eine Alternative zu Hostels, Pensionen u.Ä. Formen kostengünstiger Hotelaufenthalte darstellen.

24.30 Die Gewährung von Unterkunft im Hotelgewerbe ist sodann in **Abgrenzung** zu sonstigen Formen der Wohnraumüberlassung vor allem durch drei Merkmale gekennzeichnet: Erstens ist die Unterbringung des Hotelkunden typischerweise nur für relativ kurze Zeit vorgesehen und dient diesem nicht als Lebensmittelpunkt bzw. zum ständigen Aufenthalt. Zweitens werden regelmäßig in erheblichem Umfang Zusatzleistungen über die Nutzungsüberlassung eines Grundstücks i.S.d. Art. 13b MwStDVO hinaus erbracht[2], d.h. es werden aktive Maßnahmen zur zusätzlichen Wertschöpfung ergriffen. Drittens kann die dahingehende unternehmerische Aktivität üblicherweise nur im Rahmen von geschäftsmäßig bzw. gewerblich organisierten Strukturen erfolgreich ausgeübt werden[3] und bewegt sich damit nicht mehr im Rahmen privater Vermögensverwaltung. Alle drei Charakteristika sind auch bei der näheren Bestimmung der Gewährung von Unterkunft „in Sektoren mit ähnlicher Zielsetzung" heranzuziehen.

24.31 Der EuGH will darüber hinaus den Mitgliedstaaten einen **Gestaltungsspielraum** bei der Festlegung von Kriterien zur Abgrenzung der steuerfreien Vermietung und Verpachtung einerseits von der steuerpflichtigen Gewährung von Unterkunft andererseits zuerkennen[4]. Er folgert dies aus dem Vorbehalt, wonach das Verständnis des Tatbestandsmerkmals der Unterkunftsgewährung an den jeweiligen „gesetzlichen Bestimmungen der Mitgliedstaaten" auszurichten ist. Damit dürfte der Gerichtshof allerdings die Intentionen des Unionsgesetzgebers verfehlt haben. Der Verweis auf die Bestimmungen der mitgliedstaatlichen Rechtsordnungen sollte vielmehr wohl lediglich dem Umstand Rechnung tragen, dass einige Mitgliedstaaten den Beherbergungsvertrag aufgrund seiner dienst- und werkvertraglichen Elemente nicht als Mietvertrag einstufen[5]. Die in Art. 135 Abs. 2 lit. a MwStSystRL gewählte Formulierung dürfte somit lediglich dazu dienen, eine Besteuerung unabhängig von der zivilrechtlichen Qualifikation sicherzustellen. Es ist nicht ersichtlich, warum der Unionsgesetzgeber den Mitgliedstaaten darüber hinaus ein steuerpolitisches Ermessen gerade hinsichtlich der Reichweite des Befreiungstatbestands im Bereich der Beherbergungsleistungen hätte einräumen sollen; die dahingehende Annahme des EuGH vernachlässigt auch das der Präambel zur 6. Richtlinie zu entnehmende Ziel eines unionsweit einheitlichen Steuerbefreiungsregimes.

24.32 Zutreffend dürfte es vielmehr sein, den Mitgliedstaaten nur die Möglichkeit zu (realitätsgerechten) gesetzlichen **Typisierungen** sowie zur Statuierung von Nachweispflichten einzuräumen. Dies ergibt sich aus Art. 131 MwStSystRL, wonach u.a. auch die Steuerbefreiung nach Art. 135 Abs. 1 lit. l MwStSystRL unter den Bedingungen anzuwenden ist, „die die Mit-

1 S. EuGH v. 12.2.1998 – Rs. C-346/95 – Blasi, ECLI:EU:C:1998:51, Rz. 20, UR 1998, 189; v. 16.12.2010 – Rs. C-270/09 – MacDonald Resorts, ECLI:EU:C:2010:780, Rz. 50, UR 2011, 462.

2 Dies sind bspw. regelmäßig die Gestellung und Reinigung von Bettwäsche sowie Handtüchern, Verpflegungsleistungen, die Übernahme der Zimmerreinigung, Rezeptionsdienste bzw. Concierge-Services, die Bereitstellung einer Internet-Verbindung, Gepäckverwahrung, u.Ä.

3 S. auch EuGH v. 18.11.2004 – Rs. C-284/03 – Temco Europe, ECLI:EU:C:2004:730, Rz. 20, UR 2005, 24.

4 S. EuGH v. 12.2.1998 – Rs. C-346/95 – Blasi, ECLI:EU:C:1998:51, Rz. 21–25, UR 1998, 189; v. 16.12.2010 – Rs. C-270/09 – MacDonald Resorts, ECLI:EU:C:2010:780, Rz. 50, UR 2011, 462.

5 S. dazu EuGH v. 12.9.2000 – Rs. C-358/97 – Kommission/Irland, ECLI:EU:C:2000:425, Rz. 54; sowie eingehend GA *Jacobs* v. 22.2.2001 – Rs. C-326/99 – Stichting „Goed Wonen", ECLI:EU:C:2001:115, Rz. 77, UR 2001, 484.

gliedstaaten zur Gewährleistung einer korrekten und einfachen Anwendung … festlegen.“ Nicht zu beanstanden wäre es daher, wenn ein Mitgliedstaat eine dem Hotelsektor ähnliche Unterkunftsgewährung stets bei sehr kurzfristiger Vermietung (etwa für die Dauer von weniger als zwei Monaten) annimmt oder bei relativ kurzfristiger Nutzungsüberlassung unter Vereinbarung wesentlicher, über den Anschluss an Leitungsnetze und Heizung bzw. Klimatisierung hinausgehenden Zusatzleistungen (Möblierung, Reinigung, etc.). In der ersten Fallgruppe kann aufgrund der häufigen Mieterwechsel nämlich typisierend auf die Notwendigkeit einer gewerblichen Organisation geschlossen werden[1], in der zweiten Fallgruppe aufgrund der Zusatzleistungen, die zudem auch für sich genommen ein relevantes Merkmal sind (Rz. 24.30). Zu weit geht es demgegenüber, die Steuerfreiheit generell bei einer vorgesehenen Mietdauer von weniger als sechs Monaten nach Art. 135 Abs. 2 lit. a MwStSystRL zu versagen[2]. Eine so grobe Typisierung verändert die inhaltliche Reichweite der Befreiungsvorschrift des Art. 135 Abs. 1 lit. l MwStSystRL und kann sich darum nicht mehr auf Art. 131 MwStSystRL stützen[3].

Aus Gründen der Rechtssicherheit und der unionsweit einheitlichen Handhabung wäre zu- 24.33
dem eine Konkretisierung der Abgrenzungskriterien in der MwStDVO wünschenswert.

### b) Vermietung von Stellplätzen für Fahrzeuge

Zwingend steuerpflichtig ist nach Art. 135 Abs. 2 lit. b MwStSystRL die Vermietung von Plät- 24.34
zen für das Abstellen von Fahrzeugen. Der EuGH hat für die Vorläuferbestimmung in der 6. MwSt-RL angenommen, die verschiedenen Sprachfassungen für den im Ausnahmetatbestand des Art. 135 Abs. 2 lit. b MwStSystRL genannten Begriff der „Fahrzeuge“ seien nicht kohärent[4]. In einigen Versionen der Richtlinie beziehe er sich auf Fahrzeuge im Allgemeinen. In anderen Sprachfassungen lege er hingegen eine Beschränkung auf Landtransportmittel nahe. Letzteres gelte insbesondere für den dänischen Begriff „køretøjer“. Ausgehend vom Grundsatz der weiten Auslegung von Ausnahmetatbeständen im Rahmen von Befreiungsregelungen (Rz. 24.3) entschied der Gerichtshof letztlich, der Terminus „Fahrzeuge“ umfasse **alle Beförderungsmittel und namentlich auch Boote**[5]. Eine extensive Auslegung des Art. 135 Abs. 2 lit. b MwStSystRL trage zudem dem Umstand Rechnung, dass bei der Vermietung von Park- und Abstellflächen die soziale Zwecksetzung des Art. 135 Abs. 1 lit. l MwStSystRL nicht verwirklicht werde. Nicht eindeutig geklärt wurde seitens des Gerichtshofs allerdings, ob der Ausschluss von der Steuerpflicht damit nur für Fahrzeuge gilt, die ihrem Hauptzweck nach dem Transport von Personen oder Sachen dienen. Richtigerweise ist dies unter teleologischen wie grammatikalischen Aspekten abzulehnen.

---

1 Insoweit zutreffend Schlussanträge GA *Jacobs* v. 25.9.1997 – Rs. C-346/95 – Blasi, ECLI:EU:C:1997:432, Rz. 19.

2 A.A. EuGH v. 12.2.1998 – Rs. C-346/95 – Blasi, ECLI:EU:C:1998:51, Rz. 24, UR 1998, 189.

3 Vgl. EuGH v. 13.7.1989 – Rs. C-173/88 – Henriksen, ECLI:EU:C:1989:329, Rz. 20, UR 1991, 42: „… zwar [können] nach dem [insoweit wortlautgleichem Vorläufer zu Art. 131 MwStSystRL] die Mitgliedstaaten die Bedingungen für die Befreiungen festsetzen, … diese „Bedingungen“ [können] aber nicht die Bestimmung des Inhalts der vorgesehenen Befreiungen betreffen …“

4 S. dazu und zum Folgenden EuGH v. 3.3.2005 – Rs. C-428/02 – Fonden Marselisborg Lystbådehavn, ECLI:EU:C:2005:126, Rz. 41, UR 2005, 458.

5 S. dazu und zum Folgenden EuGH v. 3.3.2005 – Rs. C-428/02 – Fonden Marselisborg Lystbådehavn, ECLI:EU:C:2005:126, Rz. 43 ff., UR 2005, 458.

24.35 Diese Rechtsprechungslinie des EuGH vermag im Ergebnis zu überzeugen. Festzustellen ist zunächst, dass der Unionsgesetzgeber sie anlässlich der Neufassung der 6. MwSt-RL durch die nunmehr geltende MwStSystRL implizit bestätigt hat. Denn die vom Gerichtshof besonders hervorgehobene dänische Richtlinienfassung verwendet inzwischen den Begriff „transportmidler“ anstelle des früheren „koeretoejer“; die neue Terminologie schließt nunmehr sprachlich eindeutig jede Art von Beförderungsmittel ein. Allerdings ist in den meisten Sprachfassungen ähnlich wie in der deutschen von der Vermietung von Park*plätzen* bzw. Park*arealen* die Rede[1]. Dies legt zwar keine Begrenzung auf landgebundene Fahrzeuge nahe, sondern schließt ebenfalls Gelände zum Abstellen von Luftfahrzeugen mit ein; die Einbeziehung auch von **Bootsliegeplätzen** u.Ä. von Wasser überfluteten Grundstücken ist danach aber wohl nicht mehr vom Wortlaut umfasst. Aus den vom EuGH genannten teleologischen Erwägungen ist insoweit aber zumindest eine analoge Anwendung des Art. 135 Abs. 2 lit. b MwStSystRL geboten. Im Übrigen kann es nach dem Sinn und Zweck dieser Ausnahmevorschrift nicht auf die bauliche oder technische Gestaltung des Stellplatzes ankommen und namentlich nicht darauf, ob die als Parkraum vermietete Fläche umschlossen und überdacht (bspw. eine Garage) oder offenes Gelände ist[2]. Dies klingt auch im Wortlaut einiger Sprachfassungen an (z.B. in der englischen: „premises and sites“), und in den anderen Fassungen steht die Formulierung des Normtextes („Flächen“ u.Ä.) dem zumindest nicht klar entgegen. Schließlich ist es bei zutreffender teleologischer Auslegung auch irrelevant, ob die vermieteten Flächen dauerhaft als Parkplätze ausgewiesen sind oder (z.B. als ansonsten landwirtschaftlich genutzte Flächen) nur im konkreten Einzelfall aus besonderem Anlass (z.B. einer **sportlichen oder musikalischen Veranstaltung**) zum Zwecke des Abstellens von Fahrzeugen überlassen werden[3].

24.36 Wie der EuGH zutreffend erkannt hat, kann es angezeigt sein, die Steuerbefreiung des Art. 135 Abs. 1 lit. l MwStSystRL auch für die Überlassung von Parkraum zu gewähren, wenn selbige nur ein **unselbständiges Leistungselement** im Rahmen einer steuerfreien Vermietung von Wohn-, Gewerbe- oder Bürogebäuden darstellt[4]. Zwar greift insoweit nicht die soziale Zwecksetzung, die der Befreiungsvorschrift des Art. 135 Abs. 1 lit. l MwStSystRL jedenfalls mit Blick auf die Wohnraumvermietung zugrunde liegt. Die Befreiung kann aber in diesen Fällen unter denselben Vereinfachungsaspekten gerechtfertigt sein, die auch generell – neben sozialpolitischen Erwägungen – für die Steuerfreiheit der Grundstücksvermietung streiten (Rz. 24.9). Denn auf der einen Seite handelt es sich im Verbund mit der längerfristigen (nicht von Art. 135 Abs. 2 lit. a MwStSystRL erfassten) Vermietung von Räumlichkeiten um eine eher passive Tätigkeit, deren Befreiung mangels signifikanter Wertschöpfung regelmäßig nur geringe Aufkommenseinbußen nach sich zieht. Auf der anderen Seite handelt es sich um eine wenn nicht typische, so doch zumindest übliche Nebenleistung zur Vermietung von Wohn-, Gewerbe- oder Büroimmobilien. Ihre isolierte Besteuerung würde somit zahlreiche Vermieter trotz eines nur geringen Grades an geschäftlicher Organisation zum Steuersubjekt der Umsatzsteuer machen und entsprechenden verfahrensrechtlichen Pflichten unterwerfen, vor allem in

1 Z.B. englisch „premises and sites“; portugiesisch „áreas“; dänisch „platser“; französisch „emplacements“.

2 So i.E. auch EuGH v. 13.7.1989 – Rs. C-173/88 – Henriksen, ECLI:EU:C:1989:329, Rz. 12 f., UR 1991, 42; s. auch Abschn. 4.12.2 Abs. 1 Satz 3 UStAE.

3 S. Abschn. 4.12.2 Abs. 1 Satz 6 UStAE; *Birkenfeld/Wäger*, USt-Handbuch, § 97 Rz. 311; *Schumann* in Hartmann/Metzenmacher, UStG, § 4 Nr. 12 Rz. 185; *Kraeusel* in Reiß/Kraeusel/Langer, UStG, § 4 Nr. 12 Rz. 203.

4 S. EuGH v. 4.6.2009 – Rs. C-102/08 – SALIX Grundstücks-Vermietungsgesellschaft, ECLI:EU:C:2009:345, Rz. 38 ff., UR 2009, 484 m. Anm. *Küffner*; S. dazu auch *Klenk*, UVR 1989, 369; *Borgsmidt*, UR 1991, 93 (97).

Mitgliedstaaten ohne bzw. mit nur marginaler Ausnahme für Kleinunternehmer. Dies soll nach der Wertung des Unionsgesetzgebers aber durch Art. 135 Abs. 1 lit. l MwStSystRL vermieden werden. Stehen daher der Platz für das Abstellen von Fahrzeugen und das für einen anderen Gebrauch überlassene Gebäude in engem räumlichen Zusammenhang und werden beide von ein und demselben Vermieter an ein und denselben Mieter vermietet, so ist mit dem EuGH ein einheitlicher – steuerfreier – Vermietungsumsatz anzunehmen[1]. Dies gilt auch dann, wenn die Stellplatzvermietung in einem separaten Mietvertrag bzw. erst zeitlich nachfolgend vereinbart wird[2].

### c) Vermietung fest installierter Betriebsvorrichtungen

Die in Art. 135 Abs. 2 lit. c MwStSystRL genannten „auf Dauer eingebauten Vorrichtungen 24.37
und Maschinen" sind regelmäßig – namentlich unter den weiteren in Art. 13b lit. d MwStDVO genannten Voraussetzungen – Grundstücksbestandteile, deren Vermietung an sich nach Art. 135 Abs. 1 lit. l MwStSystRL steuerfrei wäre. Von der ausnahmsweisen Steuerpflicht der Vermietung betroffen sind allerdings nicht alle Arten der in Art. 13b lit. d MwStDVO aufgeführten fest installierten Gegenstände, sondern nur „Vorrichtungen" und „Maschinen". Bei Maschinen handelt es sich nach allgemeinem Sprachgebrauch um eine spezielle Kategorie einer von Menschen geschaffenen Vorrichtung, nämlich um eine solche, die aus beweglichen Teilen besteht und die mittels Kraft- oder Energieübertragung die Erledigung von Arbeiten unter Einsparung menschlicher Arbeitskraft erlaubt[3]. Die in Art. 135 Abs. 2 lit. c MwStSystRL ebenfalls erwähnten „Vorrichtungen" bilden somit den **Oberbegriff**.

Der Tatbestand des Art. 135 Abs. 2 lit. c MwStSystRL setzt weiter voraus, dass die Betriebs- 24.38
vorrichtungen **„auf Dauer eingebaut"** sind. Der Abgleich mit den übrigen Sprachfassungen bestätigt, dass diesem Erfordernis sowohl eine zeitliche Dimension[4] als auch ein Element enger physischer Verbundenheit mit einem Gebäude bzw. Bauwerk[5] innewohnt. Vorausgesetzt wird somit, dass die Vorrichtung oder Maschine eine auf Dauer angelegte feste Verbindung mit einem Bauwerk eingegangen ist, die nur mit erheblichem technischen, personellen oder zeitlichen Aufwand wieder gelöst werden kann.

1 S. EuGH v. 13.7.1989 – Rs. 173/88 – Henriksen, ECLI:EU:C:1989:329, Rz. 14 f.; tendenziell bestätigt durch EuGH v. 4.6.2009 – Rs. C-102/08 – SALIX Grundstücks-Vermietungsgesellschaft, ECLI:EU:C:2009:345, Rz. 38 f., UR 2009, 484 m. Anm. *Küffner*. Ebenso BFH v. 21.6.2017 – V R 3/17, n.n.v., Rz. 32; Abschn. 4.12.2 Abs. 3 UStAE; *Wenzel* in R/D, § 4 Nr. 12 Rz. 113; *Birkenfeld/Wäger*, USt-Handbuch, § 97 Rz. 322. Kritisch zum geforderten engen räumlichen Zusammenhang *Kraeusel* in Reiß/Kraeusel/Langer, UStG, § 4 Nr. 12 Rz. 206; tendenziell großzügiger als der EuGH insoweit auch *Huschens* in Schwarz/Widmann/Radeisen, UStG, § 4 Nr. 12 Rz. 140. Zweifelhaft BFH v. 29.3.2017 – XI R 20/15, MwStR 2017, 750, wonach dies auch bei Nebenleistung zur Vermietung von sonstigen Flächen (nicht: Gebäuden) gelten soll.

2 S. Abschn. 4.12.2 Abs. 3 Satz 5 UStAE; *Friedrich-Vache* in Haase/Jachmann, Handbuch Immobiliensteuerrecht, § 7 Rz. 191; *Kraeusel* in Reiß/Kraeusel/Langer, UStG, § 4 Nr. 12 Rz. 205.

3 Duden, Das Bedeutungswörterbuch, 2010, Stichwort: Maschine.

4 Vgl. z.B. englisch „permanently installed", niederländisch „blijvend geïnstalleerde", französisch „fixés à demeure", schwedisch „av varaktigt installerad", dänisch „installeres på brugsstedet".

5 Vgl. z.B. italienisch „fissati stabilmente", spanisch „instalación fija", portugiesisch „instalação fixa".

#### d) Vermietung von Schließfächern

24.39 Steuerpflichtig ist gem. Art. 135 Abs. 2 lit. d MwStSystRL auch die Vermietung von Schließfächern. Dabei handelt es sich nach dem allgemeinen Sprachgebrauch um einen umschlossenen Raum, der zur Aufbewahrung von Gegenständen vorgesehen und durch besondere technische Vorkehrungen gegen eine unbefugte Wegnahme seines Inhalts sowie eventuell gegen weitere Risiken geschützt ist.

#### e) Weitere Ausnahmen, Art. 135 Abs. 2 Satz 2 MwStSystRL

24.40 Über die zwingenden Ausnahmen des Art. 135 Abs. 2 Satz 1 MwStSystRL hinaus können die Mitgliedstaaten noch weitere Ausnahmen von der Steuerbefreiung für die Vermietung und Verpachtung von Grundstücken vorsehen. Es besteht ein weites gesetzgeberisches Ermessen, ob und ggf. inwieweit von der dahingehenden Befugnis des Art. 135 Abs. 2 Satz 2 MwStSystRL Gebrauch gemacht werden soll[1]. Es müssen lediglich die allgemeinen Grundsätze des Unionsrechts sowie des harmonisierten Mehrwertsteuersystems und namentlich das Neutralitätsprinzip gewahrt werden. Hingegen ist es den Mitgliedstaaten nicht gestattet, umgekehrt Vermietungsumsätze oder ähnliche Umsätze von der Steuerpflicht auszunehmen, die sich nicht für die Befreiung des Art. 135 Abs. 1 lit. l MwStSystRL (oder einen anderen Befreiungstatbestand) qualifizieren[2].

24.41 An die Manifestation der mitgliedstaatlichen Ermessensausübung stellt der EuGH allerdings relativ hohe Anforderungen: Der steuerpolitische **Wille zur Einführung weiterer Ausnahmen** müsse sich aus dem Gesetz selbst hinreichend deutlich ergeben und dürfe nicht nur in Gestalt einer rechtlich unverbindlichen Verwaltungsanweisung bzw. Verwaltungspraxis zum Ausdruck kommen[3]. Diese (Handlungs-)Formstrenge liegt auf der allgemeinen Rechtsprechungslinie zur wirksamen Wahrnehmung von in einer Richtlinie eingeräumten Wahlrechten oder Abweichungsbefugnissen[4]; sie darf aber nicht überspannt werden. Richtigerweise muss es genügen, wenn sich die Abweichung vom Regelstatut der Richtlinie dem Gesetz anhand der im betreffenden Mitgliedstaat anerkannten Methoden der Rechtsanwendung entnehmen lässt; unionsrechtliche Maßstäbe an Normenklarheit sind insoweit nicht einschlägig. Ob dies auch noch im Falle gesetzesderogierender Verwaltungsvorschriften anzunehmen sein könnte, kann dahingestellt bleiben; jedenfalls nach deutschem Verfassungsrecht entfalten derartige rechtswidrige Verwaltungsanweisungen nämlich ohnehin keinerlei rechtliche Bindungswirkung gegenüber Bürgern und Gerichten[5].

---

1 S. EuGH v. 3.2.2000 – Rs. C-12/98 – Amengual Far, ECLI:EU:C:2000:62, Rz. 13, UR 2000, 123; v. 4.10.2001 – Rs. C-326/99 – Stichting „Goed Wonen", ECLI:EU:C:2001:506, Rz. 45, UR 2001, 484.

2 EuGH v. 13.7.1989 – Rs. C-173/88 – Henriksen, ECLI:EU:C:1989:329, Rz. 21, UR 1991, 42; *Kraeusel* in Reiß/Kraeusel/Langer, UStG, § 4 Nr. 12 Rz. 17.

3 S. EuGH v. 16.1.2003 – Rs. C-315/00 – Maierhofer, ECLI:EU:C:2003:23, Rz. 23, UR 2003, 86 = UR 2003, 189 m. Anm. *Grünwald/Pogodda*.

4 S. zum MwSt-System etwa auch EuGH v. 4.6.2009 – Rs. C-102/08 – SALIX, ECLI:EU:C:2009:345, Rz. 40 ff., insb. Rz. 43, UR 2009, 484 m. Anm. *Küffner*; sowie allgemein EuGH v. 21.10.2010 – Rs. C-227/09 – Accardo u.a., ECLI:EU:C:2010:624, Rz. 55; moderater hingegen im Kontext der MwSt-RL EuGH v. 15.5.2014 – Rs. C-337/13 – Almos Agrárkülkereskedelmi, ECLI:EU:C:2014:328, Rz. 23 ff., UR 2014, 900.

5 Dazu statt aller *Maurer/Waldhoff*, Allgemeines Verwaltungsrecht[19], § 24 Rz. 30; *Ehlers/Pünder*, Allgemeines Verwaltungsrecht[15], § 20 Rz. 21.

### 5. Option zur Steuerpflicht

Nach Art. 135 Abs. 1 lit. d MwStSystRL können die Mitgliedstaaten ihren Steuerpflichtigen das Recht einräumen, für die Besteuerung von an sich gem. Art. 135 Abs. 1 lit. l MwStSystRL steuerfreien Umsätzen zu optieren. Die nähere Ausgestaltung eines solchen Optionsrechts sowie etwaige Beschränkungen sind ausweislich des Art. 135 Abs. 2 MwStSystRL ebenfalls Sache der Mitgliedstaaten. Der EuGH hat den Mitgliedstaaten dementsprechend ein weites steuerpolitisches Ermessen hinsichtlich des „ob" und des „wie" eines Gebrauchmachens von der Ermächtigung des Art. 135 Abs. 1 lit. d MwStSystRL zuerkannt[1]. Der nationale Gesetzgeber kann Vermietern und Verpächtern „die Möglichkeit einräumen, in allen Fällen oder in bestimmten Grenzen oder auch nach bestimmten Modalitäten auf die Befreiung zu verzichten."[2] Es können insbesondere **bestimmte Umsätze oder bestimmte Gruppen von Steuerpflichtigen** vom Geltungsbereich der Option ausgenommen werden[3]. Dabei muss nach der Rechtsprechung des EuGH allerdings der Neutralitätsgrundsatz gewahrt werden[4]. Richtigerweise ist nur zu verlangen, dass etwaige Verstöße in Gestalt einer Ungleichbehandlung von konkurrierenden Vermietungsleistungen durch hinreichend gewichtige Gründe, namentlich solche des Art. 131 MwStSystRL, gerechtfertigt sind[5]. Sieht ein Mitgliedstaat eine Option zur Steuerpflicht vor, so muss außerdem deren Ausübung konsequenterweise die Gewährung des Vorsteuerabzugs nach allgemeinen Grundsätzen zur Folge haben; insoweit räumt Art. 135 Abs. 1 lit. d MwStSystRL den Mitgliedstaaten kein Ermessen ein[6]. 24.42

Derzeit sehen 20 Mitgliedstaaten für ihre Steuerpflichtigen eine **Option zur Besteuerung der Vermietung und Verpachtung** von Grundstücken vor; die Modalitäten hierfür unterscheiden sich dabei im Detail von Mitgliedstaat zu Mitgliedstaat[7]. Sieben weitere Mitgliedstaaten sehen nur deshalb keine Option vor, weil sie die zwischenunternehmerische Vermietung aufgrund einer Ausnahmeregelung i.S.d. Art. 135 Abs. 2 Satz 2 MwStSystRL bereits zur Gänze oder zumindest weitgehend der Besteuerung unterwerfen. Nur auf Zypern besteht damit keine Möglichkeit, die Kaskadeneffekte der unechten Steuerbefreiung[8] im Bereich der Vermietung von Grundstücken zu vermeiden. 24.43

---

1 S. EuGH v. 12.1.2006 – Rs. C-246/04 – Turn- und Sportunion Waldburg, ECLI:EU:C:2006:22, Rz. 29, UR 2006, 224.

2 EuGH v. 9.9.2004 – Rs. C-269/03 – Vermietungsgesellschaft Objekt Kirchberg, ECLI:EU:C:2004:512, Rz. 21, UR 2004, 533.

3 S. EuGH v. 12.1.2006 – Rs. C-246/04 – Turn- und Sportunion Waldburg, ECLI:EU:C:2006:22, Rz. 30, UR 2006, 224.

4 S. EuGH v. 12.1.2006 – Rs. C-246/04 – Turn- und Sportunion Waldburg, ECLI:EU:C:2006:22, Rz. 31, UR 2006, 224.

5 So tendenziell auch EuGH v. 12.1.2006 – Rs. C-246/04 – Turn- und Sportunion Waldburg, ECLI:EU:C:2006:22, Rz. 44, UR 2006, 224.

6 S. EuGH v. 30.3.2006 – Rs. C-184/04 – Uudenkaupungin kaupunki, ECLI:EU:C:2006:214, Rz. 44 ff., UR 2006, 530.

7 Quelle hierfür und für die nachfolgenden Angaben: IBFD, EU VAT Compass 2015/2016, S. 650 f.

8 Zum Kaskadeneffekt statt aller *Stadie*, Das Recht des Vorsteuerabzugs, 1989, 8 f.; *Löhr*, Das umsatzsteuerrechtliche Optionsrecht für Vermietungsumsätze, 160.

## C. Auslegung der relevante(n) deutsche(n) Regelung(en)

### I. § 4 Nr. 12 UStG

#### 1. Überblick über die Vorschrift und ihre historische Entwicklung

##### a) Inhalt

24.44 § 4 Nr. 12 UStG setzt im Wesentlichen die Vorgaben des Art. 135 Abs. 1 lit. l, Abs. 2 MwStSystRL zur Steuerbefreiung der Vermietung und Verpachtung von Grundstücken um. Die Vorschrift ist allerdings hinsichtlich der Aufzählung der verschiedenen Rechtsgrundlagen für eine steuerfreie Nutzungsüberlassung detaillierter als ihr unionsrechtliches Pendant. Hinsichtlich der Ausnahmen von der Steuerbefreiung weicht sie zudem sowohl in der äußeren Systematik wie auch hinsichtlich einiger Tatbestandsmerkmale von Art. 135 Abs. 2 Satz 1 MwStSystRL ab. Zum Teil ist dies Konkretisierungen und Typisierungen der richtlinienrechtlichen Vorgaben geschuldet, vor allem hinsichtlich der steuerpflichtigen Vermietung von Betriebsvorrichtungen ist damit aber auch eine Erweiterung der Ausnahmetatbestände verbunden (Rz. 24.62).

##### b) Historische Entwicklung

24.45 Seit der Schaffung eines reichseinheitlichen Umsatzsteuergesetzes 1918 war die Vermietung und Verpachtung von Grundstücken steuerbefreit (§ 2 Nr. 4 UStG 1918)[1]. Steuerpflichtig war allerdings zunächst noch die Vermietung „eingerichteter Räume"; zur Vermeidung von Abgrenzungsschwierigkeiten wurde diese Ausnahme aber alsbald abgeschafft. Stattdessen wurde die Steuerbefreiung lediglich bei der Beherbergung in Gaststätten für unanwendbar erklärt; 1951 wurde zudem die Vermietung von Betriebsvorrichtungen in die Steuerpflicht mit einbezogen. Seine heutige Form erhielt § 4 Nr. 12 UStG im Wesentlichen anlässlich der Umstellung auf das System der Allphasen-Nettoumsatzsteuer 1968. In diesem Zusammenhang wurde insbesondere auch die **Option zur Steuerpflicht für zwischenunternehmerische Vermietungsumsätze** in Gestalt des § 9 UStG eingeführt. Die nachfolgenden Änderungen der §§ 4 Nr. 12, 9 UStG waren nicht mehr grundlegender Natur, sondern dienten der Missbrauchsbekämpfung (insb. die Einfügung des § 9 Abs. 2 UStG), der Feinabstimmung mit unionsrechtlichen Vorgaben oder waren klarstellender Natur.

##### c) Zweck

24.46 Die Steuerbefreiung des § 4 Nr. 12 UStG bzw. der Vorläuferregelung des § 4 Nr. 10 UStG a.F. verfolgte schon vor der unionsrechtlichen Harmonisierung dieselbe doppelte Zwecksetzung, wie sie dem heutigen Art. 135 Abs. 1 lit. l MwStSystRL zugrunde liegt (s. zu dieser Rz. 24.7 ff.). Zum einen ließ sich auch der deutsche Gesetzgeber von Vereinfachungserwägungen leiten[2]: „Die Besteuerung aller Verpachtungen und Vermietungen von Grundstücken würde die steuerliche Erfassung aller Verpachtungen und Vermieter voraussetzen. Die damit verbundene

---

1 S. hierzu und zum Folgenden auch die eingehenden Darstellungen bei *Wenzel* in R/D, § 4 Nr. 12 Rz. 5 f.; *Birkenfeld/Wäger*, USt-Handbuch, § 97 Rz. 5 ff.; *Kraeusel* in Reiß/Kraeusel/Langer, UStG, § 4 Nr. 12 Rz. 1 ff.; *Schumann* in Hartmann/Metzenmacher, UStG, § 4 Nr. 12 Rz. 7; *Schüler-Täsch* in Sölch/Ringleb, § 4 Nr. 12 Rz. 2.

2 S. auch Stadie, UStG[3], § 4 Nr. 12 Rz. 2; *Meyer* in Offerhaus/Söhn/Lange, UStG, § 4 Nr. 12 Rz. 15, BT-Drucks. IV/1590, 37; *Hoffsümmer*, Steuerbefreiungen für Inlandsumsätze, 144, m.w.N.

Verwaltungsarbeit würde in keinem Verhältnis zum steuerlichen Erfolg stehen. Eine unterschiedliche steuerliche Behandlung der gewerblichen und privaten Verpachtungen und Vermietungen ist technisch nicht möglich. Diese Leistungen müssen daher einheitlich befreit werden."[1] Zum anderen spielten soziale Gesichtspunkte eine Rolle[2]; um „Mieterhöhungen bei Wohnungen möglichst zu vermeiden, [sei es] zweckmäßig, es grundsätzlich bei der Steuerfreiheit für die Vermietung und Verpachtung zu belassen."[3] Namentlich für die teleologische Auslegung der Vorschrift des § 4 Nr. 12 UStG sind daher seit jeher dieselben Direktiven maßgeblich wie für die Interpretation des unionsrechtlichen Pendants in Art. 135 Abs. 1 lit. l, Abs. 2 MwStSystRL.

### 2. Kommentierung der einzelnen Tatbestände und Tatbestandsmerkmale

#### a) Grundstücksbegriff

§ 4 Nr. 12 Satz 1 UStG befreit in erster Linie die Vermietung und andere Formen der Nutzungsüberlassung betreffend „Grundstücke" von der Umsatzsteuer. Der Grundstücksbegriff war seit dem UStG 1968 unionsrechtskonform und nicht länger anhand der §§ 94 ff. BGB auszulegen[4]. Seit dem 1.1.2017 ist er anhand des unmittelbar geltenden Art. 13b MwStDVO zu konkretisieren (Rz. 24.4)[5]. Eine Ausdehnung der nationalen Befreiungsregelung über den sich daraus ergebenden sachlichen Anwendungsbereich hinaus kommt von vornherein nicht mehr in Betracht. Nicht nach § 4 Nr. 12 Satz 1 UStG steuerfrei ist daher insbesondere die selbständige **Vermietung oder Verpachtung von Rechten**, die nach § 96 BGB Grundstücksbestandteil sind (wie bspw. Jagdrechte oder Fischereiberechtigungen)[6]. 24.47

Neben Grundstücken benennt § 4 Nr. 12 Satz 1 lit. a UStG als Bezugsobjekte einer steuerfreien Vermietung oder Verpachtung außerdem „Berechtigungen, für die die Vorschriften des bürgerlichen Rechts über Grundstücke gelten", sowie „staatliche Hoheitsrechte, die Nutzungen von Grund und Boden betreffen". Zu letzteren namentlich grundstücksbezogene sog. **Regalien wie Mineralgewinnungs- oder Fährrechte**. Hieran eingeräumte Nutzungsrechte sind indes nur steuerfrei, wenn sie dem Berechtigten auch das Recht vermitteln, das zugehörige Grundstück wie ein Eigentümer in Besitz zu nehmen und Dritte während der Dauer der Vermietung oder Verpachtung von der Grundstücknutzung auszuschließen (vgl. Rz. 24.13). Dasselbe gilt für die grundstücksgleichen Berechtigungen, zu denen insb. Bergwerkseigentum u.ä. **bergrechtliche Berechtigungen** zählen[7]. 24.48

---

1 S. den Regierungsentwurf eines UStG, BT-Drucks. IV/1590, 37.

2 Vgl. auch schon RFH v. 21.5.1920 – II A 154/20, RStBl. 1920, 358 (359) zu § 2 Nr. 4 UStG 1918; sowie BFH v. 7.10.1987 – V R 2/79, BStBl. II 1988, 88 (89) = UR 1988, 129 m. Anm. *Weiss*; *Schumann* in Hartmann/Metzenmacher, UStG, § 4 Nr. 12 Rz. 2; *Meyer* in Offerhaus/Söhn/Lange, UStG, § 4 Nr. 12 Rz. 15 ff.; *Stadie* in R/D, Vor §§ 4-9 UStG Rz. 61.

3 S. den Bericht des Finanzausschusses zu BT-Drucks. 5/1581, 12.

4 S. *Schüler/Täsch* in Sölch/Ringleb, UStG, § 4 Nr. 12 Rz. 14; *Heidner* in Bunjes, UStG[16], § 4 Nr. 12 Rz. 6; *Meyer* in Offerhaus/Söhn/Lange, UStG, § 4 Nr. 12 Rz. 26; *Stadie*, UStG[3], § 4 Nr. 12 Rz. 4.

5 S. dazu auch Abschn. 3a.3 Abs. 2 UStAE i.V.m. Abschn. 4.12.1 Abs. 1 Satz 1 UStAE.

6 S. *Schüler-Täsch* in Sölch/Ringleb, § 4 Nr. 12 Rz. 17; differenzierend *Schumann* in Hartmann/Metzenmacher, UStG, § 4 Nr. 12 Rz. 59.

7 S. *Schüler-Täsch* in Sölch/Ringleb, § 4 Nr. 12 Rz. 22.

### b) Varianten steuerfreier Nutzungsüberlassung

24.49 Die Steuerbefreiung des § 4 Nr. 12 Satz 1 UStG differenziert in größerem Maße, als der Unionsgesetzgeber dies in Art. 135 Abs. 1 lit. l MwStSystRL für nötig befunden hat nach verschiedenen zivilrechtlichen Rechtsgründen für die Einräumung eines Nutzungsrechts an einem Grundstück. Steuerfrei sind danach neben der „Vermietung und Verpachtung" (lit. a) ausdrücklich auch die Nutzungsüberlassung „auf Grund eines auf die Übertragung des Eigentums gerichteten Vertrags oder Vorvertrags" (lit. b) sowie aufgrund von „dinglichen Nutzungsrechten" (lit. c).

24.50 Die Begriffe „Vermietung und Verpachtung" in § 4 Nr. 12 Satz 1 lit. a UStG wurden von der höchstrichterlichen Rechtsprechung ursprünglich in Übereinstimmung mit den zivilrechtlichen Vertragsformen des BGB (§§ 535, 581 BGB) interpretiert[1]. Seit etwa dem Jahr 2010 hat sich aber beim BFH die zutreffende Erkenntnis durchgesetzt, dass der Grundsatz richtlinienkonformer Auslegung es nicht erlaubt, unionsrechtlich determinierte Tatbestandsmerkmale einer Steuerbefreiung im Lichte des nationalen Zivilrechts auszulegen, wenn die einschlägigen Begrifflichkeiten auf Ebene des Unionsrechts eine **autonome Auslegung** erfahren (dazu Rz. 24.2). Ob umsatzsteuerrechtlich eine Vermietungs- oder Verpachtungstätigkeit vorliegt, beurteilen der BFH[2] und ihm folgend die Finanzverwaltung[3] und Literatur[4] daher inzwischen grds. im Einklang mit den vom EuGH entwickelten Definitionsmerkmalen (s. dazu Rz. 24.13). Nur vereinzelt lässt sich noch beobachten, dass die höchstrichterliche Rechtsprechung bei der Konkretisierung dieser Kriterien etwas andere Akzente setzt als der EuGH und darum zu Ergebnissen gelangt, die nicht mit dessen Rechtsprechung vereinbar sein dürften[5].

24.51 Die Vorschrift des § 4 Nr. 12 Satz 1 lit. b UStG betreffend die Nutzungsüberlassung im Vorfeld einer vertraglich vereinbarten Übertragung des Grundstückseigentums hat bei richtlinienkonformer Auslegung nur einen marginalen Anwendungsbereich. Streben die Parteien nämlich in rechtlich bereits abgesicherter Weise an, dass die zunächst auf schuldrechtlicher Basis gewährte Besitzeinräumung am Grundstück ohne Unterbrechung in eine Besitzausübung aufgrund Eigentumsübertragung und Erlangung der mit dem Grundstückseigentum

---

1 S. BFH v. 25.3.1971 – V R 96/67, BStBl. II 1971, 473; v. 4.12.1980 – V R 60/79, BStBl. II 1981, 231 = UR 1981, 174 m. Anm. *Quack*; v. 8.10.1991 – V R 95/89, UR 1992, 78 = BStBl. II 1992, 209; v. 14.5.1992 – V R 68/88, BStBl. II 1992, 758 = UR 1992, 279. S. auch *Wenzel* in R/D, § 4 Nr. 12 Rz. 20.

2 S. BFH v. 12.5.2011 – V R 50/10, BFH/NV 2011, 1407; v. 8.11.2012 – V R 15/12, BStBl. II 2013, 455 = UR 2013, 453; v. 28.5.2013 – XI R 32/11, BStBl. II 2014, 411 = UR 2014, 264, Rz. 52; v. 13.2.2014 – V R 5/13, BFHE 245, 92 = UR 2014, 566, Rz. 19; v. 17.12.2014 – XI R 16/11, BStBl. II 2015, 427 = UR 2015, 261, Rz. 22 f.; v. 15.4.2015 – V R 46/13, BStBl. II 2015, 947 = UR 2015, 762, Rz. 24 und 44; v. 24.9.2015 – V R 30/14, UR 2015, 950 m. Anm. *Filtzinger* = BFH/NV 2016, 153, Rz. 14.

3 Vgl. Abschn. 4.12.1 Abs. 1 Sätze 2 ff. UStAE.

4 S. bspw. *Schüler-Täsch* in Sölch/Ringleb, § 4 Nr. 12 Rz. 28.

5 S. bspw. BFH v. 24.9.2015 – V R 30/14, UR 2015, 950 m. Anm. *Filtzinger* = BFH/NV 2016, 153, Rz. 15, wo der BFH entschied, auch eine ganz kurzfristige und vorübergehende, lediglich halbstündige Nutzungsüberlassung sei als steuerfreie „Vermietung" zu qualifizieren; vgl. demgegenüber die – vom BFH durchaus zur Kenntnis genommene – Entscheidung des EuGH v. 22.1.2015 – Rs. C-55/14 – Régie communale autonome du stade Luc Varenne, ECLI:EU:C:2015:29, Rz. 37, UR 2015, 347 (s. dazu auch Rz. 24.16). Der Standpunkt des BFH ist auch teleologisch nicht überzeugend, da bei einer auf so kurze Zeit angelegten Nutzungsüberlassung keiner der Zwecke der Steuerbefreiung des Art. 135 Abs. 1 lit. l MwStSystRL (Rz. 24.7 ff.) bzw. des § 4 Nr. 12 UStG (Rz. 24.46) einschlägig ist.

verbundenen Nutzungsbefugnisse übergeht, so ist die Nutzungsüberlassung nicht (länger) zeitlich befristet[1].

Auch § 4 Nr. 12 Satz 1 lit. c UStG ist richtlinienkonform und damit tendenziell eng auszulegen. Erfasst ist nur die Bestellung, Übertragung und Überlassung solcher dinglichen Nutzungsrechte, die auch von dem Begriff „Vermietung und Verpachtung" Art. 135 Abs. 1 lit. l MwStSystRL umfasst werden[2]. Zielt das dingliche Nutzungsrecht nicht auf eine eigentümerähnliche Inbesitznahme des Grundstücks durch den Berechtigten ab (s. dazu Rz. 24.16) oder erlaubt es eine zeitlich unbefristete Nutzung (s. dazu Rz. 24.17), qualifiziert sich die Einräumung dieses Rechts darum nicht für die Steuerbefreiung nach § 4 Nr. 12 lit. c UStG[3]. Wortlaut und systematische Stellung der Vorschrift erlauben eine solche restriktive Auslegung des § 4 Nr. 12 Satz 1 lit. c UStG. In diesem begrenzten Rahmen erfasst die Vorschrift sodann vor allem **beschränkt persönliche Dienstbarkeiten** und den **Nießbrauch**[4]; dies ist von Art. 135 Abs. 1 lit. l MwStSystRL gedeckt (s. Rz. 24.14). 24.52

### c) Gemischte Leistungen

Zur Beurteilung von Mietnebenleistungen sowie von komplexen Leistungen unter Einschluss eines Elements der Grundstücksvermietung ziehen der BFH und ihm folgend die Finanzverwaltung in jüngerer Zeit grundsätzlich dieselben Kriterien heran, wie sie der EuGH in seiner Rechtsprechung (Rz. 24.19) aufgestellt hat[5]. Angesichts der kasuistischen und teilweise erratischen Detailvorgaben des Gerichtshofs speziell im Zusammenhang mit der Befreiungsregelung für Vermietung und Verpachtung, und im Einklang mit dessen Generalvorbehalt, wonach die abschließende Gesamtwürdigung aller relevanten Umstände Aufgabe der nationalen Gerichte sei[6], erfreut sich der BFH gleichwohl nicht unerheblicher Konkretisierungsspielräume. Insbesondere zur Vermietung von möblierten Zimmern mit gewissen Zusatzleistungen[7], **Zimmern in Wohnheimen (Seniorenwohnheim, Studentenwohnheim**, etc.)[8], von **Stand-** 24.53

---

1 S. *Schüler-Täsch* in Sölch/Ringleb, UStG, § 4 Nr. 12 Rz. 35; vgl. auch BFH v. 8.12.2012 – V R 15/12, BStBl. II 2013, 455 = UR 2013, 453; v. 21.2.2013 – V R 10/12, BFH/NV 2013, 1635 Rz. 10.

2 S. BFH v. 8.11.2012 – V R 15/12, BStBl. II 2013, 455 = UR 2013, 453, Rz. 33; v. 28.5.2013 – XI R 32/11, BStBl. II 2014, 411 = UR 2014, 264, Rz. 58; Abschn. 4.12.8 Abs. 1 UStAE; *Schüler-Täsch* in Sölch/Ringleb, UStG, § 4 Nr. 12 Rz. 4 und 38.

3 S. BFH v. 8.11.2012 – V R 15/12, BStBl. II 2013, 455 = UR 2013, 453, Rz. 33; v. 28.5.2013 – XI R 32/11, BStBl. II 2014, 411 = UR 2014, 264, Rz. 58.

4 S. dazu und zu weiteren Formen dinglicher Nutzungsrechte auch *Wenzel* in R/D, § 4 Nr. 12 Rz. 55.

5 S. bspw. BFH v. 17.12.2014 – XI R 16/11, BStBl. II 2015, 427 = UR 2015, 261, Rz. 25 ff. und Rz. 47; v. 11.11.2015 – V R 37/14, UR 2016, 236 = DStR 2016, 403; Abschn. 4.12.5 UStAE.

6 S. EuGH v. 27.10.2011 – Rs. C-530/09 – Inter-Mark Group, ECLI:EU:C:2011:697, Rz. 32, UR 2011, 894 m. Anm. *Burgmaier*; v. 18.7.2013 – Rs. C-210/11 und C-211/11 – Medicom, ECLI:EU:C:2013:479, Rz. 33, UR 2014, 404; v. 22.1.2015 – Rs. C-55/14 – Régie communale autonome du stade Luc Varenne, ECLI:EU:C:2015:29, Rz. 24, UR 2015, 347.

7 S. BFH v. 30.11.1994 – XI R 3/94, BStBl. II 1995, 513 = UR 1996, 204; v. 4.5.2011 – XI R 35/10, BStBl. II 2011, 836 (838) = UR 2011, 659.

8 S. bspw. BFH v. 21.4.1993 – IX R 55/90, BStBl. II 1994, 266 (268); v. 4.5.2011 – XI R 35/10, BStBl. II 2011, 836 = UR 2011, 659; FG Münster v. 13.9.2016 – 5 K 412/13 U, EFG 2017, 72; s. auch *Wenzel* in R/D, § 4 Nr. 12 Rz. 46 und 48; *Kraeusel* in Reiß/Kraeusel/Langer, UStG, § 4 Nr. 12 Rz. 141 f., jeweils m.w.N. insb. auch zur älteren Judikatur. S. ferner *Heidner* in Bunjes, UStG[16], § 4 Nr. 12 Rz. 34 (dort auch zur Krankenhausunterbringung).

**plätzen auf Märkten und Veranstaltungen**[1], sowie von Nebenleistungen bei der langfristigen Vermietung von Campingflächen[2] hat sich eine reichhaltige nationale Judikatur herausgebildet. Da sich auch insoweit die Einsicht von der Notwendigkeit richtlinienkonformer Auslegung, d.h. einer Auslegung im Einklang mit den vom EuGH aufgestellten Grundsätzen, erst allmählich durchgesetzt hat, können allerdings insb. ältere Entscheidungen, Kommentierungen und Schrifttumsbeiträge nicht ohne Weiteres noch zur Beurteilung der einschlägigen Fallgestaltungen herangezogen werden.

24.54 Die richtlinienkonforme Steuerbefreiung auch der Verpachtung von Grundstücken impliziert im Übrigen, dass auch die durch den Pachtzins mitentgoltene Aneignung der Früchte steuerfrei ist[3].

### d) Steuerpflicht der kurzfristigen Beherbergung von Fremden

24.55 Nicht befreit ist nach § 4 Nr. 12 Satz 2, Alt. 1 UStG die Vermietung von Wohn- und Schlafräumen, die ein Unternehmer zur kurzfristigen Beherbergung von Fremden bereithält. Die Vorschrift findet ihr unionsrechtliches Pendant in Art. 135 Abs. 2 Satz 1 lit. a MwStSystRL. Sie ist daher soweit als möglich entsprechend dieser unionsrechtlichen Vorgabe auszulegen.

24.56 Die Ausnahme zur Steuerbefreiung greift nur für Leistungen der **Beherbergung in Wohn- und Schlafräumen.** Ergeben die äußeren Umstände, dass der Schwerpunkt der Überlassung von Räumen nicht in der Bereitstellung zu Wohn- oder Schlafzwecken liegt, weil die überlassenen Räumlichkeiten bestimmungsgemäß für andere Zwecke genutzt werden sollen, bleibt es nach Ansicht des BFH bei der Steuerbefreiung nach § 4 Nr. 12 Satz 1 UStG[4]. Hingegen kommt es richtigerweise nicht auf den Ausstattungsstandard der Räumlichkeiten und folglich auch nicht darauf an, ob diese möbliert sind[5].

24.57 Das Merkmal der **„kurzfristigen" Beherbergung** wird in der höchstrichterlichen Rechtsprechung und in der Literatur in Anlehnung an § 9 Satz 2 AO dahingehend interpretiert, dass hiervon grds. bei einer Vermietung von bis zu sechs Monaten Dauer auszugehen ist[6]. Diese Tatbestandsvoraussetzung hat kein Vorbild in Art. 135 Abs. 2 Satz 1 lit. a MwStSystRL. Der EuGH hat diese grobe Typisierung einer hotelartigen Unterkunftsgewähr aber – verfehlt – unter Zuerkennung eines vermeintlich weitgehenden Ermessensspielraums der Mitgliedstaaten gebilligt (Rz. 24.31 f.).

---

1 S. bspw. BFH v. 15.1.2009 – V R 91/07, BStBl. II 2009, 615 = UR 2009, 315 m. Anm. *Klenk*; v. 13.2.2014 – V R 5/13, BFHE 245, 92 m.w.N. = UR 2014, 566; *Schüler/Täsch* in Sölch/Ringleb, UStG, § 4 Nr. 12 Rz. 34; *Meyer* in Offerhaus/Söhn/Lange, UStG, § 4 Nr. 12 Rz. 64; *Stadie*, UStG[3], § 4 Nr. 12 Rz. 23.

2 S. bspw. BFH v. 24.1.2008 – V R 12/05, BStBl. II 2009, 60 = UR 2008, 308; v. 13.2.2008 – XI R 51/06, BStBl. II 2009, 63 = UR 2008, 781 m. Anm. *Karabulut*; *Spilker* in Weymüller, UStG, § 4 Nr. 12 Rz. 66 ff.; *Schüler/Täsch*, in Sölch/Ringleb, UStG, § 4 Nr. 12 Rz. 72 ff.

3 S. *Wenzel* in R/D, § 4 Nr. 12 Rz. 30.

4 S. BFH v. 24.9.2015 – V R 30/14, UR 2015, 950 m. Anm. *Filtzinger* = BFH/NV 2016, 153, Rz. 18 (Betrieb eines sog. „Stundenhotels" zwecks Ermöglichung des Konsums sexueller Handlungen). Kritisch *Widmann*, DStR 2015, 2823; s. ferner *Filtzinger*, UR 2015, 952.

5 S. BFH v. 30.11.1994 – XI R 3/94, BStBl. II 1995, 513 = UR 1996, 204; a.A. *Wenzel* in R/D, § 4 Nr. 12 Rz. 102.

6 S. BFH v. 18.1.1973 – V B 47/72, BStBl. II 1973, 426; v. 27.10.1993 – XI R 69/90, UR 1995, 20; *Birkenfeld/Wäger*, USt-Handbuch, § 97 Rz. 266 und Rz. 276; *Heidner* in Bunjes, UStG[16], § 4 Nr. 12 Rz. 41.

Der BFH entnimmt dem Begriff des „Bereithaltens“ von Räumen zur kurzfristigen Unterkunftsgewähr ferner eine Qualifizierung als subjektives Tatbestandselement: Maßgeblich sei nicht die tatsächliche Dauer des Aufenthalts des Mieters, sondern die dahingehende **Absicht des Vermieters**[1]. Festzustellen sei selbige objektiviert anhand der äußeren Umstände des Leistungsangebotes und ergänzend auch anhand des Mietvertrags[2], bspw. bei Vereinbarung einer jederzeit möglichen kurzfristigen Kündigung[3]. Diese Grundsätze sollen insbesondere auch bei der Unterbringung von Flüchtlingen und Asylbewerbern Anwendung finden[4]. Akzeptiert man generell die Sechs-Monats-Grenze, so dürfte auch eine so verstandene Ausgestaltung des § 4 Nr. 12 Satz 2, Alt. 1 UStG zumindest tendenziell vom Sinn und Zweck der Regelung (dazu Rz. 24.46) und mithin auch vom Unionsrecht gedeckt sein. Denn hält ein Vermieter Räume zur kurzfristigen Inanspruchnahme vor, so wird er regelmäßig einen erhöhten geschäftlichen Organisationsgrad aufweisen, der den Vereinfachungszweck der Steuerbefreiung als weniger gewichtig erscheinen lässt, selbst wenn die Anmietung letztlich aufgrund von Vertragsverlängerungen o.Ä. längerfristig erfolgt. Die gleichfalls mit § 4 Nr. 12 UStG zugunsten der Mieter verfolgten sozialen Zwecke können jedenfalls solange als nachrangig angesehen werden, wie nicht mit einer längeren Verweildauer des konkreten Mieters zu rechnen ist. Hält ein Vermieter nur bestimmte Räume zur längerfristigen Vermietung bereit, so bleibt es folglich grds. auch nur insoweit bei der Steuerbefreiung nach § 4 Nr. 12 Satz 1 UStG[5]. Vermietet der Unternehmer langfristig an einen Mieter, der seinerseits die Räume zur kurzfristigen Untervermietung bzw. zur kurzfristigen Nutzungsüberlassung an Dritte zu verwenden beabsichtigt, ist hingegen nach dem Wortlaut wie auch bei teleologischer Auslegung des § 4 Nr. 12 Satz 2, Alt. 1 UStG keine Ausnahme von der Steuerbefreiung gem. § 4 Nr. 12 Satz 1 UStG gegeben[6], weil es sich aus Sicht des vermietenden Unternehmers nach wie vor um eine eher passive Vermietungsleistung handelt, die typischerweise keine gewerbliche Organisation erfordert. 24.58

Sobald allerdings feststeht, dass der Mieter die Unterkunft länger als sechs Monate beanspruchen wird, und namentlich sobald die Mietdauer diesen Zeitraum tatsächlich überschreitet, muss mit Blick auf die soziale Zwecksetzung der Befreiungsregelung und in Anbetracht der Notwendigkeit einer richtlinienkonformen Rechtsfortbildung die Steuerbefreiung – wenn auch nicht rückwirkend – gewährt werden[7]. Aus demselben Grund ist im Wege richtlinienkonformer teleologischer Reduktion des § 4 Nr. 12 Satz 2, Alt. 1 UStG die Vermietung außerdem von vornherein steuerfrei zu stellen, wenn der Vermieter die Räume zwar zur kurzfristigen Anmietung anbietet, der konkret abgeschlossene Mietvertrag dann aber eine Mietdauer 24.59

1 S. bspw. BFH v. 20.4.1988 – X R 5/82, BStBl. II 1988, 795 = UR 1989, 52; v. 21.9.1989 – V R 170/84, BFH/NV 1990, 532 (533); v. 26.10.1989 – V R 88/86, UR 1990, 80 = BFH/NV 1990, 810; v. 25.1.1996 – V R 6/95, UR 1997, 181 = BFH/NV 1996, 583; dem folgend etwa *Heidner* in Bunjes, UStG[16], § 4 Nr. 12 Rz. 44; *Huschens* in Schwarz/Widmann/Radeisen, UStG, § 4 Nr. 12 Rz. 133.

2 S. BFH v. 20.4.1988 – X R 5/82, BStBl. II 1988, 795 = UR 1989, 52; v. 26.10.1989 – V R 88/86, UR 1990, 80 = BFH/NV 1990, 810; v. 19.11.1998 – V R 21/98, BFH/NV 1999, 837; v. 8.8.2013 – V R 7/13, BFH/NV 2013, 1952; *Pflüger*, UR 1991, 217; *Birkenfeld/Wäger*, USt-Handbuch, § 97 Rz. 276; *Heidner* in Bunjes, UStG[16], § 4 Nr. 12 Rz. 42.

3 S. BFH v. 25.1.1996 – V R 6/95, UR 1997, 181 = BFH/NV 1996, 83; *Heidner* in Bunjes, UStG[16], § 4 Nr. 12 Rz. 42.

4 S. die Verfügung des BayLfSt v. 11.2.2015, abgedruckt in Grundeigentum 2015, 504.

5 S. BFH v. 26.10.1989 – V R 88/86, UR 1990, 80 = BFH/NV 1990, 810.

6 S. BFH v. 11.1.1990 – V B 109/89, BFH/NV 1990, 607 (608); *Birkenfeld/Wäger*, USt-Handbuch, § 97 Rz. 296; *Huschens* in Schwarz/Widmann/Radeisen, UStG, § 4 Nr. 12 Rz. 137.

7 S. dazu auch *Birkenfeld/Wäger*, USt-Handbuch, § 97 Rz. 332; a.A. FG Hessen v. 24.3.1983 – 6 V 23/83, EFG 1984, 524.

von mehr als sechs Monaten vorsieht. Bietet ein Unternehmer sämtliche Räume eines Gebäudes wahlweise zur lang- oder kurzfristigen Vermietung an, so kommt es dementsprechend entgegen BFH und Finanzverwaltung[1] für die Steuerbefreiung darauf an, wie der jeweilige Mietvertrag ausgestaltet wird[2]. Im Lichte der vorstehenden Erwägungen zutreffend entschieden hat der BFH denn auch, dass ein Bereithalten zur kurzfristigen Beherbergung nicht mehr angenommen werden kann, wenn die beherbergte Person in den Wohn- und Schlafräumen einen gewöhnlichen Aufenthalt i.S.d. § 9 AO hat[3]; dasselbe muss erst recht bei Begründung eines Wohnsitzes i.S.d. § 8 AO gelten[4]. Einschränkend ist allerdings anzumerken, dass dies aus Gründen der Rechtssicherheit und Praktikabilität nur gelten kann, wenn bzw. sobald dies für den Vermieter anhand der objektiven Umstände erkennbar ist.

### e) Sonstige Ausnahmen von der Steuerbefreiung

24.60 Steuerpflichtig ist nach § 4 Nr. 12 Satz 2, Alt. 2 UStG auch die Vermietung von **Fahrzeugstellplätzen**. Nach allgemeiner, richtlinienkonformer (Rz. 24.34) Ansicht sind unter den Begriff der „Fahrzeuge" jedenfalls alle Arten von Beförderungsmitteln zu subsumieren, auch wenn sie sich nicht landgebunden fortbewegen. Erfasst sind damit namentlich auch Abstellflächen für Boote und Flugzeuge[5]. Umstritten ist jedoch, ob auch die Vermietung von Parkplätzen für solche Fahrzeuge, deren Hauptzweck nicht die Beförderung von Personen oder Gütern ist, von der Steuerbefreiung auszunehmen ist[6]. Richtigerweise ist dies bei richtlinienkonformer Auslegung der Vorschrift des § 4 Nr. 12 Satz 2, Alt. 2 UStG zu bejahen. Der Wortlaut des Art. 135 Abs. 2 Satz 1 lit. b MwStSystRL lässt keine dahingehende Einschränkung erkennen. Sie widerspricht damit dem Grundsatz weiter Auslegung von Ausnahmen zu Steuerbefreiungstatbeständen (Rz. 24.3) und ist im Übrigen auch teleologisch verfehlt, weil die Befreiung einer entsprechenden Vermietungstätigkeit keine der Zwecksetzungen des § 4 Nr. 12 Satz 1 UStG (Rz. 24.46) bzw. des Art. 135 Abs. 1 lit. l MwStSystRL (Rz. 24.7 ff.) verwirklichen würde. Ist die Vermietung von Abstellplätzen bloße Nebenleistung zu einer steuerfreien Gebäudevermietung, unterliegt sie nicht der Besteuerung (Rz. 24.36).

24.61 Als Unterfall einer hotelähnlichen Vermietung gesondert als steuerpflichtiger Umsatz aufgeführt wird in § 4 Nr. 12 Satz 2, 3. Alt. UStG wie auch in Art. 135 Abs. 2 Satz 1 lit. a MwSt-SystRL die **Vermietung auf Campingplätzen**[7]. Es ist daher auch nur konsequent, wenn die Abgrenzung zur steuerfreien Vermietung ebenso wie bei der Gewährung von Unterkunft an

---

1 S. BFH v. 20.4.1988 – X R 5/82, BStBl. II 1988, 795 = UR 1989, 52; BFH v. 26.10.1989 – V R 88/86, UR 1990, 80 = BFH/NV 1990, 810; Abschn. 4.12.9 Abs. 2 Satz 2 UStAE: Steuerpflicht nach § 4 Nr. 12 Satz 2, Alt. 1 UStG hinsichtlich sämtlicher Umsätze.

2 Im Ergebnis wie hier *Wenzel* in R/D, § 4 Nr. 12 Rz. 105; anders – dem BFH folgend – *Birkenfeld/Wäger*, USt-Handbuch, § 97 Rz. 286.

3 S. BFH v. 18.1.1973 – V B 47/72, BStBl. II 1973, 426 (427); v. 26.10.1989 – V R 88/86, UR 1990, 80 = BFH/NV 1990, 810 (811); zustimmend *Birkenfeld/Wäger*, USt-Handbuch, § 97 Rz. 276.

4 S. auch Abschn. 4.12.9 Abs. 1 Satz 2 UStAE.

5 S. Abschn. 4.12.2 Abs. 1 Satz 5 UStAE; *Birkenfeld/Wäger*, USt-Handbuch, § 97 Rz. 312.

6 Bejahend Abschn. 4.12.2 Abs. 2 Satz 6 UStAE; *Birkenfeld/Wäger*, USt-Handbuch, § 97 Rz. 313; *Kraeusel* in Reiß/Kraeusel/Langer, UStG, § 4 Nr. 12 Rz. 201; *Huschens* in Schwarz/Widmann/Radeisen, UStG, § 4 Nr. 12 Rz. 155; *Schüler-Täsch* in Sölch/Ringleb, UStG, § 4 Nr. 12 Rz. 67; ablehnend *Wenzel* in R/D, § 4 Nr. 12 Rz. 112, m.w.N.; *Heidner* in Bunjes, UStG[16], § 4 Nr. 12 Rz. 24.

7 Zur Behandlung von Nebenleistungen s. aus Sicht der Finanzverwaltung Abschn. 4.12.3 Abs. 3 und 4 UStAE. Zur möglichen Gleichstellung von Bootsliegeflächen s. zur vergleichbaren Fragestellung im Kontext des ermäßigten Steuersatzes nach § 12 Abs. 2 Nr. 11 UStG den Vorlagebeschluss des BFH v. 2.8.2018 – V R 33/17, DStR 2018, 2857.

Fremde anhand des – vom EuGH gebilligten (Rz. 24.31 f.) – Kriteriums der Mietdauer vorgenommen wird[1]. Auch wenn der Wortlaut § 4 Nr. 12 Satz 2, 3. Alt. UStG dies weniger nahelegt als derjenige des § 4 Nr. 12 Satz 2, Alt. 1 UStG, kommt es dabei angesichts des richtlinienrechtlich vorgegebenen systematischen Verhältnisses der beiden Ausnahmebestimmungen auch bei der erstgenannten Vorschrift grds. auf die anhand der äußeren Umstände festzustellende Absicht des vermietenden Unternehmers an[2]. Soll die Campingfläche nach den vertraglichen Vereinbarungen ersichtlich nur als Abstellplatz für ein Reisemobil, einen Campingwagen o.Ä. dienen und ist ein regelmäßiger Aufenthalt des Mieters in seinem Fahrzeug für die Dauer der Miete nicht vorgesehen, so ist im Übrigen die Vermietung unabhängig von der vorgesehenen Laufzeit der Nutzungsüberlassung gem. § 4 Nr. 12 Satz 2, Alt. 2 UStG steuerpflichtig.

Nicht als Vermietung und Verpachtung von Grundstücken steuerfrei ist nach § 4 Nr. 12 Satz 2, 4. Alt. UStG schließlich auch „die Vermietung und die Verpachtung von Maschinen und sonstigen Vorrichtungen aller Art, die zu einer Betriebsanlage gehören (**Betriebsvorrichtungen**), auch wenn sie wesentliche Bestandteile eines Grundstücks sind". Die Rechtsprechung interpretierte den Begriff der Betriebsvorrichtungen traditionell im Einklang mit §§ 68 Abs. 2 Nr. 2 BewG, 2 Abs. 1 Satz 2 Nr. 1 GrEStG[3]. Der BFH hat sich davon inzwischen distanziert[4], wohingegen die Finanzverwaltung weiter daran festhält[5]; im Ergebnis dürften sich allerdings kaum je Unterschiede ergeben. Von größerer Bedeutung ist eine andere, ebenfalls tradierte Rechtsprechungslinie: Der BFH und ihm folgend die Literatur gehen ferner seit jeher und auch nach wie vor davon aus, dass es für die Ausnahme von der Steuerbefreiung genügt, dass die vermieteten Gegenstände beim Vermieter als Betriebsvorrichtungen zu qualifizieren sind. Ob sie auch beim Mieter absehbar betrieblich eingesetzt werden sollen, soll demgegenüber ersichtlich ohne Belang sein[6]. 24.62

## II. § 9 UStG

### 1. Überblick

Die in § 9 UStG vorgesehene Möglichkeit des Verzichts auf die Steuerbefreiung der Grundstücksvermietung oder -verpachtung beruht unionsrechtlich auf Art. 135 Abs. 1 lit. d MwSt- 24.63

1 S. BFH v. 15.1.2009 – V R 91/07, BStBl. II 2009, 615 = UR 2009, 315 m. Anm. *Klenk*; v. 13.2.2008 – XI R 51/06, BStBl. II 2009, 63 = UR 2008, 781 m. Anm. *Karabulut*; Abschn. 4.12.3 Abs. 2 Satz 1 UStAE. Für – im Lichte der Rechtsprechung des EuGH – richtlinienkonform halten dies auch *Heidner* in Bunjes, UStG[16], § 4 Nr. 12 Rz. 48; *Schüler-Täsch* in Sölch/Ringleb, UStG, § 4 Nr. 12 Rz. 73. A.A. *Huschens* in Schwarz/Widmann/Radeisen, UStG, § 4 Nr. 12 Rz. 163; *Klenk*, UR 2009, 317.

2 I.E. ebenso *Birkenfeld/Wäger*, USt-Handbuch, § 97 Rz. 331; a.A. Abschn. 4.12.3 Abs. 2 UStAE.

3 BFH v. 16.10.1980 – V R 51/76, BStBl. II 1981, 228 = UR 1981, 176 = UR 1981, 177.

4 S. BFH v. 12.5.2011 – V R 50/10, BFH/NV 2011, 1407; zustimmend *Schüler-Täsch* in Sölch/Ringleb, UStG, § 4 Nr. 12 Rz. 18.

5 UStAE Abschn. 4.12.2010 Satz 2; zur Kasuistik s. gleichlautende Ländererlasse v. 5.6.2013, BStBl. I 2013, 734.

6 Vgl. bspw. BFH v. 30.5.1994 – V R 83/92, BStBl. II 1994, 775 (776) = UR 1994, 435 – Vermietung einer Kegelbahn; v. 17.12.2008 – XI R 23/08, BStBl. II 2010, 208 = UR 2009, 423 – Vermietung einer Turnhalle mit Gerätschaften; v. 11.3.2009 – XI R 71/07, BStBl. II 2010, 209 = UR 2010, 143 – Vermietung einer Sporthalle.

SystRL. Die für die Ausübung der Option genannten materiell-rechtlichen Voraussetzungen, insb. auch des § 9 Abs. 2 UStG, sind von dem weiten Ausgestaltungsermessen der Mitgliedstaaten nach Art. 135 Abs. 2 MwStSystRL (Rz. 24.42 ff.) gedeckt[1]. Innerstaatlich existiert eine Optionsregelung bereits seit dem UStG 1967, d.h. schon vor der unionsrechtlichen Harmonisierung der Befreiungstatbestände. Bedeutsame Entwicklungsschritte waren der gesetzliche Übergang zur Einzeloption im Jahr 1980 sowie die Einfügung der Beschränkungen des § 9 Abs. 2 UStG mit Wirkung ab Anfang 1994[2].

24.64 Nach der Vorstellung des Gesetzgebers soll die Möglichkeit, auf die Steuerfreiheit der Vermietung oder Verpachtung zu verzichten, **Wettbewerbsnachteile** für die leistenden Unternehmer (Vermieter) **vermeiden**[3].

## 2. Kommentierung der einzelnen Tatbestände und Tatbestandsmerkmale

### a) Verzichtsfähiger Umsatz

24.65 Dem Grunde nach verzichtsfähig sind alle nach § 4 Nr. 12 Satz 1 UStG steuerfreien Umsätze (der Vermietung, Verpachtung, oder sonstigen zeitlich begrenzten Nutzungsüberlassung an einem Grundstück). Die Entscheidung für die Steuerpflicht kann bei jedem verzichtsfähigen Umsatz einzeln getroffen werden; die Option muss innerhalb einer Besteuerungsperiode nicht einheitlich ausgeübt werden[4].

24.66 Der Mieter oder Pächter muss ein Unternehmer i.S.d. § 2 UStG sein und das zur Nutzung überlassene Grundstück für unternehmerische Zwecke, d.h. im Rahmen der Erbringung steuerbarer Ausgangsumsätze nutzen. Für den erforderlichen unternehmerischen Verwendungszusammenhang in Abgrenzung zur Verwendung für private Zwecke oder sonstige nichtunternehmerische, d.h. nicht steuerbare Aktivitäten, gelten die allgemeinen umsatzsteuerlichen Zurechnungsgrundsätze[5].

24.67 Bei allen Arten von in § 4 Nr. 12 Satz 1 UStG bezeichneten Umsätzen ist der Verzicht auf die Steuerbefreiung aus Gründen der Missbrauchsvermeidung[6] außerdem an die zusätzliche Voraussetzung geknüpft, dass der Leistungsempfänger das Grundstück seinerseits **ausschließlich für zum Vorsteuerabzug berechtigende Umsätze verwendet** oder zu verwenden gedenkt[7]. Im Regelfall besteht daher kein Optionsrecht, soweit der Mieter oder Pächter das Grundstück für die Zwecke der Erbringung (unecht) steuerbefreiter Umsätze nutzt. Die Finanzverwaltung gesteht allerdings aus Billigkeitsgründen ein Optionsrecht auch dann zu, wenn der Leistungsempfänger die angemieteten Räumlichkeiten nur in sehr geringem Umfang für vorsteuerabzugsschädliche Umsätze verwendet. Die Grenze wird bei 5 % nichtabziehbarer Vorsteuer

1 S. BFH v. 24.4.2014 – V R 27/13, BStBl. II 2014, 732, Rz. 11 und 13 = UR 2014, 698; *Löhr*, Das umsatzsteuerrechtliche Optionsrecht für Vermietungsumsätze, 29 f.
2 S. zur historischen Entwicklung eingehend *Schüler-Täsch* in Sölch/Ringleb, § 9 Rz. 2 ff.
3 S. dazu den Bericht des Finanzausschusses v. 17.3.1967, BT-Drucks. V/1581, 13; *Stadie*, UStG[3], 2015, § 9 Rz. 9.
4 S. Abschn. 9.1 Abs. 1 Satz 2 UStAE.
5 Dazu ausführlich *Englisch* in Tipke/Lang, Steuerrecht[22], § 17 Rz. 323 ff.; s. auch EuGH v. 22.10.2015 – Rs. C-126/14 – Sveda, ECLI:EU:C:2015:712, UR 2015, 910 m. Anm. *Sterzinger*.
6 S. dazu *Stadie*, UStG[3], § 9 Rz. 25 ff.
7 Dazu eingehend *Friedrich-Vache*, UR 2014, 646.

gezogen[1]. Außerdem gelten die Einschränkungen des § 9 Abs. 2 UStG nicht für ältere Bauwerke; die diesbzgl. Einzelheiten sind der Übergangsregelung des § 27 Abs. 2 UStG zu entnehmen[2].

Nach Wortlaut („soweit") sowie Zweck der Vorschrift kommt bei **gemischter Verwendung** des Grundstücks seitens des Mieters zumindest noch ein teilweiser Verzicht auf die Steuerfreiheit durch den Vermieter in Betracht. Eine solche „Teiloption" besteht aber nur hinsichtlich einzelner Teilflächen des Mietgegenstandes[3]. Die vom Mieter für steuerpflichtige Umsätze verwendeten (und damit optionsfähigen) Teilflächen müssen nach baulichen Merkmalen – wie etwa nach den Räumen eines Mietobjekts – klar von den übrigen, nicht (ausschließlich) für die Erbringung zum Vorsteuerabzug berechtigender Umsätze verwendeten Teilflächen objektiv abgrenzbar sein[4]. Im Falle einer solchen „Teiloption" ist ein evtl. vereinbarter einheitlicher Gesamtmietzins im Schätzungswege aufzuteilen[5]. Werden einzelne Räume vom Mieter hingegen teilweise für die Zwecke (unecht) steuerbefreiter oder nicht steuerbarer Umsätze und teilweise für zum Vorsteuerabzug berechtigende Ausgangsumsätze genutzt (bspw. durch einen **plastischen Chirurgen** teils für nach § 4 Nr. 14 lit. a UStG steuerfreie, teils für steuerpflichtige „Schönheitsoperationen"[6]), kann der Vermieter nicht quotal anhand der jeweiligen Umsatzgrößen oder sonstiger Maßstäbe anteilig für die Steuerpflicht seiner Vermietungsleistung optieren[7]. Dem steht der klare Wortlaut der Vorschrift entgegen, wonach der jeweilige Grundstücksteil „ausschließlich" für zum Vorsteuerabzug berechtigende Umsätze verwendet werden muss. 24.68

Für die Zwecke des Vorsteuerabzugs kann auch eine bloß geplante, letztlich aber nicht realisierte Vermietungstätigkeit unter den Voraussetzungen des § 9 Abs. 1 und 2 UStG als steuerpflichtig behandelt werden[8]. Der Unternehmer muss dann allerdings durch objektive Anhaltspunkte belegen, dass er die Absicht hatte, verzichtsfähige Vermietungsumsätze auszuführen[9]. 24.69

### b) Ausübung der Option

§ 9 Abs. 1 UStG stellt keine besonderen förmlichen Anforderungen an die Erklärung des Verzichts auf die Steuerbefreiung. Er kann demnach vom Vermieter auch konkludent erklärt wer- 24.70

1 S. Abschn. 9.2 Abs. 3 UStAE; *Brockmann*, in Hartmann/Metzenmacher, UStG, § 9 Rz. 120. Kritisch *Löhr*, Das umsatzsteuerrechtliche Optionsrecht für Vermietungsumsätze, 40. S. ferner *Behrens*, BB 2014, 2022, zur Anwendung bei der Teiloption (Rz. 24.68).

2 Dazu näher *Wagner*, Ubg 2015, 80 (83).

3 S. BFH v. 24.4.2014 – V R 27/13, BStBl. II 2014, 732 = UR 2014, 698, Rz. 14 f.; v. 15.4.2015 – V R 46/13, BStBl. II 2015, 947 = UR 2015, 762, Rz. 24; Abschn. 9.1 Abs. 6 Satz 3 UStAE. Weitergehend *Löhr*, Das umsatzsteuerrechtliche Optionsrecht für Vermietungsumsätze, 37, m.w.N.: Abgrenzbarkeit nach Zeitabschnitten bei im Zeitablauf wechselnder Nutzung soll genügen.

4 S. BFH v. 24.4.2014 – V R 27/13, BStBl. II 2014, 732 = UR 2014, 698, Rz. 16. Tendenziell großzügiger *Brockmann*, in Hartmann/Metzenmacher, UStG, § 9 Rz. 123.

5 S. Abschn. 9.2 Abs. 1 Satz 6 UStAE.

6 S. dazu BFH v. 4.12.2014 – V R 16/12, BFHE 248, 416 m.w.N. = UR 2015, 225 m. Anm. *Wüst*.

7 S. Abschn. 9.1 Abs. 6 Satz 3 UStAE; dazu ausführlich *Löhr*, Das umsatzsteuerrechtliche Optionsrecht für Vermietungsumsätze, 38 f.

8 S. BFH v. 15.4.2015 – V R 46/13, BStBl. II 2015, 947 = UR 2015, 762, Rz. 31, m.w.N.; *Birkenfeld/Wäger*, USt-Handbuch, § 97 Rz. 36.

9 S. BFH v. 17.5.2001 – V R 38/00, BStBl. II 2003, 434 = UR 2001, 550, m.w.N.; v. 15.4.2015 – V R 46/13, BStBl. II 2015, 947 = UR 2015, 762, Rz. 31.

den[1]. Die Finanzverwaltung lässt es dafür genügen, dass dem Mieter bzw. anderweitig Nutzungsberechtigtem Umsatzsteuer in Rechnung gestellt wird[2]. Ebenso genügt die Anmeldung steuerpflichtiger Umsätze gegenüber dem Finanzamt. Der Vermieter kann zudem einseitig den Verzicht auf die Steuerbefreiung wieder rückgängig machen, womit der Umsatz rückwirkend wieder steuerfrei wird[3].

24.71 Nach Ansicht der Finanzverwaltung sind sowohl die Erklärung zur Option nach § 9 UStG als auch der Widerruf dieser Option nur bis zur formellen Bestandskraft der jeweiligen Jahressteuerfestsetzung zulässig[4]. Der BFH hat sich demgegenüber mit überzeugenden Gründen für die **materielle Bestandskraft als zeitliche Grenze** ausgesprochen; der Verzicht bzw. dessen Rückgängigmachung sind demnach solange möglich, „wie die Steuerfestsetzung für das Jahr der Leistungserbringung anfechtbar oder aufgrund eines Vorbehalts der Nachprüfung gem. § 164 AO noch änderbar ist."[5]

24.72 Der leistende Unternehmer hat gem. § 9 Abs. 2 Satz 2 UStG eine zum Vorsteuerabzug berechtigende Verwendung der Immobilie durch den Mieter bzw. Pächter nachzuweisen. Die Finanzverwaltung stellt diesbzgl. keine hohen Anforderungen und lässt insb. eine Bestätigung des Mieters oder eine dahingehende Klausel im Mietvertrag genügen[6].

## D. Österreichische Regelungen

### I. § 6 Abs. 1 Z. 16 UStG

#### 1. Überblick über die Vorschrift und ihre historische Entwicklung

24.73 § 6 Abs. 1 Z. 16 UStG setzt die unionsrechtliche Steuerbefreiung der Vermietung und Verpachtung von Grundstücken in das österreichische Recht um. Hinsichtlich der Ausnahmen von der Steuerbefreiung weicht diese Bestimmung wesentlich von Art. 135 Abs. 2 MwSt-SystRL und der korrespondierenden deutschen Bestimmung ab, da auch die Vermietung für Wohnzwecke betroffen ist.

24.74 Unter Geltung des UStG 1972 war die Vermietung und Verpachtung von Grundstücken generell unter Anwendung eines ermäßigten Steuersatzes umsatzsteuerpflichtig.[7] Im derzeitigen UStG gilt eine generelle Steuerpflicht zum ermäßigten Steuersatz nur mehr für die Vermietung zu Wohnzwecken, die Beherbergung in Schlafräumen und die Vermietung zu Campingzwecken.

1 S. Abschn. 9.1 Abs. 3 Sätze 5 und 8 UStAE.
2 S. Abschn. 9.1 Abs. 3 Satz 7 UStAE; s. auch BFH v. 11.7.2012 – XI R 17/09, BFH/NV 2013, 266, Rz. 65, m.w.N.
3 S. dazu sowie zu den förmlichen Anforderungen BFH v. 25.2.1993 – V R 78/88, BStBl. II 1993, 777 = UR 1993, 415 m. Anm. *Weiss*; v. 19.12.2013 – V R 7/12, BFHE 245, 80 = UR 2014, 579, Rz. 17 und 20.
4 S. Abschn. 9.1 Abs. 3 Satz 1 UStAE.
5 S. BFH v. 19.12.2013 – V R 6/12, BFHE 245, 71; v. 19.12.2013 – V R 7/12, BFHE 245, 80 = UR 2014, 579; zust. *Kraeusel*, UVR 2014, 217; *Wagner*, Ubg 2015, 80 (84).
6 S. Abschn. 9.2 Abs. 4 Satz 3 UStAE; s. dazu auch *Friedrich-Vache* in Haase/Jachmann, Handbuch Immobiliensteuerrecht, § 7 Rz. 202.
7 *Ruppe/Achatz*, UStG[5] (2018) § 6 Rz. 353.

Die Steuerbefreiung für Umsätze aus der Vermietung und Verpachtung von Grundstücken wurde erst im Zuge des Beitritts zur Europäischen Union mit dem UStG 1994 eingeführt. In den Beitrittsverhandlungen hat Österreich erwirkt, dass Umsätze der Vermietung zu Wohnzwecken weiterhin dem ermäßigten Steuersatz des § 10 Abs. 2 UStG (10 %) unterliegen.[1] Ebenfalls dem ermäßigten Steuersatz unterliegen die Ausnahmen der Beherbergung und der Vermietung von Grundstücken für Campingzwecke, wobei dieser Steuersatz mit Geltung ab 1.5.2016 von 10 % auf 13 % erhöht wurde.[2] 24.75

Die Vermietung von Maschinen und Betriebsvorrichtungen sowie von Räumlichkeiten oder Plätzen für das Abstellen von Fahrzeugen, welche nach dem UStG 1972 vom ermäßigten Steuersatz ausgenommen waren, sind weiterhin steuerpflichtig zum Normalsteuersatz.[3] 24.76

Mit dem Abgabenänderungsgesetz 2016 wurde die Umsatzsteuerbefreiung für Berechtigungen, aufwelche die Vorschriften des bürgerlichen Rechts über Grundstücke Anwendung finden,[4] und von staatlichen Hoheitsrechten, die sich auf die Nutzungen von Grund und Boden beziehen,[5] gestrichen. Auch die Erweiterung der Befreiungsbestimmung für die Überlassung der Nutzung an Geschäftsräumen und anderen Räumlichkeiten auf Grund von Nutzungsverträgen wurde aufgehoben.[6] Die genannten Änderungen erfolgten in Anpassung an den seit 1.1.2017 in Geltung stehenden Grundstücksbegriff des Art. 13b MwStDVO. 24.77

---

1 Vgl. Durchführungsbeschluss des Rates v. 22.12.2009 zur Ermächtigung der Republik Österreich, weiterhin eine von Art. 168 der Richtlinie 2006/112/EG über das gemeinsame Mehrwertsteuersystem abweichende Regelung anzuwenden, 2009/1013/EU, ABl. v. 29.12.2009, L 348/21; *Ruppe/Achatz*, UStG[5] § 6 Rz. 354.

2 Vgl. *Berger/Wakounig* in Berger/Bürgler/Kanduth-Kristen/Wakounig, UStG-ON[2.07] § 10 Rz. 1380.

3 ErläutRV 1715 BlgNR 18. GP 54.

4 Berechtigungen, auf welche die Vorschriften des bürgerlichen Rechts über Grundstücke Anwendung finden (grundstücksgleiche Rechte), sind Rechte, die keine Bestandteile von Grundstücken sind, jedoch selbst Gegenstand eines Bestandvertrages sein können; vgl. dazu UStR 2000 Rz. 889; *Ruppe/Achatz*, UStG[5] § 6 Tz. 391; *Mayr* in Scheiner/Kolacny/Caganek, Kommentar zur Mehrwertsteuer – UStG 1994 § 6 Abs. 1 Z. 16 Rz. 27; da der VwGH (zB. 22.7.2015, 2011/13/0104) den Begriff der grundstücksgleichen Rechte schon bisher in unionsrechtskonformer Interpretation auf jene Rechte eingeschränkt hat, die unter den unionsrechtlichen Grundstücksbegriff fallen, wird die Auswirkung der Einschränkung begrenzte Bedeutung haben. Von der Streichung betroffen sind aber die Verpachtung von Realapotheken und von Gewinnungsbewilligungen nach dem Berggesetz, welche ab 1.1.2017 nicht mehr steuerbefreit sind, es sei denn die Übertragung eines dieser Rechte stellt eine unselbständige Nebenleistung zur Vermietung oder Verpachtung des Grundstücks dar. Die Vermietung von Superädifikaten soll aufgrund des Grundstücksbegriffs des Art. 13b MwStDVO weiterhin unter die Befreiung fallen, sofern sie mit oder in dem Boden befestigt sind und nicht leicht abgebaut oder bewegt werden können; vgl. ErläutRV 1352 BlgNR 25. GP 13.

5 Der Anwendungsbereich der Steuerbefreiung der Vermietung und Verpachtung von „staatlichen Hoheitsrechten" war ohnedies unklar, da der öffentlichen Hand in diesem Bereich nach österreichischem Recht keine Unternehmereigenschaft zukommt; vgl dazu *Ruppe/Achatz*, UStG[5] § 6 Tz. 394; *Kanduth-Kristen/Mayr/Tschiderer* in Berger/Bürgler/Kanduth-Kristen/Wakounig, UStG-ON[2.07] § 6 Rz. 489.

6 § 6 Abs. 1 Z. 16 UStG idF vor dem AbgÄG 2016 stellte die Überlassung der Nutzung an Geschäftsräumen und anderen Räumlichkeiten aufgrund von Nutzungsverträgen der Vermietung und Verpachtung von Grundstücken gleich. Dadurch war die entgeltliche Überlassung von Räumlichkeiten von der Steuerbefreiung auch dann erfasst, wenn ihr kein Bestandvertrag iSd bürgerlichen Rechts zugrunde lag (*Ruppe/Achatz*, UStG[5] § 6 Rz. 395). Derartige Nutzungsverträge fallen jedoch weiterhin unter die Steuerbefreiung des § 6 Abs. 1 Z. 16 UStG, sofern sie vom unionsrechtlichen Begriffsverständnis der Vermietung und Verpachtung erfasst sind. In Anbetracht der schon bisher zu beachtenden Rechtsprechung des EuGH zum Vermietungsbegriff, wird die Streichung keine

24.78 Daneben brachte das AbgÄG 2016 eine weitere Änderung: Die kurzfristige Vermietung von Grundstücken ist steuerpflichtig, wenn der Unternehmer das Grundstück sonst nur für Umsätze, die den Vorsteuerabzug nicht ausschließen, für kurzfristige Vermietungen oder zur Befriedigung eines Wohnbedürfnisses verwendet (vgl. dazu unten Rz. 24.108 f.).[1]

24.79 Unter dem UStG 1994 idgF gilt daher Folgendes:

- Die **Vermietung** von Grundstücken **zu Wohnzwecken** ist steuerpflichtig zum ermäßigten Steuersatz von 10 % gem. § 10 Abs. 2 Z. 3 lit. a UStG.
- Die **Beherbergung in eingerichteten Wohn- und Schlafräumen** ist steuerpflichtig zum ermäßigten Steuersatz von 13 % gem. § 10 Abs. 3 Z. 3 lit. a UStG.
- Die **Vermietung** von Grundstücken **für Campingzwecke** ist steuerpflichtig zum ermäßigten Steuersatz von 13 % gem. § 10 Abs. 3 Z. 3 lit. b UStG.
- Die **Vermietung und Verpachtung von Maschinen und Betriebsvorrichtungen** (auch wenn sie wesentliche Bestandteile eines Grundstückes sind) ist steuerpflichtig zum Normalsteuersatz von 20 %.
- Die **Vermietung von Räumlichkeiten oder Plätzen für das Abstellen von Fahrzeugen** ist steuerpflichtig zum Normalsteuersatz von 20 %.
- Die Vermietung von Grundstücken während eines ununterbrochenen Zeitraumes von nicht mehr als 14 Tagen (kurzfristige Vermietung) ist steuerpflichtig zum Normalsteuersatz von 20 %, wenn der Unternehmer das Grundstück sonst nur zur Ausführung von Umsätzen, die den Vorsteuerabzug nicht ausschließen, für kurzfristige Vermietungen oder zur Befriedigung eines Wohnbedürfnisses verwendet.
- Jede **sonstige Vermietung und Verpachtung** (insb. von **Grundstücken zu Geschäftszwecken**) ist steuerbefreit. Der Vermieter kann jedoch auch nach österreichischem Recht unter bestimmten Voraussetzungen auf die Steuerbefreiung verzichten (Option zur Steuerpflicht gem. § 6 Abs. 2 UStG; Rz. 24.110 ff.).[2]

## 2. Verhältnis zur allgemeinen Steuerbefreiung von gemeinnützigen Sportvereinigungen

24.80 Nach § 6 Abs. 1 Z. 14 UStG sind Umsätze von gemeinnützigen Sportvereinigungen steuerbefreit, wobei keine Möglichkeit besteht, auf Steuerpflicht zu optieren.[3] Werden durch solche Vereine Grundstücke vermietet oder verpachtet, stellt sich die Frage, ob die daraus resultierenden Umsätze unter diese allgemeine Steuerbefreiung fallen oder unter § 6 Abs. 1 Z. 16 UStG.

24.81 Nach der Rechtsprechung des VwGH geht **§ 6 Abs. 1 Z. 16 UStG als speziellere Bestimmung** der Z. 14 leg. cit. vor.[4] Vermietungen durch gemeinnützige Sportvereine sind daher

nennenswerten Auswirkungen haben; siehe dazu *Mayr*, Die Neuerungen im UStG für das Jahr 2017 – Teil 1 (Grundstücke), RdW 2017, 203 (205).

1 ErläutRV 1352 BlgNR 25. GP 13 f.

2 Hierzu ausführlich *Ehrke-Rabel/Ruppe*, Der Verzicht auf die Steuerbefreiung nach § 6 Abs. 1 Z. 16 UStG – Bemerkungen zur Rechtslage nach dem 1. StabG 2012, in FS Tanzer (2014) 249 (251 ff.).

3 Ruppe/Achatz, UStG[5] § 6 Rz. 332 ff. – Dazu *Achatz/Tratlehner*, Rz. 18.69 ff.

4 VwGH v. 25.6.2007, 2006/14/0001 ÖStZB 2008, 50; dem vorausgegangen ist das EuGH-Urteil v. 12.1.2006 – Rs. C-246/04 – Turn- und Sportunion Waldburg, Slg. 2006, I-589, UR 2006, 224.

nach Maßgabe des § 6 Abs. 1 Z. 16 UStG von der Umsatzsteuer befreit und berechtigen unter den Voraussetzungen des § 6 Abs. 2 UStG zur Option auf Steuerpflicht. Die Steuerbefreiung für gemeinnützige Sportvereine (§ 6 Abs. 1 Z 14 UStG) ist nicht anwendbar.[1] Belaufen sich die Gesamtumsätze des gemeinnützigen Sportvereins auf nicht mehr als 30.000 Euro, ist die Steuerbefreiung für Kleinunternehmer anzuwenden (§ 6 Abs. 1 Z. 27 UStG). Diese hat Vorrang vor § 6 Abs. 1 Z 16 UStG, so dass ein Sportverein, der steuerpflichtig vermieten möchte, vor Ausübung der Option nach § 6 Abs. 2 UStG auf die Steuerbefreiung für Kleinunternehmer gem § 6 Abs. 3 UStG verzichten muss. Vermietungen, die von der Steuerbefreiung nach § 6 Abs. 1 Z. 16 UStG ausgenommen sind (z.B. Vermietung zu Wohnzwecken, Beherbergung etc.),[2] sind auch gem. § 6 Abs. 1 Z. 14 UStG nicht steuerbefreit.[3]

### 3. Kommentierung der einzelnen Tatbestände und Tatbestandsmerkmale

#### a) Grundstücksbegriff

§ 6 Abs. 1 Z. 16 UStG umfasst die Vermietung und Verpachtung von Grundstücken. Nach bisheriger Auffassung der Finanzverwaltung[4] richtete sich der Grundstücksbegriff auch in der Geltung des UStG 1994 nach den Bestimmungen des bürgerlichen Rechts. Diese Auffassung konnte jedoch nur insoweit zutreffend sein, als sich der Grundstücksbegriff im Sinne der Bestimmungen des bürgerlichen Rechts mit dem Verständnis der MwStSystRL und deren Auslegung durch den EuGH deckte. Seit dem 1.1.2017 gilt – auch nach Auffassung der Finanzverwaltung[5] – der Grundstücksbegriff des Art. 13b MwStDVO.[6] Nicht zulässig wäre es, den Grundstücksbegriff anhand nationaler zivilrechtlicher Bestimmungen so auszulegen, dass die Steuerbefreiung des § 6 Abs. 1 Z. 16 UStG einen weiteren Anwendungsbereich hat, als dies nach der MwStSystRL vorgesehen ist.[7] 24.82

**Einrichtungsgegenstände** fallen nach der Rechtsprechung des VwGH[8] nicht unter die Befreiung, es sei denn, sie sind so eng mit dem Gebäude verbunden, dass sie von diesem nicht oder nur durch eine unwirtschaftliche Vorgangsweise abgesondert werden könnten und daher unselbständige Bestandteile desselben darstellen.[9] Diese Voraussetzung erfüllen Einbauschränke, sanitäre Anlagen, Kücheneinbauten uÄ.[10] Die Mitvermietung von mit dem Grund- 24.83

1 Vgl. schon *Achatz/Tratlehner*, Rz. 18.87.
2 Dazu gleich Rz. 24.92 ff.
3 BMF, Vereinsrichtlinien 2001 Rz. 481 ff. i.d.F. BMF-AV Nr. 40/2015, https://findok.bmf.gv.at/findok/resources/pdf/e4b97433-51f0-451e-907d-7c8df986db10/19960.6.-1.X.pdf; BMF, Umsatzsteuerrichtlinien 2000 Rz. 886 i.d.F. BMF-AV Nr. 170/2015, https://findok.bmf.gv.at/findok/resources/pdf/505f39c7-4a30-4059-b033-22aa4fc8247d/19969.12.-1.X.pdf; *Ruppe/Achatz*, UStG[5] § 6 Rz. 336/1; *Zorn*, VwGH zur Grundstücksvermietung bei Sportvereinen, RdW 2007, 509; *Renner*, Option zur Steuerpflicht bei Vermietungsumsätzen von Sportvereinen, SWK 2007, 662.
4 UStR 2000 Rz. 888.
5 Begutachtungsentwurf zum UStR-Wartungserlass 2017, 31, https://www.bmf.gv.at/steuern/UStR-Wartungserlass_2017_Begutachtungsentwurf.pdf?662m96.
6 *Mayr* in Scheiner/Kolacny/Caganek, Kommentar zur Mehrwertsteuer – UStG 1994 § 6 Abs. 1 Z. 16 Rz. 19.
7 *Mayr* in Scheiner/Kolacny/Caganek, Kommentar zur Mehrwertsteuer – UStG 1994 § 6 Abs. 1 Z. 16 Rz. 19/2.
8 VwGH v. 24.2.1992, 90/15/0146.
9 UStR 2000 Rz. 888; *Kanduth-Kristen/Mayr/Tschiderer* in Berger/Bürgler/Kanduth-Kristen/Wakounig, UStG-ON[2.07] § 6 Rz. 485; *Mayr/Ungericht*, UStG[4] (2014) § 6 Anm. 49.
10 VwGH v. 26.11.1982, 3260/80 ÖStZB 1983, 382; v. 27.6.1988, 86/15/0076 ÖStZB 1989, 154.

stück nicht fest verbundenen Einrichtungsgegenständen soll dagegen nicht unter die Befreiung fallen, es sei denn, diese sind derart geringfügig, dass sie bei der Berechnung des Mietzinses von völlig untergeordneter Bedeutung waren.[1] In allen anderen Fällen habe eine Aufteilung in einen steuerbefreiten Teil und einen nicht begünstigten Teil zu erfolgen.[2] Es stellt sich allerdings die Frage, ob eine derart enge Interpretation im Hinblick auf den unionsweit einheitlichen Grundstücksbegriff und die Rechtsprechung des EuGH zum Grundsatz der Einheitlichkeit der Leistung[3] mit dem Unionsrecht vereinbar ist.[4]

### b) Vermietung und Verpachtung

24.84 Die Begriffe der **Vermietung und Verpachtung** richten sich nach dem Verständnis der MwStSystRL. Der Rückgriff auf die bestandrechtlichen Vorschriften des innerstaatlichen Zivilrechts ist nur insoweit zulässig, als hierdurch nicht Leistungen von der Steuerbefreiung ausgeschlossen oder in sie einbezogen werden, die nach dem Unionsrecht unter den Begriff der Vermietung und Verpachtung fallen oder nicht unter diesen Begriff fallen.[5] So hat auch der VwGH[6] in seiner jüngeren Rechtsprechung bereits klargestellt, dass für die Auslegung dieser Begriffe nicht allein auf das nationale bürgerliche Recht zurückgegriffen werden kann, da sich das diesem zugrunde liegende Verständnis nicht notwendigerweise mit jenem des Unionsrechts deckt.[7]

24.85 Zu beachten ist, dass aufgrund der in Österreich vorgesehenen Ausnahme für die Vermietung zu Wohnzwecken die Steuerbefreiung des § 6 Abs. 1 Z. 16 UStG im Wesentlichen nur für die Vermietung und Verpachtung von Geschäftsräumen wirksam wird.[8]

### c) Gemischte Verträge

24.86 Nach Auffassung der Finanzverwaltung[9] und der Rechtsprechung des VwGH[10] zum UStG 1972 ist bei einem gemischten Vertrag, der sowohl die Merkmale einer Vermietung als auch die Merkmale anderer Leistungen aufweist, das Entgelt grundsätzlich in einen auf die Grundstücksvermietung entfallenden steuerbefreiten Teil und einen auf die anderen Leistungen ent-

---

1 VwGH v. 11.1.1968, 975/66 VwSlg. 3702 F; kritisch *Ruppe/Achatz*, UStG[5] § 6 Rz. 386.

2 Vgl. VwGH v. 27.6.1988, 86/15/0076 ÖStZB 1989, 154; *Kanduth-Kristen/Mayr/Tschiderer* in Berger/Bürgler/Kanduth-Kristen/Wakounig, UStG-ON[2.07] § 6 Rz. 485.

3 EuGH v. 27.9.2012 – Rs. C-392/11 – Field Fisher Waterhouse LLP, Rz. 14 ff., UR 2012, 964; v. 13.7.1989 – Rs. 173/88 – Henriksen, Rz. 14, Slg. 1989, 2763; v. 4.6.2009 – Rs. C-102/08 – SALIX, Rz. 38 f, Slg. 2009, I-4629, UR 2009, 484 m. Anm. *Küffner*.

4 *Ruppe/Achatz*, UStG[5] § 6 Rz. 386; *Briem*, Ermäßigter Umsatzsteuersatz bei Vermietung möblierter Wohnungen, WBl 1988, 386; *Pfister*, Anwendung des ermäßigten Steuersatzes auf die Überlassung von Fahrzeugabstellplätzen im Rahmen der Vermietung zu Wohnzwecken, taxlex 2010, 142.

5 *Ruppe/Achatz*, UStG[5] § 6 Rz. 357; *Kanduth-Kristen/Mayr/Tschiderer* in Berger/Bürgler/Kanduth-Kristen/Wakounig, UStG-ON[2.07] § 6 Rz. 464.

6 VwGH v. 30.10.2003, 2000/15/0109 ÖStZB 2004, 123; VwGH v. 20.1.2005, 2000/14/0203 ÖStZB 2005, 381.

7 *Stangl*, Grundstücksvermietung, in Achatz/Tumpel (Hrsg.), Umsatzsteuer und Immobilien (2007) 59 (61).

8 *Ehrke-Rabel* in Doralt/Ruppe, Steuerrecht II[7] (2014) Rz. 376.

9 UStR 2000 Rz. 891.

10 Z.B. VwGH v. 16.12.1991, 90/15/0081 ÖStZB 1992, 588 (Einstellen von Luftfahrzeugen in einem Hangar); v. 11.11.1985, 84/15/0148 VwSlg. 6047 F (Tennisplatzvermietung).

fallenden steuerpflichtigen Teil aufzugliedern, wobei dies erforderlichenfalls durch Schätzung zu erfolgen hat.[1] Nur wenn die Grundstücksvermietung vollkommen in den Hintergrund tritt, soll die Steuerbefreiung des § 6 Abs. 1 Z. 16 UStG keine Anwendung finden, was z.B. auf **Fitnesscenter**[2] und – wenn die Entgeltsbemessung nach dem Umfang des abgebauten Materials erfolgt – auf Abbauverträge[3] zutrifft.[4]

In Anlehnung an das EuGH-Urteil in der Rs. Stockholm Lindöpark[5] hat nach Ansicht der Finanzverwaltung[6] eine Aufgliederung hinsichtlich **Sportanlagen** zu unterbleiben, wenn neben der bloß passiven Zurverfügungstellung des Grundstückes weitere Dienstleistungen im Zusammenhang mit der Sportanlage (z.B. Aufsicht, Verwaltung, ständige Unterhaltung) erbracht werden. Bei Sportvereinen kommt diesfalls aufgrund des unmittelbaren Zusammenhanges mit der Sportausübung die Steuerbefreiung des § 6 Abs. 1 Z. 14 UStG zur Anwendung.[7] 24.87

Außerhalb der Überlassung von Sportanlagen hält die Finanzverwaltung aber an der Aufgliederung des Entgeltes bei gemischten Verträgen fest,[8] es sei denn, die Grundstücksvermietung tritt gegenüber der Hauptleistung gänzlich in den Hintergrund.[9] Dies ist unionsrechtlich bedenklich.[10] Es ist nicht erkennbar, dass sich das Urteil des EuGH in der Rs. Stockholm Lindöpark[11] auf Sportanlagen beschränkt hat. Seine Aussagen sind vielmehr verallgemeinerungsfähig. Dienstleistungen, bei denen eine der Leistungskomponenten die Gebrauchsüberlassung eines Grundstückes darstellt, sind daher immer in ihrer Gesamtheit zu betrachten. Sie sind nur dann als steuerbefreite Grundstücksvermietung zu behandeln, wenn die passive Zurverfügungstellung des Grundstücks überwiegt. Umfasst aber die Dienstleistung nicht nur die passive Zurverfügungstellung eines Grundstücks, sondern zusätzlich eine Vielzahl anderer Dienstleistungen, die für den Leistungsempfänger in ihrer Gesamtheit einen eigenständigen über die bloße Nutzungsüberlassung hinausgehenden Wert haben, handelt es sich nicht um eine steuerbefreite Grundstücksvermietung.[12] Nach der Rechtsprechung des EuGH ist es für die Unanwendbarkeit der Steuerbefreiung demnach nicht erforderlich, dass die Grundstücksvermietung gegenüber den anderen Leistungen völlig in den Hintergrund rückt. 24.88

## II. Ausnahmen von der Steuerbefreiung

### 1. Überblick

In Übereinstimmung mit Art. 135 Abs. 2 MwStSystRL sind auch in Österreich die Vermietung und Verpachtung von Maschinen und sonstigen Vorrichtungen jeder Art unter be- 24.89

1 *Kanduth-Kristen/Mayr/Tschiderer* in Berger/Bürgler/Kanduth-Kristen/Wakounig, UStG-ON[2.07] § 6 Rz. 474; *Mayr* in Scheiner/Kolacny/Caganek, MwSt § 6 Abs. 1 Z. 16 Rz. 41.
2 VwGH v. 12.11.1990, 90/15/0043; v. 26.11.1990, 90/15/0062.
3 VwGH v. 3.11.1986, 85/15/0098.
4 UStR 2000 Rz. 892.
5 EuGH v. 18.1.2001 – Rs. C-150/99 – Stockholm Lindöpark, Slg. 2001, I-493, UR 2001, 153.
6 UStR 2000 Rz. 891a.
7 VereinsR 2001 Rz. 481a. – Dazu vorher *Achatz/Tratlehner*, Rz. 19.90.
8 *Ehrke-Rabel* in Doralt/Ruppe, Steuerrecht II[7] Rz. 376a; UStR 2000 Rz. 891.
9 UStR 2000 Rz. 892.
10 Ebenfalls kritisch: *Stangl* in Achatz/Tumpel, Umsatzsteuer und Immobilien 66.
11 EuGH v. 18.1.2001 – Rs. C-150/99 – Stockholm Lindöpark, Slg. 2001, I-493, UR 2001, 153.
12 *Ehrke-Rabel* in Doralt/Ruppe II[7] (2014) Rz. 376; ähnlich *Rattinger* in Melhardt/Tumpel, UStG[2] (2015) § 6 Rz. 496.

stimmten Voraussetzungen, die Beherbergung in eingerichteten Wohn- und Schlafräumen, die Vermietung (Nutzungsüberlassung) von Räumlichkeiten oder Plätzen für das Abstellen von Fahrzeugen jeder Art und die Vermietung (Nutzungsüberlassung) von Grundstücken für Campingzwecke von der Befreiung ausgenommen und daher umsatzsteuerpflichtig.

24.90 In Abweichung von der MwStSystRL scheint die Vermietung von Schließfächern (Art. 135 Abs. 2 lit. d MwStSystRL) im Ausnahmekatalog des § 6 Abs. 1 Z. 16 UStG nicht auf. Nach Auffassung der Finanzverwaltung unterliegen **Safe-Verträge** dennoch nicht der Steuerbefreiung.[1] Da bei solchen Verträgen aber die Verwahrungselemente derart in den Hintergrund treten, dass nach Zivilrecht von einem Mietvertrag,[2] oder zumindest von einem gemischten Vertrag, bei dem die Mietvertragskomponente überwiegt,[3] auszugehen ist, wäre die Vermietung von Schließfächern ohne entsprechende Ausnahmebestimmung im Gesetz steuerfrei, wenn die Vermietung des Schließfaches auf Grund seiner festen Verbindung mit einem Gebäude als Grundstücksvermietung zu qualifizieren ist.[4] Dieses Ergebnis widerspricht der MwStSystRL. Eine gesetzliche Klarstellung wäre daher wünschenswert.[5] Zu überlegen wäre, ob Schließfächer nicht schon unter die Ausnahmebestimmung für Betriebsvorrichtungen fallen (Rz. 24.101 ff.).

24.91 Außerdem unterliegt auch die Vermietung von Grundstücken zu Wohnzwecken der Umsatzsteuer (§ 6 Abs. 1 Z. 16 Teilstrich 1 UStG). Diese Ausnahme beruht auf Art. 135 Abs. 2 Satz 2 MwStSystRL, wonach die Mitgliedstaaten weitere Ausnahmen von der Steuerbefreiung vorsehen können.[6] Gemäß § 10 Abs. 2 Z. 3 lit. a UStG unterliegt die Vermietung von Grundstücken zu Wohnzwecken dem ermäßigten Steuersatz von 10 %.[7]

### 2. Die Ausnahmen von der Befreiung im Detail

#### a) Vermietung zu Wohnzwecken

24.92 Die Vermietung zu Wohnzwecken ist nach § 6 Abs. 1 Z. 16 erster Teilstrich UStG in Österreich stets steuerpflichtig.[8]

---

1 BMF 10.5.1995, ÖStZ 1995, 274.

2 *Schubert* in Rummel, ABGB³ § 957 Rz. 4; OGH 16.2.1977, 1 Ob 530/77 SZ 50/25.

3 *Koziol/Welser*, Bürgerliches Recht II¹⁴ (2015) Rz. 878; *Karner* in Kletečka/Schauer, ABGB-ON$^{1.02}$ § 957 Rz. 5; *Koziol* in Apathy/Iro/Koziol (Hrsg.), Österreichisches Bankvertragsrecht II (2008) Rz. 5/2 f.

4 Nach Zivilrecht können unselbständige Bestandteile eines Grundstückes Gegenstand eines Mietvertrages sein (*Riss* in Kletečka/Schauer, ABGB-ON$^{1.01}$ § 1094 Rz. 8 m.w.N.; *Pesek* in Schwimann/Kodek, ABGB$^{4}$ § 1093 Rz. 4 m.w.N.). Nicht geklärt erscheint jedoch, ob diesfalls ein Grundstücksmietvertrag vorliegt. Ist dies nicht der Fall, fällt diese Vermietung von Vornherein nicht unter den Tatbestand des § 6 Abs. 1 Z. 16 UStG.

5 *Stangl* in Achatz/Tumpel, Umsatzsteuer und Immobilien 79 f.; vgl. auch Ruppe/Achatz, UStG$^{5}$ § 6 Rz. 379.

6 *Pfister*, Die unechte Umsatzsteuerbefreiung bei Lieferungen und Dienstleistungen im Zusammenhang mit Grundstücken, in Achatz/Tumpel (Hrsg.), Unechte Steuerbefreiungen (2010) 53 (75).

7 Diese Ermäßigung beruht auf einer Ausnahmegenehmigung, die Österreich anlässlich des EU-Beitritts erteilt wurde (vgl. Punkt IX. Z. 2 lit. e Anhang XV zum Beitrittsvertrag BGBl. 1995/45, https://www.ris.bka.gv.at/NormDokument.wxe?Abfrage=Bundesnormen&Gesetzesnummer= 10007676&FassungVom= 2015-08-15&Artikel=&Paragraph=&Anlage= 15&Uebergangsrecht).

8 Dies gilt nur dann nicht, wenn der Unternehmer die Kleinunternehmergrenze von 30.000 Euro (§ 6 Abs. 1 Z 27 UStG) nicht überschreitet und nicht nach § 6 Abs. 3 UStG auf die Anwendung der Steuerbefreiung für Kleinunternehmer verzichtet hat.

Das UStG enthält keine Definition der Vermietung für Wohnzwecke. Da eine österreichische Sonderregelung vorliegt, kann für die Auslegung des Begriffes das Unionsrecht nicht herangezogen werden.[1] Grundstücke dienen nach hA Wohnzwecken, „wenn sie dazu bestimmt sind, in abgeschlossenen Räumen privates Leben, speziell auch Nächtigung, zu ermöglichen".[2] Maßgeblich ist nach hA der tatsächliche letzte Verwendungszweck des Mietobjekts. Auch wenn die Wohnung nicht vom Mieter zu Wohnzwecken verwendet wird, von diesem aber zu Wohnzwecken untervermietet wird, handelt es sich um eine Vermietung zu Wohnzwecken.[3]

Die Vermietung zu Wohnzwecken unterliegt nach der Übergangsbestimmung des Art. 28 Abs. 2 lit. j der 6.MwStRL[4] und nunmehr nach Art. 117 MwStSystRL zeitlich unbefristet dem ermäßigten Steuersatz.[5] Der ermäßigte Steuersatz erstreckt sich auch auf unselbständige Nebenleistungen zur Vermietung, wie etwa die Aufzugs- und Waschküchenbenützung, die Wasserversorgung und die Treppenbeleuchtung.[6] Eine Ausnahme besteht für die Lieferung von Wärme (§ 10 Abs. 2 Z. 3 lit. a UStG). Wird diese als Nebenleistung zur Wohnraumvermietung erbracht, unterliegt sie nicht dem ermäßigten, sondern dem Normalsteuersatz i.H.v. 20 %.[7] Bei der Wärmelieferung betreffend ein zu Wohnzwecken vermietetes Objekt kann es sich zweifelsohne um eine unselbständige Nebenleistung zur Hauptleistung der Vermietung handeln. Dennoch dürfte die Anwendung des regulären Steuersatzes auf die Wärmelieferung und die Anwendung des ermäßigten Steuersatzes auf die Vermietungsleistung nicht gegen Unionsrecht verstoßen: Die an Österreich erteilte Ermächtigung zur Anwendung des ermäßigten Steuersatzes wurde im Zuge des Beitritts von Österreich zur EU erteilt. Aus der einschlägigen Passage im Beitrittsvertrag[8] ergibt sich, dass die Ermächtigung sich nur auf die Vermietung für Wohnzwecke erstreckte.[9] Zudem hat der EuGH in der Rechtssache Talacre Beach zu einer Ausnahmeregelung betreffend den Steuersatz (Art. 28 Abs. 2 6.MwStRL) festgehalten, dass eine gesonderte Besteuerung bestimmter Bestandteile eines einheitlichen Umsatzes vor dem Hintergrund, dass Ausnahmen vom allgemeinen Mehrwertsteuersystem eng auszulegen sind, zulässig ist.[10] Da es sich bei dem für Österreich geltenden besonderen Steuersatz ebenfalls um eine Ausnahme vom allgemeinen Steuersatz handelt, ist diese Rechtsprechung auf die österreichische Situation übertragbar.[11] 24.93

1 *Stangl* in Achatz/Tumpel, Umsatzsteuer und Immobilien 69; *Bieber/Tratlehner*, Die umsatzsteuerpflichtige Grundstücksvermietung für Wohnzwecke, ÖStZ 2017, 297 (301).

2 *Ruppe/Achatz*, UStG[5] § 10 Rz. 55; *Stangl* in Achatz/Tumpel, Umsatzsteuer und Immobilien 69; VwGH v. 25.6.2014, 2010/13/0119.

3 UStR 2000 Rz. 1185; Mayr/*Ungericht*, UStG[4] § 10 Anm. 22; *Stangl* in Achatz/Tumpel, Umsatzsteuer und Immobilien 69; *Tanzer*, Die Vermietung und Verpachtung von Grundstücken im neuen Umsatzsteuerrecht (UStG 1994), AnwBl. 1994, 961 (963); a.A. *Rattinger*, Vermietung und Verpachtung von Grundstücken, in Achatz (Hrsg.), Praxisfragen zum UStG 1994 (1995) 155 (163). – Daher kommt der ermäßigte Steuersatz zur Anwendung.

4 RL 77/388/EWG i.d.F. RL 2000/17/EG des Rates v. 30.3.2000, ABl L 84/24.

5 Österreich darf nach dieser Bestimmung einen ermäßigten Steuersatz des Art. 98 MwStSystRL anwenden, sofern dieser mindestens 10 % beträgt.

6 UStR 2000 Rz. 1189.

7 UStR 2000 Rz. 1190; *Stangl* in Achatz/Tumpel, Umsatzsteuer und Immobilien 70.

8 Punkt IX. Z. 2 lit. e Anhang XV zum Beitrittsvertrag BGBl. 1995/45.

9 So VwGH v. 25.6.2014, 2010/13/0119, zur vergleichbaren Situation bei Wohnungseigentumsgemeinschaften und den auf das Entgelt für den Garagenanteil entfallenden Steuersatz.

10 EuGH v. 6.7.2006 – Rs. C-251/05 – Talacre Beach Rz. 22 ff., Slg. 2006, I-6269, UR 2006, 582. – Vgl. a. EuGH v. 8.5.2003 – Rs. C-384/01 – Kommission/Frankreich, Slg. 2003, I-4395, UR 2003, 408.

11 In diesem Sinne auch VwGH v. 25.6.2014, 2010/13/0119.

### b) Beherbergung

24.94 Steuerpflichtig ist auch die „Beherbergung in eingerichteten Wohn- und Schlafräumen“. Sie und die regelmäßig mit ihr verbundenen Nebenleistungen (einschließlich der Beheizung) unterliegen dem ermäßigten Steuersatz gem. § 10 Abs. 3 Z. 3 lit. a UStG.[1]

24.95 Der Begriff der Beherbergung ist im UStG nicht definiert und daher aus der Verkehrsauffassung abzuleiten.[2] Im Unterschied zur deutschen Regelung ist das Abgrenzungsmerkmal der „Kurzfristigkeit“ in Österreich nicht gesetzlich verankert. Es wird aber davon ausgegangen, dass die Beherbergung keinen dauerhaften Charakter hat, sondern Wohnraum zum Zweck eines vorübergehenden Aufenthaltes zur Verfügung gestellt wird.[3] Das entscheidende Kriterium ist jedoch, dass bei der Beherbergung über die bloße Überlassung von Wohnräumlichkeiten hinaus gewisse Dienstleistungen der Betreuung der Räumlichkeiten oder des Gastes (z.B. Reinigung, Beheizung, Beleuchtung, Zurverfügungstellung von Einrichtungsgegenständen und Bettwäsche usw.) erbracht werden.[4]

24.96 Der Unterscheidung zwischen Vermietung zu Wohnzwecken und Beherbergung kommt in Österreich keine derart große Bedeutung zu wie in Deutschland, da beide Leistungen steuerpflichtig sind.[5] Sie ist jedoch aus zweierlei Gründen nicht belanglos: Zum einen gilt seit 1.5.2016 für die Beherbergung ein ermäßigter Steuersatz von 13 %, während auf die Vermietung zu Wohnzwecken weiterhin der ermäßigte Steuersatz von 10 % anzuwenden ist. Außerdem erstreckt sich der ermäßigte Steuersatz bei der Vermietung zu Wohnzwecken nicht auf mitgelieferte Wärme und – nach Ansicht des VwGH[6] (Rz. 24.83) – auch nicht auf die mitvermieteten Einrichtungsgegenstände, während die Beherbergung gewisse Dienstleistungen der Betreuung der Räumlichkeiten oder des Gastes (z.B. die Zurverfügungstellung von Einrichtungsgegenständen) umfasst und der ermäßigte Steuersatz ausdrücklich auch auf die regelmäßig mit der Beherbergung verbundenen Nebenleistungen einschließlich der Beheizung anzuwenden ist.[7]

24.97 Als regelmäßig mit der Beherbergung verbundene Nebenleistungen werden u.a. die Zurverfügungstellung von Fernsehgeräten, der **Verleih von Sportgeräten**, die Verabreichung von **Massagen**, geführte **Wanderungen oder Skitouren**, die Abgabe von Autobahnvignetten oder Liftkarten, die Bereitstellung von **Reitlehrern** und dergleichen angesehen, wenn dafür kein gesondertes Entgelt in Rechnung gestellt wird.[8] Dabei ist es nicht von Bedeutung, ob diese Nebenleistungen wirtschaftlich unselbständig sind.[9] Diese weite Sichtweise der begünstigten Nebenleistungen wird teilweise kritisiert, da in Art. 135 Abs. 2 MwStSystRL nur von Beherbergungsleistungen die Rede sei und nicht von regelmäßig damit verbundenen Nebenleistungen.[10] Da schon der Begriff der Beherbergung Nebenleistungen impliziert, ist es uE unbedenklich auch solche Nebenleistungen dem ermäßigten Steuersatz zu unterwerfen, die zwar nach

---

1 UStR 2000 Rz. 1368.
2 *Pernegger* in Melhardt/Tumpel, UStG² § 10 Rz. 217; Ruppe/Achatz, UStG⁵ § 10 Rz. 140.
3 Vgl. VwGH v. 29.4.1992, 88/17/0184; *Pernegger* in Melhardt/Tumpel, UStG² § 10 Rz. 217.
4 Vgl. VwGH v. 29.4.1992, 88/17/0184; UStR 2000 Rz. 1368; *Ruppe/Achatz*, UStG⁵ § 10 Rz. 140; *Pernegger* in Melhardt/Tumpel, UStG² § 10 Rz. 217; Mayr/*Ungericht*, UStG⁴ § 10 Anm. 23.
5 *Rattinger* in Melhardt/Tumpel, UStG² § 6 Rz. 502.
6 VwGH v. 24.2.1992, 90/15/0146.
7 Vgl. *Ruppe/Achatz*, UStG⁵ § 10 Rz. 139 ff.
8 UStR 2000 Rz. 1373.
9 *Ruppe/Achatz*, UStG⁵ § 10 Rz. 142.
10 *Pernegger* in Melhardt/Tumpel, UStG² § 10 Rz. 222 f.

den allgemeinen Regeln wirtschaftlich selbständig wären, aber regelmäßig mit der Beherbergung verbunden sind. Voraussetzung ist freilich, dass für diese Nebenleistungen kein gesondertes Entgelt verrechnet wird.[1]

Der ermäßigte Steuersatz von 13 % gilt erst seit dem 1.5.2016. Davor galt der ermäßigte Steuersatz von 10 %. Wurde eine Buchung und An- oder Vorauszahlung vor dem 1.9.2015 vorgenommen und wird der Umsatz zwischen dem 1.5.2016 und dem 31.12.2017 ausgeführt, ist auf ihn gem. § 28 Abs. 42 Z. 2 UStG weiterhin der Steuersatz von 10 % anzuwenden.[2] 24.98

### c) Vermietung zu Campingzwecken

Eine Vermietung zu Campingzwecken liegt in Übereinstimmung mit der Rechtsprechung des EuGH[3] nur vor, wenn es sich um eine kurzfristige Beherbergung auf Campingplätzen handelt. Die langfristige Vermietung von Liegewiesen (inklusive Badehütten) fällt dagegen unter die Steuerbefreiung des § 6 Abs. 1 Z. 16 UStG.[4] 24.99

Die Vermietung zu Campingzwecken unterliegt gem. § 10 Abs. 3 Z. 3 lit. b UStG dem ermäßigten Steuersatz. Die Begünstigung erfasst neben der Überlassung der Stellfläche für den Wohnwagen oder das Zelt auch die Zurverfügungstellung von sanitären Anlagen, Aufenthaltsräumen, Koch- und Bügeleinrichtungen, Strom- und Wasseranschlüssen, Badeeinrichtungen und dergleichen, soweit ein einheitliches Benützungsentgelt verrechnet wird.[5] Der ermäßigte Steuersatz beläuft sich seit 1.5.2016 auf 13 %. Die Übergangsbestimmung des § 28 Abs. 42 Z. 2 UStG (s. Rz. 24.98 hinsichtlich der Beherbergung) gilt auch für die Vermietung zu Campingzwecken.[6] 24.100

### d) Vermietung und Verpachtung von Maschinen und Betriebsvorrichtungen

Wie in Deutschland ist auch in Österreich die Vermietung und Verpachtung von Maschinen und sonstigen Vorrichtungen aller Art, die zu einer Betriebsanlage gehören, steuerpflichtig. Sie unterliegt dem Normalsteuersatz von 20 %. 24.101

Die Beurteilung, ob eine Betriebsvorrichtung vorliegt, hat uE aus der Sicht des Durchschnittsverbrauchers zu erfolgen.[7] Dieser im Vergleich zur Abstellung auf den Einsatz der Vorrichtung beim konkreten Vermieter und/oder Mieter objektivere Maßstab, trägt dem Charakter der Umsatzsteuer als Verbrauchsteuer Rechnung. 24.102

---

1 UStR 2000 Rz. 1373.
2 UStR 2000 Rz. 1380.
3 Vgl. EuGH v. 12.2.1998 – Rs. C-346/95 – Blasi, Slg. 1998, I-481, UR 1998, 189.
4 Vgl. UFS v. 25.4.2006, RV/0752-L/04; *Kanduth-Kristen/Mayr/Tschiderer* in Berger/Bürgler/Kanduth-Kristen/Wakounig, UStG-ON[2.07] § 6 Rz. 500.
5 UStR 2000 Rz. 1378; Mayr/*Ungericht*, UStG[4] § 10 Anm. 24; *Caganek*, Aktueller Umsatzsteuerfall zu § 10 Abs. 2 Z. 5 – Steuersatz für die Benützung von Tennisplätzen, Minigolfplätzen, Squash-Anlagen, Fitnesscentern und Campingplätzen, ÖStZ 1990, 166 (167).
6 UStR 2000 Rz. 1380.
7 Für diese Beurteilung gilt uE nichts anderes als für die Beurteilung der Frage, ob ein Vorgang als mehrere selbständige Hauptleistungen oder als eine einheitliche Leistung (mit verschiedenen Bestandteilen) zu beurteilen ist (vgl. dazu die stRsp des EuGH v. 22.10.1998 – Rs. C-308/96 u C-94/97 – Madgett und Baldwin, Slg. 1998, I-6229; v. 2.12.2010 – Rs. C-276/09 – Everything Everywhere, Slg. 2010, I-12359, UR 2011, 261).

24.103 Wird ein Grundstück samt Maschinen und Betriebsvorrichtungen vermietet oder verpachtet, ist das Entgelt im Verhältnis der Anschaffungs- oder Herstellungskosten der Betriebsvorrichtungen zum Wert der Grundstücksflächen aufzuteilen.[1]

### e) Vermietung von Fahrzeugabstellplätzen

24.104 Fahrzeug i.S.d. Bestimmung sind Land-, Wasser- und Luftfahrzeuge. Nicht unter den Begriff fallen nach Ansicht der Finanzverwaltung schrottreife Fahrzeuge (Wracks) und selbstfahrende Maschinen (z.B. Straßenwalzen).[2]

24.105 Werden Fahrzeugabstellplätze oder Garagen im Zusammenhang mit der Vermietung von Grundstücken, die für einen anderen Gebrauch bestimmt sind, mitvermietet, stellt sich die Frage, ob diese Mitvermietung eine unselbständige Nebenleistung darstellt, die das umsatzsteuerrechtliche Schicksal der Hauptleistung (Vermietung des für einen anderen Gebrauch bestimmten Grundstückes) teilt.[3] Nach der Rsp des EuGH ist dies zu bejahen, wenn der Fahrzeugabstellplatz bzw. die Garage „und das für einen anderen Gebrauch bestimmte Grundstück Teil ein und desselben Gebäudekomplexes sind und diese beiden Gegenstände von ein und demselben Vermieter an ein und denselben Mieter vermietet werden."[4] Bei Vorliegen des entsprechenden räumlichen Zusammenhangs und der Identität der Vertragsparteien stellt die **Vermietung des Fahrzeugabstellplatzes bzw. der Garage** daher eine **unselbständige Nebenleistung** dar.[5] Diese Rechtsprechung ist in Österreich jedenfalls dann anzuwenden, wenn der Fahrzeugabstellplatz im Zusammenhang mit einer steuerbefreiten Grundstücksvermietung (z.B. Vermietung von Büroräumen) mitvermietet wird.

24.106 Wird ein Fahrzeugabstellplatz gemeinsam mit einer Wohnung zu Wohnzwecken vermietet und handelt es sich nach dem Gesamtbild der Verhältnisse um eine einheitliche Leistung, ist die Anwendung unterschiedlicher Steuersätze auf die einzelnen Bestandteile dieses Umsatzes nicht ausgeschlossen (vgl. dazu schon vorher unter Rz. 24.93). In diesem Sinn hat der VwGH unter Berufung auf die Rechtsprechung des EuGH[6] entschieden, dass der ermäßigte Steuersatz nicht auf die Vermietung des Fahrzeugabstellplatzes angewendet werden könne.[7] Die Anwendung des ermäßigten Steuersatzes auf die Vermietung zu Wohnzwecken beruhe auf einer Ausnahmeregelung, die Österreich im Zuge der Beitrittsverhandlungen nur in dem Ausmaß be-

1 *Ruppe/Achatz*, UStG[5] § 6 Rz. 399; vgl. auch VwGH v. 16.3.1987, 85/15/0255 VwSlg. 6201 F; v. 11.11.1985, 84/15/0148 VwSlg. 6047 F.

2 UStR 2000 Rz. 896; *Rattinger* in Melhardt/Tumpel, UStG[2] § 6 Rz. 503; Mayr/*Ungericht*, UStG[4] § 6 Anm. 53.

3 *Pfister*, Anwendung des ermäßigten Steuersatzes auf die Überlassung von Fahrzeugabstellplätzen im Rahmen der Vermietung zu Wohnzwecken, taxlex 2010, 142; *Pfister* in Achatz/Tumpel, Unechte Steuerbefreiungen 68 ff.; *Tanzer*, AnwBl. 1994, 962; *Stangl* in Achatz/Tumpel, Umsatzsteuer und Immobilien 71.

4 EuGH v. 13.7.1989 – Rs. 173/88 – Henriksen, Slg. 1989, 2763.

5 *Pfister*, Anwendung des ermäßigten Steuersatzes auf die Überlassung von Fahrzeugabstellplätzen im Rahmen der Vermietung zu Wohnzwecken, taxlex 2010, 146.

6 EuGH v. 6.7.2006 – Rs. C-251/05 – Talacre Beach Rz. 22 ff., Slg. 2006, I-6269, UR 2006, 582; dazu vorher oben Rz. 24.93.

7 VwGH v. 25.6.2014, 2010/13/0119 ÖStZB 2014, 445; UStR 2000 Rz. 1191; *Caganek*, Anmerkung zu Sarnthein, Einheitlichkeit der Leistung (ÖStZ 2001, 277), ÖStZ 2001, 279; *Mayr* in Scheiner/Kolacny/Caganek, MwSt § 10 Abs. 2 Z. 4 Rz. 27 ff.; *Rattinger* in Melhardt/Tumpel, UStG[2] § 6 Rz. 504; a.A. *Ruppe/Achatz*, UStG[5] § 6 Rz. 403.

antragt habe, in dem der ermäßigte Steuersatz bereits vor dem Beitritt gegolten hat. Vor dem Beitritt Österreichs zur EU habe sich der ermäßigte Steuersatz nicht auf die Überlassung von Fahrzeugabstellplätzen im Zusammenhang mit einer Wohnungsvermietung erstreckt.[1]

Für die Vermietung von Räumlichkeiten oder Plätzen für das Abstellen von Fahrzeugen aller Art kommt der Normalsteuersatz i.H.v. 20 % zur Anwendung.[2] Vermietet hingegen ein gemeinnütziger Rechtsträger Räumlichkeiten oder Plätze für das Abstellen von Fahrzeugen, so kommt der ermäßigte Steuersatz zur Anwendung (§ 10 Abs. 2 Z. 4 UStG). 24.107

### f) Kurzfristige Vermietung

Eine kurzfristige Vermietung liegt vor, wenn sie während eines ununterbrochenen Zeitraumes nicht mehr als 14 Tage andauert.[3] Die Ausnahmebestimmung setzt voraus, dass das Grundstück sonst nur zur Ausführung von Umsätzen, die den Vorsteuerabzug nicht ausschließen, für kurzfristige Vermietungen und/oder zur Befriedigung eines Wohnbedürfnisses verwendet wird. Umsätze, die den Vorsteuerabzug nicht ausschließen, sind steuerpflichtige Umsätze, echt steuerbefreite Umsätze oder Umsätze, die gemäß § 15 UStG bei der Berechnung des Vorsteuerabzuges grundsätzlich außer Ansatz bleiben. Verwendet dagegen der Unternehmer das Grundstück auch für Umsätze oder Zwecke, die den Vorsteuerabzug ausschließen (mit Ausnahme der Befriedigung eines Wohnbedürfnisses), unterliegt die kurzfristige Vermietung der Steuerbefreiung des § 6 Abs 1 Z 16 UStG, wenn der Unternehmer nicht gemäß § 6 Abs 2 UStG berechtigterweise auf Steuerpflicht optiert (siehe dazu Rz. 24.110 ff.). 24.108

Zweck der Ausnahmebestimmung ist die Verwaltungsvereinfachung, da aufgrund der eingeschränkten Optionsmöglichkeit des § 6 Abs 2 UStG Unternehmer (z.B. Hotelbetreiber) bei der kurzfristigen Vermietung von Räumlichkeiten dann nicht auf Steuerpflicht optieren können, wenn sie diese an Nichtunternehmer oder Unternehmer, die nicht (nahezu vollständig) 24.109

1 VwGH v. 25.6.2014, 2010/13/0119 ÖStZB 2014, 445; *Caganek*, ÖStZ 2001, 279; *Mayr* in Scheiner/Kolacny/Caganek, MwSt § 10 Abs. 2 Z. 4 Rz. 28. – a.A. *Pfister*, Anwendung des ermäßigten Steuersatzes auf die Überlassung von Fahrzeugabstellplätzen im Rahmen der Vermietung zu Wohnzwecken, taxlex 2010, 146; *Pfister*, Die unechte Umsatzsteuerbefreiung bei Lieferungen und Dienstleistungen im Zusammenhang mit Grundstücken, in Achatz/Tumpel, Unechte Steuerbefreiungen 75, nach dessen Ansicht ein Herausschälen einer Nebenleistung aus der ermäßigten Besteuerung einer gesetzlichen Regelung – wie jener des § 10 Abs. 2 Z. 3 lit. a UStG hinsichtlich der Lieferung von Wärme – bedürfe. Dem ist u.E. nicht zuzustimmen: Wenn sich die Ermächtigung in historisch-teleologischer Interpretation tatsächlich nur auf die Überlassung von Wohnraum bezogen hat, bedurfte es zwar einer expliziten gesetzlichen Regelung, um die mit der Wohnraumüberlassung verbundene Wärmelieferung (die letztendlich das Wohnen maßgeblich mitermöglicht oder zumindest beeinflusst) einem anderen Steuersatz zu unterwerfen. Für die Vermietung des Garagenabstellplatzes ist eine explizite gesetzliche Regelung jedoch nicht notwendig, weil der Garagenabstellplatz mit dem Wohnraum per se nichts zu tun hat.

2 *Rattinger* in Melhardt/Tumpel, UStG² § 6 Rz. 503.

3 Für die Abgrenzung, ob eine kurzfristige Vermietung vorliegt, kann nach den ErläutRV (1352 BlgNR 25. GP 13 f.) auf Grund des gleichen Wortlautes in § 3a Abs. 12 Z. 1 UStG (Leistungsort bei kurzfristiger Vermietung eines Beförderungsmittels) auf Art. 39 MwStDVO zurückgegriffen werden. Nach dieser Bestimmung bildet die vertraglich vereinbarte Mietdauer eine widerlegliche Vermutung, wobei ausschlaggebend jedoch die tatsächliche Dauer der Vermietung ist; siehe dazu *Bürgler/Stifter*, Die Option nach § 6 Abs 2 UStG – Umsetzung in der Praxis, in Kovar/Wahrlich/Zorman (Hrsg.), Übertragung und Vermietung von Immobilien² (2017) 124 (144).

zum Vorsteuerabzug aus dieser Leistung berechtigt wären, vermieten. Erbringt der vermietende Unternehmer sonst nur steuerpflichtige (Beherbergungs-)Leistungen, konnte er bisher für Aufwendungen hinsichtlich der kurzfristig vermieteten Räumlichkeiten nicht den vollen Vorsteuerabzug geltend machen, und es konnten auch negative Vorsteuerkorrekturen gem § 12 Abs 10 UStG notwendig sein, die im Einzelfall sehr aufwendig zu berechnen waren. Durch Einführung der Ausnahmebestimmung für kurzfristige Vermietungen, soll der sonst zum vollen Vorsteuerabzug berechtigte Unternehmer nicht mehr unterscheiden müssen, ob der kurzfristig Mietende (nahezu voll) zum Vorsteuerabzug aus dieser Vermietungsleistung berechtigt ist. Die kurzfristige Vermietung ist nämlich seit 1.1.2017 zwingend steuerpflichtig zum Normalsteuersatz von 20 %, wodurch eine Option nach § 6 Abs 2 UStG weder erforderlich noch möglich ist. Dadurch können die Aufteilung der Vorsteuerbeträge und allfällige negative Vorsteuerkorrekturen unterbleiben.[1] Die Neuregelung soll zur Erhöhung der Rechtssicherheit und zur Senkung von Rechtsbefolgungskosten beitragen.[2]

## III. Verzicht auf die Steuerbefreiung (§ 6 Abs. 2 UStG)

### 1. Überblick

24.110 Der österreichische Gesetzgeber hat von der durch Art. 137 MwStSystRL eingeräumten Ermächtigung Gebrauch gemacht und räumt für steuerbefreite Umsätze der Vermietung und Verpachtung von Grundstücken die Möglichkeit zur Option auf Steuerpflicht ein.[3]

24.111 Nach der Rechtslage vor dem 1. StabG 2012 war die Option im Gegensatz zur deutschen Rechtslage unabhängig von einer bestimmten Qualität des Mieters. Sie konnte daher auch dann ausgeübt werden, wenn das Grundstück für Umsätze verwendet wurde, die nicht zum Vorsteuerabzug berechtigten.[4]

24.112 Durch das 1. StabG 2012 wurde die Optionsmöglichkeit jedoch vergleichbar der deutschen Rechtslage eingeschränkt: Die Option auf Steuerpflicht von Umsätzen aus der Vermietung und Verpachtung von Grundstücken setzt voraus, dass der Leistungsempfänger (Mieter) das Grundstück oder einen baulich abgeschlossenen, selbständigen Teil des Grundstücks nahezu **ausschließlich für Umsätze verwendet, die den Vorsteuerabzug nicht ausschließen**. Die Einschränkung gilt für Miet- und Pachtverhältnisse, die nach dem 31.8.2012 begonnen haben oder beginnen, sofern mit der Errichtung des Gebäudes durch den Unternehmer nicht bereits vor dem 1.9.2012 begonnen worden war (§ 28 Abs. 38 Z. 1 UStG).[5]

---

1 *Bürgler/Stifter*, Die Option nach § 6 Abs 2 UStG – Umsetzung in der Praxis, in Kovar/Wahrlich/Zorman (Hrsg.), Übertragung und Vermietung von Immobilien² (2017) 124 (143 f.); *Mayr*, Die Neuerungen im UStG für das Jahr 2017 – Teil 1 (Grundstücke), RdW 2017, 203 (206 f.).

2 ErläutRV 1352 BlgNR 25. GP 13; vgl. auch *Ruppe/Achatz*, UStG⁵ § 6 Rz. 405/1.

3 *Tanzer*, AnwBl. 1994, 965.

4 *Ruppe/Achatz*, UStG⁵ § 6 Rz. 412; *Kanduth-Kristen/Mayr/Tschiderer* in Berger/Bürgler/Kanduth-Kristen/Wakounig, UStG-ON$^{2.07}$ § 6 Rz. 504.

5 Der Beginn der Errichtung ist jener Zeitpunkt, in welchem bei vorliegender Baubewilligung die Bauausführung tatsächlich begonnen wird. Die Bestimmung fordert ausdrücklich, dass der Errichter des Gebäudes der Vermieter selbst ist (UStR 2000 Rz. 899c).

## 2. Kommentierung der einzelnen Tatbestände und Tatbestandsmerkmale

Gemäß § 6 Abs. 2 UStG kann der Unternehmer Umsätze, die nach § 6 Abs. 1 Z. 16 leg. cit. steuerbefreit sind, als steuerpflichtig behandeln, wobei jede einzelne Vermietung optionsfähig ist.[1] Die Ausübung dieser Option ist an keine besondere Form gebunden.[2] 24.113

Optionsberechtigt ist der leistende Unternehmer (Vermieter). Nach der durch das **1. StabG 2012 geänderten Rechtslage** ist der Verzicht auf die Steuerbefreiung aber nur zulässig, soweit der Leistungsempfänger (Mieter) das Grundstück oder einen baulich abgeschlossenen, selbständigen Teil desselben nahezu ausschließlich für Umsätze verwendet, die den Vorsteuerabzug nicht ausschließen.[3] Nach den Materialien zum 1. StabG 2012 liegt diese Voraussetzung dann vor, wenn hinsichtlich der auf den Mietzins entfallenden Umsatzsteuer der Vorsteuerabzug **höchstens zu 5 %** ausgeschlossen wäre.[4] Dies entspricht der deutschen Rechtslage und Finanzpraxis (Rz. 24.67). Nach Rz. 899a UStR ist ein einmaliges Überschreiten dieser 5 %-Grenze auf bis zu 7,5 % in einem Veranlagungszeitraum innerhalb von fünf Jahren unschädlich.[5] 24.114

Eigenständig optionsfähig sind baulich abgeschlossene, selbständige Teile des Grundstückes. Nach Ansicht der Finanzverwaltung liegt ein baulich abgeschlossener Teil dann vor, wenn an ihm Wohnungseigentum begründet werden könnte.[6] Da der Gesetzeswortlaut des § 6 Abs. 2 UStG die Möglichkeit der Begründung von Wohnungseigentum nicht verlangt, ist u.E. eine weitere Interpretation erlaubt.[7] 24.115

Der Unternehmer hat die Tatsache nachzuweisen, dass der Mieter das Mietobjekt nahezu ausschließlich für Umsätze verwendet, die den Vorsteuerabzug nicht ausschließen. Dieser Nachweis kann sich nach den Materialen[8] und der Ansicht der Finanzverwaltung[9] aus einer Bestätigung des Mieters, aus Bestimmungen des Mietvertrages oder aus anderen Unterlagen ergeben. 24.116

Befindet sich der Mieter erst in der Anfangsphase seiner unternehmerischen Tätigkeit und tätigt er daher noch keine Ausgangsumsätze, wird auf die ersichtliche Nutzungsabsicht abzustellen sein.[10] Wird das Bestandsobjekt durch den Vermieter erst errichtet, kann der Nachweis, dass dieses an einen zum Vorsteuerabzug berechtigten Mieter überlassen wird, unter Umständen schwer zu erbringen sein. Wird ein Gebäude errichtet, welches nicht von vornherein darauf ausgerichtet ist, ausschließlich an Unternehmer vermietet zu werden, die tendenziell unecht steuerbefreite Umsätze erbringen (z.B. Versicherungen, Ärzte etc.) ist es uE ausreichend, dass die höhere Wahrscheinlichkeit für die Zulässigkeit der Optionsausübung spricht.[11] 24.117

---

1 *Kanduth-Kristen/Mayr/Tschiderer* in Berger/Bürgler/Kanduth-Kristen/Wakounig, UStG-ON$^{2.07}$ § 6 Rz. 504; *Rattinger* in Melhardt/Tumpel, UStG$^{2}$ § 6 Rz. 509.
2 *Rattinger* in Melhardt/Tumpel, UStG$^{2}$ § 6 Rz. 325.
3 *Kanduth-Kristen/Mayr/Tschiderer* in Berger/Bürgler/Kanduth-Kristen/Wakounig, UStG-ON$^{2.07}$ § 6 Rz. 508; *Rattinger* in Melhardt/Tumpel, UStG$^{2}$ § 6 Rz. 509a.
4 ErläutRV 1680 BlgNR 24. GP 23.
5 UStR 2000 Rz. 899a; *Rattinger* in Melhardt/Tumpel, UStG$^{2}$ § 6 Rz. 509a; *Ehrke-Rabel/Ruppe* in FS Tanzer, S. 253.
6 UStR 2000 Rz. 899b; vgl. auch *Mayr* in Scheiner/Kolacny/Caganek, MwSt § 6 Abs. 2 Rz. 93 ff.
7 *Ehrke-Rabel/Ruppe* in FS Tanzer, S. 252.
8 ErläutRV 1680 BlgNR 24. GP 24.
9 UStR 2000 Rz. 899a.
10 *Ehrke-Rabel/Ruppe* in FS Tanzer, S. 258.
11 *Ehrke-Rabel/Ruppe* in FS Tanzer, S. 258 f.; vgl. auch *Mayr* in Scheiner/Kolacny/Caganek, MwSt § 6 Abs. 2 Rz. 106 ff.

24.118 Solange der Vermieter nicht erwarten muss, dass beim Mieter Änderungen hinsichtlich der Verwendung des Mietobjektes eintreten, sind keine wiederholten Nachweise erforderlich.[1] Es ist dem Vermieter aber zumutbar, bei Verdacht einer Nutzungsänderung durch den Mieter eigene Nachforschungen vorzunehmen.[2]

24.119 Nach h.A.[3] kann die Option für jeden Voranmeldungszeitraum ausgeübt werden und auch in jedem späteren Voranmeldungszeitraum widerrufen werden. Die Frage, ob der Mieter das Mietobjekt nahezu ausschließlich für zum Vorsteuerabzug berechtigende Zwecke nutzt, muss jedoch nach den Verhältnissen des Veranlagungszeitraumes, d.h. des Kalenderjahres, beurteilt werden.[4]

24.120 Eine Nutzungsänderung in einem nachfolgenden Kalenderjahr, durch die das Bestandsobjekt nicht mehr nahezu ausschließlich für zum Vorsteuerabzug berechtigende Umsätze verwendet wird, zieht für den Vermieter eine Änderung der für den Vorsteuerabzug maßgebenden Verhältnisse nach sich. Daher ist eine Vorsteuerkorrektur nach § 12 Abs. 10 UStG vorzunehmen.[5] Für die Beurteilung, ob der Mieter das Mietobjekt auch tatsächlich und auch in Folgejahren überwiegend für zum Vorsteuerabzug berechtigende Zwecke verwendet, wird der Vermieter regelmäßig auf entsprechende Mitteilungen des Mieters angewiesen sein. Erfährt der Mieter erst nach Ablauf eines Kalenderjahres und nach erfolgter rechtskräftiger Veranlagung zur Umsatzsteuer von einer Änderung der Verhältnisse im abgeschlossenen Veranlagungszeitraum, ist von einem rückwirkenden Ereignis nach § 295a BAO auszugehen. Die Änderung des rechtskräftigen Bescheides ist dann innerhalb der fünfjährigen Verjährungsfrist, die mit dem Eintritt des Ereignisses (d.h. der Mitteilung durch den Mieter) zu laufen beginnt, zulässig (§ 207 Abs. 1 BAO i.V.m. § 208 Abs. 1 lit. e BAO).[6]

## E. Reformvorschläge

24.121 Die der Befreiungsregel des Art. 135 Abs. 1 lit. l MwStSystRL bzw. des § 4 Nr. 12 UStG zugrunde liegenden Zwecksetzungen (Rz. 24.7 ff. und 24.46) legen es nahe, die Steuerfreiheit der Grundstücksvermietung von vornherein auf die **langfristige Nutzungsüberlassung von Wohnraum** zu begrenzen. Nur für diese Art von Umsätzen schlagen die sozialpolitischen Erwägungen des Gesetzgebers wie auch der Vereinfachungsgedanke der Vorschrift voll durch. Eine dahingehende nationale Reform wäre von dem Ausgestaltungsvorbehalt des Art. 135 Abs. 2 Satz 2 MwStSystRL gedeckt und würde damit keine Richtlinienänderung voraussetzen, wie das spanische Vorbild zeigt[7]. Damit würden sich zugleich zahlreiche Abgrenzungsprobleme im Zusammenhang mit gemischten Leistungen (jenseits der Problematik steuerfreier Mietnebenleistungen) sowie mit den Ausnahmetatbeständen des § 4 Nr. 12 Satz 2 UStG erledigen. Auch eine Option nach § 9 UStG und die mit den dort niedergelegten Voraussetzungen insb. des § 9 Abs. 2 UStG in der Praxis verbundenen Schwierigkeiten würde dadurch obsolet.

1 ErläutRV 1680 BlgNR 24. GP 24; UStR 2000 Rz. 899a.
2 *Ehrke-Rabel/Ruppe* in FS Tanzer, S. 256 f.
3 *Ruppe/Achatz*, UStG[5] § 6 Rz. 409; *Kanduth-Kristen/Mayr/Tschiderer* in Berger/Bürgler/Kanduth-Kristen/Wakounig, UStG-ON[2.07] § 6 Rz. 504; *Ehrke-Rabel/Ruppe* in FS Tanzer, S. 255 f.
4 *Ehrke-Rabel/Ruppe* in FS Tanzer, S. 255 f.; ungenau: UStR 2000 Rz. 2011.
5 § 12 Abs. 10 UStG entspricht § 15a Abs. 1 u 5 dUStG.
6 Die Änderung rechtskräftiger Bescheide wegen Eintritts eines rückwirkenden Ereignisses ist durch den Eintritt der absoluten Verjährung begrenzt (vgl. *Ehrke-Rabel* in Doralt/Ruppe, Steuerrecht II[7] (2014) Rz. 1350a). Die absolute Verjährungsfrist beträgt 10 Jahre (§ 209 Abs. 3 BAO).
7 S. EuGH v. 3.2.2000 – Rs. C-12/98 – Amengual Far, ECLI:EU:C:2000:62, UR 2000, 123.

# 5. Teil
# Bemessungsgrundlage und Steuersatz

## Kapitel 25
## Entgelt als Bemessungsgrundlage




**Literatur:** *Gravelle/Rees*, Microeconomics, 3. Aufl., Harlow 2009; *Heber*, Verrechnungspreise im System des Mehrwertsteuerrechts, MwStR 2015, 376; *Heber*, Umsatzsteuerrechtliche Problemstellungen bei alinearen Gewinnausschüttungen bzw -verteilungen, GES 2013, 23; *Heber*, Ist § 4 Abs. 9 UStG eine Mindestbemessungsgrundlage für den Eigenverbrauch? Taxlex, 2013, 133; *Heber*, Issue of shares and partnership interests and the Look-Through Approach within the scope of VAT and GST, World VAT/GST Journal, 2013 Issue 1, 24; *Heber*, Spenden und Sponsoring im Mehrwertsteuerrecht, in Non Profit Law Yearbook 2017, im Erscheinen; *Mesdom/van Vlem*, The end of a transfer pricing-free VAT system in the EU, Tax Planning International Transfer Pricing, 2007; *Raab*, AbgÄG 2012: Einführung einer gesetzlichen Mindestbemessungsgrundlage in der Umsatzsteuer, ÖStZ 2013, 124; *Sternberg*, Die Umsatzbesteuerung gemeinnütziger Vereine im Binnenmarkt – Steuerbarkeit und Leistungsort, SSRN (https://papers.ssrn.com/sol3/papers.cfm?abstract_id= 2767526)

## A. Normtexte

25.1 **Mehrwertsteuersystemrichtlinie**

**Art. 72**

**Für die Zwecke dieser Richtlinie gilt als „Normalwert" der gesamte Betrag, den ein Empfänger einer Lieferung oder ein Dienstleistungsempfänger auf derselben Absatzstufe, auf der die Lieferung der Gegen stände oder die Dienstleistung erfolgt, an einen selbständigen Lieferer oder Dienstleistungserbringer in dem Mitgliedstaat, in dem der Umsatz steuerpflichtig ist, zahlen müsste, um die betreffenden Gegenstände oder Dienstleistungen zu diesem Zeitpunkt unter den Bedingungen des freien Wettbewerbs zu erhalten.**

**Kann keine vergleichbare Lieferung von Gegenständen oder Erbringung von Dienstleistungen ermittelt werden, ist der Normalwert wie folgt zu bestimmen:**

**(1) bei Gegenständen, ein Betrag nicht unter dem Einkaufspreis der Gegenstände oder gleichartiger Gegenstände oder mangels eines Einkaufspreises nicht unter dem Selbstkostenpreis, und zwar jeweils zu den Preisen, die zum Zeitpunkt der Bewirkung dieser Umsätze festgestellt werden;**

**(2) bei Dienstleistungen, ein Betrag nicht unter dem Betrag der Ausgaben des Steuerpflichtigen für die Erbringung der Dienstleistung.**

**Art. 73**

**Bei der Lieferung von Gegenständen und Dienstleistungen, die nicht unter die Art. 74 bis 77 fallen, umfasst die Steuerbemessungsgrundlage alles, was den Wert der Gegenleistung bildet, die der Lieferer oder Dienstleistungserbringer für diese Umsätze vom Erwerber oder Dienstleistungsempfänger oder einem Dritten erhält oder erhalten soll, ein schließlich der unmittelbar mit dem Preis dieser Umsätze zusammen hängenden Subventionen.**

**Art. 74**

**Bei den in den Art. 16 und 18 genannten Umsätzen in Form der Entnahme oder der Zuordnung eines Gegenstands des Unternehmens durch einen Steuerpflichtigen oder beim Besitz von Gegenständen durch einen Steuerpflichtigen oder seine Rechtsnachfolger im Fall der Aufgabe seiner steuerbaren wirtschaftlichen Tätigkeit ist die Steuerbemessungsgrundlage der Einkaufspreis für diese oder gleichartige Gegenstände oder mangels eines Einkaufspreises der Selbstkostenpreis, und zwar jeweils zu den Preisen, die zum Zeitpunkt der Bewirkung dieser Umsätze festgestellt werden.**

**Art. 75**

**Bei Dienstleistungen in Form der Verwendung eines dem Unternehmen zugeordneten Gegenstands für den privaten Bedarf und unentgeltlich erbrachten Dienstleistungen i.S.d. Art. 26 ist die Steuerbemessungsgrundlage der Betrag der Ausgaben des Steuerpflichtigen für die Erbringung der Dienstleistung.**

**Art. 78**

**In die Steuerbemessungsgrundlage sind folgende Elemente einzubeziehen:**

**a) Steuern, Zölle, Abschöpfungen und Abgaben mit Ausnahme der Mehrwertsteuer selbst;**

**b) Nebenkosten wie Provisions-, Verpackungs-, Beförderungs- und Versicherungskosten, die der Lieferer oder Dienstleistungserbringer vom Erwerber oder Dienstleistungsempfänger fordert.**

**Die Mitgliedstaaten können als Nebenkosten i.S.d. Abs. 1 Buchstabe b Kosten ansehen, die Gegenstand einer gesonderten Vereinbarung sind.**

**Art. 79**

**In die Steuerbemessungsgrundlage sind folgende Elemente nicht einzubeziehen:**

**a) Preisnachlässe durch Skonto für Vorauszahlungen;**

**b) Rabatte und Rückvergütungen auf den Preis, die dem Erwerber oder Dienstleistungsempfänger eingeräumt werden und die er zu dem Zeitpunkt erhält, zu dem der Umsatz bewirkt wird;**

**c) Beträge, die ein Steuerpflichtiger vom Erwerber oder vom Dienstleistungsempfänger als Erstattung der in ihrem Namen und für ihre Rechnung verauslagten Beträge erhält und die in seiner Buchführung als durchlaufende Posten behandelt sind.**

**Art. 80**

**(1) Zur Vorbeugung gegen Steuerhinterziehung oder -umgehung können die Mitgliedstaaten in jedem der folgenden Fälle Maßnahmen treffen, um sicherzustellen, dass die Steuerbemessungsgrundlage für die Lieferungen von Gegenständen oder für Dienstleistungen, an Empfänger, zu denen familiäre oder andere enge persönliche Bindungen, Bindungen aufgrund von Leitungsfunktionen oder Mitgliedschaften, sowie eigentumsrechtliche, finanzielle oder rechtliche Bindungen, gemäß der Definition des Mitgliedstaats, bestehen, der Normalwert ist:**

**a) sofern die Gegenleistung niedriger als der Normalwert ist und der Erwerber oder Dienstleistungsempfänger nicht zum vollen Vorsteuerabzug gemäß den Art. 167 bis 171 sowie 173 bis 177 berechtigt ist;**

**b) sofern die Gegenleistung niedriger als der Normalwert ist, der Lieferer oder Dienstleistungserbringer nicht zum vollen Vorsteuerabzug gemäß den Art. 167 bis 171 sowie 173 bis 177 berechtigt ist und der Umsatz einer Befreiung gemäß den Art. 132, 135, 136, 371, 375, 376, 377, des Art. 378 Abs. 2, des Art. 379 Abs. 2 sowie der Art. 380 bis 390c unterliegt;**

**c) sofern die Gegenleistung höher als der Normalwert ist und der Lieferer oder Dienstleistungserbringer nicht zum vollen Vorsteuerabzug gemäß den Art. 167 bis 171 sowie 173 bis 177 berechtigt ist.**

**Für die Zwecke des Unterabs. 1 kann als rechtliche Bindung auch die Beziehung zwischen Arbeitgeber und Arbeitnehmer, der Familie des Arbeitnehmers oder anderen diesem nahe stehenden Personen, gelten.**

**(2) Machen die Mitgliedstaaten von der in Abs. 1 vorgesehenen Möglichkeit Gebrauch, können sie festlegen, für welche Kategorien von Lieferern und Dienstleistungserbringern sowie von Erwerbern oder Dienstleistungsempfängern sie von diesen Maßnahmen Gebrauch machen.**

**(3) Die Mitgliedstaaten unterrichten den Mehrwertsteuerausschuss von nationalen Maßnahmen, die sie i.S.d. Abs. 1 erlassen, sofern diese nicht Maßnahmen sind, die vom Rat vor dem 13.8.2006 gem. Art. 27 Abs. 1 bis 4 der Richtlinie 77/388/EWG genehmigt wurden und gem. Abs. 1 des vorliegenden Artikels weitergeführt werden.**

**Art. 85**

**Bei der Einfuhr von Gegenständen ist die Steuerbemessungsgrundlage der Betrag, der durch die geltenden Gemeinschaftsvorschriften als Zoll wert bestimmt ist.**

**Deutsches UStG**

**§ 10**

**(1) Der Umsatz wird bei Lieferungen und sonstigen Leistungen (§ 1 Abs. 1 Nr. 1 Satz 1) und bei dem innergemeinschaftlichen Erwerb (§ 1 Abs. 1 Nr. 5) nach dem Entgelt bemessen. Entgelt ist alles, was den Wert der Gegenleistung bildet, die der leistende Unternehmer vom Leistungsempfänger oder von einem anderen als dem Leistungsempfänger für die Leistung erhält oder erhalten soll, einschließlich der unmittelbar mit dem Preis dieser Umsätze zusammenhängenden Subventionen, jedoch abzüglich der für diese Leistung gesetzlich geschuldeten Umsatzsteuer. Bei dem**

**innergemeinschaftlichen Erwerb sind Verbrauchsteuern, die vom Erwerber geschuldet oder entrichtet werden, in die Bemessungsgrundlage einzubeziehen. Bei Lieferungen und dem innergemeinschaftlichen Erwerb i.S.d. § 4 Nr. 4a Satz 1 Buchstabe a Satz 2 sind die Kosten für die Leistungen i.S.d. § 4 Nr. 4a Satz 1 Buchstabe b und die vom Auslagerer geschuldeten oder entrichteten Verbrauchsteuern in die Bemessungsgrundlage einzubeziehen. Die Beträge, die der Unternehmer im Namen und für Rechnung eines anderen vereinnahmt und verausgabt (durchlaufende Posten), gehören nicht zum Entgelt. Liegen bei der Entgegennahme eines Mehrzweck-Gutscheins (§ 3 Abs. 15) keine Angaben über die Höhe der für den Gutschein erhaltenden Gegenleistung nach Satz 2 vor, so wird das Entgelt nach dem Gutscheinwert selbst oder nach dem in den damit zusammenhängenden Unterlagen angegebenen Geldwert bemessen, abzüglich der Umsatzsteuer, die danach auf die gelieferten Gegenstände oder die erbrachten Dienstleistungen entfällt.**

**(2) Werden Rechte übertragen, die mit dem Besitz eines Pfandscheins verbunden sind, so gilt als vereinbartes Entgelt der Preis des Pfandscheins zzgl. der Pfandsumme. Beim Tausch (§ 3 Abs. 12 Satz 1), bei tauschähnlichen Umsätzen (§ 3 Abs. 12 Satz 2) und bei Hingabe an Zahlungs statt gilt der Wert jedes Umsatzes als Entgelt für den anderen Umsatz. Die Umsatzsteuer gehört nicht zum Entgelt.**

**(3) (weggefallen)**

**(4) Der Umsatz wird bemessen**

1. **bei dem Verbringen eines Gegenstands i.S.d. § 1a Abs. 2 und des § 3 Abs. 1a sowie bei Lieferungen i.S.d. § 3 Abs. 1b nach dem Einkaufspreis zzgl. der Nebenkosten für den Gegenstand oder für einen gleichartigen Gegenstand oder mangels eines Einkaufspreises nach den Selbstkosten, jeweils zum Zeitpunkt des Umsatzes;**
2. **bei sonstigen Leistungen i.S.d. § 3 Abs. 9a Nr. 1 nach den bei der Ausführung dieser Umsätze entstandenen Ausgaben, soweit sie zum vollen oder teilweisen Vorsteuerabzug berechtigt haben. Zu diesen Ausgaben gehören auch die Anschaffungs- oder Herstellungskosten eines Wirtschaftsguts, soweit das Wirtschaftsgut dem Unternehmen zugeordnet ist und für die Erbringung der sonstigen Leistung verwendet wird. Betragen die Anschaffungs- oder Herstellungskosten mindestens 500 Euro, sind sie gleichmäßig auf einen Zeitraum zu verteilen, der dem für das Wirtschaftsgut maßgeblichen Berichtigungszeitraum nach § 15a entspricht;**
3. **bei sonstigen Leistungen i.S.d. § 3 Abs. 9a Nr. 2 nach den bei der Ausführung dieser Umsätze entstandenen Ausgaben. Satz 1 Nr. 2 Sätze 2 und 3 gilt entsprechend.**

**Die Umsatzsteuer gehört nicht zur Bemessungsgrundlage.**

**(5) Abs. 4 gilt entsprechend für**

1. **Lieferungen und sonstige Leistungen, die Körperschaften und Personenvereinigungen i.S.d. § 1 Abs. 1 Nr. 1 bis 5 des Körperschaftsteuergesetzes, nichtrechtsfähige Personenvereinigungen sowie Gemeinschaften im Rahmen ihres Unternehmens an ihre Anteilseigner, Gesellschafter, Mitglieder, Teilhaber oder diesen nahestehende Personen sowie Einzelunternehmer an ihnen nahestehende Personen ausführen,**
2. **Lieferungen und sonstige Leistungen, die ein Unternehmer an sein Personal oder dessen Angehörige auf Grund des Dienstverhältnisses ausführt,**

**wenn die Bemessungsgrundlage nach Abs. 4 das Entgelt nach Abs. 1 übersteigt; der Umsatz ist jedoch höchstens nach dem marktüblichen Entgelt zu bemessen. Übersteigt das Entgelt nach Abs. 1 das marktübliche Entgelt, gilt Abs. 1.**

**(6) Bei Beförderungen von Personen im Gelegenheitsverkehr mit Kraftomnibussen, die nicht im Inland zugelassen sind, tritt in den Fällen der Beförderungseinzelbesteuerung (§ 16 Abs. 5) an die Stelle des vereinbarten Entgelts ein Durchschnittsbeförderungsentgelt. Das Durchschnittsbeförderungsentgelt ist nach der Zahl der beförderten Personen und der Zahl der Kilometer der Beförderungsstrecke im Inland (Personenkilometer) zu berechnen. Das Bundesministerium der Finanzen kann mit Zustimmung des Bundesrates durch Rechtsverordnung das Durchschnitts-**

beförderungsentgelt je Personenkilometer festsetzen. Das Durchschnittsbeförderungsentgelt muss zu einer Steuer führen, die nicht wesentlich von dem Betrag abweicht, der sich nach diesem Gesetz ohne Anwendung des Durchschnittsbeförderungsentgelts ergeben würde.

Österreichisches UStG

§ 4

(1) Der Umsatz wird im Falle des § 1 Abs. 1 Z 1 nach dem Entgelt bemessen. Entgelt ist alles, was der Empfänger einer Lieferung oder sonstigen Leistung aufzuwenden hat, um die Lieferung oder sonstige Leistung zu erhalten (Solleinnahme); dazu gehören insbesondere auch Gebühren für Rechtsgeschäfte und andere mit der Errichtung von Verträgen über Lieferungen oder sonstige Leistungen verbundene Kosten, die der Empfänger einer Lieferung oder sonstigen Leistung dem Unternehmer zu ersetzen hat.

(2) Zum Entgelt gehört auch,

1. was der Empfänger einer Lieferung oder sonstigen Leistung freiwillig aufwendet, um die Lieferung oder sonstige Leistung zu erhalten,
2. was ein anderer als der Empfänger dem Unternehmer für die Lieferung oder sonstige Leistung gewährt.

(3) Nicht zum Entgelt gehören die Beträge, die der Unternehmer im Namen und für Rechnung eines anderen vereinnahmt und verausgabt (durchlaufende Posten).

(4) Bei der Ermittlung der Bemessungsgrundlage für Lieferungen von Kunstgegenständen, Sammlungsstücken, Antiquitäten oder bestimmten anderen beweglichen körperlichen Gegenständen ist § 24 (Differenzbesteuerung) zu beachten.

(5) Werden Rechte übertragen, die mit dem Besitz eines Pfandscheines verbunden sind, so gilt als Entgelt der Preis des Pfandscheines zzgl. der Pfandsumme. Beim Spiel mit Gewinnmöglichkeit und bei der Wette ist Bemessungsgrundlage das Entgelt für den einzelnen Spielabschluss oder für die einzelne Wette, wobei ein ausbezahlter Gewinn das Entgelt nicht mindert.

Bemessungsgrundlage bei Umsätzen aus Glücksspielautomaten (§ 2 Abs. 3 GSpG) und aus Video Lotterie Terminals sind die Jahresbruttospieleinnahmen. Jahresbruttospieleinnahmen sind die Einsätze abzgl. der ausgezahlten Gewinne eines Kalenderjahres.

(6) Beim Tausch, bei tauschähnlichen Umsätzen und bei Hingabe an Zahlungs Statt gilt der Wert jedes Umsatzes als Entgelt für den anderen Umsatz.

(7) Wird ein Unternehmen oder ein in der Gliederung eines Unternehmens gesondert geführter Betrieb im ganzen veräußert (Geschäftsveräußerung), so ist Bemessungsgrundlage das Entgelt für die auf den Erwerber übertragenen Gegenstände und Rechte (Besitzposten). Die Befreiungsvorschriften bleiben unberührt. Die übernommenen Schulden können nicht abgezogen werden.

(8) Der Umsatz bemisst sich

a) im Falle des § 3 Abs. 2 nach dem Einkaufspreis zzgl. der mit dem Einkauf verbundenen Nebenkosten für den Gegenstand oder für einen gleichartigen Gegenstand oder mangels eines Einkaufspreises nach den Selbstkosten, jeweils im Zeitpunkt des Umsatzes;

b) im Falle des § 3a Abs. 1a Z 1 und 2 nach den auf die Ausführung dieser Leistungen entfallenden Kosten;

c) im Falle des § 1 Abs. 1 Z 2 lit. a nach den nichtabzugsfähigen Ausgaben (Aufwendungen).

(9) Ungeachtet Abs. 1 ist der Normalwert die Bemessungsgrundlage für Lieferungen und sonstige Leistungen durch den Unternehmer für Zwecke, die außerhalb des Unternehmens liegen oder für den Bedarf seines Personals, sofern

a) das Entgelt niedriger als der Normalwert ist und der Empfänger der Lieferung oder sonstigen Leistung nicht oder nicht zum vollen Vorsteuerabzug berechtigt ist;

**b) das Entgelt niedriger als der Normalwert ist, der Unternehmer nicht oder nicht zum vollen Vorsteuerabzug berechtigt ist und der Umsatz gem. § 6 Abs. 1 Z 7 bis 26 oder Z 28 steuerfrei ist;**

**c) das Entgelt höher als der Normalwert ist und der Unternehmer nicht oder nicht zum vollen Vorsteuerabzug berechtigt ist.**

**„Normalwert" ist der gesamte Betrag, den ein Empfänger einer Lieferung oder sonstigen Leistung auf derselben Absatzstufe, auf der die Lieferung oder sonstige Leistung erfolgt, an einen unabhängigen Lieferer oder Leistungserbringer zahlen müsste, um die betreffenden Gegenstände oder sonstigen Leistungen zu diesem Zeitpunkt unter den Bedingungen des freien Wettbewerbs zu erhalten. Kann keine vergleichbare Lieferung oder sonstige Leistung ermittelt werden, ist der Normalwert unter sinngemäßer Anwendung von Abs. 8 lit. a und b zu bestimmen.**

**(10) Die Umsatzsteuer gehört nicht zur Bemessungsgrundlage.**

## B. Wertansätze nach der MwStSystRL

25.2 Die Bemessungsgrundlage für die Steuererhebung ist entsprechend der MwStSystRL kein einheitlicher Wert, sondern divergiert je nach Steuertatbestand. Die **zentrale Bestimmung** ist in Art. 73 MwStSystRL zu finden, wonach die Steuerbemessungsgrundlage für Lieferungen von Gegenständen und Dienstleistungen alles umfasst,

> „was den Wert der Gegenleistung bildet, die der Lieferer oder Dienstleistungserbringer für diese Umsätze vom Erwerber oder Dienstleistungsempfänger oder einem Dritten erhält oder erhalten soll, einschließlich der unmittelbar mit dem Preis dieser Umsätze zusammenhängenden Subventionen."

Dieser Wert soll auch die Bemessungsgrundlage für den innergemeinschaftlichen Erwerb bilden.[1] Der Richtlinienwortlaut stützt sich für die Bestimmung, was als Bemessungsgrundlage für die steuerbare Leistung und den steuerbaren innergemeinschaftlichen Erwerb anzusehen ist, auf den Gegenwert und bestimmt diesen aus der Sicht des Leistenden. Die Bemessungsgrundlage bildet daher, was der Leistende als Gegenleistung für seine eigene Leistung betrachtet.

25.3 In die Steuerbemessungsgrundlage sind stets **Zölle** und **Steuern**, mit Ausnahme der Mehrwertsteuer, sowie sämtliche **Nebenkosten** wie beispielsweise Provisions-, Verpackungs-, Beförderungs- und Versicherungskosten einzubeziehen.[2] Zudem sind **Preisnachlässe, Rabatte und Rückvergütungen auf den Preis** zu berücksichtigen, die die Bemessungsgrundlage mindern.[3]

25.4 Abweichend von diesen Grundsätzen regelt Art. 85 MwStSystRL, dass die Steuerbemessungsgrundlage für die **Einfuhr** von Gegenständen, der Betrag ist, „der durch die geltenden Gemeinschaftsvorschriften als Zollwert bestimmt ist." Der Zollwert ist in Art. 70 Zollkodex (ZK) definiert und stellt primär auf den Transaktionswert ab, d.h. auf den tatsächlich gezahlten oder zu zahlenden Preis. Art. 70 ZK stellt für besondere Einzelfälle Kriterien auf, die erfüllt sein müssen, um den Transaktionswert als Zollwert anzuerkennen. Ein solcher besonderer Einzelfall ist beispielsweise die Verbundenheit zwischen Käufer und Verkäufer.[4] Der Bestimmung des ZK und der hierzu ergangenen Durchführungsverordnung[5] entsprechend soll die Verbun-

1 Art. 83 MwStSystRL.
2 Art. 78 MwStSystRL.
3 Art. 79 MwStSystRL.
4 Art. 70 Abs. 3 Buchst. d ZK, VO 952/2013/EU.
5 Art. 134 ZK-DVO, VO 2447/2015/EU.

denheit zwischen Käufer und Verkäufer nicht immer ein Grund sein, den tatsächlich gezahlten oder zu zahlenden Preis nicht als Zollwert anzuerkennen. Sofern erforderlich, „werden die Begleitumstände des Kaufgeschäfts (...) geprüft[,] um festzustellen, ob die Verbundenheit den Preis beeinflusst hat."[1]

Die Bemessungsgrundlage der **unentgeltlichen Wertabgabe**, die nach Art. 16 oder 26 MwStSystRL steuerbar ist, wird in Art. 74 und 75 MwStSystRL geregelt. Demnach soll als Bemessungsgrundlage für einen Umsatz, der einer Lieferung gegen Entgelt gleichgestellt ist, der Einkaufspreis für diese oder gleichartige Gegenstände zum Zeitpunkt der Bewirkung des Umsatzes dienen. Kann der Einkaufspreis nicht ermittelt werden, soll der Selbstkostenpreis zum Zeitpunkt der Bewirkung des Umsatzes als Bemessungsgrundlage dienen. Sind unentgeltliche Dienstleistungen unter den Steuertatbestand des Art. 26 MwStSystRL zu subsumieren, sind als Bemessungsgrundlage die Ausgaben des Steuerpflichtigen für die Erbringung der Dienstleistungen anzusetzen. 25.5

## C. Wertansätze im nationalen Recht

### I. Umsetzung in Deutschland

§ 10 Abs. 1 UStG bestimmt, dass die Bemessungsgrundlage für die Mehrwertsteuer bei Lieferungen, sonstigen Leistungen und innergemeinschaftlichen Erwerben das **Entgelt** ist. Bis zum Jahressteuergesetz 2018 umfasste das „Entgelt alles, was der Leistungsempfänger aufwendet, um die Leistung zu erhalten, jedoch abzgl. der Umsatzsteuer"[2]. Zudem gehört zum Entgelt auch alles, „was ein anderer als der Leistungsempfänger dem Unternehmer für die Leistung gewährt"[3]. Weiterführend wird festgelegt, wann bei Lieferungen und innergemeinschaftlichen Erwerben die Kosten der Lieferung und die Verbrauchsteuern bei der Bestimmung der Bemessungsgrundlage für die Mehrwertsteuer zu berücksichtigen sind.[4] Nunmehr wird das Entgelt den unionsrechtlichen Vorgaben entsprechend aus Sicht des Leistenden definiert, somit ist als Entgelt alles das anzusehen, „was den Wert der Gegenleistung bildet, die der leistende Unternehmer vom Leistungsempfänger oder von einem anderen als dem Leistungsempfänger für die Leistung erhält oder erhalten soll, einschließlich der unmittelbar mit dem Preis dieser Umsätze zusammenhängenden Subventionen, jedoch abzüglich der für diese Leistung gesetzlich geschuldeten Umsatzsteuer". 25.6

Der Systematik der MwStSystRL folgend sieht auch das deutsche UStG vor, dass bei der **Einfuhr** die Bemessungsgrundlage für die Mehrwertsteuer (Einfuhrumsatzsteuer) „nach dem Wert des eingeführten Gegenstands nach den jeweiligen Vorschriften über den Zollwert"[5] zu bemessen ist. 25.7

Die Bemessungsgrundlage für die **unentgeltliche Wertabgabe**[6] richtet sich bei einem Umsatz, der einer Lieferung gegen Entgelt gleichgestellt ist, nach dem „Einkaufspreis zzgl. der 25.8

1 Ibid; vgl. für die Auswirkungen der Anknüpfung an den Zollwert auf die mehrwertsteuerliche Bemessungsgrundlage: *Heber*, MwStR 2015, 376 ff.
2 § 10 Abs. 1 Satz 2 UStG.
3 § 10 Abs. 1 Satz 3 UStG.
4 § 10 Abs. 1 Sätze 4 und 5 UStG.
5 § 11 Abs. 1 UStG.
6 § 3 Abs. 1b und 9a UStG.

Nebenkosten für den Gegenstand oder für einen gleichartigen Gegenstand oder mangels eines Einkaufspreises nach den Selbstkosten, jeweils zum Zeitpunkt des Umsatzes“[1]. Geben Unternehmer begrenzt haltbare Lebensmittel an die sog. Tafeln ab, „soll der Wert nach Ladenschluss regelmäßig null Euro betragen“[2], wodurch eine umsatzsteuerliche Belastung entfällt.[3] Ist der Umsatz einer sonstigen Leistung gegen Entgelt gleichgestellt, bestimmt sich die Bemessungsgrundlage für die Mehrwertsteuer durch die bei der Ausführung dieser Umsätze entstandenen Ausgaben, sofern sie den Unternehmer zum Vorsteuerabzug berechtigt haben.[4]

## II. Umsetzung in Österreich

25.9 Ähnlich wie das deutsche UStG definiert der österreichische Gesetzestext als Steuerbemessungsgrundlage für Lieferungen, sonstige Leistungen und innergemeinschaftliche Erwerbe das **Entgelt**.[5] Demnach soll Entgelt alles sein,

> „was der Empfänger einer Lieferung oder sonstigen Leistung aufzuwenden hat, um die Lieferung oder sonstige Leistung zu erhalten (Solleinnahme); dazu gehören insbesondere auch Gebühren für Rechtsgeschäfte und andere mit der Errichtung von Verträgen über Lieferungen oder sonstige Leistungen verbundene Kosten, die der Empfänger einer Lieferung oder sonstigen Leistung dem Unternehmer zu ersetzen hat.“[6]

Genauso sind freiwillige Zahlungen durch den Leistungsempfänger und Zahlungen eines Dritten an den Unternehmer, die aufgebracht werden, um die Lieferung oder sonstige Leistung zu erhalten, Entgelt und somit Bemessungsgrundlage für die Mehrwertsteuer.[7]

25.10 § 4 Abs. 1 öUStG stellt bei der Definition des Entgelts auf die **Solleinnahmen** ab, also auf das Entgelt, das zwischen dem Leistenden und dem Leistungsempfänger vereinbart wurde. Stimmt aber das tatsächlich Geleistete mit dem vereinbarten Entgelt nicht überein, ist nach der Rechtsprechung des VwGH das maßgebend, „was wirtschaftlich tatsächlich zugeflossen ist, also endgültig gezahlt wurde“[8].

25.11 Für die Steuerbemessungsgrundlage bei der **Einfuhr** knüpft auch das österreichische UStG an den Zollwert nach dem Zollkodex an.[9]

25.12 Liegt eine **unentgeltliche Wertabgabe** vor, besteht die Bemessungsgrundlage für die Mehrwertsteuer bei Umsätzen, die einer Lieferung gegen Entgelt gleichgestellt sind, im „Einkaufspreis zzgl. der mit dem Einkauf verbundenen Nebenkosten für den Gegenstand oder für einen gleichartigen Gegenstand“[10]; kann ein Einkaufspreis nicht ermittelt werden, sind die Selbstkosten maßgebend. Für die Wertbestimmung kommt es immer auf den Zeitpunkt an, in dem der Umsatz bewirkt wird. Ist der Umsatz einer sonstigen Leistung gegen Entgelt gleichgestellt,

1 § 10 Abs. 4 Nr. 1 UStG.
2 Siehe hierzu die Billigkeitsregelung: https://www.bundesregierung.de/ContentArchiv/DE/Archiv17/Artikel/2012/10/2012-10-11-lebensmittelspenden-an-tafeln-sind-umsatzsteuerfrei.html.
3 *Hüttemann*, Gemeinnützigkeits- und Spendenrecht, 7.143.
4 § 10 Abs. 4 Nr. 2 S. 1 UStG.
5 § 4 Abs. 1 Satz 1 öUStG.
6 § 4 Abs. 1 Satz 2 öUStG.
7 § 4 Abs. 2 öUStG.
8 VwGH v. 30.5.1988 – 86/15/0119, VwSlg. 6330F/1988.
9 § 5 Abs. 1 öUStG.
10 § 4 Abs. 8 Buchst. a öUStG.

dienen die auf die Ausführung der Leistung entfallenden Kosten als Bemessungsgrundlage für die Mehrwertsteuer.[1] Werden Lebensmittel unentgeltlich abgegeben, die nach dem Lebensmittelgesetz nicht mehr verkehrsfähig sind, ist die Bemessungsgrundlage Null.[2]

### III. Diskrepanz

Auf den ersten Blick vermag man eine **Diskrepanz** zwischen der Steuerbemessungsgrundlage nach der MwStSystRL und ihrer nationalen Umsetzung in Österreich zu erkennen, da das österreichische UStG die Bemessungsgrundlage für die Mehrwertsteuer aus Sicht des Leistungsempfängers definieren, während das Richtlinienrecht hierfür auf den Leistenden abstellt. Bedenkt man aber, dass der Leistungsaustausch auf einem zwischen dem Leistenden und dem Leistungsempfänger bestehenden Rechtsverhältnis beruht, in dessen Rahmen Leistung und Gegenleistung gegenseitig ausgetauscht werden,[3] und einem unmittelbaren Zusammenhang zwischen Leistung und Gegenleistung, wird es überwiegend keinen wesentlichen Unterschied machen, ob der Wert der Gegenleistung aus der Sicht des Leistenden oder des Leistungsempfängers definiert wird. Der unterschiedliche Blickwinkel für die Bestimmung der Steuerbemessungsgrundlage wirkt sich aber zumindest dann aus, wenn der Leistende als Erster in einer Umsatzkette einen Rabatt an ein anderes Glied der Umsatzkette gewährt, mit dem der Leistende in keiner unmittelbaren Leistungsbeziehung steht.[4] Derartige Spannungen löste der BFH zur alten deutschen Sprachfassung, die ebenfalls die Bemessungsgrundlage aus Sicht des Leistungsempfänger definierte, mit einer richtlinienkonformen Interpretation des Entgeltbegriffs.[5] 25.13

## D. Systematisches Grundkonzept

Für die Frage, ob bestimmte Transaktionen einen steuerbaren Leistungsaustausch begründen und somit der Mehrwertsteuer unterliegen, ist es notwendig, dass eine **Leistung** im Sinne des Mehrwertsteuerrechts **gegen Entgelt** erbracht wird.[6] Eine nähere Definition des Terminus „Entgelt" ist in der MwStSystRL nicht zu finden. Der Entgeltbegriff bestimmt allerdings, was als Bemessungsgrundlage für die Erhebung der Mehrwertsteuer zu gelten hat. Dies spiegelt sich auch in der Rechtsprechung des EuGH wider, wonach die Bemessungsgrundlage gerade der Wert des Entgelts und damit der Wert der unmittelbar mit der Leistung zusammenhängenden Gegenleistung ist.[7] 25.14

Nach ständiger Rechtsprechung des EuGH ist diese Gegenleistung als ein **subjektiver Wert** zu verstehen, denn als Bemessungsgrundlage kann nur das tatsächlich Erhaltene und nicht ein 25.15

1 § 4 Abs. 8 Buchst. b öUStG.
2 UStRL 2000, Rz. 679.
3 Vgl. hierzu sogleich unter Rz. 25.15.
4 EuGH v. 24.10.1996 – Rs. C-317/94 – Elida Gibbs, EuGHE 1996, I-5339, UR 1997, 265 m. Anm. *Weiss*; EuGH v. 15.10.2002 – Rs. C-427/98 – Kommission/Deutschland, EuGHE 2002, I- 8315, UR 2002, 523.
5 BFH v. 12.1.2006 – V R 3/04, BStBl. II 2006, 479 = UR 2006, 285 m. Anm. *Stadie*; v. 13.7.2006 – V R 46/05, BStBl. II 2007, 186 = UR 2007, 148.
6 Art. 2 MwStSystRL.
7 Vgl. beispielsweise: EuGH v. 5.2.1981 – Rs. 154/80 – Coöperatieve Aardappelenbewaarplaats, Rz. 11 und 12, EuGHE 1981, 445.

nach objektiven Maßstäben geschätzter Wert herangezogen werden.[1] Das Konzept der subjektiven Gegenleistung ist in engem Zusammenhang mit der durch die Rechtsprechung des EuGH genauer herausgearbeiteten Voraussetzung zu sehen, der zufolge zwischen der Leistung und der Gegenleistung ein **unmittelbarer Zusammenhang** bestehen muss, damit die Leistung überhaupt als gegen Entgelt erbracht zu qualifizieren ist.[2] Die Gegenleistung steht dann mit der Leistung in unmittelbarem Zusammenhang, wenn zunächst zwischen dem Leistenden und dem Leistungsempfänger ein Rechtsverhältnis besteht, in dessen Rahmen die Leistung und die Gegenleistung gegenseitig ausgetauscht werden,[3] und der Leistende seine Leistung um der Gegenleistung willen erbringt und der Leistungsempfänger seine Gegenleistung gerade für den Erhalt der Leistung erbringt. Somit muss der Leistende in **Wertschätzung** der Gegenleistung leisten und der Leistungsempfänger muss sein Entgelt in Wertschätzung für die Leistung erbringen.[4]

25.16 Da die Gegenleistung der tatsächliche Wert der Leistung ist und der tatsächliche Wert der Leistung der Wert ist, den der Leistende seiner Leistung im Einzelfall beimisst, kann die Wertbildung der Gegenleistung durch **äußere Faktoren**, die nicht objektiv durch die Leistung bedingt sind, beeinflusst sein, ohne dass hierdurch der unmittelbare Zusammenhang zwischen Leistung und Gegenleistung geschwächt wird.[5] Solche äußeren Faktoren sind beispielsweise die Verbundenheit zwischen den am Leistungsaustausch beteiligten Personen, die wirtschaftlichen Verhältnisse oder das Alter des Leistungsempfängers. Diese äußeren Faktoren wirken sich auf den Leistungsaustausch in folgender Weise aus: Der Leistende misst seiner Leistung einen

1 EuGH v. 23.11.1988 – 230/87, Naturally Yours Cosmetics, Rz. 16, EuGHE 1988, 6365; v. 2.6.1994 – Rs. C-33/93 – Empire Stores, Rz. 18 und 19, EuGHE 1994, I-2329, UR 1995, 64 m. Anm. *Rothenberger*; v. 3.7.2001 – Rs. C-380/99 – Bertelsmann, Rz. 22, EuGHE 2001, I-5163; v. 19.12.2012 – Rs. C-310/11 – Grattan, ECLI:EU:C:2012:822, Rz. 22, UR 2013, 271; dies anerkennend: BFH v. 1.8.2002 – V R 21/01, BStBl. II 2003, 438 = UR 2003, 26; v. 18.1.2007 – V B 39/05, UR 2007, 382 = BFH/NV 2007, 1200; v. 16.4.2008 – XI R 56/06, BStBl. II 2008, 909 = UR 2008, 700; v. 11.11.2008 – XI B 17/08, BFH/NV 2009, 429; v. 19.5.2010 – XI R 35/08, BStBl. II 2010, 1082 = UR 2010, 912; VwGH v. 28.11.2007 – 2004/15/0158, VwSlg. 8286F/2007.

2 EuGH v. 5.2.1981 – Rs. 154/80 – Coöperatieve Aardappelenbewaarplaats, Rz. 12, EuGHE 1981, 445; v. 23.11.1988 – Rs. 230/87 – Naturally Yours Cosmetics, Rz. 11 und 12, EuGHE 1988, 6365; v. 3.3.1994 – Rs. C-16/93 – Tolsma, Rz. 13, EuGHE 1994, I-743, UR 1994, 226 = UR 1994, 399; v. 2.6.1994 – Rs. C-33/93 – Empire Stores, Rz. 12, EuGHE 1994, I-2329, UR 1995, 64 m. Anm. *Rothenberger*; v. 20.1.2005 – Rs. C-412/03 – Scandic, Rz. 22, EuGHE 2005, I-743, UR 2005, 194 = UR 2005, 98; dies anerkennend: vgl. beispielsweise: BFH v. 30.6.2010 – XI R 22/08, BStBl. II 2010, 1084 = UR 2010, 941; v. 22.12.2011 – V R 29/10, BStBl. II 2012, 441 = UR 2014, 154; v. 16.10.2013 – XI R 39/12, BStBl. II 2014, 1024 = UR 2013, 962; so auch der VwGH, vgl. beispielsweise: VwGH v. 16.11.2006 – 2005/14/0129, ÖStZB 2007/198; v. 28.11.2007 – 2004/15/0158, VwSlg. 8286F/2007; v. 22.3.2010 – 2007/15/0310, VwSlg. 8529F/2010.

3 EuGH v. 27.3.2014 – Rs. C-151/13 – Le Rayon d'Or SARL, ECLI:EU:C:2014:185, Rz. 29, UR 2014, 487; v. 6.2009 – Rs. C-267/08 – SPÖ Landesorganisation Kärnten, Rz. 19, EuGHE 2009, I-9781; v. 3.9.2009 – Rs. C-37/08 – RCI Europe, Rz. 24, EuGHE 2009, I-7533, UR 2009, 887; v. 21.3.2002 – Rs. C-174/00 – Kennemer Golf & Country Club, Rz. 39, EuGHE 2002, I-3293, UR 2002, 320 m. Anm. *Widmann*; v. 3.3.1994 – Rs. C-16/93 – Tolsma, Rz. 14, EuGHE 1994, I-743, UR 1994, 226 = UR 1994, 399; v. 14.7.1998 – Rs. C-172/96 – First National Bank of Chicago, Rz. 26 bis 29, EuGHE 1994, I-4387, UR 1998, 456 m. Anm. *Philipowski*; VwGH v. 5.7.2004 – 2001/14/0038; v. 18.3.2004, 2003/15/0088, VwSlg. 7920F/2004; für den BFH vgl. Nachweise in der vorstehenden Fn.

4 Vgl. hierzu auch *Sternberg*, Die Umsatzbesteuerung gemeinnütziger Vereine im Binnenmarkt – Steuerbarkeit und Leistungsort, ifst-Schrift, SSRN (https://papers.ssrn.com/sol3/papers.cfm?abstract_id= 2767526).

5 *Heber*, Verrechnungspreise im System des Mehrwertsteuerrechts, MwStR 2015, 372 (373).

bestimmten Wert bei. Erhält er diesen vom Leistungsempfänger, ist es zweifelsfrei, dass der Leistungsempfänger für die Leistung eine Gegenleistung erbracht hat. Ist der Leistende aber bereit, dieselbe Leistung an einen anderen Leistungsempfänger zu einem geringeren Preis zu erbringen, da dieser beispielsweise aus einkommensschwachen Verhältnissen kommt, misst der Leistende dieser Leistung aufgrund äußerer Faktoren einen veränderten Wert bei. Somit haben die Leistungen, wenngleich sie inhaltlich identisch sind, einen unterschiedlichen tatsächlichen Wert. Ist hingegen das vom Leistungsempfänger Geleistete **ausschließlich**[1] durch **äußere Faktoren** bestimmt und kommt es auf die Leistung nicht an, so spiegelt die Gegenleistung nicht den tatsächlichen Wert der Leistung wider. In diesem Fall bildet das Geleistete keine Gegenleistung für die Leistung, da es an einem unmittelbaren Zusammenhang zwischen ihnen mangelt. Aus diesem Grund lehnte der EuGH es auch ab, dass öffentliche Büros, die Rechtshilfeleistungen erbringen, eine Leistung gegen Entgelt ausführen, wenn die Gegenleistung des Leistungsempfängers nicht durch den Umfang der Rechtshilfe bestimmt ist, sondern weitestgehend durch das Einkommen, das der Leistungsempfänger bezieht.[2] Wird die Gegenleistung somit ausschließlich durch äußere Faktoren bestimmt, wird die Leistung nicht gegen Entgelt ausgeführt und ist somit nicht steuerbar. Wann das vom Leistungsempfänger Geleistete ausschließlich durch äußere Faktoren beeinflusst ist und somit keine Gegenleistung zu bilden vermag, ist im Einzelfall nicht leicht zu bestimmen (vgl. hierzu das Beispiel unter Rz. 25.22), da insbesondere die Kostendeckung hierbei nicht von Bedeutung ist.[3]

Einen unmittelbaren Zusammenhang zwischen einer Leistung und einer Geldzahlung lehnt der EuGH auch immer dann ab, wenn die Geldzahlung in einer **Dividendenzahlung** besteht. Dass eine Dividende kein Entgelt für eine Leistung sein kann, begründet der Gerichtshof gestützt auf ihre besonderen Merkmale: Die Ausschüttung einer Dividende setzt einen Gewinn voraus, somit ist die Möglichkeit, eine Dividende auszuschütten, von der Ertragssituation der Gesellschaft abhängig; die Höhe der Dividende kann durch die Art der Beteiligung geprägt sein; Dividenden stellen „ihrem Wesen nach den Ertrag der Beteiligung an einer Gesellschaft dar und sind Ausfluss der bloßen Innehabung dieses Gegenstands"[4]. Somit ist die Höhe der Dividende durch Faktoren geprägt, die nicht auf eine Leistung zurückzuführen sind, wodurch ein unmittelbarer Zusammenhang zwischen Leistung und der Dividende abzulehnen ist. Dieses Ergebnis fügt sich harmonisch in das Bild, das der Gerichtshof von der Funktion der Gesellschafterstellung hat. Sie sieht er als eine Form an, die eingesetzt werden kann, um Kapital zu mehren; somit begründet die Beteiligung an einer Gesellschaft aus Sicht des EuGH eine Form des Sparens.[5] Eine schlicht andere Situation liegt aber vor, wenn die ausgeschüttete Dividende nicht dem Beteiligungsverhältnis der Gesellschafter entspricht – es somit zu einer **dis-** 25.17

1 EuGH v. 29.10.2009 – Rs. C-246/08 – Kommission gegen Finnland, Rz. 48, 49 und 51, EuGHE 2009, I-10605, UR 2010, 224.

2 EuGH v. 29.10.2009 – Rs. C-246/08 – Kommission gegen Finnland, Rz. 48f, EuGHE 2009, I-10605, UR 2010, 224.

3 EuGH v. 20.1.2005 – Rs. C-412/03 – Hotel Scandic Gåsabäck AB, EuGHE 2005, I-743, UR 2005, 194 = UR 2005, 98.

4 EuGH v. 14.11.2000 – Rs. C-142/99 – Floridienne SA und Berginvest SA, Rz. 22, EuGHE 2000, I-9567, UR 2000, 530; in diesem Sinne auch: EuGH v. 20.6.1991 – Rs. C-60/90 – Polysar Investments Netherlands BV, Rz. 13, EuGHE 1991, I-3111, UR 1991, 315 = UR 1993, 119 m. Anm. *Weiss*; v. 22.6.1993 – Rs. C-333/91 – Sofitam, Rz. 12, EuGHE 1993, I-3513, UR 1994, 73; v. 6.2.1997 – Rs. C-80/95 – Harnas & Helm, Rz. 15, EuGHE 1997, I-745, UR 1997, 141 = UR 1997, 351; v. 27.9.2001 – Rs. C-16/00 – Cibo Participations SA, Rz. 19, EuGHE 2001, I-6663; v. 30.5.2013 – Rs. C-651/11 – X BV, ECLI:EU:C:2013:346, Rz. 36, UR 2013, 582 m. Anm. *Marchal*.

5 EuGH v. 26.5.2005 – Rs. C-465/03 – Kretztechnik AG, Rz. 26, EuGHE 2005, I-4357, UR 2005, 382; *Heber*, Gesellschaften und ihre Gesellschafter in der Umsatzsteuer, 72; *Heber*, GES 2013, 23 (26).

**quotalen Gewinnverteilung** kommt. In diesem Fall kann die vermeintliche Dividende eine Gegenleistung für eine Leistung darstellen, da es nicht nur die Gesellschafterstellung ist, die die Gewinnausschüttung und ihre Höhe bestimmt.[1]

25.18 Umgekehrt führt die Geldzahlung nicht dazu, dass eine Leistung im Sinne des Mehrwertsteuerrechts begründet wird.[2] Reine **Schadensersatzleistungen** begründen daher keine Gegenleistung für eine Leistung, sie sind vielmehr als Kompensation für den zugefügten Schaden anzusehen.[3] Somit muss eine Leistung im Sinne des Mehrwertsteuerrechts vorliegen, damit eine Entgeltzahlung eine Gegenleistung begründen kann.

25.19 Für die Bestimmung des Werts der Gegenleistung und somit für die Bemessungsgrundlage der Mehrwertsteuer bedeutet dies, dass die **subjektive Wertbeimessung** des Leistenden entscheidend ist. Nicht entscheidend ist hingegen, welcher objektive Wert der Leistung zukommt; es ist daher für die Bestimmung des Werts der Gegenleistung unerheblich, was ein Dritter gerade für diese Leistung als Gegenleistung erbracht hätte, hätte der Leistende an ihn geleistet.

## E. Pauschaliertes Entgelt

25.20 Nach der Rechtsprechung des EuGH ist der Begriff der Leistung sehr weit zu verstehen. Eine Leistung kann daher auch in der **dauerhaften Bereitschaft** des Leistenden bestehen, bestimmte Tätigkeiten in Erfüllung dieser Bereitschaft zu vollziehen, wobei der Leistungsempfänger auf den Umfang dieser konkreten Tätigkeiten Einfluss haben kann. Der Gerichtshof stellt in diesen Fällen für die Frage, ob ein steuerbarer Leistungsaustausch vorliegt, nicht auf die einzelne tatsächliche Tätigkeit ab, sondern sieht vielmehr die bloße Verpflichtung des Leistenden, tätig zu werden, als Leistung an.[4] Daraus folgt, dass die Bereitschaft des Leistenden, eine oder mehrere Leistungen zu erbringen, bereits für sich eine Leistung im Sinne des Mehrwertsteuerrechts darstellt.[5] Der Umstand, inwieweit der Leistungsempfänger von dieser ihm eröffneten Möglichkeit Gebrauch macht, ist für die Begründung der Leistung unerheblich. Der Vorteil, der dem Leistungsempfänger durch die Leistung zugewendet wird, besteht somit nicht in dem Vorteil, der sich aus den Einzeltätigkeiten ergibt, sondern darin, dass der Leistende unter den vereinbarten Umständen, wie dem Wunsch des Leistungsempfängers oder entsprechend einer nach objektiven Maßstäben bestimmten Notwendigkeit, eine bestimmte Tätigkeit auszuüben hat.[6] So führte der Gerichtshof in der Rs. *Kennemer Golf &*

1 Vgl. hierzu ausführlich: *Heber*, GES 2013, 23 ff.

2 EuGH v. 18.3.1997 – Rs. C-343/95 – Diego Calì & Figli, Rz. 24, EuGHE 1997, I-1547; v. 26.6.2007 – Rs. C-369/04 – Hutchison 3G, Rz. 39, EuGHE 2007, I-5247, UR 2007, 613; v. 6.10.2009 – Rs. C-267/08 – SPÖ Landesorganisation Kärnten, Rz. 23 ff., EuGHE 2009, I-9781.

3 EuGH v. 18.7.2007 – Rs. C-277/05 – Société thermale d'Eugénie-les-Bains, EuGHE 2007, I-6415, UR 2007, 643.

4 EuGH v. 21.3.2002 – Rs. C-174/00 – Kennemer Golf & Country Club, EuGHE 2002, I-3293, UR 2002, 320 m. Anm. *Widmann*; EuGH v. 27.3.2014 – Rs. C-151/13 – Le Rayon d'Or SARL, ECLI:EU:C:2014:185, UR 2014, 487.

5 So nun auch: BFH v. 9.8.2007 – V R 27/04, BFHE 217, 314 = UR 2007, 811; v. 20.3.2014 – V R 4/13, BFHE 245, 397 = UR 2014, 732; VwGH v. 24.6.2004 – 2000/15/0140, VwSlg. 7937F/2004; v. 28.4.2011 – 2007/15/0064, VwSlg. 8637F/2011.

6 EuGH v. 21.3.2002 – Rs. C-174/00 – Kennemer Golf & Country Club, EuGHE 2002, I-3293, UR 2002, 320 m. Anm. *Widmann*; v. 27.3.2014 – Rs. C-151/13 – Le Rayon d'Or SARL, ECLI:EU:C:2014:185, UR 2014, 487.

*Country Club*[1] aus, dass die **Leistungen eines Sportvereins** darin bestehen, „seinen Mitgliedern dauerhaft Sportanlagen und damit verbundene Vorteile zur Verfügung [zu] stellen, und nicht darin, dass er auf Verlangen seiner Mitglieder gezielte Leistungen erbringt."[2] Die reine Möglichkeit, die Sportanlage zu nutzen, begründet daher schon eine Leistung; ob der Leistungsempfänger diese Möglichkeit tatsächlich wahrnimmt, ist unerheblich.[3]

Liegt die Leistung des Leistenden in der Bereitschaft, unter bestimmten Umständen, wie dem Wunsch des Leistungsempfängers, eine bestimmte Tätigkeit auszuführen, muss auch die Gegenleistung des Leistungsempfängers für diese Leistung entsprechend **pauschal** sein und darf daher nicht davon abhängig sein, wie oft die Einzeltätigkeiten ausgeübt werden. Denn die Gegenleistung des Leistungsempfängers muss eine Gegenleistung für die Bereitschaft des Leistenden sein, etwas Bestimmtes zu erbringen. Daraus ergibt sich, dass die Gegenleistung von dem Umstand, wie oft dieses Bestimmte tatsächlich erbracht wird, losgelöst sein muss. Daraus folgt, dass in Fällen, in denen die Leistung „durch die dauerhafte Bereitschaft des [Leistenden] gekennzeichnet ist", Einzelleistungen an den Leistungsempfänger zu erbringen, „für die Feststellung eines unmittelbaren Zusammenhangs zwischen dieser Leistung und der empfangenen Gegenleistung nicht nachgewiesen zu werden braucht, [dass] sich eine Zahlung auf eine individualisierte, gezielte (…)[L]eistung bezieht"[4]. 25.21

**Beispiel:** Der Verein „Ein Leben ohne Gewalt" hat es sich zur Aufgabe gemacht, Jugendlichen Wege für eine gewaltfreiere Konfliktlösung aufzuzeigen, Opfer häuslicher Gewalt durch Rechtsberatung, Aufklärung und Motivationstraining zu unterstützen und Schulungen für Grundschullehrer anzubieten, um sie für das Erkennen häuslicher Gewalt zu sensibilisieren. Der Verein bietet die meisten Leistungen kostenlos an und finanziert sich ausschließlich durch Spenden. Nur für die Rechtsberatung wird vom Verein ein Honorar in Rechnung gestellt. Die Höhe des Honorars hängt von der Einkommens- und Vermögenssituation der Person ab, die die Rechtsberatung in Anspruch nimmt. Bei besonders einkommensschwachen Personen kann die Rechtshilfe auch kostenlos erbracht werden. Um Jugendlichen auch die Möglichkeit zu geben, sich „abzureagieren", verfügt der Verein über eine Sporthalle mit Cardio-Sportgeräten, Boxsäcken und Hanteln. Wer den Raum benutzen möchte, muss einen monatlichen Beitrag von 30 Euro zahlen. Da es dem Verein wichtig ist, einer möglichst breiten Masse an Jugendlichen die Möglichkeit zu geben, sich beim Sport abzureagieren, ist der Verein bereit, die monatliche Zahlung auf 15 Euro zu reduzieren, wenn die Jugendlichen nachweisen, dass das Familieneinkommen unter 2.000 Euro netto liegt. 25.22

**Honorar als Gegenleistung**

Durch die Rechtsberatung erbringt der Verein eine Leistung. Fraglich ist aber, ob die Zahlung des Honorars als Gegenleistung für diese Leistung anzusehen ist. Die Entgeltzahlung hängt im konkreten Fall ausschließlich von der Einkommens- und Vermögenslage des Leistungsempfängers ab und ist nicht

1 EuGH v. 21.3.2002 – Rs. C-174/00 – Kennemer Golf & Country Club, EuGHE 2002, I-3293, UR 2002, 320 m. Anm. *Widmann*.

2 EuGH v. 21.3.2002 – Rs. C-174/00 – Kennemer Golf & Country Club, Rz. 40, EuGHE 2002, I-3293, UR 2002, 320 m. Anm. *Widmann*; vgl. auch EuGH v. 3.9.2015 – Rs. C-463/14 – Asparuhovo Lake, ECLI:EU:C:2015:542, Rz. 39, UR 2015, 781.

3 So nun auch BFH v. 9.8.2007 – V R 27/04, BFHE 217, 314 = UR 2007, 811; v. 11.10.2007 – V R 69/06, BFHE 219, 287 = UR 2008, 153 = UR 2008, 186 m. Anm. *Stadie* in Abkehr von seiner früheren Rechtsprechung (BFH v. 20.12.1984 – V R 25/76, BStBl. II 1985, 176 = UR 1985, 57 m. Anm. *Weiss*).

4 EuGH 27.3.2014 – Rs. C-151/13 – Le Rayon d'Or SARL, ECLI:EU:C:2014:185, Rz. 36, UR 2014, 487; vgl. auch EuGH v. 3.9.2015 – Rs. C-463/14 – Asparuhovo Lake, Rz. 39, ECLI:EU:C:2015:542, UR 2015, 781.

durch den Vorteil bestimmt, den der Leistungsempfänger durch die Leistung erfährt.[1] Zudem ist der tatsächliche Wert der Leistung, somit der Wert, den der Leistende seiner Leistung beimisst, unbedeutend für die Geldzahlung des Leistungsempfängers, da er ausschließlich durch äußere Faktoren bestimmt und nicht nur mitbestimmt wird; denn die Zahlung seitens des Leistungsempfängers kann sogar ganz entfallen. Die Zahlung des Honorars begründet keine Gegenleistung für die Rechtsberatung, da zwischen ihnen kein unmittelbarer Zusammenhang zu erkennen ist. Folglich unterliegt die Leistung nicht der Mehrwertbesteuerung; sie ist also nicht mehrwertsteuerbar.

**Pauschales Entgelt als Gegenleistung**

Der Verein räumt all denjenigen, die einen Beitrag von 30 Euro monatlich zahlen, die Möglichkeit ein, die Sporthalle samt dem gesamten Equipment zu nutzen. Ob die Jugendlichen die Halle und etwaige Fitnessgeräte tatsächlich benutzen, berührt die Höhe der Zahlung nicht. Somit räumt der Verein den Jugendlichen die Möglichkeit ein, die Sportgeräte zu nutzen; ob sie von dieser Möglichkeit Gebrauch machen oder sie verstreichen lassen, hat keinen Einfluss auf den Leistungscharakter. Dem entspricht es auch, dass die Gegenleistung für diese in der Einräumung der Möglichkeit zu sehende Leistung ein pauschales Entgelt ist, das unabhängig von der tatsächlichen Nutzung der Sportgeräte ist. Die 30 Euro bilden somit die Gegenleistung und Steuerbemessungsgrundlage für die vom Verein an die Jugendlichen erbrachte Leistung.

Zahlen Jugendliche einen monatlichen Beitrag von nur 15 Euro, da sie aus einkommensschwächeren Familien stammen, ist fraglich, ob die 15 Euro als Gegenleistung für die Leistung des Vereins angesehen werden können, da die Wertbildung durch äußere Faktoren beeinflusst ist. Der Faktor, der auf die Wertbildung Einfluss nimmt, ist die wirtschaftliche Lage der Jugendlichen. Anders als bei der Rechtsberatung wird die Bestimmung des Entgelts aber nicht ausschließlich durch äußere Faktoren bestimmt; vielmehr treten die Vermögensverhältnisse der Jugendlichen als weiterer Faktor neben die Leistung, um ihren tatsächlichen Wert gegenüber diesem Personenkreis zu fassen (vgl. hierzu Rz. 25.14 ff.). Daraus ergibt sich, dass der Wert, den der Verein der Leistung beimisst, geringer ist, wenn er an Jugendliche aus einkommensschwachen Familien leistet. Die 15 Euro bilden somit die Gegenleistung und Steuerbemessungsgrundlage für die vom Verein an diese Jugendlichen erbrachte Leistung.

## F. Keine Äquivalenz von Leistung und Gegenleistung

### I. Dienstleistungen und Lieferungen innerhalb der Europäischen Union

25.23 Nach der Rechtsprechung des EuGH bildet der Gegenwert die Bemessungsgrundlage für die Mehrwertsteuer und dieser Gegenwert ist „ein subjektiver Wert (…), da die Besteuerungsgrundlage (…) die tatsächlich erhaltene Gegenleistung ist und nicht ein nach objektiven Massstäben geschätzter Wert“[2]. Es ist somit die **subjektive Wertschätzung** des Leistenden für die Bestimmung der Steuerbemessungsgrundlage entscheidend. Dass sich dieses subjektive Element auch in der durch den EuGH entwickelten Rechtsprechung zum unmittelbaren Zusammenhang zwischen Leistung und Gegenleistung widerspiegelt, wurde bereits gezeigt.[3] Für die Frage, ob zwischen Leistung und Gegenleistung ein unmittelbarer Zusammenhang besteht, kommt es auf die subjektive Wertschätzung des Leistenden und des Leistungsempfängers an. Es ist nur konsequent, in weiterer Folge bei der Bestimmung der Steuerbemes-

1 EuGH v. 8.3.1988 – Rs. 102/86 – Apple and Pear Development Council, Rz. 15, EuGHE 1988, 1443; v. 29.10.2009 – Rs. C-246/08 – Kommission gegen Finnland, Rz. 48f, EuGHE 2009, I-10605, UR 2010, 224.

2 EuGH v. 5.2.1981 – Rs. 154/80 – Coöperatieve Aardappelenbewaarplaats, ECLI:EU:C:1981:38, Rz. 13.

3 Vgl. unter Rz. 25.14 ff.

sungsgrundlage auf die subjektive Wertschätzung des Leistenden abzustellen. Nur das, für das tatsächlich geleistet wird, soll Bemessungsgrundlage für die Mehrwertsteuer sein.

Aus der subjektiven Anknüpfung bei der Bestimmung des unmittelbaren Zusammenhangs und der Bemessungsgrundlage ergibt sich, dass es für die Begründung eines steuerbaren Leistungsaustauschs **unschädlich** ist, wenn bei objektiver Betrachtung die Leistung und die Gegenleistung **nicht gleichwertig** sind. Aus staatlicher Sicht relevant wird die Frage nach der Äquivalenz von Leistung und Gegenleistung unmittelbar immer nur dann sein, wenn zwischen dem Leistenden und dem Leistungsempfänger ein besonderes Näheverhältnis besteht und einer der am Leistungsaustausch Beteiligten nicht oder nicht vollständig zum Vorsteuerabzug berechtigt ist. Denn in solchen Fällen kann den am Leistungsaustausch beteiligten Personen ein Vorteil bei der Gestaltung bestimmter Transaktionen zuteilwerden. Das besondere Näheverhältnis zwischen dem Leistenden und dem Leistungsempfänger bringt zum Ausdruck, dass die Wertbeimessung der eigenen Leistung durch äußere Faktoren beeinflusst ist. Dass diese Form der Beeinflussung nicht ausreicht, um einen nicht steuerbaren Vorgang anzunehmen, wurde bereits dargestellt (Rz. 25.16). Blickt man auf das Mehrwertsteueraufkommen, können die äußeren Faktoren, die auf die Wertbeimessung Einfluss nehmen, eine durchaus negative Fiskalwirkung haben. 25.24

Der EuGH entschied bereits in der Rs. *Scandic*[1], dass es für die Begründung eines steuerbaren Leistungsaustauschs nicht auf eine Äquivalenz zwischen Leistung und Gegenleistung ankommt und eine Gegenleistung auch dann angenommen werden kann, wenn sie **unter den Selbstkosten** der erbrachten Leistung liegt. Neuerliche Bestätigung findet der Grundsatz, wonach die Gegenleistung **massiv unter dem Marktwert** der Leistung liegen kann, in der Rs. *Campsa*[2]. In diesem Urteil bringt der Gerichtshof unmissverständlich zum Ausdruck, dass den Mitgliedstaaten durch Art. 80 MwStSystRL die Möglichkeit eröffnet ist, eine Mindestbemessungsgrundlage in ihr nationales Mehrwertsteuersystem zu implementieren. Hierdurch können die Mitgliedstaaten in bestimmten Fällen von der Grundsystematik abweichen und anstelle der tatsächlichen Gegenleistung als Bemessungsgrundlage für die Mehrwertsteuer einen nach objektiven Maßstäben berechneten Wert heranziehen. Hat ein Mitgliedstaat aber von der Möglichkeit, eine Mindestbemessungsgrundlage in das nationale Mehrwertsteuersystem einzuführen, Abstand genommen, muss er stets die mit der Leistung unmittelbar zusammenhängende Gegenleistung als Bemessungsgrundlage für den steuerbaren Leistungsaustausch anerkennen, selbst dann, wenn die Gegenleistung nicht äquivalent zum objektiven Wert der Leistung ist. 25.25

Durch die Rs. *Scandic* und *Campsa* hat der EuGH auch eindeutig aufgezeigt, dass es im System der Mehrwertsteuer nur vollkommen entgeltliche und vollkommen unentgeltliche Leistungen gibt. Ein „Mittelweg"[3] – somit die **Teilentgeltlichkeit** – ist dem **Mehrwertsteuersystem fremd.**[4] Kann der Leistende nachweisen, dass es ihm gerade auf die vom Leistungsempfänger 25.26

1 EuGH v. 20.1.2005 – Rs. C-412/03 – Hotel Scandic Gåsabäck AB, EuGHE 2005, I-743, UR 2005, 194 = UR 2005, 98; vgl. hierzu und zum Recht auf Vorsteuerabzug auch: EuGH v. 22.6.2016 – Rs. C-267/15 – Rs. Gemeente Woerden, ECLI:EU:C:2016:466, UR 2016, 646; EuGH v. 2.6.2016 – Rs. C-263/15 – Lajvér, ECLI:EU:C:2016:392, UR 2016, 525.

2 EuGH v. 9.6.2011 – Rs. C-285/10, UR 2012, 440 – Campsa Estaciones de Servicio SA, EuGHE 2011, I-5059, UR 2012, 440.

3 Schlussanträge des GA *Colomer* v. 23.11.2004 – Rs. C-412/03 – Scandic, Rz. 34, EuGHE 2005, I-743.

4 Vgl. so schon *Heber*, Gesellschaften und ihre Gesellschafter in der Umsatzsteuer, 284; *Wager* in Sölch/Ringleb, UStG-Kommentar (74. Lieferung) § 10 Rz. 477; so auch für Körperschaften des öf-

erbrachte Gegenleistung angekommen ist, muss die Gegenleistung auch als Bemessungsgrundlage für die Mehrwertsteuer herangezogen werden; dies muss auch dann gelten, wenn die Bemessungsgrundlage nicht dem Marktwert der Leistung entspricht.

## II. Einfuhr

25.27 Für die Einfuhr von Gegenständen aus dem Drittland in das Unionsgebiet gilt gem. Art. 85 MwStSystRL der **Zollwert** entsprechend dem ZK als Bemessungsgrundlage für die Mehrwertsteuer. Der Zollwert entspricht grundsätzlich dem **Transaktionswert**. Der Transaktionswert ist der für die Waren tatsächlich gezahlte oder zu zahlende Preis.[1] Der Transaktionswert ist aber bei Verbundenheit von Käufer und Verkäufer unter bestimmten Voraussetzungen nicht als Zollwert anzuerkennen. Gemäß Art. 70 Abs. 3 Buchst. d ZK ist der Umstand, dass Käufer und Verkäufer miteinander verbunden sind, kein Grund, den Transaktionswert nicht anzuerkennen. Bei Notwendigkeit werden aber die „die Begleitumstände des Kaufgeschäfts (…) geprüft[,] um festzustellen, ob die Verbundenheit den Preis beeinflusst hat."[2]

25.28 Die Verbundenheit der Parteien ist für sich alleine kein Grund, den Transaktionswert als unannehmbar anzusehen. Vielmehr muss die Verbundenheit zwischen Käufer und Verkäufer einen Einfluss auf den Transaktionswert gehabt haben. Um dies festzustellen, müssen die **Begleitumstände des Kaufgeschäfts** geprüft werden. Für Zwecke des Mehrwertsteuerrechts können als Begleitumstände andere Fakten relevant sein, als es für das Zollrecht der Fall ist.[3] So ist für das Mehrwertsteuerrecht die Berechtigung des Leistenden und des Leistungsempfängers zum Vorsteuerabzug von besonderer Bedeutung und jedenfalls als Begleitumstand zu prüfen. Somit ist die mehrwertsteuerliche Bemessungsgrundlage für die Einfuhr bei Verbundenheit von Käufer und Verkäufer jedenfalls dann nicht nach objektiven Maßstäben zu ermitteln, wenn sie beide zum vollen Vorsteuerabzug berechtigt sind.[4] In diesen Fällen kann der Zollwert von der mehrwertsteuerlichen Bemessungsgrundlage abweichen. Ist der Käufer oder der Verkäufer zu einem solchen aber nicht vollends berechtigt, muss der Zollwert und damit die mehrwertsteuerliche Bemessungsgrundlage für die Einfuhr anhand objektiver Maßstäbe ermittelt werden. Eine solche Interpretation der Artt. 70 ZK und 134 ZK-DVO im Rahmen des Verweises des Art. 85 MwStSystRL erlaubt einen Gleichklang bei der Bemessungsgrundlage von Dienstleistungen und Lieferungen innerhalb der Europäischen Union einerseits und Einfuhren andererseits: Nur dann, wenn entweder der Leistende oder der Leistungsempfänger nicht zum vollen Vorsteuerabzug berechtigt ist, soll die mehrwertsteuerliche Bemessungsgrundlage für eine Leistung anhand objektiver Kriterien ermittelt werden können. Dies kann einerseits gestützt auf Art. 80 MwStSystRL, der Mindestbemessungsgrundlage, oder andererseits durch die in Art. 70 ZK vorgesehenen Maßnahmen erfolgen. Dies ist auch im System der Mehrwertsteuer konsequent, denn bei Versagung der Vorsteuerabzugsberechtigung auf Ebene des Leistenden oder des Leistungsempfängers kann unmittelbar durch be-

---

fentlichen Rechts: EuGH v. 2.6.2016 – Rs. C-263/15 – Lajvér, ECLI:EU:C:2016:392, UR 2016, 525; vgl. hierzu ausführlich: *Heber*, Non Profit Law Yearbook, 2016/2017, 187 ff.

1 Art. 70 ZK.

2 Art. 134 ZK-DVO.

3 Ausführlich hierzu: *Heber*, Verrechnungspreise im System des Mehrwertsteuerrecht, MwStR 2015, 372 (380 f.).

4 Vgl. in diesem Sinn auch § 72a des österreichischen Zoll-Durchführungsgesetzes.

sondere Gestaltung der Transaktionen ein Ergebnis erzielt werden, das dem Mehrwertsteuersystem widerstreitet.[1]

## G. Mindestbemessungsgrundlage

### I. Überblick

Anfänglich eröffnete die 6. MwSt-RL den Mitgliedstaaten nicht ausdrücklich die Möglichkeit, eine Mindestbemessungsgrundlage in ihr nationales Mehrwertsteuersystem zu implementieren und dadurch von der Grundsystematik der Mehrwertsteuer abzuweichen. Eine Mindestbemessungsgrundlage konnten die Mitgliedstaaten nur im Wege einer **abweichenden Sondermaßnahme** zur Vermeidung von Steuerhinterziehung und -umgehung unter den Voraussetzungen des Art. 27 6. MwSt-RL (nunmehr Art. 395 MwSt-RL) einführen. Da eine Vielzahl von Mitgliedstaaten hiervon Gebrauch gemacht hatte, legte die Kommission 2005 einen Entwurf zur Änderung der 6. MwSt-RL vor, der eine einheitliche Bestimmung für eine Mindestbemessungsgrundlage beinhaltete.[2] 25.29

Die im Jahre 2006 in das Europäische Mehrwertsteuersystem implementierte Mindestbemessungsgrundlage[3] ist für die Mitgliedstaaten **fakultativ** und es soll ihnen bei der nationalen Umsetzung ein gewisser **Ermessensspielraum** bleiben.[4] Die Grundstruktur, wie die Mindestbemessungsgrundlage für Dienstleistungen und Lieferungen innerhalb der Europäischen Union[5] in den einzelnen Mitgliedstaaten auszugestalten ist, wird aber durch Art. 80 MwStSystRL prädeterminiert.[6] Sie stellt eine wesentliche Ausnahme von der in Art. 73 MwStSystRL festgelegten Grundsystematik dar, wodurch der Anwendungsbereich der Mindestbemessungsgrundlage nach der Rechtsprechung des EuGH sehr eng auszulegen ist.[7] 25.30

Das Ziel der Mindestbemessungsgrundlage ist es, **Steuerhinterziehung und -umgehung** vorzubeugen.[8] Im System der Mehrwertsteuer liegt eine besondere Gefahr der Steuerhinterziehung und -umgehung immer dort, wo zumindest eine an der Transaktion beteiligte Person nicht oder nicht vollständig zum Vorsteuerabzug berechtigt ist.[9] Kommt es zu einem steuerbaren Leistungsaustausch und sind sowohl der Leistende als auch der Leistungsempfänger zum vollen Vorsteuerabzug berechtigt, bildet die Mehrwertsteuer für sie jedenfalls kein Kostenelement. Daher ist Art. 80 MwStSystRL auch auf einen steuerbaren Leistungsaustausch beschränkt, bei welchem entweder der Leistende oder der Leistungsempfänger nicht zum vollen Vorsteuerabzug berechtigt ist. Ist der Leistende nicht zum Vorsteuerabzug berechtigt und ist 25.31

1 EuGH v. 26.4.2012 – Rs. C-621/10 und C-129/11 – Balkan and Sea Properties ADSITS, Provadinvest OOD, ECLI:EU:C:2012:248, Rz. 47.
2 1. Erwägungsgrund, RL v. 24.7.2006, 2006/69/EG.
3 Art. 11 Teil A (6) 6. MwSt-RL.
4 9. Erwägungsgrund, RL v. 24.7.2006, 2006/69/EG.
5 Vgl. Art. 83 MwStSystRL.
6 EuGH v. 26.4.2012 – Rs. C-621/10 und C-129/11 – Balkan and Sea Properties ADSITS, Provadinvest OOD, ECLI:EU:C:2012:248, Rz. 42 ff.
7 EuGH v. 26.4.2012 – Rs. C-621/10 und C-129/11 – Balkan and Sea Properties ADSITS, Provadinvest OOD, ECLI:EU:C:2012:248, Rz. 45 mit Verweis auf Urteile, wonach auch Steuerbefreiungen als Ausnahmen von der mehrwertsteuerrechtlichen Grundsystematik eng auszulegen sind.
8 Vgl. 26. Erwägungsgrund der MwStSystRL; 1. Erwägungsgrund, RL v. 24.7.2006, 2006/69/EG.
9 EuGH v. 26.4.2012 – Rs. C-621/10 und C-129/11 – Balkan and Sea Properties ADSITS, Provadinvest OOD, ECLI:EU:C:2012:248, Rz. 47.

die Gegenleistung niedriger als der Normalwert, muss es sich zudem um eine steuerbefreite Leistung handeln.

25.32 Zudem verlangt Art. 80 MwStSystRL, dass der Leistende und der Leistungsempfänger in einem besonderen **Näheverhältnis** zueinanderstehen. Der Richtlinienwortlaut spricht explizit von einer familiären oder anderen engen persönlichen Bindung, einer „Bindung aufgrund von Leistungsfunktionen oder Mitgliedschaften, sowie eigentumsrechtliche, finanzielle oder rechtliche Bindungen". Art. 80 MwStSystRL überlässt es aber den Mitgliedstaaten, zu definieren, was genau unter den jeweiligen Bindungen zu verstehen ist.

25.33 Der Anwendungsbereich der Mindestbemessungsgrundlage lässt sich sehr klar von jenem der **unentgeltlichen Wertabgabe abgrenzen**. Durch erstere soll die Steuerbemessungsgrundlage eines grundsätzlich steuerbaren Leistungsaustausches berichtigt werden. Dass die Gegenleistung im Vergleich zum marktüblichen Wert der Leistung künstlich hoch oder gering ist, kann durch besondere Motive, wie der Verbundenheit zwischen dem Leistenden und dem Leistungsempfänger, beeinflusst sein. Somit ist es das Ziel der Mindestbemessungsgrundlage, den Wert der Gegenleistung entsprechend dem **Fremdvergleichsgrundsatz** zu bestimmen.[1] Die Bestimmungen zur unentgeltlichen Wertabgabe haben aber vielmehr zum Ziel, eine Transaktion, die per se nicht die Voraussetzungen für einen Leistungsaustausch begründet, einem solchen gleichzustellen und dadurch der Mehrwertsteuer zu unterwerfen.

## II. Vergleichsmaßstab

25.34 Der Vergleichsmaßstab wird für den Anwendungsbereich der Mindestbemessungsgrundlage durch den **Normalwert** gebildet. Der Normalwert wird in Art. 72 der MwStSystRL definiert und wird durch den gesamten Betrag gebildet, den ein Empfänger einer Leistung auf derselben Absatzstufe, auf der die Leistung erfolgt, an einen selbständigen Leistungserbringer „in dem Mitgliedstaat, in dem der Umsatz steuerpflichtig ist, zahlen müsste, um die betreffende Lieferung oder Dienstleistung zu diesem Zeitpunkt unter den Bedingungen des freien Wettbewerbs zu erhalten". Ist eine vergleichbare Leistung nicht ermittelbar, ist bei Gegenständen als Normalwert der Betrag zu verstehen, der „nicht unter dem Einkaufspreis der Gegenstände oder gleichartiger Gegenstände oder mangels eines Einkaufspreises nicht unter dem Selbstkostenpreis [liegt], und zwar jeweils zu den Preisen, die zum Zeitpunkt der Bewirkung dieser Umsätze festgestellt werden". Bei Dienstleistungen, bei denen eine vergleichbare Dienstleistung nicht zu ermitteln ist, ist für den Normalwert der Betrag maßgebend, der nicht unter dem Betrag der Ausgaben des Steuerpflichtigen für die Erbringung der Dienstleistungen liegt.

25.35 Der primäre Vergleichsmaßstab orientiert sich somit am **marktüblichen Entgelt** in dem Mitgliedstaat, in dem der Umsatz steuerbar ist, und zu dem Zeitpunkt, zu welchem der Umsatz tatsächlich getätigt wird. Die tatsächlichen Kosten, um die Leistung erbringen zu können, sind grundsätzlich ohne Belang;[2] nur dann, wenn eine vergleichbare Leistung nicht ermittelt werden kann, muss auf die tatsächlichen Kosten für die Leistungserbringung zurückgegriffen werden.

1 *Heber*, Taxlex 2013, 133 (134).

2 EuGH v. 29.5.1997 – Rs. C-63/96 – Skripalle, EuGHE 1997, I-2847, UR 1997, 301 m. Anm. *Widmann*.

## III. Steuerhinterziehung und -umgehung als Tatbestandsmerkmal oder Rahmenkonzept?

Art. 80 MwStSystRL sieht explizit vor, dass die Abkehr vom Grundsystem der Mehrwertsteuer und der Anerkennung der Bemessungsgrundlage als ein subjektiver Wert, der nicht nach objektiven Maßstäben zu schätzen ist, den Mitgliedstaaten dienen soll, Steuerhinterziehung und -umgehung vorzubeugen. Es stellt sich die Frage, ob das Kriterium der Steuerhinterziehung und -umgehung ein **Tatbestandselement der Norm** ist und die Steuerbemessungsgrundlage nach objektiven Maßstäben somit nur dann bestimmt werden darf, wenn die Anerkennung der tatsächlichen Gegenleistung als Bemessungsgrundlage für die Mehrwertsteuer zur Steuerhinterziehung oder -umgehung im jeweiligen Einzelfall führen würde. Andererseits kann man das Element der Steuerhinterziehung und -umgehung auch als **Rahmenkonzept** verstehen. Dadurch würde die Bemessungsgrundlage für die Mehrwertsteuer immer dann nach objektiven Maßstäben bestimmt, wenn die objektiven Kriterien des Art. 80 MwStSystRL, wie die Verbundenheit zwischen dem Leistenden und dem Leistungsempfänger, die fehlende Vorsteuerabzugsberechtigung, die im Verhältnis zum Marktwert der Leistung inadäquate Gegenleistung und mitunter die Steuerbefreiung der Leistung, erfüllt sind. 25.36

Grundsätzlich lassen sich Argumente für beide Richtungen finden. Für eine **restriktive Auslegung** der Mindestbemessungsgrundlage und eine dadurch bedingte Prüfung des Vorliegens einer Steuerhinterziehung und -umgehung am Einzelfall spricht, dass die Mindestbemessungsgrundlage die Grundsystematik des Mehrwertsteuerrechts durchbricht und ein Abweichen vom Grundkonzept nur erlaubt sein soll, wenn es in einer missbräuchlichen Weise verwendet wird. *Bert Mesdom* und *Xavier Vlem*[1] qualifizieren das Moment der Steuerhinterziehung und -umgehung als Tatbestandsmerkmal der Mindestbemessungsgrundlage und gehen davon aus, dass ein Mitgliedstaat, gestützt auf Art. 80 MwStSystRL, den Normalwert als Steuerbemessungsgrundlage nicht für alle Transaktionen zwischen beispielsweise dem Arbeitgeber und dem Arbeitnehmer ansetzen kann. Als Beispiel wird der Verkauf eigener Waren an die Arbeitnehmer zu einem Preisnachlass von 20 % angeführt. Hier soll ein Verkauf unter dem Marktwert vorliegen, der aber nicht von Steuerhinterziehung und -umgehung getrieben ist, vielmehr wolle der Arbeitgeber seinen Arbeitnehmern einen „benefit" zukommen lassen.[2] 25.37

1 *Mesdom/van Vlem*, The end of a transfer pricing-free VAT system in the EU, Tax Planning International Transfer Pricing, 2007, 3 (3).

2 Dies entspricht der Überlegung, dass die Gegenleistung ein subjektiver Wert ist und durchaus von äußeren Faktoren beeinflusst werden kann. Vgl. hierzu schon Rz. 25.16. Zudem wäre zu thematisieren, ob zwischen dem Arbeitnehmer und dem Arbeitgeber ein eigenständiger Leistungsaustausch begründet ist. Dies wird entscheidend vom Verständnis des Arbeitnehmers beeinflusst; ist es für ihn beispielsweise aufgrund einer Vereinbarung im Arbeitsvertrag oder anderer betrieblicher Vereinbarungen ersichtlich, dass ein Teil seiner Arbeitskraft als Gegenleistung für die Möglichkeit, vergünstigt Waren oder Dienstleistungen einzukaufen, erbracht wird, so kann hierin ein eigenständiger steuerbarer Leistungsaustausch bestehen. Denn in der Möglichkeit, einen Rabatt in Anspruch zu nehmen, ist eine Leistung des Arbeitgebers an den Arbeitnehmer zu sehen. Ein Teil der Arbeitskraft des Arbeitnehmers kann die Gegenleistung, somit das Entgelt, für die Leistung des Arbeitgebers bilden. Sind solche Umstände aber gerade nicht gegeben, kann die Leistung des Arbeitgebers als eine unentgeltliche Leistung an den Arbeitnehmer gesehen werden, die nicht der Mehrwertbesteuerung unterliegt (vgl. C-371/07, C-258/95 – Fillibeck und Danfoss).

25.38 Wird das Kriterium der Steuerhinterziehung und -umgehung als ein eigenständiges Tatbestandsmerkmal der Mindestbemessungsgrundlage angesehen, besteht die Notwendigkeit, jede Transaktion, die potentiell in den Anwendungsfall der Mindestbemessungsgrundlage fällt, im Wege einer **Einzelfallprüfung** auf ihren Hinterziehungs- und Umgehungscharakter zu würdigen. Dies würde der Finanzverwaltung ohne Zweifel einen enormen administrativen Aufwand aufbürden.

25.39 Zumindest dies spricht dafür, das Kriterium der Steuerhinterziehung und -umgehung als das **Rahmenkonzept** der Mindestbemessungsgrundlage anzusehen.[1] Die im Tatbestand enthaltenen Elemente müssen darauf gerichtet sein, Steuerhinterziehung und -umgehung zu verhindern, um der Zielsetzung der Norm zu entsprechen. Die Mindestbemessungsgrundlage würde nicht erst zur Anwendung kommen, wenn explizit festgestellt wurde, dass eine bestimmte Transaktion Steuerhinterziehung oder -umgehung bedingt; vielmehr würde ein objektiver Maßstab für die mehrwertsteuerliche Bemessungsgrundlage einer Leistung bereits bei Erfüllung der Tatbestandselemente der Norm anzuwenden sein. Diese in Art. 80 MwStSystRL genannten Elemente sind darauf gerichtet, Transaktionen zu erfassen, die mehrwertsteuerliche Ergebnisse bedingen, die potentiell vom Mehrwertsteuersystem nicht gewollt sind.[2]

25.40 Art. 80 MwStSystRL stellt explizit auf Transaktionen ab, die zwischen Personen erfolgen, die miteinander in einem besonderen **Näheverhältnis** stehen. Ein gezieltes Gestalten von Transaktionen, um ein vorteilhaftes mehrwertsteuerliches Ergebnis zu erzielen, wird nur zwischen verbundenen Parteien erfolgen, nicht aber bei Transaktionen mit fremden Dritten. Zudem kann der Anwendungsbereich der Mindestbemessungsgrundlage nur eröffnet sein, wenn der Leistungsempfänger oder der Leistende nicht oder nicht zum vollen Vorsteuerabzug berechtigt ist. Würden beide einen Vorsteuerabzug für ihre Eingangsleistungen in voller Höhe vornehmen können, wäre die Mehrwertsteuer sowohl auf Ebene des Leistenden als auch auf Ebene des Leistungsempfängers neutral. In diesem Fall wäre das Bezahlen eines Preises, der im Vergleich zum Marktwert der Norm zu gering oder zu hoch ist, für das mehrwertsteuerliche Ergebnis dieses Leistungsaustauschs unbedeutend.[3] Art. 80 MwStSystRL setzt die mangelnde Vorsteuerabzugsberechtigung daher sinnvollerweise noch in Bezug mit der **inadäquaten Gegenleistung**: Somit ist der Anwendungsbereich der Mindestbemessungsgrundlage bei zu hohen Entgeltzahlungen nur eröffnet, wenn der Leistende nicht zum Vorsteuerabzug berechtigt ist. Ein zu niedriges Entgelt eröffnet den Anwendungsbereich der Mindestbemessungsgrundlage, wenn entweder der Leistungsempfänger nicht zum Vorsteuerabzug berechtigt ist oder dem Leistenden der Abzug der Vorsteuern verwehrt ist und die erbrachte Leistung steuerbefreit ist.

---

1 So wohl auch EuGH v. 29.5.1997 – Rs. C-63/96 – Skripalle, Rz. 26, EuGHE 1997, I-2847, UR 1997, 301 m. Anm. *Widmann*.

2 EuGH v. 26.4.2012 – Rs. C-621/10 und C-129/11 – Balkan and Sea Properties ADSITS, Provadinvest OOD, ECLI:EU:C:2012:248, Rz. 42 ff.; so wohl auch: EuGH v. 29.5.1997 – Rs. C-63/96 – Skripalle, Rz. 26, EuGHE 1997, I-2847, UR 1997, 301 m. Anm. *Widmann*.

3 EuGH v. 26.4.2012 – Rs. C-621/10 und C-129/11 – Balkan and Sea Properties ADSITS, Provadinvest OOD, ECLI:EU:C:2012:248, Rz. 47; Schlussanträge der GA *Sharpston* v. 26.1.2012 – Rs. C-621/10 und C-129/11 – Balkan and Sea Properties ADSITS, Provadinvest OOD, ECLI:EU:C:2012:248, Rz. 30.

## IV. Nationale Umsetzung

### 1. Deutschland – § 10 Abs. 5 i.V.m. Abs. 4 UStG

Mit dem Gesetz zur Neufassung des Umsatzsteuergesetzes und zur Änderung anderer Gesetze[1] wurde zum 1.1.1980 eine Mindestbemessungsgrundlage in das deutsche UStG eingeführt. Hierbei handelte es sich um eine **Sondermaßnahme** i.S.v. Art. 27 der 6. MwStRL, da durch die Mindestbemessungsgrundlage Steuerhinterziehung und -umgehung verhindert werden soll. Die Kommission wurde von der Bundesregierung, wie von der Vorschrift verlangt, unterrichtet und genehmigte die Maßnahme.[2] 25.41

Wie bereits oben dargestellt,[3] wurde die Mindestbemessungsgrundlage erst 2006 in die MwStSystRL implementiert. Sie war eine Reaktion auf die vielen einzelnen Sondermaßnahmen, die den Mitgliedstaaten basierend auf Art. 27 der 6. MwStRL gewährt wurden. Zu den Sondermaßnahmen führt die Richtlinie, welche die Mindestbemessungsgrundlage in die 6. MwStRL implementiert, aus, dass die Mitgliedstaaten in Zukunft von einer Sonderregelung nicht mehr Gebrauch machen dürfen, sofern sie eine Mindestbemessungsgrundlage in ihr nationales Mehrwertsteuerrecht einführen wollen. Die Richtlinie bekräftigt, dass alle bestehenden Ermächtigungen „ausdrücklich aufgehoben werden"[4] sollen, und lässt alle Maßnahmen, „die Mitgliedstaaten auf Grundlage von Art. 27 Abs. 5 (…) [6. MwSt-RL] anwenden, [und] Ausnahmeregelungen, die gem. Art. 27 Abs. 1 gewährt wurden und durch diese Richtlinie nicht aufgehoben wurden"[5], unberührt. Die **deutsche Ermächtigung**, eine Mindestbemessungsgrundlage in das nationale Mehrwertsteuersystem zu implementieren, wurde nicht explizit aufgehoben.[6] 25.42

Daraus ergibt sich, dass § 10 Abs. 5 UStG noch immer von der auf Art. 27 6. MwStRL gestützten Ermächtigung getragen ist und **keine Umsetzung des heutigen Art. 80 MwStSystRL** darstellt. Für die Anwendung und Interpretation der nationalen Norm ist das Richtlinienrecht aber nicht vollkommen unbedeutend. Vielmehr muss Art. 80 MwStSystRL und seine Auslegung durch den EuGH insofern für die Anwendung und Auslegung der nationalen Norm eine Rolle spielen, als ihr Anwendungsbereich vom Richtlinienrecht gedeckt ist. Denn in diesem Umfang hat die europäische Mindestbemessungsgrundlage Art. 27 6. MwStRL überlagert und somit auch die für Deutschland bestehende Sonderermächtigung. Dies lässt aber den Umstand unberührt, dass die deutsche Mindestbemessungsgrundlage weitergehen kann als durch Art. 80 MwStSystRL vorgegeben, ohne gegen Richtlinienrecht zu verstoßen. 25.43

Der wesentliche Unterschied zwischen der Mindestbemessungsgrundlage nach § 10 Abs. 5 UStG und Art. 80 MwStSystRL besteht darin, dass die deutsche Norm nicht darauf abstellt, dass entweder der Leistende oder der Leistungsempfänger nicht zum Vorsteuerabzug zugelassen sein darf. Somit kann auch eine **Leistung an einen vorsteuerabzugsberechtigten Unternehmer von einem vorsteuerabzugsberechtigten Unternehmer** der Mindestbemessungs- 25.44

1 BGBl. I 1979, 1953.

2 Die gemeinschaftsrechtliche Ermächtigung wurde nie veröffentlicht; vgl. aber: http://ec.europa.eu/taxation_customs/resources/documents/taxation/vat/key_documents/table_derogations/vat_index_derogations_en.pdf (eingesehen am 8.10.2015).

3 Vgl. Rz. 25.30.

4 8. Erwägungsgrund, RL v. 24.7.2006, 2006/69/EG.

5 Ibid.

6 Vgl. http://ec.europa.eu/taxation_customs/resources/documents/taxation/vat/key_documents/table_derogations/vat_index_derogations_en.pdf (eingesehen am 8.10.2015).

grundlage nach § 10 Abs. 5 UStG unterliegen. Dieser das Richtlinienrecht übersteigende Anwendungsbereich ist aber von der Ermächtigung der Kommission, die auf Art. 27 6. MwStRL gestützt ist, gedeckt. Daher sind die Grundsätze, die der BFH zur Anwendung der Mindestbemessungsgrundlage bei Leistungen an vorsteuerabzugsberechtigte Unternehmer aufgestellt hat,[1] insofern weiter anwendbar, als der Leistungsempfänger eine Vorsteuerberichtigung nach § 15a UStG vornehmen kann.[2] Die Anwendung der deutschen Mindestbemessungsgrundlage bei vorsteuerabzugsberechtigten Steuerpflichtigen verstößt daher auch nicht nach dem EuGH Urteil in der Rs. *Balkan and Sea Properties ADSITS* und *Provadinvest OOD*[3] gegen Unionsrecht, wonach der Anwendungsbereich von Art. 80 MwStSystRL jedenfalls dann nicht eröffnet ist, wenn der betroffene Steuerpflichtige zum Vorsteuerabzug berechtigt ist.[4]

## 2. Österreich – § 4 Abs. 9 öUStG

25.45 Eine Mindestbemessungsgrundlage wurde in das österreichische UStG mit dem Abgabenänderungsgesetz 2012[5] eingeführt und soll, wie es aus den Erläuternden Bemerkungen hervorgeht,[6] **Art. 80 MwStSystRL umsetzen**. Gemäß dem Gesetzeswortlaut soll der Normalwert als Steuerbemessungsgrundlage für Lieferungen und sonstige Leistungen Anwendung finden, wenn diese „durch den Unternehmer für Zwecke, die außerhalb des Unternehmens liegen oder für den Bedarf seines Personals“ ausgeführt werden. Zudem ist der Anwendungsbereich der Mindestbemessungsgrundlage, entsprechend dem Richtlinienrecht, erst dann eröffnet, wenn entweder der Leistende oder der Leistungsempfänger nicht zum Vorsteuerabzug berechtigt sind oder die Leistung eine steuerbefreite Leistung darstellt und die Gegenleistung dementsprechend niedriger oder höher ist als der Normalwert.

25.46 Wenngleich sich die österreichische Umsetzung weitgehend an die Vorgaben der MwStSystRL hält, weicht sie doch in einem Punkt massiv ab. § 4 Abs. 9 öUStG verzichtet auf die genaue Ausdifferenzierung des Näheverhältnisses, das zwischen dem Leistenden und dem Leistungsempfänger bestehen muss, und stellt ausschließlich auf das Leisten für **„Zwecke, die außerhalb des Unternehmens liegen“**, ab. Dieser Terminus wird auch in den Gesetzesbestimmungen für die unentgeltliche Wertabgabe, § 3 Abs. 2 öUStG, verwendet und soll in diesem Sinne verstanden und interpretiert werden.[7] Versteht man die Wortfolge „Zwecke, die außerhalb des Unternehmens liegen“ technisch, wie es auch von den Erläuternden Bemerkungen durch den expliziten Verweis auf die Bestimmungen zur unentgeltlichen Wertabgabe beabsichtigt scheint, wird § 4 Abs. 9 öUStG seiner Aufgabe, eine Mindestbemessungsgrundlage für Lieferungen und sonstige Leistungen zu bilden, nicht gerecht: Ein Umsatz hat seinen Zweck immer nur dann außerhalb des Unternehmens i.S.d. § 2 öUStG, wenn er einen privaten Zweck verfolgt, also nicht unternehmerisch erfolgt, was in der Diktion des EuGH nicht-wirtschaftlich und privat wäre. Ist eine Leistung gegen Entgelt ausgeführt, also unternehmerisch im Sinne des nationalen Mehrwertsteuerrechts, kann diese niemals einen privaten Zweck ver-

---

1 BFH v. 24.1.2008 – V R 39/06, BStBl. II 2009, 786 = UR 2008, 512 = UR 2008, 342.
2 BFH v. 5.6.2012 – XI R 44/12, BFHE 245, 473.
3 EuGH v. 26.4.2012 – Rs. C-621/10 und C-129/11 – Balkan and Sea Properties ADSITS, Provadinvest OOD, ECLI:EU:C:2012:248.
4 A.A. *Slapio*, UR 2012, 429 ff.
5 BGBl. I 2012/112.
6 ErläutRV 1960 BlgNR 24. GP 38.
7 Ibid.

folgen, wenngleich die Gegenleistung inadäquat gering ist.[1] Somit ist der Anwendungsbereich der österreichischen Mindestbemessungsgrundlage auf jene Fälle reduziert, in denen schon überhaupt keine Leistung gegen Entgelt vorliegt.[2] Die Gesetzesnorm ist nur dann zu retten, wenn die Wortfolge „Zwecke, die außerhalb des Unternehmens liegen" entgegen einer systematischen Auslegung, die durch die erläuternden Bemerkungen intendiert ist, abweichend von § 3 Abs. 2 öUStG als Motiv für das Leisten verstanden wird. Die Erläuternden Bemerkungen sprechen zwar auch von außerbetrieblichen Motiven, wie „familiäre oder freundschaftliche Nahebeziehungen, Gesellschafterstellung oder gesellschaftliche Verflechtung, Bindungen aufgrund von Leitungsfunktionen oder Mitgliedschaften, Arbeitgeber-, Arbeitnehmerverhältnis, usw"[3], die das Leisten beeinflussen. Allerdings kann die Auslegung nicht hieran ausgerichtet werden, da dieses Ergebnis der objektiv-teleologischen und systematischen Auslegung nicht entspricht. Eine etwaige richtlinienkonforme Interpretation der Norm müsste daher gegen den Wortlaut der Norm erfolgen.[4] Um dieses Ergebnis zu erreichen, müsste Art. 80 MwStSystRL unmittelbar angewendet werden, was zuungunsten des Steuerpflichtigen aber nur dann möglich ist, wenn hierdurch eine Steuerhinterziehung abgewendet werden kann.[5]

## H. Die Fiktive Gegenleistung

Die Steuerbemessungsgrundlage ist für die unentgeltlichen Wertabgaben nach Art. 16 MwSt- 25.47
SystRL der **Einkaufspreis** für diese oder gleichartige Gegenstände. Wenn ein Einkaufspreis nicht ermittelt werden kann, ist der **Selbstkostenpreis** entscheidend für die Steuerbemessungsgrundlage.[6] Es sind immer die Preise relevant, die zum Zeitpunkt des Bewirkens des Umsatzes festgestellt werden. Ist der Umsatz einer Dienstleistung gegen Entgelt gleichgestellt, liegt die Steuerbemessungsgrundlage in dem Betrag der Ausgaben, die der Steuerpflichtige für die Erbringung der Dienstleistungen aufzuwenden hat.

Die Steuerbemessungsgrundlage nach Art. 74 und 75 MwStSystRL ist nicht auf die ursprüng- 25.48
lichen Vorsteuerabzugsbeträge begrenzt. Eine **Wertsteigerung** der Gegenstände **im Unternehmen** würde zu einer im Verhältnis zum ursprünglichen Vorsteuerabzug höheren Mehrwertsteuerbelastung führen. Unter Berücksichtigung der den Bestimmungen zur unentgeltlichen Wertabgabe zugrunde liegenden Prämisse, Steuerpflichtige, die Güter und Dienstleistungen aus ihren Unternehmen konsumieren, mit einem Letztverbraucher gleichzustellen,[7] ist dieses

---

1 EuGH v. 9.6.2011 – Rs. C-285/10 – Campsa Estaciones de Servicio SA, Rz. 29, EuGHE 2011, I-5059, UR 2012, 440.

2 *Heber*, Taxlex 2013, 133 (135 f.).

3 ErläutRV 1960 BlgNR 24. GP 32.

4 Für eine richtlinienkonforme Interpretation: *Raab*, ÖStZ 2013, 124 (128).

5 Für die Unzulässigkeit der unmittelbaren Anwendung von Richtlinienbestimmungen zuungunsten vgl. für viele: EuGH v. 8.10.1987 – Rs. 80/86 – Kolpinghuis Nijmegen, Rz. 13, EuGHE 1987, 3969; für die Zulässigkeit der unmittelbaren Anwendung der Richtlinienbestimmungen in Betrugsfällen: EuGH v. 18.12.2014 – Rs. C-131/13, 163/13 und 164/13 – Italmoda, ECLI:EU:C:2014:2455, Rz. 55.

6 Art. 74 MwStSystRL.

7 EuGH v. 6.5.1992 – Rs. C-20/91 – de Jong, Rz. 15, EuGHE 1992, I-2847, UR 1992, 271 = UR 1994, 309; v. 26.9.1996 – Rs. C-230/94 – Enkler, Rz. 35, EuGHE 1996, I-4517, UR 1996, 418 m. Anm. *Widmann*; v. 16.10.1997 – Rs. C-258/95 – Fillibeck, Rz. 25, EuGHE 1997, I-5577, UR 1998, 61; v. 27.4.1999 – Rs. C-48/97 – Kuwait Petroleum, Rz. 21, EuGHE 1999, I-2323, UR 1999, 278; v. 8.3.2001 – Rs. C-415/98 – Bakcsi, Rz. 42, EuGHE 2001, I-1831, UR 2001, 149; v. 17.5.2001 – Rs. C-322/99 und C-323/99 – Fischer und Brandenstein, Rz. 56, EuGHE 2001, I-4049; v. 11.12.2008

Ergebnis konsequent. Konsumiert ein Steuerpflichtiger Güter, die seinem Unternehmen zugehören und die ihn zum Vorsteuerabzug berechtigt haben, soll nicht nur der ursprüngliche, im Zeitpunkt des Erwerbs, geltend gemachte Vorsteuerabzug revidiert werden; der Steuerpflichtige soll vielmehr durch die Mehrwertsteuer wie ein Letztverbraucher, der diese Leistung am freien Markt erwirbt, belastet werden.

25.49 Will man jede unentgeltliche Zuwendung einer Lieferung gegen Entgelt gleichstellen, somit auch eine unentgeltliche Zuwendung, die vom **unternehmerischen Interesse** des Steuerpflichtigen getragen ist (Rz. 8.209 f.), widerstreitet dieses im System der Mehrwertsteuer per se inkonsequente Ergebnis noch stärker den Grundprinzipien, wenn keine Deckelung der Besteuerung in Höhe des ursprünglichen Vorsteuerabzugs vorgenommen wird.[1]

## I. Minderung der Gegenleistung durch Rabatte

### I. Echte Rabatte

25.50 Wie bereits oben unter A I dargestellt, sieht die MwStSystRL vor, dass Preisnachlässe, Rabatte und Rückvergütungen in die Bemessungsgrundlage nicht einzubeziehen sind.[2] Rabatte, Preisnachlässe und Rückvergütungen stellen eine Ermäßigung des Preises dar, den der Leistungsempfänger normalerweise für die Leistung zu zahlen hat. Der Leistende **verzichtet** auf die Vereinnahmung eines Teils des Preises, den der Rabatt, die Rückvergütung oder der Preisnachlass ausmacht, um den Kunden zum Kauf der Leistung anzuregen.[3]

25.51 Die Form, wie dem Leistungsempfänger ein Rabatt gewährt wird, kann im Einzelfall unterschiedlich sein. Denkbar sind beispielsweise Rabattcoupons, auf welchen ein Nennbetrag aufgedruckt ist, oder prozentmäßige Rabatte. Ein Rabatt bleibt aber nur dann bei der Bestimmung der Bemessungsgrundlage unberücksichtigt, wenn er dem Leistungsempfänger zu dem **Zeitpunkt** eingeräumt wird, zu dem der **Umsatz bewirkt wird**. Der Umsatz ist dann bewirkt, wenn der sich in der Leistung widerspiegelnde Vorteil dem Leistungsempfänger zu Gute kommt.[4] Liegt die Leistung in einer Lieferung, ist der Zeitpunkt durch Art. 14 Abs. 1 MwStSystRL eindeutig bestimmt: Die Lieferung ist bewirkt, wenn die Befähigung, über den erworbenen Gegenstand wie ein Eigentümer zu verfügen, übertragen wird.[5]

25.52 Wenngleich Art. 79 MwStSystRL explizit darlegt, dass Rabatte, Preisnachlässe und Rückvergütungen in der Bemessungsgrundlage nicht einzubeziehen sind, ergibt sich dieser Befund bereits durch die Systematik der Mehrwertsteuer. Ist die Bemessungsgrundlage der Wert der Gegenleistung und kommt es bei der Bestimmung dieses Werts auf die subjektive Wertschätzung

– Rs. C-371/07 – Danfoss A/S und AstraZeneca A/S, Rz. 46, EuGHE 2008, I-9549; v. 23.4.2009 – Rs. C-460/07 – Puffer, Rz. 54 f., EuGHE 2009, I-3251, UR 2009, 410 m. Anm. *Widmann*.

1 *Heber*, Gesellschaften und ihre Gesellschafter in der Umsatzsteuer, 118 ff.

2 Art. 79 MwStSystRL.

3 EuGH v. 27.3.1990 – Rs. C-126/88 – Boots Company, Rz. 18, EuGHE 1990, I-1235, UR 1991, 204 m. Anm. *Weiss*.

4 Zum Begriff der Leistung und des Vorteils im System des Mehrwertsteuerrechts vgl. *Heber*, Gesellschaften und ihre Gesellschafter in der Umsatzsteuer, 45 ff.; *Heber*, World Journal of VAT/GST Law, 2013, Issue 1, 30 f.

5 Vgl. so auch: EuGH v. 29.5.2001 – Rs. C-86/99 – Freemans, Rz. 22, EuGHE 2001, I-4167, UR 2001, 349.

des Leistenden an, kann die Bemessungsgrundlage nicht höher sein als der Betrag, den der Leistende für seine Leistung erhalten hat.[1] Zudem muss sich die Gegenleistung des Leistungsempfängers aufgrund der Rabattgewährung tatsächlich mindern. Wird der **Rabatt nicht auf die eigene Leistung gewährt**, sondern auf eine Leistung, die durch einen Dritten erbracht wird, und wirkt sich die Rabattgewährung somit nicht auf die eigene erhaltene Gegenleistung aus, handelt es sich um keinen Rabatt i.S.v. Art. 79 MwStSystRL.[2] Wird der Rabatt aufgrund einer gesetzlichen Verpflichtung einer Person außerhalb der Leistungskette gewährt, die dem Letztverbraucher die Kosten für den Erwerb der Produkte erstattet, und bezieht sich dieser Rabatt auf die eigene Leistung des den Rabatt gewährenden Steuerpflichtigen, so handelt es sich um einen echten Rabatt, der die Bemessungsgrundlage mindert.[3]

Art. 79 MwStSystRL betrifft den typischen Fall, wonach die vertragliche Beziehung zwischen zwei Vertragsparteien zustande kommt, die nachträglich, aber spätestens zum Zeitpunkt, in welchem der Umsatz bewirkt wird, eine Änderung erfährt.[4] Nach Auffassung des EuGH verlangt der Grundsatz der Neutralität, dass bei der Berechnung der Bemessungsgrundlage für die Mehrwertsteuer auch der Fall zu berücksichtigen ist, in welchem ein Steuerpflichtiger „zwar nicht vertraglich mit dem Endverbraucher verbunden ist, aber das erste Glied einer zu diesem führenden Kette von Umsätzen bildet und ihm durch Vermittlung der Einzelhändler einen Preisnachlaß gewährt oder ihm [dem Endverbraucher]“[5] direkt einen Teil des Kaufpreises erstattet. Somit soll die direkte **Rückerstattung eines Teils des Kaufpreises an den Konsumenten durch den Hersteller**, dem ersten Glied der Umsatzkette, ebenso wie seine Erstattung an den Konsumenten durch den letzten in der Kette befindenden Steuerpflichtigen behandelt werden. Der Gerichtshof sieht das Mehrwertsteuersystem durch dieses weite Verständnis der Rabattgewährung nicht gestört, „denn es ist nicht erforderlich, die Besteuerungsgrundlage für Zwischenumsätze zu berichtigen.“[6] 25.53

Der EuGH bestätigte seine Ausführungen in der Rs. *Elida Gibbs*, wonach eine Rabattgewährung durch das erste Glied einer Umsatzkette direkt an den Konsumenten, somit das letzte Glied der Umsatzkette, nicht in die Bemessungsgrundlage für die Mehrwertsteuer des ersten Umsatzes einzubeziehen ist, im **Vertragsverletzungsverfahren gegen die Bundesrepublik Deutschland.**[7] Einer Berichtigung des Vorsteuerabzugs des Leistungsempfängers des ersten Umsatzes bedarf es nach dem Grundsatz der Neutralität nicht; das Richtlinienrecht zum Vorsteuerabzug gestattet es den Zwischengliedern einer Umsatzkette, „von der Grundlage ihrer eigenen Besteuerung die Beträge abzuziehen, die sie jeweils an ihren eigenen Lieferanten als Mehrwertsteuer auf den entsprechenden Umsatz gezahlt haben“.[8] Da die Zahlung des Zwi- 25.54

1 EuGH v. 24.10.1996 – Rs. C-317/94 – Elida Gibbs, Rz. 28, EuGHE 1996, I-5339, UR 1997, 265 m. Anm. *Weiss.*

2 EuGH v. 16.1.2014 – Rs. C-300/12 – Ibero Tours, ECLI:EU:C:2014:8, Rz. 26 ff., UR 2014, 234.

3 EuGH v. 20.12.2017 – Rs. C-462/16 – Boehringer, ECLI:EU:C:2017:1006.

4 EuGH v. 24.10.1996 – Rs. C-317/94 – Elida Gibbs, Rz. 31, EuGHE 1996, I-5339, UR 1997, 265 m. Anm. *Weiss.*

5 Ibid.

6 EuGH v. 24.10.1996 – Rs. C-317/94 – Elida Gibbs, Rz. 33, EuGHE 1996, I-5339, UR 1997, 265 m. Anm. *Weiss.*

7 EuGH v. 15.10.2002 – Rs. C-427/98 – Kommission/Deutschland, Rz. 33, EuGHE 2002, I-8315, UR 2002, 523.

8 EuGH v. 15.10.2002 – Rs. C-427/98 – Kommission/Deutschland, Rz. 42, EuGHE 2002, I-8315, UR 2002, 523.

schenglieds an das erste Glied der Umsatzkette unverändert bleibt, verlangt der Grundsatz der Neutralität der Mehrwertsteuer, dass auch sein Recht auf Vorsteuerabzug unverändert bleibt.[1] Zudem kann die Rechnung, die vom Leistenden ausgestellt wurde durch den an den Konsumenten gewährten Rabatt und die damit zusammenhängende Minderung der an den Fiskus abgeführten Mehrwertsteuer weder als unrichtig noch als fiktiv angesehen werden.[2]

25.55 Dem Vorwurf, wonach die Nichteinbeziehung des Preisnachlasses bei der Bestimmung der Bemessungsgrundlage für die Mehrwertsteuer auf Ebene des ersten Glieds der Umsatzkette und das Vorsteuerabzugsrecht des Leistungsempfängers, das nur seine für die Leistung erbrachte Gegenleistung im Blick hat, zu Steuerausfällen führe,[3] trat der Gerichtshof mit folgender Begründung entgegen: Das erste Glied der Umsatzkette ist „zur nachträglichen Verminderung seiner Besteuerungsgrundlage deshalb berichtigt, weil der vom Endverbraucher gezahlte Preis die Mehrwertsteuer enthält, so dass jeder Preisnachlass auch einen Anteil der Mehrwertsteuer umfasst."[4] Aus der Begründung des EuGH ist zu erkennen, dass der Gerichtshof keine umsatzbezogene Betrachtung vornimmt, sondern das Mehrwertsteuerergebnis basierend auf der **gesamten Umsatzsteuerkette** würdigt. Ob eine solche Betrachtung mit der Systematik des Mehrwertsteuerrechts in Einklang gebracht werden kann, ist fraglich.

25.56 Im Folgenden soll die Denklogik des EuGH auf ein einfaches **Beispiel** übertragen werden: Es ist von einer geschlossenen Volkswirtschaft auszugehen. Der hypothetische Steuersatz beträgt 10 %. F als Urproduzent generiert einen Mehrwert von 50. Aufgrund eines Leistungsaustausches mit A ist F verpflichtet, 5 Einheiten Mehrwertsteuer an den Fiskus abzuführen. A steht im Leistungsaustusch mit E und B. Aufgrund seiner steuerbaren Leistungen ist A grundsätzlich verpflichtet, 16 Einheiten an Mehrwertsteuer abzuführen. A gewährt aber D, dem Endkunden, einen Preisnachlass, indem er C anweist, D einen Preisnachlass i.H.v. 11 zu gewähren, wenn dieser einen entsprechenden Gutschein vorweist. Die 11, die A an C leistet, umfassen eine Einheit Mehrwertsteuer. Lässt man eine Minderung der Mehrwertsteuerzahlung von A an den Fiskus in der Höhe von einer Einheit zu, so ist A verpflichtet, 15 Einheiten abzuführen. Ist D der einzige Konsument in dieser geschlossenen Volkswirtschaft, liegen Konsumausgaben i.H.v. 360 (Zahlung an C i.H.v. 290 und Zahlung an E i.H.v. 70) vor. Bei einem fiktiven Steuersatz von 10 % müsste es daher zu einer Zahlung von 36 Einheiten Mehrwertsteuer an den Fiskus kommen. Summiert man die Mehrwertsteuerbeträge, die die Steuerpflichtigen abzuführen haben, abzgl. der von ihnen gezahlten Vorsteuerbeträge, werden 36 Einheiten Mehrwertsteuer an den Fiskus abgeführt. Die in der Abbildung ausgewiesenen Entgelte sind jeweils exklusive Mehrwertsteuer angegeben.

---

1 So nun auch: BFH v. 12.1.2006 – V R 3/04, BStBl. II 2006, 479 = UR 2006, 285 m. Anm. *Stadie*; v. 13.7.2006 – V R 46/05, BStBl. II 2007, 186 = UR 2007, 148.

2 EuGH v. 15.10.2002 – Rs. C-427/98 – Kommission/Deutschland, Rz. 41, EuGHE 2002, I-8315, UR 2002, 523.

3 Siehe das Vorbringen der Bundesrepublik Deutschland: EuGH v. 15.10.2002 – Rs. C-427/98 – Kommission/Deutschland, Rz. 48 ff., insbesondere Rz. 61, EuGHE 2002, I- 8315, UR 2002, 523.

4 EuGH v. 15.10.2002 – Rs. C-427/98 – Kommission/Deutschland, Rz. 64, EuGHE 2002, I-8315, UR 2002, 523.

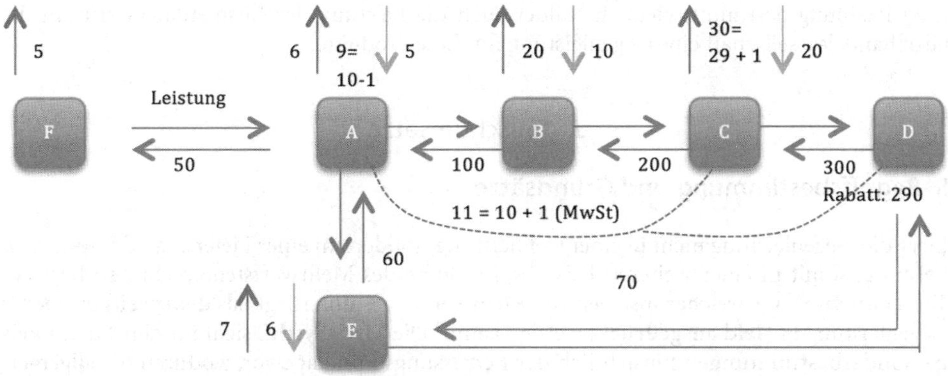


Aus diesem Beispiel wird klar erkennbar, dass der EuGH keine mehrwertsteuerliche Beurteilung anhand der einzelnen Umsätze der Umsatzkette vornimmt, sondern diese als Gesamtheit würdigt. Wird eine solche Betrachtung vorgenommen, bedarf es grundsätzlich keiner Korrektur der einzelnen Umsätze in der Kette, um insgesamt ein mehrwertsteuerrechtlich richtiges Ergebnis zu erhalten.

Für den Fall, dass es sich nicht um eine geschlossene Volkswirtschaft handelt, da die **grenzüberschreitende Leistung an das letzte Glied** der Umsatzkette steuerbefreit ist, kann der Rabatt, der vom ersten Glied der Umsatzkette gewährt wird, keinen Mehrwertsteueranteil enthalten, wodurch der gewährte Rabatt zu keiner Minderung der Bemessungsgrundlage der Mehrwertsteuer auf Ebene des ersten Glieds der Umsatzkette führen kann.[1] Ist das **letzte Glied der Umsatzkette** ein **Steuerpflichtiger**, der die Leistungen für seine steuerpflichtigen Ausgangsleistungen bezieht, ist dieser Steuerpflichtige nach Auffassung des EuGH nur zum Abzug jener Vorsteuern berechtigt, die er selbst an den Steuerpflichtigen geleistet hat; sein Recht auf Vorsteuerabzug umfasst somit nicht das im Rabatt enthaltene Mehrwertsteuerelement.[2] 25.57

## II. Rabatte als Gegenleistung für eine Leistung

Gewährt der Leistende einen Rabatt, ist stets zu prüfen, ob es sich tatsächlich um einen Rabatt i.S.d. Art. 79 MwStSystRL handelt und dieser somit nicht bei der Bestimmung der Bemessungsgrundlage für die Mehrwertsteuer einzubeziehen ist oder ob der **reduzierte Preis durch eine weitere Gegenleistung bedingt** ist. In der Rs. *Naturally Yours Cosmetics*[3] beispielsweise wurde ein Rabatt auf ein bestimmtes Produkt von einer Großhandelsgesellschaft an seine Kosmetikberaterinnen nur unter der Auflage gewährt, dass diese Produkte in einer bestimmten Weise eingesetzt wurden. Die Produkte mussten als ein Geschenk für jene Personen verwendet werden, die sich bereit erklärt haben, eine Feier zu veranstalten, in deren Rahmen die Kosmetikberaterin die Produkte der Großhandelsgesellschaft bewarb und verkaufte. Der EuGH urteilte, dass sich die Bemessungsgrundlage für diese Produkte nicht nur durch die rabattierte 25.58

1 EuGH v. 15.10.2002 – Rs. C-427/98 – Kommission/Deutschland, Rz. 64, EuGHE 2002, I-8315, UR 2002, 523.
2 EuGH v. 15.10.2002 – Rs. C-427/98 – Kommission/Deutschland, Rz. 66, EuGHE 2002, I-8315, UR 2002, 523.
3 EuGH v. 23.11.1988 – Rs. 230/87 – Naturally Yours Cosmetics, EuGHE 1988, 6365.

Entgeltzahlung bestimmt; vielmehr bildet auch die Leistung der Kosmetikberaterin an die Großhandelsgesellschaft eine Gegenleistung für diese Produkte.[1]

## J. Tauschumsätze

### I. Begriffsbestimmung und Grundsätze

25.59 Liegt die Gegenleistung nicht in einer Geldleistung, sondern in einer Lieferung oder sonstigen Leistung, somit in einer weiteren Leistung im Sinne des Mehrwertsteuerrechts, so liegt ein Tauschumsatz vor,[2] welcher insoweit der Mehrwertsteuer unterliegt, als die jeweils erbrachte Gegenleistung **in Geld ausgedrückt** werden kann.[3] Die MwStSystRL sieht für den Tausch **keine Sonderbestimmungen** hinsichtlich der Bemessungsgrundlage vor, wodurch die allgemeinen Grundsätze zur Anwendung kommen. Diesen zufolge ist als Bemessungsgrundlage der in Geld ausgedrückte Wert der für die Leistung erbrachten Gegenleistung maßgebend. Eine Leistung gilt nur insoweit als Gegenleistung und somit als Bemessungsgrundlage für die Leistung, als Leistung und Gegenleistung im Rahmen eines Rechtsverhältnisses zwischen Leistenden und Leistungsempfänger getauscht werden und die Gegenleistung in Wertschätzung für die Leistung erbracht wird und der Leistende in Wertschätzung der Gegenleistung leistet. Demzufolge ist die Prüfung, ob eine Leistung entgeltlich erbracht wird, unabhängig von der Qualifikation der potentiellen Gegenleistung als Geldzahlung oder als eigenständige Leistung. Es bedarf eines Rechtsverhältnisses, in dessen Rahmen die Leistungen getauscht werden und zwischen ihnen muss ein unmittelbarer Zusammenhang bestehen.[4] Wenngleich es für die Bestimmung der Entgeltlichkeit einer Leistung unbedeutend ist, ob die Gegenleistung in einer Geldzahlung oder einer weiteren Leistung besteht, muss die Gegenleistung in Form einer weiteren Leistung in Geld ausgedrückt werden können,[5] denn nur so lässt sich die anfallende Mehrwertsteuer berechnen. Nicht notwendig ist eine tatsächliche wertmäßige Entsprechung von Leistung und Gegenleistung. Dies hat zur Folge, dass sich die Bemessungsgrundlagen für die Leistungen im Rahmen des Tausches nicht entsprechen müssen.

---

1 EuGH v. 23.11.1988 – Rs. 230/87 – Naturally Yours Cosmetics, Rz. 14, EuGHE 1988, 6365.

2 Sowohl das deutsche als auch das österreichische UStG sprechen vom Tausch und vom tauschähnlichen Umsatz (vgl. § 3 Abs. 12 dUStG; § 3 Abs. 10 und § 3a Abs. 2 öUStG). Die differenzierte Terminologie, wonach nur dann von einem Tausch zu sprechen ist, wenn es ausschließlich zum Austausch von Lieferungen kommt, hat zivilrechtliche Wurzeln, vgl. *Nieskens* in Rau/Dürrwächter, § 3 UStG Rz. 4461 (Stand: Juli 2015). Im Europäischen Mehrwertsteuerrecht ist diese differenzierte Bezeichnung unnötig, weshalb auf sie im Folgenden verzichtet wird.

3 EuGH v. 5.2.1981 – Rs. 154/80 – Coöperatieve Aardappelenbewaarplaats, Rz. 12, EuGHE 1981, 445; v. 23.11.1988 – Rs. 230/87 – Naturally Yours Cosmetics, Rz. 11, 12, 16, EuGHE 1988, 6365; BFH v. 10.7.2012 – XI R 31/10, UR 2013, 52 = BFH/NV 2013, 95–98; v. 1.8.2002 – V R 21/01, BStBl. II 2003, 438 = UR 2003, 26; v. 26.1.2006 – V R 36/03, BFH/NV 2006, 1525; v. 6.12.2007 – V R 42/06, BStBl. II 2009, 493 = UR 2008, 263; v. 11.7.2012 – XI R 11/11, UR 2013, 330 = BFH/NV 2013, 326.

4 Rz. 25.15.

5 EuGH v. 5.2.1981 – Rs. 154/80 – Coöperatieve Aardappelenbewaarplaats, Rz. 12, EuGHE 1981, 445; v. 23.11.1988 – Rs. 230/87 – Naturally Yours Cosmetics, Rz. 11, 12, 16, EuGHE 1988, 6365; BFH v. 10.7.2012 – XI R 31/10, UR 2013, 52 = BFH/NV 2013, 95-98; v. 1.8.2002 – V R 21/01, BStBl. II 2003, 438 = UR 2003, 26; v. 26.1.2006 – V R 36/03, BFH/NV 2006, 1525; v. 6.12.2007 – V R 42/06, BStBl. II 2009, 493 = UR 2008, 263; v. 11.7.2012 – XI R 11/11, UR 2013, 330 = BFH/NV 2013, 326.

## II. Bestimmung des Geldwerts

### 1. Rechtsprechung des EuGH

Liegt die Gegenleistung für eine Leistung in einer Dienstleistung oder Lieferung, muss ihr **Geldwert** bestimmt werden, um die Mehrwertsteuerschuld berechnen zu können. Bei der Bestimmung des Geldwerts muss berücksichtigt werden, dass ein schlichtes Abstellen auf den Wert, der am freien Markt erzielt werden kann, nicht ausreicht, denn die Gegenleistung und somit die mehrwertsteuerrechtliche Bemessungsgrundlage für den steuerbaren Leistungsaustausch ist stets ein subjektiver Wert. Würde die Gegenleistung nun entsprechend ihres Marktwerts und somit nach objektiven Maßstäben bemessen werden, würde diesem Grundsatz im Ausgangspunkt nicht Rechnung getragen werden. 25.60

Die Grundsätze, die für die Bestimmung des **subjektiven Geldwerts** der in einer Leistung bestehenden Gegenleistung gelten, hat der EuGH insbesondere in zwei Urteilen herausgearbeitet: Die erste Entscheidung, die es hier zu nennen gilt, ist die Rs. **Naturally Yours Cosmetics**[1] aus dem Jahr 1988. In dieser Rechtssache verkaufte eine Großhandelsgesellschaft für Kosmetikprodukte an Kosmetik-Beraterinnen, die als Einzelunternehmerinnen tätig waren, eine Cremedose zu einem Preis von 1,50 UKL unter der Auflage, diese Creme an Freunde und Bekannte als Geschenk weiterzugeben, die eine private Feier veranstalteten, bei denen die Produkte der Großhandelsgesellschaft zum Verkauf angeboten wurden. Wurden diese Cremedose von den Kosmetikberaterinnen selbst verwendet, musste der Großhandelspreis von 12,95 UKL bezahlt werden. Der EuGH hatte zu entscheiden, was als Bemessungsgrundlage für die Lieferung der Cremedosen heranzuziehen war. Der Gerichtshof hat ausgeführt, dass die Verkaufsmethode des Großhandelsunternehmens davon gekennzeichnet war, dass die Produkte im Rahmen privater Feiern verkauft wurden. Nur wenn die Creme-Dosen tatsächlich als Anreiz für Gastgeberinnen eingesetzt wurden, solche Feiern zu veranstalten, war das Großhandelsunternehmen auch tatsächlich bereit, die Cremedosen zu einem unter dem Großhandelspreis liegenden Entgelt abzugeben. Daher waren die geleisteten Dienste der Kosmetikberaterinnen ebenso als Gegenleistung für die Cremedose zu qualifizieren. Mit Blick auf die Ermittlung des Werts der Dienstleistung führte der Gerichtshof aus, dass sich der Wert, den beide Parteien der Dienstleistung beigemessen haben, aus dem Unterschiedsbetrag zwischen dem tatsächlich gezahlten Preis und dem üblichen Großhandelspreis ergibt. Daher wurden 11.45 UKL als Bemessungsgrundlage für die Dienstleistung herangezogen. 25.61

In der Rs. **Empire Stores**[2] befasste sich der EuGH neuerlich mit der Frage, wie der Wert einer Dienstleistung, welche die Gegenleistung für eine Leistung bildet, zu ermitteln ist. Die Frage stellte sich im Zusammenhang mit zwei Verfahren, die ein Unternehmen eingesetzt hatte, um neue Kunden zu gewinnen. Einerseits erhielten Neukunden nach Ausfüllen eines Datenblattes und nach Leistung einer Teilzahlung für ihre erste Bestellung einen Artikel, den sie auf einer Liste aus mehreren Artikeln auswählen konnten und der ihnen ohne Zuzahlung geliefert wurde. Andererseits konnten Kunden Freunde und Verwandte als Neukunden werben und erhielten hierfür einen auf der Liste angeführten Artikel kostenlos. Die Artikel, die im Rahmen der Kundenwerbeaktionen kostenlos abgegeben wurden, wurden durch das Unternehmen im normalen Vertriebsweg nicht veräußert. Im Hinblick auf die Ermittlung der Bemessungsgrundlage führte der Gerichtshof aus, dass „dieser Wert nicht aus einem zwischen 25.62

1 EuGH v. 23.11.1988 – Rs. 230/87 – Naturally Yours Cosmetics, EuGHE 1988, 6365.
2 EuGH v. 2.6.1994 – Rs. C-33/93 – Empire Stores, EuGHE 1994, I-2329, UR 1995, 64 m. Anm. *Rothenberger.*

den Beteiligten vereinbarten Geldbetrag besteht, [und] er [daher] als subjektiver Wert derjenige Wert sein [muss], den der Empfänger der Dienstleistung, die die Gegenleistung für die Lieferung von Gegenständen darstellt, den Dienstleistungen beimisst, die er sich verschaffen will, und dem Betrag entsprechen, den er zu diesem Zweck aufzuwenden bereit ist."[1] Ist es für die Bestimmung der Bemessungsgrundlage entscheidend, was der Leistende für den Erhalt der Gegenleistung aufzuwenden bereit gewesen ist, sind es die **Selbstkosten**, die für die Bestimmung der Bemessungsgrundlage maßgebend sind.[2]

25.63 In der Rs. **Bertelsmann**[3] folgte der Gerichtshof seinen Ausführungen in der Rs. *Empire Stores*, wonach bei Geschenken für das Anwerben von Kunden bei der Bestimmung des Werts der Gegenleistung auf die eigenen Ausgaben (somit die Selbstkosten) abzustellen ist. Denn hierbei handelt es sich um Ausgaben, die der Leistungsempfänger aufwendet, um die Leistung zu erhalten. Diese Ausgaben umfassen auch Kosten für den Versand der eigenen Leistung.

Gleichermaßen hat der EuGH in den Rs. **A Oy**[4] und **Orfey**[5] den subjektiven Wert einer Lieferung nach Maßgabe der erhaltenen Gegenleistung bestimmt. Da die erhaltene Gegenleistung keine Geldleistung, sondern eine Dienstleistung war, setzte der EuGH den subjektiven Wert mit dem Betrag gleich, den der Leistende bereit war, aufzuwenden, um die Leistung zu erhalte.

25.64 Aus der Rechtsprechung des EuGH ist nicht klar erkennbar, wann beim Tausch die eigenen Aufwendungen für die eigene Leistung ihre Bemessungsgrundlage bilden soll. Soll dies nur dann erfolgen, wenn es keine anderen Indizien und Anhaltspunkte für die Bestimmung der Bemessungsgrundlage gibt, oder soll der Wert der eigenen Aufwendungen stets als Bemessungsgrundlage für die eigene Leistung herangezogen werden? Ebenso ist es unklar, welchen Aufwandsbegriff der EuGH seiner Rechtsprechung zugrunde legt. Diese Fragen beantworten auch die Höchstgerichte unterschiedlich. Deshalb sollen im Folgenden die verschiedenen Ansätze des deutschen BFH und des britischen Supreme Court kurz dargestellt werden:

## 2. Ausgewählte nationale höchstgerichtliche Entscheidungen

### a) BFH

25.65 Der BFH stellte in seiner älteren Rechtsprechung für die Bestimmung der Bemessungsgrundlage für die Mehrwertsteuer beim Tausch auf den gemeinen Wert[6], der als ein objektiver Wert gekennzeichnet ist, ab.[7] In Anlehnung an die Rechtsprechung des EuGH gab der BFH diese Rechtsprechungslinie aber auf und will beim Tausch den subjektiven Wert der Gegenleistung als denjenigen Wert verstehen, den der Empfänger den Leistungen beimisst, „die er sich verschaffen will, und deren Wert dem Betrag entspricht, den er zu diesem Zweck aufzuwenden

1 EuGH v. 2.6.1994 – Rs. C-33/93 – Empire Stores, Rz. 19, EuGHE 1994, I-2329, UR 1995, 64 m. Anm. *Rothenberger.*

2 Dem folgend: BFH v. 16.4.2008 – XI R 56/06, BStBl. II 2008, 909 = UR 2008, 700; v. 11.7.2012 – XI R 11/11, BFHE 238, 560 = UR 2013, 330; Aufwendungen des Dienstleistungsempfängers als Bemessungsgrundlage: BFH v. 1.8.2002 – V R 21/01, BStBl. II 2003, 438 = UR 2003, 26.

3 EuGH v. 3.7.2001 – Rs. C-380/99 – Bertelsmann, EuGHE 2001, I-5163.

4 EuGH v. 10.1.2019 – Rs. C-410/17 – A Oy, ECLI:EU:C:2019:12, UR 2019, 222.

5 EuGH v. 19.12.2012 – Rs. C-549/11 – Orfey, ECLI:EU:C:2012:832, UR 2013, 215.

6 Gemäß § 9 BewG.

7 BFH v. 12.11.1987 – V B 52/86, BFHE 151, 474 = BStBl. II 1988, 156 = UR 1988, 155 m. Anm. *Widmann.*

bereit ist."[1] Soweit es aus den Urteilen des BFH zu erkennen ist, will er als Bemessungsgrundlage stets die **eigenen tatsächlich angefallenen Kosten** heranziehen, deren Aufbringung notwendig war, um die eigene Leistung erbringen zu können.[2] Dem entspricht es, dass der BFH im Falle einer 60-monatigen Überlassung eines Fahrzeugs mit Werbeaufschriften durch einen Unternehmer an eine Wohlfahrtseinrichtung die gesamten Anschaffungskosten als Bemessungsgrundlage heranzog.

### b) Supreme Court of the United Kingdom

Etwas differenzierter sieht der *Supreme Court of the United Kingdom* die Urteile des EuGH zum Tausch. Das Gericht will danach unterscheiden, ob die am Leistungsaustausch Beteiligten der Gegenleistung, die nicht in einem Geldwert besteht, einen solchen beigemessen haben. Ist dies der Fall, soll dieser Wert als Bemessungsgrundlage herangezogen werden.[3] Bei der Feststellung, ob der Gegenleistung ein Geldwert durch die Parteien zugemessen wurde, stellt der *Supreme Court* auf die Rechtsprechung des EuGH in der Rs. *Naturally Yours Cosmetics* ab. Kann nämlich aus den individuellen Vereinbarungen der Parteien erkannt werden, welche **Geldzahlung bei Unterbleiben der Lieferung oder sonstigen Leistung** hätte geleistet werden müssen, ist der Lieferung oder sonstigen Leistung ein durch die Parteien vereinbarter Geldwert beizumessen.[4] In Ermangelung einer solchen Geldwertbeimessung muss der subjektive Wert der Gegenleistung anhand der **Aufwendungen** ermittelt werden, die der Leistende getätigt hat.[5] 25.66

Im Unterschied zur BFH-Rechtsprechung verfolgt der *Supreme Court of the United Kingdom* ein zweistufiges Prüfverfahren. Zunächst wird anhand der Vereinbarungen der Parteien ermittelt, ob der Dienstleistung ein konkreter Wert beigemessen wurde. Ist dies nicht der Fall, wird auf die Selbstkosten des Leistenden zurückgegriffen. Der BFH greift sogleich auf die Selbstkosten zurück und will eine eigenständige Ermittlung der Wertzumessung durch die Parteien nicht vornehmen. Dieser Ansatz ermöglicht eine einfachere, einstufige Bestimmung der Bemessungsgrundlage; mit Blick auf die subjektive Natur der Bemessungsgrundlage ist dieser reduzierte Ansatz aber unbefriedigend.

## 3. Praxis der Finanzverwaltungen

Die **deutsche Finanzverwaltung** folgt der Rechtsprechung des BFH und will den subjektiven Wert der Gegenleistung durch eine Gleichstellung mit den **eigenen Aufwendungen** erreichen, die notwendig sind, um die eigene Leistung erbringen zu können.[6] Der Wert der Gegenleistung schließt somit alle Ausgaben inklusive Nebenleistungen ein, die notwendig sind, um die 25.67

1 BFH v. 16.4.2008 – XI R 56/06, BStBl. II 2008, 909 = UR 2008, 700; v. 11.7.2012 – XI R 11/11, UR 2013, 330 = BFH/NV 2013, 326; BFH v. 25.4.2018 – XI R 21/16, BFHE 261, 436 = BStBl. II 2018, 505 = UR 2018, 556. Anders noch unter vermeintlicher Zugrundelegung der EuGH-Rechtsprechung: BFH v. 1.8.2002 – V R 21/01, BStBl. II 2003, 438 = UR 2003, 26.

2 BFH v. 16.4.2008 – XI R 56/06, BStBl. II 2008, 909 = UR 2008, 700.

3 Court of Justice, UK: Rosgill Group Ltd v Customs and Excise Commissioners [1997] STC 811 und Customs and Excise Commissioners v Westmorland Motorway services Ltd [1998] STC 431.

4 Probleme können sich insofern ergeben, als der Leistende und der Leistungsempfänger unterschiedliche Zahlungsbeträge bei Unterbleiben einer Leistung vereinbaren können.

5 Supreme Court of the UK [2001] EWCA Civ 1542.

6 Art. 10.5 Abs. 1 Satz 2 UStAE.

eigene Leistung zu erbringen, was Voraussetzung für den eigenen Leistungsbezug ist. Können die konkreten Aufwendungen für die eigene Leistung ermittelt werden, ist der **gemeine Wert** nach § 9 BewG unerheblich für die Bestimmung der Bemessungsgrundlage.[1] Nur dann, wenn keine Aufwendungen getätigt wurden, ist der gemeine Wert zur Bestimmung der Bemessungsgrundlage heranzuziehen.[2]

25.68 Die **österreichische Finanzverwaltung** interpretiert die Rechtsprechung des EuGH sehr fallspezifisch und leitet aus ihr keine allgemein gültigen Grundsätze ab. Daher soll der Wert der Gegenleistung durch die **eigenen Aufwendungen nur bei Sachprämien** maßgebend sein.[3] In den übrigen Fällen soll der **gemeine Wert** nach § 10 Abs. 2 BewG zur Bestimmung des Werts der Gegenleistung herangezogen werden.[4] Dem entspricht es auch, dass die österreichische Finanzverwaltung bei der Bestimmung des Werts der Gegenleistung auf die betroffene Absatzstufe abstellt. So soll bei einer Lieferung eines Erzeugers an einen Großhändler der Einkaufspreis des Großhändlers maßgebend für die Wertbestimmung der Gegenleistung sein, während bei einer Lieferung eines Einzelhändlers der Einzelhandelspreis maßgeblich ist.[5]

## 4. Eigener Ansatz

### a) Kritik

25.69 Wird bei der Bestimmung der Bemessungsgrundlage beim Tausch ausschließlich auf die Selbstkosten des Leistenden abgestellt und werden hierunter die tatsächlichen Aufwendungen als Zahlungen des Leistenden verstanden, wird der Mehrwert, der auf Ebene des Leistenden geschaffen wird, nicht besteuert. Denn es bilden nur die eigenen tatsächlichen Aufwendungen, also der vom Leistenden bei Bezug auf der vorangegangenen Stufe entgoltene Mehrwert, die Bemessungsgrundlage; der **eigene geschaffene Mehrwert bleibt** aber bei der Bestimmung der Bemessungsgrundlage **unberücksichtigt**.[6] Dieses Ergebnis ist insofern befremdlich, als es sich bei der Bemessungsgrundlage um einen subjektiven Wert handelt und es schwer einzusehen ist, dass ein Steuerpflichtiger seinem eigenen geschaffenen Mehrwert keinen Wert beimisst. Zudem würde der Verkauf derselben Waren und Dienstleistungen gegen eine Geldleistung, die gerade die Mehrwertgenerierung auf Ebene des Leistenden berücksichtigt, zu einer höheren Mehrwertsteuerbelastung führen.

25.70 Von dieser Überlegung geleitet scheint es sinnvoll zu sein, einen Rückgriff auf die tatsächlichen Aufwendungen für die Bestimmung der Bemessungsgrundlage nur dann zuzulassen, wenn die geleisteten Waren oder Dienstleistungen **keinem Markt zugeführt werden können** und somit der auf Ebene des Leistenden geschaffene Mehrwert auch nicht im Schätzungswege ausgemacht werden kann.[7] Hierdurch ist eine Bestimmung der Bemessungsgrundlage durch die Selbstkosten der eigenen Leistung auf einen minimalen Bereich reduziert und die tatsächliche Nichtbesteuerung des eigenen geschaffenen Mehrwerts wäre quantitativ verschwindend gering.

1 Art. 10.5 Abs. 1 Satz 5 UStAE.
2 Art. 10.5 Abs. 1 Satz 6 UStAE.
3 UStRL 2000, Rz. 671.
4 Ibid.
5 Ibid.
6 *Heber*, Gesellschaften und ihre Gesellschafter in der Umsatzsteuer, 298.
7 *Heber*, Gesellschaften und ihre Gesellschafter in der Umsatzsteuer, 298 ff.

### b) Versöhnlicher Vorschlag

Beschränkt man sich bei einer abstrakten Betrachtung der EuGH Urteile auf das beide Urteile verbindende Element, kann ein Lösungsweg für die Bestimmung der Bemessungsgrundlage beim Tausch gefunden werden, die einerseits der Grundsystematik des Mehrwertsteuerrechts nicht widerstreitet und andererseits mit der Rechtsprechung des EuGH in Einklang steht. Dieses beide EuGH Urteile einende Element besteht darin, den Selbstkostenbegriff nicht auf die expliziten Kosten im Sinne tatsächlicher Aufwendungen zu reduzieren, sondern auch die **impliziten Kosten** einzubeziehen, so dass sie bei der Bestimmung der Bemessungsgrundlage Berücksichtigung finden. Implizite Kosten sind diejenigen Kosten einer Handlungsalternative, die nicht in tatsächliche Aufwendungen münden.[1] Es handelt sich also um Kosten, die darin bestehen, dass eigene Ressourcen Verwendung finden, während explizite Kosten anfallen, um fremde Ressourcen zu beziehen. Implizite Kosten sind über das Verständnis als Opportunitätskosten zu bewerten: Sie bestehen also insoweit, wie dem Verwender eigener Ressourcen ein ökonomischer Nutzen durch die geplante Verwendung entgeht.[2] Im Falle der Verwendung im Unternehmen erzeugter Leistungen für einen Tauschumsatz bestehen diese impliziten Kosten in dem generierten Mehrwert, der im Falle einer Veräußerung außerhalb eines Tauschumsatzes durch die Geldzahlung abgegolten werden würde. Wichtig ist, dass der EuGH versucht, basierend auf den besonderen Gegebenheiten des Einzelfalls darzulegen, welche alternative Verwendung tatsächlich wahrscheinlich und nicht schlicht möglich gewesen wäre. Daher hebt der EuGH in der Rs. **Naturally Yours Cosmetics** hervor, dass die „Verkaufsmethode" des Kosmetikunternehmens „durch das Tätigwerden der Kosmetik-Beraterinnen im Rahmen privater Parties gekennzeichnet ist"[3], es verkauft selbst, somit direkt, keine Waren am freien Markt. Das Kosmetikunternehmen wird daher die Cremedosen an die Kosmetik-Beraterinnen entweder vergünstigt abgeben, damit sie diese als Geschenke an Bekannte und Verwandte für die Ausrichtung einer Verkaufsfeier abgeben oder zum Großhandelspreis verkaufen. Ein Verkauf der Cremedosen durch das Kosmetikunternehmen direkt an die Endverbraucher findet jedenfalls nicht statt. Der entgangene Nutzen, der sich bei vergünstigter Abgabe der Cremedosen an die Kosmetik-Beraterinnen ergibt, besteht in dem nicht erzielten Großhandelspreis. Das Entgehen dieses Großhandelspreises ist aber ein Teil der Selbstkosten für die Erbringung des Tauschumsatzes. Dieser Teil wird gerade durch die impliziten Kosten erfasst. Dass auch der EuGH bei der Bestimmung der Bemessungsgrundlage gezielt auf die alternative Verwendung der Cremedose abstellt, ergibt sich aus Rz. 17 des Urteils, wonach der Großhandelspreis gezielt als Wertmaßstab für die Gegenleistung herangezogen wird. 25.71

Sind die Handlungsalternativen im konkreten Fall weitreichender, so nähern sich die Opportunitätskosten immer stärker dem Marktwert an, denn der Unternehmer könnte die Leistungen alternativ am freien Markt verkaufen. Der alternative Verkauf der tauschgegenständlichen Waren zeigt sich insbesondere in der Rs. **A Oy**, denn dem Kunden steht es frei, den Metallschrott frei am Markt zu verkaufen und ihn nicht als (Teil-)Gegenleistung für die Abrissarbeiten zu leisten.[4]

In der Rs. **Empire Stores** stellt der EuGH ausschließlich auf den Einkaufspreis der Waren ab, 25.72
die als Geschenke an Neukunden oder bestehende Kunden abgegeben werden. Der Gerichtshof betonte, dass diese Waren nicht durch das Unternehmen veräußert werden, sondern aus-

1 Die Aufwendungen umfassen nicht nur die tatsächlichen Ausgaben, sondern jegliche Vermögensminderung.
2 *Gravelle/Rees*, Microeconomics[3], 113.
3 EuGH v. 23.11.1988 – Rs. 230/87 – Naturally Yours Cosmetics, Rz. 14, EuGHE 1988, 6365.
4 EuGH v. 10.1.2019 – Rs. C-410/17 – A Oy, Rz. 38, ECLI:EU:C:2019:12, UR 2019, 222.

schließlich im Rahmen des Verfahrens zur Kundengewinnung eingesetzt werden. Die impliziten Kosten reduzieren sich daher auf null, so dass die Selbstkosten für die Erbringung des Tauschumsatzes vollständig durch den Einkaufspreis der Waren gefasst werden.

25.73 Nun ließe sich einwenden, dass bei Bestimmung der impliziten Kosten als alternative Verwendung der Waren stets die Veräußerung am freien Markt in Betracht kommt, so dass diese den erzielbaren Verkaufserlös umfassen. Dies geht aber von der Annahme aus, dass die Waren bereits erworben wurden und die Aufwendungen zum Erwerb der Waren **versunkene Kosten** darstellen. Für die Bestimmung der impliziten Kosten als Teil der Selbstkosten der Erbringung des Tauschumsatzes sind die Kosten für den Erwerb der Waren aber nur dann versunken, wenn zum Erwerbszeitpunkt noch nicht die Absicht bestand, diese für den Tauschumsatz zu verwenden, sondern zu veräußern. Dies ist aber grundsätzlich nicht der Fall, sondern die Waren werden für den Tauschumsatz erworben und der Erwerb wird andernfalls unterlassen.

25.74 Die Bezugnahme auf implizite Kosten bei der Bestimmung der Bemessungsgrundlage beim Tausch ist insofern überzeugend, als bei der Bestimmung des Geldwerts, welcher der sonstigen Leistung oder Lieferung beizumessen ist, **Einheitlichkeit** besteht. Zudem wird durch die Anknüpfung an die impliziten Kosten bei der Bestimmung der Bemessungsgrundlage beim Tausch sichergestellt, dass die Bemessungsgrundlage ein subjektiver Wert ist, wie es vom EuGH in seiner ständigen Rechtsprechung gefordert wird.[1] Durch die Berücksichtigung der möglichen alternativen Verwendung der Lieferung kann bestimmt werden, welchen subjektiven Wert der Leistende der Leistung beimisst.

25.75 Wendet man diesen Ansatz auf das **BFH Urteil zum Sponsoring-Mobil**[2] an, ergäbe sich das folgende Bild: Wird das Fahrzeug mit der ausschließlichen Motivation angeschafft, dieses einer Wohlfahrtseinrichtung für die Erfüllung ihres satzungsmäßigen Zwecks zur Verfügung zu stellen und ist somit eine Nutzung im eigenen Unternehmen ausgeschlossen, so läge die mögliche Handlungsalternative nur im Nichtkaufen des Fahrzeugs. Hieraus ergibt sich, dass die Selbstkosten für die Erbringung des Tauschumsatzes vollständig durch den Kaufpreis des Fahrzeugs gefasst werden. Ist hingegen vorgesehen, dass das Fahrzeug dem Wohlfahrtsverband nur über einen kurzen Zeitraum zur Verfügung gestellt wird und sodann im eigenen Unternehmen genutzt wird, müsste die Handlungsalternative für den Zeitraum der nicht unmittelbar eigenen unternehmerischen Nutzung bestimmt werden. Besteht die Alternative darin, dass der Wagen nur in Fuhrpark steht, dann belaufen sich die impliziten Kosten auf null. Es fallen aber explizite Kosten an. Diese spiegeln sich durch die AfA wider, da dies ein echter Vermögensverzehr und damit Aufwand ist. Gibt es tatsächlich eine Nutzung im Unternehmen, so sind die impliziten Kosten die fehlenden Erträge hieraus. Für einen Autoverleih wären dies die entgangenen Mieterträge. Muss aber ein Fahrzeug angemietet werden, da ein solches im Unternehmen unmittelbar benötigt wird, sind die impliziten Kosten die Mietkosten. Somit sind als Bemessungsgrundlage jedenfalls die AfA als explizite Kosten und je nach alternativer Verwendung die impliziten Kosten heranzuziehen.

---

1 EuGH v. 5.2.1981 – Rs. 154/80 – Coöperatieve Aardappelenbewaarplaats, Rz. 13, EuGHE 1981, 445; v. 23.11.1988 – Rs. 230/87 – Naturally Yours Cosmetics, Rz. 16, EuGHE 1988, 6365; v. 2.6.1994 – Rs. C-33/93 – Empire Stores, Rz. 18, EuGHE 1994, I 2329, UR 1995, 64 m. Anm. *Rothenberger*; v. 27.10.1997 – Rs. C-258/95 – Fillibeck, Rz. 13, EuGHE 1997, I-5577, UR 1998, 61; v. 20.1.2005 – Rs. C-412/03 – Scandic, Rz. 21, EuGHE 2005, I-743, UR 2005, 194 = UR 2005, 98; vage mit Verweis auf die genannten Rs. EuGH v. 27.3.1990 – Rs. C-126/88 – Boots Company, Rz. 19, EuGHE 1990, I-1235, UR 1991, 204 m. Anm. *Weiss*; v. 29.3.2001 – Rs. C-404/99 – Kommission/Frankreich, Rz. 38, EuGHE 2001, I-2667, UR 2001, 206.

2 BFH v. 16.4.2008 – XI R 56/06, BStBl. II 2008, 909 = UR 2008, 700.

## K. Entgelt von dritter Seite

Art. 73 MwStSystRL sieht explizit vor, dass die Bemessungsgrundlage für die Mehrwertsteuer nicht nur auf die Gegenleistung, die durch den Leistungsempfänger erbracht wird, beschränkt ist, auch eine Gegenleistung durch einen Dritten und Subventionen, die unmittelbar mit dem Preis der Leistungen zusammenhängen, sind von der Steuerbemessungsgrundlage umfasst. Dem Wortlaut der Richtlinie mag man vermeintlich entnehmen, dass es einen Unterschied zwischen dem Entgelt von dritter Seite und Subventionen, die unmittelbar mit dem Preis der Leistung zusammenhängen, gibt. Dem ist nicht so. **Subventionen bilden** vielmehr **eine Form des Entgelts von dritter Seite.** 25.76

Im System der Mehrwertsteuer ist die Berücksichtigung des Entgelts von dritter Seite konsequent. Der MwStSystRL entsprechend soll der Konsum eines durch einen Steuerpflichtigen geschaffenen Mehrwerts durch die Mehrwertsteuer belastet werden.[1] Der tatsächliche Konsum ist aber kein zweckdienlicher Anknüpfungspunkt für die Steuererhebung,[2] wodurch bereits an ein dem Konsum vorgelagertes Moment – den tatsächlichen Ausgaben für den Konsum – angeknüpft wird. Doch auch diese sind direkt kaum fassbar, so dass in der Besteuerung an den Mehrwert angeknüpft wird, der auf jeder einzelnen Produktions- oder Vertriebsstufe durch den Steuerpflichtigen generiert wird. Dabei entspricht der so bestimmte Mehrwert den Konsumausgaben. Der durch den **Steuerpflichtigen geschaffene Mehrwert** lässt sich wiederum durch **sämtliche an ihn geleistete Gegenleistungen** abzgl. der mit ihnen zusammenhängenden Aufwendungen bestimmen.[3] Da es auf die Bestimmung des generierten Mehrwerts ankommt, ist es nicht von Bedeutung, von wem die Gegenleistung erbracht wird. Die Gegenleistung muss nur für den Erhalt des jeweiligen Mehrwerts erbracht werden.[4] 25.77

Obwohl die Gegenleistung für die Leistung gänzlich oder teilweise von dritter Seite erbracht wird, bedarf es eines **Rechtsverhältnisses zwischen dem Leistenden und dem Leistungsempfänger**, in dessen Rahmen die Leistung und die Gegenleistung bestimmt werden. Denn nur durch dieses Rechtsverhältnis ist es möglich, den verbrauchsfähigen Vorteil, der durch die Leistung übertragen wird, zu bestimmen. **Neben dieses Rechtsverhältnis tritt eine weitere Vereinbarung zwischen dem Leistenden und dem Zuwendenden**, somit dem Gegenleistenden. Im Rahmen dieser Vereinbarung müssen einerseits die Zuwendung und anderseits die Leistung, auf die sich gerade diese Zuwendung bezieht, genau bestimmt werden. Nur so kann sich diese Vereinbarung in das Rechtsverhältnis zwischen Leistendem und Leistungsempfänger einbetten. Durch die Einbettung der Vereinbarung zwischen Leistendem und Gegenleistendem in das Rechtsverhältnis zwischen Leistendem und Leistungsempfänger lassen sich im Rahmen dieses Rechtsverhältnisses die Leistung und die Gegenleistung bestimmen. Hiervon zu unterscheiden ist der nächste Schritt: Die Frage, ob die Zuwendung und die Leistung in einem unmittelbaren Zusammenhang zueinander stehen. 25.78

1 Art. 1 Abs. 2 MwStSystRL.
2 *Ruppe/Achatz*, UStG[4], Einf. Rz. 32.
3 *Heber*, UR 2014, 957 (965 f.).
4 EuGH v. 27.3.2014 – Rs. C-151/13 – Le Rayon d'Or SARL, ECLI:EU:C:2014:185, Rz. 34, UR 2014, 487; v. 7.10.2010 – Rs. C-53/09 und C-55/09 – Loyalty Management UK Ltd und Baxi Group Ltd, Rz. 51, 52 und 56, EuGHE 2010, I-9187.

25.79 Eine Leistung oder Geldzahlung ist nur dann Gegenleistung für eine Leistung, wenn zwischen ihnen ein **unmittelbarer Zusammenhang** besteht.[1] Daran ändert auch der Umstand nichts, dass die Gegenleistung nicht oder nicht vollständig vom Leistungsempfänger erbracht wird, sondern von einem Dritten.[2] Kann ein solcher unmittelbarer Zusammenhang zwischen einer Leistung und einer weiteren Leistung oder einer Geldzahlung eines Dritten nicht nachgewiesen werden, ist diese nicht als Gegenleistung für die Leistung zu qualifizieren. Für das Bestehen eines unmittelbaren Zusammenhangs bedarf es eines Leistens des Gegenleistenden in Wertschätzung der Leistung und eines Leistens des Leistenden in Wertschätzung der Gegenleistung. Wird die Gegenleistung sowohl vom Leistungsempfänger als auch von einem Dritten erbracht, muss der unmittelbare Zusammenhang zwischen der Leistung und der Gegenleistung aus Sicht des Leistenden, des Leistungsempfängers und des Dritten jeweils für sich bestehen. Wird eine Geldzahlung gewährt, ohne dass ein unmittelbarer Zusammenhang zu einer Leistung besteht, wie es bei **Spenden** der Fall sein kann, so begründet diese Geldzahlung jedenfalls kein Entgelt für eine Leistung (vgl. hierzu und zum Begriff der Spende Rz. 8.153 ff.).

25.80 Sind einerseits die Leistung und andererseits die Gegenleistung durch das Rechtsverhältnis bestimmt und besteht zwischen ihnen ein unmittelbarer Zusammenhang, so liegt ein Entgelt bzw. Teilentgelt von dritter Seite vor. Für die Frage, wie in diesen Fällen die Bemessungsgrundlage zu bestimmen ist, ergeben sich keine Besonderheiten. Das Entgelt als Bemessungsgrundlage unterliegt **denselben Bewertungsmaßstäben** unabhängig davon, ob es vom Leistungsempfänger selbst oder von einem Dritten erbracht wird. Somit wird an dieser Stelle auf die obigen Ausführungen verwiesen.

1 EuGH v. 5.2.1981 – Rs. 154/80 – Coöperatieve Aardappelenbewaarplaats, Rz. 12, EuGHE 1981, 445; v. 23.11.1988 – Rs. 230/87 – Naturally Yours Cosmetics, Rz. 11 und 12, EuGHE 1988, 6365; v. 3.3.1994 – Rs. C-16/93 – Tolsma, Rz. 13, EuGHE 1994, I-743, UR 1994, 226 = UR 1994, 399; v. 2.6.1994 – Rs. C-33/93 – Empire Stores, Rz. 12, EuGHE 1994, I-2329, UR 1995, 64 m. Anm. *Rothenberger*; v. 20.1.2005 – Rs. C-412/03 – Scandic, Rz. 22, EuGHE 2005, I-743, UR 2005, 194 = UR 2005, 98.

2 Vgl. zuletzt: EuGH v. 27.3.2014 – Rs. C-151/13 – Le Rayon d'Or SARL, ECLI:EU:C:2014:185, Rz. 34 und 35, UR 2014, 487.

# Kapitel 26
# Der ermäßigte Steuersatzes für „gemeinnützige Leistungen"




**Literatur:** *Achatz*, Umsatzsteuer und Schadenersatz, Wien 1992; *Alvermann*, Sponsoring und Umsatzsteuer, UStB 2004, 85; *Billig*, Vorsteuerabzugsrecht infolge einer übergangsweise zulässigen Ausnahmeregelung gem. Art. 28 Abs. 3 Buchst. a der 6. EG-Richtlinie?, UR 2007, 81; *Birkenfeld*, Der Einfluss des Gemeinschaftsrechts auf die Rechtsverwirklichung im Steuerrecht, StuW 1998, 55; *Birkenfeld*, Organschaft als Mehrwertsteuergruppe, UR 2014, 120; *Engelsing/Rohde*, Ertrag- und umsatzsteuerliche Folgen des Sponsorings bei Berufsverbänden sowie gemeinnützigen Organisationen, NWB Fach 4, 4811; *Englisch*, Ermäßigte Steuersätze zwecks Verschonung des existenziellen Bedarfs, UR 2010, 400; *Eversberg/Baldauf*, Der gemeinnützige Betrieb gewerblicher Art als steuerbegünstigter wirtschaftlicher Geschäftsbetrieb (Zweckbetrieb) einer juristischen Person des öffentlichen Rechts, DStZ 2011, 597; *di Fabio*, Richtlinienkonformität als ranghöchstes Normauslegungsprinzip? Überlegungen zum Einfluss des indirekten Gemeinschaftsrechts auf die nationale Rechtsordnung, NJW 1990, 947; *Fritsch*, Ermäßigter Umsatzsteuersatz für Forschungsleistungen – neues gemeinschaftsrechtliches Konfliktpotential, UVR 2005, 69; *Gerisch/Rupp*, Umsatzsteuerpflichtige Pferdepensionshaltung durch einen gemeinnützigen Reitsportverein, DStR 2011, 2378; *Heintzen*, Steuerliche Anreize für ein gemeinwohlorientiertes Engagement Privater, FR 2008, 737; *von Holt*, Steuerrechtliche Streitpunkte bei der arbeitsteiligen Zusammenarbeit gemeinnütziger Träger der Wohlfahrtspflege, DB 2010, 1791; *Hüttemann*, Zur Anwendung des ermäßigten Steuersatzes auf Leistungen gemeinnütziger Beschäftigungsgesellschaften, MwStR 2014, 115; *Hüttemann/Becker*, Steuerbefreiung der Abgabe von Zytostatika durch Krankenhäuser, UR 2014, 637; *Hüttemann/Schauhoff*, Der BFH als Wettbewerbshüter, DB 2011, 319; *Hummel*, Die Missachtung des parlamentarischen Gesetzgebers durch die Fachgerichte unter dem Deckmantel des Anwendungsvorrangs europäischen Rechts, NVwZ 2008, 36; *Hummel*, Gemeinschafts- und verfassungsrechtlicher Gleichheitsgrundsatz bei Subventionen im Rahmen der Durchschnittssatzbesteuerung des § 24 UStG, UR 2009, 73; *Hummel*, Begriff der juristischen Person im Rahmen der umsatzsteuerrechtlichen Organschaftsregelungen aus verfassungsrechtlicher Sicht, UR 2010, 207; *Hummel*, Verstoß gegen den Neutralitätsgrundsatz durch rechtsformabhängige Subventionen im Anwendungsbereich von EG-Richtlinien?, EuR 2010, 309; *Isensee*, Vom Beruf unserer Zeit für Steuervereinfachung, StuW 1994, 3–14; *Ismer/Kaul/Reiß/Rath*, Analyse und Bewertung der Strukturen von Regel- und ermäßigten Sätzen bei der Umsatzbesteuerung unter sozial-, wirtschafts-, steuer- und haushaltspolitischen Gesichtspunkten, DStR 2010, 1970; *Kaufmann/Schmitz-Herscheidt/Kroes*, Umsatzsteuerbarkeit von Forschungszuwendungen, BB 2008, 2717; *Kirchhof, F.*, Der Weg zur verfassungsgerechten Besteuerung – Bestand, Fortschritt, Zukunft, StuW 2002, 185; *Kirchhof, P.*, Steuergleichheit, StuW 1984, 297; *Kirchhof, P.*, Die Kunst der Steuergesetzgebung, NJW 1987, 3217; *Kirchhof, P.*, Die freiheitsrechtliche Struktur der Steuerrechtsordnung, StuW 2006, 3; *Kruhl*, Der ermäßigte Umsatzsteuersatz steht auf dem Prüfstand, BB 2010, 2798; *Lang*, Einkommensteuer – quo vadis?, FR 1993, 661; *Lausterer*, Streifzug durch Irrungen und Wirrungen des ermäßigten Steuersatzes, UR 2012, 506; *Leidel*, Umsatzsteuerliche Behandlung der Überlassung von Werbemobilen an soziale Institutionen, Sportvereine und Kommunen, UR 2003, 328; *Lippross*, Unterschiedliche Besteuerung der Lieferung von Waldhackschnitzeln und von Hackschnitzeln aus der Holzverwertung („Holzhackschnitzeln"), UR 2013, 212; *Mantey/Unsel*, Der Mythos vom contra-legem-Verbot: Vom Umgang des EuGH mit einem Verfassungsprinzip, DÖV 2011, 921; *Musil*, Reformbedarf bei der wirtschaftlichen Betätigung gemeinnütziger Körperschaften, DStR 2009, 2453; *Plikat/Plikat*, Der Deutschen (zweit-)liebstes Kind – Der Verein, UStB 2010, 240; *Reiß*, Vor dem Gesetz, in Schachtschneider/Piper/Hübsch (Hrsg.), Gedächtnisschrift für Johann Georg Helm, Berlin 2001, 785; *Sandrock*, Das System der Befreiungen und Ermäßigungen im Umsatzsteuerrecht ist verfassungswidrig, BB (Beilage) 2010, Heft 4, 1; *Schauhoff/Kirchhain*, Gemeinnützigkeit im Umbruch durch Rechtsprechung, DStR 2008, 1713; *Schauhoff/Kirchhain*, Werkstätten für behinderte Menschen und Integrationsprojekte, DStR 2015, 2102; *Schoch*, Individualrechtsschutz im deutschen Umweltrecht unter dem Einfluss des Gemeinschaftsrechts, NVwZ 1999, 457; *Seer*, Die umsatzsteuerrechtliche Behandlung des Verwaltungssponsorings, in Kirchhof/Nieskens (Hrsg.), FS für Wolfram Reiß, Köln 2008, 157; *Seer*, Gemeinwohlzwecke und steuerliche Entlastung, DStJG 26 (2003), 11; *Stadie*, Der Mitunternehmer im Umsatzsteuerrecht, UR 1986, 137; *Stadie*, Befreiungen und Ermäßigungen – Chaos, System oder Konglomerat?, DStJG 32 (2009), 143; *Sterzinger*, Ermäßigter Steuersatz für Integrationsprojekte und Werkstätten für behinderte Menschen, UR 2014, 381; *Strahl*, Gemeinschaftsrechtswidrigkeit der Umsatzsteuerbefreiung entgeltlicher Auftragsforschungstätigkeit staatlicher Hochschulen, UR 2002, 374; *Tehler*, Das Zweiklassensystem im umsatzsteuerrechtlichen Gesundheitswesen, UVR 2005, 289; *Unverdorben*, Der deutsche Kunsthandel entdeckt die Differenzbesteuerung – Über die Folgen des Wegfalls des ermäßigten Umsatzsteuersatzes, MwStR 2014, 191; *Vogel*, Der Verlust des Rechtsgedankens im Steuerrecht als Herausforderung für das Verfassungsrecht, in Friauf (Hrsg.), Steuerrecht und Verfassungsrecht, DStJG 12 (1989), 123; *Wäger*, Sportvereine in der Umsatzsteuer: Steuerbare, steuerfreie und steuerermäßigte Umsätze, DStR 2014,

1517; *Weber*, Ermäßigter Umsatzsteuersatz – Ein untaugliches sozialpolitisches Instrument, DB 2007, 1997; *Weitemeyer/Klene*, Notwendige Weiterentwicklung des Gemeinnützigkeitsrechts, DStR 2016, 937; *Widmann*, Die durch das Amtshilferichtlinie-Umsetzungsgesetz angeordneten Änderungen des Umsatzsteuergesetzes, MwStR 2013, 321; *Widmann*, Quo usque tandem? – Die Umsatzbesteuerung der Vereinsbeiträge muss endlich unionsrechtskonform geregelt werden!, DStZ 2014, 595.

## A. Normtexte

**Art. 98 MwStSystRL** 26.1

**(1) Die Mitgliedstaaten können einen oder zwei ermäßigte Steuersätze anwenden.**

**(2) Die ermäßigten Steuersätze sind nur auf die Lieferungen von Gegenständen und die Dienstleistungen der in Anhang III genannten Kategorien anwendbar. Die ermäßigten Steuersätze sind nicht anwendbar auf die in Art. 56 Abs. 1 Buchstabe k genannten Dienstleistungen.**

**(3) Zur Anwendung der ermäßigten Steuersätze i.S.d. Abs. 1 auf Kategorien von Gegenständen können die Mitgliedstaaten die betreffenden Kategorien anhand der Kombinierten Nomenklatur genau abgrenzen.**

**Art. 99**

**(1) Die ermäßigten Steuersätze werden als Prozentsatz der Bemessungsgrundlage festgesetzt, der mindestens 5 % betragen muss.**

**(2) Jeder ermäßigte Steuersatz wird so festgesetzt, dass es normalerweise möglich ist, von dem Mehrwertsteuerbetrag, der sich bei Anwendung dieses Steuersatzes ergibt, die gesamte nach den Art. 167 bis 171 sowie 173 bis 177 abziehbare Vorsteuer abzuziehen.**

**ANHANG III**
**VERZEICHNIS DER LIEFERUNGEN VON GEGENSTÄNDEN UND DIENSTLEISTUNGEN, AUF DIE ERMÄSSIGTE MWST-SÄTZE GEMÄSS ARTIKEL 98 ANGEWANDT WERDEN KÖNNEN**

**[…]**

**15. Lieferung von Gegenständen und Erbringung von Dienstleistungen durch von den Mitgliedstaaten anerkannte gemeinnützige Einrichtungen für wohltätige Zwecke und im Bereich der sozialen Sicherheit, soweit sie nicht gemäß den Art. 132, 135 und 136 von der Steuer befreit sind;**

**[…]**

**§ 12 UStG**

**(1) Die Steuer beträgt für jeden steuerpflichtigen Umsatz 19 Prozent der Bemessungsgrundlage (§§ 10, 11, 25 Abs. 3 und § 25a Abs. 3 und 4).**

**(2) Die Steuer ermäßigt sich auf sieben Prozent für die folgenden Umsätze:**

**[…]**

**8. a) die Leistungen der Körperschaften, die ausschließlich und unmittelbar gemeinnützige, mildtätige oder kirchliche Zwecke verfolgen (§§ 51 bis 68 der Abgabenordnung). Das gilt nicht für Leistungen, die im Rahmen eines wirtschaftlichen Geschäftsbetriebs ausgeführt werden. Für Leistungen, die im Rahmen eines Zweckbetriebs ausgeführt werden, gilt Satz 1 nur, wenn der Zweckbetrieb nicht in erster Linie der Erzielung zusätzlicher Einnahmen durch die Ausführung von Umsätzen dient, die in unmittelbarem Wettbewerb mit dem allgemeinen Steuersatz unterliegenden Leistungen anderer Unternehmer ausgeführt werden, oder wenn die Körperschaft mit diesen Leistungen ihrer in den §§ 66 bis 68 der Abgabenordnung bezeichneten Zweckbetriebe ihre steuerbegünstigten satzungsgemäßen Zwecke selbst verwirklicht,**

**b) die Leistungen der nichtrechtsfähigen Personenvereinigungen und Gemeinschaften der in Buchstabe a Satz 1 bezeichneten Körperschaften, wenn diese Leistungen, falls die Körperschaften sie anteilig selbst ausführten, insgesamt nach Buchstabe a ermäßigt besteuert würden;**

**[…]**

**Nationale österr Regelung:**

**§ 10 Abs. 2**

**Die Steuer ermäßigt sich auf 10 % für**

**4. Die Leistungen der Körperschaften, Personenvereinigungen und Vermögensmassen, die gemeinnützigen, mildtätigen oder kirchlichen Zwecken dienen (§§ 34 bis 47 der Bundesabgabenordnung), soweit diese Leistungen nicht unter § 6 Abs. 1 fallen, sowie die von Bauvereinigungen, die nach dem Wohnungsgemeinnützigkeitsgesetz als gemeinnützig anerkannt sind, im Rahmen ihrer Tätigkeiten nach § 7 Abs. 1 bis 3 des Wohnungsgemeinnützigkeitsgesetzes erbrachten Leistungen. Dies gilt nicht für Leistungen, die im Rahmen eines land- und forstwirtschaftlichen Betriebes, eines Gewerbebetriebes oder eines wirtschaftlichen Geschäftsbetriebes im Sinne des § 45 Abs. 3 der Bundesabgabenordnung ausgeführt werden, für die steuerpflichtige Lieferung von Gebäuden oder Gebäudeteilen, für die Vermietung (Nutzungsüberlassung) von Räumlichkeiten oder Plätzen für das Abstellen von Fahrzeugen aller Art, für eine als Nebenleistung erbrachte Lieferung von Wärme sowie die steuerpflichtige Lieferung der nachfolgend aufgezählten Gegenstände:**

- **Feste mineralische Brennstoffe, ausgenommen Retortenkohle (Positionen 2701, 2702 sowie aus Position 2703 und aus Position 2704 der Kombinierten Nomenklatur);**
- **Leuchtöl (Kerosin) und Heizöle (Unterpositionen 2710 00 51 und 2710 00 55 sowie 2710 00 71 bis 2710 00 78 der Kombinierten Nomenklatur) sowie zum Verheizen bestimmtes Gasöl im Sinne des Gasöl-Steuerbegünstigungsgesetzes, BGBl. Nr. 259/1966 (aus Unterposition 2710 00 69 der Kombinierten Nomenklatur);**
- **Gase und elektrischer Strom (Positionen 2705, 2711 und 2716 der Kombinierten Nomenklatur);**
- **Wärme.**

## B. Unionsrechtliche Vorgaben für den ermäßigten Steuersatz bei „gemeinnützigen Leistungen" – Art. 98 Abs. 2 i.V.m. Anhang III Nr. 15 MwStSystRL

### I. Überblick

26.2 Im (sekundären) Unionsrecht regeln die Art. 96–130 MwStSystRL die Struktur und Höhe der Steuersätze im harmonisierten Mehrwertsteuersystem. Dabei ist es der **Europäischen Union** bis heute **nicht gelungen**, die **Steuersätze zu harmonisieren**, geschweige denn zu vereinheitlichen.[1] Es sind lediglich Mindeststeuersätze von 15 v.H. bzw. 5 v.H. festgeschrieben (Art. 97 Abs. 1 und Art. 99 Abs. 1 MwStSystRL). Die **Mitgliedstaaten können ermäßigte Steuersätze** (vgl. dazu auch *Hüttemann*, Rz. 3.63 ff.) für die in **Anhang III** MwStSystRL genannten **Kategorien** vorsehen und sogar zwei verschiedene ermäßigte Steuersätze anwenden (Art. 98 MwStSystRL). In einigen Mitgliedstaaten besteht die Besonderheit, dass als „ermäßigter" Steuersatz ein solcher von **Null** beibehalten werden darf (Art. 110 u. 111 MwStSystRL), der

1 Vgl. die Informationen der Europäischen Kommission im Internet unter https://ec.europa.eu/taxation_customs/sites/taxation/files/resources/documents/taxation/vat/how_vat_works/rates/vat_rates_en.pdf.

dann dazu führt, dass der Umsatz als „besteuert" behandelt wird und zum Vorsteuerabzug berechtigt (Art. 168 MwStSystRL). Materiell handelt es sich dabei dann um einen mit den Umsätzen in § 4 Nr. 1–7 UStG vergleichbaren steuerfreien Umsatz mit Vorsteuerabzug (vgl. § 15 Abs. 3 UStG). Eine **Verpflichtung**, einen **ermäßigten Steuersatz einzuführen**, **besteht** hingegen **nicht**.[1]

## II. Kommentierung

### 1. Auslegungsgrundsätze der unionsrechtlich vorgesehenen ermäßigten Steuersätze

Nach Ansicht des EuGH und des BFH sind die Bestimmungen über **Steuerermäßigungen** 26.3
(und damit auch § 12 Abs. 2 Nr. 8 UStG) wie die Steuerbefreiungsvorschriften **als Ausnahmeregelungen** grundsätzlich **eng auszulegen.**[2] Allerdings ist schon diese Ansicht sowohl in Bezug auf Steuerbefreiungsvorschriften als auch in Bezug auf die Steuersatzermäßigungsvorschriften nur bedingt überzeugend. Grundsätzlich sind Vorschriften allein nach den herkömmlichen Auslegungsmethoden – und damit weder weit noch eng – auszulegen. Bei dieser (normalen) Auslegung ist lediglich zu beachten, dass die in § 12 Abs. 2 UStG genannten Umsätze als Ausnahme des in § 12 Abs. 1 UStG genannten Grundsatzes zu betrachten sind. Deswegen darf ihre Anwendung nicht dazu führen, dass der Grundsatz (und damit der Regelsteuersatz) leerläuft und nur noch ermäßigt zu besteuernde Umsätze existieren. Insofern kann eine *extensive* Auslegung nicht richtig sein. Eine nicht extensive Auslegung ist aber nicht mit einer engen, sondern eher (so auch *Hüttemann*, Rz. 3.46 und 3.72) mit einer **präzisen Auslegung** (welche sich an dem Sinn und Zweck einer Vorschrift zu orientieren hat) gleichzusetzen.[3] Gleiches gilt entgegen der Ansicht des BFH[4] auch für die Auslegung von Rückausnahmen in Gestalt des § 12 Abs. 2 Nr. 8 Buchst. a Satz 3 UStG.

---

1 So ausdrücklich und zu Recht BFH v. 17.11.2009 – XI B 2/09, BFH/NV 2010, 480 (481); v. 9.2.2006 – V R 49/04, BStBl. II 2006, 694 (698) = UR 2006, 403; FG Nürnberg v. 8.6.2010 – 2 K 877/2008, EFG 2010, 1834 (1835) – bestätigt durch BFH v. 2.7.2014 – XI R 22/10, BStBl. II 2015, 416; ähnlich auch der EuGH, der die gesetzlich festgelegte Erstattungsfähigkeit als tragfähiges Kriterium einer differenzierenden Umsatzbesteuerung ansieht, EuGH v. 3.5.2001 – Rs. C-481/98, Rz. 23 ff., EuGHE 2001, I-3369 = UR 2001, 352.

2 EuGH v. 13.3.2014 – Rs. C-366/12 – Klinikum Dortmund gGmbH, ECLI:EU:C:2014:143 = MwStR 2014, 301 (303 f.); v. 13.12.2012 – Rs. C-395/11 – BLV, ECLI:EU:C:2012:799 = HFR 2013, 190 (191); v. 10.6.2010 – Rs. C-58/09 – Leo-Libera GmbH, Rz. 22, Slg. 2010, I-5189 = UR 2010, 494 (496); v. 18.1.2001 – Rs. C-83/99 – Kommission/Spanien, Rz. 19, EuGHE 2001, I-445 = UR 2001, 210; v. 8.5.2003 – Rs. C-384/01 – Kommission/Frankreich, Rz. 28, EuGHE 2003, I-4395 = UR 2003, 408; BFH v. 12.5.2005 – V R 54/02, BStBl. II 2007, 283 = UR 2005, 561; zu § 12 Abs. 2 UStG ausdrücklich: BFH v. 29.1.2009 – V R 46/06, BStBl. II 2009, 560 = UR 2009, 385 (387); BFH, Urt. v. 24.9.2014 – V R 11/14, BFH/NV 2015, 528; EuGH v. 6.5.2010 – Rs. C-94/09, Rz. 29, EuGHE 2010, I-4261 = UR 2010, 454 (457). So auch: BMF v. 20.10.2007, UR 2007, 927 (928); Bundesrechnungshof, Bericht v. 28.6.2010 – BR-Drucks. 390/10 = UR 2010, 566 (567); Nds. FG v. 14.6.2012 – 5 K 117/11, EFG 2012, 2074 (2075); *Heidner* in Bunjes, UStG[16], § 12 Rz. 6; *Lippross*, USt[23], Kap. 4.3.1 (S. 731); *Wäger*, DStR 2014, 1517 (1522); *Bosche* in Birkenfeld/Wäger, USt-Handbuch, § 140 Rz. 126 (Lfg. 55, 2011).

3 Ebenso auch *Hüttemann*, MwStR 2014, 115 (119); *D. Hummel* in Rau/Dürrwächter, UStG, § 12 Abs. 2 Nr. 13 Anm. 7 – Lfg. 160, 2014; kritisch auch *Stadie*, UStG[3], § 12 Rz. 4; vgl. zur berechtigten Kritik im Rahmen der Steuerbefreiungsvorschriften: *Stadie*, UStG[3], Vor §§ 4 – 9 UStG Rz. 15 ff.; *Stadie* in Rau/Dürrwächter, Vor §§ 4-9 Anm. 19 ff. (Lfg. 145, 2011).

4 BFH v. 8.3.2012 – V R 14/11, BStBl. II 2012, 630 = UR 2012, 560 (564); *Michel*, DB 2012, 2007 (2010); dagegen zutreffend *Hüttemann*, MwStR 2014, 115 (119).

## 2. Der Grundsatz der steuerrechtlichen Neutralität bei Ausübung der Möglichkeit, einen ermäßigten Steuersatz einzuführen

26.4 Wenn von der unionsrechtlichen Ermächtigung der MwStSystRL einen ermäßigten Steuersatz einzuführen Gebrauch gemacht wird, dann ist auf unionsrechtlicher Ebene der **Grundsatz der steuerrechtlichen Neutralität** (der EuGH spricht häufig vom „Grundsatz der steuerlichen Neutralität"),[1] in Gestalt der Wettbewerbsneutralität (s.a. *Hüttemann*, Rz. 3.5) unter dem Aspekt der gleichen Besteuerung gleicher wirtschaftlicher Verbrauchsvorgänge,[2] zu beachten. Gleiches gilt allerdings auch auf nationaler Ebene, wo der **verfassungsrechtliche Gleichbehandlungsgrundsatz** des Art. 3 Abs. 1 GG zu berücksichtigen ist.[3] **Beide Grundsätze** sind aber **nur dann** – unions- wie verfassungsrechtlich – **verletzt**, **wenn die Ungleichbehandlung** (hier in Bezug auf die unterschiedlichen Steuersätze) **nicht gerechtfertigt ist.**[4] Letzteres kommt nur in Betracht, wenn die unterschiedlich besteuerten Leistungen aus Sicht der Konsumenten austauschbar sind,[5] mithin die Verbraucherversorger (Unternehmer) insoweit miteinander konkurrieren (vgl. dazu Rz. 26.14 ff.; *Hüttemann*, Rz. 3.9 ff. und Rz. 3.21 ff.) und für diese Ungleichbehandlung kein sachlicher Grund zu finden ist (dazu näher Rz. 26.42 ff.).[6]

---

1 Vgl. nur EuGH v. 11.9.2014 – Rs. C-219/13 – K, Rz. 24 f., ECLI:EU:C:2014:2207 = UR 2014, 820; v. 13.3.2014 – Rs. C-204/13 – Heinz Malburg, ECLI:EU:C:2014:147 = MwStR 2014, 270 (272); v. 27.2.2014 – Rs. C-454/12 u.a. – Pro Med Logistik GmbH, Rz. 52 ff., ECLI:EU:C:2014:111 = DStRE 2014, 622; v. 10.6.2010 – Rs. C-58/09 – Leo-Libera GmbH, Rz. 34, EuGHE 2010, I-5189 = UR 2010, 494 (496); v. 23.4.2009 – Rs. C-460/07 – Puffer, Rz. 53, EuGHE 2009, I-3251-3310 = FR 2009, 628; v. 13.3.2008 – Rs. C-437/06 – Securenta, Rz. 25 und 36, EuGHE 2008, I-1597 = UR 2008, 344; v. 12.1.2006 – Rs. C-246/04 – Turn- und Sportunion Waldburg, Rz. 32, EuGHE 2006, I-589 = UR 2006, 224.

2 EuGH v. 19.12.2012 – Rs. C-549/11 – Orfey, DB 2013, 99 (101); v. 29.10.2009 – Rs. C-174/08 – NCC, Rz. 44, DStRE 2010, 170; v. 28.6.2007 – Rs. C-363/05 – JP Morgan, Rz. 47, EuGHE 2007, I-5517 = UR 2007, 727; v. 12.1.2006 – Rs. C-246/04 – Turn- und Sportunion Waldburg, Rz. 32, EuGHE 2006, I-589 = UR 2006, 224; v. 8.3.2001 – Rs. C-415/98 – Bakcsi, Rz. 45 f., EuGHE 2001, I-1831 = UR 2001, 149; *Stadie*, UR 1986, 137 (138); *Birkenfeld*, StuW 1998, 55 (71); *Billig*, UR 2007, 81 (83).

3 BVerfG v. 7.10.1980 – 1 BvL 50/79 ua., BVerfGE 55, 72 (88); v. 8.10.1996 – 1 BvR 1183/90, BVerfGE 95, 39 (45); v. 14.3.2000 – 1 BvR 284, 1659/96, BVerfGE 102, 41 (54); v. 8.6.2004 – 2 BvL 5/00, BVerfGE 110, 412 (432).

4 Nach Ansicht des BVerfG ist das Gleichheitsgrundrecht vor allem dann verletzt, wenn eine Gruppe von Normadressaten im Vergleich zu anderen Normadressaten anders behandelt wird, obwohl zwischen beiden Gruppen keine Unterschiede von solcher Art und solchem Gewicht bestehen, dass sie die ungleiche Behandlung rechtfertigen können, vgl. BVerfG v. 8.6.2004 – 2 BvL 5/00, BVerfGE 110, 412 (431 f.); v. 28.4.1999 – 1 BvL 11/94, 33/95, 1 BvR 1560/97, BVerfGE 100, 138 (174); v. 7.10.1980 – 1 BvL 50/79, 89/79, 1 BvR 240/79, BVerfGE 55, 72 (89 f.); v. 14.3.2000 – 1 BvR 284, 1659/96, BVerfGE 102, 41 (55) – spricht von fehlender Sachwidrigkeit; *Jarass* in Jarass/Pieroth, GG[13], Art. 3 GG Rz. 14; *Rüfner* in Bonner Kommentar, GG, Art. 3 Abs. 1 GG Rz. 103 – Lfg. 67, 1992; EuGH v. 13.7.2000 – Rs. C-36/99 – Ideal Tourisme, Rz. 35, EuGHE 2000, I-6049 = UR 2000, 381; v. 25.11.1986 – Rs. C-201/85 u. 202/85 – Klensch, Rz. 9, EuGHE 1986, 3477.

5 EuGH v. 11.9.2014 – Rs. C-219/13 – K, Rz. 24 f., ECLI:EU:C:2014:2207 = UR 2014, 820; v. 27.2.2014 – Rs. C-454/12 u.a. – Pro Med Logistik GmbH, Rz. 49, ECLI:EU:C:2014:111 = DStRE 2014, 622; v. 10.6.2010 – Rs. C-58/09 – Leo-Libera GmbH, Rz. 35, Slg. 2010, I-5189 = UR 2010, 494 (496); vgl. auch FG BW v. 4.8.2009 – 1 V 1346/09, EFG 2010, 87 (88); ähnlich statt Vieler: *Ruppe/Achatz*, öUStG[5], § 10 Rz. 42, der von gleichartigen Waren spricht; ebenso *Bosche* in Birkenfeld/Wäger, USt-Handbuch, § 140 Rz. 125 (Lfg. 55, 2011).

6 Dies übersieht *Lippross*, UR 2013, 212 (214 f.) mit seinem Beispiel von Waldhackschnitzeln und Hackschnitzeln aus der Holzverwertung. Der ermäßigte Steuersatz nur für Hackschnitzel aus der Holzverwertung ist gerechtfertigt durch das Anliegen des Gesetzgebers, die Vorteile der Durchschnittsatzbesteuerung von Landwirten nach § 24 UStG insoweit zugunsten der Holzverwertungs-

26.5 In Bezug auf die ermäßigten Steuersätze hat dabei der EuGH[1] zutreffend entschieden, dass es gegen den mehrwertsteuerrechtlichen Neutralitätsgrundsatz verstößt, wenn für **Solisten** der Steuersatz ihrer Leistung davon abhängig ist, ob diese für einen Veranstalter oder ohne einen solchen direkt vor dem Publikum auftreten. Demgegenüber führt auch nach Ansicht des EuGH ein **unterschiedlich ausgestalteter rechtlicher Rahmen** (z.B. die gesetzliche Beförderungspflicht von Taxen) dazu, unterschiedliche Leistungen zu kennzeichnen.[2] Da der ermäßigte Steuersatz des § 12 Abs. 2 Nr. 8 UStG voraussetzt, dass die Körperschaft als solche bestimmten rechtlichen Bindungen (Verfolgung bestimmter Satzungszwecke, Vermögensbindungen etc.) und die Tätigkeiten selbst auch einer solchen Zweckbindung unterfallen, ist der **Grundsatz der steuerrechtlichen Neutralität im Allgemeinen nicht verletzt** (so auch *Hüttemann*, Rz. 3.26; zu den Ausnahmen vgl. Rz. 26.50).

### 3. Unmittelbare Anwendung der unionsrechtlich erlaubten ermäßigten Steuersätze?

26.6 Aber selbst wenn der EuGH entscheiden sollte, dass die Gewährung oder Nichtgewährung eines nach der Richtlinie unmöglichen bzw. möglichen ermäßigten Steuersatzes durch einen Mitgliedstaat keine richtlinienkonforme Umsetzung darstellt,[3] folgt daraus **keine unmittelbare Möglichkeit des Einzelnen**, sich auf eine „unionsrechtliche Steuersatzermäßigung"[4] bzw. den unionsrechtlich gebotenen Regelsteuersatz[5] unmittelbar zu berufen.

26.7 Dies wird z.B. bei einem der letzten Urteile des EuGH zum ermäßigten Steuersatz sehr deutlich, in dem der EuGH in einem Vertragsverletzungsverfahren der Bundesrepublik Deutsch-

---

industrie etwas abzumildern. Auch wenn dies nicht vollständig gelingt, ist dies dennoch ein sachlicher Grund, der eine Ungleichbehandlung auch gegenüber solchen Waldhackschnitzellieferanten rechtfertigt, die – aus welchen Gründen auch immer – nicht von der Subventionierung durch die Durchschnittsatzbesteuerung nach § 24 UStG (dazu ausf. *D. Hummel*, UR 2009, 73 (74); *Stadie*, UStG[3], § 24 Rz. 2 ff.; a.A. *Lippross*, UR 2013, 212 (214) – lediglich Vereinfachung) Gebrauch machen.

1 EuGH v. 23.10.2003 – Rs. C-109/02, Slg. 2003, I-12691 = BStBl. II 2004, 337 ff. = UR 2004, 34 m. Anm. *Nieskens*.

2 EuGH v. 27.2.2014 – Rs. C-454/12 u.a. – Pro Med Logistik GmbH, Rz. 49, ECLI:EU:C:2014:111 = DStRE 2014, 622 auf Vorlage des BFH v. 10.7.2012 – XI R 22/10, BStBl. II 2013, 291 = UR 2012, 880 und v. 10.7.2012 – XI R 39/10, UR 2012, 885; zustimmend BFH v. 2.7.2014 – XI R 22/10, BStBl. II 2015, 416 = UR 2015, 22; v. 2.7.2014 – XI R 39/10, UR 2015, 28 = DStR 2014, 2174; BFH v. 23.9.2015 – V R 4/15, UR 2016, 244 = DStR 2016, 122.

3 So zuletzt geschehen durch EuGH v. 12.5.2011 – Rs. C-453/09, ECLI:EU:C:2011:296 = UR 2011, 827; vgl. auch die fast identischen Urteile gegen Irland (EuGH v. 14.3.2013 – Rs. C-108/11, ECLI:EU:C:2013:161 = DB 2013, 1398), gegen die Niederlande (EuGH v. 3.3.2011 – Rs. C-41/09, Slg. 2011, I-831 = UR 2012, 114), gegen Frankreich (EuGH v. 8.3.2012 – Rs. C-596/10, ECLI:EU:C:2012:130 = HFR 2012, 463) und gegen Österreich (EuGH v. 12.5.2011 – Rs. C-441/09, UR 2012, 445). Nicht überzeugend ist es allerdings, wie *Birkenfeld* in Birkenfeld/Wäger, USt-Handbuch, § 146 Rz. 15 (Lfg. 29, 2002) davon zu sprechen, dass die nationalen Steuersatzermäßigungen durch die EU-Richtlinie gerechtfertigt wären. Es geht nicht um die Frage der Rechtfertigung staatlichen Handelns, sondern um die Umsetzung einer Richtlinie entsprechend den Vorgaben der Unionsverträge.

4 Zutreffend FG Nürnberg v. 8.6.2010 – 2 K 877/2008, EFG 2010, 1834 – bestätigt durch BFH v. 2.7.2014 – XI R 22/10, BStBl. II 2015, 416.

5 FG Nds. v. 4.10.2012 – 16 K 193/12, MwStR 2013, 562 mit dem zutreffenden Hinweis darauf, dass der den Vorsteuerabzug Begehrende sich nicht auf die Regelungen über den Steuersatz im Verhältnis Steuergläubiger zum Steuereinsammler (Unternehmer) berufen kann; **a.A.** jedoch nachgehend BFH v. 24.10.2013 – V R 17/13, BStBl. II 2015, 513 = UR 2014, 147.

land die unionsrechtswidrige Gewährung eines ermäßigten Steuersatzes für die **Lieferung von Reitpferden** konstatiert hat.[1] Der nationale Gesetzgeber hat in diesem Fall immer die Möglichkeit, von seinem unionsrechtlich eingeräumten Wahlrecht Gebrauch zu machen und die Steuersatzermäßigung unionsrechtskonform (Beschränkung auf die Lieferung von zu schlachtenden Pferden) auszugestalten oder in Gänze abzuschaffen. Dieses unionsrechtliche Wahlrecht – welche die Bundesrepublik Deutschland im Anschluss an das Vertragsverletzungsverfahren ausgeübt hat – würde mit der Berufung auf „unmittelbar anwendbares Richtlinienrecht" unterlaufen.[2] Dies gilt entgegen der Auffassung des BFH[3] auch, wenn sich der **Leistungsempfänger für seinen Vorsteuerabzug auf den unionsrechtlich geltenden Regelsteuersatz berufen will**, obwohl nach nationalem Recht der ermäßigte Steuersatz anzuwenden ist.[4]

26.8 Dies scheint nunmehr auch der EuGH[5] so zu sehen. Im Zusammenhang mit dem mitgliedstaatlichen Wahlrecht zur Einführung einer umsatzsteuerrechtlichen Organschaft in Art. 11 MwStSystRL ist der EuGH seit langer Zeit einmal nicht der Versuchung erlegen, Unionsrecht – koste es, was es wolle – unmittelbar anzuwenden (das „Totschlagsargument" lautete immer „effet utile"), sondern der EuGH hat hier klarstellt, dass Art. 11 MwStSystRL (im Streitfall noch Art. 4 der 6. EG-Richtlinie) trotz Richtlinienwidrigkeit keine unmittelbare Wirkung entfaltet, mithin der einzelne Steuerpflichtige nicht eine unmittelbare Anwendung zu seinen Gunsten verlangen kann.

26.9 Dies ist zutreffend, denn die ausnahmsweise unmittelbare Geltung einer EU-Richtlinie – im Unterschied zu einer EU-Verordnung – hat der EuGH als einen Sanktionsmechanismus gegenüber Mitgliedstaaten entwickelt, die ihrer Umsetzungspflicht nicht nachgekommen sind, obwohl bereits aus der Richtlinie klar und deutlich hervorgeht, wie die Richtlinie umzusetzen ist.[6] Dieser Gedanke greift nicht, wenn dem Mitgliedstaat ein Wahlrecht zur Umsetzung eingeräumt wird.[7] Er muss die Richtlinie insoweit gerade nicht umsetzen.

26.10 Auch die **unmittelbare Anwendung der MwStSystRL** im Zusammenhang mit dem ermäßigten Steuersatz scheitert (ebenso *Hüttemann*, Rz. 3.69) richtigerweise an dem Fehlen

1 EuGH v. 12.5.2011 – Rs. C-453/09, UR 2011, 827; vgl. auch die fast identischen Urteile gegen Irland (EuGH v. 14.3.2013 – Rs. C-108/11, ECLI:EU:C:2013:161 = DB 2013, 1398), gegen die Niederlande (EuGH v. 3.3.2011 – Rs. C-41/09, Slg. 2011, I-831 = UR 2012, 114), gegen Frankreich (EuGH v. 8.3.2012 – Rs. C-596/10, ECLI:EU:C:2012:130 = HFR 2012, 463) und Österreich (EuGH v. 12.5.2011 – Rs. C-441/09, UR 2012, 445).

2 Zutreffend *Birk/Desens/Tappe*, Steuerrecht[19], § 10 Rz. 1679 in Fn. 18. Dies übersieht *Birkenfeld*, UR 2014, 120 (127), wenn er aus der (fakultativen) Möglichkeit der Mitgliedstaaten eine Organschaft einzuführen eine unmittelbare Anwendbarkeit schlussfolgern will. Dies ist ein Widerspruch in sich, der auch dann bestehen bleibt, wenn der EuGH zu Unrecht eine unmittelbare Anwendbarkeit ausdrücklich behaupten sollte, was er zutreffender Weise bislang tunlichst vermieden hat.

3 BFH v. 24.10.2013 – V R 17/13, UR 2014, 147.

4 Dazu ausf. *D. Hummel* in Rau/Dürrwächter, UStG, § 12 Abs. 2 Nr. 1/2 UStG Anm. A 8 (Lfg. 158, 2014).

5 EuGH v. 16.7.2015 – Rs. C-108/14 u. C-109/14 – „Larentia + Minerva" und „Marenave", ECLI:EU:C:2015:496 = UR 2015, 671 mit Anm. *D. Hummel*.

6 Vgl. den Beginn mit EuGH v. 4.12.1974 – Rs. 41/74 – van Duyn, EuGHE 1974, 1337; v. 5.4.1979 – Rs. C-148/78 – Ratti, EuGHE 1979, 1629; v. 19.1.1982 – Rs. 8/81 – Becker, EuGHE 1982, 53, UR 1982, 70 m. Anm. *Weiß*.

7 So schon *D. Hummel*, EUR 2010, 309 (315 f.) m.w.N.; vgl. auch ausf. dazu *D. Hummel*, UR 2009, 73 ff.

einer unmittelbar anzuwendenden diesbezüglichen Richtlinienregelung,[1] da keine Vorschrift der MwStSystRL konkret vorgibt, für welche Leistung ein ermäßigter Steuersatz *anzuwenden ist*. Insbesondere kann auch nicht der – evtl. sogar aus dem Primärrecht abgeleitete – Grundsatz der steuerrechtlichen Neutralität zur Herleitung einer unmittelbaren Wirkung der Richtlinie bemüht werden, weil auch dieser bei Bestehen eines nationalen Umsetzungsspielraumes kein konkretes Ergebnis vorgibt, sondern allenfalls eine Verletzung derselben vorliegt.[2] In allen Fällen hätte der nationale Gesetzgeber auch in Gänze auf den ermäßigten Steuersatz verzichten können, ohne dass die MwStSystRL oder der unionsrechtliche Neutralitätsgrundsatz dem entgegenstehen würden.[3] Daher steht auch einer selektiven Anwendung eines ermäßigten Steuersatzes nur für bestimmte – nicht miteinander konkurrierende – Leistungen weder das Unionsrecht (Rz. 26.13 ff.),[4] noch das Verfassungsrecht[5] entgegen (dazu Rz. 26.42 ff.).

Nicht überzeugend und unter Berücksichtigung des genannten EuGH-Urteils auch kaum aufrechtzuerhalten sind daher sämtliche Entscheidungen des BFH, bei denen dieser unter 26.11

1 Insofern gilt Gleiches wie bei der nicht gerechtfertigten Differenzierung nach der Rechtsform im Zusammenhang mit den umsatzsteuerrechtlichen Organschaftsregelungen – vgl. ausführlich *D. Hummel*, UR 2010, 207 ff.

2 In der Tendenz wohl anders der EuGH – vgl. EuGH v. 25.4.2013 – Rs. C-480/10, Rz. 35, ECLI:EU:C:2013:263 = UR 2013, 423 (Kommission gg. Schweden); v. 9.4.2013 – Rs. C-85/11, Rz. 36, UR 2013, 418 (Kommission gg. Irland) (Organschaft); zur Gefahr des Glaubwürdigkeitsverlustes des EuGH bei einer allzu freischaffenden Rechtsprechung vgl. zutreffend *Mantey/Unsel*, DÖV 2011, 921 (928 f.). Dies übersieht z.B. der BFH bei der Durchschnittssatzbesteuerung für Kapitalgesellschaften nach § 24 UStG (BFH v. 16.4.2008 – XI R 73/07, UR 2008, 632 mit Anm. *Klenk*; dagegen *D. Hummel*, UR 2009, 73 ff.) und das FG München bei der Organschaft mit Personengesellschaften als Organgesellschaften mit der „Erfindung" einer unionsrechtskonformen Erweiterung bei entgegenstehendem, nicht auslegungsfähigem Wortlaut – FG München v. 13.3.2013 – 3 K 235/10, MwStR 2013, 448 (Rev. unter V R 25/13). Einer ähnlichen Technik hat sich im Zivilrecht bereits der BGH bedient, welche er als „richtlinienkonformen Rechtsfortbildung" bezeichnete – vgl. BGH v. 26.11.2008 – VIII ZR 200/05, NJW 2009, 427; zustimmend *Pfeiffer*, NJW 2009, 412 f. – kritisch dazu bereits *D. Hummel*, EuR 2010, 309 (316 f.). Der jüngste Ansatz des BFH ist eine teleologische Extension entgegen eines angeblich eindeutigen Wortlautes – vgl. BFH v. 2.12.2015 – V R 25/13, GmbHR 2016, 245 = UR 2016, 185 = DStR 2016, 219.

3 Ebenfalls unions- und verfassungsrechtlich unbedenklich ist eine entsprechende Änderung des Gesetzes, wonach alle Leistungen eines Solisten mit dem ermäßigten Steuersatz nach § 12 Abs. 2 Nr. 7 UStG besteuert werden – so geschehen durch Art. 5 Nr. 8 EURLUmsG v. 9.12.2004, BGBl. I 2004, 3310 = BStBl. I 2004, 1158 (1167).

4 Zur unionsrechtlichen Konformität (zur ermäßigten Besteuerung der Beförderung eines Leichnams durch Frankreich) ausdrücklich unlängst der EuGH v. 6.5.2010 – Rs. C-94/09, Rz. 25 ff., EuGHE 2010 I-4261 = UR 2010, 454 (456 f.); zur ermäßigt besteuerten Beförderung durch Taxen EuGH v. 27.2.2014 – Rs. C-454/12 u.a. – Pro Med Logistik GmbH, Rz. 49 und 63 f., ECLI:EU:C:2014:111 = DStRE 2014, 622 auf Vorlage des BFH v. 10.7.2012 – XI R 22/10, BStBl. II 2013, 291 = UR 2010, 880 und BFH, Beschl. v. 10.7.2012 – XI R 39/10, UR 2012, 885.

5 Zutreffend daher BVerfG v. 25.5.1965 – 1 BvR 455/62 ua., BVerfGE 19, 64 (69 ff.) zur unterschiedlichen Umsatzbesteuerung von Röstkaffee und löslichem Kaffee – wesentlich anderer Gegenstand bei wachsender Nachfrage des nichtprivilegierten Verbrauchsgutes; zur selektiven Anwendung des ermäßigten Steuersatzes zutreffend auch BFH v. 17.11.2009 – XI B 2/09, BFH/NV 2010, 480; vgl. dazu auch EuGH v. 11.9.2014 – Rs. C-219/13 – K, Rz. 31 ff., ECLI:EU:C:2014:2207 = UR 2014, 820 –zur selektiven Anwendung bei Büchern und nicht bei Hörbüchern. Gleiches gilt m.E. auch für die niedrigere Besteuerung der Benutzung von Taxen im Vergleich zur Benutzung von Mietwagen – BVerfG v. 11.2.1992 – 1 BvL 29/87, BVerfGE 85, 238 (244 ff.); zutreffend BFH v. 2.7.2014 – XI R 22/10, Rz. 53, 64, 69, BStBl. II 2015, 416 = UR 2015, 22; v. 2.7.2014 – XI R 39/10, Rz. 36 f., UR 2015, 28 = DStR 2014, 2174.

Berufung auf allgemeine Grundsätze (insbesondere den **Grundsatz der steuerrechtlichen Neutralität**) irgendeine Rechtsfolge postuliert, die der Gesetzgeber gerade nicht vorgesehen hat. Dies gilt jedenfalls so lange, wie das mitgliedstaatliche Wahlrecht noch von weiteren durch den nationalen Gesetzgeber zu konkretisierenden Tatbestandsvoraussetzungen abhängt. Dies ist entgegen der Auffassung des BFH[1] z.B. bei der **Durchschittsatzbesteuerung nach § 24 UStG** der Fall, bei der die Differenzierung nach der Rechtsform sogar gerechtfertigt ist.[2]

26.12 Dies gilt auch im Hinblick auf die in Anhang III der MwStSystRL aufgezählten Kategorien. Die in Anhang III der MwStSystRL aufgezählten Kategorien sind vermutlich die Zusammenfassung der von den ursprünglichen Mitgliedstaaten als unverzichtbar angesehenen Ermäßigungen und dürften lediglich eine Art **politischen Kompromiss** darstellen. Demzufolge enthalten die Art. 109 ff. MwStSystRL eine Vielzahl von Ausnahmebestimmungen für später hinzugetretene Mitgliedstaaten. Der Rat wird nach Art. 100 MwStSystRL auf Grundlage eines Berichts der Kommission alle zwei Jahre (beginnend im Jahr 1994) den Anwendungsbereich der ermäßigten Steuersätze überprüfen. Diese **Ausnahmeregelungen** sind so **umfangreich**, dass von dem eigentlichen Ziel einer Harmonisierung der Umsatzsteuersätze richtigerweise nicht mehr gesprochen werden kann. Die in Anhang III MwStSystRL aufgezählten Kategorien enthalten ebenso wie der Katalog des § 12 Abs. 2 Nr. 1–13 UStG kein in sich stimmiges System.[3]

### 4. Der unionsrechtliche mögliche ermäßigte Steuersatz für wohltätige Zwecke und im Bereich der sozialen Sicherheit

26.13 Gemäß Art. 98 i.V.m. Anhang III Nr. 15 MwStSystRL können die Mitgliedstaaten einen ermäßigten Steuersatz für **Leistungen** durch von den Mitgliedstaaten anerkannte gemeinnützige Einrichtungen **für wohltätige Zwecke und im Bereich der sozialen Sicherheit** vorsehen. Entscheidend dabei ist, dass die MwStSystRL zwischen der anerkannten Gemeinnützigkeit und der Zweckrichtung der Leistung trennt.[4] Nur Leistungen für wohltätige Zwecke und im Bereich der sozialen Sicherheit *bestimmter Einrichtungen* können mit einem ermäßigten Steuersatz besteuert werden. Diese unionsrechtlichen Voraussetzungen decken sich nicht zwingend mit § 12 Abs. 2 Nr. 8 UStG und seinem Verweis auf das nationale Gemeinnützigkeitsrecht der §§ 51 ff. AO.

26.14 Wird die Rechtsprechung des EuGH zu der **Möglichkeit eines selektiven ermäßigten Steuersatzes** nach Art. 98 i.V.m. Anhang III MwStSystRL betrachtet, dann fällt auf, dass sich der EuGH – m.E. zu Recht – nicht der sehr populären Kritik an der Existenz von mehr oder minder überzeugenden Ausnahmen vom Regelsteuersatz – die nicht nur auf nationaler Ebene (dazu Rz. 26.42 ff.), sondern im gleichen Maße auf unionsrechtlicher Ebene denkbar ist – an-

1 BFH v. 16.4.2008 – XI R 73/07, UR 2008, 632 mit Anm. *Klenk*.

2 Vgl. dazu ausführlich *D. Hummel*, UR 2009, 73 ff.

3 *Englisch*, UR 2010, 400 (401); *Michel*, DB 2012, 2007 (2007); *Stadie*, DStJG 32 (2009), 143 (154); *Stadie*, UStG[3], § 12 Rz. 4; vgl. auch *Englisch*, UR 2011, 401 (404 ff.).

4 Dies ergibt sich aus der Formulierung, da es Einrichtungen *für* wohltätige Zwecke *im Bereich* der sozialen Sicherheit sprachlich (es hätte dann wohltätige Einrichtungen oder soziale Einrichtungen heißen müssen) nicht gibt (a.A. *Michel*, DB 2012, 2007 (2008), der aber – weil er dem EuGH folgt – zum gleichen Ergebnis gelangt). Ebenso nunmehr EuGH v. 17.6.2010 – Rs. C-492/08, Rz. 43, EuGHE 2010, I-5471 = UR 2010, 662 (666); so wohl auch *Heidner* in Bunjes, UStG[16], § 12 UStG Rz. 166.

schließt.[1] Für den EuGH ist vielmehr entscheidend, ob durch die selektive Anwendung eines ermäßigten Steuersatzes eine nicht zu rechtfertigende Ungleichbehandlung (der EuGH spricht insoweit von der Gefahr einer Wettbewerbsverzerrung bzw. den Grundsatz der „steuerlichen Neutralität"[2]) eintritt. Diese verneint der EuGH in einer **formal zweistufig aufgebauten Prüfung** in zutreffender Weise immer dann, wenn (1) eine spezifische (bestimmbare) Leistung vorliegt, die unter die in Anhang III genannten Leistungen gefasst werden kann,[3] die sich (2) von anderen – nicht durch den Mitgliedstaat begünstigten – Leistungen unterscheidet und daher mit diesen nicht in Wettbewerb tritt.

Zur Klärung der Frage, ob die ermäßigt besteuerte Leistung einen **konkreten und spezifischen Aspekt** der in Anhang III genannten Leistungen darstellt, ist nach seiner Ansicht zu entscheiden, ob es sich um die Erbringung einer Leistung handelt, die getrennt von den übrigen Leistungen dieser in Anhang III genannten Leistungen als solche **bestimmbar** ist.[4] Dies wurde z.B. zu Recht bejaht für die (ermäßigt besteuerte) Beförderung eines Leichnams im Vergleich zu voll besteuerten Leistungen eines Bestattungsunternehmens.[5] Auch ein unterschiedlicher rechtlicher Rahmen (z.B. die Personenbeförderungspflicht für Taxen nach nationalem Recht), ist dabei nach zutreffender Ansicht des EuGH[6] geeignet, unterschiedliche Leistungen zu kennzeichnen. 26.15

Bei der Beantwortung der Frage, ob Gegenstände oder Dienstleistungen gleichartig sind, stellt der EuGH dabei in auch nicht zu beanstandender Art und Weise in erster Linie auf die **Sicht des Durchschnittsverbrauchers** ab. Gegenstände oder Dienstleistungen sind danach dann gleichartig, wenn sie ähnliche Eigenschaften haben und beim Verbraucher nach einem Kriterium der Vergleichbarkeit in der Verwendung denselben Bedürfnissen dienen und wenn die bestehenden Unterschiede die Entscheidung des Durchschnittsverbrauchers zwischen diesen 26.16

---

1 Sofern er denn dies überhaupt problematisiert. Meist geschieht dies erst gar nicht, wie etwa in seinen Entscheidungen zu Arzneimitteln (EuGH v. 17.1.2013 – Rs. C-360/11, ECLI:EU:C:2013:17 = UR 2013, 304) oder Personenbeförderungen (EuGH v. 25.1.2012 – Rs. C-557/11, ECLI:EU:C:2012:672 = UR 2013, 200). In der Entscheidung EuGH v. 5.3.2015 – Rs. C-479/13, Rz. 42 f., ECLI:EU:C:2015:141 = UR 2015, 305 wischt er den Einwand der Ungleichbehandlung mit dem Hinweis beiseite, dass das Gleichbehandlungsgebot es nicht erlaube, den ermäßigten Steuersatz erweiternd anzuwenden. In der Entscheidung EuGH v. 5.3.2015 – Rs. C-502/13, Rz. 55 f., ECLI:EU:C:2015:143 = UR 2015, 308 meint der EuGH sogar, dass in einem Vertragsverletzungsverfahren die Gültigkeit der MwStSystRL – gemeint war ein Verstoß gegen das Primärrecht der EU – nicht geprüft werden könne, es sei denn, dieser sei offensichtlich. Dies dürfte bereits unionsrechtlich eher zweifelhaft sein.

2 EuGH v. 12.5.2011 – Rs. C-453/09 – Kommission/Deutschland, Rz. 51, UR 2011, 827: hier weist der EuGH kurz und bündig daraufhin, dass der Neutralitätsgrundsatz es nur verbiete, gleichartige und deshalb miteinander in Wettbewerb stehende Waren oder Dienstleistungen unterschiedlich zu behandeln; ähnlich bereits EuGH v. 3.4.2008 – Rs. C-442/05 – Zweckverband zur Trinkwasserversorgung und Abwasserbeseitigung Torgau-Westelbien, Rz. 41 f., EuGHE 2008 I-1817, BStBl. II 2009, 328 = UR 2008, 432.

3 EuGH v. 27.2.2014 – Rs. C-454/12 u.a. – Pro Med Logistik GmbH, Rz. 43 ff., ECLI:EU:C:2014:111 = BStBl. II 2015, 437.

4 EuGH v. 6.5.2010 – Rs. C-94/09, Rz. 35, EuGHE 2010, I-4261 = UR 2010, 454 (456 f.); EuGH v. 27.2.2014 – Rs. C-454/12 u.a. – Pro Med Logistik GmbH, Rz. 47 ff., ECLI:EU:C:2014:111 = BStBl. II 2015, 437.

5 EuGH v. 6.5.2010 – Rs. C-94/09 – Kommission/Frankreich, Rz. 34 ff., EuGHE 2010, I-4261 = UR 2010, 454 (456 f.).

6 EuGH v. 27.2.2014 – Rs. C-454/12 u.a. – Pro Med Logistik GmbH, Rz. 49, ECLI:EU:C:2014:111 = BStBl. II 2015, 437.

Gegenständen oder Dienstleistungen nicht erheblich beeinflussen.[1] Hinsichtlich des ermäßigten Steuersatzes für **E-Books** hat der EuGH die Frage an das nationale Gericht zurückverwiesen. Dieses müsse klären, ob die Lieferung[2] elektronische Bücher (auf elektronischen Trägermedien) und physische Bücher aus der Sicht des Durchschnittverbrauchers vergleichbar ist.[3]

26.17 Wesentlich seltener findet sich Rechtsprechung des EuGH zur Auslegung der Nr. 15 des Anhang III der MwStSystRL, auf den Art. 98 MwStSystRL verweist. Bei der doch erheblich **auslegungsbedürftigen Formulierung** „Leistungen durch von den Mitgliedstaaten anerkannte gemeinnützige Einrichtungen für wohltätige Zwecke und im Bereich der sozialen Sicherheit" verwundert dies ein wenig.

26.18 In einem Vertragsverletzungsverfahren hat der EuGH[4] diese Tatbestandsmerkmale zumindest dahingehend präzisiert, dass die **Mitgliedstaaten über ein Ermessen** bei der Frage, ob sie bestimmten Einrichtungen sozialen Charakter zuerkennen, **verfügen**. Dieses Ermessen ist jedoch im Einklang mit dem Unionsrecht und insbesondere den Vorschriften der MwStSystRL auszuüben. Die Grenzen sind z.B. dann überschritten, wenn ein Mitgliedstaat Einrichtungen als gemeinnützig anerkennt, um auf bestimmte von ihnen erbrachte Leistungen unter Verstoß gegen den ausdrücklichen Wortlaut von Nr. 15 des Anhang III der MwStSystRL einen ermäßigten Mehrwertsteuersatz anzuwenden. Dabei ist zu berücksichtigen, dass nicht auf alle gemeinnützigen Leistungen ein ermäßigter Mehrwertsteuersatz angewendet werden darf, sondern nur auf diejenigen, die von **Einrichtungen erbracht werden**, die **sowohl gemeinnützig sind als auch für wohltätige Zwecke bzw. im Bereich der sozialen Sicherheit tätig sind**. Die MwStSystRL trennt zwischen der anerkannten Gemeinnützigkeit und der Zweckrichtung der Leistung.[5] Nur Leistungen für wohltätige Zwecke und im Bereich der sozialen Sicherheit bestimmter Einrichtungen können mit einem ermäßigten Steuersatz besteuert werden.

### 5. Anwendung der MwStSystRL zu Lasten des Einzelnen?

26.19 Diese unionsrechtlichen Voraussetzungen decken sich nicht zwingend mit § 12 Abs. 2 Nr. 8 UStG und seinem Verweis auf das nationale Gemeinnützigkeitsrecht der §§ 51 ff. AO. Nicht zutreffend sind aber Äußerungen auch des BFH,[6] wonach § 12 Abs. 2 Nr. 8 UStG richtlinien-

1 EuGH v. 27.2.2014 – Rs. C-454/12 u.a. – Pro Med Logistik GmbH, Rz. 54, ECLI:EU:C:2014:111 = BStBl. II 2015, 437; EuGH v. 11.9.2014 – Rs. C-219/13 – K Oy, Rz. 25, ECLI:EU:C:2014:2207 = UR 2014, 820; vgl. in diesem Sinne bereits EuGH v. 10.11.2011 – Rs. C-259/10 u.a. – Rank Group, Rz. 43 und 44, EuGHE 2011, I-10947 = UR 2012, 104.

2 Anderes gilt für die sonstige Leistung sog. E-Books ohne Trägermedium – vgl. EuGH v. 5.3.2015 – Rs. C-479/13 – Kommission/Frankreich, ECLI:EU:C:2015:141 = UR 2015, 305; EuGH v. 5.3.2015 – Rs. C-502/13 – Kommission/Luxemburg, ECLI:EU:C:2015:143 = UR 2015, 308; ebenso BFH v. 3.12.2015 – V R 43/13, BStBl. II 2016, 858 = UR 2016, 241.

3 EuGH v. 11.9.2014 – Rs. C-219/13 – K Oy, Rz. 31 ff., ECLI:EU:C:2014:2207 = UR 2014, 820.

4 EuGH v. 17.6.2010 – Rs. C-492/08 Kommission/Frankreich, Rz. 41 ff., EuGHE 2010 I-5471 = UR 2010, 662.

5 Dies ergibt sich aus der Formulierung, da es Einrichtungen *für* wohltätige Zwecke *im Bereich* der sozialen Sicherheit sprachlich (es hätte dann wohltätige Einrichtungen oder soziale Einrichtungen heißen müssen) nicht gibt (a.A. *Michel*, DB 2012, 2007 [2008], der aber – weil er dem EuGH folgt – zum gleichen Ergebnis gelangt). Ebenso nunmehr EuGH v. 17.6.2010 – Rs. C-492/08, Rz. 43, EuGHE 2010, I-5471 = UR 2010, 662 (666).

6 So ausdrücklich BFH v. 8.3.2012 – V R 14/11, BStBl. II 2012, 630 = UR 2012, 560 (562 f.); *Michel*, DB 2012, 2007 (2008); *Rasche* in Schauhoff, Handbuch der Gemeinnützigkeit[3], § 12 Rz. 88; *Sterzinger*, UR 2014, 381 (382); *Mann* in Küffner/Stöcker/Zugmaier, UStG, § 12 Abs. 2 Nr. 8 UStG

widrig sei, weil er allein an die Gemeinnützigkeit des Leistenden anknüpfe. § 12 Abs. 2 Nr. 8 UStG knüpft nicht allein an die Gemeinnützigkeit der Körperschaft an, da andernfalls auch die wirtschaftlichen Geschäftsbetriebe einer gemeinnützigen Körperschaft mit von der Steuersatzermäßigung erfasst wären. Dies schließt § 12 Abs. 2 Nr. 8 Buchst. a Satz 2 UStG gerade aus. Soweit die Tätigkeit als Zweckbetrieb *und* zugleich als Leistung für wohltätige Zwecke *oder*[1] im Bereich der sozialen Sicherheit zu qualifizieren ist, bestehen gar **keine unionsrechtlichen Friktionen**. Nur wenn die Zweckbetriebe – oder die Vermögensverwaltung (Rz. 26.55 ff.) – diesen Zielen nicht dienen, besteht ein **unionsrechtlicher Konflikt**, der aber im Bereich der besonders problematischen sog. Katalogzweckbetriebe durch § 12 Abs. 2 Nr. 8 Buchst. a Satz 3 UStG und im Bereich der Vermögensverwaltung durch eine unionsrechtskonforme Auslegung (s. Rz. 26.63 f.) weiter abgemildert wird.

Insbesondere die **in § 68 AO aufgezählten einzelnen Zweckbetriebe** (sog. Katalogzweckbetriebe) erfüllen nicht alle die in der MwStSystRL genannten Voraussetzungen von Leistungen für wohltätige Zwecke bzw. von Leistungen im Bereich der sozialen Sicherheit. So ist der **ermäßigte Steuersatz für die Wissenschafts- und Forschungseinrichtungen** i.S.d. § 68 Nr. 9 Satz 2 AO **nicht mit Anhang III MwStSystRL** zu **vereinbaren.**[2] Die Auftragsforschung für gewerbliche Auftraggeber dient auch bei großzügigster Auslegung weder der „sozialen Sicherheit" noch „wohltätigen" Zwecken[3], selbst wenn Letztere als „Gemeinwohl" verstanden werden würden.[4] Allerdings ist die Fragestellung nur in den Fällen von Bedeutung, in denen die Auftraggeber nicht zum Vorsteuerabzug berechtigt sind (Rz. 26.33). Entgegen *Michel* kann aber nicht davon gesprochen werden, dass viele Tätigkeiten im Rahmen eines Zweckbetriebes einer gemeinnützigen Körperschaft derzeit unionsrechtswidrig zu niedrig besteuert würden.[5] 26.20

---

Rz. 27 (Lfg. 82, 2009); ähnlich *Huschens* in Plückebaum/Widmann, UStG, § 12 Abs. 2 Nr. 8 UStG Rz. 16 (Lfg. 199, 2013); modifizierend nunmehr: BFH v. 20.3.2014 – V R 4/13, UR 2014, 732 = DStR 2014, 1439 (1541) und *Wäger*, DStR 2014, 1517 (1522), nach dem „sportliche, kulturelle oder z.B. unterrichtende Leistungen" nicht darunter fallen können sollen. Dies erscheint angesichts der Weite und Unbestimmtheit der Begriffe der *sozialen Sicherheit* und *wohltätiger Zwecke* i.S.d. MwStSystRL doch etwas weit hergeholt; zutreffend auch *Hüttemann*, MwStR 2014, 115 (122 f.), wonach unter „wohltätigen Zwecke" alle „gemeinnützigen Zwecke" verstanden werden können.

1 Zutreffend *Hüttemann*, MwStR 2014, 115 (122).

2 Zutreffend *Stadie*, UStG³, § 12 UStG Rz. 82; *Fritsch*, UVR 2005, 69 (71); nunmehr so auch *Klenk* in Sölch/Ringleb, UStG, § 12 UStG Rz. 416 (Wissenschafts- und Forschungseinrichtungen) (Lfg. 68, 2012); *Achatz*, DStJG 26 (2003), 279 (303) – wohl aber auch für die Grundlagenforschung; ebenso weitergehend *Huschens* in Vogel/Schwarz, UStG, § 12 Abs. 2 Nr. 8 UStG Rz. 9 (Lfg. 137, 2007); offen lassend hingegen *Hüttemann*, Gemeinnützigkeits- und Spendenrecht³, Rz. 6.271 und Rz. 7.206 – fällt sprachlich schwer; FG Münster v. 10.4.2014 – 5 K 2409/10 U, juris.

3 BFH v. 30.11.1995 – V R 29/91, BStBl. II 1997, 189 (192) – „keine als Förderung der Allgemeinheit anzuerkennende Förderung von Wissenschaft und Forschung"; *Stadie* in Rau/Dürrwächter, § 4 Nr. 21a UStG Anm. 6 – Lfg. 112, 2002; a.A. Freistaat Bayern, Entwurf eines Gesetzes zur steuerlichen Gleichbehandlung der Auftragsforschung öffentlich-rechtlicher Forschungseinrichtungen (Hochschulforschungsförderungsgesetz) – HFFördG v. 21.3.2007, BR-Drucks. 198/07, 4, Begr. zu Art. 1.

4 Zu Recht differenzierend bzgl. der Gemeinwohlförderung durch Auftragsforschung durch öffentlich-rechtliche Auftraggeber *Hüttemann*, Gemeinnützigkeits- und Spendenrecht³, Rz. 3.85.

5 *Michel*, DB 2012, 2007 (2009).

26.21 In den Fällen des § 68 Nr. 9 Satz 2 AO – etwas anderes gilt für Leistungen außerhalb eines Zweckbetriebs im Rahmen der Vermögensverwaltung (dazu Rz. 26.55 ff.) – ist jedoch, da § 12 Abs. 2 Nr. 8 UStG ohne Einschränkungen auf § 68 AO verweist und dieser die Auftragsforschung ausdrücklich in Nr. 9 Satz 2 benennt, das (für den Leistenden) **günstigere nationale Recht weiterhin anzuwenden.**[1] Hintergrund ist die Tatsache, dass der Vorrang des Unionsrechtes im Bereich des nicht unmittelbar geltenden Unionsrechtes (insbesondere im Bereich von Unionsrichtlinien gem. Art. 288 Abs. 3 AEUV [Art. 249 Abs. 3 EGV a.F.]) nur zugunsten und nicht zu Lasten des Einzelnen wirkt.[2]

26.22 Daran ändert auch das Urteil des EuGH v. 12.12.2013[3] nichts, auch wenn hier der EuGH nunmehr dem **Mitgliedstaat die** Möglichkeit eröffnet hat, **sich auf eine noch nicht umgesetzte Richtlinie** zu Lasten eines Privaten **zu berufen (vgl. auch** *Maciejewski/Theilen*, Rz. 5.40 ff.). Auch wenn es dogmatisch nicht überzeugend ist, dass ein Mitgliedstaat trotz seines eigenen Fehlverhaltens (nicht rechtzeitige Umsetzung einer EU-Richtlinie) begünstigt werden können sollte,[4] beschränkt der EuGH seine sehr fragwürdige Aussage – Anwendung einer Richtlinie auch zu Lasten des Einzelnen – auf einen Privaten, der möglicherweise eine Einrichtung war, die unter staatlicher Aufsicht eine Dienstleistung im öffentlichen Interesse zu erbringen hatte und hierzu mit außerordentlichen Berechtigungen ausgestattet war.[5] Jenseits dieser Besonderheiten bleibt es wohl auch beim EuGH bei dem allgemeinen Grundsatz, dass eine nicht umgesetzte EU-Richtlinie nicht zum Nachteil des Einzelnen und zugunsten des Mitgliedstaates (der sie nicht rechtzeitig umgesetzt hat) unmittelbar anwendbar ist.

26.23 Richtigerweise muss vor einer unmittelbaren Anwendung einer EU-Richtlinie ohnehin noch hinzukommen – dies verlangen Art. 20 Abs. 3 und Art. 100 GG –, dass nicht das Fachgericht selbst, sondern **der EuGH die unmittelbare Anwendbarkeit der entsprechenden Richtlinienregelung feststellt** bzw. nach Erlass des entsprechenden Umsetzungsgesetzes schon fest-

---

1 Insofern kommt es nicht darauf an, ob eine einschränkende Auslegung *geboten* ist, sondern ob eine solche möglich ist, was hier aufgrund des Wortlautes des nationalen Gesetzes ausscheidet.

2 EuGH v. 4.7.2006 – Rs. C-212/04 – Adeneler, Rz. 110, 112, 124, EuGHE 2006, I-6057 = NJW 2006, 2465; v. 26.9.1996 – Rs. C-168/95, Rz. 36, EuGHE 1996, I-4705 = EuZW 1997, 318; v. 14.7.1994 – Rs. C-91/92 – Dori/Recreb, Rz. 24, EuGHE 1994, I-3325 = NJW 1994, 2473; BFH v. 12.5.2003 – V B 211/02, 220/02, BStBl. II 2003, 784 = UR 2003, 454 (455); Vorlagebeschluss BFH v. 21.3.1995 – XI R 33/94, UR 1997, 346 m. Anm. *Weiss* = BB 1995, 2149 (2151); *Schoch*, NVwZ 1999, 457 (462); *Stadie*, UStG³, Vorbem. Rz. 71; *Link*, Anm. zum EuGH v. 19.1.2010 – Rs. C-555/07, NJW 2010, 427 (430 f.); wohl anderer Ansicht nunmehr EuGH v. 19.1.2010 – Rs. C-555/07 – Kücükdeveci, Rz. 51, NJW 2010, 427; auch in EuGH v. 3.10.2013 – Rs. C-32/12 – Soledad, Rz. 41 f., ECLI:EU:C:2013:637 = EuZW 2013, 918 (919), der eine Außerachtlassung des nationalen Prozessrechtes zugunsten der einen und zu Lasten der anderen Prozesspartei „postuliert".

3 EuGH v. 12.12.2013 – Rs. C-425/12 – Portgás, ECLI:EU:C:2013:829 = EuZW 2014, 189; vgl. dazu auch *Krimphove*, EuZW 2014, 178 ff.

4 Genau gegenteilig der EuGH v. 12.12.2013 – Rs. C-425/12 – Portgás, ECLI:EU:C:2013:829 = EuZW 2014, 189, der in Rz. 36 meint, dass die Mitgliedstaaten, die eine Richtlinie nicht korrekt in innerstaatliches Recht umsetzen, Vorteile aus ihrer Missachtung des Unionsrechts ziehen, wenn eine staatliche Behörde nicht dafür sorgen könnte, dass solche (staatliche – Anm. d. Verf.) Einrichtungen die Bestimmungen der Richtlinie einhalten.

5 EuGH v. 12.12.2013 – Rs. C-425/12 – Portgás, Rz. 31, ECLI:EU:C:2013:829 = EuZW 2014, 189; auf diese Beschränkung zu Recht hinweisend *Krimphove*, EuZW 2014, 178 (180).

gestellt hat.[1] Entgegen der Ansicht des BFH[2] und eines Teils des Schrifttums[3] folgt aus dieser Rechtsprechung des EuGH daher nicht die Kompetenz der Judikative zur autonomen Nichtanwendung von (vermeintlich oder tatsächlich) richtlinienwidrigen Parlamentsgesetzen, da nicht jede Richtlinienwidrigkeit eines nationalen Gesetzes auch zu einer Nichtanwendung desselben führt.[4] Insofern wäre es daher allein Sache der Kommission, die ermäßigte Umsatzbesteuerung der Auftragsforschung durch ein **Vertragsverletzungsverfahren** nach Art. 258 AEUV (Art. 226 EGV a.F.) gegen die Bundesrepublik Deutschland zu beseitigen, wie es z.B. bei der ermäßigten Besteuerung der Lieferung von Reitpferden (Rz. 26.7) durchgeführt wurde.[5]

Ebenfalls kann richtigerweise der **Leistungsempfänger** nicht unter Berufung auf eine **„unmittelbar anwendbare" Richtlinie** den **Vorsteuerabzug** hinsichtlich des vollen Steuersatzes begehren, da nicht der Vorsteuerabzug richtlinienwidrig ausgestaltet ist, sondern die Besteuerung des Leistenden im nationalen Recht zu günstig geregelt ist.[6] Andernfalls würde über eine unmittelbare Anwendung des Regelsteuersatzes der MwStSystRL zu „Gunsten" des Leistungsempfängers (hier ist schon der Vorteil des Leistungsempfängers fraglich, weil die Neutralisierung auch bei der Anwendung des falschen – hier des ermäßigten – Steuersatzes vollständig gelingt) mithilfe des Vorsteuerabzugs eine unmittelbare Wirkung der falsch umgesetzten Richtlinie zu Lasten des Leistenden eintreten, der seine falsche Rechnung mangels Beseitigung der Gefährdung des Steueraufkommens (vgl. § 14c Abs. 2 Satz 4 UStG) dann nicht mehr berichtigen könnte. 26.24

1 *di Fabio*, NJW 1990, 947 (951 Fn. 60); *Reiß* in Tipke/Lang, Steuerrecht[20], § 14 Rz. 11; *Reiß*, Gedächtnisschrift für Johann Georg Helm, S. 785 (798); *Stadie*, Umsatzsteuerrecht, Rz. 1.59; *Stadie* in Rau/Dürrwächter, UStG, Einf. Anm. 631 (Lfg. 154, 2013); *D. Hummel*, EuR 2010, 309 (316 f.); *D. Hummel*, NVwZ 2008, 36 (39); davon geht auch das BVerfG in seinen Entscheidungen aus dem Jahre 1987 aus, in denen es allein darauf abstellt, dass sich der BFH einer *Vorabentscheidung des EuGH* (!) entzogen hatte, vgl. BVerfG v. 8.4.1987 – 2 BvR 687/85, BVerfGE 75, 223 ff.; v. 4.11.1987 – 2 BvR 763/85, UR 1988, 25.

2 BFH v. 23.11.2000 – V R 49/00, BStBl. II 2001, 266 (267) = UR 2001, 65; BFH v. 19.2.2004 – V R 39/02, BStBl. II 2004, 672 (674) = UR 2004, 358; BFH v. 10.2.2005 – V R 76/03, BStBl. II 2005, 509 (510) = UR 2005, 337; BFH v. 11.12.2003 – V R 48/02, BStBl. II 2006, 384 = UR 2004, 203 (205); BFH v. 18.8.2005 – V R 71/03, BStBl. II 2006, 143 = UR 2006, 166 (168) m. Anm. *Heidner*; BFH v. 1.2.2007 – V R 34/05, UR 2007, 425 (427); BFH v. 16.4.2008 – XI R 73/07, UR 2008, 632 ff. m. Anm. *Klenk*; BFH v. 8.6.2011 – XI R 37/08, BStBl. II 2013, 238 = UR 2012, 34.

3 Z.B.: *Probst*, UR 1990, 302 (304 f.) – der aber nicht zwischen einer richtlinienkonformen Auslegung und einer unmittelbaren Anwendung einer Richtlinie unterscheidet; *Birkenfeld*, StuW 1998, 55 (63, 66) – das nicht unmittelbar geltende Gemeinschaftsrecht ist gegenüber dem nationalen Recht vorrangig, wenn es eine günstigere Besteuerung zulässt; *Tehler*, UR 2005, 367 (369); *Schuhmann* in Rau/Dürrwächter, UStG, § 24 UStG Anm. 139 ff. – Lfg. 151, 2012.

4 Zutreffend das BAG v. 18.2.2003 – 1 ABR 2/02, NZA 2003, 742 (749 f.); ebenso *Bauer/Arnold*, NJW 2006, 6 (9); *Thüsing*, NJW 2003, 3441 (3442); sehr instruktiv *Weidemann*, NVwZ 2006, 623 (627 f.).

5 Vgl. EuGH v. 23.10.2003 – Rs. C-109/02 – Kommission/Deutschland, EuGHE 2003, I-12691 = BStBl. II 2004, 337 ff. = UR 2004, 34 m. Anm. *Nieskens*; EuGH v. 12.5.2011 – Rs. C-453/09 – Kommission/Deutschland, UR 2011, 827; vgl. auch die fast identischen Vertragsverletzungsverfahren gegen Irland (EuGH v. 14.3.2013 – Rs. C-108/11, ECLI:EU:C:2013:161 = DB 2013, 1398), gegen die Niederlande (EuGH v. 3.3.2011 – Rs. C-41/09, EuGHE 2011, I-831 = UR 2012, 114), gegen Frankreich (EuGH v. 8.3.2012 – Rs. C-596/10, ECLI:EU:C:2012:130 = HFR 2012, 463) und Österreich (EuGH v. 12.5.2011 – Rs. C-441/09, UR 2012, 445).

6 Zutreffend FG Nds. v. 4.10.2012 – 16 K 193/12, juris (nrkr.); **a.A.:** BFH v. 24.10.2013 – V R 17/13, UR 2014, 147.

26.25 Dies übersieht der BFH,[1] wenn er meint, dass sich der **Leistungsempfänger für seinen Vorsteuerabzug auf den unionsrechtlich geltenden Regelsteuersatz berufen könne**, obwohl nach nationalem Recht der ermäßigte Steuersatz anzuwenden ist. Richtigerweise hat der Leistende seine nach nationalem Recht falsche Rechnung zu berichtigen und dem Leistungsempfänger ggf. die Differenz zwischen ermäßigten und regulären Steuersatz zu erstatten. Die Lösung des BFH führt nunmehr dazu, dass entweder der Leistende entgegen dem günstigeren nationalen Recht eine höhere Steuer schuldet (wg. § 14c UStG und der fehlenden Berichtigungsmöglichkeit) oder – sofern die Berichtigung zulässig bleibt – dem Leistungsempfänger ein Vorsteuerabzug zugestanden wird, dem keine entsprechende Umsatzsteuerbelastung ggü. steht. Das hat mit dem Neutralitätsgrundsatz der Umsatzsteuer nicht mehr viel zu tun. Dieses Ergebnis mit der Wirksamkeit des Unionsrechts zu begründen – so der BFH[2] – ist etwas zu einfach gedacht.

## C. Der ermäßigte Steuersatz für gemeinnützige Tätigkeiten im deutschen Umsatzsteuergesetz – § 12 Abs. 2 Nr. 8 UStG

### I. Überblick über die Vorschrift und ihre historische Entwicklung

#### 1. Inhalt

26.26 Grundsätzlich sind Umsätze mit dem Regelsteuersatz zu besteuern. Die bedeutsamsten Ausnahmen davon enthält – neben den in § 24 Abs. 1 Satz 1 UStG genannten besonderen „Steuersätzen“ für bestimmte land- und forstwirtschaftliche Betriebe[3] – der Katalog des § 12 Abs. 2 UStG, der nach Nr. 8 auch **bestimmte Leistungen für gemeinnützige, mildtätige oder kirchliche Zwecke** erfasst.

#### 2. Historische Entwicklung

26.27 Umsätze zur Verfolgung gemeinnütziger Zwecke waren schon seit den Anfängen der Umsatzsteuer begünstigt. So bestand nach § 3 Nr. 2 UStG vom 26.7.1919[4] eine Steuerfreiheit für „Unternehmen, deren Zwecke ausschließlich gemeinnützige oder wohltätige sind, soweit es sich nicht um solche Umsätze dieser Unternehmen handelt, die auf Gewinnerzielung gerichtet sind“. Die Anerkennung der Gemeinnützig- oder Wohltätigkeit bestimmte die oberste Landesfinanzbehörde. Diese **Umsatzsteuerbefreiung** wurde durch das UStG vom 16.10.1934[5] **gestrichen.** In der Begründung wurde dazu ausgeführt, dass „das Wesen der Umsatzsteuer als der allgemeinen Verbrauchsteuer des Reiches“ einer solchen Steuerbefreiung entgegenstehe und zudem mit der bisherigen Befreiung eine ganz erhebliche Verwaltungsbelastung einherginge, welche nicht mehr vertretbar sei.[6]

1 BFH v. 24.10.2013 – V R 17/13, UR 2014, 147; wie der BFH hingegen *Ebbinghaus/Hinz*, UR 2014, 249 (253).

2 BFH v. 24.10.2013 – V R 17/13, UR 2014, 147.

3 Welche jedoch hinsichtlich der typischen land- und forstwirtschaftlichen Umsätze (§ 24 Abs. 1 Satz 1 Nr. 1 und 3 UStG) wegen der jeweils gleich hohen Vorsteuerbeträge (§ 24 Abs. 1 Satz 3 UStG) niemals zu einer Zahllast des Unternehmers führen. Sie sind insoweit keine Steuersätze, sondern Subventionssätze (vgl. *Stadie*, UStG³, § 24 UStG Rz. 2 f.; *D. Hummel*, UR 2009, 73 [74]).

4 UStG 1919 v. 26.7.1919, RGBl. 1918, 779.

5 UStG 1934 v. 16.10.1934, RGBl. 1934, 942.

6 Vgl. Begr. RStBl. 1934, 1549 (1549).

Im UStG 1967 war zunächst keine steuerrechtliche Begünstigung von Umsätzen gemeinnütziger Unternehmer – weder in Form einer Steuerbefreiung (§ 4 RegE) noch in Form eines ermäßigten Steuersatzes (§ 11 RegE) – vorgesehen.[1] Bei den Beratungen des Gesetzes im Finanzausschuss des deutschen Bundestages wurde dann (in § 12 Abs. 2 Nr. 7 UStG-E) jedoch eine **Halbierung des Steuersatzes** vorgeschlagen[2], welche in § 12 Abs. 2 Nr. 8 UStG[3] mit Wirkung zum 1.1.1968 kodifiziert wurde. Die Begründung beschränkt sich aber darauf, dass für bestimmte Bereiche (darunter fielen nach Ansicht des Finanzausschusses auch als gemeinnützig anerkannte Zusammenschlüsse) die Anwendung des Normalsteuersatzes (von damals 10 %) „zu nicht verantwortbaren Preiserhöhungen – oder falls der Abnehmer die erhöhten Preise nicht akzeptieren würde, zu einer nichtverantwortbaren Gewinnschmälerung der Unternehmen – führen müsste".[4] 26.28

Der heutige § 12 Abs. 2 Nr. 8 Buchst. a Satz 1 und 2 UStG ist seit dem 1.1.1980 im UStG 1980 verankert, welcher erstmals an die §§ 51–68 AO (das UStG 1967[5] und das UStG 1973[6] stellten noch auf die §§ 17–19 des Steueranpassungsgesetzes ab), anknüpft. Die **Einschränkung des ermäßigten Steuersatzes** durch Satz 3 in § 12 Abs. 2 Nr. 8 Buchst. a UStG wurde nach Intervention durch den Bundesrat[7] mit dem Jahressteuergesetz 2007 eingefügt.[8] Nach Auffassung des Gesetzgebers dient die Neuregelung der **Vermeidung ungerechtfertigter Steuer- und weitreichender Wettbewerbsvorteile** durch Gestaltungsmodelle, die in erster Linie der Erzielung von Steuervorteilen und weniger der Förderung des steuerbegünstigten Zwecks dienen.[9] So hatte eine **Leasinggesellschaft**, welche für ca. 5,2 Mio. € Leasingumsätze erbrachte, dafür den ermäßigten Steuersatz zugrunde gelegt, wobei nur zwei **zu integrierende (geistig bzw. körperlich benachteiligte) Arbeitnehmer** in der Körperschaft beschäftigt wurden,[10] die für die Leasingumsätze kaum bis überhaupt nicht ursächlich waren (vgl. auch *Heidner*, Rz. 13.43 ff. mit deutlicher Kritik). 26.29

1 Vgl. RegE UStG 1967, BT-Drucks. IV/1590.
2 Vgl. UStG-E, BT-Drucks. V/1581.
3 UStG 1967 v. 29.5.1967, BStBl. I 1967, 224.
4 Vgl. den schriftlichen Bericht des FinAussch., BT-Drucks. V/1581, unter Allgemeines, Ziff. 4 Buchst. c.
5 UStG 1967 v. 29.5.1967, BStBl. I 1967, 224.
6 UStG 1973 v. 16.11.1973, BStBl. I 1974, 693.
7 Vgl. Entwurf JStG 2007 v. 1.11.2006, BR-Drucks. 622/06, 32; Bericht des FinAussch. v. 9.11.2006, BT-Drucks. 16/3368, 23.
8 Art. 7 Nr. 5 JStG 2007 v. 18.12.2006, BGBl. I 2006, 2894.
9 Vgl. RegE JStG 2007 v. 26.11.2006, BT-Drucks. 16/2712, 75; Stellungnahme des Bundesrates v. 13.10.2006, BR-Drucks. 622/06, 33.
10 Das FG Baden-Württemberg hat meines Erachtens zu Recht eine teleologische Reduktion des § 12 Abs. 2 Nr. 8 Buchst. a UStG 2005 i.V.m. § 68 Nr. 3 Buchst. c AO vorgenommen, wonach die ermäßigt zu besteuernden Umsätze auf die Mitarbeit der zu integrierenden Personen zu beziehen sein müssen (FG BW v. 19.10.2009 – 9 K 411/06, EFG 2010, 532 ff. – rkr.; in der Begründung leicht anders BFH v. 23.2.2012 – V R 59/09, BStBl. II 2012, 544 = UR 2012, 557 (560), welcher die Ausschließlichkeit des § 56 AO verneint). Beruhen die Außenumsätze weitestgehend auf der Arbeit anderer Personen, greift der Sinn und Zweck des § 12 Abs. 2 Nr. 8 Buchst. a UStG nicht ein. Vgl. insoweit auch BMF v. 2.3.2006 – IV A 5 - S 7242a – 3/06, UR 2006, 245 ff. = BStBl. I 2006, 242.

### 3. Zweck und systematische Stellung

#### a) Grundsätzliche Fragestellung

26.30 Grundsätzlich stellt sich die Frage, warum durch den Gesetzgeber – neben Steuerermäßigungen gemeinnütziger Körperschaften bei den Ertragsteuern – auch bei einer indirekten Steuer wie der Umsatzsteuer zahlreiche ermäßigte Steuersätze – vgl. dabei nur § 12 Abs. 2 UStG – eingeräumt wurden.

26.31 Dem Katalog des § 12 Abs. 2 UStG über die ermäßigt zu besteuernden Umsätze ist dabei kein in sich geschlossenes Konzept zu entnehmen.[1] Auch wenn den meisten Bestimmungen sozialpolitische,[2] kulturpolitische,[3] gesundheitspolitische[4] oder wirtschaftspolitische[5] uä. Erwägungen zugrunde liegen, so kann kaum davon gesprochen werden, dass die Implementierung eines ermäßigten Steuersatzes der sozialen Ausgewogenheit der Umsatzsteuer diene.[6] Insofern bleibt bei dem in § 12 Abs. 2 UStG genannten Katalog nämlich immer die Frage bestehen, warum diese und nicht (auch) andere Umsätze begünstigt besteuert werden, im konkreten Fall, warum die Erbringung bestimmter Leistungen durch einen gemeinnützigen Verein anders als Leistungen durch einen Einzelunternehmer (dh. eine natürliche Person) besteuert werden.

#### b) Die Wirkungsweise und der Zweck eines ermäßigten Steuersatzes

26.32 Im Ergebnis ist mit dem ermäßigten Steuersatz nichts Geringeres als eine **Steuervergünstigung** (dazu auch *Hüttemann*, Rz. 3.68) **verbunden bzw. bezweckt**. Fraglich ist nur, ob mit dem ermäßigten Steuersatz für eine Leistung der Leistende (i.d.R. ist dies auch der Steuerschuldner) oder der Leistungsempfänger privilegiert werden soll. Dies bedingt eine Betrachtung der Wirkungsweise eines ermäßigten Steuersatzes.

26.33 Eine Begünstigungswirkung der Steuerermäßigung tritt – wie (regelmäßig) bei einer Steuerbefreiung auch – grds. nur auf der letzten Stufe ein, d.h. nur bei Umsätzen gegenüber Verbrauchern und anderen nicht zum Vorsteuerabzug berechtigten Empfängern.[7] Dies zeigt deutlich,

---

1 Kritisch insbesondere *Englisch*, UR 2010, 400; *Ismer/Kaul/Reiß/Rath*, DStR 2010, 1970; vgl. auch *Weber*, DB 2007, 1997 (1998); *Kruhl*, BB 2010, 2798 (2799); ähnlich Bericht des Bundesrechnungshofes v. 28.6.2010 – BR-Drucks. 390/10 = UR 2010, 566; wie hier auch *Birk/Desens/Tappe*, Steuerrecht[19], § 10 Rz. 1729 a.E.

2 *Weber*, DB 2007, 1997 (1998); *Ruppe/Achatz*, öUStG[5], § 10 Rz. 31 sprechen von der Berücksichtigung des Leistungsfähigkeitsprinzips – m.E. bei einer indirekten Steuer eher zweifelhaft.

3 BMF v. 20.10.2007, UR 2007, 927 (927).

4 Darunter fasst z.B. der Bundesrechnungshof, Bericht v. 28.6.2010 – BR-Drucks. 390/10 = UR 2010, 566 (576) die ermäßigt besteuerte Verabreichung von Heilbädern.

5 So ausdrücklich die Antwort der BReg. auf eine kleine Anfrage – BT-Drucks. 17/1252 v. 26.3.2010 = UR 2010, 333 (333).

6 So aber *Nieskens* in Rau/Dürrwächter, UStG, § 12 Allg. UStG Anm. 104 (Lfg. 128, 2006); dagegen zutreffend *Lausterer*, UR 2012, 506 (506). Nicht zutreffend ist es m.E. aber, aus dem Sozialstaatsprinzip eine Pflicht zur ermäßigten Besteuerung von 5 % abzuleiten – so *Englisch*, UR 2010, 400 (411). Wenn überhaupt, dann würde das Sozialstaatsprinzip wohl eine Steuerbefreiung (mit Vorsteuerabzug) verlangen und sich dann wohl auch gegenüber dem Unionsrecht – vgl. Art. 23 Abs. 1, Art. 79 Abs. 3 GG – durchsetzen. Dass das verfassungsrechtlich zu gewährleistende Existenzminimum in der Höhe von dem Konsens aller EU-Mitgliedstaaten abhängen soll, kann wohl kaum richtig sein.

7 *Stadie*, UStG[3], § 12 Rz. 7 f.

dass die Steuervergünstigung gerade nicht beim Steuereinsammler (dh. dem gemeinnützigen Unternehmer), sondern beim Steuerträger (dh. dem nicht unternehmerischen Leistungsempfänger) eintreten soll (dazu unten Rz. 26.38 f.). Ein reduzierter Steuersatz bei gleichzeitigem Vorsteuerabzug erreicht dabei sogar ein präziseres Ergebnis (Rz. 26.35) als eine Steuerbefreiung unter Ausschluss des Vorsteuerabzugs.

Findet dagegen der ermäßigte Steuersatz nur auf Umsätze einer **Zwischenstufe** Anwendung, d.h. der Empfänger der ermäßigt besteuerten Leistung leistet steuerpflichtig und mit dem Regelsteuersatz besteuert weiter, so ist die Ermäßigung auf der Vorstufe **bedeutungslos**, da der Empfänger ohnehin von der jeweiligen Steuerbelastung durch den Vorsteuerabzug nach § 15 UStG entlastet wird. Die **Belastung des Endverbrauchers** bestimmt sich mithin grds. allein danach, welcher Steuersatz für den Umsatz an ihn gilt.[1] Eine Ausnahme besteht bei dem Empfang von steuerfreien Leistungen, die den Vorsteuerabzug des Leistenden ausschließen (§ 15 Abs. 2 Nr. 1 UStG), weil dann für die mittelbare Begünstigung des Endverbrauchers entscheidend ist, welcher Umsatzsteuersatz für den Leistenden bei dessen Leistungsbezug galt.[2] 26.34

Im **Vergleich mit** einer **Steuerbefreiung** ist deshalb die Anwendung des **ermäßigten Steuersatzes** grds. **besser geeignet,**[3] eine **Begünstigung des Endverbrauchers sicherzustellen.**[4] Dies ist insbesondere dann der Fall, wenn die Umsatzsteuerbelastung der Eingangsseite mit dem allgemeinen Steuersatz (19 %) höher ist als die Umsatzsteuerbelastung der Ausgangsseite mit dem ermäßigten Steuersatz von 7 %. **Gleichwohl geht** nach dem klaren Gesetzeswortlaut des § 12 Abs. 1 UStG („Die Steuer beträgt für jeden *steuerpflichtigen Umsatz*") eine **Steuerbefreiung** der Anwendung des ermäßigten Steuersatzes nach § 12 Abs. 2 Nr. 8 UStG **vor.** 26.35

#### c) Der Zweck einer Umsatzsteuerermäßigung „gemeinnütziger Leistungen"

Begünstigt sind nach § 12 Abs. 2 Nr. 8 Buchst. a UStG Leistungen der Körperschaften, die ausschließlich und unmittelbar gemeinnützige, mildtätige oder kirchliche Zwecke i.S.d. §§ 51 bis 68 AO verfolgen. Der Sinn und Zweck der Sonderregelungen in den §§ 51 ff. AO für bestimmte (gemeinnützige) Körperschaften liegt darin, die **private selbstlose Förderung des Gemeinwohls zu stimulieren.**[5] 26.36

Der Hintergrund dieser Stimulationsbemühungen des Staates dürfte darin zu sehen sein, dass die begünstigten Körperschaften zum überwiegenden Teil Aufgaben übernehmen, die andernfalls notwendiger- oder zweckmäßigerweise durch den Staat zu übernehmen wären.[6] Mithin sollen die Vergünstigungen den Staat sowohl in finanzieller als auch in organisatorischer Hin- 26.37

1 *Bosche* in Birkenfeld/Wäger, USt-Handbuch, § 140 Rz. 2 ff. (Lfg. 55, 2011) bezeichnet dies als positive oder negative Nachholung.

2 **A.A.** offenbar *Nieskens* in Rau/Dürrwächter, UStG, § 12 Allg. UStG Anm. 105 (Lfg. 128, 2006).

3 *Mann* in Küffner/Stöcker/Zugmaier, UStG, § 12 Abs. 2 Nr. 8 UStG Rz. 10 (Lfg. 117, 2015); im Ansatz so auch *Achatz* in DStJG 23 (2003), 279 (305).

4 Daher ist es auch nicht zutreffend, wenn gemeint wird, dass § 12 Abs. 2 Nr. 8 Buchst. a UStG Forschungseinrichtungen von der Umsatzsteuer befreie – so aber *Leisner-Egensperger*, FR 2010, 493 (496).

5 *Hey* in Tipke/Lang, Steuerrecht[22], § 20 Rz. 1; *Isensee*, DStJG 26 (2003), 93 (100) spricht von „aktivieren".

6 Vgl. dazu ausführlich *Seer* in Tipke/Kruse, AO/FGO, Vor § 51 AO Rz. 4 (Lfg. 132, 2013); *Hüttemann*, Gemeinnützigkeits- und Spendenrecht[3], § 1 Rz. 80 ff.; *Musil*, DStR 2009, 2453 (2454); *Isensee*, DStJG 26 (2003), 93 (97); *Seer*, DStJG 26 (2003), 11 (14) – das Gemeinwohl ist Legitimation der Staatlichkeit.

sicht entlasten.[1] Insofern **fördern die Gemeinnützigkeitsregelungen** im Ergebnis **eine Entlastung des Staates** zugunsten des für förderungswürdig gehaltenen Gemeinwohls und stellen daher eine Art **steuerrechtlicher Subvention**[2] dar. Ob dagegen – wie *Tipke* meint[3] – tatsächlich ein Subsidiaritätsprinzip dergestalt existiert, dass der Staat nur bei Bedarf tätig wird (bzw. tätig werden darf), wenn dieses Ergebnis nicht durch private Förderung erreicht werden kann, dürfte eher fraglich sein,[4] kann hier jedoch offenbleiben.

26.38 Der **Zweck** der Steuersatzermäßigung des § 12 Abs. 2 Nr. 8 Buchst. a UStG liegt dabei nur auf den ersten Blick in der **Begünstigung der betreffenden Körperschaften**, da diese eine geringere Umsatzsteuer schulden. Wirtschaftlich hingegen wirkt sich die Steuersatzermäßigung als **Begünstigung des Leistungsempfängers** aus, der nunmehr eine geringere Umsatzsteuer zu tragen hat. Nimmt man den Charakter der Umsatzsteuer als eine **allgemeine Verbrauchsteuer**[5] (dazu auch *Hüttemann*, Rz. 3.4) ernst, dann kann die Steuersatzhöhe immer nur die Belastung – bzw. bei einer Ermäßigung die Begünstigung – des nicht zum Vorsteuerabzug berechtigten Endverbrauchers betreffen.[6] Dies gilt jedenfalls, wenn die **Steuersatzermäßigung** nicht an subjektive Eigenschaften des Leistenden[7], sondern **an bestimmte Leistungen** (vgl. § 12 Abs. 2 Nr. 8 Buchst. a Satz 2 und 3 UStG) **anknüpft, welche der Gesetzgeber im Interesse des Leistungsempfängers für begünstigungswürdig hält.**[8]

26.39 Dass eine Begünstigung des Leistenden durch den ermäßigten Steuersatz nicht bezweckt ist, zeigt sowohl die Wettbewerbsklausel des § 12 Abs. 2 Nr. 8 Buchst. a Satz 3 UStG als auch der Ausschluss des ermäßigten Steuersatzes für Umsätze im Rahmen wirtschaftlicher Geschäftsbetriebe, welche bei einem vermeidbaren Wettbewerb nach § 65 Nr. 3 AO (dazu Rz. 26.69)

---

1 So auch *Hey* in Tipke/Lang, Steuerrecht[22], § 20 Rz. 1; *Birk/Desens/Tappe*, Steuerrecht[19], § 3 Rz. 355; *Leisner-Egensperger* in Hübschmann/Hepp/Spitaler, AO/FGO, Vor §§ 51-68 AO Anm. 36 (Lfg. 201, 2008); *Hüttemann*, Gemeinnützigkeits- und Spendenrecht[3], Rz. 1.80; *Fischer*, FR 2008, 752 (756 f.); *Musil*, DStR 2009, 2453 (2454); *Seer*, DStJG 26 (2003), 11 (24); weitergehend *Isensee*, DStJG 26 (2003), 93 (98 ff.) – Sicherung der Lebensgrundlage des Gemeinwesens. **A.A**: *Heintzen*, FR 2008, 737 (740), der meint, dass gemeinnützige Körperschaften nicht leistungsfähig seien.

2 Zutreffend *Hüttemann/Schauhoff*, DB 2011, 319 (322).

3 *Tipke* in Tipke/Kruse, AO/FGO, Vor § 51 AO Rz. 4 (Lfg. 132, 2013); ebenso wohl auch *Seer*, DStJG 26 (2003), 11 (21 ff.).

4 Kritisch zum sog. Subsidiaritätsprinzip auch *Isensee*, DStJG 26 (2003), 93 (98 ff.); *Hüttemann*, Gemeinnützigkeits- und Spendenrecht[3], § 1 Rz. 81 ff.

5 Dazu näher: *Stadie* in Rau/Dürrwächter, UStG, Einf. Anm. 125 ff., Einf. Anm. 141 ff. (Lfg. 154, 2013); *Reiß*, DStJG 13 (1990), 3 (19 f.); *Tehler*, UVR 2005, 289 (291); *Achatz*, Umsatzsteuer und Schadenersatz 27; *D. Hummel*, Anm. zum BFH v. 7.7.2005 – V R 34/03, UR 2005, 663 (666); zutreffend FG Nürnberg v. 8.6.2010 – 2 K 877/2008, EFG 2010, 1834 (1836), rkr.; FG Baden-Württemberg v. 4.8.2009 – 1 V 1346/09, EFG 2010, 87 (88), rkr.

6 So bereits zutreffend *Stadie*, DStJG 32 (2009), 143 (154 unter III); ebenso *Wäger*, DStR 2014, 1517 (1524); insoweit zutreffend auch *Bosche* in Birkenfeld/Wäger, USt-Handbuch, § 140 Rz. 1 – Lfg. 55, 2011 (entgegen der dortigen Rz. 7 ist aber bei ermäßigten Steuersätzen nie die *Förderung bestimmter Umsätze*, sondern immer nur die Förderung des Leistungsempfängers – oder mittelbar auch des Leistenden – bestimmter Leistungen bezweckt).

7 So z.B. bei der Steuerbefreiung des § 4 Nr. 19 UStG für Umsätze von Blinden unter bestimmten Voraussetzungen, welche einen Fremdkörper innerhalb der Steuerbefreiungsvorschriften darstellt (*Stadie*, UStG[3], § 4 Nr. 19 UStG Rz. 1) und nicht primär den Endverbraucher entlasten, sondern dem blinden Unternehmer einen Wettbewerbsvorteil verschaffen möchte.

8 Wohl ähnlich noch *Kronthaler* in Sölch/Ringleb, UStG, § 12 UStG Rz. 402 (Lfg. 57, 2007); anders *Achatz*, DStJG 26 (2003), 279 (305); anders auch *Huschens* in Plückebaum/Widmann, UStG, § 12 Abs. 2 Nr. 8 UStG Rz. 23 ff. (Lfg. 199, 2013) – „2. Begünstigte Unternehmer".

vorliegen würden. Dies zeigt recht deutlich, dass ein **Wettbewerbsvorteil des Leistenden** – mithin eine Begünstigung der gemeinnützigen Körperschaft – **nicht das primäre Ziel der Steuersatzermäßigung** darstellt. Folglich liegt der eigentliche Zweck der Steuersatzermäßigung des § 12 Abs. 2 Nr. 8 UStG allein in der verringerten Besteuerung des Aufwandes des Endverbrauchers für die Verschaffung eines solch förderungswürdigen verbrauchbaren Vorteils, mithin in einer **Verbilligung der Inanspruchnahme dieser Leistung durch den Endverbraucher.**[1]

Auch wenn die Steuersatzermäßigung auf bestimmte Rechtsformen (Körperschaften) beschränkt ist, so ist sie doch **primär leistungsbezogen**. Die Rechtsformbeschränkung dient im Ergebnis nur der Sicherung, dass ein eigennütziges Erwerbsstreben ausgeschlossen ist, so dass die Begünstigung der Leistungen tatsächlich erreicht wird. Andernfalls würde der Leistende die Steuersatzermäßigung für seine privatnützige Gewinnspanne nutzen können. 26.40

Lediglich **mittelbar werden** die genannten **Körperschaften begünstigt**, weil diese ihre Leistungen nunmehr preiswerter dem Endverbraucher anbieten können. Allerdings können Steuerermäßigungen, die nicht allein an die Art der Leistung, sondern zugleich auch an eine bestimmte **Rechtsform** oder an **bestimmte Eigenschaften** des Unternehmers (hier die Verfolgung bestimmter Zwecke durch einen Unternehmer) anknüpfen, zu **Wettbewerbsnachteilen** konkurrierender, nicht unter die Vorschrift fallender Unternehmer führen, was dann zu einem Konflikt mit Art. 3 Abs. 1 GG führen würde. Für **Konkurrenten** besteht ein **Auskunftsanspruch gegenüber dem Finanzamt**, wenn ernstlich in Betracht kommt, dass die **rechtswidrige Besteuerung eines gemeinnützigen Konkurrenten** zu Wettbewerbsnachteilen von erheblichen Gewicht führt.[2] 26.41

## II. Kommentierung

### 1. Verfassungsrechtliche Probleme eines ermäßigten Steuersatzes für „gemeinnützige Leistungen"

Die ermäßigten Steuersätze stehen immer wieder in der verfassungsrechtlichen Kritik, weil insbesondere ein Verstoß gegen den allgemeinen Gleichbehandlungsgrundsatz vermutet wird. Ein **Verstoß gegen** den **Gleichbehandlungsgrundsatz** oder den Neutralitätsgrundsatz[3] kann 26.42

---

1 *Seer*, DStJG 26 (2003), 11 (38 f.); zutreffend die Antwort der BReg. auf eine kleine Anfrage – BT-Drucks. 17/1252 v. 26.3.2010 = UR 2010, 333 (333); teilweise zutreffend *Ismer/Kaul/Reiß/Rath*, DStR 2010, 1970 (1974); auch *Stadie*, UStG³, § 12 Rz. 64 spricht nur von einer mittelbaren Begünstigung des Endverbrauchers; a.A. hingegen *Widmann* in Plückebaum/Widmann, UStG, § 12 Abs. 2 Nr. 8 UStG Rz. 1167 (Lfg. 171, 2007) (Vorauflage): „Es handelt sich um eine persönliche Steuerermäßigung"; *Achatz*, DStJG 26 (2003), 279 (305) – persönliche Begünstigungen; unklar *Klenk* in Sölch/Ringleb, UStG, § 12 Rz. 402 (Lfg. 66, 2011): „Begünstigung der im Gesetz näher bezeichneten gemeinnützigen Tätigkeiten, soweit diese Leistungen nicht bereits (…) steuerfrei sind".

2 BFH v. 26.1.2012 – VII R 4/11, BStBl. II 2012, 541 = UR 2012, 564 (566 f.); FG Münster v. 7.12.2010 – 15 K 3614/07 U, DStR 2011, 172 (Vorinstanz); *Klenk* in Sölch/Ringleb, UStG, § 12 UStG Rz. 415 (Lfg. 68, 2012); *Michel*, DB 2012, 2007 (2009); vgl. zur Auskunftsklage im Allgemeinen auch: BFH v. 5.10.2006 – VII R 24/03, BStBl. II 2007, 243 = UR 2007, 95; EuGH v. 8.6.2006 – Rs. C-430/04 – Feuerbestattungsverein Halle, Slg. 2006, I-4999 = UR 2006, 459 mit Anm. *Widmann*.

3 So z.B. die Bundesregierung im Vertragsverletzungsverfahren vor dem EuGH wegen des ermäßigten Steuersatzes für die Lieferung von Pferden – vgl. EuGH v. 12.5.2011 – Rs. C-453/09 – Kommis-

aber in der Existenz verschiedener Steuersätze für verschiedene Umsätze grundsätzlich weder aus Sicht des Steuereinsammlers (des leistenden Unternehmers) noch aus Sicht des Steuerträgers (des Leistungsempfängers/Verbrauchers) gesehen werden, wenn und weil diese und jene Umsätze nicht miteinander konkurrieren.[1] Insofern ist es juristisch – etwas anderes mag für die politische Perspektive gelten – unerheblich, ob die ermäßigten Steuersätze nunmehr noch sachlich begründet sind oder ob nicht auch „Feinschmeckerprodukte wie Gänseleber, Froschschenkel, Wachteleier" dem Regelsteuersatz unterfallen müssten, wie etwa der Bundesrechnungshof meint,[2] weil z.B. für Mineralwasser der Regelsteuersatz gelte. Mineralwasser und Gänseleber sind unterschiedliche Konsumgüter, die vom Gesetzgeber ohne weiteres auch unterschiedlich behandelt werden können. Mit einer verfassungsrechtlich relevanten „Willkür" des Gesetzgebers hat dies meines Erachtens nichts zu tun.[3]

26.43 Aus Sicht des Trägers der Umsatzsteuer (Endverbraucher) besteht bzgl. der **Steuersatzhöhe** und des **Besteuerungsgegenstandes** grundsätzlich ein **Gestaltungsspielraum des Gesetzgebers**, da der Gesetzgeber in der Entscheidung darüber, welche Personen durch Steuersatzermäßigungen gefördert werden sollen, weitgehend frei ist.[4] Daraus folgt dann notwendigerweise, dass der Nichtbegünstigte grundsätzlich keinen Anspruch hat, ebenso begünstigt zu werden. So kann niemand allein daraus, dass einer Gruppe aus besonderem Anlass besondere Vergünstigungen zugestanden werden, für sich selbst ein verfassungsrechtliches Gebot herleiten, genau dieselben Vorteile in Anspruch nehmen zu dürfen.[5] Daher ist die **Auswahl des Gesetzgebers** bzgl. der nur ermäßigt zu besteuernden Leistungen **vielleicht politisch fragwürdig, verfassungsrechtlich aber nicht** – ebenso wenig wie die Festlegung der Höhe des Steuersatzes – **zu beanstanden.**[6]

---

sion/Deutschland, UR 2011, 827; zu Recht ablehnend der EuGH, was zur Streichung des ermäßigten Steuersatzes geführt hat – vgl. dazu näher die Vorabkommentierung bei *D. Hummel* in Rau/Dürrwächter, UStG, § 12 Abs. 2 Nr. 1/2 Anm. A 2 ff. (Lfg. 158, 2014).

1 Insofern gilt Gleiches wie bei den auch nicht unbedingt systematisch zu nennenden Steuerbefreiungsvorschriften – vgl. dazu näher *Stadie*, DStJG 32 (2009), 143 (150 ff.); a.A. offenbar *Sandrock*, BB 2010, Heft 4, Seite I – aber ohne nähere Begründung; unklar *Weber*, DB 2007, 1997 (2001) – unsinnig wirkende Wertungswidersprüche.

2 Bundesrechnungshof, Bericht v. 28.6.2010 – BR-Drucks. 390/10 = UR 2010, 566 (570).

3 Tendenziell anders wohl Bundesrechnungshof, Bericht v. 28.6.2010 – BR-Drucks. 390/10 = UR 2010, 566 (570) – „Teilweise mutet die Abgrenzung willkürlich an."; vgl. die fast identischen Ausführungen bei *Kruhl*, BB 2010, 2798 (2800 f.).

4 So ausdrücklich BVerfG v. 3.9.2009 – 1 BvR 2539/07, HFR 2010, 171 (171); ähnlich auch BVerfG v. 20.4.2004 – 1 BvR 905/00, BVerfGE 110, 274 (294); v. 7.11.1995 – 2 BvR 413/88, 2 BvR 1300/93, BVerfGE 93, 319 (350); v. 12.2.1964 – 1 BvL 12/62, BVerfGE 17, 210 (216).

5 So ausdrücklich: BVerfG v. 17.1.1979 – 1 BvR 446/77, 1 BvR 1174/77, BVerfGE 50, 177 (191); ebenso BVerfG v. 10.2.1982 – 1 BvL 116/78, BVerfGE 60, 68 (79); *Rüfner* in Bonner Kommentar, GG, Art. 3 Abs. 1 GG Rz. 125 (Lfg. 67, 1992).

6 Zutreffend bereits *Stadie*, DStJG 32 (2009), 143 (154); *D. Hummel* in Rau/Dürrwächter, UStG, § 12 Abs. 2 Nr. 13 UStG Anm. 4 (Lfg. 160, 2014); FG Nürnberg v. 8.6.2010 – 2 K 877/2008, EFG 2010, 1834 – bestätigt durch BFH v. 2.7.2014 – XI R 22/10, BStBl. II 2015, 416; a.A. im Zusammenhang mit der Neuregelung des § 12 Abs. 2 Nr. 13 UStG *Widmann*, MwStR 2013, 321 (324); wohl auch *Unverdorben*, MwStR 2014, 191 (192) – der insoweit sogar von „willkürlich" spricht; so stellt z.B. auch die unterschiedliche Behandlung der Einfuhr von Kunstfotos und Kunstgemälden (dazu *D. Hummel* in Rau/Dürrwächter, UStG, § 12 Abs. 2 Nr. 12 Anm. 162 und 151 (Lfg. 160, 2014) keinen Verstoß gegen Verfassungsrecht dar – Nichtannahme zur VB durch BVerfG v. 9.1.1996 – 2 BvR 2057/92 – zitiert nach BFH v. 25.6.1992 – VII R 45/91, juris; auch die Ansicht von *Englisch*, UR 2010, 400 (403), wonach das Sozialstaatsprinzip für bestimmte Aufwendungen

Dies wird entgegen den Ausführungen des Bundesrechnungshofes nicht dadurch in Frage gestellt, dass **nicht sichergestellt** werden könne, **ob die** intendierte **Verbraucherentlastung beim Verbraucher** auch tatsächlich **ankomme.**[1] Insofern stellt bereits § 10 UStG per se und immer sicher, dass der niedrigere Steuersatz beim Verbraucher ankommt, da die Umsatzsteuer in der zivilrechtlichen Gegenleistung immer enthalten ist. Würde der Regelsteuersatz zur Anwendung kommen, müsste der Unternehmer – soll seine Gewinnspanne gleich hoch bleiben – die Gegenleistung erhöhen. Deutlich wird dies bei den ermäßigten Steuersätzen, die im Zuge einer Erhöhung des Regelsteuersatzes eingeführt wurden.[2] 26.44

Die Tatsache, dass unter Umständen einzelne oder alle Unternehmer statt die Gegenleistung zu senken, ihre Gewinnspanne erhöhen, führt nicht dazu, dass der ermäßigte Steuersatz als eine **Branchensubvention** zu verstehen ist,[3] sondern zeigt nur, dass der Wettbewerb im freien Markt nicht ausreicht, die Gewinnspanne auf dem bisherigen Niveau zu halten. Da die Gewinnspanne der Unternehmer keine Entscheidung ist, die vom Umsatzsteuersatz abhängt, sondern von der Kalkulation des Unternehmers und der seiner Konkurrenten, können daraus keine rechtlich relevanten Aussagen zur Funktion des ermäßigten Steuersatzes getroffen werden.[4] Insoweit ist einzig die Aussage des Bundesrechnungshofes, dass eine Steuersatzermäßigung nicht (sofort) so zielgenau wirke, wie z.B. die Erhöhung der Sozialhilfesätze oder des Grundfreibetrages im Ertragsteuerrecht, zutreffend.[5] Als „ungeeignet" oder sogar schon deswegen „aus verfassungsrechtlichen Gründen auf den Prüfstand" stehend, kann der ermäßigte Steuersatz – dies gilt auch für Leistungen gemeinnütziger Körperschaften im Rahmen eines Zweckbetriebs (dazu Rz. 26.65) – nun aber gerade nicht bezeichnet werden.[6] 26.45

Im **Aufwand für unterschiedliche Konsumgüter** zeigt sich eine **unterschiedliche Leistungsfähigkeit**, die auch unterschiedlich besteuert werden kann.[7] Lediglich wenn die Konsumgüter (beliebig) austauschbar sind, führt eine unterschiedliche Verbrauchsbesteuerung (ob direkt oder indirekt ist dabei irrelevant) zu einer Ungleichbehandlung der Verbraucherversorger, 26.46

---

einen ermäßigten Steuersatz verlange, ist nicht überzeugend, wenn das Existenzminimum über andere Systeme (Sozialhilfe, Grundfreibetrag) gewährleistet wird.

1 So tatsächlich Bundesrechnungshof, Bericht v. 28.6.2010 – BR-Drucks. 390/10 = UR 2010, 566 (569).

2 ZB wurde der ermäßigte Steuersatz für Getreide, Mehl, Schrot oder Kleie und daraus hergestellten Backwaren im Zuge der Erhöhung des Steuersatzes von 0,5 % auf 2 % eingeführt (RGBl. I 1931, S. 699 [729]), um für diese Konsumgüter den alten Steuersatz beizubehalten und eine Verteuerung des Brotes zu vermeiden – vgl. *Weber*, DB 2007, 1997 (1998).

3 So aber Bundesrechnungshof, Bericht v. 28.6.2010 – BR-Drucks. 390/10 = UR 2010, 566 (569); unklar *Kruhl*, BB 2010, 2798 (2800), der von Subvention spricht, ohne zu sagen, wer subventioniert wird; ebenfalls unklar BMF v. 20.10.2007, UR 2007, 927 (931); deutlich präziser FG BW v. 4.8.2009 – 1 V 1346/09, EFG 2010, 87 (88) – rkr.

4 Anders offenbar *Wäger*, DStR 2014, 1517 (1524) in Fn. 85 mit Hinweis auf § 12 Abs. 2 Nr. 11 UStG; ebenso ist die Argumentation des BMF v. 20.10.2007, UR 2007, 927 (931) nicht überzeugend, wonach sich die fehlende Entlastung des Endverbrauchers durch einen ermäßigten Steuersatz bei Leistungen in der Gastronomie deutlich zeige, da bei bestimmten Restaurants der Preis identisch bleibe, egal ob die zubereiteten Lebensmittel mitgenommen oder vor Ort verzehrt werden. Dies basiert letztlich auf einer Mischkalkulation der Unternehmer und wird deutlich, sobald der ermäßigte Steuersatz wegfällt. In diesem Fall müssen die Preise nach oben angehoben werden, soll die Gewinnspanne aufrechterhalten bleiben.

5 Bundesrechnungshof, Bericht v. 28.6.2010 – BR-Drucks. 390/10 = UR 2010, 566 (578); ähnlich *Weber*, DB 2007, 1997, (2002, 2004).

6 **A.A.** Bundesrechnungshof, Bericht v. 28.6.2010 – BR-Drucks. 390/10 = UR 2010, 566 (578).

7 Grundlegend anderer Ansicht *Tipke*, BB 1994, 437 (442).

weil diese miteinander konkurrieren. Daher stellt auch der ermäßigte Steuersatz für Hotelübernachtungen kein besonderes verfassungsrechtliches Problem dar.[1] Die privilegierten Hotelgäste, welche als Verbraucher die Umsatzsteuer mittels der Gegenleistung (vgl. § 10 UStG) tragen, werden alle gleichbehandelt. Die **Ungleichbehandlung zu anderen Verbrauchern, die für** *andere Verbrauchsgüter* das gleiche **Geld aufwenden** und einen höheren Steuersatz tragen müssen, **rechtfertigt sich** aufgrund der verfassungsrechtlich vorgesehenen **Wahlfreiheit des Gesetzgebers, welche Leistungsfähigkeit** für welches Verbrauchsgut **er wie hoch besteuern möchte.**

26.47 Erst wenn der Umsatzsteuersatz danach differenzieren würde, ob die Übernachtungsleistung in einem zwei oder drei Sterne-Hotel in Anspruch genommen wird, wäre dies sowohl im Hinblick auf die **Wettbewerbsgleichheit**[2] der (Hotel-) **Unternehmer** als auch für die **Belastungsgleichheit der Konsumenten** bedeutsam, da das Verbrauchsgut (Hotelübernachtung) beliebig austauschbar wäre, mithin die Verbraucherversorger bzgl. der selben Leistung (dem konkreten Verbrauchsgut) miteinander konkurrieren.[3] Ob dies im Anwendungsbereich des § 12 Abs. 2 Nr. 8 UStG bereits der Fall ist, kann schon mit gutem Grund bezweifelt werden. Insofern hat der EuGH zu Recht ausgeführt, dass auch ein **unterschiedlicher Rechtsrahmen bei der Erbringung der Leistung** dazu führen kann, **unterschiedliche Leistungen** anzunehmen.[4] Die **selbstlose Tätigkeit** einer rechtlich besonders gebundenen Körperschaft (bestimmte Satzungszwecke, Vermögensbindungen etc.) ist von einer gewinnorientierten **eigennützigen Tätigkeit** eines Dritten doch deutlich unterscheidbar.

26.48 Aber selbst wenn in diesem Fall **konkurrierende Verbrauchsgüter** angenommen werden würden, ist bei § 12 Abs. 2 Nr. 8 Buchst. a UStG zu berücksichtigen, dass die Steuersatzermäßigung bezüglich des Verbrauchers – es wird der Verbraucher privilegiert, der sich die Leistung

---

1 **A.A.** offenbar *Ismer/Kaul/Reiß/Rath*, DStR 2010, 1970 (1975).

2 Vgl. z.B. BVerfG v. 25.5.1965 – 1 BvR 455/62 u.a., BVerfGE 19, 64 (69 ff.) zur unterschiedlichen Umsatzbesteuerung von Röstkaffee und löslichem Kaffee; zur Entlastung der Textilindustrie im Umsatzsteuerrecht BVerfG v. 16.5.1961 – 2 BvF 1/60, BVerfGE 12, 341 (348 ff.) und BFH v. 7.4.1960 – V 231/54 S, BStBl. III 1960, 339 (340 f.); zur Regelbesteuerung von Schallplatten zutreffend BVerfG v. 5.3.1974 – 1 BvR 712/68, BVerfGE 36, 321 (334 f.); zutreffend auch BVerfG v. 25.7.2007 – 1 BvR 1031/07, NVwZ 2007, 1168 (1171), der eine Verbrauchsteuerbefreiung zu Recht für unbedenklich hielt, da die unterschiedlichen Produkte nicht miteinander konkurrierten. Ebenso *P. Kirchhof*, StuW 1984, 297 (306); *Stadie*, DStJG 32 (2009), 143 (153 f.); *D. Hummel* in Rau/Dürrwächter, UStG, § 12 Abs. 2 Nr. 1 und 2 Anm. A5 (Lfg. 158, 2014). Ähnlich auch schon BVerfG v. 20.12.1966 – 1 BvR 320/57, 70/63, BVerfGE 21, 12 (31 ff.) zur damaligen Umsatzsteuer ohne Vorsteuerabzug, welche kleiner Händler am Ende der Warenkette gegenüber Konzernen benachteiligte; zur Kleinunternehmerbefreiung nach § 19 UStG vgl. BVerfG v. 19.3.1974 – 1 BvR 416/68, BVerfGE 37, 38 (50); vgl. auch BVerfG v. 26.3.1998 – 1 BvR 2341/95, UR 1998, 280 (281) zur notwendigen Abgrenzbarkeit des „Konsumgutes" Heilbehandlung.

3 Sofern Gewaltspiele als ein eigenes Konsumgut verstanden werden, ist auch eine erhöhte Spielautomatensteuer für sog. Gewaltautomaten (im Hinblick auf das Gefahrenpotential) ohne weiteres erklärbar, mithin gerechtfertigt – vgl. BVerfG v. 3.5.2001 – 1 BvR 624/00, NVwZ 2001, 1264 – LS 2a. Soweit von einer vergleichbaren Leistung (Automatenspiel) ausgegangen wird, ist die Durchbrechung der Belastungsgleichheit im Hinblick auf die Schutzpflichten bzgl. des erhöhten Gefahrenpotentials m.E. gerechtfertigt.

4 EuGH v. 27.2.2014 – Rs. C-454/12 u.a. – Pro Med Logistik GmbH, Rz. 49, ECLI:EU:C:2014:111 = DStRE 2014, 622 auf Vorlage des BFH v. 10.7.2012 – XI R 22/10, BStBl. II 2013, 291 = UR 2012, 880 und v. 10.7.2012 – XI R 39/10, UR 2012, 885; a.A. FG Nürnberg v. 8.6.2010 – 2 K 877/2008, EFG 2010, 1834 (1836) – bestätigt durch BFH v. 2.7.2014 – XI R 22/10, BStBl. II 2015, 416: sind vergleichbar, aber Differenzierung ist gerechtfertigt.

z.B. nicht von einem kommerziellen Spielzeughersteller, sondern ein gleichartiges Spielzeug von einer Integrationseinrichtung i.S.d. § 68 Nr. 3 AO erwirbt – *zugleich* als eine **mittelbare Subvention des Leistenden** (Rz. 26.41) anzusehen ist.[1] Insoweit geht es bei der Regelung des § 12 Abs. 2 Nr. 8 Buchst. a UStG nicht um eine gleichmäßige Verteilung der Steuerbelastung, sondern z.T. auch um eine (mittelbare) Subvention solcher Unternehmer[2] im Rahmen des Umsatzsteuergesetzes. Man mag dieses Vorgehen des Gesetzgebers aus Gründen der Verständlichkeit der Gesetze (insbesondere der Steuergesetze) kritisieren,[3] verfassungsrechtlich hindert wohl derzeit keine Vorschrift des Grundgesetzes[4] den Gesetzgeber, statt z.B. in einem Vereinsförderungsgesetz eine (mittelbare) Subvention im Umsatzsteuergesetz zu gewähren.[5]

Für eine Gewährung von **Subventionen im Rahmen der Förderung gemeinnütziger Aktivitäten** – etwas anderes gilt für die Bestimmung der Steuerlast – gibt die Verfassung dem Gesetzgeber nämlich grundsätzlich[6] keinen besonderen Gleichbehandlungsmaßstab vor. Folglich stellt sich im Rahmen des Art. 3 Abs. 1 GG allein die Frage, ob es einen **nachvollziehbaren Grund** gibt, warum gemeinnützige Körperschaften mit gewissen Aktivitäten mittelbar über 26.49

1 Zutreffend gehen *Ismer/Kaul/Reiß/Rath*, DStR 2010, 1970 (1974) davon aus, dass der ermäßigte Steuersatz des § 12 Abs. 2 Nr. 8 UStG zum einen gemeinnützige Organisationen als solche und Umsätze von diesen (zugunsten der Verbraucher) fördern soll, wenngleich die lediglich mittelbare Förderung des Leistenden nicht herausgearbeitet wird; auch *Stadie*, UStG³, § 12 Rz. 64 spricht „nur“ von einer mittelbaren Begünstigung des Leistungsempfängers. M.E. ist der Leistungsempfänger das unmittelbar begünstigte Rechtssubjekt. Ähnlich zutreffend *Bosche* in Birkenfeld/Wäger, USt-Handbuch, § 140 Rz. 7 (Lfg. 55, 2011) – neben der Entlastung des Endverbrauchers kann durch Steuerermäßigungen jedoch *auch* die Förderung bestimmter Leistungserbringer in Betracht kommen. Missverständlich ist es daher, im Umsatzsteuerrecht von einem *Steuersatzprivileg* zu sprechen, welches für gemeinnützige Körperschaften von besonderer Bedeutung sei – vgl. *Kirchhain*, npoR 2012, 123 (124).

2 *Hüttemann* spricht insofern zutreffend von einem Subventionsrecht – *Hüttemann/Sachauhoff*, DB 2011, 319 (322).

3 Vgl. dazu die berechtigte Kritik schon vor mehr als 20 Jahren bei *Vogel*, DStJG 12 (1989), 123 (124 ff., 131 ff.); *Isensee*, StuW 1994, 3 (4); *P. Kirchhof*, NJW 1987, 3217 (3218); *P. Kirchhof*, StuW 2006, 3 (17); *F. Kirchhof*, StuW 2002, 185 (186); *Wendt*, NVwZ 1988, 778 (778); *J. Lang*, FR 1993, 661 (664 ff.); kritisch generell zu sog. Sozialzwecknormen im Steuerrecht *Tipke*, Die Steuerrechtsordnung, Bd. I², S. 79 f., S. 337; *Tipke*, Die Steuerrechtsordnung, Bd. II², S. 574; *Tipke*, StuW 1971, 2 ff.; vgl. auch *P. Kirchhof*, AöR 128 (2003), 1 (47 f.) mit formalen Pflichten des Gesetzgebers.

4 Reizvoll wäre eine wohl aus der Finanzverfassung (in diese Richtung bereits *P. Kirchhof*, StuW 2006, 3 [17]) abzuleitende Verpflichtung, Subventionen nur direkt über die Ausgabenseite und nicht indirekt über die Minderung der Einnahmenseite zu gewähren. So wohl über den Gedanken des „Formmissbrauchs“ auch *Tipke*, StuW 1971, 2 (12).

5 Insofern zutreffend das BVerfG, das wirtschaftspolitische Maßnahmen im Steuerrecht für zulässig hält – vgl.: BVerfG v. 13.7.1965 – 1 BvR 771/59 u.a., BVerfGE 19, 101 (115); BVerfG v. 14.2.1967 – 1 BvR 25/64 u.a., BVerfGE 21, 160 (169); v. 29.11.1989 – 1 BvR 1402/87 u.a., BVerfGE 81, 108 (116); v. 20.4.2004 – 1 BvR 1748/99 u.a., BVerfGE 110, 274 (293); v. 21.6.2006 – 2 BvL 2/99, BVerfGE 116, 164 (182); v. 25.7.2007 – 1 BvR 1031/07, NVwZ 2007, 1168 (1171); v. 3.9.2009 – 1 BvR 2384/08, NVwZ 2010, 313 (316); v. 4.11.2010 – 1 BvR 1981/07, NVwZ-RR 2011, 378 (380).

6 Etwas anderes mag für Subventionen in sog. grundrechtssensiblen Bereichen – BVerfG v. 6.6.1989 – 1 BvR 727/84, BVerfGE 80, 124 (131 ff.); BVerwG v. 27.3.1992 – 7 C 21/90, BVerwGE 90, 112 (124); *Rüfner* in BK, GG, Art. 3 Abs. 1 Rz. 73 (Okt. 1992); *Starck* in v. Mangoldt/Klein/Starck, GG⁶, Art. 3 Abs. 1 Rz. 43; *Starck* in v. Mangoldt/Klein/Starck, GG⁶, Art. 5 Abs. 1, 2 Rz. 85 f. – gelten (wie z.B. im Rahmen der Pressesubventionen oder der Förderung von Religionsgemeinschaften). Hier wird die Wertungsoffenheit des Art. 3 Abs. 1 GG bereits durch die Wertmaßstäbe der Art. 4 und Art. 5 Abs. 1 GG ausgefüllt. Der allgemeine Auffangmaßstab kommt dann nicht mehr zur Anwendung.

eine **niedrigere Umsatzsteuerbelastung ihrer Kunden subventioniert** werden. Während eigennützige Körperschaften sowohl bei der Art der Tätigkeit als auch bei der Verwendung ihres Gewinns frei sind, entlasten gemeinnützige Körperschaften den Staat von Aufgaben, die er andernfalls selbst übernehmen müsste (dazu Rz. 26.36 ff.) und sind auch bei der Verwendung ihres „Gewinns" nicht frei. Dies erklärt m.E. ohne weiteres, warum der entlastete Staat diese Entlastung seinerseits über Steuermittel (genauer: den **Verzicht auf Steuereinnahmen**) privilegiert, mag man es nun politisch für sinnvoll halten oder nicht.

26.50 Eine Verletzung des verfassungsrechtlichen Gleichbehandlungsgrundsatzes ist darin richtigerweise nicht zu sehen, weswegen auch diese **mittelbare Subventionierung** grundsätzlich gerechtfertigt ist. Dies gilt auch, wenn der Gesetzgeber bestimmte Aktivitäten gemeinnütziger Körperschaften (insbesondere bei den sog. Katalogzweckbetrieben) trotz ggf. existierender privatnütziger Wettbewerber (z.B. Krankenhäuser; Integrationseinrichtungen) begünstigt und ist bei der Auslegung des § 12 Abs. 2 Nr. 8 Buchst. a Satz 3 UStG zu berücksichtigen.

26.51 Dies gilt insbesondere, weil einer **verfassungsrechtlich bedenklichen Wettbewerbsverzerrung** sowohl § 65 Nr. 3 AO (Rz. 26.68) als auch § 12 Abs. 2 Nr. 8 Buchst. a Satz 3 Alt. 1 UStG grundsätzlich vorbeugen bzw. dem grds. Rechnung tragen. Darüber hinaus besteht der **sachliche Grund** für diese *mittelbaren Vorteile* der in § 12 Abs. 2 Nr. 8 UStG genannten Unternehmer (gemeinnützige Einrichtungen) **in deren besonderen Zwecksetzung**, welche ein **wettbewerbsrelevantes Gewinnstreben** (s. § 55 AO) **grundsätzlich verhindert**.[1] Die Förderung der Inanspruchnahme solcher – nicht gewinnorientierter – Leistungen einer gemeinnützigen Einrichtung durch eine ermäßigte Umsatzbesteuerung des Verbrauchers kann nicht als sachwidrig i.S.d. Art. 3 Abs. 1 GG betrachtet werden. Auch eine Verletzung des unionsrechtlichen Neutralitätsgrundsatzes kann darin nicht gesehen werden.

### 2. Abgrenzungsprobleme hinsichtlich privilegierten „gemeinnützigen" und nicht gemeinnützigen Leistungen

#### a) Allgemeines

26.52 Begünstigt sind nach § 12 Abs. 2 Nr. 8 Buchst. a UStG Leistungen der Körperschaften, die ausschließlich und unmittelbar gemeinnützige, mildtätige oder kirchliche Zwecke i.S.d. §§ 51 bis 68 AO verfolgen. Der Sinn und Zweck der Sonderregelungen in den §§ 51 ff. AO für bestimmte (gemeinnützige) Körperschaften liegt darin, die **private selbstlose Förderung des Gemeinwohls zu stimulieren** (Rz. 26.36 ff.).[2]

26.53 Bei Körperschaften, welche gemeinnützige, mildtätige oder kirchliche Zwecke verfolgen, ist nach der Systematik der Abgabenordnung grundsätzlich zwischen **vier unterschiedlichen Bereichen** zu unterscheiden.[3] So kann eine solche Körperschaft zum einen einen **ideellen Bereich** besitzen, in dem ausschließlich die satzungsmäßigen Zwecke verfolgt werden. Zum anderen kann ab dem Überschreiten gewisser Umsatzgrenzen (vgl. § 64 Abs. 3 AO) ein steuerpflichtiger **wirtschaftlicher Geschäftsbetrieb** (dazu Rz. 26.73 ff.) vorliegen. Davon zu un-

1 Dies übersieht *Achatz*, DStJG 26 (2003), 279 (305).

2 *Hey* in Tipke/Lang, Steuerrecht[22], § 20 Rz. 1; *Isensee*, DStJG 26 (2003), 93 (100) spricht von „aktivieren".

3 Vgl. insoweit auch das Schaubild bei *Plikat/Plikat*, UStB 2010, 240 (243), *Hey* in Tipke/Lang, Steuerrecht[22], § 20 Rz. 7 und die Übersicht bei *Birkenfeld* in Birkenfeld/Wäger, USt-Handbuch, § 146 Rz. 6 (Lfg. 29, 2002); s. auch *Huschens* in Plückebaum/Widmann, UStG, § 12 Abs. 2 Nr. 8 UStG Rz. 154 (Lfg. 199, 2013).

terscheiden ist die **Vermögensverwaltung**, da § 64 i.V.m. § 14 Satz 1 AO ausdrücklich bestimmt, dass ein wirtschaftlicher Geschäftsbetrieb über eine Vermögensverwaltung hinausgehen muss (dazu Rz. 26.55). Zu Guter Letzt kann eine Körperschaft auch im Rahmen eines **Zweckbetriebs** (§ 64 i.V.m. §§ 65 ff. AO) tätig werden, der im Ergebnis einen steuerrechtlich begünstigten wirtschaftlichen Geschäftsbetrieb (dazu Rz. 26.65 ff.) darstellt.

Der **ermäßigte Steuersatz gilt** nach § 12 Abs. 2 Nr. 8 Buchst. a Satz 2 UStG **nicht** für Leistungen, die im Rahmen eines wirtschaftlichen Geschäftsbetriebes ausgeführt werden. Gemeint ist der **wirtschaftliche Geschäftsbetrieb** i.S.d. § 14 AO. Der Begriff „wirtschaftlicher Geschäftsbetrieb" ist ein Typusbegriff[1], so dass nicht unter die einzelnen Merkmale subsumiert werden kann, sondern eine wertende Gesamtbildbetrachtung erforderlich ist.[2] Allerdings ist **eine unternehmerische Betätigung i.S.d. § 2 Abs. 1 UStG** mit Ausnahme der Vermietung von Grundstücken und Kapitalüberlassung (Vermögensverwaltung i.S.d. § 14 Satz 1 i.V.m. Satz 3 AO) **stets ein wirtschaftlicher Geschäftsbetrieb**, so dass die Steuersatzermäßigung weitgehend leerzulaufen scheint. Die Regelung erhält ihren Sinn erst durch § 64 Abs. 1 AO, wonach die Steuervergünstigung nur insoweit entfällt, als **kein Zweckbetrieb** (§§ 65 bis 68 AO – dazu Rz. 26.65 ff.) vorliegt. 26.54

### b) Vermögensverwaltung

Die **Vermögensverwaltung**, welche nicht zum wirtschaftlichen Geschäftsbetrieb gehört (§ 14 Satz 1 AO), ist umsatzsteuerrechtlich grundsätzlich steuerbefreit (§ 4 Nr. 8 Buchst. a und § 4 Nr. 12 UStG). Wird sie gem. § 9 UStG als steuerpflichtig behandelt, so ist es für den Leistenden ohne Bedeutung, ob der ermäßigte Steuersatz anzuwenden ist, da der Leistungsempfänger i.d.R. – der Leistungsempfänger wird nur dann mit einem Verzicht auf die Steuerfreiheit einverstanden sein, wenn er seinerseits zum Vorsteuerabzug nach § 15 UStG berechtigt ist – vorsteuerabzugsberechtigt ist. Allerdings **ermöglicht die Option** dem Leistenden die **Anwendung des ermäßigten Steuersatzes bei** gleichzeitigem **vollständigen Vorsteuerabzug**, was trotz fehlender Vorsteuerabzugsberechtigung des Leistungsempfängers dann wirtschaftlich interessant sein kann, wenn beim Leistenden hohe Vorsteuerkorrekturbeträge nach § 15a UStG im Raum stehen, die der Leistende andernfalls in die steuerfreie Gegenleistung einrechnen würde. 26.55

Interessanter ist die Frage, ob die abgabenrechtliche Trennung zwischen einem **steuerrechtlich relevanten wirtschaftlichen Geschäftsbetrieb** und der **gemeinnützigkeitsrechtlichen irrelevanten Vermögensverwaltung** im Umsatzsteuerrecht überhaupt aufrechterhalten werden kann. Die praktische Relevanz dieser Frage ist allerdings gering, da die Vermögensverwaltung umsatzsteuerrechtlich grundsätzlich steuerbefreit ist. Nur soweit die Steuerfreiheit nicht eingreift – z.B. bei der Überlassung von Plätzen für das Abstellen von Fahrzeugen i.S.v. § 4 26.56

---

1 *Fischer* in Hübschmann/Hepp/Spitaler, AO/FGO, § 14 AO Rz. 78 ff. (Lfg. 212, 2011); *Seer* in Tipke/Kruse, AO/FGO, § 14 AO Rz. 3 (Lfg. 138, 2014); *Stadie*, Allgemeines Steuerrecht, Rz. 261; ähnlich auch FG Brdbg. v. 25.11.1998 – 2 K 825/96 G, EFG 1999, 199 (201) – „von einer kommerziell geführten Kantine nur unwesentlich unterscheidbar ist", rkr.; a.A. noch *Tipke* in Tipke/Kruse, AO/FGO, § 14 AO Rz. 4 (Lfg. 121, 2009).

2 Zu diesem Begriff s. ausführlich: *Stadie*, Allgemeines Steuerrecht, Rz. 261; vgl. BFH v. 15.12.1999 – I R 16/99, BStBl. II 2000, 404 (405) = FR 2000, 716 – zum Begriff des Gewerbebetriebs; v. 10.12.2001 – GrS 1/98, BStBl. II 2002, 291 (292) = FR 2002, 452.

Nr. 12 Satz 2 UStG[1] – stellt sich die Frage, ob mangels Vorliegens eines wirtschaftlichen Geschäftsbetriebes im Sinne der Abgabenordnung der ermäßigte Steuersatz anwendbar ist. Der BFH hat unlängst für eine vergleichbare Frage im Zusammenhang mit der **Vermögensverwaltung durch Körperschaften des öffentlichen Rechts** im Wege einer wohl richtlinienkonformen Auslegung entschieden, dass dem Begriff der Vermögensverwaltung umsatzsteuerrechtlich für die Unternehmerstellung einer juristischen Person des öffentlichen Rechts durch einen „Betrieb gewerblicher Art" keine Bedeutung zukomme,[2] so dass auch eine bloße Vermögensverwaltung eine unternehmerische Tätigkeit begründen kann.

26.57 Unabhängig von der Richtigkeit dieses Urteils im Zusammenhang mit der Unternehmerstellung von Körperschaften des öffentlichen Rechts dürfte aufgrund der Formulierung der Ermächtigung zur Anwendung der Steuersatzermäßigung in Art. 98 i.V.m. Anhang III Nr. 15 MwStSystRL jedenfalls eine **richtlinienkonforme Unbeachtlichkeit** des Vorliegens einer Vermögensverwaltung für die Frage des ermäßigten Steuersatzes nach § 12 Abs. 2 Nr. 8 Buchst. a UStG folgen. Nach Art. 98 i.V.m. Anhang III Nr. 15 MwStSystRL können die Mitgliedstaaten einen ermäßigten Steuersatz nämlich nur für **Leistungen** durch von den Mitgliedstaaten anerkannte gemeinnützige Einrichtungen **für wohltätige Zwecke und im Bereich der sozialen Sicherheit** vorsehen (vgl. dazu Rz. 26.13 ff.). Dass damit eine Steuersatzermäßigung für die Vermögensverwaltung gemeinnütziger Körperschaften ermöglicht werden soll, ohne dass diese durch die Vermögensverwaltung wohltätige Zwecke verfolgen bzw. im Bereich der sozialen Sicherheit tätig werden, ist nicht ersichtlich (so auch *Hüttemann*, Rz. 3.89).[3] Der EuGH legt dies insoweit zu Recht so aus, dass die Einrichtung sowohl gemeinnützig als auch für wohltätige Zwecke und im Bereich der sozialen Sicherheit tätig sein muss.[4] Wieso dies aber bei von gemeinnützigen Körperschaften betriebenen **Werkstätten für behinderte Menschen** (Zweckbetrieb nach § 68 Nr. 3 Buchst. a AO) nicht der Fall sein sollte, wie *Sterzinger*[5] meint, erschließt sich allerdings nicht.[6] Letzteres ist richtigerweise unabhängig davon, ob die zu integrierenden Menschen in ihrer Beschäftigung Gegenstände produzieren oder Dienstleistungen erbringen, da dies für den wohltätigen Zweck der Einrichtung irrelevant ist.[7]

1 Die in § 4 Abs. 12 Satz 2 UStG auch angesprochene Vermietung von Wohn- und Schlafräumen zur kurzfristigen Beherbergung von Fremden ist schon keine bloße Vermögensverwaltung mehr, sondern erfordert ohnehin einen wirtschaftlichen Geschäftsbetrieb. Gleiches gilt für die kurzfristige Vermietung von Campingplätzen.

2 BFH v. 15.4.2010 – V R 10/09, UR 2010, 646 m. Anm. *Bollweg* = DStR 2010, 1280.

3 Zutreffend *Stadie*, UStG[3], § 12 Rz. 70.

4 EuGH v. 17.6.2010 – Rs. C-492/08 – Kommission/Frankreich, Rz. 43, Slg. 2010, I-5471 = UR 2010, 662 (666).

5 *Sterzinger*, UR 2014, 381 (388); überzeugend hingegen *Schauhoff/Kirchhain*, DStR 2015, 2102.

6 Der BFH, Urt. v. 24.9.2014 – V R 11/14, BFH/NV 2015, 528 scheint hinsichtlich der Integrationsprojekte nach § 68 Nr. 3 Buchst. c AO eine restriktive Haltung an den Tag legen zu wollen, die aber dem nicht aufgeklärten Sachverhalt und dem Umstand geschuldet ist, dass es sich um eine Gesellschaft handelte, deren Gemeinnützigkeit eher fraglich ist, da der primäre Gesellschaftszweck in der Erbringung von Dienstleistungen für Archivsysteme bestand. Letzteres erfolgte lediglich unter der Mitbeschäftigung von schwerbehinderten Menschen i.S.v. § 132 Abs. 1 SGB IX, so dass hier spätestens wohl die Regelung des § 12 Abs. 2 Nr. 8 Buchst. a Satz 3 UStG eingreift.

7 Zutreffend *Schauhoff/Kirchhain*, DStR 2015, 2102 (2106).

Damit kann es **umsatzsteuerrechtlich nicht entscheidend** sein, **ob eine Vermögensverwaltung vorliegt**[1] oder der Bereich der Vermögensverwaltung überschritten wird (zur restriktiven Auslegung dieses Merkmals im Zusammenhang mit Werbeleistungen s. Rz. 26.60), sondern allein, **ob für die unternehmerische Tätigkeit** (mithin die in Frage stehenden Leistungen) die **inhaltlichen Voraussetzungen für die Annahme eines Zweckbetriebes** (dazu Rz. 26.65 ff.) vorliegen. Letzteres folgt u.a. auch aus der Tatsache, dass das Umsatzsteuerrecht anders als § 14 AO auch die „bloße" Vermögensverwaltung als unternehmerische („gewerbliche oder berufliche") Tätigkeit versteht (Umkehrschluss aus § 4 Nr. 12 und § 4 Nr. 8 UStG) und aus dem Sinn und Zweck der Steuersatzermäßigung (dazu Rz. 26.36 ff.).[2] Dieser besteht in der Verbilligung bestimmter – als förderungswürdig angesehener – Leistungen zugunsten der nicht zum Vorsteuerabzug berechtigten Leistungsempfänger und nicht in der Verbilligung der eigenen Vermögensverwaltung – schon gar nicht bei Werbeleistungen an Dritte[3] – bestimmter Körperschaften. Entscheidend ist unter Berücksichtigung der MwStSystRL mithin nicht, ob ein wirtschaftlicher Geschäftsbetrieb vorliegt, sondern – insoweit ist § 12 Abs. 2 Nr. 8 Buchst. a Satz 2 in Verbindung mit Satz 1 zu lesen und richtlinienkonform auszulegen – ob die unternehmerische Tätigkeit (einschließlich der Vermögensverwaltung) die sonstigen Voraussetzungen eines Zweckbetriebs erfüllt. 26.58

Dafür spricht auch die Formulierung des § 12 Abs. 2 Nr. 8 Buchst. a Satz 3 UStG. Wenn dieser schon die Steuersatzermäßigung selbst für einen Zweckbetriebe einschränkt, dann gilt dies erst Recht für eine unternehmerische Tätigkeit, die kein Zweckbetrieb (und auch kein wirtschaftlicher Geschäftsbetrieb) ist. Mithin ist eine **unternehmerische Tätigkeit** einer gemeinnützigen Körperschaft bei unionsrechtskonformer Auslegung **nur dann ermäßigt zu besteuern**, wenn sie entweder als **Zweckbetrieb** zu qualifizieren ist **oder** ebenfalls **gemeinnützigen Zwecken dient oder im Rahmen der sozialen Sicherheit erbracht wird**, ohne selbst ein wirtschaftlicher Geschäftsbetrieb/Zweckbetrieb zu sein. 26.59

Zur Vermögensverwaltung soll nach h.M. **auch** die **Duldung** von **Werbung**, insbesondere im Rahmen des sog. **Sponsorings** gehören.[4] Diese Ansicht geht auf einen koordinierten Länder- 26.60

---

1 **A.A.** offenbar: *Heidner* in Bunjes, UStG$^{14}$, § 12 UStG Rz. 161; *Mann* in Küffner/Stöcker/Zugmaier, UStG, § 12 Abs. 2 Nr. 8 UStG Rz. 28 (Lfg. 82, 2009 Vorauflage); *Huschens* in Plückebaum/Widmann, UStG, § 12 Abs. 2 Nr. 8 UStG Rz. 6, 40, 188 (Lfg. 199, 2013).

2 Im Ergebnis nunmehr auch: BFH v. 20.3.2014 – V R 4/13, DStR 2014, 1539 (1542); *Wäger*, DStR 2014, 1517 (1523); nun so auch *Mann* in Küffner/Stöcker/Zugmaier, UStG, § 12 Abs. 2 Nr. 8 UStG Rz. 28 (Lfg. 117, 2015); a.A. offenbar *Sterzinger*, UR 2014, 381 (384).

3 **A.A.** aber statt vieler: *Kaufmann/Schmitz-Herscheidt/Kroes*, BB 2008, 2717 (2721); *Plikat/Plikat*, UStB 2010, 240 (243).

4 Vgl. BFH v. 1.8.2002 – V R 21/01, BStBl. II 2003, 438 (440) = UR 2003, 26; FG München v. 15.5.2006 – 7 K 4052/03, EFG 2006, 1362 (aufgehoben durch BFH v. 7.11.2007 – I R 42/06, BStBl. II 2008, 949 = FR 2008, 638); BMF v. 28.11.2006 – IV A 5 - S 7109 – 14/06, Tz. 5, BStBl. I 2006, 791 i.V.m. BMF v. 18.2.1998 – IV B 2 - S 2144 – 40/98, IV B 7 - S 0183 – 62/98, Tz. 9, BStBl. I 1998, 212; AEAO zu § 64, Ziff. 8 ff.; FG BW v. 24.9.2004 – 9 V 50/02, EFG 2005, 320; *Kaufmann/Schmitz-Herscheidt/Kroes*, BB 2008, 2717 (2721); *Seer* in FS Reiß, 2008, S. 157 (160 ff.); *Rasche* in Schauhoff, Handbuch der Gemeinnützigkeit$^{3}$, § 12 Rz. 29 ff.; unklar *Hey* in Tipke/Lang, Steuerrecht$^{22}$, § 20 Rz. 9 – kennzeichne einen schwierigen Abgrenzungsbereich zwischen Spenden im Idealbereich und Leistungsaustausch im Rahmen eines steuerpflichtigen wirtschaftlichen Geschäftsbetriebs.

erlass zur ertragsteuerrechtlichen Behandlung des sog. Sponsorings[1] zurück. Danach soll für die ertragsteuerrechtliche Behandlung entscheidend sein, ob bloß ein Hinweis der Körperschaft auf die Unterstützung durch den Sponsor erfolgt, beziehungsweise nur Werbemaßnahmen des Sponsors mit dem Namen der Körperschaft geduldet werden oder ob ein aktives Mitwirken der Körperschaft an solchen Werbemaßnahmen vorliegt. Diese grundsätzliche Trennung im Körperschaftsteuerrecht wird auf das Umsatzsteuerrecht übertragen.[2]

26.61 Auch wenn in der Rechtsprechung die Tendenz erkennbar ist, nur bei **passiven Duldungsleistungen** eine Vermögensverwaltung anzunehmen und damit einen wirtschaftlichen Geschäftsbetrieb abzulehnen[3], erscheint eine Abgrenzung allein nach dem Umfang einer Tätigkeit merkwürdig bzw. rechtfertigungsbedürftig. Allein dass eine Tätigkeit keine oder kaum aktive Momente enthält, führt doch nicht dazu, eine Vermögensverwaltung anzunehmen, deren umsatzsteuerrechtliche Beachtlichkeit aufgrund der jüngeren Entscheidungen des BFH[4] ohnehin fraglich ist.

26.62 Richtigerweise handelt es sich bei **Werbedienstleistungen** (mögen sie auch noch so passiv sein) nicht um die Nutzung oder Verwaltung eigenen Vermögens, sondern um eine **wirtschaftliche Tätigkeit.**[5] Nicht jedes passive Verhalten ist automatisch Vermögensverwaltung (*Beispiel:* Unterlassen von Wettbewerb).[6] Auch das öffentliche Benutzen eines überlassenen **„Werbemobils"** ist keine Vermögensverwaltung.[7] Gleiches gilt für entgeltliche Werbedienstleistungen an einen Sponsor, selbst wenn diese nur darin bestehen, dass auf dessen Unter-

---

1 BMF v. 18.2.1998 – IV B 2 - S 2144 – 40/98, IV B 7 - S 0183 – 62/98, BStBl. I 1998, 212 ff.; ebenso vgl. OFD Frankfurt/M. v. 7.5.2003 – S 2741 A – 86 – St II 12, nv; unter Hinweis auf OFD Frankfurt/M. v. 14.1.2003 – S 7100 A – 203 – St I 10, nv; neugefasst durch OFD Frankfurt/M. v. 18.3.2009 – S 7100 A – 203 – St 110, juris; *Lippross*, Umsatzsteuer[23], Kap. 4.3.8.f (S. 767); wohl auch *Kronthaler* in Sölch/Ringleb, UStG, § 12 UStG Rz. 416 – Werbeleistungen (Lfg. 57, 2007 Vorauflage); nunmehr aber offenlassend BFH v. 7.11.2007 – I R 42/06, BStBl. II 2008, 949 (951) = FR 2008, 638.

2 Vgl. BMF v. 28.11.2006 – IV A 5 - S 7109 – 14/06, BStBl. I 2006, 791, *Alvermann*, UStB 2004, 85; *Klenk* in Sölch/Ringleb, UStG, § 12 UStG Rz. 416 – Werbeleistungen (Lfg. 68, 2012); *Rasche* in Schauhoff, Handbuch der Gemeinnützigkeit[3], § 12 Rz. 29 ff.; ausf. *Seer* in FS Reiß, 2008, S. 157 ff.

3 BFH v. 1.8.2002 – V R 21/01, BStBl. II 2003, 438 (440) = UR 2003, 26; ebenso *Alvermann*, UStB 2004, 85 (87); BFH v. 7.11.2007 – I R 42/06, BStBl. II 2008, 949 (950) = FR 2008, 638 unter Rückgriff auf die Verkehrsauffassung. So wurde z.B. das Bemühen ein entsprechendes Echo in den Medien zu erzielen und die Verpflichtung, die Möglichkeit für die Präsentation des Sponsors zu schaffen, nicht mehr als Vermögensverwaltung betrachtet – ebenso *Engelsing/Rohde*, NWB Fach 4, 4811 (4813); wohl auch *Leidel*, UR 2003, 328 (329); Gleiches gilt für die Erlaubnis von Werbung bei einer bestimmten Veranstaltung.

4 BFH v. 15.4.2010 – V R 10/09, UR 2010, 646 m. Anm. *Bollweg* = DStR 2010, 1280.

5 Vgl. BFH v. 7.11.2007 – I R 42/06, BStBl. II 2008, 949 = FR 2008, 638 = BFH/NV 2008, 638 (639); zutreffend dazu bereits *Stadie*, UStG[3], § 12 UStG Rz. 70; zutreffend *Wäger*, DStR 2014, 1517 (1526); anders wohl: *Plikat/Plikat*, UStB 2010, 240 (243); *Kaufmann/Schmitz-Herscheidt/Kroes*, BB 2008, 2717 (2721); zutreffend nun auch FG München v. 25.2.2014 – 2 K 1248/11, EFG 2014, 1149 (1150) – rkr.; im Ergebnis nun wohl generell auch BFH v. 20.3.2014 – V R 4/13, UR 2014, 732 = DStR 2014, 1539 (1542).

6 Zutreffend *Stadie* in Rau/Dürrwächter, § 2 UStG Anm. 431 ff. (Lfg. 159, 2014).

7 BFH v. 17.3.2010 – XI R 17/08, UR 2010, 943; FG München v. 30.1.2008 – 14 K 161/07, DStRE 2008, 515 (516) – bestätigt durch den BFH v. 17.3.2010 – XI R 17/08, UR 2010, 943; FG Hamburg v. 10.3.2006 – VII 266/04, DStRE 2007, 768 (769 f.) – rkr.

stützung (dankenderweise) hingewiesen[1] oder dessen Name bzw. Logo verbreitet wird,[2] und für die entgeltliche Einräumung eines exklusiven Sponsoringrechts (s. dazu auch *Heber*, Rz. 8.160, 8.170 ff.).

Dogmatisch richtiger wäre es, bereits den **Begriff der Vermögensverwaltung i.S.d. AO richtlinienkonform** auszulegen, weswegen z.B. die Überlassung von **Hauswänden** oder Dachflächen eines Hauses **zu Reklamezwecken** oder die Erlaubnis zum **Aufstellen** von **Werbevorrichtungen** auf privatem oder öffentlichen Grund keine „bloße" Vermögensverwaltung i.S.d. § 4 KStG i.V.m. § 14 AO darstellt, da der Schwerpunkt der Leistung nicht in der bloßen Verwaltung von Vermögen (Überlassung des Grundstücks) besteht, sondern in der **Verschaffung einer Werbemöglichkeit.**[3] Ebenso tritt bei der Gestattung der **Aufstellung von Automaten** o.Ä. in einem Gebäude die Überlassung des Vermögens (mithin die passive Vermögensverwaltung) in den Hintergrund und ist nur Mittel zum Zweck, so dass der Schwerpunkt der Leistung in der Verschaffung der Verkaufsmöglichkeit usw. liegt.[4] Auch die **Standplatzüberlassung auf einem Marktplatz** ist keine bloße Vermögensverwaltung, wenn aufgrund weiterer Dienstleistungen dem Leistungsempfänger die Verkaufsmöglichkeit für eine gewisse Zeit an einem gewissen Ort im Rahmen einer gewissen Veranstaltung eingeräumt wird.[5] 26.63

Liegt trotz dieser Auslegung immer noch eine Vermögensverwaltung vor, ist § 12 Abs. 2 Nr. 8 Buchst. a UStG dann richtlinienkonform so zu lesen, dass der ermäßigte Steuersatz nicht nur an den Status der Gemeinnützigkeit einer Körperschaft anknüpft, sondern auch daran, dass die ermäßigt zu besteuernde Leistung diese Zwecke verfolgen (ebenso *Hüttemann*, Rz. 3.78), d.h. diesen Zwecken dienen muss.[6] Diese Auslegung lässt der Wortlaut (insbesondere § 12 Abs. 2 Nr. 8 Buchst. a Satz 1 UStG: „Leistungen (…) die (…) gemeinnützige (…) Zwecke verfolgen)" – anders als die Auslegung der Unternehmereigenschaft nach § 2 Abs. 3 UStG[7] – ohne weiteres zu und dafür spricht auch die Formulierung des § 12 Abs. 2 Nr. 8 Satz 2 UStG, der auf **die Art der Leistung** abstellt. Außerdem läge ein Wertungswiderspruch vor, wenn Leistun- 26.64

1 Eine andere Frage ist, ob der bloße „Dankhinweis" bzw. das zur Durchführung der Veranstaltung gezahlte Geld des Sponsors nicht – wie die übrigen Eintrittsgelder auch – als Einnahmen aus einem Zweckbetrieb nach § 65 AO zu betrachten sind (so zutreffend bereits *Hüttemann*, Gemeinnützigkeits- und Spendenrecht³, Rz. 6.158).

2 Etwas anderes gilt – mangels Entgeltlichkeit – wenn einzelne Spender dankend erwähnt werden, ohne dass auf diese Leistung ein Anspruch besteht, mithin eine tatsächlich selbstlose Spende vorliegt. Letzteres wird aufgrund der zumeist abgeschlossenen gegenseitigen (entgeltlichen) Sponsoringverträge i.d.R. aber nicht der Fall sein. Leicht anders wohl BMF v. 25.7.2014 – IV D 2-S 7100/08/10007:003 – BStBl. I 2014, 1114.

3 Vgl. BFH v. 23.10.1957 – V 153/55 U, BStBl. III 1957, 457; v. 31.7.1962 – I 283/61 U, BStBl. III 1962, 476; Abschn. 4.12.6 Abs. 2 Nr. 6 und 7 UStAE; auch *Birkenfeld* in Birkenfeld/Wäger, USt-Handbuch, § 146 Rz. 81 (Lfg. 29, 2002) will wohl nur die bloße – wohl passive – Fruchtziehung unter den Begriff der Vermögensverwaltung fassen.

4 Vgl. EuGH v. 12.6.2003 – Rs. C-275/01 – Sinclair Collis, Tz. 30, EuGHE 2003, I-5965 = UR 2003, 348; BFH v. 15.4.2010 – V R 10/09, Tz. 40, UR 2010, 646 (651) mit Anm. *Küffner*.

5 **A.A.** offenbar zur Standplatzüberlassung durch eine Gemeinde BFH v. 3.3.2011 – V R 23/10, UR 2011, 617.

6 Insofern scheint auch der BFH davon auszugehen, dass die Gestattung der Automatenaufstellung in der Universität nicht dem ermäßigten Steuersatz unterfällt – vgl. BFH v. 15.4.2010 – V R 10/09, UR 2010, 646. Dies dürfte richtig sein, da weder eine bloße Vermögensverwaltung noch ein Zweckbetrieb vorliegt. Im Ergebnis nunmehr auch BFH v. 20.3.2014 – V R 4/13, UR 2014, 732 = DStR 2014, 1539 (1542); BFH, Urt. v. 24.9.2014 – V R 11/14, BFH/NV 2015, 528; so nun auch *Wäger*, DStR 2014, 1517 (1523); a.A. offenbar *Sterzinger*, UR 2014, 381 (384).

7 Diesen Unterschied scheint *Wäger*, DStR 2014, 1517 (1523) zu übersehen.

gen im Rahmen eines Zweckbetriebes nur eingeschränkt unter § 12 Abs. 2 Nr. 8 Buchst. a UStG fallen, Leistungen im Rahmen der Vermögensverwaltung aber unbeschränkt, obwohl beide Tätigkeiten umsatzsteuerrechtlich als unternehmerische Tätigkeiten zu verstehen sind. Mithin muss auch (bzw. erst Recht) mit der (steuerpflichtigen) **Vermögensverwaltung** (z.B. bei der kurzfristigen Überlassung von Parkplätzen) **ausschließlich und unmittelbar ein gemeinnütziger Zweck verfolgt** werden, um den ermäßigten Steuersatz in Anspruch nehmen zu können (zutreffend auch *Hüttemann*, Rz. 3.88). Bei der **Überlassung von Parkplätzen an das eigene Personal** erscheint dies z.B. mehr als zweifelhaft. Dies scheint nunmehr auch der BFH so zu sehen, wenn er urteilt, dass § 12 Abs. 2 Nr. 8 Buchst. a Satz 2 UStG i.V.m. §§ 64, 14 AO weit auszulegen sei und jegliche unternehmerische Tätigkeit – mithin auch die Vermögensverwaltung – erfasse, so dass der ermäßigte Steuersatz nur eingreife, wenn die Vermögensverwaltungsleistungen auch die Voraussetzungen eines Zweckbetriebes (§§ 65 ff. AO – dazu sogleich in Rz. 26.65 ff.) erfüllen.[1]

### c) Zweckbetrieb

26.65 **Ein Zweckbetrieb** ist nach § 65 AO **grundsätzlich** nur dann gegeben, wenn der wirtschaftliche Geschäftsbetrieb in seiner Gesamtrichtung dazu dient, die steuerbegünstigten satzungsmäßigen Zwecke der Körperschaft zu verwirklichen, diese Zwecke auch nur durch einen solchen Betrieb erreicht werden können und der Betrieb zu nicht begünstigten Betrieben **nicht** in größerem Umfang in **Wettbewerb** tritt, als es bei Erfüllung der steuerbegünstigten Zwecke unvermeidbar ist (§ 65 Nr. 1 bis 3 AO). Mit Letzterem soll ein **Wertungskonflikt** zwischen der **Förderung von Gemeinwohlzwecken** und der **Freiheit des Wettbewerbs** gelöst werden.

26.66 Die Bedeutung des § 65 AO wird allerdings durch die zahlreichen Beispiele mit konstitutiver Wirkung in den §§ 66–68 AO herabgesetzt. Einzelne Zweckbetriebe werden in den §§ 66–68 AO nämlich ausdrücklich als solche definiert bzw. fingiert (**sog. Katalogzweckbetriebe**)[2], so dass die Regelungen der §§ 66–68 AO der grundsätzlichen Aussage des § 65 AO vorgehen.[3] Dogmatisch ist daher zunächst das Vorliegen der speziell in den §§ 66 ff. AO genannten Zweckbetriebe zu prüfen. Erst wenn diese Vorschriften nicht einschlägig sind, kommt § 65 AO mit seinen einschränkenden Voraussetzungen der Nr. 1–3 zur Anwendung. Daher ist die **Lieferung von Zytostatika durch die Krankenhausapotheke** an im Krankenhaus ambulant behandelte Patienten des Krankenhauses zu unmittelbarer Verabreichung dem Zweckbetrieb

1 BFH v. 20.3.2014 – V R 4/13, UR 2014, 732 = DStR 2014, 1539 (1542); als Richter des entscheidenden Senates erwartungsgemäß zustimmend *Wäger*, DStR 2014, 1517 (1523); wohl zustimmend auch *Widmann*, DStZ 2014, 595 (598 ff.).

2 Derzeit umstritten scheinen Integrationsprojekte i.S.d. § 68 Nr. 3 Buchst. c AO zu sein – vgl. BFH, Urt. v. 24.9.2014 – V R 11/14, BFH/NV 2015, 528 und *Schauhoff/Kirchhain*, DStR 2015, 2102.

3 Ebenso *Seer* in Tipke/Kruse, AO/FGO, § 65 AO Rz. 2 (Lfg. 131, 2012); *Koenig* in Koenig, AO³, § 65 Rz. 2; *Gersch* in Klein, AO¹², § 65 AO Rz. 1; *Fischer* in Hübschmann/Hepp/Spitaler, § 65 AO Rz. 45 (Lfg. 217, 2012); *Schauhoff* in Schauhoff, Handbuch der Gemeinnützigkeit³, § 7 Rz. 90; *Mann* in Küffner/Stöcker/Zugmaier, UStG, § 12 Abs. 2 Nr. 8 UStG Rz. 101 (Lfg. 117, 2015); BFH v. 19.2.2004 – V R 39/02, BStBl. II 2004, 672 (674); v. 25.7.1996 – V R 7/95, BStBl. II 1997, 154 (156); v. 29.1.2009 – V R 46/06, BStBl. II 2009, 560 = UR 2009, 385 (387); v. 31.7.2013 – I R 31/12, BFH/NV 2014, 185; v. 31.7.2013 – I R 82/12, FR 2014, 602 = BFH/NV 2014, 203; FG Rheinland-Pfalz v. 23.2.2012 – 6 K 1868/10, EFG 2012, 1202 (1202); so wohl auch *Hüttemann*, Gemeinnützigkeits- und Spendenrecht³, Rz. 6.167; 6.234.

Krankenhaus nach § 67 AO zuzurechnen,[1] auch wenn damit in Wettbewerb zu anderen Apotheken getreten wird. Im Rahmen des vom Gesetzgeber ausdrücklich normierten **Zweckbetriebs des § 66 AO** (Wohlfahrtspflege) war demgegenüber in der Vergangenheit eine restriktive Tendenz des 1. Senates des BFH[2] erkennbar, der hier z.T. – allerdings nicht überzeugend[3] – die Kriterien des § 65 AO – insbesondere den Wettbewerbsvorbehalt der Nr. 3 – im Ergebnis stillschweigend hinein gelesen hat.[4] Damit wird die Wertung des Gesetzgebers umgangen, gerade **im Bereich der Wohlfahrtspflege großzügigere Maßstäbe** anzulegen als bei sonstigen wirtschaftlichen Tätigkeiten gemeinnütziger Körperschaften.[5]

Eine **Verwirklichung steuerbegünstigter Zwecke** (§ 65 Nr. 1 AO) setzt nicht nur voraus, dass irgendwelche gemeinnützigen Zwecke, sondern die in der Satzung festgeschriebenen Zwecke verfolgt werden.[6] Dabei muss nach Ansicht der Rechtsprechung[7] der steuerbegünstigte (Satzungs-)Zweck *unmittelbar* erfüllt werden. Damit scheiden sog. **Mittelbeschaffungsbetriebe** (Geschäftsbetriebe zum Zweck der Mittelverschaffung – z.B. Basare etc.) als Zweckbetriebe aus. 26.67

Der zu **fördernde Zweck darf auch nicht anderweitig erreicht werden können** (§ 65 Nr. 2 AO). Daraus wird geschlussfolgert, dass der wirtschaftliche Geschäftsbetrieb *das einzige Mittel* sein muss, um die steuerbegünstigten Zwecke zu erreichen.[8] Würde man diese Aussage ernst nehmen, dann dürfte ein Zweckbetrieb immer dann entfallen, wenn der gemeinnützige Zweck auch durch Leistungen eines – einzuschaltenden – fremden Dritten erreicht werden könnte.[9] Diese Auslegung würde allerdings mit der Regelung des § 65 Nr. 3 AO kollidieren, der gerade einen solchen Wettbewerb voraussetzt und lediglich verlangt, dass nicht in einem größeren Umfang als notwendig in einen Wettbewerb getreten wird. Insofern verwundert es auch nicht, 26.68

1 BFH v. 31.7.2013 – I R 31/12, BFH/NV 2014, 185; v. 31.7.2013 – I R 82/12, FR 2014, 602 = BFH/NV 2014, 203; FG Münster v. 23.2.2012 – 9 K 4639/10 K,G, DStRE 2012, 922 ff.; ebenso *Hüttemann/Becker*, UR 2014, 637 (646).

2 BFH v. 17.2.2010 – I R 2/08, BStBl. II 2010, 1006 = FR 2010, 1038; v. 16.12.2009 – I R 49/08, BStBl. II 2011, 398; v. 7.3.2007 – I R 90/04, BStBl. II 2007, 628 = FR 2007, 931; anders nunmehr ausdrücklich BFH v. 31.7.2013 – I R 31/12, Rz. 27, BFH/NV 2014, 185.

3 Vgl. die berechtigte Kritik bei *v. Holt*, DB 2010, 1791 (1792); *Schauhoff/Kirchhain*, DStR 2008, 1713 (1715 f.); *Weitemeyer/Klene*, DStR 2016, 937 (939).

4 Ähnlich kritisch *Hüttemann/Schauhoff*, DB 2011, 319 (324).

5 Zutreffend *v. Holt*, DB 2010, 1791 (1792); zur Entscheidung des Gesetzgebers, hier eine Ungleichbehandlung aufgrund der Bedeutung der Leistungen bewusst hinzunehmen s. auch *Hüttemann/Schauhoff*, DB 2011, 319 (319).

6 Ebenso *Tipke* in Tipke/Kruse, AO/FGO, § 65 AO Rz. 2 (Lfg. 118, 2009 Vorauflage); *Gersch* in Klein, AO[12], § 65 AO Rz. 3; a.A. lediglich *Gerisch/Rupp*, DStR 2011, 2378 (2380), wonach die vereinseigene Pferdepension unerlässlich für die Ausübung des Reitsports sein müsse.

7 Zutreffend BFH v. 1.8.2002 – V R 21/01, BStBl. II 2003, 438 (441) = UR 2003, 26.

8 BFH v. 16.12.2009 – I R 49/08, DStR 2010, 599 (600); v. 29.1.2009 – V R 46/06, BStBl. II 2009, 560 = UR 2009, 385 (387); v. 1.8.2002 – V R 21/02, BStBl. II 2003, 438 (441); v. 9.4.1987 – V R 150/78, BStBl. II 1987, 659 (661); v. 18.8.2011 – V R 64/09, HFR 2012, 784.

9 So ausdrücklich *Tipke* in Tipke/Kruse, AO/FGO, § 65 AO Rz. 3 (Lfg. 118, 2009 Vorauflage); ähnlich auch BFH v. 29.1.2009 – V R 46/06, BStBl. II 2009, 560 = UR 2009, 385 (387); wohl auch, aber iE offenlassend FG Köln v. 11.12.1990 – 2 K 406/86, EFG 1991, 574; noch restriktiver – aber ohne Begründung – das FG Niedersachsen (FG Nds. v. 20.10.2009 – 5 K 292/04, EFG 2010, 359 – rkr.), wobei bereits die Tatsache, dass der Leistungsempfänger (!) oder ein Dritter die Leistung auch selbst ausführen könne, schädlich sein soll; unzutreffend auch *Gerisch/Rupp*, DStR 2011, 2378 (2380); kritisch zu Recht auch *Hüttemann*, Gemeinnützigkeits- und Spendenrecht[3], Rz. 6.176 ff., insb. Rz. 6.180.

wenn die Ablehnung eines Zweckbetriebs aus Wettbewerbsgründen häufig sowohl auf § 65 Nr. 2 und Nr. 3 AO gestützt und letztlich lediglich der Wettbewerbsvorbehalt des § 65 Nr. 3 AO geprüft wird.[1] Entscheidender für das Tatbestandsmerkmal des § 65 Nr. 2 AO ist, ob der **gemeinnützige Zweck auch *ohne* diesen** Geschäftsbetrieb **durch die Körperschaft**[2] (und nicht einen Dritten) **erreicht wird.**[3] Dass ein Dritter diese Leistungen auch erbringt, ist für die Beurteilung aus der Sicht der betreffenden Körperschaft – und nur auf diese Sicht stellt § 65 Nr. 2 AO meines Erachtens ab – irrelevant.[4]

26.69 Des Weiteren darf der wirtschaftliche Geschäftsbetrieb (um ein Zweckbetrieb zu sein) zu nicht begünstigten Betrieben derselben oder ähnlicher Art **nicht in größerem Umfang in Wettbewerb treten, als es bei der Erfüllung der steuerbegünstigten Zwecke unvermeidbar ist** (§ 65 Nr. 3 AO). Diese Vorschrift enthält damit kein Wettbewerbsverbot, sondern sichert den Wettbewerbsschutz über § 65 Nr. 1 und 2 AO hinaus ab, in dem eine **Einzelfallabwägung** zwischen dem Interesse der Allgemeinheit an einem **unbeeinträchtigten Wettbewerb** und dem Interesse der Allgemeinheit an der **Förderung der Gemeinnützigkeit** vorgenommen wird. Allerdings ist der Grenzverlauf zwischen den steuerbegünstigten und den regulär zu besteuernden Tätigkeiten immer noch nicht mit hinlänglicher Deutlichkeit und noch nicht nach verallgemeinerungsfähigen Kriterien markiert.[5]

1 So z.B. FG Köln v. 11.12.1990 – 2 K 406/86, EFG 1991, 574; ähnlich FG Brdbg. v. 25.11.1998 – 2 K 825/96 G, EFG 1999, 199 (201 f.) – ehrlicher insoweit das BMF, welches für die Annahme eines Zweckbetriebes *vor allem* auf § 65 Nr. 3 AO abstellen will – vgl. Abschn. 12.9 Abs. 3 Satz 4 UStAE; nur § 65 Nr. 3 AO ansprechend BFH v. 19.7.1995 – I R 56/94, BStBl. II 1996, 28 (29); ebenso BFH v. 15.12.1993 – X R 115/91, BStBl. II 1994, 314 (316 f.); differenzierend hingegen BFH v. 19.2.2004 – V R 39/02, BStBl. II 2004, 672 (674) = UR 2004, 358.

2 *Hüttemann*, Gemeinnützigkeits- und Spendenrecht[3], Rz. 6.180; *Hüttemann/Schauhoff*, DB 2011, 319 (323); BFH v. 2.10.1968 – I R 40/68, BStBl. II 1969, 43 (45); v. 9.4.1987 – V R 150/78, BStBl. II 1987, 659 (661); v. 6.6.2000 – V B 159/99, BFH/NV 2000, 1506 (1506); v. 18.3.2004 – V R 101/01, BStBl. II 2004, 798 (801) – für Leistungen im Zusammenhang mit Blutspenden; im Ergebnis daher zutreffend BFH v. 1.8.2002 – V R 21/02, BStBl. II 2003, 438 (441) = UR 2003, 26 – der die Werbedienstleistungen zur Finanzierung der zu fördernden Tätigkeit nicht ausreichen lässt, um einen Zweckbetrieb anzunehmen; ähnlich auch BFH v. 12.6.2008 – V R 33/05, BStBl. II 2009, 221 = UR 2008, 706 (708); **a.A.** hingegen das FG Bremen v. 12.11.2008 – 2 K 28/08 (1), EFG 2010, 527 (528) – aufgehoben durch BFH v. 18.8.2011 – V R 64/09, HFR 2012, 784 – wenn es meint, weil es keinen Dritten in einem Umkreis von 55 km gegeben habe, sei die Eislaufhalle des Klägers die einzige Möglichkeit gewesen, den Eislaufsport zu fördern; unzutreffend auch Nieders. FG v. 7.11.2013 – 5 K 79/12, EFG 2014, 875 (rkr.) mit zust. Anm. *Büchter-Hole* – ausreichend sei, dass die Tätigkeit auch durch einen Dritten ausgeübt werden könne.

3 Dies meint wohl auch BFH v. 5.8.2010 – V R 54/09, UR 2011, 353 = DStRE 2011, 101 (104) m.w.N., wenn durch den BFH von einem „unentbehrlichen Hilfsbetrieb" gesprochen wird; vgl. auch BFH v. 17.2.2010 – I R 2/08, BStBl. II 2010, 1006 = FR 2010, 1038 und v. 16.10.2013 – XI R 34/11, UR 2014, 481 (487).

4 Zutreffend *von Holt*, DB 2010, 1791 (1792); so wohl nun auch BFH v. 23.7.2009 – V R 93/07, UR 2009, 848, wenn gemeint wird, dass es nicht relevant ist, ob die Zivildienstleistenden, deren Einsatz organisiert wurde, bei ihm höchst selbst tätig waren; vgl. auch zutreffend BFH v. 16.10.2013 – XI R 34/11, UR 2014, 481 (487).

5 So zutreffend *Isensee*, DStJG 26 (2003), 93 (104); *Hüttemann* spricht von umstrittenen Grenzen einer wirtschaftlichen Betätigung steuerbegünstigter Körperschaften, *Hüttemann*, DStJG 26 (2003), 49 (69); vgl. auch die Ausführungen des BFH v. 15.12.1993 – X R 115/91, BStBl. II 1994, 314 (316 f.) = UR 1994, 362; v. 27.10.1993 – I R 60/91, BStBl. II 1994, 573 (575), der – dogmatisch unhaltbar – ohne die Gemeinnützigkeit überhaupt zu prüfen, gleich einen Zweckbetrieb nach § 65 Nr. 3 AO verneint; besser BFH v. 13.6.2012 – I R 71/11, BFH/NV 2013, 89.

Ein Wettbewerb ist gegeben, wenn der wirtschaftliche Geschäftsbetrieb und der nicht begünstigte Betrieb dem gleichen Kundenkreis im gleichen Einzugsgebiet gleiche Leistungen anbieten oder anbieten können,[1] wobei die **abstrakte und potentielle Wettbewerbsbeeinträchtigung ausreichend** ist.[2] Sofern der Gesetzgeber aber gewisse Leistungen kraft Gesetzes nur durch begünstigte Einrichtungen erbringen lässt, fehlt bereits ein potentieller Wettbewerb i.S.d. § 65 Nr. 3 AO.[3] Zu beachten ist allerdings auch, dass ein schädlicher Wettbewerb i.S.d. § 65 Nr. 3 AO nicht vermieden werden kann, wenn durch die gemeinnützige Einrichtung nur eine Kostendeckung angestrebt wird, da auch und gerade ein nur kostendeckendes Wirtschaften geeignet ist, den Wettbewerb zu beeinträchtigen.[4] 26.70

Wenn und soweit aber der **Wettbewerb zur Erfüllung der steuerbegünstigten Zwecke unvermeidbar ist** (weil der Zweck andernfalls nicht erreicht werden könnte), dann steht jedoch richtigerweise auch § 65 Nr. 3 AO der Qualifizierung als Zweckbetrieb nicht entgegen.[5] Dies gilt entgegen dem BFH[6] auch für die Überlassung einer Eislaufhalle durch eine gemeinnützige Körperschaft, wenn deren satzungsmäßiger – gesetzlich anerkannte – Zweck in der Förderung des Eislaufsports besteht. Insofern ist der Zweckbetrieb meines Erachtens immer **im Zusammenhang mit den §§ 52 ff. AO zu sehen**, weswegen bei einem hinreichend konkreten Satzungszweck (den der Gesetzgeber als förderungsfähig ansieht), welcher notwendigerweise verlangt, dass mit nichtgemeinnützigen Drittanbietern in Wettbewerb getreten wird (z.B. eine gGmbH, welche nach ihrem Satzungszweck ausschließlich hilfsbedürftige Personen mit frisch 26.71

---

1 BFH v. 18.8.2011 – V R 64/09, HFR 2012, 784; v. 30.3.2000 – V R 30/99, BStBl. II 2000, 705 (708) = UR 2000, 327; *Seer* in Tipke/Kruse, AO/FGO, § 65 AO Rz. 11 (Lfg. 131, 2012).

2 BFH v. 18.8.2011 – V R 64/09, HFR 2012, 784; v. 29.1.2009 – V R 46/06, BStBl. II 2009, 560 = UR 2009, 385 (388); v. 15.12.1993 – X R 115/91, BStBl. II 1994, 314 (316); v. 27.10.1993 – I R 60/91, BStBl. II 1994, 573 (575); v. 30.3.2000 – V R 30/09, BStBl. II 2000, 705 (708); v. 18.3.2004 – V R 101/01, BStBl. II 2004, 798 (802); *Seer* in Tipke/Kruse, AO/FGO, § 65 AO Rz. 11 (Lfg. 131, 2012); *Hüttemann*, Gemeinnützigkeits- und Spendenrecht[3], Rz. 6.190; *Birkenfeld* in Birkenfeld/Wäger, USt-Handbuch, § 146 Rz. 90 (Lfg. 29, 2002); *Klenk* in Sölch/Ringleb, UStG, § 12 UStG Rz. 411 (Lfg. 68, 2012); so auch das FG Bremen v. 12.11.2008 – 2 K 28/08 (1), EFG 2010, 527 (529) – aufgehoben durch BFH v. 18.8.2011 – V R 64/09, HFR 2012, 784, wobei nach Ansicht des FG Bremen die *potentielle* Wettbewerbssituation ausscheiden soll, wenn im Einzugsgebiet (*in concreto*) kein anderer Wettbewerber existiert; dies ist ein Widerspruch in sich.

3 Zutreffend *Hüttemann/Schauhoff*, DB 2011, 319 (321).

4 BFH v. 17.2.2010 – I R 2/08, BStBl. II 2010, 1006; v. 2.10.1968 – I R 40/68, BStBl. II 1969, 43 (45); v. 15.12.1993 – X R 115/91, BStBl. II 1994, 314 (317); v. 27.10.1993 – I R 60/91, BStBl. II 1994, 573 (576) = FR 1994, 547; *Seer* in Tipke/Kruse, AO/FGO, § 65 AO Rz. 11 f. (Lfg. 131, 2012).

5 Ebenso *Seer* in Tipke/Kruse, AO/FGO, § 65 AO Rz. 11 f. (Lfg. 131, 2012); wohl auch BFH v. 13.6.2012 – I R 71/11, BFH/NV 2013, 89 – Rz. 17; nunmehr auch BFH v. 17.2.2010 – I R 2/08, BStBl. II 2010, 1006 – „Der Wettbewerbsgedanke tritt dagegen zurück, wenn die gemeinnützige Körperschaft ihre Dienstleistungen oder Waren einem Personenkreis anbietet, der das Waren- oder Dienstleistungsangebot der steuerpflichtigen Unternehmen überwiegend nicht in Anspruch nimmt. Gleiches gilt, wenn die Leistungen notwendiges Mittel zur Erreichung eines ideellen Zwecks sind, den Wettbewerber ihrerseits nicht verfolgen (Senat, Urt. v. 26.4.1995 – I R 35/93, BFHE 177, 339 = BStBl. II 1995, 767).“; vgl. auch BFH v. 16.10.2013 – XI R 34/11, UR 2014, 481 (487).

6 BFH v. 18.8.2011 – V R 64/09, HFR 2012, 784. Der BFH übergeht mit seiner Auslegung letztlich die gesetzgeberische Entscheidung, bestimmte Zwecke als gemeinwohlfördernd einzustufen und deren Umsetzung steuerrechtlich zu privilegieren. Im Ergebnis bewertet der BFH die „Wettbewerbsfreiheit“ grds. höher als den vom Gesetzgeber zu begünstigenden Zwecke – die auch das Unionsrecht anerkennt –, ohne die Besonderheiten – Vermögensbindung, Zweckbindung etc. – hinreichend als sachliche Gründe dieser Differenzierung zu würdigen.

gebackenem Brot versorgt und damit in den Wettbewerb zu jedem Bäcker oder Lebensmittelhändler tritt)[1] die Voraussetzungen des § 65 AO gegeben sind.

26.72 Mithin scheidet ein Zweckbetrieb trotz des restriktiver klingenden Wortlauts des § 65 AO immer nur dann aus, wenn die gemeinnützige Körperschaft mit ihrer Tätigkeit über ihren Satzungszweck hinausgeht[2], bzw. wettbewerbsrelevante Nebentätigkeiten bei Gelegenheit der Zweckerreichung (Umkehrschluss aus der Wertung der § 66 Abs. 3 AO und § 68 Nr. 2 AO) ausübt. Dies ist z.B. der Fall, wenn eine Körperschaft mit dem Zweck der Ausbildungsförderung nicht lediglich einen Ausbildungskantinenbetrieb, sondern ein vollwertiges Restaurant mit weiterem (bereits) ausgebildeten zusätzlichen Personal betreibt[3] (qualitative oder quantitative Expansion).[4] Das Überschreiten einer bestimmten Umsatzgröße oder das Bestreben einer vollständigen Auslastung ist aber kein Anhaltspunkt für eine solche schädliche Expansion.[5]

### d) Einzelfallbeispiele von Zweckbetrieben und wirtschaftlichen Geschäftsbetrieben

26.73 **Keinen Zweckbetrieb** begründen nach Ansicht der Rechtsprechung und Finanzverwaltung z.B. die:

- Veräußerung von Erzeugnissen, die in der zweiten Stufe der Blutfraktionierung gewonnen werden, durch **Blutspendedienste** (arg. § 64 Abs. 6 Nr. 3 AO)[6];
- **Krankenfahrten** gemeinnütziger oder mildtätiger Organisationen[7];
- **Zimmervermietung** durch ein **Studentenwerk** an **Nichtstudierende**[8];

1 **A.A.** offenbar BFH v. 18.8.2011 – V R 64/09, HFR 2012, 784; v. 19.7.1995 – I R 56/94, BStBl. II 1996, 28 (29) = FR 1996, 106; a.A. auch das FG Bremen v. 12.11.2008 – 2 K 28/08 (1), EFG 2010, 527 (529) – aufgehoben durch BFH v. 18.8.2011 – V R 64/09, HFR 2012, 784, welches sich über mehrere Seiten bemüht darzulegen, warum ein anderer Wettbewerber doch kein zu schützender Wettbewerber gewesen sei, da die Eislaufgelegenheit in einem Einkaufszentrum etwas anderes als die Eislaufgelegenheit in einer Eishalle sei.

2 Zutreffend der BFH bzgl. der Überlassung medizinischer Großgeräte samt spezialisierten Personals an eine ärztliche Gemeinschaftspraxis durch ein Krankenhaus – BFH v. 6.4.2005 – I R 85/04, BStBl. II 2005, 545 (547); vgl. auch BFH v. 13.6.2012 – I R 71/11, BFH/NV 2013, 89.

3 Zutreffend insoweit die Ausführungen des FG Brdbg. v. 25.11.1998 – 2 K 825/96 G, EFG 1999, 199 (201) – zur Kantine; vgl. auch zutreffend BFH v. 13.6.2012 – I R 71/11, BFH/NV 2013, 89 unter Aufhebung der Vorinstanz (FG Thüringen v. 29.9.2011 – 2 K 29/09, EFG 2012, 8 (9)), welches aus § 65 Nr. 3 AO kein generelles Gebot zur Zurückhaltung am Markt entnehmen wollte.

4 So ähnlich auch FG Münster v. 30.5.2011 – 9 K 73/09 K,F, EFG 2012, 437 (440) – rkr. für eine Labor-GmbH, die nicht nur die Krankenhäuser ihrer gemeinnützigen Gesellschafter sondern auch fremde Dritte versorgt.

5 Insoweit zutreffend FG Thüringen v. 29.9.2011 – 2 K 29/09, EFG 2012, 8 (9 f.); auch der (aufhebende) BFH v. 13.6.2012 – I R 71/11, BFH/NV 2013, 89 hat nicht auf die Höhe des Umsatzes oder die Anzahl der Essen, sondern auf die Beschäftigungsstruktur, mithin die Anzahl der zu fördernden Maßnahmeteilnehmer, abgestellt.

6 Abschn. 12.9 Abs. 4 Nr. 2 UStAE; BMF v. 11.1.1982 – IV A 1 - S 7242 – 8/81, BStBl. I 1982, 370.

7 Abschn. 12.9 Abs. 4 Nr. 3 UStAE; BMF v. 30.12.1983 – IV A 3 - S 7175 – 18/83, BStBl. I 1983, 599.

8 BFH v. 19.5.2005 – V R 32/03, BStBl. II 2005, 900; Abschn. 12.9 Abs. 4 Nr. 7 UStAE.

- **Pensionspferdehaltung**[1];
- Überlassung von **Werbeflächen**[2] (arg. § 64 Abs. 5 Nr. 1 AO);
- Betreiben eines **Werbemobils**[3], **Auftreten als Werbeträger (Trikotwerbung)**[4];
- Überlassung der **Golfplatznutzung** an Nichtmitglieder gegen sog. Greenfee[5];
- Verkauf bestimmter Waren in sog. **Dritte-Welt-Läden**[6];
- **Gaststättenbetrieb** eines Sportvereines[7];
- Umsätze eines sog. **Car-Sharing-Vereins**[8];
- Umsätze aus der **Auftragsforschung** jenseits des § 68 Nr. 9 AO[9];
- **Überlassung** medizinischer Großgeräte samt spezialisierten Personals durch ein Krankenhaus[10];
- **Geschäftsführungs- und Verwaltungsdienstleistungen** für angeschlossene Vereine[11];
- **Überlassung von Sportanlagen an Mitglieder und Nichtmitglieder** zu gleichen Bedingungen[12];

---

1 OFD Münster, Kurzinfo v. 13.7.2005 – Umsatzsteuer Nr. 12/2005, UR 2006, 184; FG Baden-Württemberg v. 30.6.2011 – 12 K 4547/08 (zu Recht aufgehoben durch den BFH v. 16.10.2013 – XI R 34/11, UR 2014, 481 (487); vgl. auch BFH v. 19.2.2004 – V R 39/02, BStBl. II 2004, 672 (674) = UR 2004, 358; FG Schleswig-Holstein v. 18.2.2015 – 4 K 27/14, EFG 2015, 1040 – rkr., ebenso der BFH v. 10.8.2016 – V R 14/15, UR 2016, 957.

2 BFH v. 13.3.1991 – I R 8/88, BStBl. II 1992, 101 = FR 1991, 429 m. Anm. *Jansen*; v. 1.8.2002 – V R 21/01– Freiballon, BStBl. II 2003, 438 = UR 2003, 26.

3 FG Hamburg v. 10.3.2006 – VII 266/04, EFG 2006, 1624 – rkr.

4 BFH v. 9.12.1981 – I R 215/78, BStBl. II 1983, 27 = FR 1982, 624.

5 BFH v. 9.4.1987 – V R 150/78, BStBl. II 1987, 659 = UR 1987, 301; AEAO zu § 64, Ziff. 6.

6 FG Brandenburg v. 25.11.1998 – 2 K 825/96 G, EFG 1999, 199 (202) – rkr., meines Erachtens zweifelhaft, da der Ausbildungszweck schwer vermittelbarer Jugendlicher kaum durch die bloße Information über die Produkte (so aber das FG Brandenburg) erreicht werden kann. Der Wettbewerbsschutz konkurrierender Unternehmer auf der Ebene des Umsatzsteuerrechts erfolgt über § 12 Abs. 2 Nr. 8 Buchst. a Satz 3 UStG.

7 BFH v. 27.3.1991 – I R 31/89, BStBl. II 1992, 103 (104) = FR 1991, 668.

8 BFH v. 12.6.2008 – V R 33/05, BStBl. II 2009, 221 = UR 2008, 706; FG Köln v. 21.4.2005 – 10 K 2476/00, EFG 2005, 1234 – rkr.

9 FG Münster v. 7.12.2010 – 15 K 3110/06 U, EFG 2011, 842 – rkr.; v. 10.4.2014 – 5 K 2409/10 U, EFG 2014, 1521 – rkr.; wohl auch *Kaufmann/Schmitz-Herscheidt/Kroes*, BB 2008, 2717 (2724) – ist stets wirtschaftlicher Geschäftsbetrieb, es sei denn, die Voraussetzungen des § 68 Nr. 9 AO liegen vor.

10 BFH v. 6.4.2005 – I R 85/04, BStBl. II 2005, 545 ff. = FR 2005, 892.

11 BFH v. 29.1.2009 – V R 46/06, BStBl. II 2009, 560 = UR 2009, 385 – meines Erachtens zweifelhaft.

12 FG Düsseldorf v. 23.7.1997 – 5 K 8155/93 U, EFG 1998, 416 (417) – rkr.; BFH v. 2.3.1990 – III R 89/87, BStBl. II 1990, 1012 (1013); vgl. aber auch BFH v. 10.1.1992 – III R 201/90, BStBl. II 1992, 684 (685) – der einen wirtschaftlichen Geschäftsbetrieb nur bzgl. der Vermietung an Vereinsfremde zu anderen Bedingungen annimmt, bei der Vermietung zu gleichen Bedingungen sogar u.U. (10-% Grenze) in Gänze einen Zweckbetrieb bejahen möchte.

- **Organisation der Sporthallenvermietung** durch einen gemeinnützigen Dachverband mehrerer Sportvereine für eine Stadt[1] bzw. die **Pflege von Sportanlagen** einer Stadt[2];
- **Ausgabe von Presseausweisen** durch einen Berufsverband von Zeitungsverlegern[3].

26.74 **Zweckbetriebe** i.S.d. § 65 AO stellen nach Ansicht der Rechtsprechung und Finanzverwaltung zB[4] auch dar:

- **Abmahnungen** durch einen Abmahnverein i.S.d. § 13 Abs. 2 Nr. 2 und 3 UWG[5];
- **Hilfsdienste** bei **Blutspendeterminen**[6];
- die Tätigkeiten der **Landessportbünde** im Rahmen der Verleihung der Sportabzeichen und der gemeinnützigen **Sportverbände** bei der Genehmigung von Sportveranstaltungen der Sportvereine, der Genehmigung von Trikotwerbung sowie der Erteilung von Sportausweisen[7];
- **Vortragsveranstaltungen** eines ökologischen Musterhofes[8];
- **Überlassung von Sportanlagen an Mitglieder**[9];
- **Tierparks und zoologische Gärten;**[10]
- **Essensausgabe an Schüler durch gemeinnützigen Schulförderverein**[11].

## D. Österreichische Regelung

### I. Überblick über die Vorschrift und ihre historische Entwicklung

#### 1. Inhalt

26.75 § 10 Abs. 2 UStG enthält jene Tatbestände, bei denen sich die Steuer auf 10 % ermäßigt. Ziff. 4 unterwirft die Leistungen der Körperschaften, Personenvereinigungen und Vermögensmassen, die gemeinnützigen, mildtätigen oder kirchlichen Zwecken dienen (§§ 34 – 47 der Bundesabgabenordnung) dem ermäßigten Steuersatz, soweit diese Leistungen nicht unter § 6

1 BFH v. 5.8.2010 – V R 54/09, UR 2011, 353 = DStRE 2011, 101 (104).
2 Nieders. FG v. 7.11.2013 – 5 K 79/12, EFG 2014, 875 – rkr. und mit zust. Anm. *Büchter-Hole* – m.E. in der Begründung eher zweifelhaft.
3 BFH v. 7.5.2014 – I R 65/12, BFH/NV 2014, 1670.
4 Vgl. auch die umfangreiche Darstellung bei *Eversberg/Baldauf*, DStZ 2011, 597 (612 ff.).
5 Unklar BFH v. 16.1.2003 – V R 92/01, BStBl. II 2003, 732 (733 f.) = UR 2003, 245.
6 FG Düsseldorf v. 8.11.2006 – 5 K 3447/04 U, EFG 2007, 305 ff.; Nichtzulassungsbeschwerde zurückgewiesen durch BFH v. 4.9.2007 – V B 226/06, juris; Sächs. FG v. 3.1.2007 – 5 K 2018/99, juris – rkr.; vgl. aber auch BFH v. 18.3.2004 – V R 101/01, BStBl. II 2004, 798 = UR 2004, 428; anders hingegen für die organisatorische Unterstützung eines Blutspendedienstes das FG Brdbg. v. 17.10.2001 – 2 K 2766/99, EFG 2002, 121 – rkr.
7 Abschn. 12.9 Abs. 4 Nr. 1 UStAE.
8 BFH v. 23.10.1991 – I R 19/91, BStBl. II 1992, 62.
9 BFH v. 10.1.1992 – III R 201/90, BStBl. II 1992, 684 (685); ablehnend BFH v. 2.3.1990 – III R 89/87, BStBl. II 1990, 1012 (1013).
10 Ministerium der Finanzen des Landes Brandenburg v. 17.8.1994 – VV BB FinMin. 1994-08-17 35-S 2729-28/94, DB 1994, 1902.
11 OFD Frankfurt/M. v. 22.1.2010 – S 7181 A – 4 – St 112, UR 2010, 666 (667 f.).

Abs. 1 UStG fallen, sowie die von Bauvereinigungen, die nach dem Wohnungsgemeinnützigkeitsgesetz als gemeinnützig anerkannt sind, im Rahmen ihrer Tätigkeiten nach § 7 Abs. 1 – 3 WGG erbrachten Leistungen.[1] Der ermäßigte Steuersatz gilt nach dem zweiten Satz der Bestimmung nicht für Leistungen, die im Rahmen eines land- und forstwirtschaftlichen Betriebes, eines Gewerbebetriebes oder eines wirtschaftlichen Geschäftsbetriebes i.S.d. § 45 Abs. 3 BAO ausgeführt werden sowie für die steuerpflichtige Lieferung von Gebäuden, Gebäudeteilen, für die Vermietung (Nutzungsüberlassung) von Räumlichkeiten oder Plätzen für das Abstellen von Fahrzeugen aller Art, für eine als Nebenleistung erbrachte Lieferung von Wärme sowie die steuerpflichtige Lieferung bestimmter in Ziff. 4 aufgezählter Gegenstände. Bei diesen Gegenständen handelt es sich um feste mineralische Brennstoffe, Leuchtöl, Gasöl und Heizöl, Gase und elektrischer Strom sowie Wärme.

Der **Anwendungsbereich** der nationalen Steuersatzermäßigung geht somit **weit über** die **Ermächtigung** der **unionsrechtlichen Regelung** des Art. 98 Abs. 2 i.V.m. Anhang III Nr. 15 der MwStSystRL hinaus. Diese betrifft Umsätze der von den Mitgliedsstaaten anerkannten gemeinnützigen Einrichtungen für wohltätige Zwecke und im Bereich der sozialen Sicherheit, soweit dafür nicht ohnehin Steuerbefreiungen vorgesehen sind. Darüber hinaus sieht Anhang III die Möglichkeit der Einführung begünstigter Steuersätze für kulturelle Dienstleistungen (Z. 7), Leistungen im Wohnbau (Z. 10) und für Eintrittsberechtigung für Sportveranstaltungen (Z. 13) vor. Die **Erbringung durch** einen **gemeinnützigen Rechtsträger** wird in diesen Fällen unionsrechtlich nicht vorausgesetzt. Die Steuerermäßigung nach § 10 Abs 2 Z 4 erscheint damit einerseits insoweit unionsrechtlich zu eng, als sie die Gemeinnützigkeit des Rechtsträgers voraussetzt, andererseits aber über Unionsrecht hinauszugehen, als sie Leistungen solcher Rechtsträger begünstigt, die nicht in Anhang III angeführt sind. 26.76

## 2. Historische Entwicklung

Bereits das UStG 1972 sah in § 10 einen ermäßigten Steuersatz vor. Dieser wurde mit dem UStG 1994 unverändert beibehalten.[2] Mit dem Steuerreformgesetz 2015/2016[3] wurden verschiedene Umsätze aus dem Anwendungsbereich des ermäßigten Steuersatzes von 10 % ausgeschieden und in den Anwendungsbereich des neu eingeführten weiteren ermäßigten Steuersatzes von 13 % überführt. Die Leistungen gemeinnütziger Rechtsträger sind hierbei im Anwendungsbereich des **ermäßigten Steuersatzes von 10 %** (Abs. 2) verblieben. 26.77

## 3. Zweck und systematische Stellung

Die Vorschrift ist zunächst nach **Art** einer **persönlichen Begünstigung** ausgestaltet: Sie bezieht sich auf die Umsätze von Unternehmen, die durch bestimmte persönliche Merkmale (Gemeinnützigkeitsstatus im weiteren Sinn) gekennzeichnet sind. Die persönlichen Voraussetzungen ergeben sich hierbei durch Verweis aus den Normen der Bundesabgabenordnung (§§ 34–47). Begünstigt werden allerdings nicht sämtliche Umsätze dieser Rechtsträger, vielmehr schränkt die Vorschrift den Anwendungsbereich der Steuersatzermäßigung ein, indem **bestimmte Umsätze** von deren Anwendungsbereich **ausgeschlossen** werden. Der **Ausschluss** richtet sich hierbei nicht nach persönlichen, sondern **nach sachlichen Kriterien**, in dem be- 26.78

1 Für die Unterstützung bei der Erstellung des Anmerkungsapparats und die kritische Durchsicht danke ich Herrn Univ.-Ass. Mag. *Sebastian Tratlehner.*

2 BGBl. I 1994/663.

3 BGBl. I 2015/118.

stimmte Konkurrenzsituationen, die für die begünstigte Zweckverwirklichung weder unentbehrlich noch förderlich sind, vom Anwendungsbereich ausgeschlossen werden. Die Vorschrift kombiniert somit Elemente einer persönlichen und einer sachlichen Begünstigung.

26.79 Die Steuersatzermäßigung **zielt auf die Begünstigung des Leistungsempfängers** (s bereits oben Rz. 26.38) ab. Dies lässt sich aus der Belastungskonzeption der Umsatzsteuer als Verbrauchsteuer, die nach Art einer Einkommensverendungssteuer ausgestaltet ist, ableiten.[1] Die mit der Steuersatzermäßigung verbundene Verbilligung der Leistung beinhaltet allerdings einen **Wettbewerbsvorteil** für den Leistenden, womit die Körperschaft mittelbar begünstigt wird. Vor dem Hintergrund der Teleologie einer Einkommensverwendungssteuer ist diese Begünstigung nicht ohne weiteres zu begründen. Der Gesetzgeber sieht daher im Hinblick auf typische **Konkurrenzsituationen Einschränkungen** vor, in dem er etwa für Gewerbebetriebe und wirtschaftliche Geschäftsbetriebe nach § 45 Abs. 3 BAO die Anwendbarkeit des ermäßigten Steuersatzes ausschließt.

26.80 Die **Steuersatzermäßigung** kommt **nur** dann zum Tragen, **wenn** die Leistung **keiner unechten Steuerbefreiung** unterliegt. Unechte Steuerbefreiungen sieht das UStG für gemeinnützige Vereinigungen vor, deren satzungsmäßiger Zweck die Ausübung oder Förderung des Körpersports ist (§ 6 Abs. 1 Z. 14 UStG; s dazu Rz. 18.69 ff.); ferner für gemeinnützige Rechtsträger, die Umsätze der Krankenpflegeanstalten, der Alters-, Blinden- und Siechenheime (§ 6 Abs. 1 Z. 18 UStG, s dazu Rz. 13.73 ff.), Leistungen der Jugend-, Erziehungs-, Ausbildungs-, Fortbildungs- und Erholungsheime an Personen, die das 27. Lebensjahr nicht vollendet haben (§ 6 Abs. 1 Z. 23 UStG, s dazu Rz. 14.93 ff.) sowie für Leistungen, die regelmäßig mit dem Betrieb eines Theaters verbunden sind, Musik- und Gesangsaufführungen und Leistungen, die regelmäßig mit dem Betrieb eines Museums, eines botanischen oder zoologischen Gartens oder eines Naturparks verbunden sind (§ 6 Abs. 1 Z. 24 UStG, s dazu Rz. 19.101 ff.) vor. Diese Befreiungen haben generell Vorrang vor § 10 Abs. 2 Z. 4 UStG. Soweit für einzelne dieser Umsätze eine Option zur Steuerpflicht im nationalen Recht vorgesehen ist[2] und diese von der gemeinnützigen Einrichtung ausgeubt wird, kommt der ermäßigte Steuersatz zur Anwendung.

## II. Kommentierung

### 1. Persönliche Voraussetzungen

26.81 § 10 Abs. 2 Z. 4 UStG begünstigt die Leistungen der Körperschaften, Personenvereinigungen und Vermögensmassen, die gemeinnützigen, mildtätigen oder kirchlichen Zwecken dienen und verweist hierbei auf die §§ 34–47 BAO.

26.82 Nach § 34 Abs. 2 BAO gelten die betreffenden Vorschriften für Körperschaften sowie auch für Personenvereinigungen, Vermögensmassen und für Betriebe gewerblicher Art von Körperschaften öffentlichen Rechts. Nach herrschender Auffassung erfassen die begünstigenden Vorschriften vor allem **Vereine**, die **GmbH, Stiftungen, Anstalten und Genossenschaften** sowie **Betriebe gewerblicher Art** von Körperschaften öffentlichen Rechts.[3] Nicht unter den Anwendungsbereich der begünstigten Vorschriften fallen nach herrschender Auffassung hingegen insbesondere die Personengesellschaften wie die OG, die KG, die EWIV oder die Gesellschaft

1 Vgl. *Ruppe/Achatz*, Umsatzsteuergesetz: Kommentar[5], Einf. Rz. 35.
2 Vgl. Art. XIV BGBl. I 1995/21.
3 Vgl. *Ritz*, BAO[5], § 34 Rz. 1.

bürgerlichen Rechts sowie physische Personen.[1] Wenngleich diese **Differenzierung** für ertragsteuerliche Zwecke nachvollziehbar ist, erscheint sie **für umsatzsteuerliche Zwecke systemfremd.**[2] Vor dem Hintergrund der Belastungskonzeption der Umsatzsteuer kann es für die Steuersatzermäßigung nicht darauf ankommen, ob die Leistung durch eine Personengesellschaft oder eine Kapitalgesellschaft erbracht wird. Unter **Personenvereinigung** i.S.d. § 10 Abs. 2 Z. 4 UStG sind daher nicht nur solche zu verstehen, die (ausnahmsweise) der Körperschaftsteuer unterliegen, sondern **auch Personengesellschaften.**

Die Körperschaft muss die **Voraussetzungen der §§ 34–47 BAO** erfüllen. Dies bedeutet, dass sie nach ihren Rechtsgrundlagen und nach ihrer tatsächlichen Geschäftsführung ausschließlich und unmittelbar der Förderung der begünstigten Zwecke dienen muss. **Gemeinnützig** sind dabei nach § 35 Abs. 1 BAO solche Zwecke, durch deren Erfüllung die Allgemeinheit gefördert wird. Nach § 35 Abs. 2 BAO liegt eine **Förderung der Allgemeinheit** vor, wenn die Tätigkeit dem Gemeinwohl auf geistigem, kulturellem, sittlichem oder materiellem Gebiet nützt. Das Gesetz gibt in weiterer Folge eine demonstrative Aufzählung begünstigter Zwecke, zu denen neben der Förderung der Kunst und Wissenschaft, die Gesundheitspflege, die Kinder-, Jugend- und Familienfürsorge, die Fürsorge für alte, kranke oder mit körperlichen Gebrechen behafteten Personen, die Förderung des Körpersports, des Volkswohnungswesens, der Schulbildung, der Erziehung, der Volksbildung, der Berufsausbildung, der Denkmalpflege, des Natur-, Tier- und Höhlenschutzes, der Heimatkunde, der Heimatpflege und der Bekämpfung von Elementarschäden zählen. Eine **ausschließliche Förderung** des begünstigten Zwecks liegt nach § 39 BAO vor, wenn fünf kumulativ zu erfüllende Voraussetzungen (Z. 1–5) gegeben sind. Z. 1 sieht in diesem Zusammenhang vor, dass eine Vereinigung abgesehen von völlig untergeordneten Nebenzwecken keine anderen als gemeinnützige, mildtätige oder kirchliche Zwecke verfolgen darf.[3] Eine Vereinigung darf ferner keinen Gewinn erstreben und die Mitglieder dürfen keine Gewinnanteile und in ihrer Eigenschaft als Mitglieder keine sonstigen Zuwendungen aus Mitteln der Körperschaft erhalten (Z. 2).[4] Insbesondere dürfen sie bei ihrem Ausscheiden oder bei Auflösung der Körperschaft nicht mehr als ihre Einlagen zurück erhalten (Z. 3).[5] Die Ausschließlichkeit setzt ferner voraus, dass die Körperschaft keine Person durch zweckfremde Verwaltungsausgaben oder unverhältnismäßig hohe Vergütungen begünstigen darf (Z. 4).[6] Bei Auflösung der Körperschaft oder Wegfall des begünstigten Zwecks darf das verbleibende Vermögen nur für gemeinnützige, mildtätige oder kirchliche Zwecke verwendet werden (Z. 5).[7] 26.83

**Unmittelbare Förderung** liegt nach § 40 BAO vor, wenn eine Körperschaft den gemeinnützigen, mildtätigen oder kirchlichen **Zweck selbst erfüllt**. Dies kann auch durch einen Dritten geschehen, wenn dessen Wirken wie eigenes Wirken der Körperschaft anzusehen ist. Diese Voraussetzung trifft grundsätzlich nicht zu auf **Spendensammelvereine.**[8] Mit dem Gemeinnützigkeitsgesetz 2015[9] wurde in § 40a BAO angeordnet, dass eine Körperschaft ihren begünstigten Zweck nicht dadurch verliert, dass sie Mittel an begünstigte Einrichtungen 26.84

1 Vgl. *Ritz*, BAO$^5$, § 34 Rz. 1.; *Stoll*, BAO-Kommentar, 431.
2 Vgl. bereits *Achatz* in Achatz, Non-Profit-Organisationen II, 29.
3 Vgl. dazu *Ritz*, BAO$^5$, § 39 Rz. 1 f.; *Stoll*, BAO-Kommentar, 465 ff.
4 Vgl. dazu *Ritz*, BAO$^5$, § 39 Rz. 3 ff., *Stoll*, BAO-Kommentar, 468.
5 Vgl. dazu *Ritz*, BAO$^5$, § 39 Rz. 6, *Stoll*, BAO-Kommentar, 468 f.
6 Vgl. dazu *Ritz*, BAO$^5$, § 39 Rz. 7, *Stoll*, BAO-Kommentar, 469.
7 Vgl. dazu *Ritz*, BAO$^5$, § 39 Rz. 8 ff., *Stoll*, BAO-Kommentar, 470 f.
8 VwGH v. 24.9.2014 – 2011/13/0176, ÖStZB 2015, 81.
9 BGBl. I 2015/160.

zur unmittelbaren Förderung derselben Zwecke wie die zuwendende Körperschaft zuwendet. Auch die Zurverfügungstellung von Mitteln für Stipendien und Preise für der Wissenschaft dienende Forschungsaufgaben oder für der Erwachsenenbildung dienenden Lehraufgaben sowie für damit verbundene wissenschaftlichen Publikationen und Dokumentationen schließt den begünstigten Status des Rechtsträgers nach § 40b BAO nicht aus.

## 2. Ausnahmen von der Begünstigung

26.85 In ihrem zweiten Teil enthält die Vorschrift des § 10 Abs. 2 Z. 4 UStG einen **Ausnahmekatalog** verschiedener Sachverhalte, für die die Begünstigung nicht zur Anwendung gelangen kann. Zweck der Ausnahmen ist in diesem Zusammenhang die Vermeidung von Wettbewerbsverzerrungen.[1]

### a) Land- und forstwirtschaftliche Betriebe, Gewerbebetriebe, wirtschaftliche Geschäftsbetriebe nach § 45 Abs. 3 BAO

26.86 Land- und forstwirtschaftliche Betriebe, Gewerbebetriebe und wirtschaftliche Geschäftsbetriebe nach § 45 Abs. 3 BAO führen nach der Systematik des Gemeinnützigkeitsrechts grundsätzlich zum Verlust der gemeinnützigkeitsabhängigen Begünstigungen, womit auch der begünstigte Umsatzsteuersatz generell wegfallen müsste. § 44 Abs. 2 BAO sieht in diesem Zusammenhang allerdings für solche Fälle die Möglichkeit vor, eine sog. **Ausnahmebewilligung** zu beantragen, wenn durch den Eintritt einer Abgabepflicht die Erreichung des von der Körperschaft verfolgten mildtätigen oder kirchlichen Zwecks vereitelt oder wesentlich gefährdet wäre. Wird einem solchen Antrag stattgegeben, bleibt der Gemeinnützigkeitsstatus für den Rechtsträger erhalten.

26.87 Für solche Fälle bewirkt somit § 10 Abs. 2 Z. 4 Satz 2 UStG, dass für die **an sich gemeinnützigkeitsschädlichen Tätigkeiten** der **Normalsteuersatz** zur Anwendung gelangt, während für die nicht-gemeinnützigkeitsschädlichen Tätigkeiten die Steuersatzbegünstigung weiterhin anwendbar bleibt. Dies gilt nach herrschender Auffassung selbst dann, wenn das Finanzamt in der Ausnahmegenehmigung bescheidmäßig von der Geltendmachung einer Abgabepflicht zur Gänze absehen sollte. Eine solche Festlegung bezieht sich alleine auf den Bereich der Körperschaftsteuer, nicht aber auf jenen der Umsatzsteuer.[2]

26.88 Neben der in § 44 Abs. 2 BAO vorgesehenen Möglichkeit der Beantragung einer Ausnahmebewilligung sieht **§ 45a BAO** vor, dass diese **Bewilligung als erteilt gilt**, wenn die von einer Körperschaft im Rahmen von land- und forstwirtschaftlichen Betrieben, Gewerbebetrieben und wirtschaftlichen Geschäftsbetrieben gem. § 45 Abs. 3 BAO ausgeführten Umsätze insgesamt nicht den Betrag von 40.000 Euro im Jahr übersteigen. Auch in den Fällen einer kraft Gesetzes erteilten Ausnahmebewilligung, kommt die Steuersatzbegünstigung nicht für jene Umsätze zum Tragen, die unter § 45a BAO fallen.

26.89 Für gemeinnützige Körperschaften kommt der Normalsteuersatz somit nur dann zum Tragen, wenn nach § 44 Abs. 2 BAO eine Ausnahmebewilligung erteilt wurde oder gem. § 45a BAO als erteilt gilt. Der Normalsteuersatz bezieht sich dann auf Umsätze, die im Rahmen land- und forstwirtschaftlicher Betriebe, Gewerbebetriebe und wirtschaftliche Geschäftsbetriebe gem. § 45 Abs. 3 BAO ausgeführt werden. Im Übrigen bleibt die Begünstigung erhalten. Dies be-

1 Vgl. *Ruppe/Achatz*, UStG, Kommentar$^5$, § 10 Rz. 82.
2 Vgl. *Ruppe/Achatz*, UStG, Kommentar$^5$, § 10 Rz. 86.

deutet, dass die **Begünstigung im Kern eingeschränkt** wird **auf** wirtschaftliche Geschäftsbetriebe, die als **unentbehrliche** oder **entbehrliche Hilfsbetriebe** qualifiziert werden können. Dies folgt zwanglos aus § 45 Abs. 3 BAO, wonach ein solcher wirtschaftlicher Geschäftsbetrieb nur dann vorliegt, auf den weder die Voraussetzungen des Abs. 1 noch jene des Abs. 2 zutreffen.

Ein **unentbehrlicher Hilfsbetrieb („Zweckbetrieb")** liegt nach § 45 Abs. 2 BAO vor, wenn der wirtschaftliche Geschäftsbetrieb in seiner Gesamtrichtung auf die Erfüllung gemeinnütziger, mildtätiger oder kirchlicher Zwecke eingestellt ist, die Zwecke anders als durch den wirtschaftlichen Geschäftsbetrieb nicht erreichbar sind und der wirtschaftliche Geschäftsbetrieb zu abgabepflichtigen Betrieben derselben oder ähnlichen Art nicht im größeren Umfang im Wettbewerb tritt als dies bei Erfüllung der Zwecke unvermeidbar ist.[1] 26.90

Ein **entbehrlicher Hilfsbetrieb („Zweckbetrieb im weiteren Sinn")** liegt nach § 45 Abs. 1 BAO vor, wenn er sich als Mittel zur Erreichung der gemeinnützigen, mildtätigen oder kirchlichen Zwecke darstellt. Diese Voraussetzung ist nach dem Gesetz gegeben, wenn durch den Betrieb eine Abweichung von dem in der Rechtsgrundlage der Körperschaft festgelegten Zweck nicht eintritt und die durch den wirtschaftlichen Geschäftsbetrieb erzielten Überschüsse der Körperschaft zur Förderung ihrer gemeinnützigen, mildtätigen oder kirchlichen Zwecke dienen. Im Unterschied zum unentbehrlichen Hilfsbetrieb ist der Betrieb aber nicht in seiner Gesamtheit auf die Erfüllung begünstigter Zwecke eingestellt und die begünstigten Zwecke sind auch anders als durch den betreffenden Betrieb erreichbar.[2] 26.91

### b) Sonstige nicht begünstigte Leistungen

**Nicht begünstigt** ist die **Lieferung von Gebäuden oder Gebäudeteilen**. Für diese sieht § 6 Abs. 1 Z. 9 lit. a UStG eine unechte Steuerbefreiung vor, wobei der Körperschaft nach Maßgabe des § 6 Abs. 2 UStG das Recht auf Option für die Steuerpflicht zusteht. Wird die **Option** zur Steuerpflicht ausgeübt, kommt der **Normalsteuersatz** zur Anwendung. Der Ausschluss des ermäßigten Steuersatzes soll die Erlangung unverhältnismäßiger Wettbewerbsvorteile im Bereich der Grundstücksumsätze ausschließen. 26.92

Die **Vermietung (Nutzungsüberlassung) von Räumlichkeiten oder Plätzen für das Abstellen von Fahrzeugen aller Art** fällt nicht unter die unechte Steuerbefreiung des § 6 Abs. 1 Z. 16 UStG, es besteht vielmehr allgemein Steuerpflicht. Auch für gemeinnützige Rechtsträger kommt in diesen Fällen der **Normalsteuersatz** zur Anwendung[3]. 26.93

Nicht begünstigt ist ferner die als **Nebenleistung erbrachte Lieferung von Wärme**. Diese Regelung ist im Zusammenhang mit der allgemeinen Steuersatzermäßigung für Wohnraumvermietung (§ 10 Abs. 2 Z. 3 lit a und b UStG) zu sehen. Für diese Fälle ist angeordnet, dass eine als Nebenleistung erbrachte Lieferung von Wärme jedenfalls dem **Normalsteuersatz** unterliegt. Damit soll sichergestellt werden, dass Mieter, die Wärme als Nebenleistung vom Vermieter beziehen, jenen Personen umsatzsteuerlich gleichgestellt werden, die individuell für die Beheizung sorgen müssen.[4] Für gemeinnützige Rechtsträger soll nichts anderes gelten: Die Steuersatzermäßigung für gemeinnützige Rechtsträger gem. § 10 Abs. 2 Z. 4 UStG soll nicht 26.94

1 Vgl. hierzu auch *Ritz*, BAO[5], § 45 Rz. 1.
2 Vgl. hierzu etwa *Ritz*, BAO[5], § 45 Rz. 5.
3 Vgl zum Anwendungsbereich *Ruppe/Achatz*, UStG, Kommentar[5], § 10 Tz. 89 ff.
4 Vgl. *Ruppe/Achatz*, UStG, Kommentar[5], § 10 Rz. 63.

dazu führen, dass die Lieferung von Wärme dem ermäßigten Steuersatz unterworfen werden kann.

### 3. Vermögensverwaltung durch Überlassung von Grundstücken und Gebäuden zur Nutzung

26.95 Hinsichtlich der Vermietung von (bebauten) Grundstücken unterscheidet das österreichische UStG allgemein zwischen der Vermietung für Wohnzwecke und der Nutzungsüberlassung für sonstige Zwecke. Für die **Wohnraumvermietung** sieht § 10 Abs. 2 Z. 3 UStG einen **ermäßigten Steuersatz** i.H.v. **10 %** vor. Diese Sonderbehandlung von Vermietungsumsätzen ergibt sich aus dem Beitrittsvertrag.[1] Die **Vermietung zu anderen Zwecken** unterliegt der **unechten Steuerbefreiung** nach § 6 Abs. 1 Z. 16 UStG, für die dem Vermieter nach Maßgabe des § 6 Abs. 2 UStG das Recht auf **Option** zur Steuerpflicht zusteht.

26.96 Wird das Grundstück durch einen gemeinnützigen Rechtsträger zu anderen als zu Wohnzwecken vermietet, geht die Steuerbefreiung vor. Optiert die gemeinnützige Körperschaft zur Steuerpflicht kommt jedenfalls der **Normalsteuersatz** zur Anwendung.[2] Die Spezialvorschrift des § 6 Abs. 2 UStG geht somit der allgemeinen Steuersatzermäßigung des § 10 Abs. 2 Z. 4 UStG vor.

### 4. Sonderfragen

#### a) Gemeinnützige Bauvereinigungen

26.97 **Bauvereinigungen**, die die Voraussetzungen des WGG erfüllen und von der Landesregierung als gemeinnützig anerkannt werden, gelten in Bezug auf bestimmte in § 7 Abs. 1–3 WGG bezeichneten Geschäfte (Errichtung und Verwaltung von Wohnungen und Eigenheimen) als gemeinnützig i.S.d. § 34 ff. BAO.[3] Die **Begünstigungsvorschrift** des § 10 Abs. 2 Z. 4 UStG ist **grundsätzlich** auf diese Tätigkeiten **anwendbar**. Die steuerpflichtige **Lieferung** von **Gebäuden und Gebäudeteilen** wie auch die steuerpflichtige **Vermietung** von **Grundstücken (ausgenommen die Vermietung zu Wohnzwecken** – s. Rz. 26.95). ist allerdings nach allgemeinen Grundsätzen vom Anwendungsbereich des ermäßigten Steuersatzes **ausgenommen**.[4]

#### b) Sportvereine

26.98 Diese fallen unter die **unechte Steuerbefreiung nach § 6 Abs. 1 Z. 14 UStG**. Eine Option zur Steuerpflicht ist nicht vorgesehen. Der ermäßigte Steuersatz nach § 10 Abs. 2 Z. 4 UStG kommt daher in diesen Fällen nicht zum Tragen (s. zur Besteuerung gemeinnütziger Sportvereine Rz. 18.69 ff.).

#### c) Gemeinnützige Krankenanstalten

26.99 Gemäß § 46 BAO ist eine Krankenanstalt, die durch einen im Übrigen gemeinnützigen Rechtsträger geführt wird, auch dann als wirtschaftlicher Geschäftsbetrieb i.S.d. § 45 Abs. 1 BAO zu behandeln, wenn sich der Rechtsträger von der Absicht leiten lässt, durch den Be-

1 Vgl. *Ruppe/Achatz*, UStG, Kommentar[5], § 10 Rz. 50.
2 Vgl. auch UStR 2000 Rz. 1238a.
3 Vgl. *Ruppe/Achatz*, UStG, Kommentar[5], § 10 Rz. 84.
4 Vgl. *Ruppe/Achatz*, UStG, Kommentar[5], § 10 Rz. 89.

trieb der Anstalt einen Gewinn zu erzielen. Eine allfällige **Gewinnerzielung tangiert** damit die **Gemeinnützigkeit nicht**. Zu beachten ist allerdings, dass **gemeinnützige Krankenanstalten** der **unechten Steuerbefreiung** nach § 6 Abs. 1 Z. 18 UStG unterliegen. Eine Option zur Steuerpflicht ist in diesen Fällen ausgeschlossen. Die Vorschrift des § 10 Abs. 2 Z. 4 UStG ist daher in diesen Fällen nicht relevant. Die Umsätze **nicht gemeinnütziger Krankenanstalten** unterliegen gem. **§ 10 Abs. 2 Z. 8 UStG dem ermäßigten Steuersatz**[1] (s. zur Besteuerung gemeinnütziger Krankenanstalten Rz. 11.154 ff.).

## E. Reformvorschläge

Der ermäßigte Steuersatz für bestimmte gemeinnützige Leistungen gemeinnütziger Körperschaften ist unionsrechtlich erlaubt und verfassungsrechtlich unproblematisch. Der Gesetzgeber kann durchaus das altruistische Verhalten fördern und die davon begünstigten Personen von der Umsatzsteuer teilweise entlasten. Ob der ermäßigte **Steuersatz im Umsatzsteuerrecht** aber tatsächlich **an das Gemeinnützigkeitsrecht der AO anknüpfen muss**, ist eine andere Frage. Angesichts der vielen Streitigkeiten im Gemeinnützigkeitsrecht ist der damit verbundene Vereinfachungsgedanke ohnehin kaum vorhanden und viele Bestimmungen der AO sind nicht mit den unionsrechtlichen Voraussetzungen abgestimmt, was weiteres Konfliktpotential in sich birgt. Eine autonome umsatzsteuerrechtliche Definition einer begünstigten gemeinnützigen Leistung, welche an die formale Anerkennung als gemeinnützige Körperschaft anknüpft, wäre hier wohl hilfreicher, als die Trennung zwischen wirtschaftlichen Geschäftsbetrieb, Zweckbetrieb, ideeller Sphäre und Vermögensverwaltung i.S.d. AO. 26.100

Eine andere Alternative zur Reduzierung der mit einer Ausnahme immer verbundenen Abgrenzungsprobleme ist die **Abschaffung des ermäßigten Umsatzsteuersatzes**. Die Begünstigung des altruistischen Verhaltens zugunsten der Allgemeinheit könnte zielgenauer über die direkten Steuern durchgeführt werden und die Begünstigung der Leistungsempfänger zielgenauer über direkte Hilfen wie eine Anhebung der Grundfreibeträge oder der Sozialhilfe. Beide Varianten (umsatzsteuerrechtliche Definition oder Abschaffung des ermäßigten Steuersatzes) sind aber allein politische Entscheidungen des Gesetzgebers, die dieser vor seinen Wählern zu verteidigen hat, rechtlich aber keinesfalls zwingend sind. 26.101

Zwingender hingegen ist ein **rechtsstaatlicher Umgang mit Fehlern des leistenden Unternehmers** bei der Handhabung des als eine Ausnahme eingeführten ermäßigten Steuersatzes in § 12 Abs. 2 Nr. 8 UStG. Die mit jeder Ausnahme einhergehenden Abgrenzungsprobleme (insbesondere ob noch ein Zweckbetrieb oder schon ein wirtschaftlicher Geschäftsbetrieb vorliegt) können in einem Rechtsstaat (Art. 20 Abs. 3 GG) nicht allein dem Steuerpflichtigen auferlegt werden. Dies gilt zumindest bei einer indirekten Steuer, bei der eine fremde Steuerlast für den Steuergläubiger eingesammelt wird. Hier ist ein **Vertrauensschutz** (zum Vertrauensschutz s. ausf. Rz. 5.2 ff., welches aber die hier relevante Konstellation noch nicht behandelt) für unerkannte Fehler (oder solche Fehler, die auf Aussagen der Finanzverwaltung oder der FG selbst basieren) zwingend geboten. 26.102

1 Vgl. *Ruppe/Achatz*, UStG, Kommentar[5], § 10 Rz. 118.

# 6. Teil
# Vorsteuerabzug und Verfahren

## Kapitel 27
## Vorsteuerabzug

**Literatur:** *Beiser*, Schlüssel zur Vorsteueraufteilung – die Aufspaltung in wirtschaftliche und nichtwirtschaftliche Tätigkeiten, BB 2009, 1324; *Dziadkowski*, Vorsteuerabzugsrecht eines Gründungsgesellschafters, UR 2013, 902; *Dziadkowski*, Zur richtlinienkonformen Umsatzbesteuerung der privaten (nichtunternehmerischen) Gebäudenutzung, IStR 2007, 92; *Eggers/Ahrens*, Vorsteuerabzug bei Holdinggesellschaften: Sphärentheorie reloaded?, DB 2013, 2528; *Ehrke-Rabel*, Missbrauch und Vorsteuerabzug, in: UmsatzsteuerForum e.V./Bundesministerium der Finanzen (Hrsg.), 100 Jahre Umsatzsteuer in Deutschland 1918-2018, Köln, 2018; *Englisch*, The EU Perspective on VAT Exemptions, in de la Feria, VAT Exemptions: Consequences and Design Alternatives, Zuidpoolsingel 2013, 37; *Englisch*, VAT and general principles of EU Law in Weber (Hrsg.), Traditional and Alternative Routes on European Tax Integration, Amsterdam 2010, 231; *Hamm*, Vorgesellschaften im Steuerrecht, 2013; *Henze*, Grundsatz der steuerlichen Neutralität im gemeinsamen Mehrwertsteuersystem – Eine Bestandsaufnahme der Rechtsprechung des EuGH, in Englisch/Nieskens (Hrsg.), Umsatzsteuer-Kongress-Bericht 2010, Köln 2011, 10; *Heuermann*, Gibt es jetzt eine Einlagenentsteuerung? Konzise Überlegungen zum EuGH-Urteil *Gmina Ryjewo* und zum System der Zuordenbarkeit, MwStR 2018, 1000; *Heuermann*, Mit *Italmoda* auf den Schultern von Larenz, DStR 2015, 1416; *Heuermann*, Neujustierung der Vorsteueraufteilung bei gemischter Verwendung von Eingangsleistungen – insbesondere bei Gebäuden, UR 2014, 505; *Hiller*, Die Umsatzbesteuerung der privaten Nutzung, Entnahme und Veräußerung unternehmerischer Gegenstände, DStR 2005, 809; *Huschens*, EU-UStB 2018, 69 f.; *Huschens*, Rechnungsberichtigung mit Rückwirkung ohne Rechnung?, in: UmsatzsteuerForum e.V./Bundesministerium der Finanzen (Hrsg.), 100 Jahre Umsatzsteuer in Deutschland 1918-2018, Köln, 2018; *Ismer/Artinger*, Verhältnismäßigkeit statt Gutglaubensschutz im Mehrwertsteuerrecht: Kohärenz der Rechtsprechung des Europäischen Gerichtshofs, MwStR 2019, 56; Jäckel/Schwarz, Aktuelle Entwicklungen zum Vorsteuerabzug der öffentlichen Hand – das „neue" Marktplatzurteil des BFH und seine Folgen, DStR 2019, 473; *Jacobs*, Umsatzsteuer und Gemeinnützigkeit: am Gemeinwohl orientierte Steuerbefreiungen im Lichte der sechsten Umsatzsteuerrichtlinie am Beispiel von Sozialfürsorge, Erziehung und Bildung, Sport und Kultur, 2009; *Kemper*, Das deutsche Umsatzsteuerrecht zwischen Steuergestaltung, Missbrauch und Hinterziehung, in: UmsatzsteuerForum/Bundesministerium der Finanzen (Hrsg.), 100 Jahre Umsatzsteuer in Deutschland 1918-2018, Köln, 2018; *Kessens*, Aktuelle Entwicklungen im Umsatzsteuerrecht – Friktionen zwischen EuGH, BFH und Finanzverwaltung?, MwStR 2019, 308; *Kessler/Haller*, Vorsteueraufteilung bei gemischt genutzten Gebäuden – Ende gut, alles gut?, DStR 2014, 1697; *Kirchhain*, Mitgliedsbeiträge umsatzsteuerfrei? Vorsteuerabzug in Gefahr! – Zum BMF-Schreiben vom 4.2.2019, SpuRt 2019, 107; *Kleinpeter*, Umsatzsteuer und Arzneimittel im System der gesetzlichen Krankenversicherung, 2019; *Küffner/Kirchinger*, UR 2018, 692 f.; *Lange*, Der Steuerpflichtige: Unternehmereigenschaft und Unternehmersphäre, DStJG 32 (2009), 303; *Mayer*, Vorsteuerabzug aus verlorenen Anzahlungen: „Weil nicht sein kann, was nicht sein … soll?", MwStR 2019, 400; *Oelmaier*, Unternehmensbezogene Zuordnung und umsatzbezogener Vorsteuerabzug, MwStR 2014, 600; *Reiß*, Rückwirkung des Vorsteuerabzugs nach/bei Berichtigung/Ergänzung von unzureichenden Rechnungsangaben – Senatex und die Folgen, MwStR 2016, 972; *Reiß*, Vorsteuerabzugsberechtigung bei Investitionsaufwendungen des Gesellschafters für zu besteuernde Umsätze der Gesellschaft, MwStR 2013, 500; *Reiß*, Die harmonisierte Umsatzsteuer im nationalen Wirtschaftsverkehr – Widersprüche, Lücken und Harmonisierungsbedarf, DStJG 32 (2009), 9; *Reiß*, Der Belastungsgrund der Umsatzsteuer und seine Bedeutung für die Auslegung des Umsatzsteuergesetzes, DStJG 13 (1990), 3; *Reiß*, Umsatzbesteuerung und Vorsteuerabzug/-vergütung ohne Umsätze und ohne Unternehmer, MwStR 2019, 392; *Robisch*, Methode der Aufteilung von Vorsteuern bei gemischter Verwendung, UR 2008, 81; *Ruppe*, „Unechte" Umsatzsteuerbefreiungen, in Lang (Hrsg.), Die Steuerrechtsordnung in der Diskussion, FS für Tipke, Köln 1995, 457; *Söhn*, Die Harmonisierung der Umsatzsteuern in der Europäischen Gemeinschaft, StuW 1976, 1; *Stadie*, Befreiungen und Ermäßigungen-Chaos, System oder Konglomerat?, DStJG 32 (2009), 143; *Sterzinger*, Vorsteuerabzug eines Gesellschafters, DStR 2013, 1309; *Sterzinger*, Vorsteuerabzug bei nichtunternehmerischer, aber nicht völlig unternehmensfremder Verwendung, UR 2010, 125; *von Streit/Streit*, Anmerkungen zum Rechnungserfordernis beim Vorsteuerabzug unter Berücksichtigung der jüngsten Rechtsprechung, MwStR 2019, 13; *Treiber*, Die Bedeutung der Rechnung für den Vorsteuerabzug nach „Senatex" und „Barlis", UR 2017, 858; *Treiber*, Die Bekämpfung von Steuerhinterziehungen als Rechtfertigungsgrund für die Einschränkung nationaler umsatzsteuerrechtlicher Vorschriften, MwStR 2015, 626; *Wäger*, Der Kampf gegen die Steuerhinterziehung, UR 2015, 81; *Wäger*, Weniger ist mehr: Verwirklichung des Normzwecks einer Vorschrift durch ihre Aufhebung, UR 2012, 25; *Widmann*, Über Rechnungen nach den EuGH-Urteilen in den Rs. Senatex und Barlis, UR 2017, 18; *Widmann*, Die Vorsteuer-Berichtigungsfrist gem. § 15a Abs. 1 UStG sollte für Grundstücke alsbald auf zwanzig Jahre verlängert werden, UR 2004, 12; *Widmann*, Vom Handeln eines Steuerpflichtigen als solchem, UR 2018, 666 ff.; *Zirkl*, Die Neutralität der Umsatzsteuer als europäisches Besteuerungsprinzip, 2015.

## A. Normtexte

### I. Unionsrechtliche Rechtsgrundlagen 27.1

**Titel X. Vorsteuerabzug**

**Kapitel 1. Entstehung und Umfang des Rechts auf Vorsteuerabzug**

**Artikel 167 MwStSystRL**

**Das Recht auf Vorsteuerabzug entsteht, wenn der Anspruch auf die abziehbare Steuer entsteht.**

**Artikel 167a MwStSystRL (nicht abgedruckt)**

**Artikel 168 MwStSystRL**

**Soweit die Gegenstände und Dienstleistungen für die Zwecke seiner besteuerten Umsätze verwendet werden, ist der Steuerpflichtige berechtigt, in dem Mitgliedstaat, in dem er diese Umsätze bewirkt, vom Betrag der von ihm geschuldeten Steuer folgende Beträge abzuziehen:**

**a) die in diesem Mitgliedstaat geschuldete oder entrichtete Mehrwertsteuer für Gegenstände und Dienstleistungen, die ihm von einem anderen Steuerpflichtigen geliefert bzw. erbracht wurden oder werden;**

**b) die Mehrwertsteuer, die für Umsätze geschuldet wird, die der Lieferung von Gegenständen beziehungsweise dem Erbringen von Dienstleistungen gemäß Artikel 18 Buchstabe a sowie Artikel 27 gleichgestellt sind;**

**c) die Mehrwertsteuer, die für den innergemeinschaftlichen Erwerb von Gegenständen gemäß Artikel 2 Absatz 1 Buchstabe b Ziffer i geschuldet wird;**

**d) die Mehrwertsteuer, die für dem innergemeinschaftlichen Erwerb gleichgestellte Umsätze gemäß den Artikeln 21 und 22 geschuldet wird;**

**e) die Mehrwertsteuer, die für die Einfuhr von Gegenständen in diesem Mitgliedstaat geschuldet wird oder entrichtet worden ist.**

**Artikel 168a MwStSystRL**

**(1) Soweit ein dem Unternehmen zugeordnetes Grundstück vom Steuerpflichtigen sowohl für unternehmerische Zwecke als auch für seinen privaten Bedarf oder den seines Personals oder allgemein für unternehmensfremde Zwecke verwendet wird, darf bei Ausgaben im Zusammenhang mit diesem Grundstück höchstens der Teil der Mehrwertsteuer nach den Grundsätzen der Artikel 167, 168, 169 und 173 abgezogen werden, der auf die Verwendung des Grundstücks für unternehmerische Zwecke des Steuerpflichtigen entfällt. Ändert sich der Verwendungsanteil eines Grundstücks nach Unterabsatz 1, so werden diese Änderungen abweichend von Artikel 26 nach den in dem betreffenden Mitgliedstaat geltenden Vorschriften zur Anwendung der in den Artikeln 184 bis 192 festgelegten Grundsätze berücksichtigt.**

**(2) Die Mitgliedstaaten können Absatz 1 auch auf die Mehrwertsteuer auf Ausgaben im Zusammenhang mit von ihnen definierten sonstigen Gegenständen anwenden, die dem Unternehmen zugeordnet sind.**

**Artikel 169 MwStSystRL**

**Über den Vorsteuerabzug nach Artikel 168 hinaus hat der Steuerpflichtige das Recht, die in jenem Artikel genannte Mehrwertsteuer abzuziehen, soweit die Gegenstände und Dienstleistungen für die Zwecke folgender Umsätze verwendet werden:**

**a) für seine Umsätze, die sich aus den in Artikel 9 Absatz 1 Unterabsatz 2 genannten Tätigkeiten ergeben, die außerhalb des Mitgliedstaats, in dem diese Steuer geschuldet oder entrichtet wird, bewirkt werden und für die das Recht auf Vorsteuerabzug bestünde, wenn sie in diesem Mitgliedstaat bewirkt worden wären;**

**b) für seine Umsätze, die gemäß den Artikeln 138, 142, 144, 146 bis 149, 151, 152, 153, 156, dem Artikel 157 Absatz 1 Buchstabe b, den Artikeln 158 bis 161 und Artikel 164 befreit sind;**

**c) für seine gemäß Artikel 135 Absatz 1 Buchstaben a bis f befreiten Umsätze, wenn der Dienstleistungsempfänger außerhalb der Gemeinschaft ansässig ist oder wenn diese Umsätze unmittelbar mit Gegenständen zusammenhängen, die zur Ausfuhr aus der Gemeinschaft bestimmt sind.**

**Artikel 170 MwStSystRL**

**Jeder Steuerpflichtige, der im Sinne des Artikels 1 der Richtlinie 79/1072/EWG (1), des Artikels 1 der Richtlinie 86/560/EWG (2) und des Artikels 171 der vorliegenden Richtlinie nicht in dem**

**Mitgliedstaat ansässig ist, in dem er die Gegenstände und Dienstleistungen erwirbt oder mit der Mehrwertsteuer belastete Gegenstände einführt, hat Anspruch auf Erstattung dieser Steuer, soweit die Gegenstände und Dienstleistungen für die Zwecke folgender Umsätze verwendet werden:**

**a) die in Artikel 169 genannten Umsätze**

**b) die Umsätze, bei denen die Steuer nach den Artikeln 194 bis 197 und 199 lediglich vom Empfänger geschuldet wird.**

Artikel 171 MwStSystRL

**(1) Die Erstattung der Mehrwertsteuer an Steuerpflichtige, die nicht in dem Mitgliedstaat, in dem sie die Gegenstände und Dienstleistungen erwerben oder mit der Mehrwertsteuer belastete Gegenstände einführen, sondern in einem anderen Mitgliedstaat ansässig sind, erfolgt nach dem in der Richtlinie 79/1072/EWG des Rates vorgesehenen Verfahren.**

**Steuerpflichtige im Sinne des Artikels 1 der Richtlinie 79/1072/EWG, die in dem Mitgliedstaat, in dem sie die Gegenstände und Dienstleistungen erwerben oder mit der Mehrwertsteuer belastete Gegenstände einführen, ausschließlich Lieferungen von Gegenständen und Dienstleistungen bewirken, für die gemäß den Artikeln 194 bis 197 und 199 der Empfänger der Umsätze als Steuerschuldner bestimmt worden ist, gelten bei Anwendung der genannten Richtlinie ebenfalls als nicht in diesem Mitgliedstaat ansässige Steuerpflichtige.**

**(2) Die Erstattung der Mehrwertsteuer an nicht im Gebiet der Gemeinschaft ansässige Steuerpflichtige erfolgt nach dem in der Richtlinie 86/560/EWG vorgesehenen Verfahren.**

**Steuerpflichtige im Sinne des Artikels 1 der Richtlinie 86/560/EWG, die in dem Mitgliedstaat, in dem sie die Gegenstände und Dienstleistungen erwerben oder mit der Mehrwertsteuer belastete Gegenstände einführen, ausschließlich Lieferungen von Gegenständen und Dienstleistungen bewirken, für die gemäß den Artikeln 194 bis 197 und 199 der Empfänger der Umsätze als Steuerschuldner bestimmt worden ist, gelten bei Anwendung der genannten Richtlinie ebenfalls als nicht in der Gemeinschaft ansässige Steuerpflichtige.**

**(3) Die Richtlinien 79/1072/EWG und 86/560/EWG finden keine Anwendung auf Lieferungen von Gegenständen, die von der Steuer befreit sind oder gemäß Artikel 138 befreit werden können, wenn die gelieferten Gegenstände vom Erwerber oder für dessen Rechnung versandt oder befördert werden.**

Kapitel 2. Pro-rata-Satz des Vorsteuerabzugs
Artikel 173 MwStSystRL

**(1) Soweit Gegenstände und Dienstleistungen von einem Steuerpflichtigen sowohl für Umsätze verwendet werden, für die ein Recht auf Vorsteuerabzug gemäß den Artikeln 168, 169 und 170 besteht, als auch für Umsätze, für die kein Recht auf Vorsteuerabzug besteht, darf nur der Teil der Mehrwertsteuer abgezogen werden, der auf den Betrag der erstgenannten Umsätze entfällt.**

**Der Pro-rata-Satz des Vorsteuerabzugs wird gemäß den Artikeln 174 und 175 für die Gesamtheit der von dem Steuerpflichtigen bewirkten Umsätze festgelegt.**

**(2) Die Mitgliedstaaten können folgende Maßnahmen ergreifen:**

**a) dem Steuerpflichtigen gestatten, für jeden Bereich seiner Tätigkeit einen besonderen Pro-rata-Satz anzuwenden, wenn für jeden dieser Bereiche getrennte Aufzeichnungen geführt werden;**

**b) den Steuerpflichtigen verpflichten, für jeden Bereich seiner Tätigkeit einen besonderen Pro-rata-Satz anzuwenden und für jeden dieser Bereiche getrennte Aufzeichnungen zu führen;**

**c) dem Steuerpflichtigen gestatten oder ihn verpflichten, den Vorsteuerabzug je nach der Zuordnung der Gesamtheit oder eines Teils der Gegenstände oder Dienstleistungen vorzunehmen;**

d) dem Steuerpflichtigen gestatten oder ihn verpflichten, den Vorsteuerabzug gemäß Absatz 1 Unterabsatz 1 bei allen Gegenständen und Dienstleistungen vorzunehmen, die für die dort genannten Umsätze verwendet wurden;

e) vorsehen, dass der Betrag der Mehrwertsteuer, der vom Steuerpflichtigen nicht abgezogen werden kann, nicht berücksichtigt wird, wenn er geringfügig ist.

Artikel 174 MwStSystRL

(1) Der Pro-rata-Satz des Vorsteuerabzugs ergibt sich aus einem Bruch, der sich wie folgt zusammensetzt:

a) im Zähler steht der je Jahr ermittelte Gesamtbetrag – ohne Mehrwertsteuer – der Umsätze, die zum Vorsteuerabzug gemäß den Artikeln 168 und 169 berechtigen;

b) im Nenner steht der je Jahr ermittelte Gesamtbetrag – ohne Mehrwertsteuer – der im Zähler stehenden Umsätze und der Umsätze, die nicht zum Vorsteuerabzug berechtigen. Die Mitgliedstaaten können in den Nenner auch den Betrag der Subventionen einbeziehen, die nicht unmittelbar mit dem Preis der Lieferungen von Gegenständen oder der Dienstleistungen im Sinne des Artikels 73 zusammenhängen.

(2) Abweichend von Absatz 1 bleiben bei der Berechnung des Pro-rata-Satzes des Vorsteuerabzugs folgende Beträge außer Ansatz:

a) der Betrag, der auf die Lieferungen von Investitionsgütern entfällt, die vom Steuerpflichtigen in seinem Unternehmen verwendet werden;

b) der Betrag, der auf Hilfsumsätze mit Grundstücks- und Finanzgeschäften entfällt;

c) der Betrag, der auf Umsätze im Sinne des Artikels 135 Absatz 1 Buchstaben b bis g entfällt, sofern es sich dabei um Hilfsumsätze handelt.

(3) Machen die Mitgliedstaaten von der Möglichkeit nach Artikel 191 Gebrauch, keine Berichtigung in Bezug auf Investitionsgüter zu verlangen, können sie den Erlös aus dem Verkauf dieser Investitionsgüter bei der Berechnung des Pro-rata-Satzes des Vorsteuerabzugs berücksichtigen.

Artikel 175 MwStSystRL

(1) Der Pro-rata-Satz des Vorsteuerabzugs wird auf Jahresbasis in Prozent festgesetzt und auf einen vollen Prozentsatz aufgerundet.

(2) Der für ein Jahr vorläufig geltende Pro-rata-Satz bemisst sich nach dem auf der Grundlage der Umsätze des vorangegangenen Jahres ermittelten Pro-rata-Satz. Ist eine solche Bezugnahme nicht möglich oder nicht stichhaltig, wird der Pro-rata-Satz vom Steuerpflichtigen unter Überwachung durch die Finanzverwaltung nach den voraussichtlichen Verhältnissen vorläufig geschätzt.

Die Mitgliedstaaten können jedoch die Regelung beibehalten, die sie am 1.1.1979 beziehungsweise im Falle der nach diesem Datum der Gemeinschaft beigetretenen Mitgliedstaaten am Tag ihres Beitritts angewandt haben.

(3) Die Festsetzung des endgültigen Pro-rata-Satzes, die für jedes Jahr im Laufe des folgenden Jahres vorgenommen wird, führt zur Berichtigung der nach dem vorläufigen Pro-rata-Satz vorgenommenen Vorsteuerabzüge.

Kapitel 3. Einschränkungen des Rechts auf Vorsteuerabzug

Artikel 176 MwStSystRL

Der Rat legt auf Vorschlag der Kommission einstimmig fest, welche Ausgaben kein Recht auf Vorsteuerabzug eröffnen. In jedem Fall werden diejenigen Ausgaben vom Recht auf Vorsteuerabzug ausgeschlossen, die keinen streng geschäftlichen Charakter haben, wie Luxusausgaben, Ausgaben für Vergnügungen und Repräsentationsaufwendungen.

**Bis zum Inkrafttreten der Bestimmungen im Sinne des Absatzes 1 können die Mitgliedstaaten alle Ausschlüsse beibehalten, die am 1.1.1979 beziehungsweise im Falle der nach diesem Datum der Gemeinschaft beigetretenen Mitgliedstaaten am Tag ihres Beitritts in ihren nationalen Rechtsvorschriften vorgesehen waren.**

**Artikel 177 MwStSystRL**

**Nach Konsultation des Mehrwertsteuerausschusses kann jeder Mitgliedstaat aus Konjunkturgründen alle oder bestimmte Investitionsgüter oder andere Gegenstände teilweise oder ganz vom Vorsteuerabzug ausschließen.**

**Anstatt den Vorsteuerabzug abzulehnen, können die Mitgliedstaaten zur Wahrung gleicher Wettbewerbsbedingungen Gegenstände, welche der Steuerpflichtige selbst hergestellt oder innerhalb der Gemeinschaft erworben oder auch eingeführt hat, in der Weise besteuern, dass dabei der Betrag der Mehrwertsteuer nicht überschritten wird, der beim Erwerb vergleichbarer Gegenstände zu entrichten wäre.**

**Kapitel 4. Einzelheiten der Ausübung des Rechts auf Vorsteuerabzug**

**Artikel 178 MwStSystRL**

**Um das Recht auf Vorsteuerabzug ausüben zu können, muss der Steuerpflichtige folgende Bedingungen erfüllen:**

**a) für den Vorsteuerabzug nach Artikel 168 Buchstabe a in Bezug auf die Lieferungen von Gegenständen und dem Erbringen von Dienstleistungen muss er eine gemäß den Artikeln 220 bis 236 sowie 238, 239 und 240 ausgestellte Rechnung besitzen;**

**b) für den Vorsteuerabzug nach Artikel 168 Buchstabe b in Bezug auf die Lieferungen von Gegenständen und das Erbringen von Dienstleistungen gleichgestellte Umsätze muss er die von dem jeweiligen Mitgliedstaat vorgeschriebenen Formalitäten erfüllen;**

**c) für den Vorsteuerabzug nach Artikel 168 Buchstabe c in Bezug auf den innergemeinschaftlichen Erwerb von Gegenständen muss er in der Mehrwertsteuererklärung nach Artikel 250 alle Angaben gemacht haben, die erforderlich sind, um die Höhe der Steuer festzustellen, die für die von ihm erworbenen Gegenstände geschuldet wird, und eine gemäß den Artikeln 220 bis 236 ausgestellte Rechnung besitzen**

**d) für den Vorsteuerabzug nach Artikel 168 Buchstabe d in Bezug auf den innergemeinschaftlichen Erwerb von Gegenständen gleichgestellte Umsätze muss er die von dem jeweiligen Mitgliedstaat vorgeschriebenen Formalitäten erfüllen;**

**e) für den Vorsteuerabzug nach Artikel 168 Buchstabe e in Bezug auf die Einfuhr von Gegenständen muss er ein die Einfuhr bescheinigendes Dokument besitzen, das ihn als Empfänger der Lieferung oder Importeur ausweist und den Betrag der geschuldeten Mehrwertsteuer ausweist oder deren Berechnung ermöglicht;**

**f) hat er die Steuer in seiner Eigenschaft als Dienstleistungsempfänger oder Erwerber gemäß den Artikeln 194 bis 197 sowie 199 zu entrichten, muss er die von dem jeweiligen Mitgliedstaat vorgeschriebenen Formalitäten erfüllen.**

**Artikel 179 MwStSystRL**

**Der Vorsteuerabzug wird vom Steuerpflichtigen global vorgenommen, indem er von dem Steuerbetrag, den er für einen Steuerzeitraum schuldet, den Betrag der Mehrwertsteuer absetzt, für die während des gleichen Steuerzeitraums das Abzugsrecht entstanden ist und gemäß Artikel 178 ausgeübt wird.**

**Die Mitgliedstaaten können jedoch den Steuerpflichtigen, die nur die in Artikel 12 genannten gelegentlichen Umsätze bewirken, vorschreiben, dass sie das Recht auf Vorsteuerabzug erst zum Zeitpunkt der Lieferung ausüben.**

**Artikel 180 MwStSystRL**

**Die Mitgliedstaaten können einem Steuerpflichtigen gestatten, einen Vorsteuerabzug vorzunehmen, der nicht gemäß den Artikeln 178 und 179 vorgenommen wurde. Artikel 181 Die Mitgliedstaaten können einen Steuerpflichtigen, der keine gemäß den Artikeln 220 bis 236 ausgestellte Rechnung besitzt, ermächtigen, in Bezug auf seine innergemeinschaftlichen Erwerbe von Gegenständen einen Vorsteuerabzug gemäß Artikel 168 Buchstabe c vorzunehmen.**

**Artikel 182 MwStSystRL**

**Die Mitgliedstaaten legen die Bedingungen und Einzelheiten für die Anwendung der Artikel 180 und 181 fest.**

**Artikel 183 MwStSystRL**

**Übersteigt der Betrag der abgezogenen Vorsteuer den Betrag der für einen Steuerzeitraum geschuldeten Mehrwertsteuer, können die Mitgliedstaaten den Überschuss entweder auf den folgenden Zeitraum vortragen lassen oder nach den von ihnen festgelegen Einzelheiten erstatten. Die Mitgliedstaaten können jedoch festlegen, dass geringfügige Überschüsse weder vorgetragen noch erstattet werden.**

**Kapitel 5. Berichtigung des Vorsteuerabzugs**

**Artikel 184 MwStSystRL**

**Der ursprüngliche Vorsteuerabzug wird berichtigt, wenn der Vorsteuerabzug höher oder niedriger ist als der, zu dessen Vornahme der Steuerpflichtige berechtigt war.**

**Artikel 185 MwStSystRL**

**(1) Die Berichtigung erfolgt insbesondere dann, wenn sich die Faktoren, die bei der Bestimmung des Vorsteuerabzugsbetrags berücksichtigt werden, nach Abgabe der Mehrwertsteuererklärung geändert haben, zum Beispiel bei rückgängig gemachten Käufen oder erlangten Rabatten.**

**(2) Abweichend von Absatz 1 unterbleibt die Berichtigung bei Umsätzen, bei denen keine oder eine nicht vollständige Zahlung geleistet wurde, in ordnungsgemäß nachgewiesenen oder belegten Fällen von Zerstörung, Verlust oder Diebstahl sowie bei Entnahmen für Geschenke von geringem Wert und Warenmuster im Sinne des Artikels 16.**

**Bei Umsätzen, bei denen keine oder eine nicht vollständige Zahlung erfolgt, und bei Diebstahl können die Mitgliedstaaten jedoch eine Berichtigung verlangen.**

**Artikel 186 MwStSystRL**

**Die Mitgliedstaaten legen die Einzelheiten für die Anwendung der Artikel 184 und 185 fest.**

**Artikel 187 MwStSystRL**

**(1) Bei Investitionsgütern erfolgt die Berichtigung während eines Zeitraums von fünf Jahren einschließlich des Jahres, in dem diese Güter erworben oder hergestellt wurden.**

**Die Mitgliedstaaten können jedoch für die Berichtigung einen Zeitraum von fünf vollen Jahren festlegen, der mit der erstmaligen Verwendung dieser Güter beginnt.**

**Bei Grundstücken, die als Investitionsgut erworben wurden, kann der Zeitraum für die Berichtigung bis auf 20 Jahre verlängert werden.**

**(2) Die jährliche Berichtigung betrifft nur ein Fünftel beziehungsweise im Falle der Verlängerung des Berichtigungszeitraums den entsprechenden Bruchteil der Mehrwertsteuer, mit der diese Investitionsgüter belastet waren.**

**Die in Unterabsatz 1 genannte Berichtigung erfolgt entsprechend den Änderungen des Rechts auf Vorsteuerabzug, die in den folgenden Jahren gegenüber dem Recht für das Jahr eingetreten sind, in dem die Güter erworben, hergestellt oder gegebenenfalls erstmalig verwendet wurden.**

**Artikel 188 MwStSystRL**

**(1) Bei der Lieferung eines Investitionsgutes innerhalb des Berichtigungszeitraums ist dieses so zu behandeln, als ob es bis zum Ablauf des Berichtigungszeitraums weiterhin für eine wirtschaftliche Tätigkeit des Steuerpflichtigen verwendet worden wäre.**

**Diese wirtschaftliche Tätigkeit gilt als in vollem Umfang steuerpflichtig, wenn die Lieferung des Investitionsgutes steuerpflichtig ist. Die wirtschaftliche Tätigkeit gilt als in vollem Umfang steuerfrei, wenn die Lieferung des Investitionsgutes steuerfrei ist.**

**(2) Die in Absatz 1 genannte Berichtigung wird für den gesamten noch verbleibenden Berichtigungszeitraum auf einmal vorgenommen. Ist die Lieferung des Investitionsgutes steuerfrei, können die Mitgliedstaaten jedoch von der Berichtigung absehen, wenn es sich bei dem Erwerber um einen Steuerpflichtigen handelt, der die betreffenden Investitionsgüter ausschließlich für Umsätze verwendet, bei denen die Mehrwertsteuer abgezogen werden kann.**

**Artikel 189 MwStSystRL**

**Für die Zwecke der Artikel 187 und 188 können die Mitgliedstaaten folgende Maßnahmen treffen:**

**a) den Begriff „Investitionsgüter" definieren;**

**b) den Betrag der Mehrwertsteuer festlegen, der bei der Berichtigung zu berücksichtigen ist;**

**c) alle zweckdienlichen Vorkehrungen treffen, um zu gewährleisten, dass keine ungerechtfertigten Vorteile aus der Berichtigung entstehen;**

**d) verwaltungsmäßige Vereinfachungen ermöglichen.**

**Artikel 190 MwStSystRL**

**Für die Zwecke der Artikel 187, 188, 189 und 191 können die Mitgliedstaaten Dienstleistungen, die Merkmale aufweisen, die den üblicherweise Investitionsgütern zugeschriebenen vergleichbar sind, wie Investitionsgüter behandeln.**

**Artikel 191 MwStSystRL**

**Sollten die praktischen Auswirkungen der Anwendung der Artikel 187 und 188 in einem Mitgliedstaat unwesentlich sein, kann dieser nach Konsultation des Mehrwertsteuerausschusses unter Berücksichtigung der gesamten mehrwertsteuerlichen Auswirkungen in dem betreffenden Mitgliedstaat und der Notwendigkeit verwaltungsmäßiger Vereinfachung auf die Anwendung dieser Artikel verzichten, vorausgesetzt, dass dies nicht zu Wettbewerbsverzerrungen führt.**

**Artikel 192 MwStSystRL**

**Geht der Steuerpflichtige von der normalen Mehrwertsteuerregelung auf eine Sonderregelung über oder umgekehrt, können die Mitgliedstaaten die erforderlichen Vorkehrungen treffen, um zu vermeiden, dass dem Steuerpflichtigen ungerechtfertigte Vorteile oder Nachteile entstehen.**

## II. Nationale deutsche Regelungen

**§ 15 UStG – Vorsteuerabzug**

**(1) Der Unternehmer kann die folgenden Vorsteuerbeträge abziehen:**

**1. die gesetzlich geschuldete Steuer für Lieferungen und sonstige Leistungen, die von einem anderen Unternehmer für sein Unternehmen ausgeführt worden sind. Die Ausübung des Vor-**

**steuerabzugs setzt voraus, dass der Unternehmer eine nach den §§ 14, 14a ausgestellte Rechnung besitzt. Soweit der gesondert ausgewiesene Steuerbetrag auf eine Zahlung vor Ausführung dieser Umsätze entfällt, ist er bereits abziehbar, wenn die Rechnung vorliegt und die Zahlung geleistet worden ist;**

2. **die entstandene Einfuhrumsatzsteuer für Gegenstände, die für sein Unternehmen nach § 1 Absatz 1 Nummer 4 eingeführt worden sind;**
3. **die Steuer für den innergemeinschaftlichen Erwerb von Gegenständen für sein Unternehmen, wenn der innergemeinschaftliche Erwerb nach § 3d Satz 1 im Inland bewirkt wird;**
4. **die Steuer für Leistungen im Sinne des § 13b Absatz 1 und 2, die für sein Unternehmen ausgeführt worden sind. Soweit die Steuer auf eine Zahlung vor Ausführung dieser Leistungen entfällt, ist sie abziehbar, wenn die Zahlung geleistet worden ist;**
5. **die nach § 13a Abs. 1 Nr. 6 geschuldete Steuer für Umsätze, die für sein Unternehmen ausgeführt worden sind.**

**Nicht als für das Unternehmen ausgeführt gilt die Lieferung, die Einfuhr oder der innergemeinschaftliche Erwerb eines Gegenstands, den der Unternehmer zu weniger als 10 Prozent für sein Unternehmen nutzt.**

**(1a) Nicht abziehbar sind Vorsteuerbeträge, die auf Aufwendungen, für die das Abzugsverbot des § 4 Abs. 5 Satz 1 Nr. 1 bis 4, 7 oder des § 12 Nr. 1 des Einkommensteuergesetzes gilt, entfallen. Dies gilt nicht für Bewirtungsaufwendungen, soweit § 4 Abs. 5 Satz 1 Nr. 2 des Einkommensteuergesetzes einen Abzug angemessener und nachgewiesener Aufwendungen ausschließt.**

**(1b) Verwendet der Unternehmer ein Grundstück sowohl für Zwecke seines Unternehmens als auch für Zwecke, die außerhalb des Unternehmens liegen, oder für den privaten Bedarf seines Personals, ist die Steuer für die Lieferungen, die Einfuhr und den innergemeinschaftlichen Erwerb sowie für die sonstigen Leistungen im Zusammenhang mit diesem Grundstück vom Vorsteuerabzug ausgeschlossen, soweit sie nicht auf die Verwendung des Grundstücks für Zwecke des Unternehmens entfällt. Bei Berechtigungen, für die die Vorschriften des bürgerlichen Rechts über Grundstücke gelten, und bei Gebäuden auf fremdem Grund und Boden ist Satz 1 entsprechend anzuwenden.**

**(2) Vom Vorsteuerabzug ausgeschlossen ist die Steuer für die Lieferungen, die Einfuhr und den innergemeinschaftlichen Erwerb von Gegenständen sowie für die sonstigen Leistungen, die der Unternehmer zur Ausführung folgender Umsätze verwendet:**

1. **steuerfreie Umsätze;**
2. **Umsätze im Ausland, die steuerfrei wären, wenn sie im Inland ausgeführt würden.**

**Gegenstände oder sonstige Leistungen, die der Unternehmer zur Ausführung einer Einfuhr oder eines innergemeinschaftlichen Erwerbs verwendet, sind den Umsätzen zuzurechnen, für die der eingeführte oder innergemeinschaftlich erworbene Gegenstand verwendet wird.**

**(3) Der Ausschluss vom Vorsteuerabzug nach Absatz 2 tritt nicht ein, wenn die Umsätze**

1. **in den Fällen des Absatzes 2 Nr. 1**
   a) **nach § 4 Nr. 1 bis 7, § 25 Abs. 2 oder nach den in § 26 Abs. 5 bezeichneten Vorschriften steuerfrei sind oder**
   b) **nach § 4 Nummer 8 Buchstabe a bis g, Nummer 10 oder Nummer 11 steuerfrei sind und sich unmittelbar auf Gegenstände beziehen, die in das Drittlandsgebiet ausgeführt werden;**
2. **in den Fällen des Absatzes 2 Satz 1 Nr. 2**
   a) **nach § 4 Nr. 1 bis 7, § 25 Abs. 2 oder nach den in § 26 Abs. 5 bezeichneten Vorschriften steuerfrei wären oder**

b) nach § 4 Nummer 8 Buchstabe a bis g, Nummer 10 oder Nummer 11 steuerfrei wären und der Leistungsempfänger im Drittlandsgebiet ansässig ist oder diese Umsätze sich unmittelbar auf Gegenstände beziehen, die in das Drittlandsgebiet ausgeführt werden.

(4) Verwendet der Unternehmer einen für sein Unternehmen gelieferten, eingeführten oder innergemeinschaftlich erworbenen Gegenstand oder eine von ihm in Anspruch genommene sonstige Leistung nur zum Teil zur Ausführung von Umsätzen, die den Vorsteuerabzug ausschließen, so ist der Teil der jeweiligen Vorsteuerbeträge nicht abziehbar, der den zum Ausschluss vom Vorsteuerabzug führenden Umsätzen wirtschaftlich zuzurechnen ist. Der Unternehmer kann die nicht abziehbaren Teilbeträge im Wege einer sachgerechten Schätzung ermitteln. Eine Ermittlung des nicht abziehbaren Teils der Vorsteuerbeträge nach dem Verhältnis der Umsätze, die den Vorsteuerabzug ausschließen, zu den Umsätzen, die zum Vorsteuerabzug berechtigen, ist nur zulässig, wenn keine andere wirtschaftliche Zurechnung möglich ist. In den Fällen des Absatzes 1b gelten die Sätze 1 bis 3 entsprechend.

(4a) [...]

(4b) Für Unternehmer, die nicht im Gemeinschaftsgebiet ansässig sind und die nur Steuer nach § 13b Absatz 5 schulden, gelten die Einschränkungen des § 18 Abs. 9 Sätze 4 und 5 entsprechend.

(5) Das Bundesministerium der Finanzen kann mit Zustimmung des Bundesrates durch Rechtsverordnung nähere Bestimmungen darüber treffen,

1. in welchen Fällen und unter welchen Voraussetzungen zur Vereinfachung des Besteuerungsverfahrens für den Vorsteuerabzug auf eine Rechnung im Sinne des § 14 oder auf einzelne Angaben in der Rechnung verzichtet werden kann,
2. unter welchen Voraussetzungen, für welchen Besteuerungszeitraum und in welchem Umfang zur Vereinfachung oder zur Vermeidung von Härten in den Fällen, in denen ein anderer als der Leistungsempfänger ein Entgelt gewährt (§ 10 Abs. 1 Satz 3), der andere den Vorsteuerabzug in Anspruch nehmen kann, und
3. wann in Fällen von geringer steuerlicher Bedeutung zur Vereinfachung oder zur Vermeidung von Härten bei der Aufteilung der Vorsteuerbeträge (Absatz 4) Umsätze, die den Vorsteuerabzug ausschließen, unberücksichtigt bleiben können oder von der Zurechnung von Vorsteuerbeträgen zu diesen Umsätzen abgesehen werden kann.

§ 15a UStG – Berichtigung des Vorsteuerabzugs

(1) [1]Ändern sich bei einem Wirtschaftsgut, das nicht nur einmalig zur Ausführung von Umsätzen verwendet wird, innerhalb von fünf Jahren ab dem Zeitpunkt der erstmaligen Verwendung die für den ursprünglichen Vorsteuerabzug maßgebenden Verhältnisse, ist für jedes Kalenderjahr der Änderung ein Ausgleich durch eine Berichtigung des Abzugs der auf die Anschaffungs- oder Herstellungskosten entfallenden Vorsteuerbeträge vorzunehmen. [2]Bei Grundstücken einschließlich ihrer wesentlichen Bestandteile, bei Berechtigungen, für die die Vorschriften des bürgerlichen Rechts über Grundstücke gelten, und bei Gebäuden auf fremdem Grund und Boden tritt an die Stelle des Zeitraums von fünf Jahren ein Zeitraum von zehn Jahren.

(2) [1]Ändern sich bei einem Wirtschaftsgut, das nur einmalig zur Ausführung eines Umsatzes verwendet wird, die für den ursprünglichen Vorsteuerabzug maßgebenden Verhältnisse, ist eine Berichtigung des Vorsteuerabzugs vorzunehmen. [2]Die Berichtigung ist für den Besteuerungszeitraum vorzunehmen, in dem das Wirtschaftsgut verwendet wird.

(3) [1]Geht in ein Wirtschaftsgut nachträglich ein anderer Gegenstand ein und verliert dieser Gegenstand dabei seine körperliche und wirtschaftliche Eigenart endgültig oder wird an einem Wirtschaftsgut eine sonstige Leistung ausgeführt, gelten im Fall der Änderung der für den ursprünglichen Vorsteuerabzug maßgebenden Verhältnisse die Absätze 1 und 2 entsprechend. [2]Soweit im Rahmen einer Maßnahme in ein Wirtschaftsgut mehrere Gegenstände eingehen oder an einem Wirtschaftsgut mehrere sonstige Leistungen ausgeführt werden, sind diese zu einem Berichtigungsobjekt zusammenzufassen. [3]Eine Änderung der Verhältnisse liegt dabei auch vor,

**wenn das Wirtschaftsgut für Zwecke, die außerhalb des Unternehmens liegen, aus dem Unternehmen entnommen wird, ohne dass dabei nach § 3 Abs. 1b eine unentgeltliche Wertabgabe zu besteuern ist.**

**(4) [1]Die Absätze 1 und 2 sind auf sonstige Leistungen, die nicht unter Absatz 3 Satz 1 fallen, entsprechend anzuwenden. [2]Die Berichtigung ist auf solche sonstigen Leistungen zu beschränken, für die in der Steuerbilanz ein Aktivierungsgebot bestünde. [3]Dies gilt jedoch nicht, soweit es sich um sonstige Leistungen handelt, für die der Leistungsempfänger bereits für einen Zeitraum vor Ausführung der sonstigen Leistung den Vorsteuerabzug vornehmen konnte. [4]Unerheblich ist, ob der Unternehmer nach den §§ 140, 141 der Abgabenordnung tatsächlich zur Buchführung verpflichtet ist.**

**(5) [1]Bei der Berichtigung nach Absatz 1 ist für jedes Kalenderjahr der Änderung in den Fällen des Satzes 1 von einem Fünftel und in den Fällen des Satzes 2 von einem Zehntel der auf das Wirtschaftsgut entfallenden Vorsteuerbeträge auszugehen. [2]Eine kürzere Verwendungsdauer ist entsprechend zu berücksichtigen. [3]Die Verwendungsdauer wird nicht dadurch verkürzt, dass das Wirtschaftsgut in ein anderes einbezogen wird.**

**(6) Die Absätze 1 bis 5 sind auf Vorsteuerbeträge, die auf nachträgliche Anschaffungs- oder Herstellungskosten entfallen, sinngemäß anzuwenden.**

**(6a) Eine Änderung der Verhältnisse liegt auch bei einer Änderung der Verwendung im Sinne des § 15 Absatz 1b vor.**

**(7) Eine Änderung der Verhältnisse im Sinne der Absätze 1 bis 3 ist auch beim Übergang von der allgemeinen Besteuerung zur Nichterhebung der Steuer nach § 19 Abs. 1 und umgekehrt und beim Übergang von der allgemeinen Besteuerung zur Durchschnittssatzbesteuerung nach den §§ 23, 23a oder 24 und umgekehrt gegeben.**

**(8) [1]Eine Änderung der Verhältnisse liegt auch vor, wenn das noch verwendungsfähige Wirtschaftsgut, das nicht nur einmalig zur Ausführung eines Umsatzes verwendet wird, vor Ablauf des nach den Absätzen 1 und 5 maßgeblichen Berichtigungszeitraums veräußert oder nach § 3 Abs. 1b geliefert wird und dieser Umsatz anders zu beurteilen ist als die für den ursprünglichen Vorsteuerabzug maßgebliche Verwendung. [2]Dies gilt auch für Wirtschaftsgüter, für die der Vorsteuerabzug nach § 15 Absatz 1b teilweise ausgeschlossen war.**

**(9) Die Berichtigung nach Absatz 8 ist so vorzunehmen, als wäre das Wirtschaftsgut in der Zeit von der Veräußerung oder Lieferung im Sinne des § 3 Abs. 1b bis zum Ablauf des maßgeblichen Berichtigungszeitraums unter entsprechend geänderten Verhältnissen weiterhin für das Unternehmen verwendet worden.**

**(10) [1]Bei einer Geschäftsveräußerung (§ 1 Abs. 1a) wird der nach den Absätzen 1 und 5 maßgebliche Berichtigungszeitraum nicht unterbrochen. [2]Der Veräußerer ist verpflichtet, dem Erwerber die für die Durchführung der Berichtigung erforderlichen Angaben zu machen.**

**(11) Das Bundesministerium der Finanzen kann mit Zustimmung des Bundesrates durch Rechtsverordnung nähere Bestimmungen darüber treffen,**

1. **wie der Ausgleich nach den Absätzen 1 bis 9 durchzuführen ist und in welchen Fällen er zur Vereinfachung des Besteuerungsverfahrens, zur Vermeidung von Härten oder nicht gerechtfertigten Steuervorteilen zu unterbleiben hat;**
2. **dass zur Vermeidung von Härten oder eines nicht gerechtfertigten Steuervorteils bei einer unentgeltlichen Veräußerung oder Überlassung eines Wirtschaftsguts**
   a) **eine Berichtigung des Vorsteuerabzugs in entsprechender Anwendung der Absätze 1 bis 9 auch dann durchzuführen ist, wenn eine Änderung der Verhältnisse nicht vorliegt,**
   b) **der Teil des Vorsteuerbetrags, der bei einer gleichmäßigen Verteilung auf den in Absatz 9 bezeichneten Restzeitraum entfällt, vom Unternehmer geschuldet wird,**

c) der Unternehmer den nach den Absätzen 1 bis 9 oder Buchstabe b geschuldeten Betrag dem Leistungsempfänger wie eine Steuer in Rechnung stellen und dieser den Betrag als Vorsteuer abziehen kann.

**§ 23a UStG – Durchschnittssatz für Körperschaften, Personenvereinigungen und Vermögensmassen im Sinne des § 5 Abs. 1 Nr. 9 des Körperschaftsteuergesetzes**

(1) Zur Berechnung der abziehbaren Vorsteuerbeträge (§ 15) wird für Körperschaften, Personenvereinigungen und Vermögensmassen im Sinne des § 5 Abs. 1 Nr. 9 des Körperschaftsteuergesetzes, die nicht verpflichtet sind, Bücher zu führen und auf Grund jährlicher Bestandsaufnahmen regelmäßig Abschlüsse zu machen, ein Durchschnittssatz von 7 Prozent des steuerpflichtigen Umsatzes, mit Ausnahme der Einfuhr und des innergemeinschaftlichen Erwerbs, festgesetzt. Ein weiterer Vorsteuerabzug ist ausgeschlossen.

(2) Der Unternehmer, dessen steuerpflichtiger Umsatz, mit Ausnahme der Einfuhr und des innergemeinschaftlichen Erwerbs, im vorangegangenen Kalenderjahr 35.000 Euro überstiegen hat, kann den Durchschnittssatz nicht in Anspruch nehmen.

(3) Der Unternehmer, bei dem die Voraussetzungen für die Anwendung des Durchschnittssatzes gegeben sind, kann dem Finanzamt spätestens bis zum zehnten Tag nach Ablauf des ersten Voranmeldungszeitraums eines Kalenderjahres erklären, dass er den Durchschnittssatz in Anspruch nehmen will. Die Erklärung bindet den Unternehmer mindestens für fünf Kalenderjahre. Sie kann nur mit Wirkung vom Beginn eines Kalenderjahres an widerrufen werden. Der Widerruf ist spätestens bis zum zehnten Tag nach Ablauf des ersten Voranmeldungszeitraums dieses Kalenderjahres zu erklären. Eine erneute Anwendung des Durchschnittssatzes ist frühestens nach Ablauf von fünf Kalenderjahren zulässig.

## III. Nationale österreichische Regelungen (nur nachrichtlich)

**§ 12 öUStG 1994 – Vorsteuerabzug**

(1) Der Unternehmer kann die folgenden Vorsteuerbeträge abziehen:

1. a) Die von anderen Unternehmern in einer Rechnung (§ 11) an ihn gesondert ausgewiesene Steuer für Lieferungen oder sonstige Leistungen, die im Inland für sein Unternehmen ausgeführt worden sind.

   Findet keine Überrechnung gemäß § 215 Abs. 4 BAO in Höhe der gesamten auf die Lieferung oder sonstige Leistung entfallenden Umsatzsteuer auf das Abgabenkonto des Leistungserbringers statt, ist bei einem Unternehmer, der seine Umsätze nach vereinnahmten Entgelten (§ 17) besteuert, zusätzliche Voraussetzung, dass die Zahlung geleistet worden ist. Dies gilt nicht bei Unternehmen im Sinne des § 17 Abs. 1 zweiter Satz oder wenn die Umsätze des Unternehmers nach § 1 Abs. 1 Z 1 und 2 im vorangegangenen Veranlagungszeitraum 2 000 000 Euro übersteigen. Bei der Berechnung dieser Grenze bleiben die Umsätze aus Hilfsgeschäften einschließlich der Geschäftsveräußerungen außer Ansatz.

   b) Soweit in den Fällen der lit. a der gesondert ausgewiesene Steuerbetrag auf eine Zahlung vor Ausführung der Umsätze entfällt, ist er bereits abziehbar, wenn die Rechnung vorliegt und die Zahlung geleistet worden ist.

2. a) die entrichtete Einfuhrumsatzsteuer für Gegenstände, die für sein Unternehmen eingeführt worden sind,

   b) in den Fällen des § 26 Abs. 3 Z 2 die geschuldete und auf dem Abgabenkonto verbuchte Einfuhrumsatzsteuer für Gegenstände, die für sein Unternehmen eingeführt worden sind;

3. die gemäß § 19 Abs. 1 zweiter Satz, Abs. 1a, Abs. 1b, Abs. 1c, Abs. 1d und Abs. 1e geschuldeten Beträge für Lieferungen und sonstige Leistungen, die im Inland für sein Unternehmen ausgeführt worden sind.

**Der Bundesminister für Finanzen kann durch Verordnung für Unternehmer,**

- **die im Gemeinschaftsgebiet weder ihren Sitz noch eine Betriebsstätte haben und**
- **im Inland keine Umsätze,**
- **ausgenommen Beförderungsumsätze und damit verbundene Nebentätigkeiten, die gem. § 6 Abs. 1 Z 3 und 5 befreit sind, sowie**
- **Umsätze, bei denen die Steuer gem. § 27 Abs. 4 vom Leistungsempfänger einzubehalten und abzuführen ist,**

**ausführen, den Vorsteuerabzug einschränken oder versagen, soweit dies zur Erzielung einer den Grundsätzen der Gegenseitigkeit entsprechenden Behandlung erforderlich ist.**

**Der Bundesminister für Finanzen kann aus Vereinfachungsgründen durch Verordnung bestimmen, daß in den Fällen, in denen ein anderer als der Unternehmer, für dessen Unternehmen der Gegenstand eingeführt worden ist, die Einfuhrumsatzsteuer entrichtet, der andere den Vorsteuerabzug in Anspruch nehmen kann.**

**(2)**

**1. a) Lieferungen und sonstige Leistungen sowie die Einfuhr von Gegenständen gelten als für das Unternehmen ausgeführt, wenn sie für Zwecke des Unternehmens erfolgen und wenn sie zu mindestens 10 % unternehmerischen Zwecken dienen.**

**b) Der Unternehmer kann Lieferungen oder sonstige Leistungen sowie Einfuhren nur insoweit als für das Unternehmen ausgeführt behandeln, als sie tatsächlich unternehmerischen Zwecken dienen, sofern sie mindestens 10 % unternehmerischen Zwecken dienen.**

**Diese Zuordnung hat der Unternehmer bis zum Ablauf des Veranlagungszeitraumes dem Finanzamt schriftlich mitzuteilen.**

**2. Nicht als für das Unternehmen ausgeführt gelten Lieferungen, sonstige Leistungen oder Einfuhren,**

**a) deren Entgelte überwiegend keine abzugsfähigen Ausgaben (Aufwendungen) im Sinne des § 20 Abs. 1 Z 1 bis 5 des Einkommensteuergesetzes 1988 oder der §§ 8 Abs. 2 und 12 Abs. 1 Z 1 bis 5 des Körperschaftsteuergesetzes 1988 sind,**

**b) die im Zusammenhang mit der Anschaffung (Herstellung), Miete oder dem Betrieb von Personenkraftwagen, Kombinationskraftwagen oder Krafträdern stehen, ausgenommen Fahrschulkraftfahrzeuge, Vorführkraftfahrzeuge und Kraftfahrzeuge, die ausschließlich zur gewerblichen Weiterveräußerung bestimmt sind, sowie Kraftfahrzeuge, die zu mindestens 80 % dem Zweck der gewerblichen Personenbeförderung oder der gewerblichen Vermietung dienen.**

**Der Bundesminister für Finanzen kann durch Verordnung die Begriffe Personenkraftwagen und Kombinationskraftwagen näher bestimmen. Die Verordnung kann mit Wirkung ab 15.2.1996 erlassen werden.**

**2a. Lieferungen, sonstige Leistungen oder Einfuhren, die im Zusammenhang mit der Anschaffung (Herstellung), Miete oder dem Betrieb von Personenkraftwagen oder Kombinationskraftwagen mit einem $CO_2$-Emissionswert von 0 Gramm pro Kilometer stehen und für die nicht nach § 12 Abs. 2 Z 2 lit. b ein Vorsteuerabzug vorgenommen werden kann, berechtigen nach den allgemeinen Vorschriften des § 12 zum Vorsteuerabzug. Z 2 lit. a bleibt unberührt.**

**3. Läßt ein Absender einen Gegenstand durch einen Frachtführer oder Verfrachter unfrei zu einem Dritten befördern oder eine solche Beförderung durch einen Spediteur unfrei besorgen, so gilt für den Vorsteuerabzug die Beförderung oder deren Besorgung als für das Unternehmen des Empfängers der Sendung ausgeführt, wenn diesem die Rechnung über die Beförderung oder deren Besorgung erteilt wird.**

4. **Erteilt bei einem Bestandvertrag (Leasingvertrag) über Kraftfahrzeuge oder Krafträder im Falle der Beschädigung des Bestandobjektes durch Unfall oder höhere Gewalt der Bestandgeber (Leasinggeber) den Auftrag zur Wiederinstandsetzung des Kraftfahrzeuges, so gelten für den Vorsteuerabzug auf Grund dieses Auftrages erbrachte Reparaturleistungen nicht als für das Unternehmen des Bestandgebers (Leasinggebers) sondern als für den Bestandnehmer (Leasingnehmer) ausgeführt. Die in einer Rechnung an den Auftraggeber über derartige Reparaturleistungen ausgewiesene Umsatzsteuer berechtigt bei Zutreffen der sonstigen Voraussetzungen des § 12 den Bestandnehmer (Leasingnehmer) zum Vorsteuerabzug.**

**(3) Vom Vorsteuerabzug sind ausgeschlossen:**

1. **Die Steuer für die Lieferungen und die Einfuhr von Gegenständen, soweit der Unternehmer diese Gegenstände zur Ausführung steuerfreier Umsätze verwendet,**
2. **die Steuer für sonstige Leistungen, soweit der Unternehmer diese sonstigen Leistungen zur Ausführung steuerfreier Umsätze in Anspruch nimmt;**
3. **die Steuer für Lieferungen und sonstige Leistungen sowie für die Einfuhr von Gegenständen, soweit sie mit Umsätzen im Zusammenhang steht, die der Unternehmer im Ausland ausführt und die – wären sie steuerbar – steuerfrei sein würden;**
4. **die Steuer für Lieferungen und sonstige Leistungen sowie für die Einfuhr von Gegenständen, soweit sie im Zusammenhang mit der Verwendung eines dem Unternehmen zugeordneten Grundstückes für die in § 3a Abs. 1a Z 1 genannten Zwecke steht.**

   **Der Ausschluß vom Vorsteuerabzug tritt nicht ein, wenn die Umsätze**

   a) **nach § 6 Abs. 1 Z 1 bis 6 oder § 23 Abs. 5 steuerfrei sind oder steuerfrei wären oder**

   b) **nach § 6 Abs. 1 Z 8 lit. a bis c und lit. e bis h und § 6 Abs. 1 Z 9 lit. c steuerfrei sind und sich unmittelbar auf Gegenstände beziehen, die in das Drittlandsgebiet ausgeführt werden oder**

   c) **nach § 6 Abs. 1 Z 8 lit. a bis c und lit. e bis h und § 6 Abs. 1 Z 9 lit. c steuerfrei wären und der Leistungsempfänger keinen Wohnsitz (Sitz) im Gemeinschaftsgebiet hat.**

**(4) Bewirkt der Unternehmer neben Umsätzen, die zum Ausschluß vom Vorsteuerabzug führen, auch Umsätze, bei denen ein solcher Ausschluß nicht eintritt, so hat der Unternehmer die Vorsteuerbeträge nach Maßgabe der Abs. 1 und 3 in abziehbare und nicht abziehbare Vorsteuerbeträge aufzuteilen.**

**(5) An Stelle einer Aufteilung nach Abs. 4 kann der Unternehmer**

1. **die Vorsteuerbeträge nach dem Verhältnis der zum Ausschluß vom Vorsteuerabzug führenden Umsätze zu den übrigen Umsätzen in nicht abziehbare und abziehbare Vorsteuerbeträge aufteilen, oder**
2. **nur jene Vorsteuerbeträge nach dem Verhältnis der Umsätze aufteilen, die den zum Ausschluß vom Vorsteuerabzug nach Abs. 3 führenden Umsätzen oder den übrigen Umsätzen nicht ausschließlich zuzurechnen sind.**

   **Einfuhren sind nicht Umsätze im Sinne dieser Vorschrift.**

**(6) Die Aufteilung der Vorsteuerbeträge nach Abs. 5 ist ausgeschlossen, wenn in einem Veranlagungszeitraum die auf Grund der Aufteilung der Vorsteuern nach den Umsätzen sich ergebende abziehbare Vorsteuer um mehr als 5 %, mindestens aber um 75 Euro, oder um mehr als 750 Euro höher ist als die Vorsteuer, welche sich auf Grund der Aufteilung nach Abs. 4 ergibt.**

**(7) Bei Anwendung der Abs. 4 und 5 hat das Finanzamt auf Antrag zu gestatten, daß ein in der Gliederung des Unternehmens gesondert geführter Betrieb wie ein selbständiges Unternehmen behandelt wird.**

**(8) Die Bewilligung gemäß Abs. 7 kann zwecks Vermeidung eines ungerechtfertigten Steuervorteiles im Sinne des Abs. 6 mit Auflagen verbunden werden.**

**(9) Bei Rechnungen im Sinne des § 11 Abs. 6, 9, 10 und 11 kann der Unternehmer den Vorsteuerabzug in Anspruch nehmen, wenn er die Rechnungsbeträge in Entgelt und Steuerbetrag aufteilt.**

**(10) Ändern sich bei einem Gegenstand, den der Unternehmer in seinem Unternehmen als Anlagevermögen verwendet oder nutzt, in den auf das Jahr der erstmaligen Verwendung folgenden vier Kalenderjahren die Verhältnisse, die im Kalenderjahr der erstmaligen Verwendung für den Vorsteuerabzug maßgebend waren (Abs. 3), so ist für jedes Jahr der Änderung ein Ausgleich durch eine Berichtigung des Vorsteuerabzuges durchzuführen.**

**Dies gilt sinngemäß für Vorsteuerbeträge, die auf nachträgliche Anschaffungs- oder Herstellungskosten, aktivierungspflichtige Aufwendungen oder bei Gebäuden auch auf Kosten von Großreparaturen entfallen, wobei der Berichtigungszeitraum vom Beginn des Kalenderjahres an zu laufen beginnt, das dem Jahr folgt, in dem die diesen Kosten und Aufwendungen zugrunde liegenden Leistungen im Zusammenhang mit dem Anlagevermögen erstmals in Verwendung genommen worden sind.**

**Bei Grundstücken (einschließlich der aktivierungspflichtigen Aufwendungen und der Kosten von Großreparaturen) tritt an die Stelle des Zeitraumes von vier Kalenderjahren ein solcher von neunzehn Kalenderjahren.**

**Bei der Berichtigung, die jeweils für das Jahr der Änderung zu erfolgen hat, ist für jedes Jahr der Änderung von einem Fünftel, bei Grundstücken (einschließlich der aktivierungspflichtigen Aufwendungen und der Kosten von Großreparaturen) von einem Zwanzigstel der gesamten auf den Gegenstand, die Aufwendungen oder die Kosten entfallenden Vorsteuer auszugehen; im Falle der Lieferung ist die Berichtigung für den restlichen Berichtigungszeitraum spätestens in der letzten Voranmeldung des Veranlagungszeitraumes vorzunehmen, in dem die Lieferung erfolgte.**

**(11) Ändern sich bei einem Gegenstand, den der Unternehmer für sein Unternehmen hergestellt oder erworben hat oder bei sonstigen Leistungen, die für sein Unternehmen ausgeführt worden sind, die Voraussetzungen, die für den Vorsteuerabzug maßgebend waren (Abs. 3), so ist, sofern nicht Abs. 10 zur Anwendung gelangt, eine Berichtigung des Vorsteuerabzuges für den Veranlagungszeitraum vorzunehmen, in dem die Änderung eingetreten ist.**

**(12) Die Bestimmungen der Abs. 10 und 11 gelten sinngemäß auch für Gegenstände, die nicht zu einem Betriebsvermögen gehören. Eine Änderung der Verhältnisse, die für den Vorsteuerabzug maßgebend sind, liegt auch vor, wenn die Änderung darin besteht, dass ein Wechsel in der Anwendung der allgemeinen Vorschriften und der Vorschriften des § 22 für den Vorsteuerabzug vorliegt.**

**(13) Eine Berichtigung des Vorsteuerabzuges nach Abs. 10 ist nicht durchzuführen, wenn der Betrag, um den der Vorsteuerabzug für einen Gegenstand für das Kalenderjahr zu berichtigen ist, 60 Euro nicht übersteigt.**

**(14) Das Recht auf Vorsteuerabzug entfällt, wenn der Unternehmer wusste oder wissen musste, dass der betreffende Umsatz im Zusammenhang mit Umsatzsteuerhinterziehungen oder sonstigen, die Umsatzsteuer betreffenden Finanzvergehen steht. Dies gilt insbesondere auch, wenn ein solches Finanzvergehen einen vor- oder nachgelagerten Umsatz betrifft.**

**(15) Erbringt ein Unternehmer an einen anderen Unternehmer für dessen Unternehmen eine Lieferung gemäß § 3 Abs. 2 oder eine sonstige Leistung gemäß § 3a Abs. 1a, so ist er berechtigt, dem Empfänger der Lieferung oder sonstigen Leistung den dafür geschuldeten Steuerbetrag gesondert in Rechnung zu stellen. Dieser in der Rechnung gesondert ausgewiesene Betrag gilt für den Empfänger der Lieferung oder sonstigen Leistung als eine für eine entgeltliche steuerpflichtige Lieferung oder sonstige Leistung gesondert in Rechnung gestellte Steuer. Weist der Unternehmer in der Rechnung einen Betrag aus, den er für diesen Umsatz nicht schuldet, so ist dieser Betrag wie eine nach § 11 Abs. 12 auf Grund der Rechnung geschuldete Steuer zu behandeln. Ist aufgrund der Anwendung des § 4 Abs. 9 das Entgelt niedriger als die Bemessungsgrundlage, gelten die vorherigen Ausführungen sinngemäß.**

## B. Auslegung der Art. 168–192 MwStSystRL

### I. Überblick über die Vorschriften

Das System der **Allphasen-Netto-Umsatzsteuer** wird gem. den Art. 167 ff. MwStSystRL in der Weise verwirklicht, dass der Unternehmer die Umsatzsteuer, die ihm im Rahmen seines Unternehmens von anderen Unternehmern in Rechnung gestellt wurde, abziehen kann. In den Art. 167 bis 172 MwStSystRL sind die Entstehung und der Umfang des Rechts auf Vorsteuerabzug geregelt. Art. 173 bis 175 MwStSystRL behandelt den Pro-rata-Satz bei Aufteilung des Vorsteuerabzugs. Art. 176 und 177 MwStSystRL stellen Einschränkungen der Abzugsberechtigung dar. Art. 178 bis 183 MwStSystRL schließlich enthalten Einzelheiten der Ausübung. Die Art. 184 bis 192 MwStSystRL betreffen die Berichtigung der Vorsteuer. Nach Art. 167 MwStSystRL entsteht das Recht auf Vorsteuerabzug bereits, wenn der Anspruch auf die abziehbare Steuer entsteht (**Sofortabzug**). Grundlegende Voraussetzung für den Unternehmer (die MwStSystRL spricht synonym vom „Steuerpflichtigen") ist, dass die gelieferten Gegenstände und die Dienstleistungen „für die Zwecke seiner besteuerten Umsätze verwendet werden", Art. 168 Art. Buchst. a MwStSystRL. Damit ist die Vorsteuerbelastung für Eingangsleistungen, die für **steuerbefreite Umsätze (Ausgangs-/Verwendungsumsätze)** getätigt werden, nicht abziehbar. Für bestimmte steuerbefreite Leistungen macht Art. 169 MwStSystRL zwar Ausnahmen. Dies betrifft aber nicht die Steuerbefreiungen für die hier interessierenden, dem Gemeinwohl dienenden Tätigkeiten nach Art. 132 MwStSystRL. 27.2

Art. 168a MwStSystRL regelt den Fall, dass ein Unternehmer ein **betriebliches Grundstück** sowohl für unternehmerische Zwecke als auch für private oder anderweitige unternehmensfremde Zwecke nutzt. In diesem Fall darf höchstens der Teil der Mehrwertsteuer abgezogen werden, der auf die Verwendung des Grundstücks für unternehmerische Zwecke des Steuerpflichtigen entfällt. Die Mitgliedstaaten dürfen nach Art. 168a Abs. 2 MwStSystRL diese Regelung auch auf andere nur teilweise unternehmerisch genutzte Gegenstände anwenden. 27.3

Soweit die abzuziehende Vorsteuer auf **Gegenständen oder Dienstleistungen** beruht, die zum Teil für steuerpflichtige Umsätze verwendet werden, zum Teil aber für Umsätze, die zwar dem unternehmerischen Bereich zuzuordnen sind, aber steuerbefreit sind, für die ein Vorsteuerabzug nicht ausnahmsweise nach Art. 169 MwStSystRL erlaubt ist, ist nach Art. 168 MwStSystRL („soweit") sowie Art. 173 MwSystSyStR nur die Vorsteuer abzuziehen, die auf die steuerpflichtigen Umsätze entfällt. Für die Zuordnung zu bestimmten Umsätzen ordnet Art. 173 MwStSystRL einen **Vorsteuerabzug Pro-rata** an. Die Aufteilung bezieht sich nach Art. 173 Abs. 1 MwStSystRL auf **sämtliche Umsätze des Steuerpflichtigen** (zur Rechenmethode Art. 174 MwStSystRL, zur Rechengrundlage Art. 175 MwStSystRL). Nach Abs. 2 können die Mitgliedstaaten aber davon abweichende Abgrenzungsmethoden verwenden. 27.4

Die Art. 178 bis 183 MwStSystRL regeln technische Einzelheiten zum Vorsteuerabzug, insbesondere das Erfordernis einer **ordnungsgemäßen Rechnung**. 27.5

Nach Art. 184 bis 192 MwStSystRL müssen die Mitgliedstaaten eine Regelung vorsehen, nach denen eine **Berichtigung des Vorsteuerabzugs** vorgenommen wird, wenn sich die Voraussetzungen für den Vorsteuerabzug geändert haben, etwa durch die Rückgängigmachung eines Kaufs oder die Einräumung von Rabatten, Art. 185 MwStSystRL. Hierunter fällt auch die Änderung der Vorsteuerabzugsberechtigung wegen ganz oder teilweiser nichtunternehmerischer Nutzung eines Gegenstandes oder wenn dieser später für steuerfreie Ausgangsumsätze genutzt 27.6

wird (Rz. 27.245 ff.). Ergänzend besteht die Berichtigungspflicht nach Art. 168a MwStSystRL (Rz. 27.3).

Im Folgenden werden nur die wichtigsten, gemeinnützige Organisationen besonders betreffende Einzelregelungen des Vorsteuerabzugs nach europäischem und nationalem Recht dargestellt.

### 1. Inhalt

27.7 Art. 168 MwStSystRL regelt die **Grundvoraussetzung**, wonach die gelieferten Gegenstände und die Dienstleistungen durch den Steuerpflichtigen „für die Zwecke seiner besteuerten Umsätze verwendet werden" müssen, Art. 168 Buchst. a MwStSystRL. Damit ist die Vorsteuerbelastung für Eingangsleistungen, die für **steuerbefreite Umsätze (Ausgangs-/Verwendungsumsätze)** getätigt werden, nicht abziehbar. Die in Art. 169 MwStSystRL hiervon ausgenommenen steuerfreien Umsätze umfassen nicht die Steuerbefreiungen für die hier interessierenden, dem Gemeinwohl dienenden Tätigkeiten nach Art. 132 MwStSystRL.

27.8 Nach Art. 167 MwStSystRL entsteht das Recht auf Vorsteuerabzug bereits, wenn der Anspruch auf die abziehbare Steuer entsteht. Es besteht der **Grundsatz des Sofortabzugs**, der uU zu späteren Korrekturen in Form der Vorsteuerberichtigung (Art. 184 ff. MwStSystRL) und der unentgeltlichen Wertabgabe (Art. 17, Art. 26 MwStSystRL) nötigt.

27.9 Art. 168a MwStSystRL regelt den Fall, dass ein Unternehmer ein **betriebliches Grundstück** sowohl für unternehmerische Zwecke als auch für private oder anderweitig unternehmensfremde Zwecke nutzt. In diesem Fall darf höchstens der Teil der Mehrwertsteuer abgezogen werden, der auf die Verwendung des Grundstücks für unternehmerische Zwecke des Steuerpflichtigen entfällt. Die Mitgliedstaaten dürfen nach Art. 168a Abs. 2 MwStSystRL diese Regelung auch auf andere nur teilweise unternehmerisch genutzte Gegenstände anwenden. Deutschland hat von dieser Möglichkeit keinen Gebrauch gemacht, da sich die deutsche Umsetzungsvorschrift des § 15 Abs. 1b UStG nur auf Grundstücke bezieht.

27.10 Soweit die abzuziehende Vorsteuer auf Gegenständen oder Dienstleistungen beruht, die **zum Teil für steuerpflichtige Umsätze** verwendet werden, zum Teil aber für Umsätze, die zwar dem unternehmerischen Bereich zuzuordnen sind, aber **steuerfrei sind**, für die ein Vorsteuerabzug nach Art. 169 MwStSystRL nicht erlaubt ist, ist nur die Vorsteuer abzuziehen, die auf die steuerpflichtigen Umsätze entfällt. Für die Zuordnung zu den Ausgangsumsätzen ordnet Art. 173 Abs. 1 MwStSystRL einen **Pro-rata-Satz des Vorsteuerabzugs** nach den gesamten Umsätzen des Steuerpflichtigen (**Gesamtumsatzschlüssel**) an. Nach Abs. 2 können die Mitgliedstaaten aber davon abweichend andere Aufteilungsmaßstäbe vorsehen. Nach Art. 173 Abs. 2 Buchst. a MwStSystRL können gewählt werden unterschiedliche Pro-Rata-Sätze für unterschiedliche Tätigkeiten nach Wahl des Steuerpflichtigen, nach Art. 173 Abs. 2 Buchst. b MwStSystRL verpflichtend unterschiedliche Sätze für unterschiedliche Tätigkeiten, nach Art. 173 Abs. 2 Buchst. c MwStSystRL wahlweise oder zwangsweise eine unmittelbare Zuordnung zu den verwendeten Gegenständen oder Dienstleistungen oder nach Art. 173 Abs. 2 Buchst. d MwStSystRL wahlweise oder zwangsweise ausschließlich eine Zuordnung der Vorsteuerbeträge zu den Gegenständen und Dienstleistungen, für die ein Recht auf Vorsteuerabzug besteht.

Die Regelungen der Art. 173 ff. MwStSystRL gelten nicht für den Vorsteuerabzug im Zusammenhang mit **Leistungen, die nur zum Teil für wirtschaftliche Tätigkeiten verwendet werden.** Dessen Aufteilung steht im Ermessen der Mitgliedstaaten (Rz. 27.162 ff.). 27.11

Art. 176 Abs. 1 MwStSystRL sieht vor, dass der Rat auf Vorschlag der Kommission u.a. **Luxus- und Repräsentationsausgaben** bestimmt, deren Vorsteuer nicht abziehbar ist. Eine solche Entscheidung hat der Rat nie getroffen. Nach Abs. 2 können die Mitgliedstaaten daher ihre diesbezüglichen Regelungen beibehalten. In Deutschland betrifft dies § 15 Abs. 1a UStG. Es darf zudem vorgesehen werden, dass **geringfügige Beträge nicht abziehbarer Vorsteuer** nicht berücksichtigt werden, also abziehbar bleiben und eine Abgrenzung entfallen kann, Art. 173 Abs. 2 Buchst. e MwStSystRL. In Deutschland ist hiervon mit § 43 UStDV auf der Grundlage von § 15 Abs. 5 Nr. 3 UStG nur für hier nicht weiter interessierende Umsätze von Geldgeschäften Gebrauch gemacht worden. 27.12

Die Art. 178 bis 183 MwStSystRL regeln technische Einzelheiten zum Vorsteuerabzug, insbesondere das Erfordernis einer **ordnungsgemäßen Rechnung** über den Vorsteuerbetrag und den Abzug von der Mehrwertsteuerschuld. 27.13

Nach den Art. 184 bis 192 MwStSystRL müssen die Mitgliedstaaten Regelungen vorsehen, nach denen eine **Berichtigung des Vorsteuerabzugs** vorgenommen wird, wenn sich die Voraussetzungen hierfür nachträglich geändert haben, Art. 184 MwStSystRL. Dies betrifft nach Art. 185 Abs. 1 MwStSystRL beispielsweise die Rückgängigmachung eines Kaufs oder die Einräumung von Rabatten. Nach Art. 185 MwStSystRL ist aber auch eine Berichtigung vorzusehen, wenn sich die anderen Faktoren, die bei der Bestimmung des Vorsteuerabzugs berücksichtigt werden, nach Abgabe der Mehrwertsteuererklärung geändert haben.[1] Für längerfristig genutzte Investitionsgüter, bei denen eine Änderung der Verhältnisse wahrscheinlicher ist, erfolgt die Berichtigung nach Art. 187 MwStSystRL bei Änderungen innerhalb von fünf Jahren mit dem jeweiligen Fünftel der betroffenen Jahre, bei Grundstücken kann ein Zeitraum von bis zu zwanzig Jahren festgelegt werden. Dementsprechend sieht § 15a Abs. 1 UStG für die Berichtigung des Vorsteuerabzugs zweierlei Fristen vor, zehn Jahre für Grundstücke und fünf Jahre für andere längerfristig nutzbare Wirtschaftsgüter. 27.14

## 2. Historische Entwicklung

Das bis 1967 in Deutschland geltende **Allphasen-Brutto-Umsatzsteuersystem** besteuerte auf jeder Ebene mehrstufiger Produktions- oder Vertriebsstrukturen mit einer – damals geringeren – Umsatzsteuer ohne die Möglichkeit des Abzugs der steuerlichen Vorbelastung. Hieran wurde bemängelt, dass es zu wettbewerbsverzerrenden Kaskadeneffekten kommen konnte, wenn Gegenstände oder Dienstleistungen auf einer Vielzahl von Produktionsvorstufen unterschiedlicher Unternehmer beruhten, die alle jeweils auf ihrer Ebene umsatzsteuerpflichtig waren (*Hüttemann*, Rz. 3.4).[2] Diese Konsequenzen werden vermieden durch die Umgestaltung des Brutto-Systems durch die für die Mitgliedstaaten der EU (damals noch EG) eingeführte gemeinsame **Mehrwertsteuersystem mit Vorsteuerabzug (Allphasen-Netto-Umsatzsteuer)** auf Grundlage der Art. 99 und 100 EWGV durch die Erste und Zweite Richtlinie (67/227/EWG und 67/228/EWG) vom 11.4.1967 zur Harmonisierung der Rechtsvor- 27.15

1 *Frye* in Rau/Dürrwächter, UStG, § 15a Rz. 60 (Stand März 2019).

2 Eingehend *Zirkl*, Die Neutralität der Umsatzsteuer als europäisches Besteuerungsprinzip, 2015, 5 ff.; *Stadie*, MwStR 2018, 904 ff.; aus verfassungsrechtlicher Sicht BVerfG v. 20.12.1966 – 1/BvR 320/57, 70/63, BVerfGE 21, 12.

schriften der Mitgliedstaaten über die Umsatzsteuern. Heute ist der Vorsteuerabzug in den Art. 167 bis 192 MwStSystRL geregelt. Er verwirklicht in besonderem Maße das Ziel, dass die Mehrwertsteuer als allgemeine Verbrauchsteuer im Ergebnis nur den privaten Konsum besteuern soll, und ist daher ein **Kernstück der Mehrwertsteuer.**[1] Steuerschuldner sind nicht die Verbraucher, sondern die Unternehmer, die selbständig und nachhaltig entgeltliche Lieferungen und Leistungen am Markt erbringen. Der Unternehmer nimmt die Steuer für Rechnung des Staates ein, indem er sie als Bestandteil des Bruttopreises auf den Verbraucher überwälzt. Zur Sicherung des Steueraufkommens wird die Mehrwertsteuer damit zwar auf sämtlichen Produktions- und Vertriebsstufen erhoben. Die Unternehmer sind jedoch nach **Art. 167 und 168 MwStSystRL** zum **Vorsteuerabzug** berechtigt, soweit sie mit Mehrwertsteuer belastete **Vorleistungen** beziehen, um steuerpflichtige Leistungen auszuführen. Theoretisch ist die Mehrwertsteuer damit unabhängig von der Zahl der vorhergehenden Produktions- oder Vertriebsstufen belastungsneutral und wird nur der private Konsum des Endverbrauchers steuerlich belastet (*Hüttemann*, Rz. 3.4).

27.16 Die Vorschrift des Art. 168a MwStSystRL wurde (hinsichtlich Abs. 1 für die Mitgliedstaaten verpflichtend) mit der Richtlinie 2009/162/EU v. 22.12.2009 zur Änderung verschiedener Bestimmungen der Richtlinie 2006/112/EG über das gemeinsame Mehrwertsteuersystem[2] in die MwStSystRL aufgenommen. Art. 168a MwStSystRL beschränkt den Vorsteuerabzug beim Erwerb oder bei der Herstellung von Grundstücken und (fakultativ) anderen Gegenständen, die sowohl zu unternehmerischen als auch zu unternehmensfremden Zwecken genutzt werden. Sie wurde notwendig, weil es nach der **Seeling-Rechtsprechung des EuGH**[3] möglich war, ein Grundstück im vollem Umfang dem Unternehmen zuzuordnen und dementsprechend hohe Vorsteuerbeträge für die Investitionskosten sofort abzuziehen, während eine private Teilnutzung nur im jeweiligen Kalenderjahr zu einer Versteuerung als unentgeltliche Wertabgabe nach § 3 Abs. 1b, Abs. 9a, § 10 Abs. 4 UStG führte. Damit bestanden erhebliche Anreize zur steuersparenden Gestaltung, die Vorsteuer als zinsloses Darlehen für die Finanzierung von Gebäuden zu nutzen.[4] Die Änderungsrichtlinie war von den Mitgliedstaaten zum 1.1.2011 in nationales Recht umzusetzen. Im deutschen UStG geschah dies mit der Einführung von § 15 Abs. 1b UStG (Rz. 27.193 ff.).

### 3. Zweck

27.17 Das geltende System der **Allphasen-Netto-Umsatzsteuer** beruht auf dem Gedanken, dass die Mehrwertsteuer als allgemeine Verbrauchsteuer im Ergebnis nur den privaten Konsum besteuern soll.[5] Steuerschuldner sind nicht die Verbraucher, sondern die Unternehmer, die

---

1 Statt vieler EuGH v. 29.2.1996 – Rs. C-215/94 – Mohr, ECLI:EU:C:1996:72, UR 1996, 119 m. Anm. *Widmann*; EuGH v. 3.10.2006 – Rs. C-475/03 – Banca Populare di Cremona, ECLI:EU:C:2006:629, UR 2007, 545; *Englisch* in Tipke/Lang, § 17 Rz. 10 mit zahlreichen Nachweisen; *Reiß*, DStJG Bd. 13, 1990, 3 ff.; *Reiß*, DStJG Bd. 32, 2009, 11 ff.; *Stadie* in Rau/Dürrwächter, UStG, Einf. Rz. 90 ff., 127 ff. (Stand: März 2019); *Robisch* in Bunjes[18], Vor § 1 Rz. 13 ff.

2 ABl.EU 2010 Nr. L 10, 14.

3 EuGH v. 8.5.2003 – Rs. C-269/00 – Seeling, UR 2003, 288 m. Anm. *Burgmaier* = BStBl II 2004, 378; BFH v. 24.7.2003 – V R 39/99, UR 2000, 325 = BStBl II 2004, 371; v. 12.8.2015 – XI R 6/13, UR 2015, 958 = BStBl II 2015, 1063; bestätigt durch EuGH v. 23.4.2009 – Rs. C-460/07 – Puffer, UR 2009, 410 m. Anm. *Widmann* = DStR 2009, 903.

4 Vgl. statt vieler *Oelmaier* in Sölch/Ringleb, UStG, § 15 Rz. 646 (Stand: März 2019).

5 Statt vieler EuGH v. 29.2.1996 – Rs. C-215/94 – Mohr, ECLI:EU:C:1996:72, UR 1996, 119 m. Anm. *Widmann*; EuGH v. 3.10.2006 – Rs. C-475/03 – Banca Populare di Cremona, ECLI:EU:C:2006:629,

selbständig und nachhaltig entgeltliche Lieferungen und Leistungen am Markt erbringen. Der Unternehmer nimmt die Steuer für Rechnung des Staates ein, indem er sie als Bestandteil des Bruttopreises auf den Verbraucher überwälzt.[1] Dabei wird die Mehrwertsteuer zwar aus Gründen der Sicherung des Steuersubstrats auf sämtlichen Produktions- und Vertriebsstufen erhoben. Die Unternehmer sind jedoch nach **Art. 168 MwStSystRL** zum **Vorsteuerabzug** berechtigt, soweit sie mit Mehrwertsteuer belastete **Vorleistungen** beziehen, um steuerpflichtige Leistungen auszuführen, damit im Ergebnis nur der private Konsum besteuert wird und die Mehrwertsteuer unabhängig von der Zahl der vorhergehenden Produktions- oder Vertriebsstufen „belastungsneutral" ist.[2] Der Vorsteuerabzug soll **Wettbewerbsverzerrungen** zwischen unterschiedlichen Vertriebsstrukturen und im grenzüberschreitenden Handel verhindern. Der Vorsteuerabzug ist in der Rechtsprechung des Gerichtshofs eine **Ausprägung des Grundsatzes der Neutralität** der Mehrwertsteuer.[3] „Durch die Regelung über den Vorsteuerabzug soll der Unternehmer vollständig von der im Rahmen aller seiner wirtschaftlichen Tätigkeiten geschuldeten oder entrichteten Mehrwertsteuer entlastet werden. Das gemeinsame Mehrwertsteuersystem gewährleistet folglich völlige Neutralität hinsichtlich der steuerlichen Belastung aller wirtschaftlichen Tätigkeiten unabhängig von ihrem Zweck oder ihrem Ergebnis, sofern diese Tätigkeiten selbst der Mehrwertsteuer unterliegen."[4] Aufgrund dieses Mechanismus ist das Recht auf Vorsteuerabzug ein kohärenter Bestandteil der Umsatzsteuer und kann daher in seinem im Unionsrecht vorgegebenen Umfang **keine unzulässige Beihilfe** i.S.d. Art. 107 AEUV sein.[5]

Der EuGH bezeichnet das Recht zum Vorsteuerabzug nach Art. 168 MwStSystRL als **integralen Bestandteil des Mechanismus der Mehrwertsteuer**[6] und sieht darin ein „**Grundprinzip** des durch das Unionsrecht geschaffenen gemeinsamen Mehrwertsteuersystems."[7] Das Recht auf sofortigen Vorsteuerabzug darf daher grundsätzlich auch nicht durch die Mitgliedstaaten eingeschränkt werden.[8] Der Steuerpflichtige kann sich auf das Recht zum Vor- 27.18

---

UR 2007, 545; *Englisch* in Tipke/Lang, § 17 Rz. 10 mit zahlreichen Nachweisen; *Reiß*, DStJG Bd. 13, 1990, 3 ff.; *Reiß*, DStJG Bd. 32, 2009, 11 ff.; *Stadie* in Rau/Dürrwächter, UStG, Einf. Rz. 90 ff., 141 ff. (Stand: März 2019); *Robisch* in Bunjes[18], Vor § 1 Rz. 13 ff.

1 Krit. zur Funktion des Steuerpflichtigen als Gehilfen der Finanzverwaltung *Stadie*, MwStR 2018, 904 (907 ff.).

2 Eingehend *Zirkl*, Die Neutralität der Umsatzsteuer als europäisches Besteuerungsprinzip, 2015, 5 ff.; aus verfassungsrechtlicher Sicht BVerfG v. 20.12.1966 – 1/BvR 320/57, 70/63, BVerfGE 21, 12.

3 Vgl. etwa EuGH v. 14.6.2017 – Rs. C-38/16 – Compass Contract Services, Rz. 34, UR 2017, 602 = MwStR 17, 663, m. w. N.; BFH v. 10.8.2016 – V R 14/15, UR 2016, 957 = DStR 2017, 152, Rz. 25; im Überblick *Zirkl*, Die Neutralität der Umsatzsteuer als europäisches Besteuerungsprinzip, 2015, 61 ff.; *Henze*, Umsatzsteuer-Kongress-Bericht 2010, 10 ff.

4 EuGH v. 22.6.2016 – Rs. C-267/15 – Gemeente Woerden, Rz. 32, UR 2016, 646 = StE 2016, 418; EuGH v. 6.12.2012 – Rs. C-285/11 – Bonik, ECLI:EU:C:2012:774 Rz. 27, UR 2013, 195.

5 EuGH v. 23.4.2009 – Rs. C-460/07 – Sandra Puffer, Rz. 69 ff., UR 2009, 410 m. Anm. *Widmann* = DStR 2009, 903.

6 So zuletzt EuGH v. 14.9.2017 – Rs. C-132/16 – Iberdrola, Rz. 25, UR 2017, 928 = DStR 2017, 2044; EuGH v. 15.11.2017 – Rs. C-374/16, C-375/16 – Geissel und Butin, UR 2017, 970 m. Anm. *Jacobs/Zitzl* = MwStR 2017, 987, Rz. 46, m. w. N.; vgl. auch EuGH v. 30.9.2010 – Rs. C-392/09 – Uszodaepito, ECLI:EU:C:2010:569 Rz. 32, UR 2010, 948; EuGH v. 6.7.1995 – Rs. C-62/93 – BP Soupergaz, ECLI:EU:C:1993:223 Rz. 18, UR 1995, 404 m. Anm. *Lohse*.

7 EuGH v. 6.12.2012 – Rs. C-285/11 – Bonik EOOD, ECLI:EU:C:2012:774 Rz. 25, UR 2013, 195; EuGH v. 13.2.2014 – Rs. C-18/13 – Maks Pen, ECLI:EU:C:2014:69 Rz. 23, UR 2014, 861.

8 So zuletzt EuGH v. 14.9.2017 – Rs. C-132/16 – Iberdrola, UR 2017, 928 = DStR 2017, 2044, Rz. 25; EuGH v. 15.11.2017 – Rs. C-374/16 – C-375/16 – Geissel und Butin, MwStR 2017, 987, Rz. 46,

steuerabzug unmittelbar berufen (vgl. zu den allgemeinen Voraussetzungen *Hüttemann*, Rz. 3.60 f.), da es ihm unbedingt zusteht. Dennoch ist es ihm nicht erlaubt, sowohl von einer im nationalen Recht vorgesehenen, mit der MwStSystRL unvereinbaren Steuerbefreiung zu profitieren und zugleich das Vorsteuerabzugsrecht in Anspruch zu nehmen. Eine **doppelte Berufung auf nationales und Unionsrecht** ist insofern nicht möglich.[1]

27.19 Nach Art. 167 MwStSystRL entsteht das Recht auf Vorsteuerabzug bereits, wenn der Anspruch auf die abziehbare Steuer „entsteht". Das **System des sofortigen Vorsteuerabzugs** ist allerdings missbrauchsanfällig: Der leistende Unternehmer erhält die Umsatzsteuer von seinem Leistungsempfänger, es besteht aber die Gefahr, dass er diesen Betrag nicht abführt. Dennoch steht dem Leistungsempfänger der Vorsteuerabzug zu. Auch kann die Finanzverwaltung im Zeitpunkt der Geltendmachung des Vorsteuerabzugs aufgrund des Sofortabzugs und wegen der Selbstveranlagung durch den Steuerpflichtigen nicht prüfen, ob die Voraussetzungen für den Vorsteuerabzug erfüllt sind.[2] Um die Anfälligkeit des Systems zu verringern, wurde in den vergangenen Jahren die Steuerschuld zunehmend mittels des **Reverse-Charge-Verfahrens** auf den Leistungsempfänger verlagert; in Deutschland in § 13b UStG. Die Kommission hat am 21.12.2016 einen weiteren Vorschlag für eine diesbezügliche Änderung der MwStSystRL vorgelegt, nach dem die besonders von Betrug betroffenen Mitgliedstaaten generell eine Umkehr von der Steuerschuld für Umsätze vorsehen können, die einen Schwellenwert von 10.000 Euro übersteigen.[3] *Stadie* sieht in dem Sollprinzip bei der Zahlung der Umsatzsteuer durch den Unternehmer und entsprechend dem Sollprinzip bei dem Vorsteuerabzug einen grundsätzlichen Konstruktionsfehler des Mehrwertsteuersystems, der sogar ohne Gesetzesänderung zu korrigieren sei.[4]

27.20 Der Vorsteuerabzug setzt voraus, dass die bezogene Leistung nicht für **Ausgangsumsätze** verwendet (daher auch „Verwendungsumsätze") wird, **die den Vorsteuerabzug nach Art. 168 MwStSystRL ausschließen**. Belastungsneutralität für den Steuerpflichtigen soll der Vorsteuerabzug nur herstellen, als die betroffenen Umsätze für Gegenstände und Dienstleistungen „für die Zwecke seiner besteuerten Umsätze verwendet werden". Von diesem Grundsatz macht Art. 169 MwStSystRL für bestimmte Steuerbefreiungen wie etwa für Ausfuhrlieferungen oder innergemeinschaftliche Lieferungen Rückausnahmen, nicht aber für die hier in Rede stehenden gemeinwohlrelevanten Steuerbefreiungen nach Art. 132 Abs. 1 MwStSystRL. Diese steuerbefreiten Leistungen sind somit mit einer „heimlichen Steuer" belastet. Man spricht von **„unechten Steuerbefreiungen"**.[5] Entsprechend dem Umfang der steuerpflichtigen Vorleis-

---

m. w. N.; EuGH v. 22.6.2016 – Rs. C-267/15 – Gemeente Woerden, UR 2016, 646 = StE 2016, 418 Rz. 30 f.; EuGH v. 21.3.2000 – Rs. C-110/98 bis C-147/98 – Gabalfrisa u. a., ECLI:EU:C:2000:145, Rz. 43; EuGH v. 26.5.2005 – Rs. C-465/03 – Kretztechnik, ECLI:EU:C:2005:320 Rz. 33, UR 2005, 382; EuGH v. 22.12.2010 – Rs. C-438/09 – Dankowski, ECLI:EU:C:2010:818 Rz. 22, UR 2011, 435; sowie EuGH v. 6.12.2012 – Rs. C-285/11 – Bonik, ECLI:EU:C:2012:774 Rz. 26, UR 2013, 195; zustimmend *Heuermann*, MwStR 2018, 729 (730).

1 EuGH v. 26.2.2015 – Rs. C-144/13 – VDP Dental Laboratory, Rs. C-154/13 – X und Rs. C-160/13 – Nobel Biocare Nederland, HFR 2015, 419; *Huschens* in MwStSystRL – eKommentar Art. 168 MwStSystRL Rz. 5; vgl. für Mitgliedsbeiträge zu Sportvereinen *Kirchhain*, SpuRt 2019, 107 (109 ff.) unter Hinweis auf BMF-Schr. v. 4.2.2019, BStBl. I 2019, 115.

2 *Sölch/Ringleb/Oelmaier*, UStG, § 15 Rz. 34 (Stand: März 2019).

3 COM (2016) 811 final.

4 *Stadie*, MwStR 2018, 904 (908, 912).

5 Vgl. dazu bereits *Söhn*, StuW 1976, 1, 26 f.; *Ruppe*, FS Tipke, 457 ff.; *Reiß*, DStJG Bd. 32 (2009), 9, 50; *Englisch* in de la Feria, VAT-Exemptions, 81 ff.; *Jacobs*, Umsatzsteuer und Gemeinnützigkeit, 2009, 51 ff.; de lege ferenda auch *Kirchhof*, Bundessteuergesetzbuch, 874.

tungen – weniger bei personalintensiven Eigenleistungen, mehr bei Sachinvestitionen – wirken die Steuerbefreiungen daher in unterschiedlicher Höhe lediglich wie eine Steuerermäßigung.[1] Damit ist sowohl für die betroffenen Unternehmer als auch für den letztlich die Leistung zahlenden Endverbraucher die **Neutralität der Umsatzsteuer nicht vollständig gewährleistet**, zumal es insbesondere bei mehrstufigen Produktions- und Vertriebsstrukturen zu Kaskadeneffekten kommt. Dies führt im gemeinnützigen Sektor zu unnötigen Anreizen bei der Gestaltung der Produktions- und Vertriebswege, indem betriebswirtschaftlich sinnvolle Ausgliederungen von Tätigkeitsbereichen auf selbständige (Tochter-)Unternehmen unterbleiben, die Kooperationen zwischen steuerbefreiten Einrichtungen erschwert wird und zum Ausgleich die komplizierte umsatzsteuerliche Organschaft (*Küffner/Tillmanns*, Rz. 7.2 ff.) gewählt wird.[2]

Die aktuelle Situation der Versagung des Vorsteuerabzugs bei Ausgangsumsätzen, die als bestimmte dem Gemeinwohl dienende Tätigkeiten steuerbefreit sind, wird daher kritisch gesehen (*Hüttemann*, Rz. 3.39 ff.).[3] Will man diese Umsätze vollständig entlastet, wäre eine **Nullbesteuerung mit vollem Vorsteuerabzug** notwendig (*Hüttemann*, Rz. 3.39).[4] Der Ausschluss des Vorsteuerabzugs bei den meisten Steuerbefreiungen beruht überwiegend auf fiskalischen und damit politischen Erwägungen (*Hüttemann*, Rz. 3.40).[5] Der EuGH hat festgestellt, dass der Neutralitätsgrundsatz einer „gesetzgeberischen Ausgestaltung" bedürfe, die nur „durch einen Rechtsakt des abgeleiteten Gemeinschaftsrechts erfolgen" könne.[6] Eine Überprüfung der konkreten Ausgestaltung des Vorsteuerabzugs gemäß den Art. 168 ff. MwStSystRL nach dem Maßstab eines höherrangigen Gleichbehandlungsgrundsatzes des Primärrechts kommt daher nicht in Betracht (*Hüttemann*, Rz. 3.41).[7] So hat der EuGH zwar Pharmahersteller hinsichtlich der gegenüber gesetzlichen und privaten Krankenkassen gewährten Rabatte gleichbehandelt. Der Begründung des BFH,[8] es sei unvereinbar mit dem allgemeinen Gleichbehandlungsgrundsatz (Art. 20 der Charta der Grundrechte der Europäischen Union –EUGrdRCh), wenn Abschläge an Unternehmen der privaten Krankenversicherung anders als Abschläge im Bereich der gesetzlichen Krankenversicherung die Besteuerungsgrundlage nicht mindern, obwohl der pharmazeutische Unternehmer durch beide Abschläge in gleicher Weise belastet wird, hat er sich aber nicht angeschlossen, sondern das Ergebnis durch eine wirtschaftliche Betrachtungsweise gewonnen.[9] Dass der Gerichtshof den Mitgliedstaaten bei der Umsetzung des Harmonisierungsauftrags einen größeren politischen Spielraum für solche fiskalisch folgenreichen Regelungen einräumt, ist verständlich (*Hüttemann*, Rz. 3.41).[10] Im Übrigen ist 27.21

1 So *Englisch* in Tipke/Lang, § 17 Rz. 206.
2 So auch *Englisch* in Tipke/Lang, § 17 Rz. 207.
3 Generalanwalt *Colomer* in seinen Schlussanträgen v. 22.2.2005 – Rs. C-498/03 – Kingscrest Associates, Slg. 2005, I-4430; *Söhn*, StuW 1976, 1, 26; *Ruppe*, FS Tipke, 457; *Stadie*, DStJG Bd. 32, 2009, 151 f.: „Erschreckend falsch".
4 Statt vieler nur *Reiß*, DStJG Bd. 32 (2009), 9, 48 ff.
5 *Englisch* in Tipke/Lang, § 17 Rz. 208 unter Hinweis auf die Begründung zum Regierungsentwurf des UStG 1968, BT-Drucks. 4/1590, 26; vgl. auch *Stadie*, DStJG Bd. 32, 151 f. m. w. N. zu den Erwägungen auf europäischer Ebene.
6 EuGH v. 29.10.2009 – Rs. C-174/08 – NCC Construction, ECLI:EU:C:2009:669, UR 2010, 233.
7 Kritisch: *Englisch* in Tipke/Lang, § 17 Rz. 206 ff.; *Englisch* in Weber (Hrsg.), European Tax Integration, 231 ff.; *Englisch* in de la Feria (Hrsg.), VAT Exemptions, 37, 52 ff.
8 BFH v. 22.6.2016 – V R 42/15, BFHE 254, 264.
9 EuGH v. 20.12.2017 – Rs. C-462/16 – Boehringer Ingelheim Pharma, ECLI:EU:C:2017:1006 = UR 2018, 166 mit Anm. *Krieg*, DStR 2018, 509.
10 Noch anders *Stadie*, DStJG 32 (2009), 151: Versagung des Vorsteuerabzugs als Systementscheidung.

aber bei der Auslegung von Zweifelsfragen der Zweck der Vorschriften, d.h. ihr Entlastungszweck und die Herstellung von Wettbewerbsneutralität, zu beachten.[1] So sieht der EuGH in dem **anteiligen Vorsteuerabzug pro-rata** nach Art. 173–175 MwStSystRL bei gemischt verwendeten Eingangsleistungen eine Ausprägung des Neutralitätsgebots.[2]

### 4. Systematische Stellung

27.22 Der Vorsteuerabzug ist die „zweite Säule"[3] im Allphasen-Netto-Umsatzsteuersystem der harmonisierten Mehrwertsteuer. Dabei ist Art. 168 MwStSystRL die zentrale und grundlegende Vorschrift zur Reichweite des Vorsteuerabzugs (siehe bereits oben Rz. 27.16).[4] Da der Vorsteuerabzug voraussetzt, dass die Eingangsumsätze für wirtschaftliche, steuerbare Leistungen getätigt werden und auch nicht nach Art. 132 MwStSystRL steuerbefreiten Umsätzen zuzuordnen sind (Rz. 27.43 ff.), sind im Rahmen des Vorsteuerabzugs **spiegelbildlich zur Steuerbefreiung** der Leistungen gemeinnütziger Organisationen auf der Grundlage von Art. 132 MwStSystRL die gleichen Fragestellungen maßgeblich: Auch für den Vorsteuerabzug ist es bedeutsam, ob und in welchem Umfang für bestimmte Leistungen eine Steuerbefreiung eingreift. Zudem stellt sich die Frage nach dem erforderlichen Bezug der Vorsteuerbeträge zu den zum Vorsteuerabzug berechtigenden Ausgangsumsätzen. Dies gilt auch **in zeitlicher Hinsicht** für Investitionsausgaben vor Aufnahme und nach Einstellung der wirtschaftlichen Tätigkeit.[5] Dabei wirkt sich jede Rechtsunsicherheit bezüglich der Einordnung der Ausgangsumsätze unmittelbar auf die Abziehbarkeit der Vorsteuer aus und kann Jahre später (Rz. 1.5) zu zinsbelasteten (anders als bei nachträglichen Rechnungsberichtigungen Rz. 27.179) Vorsteuerrückzahlungen führen.

27.23 Zudem muss geklärt werden, wie sich Ausgangsumsätze auswirken, die zwar nicht steuerbefreit sind, aber einer **nicht steuerbaren Sphäre** zuzuordnen sind, etwa bei hoheitlichen Tätigkeiten der öffentlichen Hand oder satzungsmäßigen, nicht wirtschaftlichen Tätigkeiten eines Vereins oder einer Stiftung. Diese Sphärenbetrachtung betrifft in besonderem Maße gemeinnützige Organisationen mit wirtschaftlichen und nicht wirtschaftlichen, aber gleichwohl nicht unternehmensfremden, sondern satzungsgemäßen, Tätigkeiten, wie etwa das reine Mitgliedergeschäft oder das Sammeln von Spenden. Aufgrund der fehlenden Gewinnausrichtung dieser Unternehmen kann es, insbesondere bei größeren Investitionen, bei Nonprofit-Organisationen auch leicht zu **Vorsteuerüberhängen** kommen, so dass die Vorsteuerabzugsberechtigung für gemeinwohlorientierte Unternehmen von großer wirtschaftlicher Bedeutung ist.

---

1 Zu digitalen und gedruckten Büchern: EuGH v. 7.3.2017 – C-390/15 – *RPO*, UR 2017, 393 m. Anm. *Dobratz* = MwStR 2017, 312 m. Anm. *Grube*, Rz. 71; hierzu *Stadie*, MwStR 2018, 904 (917); *Stadie* in Rau/Dürrwächter, UStG, § 15 Rz. 2 (Stand März 2019).

2 EuGH v. 23.4.2009 – Rs. C-460/07 – Puffer, ECLI:EU:C:2009:254, UR 2009, 410 m. Anm. *Widmann.*

3 *Borger* in Winheller/Geibel/Jachmann-Michel, Gesamtes Gemeinnützigkeitsrecht, § 15 UStG Rz. 1.

4 *Huschens* in MwStSystRL – eKommentar, Art. 168 MwStSystRL Rz. 4.

5 EuGH v. 14.2.1985 – Rs. 268/83 – Rompelmann, ECLI:EU:C:1985:74; EuGH v. 29.4.2004 – Rs. C-137/02 – Faxworld, ECLI:EU:C:2004:67, UR 2004, 362 = GmbHR 2004, 818; dazu *Hamm*, Vorgesellschaften im Steuerrecht, 2013, 200 ff.

## II. Die Einzelvorschriften

### 1. Art. 167 MwStSystRL

27.24 Nach Art. 167 MwStSystRL (früher Art. 17 Abs. 1 der 6. RL) entsteht das Recht auf Vorsteuerabzug, wenn der Anspruch auf die abziehbare Steuer entsteht, sogenannter **Sofortabzug.** Obwohl Art. 1 Abs. 2 Unterabs. 2 MwStSystRL an die tatsächliche Belastung mit dem Vorsteuerbetrag anknüpft („belastet hat"), darf der Steuerpflichtige den Abzug der Vorsteuer bereits geltend machen, wenn die Umsatzsteuer auf die Eingangsleistung entstanden ist, unabhängig von der tatsächlichen Zahlung. Dies wird aus der Formulierung in Art. 168 Buchst. a MwStSystRL „geschuldete oder entrichtete Mehrwertsteuer" geschlossen.[1] Dies gilt auch, wenn der Steuerpflichtige seine eigenen Umsätze nach vereinnahmten (**Ist-Versteuerung**, Art. 66 Buchst. b MwStSystRL, § 20 UStG) und nicht nach vereinbarten Entgelten (**Soll-Versteuerung**) versteuert. Zwar können die Mitgliedstaaten nach Art. 167a MwStSystRL vorsehen, dass bei solchen Steuerpflichtigen auch der Vorsteuerabzug dem Ist-Prinzip folgt und erst bei Zahlung des Vorsteuerbetrags geltend gemacht werden kann. Deutschland hat diese Vorschrift aber nicht umgesetzt, so dass der Vorsteuerabzug unabhängig von der Art der Versteuerung beim Unternehmer der Ausgangsumsätze ausgeübt werden kann.[2] Zwar „entsteht" die gesetzlich geschuldete Steuer erst mit Zahlung des Betrags an den Unternehmer der Eingangsumsätze, soweit dieser nach vereinnahmten Entgelten versteuert. Nach § 226 Nr. 7a MwStSystRL hat der Unternehmer die Versteuerung nach vereinnahmten Entgelten auch auf der Rechnung anzugeben, so dass dies erkennbar ist. Mangels Umsetzung dieser Regelung und Änderung des § 15 Abs. 1 S. 1 UStG entspricht dies jedoch nicht der Rechtslage in Deutschland.[3] Grundsätzlich ist die Vorsteuer nach geltendem deutschen Recht daher im **Zeitpunkt des Leistungsbezugs der Eingangsleistung** abziehbar.[4]

27.25 Damit stellt sich in zeitlicher Hinsicht die Frage nach dem Bezug zu den zum Vorsteuerabzug berechtigenden Ausgangsumsätzen für Investitionsausgaben **vor Aufnahme und nach Einstellung der wirtschaftlichen Tätigkeit.**[5] Der EuGH hat bereits Vorbereitungsmaßnahmen für den Vorsteuerabzug akzeptiert[6] und festgestellt, dass auch nach Beendigung der Tätigkeit ein Vorsteuerabzug zulässig ist.[7] Unionsrechtswidrig ist aufgrund des Sofortabzugs nach An-

1 EuGH v. 28.7.2011 – Rs. C-274/10, UR 2011, 755 Rz. 47; krit. *Stadie* in Rau/Dürrwächter, UStG, § 15 Rz. 87, 96 (Stand März 2019): „grob fehlerhaft"; *Stadie*, MwStR 2018, 904 (912).

2 *Stadie* in Rau/Dürrwächter, UStG, § 15 Rz. 80 (Stand März 2019): nur Leitidee; a.A. *Frye* in Rau/Dürrwächter, UStG, § 20 Rz. 102 (Stand März 2019): wegen unberechtigter Bevorzugung teleologische Reduktion der deutschen Vorschriften.

3 Krit. wegen der darin liegenden Subvention *Frye* in Rau/Dürrwächter, UStG, § 20 Rz. 103 (Stand März 2019).

4 EuGH v. 22.3.2012 – Rs. C-153/11 – Klub, UR 2012, 606, Rz. 36; EuGH v. 28.7.2011 – Rs. C-274/10, UR 2011, 755 Rz. 47; EuGH v. 2.6.2005 – Rs. C-378/02 – Waterschap Zeeuws Vlaanderen, UR 2005, 437 = Slg. 2005, I-4685, Rz. 31.

5 EuGH v. 14.2.1985 – Rs. 268/83 – Rompelmann, ECLI:EU:C:1985:74; EuGH v. 29.4.2004 – Rs. C-137/02 – Faxworld, ECLI:EU:C:2004:67, UR 2004, 362 = GmbHR 2004, 818; dazu *Hamm*, Vorgesellschaften im Steuerrecht, 200 ff.

6 EuGH v. 29.11.2012 – Rs. C-257/11, UR 2013, 224 Rz. 26 f.; BFH v. 17.9.1998 – V R 28/98, BStBl. II 1999, 146 = StRK UStG 1980 § 19 R. 16; BFH v. 18.11.1999 – V R 22/99, BStBl. II 2000, 241 = StRK UStG 1980 § 19 R. 17; BFH v. 8.3.2001 – V R 24/98, BStBl. II 2003, 430 = UR 2001, 214 = StRK UStG 1993 § 15 Abs. 1 R. 22; BFH v. 23.5.2002 – V B 104/01, BFH/NV 2002, 1351; BFH v. 26.1.2006 – V R 74/03, BFH/NV 2006, 1164; Abschn. 2.6 Abs. 1 UStAE; *Stadie* in Rau/Dürrwächter, UStG, § 15 Rz. 140 (Stand März 2019); *Stadie*, UR 2001, 264.

7 EuGH v. 3.3.2005 – Rs. C-32/03, EuGHE 2005, I-1599 = UR 2005, 433.

sicht des Gerichtshofs eine nationale Regelung, wonach ein Steuerpflichtiger das Recht auf Vorsteuerabzug der **vor dem Beginn** der Vornahme **besteuerter Umsätze** entrichteten Mehrwertsteuer nur bei Erfüllung bestimmter Voraussetzungen, wie der Stellung eines ausdrücklichen entsprechenden Antrags vor Fälligkeit der Steuer und der Einhaltung einer Frist von einem Jahr zwischen dieser Antragstellung und dem tatsächlichen Beginn der besteuerten Umsätze, ausüben kann und die Nichterfüllung dieser Voraussetzungen zum Verlust des Rechts auf Vorsteuerabzug oder dazu führt, dass dieses Recht erst vom tatsächlichen Beginn der gewohnheitsmäßigen Vornahme der steuerbaren Umsätze an ausgeübt werden kann.[1] Dasselbe gilt für eine nationale Regelung, nach der weder die **Gesellschafter** einer Gesellschaft noch die **Gesellschaft** selbst ein Recht auf Vorsteuerabzug für Investitionskosten geltend machen dürfen, die vor Gründung und Eintragung der Gesellschaft von den Gesellschaftern für die Zwecke und im Hinblick auf die wirtschaftliche Tätigkeit der Gesellschaft getragen wurden.[2]

27.26 Das Entstehen des Rechts auf Vorsteuerabzug im Zeitpunkt des Bezugs der mit Umsatzsteuer belasteten Eingangsleistungen hängt gleichwohl davon ab, dass zu diesem Zeitpunkt die Voraussetzungen für den Vorsteuerabzug vorliegen,[3] wie die Unternehmereigenschaft (dazu unten Rz. 27.36; *Ehrke-Rabel*, Rz. 6.2 ff.), das Vorliegen einer ordnungsgemäßen Rechnung (Rz. 27.76; 27.171 ff.) und die Verwendung der Eingangsleistungen für steuerbare, nicht steuerbefreite Ausgangsumsätze (Rz. 27.43 ff.).[4] Maßgeblich sind in erster Linie die **tatsächlich getätigten Ausgangsumsätze**.[5] Zur Beurteilung ist aber nicht nur auf den Zeitpunkt des Leistungsbezuges, sondern auf den **gesamten Besteuerungszeitraum** abzustellen, also in Deutschland grundsätzlich gem. § 18 Abs. 3 UStG auf das Kalenderjahr der Anschaffung oder Durchführung der sonstigen Leistung.[6] Tätigt die Organisation daher erst im Laufe des Kalenderjahres steuerpflichtige Ausgangsumsätze, kann sie die darauf entfallende Vorsteuer aus dem gleichen Jahr unproblematisch abziehen.

27.27 Aufgrund des Sofortabzugs besteht trotz dieser zeitlichen Erweiterung auf den gesamten Besteuerungszeitraum ein Problem, wenn zu diesem Zeitraum die fraglichen Ausgangsumsätze zur Verwendung der Eingangsleistungen noch nicht durchgeführt worden sind. In diesem Fall richtet sich der Umfang des Vorsteuerabzugs nach der **beabsichtigten Verwendung** der Gegenstände und Dienstleistungen, die jedoch durch **objektive Anhaltspunkte** belegt sein muss.[7]

1 EuGH v. 21.3.2000 – Rs. C-110/98 bis C-147/98 – Gabalfrisa, HFR 2000, 456; EuGH v. 21.10.2010 – Rs. C-385/09 – Nidera Handelscompagnie, UR 2011, 27 = HFR 2010, 1360; Folgeentscheidung EuGH v. 28.2.2018 – C-387/16, Nidera BV, DStRE 2018, 1315 zur Verzinsung des Vorsteuererstattungsanspruchs durch den Staat.

2 EuGH v. 1.3.2012 – Rs. C-280/10 – Polski Trawertyn, UR 2012, 366 = HFR 2012, 461; anders aber wohl EuGH v. 13.3.2014 – C-204/13 – Malburg, MwStR 2014, 270 m. Anm. *Korn*; krit. *Stadie*, MwStR 2018, 904 (917).

3 So bereits EuGH v. 11.7.1991 – Rs. C-97/90 – Lennartz, UR 1991, 291 m. Anm. *Widmann* = DB 1992, 122; EuGH v. 8.6.2000 – Rs. C-400/98 – Breitsohl, BStBl II 2003, 452, UVR 2000, 97, Rz. 22; EuGH v. 8.6.2000 – Rs. C-396/98 – Schloßstraße, UR 2000, 336 m. Anm. *Widmann* = BStBl II 2003, 446, Rz. 36, 37.

4 Vgl. EuGH v. 29.10.2009 – Rs. C-29/08 – SKF, UR 2010, 107 = DStR 2009, 2311, Rz. 60.

5 Vgl. BFH v. 24.4.2013 – XI R 25/10, UR 2014, 64 = BStBl II 2014, 346, Rz. 29 ff.

6 BFH v. 24.4.2013 – XI R 25/10, UR 2014, 64 = BStBl II 2014, 346, Rz. 31.

7 EuGH v. 8.6.2000 – Rs. C-396/98 – Schloßstraße, Rz. 37, UR 2000, 336 m. Anm. *Widmann* = BStBl II 2003, 446 m. Nachw.; EuGH v. 22.10.2015 – Rs. C-126/14 – Sveda, Rz. 20, UR 2015, 910 m. Anm. *Sterzinger* = DStR 2015, 2442.

Kommt es bei sogenannten **Fehlmaßnahmen** später nicht zu den beabsichtigten, zum Vorsteuerabzug berechtigenden Umsätzen, bleibt nach der Rechtsprechung des EuGH der Vorsteuerabzug gleichwohl bestehen.[1] Das Vorsteuerabzugsrecht besteht sogar dann fort, wenn der Steuerverwaltung bereits bei der **erstmaligen Festsetzung der Steuer** bekannt ist, dass die beabsichtigte wirtschaftliche Tätigkeit, die zu steuerbaren Umsätzen führen sollte, nicht ausgeübt werden wird.[2] Der Vorsteuerabzug ist in den Folgejahren ggf. nach den Art. 185 ff. MwStSystRL (§ 15a UStG) oder durch den Mechanismus der unentgeltlichen Wertabgabe (dazu Rz. 27.248; *Heber*, Rz. 8.213 ff.) zu berichtigen.[3] 27.28

Eine Ausnahme von dem Grundsatz des Sofortabzugs besteht nur bei **Missbrauch oder Betrug**. Dabei nimmt der EuGH ein ungeschriebenes subjektives Tatbestandsmerkmal der Art. 167 und 168 MwStSystRL an, wonach der Steuerpflichtige in Bezug auf die Steuerehrlichkeit seines Lieferanten gutgläubig sein muss.[4] Ob dies vorliegt, ist durch die nationalen Gerichte zu ermitteln.[5] Wie die unionsrechtlichen Begriffe des Missbrauchs und des Betrugs zu verstehen sind, ist aber noch nicht abschließend geklärt.[6] Dies wird etwa angenommen, wenn der Steuerpflichtige wusste oder hätte wissen müssen, dass er sich durch den Umsatz, auf den er sich zur Begründung des betreffenden Rechts beruft, an einer im Rahmen einer Lieferkette begangenen Mehrwertsteuerhinterziehung beteiligt hat.[7] Der Vorsteuerabzug ist in diesen Fällen zu versagen, auch wenn es im nationalen Recht – wie in Deutschland – keine ausdrückliche Regelung hierfür gibt.[8] Die **Feststellungslast** trifft die Finanzbehörde.[9] 27.29

Der Steuerpflichtige hat den Vorsteuerabzug in dem **Erklärungszeitraum** geltend zu machen, in dem die nach Art. 178 MwStSystRL (§ 15 Abs. 1 S. 1 Nr. 1 UStG) erforderlichen 27.30

---

1 EuGH v. 8.6.2000 – Rs. C-400/98 – Breitsohl, Rz. 42, BStBl II 2003, 452; EuGH v. 8.6.2000 – Rs. C-396/98 – Schloßstraße, Rz. 42, UR 2000, 336 m. Anm. *Widmann* = BStBl II 2003, 446; dazu BFH-Folge-Urt. v. 22.2.2001 – V R 77/96, UR 1999, 30 = BStBl II 2003, 426; vgl. auch BFH v. 12.10.1999 – V B 17/99, UR 2000, 213 = BFH/NV 2000, 487; v. 7.7.2011 – V R 21/10, UR 2012, 449 = BStBl II 2014, 81; EuGH v. 11.6.1991 – Rs. C-97/90 – Lennartz, Rz. 8, UR 1991, 291 m. Anm. *Widmann* = Slg. 1991, I-3795; EuGH v. 21.4.2005 – Rs. C-25/03 – HE, Rz. 43, UR 2005, 324 m. Anm. *Widmann* = Slg. 2005, I-3123.

2 EuGH v. 8.6.2000 – Rs. C-400/98 – Breitsohl, HFR 2000, 685.

3 Vgl. nur EuGH v. 16.2.2012 – Rs. C-118/11 – Eon Aset Menidjmunt OOD, UR 2012, 230 m. Anm. *Wäger* = HFR 2012, 454; EuGH v. 19.7.2012 – Rs. C-334/10 – X, UR 2012, 726 = HFR 2012, 1009.

4 Im Detail und m.w.N. *Heuermann*, MwStR 2018, 729 (734 ff.).

5 EuGH v. 22.3.2012 – Rs. C-153/11 – Klub, HFR 2012, 559.

6 *Sölch/Ringleb/Oelmaier*, UStG, § 15 Rz. 60 ff. (Stand: März 2019) m.w.N.; *Heuermann*, MwStR 2018, 729 (734 ff.); zum Begriff des Missbrauchs beim Vorsteuerabzug vgl. *Ehrke-Rabel*, in: UmsatzsteuerForum e.V./Bundesministerium der Finanzen (Hrsg.), 100 Jahre Umsatzsteuer in Deutschland 1918-2018, S. 721 ff.

7 EuGH v. 18.12.2014 – Rs. C-131/13 u. a. – Italmoda, MwStR 2015, 87, m. w. N.; EuGH v. 21.6.2012 – Rs. C-80/11, C-142/11 – Mahageben und David, Rz. 46, DStRE 2012, 1336; EuGH v. 18.5.2017 – Rs. C-624/15 – Litdana, Rz. 33, UR 2017, 552 = MwStR 2017, 536, m. w. N.; BFH v. 19.4.2007 – V R 48/04, UR 2007, 693 = BStBl II 2009, 315.

8 EuGH v. 18.12.2014 – Rs. C-131/13 u. a. – Italmoda, MwStR 2015, 87; ebenso BFH v. 19.4.2007 – V R 48/04, UR 2007, 693 = BStBl II 2009, 315, Rz. 57; v. 17.6.2010 – XI B 88/09, BFH/NV 10, 1875; v. 5.8.2010 – V R 13/09, BFH/NV 2011, 81; *Treiber*, MwStR 2015, 626, 631 ff.; *Heuermann*, DStR 2015, 1416; krit mangels Rechtsgrundlage *Wäger*, UR 2015, 81.

9 EuGH v. 21.6.2012 – Rs. C-80/11 – Mahagében, Rz. 49, DStRE 2012, 1336; in diese Richtung: BMF-Schreiben v. 7.2.2014, BStBl I 14, 271; a. A. noch BFH v. 19.4.2007 – V R 48/04, UR 2007, 693 = BStBl II 2009, 315.

Voraussetzungen erfüllt sind, dass die Leistung bewirkt wurde und der Steuerpflichtige eine ausreichende Rechnung (dazu aber Rz. 27.35; 27.171 ff.) besitzt. Das Recht auf Vorsteuerabzug kann daher nicht rückwirkend für den Besteuerungszeitraum der Entstehung ausgeübt werden.[1] Allerdings hat der EuGH kürzlich in zwei Verfahren entschieden, dass es der Grundsatz der Neutralität der Mehrwertsteuer gebietet, dass der Vorsteuerabzug auch Jahre später geltend gemacht werden kann, wenn eine Rechnung für den Eingangsumsatz erst später mit Mehrwertsteuerausweis **berichtigt** wird.[2] Eine im nationalen Recht vorgesehene Ausschlussfrist für die Geltendmachung greife daher nicht, wenn der Steuerpflichtige seine Rechte vorher nicht geltend machen konnte und auch kein Missbrauch im Raum steht.[3]

## 2. Art. 168 MwStSystRL

### a) Formelle und materielle Voraussetzungen

27.31 Die Vorschrift des Art. 168 MwStSystRL nennt drei Voraussetzungen für den Vorsteuerabzug. Der Steuerpflichtige ist zum Vorsteuerabzug nur berechtigt, „soweit" die Gegenstände und Dienstleistungen für die Zwecke seiner besteuerten Umsätze verwendet werden. Für die **materiellen Voraussetzungen** ist es nach Art. 168 MwStSystRL (§ 15 Abs. 1 S. 1 Nr. 1 UStG) „von Bedeutung, dass der Betreffende „**Steuerpflichtiger**" im Sinne dieser Richtlinie ist und die zur Begründung dieses Rechts angeführten Gegenstände oder Dienstleistungen von ihm auf einer nachfolgenden Umsatzstufe **für die Zwecke seiner besteuerten Umsätze** verwendet werden sowie nach Art. 168 Buchst. a MwStSystRL auf einer vorausgehenden Umsatzstufe **von einem anderen Steuerpflichtigen geliefert oder erbracht** worden sind."[4]

27.32 Der Vorsteuerabzug kann zudem nur in dem **Mitgliedstaat** geltend gemacht werden, in dem der Steuerpflichtige die Ausgangsumsätze bewirkt (Rz. 27.169). In der **Rechtsfolge** führt der Vorsteuerabzug dazu, dass er von der vom Unternehmer für seine Ausgangsumsätze geschuldeten Steuer abgezogen wird. Der Vorsteuerabzug wird damit als **Minderungsbetrag** bezogen auf die Ausgangssteuerschuld verstanden.[5] Die Voraussetzungen müssen nach Art. 167 MwStSystRL in dem für den Vorsteuerabzug **maßgebenden Zeitpunkt** vorliegen (Rz. 27.24 ff.).

27.33 Technisch erfolgt die Geltendmachung nach den Art. 178 ff. MwStSystRL. Der EuGH unterscheidet zwischen den **formellen und** den **materiellen Voraussetzungen** für den Vorsteuerabzug. „In dieser Hinsicht ist klarzustellen, dass es sich bei den materiellen Anforderungen des Rechts auf Vorsteuerabzug um diejenigen handelt, die die eigentliche Grundlage und den Umfang dieses Rechts regeln, so wie sie in Titel X Kapitel 1 („Entstehung und Umfang des Rechts auf Vorsteuerabzug") der Mehrwertsteuerrichtlinie vorgesehen sind, während die formellen Anforderungen dieses Rechts die Modalitäten und die Kontrolle seiner Ausübung sowie das

---

1 EuGH v. 29.4.2004 – Rs. C-152/02 – Terra Baubedarf, UR 2004, 323 = DStRE 2004, 830; ebenso BFH v. 13.2.2014 – V R 8/13, UR 2014, 528 = BStBl. II 2014, 595; UStAE 15.2 Abs. 2.

2 EuGH v. 12.4.2018 – Rs. C-8/17 – Biosafe, ECLI:EU:C:2018:249, UR 2018, 399, Rz. 43; EuGH v. 21.3.2018 – Rs. C-533/16 – Volkswagen, DStR 2018, 676 Rz. 38 f.; EuGH v. 15.9.2016 – C-518/14 – Senatex, ECLI:EU:C:2016:691, Rz. 27; EuGH v. 21.9.2017 – C-441/16 – SMS group, ECLI:EU:C:2017:712, Rz. 40; EuGH v. 19.10.2017 – C-101/16 – Paper Consult, ECLI: EU:C:2017:775, Rz. 36.

3 EuGH v. 12.4.2018 – Rs. C-8/17 – Biosafe, ECLI:EU:C:2018:249, UR 2018, 399, Rz. 43; EuGH v. 21.3.2018 – Rs. C-533/16 – Volkswagen, DStR 2018, 676 Rz. 50.

4 EuGH v. 19.10.2017 Rs. C-101/16 – Paper Consult, Rz. 39, UR 2018, 213 = DStR 2017, 2333; EuGH v. 15.9.2016 – C-518/14 – Senatex, ECLI:EU:C:2016:691, Rz. 27; instruktiv *Heuermann*, MwStR 2018, 729 (730).

5 *Huschens* in MwStSystRL – eKommentar, Art. 168 MwStSystRL Rz. 2.

ordnungsgemäße Funktionieren des Mehrwertsteuersystems regeln, so wie die Verpflichtungen zu Aufzeichnungen, Rechnungstellung und Steuererklärung ...".[1]

Das Grundprinzip der **Neutralität der Mehrwertsteuer** erfordert nach der Rechtsprechung des Gerichtshofs, dass der Vorsteuerabzug auch gewährt wird, wenn die materiellen Anforderungen erfüllt sind, selbst wenn der Steuerpflichtige bestimmten formellen Anforderungen nicht genügt hat.[2] Dies betrifft etwa auch die vorübergehende fehlende steuerliche Erfassung.[3] 27.34

Allerdings ist die **Rechnung** nach Art. 178 Buchst. a MwStSystRL (§ 15 Abs. 1 S. 1 Nr. 1 S. 2 UStG) eine „**Ausübungsvoraussetzung**" für den Vorsteuerabzug und bestimmt auch dessen Zeitpunkt.[4] So stellt sich bei nicht ordnungsgemäßen oder fehlenden Rechnungen die Frage, ob es sich bei den Mängeln um lediglich formelle oder materielle „Ausübungs-"Voraussetzungen handelt. So sind etwa erforderlich die genaue Beschreibung der erbrachten Leistungen („Erbringung juristischer Dienstleistungen" zu allgemein) und die genaue Angabe der Leistungszeit („von ... bis zum heutigen Tag" zu ungenau). In einem solchen Fall soll es aber möglich sein, dass der Steuerpflichtige das Vorliegen der (materiellen) Voraussetzungen für den Vorsteuerabzug anderweitig beweist.[5] Die Details hierzu sind durch Vorabentscheidungsersuchen des BFH weiter geklärt worden (ausführlich Rz. 27.171 ff.). 27.35

### b) Steuerpflichtiger

Nach dem ersten Kriterium des Einleitungssatzes von Art. 168 MwStSystRL ist der Steuerpflichtige (das deutsche Recht spricht von „Unternehmer") in dem Umfang zum Vorsteuerabzug berechtigt, soweit die Gegenstände und Dienstleistungen „für die Zwecke seiner besteuerten Umsätze" verwendet werden. Damit setzt das Abzugsrecht zunächst voraus, dass der Betreffende Steuerpflichtiger (**Unternehmer**) i. S. der MwStSystRL ist.[6] Wann Organisationen des Dritten Sektors Steuerpflichtige (Unternehmer) sind, die eine wirtschaftliche Tätigkeit vornehmen, ist eine schwierige Frage (s. eingehend *Ehrke-Rabel*, Rz. 6.2 ff.). Jedenfalls schließt nach der Rechtsprechung des Gerichtshofs eine **unentgeltliche Tätigkeit** des Steuerpflichtigen allein die wirtschaftliche Tätigkeit nicht aus und berechtigt wenn ein ausreichender Zusammenhang mit wirtschaftlichen Tätigkeiten besteht, zum Vorsteuerabzug (Rz. 27.43). 27.36

1 EuGH v. 19.10.2017 – C-101/16 – Paper Consult, ECLI:EU:C:2017:775, Rz. 40; EuGH v. 28.7.2016 – Rs. C-332/15 – Astone, Rz. 47, UR 2016, 683 = MwStR 2016, 751; krit. zu dieser Unterscheidung *Stadie* in Rau/Dürrwächter, UStG, § 15 Rz. 118 ff. (Stand März 2019) sowie *ders.*, MwStR 2018, 904 (915).

2 EuGH v. 28.7.2016 – Rs. C-332/15 – Astone, Rz. 45, UR 2016, 683 = MwStR 2016, 751; EuGH v. 15.11.2017 – Rs. C-507/16 – Entertainment Bulgaria System, Rz. 30, UR 2018, 330 = HFR 2018, 90.

3 EuGH v. 12.9.2018 – C-69/17, Siemens Gamesa Renewable Energy Romania SRL, MwStR 2018, 919.

4 EuGH v. 29.4.2004 – Rs. C-152/02 – Terra Baubedarf, UR 2004, 323 = DStRE 2004, 830; BFH v. 13.2.2014 – V R 8/13, UR 2014, 528 = BStBl II 2014, 595; UStAE 15.2 Abs. 2.

5 EuGH v. 15.9.2016 – Rs. C-516/14 – Barlis 06, ECLI:EU:C:2016:690, UR 2016, 795, Rz. 43 ff.

6 EuGH v. 15.12.2005 – Rs. C-63/04 – Centralan Property, UR 2006, 418 = HFR 2006, 214; *Huschens* in MwStSystRL – eKommentar, Art. 168 MwStSystRL Rz. 6.

### c) Vorsteuerabzugsbeträge

27.37 Die Vorschrift des Art. 168 MwStSystRL führt die einzelnen Beträge auf, die als Vorsteuerabzugsbetrag in Betracht kommen. Dies sind nach Art. 168 S. 1 Buchst. a MwStSystRL in erster Linie die in dem Mitgliedstaat, in dem der Unternehmer Umsätze getätigt hat, geschuldete oder entrichtete **Mehrwertsteuer für Gegenstände und Dienstleistungen, die dem Unternehmer von einem anderen Steuerpflichtigen geliefert bzw. erbracht** wurden oder werden. Im deutschen Recht entspricht dies § 15 Abs. 1 Satz 1 Nr. 1 und Nr. 4 UStG.[1] Aufgrund der Formulierung „entrichtete Mehrwertsteuer“ kann der Steuerpflichtige auch unter bestimmten Voraussetzungen die Vorsteuerbeträge abziehen, die ihm von einer nicht existierenden Person im Rahmen einer **missbräuchlichen Gestaltung** in Rechnung gestellt wurde,[2] soweit dies nicht objektiv erkennbar war (Rz. 27.29).[3]

27.38 Gleichgestellt sind nach Buchst. b MwStSystRL die Vorsteuerbeträge aus Eingangsumsätzen, die steuerpflichtigen Lieferungen oder Leistungen gem. Art. 18 Buchst. a MwStSystRL (die Verwendung eines Gegenstandes im eigenen Unternehmen) und Art. 27 MwStSystRL (Erbringung von Dienstleistungen im eigenen Unternehmen) gleichgestellt sind. Deutschland hat von dieser Möglichkeit keinen Gebrauch gemacht.[4]

27.39 Ebenfalls als Vorsteuer abziehbar ist nach Art. 168 Buchst. c MwStSystRL die **Mehrwertsteuer, die für den innergemeinschaftlichen Erwerb von Gegenständen** (aus dem EU-Ausland) nach Art. 2 Abs. 1 Buchst. b Ziffer i MwStSystRL geschuldet wird. Die Vorschrift ist in § 15 Abs. 1 Nr. 3 UStG umgesetzt worden. In den Fällen des Art. 41 MwStSystRL (§ 3d Satz 2 UStG) ist der Erwerber beim innergemeinschaftlichen Erwerb **nicht** zum sofortigen Abzug der auf einen innergemeinschaftlichen Erwerb entrichteten Mehrwertsteuer berechtigt. Damit wird dieser Vorsteuerabzug erst wirksam, wenn der Unternehmer nachweist, dass der innergemeinschaftliche Erwerb im Mitgliedstaat der Beendigung des Versands oder der Beförderung an den Erwerber besteuert worden ist.[5]

27.40 Art. 168 Buchst. d MwStSystRL regelt, dass der Unternehmer die Mehrwertsteuer als Vorsteuer abziehen kann, die als Ausgangssteuer für die dem innergemeinschaftlichen Erwerb von Gegenständen gem. Art. 21 und 22 MwStSystRL gleichgestellten Umsätzen geschuldet wird. Steuerbar nach Art. 21 MwStSystRL ist die einem innergemeinschaftlichen Erwerb gleichgestellte unternehmensinterne Verwendung eines Gegenstands.[6] Deutschland hat diese Regelung nicht umgesetzt. Art. 22 MwStSystRL behandelt die hier nicht weiter interessierende Verwendung von Gegenständen durch NATO-Streitkräfte.[7]

27.41 Art. 168 Buchst. e MwStSystRL regelt, dass der Unternehmer die Mehrwertsteuer als Vorsteuer abziehen kann, die für die Einfuhr von Gegenständen „in diesem Mitgliedstaat“ (d.h. dem Mitgliedstaat der Ausgangsumsätze) geschuldet wird oder entrichtet worden ist. § 15 Abs. 1

---

1 *Stadie* in Rau/Dürrwächter, UStG, § 15 Rz. 95 (Stand März 2019).

2 EuGH v. 29.3.2012 – Rs. C-414/10 – Véleclair, UR 2012, 602 = HFR 2012, 557.

3 EuGH v. 4.7.2013 – Rs. C-572/11 – Menidzherski biznes reshenia OOD, Abl.EU 2013, Nr. C 304, 2; eingehend *Huschens* in MwStSystRL – eKommentar, Art. 168 MwStSystRL Rz. 27.

4 *Stadie* in Rau/Dürrwächter, UStG, § 15 Rz. 98 (Stand März 2019).

5 EuGH v. 22.4.2010 – Rs. C-536/08, Rs. C-539/08 – X und fiscale eenheid Facet BV-Facet Trading BV, UR 2010, 418 m. Anm. *Maunz* = HFR 2010, 778; *Huschens* in MwStSystRL – eKommentar, Art. 168 MwStSystRL Rz. 34.

6 *Huschens* in MwStSystRL – eKommentar Art. 168 MwStSystRL, Rz. 35.

7 *Huschens* in MwStSystRL – eKommentar Art. 168 MwStSystRL, Rz. 36.

Nr. 2 UStG entspricht dieser Regelung und betrifft die Mehrwertsteuer, die für die Einfuhr von Gegenständen (**Einfuhrumsatzsteuer**) geschuldet wird oder entrichtet worden ist. Bei der Einfuhrumsatzsteuer handelt es sich um die für **Einfuhren aus Drittstaaten** fällig werdende Umsatzsteuerbelastung.

Unzulässig ist es, das Recht auf Abzug der **Einfuhrumsatzsteuer** von der tatsächlichen vorherigen Zahlung der Einfuhrumsatzsteuer durch den Steuerschuldner abhängig zu machen, wenn dieser auch der Vorsteuerabzugsberechtigte ist. Denn aus Art. 168 MwStSystRL i.V.m. Art. 70 und 71 MwStSystRL ergibt sich, dass das Vorsteuerabzugsrecht unabhängig davon entsteht, ob die für den eingeführten Gegenstand geschuldete Gegenleistung gezahlt worden ist („geschuldet wird oder entrichtet worden ist"). Daher ist es möglich, dass ein Unternehmer, der bei erstmaliger Einfuhr eines Gegenstands sowohl Steuerschuldner der Einfuhrumsatzsteuer als auch Inhaber des Rechts auf Vorsteuerabzug ist, einen Betrag als Vorsteuer abziehen kann, den er zwar rechtlich schuldet, aber noch nicht entrichtet hat und – mangels Durchsetzbarkeit der Steuerforderung etwa im Insolvenzverfahren – auch nicht mehr entrichten wird (vgl. Rz. 27.19 zur krit. Ansicht von *Stadie*).[1] § 15 Abs. 1 Nr. 2 UStG ist in Umsetzung dieser Rechtsprechung mit Wirkung vom 30.6.2013 dahingehend geändert worden, dass es nur noch auf die „entstandene" Einfuhrumsatzsteuer ankommt.[2] 27.42

### d) Für Zwecke seiner besteuerten Umsätze

Die Formulierung „für Zwecke seiner besteuerten Umsätze" wird vom EuGH dahingehend ausgelegt, dass ein Unternehmer die Vorsteuer für Gegenstände und Dienstleistungen abziehen darf, soweit diese Gegenstände und Dienstleistungen **für die Zwecke seiner wirtschaftlichen Tätigkeit** „verwendet" werden.[3] Hintergrund ist, dass der Unternehmer zur Verwirklichung des Neutralitätsgebots mittels des Vorsteuerabzugs vollständig von der im Rahmen seiner wirtschaftlichen Tätigkeit geschuldeten oder entrichteten Mehrwertsteuer entlastet werden soll (oben Rz. 27.17). Werden die von einem Steuerpflichtigen bezogenen Gegenstände oder Dienstleistungen demgegenüber für die Zwecke steuerbefreiter Umsätze oder für nicht wirtschaftliche Umsätze verwendet, die nicht vom Anwendungsbereich der Richtlinie erfasst werden, kann es nicht zur Erhebung der Steuer auf der folgenden Stufe und spiegelbildlich auch nicht zum Abzug der Vorsteuer kommen. „Besteuerte Umsätze" schließt damit die steuerfreien (vorsteuerschädlichen) Umsätze ebenso aus wie die Verwendung für nicht in den Anwendungsbereich der Richtlinie fallende nicht wirtschaftliche (etwa private oder hoheitliche) Tätigkeiten.[4] Dabei unterscheidet der EuGH allerdings zwischen den nicht wirtschaftlichen Tätigkeiten **innerhalb des Unternehmens**, wozu er hoheitliche Tätigkeiten, satzungsgemäße Tätigkeiten eines Vereins ohne unmittelbare Leistungsbeziehungen zu den Mitgliedern (dazu *Heber*, Rz. 8.7 ff.) und die reine Vermögensverwaltung im Sinne der Verwaltung von Beteiligungen oder anderem Kapitalvermögen (nicht bei Vermietung und Verpachtung, was steuerbare Umsätze begründet, vgl. Rz. 27.44) zählt,[5] und den nicht wirt- 27.43

---

1 Vgl. EuGH v. 29.3.2012 – Rs. C-414/10 – Véleclair, UR 2012, 602 = HFR 2012, 557.

2 Gesetz v. 26.6.2013, BGBl. I 1809.

3 EuGH v. 16.2.2012 – Rs. C-118/11 – Eon Aset Menidjmunt OOD, UR 2012, 230 m. Anm. *Wäger* = HFR 2012, 454.

4 EuGH v. 12.2.2009 – C-515/07 – VNLTO, ECLI:EU:C:2009, 88, DStR 2009, 369 m. Anm. *Korn*; EuGH v. 30.3.2006 – Rs. C-184/04 – Uudenkaupungin kaupunki, UR 2006, 530 = HFR 2006, 739.

5 EuGH v. 12.2.2009 – Rs. C-515/07 – VNLTO, UR 2009, 199 = DStR 2009, 369; EuGH v. 16.2.2012 – Rs. C-118/11 – Eon Aset Menidjmunt, Rz. 44, UR 2012, 230 m. Anm. *Wäger* = DStRE 2012,

schaftlichen **unternehmensfremden Tätigkeiten**, wozu die private Verwendung oder die Verwendung zugunsten des Personals zählen.[1] Das deutsche Recht spricht hier von nicht steuerbaren Umsätzen.[2] Unterschiede ergeben sich aus dieser Differenzierung insoweit, als für einen teilweise unternehmerisch/nicht unternehmerisch genutzten Gegenstand (Ausnahme Art. 168a MwStSystRL für Grundstücke, dazu Rz. 27.59 ff.) ein **Zuordnungswahlrecht** des Steuerpflichtigen zum Unternehmen mit vollem Vorsteuerabzug besteht. Der Ausgleich für den privaten Nutzungsanteil erfolgt über die steuerpflichtige private Nutzung (Art. 26 MwStSystRL, § 3 Abs. 9a UStG) oder Entnahme (Art. 16 MwStSystRL, § 3 Abs. 1b UStG). Bei teilweise wirtschaftlichen/nicht wirtschaftlichen Nutzungen innerhalb des Unternehmens besteht hingegen ein **Aufteilungsgebot** bereits des ursprünglichen Vorsteuerabzugsbetrags (Einzelheiten s. Rz. 27.54 ff.).

Eine nicht wirtschaftliche Tätigkeit innerhalb des Unternehmens steht immer im Raum, wenn insbesondere die öffentliche Hand, aber auch gemeinnützige Organisationen, **nicht annähernd kostendeckende Entgelte** fordern, weil sie überwiegend durch staatliche oder anderweitige Zuschüsse finanziert werden. Man spricht hier auch von „asymmetrischen Entgelten". So stellte der EuGH in der Rechtssache *Gemeente Borsele*[3] fest, es könne an einer **wirtschaftlichen Tätigkeit** trotz einer Leistung gegen Entgelt fehlen, wenn öffentliche Einrichtungen nicht annähernd kostendeckend tätig werden. Die fragliche Gemeinde hatte für den **Schülertransport** Leistungen von einem anderen Unternehmen bezogen. Nur ein Teil der Eltern entrichtete hierfür überhaupt ein Entgelt, das auch nicht vom Umfang der Beförderung abhing und lediglich 3 % der Transportkosten deckte. Bei der Gesamtwürdigung ist der Vergleich zwischen den Umständen, unter denen der Betreffende die fragliche Dienstleistung erbringt, und den Umständen, unter denen eine derartige Dienstleistung gewöhnlich erbracht wird, ein gewichtiges Kriterium. Eine starke Unverhältnismäßigkeit von erhaltenem Entgelt und Betriebskosten kann gegen eine wirtschaftliche Tätigkeit sprechen (dazu bereits oben *Ehrke-Rabel*, Rz. 6.20 ff.).

27.44 Ein weiterer Fall einer nicht wirtschaftlichen Tätigkeit innerhalb des Unternehmens ist die **reine vermögensverwaltende Holdingtätigkeit** einer Gesellschaft, die nicht selbst Umsätze generiert, sondern nur ihre Gesellschafterrechte bei der oder den Tochtergesellschaften wahrnimmt.[4] Eingangskosten von reinen Holdinggesellschaften (Finanzholding), auch wenn sie sich auf deren Vermögen oder Forderungen beziehen, berechtigen daher nicht zum Vorsteuerabzug.[5] Etwas anderes gilt für eine **Funktionsholding**, die entgeltliche Dienstleistungen für ih-

1077; EuGH v. 21.2.2013 – Rs. C-104/12 – Becker, Rz. 30, UR 2013, 220 = DStR 2013, 411; BFH v. 10.5.2017 – V R 43/14, V R 7/15, HFR 2017, 858.

1 EuGH v. 12.2.2009 – C-515/07 – VNLTO, ECLI:EU:C:2009, 88, DStR 2009, 369 m. Anm. *Korn*; instruktiv *Heuermann*, MwStR 2018, 729 (731).

2 *Oelmaier* in Sölch/Ringleb, § 15 Rz. 191 (Stand: März 2019).

3 EuGH v. 12.5.2016 – Rs. C-520/14 – Gemeente Borsele, Rz. 28 ff., UR 2016, 520 m. Anm. *Küffner* = UR 2016, 543 m. Anm. *Sterzinger* = DStRE 2016, 798; BFH v. 28.6.2017 – XI R 12/15, UR 2017, 758 m. Anm. *Sterzinger* = DStR 2017, 1873, Rz. 46 ff.; v. 18.7.2017 – XI B 24/17, BFH/NV 2018, 60; BFH v. 28.6.2017 – XI R 12/15, UR 2017, 758 m. Anm. *Sterzinger* = DStR 2017, 1873, Rz. 46 ff.; BFH v. 15.12.2016 – V R 44/15, GmbHR 2017, 537 = UR 2017, 302 m. Anm. *Küffner* = DStR 2017, 656.

4 EuGH v. 12.1.2017 – Rs. C-28/16 – MVM, DStR 2017, 2806 Rz. 30 f.; krit. *Stadie* in Rau/Dürrwächter, UStG, § 15 Rz. 92 f. (Stand März 2019): die steuerliche Neutralität verlange auch, geeignete Organisationsstrukturen wählen zu können.

5 *Huschens* in MwStSystRL – eKommentar Art. 168 MwStSystRL, Rz. 8.

re Tochtergesellschaften erbringt,[1] wie es aufgrund des Unmittelbarkeitsgrundsatzes des § 57 AO bei gemeinnützigen Holdinggesellschaften regelmäßig der Fall ist, oder die unmittelbar in die Verwaltung der Tochtergesellschaft eingreift.[2] Eine solche wirtschaftliche Tätigkeit der Holding wird bereits angenommen, wenn die Holding ihrer Tochtergesellschaft steuerpflichtig ein Gebäude vermietet.[3] Dies gilt sogar, wenn die beabsichtigten Geschäftsführungsleistungen aufgrund einer gescheiterten Mehrheitsübernahme letztlich nicht ausgeübt werden (vgl. auch Rz. 27.25, 27.27).[4] Auch die **Kosten für die Ausgabe von Gesellschaftsanteilen** an einem wirtschaftlich tätigen Unternehmen, obwohl es sich nicht um wirtschaftliche Tätigkeiten handelt, kommen nach der Rechtsprechung des EuGH dem Unternehmen insgesamt zugute und berechtigen daher als **Gemeinkosten** zum Vorsteuerabzug. Entschieden hat der Gerichtshof dies beispielsweise für die Kosten der Ausgabe von Aktien und atypischen stillen Beteiligungen in der Rechtssache *Securenta*. Diese (durch ein missbräuchliches Schneeballsystem als „Göttinger Gruppe" bekannt gewordene) Anlagegesellschaft hatte die Vorsteuer aus Kosten der Kapitalbeschaffung durch die Ausgabe von Aktien und Schaffung von atypischen stillen Beteiligungen mit der Begründung abziehen wollen, dass diese Tätigkeiten nicht nur ihrer eigenen Finanzierung dienten und damit dem nicht wirtschaftlichen Bereich zuzurechnen waren, sondern dass diese Kosten über die Stärkung ihres Kapitals ihrer gesamten wirtschaftlichen Tätigkeit zugutekommen würden.[5] Der EuGH hat es in seiner Entscheidung auf Vorlage des FG Niedersachsen[6] durchaus für möglich gehalten, dass Finanzierungskosten der wirtschaftlichen Tätigkeit dienen („soweit"), hat aber keine Kriterien genannt, sondern die Festlegung der Methoden und Kriterien zur Aufteilung der Vorsteuerbeträge zwischen wirtschaftlichen und nichtwirtschaftlichen Tätigkeiten in das **Ermessen der Mitgliedstaaten** gestellt, „die bei der Ausübung ihres Ermessens Zweck und Systematik der MwStSystRL berücksichtigen und daher eine Berechnungsweise vorsehen müssen, die objektiv widerspiegelt, welcher Teil der Eingangsaufwendungen jeder dieser beiden Tätigkeiten tatsächlich zuzurechnen ist".[7]

### e) Unmittelbarer Zusammenhang

Es muss ein **direkter und unmittelbarer Zusammenhang** zwischen einem bestimmten Ein- 27.45
gangsumsatz und einem steuerpflichtigen Ausgangsumsatz bestehen, damit der Unternehmer zum Vorsteuerabzug berechtigt ist.[8] Eine Ausnahme besteht nur für den Fall, dass es entgegen der ursprünglichen Erwartung nicht zu Ausgangsumsätzen gekommen ist und dies von dem Unternehmer nicht zu vertreten ist (vgl. dazu auch Rz. 27.148).[9]

1 EuGH v. 27.9.2001 – C-16/00 – Cibo Participations, DStR 2001, 1795; hierzu *Pull/Streit*, MwStR 2018, 108 (109 f.) m.w.N.

2 EuGH v. 17.10.2018 – C-249/17 – Ryanair, ECLI:EU:C:2018:834; anders, wenn die Konzernleistungen unentgeltlich erbracht werden, EuGH v. 12.1.2017 – C-28/16 – MVM, DStR 2017, 2806.

3 EuGH v. 5.7.2018 – C-320/17 – Marle Participations, ECLI:EU:C:2018:537.

4 EuGH v. 17.10.2018 – Rs. C-249/17 – Ryanair Ltd., DStR 2018, 2263.

5 Vgl. EuGH v. 13.3.2008 – Rs. C-437/06 – Securenta, UR 2008, 344 m. Anm. *Eggers* = HFR 2008, 526.

6 FG Niedersachsen v. 5.10.2006 – 5 K 109/05, UR 2007, 189 = EFG 2006, 1946; vorgehend BFH v. 18.11.2004 – V R 16/03, BStBl. II 2005, 503 = UR 2005, 340 m. Anm. *Eggers*.

7 Vgl. EuGH v. 13.3.2008 – Rs. C-437/06 – Securenta, UR 2008, 344 m. Anm. *Eggers* = HFR 2008, 526; ebenso bereits EuGH v. 26.5.2005 – Rs. C-465/03 – Kretztechnik, ECLI:EU:C:2005:320 Rz. 33, UR 2005, 382, *Lange*, DStJG 32 (2009), 303 ff.

8 EuGH v. 8.6.2000 – Rs. C-98/98 – Midland Bank, UR 2000, 342 = HFR 2000, 684.

9 EuGH v. 8.6.2000 – Rs. C-396/98 – Schloßstraße, UR 2000, 336 m. Anm. *Widmann* = HFR 2000, 687.

27.46 Dabei wird danach unterschieden, ob es sich der Vorsteuerbetrag auf eine eine **Dienstleistung** oder auf den **Erwerb eines Investitionsguts** bezieht. Bei einem Umsatz, der in der Inanspruchnahme einer **Dienstleistung** wie etwa der Anmietung eines Kraftfahrzeugs besteht, muss ein direkter und unmittelbarer Zusammenhang zwischen dem bestimmten Eingangsumsatz und einem oder mehreren Ausgangsumsätzen, die das Recht auf Vorsteuerabzug eröffnen, bestehen, damit der Steuerpflichtige zum Vorsteuerabzug berechtigt ist und die Höhe des Abzugsbetrags bestimmt werden kann.[1] Dienstleistungen können nicht willkürlich dem Unternehmen zugeordnet werden, sondern sind bei Leistungsbezug gegebenenfalls in einen abziehbaren und nicht abziehbaren Teil aufzuteilen (dazu Rz. 27.161, 27.217 ff.). Beim Erwerb eines **Investitionsgutes** kommt hingegen eine Zuordnung zum Unternehmen in Betracht (Rz. 27.54 ff.).

27.47 Ein **direkter und unmittelbarer Zusammenhang** liegt nach der Rechtsprechung des Gerichtshofs dann vor, wenn die **Kosten der Eingangsleistungen jeweils Eingang in den Preis der Ausgangsumsätze** oder in den Preis der Gegenstände oder Dienstleistungen finden, die der Steuerpflichtige im Rahmen seiner wirtschaftlichen Tätigkeit liefert oder erbringt.

27.48 Ein Recht auf Vorsteuerabzug wird vom EuGH zu Gunsten des Unternehmers darüber hinaus bei **Fehlen eines direkten und unmittelbaren Zusammenhangs** zwischen einem bestimmten Eingangsumsatz und einem oder mehreren Ausgangsumsätzen dann angenommen, wenn die Kosten für die fraglichen Dienstleistungen zu seinen allgemeinen Aufwendungen (**Gemeinkosten**) gehören und – als solche – Kostenelemente der von ihm gelieferten Gegenstände oder erbrachten Dienstleistungen sind. Derartige Kosten hängen direkt und unmittelbar mit der **wirtschaftlichen Gesamttätigkeit** des Steuerpflichtigen zusammen.[2]

27.49 Einen solchen Zusammenhang hat der Gerichtshof in der Rechtssache *Sveda* angenommen, wenn ein Unternehmen **Investitionsgüter** erworben bzw. hergestellt hat, die im Anschluss der Öffentlichkeit unentgeltlich zur Verfügung gestellt werden (touristische Infrastruktur für einen „Freizeit- und Entdeckungsweg zur baltischen Mythologie"), aber später für ihn steuerpflichtige Ausgangsumsätze (durch den Verkauf von Souvenirs etc) ermöglichen sollen.[3] Der EuGH stellt unter Rückgriff auf seine Rechtsprechung fest, dass der Vorsteuerabzug auch bei Fehlen eines direkten und unmittelbaren Zusammenhangs zwischen einem bestimmten Eingangsumsatz und einem oder mehreren Ausgangsumsätzen zu gewähren ist, wenn die entstandenen Kosten zu den **Gemeinkosten** des Unternehmers gehören und als solche Kostenelemente der von ihm erbrachten Umsätze sind. Die kostenfreie Verwendung des Freizeitwegs stelle den direkten und unmittelbaren Zusammenhang nicht in Frage, der zwischen den Eingangsumsätzen und den das Recht auf Vorsteuerabzug eröffnenden Ausgangsumsätzen oder mit der wirtschaftlichen Gesamttätigkeit der Klägerin besteht, da die kostenlose Nutzung durch die Öffentlichkeit keinen Steuerbefreiungstatbestand erfüllte und die Investitionsausgaben der Klägerin für die Anlegung des Freizeitwegs zumindest teilweise von den Einkünften aus der Lieferungen und Dienstleistungen im Zusammenhang mit der späteren Nutzung des Freizeitwegs gedeckt waren.[4]

---

1 EuGH v. 29.10.2009 – Rs. C-29/08 – SKF, UR 2010, 107 = DStR 2009, 2311.

2 Jüngst EuGH v. 18.10.2018 – Rs. C-153/17 – Volkswagen Financial Services, UR 2018, 883 = MwStR 2018, 1007 m. Anm. *Grube*; vgl. EuGH v. 26.5.2005 – Rs. C-465/03 – Kretztechnik, UR 2005, 382 = HFR 2005, 912.

3 EuGH v. 22.10.2015 – Rs. C-126/14 – Sveda, UR 2015, 910 m. Anm. *Sterzinger* = StEd 2015, 690.

4 EuGH v. 22.10.2015 – Rs. C-126/14 – Sveda, UR 2015, 910 m. Anm. *Sterzinger* = StEd 2015, 690.

Die Entscheidung spielt auch eine Rolle bei der Frage, wie zu verfahren ist, wenn die Eingangsumsätze **durch staatliche Zuschüsse subventioniert** worden sind. Soweit eine wirtschaftliche Tätigkeit des Steuerpflichtigen angenommen wird, nimmt der EuGH grundsätzlich nicht eine Aufteilung der Vorsteuerbeträge zu den entgeltlichen oder den unentgeltlichen Leistungen vor (siehe aber die Rechtsprechung des BFH unten Rz. 27.145). 27.50

Wenn in Anspruch genommenen Dienstleistungen erst die Folge eines steuerpflichtigen Ausgangsumsatzes sind, gehören sie nach Auffassung des EuGH nur zu den Kosten eines Ausgangsumsatzes, wenn sie vor Ausführung der Ausgangsumsätze entstanden sind. Dies sind eher seltene Fälle. Als Beispiel können die **Kosten für die Beratung**, die ein Steuerpflichtiger zur Feststellung der Höhe einer Forderung, die zum Vermögen seines Unternehmens gehört und die mit einer **vor Entstehung seiner Unternehmereigenschaft** erfolgten Veräußerung von Anteilen zusammenhängt, in der Rechtssache *Investrand* dienen. Da der Steuerpflichtige keinen Nachweis erbringen konnte, dass diese Kosten einen direkten und unmittelbaren Zusammenhang mit der von dem Steuerpflichtigen ausgeübten wirtschaftlichen Tätigkeit haben, berechtigten sie nicht zum Vorsteuerabzug.[1] 27.51

In der Rechtssache *Gemeente Woerden* hat der Gerichtshof festgestellt, dass die MwStSystRL das Recht auf Vorsteuerabzug nicht von einer an die Nutzung des Ausgangsumsatzes durch den **Empfänger des Ausgangsumsatzes** anknüpfenden Bedingung abhängig macht. Dies würde nämlich dazu führen, dass jeder Umsatz eines Unternehmers an einen Leistungsempfänger, der – wie Privatpersonen oder hoheitlich tätige juristische Personen des öffentlichen Rechts – keine wirtschaftliche Tätigkeit ausübt, das Recht des leistenden Unternehmers auf Vorsteuerabzug systemwidrig beschränken würde.[2] In dem zu beurteilenden Fall hatte eine Gemeinde Gebäude errichten lassen und die hierauf entfallende Umsatzsteuer vollständig als Vorsteuer geltend gemacht. Im Anschluss veräußerte die Gemeinde die Gebäude für rund 10 % der Baukosten an eine Stiftung, die die Räume teilweise unentgeltlich und überwiegend steuerbefreit an Bildungseinrichtungen vermietete (was durchaus im Interesse der Gemeinde lag). Der EuGH entschied, dass die Gemeinde das Recht auf Vorsteuerabzug der gesamten für den Bau des Gebäudes in Rechnung gestellten Umsatzsteuer und nicht nur eines Teils der Umsatzsteuer entsprechend zu den Gebäudeteilen hat, die der Käufer für wirtschaftliche Tätigkeiten nutzt, hier also die steuerpflichtige Vermietung. Entscheidend ist nach Auffassung des Gerichtshofs allein, dass der Kaufpreis unmittelbar mit der Lieferung eines Gebäudes zusammenhängt und der Käufer das Gebäude gegen Entgelt verkauft und deshalb eine unternehmerische Tätigkeit bewirkt, die einen entsprechenden Vorsteuerabzug eröffnet. Da „Art. 168 MwStSystRL keine weitere Voraussetzung in Bezug auf die Nutzung durch den Empfänger der betreffenden Gegenstände oder Dienstleistungen aufstellt" ist der Steuerpflichtige grundsätzlich zum Vorsteuerabzug berechtigt.[3] Auf den Verkaufserlös im Vergleich zu den Anschaffungskosten eines Gebäudes komme es nicht an, außer dieser sei als rein symbolisch anzusehen.[4] Eine Vorsteuerberichtigung nach Art. 184 ff. MwStSystRL stand nicht im Raum, weil die Veräußerung an die Stiftung umsatzsteuerpflichtig erfolgte. 27.52

1 EuGH v. 8.2.2007 – Rs. C-435/05 – Investrand, UR 2007, 225 m. Anm. *Hahne* = HFR 2007, 407.

2 EuGH v. 22.6.2016 – Rs. C-267/15 – Gemeente Woerden, UR 2016, 646 = StE 2016, 418; ebenso schon EuGH v. 20.1.2005 – Rs. C-412/03 – Hotel Scandic Gåsabäck, ECLI:EU:C:2005:47 Rz. 22, UR 2005, 194 = UR 2005, 98; EuGH v. 9.7.2011 – Rs. C-285/10 – Campsa Estaciones de Servicio, ECLI:EU:C:2011:381 Rz. 25, UR 2012, 440.

3 EuGH v. 22.6.2016 – Rs. C-267/15 – Gemeente Woerden, Rz. 35, UR 2016, 646 = StE 2016, 418.

4 EuGH v. 22.6.2016 – Rs. C-267/15 – Gemeente Woerden, Rz. 26, UR 2016, 646 = StE 2016, 418.

27.53 Damit besteht zwar aufgrund der Option für Grundstücksveräußerungen (im deutschen Recht nach § 4 Nr. 9a UStG iVm § 9 Abs. 1 UStG) mit der Folge eines steuerpflichtigen Unterwertverkaufs an eine Stiftung, die letztlich ebenso wie die Gemeinde gemeinwohlorientierte Aufgaben übernimmt, ein gewisses Gestaltungspotential. Der EuGH sah sich wohl gehindert, dies als **missbräuchliche Gestaltung** anzusehen, da das nationale Gericht einen Missbrauch verneint hatte, weil das Gebäude tatsächlich an die Stiftung verkauft worden war und auch von dieser selbst verwaltet wurde.[1]

### f) Gemischte Verwendung

27.54 Der Wortlaut des Eingangssatzes des Art. 168 MwStSystRL „**soweit** die Gegenstände" … „für Zwecke seiner besteuerten Umsätze verwendet werden" könnte vordergründig so interpretiert werden, dass ein Vorsteuerabzug nur anteilig in Anspruch genommen werden könnte, wenn ein insgesamt dem Unternehmen zugeordneter Gegenstand sowohl für unternehmerische als auch für nicht unternehmerische (private) Zwecke verwendet wird. Dies ist jedoch nicht der Fall; eine **Aufteilung der Vorsteuern**, die auf die Anschaffung eines einheitlichen Gegenstands entfallen, kommt – wie sich aus der Aufteilungsvorschrift des Art. 173 MwStSystRL ergibt – nur in Betracht, wenn der Gegenstand sowohl für Umsätze verwendet wird, für die nach Art. 168 und 169 MwStSystRL ein Recht auf Vorsteuerabzug besteht, als auch für Umsätze, für die dieses Recht nicht besteht (bestimmte steuerfreie Umsätze).

27.55 Die Vorsteueraufteilung ist daher grundsätzlich (außer für Grundstücke) nicht vorgesehen, wenn der Gegenstand **sowohl für unternehmerische, steuerpflichtige als auch für nicht unternehmerische/unternehmensfremde Zwecke** verwendet wird. Umsätze werden nur im Bereich des Unternehmens eines Steuerpflichtigen, dagegen nicht in seinem privaten Bereich bewirkt (im Einzelnen Rz. 27.154 ff.).[2] Nach den Kriterien des Art. 168 MwStSystRL ist daher der volle Vorsteuerabzug zu gewähren, wenn der Abnehmer die **Leistung** als Steuerpflichtige und für Zwecke seiner unternehmerischen Betätigung erworben hat. Soweit eine Leistung für nicht unternehmerische Zwecke verwendet wird, erfolgt eine Besteuerung dieses Letztverbrauchs im Grundsatz nicht durch einen teilweisen Ausschluss des Vorsteuerabzugs bereits bei der Anschaffung. Die MwStSystRL sieht hierfür vielmehr eine **Besteuerung der privaten/nichtunternehmerischen Nutzung** des Gegenstands oder einer Dienstleistung nach Art. 26 MwStSystRL (§ 3 Abs. 9a UstG) oder der **privaten Entnahme** nach Art. 16 MwStSystRL (§ 3 Abs. 1b UStG) vor, durch welche der bei der Anschaffung zunächst vorgenommene volle Vorsteuerabzug entsprechend der späteren tatsächlichen Privatnutzung im Ergebnis wieder rückgängig gemacht wird.[3] Entscheidet sich der Steuerpflichtige dafür, ein **Investitionsgut**, das sowohl für unternehmerische als auch für private/nichtunternehmerische Zwecke verwendet wird, als Gegenstand des Unternehmens zu behandeln, ist die beim Erwerb dieses Gegenstands geschuldete Vorsteuer grundsätzlich vollständig und sofort abziehbar. Der Steuerpflichtige hat ein **Zuordnungswahlrecht**. Unter diesen Umständen ist die Verwendung eines dem Unternehmen zugeordneten Gegenstands für den privaten Bedarf des Steuerpflichtigen, für den Bedarf seines Personals oder für andere unternehmensfremde Zwecke nach Art. 26 Abs. 1 MwStSystRL einer Dienstleistung gegen Entgelt gleichgestellt, wenn dieser Gegenstand zum vollen

1 Vgl. EuGH v. 22.6.2016 – Rs. C-267/15 – Gemeente Woerden, Rz. 41, UR 2016, 646 = StE 2016, 418, so schon EuGH v. 21.9.1988 – Rs. 50/87 – Kommission/Frankreich, ECLI:EU:C:1988:429 Rz. 16.

2 Vgl. bereits EuGH v. 11.7.1991 – Rs. C-97/90 – Lennartz, UR 1991, 291 m. Anm. *Widmann* = HFR 1991, 730.

3 *Huschens* in MwStSystRL – eKommentar Art. 168 MwStSystRL 18.

oder teilweisen Abzug der entrichteten Mehrwertsteuer berechtigt hat.[1] Um liquidiatätsschonende Gestaltungen auf der Grundlage dieser Rechtslage zu vermeiden, ordnet Art. 168a MwStSystRL an, dass diese Zuordnung bei **Grundstücken** nicht mehr möglich ist. Hier ist von vornherein eine Aufteilung der Vorsteuerbeträge vorzunehmen (dazu Rz. 27.59 ff.).

Ordnet der Steuerpflichtige umgekehrt **ein Investitionsgut in vollem Umfang** seinem **Privatvermögen** zu, obwohl er es sowohl für unternehmerische als auch für private Zwecke nutzt, ist kein Teil der beim Erwerb des Gutes geschuldeten oder abgeführten Vorsteuer abziehbar.[2] Ordnet der Steuerpflichtige den Gegenstand dem Privatvermögen zu, wird dieser dem Mehrwertsteuersystem nämlich vollständig entzogen (zur späteren Einlage vgl. aber Rz. 27.89). 27.56

Alternativ kann der Steuerpflichtige das Investitionsgut auch nur im **Umfang der tatsächlichen unternehmerischen Verwendung** in sein Unternehmen einbeziehen.[3] In diesem Fall gehört der nicht dem Unternehmensvermögen zugeordnete Teil des Gegenstands nicht zu den Gegenständen des Unternehmens und fällt daher nicht in den Geltungsbereich des Mehrwertsteuersystems.[4] Diese Gestaltung hatte seine besondere Bedeutung vor allem bei Grundstücken. Ihr wurde durch Einfügung von Art. 168a MwStSystRL eine neue Grundlage gegeben (Rz. 27.59). 27.57

Einstweilen frei. 27.58

### 3. Einschränkung des Art. 168a MwStSystRL

Art. 168a MwStSystRL regelt die Vorsteuerabzugsbeschränkung beim Erwerb oder der Herstellung von **Grundstücken** und (fakultativ für die Mitgliedstaaten) anderen Gegenständen, die sowohl zu unternehmerischen als auch zu unternehmensfremden Zwecken genutzt werden. Der Vorsteuerabzug wird auf den Anteil der tatsächlichen Nutzung des Gegenstands für unternehmerische Zwecke begrenzt. Somit ist es bei gemischter Nutzung für unternehmerische und unternehmensfremde Zwecke von Grundstücken nicht mehr (zur Einführung der Norm Rz. 27.16) möglich, sofort die gesamte Vorsteuer auf die Erwerbs- oder Herstellungskosten abzuziehen. Gleichzeitig enthält die Regelung ein Korrektursystem, um während des Vorsteuerberichtigungszeitraums Änderungen des Anteils der unternehmerischen und nicht unternehmerischen Nutzung des betroffenen Gegenstands Rechnung zu tragen. Entsprechende Vorsteuerkorrekturen sind sowohl für die **Erhöhung** als auch für die **Verringerung der unternehmerischen Nutzung** vorzunehmen. Sie ersetzen im Falle der Erhöhung des Anteils der unternehmensfremden Nutzung die Besteuerung der unternehmensfremden Nutzung nach Art. 26 MwStSystRL und erlauben eine in der MwStSystRL sonst nicht vorgesehene Korrektur zu Gunsten des Steuerpflichtigen, wenn die unternehmerische Nutzung zunimmt (siehe aber zur Einlage Rz. 27.89). 27.59

---

1 Vgl. EuGH v. 14.7.2005 – Rs. C-434/03 – Charles und Charles-Tijmens, UR 2005, 563 = HFR 2005, 1034.

2 EuGH v. 8.3.2001 – Rs. C-415/98 – Bakcsi, UR 2001, 149 = HFR 2001, 632.

3 Vgl. EuGH v. 4.10.1995 – Rs. C-291/92 – Armbrecht, UR 1995, 465 = UR 1995, 485 = HFR 1996, 45 sowie EuGH v. 14.7.2005 – Rs. C-434/03 – Charles und Charles-Tijmens, UR 2005, 563 = HFR 2005, 1034.

4 Vgl. EuGH v. 4.10.1995 – Rs. C-291/92 – Armbrecht, UR 1995, 465 = UR 1995, 485 = HFR 1996, 45.

27.60 Nach Art. 168a Abs. 1 Unterabs. 1 MwStSystRL gilt, soweit **ein dem Unternehmen zugeordnetes Grundstück** vom Steuerpflichtigen sowohl für unternehmerische Zwecke als auch für seinen privaten Bedarf oder den seines Personals oder allgemein für unternehmensfremde Zwecke verwendet wird, dass bei Ausgaben im Zusammenhang mit diesem Grundstück höchstens der Teil der Mehrwertsteuer nach den Grundsätzen der Art. 167, 168, 169 und 173 MwStSystRL abgezogen werden darf, der auf die **Verwendung des Grundstücks für unternehmerische Zwecke** des Steuerpflichtigen entfällt. Damit handelt es sich rechtstechnisch um einen **Ausschluss des Vorsteuerabzugs**, soweit das dem Unternehmen zugeordnete Grundstück nicht für unternehmerische Zwecke verwendet wird. Die Regelung in Art. 168a Abs. 1 Unterabs. 1 MwStSystRL setzt damit zunächst eine entsprechende **Zuordnungsentscheidung** des Unternehmers voraus. Ein Grundstück kann dem Unternehmen nach der Rechtsprechung des EuGH auch auf der Grundlage dieser Norm weiterhin (s. Rz. 27.55) zu 100 %, unabhängig von der Verwendung für unternehmerische oder unternehmensfremde Zwecke, zugeordnet werden. Der Vorsteuerabzug kann jedoch nur geltend gemacht werden, soweit das Grundstück für unternehmerische Zwecke genutzt wird.

27.61 Ändert sich der Verwendungsanteil eines Grundstücks nach Art. 168a Abs. 1 Unterabs. 1 MwStSystRL, so werden diese **Änderungen** nach Art. 168a Abs. 1 Unterabs. 2 MwStSystRL abweichend von Art. 26 MwStSystRL nach den in dem betreffenden Mitgliedstaat geltenden Vorschriften zur Anwendung der in den Art. 184 bis 192 MwStSystRL festgelegten Grundsätze berücksichtigt. Diese Regelung bedeutet, dass bei **Änderungen der Nutzungsverhältnisse** eines dem Unternehmen zugeordneten Grundstücks (Verringerung oder Erhöhung des Anteils der Nutzung für unternehmerische bzw. unternehmensfremde Zwecke) **keine Wertabgabenbesteuerung** über Art. 26 MwStSystRL erfolgt, **sondern eine Vorsteuerberichtigung** zu Gunsten oder zuungunsten des Unternehmers nach Maßgabe der Art. 184 bis 192 MwStSystRL.[1] In Deutschland entspricht dies der Vorsteuerberichtigung nach § 15a Abs. 6a und Abs. 8 S. 2 UStG. Dies hat den Vorteil, dass bei notwendigen Korrekturen auf Grund einer Änderung im Verhältnis der steuerfreien zu den steuerpflichtigen Umsätzen und im Verhältnis der unternehmerischen zu der privaten Nutzung der gleiche Korrekturmechanismus anzuwenden ist.

27.62 Deutschland macht bisher von der in Art. 168a Abs. 2 MwStSystRL eingeräumten Möglichkeit, auch für andere Gegenstände außer Grundstücke eine Vorsteuerabzugsbeschränkung einzuführen, keinen Gebrauch. Die **deutsche Umsetzungsnorm** des § 15 Abs. 1b UStG ist auf Grundstücke beschränkt.

### 4. Aufteilungsmaßstab nach Art. 173 MwStSystRL

#### a) Anwendungsbereich

27.63 Wenn ein Unternehmer teilweise Umsätze tätigt, die zum Vorsteuerabzug berechtigten, und teilweise solche, die nicht dazu berechtigten, stellt sich die Frage, in welchem Umfang der Vorsteuerabzug zu gewähren ist. Die grundsätzliche Anordnung und Versagung des Vorsteuerabzugs folgt aus den Art. 168, 169 und 170 MwStSystRL (dazu Rz. 27.31 ff.), auf die sich Art. 173 Abs. 1 Unterabs. 1 MwStSystRL bezieht. Nicht zum Vorsteuerabzug berechtigen nicht nur Ausgangsumsätze, die **steuerbefreit** sind, sondern auch um solche, die einer nicht steuerbaren Sphäre zuzuordnen sind, etwa bei hoheitlichen Vorgängen oder bei nicht wirtschaftli-

1 Vgl. *Huschens* in MwStSystRL – eKommentar, Art. 168 MwStSystRL Rz. 9.

chen Tätigkeiten, die aber zum Umfang des Unternehmens gehören. Diese vom BFH als **Sphärenbetrachtung** (dazu ausführlich unten Rz. 27.139) bezeichnete Situation betrifft neben dem Staat als Unternehmer in besonderen Maße gemeinnützige Organisationen, die beispielsweise ein nicht wirtschaftliches Mitgliedergeschäft aufweisen neben wirtschaftlichen, umsatzsteuerbaren Tätigkeiten, etwa im Zweckbetrieb oder wirtschaftlichen Geschäftsbetrieb (dazu ausführlich Rz. 27.136 ff.).

Art. 173 Abs. 1 Unterabs. 1 MwStSystRL baut auf diesen Grundsätzen auf und gebietet eine Vorsteueraufteilung, wenn Eingangsleistungen für **gemischte Umsätze** verwendet werden. Soweit Gegenstände und Dienstleistungen von einem Steuerpflichtigen sowohl für Umsätze verwendet werden, für die ein Vorsteuerabzugsrecht gem. den Art. 168, 169 und 170 MwStSystRL besteht, als auch für Umsätze, für die kein Recht auf Vorsteuerabzug besteht, darf nach Art. 173 Abs. 1 Unterabs. 1 MwStSystRL nur der Teil der Steuer abgezogen werden, der auf den Betrag der erstgenannten (d.h. sog. **vorsteuerunschädlichen) Umsätze** entfällt. Die zutreffende mehrwertsteuerliche Behandlung solcher gemischt verwendeten Eingangsleistungen wird bewerkstelligt durch einen **anteiligen Vorsteuerabzug pro-rata** nach Art. 173–175 MwStSystRL. Der EuGH sieht in der Berechtigung zum anteiligen Abzug der Vorsteuer eine **Ausprägung des Neutralitätsgebots.**[1] Die Vorschriften zur rechnerischen Ermittlung der Abzugsbeträge sind anzuwenden sowohl im Grundfall des nur teilweisen („soweit") Vorsteuerabzugs nach Art. 168 MwStSystRL (außer wenn ein Gegenstand vollständig dem unternehmerischen Bereich zugeordnet wurde und auch zugeordnet werden durfte, dazu Rz. 27.154 ff.) als auch in dem Spezialfall des Art. 168a MwStSystRL bei gemischter Verwendung eines Grundstücks (dazu Rz. 27.59 ff.). Für den Fall der **Nutzung im nicht wirtschaftlichen Bereich** sind die Vorschriften zwar nicht anwendbar. Jedoch greift Deutschland entsprechend seinem Auftrag, dies auf mitgliedschaftlicher Ebene zu regeln, auf die deutschen Umsetzungsvorschriften analog zurück (Rz. 27.162 ff.). 27.64

### b) Grundsatz des Gesamtumsatzes Art. 173 Abs. 1 MwStSystRL

Die Ausgangsvorschrift ist Art. 173 MwStSystRL, die das **Gebot der Aufteilung von Vorsteuerbeträgen** regelt, wenn die Vorbezüge des Unternehmers sowohl für zum Vorsteuerabzug berechtigende, als auch für den Vorsteuerabzug ausschließende Umsätze, so genannte vorsteuerschädliche Umsätze verwendet werden. Im Grundsatz ist eine Aufteilung pro-rata vorzunehmen. Die konkrete Berechnung des Pro-rata-Satzes ist in den Art. 174 und 175 MwStSystRL festgelegt (vgl. zur fehlenden Umsetzung in Deutschland Rz. 27.75). 27.65

Die Vorschrift gilt **nur für gemischt, dh teils steuerpflichtig, teils steuerfrei, genutzte Eingangsumsätze** (Rz. 27.64). Sie ist nicht anwendbar auf Eingangsleistungen, die sowohl für wirtschaftliche Tätigkeiten als auch für nicht wirtschaftliche, nicht unter die MwStSystRL fallende Tätigkeiten verwendet werden. Mangels unionsrechtlicher Regelungen hat der EuGH die Methoden für den Abzug und die Aufteilung dieser Sphären den Mitgliedstaaten übertragen. Dabei haben sie Zweck und Systematik der MwStSystRL zu berücksichtigen und müssen eine Berechnungsmethode vorsehen, die objektiv widerspiegelt, welcher 27.66

1 Zum Vorsteuerabzug bei gemischt genutzten Gegenständen noch ohne Bezugnahme auf das Neutralitätsgebot EuGH v. 11.7.1991 – Rs. C-97/90 – Lennartz, ECLI:EU:C:1991:315, UR 1991, 291 m. Anm. *Widmann*; EuGH v. 8.5.2003 – Rs. C-269/00 – Seeling, ECLI:EU:C:2003:254, UR 2003, 288 m. Anm. *Burgmaier*; unter Hinweis auf das Neutralitätsgebot EuGH v. 23.4.2009 – Rs. C-460/07 – Puffer, ECLI:EU:C:2009:254, UR 2009, 410 m. Anm. *Widmann*.

Teil der Eingangsleistungen jeder dieser beiden Tätigkeiten tatsächlich zuzurechnen ist (dazu siehe Rz. 27.162 ff.).[1]

27.67 Die Vorsteueraufteilung bemisst sich gem. Art. 173 Abs. 1 Unterabs. 2 MwStSystRL nach dem Pro-rata-Satz des Vorsteuerabzugs, der gem. den Art. 174 und 175 MwStSystRL für die **Gesamtheit der vom Steuerpflichtigen bewirkten Umsätze** festgelegt wird. Damit werden grundsätzlich die zum Vorsteuerabzug berechtigenden und die nicht zum Vorsteuerabzug berechtigenden Umsätze des gesamten Unternehmens ins Verhältnis gesetzt.

27.68 Ein Beispielsfall solcher gemischten Kosten sind die **Kosten einer Holdinggesellschaft** für den Erwerb einer Beteiligung an einer Tochtergesellschaft. Sie bilden allgemeine Kosten des Unternehmens und hängen deshalb direkt und unmittelbar mit ihrer wirtschaftlichen Tätigkeit zusammen. Wenn die Holding sowohl Umsätze tätigt, für die ein Recht auf Vorsteuerabzug besteht, als auch Umsätze, für die dieses Recht nicht besteht, ergibt sich aus Art. 173 Abs. 1 Unterabs. 1 MwStSystRL, dass sie den Vorsteuerabzug nur für den Teil der Mehrwertsteuer vornehmen kann, der dem Betrag der erstgenannten Umsätze entspricht.[2]

27.69 Die Bestimmung des **Pro-rata-Satzes nach dem Gesamtumsatz des Unternehmens** nach Art. 173 Abs. 1 MwStSystRL wirkt sehr pauschal. Sie berücksichtigt nicht, für welchen Bereich des Unternehmens die Eingangsleistungen bezogen wurden. Dies kann zu sachwidrigen Ergebnissen führen: So ändert sich etwa ein Pro-rata-Satz von 50 % für Vorsteuern aus Eingangsleistungen zur Errichtung eines vermieteten Wohn- und Geschäftshauses bei steuerpflichtigen und steuerfreien Vermietungsumsätzen in jeweils gleicher Höhe, nur weil der Vermieter im Rahmen seines gesamten Unternehmens noch weitere Umsätze ausführt, die mit dem Gebäude gar nicht zusammenhängen. Damit kann die Einbeziehung von steuerfreien Ausgangsumsätzen zu einer Verminderung des Pro-rata-Satzes auf 10 % oder weniger, die Einbeziehung von steuerpflichtigen Ausgangsumsätzen zu einer Erhöhung des Pro-rata-Satzes auf 90 % oder mehr Prozent führen und damit den Vorsteuerabzug komplett ausschließen oder ermöglichen.[3]

### c) Ausnahmen durch die Mitgliedstaaten

27.70 Nach Art. 173 Abs. 2 MwStSystRL können die Mitgliedstaaten deshalb **Abweichungen von einer generellen Anwendbarkeit des Pro-rata-Satzes** des Gesamtumsatzes vorsehen. So gestattet es Art. 173 Abs. 2 Buchst. e MwStSystRL einen an sich nicht abziehbaren Vorsteuerbetrag, wenn er nur **geringfügig** ist, zum Abzug zuzulassen. Deutschland hat diese Regelung mit § 15 Abs. 5 Nr. 3 UStG iVm § 43 UStDV nur für bestimmte hier nicht interessierende **Geldgeschäfte** umgesetzt.

27.71 Außerdem können die Mitgliedstaaten gestatten oder anordnen, dass ein **eigener Pro-rata-Satz für bestimmte Bereiche des Unternehmens** angewendet wird, Art. 173 Abs. 2 Buchst. a und b MwStSystRL. Sie können ferner gestatten oder anordnen, dass der Abzug nach der **wirtschaftlichen Zuordnung der Vorsteuerbeträge** für die Gegenstände oder Dienstleistungen

1 EuGH v. 6.9.2012 – Rs. C-496/11 – Portugal Telecom, UR 2012, 762 = HFR 2012, 1119 sowie EuGH v. 16.7.2015 – Rs. C-108/14 und C-109/14 – Larentia + Minerva und Marenove, HFR 2015, 901.

2 EuGH v. 27.9.2001 – Rs. C-16/00 – Cibo Participations, HFR 2001, 1213; EuGH v. 16.7.2015 – Rs. C-108/14 und C-109/14 – Larentia + Minerva, HFR 2015, 901.

3 *Huschens* in MwStSystRL – eKommentar, Art. 168 MwStSystRL Rz. 8.

zum abzugsberechtigenden Bereich des Unternehmens vorgenommen wird, Art. 173 Abs. 2 Buchst. c MwStSystRL. Schließlich können sie gestatten oder anordnen, dass alle Vorsteuerbeträge des Unternehmens nach dem **Umsatzschlüssel** (Pro-rata-Satz) aufgeteilt werden, Art. 173 Abs. 2 Buchst. d MwStSystRL, was dem Grundsatz in Abs. 1 entspricht. In dem Verfahren *Mercedes Benz Italia SpA*, die in Italien nicht lediglich zum Vorsteuerabzug berechtigende Ausgangsumsätze ausführte, sondern auch Darlehen an Tochtergesellschaften gewährte (steuerfreie Finanzumsätze, Art. 135 Abs. 1 Buchst. b MwStSystRL), bekräftigte der EuGH,[1] dass die Mitgliedstaaten das Recht hätten, eine abweichende Methode vorzuschreiben. So gestatte (der früherer, aber inhaltsgleiche) Art. 17 Abs. 5 Unterabs. 3 Buchst. d der Sechsten RL 77/388/EWG den Mitgliedstaaten, den Steuerpflichtigen eine Ermittlung des Vorsteuerabzugs nach der in Abs. 5 Unterabs. 1 der Regelung vorgesehenen Methode für alle Leistungen vorzuschreiben. Dabei legt der EuGH den Verweis in Art. 17 Abs. 5 Unterabs. 3 Buchst. d der Sechsten Richtlinie auf den Unterabs. 1 so aus, dass die Mitgliedstaaten als „abweichenden" Schlüssel den unionsrechtlich angeordneten pro-rata-Umsatzschlüssel anordnen können. Eine direkte Zuordnung der Vorsteuern zu den jeweiligen vorsteuerunschädlichen oder -schädlichen Umsätzen sei nicht vorrangig.

27.72 Deutschland hat in § 15 Abs. 4 S. 1 UStG entsprechend Buchst. c **vorrangig eine konkrete Zurechnung der Gegenstände oder Dienstleistungen zu den entsprechenden Ausgangsumsätzen** vorgesehen (Rz. 27.217 ff.). Im Rahmen der Umsetzung der Richtlinien obliegt es den Mitgliedstaaten, weitere Regeln zur Anwendung der Zurechnungsmethode nach Art. 173 Abs. 2 Buchst. c MwStSystRL festzulegen, wobei Zweck und Systematik der Richtlinie sowie die Grundsätze des gemeinsamen Mehrwertsteuersystems und der Ausnahmecharakter der Regelung zu beachten sind. Die Berechnung muss zu **präziseren Ergebnissen** bei der Bestimmung der abzugsfähigen Vorsteuern führen. Hierzu hat der Gerichtshof festgestellt, die Vorschrift verbiete es einem Mitgliedstaat nicht, eine Bank, die u.a. Leasingtätigkeiten ausübt, zu verpflichten, bei der Berechnung des Pro-rata-Satzes für den Vorsteuerabzug aus gemischt genutzten Gegenständen und Dienstleistungen im Zähler und Nenner des Bruchs nur den Zinsanteil aus den Leasingraten aufzuführen, sofern die Nutzung dieser Gegenstände und Dienstleistungen vor allem durch die Finanzierung und die Verwaltung dieser Verträge verursacht wird.[2]

27.73 Zu dem in Deutschland durch das StÄndG2003 vom 15.12.2003[3] dem § 15 Abs. 4 UStG angefügten Satz 3, der bestimmt, dass eine Ermittlung des nicht abziehbaren Teils der Vorsteuerbeträge nach dem Verhältnis der Umsätze, die den Vorsteuerabzug ausschließen, zu den Umsätzen, die zum Vorsteuerabzug berechtigen, **nur zulässig ist, wenn keine andere wirtschaftliche Zurechnung möglich** ist, war fraglich, ob dies eine verbotene Abweichung von der generellen Anordnung des Pro-rata-Satzes der Gesamtumsätze (Rz. 27.69 ff.) darstellt. Hierzu hat der EuGH auf Vorlage durch den BFH entschieden, dass Art. 17 Abs. 5 Unterabs. 3 der Richtlinie 77/388/EWG (jetzt Art. 173 Abs. 2 MwStSystRL) es den Mitgliedstaaten der EU erlaubt, zum Zweck der Berechnung des Pro-rata-Satzes für den Abzug der Vorsteuern aus einem bestimmten Umsatz vorrangig einen anderen Aufteilungsschlüssel als den in Art. 19 Absatz 1 der Richtlinie 77/388/EWG vorgesehenen Umsatzschlüssel vorzuschreiben, vorausgesetzt, die herangezogene Methode gewährleiste eine präzisere Bestimmung dieses

1 EuGH v. 14.12.2016 – C-378/25 – Mercedes Benz Italia, ECLI:EU:C:2016:959 = UR 2017, 204; vgl. auch EuGH v. 8.11.2012 – C-511/10 – BLC Baumarkt, UR 2012, 968 m. Anm. *Prätzler*, jurisPR-SteuerR 51/2012 Anm. 6.

2 EuGH v. 10.7.2014 – Rs. C-183/13 – Banco Mais SA, UR 2014, 630 = HFR 2014, 854.

3 BGBl. I 2003, 2645.

Pro-rata-Satzes. Allerdings seien die Mitgliedstaaten nicht befugt, allgemein vom Umsatzschlüssel abzuweichen, sondern nur für „ganz bestimmte Fälle".[1] Konkret handelte es sich um die **Anwendung des Flächenschlüssels** als andere wirtschaftliche Zurechnung nach § 15 Abs. 4 UStG bei Grundstücksvermietungen.

27.74 In der Rechtssache *Wolfgang und Dr. Wilfried Rey Grundstücksgesellschaft* hat der Gerichtshof in einem erneuten Vorabentscheidungsersuchen des BFH im Hinblick auf Gebäude entschieden, die für steuerpflichtige als auch für steuerfreie Umsätze genutzt werden, dass die Anschaffungs- und Herstellungskosten nach den unionsrechtlichen Grundsätzen den einzelnen Vermietungsumsätzen nicht zwingend zugeordnet werden müssen, wenn diese **Zuordnung schwierig** ist. Hinsichtlich der laufenden Kosten geht der EuGH davon aus, dass eine direkte Zuordnung vorzunehmen ist, was allerdings einer Einzelfallprüfung durch die nationale Gerichtsbarkeit unterliegt. Zur konkreten Aufteilung der Vorsteuerbeträge führt der Gerichtshof erneut aus, dass im Ausgangspunkt ein **Umsatzschlüssel** anzuwenden ist. Wenn er zu einem präziseren Ergebnis führt, sei jedoch auch ein anderer Aufteilungsmaßstab, etwa ein **Flächenschlüssel** anwendbar. Die Zuordnung zu bestimmten Ausgangsumsätzen sei von der Wahl des Aufteilungsschlüssels zu trennen. Bei beiden Fragen gebe es aber gewisse Umsetzungsspielräume für die Mitgliedstaaten (vgl. Rz. 27.217 ff.).[2]

### 5. Art. 174 – 176 MwStSystRL

27.75 Art. 175 Abs. 2 Unterabs. 2 MwStSystRL bestimmt als **Übergangsvorschrift**, dass die Mitgliedstaaten die Regelung beibehalten können, die sie am 1.1.1979 (wie Deutschland) bzw. im Fall der nach diesem Datum der Gemeinschaft beigetretenen Mitgliedstaaten (wie Österreich) am Tag ihres Beitritts angewandt haben. Damit ist die Regelung zur Vorsteueraufteilung bei gemischten Ausgangsumsätzen gemeint, die die alten Mitgliedstaaten bei Inkrafttreten der 6. EG-RL angewendet hatten, bzw. neue Mitgliedstaaten zum Tag des Beitritts in ihrem nationalen Recht geregelt hatten. **Deutschland** macht von dieser Bestimmung insofern Gebrauch, als das deutsche Recht die Pro-rata-Regelung der Art. 174 und 175 MwStSystRL nicht kennt.[3]

27.76 Art. 176 Unterabs. 1 MwStSystRL regelt den Auftrag zu der bisher noch nicht erfolgten Harmonisierung des Vorsteuerabzugs für den Ausschluss von bestimmten Vorsteuerbeträgen. Damit sollen Ausgaben, die keinen streng geschäftlichen Charakter haben, wie **Luxusausgaben, Ausgaben für Vergnügungen** und **Repräsentationsaufwendungen** vom Vorsteuerabzug ausgeschlossen werden. Bis zur Harmonisierung dieser Vorsteuerausschlüsse dürfen die Mitgliedstaaten nach Art. 176 Unterabs. 2 MwStSystRL ihre bestehenden Altregelungen beibehalten. In Deutschland findet sich eine entsprechende Regelung in § 15 Abs. 1a UStG (Rz. 27.186 ff.).

### 6. Art. 178 ff. MwStSystRL, Einzelheiten der Ausübung des Rechts auf Vorsteuerabzug

27.77 In Art. 178 ff. MwStSystRL finden sich Verfahrensregelungen. Besondere Bedeutung kommt Art. 178 Buchst. a MwStSystRL zu, wonach der Steuerpflichtige eine **formal korrekte Rechnung** über den Vorsteuerbetrag vorweisen muss. Um dieses Erfordernis hat sich eine Reihe

1 EuGH v. 8.11.2012 – Rs. C-511/10 – BLC Baumarkt, UR 2012, 968 m. Anm. *Marchal/Salder* = HFR 2013, 79.

2 EuGH v. 16.6.2016 – Rs. C-332/14 – Wolfgang und Dr. Wilfried Rey Grundstücksgemeinschaft GbR, UR 2016, 545 = StE 2016, 387 unter Bezug auf EuGH v. 8.11.2012 – Rs. C-511/10 – BCL Baumarkt, UR 2012, 968 m. Anm. *Marchal/Salder* = HFR 2013, 79.

3 *Huschens* in MwStSystRL – eKommentar, Art. 168 MwStSystRL Rz. 11.

von Fragen gestellt, insbesondere welche Anforderungen an die Rechnung im Detail zu stellen sind, ob und wie Fehler korrigiert werden können und ob dem gutgläubigen Steuerpflichtigen ein gewisser Vertrauensschutz einzuräumen ist (Rz. 27.172 ff.).

### 7. Art. 184 ff. MwStSystRL, Berichtigung des Vorsteuerabzugs

#### a) Art. 184–186 MwStSystRL

Die Art. 184 bis 192 MwStSystRL ordnen die Berichtigung des ursprünglichen Vorsteuerabzugs an, wenn sich herausstellt, dass er unzutreffend in Anspruch genommen wurde, Art. 184 MwStSystRL. Die Art. 184 bis 192 MwStSystRL ergänzen die Art. 167 bis 183 MwStSystRL. Die Änderung kann auf der **ursprünglich** schon **unzutreffenden Inanspruchnahme** des Vorsteuerabzugs beruhen oder auf der **nachträglichen Änderung** der beim ursprünglichen Abzug gegebenen Umstände. 27.78

Der in den Art. 184 bis 186 MwStSystRL vorgesehene Berichtigungsmechanismus soll die Genauigkeit der Vorsteuerabzüge in der Weise erhöhen, dass die **Neutralität der Mehrwertsteuer** gewährleistet wird, so dass die auf einer früheren Stufe bewirkten Umsätze weiterhin nur insoweit zum Abzug berechtigen, als sie der Erbringung von Leistungen dienen, die dieser Steuer unterliegen. Dieser Mechanismus verfolgt somit das Ziel, einen engen und unmittelbaren Zusammenhang zwischen dem Vorsteuerabzugsrecht und der Nutzung der betreffenden Gegenstände und Dienstleistungen für besteuerte Ausgangsumsätze herzustellen.[1] Aus einer Gesamtbetrachtung der Art. 184 und 185 Abs. 1 MwStSystRL ergibt sich, dass in dem Fall, in dem sich aufgrund der Änderung eines der ursprünglich bei der Berechnung des Vorsteuerabzugs berücksichtigten Faktoren eine Berichtigung als notwendig erweist, der Betrag des endgültig vorgenommenen Vorsteuerabzugs demjenigen entsprechen muss, zu dessen Vornahme der Steuerpflichtige berechtigt gewesen wäre, wenn diese Änderung ursprünglich berücksichtigt worden wäre.[2] 27.79

Die Berichtigung kann zwar de facto den ursprünglichen Vorsteuerabzug nicht ändern, sondern zieht eine **Erhöhung oder Verringerung** des Betrags der vom Steuerpflichtigen geschuldeten Mehrwertsteuer **in einem späteren Besteuerungszeitraum** nach sich, gleichwohl aber soll der Berichtigungsmechanismus die in der Vergangenheit vorgenommenen Abzüge korrigieren.[3] 27.80

Dabei beschreiben die Art. 184–186 MwStSystRL allgemein die Berichtigung. Sie betreffen alle möglichen Fallgruppen der Berichtigung, dh auch die Korrektur der Vorsteuer auf Leistungen, die keine längerfristig verwendbaren Investitionsgüter iSd § 187 MwStSystRL sind. Umgesetzt ist dies in § 15a Abs. 1 UStG, § 44 Abs. 3 S. 2 UStDV für **Investitionsgüter**, in § 15a Abs. 2 UStG für **Wirtschaftsgüter, die nur einmal zur Ausführung von Umsätzen verwendet wer-** 27.81

---

1 EuGH v. 31.5.2018 – Rs. C-660/16 – Achim Kollroß, und Rs. C-661/16 – Erich Wirtl, StEd 2018, 356; EuGH v. 18.10.2012 – Rs. C-234/11 – TETS Haskovo, ECLI:EU:C:2012:644 Rz. 30 und 31, UR 2012, 921; sowie EuGH v. 13.3.2014 – Rs. C-107/13 – FIRIN, ECLI:EU:C:2014:151 Rz. 50, UR 2014, 705.

2 EuGH zuletzt v. 27.6.2018 – Rs. C-364/17 – Varna Holideis, ECLI:EU:C:2018:500, UR 2018, 611.

3 Vgl. EuGH zuletzt v. 27.6.2018 – Rs. C-364/17 – Varna Holideis, ECLI:EU:C:2018:500, UR 2018, 611 in dem Sonderfall des Beitritts zur EU zwischen Vorsteuerabzug und Berichtigung.

**den**, in § 15a Abs. 3 für **Bestandteile** von Wirtschaftsgütern, in § 15a Abs. 4 UStG für **sonstige Leistungen** sowie in § 17 Abs. 2 UStG für die **nachträgliche Änderung der Bemessungsgrundlage**.

27.82 Die Berichtigungspflicht nach den allgemeinen Vorschriften der §§ 184 bis 187 MwStSystRL ist sehr weitgehend und betrifft alle Fälle, in denen der ursprüngliche Vorsteuerabzug höher oder niedriger ist als der, zu dessen Vornahme der Steuerpflichtige berechtigt war. Der EuGH geht von einer **generellen Berichtigungspflicht** aus und gründet dies auf den weiten Wortlaut des Art. 184 MwStSystRL und die durch die ausdrückliche Aufzählung der zulässigen Ausnahmen in Art. 185 Abs. 2 MwStSystRL.[1]

27.83 So besteht eine Berichtigungspflicht, wenn ein Vorsteuerabzug vorgenommen wurde, obwohl tatsächlich kein Abzugsrecht bestand;[2] dies gilt insbesondere bei **nach Art. 132 (und 135) MwStSystRL steuerfreien Umsätzen**.[3] Ausgeschlossen von einer Berichtigungspflicht können nur die in Art. 185 Abs. 2 MwStSystRL genannten Sachverhalte (keine Zahlung, Zerstörung, Verlust oder Diebstahl, Geschenke von geringem Wert und Warenmuster; vgl. auch Rz. 27.92) sein.

27.84 Für das Recht auf Vorsteuerabzug bei **Betrug durch den Lieferanten**, der bereits eine **Anzahlung** erhalten hat, kommt es auf die objektiven Umstände zur Zeit der Anzahlung an (vgl. auch Rz. 27.26). Wenn sich herausstellt, dass der Lieferant die Leistung nicht erbringen wird, stellt sich die Frage, ob und wie der Vorsteuerabzug des Empfängers der (geplanten) Leistung vorzunehmen ist. Hierzu entschied der EuGH in den verbundenen Rechtssachen *Kollroß und Wirtl*, dass keine Hinterziehung von Mehrwertsteuer vorliege, wenn der Lieferant die erhaltene Mehrwertsteuer an das Finanzamt tatsächlich noch gezahlt habe. Zwar habe der Lieferant keine Mehrwertsteuerberichtigung vorzunehmen, wenn er infolge seiner Insolvenz die Anzahlung trotz nicht geleisteter Dienste nicht zurückzahlen müsse. Gleichwohl könne die Steuerverwaltung die Rückerstattung des Vorsteuerabzugsbetrags verlangen, wenn der Erwerber die angezahlten Gegenstände nie erhalten hat. Der Grundsatz der steuerlichen Neutralität werde dadurch gewahrt, dass der Erwerber die von den Mitgliedstaaten vorzusehende Möglichkeit hat, die für die letztlich nicht erfolgte Lieferung der Gegenstände geleistete Anzahlung von seinem Lieferanten zurückzuerhalten.[4] Wenn es jedoch wegen dessen Insolvenz nicht möglich sei, die gutgläubig geleistete Anzahlung zurückzuerhalten, könne der Erwerber diesen Antrag unmittelbar an die Finanzverwaltung richten und dem Vorsteuerberichtigungsanspruch entgegenhalten.[5] Letztlich führt diese waghalsige „Aufrechnungslösung" dazu, dass die Berichtigung des Vorsteuerabzugs nach § 17 UStG in diesen Fällen voraussetzt, dass die

1 EuGH v. 11.4.2018 – Rs. C-532/16 – SEB bankas, Rz. 32 ff., UR 2018, 526 = StEd 2018, 242.

2 EuGH v. 11.4.2018 – Rs. C-532/16 – SEB bankas, UR 2018, 526 = StEd 2018, 242.

3 *Langer* in Reiß/Kraeusel/Langer, UStG, § 15a UStG (Stand 2019), Rz. 5.

4 EuGH v. 31.5.2018 – Rs. C-660/16 – Achim Kollroß, und Rs. C-661/16 – Erich Wirtl, Rz. 64, StEd 2018, 356 unter Berufung auf EuGH v. 31.1.2013 – Rs. C-643/11 – LVK, ECLI:EU:C:2013:55 Rz. 48, UR 2013, 346, und EuGH v. 13.3.2014 – Rs. C-107/13 – FIRIN, ECLI:EU:C:2014:151 Rz. 55, UR 2014, 705.

5 EuGH v. 31.5.2018 – Rs. C-660/16 – Achim Kollroß, und Rs. C-661/16 – Erich Wirtl, Rz. 64 ff., StEd 2018, 356 unter Berufung auf EuGH v. 15.3.2007 – Rs. C-35/05 – Reemtsma Cigarettenfabriken, ECLI:EU:C:2007:167 Rz. 39, 41 und 42, UR 2007, 430 m. Anm. *Stadie* = UR 2007, 343 m. Anm. *Burgmaier.*

Anzahlung vom Lieferanten zurückgezahlt wird. Im Schrifttum wird die Rechtsprechung des EuGH ebenso wie die Folgeentscheidung des BFH[1] daher zu Recht kritisch beurteilt.[2]

Eine Berichtigungspflicht des Vorsteuerabzugs besteht auch, wenn der betreffende Umsatz an den Unternehmer rückgängig gemacht worden ist, sich das Entgelt mindert, z.B. durch Gewährung von Boni, Skonti oder anderen Preisnachlässen, oder sich die **Bemessungsgrundlage** anderweitig ändert Art. 184 und 185 Abs. 1 MwStSystRL. In Deutschland betrifft dies die Fälle des § 17 Abs. 2 UStG. Eine solche Änderung der für den Vorsteuerabzug maßgeblichen Faktoren liegt auch dann vor, wenn sich im Rahmen eines **Insolvenz- oder Vergleichsverfahrens** die Verbindlichkeiten des Schuldners gegenüber dem Gläubiger, dem leistenden Unternehmer, für die vom Gläubiger an den Schuldner erbrachten Umsätze vermindert haben (vgl. auch Rz. 27.84). Der Schuldner muss seine Vorsteuerabzugsberechtigung korrigieren. Etwas anderes gilt bei einem nicht endgültigen Forderungsausfall.[3] 27.85

### b) Besondere Vorschriften der Art. 187–192 MwStSystRL

Die besonderen Vorschriften der Art. 187–189 MwStSystRL zur Berichtigung eines **Investitionsguts** sind nicht auf den Fall anzuwenden, dass bereits der **ursprüngliche Vorsteuerabzug** unzutreffend war, hier greifen die Art. 184–186 MwStSystRL ein.[4] Auch betrifft die Regelung nicht die Änderung der **unternehmerischen im Verhältnis zur privaten Nutzung**. Hier erfolgt der Ausgleich für den privaten Nutzungsanteil über die steuerpflichtige private Nutzung (Art. 26 MwStSystRL, § 3 Abs. 9a UStG) oder Entnahme (Art. 16 MwStSystRL, § 3 Abs. 1b UStG). Bei teilweise **wirtschaftlichen/nicht wirtschaftlichen Nutzungen innerhalb des Unternehmens** fehlt eine entsprechende Änderungsvorschrift im Unionsrecht.[5] Der EuGH räumt den Mitgliedstaaten für Aufteilung daher **Ermessen** ein (Einzelheiten Rz. 27.162 ff.).[6] 27.86

Insbesondere bei Wirtschaftsgütern, die über einen längeren Zeitraum im Unternehmen verwendet werden (Art. 187 Abs. 1 MwStSystRL spricht von **Investitionsgütern**), ist über die Abziehbarkeit der Vorsteuern insgesamt im Jahr der Anschaffung zu entscheiden. Da die Vorsteuerabzugsbeträge nicht pro rata temporis auf die Jahre der Nutzung verteilt werden, können nachträgliche Änderungen nach den vorgehenden Vorschriften der Art. 167 bis 177 MwStSystRL nicht berücksichtigt werden. Die Art. 187 bis 189 MwStSystRL betreffen dementsprechend die Vorsteuerberichtigung bei diesen Investitionsgütern, im deutschen Recht umgesetzt in § 15a Abs. 1 UStG, § 44 Abs. 3 S. 2 UStDV, bei Änderung der Verwendung nach dem Jahr der Entstehung des Rechts während der Verwendungsdauer. Durch die Vorsteuerberichtigung 27.87

1 BFH v. 5.12.2018 – XI R 44/14, MwStR 2019, 419; Parallelentscheidungen NV-Urteile v. 5.12.2018 – XI R 10/16, BeckRS 2018, 39413; v. 5.12.2018 – XI R 8/14, BeckRS 2018, 39407.

2 *Reiß*, MwStR 2019, 392 (395); *Mayer*, MwStR 2019, 400.

3 EuGH v. 22.2.2018 – Rs. C-396/16 – T-2, UR 2018, 365 = MwStR 2018, 386 m. Anm. *Kahlert*.

4 EuGH v. 11.4.2018 – Rs. C-532/16 – SEB bankas, UR 2018, 526 = StEd 2018, 242 für Vorsteuerabzug aus steuerbefreitem Grundstückskauf; EuGH v. 30.3.2006 – Rs. C-184/04 – Uudenkaupungin kaupunki, ECLI:EU:C:2006:214 Rz. 37, UR 2006, 530 zu den Bestimmungen der Sechsten Richtlinie, die im Wesentlichen mit denen der Mehrwertsteuerrichtlinie identisch sind; EuGH v. 30.9.2010 – Rs. C-392/09 – Uszodaépítő, ECLI:EU:C:2010:569 Rz. 31, UR 2010, 948.

5 EuGH v. 13.3.2008 – Rs. C-437/06 – Securenta, Rz. 34, UR 2008, 344 m. Anm. *Eggers* = BStBl II 2008, 727; EuGH v. 6.9.2012 – Rs. C-496/11 – Portugal Telecom, UR 2012, 762 = DStR 2012, 1859; BFH v. 19.7.2011 – XI R 29/10, UR 2012, 40 = BStBl II 2012, 438.

6 EuGH v. 13.3.2008 – Rs. C-437/06 – Securenta, Rz. 37, UR 2008, 344 m. Anm. *Eggers* = BStBl II 2008, 727; EuGH v. 16.7.2015 – Rs. C-108/14, C-109/14 – Larentia + Minerva, Rz. 27, DStR 2015, 1673.

werden ungerechtfertigte Steuervorteile oder -nachteile insbesondere bei langlebigen Wirtschaftsgütern vermieden. Die Berichtigung ist durchzuführen, wenn ein Gegenstand zunächst für steuerpflichtige und während des Berichtigungszeitraums für steuerfreie, nicht zum Vorsteuerabzug berechtigende Umsätze verwendet wird oder wenn der Gegenstand zunächst für steuerfreie und während des Berichtigungszeitraums dann für steuerpflichtige Umsätze verwendet wird. Eine Berichtigung ist auch durchzuführen, wenn Gegenstände zunächst nur für steuerfreie Umsätze genutzt werden, die auf Grund einer **gesetzlichen Neuregelung** oder durch **Ausübung der Option nach Art. 137 MwStSystRL** steuerpflichtig werden.[1]

27.88 Unter dem **Begriff des Investitionsgutes** ist ein Wirtschaftsgut zu verstehen, das dem Anlagevermögen des Unternehmers zuzuführen ist; Wirtschaftsgüter, die dem Umlaufvermögen des Unternehmers zuzuordnen sind, sowie Erhaltungsaufwendungen fallen nicht hierunter.[2]

27.89 In dem EuGH-Urteil vom 17.5.2001[3] wurde festgestellt, dass eine Korrektur des Vorsteuerabzugs für Vorumsätze, wenn sie in **Dienstleistungen** bestehen und für einen Gegenstand bestimmt sind, der zunächst unternehmerisch verwendet wird und dann zu privaten Zwecken entnommen wird, über eine Berichtigung entsprechend **Art. 185 Abs. 1 und 2 MwStSystRL** (noch zu Art. 20 Abs. 1 Buchst. b der 6. EG-RL) erfolgen kann. Die Entscheidung bezieht sich nur auf Änderungen der Verwendungsart eines bereits im Unternehmen genutzten Gegenstandes. Bei der umgekehrten Fallgestaltung der **Einlage eines Wirtschaftsguts vom privaten in das unternehmerische Vermögen** ist nach bisheriger Lesart eine Berichtigung des Vorsteuerabzugs dagegen nicht zulässig. Dies wurde entsprechend auch in Fällen angenommen, in denen ein Gegenstand für den hoheitlichen (= nichtunternehmerischen) Bereich erworben wurde. Wird der Gegenstand zu einem späteren Zeitpunkt in den unternehmerischen Bereich der öffentlichen Hand eingelegt, war ein nachträglicher Vorsteuerabzug durch Berichtigung nicht möglich. Eine nachträgliche Vorsteuerberichtigung war nur möglich, wenn die Wirtschaftsgüter schon bei ihrer Anschaffung zum Unternehmen gehört haben und sich später der für den Vorsteuerabzug maßgebende Verwendungszweck innerhalb des Berichtigungszeitraums von fünf Jahren (bei Grundstücken von bis zu zwanzig Jahren) ändert.[4] Eine spätere Zuordnung durch eine „**Einlage**" und damit eine „Einlagenentsteuerung" war nicht vorgesehen.[5] Jüngst hat hingegen der EuGH in der Rechtssache *Gmina Ryjewo*[6] auf der Grundlage von Art. 184 MwStSystRL entschieden, dass eine Gemeinde eine **nachträgliche Zuordnungsent-**

1 EuGH v. 30.3.2006 – Rs. C-184/04 – Uudenkaupungin kaupunki, UR 2006, 530 = HFR 2006, 739 noch zu Art. 13 Teil C der 6. EG-RL.

2 EuGH v. 18.6.1976 – Rs. C-51/76 – Verbond van Nederlandse Ondernemingen, EuGHE 1977, 113.

3 EuGH v. 17.5.2001 – Rs. C-322/99 und C-323/99 – Fischer und Brandenstein, HFR 2001, 811 noch zu Art. 20 Abs. 1 Buchst. b der 6. EG-RL.

4 EuGH v. 11.7.1991 – Rs. C-97/90 – Lennartz, UR 91, 291; EuGH v. 23.4.2009 – Rs. C-460/07 – Sandra Puffer, Rz. 44, UR 2009, 410 m. Anm. *Widmann* = DStR 2009, 903; vgl. auch EuGH v. 2.6.2005 – Rs. C-378/02 – Waterschap Zeeuws Vlaanderen, UR 2005, 437 = DStRE 2005, 902.

5 EuGH v. 23.4.2009 – Rs. C-460/07 – Puffer, Rz. 44, UR 2009, 410 m. Anm. *Widmann* = DStR 2009, 903; vgl. BFH v. 26.4.1979 – V R 46/72, BStBl II 1979, 530; v. 25.3.1988 – V R 101/83, UR 1988, 346 m. Anm. *Weiss* = BStBl II 1988, 649 m. Nachw. aus der früheren BFH-Rspr.; BFH v. 1.12.2010 – XI R 28/08, UR 2011, 678 = BStBl II 2011, 994, Rz. 25 ff.; UStAE 15.2a Abs. 12 S. 2; krit. dazu *Hüttemann*, Gemeinnützigkeits- und Spendenrecht, Rz. 7.111.

6 EuGH v. 25.7.2018 – Rs. C-140/17. – Gmina Ryjewo, UR 2018, 687 Rz. 54; in diese Richtung bereits Schlussanträge der GAin *Kokott* v. 19.4.2018 – C-140/17; MwStR 2018, 557 ff. Rz. 55 ff. m. Anm. *Möser*; *Meurer*, MwStR 2018, 859 ff.; vgl. auch EuGH v. 5.6.2014 – C-500/13 – Gmina Miedzyzdroje, ECLI:EU:C:2014:1750.

**scheidung** für die bisherige nichtwirtschaftliche Nutzung eines Kulturhauses treffen kann und damit für die Jahre der Nutzungsänderung auf der Grundlage von Art. 187 MwStRL den anteiligen Vorsteuerabzug erlangen kann. Maßgebend war nach der Auffassung des EuGH, dass die Gemeinde vorher keine eindeutige Zuordnungsentscheidung getroffen hatte, sondern dies erst nach vier Jahren vornahm, allerdings bereits mehrwertsteuerlich registriert war. Ob damit aber bereits die Wende eröffnet ist zu einer faktischen Einlagenbesteuerung im Mehrwertsteuerrecht, ist fraglich, da sich die Rechtsprechung des EuGH nur auf die Fälle bezieht, in denen vorher eine Zuordnungsentscheidung für den wirtschaftlichen Bereich getroffen worden ist oder dies zumindest noch offengehalten wurde. Letztlich korrigiert der Gerichtshof damit aber vorsichtig seine frühere unzutreffende Rechtsprechung und lässt die **potentielle wirtschaftliche Verwendungsabsicht** (s. auch Rz. 27.27) als ausreichend genügen.[1] Dem ist zuzustimmen, denn das Recht auf Vorsteuerabzug ist insofern unionsrechtlich nicht beschränkt und verlangt eine solche Zuordnung nicht.

Bei Gegenständen, die z.T. für unternehmerische und z.T. für **nichtunternehmerische (private) Zwecke** genutzt werden, hat der Unternehmer ein **Wahlrecht** für die Zuordnung. Ordnet der Unternehmer den Gegenstand nur teilweise in Höhe der zukünftigen unternehmerischen Nutzung seinem Unternehmen zu, kann er ein Vorsteuerabzugsrecht nur entsprechend anteilig ausüben. Ein etwaiger späterer, darüberhinausgehender Anteil an der unternehmerischen Nutzung führt zu keiner Berichtigung des Vorsteuerabzugs nach den **Art. 184 bis 192 MwStSystRL**, wenn der Unternehmer den Gegenstand dann später insoweit dem Unternehmen zuordnet.[2] Auch diese Fallgruppe wird möglichweise unter Berücksichtigung der Rechtsprechung in der Rechtssache *Gmina Ryjewo* (Rz. 27.89) anders zu betrachten sein. So hatte der EuGH bereit in der Rechtssache *X* im Fall einer Lagerhalle, die im Ergebnis wirtschaftlich genutzt werden sollte, jedoch zunächst privat genutzt worden war, entschieden, dass bei einer derartigen Zuordnungsentscheidung ein voller Vorsteuerabzug in Betracht kommt.[3] Die **vorübergehende private Nutzung** wird mittels der entsprechenden Anwendung einer unentgeltlichen Wertabgabe ausgeglichen.[4] 27.90

Wird das Investitionsgut veräußert oder aus dem Unternehmen zu privaten Zwecken entnommen, ist es nach **Art. 188 MwStSystRL** so zu behandeln, als wäre es weiterhin im Unternehmen verblieben. Wird das Wirtschaftsgut im Rahmen mehrerer Lieferungen veräußert oder entnommen, können diese Vorgänge auch bei der Berechnung der Vorsteuerberichtigung zusammengefasst werden.[5] Ist diese Lieferung oder Entnahme steuerpflichtig, so findet keine Korrektur statt. Ist die Lieferung oder Entnahme steuerfrei, so wird der Gegenstand so behandelt, als wäre er in vollem Umfang für steuerfreie Umsätze verwendet. Die Korrektur erfolgt durch die Besteuerung der privaten Entnahmen, nicht durch die Änderung der Vorsteuer. 27.91

**Keine Änderung** der für den Vorsteuerabzug maßgeblichen Faktoren liegt vor, wenn ein Steuerpflichtiger aufgrund einer Option eine Immobilie steuerpflichtig vermietet hatte und diese **leer steht**, weil er nach Beendigung des ursprünglichen Mietverhältnisses keinen neu- 27.92

1 EuGH v. 25.7.2018 – Rs. C-140/17. – Gmina Ryjewo, UR 2018, 687 Rz. 54; in diese Richtung bereits Schlussanträge der GAin *Kokott* v. 19.4.2018 – C-140/17; MwStR 2018, 557 ff. Rz. 55 ff. m. Anm. *Möser*; *Heuermann*, MwStR 2018, 1000 (1001); *Kessens*, MwStR 2019, 308.

2 EuGH v. 11.7.1991 – C-97/90 – Lennartz, DStR 1992, 752; EuGH v. 4.10.1995 – Rs. C-291/92 – Armbrecht, UR 1995, 465 = UR 1995, 485 = HFR 1996, 45 zu Art. 20 der 6. EG-RL.

3 EuGH v. 19.7.2012 – C-334/10 – X, DStR 2012, 1551.

4 *Meurer*, MwStR 2018, 859 (861); vgl. auch Abschn. 15.2c. Abs. 13 UstAE.

5 EuGH v. 15.12.2005 – Rs. C-63/04 – Centralan Property, UR 2006, 418 = HFR 2006, 214.

en Mieter gefunden hat. Hierbei handelt es sich nicht um eine steuerschädliche Verwendung.[1] Das Gleiche gilt, wenn ihm Gegenstände, für die der Unternehmer bereits einen Vorsteuerabzug vorgenommen hatte, **gestohlen** worden sind und der Täter nicht ermittelt worden ist[2] oder wenn dem Unternehmen zugeordnete **Gebäude abgerissen** werden und durch modernere Gebäude ersetzt werden und diese neuen Gebäude für die Ausführung der gleichartigen Umsätze verwendet werden wie die abgerissenen Gebäude.[3]

27.93 Art. 190 MwStSystRL gibt den Mitgliedstaaten die Möglichkeit, **Dienstleistungen** für Zwecke des Vorsteuerabzugs wie Investitionsgüter zu behandeln. Davon hat der deutsche Gesetzeber in § 15a Abs. 3, 4 UStG Gebrauch gemacht.

27.94 Art. 192 MwStSystRL ermöglicht es den Mitgliedstaaten, beim **Wechsel der Besteuerungsarten** Vorkehrungen gegen ungerechtfertigte Vorteile und Nachteile zu treffen. Im deutschen UStG ist dies in § 15a Abs. 7 UStG umgesetzt worden.

## C. Auslegung der relevanten deutschen Regelungen

### I. Allgemeines

27.95 Im deutschen Recht wird die **Allphasen-Netto-Umsatzsteuer** in § 15 UStG auf der Grundlage der Art. 167 ff. MwStSystRL in der Weise umgesetzt, dass der Unternehmer die Umsatzsteuer, die ihm im Rahmen seines Unternehmens von anderen Unternehmern in Rechnung gestellt wurde, abziehen kann. Das Unionsrecht spricht statt von „Unternehmer" inhaltsgleich von „Steuerpflichtiger". Nach Art. 167 MwStSystRL entsteht das Recht auf Vorsteuerabzug bereits, wenn der Anspruch auf die abziehbare Steuer entsteht (Sofortabzug). In § 15 Abs. 1 S. 1 Nr. 1 UStG ist dies nur mittelbar formuliert mit dem Wortlaut „die gesetzlich geschuldete Steuer". Ebenso wie in Art. 168 Buchst. a MwStSystRL ist Grundvoraussetzung, dass die gelieferten Gegenstände und die Dienstleistungen „für sein Unternehmen" ausgeführt worden sind, § 15 Abs. 1 S. 1 Nr. 1 S. 1 UStG, und nicht für die Ausführung steuerfreier Umsätze verwendet werden, § 15 Abs. 2 UStG. Damit ist die Vorsteuerbelastung für Eingangsleistungen, die für **steuerbefreite Umsätze (Ausgangsumsätze)** getätigt werden, auch im deutschen Recht nicht abziehbar. Für bestimmte steuerbefreite Leistungen macht auf der Grundlage von Art. 169 MwStSystRL die deutsche Umsetzungsvorschrift des § 15 Abs. 3 UStG Ausnahmen. Die Tätigkeiten von Organisationen des Dritten Sektors nach den § 4 Nr. 14 bis Nr. 28 UStG gehören indes nicht dazu.

27.96 In Umsetzung von Art. 168a MwStSystRL regelt § 15 Abs. 1b UStG für den Fall, dass ein Unternehmer ein **betriebliches Grundstück** sowohl für unternehmerische Zwecke als auch für **private oder anderweitige unternehmensfremde** Zwecke nutzt, dass höchstens der Teil der Mehrwertsteuer abgezogen werden, der auf die Verwendung des Grundstücks für unternehmerische Zwecke des Steuerpflichtigen entfällt. Die Mitgliedstaaten dürfen nach Art. 168a Abs. 2 MwStSystRL diese Regelung auch für andere nur teilweise unternehmerisch genutzte Gegenstände (denkbar etwa für Fahrzeuge) anordnen, wovon Deutschland aber keinen Gebrauch gemacht hat.

1 EuGH v. 28.2.2018 – Rs. C-672/16 – Imofloresmira – Investimentos Imobiliários, UR 2018, 440 = StEd 2018, 147.
2 EuGH v. 4.10.2012 – Rs. C-550/11 – PIGI, HFR 2012, 1309.
3 EuGH v. 18.10.2012 – Rs. C-234/11 – TETS Haskovo, UR 2012, 921 = HFR 2012, 1215.

Soweit die abzuziehende Vorsteuer auf Gegenständen oder Dienstleistungen beruht, die zum Teil für steuerpflichtige Umsätze verwendet werden, zum Teil aber für Umsätze, die zwar dem unternehmerischen Bereich zuzuordnen sind, aber **steuerfreite Umsätze** betreffen, für die ein Vorsteuerabzug nicht ausnahmsweise nach § 15 Abs. 3 UStG erlaubt ist, ist nur die Vorsteuer abzuziehen, die auf die steuerpflichtigen Umsätze entfällt, § 15 Abs. 4 S. 1 UStG. Wie diese **Vorsteueraufteilung** im Detail vorzunehmen ist, regelt § 15 Abs. 4 UStG in einer im Wortlaut teilweise von den Art. 173 bis 175 MwStSystRL abweichenden Weise, die durch die Rechtsprechung des EuGH und des BFH erst schrittweise konkretisiert worden ist. 27.97

Die Regelungen der Art. 184 bis 192 MwStSystRL zur **Berichtigung des Vorsteuerabzugs**, wenn sich die Voraussetzungen für den Vorsteuerabzug nachträglich geändert haben, etwa durch die Rückgängigmachung eines Kaufs oder die Einräumung von Rabatten, bei Änderung der Vorsteuerabzugsberechtigung wegen ganz oder teilweise vorliegender nichtunternehmerischer Nutzung oder des Vorliegens von steuerfreien Ausgangsumsätzen sind im deutschen Recht in den § 15a UStG für die Änderung der Voraussetzungen des Vorsteuerabzugs (dazu unten Rz. 27.236 ff.) und in § 17Abs. 2 UStG für die Änderung der Bemessungsgrundlage umgesetzt. 27.98

## II. § 15 UStG

### 1. Überblick über die Vorschrift und ihre historische Entwicklung

#### a) Inhalt

Die Vorschrift des § 15 UStG ist gegliedert in die **Abzugsvoraussetzungen** des § 15 Abs. 1 UStG und die **Verwendungsverhältnisse** der § 15 Abs. 2 bis 4 UStG. „Vorsteuerbeträge" sind die Umsatzsteuerbeträge, die einem Unternehmer für Lieferungen und sonstige Leistungen, die für sein Unternehmen ausgeführt worden sind, in einer nach den §§ 14, 14a UStG ausgestellten Rechnung gesondert ausgewiesen wurden (§ 15 Abs. 1 S. 1 Nr. 1 UStG). Gleichgestellt sind die entstandene Einfuhrumsatzsteuer nach § 15 Abs. 1 S. 1 Nr. 2 UStG, die Steuer für den innergemeinschaftlichen Erwerb nach § 15 Abs. 1 S. 1 Nr. 3 UStG und die vom Leistungsempfänger nach § 13b UStG geschuldete Steuer, § 15 Abs. 1 S. 1 Nr. 4 UStG, sowie die hier nicht weiter interessierende Steuer des Auslagerers nach § 15 Abs. 1 S. 1 Nr. 5 UStG. § 15 Abs. 1 S. 1 UStG regelt im Zusammenhang mit § 16 Abs. 2 UStG und § 18 Abs. 1 und 3 UStG, dass der Unternehmer einen Anspruch auf „Abzug" dieser Beträge (sogenannter Vorsteuerabzug) hat, so dass sich seine Umsatzsteuerschuld mindert oder er einen Anspruch auf Steuervergütung erhält. Damit verwirklicht § 15 UStG das System der **Allphasen-Netto-Umsatzsteuer**, indem der Unternehmer wirtschaftlich von der Steuer entlastet wird, die er seinem Vertragspartner schuldet (Rz. 27.2; 27.21). 27.99

§ 15 Abs. 1a UStG nimmt bestimmte **Repräsentationsaufwendungen** sowie mit der privaten Lebensführung des Steuerpflichtigen zusammenhängende Eingangsleistungen vom Vorsteuerabzug aus. § 15 Abs. 1b UStG regelt die Aufteilung der Vorsteuer bei teilweise unternehmerisch, teilweise nicht unternehmerisch genutzten **Gebäuden**. 27.100

Abs. 4a betrifft hier nicht interessierende Regelungen für Fahrzeuglieferer iSd § 2a UStG, Abs. 4b solche für nicht im Gemeinschaftsgebiet ansässige Unternehmer und Abs. 5 schafft die Ermächtigungsgrundlage für Vereinfachungsvorschriften in den §§ 43 ff. UStDV, die nur zu einem geringen Teil Organisationen des Dritten Sektors betreffen. 27.101

### b) Historische Entwicklung

27.102 Das bis 1967 in Deutschland geltende **Allphasen-Brutto-Umsatzsteuersystem** besteuerte auf jeder Ebene mehrstufiger Produktions- oder Vertriebsstruktur mit einer – damals geringeren – Umsatzsteuer ohne die Möglichkeit des Abzugs der steuerlichen Vorbelastung. Hieran wurde bemängelt, dass es zu wettbewerbsverzerrenden Kaskadeneffekten kommen konnte, wenn Gegenstände oder Dienstleistungen auf einer Vielzahl von Produktionsvorstufen unterschiedlicher Unternehmer beruhten, die alle jeweils auf ihrer Ebene umsatzsteuerpflichtig waren (Rz. 27.17 ff.).[1] Aufgrund der Einführung des gemeinsame Mehrwertsteuersystem mit Vorsteuerabzug auf Grundlage der Art. 99 und 100 EWGV durch die Erste und Zweite Richtlinie (67/277) vom 11.4.1967 zur Harmonisierung der Rechtsvorschriften der Mitgliedstaaten über die Umsatzsteuern wurde das geltende System der **Allphasen-Netto-Umsatzsteuer** in Deutschland seit dem UStG 1967 maßgeblich mit § 15 UStG umgesetzt.

27.103 Aufgrund der 6. MwStRL wurde eine neue Abgrenzung der Berechtigung und des Umfangs des Vorsteuerabzugs erforderlich und im UStG 1980 umgesetzt. Nach § 15 Abs. 4 UStG wurde als allgemeine Methode die Aufteilung der Vorsteuerabzugsbeträge nach wirtschaftlichen Gesichtspunkten geschaffen. Wahlweise kann der Unternehmer auch nach einem Umsatzschlüssel abgrenzen, damals § 15 Abs. 5 UStG, heute § 15 Abs. 4 S. 3 UStG.

27.104 Einschneidende Änderungen des Vorsteuerabzugs bewirkte das Steuerentlastungsgesetz 1999/2000/2002 vom 24.3.1999[2] mit dem Zuordnungsverbot zum Unternehmen für (alle) Gegenstände, die der Unternehmer zu weniger als 10 v. H. für sein Unternehmen nutzt (§ 15 Abs. 1 S. 2 UStG) und dem Ausschluss des Vorsteuerabzugs von Repräsentationsaufwendungen (§ 15 Abs. 1a Nr. 1 UStG), der bisher als Aufwendungseigenverbrauch gem. § 1 Abs. 1 Nr. 2 Buchst. c UStG aF behandelt worden war. Vorsteuerabzugsberechtigt wurden auch nicht im Inland ansässige Unternehmer. Der Vorsteuerabzug für Anzahlungen konnte bereits vor Ausführung der Umsätze vorgenommen werden. Ausgeschlossen wurde der Vorsteuerabzug für die Verwendung von Umsätzen im Ausland, die im Inland steuerfrei wären, § 15 Abs. 2 S. 1 Nr. 2 UStG.

27.105 Aufgrund der neuen Regelung in Art. 168a MwStSystRL zur Beschränkung des Vorsteuerabzugs bei dem Erwerb oder der Herstellung von Grundstücken und (fakultativ) anderen Gegenständen, die sowohl zu unternehmerischen als auch zu unternehmensfremden Zwecken genutzt werden, mit der Richtlinie 2009/162/EU vom 22.12.2009 zur Änderung verschiedener Bestimmungen der Richtlinie 2006/112/EG über das gemeinsame Mehrwertsteuersystem[3] wurde § 15 Abs. 1b UStG geschaffen. Da es nach der **Seeling-Rechtsprechung des EuGH**[4] möglich war, ein Grundstück im vollem Umfang dem Unternehmen zuzuordnen und dementsprechend hohe Vorsteuerbeträge für die Investitionskosten sofort abzuziehen, während die private Nutzung nur im jeweiligen Kalenderjahr zu einer Versteuerung als unentgeltliche Wertabgabe nach § 3 Abs. 1b, Abs. 9a, § 10 Abs. 4 UStG führte, sollte diese Steuergestaltungs-

---

1 Eingehend *Zirkl*, Die Neutralität der Umsatzsteuer als europäisches Besteuerungsprinzip, 5 ff.; aus verfassungsrechtlicher Sicht BVerfG v. 20.12.1966 – 1 BvR 320/57, 70/63, BVerfGE 21, 12.

2 StEntlG, BGBl. I 1999, 402.

3 ABl.EU 2010 Nr. L 10, 14.

4 EuGH v. 8.5.2003 – Rs. C-269/00 – Seeling, UR 2003, 288 m. Anm. *Burgmaier* = BStBl II 2004, 378; bestätigt durch EuGH v. 23.4.2009 – Rs. C-460/07 – Puffer, UR 2009, 410 m. Anm. *Widmann* = DStR 2009, 903; BFH v. 24.7.2003 – V R 39/99, UR 2000, 325 = BStBl II 2004, 371; v. 12.8.2015 – XI R 6/13, UR 2015, 958 = BStBl II 2015, 1063.

möglichkeit beendet werden (Rz. 27.137; 27.193).[1] Die Änderungsrichtlinie war von den Mitgliedstaaten zum 1.1.2011 in nationales Recht umzusetzen.

Mit dem StÄndG 2003[2] wurde die Vorsteueraufteilung nach dem Umsatzschlüssel in § 15 Abs. 4 S. 3 UStG auf Ausnahmen beschränkt. 27.106

### c) Zweck

Die **Allphasen-Netto-Umsatzsteuer** mit der zentralen Vorschrift des § 15 UStG beruht auf dem Gedanken, dass die Mehrwertsteuer als allgemeine Verbrauchsteuer im Ergebnis nur den privaten Konsum besteuern soll.[3] Steuerschuldner sind zwar nicht die Verbraucher, sondern die Unternehmer, die selbständig und nachhaltig entgeltliche Lieferungen und Leistungen am Markt erbringen. Dabei wird die Mehrwertsteuer zwar aus Gründen der Sicherung des Steuersubstrats auf sämtlichen Produktions- und Vertriebsstufen erhoben und der Unternehme wälzt die Steuer auf den Verbraucher ab. Die Unternehmer sind jedoch nach Art. 168 MwStSystRL/§ 15 UStG zum **Vorsteuerabzug** berechtigt, soweit sie mit Mehrwertsteuer belastete **Vorleistungen** beziehen, um steuerpflichtige Leistungen auszuführen. Damit soll im Ergebnis nur der private Konsum besteuert werden[4] und die Mehrwertsteuer unabhängig von der Zahl der vorhergehenden Produktions- oder Vertriebsstufen „belastungsneutral" sein.[5] Der Vorsteuerabzug soll **Wettbewerbsverzerrungen** zwischen unterschiedlichen Vertriebsstrukturen und im grenzüberschreitenden Handel verhindern. Er ist in der Rechtsprechung des Gerichtshofs eine Ausprägung des **Grundsatzes der Neutralität** der Mehrwertsteuer (ausführlich *Hüttemann*, Rz. 3.7 f.).[6] Der EuGH bezeichnet das Recht zum Vorsteuerabzug nach Art. 168 MwStSystRL als „Grundprinzip des durch das Unionsrecht geschaffenen gemeinsamen Mehrwertsteuersystems,"[7] das nicht eingeschränkt werden darf (Rz. 27.18).[8] 27.107

---

1 Vgl. statt vieler *Oelmaier* in Sölch/Ringleb, UStG, § 15 Rz. 646 (Stand: März 2019).

2 BGBl I 2003, 2645.

3 EuGH v. 29.2.1996 – Rs. C-215/94 – Mohr, ECLI:EU:C:1996:72, UR 1996, 119 m. Anm. *Widmann*; EuGH v. 3.10.2006 – Rs. C-475/03 – Banca Populare di Cremona. ECLI:EU:C:2006:629, UR 2007, 545; *Englisch* in Tipke/Lang, § 17 Rz. 10 mit zahlreichen Nachweisen; *Reiß*, DStJG Bd. 13, 1990, 3 ff.; *Reiß*, DStJG Bd. 32, 2009, 11 ff.; *Stadie* in Rau/Dürrwächter, UStG, Einf. Rz. 90 ff., 141 ff. (Stand: März 2019); *Robisch* in Bunjes[17], Vor § 1 Rz. 13 ff.

4 Zur Allphasen-„Mehrwertsteuer" näher *Englisch* in Tipke/Lang, § 17 Rz. 15 ff.

5 Eingehend *Zirkl*, Die Neutralität der Umsatzsteuer als europäisches Besteuerungsprinzip, 5 ff.; aus verfassungsrechtlicher Sicht BVerfG v. 20.12.1966 – 1 BvR 320/57, 70/63, BVerfGE 21, 12.

6 Vgl. etwa EuGH v. 14.6.2017 – Rs. C-38/16 – Compass Contract Services, UR 2017, 602 = MwStR 2017, 663, Rz. 34, m. w. N.; BFH v. 10.8.2016 – V R 14/15, UR 2016, 957 = DStR 2017, 152, Rz. 25; im Überblick *Zirkl*, Die Neutralität der Umsatzsteuer als europäisches Besteuerungsprinzip, 2015, 61 ff.; *Henze*, Umsatzsteuer-Kongress-Bericht 2010, 10 ff.

7 EuGH v. 6.12.2012 – Rs. C-285/11 – Bonik EOOD, ECLI:EU:C:2012:774 Rz. 25, UR 2013, 195; EuGH v. 13.2.2014 – Rs. C-18/13 – Maks Pen, ECLI:EU:C:2014:69 Rz. 23, UR 2014, 861.

8 So zuletzt EuGH v. 14.9.2017 – Rs. C-132/16 – Iberdrola, Rz. 25, UR 2017, 928 = DStR 2017, 2044; EuGH v. 15.11.2017 – Rs. C-374/16, C-375/16 – Geissel und Butin, UR 2017, 970 m. Anm. *Jacobs/Zitzl* = MwStR 2017, 987, Rz. 46, m. w. N.; EuGH v. 22.6.2016 – Rs. C-267/15 – Gemeente Woerden, UR 2016, 646 = StE 2016, 418 Rz. 30 f.; EuGH v. 21.3.2000 – Rs. C-110/98 bis C-147/98 – Gabalfrisa u. a., EU:C:2000:145 Rz. 43, EuGH v. 26.5.2005 – Rs. C-465/03 – Kretztechnik, ECLI:EU:C:2005:320 Rz. 33, UR 2005, 382; EuGH v. 22.12.2010 – Rs. C-438/09 – Dankowski, ECLI:EU:C:2010:818 Rz. 22, UR 2011, 435; sowie EuGH v. 6.12.2012 – Rs. C-285/11 – Bonik, ECLI:EU:C:2012:774 Rz. 26, UR 2013, 195.

27.108 Der Vorsteuerabzug setzt voraus, dass die bezogene Leistung nicht für Ausgangsumsätze verwendet wird, die den Vorsteuerabzug nach Art. 168 MwStSystRL ausschließen. Belastungsneutralität für den Steuerpflichtigen soll der Vorsteuerabzug nur herstellen, als die betroffenen Umsätze für Gegenstände und Dienstleistungen „für die Zwecke seiner besteuerten Umsätze verwendet werden". Von diesem Grundsatz bestimmt Art. 169 MwStSystRL für bestimmte Steuerbefreiungen Ausnahmen. Diese gelten nicht für die hier in Rede stehenden **gemeinwohlrelevanten Steuerbefreiungen** nach Art. 132 Abs. 1 MwStSystRL (§ 4 Nr. 14 bis 28 UStG). Dem entsprechen die Regelungen zu steuerschädlichen Ausgangsumsätzen in § 15 Abs. 2 bis Abs. 4 UStG.

27.109 Konsequenz ist, dass die hier interessierenden steuerbefreiten gemeinwohlorientierten Leistungen mit einer „heimlichen Steuer" belastet sind, es handelt sich lediglich um **„unechte Steuerbefreiungen"**. Damit sind Unternehmen je nach dem Umfang ihren steuerpflichtigen Eingangsleistungen unterschiedlich belastet, wirken die Steuerbefreiungen für Gemeinwohlleistungen im Ergebnis lediglich wie eine Steuerermäßigung, ist die Neutralität der Umsatzsteuer nicht vollständig gewährleistet, unterbleiben betriebswirtschaftlich sinnvolle Ausgliederungen von Tätigkeitsbereichen auf selbständige (Tochter-)Unternehmen, wird die Kooperation zwischen steuerbefreiten Einrichtungen erschwert und zum Ausgleich die komplizierte umsatzsteuerliche Organschaft gewählt (im Einzelnen *Küffner/Tillmanns*, Rz. 7.2 ff.). Die aktuelle Situation der Versagung des Vorsteuerabzugs für die hier diskutierten Steuerbefreiungen für bestimmte dem Gemeinwohl dienende Tätigkeiten wird daher kritisch gesehen und vorgeschlagen, eine **Nullbesteuerung mit vollem Vorsteuerabzug** einzuführen (*Hüttemann*, Rz. 3.39). Will man diesen allerdings fiskalisch bedeutsamen Vorschlag aufgreifen, müssten das Unionsrecht und das nationale Recht in diese Richtung weiterentwickelt werden (Rz. 27.21).

### d) Systematische Stellung

27.110 Der Vorsteuerabzug nach § 15 UStG ist ebenso wie seine unionsrechtlichen Grundlagen die zentrale Vorschrift zur Verwirklichung der Allphasen-Netto-Umsatzsteuersystem der harmonisierten Mehrwertsteuer (siehe bereits oben Rz. 27.16 f.). Da der Vorsteuerabzug voraussetzt, dass die Eingangsumsätze für wirtschaftliche, steuerbare Leistungen getätigt werden und nicht nach Art. 132 MwStSystRL (§ 4 Nr. 14 bis 28 UStG) steuerbefreiten Umsätzen zuzuordnen sind (Rz. 27.198 ff.), ist auch und in Fällen von Vorsteuerüberhängen gerade im Rahmen des Vorsteuerabzugs zu klären, ob und in welchem Umfang gemeinnützige Organisationen **wirtschaftliche (steuerbare) steuerpflichtige oder steuerbefreite Ausgangsumsätze** tätigen (dazu bereits Rz. 27.43 ff.). Auch für die Empfänger solcher Leistungen gemeinnütziger Organisationen ist die Frage für die Abzugsberechtigung der Vorsteuer aus ihren Eingangsumsätze relevant. Zudem stellt sich die Frage nach dem **notwendigen Bezug** zu den zum Vorsteuerabzug berechtigenden Ausgangs-/Verwendungsumsätzen, insbesondere bei teilweise steuerpflichtigen, teilweise steuerfreien Ausgangsumsätzen und bei Investitionsausgaben vor der Aufnahme oder nach der Einstellung der wirtschaftlichen Tätigkeit.[1]

27.111 Auch muss geklärt werden, wie sich Ausgangsumsätze auswirken, die zwar nicht steuerbefreit sind, aber einer **nicht steuerbaren Sphäre** zuzuordnen sind, etwa bei hoheitlichen Tätigkeiten der öffentlichen Hand oder satzungsmäßigen, nicht wirtschaftlichen Tätigkeiten eines Vereins

1 EuGH v. 14.2.1985 – Rs. 268/83 – Rompelmann, ECLI:EU:C:1985:74; EuGH v. 29.4.2004 – Rs. C-137/02 – Faxworld, ECLI:EU:C:2004:67, UR 2004, 362 = GmbHR 2004, 818; dazu *Hamm*, Vorgesellschaften im Steuerrecht, 200 ff.

oder einer Stiftung. Diese **Sphärenbetrachtung** betrifft neben dem Staat als Unternehmer mit einer potentiell möglichen wirtschaftlichen und einer immer vorliegenden hoheitlichen Sphäre in besonderem Maße gemeinnützige Organisationen. Neben wirtschaftlichen Tätigkeiten, die dem UStG unterliegen, sind sie häufig in nicht wirtschaftlichen, aber gleichwohl nicht unternehmensfremden Bereichen tätig. Hierbei handelt es sich um satzungsgemäße Tätigkeiten wie etwa allgemeine, nicht individuell bestimmbare Leistungen an die Mitglieder, die Vereinnahmung von echten Zuschüssen oder das Sammeln von Spenden (zur Abgrenzung siehe *Heber*, Rz. 8.7 ff. (Leistungen an Mitglieder); Rz. 8.149 ff. (Spenden); *von Holt*, Rz. 8.35 ff. (Zuschüsse)).

Das System des sofortigen Vorsteuerabzugs ist **missbrauchsanfällig:** Zunächst erhält der leistende Unternehmer die Umsatzsteuer von seinem Leistungsempfänger, es besteht aber die Gefahr, dass er diesen Betrag nicht abführt, wobei die Finanzverwaltung bei der Geltendmachung des Vorsteuerabzugs aufgrund des Systems des Sofortabzugs und der Selbstveranlagung nicht prüfen kann, ob die Umsatzsteuer abgeführt wurde oder die Voraussetzungen für den Vorsteuerabzug erfüllt sind (s. Rz. 27.19).[1] Um diese Probleme zu verringern, wurde in den vergangenen Jahren die Steuerschuld zunehmend mittels des so genannten **Reverse-Charge-Verfahrens** auf den Leistungsempfänger verlagert; in Deutschland in § 13b UStG (zum Reformvorschlag der Kommission Rz. 27.19). Die Vorschrift hat für den Dritten Sektor aber keine besondere Relevanz. *Stadie* sieht bereits in dem Sollprinzip bei der Zahlung der Umsatzsteuer durch den Unternehmer und entsprechend dem Sollprinzip bei dem Vorsteuerabzug einen grundsätzlichen Konstruktionsfehler des Mehrwertsteuersystems, der auf Unionsebene zu korrigieren sei.[2] 27.112

## 2. Grundtatbestand des Abs. 1

### a) Unternehmer

Gem. § 15 Abs. 1 S. 1 UStG ist nur ein **Unternehmer** zum Vorsteuerabzug berechtigt. Zum Unternehmerbegriff von Organisationen des Dritten Sektors siehe bereits ausführlich *Ehrke-Rabel*, Rz. 6.2 ff. Das Unionsrecht spricht inhaltsgleich von „Steuerpflichtiger" (Rz. 27.36). 27.113

**Kleinunternehmer** (dazu auch *Mann*, Rz. 28.201 ff.) sind nach § 19 Abs. 1 S. 4 UStG vom Vorsteuerabzug ausgeschlossen. Dies entspricht dem Unionsrecht, weil gem. Art. 168 MwStSystRL nur der „Steuerpflichtige" berechtigt ist, die Vorsteuerbeträge abzuziehen.[3] Die Eigenschaft als Unternehmer beginnt aufgrund des Prinzips des Sofortabzugs der Vorsteuer bereits bei Bezug der ersten Investitionen, sofern nur die Absicht besteht, besteuerte Umsätze auszuführen (dazu Rz. 27.24 ff.). Dies wirkt sich auch auf die Anwendbarkeit der Kleinunternehmerregelung aus.[4] Das Jahr, in dem nur Eingangsleistungen in Anspruch genommen werden, aber keine Umsätze (Nullumsatz) getätigt werden, kann „vorangegangenes Kalenderjahr" iS des § 19 Abs. 1 S. 1 UStG sein. Dann ist nur die Höhe der Umsätze im „laufenden" Jahr maßgebend. Gründet beispielsweise ein Verein im Jahr 1 eine GbR zur Durchführung eines Jubilä- 27.114

1 *Sölch/Ringleb/Oelmaier*, UStG, § 15 Rz. 34 (Stand: März 2019).

2 *Stadie*, MwStR 2018, 904 ff.; zum Begriff des Missbrauchs beim Vorsteuerabzug vgl. *Ehrke-Rabel*, in: UmsatzsteuerForum e.V./Bundesministerium der Finanzen (Hrsg.), 100 Jahre Umsatzsteuer in Deutschland 1918-2018, S. 721 ff.

3 EuGH v. 22.10.2015 – Rs. C-277/14 – PPUH Stehcemp, Rz. 28, UR 2015, 917 = DStRE 2016, 282, m. w. N.

4 Vgl. FG München v. 9.7.2003 – 3 K 4787/01, EFG 03, 1580; FG Thüringen v. 11.1.2017 – 3 K 758/15, EFG 2017, 525 zur Honorartätigkeit für eine therapeutische Einrichtung.

ums im Jahr 2 und hat die GbR im ersten Jahr nur Gründungsaufwendungen, aber keine Umsätze, und erzielt sie im Jahr 2 Einnahmen i. H. v. 48.000 Euro, ist der Vorsteuerabzug im Jahr 1 ausgeschlossen, da es „vorangegangenes“ Jahr ist und die Umsatzgrenze von 17.500 Euro und im laufenden Jahr die von 50.000 Euro nicht überschritten wird. Um den Vorsteuerabzug im Jahr 1 zu ermöglichen, müsste die GbR zur Regelbesteuerung optieren[1] oder der Verein selbst unmittelbar tätig werden.

27.115 Weitere Voraussetzung für den Vorsteuerabzug nach § 15 Abs. 1 S. 1 Nr. 1 S. 1 UStG („für sein Unternehmen ausgeführt worden sind“) ist es, dass der **Unternehmer Empfänger der Leistung** ist, für die der Vorsteuerabzug vorgenommen werden soll.[2] Nach Auffassung des BFH sind hierfür grundsätzlich die **vertraglichen Leistungsbeziehungen** entscheidend, von denen nur im Fall von Missbrauch oder Betrug Ausnahmen gemacht werden.[3] Beispielsweise setzt der Vorsteuerabzug eines Profifußballvereins aus ihm von **Spielervermittlern** erteilten Rechnungen voraus, dass der Verein und nicht der betreffende Spieler Empfänger der in Rechnung gestellten Leistungen ist.[4] Dabei bezieht sich der BFH[5] auf die Rechtsprechung des EuGH, der jedoch abweichend von den zivilrechtlichen Rechtsverhältnissen auch eine wirtschaftliche Bestimmung des Leistungsempfängers vornimmt (s. auch Rz. 27.116).[6]

27.116 So hat der EuGH in der Rechtssache *Boehringer Ingelheim Pharma*[7] eine Ausnahme vom Vorrang der vertraglichen Leistungsbeziehungen für die Leistungsbeziehungen zwischen den Herstellern von Arzneimitteln, den liefernden Apotheken, den Patienten und deren privaten Krankenversicherungen anerkannt. Dabei ging es um die Einordnung der Rabatte, die pharmazeutische Hersteller im Verhandlungsweg den privaten Krankenversicherungen einräumen. Der EuGH hat entschieden, dass nicht der Patient, der das Arzneimittel zivilrechtlich erwirbt und die Kosten von seiner Versicherung erstattet erhält und damit zivilrechtlich Empfänger der Arzneimittellieferung ist, sondern die private Krankenversicherung als Endverbraucher anzusehen sei. Damit mindere der Herstellerrabatt die Bemessungsgrundlage. Aufgrund des **Kostenerstattungsprinzips**, das anders als bei der gesetzlichen Krankenkasse mit ihrem **Sachleistungsprinzip** gilt, müsste angesichts der vertraglichen Betrachtungsweise an sich der Patient Leistungsempfänger sein. Der EuGH meint jedoch, bei „Berücksichtigung der wirtschaftlichen Realität“ sei maßgebend, dass dem Versicherten die gezahlte Mehrwertsteuer letztlich von der Krankenversicherung erstattet werde. Problematisch daran ist, dass diese Situation nur besteht, wenn der privat Versicherte die Kostenerstattung auch gegenüber der Versicherung geltend macht. Das ist zwar der Regelfall, steht aber im Zeitpunkt der Lieferung jedenfalls nicht fest. Im Schrifttum wird dem Gerichtshof daher das Fehlen einer klaren Systematik vorgeworfen und empfohlen, der bisherigen Sichtweise des BFH zu folgen, wonach eine wirtschaftliche Betrachtungsweise aus Gründen der Rechtssicherheit mit Ausnahme missbräuchlicher Gestaltungen für das deutsche Umsatzsteuerrecht abzulehnen ist.[8] Dem

1 Vgl. *Sölch/Ringleb/Oelmaier*, UStG, § 15 Rz. 215 (Stand: März 2019).

2 *Sölch/Ringleb/Oelmaier*, UStG, § 15 Rz. 153 ff. (Stand: März 2019) m.w.N.

3 BFH v. 29.1.2014 – XI R 4/12, UR 2014, 392, Rz. 36; BFH v. 30.4.2014 – XI R 33/11, MwStR 2014, 553 m. abl. Anm. *D. Hummel*, Rz. 20; krit. auch *Stadie*, MwStR 2018, 904 (914 f.).

4 BFH v. 28.8.2013 – XI R 4/11, UR 2014, 22 = BStBl II 2014, 282.

5 BFH v. 29.1.2014 – XI R 4/12, UR 2014, 392, Rz. 36; krit. *Stadie* in Rau/Dürrwächter, UStG, § 15 Rz. 94 (Stand März 2019).

6 Vgl. etwa EuGH v. 1.3.2012 – Rs. C-280/10, UR 2012, 366, Rz. 35.

7 EuGH v. 20.12.2017 – Rs. C-462/16 – Boehringer Ingelheim Pharma, ECLI:EU:C:2017:1006 = UR 2018, 166 mit Anm. *Krieg*, DStR 2018, 509.

8 *Kleinpeter*, Umsatzsteuer und Arzneimittel im System der gesetzlichen Krankenversicherung“, 2019, S. 177 ff.

EuGH ist aber zu bescheinigen, dass er die Gestaltung des **sozialversicherungsrechtlichen Dreiecksverhältnisses** mit diesem Kriterium besser in den Griff bekommt als der BFH, der für das gleiche Ergebnis, der Minderung der Bemessungsgrundlage beim Hersteller, den Gleichbehandlungsgrundsatz der Grundrechtecharta der EU bemüht hat.[1]

Die Frage der Zuordnung zum Unternehmer stellt sich auch bei **Leistungen an nicht rechtsfähige Personenmehrheiten**. Nach Auffassung des EuGH kann eine Personenmehrheit Unternehmerin sein, wenn sie zwar zivilrechtlich nicht rechtsfähig ist, aber alle Merkmale der Unternehmereigenschaft erfüllt.[2] Problematisch ist, dass nichtrechtsfähige Personenmehrheiten gar keine Verträge zur Begründung einer zivilrechtlichen Leistungsbeziehung abschließen können.[3] Im deutschen Recht sind Personengesellschaften allerdings weitgehend zumindest teilrechtsfähig, so auch die Außen-GbR oder der nichtrechtsfähige Idealverein.[4] 27.117

Bei Kooperationen zwischen gemeinnützigen Organisationen kann eine rechtsfähige Außen-, allerdings aber auch eine bloße **nicht rechtsfähige Innen-GbR** (§ 705 BGB) bestehen. Nicht rechtsfähig sind neben den Innengesellschaften bürgerlichen Rechts weiter **Bruchteilsgemeinschaften wie Miteigentümer** (§§ 1008, 741 ff. BGB), etwa wenn sich mehrere einen Gegenstand (Patente, Grundstücke) zur Nutzung teilen. Im Falle einer solchen gemeinschaftlichen Bestellung durch eine Bruchteilsgemeinschaft, die keine Rechtspersönlichkeit besitzt und die selbst keine wirtschaftliche Tätigkeit im Sinne der Mehrwertsteuerrichtlinie ausübt, hat der EuGH die Miteigentümer selbst anteilig als Leistungsempfänger eingestuft.[5] Nach Auffassung der Finanzverwaltung soll dies nur für die Vorsteuer gelten.[6] Im Übrigen könne eine Bruchteilsgemeinschaft Unternehmerin sein.[7] Der BFH sieht im Anschluss an den EuGH jedoch inzwischen unter Aufgabe seiner früheren Rechtsprechung[8] nur eine Leistung des Bruchteilseigentümers, nicht aber der Bruchteilsgemeinschaft als solche als gegeben an, da die Bruchteilsgemeinschaft mangels Rechtsfähigkeit keine Leistungsbeziehungen eingehen und daher nicht Unternehmer sein könne.[9] Die Folgen für den Vorsteuerabzug hat der BFH damit ebenfalls vereinfacht: „Bei Leistungsbezügen für das gemeinschaftliche Recht ist für die Bestimmung der Person des Leistungsempfängers nicht mehr danach zu differen- 27.118

1 Nachfolgeentscheidung BFH v. 8.2.2018 – V R 42/15, BFHE 260/573 = UR 2018, 322 = MwStR 2018, 357; anerkannt durch BMF v. 4.10.2018, DStR 2018, 2150.

2 EuGH v. 29.9.2015 – Rs. C-276/14 – Gmina Wroclaw, UR 2015, 829 m. Anm. *Küffner* = MwStR 2015, 926, Rz. 28; EuGH v. 12.10.2016 – Rs. C-340/15 – Nigl u. a., UR 2016, 873 = MwStR 2016, 905, Rz. 27; BFH v. 1.10.1998 – V R 31/98, UR 1999, 36 = BStBl II 2008, 497; v. 1.9.2010 – XI S 6/10, UR 2010, 905 = BFH/NV 2010, 2140, Rz. 8; UStAE 2.1 Abs. 1; a. A. *Wäger* in Birkenfeld/Wäger, § 2 Rz. 201.

3 *Wäger* in Birkenfeld/Wäger, § 2 Rz. 201 ff.; weitere Diskussion bei *Sölch/Ringleb/Oelmaier*, UStG, § 15 Rz. 136 ff. (Stand: März 2019).

4 BGH v. 29.1.2001 – II ZR 331/00, DStR 2001, 310.

5 EuGH-Urteil v. 21.4.2005 – C-25/03, HE, Slg. 2005, I-3132, BStBl II 2007, 23 Rz. 59 = DStR 2005, 775; EuGH v. 21.4.2005 – Rs. C-25/03, UR 2005, 324; Folgeentscheidung BFH v. 6.10.2005 – V R 40/01, BStBl. II 2007, 13 = UR 2006, 481; sowie BFH v. 1.10.1998 – V R 31/98, BFHE 187, 78, BStBl II 2008, 497; BFH v. 3.11.2005 – V R 53/03, BFH/NV 2006, 841.

6 Abschn. 15.2b Abs. 1 S. 8 UStAE.

7 Abschn. 2.1. Abs. 2 UStAE.

8 BFH v. 25.3.1993 – V R 42/89, BFHE 172, 134 = BStBl. II 1993, 729 = DStR 1993, 1365; v. 29.4.1993 – V R 38/89, BFHE 172, 137 = BStBl. II 1993, 734 = DStR 1993, 1364; v. 9.9.1993 – V R 63/89, BFH/NV 1994, 589.

9 So jetzt BFH v. 22.11.2018 – V R 65/17, BFHE 263, 90 = UR 2019, 179 = DStR 2019, 265 = DB 2019, 398 m. Anm. *Heidner*; vgl. aber bereits für die Vorsteuer BFH v. 28.8.2014 – V R 49/13, UR 2014, 974.

zieren, bei wem es zu einer unternehmerischen Verwendung kommt, die zum Vorsteuerabzug berechtigt. Leistungsempfänger ist stets der einzelne Gemeinschafter entsprechend seiner Beteiligung, wobei sich das Recht auf Vorsteuerabzug bei ihm gleichermaßen aus seiner eigenunternehmerischen Verwendung oder aus einem gemeinsamen Handeln der Gemeinschafter durch gemeinsame Nutzung des Rechts gegenüber Dritten ergeben kann. In beiden Fällen ist es der Gemeinschafter, der entsprechend seiner Beteiligungsquote den Vorsteuerabzug für sich als Unternehmer geltend machen kann."[1] Bei gemeinnützigen Organisationen sind solche Bruchteilsgemeinschaften etwa beim gemeinschaftlichen Eigentum an Grundstücken, an Fahrzeugen oder medizinischen Geräten denkbar. Der jeweilige Bruchteilseigentümer kann entscheiden, ob er seinen Miteigentumsanteil insgesamt, im Umfang der unternehmerischen Nutzung oder ganz seinem Privatvermögen zuordnet (siehe Rz. 27.154 ff.). Bei voller Zuordnung ist der gesamte Pro-Rata-Satz der unternehmerischen Nutzung als Vorsteuer abziehbar.[2] Für Grundstücke gilt für die Zuordnung die Sonderregelung in § 15 Abs. 1b UStG (Rz. 27.193 ff.). Bei teils hoheitlicher/nicht unternehmerischer Nutzung, teils unternehmerischer Nutzung besteht hingegen ein Aufteilungsgebot (Rz. 27.162 ff.).

27.119 Handelt es sich um rechtsfähige Kapital- oder Personengesellschaften, sind Gesellschaft und Gesellschafter hingegen eigene Rechtssubjekte, zwischen denen nach Verwaltungsauffassung daher auch nach den allgemeinen Regeln Leistungsbeziehungen bestehen können. Es gilt das **Trennungsprinzip**.[3] In einem sich aus dem polnischen Recht ergebenden Sonderfall hat der EuGH demgegenüber der Gesellschaft den Vorsteuerabzug aus Leistungsbezügen an die Gesellschafter gewährt, die anschließend im Rahmen von Einlagen an die Gesellschaft geflossen sind.[4] In der Rechtssache *Malburg* hat der Gerichtshof auf Vorlage durch den BFH[5] entschieden, dass ein Vorsteuerabzug zwischen dem Gründungsgesellschafter einer Steuerberatergesellschaft, der einen Kunden- und Mandantenstamm im Rahmen einer Realteilung von der Vorgänger-GbR entgeltlich erworben und diesen der Neu-GbR unentgeltlich überlassen hatte, grundsätzlich nicht in Betracht kommt. Es bestehe kein direkter und unmittelbarer Zusammenhang zwischen einem bestimmten Eingangsumsatz und Ausgangsumsatz, da die unentgeltliche Überlassung keine wirtschaftliche Tätigkeit i.S.d. MwStSystRL sei. Wenn der Gesellschafter als Geschäftsführer tätig sei, komme der Vorsteuerabzug für die Kosten für den Erwerb des Kunden- und Mandantenstammes aber dann in Betracht, wenn sie zu den allgemeinen Aufwendungen dieser Tätigkeit gehören.[6] Der BFH hat in seiner Nachfolgeentscheidung[7] an das FG zur Prüfung zurückverwiesen, ob die Kosten für den Mandantenstamm zu den allgemeinen Kosten der vom Gesellschafter erbrachten Geschäftsführerleistungen gehören. Das FG Saarland hat die Unternehmereigenschaft im Hinblick auf diese Leistungsbeziehung indes verneint, weil der Gesellschafter keine eigenständige unternehmerische Tätigkeit

1 BFH v. 22.11.2018 – V R 65/17, BFHE 263, 90 = UR 2019, 179 = DStR 2019, 265 = DB 2019, 398 m. Anm. *Heidner*, Rn. 26.
2 EuGH v. 21.4.2005 – Rs. C-25/03 – HE, UR 2005, 324; Folgeentscheidung BFH v. 6.10.2005 – V R 40/01, BStBl. II 2007, 13 = UR 2006, 481.
3 Abschn. 1.6 Abs. 1 UStAE.
4 EuGH v. 1.3.2012 – Rs. C-280/10 – Polski Trawertyn, UR 2012, 366.
5 BFH v. 20.3.2013 – XI R 26/10, BStBl. II 2013, 464; vgl. auch *Sterzinger*, DStR 2013, 1309; *Stadie*, UR 2013, 514; *Dziadkowski*, UR 2013, 902; *Reiß*, MwStR 2013, 514; vgl. auch BFH v. 6.12.2012 – V ER-S 2/12, UR 2013, 436 nach einer Divergenzanfrage durch den XI Senat, dazu *Wäger*, UR 2012, 911.
6 EuGH v. 13.3.2014 – Rs. C-204/13 – Malburg, UR 2015, 35.
7 BFH v. 26.8.2014 – XI R 26/10, MwStR 2015, 93.

als Geschäftsführer der Neu-GbR entfaltet hat, sondern nur gemeinsam mit allen Gesellschaftern zur Geschäftsführung berechtigt war.[1]

In seinem Urteil vom 31.5.2017[2] hält der BFH an dem Trennungsprinzip fest. In den Urteilsfällen hatte eine **Lotsenbrüderschaft** als juristische Person des öffentlichen Rechts Leistungen zur Erfüllung ihrer hoheitlichen Selbstverwaltungsaufgaben bezogen und die Kosten auf die der Lotsenbrüderschaft angehörigen Seelotsen anteilig umgelegt. Der BFH versagte den Seelotsen einen anteiligen Vorsteuerabzug aus den von der Lotsenbrüderschaft bezogenen Leistungen, da nicht sie, sondern die hoheitlich tätige Lotsenbrüderschaft Empfängerin der Leistungen gewesen sei. Wenn die Kosten allerdings ohne weiteres weitergeleitet werden, ist es fraglich, ob diese Entscheidung mit dem Grundsatz der „wirtschaftlichen Realität" (vgl. Rz. 27.116) in Einklang zu bringen ist. In der Praxis empfiehlt es sich, die Verträge in solchen Fällen entsprechend zu gestalten und diese unmittelbar mit den Mitgliedern abzuschließen. 27.120

Keine wirtschaftliche Tätigkeit, die zum Vorsteuerabzug berechtigen könnte, übt eine reine **Finanzholding** aus, deren Tätigkeit sich darauf beschränkt, Gesellschaftsanteile zu halten (s. bereits oben Rz. 27.44).[3] Etwas anderes wird aber für eine **Führungsholding oder geschäftsleitende Holdinggesellschaft** angenommen, wenn sie unmittelbar oder mittelbar in die Verwaltung der Töchtergesellschaften eingreift[4] und hierfür ein Entgelt bezieht, das über die allgemeine Beteiligung am Gewinn und Verlust hinausgeht.[5] 27.121

Leistungen innerhalb eines **Organkreises** sind als Innenleistungen nicht steuerbar (*Küffner/Tillmanns*, Rz. 7.7), so dass hierfür auch kein Vorsteuerabzug möglich ist.[6] 27.122

### b) Zeitpunkt der Unternehmereigenschaft und der Verwendung für Leistungen

Gem. § 15 Abs. 1 S. 1 Nr. 1 S. 1 UStG ist die „gesetzlich geschuldete Steuer" abziehbar. Der Vorsteuerabzug erfolgt daher sofort und endgültig bereits bei Bezug der Leistung (Sofortabzug), wie es nach ständiger Rechtsprechung des EuGH Art. 167 MwStSystRL zugrunde liegt (Rz. 27.24 f.). Auch die Unternehmereigenschaft muss daher grundsätzlich im **Zeitpunkt des Leistungsbezugs** vorliegen.[7] 27.123

Bei **Anzahlungen oder Vorauszahlungen** (s. dazu auch Rz. 27.84) ist der Vorsteuerabzug bereits vor der Erbringung der Leistung abziehbar, wenn eine Rechnung vorliegt und die 27.124

1 FG Saarland v. 30.8.2017 – 3 K 1457/14, MwStR 2018, 488.
2 BFH v. 31.5.2017 – XI R 40/14, UR 2017, 718 = DStR 2017, 1923.
3 EuGH v. 27.9.2001 – Rs. C-16/00 – Cibo Participations, Rz. 18 f., DStR 01, 1795, m. w. N.; EuGH v. 12.1.2017 – Rs. C-28/16 MVM, DStR 2017, 2806; BFH v. 18.11.2004 – V R 16/03, BStBl II 05, 503; BMF v. 26.1.2007, BStBl I 07, 211; UStAE 1.6 Abs. 3; aA *Stadie* in Rau/Dürrwächter, UstG, § 15 Rz. 92 (Stand März 2019).
4 EuGH v. 16.7.2015 – Rs. C-108/14, C-109/14 – Larentia + Minerva, Rz. 20, DStR 15, 1673; vgl. auch EuGH v. 20.6.1991 – Rs. C-60/90 – Polysar Investments Netherlands, Rz. 14, UR 1993, 119; EuGH v. 14.11.2000 – Rs. C-142/99, UR 2000, 530 – Floridienne, Berginvest, Rz. 18, BFH/NV Beilage 01, 37; BFH v. 18.11.2004 – V R 16/03, UR 2005, 340 m. Anm. *Eggers* = BStBl. II 2005, 503; v. 19.1.2016 – XI R 38/12, UR 2014, 323 = BStBl II 2017, 567; v. 1.6.2016 – XI R 17/11, UR 2014, 313 m. Anm. *Marchal* = GmbHR 2014, 376 m. Anm. *Masuch* = BStBl. II 2017, 581.
5 EuGH v. 16.7.2015 – Rs. C-108/14, C-109/14 – Larentia + Minerva, Rz. 21, DStR 2015, 1673.
6 BFH v. 22.2.2017 – XI R 13/15, UR 2017, 464 = MwStR 2017, 541, Rz. 34 f.; *Sölch/Ringleb/Oelmaier*, UStG, § 15 Rz. 132 (Stand: März 2019).
7 *Janzen* in Lippross/Seibel, Basiskommentar Steuerrecht, § 15 UStG Rz. 15 (Stand Mai 2019).

Zahlung geleistet worden ist, § 15 Abs. 1 S. 1 Nr. 1 S. 3 UStG. Daher muss auch in diesem Zeitpunkt die Unternehmereigenschaft gegeben sein.[1]

27.125 Der Vorsteuerabzug setzt voraus, dass die Eingangsleistungen steuerbaren und steuerpflichtigen Ausgangsumsätzen zuzuordnen sind (eingehend Rz. 27.146 ff.). Maßgeblich sind dabei zunächst die tatsächlichen Ausgangsumsätze, auf die sich die Eingangsumsätze beziehen.[2] Dabei kann der gesamte **Besteuerungszeitraum bei Leistungsbezug** betrachtet werden, also entsprechend § 18 UStG das Kalenderjahr bei Bezug, nicht bei Zahlung der Leistung (zum Verfahren *Mann*, Rz. 28.2 ff.).[3]

27.126 In der **Gründungsphase** oder bei der **Aufnahme neuer Tätigkeiten** kann es aber vorkommen, dass bei Bezug der Eingangsleistung die dazu gehörenden Ausgangsumsätze noch nicht vorgenommen worden sind. Hier muss aufgrund des Prinzips des Sofortabzugs die durch objektive Anhaltspunkte belegte Absicht des Unternehmers ausreichen, dass entsprechende Ausgangsumsätze getätigt werden sollen (**Absichtsbesteuerung**[4]).[5] Eine förmliche Anerkennung oder Registrierung als Steuerpflichtiger ist für die Unternehmereigenschaft nicht erforderlich. Das Unionsrecht stellt darauf nicht ab, so dass diese Grundsätze auch im nationalen Recht zu gelten haben.[6]

27.127 Entscheidend sind unter Berücksichtigung dieser Einschränkungen (Rz. 27.126) die **Verhältnisse im Zeitpunkt des Leistungsbezugs**. Unschädlich ist aber eine zunächst nur **vorübergehende nichtunternehmerische Verwendung**, wenn der Gegenstand anschließend bestimmungsgemäß unternehmerisch verwendet wird.[7] Liegt eine private Verwendung oder eine nichtwirtschaftliche Tätigkeit (Rz. 27.132 ff.) vor, besteht trotz einer späteren Einlage in das Unternehmen kein Vorsteuerabzug und erfolgt nach früherer Rechtsprechung auch keine Vorsteuerberichtigung.[8] Errichtet etwa eine auch wirtschaftlich tätige Kommune ein Gebäude, das ausschließlich hoheitlich, also nichtwirtschaftlich genutzt wird, kommt ein Vorsteuerabzug nach § 15 Abs. 1 UStG nicht in Betracht. Diese Grundsätze sind durch die neuere Rechtsprechung des EuGH allerdings unter bestimmten Voraussetzungen ins Wanken geraten, wenn der Unternehmer zu Beginn der Nutzung noch keine Zuordnungsentscheidung getroffen hatte (dazu s. Rz. 27.159).

---

1 BFH v. 1.12.2010 – XI R 28/08, BStBl. II 2011, 994 = UR 2011, 678 zu den Errichtungskosten einer Kläranlage.

2 BFH v. 24.4.2013 – XI R 25/10, UR 2014, 64 = BStBl. II 2014, 346, Rz. 29 ff.; vgl. EuGH v. 20.10.2009 – Rs. C-29/08 – AB SKF, UR 2010, 107 = DStR 2009, 2311, Rz. 60.

3 BFH v. 24.4.2013 – XI R 25/10, UR 2014, 64 = BStBl. II 2014, 346, Rz. 31.

4 *Heuermann*, DB 2017, 990 (992).

5 EuGH v. 14.2.1985 – Rs. 268/83, Rz. 24, Slg 1985, 655; EuGH v. 8.6.2000 – Rs. C-396/98 – Schloßstraße, Rz. 37, UR 2000, 336 m. Anm. *Widmann* = BStBl. II 2003, 446, m. Nachw.; EuGH v. 22.10.2015 – Rs. C-126/14 – Sveda, Rz. 20, UR 2015, 910 m. Anm. *Sterzinger* = MwStR 2016, 67; EuGH v. 21.9.2017 – Rs. C-441/16 – SMS group, Rz. 46, UR 2017, 932, MwStR 2017, 916; BFH v. 25.4.2002 – V R 58/00, UR 2002, 472 = BStBl. II 2003, 435; v. 14.3.2012 – XI R 26/11, BFH/NV 2012, 1192, Rz. 21 m.w.N.; v. 28.6.2017 – XI R 12/15, UR 2017, 758 m. Anm. *Sterzinger* = MwStR 2017, 788, Rz. 28.

6 EuGH v. 8.6.2000 – Rs. C-400/98 – Breitsohl, Rz. 34, 38, BStBl. II 2003, 452; EuGH v. 15.11.2017 – Rs. C-507/16 – Entertainment Bulgaria System, Rz. 32, UR 2018, 330 = HFR 2018, 90, m.w.N.

7 EuGH v. 19.7.2012 – Rs. C-334/10 – „X", UR 2012, 72; *Janzen* in Lippross/Seibel, Basiskommentar Steuerrecht, § 15 UStG, Rz. 87 (Stand Mai 2019).

8 *Janzen* in Lippross/Seibel, Basiskommentar Steuerrecht, § 15 UStG, Rz. 62 (Stand Juni 2018).

Umgekehrt besteht zunächst das Recht auf Vorsteuerabzug, wenn der Gegenstand später privat entnommen wird. Hier liegt eine steuerpflichtige Wertabgabe vor und greift uU die Vorsteuerberichtigung nach § 15a UStG ein (Rz. 27.129, 27.302 ff.). 27.128

Kommt es entgegen der ursprünglichen Absicht nicht zu den beabsichtigten Umsätzen, bleibt der Vorsteuerabzug bei **Fehlmaßnahmen**, soweit kein Missbrauch vorliegt, aber bestehen[1] und ist nach Maßgabe des § 15a UStG (dazu Rz. 27.236 ff.) uU zu berichtigen.[2] Das Gleiche gilt für die Vorsteuerabzugsbeträge eines **erfolglosen Unternehmers**, bei dem gar keine steuerpflichtigen Umsätze zustande kommen, soweit der Unternehmer im Zeitpunkt des Leistungsbezugs die unternehmerische Tätigkeit anstrebte und im Fall einer Anzahlung (an einen betrügerischen Geschäftspartner) der Eintritt des Steuertatbestandes nicht „unsicher" ist (das Insolvenzrisiko bürdet die Rechtsprechung dabei dem Fiskus zu, dazu Rz. 27.84).[3] In einem weiteren Fall eines erfolglosen Unternehmers, der ein Alten- und Pflegeheim steuerfrei betreibt und daneben eine überwiegend für das allgemeine Publikum gewidmete Cafeteria mit steuerpflichtigen Umsätzen einrichtet, diese Leistungen aber nie erbringt, legte der BFH die Rechtsfrage dem EuGH vor, ob eine Vorsteuerberichtigung vorzunehmen ist (siehe auch unten Rz. 27.236 ff.).[4] Die **Verwendungsabsicht** umfasst auch eine geplante **Option nach § 9 UStG** zur Steuerpflicht an sich steuerfreier Umsätze, etwa von Grundstücks- oder Vermietungsumsätzen.[5] Ein hinreichender Zusammenhang mit vorsteuerunschädlichen Umsätzen besteht auch bei **nachlaufende Kosten**, wenn etwa Räume für eine unternehmerische Verwendung gemietet worden waren, deren Betrieb aber eingestellt werden musste, soweit der Unternehmer die Vorsteuerbeträge nicht in betrügerischer oder missbräuchlicher Absicht geltend macht – z. B. wenn er die Räume nach Betriebseinstellung privat nutzt.[6] 27.129

Die Rechtsprechung des EuGH und des BFH gewährt damit im weiten Umfang den Vorsteuerabzug aus Gründen des **Vertrauensschutzes** (dazu umfassend *Maciejewski/Theilen*, Rz. 5.2 ff.), wenn der Unternehmer in gutem Glauben von steuerpflichtigen Eingangsleistungen ausgegangen ist (dazu Rz. 27.172 ff.). 27.130

Einstweilen frei 27.131

---

1 Früher hatte der BFH Fehlmaßnahmen als Kostenbestandteile später noch ausgeführter Umsätze behandelt und eine anteilige dementsprechende Aufteilung vorgenommen, BFH v. 15.9.1994 – V R 12/93, BStBl. II 1995, 88 = UR 1995, 224.

2 EuGH v. 8.6.2000 – Rs. C-400/98 – Breitsohl, Rz. 42, BStBl. II 2003, 452; v. 8.6.2000 – Rs. C-396/98 – Schloßstraße, Rz. 42, UR 2000, 336 m. Anm. *Widmann* = BStBl. II 2003, 446;BFH-Folgeurteil v. 22.2.2001 – V R 77/96, UR 1999, 30 = BStBl II 2003, 426; vgl. auch BFH v. 12.10.1999 – V B 17/99, UR 2000, 213 = BFH/NV 2000, 487; v. 7.7.2011 – V R 21/10, UR 2012, 449 = BStBl II 2014, 81.

3 BFH v. 5.12.2018 – XI R 44/14, MwStR 2019, 419, Rz. 41; Folgeentscheidung nach Vorlagebeschlüssen des BFH v. 21.9.2016 – V R 29/15 UR 2017, 66 und XI R 44/14, UR 2017, 72, dazu EuGH v. 31.5.2018 – Rs. C-660/16 – Achim Kollroß und Rs. C-661/16 – Erich Wirtl, ECLI:EU:C:2018:372 = UR 2018, 519 = MwStR 2018, 652.

4 BFH v. 27.3.2019 – V R 61/17, ECLI:DE:BFH:2019:VE.270319.VR61.17.0., DStR 2019, 984 = DB 2019, 1185.

5 BFH v. 5.5.1999 – V B 31/99, UR 2000, 124 = BFH/NV 99, 1524; v. 22.3.2001 – V R 46/01, BStBl II 2003, 433; v. 11.7.2012 – XI R 17/09, BFH/NV 2013, 266.

6 EuGH. v. 3.3.2005 – Rs. C-32/03 – I/S Fini H, Rz. 32, UR 2005, 433 = DStRE 2005, 596 = UVR 2005, 179 m. Anm. *Wagner*.

### c) Lieferungen und sonstigen Leistungen für das Unternehmen

#### aa) Verwendung für steuerbare und steuerpflichtige Tätigkeit innerhalb des Unternehmens

27.132 Die Lieferungen und sonstigen Leistungen müssen nach § 15 Abs. 1 Nr. 1 S. 1 UStG **für das Unternehmen** des Steuerpflichtigen ausgeführt worden sein. Entsprechend der Formulierung in Art. 168 MwStSystRL ist die Formulierung „für sein Unternehmen" nicht bezogen auf das gesamte Unternehmen zu verstehen, sondern ist die Zuordnung der Verwendung der Eingangsleistung für wirtschaftliche Tätigkeiten zur Erbringung entgeltlicher Leistungen richtlinienkonform konkreter (Rz. 27.43 ff.) vorzunehmen. Das bedeutet, die Ausgangsumsätze müssen steuerbar sein, dh nach Unionsrecht wirtschaftliche Tätigkeiten zur Erbringung entgeltlicher Leistungen und nach nationalem Recht steuerbare Umsätze im Sinne des § 1 Abs. 1 UStG („Unternehmer im Rahmen seines Unternehmens") sein und es darf keine schädliche Steuerbefreiung (dazu Rz. 27.198 ff.) vorliegen.[1]

#### bb) Verwendung außerhalb des Unternehmens

27.133 Der Vorsteuerabzug ist umgekehrt ausgeschlossen, wenn der Bezug der Lieferung oder sonstigen Leistung **ausschließlich** (zur gemischten Verwendung s. Rz. 27.154 ff.) zu einer nichtunternehmerischen Verwendung oder für eine unentgeltliche Wertabgabe, also **für den privaten Bereich**, bestimmt ist.[2] Dies gilt auch dann, wenn der Unternehmer mit dieser Entnahme **mittelbar** Ziele verfolgt, die ihn nach seiner wirtschaftlichen Gesamttätigkeit zum Vorsteuerabzug berechtigen würden. Der BFH hat dies ua für die Kosten eines **Betriebsausflugs** zugunsten des Personals entschieden, soweit die Grenzen nach § 15 Abs. 1a UStG iVm. § 4 Abs. 5 S. 1 Nr. 1–4 und 7 EStG von 110 Euro pro Person überschritten werden. Der Unternehmer kann die Vorsteuerbeträge nicht abziehen, soweit keine Aufmerksamkeiten vorliegen, weil er beabsichtigte, die Leistungsbezüge ausschließlich für unentgeltliche Wertabgaben an die Arbeitnehmer zu verwenden. Ob mit dem Ausflug mittelbar das Betriebsklima verbessert werden sollte, sei ohne Bedeutung.[3]

27.134 Kein direkter und unmittelbarer Zusammenhang wurde auch angenommen zwischen den **Strafverteidigerkosten für Geschäftsführer** für Handlungen im Rahmen der wirtschaftlichen Tätigkeit des Unternehmens.[4] Maßgeblich sei der Inhalt der bezogenen Leistung, nämlich die

---

1 BFH v. 6.5.2010 – V R 29/09, BStBl II 2010, 885; v. 9.12.2010 – V R 17/10, UR 2011, 313 = BStBl II 2012, 53; v. 13.1.2011 – V R 12/08, UR 2011, 295 m. Anm. *Filtzinger* = BStBl II 2012, 61; v. 3.3.2011 – V R 23/10, UR 2011, 617 m. Anm. *Küffner* = BStBl II 2012, 74; v. 18.2.2016 – V R 23/15, UR 2016, 484 = BStBl II 2016, 496, Rz. 16; v. 1.6.2016 – XI R 17/11, UR 2014, 313 m. Anm. *Marchal* = GmbHR 2014, 376 m. Anm. *Masuch* = BStBl II 2017, 581, Rz. 27; BFH v. 18.2.2016 – V R 23/15, UR 2016, 484 = BStBl II 2016, 496, Rz. 16; *Sölch/Ringleb/Oelmaier*, UStG, § 15 Rz. 190 (Stand: März 2019); instruktiv *Heuermann* zur Umsetzung der unionsrechtlichen Vorgaben durch die Rspr. des BFH MwStR 2018, 729 ff.

2 BFH v. 27.1.2011 – V R 38/09, BStBl. II 2012, 68 = GmbHR 2011, 435 = UR 2011, 307; v. 9.12.2010 – V R 17/10, BStBl. II 2012, 52; v. 13.1.2011 – V R 12/08, BStBl. II 2012, 61 = UR 2011, 295 m. Anm. *Filtzinger*.

3 BFH v. 9.12.2010 – V R 17/10, UR 2011, 313 = BStBl II 2012, 53; vgl. auch BFH v. 20.12.2012 – V R 37/11, BFH/NV 2013, 781 zum Warenbezug für den Eigenkonsum; BFH v. 8.10.2014 – V R 56/13, UR 2015, 33 = DStR 2014, 2447, zur Überlassung von Geschäftsführerwohnungen mit Einrichtung; BFH v. 23.9.2009 – XI R 18/08, UR 2010, 237 = BStBl. II 2010, 313 zu einem privat genutzten Anbau; UStAE 15.2b Abs. 2, 15.15 Abs. 1.

4 EuGH v. 21.2.2013 – Rs. C-104/12 – Becker, UR 2013, 220 = DStR 2013, 411.

Verteidigung einer natürlichen Person, bei der es um deren private Interessen geht. Auch soll die Bewirtschaftung einer **Betriebskantine** durch einen Dritten gegen Entgelt, der den Beschäftigten verbilligte Speisen und Getränke anbietet, eine Leistung des Dritten ausschließlich für die unentgeltliche Wertabgabe an die Arbeitnehmer nach § 3 Abs. 9a Nr. 2 UStG sein. Die ausschließliche Verwendung für eine unentgeltliche Wertabgabe schließt damit den Vorsteuerabzug aus.[1]

Nach § 15 Abs. 1 S. 2 UStG gilt im Fall einer gemischten Verwendung (Rz. 27.154 ff.) eine **Mindestgrenze von 10 % der unternehmerischen Nutzung**. Die Vereinfachungsvorschrift beruht auf der Ermächtigung 2004/817/EG vom 19.11.2004 durch Art. 395 Abs. 1 MwStSystRL. Für **nichtwirtschaftliche Nutzungen im Unternehmen** (Rz. 27.136) wurde die Ermächtigungsgrundlage erst ab dem 1.1.2016 mit Art. 1 des Durchführungsbeschlusses (EU) 2015/2428 des Rates vom 10.12.2015 zur Änderung der Entscheidung 2009/791/EG und des Durchführungsbeschlusses 2009/1013/EU zur Ermächtigung Deutschlands bzw. Österreichs, weiterhin eine von den Artikeln 168 und 168a der Richtlinie 2006/112/EG über das gemeinsame Mehrwertsteuersystem abweichende Regelung anzuwenden, die auch nichtwirtschaftliche Tätigkeiten nannte, geändert (Rz. 27.165). Die Regelung war bis zum 31.12.2018 befristet. Kurz vor Jahresende 2018 wurde der Beschluss zur Verlängerung bis zum 31.12.2021 im Amtsblatt der EU veröffentlicht. Die 10 %-Grenze für die Zuordnung zum Unternehmen gilt somit weiterhin. Der Unternehmer kann sich für die Zeiträume vorher auf das für ihn günstigere Unionsrechts berufen (Rz. 27.165). Für die **Zuordnung** von **Gegenständen** und deren Verwendung siehe auch sogleich Rz. 27.136 ff. 27.135

### cc) Verwendung im nicht wirtschaftlichen Bereich innerhalb des Unternehmens

Ein Unternehmen kann nicht nur wirtschaftliche, steuerpflichtige Tätigkeiten erbringen, denen die private, nichtwirtschaftliche Sphäre des Unternehmers gegenübergestellt wird, sondern auch **nichtwirtschaftliche, aber gleichwohl nicht private Tätigkeiten**. Dies hat der EuGH in der Rechtssache *VNTLO* (s. bereits oben Rz. 27.43) herausgearbeitet.[2] In dieser Entscheidung ging es um die Organisation VNLTO, die für ihre Mitglieder gegen Mitgliedsbeiträge als Interessenvertretung auf dem Gebiet des Agrarsektors tätig wird. Neben diesen, durch den Gerichtshof als nichtwirtschaftliche bezeichneten, Tätigkeiten Interessenvertretungen (vgl. auch *Heber*, Rz. 8.14) erbrachte die Organisation auch individuelle, steuerbare und steuerpflichtige Dienstleistungen gegenüber Mitgliedern und Dritten gegen Entgelt. Der Gerichtshof entschied, dass der Vorsteuerabzug insoweit nicht in Frage komme, als Gegenstände teilweise für nichtwirtschaftliche Zwecke verwendet werden. Dazu gehören nichtwirtschaftliche, obgleich nicht unternehmensfremde Tätigkeiten wie der vorliegen Art ebenso wie die ausdrücklich nach der Richtlinie ausgenommenen steuerbefreiten Tätigkeiten. Aufgrund der Neutralität der Mehrwertsteuer müssten diese Tätigkeiten gleichbehandelt werden, da sie allesamt nicht der Steuerpflicht unterliegen.[3] Ein **Zuordnungswahlrecht** gibt es bei einer solchen gemischt-wirtschaftlichen/nichtwirtschaftlichen Verwendung innerhalb des Unternehmens anders als bei einer teilweise privaten Verwendung nicht (Rz. 27.137), sondern wie bei teils steuerpflichtigen, teils steuerfreien Verwendungen ein **Aufteilungsgebot** nach § 15 Abs. 4 27.136

1 BFH v. 29.1.2014 – XI R 4/12, UR 2014, 392 = DStR 2014, 797.

2 EuGH v. 12.2.2009 – Rs. C-515/07 – VNLTO, UR 2009, 199; vgl. *Sterzinger*, UR 2010, 125; nachfolgend BFH v. 9.12.2010 – V R 17/10, BStBl. II 2012, 53 = UR 2011, 313.

3 EuGH v. 12.2.2009 – Rs. C-515/07 – VNLTO, UR 2009, 199 = DStR 2009, 369, Rz. 27, Einzelheiten *Heuermann*, MwStR 2017, 729; *Oelmaier*, MwStR 2014, 600.

UStG analog. Dies liegt daran, dass diese Verwendung gerade nicht außerhalb des Unternehmens stattfindet, sondern immer dem Unternehmen zuzuordnen ist.

27.137 Dies ist abzugrenzen von der Konstellation, die der Rechtssache *Seeling* zugrunde lag, in der es um eine **teilweise unternehmerische und teilweise private (unternehmensfremde) Nutzung** von Gegenständen (Grundstück) ging. Dort hatte der EuGH ausgeführt, dass der Unternehmer auch einen teilweise privat genutzten Gegenstand komplett seinem Unternehmen zuordnen könne, die volle Vorsteuer abziehen und dann lediglich die spätere private Verwendung als unentgeltliche Wertabgabe versteuern müsse.[1] Kann eine Eingangsleistung demnach einem unternehmerischen Ausgangsumsatz direkt und unmittelbar zugeordnet werden, wird die Leistung für das Unternehmen bezogen und der Vorsteuerabzug beurteilt sich (etwa hinsichtlich der Steuerfreiheit) nach diesem Ausgangsumsatz.[2] Nichtwirtschaftliche (= nach nationalem Recht „nicht steuerbare") Tätigkeiten außerhalb des Unternehmens werden als unternehmensfremde Verwendung bezeichnet und als **unentgeltlichen Wertabgaben** besteuert (Art. 16, 26 MwStSystRL, § 3 Abs. 1b, Abs. 9a UStG). Hierunter fällt die private Nutzung für den Unternehmer, seine Angehörige oder Angestellten. Der BFH bezeichnet die „Privatentnahme" im Sinne des § 1 Abs. 1b, Abs. 9a UStG auch als Sonderfall der nichtwirtschaftlichen Tätigkeit.[3] Die **nichtwirtschaftliche Verwendung eines Gegenstandes außerhalb des Unternehmens (privat)** steht dem Vorsteuerabzug nicht entgegen, wenn und soweit ein gemischt unternehmerisch und unternehmensfremd (= privat) genutzter Gegenstand dem Unternehmen **zugeordnet** worden ist, mit der Folge der Besteuerung des privaten Nutzungsanteils als unentgeltliche Wertabgabe (*Heber*, Rz. 8.183 ff.). In der Folge ist diese Konstellation für – wirtschaftlich bedeutsame – **Gebäude** durch Einführung von Art. 168a MwStSystRL, § 15 Abs. 1b UStG und der Vorsteuerberichtigung nach § 15a Abs. 6a UStG (Rz. 27.193 ff.) anderen Rechtsfolgen unterworfen worden (so genannte „Neu-Seeling-Fälle"). **Dienstleistungen** können nicht zugeordnet werden, sondern sind bei Leistungsbezug in einen abziehbaren und nicht abziehbaren Teil aufzuteilen (dazu Rz. 27.161).

27.138 Es sind also nicht nur unternehmerische und unternehmensfremde (private oder anderweitig **unternehmensfremde Tätigkeiten**, etwa für den privaten Bedarf des Steuerpflichtigen oder der Gesellschafter des Steuerpflichtigen oder für den privaten Bedarf des Personals,[4] für die eine unentgeltliche Wertabgabe zu versteuern ist, zu unterscheiden, sondern auch unternehmerische wirtschaftliche und nicht wirtschaftliche Tätigkeiten, die nicht in den Anwendungsbereich der Richtlinie fallen und daher mangels Erfüllung des umsatzsteuerlichen Leistungsbegriffs nicht der Mehrwertsteuer unterliegen, ohne zu einer privaten „Entnahme" und daher einer Versteuerung der unentgeltlichen Wertabgabe zu führen.

27.139 Bislang war man insbesondere in Deutschland von einem anderen Verständnis ausgegangen, wonach es im Bereich der Umsatzsteuer nur einen unternehmerischen und einen nichtunternehmerischen Bereich gibt (**„Sphärentheorie"**). Eine weitere Differenzierung bei der Besteuerung der Verwendung von Gegenständen für den nichtunternehmerischen Bereich danach, ob es sich um die Privatnutzung eines Unternehmers (wie im Fall *Seeling*) oder um die Nutzung

1 EuGH v. 8.5.2003 – Rs. C-269/00, UR 2003, 288 m. Anm. *Burgmaier* = DStR 2003, 873 mit Anm. *Zugmaier*.
2 Vgl. EuGH v. 14.9.2017 – Rs. C-132/16 – Iberdrola, UR 2017, 928.
3 BFH v. 3.3.2011 – V R 23/10, UR 2011, 617 m. Anm. *Küffner* = BStBl II 2012, 74; BFH v. 13.1.2011 – V R 12/08, UR 2011, 295 m. Anm. *Filtzinger* = BStBl. II 2012, 61; BFH v. 9.12.2010 – V R 17/10, UR 2011, 313 = BStBl. II 2012, 53.
4 Zuletzt BMF-Schreiben v. 2.1.2014 – IV D 2 - S 7300/12/10002:001, BStBl. I 2014, 119.

für nicht der Umsatzsteuer unterliegende Aktivitäten (wie im Fall *VNLTO*) handelt, wurde früher nicht vorgenommen.[1] In einem Grundsatzurteil vom 3.3.2011 hat der BFH inzwischen aber die Rechtsprechung des Gerichtshofs umgesetzt, geht allerdings von einem abweichenden Begriff des Unternehmens aus, der entsprechend dem Wortlaut des § 15 Abs. 1 UStG die steuerbaren Tätigkeiten umfasst.[2] An dieser Begrifflichkeit ist im Schrifttum Kritik geübt worden, teils wird auch eine Differenzierung in drei Sphären vorschlagen.[3] Im Ergebnis besteht aber Einigkeit: Nunmehr muss unter Rückgriff auf den Wortlaut von Art. 26 Abs. 1 Buchst. a MwStSystRL unterschieden werden zwischen nichtwirtschaftlichen, aber unternehmensfremden Zwecken, vor allem die Privatnutzung, und nichtwirtschaftlichen, aber nicht unternehmensfremden Zwecken.[4]. Denn nach Art 26 Abs. 1 Buchst. a MwStSystRL unterliegt der Besteuerung der unentgeltlichen Wertabgabe nur die Verwendung für den „privaten Bedarf" oder „allgemein für unternehmensfremde Zwecke". Damit sind Tätigkeiten des Unternehmers, die **zwar nicht unter die Mehrwertsteuer fallen, jedoch nicht völlig unternehmensfremd** sind, nicht erfasst.[5] Richtig ist es daher, dass zunächst vom Wortlaut des § 15 Abs. 1 UStG auszugehen ist, der unionsrechtskonform auszulegen ist. *Heuermann* spricht insofern von „unternehmensaffinen" Tätigkeiten.[6] Die Finanzverwaltung geht in der Sache übereinstimmend, aber sprachlich schwerfällig von nicht wirtschaftlichen und nicht wirtschaftlichen Tätigkeiten im engeren Sinne (die nicht unternehmensfremd sind) aus.[7]

Die Verwendung eines Gegenstands für derartige nichtwirtschaftliche Tätigkeiten innerhalb des Unternehmens **berechtigt nicht zum Vorsteuerabzug,**[8] **unterliegt aber auch nicht der Steuerbarkeit als unentgeltliche Wertabgabe**. Diese Tätigkeiten werden demnach den steuerfreien Ausschlussumsätzen im Ergebnis gleichgestellt (Rz. 27.166). Insbesondere für Vereine und Stiftungen ist die *VNLTO*-Entscheidung und ihre Umsetzung durch den BFH von großer Tragweite. 27.140

Zu solchen zwar nichtwirtschaftlichen Tätigkeiten, die aber im Rahmen des Unternehmens getätigt werden und daher keine unentgeltliche Wertabgabe zur Folge haben,[9] gehört die **hoheitliche Tätigkeit einer Gemeinde** und der öffentlichen Hand allgemein,[10] das **nicht steuer-** 27.141

---

1 Vgl. damals noch Abschn. 24c, 192 Abs. 21 UStR 2008; *Klenk* in Sölch/Ringleb, UStG, § 3 Rz. 621 (Stand: September 2004).; sowie beispielsweise *Dziadkowski*, IStR 2007, 92; *Hiller*, DStR 2005, 809.

2 BFH v. 3.3.2011 – V R 23/10, UR 2011, 617 m. Anm. *Küffner* = BStBl. II 2012, 74 (Marktplatz); vgl. auch BFH v. 29.6.2010 – V B 160/08, BFH/NV 2010, 1876.

3 Vgl. *Oelmaier*, MwStR 2014, 600; *Pull*, MwStR 2013, 611 m.w.N.

4 BFH v. 3.3.2011 – V R 23/10, UR 2011, 617 m. Anm. *Küffner* = BStBl II 2012, 74 (Marktplatz); v. 13.1.2011 – V R 12/08, UR 2011, 295 m. Anm. *Filtzinger* = BStBl. II 2012, 61; v. 9.12.2010 – V R 17/10, UR 2011, 313 = BStBl II 2012, 53.

5 EuGH v. 12.2.2009 – Rs. C-515/07 – VNLTO, UR 2009, 199 = DStR 2009, 369, Rz. 39.

6 *Heuermann*, MwStR 2018, 729 (732).

7 Abschn. 15.2b Abs. 2 Nr. 2 Buchst. a UStAE.

8 EuGH v. 16.2.2012 – Rs. C-118/11 – Eon Aset Menidjmunt, Rz. 44, UR 2012, 230 m. Anm. *Wäger* = DStRE 2012, 1077; EuGH v. 21.2.2013 – Rs. C-104/12 – Becker, Rz. 30, UR 2013, 220 = DStR 2013, 411; BFH v. 3.3.2011 – V R 23/10, UR 2011, 617 m. Anm. *Küffner* = BStBl. II 2012, 74; v. 9.2.2012 – V R 40/10, UR 2012, 394 = BStBl. II 2012, 844, Rz. 23; v. 11.4.2013 – V R 29/10, UR 2014, 154 = BStBl. II 2013, 840, Rz. 20; UStAE 15.2b Abs. 2.

9 Instruktiv *Heuermann*, MwStR 2018, 729 (731 ff.).

10 EuGH v. 15.9.2016 – Rs. C-400/15 – Landkreis Potsdam-Mittelmark, UR 2016, 840 m. Anm. *Sterzinger*; BFH v. 3.8.2017 – V R 62/16, BFHE 259, 380 = UR 2018, 170 m. Anm. *Dziadkowski* = DStR 2017, 2661 m. Anm. *Jäckel/Schwarz*, DStR 2019, 473.

**bare, satzungsgemäße Handeln eines Vereins oder einer Stiftung außerhalb von konkreten Leistungsbeziehungen**[1] und die **Vermögensverwaltung im Unternehmen.**[2] Für die **Aufteilung der Vorsteuerbeträge**, die auf eine gemischt wirtschaftliche und nichtwirtschaftliche Verwendung innerhalb des Unternehmens entfallen, gibt es anders als bei teils steuerpflichtigen, teils steuerfreien Verwendungsumsätzen in Art. 173 bis 175 MwStSystRL **keine ausdrückliche unionsrechtliche Regelung.** In Ermangelung unionsrechtlicher Normen sind die Mitgliedstaaten gehalten, sinnvolle Regelungen zu erlassen.[3] Im deutschen Recht wird auf dieser Grundlage § 15 Abs. 4 UStG für den Vorsteuerabzug bei gemischt steuerpflichtigen und steuerfreien Umsätzen analog herangezogen (Rz. 27.217 ff.).

27.142 Bei einer solchen gemischt wirtschaftlichen und nichtwirtschaftlichen Nutzung eines Gegenstandes im Unternehmen ist eine **Zuordnungsentscheidung zum Unternehmen** (dazu Rz. 27.155 f.) anders als bei privater Verwendung nicht erforderlich.[4] Die Finanzverwaltung begründet dies in UStAE 15.2c Abs. 2 S. 1 Nr. 2 Buchst. a S. 2 als bloße Billigkeitsregelung,[5] jedoch zu Unrecht. Es folgt bereits aus dem materiellen Recht, dass eine Zuordnung zum privaten Bereich gar nicht möglich ist, weil es sich gerade nicht um eine unternehmensfremde Nutzung handelt. Die unternehmenseigene, aber nicht wirtschaftliche Tätigkeit fällt von vornherein aus der Anwendung der Mehrwertsteuer-Richtlinie heraus, so dass ein Vorsteuerabzug nur für den unternehmerischen Anteil besteht. Das Zuordnungswahlrecht bei teilweiser privater Nutzung (mit Ausnahme für Grundstücke) dient der Herstellung der steuerlichen Neutralität, weil der Vorsteuerabzug und die Steuerpflicht der privaten Nutzung einander ausgleichen müssen. Mangels Vorsteuerabzug für die nicht wirtschaftliche Nutzung im Unternehmen zwingt das Neutralitätsprinzip nicht zur Zuordnung. Es besteht ein zwingendes **Aufteilungsgebot analog § 15 Abs. 4 UStG.**[6] Zu den Aufteilungsmaßstäben s.u. Rz. 27.222.

27.143 Ein Beispiel aus der Rechtsprechung des BFH ist die teilweise wirtschaftliche, teilweise hoheitliche Verwendung eines neu errichteten und gestalteten **Marktplatzes** durch eine Stadt. Die Fläche wurde teilweise für den Betrieb gewerblicher Art der Kurverwaltung genutzt, überwiegend aber für hoheitliche öffentliche Zwecke wie public viewing zur Fußballweltmeisterschaft 2010 und für frei zugängliche Konzerte. Bei diesen hoheitlichen Maßnahmen liegt insofern zwar keine wirtschaftliche Tätigkeit vor, die der Umsatzsteuer unterliegt, aber bei der Tätigkeit handelt es sich auch nicht um eine private Maßnahme iSd § 3 Abs. 1a und Abs. 9a UStG. Es besteht **kein Zuordnungswahlrecht**, sondern ein **Aufteilungsgebot** (zu nachträglichen Änderungen Rz. 27.253 ff.).[7] Zur Frage der Unternehmereigenschaft der Gemeinde mit ihrem Kur-

---

1 EuGH v. 12.2.2009 – Rs. C-515/07 – VNLTO, Rz. 27, DStR 2009, 369; BFH-Urteil vom 3.3.2011 – V R 23/10, UR 2011, 617 m. Anm. *Küffner* = BStBl. II 2012, 74; BFH v. 6.5.2010 – V R 29/09, UR 2010, 746 = BStBl. II 2010, 885.

2 Vgl. EuGH v. 13.3.2008 – Rs. C-437/06 – Securenta, UR 2008, 344 m. Anm. *Eggers* = BStBl. II 2008, 727, Rz. 26 ff.

3 EuGH v. 12.2.2009 – Rs. C-515/07 – VNLTO, UR 2009, 199 = DStR 2009, 369.

4 EuGH v. 15.9.2016 – Rs. C-400/15 – Landkreis Potsdam-Mittelmark, UR 2016, 840 m. Anm. *Sterzinger*; BFH v. 3.8.2017 – V R 62/16, BFHE 259, 380 = UR 2018, 170 m. Anm. *Dziadkowski* = DStR 2017, 2661, Rz. 20; BFH v. 19.7.2011 – XI R 29/09, BStBl. II 2012, 430.

5 Vgl. auch BMF v. 2.1.2012, BStBl I 2012, 60; v. 2.1.2014, BStBl I 2014, 119; UStAE 15.2c Abs. 2.

6 BFH v. 3.8.2017 – V R 62/16, BFHE 259, 380 = UR 2018, 170 m. Anm. *Dziadkowski* = DStR 2017, 2661; instruktiv *Heuermann*, MwStR 2018, 729 (733).

7 BFH v. 3.8.2017 – V R 62/16, BFHE 259, 380 = UR 2018, 170 m. Anm. *Dziadkowski* = DStR 2017, 2661.

betrieb[1] und zum notwendigen Zusammenhang der Errichtungskosten mit der wirtschaftlichen Tätigkeit wurde an die Tatsacheninstanz zurückverwiesen. Genauso entschied der BFH für einen Landkreis, der Straßenbaumaschinen erworben hatte, die er zu einem geringen Teil für wirtschaftliche Tätigkeiten nutze (s. zur 10 %-Grenze Rz. 27.165), im Übrigen aber für den **hoheitlichen Straßenbau.**[2]

Nach der jüngeren Rechtsprechung des EuGH in der Rechtssache *Gemeente Borsele*[3] kann es auch dann an einer **wirtschaftlichen Tätigkeit** trotz einer Leistung gegen Entgelt fehlen, wenn etwa öffentliche Einrichtungen **nicht annähernd kostendeckend** tätig werden. Bei der Gesamtwürdigung ist der Vergleich zwischen den Umständen, unter denen der Betreffende die fragliche Dienstleistung erbringt, und den Umständen, unter denen eine derartige Dienstleistung gewöhnlich erbracht wird, ein gewichtiges Kriterium. Eine starke Unverhältnismäßigkeit von erhaltenem Entgelt und Betriebskosten kann gegen eine wirtschaftliche Tätigkeit sprechen (dazu bereits *Ehrke-Rabel*, Rz. 6.20 ff.). In der genannten Entscheidung hatte eine Gemeinde für den **Schülertransport** diese Leistungen von einem anderen Unternehmen bezogen. Nur ein Teil der Eltern entrichtete hierfür überhaupt ein Entgelt, das auch nicht vom Umfang der Beförderung abhing und lediglich 3 % der Transportkosten deckte, die im Übrigen mit öffentlichen Mitteln finanziert wurden. In dem der Entscheidung des BFH vom 28.6.2017[4] zugrunde liegenden Sachverhalt errichtete eine Gemeinde eine **Sporthalle** und vermietete sie neben der hoheitlichen Nutzung für den Schulsport an Vereine nach einer Entgeltordnung unter Berechnung nach Nutzungsstunden, wobei auch diese Entgelte nur zu 12 % kostendeckend waren. Nach Auffassung des BFH lag hier unter Würdigung aller Umstände eine wirtschaftliche Tätigkeit der Gemeinde vor, weil die Gemeinde mit der Vermietungstätigkeit allgemein am Markt tätig geworden ist, das vereinbarte Entgelt üblich und angemessen war und die Höhe des Entgelts unmittelbar vom Umfang der Nutzung abhing. Die stundenweise Vermietung ist auch nicht nach § 4 Nr. 12 Buchst. a UStG steuerfrei.[5] Es handelt sich jeweils um eine **Entscheidung des konkreten Einzelfalles**, wonach unter Berücksichtigung aller Umstände zu prüfen ist, ob eine wirtschaftliche Betätigung vorliegt. **Asymmetrische Entgelte** sind lediglich ein Indiz dagegen.[6] 27.144

1 Dazu BFH v. 26.4.1990 – V R 166/94, BFHE 161, 182 = BStBl. II 1990, 799: kein Zusammenhang mit Kurbetrieb, wenn Marktplatz von Kurgästen bereits im Rahmen der Nutzung durch die Allgemeinheit frei zugänglich genutzt werden kann; ebenfalls ablehnend zur Unternehmereigenschaft der Gemeinde mit dem Kurbetrieb FG Baden-Württemberg v. 18.10.2018 – 1 K 1458/18, DStRK 2019, 104 m. Anm. *Sterzinger*, Nichtzulassungsbeschwerde Az. beim BFH XI B 110/18; krit. *Jäckel/Schwarz*, DStR 2019, 473 (475 f.).

2 EuGH v. 15.9.2016 – Rs. C-400/15 – Landkreis Potsdam-Mittelmark, UR 2016, 840 m. Anm. *Sterzinger*; nachgehend BFH v. 16.11.2016 – XI R 15/13, BFHE 255, 555 = BStBl. II 2018, 237 = UR 2017, 150.

3 EuGH v. 12.5.2016 – Rs. C-520/14 – Gemeente Borsele, Rz. 28 ff., UR 2016, 520 m. Anm. *Küffner* = UR 2016, 543 m. Anm. *Sterzinger* = DStRE 2016, 798; BFH v. 28.6.2017 – XI R 12/15, UR 2017, 758 m. Anm. *Sterzinger* = DStR 2017, 1873, Rz. 46 ff.; BFH v. 18.7.2017 – XI B 24/17, BFH/NV 2018, 60; BFH v. 28.6.2017 – XI R 12/15, UR 2017, 758 m. Anm. *Sterzinger* = DStR 2017, 1873, Rz. 46 ff.; BFH v. 15.12.2016 – V R 44/15, GmbHR 2017, 537 = UR 2017, 302 m. Anm. *Küffner* = DStR 2017, 656.

4 BFH v. 28.6.2017 – XI R 12/15, UR 2017, 758 m. Anm. *Sterzinger* = DStR 2017, 1873; dazu *Wäger*, UR 2018, 45 (48); vgl. auch BFH v. 3.8.2017 – V R 62/16, BFHE 259, 380 = UR 2018, 170 m. Anm. *Dziadkowski* = DStR 2017, 2661 (Marktplatz für entgeltlichen Kurbetrieb).

5 BFH v. 28.6.2017 – XI R 12/15, Rz. 60 ff., UR 2017, 758 m. Anm. *Sterzinger* = DStR 2017, 1873.

6 BFH v. 28.6.2017 – XI R 12/15, Rz. 44, UR 2017, 758 m. Anm. *Sterzinger* = DStR 2017, 1873; insoweit zur Prüfung zurückverwiesen BFH v. 15.12.2016 – V R 44/15, GmbHR 2017, 537 = UR 2017,

27.145 Die bloße Tatsache, dass für eine Tätigkeit **öffentliche oder private Zuschüsse** in Anspruch genommen werden, führt daher nicht dazu, dass sie nicht wirtschaftlich ausgeübt wird, wie der EuGH in der Rechtssache *Sveda* (Rz. 27.49) festgestellt hat. Dies gilt für die in Rz. 27.144 mitgeteilten Konstellationen bei wirtschaftlicher Betätigung der öffentlichen Hand wie auch im Fall von Zuschüssen an Private (Rechtssache *Sveda*).[1] Es ist mithin zu unterscheiden, ob Zuschüsse eine wirtschaftliche Tätigkeit komplett entfallen lassen (so in der Rechtssache *Borsele*, Rz. 27.144) oder nicht (so der EuGH in der Rechtssache *Sveda* und der BFH in der Sporthallen-Entscheidung, Rz. 27.144). Besteht danach ein **direkter und unmittelbarer Zusammenhang** der Eingangsleistungen zu den wirtschaftlichen Tätigkeiten des Unternehmers oder zu einem wirtschaftlichen Teilbereich, auch wenn diese auf **einzelne unentgeltliche oder bezuschusste Tätigkeiten** entfallen, bleibt der Vorsteuerabzug in vollem Umfang oder bezogen auf den Teilbereich bestehen.[2] Von diesen Grundsätzen geht der EuGH auch in den Rechtssachen *Baštová* (Zusammenhang zu wirtschaftlichen Tätigkeiten bei entgeltlicher und unentgeltlicher Teilnahme an Pferderennen)[3] und *Iberdrola* (Zusammenhang zur steuerpflichtigen Vermietung bei unentgeltlicher Reparatur einer gemeindlichen Pumpe, dazu Rz. 27.149)[4] sowie in den Holdingentscheidungen (dazu oben Rz. 27.44) aus. Im Schrifttum wird zutreffend zur Begründung auf die gleiche Rechtslage hingewiesen, wenn ein Unternehmer innerhalb seines Unternehmens einzelne nicht steuerbare Leistungen erbringt, etwa reine Binnenleistungen oder kostenlose Nebenleistungen an seine Kunden (Parkplatz, Kinderbetreuung) oder Schadensersatz für einen Diebstahl erhält.[5]

Der BFH und die Finanzverwaltung wollen diese Grundsätze nur auf gewerbliche Unternehmer übertragen (wie in der Rechtssache *Sveda*), nicht aber, wenn die öffentliche Hand in ihrem Hoheitsbereich mit Verlustübernahme tätig wird oder ein gemeinnütziger Verein Zuschüsse für seinen Satzungszweck erhält. Lassen sich einzelne Eingangsleistungen in diesen Fällen nicht konkret steuerpflichtigen Ausgangsumsätzen zuordnen, werden die **echten Zuschüsse** dem **nichtwirtschaftlichen Bereich zugeordnet**. Bei der Aufteilung der Vorsteuerabzugsbeträge analog § 15 Abs. 4 UStG oder im Schätzwege nach § 162 AO führen die meist erheblichen Zuschüsse dann zu einem umfangreichen Abzugsverbot für die so zugeordneten Vorsteuerbeträge.[6] Einige Instanzgerichte haben dagegen davon abgesehen, echte Zuschüsse

---

302 m. Anm. *Küffner* = DStR 2017, 656; vgl. auch EuGH v. 22.2.2018 – Rs. C-182/17 – NTN, MwStR 2018, 348 wirtschaftliche Tätigkeit einer Gesellschaft bejaht, die gegen Kostenerstattung öffentliche Aufgaben übernimmt.

1 Ebenso für landwirtschaftliche genossenschaftsähnliche Gesellschaft mit geringen Entgelten und erheblichen Zuschüsssen EuGH v. 2.6.2016 – C-263/15 – Lajver, Rz. 42 ff., UR 2016, 525 = MwStR 2016, 575.

2 So auch *Pull/Streit*, MwStR 2018, 108 (110 ff.) m.w.N.

3 EuGH v. 10.11.2016 – C-432/15 – Baštová, ECLI:EU:C:2016:855 = UR 2016, 913 = MwStR 2016, 991 m. Anm. *Grube*; ebenso BFH v. 2.8.2018 – V R 21/06, MwStR 2019, 110 m. Anm. *Widmann* für Teilnahme an Pferderennen; vgl. auch BFH v. 25.7.2018 – XI B 103/17, MwStR 2019, 273 Leistungsaustausch abgelehnt bei platzierungsabhängigen Gewinnen in Fernsehshow.

4 EuGH v. 14.9.2017 – C-132/16 – Iberdrola, ECLI:EU:C:2017:683 = UR 2017, 928 = MwStR 2017, 928.

5 *Pull/Streit*, MwStR 2018, 108 (110 ff.) m.w.N.; *Pull*, MwStR 2014, 108 ff.; *Meurer*, MwStR 2016, 192 ff.

6 Vgl. BFH v. 24.9.2014 – V R 54/13, DStR 2015, 425 m. abl. Anm. *Küffner/Fietz*; BFH v. 22.4.2015 – XI R 10/14, DStR 2015, 1914, m. abl. Anm. *Hüttemann*, MwStR 2015, 771; BFH v. 16.9.2015 – XI R 27/13, BFH/NV 2016, 252; *Meurer*, MwStR 2016, 192 (195); vgl. auch FG Berlin-Brandenburg v. 11.6.2012 – 2 K 2091/90, DStRE 2013, 221, rkr. zur Forschungsförderung; dagegen *Küffner*, MwStR 2015, 4224 (2445); *Slapio*, MwStR 2016, 67 (70).

in den Gesamtumsatzschlüssel einzubeziehen.[1] Dem ist beizupflichten, weil Subventionen, die kein Leistungsentgelt darstellen, lediglich auf der Grundlage von Art. 19 der Sechsten Richtlinie 77/388/EWG (Art. 174 Abs. 1 S. 2 MwStSystRL) fakultativ von den Mitgliedstaaten in die Vergleichsrechnung einbezogen werden können. Diese Regelung hat Deutschland aber nicht umgesetzt.[2] In der Entscheidung des BFH vom 28.7.2017 zur Errichtung und Vermietung einer Sporthallte durch eine Gemeinde an Vereine hat der BFH hierzu nicht Stellung nehmen müssen, weil er die Zuordnung der Vorsteuerbeträge nach **Nutzungszeiten** (s. dazu auch Rz. 27.217 ff.) durch das FG anerkannt hat, so dass es auf die Umsätze nicht ankam.[3] Auch die so genannte **Mindestbemessungsgrundlage** nach § 10 Abs. 5 UStG sei nicht anzuwenden.[4] Dies wird in der Literatur kritisch gesehen, weil die öffentlichen Hand damit gegenüber privaten Hallenanbietern bevorzugt werde und bei vergleichbaren Fällen der günstigen Nutzung der Hallenplätze durch Mitglieder eines Vereins diese Leistungen in Höhe der Mindestbemessungsgrundlage zu versteuern seien.[5]

### d) Zusammenhang zu einzelnen Ausgangsumsätzen

27.146 Voraussetzung für den Vorsteuerabzug ist ein ausreichender Zusammenhang zu den wirtschaftlichen, nicht steuerbefreiten Ausgangsumsätzen (Rz. 27.43). Ausdrückliche Kriterien für die Zurechnung enthalten die Art. 168 ff. MwStSystRL nicht; diese hat der EuGH aus dem Sinn und Zweck der Vorschriften entwickelt. Voraussetzung ist der **direkte und unmittelbare Zusammenhang** zu einzelnen Ausgangsumsätzen der wirtschaftlichen Tätigkeit des Steuerpflichtigen, die steuerpflichtig sind und zu den nach Art. 168 MwStSystRL gleichgestellten Umsätze.[6]

27.147 Zu würdigen sind alle Umstände, unter denen die betreffenden Umsätze ausgeführt wurden, und nur die Umsätze sind heranzuziehen, die objektiv im Zusammenhang mit der der Steu-

1 Sächs. FG v. 13.12.2012 – 6 K 1010/10, juris, rkr.; FG Schles.-Holstein v. 7.9.2006 – 4 K 223/04, EFG 2006, 1867; FG Berlin-Brandenburg v. 10.5.2012 – 5 K 5347/09, juris; insoweit aber nach BFH v. 20.3.2014 – V R 4/13, DStR 2014, 1539 nicht entscheidungserheblich, zusammenfassend hierzu *Nolte*, DStR 2016, 19 ff.

2 FG Schles.-Holstein v. 7.9.2006 – 4 K 223/04, EFG 2006, 1867; FG Berlin-Brandenburg v. 10.5.2012 – 5 K 5347/09, juris; insoweit aber nach BFH v. 20.3.2014 – V R 4/13, DStR 2014, 1539 nicht entscheidungserheblich; vgl. auch *Hüttemann*, Gemeinnützigkeits- und Spendenrecht, Rz. 7.214: nur, soweit keine unmittelbare Zuordnung möglich ist.

3 BFH v. 28.6.2017 – XI R 12/15, UR 2017, 758 Rz. 12 m. Anm. *Sterzinger* = DStR 2017, 1873; dazu *Wäger*, UR 2018, 45 (48); offengelassen und zurückverwiesen durch BFH v. 3.8.2017 – V R 62/16, BFHE 259, 380 = UR 2018, 170 m. Anm. *Dziadkowski* = DStR 2017, 2661 (Marktplatz für entgeltlichen Kurbetrieb).

4 BFH v. 28.6.2017 – XI R 12/15, UR 2017, 758 Rz. 68 ff. m. Anm. *Sterzinger* = MwStR 2017, 788 m. krit. Anm. *Widmann* zur Nichtanwendbarkeit der Mindestbemessungsgrundlage = DStR 2017, 1873; dazu *Wäger*, UR 2018, 45 (48); vgl. auch BFH v. 3.8.2017 – V R 62/16, BFHE 259, 380 = UR 2018, 170 m. Anm. *Dziadkowski* = DStR 2017, 2661 (Marktplatz für entgeltlichen Kurbetrieb).

5 *Widmann*, MwStR 2017, 794.

6 EuGH v. 8.6.2000 – Rs. C-98/98 – Midland Bank, Rz. 30, UR 2000, 342; EuGH v. 22.2.2001 – Rs. C-408/98 – Abbey National plc, Rz. 28, UR 2001, 164; EuGH v. 20.10.2009 – Rs. C-29/08 – AB SKF, Rz. 57, UR 2010, 107 = DStR 2009, 2311; EuGH v. 21.2.2013 – Rs. C-104/12 – Becker, Rz. 19, UR 2013, 220 = DStR 2013, 411; BFH v. 9.2.2012 – V R 40/10, UR 2012, 394 = BStBl. II 2012, 844, m. w. N.; v. 11.4.2013 – V R 29/10, UR 2014, 154 = BStBl. II 2013, 840; UStAE 15.2b Abs. 2.

er unterliegenden Tätigkeit des Steuerpflichtigen stehen.[1] Die Beurteilung, ob ein direkter und unmittelbarer Zusammenhang vorliegt, unterliegt der **tatsächlichen Würdigung durch das FG**, an die der BFH gem. **§ 118 Abs. 2 FGO** grundsätzlich gebunden ist.[2] So nahm das Hessische FG als Tatsacheninstanz unbeanstandet an, dass ein Vorsteuerabzug für die Beförderung behinderter Menschen nicht in Betracht kommt, weil die Beförderungsleistung in alleinigem Zusammenhang mit nach § 4 Nr. 18 Buchst. a UStG steuerbefreiten Betreuungsleistungen und nicht mit dem ermäßigt besteuerten Zweckbetrieb der **Behindertenwerkstätte** steht. Der Zusammenhang zu den steuerpflichtigen Werkstattleistungen sei nur ein mittelbarer.[3]

27.148 Der direkte und unmittelbare Zusammenhang ist nur gegeben, wenn die hierfür getätigten Aufwendungen zu den **Kostenelementen** der versteuerten, zum Abzug berechtigenden Ausgangsumsätzen gehören.[4] Kann eine unternehmerisch bezogene Leistung nicht unmittelbar einem oder mehreren Ausgangsumsätzen zugeordnet werden und gehören die Kosten für die Eingangsleistung **zu den allgemeinen Aufwendungen** des Unternehmers und gehen als **Bestandteile des Preises** in die von ihm erbrachten Leistungen ein, beurteilt sich der Vorsteuerabzug nach der **Gesamtbetätigung**. Die Formulierung „die Aufwendungen müssen zu den „Kostenelementen der besteuerten Umsätze" gehören, bedeutet nach Auffassung des BFH lediglich, dass die Kostenelemente in der Regel entstanden sein müssen, bevor der Steuerpflichtige die besteuerten Umsätze ausführt, denen sie zuzurechnen sind.[5] So sind nach der Rechtsprechung des EuGH regelmäßig als Verwendungsumsätze (Ausgangsumsätze) nur solche Umsätze zu berücksichtigen, die **nach Bezug der vorsteuerbelasteten Leistungen** ausgeführt wurden (siehe bereits oben Rz. 27.24 ff.).[6]

27.149 Das gilt aber dann nicht, wenn ein **Zusammenhang** der Eingangsleistungen **mit der wirtschaftlichen Gesamttätigkeit** besteht, so bei einer Geschäftsveräußerung im Ganzen oder den **Folgekosten** einer aufgegebenen wirtschaftlichen Betätigung (s. auch oben Rz. 27.43).[7] In der Entscheidung des Gerichtshofs in der Rechtssache *Iberdrola*[8] ging es beispielsweise um die **Zu-**

---

1 EuGH v. 22.10.2015 – Rs. C-126/14 – Sveda, Rz. 29, UR 2015, 910 m. Anm. *Sterzinger* = DStR 2015, 2442; EuGH v. 14.9.2017 Rs. C-132/16 – Iberdrola, Rz. 31, UR 2017, 928 = DStR 2017, 2044; vgl. UStAE 15.2b Abs. 2.

2 BFH v. 22.4.2015 – XI R 10/14, UR 2015, 710 = BStBl. II 15, 862, Rz. 35; v. 16.9.2015 – XI R 27/13, BFH/NV 16, 252, Rz. 42.

3 Hess. FG v. 18.10.2018 – 6 K 1715/17, npoR 2019, 123; aA Abschn. 4.18.1. Abs. 11 UStAE i.V.m. Abschn. 12.9 Abs. 4 Nr. 4 S. 2 u. 4 UStAE, dabei handelt es sich nach Auffassung des Hess. FG um eine „wohlwollende Vereinfachungsregelung", von der die Finanzämter im Einzelfall abweichen dürfen, vgl. Rz. 22.

4 St. Rspr. des BFH und EuGH, z. B. EuGH v. 8.6.2000 – Rs. C-98/98 – Midland Bank, Rz. 30, UR 2000, 342; EuGH v. 21.2.2013 – Rs. C-104/12 – Becker, Rz. 19, UR 2013, 220; EuGH v. 14.9.2017 – Rs. C-132/16 – Iberdrola, Rz. 28, UR 2017, 928 = DStR 17, 2044; BFH v. 11.4.2013 – V R 29/10, UR 2014, 154 = BStBl II 2013, 840; v. 6.4.2016 – V R 6/14, UR 2016, 770 = GmbHR 2016, 768 = BStBl. II 2017, 577; EuGH v. 29.10.2009 – Rs. C-29/08 – SKF, Rz. 57, UR 2010, 107 = Slg. 2009, I-10413 = DStR 2009, 2311; BFH v. 6.5.2010 – V R 29/09, BFHE 230, 263 = BStBl. II 2010, 885 = DStR 2010, 1838 = UR 2010, 746.

5 BFH v. 24.4.2013 – XI R 25/10, BStBl. II 2014, 346 = UR 2014, 64.

6 EuGH v. 6.4.1995 – Rs. C-4/94 – BLP, UR 1996, 427; EuGH v. 8.6.2000 – Rs. C-98/98 – Midland Bank, Rz. 29, UR 2000, 342 = DStRE 2000, 927; BFH v. 14.3.2012 – XI R 23/10, BFH/NV 2012, 1672, Rz. 27; v. 24.4.2013 – XI R 25/10, UR 2014, 64 = BStBl. II 2014, 346, Rz. 40.

7 BFH v. 2.12.2015 – V R 15/15, UR 2016, 403 = BStBl. II 2016, 486, Rz. 21.

8 EuGH v. 14.9.2017 – Rs. C-132/16 – Iberdrola, UR 2017, 928 = DStR 2017, 2044 = MwStR 2017, 874 m. Anm. *Totsche/Holota.*

**ordnung von Erschließungs- und Infrastrukturleistungen**. Die Firma Iberdrola erwarb einen Ferienkomplex mit mehreren Grundstücken, um ca. 300 Ferienappartements zu errichten und damit eine nach bulgarischem Recht besteuerte Tätigkeit auszuführen. Entsprechend einem mit einer Gemeinde geschlossenen Vertrag setzte sie auf einem gemeindeeigenen Grundstück unentgeltlich eine Pumpstation instand, ohne die die Ferienwohnungen nicht hätten errichtet werden können. Für den Vorsteuerabzug hinsichtlich der an einen Bauunternehmer entrichtete Umsatzsteuer für die Instandsetzung der Pumpe kommt es nach dem EuGH darauf an, dass die Kosten der Instandsetzung in die Preisbildung für die Ferienwohnungen mit eingingen. Soweit die Instandsetzung allerdings über das objektiv zur Errichtung Erforderliche hinausgeht, sei der Zusammenhang unterbrochen. Abzugrenzen sind diese Fälle von den Gestaltungen, in denen die Erschließung auf fremden Grund und Boden stattfindet, so dass eine unentgeltliche Zuwendung iS des Art. 16 MwStR und § 3 Abs. 1b S. 1 Nr. 3 UStG vorliegt.[1]

Ebenfalls einen unmittelbaren Zusammenhang mit wirtschaftlichen, nicht steuerbefreiten Leistungen nahm der Gerichtshof in der Rechtssache *Sveda* an (Rz. 27.49), in der sich ein Steuerpflichtiger gegenüber einem Ministerium verpflichtete, einen **Freizeitweg** zu errichten und den Weg später der Öffentlichkeit zur kostenfreien Nutzung anzubieten. Das Ministerium gewährte einen Zuschuss von 90 % der Kosten. Die restlichen 10 % trug der Steuerpflichtige, weil er beabsichtigte, an Besucher Souvenirartikel zu verkaufen und Verpflegungsdienstleistungen zu erbringen. Nach dem Urteil des EuGH vom 22.10.2015[2] müssen mit dem Investitionsgut des Weges selbst keine Umsätze erzielt werden, um den Vorsteuerabzug zu erhalten. Es reicht aus, wenn der Freizeitweg **mittelbar** zur Erzielung von steuerpflichtigen Umsätzen verwendet wird, hier durch die beabsichtigten steuerpflichtigen Umsätze wie Souvenirartikelverkauf und Verpflegungsdienstleistungen. 27.150

Besteht aber ein direkter und unmittelbarer Zusammenhang zu vorsteuerschädlichen Umsätzen, darf ein nur **mittelbarer Zusammenhang** mit nicht vorsteuerschädlichen Umsätzen nicht berücksichtigt werden. Dies gilt auch, wenn der Unternehmer eine Leistung für einen nicht wirtschaftlichen oder steuerfreien Ausgangsumsatz bezieht, um mittelbar seine zum Vorsteuerabzug berechtigende wirtschaftliche Gesamttätigkeit zu stärken, da „der vom Steuerpflichtigen verfolgte **endgültige Zweck** unerheblich ist" (dazu auch oben Rz. 27.133 ff.).[3] 27.151

Insgesamt ergibt sich ein recht **uneinheitliches Bild**. So werden insbesondere Kosten für nicht wirtschaftliche, nicht steuerbare Tätigkeiten (beispielsweise für die Ausgabe von Aktien)[4] anders, nämlich als Gemeinkosten der im Übrigen wirtschaftlichen Tätigkeiten, behandelt als die Kosten für steuerbare, aber steuerbefreite Tätigkeiten (beispielsweise steuerfreie Anteilsveräußerungen).[5] Nach einer Ansicht in der Literatur habe die Rechtsprechung sowohl des EuGH als auch des BFH nicht ausreichend gewürdigt, dass nach der neueren Sphärentheorie 27.152

1 Vgl. hierzu auch *Meurer*, MwStR 2016, 192 ff.

2 EuGH v. 22.10.2015 – Rs. C-126/14 – Sveda, UR 2015, 910 m. Anm. *Sterzinger* = DStR 2015, 2442 m. Anm. *Küffner*.

3 EuGH v. 6.4.1995 – Rs. C-4/94 – BLP, Rz. 19, Slg. 1995, I-983; v. 8.6.2000 – Rs. C-98/98 – Midland Bank, Rz. 20, UR 2000, 342 = Slg. 2000, I-4177, DStRE 2000, 927; v. 22.2.2001 – Rs. C-408/98 – Abbey National, Rz. 25, UR 2001, 164 m. Anm. *Wäger* = Slg. 2001, I-1361 = DStRE 2001, 318.

4 EuGH v. 26.5.2005 – Rs. C-465/03 – Kretztechnik, UR 2005, 382 = DStR 2005, 965; ebenso BFH v. 6.5.2010 – V R 29/09, UR 2010, 746 = BStBl. II 2010, 885 Inhaberschuldverschreibungen.

5 EuGH v. 6.4.1995 – Rs. C-4/94 – BLP, UR 1996, 427; ebenso BFH v. 27.1.2011 – V R 38/09, GmbHR 2011, 435 = UR 2011, 307 = BStBl. II 2012, 68, Rz. 34 ff.; in diese Richtung, aber dem nationalen Gericht überlassend EuGH v. 20.10.2009 – Rs. C-29/08 – AB SKF, Rz. 65 ff., UR 2010, 107 = DStR 2009, 2311.

die nicht steuerbaren, nicht wirtschaftlichen Tätigkeiten ebenso vorsteuerschädlich sind wie die steuerbefreiten Tätigkeiten. Dies müsse konsequenterweise dann auch für die Zuordnung der Gemeinkosten gelten.[1] In der Entscheidung in der Rechtssache *Volkswagen Financial Services* hat der EuGH festgestellt, dass die Gemeinkosten für die steuerpflichtige Lieferung von PkW einschließlich der steuerbefreiten Finanzierungsleistungen des Unternehmens in einem unmittelbaren Zusammenhang mit den steuerpflichtigen Leistungen stehen, auch wenn sie in die Preiskalkulation nur des Finanzierungsteils einfließen, und es Sache des nationalen Gerichts ist, die sinnvolle nationale Pro-rata-Aufteilung, die Art. 173 Abs. 2 MwStSystRL zulässt, zu überprüfen.[2]

27.153 Problematisch ist zudem, dass eine **präzise Umschreibung des ausreichenden Zusammenhangs nicht möglich ist**. Der EuGH stellt richtig fest, dass die gewerblichen und beruflichen Umsätze einfach zu vielgestaltig sind, um der Abgrenzung festere Konturen zu geben.[3] Umso wichtiger ist daher der nationale, verfassungsrechtliche und unionsrechtliche Vertrauensschutz für den Steuerpflichtigen (*Maciejewski/Theilen*, Rz. 5.2 ff.).

### e) Gemischte Verwendungen

#### aa) Gemischt unternehmerisch-private Verwendungen

27.154 Werden die Leistungsbezüge teilweise im Unternehmen und teilweise **unternehmensfremd**, dh privat iSd § 3 Abs. 1b und Abs. 9a UStG verwendet, ist zwischen dem Erwerb und der Herstellung von Gegenständen und der Vornahme sonstiger Leistungen zu unterscheiden.

27.155 Handelt es sich um **Gegenstände**, setzt der Vorsteuerabzug voraus, dass der Gegenstand zu mindestens 10 % im Unternehmen genutzt wird, § 15 Abs. 1 S. 2 UStG (zur erstmaligen Anwendung Rz. 27.165). Aus Billigkeitsgründen kann ein einheitlicher Gegenstand auch zur Vereinfachung in vollem Umfang dem nichtunternehmerischen Bereich zugeordnet werden.[4] Eine spätere Geltendmachung der Vorsteuer etwa im Rahmen der Berichtigung kommt dann nicht mehr in Betracht (vgl. aber Rz. 27.159).[5]

27.156 Zudem muss der Unternehmer den Gegenstand seinem Unternehmen zuordnen. Er hat ein **Zuordnungswahlrecht**. Unter Umständen ist aber zum Ausgleich eine unentgeltliche Wertabgabe zu versteuern (Rz. 27.158; *Heber*, Rz. 8.183 ff.).[6] Das Zuordnungswahlrecht besteht nicht für jede gemischte Nutzung eines Gegenstands, sondern nur für die gemischte Nutzung im Rahmen des „Sonderfalls einer Privatentnahme" iSv Art. 16 und Art. 26 Abs. 1 MwStSystRL, bei der ein Unternehmer den gemischt wirtschaftlich und privat verwendeten Gegenstand voll oder teilweise dem Unternehmen zuordnen und dann aufgrund der Unternehmenszuordnung in vollem Umfang oder teilweise zum Vorsteuerabzug berechtigt sein kann (s. oben Rz. 27.136 f.).[7] Eine teils hoheitliche, teils wirtschaftliche Tätigkeit beispielsweise auf

---

1 *Sölch/Ringleb/Oelmaier*, UStG, § 15 Rz. 246 (Stand: März 2019).
2 Jüngst EuGH v. 18.10.2018 – Rs. C-153/17 – Volkswagen Financial Services, juris Rz. 42, 51 ff.
3 EuGH v. 21.2.2013 – Rs. C-104/12 – Becker, Rz. 21, UR 2013, 220 = DStR 2013, 411.
4 Abschn. 15.2c Abs. 2 Nr. 2 Buchst. A S. 2 UStAE.
5 *Janzen* in Lippross/Seibel, Basiskommentar Steuerrecht, § 15 UStG, Rz. 87 (Stand Mai 2019).
6 Instruktiv *Heuermann*, MwStR 2018, 729 (733).
7 BFH v. 3.8.2017 – V R 62/16, BFHE 259, 380 = UR 2018, 170 m. Anm. *Dziadkowski* = DStR 2017, 2661, Rz. 18; v. 3.3.2011 – V R 23/10, BFHE 233, 274 = BStBl. II 2012, 74 = UR 2011, 617 m. Anm. *Küffner* = DStR 2011, 1077, Rz. 16 f.; v. 10.11.2011 – V R 41/10, BFHE 235, 554 = UR 2012, 272 m. Anm. *Küffner* = DStR 2012, 348 Rz. 32; v. 9.12.2010 – V R 17/10, BFHE 232, 243 = BStBl. II

dem Marktplatz einer Gemeinde gehört nicht dazu, ebenso wenig wie die satzungsmäßigen, aber nicht wirtschaftlichen Tätigkeiten eines Vereins, etwa die nicht als individuelle Leistung einzustufende Interessenvertretung gegen Mitgliedsbeiträge (dazu oben Rz. 27.136, siehe aber unten Rz. 27.253 ff. bei nachträglichen Änderungen).[1] Denn hier sind die abzugsfähigen und die nicht abzugsfähigen Vorsteuerbeträge zwingend nach § 15 Abs. 4 UStG analog unabhängig von einer Zuordnung aufzuteilen.

Das **Zuordnungswahlrecht** kann nicht unterstellt werden und ist rechtzeitig spätestens im Rahmen der Jahreserklärung bis zum **31. Juli des Folgejahres** (für Veranlagungszeiträume bis einschließlich 2017: 31. Mai des Folgejahres) zu erklären (§ 149 Abs. 2 S. 1 AO).[2] Dabei ist § 149 Abs. 3 Nr. 4 AO zu berücksichtigen, nach der die Frist bei steuerlich vertretenen Bevollmächtigten am letzten Tag des Februars des zweiten auf den Besteuerungszeitraum folgenden Kalenderjahres abläuft. Denn hierbei handelt es sich um eine gesetzliche Abgabefrist und nicht um eine bloße (allgemeine) Verlängerung der Frist nach einer allgemeinen Verwaltungsanweisung gem. § 109 AO.[3] 27.157

Mit Ausnahme der Sonderregelung des § 15 Abs. 1a UStG (dazu Rz. 27.186 ff.) hat der Unternehmer beim **Zuordnungswahlrecht drei Möglichkeiten**: Er kann den Gegenstand insgesamt seinem Unternehmen zuordnen, erhält dann den vollen Vorsteuerabzug und hat eine private Nutzung oder Entnahme als unentgeltliche Wertabgabe nach § 3 Abs. 1a und Abs. 9a UStG zu versteuern.[4] Er kann den Gegenstand im Umfang der tatsächlichen unternehmerischen Verwendung seinem Unternehmen zuordnen, dann kann er teilweise den Vorsteuerabzug in Anspruch nehmen (zum Aufteilungsmaßstab Rz. 27.160). Eine Versteuerung der Privatnutzung entfällt dann.[5] Er kann schließlich den Gegenstand im vollen Umfang dem privaten Bereich zuordnen (s. bereits Rz. 27.136).[6] 27.158

Fraglich ist, wie sich **Änderungen der Nutzung** auswirken. Bei Zuordnung zum Unternehmen und teilweiser privaten Nutzung erfolgt eine Besteuerung der privaten Nutzung (Rz. 27.158). Ändert sich diese Quote später, wird die **Zuordnungsänderung durch eine unentgeltliche Wertabgabe nach § 3 Abs. 1b, Abs. 9a UStG korrigiert**, nicht nach § 15a UStG. Denn die unentgeltliche Wertabgabe hat Vorrang und schließt die Vorsteuerkorrektur aus.[7] 27.159

---

2012, 53 = DStR 2011, 460 unter Rz. 26; v. 13.1.2011 – V R 12/08, BFHE 232, 261 = BStBl. II 2012, 74 = UR 2011, 295 m. Anm. *Filtzinger* = DStR 2011, 465 Rz. 35; die Finanzverwaltung hat sich angeschlossen, BMF v. 2.1.2014, BStBl I 14, 119, mit anderen Begriffen; vgl. EuGH v. 10.9.2014 – Rs. C-92/13 – Gemeente's-Hertogenbosch, Rz. 25, UR 2014, 852 = MwStR 2014, 686; EuGH v. 15.9.2016 – Rs. C-400/15 – Landkreis Potsdam-Mittelmark, Rz. 34, UR 2016, 840 m. Anm. *Sterzinger* = MwStR 2016, 835.

1 BFH v. 3.8.2017 – V R 62/16, BFHE 259, 380 = UR 2018, 170 m. Anm. *Dziadkowski* = DStR 2017, 2661.

2 Vgl. BFH v. 7.7.2011 – V R 42/09, BStBl. II 2014, 76 = UR 2011, 870 = DStR 2011, 1949 m. Anm. *Küffner/Zugmaier*; BFH v. 11.7.2012 – XI R 17/09, BFH/NV 2013, 266; BFH v. 25.2.2014 – V B 75/13, BFH/NV 2014, 914 Rz. 5; R 15.2c Abs. 16 S. 5 UStAE.

3 *Sölch/Ringleb/Oelmair*, UStG, § 15 Rz. 284 (Stand: März 2019).

4 Instruktiv *Heuermann*, MwStR 2017, 729 (733).

5 Vgl. etwa BFH v. 16.6.2015 – XI R 15/13 Rz. 38, BStBl. II 2015, 865 = MwStR 2015, 728 m. Anm. *Pull*; *Heuermann*, MwStR 2017, 729 (733).

6 *Heuermann*, MwStR 2017, 729 (733).

7 EuGH v. 17.5.2001 – Rs. C-322/99 – Fischer, Rz. 90, 92, Brandenstein, DStRE 2001, 715, zur Besteuerung der Entnahme; in diese Richtung: EuGH v. 30.3.2006 – Rs. C-184/04 – Uudenkaupungin kaupunki, Rz. 30 ff., UR 2006, 530 = DStRE 2006, 619; v. 16.6.2016 – Rs. C-229/15 – Mateusiak, Rz. 27, ECLI:EU:C:2016:454.

Bei einer anteiligen Zuordnung zum Unternehmen und zur privaten Sphäre wird die Vorsteuer aufgeteilt. Auch hier wird eine **Zuordnungsänderung durch eine unentgeltliche Wertabgabe nach § 3 Abs. 1b, Abs. 9a UStG korrigiert.** Wird der Gegenstand später komplett entnommen, ist die Entnahme nach § 3 Abs. 1b UStG in vollem Umfang zu versteuern, weil die Vorschrift konditional („wenn") formuliert ist. Zum Ausgleich ist anteilig ein Vorsteuerabzug nach § 15a Abs. 8 UStG zu gewähren.[1] Darüber hinaus sind Korrekturen zu Gunsten des Steuerpflichtigen bei einer späteren erhöhten unternehmerischen Nutzung nicht möglich. Eine solche Korrektur wäre hier nur nach dem nicht anwendbaren § 15a UStG, nicht aber als unentgeltliche Wertabgabe möglich.[2] Als Korrektiv wirkt insofern das Zuordnungswahlrecht des Steuerpflichtigen, der sich entscheiden kann, den Gegenstand dem Unternehmen zuzuordnen, so dass er zwar private Nutzungen als unentgeltliche Wertabgaben versteuern muss, bei einer späteren Umnutzung zu rein unternehmerischen Zwecken würde diese Wertabgabe dann aber entsprechend entfallen.

Daraus folgt für den umgekehrten Fall: Wird ein Gegenstand im Privatvermögen erworben, berechtigt er auch dann nicht zum Vorsteuerabzug, wenn er später für besteuerte Umsätze verwendet wird.[3] Eine spätere Zuordnung durch eine **„Einlage"** ist nach der bisherigen Rechtsprechung des EuGH und des BFH nicht möglich.[4] Auch hier zeigt sich der Vorteil einer Zuordnung zum Unternehmen. Wird ein Gegenstand zwar dem Privatvermögen zugeordnet, aber unternehmerisch genutzt, sind die Vorsteuerbeträge aus Leistungen für seinen Gebrauch und seine Erhaltung aber abziehbar.[5] Zudem ist die **rechtzeitige Zuordnung** eines gemischt-unternehmerisch und privat genutzten Gegenstandes zum Unternehmen, um den Vorsteuerabzug in Anspruch nehmen zu können (Rz. 27.154 ff.), nach Auffassung des BFH eine materielle Voraussetzung für den Vorsteuerabzug.[6]

Diese Grundsätze sind inzwischen ins Wanken geraten: Jüngst hat hingegen der EuGH in der Rechtssache *Gmina Ryjewo*[7] auf der Grundlage von Art. 184 MwStSystRL entschieden, dass eine Gemeinde eine nachträgliche Zuordnungsentscheidung für die bisherige nichtwirtschaftliche Nutzung eines Kulturhauses treffen und damit für die Jahre der Nutzungsänderung nachträglich den anteiligen Vorsteuerabzug erlangen kann. Maßgebend war nach der Auffassung des EuGH, dass die Gemeinde vorher keine eindeutige Zuordnungsentscheidung getroffen hatte, sondern dies erst nach vier Jahren vornahm, allerdings bereits mehrwertsteuerlich registriert war. Ob damit die Wende eröffnet ist zu einer **faktischen Einlagenbesteuerung im**

---

1 *Heuermann*, MwStR 2018, 729 (734); *Heuermann*, Non Profit Law Yearbook 2018, im Erscheinen.

2 EuGH v. 30.3.2006 – Rs. C-184/04 – Uudenkaupungin kaupunki, UR 2006, 530 = DStRE 2006, 619, Rz. 30.

3 EuGH v. 11.7.1991 – Rs. C-97/90 – Lennartz, UR 1991, 291; EuGH v. 23.4.2009 – Rs. C-460/07 – Sandra Puffer, Rz. 44, UR 2009, 410 m. Anm. *Widmann* = DStR 2009, 903; vgl. auch EuGH v. 2.6.2005 – Rs. C-378/02 – Waterschap Zeeuws Vlaanderen, UR 2005, 437 = DStRE 2005, 902.

4 EuGH v. 23.4.2009 – Rs. C-460/07 – Puffer, Rz. 44, UR 2009, 410 m. Anm. *Widmann* = DStR 2009, 903; vgl. BFH v. 26.4.1979 – V R 46/72, BStBl. II 1979, 530; v. 25.3.1988 – V R 101/83, UR 1988, 346 m. Anm. *Weiss* = BStBl. II 1988, 649 m. Nachw. aus der früheren BFH-Rspr.; BFH v. 1.12.2010 – XI R 28/08, UR 2011, 678 = BStBl. II 2011, 994, Rz. 25 ff.; UStAE 15.2a Abs. 12 S. 2.

5 EuGH v. 8.3.2001 – Rs. C-415/98 – Bakcsi, Rz. 33, UR 2001, 149 = DStRE 2001, 419; BFH v. 31.1.2002 – V R 61/96, UR 1999, 64 m. Anm. *Widmann* = BStBl. II 2003, 813 vgl. UStAE 15.2c Abs. 2 S. 1 Nr. 2 S. 2 ff., Abs. 3 S. 3; UStAE 15.23 Abs. 4; BFH v. 31.1.2002 – V R 61/96, UR 1999, 64 m. Anm. *Widmann* = BStBl. II 2003, 813.

6 BFH v. 14.3.2017 – V B 109/16, BFH/NV 2017, 922.

7 EuGH v. 25.7.2018 – Rs. C-140/17, Gmina Ryjewo, ECLI:EU:C:2018:595 = UR 2018, 687; dazu Schlussanträge der GAin *Kokott* MwStR 2018, 557 ff.; *Meuer*, MwStR 2018, 859 ff.

**Mehrwertsteuerrecht auch für die private Nutzung,**[1] ist allerdings zweifelhaft, da die Entscheidung den nicht wirtschaftlichen, dh hoheitlichen Bereich betraf, wo eine Zuordnungsentscheidung gar nicht notwendig ist und für die private Nutzung andere Mechanismen zur Verfügung stehen (dazu oben Rz. 27.158 f.).[2]

Wenn eine **Eingangsleistung** nicht unmittelbar komplett einer unternehmerischen Ausgangsleistung zuzuordnen ist, erfolgt die Aufteilung nach Anteilen. Die MwStSystRL sieht **keinen Aufteilungsmaßstab** vor, wenn die angefallenen Vorsteuern in unternehmerische und nichtunternehmerische/private Bezüge aufgeteilt werden müssen, sondern nur für die Aufteilung steuerfreier und steuerpflichtiger „Umsätze" (Art. 173 Abs. 1 MwStSystRL), in Deutschland in § 15 Abs. 4 UStG (Rz. 27.217 ff.). 27.160

Die Vorsteuerbeträge aus **sonstigen (Dienst-)Leistungen**, die privat verwendet werden, sind bei Bezug nach dem Maßstab des § 15 Abs. 4 UStG analog aufzuteilen (Rz. 27.217 ff.). Ein Zuordnungswahlrecht gibt es hier nicht.[3] 27.161

## bb) Gemischt unternehmerisch-nichtunternehmerische Verwendung

Eine teils hoheitliche oder satzungsmäßige, teils wirtschaftliche Nutzung eines Gegenstandes berechtigt nicht dazu, den Gegenstand komplett dem wirtschaftlichen Bereich zuzuordnen. Das gilt beispielsweise für die Nutzung des Marktplatzes einer Gemeinde oder für die satzungsmäßigen, nicht wirtschaftlichen Tätigkeiten eines Vereins, etwa die nicht als individuelle Leistung einzustufende Interessenvertretung gegen Mitgliedsbeiträge (dazu oben Rz. 27.136, siehe auch Rz. 27.253 ff. bei nachträglichen Änderungen). Hier sind die abzugsfähigen und die nicht abzugsfähigen Vorsteuerbeträge zwingend nach § 15 Abs. 4 UStG analog unabhängig von einer Zuordnungsentscheidung aufzuteilen.[4] 27.162

Weder das Unionsrecht noch das nationale deutsche Recht enthält für die **Aufteilung** von Vorsteuerbeträgen bei gemischt wirtschaftlicher (= steuerbarer) und nichtwirtschaftlicher (= nicht steuerbarer, aber nicht unternehmensfremden Verwendung ausdrückliche Bestim-

---

1 So *Küffner/Kirchinger,* UR 2018, 692 f.; *Huschens,* EU-UStB 2018, 69 f.; *Widmann,* UR 2018, 666 ff.

2 Zurückhaltend daher *Heuermann,* Non Profit Law Yearbook 2018, im Erscheinen; *ders.,* MwStR 2018, 1000 (1002 f.); *Kessens,* MwStR 2019, 308 (309 f.); *Sterzinger,* UR 2018, 692 f.

3 BFH v. 14.10.2015 – V R 10/14, UR 2016, 35 = BStBl. II 16, 717; vgl. auch BFH v. 9.12.2010 – V R 17/10, UR 2011, 313 = BStBl. II 2012, 53; v. 13.1.2011 – V R 12/08, UR 2011, 295 m. Anm. *Filtzinger* = BStBl. II 2012, 61; v. 3.3.2011 – V R 23/10, UR 2011, 617 m. Anm. *Küffner* = BStBl. II 2012, 74; EuGH v. 16.2.2012 – Rs. C-118/11 – Eon Aset, Rz. 40, UR 2012, 230 m. Anm. *Wäger* = DStRE 2012, 1077, zum Leasing.

4 BFH v. 3.8.2017 – V R 62/16, BFHE 259, 380 = UR 2018, 170 m. Anm. *Dziadkowski* = DStR 2017, 2661, Rz. 18; v. 3.3.2011 – V R 23/10, BFHE 233, 274 = BStBl. II 2012, 74 = UR 2011, 617 m. Anm. *Küffner* = DStR 2011, 1077, Rz. 16 f.; v. 10.11.2011 – V R 41/10, BFHE 235, 554 = UR 2012, 272 m. Anm. *Küffner* = DStR 2012, 348 Rz. 32; v. 9.12.2010 – V R 17/10, BFHE 232, 243 = BStBl. II 2012, 53 = DStR 2011, 460 unter Rz. 26; v. 13.1.2011 – V R 12/08, BFHE 232, 261 = BStBl. II 2012, 74 = UR 2011, 295 m. Anm. *Filtzinger* = DStR 2011, 465 Rz. 35; die Finanzverwaltung hat sich angeschlossen, BMF v. 2.1.2014, BStBl I 14, 119, mit anderen Begriffen; vgl. EuGH v. 10.9.2014 – Rs. C-92/13 – Gemeente's-Hertogenbosch, Rz. 25, UR 2014, 852 = MwStR 2014, 686; EuGH v. 15.9.2016 – Rs. C-400/15 – Landkreis Potsdam-Mittelmark, Rz. 34, UR 2016, 840 m. Anm. *Sterzinger* = MwStR 2016, 835.

mungen.[1] Die Mitgliedstaaten haben bei der Aufteilung daher ein ***Ermessen***, sie müssen aber darauf achten, dass die Berechnung des Verhältnisses zwischen wirtschaftlichen und nichtwirtschaftlichen Tätigkeiten objektiv widerspiegelt, welcher Teil der Eingangsaufwendungen jeder dieser beiden Tätigkeiten tatsächlich zuzurechnen ist.[2] Die Mitgliedstaaten dürfen einen **Investitionsschlüssel**, einen **Umsatzschlüssel** oder jeden **anderen geeigneten Schlüssel** verwenden und sind nicht verpflichtet, sich auf eine einzige dieser Methoden zu beschränken.[3] Daher können die Mitgliedstaaten in eigener Zuständigkeit die Vorsteueraufteilung regeln. Sie dürfen bei der Ausübung ihres Ermessens hinsichtlich der geeigneten Berechnungsweise sowohl einen **Investitionsschlüssel**, einen **Umsatzschlüssel** oder **jeden anderen geeigneten Schlüssel** verwenden und sind nicht verpflichtet, sich auf eine einzige dieser Methoden zu beschränken. Eine Aufteilung ist aber zwingend und eine nationale Regelung, nach der ein vollständiger Vorsteuerabzug bei gemischten Ausgaben gewährt wird, ist unionsrechtswidrig.[4] Mit der Entscheidung in der Rechtssache *Larentia + Minverva* hat es der EuGH abgelehnt, die Kriterien weiter zu konkretisieren.[5] Hieraus folgt eine erhebliche Rechtsunsicherheit für die betroffenen Organisationen des Dritten Sektors.

27.163 Im Anschluss an das Urteil des BFH vom 3.3.2011[6] wird die Regelung des § 15 Abs. 4 UStG für die Aufteilung auf nichtwirtschaftliche und wirtschaftliche Leistungen analog angewandt, weil insoweit nach dem nationalen Recht eine Regelungslücke besteht.[7] Dabei sei bei den Gemeinkosten der **globale Umsatzschlüssel** die präziseste Methode.[8] Bei **Gebäuden** erfolgt die

---

1 EuGH v. 13.3.2008 – Rs. C-437/06 – Securenta, Rz. 34, UR 2008, 344 m. Anm. *Eggers* = BStBl II 2008, 727; EuGH v. 6.9.2012 – Rs. C-496/11 – Portugal Telecom, UR 2012, 762 = DStR 2012, 1859; BFH v. 19.7.2011 – XI R 29/10, UR 2012, 40 = BStBl II 2012, 438.

2 EuGH v. 13.3.2008 – Rs. C-437/06 – Securenta, Rz. 37, UR 2008, 344 m. Anm. *Eggers* = BStBl II 2008, 727; EuGH v. 16.7.2015 – Rs. C-108/14, C-109/14 – Larentia + Minerva, Rz. 27, DStR 2015, 1673; v. 8.5.2019 – C-566/17 – Zwiazek Gmin Zaglebia Miedziowego, ECLI:EU:C:2019:390, Rz. 31 ff.

3 EuGH v. 16.7.2015 – Rs. C-108/14, C-109/14 – Larentia + Minerva, Rz. 30, DStR 2015, 1673.

4 EuGH v. 8.5.2019 – C-566/17 – Zwiazek Gmin Zaglebia Miedziowego, ECLI:EU:C:2019:390, Rz. 50 ff.

5 EuGH v. 16.7.2015 – Rs. C-108/14, C-109/14 – Larentia + Minerva, Rz. 31, 32, DStR 2015, 1673; vgl. die Vorlagebeschlüsse des BFH v. 11.12.2013 – XI R 38/12, UR 2014, 323 = DStR 2014, 466 und v. 11.12.2013 – XI R 17/11, UR 2014, 313 m. Anm. *Marchal* = GmbHR 2014, 376 m. Anm. *Masuch* = MwStR 2014, 202.

6 BFH v. 3.3.2011 – V R 23/10, BFHE 233, 274, BStBl. II 2012, 74 = UR 2011, 617 m. Anm. *Küffner*, Rz. 31.

7 BFH v. 3.3.2011 – V R 23/10, BFHE 233, 274, BStBl. II 2012, 74 = UR 2011, 617 m. Anm. *Küffner*, Rz. 31; v. 19.7.2011 – XI R 29/10, UR 2012, 40 = BStBl II 2012, 438, Rz. 38; v. 9.2.2012 – V R 40/10, UR 2012, 394 = BStBl II 2012, 844, Rz. 25; v. 9.9.2014 – V B 43/14, BFH/NV 2015, 68 f. zur teilweisen Nutzung eines Werbemobils durch einen Verein; v. 15.4.2015 – V R 44/14, UR 2015, 521 = BStBl. II 2015, 679, Rz. 11; v. 21.10.2015 – XI R 28/14, UR 2016, 406 = BStBl. II 2016, 550, Rz. 29; v. 6.4.2016 – V R 6/14, UR 2016, 770 = GmbHR 2016, 768 = BStBl. II 2017, 577, Rz. 38; vgl. Vorlagebeschlüsse des BFH v. 11.12.2013 – XI R 38/12, UR 2014, 323 = DStR 2014, 466, Rz. 47 und v. 11.12.2013 – XI R 17/11, UR 2014, 313 m. Anm. *Marchal* = GmbHR 2014, 376 m. Anm. *Masuch* = MwStR 2014, 202, Rz. 42; FG Nieders. v. 28.6.2018 – 5 K 250/16, juris, zu teilweise steuerfreiem, teilweise ermäßigt steuerpflichtigem und teilweise nicht wirtschaftlichem Gebrauch eines Rettungssimulators eines Vereins für Verkehrssicherungstraining; ebenso BMF v. 2.1.2014, BStBl I 2014, 119, unter I. 3.; UStAE 15.2c Abs. 2 Nr. 2b S. 4; *Stadie* in Rau/Dürrwächter, UStG, § 15 Rz. 1766 („Natur der Sache") (Stand März 2019).

8 BFH v. 11.12.2013 – XI R 38/12, UR 2014, 323 = DStR 2014, 466, Rz. 49 mit Hinweis auf die österreichische Rechtspraxis; vgl. EuGH v. 16.7.2015 – Rs. C-108/14, C-109/14 – Larentia + Minerva,

Aufteilung nach Verwaltungsmeinung regelmäßig auf der Basis einer räumlichen Betrachtung. Danach kommt in erster Linie das Verhältnis der **Nutzflächen** als Aufteilungsmaßstab in Betracht. Das gilt nicht, wenn die unterschiedliche Nutzung des Gebäudes bzw. Gebäudeteils nicht vergleichbar ist (vgl. hierzu Rz. 27.224 ff.). Nach der Entscheidung des BFH zur Vorsteueraufteilung von steuerfreien und steuerpflichtigen Vermietungsumsätzen (dazu noch unten Rz. 27.225) einer Sporthalle vom 26.4.2018[1] führt bei einer zeitlich abwechselnden Nutzung desselben Gebäudes die Aufteilung der Vorsteuerbeträge nach den **Nutzungszeiten** zu einer präziseren wirtschaftlichen Zurechnung nach § 15 Abs. 4 S. 3 UStG. Dabei sind Zeiten des Leerstandes nicht pauschal ohne konkreten Nachweis der steuerpflichtigen Tätigkeit zuzuordnen. Die gleichen Grundsätze gelten bei gemischt wirtschaftlicher und nichtwirtschaftlicher Nutzung, so im Fall der Entscheidung des BFH vom 28.6.2017 zur steuerpflichtigen Vermietung und hoheitlichen Nutzung einer Sporthalle durch eine Gemeinde.[2]

Unmittelbar zur Aufteilung der Vorsteuer zwischen wirtschaftlichen und nicht wirtschaftlichen Tätigkeiten eines Vereins, der Arbeitsförderungs- und Qualifikationsprojekte angeboten und hierfür **Zuschüsse der öffentlichen Hand** erhalten hatte, entschied der BFH, der Verein sei nicht zum vollen Vorsteuerabzug berechtigt, wenn er im Rahmen seiner Gesamtbetätigung sowohl einer unternehmerischen als auch einer nicht wirtschaftlichen Tätigkeit nachgeht und die fragliche Eingangsleistung nicht unmittelbar und direkt der unternehmerischen Tätigkeit zuzurechnen ist. Die Aufteilung der Vorsteuern müsse dann im **Schätzungswege** erfolgen. Dabei kommt eine Aufteilung in Betracht, bei der **Mitgliedsbeiträge und Zuschüsse den steuerpflichtigen Umsätzen gegenübergestellt** werden.[3] Dass der BFH dabei die Zuschüsse und Mitgliedsbeiträge vorsteuermindernd in den Gesamtumsatzschlüssel einbezieht, ist zu kritisieren, da der EuGH Zuschüssen nicht zwangsläufig eine solche Wirkung zuspricht (Rz. 27.43, 27.50, 27.145). Das FG Köln hat demgegenüber rechtskräftig entschieden, dass als Maßstab für die Aufteilung von Vorsteuern für die Erstellung einer **Vereinszeitschrift**, die den nichtunternehmerischen und den unternehmerischen Bereich betrifft, das **Seitenverhältnis, also kein Umsatzschlüssel,** zu Grunde gelegt werden kann.[4] Erbringt die Zeitschrift Überschüsse, ist auch ein vollständiger Vorsteuerabzug möglich.[5] 27.164

Wenn die unternehmerische Nutzung weniger als 10 % beträgt, ist für die gesamte Leistung keine Vorsteuer abziehbar, § 15 Abs. 1 S. 2 UStG. Nach dem Urteil des EuGH vom 15.9.2016[6] gilt die nach der Ermächtigung 2004/817/EG vom 19.11.2004 eingeführte unternehmerische **Mindestnutzung von Gegenständen in Höhe von 10 %** nicht für solche, die für nichtwirt- 27.165

---

Rz. 30, DStR 2015, 1673; BFH v. 16.9.2015 – XI R 27/13, BFH/NV 2016, 252, Rz. 39; v. 22.4.2015 – XI R 10/14, BStBl II 2015, 862, Rz. 35 jeweils zu Zuschüssen; *Sölch/Ringleb/Oelmaier*, UStG, § 15 Rz. 875; krit. *Robisch*, UR 2008, 881, 883; *Beiser*, BB 2009, 1324, 1326; *Eggers/Ahrens*, DB 2013, 2528, 2533; aA BMF v. 2.1.2012, BStBl. I 2012, 60 II.3. Bsp. 2: nach Anzahl der Beteiligungen.

1 BFH v. 26.4.2018 – V R 23/16, BFHE 245, 397 = UR 2018, 807 = DStR 2018, 1864 = MwStR 2018, 887 m. Anm. *Jacobs*.

2 BFH v. 28.6.2017 – XI R 12/15, UR 2017, 758 m. Anm. *Sterzinger* = DStR 2017, 1873; dazu *Wäger*, UR 2018, 45 (48); vgl. auch BFH v. 3.8.2017 – V R 62/16, BFHE 259, 380 = UR 2018, 170 m. Anm. *Dziadkowski* = DStR 2017, 2661 (Marktplatz für entgeltlichen Kurbetrieb); *Sterzinger*, UVR 2015, 109 (113); *Jakobs*, MwStR 2018, 890.

3 BFH v. 24.9.2014 – V R 54/13, BFH/NV 2015, 364.

4 FG Köln v. 29.1.2015 – 6 K 3255/13, rkr., EFG 2015, 863.

5 FG München v. 21.4.2010 – 3 K 2780/07, rkr. EFG 2010, 1737.

6 EuGH v. 15.9.2016 – Rs. C-400/15 – Landkreis Potsdam-Mittelmark, ECLI:EU:C:2016:687, UR 2016, 840 m. Anm. *Sterzinger*; Vorlage durch BFH v. 16.6.2015 – XI R 15/13, BStBl. II 2015, 865 = UR 2015, 681; Folgeurteil BFH v. 16.11.2016 – XI R 15/13, UR 2017, 150.

schaftliche, aber nicht unternehmensfremde und für wirtschaftliche Zwecke verwendet werden, sondern nur für unternehmensfremde, private Tätigkeiten. Durch Beschluss des Rates vom 10.12.2015[1] ist Deutschland ermächtigt worden, die Regelung über die unternehmerische Mindestnutzung bis zum 31.12.2018 fortzuführen. Diese erneute Ermächtigung enthält den „klarstellenden" Zusatz, dass der Vorsteuerabzug auch dann ausgeschlossen werden darf, wenn der Gegenstand zu mehr als 90 % für eine nichtwirtschaftliche Tätigkeit verwendet wird. Für die Zeit ab 1.1.2016 ist damit unionsrechtlich abgesichert, dass ein Vorsteuerabzug nur dann möglich ist, wenn die unternehmerische Nutzung mindestens 10 % beträgt. Für frühere Zeiträume kann sich der Steuerpflichtige auf die günstigere Unionsrechtslage, nämlich den Vorsteuerabzug nach § 168 MwStSystRL berufen.[2] Kurz vor Jahresende 2018 wurde der Beschluss zur Verlängerung bis zum 31.12.2021 im Amtsblatt der EU veröffentlicht. Die 10 %-Grenze für die Zuordnung zum Unternehmen gilt somit weiterhin.

### cc) Gemischt unternehmerisch-nichtunternehmerische, gemischt nichtwirtschaftliche und gemischt steuerfreie Verwendung

27.166 Noch schwieriger wird es, wenn teils Umsätze vorliegen, die zum Vorsteuerabzug berechtigen, teils nichtwirtschaftliche Umsätze im Unternehmen, teils private Umsätze außerhalb des Unternehmens und teils steuerfreieUmsätze. Dabei sollte stufenweise vorgegangen werden: In einem ersten Schritt sind die auf die wirtschaftlichen Tätigkeiten (steuerpflichtige und steuerfreie Umsätze) entfallenden Vorsteuerbeträge zu ermitteln. In einem zweiten Schritt ist die Aufteilung zwischen steuerpflichtigen und nicht zum Vorsteuerabzug berechtigenden steuerfreien Umsätzen vorzunehmen.[3] Bei Gesamtkosten bietet sich der **globale Umsatzschlüssel** an. Dabei sind die nichtwirtschaftlichen Tätigkeiten bei der Aufteilung auf steuerpflichtige/steuerfreie Umsätze auszusondern.[4]

### f) Gesetzlich geschuldete Steuer

27.167 Gem. § 15 Abs. 1 S. 1 Nr. 1 S. 1 UStG ist nur die **gesetzlich geschuldete Steuer** abziehbar. Falsch ausgewiesene Umsatzsteuer aus den Eingangsumsätzen kann der Unternehmer daher nicht als Vorsteuer abziehen. Dies betrifft etwa die Vorsteuer für einen steuerfreien oder einen nicht steuerbaren Umsatz[5] oder von Leistungen eines Kleinunternehmers.[6] Eine zu niedrig ausgewiesene Steuer, etwa bei einem Irrtum über den ermäßigten Steuersatz, ist aber als Vorsteuer – auf diesen Betrag beschränkt – abziehbar.[7] Denn auch eine zu niedrig ausgewiesene Umsatzsteuer ist eine gesetzlich geschuldete Steuer und – sofern die übrigen Voraussetzungen

---

1 2015/2528/EU, ABl. EU L 334 v. 22.12.2015, S. 12.

2 BFH v. 16.11.2016 – XI R 15/13, BStBl. II 2015, 865 = UR 2017, 150 = DStR 2017, 99 m. Anm. *Treiber*; vorgehend EuGH v. 15.9.2016 – Rs. C-400/15 – Landkreis Potsdam-Mittelmark, UR 2016, 840 m. Anm. *Sterzinger* = MwStR 2016, 835; bestätigt durch BFH v. 3.8.2017 – V R 62/16, BFHE 259, 380 = MwStR 2018, 181 m. Anm. *Rust*; BFH v. 2.8.2018 – V R 21/06, MwStR 2019, 110 m. Anm. *Widmann*, Rz. 38.; *Sölch/Ringleb/Oelmaier*, UStG, § 15 Rz. 261.

3 *Sölch/Ringleb/Oelmaier*, UStG, § 15 Rz. 881; *Robisch*, UR 2008, 881, 882 f.; *Beiser*, BB 2009, 1324, 1325.

4 *Sölch/Ringleb/Oelmaier*, UStG, § 15 Rz. 819 unter Berufung auf EuGH v. 16.7.2015 – Rs. C-108/14, C-109/14 – Larentia + Minerva, Rz. 28, DStR 2015, 1673.

5 *Janzen* in Lippross/Seibel, Basiskommentar Steuerrecht, § 15 UStG, Rz. 26 (Stand Mai 2019).

6 Abschn. 15.2 Abs. 1 Satz 2 UStAE.

7 BFH v. 28.8.2014 – V R 49/13, UR 2014, 974.

vorliegen – als Vorsteuer abziehbar.[1] Umgekehrt sind nur 7 % abziehbar, wenn irrtümlich der volle Steuersatz von 19 % ausgewiesen wurde.[2]

Bei der Anwendung des **Reverse-Charge-Verfahrens nach § 13b UStG**, bei dem der Leistungsempfänger Steuerpflichtiger ist, hat dieser keinen Vorsteuerabzugsanspruch, wenn er fälschlicherweise die Umsatzsteuer an den Leistungserbringer leistet (vgl. auch Rz. 27.253).[3] 27.168

Während als Verwendungsumsätze in- wie ausländische Umsätze in Betracht kommen, besteht der Vorsteuerabzug **nur für im Inland bezogene Leistungen.**[4] Der Vorsteuerabzug für Leistungsbezüge im Ausland richtet sich nach dem Umsatzsteuerrecht des Leistungsstaats. Unternehmer, die mit ausländischen Vorsteuerbeträgen belastet wurden, haben sich wegen eines Abzugs an den Staat zu wenden, der die Steuer erhoben hat. Die EU-Mitgliedstaaten vergüten nach Maßgabe der Richtlinie 2008/9/EG des Rates vom 12.2.2008 den **in einem anderen Mitgliedstaat** ansässigen Unternehmern die Vorsteuern in einem besonderen Verfahren und haben hierfür zentrale Erstattungsbehörden bestimmt. In Deutschland sind Anträge auf Vergütung der Vorsteuerbeträge in anderen EU-Mitgliedstaaten seit dem 1.1.2010 elektronisch über das BZSt (www.bzst.de) **zu übermitteln**; sie müssen und dürfen sich nicht mehr unmittelbar an die Mitgliedstaaten wenden, vgl. § 18g UStG. Die Frage nach den formellen Anforderungen (dazu auch Rz. 27.172 ff.), nämlich ob bei einem solchen Vorsteuervergütungsantrag statt der Nummer der Rechnung eine Referenznummer angegeben werden kann, hat der BFH dem EuGH vorgelegt,[5] Die Frage dürfte sich freilich beim Vorsteuerabzug eines Inländers in der gleichen Weise stellen. 27.169

### g) Leistungen von einem anderen Unternehmer

Gem. § 15 Abs. 1 S. 1 Nr. 1 UStG ist Voraussetzung für den Vorsteuerabzug, dass die Lieferung oder sonstige Leistung von einem anderen Unternehmer ausgeführt worden ist. Liegt diese Voraussetzung nicht vor, schuldet der Unternehmer zwar nach § 14c Abs. 2 UStG die ausgewiesene Steuer, der Leistungsempfänger kann die Vorsteuer aber gleichwohl nicht geltend machen. Hierfür trägt der Leistungsempfänger die **objektive Beweislast.**[6] 27.170

**Wer** bei einem Umsatz als **Leistender** anzusehen ist, ergibt sich regelmäßig aus den zugrunde liegenden zivilrechtlichen Vereinbarungen, ausnahmsweise nach einer wirtschaftlichen Betrachtungsweise (s. oben Rz. 27.115 ff.). 27.171

---

1 BFH 28.8.2014 – V R 49/13, UR 2014, 974 Rz. 37; *Wagner* in Sölch/Ringleb, UStG, § 15 Rz. 360; *Forgách* in Reiß/Kraeusel/Langer, UStG, § 15 Rz. 204; *Stadie* in Rau/Dürrwächter, UStG, § 14 Anm. 53 (Stand März 2019); *Bosche* in Birkenfeld/Wäger, Umsatzsteuer-Handbuch, § 140 Rz. 53.

2 BFH v. 19.11.2009 – V R 41/08, UR 2010, 265.

3 EuGH v. 26.4.2017 – Rs. C-564/15 – Farkas, UR 2017, 438; EuGH v. 6.2.2014 – Rs. C-424/12 – SC Fatorie SRL, MwStR 2014, 125.

4 BFH v. 2.4.1998, V R 34/97, BStBl. II 1998, 695; BFH v. 6.12.2007, V R 3/06, BStBl. II 2009, 203.

5 BFH v. 13.2.2019 – XI R 13/17, BFH/NV 2019, 664 = DB 2019, 1067.

6 BFH v. 4.12.1987 – V S 9/85, BStBl. II 1988, 702; BFH v. 1.2.2001 – V R 6/00, BFH/NV 2001, 941.

### h) Ordnungsgemäße Rechnung

27.172 Weitere Voraussetzung für den Vorsteuerabzug ist gem. § 15 Abs. 1 S. 1 Nr. 1 S. 2 UStG, dass der Unternehmer im Besitz einer den Anforderungen der §§ 14 und 14a UStG entsprechenden **Rechnung** ist. Der EuGH bezeichnet die ordnungsgemäße Rechnung in ständiger Rechtsprechung als nur **formelle Voraussetzung** für den Vorsteuerabzug und gewährt daher Erleichterungen für den Steuerpflichtigen. Nach dem Prinzip der Neutralität sei der Vorsteuerabzug vorzunehmen, wenn die materiellen Anforderungen erfüllt sind, selbst wenn der Steuerpflichtige bestimmten formellen Bedingungen nicht genügt hat.[1] Damit ist der Vorsteuerabzug ausnahmsweise zu gewähren, selbst wenn keine ordnungsgemäße Rechnung vorliegt.[2] Dies steht im Widerspruch zu der bisherigen Rechtsprechung des BFH und der Auffassung der Verwaltung.[3]

27.173 So wird nach nationalem Recht für erforderlich gehalten das **Lieferdatum**[4] und die **Steuer-** bzw. die **Umsatzsteuer-Identifikationsnummer** des Lieferanten.[5] Vereinzelt wird auch die Angabe der persönlichen Steuer-Identifikationsnummer als ausreichend angesehen.[6] Von der Richtigkeit der Steuernummer, der inländischen Umsatzsteuer-Identifikationsnummer und der Rechnungsnummer dürfe der Unternehmer aber ausgehen.[7] Weitere Pflichtangaben sind der Name und die Anschrift des leistenden Unternehmers und des Leistungsempfängers, die hinreichende Leistungsbeschreibung, die Angaben zum Entgelt, der Steuersatz und der Steuerbetrag, § 14 Abs. 4 S. 1 Nr. 1 UStG.

27.174 Nach der Rechtsprechung des EuGH hat der Steuerpflichtige den **Nachweis** für den Vorsteuerabzug zu führen und die Steuerbehörden dürfen vom Steuerpflichtigen selbst die erforderlichen Belege dafür verlangen.[8] Der EuGH sieht in den Rechnungen lediglich ein Mittel zur Überprüfung des Vorliegens der materiellen Voraussetzungen.[9] Die Angaben, die eine Rechnung enthalten muss, sollen es den Steuerverwaltungen ermöglichen, die Entrichtung der ge-

---

1 EuGH v. 15.9.2016 – Rs. C-518/14 – Senatex, Rz. 38, MwStR 2016, 792; EuGH v. 15.9.2016 – Rs. C-516/14 – Barlis 06 – Investimentos Imobiliarios e Turisticos, Rz. 42, UR 2016, 795 m. Anm. *Maunz* = MwStR 2016, 796; EuGH v. 15.11.2017 – Rs. C-374/16 und C-375/16 – Geissel und Butin, Rz. 40, DStR 2017, 2544; v. 21.11.2018 – C-664/16, ECLI:EU:C:2018:933 – Vădan, MwStR 2019, 31 Rz. 41; Darstellung der Rechtsprechung bei *von Streit/Streit*, MwStR 2019, 13 ff.; *Ismer/Artinger*, MwStR 2019, 56 ff.

2 *Treiber*, UR 2017, 858, 862; *Widmann*, UR 2017, 18, 22 f.; *Maunz*, UR 2016, 805; einschränkend *Weymüller*, MwStR 2017, 642.

3 BFH v. 16.1.2014 – V R 28/13, BStBl II 2014, 867, Rz. 10 ff. m. w. N.; v. 23.10.2014 – V R 23/13, BStBl II 2015, 313, Rz. 15; v. 2.9.2010 – V R 55/09, BStBl II 2011, 235 m. w. N.; v. 1.3.2018 – V R 18/17, BFHE 261, 187 = UR 2018, 516 = MwStR 2018, 564; UStAE 15.2a; vgl. *Widmann*, UR 2017, 18, 23.

4 BFH v. 17.12.2008 – XI R 62/07, BStBl. II 2009, 432 = UR 2009, 247; großzügiger jetzt BFH v. 1.3.2018 – V R 18/17, BFHE 261, 187 = UR 2018, 516 = MwStR 2018, 564, Rz. 28.

5 *Janzen* in Lippross/Seibel, Basiskommentar Steuerrecht, § 14 UStG, Rz. 72 (Stand Mai 2019).

6 *Janzen* in Lippross/Seibel, Basiskommentar Steuerrecht, § 14 UStG, Rz. 73 (Stand Mai 2019); vgl. EuGH v. 22.12.2010 – Rs. C-438/09 – Boguslaw Juliusz Dankowski, UR 2011, 435.

7 *Stadie* in Rau/Dürrwächter, UStG, § 15 Rz. 889 (Stand März 2019).

8 EuGH v. 19.10.2017 – Rs. C-101/16 – Paper Consult, Rz. 39, UR 2018, 213 = DStR 2017, 2333; EuGH v. 15.9.2016 – Rs. C-516/14 – Barlis 06 – Investimentos Imobiliarios e Turisticos, Rz. 46, UR 2016, 795 m. Anm. *Maunz* = MwStR 2016, 796.

9 EuGH v. 15.9.2016 – Rs. C-516/14 – Barlis 06 – Investimentos Imobiliarios e Turisticos, Rz. 44, UR 2016, 795 m. Anm. *Maunz* = MwStR 2016, 796; EuGH v. 15.11.2017 – Rs. C-374/16 und C-375/16 – Geissel und Butin, Rz. 41, DStR 2017, 2544.

schuldeten Steuer und gegebenenfalls das Bestehen des Vorsteuerabzugsrechts zu kontrollieren.[1] Der Verstoß gegen die formellen Anforderungen dürfe aber nicht den sicheren Nachweis verhindern, dass die materiellen Voraussetzungen vorliegen.[2] So kann die **Leistungsbeschreibung** („juristische Dienstleistungen") präzisiert werden.[3] Zur **Anschrift des leistenden Unternehmers** haben beide Umsatzsteuersenate des BFH nach Vorlage an den EuGH[4] mit zwei Urteilen vom 13.6.2018 und 21.6.2018 unter Änderung ihrer bisherigen Rechtsprechung in richtlinienkonformer Auslegung entschieden, dass die Angabe einer Adresse ausreichend sei, unter der der Leistende postalisch erreichbar ist, auch wenn dort keine Geschäfte geführt werden.[5] Eine bloße Schätzung des Vorsteuerabzugs ohne Vorlage geeigneter Unterlagen ist aber auch nach der Rechtsprechung des EuGH nicht zulässig.[6] Mit Urteil vom 14.2.2019 hat der BFH entschieden, dass die **Identität von Rechnungsaussteller und leistendem Unternehmer** auch unionsrechtlich Voraussetzung für den Vorsteuerabzug ist.[7]

Fehlt es an einer der in § 15 Abs. 1 S. 1 Nr. 1 UStG genannten formellen Voraussetzungen für den Vorsteuerabzug, gewähren Finanzverwaltung[8] und die bisherige Rechtsprechung des BFH den Vorsteuerabzug nach §§ 163, 227 AO nur aus **Billigkeitsgründen,** wenn der Unternehmer in gutem Glauben von steuerpflichtigen Eingangsleistungen ausgegangen ist. Begründet wird dies damit, dass das Unionsrecht und § 15 UStG den Schutz des guten Glaubens im Festsetzungsverfahren nicht fordern, sondern die Mitgliedstaaten die Modalitäten des Verfahrensrechts selbst festlegen.[9] Liegen die Voraussetzungen für den Vorsteuerabzug vor, ist das Ermessen für die Billigkeitsentscheidung auf null reduziert.[10] Die Entscheidung ist gemäß § 163 S. 3 AO regelmäßig mit der Steuerfestsetzung zu verbinden, wenn der Steuerpflichtige Gesichts- 27.175

1 EuGH v. 15.9.2016 – Rs. C-516/14 – Barlis 06 – Investimentos Imobiliarios e Turisticos, Rz. 27, UR 2016, 795 m. Anm. *Maunz* = MwStR 2016, 796; EuGH v. 15.11.2017 – Rs. C-374/16 und C-375/16 – Geissel und Butin, Rz. 41, DStR 2017, 2544.

2 EuGH v. 19.10.2017 – Rs. C-101/16 – Paper Consult, Rz. 42, UR 2018, 213 = DStR 2017, 2333, zum Vorsteuerabzug; ebenso bereits EuGH v. 27.9.2007 – Rs. C-146/05 – Collee, Rz. 31, UR 2007, 813 m. Anm. *Maunz* = BStBl II 2009, 78, zum Nachweis bei der innergemeinschaftlichen Lieferung; krit. wegen der Betrugsanfälligkeit dieser Sichtweise *Huschens,* in: UmsatzsteuerForum e.V./ Bundesministerium der Finanzen (Hrsg.), 100 Jahre Umsatzsteuer in Deutschland 1918-2018, S. 773 ff.; *Kemper,* in: UmsatzsteuerForum e.V./Bundesministerium der Finanzen (Hrsg.), 100 Jahre Umsatzsteuer in Deutschland 1918-2018, S. 749 ff.

3 EuGH v. 15.9.2016 – Rs. C-516/14 – Barlis 06 – Investimentos Imobiliarios e Turisticos, Rz. 46, UR 2016, 795 m. Anm. *Maunz* = MwStR 2016, 796; tendenziell enger BFH v. 1.3.2018 – V R 18/17, BFHE 261, 187 = UR 2018, 516 = MwStR 2018, 564, Rz. 17.

4 EuGH v. 15.11.2017 – Rs. C-374/16 und C-375/16 – Geissel und Butin, ECLI:EU:C:2017:867 = DStR 2017, 2544.

5 BFH v. 21.6.2018 – V R 25/15, BStBl. II 2018, 809 = MwStR 2018, 802 m. Anm. *Kemper*; BFH v. 13.6.2018 – XI R 20/14, BFHE 262, 172 = DStR 2018, 1967 = MwStR 2018, 933 m. Anm. *Scharrer*; ebenso BFH v. 21.6.2018 – V R 28/16, BStBl. II 2018, 806 = DStR 2018, 1661 = MwStR 2018, 799; v. 5.12.2018 – XI R 22/14, DStR 2019, 271.

6 EuGH v. 21.11.2018 – Rs. C-664/16, ECLI:EU:C:2018:933 – Vădan = MwStR 2019, 31.

7 BFH v. 14.2.2019 – V R 47/16, ECLI:DE: BFH:2019:U.140219.VR47.16.0.

8 OFD Nds. v. 30.5.2011 – S 7300 – 628 – St 173, DStR 2011, 1429.

9 Vgl. z.B. BFH v. 8.3.2001 – V R 61/97, BFHE 194, 517, BStBl. II 2004, 373, Rz. 30; BFH v. 30.7.2008 – V R 7/03, BFHE 223, 372, BStBl. II 2010, 1075, Rz. 49; BFH v. 22.7.2015 – V R 23/14, BFHE 250, 559, BStBl II 2015, 914, Rz. 32.

10 BFH v. 30.7.2008 – V R 7/03, UR 2009, 161 = BStBl. II 2010, 1075; v. 22.7.2015 – V R 23/14, UR 2015, 796 = BStBl. II 2015, 914, Rz. 32; v. 6.4.2016 – XI R 20/14, UR 2016, 604 = MwStR 2016, 668, Rz. 59.

punkte des Vertrauensschutzes im Festsetzungsverfahren geltend macht.[1] Wird der Billigkeitsantrag gem. § 163 AO erst später gestellt oder über ihn erst später entschieden, kann das gerichtliche Verfahren über die Festsetzung gem. § 74 FGO ausgesetzt werden, da die Billigkeitsentscheidung nach § 163 AO Grundlagenbescheid für die Steuerfestsetzung ist.[2] Ob dieses Verfahren dem Rechtsschutz auf der Grundlage der MwStSystRL genügt, hat der BFH in einer Vorlage an den EuGH bezweifelt. Die Vorlagefrage ist durch den EuGH in der Rs. *Geissel und Butin* allerdings mangels Entscheidungserheblichkeit nicht beantwortet worden. Auch im Schrifttum werden Zweifel an der Effektivität dieses Vorgehens ua aufgrund unterschiedlicher Zuständigkeiten geäußert. Vorzugswürdig sei es, dass sich der Steuerpflichtige insofern für sein Recht auf Vorsteuerabzug bereits im **Festsetzungsverfahren** unmittelbar auf das Unionsrecht berufen kann, wenn die unionsrechtlichen Voraussetzungen für den Vertrauensschutz vorliegen.

Ob ein Vorsteuerabzug aus Gründen des Vertrauensschutzes auch in Betracht kommt, wenn die materiellen und die gelockerten (Rz. 27.174) formellen Voraussetzungen vorliegen, der betreffende Umsatz aber in einem vom Lieferer begangene **Steuerhinterziehung** einbezogen war oder sonst in der Lieferkette Umsatzsteuer hinterzogen wurde, dies der Leistungsempfänger aber nicht erkennen konnte, bejaht der V. Senat des BFH ebenfalls.[3] Dementsprechend ist der Vorsteuerabzug zu versagen, wenn der Unternehmer in Bezug auf die Steuerehrlichkeit seines Lieferanten **bösgläubig** ist.[4] Der BFH sieht in dieser Einschränkung ein negatives Tatbestandsmerkmal des § 15 Abs. 1 S. 1 UStG.[5] Zum Vorsteuerabzug aus einer **Anzahlung** für ein dann nicht geliefertes Blockheizkraftwerk vgl. auch Rz. 27.84, 27.129).

27.176 Bei **Kleinbetragsrechnungen**, deren Gesamtbetrag (Entgelt zzgl. Umsatzsteuer) 150 Euro nicht übersteigt, reicht es für den Vorsteuerabzug (§ 35 Abs. 1 UStDV) aus, wenn statt des gesonderten Steuerausweises der Steuersatz angegeben ist und die sonstigen in § 33 Abs. 1 UStDV genannten Angaben enthalten sind.

27.177 Für den Vorsteuerabzug aus einem **Fahrausweis** muss der Unternehmer wie bei einer Kleinbetragsrechnung gem. § 35 Abs. 2 Satz 1, Abs. 1 UStDV den Bruttobetrag in Entgelt und Steuer aufteilen. Gem. § 35 Abs. 2 Satz 3 UStDV ist dabei grundsätzlich von dem ermäßigten Steuersatz von 7 % auszugehen. Den Regelsteuersatz von 19 % kann der Unternehmer geltend machen, wenn dieser Steuersatz oder eine Tarifentfernung von mehr als 50 km angegeben ist. Bei Flugtickets muss der allgemeine Steuersatz im Fahrausweis angegeben sein, § 35 Abs. 2 S. 4 UStDV.

27.178 Bei einer unrichtigen Rechnung kommt eine **Berichtigung** nach § 14 Abs. 2 UStG in Betracht. Nach der bisher in Deutschland vertretenen Auffassung ermöglichte eine berichtigte

---

1 BFH v. 22.7.2015 – V R 23/14, UR 2015, 796 = BStBl. II 2015, 914, Rz. 32; v. 30.4.2009 – V R 15/07, UR 2009, 816 = BStBl. II 2009, 744; allerdings nicht zwingend: BFH v. 14.3.2012 – XI R 2/10, BStBl II 2012, 653, Rz. 45.

2 BFH v. 10.9.2015 – V R 17/14, BFH/NV 2016, 80, Rz. 55 ff.

3 BFH v. 21.6.2018 – V R 28/16, DStR 2018, 1661 = MwStR 2018, 799; vgl. auch BFH v. 22.7.2015 – V R 23/14, BStBl. II 2015, 914 = UR 2015, 796.

4 EuGH v. 18.12.2014 – Rs. C-131/13, Italmoda, ECLI:EU:C:2014:2455 = DB 2015, 38; krit. wegen der Kaskadeneffekte *Heuermann*, DB 2017, 990 (993); zur Verhältnismäßigkeit als Grundlage des Gutglaubensschutzes vgl. *Ismer/Artinger*, MwStR 2019, 56 ff.

5 BFH v. 22.7.2015 – V R 23/14, BStBl. II 2014, 914; umfassend *Heuermann*, DB 2017, 990 (992) m.w.Nw.

Rechnung nicht rückwirkend zum Vorsteuerabzug.[1] Der EuGH hält diese Praxis jedoch für nicht mit dem Unionsrecht vereinbar. Wird eine unrichtige oder unvollständige Rechnung so berichtigt oder ergänzt, dass sie den formellen Voraussetzungen für den Vorsteuerabzug entspricht, wirkt diese Berichtigung/Ergänzung in den **Besteuerungszeitraum der ursprünglichen Rechnungsausstellung** zurück.[2] Der Grundsatz der Neutralität der Mehrwertsteuer gebiete es, dass der Vorsteuerabzug auch Jahre später geltend gemacht werden kann, wenn eine Rechnung für den Eingangsumsatz erst später mit Mehrwertsteuerausweis berichtigt wird.[3] Eine im nationalen Recht vorgesehene Ausschlussfrist für die Geltendmachung greift daher nicht, wenn der Steuerpflichtige seine Rechte vorher nicht geltend machen konnte und auch kein Missbrauch im Raum steht.[4] Der BFH hat auf dieser Grundlage mit Urteil vom 20.10.2016 entschieden, dass sich die **zeitliche Grenze** für die Rechnungsberichtigung nach nationalem Recht richtet. § 31 Abs. 5 UStDV sei in unionsrechtskonformer Auslegung dergestalt anzuwenden ist, dass eine Berichtigung auf den Zeitpunkt zurückwirkt, in dem die Rechnung erstmals ausgestellt wurde und eine Berichtigung bis zum Schluss der letzten mündlichen Verhandlung vor dem FG möglich ist.[5] Um eine Berichtigung und nicht um eine andere Rechnung (ein **aliud**) handelt es sich jedenfalls dann, wenn diese Angaben zum Rechnungsaussteller, zum Leistungsempfänger, zur Leistungsbeschreibung, zum Entgelt und zur gesondert ausgewiesenen Umsatzsteuer enthält.[6] Wird eine Rechnung hingegen überhaupt erstmalig erteilt, wirkt sie nicht auf den Zeitpunkt der Leistung zurück.[7] Auswirkungen hat diese Rechtsprechung auch auf die Befugnis des Finanzamts zur Aufrechnung mit vorinsolvenzlich entstandenen Steueransprüchen nach § 96 Abs. 1 Nr. 1 und § 38 InsO.[8]

**Nachzahlungszinsen** nach § 233a AO sind im Unionsrecht nicht vorgesehen und daher nicht festsetzbar.[9] Fraglich ist aber, ob der Vorsteuerabzugsberechtigte nach rückwirkender Berichtigung einer Rechnung seinerseits **Erstattungszinsen** nach § 233a AO verlangen kann.[10] Vor- 27.179

1 Vgl. BFH v. 24.8.2006 – V R 16/05, BStBl. II 2007, 340 = UR 2007, 63.

2 EuGH v. 15.9.2016 – Rs. C-518/14 – Senatex GmbH, UR 2016, 800 m. Anm. *Maunz* = MwStR 2016, 792 m. Anm. *Ismer*; vgl. noch EuGH v. 22.12.2010 – Rs. C-438/09 – Boguslaw Juliusz Dankowski, UR 2011, 435.

3 EuGH v. 12.4.2018 – Rs. C-8/17 – Biosafe, ECLI:EU:C:2018:249, UR 2018, 399, Rz. 43; EuGH v. 21.3.2018 – Rs. C-533/16 – Volkswagen, DStR 2018, 676 Rz. 38 f.; EuGH v. 21.9.2017 – C-441/16 – SMS group, ECLI:EU:C:2017:712, Rz. 40.

4 EuGH v. 12.4.2018 – Rs. C-8/17 – Biosafe, ECLI:EU:C:2018:249, UR 2018, 399, Rz. 43; EuGH v. 21.3.2018 – Rs. C-533/16 – Volkswagen, DStR 2018, 676 Rz. 50; zum Begriff des Missbrauchs beim Vorsteuerabzug vgl. *Ehrke-Rabel*, in: UmsatzsteuerForum e.V./Bundesministerium der Finanzen (Hrsg.), 100 Jahre Umsatzsteuer in Deutschland 1918-2018, S. 721 ff.

5 BFH v. 20.10.2016 – V R 26/15, DStR 2016, 2967 m. Anm. *Heuermann* = UR 2017, 60 m. Anm. *Sterzinger*; *Grube*, MwStR 2016, 800; *Reiß*, MwStR 2016, 972; umfassend zur Entwicklung der EuGH-Rspr. *Huschens*, in: UmsatzsteuerForum e.V./Bundesministerium der Finanzen (Hrsg.), 100 Jahre Umsatzsteuer in Deutschland 1918-2018, S. 773.

6 BFH v. 20.10.2016 – V R 26/15, DStR 2016, 2967 Rz. 19 m.w.Nw. m. Anm. *Heuermann* = UR 2017, 60 m. Anm. *Sterzinger*; *Grube*, MwStR 2016, 800; *Reiß*, MwStR 2016, 972; instruktiv mit Fallgruppen *Heuermann* DB 2017, 990 (993 f.).

7 EuGH v. 29.4.2004 – Rs. C-152/02 – *Terra* Baubedarf, UR 2004, 323 = DStRE 2004, 830; BFH v. 19.6.2013 – XI R 41/10, UR 2014, 58 = DStR 2013, 2329.

8 BFH v. 12.6.2018 – VII R 19/16, MwStR 2018, 884 m. Anm. *de Weerth*, dazu umfassend *Reiß*, MwStR 2018, 867 ff.

9 BFH v. 20.10.2016 – V R 26/15, DStR 2016, 2967 m. Anm. *Heuermann* = UR 2017, 60 m. Anm. *Sterzinger*; aA noch BFH v. 15.7.2004 – V R 76/01, UR 2005, 220 = BStBl II 2005, 236.

10 Dafür *Reiß*, MwStR 2016, 972; offengelassen durch BFH v. 20.10.2016 – V R 26/15, DStR 2016, 2967 m. Anm. *Heuermann* = UR 2017, 60 m. Anm. *Sterzinger*.

steuererstattungsansprüche aus Umsatzsteuerjahresfestsetzungen (§ 18 Abs. 3 und 4 UStG), Vorsteuervergütungsansprüche (§ 18 Abs. 8 i.V.m. §§ 59 ff. UStDV) und aus MOSS-Verfahren (§ 18 Abs. 4e UStG) werden gemäß § 233a Abs. 1 Satz 1 AO verzinst, nicht jedoch gemäß § 233a Abs. 1 Satz 2 AO Vorsteuererstattungen aus Umsatzsteuervoranmeldungen (§ 18 Abs. 1 und 2 UStG).[1] Diese Rechtslage ist unionsrechtskonform. So hat der EuGH in der Rechtssache *Nidera BV* unter Rückgriff auf den Grundsatz der steuerlichen Neutralität keine Bearbeitungsfristen oder eine Verzinsungspflicht bei Umsatzsteuer-Voranmeldungen vorgegeben, sondern den „Spielraum" der Mitgliedstaaten betont, solange die Erstattung unter angemessenen Bedingungen den gesamten Vorsteuerbetrag umfasst, innerhalb einer angemessenen Frist und ohne finanzielle Verluste erfolgt bzw. Verluste durch die Zahlung von Verzugszinsen ausgeglichen werden. Dies ist nach deutschem Recht der Fall.[2] Dabei ist zu beachten, dass nach Auffassung des BFH die **Höhe des Zinssatzes** des § 233a AO von 6 % p.a. verfassungswidrig zu hoch ist.[3]

### i) Anzahlung und Vorauszahlung

27.180 Bei Anzahlungen oder Vorauszahlungen ist der Vorsteuerabzug bereits vor der Erbringung der Leistung abziehbar, wenn eine Rechnung vorliegt und die Zahlung geleistet worden ist, § 15 Abs. 1 S. 1 Nr. 1 S. 3 UStG. Dabei ist ein Vorsteuerabzug nur zulässig, wenn die spätere Erbringung der Leistung nicht unsicher ist.[4] Der EuGH hat in zwei Rechtssachen entschieden, dass es hierfür auf die **objektive Sachlage** oder die **Erkennbarkeit für den Leistungsempfänger** ankommt (s.o. Rz. 27.84).[5]

### j) Weitere Eingangsumsätze

27.181 Gem. § 15 Abs. 1 S. 1 Nr. 2 UStG kann die **Einfuhrumsatzsteuer**, die der Unternehmer im Inland nach § 1 Abs. 1 Nr. 4 UStG für eingeführte Gegenstände für sein Unternehmen schuldet, bereits als Vorsteuer abgezogen werden, wenn sie entstanden ist und nicht wenn die Umsatzsteuerzahlung fällig wird. Die Regelung beruht auf Art. 168 Buchst. c MwStSystRL[6] und wurde durch das AmtshilfeRLUmsG eingeführt.[7] Für die Zeit vor der Gesetzesänderung kann sich der Steuerpflichtige in allen offenen Fällen unmittelbar auf Art. 169 Buchst. c MwStSystRL berufen.[8]

---

1 St. Rspr. z.B. BFH, Urt. v. 17.4.2008 – V R 41/06, BStBl II 2009, 2 m.w.N.; BFH, Urt. v. 28.2.1996 – XI R 42/94, BStBl II 1996, 660; AEAO zu § 233a AO Tz. 2.

2 *Pohl*, jurisPR-SteuerR 3/2019 Anm. 6 unter Verweis auf EuGH v. 28.2.2018 – C-387/16, Nidera BV, UR 2018, 324 = MwStR 2018, 476; aA *Herbert*, MwStR 2014, 266.

3 BFH v. 25.4.2018 – IX B 21/18, BFHE 260, 431 = BStBl. II 2018, 415: seit 2015; BFH v. 3.9.2018 – VIII B 15/18: seit November 2012; Verfassungsbeschwerden beim BVerfG anhängig, 1 BvR 2237/14 und 1 BvR 2422/17; vgl. auch BMF-Schreiben v. 14.6.2018 BStBl. I 2018, 722.

4 BFH v. 29.1.2015 – V R 51/13, UR 2015, 514; BFH v. 5.12.2018 – XI R 44/14, MwStR 2019, 419.

5 Vorlagebeschlüsse des BFH v. 21.9.2016 – V R 29/15 UR 2017, 66 und XI R 44/14, UR 2017, 72, dazu EuGH v. 31.5.2018 – Rs. C-660/16 – Achim Kollroß und Rs. C-661/16 – Erich Wirtl, ECLI:EU:C:2018:372 = UR 2018, 519 = MwStR 2018, 652; Folgeentscheidung des BFH v. 5.12.2018 – XI R 44/14, MwStR 2019, 419, Rz. 41.

6 Vgl. EuGH v. 29.3.2012 – Rs. C-414/10 – Société Veleclair, UR 2012, 602.

7 Art. 10 des AmtshilfeRLUmsG v. 26.6.2013, BGBl. I 2013, 1809.

8 BMF v. 15.11.2013 – IV D 2 - S 7300/12/10003, BStBl. I 2013, 1475.

Für Organisationen des Dritten Sektors kommt die Regelung in Betracht, wenn Waren oder Gegenstände aus Drittländern bezogen werden. 27.182

Für einen **innergemeinschaftlichen Erwerb**, etwa nach § 1a Abs. 1 UStG, kann der Unternehmer ebenfalls die entstandene Umsatzsteuer als Vorsteuer abziehen, § 15 Abs. 1 S. 1 Nr. 3 UStG, sofern keine Ausschlussgründe nach § 15 Abs. 1a und 2 bis 4 UStG vorliegen (Rz. 27.186 ff.). Der Vorsteuerabzug und die Umsatzsteuer entstehen im gleichen Zeitpunkt.[1] Nicht im Unionsrecht verankerte formale Anforderungen des nationalen Rechts hindern den Vorsteuerabzug nicht (vgl. auch Rz. 27.172 ff.).[2] Für Organisationen des Dritten Sektors hat diese Regelung Bedeutung für den innergemeinschaftlichen Erwerb innerhalb des Binnenmarkts. 27.183

Soweit der Unternehmer nach § 13b UStG als Leistungsempfänger die Umsatzsteuer schuldet (**Reverse Charge Verfahren**) und keine Ausschlussgründe nach § 15 Abs. 1a und Abs. 2 bis 4 UStG vorliegen, kann er sie nach § 15 Abs. 1 S. 1 Nr. 4 UStG zugleich als Vorsteuer abziehen (zur Korrektur vgl. auch Rz. 27.253). Voraussetzung ist, dass er die Leistung für sein Unternehmen bezieht. 27.184

Die Fallgruppe des § 15 Abs. 1 S. 1 Nr. 5 UStG bei einer **Auslagerung aus einem Umsatzsteuerlager** kommt für die hier interessierenden gemeinnützigen Organisationen kaum in Betracht. 27.185

### 3. Ausschluss nach § 15 Abs. 1a UStG

Nach **§ 15 Abs. 1a UStG** sind die Vorsteuerbeträge nicht abziehbar, die auf Aufwendungen entfallen, für die das Abzugsverbot des § 4 Abs. 5 Satz 1 Nr. 1-4, 7 EStG oder des § 12 Nr. 1 EStG gilt. Die Regelung ist nach Auffassung des BFH mit dem Unionsrecht vereinbar und beruht auf der Stillhalteklausel des Art. 176 MwStSystRL für bis zum 1.1.1979 in Deutschland bestehende Ausschlusstatbestände.[3] Bei der damaligen Alt-Regelung wurde die Neutralisation derartiger Aufwendungen zwar noch technisch anders durch die Steuerpflicht als Eigenverbrauch bewerkstelligt. In der Sache handelt es sich bei dem seit 1.4.1999 geltenden Vorsteuerabzugsverbot gemäß § 15 Abs. 1a UStG aber um das Gleiche, so dass die Norm durch Art. 17 Abs. 6 der Richtlinie 77/388/EWG gedeckt ist.[4] Neue Ausschlussnormen können auf dieser Grundlage nur mit Genehmigung nach Art. 394, 397 MwStSystRL geschaffen werden.[5] Abgemildert wird diese Wirkung durch die **Steuerbefreiung nach § 4 Nr. 28 UStG** für die Lieferung, also den Weiterverkauf, von Gegenständen, für die der Vorsteuerabzug ausgeschlossen ist.[6] 27.186

1 *Janzen* in Lippross/Seibel, Basiskommentar Steuerrecht, § 15 UStG, Rz. 192 (Stand Mai 2019).

2 EuGH v. 11.12.2014 – Rs. C-590/13 – Idexx Laboratories Italia, UR 2010, 418 = MwStR 2015, 57.

3 BFH v. 21.5.2014 – V R 34/13, BStBl. II 2014, 914 = UR 2014, 774.

4 BFH v. 21.5.2014 – V R 34/13, BStBl. II 2014, 914 = UR 2014, 774; *Hundt-Eßwein* in Offerhaus/Söhn/Lange, § 15 UStG Rz. 290b; *Stadie* in Rau/Dürrwächter, UStG, § 15 Rz. 1317 (Stand März 2019); *Lohse*, Internationales Steuerrecht 2000, 232, 236 f.; *Heidner* in Bunjes, UStG, 17. Aufl. 2018, § 15 Rz. 305 ff.; zweifelnd *Oelmaier* in Sölch/Ringleb, Umsatzsteuer, § 15 Rz. 513.

5 EuGH v. 11.7.1991 – Rs. C-97/90 – Lennartz, UR 1991, 291 m. Anm. *Widmann* = Slg. 1991, I-3795, zu Art. 27 Abs. 2 bis 5 der Richtlinie 77/388/EWG.

6 Darauf hinweisend BFH v. 2.8.2018 – V R 21/16, MwStR 2019, 110 m Anm *Widmann*, Rz. 40 für Rennpferd; vgl. auch BFH v. 21.5.2014 – V R 34/13, BFHE 246, 232 = BStBl. II 2014, 914 = MwStR 2014, 730 m Anm. *Heuermann*, Rz. 54 für Yachten.

27.187 Die in Abs. 1a ausgeschlossenen Vorsteuerbeträge betreffen Aufwendungen für Gästehäuser, Jagd oder Fischerei, für Segel- oder Motorjachten oder ähnliche Zwecke, etwa für das Halten von Rennpferden u.ä. Der Vorsteuerabzug wird bei **Pferdezuchtbetrieben**, die in größerem Umfang und mit erheblichen Umsätzen tätig sind, nicht gem. § 15 Abs. 1a UStG i.V.m. § 4 Abs. 5 Satz 1 Nr. 4 EStG ausgeschlossen, da sie in diesem Fall bei typisierender Betrachtung nicht einer überdurchschnittlichen Repräsentation, der Unterhaltung von Geschäftsfreunden, der Freizeitgestaltung oder der sportlichen Betätigung dienen, sondern der wirtschaftlichen Tätigkeit.[1] Auf die **Gewinnerzielungsabsicht** kommt es für die wirtschaftliche Tätigkeit des Unternehmers ebenfalls nicht an (*Ehrke-Rabel*, Rz. 6.20 ff.).[2] Die Situation ist auch nicht mit dem Fall vergleichbar, dass ein einzelnes preisgekröntes Rennpferd aus Repräsentationsgründen unterhalten wird.[3]

27.188 Weitere Vorsteuerabzugsverbote betreffen **Geschenke** für Geschäftsfreunde, wenn die Anschaffungs- oder Herstellungskosten an einen Empfänger insgesamt die Freigrenze von 35 Euro übersteigen. Hierzu gehören auch Sachgeschenke wie Eintrittsberechtigungen zu **Kultur- oder Sportveranstaltungen.**[4] Der Vorsteuerabzug, soweit er vorher in Anspruch genommen worden ist, ist nach § 17 Abs. 2 Nr. 5, Abs. 1 S. 2 und 7 UStG im Voranmeldungszeitraum der Schenkung rückgängig zu machen.

27.189 Ein Vorsteuerabzugsverbot besteht nach § 4 Abs. 5 Nr. 7 EStG auch für Aufwendungen, die die **private Lebensführung** des Steuerpflichtigen oder anderer Personen berühren, soweit sie nach allgemeiner Verkehrsauffassung als unangemessen anzusehen sind. Die Frage wird vor allem bei **Dienstfahrzeugen** praktisch. Als unangemessen wurde ein selten genutzter Ferrari eines Zahnarztes[5] oder ein Sportwagen eines Steuerberaters[6] eingestuft. Auf der anderen Seite hat der BFH[7] die Nichtanwendung von § 4 Abs. 5 Satz 1 Nr. 7 EStG auf ein Fahrzeug der Oberklasse einer deutschen Automarke mit Anschaffungskosten von 120.000,00 DM durch die Vorinstanz gebilligt. Das FG hatte auf die überwiegende berufliche Nutzung abgestellt, gegenüber der der Repräsentationszweck zurückblieb, und dabei den längerfristig erzielten Gewinn, die Wirtschaftlichkeit der Anschaffung des Fahrzeuges, den Umstand, dass es sich um ein Serienfahrzeug handelte, den relativ hohen Anteil der betrieblichen Fahrten sowie die im Verhältnis zu den übrigen Kosten nicht ins Gewicht fallenden Aufwendungen für das Kfz, einschließlich der AfA-Beträge, berücksichtigt.[8]

27.190 Auch bei Organisationen des Dritten Sektors sind **auffällige Dienstwagen für Geschäftsführer** bereits Gegenstand von Beanstandungen gewesen. Ebenso wie bei der Frage der Angemessenheit der Gehälter nach § 55 AO wird man aber auch bei derartigen Aufwendungen auf die Verhältnisse bei vergleichbaren Forprofit-Unternehmen abstellen können und muss keinen strengeren Maßstab für gemeinnützige Organisationen anlegen. Während hingegen die An-

1 Erwogen und an das FG zurückverwiesen von BFH v. 2.8.2018 – V R 21/16, MwStR 2019, 110 Rz. 39: Kauf und Verkauf sowie Ausbildung von Pferden und Förderung von Reitern für den Spitzensport.

2 BMF v. 14.7.2000 – IV D 1 - S 7303a – 5/00, UR 2000, 399.

3 BFH v. 12.2.2009 – V R 61/06, BStBl. II 2009, 828 = UR 2009, 482.

4 Abschn. 15.6 Abs. 4 UStAE.

5 FG Baden-Württemberg v. 6.6.2016 – 1 K 3386/15, EFG 2016, 1833 rkr.

6 FG Berlin-Brandenburg v. 13.9.2017 – 7 K 7234/15, EFG 2018, 159 = UStB 2018, 36 m. Anm. *Liegmann/Weiss*.

7 BFH v. 19.10.1995 – XI B 155/94, BFH/NV 1996, 308.

8 Vgl. auch BFH v. 2.3.1989 – IV R 105/86, BFH/NV 1989, 693; BFH v. 26.1.1988 – VIII R 139/86, FR 1988, 390 = BStBl II 1988, 629.

schaffung eines hochwertigen Pkws nach der Rechtsprechung im Ertragsteuerrecht nicht stets als unangemessen zu beurteilen ist, wenn die Nutzung eines solchen Pkws in gewissen Fällen auch aus beruflichen Gründen notwendig ist, beispielsweise Fahrzeuge der Oberklasse für Handelsvertreter im Automobilsektor,[1] kommt ein derartiges Bedürfnis bei Geschäftsführern von Organisationen des Dritten Sektors weniger in Betracht.

Ebenfalls nicht abziehbar ist die Vorsteuer, die auf unangemessene, vor allem auf zu hohe Aufwendungen für die **Bewirtung** entfällt. Obwohl § 4 Abs. 5 S. 1 Nr. 2 EStG auch bei angemessenen Bewirtungskosten den Betriebsausgabenabzug auf 70 % begrenzt, ist bei angemessenen Bewirtungsaufwendungen im Umsatzsteuerrecht ein Vorsteuerabzug in Höhe von 100 % zulässig. 27.191

§ 12 Nr. 1 EStG schließt die Ausgaben vom Abzug aus, die für den Haushalt und für den Unterhalt der Familienangehörigen aufgewendet werden. Dazu gehören auch die **Aufwendungen für die Lebensführung**, die die wirtschaftliche oder gesellschaftliche Stellung des Steuerpflichtigen mit sich bringt, auch wenn sie zur Förderung des Berufs oder der Tätigkeit erfolgen. Es handelt sich dann um eine private Verwendung, die den Vorsteuerabzug ausschließt. Bei gemischt privater/steuerpflichtiger Verwendung besteht (mit Ausnahme bei Grundstücken, dazu Rz. 27.193 ff.) ein Zuordnungswahlrecht und ein Ausgleich der privaten Nutzung durch die unentgeltliche Wertabgabe (Rz. 27.156). 27.192

## 4. Nur teilweise unternehmerisch genutzte Grundstücke, § 15 Abs. 1b UStG

Die Regelung des § 15 Abs. 1b UStG setzt die Vorgabe aus Art. 168a MwStSystRL um (dazu oben Rz. 27.59 ff.). Hiernach ist der Vorsteuerabzug aufzuteilen und zu beschränken, wenn ein Grundstück für unternehmerische und unternehmensfremde, also vor allem private Zwecke genutzt wird. 27.193

Ein Grundstück, das einschließlich seiner wesentlichen Bestandteile vom Unternehmer unternehmerisch und unternehmensfremd genutzt wird, könnte nach allgemeinen Grundsätzen **dem Unternehmen** in **vollem Umfang zugeordnet** werden, wenn die unternehmerische Nutzung mindestens 10 % beträgt (Rz. 27.154). Die Grundsätze der EuGH-Rechtsprechung zum Zuordnungswahlrecht des Unternehmers für gemischt steuerpflichtige und private Zwecke – volle Zuordnung zum Unternehmen mit vollem Sofortabzug der Vorsteuerbeträge – hatten insbesondere im Anwendungsbereich des deutschen UStG und vergleichbarer Umsatzsteuergesetze zu Steuergestaltungsmodellen geführt. Sie betrafen in erster Linie die Möglichkeit, bei gemischt privat und unternehmerisch genutzten **Gebäuden** durch die Zuordnung des gesamten Gebäudes den Vorsteuerabzug für den privat genutzten Anteil zu erhalten, so genanntes **Seeling-Modell**.[2] Der Sofortabzug des vollen Vorsteuerabzugs bot einen Finanzierungsvorteil gegenüber einem ausschließlich privaten Erwerb (zunächst nur mit der Bemessungsgrundlage der Abschreibungsbeträge, also 2 % auf 50 Jahre verteilt, ab der Änderung des § 10 Abs. 4 UStG zum 1.7.2004 10 % auf 10 Jahre verteilt). 27.194

---

1 Vgl. BFH, Urt. v. 29.4.2014 – VIII R 20/12, BFHE 245, 338 = BStBl. II 2014, 679 = DStR 2014, 1590.

2 EuGH v. 8.5.2003 – Rs. C-269/00 – Seeling, UR 2003, 288 m. Anm. *Burgmaier* = BStBl II 2004, 378; BFH v. 24.7.2003 – V R 39/99, UR 2000, 325 = BStBl II 2004, 371; v. 12.8.2015 – XI R 6/13, UR 2015, 958 = BStBl II 2015, 1063.

27.195 Daher sieht § 15 Abs. 1b UStG auf der Grundlage des durch die Richtlinie 2009/162/EU des Rates zur Änderung verschiedener Bestimmungen der Mehrwertsteuer-Systemrichtlinie vom 22.12.2009[1] neu eingefügten Art. 168a MwStSystRL (mit Umsetzungspflicht der Mitgliedstaaten zum 1.1.2011) eine **Vorsteuerabzugsbeschränkung** für den Grundstücksteil vor, der nicht unternehmerisch genutzt wird. Umgekehrt wird die Nutzung für Zwecke außerhalb des Unternehmens nicht als unentgeltliche Wertabgabe nach § 3 Abs. 9a Nr. 1 UStG besteuert.[2] Vorgeschlagen wird, die Regelung im deutschen Recht auch auf andere Gegenstände außer Grundstücke zu übertragen, etwa auf Fahrzeuge.[3]

27.196 Die Regelung des § 15 Abs. 1b UStG gilt nicht nur, wenn die Nutzungen räumlich voneinander abgegrenzt sind, sondern auch, wenn sie, wie z.B. bei **Ferienwohnungen** oder **Mehrzweckhallen**, zeitlich wechselnd stattfinden.[4]

27.197 Für die **Aufteilung** sind die Grundsätze des § 15 Abs. 4 UStG für den Vorsteuerausschluss bei § 15 Abs. 2 UStG für die steuerfreien Umsätzen (dazu Rz. 27.217 ff.) entsprechend anzuwenden, so § 15 Abs. 4 S. 4 UStG.

### 5. Ausgeschlossene steuerfreie Ausgangsumsätze nach § 15 Abs. 2 UStG

#### a) Systematik

27.198 Neben dem Ausschluss der Vorsteuerabzugsberechtigung nach § 15 Abs. 1 S. 2 UStG (10 %-Regelung, Rz. 27.154), durch Abs. 1a (für unangemessenen Aufwand, Rz. 27.186 ff.) und Abs. 1b (nur teilweise unternehmerisch genutzte Grundstücke, Rz. 27.192 ff.) sind die Ausschlüsse für steuerfreie Verwendungsumsätze nach den § 15 Abs. 2–4 UStG zu beachten. Unionsrechtlich beruht § 15 Abs. 2 S. 1 Nr. 1 auf Art. 168 Buchst. a MwStSystRL, wonach der Unternehmer die Eingangsleistung „für die Zwecke seiner besteuerten Umsätze" verwenden muss.

27.199 Der Vorsteuerausschluss bei steuerfreien Umsätzen führt dazu, dass die betroffenen Steuerpflichtigen ebenso wie die Endverbraucher je nach Art der Eingangsleistungen und der Produktionsstufen steuerlich nicht von den Vorstufen der Umsatzbesteuerung entlastet werden. Der darin liegende **Verstoß gegen eine vollständige Neutralität der Mehrwertsteuer** beruht aber auf der Richtlinie selbst und ist daher nach dem aktuellen Stand der Harmonisierung hinzunehmen (*Hüttemann*, Rz. 3.19). Der gegenteilige Effekt tritt bei der Verwendung von Gegenständen und Dienstleistungen auf, die der Unternehmer zum Regelsteuersatz erworben hat, wenn er sie zur Ausführung von Umsätzen zum ermäßigten Steuersatz gem. § 12 Abs. 2 UStG (dazu ausführlich oben *Hummel*, Rz. 26.26 ff.) verwendet. Hier wirkt der volle Vorsteuerabzug bei gleichzeitig ermäßigter Steuer als „Subvention" für den leistenden Unternehmer.[5]

27.200 Abgemildert wird diese Wirkung durch die **Steuerbefreiung nach § 4 Nr. 28 UStG** für die Lieferung, also den Weiterverkauf, von Gegenständen, für die der Vorsteuerabzug ausgeschlossen

1 ABl EU 2010 Nr. L 10 S. 1.
2 *Janzen* in Lippross/Seibel, Basiskommentar Steuerrecht, § 15 UStG, Rz. 267 (Stand Mai 2019).
3 *Sölch/Ringleb/Oelmaier*, UStG, § 15 Rz. 648 mwN.
4 Abschn. 15.6a Abs. 2 S. 6 UStAE.
5 *Sölch/Ringleb/Oelmair*, UStG, § 15 Rz. 693.

ist,[1] oder wenn der Unternehmer die weiterverkauften Gegenstände ausschließlich für eine nach den vorhergehenden Nummern 8 bis 27 steuerfreie Tätigkeit verwendet hat.

Durch die **Option** zur Umsatzsteuerpflicht nach § 9 UStG bei bestimmten Umsätzen (dazu *Englisch*, Rz. 24.63 ff.) bleibt der Vorsteuerabzug erhalten. 27.201

Nimmt der Steuerpflichtige eine im nationalen Recht vorgesehene **Steuerbefreiung, die mit dem Unionsrecht nicht vereinbar** ist, in Anspruch (dazu ausführlich *Hüttemann*, Rz. 3.60 ff.), kann der Steuerpflichtige Vorsteuerbeträge, die mit dieser Leistung wirtschaftlich zusammenhängen, nicht abziehen.[2] Der Ausschluss gilt auch umgekehrt, wenn sich der Unternehmer bei nationaler Steuerpflicht auf eine Befreiung nach Unionsrecht beruft. Dies gilt aber nicht, wenn sich der Steuerpflichtige auf das Unionsrecht für das Vorliegen von **steuerbaren Leistungen** beruft. In diesem Fall greifen die nationalen Steuerbefreiungstatbestände durchaus ein, wiederum mit der Folge, dass der Vorsteuerabzug ausgeschlossen ist.[3] Problematisch sind die verfahrensrechtlichen Folgen im Fall einer insoweit jahrelang anderweitigen Verwaltungsauffassung (konkret bei Mitgliedsbeiträgen von Sportvereinen), insbesondere im Fall von Rückwirkungen.[4] 27.202

Noch nicht abschließend geklärt ist der **Zusammenhang zwischen privaten Nutzungen (unentgeltliche Wertabgabe) und steuerfreien Leistungen**: Erwirbt ein Unternehmer, der ausschließlich steuerfreie, nicht zum Vorsteuerabzug berechtigende Umsätze tätigt, etwa solche der Altenpflege nach § 4 Nr. 16 UStG, ein Fahrzeug, das er zu 50 % im Unternehmen sowie zu 50 % privat nutzt und das er vollständig dem Unternehmen zuordnet, fragt sich, welche Steuerfolgen dies nach sich zieht. Nach Auffassung des BFH[5] ist für die private Nutzung keine unentgeltliche Wertabgabe zu versteuern, weil die steuerfreie Verwendung auch nicht zum Vorsteuerabzug berechtigt. Diese Rechtsfolge würde beispielsweise auch gemeinnützige Organisationen betreffen, deren Geschäftsführer **Dienstwagen** auch privat nutzen dürfen (Leistungen für das Personal). Für teilweise unternehmerisch, teilweise privat nutzbare **Gebäude** gilt die Sondervorschrift des § 15 Abs. 1b UStG (dazu oben Rz. 27.193 ff.). 27.203

**Unentgeltliche Dienstleistungen**, soweit sie für den unternehmerischen Zweck vorgenommen werden, und nicht für private Zwecke, sind von der Fiktion des § 3 Abs. 9a UStG (unentgeltliche Wertabgaben) nicht erfasst. Sie dienen auch der unternehmerischen Verwendung und schließen daher den Vorsteuerabzug nicht aus. Überlässt ein Unternehmer daher ein neu hergestelltes Grundstück zunächst unentgeltlich an den Mieter, um diesem den Aufbau seines Unternehmens zu ermöglichen und damit dieser später die Miete oder Pacht zahlen kann, 27.204

1 Darauf hinweisend BFH v. 2.8.2018 – V R 21/16, MwStR 2019, 110 m Anm *Widmann*, Rz. 40 für Rennpferd; vgl. auch BFH v. 21.5.2014 – V R 34/13, BFHE 246, 232 = BStBl. II 2014, 914 = MwStR 2014, 730 m. Anm. *Heuermann*, Rz. 54 für Yachten.

2 EuGH v. 26.2.2015 – Rs. C-144/13 und C-160/13 – VDP Dental Laboratory, UR 2015, 474; EuGH v. 28.11.2013 – Rs. C-319/12 – MDDP, Leitsatz 2, MwStR 2014, 15; UStAE 15.12 Abs. 1 S. 4.

3 BFH v. 11.10.2006 – V R 69/06, BFHE 219, 287 = UR 2008, 153 Rz. 26 ff.; in der Sache ebenso BFH v. 20.3.2014 – V R 4/13, BFHE 245, 397 = UR 2014, 732 Rz. 13 ff.; BFH v. 16.9.2015 – XI R 27/13, BFH/NV 2016, 252 Rz. 37.

4 Vgl. für Mitgliedsbeiträge zu Sportvereinen *Kirchhain*, SpuRt 2019, 107 (109 ff.) unter Hinweis auf BMF-Schr. v. 4.2.2019, BStBl. I 2019, 115.

5 In „Alt-Seeling"-Fällen: BFH v. 8.10.2008 – XI R 58/07, UR 2009, 167 = BStBl II 2009, 394 zu einem Grundstück; v. 11.3.2009 – XI R 69/07, BStBl. II 2009, 496 = UR 2009, 421; BFH v. 11.3.2009 – XI R 21/08, BFH/NV 2009, 1154; zustimmend *Stadie* in Rau/Dürrwächter, UStG, § 15 Rz. 1531 (Stand März 2019); aA *Sölch/Ringleb/Oelmair*, UStG, § 15 Rz, 703.

hindert dies den Vorsteuerabzug nicht.[1] Dies kann etwa bei der **Förderung von Start Up-Unternehmen** durch so genannte Business Angels eine Rolle spielen.

### b) Steuerfreie Umsätze nach Nr. 1

27.205 Von Interesse im vorliegenden Zusammenhang sind vor allem die steuerfreien Umsätze nach § 15 Abs. 2 S. 1 Nr. 1 UStG. Der Ausschluss vom Vorsteuerabzug erstreckt sich nicht auf die Vorsteuerbeträge, die den in § 15 Abs. 3 Nr. 1 Buchst. a und b UStG bezeichneten steuerfreien Umsätzen zuzurechnen sind. Ausschlussumsätze sind danach die hier interessierenden steuerfreie Umsätze nach **§ 4 Nr. 8–28 UStG**. Dagegen schließen steuerfreie Umsätze nach § 4 Nr. 1–7 UStG (**Exportleistungen im weiteren Sinne**), steuerfreie **Reiseleistungen** (§ 25 Abs. 2 UStG) und **steuerfreie Leistungen an Nato-Truppen nach § 26 Abs. 5 UStG** den Vorsteuerabzug nicht aus (§ 15 Abs. 3 Nr. 1 Buchst. b UStG).

27.206 Ob die Eingangsleistungen für steuerfreie Ausgangsumsätze dieser Fallgruppe verwendet werden, ist anhand der durch objektive Anhaltspunkte belegten **Verwendungsabsicht** des Unternehmers **im Zeitpunkt des Leistungsbezugs** (Einzelheiten siehe oben Rz. 27.125 ff.) zu bestimmen. Sind bei Leistungsbezug steuerpflichtige Umsätze beabsichtigt, ist der Vorsteuerabzug zu gewähren. Sollen vorsteuerschädliche steuerfreie Umsätze ausgeführt werden, ist der Vorsteuerabzug zu versagen, selbst wenn tatsächlich im Jahr des Leistungsbezuges steuerpflichtige Umsätze bewirkt werden. Wird die Leistung nicht nur einmalig zur Ausführung von Umsätzen verwendet, ist aber die Verwendungsabsicht für das gesamte erste Kalenderjahr zu Grunde zu legen (dazu oben Rz. 27.25). Entsprechendes gilt, wenn die bezogene Leistung sowohl für vorsteuerschädliche wie für vorsteuerunschädliche Umsätze verwendet werden soll. Kann der Unternehmer den Vorsteuerabzug gem. § 15 Abs. 1 Satz 1 Nr. 1 Satz 3 UStG aus einer **Anzahlung** bzw. **Vorauszahlung** geltend machen, ist die beabsichtigte Verwendung im Zeitpunkt der **Zahlung** maßgebend (dazu oben Rz. 27.126). Entspricht die (spätere) **tatsächliche Verwendung** nicht der Verwendungsabsicht und ergibt sich hierdurch ein **geringerer** oder **höherer Vorsteuerabzug**, ist zur Vermeidung eines ungerechtfertigten Ergebnisses die Vorsteuer gem. **§ 15a UStG** zu berichtigen (dazu Rz. 27.235 ff.).

27.207 Eine Bedeutung hat dies beispielsweise für die **Vermietung an steuerbefreite Steuerpflichtige** (vgl. zur Reichweite des Optionsrechts bei Vermietungsumsätzen *Englisch*, Rz. 24.63 ff.): Ein Unternehmer errichtet ein Gebäude, das er nach Fertigstellung an einen gewerblichen Mieter im Wege der Option (§ 9 UStG) steuerpflichtig vermieten möchte. Zwei Monate nach Fertigstellung schließt er einen Mietvertrag mit einer steuerbefreiten gemeinnützigen Organisation ab und vermietet das Gebäude gem. § 4 Nr. 12 Satz 1 Buchst. a UStG steuerfrei. Der Unternehmer konnte die Vorsteuern aus den Herstellungskosten des Gebäudes abziehen, da er eine steuerpflichtige Vermietung beabsichtigte. Die spätere steuerfreie Vermietung führt dazu, dass der Vorsteuerabzug nach § 15a UStG berichtigt wird.

27.208 Wenn die Steuerbehörde **des leistenden Unternehmers** in Bezug auf die Steuerbefreiung eine andere Auffassung vertritt als die Steuerbehörde des **Vorsteuerabzugsberechtigten**, muss diese unterschiedliche Behandlung nicht durch verfahrensrechtliche Bestimmungen im nationalen Recht vermieden werden. Vielmehr hat der betroffene Steuerpflichtige im Rahmen

1 BFH v. 11.12.2003 – V R 48/02, BStBl. II 2006, 384 mwN auf das Unionsrecht = UR 2004, 203 m. Anm. *Filtzinger*, UR 2004, 360.

eines Rechtsstreits die Frage zu klären, wobei in internationalen Rechtsfällen allein das Vorabentscheidungsersuchen an den EuGH die einheitliche Handhabung gewährleistet.[1]

### c) Nicht steuerbare Auslandumsätze nach Nr. 2

Soweit Auslandsumsätze ausgeführt werden, sind diese uU im Inland wegen des Ortes der Leistung nicht steuerbar. Die hiermit verbundenen Eingangsumsätze können dann im Inland nicht als Vorsteuer abgezogen werden, wenn die **Auslandsumsätze im Inland steuerbefreit wären**. 27.209

Bezieht ein Unternehmer beispielsweise im Inland Leistungen, die er im **Ausland** für eine **Grundstücksvermietung** verwendet, ist zu prüfen, ob die Grundstücksvermietung steuerfrei wäre, wenn sie im Inland ausgeführt würde. Dies bestimmt sich nach den Vorschriften des § 4 Nr. 12 Satz 1 Buchst. a UStG und des § 9 UStG. Die Grundstücksvermietung wäre im Inland nicht steuerfrei, wenn der Grundstücksvermieter die Grundstücksvermietung im Ausland tatsächlich als steuerpflichtig behandelt hat und die Voraussetzungen des § 9 UStG für den Verzicht auf die Steuerbefreiung einer Grundstücksvermietung vorliegen.[2] Es darf also keine Vermietung oder Verpachtung an Mieter vorliegen, die das Grundstück ausschließlich für steuerfreie Umsätze, etwa eines Alten- oder Pflegeheimes, nutzen. 27.210

Bewirkt ein Unternehmer im Inland steuerfreie künstlerische Leistungen i.S.v. § 4 Nr. 20 Buchst. a UStG und daneben **künstlerische Leistungen im übrigen Gemeinschaftsgebiet**, die dort steuerpflichtig sind, ist ein Vorsteuerabzug für Eingangsleistungen, die wirtschaftlich mit den nicht steuerbaren Auslandsumsätzen zusammenhängen, gem. § 15 Abs. 2 Satz 1 Nr. 2 UStG nicht möglich, auch wenn die Leistungen im Ausland steuerpflichtig sind. Es kommt nach der Fiktion des § 15 Abs. 2 S. 1 Nr. 2 UStG auf die fiktive Steuerpflicht im Inland an. Das Sächsische FG hält diese Regelung auf der Grundlage des Art. 168 Buchst. a MwStSystRL für unionsrechtskonform, da das Gesetz aus Gründen der Praktikabilität gewisse Steuerkumulierungen in Kauf nehmen dürfe.[3] 27.211

### d) Fälle des § 15 Abs. 2 S. 2 UStG

Nicht näher interessieren hier die Fälle des **§ 15 Abs. 2 Satz 2 UStG**, wonach Gegenstände oder sonstige Leistungen, die der Unternehmer zur Ausführung einer Einfuhr oder eines innergemeinschaftlichen Erwerbs verwendet, den Umsätzen zuzurechnen sind, für die der eingeführte oder innergemeinschaftlich erworbene Gegenstand verwendet wird bzw. verwendet werden soll. 27.212

## 6. Ausnahmen vom Abzugsverbot nach Abs. 3

Durch die Vorschrift des § 15 Abs. 3 UStG wird der Ausschluss vom Vorsteuerabzug nach § 15 Abs. 2 UStG teilweise wieder rückgängig gemacht (dazu Rz. 27.205). Dies führt dazu, 27.213

1 EuGH v. 26.1.2012 – Rs. C-218/10 – ADV Allround Vermittlungs AG, UR 2012, 175 m. Anm. *Burgmaier* und *Sterzinger* mit Hinweis auf die Hinzuziehung und Beiladung nach § 174 Abs. 4 und 5 AO.

2 BFH v. 6.5.2004 – V R 73/03, BStBl. II 2004, 856 = UR 2004, 628.

3 Sächs. FG v. 15.3.2017 – 2 K 1510/16, EFG 2017, 1220 m. Anm. *Büchter-Hole*; Rev. BFH V R 14/17.

dass es bei den in § 15 Abs. 3 UStG aufgeführten steuerfreien Umsätzen zu einer **vollständigen Entlastung** von der Umsatzsteuer kommt.

27.214 Kommt es zur **Konkurrenz** zwischen einer echten, den Vorsteuerabzug nicht ausschließenden Steuerbefreiung und zu einer unechten, vorsteuerschädlichen Steuerbefreiung, hat der EuGH für die **innergemeinschaftliche Lieferung** entschieden, dass eine unechte Steuerbefreiung dieser vorgeht, in diesem Fall also kein Recht auf Vorsteuerabzug besteht.[1]

27.215 Noch nicht entschieden ist, ob dies auch für **Ausfuhrlieferungen** gilt, da der BFH diese Fallgruppe ausdrücklich offen gelassen hat.[2] Das FG Münster hatte dem EuGH die Frage zur Vorabentscheidung vorgelegt, ob der Vorsteuerabzug für die **Lieferung von menschlichem Blut**, das nach **§ 4 Nr. 17 UStG** befreit ist, zu versagen ist, wenn gleichzeitig die Voraussetzungen für eine **Ausfuhrlieferung** (§ 4 Nr. 1 Buchst. a i.V.m. § 6 UStG) vorliegen, hat die Vorlage aber inzwischen zurückgenommen.[3]

27.216 Die Frage stellt sich auch, wenn ein **Blindenunternehmer** i.S.v. § 4 Nr. 19 UStG (*Weitemeyer*, Rz. 23.23 ff.) beispielsweise Waren an einen anderen Unternehmer im EU-Ausland liefert, dann geht die Steuerbefreiung des § 4 Nr. 19 UStG der Befreiung nach § 4 Nr. 1 Buchst. b i.V.m. § 6a UStG vor. Daher ist der Unternehmer für Eingangsumsätze, die mit diesen Lieferungen zusammenhängen, nicht vorsteuerabzugsberechtigt, § 15 Abs. 2 Nr. 1 UStG. Eine Ausnahme wird allerdings bei den steuerfreien Lieferungen an zB Nato-Truppen nach § 26 Abs. 5 UStG angenommen, diese gehen den unechten Steuerbefreiungen, etwa eines Blindenunternehmers, vor.[4]

## 7. Aufteilung der Vorsteuer nach Abs. 4

### a) Systematik

27.217 Verwendet der Unternehmer die für sein Unternehmen gelieferten oder eingeführten Gegenstände und die in Anspruch genommenen sonstigen Leistungen sowohl für Umsätze, die zum Vorsteuerabzug **berechtigen**, als auch für Umsätze, die den Vorsteuerabzug **ausschließen** (dazu oben Rz. 27.154 ff.), hat er die angefallenen Vorsteuerbeträge gem. Art. 173 und 174 MwStSystRL in einen abziehbaren und einen nicht abziehbaren Teil aufzuteilen. Der EuGH sieht in dem **anteiligen Vorsteuerabzug pro-rata** nach Art. 173–175 MwStSystRL bei gemischt verwendeten Eingangsleistungen eine **Ausprägung des Neutralitätsgebots**.[5] Im deutschen Recht ist dies in § 15 Abs. 4 Satz 1 UStG umgesetzt, da nach der Grundsatzentscheidung des BFH vom 7.5.2014 § 15 Abs. 4 UStG neben dem objektbezogenen Umsatzschlüssel auch den unionsrechtlich grundsätzlich vorgesehenen globalen Umsatzschlüssel erlaubt.[6] Nach S. 2 kann der Unternehmer die nicht abziehbaren Teilbeträge im Wege einer sachgerechten Schätzung ermitteln. § 15 Abs. 4 S. 3 UStG regelt, dass eine Ermittlung des nicht abziehbaren Teils der

1 EuGH v. 7.12.2006 – Rs. C-240/05 – Eurodental, UR 2007, 98 = DStRE 2007, 1042; BFH v. 22.8.2013 – V R 30/12, UR 2013, 915 = BStBl II 2014, 133; UStAE 15.13 Abs. 5.

2 BFH v. 22.8.2013 – V R 30/12, BStBl. II 2014, 133 = UR 2013, 915.

3 FG Münster v. 18.4.2016 – 5 K 572/13 U, UR 2016, 581 = EFG 2016, 581. Der Vorlagebeschluss wurde vom FG mit Beschl. v. 22.12.2016 zurückgenommen.

4 *Stadie* in Rau/Dürrwächter, UStG, § 15 Rz. 1554 (Stand März 2019); Abschn. 15.13. Abs. 5 S. 3 UStAE.

5 EuGH v. 23.4.2009 – Rs. C-460/07 – Puffer, ECLI:EU:C:2009:254, UR 2009, 410 m. Anm. *Widmann*.

6 BFH v. 7.5.2014 – V R 1/10, BFHE 245, 416 = UR 2014, 531 = DStR 2014, 1162.

Vorsteuerbeträge nach dem Verhältnis der Umsätze, die den Vorsteuerabzug ausschließen, zu den Umsätzen, die zum Vorsteuerabzug berechtigen, nur zulässig ist, wenn keine andere wirtschaftliche Zurechnung möglich ist. Dies wird etwa bei Gemeinkosten angenommen (Rz. 27.218).

Die Vorschrift des § 15 Abs. 4 UStG sieht in S. 1 als vorrangige Methode die **unmittelbare Zuordnung** zu den vorsteuerabzugsberechtigten Umsätzen vor. § 15 Abs. 4 UStG ist aber unionsrechtskonform auszulegen: Satz 1 der Vorschrift schreibt eine Aufteilung nach wirtschaftlicher Zurechnung und sieht hierfür nach Satz 2 eine sachgerechte Schätzung vor. Unionsrechtlich ist die Vorsteueraufteilung zwar nach den **Gesamtumsätzen** des Unternehmens gemäß Art. 173 Abs. 1 MwStSystRL als vorrangige Methode wirtschaftlicher Zurechnung iSv § 15 Abs. 4 S. 1 UStG anzuerkennen.[1] Die Mitgliedstaaten können aber eine andere Berechnungsmethode anwenden, wenn sich dieser Aufteilungsschlüssel auf einen „bestimmten Umsatz" bezieht und die herangezogene Methode eine „präzisere Bestimmung" des Pro-rata-Satzes des Vorsteuerabzugs als die Bestimmung anhand des globalen Umsatzschlüssels gewährleistet.[2] In unionsrechtskonformer Auslegung ist eine Ermittlung des nicht abziehbaren Teils der Vorsteuerbeträge nach dem Verhältnis der Umsätze, die den Vorsteuerabzug ausschließen, zu den Umsätzen, die zum Vorsteuerabzug berechtigen, nach § 15 Abs. 4 S. 3 UStG nur zulässig, wenn keine andere, präzisere wirtschaftliche Zurechnung möglich ist. Davon kann etwa bei **Gemeinkosten** grundsätzlich ausgegangen werden.[3] Nach der Grundsatzentscheidung des BFH v. 7.5.2014 beruht die deutsche Vorschrift damit sowohl auf Art. 173 Abs. 1 als auch auf Abs. 2 MwStSystRL.[4] Maßgebend sind die Verhältnisse des jeweiligen Besteuerungszeitraums.[5] 27.218

### b) Anwendungsbereich

Von vornherein **nicht zu abzugsfähigen Vorsteuern** kommt es, wenn die betreffende Eingangsleistung unmittelbar nicht abzugsfähigen Ausgangsumsätzen zugeordnet werden kann. Eine Aufteilung („nur zum Teil") kann dann unterbleiben.[6] Zu solchen Eingangsleistungen gehören z. B. die Vorsteuerbeträge, die für Beratungsleistungen, die Leistung des Maklers und des Notars sowie für die Anzeigen zur Ausführung steuerfreier Grundstücksverkäufe entstehen; oder die Vorsteuerbeträge, die bei der Anschaffung oder Herstellung eines Wohngebäudes, beim Herstellungs- und Erhaltungsaufwand, bei der Rechtsberatung und der Grundstücksverwaltung anfallen, wenn das Wohngebäude zur steuerfreien Vermietung und Verpachtung verwendet wird.[7] 27.219

1 BFH v. 7.5.2014 – V R 1/10, BFHE 245, 416 = UR 2014, 531 = DStR 2014, 1162.

2 EuGH v. 8.11.2012 – C-511/10, ECLI:EU:C:2012:689 – BLC Baumarkt; EuGH v. 9.6.2016 – C-332/14, ECLI:EU:C:2016:417 – Wolfgang und Dr. Wilfried Rey Grundstücksgemeinschaft GbR.

3 BFH v. 7.5.2014 – V R 1/10, BFHE 245, 416 = UR 2014, 531 = DStR 2014, 1162, Rz. 29; BFH v. 10.8.2016 – XI R 31/09, BFHE 254, 461 = UR 2016, 846.

4 BFH v. 7.5.2014 – V R 1/10, BFHE 245, 416 = UR 2014, 531 = DStR 2014, 1162.

5 BFH v. 24.4.2013 – XI R 25/10, BStBl. II 2014, 346; Hess. FG v. 18.10.2018 – 6 K 1715/17, npoR 2019, 123 Rz. 16.

6 BFH v. 24.4.2013 – XI R 25/10, UR 2014, 64 = BStBl II 2014, 346 und EuGH v. 6.9.2012 – Rs. C-496/11 – Portugal Telecom, Rz. 41, 45, UR 2012, 762 = DStR 2012, 1859; UStAE 15.16 Abs. 2 S. 4, 15.17 Abs. 2 S. 1.

7 *Sölch/Ringleb/Oelmaier*, UStG, § 15 Rz. 788.

27.220 Die Vorschrift des § 15 Abs. 4 UStG kommt nach ihrem Wortlaut nicht zur Anwendung, wenn die Leistung nur **teilweise überhaupt für das Unternehmen bezogen** ist und deshalb eine Aufteilung bereits nach § 15 Abs. 1 UStG erfolgen muss. Allerdings wendet der BFH § 15 Abs. 4 UStG mangels einer anderen Vorschrift bezüglich der Aufteilungsmaßstäbe entsprechend an (vgl. Rz. 27.162 ff.). Für die Grundstücksfälle des § 15 Abs. 1b UStG hat der Unions- und der deutsche Gesetzgeber die entsprechende Anwendung ausdrücklich in § 15 Abs. 4 Satz 4 UStG geregelt (vgl. Rz. 27.197). Damit gelten immerhin für alle Abgrenzungsfragen einheitliche Maßstäbe.

27.221 Wenn Teile des Grundstücks für Zwecke außerhalb des Unternehmens genutzt werden, ist für die Aufteilung und Zuordnung der nicht unternehmerisch genutzten Flächen ein fiktiver Vermietungsumsatz anzusetzen. So setzt die Rechtsprechung insoweit für unentgeltliche Leistungen fiktive Einnahmen an, z.B. bei der Aufteilung von Vorsteuerbeträgen für ein **Blockheizkraftwerk.**[1]

### c) Aufteilungsmethoden

27.222 Hinsichtlich der **Aufteilungsmethoden** geht das Gesetz grundsätzlich davon aus, dass die Vorsteuerabzugsbeträge der jeweiligen Verwendung nach der **wirtschaftlichen Zurechnung** zuzuordnen sind, § 15 Abs. 4 S. 1 UStG.

27.223 S. 2 sieht eine **sachgerechte Schätzung** durch den Unternehmer vor. Bei der Ermittlung der nicht abziehbaren Teilbeträge im Wege einer sachgerechten Schätzung nach § 15 Abs. 4 Satz 2 UStG ist es zwar grundsätzlich Sache des Unternehmers zu entscheiden, welche Schätzungsmethode er wählt. Finanzverwaltung und Rechtsprechung können aber nachprüfen, ob die Schätzung sachgerecht ist.[2]

27.224 Nur soweit dies nicht möglich ist, ist nach S. 3 eine **Pro-rata-Aufteilung** nach dem Verhältnis der zum Vorsteuerabzug berechtigenden zu den nicht zum Vorsteuerabzug berechtigenden Umsätze zulässig. Bis 1979 war dieser **Umsatzschlüssel** die Regelmethode der Aufteilung, danach wurde ab dem UStG 1980 die Zurechnung nach der wirtschaftlichen Zurechnung Regelmethode. Mit Wirkung vom 1.1.2004 wurde durch das StÄndG 2003[3] S. 3 dem Abs. 4 angefügt, weil der BFH den objektbezogenen Umsatzschlüssel für gemischt genutzte Gebäude als sachgerechte Aufteilungsmethode anerkannt hatte.[4] Es handelt sich also um ein „Nichtanwendungsgesetz".[5] Die Ermittlung der Abzugsbeträge nach dem Verhältnis der gesamten Umsätze des Unternehmens ist ausdrücklich nur noch hilfsweise als Unterfall der wirtschaftlichen Zurechnung nach S. 1 zugelassen.[6] Dazu hat der EuGH entschieden, dass Art. 17 Abs. 5 Unterabs. 3 der Richtlinie 77/388/EWG (jetzt Art. 173 Abs. 2 MwStSystRL) es den Mitgliedstaaten erlaubt, zum Zweck der Berechnung des Pro-rata-Satzes für den Abzug der Vorsteuern aus ei-

---

1 BFH v. 16.11.2016 – V R 1/15, UR 2017, 153.

2 BFH v. 15.10.2009 – XI R 82/07, UR 2010, 32 = BStBl II 2010, 247, BFH v. 11.7.2012 – XI R 17/09, MwStR 2013, 51, Rz. 76.

3 BGBl I 2003, 2645.

4 BFH v. 17.8.2001 – V R 1/01, UR 2001, 552 = BStBl II 2002, 833.

5 Vgl. BR-Drucks. 630/03, S. 86.

6 BFH v. 7.5.2014 – V R 1/10, BFHE 245, 416 = UR 2014, 531 = DStR 2014, 116; ausführlich: *Heuermann*, UR 2014, 507 ff.

nem bestimmten Umsatz vorrangig einen anderen Aufteilungsschlüssel als den in der RL vorgesehenen globalen Umsatzschlüssel vorzuschreiben, vorausgesetzt, die herangezogene Methode gewährleiste eine präzisere Bestimmung dieses Pro-rata-Satzes.[1] Konkret ging es in der Entscheidung um die Anwendung des **Flächenschlüssels** als andere wirtschaftliche Zurechnung nach § 15 Abs. 4 S. 3 UStG bei Grundstücksvermietungen. Dieser erlaubt hinsichtlich des Wortlauts „nach dem Verhältnis der Umsätze" den so genannten **globalen**, also auf das gesamte Unternehmen bezogenen, ebenso wie den **objektbezogenen Umsatzschlüssel**.[2]

Bei Grundstücken kann auch der **Flächenmaßstab** präziserer sein.[3] Der Flächenschlüssel ist aber gegenüber dem Umsatzschlüssel nicht erheblich genauer, wenn die Flächen größere Unterschiede aufweisen, die sich in der Gegenleistung, aber auch in den Kosten niederschlagen, etwa die Höhe der Räume, die Ausstattung. Deshalb hat der BFH festgestellt, dass in einem solchen Fall bezogen auf das einzelne Gebäude bzw dessen Verwendung ein **objektbezogener Umsatzschlüssel** als präziser anzuwenden ist.[4] Dieser Maßstab soll dann wiederum nicht anwendbar sein, wenn in den unterschiedlichen Räumen keine vergleichbaren Umsätze erzielt werden, beispielsweise die Vermietung eines Teils des Gebäudes mit aufwändigen Räumlichkeiten an eine Anwaltskanzlei. In diesem Fall kommt der (globale) **Gesamtumsatzschlüssel** des gesamten Unternehmens zur Anwendung.[5] 27.225

Nach der Entscheidung des EuGH in der Rechtssache *Wolfgang und Dr. Wilfried Rey Grundstücksgemeinschaft*[6] ist zwar zunächst zu prüfen, ob ein einzelner Leistungsbezug einen unmittelbaren und direkten Zusammenhang mit einem Ausgangsumsatz aufweist. Jedoch hat der EuGH zugelassen, von dieser Betrachtung abzusehen, wenn sie **in der Praxis zu komplex und schwer durchführbar** wäre. Dann müssen die Mitgliedstaaten nicht den genauesten Schlüssel wählen, wenn sie vom globalen Umsatzschlüssel abweichen wollen. Der BFH hat daher den **Flächenschlüssel** angewendet, u. a. weil die ausführenden Bauunternehmer ihre Leistungen regelmäßig nicht auf die einzelnen Gebäudeteile aufgliedern.[7] Das Gleiche gilt für den **Erwerb**, weil dort ebenfalls in der Regel nicht danach aufgegliedert wird, auf welche Gebäudeteile welche Anteile des Kaufpreises entfallen.[8] Demgegenüber ist die Zuordnung der **Leistungsbezüge** 27.226

1 EuGH v. 8.11.2012 – Rs. C-511/10 – BLC Baumarkt, UR 2012, 968 m. Anm. *Marchal/Salder* = HFR 2013, 79.

2 BFH v. 7.5.2014 – V R 1/10, BFHE 245, 416 = UR 2014, 531 = DStR 2014, 1162; v. 3.7.2014 – V R 2/10, MwStR 2014, 692; ausführlich dazu: *Heuermann*, UR 2014, 505, 509 ff.

3 BFH v. 22.8.2013 – V R 19/09, UR 2014, 68 = DStR 2013, 2757 m. Anm. *Heu*; BFH v. 10.8.2016 – XI R 31/09, BFHE 254, 461 = UR 2016, 846 m. Anm. *Heinrichshofen*.

4 BFH v. 7.5.2014 – V R 1/10, BFHE 245, 416 = UR 2014, 531 = DStR 2014, 1162; BFH v. 3.7.2014 – V R 2/10, UR 2014, 741 = DStR 2014, 1719 m. Anm. *Heu*; BFH v. 10.8.2016 – XI R 31/09, BFHE 254, 461 = UR 2016, 846 m. Anm. *Heinrichshofen*; *Heuermann*, UR 2014, 505; *von Streit*, UR 2014, 618; *Kessler/Haller*, DStR 2014, 1697.

5 BFH v. 7.5.2014 – V R 1/10, BFHE 245, 416 = UR 2014, 531 = DStR 2014, 1162; BFH v. 3.7.2014 – V R 2/10, UR 2014, 741 = DStR 2014, 1719 m. Anm. *Heu*; BFH v. 10.8.2016 – XI R 31/09, BFHE 254, 461 = UR 2016, 846 m. Anm. *Heinrichshofen*; *Heuermann*, UR 2014, 505; *von Streit*, UR 2014, 618; *Kessler/Haller*, DStR 2014, 1697, zustimmend *Sölch/Ringleb/Oelmair*, UStG, § 15 Rz. 798.

6 EuGH v. 9.6.2016 – Rs. C-332/14 – Wolfgang und Dr. Wilfried Rey Grundstücksgemeinschaft, Rz. 32, UR 2016, 545 = MwStR 2016, 614.

7 BFH v. 10.8.2016 – XI R 31/09, BFHE 254, 461 = UR 2016, 846m. Anm. *Heinrichshofen* = MwStR 2016, 879, Rz. 34.

8 BFH v. 10.8.2016 – XI R 31/09, BFHE 254, 461 = UR 2016, 846 m. Anm. *Heinrichshofen* = MwStR 2016, 879, Rz. 38.

**für die Nutzung**, den Erhalt oder den Unterhalt regelmäßig nicht zu komplex und sollte daher der jeweiligen Verwendung zugeordnet werden.[1]

27.227 Eine Aufteilung der Vorsteuerbeträge nach dem Verhältnis der **Flächen** scheidet auch aus, wenn es um nicht zu einer Gesamtnutzfläche zu addierenden Nutzflächen innerhalb eines Gebäudes und auf dessen Dach beispielsweise für eine **Photovoltaikanlage** geht. Dann sind nach der Rechtsprechung für den Umsatzschlüssel fiktive Vermietungsumsätze des Gebäudes einerseits und des Daches mit der Vermietung zur Nutzung mit einer Photovoltaikanlage gegenüberzustellen.[2] Wird mit dem Gebäude durch die Vermietung selbst ein Umsatz erzielt, dann gilt der **objektbezogene Umsatzschlüssel.**[3] Wird das Gebäude für das Unternehmen insgesamt verwendet, handelt es sich um **Gemeinkosten**, z.B. für Verwaltungsgebäude. In diesem Fall ist der **globale Umsatzschlüssel** anzuwenden (s. aber Rz. 27.163).[4]

27.228 Verwendet ein Unternehmer eine **Sportanlage** sowohl für steuerfreie Umsätze aus seinem Schulbetrieb i.S.v. § 4 Nr. 21 UStG als auch für steuerpflichtige Umsätze durch die Überlassung einer Sportanlage an Dritte, ist die Vorsteueraufteilung nach den tatsächlichen **Nutzungszeiten** ein sachgerechter Aufteilungsmaßstab. Voraussetzung ist, dass sich die Nutzungszeiten objektiv zuordnen lassen.[5] Die gleiche Frage stellt sich bei der teilweise steuerbefreiten Nutzung von medizinischen Geräten und der steuerpflichtigen Überlassung an Dritte.[6]

27.229 Fraglich ist, ob nach diesen Grundsätzen ein so genannter **Investitionsschlüssel**, der sich aus dem Verhältnis der Investitionen des Unternehmers in seinem steuerpflichtigen Umsätzen dienenden Unternehmensbereich zu seinen gesamten (steuerfreien und steuerpflichtigen) Umsätzen dienenden Investitionen ergibt, eine zulässige Aufteilungsmethode ist. Denn eine solche Methode ist in Art. 17 Abs. 5 und Art. 19 der 6. RL (Art. 173, 174 MwStSystRL vorgesehen[7] und § 15 Abs. 4 UStG eröffnet ebenso wie Art. 173 Abs. 2 MwStSystRL die Möglichkeit, von Art. 173 Abs. 1 MwStSystRL abzuweichen. Der EuGH hatte in seinem Urteil in der Rechtssache *Securenta* den Investitionsschlüssel zur Aufteilung von wirtschaftlichen und nichtwirtschaftlichen Tätigkeiten zugelassen.[8] Die Methode kann daher nach Art. 173 Abs. 2 MwStSystRL Maßstab für die wirtschaftliche Zurechnung sein, wenn sie präziser ist.[9]

---

1 EuGH v. 9.6.2016 – Rs. C-332/14 – Wolfgang und Dr. Wilfried Rey Grundstücksgemeinschaft, Rz. 29, UR 2016, 545 = MwStR 2016, 614; BFH v. 10.8.2016 – XI R 31/09, BFHE 254, 461 = UR 2016, 846 m. Anm. *Heinrichshofen* = MwStR 2016, 879, Rz. 39.

2 BFH v. 19.7.2011 – XI R 29/10, UR 2012, 40 = BStBl. II 2012, 438; v. 14.3.2012 – XI R 26/11, BFH/NV 2012, 1192; Carport: BFH v. 19.7.2011 – XI R 21/10, UR 2012, 282 = BStBl. II 2012, 434; Schuppen: BFH v. 19.7.2011 – XI R 29/09, UR 2012, 238 = BStBl. II 2012, 430; ebenso BMF v. 2.1.2014, BStBl I 2014, 119, unter I. 3.; UStAE 15.2c Abs. 8.

3 BFH v. 10.8.2016 – XI R 31/09, BFHE 254, 461 = UR 2016, 846; BFH v. 7.5.2014 – V R 1/10, BFHE 245, 416 = UR 2014, 531 = DStR 2014, 1162 Rz. 33.

4 BFH v. 10.8.2016 – XI R 31/09, BFHE 254, 461 = UR 2016, 846 m. Anm. *Heinrichshofen* = MwStR 2016, 879, Rz. 53 zum Verwaltungsgebäude; v. 18.11.2004 – V R 16/03, UR 2005, 340 m. Anm. *Eggers* = BStBl II 2005, 503 zu einer Publikumsgesellschaft; v. 4.3.1993 – V R 73/87, UR 1993, 386 = BStBl. II 1993, 525 zum Parkhaus einer Bank; UStAE 15.16 Abs. 2a.

5 BFH v. 26.4.2018 – V R 23/16, BFHE 261, 444 = UR 2018, 807 = MwStR 2018, 887 m Anm *Jacobs* = DStR 2018, 1864.

6 FG Berlin-Brandenburg v. 15.3.2018 – 5 K 5050/16, juris, Rev. beim BFH Az. XI R 15/18 mit der Besonderheit einer Organschaft.

7 So BFH v. 18.11.2004 – V R 16/03, BStBl. II 2005, 503 = UR 2005, 340 m. Anm. *Eggers*.

8 EuGH v. 13.3.2008 – Rs. C-437/06 – Securenta, Rz. 33 ff., BStBl. II 2008, 727 = UR 2008, 344 m. Anm. *Eggers*.

9 *Sölch/Ringleb/Oelmaier*, UStG, § 15 Rz. 797.

Diese gesamte Situation ist durch eine erhebliche Unsicherheit gekennzeichnet, welcher Schlüssel im konkreten Einzelfall sachgerechter ist, was zu erheblichen Vorsteuerrückzahlungen führen kann. Mit *Heuermann* ist daher zu fordern, dass dem Steuerpflichtigen ein **gewisser Beurteilungsspielraum** zuzugestehen ist.[1] 27.230

## 8. Vorsteuerabzug für Fahrzeuglieferer, Abs. 4a, ausländische Steuerschuldner nach Abs. 4b

Die Sonderregelung des § 15 Abs. 4a UStG für Fahrzeuglieferungen über die Grenze ist ohne besondere Bedeutung für Organisationen des Dritten Sektors. Die Vorschrift ist Teil eines Regelwerks, um das Fahrzeug von der inländischen Umsatzsteuer zu entlasten und im Bestimmungsland mit Umsatzsteuer zu belasten. Die innergemeinschaftliche Lieferung ist steuerfrei (§ 4 Nr. 1 Buchst. b, § 6a Abs. 1 S. 1 Nr. 2 Buchst. c) mit dem Recht auf nachträglichen Vorsteuerabzug (§ 15 Abs. 4a). Der Erwerber hat das Fahrzeug im Bestimmungsland (Käuferland) der Umsatzsteuer gem. § 1a oder 1b zu unterwerfen. Soweit § 2a UStG anwendbar ist, schränkt § 15 Abs. 4a UStG den Vorsteuerabzug des Veräußerers ein. Da die Vorschrift die Weiterveräußerung neuer Kfz betrifft, dürfte dies bei NPOs kaum vorkommen. 27.231

Die Vorschrift des Abs. 4b für nicht im Unionsgebiet ansässige Steuerschuldner im Sinne des § 13b Abs. 2 UStG hat ebenfalls nur geringe Bedeutung für NPOs. 27.232

## 9. Erleichterungen nach Abs. 5

Auf der Grundlage von Abs. 5 hat der Verordnungsgeber in § 43 UStDV Erleichterungen für die Aufteilung von Vorsteuern für **bestimme steuerfreie Geldgeschäfte** geschaffen. Vorsteuerbeträge, die den in § 43 UStDV bezeichneten Umsätze nur teilweise zuzuordnen sind, müssen nicht in einen abziehbaren und einen nicht abziehbaren Anteil aufgeteilt werden. Sie sind vielmehr vollständig abziehbar.[2] Diese Regelung ist ohne Belang für Organisationen des Dritten Sektors. Sie könnte aber eine Rechtsgrundlage für die Einführung von Erleichterungen für andere Steuerbefreiungen im Dritten Sektor bieten. 27.233

Daneben besteht die Vereinfachungsregelung in UStAE 15.18 Abs. 6. Hiernach können alle Vorsteuerbeträge, die sich auf sog. **Verwaltungsgemeinkosten** beziehen, etwa für die Beschaffung von Büromaterial, nach einem einheitlichen Verhältnis aufgeteilt werden, auch wenn einzelne Vorsteuerbeträge dieses Bereichs an sich bestimmten Umsätzen ausschließlich zuzurechnen wären. Hierfür bietet sich etwa der globale Umsatzschlüssel an.[3] Es handelt sich um eine Billigkeitsregelung.[4] 27.234

Weitere Erleichterungen betreffen die in der Praxis wichtigen **Fahrausweise** und **Kleinbeträge** nach § 35 UStDV (s. oben Rz. 27.176 ff.). 27.235

---

1 *Heuermann*, UR 2014, 505 (511); zustimmend *Sölch/Ringleb/Oelmaier*, UStG, § 15 Rz. 797; a.A. *Stadie* in Rau/Dürrwächter, UStG § 15 Rz. 1790 (Stand März 2019).

2 BFH v. 19.1.2016 – XI R 38/12, BStBl II 2017, 567, Rz. 49 = UR 2014, 323.

3 So bereits zu § 15 Abs. 4 Nr. 11967/1973: BdF, Erl. v. 28.6.1969, BStBl I 1969, 349 unter F. V. Abs. 5.

4 *Sölch/Ringleb/Oelmaier*, UStG, § 15 Rz. 930.

## III. § 15a UStG

### 1. Überblick über die Vorschrift und ihre historische Entwicklung

#### a) Inhalt

27.236 Nach den Art. 184 bis 192 MwStSystRL müssen die Mitgliedstaaten Regelungen vorsehen, nach denen eine **Berichtigung des Vorsteuerabzugs** vorgenommen wird, wenn sich die Voraussetzungen hierfür geändert haben, Art. 184 MwStSystRL. Dies betrifft nach Art. 185 Abs. 1 MwStSystRL etwa die Rückgängigmachung eines Kaufs oder die Einräumung von Rabatten. Nach Art. 185 MwStSystRL ist aber auch eine Berichtigung vorzusehen, wenn sich die anderen Faktoren, die bei der Bestimmung des Vorsteuerabzugs berücksichtigt werden, nach Abgabe der Mehrwertsteuererklärung geändert haben. Für längerfristig genutzte Investitionsgüter erfolgt die Berichtigung nach Art. 187 MwStSystRL bei Änderungen innerhalb von fünf Jahren mit dem jeweiligen Fünftel der betroffenen Jahre, bei Grundstücken kann der Zeitraum auf bis zu zwanzig Jahre festgelegt werden. Dementsprechend sieht § 15a Abs. 1 UStG für die Berichtigung des Vorsteuerabzugs zweierlei Fristen vor, zehn Jahre für Grundstücke und fünf Jahre für andere längerfristig nutzbare Wirtschaftsgüter.

#### b) Historische Entwicklung

27.237 Das UStG 1967 enthielt in § 15 Abs. 7 UStG eine Vorschrift zur Berichtigung des Vorsteuerabzugs bei Anlagegütern. Diese Berichtigungsvorschrift wurde gemäß § 27 Abs. 1 letzter Satz UStG 1967 erst mit Ablauf der Übergangsregelung der Selbstverbrauchsbesteuerung durch § 30 UStG 1967 zum 1.1.1973 wirksam. Durch das Steueränderungsgesetz 1973[1] wurde die Berichtigung des Vorsteuerabzugs bei langlebigen Wirtschaftsgütern durch die eigenständige Berichtigungsvorschrift des § 15a UStG erfasst.

27.238 Die Einführung von § 15a UStG erweitert die Berichtigungspflichten im Rahmen des Vorsteuerabzugs erheblich. Insbesondere wurde der Berichtigungszeitraum für Grundstücke und Schiffe für die Binnenschifffahrt **auf zehn Jahre verlängert**. Der Gesetzgeber hatte erkannt, dass die Regelung des § 15 Abs. 7 UStG aF zu ungerechtfertigten Steuervorteilen führen konnte, insbesondere, weil die Berichtigungsfrist von fünf Jahren bei wesentlich längerlebigen Anlagegütern nicht ausreichte.[2]

27.239 Auch die Fassung des § 15a UStG 1980 zur Umsetzung von Art. 20 Abs. 2 der 6. RL folgte nahezu unverändert der des § 15a UStG 1973. Neu waren gegenüber dem bisherigen Recht die Verkürzung des Berichtigungszeitraums für Schiffe auf fünf Jahre und die Einführung einer Ermächtigungsgrundlage (allerdings nur für Rechtsverordnung) in § 15a Abs. 7 Nr. 2 UStG für die Berichtigung des Vorsteuerabzugs bei einem **Wechsel der Besteuerungsform**.

27.240 Zum 1.1.1994 wurde durch das StMBG[3] § 15a Abs. 6 UStG (nunmehr Abs. 10) angefügt. Er soll unversteuerten Letztverbrauch aufgrund der Nichtsteuerbarkeit der Geschäftsveräußerung (§ 1 Abs. 1a UStG) verhindern.

1 SteuerändG v. 26.6.1973, BGBl. I 1973, 676.
2 Vgl. BT-Drucks. 7/592, Bericht des Finanzausschusses zum StÄndG 1973, S. 13 f.
3 BGBl I 1993, 2310.

Aufgrund des EuGH-Urteils vom 15.1.1998[1] wurde deutlich, dass § 15a UStG 1980 keine richtlinienkonforme Umsetzung des Art. 20 Abs. 2 der 6. RL darstellte, weil es danach beim Auseinanderfallen von Anschaffungsjahr und Erstjahr der Verwendung (zum sog. Sofortabzug vgl. Rz. 27.24) nicht auf die Verhältnisse bei der Anschaffung, sondern auf die Verhältnisse bei der erstmaligen Verwendung ankam. Daher erfolgte zum 1.1.2002 durch das StÄndG 2001 vom 20.12.2001[2] die Änderung des § 15a Abs. 1 und 4 UStG und der Wegfall von Abs. 5 zur Anpassung an Art. 20 Abs. 2 Unterabs. 2 der 6. RL.[3] 27.241

Der BFH hatte aufgrund der zuvor eingeholten Vorabentscheidung des EuGH vom 17.5.2001[4] entschieden, dass sich die bisherige Fassung des § 15a UStG auf eine Umsetzung des Art. 20 Abs. 2 der 6. RL (Art. 187 MwStSystRL) beschränkte und eine erweiternde Anwendung auf die unter Art. 20 Abs. 1 der 6. RL (Art. 184, 185 MwStSystRL) fallenden Sachverhalte – im Streitfall einen Pkw im Umlaufvermögen – im Auslegungsweg nicht möglich ist.[5] Das EURL-UmsG vom 9.12.2004[6] setze diese notwendige Anpassung um und führte Vorsteuerberichtigungen für Wirtschaftsgüter des Umlaufvermögens (§ 15a Abs. 2 UStG), bei bestimmten sonstigen Leistungen (§ 15a Abs. 3 und 4 UStG) sowie § 15a Abs. 7 UStG (nunmehr auf gesetzlicher Ebene) beim Wechsel der Besteuerungsform ein.[7] 27.242

Im Zusammenhang mit dem anteiligen Vorsteuerausschluss für teilweise nichtunternehmerisch verwendete Unternehmensgrundstücke (§ 15 Abs. 1b UStG, dazu Rz. 27.59) durch das JStG 2010[8] ab 1.1.2011 wurden die Berichtigungsregelungen des § 15a Abs. 6a und Abs. 8 S. 2 UStG eingeführt. 27.243

### c) Zweck

Der Vorsteuerabzug erfolgt nach Art. 167 MwStSystRL und § 15 Abs. 1 UStG bereits in dem Voranmeldungszeitraum, in dem die Eingangsleistung geliefert worden ist. Daher muss bereits in diesem Zeitpunkt entschieden werden, ob die Eingangsleistung in einem wirtschaftlichen Zusammenhang mit einem zum Vorsteuerabzug berechtigenden Umsatz steht. Diese Entscheidung wird daher bei allen Leistungsbezügen nach der damaligen **Verwendungsabsicht** (Rz. 27.125) getroffen. Deshalb kann die Situation eintreten, dass die spätere **tatsächliche Verwendung** nicht der Verwendungsabsicht entspricht und sich hierdurch ein geringerer oder höherer Vorsteuerabzug ergeben würde. Der Unternehmer soll aber nur diejenige Vorsteuer abziehen können, die sich auf die zum Vorsteuerabzug berechtigenden Umsätze bezieht. Zur Aufrechterhaltung der **Neutralität der Mehrwertsteuer** muss die Vorsteuer daher nach Art. 184 ff. MwStSystRL und § 15a UStG (sowie § 17 UStG bei Änderung der Bemessungsgrundlage) berichtigt werden. Damit ist § 15a UStG ein wesentlicher Bestandteil des Systems des Vorsteuerabzugs. 27.244

---

1 EuGH v. 15.1.1998 – Rs. C-37/95 – Ghent Coal Terminal NV, UR 1998, 149 = DStRE 1998, 106 zu erfolglosen Investitionen.

2 BGBl I 2001, 3794; BStBl I 2002, 4.

3 Vgl. BT-Drucks. 14/7341, S. 22.

4 EuGH v. 17.5.2001 – Rs. C-322/99 – Fischer, Brandenstein, DStRE 2001, 715.

5 BFH v. 20.12.2001 – V R 8/98, UR 1999, 413 m. Anm. *Widmann* = BStBl II 2002, 557; vgl. BFH v. 18.10.2001 – V R 106/98, UR 1999, 411 = BStBl II 2002, 551; v. 12.2.2009 – V R 85/07, UR 2009, 455 = BStBl II 2010, 76.

6 BGBl I 2004, 331.

7 BT-Drucks. 15/3677, S. 41 f.

8 BGBl I 2010, 1768.

### d) Systematische Stellung

27.245 Die Vorsteuerberichtigung nach § 15a UStG beruht auf den Art. 184 ff. MwStSystRL. § 15a UStG ist eine **Ergänzungsvorschrift zu § 15 Abs. 2–4 UStG.** Daher kommt § 15a UStG nicht zur Anwendung, wenn keine abzugsfähigen Vorsteuern i.S.v. § 15 Abs. 1 UStG vorliegen (s. auch Rz. 27.253).[1]

27.246 Der Steuerpflichtige kann sich auf die Vorschrift des Art. 187 MwStSystRL zur Berichtigung bei Investitionsgütern berufen, denn sie ist zwingend.[2] Zu Art. 20 Abs. 1 der 6. RL (Berichtigungen mit Ausnahme der Investitionsgüter, nunmehr Art. 184 bis 186 MwStSystRL) hat der BFH entschieden, dass sich der Steuerpflichtige auf diese Bestimmung nicht berufen könne. Denn die Berichtigung erfolge „nach den von den Mitgliedstaaten festgelegten Einzelheiten" (nunmehr Art. 186 MwStSystRL), sodass das Unionsrecht den Mitgliedstaaten einen Freiraum bei der Umsetzung vorbehalte.[3] Dies wird bezweifelt, weil der EuGH mit der Entscheidung vom 17.5.2001 entschieden hatte, dass es nach Art. 20 Abs. 1 Buchst. b der 6. RL **zwingende Berichtigungen** gibt, beispielweise bei Dienstleistungen an einem Gegenstand.[4]

27.247 Neben der Berichtigung nach § 15a UStG kommt die Berichtigung nach § 17 UStG bei **Änderung der Bemessungsgrundlage** in Betracht. Keine Änderung i. S. v. § 15a Abs. 1 UStG sind die von § 17 Abs. 1 S. 2 UStG erfassten Änderungen, soweit sie die Höhe des Vorsteuerbetrags betreffen. § 17 ist in seinem Anwendungsbereich speziell.[5] Für die nachträgliche Aufdeckung der Beschränkung des Vorsteuerabzugs für Luxusausgaben nach § 15 Abs. 1a UStG wird nach § 17 Abs. 2 Nr. 5 UStG das Berichtigungsverfahren nach § 17 Abs. 1 UStG entsprechend angewandt.

27.248 Auch die Steuerpflicht für **unentgeltliche Wertabgaben** nach § 3 Abs. 1b und Abs. 9a UStG dient ebenso wie die Vorsteuerberichtigung funktional der Berichtigung der Einordnung einer ursprünglich für das Unternehmen erworbenen Gegenstandes oder der Inanspruchnahme einer sonstigen Leistung. Jedoch gibt es bei der **Entnahme** nach § 3 Abs. 1b Nr. 1 UStG anders als bei § 15a UStG keine zeitliche Grenze, allerdings wird die Bemessungsgrundlage der **privaten Nutzung** nach § 3 Abs. 9a Nr. 1 UStG nach § 10 Abs. 4 Nr. 2 S. 3 UStG auf den Berichtigungszeitraum nach § 15a UStG zeitlich verteilt. Der Mechanismus bei den unentgeltlichen Wertabgaben wirkt nur zu Lasten des Steuerpflichtigen, während die Vorschrift

---

1 BFH v. 16.12.1993 – V R 65/92, DStR 1994, 538; v. 23.10.2014 – V R 11/12, MwStR 2015, 176 m. Anm. *Weymüller;* Abschn. 15a 1 Abs. 6 UStAE; Lippross/Seidel/*Janzen,* Basiskommentar Steuerrecht (Stand November 2018), UStG § 15a Rz. 19.1.

2 BFH v. 12.6.2008 – V R 22/06, UR 2009, 66 = BStBl II 2009, 165; EuGH v. 30.3.2006 – Rs. C-184/04 – Uudenkaupungin kaupunki, Rz. 24, UR 2006, 530 = DStRE 2006, 619; EuGH v. 5.6.2014 – Rs. C-500/13 – Gmina Miedzyzdroje, Rz. 24, ABl EU 2014, Nr C 261, 10 = BeckEuRS 14, 397691.

3 BFH v. 12.6.1997 – V R 36/95, UR 1997, 306 = BStBl II 1997, 589; v. 12.2.2009 – V R 85/07, UR 2009, 455 = BStBl II 2010, 76.

4 Vgl. EuGH v. 17.5.2001 – Rs. C-322/99 – Fischer, Brandenstein, Rz. 90, 94, DStRE 2001, 715; in diese Richtung auch EuGH v. 13.3.2014 – Rs. C-107/13 – Firin, Rz. 51 ff., UR 2014, 705 = DStR 2014, 650; EuGH v. 16.6.2016 – Rs. C-186/15 – Kreissparkasse Wiedenbrück, Rz. 43 ff., UR 2016, 553 = DStR 2016, 1413.

5 FG München 16.7.2015 – 14 K 277/12, EFG 2015, 1992. Der BFH hat zum Vertrauensschutz dem EuGH vorgelegt: BFH v. 21.9.2016 – V R 29/15, UR 2017, 66; dazu EuGH v. 31.5.2018 – Rs. C-660/16 und C-661/16, Kollroß, ECLI:EU:C:2018:372 = DStR 2018, 1171 (dazu Rz. 27.85).

des § 15a UStG auch Verwendungsänderungen zu seinen Gunsten berücksichtigt.[1] Als Korrektiv für die unvollständige Berichtigung bei den unentgeltlichen Wertabgaben dient das Zuordnungswahlrecht bei gemischt unternehmerischer und privater Nutzung (dazu auch Rz. 27.154 ff.).[2] Die unentgeltliche Wertabgabe hat **Vorrang** vor der Vorsteuerberichtigung, so dass auch eine Entnahmebesteuerung nach Ablauf der Berichtigungsfrist möglich ist.[3] Ob eine nachträgliche Zuordnung vom Privatvermögen in das unternehmerische Vermögen zulässig ist, ist noch offen (dazu Rz. 27.157 ff.).

Fraglich ist, welche Berichtigungsvorschrift bei einem **Wechsel zwischen einer wirtschaftlichen Nutzung zu einer nicht wirtschaftlichen Nutzung** im Unternehmen, also einer hoheitlichen oder satzungsmäßigen Verwendung anzuwenden ist.[4] Es liegt keine Privatentnahme vor, weil der Gegenstand nicht unternehmensfremd verwendet wird, so dass eine unentgeltliche Wertabgabe ausscheidet. Vielmehr ist § 15a UStG entsprechend anzuwenden. Das Gleiche gilt auch, wenn umgekehrt ein Gegenstand zunächst ausschließlich nichtwirtschaftlichen Zwecken im Rahmen des Unternehmens diente.[5] Die Verwaltung gewährt nur eine Korrektur aus Billigkeit und nimmt zu Lasten des Unternehmers eine Privatentnahme an.[6] 27.249

## 2. Kommentierung der einzelnen Tatbestandsmerkmale

### a) Wirtschaftsgut, das nicht nur einmalig zur Ausführung von Umsätzen verwendet wird

Die Vorschrift des § 15a Abs. 1 UStG betrifft Wirtschaftsgüter, die nicht nur einmalig zur Ausführung von Umsätzen verwendet werden. Art. 187 MwStSystRL spricht von **Investitionsgütern**. Die bilanzielle Einordnung als Anlage- oder Umlaufvermögen nach dem nationalen Ertragsteuerrecht ist aber nicht maßgeblich.[7] In der Regel werden unter § 15a Abs. 1 UStG fallende Wirtschaftsgüter zum Anlagevermögen gehören.[8] 27.250

Es kann sich um **materielle oder immaterielle Wirtschaftsgüter** handeln, die Gegenstand einer Lieferung sind. Sonstige Leistungen fallen unter § 15a Abs. 3 und 4 UStG (s.u. Rz. 27.278 ff.). Für kurzlebige Wirtschaftsgüter gilt § 15a Abs. 2 UStG (s.u. Rz. 27.273 ff.). 27.251

Voraussetzung ist aufgrund einer **Vereinfachungsregelung**, dass die insgesamt auf die Anschaffungs- oder Herstellungskosten des Wirtschaftsguts entfallenden Vorsteuerbeträge i.S.v. 27.252

1 EuGH v. 30.3.2006 – Rs. C-184/04 – Uudenkaupungin kaupunki, Rz. 30, UR 2006, 530 = DStRE 2006, 619.

2 Vgl. EuGH v. 23.4.2009 – Rs. C-460/07 – Puffer, Rz. 44 ff., UR 2009, 410 m. Anm. *Widmann* = DStR 2009, 903; BFH v. 14.10.2015 – V R 10/14, UR 2016, 35 = DStR 2015, 2773, Rz. 19.

3 So jetzt EuGH v. 16.6.2016 – Rs. C-229/15 – Mateusiak, ECLI:EU:C:2016:454, Rz. 32 ff.; vgl. auch bereits EuGH v. 17.5.2001 – Rs. C-322/99 – Fischer, Brandenstein, Rz. 90, 92, DStRE 2001, 715, zur Besteuerung der Entnahme; in diese Richtung: EuGH v. 30.3.2006 – Rs. C-184/04 – Uudenkaupungin kaupunki, Rz. 30 ff., UR 2006, 530 = DStRE 2006, 619.

4 *Oelmaier*, MwStR 2014, 600; aA. UStAE 3.4 Abs. 2; *Wäger*, UR 2012, 25, 29.

5 *Oelmaier*, MwStR 2014, 600; zust. in diesem Fall: *Wäger*, UR 2012, 25, 29.

6 UStAE 15a.1 Abs. 7; UStAE 3.4 Abs. 2; BMF v. 2.1.2012, BStBl I 2012, 60, unter III.

7 BFH v. 24.9.2009 – V R 6/08, UR 2010, 179 = BStBl II 2010, 315; vgl. auch BFH v. 14.7.2010 – XI R 9/09, UR 2011, 63 = BStBl II 2010, 1086.

8 EuGH v. 1.2.1977 – Rs. 51/76 – Nederlandse Ondernemingen, UR 77, 90; vgl. BFH v. 24.9.2009 – V R 6/08, UR 2010, 179 = BStBl II 2010, 315, Rz. 22; UStAE 15 a.1 Abs. 2 Nr. 1; vgl. auch die Gesetzesbegründung zum EURLUmsG, wonach es sich „im Ergebnis um einkommensteuerrechtliches Anlagevermögen handelt", BT-Drucks. 15/3677, S. 41.

§ 15 Abs. 1 UStG mehr als 1000 Euro betragen (§ 44 Abs. 1 UStDV). Die Regelung gilt entsprechend für nachträgliche Anschaffungs- und Herstellungskosten sowie für die Leistungen i.S.v. § 15a Abs. 3 und 4 UStG (§ 44 Abs. 4 UStDV). Die Vorschrift beruht auf Art. 189 Buchst. b MwStSystRL.

### b) Änderung der maßgeblichen Verhältnisse

27.253 Voraussetzung für den Vorsteuerabzug ist eine Änderung der Verhältnisse gegenüber dem Zeitpunkt der erstmaligen Verwendung. Eine solche Änderung liegt vor, wenn in dem maßgeblichen Berichtigungszeitraum (Rz. 27.268 ff.) eine Änderung eintritt, die dazu führen würde, dass der damalige Vorsteuerabzug höher oder geringer ausgefallen wäre.[1] Voraussetzung ist damit auch, dass ein zu berichtigender Vorsteuerabzug überhaupt stattgefunden hat. Wurde ursprünglich kein Vorsteuerabzug gewährt, scheidet eine Vorsteuerberichtigung zum Nachteil des Steuerpflichtigen aus.[2] Die Rechtsfrage, ob dies auch der Fall ist, wenn zwar keine Vorsteuererstattung stattgefunden hat, aber infolge der gegenseitigen Aufhebung des Vorsteuerabzugs nach § 15 Abs. 1 S. 1 Nr. 4 UStG und nach dem Reverse-Charge-Verfahren (heute § 13b Abs. 2 Nr. 3, Abs. 5 S. 1 UStG) im Ergebnis die zutreffende Umsatzsteuer berechnet wurde, ist anhängig beim BFH.[3]

27.254 Maßgebliche Verhältnisse im Sinne des § 15a Abs. 1 UStG ist in sachlicher Hinsicht die **tatsächliche oder beabsichtigte Verwendung** des Wirtschaftsgutes.[4]

27.255 Der **Grundfall** ist die vollständige Verwendung für unternehmerische Zwecke und für Umsätze, die den Vorsteuerabzug nicht entfallen lassen, wobei der Gegenstand später, aber noch innerhalb des Berichtigungszeitraums, für steuerbefreite Umsätze oder für Umsätze im Ausland verwendet wird, die im Inland steuerfrei wären (§ 15 Abs. 2 S. 1 Nr. 1 und 2 UStG, vgl. Rz. 27.204 ff.). Zu berichtigen ist auch, wenn die tatsächliche Verwendung von der für den Vorsteuerabzug maßgeblichen **beabsichtigten Verwendung** abweicht (zum Sofortabzug Rz. 27.24, 27.125). Für Wirtschaftsgüter, die nur einmalig zur Ausführung von Umsätzen verwendet werden, ist das in § 15a Abs. 2 UStG geregelt (Rz. 27.273 ff.).

27.256 Zu steuerfreien Umsätzen kann es auch kommen, wenn auf die **Steuerfreiheit nach § 9 UStG verzichtet** wird oder umgekehrt die Option zur Steuerpflicht später widerrufen wird oder wenn die Voraussetzungen der Option, insbesondere die Vermietung an einen Unternehmer im Rahmen seines Unternehmens, entfallen. Wird hingegen gem. § 9 UStG rückwirkend auf die Steuerfreiheit verzichtet oder rückwirkend ein Verzicht rückgängig gemacht und wirkt dies auf das Jahr des ursprünglichen Vorsteuerabzugs zurück, so führt dies nicht zur einer Vorsteuerberichtigung, sondern hat Auswirkungen auf den ursprünglichen Vorsteuer-

---

1 *Janzen* in Lippross/Seibel, Basiskommentar Steuerrecht, § 15a UStG, Rz. 13 (Stand Mai 2019).

2 BFH v. 16.12.1993 – V R 65/92, DStR 1994, 538; v. 23.10.2014 – V R 11/12, MwStR 2015, 176 m. Anm. *Weymüller*; Lippross/Seidel/*Janzen,* Basiskommentar Steuerrecht (Stand November 2018), UStG § 15a Rz. 19.1.

3 FG Düsseldorf v. 28.9.2018 – 1 K 1352/17 U, Rev. beim BFH Az. V R 33/18, EFG 2018, 2002 m. Anm. *Adamek* = MwStR 2019, 84 m. krit. Anm. *Pull:* Grundstückskauf durch ausländischen Käufer.

4 BFH v. 23.10.2014 – V R 11/12, UR 2015, 271 = BStBl II 2015, 973; vgl. EuGH v. 30.3.2006 – Rs. C-184/04 – Uudenkaupungin kaupunki, Rz. 39, UR 2006, 530 = DStRE 2006, 619.

abzug. Die Festsetzung des Jahres, in dem der Unternehmer die Vorsteuer abgezogen hat, ist dann nach § 175 Abs. 1 S. 1 Nr. 2 AO zu ändern.[1]

Wird ein Wirtschaftsgut im Unternehmen „gemischt" für steuerpflichtige und steuerfreie Umsätze eingesetzt, so ist der Unternehmer nach der formellen Bestandskraft des Jahressteuerbescheides an den von ihm gewählten **Aufteilungsschlüssel** (oben Rz. 27.217 ff.) gebunden, soweit sich die tatsächliche Verwendung nicht ändert.[2] 27.257

Weitere, **gesondert geregelte Beispiele** sind die Änderung der unternehmerischen Nutzung von Grundstücken (§ 15a Abs. 6a UStG), der Wechsel der Besteuerungsform nach § 15a Abs. 7 UStG, eine Veräußerung (§ 15a Abs. 8 UStG) und die unentgeltliche Lieferung i.S.d. § 3 Abs. 1b UStG (§ 15a Abs. 9 UStG). 27.258

Ein **Leerstand** eines Gebäudes, für das Vorsteuerbeträge abgezogen wurden, ist keine geänderte tatsächliche Verwendung (hierzu oben Rz. 27.92), so dass es auf die – durch objektive Anhaltspunkte belegte – beabsichtigte Verwendung ankommt.[3] Durch den Leerstand wird auch der Ablauf der Berichtigungsfrist (dazu Rz. 27.268 ff.) nicht unterbrochen, dieser beginnt mit der Fertigstellung und dem Beginn der Vermietungsbemühungen.[4] Ebenfalls keine Vorsteuerberichtigung findet statt, wenn ein Wirtschaftsgut schlicht **unbrauchbar und nicht mehr verwendet** wird, ohne dass ein Fall der Entnahme o.ä. vorliegt.[5] Dies ist aus Art. 185 Abs. 2 MwStSystRL begründet.[6] Auch eine Veräußerung als **Altmaterial** ist daher unschädlich.[7] Im Fall eines Unternehmers, der ein Alten- und Pflegeheim steuerfrei betreibt und eine überwiegend für das allgemeine Publikum gewidmete Cafeteria einrichtet, die diese Leistungen als erfolgloser Unternehmer aber nie erbringt, hat der BFH ebenfalls zutreffend eine Pflicht zur Vorsteuerberichtigung verneint, die Frage aber dem EuGH vorgelegt.[8] 27.259

Umsätze im Rahmen einer **Geschäftsveräußerung** sind gem. § 1 Abs. 1a S. 1 UStG nicht steuerbar. Sie lösen daher keine Vorsteuerberichtigung aus. Der für das Wirtschaftsgut maßgebliche Berichtigungszeitraum wird gem. § 15a Abs. 10 S. 1 UStG nicht unterbrochen. Der Erwerber führt den bisherigen Berichtigungszeitraum fort.[9] 27.260

Fraglich ist die Behandlung einer **nachträglichen Einlage von Privatvermögen oder hoheitlichem oder satzungsmäßig genutzten Vereinsvermögen** in den unternehmerischen 27.261

---

1 Vgl. BFH v. 19.12.2013 – V R 7/12, UR 2014, 579 = DStR 2014, 1104; v. 1.2.2001 – V R 23/00, UR 2001, 253 = BStBl II 2003, 673.

2 BFH v. 5.9.2013 – XI R 4/10, UR 2013, 917 = BStBl II 2014, 95; v. 10.12.2009 – V R 13/08, BFH/NV 2010, 960 = UR 2010, 426; v. 28.9.2006 – V R 43/03, UR 2007, 27 = BStBl II 2007, 417; v. 2.3.2006 – V R 49/05, UR 2006, 601 = BStBl II 2006, 729; UStAE 15a.4 Abs. 4.

3 EuGH v. 28.2.2018 – Rs. C-672/16 – Imofloresmira – Investimentos Imobiliários, ECLI:EU:C:2018:132; BFH v. 25.4.2002 – V R 58/00, UR 2002, 472 = BStBl II 2003, 435; UStAE 15a.2 Abs. 8; ebenso FG Thüringen v. 13.12.2017 – 3 K 541/17, EFG 2018, 1145 m. Anm. *Leist*, rkr.

4 FG Thüringen v. 13.12.2017 – 3 K 541/17, EFG 2018, 1145 m. Anm. *Leist*, rkr.

5 EuGH v. 18.10.2012 – Rs. C-234/11 – TETS Haskovo AD, UR 2012, 921.

6 EuGH v. 18.10.2012 – Rs. C-234/11 – TETS Haskovo, UR 2012, 921 = DStRE 2013, 225; v. 29.11.2012 – Rs. C-257/11 – Gran Via Moinesti, UR 2013, 224 = MwStR 2013, 33.

7 Abschn. 15a 3 Abs. 7 UStAE; *Janzen* in Lippross/Seibel, Basiskommentar Steuerrecht, § 15a UStG, Rz. 31 (Stand Mai 2019).

8 BFH v. 27.3.2019 – V R 61/17, ECLI:DE:BFH:2019:VE.270319.VR61.17.0, DStR 2019, 984 = DB 2019, 1185.

9 BFH v. 22.11.2007 – V R 5/06, UR 2008, 255 = BStBl II 2008, 448; v. 19.12.2012 – XI R 38/10, UR 2013, 494 = BStBl II 2013, 1053.

Bereich (s. Rz. 27.159). Nach bisheriger Auffassung führt dies nicht zu einer Vorsteuerberichtigung nach § 15a UStG, einen umsatzsteuerlichen „Einlagetatbestand" gebe es nicht.[1] Jüngst hat hingegen der EuGH in der Rechtssache *Gmina Ryjewo*[2] auf der Grundlage von Art. 184 MwStSystRL entschieden, dass eine Gemeinde eine **nachträgliche Zuordnungsentscheidung** für die bisherige **nichtwirtschaftliche (hoheitliche) Nutzung** eines Kulturhauses treffen kann und damit für die Jahre der Nutzungsänderung den anteiligen Vorsteuerabzug erlangen kann. Maßgebend war nach der Auffassung des EuGH, dass die Gemeinde vorher **keine eindeutige Zuordnungsentscheidung** getroffen hatte, sondern dies erst nach vier Jahren vornahm, allerdings bereits mehrwertsteuerlich als Steuerpflichtige registriert war. In der Begründung bricht der EuGH allerdings nicht mit seiner bisherigen Rechtssprechungslinie, mit der er bislang eine nachträgliche Einlage in den steuerpflichtigen Bereich insofern abgelehnt hat, weil die MwStSystRL keinen derartigen Tatbestand vorsieht.[3] Auch das deutsche Recht sieht dies nicht vor.[4] Eine Anknüpfung an die Berichtigungsvorschrift hätte in allen Fällen einer nachträglichen „Einlage" (auch bei eindeutiger Zuordnung zunächst zu dem privaten oder dem nicht unternehmerischen Bereich) zu einem Einstieg in die „Einlageentsteuerung"[5] geführt. Während die Generalanwältin *Kokott* aus Gründen der Gleichbehandlung (Art. 20 GrCh) vorgeschlagen hatte, man könne aus der Änderungsvorschrift des Art. 187 Abs. 2 Unterabs. 2 MwStSystRL schließen, dass die Richtlinie selbst von einer nachträglichen Zuordnungsmöglichkeit eines bereits erworbenen Gegenstands durch eine nachträgliche wirtschaftliche Verwendung ausgehe („oder gegebenenfalls erstmalig verwendet wurde"),[6] greift der Gerichtshof ihren Hilfsantrag auf und stellt auf eine großzügige Beurteilung bereits des erstmaligen Erwerbs „als Steuerpflichtiger" ab. Es sei zu vermuten, dass ein Steuerpflichtiger einen Gegenstand, der seinem Wesen nach auch wirtschaftlich verwendet werden kann, und nicht ausgeschlossen ist, dass dieser Gegenstand innerhalb des Zeitraums des Art. 187 MwStSystRL zur Ausführung steuerpflichtiger Umsätze verwendet wird, im Moment des Erwerbs als Steuerpflichtiger mit der Absicht einer gegebenenfalls späteren wirtschaftlichen Verwendung erworben hat (zum Prinzip des Sofortabzugs s. auch Rz. 27.24).[7] Als Indizien, dass der

1 BFH v. 1.12.2010 – XI R 28/08, UR 2011, 678 = BStBl II 2011, 994, Rz. 25 ff.

2 EuGH v. 25.7.2018 – Rs.C-140/17 – Gmina Ryjewo, ECLI:EU:C:2018:595 = UR 2018, 687 m. Anm. *Sterzinger*; in diese Richtung bereits EuGH v. 10.9.2014 – Rs. C-92/13 – Gemeente's-Hertogenbosch, Rz. 25, UR 2014, 852 = MwStR 2014, 686.

3 Vgl. z.B. EuGH v. 2.6.2005 – C-378/02 – Waterschap Zeeuws Vlaanderen, ECLI:EU:C:2005:335.

4 BFH v. 11.4.2008 – V R 10/07, BStBl. II 2009, 741 Rz. 49 ff. m.w.Nw. Die Finanzverwaltung gewährt analog § 15a UStG eine Vorsteuerberichtigung, wenn die öffentliche Hand eine bezogene Leistung zunächst für den nichtwirtschaftlichen Bereich der Vermögensverwaltung genutzt hatte und später eine Option nach dem Übergangsrecht des § 27 Abs. 22 UStG erfolgt, BMF v. 16.12.2016, BStBl. I 2016, 1451 = DStR 2016, 40 Rz. 63, dazu *Kastl*, DStR 2018, 1145 ff.

5 *Heuermann*, Non Profit Law Yearbook 2018, im Erscheinen.

6 Schlussanträge der GAin *Kokott* v. 19.4.2018 – C-140/17 –Gmina Ryjewo, ECLI:EU:C:2018:273, Rz. 36 f.

7 Schlussanträge der GAin *Kokott* v. 19.4.2018 – C-140/17 – Gmina Ryjewo, ECLI:EU:C:2018:273 Rz. 57; st. Rspr., vgl. EuGH v. 8.6.2000 – C-396/98 – Schloßstraße, ECLI:EU:C:2000:303, Rz. 37 f.; EuGH v. 8.6.2000 – C-400/98 – Breitsohl, ECLI:EU:C:2000:304, BStBl. II 2003, 452, Rz. 35 f.; EuGH v. 30.3.2006 – C-184/04 – Uudenkaupungin kaupunki, ECLI:EU:C:2006:214, Rz. 38 f.; EuGH v. 16.2.2012 – C-118/11 – Eon Aset Menidjmunt, ECLI:EU:C:2012:97, Rz. 57; EuGH v. 29.11.2012 – C-257/11 – Gran Via Moinesti, ECLI:EU:C:2012:759, Rz. 28; EuGH v. 19.7.2012 – C-334/10, ECLI:EU:C:2012:473, Rz. 17; EuGH v. 28.2.2018 – C-672/16 – Imofloresmira – Investimentos Imobiliários, ECLI:EU:C:2018:134, Rz. 9; einen Überblick gibt *Meurer*, MwStR 2018, 859 ff.

Steuerpflichtige eine wirtschaftliche Verwendung vorgesehen hat, wertet der Gerichtshof, ob der Gegenstand eine gemischte Nutzung erlaubt, ob der Hoheitsträger mehrwertsteuerlich registriert ist oder ob er den Gegenstand bereits im nicht wirtschaftlichen Bereich nutzt.[1]

Die Entscheidung betrifft neben dem hoheitlichen Bereich auch den nichtunternehmerischen Bereich von Vereinen und anderen Non-Profit-Organisationen.[2] Die **Umsetzung im deutschen Recht** erfolgt auf der Grundlage von Art. 187 Abs. 2 Unterabs. 2 MwStSystRL nach § 15a Abs. 1 S. 1 UStG zeitanteilig, wenn sich der Umfang der nicht wirtschaftlichen Nutzung im Unternehmen ändert.[3] Bei einem verminderten Anteil der nichtwirtschaftlichen Verwendung entspricht dies der Lösung durch die Finanzverwaltung.[4] Für einen späteren erhöhten Anteil der nichtwirtschaftlichen Verwendung wendet die Verwaltung eine unentgeltliche Wertabgabe nach § 9 Abs. 9a UStG an.[5] Wegen § 10 Abs. 4 S. 1 Nr. 2 S. 3 UStG hat dies allerdings die gleichen Auswirkungen, da auch hiernach eine zeitanteilige Aufteilung der Wertabgabe erfolgt. Entnimmt ein Verein den so erfassten Gegenstand später, etwa um ihn einem Angestellten zu überlassen, ist die **Entnahme** nach § 3 Abs. 1b UStG im vollen Umfang zu versteuern, da die Vorschrift eine anteilige Korrektur nicht vorsieht. Soweit vorher aber nur ein anteiliger Vorsteuerabzug vorgenommen worden ist, erfordert es die Neutralität der Mehrwertsteuer, dass nach § 15a Abs. 8 UStG, § 44 Abs. 3 S. 2 UStDV nachträglich ein entsprechend höherer anteiliger Vorsteuerabzug zu gewähren ist.[6] 27.262

Gegen eine Übertragung dieser Grundsätze auf **Einlagen aus dem Privatvermögen** (dazu auch Rz. 27.159) spricht, dass die Entscheidung den nicht wirtschaftlichen, dh hoheitlichen Bereich betraf, wo eine **Zuordnungsentscheidung** gar nicht notwendig ist.[7] *Heuermann* spricht deshalb auch zutreffend statt von einer Einlage von einer „Änderung des Verwendungsanteils" nach § 15a Abs. 1 S. 1 UStG, Art. 187 MwStSystRL.[8] 27.263

Als Änderung der Verhältnisse kommt auch eine **Rechtsänderung** in Betracht, weil nicht allein auf die tatsächlichen Umstände abgestellt wird.[9] Das ist etwa der Fall, wenn sich der Steuerpflichtige nachträglich innerhalb des Berichtigungszeitraums auf die Steuerfreiheit seiner Verwendungsumsätze nach Unionsrecht beruft (dazu auch Rz. 27.202).[10] Auch eine Gesetzes- 27.264

---

1 EuGH v. 25.7.2018 – Rs.C-140/17 – Gmina Ryjewo, ECLI:EU:C:2018:595 Rz. 51 f. = UR 2018, 687 m. Anm. *Sterzinger.*

2 *Heuermann*, Non Profit Law Yearbook 2018, im Erscheinen.

3 *Heuermann*, Non Profit Law Yearbook 2018, mit Rechenbeispielen für alle Fallvarianten, im Erscheinen; vgl. auch *Meurer*, MwStR 2018, 859 (865) zur analogen Anwendung von § 15a UStG durch die Finanzverwaltung bei Option der öffentlichen Hand für eine steuerpflichtige Verwendung nach § 27 Abs. 22 UStG.

4 R 3.4 Abs. 2 Satz 5. 15a Abs. 7 UStAE.

5 R 2.10 Abs. 4 S. 2, Abs. 6 S. 9 UStAE.

6 *Heuermann*, MwStR 2017, 729 (734) m.w.N.; *Heuermann*, Non Profit Law Yearbook 2018, im Erscheinen.

7 Zurückhaltend daher *Heuermann*, Non Profit Law Yearbook 2018, im Erscheinen; *Sterzinger*, UR 2018, 692 f.

8 *Heuermann*, Non Profit Law Yearbook 2018, im Erscheinen.

9 Abschn. 15a 2 Abs. 2 S. 3 Nr. 5 UStEA; *Janzen* in Lippross/Seibel, Basiskommentar Steuerrecht, § 15a UStG Rz. 15 (Stand Mai 2019).

10 BFH v. 15.9.2011 – V R 8/11, BStBl II 2012, 368; v. 19.10.2011 – XI R 16/09, UR 2012, 322 = BStBl II 2012, 371.

änderung führt zur Vorsteuerberichtigung,[1] etwa die **Einführung einer Steuerfreiheit**[2] oder die Einschränkung des Umsatzschlüssels gem. § 15 Abs. 4 S. 3 UStG ab dem 1.1.2004.[3] Problematisch für die davon betroffenen Steuerpflichtigen ist es, dass dem weder die unionsrechtlichen Grundsätze des Vertrauensschutzes noch der Rechtssicherheit entgegenstehen sollen[4] und es sich aus nationaler Sicht nicht um eine verfassungsrechtlich unzulässige echte Rückwirkung handelt, da nur das laufende Jahr des Berichtigungszeitraums geändert wird.[5]

27.265 Hat ein Unternehmer die Vorsteuer hingegen bereits durch eine ursprünglich **unrichtige Anwendung** des **§ 15 UStG** zu hoch, zu niedrig oder gar nicht abgezogen, ist die Steuerfestsetzung zu ändern, in der der Vorsteuerabzug unrichtig vorgenommen wurde, soweit diese noch nicht bestandskräftig war, etwa nach § 164 Abs. 2 AO. Um eine Vorsteuerberichtigung nach § 15a UStG handelt es sich nicht. Der EuGH hat mit Urteil vom 18.7.2013 entschieden, dass eine Vorsteuerberichtigung nach Art. 185 Abs. 1 MwStSystRL nur dann durchzuführen ist, wenn der Steuerpflichtige berechtigt war, die Vorsteuer unter den Voraussetzungen des Art. 168 Buchst. a MwStSystRL abzuziehen. Wurde die Umsatzsteuer zu Unrecht in Rechnung gestellt, besteht keine Berichtigungsmöglichkeit, da kein Recht auf Vorsteuerabzug bestand (s. auch Rz. 27.253).[6] In der Rechtssache *SEB bankas* vom 11.4.2018 hat der EuGH insoweit zwischen der Berichtigungspflicht nach Art. 184 MwStSystRL und dem Berichtigungsmechanismus nach Art. 187 bis 189 MwStSystRL unterschieden. Aufgrund des sehr weiten Wortlauts des Art. 184 MwStSystRL und des Grundsatzes der steuerlichen Neutralität der Mehrwertsteuer bestehe eine generelle Berichtigungspflicht, die keinen denkbaren Fall ausnimmt. Die Berichtigungsvorschriften der Art. 187 bis 189 MwStSystRL seien aber nicht auf den Fall anzuwenden, dass der Vorsteuerabzug zu Unrecht erfolgt sei, denn diese umfassen nur Fälle der nachträglichen Änderung, also nicht eine Fehlerhaftigkeit von Anfang an.[7] In diesem Fall obliege es den Mitgliedstaaten, den Berichtigungsmechanismus festzulegen. Hierzu bemerkt der Gerichtshof lediglich, dass eine rechtswidrige Verwaltungspraxis allein kein Vertrauen des Steuerpflichtigen begründe, dessen steuerliche Lage aber auch nicht unbegrenzt offen bleiben kann.[8] Deshalb ist die Rechtsprechung des BFH kritisch zu sehen, wonach ein zu Unrecht gewährter Vorsteuerabzug im Rahmen der Berichtigung nach § 15a UStG korrigiert werden kann, wenn sich die **rechtliche Beurteilung der Verwendungsumsätze** nachträglich

1 EuGH v. 29.4.2004 – Rs. C-487/01 – Gemeente Leusden, DStRE 2004, 1473; BFH v. 22.8.2013 – V R 19/09, UR 2014, 68 = DStR 2013, 2757, Rz. 48; UStAE 15a.2 Abs. 2. S. 2 Nr. 5.

2 Für Segelregatten durch § 4 Nr. 22 Buchst. b UStG 1980, BFH v. 14.5.1992 – V R 79/87, UR 1992, 307 = BStBl II 1992, 983.

3 BFH v. 22.8.2013 – V R 19/09, UR 2014, 68 = DStR 2013, 2757; v. 10.8.2016 – XI R 31/09, BFHE 254, 461 = UR 2014, 651 m. Anm. *Heinrichshofen* = MwStR 2016, 879, vorgehend: EuGH v. 9.6.2016 – Rs. C-332/14 – Wolfgang und Dr. Wilfried Rey Grundstücksgemeinschaft, UR 2016, 545 = MwStR 2016, 614.

4 EuGH v. 9.6.2016 – Rs. C-332/14 – Wolfgang und Dr. Wilfried Rey Grundstücksgemeinschaft, Rz. 48 ff., UR 2016, 545 = MwStR 2016, 614.

5 BFH v. 14.5.1992 – V R 79/87, UR 1992, 307 = BStBl II 1992, 983 zur Einführung der Befreiung für „sportliche Veranstaltungen" nach § 4 Nr. 22 Buchst. b UStG 1980; vgl. auch BFH v. 22.8.2013 – V R 19/09, UR 2014, 68 = DStR 2013, 2757.

6 EuGH v. 18.7.2013 – Rs. C-78/12 – Evita K, UR 2014, 475 = HFR 2013, 857.

7 EuGH v. 11.4.2018 – Rs. C-532/16 – SEB bankas, ECLI:EU:C:2018:228 = UR 2018, 526 = MwStR 2018, 518 Rz. 48.

8 EuGH v. 11.4.2018 – Rs. C-532/16 – SEB bankas, ECLI:EU:C:2018:228 = UR 2018, 526 = MwStR 2018, 518.

als unzutreffend erweist.[1] Dies soll hingegen nicht gelten für die **unzutreffende Beurteilung der Voraussetzungen des Vorsteuerabzugs**, weil es sich dabei nicht um eine „Änderung der (Verwendungs-)verhältnisse" handele.[2] In diesem Fall ist vielmehr der betreffende Veranlagungszeitraum zu korrigieren, soweit dies noch möglich ist. Grundsätzlich sollten hingegen beide Fallgruppen gleichbehandelt werden.[3] Denn die Vorsteuerberichtigung ist nicht dafür gedacht, ursprünglich fehlerhafte Steuerfestsetzungen über die Vorschriften der AO hinaus (§§ 164, 165, 172 ff. AO) zu reparieren. Dies folgt schon aus dem Wortlaut des § 15a Abs. 1 S. 1 UStG, der davon spricht, dass sich die „maßgebenden Verhältnisse geändert" haben. Dies ist in diesen Fällen aber nicht gegeben, die Verhältnisse haben sich nicht geändert, sondern es ist nur eine neue Erkenntnis über die Fehlerhaftigkeit eingetreten.[4]

Etwas anderes kann aufgrund des Grundsatzes der Neutralität der Mehrwertsteuer gelten, 27.266
wenn sich der Steuerpflichtige auf eine **vorsteuerschädliche Steuerbefreiung** nach **Unionsrecht beruft**, die im nationalen Recht nicht umgesetzt ist, und für ein bestandskräftiges Jahr die Vorsteuer aus Leistungsbezügen abgezogen hat. Dann sei der Vorsteuerabzug zu berichtigen, da es sich ursprünglich nicht um eine fehlerhafte Anwendung durch die Finanzverwaltung gehandelt hat, wenn der Gesetzgeber die Steuerbefreiung nicht richtig umgesetzt hat.[5]

In **zeitlicher Hinsicht** ist diejenige Verwendung oder Verwendungsabsicht entscheidend, wel- 27.267
che für den Vorsteuerabzug ausschlaggebend war: Aufgrund des Sofortabzugs (Rz. 27.24, 27.125) kommt es auf die Verhältnisse bei Leistungsbezug, d. h. beim Erwerb/Herstellen des Gegenstandes an. Dies gilt sowohl bei dem Vorsteuerabzug aufgrund der tatsächlichen Verwendung als auch aufgrund der beabsichtigten Verwendung. Weicht die tatsächliche Verwendung von der beabsichtigten Verwendung noch im Jahr des Leistungsbezugs ab oder ändert sich die tatsächliche Nutzung in diesem Jahr, ist die tatsächliche Nutzung für das gesamte Jahr für den Vorsteuerabzug maßgeblich. Einer Berichtigung nach § 15a UStG bedarf es nicht.[6]

### c) Berichtigungszeitraum

Nach § 15a Abs. 1 S. 1 UStG beträgt der Berichtigungszeitraum für längerfristig nutzbare In- 27.268
vestitionsgüter **fünf Jahre** und beginnt seit dem 1.1.2002 auf der Grundlage von Art. 187 Abs. 1 Unterabs. 2 MwStSystRL mit der **Verwendung** des Wirtschaftsguts, nicht mit dem Erwerb oder der Herstellung. Bei Grundstücken, grundstücksgleichen Rechten und Gebäuden auf fremden Grund und Boden beträgt die Frist nach S. 2 **zehn Jahre**. Unionsrechtlich hätte der deutsche Gesetzgeber für Gebäude, die eine erheblich längere normale Nutzungsdauer aufweisen, auch eine Frist von 20 Jahren schaffen können, vgl. Art. 187 Abs. 1 Unterabs. 3 MwStSystRL.[7] Die nationale Regelung, die eine nur anteilige Vorsteuerkorrektur pro Jahr vor-

---

1 Vgl. BFH v. 5.2.1998 – V R 66/94, BStBl. II 1998, 36; BFH v. 23.10.2014 – V R 11/12, UR 2015, 271 = BStBl II 2015, 973, Rz. 30, 42; ebenso UStAE 15 a.2 Abs. 2 Satz 3 Nr 5; OFD Karlsruhe v. 25.9.2012, UR 2013, 639; krit. *Wäger*, UR 2014, 81 (115).

2 BFH v. 23.10.2014 – V R 11/12, UR 2015, 271 = BStBl II 2015, 973, Rz. 30 mwN.

3 FG Thüringen v. 12.2.2014 – 3 K 1025/11, EFG 2014, 153 m zahlr. N.

4 So auch BFH v. 23.10.2014 – V R 11/12, UR 2015, 271 = BStBl II 2015, 973, Rz. 30 für einen unzutreffenden Vorsteuerabzug, anders bei Änderung der rechtlichen Beurteilung, m.w.N.

5 BFH v. 15.9.2011 – V R 8/11, BFHE 235, 516 = BStBl. II 2012, 368 = UR 2012, 157; BFH v. 19.10.2011 – XI R 16/09, BFHE 235, 532 = BStBl. II 2012, 371 = UR 2012, 322 =BFH v. 14.9.2016 – V B 30/16, BFH/NV 2017, 68.

6 BFH v. 24.4.2013 – XI R 25/10, UR 2014, 64 = BStBl II 2014, 346; BT-Drucks. 14/7341, S. 22; UStAE 15a.2 Abs. 5 m. Beispiel.

7 Dafür *Sölch/Ringleb/Oelmaier*, UStG, § 15 Rz. 141; *Widmann*, UR 2004, 12 ff.

sieht, entspricht Art. 187 Abs. 1 MwStSystRL.[1] Der Fristbeginn mit der Verwendung des Gegenstandes bewirkt, dass die Berichtigungspflicht einer erst beabsichtigten Verwendung länger läuft.[2]

27.269 Wird ein Gebäude etwa **schrittweise fertig gestellt** und in Betrieb genommen, beginnen damit unterschiedliche Berichtigungszeiten.[3] Anders ist es, wenn ein fertiges Wirtschaftsgut zunächst nur teilweise in Gebrauch genommen wird, dann zählt der Zeitpunkt der erstmaligen Verwendung.[4]

27.270 Ist die **tatsächliche Verwendungszeit** kürzer, ist die Berichtigung auch nur innerhalb dieser Frist möglich. Die Frist kann sich nach der betriebsgewöhnlichen Nutzungsdauer nach bilanzrechtlichen Grundsätzen richten.[5] Dies sollten jedoch nur Anhaltspunkte sein, weil § 15a Abs. 5 S. 2 UStG davon spricht, dass eine kürzere „Verwendungsdauer" entsprechend zu berücksichtigen ist. Ein Verweis auf die bilanzrechtlichen Regelungen findet sich nicht. Maßgebend sollte daher die tatsächliche Nutzungsdauer im Betrieb sein. Nach einer Ansicht in der Literatur ist diese Differenzierung schon im Grundsatz unionsrechtswidrig: Die kürzere Nutzungsdauer dürfe den Berichtigungszeitraum nicht verringern. Falls es für ihn günstiger ist, soll sich der Steuerpflichtige auf die unionsrechtliche Regelung berufen können.[6]

27.271 Von einer Nutzungsänderung zu unterscheiden ist eine **Verwendungspause**, wenn das Wirtschaftsgut nur vorübergehend nicht zur Verwendung von zum Vorsteuerabzug berechtigenden Umsätzen verwendet wird. Entscheidend ist die Absicht der weiteren Nutzung. Kann der Unternehmer nachweisen, dass er weiterhin die Nutzung zu vorsteuerunschädlichen Umsätzen anstrebt, kommt es in der Verwendungspause nicht zu einer Berichtigung.[7]

27.272 Unionsrechtlich ist der **Begriff des Grundstücks** seit dem 1.1.2017 in Art. 13b MwStVO i. d. F. der DVO (EU)[8] definiert. Dort ist auch definiert, dass wesentliche Bestandteile zum Grundstück gehören. Nach früherem Recht bestand bei einem nachträglichen Einbau **wesentlicher Bestandteile** die zehnjährige (und nicht die fünfjährige) Berichtigungsfrist.[9] Dies ist in § 15a Abs. 3 UStG mit Wirkung vom 1.1.2007 anders geregelt (Rz. 27.278).

### 3. Einmalige Verwendung eines Wirtschaftsgutes, § 15a Abs. 2 UStG

27.273 Nach § 15a Abs. 2 UStG ist der Vorsteuerabzug auch zu berichtigen, wenn sich bei einem Wirtschaftsgut, das nur **einmalig zur Ausführung eines Umsatzes** verwendet wird, die für den Vorsteuerabzug maßgebenden Verhältnisse wesentlich ändern. Hier findet keine zeitanteilige Berichtigung wie nach Abs. 1, Abs. 5 statt, sondern eine komplette Berichtigung. Anders

---

1 EuGH v. 5.6.2014 – Rs. C-500/13 – Gmina Miedzyzdroje, Rz. 24, ABl. EU 2014, Nr C 261, 10 = BeckEuRS 14, 397691.
2 *Sölch/Ringleb/Oelmaier*, UStG, § 15a Rz. 146.
3 Abschn. 15a 3 Abs. 2 UStAE; *Janzen* in Lippross/Seibel, Basiskommentar Steuerrecht, § 15a UStG, Rz. 29 (Stand Mai 2019).
4 *Janzen* in Lippross/Seibel, Basiskommentar Steuerrecht, § 15a UStG, Rz. 30 (Stand Mai 2019).
5 BFH v. 14.7.2010 – XI R 9/09, BStBl. II 2010, 1086 = UR 2011, 63, Rz. 39; *Janzen* in Lippross/Seibel, Basiskommentar Steuerrecht, § 15a UStG, Rz. 26 (Stand Mai 2019).
6 *Sölch/Ringleb/Oelmaier*, UStG, § 15 Rz. 200.
7 Abschn. 15a 2 Abs. 8 UStAE; *Janzen* in Lippross/Seibel, Basiskommentar Steuerrecht, § 15a UStG, Rz. 32 (Stand Mai 2019).
8 Nr. 1042/2013 v. 7.10.2013, Abl EU 2013, L 284 E.
9 Vgl. bereits BFH v. 14.7.2010 – XI R 9/09, BStBl. II 2010, 1086 = UR 2011, 63.

als nach anderen Korrekturnormen wird der Vorsteuerabzug in dem Jahr berichtigt, in dem das Wirtschaftsgut (abweichend) erstmalig und einmalig verwendet wird, § 15a Abs. 2 S. 2 UStG.

Errichtet beispielsweise ein **Bauträger** ein Gebäude und möchte dies an einen Unternehmer steuerpflichtig veräußern (§ 4 Nr. 9 a i.V.m. § 9 Abs. 1 und 3 UStG), veräußert er dieses dann aber an eine Stiftung, die das Gebäude nicht steuerpflichtig beispielsweise vergünstigt an Studenten vermietet, geht die Option ins Leere und der Steuerpflichtige hat die Vorsteuer im Jahr der Veräußerung zu berichtigen. 27.274

Die Berichtigung betrifft Wirtschaftsgüter, die nur einmalig zur Ausführung von Umsätzen verwendet werden. In der Regel wird es sich um **Umlaufvermögen** handeln (UStAE 15a.1 Abs. 2 Nr. 2), auch wenn die ertragsteuerliche Beurteilung nicht bindend ist. 27.275

Auch hier ist Voraussetzung der Berichtigung, dass sich die für den Vorsteuerabzug **maßgeblichen Verhältnisse ändern** (Rz. 27.253 ff.). Da das Wirtschaftsgut nur einmalig verwendet wird, kommt eine Berichtigung nur in Betracht, wenn die beim Vorsteuerabzug beabsichtigte Verwendung von der späteren tatsächlichen Verwendung abweicht.[1] Ist das noch im Jahr des Erwerbs oder der Herstellung der Fall, ist der Vorsteuerabzug anzupassen und es kommt zu keiner Berichtigung (s. Rz. 27.265). § 15a Abs. 2 UStG erfasst damit die Verwendung in einem anderen, späteren Jahr als dem Jahr des Erwerbs oder der Herstellung. Die Berichtigung ist nach § 15a Abs. 2 S. 2 UStG für den Besteuerungszeitraum vorzunehmen, in dem das Wirtschaftsgut (abweichend von der ursprünglichen Verwendungsabsicht) verwendet wird.[2] 27.276

Anders als bei § 15a Abs. 1 UStG gibt es nach Abs. 2 **keinen Berichtigungszeitraum**; d. h. die Befristung kann zeitlich unbeschränkt erfolgen.[3] 27.277

### 4. Nachträgliche Einfügung von Gegenständen (Abs. 3)

Abs. 3 der Vorschrift behandelt den Fall, dass ein Gegenstand nachträglich in ein anderes Wirtschaftsgut **eingefügt** wird, ohne dass der Gegenstand eigenständig bleibt. Vielmehr wird er zum Bestandteil des Wirtschaftsgutes (§§ 92 ff. BGB), wie beispielsweise bei dem festen Einbau eines Navigationssystems in ein Kfz, dem Einbau einer Einbauküche oder eines Behindertenaufzugs in ein Gebäude. 27.278

Ebenfalls umfasst wird die Ausführung einer **sonstigen Leistung an dem Wirtschaftsgut**. Solche Leistungen, die bereits im Zeitpunkt des Leistungsbezugs wirtschaftlich verbraucht sind, dh nicht dauerhaft dem Wert des Wirtschaftsgutes zugutekommen, zählen aber nicht hinzu. Das sind etwa Kosten der dauernden Unterhaltung und des laufenden Betriebs des Wirtschaftsguts wie Reinigungs- oder regelmäßige Wartungsleistungen.[4] 27.279

Nach Abs. 3 S. 2 werden mehrere Gegenstände und mehrere Leistungen zusammengezählt („**Berichtigungsobjekt**"), wenn sie auf einer Maßnahme beruhen (vgl. aber zu der Bagatellgrenze des § 44 Abs. 1 und 4 UStDV Rz. 27.252). Die Verwaltung geht aus Vereinfachungs- 27.280

1 Vgl. UStAE 15a.5 Abs. 2.
2 UStAE 15a.5 Abs. 2 mit Beispielen.
3 BT-Drucks. 15/3677, S. 42; UStAE 15a.5 Abs. 1 S. 1; UStAE 15a.5 Abs. 1; UStAE 15a.5 Abs. 2, Beispiel 2.
4 Abschn. 15a 6 Abs. 6 UStAE; *Janzen* in Lippross/Seibel, Basiskommentar Steuerrecht, § 15a UStG, Rz. 50 (Stand Mai 2019).

gründen davon aus, wenn verschiedene Leistungen für ein bewegliches Wirtschaftsgut innerhalb von drei und für ein unbewegliches Wirtschaftsgut von sechs Kalendermonaten durchgeführt werden. Zudem geht die Verwaltung davon aus, dass unmittelbar einem gemischt genutzten Gebäude zuzuordnende Leistungen diesen Teilen vorrangig zuzuordnen sind.[1]

27.281 Wenn sich die für das Wirtschaftsgut maßgebenden Umstände ändern, wird für den **Bestandteil** oder die sonstige Leistung eine gesonderte Berichtigung der Vorsteuer vorgenommen. Die auf das Berichtigungsobjekt entfallende Vorsteuer wird entsprechend einem eigenständigen Wirtschaftsgut berichtigt. Der Berichtigungszeitpunkt beginnt mit dem Einbau oder der Werkleistung und läuft nach Abs. 1 fünf Jahre oder nach Abs. 2 zehn Jahre, unabhängig davon, ob die Berichtigungszeit für das Hauptwirtschaftsgut bereits begonnen hat oder schon abgelaufen ist.[2] Beispiel ist etwa die steuerpflichtige Vermietung an ein **Ärztelabor**, bei dem nachträglich eine Klimaanlage eingebaut wird, woraufhin die Nutzung für steuerfreie Krankenhausumsätze erfolgt.[3]

27.282 Nach S. 3 ist eine Änderung der Verhältnisse auch anzunehmen, wenn das Wirtschaftsgut für Zwecke verwendet wird, die **außerhalb des Unternehmens** liegen und dabei entnommen wird, ohne dass dabei eine unentgeltliche Wertabgabe zu besteuern ist, Abs. 3 S. 3. Die Vorschrift wurde zum 1.1.2005 als Satz 2 eingefügt, mit Wirkung vom 1.1.2007 wurde sie Satz 3.[4] Dadurch soll **unversteuerter Letztverbrauch bei der Entnahme** auf der Grundlage der Entscheidung des EuGH vom 17.5.2001 vermieden werden.[5] Der Fall liegt vor, wenn die Entnahme nicht zu versteuern ist, weil für den Gegenstand nach § 3 Abs. 1b S. 2 UStG keine Vorsteuerabzugsberechtigung bestand.[6]

27.283 Es handelt sich um eine nachträgliche Korrektur im Zeitpunkt der Entnahme. Im Übrigen gelten für alle Änderungen der maßgebenden Umstände die Regelungen nach Abs. 1 und 2. Beispiel: Eine wirtschaftlich handelnde **Kommune erwirbt ein Fahrzeug** von einer hoheitlich handelnden Kommune ohne Umsatzsteuer und hat daher keine Vorsteuerabzugsberechtigung. Lässt der Steuerpflichtige nun aufwändige Umbaumaßnahmen vornehmen, kann er für diese Leistungen den Vorsteuerabzug vornehmen. Wird das Fahrzeug dann entnommen, wird für die Umbaumaßnahmen die Vorsteuer berichtigt. Bis zur Neuregelung des § 15a Abs. 3 UStG konnte die noch nicht verbrauchte Werterhöhung durch die Arbeiten am Fahrzeug nicht steuerlich erfasst werden, denn die Entnahme der Arbeiten also solche ist nicht steuerbar und § 15a UStG aF beschränkte sich auf Anschaffungs- und Herstellungskosten.[7]

27.284 Die Regelung ist **unionsrechtskonform**, weil nach dem EuGH in der Entscheidung vom 17.5.2001[8] die Entnahme eines Gegenstandes zu einer Änderung der Verhältnisse für Aufwendungen auf den Gegenstand führt (sei es als Einbau oder als sonstige Leistung), sofern Einbauten nicht als Bestandteile der Entnahmebesteuerung unterliegen. Dabei ist unerheblich, ob die Entnahme des Gegenstandes selbst besteuert wird. Soweit jedoch in § 15a Abs. 3 S. 3 UStG ei-

1 Abschn. 15a Abs. 6 UStAE.
2 *Janzen* in Lippross/Seibel, Basiskommentar Steuerrecht, § 15a UStG, Rz. 44 (Stand Mai 2019).
3 Nach *Janzen* in Lippross/Seibel, Basiskommentar Steuerrecht, § 15a UStG, Rz. 44 (Stand Mai 2019).; vgl. auch das Beispiel in UStAE 15a.6 Abs. 11.
4 BürokratieabbauG v. 22.8.2006, BGBl I 2006, 1970.
5 EuGH v. 17.5.2001 – Rs. C-322/99 – Fischer, Brandenstein, DStRE 2001, 715.
6 *Janzen* in Lippross/Seibel, Basiskommentar Steuerrecht, § 15a UStG, Rz. 62 (Stand Mai 2019).
7 BFH v. 20.12.2001 – V R 8/98, UR 1999, 413 m. Anm. *Widmann* = BStBl II 2002, 557; vgl. UStAE 15a.6 Abs. 12; BT-Drucks. 15/3677, S. 42.
8 EuGH v. 17.5.2001 – Rs. C-322/99 – Fischer, Brandenstein, DStRE 2001, 715.

ne Änderung der Verhältnisse fingiert wird, wenn die Aufwendungen bereits verbraucht sind, steht sie im Widerspruch zum Unionsrecht,[1] so dass sich der Unternehmen auf das günstigere Unionsrecht berufen kann.[2]

## 5. Sonstige Leistungen (Abs. 4)

Nach Abs. 4 wird die Vorsteuer auch korrigiert, wenn sonstige Leistungen nicht im Zusammenhang mit einem Wirtschaftsgut ausgeführt werden, wenn es sich um **aktivierungspflichtige Leistungen** handeln würde, unabhängig davon, ob die Leistung tatsächlich aktiviert wurde oder ob überhaupt eine Bilanzierungspflicht besteht (§ 15a Abs. 4 S. 2 und 4 UStG). Beispiel ist ein Fassadenanstrich eines Gebäudes.[3] Ändern sich das Verhältnis der vorsteuerabzugsberechtigten Umsätze zu den vorsteuerschädlichen Umsätzen, ist die Berichtigung durchzuführen. 27.285

Wird die sonstige Leistung nur einmalig zur Ausführung von Umsätzen verwendet, erfolgt die Berichtigung nach § 15a Abs. 2 UStG, sonst nach § 15a Abs. 1 und 5 UStG **zeitanteilig**.[4] 27.286

Als **ungeschriebenes Tatbestandsmerkmal** sieht es der EuGH[5] an, dass die eingebauten Gegenstände oder die ausgeführten Leistungen nicht sofort verbraucht worden sind. Dabei geht es letztlich wie bei Abs. 1 um die Abgrenzung von längerfristig nutzbaren Gegenständen und Leistungen (Beispiel Fassadenanstrich, Generalüberholung)[6] von den laufenden Kosten (Reinigung von Gebäuden)[7]. Nach der Verwaltung beziehen sich verbrauchte Dienstleistungen insbesondere auf die Unterhaltung und den laufenden Betrieb von Wirtschaftsgütern.[8] 27.287

## 6. Berichtigungsquoten (Abs. 5)

Zu berichtigen sind nur auf **Anschaffungs- oder Herstellungskosten** entfallende Vorsteuerbeträge. Gehören sonstige Leistungen als Aufwendungen für ein Investitionsgut nicht dazu, so greift dafür die Berichtigungsmöglichkeit nach § 15a Abs. 3 UStG ein (s. Rz. 27.278 ff.). Vor dieser Neuregelung des Abs. 3 blieben solche Aufwendungen als mögliches Berichtigungsvolumen außer Betracht. Bei nachträglichen Anschaffungs- oder Herstellungskosten entsteht gem. § 15a Abs. 6 UStG ein eigenständiges Wirtschaftsgut. Der Begriff der Anschaffungs- oder Herstellungskosten entspricht dem Ertragsteuerrecht, jedoch zählen die in § 6 Abs. 1 Nr. 1a EStG umqualifizierten anschaffungsnahen Herstellungskosten nicht dazu.[9] Entsprechend dem System der Umsatzsteuer mit Vorsteuerabzug gehört die Umsatzsteuer selbst nicht zu den Anschaffungs- oder Herstellungskosten.[10] 27.288

---

1 EuGH v. 17.5.2001 – Rs. C-322/99 – Fischer, Brandenstein, Rz. 90, 92, 95, DStRE 2001, 715; BFH v. 18.10.2001 – V R 106/98, UR 1999, 411 = BStBl II 2002, 551; v. 20.12.2001 – V R 8/98, UR 1999, 413 m. Anm. *Widmann* = BStBl II 2002, 557.

2 *Sölch/Ringleb/Oelmaier*, UStG, § 15a Rz. 293.

3 UStAE 15a.6 Abs. 7 S. 2.

4 *Janzen* in Lippross/Seibel, Basiskommentar Steuerrecht, § 15a UStG, Rz. 69 f. (Stand Mai 2019).

5 EuGH v. 17.5.2001 – Rs. C-322/99 – Fischer, Brandenstein, Rz. 90, 92, 95, DStRE 2001, 715.

6 UStAE 15a.6 Abs. 7 S. 2.

7 UStAE 15a.6 Abs. 6 S. 4.

8 UStAE 15a.6 Abs. 6 S. 4; ebenso für Einbauten vgl. BFH v. 18.10.2001 – V R 106/98, UR 1999, 411 = BStBl II 2002, 551, 338 zum Wechsel des Scheibenwischers oder der Batterie.

9 UStAE 15.17 Abs. 6.

10 BFH v. 9.9.2010 – IV R 47/08, BFH/NV 2011, 426 zur Besteuerung nach Durchschnittssätzen gem. § 24 UStG.

27.289 Die Regelung des Abs. 5 enthält die **Quoten für die Vorsteuerberichtigung**. Dabei sind die angefallenen Vorsteuerbeträge, die nach § 15 Abs. 1 UStG in einer Summe bereits bei Inrechnungstellung bzw. Bezahlung abgezogen worden sind, gleichmäßig auf den Berichtigungszeitraum (Rz. 27.268 f.) oder einen kürzeren Verwendungszeitraum (Rz. 27.270) zu verteilen (**pro rata temporis**). Für die Kalenderjahre, in denen sich die Verhältnisse in Bezug auf die Vorsteuerberechtigung geändert haben (Rz. 27.253 ff.), ist der jeweilige Vorsteuerbetrag zu berichtigen. Wurde das Wirtschaftsgut im Laufe des Jahres erstmalig verwendet, sind die anteiligen Monate auf den Berichtigungszeitraum zu verteilen.[1]

27.290 Nach § 15a Abs. 5 S. 1 UStG ist **für jedes Kalenderjahr** der Änderung – je nach Dauer der Berichtigungsfrist – von einem Fünftel oder einem Zehntel (oder der entsprechende höhere Bruchteil bei kürzerem Gesamtzeitraum, § 15a Abs. 5 S. 2 UStG) der auf das Wirtschaftsgut entfallenden Vorsteuerbeträge auszugehen. Der Berichtigungszeitraum deckt sich aber regelmäßig nicht mit den vollen Kalenderjahren, sondern ist „ab dem Zeitpunkt der erstmaligen Verwendung" des Wirtschaftsguts zu berechnen. Er beginnt also im Lauf eines Kalenderjahres und endet dementsprechend.

27.291 Für das Ende der Berichtigungsfrist während eines Monats ist die Vereinfachungsregelung des § 44 UStDV zu beachten, wonach bei Ende vor dem 16. des Monats dieser Monat nicht, bei Ende danach der Monat voll mitgerechnet wird. Für den Anfang der Berichtigungsfrist gibt es eine solche Regelung nicht. Hierfür soll nach Verwaltungsmeinung § 44 UStDV entsprechend gelten.[2] Änderungen während eines Jahres sind ebenfalls nur anteilig zu berichtigen.[3] Das lässt sich § 15a Abs. 5 S. 1 UStG dadurch entnehmen, dass für die Berichtigung nur vom dem Jahresbetrag „auszugehen" ist. Eine Vereinfachungsregel für Änderungen während eines Monats gibt es nicht. Sinnvoll erscheint auch hier eine monatsweise Betrachtung.

### 7. Nachträgliche Anschaffungs- und Herstellungskosten (Abs. 6)

27.292 § 15a Abs. 6 UStG sieht eine „sinngemäße Anwendung" der Abs. 1 bis 5 auf Vorsteuerbeträge vor, die auf nachträgliche Anschaffungs- oder Herstellungskosten entfallen. Der **Begriff** der nachträglichen Anschaffungs- oder Herstellungskosten bestimmt sich nach ertragsteuerrechtlichen Gesichtspunkten. Das ist aufgrund des Regelungsspielraums der Mitgliedsstaaten in Art. 186, 189 MwStSystRL unionsrechtskonform.

27.293 Bei nachträglichen Anschaffungs- oder Herstellungskosten, die an einem Wirtschaftsgut anfallen, das **nicht nur einmalig zur Ausführung von Umsätzen verwendet** wird, ist § 15a Abs. 1 UStG sinngemäß anzuwenden. Für diese nachträglichen Kosten gilt ein eigenständiger Berichtigungszeitraum.[4] Er beginnt, wenn der Unternehmer das in seiner Form geänderte Wirtschaftsgut erstmalig zur Ausführung von Umsätzen verwendet.[5]

27.294 Die **Dauer** richtet sich nach der Art des Wirtschaftsguts, für das die Kosten entstanden sind (fünf Jahre Regelzeitraum, zehn Jahre bei Grundstücken, vgl. Rz. 27.268). Nach § 15a Abs. 5

1 *Janzen* in Lippross/Seibel, Basiskommentar Steuerrecht, § 15a UStG, Rz. 75 (Stand Mai 2019) mit Berechnungsbeispiel.
2 UStAE 15a.3 Abs. 1 S. 6.
3 Vgl. UStAE 15a.1 Abs. 1 S. 6.
4 UStAE 15a.8 Abs. 1 S. 1.
5 UStAE 15a.8 Abs. 1 S. 2.

S. 3 UStG wird die Verwendungsdauer eines Wirtschaftsgutes nicht dadurch verkürzt, dass es in ein anderes Wirtschaftsgut einbezogen wird.

Für nachträgliche Anschaffungs- oder Herstellungskosten, die für ein Wirtschaftsgut anfallen, **das nur einmalig zur Erzielung eines Umsatzes verwendet** wird (§ 15a Abs. 2 UStG), ist die Berichtigung des Vorsteuerabzugs für den Besteuerungszeitraum vorzunehmen, in dem das Wirtschaftsgut verwendet wird. 27.295

## 8. Änderung der unternehmerischen Nutzung bei Grundstücken (Abs. 6a)

Wird ein Grundstück nur teilweise für unternehmerische Zwecke genutzt, aber gleichwohl in vollem Umfang dem Unternehmen zugeordnet, begrenzt § 15 Abs. 1b UStG den Vorsteuerabzug auf die unternehmerische Verwendung (dazu Rz. 27.193 ff.). Ändert sich der Umfang der unternehmerischen Verwendung, sowohl **zu Gunsten wie zu Lasten des Unternehmers**, dann erfolgt nach § 15a Abs. 6a UStG ebenfalls eine Vorsteuerberichtigung.[1] 27.296

§ 15a Abs. 6a UStG wurde im Zuge der Schaffung von § 15 Abs. 1b UStG durch das JStG 2010[2] zum 1.1.2011 zur Verhinderung der sogenannten **Seeling-Modelle** (dazu oben Rz. 27.193) eingefügt. 27.297

## 9. Wechsel der Besteuerungsform (Abs. 7)

Auch bei dem **Wechsel der Besteuerungsform** ordnet Abs. 7 eine Vorsteuerberichtigung an. Es handelt sich um den Wechsel von der Steuerfreiheit für Kleinunternehmer (dazu *Mann*, Rz. 28.201) zur Steuerpflicht und umgekehrt sowie um den Wechsel von der allgemeinen Besteuerung zur Besteuerung nach Durchschnittssätzen nach § 23 UStG (allgemeine Durchschnittssätze), § 23a UStG (Durchschnittssatz von 7 % für steuerbefreite Körperschaften i.S.d. § 5 Abs. 1 Nr. 9 KStG, dazu unten Rz. 27.308 ff.) oder § 24 UStG (land- und forstwirtschaftliche Betriebe). 27.298

Bei **Kleinunternehmern** erfolgt eine Berichtigung zu Gunsten oder zu Lasten des Unternehmers, wenn die Kleinunternehmerregelung des § 19 UStG nicht mehr in Anspruch genommen wird oder nicht mehr genommen werden kann und umgekehrt. Voraussetzung ist aber, dass sich die Verhältnisse in Bezug auf den Vorsteuerabzug überhaupt geändert haben. Das ist etwa nicht der Fall, wenn ausschließlich Umsätze getätigt werden, die den Vorsteuerabzug ausschließen, etwa steuerfreie Umsätze (Rz. 27.205 ff.). 27.299

Nach § 23 UStG können auf der Grundlage von Art. 281 MwStSystRL per Rechtsverordnung **Durchschnittssätze** für die abzuziehende pauschale Vorsteuer geschaffen werden. Dies ist in den §§ 69, 70 UStDV geschaffen worden für kleinere (bis zu 61.356 Euro der betreffenden Umsätze im Vorjahr, keine Buchführungspflicht) Handwerks-, Einzelhandels- und sonstige Betriebe, etwa Fremdenheime oder Personenbeförderung (Anlage A der USt-DV). Zu § 23a UStG s. unten Rz. 27.308 ff. 27.300

Die Regelung beruht auf der **Ermächtigung durch Art. 192 MwStSystRL**. Geht der Steuerpflichtige von der normalen Mehrwertsteuerregelung auf eine Sonderregelung über oder 27.301

---

1 *Janzen* in Lippross/Seibel, Basiskommentar Steuerrecht, § 15a UStG, Rz. 83 f. (Stand Mai 2019) mit Berechnungsbeispielen.

2 BGBl. I 2010, 1768.

umgekehrt, können die Mitgliedstaaten die erforderlichen Vorkehrungen treffen, um zu vermeiden, dass dem Steuerpflichtigen ungerechtfertigte Vorteile oder ungerechtfertigte Nachteile entstehen.

## 10. Veräußerungen und Lieferungen i.S.d. § 3 Abs. 1b UStG (Abs. 8 und 9)

27.302 Wird ein längerfristig verwendbares **Investitionsgut** innerhalb des Berichtigungszeitraums (Rz. 27.268 ff.) veräußert oder nach § 3 Abs. 1b UStG unentgeltlich geliefert, ist eine Berichtigung durchzuführen, wenn dieser Umsatz anders zu beurteilen ist als die ursprüngliche Verwendung. Beispiel ist etwa der nach § 4 Nr. 9a UStG steuerfreie Verkauf an einen Nichtunternehmer.

27.303 Der Vorsteuerabzug wird nach Abs. 9 in der Weise berichtigt, dass unterstellt wird, der Gegenstand wäre noch bis zum Ende des Berichtigungszeitraum genutzt worden, jedoch für Umsätze, die den Vorsteuerabzug ausschließen.

27.304 Auch umgekehrt ist nach Abs. 9 eine Berichtigung vorzunehmen, wenn der Vorsteuerabzug bei Gebäuden nach § 15 Abs. 1b UStG nur teilweise vorgenommen werden konnte, der Gegenstand nun aber komplett steuerpflichtig veräußert wurde.[1]

27.305 § 15a Abs. 8 S. 1, Abs. 9 UStG beruhen auf Art. 188 MwStSystRL. Die Bestimmung regelt den Sonderfall der Lieferung eines Investitionsgutes vor dem Ende des Berichtigungszeitraums. In diesem Fall wird die jährliche Berichtigung durch eine einzige Berichtigung ersetzt.[2]

## 11. Geschäftsveräußerung im Ganzen (Abs. 10)

27.306 Bei einer Geschäftsveräußerung im Ganzen nach § 1 Abs. 1a UStG fällt für den Veräußerungsvorgang keine Umsatzsteuer an, weil man davon ausgeht, der Erwerber tritt in die **umsatzsteuerlichen Fußstapfen** des Veräußerers, § 1 Abs. 1a S. 3 UStG. Abs. 10 ordnet daher folgerichtig an, dass die Geschäftsveräußerung im Ganzen keine Vorsteuerberichtigung auslöst.[3] Der **Rechtsnachfolger** führt die umsatzsteuerlichen Pflichten, auch zur Vorsteuerberichtigung, bezogen auf alle übernommenen Wirtschaftsgüter und sonstige Leistungen (Berichtigungsobjekte) fort und hat daher nach S. 2 von dem Veräußerer die entsprechenden Angaben zu erhalten.[4] Die Vorschrift beruht auf der entsprechenden Ermächtigung durch Art. 19 MwStSystRL.

27.307 **Zu Abs. 11 siehe die §§ 44, 45 UStDV**

1 Berechnungsbeispiele bei *Janzen* in Lippross/Seibel, Basiskommentar Steuerrecht, § 15a UStG, Rz. 91 f. (Stand Mai 2019).
2 EuGH v. 15.12.2005 – Rs. C-63/04 – Centralan Property, Rz. 56 ff., UR 2006, 418 = IStR 2006, 52.
3 *Janzen* in Lippross/Seibel, Basiskommentar Steuerrecht, § 15a UStG, Rz. 95 (Stand Mai 2019).
4 BFH v. 6.9.2007 – V R 41/05, UR 2007, 858 = BStBl II 2008, 65; BT-Drucks. 12/5630, S. 88.

## IV. § 23a UStG

Die Vorschrift des § 23a UStG wurde durch Art. 6 Nr. 2 des Vereinsförderungsgesetzes vom 18.12.1989 zum 1.1.1990 eingeführt.[1] Sie ist durch Art. 7 des Gesetzes zur weiteren Stärkung des bürgerschaftlichen Engagements vom 10.10.2007[2] geändert worden. Die Vorschrift betrifft nur die Berechnung der abziehbaren Vorsteuerbeträge, nicht der zu zahlenden Umsatzsteuer, nach einem Durchschnittssatz auf der Basis der Ausgangsumsätze des Unternehmers. Der Vorsteuerabzugsbetrag beträgt 7 % des steuerpflichtigen Umsatzes, entspricht also dem ermäßigten Steuersatz nach § 12 Abs. 2 UStG auf die entsprechenden Ausgangsumsätze. 27.308

Die Regelung **bezweckt**, bei den erfassten Steuerpflichtigen i. S. des § 5 Abs. 1 Nr. 9 KStG, die gemeinnützigen Zwecken dienen, eine Umsatzsteuerzahllast zu vermeiden, indem die Umsatzsteuer auf die wirtschaftliche Tätigkeit, soweit sie im Rahmen eines Zweckbetriebs ausgeführt wird (§ 65 AO) und die gemäß § 12 Abs. 2 Nr. 8 UStG (ermäßigt) 7 % beträgt, durch den Vorsteuerdurchschnittssatz zu 7 % nach Maßgabe derselben steuerpflichtigen Umsätze diese ausgeglichen werden. Vorbild der Regelung ist die Besteuerung der Land- und Forstwirte nach § 24 UStG. 27.309

**Begünstigte Unternehmer** sind Körperschaften, Personenvereinigungen und Vermögensmassen i.S.d. § 5 Abs. 1 Nr. 9 KStG. Das sind Körperschaften, die nach ihrer Satzung, ihrem Stiftungsgeschäft oder auch anderen Verfassungen und der tatsächlichen Geschäftsführung ausschließlich und unmittelbar **gemeinnützigen, mildtätigen oder kirchlichen Zwecken** dienen (vgl. §§ 51 bis 68 AO). *Widmann*[3] sieht es kritisch, dass die Festsetzung der Vorsteuerpauschale für alle Steuerpflichtigen i. S. des § 5 Abs. 1 Nr. 9 KStG, also z. B. für so verschiedenartige Vereine wie Wandervereine, Sportvereine, Gesangsvereine, wohl nur schwer empirisch zu rechtfertigen sein dürfte. 27.310

Einzubeziehen sind alle steuerpflichtigen Umsätze, auch solche aus einem **wirtschaftlichen Geschäftsbetrieb.**[4] Darüber hinaus befreit § 66a UStDV diese Unternehmer von der Aufzeichnungspflicht nach § 22 Abs. 2 Nr. 5 und 6 UStG. Wird von der Regelung des § 23a UStG Gebrauch gemacht, entfällt ein weiterer Vorsteuerabzug (vgl. § 23a Abs. 1 Satz 2 UStG). 27.311

Die Pauschalierung ist **ausgeschlossen,** soweit die Körperschaften aufgrund außersteuerlicher oder steuerlicher Vorschriften (vgl. §§ 140, 141 AO) **verpflichtet** sind, Bücher zu führen und jährliche Bestandsabschlüsse zu machen. Eine freiwillige Buchführung steht der Pauschalierung nicht entgegen.[5] 27.312

Nach § 23a Abs. 2 UStG kann die Vorsteuerpauschalierung nur von denjenigen Körperschaften in Anspruch genommen werden, deren steuerpflichtiger Netto-Umsatz im vorangegangenen Kalenderjahr **nicht mehr als 35 000 Euro** betragen hat. Einfuhren und innergemeinschaftliche Erwerbe sowie steuerfreie Umsätze werden bei Ermittlung der Umsatzgrenze nicht berücksichtigt. Mit der Anwendung des Betrags von jetzt 35 000 Euro auch in § 23a UStG 27.313

---

1 BGBl I 1989, 2212, nach Durchführung der nach Art. 24 Abs. 1 der 6. RL (Art. 281 MwStSystRL) erforderlichen Konsultation des Mehrwertsteuer-Ausschusses, vgl. dazu UR 1990, 44; BT-Drucks. 11/4176, 13.
2 BGBl I 2007, 2332.
3 *Widmann*, BB 1990, 249.
4 *Janzen* in Lippross/Seibel, Basiskommentar Steuerrecht, § 23a UStG, Rz. 21 (Stand Mai 2019).
5 *Janzen* in Lippross/Seibel, Basiskommentar Steuerrecht, § 23a UStG, Rz. 7 (Stand Mai 2019).

wurde eine sinnvolle Gleichstellung zur Besteuerungsgrenze dieser Rechtssubjekte nach § 64 Abs. 3 AO für die KSt und GewSt erreicht.[1]

27.314 Bei **Neugründungen** ist auf den voraussichtlichen Umsatz des ersten Jahres abzustellen.[2] Hierzu ist bei Beginn der Tätigkeit im Laufe des Kalenderjahres der Umsatz in einen Jahresumsatz umzurechnen. Bei Unternehmensbeginn ist nach § 18 Abs. 2 Satz 4 UStG „im laufenden und folgenden Kalenderjahr" Voranmeldungszeitraum der Kalendermonat.

27.315 Nach Abs. 3 muss der Unternehmer bis zum 10. Tag nach Ablauf des ersten Voranmeldungszeitraum als **Ausschlussfrist**[3] erklären, dass er die Pauschalierung in Anspruch nehmen will. Die Erklärung zur Wahrnehmung des Wahlrechts ist nicht formgebunden.[4] An diese Frist sind auch die Unternehmer gebunden, die nach § 18 Abs. 2 S. 3 UStG keine Voranmeldung vornehmen müssen, sondern nur eine Jahressteuererklärung abgeben.[5] Danach muss ein von der Verpflichtung zur Abgabe von Voranmeldungen und Entrichtung der Vorauszahlungen befreiter Unternehmer dem FA gem. § 23a Abs. 3 Satz 1 UStG spätestens zum 10. April eines Kalenderjahres erklären, dass er § 23a UStG in Anspruch nehmen will.

27.316 Maßgebender Voranmeldungszeitraum ist für solche „Jahreszahler" nach der Grundregel gem. § 18 Abs. 2 Satz 1 UStG das **Kalendervierteljahr**. § 18 Abs. 2 Satz 3 UStG sieht bei Umsätzen von nicht mehr als 1000 Euro im Vorjahr lediglich eine Befreiung von der Voranmeldungsabgabepflicht vor.

27.317 Nach Abs. 3 S. 2 UStG ist der Unternehmer mindestens für fünf Kalenderjahre an seine **Wahl gebunden**. Danach bedarf es einer erneuten Erklärung.[6] Die Erklärung kann nach Abs. 3 S. 3 und 4 bis zum Ablauf des ersten Voranmeldungszeitraums eines Kalenderjahres mit Wirkung von Beginn dieses Jahres und dann für die Zukunft **wiederrufen** werden. Danach tritt gem. Abs. 3 S. 5 eine Sperrfrist von fünf Jahren ein.

27.318 Hiervon zu unterscheiden ist die **Rücknahme der Erklärung** für die Vergangenheit, die nach § 23 UStG[7] in entsprechender Anwendung bis zur formellen Unanfechtbarkeit der ersten Steuerfestsetzung zugelassen wird.[8] Ebenfalls zu unterscheiden ist der Wegfall der Voraussetzungen durch Überschreiten der Umsatzgrenze, was zum automatischen Wegfall der Vorschrift im Folgejahr führt.[9]

27.319 Wird auf diese Weise die Besteuerungsform gewechselt, ist eine Vorsteuerberichtigung nach § 15a Abs. 7 UStG (dort Rz. 27.300) vorzunehmen.

---

1 Ebenfalls auf 35 000 € angehoben durch G. v. 10.10.2007, Art. 5 Nr. 4, BGBl I 2007, 2332, vgl. auch *Jansen*, DStR 1990, 61.

2 *Stadie* in Rau/Dürrwächter, UStG, § 23a Rz. 9 (Stand März 2019).

3 BFH v. 19.12.1985 – V R 167/82, UR 1986, 149 m. Anm. *Weiss* = BStBl II 1986, 420 m. Nachw.; BFH v. 30.3.1995 – V R 22/94, UR 1995, 350 = BStBl II 1995, 567; v. 27.6.2006 – V B 143/05, UR 2006, 646 = BStBl II 2006, 732; *Jacobs* in Birkenfeld/Wäger, Umsatzsteuer-Handbuch, § 229 Rz. 81.

4 *Sölch/Ringleb/Oelmair*, UStG, § 15 Rz. 18.

5 BFH v. 30.3.1995 – V R 22/94, BStBl. II 1995, 567 = UR 1995, 350.

6 *Janzen* in Lippross/Seibel, Basiskommentar Steuerrecht, § 23a UStG, Rz. 17 (Stand Mai 2019).

7 BFH v. 11.12.1997 – V R 50/94, BStBl. II 1998, 420 = UR 1998, 199.

8 So *Jacobs* in Birkenfeld/Wäger, Umsatzsteuer-Handbuch, § 229 Rz. 102; aA nur für die Zukunft: *Sölch/Ringleb/Oelmaier*, UStG, § 23 Rz. 24.

9 *Sölch/Ringleb/Oelmaier*, UStG, § 23 Rz. 13.

# D. Reformvorschläge

## I. Unionsrecht

Aufgrund des erforderlichen engen Zusammenhanges zwischen der Einordnung von Ausgangsumsätzen zu einer steuerbaren, wirtschaftlichen Sphäre des Unternehmers sowie zu steuerpflichtigen Umsätzen wirken sich alle Unsicherheiten bezüglich der Frage des Vorliegens eines **Leistungsumsatzes** (dazu *Heber*, Rz. 8.7 ff.) und der **Steuerfreiheit** (zu den allgemeinen Steuerbefreiungen Rz. 27.205 ff.) unmittelbar auf den Vorsteuerabzug aus und können bei einer Fehleinschätzung durch den Steuerpflichtigen oder einer falschen Umsetzung des Unionsrechts zu uU hohen Steuerrückzahlungen führen. Problematisch ist zudem, dass eine präzise Umschreibung dessen, wann ein **ausreichender Zusammenhang** zwischen Eingangs- und Ausgangsumsätzen vorliegt, nach Einschätzung des EuGH nicht möglich ist.[1] Bei teilweiser Verwendung für vorsteuerunschädliche Ausgangsleistungen ist die Bestimmung des **Abgrenzungsschlüssels** höchst unsicher, vom globalen oder objektbezogenen Umsatzschlüssel zum Flächenschlüssel, Investitionsschlüssel bis hin zur Seitenzahl von Mitgliederzeitungen. Schließlich ist auch die **Zuordnung** der Umsätze zu den wirtschaftlichen und den nicht wirtschaftlichen, aber nicht unternehmensfremden Umsätzen von besonderer Bedeutung für gemeinnützige Organisationen und ebenso noch in Teilen ungeklärt. Nach § 15 Abs. 1 S. 1 UStG ist nur die gesetzlich geschuldete Steuer abziehbar. Falsch ausgewiesene Umsatzsteuer aus den Eingangsumsätzen kann der Unternehmer daher nicht als Vorsteuer abziehen. Damit betreffen die Unsicherheiten im Non-Profit-Bereich sogar deren Abnehmer.[2] Angesichts all dieser Unsicherheiten umso wichtiger ist der nationale, verfassungsrechtliche und unionsrechtliche **Vertrauensschutz** für den Steuerpflichtigen (*Maciejewski/Theilen*, Rz. 5.33 ff.). Eine allgemeine Reformempfehlung lässt sich nicht geben, weil die Vorsteuer ein integraler Bestandteil des Mehrwertsteuersystems ist. Weitere Klarstellung kann nur der BFH durch Vorlageentscheidungen an den EuGH schaffen. 27.320

Der Mechanismus der Umsatzbesteuerung mit Vorsteuerabzug führt auch zu Problemen bei **Sachspenden**. Häufig werden Gegenstände im Unternehmen nicht an gemeinnützige Organisationen weitergegeben, sondern vernichtet, weil die umsatzsteuerliche Behandlung zu unsicher ist. Das Steuerrecht bewertet eine Sachspende eines Unternehmens wie eine Entnahme zu privaten Zwecken und damit wie einen Umsatz. Denn das Unternehmen hat die Ware zuvor auch mit Vorsteuerabzug eingekauft oder hergestellt. Die Bemessungsgrundlage für Sachspenden orientiert sich am fiktiven Einkaufspreis zum Zeitpunkt der Spende. In der Praxis stellt sich dadurch die Frage, welcher Preis zugrunde gelegt wird und welche Steuern entsprechend gezahlt werden müssen. Die Oberfinanzdirektion Niedersachsen hat zwar inzwischen klargestellt, dass nicht nur Lebensmittel für Tafeln, sondern auch Artikel im Non-Food-Bereich verkaufsunfähig sein können, etwa aufgrund von Verpackungsfehlern oder falschen Etiketten. Der Marktpreis liegt dann nahe Null und eine Steuerpflicht besteht nicht. Allerdings besteht für das Unternehmen jahrelang bis zu einer Umsatzsteuerprüfung die Unsicherheit, ob die Finanzverwaltung die konkreten Spenden ebenso niedrig bewertet wie das Unternehmen. Da das Umsatzsteuerrecht unionsrechtlich reglementiert ist, sollte auf der Ebene des 27.321

1 EuGH v. 21.2.2013 – Rs. C-104/12 – Becker, Rz. 21, UR 2013, 220 = DStR 2013, 411; EuGH v. 16.7.2015 – Rs. C-108/14, C-109/14 – Larentia + Minerva, Rz. 31, 32, DStR 2015, 1673; vgl. die Vorlagebeschlüsse des BFH v. 11.12.2013 – XI R 38/12, UR 2014, 323 = DStR 2014, 466 und v. 11.12.2013 – XI R 17/11, UR 2014, 313 m. Anm. *Marchal* = GmbHR 2014, 376 m. Anm. *Masuch* = MwStR 2014, 202.

2 *Janzen* in Lippross/Seibel, Basiskommentar Steuerrecht, § 15 UStG, Rz. 26 (Stand Mai 2019).

Unionsrechts überlegt werden, ebenso wie im Körperschaftsteuerrecht in einer bestimmten Höhe gemessen an den Eingangsleistungen **steuerbefreite Sachspenden ohne Vorsteuerberichtigung** zu ermöglichen.

## II. Nationales Recht

27.322 Im nationalen Recht sind dem Gesetzgeber aufgrund der unionsrechtlichen Regelungen teils weitgehend die Hände gebunden. Soweit er Umsetzungsspielräume hat, etwa hinsichtlich der Aufteilungsschlüssel für gemischt Umsätze, hat er diese dennoch im Rahmen seines Ermessens sachgerecht auszuüben. Wo genau diese Grenze aber verläuft, lässt sich jeweils nur nach konkreten Entscheidungen des Gerichtshofs ermessen.[1]

1 Dafür auch *Hüttemann*, Gemeinnützigkeits- und Spendenrecht, Rz. 7.109.

# Kapitel 28
# Steuerverfahren und Haftung

**Literatur:** *Eckert*, Dauerfristverlängerung und Anrechnung der Umsatzsteuer-Sondervorauszahlung; *Weber*, Monatliche Abgabe von Umsatzsteuer-Voranmeldungen in Neugründungsfällen, UR 2003, 7.

*Gerber*, Rätselraten bei der Abrechnung von Bauleistungen gegenüber Bauträgern, NWB 14/2013, 1009; *Hammerl/Fietz*, Steuerschuld bei Bauleistungen wird zum 1.10.2014 neu geregelt, NWB 36/2014, 2688; *Hörster*, Neuregelungen durch das Amtshilferichtlinie-Umsetzungsgesetz, NWB 25/2013, 1967; *Hörster*, Das Amtshilferichtlinie-Umsetzungsgesetz – ein Überblick, NWB 26/2013, 2052; *Huschens*, Änderung des UStG durch das Amtshilferichtlinie-Umsetzungsgesetz, NWB 28/2013, 2214; *Korn*, Übergang der Steuerschuldnerschaft bei Erbringung einer Katalogleistung an einen Hoheitsbetrieb, UR 2006, 309; *Wagner*, Vor- und Nachteile des Reverse-Charge-Modells aus der Sicht der Gerichtsbarkeit, UVR 2006, 141; *Robisch/Merkel*, Begriff des im Ausland ansässigen Unternehmers gem. § 13b Abs. 4 UStG, UR 2010, 50; *Plikat*, Bau- oder Montagearbeiten deutscher Unternehmer in Österreich, UStB 2006, 192; *Widmann*, Systembezogene Änderung bei der Umsatzbesteuerung „Reverse-Charge-Verfahren", UR 2006, 624; *Zugmaier*, Übergang der Steuerschuldnerschaft auch bei Leistungen für den nichtunternehmerischen Bereich, NWB F. 7, 6637.

*Bartone*, Prüfung von Haftungsbescheiden gegen Geschäftsführer, AO-StB 03, 295; *Dissars*, Die gesellschaftsrechtliche Haftung der Gesellschafter für steuerliche Verbindlichkeiten von Personen- und Kapitalgesellschaften, DStR 1995, 1510; *Ehlers*, Die persönliche Haftung von ehrenamtlichen Vereinsvorständen, NJW 2011, 2689; *Farr*, Haftung nach § 25d UStG im vorläufigen Insolvenzverfahren, DStR 2007, 706; *Gehm*, Überblick zur Haftung des Steuerhinterziehers und Steuerhehlers nach § 71 AO, NZWiSt 2014, 93; *Haunhorst*, Haftung ohne Grenzen? Die Pflicht des Geschäftsführers zur anteiligen Tilgung – Grundsatz und Ausnahme, DStZ 2002, 368; *Jochum*, Grundsätze der steuerlichen Geschäftsführerhaftung, DStZ 2007, 335, 561; *Merkt*, Die Haftung im Mehrwertsteuerbetrug, AO-StB 2009, 81; *Nacke*, Ungeklärte Rechtsfragen des steuerlichen Haftungsrechts, DStR 2013, 335; *Oswald*, Die Haftung nach § 25d UStG (Teil I), UStB 2005, 85 und (Teil II), UStB 2005, 115; *Pump/Leibner*, Die Pflichtverletzung als Grundlage der steuerlichen Haftung, BB 2005, 2495; *Schuska*, Die gesamtschuldnerische Haftung nach § 25d UStG, MwStR 2015, 323; *Steeger*, Die steuerliche Haftung des Geschäftsführers, 1998; *Werner*, Die Haftung des Vorstandes für Steuerschulden des Vereins, INF 04, 20.

*Streit/Zugmaier*, Beschränkung der Kleinunternehmerregelung auf im Inland Ansässige und auf deren inländische Umsätze ist unionsrechts-konform, DStR 2010, 2186

*Neeser*, Die Besteuerung von Kleinunternehmern – Auswirkungen des EuGH Urteils vom 26.10.2010, UVR 2011, 301

## A. Normtexte

Art. 206 28.1

**Jeder Steuerpflichtige, der die Steuer schuldet, hat bei der Abgabe der Mehrwertsteuererklärung nach Art. 250 den sich nach Abzug der Vorsteuer ergebenden Mehrwertsteuerbetrag zu entrichten. Die Mitgliedstaaten können jedoch einen anderen Termin für die Zahlung dieses Betrags festsetzen oder Vorauszahlungen erheben.**

Art. 250

Abs. 1

**Jeder Steuerpflichtige hat eine Mehrwertsteuererklärung abzugeben, die alle für die Festsetzung des geschuldeten Steuerbetrags und der vorzunehmenden Vorsteuerabzüge erforderlichen Angaben enthält, gegebenenfalls einschließlich des Gesamtbetrags der für diese Steuer und Abzüge maßgeblichen Umsätze sowie des Betrags der steuerfreien Umsätze, soweit dies für die Feststellung der Steuerbemessungsgrundlage erforderlich ist.**

Abs. 2

**Die Mitgliedstaaten legen fest, unter welchen Bedingungen der Steuerpflichtige die in Abs. 1 genannte Erklärung elektronisch abgeben darf, und können die elektronische Abgabe auch vorschreiben.**

Art. 251

**Neben den in Art. 250 genannten Angaben muss die Mehrwertsteuererklärung, die einen bestimmten Steuerzeitraum umfasst, folgende Angaben enthalten:**

a. **Gesamtbetrag ohne Mehrwertsteuer der in Art. 138 genannten Lieferungen von Gegenständen, für die während dieses Steuerzeitraums der Steueranspruch eingetreten ist;**

b. **Gesamtbetrag ohne Mehrwertsteuer der in den Art. 33 und 36 genannten Lieferungen von Gegenständen, im Gebiet eines anderen Mitgliedstaats, für die der Steueranspruch während dieses Steuerzeitraums eingetreten ist, wenn der Ort des Beginns der Versendung oder Beförderung der Gegenstände in dem Mitgliedstaat liegt, in dem die Erklärung abzugeben ist;**

c. **Gesamtbetrag ohne Mehrwertsteuer der innergemeinschaftlichen Erwerbe von Gegenständen sowie der diesen gem. Art. 21 und 22 gleichgestellten Umsätze, die in dem Mitgliedstaat bewirkt wurden, in dem die Erklärung abzugeben ist, und für die der Steueranspruch während dieses Steuerzeitraums eingetreten ist;**

d. **Gesamtbetrag ohne Mehrwertsteuer der in den Art. 33 und 36 genannten Lieferungen von Gegenständen, in dem Mitgliedstaat, in dem die Erklärung abzugeben ist, und für die der Steueranspruch während dieses Steuerzeitraums eingetreten ist, wenn der Ort des Beginns der Versendung oder Beförderung der Gegenstände im Gebiet eines anderen Mitgliedstaats liegt;**

e. **Gesamtbetrag ohne Mehrwertsteuer der Lieferungen von Gegenständen, in dem Mitgliedstaat, in dem die Erklärung abzugeben ist, für die der Steuerpflichtige gem. Art. 197 als Steuer-**

**schuldner bestimmt wurde und für die der Steueranspruch während dieses Steuerzeitraums eingetreten ist.**

**Art. 252**

**Abs. 1**

**Die Mehrwertsteuererklärung ist innerhalb eines von den einzelnen Mitgliedstaaten festzulegenden Zeitraums abzugeben. Dieser Zeitraum darf zwei Monate nach Ende jedes einzelnen Steuerzeitraums nicht überschreiten.**

**Abs. 2**

**Der Steuerzeitraum kann von den Mitgliedstaaten auf einen, zwei oder drei Monate festgelegt werden.**

**Die Mitgliedstaaten können jedoch andere Zeiträume festlegen, sofern diese ein Jahr nicht überschreiten.**

**Art. 272 MwStSystRL**

**Die Mitgliedstaaten können folgende Steuerpflichtige von bestimmten oder allen Pflichten nach den Kapiteln 2 bis 6 befreien:**

**…**

**d) Steuerpflichtige, die die Steuerbefreiung für Kleinunternehmen nach den Artikeln 282 bis 292 in Anspruch nehmen;**

**…**

**Art. 281 MwStSystRL**

**Mitgliedstaaten, in denen die normale Besteuerung von Kleinunternehmen wegen deren Tätigkeit oder Struktur auf Schwierigkeiten stoßen würde, können unter den von ihnen festgelegten Beschränkungen und Voraussetzungen nach Konsultation des Mehrwertsteuerausschusses vereinfachte Modalitäten für die Besteuerung und Steuererhebung, insbesondere Pauschalregelungen, anwenden, die jedoch nicht zu einer Steuerermäßigung führen dürfen.**

**Art. 282 MwStSystRL**

**Die Steuerbefreiungen und -ermäßigungen nach diesem Abschnitt gelten für Lieferungen von Gegenständen und für Dienstleistungen, die von Kleinunternehmen bewirkt werden.**

**Art. 283 MwStSystRL**

**Dieser Abschnitt gilt nicht für folgende Umsätze:**

**…**

**c) die Lieferungen von Gegenständen und Erbringung von Dienstleistungen durch einen Steuerpflichtigen, der nicht in dem Mitgliedstaat ansässig ist, in dem die Mehrwertsteuer geschuldet wird.**

**…**

**Art. 289 MwStSystRL**

**Steuerpflichtige, die eine Steuerbefreiung in Anspruch nehmen, haben kein Recht auf Vorsteuerabzug gemäß den Artikeln 167 bis 171 und 173 bis 177 und dürfen die Mehrwertsteuer in ihren Rechnungen nicht ausweisen.**

**Art. 290 MwStSystRL**

**Steuerpflichtige, die für die Steuerbefreiung in Betracht kommen, können sich entweder für die normale Mehrwertsteuerregelung oder für die Anwendung der in Artikel 281 genannten vereinfachten Modalitäten entscheiden. In diesem Fall gelten für sie die in den nationalen Rechtsvorschriften gegebenenfalls vorgesehenen degressiven Steuerermäßigungen.**

**Art. 294 MwStSystRL**

**Der Rat entscheidet gemäß Artikel 93 des Vertrags darüber, ob im Rahmen der endgültigen Regelung eine Sonderregelung für Kleinunternehmen erforderlich ist, und befindet gegebenenfalls über die gemeinsamen Beschränkungen und Bedingungen für die Anwendung der genannten Sonderregelung.**

## B. Veranlagung

§ 18 regelt im Wesentlichen das Veranlagungsverfahren in der Umsatzsteuer. Gemäß § 18 Abs. 1 UStG hat ein Unternehmer bis zum zehnten Tag nach Ablauf jedes von Meldungszeitraums eine Voranmeldung nach amtlich vorgeschriebenen Datensatz durch Datenfernübertragung nach Maßgabe der Steuerdaten-Übermittlungsverordnung zu übermitteln. Die Vorschrift basiert auf Art. 206, 250 und 252 MwStSystRL. 28.2

### I. Europäisches Recht

Die Erklärungspflichten sind europarechtlich in Titel XI, Kapitel 5 der MwStSystRL im Einzelnen geregelt. Die MwStSystRL macht den Mitgliedstaaten dabei vor allem inhaltliche zeitliche Vorgaben bezüglich der Erklärungspflichten. 28.3

Das europäische Recht sieht für das Besteuerungsverfahren, obwohl es sich prinzipiell um Verfahrensrecht handelt, Vorgaben im Detail vor. Das mehrwertsteuerrechtliche Veranlagungsverfahren findet sich im Wesentlichen in den Art. 250 bis 252 MwStSystRL. Das nationale Recht in § 18 UStG muss sich im Rahmen dieser Vorgaben des Europäischen Rechts bewegen. Art. 206 MwStSystRL sieht die grundsätzliche Zahlungsverpflichtung für die Umsatzsteuer bei Abgabe der Steuerklärung vor. Damit geht auch das europäische Recht von einer Selbstveranlagung aus. 28.4

Art. 250 Abs. 2 MwStSystRL sieht die Möglichkeit einer elektronischen Abgabe der Umsatzsteuererklärung vor. Die Mitgliedstaaten können diese auch verpflichtend ausgestalten. 28.5

### II. Besteuerungsverfahren nach § 18 UStG

Die Umsatzsteuer ist, wie z.B. auch die Körperschaftsteuer, eine **Veranlagungssteuer**. Zwar hat der Unternehmer für das Kalenderjahr oder für einen kürzeren Zeitraum eine Steuererklärung nach amtlich vorgeschriebenem Muster abzugeben und die Steuer selbst zu berechnen (vgl. § 18 Abs. 3 UStG), dennoch bleibt trotz der Steueranmeldung, die gleichzeitig einer Steuerfestsetzung unter dem Vorbehalt der Nachprüfung nach § 168 AO gleichsteht, der Charakter der Veranlagungssteuer erhalten. Nur dann ist eine Festsetzung nach § 155 AO durch das Finanzamt erforderlich, wenn die Festsetzung zu einer abweichenden Steuer führt oder der Steuer- oder Haftungsschuldner die Steueranmeldung nicht abgibt (vgl. § 167 Satz 1 AO). 28.6

Wegen der Steuerberechnung durch den Unternehmer wird die Umsatzsteuer auch als Selbstveranlagungssteuer bezeichnet.

28.7 Die Steuer wird für einen bestimmten Zeitraum, den sog. Besteuerungszeitraum, festgesetzt (§ 18 Abs. 3 Satz 1 UStG). **Besteuerungszeitraum** ist regelmäßig das Kalenderjahr (§ 16 Abs. 1 Satz 2 UStG); er kann aber auch einen Teil des Kalenderjahres umfassen (§ 16 Abs. 3 und 4 UStG). Der Unternehmer hat die Pflicht, nach Ablauf des Besteuerungszeitraums eine **Umsatzsteuererklärung** abzugeben (§ 18 Abs. 3 Satz 1 UStG), in der er die zu entrichtende Steuer oder den Überschuss, der sich zu seinen Gunsten ergibt, selbst zu berechnen hat (Steueranmeldung).

### 1. Abgabe der Umsatzsteuererklärung

28.8 Nach § 149 Abs. 2 AO ist die Umsatzsteuererklärung spätestens fünf Monate nach Ablauf des Kalenderjahres, also am 31. 5. (ab Veranlagungszeitraum 2019: bis 31. 7.) des folgenden Jahres abzugeben. Allerdings kann entsprechend den BMF-Schreiben für den jeweiligen Veranlagungszeitraum, insbesondere bei Vertretung durch einen Steuerberater, Fristverlängerung gewährt werden. Die Steuererklärung ist grundsätzlich auf elektronischem Wege zu übermitteln. In § 18 Abs. 3 UStG ist vorgesehen, dass die Umsatzsteuerjahreserklärung nach amtlich vorgeschriebenem Vordruck auf elektronischem Weg nach Maßgabe der Steuerdaten-Übermittlungsverordnung zu übermitteln ist. Diese Regelung gilt gem. § 27 Abs. 17 für Besteuerungszeiträume ab dem 1.1.2011. Bis zu diesem Stichtag war die Umsatzsteuerjahreserklärung grundsätzlich in Papierform zu übermitteln.

28.9 In Ausnahmefällen kann zur Vermeidung unbilliger Härten auch weiterhin eine Übermittlung auf einem Papiervordruck erfolgen. In diesem Fall muss der Unternehmer eine Steuererklärung nach amtlich vorgeschriebenen Vordruck abgeben und eigenhändig unterschreiben.

28.10 Eine unbillige Härte nimmt das BMF vor allen Dingen dann an, wenn der Unternehmer die technischen Möglichkeiten für eine elektronische Übermittlung nur mit einem nicht unerheblichen finanziellen Aufwand schaffen kann oder er nach seinen individuellen Kenntnissen und Fähigkeiten nicht oder nur eingeschränkt in der Lage ist, die Möglichkeiten der Datenfernübertragung zu nutzen (vgl. Abschn. 18.1 Abs. 1 UStAE). Bei der Einstellung einer unternehmerischen Tätigkeit nimmt das BMF immer eine unbillige Härte an (vgl. Abschn. 18.1 Abs. 2 UStAE). M.E. ist bei **Vereinen** eine derartige unbillige Härte gegeben, wenn sie nicht über die EDV-technischen Voraussetzungen für die elektronische Abgabe der Umsatzsteuerjahreserklärung verfügen.

28.11 Das Finanzamt hat die Frage, ob eine unbillige Härte vorliegt, nach pflichtgemäßem Ermessen zu entscheiden. Dabei sind alle Umstände des Einzelfalls, aus denen die elektronische Übermittlung für den Unternehmer unzumutbar sein könnte, zu berücksichtigen.

### 2. Selbstveranlagungsverfahren

28.12 In der Erklärung muss der Unternehmer seine Umsatzsteuer selbst berechnen (§ 16 Abs. 1 und 2 und § 18 UStG). Dabei ist die Steuer grundsätzlich nach vereinbarten Entgelten zu berechnen, soweit nicht die Ist-Versteuerung nach § 20 UStG einschlägig ist.

28.13 Nach § 16 Abs. 1 UStG ist zunächst die Steuer, welche für die Umsätze nach § 1 Abs. 1 Nr. 1 und 5 UStG, also für Lieferungen, sonstige Leistungen, unentgeltliche Wertabgaben und den innergemeinschaftlichen Erwerb, im Besteuerungszeitraum entstanden und soweit die Steuerschuldnerschaft auch gegeben ist, zu berechnen. Hinzu kommen etwaige nach § 6a Abs. 4 Satz 2, § 14c Abs. 1 und 2 sowie nach § 17 Abs. 1 Satz 2 UStG geschuldete Steuerbeträge. Von dieser Summe kann der Unternehmer die in den Besteuerungszeitraum fallenden, nach § 15 UStG abziehbaren Vorsteuerbeträge absetzen. Dazu gehört auch die im Besteuerungszeitraum entstandene abziehbare Einfuhrumsatzsteuer (§ 16 Abs. 2 UStG). § 15a UStG ist ebenfalls zu beachten (vgl. § 16 Abs. 2 Satz 2 UStG).

Falls der Unternehmer die Steuer richtig berechnet hat, setzt das Finanzamt diesen Betrag fest, andernfalls errechnet das Finanzamt selbst die Steuer und setzt sie fest. Nach der Kleinbetragsverordnung kommt eine zum Nachteil des Steuerpflichtigen abweichende Festsetzung aber nur in Betracht, wenn die Abweichung mindestens 10 € beträgt. Abweichend von anderen Veranlagungssteuern braucht das Finanzamt **keinen Steuerbescheid** über die Steuerfestsetzung zu erteilen, wenn es **nicht** von der Steuererklärung **abgewichen** ist (§ 167 AO). Falls ein Unternehmer keine Steuererklärung innerhalb der gesetzten Fristen abgibt, hat das Finanzamt die Steuer im Wege der Schätzung (§ 162 AO) festzusetzen. Die Steuerfestsetzung führt entweder zu einer Steuer oder zu einem Überschuss an Vorsteuerbeträgen, je nachdem ob die Umsatzsteuer oder die Vorsteuer überwiegt. 28.14

### 3. Umsatzsteuervoranmeldungsverfahren

Der Fiskus wartet nicht etwa bis zum Ablauf des Kalenderjahres oder kürzeren Besteuerungszeitraums auf die Bezahlung der Umsatzsteuer, sondern hat in § 18 Abs. 1 und 2 UStG die Pflicht zur Entrichtung von **Vorauszahlungen** aufgestellt, da er auf laufende Einnahmen angewiesen ist. Die Vorauszahlungen sind vom Unternehmer in **Voranmeldungen** zu berechnen und beim Finanzamt anzumelden. Ebenso wie bei der Umsatzsteuerjahreserklärung besteht die Verpflichtung die Umsatzsteuer-Voranmeldungen gem. § 18 Abs. 1 UStG nach amtlich vorgeschriebenem Datensatz elektronisch zu übermitteln. Diese Regelung gilt mit Wirkung **ab 1.1.2005** (§ 27 Abs. 9 UStG). Allerdings kann das Finanzamt auch im Voranmeldungsverfahren **auf Antrag** zur Vermeidung von unbilligen Härten auf eine elektronische Übermittlung verzichten. 28.15

Dem Antrag ist insbesondere stattzugeben, wenn dem Unternehmer die Schaffung der technischen Voraussetzungen, die für die Übermittlung erforderlich sind, nicht zuzumuten ist. Die Härtefallregelung wird jedoch von der Finanzverwaltung sehr eng ausgelegt. Anders als bei der Abgabe der Umsatzsteuerjahreserklärung sind die Anforderungen an das Vorliegen einer unbilligen Härte hier auch höher anzusetzen. Unternehmer, die eine Steuer von nicht mehr als 1000 € im vorangegangenen Kalenderjahr zahlen mussten, können nämlich von der Verpflichtung zur Abgabe der Voranmeldungen und der Entrichtung von Vorauszahlungen befreit werden. Gerade in diesen kleinen Fällen kann eine entsprechende unbillige Härte prinzipiell anzunehmen sein. Überschreitet der Umfang der unternehmerischen Tätigkeit diese Schwelle, dürfte im Regelfall auch die Abgabe von elektronischen Steuererklärungen in der Umsatzsteuer zumutbar sein, so dass ein Härtefall nicht anzunehmen ist. 28.16

Die Voranmeldungen **gelten** nach § 168 AO als Steuerfestsetzungen unter Vorbehalt der Nachprüfung. Dadurch unterscheiden sie sich von den bloßen Vorauszahlungen, z.B. bei der Einkommensteuer. Diese sind bloße Abschlagszahlungen auf eine zu erwartende, noch festzusetzende Einkommensteuer. Der Inhalt einer Voranmeldung entspricht nach Aufbau und Inhalt dem der Jahreserklärung, nur bezogen auf einen Voranmeldungszeitraum. Die Steuer ist entsprechend § 16 Abs. 1 und 2 und § 18 UStG zu berechnen. Lediglich der Zeitraum für 28.17

die Steuerberechnung ist ein anderer. **Voranmeldungszeitraum** ist nach § 18 Abs. 1 und 2 UStG

- der Kalendermonat oder
- das Kalendervierteljahr, wenn die Steuerschuld für das Vorjahr nicht mehr als 7.500 € betragen hat.

28.18 Bei Unternehmen, deren Steuerschuld im vorangegangenen Kalenderjahr 1.000 € und weniger betragen hat, kann das Finanzamt von der Verpflichtung zur Abgabe monatlicher Umsatzsteuervoranmeldungen und der Zahlung von Vorauszahlungen befreien. Es handelt sich zwar nach dem gesetzlichen Wortlaut um eine **Ermessensvorschrift**, die Finanzämter erteilen jedoch regelmäßig die Befreiung.

28.19 Es ist allerdings zu beachten, dass nach § 18 Abs. 2 Satz 4 UStG, soweit der Unternehmer seine berufliche oder gewerbliche Tätigkeit aufgenommen hat, im laufenden und im Folgenden Kalenderjahr Voranmeldungszeitraum der Kalendermonat ist. Die Regelung soll vor allem den Umsatzsteuerbetrug in Neugründungsfällen verhindern. Die Verpflichtung zur Abgabe von monatlichen Umsatzsteuervoranmeldung ungeachtet der Höhe der Steuerschuld besteht ab dem Zeitpunkt der Aufnahme der unternehmerischen Tätigkeit.

28.20 Bei **Vorratsgesellschaften** besteht die Verpflichtung zur Abgabe monatlicher Umsatzsteuervoranmeldung dann, wenn die Gesellschaft tatsächlich eine unternehmerische Betätigung aufnimmt (§ 18 Abs. 2 S. 5 Nr. 1 UStG). Es kommt daher nicht darauf an, wie lange die Gesellschaft bereits vor der Aufnahme einer beruflichen oder gewerblichen Tätigkeit im Handelsregister eingetragen war.

28.21 Eine vergleichbare Regelung gilt gem. § 18 Abs. 2 S. 5 Nr. 2 UStG für den für die Fälle des Mantelkaufs. Bei der Übernahme einer juristischen Person oder einer Personengesellschaft, die bereits beruflich oder gewerblich tätig gewesen ist, muss ab dem Zeitpunkt der Übernahme der Gesellschaft ebenfalls für zwei Kalenderjahre monatlich eine Umsatzsteuervoranmeldung abgegeben werden. Der Gesetzgeber macht diese Verpflichtung davon abhängig, dass das übernommene Unternehmen zum Zeitpunkt der Übernahme ruhte oder nur geringfügig gewerblich oder beruflich tätig war. Diese Einschränkung des Gesetzgebers ergibt sich ohnehin m. E. aus der Natur der Sache. Ein übernommenes Unternehmen, das in entsprechendem Umfang unternehmerisch tätig ist, wird ohnehin nach den allgemeinen Regelungen zur Abgabe von mindestens vierteljährlichen Umsatzsteuervoranmeldungen verpflichtet sein.

28.22 In Fällen des Kalendervierteljahres als Voranmeldungszeitraum kann der Unternehmer auf Antrag auch den Kalendermonat als Voranmeldungszeitraum wählen, wenn sich für das vorangegangene Kalenderjahr ein Überschuss (Erstattungsbetrag) zu seinen Gunsten von mehr als 7.500 € ergibt (vgl. § 18 Abs. 2a Satz 1 UStG). Unternehmer, deren Steuerschuld für das vorangegangene Kalenderjahr 1.000 € nicht übersteigt, können vom Finanzamt von der Voranmeldungs- und Vorauszahlungspflicht befreit werden (§ 18 Abs. 2 Satz 3 UStG).

28.23 Die Voranmeldungen sind innerhalb von zehn Tagen nach Ablauf des Voranmeldungszeitraums abzugeben. Bei Verspätungen können nach § 152 AO Verspätungszuschläge bis zu 10 % der Steuer, höchstens 25.000 € festgesetzt werden. Diese Kappungsgrenze wurde mit Wirkung zum 1.1.2019 aufgehoben. Seit 1.1.2019 sieht § 152 Abs. 10 AO nur eine allgemeine Kappungsgrenze i.H.v. 25.000 € vor. Diese Grenze gilt dabei für jede einzelne Pflichtverletzung[1] Die konkrete Höhe des Verspätungszuschlags richtet sich bei Voranmeldungen nach § 152 Abs. 8 S. 2 AO. Bei der Festsetzung sind die Dauer und die Häufigkeit der Fristüberschreitung sowie die Höhe der Steuer zu berücksichtigen. Da die Voranmeldungen als Steuererklärungen gelten, können die Vorauszahlungen nach Ablauf des Voranmeldungszeitraums auch vom Finanzamt im Wege der Schätzung nach § 162 AO festgesetzt werden.

Soweit Unternehmer aus irgendwelchen Gründen, die dem Finanzamt nicht darzulegen sind, nicht in der Lage sind, die Voranmeldungen rechtzeitig zu erstellen, können sie nach § 18 Abs. 6 UStG i.V.m. §§ 46 bis 48 UStDV auf Antrag eine **Dauerfristverlängerung** von einem Monat für den Voranmeldungszeitraum erhalten. Der Antrag ist bis zum Zeitpunkt zu stellen, an dem die Voranmeldung, für welche die Fristverlängerung erstmals gelten soll, abzugeben ist (§ 48 Abs. 1 Satz 1 UStDV). Der Antrag auf Dauerfristverlängerung braucht nicht jährlich wiederholt zu werden. Vielmehr gilt er so lange, bis der Unternehmer seinen Antrag zurücknimmt oder das Finanzamt diesen bei Vorliegen der Voraussetzungen des § 46 Satz 2 UStDV widerruft, nämlich der Steueranspruch gefährdet ist. 28.24

Nur bei Monatszahlern ist die Fristverlängerung davon abhängig, dass sie zum eigentlichen Termin eine **Sondervorauszahlung**, also für den Monat Januar, i.H.v. 1/11 der Summe der Vorauszahlungen des Vorjahres anmelden und die entsprechende Vorauszahlung leisten. Vom folgenden Voranmeldungszeitraum an sind dann die zutreffenden Voranmeldungen, jeweils um einen Monat hinausgeschoben, abzugeben. 28.25

Die Sondervorauszahlung wird bei der Abgabe der letzten Umsatzsteuervoranmeldung des Kalenderjahres, also mit der Voranmeldung für den Monat Dezember, verrechnet. Mit Urteil vom 16.12.2008 hatte der BFH[2] entschieden, dass ein darüber hinaus gehendes Guthaben nicht erstattet wird, sondern erst mit der Umsatzsteuerjahreserklärung verrechnet und dann ggf. erstattet wird. Der Gesetzgeber hat allerdings zwischenzeitlich auf diese Rechtsprechung reagiert und die Rechtslage durch die Dritte Verordnung zur Änderung steuerlicher Verordnungen ab dem 23.7.2016 angepasst.[3] Gemäß § 48 Abs. 4 UStDV ist ein Restguthaben zunächst mit anderen Ansprüchen aus dem Steuerschuldverhältnis zu verrechnen und dann ggf. sofort zu erstatten. Zu bemerken ist in diesem Zusammenhang, dass die Finanzverwaltungen der Länder bereits schon in der Praxis im Wesentlichen so verfahren sind. Zweck der Regelung ist es damit die Rechtslage an die gängige Verwaltungspraxis anzupassen und damit zu legalisieren. 28.26

## C. Umkehr der Steuerschuld

Grundsätzlich ist gem. § 13a Abs. 1 Nr. 1 UStG Schuldner der Umsatzsteuer der leistende Unternehmer. Zur Sicherung des Steueranspruchs sieht § 13b UStG vor, die Umsatzsteuer beim Empfänger der Leistung als Steuerschuldner zu erheben. Die Verlagerung der Steuerschuldnerschaft soll Steuerausfälle verhindern und gleichzeitig möglichst einfach zu handhaben sein. Aus diesem Grunde kommt eine Verpflichtung zur Zahlung der Steuer nur durch Unternehmer und juristische Personen als Leistungsempfänger, nicht aber durch private Abnehmer einer Leistung zur Anwendung. Allerdings muss der Unternehmer darauf achten, dass er die Umsatzsteuer auch schulden kann, wenn er die Leistung für den nichtunternehmerischen Be- 28.27

1 *Seer* in Tipke/Kruse, § 152 Rz. 77.
2 BFH v. 16.12.2008 – VII R 17/08, BStBl. II 2010, 91 = UR 2009, 392.
3 Dritte Verordnung zur Änderung steuerlicher Verordnungen, BGBl. 2016, 1722.

reich bezogen hat (vgl. § 13b Abs. 5 S. 6 UStG). Weiterhin kann es zu einem Wechsel der Steuerschuldnerschaft auch dann kommen, wenn die Leistungen für den unternehmerischen Bereich bezogen wird, aber für vorsteuerschädliche, insbesondere steuerfreie Umsatze nach § 4 Nr. 8 bis 28 UStG verwendet wird.

28.28 Durch den Wechsel der Steuerschuldnerschaft soll der Umsatzsteuerbetrug eingedämmt werden. Die Regelung durchzieht daher alle Branchen. Teilweise hat der Gesetzgeber den Wechsel der Steuerschuldnerschaft davon abhängig gemacht, dass es sich um bracheninterne Umsätze handelt. Diese Voraussetzung trifft auf den Wechsel der Steuerschuldnerschaft in der Bau- und Gebäudereinigungsdienstleistungsbranche zu. In den anderen Fällen, bei denen es zu einem Wechsel der Steuerschuldnerschaft kommt, sind im Regelfall nicht davon abhängig, dass der Leistungsempfänger oder der leistende Unternehmer einer bestimmten Branche zugehörig ist. Den meisten Tatbeständen, in § 13b Abs. 1 und Abs. 2 UStG ist gemeinsam, dass in der Vergangenheit – vor Einführung des Wechsels der Steuerschuldnerschaft – eine signifikante Anzahl von Betrugsfällen vorgekommen sind. Der Gesetzgeber hat zur Verhinderung der einzelnen Betrugsmaschen diese Sachverhalte in den Anwendungsbereich § 13b UStG gebracht.

28.29 Die folgenden Leistungen unterliegen dem Wechsel der Steuerschuldnerschaft:

- Werklieferungen und sonstige Leistungen eines im Ausland ansässigen Unternehmers (§ 13b Abs. 1 und Abs. 2 Nr. 1 UStG);
- Lieferungen sicherungsübereigneter Gegenstände durch den Sicherungsgeber an den Sicherungsnehmer außerhalb des Insolvenzverfahrens (§ 13b Abs. 2 Nr. 2 UStG);
- Umsätze, die unter das Grunderwerbsteuergesetz fallen (§ 13b Abs. 2 Nr. 3 UStG);
- Werklieferungen und sonstige Leistungen, die der Herstellung, Instandsetzung, Instandhaltung, Änderung oder Beseitigung von Bauwerken dienen, mit Ausnahme von Planungs- und Überwachungsleistungen (§ 13b Abs. 2 Nr. 4 UStG);
- Lieferungen von Gas, Elektrizität, Wärme oder Kälte eines im Ausland ansässigen Unternehmers unter den Bedingungen des § 3g UStG (§ 13b Abs. 2 Nr. 5 Buchst. a UStG);
- Alle Lieferungen von Gas über das Erdgasnetz und von Elektrizität, die nicht unter § 13b Abs. 2 Nr. 5 Buchst. b UStG fallen
- Übertragung von Berechtigungen nach § 3 Abs. 4 des Treibhausgas-Emissionshandelsgesetzes vom 8.7.2004,[1] zuletzt geändert durch Art. 1 des Gesetzes vom 16.7.2009,[2] Emissionsreduktionseinheiten i.S.v. § 3 Abs. 5 des Treibhausgas-Emissionshandelsgesetzes und zertifizierten Emissionsreduktionen i.S.v. § 3 Abs. 6 des Treibhausgas-Emissionshandelsgesetzes (§ 13b Abs. 2 Nr. 6 UStG).
- Lieferungen der in der Anlage 3 des UStG bezeichneten Gegenstände (Schrott, Abfall- und Wertstoffe) (§ 13b Abs. 2 Nr. 7 UStG).
- Reinigung von Gebäuden und Gebäudeteilen (§ 13b Abs. 2 Nr. 8 UStG)
- Lieferungen von Gold mit einem Feingehalt von mindestens 325 Tausendstel, in Rohform oder als Halbzeug (aus Position 7108 des Zolltarifs) und von Goldplattierungen mit ei-

1 BGBl. I 2004, 1578.
2 BGBl. I 2009, 1954.

nem Goldfeingehalt von mindestens 325 Tausendstel (aus Position 7109) (§ 13b Abs. 2 Nr. 9 UStG).

- Lieferungen von Mobilfunkgeräten, Tablet-Computern und Spielekonsolen sowie von integrierten Schaltkreisen vor Einbau in einen zur Lieferung auf der Einzelhandelsstufe geeigneten Gegenstand, wenn die Summe der für sie in Rechnung zu stellenden Entgelte im Rahmen eines wirtschaftlichen Vorgangs mindestens 5.000 € beträgt; nachträgliche Minderungen des Entgelts bleiben dabei unberücksichtigt (§ 13b Abs. 2 Nr. 10 UStG) sowie
- die Lieferungen der in Anlage 4 bezeichneten Gegenstände.

Schwierigkeiten machen die Regelungen in der Praxis vor allen Dingen, da sie häufig eine Abgrenzung erforderlich machen. Es ist dann nicht klar, ob eine Leistung nach § 13b UStG vorliegt oder nicht. Außerdem ist problematisch, dass es zu einem Wechsel der Steuerschuldnerschaft auch bei nicht unternehmerischen Leistungen kommen kann. Hiervon betroffen können nicht nur Einzelunternehmer sein, die entsprechende Leistungen nach § 13b UStG für den privaten bzw. unternehmensfremden Bereich beziehen. Auch die juristischen Personen, die im **Dritten Sektor** tätig sind, können überproportional davon betroffen sein. 28.30

Mit Wirkung zum 6.11.2015 hat der Gesetzgeber auf diese Problematik zumindest teilweise reagiert. Bei den **juristischen Personen des öffentlichen Rechts** sind nicht unternehmerische Leistungsbezüge nicht mehr von § 13b UStG erfasst. Dies gilt jedoch nur in den in Abs. 2 Nr. 4, 5 Buchstabe b und Nr. 7 bis 11 genannten Fällen. Der Gesetzgeber hat hier m. E. viel zu kurz gegriffen. Die Regelung sollte auch auf gemeinnützige Organisationen des Dritten Sektors ausgedehnt werden. 28.31

## I. Europäisches Recht

Zum Wechsel der Steuerschuldnerschaft macht das europäische Recht den Mitgliedstaaten grundsätzlich keine zwingenden Vorgaben. Vielmehr können die Mitgliedstaaten im Einzelfall bestimmte Sachverhalte, die das europäische Recht näher definiert, in den Wechsel der Steuerschuldnerschaft bringen. 28.32

**Art. 194 MwStSystRL**

*(1) Wird die steuerpflichtige Lieferung von Gegenständen bzw. die steuerpflichtige Dienstleistung von einem Steuerpflichtigen bewirkt, der nicht in dem Mitgliedstaat ansässig ist, in dem die Mehrwertsteuer geschuldet wird, können die Mitgliedstaaten vorsehen, dass die Person, für die die Lieferung bzw. Dienstleistung bestimmt ist, die Steuer schuldet.*

*(2) Die Mitgliedstaaten legen die Bedingungen für die Anwendung des Abs. 1 fest.*

**Art. 199 MwStSystRL**

**Abs. 1**

*Die Mitgliedstaaten können vorsehen, dass der steuerpflichtige Empfänger die Mehrwertsteuer schuldet, an den folgende Umsätze bewirkt werden:*

*a. Bauleistungen, einschließlich Reparatur-, Reinigungs-, Wartungs-, Umbau- und Abbruchleistungen im Zusammenhang mit Grundstücken sowie die auf Grund des Art. 14 Abs. 3 als Lieferung von Gegenständen betrachtete Erbringung bestimmter Bauleistungen;*

*b. Gestellung von Personal für die unter Buchstabe a fallenden Tätigkeiten;*

c. *Lieferung von in Art. 135 Abs. 1 Buchstaben j und k genannten Grundstücken, wenn der Lieferer gem. Art. 137 für die Besteuerung optiert hat;*

d. *Lieferung von Gebrauchtmaterial, auch solchem, das in seinem unveränderten Zustand nicht zur Wiederverwendung geeignet ist, Schrott, von gewerblichen und nichtgewerblichen Abfallstoffen, recyclingfähigen Abfallstoffen und teilweise verarbeiteten Abfallstoffen, und gewissen in Anhang VI aufgeführten Gegenständen und Dienstleistungen;*

e. *Lieferung sicherungsübereigneter Gegenstände durch einen steuerpflichtigen Sicherungsgeber an einen ebenfalls steuerpflichtigen Sicherungsnehmer;*

f. *Lieferung von Gegenständen im Anschluss an die Übertragung des Eigentumsvorbehalts auf einen Zessionar und die Ausübung des übertragenen Rechts durch den Zessionar;*

g. *Lieferung von Grundstücken, die vom Schuldner im Rahmen eines Zwangsversteigerungsverfahrens verkauft werden.*

**Abs. 2**

*Bei der Anwendung der in Abs. 1 geregelten Möglichkeit können die Mitgliedstaaten die Lieferungen von Gegenständen und Dienstleistungen und die Kategorien von Lieferern und Dienstleistungserbringern sowie von Erwerbern oder Dienstleistungsempfängern bestimmen, für die sie von diesen Maßnahmen Gebrauch machen.*

**Abs. 3**

*Für die Zwecke des Abs. 1 können die Mitgliedstaaten folgende Maßnahmen ergreifen:*

a. *vorsehen, dass ein Steuerpflichtiger, der auch Tätigkeiten ausführt oder Umsätze bewirkt, die nicht als steuerbare Lieferungen von Gegenständen oder als nicht steuerbare Dienstleistungen i.S.d. Art. 2 angesehen werden, in Bezug auf Lieferungen von Gegenständen oder Dienstleistungen, die er gem. Abs. 1 des vorliegenden Artikels erhält, als Steuerpflichtiger gilt;*

b. *vorsehen, dass eine nicht steuerpflichtige Einrichtung des öffentlichen Rechts in Bezug auf gem. Abs. 1 Buchstaben e, f und g erhaltene Lieferungen von Gegenständen, als Steuerpflichtiger gilt.*

**Art. 199a MwStSystRL**

**Abs. 1**

*Die Mitgliedstaaten können bis zum 31.12.2018 für einen Zeitraum von mindestens zwei Jahren vorsehen, dass die Mehrwertsteuer von dem steuerpflichtigen Empfänger folgender Leistungen geschuldet wird:*

a. *Übertragung von Treibhausgasemissionszertifikaten entsprechend der Definition in Art. 3 der Richtlinie 2003/87/EG des Europäischen Parlaments und des Rates vom 13.10.2003 über ein System für den Handel mit Treibhausgasemissionszertifikaten in der Gemeinschaft, die gem. Art. 12 der genannten Richtlinie übertragen werden können,*

b. *Übertragung von anderen Einheiten, die von den Wirtschaftsbeteiligten genutzt werden können, um den Auflagen der Richtlinie nachzukommen,*

c. *Lieferungen von Mobilfunkgeräten, d.h. Geräten, die zum Gebrauch mittels eines zugelassenen Netzes und auf bestimmten Frequenzen hergestellt oder hergerichtet wurden, unabhängig von etwaigen weiteren Nutzungsmöglichkeiten,*

d. *Lieferungen von integrierten Schaltkreisen wie Mikroprozessoren und Zentraleinheiten vor Einbau in Endprodukte,*

e. *Lieferungen von Gas und Elektrizität an einen steuerpflichtigen Wiederverkäufer i.S.d. Art. 38 Abs. 2,*

f. *Übertragung von Gas- und Elektrizitätszertifikaten,*

g. *Erbringung von Telekommunikationsdienstleistungen i.S.d. Art. 24 Abs. 2,*

h. *Lieferungen von Spielkonsolen, Tablet-Computern und Laptops, i. Lieferungen von Getreide und Handelsgewächsen einschließlich Ölsaaten und Zuckerrüben, die auf der betreffenden Stufe normalerweise nicht für den Endverbrauch bestimmt sind,*

*j. Lieferungen von Rohmetallen und Metallhalberzeugnissen einschließlich Edelmetalle, sofern sie nicht anderweitig unter Art. 199 Abs. 1 Buchstabe d, die auf Gebrauchtgegenstände, Kunstgegenstände, Sammlungsstücke und Antiquitäten anwendbaren Sonderregelungen gem. Art. 311 bis 343 oder die Sonderregelung für Anlagegold gem. Art. 344 bis 356 fallen.*

Neben den Fällen, in denen die Mitgliedstaaten einen Wechsel der Steuerschuldnerschaft fakultativ einführen können, sieht Art. 196 MwStSystRL zwingend das **Reverse-Charge-Verfahren** für eine grenzüberschreitende Dienstleistung im unternehmerischen Bereich vor. 28.33

**Art. 194 MwStSystRL**

*Die Mehrwertsteuer schuldet der Steuerpflichtige oder die nicht steuerpflichtige juristische Person mit einer Mehrwertsteuer-Identifikationsnummer, für den/die eine Dienstleistung nach Art. 44 erbracht wird, wenn die Dienstleistung von einem nicht in diesem Mitgliedstaat ansässigen Steuerpflichtigen erbracht wird.*

## II. Steuerpflichtige Werklieferung oder steuerpflichtige sonstige Leistung eines im Ausland ansässigen Unternehmers

Nach § 13b Abs. 1 Abs. 2 Nr. 1, Abs. 5 Satz 1 UStG schuldet der Leistungsempfänger in seiner Eigenschaft als Unternehmer oder juristische Person dann die Steuer für den die Leistung ausführenden Unternehmer, wenn ein im Ausland ansässiger Unternehmer eine steuerpflichtige Werklieferung oder eine steuerpflichtige sonstige Leistung erbringt. 28.34

**Beispiel:** Eine Installationsfirma aus Venlo in den Niederlanden errichtet die Zentralheizung bei einem eingetragenen gemeinnützigen Verein in Duisburg. 28.35

In diesem Fall schuldet der Verein als juristische Person die Umsatzsteuer aus der Werklieferung. Bei der Werklieferung handelt es sich um eine im Inland steuerbare und steuerpflichtige Leistung der Installationsfirma aus den Niederlanden. Zur Sicherung des deutschen Steueranspruchs verlagert sich die Steuerschuldnerschaft auf den Verein. Dies gilt auch dann, wenn der Verein die Zentralheizung überhaupt nicht für unternehmerische Zwecke – oder nur teilweise für ein Unternehmen – verwendet.

Die Regelung in § 13b Abs. 1 UStG entspricht der Übernahme der grenzüberschreitenden Fälle aus Art. 196 MwStSystRL. Der Gesetzgeber hat für die Frage der Steuerentstehung die Vorschrift aus dem europäischen Recht übernommen. Danach entsteht die Steuer in den Fällen des § 13b Abs. 1 UStG mit Ablauf des Voranmeldungszeitraums in dem die Leistungen ausgeführt worden sind. Demgegenüber entsteht die Steuer in den Fällen des § 13b Abs. 2 Nr. 1 bis 11 UStG mit der Ausstellung der Rechnung, spätestens jedoch mit Ablauf des der Ausführung der Leistung folgenden Kalendermonats. Die Vorschrift des § 13b UStG regelt damit nicht nur die Frage des Wechsels der Steuerschuldnerschaft auf den Leistungsempfänger, sondern enthält auch besondere Vorschriften für die Steuerentstehung. Damit umfasst der Regelungsgehalt des § 13b UStG nicht nur den Regelungsgehalt des § 13a UStG, sondern auch den des § 13 UStG. Die Vorschrift hat daher einen hybriden Regelungsgehalt, nämlich einerseits die Steuerschuldnerschaft, aber andererseits auch die Steuerentstehung. 28.36

Wer im Ausland ansässiger Unternehmer ist, regelt § 13b Abs. 7 UStG. Ein im Ausland ansässiger Unternehmer ist ein Unternehmer, auf den die folgenden Merkmale **nicht** zutreffen 28.37

- Wohnsitz, gewöhnlichen Aufenthalt, Sitz, Geschäftsleitung oder eine Betriebsstätte im Inland;
- Wohnsitz, gewöhnlichen Aufenthalt, Sitz, Geschäftsleitung oder eine Betriebsstätte auf der Insel Helgoland;
- Wohnsitz, gewöhnlichen Aufenthalt, Sitz, Geschäftsleitung oder eine Betriebsstätte der in § 1 Abs. 3 bezeichneten Gebiete (Freihäfen).

28.38 Ein Unternehmer, der ausschließlich einen Wohnsitz oder seinen gewöhnlichen Aufenthaltsort im Inland, aber seinen Sitz, den Ort der Geschäftsleitung oder eine Betriebsstätte im Ausland hat, ist ein ausländischer Unternehmer i.S.d. § 13b UStG.

28.39 Unternehmer, die nur eine Betriebsstätte im Inland haben, gelten als ausländische Unternehmer, wenn die inländische Betriebsstätte an der Erbringung eines Umsatzes nicht beteiligt ist. Gemäß § 13b Abs. 7 Satz 1 gilt dies sowohl für Werklieferungen und sonstige Leistungen i.S.d. § 13b Abs. 2 Nr. 1 UStG als auch für die Lieferung von Gas, Elektrizität, Kälte oder Wärme unter den Bedingungen des § 3g UStG. Maßgeblich ist der Zeitpunkt, in dem die Leistung ausgeführt wird (§ 13b Abs. 7 Satz 2 UStG).

28.40 Hintergrund dieser Regelung ist das **sog. Mehrwertsteuerpaket**. Dadurch ist der Begriff des im Ausland ansässigen Unternehmers mit Wirkung zum 1.1.2010 verschärft worden. Bislang kam es nämlich nicht darauf an, von welcher Betriebsstätte der Unternehmer seine Leistung erbrachte. Allein ein Sitz im Inland war erforderlich. Der Unternehmer war schon dann **kein** ausländischer Unternehmer mehr, wenn er eine Zweigniederlassung im Inland hatte.

28.41 Mit Urteil v. 6.10.2011[1] hat der EuGH in der Rs. Stoppelkamp entschieden, dass ein Unternehmer, der im Ausland nachweislich seinen Unternehmenssitz hat, jedoch seinen Wohnsitz im Inland, trotzdem ein im Ausland ansässiger Unternehmer i.S.d. § 13b Abs. 1 bzw. Abs. 2 UStG ist. Der Wohnsitz kann nur maßgeblich sein, wenn der Sitz im Ausland zweifelhaft ist oder nur eine „Briefkastenfirma" ist. Die Begriffe sind z.T. in den §§ 8 (Wohnsitz), 10 (Geschäftsleitung) und 11 (Sitz) AO definiert. Es genügt eine Betriebsstätte im Inland (§ 12 AO). Ein ständiger Vertreter im Inland reicht nicht aus (§ 13 AO).

### 1. Fälle des § 13b Abs. 1 UStG

28.42 Wie bereits dargestellt, regelt § 13b Abs. 1 UStG eigentlich einen besonderen Zeitpunkt für die Steuerentstehung. Einschlägig ist die Vorschrift immer dann, wenn eine sonstige Leistung vorliegt, deren Ort nach § 3a UStG zu bestimmen ist. Außerdem muss der Leistende seinen Sitz im übrigen Gemeinschaftsgebiet haben.

28.43 **Beispiel:** Ein Sportverein beauftragt einen im übrigen Gemeinschaftsgebiet ansässigen Unternehmer mit der Durchführung einer Beratungsleistung für den nicht unternehmerischen Bereich. Der Verein betreibt aber eine Vereinsgasstätte und ist damit unternehmerisch tätig.

Es liegt hier grundsätzlich ein Fall des § 13b Abs. 1 UStG vor, so dass es zu einem Wechsel der Steuerschuldnerschaft kommt. Abhängig ist dies allerdings davon, ob sich der Ort dieser sonstigen Leistung nach § 3a Abs. 2 UStG bestimmt. Dies hängt wiederum davon ab, dass der Verein als juristische Person über eine Umsatzsteuer-Identifikationsnummer verfügt. Hat der Ver-

1 EuGH, Urt. v. 6.10.2011 – Rs. C-421/10, UR 2012, 120 = BFH/NV 2011 S. 2219.

ein das Identifikationsmerkmal, kommt es zu einem Wechsel der Steuerschulderschaft. Hat der Verein allerdings keine Identifikationsnummer, richtet sich der Ort der Beratungsleistung nach § 3a Abs. 1 UStG, so dass die Leistung in den Niederlanden steuerbar ist. Es kommt nicht zur Anwendung des § 13b Abs. 1 UStG.

Ob ein Fall des § 13b Abs. 1 oder § 13b Abs. 2 Nr. 1 UStG vorliegt, ist für die Frage des Wechsels der Steuerschuldnerschaft ohne Bedeutung, sofern die Leistung des leistenden Unternehmers im Inland steuerbar und steuerpflichtig ist. 28.44

## 2. Nachweis über die Ansässigkeit im Inland

Es kann zweifelhaft sein, ob ein ausländisches Unternehmen vorliegt. Für den Leistungsempfänger stellt sich dann die Frage, ob er die Steuer nach § 13b UStG schuldet. Nach Abschn. 13b.11 Abs. 3 UStAE kann sich der Leistungsempfänger eine Bescheinigung des für den Leistenden zuständigen Finanzamts vorliegen lassen, aus der hervorgeht, dass der leistende Unternehmer kein ausländischer Unternehmer ist. Die Bescheinigung erfolgt auf dem Vordruck USt 1 TS (Bescheinigung über die Ansässigkeit im Inland). Liegt dieser Vordruck nicht vor, muss der Leistungsempfänger von einem ausländischen Unternehmer ausgehen. 28.45

Die Gültigkeitsdauer hat das Finanzamt auf **ein Jahr** zu beschränken. Soweit nicht auszuschließen ist, dass der leistende Unternehmer nur für eine kürzere Dauer als ein Jahr im Inland ansässig bleibt, ist das Finanzamt verpflichtet, die Gültigkeit der Bescheinigung entsprechend zu befristen. 28.46

## 3. Ausnahmen vom Wechsel der Steuerschuldnerschaft

Für die folgenden Leistungen, die durch ausländische Unternehmer erbracht werden, entfällt der Wechsel der Steuerschuldnerschaft (vgl. § 13b Abs. 5 Nr. 1 bis 3 und Nr. 6): 28.47

- Personenbeförderung, die der Beförderungseinzelbesteuerung (§ 16 Abs. 5 UStG) unterliegen;
- Personenbeförderung, die mit einem Fahrzeug i.S.d. § 1b Abs. 2 Satz 1 Nr. 1 UStG durchgeführt wird
- grenzüberschreitende Personenbeförderung im Luftverkehr
- in der Einräumung der Eintrittsberechtigung für Messen, Ausstellungen und Kongresse im Inland
- in einer sonstigen Leistung einer Durchführungsgesellschaft an im Ausland ansässige Unternehmer, soweit diese Leistung im Zusammenhang mit der Veranstaltung von Messen und Ausstellungen im Inland steht sowie
- die Abgabe von Speisen und Getränken zum Verzehr an Ort und Stelle (Restaurationsleistung), wenn diese Abgabe an Bord eines Schiffs, in einem Luftfahrzeug oder in einer Eisenbahn erfolgt.

## III. Steuerpflichtige Lieferungen von Sicherungsgut durch den Sicherungsgeber an den Sicherungsnehmer

28.48 § 13b Abs. 2 Nr. 2 UStG betrifft nur die Lieferungen sicherungsübereigneter Gegenstände durch den Sicherungsgeber an den Sicherungsnehmer außerhalb des Insolvenzverfahrens. Lieferungen innerhalb des Insolvenzverfahrens unterliegen den allgemeinen Regelungen.

28.49 Die Regelung dient vorwiegend dazu, Steuerausfälle bei der Verwertung von Sicherungsgut zu verhindern. Betroffen sind daher in erster Linie Banken.

## IV. Steuerpflichtige Umsätze, die unter das Grunderwerbsteuergesetz fallen

28.50 Nach § 13b Abs. 1 Nr. 3 UStG ist eine Steuerschuldnerschaft des Leistungsempfängers für alle Umsätze gegeben, die unter das Grunderwerbsteuergesetz fallen. Das können natürlich nur Umsätze sein, die auch steuerpflichtig sind, also insbesondere in den Fällen der Option nach § 9 UStG. Das gilt auch für die Lieferung von Grundstücken im Zwangsversteigerungsverfahren durch den Vollstreckungsschuldner an den Ersteher. Für diese kann der Verzicht auf die Steuerbefreiung durch den Vollstreckungsschuldner bis zur Aufforderung zur Abgabe von Geboten erklärt werden (vgl. § 9 Abs. 3 Satz 1 UStG). Bei allen Grundstückslieferungen ist darauf zu achten, dass die Option im nach § 311b BGB notariell zu beurkundenden Vertrag erklärt werden muss (vgl. § 9 Abs. 3 Satz 2 UStG).

28.51 Nicht vom Grundstücksbegriff erfasst werden Betriebsvorrichtungen (s. *Englisch*, Rz. 24.37 ff.). Insoweit könnte eine Steuerschuldnerschaft des Leistungsempfängers zweifelhaft sein. Gleiches gilt auch für das Zubehör. Nach dem Sinn und Zweck des Gesetzes kann aber davon ausgegangen werden, dass der Übergang der Steuerschuld auch den Teil des Grundstückumsatzes erfasst, der nicht unter das Grunderwerbsteuergesetz fällt. Folgt man der Ansicht, dass die Umsätze betreffend des Zubehörs und der Betriebsvorrichtungen nicht unter das Grunderwerbsteuergesetz fallen, scheidet auch ein Wechsel der Steuerschuldnerschaft für diese Gegenstände gem. § 13b UStG aus.

## V. Bauleistungen i.S.d. § 13b Abs. 2 Nr. 4 UStG

28.52 Seit dem 1.10.2014 ist in der Baubranche der Leistungsempfänger Steuerschuldner, wenn er selbst nachhaltig Bauleistungen erbringt (§ 13b Abs. 2 Nr. 4 i.V.m. Abs. 5 UStG). Dies gilt unabhängig davon, ob er selbst wiederum die Leistung für eine Bauleistung verwendet.

28.53 Nach dem BFH-Urteil v. 22.8.2013[1] kommt es nach der bis zum 30.9.2014 geltenden Rechtslage nur zum Wechsel der Steuerschuldnerschaft bei einer Bauleistung, wenn der Leistungsempfänger die Leistung seinerseits für eine Bauleistung verwendet. Wegen der Einzelheiten, insbesondere der Übergangsregelung vgl. BMF-Schreiben v. 5.2.2014[2] und v. 8.5.2014.[3]

28.54 Ein Unternehmer erbringt zumindest dann nachhaltig Bauleistungen, wenn er mindestens 10 % seines Weltumsatzes (Summe seiner im Inland steuerbaren und nicht steuerbaren Um-

1 BFH, Urt. v. 22.8.2013 – V R 37/10, UR 2011, 671 = BStBl. II 2014, 128.
2 BStBl. I 2014, 233.
3 BStBl. I 2014, 823.

sätze) als Bauleistungen erbringt. Unternehmer, die Bauleistungen unterhalb dieser Grenze erbringen, sind danach grundsätzlich keine bauleistenden Unternehmer. § 13b UStG gilt insbesondere nicht für Baustoffhändler und Bauträger. Der Gesetzgeber hat davon abgesehen, die klassischen Bauträger in den Anwendungsbereich des § 13b UStG miteinzubeziehen.

Unternehmer, die bislang keine Bauleistungen erbracht haben, unterliegen dem § 13b UStG, 28.55
wenn sie nach außen erkennbar mit ersten Handlungen zur nachhaltigen Erbringung von Bauleistungen begonnen haben, und die Bauleistungen voraussichtlich mehr als 10 % ihres Weltumsatzes ausmachen werden. Dies gilt für Unternehmensneugründungen, aber auch für eine Ausweitung einer schon bestehenden unternehmerischen Tätigkeit. Auch schon bevor solche Unternehmer Bauleistungen selbst erbracht haben, unterliegen sie damit auf der Eingangsseite dem reverse-charge-Verfahren.

Die Beteiligten können davon ausgehen, dass die dargestellten Voraussetzungen vorliegen, 28.56
wenn das zuständige Finanzamt im Zeitpunkt der Ausführung des Umsatzes gültige Bescheinigung nach dem Vordruckmuster USt 1 TG erteilt hat. Diese wird auf Antrag oder bei Vorliegen der Voraussetzungen durch das Finanzamt ausgestellt.

Zur Erteilung der Bescheinigung sind die Voraussetzungen in geeigneter Weise glaubhaft zu 28.57
machen. Aus Vereinfachungsgründen kann auf den Weltumsatz des im Zeitpunkt der Ausstellung der Bescheinigung abgelaufenen Besteuerungszeitraums abgestellt werden, für den dem Finanzamt bereits Umsatzsteuer-Voranmeldungen bzw. Umsatzsteuererklärungen für das Kalenderjahr vorliegen. In den Fällen der Neuaufnahme der Bauleistertätigkeit muss glaubhaft gemacht werden, dass der Umfang der im Inland ausgeführten Bauleistungen zukünftig die 10 %-Grenze überschreiten wird.

Die Gültigkeitsdauer der Bescheinigung ist auf längstens drei Jahre zu beschränken. Sie kann 28.58
nur mit Wirkung für die Zukunft widerrufen oder zurückgenommen werden.

Hat das Finanzamt dem Unternehmer eine Bescheinigung nach dem Vordruckmuster USt 1 28.59
TG ausgestellt, ist er auch dann als Leistungsempfänger Steuerschuldner, wenn sich herausstellt, dass der Unternehmer tatsächlich nicht mindestens 10 % seines Weltumsatzes als Bauleistungen erbringt oder erbracht hat. Außerdem greift § 13b UStG auch, wenn der Leistungsempfänger den Nachweis gegenüber dem leistenden Unternehmer nicht – im Original oder in Kopie – verwendet.

Der Leistungsempfänger wird in der Praxis ein Interesse daran haben, § 13b UStG anzuwen- 28.60
den, wenn er den Vordruck besitzt. Denn nur in diesem Fall kann er seinen Vertragspartner bzw. Subunternehmer davon überzeugen, die Leistung netto abzurechnen. Der Subunternehmer wiederum sollte ohne die Vorlage des USt 1 TG eine Bruttoabrechnung vornehmen.

Wurde die Bescheinigung mit Wirkung für die Zukunft widerrufen oder zurückgenommen, 28.61
und erbringt der Leistungsempfänger nicht nachhaltig Bauleistungen, schuldet der leistende Unternehmer nur dann die Steuer, wenn er davon Kenntnis hatte oder hätte haben können.

Hatte der leistende Unternehmer in diesen Fällen keine Kenntnis oder hat er keine Kenntnis 28.62
haben können, wird es beim leistenden Unternehmer und beim Leistungsempfänger nicht beanstandet, wenn beide einvernehmlich von einer Steuerschuldnerschaft des Leistungsempfängers ausgehen und durch diese Handhabung keine Steuerausfälle entstehen. Die Finanzverwaltung sieht dieses Merkmal als erfüllt an, wenn der Umsatz vom Leistungsempfänger in zutreffender Höhe versteuert wird.

## VI. Lieferung von Gas, Elektrizität, Wärme oder Kälte i.S.d. § 13b Abs. 2 Nr. 5 UStG

28.63 Bislang galt ein Wechsel der Steuerschuldnerschaft nur bei Lieferungen (Gas, Elektrizität, Wärme oder Kälte) ausländischer Lieferanten. Für Erdgas- bzw. Elektrizitätslieferungen nach dem 31.8.2013 kann gem. § 13b Abs. 2 Nr. 5 UStG auch bei einem inländischen Lieferanten ein Wechsel der Steuerschuldnerschaft in Betracht kommen. Voraussetzung für die Anwendung des Reverse-charge-Verfahrens ist, dass es sich bei dem Leistungsempfänger um einen Wiederverkäufer handelt.

28.64 Der deutsche Gesetzgeber hat dabei die MwStSystRL wie folgt umgesetzt:

- Bei Erdgaslieferungen schuldet der Leistungsempfänger die Steuer nur, wenn er ein Unternehmer ist, der Lieferungen von Erdgas erbringt (§ 13b Abs. 5. Satz 3 UStG).
- Bei Stromlieferungen setzt das Gesetz voraus, dass der liefernde Unternehmer und der Leistungsempfänger Wiederverkäufer von Elektrizität i.S.d. § 3g UStG sind (§ 13b Abs. 5 Satz 4 UStG).

28.65 Nach Auffassung des BMF ist die Regelung für Gaslieferungen richtlinienkonform auszulegen. Entgegen dem Wortlaut muss es sich daher bei dem Leistungsempfänger um einen Wiederverkäufer i.S.d. § 3g Abs. 1 UStG handeln. Daher kommt es sowohl bei Gas- als auch Elektrizitätslieferungen auf die Wiederverkäufereigenschaft an.

28.66 Zum Nachweis, ob es sich um einen Wiederverkäufer handelt, hat das BMF den Vordruck (USt 1 TH) bekannt gegeben. Verwendet danach bei der Lieferung von Erdgas der Leistungsempfänger zum Nachweis seiner Wiederverkäufereigenschaft den Vordruck, ist er Steuerschuldner i.S.d. § 13b UStG. Dies gilt selbst dann, wenn er tatsächlich kein Wiederverkäufer sein sollte. Sofern der Leistungsempfänger einen gefälschten Nachweis verwendet und der Vertragspartner davon auch Kenntnis hatte, ist § 13b UStG nicht anzuwenden.

28.67 Bei der Lieferung von Elektrizität gilt die Regelung entsprechend für den Leistenden und den Leistungsempfänger. Hier ist darauf zu achten, dass beide Beteiligte Wiederverkäufer sein müssen, und daher einen gültigen USt 1 TH vorweisen sollten.

28.68 Bei der Lieferung von Strom durch Betreiber von **Photovoltaikanlagen** auf privaten Wohnhäusern und anderen Unternehmern ist § 13b UStG nicht zu beachten, da deren Haupttätigkeit nicht im Wiederverkauf von Strom besteht.

## VII. Übertragung von Emissionsrechten i.S.d. § 13b Abs. 2 Nr. 6 UStG

28.69 Seit dem 1.7.2010 sieht § 13b Abs. 2 Nr. 6 UStG den Wechsel der Steuerschuldnerschaft bei der Übertragung von Emissionsrechten nach § 3 Nr. 3 des Treibhausgas-Emissionshandelsgesetzes, Emissionsreduktionseinheiten nach § 2 Nr. 20 des Projekt-Mechanismen-Gesetzes und zertifizierten Emissionsreduktionen nach § 2 Nr. 21 des Projekt-Mechanismen-Gesetzes. Die Änderungen des Gesetzgebers wurden notwendig, da europaweit in erheblichem Ausmaß Umsatzsteuerbetrug mit dem Handel von Emissionsrechten betrieben wurde. Allein die Steuerausfälle in Deutschland werden im Milliardenbereich geschätzt. In den Handel dieser Rechte waren auch Banken involviert.

Die Übertragung eines Emissionsrechtes stellt eine sonstige Leistung i.S.d. § 3 Abs. 9 UStG dar. Bei der Übertragung ist eine Rechnung ohne gesonderten Ausweis der Umsatzsteuer auszustellen. Der Erwerber des Rechtes schuldet die Umsatzsteuer. Ob ein Vorsteuerabzug aus dem Ankauf möglich ist, richtet sich nach den allgemeinen Grundsätzen des § 15 UStG. 28.70

## VIII. Lieferungen von Gegenständen aus der Anlage 3 i.S.d. § 13b Abs. 2 Nr. 7 UStG

Auch innerhalb der Recycling-Branche bzw. Altmetall-Branche ist es in den letzten Jahren vermehrt zu Umsatzsteuerbetrug gekommen. Daher hat der Gesetzgeber den Wechsel der Steuerschuldnerschaft für die Lieferung bestimmter Abfall- bzw. Wertstoffe (Schrott) angeordnet. Dazu wurde eine Anlage 3 zum UStG zusätzlich eingeführt. Vergleichbar mit der Anlage 2 zum UStG richtet sich die Einordnung der Gegenstände nach dem Zolltarif. 28.71

Bei Zweifelsfragen, ob ein gelieferter Gegenstand dem § 13b Abs. 2 Nr. 7 UStG unterliegt, kann beim Zoll eine unverbindliche Zolltarifauskunft beantragt werden. Damit kann die Frage geklärt werden, ob die gelieferten Waren der Anlage 3 entsprechen. 28.72

## IX. Gebäudereinigungsleistungen i.S.d. § 13b Abs. 2 Nr. 8 UStG

§ 13b Abs. 2 Nr. 8 UStG sieht **seit dem 1.1.2011** einen Wechsel der Steuerschuldnerschaft bei der Reinigung von Gebäuden und Gebäudeteilen vor. Die Vorschrift kommt allerdings nur zur Anwendung, wenn er Leistungsempfänger ist, der ebenfalls nachhaltig Gebäudereinigungsleistungen erbringt. Der leistende Unternehmer kann davon ausgehen, dass der Leistungsempfänger nachhaltig solche Leistungen erbringt, wenn er ihm den Vordruck USt1 TG vorlegt. Hinsichtlich der Frage, wenn die Nachhaltigkeit vorliegt, gelten die Ausführungen für die Bauleistungen entsprechend. 28.73

## X. Goldlieferungen i.S.d. § 13b Abs. 2 Nr. 9 UStG

Mit Wirkung zum 1.1.2011 fallen auch die folgenden Goldlieferungen unter den Wechsel der Steuerschuldnerschaft (vgl. § 13b Abs. 2 Nr. 9 UStG): 28.74

- Gold (einschließlich von platiniertem Gold);
- Goldlegierungen in Rohform;
- als Halbzeug mit einem Feingehalt von mindestens 325 Tausendstel;
- Goldplattierungen mit einem Feingehalt von mindestens 325 Tausendstel;
- die steuerpflichtigen Lieferungen von Anlagegold mit einem Feingehalt von mindestens 995 Tausendstel nach § 25c Abs. 3 UStG.

Es muss sich dabei um Gold gemäß den Positionen 7108 und 7109 des Zolltarifs handeln. 28.75

Goldplattierungen sind Waren, bei denen auf einer Metallunterlage auf einer Seite oder auf mehreren Seiten Gold in beliebiger Dicke durch Schweißen, Löten, Warmwalzen oder ähnliche mechanische Verfahren aufgebracht worden ist. 28.76

## XI. Lieferungen von Mobilfunkgeräten und integrierten Schaltkreisen i.S.d. § 13b Abs. 2 Nr. 10 UStG

28.77 Durch das 6. Gesetz zur Änderung von Verbrauchsteuergesetzen ist in § 13b Abs. 2 UStG eine Nr. 10 angefügt worden. Gemäß § 13b Abs. 2 Nr. 10 unterliegt ab 1.7.2011 die Lieferung von Mobilfunkgeräten sowie von integrierten Schaltkreisen vor Einbau in ein Endgerät dem Wechsel der Steuerschuldnerschaft. Ab dem 1.10.2014 wurde diese Regelung auf Tablet-Computer und Spielekonsolen erweitert.

28.78 Die Regelung greift erst ab einem Rechnungsbetrag von 5.000 €. Dabei kommt es nicht darauf an, dass die einzelne Rechnung diese Betragsgrenze überschreitet. Entscheidend ist vielmehr der Endbetrag eines einheitlichen wirtschaftlichen Vorgangs. Nachträgliche Entgeltsminderungen bleiben dabei unberücksichtigt.

28.79 Mobilfunkgeräte sind Geräte, die zum Gebrauch mittels eines zugelassenen Mobilfunk-Netzes und auf bestimmten Frequenzen hergestellt oder hergerichtet wurden, unabhängig von etwaigen weiteren Nutzungsmöglichkeiten. Hiervon werden insbesondere alle Geräte erfasst, mit denen Telekommunikationsleistungen in Form von Sprachübertragung über drahtlose Mobilfunk-Netzwerke in Anspruch genommen werden können, z.B. Telefone zur Verwendung in beliebigen drahtlosen Mobilfunk-Netzwerken.

28.80 Zu den Mobilfunkgeräten i.S.d. § 13b UStG zählen daher Handys und Smartphones. Nicht dazu gehören die folgenden Geräte, wenn über sie eine reine Daten- und keine Sprachverbindung aufgebaut werden kann:

- Navigationsgeräte,
- Computer, soweit sie eine Sprachübertragung über drahtlose Mobilfunk-Netzwerke nicht ermöglichen,
- MP3-Player,
- Spielekonsolen,
- On-Board-Units

28.81 Nach der Definition des BMF[1] handelt es sich bei einem integrierten Schaltkreis, um eine auf einem einzelnen (Halbleiter-)Substrat (sog. Chip) untergebrachte elektronische Schaltung (elektronische Bauelemente mit Verdrahtung). Daher gehören insbesondere CPUs und andere elektronische Bauteile zu den Waren, die dem Wechsel der Steuerschuldnerschaft unterliegen. Voraussetzung ist allerdings, dass sie noch nicht in ein Endprodukt, z.B. in einen PC, eingebaut wurden.

28.82 Ausgenommen von der Regelung sind die folgenden Komponenten, auch wenn sie integrierte Schaltkreise enthalten:

- Antennen,
- elektrotechnische Filter,
- Induktivitäten (passive elektrische oder elektronische Bauelemente mit festem oder einstellbarem Induktivitätswert),

1 Vgl. Abschn. 13b.7 Abs. 2 UStAE.

- Kondensatoren,
- Sensoren (Fühler),
- Platinen, die mit integrierten Schaltkreisen und ggf. mit verschiedenen anderen Bauelementen bestückt sind,
- Bauteile, in denen mehrere integrierte Schaltkreise zusammengefasst sind,
- zusammengesetzte elektronische Schaltungen,
- Platinen, in die integrierte Schaltkreise integriert sind (sog. Chips on board),
- Speicherkarten mit integrierten Schaltungen (sog. Smart Cards),
- Grafikkarten, Flashspeicherkarten, Schnittstellenkarten, Soundkarten, Memory-Sticks.

Ein Tablet-Computer (aus Unterposition 8471 30 00 des Zolltarifs) ist ein tragbarer, flacher Computer in besonders leichter Ausführung, der vollständig in einem Touchscreen-Gehäuse untergebracht ist und mit den Fingern oder einem Stift bedient werden kann. 28.83

Spielekonsolen sind Computer oder computerähnliche Geräte, die in erster Linie für Videospiele entwickelt werden. Neben dem Spielen können sie weitere Funktionen bieten, z.B. Wiedergabe von Audio-CDs, Video-DVDs und Blu-ray Discs. 28.84

### XII. Lieferungen von Gegenständen aus der Anlage 4 i.S.d. § 13b Abs. 2 Nr. 11 UStG

Seit dem 1.10.2014 unterliegen die Lieferung der Gegenstände aus der neu eingeführten Anlage 4 zum UStG ebenfalls dem reverse-charge-Verfahren (§ 13b Abs. 2 Nr. 11 UStG). Die Regelung betrifft damit im Wesentlichen Metalle. Die Regelung ist vergleichbar mit den Lieferungen der Gegenstände aus der Anlage 3. 28.85

## D. Haftung

### I. Allgemeines

Bei der Haftung muss der Haftungsschuldner für eine fremde Schuld einstehen. Dieser Grundsatz gilt auch für das Steuerrecht. Eine Haftung kann aus Gesetz oder aus Vertrag (z.B. Bürgschaft, Schuldbeitritt) folgen. Dabei kann die Haftung sich aus zivilrechtlichen Vorschriften ergeben oder aus steuerrechtlichen Vorschriften. Die allgemeine Haftung im Steuerrecht ergibt sich aus den §§ 69 ff. AO. Daneben sind finden sich weitere Haftungsnormen in den Einzelsteuergesetzten. Für die Umsatzsteuer hat der Gesetzgeben ebenfalls spezielle Haftungstatbestände in den § 13c sowie § 25d UStG geschaffen. 28.86

Intention des Gesetzgebers bezogen auf die Haftung nach umsatzsteuerrechtlichen Vorschriften ist dabei vor allem die Absicherung des Fiskus im Hinblick auf die Umsatzsteuer. Durch den vermehrt in den letzten Jahren aufgetretenen Umsatzsteuerbetrug mussten hier spezielle Haftungstatbestände eingeführt werden. Durch das **systematische Erschleichen von Vorsteuern** kommt es bei der Umsatzsteuer zu erheblichen Steuerausfällen. Auch in den Fällen der Sicherungsabtretung kam es zu strukturellen Steuerausfällen, so dass hier der Gesetzgeber tätig 28.87

geworden ist (§ 13c UStG). Die umsatzsteuerrechtlichen Vorschriften ergänzen dabei die Haftungsvorschriften der AO.

28.88 Steuerschuldner ist im Regelfall gem. § 13a UStG der leistende Unternehmer, so dass nur die Haftung auf originäre Steuerschulden, z.B. eines Vereins, in Betracht kommt. Dies unterscheidet bei der Umsatzsteuer die Situation bei der Lohnsteuer. Hier hat der Gesetzgeber eine eigene Haftungsnorm in § 42d EStG geschaffen, nach der der Arbeitgeber verschuldensunabhängig haftet. Bei der Haftung für Umsatzsteuerschulden ist regelmäßig Haftungsvoraussetzung ein Verschulden des Haftungsschuldners. Eine Ausnahme stellt § 13c UStG vor, der an den objektiven Vorgang der Forderungsabtretung und Vereinnahmung als Haftungsvoraussetzungen anknüpft.

## II. Europäisches Recht

28.89 Der EuGH hat sich immer wieder vereinzelt mit der Haftung im Rahmen der Umsatzsteuer auseinandergesetzt. Zur Vermeidung von Steuerausfällen und -hinterziehungen können die Mitgliedstaaten eine Haftung vorsehen. Grundlegend für die Grenzen eines solche Haftung der EuGH im Urteil vom 11.5.2006 aufgezeigt.[1] Danach dürfen die Mitgliedstaaten keine Haftungsvorschriften einführen, die de facto ein System der unbedingten Haftung vorsehen, das über das hinausginge, was erforderlich ist, um die Ansprüche des Staates zu schützen. Dazu führ der EuGH weiter aus, dass Wirtschaftsteilnehmer, die alle Maßnahmen treffen, die vernünftigerweise von ihnen verlangt werden können, um sicherzustellen, dass ihre Umsätze nicht zu einer Lieferkette gehören, die einen mit einem Mehrwertsteuerbetrug behafteten Umsatz einschließt, müssen nämlich auf die Rechtmäßigkeit dieser Umsätze vertrauen können dürfen, ohne Gefahr zu laufen, für die Zahlung dieser von einem anderen Steuerpflichtigen geschuldeten Steuer gesamtschuldnerisch in Anspruch genommen zu werden. Im Ergebnis stellt der EuGH damit Haftungsvorschriften unter den Grundsatz der Verhältnismäßigkeit.

## III. Haftung nach dem UStG

28.90 Zur Sicherstellung von Steueransprüchen sind in den letzten Jahren eine Reihe von Haftungsvorschriften in das Gesetz eingefügt worden. Mit Wirkung ab 1.1.2004 wurde die Vorschrift des § 13c UStG in das Gesetz eingefügt. Sie begründet eine Haftung bei Abtretung, Verpfändung oder Pfändung von Forderungen. § 25d UStG normiert eine Haftung für die schuldhaft nicht abgeführte Steuer und wurde mit Wirkung zum 1.1.2002 eingeführt. Die Vorschrift des § 13d UStG zur Haftung bei Änderung der Bemessungsgrundlage für alle Mietverträge oder mietähnlichen Verträge, die nach dem 7.11.2003 abgeschlossen worden sind, wurde zum 1.1.2008 wieder aufgehoben. Gleichwohl kann es zu einer Haftung aus dieser Vorschrift für den Geltungszeitraum kommen. Die genannten Haftungsvorschriften sind lex specialis zu den allgemeinen Haftungsnormen (insb. § 69 AO) und finden somit neben dieser Anwendung.

1 EuGH, Urt. v. 11.5.2006 – Rs. C-384/04 – Federation of Technological Industries, UR 2006, 410 m. Anm. *Hahne.*

### 1. Die Haftung bei Abtretung, Verpfändung oder Pfändung von Forderungen, § 13c UStG

Der leistende Unternehmer muss den Anspruch auf die Gegenleistung für einen steuerpflichtigen Umsatz i.S.d. § 1 Abs. 1 Nr. 1 UStG abgetreten haben. Entsprechend § 398 Satz 2 BGB tritt der neue Gläubiger mit Abschluss des Vertrags an die Stelle des bisherigen Gläubigers. 28.91

Tätigt demnach der leistende Unternehmer nicht steuerbare oder nur steuerfreie Umsätze und hat er eine derartige Forderung abgetreten, kommt eine Haftung nach § 13c UStG **nicht** in Betracht. Soweit Teilabtretungen erfolgen, beschränkt sich die Haftung für die Umsatzsteuer auf den Teilbetrag. Wurde lediglich der Nettobetrag abgetreten, ist die Umsatzsteuer aus dem abgetretenen Forderungsbetrag herauszurechnen. Die Abtretung muss an einen anderen Unternehmer erfolgt sein. 28.92

Da es nur darauf ankommt, dass der Abtretungsempfänger Unternehmer ist, ist es ohne Bedeutung, ob dieser ein Unternehmer i.S.d. § 19 UStG (**Kleinunternehmer**) oder ein Unternehmer ist, der **ausschließlich steuerfreie Umsätze** tätigt. Es kommt auch nicht darauf an, ob der Abtretungsempfänger die Forderung auch für sein Unternehmen erworben hat. Eine **Körperschaft des öffentlichen Rechts** ist nur im Rahmen ihres Betriebes gewerblicher Art Unternehmer. In den Fällen des Forderungsverkaufs gilt aber die Forderung nicht durch den Abtretungsempfänger als vereinnahmt, soweit der leistende Unternehmer für die Abtretung der Forderung eine Gegenleistung in Geld vereinnahmt (z.B. beim echten Factoring oder bei entsprechend gestalteten Asset-Backed-Securities (ABS)-Transaktionen. Voraussetzung ist, dass dieser Geldbetrag tatsächlich in den Verfügungsbereich des leistenden Unternehmers gelangt. Davon ist nicht auszugehen, soweit dieser Geldbetrag auf ein Konto gezahlt wird, auf das der Abtretungsempfänger die Möglichkeit des Zugriffs hat. Auf keinen Fall kommt eine Haftung im Rahmen des unechten Factorings in Betracht, da der Abtretungsempfänger die Forderung nicht für eigene Rechnung einzieht, sondern diese nach Abrechnung seiner Aufwendungen an den Abtretenden auszuzahlen hat. 28.93

Die Haftung setzt weiter grundsätzlich voraus, dass der Abtretungsempfänger die abgetretene Forderung auch **ganz oder teilweise vereinnahmt** hat (§ 13c Abs. 1 Satz 1 UStG). Hat der Abtretungsempfänger die Forderung nur teilweise vereinnahmt, erstreckt sich die Haftung nur auf die Umsatzsteuer, die im tatsächlich vereinnahmten Betrag enthalten ist. 28.94

Die festgesetzte Steuer, bei deren Berechnung dieser Umsatz berücksichtigt worden ist, ist bei Fälligkeit noch nicht oder nicht vollständig entrichtet worden. Ist demnach andererseits die Steuer in einer Voranmeldung berücksichtigt und auch gezahlt worden, kommt eine Haftung des Abtretungsempfängers nicht in Betracht. 28.95

Ist die in der abgetretenen Forderung enthaltene Umsatzsteuer erstmals in der zu entrichtenden Steuer für das Kalenderjahr enthalten, wurde sie demnach in der Jahressteuerfestsetzung erstmals berücksichtigt, haftet der **Abtretungsempfänger**, wenn der leistende Unternehmer den Unterschiedsbetrag i.S.d. § 18 Abs. 4 UStG bei Fälligkeit nicht oder nicht vollständig entrichtet hat. Ist hingegen die für die abgetretene Forderung zu entrichtende Umsatzsteuer auch in der Jahreserklärung **nicht** enthalten, kommt m.E. auch eine Haftung ebenso wie im Rahmen des Voranmeldungsverfahrens nicht in Betracht. 28.96

In den Fällen einer Haftung nach § 13c UStG wird der Unternehmer vielfach seiner Verpflichtung, Voranmeldungen oder Umsatzsteuererklärungen abzugeben, nicht mehr nachkommen. Das Finanzamt wird dann die Besteuerungsgrundlagen gem. § 162 AO schätzen. 28.97

Die Schätzungen können sich nicht auf einzelne Umsätze und die diesen zugrundeliegenden Forderungen beziehen. Im Fall der Schätzung wird jedoch eine Haftung für die Forderungen in Betracht kommen, die betragsmäßig durch die Schätzung erfasst sind. Übersteigen die tatsächlichen Umsätze und damit die Forderungen die vom Finanzamt geschätzten Beträge, kommt insoweit für die überschießenden Beträge keine Haftung mehr in Betracht.

28.98 Weiterhin ist zu beachten, dass nach dem Gesetzeswortlaut eine Haftung nur dann in Betracht kommen kann, wenn die festgesetzte Steuer, bei deren Berechnung der Umsatz für die abgetretene Forderung berücksichtigt worden ist, bei **Fälligkeit** nicht oder nicht vollständig entrichtet worden ist.

28.99 Die **Fälligkeit der Umsatzsteuer** ergibt sich für die Voranmeldungen aus § 18 Abs. 1 Satz 3 UStG, für die Jahreserklärung aus § 18 Abs. 4 Satz 1 UStG. Eine Haftung kommt nicht in Betracht, wenn die Steuer innerhalb der Zahlungsschonfrist nach § 240 Abs. 3 AO entrichtet worden ist. Zahlt der Steuerpflichtige nach Ablauf der Schonfrist, entfällt ebenfalls ab diesem Zeitpunkt die Haftung, desgleichen, wenn die Vollziehung in Bezug auf die abgetretene Forderung nach § 361 AO bzw. § 69 Abs. 2 und 3 FGO ausgesetzt worden ist (vgl. § 13c Abs. 3 Satz 2 UStG).

28.100 Eine Haftung kann auch dann nicht in Betracht kommen, wenn sich keine zu entrichtende Steuer ergibt, z.B. bei Kleinunternehmern i.S.d. § 19 UStG, oder auch in den Fällen, in denen der abtretende Unternehmer in seiner Steuererklärung Vorsteuerüberschüsse geltend macht.

28.101 Die Haftung ist der Höhe nach auf den Betrag der im Fälligkeitszeitpunkt nicht entrichteten Steuer und auf die im vereinnahmten Betrag der abgetretenen Forderung enthaltene Umsatzsteuer begrenzt. Dies ist die sog. **zweifache Haftungshöchstbegrenzung**.

28.102 Der Abtretungsempfänger muss die Forderung auch vereinnahmt haben. Im Fall der Sicherungsabtretung gilt die Forderung auch dann durch den Abtretungsempfänger als vereinnahmt, soweit der leistende Unternehmer die Forderung selbst einzieht und den Geldbetrag an den Abtretungsempfänger weiterleitet oder soweit der Abtretungsempfänger die Möglichkeit des Zugriffs auf den Geldbetrag hat.

28.103 Die Haftung ist auf Umsatzsteuerbeträge beschränkt, die

- im Zeitpunkt der Entstehung der Haftung noch bestehen,
- in der abgetretenen Forderung enthalten waren,
- bei der Steuerfestsetzung auch der Umsatzsteuer unterworfen wurden,
- vom leistenden, abtretenden Unternehmer bei Fälligkeit nicht gezahlt wurden,
- mit der Forderung auf die Gegenleistung für den steuerpflichtigen Umsatz vom Abtretungsempfänger vereinnahmt wurden.

28.104 Soweit es sich um die **Verpfändung und Pfändung** von Forderungen handelt, gilt nach § 13c Abs. 3 UStG die Vorschrift des § 13c Abs. 1 und 2 UStG entsprechend. An die Stelle des Abtretungsempfängers tritt im Fall der Verpfändung der Pfandgläubiger und im Fall der Pfändung der Vollstreckungsgläubiger.

28.105 Eine Haftung gem. § 13c UStG kann vermieden werden, indem die in den vereinnahmten Beträgen enthaltene Umsatzsteuer gem. § 48 AO an das zuständige Finanzamt für den Unternehmer gezahlt wird. Es handelt sich dabei um eine Zahlung auf die Umsatzsteuerschuld des Unternehmers und nicht auf eine eigene Schuld. Sofern die Zahlung geleistet wurde, kann für die Umsatzsteuer aus den vereinnahmten Forderungen keine Haftung mehr hergeleitet werden. Ob der Unternehmer darüber hinaus seiner Zahlungsverpflichtung gegenüber dem Finanzamt nachkommt, ist unbeachtlich. Beachtlich ist in diesem Zusammenhang, dass der Unternehmer selbst seine Zahlungen an das Finanzamt nicht einer bestimmten Forderung zuordnen kann.

### 2. Haftung für die schuldhaft nicht abgeführte Steuer, § 25d UStG

Die mit Wirkung ab 1.1.2002 neu in das Gesetz eingeführte Vorschrift des § 25d UStG soll der Bekämpfung des Umsatzsteuerbetrugs dienen, insbesondere der Bekämpfung sog. **Karussellgeschäfte**. Bei diesen Geschäften werden Rechnungen erstellt, um dem Leistungsempfänger den Vorsteuerabzug zu ermöglichen. Die in den Rechnungen ausgewiesene Umsatzsteuer wird in der Regel, meist im Einverständnis mit dem Leistungsempfänger, nicht gezahlt. Die Vorschrift enthält eine Reihe unbestimmter Rechtsbegriffe sowie verfahrensrechtliche Regelungen, deren Voraussetzungen genau geprüft werden müssen. 28.106

Nach § 25d Abs. 1 UStG haftet der Unternehmer für die Steuer aus einem vorausgegangenen Umsatz, soweit diese in einer nach § 14 UStG ausgestellten Rechnung ausgewiesen und nicht entrichtet wurde. Als Haftende können nur regelversteuernde Unternehmer in Betracht kommen, nicht hingegen Kleinunternehmer i.S.d. § 19 Abs. 1 UStG, da diese nicht zum Vorsteuerabzug berechtigt sind. Die Vorsteuerabzugsberechtigung ist entgegen dem Wortlaut der Vorschrift Voraussetzung für die Haftung. 28.107

Desgleichen können Nichtunternehmer nicht als Haftende in Betracht kommen, da insoweit ebenfalls die in Rechnung gestellte Umsatzsteuer nicht durch einen Vorsteuerabzug kompensiert werden kann. Eine Haftung kommt nur für einen vorangegangenen Umsatz in Betracht, soweit die Umsatzsteuer vom leistenden Unternehmer nicht entrichtet wurde. Damit bezieht sich die Haftung nicht nur auf den Umsatz, den der Unternehmer an den Haftenden erbracht hat, sondern auch auf die nicht entrichtete Umsatzsteuer auf den Vorstufen. Es muss sich allerdings um denselben Leistungsgegenstand handeln. 28.108

Soweit demnach für Scheinumsätze Rechnungen erteilt werden, kommt eine Haftung nicht in Betracht. Der Vorsteuerabzug nach § 15 Abs. 1 Nr. 1 UStG setzt nämlich eine gesetzlich geschuldete Steuer voraus. Das ist nicht die nach § 14c Abs. 1 und 2 UStG geschuldete Steuer. 28.109

Es muss eine Rechnung vorliegen, die den Anforderungen des § 14 UStG genügt, damit sie nach § 15 Abs. 1 Nr. 1 UStG zum Vorsteuerabzug berechtigt. 28.110

Der Rechnungsaussteller darf die Steuer zum gesetzlichen Fälligkeitszeitpunkt nicht bezahlt haben (vgl. § 18 Abs. 1 Satz 3 UStG). Eine Nichtentrichtung ist auch dann anzunehmen, wenn die Umsatzsteuer durch den leistenden Unternehmer bereits nicht angemeldet wurde. Subjektiv ist nur Voraussetzung, dass die Steuer vorsätzlich nicht entrichtet wurde. Auf den Grund der Nichtentrichtung kommt es nicht an. 28.111

Soweit der Gesetzestatbestand alternativ eine Haftung fordert, wenn der Unternehmer sich vorsätzlich außer Stande gesetzt hat, die ausgewiesene Steuer zu entrichten, setzt dies allerdings ein gezieltes Verhalten des Rechnungsausstellers voraus. Im Zweifel ist hierfür die Finanzverwaltung beweispflichtig. Der in Haftung zu nehmende Leistungsempfänger muss bei 28.112

Abschluss des Vertrages über seinen Eingangsumsatz vom vorsätzlichen Handeln des Rechnungsausstellers Kenntnis oder – **ab 1.1.2004** aufgrund einer Gesetzesergänzung – hätte nach der Sorgfalt eines ordentlichen Kaufmanns Kenntnis haben müssen.

28.113 Kenntnis setzt ein positives Kennen der für die Haftung nach § 25d Abs. 1 UStG geforderten Tatbestandsmerkmale voraus. Um nicht nur die positive Kenntnis als Kriterium für die Frage der Haftung vorauszusetzen, reicht es insoweit aus, auf die Sorgfalt eines ordentlichen Kaufmanns abzustellen. Erläuternd hierzu bestimmt § 25d Abs. 2 UStG, dass von der Kenntnis oder von dem Kennenmüssen insbesondere dann auszugehen ist, wenn

- der Unternehmer für seinen Umsatz einen Preis in Rechnung stellt, der zum Zeitpunkt des Umsatzes unter dem marktüblichen Preis liegt, oder
- der dem Unternehmer in Rechnung gestellte Preis unter dem marktüblichen Preis liegt oder
- der dem Unternehmer in Rechnung gestellte Preis unter dem Preis liegt, der seinem Lieferanten oder anderen Lieferanten, die am Erwerb der Ware beteiligt waren, in Rechnung gestellt wurde.

28.114 Im Rahmen der letzten Alternative ist demnach der marktübliche Preis unbeachtlich. Marktüblich ist ein Preis, der im gewöhnlichen Geschäftsverkehr unter fremden Dritten unter Berücksichtigung der Handelsstufe üblicherweise realisiert werden kann. Diese Fiktion kann durchaus z.B. auch mit betriebswirtschaftlichen Gründen widerlegt werden (vgl. § 25d Abs. 2 Satz 3 UStG). Die Feststellungslast für die genannten Tatbestandsmerkmale liegt beim Finanzamt. Der Unternehmer muss daher keinen Gegenbeweis antreten.

## IV. Haftung nach der AO

28.115 Neben der Haftung nach den Vorschriften im UStG kann der Dritte Sektor auch von einer Haftung nach den allgemeinen Vorschriften der AO betroffen sein. Die einschlägigen Vorschriften sind hier vor allem die §§ 69, 71, 73, 75 sowie 77 AO. Haftung bedeutet das Einstehen für eine fremde Schuld. Von der Haftung betroffen sind vor allem die Verwaltungsorgane. Bei einem Verein kommt eine **Haftung** damit beispielsweise **für den Vorstand** in Betracht. Grundsätzlich ist die Haftung im Steuerrecht eine akzessorische Haftung.[1] Das bedeutet, dass die Haftungsinanspruchnahme grundsätzlich abhängig von dem eigentlichen Steueranspruch ist. Allerdings muss der Steueranspruch nicht festgesetzt sein, damit eine Haftung für den Haftungsschuldner ausgelöst wird. Solange keine Steuerschuld entstanden ist, kann damit auch kein Haftungsanspruch entstehen.[2]

### 1. Kreis der Haftungsschuldner

28.116 Von der Haftung nach der AO sind vor allem die gesetzlichen Vertreter von natürlichen und juristischen Personen betroffen. Für den dritten Sektor ist vor allem relevant die Frage der Haftung als gesetzlicher Vertreter einer juristischen Person. Als potentielle Haftungsschuldner bei der AG (§ 78 Abs. 1 AktG), bei der Genossenschaft (§ 24 Abs. 1 GenG), beim eingetragenen Verein (§ 26 Abs. 2 BGB), bei der rechtsfähigen Stiftung (§§ 86, 26 Abs. 2 BGB)

1 *Halaczinski*, Rz. 12.
2 *Andrascek*-Peter/*Braun*, Lehrbuch Abgabenordnung, Rz. 614.

und beim Versicherungsverein a. G. (§ 34 VAG) kommt der **Vorstand** in Betracht. Vor allem beim eingetragenen Verein und der rechtsfähigen Stiftung handelt es sich um Rechtsformen, die im Dritten Sektor häufiger vorkommen. Die Vorstände können daher Haftungsrisiken ausgesetzt sein.

Aber auch bei der GmbH in der Ausprägung beispielsweise einer **gemeinnützigen GmbH** kann es zu Haftungsansprüchen gegenüber dem **Geschäftsführer** kommen. Dabei ist grundsätzlich die formelle Stellung als Geschäftsführer ausschlaggebend.[1] 28.117

Von Haftung für Steuerschulden können damit alle in den genannten Organisationsformen betroffen sein. Allein aufgrund der formellen Stellung als Vorstand oder Geschäftsführer kann es somit auch zu steuerlichen Haftungsrisiken kommen. 28.118

## 2. Haftung nach § 69 AO

**§ 69 AO** 28.119

*Die in den §§ 34 und 35 bezeichneten Personen haften, soweit Ansprüche aus dem Steuerschuldverhältnis (§ 37) infolge vorsätzlicher oder grob fahrlässiger Verletzung der ihnen auferlegten Pflichten nicht oder nicht rechtzeitig festgesetzt oder erfüllt oder soweit infolgedessen Steuervergütungen oder Steuererstattungen ohne rechtlichen Grund gezahlt werden. Die Haftung umfasst auch die infolge der Pflichtverletzung zu zahlenden Säumniszuschläge.*

Von der Haftung nach § 69 AO ist der in §§ 34, 35 AO genannten Personenkreis betroffen. Es handelt sich dabei im Einzelnen um die folgenden Personen:

- Gesetzliche Vertreter natürlicher und juristischer Personen (§ 34 Abs. 1 AO)
- Geschäftsführer nicht rechtsfähiger Personenvereinigungen, soweit und Vermögensmassen (§ 34 Abs. 1 AO)
- Mitglieder oder Gesellschafter nicht rechtsfähiger Personenvereinigungen, soweit kein Geschäftsführer vorhanden ist (§ 34 Abs. 2 AO)
- Personen, denen das Vermögen nicht rechtsfähiger Vermögensmassen zusteht, soweit kein Geschäftsführer vorhanden ist (§ 34 Abs. 2 AO)
- Vermögensverwalter (§ 34 Abs. 3 AO)
- Verfügungsberechtigte (§ 35 AO).

Die Haftung nach § 69 AO setzt eine Pflichtverletzung voraus. Die in §§ 34, 35 AO genannten Personen haben die Verpflichtung, die nach der AO und den Einzelsteuergesetzten aufgegeben Pflichten nachzukommen. Eine Pflichtverletzung ist vor allem dann gegeben, wenn Steuern nicht entrichtet werden. Die Pflicht zu Steuerentrichtung erstreckt sich nur auf die verwalteten Mittel.[2] Eine Verpflichtung zu Steuerentrichtung reicht somit nur, soweit die verwalteten Mittel dafür ausreichen. 28.120

Reichen die Mittel nicht aus, um alle Steuerschulden zu tilgen, müssen alle Gläubiger – auch der Fiskus – gleichbehandelt werden. Die Verpflichtung Steuern vollständig zu zahlen, wandelt sich in diesen Fällen zu einer Pflicht der quotenmäßigen Befriedigung der Finanzbehör- 28.121

1 *Halaczinski*, Rz. 35.
2 *Boeker* in H/H/Sp § 69 Rz. 14.

de. Die Verpflichtung zur Steuerzahlung kann nur dann erfüllt werden, wenn überhaupt genügend Mittel vorhanden sind. Eine Pflichtverletzung, die zu einem Haftungstatbestand führt, kann daher nur dann gegeben sein, wenn der Vertreter oder Verwalter trotz vorhandener Mittel nicht oder nicht rechtzeitig zahlt. Dies gilt auch für die Umsatzsteuer. Für die Frage der Haftung ist daher er auch unerheblich, dass bei der Umsatzsteuer ggf. zuvor im Rahmen der Entgeltsvereinnahmung die für die Steuerentrichtung erforderlichen Mittel vorhanden waren.

28.122 In der finanziellen Krise besteht grundsätzlich die **Gesamtverantwortung aller geschäftsführenden Organe**. Die Haftung kann nicht mit dem Einwand vermieden werden, dass die Erfüllung der steuerlichen Pflichten nicht in den Verantwortungsbereich des betreffenden Haftungsschuldners fiele. Damit ist z.B. bei einem Verein der gesamte geschäftsführende Vorstand grundsätzlich in der Haftung.[1]

### a) Quotal gleichmäßige Befriedigung

28.123 Die Haftung richtet sich immer nur nach der vorhandenen Liquidität. Waren die Mittel zur Steuerzahlung zum Fälligkeitszeitpunkt vorhanden, liegt eine Pflichtverletzung vor, soweit die Steuer nicht gezahlt wird. Reichen die liquiden Mittel nicht aus, um den steuerlichen Verpflichtungen vollständig nachzukommen, müssen jedoch alle Gläubiger gleichmäßig behandelt werden. Der Vertreter darf den Steuergläubiger nicht schlechter behandeln als die übrigen Gläubiger.[2] Diese Pflicht zur quotenmäßig gleichmäßigen Tilgung von Steuerschulden und anderen Schulden ergibt sich aus dem Schadensersatzcharakter der Vorschrift.[3]

28.124 Für die Frage der Pflichtverletzung kommt es auf die tatsächlich zum Fälligkeitszeitpunkt zur Verfügungen stehenden Mittel an, auf die der Vertreter zugreifen konnte. Die Bezugsquelle ist unerheblich.

28.125 Die bloße Duldung einer Kontoüberziehung reicht nicht aus, um von entsprechenden Mitteln auszugehen.[4] Ebenso wenig liegt eine Pflichtverletzung vor, wenn die Bank eine Kreditlinie überraschend kürzt.

28.126 Die **Tilgungsquote** errechnet sich aus der Differenz der im Haftungszeitraum bestehenden Gesamtverbindlichkeiten und den auf diese Verbindlichkeiten geleisteten Zahlungen.[5] Es ist dabei unerheblich, aus welchen Quellen die dem Schuldner zur Begleichung der Rückstände zur Verfügung stehenden Mittel stammen.

28.127 Darüber hinaus nimmt der BFH eine **Mittelvorsorgepflicht** an.[6] Der BFH ist der Ansicht, dass sich ein gesetzlicher Vertreter bereits vor Fälligkeit einer Steuer der Verletzung seiner Pflicht zur Bereithaltung von Mitteln schuldig machen kann. Von ihm kann verlangt werden, dass er vorausschauend plant und insbesondere in der Krise finanzielle Mittel zur Entrichtung der geschuldeten Steuern bereithält.

---

1 Z.B. BFH v. 13.3.2003 – VII R 46/02, BFH v. 6.7.2005 – VII B 296/04 und v. 20.4.2006 – VII B 280/05.

2 *Loose* in Tipke/Kruse, § 69 Rz. 34.

3 *Loose* in Tipke/Kruse, § 69 Rz. 34; *Halaczinski*, Rz. 81.

4 FG München v. 15.12.2008 – 15 K 4118/07, EFG 2009, 622; FG Berlin-Brandenburg, EFG 2010, 2042; *Loose* in Tipke/Kruse, § 69 Rz. 37.

5 BFH v. 11.11.2015 – VII B 57/15.

6 BFH v. 11.11.2015 – VII B 74/15.

### b) Verletzung von Erklärungspflichten

In der Regel nimmt die Rechtsprechung allerdings eine Pflichtverletzung an, wenn der Vertreter Steuerklärungen nicht oder nur verspätet abgibt, wenn dadurch aussichtsreiche Vollstreckungsmöglichkeiten vereitelt werden.[1] Der Vertreter haftet dann für die nicht gezahlte Umsatzsteuer, soweit sie zum Zeitpunkt der rechtzeitigen Abgabe der Steuererklärung aus liquiden Mitteln hätte gezahlt werden können. Zu einer uneingeschränkten Haftung kommt es daher auch in diesen Fällen nicht. Vielmehr ist hier die Obergrenze der Haftung ebenfalls durch die verfügbare Liquidität begrenzt. Damit kommt eine Haftung nur dann in Betracht, wenn sich die Liquiditätssituation nach dem gesetzlichen Abgabezeitpunkt der Steuererklärung verschlechtert. 28.128

Zu beachten ist dabei allerdings, dass sich durch die verspätete Abgabe der Umsatzsteuererklärung der Haftungsbetrag erhöhen kann. Vor allem erfolgt in diesen Fällen keine Begrenzung der Haftungshöhe durch den Grundsatz der quotalen Tilgung. 28.129

**Beispiel:** Der Geschäftsführer eine gGmbH gibt die zum 10.3.2015 abzugebende Umsatzsteuervoranmeldung für den Zeitraum Februar 2015 nicht ab. Wäre die Umsatzsteuervoranmeldung korrekt abgegeben worden, hätte sie zu einer Zahllast von 5.000 € geführt. Zu diesem Zeitpunkt hätte die gGmbH über ein Bankguthaben von 2.500 € verfügt. Bei einer gleichmäßigen quotalen Tilgung aller Gläubiger wäre aus den liquiden Mitteln ein Anteil von 1.200 € auf das Finanzamt entfallen.

Die Steuer für den Voranmeldungszeitraum Februar 2015 wird erst im September 2015 durch einen Schätzungsbescheid festgesetzt. Zu diesem Zeitpunkt verfügte die GmbH nicht mehr über liquide Mittel, insbesondere das Bankguthaben ist nicht mehr vorhanden.

Hier ist die Haftung grundsätzlich auf den Betrag beschränkt, der sich nach dem Grundsatz der anteiligen Tilgung ergibt.[2] Das bedeutet, dass hier ungeachtet der auf dem Bankkonto der gGmbH verfügbaren 2.500 € der Haftungshöchstbetrag bei 1.200 € liegt. Nach Auffassung des BFH kann ein haftungsbegründender ursächlicher Zusammenhang zwischen der nicht oder nicht rechtzeitigen Abgabe der Steuererklärung und dem eingetretenen Steuerausfall allerdings dann gegeben sein, wenn durch die Pflichtverletzung aussichtsreiche Vollstreckungsmöglichkeiten des FA vereitelt worden sind.[3] Das würde in dem Beispiel bedeuten, dass an Stelle der Betrages von 1.200 € hier eine Haftung von 2.500 € in Höhe des auf dem Konto verfügbaren Geldbetrages anzunehmen wäre. 28.130

M.E. ist die Haftung hier absolut auf den Betrag von 1.200 € beschränkt. Die Haftung muss sich beschränken auf die Summe, die bei pflichtgemäßem Verhalten seitens des Geschäftsführers, an das Finanzamt zu zahlen gewesen wäre. Die Tatsache, dass das Finanzamt bei rechtzeitiger Vollstreckung möglicherweise auf das auf dem Konto befindliche Guthaben zwangsweise hätte zugreifen können, kann nicht zu einem anderen Ergebnis führen. Es handelt sich dabei um einen hypothetischen Kausalverlauft. Bei unterstellter rechtzeitiger Abgabe der Voranmeldung, wäre die Pfändung des Guthabens von weiteren Schritten abhängig gewesen. 28.131

Hier ist vor allem der Zeitraum zu nennen, in dem das Finanzamt die Pfändungs- und Einziehungsverfügung ausgebracht hätte. Im Nachhinein lassen sich dazu keine verlässlichen Feststellungen machen. Denn diese Frage ist u.a. von der Arbeits- und Personalsituation im Fi- 28.132

1 BFH v. 5.3.1991, BStBl. 1991, 678, 681.
2 BFH v. 5.3.1991, BStBl. 1991, 678, vgl. Leitsatz 1.
3 BFH v. 5.3.1991, BStBl. 1991, 678, vgl. Leitsatz 2.

nanzamt abhängig. Für die Höhe der Haftung kann daher nur entscheidend sein, wie hoch der bei pflichtgemäßem Verhalten durch den Fiskus vereinnahmte Betrag wäre.

28.133 Die verspätete Abgabe der Umsatzsteuervoranmeldung führt daher regelmäßig nicht zu einer haftungsbegründenden Pflichtverletzung. Hätte der Geschäftsführer in dem Beispiel rechtzeitig eine Umsatzsteuervoranmeldung für den Zeitraum Februar abgegeben, wäre er nur zu einer quotalen Befriedigung des Fiskus verpflichtet gewesen. Damit wäre der Geschäftsführer jedoch nur verpflichtet gewesen, einen Betrag von 1.200 € an das Finanzamt zu überweisen. Folglich ist die Haftung auch auf diesen Betrag beschränkt.

### c) Kausalität

28.134 Die Pflichtverletzung nach § 69 AO muss kausal für einen Haftungsschaden beim Fiskus sein. Eine Pflichtverletzung ohne entsprechenden Schaden führt nicht zu einer Haftung. Für die Zurechenbarkeit des Schadens ist die zivilrechtliche Adäquanztheorie heranzuziehen.[1] Danach sind nur solche Pflichtverletzungen für den Erfolg ursächlich, die allgemein oder erfahrungsgemäß geeignet sind, den Erfolg eintreten zu lassen.

28.135 **Beispiel:** Die Geschäftsführung einer gGmbH beachtet das Gebot der quotal gleichmäßigen Befriedigung aller Gläubiger nicht. Sie befriedigt lediglich die privaten Gläubiger. Die Umsatzsteuer wird daher für drei Monate nicht gezahlt. Im Insolvenzverfahren kann sie lediglich mit der Insolvenzquote von 0,5 % realisiert werden. Bei rechtmäßigem Verhalten hätte die Umsatzsteuer aus den liquiden Mitteln mit 30 % getilgt werden können.

28.136 Die Geschäftsführung hat hier eine Pflichtverletzung begangen, indem sie die Gläubiger nicht anteilig gleichmäßig befriedigt hat. Allerdings ist die Haftung nach § 69 AO auf den eingetretenen Schaden beschränkt. Denn bei rechtmäßigen Verhalten wäre der Umsatzsteueranspruch des Fiskus auch nur zu 50 % befriedigt worden. Unter Kausalitätsgesichtspunkten ist für den Ausfall der Umsatzsteuer i.H.v. 99,5 % die Pflichtverletzung nur zu 45,5 % kausal gewesen. Die restlichen 50 % der Umsatzsteuer wären auch bei pflichtgemäßem Verhalten aus Sicht der Finanzverwaltung ausgefallen.

28.137 Völlig unerwartete Kausalverläufe sind allerdings für den Erfolgseintritt nicht kausal. Für Zweck der Haftung nach § 69 AO sind außerdem **hypothetische Kausalverläufe** irrelevant.[2]

28.138 **Beispiel:** Der Vorstand eines gemeinnützigen Vereins führt die Umsatzsteuer für die letzten zwei Monate vor der Eröffnung des Insolvenzverfahrens nicht ab. Die Umsatzsteuer kann für den Fiskus nicht realisiert werden, da die Insolvenzquote bei 0 % liegt. Hätte der Vorstand das Gebot der quotalen Tilgung beachtet, hätte die Umsatzsteuer zu 50 % an das Finanzamt gezahlt werden müssen. Allerdings hätte der Insolvenzverwalter die Zahlungen an das Finanzamt anfechten können.

28.139 Es liegt hier eine entsprechende Pflichtverletzung des Vertreters vor, so dass § 69 AO grundsätzlich greift. Diese Verletzung war auch kausal für den Schadenseintritt. Dass das Finanzamt die Zahlungen kurz vor der Eröffnung des Insolvenzverfahrens im Ergebnis wegen der Anfechtungsmöglichkeit nicht hätte behalten dürfen, ist für die Haftung nicht von Bedeutung. Es handelt es sich um einen hypothetischen Kausalverlauf.

---

1 *Boeker* in H/H/Sp § 69 Rz. 14; *Loose* in Tipke/Kruse, § 69 Rz. 21.
2 *Loose* in Tipke/Kruse, § 69 Rz. 21.

### d) Verschulden

Weitere Voraussetzung für die Haftung ist das Verschulden. Gemäß § 69 AO greift die Haftung nur, wenn der Vertreter vorsätzlich oder zumindest grob fahrlässig handelt. Der Gesetzgeber schränkt damit die Haftung durch ein subjektives Merkmal ein. 28.140

Ein Vorsatz ist dann gegeben, wenn der Haftende sein Pflichten gekannt hat und ihre Verletzung auch gewollt hat.[1] Bei der Fahrlässigkeit geht das Steuerrecht von einem subjektiven Fahrlässigkeitsbegriff aus. Es handelt somit derjenige fahrlässig, der nach den Umständen und nach seinen persönlichen Kenntnissen und Fähigkeiten im Stande war, die Pflichten zu erkennen und trotzdem nicht danach gehandelt hat. Die Rechtsprechung bezieht dabei alle persönlichen Umstände des Einzelfalls mit ein. Zu berücksichtigen ist daher z.B. auch das Alter des jeweiligen Haftungsschuldners.[2] 28.141

Das Gesetz verlangt für die Haftungsschuld ein grob fahrlässiges Verhalten. Diese ist dann gegeben, wenn die im Verkehr erforderliche Sorgfalt in besonders schwerem Ausmaß nicht beachtet wurde. 28.142

Bei dem in §§ 34, 35 AO genannten Personenkreis sind grundlegende steuerliche Kenntnisse zu erwarten. Der Vorstand eines Vereins kann sich daher nicht darauf zurückziehen, dass ihm die Verpflichtung zur Abgabe von Umsatzsteuer-Voranmeldungen bei einer unternehmerischen Tätigkeit bekannt gewesen sein. Allgemeine steuerliche Kenntnis können vorausgesetzt werden. Selbst wenn das Vertretungsorgan nachvollziehbar und glaubhaft versichert, nicht über die entsprechenden Kenntnisse verfügt zu haben, kommt eine Haftung wegen eines **Übernahmeverschuldens** in Betracht. In diesen Fällen liegt der Schuldvorwurf darin, die Vertreterposition übernommen zu haben, ohne über die entsprechenden Kenntnisse verfügt zu haben bzw. sich diese verschafft zu haben. Hier muss sich der Vertreter ggf. auch fachkundig beraten lassen oder Abstand von der Funktion nehmen. 28.143

Komplizierte Rechtsprobleme, die sich bei der Umsatzsteuer immer geben können (Steuersatz bei Abgrenzung zwischen Zweckbetrieb und allgemeinen wirtschaftlichem Geschäftsbetrieb, Organschaft, etc.), führen regelmäßig jedoch nicht zu einem Verschulden. Hier scheitert die Haftung bei steuerlich nicht vorgebildeten Organen regelmäßig schon an der **Komplexität der steuerlichen Fragestellungen**. Auch ein Übernahmeverschulden ist grundsätzlich nicht anzunehmen. 28.144

### e) Umfang der Haftung

Der Haftungsumfang ist grundsätzlich nicht beschränkt. Das bedeutet, dass der Vertreter i.S.d. §§ 34, 35 AO unbeschränkt mit seinem gesamten Vermögen haftet. Dies beinhaltet erhebliche Haftungsrisiken, die mit der Übernahme einer Vertretung verbunden sind. Gerade im Non-Profit-Bereich kann dies sehr abschreckend für die betroffenen Personen sein. 28.145

Vor allem die Haftung für steuerliche Verpflichtungen kann zu erheblichen Haftungsrisiken für die Vertreter führen. Dies ist auch vor dem Hintergrund zu bewerten, dass die Finanzverwaltung z.B. einer Vereinsinsolvenz standardmäßig die betreffenden Vorstände als potentielle Haftungsschuldner ansieht. Es wird dann eine Haftungsverfahren eingeleitet. Für den vermeintlichen Haftungsschuldner bedeutet dies, dass er hier ggf. professionelle rechtskun- 28.146

1 *Loose* in Tipke/Kruse, § 69 Rz. 24.
2 FG des Saarlandes, EFG 1993, 493, 495.

dige Hilfe in Anspruch nehmen muss. Selbst wenn am Ende des Verfahrens keine Haftungsinanspruchnahme steht, ist der Vertreter mit den **Kosten für die Rechtsberatung bzw. Verteidigung** im Haftungsverfahren belastet. Eine Erstattung hierfür ist nicht vorgesehen.

#### f) Beschränkung der Haftung auf Vorsatz (de lege ferenda)

28.147 Es wäre daher im gemeinnützigen und ehrenamtlichen Bereich sinnvoll, die Haftung einzuschränken. De lege ferenda könnte die Haftung des Vertreters bei gemeinnützigen Organisationen auf den **Vorsatz** beschränkt werden. Die de lege lata vorgesehene Beschränkung auf grobe Fahrlässigkeit reicht nicht aus, da es hier ggf. auch Streit über die Auslegung des Fahrlässigkeitsbegriffs geben kann. Dafür ist er auch auf der Stufe der groben Fahrlässigkeit naturgemäß zu unkonturiert.

28.148 Außerdem sollte in diesen Fällen eine der AO an sich fremde **Erstattung der Verfahrenskosten** vorgesehen werden. Dies sollte auf die Fälle beschränkt sein, in denen der Vertreter bzw. das Organ ehrenamtlich tätig geworden ist. Es ist nämlich nicht einsichtig, dass der ehrenamtlich Tätige mit den Haftungsrisiken leben muss und ggf. nach erfolgreichem Ausgang eines Haftungsverfahren gleichwohl die Kosten für seine Verteidigung tragen muss.

### 3. Haftung nach § 70 AO

28.149 § 70 AO sieht eine Haftung des Vertretenen für seine Vertreter vor. Die Haftung greift dann ein, wenn der Vertreter nach §§ 34, 35 AO bei Ausübung ihrer Obliegenheiten eine Steuerhinterziehung oder eine leichtfertige Steuerverkürzung begehen oder an einer Steuerhinterziehung teilnehmen und hierdurch Steuerschuldner oder. Haftende werden. Die Vorschrift ist quasi das Spiegelbild zur Haftung nach § 69 AO. Allerdings ist hier die Haftung auf vorsätzliches oder leichtfertiges Handeln bei Steuerverkürzung beschränkt.

28.150 Die Haftung greift somit nur in den Fällen, in denen zumindest eine Ordnungswidrigkeit des Vertreters begangen wurde. Die Haftung ist ausgeschlossen, wenn die Vertretenen denjenigen, der die Steuerhinterziehung oder die leichtfertige Steuerverkürzung begangen hat, sorgfältig ausgewählt und beaufsichtigt haben (§ 70 Abs. 2 S. 2 AO). In der Praxis kommt daher den Aufsichtsräten und vergleichbaren **Kontrollgremien** eine besondere Bedeutung zu.

### 4. Die übrigen Haftungstatbestände

#### a) Haftung nach § 71 AO (Steuerhinterzieherhaftung)

28.151 Die Haftung nach § 71 AO knüpft an Steuerhinterziehung nach § 370 AO an. Haftungsschuldner ist in diesem Fall der Steuerhinterzieher. Der Steuerhinterzieher soll unter dem Gesichtspunkt des Schadensersatzes den durch die Tat entstandenen Steuerschaden ausgleichen müssen. Die Vorschrift greift vor allem bei fremdnütziger Steuerhinterziehung. Die Tat muss vollendet sein. Eine Haftung aufgrund eines Versuchsdeliktes kommt nicht in Betracht.

#### b) Haftung nach § 72 AO (Kontenwahrheit)

28.152 Die Vorschrift sichert die Verpflichtung zur Kontenwahrheit nach § 154 Abs. 1 AO haftungstechnisch ab. § 154 Abs. 1 AO sieht die Verpflichtung zu formellen Kontenwahrheit vor. Es soll verhindert werden, dass Konten unter falschen oder erfundenen Identitäten eröffnet und geführt werden. Sinn und Zweck der Vorschrift ist, es die Ermittlung des Sachverhaltes seitens der Finanzverwaltung zu erleichtern. Voraussetzung für die Haftung nach § 72 AO ist ein Verstoß gegen § 154 AO. Sofern durch die Verletzung der Pflicht zur Kontenwahrheit die Verwirklichung von Ansprüchen aus dem Steuerschuldverhältnis beeinträchtigt wird, tritt die Haftung ein.

Haftungsschuldner ist der Kontoinhaber, der das Konto für einen anderen zur Verfügung gestellt hat. Für die Haftung ist bereits wiederum ausreichend, dass der Inhaber des Kontos zumindest grob fahrlässig gehandelt hat. 28.153

Adressat der Haftungsvorschrift sind in erster Linie die Banken. Sie müssen die formelle Kontenwahrheit beachten. 28.154

#### c) Haftung nach § 73 AO (Organschaft)

§ 73 AO sieht eine Haftung der Organgesellschaft für die Steuern des Organträgers vor. Dabei ist die Haftung auf die Steuern beschränkt, die für die Organschaft zwischen Ihnen von Bedeutung sind. Bei der umsatzsteuerlichen Organschaft haftet damit die Organgesellschaft für die Umsatzsteuer, die sich aus den Umsätzen der Organgesellschaft selbst ergeben. 28.155

Voraussetzung für die Haftung ist, dass zwischen an sich selbständigen Unternehmen eine finanzielle, organisatorische und wirtschaftliche Eingliederung besteht (§ 2 Abs. 2 Nr. 1 UStG). Sofern die Voraussetzungen für eine derartige umsatzsteuerrechtliche Organschaft gegeben sind, kann es zu einer Haftung für die Steuerschulden des Organträgers durch die Organgesellschaft kommen. 28.156

## E. Steuervergütung bei Ausfuhrlieferung von Hilfsgütern ins Ausland, § 4a UStG

### I. Auslegung durch den EuGH – Steuerbefreiung nach Art. 146 MwStSystRL

Art. 146 Abs. 1 Buchst. c MwStSystRL sieht eine Steuerbefreiung für die Lieferungen von Gegenständen an zugelassene Körperschaften, die diese im Rahmen ihrer Tätigkeit auf humanitärem, karitativem oder erzieherischem Gebiet nach Orten außerhalb der Gemeinschaft ausführen. Die Steuerbefreiung ist daher nach dem EU-Recht auf das Drittland beschränkt. 28.157

In der Richtlinie ist nicht näher definiert, welche Körperschaften von der Steuerbefreiung profitieren sollen. Die Mitliedstaaten habe daher einen weiteren Ermessenspielraum bei der Frage, welche Körperschaften für diese spezielle Steuerbefreiung in Betracht kommen. 28.158

### II. EU-Rechtskonformität der nationalen Rechtslage

Wegen der klaren Formulierung in Art. 146 Abs. 1 Buchst. c MwStSystRL können Zweifel an der EU-Rechtskonformität des § 4a UStG aufkommen. Es stellt sich die Frage, ob der Gesetzgeber entsprechend der Europarechtlichen Vorgabe, eine Steuerbefreiung auf der Vorstufe einführen muss. Diese wäre vergleichbar mit der Regelung in § 8 UStG. Es liegt im Ergebnis jedoch kein Verstoß vor, da die in Deutschland gewählte Umsetzung ebenso zu einer vollständigen Entlastung von der Umsatzsteuer führt. Außerdem stellt Art. 146 Abs. 2 MwStSystRL 28.159

klar, dass die Steuerbefreiung nach Abs. 1 Buchst. c MwStSystRL auch durch eine Mehrwertsteuererstattung erfolgen kann.

## III. Relevante deutsche Regelungen

### 1. Historische Entwicklung des § 4a UStG

28.160 Die Vorschrift des § 4a UStG ist – zusammen mit der dazugehörigen Regelung des § 24 UStDV – mit Wirkung ab 1.1.1980 in das UStG eingefügt worden. Sie beruhte auf Art. 15 Nr. 12 (und Art. 28 Abs. 3 Buchst. a) der 6. EG-Richtlinie. Mit der Aufhebung der 6. EG-Richtlinie und der Einführung der Mehrwertsteuersystemrichtlinie ist die Rechtsgrundlage nunmehr Art. 146 Abs. 1 Buchst. c MwStSystRL. Danach müssen die Mitgliedstaaten die Lieferung von Gegenständen an zugelassene Körperschaften, die diese im Rahmen ihrer Tätigkeit auf humanitärem, karikativem oder erzieherischen Gebiet nach Orten außerhalb der EU ausführen, von der Mehrwertsteuer befreien. Das Europäische Recht sieht damit eine Steuerbefreiung auf der Eingangsseite für die begünstigten Körperschaften vor. Die Lieferungen an die Körperschaft sind steuerfrei, sofern die Gegenstände durch die abnehmende Körperschaft zu den genannten Zwecken ausgeführt werden. Der deutsche Gesetzgeber hat aus Gründen der Praktikabilität schon zur Zeit der 6. EG-Richtlinie von dieser Möglichkeit keinen Gebrauch gemacht. In der Praxis führte die Befreiung auf der Eingangsseite ggf. zu Nachweisproblemen für den Lieferer. Statt der Steuerbefreiung auf der Vorstufe hat der Gesetzgeber die Konstruktion einer Umsatzsteuer-Vergütung (Steuererstattung) bei der Körperschaft/juristischen Person des öffentlichen Rechts, Vermögensmasse, die eine steuerpflichtige Lieferung bezieht, gewählt. Im Ergebnis wirkt die Erstattung der gezahlten Umsatzsteuer auf der Vorstufe wie eine Vorsteuervergütung, auch wenn das Gesetz von einer Steuervergütung spricht. Der Vorteil der in Deutschland gewählten Umsetzung ist, dass auf der Eingangsseite im Regelfall eine steuerbare und steuerpflichtige Lieferung stattfindet. Die Lieferung an die Körperschaft unterliegt damit den allgemeinen Vorschriften für eine Inlandslieferung. Damit werden Nachweisprobleme und die damit verbundenen Risiken für den Lieferanten vermieden.

28.161 Ab 1.1.1993 wurde die Vorschrift durch das USt-Binnenmarktgesetz v. 25.8.1992 (BGBl. 1992 I 1548) den innergemeinschaftlichen Übergangsregelungen angepasst. Die Möglichkeit der Steuervergütung wurde auf die für innergemeinschaftliche Erwerbe geschuldete Steuer ausgedehnt. Die Steuerentlastung kann aber nur noch dann gewährt werden, wenn die Gegenstände in ein Drittland verbracht werden (vgl. die diesbezüglichen Änderungen in § 4a Abs. 1 Satz 1 Nr. 4 und Nr. 5 UStG).

### 2. Vergütungsberechtigte

28.162 Berechtigt, die Vergütung der USt zu beantragen, sind nach § 4a Abs. 1 Satz 1 UStG nur

- **Körperschaften**, die ausschließlich und unmittelbar gemeinnützige, mildtätige oder kirchliche Zwecke verfolgen (steuerbegünstigte Zwecke i.S.d. §§ 51 – 68 AO). Körperschaften i.S.d. Vorschrift sind die Körperschaften, Personenvereinigungen und Vermögensmassen **i.S.d. KStG** (vgl. § 51 Satz 2 AO). Dazu gehören insbesondere auch die in § 23 UStDV genannten amtlich anerkannten Verbände der freien Wohlfahrtspflege (vgl. § 66 AO);
- **juristische Personen des öffentlichen Rechts** (vgl. § 2 UStG).

**Nicht** zu den Vergütungsberechtigten gehören natürliche Personen und sonstige Personenzusammenschlüsse, die das Steuerrecht als rechtsfähig behandelt. Der Gesetzgeber hat damit den Kreis der Vergütungsberechtigten eng gefasst. Sinn und Zweck dieser Regelung ist, dass die Steuervergütung im außerunternehmerischen Bereich als absolute Ausnahme gelten soll. Die Entlastung, die nach § 4a UStG ggf. erst deutlich nach der Anschaffung erfolgen kann, soll auf einen eng begrenzten Personenkreis beschränkt werden. 28.163

Die persönlichen Voraussetzungen, unter denen Körperschaften, Personenvereinigungen und Vermögensmassen, die Vergütung beantragen können, entsprechen denen des § 12 Abs. 2 Nr. 8a UStG (vgl. *Hummel*, Rz. 26.2 ff.). Ein Vergütungsanspruch besteht auch, wenn die Hilfeleistung im Rahmen eines unschädlichen Zweckbetriebs (§§ 65 – 68 AO) ausgeführt wird. Im Rahmen eines schädlichen wirtschaftlichen Geschäftsbetriebs (§ 14 AO) geht der Vergütungsanspruch jedoch verloren (§ 4a Abs. 1 Satz 1 Nr. 6 UStG). 28.164

Vergütungsberechtigte Hilfsorganisationen sind vor allem die amtlich anerkannten Verbände der freien Wohlfahrtspflege, die in § 23 UStDV genannt sind. 28.165

Zum Erwerb, Einfuhr oder Ausfuhr von Gegenständen aus dem Unternehmensbereich einer Körperschaft, die steuerbegünstigte Zwecke verfolgt, oder von einer juristischen Person des öffentlichen Rechts nach § 4a Abs. 1 Satz 1 Nr. 6 UStG. 28.166

### 3. Voraussetzungen der Vergütung

Die USt-Vergütung wird nur auf **Antrag** gewährt. Es müssen insgesamt die Voraussetzungen des § 4a Abs. 1 Satz 1 Nr. 1 – 7 erfüllt sein. Es handelt sich um materielle Voraussetzungen, ohne deren Vorliegen der Vergütungsanspruch nicht entsteht. 28.167

#### a) Steuerpflicht der Lieferung, Einfuhr oder des innergemeinschaftlichen Erwerbs (§ 4a Abs. 1 Satz 1 Nr. 1 UStG)

Die vorangegangene Lieferung des Gegenstandes an den Vergütungsberechtigten, die Einfuhr oder der innergemeinschaftliche Erwerb durch den Vergütungsberechtigten müssen nach § 4a Abs. 1 Satz 1 Nr. 1 UStG umsatzsteuerpflichtig gewesen sein. Kein Vergütungsanspruch besteht daher, wenn die Lieferung des Gegenstandes, die Einfuhr usw. steuerfrei, z.B. nach § 4 Nr. 17a UStG bei Lieferung von Blutkonserven, oder nicht steuerbar gewesen ist, z.B. Lieferung durch Privatpersonen oder unentgeltliche Lieferung, z.B. Sachspende). Die Prüfung, ob dem Ausfuhrvorgang eine vergütungsberechtigte Lieferung voranging, obliegt dem Vergütungsberechtigten (BFH v. 5.11.1998, BFH/NV 1999, 682). 28.168

Wiedereingeführte Gegenstände, für die bei der Ausfuhr eine Vergütung nach § 4a gewährt worden ist, sind nicht als Rückwaren einfuhrumsatzsteuerfrei (§ 12 Nr. 3 EUStBV). Vergütungsberechtigte müssen deshalb bei der Wiedereinfuhr von Gegenständen erklären, ob der betreffende Gegenstand zur Verwendung für humanitäre, karitative oder erzieherische Zwecke in das Drittlandsgebiet ausgeführt und dafür die Vergütung beansprucht worden ist (Abschn. 4a.5 -UStAE). 28.169

Ob die der Lieferung an den Vergütungsberechtigten vorausgegangene Lieferung bzw. Einfuhr usw. steuerpflichtig gewesen ist, ist unerheblich. Es kommt somit auf die Steuerpflicht der unmittelbar der Vergütung vorangehenden Stufe an. 28.170

### b) Gesonderter Ausweis der Umsatzsteuer in der Rechnung und Bezahlung mit dem Kaufpreis (§ 4a Abs. 1 Satz 1 Nr. 2 UStG)

28.171 Über die Lieferung des Gegenstandes muss nach § 4a Abs. 1 Satz 1 Nr. 2 UStG vom Lieferer dem Vergütungsberechtigten eine **Rechnung** mit offenem Ausweis der **USt** i.S.d. § 14 UStG erteilt worden sein. Grundsätzlich haben nur Unternehmer einen zivilrechtlichen Anspruch auf Erteilung einer ordnungsgemäßen Rechnung i.S.d. § 14 UStG. Dieser ergibt sich regelmäßig aus einer vertraglichen Nebenpflicht und ist somit rein zivilrechtlicher Natur. Sofern der Leistungsempfänger aber eine Steuervergütung i.S.d. § 4a UStG beabsichtigt und dies dem Vertragspartner bekannt oder für diesen erkennbar ist, besteht dieselbe vertragliche Nebenpflicht wie bei einem unternehmerischen Leistungsempfänger. Es besteht daher gegenüber dem Vertragspartner auch in diesem Fall ein zivilrechtlicher Anspruch auf Erteilung einer ordnungsgemäßen Rechnung i.S.d. UStG. Dieser ist vor den ordentlichen Gerichten einklagbar (vgl. Abschn. 14.1 Abs. 5 UStAE). Darüber hinaus kann der Leistungsempfänger ein Zurückbehaltungsrecht gemäß § 273 BGB zumindest in Höhe der Vorsteuer geltend machen, solange keine ordnungsgemäße Rechnung vorliegt. Davon abgesehen besteht auch aus § 14 Abs. 2 Satz 1 Nr. 2 Satz 2 UStG eine Verpflichtung gegenüber einer juristischen Person, die nicht Unternehmer ist, innerhalb von sechs Monaten eine Rechnung auszustellen.

28.172 Ist in der Rechnung ein zu niedriger Steuerbetrag ausgewiesen, so kann auch nur dieser Betrag vergütet werden. Andererseits kann bei einem zu hohen Steuerausweis des Vorlieferers (§ 14c Abs. 1 UStG), die Vergütung nur bis zur Höhe der auf den betreffenden Umsatz nach dem UStG entfallenden USt gewährt werden. Etwas anderes ergibt sich nicht aus dem Gesetz und entspricht den allgemeinen Regeln für den Vorsteuerabzug aus Lieferungen und sonstigen Leistungen. Die Steuervergütung ist daher einerseits auf den ausgewiesenen Betrag und andererseits auf die gesetzlich geschuldete Vorsteuer begrenzt. Ausgeschlossen ist die Vergütung der Steuer außerdem in den Fällen eines **unberechtigten Steuerausweises** nach § 14c Abs. 2 UStG, z.B. bei Lieferungen durch Privatpersonen oder durch Kleinunternehmer i.S.d. § 19 Abs. 1 UStG, bei denen die USt nach § 19 Abs. 1 nicht erhoben wird (vgl. Abschn. 4a.2 Abs. 2 UStAE). Anders als beim Vorsteuerabzug nach § 15 Abs. 1 UStG erfolgt damit die Vergütung nicht im Soll.

28.173 Die Vergütung kann erst beantragt werden, wenn der **Kaufpreis** einschließlich USt für den erworbenen Gegenstand in voller Höhe **gezahlt** worden ist (§ 4a Abs. 1 Satz 1 Nr. 2 UStG). Abschlags- oder Teilzahlungen genügen nicht (Abschn. 4a.2 Abs. 3 Satz 2 UStAE).

### c) Entrichtung der für die Einfuhr oder den innergemeinschaftlichen Erwerb geschuldeten Steuer (§ 4a Abs. 1 Satz 1 Nr. 3 UStG)

28.174 Bei einem **vorher** vom Vergütungsberechtigten eingeführten Gegenstand muss nach § 4a Abs. 1 Satz 1 Nr. 3 UStG die für die Einfuhr geschuldete **EUSt** entrichtet worden sein. Der Anspruch auf USt-Vergütung kann deshalb auch erst nach Entrichtung der EUSt geltend gemacht werden. Die Regelung ist auch vor dem Hintergrund der Rechtsprechung des EuGH zum Vorsteuerabzug aus der EUSt mit dem Europarecht vereinbar (vgl. EuGH v. 29.3.2012 – C-414/10 – Véleclair). In der genannten Entscheidung hat der EuGH den Vorsteuerabzug aus der EUSt unabhängig von der Entrichtung zugelassen. Der deutsche Gesetzgeber hat daraufhin den Wortlaut des § 15 Abs. 1 Nr. 2 UStG angepasst. Für den Vorsteuerabzug ist seit dem 30.6.2013 nur noch erforderlich, dass EUSt entstanden ist. § 4a UStG ist jedoch nicht geändert worden. Die Regelung in § 4a Abs. 1 Nr. 3 UStG verstößt gleichwohl nicht gegen das Europäische Recht. Für die Entlastung von der Umsatzsteuer muss die vergütungsberechtigte Körperschaft auch tatsächlich mit der Steuer belastet worden sein. Eine anderweitige Betrachtung widerspräche dem Sinn und Zweck der Norm.

Ein innergemeinschaftlicher Erwerb durch juristische Personen, die keine Unternehmer sind oder den Gegenstand nicht für ihr Unternehmen erwerben, ist erst ab dem Überschreiten der Erwerbsschwelle von 12.500 € zu versteuern (§ 1a Abs. 1 Nr. 2b i.V.m. Abs. 3 Nr. 1d UStG). Auch für juristische Personen i.S.d. § 4a Abs. 1 UStG gelten diese Regelungen. Gemäß § 1a Abs. 3 Nr. 2 UStG ist die Erwerbsschwelle überschritten, wenn der Gesamtbetrag der Entgelte für innergemeinschaftliche Erwerbe den Betrag von **12.500 €** im vorangegangenen Kalenderjahr überschritten hat und im laufenden Jahr voraussichtlich übersteigt. Es besteht auch die Möglichkeit bei Erwerben, die unter der 12.500 €-Grenze bleiben, auf die Regelung des § 1a Abs. 3 UStG zu verzichten. Als Verzicht gilt die Verwendung einer Umsatzsteuer-Identifikationsnummer durch den Erwerber (§ 1a Abs. 4 UStG). Der Verzicht bindet ihn mindestens für zwei Kalenderjahre. Durch den Verzicht muss er im Inland einen innergemeinschaftlichen Erwerb versteuern, auch wenn die Schwelle nicht überschritten ist. Diese Option zur Versteuerung des innergemeinschaftlichen Erwerbs ist vor allem sinnvoll, wenn im Mitgliedstaat der Lieferung, ein höherer Steuersatz anzuwenden ist als im Bestimmungsmitgliedstaat. In den Fällen des § 4a UStG bietet sich eine Option an, damit die Steuer aus dem innergemeinschaftlichen Erwerb vergütet werden kann. Juristische Personen i. S. d. § 4a Abs. 1 UStG schulden nach § 1a Abs. 5 i.V.m. Abs. 3 UStG stets die Steuer für den innergemeinschaftlichen Erwerb verbrauchsteuerpflichtiger Waren. 28.175

### d) Ausfuhr des Gegenstandes (§ 4a Abs. 1 Satz 1 Nr. 4 UStG)

Die USt-Vergütung wird ab 1.1.1993 nur für einen Gegenstand gewährt, der in das **Drittlandsgebiet** gelangt ist und dort verbleibt (§ 4a Abs. 1 Satz 1 Nr. 4 UStG). Drittlandsgebiet ist nach § 1 Abs. 2a Satz 3 UStG das Gebiet, das nicht Gemeinschaftsgebiet ist. Da der Gegenstand in ein Drittlandsgebiet gelangen muss, wird **keine** Vergütung gewährt, wenn er in das übrige Gemeinschaftsgebiet i.S.d. § 1 Abs. 2a Sätze 1 und 2 UStG gelangt. Eine Steuervergütung scheidet daher ebenso aus, wenn Gegenstände für Hilfeleistungen im Inland verwendet werden (z.B. zur Hochwasserhilfe, vgl. BMF v. 21.6.2013, UR 2013, 559). 28.176

### e) Verwendung des Gegenstandes im Drittland zu humanitären, karitativen oder erzieherischen Zwecken (§ 4a Abs. 1 Satz 1 Nr. 5 UStG)

Nach § 4a Abs. 1 Satz 1 Nr. 5 UStG muss der Gegenstand im **Drittlandsgebiet** zu humanitären, karitativen oder erzieherischen Zwecken verwendet werden. Der Vergütungsberechtigte muss diese Zwecke im Drittlandsgebiet nicht selbst erfüllen, z.B. mit eigenen Einrichtungen und Hilfskräften. Es reicht aus, wenn der Gegenstand einem Empfänger im Drittlandsgebiet übereignet wird, der ihn dort zu den begünstigten Zwecken verwendet, z.B. eine nationale oder internationale Institution (Abschn. 4a.2 Abs. 4 UStAE). Ist die Verwendung der ausgeführten Gegenstände zu den nach § 4a Abs. 1 Satz 1 Nr. 5 UStG begünstigten Zwecken vorgesehen, kann die Vergütung schon beansprucht werden, wenn die Gegenstände zunächst im Drittlandsgebiet – z.B. in einem **Freihafen** – eingelagert werden. Keine Vergütung wird jedoch gewährt bei zugelassener vorübergehender Freihafenlagerung nach **§ 12a EUStBV**. Werden Gegenstände im Anschluss an eine vorübergehende Freihafenlagerung einer begünstigten Verwendung im Drittlandsgebiet zugeführt, kann die Vergünstigung von diesem Zeitpunkt an beansprucht werden (vgl. Abschn. 4a.2 Abs. 5 UStAE). Die Zweckbestimmung des § 4a Abs. 1 Satz 1 Nr. 5 UStG wird nicht nur erfüllt, wenn die ausgeführten Gegenstände für Gruppen 28.177

von Menschen verwendet werden. Auch die Versendung oder Übergabe von Hilfsgütern an Einzelpersonen im Drittlandsgebiet ist begünstigt, z.B. die Versendung von Lebensmittelpaketen, Medikamenten, Wolldecken, Bekleidung, Zelten usw. Daher kann auch die Überlassung von Hilfsgütern an Privatpersonen begünstigt sein (Abschn. 4a.2 Abs. 7 UStAE). § 4a Abs. 1 Satz 1 Nr. 5 UStG enthält keine Definition der in der Vorschrift genannten begünstigten Zwecke. Es ist jedoch davon auszugehen, dass die steuerbegünstigten Zwecke i.S.d. §§ 52 – 54 AO zugleich auch den in der Vorschrift bezeichneten Verwendungszwecken entsprechen (Abschn. 4a.2 Abs. 6 Satz 4 UStAE).

28.178 Für die Vergütung muss **Identität** zwischen erworbenem und abgegebenem Gegenstand bestehen (so *Landsrath*, UR 2003, 383 ff.) Vorheriger Gebrauch und Be- oder Verarbeitung sind unschädlich, auch wenn Wertverlust eingetreten ist. Der Gegenstand muss aber noch funktionsfähig sein. Die Identität kann fehlen, wenn der Gegenstand vor der Ausfuhr be- oder verarbeitet wurde. Eine Nutzung im Inland vor der Ausfuhr durch den Vergütungsberechtigten schließt § 4a UStG aus (vgl. Abschn. 4a.2 Abs. 9 UStAE).

28.179 **Humanitäre Zwecke** sind menschenfreundliche Bestrebungen zur Förderung des Wohles der Mitmenschen, z.B. Armenpflege, Krankenversorgung u.a. Zu den humanitären Zwecken des § 4a Abs. 1 Satz 1 Nr. 5 UStG gehört nicht nur die Beseitigung und Milderung besonderer Notlagen, sondern auch die Verbesserung der wirtschaftlichen und sozialen Verhältnisse und der Umweltbedingungen (vgl. Abschn. 4a.2 Abs. 6 Satz 1 UStAE). Die Vorschrift dürfte nicht eng auszulegen sein.

28.180 **Karitative Zwecke** werden verfolgt, wenn anderen selbstlose Hilfe gewährt wird (vgl. Abschn. 4a.2 Abs. 6 Satz 2 UStAE). Das ist im Allgemeinen bei Verwendung der Gegenstände zur sozialen Hilfe im Rahmen der Wohlfahrtspflege der Fall (vgl. § 66 AO).

28.181 **Erzieherischen Zwecken** dienen auch Gegenstände, die für die berufliche und nichtberufliche Aus- und Weiterbildung einschließlich der Bildungsarbeit auf politischem, weltanschaulichem, künstlerischem und wissenschaftlichem Gebiet verwendet werden (vgl. Abschn. 4a Abs. 6 Satz 3 UStAE).

#### f) Gegenstände aus dem Unternehmensbereich (§ 4a Abs. 1 Satz 1 Nr. 6 UStG)

28.182 Nach § 4a Abs. 1 Satz 1 Nr. 6 dürfen der **Erwerb** oder die **Einfuhr** des Gegenstandes und seine **Ausfuhr** von einer **Körperschaft,** die steuerbegünstigte Zwecke verfolgt, **nicht** im Rahmen eines **wirtschaftlichen Geschäftsbetriebs** (§ 14 AO) vorgenommen werden. Die Betätigung im Rahmen eines **Zweckbetriebs** steht dem Vergütungsanspruch allerdings nicht entgegen (vgl. §§ 65 – 68, 51 AO).

28.183 Juristische Personen des öffentlichen Rechts dürfen die Gegenstände nach § 4a Abs. 1 Satz 1 Nr. 6 UStG nicht im Rahmen eines Betriebs gewerblicher Art (§ 1 Abs. 1 Nr. 6, § 4 KStG) oder eines land- und forstwirtschaftlichen Betriebs erworben oder eingeführt und ausgeführt haben.

## 4. Nachweis der Voraussetzungen (§ 4a Abs. 1 Satz 1 Nr. 7 KStG)

### a) Allgemeines

Sämtliche der in § 4a Abs. 1 Satz 1 Nr. 1 – 6 UStG aufgeführten Voraussetzungen müssen nach § 4a Abs. 1 Satz 1 Nr. 7 UStG nachgewiesen werden. Der Nachweis ist materiell-rechtliche Voraussetzung für den Anspruch auf USt-Vergütung. Er steht damit gleichrangig neben den übrigen Vergütungsvoraussetzungen. Es ist unerheblich, weshalb der Nachweis fehlt oder unvollständig ist. Fehlt der Nachweis oder weist er sachliche Mängel auf, kann die Vergütung nicht aus Billigkeitsgründen oder durch Schätzung der Vergütungsgrundlagen gewährt werden. Es sollte dem Vergütungsberechtigten jedoch gestattet werden, Nachweismängel auch noch nach Ablauf der Antragsfrist (vgl. § 24 Abs. 1 UStDV) zu beseitigen (*Treptow*, UR 1980, 65, 66). 28.184

Aufgrund der Ermächtigung in § 4a Abs. 2 UStG hat der BMF in § 24 Abs. 2 UStDV den Nachweis, dass der Gegenstand in das Drittlandsgebiet gelangt ist (Ausfuhrnachweis), und in § 24 Abs. 3 UStDV den Nachweis der Voraussetzungen für die USt-Vergütung (Buchnachweis) geregelt. Beide Nachweise sind materiell-rechtliche Voraussetzungen für den Anspruch auf Vergütung. 28.185

Allerdings stellt sich hier die Frage, ob die Rechtsbrechung des EuGH zur Nachweisführung bei der innergemeinschaftlichen Lieferung und der Ausfuhr entsprechend anzuwenden ist. Bereits mit Urteil vom 27.9.2007 hatte der EuGH in der Rs. Colleé (C-146/05) entscheiden, dass die formellen Nachweise keine materiell-rechtliche Voraussetzung für die Steuerbefreiung einer innergemeinschaftlichen Lieferung darstellen. Der BFH hat im Urteil vom 28.5.2009, V R 23/08, diese Ansicht auch auf die Ausfuhr übertragen. 28.186

Es handelt sich zwar bei der Steuervergütung nach § 4a UStG nicht um eine Steuerbefreiung. Jedoch ist zu bedenken, dass der Gesetzgeber in § 24 Abs. 2 UStDV ausdrücklich auf die Nachweisverpflichtungen bei den Ausfuhren verweist. Es ist meines Erachtens daher nur konsequent, wenn auch bei der Steuervergütung, was die Nachweisführung als materielle Voraussetzung angeht, dieselben Grundsätze gelten wie bei den formellen Nachweisen im Rahmen einer Steuerbefreiung. Zusätzliches Argument für diese Ansicht ist, dass die Ausgestaltung als Vergütungsverfahren nach nationalem Recht eine Besonderheit darstellt. Denn die MwSystRL siedelt das Problem der Steuererstattung im Bereich des Art. 146 MwSystRL an. Systematisch betrachtet werden daher die Sachverhalte für Export im karitativem Bereich den Ausfuhren gleichgestellt nach dem Europäischen Recht. 28.187

### b) Ausfuhrnachweis

Der Nachweis, dass der Gegenstand in das Drittlandsgebiet gelangt ist, muss in der gleichen Weise „wie bei Ausfuhrlieferungen" erfolgen (§ 24 Abs. 2 UStDV). Die §§ 8 – 11 UStDV sind deshalb entsprechend anzuwenden. Als Ausfuhrbelege kommen bei Versendung nach § 10 UStDV insbesondere in Betracht Frachtbriefe, Konnossemente, Spediteurbescheinigungen, Posteinlieferungsscheine oder deren Doppelstücke und bei Beförderung nach § 9 UStDV insbesondere die Ausfuhrbestätigung der Ausfuhrzollstelle. 28.188

### c) Buchnachweis

Nach § 24 Abs. 3 UStDV sind die Voraussetzungen für die Steuervergütung im Geltungsbereich der Verordnung **buchmäßig** nachzuweisen. Das ist eine Verschärfung der gesetzlichen 28.189

Anforderungen in § 4a Abs. 1 Satz 1 Nr. 7 UStG durch den Verordnungsgeber. *Treptow* (UR 1980, 65, 67) hat Bedenken, ob die Ermächtigung in § 4a Abs. 2 UStG ausreicht, um einen buchmäßigen Nachweis vorzuschreiben. Die Bedenken dürften unbegründet sein, weil die Terminologie in § 4a Abs. 1 Nr. 7 und Abs. 2 Nr. 1 UStG einerseits und § 24 Abs. 3 UStDV andererseits der in § 6 Abs. 4 UStG und § 13 UStDV zum Nachweis bei Ausfuhrlieferungen entspreche (vgl. *Wagner* in Sölch/Ringleb/List, § 4a Rz. 20; vgl. zum Buchnachweis BFH v. 25.10.1979, BStBl. 1980 II 110; BFH v. 21.12.1961, BStBl. 1962 III 209).

28.190 Nach § 24 Abs. 3 UStDV soll der Vergütungsberechtigte **regelmäßig** Folgendes aufzeichnen (Abschn. 4a.3 Abs. 2 UStAE):

- Handelsübliche Bezeichnung und die Menge des ausgeführten Gegenstandes;
- Name und Anschrift des Lieferers. Im Allgemeinen wird es genügen, den Namen des Lieferers aufzuzeichnen;
- Name und Anschrift des Empfängers. Wird der Gegenstand von dem Vergütungsberechtigten selbst verwendet, so ist die Anschrift der betreffenden Stelle des Vergütungsberechtigten im Drittlandsgebiet anzugeben. Werden ausgeführte Gegenstände von Hilfskräften des Vergütungsberechtigten im Drittlandsgebiet Einzelpersonen übergeben, z.B. Verteilung von Lebensmitteln, Medikamenten und Bekleidung, so ist lediglich der Ort aufzuzeichnen, an dem die Übergabe vorgenommen wird;
- Verwendungszweck im Drittlandsgebiet. In Zweifelsfällen kann die begünstigte Verwendung durch eine Bestätigung einer staatlichen Stelle oder einer internationalen Organisation nachgewiesen werden;
- Tag der Ausfuhr. Statt des Ausfuhrtages kann auch der Kalendermonat aufgezeichnet werden, in dem der Gegenstand ausgeführt worden ist;
- Nachweis der bezahlten USt/der entrichteten **EUSt**. In den Aufzeichnungen ist auf die betreffende Rechnung und den Zahlungsbeleg bzw. auf den Beleg über die EUSt hinzuweisen;
- Nachträgliche Änderung der USt. Ändert sich die USt – z.B. durch die Inanspruchnahme eines Skontos, durch die Gewährung eines nachträglichen Rabatts, durch eine Preisherabsetzung oder durch eine Nachberechnung –, so sind der Betrag der Entgeltsänderung und der Betrag, um den sich die USt erhöht oder vermindert, aufzuzeichnen. Ist die Festsetzung der **EUSt** nachträglich geändert worden, so muss neben dem Betrag, um den sich die EUSt verringert oder erhöht hat, ggf. der Betrag aufgezeichnet werden, um den sich die Bemessungsgrundlage der EUSt geändert hat. Aufzuzeichnen sind darüber hinaus erlassene oder erstattete EUSt-Beträge (vgl. Abschn. 4a.3 Abs. 2 Nr. 6 UStAE).

### 5. Antragsverfahren für die Vergütung

28.191 Die USt-Vergütung wird dem Vergütungsberechtigten nach § 4a Abs. 1 Satz 1 UStG nur auf **Antrag** gewährt. Dabei ist der amtlich vorgeschriebene Vordruck (USt 1 V) zu verwenden. Durch Schreiben v. 6.6.2017, BStBl. 2017 I 853, wurde der Vordruck zuletzt geändert. Der Vordruck wurde im Jahr 2013 bereits an die sog. SEPA (**S**ingle **E**uro **P**ayments **A**rea)-Verordnung (EU) Nr. 260/2012 (Abl. EU Nr. L 94, S. 22) angepasst. Bei der Kontoverbindung ist nur noch die Angabe von BIC und IBAN möglich. Die Eintragungsmöglichkeiten für die Bankleitzahl und die Kontonummer sind entfallen. Bestandteil des Vergütungsantrags ist eine Anlage, in der die Ausfuhren einzeln aufzuführen sind. Der Antrag kann mehrere Ansprüche umfassen. In der Anlage sind auch nachträgliche Minderungen von Vergütungsansprüchen anzugeben, die der Vergütungsberechtigte bereits mit früheren Anträgen geltend gemacht hat (Abschn. 4a.4 Abs. 1 Satz 2 UStAE).

Die Höhe des Vergütungsbetrages muss vom Vergütungsberechtigten **selbst berechnet** werden (vgl. § 4a Abs. 1 Satz 2 UStG). Dies dient der Vereinfachung des Vergütungsverfahrens. Durch die vorgeschriebene Selbstberechnung wird der Vergütungsantrag zu einer Steueranmeldung (vgl. § 155 Abs. 3 i.V.m. § 150 Abs. 1 Satz 1 AO). Eine **besondere** Festsetzung der Vergütung durch Bescheid ist nur dann erforderlich, wenn das FA von der im Antrag berechneten Vergütung abweichen will (vgl. § 167 AO). 28.192

Steuererstattungen durch die IBAN und BIC sind innerhalb des Europäischen Zahlungsverkehrsraumes (SEPA) möglich, zu dem alle Länder der EU sowie Island, Norwegen, Liechtenstein und die Schweiz gehören. Im Vordruckmuster ist stets IBAN/BIC anzugeben. 28.193

Die Antragfrist bestimmt § 4a Abs. 2 Nr. 2 UStG i.V.m. § 24 Abs. 1 UStDV. Danach ist der Antrag bis zum Ablauf des Kalenderjahres einzureichen, das auf das Kalenderjahr folgt, in dem der Gegenstand in das Drittlandsgebiet gelangt ist. Es handelt sich um eine nicht verlängerbare Ausschlussfrist, die der BFH v. 5.11.1998 (BFH/NV 1999, 682) bestätigt hat. Bei Versäumung der Antragsfrist kann unter den Voraussetzungen des § 110 AO allenfalls Wiedereinsetzung in den vorigen Stand gewährt werden (vgl. Abschn. 4a.4 Abs. 2 Satz 4 UStAE). 28.194

Dem Vergütungsberechtigten ist es freigestellt, ob er den Vergütungsantrag für einen einzelnen Vergütungsanspruch oder zusammengefasst für mehrere Vergütungsansprüche stellen will. Insoweit sind bewusst keine zeitlichen Abschnitte wie etwa im Voranmeldungsverfahren geschaffen worden. 28.195

Örtlich zuständig ist das FA, in dessen Bezirk der Vergütungsberechtigte seinen Sitz hat (Abschn. 4a.4 Abs. 2 Satz 1 UStAE; vgl. § 11 AO). Sofern der Vergütungsberechtigte kein Unternehmer ist, ist das FA zuständig, das auch für die Besteuerung des Einkommens zuständig ist. 28.196

Das Vergütungsverfahren ist ein selbständiges Verfahren neben dem Voranmeldungsverfahren (§ 18 UStG). Der Vergütungsberechtigte hat demnach – unabhängig von der Möglichkeit des Vergütungsantrags nach § 4a – ggf. Voranmeldungen und Jahreserklärungen für die USt nach den allgemeinen Vorschriften abzugeben. 28.197

## IV. Reformvorschläge

Es ist in Betracht zu ziehen, die Steuervergütung nach § 4a UStG im nationalen Recht in eine Steuerbefreiung auf der Vorstufe nach dem Vorbild des § 8 UStG zu modifizieren. Die Entlastung von der Umsatzsteuer wäre damit ebenso herbeigeführt. Allerdings würde die Finanzverwaltung von der Prüfung des Erstattungsanspruchs entlastet. Außerdem entspricht diese gesetzgeberische Konstruktion der Rechtslage in Art. 146 Abs. 1 Buchst. c MwStSystRL. 28.198

Problematisch ist im Übrigen an der geltenden Rechtslage auch das Verhältnis zu § 6 UStG. Die Voraussetzungen einer steuerfreien Ausfuhr konkurrieren teilweise mit der Steuervergütung nach § 4a UStG. Erfolgt nämlich die Beförderung oder Versendung bei einem Transport in das Drittland durch den Lieferanten der Ware liegen regelmäßig nach § 6 Abs. 1 Nr. 1 UStG die Voraussetzung für eine steuerfreie Ausfuhr vor. Denn für die Steuerfreiheit der Aus- 28.199

fuhr ist in diesem Fall weder erforderlich, dass der Abnehmer die Waren für sein Unternehmen bezieht noch ein ausländischer Abnehmer vorliegen kann. Eine entsprechende Körperschaft kann daher nach § 6 Abs. 1 Nr. 1 UStG sofern der Transport durch den Lieferer veranlasst wurde, von einer Steuerbefreiung bei der Warenlieferung profitieren (vgl. auch *Robisch* in Bunjes zu § 6 UStG Rz. 9).

28.200 Es ist daher nicht abschließend bislang durch die Rechtsprechung geklärt, in welchem Verhältnis die Steuervergütung zur Steuerbefreiung für die Ausfuhrlieferung steht. Mit der konkreten Ausgestaltung im Sinne des Art. 146 Abs. 1 Buchst. c MwStSystRL durch den nationalen Gesetzgeber wäre das Konkurrenzverhältnis zwar grundsätzlich auch gegeben. Im Ergebnis wäre aber jeweils eine Umsatzsteuer Befreiung einschlägig. Der Anwendungsbereich für die Steuerbefreiung würde sich im wesentlich auf Fälle des § 6 Abs. 1 Nr. 2 UStG reduzieren. Denn soweit die Transportveranlassung durch den Abnehmer erfolgt, ist eine Umsatzsteuerbefreiung nach geltendem Recht regelmäßig nur möglich, wenn es sich um einen ausländischen Abnehmer handelt. Die entsprechende gemeinnützige, mildtätige oder kirchliche Zwecke verfolgende Körperschaft dürfte im Regelfall jedoch einen inländischen Sitz haben, so dass es regelmäßig an den Voraussetzungen für die Steuerbefreiung bei dieser abweichenden Transportveranlassung fehlt.

## F. Kleinunternehmerregelung, § 19 UStG

### I. Auslegung durch den EuGH

28.201 Das Europäische Recht ermöglicht in den Art. 281 ff. MwStSystRL eine Vereinfachung der Umsatzsteuerbesteuerung für kleinere Unternehmen. Prinzipiell können die Mitgliedstaaten eine Steuerbefreiung für diese Unternehmen vorsehen.

28.202 Im Bereich der Kleinunternehmerregelung gibt es nur wenige Entscheidungen des EuGH. Grundlegend für das Verständnis der Regelung auf europarechtlicher Ebene ist das Urteil vom 26.10.2010, C-97/09 in der Rs. Ingrid Schmelz. Die in Deutschland ansässige Frau Schmelz war Eigentümerin einer in Österreich belegenen Wohnung. Sie vermietete die Wohnung. In Österreich waren diese Umsätze im streitbefangenen Zeitraum grundsätzlich steuerpflichtig. Die Klägerin wollte daher die Kleinunternehmerregelung für sich in Anspruch nehmen. Dies lehnt die österreichische Finanzverwaltung ab, da die Klägerin nicht in Österreich ansässig sei.

28.203 Art. 283 Abs. 1 Buchst. c MwStSystRL sieht vor, dass die Steuerbefreiung für Kleinunternehmer nur auf die Unternehmer, die in dem jeweiligen Mitgliedstaat ansässig sind, anwendbar ist. Der EuGH prüft in der Entscheidung, ob Art. 283 Abs. 1 Buchst. c MwStSystRL gegen grundlegende Rechtsprinzipien der EU verstößt. Der EuGH sieht im Ergebnis in der Regelung einen gerechtfertigten Eingriff in den freien Dienstleistungsverkehr. Rechtfertigung für die Regelung ist die steuerliche Kontrolle.

28.204 Nach Ansicht des EuGH muss daher die Dienstleistungsfreiheit gegenüber dem Kontrollbedürfnis der Finanzverwaltungen der Mitgliedstaaten zurücktreten. Die Vereinfachung und Entlastungswirkung einer Kleinunternehmerregelung kommt daher immer nur inländischen Unternehmern zugute. Für im Ausland ansässige Unternehmen kommt es daher grundsätzlich zu einer Registrierungsverpflichtung.

## II. Relevante deutsche Regelungen

### 1. Allgemeines

Zur Erleichterung des Besteuerungsverfahrens ist in § 19 UStG für die Kleinunternehmer bei grundsätzlicher Einbeziehung in die Regelbesteuerung mit Wirkung ab 1.1.2003 eine Freigrenze von 17.500 € Gesamtumsatz geschaffen worden. Anders als das Europäische Recht wird die Umsatzsteuer durch den leistenden Unternehmer grundsätzlich geschuldet. § 19 Abs. 1 UStG sieht vor, dass die Umsatzsteuer bei Unterschreiten der Umsatzgrenze nicht erhoben wird. 28.205

Nach § 19 Abs. 1 UStG wird für die in § 1 Abs. 1 Nr. 1 UStG bezeichneten Umsätze Umsatzsteuer von Unternehmern, die im Inland oder in den in § 1 Abs. 3 UStG bezeichneten Gebieten ansässig sind, nicht erhoben, wenn der nach vereinnahmten Entgelten bemessene Gesamtumsatz (§ 19 Abs. 3 UStG) des vorangegangenen Kalenderjahres, gekürzt um die darin enthaltenen Umsätze von Wirtschaftsgütern des Anlagevermögens, 17.500 € nicht überstiegen hat und im laufenden Kalenderjahr 50.000 € voraussichtlich nicht übersteigen wird. Maßgebend sind die Verhältnisse zu Beginn des laufenden Kalenderjahres. Zu beachten ist, dass der Unternehmer nach § 19 Abs. 2 UStG, obwohl die Grenzen des Abs. 1 nicht überschritten werden, auf die Regelung verzichten kann. Der Gesetzgeber hat damit ein Optionsrecht geschaffen. 28.206

Sofern die Grenzen des § 19 Abs. 1 UStG überschritten werden, ist der Unternehmer nach den allgemeinen Regelungen zu versteuern. Von der Nichterhebung ausgenommen sind die Umsätze nach § 1 Abs. 1 Nr. 4 und 5 UStG. Daher wird auch bei einem Kleinunternehmer die Einfuhrumsatzsteuer und die Steuer für den innergemeinschaftlichen Erwerb erhoben. Es kommt dann zu einer steuerlichen Belastung durch die Einfuhrumsatzsteuer bzw. durch die Erwerbssteuer, da für den Kleinunternehmer kein Vorsteuerabzug möglich ist. 28.207

### 2. Berechnung des maßgeblichen Umsatzes

Grundsätzlich sind für die Umsatzgrenze die nach § 1 Abs. 1 Nr. 1 UStG steuerbaren Umsätze maßgeblich. Die zzgl. zu berücksichtigende Steuer i.S.d. § 19 Abs. 1 UStG ist nicht etwa die verbleibende Steuerschuld, sondern die auf den Nettoumsatz zu erhebende Steuer. Somit darf, soweit der normale Steuersatz zu erheben ist, der Nettoumsatz nicht mehr als 14.706 € (bis 31.12.2006 15.086 €). Beim ermäßigten Steuersatz liegt die Grenze bei mehr als 16.355 €. 28.208

Soweit Wirtschaftsgüter des Anlagevermögens veräußert worden sind, wird dieser Umsatz bei der Ermittlung des Gesamtumsatzes nicht mitgerechnet. Dies kann beispielsweise die Veräußerung eines unternehmerisch genutzten Computers sein. 28.209

Nicht mitzurechnen sind außerdem ein Großteil der steuerfreien Umsätze (§ 19 Abs. 3 UStG). Die nach § 4 Nr. 8 Buchstabe i, Nr. 9 Buchstabe b und Nr. 11 bis 28 UStG steuerfreien Umsätze sind bei der Ermittlung des Gesamtumsatzes nicht heranzuziehen. Außerdem sind die Umsätze, die nach § 4 Nr. 8 Buchstabe a bis h, Nr. 9 Buchstabe a und Nr. 10 UStG steuerfrei sind, wenn sie Hilfsumsätze sind, nicht zu berücksichtigen. 28.210

Der unter § 19 Abs. 1 UStG fallende Kleinunternehmer ist andererseits nicht zum Vorsteuerabzug und gesondertem Ausweis der Umsatzsteuer in seinen Rechnungen sowie zum Verzicht auf Steuerbefreiungen nach § 9 UStG berechtigt (§ 19 Abs. 1 Satz 4 UStG). Weist er 28.211

dennoch in einer Rechnung Umsatzsteuer aus, schuldet er diese nach § 14c Abs. 2 UStG (vgl. Abschn. 14c.2 Abs. 2 Nr. 1 Satz 1 UStAE).

### 3. Verzicht auf die Kleinunternehmerregelung

28.212 Das Gesetz sieht in § 19 Abs. 2 UStG eine Optionsmöglichkeit vor. Danach kann der Unternehmer bis zur Unanfechtbarkeit seiner Steuerfestsetzung auf die Anwendung des § 19 Abs. 1 UStG verzichten.

28.213 Dadurch wird eine Wettbewerbsverzerrung zu Lasten des Kleinunternehmers vermieden. Es obliegt mithin dem einzelnen Kleinunternehmer, ob er auf die Regelung verzichtet, da dies für ihn günstiger ist. Dies kann z.B. bei hohen Investitionen der Fall sein.

28.214 Nach der Option ist der betreffende Unternehmer an diese Erklärung für **mindestens fünf Jahre** gebunden. Diese zeitliche Bindung gilt, rechtsmissbräuchliche Gestaltungen im Rahmen der Kleinunternehmerregelung zu verhindern.

28.215 Die Erklärung kann formlos erfolgen. Berechnet der Unternehmer in den Voranmeldungen oder in der Steuererklärung für das Kalenderjahr die Steuer nach den allgemeinen Vorschriften des UStG, sieht darin die Finanzverwaltung grundsätzlich eine Erklärung im Sinne des § 19 Abs. 2 Satz 1 UStG (vgl. Abschn. 19.2 Abs. 1 Nr. 2 S. 2 UStAE). Die Finanzämter sind gehalten, in Zweifelsfällen nachzufragen, welcher Besteuerungsform der Unternehmer seine Umsätze unterwerfen will. Sofern Zweifel verbleiben, kann eine Option zur Regelbesteuerung nicht angenommen werden (vgl. BFH-Urteile v. 24.7.2013 – XI R 14/11 und v. 24.7.2013 – XI R 31/12).

### 4. Unanfechtbarkeit der Steuerfestsetzung

28.216 Die Optionserklärung nach § 19 Abs. 2 UStG kann der Unternehmer bis zur Unanfechtbarkeit der Steuerfestsetzung abgeben. Sie gilt vom Beginn des Kalenderjahres an, für das der Unternehmer sie abgegeben hat. Der Unternehmer kann bis zur Unanfechtbarkeit der Steuerfestsetzung die Optionserklärung mit Wirkung für die Vergangenheit zurücknehmen.

28.217 In den folgenden Fällen liegt eine unanfechtbare Steuerfestsetzung vor:

- Auf die Einlegung eines Rechtsbehelfs wurde wirksam verzichtet.
- Ein Rechtsbehelf wurde wirksam zurückgenommen.
- Die Rechtsbehelfsfrist ist ohne Einlegung eines förmlichen Rechtsbehelfs abgelaufen.
- Gegen den Verwaltungsakt oder die gerichtliche Entscheidung ist kein Rechtsbehelf mehr gegeben.

28.218 Dabei ist unter Unanfechtbarkeit die formelle Bestandskraft der erstmaligen Steuerfestsetzung zu verstehen, die auch in einer Steuerfestsetzung unter Vorbehalt der Nachprüfung oder in einer Steueranmeldung bestehen kann (vgl. Abschn. 19.2 Abs. 6 UStAE). Ausgeschlossen ist die Option jedoch nicht, wenn eine Voranmeldung oder die Festsetzung einer Vorauszahlung unanfechtbar geworden ist.

### 5. Gesamtumsatz im Sinne des § 19 UStG

Die Besteuerung nach § 19 UStG richtet sich nach dem Gesamtumsatz des Unternehmers. 28.219 Der Gesamtumsatz ist zu bereinigen. Nicht alle Umsätze eines Unternehmens sind dabei zu berücksichtigen. In § 19 Abs. 3 UStG ist der Gesetzumsatz definiert. § 19 UStG hat daher einen eigenständigen Umsatzbegriff.

Zum Gesamtumsatz gehören nur Umsätze i.S.d. § 1 Abs. 1 Nr. 1 UStG abzüglich der in § 19 28.220 Abs. 3 UStG genannten steuerfreien Umsätze. Zum Gesamtumsatz gehören daher insbesondere die nach § 4 Nr. 1 bis 7 UStG steuerfreien Umsätze sowie die steuerfreien Geld- und Kapitalumsätze, die Grundstücksumsätze und die Versicherungsumsätze. Voraussetzung ist allerdings, dass es sich nicht um Hilfsumsätze handelt. Zu diesen Umsätzen gehören auch die Umsätze, die der Leistungsempfänger nach § 13b Abs. 5 UStG schuldet.

Der tatsächliche Gesamtumsatz muss nach vollen Monaten auf einen Jahresumsatz umgerech- 28.221 net werden, wenn die Tätigkeit eines Unternehmers sich nur auf einen Teil des Jahres erstreckt (§ 19 Abs. 3 Satz 3 und 4 UStG).

## III. Reformvorschläge

Auffällig ist, dass der deutsche Gesetzgeber abweichend vom Grundsatz in der MwStSystRL 28.222 die Kleinunternehmerregelung nach § 19 UStG in der Form der Nichterhebung ausgestaltet hat. Demgegenüber geht die MwStSystRL bei den Vereinfachungen für Kleinunternehmer von einer Steuerbefreiung aus. Diese dogmatische Unterscheidung wirkt sich bei der Besteuerung eines deutschen Kleinunternehmers praktisch nicht aus. Die nationale Regelung steht daher im Einklang mit den Vorgaben des Europäischen Rechts. Gleichwohl ist zu überlegen, ob hier nicht durch den nationalen Gesetzgeber eine Anpassung an die Systematik der MwStSystRL erfolgen sollte.

Auf europarechtlicher Ebene ist die Beschränkung der Kleinunternehmerregelung auf inländi- 28.223 sche Unternehmen problematisch. Nach Ansicht des EuGH in seiner Entscheidung vom 26.10.2010 verstößt die Beschränkung nicht gegen höherrangige europäische Prinzipien, insbesondere nicht gegen die Grundfreiheiten. Diese Entscheidung ist jedoch kritisch zu betrachten. Im Ergebnis sieht der EuGH einen Vorrang der Kontrollmöglichkeiten der Mitgliedstaaten insbesondere gegenüber dem freien Dienstleistungsverkehr. Diese Wertehierarchie erscheint jedoch äußerst zweifelhaft.

Gerade für Kleinunternehmer stellt die Registrierung für mehrwertsteuerliche Zwecke eine 28.224 besondere Hürde im Binnenmarkt dar. Bei einer Registrierungspflicht liegt immer eine besondere Beschränkung des freien Waren und Dienstleistungsverkehr vor. Für Kleiunternehmer wirkt sich diese besonders massiv aus, da die Kosten für eine Registrierung im Regelfall in keinem Verhältnis zu der Umsatzhöhe stehen.

Der freie Waren- und Dienstleistungsverkehr sollte immer Vorrang haben. Der Grundsatz im 28.225 Binnenmarkt sollte sein, dass eine Registrierung eines EU-ausländischen Unternehmens nur die ultima ratio darstellt. Leider ist dies auch außerhalb der Kleinunternehmerreglung nicht umgesetzt. So ist auch das Reverse-charge-Verfahren außerhalb des Anwendungsbereichs des Art. 196 MwStSystRL nicht konsequent implementiert. Das Europäische Recht lässt hier zu viele Ausnahmen von der sinnvollen Grundregel zu.

# 7. Teil
# Fazit

## Kapitel 29
## Ergebnisse



### A. Unwägbarkeiten der Umsatzsteuer für gemeinnützige Organisationen

Wirtschaftlich tätige gemeinnützige Organisationen unterliegen regelmäßig neben den aufgrund ihres Status als steuerbefreite Körperschaften nicht selten geringen Ertragsteuern der Umsatzsteuer. Weder das deutsche noch das europäische Umsatzsteuerrecht kennt eine persönliche Steuerbefreiung für gemeinnützige Organisationen. Gleiches gilt etwa für das österr Umsatzsteuerrecht. Vielmehr belastet die Umsatzsteuer das Entgelt, welches Verbraucher für eine Leistung zu zahlen haben, unabhängig davon, wer die Leistung erbringt. Die Umsatzsteuer stellt (in Höhe des Regelsteuersatzes von 19 % in Deutschland und 20 % in Österreich) für den Verbraucher einen wesentlichen Kostenfaktor dar. Allerdings wird der Großteil der typischen gemeinnützigen Tätigkeiten, wie Bildungsleistungen, Heilbehandlungen, Sport- oder Kulturveranstaltungen sowie sozialen Dienstleistungen, nach Maßgabe von Art. 132 MWStSystRL von der Umsatzsteuer entlastet. Andere Tätigkeiten, wie Sponsoring, unterliegen dagegen der Umsatzsteuer wobei sich für gemeinnützige Organisationen regelmäßig die Frage nach der Anwendbarkeit des ermäßigten Umsatzsteuersatzes stellt. Die Abgrenzung zwischen umsatzsteuerfreien und umsatzsteuerpflichtigen Leistungen hat für gemeinnützige Körperschaften eine außerordentliche Bedeutung. Verkennen sie die umsatzsteuerrechtliche Rechtslage, so droht ihnen eine hohe Nachbelastung mit Umsatzsteuer, ohne dass regelmäßig die Möglichkeit besteht, die Umsatzsteuer bei den Kunden nachzuerheben. Darüber hinaus hat die Umsatzsteuerbefreiung aber auch den Nachteil, dass gemeinnützige Unternehmen vielfach keine Vorsteuererstattung erhalten können und daher im Wettbewerb mit anderen steuerpflichtigen Anbietern insbesondere dann, wenn es um Neuinvestitionen geht, wirtschaftlich schlechter gestellt sind, als diejenigen, die Umsatzsteuer in Rechnung stellen können. 29.1

Vor diesem Hintergrund ist es für gemeinnützige Organisationen, die typischerweise vergleichsweise klein und nur partiell steuerpflichtig sind, besonders wichtig, einen klaren Rechtsrahmen vorzufinden. Gerade daran fehlt es aber vielfach. Das Umsatzsteuerrecht beruht in der Europäischen Union auf den Vorgaben des Europäischen Richtlinienrechts i.d.F.d. MwStSystRL. Allerdings sind die Rechtsregeln im deutschen und österreichischen Umsatz- 29.2

steuerrecht nur bedingt auf die Richtlinie abgestimmt. Vergleicht man den Wortlaut der jeweiligen nationalen Umsatzsteuerbefreiung mit dem Wortlaut der jeweils zugrundeliegenden Richtlinienbestimmung, so wird man in zahlreichen Fällen bereits erhebliche Unterschiede im Wortlaut der Normen feststellen.

29.3 Mit der vorliegenden Untersuchung wird umfassend das Umsatzsteuerrecht für den Nonprofit-Sektor unter eingehender Analyse der Vorgaben der MWStSystRL aufgearbeitet. Ziel der Untersuchung ist es, mehr Rechtsicherheit für Non-Profit-Unternehmen zu schaffen, indem in Bezug auf die verschiedenen Tätigkeitsbereiche die Reichweite der jeweils in Betracht kommenden Steuerbefreiungstatbestände ausgeleuchtet wird. Das Zusammenspiel von europäischer Richtlinie, die dem Gesetzgeber Entscheidungsspielräume lässt, und deren Umsetzung in das nationale Recht ist, wie die vorliegende Untersuchung in vielen Details zeigt, hoch anspruchsvoll. Die Masse der Gerichtsverfahren zur Auslegung der Einzelbestimmungen der Art. 132, 133, 134 MWStSystRL sowie die Zögerlichkeit von Gesetzgebung und Verwaltung bei der Umsetzung der zahlreichen Entscheidungen belegen die Unsicherheit, die die Rechtsanwender bei Auslegung der Normvorgaben empfinden. Sofern das europäische Recht als Grundlage der nationalen umsatzsteuerrechtlichen Regelung in den bislang vorliegenden Kommentarwerken betrachtet wird, orientieren sich die gängigen Kommentierungen regelmäßig an der nationalen Norm, die dann ggf. unter Berücksichtigung der Richtlinienbestimmung erweiternd oder einschränkend ausgelegt wird oder deren Unvereinbarkeit mit der Richtlinienvorgabe festgestellt wird. Demgegenüber steht im Mittelpunkt dieser Untersuchung der Wortlaut der Richtlinienbestimmungen und deren Auslegung durch den EuGH, um den Regelungsrahmen für das nationale Recht und die Entscheidungsfreiheit des Gesetzgebers herauszuarbeiten. Dadurch wird deutlich, was Inhalt des deutschen und österreichischen Umsatzsteuerrechtes nunmehr ist oder, ggf. nach Anpassung an die Richtlinienvorgabe, sein könnte. Die Richtlinienbestimmungen und die Rechtsprechung des EuGH und der Finanzgerichte sowie die Literatur dazu werden umfassend analysiert.

29.4 Ziel dieses Werkes ist es auch, dass sich eine Rechtsdiskussion zur Rechtsprechung des EuGH entwickelt. Der EuGH ist kein Gesetzgeber, dessen Votum nur durch ein Verfassungsgericht (bedingt) in Frage gestellt werden kann, sondern er entscheidet einzelne ihm vorgelegte Rechtsfragen. Nicht selten gibt der Gerichtshof die Fragestellung dem nationalen Gericht zurück, da das europäische Recht die Antwort den Nationalstaaten überlässt. Auch hat der EuGH schon öfter seine Rechtsauffassung modifiziert, ohne dies ausdrücklich kenntlich zu machen. Dies wird – eine weitere Zweckrichtung des Werkes – nur in der Gesamtschau der Rechtsprechung zu einer einzelnen Richtlinienbestimmung deutlich. Damit hat das Werk nicht nur für den Nonprofit-Sektor Bedeutung, sondern soll für das gesamte Umsatzsteuerrecht die Rechtsentwicklung vorantreiben. Was durch die MwStSystRL dem Mitgliedstaat vorgegeben ist und was ihn an eigener Entscheidungshoheit in Bezug auf die einzelne Richtlinienbestimmung verblieben ist, ist die entscheidende Frage. Ist dieser Spielraum im Detail ausgemessen, kann die Europarechtstauglichkeit der nationalen Norm beurteilt werden, ggf. unter Berücksichtigung einer richtlinienkonformen Auslegung. Dieses Ausloten der Richtlinie hat aber nicht nur für die Non-Profit-Organisationen Bedeutung, sondern betrifft das gesamte Umsatzsteuerrecht.

29.5 Im Ergebnis lässt sich feststellen, dass durch das Nebeneinander von MwStSystRL und nationalem Umsatzsteuerrecht die Rechtsunsicherheit über das geltende Recht in den Mitgliedstaaten erheblich zugenommen hat. Es ist für jedes Rechtssystem natürlich nicht einfach, wenn anstelle einer eindeutigen Rechtsgrundlage zwei Rechtsgrundlagen in ein Verhältnis zueinander zu setzen sind. Die MwStSystRL ist eine Richtlinie, die naturgemäß den Mitgliedstaaten einen gewissen Freiraum bei der Bestimmung der nationalen Umsetzung lässt. Die entscheidende Frage für die Auslegung der Richtlinienbestimmung ist somit, welchen Spielraum der Richtliniengeber dem Mitgliedstaat tatsächlich im Einzelfall gelassen hat. Darüber lässt sich in Auslegung der jeweiligen Richtlinienbestimmung naturgemäß streiten. Nach jahrelanger Rechtsprechung durch den EuGH sind nun die Konturen der Auslegung in vielen Bereichen deutlich erkennbar. Dies ermöglicht es, das nationale Recht nunmehr umfassend und systematisch an die Vorgaben der Richtlinien anzupassen. Hierzu unterbreitet das vorliegende Werk eine Fülle von Reformvorschlägen.

## B. Zusammenspiel von MwStSystRL und nationalem Recht

Im Grundlagenteil der Systematik der „Umsatzbesteuerung des Dritten Sektors" stellt *Rainer Hüttemann* fest, dass es für Non-Profit-Organisationen anders als nach Art. 13 MwStSystRL für öffentlich-rechtliche Einrichtungen keine Bereichsausnahme gibt, so dass sie bei Vorliegen der Unternehmereigenschaft im Grundsatz steuerpflichtig sind. Aufgrund des Charakters der Mehrwertsteuer als allgemeine Verbrauchsteuer (Art. 1 Abs. 2 MwStSystRL „allgemeine, zum Preis […] genau proportionale Verbrauchsteuer"), bei der die indirekte Steuererhebung über Unternehmer vorgenommen wird, verlangt gem. Art. 9 MwStSystRL („als Steuerpflichtiger gilt, wer eine wirtschaftliche Tätigkeit […] selbständig ausübt") die Steuerpflicht von NPO lediglich eine „wirtschaftliche Tätigkeit". Im Folgenden sollen beispielhaft einige typische Problembereiche für NPO angesprochen werden. 29.6

### I. Rechtsanwendung durch den EuGH

Die Grenzen einer wirtschaftlichen Tätigkeit bei entgeltlichen Leistungen hat zuletzt die aktuelle Rechtsprechung des EuGH in den Rechtssachen *Borsele* und *Lajver* aufgezeigt. Hiernach kann es an einer wirtschaftlichen Leistung fehlen, wenn ein nicht gewerblicher Steuerpflichtiger zwar Entgelte erziele, diese aber in keinem Verhältnis zu seinem tatsächlichen Finanzierungsbedarf stehen, der ganz überwiegend durch staatliche Zahlungen oder Subventionen wie auch Spenden gedeckt wird. Andererseits gibt es Urteile, wonach stark verbilligte, asymmetrische Entgelte, etwa einer Gemeinde gegenüber Vereinen für die Vermietung einer Sporthalle, noch kein Grund sind, eine Leistungsbeziehung zu verneinen. Für gemeinnützige Körperschaften, bei denen nicht selten verbilligte – nicht kostendeckende – Entgelte erhoben werden, typischerweise im sog. Zweckbetrieb, und bei denen die den Verbrauchern gegenüber erbrachten Leistungen durch Spenden, Mitgliedsbeiträge oder öffentliche Zuschüsse subventioniert werden, ist es aber von wesentlicher Bedeutung zu wissen, wann eine wirtschaftliche Tätigkeit vorliegt. Diese Rechtsprechung des EuGH verdeutlicht eine Grundproblematik im Verhältnis von MwStSystRL und nationalem Umsatzsteuerrecht: Der Europäische Gerichtshof entscheidet auf Vorlage der nationalen Gerichte über die ihm vorgelegten Rechtsfragen in Bezug auf einen bestimmten ihm vorgelegten Rechtsfall. Er trifft aber keine Entscheidung über den Rechtsfall, sondern dies obliegt letztlich dem nationalen Gericht anhand der Feststellungen des Europäischen Gerichtshofes über die Auslegung der MwStSystRL. Konsequenz ist, dass die Sachverhaltswürdigung allein den nationalen Gerichten obliegt, aber bei komplexen Sachverhalten, wie bspw. der Frage, wann ein verbilligtes Entgelt so gering ist, dass nicht mehr von einer Leistung gegen Entgelt ausgegangen werden kann, häufig der entscheidende Punkt, auf den es ankommt, vom EuGH im Dunkeln gelassen wird und die nationalen Rechtsanwender ein Stück weit spekulieren müssen. 29.7

29.8 Es ist dem EuGH vorbehalten, die Begrifflichkeiten der MwStSystRL autonom auszulegen. Bei ihm liegt die Auslegungshoheit. Die besondere Problematik für den EuGH besteht darin, dass es ausgesprochen schwierig ist, die nationalen Besonderheiten von gegenwärtig 28 EU-Mitgliedsstaaten bei seiner jeweiligen Entscheidung im Auge zu haben und zu berücksichtigen, welche Auswirkungen die autonome Auslegung des Begriffs der MwStSystRL im jeweiligen nationalen Recht hat. Dies muss der EuGH auch nicht beachten, andererseits sollte gute Rechtsetzung natürlich die jeweiligen tatsächlichen Auswirkungen für die Steuererhebung im Blick behalten. Wie die Kommentierung an vielen Stellen zeigt, darf man sich die Rechtsprechung des EuGH in vielen Fällen nicht als eine gerade Linie vorstellen. Vielmehr passt der Gerichtshof in seinen auf den besonderen Einzelfall bezogenen Urteilen seine Rechtsprechung immer wieder an, um Überreaktionen im jeweiligen nationalen Recht zu verhindern, die zunächst aufgrund des Umstands, dass der EuGH die unterschiedliche nationale Organisation der Tätigkeiten im Non-Profit-Bereich nicht in jeder Entscheidung berücksichtigen kann, unerkannt geblieben waren.

## II. Änderungsfestigkeit des europäischen Rechts

29.9 Ein weiteres typisches Problem aufgrund des Zusammenspiels zwischen europäischem Recht und nationalem Recht liegt darin, dass der nationale Gesetzgeber in der Regel nicht in der Lage ist, die Rechtsprechung des EuGH oder auch nur die Thesen des obersten nationalen Gerichts zur Interpretation des europäischen Rechts durch eigene Gesetzgebung zu korrigieren. Dies ist dem nationalen Gesetzgeber nicht erlaubt. Der europäische Gesetzgeber wiederum ist praktisch in Bezug auf die Änderung der MwStSystRL handlungsunfähig. Die Richtlinie ist in den letzten 40 Jahren nur punktuell geändert worden. Zwar hat die Kommission jüngst eine umfassende Reformdiskussion gestartet[1] zu der Frage, ob Kleinunternehmer – und dies ist ein erheblicher Teil der Non-Profit-Organisationen, je nachdem welche Umsatzhöhe zugrunde gelegt wird – im Ergebnis von der Umsatzsteuer entlastet werden könnten. Ob diese Reformdiskussion aber zu einem erfolgreichen Ende geführt werden kann, bleibt abzuwarten. Damit gilt in Bezug auf das europäisch grundierte nationale Umsatzsteuerrecht nicht, was etwa im Ertragsteuerrecht ständige Praxis der nationalen Gesetzgeber ist. Erkennt ein Gericht grundlegend anders, als dies das Parlament aufgrund vielfältiger politischer Wertungen möchte, so wird das Gesetz durch eine neue Parlamentsentscheidung in vielen Fällen korrigiert. Die Gewaltenteilung führt so zu einem ständigen Zusammenspiel von Exekutive, Legislative und Judikative, das es ermöglicht, das geltende Recht an neue tatsächliche Entwicklungen und geänderte Rechtsanschauungen oder Rechtserkenntnisse immer wieder auf dem Boden des demokratisch legitimierten Gesetzgebungsverfahrens anzupassen. In Bezug auf das Verhältnis von MwStSystRL und nationalem Umsatzsteuerrecht ist dagegen festzustellen, dass die Rechtsprechung des EuGH im nationalen Recht zum Teil in eine nicht zu korrigierende Sackgasse führen kann und sich der einzelne Rechtsanwender einem gespaltenen Rechtszustand von nationalem Recht auf der einen und Unionsrecht auf der anderen Seite gegenübersieht.

29.10 In vielen Fällen bedürfte eine Anpassung an europäisches Recht nicht einen Akt der Gesetzgebung, sondern könnte eine Übereinstimmung schlicht durch Auslegung des nationalen Rechts herbeigeführt werden und erfordert somit eine Anpassung der Verwaltungspraxis. Dies trifft etwa auf die Frage zu, unter welchen Voraussetzungen der Steuertatbestand einer Leis-

1 EU-Kommission v. 18.1.2018, COM (2018) 20 final (2018/0005/CNS).

tung gegen Entgelt (Art. 2 MwStSystRL bzw. § 1 UStG sowohl in Deutschland wie auch in Österreich) vorliegt.

Ein besonders augenfälliges Beispiel hierfür ist in Deutschland die unterschiedliche Einschätzung zu Mitgliedsbeiträgen aus Sicht des nationalen deutschen und des europäischen Rechts. Nach Auffassung des EuGH ist auf einen Mitgliedsbeitrag dann, wenn das Vereinsmitglied einen verbrauchbaren Vorteil als Gegenleistung für seinen Beitrag erhält, Umsatzsteuer zu erheben. So kam der EuGH in der Rechtssache *Kennemer Golf* bereits im Jahre 2002 zu dem Ergebnis, dass ein steuerbarer Leistungsaustausch schon dann vorliegt, wenn ein Sportverein in Verwirklichung seiner satzungsmäßigen Zwecke seinen Mitgliedern die Möglichkeit einräumt, die Sportanlagen zu nutzen und die Mitglieder hierfür jährlich einen Beitrag zahlen. Die den Mitgliedern eingeräumte Nutzungsmöglichkeit reiche aus. Diese Rechtsprechung des EuGH ist bis heute nicht in das nationale Umsatzsteuerrecht umgesetzt worden. Die Politik und damit der nationale Gesetzgeber trauen sich nicht, den Millionen deutschen Vereinsmitgliedern, in Sport-, ggfs. auch in Kultur- oder Gesangsvereinen, Umsatzsteuer auf die Mitgliedsbeiträge zuzumuten. Mit guten Gründen befürchten sie, dass diese Rechtlage den Bürgern nicht verständlich gemacht werden kann, zumal eine fast hundertjährige Tradition dagegensteht. Das Vereinsmitglied möchte den Vereinszweck fördern und der private Nutzen oder die private Nutzungsmöglichkeit wird nicht als individualisierbare Gegenleistung empfunden. Die Kommerzialisierung aller Lebensverhältnisse ist unpopulär. Der Ausweg, den die Bundesrepublik Deutschland genommen hat, ist faktisch die Schaffung eines gespaltenen Rechts. Während nach der Rechtsprechung ggfs. Umsatzsteuer geschuldet wird, wendet die Finanzverwaltung weiterhin die traditionelle Rechtauffassung an, wonach nur Sondervorteile gegen Zahlung sog. unechter Mitgliedsbeiträge als umsatzsteuerpflichtige Leistungen gewertet werden. Für die Vereine ist dies ein äußerst misslicher Rechtszustand, da sie dann, wenn sie aus anderen Gründen ggfs. einen Rechtsstreit führen möchten, stets riskieren, dass das Gericht im Wege der Fehlerkompensation umsatzsteuerlich entsprechend den Rechtsprechungsvorgaben des EuGH entscheidet. Und grundsätzlich ist ein entsprechend gespaltenes Recht den Bürgern nicht vermittelbar und schädlich für die Rechtshygiene, weil es dem allgemeinen Rechtsempfinden widerspricht und damit die Rechtstreue untergräbt. 29.11

Für Österreich lässt sich für die Frage der Besteuerung der Mitgliedsbeiträge ein ähnlicher Befund wie für Deutschland festmachen: Die tradionelle Unterscheidung zwischen echten und unechten Mitgliedsbeiträgen hat ihren festen Platz im Steueralltag von gemeinnützigen Organisationen. Die Einordnung als echter, nicht steuerbarer Beitrag ist unionsrechtlichen sicher dann zutreffend, wenn die gemeinnützige Organisation ihren Zweck durch ein bestimmtes Verhalten erfüllt, ohne gegenüber den Mitgliedern Leistungen im umsatzsteuerlichen Sinn zu erbringen (etwa ein bestimmtes Gedankengut verbreitet, Aufklärungsarbeit in der Öffentlichkeit leistet etc). Erbringt die Organisation hingegen Leistungen im individuellen Interesse der Mitglieder, dürften weder der Umstand, dass alle Mitglieder den Beitrag in derselben Höhe entrichten, noch der Umstand, dass im Vergleich zum Wirtschaftsleben reduzierte Beiträge festgelegt sind, einem Leistungsaustausch unionsrechtlich entgegenstehen. Die Grenzziehung ist allerdings in Österreich weniger virulent, da die Verwaltungspraxis für gemeinnützige Organistationen von der – unionsrechtlich nicht gedeckten – Vermutung ausgeht, dass die Tätigkeit im Rahmen der Zweckverwirklichung als Liebhaberei und damit als nichtunternehmerisch zu qualifizieren ist[1]. Da diese Vermutung von der Organisation ohne besondere Voraussetzungen widerlegbar ist, wird damit ein Wahlrecht eröffnet, das den Bedürfnissen dieser Organisationen in hohem Maße Rechnung trägt. 29.12

1 *Ruppe/Achatz*, UStG, Kommentar, 5. Aufl., Wien 2018, § 2 Tz. 270.

## III. Wahlmöglichkeiten im Umsatzsteuerrecht

29.13 Das Beispiel des gespaltenen Rechtszustands zeigt weitere Reaktionen auf, zu denen die Unterschiedlichkeit des europäischen und nationalen Umsatzsteuerrechts führt. Sofern betroffene Sportvereine oder auch Berufsverbände Investitionen in Infrastruktur beabsichtigen, haben sie ein hohes Interesse daran, die Mitgliedsbeiträge der Umsatzsteuer zu unterwerfen, um die in der Regel hohen Vorsteuerbeträge aus den Baukosten ziehen zu können. Nach nationalem Recht ist ihnen dies zwar mangels Umsatzsteuerbarkeit nicht erlaubt. Nach den allgemeinen Grundsätzen des Unionsrechts können sie sich aber mangels Umsetzung der europarechtlichen Vorgaben in das nationale Recht auf die unmittelbare Geltung der MwStSystRL berufen. Für Sportvereine gilt dann wiederum die Besonderheit, dass nach europäischem Recht Entgelte an Sportvereine – ganz unabhängig von dem Besuch sportlicher Veranstaltungen, auf die die Steuerbefreiung im nationalen deutschen Recht beschränkt ist – nach Art. 132 Abs. 1 Buchst. m) MwStSystRL von der Umsatzsteuer befreit werden können. Allerdings hat der nationale Gesetzgeber auch die Umsetzung dieser Norm in das deutsche Recht bislang versäumt. Zwar kann sich der Steuerpflichtige im Grundsatz auch einseitig zu seinen Gunsten auf die für ihn günstige europarechtliche Rechtslage berufen. Gleichwohl trägt ein klagender Sportverein, der den Vorsteuerabzug unter Berufung auf den Vorrang des Unionsrechts die gebotene Steuerpflicht der Mitgliedsbeiträge durchsetzen möchte, das Risiko, dass zukünftig auch die Steuerbefreiung für die Mitgliedsbeiträge nach europäischem Recht ohne Grundlage im nationalen Gesetz mittels der Rechtsfigur der europarechtskonformen Auslegung in das nationale Recht hineingelesen werden könnte. Die Rechtsanwendung gleicht dann einem Spiel mit verschiedenen Unbekannten, rechtsstaatlich ein bedenklicher Zustand.

29.14 Aus der Kommentierung ergeben sich zahllose Einzelnormen, bei denen die jeweiligen Verfasser rügen, dass die Vorgaben der MwStSystRL nicht in das nationale Recht umgesetzt worden seien. Wer diesen Befund betrachtet, wird sich fragen, warum sich in diesen Fällen die Bundesrepublik Deutschland anscheinend so hartnäckig weigert, den Vorgaben des europäischen Rechts auch tatsächlich nachzukommen. Punktuell geht inzwischen sogar die Finanzverwaltung dazu über, ungeachtet des Wortlauts der nationalen Norm durch Verwaltungserlass korrigierend im Hinblick auf das europäische Recht einzugreifen. Insbesondere ist aber zu beobachten, dass das oberste deutsche Finanzgericht, der BFH, in den letzten Jahren immer stärker auf die sog. richtlinienkonforme Auslegung des nationalen Rechts zurückgreift. Der BFH musste beobachten, dass der nationale Gesetzgeber über viele Jahre Warnungen in Bezug auf die Europarechtswidrigkeit einzelner umsatzsteuerlicher Normen ignoriert hat. Um einen Rechtszustand herzustellen, der der Vorgabe des europäischen Rechts aus Sicht des BFH entspricht, liegt es nahe, im Detail zu prüfen, ob eine richtlinienkonforme Auslegung es erlaubt, den Einklang von europäischem und nationalem Recht herzustellen. Diese Rechtsprechung ist nur zu verständlich, weil ein gespaltener Rechtszustand zwischen europäischem und nationalem Recht zwar im Einzelfall begründet werden kann, aber doch vorrangig versucht werden sollte, die Richtlinienkonformität durch Auslegung herzustellen, soweit dies im Rahmen von Wortlaut und Zweck der nationalen Normen noch methodisch gangbar ist.

29.15 Ein weiteres Beispiel: Die Umsatzsteuerfreiheit oder -pflichtigkeit der Leistungen, die Subunternehmer an Unternehmer erbringen, die selbst nach Art. 132 MwStSystRL steuerbefreite Leistungen ausführen, wird höchst unterschiedlich beurteilt. Dies hat seinen Grund darin, dass die einzelnen Steuerbefreiungstatbestände unterschiedlich formuliert sind und der EuGH je nach vorliegendem Einzelfall verschiedene Akzente gesetzt hat.[1] Dies betrifft etwa selbstän-

1 Dazu *Weber*, UVR 2018, 105.

dige Pflegekräfte, die für Einrichtungen mit sozialem Charakter Pflegeleistungen erbringen.[1] Dem Rechtsanwender wird damit eine genaue Detailkenntnis abverlangt, um zu beurteilen, ob Leistungen eines Subunternehmers umsatzsteuerfrei oder umsatzsteuerpflichtig erbracht werden.

Die Schwierigkeit für den nationalen Gesetzgeber bei der Anpassung des gegebenen – zum großen Teil noch aus vorunionsrechtlicher Zeit stammenden – Rechtsbestandes besteht dabei freilich darin, die sich aus der Rechtsprechung des EuGH aus Einzelfällen ergebenden Hinweise auf den unionsrechtlichen Mindeststandard treffsicher im nationalen Recht zu kodifizieren (und Unionsrechtswidrigkeiten zu vermeiden). Aus der Sicht der Praxis erscheint ein permanentes, einzelfallbezogenes Nachziehen wenig wünschenswert. Auch ein gänzlicher nationaler Umstieg auf den Normtext der Richtlinie erscheint als Herausforderung für die nationale Rechtstradition, wird damit möglicherweise auch eine Rechtsunsicherheit für jene Bereiche der bestehenden nationalen Norm erzeugt, für die unionsrechtlich kein Anpassungsbedarf besteht. Insoferne sollte der Gesetzgeber wohl erst dann tätig werden, wenn die Konturen des Unionsrechts greifbar und der Umfang des Anpassungsbedarfs mit einer gewissen Rechtssicherheit bestimmbar sind. Bis dahin liegt es an der Verwaltung und den Gerichten, im Einzelfall Unionsrecht zum Durchbruch zu verhelfen. Freilich ist heute in vielen Fällen der unionsrechtliche Rahmen soweit konkretisiert, dass der Gesetzgeber tätig werden sollte. So hat etwa auch der österr Gesetzgeber auf die 2013 einsetzende Rechtsprechung des Verwaltungsgerichtshofes zur unionsrechtskonformen Auslegung der Steuerbefreiung für Bildungsleistungen im Jahressteuergesetz 2018 reagiert und mit der Kodifikation des § 6 Abs. 1 Z 11 lit. a öUStG eine Anpassung an das Unionsrecht in einer Weise herbeigeführt, mit der der gegebene Rechtsbestand so weit wie möglich beibehalten worden ist. 29.16

## IV. Gestaltungsmöglichkeiten durch den nationalen Gesetzgeber

Bei dieser Vorgehensweise bleiben allerdings die dem nationalen Gesetzgeber durch die MwStSystRL für die Umsetzung eingeräumten Gestaltungsmöglichkeiten unberücksichtigt. Ein Gericht entscheidet grundsätzlich den Einzelfall. Wie eine Regelung in ihrer Abgrenzung zwischen Steuerfreiheit und Steuerpflicht im Hinblick auf bestimmte Berufsgruppen und Anbieter und ihre Leistungen sinnvoll gestaltet werden soll, ist in erster Linie Aufgabe des nationalen Gesetzgebers bzw. der Exekutive bei Anwendung der vom Gesetzgeber geschaffenen Norm. Nach unserer Verfassungsrechtsordnung obliegt die Rechtsgestaltung in erster Linie der Legislative, die vielfältige Gesichtspunkte abwägt und letztlich über Steuerpflicht, Steuerfreiheit und Höhe des Steuersatzes entscheidet. Die Judikative beurteilt das geschaffene Werk. Schafft die Judikative dagegen selbst faktisch das Recht, weil sie in Interpretation der vorgegebenen Regeln den Handlungsspielraum des Gesetzgebers zu sehr begrenzt, drohen Aspekte, die die Gesetzgebung bestimmen, verloren zu gehen. So sind vielfältige Umstände des jeweiligen wirtschaftlichen Marktumfeldes zu berücksichtigen, wie die Akzeptanz derartiger Abgrenzungen in der Bevölkerung, die Rechtstradition, die Praktikabilität der Regelungen und die wirtschaftlichen Rahmenbedingungen. 29.17

Es zeigt sich in den letzten Jahren mutmaßlich deswegen zunehmend, dass der EuGH selbst das Gestaltungsrecht des nationalen Gesetzgebers in Bezug auf die Festlegung der Grenze zwischen Steuerfreiheit und Steuerpflicht herausarbeitet. Lange Zeit stand die Harmonisierung der nationalen Regelungen mit den Vorgaben der MwStSystRL im Vordergrund. Je strikter der 29.18

1 Vgl. BFH v. 9.3.2017 – V R 39/16, BFH/NV 2017, 1141.

EuGH die Richtlinie ausgelegt und den Gestaltungsspielraum der Mitgliedstaaten begrenzt hat, umso einheitlicher mussten die Regelungen europaweit ausgestaltet werden. Durch die Betonung der Geltung allgemeiner Grundsätze wie des Neutralitätsgrundsatzes wurden nationale Gestaltungsspielräume weiter eingegrenzt. Neuerdings betont der EuGH demgegenüber, welchen Gestaltungsspielraum die MwStSystRL den nationalen Gesetzgebern jeweils lässt, um nationalen Besonderheiten ihr Recht zu geben.

29.19 So hat der EuGH in dem Urteil „*British Film Institute*" festgestellt, dass das Bestimmungsrecht, wann eine von der Umsatzsteuer freizustellende kulturelle Leistung vorliegt, dem Mitgliedstaat obliegt. Es sei nicht Aufgabe der Gerichte, dieses Bestimmungsrecht auszuüben, da ihnen für die Bewertung förderungswürdiger kultureller Leistungen Kriterien fehlten. Vielmehr müsse der nationale Gesetzgeber die notwendigen Festlegungen treffen. Daher sollte die nationale Norm die Beurteilungs- und Unterscheidungsmerkmale vorgeben. Denkbar erscheint auch, dass die Entscheidung einem behördlichen Bescheinigungsverfahren übertragen wird. Dies ist beispielsweise im deutschen Recht für kulturelle Leistungen oder Bildungsleistungen vorgesehen, wobei die Entscheidung über die Bestimmung des Leistungsinhalts auf Verwaltungsbehörden delegiert wird. Allerdings sollte den Behörden der ihnen eingeräumte Beurteilungsspielraum normativ vorgegeben werden, da ansonsten das Bescheinigungsverfahren ohne ausreichende Grundlage ist. Die zahlreichen verwaltungsgerichtlichen Verfahren zu kulturellen Leistungen nach § 4 Nr. 20 UStG und Bildungsleistungen nach § 4 Nr. 21 UStG belegen, wieviel Unsicherheit in der Anwendung des Bescheinigungsverfahrens besteht. Ein ähnliches Bestimmungsrecht sieht die MwStSystRL für sportliche Leistungen vor, das der nationale deutsche Gesetzgeber nur rudimentär ausgeübt hat (nur für „sportliche Veranstaltungen").

29.20 Darüber hinaus gibt es zahlreiche für Non-Profit-Organisationen relevante Richtlinienbestimmungen in Art. 132 Abs. 1 MwStSystRL, in denen allein bestimmte staatlich anerkannte Einrichtungen in den Genuss der Steuerbefreiung kommen. Der nationale Gesetzgeber, ggfs. auch die Exekutive oder die Gerichte können damit näher definieren, welche Einrichtungen für welche Leistungen tatsächlich die Umsatzsteuerbefreiung beanspruchen dürfen. Die MwStSystRL erlaubt zudem über Art. 133 MwStSystRL, dass der nationale Gesetzgeber beispielsweise für Einrichtungen ohne Gewinnerzielungsabsicht – dies sind typischerweise Vereine, Stiftungen oder gemeinnützige Kapitalgesellschaften, die schon aufgrund des Gemeinnützigkeitsrechtes keine Gewinnausschüttungen an die Mitglieder, Gesellschafter oder Stifter vornehmen dürfen (§ 55 AO) – bestimmte Subjekteigenschaften zur Voraussetzung für die Umsatzsteuerfreiheit machen darf. Somit hat der nationale Gesetzgeber durch die Festlegung der anerkannten Einrichtung, durch das Bestimmungsrecht in Bezug auf bestimmte Leistungen sowie durch die Wahlrechte in Art. 133 MwStSystRL erhebliche Möglichkeiten, näher festzulegen, welche Leistungen umsatzsteuerfrei bleiben und wie die Einrichtung charakterisiert sein muss. Dieser Bestimmung kommt der nationale deutsche Gesetzgeber vielfach nicht nach, wie etwa die jüngste deutsche Rechtsprechung zur Steuerfreiheit von Privatkliniken zeigt, wonach die seit 2009 geltende pauschale gesetzliche Ausgrenzung von Privatkliniken aufgrund der Bezugnahme auf den sozialversicherungsrechtlichen Bedarfsplan unionsrechtswidrig ist.[1]

1 BFH v. 23.10.2014 – V R 20/14, BStBl. II 2016, 785 = MwStR 2015, 398 m. Anm. *Erdbrügger* für Klinik für Psychotherapie; BFH v. 18.3.2015 – XI R 38/13, BStBl. II 2016, 793 für Klinik, mit der für ambulante Operationen ein Strukturvertrag nach § 73a SGB V abgeschlossen war.

Für das österr Umsatzsteuerrrecht ist in diesem Zusammenhang zu konstatieren, dass der Gesetzgeber in vielen Fällen die Steuerbefreiung an das Vorliegen eines abgabenrechtlich gemeinnützigen Rechtsträgers im Sinne der § 34 ff. BAO knüpft. Fraglich ist, ob eine solche Anknüpfung durch Art. 133 MwStSystRl gedeckt ist, wenn man sich die zahlreichen Kautelen des nationalen Gemeinnützigkeitsrechts vor Augen führt. Vertritt man die Unionsrechtskonformität dieser Anknüpfung, wäre jedenfalls die Konsequenz, dass Gemeinnützigkeitsverstöße nicht auf Gewinnerzielung ausgerichteter Einrichtungen nach nationalem Recht zwingend zum Verlust der Befreiung und damit zu hohen Umsatzsteuernachforderungen führen können. Ob eine solche Rechtsfolge in jedem Fall verhältnismäßig scheint, ist im jeweiligen Einzelfall zu beurteilen. Letztlich bleibt wohl zu konstatieren, dass in dem vom Unionsrechtsgeber belassenen nationalen Gestaltungsspielraum neben den unionsrechtlichen Bindungen auch jene des nationalen Verfassungsrechts und damit das aus dem Gleichheitssatz erfließende Sachlichkeitsgebot zu beachten sind. 29.21

Inwiefern diese nationalen Gestaltungmöglichkeiten begrenzt werden durch den Neutralitätsgrundsatz, wonach an sich alle umsatzsteuerbaren wirtschaftlichen Leistungen umsatzsteuerlich gleich zu behandeln sind, ist gleichfalls Diskussionsgegenstand in diesem Werk. In der Rechtsdiskussion zum Verhältnis von MwStSystRL und nationalem Umsatzsteuerrecht zeigt sich, dass die einen den Neutralitätsgrundsatz betonen, um die Wettbewerbsgleichheit der Besteuerung bestimmter Leistungen herzustellen, während die anderen dem nationalen Gesetzgeber, der nicht nur die Wettbewerbsgleichheit, sondern ebenso soziale Gesichtspunkte bei der Ausgestaltung der Umsatzsteuervorschriften berücksichtigt, ein weites Gestaltungsrecht zugestehen. Diese Konstellation liegt etwa der Problematik der Ermittlung des zutreffenden Umsatzsteuersatzes zugrunde. Ist für die Frage, ob der ermäßigte Umsatzsteuersatz vom nationalen Gesetzgeber zur Anwendung gebracht werden darf, allein auf die Art der Leistung aus Sicht des Verbrauchers abzustellen oder auf den eigentlichen Zweck der Tätigkeit aus Sicht des leistenden Unternehmens? Umstritten ist deswegen im deutschen Umsatzsteuerrecht bspw., ob Werkstätten für behinderte Menschen oder Integrationsbetriebe Leistungen zum ermäßigten Steuersatz ausführen, weil Kern ihrer Tätigkeit die Mitwirkung der schwerbehinderten Menschen bei der Produktherstellung und dem Verkauf ist, oder ob nur auf das verkaufte Produkt aus Sicht des Verbrauchers geschaut wird.[1] 29.22

Eine der spannenden Rechtsfragen, die in diesem Buch diskutiert werden, ist daher die Reichweite des Neutralitätsgrundsatzes. Dazu werden in der vorliegenden Untersuchung von den Autoren unterschiedliche Auffassungen vertreten. Nach unserer Auffassung gibt der Neutralitätsgrundsatz nur eine Auslegungsrichtlinie vor, er ist aber nicht der MwStSystRL selbst übergeordnet und darf deswegen nicht überbetont werden. Die Vielgestaltigkeit der Leistungen, die insbesondere Non-Profit-Organisationen anbieten, verbietet zu pauschale Lösungen. Typischerweise gibt es Bruchlinien, wenn ein gemeinnütziger Anbieter teilentgeltlich auf einem Markt agiert, während andere Anbieter Gewinne erwirtschaften und an Eigentümer ausschütten. Diese Bruchlinien darf der nationale Gesetzgeber durchaus berücksichtigen. Es hat seinen Grund, dass Europa den Mitgliedstaaten Wahlmöglichkeiten, wie in Art. 133 MwStSystRL, oder Definitionsmöglichkeiten im Rahmen der einzelnen steuerbefreiten Leistungen gelassen hat. Die europäische Union hat nicht zum Souveränitätsverzicht, sondern zur wohl überlegten eingeschränkten Souveränität der Mitgliedstaaten geführt. 29.23

Unverändert herrscht in Rechtsprechung und Literatur erhebliche Unsicherheit, inwiefern dem nationalen Gesetzgeber oder der Exekutive ein Beurteilungsspielraum verbleibt, wenn 29.24

1 Dazu *Hummel*, Rz. 26.57.

über die Anerkennung bestimmter Leistungen als umsatzsteuerfrei zu entscheiden ist. So hat das BVerwG[1] jüngst für Bildungsleistungen i.S.d. § 4 Nr. 21 Buchst. a Doppelbuchst. bb UStG einen solchen Beurteilungsspielraum für eine Landesbehörde, die eine Bescheinigung über die Anerkennung auszustellen hatte, abgelehnt, während die Vorinstanz dies anders gesehen hatte.[2] Im deutschen Recht sollte daher geklärt werden, wer eigentlich entscheidet, wenn das europäische Recht dem nationalen Gesetzgeber einen Entscheidungsspielraum lässt: vorrangig doch der nationale Gesetzgeber selbst, und wenn er die Entscheidung auf eine Behörde überträgt und dieser einen Entscheidungsrahmen vorgibt, doch diese. Die Gerichte sind allein zur Beurteilung berufen. Die Gestaltungshoheit der Legislative sollte von dieser wahrgenommen werden und von der Judikative berücksichtigt werden, da diese sachnäher die Lebensverhältnisse ordnen können, als dies Gerichten durch Einzelfallentscheidungen möglich ist.

29.25 Die Nagelprobe zur Beurteilung des Verhältnisses von Unionsrecht und nationalen Recht steht dann an, wenn Leistungen grenzüberschreitend erbracht werden und die betroffenen Mitgliedstaaten die Frage der Anwendbarkeit der Befreiung unterschiedlich beantworten. Besteht ein unionsrechtlicher Gestaltungsspielraum für die Mitgliedstaaten, ist letztlich auch die Frage nach dem Anwendungsbereich der Grundfreiheiten und nach dem Vorliegen beihilfenrechtlicher Aspekte zu stellen.

## V. Mehr Rechtssicherheit schaffen

29.26 Insofern ist es unser Wunsch, dass dieses Buch dazu beitragen mag, das Verhältnis zwischen MWStSystRL und nationalem Recht deutlich besser zu sortieren, als dies bislang für den einzelnen Rechtsanwender ersichtlich ist. Für die betroffenen Unternehmen ist die Rechtslage ausgesprochen unübersichtlich, da sie schlichtweg nicht in der Lage sind, sowohl die nationale Norm, die europäische Norm als auch die Rechtsprechung von nationalen Gerichten und europäischem Gericht stets minutiös nachzuvollziehen, zumal es sich um einen Sektor handelt, der von ehrenamtlichem Engagement geprägt wird. Es muss wieder zu einem Zustand kommen, dass die Rechtsnorm im nationalen Recht den Rechtszustand festlegt. Dabei erlaubt die MwStSystRL entgegen allen Gerüchten durchaus in Verwirklichung des europäischen Subsidiaritätsgrundsatzes, dass der nationale Gesetzgeber von erheblichen Gestaltungsmöglichkeiten Gebrauch macht, insbesondere auch, um entsprechend der bestehenden nationalen Tradition das eigene Recht weiterzuentwickeln. Es ist rechtlich nicht zwingend geboten, ein europaweit vollkommen einheitliches Rechtskleid der Umsatzbesteuerung zu schaffen, abgesehen davon, dass allein aufgrund der ganz unterschiedlichen nationalen Traditionen entsprechende Versuche in den Nationalstaaten auf erheblichen politischen und gesellschaftlichen Widerstand stoßen.

29.27 Vor diesem Hintergrund hoffen wir, dass dieses Buch dazu beitragen kann, im jeweiligen Einzelfall genau zu analysieren, welcher Spielraum dem nationalen Gesetzgeber bleibt. So zeigt sich, dass es durchaus eine Vielzahl von Fällen gibt, in denen der nationale Gesetzgeber die Einrichtung anerkennen darf oder die Leistung bestimmen darf, die unter die Umsatzsteuerfreiheit fällt. Nutzt der nationale Gesetzgeber die ihm eingeräumte Gestaltungsmacht, gibt das nationale Recht den Rechtszustand zutreffend wider. Wir hoffen, dass dieses Buch, mit dem erstmalig, soweit ersichtlich, in Deutschland und auch für Österreich umfassend die MwStSystRL für einen bestimmten Bereich der Leistungen im Dritten Sektor, insbesondere aber

1 BVerwG v. 16.11.2017 – 9 C 17/16.
2 OVG Lüneburg v. 6.10.2016 – 3 CC 82/15.

auch die grundlegenden Prinzipien bei der Richtlinienanwendung im Umsatzsteuerrecht eingehend dargestellt werden, einen deutlichen Beitrag dazu leisten kann, das Umsatzsteuerrecht weiter zu entwickeln, die Rechtssicherheit zu erhöhen sowie die kritische Diskussion über die Rechtsprechung des EuGH und deren Wandlungen zu vertiefen.

Zudem ist es stets erforderlich, sich bewusst zu machen, dass auch aus Sicht des europäi- 29.28
schen Rechts, wie der EuGH erst jüngst in der Rechtssache „*DNB Banka*“ entschieden hat, die nationalen Vorschriften zum Vertrauensschutz gegenüber europarechtlich erforderlichen Änderungen des nationalen Rechts vorgehen. Gerade in Bezug auf den Vertrauensschutz wäre es wünschenswert, wenn das Bewusstsein dafür bei Gerichten und Behörden in Deutschland steigt. Auch europarechtlich gilt das Rechtsstaatsgebot des Art. 20 GG.

Es zeichnet sich ab, dass aufgrund des dargestellten Befundes auch die Europäische Kom- 29.29
mission anstrebt, den nationalen Gesetzgebern weitaus mehr Gestaltungsspielraum in Bezug auf die Höhe der Steuersätze unter Berücksichtigung von sozialen oder anderen politischen Gesichtspunkten zu geben. So sollen mit der Initiative die nationalen Möglichkeiten zur Erleichterung der Besteuerung von Kleinunternehmern, die Non-Profit-Organisationen häufig sind, erheblich erweitert werden.[1] Wenn dieser Kommissionsvorschlag tatsächlich umgesetzt werden sollte, würde es zu einer Rückübertragung von Kompetenzen auf die nationalen Parlamente kommen. Es bleibt abzuwarten, ob sich die Europäische Union auf eine derartige Änderung wird verständigen können.

Aber auch die in Kraft befindliche MwStSystRL bietet dem nationalen Gesetzgeber deutlich 29.30
mehr Gestaltungsspielraum als vielen Rechtsanwendern bewusst ist. Mit diesem Werk soll das Wissen und das Bewusstsein über Zusammenspiel von europäischem und nationalem Umsatzsteuerrecht gestärkt werden.

1 Brüssel, den 18.1.2018 COM(2018) 21 final 2018/0006 (CNS) Vorschlag für eine RICHTLINIE DES RATES zur Änderung der Richtlinie 2006/112/EG über das gemeinsame Mehrwertsteuersystem in Bezug auf die Sonderregelung für Kleinunternehmen.

# Stichwortverzeichnis

Bearbeiterin: Ruth Sterzinger, Magdeburg

Die Fundstellen werden wie folgt zitiert:
**Vordere Zahl: Kapitel; Hintere Zahl: Randziffer**
*Beispiel:* Forschungsziel 2.1 = Kapitel 2, Randziffer 1